抱朴子内外篇校注 上

【晋】葛洪 著　金 毅 校注

上海古籍出版社

圖書在版編目(CIP)數據

抱朴子内外篇校注／（晉）葛洪著；金毅校注. —
上海：上海古籍出版社，2018.11（2024.6重印）
ISBN 978-7-5325-8876-3

Ⅰ.①抱… Ⅱ.①葛… ②金… Ⅲ.①古典哲學一中
國一東晉時代②《抱朴子》一注釋 Ⅳ.①B235.72

中國版本圖書館 CIP 數據核字(2018)第 129282 號

抱朴子内外篇校注

（晉）葛洪著

金毅校注

上海古籍出版社出版、發行

（上海市闵行区号景路 159 弄 1-5 号 A 座 5F 邮政编码 201101）

（1）網址：www.guji.com.cn

（2）E-mail：guji1@guji.com.cn

（3）易文網網址：www.ewen.co

浙江臨安曙光印務有限公司印刷

開本 890×1240 1/32 印張 58.5 插頁 9 字數 1,629,000
2018 年 11 月第 1 版 2024 年 6 月第 4 次印刷
印數：3,701 — 4,750
ISBN 978-7-5325-8876-3
B·1060 定價：238.00 元
如有質量問題,請與承印公司聯繫

目　　録

抱朴子内篇校注

抱朴子外篇校注

抱朴子内篇校注

前　　言

　　葛洪，字稚川，自號抱朴子，丹陽句容(今江蘇句容)人。出生於西晉武帝太康四年(283)，卒於東晉哀帝興寧元年(363)，享年八十一歲。

　　葛洪出身於仕宦名門。"其先葛天氏，蓋古之有天下者也"(《外篇·自叙》)。其曩祖爲荆州刺史，曾與東郡太守翟義共起義兵反對王莽篡漢。先祖葛浦廬起兵輔佐漢光武帝劉秀，爲車騎，遷驃騎大將軍，封下邳僮縣侯。祖父葛系，學無不涉，有經國之才，三國吳時官至輔吳將軍，封吳壽縣侯。父葛悌仕吳，官拜會稽太守，入晉卒於邵陵太守任上。葛洪出身於這樣的顯達世家，深以父祖功業爲榮。

　　父亡，從此家道中落。葛洪少年，勤苦自學："年十有三，而慈父見背，夙失庭訓。飢寒困瘁，躬執耕穡，承星履草，密勿疇壟。又累遭兵火，先人典籍蕩盡，農隙之暇無所讀，乃負笈徒步行借。又卒於一家，少得全部之書。益破功日，伐薪賣之，以給紙筆。書就營田園，夜以柴火寫書。坐此之故，不得早涉藝文。常乏紙，每所寫皆反覆有字，人尠能讀也。"(《外篇·自叙》)廣覽經史百家之書，葛洪少時因此以儒學知名。

　　太安二年(303)，張昌、石冰起兵揚州，應吳興太守顧秘檄命，爲"將兵都尉"，協平石冰農民暴動，因功遷伏波將軍。事平後，即投戈釋甲，廣尋異書，鋭意玄静。避亂南土，師事鮑靚，靚以女妻之。參廣州刺史嵇含軍事，嵇含遇害，不就征鎮檄命。建興四年(316)，還歸桑梓。東晉元帝司馬睿爲丞相時，召爲"百六掾"之一。以舊功被録，封關中侯，食句容之邑二百户。咸和(326—334)初，司徒王導召補州主簿，轉司徒掾，遷諮議參軍。干寶薦洪，選爲散騎常侍，領大著作，固辭不就。聞交阯出丹砂，求爲句漏令。率子姪行至廣州，爲刺史鄧嶽挽留。其間，他曾“抱靈方”出境遠遊尋找丹石，得知“自扶南、頓遜逮於林邑、杜薄、無倫五國之中，朱砂、琉黃、曾青、石精之所，出諸導仙服食之藥、長生所保之石，實無求不有”，“丹砂如土出”，譽其爲“生丹之國”。在《抱朴子序述》中寫了他的所見所聞，提到的有：扶南（今柬埔寨）、典遜、林邑（今越南南部）、無倫國、句稚國、歌營國、林楊、加陳國、師漢國、扈犁國、隱章國、大秦國（古羅馬帝國）、古奴斯調國、察牢國、葉波國、月支（今新疆伊犁以西）、天竺（古印度別稱）、安息（伊朗高原與兩河流域）、優錢等地的風土人情物產貿易交通等。其所談歷史地理，道經中罕見，鮮爲人知，富於傳奇色彩（見《太清金液神丹經》下）。回國後葛洪前往羅浮山煉丹、著書，在山積年而卒。

葛洪從祖葛玄，字孝先，爲三國吳著名道士，道徒尊爲“葛仙公”“太極左仙公”。他學貫古今，博覽經傳子史，曾從左慈學習神仙道術，受《太清丹經》《九鼎丹經》《金液經》等煉丹經術書，並將煉丹秘術授予鄭隱。這個因素決定葛洪少時走他從祖葛玄之路，拜鄭隱爲師，葛洪得以飽覽秘笈，立壇盟誓，鄭隱將金丹仙術傳授給葛洪。葛洪曾接受狐剛子外丹術的傳授。葛洪復師事南海太守鮑靚，兼學道術與醫術。他又自行“考覽養性之書，鳩集久視之方，曾所披涉篇卷，以千計矣”。（《金丹》）這爲他撰寫神仙道教著作奠定了基礎。

葛洪内聖外王，道儒雙修，博聞深洽，晉世絕倫，文艷相、雄，學優融、玄，著述篇章，富於班、馬，是東晉的冠倫大才、奇才。其儒家著作有《抱朴子外篇》，道家著作有《抱朴子内篇》《神仙傳》《隱逸傳》等，醫藥著作有《金匱藥方》《肘後備急方》等。他從二十餘歲起即“草創子書，會遇兵亂，流離播越，有所亡失，連在道路，不復投筆十餘年，至建武中乃定，凡著《内篇》二十卷，《外篇》五十卷”，“其《内篇》言神仙方藥，鬼怪變化，養生延年，禳邪去禍，屬道家；其《外篇》言人間得失，世間藏否，屬儒家"。其《黃白》説："余若欲以此輩事騁辭章於後世，則余所著《外篇》及雜文二百餘卷，足以寄意於後代，不復須此。"知先寫《外篇》，後寫《內篇》，最後同時定稿，《內篇》"與《外篇》各起次第"，統一作序與自叙。從葛洪著作來看，他不僅是著名的文學家、美學家、思想家，而且是傑出的醫藥學家、神仙道教理論家、丹鼎派代表人物，當時無與倫比的科學家。

《荀子·勸學》説"善假於物"，葛洪是善於借鑒、繼承並發展傳統文化的高手。《微旨》説："藉衆術之共成長生。"即將百家"衆術"，特別是其中的黃老與儒墨之學予以創造性地運用與發展，構建自己的道儒墨交融的神仙道教學説，共成長生。

一、玄、道、氣、一

葛洪所説的道家，其實是從老子道家分化出來的假託黃帝以自重而實際宗奉老子的道家支派。黃老學形成于戰國中期南方的楚國與北方的燕齊，融合、成熟、極盛于西漢文景時期，在學術界居於統治地位，司馬談《論六家之要旨》作了總結。其要旨是論道與治國、治身的關係。自漢武帝獨尊儒術，黃老學轉入民間。經葛洪的提倡，黃老學得以恢復和發展，重振雄風。

葛洪崇拜黃帝、老子。《微旨》説："黃、老玄聖，深識獨見；開秘文於名山，受仙經於神人；蹴埃塵以遣累，淩大遐以高躋；金石不能與之齊堅，龜鶴不足與之等壽。"他認爲黃帝、老子開創了黃老道家學説。這個學説比"金石"久堅，比"龜鶴"長壽。《明本》説："夫體道以匠物，寶德以長生者，黃、老是也。黃帝能治世致太平，而又升仙，則未可謂之後於堯、舜也。老子既兼綜禮教，而又久視，則未可謂之減於周、孔也。"黃帝體道匠物，經國理世，天下太平；老子兼綜禮教，長生久視。他們不比儒生推崇的堯、舜、周公、孔子差，批評儒生數典忘祖。《對俗》説："得道之高，莫過伯陽。"《辨問》説"得道之聖人"高出"治世之聖人"，因爲"得道之聖人"不僅"先治世"，而且“後登仙”，這是“治世之聖人”不能比的。《釋滯》説：“黄、老之德，固無量矣。”葛洪對黄帝、老子治世匠物、長生久視學説的崇信和禮贊，是他寫作本書的出發點與最根本的依據。

戰國中期以來黄老學著作《黄老帛書》《鶡冠子》《管子·心術》《文子》《淮南子》《老子指歸》與《老子道德經河上公章句》等，把“玄”“道”“氣”“一”作爲最高哲學範疇。葛洪繼承他們的觀點，則把“玄”“道”“氣”“一”作爲構建神仙道教的哲學根據。

玄。《老子·第一章》説：“無，名天地之始；有，名萬物之母。”“此兩者同出而異名。同謂之玄，玄之又玄，衆妙之門。”又《第六章》：“谷神不死，是謂玄牝。玄牝之門，是謂天地根。”關於宇宙天地，説得較爲籠統。西漢揚雄的《太玄·玄圖》説：“夫玄也者，天道也，地道也，人道也，兼三道而天名之。”揚雄將“玄”加以改造，作爲宇宙的起源與萬物的根本。

葛洪《暢玄》首論“玄”的意義與性質，較之前代，就説得十分具體、實在而感性：“玄者，自然之始祖，而萬殊之大宗也。”其一，作者開宗明義提出“玄”是宇宙發生的總根源，即所謂“自然之始祖”：它“胞胎元一，範鑄兩儀”。其二，作者生動具體形象地描繪了宇宙本體：它表現爲深、遠、高、曠的空間，表現爲“電駈”“景逝”“星流”“淵澄”“雲浮”等動態顯示出來的時間。這個無所不在的本體“因兆類而爲有”，而“玄”通過萬事萬物表現自己的存在，但是它又“託潛寂而爲無”，無形無聲，隱而不見，各種有形之物都不能比擬它。“吐納大始，鼓冶億類；個旋四七，匠成草昧；彎策靈機，吹噓四氣；函括沖默，舒闡粲尉；抑濁揚清，斟酌河渭”，它是萬物運動的總規律和原動力，即所謂“萬殊之大宗”。

葛洪把“玄”或“玄道”與人，與人的長生聯繫起來。《暢玄》説：“玄之所在，其樂不窮；玄之所去，器弊神逝。”“玄”不僅存在於客觀世界，也存在於人體自身之中，是人類快樂的源泉。“其唯玄道，可與爲永”。即祇有掌握玄道，才能到達永恒，作爲一個人應追求永恒的人生價值，即成仙。葛洪稱自己的仙道爲“玄道”，原因在此。

葛洪又説："夫玄道者，得之乎内，守之者外，用之者神，忘之者器，此玄道之要言也。"他認爲，領悟到了"玄道"，就成爲"出乎無上，入乎無下"，逍遥自在遨遊天地的神仙。

道。《老子·第二十六章》："有物混成，先天地生。寂兮寥兮，獨立不改，周行而不殆，可以爲天下母。吾不知其名，强名之曰道。"《韓非子·主道》："道者，萬物之始。"《解老》："道者，萬物之所以成也。""道者，萬物之所然也。"葛洪繼承老子、韓非之説，論"道"的意義與性質。《明本》説："道也者，所以陶冶百氏，範鑄二儀，胞胎萬類，醞釀彝倫者也。"《道意》説："道者涵乾括坤，其本無名。論其無，則影響猶爲有焉；論其有，則萬物尚爲無焉。……以言乎邇，則周流秋毫而有餘焉；以言乎遠，則彌綸太虚而不足焉。爲聲之聲，爲響之響，爲形之形，爲影之影，方者得之而静，員者得之而動，降者得之而俯，昇者得之以仰。""道"涵蓋了天地萬物，又是天地萬物能以存在和變化的依據和動力。《塞難》説："道者，萬殊之源也。"是説"道"是各種具體存在物件的本源。又説："所以貴道者，以其加之不可益，而損之不可減也。"是説"道"作爲宇宙本原，是無限永恒的存在。這與《暢玄》所説的"玄"是一個意思，因而葛洪合稱"玄道"。

葛洪與老子不同，不是將"道"與其派生物相對立、隔絶，而是將它們溝通。《明本》："夫所謂道，豈唯養生之事而已乎？《易》曰：立天之道，曰陰與陽；立地之道，曰柔與剛；立人之道，曰仁與義。""今世之舉有道者，蓋博通乎古今，能仰觀俯察，歷變涉微，達興亡之運，明治亂之體，心無所惑，問無不對者……"葛洪心中的"道"涵括天地、陰陽、剛柔、仁義及興亡治亂之道。

"道"具有"治身"與"治國"的功能，《明本》説："夫道者，内以治身，外以爲國。"其治國，即"垂罳不設，干戈不用；不議而當，不約而信；不結而固，不謀而成；不賞而勸，不罰而肅；不求而得，不禁而止。處上而人不以爲重，居前而人不以爲患；號未發而風移，令未施而俗易：此蓋道之治世也。"（《明本》）其治身，即"人能淡默恬愉,不染不移;養其心以無欲,頤其神以粹素;掃滌誘慕,收之以正;除難求之思,遣害真之累;薄喜怒之邪,滅愛惡之端"(《道意》)。達到治身而治其心的目的。"治身"與"治國"道理相通,《地真》曰:"一人之身,一國之象也。胸腹之位,猶宮室也。四肢之列,猶郊境也;骨節之分,猶百官也。神猶君也,血猶臣也,氣猶民也。故知治身,則能治國也。"這大概是意本《管子·心術上》"心之在體,君之位也;九竅之有職,官之分也"。

道之"治身"重于"治國",治身在於"養生"。"是以養生之方,唾不及遠,行不疾步,耳不極聽,目不久視,坐不至久,臥不及疲,先寒而衣,先熱而解,不欲極飢而食,食不過飽,不欲極渴而飲,飲不過多"(《極言》)。養生爭取"長生"。《黄白》説:"長生之道,道之至也,故古人重之也。"這是因爲人的生命衹有一次,"死者不可生也,亡者不可存也"(《地真》)。所以人要想活下來並且長生,就要從養生做起:"是以至人消未起之患,治未病之疾,醫之於無事之前,不追之於既逝之後。民難養而易濁也。故審威德所以保社稷,割嗜欲所以固血氣,然後真一存焉,三七守焉,百害卻焉,年命延焉矣。"(《地真》)防患於未然,才能"年命延焉"。年命延續的結果是長生。

氣。"氣"作爲哲學概念,早在先秦,即已產生。《鶡冠子·泰錄》:"精微者,天地之始也……故天地成於元氣,萬物乘於天地。"《夜行》:"陰陽者,氣也。"《管子·内業》:"精也者,氣之精者也,氣道乃生。"《吕氏春秋·盡數》:"精氣之集也,必有入也。"秦漢繼續發展氣説。王充《論衡·自然》:"天地合氣,萬物自生。"《西升經》六《在道章》云:"人在道中,道在人中。"按:"道"即"炁","炁"即"道"。這個觀點啟迪葛洪,《至理》説:"夫人在氣中,氣在人中,自天地至於萬物,無不須氣以生者也。"《抱朴子内篇校釋》的作者王明先生説:"這個氣生天地萬物的理論,無疑是樸素唯物主義的觀點。"葛洪深知"氣"關乎人的壽命長短,《極言》説:人"受氣各有多少,多者其盡遲,少者其竭速"。他要人們珍視"氣",《道意》説"若乃精靈困於煩擾,榮衛消於役用,煎熬形氣,刻削天和,勞逸過度,而瘁首以請命，變起膏肓，而祭禱以求痊”，也無濟於事了。

葛洪把“氣”作爲一種賞善罰惡的精神力量看待。《微旨》説：“山川草木，井竈洿池，猶皆有精氣；人身之中，亦有魂魄；況天地爲物之至大者，於理當有精神，有精神，則宜賞善而罰惡。”他説山川草木等皆由精氣所構成，合乎黄老的元氣自然論；但將“精氣”神化，就成爲道教的説教了。這對那些愚昧的行惡者，也許是有告誡作用的。

葛洪認爲“氣”有仙凡之分，壽夭之別，聖賢之迥，貧富之異，文武之殊等等。《辨問》説：“按仙經以爲諸得仙者，皆其受命偶值神仙之氣，自然所稟。”《塞難》説：“命之修短，實由所值，受氣結胎，各有星宿。”人受氣結胎時，遇到星宿不同，其稟性也不同。《辨問》説：“其值聖宿則聖，值賢宿則賢，值文宿則文，值武宿則武，值貴宿則貴，值富宿則富，值賤宿則賤，值貧宿則貧，值壽宿則壽，值仙宿則仙。”如此等等，簡直是十足的星宿説的翻版。這個觀點很古老了，最遲在西周就産生了。《詩·小雅·小弁》：“天之生我，我辰安在?”鄭玄箋：“此言我生所值之辰安所在乎? 謂六物之吉凶。”孔穎達疏：“六物，歲、時、日、月、星、辰也。”劉盼遂説：“知人稟星氣之説，自西周已然。”星氣説至兩漢而大熾。《太平經》認爲神、仙、道、聖、賢，生各有命，善人已著善籍。這是與他反對壽夭命定“稟之自然”的説法相矛盾的。這在星宿説盛行的漢魏晉時代是不足爲奇的。他當時自然不可能知道人的“基因”是決定人類壽夭、賢愚等等的主要因素之一，但不是唯一的因素。人能成爲聖賢或文臣武將，除了人自身的基因、後天的努力之外，還有社會條件的促成與制約。

但是，他的氣説對我們人類科學是有啟發作用的。《黄白》説：“雲雨霜雪，皆天地之氣也，而以藥作之，與真無異也。”人們掌握了自然變化的規律，就能以人工的科學方法製造跟自然物質相同的東西，爲人類服務。人類可以製造氧氣、氫氣、沼氣、煤氣、汽油等，可以用沼氣、煤氣來炒菜做飯，可以用汽油來開動汽車飛機，專用氣體燃料可以送火箭直上蒼穹等。

一。《老子・第四十二章》:"道生一。"《黃老帛書・十大經・成法》說:"一者,道其本也。"又《道原》說:"一者,其號也……獨立不偶,萬物莫之能令。"《淮南子・天文》:"道始於一。"葛洪認爲"道"是唯一的存在,故也用"一"來表示。《地真》說:"道起於一,其貴無偶,各居一處,以象天地人,故曰'三一'也。天得一以清,地得一以寧,人得一以生,神得一以靈。金沈羽浮,山峙川流;視之不見,聽之不聞;存之則在,忽之則亡;向之則吉,背之則凶。"這是採用與《老子・第三十九章》"昔之得一者"一段話而稍加變動。

葛洪將"一"作爲論證成仙的哲學依據。《地真》說:"吾聞之先師曰:一在北極大淵之中,前有明堂,後有絳宮,巍巍華蓋,金樓穹隆;左罡右魁……城闕交錯,帷帳琳琅;龍虎列衛,神人在傍。"葛洪用內丹術語說"一"就在自己身體之中。又說:"一有姓字服色:男長九分,女長六分;或在臍下二寸四分下丹田中;或在心下絳宮金闕中丹田也;或在人兩眉間,卻行一寸爲明堂,二寸爲洞房,三寸爲上丹田也。"這裏的"一"簡直成了人格化的神靈了。因此葛洪提倡"知一""思一""守一"。《地真》說:"能知一,萬事畢。""仙經曰:'子欲長生,守一當明;思一至飢,一與之糧;思一至渴,一與之漿。'"似乎祇要"守一"就可以得到一切,獲得長生了。除了有益健康一點外,這自是十足體現了道教的宗教特色。

葛洪將"守一"說發展爲"守真一"與"守玄一"。"守真一"能讓人身體健康長生,避災卻禍;"守玄一"則念口訣而能分形,並役使鬼神。真一與玄一相較,真一高於玄一,"守玄一復易於守真一"。

葛洪的"玄""道""一"不在於發揮老莊道家的抽象思辨,而在於發揮老子天道自然無爲的思想。《塞難》說:"天道無爲,任物自然,無親無疏,無彼無此也。"在於自然的變化,《黃白》說:"變化者,乃天地之自然。""譬諸陽燧所得之火,方諸所得之水……其根源之所緣由,皆自然之感致,非窮理盡性者,不能知其指歸;非原始見終者,不能得其情狀也。"掌握了自然變化的規律就能利用規律爲人類服務。

"玄、道、氣、一",特別是"一",在丹鼎派學説中主要指煉丹、服丹、寶精、食氣、修道與成仙。《九轉流珠神仙九丹經》上:"太陰生月,位北方,坎其數一。故'能知一,萬事畢'。一者,鉛也。鉛精生月。鉛精名太陰石。"《文始先生無上真人關令內傳》:"子能知一萬事畢。閉塞情欲入奧室。煉金食氣爲第一。子能知之守勿失。……一者是鉛鉛爲君,二者是汞汞是臣。若鉛不真,其汞難親。若鉛是親,不失家臣。"葛洪全書所説的就是這一觀點。《釋滯》説:"欲求神仙,唯當得其至要,至要者在於寶精行氣,服一大藥便足。""以規神仙,而不作金丹之大藥,此愚之甚矣。"最能表明這一點。

二、道本儒末,内聖外王

先秦時代儒墨爲顯學,漢武帝獨尊儒術,兩晉"以孝治天下",繼續以儒家爲正統。面對這種思想文化傳統與政治環境,葛洪要創建神仙道教,將其與道家文化掛鉤,首先就必須解決儒道關係的根本問題。

中國文化最早的發展軌跡是由道至儒,由老子到孔子。帛書甲本《老子・道經・第十三章》:"故貴爲身於爲天下,若可以橐(托)天下(矣);愛以身爲天下,女(如)可以寄天下矣。"高明注:"'貴爲身於爲天下',猶言爲身貴於爲天下。"《莊子・讓王》:"道之真以治身,其緒餘以爲國家,其土苴以治天下。"又《天下》:"古之所謂道術者,果惡乎在? 曰:'無乎不在。'曰:'神何由降? 明何由出?''聖有所生,王有所成。皆原於一。'"此即所謂"内聖外王之道"。《鶡冠子・泰録》:"内聖者,精神之原也。"宋人陸佃解曰:"外王者皆其緒餘土苴,則内聖者,精神之原也。"蓋得其旨。《文獻通考・經籍考》雜家類引《崇文總目》:羅隱《兩同書》二卷,"采孔、老二書,著爲内外篇,以老子修身之説爲内,孔子治世之道爲外,會其旨而同元”。也是這個意思。梁啟超《諸子考釋·莊子天下篇釋義》:“‘内聖外王之道’一語,包舉中國學術之全部,其旨歸在於内足以資修養而外足以經世。”可謂高度概括。

葛洪正是在充分理解中國最早的文化傳統基礎上,發展了“道本儒末,内聖外王”的思想。《塞難》説:“道者,萬殊之源也;儒者,大淳之流也。三皇以往,道治也;帝王以來,儒教也。”這段話揭示了中國文化由“内聖”發展爲“外王”、由老子爲代表的道家發展到孔子爲首領的儒家之歷史軌跡。《明本》説:“或問儒道之先後。抱朴子答曰:‘道者,儒之本也;儒者,道之末也。’”接着首先援引司馬談《論六家之要旨》,就道家兼綜百家而且領導百家的歷史地位給予全面論述:“唯道家之教,使人精神專一,動合無形,包儒墨之善,總名法之要,與時遷移,應物變化,事少而功多,指約而易明,務在全大宗之朴,守真正之源者也。”繼而指出道家的“道”乃是宇宙的普遍而根本的法則:“凡言道者,上自二儀,下逮萬物,莫不由之。”修身治國,無不遵循,概莫能外。又説:“夫道者,其爲也,善自修以成務;其居也,善取人所不争;其治也,善絶禍於未起;其施也,善濟物而不德;其動也,善觀民以用心;其静也,善居慎而無悶。此所以爲百家之君長,仁義之祖宗也。”道家自修成業、取人不争、絶禍未萌、觀民用心、居慎無悶,重在治本;儒家汲汲名利,經世濟俗,補救禍起之後,祇能治標。兩相比較,“黄老治其本,儒墨治其末耳”。葛洪抓住根本,將道本儒末、内聖外王的根本道理説清楚,確立了“道”之“百家之君長,仁義之祖宗”的社會、學術地位。

其次是解決儒生對周公、孔子的聖賢崇拜。這個問題不解決,就不能建立自己的神仙道教的權威。《釋滯》説:“或曰:‘果其仙道可求得者,《五經》何以不載,周、孔何以不言,聖人何以不度世,上智何以不長存? 若周、孔不知,則不可爲聖。若知而不學,則是無仙道也。’”這迫使葛洪不能不就他們的質疑作出回答,否則就無以建立神仙道教。葛洪説:“夫《五經》所不載者無限矣,周、孔所不言者不少矣。《辨問》説周孔許多“小小之伎,猶多不閑”,即許多事不知，此見諸載籍，如"及欲葬母，不知父墓所在"、"問老子以古禮，禮有所不知也"等。金無足赤，人無完人，這些本來不必提出的。如果不是因爲"世人謂聖人從天而降，神靈之物，無所不知，無所不能"，(《辨問》)葛洪是不會這樣苛求提出這些問題的。

三、藉衆術之共成長生

《微旨》說："藉衆術之共成長生。"葛洪《同契》《黃庭》兼綜，内丹、外丹并修。魏伯陽《周易參(cān)同契》爲"萬古丹經之王"，是流傳至今的道教丹鼎派最早的理論著作。《周易參同契》(唐)無名氏注："周(者)，乃常道也。易者，變改之誼。言造大還丹，運火皆一周天，故曰周易者。汞爲日，南方，離，火，屬己，太陽之精，爲青龍。鉛爲月，北方，坎，水，屬戊，太陰之精，爲白虎。亦爲丹砂爲日，汞爲月。故日月爲易字。參者雜也，雜水土金三物也。同爲一家，如符若契，契其一體，故曰參同契。昔真人號龍虎經。"謂《周易參同契》不用《易》理。一說，《周易參同契》，是運用《周易》揭示的陰陽之道。《周易參同契》采黃老自然之理，講述爐火煉丹之事，書中論述鉛汞入藥，與水火爲伍；詳細規定用藥的分量，煉丹的火候，還丹的過程，食丹的效應等，講的是外丹法。共三卷，卷上明確反對内丹等道法；卷中則有養性延命，清虛内守，强骨益氣之說，屬内丹法；卷下亦有"會精養神""筋骨致堅"等語。總之以内養配合服食丹藥。蓋非一人所寫，魏伯陽總其成。《參同契》之《古歌》云："白汞生丹砂(麻)。黑鉛化黃芽(麻)。其終數九九，變化在三華(麻)。修到紫陽宫，黃金無處誇(麻)。但得金公合，修成金液砂(麻)。"又見《還丹肘後訣》引《古歌》。《黃庭》即《太上黃庭内景玉經》《太上黃庭外景玉經》，七言歌訣體，傳爲西晉人魏華存作，而實非出自一人之手。《黃庭》主内丹，以身體爲丹爐。其基本内容是：一、"八景二十四真神"說，人體分爲上中下三部，每部有八景神，體内有二十四真神，實是一種器官崇拜。《黃庭内景經‧治生章》：

"兼行形中八景神,二十四真出自然。"二、黃庭三丹田之說。三丹田即三宮,又稱三房。上丹田在腦中部,名泥丸;中丹田有兩說,一說以脾爲中宮,一說指心;下丹田在臍下三寸處,稱關元。三、積精累氣,存神致虛的修煉方法。四、關於五臟六腑內外相應的生理學說,內臟器官與體表器官的相應關係。《內篇》有些篇章直接採用了《黃庭》的許多術語以此。具體說,大約有以下幾點:

一、積善立功,慈心於物。葛洪將封建禮教引入道教,讓其在修仙成道中起思想統帥作用。《微旨》說:"覽諸道戒,無不云欲求長生者,必欲積善立功,慈心於物,恕己及人,仁逮昆蟲。"下面一大段文字都是說的這一點。《對俗》說:"或問曰:'爲道者當先立功德,審然否?'抱朴子答曰:'有之。'"按《玉鈐經·中篇》云:"立功爲上,除過次之。爲道者以救人危(急)使免禍,護人疾病,令不枉死,爲上功也。欲求仙者,要當以忠孝和順仁信爲本,若德行不修,而但務方術,終不得長生也。"把"立德"放在修道的首位,這是在中國土地上的各種宗教都是一致提倡的,不獨道教。不過,如果作惡,天神知道了,就奪算奪紀,不能延壽長生了,這是道教獨有的。《微旨》說:"三尸之爲物,雖無形而實魂靈鬼神之屬也。欲使人早死,此尸當得作鬼,自放縱遊行,享人祭酹。是以每到庚申之日,輒上天白司命,道人所爲過失。又月晦之夜,竈神亦上天白人罪狀。大者奪紀,紀者,三百日也。小者奪算。算者,一百日也。"以此爲封建統治者服務,勸人爲善。

二、守一存真,乃能通神。《地真》說:"人能守一,一亦守人,所以白刃無所指其銳,百害無所容其凶,居敗能成,在危獨安也。"據說這種"思存念作"的功夫,可以"卻惡防身"。思神守一,氣沉丹田的實際作用在於修身養性。

三、屈伸導引,宣動榮衛。《極言》說:"調利筋骨,有偃仰之方。"《對俗》說:"真人但令學其道引以延年。"《雜應》說:"朝夕導引,以宣動榮衛,使無輟閡。"這是健身延年、無病防病的最好方法。

四、服餌草藥,養性除病。《仙藥》說:"中藥養性,下藥除病。"

《雜應》説：“古之初爲道者，莫不兼修醫術，以救近禍焉。”《極言》説：“先將服草木以救虧缺。”葛洪認爲這是初爲道者必走的第一步。

五、陰陽之術，還精補腦。《釋滯》説：“人欲不可都絶陰陽，陰陽不交，則坐致壅閼之病，故幽閉怨曠，多病而不壽也。任情肆意，又損年命。唯有得其節宣之和，可以不損。”《至理》説：“又宜知房中之術，所以爾者，不知陰陽之術，屢爲勞損，則行氣難得力也。”葛洪認爲，人是不能没有性生活的，但性生活的節制與宣洩要適度，順乎自然。“而其大要在於還精補腦之一事耳”，（《釋滯》）既要滿足性生活的需求，又要保持元氣，故葛洪强調“還精補腦”。

六、食氣、行氣，養身卻惡。《雜應》根據《淮南子・墜形》“食氣者神明不死”的説法，提出食十二時生氣與四時之氣：“或食十二時氣，從夜半始，從九九至八八七七六六五五而止。或春向東食歲星青氣，使入肝；夏服熒惑赤氣，使入心；四季之月食鎮星黃氣，使入脾；秋食太白白氣，使入肺；冬服辰星黑氣，使入腎。”“夫長生得道者，莫不皆由服藥吞氣，而達之者而不妄也。”葛洪承襲東漢《老子想爾注》“食氣”“寶精”的修煉方法，在《至治》中提出“行氣”説：“服藥雖爲長生之本，若能兼行氣者，其益甚速；若不能得藥，但行氣而盡其理者，亦得數百歲。”又説：“善行氣者，内以養身，外以卻惡。”“内以養身”説是正確的，而“外以卻惡”則誇大了“行氣”的作用。至於“行氣”可以“禳天災”、“禁鬼神”、“禁白刃”、“舉形輕飛，白日升天”，説得神乎其神，就將“氣”神化了。行氣之法，《釋滯》有具體説明：“初學行炁，鼻中引炁而閉之，陰以心數至一百二十，乃以口微吐之，及引之，皆不令己耳聞其炁出入之聲，常令入多出少，以鴻毛著鼻口之上，吐炁而鴻毛不動爲候也。”直到能胎息：“得胎息者，能不以鼻口噓吸，如在胎胞之中，則道成矣。”葛洪從他的仙道學説出發，把“寶精行氣”作爲修仙之要。《釋滯》説：“欲求神仙，唯當得其至要，至要者在於寶精行氣。”《微旨》説：“九丹金液，最是仙主。……寶精愛炁，最其急也。”

七、服食神丹，人壽無窮。《仙藥》説："仙藥之上者丹砂，次則黄金，次則白銀。"丹砂即朱砂，即硫化汞。汞，即水銀，可以硫化爲朱砂。朱砂亦可以還原爲汞，故稱朱砂爲還丹。朱砂燒煉九次而成之丹叫"九丹"，又稱"神丹"。金液神丹合稱"金丹"，又稱"上藥"、"大藥"、"神藥"。《金丹》把服食金丹説成是長生之本："余考覽養性之書，鳩集久視之方……莫不皆以還丹金液爲大要者焉。然則此二事，蓋仙道之極也。服此而不仙，則古來無仙矣。""升仙之要在神丹也。""服神丹令人壽無窮已。與天地相畢，乘雲駕龍，上下太清。""成則可以舉家皆仙，不但一身耳。"這是葛洪修仙長生的最主要途徑。不過葛洪附加了許多條件，不達到葛洪所説的條件，就不能服用金丹，也不能成仙。

四、神仙可以學致

葛洪出生于魏晉政權更替頻繁的時代，親身遭遇八王之亂，永嘉之變的多難之世，而又出身於没落的士族名宦家庭，不僅生活極其困難，前途渺茫，而且精神非常痛苦。《遐覽》引某人説："既生值多難之運，亂靡有定，干戈戚揚，藝文不貴，徒消工夫，苦意極思，攻微索隱，竟不能禄在其中，免此壟畝；又有損於精思，無益於年命，二毛告暮，素志衰頹，正欲反迷，以尋生道。"葛洪回應説："余亦與子同斯疾者也。"人同此心，心同此理，他們有共同的遭遇與感受。無以爲樂，人生没有什麽值得留戀的。《勤求》説："淩晷飛飆，暫少忽老，迅速之甚，諭之無物，百年之壽，三萬餘日耳。幼弱則未有所知，衰邁則歡樂并廢，童蒙昏髦，除數十年，而險厄憂病，相尋代有，居世之年，略消其半，計定得百年者，喜笑平和，則不過五六十年，咄嗟滅盡，哀憂昏髦，六七千日耳，顧眄已盡矣，況於全百年者，萬未有一乎？諦而念之，亦無以笑彼夏蟲朝菌也。蓋不知道者之所至悲矣。"這段話不獨傾吐了他本人深感人生短促、生活窘困的痛苦，也道説出了同時代人的共有的困苦。苦難是宗教得以産生的溫床。葛洪作爲一個思想活躍的士族知識份子，追求虛幻世界的幸福生活，宣導人能長生久視的神仙道教，就是在這樣的歷史背景與他自身的思想狀況下產生的。

《勤求》說：“仙之可學致，如黍稷之可播種，甚炳然耳。”在道教界，葛洪首先對長生成仙的可能性與現實性作了認真系統的探討與論證。其觀點與論據是：

一、世有神仙，見諸載籍。《對俗》說：“若謂世無仙人乎，然前哲所記，近將千人，皆有姓字，及有施本末，非虛言也。”《論仙》說：“列仙之人，盈乎竹素矣。不死之道，曷爲無之？”“劉向博學則究微極妙，經深涉遠；思理則清澄真僞，研核有無；其所撰《列仙傳》，仙人七十有餘，誠無其事，妄造何爲乎？邃古之事，何可親見，皆賴記籍傳聞於往耳。《列仙傳》炳然，其必有矣。”他對古籍深信不疑，不辨真僞虛實。《孟子·盡心下》說：“盡信書，則不如無書。”葛洪則可謂“唯書”而“盡信書”了。

二、天地無窮，人“久視不死”。有人說“夫有始者必有卒，有存者必有亡”，（《論仙》，下同）這是萬物生滅的普遍性與絕對性，但葛洪對此提出質疑與挑戰：“謂始必終，而天地無窮焉。謂生必死，而龜鶴長存焉。”他的思路的確開闊，而思惟邏輯出人意外。誰見過天地窮盡？龜鶴死亡？因此他說：“萬類之殊，不可以一概斷之。”即有例外。他用“天地”這個無生物的長久存在與“龜鶴”這兩種特殊生物的較長壽命，來強調人也可以恒久存在。

三、陶瓦“與二儀齊其久”，人“延養”能“久視”。《至治》說：“泥壤，易消者也，而陶之爲瓦，則與二儀齊其久矣；柞楛，速朽者也，而燔之爲炭，則可億載而不敗焉。……而人之受命，死生之期，未若草木之於寒天也；而延養之理，補救之方，非徒溫暖之爲淺益也。久視之効，何爲不然？”這與上一條的邏輯類似。“泥壤”經過燒製加工，是能變成陶瓦，其堅固是能存在相當長的時間，但它并不能“與二儀齊其久”；柞楛燔爲剛炭，雖能久存，但不能“億載而不敗”，因爲世上沒有永不腐朽的事物。跨過“持久”，說成“永恒”，

"變"説成"常"，"有限"説成"無限"，何況人非泥壤與柞楢，不能模擬的。

四、醫術治病起死，"藥物養身"，"術數延命"，使人"久視不死"。《論仙》説："若夫仙人以藥物養身，以術數延命，使內疾不生，外患不入，雖久視不死，舊身不改，苟有其道，無以爲難也。"《至治》説"凡藥""起猝死""返驚魂"，"能令已死者復生"；"醫家之薄技"能"救殞""活絶""解顱""刳腹""瘳危""穿胸"；"夫人所以死者，諸欲所損也。"這些話的確言之成理。諸欲與疾病引起死亡，醫術藥物確能治病延年，起死回生。"豈況神仙之道，何所不爲？"由此推斷"神仙之道"萬能，就將"相對"説成"絶對"了。人類生老病死的奧秘雖然至今未能全部破譯，但葛洪的探索是有積極意義的。

五、服食金丹、黃金，"能令人不老不死"。《金丹》説："夫金丹之爲物，燒之愈久，變化愈妙。黃金入火，百煉不消，埋之畢天不朽。服此二物，煉人身體，故能令人不老不死。此蓋假求於外物以自堅固。"《對俗》説："金玉在九竅，則死人爲之不朽。鹽漬沾於肌髓，則脯臘爲之不爛，況於以宜身益命之物，納之于己，何怪其令人長生乎？"葛洪由金丹的變化愈妙，黃金的不朽，推論人服食此二物"能令人不老不死"；由鹽漬能防止肉類腐敗，推論"宜身益命之物"可以"令人長生"。

六、"短淺之耳目"，不識"神仙之遠理"。《論仙》説："淺識之徒，拘俗守常，咸曰世間不見仙人，便云天下必無此事。夫目之所曾見，當何足言哉？天地之間，無外之大，其中殊奇，豈遽有限！詣老戴天，而無知其上；終身履地，而莫識其下。形骸已所自有也，而莫知其心志之所以然焉；壽命在我者也，而莫知其修短之所能至也。況乎神仙之遠理，道德之幽玄，仗其短淺之耳目，以斷微妙之有無，豈不悲哉？"指出人存在著認識的局限性，許多事物尚未被認識，"欲以所見爲有，所不見爲無，則天下之所無者，亦必多矣"，"夫所見少，則所怪多，世之常也"。在他之前的向秀曾反對嵇康"神仙可信”的説法，見《嵇康集・向子期難養生論》，表明當時關於神仙有無的争論是很激烈的。

七、道術可學得，仙道亦可學得。《論仙》説：“夫方術既令鬼見其形，又令本不見鬼者見鬼，推此而論，其餘亦何所不有也。”《對俗》説：“若道術不可學得，則變形易貌，吞刀吐火，坐在立亡，興雲起霧，召致蟲蛇，合聚魚鱉，三十六石立化爲水，消玉爲粕，漬金爲漿，入淵不沾，蹈刃不傷，幻化之事，九百有餘，按而行之，無不皆效，何爲獨不肯信仙之可得乎？”

八、“小既有驗，則長生之道，何獨不然？”葛洪説：“今試其小者，莫不效焉，余數見人以方諸承水於夕月，陽燧引火於朝日，隱形以淪於無象，易貌以成於異物；結巾投地而兔走，針綴丹帶而蛇行，瓜果結實于須臾，龍魚瀺灂於盤盂，皆如方説焉。”(《對俗》)“方諸承水”、“陽燧引火”雖然合乎科學，但畢竟是小伎倆；“隱形”“易貌”即便如作者所説都是事實，與“長生之道”何干呢？立論未免太牽强了。

九、“畢該秘要，窮道盡真”如黄帝，就能成仙。《極言》説：“昔黄帝生而能言，役使百靈，可謂天授自然之體者也，猶復不敢端坐而得道。故陟王屋而受丹經，到鼎湖而飛流珠，登崆峒而問廣成，之具茨而事大隗，適東岱而奉中黄，入金谷而諮涓子，論道養則資玄、素二女，精推步則訪山稽、力牧，講占候則詢風后，著體診則受雷岐；審攻戰則納五音之策，窮神奸則記白澤之辭，相地理則書青鳥之説，救傷殘則綴金冶之術。故能畢該秘要，窮盡道真，遂勒升龍以高躋，與天地乎罔極也。然按神仙經，皆云黄帝及老子奉事太乙、元君以受要訣，況乎不逮彼二君者，安有自得仙度世者乎？未之聞也！”

十、“夫求長生，修至道，訣在於志。”凡是不能成仙者，葛洪就認爲是由於其志不堅。《極言》説：“非長生難也，聞道難也；非聞道難也，行之難也；非行之難也，終之難也。”葛洪在《漢武帝内傳》中也説過這樣的話。葛洪祇有以修仙之難來答復詰難者。

五、葛洪神仙道教的特點

葛洪神仙道教的特點是：

一、斥責厭生安死，推崇重生大德。西晉八王之亂、永嘉之變，充滿了你死我活的慘烈鬥爭與血腥廝殺，士人驚恐度日。在這種亂世，生命難保，因而在葛洪眼中最珍貴的就是生命。《勤求》援引《易·繫辭下》與《左傳·昭公二十五年》説："天地之大德曰生。""生，好物者也。"誰都是樂生厭死的。"姬公請代武王，仲尼曳杖悲懷，是知聖人亦不樂速死矣。""古人有言曰：'生之於我，利亦大焉。'論其貴賤，雖爵爲帝王，不足以此法比焉；論其輕重，雖富有天下，不足以此術易焉。故有死王樂爲生鼠之喻也。"最後這句話，就像李斯不想做廁鼠而願做倉鼠一樣，把人與鼠相比，雖言不雅馴，但與今人所説"好死不如賴活著"實在沒有什麼不同。因爲人的生命祇有一次，有了生命才有一切，所謂"留得青山在，不愁没柴燒"。所以葛洪所宣導的神仙道教的核心是重生。基於這個根本觀點，葛洪對莊子"齊死生""以存活爲徭役，以徂殁爲休息"極爲不滿，《勤求》説："齊死生之論，蓋詭道强達，陽作違抑之言，皆仲尼所爲破律應煞者也。"恨不得置之死地而後快。因爲莊子厭生安死的主張與葛洪渴望長生不死的願望相背，"其去神仙，已千億里矣"。説莊子"求粟于河侯，以此知其不能齊死生也"，他認爲莊子其實也不願意死。這種重生的理論，體現了葛洪對人的生命的重視與人文關懷，超出了他創立神仙道教，服務上層社會的本意。

二、排斥民間道教，盛讚富貴神仙。出身士族、參加鎮壓石冰暴動的葛洪，出於維護封建地主階級利益，排斥民間道教。《道意》説："曩者有張角、柳根、王歆、李申之徒，或稱千歲，假託小術，坐在立亡，變形易貌，誑眩黎庶，糾合群愚，進不以延年益壽爲務，退不以消災治病爲業，遂以招集奸黨，稱合逆亂，不紕自伏其辜，或至殘滅良人，或欺誘百姓，以規財利。"反對張角等人利用宗教組織起義，認爲他們“威傾邦君，勢淩有司，亡命逋逃，因爲窟藪”，必須嚴令禁絕。因爲太平道等民間道教的起義，衝擊了封建地主階級的統治，動搖了封建地主階級的政權。葛洪從維護封建秩序、總結統治經驗出發，要徹底清除民間道教，使道教服務於上層社會，使神仙道教成爲統治宗教。他不懂得包容民間道教的重要性。統治者可以用武力鎮壓農民的起義，卻不能用專政手段消滅他們崇信的民間道教。

富於幻想的葛洪給上層人士描繪了一幅無限美妙的神仙樂土的生活，《明本》説：“夫得仙者，或升太清，或翔紫霄，或造玄洲，或棲板桐，聽鈞天之樂，享九芝之饌，出攜松、羨於倒景之表，入宴常、陽於瑤房之中。”這同《莊子·逍遙遊》説的“藐姑射之山，有神人居焉，肌膚若冰雪，淖約若處子，不食五穀，吸風飲露，乘雲氣，御飛龍，而游乎四海之外”，《楚辭·離騷》寫的“前望舒使先驅兮，後飛廉使奔屬，鸞皇爲余先戒兮，雷師告余以未具。吾令鳳凰飛騰兮，又繼之以日夜”以及佛教宣揚的西方極樂世界，可謂異曲同工。

在這個神仙世界裏，有一個統帥衆仙的“大神仙”“元君”。《金丹》説：“（太乙）元君者，老子之師也。”“元君者，大神仙之人也，能調和陰陽，役使鬼神風雨，驂駕九龍十二白虎，天下衆仙皆隸焉。”他的弟子老子不再是學者，而是不食人間煙火的尊神。《雜應》説：“老君真形者，思之，姓李名聃，字伯陽，身長九尺，黃色，鳥喙，隆鼻，秀眉長五寸，耳長七寸，額有三理上下徹，足有八卦，以神龜爲床，金樓玉堂，白銀爲階，五色雲爲衣，重迭之冠，鋒鋌之劍，從黃童百二十人，左有十二青龍，右有三十六白虎，前有二十四朱雀，後有七十二玄武，前道十二窮奇，後從三十六辟邪，雷電在上，晃晃昱昱，此事出於仙經中也。”神仙因服藥的不同而有上、中、下之別，衆仙之中，新老資格不同，尊卑異等，卑者事奉尊者，仙界等級森嚴有如人世間。既成爲神仙，就能如人間的士族支使奴僕一樣役使鬼神了。《地真》説：“天靈地祇皆可接見，山川之神皆可役使也。”

葛洪的神仙道教既給了苦悶失意、悲觀厭世的士子帶來解脱痛苦的希望，也適應了權門右族、志得意滿者的精神需求。他們在世間既"食甘旨，服輕暖，通陰陽，處官秩"，"畜妻子，居官秩，任意所欲"，又能"老而不衰，延年久視，出處任意"，兩全其美。他們"或升天或住地，要於俱長生，住留各從其所好"。葛洪給他們發了仙凡兩界護照，他們在仙凡兩界都處於功名富貴的支配地位。葛洪因此成爲上層貴族在道教界的代言人，他所創造的道教流派長期受到上層貴族的歡迎。這和他不與貴族來往的爲人恰恰相反。

不過，他在《勤求》裏也寫了客子爲師傳道，主人爲徒學道的事實："陳安世者，年十三歲，蓋灌叔本之客子耳，先得仙道。叔本年七十皓首，朝夕拜安世曰：道尊德貴，先得道者則爲師矣，吾不敢倦執弟子之禮也。由是安世告之要方，遂復仙去矣。"這頗與釋迦牟尼接受牧羊女的供養相似，從這點説，葛洪傳教是懷有平民意識的。

三、反對淫祠巫祝，崇信金丹理論。《微旨》説："天道邈遠，鬼神難明。"表現出他懷疑鬼神和反對祭禱鬼神的傾向。《道意》抨擊淫祠巫祝説："不務藥石之救，惟專祝祭之謬，祈禳無已，問卜不倦……愚民之蔽，乃至於此哉！淫祀妖邪，禮律所禁。"主張："唯宜王者更峻其法制，犯無輕重，致之大辟，購募巫祝不肯止者，刑之無赦，肆之市路。"對淫祠巫祝嚴加鎮壓。淫祠巫祝誠然愚昧，但卻不是用鎮壓手段能解決的。他認爲祭祀不能長生："長生之道不在祭祀事鬼神也。"他充分揭露一些道士用騙術"以規財利，錢帛山積"。他批評道士們傳教不得精要："後之知道者，于吉、容嵩、桂帛諸家，各著千所篇，然率多教誡之言，不肯善爲人開顯大向之指歸也。"所謂"大向之指歸"即指還丹金液。他以《金丹》《仙藥》《黄白》等篇專門論證金液神丹的神效，想用化學實驗藥物取代符水祭祀治病，并讓人長生不死。

但葛洪反對祭祀並不徹底。《金丹》説："不先以金祀神，必被殃咎。""用丹砂、雄黄、雌黄、石硫黄、曾青、礜石、慈石、戎鹽、太乙餘糧，亦用六一泥，及神室祭醮合之，三十六日成。"這裏説的"以金祀神"、"神室祭醮"與民間道教的祭祀又有什麽不同呢？

　　四、既指責老、莊，又神化老子。神仙道教，雖由黄老學演發而來，但對《老》《莊》頗有微詞。他批評《老子》五千言"皆泛論較略，其中了不肯首尾全舉其事，有可承按者也。""至於文子、莊子、關令尹之徒"，"雖祖述黄老，憲章玄虚，但演其大旨，永無至言。"對那些"以老、莊爲窟藪"的人，他表示惋惜。

　　葛洪的修仙理論給後人的貢獻不在於虚幻的成仙之道而在於養生、保健、氣功、醫藥、化學、冶煉，在於他的科學探索精神與科學研究成果。這不僅給當時的上層人士，而且給世世代代的全人類帶來福祉。

六、科學精神與科學成就

　　神學和科學，是一對孿生姊妹，同出一源。葛洪既是魏晉神仙道教的代表人物，又是當時最傑出的"科學家"。歐洲中世紀的神學孕育了文藝復興與西方近代文明，魏晉神仙道教造就了葛洪這位取得多方面科學成就的特殊人物。

　　葛洪在他闡釋神仙道教的同時，處處閃爍着他科學探索精神的光輝。如他在《釋滯》篇中提出了一系列自然科學問題："夫天地爲物之大者也。九聖共成《易經》，足以彌綸陰陽，不可復加也。今問善《易》者，周天之度數，四海之廣狹，宇宙之相去，凡爲幾萬里？上何所極，下何所據？及其轉動，誰所推引，日月遲疾，九道所乘，昏明脩短，七星迭正，五緯盈縮，冠珥薄蝕，四七淩犯，彗孛所出，氣矢之異，景老之祥，辰極不動，鎮星獨東，羲和外景而熱，望舒內鑒而寒；天漢仰見爲潤下之性，潮濤往來有大小之變。五音六律，占喜怒之情；雲動氣起，含吉凶之候。欃、槍、尤、矢，旬始鋒澤，四鎮五殘，天狗歸邪，或以示成，或以正敗。明《易》之生，不能論此也。"這段文字不能簡單地理解爲他對儒生的反駁，而正好説明他突破了傳統文化思想的束縛，能開動科學頭腦，思考諸多自然科學問題。這些問題，相當專業化了，涉及宇宙、天文、氣象、地理、音樂等諸多領域，充分表現了他繼承屈原、莊子、黃繚"天問"的探索精神，他的開闊視野與淵博學識。

葛洪的"天問"又較前人大進了一步。《雜應》説："師言鳶飛轉高，則但直舒兩翅，了不復扇搖之而自進者，漸乘罡炁故也。龍初昇階雲，其上行至四十里，則自行矣。"這"鳶"這"龍"在西元三世紀前，是無法"上行至四十里"高度的，因而無法證實其"直舒兩翅"、"自進"、"自行"；但説到能"直舒兩翅"、"自進"、"自行"就很了不起，對後世航空理論與實踐是有啟迪意義的。

作爲魏晉丹鼎派代表人物的葛洪，其《金丹篇》《黃白篇》《仙藥篇》是他在這方面的經典作品，受到當代包括英國的李約瑟、中國的陳國符在內的眾多科學家的重視和研究。葛洪在長期燒煉金丹的實踐過程中，積累了豐富的經驗，認識到物質的某些特性及其化學反應，記載下大量的煉丹方法，提供了古代實驗化學的珍貴資料。成爲中國煉丹史上一位承先啟後的重要人物。據當代科學家研究，葛洪的藥物配方中有的是火藥配方的先驅。《仙藥》篇説："又雄黃……餌服之法，或以蒸煮之；或以酒餌；或先以硝石化爲水，乃凝之；或以玄胴腸裹蒸之於赤土下；或以松脂和之；或以三物煉之，引之如布，白如冰。"專家説："最末一種處理雄黃的方法是用硝石、玄胴腸（豬大腸）、松脂三物與雄黃合煉。玄胴腸和松脂炭化後即可產生相當於火藥配方中的木炭的作用，雄黃爲砷的硫化物，含硫。這一配方與早期火藥配方幾乎完全相同。在這一煉製過程中，藥料成分比例和加熱操作等反應條件的掌握稍有不當，即可發生爆炸現象。這種經驗的長期積累，便能夠有意識地去製造爆炸火藥，而導致火藥的發明和應用。"（任繼愈主編《中國道教史》107—108 頁；108 頁注①參見王奎克等：《砷的歷史在中國》，《自然科學史研究》第 1 卷第 2 期，1982 年）火藥是中國四大發明之一，而葛洪是發明火藥的先驅者之一。

葛洪同時精通醫學和藥學。《至治》篇説："今語俗人云：治中、四順,可以救霍亂;款冬、紫苑,可以治咳逆;萑蘆、貫衆之煞九蟲;當歸、芍藥之止絞痛;秦椒、獨活之除八風;菖蒲、乾薑之止痹濕;菟絲、蓯蓉之補虛乏;甘遂、葶歷之逐痰癖;括樓、黃連之愈消渴;薺苊、甘草之解百毒;蘆如、益熱(智)之護衆創;麻黃、大青之主傷寒。”涉及許多草藥與方劑。這裏邊“理中、四順”這句話,在葛洪當時是很一般的醫藥常識,大約屬於他所説的“醫家之薄技”,一般百姓都掌握的。

清代學者方維甸説:“葛氏之書,墨守師傳,不矜妙悟。譬之儒者説經,其神仙家之漢學乎!”葛洪既繼承“師傳”,又“妙悟”“金丹仙藥,黃白玄素”等等而成就了神仙家中的科學家!

七、大輅椎輪,紬奇册府

葛洪内外兼綜,繼秦漢黃老學派、司馬談司馬遷父子、劉向劉歆父子、班彪班固父子、王充之後,在整理古代文獻方面作出了卓越貢獻。就内籍言,葛洪在整理道家與道教典籍上取得了前所未有的成就。

目録。姚名達《中國目録學史》説:“《道經》既晚出,故其目録亦遲至南北朝始完成,而葛洪之《遐覽篇》則其大輅之椎輪也。”肯定了葛洪在這方面的創始之功。葛洪的《遐覽篇》確實是“留存至今有名有實的最早的道經目録”(同上第256頁)。其中所著録的道經和道符共計261種1299卷(朱越利《道經總論》第216頁)。《遐覽篇》首段,葛洪通過設問表明本篇的主要内容是介紹道經目録。第二段主要介紹自己師從鄭隱讀經、受經、寫經的情況,説明他所著録的道經是鄭隱的私人藏書。第三段著録道經共205種679卷。葛洪注云:“凡有不言卷數者,皆一卷也。”超過一卷的都標明了卷數。第四段著録諸符共56種620卷。葛洪注云:“此皆大符也,其餘小小,不可具記。”下半段講述了諸符傳寫多誤的問題。第五段專門講述最重要的符書《三皇内文》《五嶽真形圖》與辟

邪、長生的關係。第六段講述最重要的變化術書《墨子五行記》《玉
女隱微》《淮南鴻寶萬畢》《白虎七變法》等的神效和精要。第七段
強調寫作本文的目的是"欲令好道者知異書之名目也"。首段與末
段是書目的總序，三段、四段是書目的正文，四段末所寫可謂大序，
五段六段是書目叙錄與提要(參丁宏武《葛洪在文獻整理方面的貢
獻》，見 2008 年第 2 期《古籍整理研究學刊》)。如果没有這一《遐
覽篇》，我們無以得知秦漢魏晉的道經諸符的全貌，無以研究魏晉
以前的道教道經符籙。唯其不足處是除了《三皇内文》《五嶽真形
圖》等少數書目外，絶大多數書目皆無内容提要。《登涉篇》所提諸
符外，葛洪還撰有《登涉符錄》一卷。如果説《遐覽篇》是道經目錄
的"大輅之椎輪"，那麼，整個《抱朴子内篇》與《内篇》内容相似的其
他著作，則是"紬奇"道經"册府"的集錦傑作，秦漢魏晉道經的導
論，内容涉及多方面。

　　序訣。葛洪撰寫了《老子道德經序訣》二卷，見兩《唐志》道家
類、《通志・藝文略》道家類。《文獻通考・經籍考》道家類："河上
公注《老子》二卷。晁氏曰：'晉葛洪曰：河上公者，莫知其姓名，漢
孝文時居河之濱。'"其《序訣》佚文，多見於成玄英《道德經開題序
訣義疏》七卷、敦煌寫本與《正統道藏》之中。《正統道藏》"罔"字一
號趙學士《道德真經集解・序説》引"葛玄序曰：夫《五千文》蓋道
德之源，大無不包，細無不入，天人自然之經也。""短"字五號董思
靖《道德真經集解・序説》引"葛玄序曰"同，僅少後一"之"字，又
云："劉歆《七略》云：'劉向定著二篇八十一章，上經三十四章，下經
四十七章。'而葛洪等又加損益，乃云：'天以四時成，故上經四九三
十六章；地以五行成，故下經五九四十五章，通應九九之數。'"敦煌
寫本伯二五八四號《老子道經》上："河上公莫知其姓名也。""號曰
河上公焉。""太極左仙公葛玄曰：'老子以上皇元年……'""道士鄭
思遠曰：余家師葛仙公。"在"河上公者莫知其姓名也"一段文字之
前伯二五八四號有"無爲之文，汙之不辱，飾之不榮也"三句，當是
葛洪之文。王利器説："《老子道德經序訣》其書旨在'序述聖人

之旨，訣斷學者之疑’，故廣引河上公、葛仙公、鄭道士之言以明之。”《老子道德經序訣》思想內容，蓋與《暢玄》《道意》相通。

　　丹經。《金丹篇》《黃白篇》是葛洪對所有秦漢魏晉主要丹鼎典籍的高度概括與精粹提要。《金丹篇》首先叙述了秦漢丹經經左元放、葛玄、鄭隱，傳至葛洪。接着重點説到《黃帝九鼎神丹經》，引用了最重要的有關“九丹”的大段文字，九丹的名稱，每一丹的藥物組成、煉製過程與功效，以及九轉丹的功效，都有詳略不等的説明。“復有《太清神丹》”，“又有《九光丹》”，其次有《五靈丹經》等二十七種丹經，又提到《金液爲威喜巨勝之法》《餌黃金法》，最後又説到《小神丹方》《小丹法》《小餌黃金法》《兩儀子餌黃金法》等，總共三十幾種丹經。內容極爲豐富。《黃白篇》提到的丹經有《神仙經黃白之方》《作丹砂水法》《金樓先生所從青林子受作黃金法》《治作赤鹽法》《甪里先生從稷丘子所授化黃金法》《治作雄黃水法》《小兒作黃金法》《務成子法》等。這兩篇，對金銀銅錫鉛等礦物的冶煉，各種藥物配方、製造，都有明確的叙述，給我們留下極爲寶貴的文獻資料。葛洪在這方面的工作，不僅表現在《內篇》的這兩篇，還表現在其他丹經著作之中。如《太清金液神丹經》卷上前有《正一天師張道陵序》，中叙治六一泥、發丹火良日、金液丹華等；卷中長生陰真人撰，前有陰真人六十三字模韻詩，中間《作霜雪法》下，“鄭君曰：夫仙人飛沈，靈驗難論”一段，顯然是葛洪之辭；卷下《抱朴子序述》“葛洪曰”以下，則全然是葛文的文字。我們由此可據以推知《太清金液神丹經》曾經葛洪過目并加工編輯整理。《黃帝九鼎神丹經》係前人所作，原著已佚；但許多內容，尚保存于唐人所作《黃帝九鼎神丹經訣》之中。其中不乏葛洪文字，如卷三“狐剛子曰”一段文字之下，“葛洪曰：余雖生於末代，頗慕古風，考集仙經。八十餘歲雖聞此訣目，(但)未曾(目)覩，求亦不已。余師鄭君也，始授余此訣。余自得之，精思清齋，齋滿百日，依按作合，無不成者。吾始轉清氣息，服餌之五神泉，即得住命法。……此是玄珠訣文也。”前段“狐剛子曰”，後段“葛洪曰”，蓋都是葛洪加進《黃帝九鼎神丹經》中的文字，而唐人據《黃帝九鼎神丹經》迻録者。他如葛洪撰寫的《金木萬靈論》一卷，《大丹問答》一卷，《金丹經》若干卷，《九轉靈砂金丹》，均見《正統道藏》；《狐子方金訣》二卷，見《舊唐書·經籍志》《新唐書·藝文志》；《五金龍虎歌》一卷、《歌訣》一卷，見《崇文總目》，也都記録了葛洪在這方面所作的貢獻。

藥典。《仙藥篇》是葛洪關於藥物的撮要。以《神農》四經"上藥令人身安命延"，"中藥養性，下藥除病"爲綱，分別列舉《神農》四經與《孝經援神契》兩書主要藥名，重點談了靈芝類、金銀玉石雲母類、草木類藥物，或説產地，或敍性狀，或論功效。《孝經援神契》説："椒薑禦濕，菖蒲益聰，巨勝延年，威喜辟兵。"各種藥物有各自的效用。葛洪説："仙藥之上者丹砂，次則黃金，次則白銀，次則諸芝，次則五玉，次則雲母……"從排列這些藥物的次序可以看出，作者更多的是從這些所謂仙藥的物理特性，即是否腐朽，腐朽程度如何來確定其價值的。今天來看，這是一篇具有很高藥物學價值的著作。這些藥物對人的確是很有用的，能除病養性。《雜應》談了前代醫家藥典種種不足："余見戴霸、華他所集《金匱緑囊》《崔中書黃素方》及百家雜方五百許卷。甘胡、吕傅、周始、甘唐通、阮河南等，各撰集《暴卒備急方》……世人皆爲精悉，不可加也。余究而觀之，殊多不備，諸急病甚尚未盡，又渾漫雜錯，無其條貫，有所尋按，不即可得。而治卒暴之候，皆用貴藥，動數十種，自非富室而居京都者，不能素儲，不可卒辦也。又多令人以針治病，其灸法又不明處所分寸，而但説身中孔穴榮輸之名。自非舊醫備覽《明堂注偃側圖》者，安能曉之哉？"針對這種情況，葛洪撰寫了《玉函方》，又名《金匱藥方》一百卷，"皆分別病名，以類相續，不相雜錯。"《肘後備急方序》説："余既窮覽《墳》《索》，以著述餘暇，兼綜術數。省仲景、元化、劉、戴《秘要》《金匱緑秩》《黃素方》，近將千卷，患其混雜煩重，有求難得，故周流華夏九州之中，收拾奇異，捃拾遺逸，選而集之，使種類殊分，緩急易簡，凡爲百卷，名曰《玉函》。"《重修政和經史證類備用本草》卷六引《玉函方》："王子喬《變白增年方》：'甘菊，三月上寅日采,名曰玉英;六月上寅日采,名曰容成;九月上寅日采,名曰金精;十二月上寅日采,名曰長生,長生者,根莖是也。'四味并陰乾,百日,取等分,以成日合搗千杵爲末,酒調下,一錢七,以蜜丸如梧子大,酒服七丸,一日三服,百日身輕潤澤,服之一年,髮白變黑。服之二年,齒落再生,服之三年,八十歲老人變爲童貌,神效。'"此書之吉光片羽也。《肘後備急方序》又説:"又見周(始)、甘唐(通)、阮(炳)諸家,各作《備急》,既不能窮諸病狀,兼多珍貴之藥,豈貧家野居所能立辦? 又使人用針,自非究習醫方、素識明堂流注者,則身中榮衛,尚不知其所在,安能用針以治之哉? 是使翬雁摯擊,牛羊搏噬,無以異也。雖有其方,猶不免殘害之疾。余今采其要約,以爲《肘後救卒》三卷。率多易得之藥,其不獲已,須買之者,亦皆賤價,草石所在皆有。兼之以灸,灸但言其分寸,不名孔穴,凡人覽之可了。其所用或不出乎垣籬之內,顧眄可具。苟能信之,庶免橫禍焉。"《肘後救卒》即《肘後備急方》,記載了大量民間治病的方劑,保存了許多古代醫學典籍,其中有對天花、恙蟲病等世界最早的記載。《肘後救卒》經濟適用,簡便易行,故爲陶弘景、楊用道等人反復補充,流傳至今。其他醫藥文獻還有《葛氏方》《葛氏百方》《玉涵煎方》《杏仁煎方》《黑髮灑方》《服食方》《神仙服食藥方》《太清神仙服服食經》《玉策記》若干卷等,不一一引述。

　　胎息。《釋滯》:"得胎息者,能不以鼻口噓吸,如在胞胎之中,則道成矣。"葛洪整理的胎息方面的著作有《胎息術》一卷,《胎息要訣》一卷。《正統道藏》"命"字二號抱朴子《胎息訣》説:"凡修行之人要定息,息者,正也,安也,順也,歸也,伏也,寧也,靜也,若四時威儀中,常作如是訣,入真道勿著諸境,虛心實腹,最爲妙也。但澄息心定,心定則炁寂,炁寂則神靜,神靜則境空,境空則寂滅,寂滅則無事,無事則清靜,清靜則道生,道生則自然,自然則逍遙。既入逍遙,則無量自在,得做神仙,自然五行總聚,六炁和合,八卦配偶,成於內丹,身影永劫不壞矣。"王利器説:"葛氏得胎息之真諦,別裁獨出,既已存想禪悦,故爾活法圓機也。"

斷穀。葛洪關於"斷穀"理論、方法、過程與效果的論述，主要見於《雜應》首段。提到的典籍有《甘始法》《黄帝雲液泉法》兩種。斷穀不可孤用，必須與行氣、服藥等相結合。

房中術。房中術包括《漢書·藝文志》列舉的《容成陰道》《務成子陰道》《堯舜陰道》《湯盤庚陰道》《天老雜子陰道》《天一陰道》《黄帝三王養陽方》諸家與葛洪提到的"玄、素、子都、容成公、彭祖之屬"等。葛洪在前人基礎上，在《至理》《微旨》兩篇中對男女房中之事結合丹鼎内功有具體生動的描寫，《釋滯篇》説："房中之術，近有百餘事焉。""房中之法十餘家，或以補救傷損，或以攻治衆病，或以采陰益陽，或以增年延壽，其大要在於還精補腦之一事耳。此法乃真人口口相傳，本不書也，雖服名藥，而復不知此要，亦不得長生也。人復不可都絶陰陽，陰陽不交，則坐致壅閼之病；故幽閉怨曠，多病而不壽也。任情肆意，又損年命。唯有得其節宣之和，可以不損。"葛洪整理的房中術著作有《玉房秘術》一卷、《房中秘術》一卷、《序房内秘術》一卷、《太一真君固命歌》等。

養生。嵇康《養生論》説："精神之於形骸，猶國之有君也。"葛洪祖述包括嵇康《養生論》在内的前人論述，認爲"形須神而立"、"形者，神之宅也"、"形勞則神散，氣竭則命終"（《至理》），主張"形神互恃"（同上）、"形神相衛"（《極言》），治身如治國。《内篇》多篇談到養生術，這裏不能盡述。其《養生論》一卷説："且夫善養生者，先除六害，然後可以延駐於百年。何者是耶？一曰薄名利，二曰禁聲色，三曰廉貨財，四曰損滋味，五曰除佞妄，六曰去沮嫉。六者不除，修養之道徒設爾。蓋緣未見其益，雖心希妙道，口念真經，咀嚼英華，呼吸景象，不能補其短促。誠緣舍其本而忘其末，深可誡哉！所以保和全真者，乃少思、少念、少笑、少言、少喜、少怒、少樂、少愁、少好、少惡、少事、少機。夫多思則神散，多念則心勞，多笑則藏腑上翻，多言則氣海虛脱，多喜則膀胱納客風，多怒則腠理奔血，多樂則心神邪蕩，多愁則頭鬢燋枯，多好則志氣傾溢，多惡則精爽奔騰，多事則筋脈乾急，多機則智慮沈迷。斯乃伐人之生，甚於斤斧；

損人之命，猛於犲狼。無久坐，無久行，無久視，無久聽。不飢勿强食，不渴勿强飲；不飢强食則脾勞，不渴强飲則胃脹。體欲常勞，食欲常少；勞勿過極，少勿至飢，冬朝勿空心，夏夜勿飽食。早起不在雞鳴前，晚起不在日出後。心內澄則真神守其位，氣內定則邪物去其身。行欺詐則神悲，行爭競則神沮。輕侮於人當減算，殺害於物必傷年。行一善則魂神樂，構一惡則魄神歡。魄神樂死，魂神好生。常以寬泰自居，恬惔自守，則身形安静，災害不干。生録必書其名，死籍必削其咎。養生之理，盡於此矣。至於煉還丹以補腦，化金液以留神，斯乃上真之妙道，蓋非食穀啖血者越分而修之，萬人之中得者殊少，深可誡焉。老君曰：存吾此道，上士全修延壽命，中士半修無災病，下士時修免夭橫，愚者失道擯其性，其斯之謂歟？"可與《內篇》多篇文字所談養生之道合觀。

仙傳。葛洪繼秦大夫阮倉所記、劉向《列仙傳》之後撰寫了《神仙傳》十卷、《神仙傳略》一卷、《郭文傳》一卷、《隱逸傳》十卷、《漢武帝內傳》一卷、《漢武帝外傳》一卷、《葛仙翁叙》一卷、《馬陰二君內傳》一卷、《元始上真衆仙記》（又名《枕中記》）一卷、《隱淪雜訣》一卷、《集異傳》十卷。文采飛揚、韻語珠璣的《神仙傳序》説："予著《內篇》，論神仙之事，凡二十卷。弟子滕升問曰：'先生云：仙化可得，不死可學。古之得仙者，豈有其人乎？'予答曰：'秦大夫阮倉所記有數百人，劉向所撰又七十餘人。然神仙幽隱，與世異流，世之所聞者，猶千不得一者也。故甯子入火而陵煙，馬皇見迎於護龍；方回變化於雲母，赤將茹葩以隨風；涓子餌術以著經，嘯父別火於無窮；務光遊淵以哺薤，仇生卻老以食松；邛疏煮石以練形，琴高乘鯉於碭中；桂父改色以龜腦，女丸七十以增容；陵陽吞五脂以登高，商丘咀菖蒲以無終。雨師煉五色以屬天，子光彎兩虯於玄塗；周晉跨素鶴於緱氏，軒轅控飛龍於鼎湖；葛由策木羊於綏山，陸通匜遲紀於橐盧；蕭史乘鳳而輕舉，東方飄幘於京師（都）。犢子鬻桃以淪神，主柱飛行以餌砂；阮邱長存于睢嶺，英氏乘魚以登遐；修羊陷石於西嶽，馬丹回風以上徂；鹿翁陟險而流泉源，園客蟬蜕於五華。

予今復抄集古之儛者，見於仙經服食方與百家之書，先師所説，耆儒所論，以爲十卷，以傳知真識遠之士；其繫俗之徒，思不經微者，亦不强以示之。則知劉向所述，殊甚簡略，美事不舉。此傳雖深妙奇異，不可盡載，猶存大體，竊謂有愈於劉向多所遺棄也。晉抱朴子葛洪稚川題。"（清王謨《漢魏叢書》），有關章震、宮嵩、沈羲、伯山甫、琴高、焦光、陳長、嚴青、孫真、孫登、葛越、皇化、太真、李根等傳佚文，散見《正統道藏》。這些仙傳或隱逸傳寫了他們修身養性得以長壽成仙的故事，成仙雖然近乎子虛烏有，但他們的長壽經驗則頗可取。他們的"深妙奇異"如同《西遊記》孫悟空大鬧天宮一樣，具有動漫作品或科幻作品的價值，是值得動漫作者與科幻作者吸取的素材。葛洪還撰寫了《良吏傳》，當屬外籍。

遁甲。遁甲占斷吉凶，趨利避害。《登涉篇》説："余少有入山之志，由此乃行學遁甲書，乃有六十餘卷，事不可卒精，故鈔集其要，以爲《囊中立成》。"篇中和書中提到的遁甲書有《九天秘記》《太乙遁甲》《遁甲中經》《靈寶經》《玉鈐經》等，而經葛洪整理的遁甲作品除《囊中立成》外，尚有《遁甲反復圖》《遁甲秘要》《遁甲要》《遁甲要》《三元遁甲圖》《遁甲肘後立成囊中秘》等。

就外籍言，葛洪整理的文獻也是多方面的。葛洪最主要的外籍是《抱朴子外篇》，從文獻意義上説，可以説是他學習古代文化典籍的論文總集，帶有整理古籍的性質。詳見拙撰《抱朴子外篇校注譯析》，這裏從略。

天文地理。葛洪天文學方面的文獻，見於《晉書·天文志上》："古言天者有三家，一曰蓋天，二曰宣夜，三曰渾天。"引了葛洪的《渾天儀注》。與天文相關的《潮説》，見文廷式《補晉書·藝文志》。地理著作有《幕阜山記》《關中記》《五嶽真形圖文》一卷等。《五嶽真形圖》雖是最重要的道教典籍之一，正如《遐覽篇》所説"余聞鄭君言，道書之至重者，莫過於《三皇内文》《五嶽真形圖》"，但其内容屬地理著作。有關《五嶽真形圖》的典籍，據《道藏》第三二冊《五嶽真形序論》、《雲笈七籤》七九載：有《五嶽真形圖序》《五嶽真形神仙圖記》《王母授漢武帝真形圖》《五嶽真形圖法并序》《晉鮑靚施用法》《請五嶽儲佐等君》《授圖祭文》《受圖祭文》等。《請五嶽儲佐等君》原注："鄭君所出。"葛洪之辭也。《授圖祭文》《受圖祭文》并注："鄭氏所出。"亦洪之辭也。《五嶽真形序論》載弟子葛洪曰，凡六百八十六字。所有這些，都證明葛洪曾參與整理《五嶽真形圖》，繼承并發展了《五嶽真形圖》。《五嶽真形圖》是道士趨利避害的護身符圖。《道藏》第三十二册《五嶽圖序》《雲笈七籤》七九《五嶽真形圖序》："五嶽真形者，山水之象也。……予有東嶽真形，令人神安命延，存身長久……予有南嶽真形，五瘟不加，辟除火光……予有中嶽真形，所向唯利，致財巨億……；予有西嶽真形，消辟五兵，入陣刀刃不傷……予有北嶽真形，入水卻災，百毒滅伏……予盡有五嶽真形，横天縱地，彌綸四方。""可以威制五嶽，役使衆靈。"《五嶽真形圖》是一部原始的地理書。《五嶽真形序論》說："漢武帝以王母言問東方朔，朔對如別祖洲、瀛洲、玄洲、炎洲、長洲、元洲、流洲、生洲、鳳麟洲、聚窟洲，此言皆十洲之名，處巨海之中，是人跡所不逮處。"知其主要內容與《海內十州記》相同。《真誥》卷十四注："海中名山多載《五嶽序》中耳。"王利器說："是書雖屬宗教迷信護符圖，實爲中國原始之地理鳥瞰圖，李約瑟曾注意到這種古老的圖形與現代測量的山嶽等高線圖近似，爲極讓現代人驚詫的事。"（《葛洪著述考略・五嶽真形圖文一卷》）

　整理有關軍事的文獻有《抱朴子・軍術》《軍事鈔》《兵法孤虛月時秘要法》等。

　經史類文獻《五經鈔》若干卷，《史記鈔》十四卷，《漢書鈔》三十卷，《後漢書鈔》三十卷，《涉史隨筆》一卷等。

　小學類《要用字苑》一卷，見《舊唐書・經籍志・小學類》《新唐書・藝文志・溥學類》。今有清任大椿輯《小學鉤沈》本、清顧震福輯《小學鉤沈續編》本。

　故事類有著名的《西京雜記》。葛洪《〈西京雜記〉跋》云："洪家世有劉子駿《漢書》一百卷，無首尾題目，但以甲乙丙丁紀其卷數。

先公傳云：'歆欲撰《漢書》，編録漢事，未得締構而亡。故書無宗本，止雜記而已，失前後之次，無事類之辨。後好事者以意次第之，始甲終癸爲十帙，帙十卷，合爲百卷。'洪家俱有其書，試以此記考校班固所作，殆是全取劉氏，有小異同耳。并固所不取，不過二萬許言，今抄出爲二卷，名曰《西京雜記》，以裨《漢書》之闕。爾後洪家遭火，書籍都盡，此兩卷在洪巾箱中，常以自隨，故得猶在。劉歆所記，世人稀有，縱復有者，多不備足。見其首尾參錯，前後倒亂，亦不知何書，罕能全録。恐年代稍久，歆所撰遂没，并洪家此書二卷不知所出，故序之云爾。洪家復有《漢武帝禁中起居注》一卷，《漢武故事》二卷，世人稀有之者，今并五卷爲一帙，庶免淪没焉。”跋語對材料來源、原來的編撰情況、抄録緣由與標準，以及《雜記》劫餘倖存的原因，作序的動機，自己爲保存古書所作的工作等，都有較詳的説明。

　　《晉書》本傳説葛洪：“紬奇册府，總百代之遺編；紀化仙都，窮九丹之秘術。”就葛洪自覺整理古籍所作貢獻來説，這個評價是公允的，葛洪當之無愧的，道教史上獨此一人。

例　言

　　《抱朴子内篇》是葛洪標心送懷,藉衆術共成長生之作,全書圍繞這一主題展開。本校注與關注古代科技、道教養生,珍惜生命、争取益壽延年的各界讀者,交流解讀《抱朴子内篇》的心得。

　　正文主要依據明正统道藏本、平津館叢書本《抱朴子内篇》,以明清以來善本與各家校本(包括王國維以六朝寫本所校明嘉靖四十四年魯藩承訓書院刻本)訂正。

　　校文與注文分列,校前注後。

　　一些用字,不視爲誤字出校,而按通假字處理,如:齊資、溥博、辟避、阬坑、縣懸、式軾、要腰、義儀、知智、鵠鶴、證征、齊齋、營榮、女汝、强彊、嗳欷、受授、没殁、屏屏、涸圍、並屏、柳鉚、加嘉、諍争、眴眩、穫獲、冶野、寶保、久有等。

　　各本各家校文,或照録,或摘録,或概述,凡正確的遵從。如《論仙》“鼓翮清塵”之“清塵”從楊明照《校補》作“清虚”,并用《外篇·勖學》《黄帝九鼎神丹經訣》三之文補證之。

　　依據詞語語源或出處校之。如:《暢玄》“而韜藻梲”,據《論語·公冶長》“山節藻梲”,以證無誤。《外篇·吴失》“入游王根之藻梲”亦可證。《金丹》“南夷得衰衣以負薪”,以《詩·魯頌·閟宮》《公羊傳·僖公四年》之文證“南夷”有據。《勤求》“惜美疢”之“疢”,據《左傳·襄公二十三年》“美疢不如惡石”以證無誤。《地真》“知白守黑”之“黑”,據《莊子·天下篇》引老聃曰、易順鼎《讀老劄記》説,校作“辱”。

　　援《内篇》與《外篇》例句校證。如:《論仙》“龜鶴長存焉”,前輩校"龜鶴"爲"龜蛇"。按："龜鶴"連文，本篇兩例，《對俗》八例，《微旨》一例，當全書一致。《金丹》"流移俗"前輩校爲"流移"。據《暢玄》、《論仙》、《對俗》、《金丹》、《極言》、《袪惑》、《外篇・逸民》、《交際》、《擢才》、《安貧》、《博喻》第 73 首、《廣譬》第 45 首作"流俗"。

　　用作者的常用語校證之。如：《對俗》"其壽安可學乎"，王明校"可"下有"得"字。《遐覽》"可問以吉凶安危"，《經訣》五"可"下有"得"字。"可得"見於《論仙》四例，《對俗》兩例，《外篇・逸民》一例。《雜應》"身輕不極"之"極"前輩校作"困"。按：《仙藥》"終日不極"、《登涉》"遠行不極之道"、"不但涉遠不極"，作"極"是。

　　涉及道家或道教的詞語，據道家或道教典籍校之。如：《金丹》"草木之藥，埋之即腐，煮之即爛，燒之即焦。"查《雲笈七籤》六七作"埋之即爛，燒之即焦"。《黃帝九鼎神丹經訣》卷二"焦"後有"停之即朽"四字，亦有這幾句，"夫草木之爲藥也……煮之即爛，埋之則腐，燒之則灰，停之則朽"；《金汋經》中"埋之即腐，煮之即爛，燒之即焦"三"即"字均作"則"。據這幾部書合勘，這幾句似當作"草木之藥，煮之則爛，埋之則腐，燒之則灰，停之則朽"。《登涉》"山卿宅尉"，檢《經訣》一有"山卿澤尉皆來侍從"之句，《經訣》五"宅"作"澤"，《九轉流珠神仙九丹經》上有"真人玉女玉童素女青腰諸百鬼山卿澤尉皆來侍從"之句，當作"山卿澤尉"。

　　人名從相關典籍校之。如：《論仙》"素姜之説讖緯"之"素姜"，前輩校爲"素姜似即李庶姜，名合"，本書校爲"姜合"，詳見校文。《釋滯》"信、越釋甲"，據崇文本、《外篇・嘉遯》"信、布陷大功之刑"、《任能》"所向無敵，則不如信、布"，當作"信、布"。《道意》"少千之劾伯率"，據《太平廣記》四百五十六《楚王英女》引《列異傳》"伯率"作"伯敬"。

　　物名。《道意》"猶能賞善不須貸財"，"貸財"各本皆同，未校。疑"貸財"爲"貨財"之誤，"貨財"爲秦漢以來通語，見諸秦漢典籍。

　　植物。《黃白》"飛君根"，疑"飛廉根"或"飛輕根"之誤。飛廉又名飛輕。飛廉根：中草藥名。見《本草綱目》十五《飛廉》。

動物。《金丹》"羊烏鶴卵雀血"之"羊烏"當作"陽烏"。又名陽鴉，似鶴而小。見《本草綱目》四十七《陽烏》。《登涉》"運日鳥"，孫星衍校"運"爲"雲"。按：作"運日""雲日"兩可。鴆鳥之別名。見《楚辭·離騷》"吾令鴆爲媒兮"王逸注、《國語·魯語上》"使醫鴆之"韋昭注。《登涉》"又有短狐"之"狐"，據《說文·蟲部》"蜮"段玉裁注、《漢書·五行志下之上》"南方謂之短弧"、《論衡·言毒》"南道名毒曰短弧"之文，當作"弧"。

煉丹物。《金丹》"紫遊女"據《石藥爾雅》卷上《飛煉要訣·釋諸藥隱名》當作"紫女"，即紫石英，赤色戎鹽。《雜應》"河伯餘糧"當作"禹餘糧"，礦藥名，一名白餘糧，一種石中如麵細粉。《黃白》"寒羽涅一斤"，據《諸家神品丹法》卷一、《山海經·西山經》、《北山經》、《神農本草經》、《太清石壁記》卷中《丹經秘要口訣》，"寒羽涅"當作"羽涅"。

魏晉詞義引六朝著作校之。如：《論仙》"天壤之覺"，敦煌、影古寫本"壤"作"淵"，"覺"作"降"；寶顏堂本"壤"作"淵"，"覺"作"隔"。按，覺：相差。《世說新語·捷悟 3》："（魏武）乃歎曰：'我才不及卿，乃覺三十里。'"《輕詆 13》"高柔在東"條劉孝標注引孫統《高柔集叙》："婚泰山胡毋氏女，年二十，既有倍年之覺，而姿色清惠，近是上流婦人。"

遣辭、對仗、排句，與修辭相關，從修辭角度校之。如：《極言》"臥不及疲"，《雲笈七籤》三十五"疲"作"懫"。注："懫，居致切，强也，直也。"遣詞形象貼切，當從。《論仙》"思理則清澄真偽"，"則"下影古寫本、宋浙本有"足以"二字。按："博學則究微極妙，經深涉遠"與"思理則清澄真偽，研和有無"字數相等并駢對，不當有"足以"二字。《金丹》"鬼神來侍，玉女至前"，《經訣》卷二作"鬼神侍，玉女至也"。三字句對仗，文字省净。當從。

與語法相關者，兼顧語法進行校勘，如詞類、語序、複句與連詞、上下文例等。《論仙》"求神仙之幽漠"，《校補》云："'之'字當從

敦煌作‘於’。”按：“之”相當於介詞“於”，古有其例。劉向《説苑·
權謀》：“防事之未萌，避難於無形。”“之”“於”互文對舉同義。《釋
滯》“濤潮往來有大小之變”，據《御覽》四引葛洪《潮説》佚文，“濤
潮”當乙作“潮濤”。

　　涉及音韻者，按音韻校勘。《雜應》：“欲得長生，腸中當清；欲
得不死，腸中無滓。”當從孫星衍、陳其榮校“滓”作“屎”。“生”“清”
耕部字相押，“死”“屎”脂部字相押。“滓”爲之部字，與“死”不在一
個韻部。魏晉時，之部字與脂部字尚分別較嚴。

　　與文字相關者，以字形分析證之。《袪惑》：“守之則終巳竟無
所成。”終巳：按：“巳”“已”“己”三字形近易混。當作“終己”。終
己：猶終身。《資治通鑑·周顯王十六年》“而王終己不知也”，胡
三省注：“終己，猶言終身也。”《至治》“燕知戊己”“逍遥戊己”之“戊
己”，有的作“戊巳”。據吳淑《事類賦》十九《燕》“性知戊己”引《博
物志》曰，當作“戊己”。

　　前人未校，而亦無確切書證者，以“疑誤”校之，起提醒讀者之
作用。如：《至治》“轅豚”疑爲“轅駒”之誤。

　　兩可者，以兩可表示之。

　　有的祇列異文，兼存而不論定。然限於篇幅，許多異文都删
掉了。

　　《内篇》内容涉及諸多面的知識，本書箋注儘可能體現這一
特點。

　　書名與篇名是全書的綱目。《抱朴子》分《内篇》與《外篇》，以
“内聖外王”及“外學”“内學”解之，見《抱朴子外篇》之《前言》。《内
篇》屬道家，《外篇》屬儒家。篇名在每篇首段正文之後，以第1條
注文表示。

　　最大量、最一般、最易被忽略的詞語，是本書注釋重點。如：
《暢玄》的“斟酌河渭”“匠成草昧”，《論仙》的“坑生煞伏”，《對俗》的
“信而有徵”，《勤求》的“貌合行離”等。

　　凡典故，交代出處。廋語注明語義，列出書證。如：《至治》的

“長谷湛而交經”、《微旨》的“長谷之山”、《極言》的“采玉液於長谷”三例中的“長谷”，注據《老子·第六章》“谷神不死，是爲玄牝”。《微旨》的“引三五於華梁”，“三五”注用《周易參同契》《九轉流珠神仙九丹經》《太清修丹秘訣》等，“華梁”注以《詩·邶風·谷風》“毋逝我梁，毋發我笱”毛傳、鄭箋、孔穎達疏、高亨今注、聞一多《風詩類鈔·谷風》。

　　哲學術語，玄、道、一、氣、玄道、真一、守一等，據《老子》等黃老著作、丹鼎著作、作者的解説與當代學者的説法作注。

　　外丹術有關鉛、汞、金、銀、雄黃、礬石、戎鹽、鹵鹽、礜石、牡礪、赤石脂、滑石、胡粉等煉丹礦物，其隱名據《太清石壁記》與《石藥爾雅》，其性狀、作用據《本草》與《本草綱目》，五靈丹方、靈飛散、未央丸方、九轉還丹等丹方的配方、治煉過程的叙述及其相關韻文，則録以《黃帝九鼎神丹經訣》《九轉流珠神仙九丹經》《太上靈寶經五符序》等道經與當代學者論著。伏、死、制、戀、點、飛等煉丹術的專門術語采何炳郁先生《〈造化指南〉的研究》的説法。

　　內丹術有關人體部位器官的詞語，如：泥丸、絳宮、玉鑰，命門，靈根，上丹田，中丹田，下丹田等，采《黃庭經》説。

　　外丹與內丹結合叙述的駢文，如《至治》“爾乃吮吸寶華，浴神太清”一大段文字，則綜合諸方面知識逐句給予詮釋。

　　土、金、石、草、穀、菜、果、木等範圍內的中藥藥名，如：《至治》篇的款冬、紫菀、萑蘆、貫眾、當歸、芍藥、秦膠、獨活、菖蒲、乾薑、菟絲、菘蓉、甘遂、葶藶、括樓、黃連、薺苨、甘草、麻黃、大青等，引《神農本草》與李時珍的《本草綱目》相關條目。《仙藥》篇提到的藥物據作者的解説；中藥方劑，如《至治》篇的“骨填苟杞之煎，黃蓍建中之湯”、“理中、四順，可以救霍亂”，則據葛洪的《肘後備急方》、孫思邈的《千金方》有關方劑列出。草藥中的隱名，如“六甲父母”本名商陸，治水腫，用《爾雅》《廣雅疏證》《神農本草》《兼明書》等證之。

　　養生術詞語，如：養性、積善、胎息、導引、榮衛、調利、握固、還精、還精補腦等，按道家養生經典、前人注解與相關醫書給予注釋。

房中術采孫思邈《千金方·房中補益》。

與《周易》八卦配天地、男女、父母、君臣、四時、五行、五色、八方、動植物、人體部位等相關的，隨文疏之。

月建、天干地支、六十甲子等，用曆志。

遁甲、三奇、六儀、吉門、天輔、建除、孤虛、三刑、六厄等，據《古今圖書集成·藝術部典術數部》六八七、七百七、七百八、七四五等卷内容作注。

魏晉神仙道教詞語，如：太清、六丁、清君、西嶽公、山卿澤尉等，注據道教典籍。"越井跨竈"似一般詞語，實爲典故，其爲道教禁忌詞語，又較爲特别，故作重點詞語注之，但作爲宗教詞語出處待考。

仙道人物，據《列仙傳》《神仙傳》《道學傳》等。無考者闕如。

《仙藥》《雜應》《黄白》等篇有極少數詞語由於撰者讀書不多，知識水準有限，無以破解，以"不詳"表示，以俟高明。

另有"仲尼"之"尼"，本當爲"𡰥"字，以訛傳訛，積非成是。邱光庭《兼明書》卷三《孝經》"仲尼"條云："今人讀'仲尼'之'尼'與'僧尼'之'尼'音同。明曰：非也。'仲尼'之'尼'當音'夷'，古'夷'字耳。按：《尚書》古文'隅𡰥''島𡰥''萊𡰥'並作'𡰥'，今文皆作'夷'，然則'夷''𡰥'音義同也。又按：《左傳》魯哀公誄孔子曰：'嗚呼！哀哉！𡰥父音甫。'晉王衍字夷甫，是用今文耳。又漢有諫𡰥，晉有潘𡰥，猶用古字。按字書，'仲𡰥'之'𡰥'，從尸，下二；'僧𡰤'之'𡰤'，從尸，下工，文字不同，音義亦别。代人不能分别，乃一概而呼，實乖聖人之音也。"故謹將"仲尼"之"尼"均改作"𡰥"。

暢 玄 卷 一[1]

1 抱朴子曰[2]："玄者,自然之始祖,而萬殊之大宗也[3]。眇眛乎其深也(1),故稱微焉[4];緜邈乎其遠也(2),故稱妙焉[5]。其高則冠蓋乎九霄[6],其曠則籠罩乎八隅[7]。光乎日月,迅乎電駆(3)[8];或倏爍而景逝[9],或飄飄而星流(4)[10]。或滉漾於淵澄(5)[11],或雰霏而雲浮[12]。因兆類而爲有[13],託潛寂而爲無[14]。淪大幽而下沈[15],凌辰極而上游[16]。金石不能比其剛[17],湛露不能等其柔[18]。方而不矩[19],圓而不規[20],來焉莫見,往焉莫追。乾以之高,坤以之卑[21];雲以之行,雨以之施[22];胞胎元一[23],範鑄兩儀[24]。吐納大始(6)[25],鼓冶億類[26];佪旋四七(7)[27],匠成草昧[28];彎策靈機[29],吹噓四氣(8)[30];函括沖默(9)[31],舒闡粲尉(10)[32];抑濁揚清[33],斟酌河渭[34];增之不溢[35],挹之不匱[36];與之不榮[37],奪之不瘁[38]。故玄之所在,其樂不窮;玄之所去,器弊神逝[39]。

【校】
(1) 眇眛:藏本作眇眛,平津本作眇眛,據魯藩本、明抄本改。
(2) 緜:王國維校作綿。緜同綿。
(3) 駆:藏本、平津本、王明本作馳,從顧廣圻校改:"馳當作駆,入韻。"按:駆同驅。"隅、駆"爲模部韻字。
(4) 飆:藏本、平津本、王明本作渾,從孫星衍校改:"一本作飆。"

（5）滉漾於：王國維校“於”作“而”。按：兩者語法作用相同。

（6）大：王明校引宋浙本作太，大、太古通用。

（7）個：王明校：“一作徊。”按：個用同徊。

（8）四氣：王明校：“慎校本、寶顏堂本並作‘呬吸’。”

（9）函：藏本、平津本作幽，從王明校改：“或疑爲‘函’之訛。”《抱朴子外篇·喻蔽》：“兩儀所以稱大者，以其函括八方，緬邈無表也。”是其例證。

（10）尉：藏本、魯藩本、平津本原校：“一作鬱。”粲尉：陳其榮案引盧舜治本、王明案引慎校本、寶顏堂本作湮鬱。按：“粲尉”即“粲蔚”，尉通蔚。“尉”爲初字，“蔚”爲後起字。《抱朴子外篇·宗教》：“入宴華房之粲蔚。”是其證。

【注】

［1］玄：自然的本原；宇宙的本體。《老子·第一章》：“無，名天地之始；有，名萬物之母。”“此兩者同出而異名。同謂之玄，玄之又玄，衆妙之門。”關於宇宙天地，説得較爲籠統。揚雄《太玄·玄圖》：“夫玄也者，天道也，地道也，人道也，兼三道而天名之。”揚雄將“玄”加以改造，作爲宇宙的起源與萬物的根本。王國維眉批：“以六朝寫本校前缺。”

［2］抱朴子：葛洪著書用的自號。見《抱朴子外篇·自叙》。

［3］萬殊：各不相同；萬象；萬物。《淮南子·本經》：“包裹風俗，斟酌萬殊。”大宗：本原。《莊子·天道》：“夫明白於天地之德者，此之謂大本大宗。”

［4］眇昧（miào mèi）：幽遠；深微。微：微妙難以捉摸。《老子·第十四章》：“搏之不得，名曰微。”

［5］緜邈：廣遠貌；悠遠貌。《文選》左思《吳都賦》：“島嶼緜邈，洲渚馮隆。”劉逵注：“綿邈，廣遠貌。”妙：微妙。與“微”互文同義。

［6］冠蓋：冠冕；車蓋。此謂如冠冕、車蓋一般覆蓋。

［7］曠：空曠；開闊。籠罩：像籠子似的罩在上面。八隅：八方。

［8］光乎：比……明亮。電駓：迅疾貌。

［9］倏(shū)爍：閃爍不定貌。晉摯虞《思遊賦》：“俯游光逸景倏爍徽
霍兮，流旌垂旄焱攸攝纚。”景：“影”之初字。

［10］飄颻：飛揚貌。

［11］溑(huàng)漾：蕩漾貌；晃動貌。淵澄：明净，清澈。《北堂書鈔》
一四八引袁崧《酒賦》：“素醪玉潤，清酤淵澄。”

［12］雰霏(fēn fēi)：雰雰霏霏，飄揚紛飛貌。《詩·小雅·信南山》：
“上天同雲，雨雪雰雰。”又《小雅·采薇》：“今我來思，雨雪
霏霏。”

［13］兆類：衆物；萬物。有：萬物的根源。《老子·第一章》：“有，名
萬物之母。”

［14］潛寂：沉寂。無：天地的本始。《老子·第一章》：“無，名天地
之始。”

［15］大幽：傳説中的國名。《山海經·海内經》：“北海之内⋯⋯有大
幽之國。”郭璞注：“即幽民也，穴居無衣。”幽冥。指地下，陰間。

［16］淩：超越。辰極：北極；北極星。《爾雅·釋天》：“北極謂之北
辰。”游：浮水。

［17］金石：此用以喻堅。剛：堅硬。

［18］湛露：濃重的露水。《楚辭·九章·悲回風》：“吸湛露之浮涼兮，
漱凝霜之雰雰。”朱熹集注：“湛，厚也。”等：同也。以上隅、馳、流、
浮、無、遊、柔、幽模合韻。“隅、馳、無”爲模部字，餘爲幽部字。

［19］方：正。矩：校正方形的器具。

［20］圓：周；帀。規：校正圓形的器具。

［21］乾：天。坤：地。《易·繫辭上》：“天尊地卑，乾坤定矣。”

［22］雲以二句：雲以玄而風行，雨以玄而普施。《易·乾·象》：“雲行
雨施，品物流形。”稚川語本此而變化以出。

［23］胞胎：孕育。《明本》：“道也者，所以陶冶百氏，範鑄二儀，胞胎萬
類，醞釀彝倫者也。”元一：玄一，義同“玄”。萬物的本源。《老
子·第四十二章》：“道生一，一生二，二生三，三生萬物。”“元”避
清康熙諱改。

［24］範鑄：用模子鑄造。兩儀：天地兩體容儀。《易·繫辭上》：“易

有太極,是生兩儀。"以上規、追、卑、施、儀:支微合韻。"追"爲
微部字。

[25] 吐納:口吐肺部濁氣,緩慢鼻吸清新空氣,即吐故納新。後被道
教繼承和發展,謂吐出"死氣",吸納"生氣",達到延年益壽。三
國魏嵇康《養生論》:"又呼吸吐納,服食養身,使形神相親,表裏
俱濟矣。"大始:元氣。

[26] 鼓冶:鼓火冶煉。億類:猶萬類,品類極多。

[27] 個旋:回旋;盤旋;轉動。個:用同回。晉張華《博陵王宫俠曲》
之二:"騰超如激電,迴旋如流光。"四七:指二十八宿,東南西北
四方各七宿。《淮南子·天文》"二十八宿"高誘注:"東方角亢氐
房心尾箕,北方斗牛女虛危室壁,西方奎婁胃昴畢觜參,南方井
鬼柳星張翼軫也。"

[28] 匠成:培養造就。《淮南子·泰族》:"入學庠序,以修人倫,此皆
人之所有於性,而聖人之所匠成也。"草昧:天地初成時的混沌
狀態。《易·屯》"天造草昧"王弼注:"造物之始,始於冥昧,故曰
草昧也。"

[29] 轡策:駕馭。轡:馬韁繩。策:馬鞭。《管子·小稱》:"造父有
以感轡策,故遫獸可及,遠道可致"。靈機:玄機;天意。《外
篇·任命》:"蓋聞靈機冥緬,混芒眇昧,禍福交錯乎倚伏之間。"

[30] 吹噓:呼氣;鼓動。四氣:指春、夏、秋、冬四時的溫、熱、冷、寒
之氣。

[31] 函括:包括;包涵。沖默:澹泊沈静。

[32] 舒闡:抒發;闡發。尉:通蔚。粲尉:粲然、蔚然,鮮明,華美。

[33] 抑濁揚清:猶激濁揚清。沖去污水,浮起清水,斥惡獎善。《尸
子·君治》:"水有四德……揚清激濁,蕩去滓穢,義也。"劉劭《人
物志·利害》:"其功足以激濁揚清,師範僚友。"抑:止;遏。

[34] 斟酌:安排;擺佈。《北史·楊愔傳》:"太皇太后曰:'豈可使我母
子受漢老嫗斟酌。'"河渭:黄河、渭水。《史記·留侯世家》:"諸
侯安定,河渭漕挽天下,西給京師。"

[35] 溢:盈滿。

[36] 挹(yì)：損。

[37] 與：給予。榮：開花。華即花。此謂開花。

[38] 奪：強取。瘁：傷。此謂凋枯。以上類、眛、氣、尉、渭、匱、瘁：微物對轉通韻。"尉"爲物部字。"類"原爲職部字，歸入物部。

[39] 器：形。此謂形體。《易·繫辭上》："形而上者謂之道，形而下者謂之器。"神：精神。

2　夫五聲八音[1]，清商流徵，損聰者也[2]；鮮華艷采[3]，彧麗炳爛(1)，傷明者也[4]；宴安逸豫(2)[5]，清醪芳醴，亂性者也[6]；冶容媚姿[7]，鉛華素質(3)，伐命者也[8]。其唯玄道，可與爲永(4)[9]。不知玄道者(5)，雖顧眄爲生殺之神器(6)[10]，唇吻爲興亡之關鍵(7)[11]；綺榭俯臨乎雲雨(8)[12]，藻室朱綠以參差(9)[13]；組帳霧合[14]，羅幬雲離(10)[15]；西、毛陳於閒房(11)[16]，金觴華以交馳(12)[17]；清弦嘈囋以齊唱(13)[18]，鄭舞紛綵以蛾蚋(14)[19]；哀簫鳴以凌雲(15)[20]，羽蓋浮於漣漪(16)[21]；掇芳華于蘭林之囿[22]，弄紅葩於積珠之池(17)[23]；登峻則望遠以忘百憂[24]，臨深則俯擥以遺朝饑(18)[25]；入宴千門之焜熀(19)[26]，出駈朱輪之華儀[27]；然樂極則哀集[28]，至盈必有虧[29]。故曲終則歎發[30]，燕罷則心悲也(20)[31]；寔理勢之攸召[32]，猶影響之相歸也[33]；彼假借而非真(21)[34]，故物往若有遺也[35]。

【校】

（1）彧：藏本、魯藩本、平津本、王明本作彧，王國維以六朝寫本校作馘。這是寫本創造的一個字，用"有"作聲符給"彧"標音。"有"在上古爲之部字，"彧"爲職部字，"有"與"彧"爲之職通轉，元音相同，故用"有"來給"彧"注音，構成一個形聲字。由此推斷，"彧"爲誤字，而"馘"本作"彧"。"彧"源於《詩》。據此兩點，

“或麗”當作“或麗”。這是稚川創的一個詞。陳其榮案引盧本、王明案引慎校本、寶顔堂本作輝煌。或麗炳爛：王國維校炳作粲，《敦煌》作麗晒粲爛。按：“炳爛”“粲爛”兩可。

（2）逸豫：藏本作逸預，顧廣圻校作逸豫。預通豫。

（3）鉛：王國維校作朱。王明校：“敦煌作‘朱’，《意林》作‘紅’。”

（4）爲永：王國維、王明校作推求。

（5）玄道者：孫星衍校：句下“刻本有難與爲存四字，非。”

（6）昒：王明校：“藏本、魯藩本、慎校本皆作‘昑’。”生殺：孫星衍、顧廣圻校引藏本、王國維校據六朝寫本、王明校引敦煌、宋浙本、魯藩本、慎校本作殺生。

（7）吻：王國維、王明校作喙。按：兩可。

（8）綺：藏本、平津本作椅，從王國維、王明、敦煌本、宋浙本校改。雲雨：陳其榮案引盧本、王明案引慎校本、寶顔堂本作雲漢。按：葛洪多用“雲霄”，如《外篇・逸民》《勖學》《名實》《知止》并其證。但“雲雨”來自高空，解爲“高空，天界”亦通。唐趙嘏《今年新先輩以遇密之際每有宴集清談書此奉賀》詩：“鶴馭回飄雲雨外，蘭亭不在管弦中。”宋陸游《立秋前三日夜坐庭中偶賦》：“月輪桂滿蟾初冷，星渚橋空鵲尚閑。一鶴每臨雲雨上，幾人虛老市朝間。”他們的詩例證明葛洪“雲雨”一詞表示“高空”的義項已爲後人所接受，故當依舊，無須校改。

（9）朱：藏本、平津本作華，從王國維、敦煌本校改。朱綠：王明校：“慎校本、寶顔堂本作華椽。”按：“朱綠”見於《外篇・勖學》：“朱綠所以改素絲。”《廣譬40》：“朱綠之藻，不秀于枯柯；傾山之流，不發乎涸源。”謂紅花綠葉。

（10）幬：王國維校作幝，乃“幨”之誤；王明校引敦煌作幰。

（11）閒房：藏本作房閑。閒：王明校：“藏本作閑，慎校本、寶顔堂本訛作閉。”

（12）華：王明校：“敦煌作‘曄’。‘以’慎校本作‘於’。”

（13）嘈囋：王國維校刪“囋”字。王明校：“敦煌無‘囋’字。”

（14）紛緤：王國維校刪“緤”字。王明校：“敦煌無‘緤’字。”

(15) 哀簫鳴：王國維校、敦煌本作"鳴哀簫"。以：王國維校作於。
雲：藏本、平津本作霞，從王國維、敦煌本校改。《外篇·尚博》：
"夫應龍徐舉，顧昈凌雲。"《安貧》："黨援多者，偕驚飆以凌雲。"
是其證。

(16) 羽蓋浮：王國維校、敦煌本作"浮羽蓋"。

(17) 葩：孫星衍、顧廣圻校："藏本作蔕。"蔕同花。

(18) 擎：藏本作"擎"，魯藩本作"擊"，顧廣圻、王國維校作擎，王明校
引敦煌、慎校本作覽。

(19) 焜煜：藏本焜作混。孫星衍校："（煜）一本作耀。"敦煌、《外篇·
詰鮑》作"焜晃"，慎校本、寶顏堂本作"焜煜"。按："焜晃""焜煜"
兩可。

(20) 燕：王明校引藏本、宋浙本作醼。按：燕、讌、醼、宴實一字。《漢
書·五行志中上》"既除喪而燕"顏師古注："燕，與宴同。"《集
韻·霰韻》："燕，合歡也。通作宴、醼。"《戰國策·齊策三》"孟嘗
君宴坐"吳師道注："宴即燕。"燕罷：敦煌作燕徹。敦煌無
"也"字。

(21) 彼：藏本、魯藩本、明抄本作欺，慎校本、寶顏堂本作豈，王國維
校、敦煌本作斯。按："彼"、"斯"兩可。

【注】

［1］五聲：古代宮、商、角、徵（zhǐ）、羽，即 1（do）、2（re）、3（mi）、5
（sou）、6（la）組成的五聲音階。八音：古代八種材料製成的樂
器：金（鐘鎛）、石（磬）、土（塤，xūn）、革（鼓鞀，táo）、絲（琴瑟）、木
（柷敔，zhù yǔ）、匏（páo，笙竽）、竹（簫）。《周禮·春官·大師》：
"……皆文之以五聲，宮、商、角、徵、羽；皆播之以八音，金、石、
土、革、絲、木、匏、竹。"

［2］清商：五聲中的商聲，其調淒清悲涼，故稱。《韓非子·十過》：
"公曰：'清商固最悲乎？'師曠曰：'不如清徵。'"流徵：音調名。
戰國楚宋玉《對楚王問》："引商刻羽，雜以流徵，國中屬而和者不
過數人而已。"聰：聽。此謂聽力。

［３］鮮華：鮮艷華麗。艷采：綺麗的文采；美好的神采。東漢陳琳
　　《神女賦》：“既歎爾以艷采，又悦我之長期。”

［４］彧麗：艷麗。彧（yù）：文章貌。《玉篇·彡部》：“彧，文章皃。”
　　《詩·小雅·信南山》“黍稷彧彧”，毛傳：“彧彧，茂盛貌。”炳爛：
　　炳炳爛爛，燦爛。明：視力。

［５］宴安：謂逸樂。喻鴆毒。逸豫：猶安樂。

［６］清醪（láo）：指清酒。芳醴（lǐ）：香甜的美酒。亂性：迷亂心性。

［７］冶容：妖媚容顔。《易·繫辭上》：“冶容誨淫。”孔穎達疏：“女子
　　妖冶其容。”

［８］鉛華（huā）：婦女化妝用的鉛粉。素質：白皙的容色。《逸周
　　書·克殷》：“及期，百夫荷素質之旗于王前。”《敦煌變文集·歡
　　喜國王緣》：“盈盈素質，灼灼嬌姿。”伐命：戕害性命。

［９］玄道：義同玄。“玄”“道”連文同義。自然的本源。

［10］顧眄：回視；邪視。此指回視或邪視的短暫時間。生殺：決定生
　　與死。此偏指決人死。神器：猶言神物。此猶言主要人物，與
　　下文“關鍵”互文顯義。

［11］脣吻：嘴脣；語言。關鍵：門閂。

［12］綺榭：裝飾華麗的台榭。雲雨：高空。

［13］藻：修飾；裝飾。參差（cēn cī）：不齊貌。

［14］組帳：組綬帷帳，即用絲帶繫玉的華美帷帳。組：綬；帶；索；華
　　美。古人佩玉，用以繫玉的絲帶。《楚辭·招魂》“放陳組纓”王
　　逸注：“組，綬也。”蔣驥注：“組，帶也。”《元包經傳·孟陽》“組牽
　　牽”李江注：“組，索也。”《荀子·樂論》：“亂世之徵，其服組，其容
　　婦，其俗淫，其志利……”王先謙集解：“《書·禹貢》馬注：‘組，文
　　也。’服組謂華侈。”《禮記·玉藻》：“天子佩白玉而玄組綬，公侯
　　佩山玄玉而朱組綬，大夫佩水蒼玉而純組綬，世子佩瑜玉而綦組
　　綬，士佩瓀玫而縕組綬。”鄭玄注：“綬者，所以貫佩玉相承受者
　　也。”按：此謂在帷帳上用絲帶繫玉。《楚辭·招魂》：“纂組綺縞
　　結琦璜些。”王逸注：“纂組，綬類也。”“以纂組結束玉璜，爲帷帳
　　之飾也。”纂組：赤色絲帶。《文選》嵇康《贈秀才入軍詩》：“組帳

高褰。”李善注：“《周禮（·天官·幕人）》曰：‘幕人掌帷、幕、幄、帟、綬之事。’鄭司農（衆）曰：‘帟，平帷（今本作帳）也。綬，組綬，所以繫帷也。’”劉良注：“組，所（以）繫帳者。褰，舉也。”《外篇·博喻39》：“丹幬接綱，組帳重蔭，則醜姿翳矣。”霧合：如霧聚合；雲霧籠罩。東漢張衡《羽獵賦》：“輕車飆屬，羽騎電鶩。霧合雲集，波流雨注。”《世説新語·尤悔3》“陸平原河橋敗，爲盧志所讒，被誅”，南朝梁劉孝標注引《陸機別傳》：“是日，天地霧合，大風折木，平地尺雪。”

[15] 幬：羅幬（chóu）：羅帷。“離”與“合”反義對文。

[16] 西、毛：泛指美女。西：姓施，或稱先施，別名夷光，亦稱西子。春秋末越國苧蘿山（今浙江諸暨南）鬻薪之女。越王句踐敗於會稽，范蠡以西施獻給吳王夫差，使其迷惑忘政，越遂亡吳。“吳亡後，越浮西施於江”，見《吳越春秋·逸篇》。《墨子·親士》：“西施之沈，（因）其美也。”亦證被沈之事屬實。毛嬙：古代美女名。一説越王美姬。陳：陳列。閒房：空寬寂静的房屋。曹植《閨情》詩之一：“閒房何寂寞，綠草被階庭。”

[17] 金觴：金製的酒杯；精美珍貴的酒杯。華：閃光貌。交馳：交相奔走，往來不斷。

[18] 清弦：琴瑟一類絃樂器，撥弦，其音清亮。晉郭璞《遊仙》詩之三：“中有冥寂士，静嘯撫清弦。”嘈囋（cáo zá）：聲音雜亂；喧鬧。陸機《文賦》：“或奔放以諧合，務嘈囋而妖冶。”

[19] 鄭舞：春秋戰國時鄭國的舞蹈。《楚辭·招魂》：“二八齊容，起鄭舞些。”王逸注：“鄭舞，鄭國之舞也。或曰：鄭重屈折而舞也。”紛綵：衆多而雜亂。綵，祇見於晚出的《集韻·宥韻》：“綵，雜色繒。”蛦迆：同逶迤，曲折行進貌。形容舞步邪行、曲行。

[20] 哀簫：與下文“羽蓋”對舉。凌雲：直上雲霄。

[21] 羽蓋：船上飾以鳥羽的傘蓋。漣漪：水面波紋；微波。

[22] 掇（duó）：拾；拾掇。芳華（huā）：香花。蘭林：漢代長安後宮殿名。《文選》班孟堅《西都賦》：“後宫則有掖庭椒房后妃之室，合歡增城，安處常寧，茝若椒風、披香發越，蘭林蕙草，駕鸞飛翔之

列。"李善注："長安有合歡殿、披香殿、鴛鸞殿、飛翔殿，餘亦皆殿名。"囿：苑；皇家園林。

[23] 弄：玩賞。葩：紅花。此指荷花。

[24] 登峻：猶登高。峻：高。百憂：種種憂慮。

[25] 臨深：如臨深淵。《詩·小雅·小旻》："如臨深淵，如履薄冰。"俯寧：猶俯觀。從高處往下看。遺：與上句"忘"互文同義。朝饑：早晨空腹時感到的饑餓。《詩·周南·汝墳》："未見君子，惄如調飢。"鄭玄箋："惄，思也。未見君子之時，如朝飢之思食。"聞一多《風詩類鈔甲·汝墳》："惄，空乏之意。如，猶然也。朝饑，是性的饑餓。"按：凌晨是腎上腺素最高之時。調通朝。"調"《説文》引作"朝"。

[26] 千門：千門萬户。形容殿宇深廣。焜(kūn)煌：輝耀；光耀奪目。

[27] 駈：同驅。藏本作驅。朱輪：朱漆車輪，古代達官貴人所乘坐的的車。按："雖顧眄"句至本句，實爲讓步複句的上句，上句又由衆多分句組成；"然樂極"句以下爲讓步複句的下句，亦由幾個分句組成。

[28] 樂極句：歡樂到了極點，悲哀就聚集到一塊了。《文子》三《十守·守弱》："天道極則反，盈則損，物盛則衰，日中而移，月滿則虧，樂極而悲。"

[29] 至盈句：盈滿到了極點，就必定虧減。《易·謙》："天道虧盈而益謙。"謂自然之道盈滿者則必虧之。後多以"盈虧"指增減；盈滿或虧損。

[30] 曲終：歌曲演唱完了。

[31] 燕：通宴。宴會。以上差、離、馳、虵、漪、池、饑、儀、虧：支微合韻。"饑"爲微部字。

[32] 寔：同實。實在是。理勢：事理的發展趨勢；情勢。攸：所。召：招致。

[33] 影響：影子、回聲。多用以形容感應迅速。

[34] 彼：據此而言。《説文·彳部》徐鍇繫傳："彼者，據此而言。"假借：借；憑藉；借助。

［35］遺：亡；失。悲、歸、遺：微部。

　　3　　夫玄道者，得之乎内，守之者外⁽¹⁾；用之者神，忘之者器⁽²⁾：此思玄道之要言也⁽³⁾[1]。得之者貴，不待黄鉞之威[2]；體之者富，不須難得之貨[3]。高不可登，深不可測[4]。乘流光[5]，策飛景[6]；凌六虚，貫涵溶[7]。出乎無上，入乎無下[8]；經乎汗漫之門[9]，遊乎窈眇之野[10]；逍遥恍惚之中[11]，倘佯仿佛之表[12]。咽九華於雲端[13]，咀六氣於丹霞[14]。俳佪茫昧[15]，翱翔希微[16]；履略蜿虹[17]，踐跚璇璣⁽⁴⁾[18]：此得之者也。

【校】

（1）得之乎内二句：陳其榮案：“盧本作‘得之者内，失之者外。’”王明案：“慎校本、寶顔堂本與盧本同。”按：原句蓋本作“得之乎内，守之乎外”。

（2）用之者神，忘之者器：兩“者”字王國維校作“乎”。王明校：“敦煌作‘歸之乎神，忘之乎器’。”

（3）此思玄道之要言：王明校：“慎校本、寶顔堂本無‘思’字。”

（4）踐跚：陳其榮案：“盧本跚作蹋。”王國維校、敦煌作躅踐。璣：敦煌作機。

【注】

［1］要（yào）言：切要精妙之言。猶至理。

［2］黄鉞：飾以黄金的長柄斧子。象徵王權，亦用作儀仗。《書·牧誓》：“王左杖黄鉞，右秉白旄以麾。”孔穎達疏引《廣雅》：“鉞，斧也。”

［3］不須句：套用《老子·第三章》之語：“不貴難得之貨，使民不爲盜。”

〔４〕高不可登：猶高不可攀。高得無法攀登。常形容難以達到。

〔５〕流光：流動、閃亮的光彩。

〔６〕飛景：指飛動的日光。

〔７〕六虚：天地四方。涵溶：深廣；包容萬類的宇宙。

〔８〕無上：至高，不出其上。無下：謂無在下者。兩句套用漢牟融《理惑論》"舉之無上，抑之無下"語。

〔９〕汗漫：漫無邊際。《淮南子·俶真》："徙倚於汗漫之宇。"又《道應》："吾與汗漫，期於九垓之外。"高誘注："汗漫，不可知之也。"

〔10〕窈眇：亦作窈妙、窈渺。精微；幽遠；美好。牟融《理惑論》："其廣大之外，剖析其寂；窈妙之内，靡不紀之。"

〔11〕逍遥：優遊自得，悠閒自在。恍惚：若有若無，閃爍不定。《老子·第二十一章》："道之爲物，惟恍惟惚。"

〔12〕倘（cháng）佯：安閒步行。仿佛：猶模糊。

〔13〕九華：日月的精華。《雲笈七籤》八《釋三十九章經·第三十三章》："上清真人呼日月爲太寶九華。"

〔14〕六氣：吸六時之生氣。《釋滯》："夫行氣當以生氣之時，勿以死氣之時也。故曰仙人服六氣，此之謂也。一日一夜有十二時，其從半夜以至日中六時爲生氣，從日中至夜半六時爲死氣，死氣之時，行氣無益也。"丹霞：紅霞；比喻紅艷的色彩。

〔15〕俳佪：徘徊。俳通徘。茫昧：模糊不清。

〔16〕翱翔：迴旋飛翔。希微：無聲無形。《老子·第十四章》："聽之不聞，名曰希；搏之不得，名曰微。"河上公注："無聲曰希，無形曰微。"

〔17〕履略：踐行；踐踏。"履""略"連文義近。蜿（wān）虹：彎曲的彩虹。

〔18〕踐蹣：踩踏。璇璣：北斗七星中的兩顆星名。《春秋運斗樞》："北斗七星，第二璇，第三璣。"璇同璿。

4　其次則真知足[(1)][1]。知足者則能肥遁勿用[2]，頤光山林[3]。紓鸞龍之翼於細介之伍[(2)][4]，養浩然之氣於蓬蓽之中[5]。繿縷帶索[6]，不以貿龍章之暐曄也[7]；負步杖筴[8]，不以易結駟之駱驛也[9]；藏夜光於嵩岫[10]，不受他山之攻[11]；沈靈甲于玄淵[(3)][12]，以違鑽灼之災[13]。動息知止[(4)][14]，無往不足[15]。棄赫奕之朝華[16]，避債車之險路[17]。吟嘯蒼崖之間[(5)][18]，而萬物化爲塵氛[(6)][19]；怡顏豐柯之下[(7)][20]，而朱戶變爲繩樞[21]；握耒甫田[22]，而麾節忽若執鞭[23]；啜菽漱泉[(8)][24]，而太牢同乎藜藿[(9)][25]。泰爾有餘歡於無爲之場[26]，忻然齊貴賤於不爭之地[27]。含醇守朴[28]，無欲無憂[29]。全真虛器[30]，居平味澹。恢恢蕩蕩[31]，與渾成等其自然[32]；浩浩茫茫[33]，與造化鈞其符契[34]。如闇如明，如濁如清[(10)][35]；似遲而疾，似虧而盈[36]。豈肯委尸祝之坐[(11)][37]，釋大匠之位[(12)][38]；越樽俎以代無知之庖[39]，舍繩墨而助傷手之工[40]。不以腐鼠之細瑣[(13)][41]，而爲庸夫之憂樂[(14)][42]。藐然不喜流俗之譽[(15)][43]，坦爾不懼雷同之毀[(16)][44]。不以外物汩其至精[45]，不以利害汙其純粹也[46]。故窮富極貴[47]，不足以誘之焉，其餘何足以悦之乎[(17)]？白刃沸鑊[(18)][48]，不足以劫之焉[49]，謗讟何足以戚之乎[(19)][50]？常無心於衆煩[51]，而未始與物雜也[(20)][52]。

【校】

（１）真：王明校引敦煌作有。

（２）細介：藏本作細分，從孫星衍、王國維、敦煌本校改。伍：王國維校、敦煌本作位。

（３）靈：藏本、平津本作鱗，從王國維、王明、敦煌本、宋浙本校改。

《外篇·廣譬》：“靈龜之甲，不必爲戰施。”是其證。

（4）息：王國維校、敦煌本作思。

（5）蒼崖：王國維校、敦煌作崖谷。

（6）塵氛：王明校引敦煌本作埃芥，宋浙本作埃氛。

（7）怡：敦煌、藏本同。孫星衍校：“一本作收。”

（8）莾：孫星衍校：“一本作粟。”王國維校、敦煌作叔，叔即菽。漱：
　　　王國維校作飲。

（9）藜藿：王國維校、敦煌本作荼蓼，宋浙本作藜蓼。

（10）如闇如明，如濁如清：孫星衍、王國維“如明”作“而明”，“如清”
　　　作“而清”。刻本、敦煌本、慎校本、寶顏堂本同。按：“如”“而”兩
　　　可。《春秋·莊公七年》“星隕如雨”杜預注：“如，而也。”《易·明
　　　夷·象傳》“用晦而明”李鼎祚集解引虞翻曰：“而，如也。”《論
　　　語·子路》“如知爲君難也”皇侃疏：“如，若也。”《經傳釋詞》七：
　　　“而，猶若也。……襄二十九年左傳：‘且先君而有知也。’而與若
　　　同義。”

（11）坐：藏本、平津本作塵，從王國維、敦煌本校改。坐通座。

（12）釋大匠之位：此句當與“越樽俎”句互乙，移至“舍繩墨”句之前，
　　　如此則“委尸祝之坐，越樽俎以代無知之庖”與“釋大匠之位，舍
　　　繩墨而助傷手之工”正相對仗，符合作者駢文特點。

（13）腐鼠：藏本、平津本作臭鼠。《外篇·嘉遯》：“侶雲鵬以高逝，故
　　　不縈翻於腐鼠。”當與《外篇》一致。璅：王明校引宋浙本作碎。

（14）而爲：敦煌本、藏本、魯藩本、宋浙本，無此二字。按：從上下文
　　　意來看，不能沒有“而爲”二字。

（15）藐：王國維校、敦煌本作莞。

（16）坦：王明校：“宋浙本、藏本作怛。”

（17）其餘：王明案：“慎校本、寶顏堂本作‘稱頌’。敦煌無‘足’字。”

（18）白：藏本、平津本作直王。從王明校改：“‘直’，敦煌作‘白’。”鑊：
　　　王國維校作濩。

（19）謗讟何足以戚之乎：王國維校刪“足”字，“乎”作“矣”。王明校：
　　　“此句敦煌作‘謗言何以戚之矣’。”

（20）雜也：王明校：“宋浙本‘雜’下有‘者’字。”

【注】

［1］知足：《老子·第四十六章》：“禍莫大於不知足，咎莫大於欲得。故知足之足，常足矣。”

［2］肥遁：亦作肥遯。飛遁，亦作飛遯。如鳥高飛隱遁。肥通飛。《易·遯》：“上九：肥遯，無不利。”高亨今注：“肥借爲飛。古本肥亦作飛。遯：退隱。飛遯言其退隱之速如鳥飛之急。見機而去，不俟終日，故無不利。”《三國志·蜀書·許靖等傳論》：“秦宓始慕肥遯之高，而無若愚之實。然專對有餘，文藻壯美，可謂一時之才士矣。”《文選》張衡《思玄賦》：“文君爲我端蓍兮，利飛遯以保名。”李善注：“遯，卦名也。上九曰：飛遯，無不利，謂去而遷也。”勿用：勿爲。《易·乾》：“初九：潛龍勿用。”高亨今注：“勿用猶今語所謂‘勿動’。潛龍比喻人隱居不出，靜處不動，故筮遇此爻，不可有所作爲。”

［3］頤光：猶韜光。隱匿光彩以修身養性。頤：養。

［4］紆：屈；曲。鶯龍：鶯和龍。比喻帝王。《文選》吳質《答魏太子箋》：“伏惟所天，優遊典籍之場，休息篇章之囿，發言抗論，窮理盡微，摛藻下筆，鶯龍之文奮矣。”李善注：“鶯龍，鱗羽之有五彩，設以喻焉。”細介：卑微。

［5］浩然之氣：至大至剛正大之氣。《孟子·公孫丑上》：“我善養吾浩然之氣。”蓬蓽：蓬户蓽門。謂簡陋的居室。《禮記·儒行》：“蓽門圭窬，蓬户甕牖。”蓽同篳。

［6］繿縷：衣服破爛貌。《左傳·宣公十二年》：“篳路藍縷，以啟山林。”藍縷同繿縷。帶索：以繩索爲衣帶。形容貧寒清苦。

［7］龍章：畫龍或繡龍之衣，帝王諸侯禮服。暐曄（wěi yè）：光彩奪目貌。

［8］負步：徒步。杖筴：挂策；挂杖。筴同策。《莊子·讓王》：“（大王亶父）因杖策而去，民相連而從之，遂成國於岐山之下。”

［9］結駟：四馬並轡而駕的車。《史記·仲尼弟子列傳》：“子貢相衛，

而結駟連騎,排藜藋入窮閻,過謝原憲。"駱驛:連續不斷。《漢書·王莽傳下》:"莽乃博徵天下工匠諸圖畫,以望法度算,及吏民以義入錢穀助作者,駱驛道路。"

[10] 夜光:夜光璧;夜光珠。《戰國策·楚策一》:"楚王……乃遣使車百乘,獻雞駭之犀、夜光之璧于秦王。"夜光:夜光璧;夜光珠。嵩岫(xiù):高山洞穴。

[11] 他山之攻:喻借助外力提高自己。《詩·小雅·鶴鳴》:"它山之石,可以攻玉。"

[12] 靈甲:龜甲。龜爲四靈之一,故云。《禮記·禮運》:"何謂四靈?麟、鳳、龜、龍,謂之四靈。"玄淵:深淵。

[13] 鑽灼:古卜法。鑽龜裏甲使薄,然後燃荊焞以灼所鑽處,使兆坼現於表面,藉以定吉凶。

[14] 動息:指出仕與退隱。《文選》謝朓《觀朝雨》詩"動息無兼遂"李善注:"動猶出處。"知止:謂懂得適可而止;知足。《老子·第四十四章》:"知足不辱,知止不殆,可以長久。"

[15] 無往不足:無往不能。足:能。

[16] 赫奕:光顯昭明貌。《文選》何晏《景福殿賦》:"故其華表則鎬鎬鑠鑠,赫奕章灼。"李善注:"鎬鎬鑠鑠,赫奕章灼,皆謂光顯昭明也。"朝華:早晨盛開的鮮花。隱喻"夕而零落"。《漢書·叙傳上》:"朝爲榮華,夕而焦悴。"

[17] 僨(fèn):傾覆。

[18] 吟嘯:高聲吟唱。《世說新語·文學102》:"桓玄嘗登江陵城南樓云:'我今欲爲王孝伯作誄。'因吟嘯良久,隨而下筆,一坐之間,誄以之成。"

[19] 塵氛:猶言灰塵煙霧。

[20] 怡顏:和悅的容顏。豐柯:茂盛的大樹。

[21] 朱户:帝王賞賜給諸侯或功臣的朱紅色大門,"九錫"之一,因指富貴人家。《韓詩外傳》八:"諸侯之有德,天子錫之。一錫車馬,再錫衣服……六錫朱户。"繩樞:用繩子繫門以代門軸。形容貧窮人家。

[22] 握耒：手持農具耕作。甫田：大田。

[23] 麾節：此指代將帥。麾：指揮軍隊與演奏的旌旗。節：符節。《外篇·知止》："出則朱輪耀路，高蓋接軫；丹旗雲蔚，麾節翕赫。"執鞭：持鞭駕車。《論語·述而》："富而可求也，雖執鞭之士，吾亦爲之。"此指代奴僕。

[24] 啜（chuò）：飲。荈（chuǎn）：晚采的老茶；泛指茶。漱：與"啜"義近。吸飲。

[25] 太牢：盛牛、羊、豕三牲的大食器，因把宴會或祭祀時並用牛、羊、豕三牲，亦曰太牢。《國語·楚語下》："天子舉，以大牢祀以會。"韋昭注："大牢，牛、羊、豕也。"大太古通。藜藿（lí huò）：兩種嫩葉可食的野菜。泛指粗劣的飯菜。藜：俗稱灰菜，似藿而表赤。藿：豆葉，嫩時可食。

[26] 泰爾：安然。形容心情安定。餘歡：充分的歡樂。無爲：順乎自然。《老子·第三十七章》："道常無爲而無不爲。"王弼注："無爲，順自然也。"

[27] 忻（xīn）然：喜悦貌。《史記·周本紀》："姜原出野，見巨人跡，心忻然説，欲踐之，踐之而身動如孕者。"

[28] 守朴：保持質朴的天性。

[29] 無欲無憂：沒有欲望，沒有憂患。《孟子·盡心上》："無爲其所不爲，無欲其所不欲。"

[30] 全真：全性保真。《淮南子·覽冥》："夫全性保真，不虧其身。"虛器：謂有其器而無其位。器：表示等級的車服、儀制。此謂視名器爲虛無。

[31] 恢恢：寬宏大度貌。蕩蕩：心胸寬廣貌。《荀子·非十二子》："恢恢然，廣廣然，昭昭然，蕩蕩然，是父兄之容也。"

[32] 渾成：同混成。天然生成。喻大道。《老子·二十五章》："有物混成，先天地生。"

[33] 浩浩：胸懷開闊坦蕩貌。茫茫：廣大而遼闊。《關尹子·一宇》："道茫茫而無知乎，心儻儻而無羈乎。"

[34] 造化：天地。符契：符節。

［35］闇：同暗。明、清、盈：耕部。

［36］似遲而疾，似虧而盈：好像緩慢而實疾速，好像虧缺而實盈滿。

［37］委：抛棄。尸祝：代替死者受祭，象徵死者神靈的人。《莊子·
　　　逍遙遊》：“庖人雖不治庖，尸祝不越樽俎而代之。”

［38］大匠：技藝高超的木匠。《老子·第七十四章》：“夫代大匠斲者，
　　　稀有不傷其手者矣。”

［39］越樽俎以代無知之庖：言不適當地代人作事。樽俎：酒器與盛
　　　肉器。

［40］繩墨：木匠劃直線的工具。

［41］腐鼠：喻追求功名利祿。《莊子·秋水》：“夫鵷鶵發於南海而飛
　　　于北海，非梧桐不止，非練實不食，非醴泉不飲。於是鴟得腐鼠，
　　　鵷鶵過之，仰而視之曰：‘嚇。’”語本此。莊子以鵷鶵自比，鴟比
　　　方惠施，腐鼠喻相位。細瑣：瑣碎細微事物。

［42］憂樂：憂愁和歡樂。

［43］藐然：輕視貌。流俗：指世間平庸的人。

［44］坦爾：坦然。心情平靜；態度安詳。雷同：隨聲附和。

［45］外物：身外之物。多指功名利祿之類。《莊子·外物》：“外物不
　　　可必，故龍逢誅，比干戮，箕子狂，惡來死，桀紂亡。”汩（gǔ）：擾
　　　亂。至精：我國古代哲學家指一種極其精微神妙而不見形跡的
　　　存在。

［46］純粹：純正不雜；精純完美。

［47］窮富極貴：極其富貴。“窮”“極”同義。窮極：極盡。

［48］白刃：利刃。沸鑊：滾開的鼎鍋。鑊（huò）：鼎；大而無足的鼎。

［49］劫：脅迫。

［50］謗讟（dú）：怨恨毀謗。《左傳·昭公元年》“民無謗讟。”杜預注：
　　　“讟，誹也。”戚：憂懼。

［51］無心：猶無意。

［52］未始：未曾，從未。

5　若夫操隋珠以彈雀[1]，舐秦痔以屬車(1)[2]；登杙條以探巢(2)[3]，泳呂梁以求魚[4]；且爲稱孤之客[5]，夕爲狐鳥之餘。棟撓棟覆[6]，傾溺不振，蓋世人所爲載馳而企及(3)[7]，而達者之所爲寒心而悽愴者也(4)[8]。故至人嘿《韶》《夏》而韜藻梲(5)[9]；奮其六羽於五城之墟(6)[10]，而不煩銜蘆之衛[11]；翳其鱗角乎勿用之地[12]，而不恃曲穴之備[13]。俯無倨鵂之呼[14]，仰無亢極之悔[15]。人莫之識，邈矣遼哉！"

【校】

（1）秦：藏本、魯藩本、明抄本作瘡，王國維校、敦煌本作創。

（2）條：原作縚，王明校："敦煌作‘條’。"

（3）世人所爲載馳而企及：藏本、平津本作"世人之所爲載馳企及"，從王明校刪"之"字，從王國維校、敦煌本補"而"字。

（4）而達者之所爲寒心而悽愴者也：王明校："敦煌、宋浙本無‘之’字，‘悽愴’作‘愴恨’。"

（5）藻梲：孫星衍按："梲當作帨。"顧廣圻校："梲當作帨，入韻。"陳其榮案盧本、王明案慎校本、寶顏堂本作彩。按：梲亦入韻，同爲月部字。

（6）城：魯藩本作域，王國維校作域。按：當作城。

【注】

[1]若夫：至於。用於句首或段落之首，表示另提一事。隋珠：隋侯之珠。《淮南子·覽冥》"隋侯之珠"高誘注："……隋侯見大蛇傷斷，以藥傅之，後蛇于江中銜大珠以報之，因曰隋侯之珠。"《莊子·讓王》："以隨侯之珠，彈千仞之雀，世必笑之。是何也？則以其所用者重，所要者輕也。"

[2]舐秦痔句：舌舐秦王之痔得車五輛。喻無恥邀寵。《莊子·列禦寇》："秦王有病召醫，破癰潰痤者得車一乘，舐痔者得車五乘。

所治愈下,得車愈多。"這是莊子譏刺曹商自誇有一百輛車相隨而説的話。屬車:帝王出行的侍從車。皇帝大駕屬車八十一乘,法駕屬車三十六乘,分左中右三列行進。

［3］朽條:枯朽的枝條。

［4］泳吕梁句:喻冒險貪求。吕梁:河名。一説在西河,一説在彭城。《莊子·達生》:"孔丘觀于吕梁,縣(懸)水三千仞,流沫四十里,黿鼉魚鱉之所不能游也。"求魚:抓魚。

［5］稱孤:王侯自己稱孤道寡。《老子·第三十九章》:"貴以賤爲本,高以下爲基。故以侯王自稱孤、寡、不穀。"胡厚宣先生《釋余一人》《論"余一人"問題》,關於"余一人"論述詳盡。夏渌《孤、寡、不穀新詮》説:"孤"當作高高在上的孤特之人,即"余一人"講,甚是,可從。

［6］棟撓:棟樑折斷。餗(sù)覆:鼎中的珍饌傾覆。喻力不勝任而敗事。《易·鼎》:"九四:鼎足折,覆公餗。"高亨今注:"覆,傾覆。公,公侯之公。餗,湯菜稀粥皆謂之餗。……此喻人負重責而才力不勝。以致敗公侯之事,是凶矣。"

［7］載馳:載馳載驅,謂車馬疾行。喻追求急切。企及:跟隨。

［8］寒心:戰慄;恐懼。悽愴:凄慘;悲傷。

［9］嘿:同默。《韶》:舜樂。《夏》:禹樂。泛指優雅的音樂。藻梲(zhuō):梁上繪有彩畫的短柱。

［10］六羽:猶六翮。雙翅上的健羽。五城:昆侖山上的五座城池。墟:丘;山根。

［11］銜蘆:大雁口銜蘆葦以防飛箭射其翼。《淮南子·脩務》:"夫雁銜蘆而翔,以備矰弋。"高誘注:"銜蘆,所以令繳不得截其翼也。"

［12］翳:掩蓋。鱗角:指代潛龍。

［13］曲穴:彎彎曲曲的洞穴。

［14］倨鴟(chī):蹲踞樹上的貓頭鷹。倨通踞。鴟同鴝。呼:嚇。仍是莊子諷刺惠施之意。鵷鶵:鸞鳳之屬。

［15］亢極之悔:居於極高之處的龍必有後悔。喻處高必悔。《易·乾》:"上九亢龍有悔。"

論　仙　卷　二^[1]

1　或問曰："神仙不死^[2]，信可得乎^{(1)[3]}？"抱朴子答曰⁽²⁾："雖有至明^[4]，而有形者不可畢見焉^[5]；雖稟極聰^[6]，而有聲者不可盡聞焉^[7]。雖有大章、豎亥之足^[8]，而所常履者^[9]，未若所不履之多^{(3)[10]}；雖有禹、益、齊諧之智^{(4)[11]}，而所識者⁽⁵⁾，未若所不識之衆也。萬物云云^{(6)[12]}，何所不有？況列仙之人^[13]，盈乎竹素矣^{(7)[14]}；不死之道，曷爲無之⁽⁸⁾？"

【校】

（1）乎：王國維校作于。王國維眉批："六朝寫本'乎'皆作'于'，于乎二字古通。《論語》引《書》'孝乎惟孝'，《石經》作'孝于惟孝'。"按：在上古乎于同爲魚部匣母平聲字。

（2）答曰：王明校："影古寫本無'答'字。"

（3）多：其下王國維校、敦煌、影古寫本有"也"字。案下文語法，當有"也"字。

（4）禹、益：平津本作禹、舜，從藏本、王明本校改。智：孫星衍校引藏本、王明校引宋浙本、魯藩本作識，敦煌、影古寫本作博。

（5）而所識者：平津本作"而所嘗識者"，從藏本、魯藩本、宋浙本校改。王國維校作而記識者，敦煌本嘗作記。

（6）云云：陳其榮案引盧本、王明案引慎校本、寶顏堂本作芸芸。按：云云，"芸芸"的初字。

（7）矣：王國維校删。

（8）無：王國維校作无。

【注】

[1] 論仙：論人能成仙，仙人長生不死。《黃帝九鼎神丹經訣》（以下稱《經訣》）三：“葛洪曰：‘余雖生末代，頗慕古風，考集仙經。’”

[2] 神仙：傳說與道教指修煉得道，超脱塵世，神通變化，長生不死之人。又稱“神人”或“仙人”。

[3] 信：的確；真的。

[4] 至明：最好視力的人。明：視力。

[5] 而有形句：由《老子·第五十五章》“知常曰明”王弼注“無形不可得見曰明也”變來。

[6] 稟：賦予；給予。極聰：最好聽力的人。

[7] 聞：知聞。按：“知聞”即耳知耳聞。

[8] 大章、豎亥：傳說夏禹時兩個推算天象之人。《淮南子·墜形》：“禹乃使大章步自東極，至於西極，二億三萬三千五百里七十五步；使豎亥步自北極，至於南極，二億三萬三千五百里七十五步。”馬宗霍《淮南參證》云：“而大章、豎亥則推步天象之人。”步：推；推算。

[9] 常：通嘗。曾經。履：此處猶言用腳步丈量。

[10] 未若：不如，比不上。

[11] 禹：夏禹。益：伯益，相傳堯舜時大臣。齊諧：人名，志怪者也。

[12] 云云：衆多貌；紛繁茂盛。

[13] 列仙：諸仙。

[14] 竹素：竹簡、素帛。書寫文字用之，指代典籍。《三國志·吳書·陸凱傳》：“明王聖主取士以賢，不拘卑賤，故其功德洋溢，名流竹素。”

2　於是問者大而笑之曰^{(1)[1]}：“夫有始者必有卒^{(2)[2]}，

有存者必有亡。故三、五、丘、旦之聖[(3)][3]，棄、疾、良、平之智[4]，端、嬰、隨、酈之辯[(4)][5]，賁、育、五丁之勇[6]，而咸死者，人理之常然[(5)][7]，必至之大端也[(6)][8]。徒聞有先霜而枯瘁[9]，當夏而凋青[(7)]，含穗而不秀[10]，未實而萎零[(8)][11]，未聞有享於萬年之壽[12]，久視不已之期者矣[(9)][13]。故古人學不求仙[14]，言不語怪[15]；杜彼異端[16]，守此自然；推龜鶴於別類[(10)][17]，以死生爲朝暮也[(11)][18]。夫苦心約己[19]，以行無益之事[(12)]，鏤冰雕朽[(13)][20]，終無必成之功。未若攄匡世之高策[21]，招當年之隆祉[22]；使紫青重紆[23]，玄牡龍跱[24]；華轂易步趨[(14)][25]，鼎餗代末耜[26]，不亦美哉？每思詩人《甫田》之刺[(15)][27]，深惟仲尼皆死之證[28]；無爲握無形之風，捕難執之影[29]；索不可得之物[(16)]，行必不到之路；棄榮華而涉困苦[(17)][30]，釋甚易而攻至難；有似桑者之逐遊女[(18)][31]，必有兩失之悔；單、張之信偏見[32]，將速內外之禍也[33]。夫班、狄不能削瓦石爲芒針[(19)][34]，歐冶不能鑄鉛錫爲干將[35]。故不可爲者，雖鬼神不能爲也[36]；不可成者，雖天地不能成也。世間亦安得奇方[37]，能使當老者復少[(20)][38]，而應死者反生者[(21)]？而吾子欲延蟪蛄令有歷紀之壽[39]，養朝菌使之累晦積朔[(22)][40]，不亦謬乎[(23)]？願加九思[41]，不遠迷復焉[(24)][42]。"

【校】

（１）大而笑之：藏本、平津本作大笑，從楊明照《校補》引敦煌殘卷、王明校引影古寫本校改。《微旨》："大而笑之，其來久矣。"是其證。

（２）卒：王國維校、影古寫本作本。

（３）聖：其下王國維校補"去世"二字。

（４）嬰：原作晏，藏本、平津本作嬰，從敦煌、影古寫本校改，因"嬰"爲名,與"端、隨、酈"爲姓者不一致。王國維校作宴,宴通晏。

（5）然：王國維校、敦煌、影古寫本作勢。

（6）端：王國維校、敦煌、影古寫本作歸。

（7）當：王國維校作春。青：王國維校作清。

（8）萎：王國維校作委。委,萎之初字。

（9）久：其前王國維校、敦煌、影古寫本有"受"字。

（10）鶴：王國維校作鵠。王明校："敦煌作鵠（以下鶴字皆均作鵠）。
按影古寫本亦作鵠。"按：鵠通鶴。

（11）以：陳其榮案："盧本作比。"

（12）行：王國維校、敦煌、影古寫本作脩,宋浙本作求。王國維校無
作无。

（13）朽：王國維校作杅。

（14）易步趨：原作易步趍。藏本、魯藩本作易步趣,敦煌本作貿步趣,
王國維校作貿負步,刪"趣"字。趍同趨,趣同趨。《玄應音義》一
"趍走"注："趍又作趨。"《周禮・考工記・矢人》"參分其長而殺
其趣"鄭玄注"令趣鏃"孫詒讓正義："趣與趨同。"

（15）每：王國維校、王明校引敦煌、影古寫本、宋浙本作幸。

（16）物：王國維校作位。

（17）困苦：藏本、平津本作苦困,從王國維校、敦煌本、影古寫本乙改。

（18）桑：藏本作喪,從孫星衍、顧廣圻、王國維校改。

（19）狄：藏本作秋,孫星衍、顧廣圻校從《意林》作狄,狄同翟,即墨翟。
王明校同。

（20）能使：從王國維、王明、敦煌、影古寫本、慎校本、寶應堂本校補。
王國維校"復"作"常"。

（21）反：敦煌本、影古寫本作久。

（22）欲延蟪蛄令有歷紀之壽,養朝菌使之累晦積朔：藏本、平津本、
王明本作"乃欲延蟪蛄之命,令有歷紀之壽,養朝菌之榮,使累晦
朔之積",從王國維校刪"之命""之榮"四字,"使"下補"之"字,刪
"朔"下"之"字,"朔積"乙作"積朔"。之榮：孫星衍曰："舊脱此
二字,今補。"顧廣圻校："'朝菌'之下脱'之□'二字。"按：當刪。

使：其下王國維校補"之"字,删"朔"下"之"字,"朔積"乙作"積
朔"。全句當從古寫殘卷作"而吾子乃欲延蠛蚱令有歷紀之壽,
養朝菌使之累晦積朔,不亦謬乎?"

（23）不亦謬乎：句前藏本、魯藩本有"吾子"二字,孫星衍、顧廣圻、王
國維校删。乎：王國維校作于。

（24）願加九思,不遠迷復焉：陳其榮案："盧本'九'作'自',脱下句。"

【注】

［1］大：誇大。笑：嘲笑。

［2］夫有始者必有卒：實據《論語·子張》"有始有卒者",邢昺疏：
"卒,猶終也。"

［3］三、五：三皇、五帝。《文選·東都賦》："事勤乎三、五。"劉良注：
"三、五,三皇五帝也。"丘、旦：孔丘、周公姬旦。

［4］棄：后稷。周部族始祖。姓姬,名棄。相傳其母姜嫄爲帝嚳元
妃,履大人足印的大拇指,感而生子,以爲不祥,把他遺棄,故名。
因自幼喜愛培植農作物,成效顯著,堯舉爲農師,舜封棄于邰,號
曰后稷。我國以農立國,被祀爲稷神。疾：樗里子之名,秦惠王
弟,滑稽聰慧,秦人號曰"智囊"。良：張良,輔佐西漢劉邦成就
帝業的謀士,漢三傑之一。平：陳平,六出奇計輔佐劉邦,與周
勃迎文帝,安定劉氏政權。

［5］端：端木賜（前520—前?）,字子貢,衛（今河南東部）人,孔子弟
子。少孔子三十一歲。利口巧辭。田常作亂于齊時,曾移兵欲
以伐魯,賜請往齊遊説,孔子許之。賜至齊謂田常其憂在内,若
破魯,徒使齊上驕主心,下恣群臣,使田氏危殆于齊,並勸田常釋
魯而伐吳。後賜遊説列國,存魯、亂齊、破吳、强晉而霸越。賜善
貿易,家累千金,嘗相魯、衛,卒終於齊。嬰：晏嬰（前? —前
500）,字平仲,春秋齊國夷維（今山東高密）人。其父晏弦死,繼
之爲齊卿。歷仕靈公、莊公、景公,善諫説,是北方辯于辭,習於
禮者,以節儉力行著稱而重于齊,名顯諸侯。隨：隨何,善辯,爲
劉邦説黥布叛楚歸漢。酈：酈食其（lì yì jī）,爲劉邦説客,常使

　　諸侯。

［6］賁：孟賁，衛人，一説齊人。育：夏育，周時衛人。皆大勇士。五
　　丁：傳説秦惠文王時蜀地五位力士。《類聚》七引揚雄《蜀王本
　　紀》：“天爲蜀王生五丁力士，能獻山。秦（惠）王獻美女與蜀王，
　　蜀王遣五丁迎女。見一大蛇入山穴中，五丁並引蛇，山崩，秦五
　　女皆上山，化爲石。”

［7］人理：做人的道德規範。此謂人情事理。常然：自然之勢。

［8］必至：指事理的必然歸向；必然要做到，表示意志的堅決。大端：
　　主要的端緒；事情的主要方面。語見《禮記・禮運》：“故欲惡者，
　　必至之大端也。”

［9］徒：但；僅僅。枯瘁：猶枯萎。

［10］含穗而不秀：謂孕含穀穗的因數，卻不結出穀穗。

［11］未實：沒有結子、結果、結穗。萎零：枯萎零落。

［12］萬年：猶萬歲；長壽。

［13］久視：長久立世；長生久活。

［14］求仙：謂以服藥、避穀、修練等法，求得長生不老。

［15］語怪：談論怪異之事。《論語・述而》：“子不語怪、力、亂、神。”

［16］杜：塞。異端：古代儒家稱其他學説、學派爲異端。《論語・爲
　　政》“攻乎異端”朱熹集注：“異端，非聖人之道，而別爲一端，如
　　楊、墨是也。”

［17］推：排斥。龜鶴：長壽動物。喻老壽。別類：與人不同的另一
　　類動物。

［18］死生：死亡和生存。朝暮：早晚；不久。

［19］苦心：費盡心思；盡心竭力。約己：約束自己。

［20］鏤冰：雕刻冰塊。喻徒勞無功。雕朽：比喻不堪造就。此喻白
　　費力氣。

［21］攄（shū）：抒發；施展。匡世：挽救世道。

［22］當年：壯年。指身體强壯時期。《墨子・非樂上》“將必使當年，
　　因其耳目之聰明”孫詒讓閒詁：“王（念孫）云：‘當年，壯年也。’當
　　有壯盛之義。”隆祉（zhǐ）：隆盛的福祉。

[23] 紫青：猶青紫。繫官印的紫綬青綬。漢制：丞相、太尉皆金印紫綬，御史大夫銀印青綬。此指代高官服飾。按：葛洪變"青紫"爲"紫青"，倒文耳。重紆：沈甸甸下垂。

[24] 玄牡：黑色公馬。"九錫"之一。《三國志・吳書・吳主傳》"九錫備物"裴松之注引《江表傳》："是用錫君大輅、戎輅、玄牡二駟。"龍跱(shì)：如駿馬跱立。龍：馬八尺以上爲龍。泛指高大的馬。

[25] 華轂：飾有文采的車轂；華美的車子。步趨：行走。

[26] 鼎鍊：列鼎而食的豪奢生活。耒耜：古代耕地翻土的農具。耒爲耜上之曲木，耜是耒耜下端的起土部分。指代耕作。

[27] 甫田：《詩・齊風》篇名，序云："大夫刺襄公也。無禮義而求大功……志大心勞，所以求者非其道也。"

[28] 深惟：深思熟慮。仲尼：孔丘(前551—前479)別名，陬邑(今山東曲阜南)人。上古思想家、教育家，儒家學派創始人。皆死：皆有死。《論語・顏淵》："(子)曰：'自古皆有死，民無信不立。'"

[29] 握無形之風，捕難執之影：由"握風捕影"擴充而來。握風捕影：猶言捕風捉影。語本牟融《理惑論》："神仙之書，聽之則洋洋盈耳，求其效，猶握風而捕影，是以大道之所不取。"

[30] 榮華：榮耀華貴。困苦：艱難窮苦。

[31] 有似桑者之逐遊女：《列子・説符》："晉文公出會，欲伐衛，公子鋤仰天而笑。公問何笑。曰：'臣笑鄰之人有送其妻適私家者，道見桑婦，悅而與言。然顧視其妻，亦有招之者矣。臣竊笑此也。公寤其言，乃止。"楊伯峻注："《類聚》二十四引作'笑臣之鄰人也，臣之鄰人有送其妻適私家者'。疑此文當作'笑臣之鄰人也，臣之鄰人有送其妻適私家者'。今本脱誤。"兩失：謂失去舊愛新歡。

[32] 單：單豹。張：張毅。皆魯人，不善養生。一説單豹爲隱者姓名。《莊子・達生》説豹養其内，而虎食其外；毅養其外，而病攻其内。信偏見：各信其偏見，而恣其所行，莫能自反。偏見：片面的見解；成見。

[33] 速：招致。

[34] 班：公輸班。戰國初魯人，有巧藝，能造雲梯。《墨子·公輸》作
　　　“公輸盤”，他書作“公輸般”。狄：墨翟，巧爲車輗，能造木鳶而
　　　飛。瓦石：瓦片石塊。此喻難以改變之物。芒針：針纖細而長，
　　　形如麥芒，故稱。

[35] 歐冶：歐冶子，春秋時越國著名鑄劍工匠。應越王聘，鑄湛盧、巨
　　　闕、勝邪、魚腸、純鈞五劍。後與干將爲楚王鑄龍淵、泰阿、工布
　　　三劍。干將：吳人，與歐冶子同師，俱善鑄劍。又劍名，吳王闔閭
　　　使干將造劍二枚，一曰干將，二曰莫邪。

[36] 不可爲：做不到。《論語·憲問》：“子路宿于石門。晨門曰：‘奚
　　　自？’子路曰：‘自孔氏。’曰：‘是知其不可而爲之者與？’”

[37] 安得：怎麽能；怎麽能得到。疑問副詞。奇方：奇妙的丹方。

[38] 當：猶正值。

[39] 吾子：對對方的尊稱。一般用於男子之間。蟪蛄：一種短命的
　　　蟬。《莊子·逍遥遊》：“蟪蛄不知春秋。”歷紀：歷時一紀。紀：
　　　三百日。《微旨》：“紀者，三百日也。”

[40] 朝菌：一種朝生暮死的菌。晦、朔：早晚，旦夕。

[41] 九思：九種思慮。《論語·季氏》：“君子有九思：視思明，聽思
　　　聰，色思温，貌思恭，言思忠，事思敬，疑思問，忿思難，見得
　　　思義。”

[42] 不遠迷復：迷途不遠即醒悟返回。

3　抱朴子答曰：“夫聰之所去，則震雷不能使之聞[1]；
明之所棄，則三光不能使之見[2]。豈翰礚之音細，而麗天
之景微哉[3]？而聾夫謂之無聲焉，瞽者謂之無物焉(1)。又
況管弦之和音(2)[4]，山龍之綺粲[5]，安能賞克諧之雅
韻(3)[6]，暐曄之鮮藻哉(4)[7]？故聾瞽在乎形器(5)[8]，則不信
豐隆之與玄象矣[9]。而況物有微於此者乎(6)[10]？暗昧滯
乎心神[11]，則不信有周、孔於在昔矣。況告之以神仙之道
乎(7)？夫存亡終始，誠是大體[12]。其異同參差，或然或否，

變化萬品^[13]，奇怪無方^{(8)[14]}，物是事非⁽⁹⁾，本鈞末乖^[15]，未可一也。

【校】

（1）礨夫：王明校："礨，敦煌、影古寫本作瓚。"疑當作礨者，與下"瞽者"對文。無物：疑有誤。與上"無聲"相對，當作"無形"。

（2）又況：王國維校删。管弦：藏本作弦管，王國維校乙作弦管。

（3）克：王國維校作剋。克同剋。

（4）暐：王國維校作煒。鮮藻：藏本、平津本作鱗藻，從王國維、敦煌、影古寫本校改。

（5）瞽在：王國維校作盲存。

（6）而況：王明校引敦煌本、影古寫本作何況。有：敦煌本無。乎：王國維校作于。

（7）乎：王國維校作于。

（8）方：魯藩本作萬，王國維校作方。

（9）非：敦煌、影古寫本同，孫星衍校："一本作舛。"

【注】

［1］去：離開。震雷：響雷。

［2］棄：捐；去。按："棄"與"去"互文義近。三光：日、月、星。

［3］輷磕：大聲。此指雷聲。輷（hōng）：車行聲。磕（kē）：石擊聲。麗天：附著於天。《易·離》"日月麗乎天"王弼注："麗，猶著也。各得所著之宜。"景：日光。明：日月的光亮。

［4］管弦：管樂器與弦樂器；管弦樂。一作絃。和音：平和之音。按：此蓋指按一定聲律同時發響的若干個音，即和聲。

［5］山龍：古代袞服與旌旗上的山、龍圖案。《書·益稷》："予欲觀古人之象。日月星辰，山龍華蟲，作會宗彝。"孔傳："畫三辰、山龍、華蟲於衣服旌旗。"綺粲：綺麗璀璨；華麗美好。

［6］克諧：能夠諧調。《書·舜典》："八音克諧，無相奪倫。"雅韻：雅

正的韻律。

［7］鮮藻：水藻。此指華麗的裝飾。

［8］形器：人的形體；人體。

［9］豐隆：雷神；雷聲。玄象：日月星辰形成的天象。

［10］而況：何況。

［11］暗昧：愚昧；昏庸。心神：心思精力。

［12］大體：重要的道理；大局。

［13］萬品：猶萬物；萬類。

［14］無方：謂變化無窮。

［15］本鈞末乖：根本相同，枝末相背。乖：異。

4　夫言始者必有終者多矣⁽¹⁾，混而齊之，非通理矣^[1]。謂夏必長，而薺、麥枯焉^{(2)[2]}；謂冬必雕，而竹柏茂焉^{(3)[3]}。謂始必終，而天地無窮焉^[4]；謂生必死，而龜、鶴長存焉^{(4)[5]}。盛陽宜暑，而夏天未必無涼日也^[6]；極陰宜寒，而嚴冬未必無暫溫也⁽⁵⁾。百川東注^[7]，而有北流之活活^{(6)[8]}；坤道至靜^{(7)[9]}，而或震動而崩陁^{(8)[10]}；水性純冷^{(9)[11]}，而有溫谷之湯泉^{(10)[12]}；火體宜熾⁽¹¹⁾，而有蕭丘之寒焰^{(12)[13]}；重類應沈，而南海有浮石之山^[14]；輕物當浮，而牂柯有沈羽之流^[15]。萬殊之類，不可以一概而斷之⁽¹³⁾，正如此也久矣⁽¹⁴⁾。

【校】

（1）始：影古寫本、宋浙本作“有始”，六朝寫本、藏本、魯藩本無“有”字。按：第二段有“夫有始者必有終”，當承前作“有始”。者：王國維校刪。矣：王國維校作也。

（2）薺、麥：藏本作薺菱，魯藩本作菱麥，王國維校菱作萌。陳其榮校：“《御覽》九百五十三作‘薺、麥’，《微旨》篇‘若以薺、麥之生死’、《道意》篇‘不可以薺、麥之細碎’，是本書有‘薺、麥’之語。”

（3）竹：王國維校，敦煌、影古寫本作松。

（4）龜、鶴：王明引敦煌、影古寫本作龜蛇。

（5）暫：王國維校作蹔。蹔同暫。

（6）活活：藏本、魯藩本、明抄本、平津本作浩浩，從顧廣圻、王國維、
　　　王明校改。

（7）靜：王國維校作靖。

（8）而：藏本、魯藩本無，平津本有，王國維校加。陁：藏本作弛，從
　　　孫星衍、王明校改。王國維校作佗。

（9）性：藏本、明抄本作主。王明案：“敦煌、影古寫本、宋浙本亦作
　　　‘主’。”顧廣圻校作性。按：“性”脫去忄旁即爲“生”，“生”與“主”
　　　形近致誤。

（10）溫谷：王國維校，敦煌、影古寫本作潯狖，狖通作狖。王明校：“羅
　　　　氏云：狖即狖別構，潯殆燖之訛。是。”

（11）爔：王國維校，敦煌、影古寫本作熱。

（12）焰：王國維校作炎。

（13）一概而斷之：藏本、平津本作一概斷之，從王國維校、敦煌、影古
　　　　寫本、宋浙本補“而”字。

（14）正、也：敦煌、影古寫本無，王國維校刪。

【注】

［1］通理：通達的道理。

［2］薺、麥：兩種冬生、秋生而夏死的植物。

［3］竹柏：經冬不凋，因以喻堅貞。

［4］天地無窮：蓋本《老子・第七章》：“天長地久。天地所以長且久
　　　者，以其不自生，故能長生。”但與老子另一説法相背：《老子・
　　　第二十三章》：“天地尚不能久，而況於人乎？”

［5］長存：長生，不死。

［6］盛陽：旺盛的陽氣。

［7］百川：江河湖澤的總稱。注：灌注；流。

［8］活活（guō）。水流聲。《詩·衛風·碩人》："北流活活。"《山海經·海内東經》："湘水出舜葬東南陬，西環之，入洞庭下。"即由南向北流入洞庭湖。

［9］坤道：謂大地的屬性。

［10］震動：顫動。崩陁（zhì）：倒塌；塌毀。

［11］水性：水的性能、特點。

［12］温谷：《穆天子傳》一："天子西濟于河□，爰有温谷樂都。"郭璞注："温谷，言冬暖也。"

［13］蕭丘：傳説中的海島名。相傳在南海中，上有自生之火，春起秋滅，生長一種小而焦黑的樹木。

［14］重類：沉重的物類。浮石山：石山飄浮水面，故云。

［15］牂（zāng）柯：古郡名，在今貴州境内。《漢書·地理志》"牂柯郡"顔師古注引應劭曰："臨牂柯河，沈羽之流，似弱水，不勝鴻毛。"

5　有生最靈，莫過乎人[1]。貴性之物[2]，宜必鈞一(1)。而其賢愚邪正[3]，好醜脩短[4]；清濁貞淫[5]，緩急遲速[6]；趨舍所尚[7]，耳目所欲；其爲不同，已有天壤之覺(2)，冰炭之乖矣[8]。何獨怪仙者之異(3)，不與凡人皆死乎？

【校】

（1）鈞一：一，孫星衍校，"藏本無此字。"魯藩本亦無。王國維校、敦煌、影古寫本等作鈞齊。按："鈞一""鈞齊"兩可。

（2）天壤之覺：覺，孫星衍校："刻本作隔，非，覺即較字。"王國維校、敦煌、影古寫本"壤"作"淵"，"覺"作"降"。寶顔堂本"壤"作"淵"，"覺"作"隔"。按：作"淵"、作"覺"與《外篇》一致。《外篇·博喻84》"仁忍有天淵之絶，善否猶有無之覺。"

（3）異：王明引敦煌、影古寫本無。

【注】

〔１〕有生：有生命者。《列子·揚朱》：“有生之最靈者，人也。”

〔２〕貴性：謂人。指人具有可貴的稟性。《孝經·聖治章》：“天地之性，人爲貴。”

〔３〕賢愚：賢能和愚蠢。邪正：邪惡與正直。

〔４〕好醜：美醜；好壞。修短：長處與短處。指物的長度，人的壽命、能力等。

〔５〕清濁：喻人事的優劣、善惡、高下等。

〔６〕緩急：舒緩與急迫。遲速：緩慢和迅速。

〔７〕趨舍：取捨；好惡(wù)。

〔８〕冰炭：冰塊和炭火。喻性質相反，互不相容。

6　若謂受氣皆有一定$^{(1)[1]}$，則雉之爲蜃$^{[2]}$，雀之爲蛤$^{(2)[3]}$，壤蟲假翼$^{[4]}$，川蛙翻飛$^{(3)[5]}$，水蠆爲蛉$^{(4)[6]}$，荇苓爲蛆$^{(5)[7]}$，田鼠爲鴽$^{(6)[8]}$，腐草爲螢$^{(7)[9]}$，鼉之爲虎，蛇之爲龍$^{[10]}$，皆不然乎？

【校】

（１）氣：王國維校作炁，炁同氣。

（２）雀：王國維校作鵲。

（３）蛙：王國維校作如鼃，飛作飜。鼃同黿。藏本飛作飜。

（４）水蠆爲蛉：藏本、平津本作水蠣爲蛤，從孫詒讓《札迻》、敦煌本校改。

（５）荇苓爲蛆：王國維校苓作茶，蛆作蛆。王明引慎校本苓作菜。

（６）鴽：王國維校作鷟。

（７）螢：王國維校作螢火。

【注】

〔１〕受氣：稟受自然之氣。

〔２〕雉之爲蜃（shèn）：《國語·晉語》：“趙簡子歎曰：‘……雉入於淮
爲蜃。’”韋昭注：“小曰蛤，大曰蜃，皆介物，蚌類。”

〔３〕雀之爲蛤（gé）：《國語·晉語》：“趙簡子歎曰：‘雀入於海爲
蛤。’”按：2008 年第 4 期《古籍整理研究學刊》張富祥《〈吕氏春
秋〉校釋札記（一）》：“《季秋紀》和《孟冬紀》還有‘賓爵（雀）入大
水爲蛤’、‘雉入大水爲蜃’的説法。大約出於某些候鳥與海生蛤
蜊互依共存的生態現象，而古人亦誤會爲二者之間的變化。”録
以備參。

〔４〕壤蟲：即蠰（shàng）蟲：一種似天牛的桑樹害蟲。《爾雅·釋
蟲》：“蠰，齧桑。”郭璞注：“似天牛，角長，體有白點，喜齧桑樹，作
孔入其中。江東呼爲齧髮。”邢昺疏：“蠰，一名齧桑。”

〔５〕川蛙：謂河川中的蝦蟆變爲鶉鵪。《墨子·經説上》：“化，若鼃爲
鶉。”《淮南子·齊俗》：“蝦蟆爲鶉。”翻飛：飛舞。

〔６〕水蠆（chài）：蜻蜓的幼蟲。蛉：蜻蜓。《禮記·月令》：“季秋之
月，雀入大水爲蛤。”孫詒讓《札迻》：“蛤當爲蛉。”敦煌殘卷“蛤”
作“蛉”。

〔７〕荇苓爲蛆：實指“荇苓”這兩種草給“蛆”提供了滋生的條件。荇
（xìng）：多年生水草本植物。苓：苓耳。草名。蛆：馬陸，又名
馬蠲，一種小蟲名。《廣雅·釋蟲》：“蛆蝫、馬蠖，馬蚿也。”王念
孫疏證：“蚿之轉聲爲蝘，又轉而爲蠲、爲蚼。《説文》云：‘蠲，馬
蠲也。’引《明堂》《月令》云：‘腐艸爲蠲。’……又轉而爲蠸、爲蚈。
《吕氏春秋·季夏紀》：‘腐草化爲蚈。’高誘注云：‘蚈，馬蚿也。’”

〔８〕田鼠爲鴽：《禮記·月令》：“季春之月……桐始華，田鼠化爲鴽。”
鴽（rú）：鶉鵪。

〔９〕腐草爲螢：《禮記·月令》：“季夏之月……腐草爲螢。”按：“腐草”
給“螢”的滋生創造了環境條件。

〔１０〕鼉之爲虎：不詳所據。鼉（tuó）：鼉龍，又名揚子鰐。《淵鑒類
函》引《本草綱目》：“（鼉）老者多能變化爲邪魅。”蛇之爲龍：《史
記·外戚世家》褚少孫引傳曰：“蛇化爲龍，不變其文。”

7　若謂人稟正性[1]，不同凡物[2]，皇天賦命，無有彼此[3]，則牛哀成虎[4]，楚嫗爲黿(1)[5]，滑介爲柳(2)[6]，秦女爲石[7]，死而更生[8]，男女易形[9]，老、彭之壽[10]，殤子之夭[11]，其何故哉？苟有不同[12]，則其異有何限乎(3)？

【校】

（1）黿：王國維校作鼀。

（2）滑介：藏本、魯藩本、平津本作枝離，藏本、魯藩本、平津本原校："一作滑錢。"王國維校："一作猾錢。"從《札迻》十校《莊子·至樂》校改。

（3）有何限乎：敦煌、影古寫本作何限，王國維校作則其異者何限。

【注】

[1] 正性：純正的稟性。

[2] 凡物：猶萬物。按：此蓋指一般動物。

[3] 皇天：對天和天神的尊稱。賦命：給以生命。

[4] 牛哀成虎：《淮南子·俶真》："昔公牛哀轉病也，七日化爲虎，其兄掩户而入覘之，則虎搏而殺之。"

[5] 楚嫗爲黿：《後漢書·五行志》："靈帝時，江夏黃氏之母，浴而化爲黿，入於深淵。"

[6] 滑介爲柳：據《莊子·至樂》説，滑介左肘長了個瘤子。柳：瘤借字。

[7] 秦女爲石：宋吳淑《事類賦注》七"既傳秦婦"條引《蜀記》："梓潼縣有五婦山，昔秦遺蜀五美人，蜀遣五丁迎之。至此，五丁踏地大呼，五女皆化爲石。"

[8] 死而更生：《後漢書·五行志五》："建安四年二月，武陵充縣女子李娥，年六十餘，物故以其家杉木槥斂，瘞於城外數里上，已十四日。有行聞其塚中有聲，便語其家。家往視聞聲，便發出，遂活。"

［9］男女易形：《漢書·五行志下之上》：“史記魏襄王十三年，魏有女子化爲丈夫。”“（漢）哀帝建平中，豫章有男子化爲女子，嫁爲人婦，生二子。”《後漢書·五行志五》：“建安七年，越巂有男化爲女子。”

［10］老：老聃。彭：彭祖，傳説中的長壽人物。封于彭城。歷虞夏至商，年八百歲，故以久壽見聞。《列仙傳》上《彭祖傳》：“彭祖者，殷大夫也，姓籛（jiān），名鏗，帝顓頊之孫、陸終氏之中子（一説玄孫）。歷夏至殷末，八百餘歲。常食桂、芝，善導引行氣。”

［11］殤子：未成年而死者。

［12］苟：假如。

8　若夫仙人，以藥物養身，以術數延命[1]，使内疾不生[2]，外患不入(1)，雖久視不死，而舊身不改(2)，苟有其道(3)，無以爲難也。而淺識之徒，拘俗守常[3]，咸曰世間不見仙人，便云天下必無此事。夫目之所曾見(4)，當何足言哉[4]？天地之間，無外之大[5]，其中殊奇，豈遽有限(5)[6]！詣老戴天，而無知其上(6)[7]；終身履地[8]，而莫識其下(7)[9]。形骸，己所自有也(8)[10]，而莫知其心志之所以然焉；壽命在我者也(9)[11]，而莫知其修短之所能至也(10)。況乎神仙之遠理，道德之幽玄[12]，仗其短淺之耳目(11)，以斷微妙之有無，豈不悲哉？

【校】

（1）入：王國維校、敦煌、影古寫本作加。

（2）舊：王國維校作變。

（3）有：王國維校作得。

（4）之：王國維校删。

（5）遽：王國維校作詎。有限：王國維校删“有”字，改“限”爲“乎”。

（6）而無知其上：孫星衍校："（而下）藏本有或字。（其下）藏本有爲
　　字。"魯藩本同藏本。王明案："敦煌、影古寫本'無'下有
　　'或'字。"

（7）莫：王國維校、敦煌、影古寫本作未有。王明案："宋浙本'莫'亦
　　作'未'。"

（8）也：王國維校删。

（9）在我：王國維校、敦煌、影古寫本作老夭。

（10）之所：藏本、平津本原脱"所"字，據王國維校、敦煌本補。

（11）仗：王國維校作杖。

【注】

［1］術數：此猶言方術。也稱數術。

［2］内疾：猶言暗病。身體内部的病症。

［3］拘俗：拘泥於世俗。

［4］當：尚。何足：哪裏值得。

［5］無外：猶無窮，無所不包。

［6］豈遽：猶難道；怎麽。

［7］詣：至；到。戴天：頂天。

［8］終身：一生；終竟此身。履地：立地。

［9］而莫識其下：即不知其地。

［10］形骸：人的軀體。

［11］在我：《西升經・我命章》："老君曰：我命在我，不屬天地。"

［12］道德：通達事理。幽玄：幽深玄妙。此謂玄虛的道教哲理。

　　9　設有哲人大才^{(1)[1]}，嘉遁勿用^{(2)[2]}，翳景掩藻^[3]，廢
僞去欲⁽³⁾；執太璞於至醇之中^{(4)[4]}，遺末務於流俗之外^[5]；
世人猶尠能標英逸於無名之表^{(5)[6]}，得精神於陋形之
裏^[7]，豈況仙人殊趣異路^{(6)[8]}；以富貴爲不幸，以榮華爲穢
汙^[9]；以厚玩爲塵壤^[10]，以聲譽爲朝露^[11]；蹈炎飆而不

灼⁽⁷⁾[12]，躡玄波而輕步[13]；鼓翮清虛⁽⁸⁾[14]，風駟雲軒[15]；仰凌紫極[16]，伏棲崐崘⁽⁹⁾[17]；行尸之人⁽¹⁰⁾[18]，安得見之？假令遊戲⁽¹¹⁾[19]，或經人間⁽¹²⁾，匿眞隱異[20]，外同凡庸，比肩接武，孰有能覺乎[21]？若使皆如郊閑兩瞳之正方⁽¹³⁾[22]，邛疏之雙耳⁽¹⁴⁾，出乎頭巓[23]。馬皇乘龍而行[24]，子晉躬御白鶴⁽¹⁵⁾[25]；或鱗身蛇軀⁽¹⁶⁾[26]，或金車羽服[27]，乃可得知耳⁽¹⁷⁾。自不若斯[28]，則非洞視者安能覩其形，非徹聽者安能聞其聲哉[29]？世人既不信⁽¹⁸⁾，又多疵毀[30]，眞人疾之[31]，遂益潛遁⁽¹⁹⁾[32]。且常人之所愛，乃上士之所憎也⁽²⁰⁾[33]；庸俗之所貴，乃至人之所賤也[34]。英儒偉器⁽²¹⁾[35]，養其浩然者，猶不樂見淺薄之人，風塵之徒[36]。況彼神仙，何爲汲汲使芻狗之倫⁽²²⁾[37]，知有之何所索乎，而怪於未嘗知也⁽²³⁾？目察百步，不能了了[38]，而欲以己所見爲有，以己所不見爲無⁽²⁴⁾，則天下之所無者，亦必多矣。所謂以指測海⁽²⁵⁾[39]，指極而云水盡者也。猶蜉蝣校巨鼇⁽²⁶⁾[40]，日及料大椿⁽²⁷⁾[41]，豈所能及哉？

【校】

（1）大才：敦煌、影古寫本無，王國維校刪。

（2）遁：藏本、魯藩本作遯，王國維校作遁。

（3）去欲：平本原作去役，從孫星衍、王明、藏本、魯藩本、敦煌殘卷、影古寫本等校改。

（4）太璞：王國維校作太朴。敦煌、影古寫本作大朴。宋浙本、藏本太作大。太通大。

（5）世人猶觖能標英逸於無名之表：藏本、平津本作“世人猶觖能甄別，或莫造志行於無名之表”，從孫星衍、王國維、王明、楊明照校改。王國維刪“甄別，或莫造”五字，校作“標美逸”。“世”下十二字敦煌、影古寫本作“世人猶觖能標美逸”，“美逸”當從王明校作

"英逸"。"莫造"即"英逸"之形訛。藏本、魯藩本、宋浙本無"志行"二字，從孫星衍、楊明照、王明校刪。"標英逸於無名之表"與"得精神於陋形之裏"對文。

（6）異路：路，王國維校作舛。

（7）飆：王國維校作飀。

（8）虛：藏本、平津本作塵，從王國維、楊明照、敦煌殘卷校改。按：《經訣》三作"鼓翮清虛，雲軒風馭，仰淩紫極，俯棲昆侖"，與本句上下文字大體相同，"清塵"正作"清虛"。

（9）伏：藏本、魯藩本作俯，王國維校作府。

（10）行尸：王國維校乙作尸行。

（11）遊戲：敦煌、影古寫本作遊敖。

（12）經：王國維校作徑。

（13）使：王國維校作彼。瞳：王國維校作目。

（14）雙：王國維刪。

（15）鶴：王國維校作鵠。

（16）蛇軀：藏本作蛇首，從藏本原校、王國維校、《經訣》三、敦煌、影古寫本、宋浙本校改。

（17）得：王國維刪。

（18）人：王國維校刪。

（19）遁：王國維校、敦煌、影古寫本作退。

（20）憎也：從王國維校、敦煌、影古寫本補"也"字。按下文語法，當有"也"字。

（21）偉：王國維校作俊。按：兩可。

（22）何爲：王國維校作何爲當。

（23）乎：王國維校作于。怪：魯藩本作恠，恠同怪。未嘗知：王國維校、敦煌、影古寫本作未之嘗見。

（24）而欲以己所見爲有，以己所不見爲無：藏本、平津本作"而欲以所見爲有，所不見爲無"，從影古寫本、宋浙本"所不見"上補"以"字。《經訣》三"所見"與"所不見"前補"己"字。

（25）謂：其下王國維校、敦煌、影古寫本有"人"字。

（26）猶蜉：藏本、平津本無"猶"字，從敦煌、影古寫本補。

（27）日：藏本、魯藩本作白，從孫星衍、王國維、王明校，敦煌本、影古寫本改。料：王國維校作析。

【注】

［1］哲人：智慧卓越的人。大才：學識很高的人。

［2］嘉遁：讚美隱遁。

［3］翳景（jǐng）：遮蔽日月的光輝。景：日光。此謂隱藏光芒。掩藻：掩蓋文藻。

［4］太璞：未經雕琢的玉。

［5］末務：世俗瑣事。流俗：平庸粗俗。

［6］尠：同鮮，少。英逸：瀟灑；超脱。

［7］精神：指人的精氣、元神。相對於形骸而言。陋形：醜陋的形體。

［8］殊趣：異趣。趣同趨。異路：猶異塗。不同的道路。

［9］以富貴二句：言"不幸"與《外篇·嘉遁》"謂榮顯爲不幸，以玉帛爲草土"同旨。富貴：富裕而顯貴。穢汙：骯髒。

［10］塵壤：泥土。

［11］聲譽：聲望名譽。朝露：早晨的露水。喻時間短暫。

［12］炎飆：炎熱的疾風。晉陸雲《逸民賦》："靡炎飆以赴節兮，揮天籟而興音。"

［13］玄波：巨浪。輕步：輕盈的步履。

［14］鼓翮：猶鼓翼、鼓翰、奮翩、振翅。清虛：猶太虛、太空、天空。《太清金液神氣經》上《玄元太皇靈策》："三奇九轉成琅玕，清虛上真絳晨丹。"

［15］風駟雲軒："風駟"與"雲軒"并爲神仙的車駕。

［16］紫極：紫宮垣，星座名。《晉書·天文志》上："北極五星，鉤陳六星，皆在紫宮中。北極，北辰最尊者也。""紫宮垣十五星，其西蕃七，東蕃八，在北斗北。"

［17］崑崙：亦作昆侖。山名，在新疆、西藏之間。西接帕米爾高原，東

延入青海境內。勢極高峻,多雪峰、冰川。最高峰達 7 719 米。古代神話傳説,昆侖山有瑶池、閬苑、增城、縣圃等仙境。

[18] 行尸:指徒具形骸,雖生猶死的人。

[19] 假令:假如;即使。遊戲:遨遊;遊逛。

[20] 匿真隱異:隱匿真異。實仿《戰國策·趙策二》"匿意隱情"語式,而所帶賓語不同。

[21] 凡庸:平凡;平庸。比肩:並肩。接武:步履相接。形容人多擁擠。

[22] 郊閑:與"邛疏"對舉,蓋仙人名。待考。兩瞳之正方:兩眼眼珠正正方方。《祛惑》:"仙人目瞳皆方。"葛洪《神仙傳》:"李根兩目瞳子皆方。"瞳:眼珠。

[23] 邛疏:《列仙傳》上《邛疏傳》:"邛疏者,周封史也。能行氣煉形,煮石髓而服之,謂之石鍾乳。至數百年,往來入太室山中,有卧石床枕焉。"頭巔:頭頂。

[24] 馬皇:《列仙傳》上《馬師皇傳》:"馬師皇者,黃帝時馬醫也。知馬形生死之診,治之輒愈。後有龍下,向之垂耳張口。皇曰:'此龍有病,知我能治。'乃針其唇下口中,以甘草湯飲之而愈。後數數有疾,龍出其波,告而求治之。一旦負皇而去。"

[25] 子晉:王子晉。《列仙傳》上《王子喬傳》:"王子喬者,周靈王太子晉也。好吹笙,作鳳凰鳴。游伊、洛之間,道士浮丘公接以上嵩高山。三十餘年後,求之於山上。見柏良曰:'告我家,七月七日待我於緱氏山巔。'至時果乘白鶴,駐山頭,望之,不得。到,舉手謝時人,數日而去。"躬御:親乘。躬:親自。御:駕;乘。

[26] 鱗身蛇軀:後漢王延壽《魯靈光殿賦》:"伏羲鱗身,女媧蛇軀。"

[27] 金車:用黃銅鑲嵌的車,貴人所乘。羽服:仙人或道士的衣服。

[28] 自不:自非,如果不是。

[29] 洞視:猶透視。指所謂非肉眼所見事物的特異功能。覿(dí):見;視。徹聽:形容聽力極強,無所不聞。

[30] 疵毀:非議;詆毀。

[31] 真人:存養本性,悟得大道之人。

［32］遁：潛遁：隱退。

［33］上士：高明之士。作者指天仙。

［34］庸俗：平庸鄙陋，不高尚。至人：超凡脱俗，達到忘我境界的人。
作者指天仙。

［35］英儒：猶碩儒。學識淵博的儒士。偉器：大器。謂堪任大事的
人才。

［36］淺薄：膚淺。多指人的學識修養等。風塵：宦途；官場。

［37］汲汲：心情急切貌。芻狗：結草爲狗，供祭祀之用，用畢即棄。
因用以喻微賤無用的事物或言論。《老子・第五章》：“天地不
仁，以萬物爲芻狗；聖人不仁，以百姓爲芻狗。”魏源《老子本義》：
“結芻爲狗，用之祭祀，既畢事則棄而賤之。”

［38］目察百步：喻眼力特鋭。了了：明白；清楚。

［39］以指測海：用手指測量大海的深度。喻達不到目的。《荀子・勸
學》：“不道禮憲，以《詩》《書》爲之，譬之猶以指測河也，以戈舂黍
也，以錐飡壺也，不可以得之矣。”作者改“河”爲“海”。

［40］蜉蝣(fú yóu)：幼蟲生活水中，成蟲褐綠色，有四翅，壽命長者六
七日，短者幾小時。校(jiào)：比較。巨鼇：古代神話：渤海之
東有大壑，中有岱輿、員嶠、方壺、瀛洲、蓬萊，隨波流動。天帝命
禺强用十五頭巨鼇舉首而戴之，五山始峙立而不動。鼇：傳說
中海中能負山的大龜或大鱉。

［41］日及：朝菌的別名。大椿：傳說中長壽樹木。《莊子・逍遥遊》：
“上古有大椿者，以八千歲爲春，八千歲爲秋。”

10　魏文帝窮覽洽聞[1]，自呼於物無所不經(1)[2]，謂天
下無切玉之刀，火浣之布[3]；及著《典論》[4]，嘗據言此
事(2)。其間未期(3)，二物畢至(4)，帝乃歎息(5)，遽毀斯論[5]。
事無必固(6)[6]，殆爲此也[7]。陳思王著《釋疑論》云[8]：初
謂道術[9]，直呼愚民詐僞空言定矣(7)[10]。及見武皇帝試閉
左慈等[11]，令斷穀近一朞(8)[12]，而顏色不減[13]，氣力自

若[14]，常云五十年不食。正爾，復何疑哉(9)[15]？又云：令甘始公以藥含生魚(10)，而煮之於沸脂中。其無藥者，熟而可食；其銜藥者，遊戲終日，如在水中也[16]。又以藥粉桑飼蠶(11)，蠶乃到十月不老。又以住年藥食雞雛及新生犬子(12)，皆令止不復長(13)。以還白藥食白犬[17]，百日毛盡黑(14)[18]。乃知天下之事，不可盡知，而以臆斷之(15)，不可任也[19]。但恨不能絕聲色(16)，專心以學長生之道耳(17)[20]。彼二曹學則無書不覽[21]，才則一代之英(18)[22]，然初皆謂無，而晚乃云有，窮理盡性(19)[23]，其難如此(20)。不逮若人者[24]，不信神仙，不足怪也。劉向博學則究微極妙[25]，經深涉遠[26]；思理則清澄真偽(21)[27]，研覈有無[28]；其所撰《列仙傳》，仙人七十有餘[29]，誠無其事，妄造何爲乎？邃古之事(22)，何可親見，皆賴記籍傳聞於往耳[30]。《列仙傳》炳然(23)[31]，其有必矣(24)。然書不出周公之門，事不經仲尼之手，世人終於不信[32]。然則古史所記，一切皆無，何但一事哉[33]？俗人貪榮好利(25)[34]，汲汲名位(26)，以己之心，遠忖昔人[35]，乃復不信古者有逃帝王之禪授(27)[36]，薄卿相之貴任[37]，巢許之輩(28)[38]，老萊、莊周之徒[39]，以爲不然也。況于神仙，又難知於斯，亦何可求今世皆信之哉(29)？多謂劉向非聖人，其所撰録[40]，不可孤據，尤所以使人歎息者也(30)。夫魯史不能與天地合德，而仲尼因之以著經[41]；子長不能與日月並明，而揚雄稱之爲實録[42]。劉向爲漢世之名儒賢人，其所記述，庸可棄哉[43]？凡世人所以不信仙之可學，不許命之可延者[44]，正以秦皇(31)、漢武求之不獲[45]，以少君、欒太爲之無驗故也(32)[46]。然不可以黔婁、原憲之貧[47]，而謂古者無陶朱、猗頓之富^{(33)[48]}；不可以無鹽、宿瘤之醜^[49]，而謂在昔無南威、西施之美^{(34)[50]}。進趨猶有不達者焉⁽³⁵⁾，稼穡猶有不收者焉^{(36)[51]}，商販或有不利者焉^[52]，用兵或有無功者焉⁽³⁷⁾。況乎⁽³⁸⁾求仙⁽³⁹⁾，事之難者，諸爲之者何必皆成哉？彼二君兩臣^[53]，自可學而不得，或始勤而卒怠，或不遭乎明師，又何足以定天下之無仙乎？

【校】

（1）自呼：陳其榮案：“盧本作自謂。”所不：王國維校改作“或”。

（2）嘗：王國維校刪。

（3）期：王國維校、敦煌、影古寫本作幾，宋浙本作朞。按：期、幾兩可。

（4）畢：敦煌、影古寫本作俱。按：“畢”“俱”兩可。

（5）帝：王國維校刪。

（6）必固：藏本、平津本作固必，從顧廣圻、王國維校乙。

（7）定：王國維打鉤示疑。

（8）朞：藏本、魯藩本、平津本作月，從王國維、王明、敦煌、影古寫本校改按：“朞”脫“其”而誤成“月”。

（9）正爾，復何疑哉：王國維校作“正爾，復何疑於不然于”，敦煌、影古寫本作“正爾，亦復何疑於不然乎”。

（10）始公：藏本、平津本無“公”字，從王國維校、敦煌、影古寫本補。

（11）又以藥粉桑飼蠶：藏本、平津本“桑”下有“以”字，從影古寫本、慎校本、寶顏堂本、崇文本校刪。蠶：王國維校作蚕。

（12）住年：顧廣圻校作駐年。《御覽》九百五作駐年，本書統作住年。按：住通駐。《釋名・釋宮室》：“柱，住也。”王先謙疏證補：“住、駐、柱，皆取止而不動之義。”

（13）皆令：藏本、平津本無“令”字，從敦煌、影古寫本補。

（14）盡：其下王國維、王明校、敦煌、影古寫本有“變”字。

（15）以臆：王國維刪改作意。

（16）但：其前王國維補"不"字。

（17）之道：王國維校删。

（18）英：敦煌、影古寫本作名。

（19）晚乃云有：藏本、平津本作晚年乃有，從王國維、王明、敦煌、影古寫本校改。

（20）其難如此：藏本、平津本作其歎息如此，從王國維、王明、敦煌、影古寫本校改。按："歎""難"部分形近致誤。

（21）思理則清澄真偽："則"下王國維校、影古寫本、宋浙本有"足以"二字。按："博學則究微極妙，經深涉遠；思理則清澄真偽，研核有無。"互爲駢對，合乎修辭要求，如塞進"足以"二字，作"思理則足以清澄真偽"，則成蛇足矣。

（22）邃：王國維、王明校、敦煌、影古寫本作遠。

（23）傳：王國維校删。

（24）有必：藏本、平津本作必有，從王國維、王明校、敦煌、影古寫本乙改。《文選》嵇康《養生論》："或云：'……夫神仙雖不目見，然記籍所載，前史所傳，較而論之，其有必矣。'"

（25）利：敦煌本、影古寫本、藏本同。孫星衍校："（利）刻本作進。"

（26）名位：藏本、平津本作名利，從王國維、王明校，敦煌、影古寫本、宋浙本作校改。"名位"見諸《外篇・逸民》等篇。

（27）逃：王國維校、敦煌、影古寫本作違。

（28）巢許之輩：王國維校、敦煌本作若巢許輩人。

（29）神仙：其下王國維校、敦煌、影古寫本有"之人"二字，無"又"字。何可求：王國維校删"可"作"何求"。今：王國維校、敦煌、影古寫本作令。

（30）歎息者也：王國維校删"者"字。

（31）秦皇：敦煌、影古寫本、宋浙本作秦始。

（32）以少君、欒太爲之：敦煌、影古寫本"以"作"又"，"太"作大"。

（33）富：其下王國維校補"也"字。

（34）美：其下王國維校補"也"字。

（35）猶：平津本作尤，從王明案引敦煌、影古寫本、宋浙本、藏本、魯藩本等校改。

（36）焉：王國維校刪。按：上下文皆用“焉”字，此不當刪。

（37）用兵或有無功者焉：王國維校、敦煌、影古寫本“兵”作“武”，影古
　　　寫本無“有”字。

（38）乎：王國維校圈去。諸爲之者何必皆成哉：“諸”字藏本、平津本
　　　原脱，據敦煌、影古寫本補。

（39）求：王國維校、敦煌、影古寫本作學，義長，當從。

【注】

［１］魏文帝：曹丕（187—226），字子桓，沛國譙（今安徽亳州市）人。
　　　善射獵、擊劍、彈棋。雅好詩文，命諸儒集經傳爲《皇覽》，著有
　　　《典論》，影響深遠。窮覽：遍觀。洽聞：多聞博識。

［２］自呼：自稱。呼：稱道；稱舉。無所：没有什麽。

［３］切玉之刀：昆吾刀。火浣之布：石棉布。張華《博物志》二《異
　　　産》：“《周書》曰：西域獻火浣布，昆吾氏獻切玉刀。火浣布汙，
　　　則燒之，（燒之）則潔，切玉刀如臘布。漢世有獻之者。”《列子・
　　　湯問》：“周穆王大征西戎，西戎獻錕鋙之劍，火浣之布。其
　　　劍……用之切玉，如切泥焉；火浣之布，浣之必投於火……出火
　　　而振之，皓然疑乎雪。”

［４］《典論》：三國曹丕撰，五卷。《三國志・魏書・文帝紀》“初帝好
　　　文學……號曰《皇覽》”裴松之注引《魏書》曰：“帝初在東宫……
　　　故論撰所著《典論》、詩賦蓋百餘篇。”原書已佚。有清孫馮翼、黄
　　　奭輯本。其中《論文》，收入《文選》，是我國現存最早的文學
　　　評論。

［５］遽：疾速。

［６］必固：固執堅持。《論語・子罕》：“毋意、毋必、毋固、毋我。”引申
　　　爲一定、必然。

［７］殆：庶幾；大概。

［８］陳思王：曹植（192—232）字子建，沛國譙（今安徽亳州市）人，曹
　　　操第三子。世稱陳思王。建安七子之一，有詩文百餘篇傳世。

［9］道術：中國古代包羅自然和社會一切原理和方法的總稱。後世
　　道教沿用指道教之方術，或稱"仙術"。

［10］詐僞：弄虛作假。空言：謂不切實際的話。

［11］武皇帝：魏武帝曹操(155—220)字孟德，沛國譙(今安徽亳州市)
　　人。善用兵，知用人，長於文學。位至丞相、大將軍，加九錫，封
　　魏公，進魏王。子丕建魏後追尊廟號太祖，謚武帝。左慈：字元
　　放，東漢末盧江(治今安徽盧江西南)人。明五經，兼通星氣，見
　　漢祚將衰，天下亂起，乃學道，尤明六甲。精思於天柱山中，得
　　《九丹金液經》。後曹操欲殺之，乃變形逃遁，不知所終。葛洪説
　　他是葛洪從祖葛玄的老師。張華《博物志》五《方士》："魏武帝好
　　養性法，亦解方藥，招引四方之術士，如左元放、華陀之徒，無不
　　畢至。魏王所集方士名：上黨王真，隴西封君達，甘陵甘始，魯
　　女生，譙國華陀字元化、東郭延年、冷壽光、唐雲、河南卜式、張
　　貂，汝南費長房、薊子訓、鮮奴辜，魏國軍吏河南趙勝卿，陽城郤
　　儉字孟節，盧江左慈字元放。"

［12］斷穀：亦稱辟穀、絶穀、休糧。即不食五穀。辟、斷、絶、休，義近。
　　道教認爲人體内有三蟲，又名三尸、三彭。《太清中黄真經》卷
　　上："三者上蟲居腦宫，四者中蟲住心宫，五者下蟲居腹胃。"三尸
　　蟲爲毒害人體之邪魔，是人欲所生的根源。三尸的生存，依賴于
　　穀氣，如若人不食五穀，斷其穀氣，則三尸便亡，人體内的邪魔也
　　就斬滅，故欲長生當行辟穀。辟穀時，可食非穀物，服藥，兼做導
　　引。按：如果僅僅不吃主食糧食，而食瓜果菜蔬，喝飲料等，亦
　　能活得很好。此指斷糧。1973 年 12 月從馬王堆漢墓出土的帛
　　書，有《去(卻)穀食氣》篇。

［13］顔色：面容；面色。

［14］氣力：體力；力氣。自若：一如既往，依然如故。

［15］正爾：本來如此。

［16］令甘始公以藥含生魚⋯⋯如在水中也：此説亦見曹植《辯道
　　論》："甘始取鯉魚一雙，令其一著藥，俱投沸膏中，有藥者奮尾鼓
　　腮，遊行沈浮，有若處淵；其一者已熟可噉。"藥含生魚：讓活魚

含著藥物。

[17] 止不復長：使年華常駐；卻老延年。食(sì)：養；給……吃。

[18] 還白藥：返老還童藥。還白：還白留青。回復童顏；恢復年輕。

[19] 臆斷：憑臆測而下的判斷。任：憑信。

[20] 聲色：指淫聲與女色。專心：用心專一，一心不二。

[21] 二曹：曹丕、曹植。

[22] 一代之英：一個時代的傑出俊彥。英：德、智、才超過千、萬人。

[23] 窮理盡性：徹底研究天地萬物的原理與本性。《易·說卦》：“窮理盡性，以至於命。”孔穎達疏：“窮極萬物深妙之理，究盡生靈所稟之性。”

[24] 不逮：比不上；不及。

[25] 劉向（前77—前6）：本名更生，字子政，沛（今江蘇沛縣）人。漢皇族楚元王劉交四世孫。少治《春秋穀梁傳》，能屬文辭。用陰陽災異推論時政得失，屢次上書劾外戚、宦官專權，辭多痛切。愈爲許、史、恭、顯所怨，遂廢十餘年。成帝時得復進用，更名向。任光禄大夫、中壘校尉。奉詔領校秘書，撰爲《別録》，爲我國目録學之祖。另著《洪範五行傳》《列女傳》《新序》《説苑》等。成帝欲用爲九卿，爲王氏所阻，終不得遷。究微極妙：窮盡微妙。

[26] 經深涉遠：經過深遠。

[27] 思理：思辨能力。清澄：審察；省察。真偽：真假。

[28] 研覈：亦作研核。研究考核。

[29] 《列仙傳》：舊題漢劉向撰，兩卷。記傳説的仙人七十一人，各附讚語。體例仿照《列女傳》。《漢書·藝文志》沒有記載，爲漢末方士託名仿作。

[30] 記籍：典籍。晉慧遠《沙門袒服論》：“雖記籍未流兹土，其始似有聞焉。”傳聞：出自他人轉述。

[31] 炳然：明顯貌。

[32] 終於：終究、到底。

[33] 何但：豈止。

[34] 貪榮：貪圖榮顯。

［35］以己之心二句：用自己的想法去推測遠古之人的心思。《中庸》"施諸己而不願亦勿施于人"朱熹集注："以己之心度人之心，則勿以施之於人。"詁此正合，但朱注實本葛洪此文。忖（cǔn）：度（duó）量。

［36］禪授：猶禪讓。以帝位讓人。

［37］薄卿相之貴任：如莊周。《莊子·秋水》："莊子釣于濮水，楚王使大夫二人往先焉，曰：'願以境內累矣。'莊子持竿不顧。"其鄙視卿相之貴任如此。與《外篇·嘉遯》"故漆園垂綸，而不顧卿相之貴"同旨。卿相：執政的大臣。

［38］巢：巢父。堯時隱士，山居不營世利。年老以樹爲巢，號曰巢父。許：許由。堯以天下讓許由，許由不受。

［39］老萊：老萊子。《列仙傳》："老萊子，楚人。當時世亂，逃世，耕于蒙山之陽，莞葭爲牆，蓬蒿爲室，杖木爲床，蓍艾爲席，菹芰爲食，墾山播種五穀。楚王至門迎之，遂去，至於江南而止。曰：'鳥獸之解毛可績而衣，其遺粒足食也。'"著書十五篇，言道家之用。與孔子同時。

［40］撰録：編寫著録。

［41］夫魯史二句：《史記·孔子世家》："乃因（魯國）史記作《春秋》，上至隱公，下訖哀公十四年，十二公。"儒者尊稱爲經。按司馬遷説從孟子。有人説，《春秋》非孔子作。與天地合德：謂德配天地。

［42］子長二句：司馬遷（前145—前?）字子長，司馬談（約前190—前110）之子，夏陽（今陝西韓城）人。出身史官世家。幼年"耕牧河山之陽，年十歲則通古文"。受業于董仲舒、孔安國，博通今古文經學。弱冠漫遊天下，任郎中，出使西南，隨武帝巡視全國，爲其父草創之《太史公書》繼續準備素材。繼任父職，爲太史令，繼續《太史公書》"草創，未就"。因李陵事件觸怒武帝，受宮刑。出獄後，任中書令。又因"有怨言，下獄死"（後漢衛宏《漢儀注》）。後司馬遷外孫楊惲"祖述其書"，最終完成《太史公書》巨制，"遂宣佈焉"，後世通稱《史記》。按：司馬遷尊稱其父司馬談職守，司馬遷外孫楊惲尊稱司馬遷職守，後人尊稱司馬談、司馬遷父子職

守，故云“太史公”。揚雄《法言·重黎》：“或問太史遷，曰實録。”
李軌注：“不虚美，不隱惡。”

[43] 記述：用文字記録、叙述。庸：怎麽。

[44] 不許：不相信。“許”與“信”互文同義。

[45] 秦皇：秦始皇（前 259—前 210），姓嬴，名政。命方士入海求神仙
及不死之藥，無果。漢武：漢武帝劉徹（前 156—前 87），漢景帝
中子，前 140—前 87 年在位。漢武帝求神仙與不死之藥不獲事，
《史記·封禪書》載甚詳。

[46] 少君：李少君，字雲翼，齊國臨淄人（《御覽》九八五引《魯生別
傳》）。故深澤侯趙將夕舍人，主方。常自謂年七十，能使物，卻
老。其游以方徧諸侯。嘗從漢武帝權臣武安侯田蚡飲，“坐中有
年九十餘老人，少君乃言與其大人游射處，老人爲兒時從其大父
行，識其處，一坐盡驚”。少君“以祠竈、穀道、卻老方見上”，“上
有故銅器，問少君。少君曰：‘此器齊桓公十年陳于柏寢。’已而
案其刻，果齊桓公器，以爲少君神，數百歲人也”，“居久之，李少
君病死”。（《武帝本紀》）

[47] 黔婁：春秋魯人。劉向《列女傳·魯黔婁妻》説；黔婁食不充虚，
衣不蓋形。死則覆以布被，首足不盡斂。原憲：春秋宋人，孔子
弟子。《莊子·讓王》：“原憲居魯，環堵之室，茨以生草，蓬户不
完。桑以爲樞，而甕牖二室，褐以爲塞，上漏下濕。匡坐而
弦歌。”

[48] 陶朱：陶朱公。范蠡既佐越王雪會稽之恥，乃變姓易名，乘舟適
齊，至陶，稱朱公。善治產業，遂至巨萬。故言富者，皆稱陶朱
公。猗頓：以鹽鹽起家，與王者埒富。《史記·貨殖列傳》裴駰
《集解》引《孔叢子·陳士義》説他是魯之窮士，問術朱公，朱公告
之曰：“子欲速富，當畜五牸。”於是他赴西河，大畜牛羊於猗氏之
南，十年之間，貲擬王公，馳名天下。以興於猗氏，故曰猗頓。

[49] 無鹽、宿瘤：戰國時齊國醜女。鍾離春，齊無鹽邑之女，極醜：“臼
頭、深目、長肚、大節、昂鼻、結喉、肥項、少髮、折腰、出胸，皮膚若
漆。”自謁宣王，宣王納之，拜無鹽君，立爲王后。宿瘤：齊東郭采

桑之女，閔王之后。項有大瘤，故號曰宿瘤。

[50] 南威：春秋晉國美女。《戰國策・魏策二》：“晉文公得南之威，三日不聽朝。遂推南之威而遠之，曰：‘後世必有以色亡其國者。’”

[51] 稼穡：種莊稼，收莊稼。指農業生產的全過程。

[52] 商販：經商；商人。

[53] 二君兩臣：承上指秦始皇、漢武帝和李少君、欒大。

11　夫求長生，修至道[1]，訣在於志[(1)]，不在於富貴也[(2)]。苟非其人，則高位厚貨，乃所以爲重累耳[2]。何者？學仙之法，欲得恬愉澹泊[3]，滌除嗜欲[4]；內視反聽[5]，尸居無心[6]。而帝王任天下之重責[7]，治鞅掌之政務[8]；思勞於萬幾[9]，神馳於宇宙[10]；一介失所[11]，則王道爲虧[12]；百姓有罪[(3)]，則謂之在予[13]。醇醲汨其和氣[14]，艷容伐其根荄[15]；所以翦精損慮，割消平粹者[(4)]，不可曲盡而備論也[16]。蚊蚋噆膚則坐不得端[(5)][17]，蚤虱群攻則臥不獲安[(6)]。四海之事，何祇若是[(7)][18]！安得掩翳聰明[19]，歷藏數息[20]，長齋久潔[(8)][21]，躬親爐火，夙興夜寐[22]，以飛八石哉[23]？漢武享國[(9)][24]，最爲壽考[25]，已得養性之小益矣。但以升合之助，不供鍾石之費[26]；畎澮之輸[27]，不給尾閭之泄耳[(10)][28]。

【校】

（1）訣：王國維校、敦煌、影古寫本作決。

（2）在於：王國維校、敦煌、影古寫本作須。

（3）罪：藏本、平津本作過，從敦煌、影古寫本校改。《外篇・君道》：“百姓有罪，在予一人。”文句與本篇同，當一致。

（4）翦：藏本、魯藩本作剪，王國維校作煎。割消：敦煌作割削，王國維校、影古寫本作割消。王明按：“‘消’爲‘削’之訛。”按：割削義長，當從。

（5）蚊蚋噆膚則坐不得端：藏本、平津本作蚊噆膚則坐不得安，從王
國維校改。王國維蚊作蟁，下補蚋字，安作端。敦煌、影古寫本
"蚋"作"蚋"字。

（6）蚤虱群攻則卧不獲安：藏本、平津本作虱群攻則卧不得寧，從孫
星衍、陳其榮、王國維、楊明照、王明，《御覽》九百五十一、敦煌殘
卷、影古寫本、宋浙本校改。《外篇·交際》："其於庸人也，蓋逼
迫不獲已而與之形接，雖以千計，猶蚤虱之積乎衣，而贅疣之攢
乎體也。""蚤虱"連文可爲旁證。"蚤虱"與"蚊蚋"互文對舉。

（7）何祇若是：王國維校、敦煌、影古寫本作何攷如是。

（8）齋：藏本、魯藩本作齊，王國維校作齋。

（9）享：王國維校作饗。

（10）泄：王國維校作流。

【注】

［1］至道：最精深微妙的道理或道術。《莊子·在宥》："來！吾語汝
至道。至道之精，窈窈冥冥；至道之極，昏昏默默。"

［2］厚貨：豐厚的財物。特指行賄或致酬的錢財。

［3］恬愉：快樂。澹泊：恬淡寡欲。

［4］滌除：洗去；清除。《老子·第十章》："滌除玄覽，能無疵乎？"嗜
欲：嗜好與欲望。

［5］内視反聽：本謂自我省察、聽取意見。語見《史記·商君列傳》：
"反聽之謂聰，内視之謂明，自勝之謂强。"這裏謂眼不觀外界之
物，耳不聽外界之聲。嵇康《答難養生論》："若比之於内視反聽，
愛氣嗇精；明白四達，而無執無爲；遺世坐忘，以寶性全真；吾所
不能同也。"

［6］尸居：安居無爲。

［7］重責：重大的罪責。此指重大的責任。

［8］鞅掌：職事紛擾煩勞；繁多。《詩·小雅·北山》"或王事鞅掌"毛
傳："鞅掌，失容也。"孔穎達疏："《傳》以鞅掌爲煩勞之狀，故云失

容；言事煩鞅掌然，不暇爲容儀也，今俗語以職煩爲鞅掌。"《莊子·在宥》："浮游不知所求，倡狂不知所注，遊者鞅掌，以觀無妄。"成玄英疏："鞅掌，衆多也。"

[9] 思勞：思慮勞累。萬幾：萬事微細紛繁。

[10] 神馳：心神嚮往。宇宙：猶言天下、國家。

[11] 介：通芥。小草。

[12] 王道：儒家以仁義治天下的政治主張，與"霸道"相對。《書·洪範》："無偏無黨，王道蕩蕩。"

[13] 百姓二句：先秦以來常語。如堯曰："百姓有過，在予一人。"(《論語·堯曰》)商湯曰："萬夫有罪，在余一人。"(《國語·周語上》)周公曰："百姓有過，在予一人。"(《韓詩外傳》三)"在予一人，乃我教導之過也。"(《國語·周語上》韋昭注)

[14] 醇醪(láo)：味道醇厚的美酒。和氣：元氣；中氣。

[15] 根荄(gāi)：植物的根部。

[16] 割削：削減。平粹：平和純粹。多用以指人的精神品格。曲盡：委曲而詳盡。備論：詳細論述。

[17] 蚊蚋：蚊子。嚵(cǎn)膚：叮咬皮膚。

[18] 袛(zhǐ)：僅僅。

[19] 掩翳：遮蔽。

[20] 歷藏數息：兩種修煉静功的方法。歷藏(zàng)：思想經歷腑髒。藏通髒。《周易參同契》上："是非歷藏法，内視有所思。"長生陰真人注："謂胎息之道視五藏而存思也。"數息：記數鼻息出入次數，使心神寧静。楊衒之《洛陽伽藍記·景林寺》："净行之僧，繩坐其内，殞風服道，結跏數息。"

[21] 齋：洗心，祛除雜念，使心神凝寂。

[22] 夙興夜寐：起早睡晚。言生活勤勞。《詩·小雅·小宛》："夙興夜寐，毋忝爾所生。"

[23] 飛：義與"飛精"同。丹藥：此謂煉製丹藥。八石：道家煉丹的八種礦石藥物。丹經所載具體藥物不同：① 朱砂、雄黄、雲母、空青、硫黄、戎鹽、硝石、雌黄。② 巴砂、越砂、雄黄、雌黄、曾青、

礬石、磁石、石膽。③ 石衆、石腦、流丹、流珠、飛節、黃子、石髓、
桂英。④ 丹砂、雄黃、雌黃、石琉黃、曾青、礬石、慈石、戎鹽。本
書八石指此。

［24］享國：帝王在位。

［25］壽考：年高；長壽。

［26］升：一斗的十分之一。合（gě）：一升的十分之一。鍾石（dàn）：
容量單位。一鍾受六斛四斗，一石受十斗。極言量大。

［27］畎澮（quǎn kuài）：田間排水溝渠。泛指溪流、溝渠。一畝之間，
廣尺、深尺曰畎，廣二尋、深二仞曰澮。

［28］尾閭：古代傳說中泄海水的地方。尾：百川之下游。閭：水聚
集處。

12　仙法欲靜寂無爲⁽¹⁾，忘其形骸[1]，而人君撞千石之
鍾[2]，伐雷霆之鼓[3]；硏磕嘈囐⁽²⁾[4]，驚魂蕩心[5]；百技萬
變⁽³⁾[6]，喪精塞耳[7]；飛輕走迅[8]，釣潛弋高[9]。仙法欲令
愛逮蟲蠕[10]，不害含氣[11]，而人君有赫斯之怒[12]，芟夷之
誅[13]；黃鉞一揮，齊斧暫授[14]，則伏尸千里[15]，流血滂
沱⁽⁴⁾[16]；斷斬之刑⁽⁵⁾[17]，不絕於市。仙法欲止絕臭腥⁽⁶⁾，
休糧清腸⁽⁷⁾[18]，而人君烹肥宰腯[19]，屠割群生⁽⁸⁾[20]；八珍
百和⁽⁹⁾[21]，方丈于前[22]；煎熬勺藥[23]，旨嘉饜飫[24]。仙法
欲溥愛八荒[25]，視人如己[26]，而人君兼弱攻昧[27]，取亂推
亡[28]；闢地拓疆⁽¹⁰⁾[29]，泯人社稷[30]；駈合生人⁽¹¹⁾[31]，投之
死地[32]；孤魂絕域[33]，暴骸朔裔⁽¹²⁾[34]；五嶺有血刃之
師[35]，北闕懸大宛之首[36]；坑生煞伏[37]，動數十萬；京觀封
尸[38]，仰干雲霄；暴骸如莽，彌山填谷[39]。秦皇使十室之
中⁽¹³⁾，思亂者九[40]；漢武使天下嗷然，戶口減半[41]。祝其
有益，詛亦有損⁽¹⁴⁾[42]。結草知德[43]，則虛祭必怨[44]。衆
煩攻其膏肓[45]，人鬼齊其毒恨[46]。彼二主徒有好仙之

名^[47]，而無修道之實，所知淺事，不能悉行。要妙深秘^[48]，又不得聞。又不得有道之士⁽¹⁵⁾，爲合成仙藥以與之，不得長生，無所怪也。

【校】

（1）静寂：王國維校作宎静。

（2）硏：王國維校作研，研同硏。嚇：王國維校作礚。

（3）技：藏本、魯藩本作枝，王國維校作妓。

（4）則伏尸千里，流血滂沱：王國維校作流血湧隉，伏尸千里。

（5）斷斬之刑：藏本、平津本脱"刑"字，孫星衍校："疑（藏本）有脱字。"從王國維、敦煌、影古寫本校補。

（6）仙法欲止：王國維校作仙法肙止。

（7）清腸：王國維校删。

（8）群：王國維校作衆。

（9）八：魯藩本作人，王國維校作八。王明校："敦煌、影古寫本'和'作'醬'。"

（10）闢地：藏本、魯藩本作闊地，王國維校作辟土。拓：王國維校作王。

（11）人：王國維校、敦煌、影古寫本作民。按：兩可。古稱民，今稱人。

（12）朔裔：藏本、平津本作腐野，從王國維、敦煌、影古寫本校改。王國維校作朔裒。按："朔裔"與"絶域"互文對仗。

（13）秦皇：王國維校作秦始。使十室：王國維校作使天下十室。

（14）祝：藏本、魯藩本作視，王國維校作祝。詛：藏本、魯藩本作粗，王國維校作詛。

（15）有道之士：敦煌、影古寫本作道士。

【注】

〔1〕無爲：清静虚無，順應自然。形骸：人的形體。此指外貌；容貌。

［2］撞千石之鍾：鍾,同鐘。撞擊一千石重的大鐘。

［3］伐雷霆之鼓：敲打能發出雷霆之聲的大鼓。雷霆：震雷,霹靂。

［4］砰磕：象聲詞。疾雷聲。磕同礚。嘈囋(zá)：鼓聲。

［5］驚魂：受驚的神態;使魂魄受驚嚇。蕩心：惑亂心志。

［6］百技：各種手工藝工匠。

［7］喪精：失神,神不守舍。張衡《西京賦》:"喪精亡魂,失歸忘趨。"
　　　塞耳：堵住耳朵。謂有意不聽。

［8］飛輕走迅：猶言飛鷹走犬。指打獵。

［9］釣潛：垂竿釣潛魚。潛：魚之所息。因指魚。弋(yì)高：放箭射
　　　飛鳥。

[10]蠢蝡：蟲類蝡動。"蠢""蝡"連文同義。此指昆蟲。

[11]含氣：含藏元氣;含有氣息的生物。

[12]赫斯：勃然大怒貌。斯,助詞。相當於"然"。《詩·大雅·皇
　　　矣》:"王赫斯怒。"

[13]芟夷：除草;刈除。喻除惡、殺戮。芟(shān)：割草。

[14]齊(zī)斧：利斧。用於行刑。後藉以象徵帝王權力。齊通資。

[15]伏尸：謂殺人致死。

[16]滂沱：雨大貌。形容淚或血等流得多。

[17]斷斬：斬殺。

[18]休糧：亦作休粮。謂停食穀物。

[19]腯(tú)：豬肥;(牲畜)肥壯。

[20]屠割：屠殺分割;屠戮。群生：一切生物。

[21]八珍：古代用煎、炮、搗、漬、敖等八種方法,用膏、鹽、醬、醋、棗、
　　　梅汁等佐料,製作豬、牛、羊、狗、麋、鹿等肉食品。主食爲大米飯
　　　與黃黏米飯。此泛指珍美的食品。《周禮·天官·膳夫》"珍用
　　　八物"鄭玄注:"珍謂淳熬、淳母、炮豚、炮牂、搗珍、漬、敖、肝膋
　　　也。"① 淳(zhūn)熬：用煎熬的肉醬、脂膏澆在稻米飯上,約相當
　　　於今之蓋澆飯。《禮記·內則》:"淳熬煎醢,加于陸稻上,沃之以
　　　膏,曰淳熬。"鄭玄注:"淳,沃也。熬,亦煎也。沃煎成之以爲
　　　名。"孔穎達疏:"此一節論養老須飲食如養親之事,明八珍之饌,

并明羞豆糝餰之等。淳熬者，是八珍之内，一珍之膳名也。淳，謂沃也，則沃之以膏是也。熬，謂煎也，則煎醢是也。陸稻者，謂陸地之稻也。謂以陸地稻米，熟之爲飯，煎醢使熬，加於飯上。恐其味薄，更沃之以膏，使味相湛漬，曰淳熬。”沃：澆灌。膏：脂肪；美味。醢(hǎi)：肉醬；醬。羞豆：古代祭祀宴享時進獻的一種盛器。糝(sǎn)：以米和羹。餰(zhān)：同饘。稠粥。② 淳母(zhūn mó)：用煎熬的肉醬、脂膏澆在黄粘米飯上。《禮記·內則》：“淳母煎醢，加於黍食上，沃之以膏，曰淳母。”鄭玄注：“母讀曰模。模，象也。作此象淳熬。”孔穎達疏：“以經云‘淳母’，母是禁辭，非膳羞之體，故讀爲模。模，象也。法象淳熬而爲之，但用黍爲異耳。經云‘黍食’，食，飯也，謂以黍米爲飯。”③ 炮豚(páo tún)：用爛泥包裹小猪置火中煨烤。烤好後進一步加工。《禮記·內則》：“炮取豚若將，刲之、刳之，實棗於其腹中。編萑以苴之，塗之以謹塗，炮之。塗皆乾，擘之，濯手以摩之，去其皽。爲稻粉，糔溲之以爲酏，以付豚。煎諸膏，膏必滅之。鉅鑊湯以小鼎，薌脯於其中，使其湯毋滅鼎。三日夜毋絶火，而後調之以醯醢。”鄭玄注：“炮者，以塗燒之爲名也。將當爲牂。牂，牡羊也。刲、刳，博異語也。謹當爲墐，聲之誤也。墐塗，塗有穰草也。皽謂皮肉之上魄莫(膜)也。糔溲，亦博異語也。糔讀與滫瀡之滫同。薌脯謂煮豚若羊於小鼎中，使之香美也。謂之脯者，既去皽，則解析其肉，使薄如脯然。唯豚全耳。豚羊入鼎三日，乃内醯醢可食也。”若：與；及。刲(kuī)：刺；割。刳(kū)：挖；剖開。刲刳爲雙聲詞。萑(zhuī)：蘆類植物，蒹長成後爲萑，萑長成後爲葦。苴(jū)：包裹。塗：以泥塗抹。墐(jìn)塗：用泥塗抹。擘(bò)：分開；剖解。濯(zhuó)：洗滌。皽(zhāo)：皮肉上的薄膜。糔溲(xiǔ sǒu)：用水調和麵粉。糔溲爲迭韻語。滫瀡(xiū suí)：古時調和食物的一種方法。酏(yǐ)：薄粥。鉅鑊(huò)：大鍋。薌(xiāng)脯：以香料烹製的肉脯。醯醢(xī hǎi)：醋加魚肉調製而成的肉醬。④ 炮牂(zāng)：用爛泥包裹公羊置火中煨烤。其餘製法同上條。⑤ 搗珍：取牛羊等脊側之肉捶搗精製成珍味。《禮記・內則》："搗珍：取牛羊麋鹿麕之肉，必脄。每物與牛若一，捶反側之。去其餌，孰出之，去其皽，柔其肉。"鄭玄注："脄，脊側肉也。捶，搗之也。餌，筋腱也。柔之爲汁和也，汁和亦醢醯與。"脄（méi）：背脊肉。反側：翻來覆去。⑥ 漬：醃漬；浸泡。《禮記・內則》："漬取牛肉，必新殺者。薄切之，必絕其理，湛諸美酒，期朝而食之，以醢若醯醷。"鄭玄注："湛，亦漬也。"醷（yì）：梅汁；梅漿。⑦ 敖：通熬。煎熬。《禮記・內則》："爲熬，捶之。去其皽，編萑，布牛肉焉，屑桂與薑，以灑諸上而鹽之。乾而食之。施羊亦如之。施麋、施鹿、施麕，皆如牛羊。欲濡肉，則釋而煎之以醢；欲乾肉，則捶而食之。"鄭玄注："熬，於火上爲之也，今之火脯似矣。欲濡欲乾，人自由也。醢或爲醯。"⑧ 肝膋（liáo）：以網油蒙於肝上，烤炙而成。《禮記・內則》："肝膋，取狗肝一，幪之以其膋，濡炙之。舉燋其膋，不蓼。取稻米，舉糔溲之。小切狼臅膏，以與稻米爲酏。"鄭玄注："膋，腸間脂。狼臅膏，臆中膏也。"臅（chù）：胸腔內的脂膏。百和：百和香。由各種香料和成。《漢武帝內傳》："至七月七日，乃修除宮掖之內，設座殿上，以紫羅薦地，燔百和之香，張雲錦之帳，燃九光之燈，設玉門之棗，蒲桃之酒……以俟（西王母）雲駕。"葛洪《五嶽真形序論》："到七月七日，掃除宮掖之內，設座於大殿之上，以紫羅薦地，燔百和之香，張雲錦之帷，燃九光微燈，設玉女之裘，葡萄之酒……以俟仙官。"此指各種烹調佐料。

［22］方丈：一丈見方的佳餚美饌。

［23］煎熬：烹煮。兩種加工食品的方法。勺藥：調味品；中藥。五味調料的總稱。

［24］旨嘉：指美酒佳餚。饜飫（yàn yù）：（食品）極豐盛；飽食。

［25］溥：藏本作博。溥博通，博博同。博愛：謂廣泛地愛一切人。八荒：八方荒遠的地方。

［26］視人如己：由"視民如子"變來。形容帝王、官吏愛護百姓。

［27］兼弱攻昧：兼并弱小的國家，攻取君主昏昧的國家。

[28] 取亂推亡：攻取内亂的國家，推翻衰敗的國家。

[29] 闢地拓疆：開闢疆土。“闢地”“拓疆”互文同義。

[30] 社稷：古代帝王、諸侯所祭的土神和穀神。舊時用爲國家的
　　　代稱。

[31] 駈：同驅。駈合：驅使聚合。生人：活人。

[32] 死地：死亡之地；絶境。

[33] 孤魂：孤獨無依的魂靈。絶域：極遠之地。

[34] 暴骸：暴露尸骸。朔裔：北方邊遠地區。

[35] 五嶺：亦作五領。湘贛粵桂間五座山嶺。《史記•張耳陳餘列
　　　傳》“南有五嶺之戍”，“五嶺”《漢書•張耳傳》作五領，顏師古注
　　　引鄧德明《南康記》：“大庾領一也，桂陽騎田領二也，九貞都龐領
　　　三也，臨賀萌渚領四也，始安越城領五也。”一説有揭陽而無都
　　　龐。血刃：血沾刀口。謂殺戮。

[36] 北闕：古代宫殿北面的門樓，大臣等候朝見奏事之處。此指帝
　　　王宫禁。大宛(yuān)：西域國名。

[37] 坑生：蓋指秦始皇命挖坑活埋四百六十餘儒生之事。《漢書•
　　　儒林傳序》“殺術士”顏師古注引後漢衛宏《詔定古文官書序》云：
　　　“秦既焚書，患苦天下不從所改更法，而諸生到者拜爲郎，前後七
　　　百人，乃密令冬種瓜於驪山坑谷中温處。瓜實成，詔博士諸生説
　　　之，人人不同，乃命就視。爲伏機，諸生賢儒皆至焉，方相難不
　　　決，因發機，從上填之以土，皆壓(之)，終乃無聲。”將儒生們活埋
　　　了。煞伏：殺死降服者。《史記•白起傳》：“(趙)括軍敗，卒四
　　　十萬人降武安君。……(武安君)乃挾詐而盡坑殺之。”又《項羽
　　　本紀》：“於是楚軍夜擊坑秦卒二十餘萬人新安城南。”煞同殺。
　　　伏同服。

[38] 京觀封尸：古代戰爭，勝者炫耀武功，收集敵人尸首，封土成高
　　　塚，名曰“京觀”。《左傳•宣公十二年》“而收晉尸以爲京觀”杜
　　　預注：“積尸封土其上，謂之京觀。”爲後世紀念碑之濫觴。

[39] 彌山填谷：塞滿山谷。

[40] 秦皇二句：《史記•淮南王安傳》有“欲爲亂者十室而七”，《漢

書·伍被傳》"欲爲亂者十室而八"之語,本此。

[41] 漢武二句:語本《漢書·昭帝紀贊》:"承武帝奢侈餘敝,師旅之後,海內虛耗,户口減半。"嗷然:哀號聲。

[42] 祝其二句:語本劉向《新序·雜事一》:"且君苟以爲祝有益於國乎?則詛亦將爲損世亡矣。一人祝之,一國詛之;一祝不勝,萬詛國亡,不亦宜乎?"

[43] 結草:用春秋魏顆嫁父妾,得其爲鬼之父報答事。《左傳·宣公十五年》:"魏武子有嬖妾,無子。武子疾,命(子)顆曰:'必嫁是。'疾病,則曰:'必以爲殉。'及卒,顆嫁之,曰:'疾病則亂,吾從其治也。'及輔氏之役,顆見老人結草以亢杜回,杜回躓而顛,故獲之。夜夢之曰:'余,而所嫁婦人之父也。爾用先人之治命,余是以報。'"因以"結草"爲受厚恩而雖死猶報之典。知德:懂得道德;知道别人施與的恩德。此謂鬼懂得報恩。

[44] 虛祭:因無墳墓,衹好望空遥祭,故名。《漢書·賈捐之傳》:"當此之時,寇賊並起,軍旅數發,父戰死于前,子鬥傷於後,女子乘亭障,孤兒號于道,老母寡婦飲泣巷哭,遥設虛祭,想魂乎萬里之外。"

[45] 膏肓(huāng):謂病入膏肓,到了無法醫治的地步。我國古代醫學上把心尖脂肪叫"膏",心臟與隔膜之間叫"肓"。《左傳·成公十年》:"(晉景)公疾病,求醫于秦。秦伯使醫緩爲之。……醫至,曰:'疾不可爲也。在肓之上,膏之下,攻之不可,達之不及,藥不至焉,不可爲也。'"

[46] 毒恨:痛恨;憎恨。

[47] 二主:指上文秦始皇、漢武帝。

[48] 要妙:亦作要眇。精深微妙。

13　吾徒匹夫[1],加之罄困(1)[2];家有長卿壁立之貧(2)[3],腹有黔婁絕粒之飢(3)[4];冬抱戎夷後門之寒[5],夏有儒仲環堵之暎(4)[6]。且經遠而乏舟車之用(5),欲有所營而無代勞之役[6]。入無綺紈之娛[7]，出無遊觀之歡[8]；甘旨不經乎口[9]。玄黃不過乎目[10]，芬芳不歷乎鼻[11]，八音不關乎耳；百憂攻其心曲[12]，衆難萃其門庭[13]：居世如此，無可戀也(7)。

【校】

（1）罄：王國維校作磬。

（2）壁：王國維校作几。

（3）腹有翳桑絕粒之飢：原作腹懷翳桑絕糧之餒，從王國維校、敦煌、影古寫本懷作有，糧作粒，餒作飢。按：《外篇·博喻54》："孤竹不以絕粒，易鹿臺之富。"《知止》："若龔勝之絕粒以殞命。"皆"絕粒"連文。《內篇》當與《外篇》一致。

（4）儒仲：平津本作儒行，王明據敦煌殘卷、藏本、魯藩本校改。暎：敦煌誤作歎。

（5）且：藏本、平津本作欲，從敦煌、影古寫本、宋浙本校改。經遠：王國維校乙作遠經。

（6）有所：從王國維、敦煌、影古寫本校補"所"字。

（7）無可：從王國維、敦煌、影古寫本、宋浙本校乙。

【注】

[1] 匹夫：平民男子；平民百姓。

[2] 罄困：貧乏至極。罄：器中空；盡竭。困：窮；無衣食。

[3] 長卿：司馬相如字長卿，西漢蜀郡成都人。壁立：家中一無所有，惟有四壁樹立。比喻貧困。

[4] 腹有翳桑絕粒之飢：春秋晉靈公時，翳桑靈輒餓了三天，趙宣子給他食物吃，并送食與肉讓他帶給母親吃。

[5] 冬抱戎夷後門之寒：戎夷離開齊國前往魯國，天大寒，天晚已關城門，與弟子宿于郭外，與弟子衣，自己最後凍死。

[6] 儒仲：《後漢書·逸民傳·王霸》："王霸字儒仲，太原廣武人也，

少有清節。及王莽篡位,棄冠帶,絕交宦",“隱居守志,茅屋蓬
户。連徵不至,以壽終。"環堵:四周環著每面一方丈的土牆。
形容狹小、簡陋的居室。暎:同映。日照。此謂曝曬。

[7] 綺紈:華麗的絲織品。貴族子弟所服,因指紈綺子弟。按:葛洪
　　　爲大臣之後,也是貴族子弟。

[8] 遊觀:遊逛觀覽。

[9] 甘旨:甜美;甜美的食物。

[10] 玄黄:泛指顔色。此謂絢爛的顔色。

[11] 芬芳:香;香氣。

[12] 心曲:内心深處。

[13] 衆難:各種疑難;衆人心中的疑難。門庭:亦作門廷。迎著門的
　　　空闊的地方。

14　或得要道之訣(1)[1],或值不群之師(2)[2],而猶恨恨
于老妻弱子(3)[3],眷眷於狐兔之丘[4];遲遲以臻殂落,日月
不覺衰老(4)[5];知長生之可得而不能修,患流俗之腐鼠而
不能委(5)[6]。何者?愛習之情卒難遣(6)[7],而絕俗之志未
易果也(7)[8]。況彼二帝,四海之主[9],其所耽玩者[10],非一
條也;其所親幸者[11],至不少矣。正使之爲旬月之齋,數日
閒居,猶將不能(8),況乎内棄婉變之寵[12],外捐赫奕之
尊(9);口斷甘肴(10)[13],心絕所欲;背榮華而獨往[14],求神仙
之幽漠(11)[15],豈所堪哉(12)?是以歷覽在昔[16],得仙道者,
多貧賤之士,非勢位之人(13)[17]。又樂太所知(14)[18],實自
淺薄,飢渴榮貴[19],冒于貨賄(15)[20],衒虛妄於苟且[21],忘
禍患於無爲(16),區區小子之奸偽,豈足以證天下之無仙
哉(17)[22]?昔句踐式怒黿[23],戎卒争蹈火[24];楚靈愛細腰,
國人多餓死[25];齊桓嗜異味,易牙蒸其子[26];宋君賞瘠孝,
毀殁者比屋[27]。人主所欲,莫有不至。漢武招求方

士^{(18)[28]}，寵待過厚^[29]，致令斯輩，敢爲虛誕耳^{(19)[30]}。欒太若審有道者^[31]，安可得煞乎^{(20)[32]}？夫有道者，視爵位如湯鑊^{(21)[33]}，見印綬如縗絰^[34]，視金玉如糞土^{(22)[35]}，覯華堂如牢獄；豈當扼腕空言^{(23)[36]}，以僥倖榮華^[37]，居丹楹之室^[38]，受不訾之賜^[39]，帶五利之印^[40]，尚公主之貴^[41]，耽淪勢利^{(24)[42]}，不知止足，實不得道，斷可知矣。

【校】

（1）訣：王國維校作诀。

（2）或：王國維校作矣，屬上句。師：其下王國維校補"矣"字。

（3）恨恨：藏本、平津本同；王明據別本校作悢悢，方一新、王敏紅等認爲當兩存之。

（4）日月不覺衰老：王國維校作日日而不覺及。

（5）腐鼠：原作臭鼠，王國維校作臭處。當作腐鼠。

（6）卒難遣：王國維校、敦煌作難可卒遣。

（7）未易果也：王國維校"易"作"緣"。

（8）將：王國維校删。

（9）外捐：藏本、魯藩本作外損，顧廣圻、王國維校作外捐。

（10）甘肴：王國維校、敦煌、影古寫本作所甘。

（11）神仙之幽漠：藏本、平津本、宋浙本同，王國維校"仙"作"明"，王國維校、敦煌本"之"作"於"。《校補》云："'之'字當從敦煌作'於'。"按："之""於"互文對舉同義。漢劉向《説苑・權謀》："防事之未萌，避難於無形。"是其證。

（12）豈所堪哉：敦煌、影古寫本同。藏本、平津本、宋浙本作豈不勘哉，從王國維、楊明照校改。

（13）人：其下王國維校、敦煌、影古寫本有也字。

（14）太：王國維校作大。

（15）冒于貨賄：原作冒干貨賄，從王明校改。王國維校賄作賂。

（16）無爲：王國維校作無効。

(17) 奸偽：其下王國維校、敦煌、影古寫本有"爲事"二字。

(18) 漢：王國維校删。

(19) 虛誕：王國維校作虛欺。

(20) 得：藏本作待，孫星衍校："按待當作得。"顧廣圻校同。王明案："敦煌、影古寫本正作得。"

(21) 湯鑊：王國維校作鑊湯。

(22) 糞土：原作土糞，從王國維校、敦煌、影古寫本乙改。

(23) 豈當：王國維删"當"字。

(24) 耽湎：王國維校作沈湎。按：兩可。

【注】

[1] 要道：重要的道理、方法。《孝經·開宗明義章》："先王有至德要道，以順天下，民用和睦，上下無怨。"訣：訣竅；秘訣。

[2] 不群：不平凡；超群。

[3] 恨恨：惆悵；傷感；遺憾；戀戀不捨。

[4] 眷眷：依戀反顧貌。狐兔之丘：狐狸將死，頭部向著出生的丘山；兔子遠行，也返回窟穴。屈原《哀郢》："鳥飛反故鄉兮，狐死必首丘。"

[5] 遲遲：漸漸地，慢慢地。臻：達到。殂(cú)落：死亡。

[6] 腐鼠：謂追逐腐鼠。

[7] 愛習：親近熟習。

[8] 絶俗：超出世俗；棄絶塵俗。果：徹底實行。《論語·子路》："言必信，行必果。"

[9] 四海：猶言天下。

[10] 耽玩：專心研究；深切玩賞。

[11] 親幸：寵倖。

[12] 婉變：年少美好的樣子。

[13] 甘肴：佳餚。

[14] 獨往：猶言孤往獨來。謂超脱萬物，獨行己志。

[15] 幽漠：幽静之境。

[16] 歷覽：遍覽；逐一地看。

[17] 勢位：權勢地位。

[18] 欒太：膠東王宮人。一作"欒大"。嘗與齊人文成將軍李少翁同師，爲膠東王尚方。膠東王劉康死，康后欲自媚于漢武帝，乃遣欒太通過自己的弟弟欒成侯丁義上書言欒大鬼神方，求見武帝。欒太大言："臣嘗往來海中，見安期生、羨門之屬。""臣之師曰：'黄金可成，而河決可塞，不死之藥可得，仙人可致也。'"因此武帝就相信他的謊言而寵倖之。

[19] 飢渴：喻期待殷切，如飢似渴。榮貴：榮耀顯貴。

[20] 冒于貨賄：貪心於財貨。冒：貪。

[21] 虛妄：荒誕無稽。苟且：不循禮法。

[22] 區區：愚拙。奸僞：詭詐虛假。

[23] 句踐式怒鼃：相傳春秋時越王句踐爲報吳仇，曾向鼓足鬥氣的青蛙憑軾示敬以求勇士。《尹文子·大道上》："越王句踐謀報吳，欲人之勇，路逢怒蛙而軾之。比及數年，民無長幼，臨敵，雖湯火不避。"式通軾。藏本作軾。憑軾：古人伏在車前橫木站立示敬。

[24] 戎卒：兵士。蹈火：跳進火海。喻不避艱險。

[25] 楚靈愛細腰，國人多餓死：語本《韓非子·二柄》："楚靈王好細腰，而國中多餓人。"

[26] 齊桓嗜異味，易牙蒸其子：指易牙以烹調事齊桓公，蒸其子首或首子而獻之之事。"子首""首子"，蓋傳聞異詞。楊樹達《積微居小學述林·易牙非齊人考》云："竊疑易牙本夷戎之類，非中國之民，本其國俗以事齊桓，故進蒸子而不以爲異。管仲非之者，蓋以中國禮義之教爲衡量，自當責其不愛子耳。"録以備考。稚川以管仲之見看待易牙蒸子進桓公之事。

[27] 宋君賞瘠孝，毁歿者比屋：語本《韓非子·內儲說上·七術》："宋崇門之巷人，服喪而毁，甚瘠。上以爲慈愛於親，舉以爲官師。明年，人之所以毁死者歲十餘人。"太田方曰："居喪致瘠曰毁。"毁歿：因居喪過哀致死。比屋：家家户户。

[28] 漢武招求方士：漢武帝先後招求李少君、亳人謬忌、齊人少翁、樂大、公孫卿、丁公等，至"齊人之上疏言神怪奇方者以萬數"。招求：招引尋求；徵求。

[29] 寵待過厚：漢武帝"拜（樂）大爲五利將軍，居月餘，得四印，佩天士將軍、地士將軍、大通將軍印"。"其以二千户封地士將軍（樂）大爲樂通侯。賜列侯甲第，僮千人。乘輿斥車馬帷幄器物以充其家。又以衛長公主妻之，齎金萬斤，更命其邑曰當利公主"。"又刻玉印曰'天道將軍'"。"（樂）大見數月，佩六印，貴震天下"。寵待：指皇帝給予恩遇。後其方盡，多不驗，被誅。

[30] 虛誕：荒誕無稽。

[31] 審：誠；真的。有道：澹泊名利，避害遠禍。

[32] 得煞：獲死罪。《漢書·武帝紀》：漢武元鼎六年（前111）九月"樂通侯樂大坐誣罔要斬。"要通腰。

[33] 爵位：爵號、官位。湯鑊（huò）：煮著滾水的大鍋。古代常用作刑具，用來烹煮罪人。

[34] 印綬：印信和繫印信的絲帶。古人印信上繫有絲帶。佩帶在身。縗絰（cuī dié）：喪服。亦指服喪。縗：服喪時掛在胸前的麻布條。絰：服喪時結在頭部或腰間的麻帶。

[35] 金玉：黃金和珠玉。珍寶的通稱。糞土：喻鄙賤下劣的事物。

[36] 豈當：猶豈得。猶怎麼能。扼腕：用一隻手握住另一隻手腕，表示振奮、惋惜、憤慨等激動情緒。

[37] 僥倖：企求非分。

[38] 丹楹：用紅漆塗飾的廳堂前的柱子。此指華麗的居室。

[39] 不訾（zī）：無法計算。

[40] 五利：指漢武帝拜（樂）大爲五利將軍。

[41] 尚公主：此指娶公主爲妻。漢武帝"以衛長公主公妻之（樂大）"。尚：事奉。

[42] 耽淪：猶沈溺。勢利：權勢財利。

15　按董仲舒所撰《李少君家録》云^{(1)[1]}：少君有不死之方，而家貧無以市其藥物^[2]，故出於漢，以假塗求其財⁽²⁾，道成而去。又按《漢禁中起居注》云^[3]：少君之將去也，武帝夢與之共登嵩高山⁽³⁾，半道，有使者乘龍持節，從雲中下^{(4)[4]}，云太乙請少君^[5]。帝覺，以語左右曰：'如我之夢，少君將舍我去矣。'數日，而少君稱病死⁽⁵⁾。久之，帝令人發其棺，無尸，唯衣冠在焉^{(6)[6]}。按《仙經》云：上士舉形升虛，謂之天仙；中士游於名山，謂之地仙；下士先死後蛻，謂之尸解仙^{(7)[7]}。今少君必尸解者也。近世壺公將費長房去^[8]，及道士李意期將兩弟子^[9]，去，皆託卒死，家殯埋之。積數十年，而長房來歸。又，相識人見李意期將兩弟子⁽⁸⁾，皆在郫縣^[10]。其家各發棺視之，三棺遂有竹杖一枚⁽⁹⁾，以丹書符於杖⁽¹⁰⁾，此皆尸解者也。

【校】

（1）董仲舒：王明曰："或疑'董仲舒'爲《神仙傳‧李少君傳》之董仲躬。"

（2）於：王國維校删。財：敦煌、影古寫本作錢。

（3）少君之將去也，武帝夢與之共登嵩高山：《意林》四作李少君欲去，武帝夢與同登嵩高山。共登嵩高山：王國維校删山字，敦煌、影古寫本作共上嵩高。

（4）從雲中下：《意林》四作從雲中來。

（5）而少君稱病死：《意林》四作而少君死，敦煌、影古寫本無而字、稱字。按：無而、稱、病三字，較省净。

（6）唯：敦煌、影古寫本作則。

（7）尸解：王國維校删解字，下同。

（8）李意期：王國維校期作其。兩弟子：其下藏本、魯藩本、平津本有脱誤。孫星衍校："刻本有'去，後人見之'五字，非。"王國維眉批校補："去，皆託卒死，家殯埋之。積數十年，而長房來歸。又相識人見李意其將兩弟子。"共三十字，據補，"其"改作"期"。而王明據敦煌本、影古寫本增補共二十九字，無"十"字，"其"作"期"。

（９）遂有：敦煌、影古寫本、宋浙本作悉有，盧本、慎校本、寶顏堂本作止有。

（10）書符：據敦煌、影古寫本、宋浙本補"符"字。

【注】

［１］董仲舒（前180—前115）：西漢廣川（今河北棗强東北）人。勤於治學，精通《春秋》。景帝時爲博士，教授弟子。武帝時，以賢良上"天人三策"，爲武帝所重。出爲江都相，深受易王劉非敬重。中廢爲中大夫，居家著《災異之變》，推遼東高廟災。爲主父偃告發下獄，論罪當死，詔赦之，遂不復言災異。爲膠西王相，恐獲罪，病免。居家以修學著書爲事。朝廷如有大議，常遣使問之。推明孔氏，抑黜百家。立學校之官，州郡舉茂才孝廉，皆自其發之。所著凡百三十篇，有《春秋繁露》傳世。

［２］市：購買。

［３］禁中：帝王所居。蔡邕《獨斷上》："禁中者，門户有禁，非侍御者不得入，故曰禁中。"起居注：皇帝的言行録。兩漢由宮内修撰，魏晉以後設官專修。

［４］持節：古代使臣奉命出行，必執符節以爲憑證。

［５］太乙：又名太一、泰一、天一。天神名，北極神之別名。《史記·封禪書》："天神貴者太一。""兵避太歲"戈和《避兵圖》中的太一神，《楚辭·九歌》叫"東皇太一"，《文選》三十二呂向注："太一，星名，天之尊神，祠在楚東，以配東帝，故云東皇。"道教尊奉爲"天皇太乙"。

［６］衣冠：衣服和帽子。古代士以上戴冠，因用以指士以上的服裝。

［７］尸解：道家認爲修道者死後，形骸仍存，魂魄離體成仙。《合璧事類》五十《集仙傳》："人死視其形如生，乃尸解也。足不青，皮不

皺,亦尸解也。目光不毀,頭髮不脱,不失其形骨者,皆尸解也。"
《後漢書·方術傳下·王和平》"後弟子夏榮言其尸解"李賢注:
"尸解者,言將登仙,假託爲尸以解化也。"按:《論衡·道虛》批判
了"尸解"的説法:"所謂'尸解'者,何等也? 謂身死精神去乎?
謂身不死得免去皮膚也? ……諸學道死者,骨肉俱在,與恒死之
尸無以異也。"可參。

[8] 世壺公將費長房去:壺公,傳説仙人名。《神仙傳》:"壺公者,不
　　知其姓名也。今世所有召軍符、召鬼神治病玉府符,凡二十餘
　　卷,皆出自公,故名壺公符。時汝南有費長房者爲市掾,忽見公
　　從遠方來,入市賣藥,人莫識之。賣藥口不二價,治病皆愈。語
　　買人曰:'服此藥必吐某物,某日當愈。'事無不效。其錢日收數
　　萬,便施與市中貧乏飢凍者,惟留三五十。常懸一空壺於屋上,
　　日入之後,公跳入壺中,人莫能見。惟長房樓上見之,知非常人
　　也。長房乃日日自掃公座前地,及供饌物,公受而不辭。如此積
　　久長房尤不懈,亦不敢有所求。公知長房篤信,謂房曰:'至暮無
　　人時更來。'長房如其言即往,公語房曰:'見我跳入壺時,卿便可
　　效我跳,自當得入。'……爲傳《封符》一卷付之,曰:'帶此可主諸
　　鬼神,常稱使者,可以治病消災。'"長房乃行符收鬼治病,無不愈
　　者。《水經注》二一汝水謂壺公姓王。又有壺公謝元,歷陽人,賣
　　仙藥。

[9] 李意期:《神仙傳》:"李意期者,本蜀人,傳世見之,漢文帝時人
　　也,無妻息。人欲遠行速至者,意期以符與之,并丹書兩腋下,則
　　千里皆不盡日而還。""于成都角中作土窟居之。……意期少言,
　　人有所問,略不答對。蜀人有憂患往問之。(曰):吉凶自有常
　　候。但占其顏色,若歡悦則善,慘戚則惡。後入琅琊山中,不復
　　見出也。"

[10] 郫縣:地名,在今成都市西北。

16　昔王莽引《典》《墳》以飾其邪[1],不可謂儒者皆爲

篡盜也[2]；相如因鼓琴以竊文君[3]，不可謂雅樂主於淫佚也[4]。噎死者不可譏神農之播穀(1)[5]，燒死者不可怒燧人之鑽火(2)[6]，覆溺者不可怨帝軒之造舟(3)[7]，酗酶者不可非杜、儀之爲酒[8]。豈可以欒太之邪僞，謂仙道之果無乎(4)？是猶見趙高、董卓[9]，便謂古無伊、周、霍光[10]；見商臣、冒頓[11]，而云古無伯奇、孝己也[12]。又《神仙集》中有召神劾鬼之法[13]，又有使人見鬼之術。俗人聞之，皆謂虛文。或云天下無鬼神，或云有之，亦不可劾召。或云見鬼者，在男爲覡，在女爲巫(5)[14]，當須自然，非可學而得(6)。按《漢書》及《太史公記》皆云齊人少翁，武帝以爲文成將軍。武帝所幸李夫人死，少翁能令武帝見之如生人狀[15]。又令武帝見竈神(7)，此史籍之明文也。夫方術既令鬼見其形(8)，又令本不見鬼者見鬼，推此而言，其餘亦何所不有也(9)[16]。鬼神數爲人間作光怪變異(10)[17]，又經典所載，多鬼神之據，俗人尚不信天下之有神鬼(11)，況乎仙人居高處遠，清濁異流，登遐遂往[18]，不返於世，非得道者，安能見聞(12)？而儒、墨之家，知此不可以訓(13)[19]，故終不言其有焉(14)。俗人之不信(15)，不亦宜乎？惟有識真者，校練衆方[20]，得其徵驗[21]，審其必有，可獨知之耳，不可强也。故不見鬼神，不見仙人，不可謂世間無仙人也(16)。人無賢愚(17)，皆知己身之有魂魄，魂魄分去則人病，盡去則人死。故分去則術家有拘録之法(18)[22]，盡去則禮典有招魂之義(19)[23]，此之爲物至近者也。然與人俱生，至乎終身，莫或有自聞見之者也(20)。豈可遂以不聞見之(21)，而云無之乎(22)？若夫輔氏報施之鬼[24]，成湯怒齊之靈(23)[25]，申生交言於狐子[26]，杜伯報恨於周宣[27]，彭生託形於玄豕[28]，如意假貌於蒼狗[29]，灌夫守田蚡(24)[30]，子義掊燕簡(25)[31]；蓐收之降於莘(26)[32]，欒侯之止民家[33]，姜合之説讖緯(27)[34]，孝孫之著文章[35]；神君言於上林(28)[36]，羅陽仕於吳朝[37]：鬼神之事，著於竹帛，昭昭如此[38]，不可勝數。然而蔽者猶謂無之，況長生之事，世所希聞者乎(29)！望使必信，是令蚊虻負山(30)[39]，與井魚論海也(31)。俗人未嘗見龍麟鸞鳳(32)，乃謂天下無有此物，以爲古人虛設瑞應(33)[40]，欲令人主自勉不息(34)，冀致斯珍也，況於令人之信有仙人乎(35)？

【校】

（1）譏：敦煌、影古寫本作議。

（2）怒：王國維校作怨。

（3）怨：宋浙本作罪。

（4）欒太：王國維校作欒大，乎作也。

（5）在男爲覡，在女爲巫：王國維校作在男爲巫，在女爲覡。

（6）學而得：王國維校作學得。

（7）竈神：王國維校神作鬼。

（8）既：其下王國維校補使字，宋浙本有能字。

（9）何所不有：王國維校删所字。也：王國維校删，敦煌、影寫本作耶。按：也耶通。《管子·山至數》："天下之數盡於軌出之屬也。"集校引張佩綸云也通耶。

（10）人間：敦煌、影古寫本、宋浙本、藏本、魯藩本、慎校本皆作民間。按：兩可。

（11）又經典所載，多鬼神之據：王國維校作又有經典多據之。不信：其下王國維補之字。神鬼：王國維校乙作鬼神。

（12）安能見聞：王國維校、敦煌、影古寫本作莫之見聞。按：兩可。

（13）知此：其下王國維校補之字。

（14）終不：其下，王國維補信字。

（15）俗人之不信：其下王國維校補之字。

（16）故不見鬼神，不見仙人，不可謂世間無仙人也：顧廣圻校："（故不見鬼神）疑有脱文。"後"不見"之"不"下王國維眉批校補"得謂天下無（鬼）神也；不"八字。敦煌、影古寫本作"然雖不見鬼神，不可得謂天下無（鬼）神也；雖不見仙人，不可謂世間無仙人也。"

（17）人無賢愚："無"原作"有"，從陳其榮、王國維、王明、敦煌、影古寫本、宋浙本、《御覽》八百八十六校改。

（18）拘録之法：《御覽》八百八十六作録之之法。拘録：王國維校、敦煌、影古寫本作録具。

（19）招魂：原作"招呼"，從敦煌、影古寫本、《御覽》八百八十六校改。

（20）莫或有自聞見之者也：《御覽》八百八十六無"有"字。

（21）豈可遂以不聞見之：《御覽》八百八十六作豈可不聞見復言無乎。遂：王國維校作復。

（22）而云：原作"又云"，從盧本、慎校本、寶顔堂本校改。之：王國維校删。

（23）怒：王國維校、敦煌、影古寫本作怨。

（24）夫：其下王國維校、敦煌、影古寫本有之字。

（25）義：其下王國維校、敦煌、影古寫本有之字。

（26）於：王國維校作于。

（27）姜合：原作素姜，從《獻帝傳》校改。王明校："素姜似即李庶姜，名合。"按：《三國志・魏書・文帝紀》"以肅承天命"，裴松之注引《獻帝傳》："左中郎將李伏表魏王曰：'昔先王初建魏國，在境外者聞之未審，皆以爲拜王。武都李庶、姜合羈旅漢中，謂臣曰："必爲魏公，未便王也。定天下者，魏公子桓，神之所命，當合符讖，以應天人之位。"'"這一段提到的名字是"李庶、姜合"二人。但《獻帝傳》後面祇提"姜合"一人："臣以（姜）合辭語鎮南將軍張魯，魯亦問（姜）合知書所出，合曰：'孔子《玉版》也。天子曆數，雖百世可知。'是後月餘，有亡人來，寫得册文，卒如（姜）合辭。（姜）合長於内學，關右知名。魯雖有懷國之心，沈溺異道變化，不果寤（姜）合之言。"是姜合説"符讖"。足見"李庶"是衍文。"素姜之説讖緯"這句前面提到的輔氏、成湯、申生、杜伯、彭生、如意、灌夫、子義、蓐收、欒侯都是一人，素姜不當是兩人。故"素姜"當校爲"姜合"。"素"與"姜"字形部分相近無法斷定，後世書寫者於是"素""姜"并存，而把"合"給删除了，這給校勘帶來困難。

(28) 林：王國維校作臨，當從《校補》、敦煌殘卷、影古寫本作林。

(29) 世所希聞者乎：王國維校删"世"字，據敦煌、影古寫本補"者"字。

(30) 令：敦煌、影古寫本作使。按：令、使同義，兩可。

(31) 井魚：藏本、魯藩本、宋浙本王國維校作井䗝，平津本作井蟇，盧本作井蛙，敦煌、影古寫本作井黽，從王引之校改。《莊子·秋水》："井黽不可語於海者，拘於虛也。"王引之曰："'黽'本作'魚'，後人改之也。《太平御覽》時序部七、鱗介部七、蟲豸部一引此，并云'井魚不可語於海'，則舊本作'魚'可知。"見王念孫《讀書雜誌餘編上》。

(32) 龍鱗：藏本、平津本作龍鱗，從陳其榮、王國維、敦煌、影古寫本校改。龍和麒麟。《外篇·行品》："若令士之易別，如鸞鷫之與鴻鵠，狐兔之與龍麟者，則四凶不得官於堯朝。"當與《外篇》一致。

(33) 乃謂：王國維校作乃復謂。古人：盧本作古者。

(34) 人主：其下王國維校補"此物以爲"四字。

(35) 令人：王國維校、敦煌、影古寫本無"人"字。

【注】

[1] 王莽（前45—公元23）：字巨君，魏郡元城（今河北大名）人。漢元帝王皇后侄。西漢末，以外戚掌握政權，永始元年（前16）封新都侯、遷騎都尉、光禄大夫、侍中。因劾奏外戚定陵侯淳于長，獲忠直名，遂擢爲大司馬。元皇后稱制，莽總攬朝政。元始五年（公元5）毒死平帝，自稱假皇帝。次年立年僅二歲的劉嬰爲天子，號孺子。初始元年（公元8）稱帝，改國號曰新。公元8—23年在位。《典》《墳》：《三墳》《五典》：傳説是我國最古的書籍，此泛指古代文獻。王莽爲篡奪劉漢政權多次引用典籍。

［2］篡盜：篡權盜位。《漢書·王莽傳贊》：“莽既不仁而有佞邪之才，又乘四父歷世之權，遭漢中微，國統三絶，而太后壽考爲之宗主，故得肆其奸慝，以成篡盜之禍。”篡：用强力奪取；此指臣子奪取君位。盜：竊取君位。

［3］相如：司馬相如（前179—前117），字長卿，蜀郡成都（今屬四川）人。少名犬子，因慕藺相如爲人，更名相如。好讀書，善辭賦，召爲郎。出使西南夷有功，轉孝文園令，病免。其《子虚》《上林》《大人》等賦，辭藻瑰麗，氣韻排宕，意含諷諫。鼓琴句：相如彈琴以通殷勤而得到卓文君。《史記·司馬相如傳》：“是時卓王孫有女文君新寡，好音，故相如繆與（臨邛）令相重，而以琴心挑之。相如之臨邛，從車騎，雍容閒雅甚都；及飲卓氏，弄琴，文君竊從户窺之，心悦而好之，恐不得當也。既罷，相如乃使人重賜文君侍者通殷勤。文君夜奔相如，相如乃與馳歸成都。”

［4］雅樂（yuè）：古代帝王祭祀、朝賀、宴享所用舞樂。此指高雅的音樂。淫佚：亦作淫泆，淫蕩，淫亂。

［5］噎（yē）：咽喉梗塞。神農：傳說中的古帝王，教民耕作。《御覽》七二一引《帝王世紀》：“炎帝神農氏長於姜水，始教天下耕種五穀而食之，以省殺生。嘗味草木，宣藥療疾，救夭傷之命。百姓日用而不知，著《本草》四卷。”

［6］燧人：燧人氏，傳說中的古帝王，相傳他發明鑽木取火，讓民熟食。《韓非子·五蠹》：“有聖人作，鑽燧取火，以化腥臊，而民悦之，號之曰燧人氏。”

［7］帝軒：即黄帝。古史傳說少典之子，姓公孫，名軒轅。時神農氏衰，諸侯相侵伐，暴虐百姓。他得到各部落擁護，在阪泉（今河北涿鹿東南）打敗炎帝。後蚩尤擾亂，他又率各部落擊殺蚩尤于涿鹿（今屬河北）。從此，他由部落首領被擁戴爲部落聯盟領袖。傳說有許多發明創造，如養蠶、舟車、文字、音律、醫學、算數等，都創始于黄帝時期。

［8］酗醟（xù yòng）：酒醉狂亂。“酗”與“醟”連文同義。杜儀：杜康、儀狄。傳說儀狄爲夏禹時善釀酒者。《戰國策·魏策二》：

"昔者帝女令儀狄作酒而美，進之禹。禹飲而甘之，遂疏儀狄，絕旨酒，曰：'後世必有以酒亡其國者。'"《世本》："儀狄始作酒醪，變五味。少康(杜康)作秫酒。"

[9] 趙高(前？—前207)：秦宦者。本趙國人。始皇末年任中車府令，掌符璽。親近始皇少子胡亥。始皇死，矯詔威脅李斯僞造遺書，逼始皇長子扶蘇自殺，立胡亥爲二世皇帝。任郎中令，居中用事，控制朝政。設謀殺大臣及群公子，構陷將相，殺李斯。不久又逼二世自殺，立子嬰爲秦王。旋爲子嬰所殺，族滅。董卓(？—192)：字仲穎，隴西臨洮(今甘肅岷縣)人。本爲涼州豪強。桓帝末，以羽林郎從張奐征并州，有功拜郎中。中平元年拜中郎將，領兵平羌亂，拜前將軍。少帝立，何進召其入京，謀誅宦官。董卓遂率兵入洛陽，廢、殺少帝及何太后，立獻帝。遷相國，專斷朝政。曹操與袁紹等起兵討卓，他乃挾獻帝西遷長安。自爲太師，號爲尚父。築郿塢，積三十年穀，號曰萬歲塢。殘暴專橫，後爲王允、呂布所殺。

[10] 伊：伊尹，商湯大臣。帝中壬卒，伊尹立太甲爲帝。太甲暴虐亂德，不遵湯法，伊尹放之于桐宮，伊尹攝行政當國。太甲居桐宮三年，悔過自新，於是伊尹迎之復位。周：周公姬旦：武王弟。武王死，子成王立，年少，周公恐諸侯叛，乃攝政，平內亂。成王長，歸政成王。霍光(前？—前68)：字子孟，河東平陽(今山西臨汾西南)人。霍去病異母弟。武帝時爲奉車都尉、光祿大夫。小心謹慎，甚被武帝親信。昭帝八歲即位，他與桑弘羊等同受武帝遺詔輔政，任大司馬大將軍，政事一決于光，封博陸侯。及上官桀父子與其爭權，與燕王旦等謀反事泄被誅，光威震海內。昭帝死後，迎立昌邑王劉賀爲帝，以其悖亂，不久即廢，又迎立宣帝。黨親連體，根據朝廷。雖歸政，而諸事仍先決而後奏，前後執政凡二十年。

[11] 商臣、冒頓：並爲不孝之主。商臣：楚成王當初將以商臣爲太子，令尹子上說商臣是"忍人也，不可立也"。弗聽，立商臣爲太子。後又欲立王子職，而黜太子商臣。商臣聽從潘崇"行大事"

之計，"以宮甲圍成王"，逼其自縊，是爲穆王。匈奴單于頭曼，有
太子冒頓(mò dú)，單于欲廢冒頓而立少子。冒頓從其父獵，以
鳴鏑射殺頭曼，自己立爲單于。

[12] 伯奇：周宣王上卿尹吉甫之子，後妻因妒忌前妻之子伯奇，取蜂
去毒，置於衣領上，誆騙孝順的伯奇前去拾掇之，因譖于吉甫，謂
對她無禮。吉甫怒，乃放伯奇于野。又有伯奇"自投河中"、"自
死"、"自縊"之説。蓋傳聞異詞。孝己：殷高宗武丁之子，有賢
孝之行，遭後母讒毁，被放逐而死。後用作孝子的典型。

[13] 又《神仙集》中有召神劾鬼之法：王明釋："《漢書·藝文志》雜占
家有《執不祥劾鬼物》八卷。《後漢書·方術傳》費長房、麴聖卿、
壽光侯皆能劾鬼云。此皆方士之謬説耳。"劾：彈劾。揭發罪
狀。這裏指驅趕。

[14] 在男爲覡，在女爲巫：見《國語·楚語下》，韋昭注："巫覡，見鬼
者。《周禮》男亦曰巫。"覡(xí)：爲人禱祝鬼神的男巫。

[15] 《太史公記》：即《史記》。《史記》原名《太史公書》，故云。少翁：
《史記·武帝紀》："其明年，齊人少翁以鬼神方見上。上有所幸
王夫人，夫人卒，少翁以方術蓋夜致王夫人及竈鬼之貌云，天子
自帷中望見焉。於是乃拜少翁爲文成將軍，賞賜甚多。"裴駰集
解："駰按：桓譚《新論》云武帝有所幸愛姬王夫人，窈窕好容，質
性嬛佞。"《漢書》《拾遺記》《搜神記》作"李夫人"。

[16] 何所不有：用反問語氣表示無所不有。

[17] 光怪：神奇怪異的現象。變異：災異變怪之事。

[18] 登遐：死者升天而去。死的諱稱。《墨子·節葬下》："秦之西有
儀渠之國者，其親戚死，聚柴薪而焚之，熏上，謂之登遐。"此猶言
登仙遠去。

[19] 訓：典範、準則；作爲典範、準則。

[20] 校練：猶考核。

[21] 徵驗：證據；事實根據。

[22] 分：一部分。拘録：拘禁；逮捕。

[23] 禮典：指《儀禮》。招魂：《儀禮·士喪禮》"復者一人"鄭玄注：

"復者,有司招魂復魂也。"義:通儀。儀制;法度。

[24] 輔氏報施之鬼:春秋時晉國魏顆在他所嫁婦人之父鬼魂結草以
　　　亢杜回的幫助下,於輔氏這個地方打敗秦師,俘獲秦將杜回。

[25] 成湯怒齊之靈:《晏子春秋·內篇諫上》:"景公將伐宋,師過泰
　　　山,夢二丈夫立而怒,其怒甚盛。"占夢者以爲"泰山之神怒也"。
　　　晏子説:"此非泰山之神,是宋之先湯與伊尹也。"

[26] 申生交言於狐子:《左傳·僖公十年》:"晉侯改葬共大子。秋,狐
　　　突適下國,遇大子,大子使登,僕,而告之曰:'夷吾無禮,余得請
　　　於帝矣,將以晉畀秦,秦將祀余。'"[共通恭。恭太子即申生。狐
　　　突:申生之師。適下國:到陪都曲沃去。僕:爲御者。畀:
　　　給予。]

[27] 杜伯報恨於周宣:周宣王大夫杜伯,無罪被殺。後三年,宣王會
　　　諸侯田于圃,見"杜伯乘白馬素車,朱衣冠,執朱弓,挾朱矢,追周
　　　宣王,射之車上,中心折脊,殪車中,伏弢而死"。《論衡·死偽》
　　　駁斥了這種説法。

[28] 彭生託形於玄豕:《左傳·莊公八年》載:齊襄公"田于貝丘。見
　　　大豕。從者曰:'公子彭生也。'公怒,曰:'彭生敢見!'射之。豕
　　　人立而啼。公懼,隊(墜)于車。傷足,喪屨。"

[29] 如意假貌於蒼狗:《漢書·五行志中之上》:"高后八年三月,被霸
　　　上,還過枳道,見物如蒼狗,橄高后掖,忽而不見。卜之,趙王如
　　　意爲祟。遂病掖傷而崩。先是高后鴆殺如意,支斷其母戚夫人
　　　手足,榷其服(眼)以爲人彘。"

[30] 灌夫守田蚡:漢武帝時,灌夫、竇嬰與田蚡交惡。蚡爲丞相,奏劾
　　　灌夫、竇嬰,論罪棄市。不久田"蚡疾,一身盡痛,若有擊者,謼服
　　　謝罪。上使視鬼者瞻之,曰:'魏其侯(竇嬰)與灌夫共守,笞欲殺
　　　之。'竟死。"

[31] 子義培燕簡:《墨子·明鬼下》:"昔者燕簡公殺其臣莊子儀而不
　　　辜。""燕簡公方將馳于祖塗,莊子儀荷朱杖而擊之,殪之車上。"
　　　儀通義。

[32] 蓐收之降於莘:《左傳·莊公三十二年》:"秋七月,有神降於莘。

(周)惠王問諸内史過曰：'是何故也？'對曰：'國之將興，明神降之，監其德也；將亡，神又降之，觀其惡也。'”“内史過往，聞虢請命，反曰：'虢必亡矣。虐而聽於神。'”《國語·晉語二》：“虢公夢在廟，有神人面白毛虎爪，執鉞，立于西阿，公懼而走。神曰：'無走。帝命曰：'使晉襲於爾門。'公拜稽首。覺，召史嚚占之。對曰：'如君之言，則蓐收也，天之刑神也……'”“六年，虢乃亡。”韋昭注：“蓐收，西方白虎金正之官也。傳曰：'少暤氏有子該，爲蓐收。'”“刑殺之神也。”

[33] 樂侯之止民家：《太平廣記》二百九十二《神二·樂侯》引《列異記》：“漢中鬼神樂侯，常在承塵上，喜食鮓魚菜，能知吉凶。甘露中，大蝗起，所經處禾稼輒盡，太守遣使告樂侯，祀以鮓菜。侯謂吏曰：'蝗蟲小事，輒當除之。'言訖，翕然飛出。吏髣髴其狀類鳩，聲如水鳥。吏還具白太守，即果有衆鳥億萬來食蝗，蝗蟲須臾皆盡。”

[34] 讖緯：漢代盛行的神學迷信。讖：方士的隱語或預言。緯：方士化的儒生編集的附會儒家經典的著作。

[35] 孝孫之著文章：“孝孫”祭祖之事寫於《詩》《儀禮》《禮記》等經典著作中。孝孫：祭祖人或主祭者祭祖時對祖先的自稱。按：祭祖人與尸祝角色相當，與鬼神説話。《詩·小雅·楚茨》：“孝孫有慶，報以景福，萬壽無疆。”朱熹集傳：“孝孫，主祭之人也。”又：“孝孫徂位，工祝致告。”《儀禮·聘禮》：“僕爲祝，祝曰：'孝孫某，孝子某，薦嘉禮于皇祖某甫、皇考某子，如饋食之禮。'”鄭玄注：“僕爲祝者，大夫之臣攝官也。”又《少牢饋食禮》：“主人曰：'孝孫某，來日丁亥，用薦歲事于皇祖伯某，以某妃配某氏，尚饗。'”又“(史)遂述命曰：'假爾大筮有常，孝孫某，來日丁亥，用薦歲事于皇祖伯某，以某妃配某氏，尚饗。'”又“主人再拜稽首，祝告曰：'孝孫某，來日丁亥，用薦歲事于皇伯某，以某妃配某氏，敢宿。'”又“祝祝曰：'孝孫某，敢用柔毛剛鬣，嘉薦普淖，用薦歲事于皇伯某，以某妃配某氏，尚饗。'”又《特牲饋食禮》：“命曰：'孝孫某筮，來日某諏此某事，適其皇祖某子，尚饗。'”又“命筮曰：'孝孫某諏

此某事,適其皇祖某子筮某之某爲尸,尚饗。'"《禮記・郊特牲》:"祭稱孝孫孝子,以其義稱也。"文章:先秦至魏晉通指寫在竹帛之中的著作,包括詩賦。王明將"孝孫"標人名號,誤也。

[36] 上林:《史記・封禪書》:"是時上(武帝)求神君,舍之上林中蹏氏觀。神君者,長陵女子,以子死,見神于先後宛若。宛若祠之其室,民多往祠。……及今上即位,則厚禮置祠之內中。聞其言,不見其人云。"

[37] 羅陽仕於吳朝:《三國志・吳書・吳主傳》:"太元元年夏五月……初臨海羅陽縣有神,自稱王表。……是月,遣中書郎李崇齎輔國將軍羅陽王印綬迎表。秋七月……崇與表至,(孫)權于蒼龍門外爲立第舍,數使近臣齎酒食往。"

[38] 昭昭:明白;顯著。《老子・第二十章》:"俗人昭昭,我獨昏昏。"

[39] 蚊虻負山:比喻力弱者擔重任,難以信任。《莊子・應帝王》:"其於治天下也,猶涉海鑿河,而使蚉負山也。"

[40] 瑞應:古代以爲帝王修德,時世清平,天就降祥瑞以應之,謂之瑞應。

17　世人以劉向作金不成[1],便謂其索隱行怪(1)[2],好傳虛無[3],所撰《列仙》,皆復妄作[4]。悲夫!此所謂以分寸之瑕,棄盈尺之夜光(2);以蟻鼻之缺,捐無價之淳鈞(3)[5]。非荊和之遠識(4)[6],風胡之賞真也(5)[7]。斯朱公所以鬱悒(6)[8],薛燭所以永歎矣(7)[9]。夫作金皆在《神仙集》中,淮南王抄出,以作《鴻寶枕中書》。雖有其文,然皆秘其要言(8),必須口訣,臨文指解,然後可爲耳。其所用藥物(9),復多改其本名,不可按之便用也。劉向父德治淮南王獄中所得此書(10)[10],非爲師授也。向本不解道術,偶偏見此書,便謂其意當盡在紙上(11),是以作金不成耳。至於撰《列仙傳》,自刪秦大夫阮倉書中出之(12),或所親見,然後記之,非妄言也[13]。狂夫童謠,聖人所擇[11];芻蕘之言[14],或不可遺[12];采葑采菲,無以下體[15][13]。豈可以百慮之一失[14],而謂經典之不可用;以日月曾蝕之故[16],而謂懸象非大明哉[17][15]?外國作水精椀[16],實是合五種灰以作之[18]。今交、廣多有得其法而鑄作之者[17]。今以此語俗人,俗人殊不肯信[19]。乃云水精本自然之物[20],玉石之類,況於世間,幸有自然之金,俗人當何信其有可作之理哉[21]!愚人乃不信黃丹及胡粉[22][18],是化鉛所作[19],又不信騾及駏驉[23][20],是驢馬所生。云物各自有種,況乎難知之事哉[24]!夫所見少,則所怪多,世之常也。信哉此言!其事雖天之明,而人處覆甄之下,焉識至言哉[25]!”

【校】

（1）謂其：藏本、平津本無“其”字,據敦煌、影古寫本、宋浙本校補。

（2）分寸之瑕,棄盈尺之夜光:《意林》置於“以蟻鼻之缺,捐無價之淳鈞”之後。

（3）鈞:王國維校作鈞,誤。

（4）荊和:王明校:“荊一作楚。”

（5）也:王國維校刪。

（6）鬱悒:《意林》四作鬱邑。

（7）薛燭:《意林》四作薛灼。

（8）然:平津本作能,從藏本、崇文本校改。言:藏本、平津本作文,從王國維、敦煌、影古寫本校改。“文”承上文“雖有其文”之“文”而誤。孫星衍校:“一本作又。”

（9）藥物;據敦煌、影古寫本、宋浙本補“物”字。

（10）治淮南王獄:王國維校刪王字。中所:王國維校、敦煌、影古寫本作時遺。

（11）便謂其意當盡在紙上:王國維校“謂”作“呼”。從王國維、敦煌、影古寫本校補"當"字。

（12）大夫阮倉：孫星衍校："四字刻本訛作太史暨漢。"

（13）非妄言也：敦煌、影古寫本言作造。

（14）蓻：當作努。

（15）采蓻：孫星衍校："藏本無此二字。"敦煌、影古寫本有此二字。

（16）以日月曾蝕之故：王國維校、敦煌、影古寫本作以曾蝕之日。

（17）懸：孫星衍校："藏本作元（玄）。"敦煌、影古寫本、宋浙本、慎校本、寶顏堂本作玄。玄通懸。

（18）合：王國維校刪。種：其下王國維校、敦煌、影古寫本有石字。實是合五種灰：陳其榮校："《御覽》七百六十作'合百灰'，八百七十一作'合五百種灰'，今此脫'百'字。"

（19）俗人：當從敦煌、影古寫本、《御覽》七百六十重俗人二字。

（20）本：王國維校、敦煌、影古寫本本作是。按：兩可。物：魯藩本作法，王國維校作物。

（21）當何信：王國維校、敦煌、影古寫本作何時當信。

（22）人：陳其榮校："《書鈔》一百三十五、《御覽》七百十九、八百十二人作民。"

（23）駏驉：藏本、魯藩本作駏驉，據平津本、王國維校改。王明校："寶顏堂本、慎校本作眲騷。"

（24）物：王國維校刪。況乎難知之事哉：王國維校乎作于。陳其榮校："《御覽》九百一作況于（乎）仙者難知之事哉？"王明校："'乎'敦煌、影古寫本作'于'。"

（25）"信哉此言……至言哉"二十二字：王國維校刪，敦煌、影古寫本無。

【注】

［1］劉向作金不成：《漢書·劉向傳》：漢宣帝時，劉向父劉德"治淮南獄得"淮南"枕中《鴻寶苑秘書》。書言神仙使鬼物爲金之術"，"更生幼而讀誦，以爲奇，獻之，言黃金可成。上令典尚方鑄作事，費甚多，方不驗。"《漢書·郊祀志下》："大夫劉更生獻淮南枕

中洪寶苑祕之方,令尚方鑄作。事不驗,更生坐論。"劉向本名
更生。

〔2〕索隱行怪:探索隱晦之事而行怪僻詭異之道。《禮記·中庸》:
"子曰:'索隱行怪,後世有述焉,吾弗爲之矣。'"鄭玄注:"'素'讀
如'攻城攻其所傃'之'傃'。傃,猶鄉也。言方鄉辟害隱身而行
詭譎,以作後世名也,弗爲之矣,恥之也。"鄉:向。趨向:向著。
《漢書·藝文志》:"孔子曰:'索隱行怪,後世有述焉,吾不爲之
矣。'"顏師古注:"《禮記》載孔子之言。索隱,求索隱暗之事,而
行怪迂之道。"

〔3〕虛無:謂荒誕無稽。

〔4〕妄作:無知而任意胡爲;輕舉妄動。《老子·第十六章》:"不知
常,妄作,凶。"

〔5〕蟻鼻:螞蟻的鼻孔。喻微小。淳鈞:春秋越人歐冶子所鑄名劍。

〔6〕荊和:楚國人卞和。《韓非子·和氏》:"楚人和氏得玉璞楚山
中。"先後獻楚厲王、武王,皆以爲石,刖其左右足。"文王即位,
和乃抱其璞而哭於楚山之下,三日三夜,淚盡而繼之血。""王乃
使玉人理其璞而得寶焉,遂命曰:'和氏之璧。'"

〔7〕風胡:春秋時人,善識劍。《御覽》三百四十三引《吳越春秋》:"湛
盧去,如楚,昭王寤而得之,召胡風子問之:'此劍直幾何?'對曰:
'赤堇之山已合,若耶之溪深而不測,群神上天,歐冶已死,雖有
傾城量金珠玉,不可與,況駿馬萬戶之都乎?'"

〔8〕朱公:陶之朱叟。賈誼《新書》五《連語》:"梁王曰:'陶之朱叟,以
布衣而富侔國,是必有奇智。'乃召朱公而問之曰:'梁有疑獄,吏
半以爲當罪,半以爲不當罪,雖寡人亦疑焉,爲吾決是奈何?'朱
公曰:'臣鄙人也,不知當獄。然臣家有二白璧,其色相如也,其
徑相如也,其澤相如也。然其價也,一者千金,一者五百金。'王
曰:'徑與色旁觀者清皆相如也,一者千金,一者五百金,何也?'
朱公曰:'側而視之,其一者厚倍之,是以千金。'王曰:'善。'"鬱
悒:憂悶。

〔9〕薛燭:春秋時秦客,善相劍。《御覽》三百四十三引《吳越春秋》:

“越王允常聘歐冶子作名劍五枚，三大二小，一曰純鈞，二曰湛盧，三曰豪曹，或曰盤郢，四曰魚腸，五曰鉅闕。秦客薛燭善相劍……王取純鈞示之……薛燭曰：不可。臣聞王之初造此劍，赤堇之山破而出錫，若耶之溪涸而出銅……天帝裝炭，太一下觀，於是歐冶子曰：‘天地之精，悉其技巧，造爲此劍。’”

[10] 劉向父德(？—前57)：字路叔。劉辟彊子。修黃老之術，有智略，武帝譽爲“千里駒”。昭帝初，爲宗正丞。爲人謹慎，大將軍霍光欲以女妻之，辭不敢娶。因參與立宣帝，以定策賜爵關內侯。地節時，封爲陽城侯。後子向坐鑄僞黃金，當誅。上書訟子罪。旋卒。治淮南王獄：審理有關淮南王劉安反叛的案件。

[11] 狂夫童謠二句：《史記·淮陰侯列傳》：“廣武君曰：‘臣聞智者千慮，必有一失；愚者千慮，必有一得。故曰：狂夫之言，聖人擇焉。’”語本此而有改動。擇：選取可用者而用之。

[12] 芻蕘之言二句：《漢書·藝文志》：“閭里小知者之所及，亦使綴而不忘。如或一言可采，此亦芻蕘狂夫之議也。”《詩·大雅·板》：“先民有言，詢於芻蕘。”毛傳：“芻蕘，薪采者。”《禮記·坊記》：“詩云：‘先民有言，詢於芻蕘。’”鄭玄注：“先民，謂上古之君也。詢，謀也。芻蕘，下民之事也。言古之人君將有政教，必謀及之于庶民乃施之。”芻蕘：割草、打柴；割草、打柴的平民。

[13] 采葑采菲，無以下體：語見《詩·邶風·谷風》，鄭玄箋：“(葑菲)此二菜者，蔓菁與葍之類也。皆上下可食。”謂收穫大頭菜、蘿卜，不食用它們下面的莖根，而用它們的葉子嗎？此指看問題要抓住主要的。

[14] 百慮：各種思慮；許多想法。

[15] 懸：懸象、玄象：天象。《易·繫辭上》：“縣(懸)象著明，莫大乎日月。”

[16] 水精：此指玻璃。

[17] 交、廣：交州、廣州。交州治所在今廣西憑祥西南、越南河內東北。廣州治所在今廣州。

[18] 黃丹：即鉛丹，熬鉛所製。用鉛一斤，土硫黃十兩，消石一兩，熔

鉛成汁，下醋點之。胡粉：鉛粉。用於傅面或繪畫。黄丹、胡
粉：化學式分别爲（PbO）和[Pb(OH)$_2$＝PbCO$_3$]。《本草綱目》
八《粉鉛》引李含光音義："黄丹、胡粉，皆是化鉛等。"

[19] 鉛：隱名金公。《經訣》十二《合九丹鉛法鉛力功能》引狐剛子云：
"夫合丹藥，以鉛爲本，鉛若不真，藥無成者。故云：鉛者，陰陽之
筋髓，七寶之良媒。""又按：太陰者鉛（也），太陽者丹也。二物成
藥，服之神仙。"李時珍《本草綱目》八引《造化指南》（又名《土宿
本草》）："鉛乃五金之祖，故有五金狴犴、追魂使者之稱。言其能
伏五金而死八石也。雌黄乃金之苗，而中有鉛氣，是黄金之祖
矣。銀坑有鉛，是白金之祖矣。信鉛雜銅，是赤金之祖矣。與錫
同氣，是青金之祖矣。朱砂伏於鉛，而死於硫，硫戀於鉛，而伏於
硇。鐵戀於磁，而死於鉛。雄戀於鉛，而死於五指。故金公變化
最多。一變而化胡粉，再變而成黄丹，三變而成密陀僧，四變而
爲白霜。"（五金：金銀銅鐵錫。黄金[金]、白金[銀]、赤金[銅]、
青金[錫]；《孫真人丹經》指朱砂、水銀、雄黄、雌黄、硫黄。信鉛：
信州所産的鉛。胡粉：碳酸鉛。黄丹：紅鉛，即四氧化三鉛。密
陀僧：即二化鉛。白霜：即乙酸鉛。伏：産品；提净。昇華。死：
分解作用，原物死，新物生。戀：大概指雜合性，等於歐洲中世
紀的 affinity。制：指能昇華或蒸發的物質。點：點化。加少量
藥劑能使大量的物質起變化。參何丙郁《〈造化指南〉的研究》。）

[20] 驉：《廣韻·魚韻》："畜似騾也。"

對　俗　卷　三[1]

1　或人難曰[2]:"人中之有老、彭,猶木中之有松柏,稟之自然(1)[3],何可學得乎(2)?"抱朴子曰:"夫陶冶造化(3)[4],莫靈於人。故達其淺者,則能役用萬物[5];得其深者,則能長生久視。知上藥之延命(4)[6],故服其藥以求仙;知龜鶴之遐壽(5)[7],故效其道引以增年[8]。且夫松柏枝葉,與眾木則別(6);龜鶴體貌,與諸蟲則殊(7)。至於老、彭,猶是人耳(8),非異類而壽獨長者(9),由於得道,非自然也。眾木不能法松柏,諸蟲不能學龜鶴,是以短折耳(10)[9]。人有明知(11)[10],能修彭、老之道(12),則可與之同功矣。若謂世無仙人乎?然前哲所記[11],近將千人,皆有姓字,及有施爲本末(13)[12],非虛言也。若謂彼皆特稟異氣(14)[13],然其相傳皆有所師授服食(15)[14],非生知也[15]。若道術不可學得,則變易形貌(16),吞刀吐火[16],坐在立亡[17],興雲起霧[18],召致蟲蛇[19],合聚魚鱉(17),三十六石立化爲水(18)[20];消玉爲粕,漬金爲漿(19)[21],入淵不沾,蹈刃不傷(20)[22],幻化之事,九百有餘[23];按而行之,無不皆效;何爲獨不肯信仙之可得乎!仙道遲成(21),多所禁忌[24]。自無超世之志,强力之才,不能守之(22)[25]。其或頗好心疑(23),中道而廢,便謂仙道長生(24),果不可得耳。《仙經》云:'服丹守一,與天相畢[26];還精胎息,延壽無極[27]。'此皆至道要言也。民間君子,猶內不負心，外不愧影[28]，上不欺天，下不食言[29]，豈況古之真人，寧當虛造空文[30]，以必不可得之事，誑誤將來[31]，何所索乎！苟無其命，終不肯信，亦安可强令信哉(25)！"

【校】

（1）稟：其下慎校本、寶顏堂本有賦字，當據補。

（2）何可學得乎：王明校："慎校本、寶顏堂本無'得'字。"乎：王國維校删。

（3）夫：其下王國維校補以字，删冶字。

（4）命：藏本、魯藩本、平津本作年，從王國維、敦煌、影古寫本校改。

（5）鶴：王國維校作鵠，下同。

（6）則：敦煌、影古寫本無，王國維校删。

（7）龜鶴體貌，與諸蟲則殊："諸"藏本、魯藩本、平津本作"衆"，從王國維校改。上一分句用"衆"字，本分句用"諸"避復爲妥。敦煌、無"則"字，王國維校删"則"字。影古寫本作龜鵠與諸蟲體貌殊。

（8）老、彭：藏本、魯藩本、平津本作彭、老，從王國維校乙，與《外篇·正郭》"娛心老、彭"、《用刑》"難圖老、彭之壽也"、《論仙》"老、彭之壽"，本段首句"人中之有老、彭"一致。下與此同。

（9）長：其下王國維校補生字。

（10）耳：敦煌、影古寫本無，王國維校删。

（11）明知：藏本作"明哲"，當從王國維校、敦煌、影古寫本作明知。

（12）彭、老：當作老、彭。

（13）及有施爲本末：王國維校、敦煌、影古寫本有作於，宋浙本作所。

（14）稟：王國維校作食。

（15）皆有所師授服食：藏本、平津本作皆有師奉服食；從王國維、敦煌、影古寫本、宋浙本校補"所"字；從慎校本、寶顏堂本"奉"作"授"。

（16）變易形貌：陳其榮校："《意林》作變形易貌，與《道意篇》同。"

（17）合聚：王國維校作取合。

（18）三十：王國維校作卅。

（19）潰：藏本、魯藩本、平津本作潰，從王國維校、敦煌、影古寫本等校改。

（20）入淵不沾，蹈刃不傷：沾，孫星衍校：“《意林》作溺。”陳其榮校：“蹈，盧本作就。”王明按：“慎校本、寶顏堂本亦作就。”“刃，慎校本、寶顏堂本、崇文本皆作没。”

（21）仙道遲成：孫星衍校：“（句前）刻本有但字。”

（22）守之：孫星衍校：“藏本更有守之二字。”魯藩本重守之二字，敦煌、影古寫本守作爲，王國維改“守之”爲“爲之”，删後一“守之”。

（23）心疑：王國維校删。

（24）仙道：王國維校删。

（25）令信哉：王國維校删，敦煌、影古寫本無令信二字。

【注】

［１］對俗：回答世人（有關修仙得道）的詰難。

［２］難（nàn）：責難；詰問。

［３］稟之自然：語本《文選》嵇康《養生論》：“夫神仙雖不目見，然記籍所載，前史所傳，較而論之，其有必矣。似特受異氣，稟之自然，非積學所能致也。”稟賦：人所稟受的體性資質。

［４］陶冶：燒製陶瓷，冶鑄器物。喻教化培育。養育；培養。造化：自然的創造化育。

［５］役用：役使；使用。長生久視：長生久活。《老子·第五十九章》：“深根固柢，長生久視之道。”高亨正詁：“視讀爲寘，寘，置也，立也。視寘古通用。《詩·鹿鳴》：‘視民不恌。’鄭箋：‘視，古示字也。’《儀禮·士昏禮》：‘視諸衿鞶。’鄭注：‘視，今文作示。’此視示通用之證。《詩·鹿鳴》：‘示我周行。’鄭箋：‘示當作寘，寘，置也。’《禮記·中庸》：‘治國其如示諸掌乎。’鄭注：‘示讀如寘之河干之寘，寘，置也。’此示寘通用之證。《廣雅·釋詁》：‘寘，立也。’然則視寘通用，而寘有置立之義明矣。《禮記·檀弓篇》：‘公室視豐碑，三家視桓楹。’豐桓皆大義，言葬時於槨之前後四角，公室則立大碑，三家則立大柱也。此二視字亦立義也。

《吕氏春秋·重己篇》：‘莫不欲長生久視。’高注：‘視，活也。’久視即久立，久立即久活，故高徑訓視爲活耳。《荀子·榮辱篇》：‘是庶人之所以取飽食暖衣，長生久視以免于刑戮矣。’久視亦久立也。《吕》《荀》蓋本於《老子》。”

［6］上藥：最好的藥物。《仙藥》：“上藥令人身安命延，升爲天神。”

［7］遐壽：高齡；高壽。

［8］道引：又作導引。導氣引體，即導氣令和，引體令柔。古代一種呼吸與引體運動相配合的强身祛病的方法，後世成爲道教修煉方法之一。《莊子·刻意》：“吹呴呼吸，吐故納新，熊經鳥申，爲壽而已矣，此道引之士，養形之人，彭祖壽考者之所好也。”釋文引司馬彪曰：“若熊之攀樹、鳥之嚬呻而引氣也。”李軌曰：“導氣令和，引體令柔。”“熊經鳥申”即引體運動的形象化。熊經：若熊之攀枝自懸。王充《論衡·道虚》：“道家或以導氣養性，度世而不死。”黄輝校釋：“導氣，導引形體，以舒血管之氣。”《素問·異法方宜論》：“其治宜導引按蹻。”王冰注：“導引，謂摇筋骨，動支節。”

［9］短折：夭折；早死。《書·洪範》：“六極，一曰凶短折。”孔傳：“動不遇吉。短，未六十；折，未三十。言辛苦。”則凶短謂不滿六十歲也。

［10］明知（zhì）：懂事理。知通智。

［11］前哲：亦作前喆。前代聖哲，指修仙者。

［12］近將：大約。施爲（wéi）：作爲；施行方術。《列子·周穆王》：“儒生欣然告其子曰：‘疾可已也。然吾之方密，傳世不以告人。試屏左右，獨與居室七日。’從之，莫知其所施爲也，而積年之疾，一朝都除。”本末：頭尾。

［13］異氣：神異的氣質；非凡的稟賦。

［14］服食：指道教徒服餌仙藥。《古詩十九首》之十三：“服食求神仙，多爲藥所誤。”

［15］生知：言生而知之；與生俱來即懂得。《論語·述而》：“子曰：‘我非生而知之者，好古，敏以求之者也。’”

[16] 道術：道教的法術、方術。變形易貌：改變形體面貌。吞刀吐
火：蓋是一種魔術。張衡《西京賦》：“奇幻倏忽，易貌分形；吞刀
吐火，雲霧杳冥。”

[17] 坐在立亡：道教徒的一種隱身術。《神仙傳·皇初平傳》：“能坐
在立亡，行于日中無影。”

[18] 興雲起霧：蓋是我國最早之人工造雨，或是一種魔術。《西京雜
記》三：“有東海人黃公，少時爲術，能制龍御虎，佩赤金刀，以絳
繒束髮，立興雲霧，坐成山河。”

[19] 召致蟲蛇：《神仙傳·劉政》：“召江海中魚鱉蛟龍黿鼉，即皆登
岸。”按：類似今專業人員調教海豚。

[20] 三十六石立化爲水：王明釋：“《列仙傳》稱八公授淮南王三十六
水方。正統《道藏》洞神部有《三十六水法》，三十六水法是朱砂
水法，爲中國古代關於水溶液的一種早期試驗成果。”《經訣》八
《明化石序》：“臣聞凡合大丹，未有不資化石神水之力也。此水
之法，雖自黃帝，至於周備，則是八公三十六水之道也。八公者，
漢淮南王（劉）安之師；劉安者，漢高祖之親孫，其父王屬也。于
時天下貴人，莫不以都邑畋獵犬馬爲事也，王獨愛仙道，偏崇秘
術、論仙之道。聞有變化道術之士，雖遙千里，卑辭厚幣請致之，
莫不集之如雲，數千人也。所撰《内書》二十一篇，《中書》八卷，
《鴻寶方》三卷。而又布遠近。遂降八公感之，願爲之師也。初，
門吏不納八公，八公現以老小之質。門人以聞之，王足不暇履，
肘步而前，延公登思仙之臺，設錦綺之帳，進金玉之機，執弟子之
禮，請長生之訣。八公曰：修學仙道，先作神丹，乃可長生不死
耳。我能煎泥成金，凝汞成銀，水漬八石，飛騰流珠，轉化五金，
凝變七寶。服之者能乘雲龍，浮游太清，出入紫闕，宴寢玄都矣。
此是雲騰羽化之妙事也，王宜修之。安重叩頭流涕乞長生之
訣。公遂哀矜，授《五靈神丹上經》及《三十六水法》與安。安即
登壇立盟，歃血跪金，以受神丹方，起爐火也，遂獲藥成。安爲
五利所譖於帝。帝怒，乃遣宗正執節收安。八公難曰：阿安今
可去矣。夫有神仙之籍者，謀之者死，犯之者滅門。其五利未

幾,是八公言也。謂安曰：天遣如此,王足爲恨。乃與安登山大祭,即日升天。所踐大石人馬之跡,千古見存焉。是以雞鳴天上,犬吠雲間矣。”“昔太極真人以此神經及水石法(即《五靈神丹上經》及《三十六水法》)授東海青童君,君授金樓先生,先生授八公,八公授淮南王劉安,安升天之日授左吳。左吳者,安所念也。臨去告左吳曰：欲求長生,當作神丹。神丹若成,恣意所爲也。然此諸仙(所)傳神丹,乃是五靈神丹也。合之,謹慎揀藥石亦與九鼎相似。至於功用,乃劣于黄帝九鼎神丹力。但化石水法出自八公。”《三十六水法》乃西漢古籍。《遐覽篇》著録《三十六水經》一卷。《經訣》八第四頁引《三十六水法》作丹砂水法：“丹砂一斤,納生竹筒中,加石膽、硝石各二兩。塘啼盛苦酒,筒内中覆蓋,埋中庭,入地三尺。二十日成水。其水甘美,其色黄濁也。”《正統道藏》本第 19 册三十六水法：礜石水、雄黄水、雌黄水、丹砂水、曾青水、白青水、礐石水、磁石水、硫黄水、硝石水、白石英水、紫石英水、赤石脂水、玄石脂水、淥石英水、石桂英水、石硫丹水、紫賀石水、華石水、寒水石水、凝水石水、冷石水、滑石水、黄耳石水、九子石水、理石水、石腦水、雲母水、黄金水、白銀水、鉛錫水、玉粉水、漆水、桂水、鹽水(法)。按：缺一。

[21] 消玉爲粰：《紺珠集》三消作銷,互通。粰(yí)：糖膏。同飴。

[22] 蹴(cù)：踩；踏。

[23] 幻化之事,九百有餘：《列子·周穆王》：“周穆王時,西極之國有化人來,入水火,貫金石；反山川,移城邑；乘虛不墜,觸實不硋。千變萬化,不可窮極。”化人：魔術師。幻化：猶言變化,變幻。

[24] 禁忌：忌諱；避忌的事物。

[25] 强(qiáng)力：堅忍有毅力。

[26] 守一：猶抱一。道家修養之術。謂專一精神以通神。“一”有的指“道”,有的指“身”,包括“魂”與“魄”的合一即精神與形體的合一。《老子·第十章》：“載營魄抱一,能無離乎?”河上公曰：“營魄,魂魄也。”高亨按：“營魄即魂魄,亦即靈魄也。”“一謂身也。抱一,猶云守身也。”一、畢：質部。

[27] 還精：道家保存精氣的修煉之術。《陰符經》上：“少女之術百數，其要在還精采氣。”胎息：即服氣，古時道士修煉行氣的方法，口鼻呼吸微弱，近乎停止，祇有丹田內因呼吸而有極微弱的起伏，有如胎兒在母體內的呼吸。《釋滯》：“得胎息者，能不以鼻口噓吸，如在胞胎之中，則道成矣。”無極：無窮無盡。息、極：職部。

[28] 愧影：愧對自己的影子。《晏子春秋·外篇八之四》：“嬰聞之，君子獨立，不慚於影，獨寢不慚於魂。”

[29] 欺天：《論語·子罕》：“吾誰欺，欺天乎？”食言：言已出而又吞沒之。謂言而無信。《書·湯誓》“朕不食言”孔傳：“食盡其言，僞不實。”

[30] 真人：道家稱存養本性或修真爲道之人。亦泛稱“成仙”之人。虛造：捏造；假託。空文：空洞浮泛的文辭；謂不能用於當世的文章。

[31] 誆誤：欺騙迷惑。

2　或難曰：“龜鶴長壽[1]，蓋世間之空言耳，誰與二物終始相隨而得知乎？[2]？”抱朴子曰：“苟得其要，則八極之外[1]，如在指掌[3][2]；百代之遠，有若同時[3]；不必在乎庭宇之左右，俟乎瞻視之所及[4]，然後知之也。《玉策記》曰[4][5]：千歲之龜，五色具焉，其額上兩骨起似角[5]，解人之言[6]，浮於蓮葉之上[6]，或在叢蓍之下[7]，其上時有白雲蟠旋[7][8]。千歲之鶴[8]，隨時而鳴，能登於木；其未千歲者，終不集於樹上也[9]，色純白而腦盡成丹[10]。如此則見，便可知也。然物之老者多智，率皆深藏邃處[11]，故人少有見之耳。按《玉策記》及《昌宇經》[9]，不但此二物之壽也[12]。云：千歲松樹[13]，四邊披越[14][10]，上杪不長，望而視之，有如偃蓋，其中有物，或如青牛，或如青羊，或如犬[15]，或如人[16]，皆壽萬歲[17]。又云：蛇有無窮之壽[18]，獼猴壽八百歲變爲猨[19]，猨壽五百歲則變爲玃[20]，玃壽千歲[21][11]。蟾蜍壽三千歲，騏驎壽二千歲[12]。騰黃之馬，吉光之獸[13]，皆壽三千歲。千秋之鳥(22)，萬歲之禽(23)，皆人面而鳥身，壽亦如其名也(24)。虎及鹿兔，皆壽千歲，壽滿五百歲者，其色皆白(25)。熊壽五百歲者(26)，則能變化。狐及狸狼(27)，皆壽八百歲。滿三百歲，則善潛變爲人形(28)，鼠壽三百歲，滿百歲者則色白(29)，善憑人而卜，名曰仲能，能知一年中吉凶及千里外事(30)。如此比例[14]，不可具載[15]。但博識者觸物能名(31)，洽聞者理無所惑耳(32)。何必常與龜鶴周旋(33)[16]，乃可知乎？苟不識者，則園中草木，田池禽獸(34)，猶多不知，況乎巨異者哉？《史記・龜策傳》云：江淮間居人爲兒時(35)，以龜枝床[17]，至後老死，家人移床(36)，而龜故生[18]。此亦不減五六十歲也，不飲不食(37)，如此之久而不死，其與凡物不同亦遠矣[19]，亦復何疑於千歲哉？仙經象龜之息，豈不有以乎(38)？故太丘長潁川陳仲弓，篤論士也，撰《異聞記》云[20]：其郡人張廣定者，遭亂常避地(39)，有一女年四歲，不能步涉，又不可擔負[21]，計棄置之固當死(40)，不欲令其骸骨之露。村口有古大塚(41)，上巔先有穿穴(42)[22]，乃以器盛縋之(43)[23]，下此女於塚中(44)，以數月許乾飯及水漿與之而舍去(45)。候世平定(46)，其間三年，廣定乃得還鄉里(47)，欲收塚中所棄女骨(48)，更殯埋之[24]。廣定往視(49)，女故坐塚中，見其父母猶識之，甚喜。而父母猶初恐其鬼也(50)。入就之(51)，乃知其不死。問之從何得食，女言糧初盡時甚飢(52)，見塚角有一物，伸頸吞氣，試效之，轉不復飢。日月爲之(53)，以至於今。父母去時所留衣被，自在塚中，不行往來(54)，衣服不敗，故不寒凍。廣定乃索女所言物(55)，乃是一大龜耳(56)。女出食穀(57)，初小腹痛，嘔逆，久許乃習，此又足以知龜有不死之法，及爲道者效之，可與龜同之一驗也⁽⁵⁸⁾。史遷與仲弓，皆非妄説者也^{(59)[25]}。天下之蟲鳥多矣，而古人獨舉斯二物者，明其獨有異於衆，故覩一隅則可以悟之矣^{(60)[26]}。”

【校】

（1）鶴：王國維校作鵠，下同。

（2）得知乎：藏本、平津本作得知之也，從王國維删之也二字。“之也”敦煌作“乎”。按：用乎字合乎詰難語氣。

（3）在：王國維校作存。

（4）《玉策記》：《仙藥》篇稱《太乙》《玉策》，《意林》四引作《老君玉策》。

（5）額：王國維校作頞，頞同額。

（6）解人之言：王國維校作解人言。王明校：“慎校本、寶玉顏堂本、崇文本並無此四字。”

（7）蟠旋：藏本、平津本作蟠蛇，從寶顏堂本、崇文本校改。

（8）鶴：陳其榮校：“《御覽》九百十六作鵠，引在鵠門。”王明按：“當作鵠。”按：鵠通鶴。

（9）上：王國維校删。

（10）腦：王國維校作䐈。丹：王國維校作骨。

（11）邃：孫星衍校：“藏本作遠。”王明按：“敦煌、影古寫本、宋浙本、魯藩本、慎校本亦皆作遠。”

（12）二物：王國維校作二蟲。

（13）樹：平津本作柏，從《初學記》二十八、《御覽》九百五十三、敦煌、影古寫本、宋浙本、藏本、魯藩本、慎校改。

（14）披越：宋浙本、藏本、平津本作枝起，從《校補》改。《太平廣記》四百零七草木（二）部引《千歲松》：“《玉策記》稱：千歲松樹，四邊披越，上枝不長，望而視之，有如偃蓋，其中有物，如青犬，或如人，皆壽萬歲。”

（15）或如青羊：敦煌無此句。或如犬：藏本、平津本作或如青犬，從王國維、敦煌、影古寫本校改，以與下“或如人”一致。

（16）或如人：藏本、平津本作或如青人，從王國維、敦煌、影古寫本、《初學記》二十八、《御覽》九百五十三校改。

（17）萬：藏本、作千，從《初學記》二十八、孫星衍校引《御覽》九百五十三、敦煌、影古寫本校改。

（18）窮：王國維校、敦煌、影古寫本作極。按：窮、極兩可。

（19）彌猴：藏本、魯藩本作彌候，王國維候校作猴。

（20）則變爲玃：藏本、平津本無“則”字，從陳其榮校補：“《藝文類聚》九十五‘變’上有則。”

（21）玃壽千歲：藏本、平津本無“壽”字，從敦煌、影古寫本校補。

（22）千秋：藏本、平津本作千歲：從敦煌、影古寫本、《御覽》九百二十八校改。“千秋”與下“萬歲”互文。

（23）禽：王國維校、敦煌、影古寫本作鳥。按：“禽”“鳥”互文，作“禽”亦可。

（24）壽亦如其名也：藏本、平津本無“也”字，從王國維、敦煌、影古寫本校補。按：有“也”字語足。

（25）其色皆白：藏本、平津本作其毛色白，從王國維校、敦煌、影古寫本校改。

（26）熊：藏本、作能，從《類聚》九十五、《御覽》九百八、敦煌、影古寫本校改。

（27）狐及狸狼：平津本狐狸豺狼，從陳其榮、王明、敦煌、影古寫本、《初學記》二十九、《御覽》九百九校改。

（28）三百：藏本、平津本作五百，從敦煌、影古寫本、《初學記》二十九、《御覽》九百九校改。善潛變：藏本、平津本作善變，從王國維、敦煌、影古寫本校改。《初學記》作暫變。形：王國維校删。

（29）滿百歲者：藏本、平津本無“者”字，據敦煌、影古字本補。《御覽》九百九百十一作滿者。

（30）名曰仲能，能知一年中吉凶及千里外事：其中藏本、平津本作“仲能，知”，從《白孔六帖》九十八補作“仲能，能知”。王國維校，“年”下有“也”字。王明按：“宋本《御覽》九百十一作‘名仲能，仲能一年之中，吉凶及千里外之事皆知也。"

(31) 識：王國維校刪。

(32) 者：王國維刪改作之于，敦煌、影古寫本作之士于。惑：王國維校作玄。

(33) 常：王國維校作當。

(34) 園：王國維校作菌。禽獸：王國維校作禽狩。

(35) 江淮：王國維校作沍。

(36) 人：王國維校刪。

(37) 不食：王國維校、敦煌、影古寫本無"不"字

(38) 以：王國維校作似。

(39) 定：王國維校刪，下同。常：王國維校作當。

(40) 計棄置之固當死：藏本、平津本作計棄之固當餓死，從王國維、敦煌、影古寫本校補"置"字，刪"餓"字。

(41) 村口：王國維校作村，敦煌"口"作側。古大塚：敦煌、影古寫本作久故大塚。

(42) 上巓先有穿穴：王國維校刪"有"字、"穴"字。敦煌無"有"字、"穴"字。

(43) 乃以器盛縋之：王國維校刪"盛縋之"三字。王明校："敦煌、影古寫本無'盛縋之'。"

(44) 下此女於塚中：王國維校刪"塚"字。王明校："'於塚'敦煌、影古寫本作'置'。"

(45) 以數月許乾飯及水漿與之而舍去：王國維刪"與之"二字。

(46) 候世平定：王國維刪"候"字。王明校："孫校'世'藏本作'此'。案'候世平定'敦煌、影古寫本作'比平定'。"

(47) 廣定乃得還鄉里：王國維刪"定乃"二字。

(48) 欲收塚中所棄女骨：王國維校"塚中所棄"乙作"所棄塚中"。王明校："'塚中所棄'宋浙本作'所棄塚中'。"

(49) 廣定往視：王國維刪"廣"字。按：承前當刪"定"字。

(50) 而父母猶初恐其鬼也：王國維校刪"猶"字。王明校："敦煌無'猶'字，影古寫本同。"

(51) 入就之：王明校：“敦煌、影古寫本作‘父下入就之’，與下文正合。《校補》云：今本蓋脱‘父下’二字。今據補。”

(52) 女言糧初盡時甚飢：王國維校删“初”字，王明校：“敦煌無‘初’字，影古寫本同。”

(53) 日月爲之：王明校：“敦煌、影古寫本‘月’作‘日’。《校補》云：作‘日’近是。”

(54) 不行往來：王國維校删“往”字。

(55) 廣定乃索女所言物：王國維校删“廣”“乃”二字。按：承前當删“定”字，不當删“廣”字。

(56) 乃是一大龜耳：王國維校删“乃”“一”二字。王明校：“敦煌無‘乃’字‘一’字，影古寫本同。”

(57) 女出食穀：王國維校、敦煌、影古寫本“穀”作飲。

(58) 可與龜同之一驗也：藏本、平津本作可與龜同年之驗也，從王明校改：“‘同年之驗’，敦煌作‘同之一驗’，影古寫本同。”王國維校删“年”字。

(59) 皆非妄説者也：王國維校删“也”字。

(60) 故：藏本、平津本作“故也”，從《校補》、敦煌、影古寫本删“也”字，“故”字屬下句。覩一隅則可以悟之矣：王國維校改“之矣”作于。

【注】

[1] 八極：八方極遠之地。

[2] 指掌：喻事理淺顯易明或對事情非常熟悉瞭解。《論語·八佾》：“或問禘之説。子曰：‘不知也。知其説者之於天下也，其如示諸斯乎？’指其掌。”朱熹集注：“指其掌，弟子記夫子言此而自指其掌，言其明且易也。”

[3] 百代：指很長的歲月。同時：同一時代；同一時候。庭宇：房舍；庭院。

[4] 瞻視：觀看；顧盼。

[5] 《玉策記》：蓋西漢時書。

［6］浮于蓮葉之上：《史記·龜策列傳》褚少孫云：“傳曰：‘有神龜在
　　江南嘉林中……常巢於芳蓮之上。’”

［7］叢蓍：叢生的蓍草。蓍(shī)：多年生草。古人用以占卜。

［8］蟠(pán)旋：盤曲迴旋。

［9］《昌宇經》：又名《昌宇內經》，蓋亦西漢時作品。

［10］披越：形容松樹枝葉橫垂，張大如傘蓋之狀。

［11］玃(jué)：大猴。一說大猿。

［12］騏驎：亦作麒麟。傳說中的獸名。

［13］騰黃、吉光：皆神馬異名。異名甚多：吉良、吉光、乘黃、飛黃、吉
　　黃、吉量、訾黃、翠黃、紫黃。傳說乘之壽千歲。泛指駿馬。

［14］比例：例子。“比”“例”連文同義。比：例；成例。

［15］具載(zǎi)：詳載；備載。

［16］周旋：猶言追逐。此猶言跟蹤。

［17］枝：同支。支撐。

［18］故：尚；仍然。“龜故生”今本《史記·龜策傳》作“龜尚生”。

［19］凡物：普通動物。凡：平常；普通。

［20］太丘：縣名，治所在今河南永城西北。潁川：郡名，秦王政十八
　　年(前230)置，以潁水得名。東漢治所在今河南禹縣。陳仲弓：
　　陳寔(104—187)，字仲弓，潁川許(今河南許昌東)人。出身卑
　　微，曾任縣吏、都亭佐。縣令以其好學，送太學受業。歷任督郵、
　　郡西門亭長、功曹、聞喜長、太丘長。修德清靜，百姓以安。後黨
　　錮起，受株連者多逃，唯自請囚禁，曰：‘吾不就獄，眾無所恃。’會
　　赦得出。及黨禁解，數徵以高位，皆不就。逝時弔祭者三萬餘
　　人，刊石立碑，謚文范先生。篤論：猶確論。確切的評論。《異
　　聞記》：已亡佚，不見《廣記》《御覽》引用。

［21］步涉：跋涉。擔負：肩挑背負。

［22］上巔：指古塚頂部。穿穴：孔穴。“穿”“穴”連文同義。穿：
　　孔；洞。

［23］縋(zhuì)：用繩懸人或物往下送。

［24］殯埋：猶殯葬。

［25］史遷：司馬遷的別稱。司馬遷爲太史令，掌修史，故稱。《漢書·
　　　　叙傳下》：“（述《司馬遷傳》）烏呼史遷，薰胥以刑。”

［26］覩一隅則可以悟之矣：謂領悟舉一反三之理。一隅：一個角。
　　　　《論語·述而》：“舉一隅不以三隅反，則不復也。”

3　或難曰：“龜能土蟄，鶴能天飛(1)[1]，使人爲須臾之
蟄，有頃刻之飛(2)[2]，猶尚不能[3]，其壽安可學得乎(3)？”抱
朴子答曰：“蟲之能蟄者多矣，鳥之能飛者饒矣[4]，而獨舉
龜鶴有長生之壽者，其所以不死者，不由於土蟄與天飛
也(4)。是以真人但令學其道引以延年(5)，法其食氣以絕
穀(6)，不學其土蟄與天飛也(7)。夫得道者，上能竦身於雲
霄(8)[5]，下能潛泳於川海。是以蕭史偕翔鳳以凌虛[6]，琴
高乘朱鯉於深淵(9)[7]，斯其驗也。何但須臾之蟄，頃刻之
飛而已乎(10)[8]！龍蛇蛟螭，狙蝟蠅蠦(11)[9]，皆能竟冬不
食。不食之時(12)，乃肥於時也(13)，莫得其法(14)。且夫一致
之善者，物多勝於人，不獨龜鶴也。故太昊師蜘蛛而結
網[10]，金天據九扈以正時(15)[11]，帝軒俟鳳鳴以調律(16)[12]，
唐堯觀蓂莢以知月(17)[13]。歸終知往(18)，乾鵲知來(19)[14]；
魚伯識水旱之氣[15]，虵蟺曉潛泉之地(20)[16]，白狼知殷家之
興[17]，鷖鸙見有周之盛(21)[18]，龜鶴偏解導養[19]，不足怪
也。且仙經長生之道(22)，有數百事，但有遲速煩要耳，不必
皆法龜鶴也(23)。上士用思遐邈[20]，自然玄暢，難以愚俗之
近情，而推神仙之遠旨。”

【校】

（1）龜能土蟄，鶴能天飛：王國維校刪兩“能”字，敦煌、影古寫本無兩
　　　“能”字，鶴作鵠，下同。

（2）頃刻：王國維校删刻字。

（3）其壽安可學得乎：藏本、平津本無"得"字，從王國維、敦煌、影古
寫本校補。

（4）不由於土蟄與天飛也：藏本、平津本作不由蟄與飛也，從王國維
校補"於"字，從敦煌、影古寫本補"天"字，從《校補》補"土"字。

（5）但令學其道引以延年：王國維校删學字。

（6）法其食氣：王國維校改食爲湌。

（7）土：王國維校作上。

（8）霄：王國維校作霓。

（9）琴：王國維校作岑。深：敦煌、影古寫本作重。按：深、重兩可。

（10）頃刻：王國維校作有頃，"飛"前補"天"字。

（11）狙蝯：王國維校、敦煌、影古寫本作狚狹（誤字）。

（12）不食之時：敦煌、影古寫本同，孫星衍校："藏本無此（不食）二
字。"魯藩本、宋浙本亦無，慎校本、崇文本無此四字。

（13）時也：王國維校、敦煌、影古寫本無也字。

（14）莫得其法：句前王國維校、敦煌、影古寫本有而字，句末有耳字。

（15）九𪃯：藏本作九鴈，從孫星衍、顧廣圻、王國維校改。

（16）帝軒俟鳳鳴以調律：敦煌、影古寫本、藏本同。俟：孫星衍校引
刻本、陳其榮校引《初學記》一、《御覽》四作候。按：俟、候兩可。

（17）莢：《紺珠集》三作葉，注云："堯時有草夾階而生，隨月開落，名蓂
莢，又曰曆莢，又曰仙茆。"

（18）歸終：藏本、平津本作終歸，據王國維、《校補》、敦煌、影古寫本
校乙。《譏惑》："干獲識往，歸終知來。"《藝文類聚》九十五引《淮
南萬畢術》："歸終知來，猩猩知往。"注："歸終，神獸。"並其證。
至《淮南》以爲知來，抱朴以爲知往，蓋傳聞異辭。

（19）乾鵲：《校補》："'乾鵲'敦煌作'乾吉'，皆非。"按："乾鵲"無誤，
"吉"誤。詳見注。

（20）蚍蟓：藏本、平津本作蜉蝣，敦煌、影古寫本作蚍蜉，皆誤，"曉潛
泉之地"的是蚍蟻。《外篇·譏惑》："玄禽解陰陽，蚍蟻遠泉流。"
是其證。

（21）有周：藏本、平津本作周家，從王國維、敦煌、影古寫本校改。

（22）長生之道：王國維校删之字。

（23）皆：敦煌、影古寫本作皆當。

【注】

［１］蟄（zhé）：動物冬眠，藏匿不食不動。

［２］須臾：片刻。頃刻：極短的時間。“須臾”與“頃刻”互文同義。

［３］猶尚：尚且；仍舊。

［４］饒：衆多。與“多”互文同義。

［５］竦身：聳身，縱身向上跳。

［６］蕭史：《列仙傳》上《蕭史傳》：“蕭史者，秦穆公時人也。善吹簫，能致孔雀、白鶴於庭。穆公有女字弄玉，好之，公遂以女妻焉。日教弄玉作鳳鳴，居數年，吹似鳳聲，鳳凰來止其屋。公爲作鳳台，夫婦止其上，不下數年。一旦，皆隨鳳凰飛去。”翔鳳：即鳳凰。淩虚：升向高空。

［７］琴高：《列仙傳》上《琴高傳》：“琴高者，趙人也。以鼓琴爲宋康王舍人。行涓、彭之術，浮游冀州涿郡之間二百餘年。後辭（世），入涿水中，取龍子，與諸弟子期。（期）日皆潔齋待于水傍設祠，果乘赤鯉魚來，出坐祠中，旦有萬人觀之。留一月餘，復入水去。”深淵：若作“重淵”，即九重深淵。

［８］何但：豈止。

［９］螭（chī）：傳説中一種無角龍。狙（jū）：獼猴。蝟：毛刺。鼉（tuó）：揚子鰐。蠃：同蠡（luó）、蠃。《字彙·蟲部》：“蠃，蠡字之省。《前漢·匈奴傳》有谷蠃王。”《廣雅·釋魚》：“蠡、蠃、蝸牛，蜎蝓也。”《集韻·戈韻》：“蠃，蚌屬，大者如斗，出日南漲海中，或作蠡。”

［１０］太昊：庖犧氏，傳説中的帝王。《易·繫辭下》：“古者庖犧氏之王天下也……結繩而爲網罟，以佃以漁。”師蜘蛛：此説蓋作者根據《繫辭下》所説“觀鳥獸之文與地之宜”“遠取諸物”推衍而來。

［１１］金天：金天氏，傳説中古帝王少皞的稱號，名摯，黄帝之子。九扈（hù）。又作九扈，相傳少皞時九位主管農事的官員。扈：鳥名。

《左傳·昭公十七年》："秋，郯子來朝，公與之宴，昭子問焉，曰：
'少皞（昊）氏鳥名官，何故也？'郯子曰：'吾祖也……我高祖少皞
摯之立也，鳳鳥適至，故紀於鳥，爲鳥師而鳥名：鳳鳥，歷正
也。……九扈爲九農正云。'"孔穎達疏："諸扈别春夏秋冬四時
之名。"蔡邕《獨斷》："春扈氏農正，趣民耕訓；夏扈氏農正，趣民芸
除；秋扈氏農正，趣民收斂；冬扈氏農正，趣民蓋藏；棘扈氏農正，
常謂茅氏，一曰掌人百果；行扈氏農正，晝爲民驅鳥；宵扈氏農正，
夜爲民驅獸；桑扈氏農正，趣民養蠶；老扈氏農正，趣民收麥。"

［12］帝軒侯鳳鳴以調律：《吕氏春秋·古樂》："昔黄帝令伶倫作爲律。
伶倫自大夏之西，乃之阮隃之陰，取竹於嶰谿之谷，以生空竅厚
鈞者，斷兩節間，其長三寸九分而吹之，以爲黄鐘之宫，吹曰'舍
少'。次制十二筒，以之阮隃之下，聽鳳皇之鳴，以别十二律。其
雄鳴爲六，雌鳴亦六，以比黄鐘之宫，適合。黄鐘之宫，皆可以生
之，故曰黄鐘之宫，律吕之本。"

［13］唐堯觀蓂莢以知月：《竹書紀年·帝堯陶唐氏》："又有草莢階而
生，月朔始生一莢，月半而生十五莢，十六日以後日落一莢，及晦
而盡。月小則一莢焦而不落，名曰蓂莢，一曰曆莢。"

［14］乾鵲：他書或作乾（gān）鵲、乾鵠（qián gào），（《儀禮·大射》鄭
注作）"乾鵠"。喜鵲。《爾雅·釋鳥》："鷽，山鵲。"郭璞注："似鵲
而有文彩，長尾，觜腳赤，"《説文·鳥部》："鷽，䧿鷽。山鵲，知來
事鳥也。"段玉裁注："《（爾雅·）釋鳥》'鷽，山鵲'爲一物，《説文》
當云'䧿鷽，雗（鵲）也'爲一物。今本'山'字淺人依《爾雅》增之。
避太歲，知來歲風，知人憂喜，知行人將至，此正今之喜雗。其性
好晴，故曰乾雗。雗、乾、犍同。"《廣雅·釋鳥》"乾鵠，雗（鵲）也"
王念孫疏證："乾鵠，又謂之乾鵲。《西京雜記》（三）：'陸賈曰：
乾鵲噪而行人至。'今人則通呼喜鵲。"宋彭乘《墨客揮犀》二："北
人喜鴉聲而惡鵲聲，南人喜鵲聲而惡鴉聲。鴉聲吉凶不常，鵲聲
吉多凶少。故俗呼喜鵲，古所謂乾鵲是也。"《詩·召南·鵲巢》
"維鵲有巢"馬瑞辰通釋："鵲即乾鵲，今之喜鵲也。……鵲性喜
晴，故名乾鵲。"《淮南子·氾論》"乾鵠知來而不知往"高誘注：

"乾鵲,鵲也。人將有來事憂喜之徵則鳴,此知來也。知歲多風,多巢於木枝,人皆探其卵,故曰不知往也。'乾'讀'乾燥'之'乾','鵲'讀'告退'之'告'。"一説乾音虔(qián)。宋吴曾《能改齋漫録·辨誤一》:"前輩多以'乾鵲'爲'乾'音'干',或以對'濕螢'者有之。唯王荆公以爲'虔'字,意見於'(《詩·墉風·鶉之奔奔》)鵲之强强',余嘗廣之曰:乾,陽物也。乾有剛健之意。而《易》統卦有云:'鵲者,陽鳥。先物而動,先事而應。'《淮南子(·氾論)》曰'乾鵲知來而不知往,此修短之化也。'以是知音'干'爲無義。"

[15] 魚伯識水旱之氣:崔豹《古今注·魚蟲》:"水君,狀如人乘馬,衆魚皆導從之,一名魚伯。大水乃有之,漢末有人於河際見之。"魚伯:又名青蚨、蚨蟬等。段成式《酉陽雜俎續集·支動》:"青蚨似蟬……一名魚伯。"

[16] 螘:"蟻"之本字。蚍螘:蛇與螞蟻。

[17] 白狼知殷家之興:陰陽五行説,白色狼的出現是王者興盛的瑞兆。《尚書中候》:"(商)湯牽白狼,握禹籙。"《御覽》九百九引《帝王世紀》曰:"有神牽白狼,銜鈎入殷。"

[18] 鸑鷟見有周之盛:《國語·周語上》:"惠王十五年,有神降于莘,王問于内史過曰:'是何故,因有之乎?'對曰'……周之興也,鸑鷟鳴於岐山。'"鸑鷟(yuè zhuó):神鳥,鳳之别名。

[19] 偏解:最懂得。偏:最。導養:攝生養性。

[20] 遐邈:遼闊;遠大。孫綽《喻道論》:"六合遐邈,庶類殷充。"

4　或曰[(1)]:"我等不知所以令人長生之理[(2)],古人有何緣獨知之[(3)]?""此蓋愚暗之局談[(4)][1],非達者之用懷也[2]。夫占天文之道度[(5)][3],步七政之盈縮[4];論淩犯於既往,審崇替於將來[5],仰望雲物之徵祥[6],俯定卦兆之休咎[7];運三棋以定行軍之興亡[8],推九符而得禍福之分野[(6)][9]。乘除一算[(7)][10],以究鬼神之情狀[11];錯綜六爻[(8)][12],而處無端之善否^[13]。其根元可考也，形理可求也⁽⁹⁾；而庸才近器，猶不能開學之奧治，至於振素^{(10)[14]}，徒銳思於糟粕^[15]，不能窮測其精微也^[16]。夫鑿枘之粗伎^{(11)[17]}，而輪扁有不傳之妙^[18]；掇蜩之薄術^[19]，而傴僂有入神之巧^[20]，存乎其人^{(12)[21]}，由於至精也。況於神仙之道，旨意深遠^{(13)[22]}，求其根荄⁽¹⁴⁾，良未易也。松、喬之徒^[23]，雖得其効，未必測其所以然也，況凡人哉⁽¹⁵⁾！其事可學，故古人記而垂之，以傳識者耳。若心解意得，則可信而修之，其猜疑在胸^[24]，皆自其命，不當詰古人何以獨曉此，而我何以獨不知之意耶⁽¹⁶⁾？吾今知仙之可得也，吾能休糧不食也⁽¹⁷⁾，吾保流珠之可飛也^[25]，黃白之可求也^{(18)[26]}。若責吾求其本理，則亦實復不知矣。世人若以思所能得謂之有⁽¹⁹⁾，所不能及則謂之無，則天下之所有之事亦尠矣哉⁽²⁰⁾。故老子有言，以狸頭之治鼠漏，以啄木之護齲齒^[27]，此亦可以類求者也⁽²¹⁾，若蟹之化漆^[28]，麻之壞酒^[29]，此不可以理推者也⁽²²⁾。萬殊紛然，何可以意極哉？設令抱危篤之疾^{(23)[30]}，須良藥之救治⁽²⁴⁾，而不肯即服，須知神農、岐伯所以用此草治此病本意之所由^[31]，則亦未免於愚也⁽²⁵⁾。”

【校】

（1）或：敦煌、影古寫本作而。

（2）不知所以令人：藏本、平津本作不知今人，從敦煌、影古寫本校改。按：這與《外篇·嘉遯》“恥令聖主”之“令”誤作“今”相同。

（3）古人有何緣獨知之：藏本、平津本作古人何獨知之，從王國維、敦煌、影古寫本校補“有”“緣”二字。

（4）愚暗：王國維校作篤闇。

（5）夫占天文之道度：平津本作夫占天文之玄道，從王國維、敦煌、影古寫本校改。夫：魯藩本作央，王國維校作夫。占：孫星衍校："此下失一字。"天：孫星衍校："藏本此下錯簡八百三十八字。"其下敦煌、影古寫本有文字。《外篇·臣節》："舉足則蹈道度，抗手則奉繩墨。"《行品》："步七曜之盈縮，推興亡之道度者，術人也。"《疾謬》："陰陽律歷之道度。"《博喻63》："不能極暑景之道度。"並作"道度"是其證。

（6）禍福之分野：孫星衍校："一本作'分野之禍福'。"

（7）一算：王國維校作笇，魯藩本算作筭。笇同筭、算。

（8）錯綜六爻：平津本作錯綜六情，從王明校改："'情'敦煌、影古寫本作'肴'，殆'爻'之訛。"

（9）根元：王國維校作根。形理：王國維校、敦煌、影古寫本作其形理。

（10）奧治：王國維校作治之。振素：平津本作朴素，從王國維、敦煌、影古寫本、宋浙本校改。

（11）鑿柄：魯藩本柄作柄，王國維校空一格。

（12）存乎其人：平津本作在乎其人，從敦煌、影古寫本校改。

（13）神仙之道，旨意深遠：王國維、王明校、敦煌、影古寫本作神仙道深意遠。宋浙本作旨深意遠。

（14）根荄：平津本作根莖，從陳其榮引盧本校改。《外篇·廣譬14》："根荄蹶於此，則柯條瘁於彼。"《論仙》："艷容伐其根荄。"《微旨》："根荄不洞地。"《極言》："以其根荄不固。"皆"根荄"連文。

（15）況凡人哉：王國維校作況泛泛凡（人）哉。

（16）何以：王國維、王明校、敦煌、影古寫本無。

（17）不食也：王國維校刪也字。

（18）求：其下王國維校補水字。

（19）謂之有：王國維、王明校、敦煌、影古寫本作則謂之有。

（20）則天下之所有之事亦尠矣哉：平津本作則天下之事亦尠矣；從王明校引敦煌、影古寫本校補"之所有""哉"四字。

（21）此亦可以：王國維校作此可。

（22）此：王國維校删。

（23）危篤：敦煌、影古寫本作厄困。

（24）救治：平津本無"治"字,從王國維、敦煌、影古寫本校補。

（25）則亦未免於愚也：平津本無"亦"字,王國維、敦煌、影古寫本校補。

【注】

[1] 愚暗：愚鈍而不明事理。局談：狹隘的見解。

[2] 用懷：存心;居心。

[3] 道度：規律;規矩。

[4] 步：推步;推算。推算天象曆法。古人謂日月轉運於天,猶如人之行步,可推算而知。《後漢書·馮緄傳》"善推步之術"李賢注："推步,謂究日月五星之度,昏明節氣之差。"七政：指日、月和金、木、水、火、土五星各異其政。《書·舜典》："在璿璣玉衡,以齊七政。"孔傳："在,察也。璿,美玉。璣衡,王者正天文之器,可運轉者。七政,日、月、五星各異政,舜察天文,齊七政,以審己當天心與否。"正義："七政,其政有七,於璣衡察之必在天者,知七政謂日、月、五星也。木曰歲星,火曰熒惑星,土曰鎮星,金曰太白星,水曰辰星。《易·繫辭(上)》云：'天垂象,見吉凶,聖人象之。'此日、月、五星有吉凶之象,因其變動爲占,七者各自異政,故爲七政。得失由政,故稱政也。"《後漢書·方術傳上》："其流又有風角、遁甲、七政。"李賢注："七政,日月五星之政也。"

[5] 淩犯：欺壓,侵犯。《釋滯》："同精者,則其物與之交;及病,精氣衰劣也,則來犯陵之矣。"陵通淩。崇替：興廢;盛衰。

[6] 仰望：抬頭向上看。雲物：五雲之物,古人用以辨吉凶。《周禮·春官·保章氏》："以五雲之物,辨吉凶、水旱降豐荒之祲象。"鄭玄注引鄭司農(眾)曰："以二至二分觀雲色,青爲蟲,白爲喪,赤爲兵荒,黑爲水,黃爲豐。"徵祥：吉祥的徵兆。

[7] 卦兆：卦象和龜兆。指占卜所得預示吉凶的徵象。休咎：吉凶;善惡。

［8］三棋：古占卜之術。製棋十二枚，分上、中、下三組，擲地，占卜，得上、中、下三種卦形，查閱卦辭，以定吉凶。行軍：古代泛指用兵。

［9］九符：九種符籙。《後漢書・方術傳序》“鈐決之符”李賢注：“兵法有《玉鈐篇》及《玄女六韜要決》，曰：‘太公對武王曰：“主將有陰符，有大勝得敵之符，符長一尺；有破軍禽敵之符，符長九寸；有降城得邑之符，符長八寸；有卻敵執遠之符，符長七寸；有交兵驚中堅守之符，符長六寸；有請糧食益兵之符，符長五寸；有敗軍亡將之符，符長四寸；有失吏亡卒之符，符長三寸。諸奉使行符稽留，若符事聞，聞符所告者皆誅。”’”按：據此，蓋指傳遞表示吉凶、勝敗等訊息的九符。本篇“運三棋以定行軍之興亡，推九符而得禍福之分野”，則“九符”與“三棋”同爲推卜之術。一説“九宫”。東漢以前《易》緯家所指的九個方位，有“九宫八卦”之説，即離、艮、兌、乾、坤、坎、震、巽八卦之宫，加上中央宫，用以占卜吉凶。禍福：災殃與幸福。分野：《史記・天官書》：“天則有列宿，地則有州域。”古人以十二星辰的位置劃分地面上州國位置與之相對應，以天象的變化比附州國的吉凶。兹列表如下：

次	壽星	大火	析木	星紀	玄枵	娵訾	降婁	大樑	實沈	鶉首	鶉火	鶉尾
宿	角亢	氐房心	尾箕	斗牛女	虛危	室壁	奎婁	胃昴畢	觜參	井鬼	柳星張	翼軫
國	鄭	宋	燕	吳越	齊	衛	魯	趙魏	晉	秦	周	楚
州	兗州	豫州	幽州	揚州	青州	并州	徐州	冀州	益州	雍州	三河	荊州

[10] 乘除：算術裏的乘法和除法，此謂計算；算計。

[11] 鬼神：精氣自爲靈物，是爲神；遊魂離開人身，則爲鬼。

[12] 錯綜：交錯綜合。六爻：《易》卦每卦六畫，故稱。

[13] 無端：没有頭緒。善否(pǐ)：善惡；好壞。

[14] 庸才：亦作庸材。才能平庸、低下的人。近器：謂才識淺陋平庸
的人。振素：飄動的白髮。謂年老。

[15] 鋭思：謂用心專一。糟粕：酒滓。喻指粗劣無用之物。

[16] 窮測：洞察。精微：精深微妙。

[17] 鑿枘(zào)：亦作鑿内。卯眼和榫頭。鑿枘相應，喻彼此相合。

[18] 輪扁：《莊子》書中的斲輪的名匠。

[19] 掇蜩(tiáo)：取蟬。《莊子·達生》："仲尼適楚，出於林中，見痀
僂者承蜩，猶掇之也。仲尼曰：'子巧乎！有道邪？'……孔子顧
謂弟子曰：'用志不分，乃凝於神，其痀僂老人之謂乎！'"

[20] 傴僂(yǔ lǚ)：駝背。《淮南子·精神》："子求行年五十有四，而
病傴僂，脊管高於頂……"入神：形容技藝到達神妙境界。
《易·繫辭下》："精義入神，以致用也。"孔穎達疏："言聖人用精
粹微妙之義，入於神化，寂然不動，乃能致其所用。"

[21] 存乎其人：《易·繫辭上》："神而明之，存乎其人。"《孟子·離婁
上》："存乎人者莫良於眸子。"皆其例。

[22] 旨意：主旨；意圖。

[23] 松：赤松子。《列仙傳》上《赤松子傳》："赤松子者，神農時雨師
也。服水玉，以教神農。能入火自燒。往往至昆侖山上，常止西
王母石室中，隨風雨上下。炎帝少女追之，亦得仙俱去。至高辛
時復爲雨師。今之雨師本是焉。"或説赤松子曾爲帝嚳師。相傳
他在金華山仙遊，故山上有赤松祠、赤松澗。西漢名臣張良在輔
佐劉邦建立政權後，爲保全自己，功成身退，嘗從容對劉邦説：
"願棄人間事，欲從赤松子遊耳。"一作赤誦子，上谷人。病瘌入
山，導引輕舉。喬：王喬。王子喬，周靈王太子晉。《逸周書·
太子晉》："王子(晉)曰：'且吾聞汝知人年之長短，告吾！'師曠對
曰：'汝聲清汗，汝色赤白，火色，不壽。'王子曰：'然。吾後三年

將上賓於(天)帝所,汝愼無言,殃將及汝。’師曠歸,未及三年,告
死者至。”所謂仙去據此。傳説中的古仙人,傳説中的古真人。
《列仙傳》上《王子喬傳》:“王子喬者,周靈王太子晉也。好吹笙,
作鳳凰鳴。游伊、洛之間,道士浮丘公接以上嵩高山。三十餘年
後,求之於山上。見柏良曰:‘告我家,七月七日待我於緱氏山
巓。’至時果乘白鶴,駐山頭,望之,不得。到,舉手謝時人,數日
而去。”

[24] 猜疑:懷疑。

[25] 流珠:① 煉出丹丸。葛洪《神仙傳・劉安》:“一人能煎泥成金,
凝鉛爲銀,水煉入石,飛騰流珠。”② 水銀;靈汞。《性命圭旨》:
“……曰流珠,曰姹女,皆指靈汞而言。”

[26] 黄白:黄金白銀;煉黄金白銀。

[27] 狸頭:豹貓的頭。鼠漏:即瘰癧。瘻管。《山海經・中山經》:
“脱扈之山,有草焉……名曰植楮,可以已瘌。”《御覽》七四二引
郭璞注:“瘌,瘻也。”一説瘰鬁。淋巴腺結核症。《靈樞經・寒
熱》:“黄帝問于岐伯曰:‘寒熱瘰鬁在於頸腋者,皆何氣使生?’岐
伯曰:‘此皆鼠瘻寒熱之毒氣也,留於脈而不去者也。’”啄木:又
作斲木。啄木鳥。齲(qǔ)齒:蛀牙。牙齒發生腐蝕性病變。
《淮南子・説山》:“狸頭愈鼠,鷄頭已瘻,虻散積血,斫木愈齲,此
類之推者也。”

[28] 蟹之化漆:《淮南子・覽冥》:“蟹之敗漆。”高誘注:“以蟹置漆中,
則敗壞不燥,不任用。”《説山》:“漆見蟹而不乾。”

[29] 麻之壞酒:不詳。蓋作者依據自己實驗得出的結論。麻放酒中,
引起酒的化學變化,不成其爲酒了。

[30] 危篤:形容疾患,謂病勢危急。

[31] 岐伯:相傳黄帝大臣、名醫。《御覽》七二一引《帝王世紀》:“黄帝
有熊氏命雷公、岐伯論經脈傍通,問難八十一,爲《難經》,教制九
針,著《内外術經》十八卷。”

5　或曰[^(1)]：「死生有命[^(2)][1]，修短素定[2]，非彼藥物所能損益[^(3)][3]。夫指既斷而連之，不可續也，血既灑而吞之，無所益也。豈況服彼異類之松柏，以延短促之年命，甚不然也。」抱朴子曰：「若如所論[^(4)]，必須同類，乃能爲益，然則既斬之指，已灑之血，本自一體，非爲殊族[4]，何以既斬之而不可續[^(5)]，已灑之而不中服乎[^(6)]！余數見人以蛇銜連已斬之指[^(7)]，桑蟲易雞鴨之足[^(8)][5]，異物之益，不可誣也。若如子言不恃他物[^(9)]，則宜搗肉治骨[^(10)]，以爲金瘡之藥[^(11)][6]；煎皮熬髮，以治禿鬢之疾耶？夫水土不與百卉同體[7]，而百卉仰之以能殖焉[^(12)]。五穀非生人之類[^(13)][8]，而生人須之以爲命焉[^(14)]。脂非火種，水非魚屬；然脂竭則火滅，水竭則魚死[^(15)]，伐木而寄生枯[9]，芟草而兔絲萎[10]；小蟹不歸而蛣敗[^(16)][11]，桑樹見斷而蠹殄[^(17)][12]；觸類而長之[13]，斯可悟矣[^(18)]。金玉在九竅[^(19)][14]，則死人爲之不朽；鹽鹵沾於肌髓[^(20)][15]，則脯臘爲之不爛[16]。況於以宜身益命之物，納之於己，何怪其不能令人長生乎[^(21)]？」

【校】

（1）或曰：王國維校作或人曰。

（2）死生：平津本作生死，從宋浙本乙改。

（3）非彼藥物所能損益：句末王國維校加也字。

（4）若如所論：平津本作若夫此論，從王國維、王明、敦煌、影古寫本校改。《外篇・清鑒》：「若如未（來）論，必俟考其操蹈之全毀，觀其云爲之好醜。」《喻蔽》：「若如雅論，貴少賤多，則穹隆無取乎宏燾，而滂泊不貴於厚載也。」「若如未（來）論」、「若如雅論」與「若如所論」相近。

（5）斬之：王國維校刪之字。

（6）灑之：王國維校刪之字。

（7）余數見人以蛇銜連已斬之指：平津本有“膏”字，從王國維、敦煌、影古寫本校刪。《校補》：“蛇銜句與桑豆句各七字對文。蛇銜乃藥草之名。”“劉敬叔《異苑》：‘昔有田父耕地，值見傷蛇在焉。有一蛇銜草著瘡上，經日，傷蛇走。田父取其草餘葉以治瘡，皆驗。本不知草名，因以蛇銜爲名。’”敦煌、影古寫本無人字。

（8）桑蟲易雞鴨之足：平津本“蟲”作“豆”，從原校改：“豆一作蟲。”王明按：“宋浙本、藏本、魯藩本並注豆一作虫。”

（9）若如：平津本無“如”字，據王國維、敦煌、影古寫本校補。

（10）治：平津本作冶，誤。

（11）瘡：王國維校作創。按：瘡同創。

（12）以能殖：平津本作以植，從王國維、王明、敦煌、影古寫本、宋浙本校改。

（13）人：王國維校作民。

（14）人：王國維校作民。

（15）水竭則魚死：王國維校、敦煌、影古寫本竭作涸。按：兩可。

（16）小：魯藩本、明抄本、平津本作川，從顧廣圻、王國維、王明、敦煌、影古寫本校改。

（17）蠹：王國維校作蝐。

（18）斯可悟矣：王國維、王明校、敦煌、影古寫本作可以寤矣。寤通悟。

（19）金玉：魯藩本作金木，王國維校作金玉。

（20）鹽鹵沾於肌髓：王國維、王明校、敦煌、影古寫本作鹽熏沾肌理。宋浙本髓亦作理。

（21）何怪其不能令人長生乎：平津本無“不能”二字，從王國維、王明、敦煌、影古寫本校補。

【注】

［1］死生有命：《論語·顏淵》：“死生有命，富貴在天。”《文始真經注》卷一第二章：“關尹子曰：‘無一物非天，無一物非命，無一物非神，無一物非玄。物既如此，人豈不然？’”

〔2〕素定：猶宿定。豫先確定。《後漢書‧翟酺傳》："目見正容，耳聞正言，一日即位，天下曠然，言其法度素定也。"

〔3〕損益：增減。

〔4〕殊族：異族。

〔5〕桑蠹：桑蠹蟲。《爾雅‧釋蟲》："蠍，桑蠹。"郭璞注："即蛣蜣。"郝懿行義疏："桂有蠹，桑有蠍，《本草》《別錄》有桑蠹蟲即此是也。"《本草綱目》四十一《桑蠹蟲》："〔主治〕心暴痛，金瘡肉生不足。別錄"易：治。

〔6〕金瘡：亦作金創。金屬利器對人體所造成的創傷。《葛仙翁肘後備急方》七《治爲熊虎爪牙所傷毒痛方》第五十三："葛氏方燒青布以熏瘡口，毒即出。仍煮葛根令濃以洗瘡。搗乾葛根末以煮葛根汁，服方寸匕，日五夜一則佳。"

〔7〕百卉：百草。後亦指百花。

〔8〕生人：活人。

〔9〕寄生：即蔦。一種寄生植物。

〔10〕兔絲：兔絲子。一名女蘿。《葛仙翁肘後備急方》三《治卒身面腫滿方》二十四："又方兔絲子一升，酒五升，漬二三宿，服一升，日三服，差。"

〔11〕蛣：璅蛣(zǎo jié)：寄居蟹。蛣依蟹而生，故蟹去而蛣敗。

〔12〕蠹(dù)：蛀蝕器物的蟲子。

〔13〕觸類而長(zhǎng)：謂掌握一類事物的知識或規律，就能據此而增長同類事物的知識。《易‧繫辭上》："引而伸之，觸類而長之，天下之能事畢矣。"孔穎達疏："謂觸逢事類而增長之。"

〔14〕金玉在九竅，則死人爲之不朽：《御覽》八百十一引《漢東園秘記》曰："亡人以黃金塞九竅，則尸終不朽。"九竅：人體的九孔。《周禮‧天官‧疾醫》"兩之以九竅之變"鄭玄注："陽竅七、陰竅二。"賈公彥疏："陽竅七者，(眼耳鼻口)在頭露見，故爲陽也。陰竅二者，(大小便處)在下不見，故爲陰也。"

〔15〕鹽鹵：鹽的一種。泛指食鹽。肌髓：肌肉與骨髓。

〔16〕脯臘：乾肉。

6　或難曰："神仙方書[1]，似是而非[2]，將必好事者妄所造作(1)[3]，未必出黄、老之手(2)[4]，經松、喬之目也。"抱朴子曰："若如雅論[5]，宜不驗也。今試其小者(3)，莫不効焉。余數見人以方諸承水於夕月(4)[6]，陽燧引火於朝日[7]，隱形以淪於無象[8]，易貌以託於異物(5)[9]；結巾投地而兔走[10]，針綴丹帶而蛇行，瓜果結實於須臾[11]，龍魚瀺灂於盤盂(6)[12]，皆如方説焉(7)。按《漢書》(8)，欒太初見武帝，武帝試令鬥棊(9)，棊自相觸[13]。而《後漢書》又載魏尚能坐在立亡(10)，張楷能興雲起霧(11)[14]，皆良史所記，信而有徵[15]。而此術事，皆在神仙之部，其非妄作可知矣。小既有驗(12)，則長生之道，何獨不然乎(13)！"

【校】

（1）必：王國維校作非。妄所造作：王國維校作妄作所造。

（2）手：王國維、王明校、敦煌、影古寫本作言。

（3）今：平津本作令，從王國維、王明、《校補》、敦煌、影古寫本等校改。

（4）承：平津本作求，從王明引敦煌、影古寫本校改。

（5）託：原作成，王國維、王明校、敦煌、影古寫本成作託。

（6）盂：王國維校作醓，即醯。

（7）皆如方：平津本無"方"字，從王國維、王明、敦煌、影古寫本校補。

（8）按：孫星衍校："藏本此下錯簡八百三十八字。"

（9）初見武帝，武帝：平津本不重"武帝"二字，從《校補》引敦煌殘卷、王明引影古寫本校改。

（10）而《後漢書》：王國維校改而後作又。魏尚：其下王國維校補者字。

（11）張楷：其下王國維校補者字。

（12）既：原作記：從孫星衍、顧廣圻、王明、敦煌、影古寫本校改。

（13）乎：王國維校作哉。

【注】

[1] 方書：醫術之書；方術之書。《史記·扁鵲倉公列傳》："（陽慶）謂
意曰：'盡去爾方書，非是也。'"古代醫術與方術同出一源，故亦
指稱方術之書，如本句"方書"所指。

[2] 似是而非：似真而實假；好像是，又好像不是。

[3] 將：殆；大概。好事：愛生事端。造作：僞造。

[4] 黄、老：黄帝、老子的并稱。戰國末稷下道家推崇黄老學説，奉爲
始祖。至西漢，"仁義""無爲"儒道融合，形成新的黄老學。

[5] 雅論：猶高論，雅正之論。

[6] 方諸：古代在月下承露取水的器具。器具或爲大蛤，或爲石，或
爲銅鏡。

[7] 陽燧：古代利用日光取火的凹面銅鏡。

[8] 無象：猶無形。

[9] 易貌以託於異物：《後漢書·方術傳下·解奴辜》："解奴辜、張貂
者，亦不知是何郡國人也。皆能隱淪，出入不由門户。奴辜能變
易物形，以誑幻人。"《太平廣記》十二《介象》引《神仙傳》："介象
者，字元則，會稽人也。……隱形變化，爲草木鳥獸。"

[10] 結巾投地而兔走：出處不詳。蓋是一種魔術表演。

[11] 瓜果結實於須臾：《神仙傳》説，吴世介像能種瓜菜百果，皆立生
可食。

[12] 龍魚瀺灂於盤盂：《後漢書·方術傳下·徐登》李賢注引《異苑》
（九）云："趙侯以盆盛水，吹氣作禁，魚龍立見。"《左慈》："左慈字
元放……（曹）操從容顧衆賓曰：'今日高會，珍羞略備，所少吳松
江鱸魚耳。'（元）放于下坐應曰：'此可得也。'因求銅盤貯，以竹
竿餌釣於盤中，須臾引一鱸魚出。'"放乃更餌鉤沈之，須臾復引
出，皆長三尺餘，生鮮可愛。"瀺灂（chán zhuó）：魚禽出没遊
動貌。

[13] 欒太初見武帝三句：《史記·封禪書》《漢書·郊祀志》："於是上

使(樂太)驗小方,鬥碁,碁自相觸擊。"

[14] 魏尚:不見於《後漢書》,祇張楷見於《後漢書》。漢高祖時魏尚爲
太史,曉鳥語。漢文帝時魏尚爲雲中郡守,未聞其"坐在立亡"
事。能興雲起霧:《後漢書·張霸傳》:"中子楷。……性好道術,
能作五里霧。"蓋是人工降雨。

[15] 信而有徵:又作信而有證。證通徵。誠實而可以憑信,確鑿而有
證據。《左傳·昭公八年》:"子野之言,君子哉!君子之言,信而
有徵,故怨遠於其身。"張衡《東京賦》:"若僕所聞,華而不實;先
生之言,信而有徵。"許慎《説文解字序》:"今叙篆文,合以古籀,
博采通人,至於小大,信而有證,稽撰其説。"蔡邕《王子喬碑》:
"稽古老之言,感精瑞之應,咨訪其驗,信而有徵。"

　　7　或難曰(1):"審其神仙可以學致(2),翻然凌霄[1],背
俗棄世,烝嘗之禮[2],莫之修奉[3],先鬼有知,其不餓
乎(3)!"抱朴子曰:"蓋聞身體不傷,謂之終孝[4],況得仙道,
長生久視,天地相畢,過於受全歸完[5],不亦遠乎?果能登
虛躡景(4)[6],雲轝霓蓋[7];餐朝霞之沆瀣(5)[8],吸玄黄之醇
精[9];飲則玉醴金漿[10],食則翠芝朱英[11],居則瑶堂瑰
室[12],行則逍遥太清[13]。先鬼有知,將蒙我榮;或可以翼
亮五帝,或可以監御百靈(6)[14];位可以不求而自致(7),膳可
以咀茹華璚(8)[15],勢可以總攝羅酆(9)[16],威可以叱吒梁
成(10)[17];誠如其道,罔識其妙,亦無餓之者(11)。得道之高,
莫過伯陽。伯陽有子名宗,仕魏爲將軍,有功封於段[18]。
然則今之學仙者,自可皆有子弟,以承祭祀,祭祀之事(12),
何緣便絕乎哉(13)!"

【校】

（1）或難曰:藏本、平津本無"難"字,從王國維、王明、敦煌、影古寫本

校補。

（2）學致：王明本作學政，從藏本、平津本校改。“政”與“致”部分形近致誤。《勤求》：“仙之可學致，如黍稷之可播種得，其炳然耳。”是其證。

（3）其不：宋浙本作不其。按：兩可。

（4）躡景：《意林》四作躡影。景：影之初字。

（5）沆瀣：王國維校作佗霅。

（6）或可以翼亮五帝，或可以監御百靈：王明校：“敦煌無兩‘以’字，‘監’作‘臨’。影古寫本同。”按：“監”“臨”義近，兩可。

（7）位可以不求而自致：孫星衍校：“疑此下有脫文。”顧廣圻校：“疑有脫。”王國維校作位可以自致修文。王明按：“敦煌、影古寫本作‘位可以致修文’。”按：此句凡八字，與上下文字數不同，不對仗，疑此句之上脫一八字句。作者“名位”並提，如《外篇·逸民》：“恬粹不爲名位所染。”《交際》：“豈名位之足競乎？”《任命》：“知之者希，名位不臻。”《疾謬》：“名位粗會，便背禮叛教，託云率任。”《博喻》第68首：“名位高而憂責集。”《彈禰》：“少長稱譽，名位殊絕。”《詰鮑》：“名位不同，則禮物異數。”《自叙》：“内以誇妻妾，外以釣名位。”“且自度性篤懶而才至短，以篤懶而御短才，雖翕肩屈膝，趨走風塵，猶必不辦大致名位而免患累。”並其例。此處蓋“名”“位”分列，“名”句蓋與“位”句對文而脫誤。

（8）膳可以咀茹華璏：王明校：“宋浙本、藏本、魯藩本、慎校本‘華璏’皆作‘華瓊’，‘璏’同‘瓊’。”按：“膳”句，與上“位”句，下“勢”句、“威”句不是一類，不合對仗要求，疑此句之上脫一句。古代帝王諸侯膳食必奏樂，其脫“樂”句乎？《外篇·君道》：“路無擊壤之叟，則羞聞和音之作；民有不粒之匱，則媿臨方丈之膳。”這是音樂與膳食並提的例子，可爲旁證。

（9）酆：王國維校作豐。

（10）梁成：藏本、平津本作梁柱，從王國維、《校補》、敦煌、影古寫本校改。《御覽》八百八十三引王隱《晉書》曰：“鬼之聖者梁成，賢者吳季子。”《廣記》三百十九《鬼》四《蘇韶》作“項梁成”。梁成，其詳無考。

(11) 誠如其道，罔識其妙：王國維校作如其罔識。無餓之者：王國維、王明校、敦煌、影古寫本無"之"字。

(12) 以承祭祀，祭祀之事：藏本、平津本不重"祭祀"二字，據王國維、《校補》、敦煌、影古寫本校重。

(13) 何緣便絕乎哉：藏本、平津本無"乎哉"二字，從王國維、王明、敦煌、影古寫本校補。

【注】

［1］翻然：高飛貌。淩霄：淩雲。棄世：超凡脫俗，遺世獨立。

［2］烝嘗：又作蒸嘗。冬祭曰烝，秋祭曰嘗。後泛指祭祀。烝：進品物。嘗：嘗新穀。

［3］修奉：從事供奉。

［4］蓋聞身體不傷，謂之終孝：語本《孝經・開宗明義章》："身體髮膚，受之父母，不敢毀傷，孝之始也；立身行道，揚名於後世，以顯父母，孝之終也。"此處作者行文苟簡。

［5］受全歸完：謂"身體髮膚，受之父母"是完整的，死時回歸自然也應是完整的，善始善終。《禮記・祭義》："曾子聞諸夫子曰……父母全而生之，子全而歸之，可謂孝矣；不虧其體，不辱其身，可謂全矣。"

［6］登虛：升上天空。躡景(niè yǐng)：追躡日影。喻極其迅疾。

［7］雲轝霓蓋：五雲作車，虹霓爲蓋。轝(yú)：同輿。車。

［8］沆瀣(hàng xiè)：夜半露水；清露。仙人所飲。

［9］.玄黃：天玄地黃之氣；天地混沌之氣。六氣中的二氣。

［10］玉醴金漿：傳說仙人所服仙藥。《金丹》："朱草狀似小棗……刻之汁流如血，以玉及八石金銀投其中，便立可丸如泥，久則成水，以金投之，名爲金漿，以玉投之，名爲玉醴。服之皆長生。"注此正合。一說指唾液。內丹術語。《雲笈七籤》五六《元氣論並序》："玉醴金漿，乃是服煉口中津液也。"《本草綱目》五二："人舌下有四竅，兩竅通心氣，兩竅通腎液，心氣流入舌下爲神水，腎液

流入舌下爲靈液。道家謂之金漿玉醴……所以灌溉臟腑,潤澤肢體,故修養家咽津納氣,謂之清水灌靈根。"

[11] 翠芝朱英:青芝與赤芝。芝英:靈芝。靈芝有青、赤、黄、白、黑、紫等色。《史記·司馬相如列傳·大人賦》有"噍咀芝英"之句是其證。

[12] 瑶堂:用美石建築或裝飾的殿堂。泛指華麗廳堂。瑰室:玉石築成的房子。

[13] 逍遥:優遊自得;安閒自在。太清:三清之一,在玉清、上清之上,是道教最高的神仙境界。

[14] 翼亮:輔佐。五帝:上古傳説中五個帝王,説法不一。其一是黄帝(軒轅)、顓頊(高陽)、帝嚳(高辛)、唐堯、虞舜。監御:統領。百靈:各種神靈。

[15] 咀茹:嚼食。璚:同"瓊",即八瓊丹。《黄庭内景經·肝氣章》:"唯待九轉八瓊丹。"梁丘子注:"八瓊:丹砂、雄黄、空青、硫黄、雲母、戎鹽、隱石、雌黄是也。"

[16] 總攝:主宰;總管。羅酆:道教傳説中的鬼帝都城所在地山名。葛洪《枕中書》:"張衡、揚雲爲北方鬼帝,治羅酆。"陶弘景《真誥·闡幽微》:"羅酆山在北方癸地,山高二千六百里,周回(圍)三萬里,其山下有洞天,在山之中,周回(圍)一萬五千里,其上其下并有鬼神宫室。山上有六洞,洞中有六宫,輒周圍千里,是爲六天鬼神之宫也。"《白帖》:"羅酆山之洞,週一萬五千里,名曰北帝死生之天,皆鬼神所治五帝之宫,考謫之府也。"宋代以後道士附會爲四川酆都縣的平都山,爲冥府所在之地。

[17] 叱吒:大聲吆喝;怒喝。

[18] 伯陽三句:《史記·老莊申韓列傳》:"老子者,楚苦縣厲鄉曲仁里人也,姓李氏,名耳,字聃,周守藏室之史也。""老子之子名宗,宗爲魏將,封于段干。"段干:春秋時魏國的城邑。

8　或曰:"得道之士,呼吸之術既備,服食之要又該[1];

掩耳而聞千里，閉目而見將來；或委華騎而彎蛟龍[2]，或棄神州而宅瀛萊(1)[3]；或遲回於流俗[4]，逍遙於人間(2)；不便絕跡以造玄虛(3)[5]；其所尚則同，其逝止或異[6]。何也？”

抱朴子答曰：“聞之先師云，仙人或升天，或住地，要於俱長生，去留各從所好耳(4)。又服還丹金液之法(5)[7]，若且欲留在世間者(6)，但服半劑而録其半(7)；若後求升天，便盡服之(8)。不死之事已定，無復奄忽之慮[8]。正復且遊地上，或入名山，亦何所復憂乎？彭祖言(9)，天上多尊官大神，新仙者位卑，所奉事者非一，但更勞苦，故不促促汲汲於登騰(10)[9]，而止人間八百餘年也(11)。又云，古之得仙者，或身生羽翼[10]，變化飛行，失人之本(12)，更受異形(13)；有似雀之爲蛤，雉之爲蜃，非人道也(14)。人道當食甘旨，服輕暖，通陰陽[11]，處官秩(15)[12]，耳目聰明，骨節堅強，顏色悦懌(16)[13]，老而不衰；延年久視，出處任意[14]；寒温風濕不能傷(17)，鬼神衆精不能犯(18)；五兵百毒不能中[15]，憂喜毀譽不爲累，乃爲貴耳。若委棄妻子，獨處山澤，邈然斷絕人理[16]，塊然與木石爲鄰[17]，不足爲也(19)。昔安期先生[18]、龍眉甯公[19]、修羊公[20]、陰長生[21]，皆服金液半劑者也，其止世間，或近千年，然後去耳。篤而論之，所以求長生者(20)，正坐惜今日之所欲耳(21)，本不汲汲於升虛，以飛騰爲勝於地上也。若幸可止家而不死者，亦何必求於速登天？若得仙無復住理者(22)，復一事耳。彭祖之言，爲附人情者也。”

【校】

（1）或：孫星衍、顧廣圻校衍。按：依文例當保留。瀛萊：藏本、平津本作蓬瀛，從王國維、王明、敦煌、影古寫本校改。

（２）逍遥於人間：疑句前脱一或字。

（３）造玄虚：王國維校作造虚。

（４）去留：藏本、平津本作住留，從陳其榮、王國維、王明校、敦煌、影
　　　古寫本、《御覽》六百七十校改。從所好：藏本、平津本作從其所
　　　好從敦煌、影古寫本、《御覽》六百七十删“其”字。

（５）液：王國維校作汐。

（６）留：王國維校作停。

（７）劑：王國維校作齋。

（８）盡：王國維校删。

（９）言：《意林》四作云。

（10）故不促促汲汲於登騰：藏本、平津本作故不足役役於登天，從敦
　　　煌、影古寫本與孫星衍校改。敦煌、影古寫本作故不促促於登
　　　騰。孫星衍校：“（役役）一本作汲汲。”王國維校役役作使役，登
　　　天作登騰。按：“足”蓋“促”之殘誤，而又脱一促字。

（11）人間：王國維校作民間。

（12）失：其下敦煌、影古寫本作其爲，當從。

（13）受：王國維校作守。

（14）非人道也：王國維校删也字。

（15）官秩：王國維校作官族。

（16）悦懌：王國維、王明校、敦煌、影古寫本作和澤。按：悦懌、和澤
　　　兩可。

（17）濕：王國維校作漯。

（18）不能犯：王國維校作不敢犯。

（19）爲：藏本、平津本作多，從王明引敦煌、影古寫本校改。

（20）所以求長生者：藏本、平津本無“所以”二字，據王國維、王明、敦
　　　煌、影古寫本校補。

（21）正坐：藏本、平津本無“坐”字，從敦煌、影古寫本校補。

（22）住：藏本、魯落本作任，從孫星衍、顧廣圻、王國維、王明，敦煌、影
　　　古寫本校改。理：似爲衍文。

【注】

[1] 呼吸之術：即行氣術，包括胎息。該：備。"該"與"備"互文同義。

[2] 華駟：有畫飾的四馬大車。

[3] 瀛萊：瀛洲、蓬萊，傳説中仙山。泛指仙境。

[4] 遲回：徘徊。

[5] 玄虛：玄遠虛無。

[6] 逝止：猶去留。

[7] 還丹：道家將九轉丹與朱砂再次合煉提取而成的仙丹。還：即"丹砂燒之成水銀，積變又還成丹砂"之意。《金丹》："若取九轉之丹，内（納）神鼎中，夏至之後，爆之鼎，熱，内（納）朱兒一斤于蓋下，伏祠之。候日精照之，須臾，翕然俱起，煌煌輝輝，神光五色，即化爲還丹。取而服之一刀圭，即白日升天。"注此正合。金液：煉丹藥物。

[8] 奄忽：死的諱稱。

[9] 促促：匆匆。

[10] 羽翼：禽鳥的翼翅；輔佐。

[11] 通陰陽：陰陽相通，即男女雌雄交媾順暢無障礙。通：合和。

[12] 官秩：官吏的職位、俸禄。

[13] 悦懌：光潤悦目。

[14] 出處（chǔ）：出仕與隱居。任意：任隨其意，不受約束。

[15] 五兵：五種兵器。鄭衆、范甯、顏師古説法各異。《周禮·夏官·司兵》"掌五兵五盾"鄭玄注："鄭司農（衆）云；'五兵者，戈、殳、戟、酋矛、夷矛。'"《穀梁傳·莊公二十五年》"陳五兵五鼓"范甯注："五兵：矛、戟、鉞、楯、弓矢。"《漢書·吾丘壽王傳》"臣聞古者作五兵"顏師古注："五兵謂矛、戟、弓、劍、戈。"此泛指五種兵器。

[16] 邈然：遥遠貌；高遠貌。

[17] 塊然：孤獨貌；獨處貌。

[18] 安期先生：《列仙傳》上《安期先生傳》："安期先生者，琅琊阜鄉人也。賣藥于東海邊，時人皆言千歲翁。秦始皇東游，請見，與語

三日三夜,賜金璧,度數千萬。出於阜鄉亭,皆置去,留書以赤玉
舄一雙爲報曰:'後數年求我于蓬萊山。'始皇即遣使者徐市、盧
生等數百人入海,未至蓬萊山輒逢風波而還。立祠阜鄉亭,海邊
數十處云。"《兗州府志》說他受學河上丈人,賣藥東海邊,老而
不仕。

[19] 龍眉甯公:《列仙傳》下《子主傳》:"子主者,楚語而細音,不知何
所人也。詣江都王,自言甯先生,顧我作客三百年,不得作直。
以爲狂人也。問先生所在,云:在龍眉山上。工(王)遣吏將上
龍眉山巔,見甯先生毛身廣耳,被髮鼓琴。主見之,叩頭。吏致
王命。先生曰:'此主,吾比舍九世孫,且念汝家當有暴死女子三
人,勿預吾事。'語竟,大風發。吏走下山,比歸,宮中相殺三人。
王遣三牲立祠焉。"

[20] 修羊公:《列仙傳・修羊公傳》:"修羊公者,魏人也。在華陰山上
石室中,有懸石榻,臥其上,石盡穿陷。略不食,時取黃精食之。
後以道干(漢)景帝,帝禮之,使止王邸中。數歲,道不可得。有
詔問修羊公,能何日發。語未訖,床上化爲白羊,題其脅曰:'修
羊公謝天子。'後置石羊於靈臺上。羊後去,不知所在。"

[21] 陰長生:新野人。東漢和帝陰皇后之高祖,少生富貴之門而不
好榮貴,唯專務道術。事馬鳴生習神仙道術,執奴僕之役十餘
年,同窗十二人悉辭歸,唯陰長生執禮彌肅。鳴生告之曰:"子
真能得道矣。"乃將入青城山中,煮黃土爲金以示之。立壇西
面,乃以《太清神丹經》授之,鳴生別去。長生乃持歸,入武當山
石室中合丹,丹成,服半劑,不盡即升天。乃大作黃金數十萬
斤,以布惠天下。在民間三百餘年,著有《丹經》九篇,然後
飛升。

9　或問曰:"爲道者當先立功德(1)[1],審然否[2]?"抱朴
子答曰:"有之。按《玉鈐經・中篇》云(2)[3]:立功爲上,除
過次之。爲道者以救人危急使免禍(3),護人疾病,令不枉

死[(4)][4]，爲上功也。欲求仙者，要當以忠孝和順仁信爲本[5]。若德行不修，而但務方術[(5)]，終不得長生也[(6)]。行惡事大者，司命奪紀，小過奪算[6]，隨所犯輕重[(7)][7]，故所奪有多少也。凡人之受命得壽[(8)]，自有本數，數本多者，則紀算難盡而遲死[(9)]；若所稟本少，而所犯者多，則紀算速盡而早死[(10)]。又云，人欲地仙，當立三百善；欲天仙，立千二百善。若有千一百九十九善，而忽復中行一惡，則盡失前善，乃當復更起善數耳[(11)]。故善不在大，惡不在小也[8]。雖不作惡事[(12)]，而口及其所行之善[(13)]，及責求佈施之報[9]，便復失此一事之善，但不盡失耳。又云，積善事未滿，而雖服仙藥[10]，亦無所益也[(14)]。若不服仙藥，並行好事[(15)]，雖未便得仙，亦可無卒死之禍矣[(16)][11]。吾更疑彭祖之輩[(17)]，善功未足，故不能升天耳[(18)]。”

【校】

（1）爲道者當先立功德：句末王國維校補“爲”字。

（2）《玉鈐經》：王國維校删“經”字。

（3）救人危急使免禍：藏本、平津本無“急”字，據王明引敦煌、影古寫本校補。《外篇·應嘲》：“觀藥藏之簿領，不能治危急之疾。”是其證。

（4）枉死：王國維校删“枉”字，敦煌、影古寫本無“枉”字。

（5）而但務方術：孫星衍校：“此上藏本錯簡，今皆修正。”

（6）終：平津本作皆，從陳其榮引《初學記》二十三、《御覽》六百七十、王明引敦煌、影古寫本、宋浙本校改。也：其下寶顔堂本、崇文本有“上天司命之神察人過惡其”十一字。

（7）隨所犯輕重：藏本、平津本無“犯”字，據陳其榮校引《初學記》二十三、王明引敦煌、影古寫本、宋浙本校補。

（8）凡人之受命：王國維校作人受命。

（9）則紀算難盡而遲死：王國維校作"紀算難盡數死遲也"。

(10) 早死：王國維校乙作"死早"，後加"也"字。

(11) 善數：王國維校乙作數善。

(12) 不作：王國維校、敦煌、影古寫本作不行。

(13) 及其所行之善：藏本、平津本作及所行之事，據宋浙本補"其"字。"事"從王國維、敦煌、影古寫本作"善"。

(14) 而雖服仙藥，亦無所益也：藏本、平津本作雖服仙藥，亦無益也，據王國維、王明、敦煌、影古寫本、宋浙本校補"而""所"二字。

(15) 並行好事：敦煌、影古寫本作並立善事。

(16) 亦可無卒死之禍矣：王明校："宋浙本作'故可以無卒死之禍矣'。"

(17) 吾更疑彭祖之輩：敦煌、影古寫本作"吾上疑彭祖之徒"。

(18) 故不能升天耳：王國維校作故不敢便升天于，敦煌、影古寫本作故不敢便升天乎。

【注】

［１］功德：功業與德行。

［２］審：察知；知道。然否：亦作然不。是與非；是與不是。

［３］《玉鈐經》：古代道教著作。

［４］枉死：因冤枉或不應受的損害而死。

［５］忠孝：忠於君國，孝于父母。和順：和善温順。仁信：仁愛誠實。

［６］司命奪紀，小過奪算：《初學記》十七、《御覽》四百零一引《河圖》："黃帝曰：'凡人生一日，天帝賜算三萬六千，又賜紀二千；聖人得三萬六千七百二十，凡人得三萬六。一紀主一歲，聖人加七百二十。'"《初學記》十七引《河圖》："孝順二親，得算二千天，司録所表事，賜算中功。"《微旨》："按：《易内戒》及《赤松子經》及《河圖記命符》皆云：'天地有司過之神，隨人所犯輕重，以奪其算，算減則人貧耗疾病，屢逢憂思，算盡則人死。'"臧琳《拜經日記》九："紀算，謂年壽也，十二年謂紀，百日爲算。"司命：掌管生命的神；

　　　主管壽命的星神。紀：三百天。算：一百天。
［7］隨所犯輕重：《漢武帝内傳》："（西）王母笑曰：'言此子（指劉徹）
　　　者誠多愆,帝亦不必推也。夫好道慕仙者精誠志合,齋戒思愆,
　　　輒除過一月；克己反善,奉敬真神,存真守一,行此一月,輒除過
　　　一年。'"所謂"輕重",由此可見。
［8］善不在大二句：《易·繫辭下》："善不積,不足以成名；惡不積,不
　　　足以滅身。小人以小善爲無益,而弗爲也；以小惡爲無傷,而弗
　　　去也。故惡積而不可揜,罪大而不可解。"
［9］佈施：施予；施捨。
［10］積善：累積善行。《易·坤》："積善之家,必有餘慶；積不善之家,
　　　必有餘殃。"
［11］卒死：倉猝死亡。《葛仙翁肘後備急方·救卒死尸蹷方》第一、又
　　　《救卒中惡死方》第一《附方》："扁鵲云：'中惡與卒死,鬼擊亦相
　　　類,已死者爲治,皆參用此方。"

金 丹 卷 四^[1]

1 抱朴子曰：余考覽養性之書^{(1)[2]}，鳩集久視之方^[3]，曾所披涉^[4]，篇卷以千計矣，莫不皆以還丹金液爲大要者焉^{(2)[5]}。然則此二事，蓋仙道之極也。服此而不仙，則古無仙矣⁽³⁾。

【校】

（1）性：《金汋經》同。孫星衍、顧廣圻校作生，葛洪《金木萬靈論》《雲笈七籤》六十七（以下簡稱《籤》六十七）、《太平御覽》六百七十、九百八十五引作生。按：性通生。

（2）莫不皆以還丹金液：《金木萬靈論》《金汋經》中、《御覽》六百七十及九百八十五引并無"皆"字，《籤》六十七有"皆"字。《萬靈論》《金汋經》中無"者"字。

（3）古無仙矣：藏本、平津本作古來無仙矣，從《金木萬靈論》《金汋經》中、《籤》六七、《御覽》九百八十五校删"來"字。

【注】

[1] 金丹：方士煉金石爲丹藥，以爲服之可以長生。葛洪《大丹問答》："夫一陰一陽謂之道，一金一石謂之丹。"天台紫陽真人張平叔《金丹四百字序》："七返九還金液大丹者，七乃火數，九乃金數，以火煉金，返還本源，謂之金丹也。"太清真人《九轉流珠神仙九丹經》（下稱《九丹經》）與《黃帝九鼎神丹經訣》論述甚詳。《黃帝九鼎神丹經訣》二"臣按葛洪云：'按《黃帝九鼎神丹經》曰："黃

帝服之,遂以升天……”’”所引多爲本篇文字,可互相對照閱讀校勘。《神仙金汋經》(下稱《金汋經》)三卷,其中下二卷即《金丹篇》。陳國符先生説:“以上諸古丹經皆不用易理。東晉葛洪《抱朴子·金丹篇》與《黄白篇》,皆不用易理。”《太清金液神丹經》下《抱朴子序述》:“且欲修神仙者,則非丹不升。”

[2] 考覽:考查觀覽。蔡邕《郭有道碑》:“遂考覽六經,探綜圖緯。”養性:養生。

[3] 鳩集:聚集。《爾雅·釋詁下》:“鳩,聚也。”

[4] 披涉:翻閱涉獵。篇卷(juàn):指書籍。

[5] 金液:方士所煉九丹金液,謂服用可以長生。

2　往者上國喪亂[(1)][1],莫不奔播四出[(2)][2]。余周旋徐、豫、荆、襄、江、廣數州之間[3],閱見流移俗道士數百人矣[(3)]。或有素聞其名[4],乃在雲日之表者[(4)][5],然率相似如一[(5)]。其所知見,深淺有無,不足以相傾也[(6)]。雖各有數十卷書[(6)],亦未能悉解之也,爲寫蓄之耳[(7)]。時有知行氣斷穀及服諸草木藥法[(8)],所有方書,大略皆同理亦無異[(9)],或有得《道機經》者[(10)][7],唯以此爲至秘[(11)],乃云是尹喜所撰[8]。余告之曰:此是魏世軍督王圖所撰耳[(12)][9],非古人也。圖了不知大藥[10],正欲以行氣入室求仙[(13)][11],作此《道機》[(14)],謂道畢於此,此復是誤人之甚者也此[(15)]。余問諸道士以神丹金液之事,及《三皇内文》召天神地祇之法[(16)][12],了無一人知之[(17)],其誇誕自譽及欺人,云己久壽[13],及曾與仙人游者將太半矣[(18)][14],足以與余盡微妙者甚尟矣[(19)]。或謂頗聞金丹[(20)],而不謂今世復有得之者[(21)],皆言唯上古已度仙人[(22)],乃當曉之。或有得方外説[(23)][15],不得其真經,或得雜碎丹方[16],便謂丹法盡於此矣[(24)]。昔左元放於天柱山中精思^{(25)[17]}，而神人授之金丹仙經，會漢末大亂⁽²⁶⁾，不遑合作^[18]，而避地來渡江東，志欲投名山以修斯道。余從祖仙公^[19]，又從元放受之。凡受《太清丹經》三卷，及《九鼎丹經》一卷^[20]、《金液丹經》一卷⁽²⁷⁾。余師鄭君者，仙公之弟子也^{(28)[21]}，又於從祖受之^[22]，而家貧無資買藥⁽²⁹⁾。余親事之。灑掃積久^[23]。乃於馬跡山中立壇盟受之，並具諸口訣之不書者^{(30)[24]}。江東先無此書⁽³¹⁾，此書出於左元放⁽³²⁾，元放以授余從祖，從祖以授鄭君，鄭君以授余^[25]，故他道士了無知者也。然余受之已二十餘年矣，資無擔石，無以爲之^{(33)[26]}，但有長歎耳⁽³⁴⁾。有積金盈櫃，聚錢如山者，復不知有此不死之法⁽³⁵⁾。就令聞之，亦萬無一信^[27]，如何？

【校】

（1）上國：《籤》六十七無。

（2）莫不：《籤》六十七無。

（3）流移俗：王明校："《金汋經》作'流移'，《籤》六七作'移流'，'俗'字疑衍。"按：當作流俗。"流俗"爲葛洪常用語。"移"字衍。《萬靈論》作"窺見流俗道士約數百矣"。《暢玄》《論仙》《對俗》《金丹》《極言》《祛惑》《外篇·逸民》《交際》《擢才》《安貧》《博喻》第 73 首、《廣譬》第 45 首皆有"流俗"之詞，并其證。

（4）乃在雲日之表者：《籤》六七無"乃"字。

（5）然率相似如一：《籤》六七作"率皆相似"。

（6）雖各有數十卷書：《籤》六七作"人各有道書數十卷"。

（7）爲寫蓄之耳：《籤》六七"爲"作"但"。按：作"但"順上下文意。

（8）時有知行氣斷穀及服諸草木藥法：藏本、平津本作時時有知行氣及斷穀服諸草木藥法，從王明引《籤》六七、《金汋經》、慎校本、寶顏堂本、崇文本"時時"作"時"。從《籤》六七"及"字移下"服"

字上。

（9）大略皆同理亦無異：藏本、平津本作略爲同文，從《籤》六七校改。

（10）或有得《道機經》者：藏本、平津本作無一人不有《道機經》事，從《籤》六七校改。事：藏本、魯藩本、慎校本、寶顔堂本皆作唯，當從，屬下句。

（11）以此爲至秘：《籤》六七無"此"字。

（12）魏世軍督王圖：《金汋經》作"近世魏軍督王圖"。

（13）正：《籤》六七作止。

（14）《道機》：其下慎校本、寶顔堂本、崇文本有"經"字。

（15）此復是誤人之甚者也此：慎校本、寶顔堂本無"此"字。《籤》六七無"者"字。

（16）《三皇内文》：藏本、平津本作《三皇文》，據《校補》《地真篇》《遐覽篇》《金汋經》校補"内"字。

（17）了無一人知之：藏本、平津本作了無一人知之者：從《籤》六七、《金汋經》中删"者"字。

（18）及曾與仙人游者將太半矣：藏本、平津本作及言曾與仙人共游者將太半矣，從《萬靈論》删"言"與"共"字。及：慎校本、寶顔堂本作"又"。

（19）足以與余盡微妙者甚尠矣：藏本、平津本作足以與盡微者甚尠矣。陳其榮案："(盡微)盧本作'盡徴'，以形近致訛。"王明案引《籤》六七作"口之與書微有妙説"。按："與"後蓋原脱一"余"字，"微"後疑脱一"妙"字。據理校改。

（20）或謂頗聞金丹：藏本、平津本作或有頗聞金丹，從《籤》六七校改。

（21）不謂：《籤》六七無。世：《籤》六七作無。

（22）皆言：《籤》六七無。

（23）或有得方外説：《籤》六七、《金汋經》中"得"下有"丹"字。

（24）盡於此矣：藏本、平津本作盡於此也，從《萬靈論》《金汋經》中校改。

（25）精思：陳其榮校："其下《御覽》六百七十有'積久'（二字）。"

（26）會漢末大亂：藏本、平津本作會漢末亂，從《萬靈論》《金汋經》中、

《經訣》四、《御覽》六百七十補"大"字。《籤》六七作"會漢末荒亂"。

(27)《金液丹經》一卷：孫星衍校："《御覽》（六百七十及九百八十五）引無丹字。"顧廣圻校："（丹）疑衍字。"王明案："《籤》六七無此句。"

(28)余師鄭君者，仙公之弟子也：藏本、平津本作余師鄭君者，則余從祖仙公之弟子也，從《御覽》六百七十校删"則余從祖"四字。

(29)無資：藏本、平津本作無用，從《籤》六七校改。

(30)並具諸口訣之不書者：藏本、平津本作並諸口訣訣之不書者，從《籤》六七、《御覽》六百七十及九百八十五補"具"字，從《金汋經》、慎校本、寶顏堂本、《御覽》六百七十及九百八十五删一"訣"字。

(31)此：《籤》六七作如此。

(32)此書出於左元放：藏本、平津本作書出於左元放，據《金汋經》中、寶顏堂本、崇文本補"此"字。

(33)無以：《籤》六七作詎能。

(34)但有：《籤》六七無"有"字。

(35)有積金盈櫃，聚錢如山者：《萬靈論》作"藏金盈櫃，聚錢如山"，較省淨。《籤》六七"此"上有"如"字。

【注】

［1］上國：指包括京師在内的中原地區。《左傳·昭公二十七年》"聘于上國"孔穎達正義引服虔曰："上國，中國也。蓋以吳辟在東南，地勢卑下，中國在其上流，故謂中國爲上國也。"喪亂：死喪禍亂。《詩·大雅·雲漢》："天降喪亂，饑饉薦臻。"此指西晉八王之亂與永嘉之變。

［2］奔播：流亡轉徙。《文選》干寶《晉紀總論》："愍帝奔播之後，徒廁其虛名。"四出：四散出逃。

［3］周旋：輾轉、奔播。

［4］素聞：一向聽説。

〔5〕雲日之表：在高空上面。形容聲名顯赫。雲日：借指高空。曹植《贈白馬王彪》詩之二：“修阪造雲日，我馬玄以黄。”

〔6〕知見：見識，見解。相傾：相互對立共存；共存。《老子·第二章》：“長短相形，高下相傾。”“相傾”帛書本作“相盈”。避漢惠帝諱改。

〔7〕《道機經》：作者與内容，詳見下文。

〔8〕尹喜：《列仙傳》上《關令尹傳》：“關令尹喜者，周大夫也。善内學，常服精華，隱德修行，時人莫知。老子西遊，喜先見其炁，知有真人當過，物色而遮之，果得老子。老子亦知其奇，爲著書授之。後與老子俱遊流沙、化明，服苣勝實，莫知其所終。尹喜亦自著書九篇，號曰《關令子》。”

〔9〕魏世軍督王圖：《三國志·魏書·武帝紀》建安十八年五月丙申裴松之注引《勸進表》“《魏書》載公令曰”下列有“領護軍將軍王圖”。

〔10〕了：完全。大藥：指還丹、金液等道家金丹。

〔11〕正：祇是。行氣：指呼吸吐納導引按摩等養生内修功夫。按：行氣即食氣、累氣。陳邦懷《戰國〈行氣銘〉考釋》《行氣玉佩銘》：“行氣，吞則蓄，蓄則伸，伸則下，下則定，定則固，固則萌，萌則長，長則復，復則天。天其本在上，地其本在下，順則生，逆則死。”（《古文字研究》第七輯）《釋滯》論“行氣”甚詳，請參閱。入室：登堂入室。喻造詣高深。《論語·先進》：“子曰：‘由也升堂矣，未入於室也。’”

〔12〕《三皇内文》：《校釋》《全譯》、譯注皆未作注介紹。《校注》：即《天皇文》《地皇文》《人皇文》之合稱。相傳三國魏帛和得自西城山石壁，後鄭隱以授予葛洪，且託爲出自黄帝，謂此文在小有之天玉府中，故名《小有三皇文》。又西晉鮑靚以惠帝元康二年（292）於嵩山劉根石室中得之，亦傳葛洪。此與《小有三皇文》不同，“因其秘在大有宫中”，故又名《大有三皇文》。原書“作字似符文又似篆文”，是“劾召萬神”之書。天神：指上天諸神。地祇（qí）：地神。

［13］誇誕：虛妄不實。

［14］太半：多半，大半；三分之二。《管子·國畜》："千乘衢處，壞削少半。萬乘衢處，壞削太半。"

［15］方外：仙境；修仙之所。後世藉以指道士僧人。

［16］雜碎：雜亂零碎。

［17］左元放：左慈字元放，東漢末廬江（治今安徽廬江西南）人。明五經，兼通星氣，見漢祚將衰，天下亂起，乃學道，尤明六甲。精思於天柱山中，得《九丹金液經》。後曹操欲殺之，乃變形逃遁，不知所終。天柱山：即霍山，在安徽潛縣西北，皖山最高峰。

［18］不遑：無暇，沒有閒暇。《詩·小雅·四牡》："王事靡盬，不遑啟處。"合作：配製（仙藥）。下文"九丹誠爲仙藥之上法，然合作之，所用雜藥甚多。""是以古之道士，合作神藥，必入名山，不止凡山之中，正爲此也。"《勤求》："合作異藥。"《雜應》："不及合作藥物。"《黃白》："竟不遑合作之。"《地真》："及於合作之日。""合作"之義并同此例。

［19］仙公：葛玄字孝先，丹陽句容人。博覽經傳子史，學通古今，誦老莊，懂醫術。從左慈受《九丹金液經》。好神仙修煉之術，是東吳著名道士，甚得孫權崇信。

［20］及《九鼎丹經》一卷：即《黃帝九鼎神丹經》。其內容主要存於《經訣》中。

［21］鄭君：鄭隱，字思遠，少爲儒生，明五經，善律曆、緯候，成年後師從葛玄受仙經《正一法文》《三皇內文》《五嶽真形圖》《太清金液經》，知丹道。葛洪十六七歲時拜鄭隱爲師，得以獨覽大批道經。

［22］從祖：從祖父。父親的堂兄弟；叔祖父。《爾雅·釋親》："父之從父晜弟爲從祖父。"郝懿行義疏："云父之從父晜弟者，是即父之世父、叔父之子也，當爲從父。而言從祖父者，言從祖而別也，亦猶父之世父、叔父爲從祖祖父之例也。"晜同昆。《籤》三："琅琊葛玄字孝先……孝先傳鄭思遠，又傳兄太子少傅海安君字孝爰，孝爰付子護軍悌，悌即抱朴子之父也。"葛玄是葛洪的叔祖父。

葛玄在江西合皂山修道，常服餌術，擅符咒，行諸奇術。

[23] 灑掃：灑水清掃。言執弟子禮與責任。

[24] 口訣：佛教、道教以口頭傳授的道法或秘術的要語。

[25] 元放以授余從祖，從祖以授鄭君，鄭君以授余：其傳承關係是：左慈→葛玄→鄭隱→葛洪。但《黄帝九鼎神丹經訣》四說："（左元放）乃以九鼎神丹經等授弟子葛仙公，又以其法授弟子鄭君……鄭君謂（葛）洪曰：'吾承先師左君之誡曰……'"本篇也說："鄭君云：'左君告之……'"則鄭隱亦是左元放的弟子，傳承之說又有所不同。還要補充的是：左元放傳狐剛子，狐剛子傳葛洪這一傳承關係。《黄帝九鼎神丹經訣》七《六一泥法》有"以左元放所授狐剛子七寶未央丸"之句，知狐剛子爲左元放弟子。狐剛子即狐丘先生，狐丘先生是葛洪的老師。《黄帝九鼎神丹經訣》三說："狐丘先生授葛仙公曰：（汝）命屬仙星名録繼我，今故教授汝《萬金訣》等及修仙法，汝依而用之。"故葛洪的老師非一人，其傳承是左慈→狐丘→葛洪。

[26] 擔石：一擔一石的糧食。喻量小。無以：沒有什麼可以拿來；無從。

[27] 萬無一信：謂絕對沒有一個人相信的。按：蓋由"萬不失一""萬無一成"變來。

3 夫飲玉粕則知漿荇之薄味[(1)][1]，覩昆侖則覺丘垤之至卑[2]；既覽金丹之道，則使人不欲復視小小方書[(2)][3]。然大藥難卒得辦[(3)][4]，當須且將御小者[(4)]，以自支持耳[5]。然服他藥萬斛[(5)]，爲能有小益，而終不能使人遂長生也。故老君訣云[(5)]：子不得還丹金液，虛自苦耳[(6)]。夫五穀猶能活人，人得之則生，絕之則死[(7)]，又況於上品之神藥，其益人豈不萬倍於五穀耶？夫金之爲物，燒之愈久，變化愈妙[(8)]。黄金入火，百煉不消，埋之，畢天不朽[(9)]。服此二藥[10]，煉人身體，故能令人不老不死。此蓋假求於外物以自堅固，有如脂之養火而不可滅[11]。銅青塗腳[6]，入水不腐，此是借銅之勁以扞其肉也。金丹入身中，沾洽榮衛[7]，非但銅青之外傅矣。世間多不信至道者，悠悠皆是[12]。然萬一時偶有好事者[13]，而復不見此法，不值明師，無由聞天下之有斯妙事也[14]。余今略鈔金丹之都較，以示後之同志好之者[8]。後之同志好之者[15]，其勤求之，求之[16]，不可守淺近之方，而謂之足以度世也。遂不遇之者，直當息意於無窮之冀耳[9]。想見其說，必自知出潢汙而浮滄海[17][10]，背螢燭而向日月[11]；聞雷霆而覺布鼓之陋[18][12]，見巨鯨而知寸介之細也[13]。如其嗕嗕[19][14]，無所先入，欲以弊藥必規升騰者，何異策蹇驢而追迅風[20][15]，棹藍舟而欲濟大川乎[21][16]？又諸小餌丹方甚多，然作之有淺深[22]，故力勢不同，雖有優劣，轉不相及。猶一酘之酒[23][17]，不可以方九醖之醇耳[18]。然小丹之下者，猶自遠勝草木之上者也。凡草木燒之即燼[24]，而丹砂燒之成水銀[25]，積變又還成丹砂[19]，其去凡藥亦遠矣[26]，故能令人長生。神仙獨見此理矣，其去俗人，亦何緬邈之無限乎[20]？世人少所識，多所怪[21]，或不知水銀出於丹砂[22]，告之終不肯信，云丹砂本赤物，從何得成此白物。又云丹砂是石耳，今燒諸石皆成灰，而丹砂何獨得爾[27]？此近易之事[23]，猶不可喻，其聞仙道，大而笑之[28]，不亦愚乎[29]？上古真人愍念將來之可教者[30][24]，爲作方法，委曲欲使其脫死亡之禍耳[31]，可謂至言矣。然而俗人終不肯信，謂爲虛文[25]。若是虛文者，安得九轉九變[26]，日數所成，皆如方耶？真人所以知此者，誠不可以庸近思求也[32]。

【校】

（1）飲：《籤》六七作猷。苻：《籤》六七作茆。

（2）不欲：《籤》六七無欲字。

（3）大藥難卒得辦：《籤》六七同。《萬靈論》作然不可卒得辦爲之者。王明校："按《微旨》《雜應》《地真》三篇俱有'不可卒辦'語,卒辦連文,本篇疑當作'難得卒辦'。"按：卒辦、難卒得辦兩可。

（4）者：孫星衍校："刻本作藥。"

（5）故老君訣云：藏本、平津本作故老子之訣言云,從《萬靈論》校改。《金汋經》中作故老君口訣云。

（6）虛自苦耳：《萬靈論》《籤》六七虛作徒。按：虛、徒兩可。

（7）絕之則死：藏本、平津本作人絕之則死,從《金汋經》《籤》六七刪"人"字。

（8）刪"丹"字。王明校："孫校：'（金）當衍。'是。"

（9）畢天不朽：《籤》六七畢作終。按：《對俗》有"與天相畢""天地相畢"語,"畢天"連用爲妥。

（10）藥：平津本作物,從《萬靈論》《金汋經》《籤》六七、藏本、魯藩本、宋浙本、慎校本校改。

（11）而不可滅：《籤》六七無可字。

（12）悠悠皆是：藏本、平津本作則悠悠者皆是耳,從《籤》六七校改。

（13）偶有好事者：《萬靈論》偶作遇。按：兩可。

（14）斯妙事：《籤》六七無妙字。

（15）以示後之同志好之者。後之同志好之者：藏本、平津本作以示後之同志好之者,從《籤》六七重"後之同志好之者"七字,屬下句。

（16）其勤求之,求之：《籤》六七作精修之,精修之。慎校本、寶顔堂本不重求之。

（17）潢汙：平津本作黃汙,據《金汋經》、藏本校正。《籤》六七作潢潦。按：潦當作汙。

（18）聞雷霆而覺布鼓之陋：孫星衍校："按霆當作靈,後《明本篇》有雷靈可證也。"顧廣圻校同。王明釋："雷霆之聲急而大,布鼓之聲

　　滯而小,以喻大小相差甚遠。不必拘泥于雷靈。"

（19）如:藏本作知,從孫星衍、顧廣圻、《籤》六七校改。

（20）而追迅風:陳其榮校引《御覽》一百三十七、七百六十九作而欲尋遺風,王明校引《金汋經》作而欲尋迅風,《籤》六七作而欲追迅風。

（21）棹藍舟而欲濟大川乎:《類聚》七十一棹作櫂,互通。藍:藏本、魯藩本作籃,《金汋經》作艦。藏本、平津本無"欲"字,據《金汋經》《籤》六七、《類聚》七十一、《御覽》七百六十九校補。

（22）然作之有淺深:《金汋經》作法有深淺。《籤》六七、魯藩本淺深并作深淺。

（23）一酘之酒:孫星衍校:"(酘)一本作宿。"

（24）凡草木燒之即燼:《金汋經》作凡草木之物燒之即糜爛,《籤》六七作凡草物燒之即腐。

（25）丹砂燒之成水銀:《金汋經》"之"下有"則"字。

（26）其去凡藥亦遠矣:平津本作其去凡草木亦遠矣,參如下諸本校改:藏本、魯藩本無木字,《金汋經》《籤》六七草木二字並作藥,《萬靈論》作去凡藥亦遠矣。

（27）何獨得爾:藏本爾作耳。孫星衍校:"爾,舊誤作耳。"顧廣圻校同。《金汋經》《籤》六七作何得獨爾。按:"何得""何獨"兩可。慎校本、寶顏堂本作何得獨不燼爾。

（28）大而笑之:藏本作而大笑之,從孫星衍校、《籤》六七校改。"大而笑之"又見《微旨》。

（29）不亦愚乎:藏本、平津本作不亦宜乎,從《萬靈論》校改。

（30）慇念:《籤》六七無念字。

（31）耳:《金汋經》中、《籤》六七無。

（32）庸:《金汋經》作庸夫,《籤》六七作膚。

【注】

［１］玉粕:麥芽糖的美稱。粕同飴。漿荇:泛指粗茶淡飯。漿:一種微酸的飲料。《周禮・天官・酒正》:"辨四飲之物:一曰清,

二曰醯，三曰漿，四曰酏。”鄭玄注：“漿，今之截漿也。”“截漿”即帶有醋味的酒，用熟飯製成。蓋即北京人所説“醪糟”，南方人所説“米酒”。荇（xíng）：荇菜，多年生水生草本植物，嫩時可食，亦可入藥。

［２］丘垤：小丘；小土堆。垤（dié）：小土丘。

［３］小小：最小；很小。

［４］卒辦：倉猝辦成。

［５］當須：必須。《左傳・昭公十三年》：“有人無主，二也。”杜預注：“雖有賢人，當須内主爲應。”蓋魏晉常用語也。支持：支撑；撑住。

［６］銅青：銅銹；銅緑，有小毒。唐段成式《酉陽雜俎・黥》：“晉令，奴始亡，加銅青若墨，黥兩眼。”塗：通敷。塗抹。

［７］沾洽：滋潤。榮衛：榮氣和衛氣。中醫學名詞。榮氣行於脈中，屬陰，指血的迴圈，衛氣行於脈外，屬陽，指氣的周流。榮衛運行，滋養全身。今人謂營是動脈血，衛是静脈血。《黄帝内經素問・痹論》：“榮者，水穀之精氣也。和調于五藏，灑陳於六府，乃能入於脈也。故循脈上下，貫五藏，絡六府也。衛者，水穀之悍氣也，其氣慓疾滑利，不能入於脈也，故循皮膚之中，分肉之間，熏於肓膜，散於胸腹……”《靈樞經・營衛生會篇》：“人受氣于穀，穀入於胃，以傳與肺，五臟六府皆以受氣，其清者爲營，濁者爲衛，營在脈中，衛在脈外。”又云：“營衛者，精氣也。血者，神氣也。故血之與氣，異名同類焉。”營通榮。

［８］都較：猶大較。志好：志趣好尚。

［９］直當（dāng）：即當；應當。《三國志・吴書・陳表傳》：“母若能爲表屈情，承順嫡母者，是至順也；若母不能，直當出别居耳。”

［10］潢汙：聚積不流之水。潢，積水之較大者；汙，不流動的積水。汙同污。

［11］螢燭：螢火蟲與蠟燭。喻光幽微。

［12］布鼓：以布爲鼓。以布爲鼓，故無聲。後因以“布鼓”爲淺陋之典。

[13] 寸介：小魚、小蝦之類。介：甲殼蟲類或水族。

[14] 嘍嘍(lóu)：① 形容狹小；狹窄。《外篇·自叙》："唐堯、公旦、仲尼、季札，皆有不全得之恨。無以近人信其嘍嘍管見熒燭之明，而輕評人物，是皆賣彼上聖大賢乎？"② 拘泥、局限。《外篇·鈞世》："然守株之徒，嘍嘍所甂，有耳無目，何肯謂爾！"二義皆由"小"義引申而來。

[15] 蹇驢：跛蹇駑弱的驢子。《楚辭》東方朔《七諫·謬諫》："駕蹇驢而無策兮，又何路之能極？"王逸注："蹇，跛也。"迅風：疾風。

[16] 藍舟：木蘭舟，船的美稱。南朝梁任昉《述異記》下："木蘭洲在潯陽江中，多木蘭樹。昔吳王闔閭植木蘭於此，用構宮殿也。七里洲中，有魯般刻木蘭爲舟，舟至今在洲中。詩家云木蘭舟，出於此。"後用爲船的美稱。

[17] 酘(dòu)：經兩次釀造的酒。清桂馥《札朴·酘酒》："吾鄉造酒者，既漉復投以他酒更釀，謂之酘酒。"

[18] 九醖：多次釀造而醇厚的酒。《西京雜記》一："漢制，宗廟八月飲酎，用九醖、太牢。皇帝侍祠，以正月旦作酒，八月成，名曰酎，一曰九醖，一名醇酎。"

[19] 而丹砂燒之成水銀，積變又還成丹砂：丹砂通稱朱砂，即硫化汞。其化學成分是 HgS，不可火煅，見火則析出水銀，產生劇毒。硫化汞燒煅後，硫變爲二氧化硫，而游離出水銀。水銀與硫黄化合，即成硫化汞，密閉器中調溫，即昇華爲晶體硫化汞。黄國安《中國古代科學家·葛洪》叙之甚詳。其化學反應式是：

$$HgS + O_2 \xrightarrow{\triangle} Hg + SO_2 \qquad (1)$$

$$Hg + 1/2O_2 \longrightarrow HgO \qquad (2)$$

(1)式即燒丹抽汞的反應。它在285℃時開始發生。如果在非密閉容器中反應，會有顯著的蒸發損失。且溫度不能過高（汞的沸點爲357℃）。(2)式即水銀與氧氣繼續反應，生成紅色氧化汞，術士們認爲即是丹砂。一説"積變又還成丹砂"是指硫、汞合成丹砂。唐梅彪《石藥爾雅》上《飛煉要訣‧釋諸藥隱名》："丹砂，一名日精，一名真珠，一名仙砂，一名汞砂，一名赤帝，一名太陽，一名朱砂，一名朱鳥，一名降陵朱兒，一名絳宮朱兒，一名赤帝精，一名赤帝髓，一名朱淮。"《造化指南》："丹砂受青陽之氣，始生礦石。二百年成丹砂，而青女孕，又二百年而成鉛，又二百年成銀，又二百復得太和之氣，化而爲金，故諸金皆不若丹砂金爲上也。"(《本草綱目》九引)

[20] 緬邈：久遠；遥遠。

[21] 世人少所識，多所怪：語本漢牟融《理惑論》："諺云：'少所見，多所怪，諸馲駝，言馬腫背。'"葛洪變"見"爲"識"。

[22] 或不知水銀出於丹砂：《太古土兑金》上："夫水銀之體，能入五金，以伏煉金成粉。故狐剛子曰：金粉相投，黄白可求。銀得伏汞，所作無憂。銅得伏汞，不過一周。錫得伏汞，其性和稠。鐵得伏汞，五金可修。金得伏雄，萬事流通。銀得伏雄，必有始終。銅得伏雄，異性和同。錫得伏雄，畢了其功。鐵得伏雄，能去危凶。金得伏雌，制之一時。銀得伏雌，變轉無疑。銅得伏雌，成真是非。錫得伏雌，自合堅持。鐵得伏雌，自合無離。金得伏砒，變見汴西。銀得伏砒，有合無睽。銅得伏砒，柔弱自低。錫得伏砒，有𤴐成畦。鐵得伏砒，剛柔自隨。"狐剛子《五金訣》同"狐剛子曰"。制：指能昇華或蒸發的物質，如"制硫黄法"。伏：提净；昇華。

[23] 近易：便捷容易。

[24] 愍念：憐憫。

[25] 虚文：虚幻荒誕的文字。

[26] 九轉(zhuǎn)：九次提煉。

4　余少好方術[1]，負步請問，不憚險遠(1)[2]，每有異聞，則以爲喜[3]。雖見毁笑，不以爲戚(2)。焉知來者之不如今(3)[4]？是以著此以示識者。豈苟尚奇怪，而崇飾空言[5]，欲令書行於世，信結流俗哉？且盛陽不能榮枯朽(4)[6]，上智不能移下愚[7]；書爲曉者傳，事爲識者貴(5)[8]。農夫得彤弓以驅鳥(6)[9]，南夷得袞衣以負薪(7)[10]。夫不知者，何可强哉(8)？世人飽食終日[11]，復未必能勤儒、墨之業(9)[12]，治進德之務[13]，但共逍遙遨遊(10)[14]，以盡年月。其所營也，非榮則利。或飛蒼走黃於中原[15]，或留連杯觴以羹沸[16]；或荒沈絲竹(11)[17]，或耽淪綺紈[18]；或控弦以疲筋骨(12)[19]，或博弈以棄功夫[20]。聞至言而如醉，睹道論而晝睡[13][21]。有身不修(14)，動之死地[22]，不肯求問養生之法，自欲割削之，煎熬之，憔悴之，漉汔之[23]。而有道者自寶秘其所知[24]，無求於人，亦安肯强行語之乎[25]？世人之常言，咸以長生若可得者，古人之富貴者(15)，已當得之，而無得之者(16)，是無此道也。而不知古之富貴者，亦如今之富貴者耳。俱不信不求之(17)，而皆以目前之所欲者爲急(18)，亦安能得之耶？假令不能決意(19)，信命之可延，仙之可得，亦何惜於試之？試之小效，但使得二三百歲，不猶愈於凡人之少夭乎？天下之事萬端，而道術尤難明於他事者也。何可以中才之心，而斷世間必無長生之道哉！若正以世人皆不信之，便謂爲無，則世人之智者，又何太多乎！今若有識道意而猶修求之者(20)[26]，詎必便是至愚[27]，而皆不及世人耶？又或慮於求長生，儻其不得，恐人笑之，以爲暗惑[28]。若已心所意斷(21)，萬有一失，而天下果自有此不死之道者，不亦當復爲得之者所笑乎？日月有所不能周照，人心安足孤信哉(22)？

【校】

（1）險遠：《籤》六七作艱險。

（2）戚：《金汋經》作惡。

（3）焉知來者之不如今：《籤》六七焉作安，之作而。

（4）且盛陽不能榮枯朽：藏本、平津本無"且"字，據《萬靈論》校補。

（5）書爲曉者傳，事爲識者貴：《萬靈論》作方爲賢者傳，法爲識者貴。
　　曉：《金汋經》中作信。

（6）鳥：孫星衍校："《意林》作烏。"

（7）夷：孫星衍校："《意林》作域。"南夷得袞衣以負薪：其下《意林》
　　有猶世人得仙丹而不貴同也一句。

（8）何：《籤》六七作焉。何可强哉：此下《萬靈論》有如下一段文字：
　　"金精石液，不曰還丹術。余昔聞于鄭君曰：人之權輿，陰精陽
　　精。陽精魂立，陰精魄成。二精相薄，而生神明。神以形用，形
　　以神生。神之云逝，形必斯斃。神以道全，形以術延。道隱無
　　名，術彰有實。有實而術自行，無名而道自成。道成而神自全，
　　術行而形自延。夫術有俯仰屈伸，胎息咽津；御少女以還精，餌
　　朱兒以存身。延身之術，取金之精。合石之液，結爲夫婦（妻）。
　　列魂魄，一體混沌，兩情感激。夫一陰一陽謂之道，一金一石謂
　　之丹。石乘陽而熱，金乘陰而寒。其服食也，取壯陽而伏陰；其
　　徵應也，俾魂壯而魄殫。類水流而趨濕，若炎動而赴乾。如此也
　　謂其金木之靈，何可議也？"

（9）復：《籤》六七無。

（10）逍遙遨遊：《籤》六七作遨遊逍遙。

（11）或荒沈絲竹：藏本、平津本作"或以美女荒沈絲竹"，從《籤》六七、
　　慎校本校刪"以美土"三字，如此，則"或荒沈絲竹"與"或斻淪綺
　　紈"對文。孫星衍校："疑此下有脫文。"顧廣圻校："疑有脫。"

（12）疲筋骨：藏本、平津本作弊筋骨，從藏本原校與王明案校改。藏
　　本原校："弊一作疲。"王明案："《金汋經》《籤》六七並作'疲'。"

（13）聞至言而如醉：藏本作聞至道之言而如醉，從孫星衍、顧廣圻校
　　刪"道之"二字。如此，"聞至言而如醉"與"睹道論而晝睡"正相
　　對文而省净。王明案："慎校本、寶顔堂本、崇文本'醉'下有'罔
　　知'二字。"

（14）修：《金汋經》作愶,《籤》六七作惜。

（15）古：孫星衍校：其下“藏本有之聖二字,衍。”

（16）而無得之者：《籤》六七作而鮮得者。

（17）之：《金汋經》無。

（18）所欲者爲急：《籤》六七欲作見。

（19）假令不能決意：《籤》六七能作得。按：能、得兩可。

（20）猶：《金汋經》作獨。

（21）若己心所意斷：藏本、平津本作若心所斷,據下引校改。《籤》六七作若所忌斷。若心：《金汋經》作若己心。

（22）人心：其下《金汋經》《籤》六七並有亦字。

【注】

［1］方術：中國古代方士所行之術。指天文、曆算、占驗、星相、醫藥（包括巫醫）、卜筮、堪輿、遁甲、神仙、房中、冶煉黃白等。《後漢書·方術列傳》載有華佗、費長房、左慈、解奴辜、甘始、王真等方士“探抽冥賾,參驗人區”,“定禍福,決嫌疑,幽贊於神明,遂知來物”之跡兆。其煉丹采藥、服食養性、祭祀鬼神、祈禳禁咒等爲道教所承襲,成爲重要的修煉濟度方法。

［2］負步請問：背著行裝步行,求見訪問。險遠：道路險阻遥遠。

［3］異聞：別有所聞;不同的見聞。

［4］焉知來者之不如今：語本《論語·子罕》：“子曰：‘後生可畏,焉知來者之不如今也？四十、五十而無聞焉,斯亦不足畏也已。’”

［5］崇飾：粉飾;誇飾。

［6］盛陽：旺盛的陽氣。枯朽：枯槁腐朽之物。

［7］上智：最聰明的人。下愚：最愚蠢的人。《論語·陽貨》：“子曰：‘唯上知與下愚不移。’”楊伯峻注釋：“《漢書·古今人表》說：‘可與爲善,不可與爲惡,是謂上智。可與爲惡,不可與爲善,是謂下愚。’則是以其品質言。孫星衍《問字堂集》說：‘上知謂生而知之,下愚謂困而不學。’則是兼以其知識與品質而言。”

［8］書爲曉者傳,事爲識者貴：《御覽》四百三引《公孫尼子》：“道爲智

者設,賢爲聖者用。”陸賈《新語·術事》:“辯爲智者通,書爲曉者傳,事爲見者明。”牟子《理惑論》:“書爲曉者傳,事爲見者明。”《外篇·喻蔽》:“音爲知者珍,書爲識者傳。”表達方式皆同。

[9] 彤弓:朱漆弓。古代天子用以賜有功的諸侯或大臣使專征伐。《書·文侯之命》:“用賚爾秬鬯一卣,彤弓一,彤矢百。”孔傳:“諸侯有大功,賜弓矢,然後專征伐。彤弓以講德習射,藏示子孫。”

[10] 南夷:古指南方的少數民族,又指南方邊遠地區。《詩·魯頌·閟宫》:“淮夷蠻貊,及彼南夷,莫不率從,莫敢不諾。”《公羊傳·僖公四年》:“南夷與北狄交。”何休注:“南夷謂楚滅鄧谷、伐蔡鄭,北夷謂狄滅邢衛至於温,交亂中國。”袞衣:古代帝王與上公繡龍的禮服。負薪:背負柴草。謂從事樵采之事。

[11] 飽食終日:《論語·陽貨》:“子曰:‘飽食終日,無所用心,難矣哉!’”

[12] 儒、墨:儒家和墨家,在戰國時爲顯學,故并提。《莊子·天運》:“天下大駭,儒、墨皆起。”《韓非子·顯學》:“世之顯學,儒、墨也。”

[13] 進德:增進道德。《易·乾》:“忠信,所以進德也。”

[14] 遨遊:與“逍遥”互文義近。

[15] 飛蒼走黄:指打獵。蒼鷹飛翔,如黄之犬奔跑。如黄:楚國獵犬名。他書或作“茹黄”“如簧”。蓋楚國茹地所産之黄犬。《吕氏春秋·直諫》:“葆申曰:‘先王卜以臣爲葆,吉。今王得茹黄之狗,宛路之矰,畋三月不反;得丹之姬,淫,期年不聽朝。王之罪,當笞。’”中原:原野之中。

[16] 留連:留戀不舍。

[17] 荒沈(chén):猶沈湎。絲竹:絲絃樂器與竹管樂器的總稱。泛指音樂。

[18] 耽淪:猶沈湎。綺紈:猶紈袴。指富貴之家子弟。

[19] 控弦:拉弓;持弓。

[20] 博弈:局戲和圍棋;下圍棋。《論語·陽貨》:“飽食終日,無所用心,難矣哉! 不有博弈者乎? 爲之,猶賢乎已。”朱熹集注:“博,

局戲；弈，圍棋也。"博亦指"六博"。

[21] 道論：道家的理論。晝睡：白天睡覺。蓋由"晝寢"變來。《論
語・公冶長》："宰予晝寢。"按：《外篇・官治》："秦孝聞（商鞅）
高談而睡寐。"與此相類。

[22] 動之死地：語本《老子・第五十章》："人之生，動之於死地，亦十
有三。夫何故？以其生生之厚。"清高延第《老子證義》："'生生
之厚'，謂富貴之人，厚自奉養，服食藥餌，以求長生，適自蹈於死
地，此即動之於死地者之端。緣世人但知戕賊爲傷生，而以厚自
奉養者爲能養生，不知其取死者同也，故申言之。"

[23] 割削：猶切割。煎熬：烹煮。憔悴：又黃又瘦；困頓。漉汔（lù
qì）：使乾涸竭盡。

[24] 寶秘：珍藏的寶物；珍藏。

[25] 强行（qiǎng xíng）：勉强行走。此謂勉强進行。

[26] 道意：指道家無爲的旨意；道家或道教的旨意。此謂仙道的
旨意。

[27] 詎（jù）：難道。

[28] 暗惑：愚昧不明；迷亂。

5　抱朴子曰[(1)]：按《黃帝九鼎神丹經》曰[1]：黃帝服
之，遂以升仙。又云：雖呼吸道引[(2)][2]，及服草木之藥，可
得延年，不免於死也；服神丹，令人壽無窮已[(3)]，與天地相
畢，乘雲駕龍[3]，上下太清。黃帝以傳玄子[4]，戒之曰：此
道至重，必以授賢，苟非其人，雖積金如山[(4)]，勿以此道告
之也。受之者以金人金魚投於東流水中以爲約，唼血爲
盟[(5)][5]。無神仙之骨者，亦不可得聞見此道也[(6)]。合丹當
於名山之中，無人之地，結伴不得過三人[(7)]，先齋百日，沐
浴五香[6]，致加精潔[(8)]，勿近穢汙[(9)]，及與俗人往來[(10)]，又
不令不通道者知之，謗毀神藥，藥不成矣[(11)]。成則可以舉

家皆仙(12)[7]，不但一身耳[8]。世人不合神丹，反信草木之
藥。草木之藥，埋之即腐，煮之即爛，燒之即焦，停之即
朽(13)，不能自生，何能生人乎？不能自堅，何能堅人乎(14)？

【校】

（1）抱朴子曰：《籤》六七無。

（2）雖呼吸道引：《經訣》一道作導，"引"下有吐故納新四字。

（3）無窮已：《籤》六七窮作極。按：兩可。

（4）積金如山：藏本、平津本作積玉如山，從《金汋經》《籤》七、《經訣》
　　　二、宋浙本校改。

（5）嗟：《金汋經》《籤》六七、《經訣》二嗟作歕，嗟通歕。

（6）無神仙之骨者，亦不可得聞見此道也：藏本、平津本無"者""聞"
　　　二字據《金汋經》《經訣》二校補。

（7）結伴不得過三人：藏本、平津本無"得"字據《籤》六七校補。

（8）精潔：《籤》六七精作清。

（9）穢污：《籤》六七作污穢。

（10）及：《籤》六七作又不得。

（11）藥不成矣：《籤》六七、《經訣》二、宋浙本作藥即不成。

（12）成則：《金汋經》《籤》六七作成者。

（13）草木之藥，埋之即腐，煮之即爛，燒之即焦，停之即朽：藏本、平津
　　　本無"停之即朽"四字，據《經訣》二、十三校補。《籤》六七作埋之
　　　即爛，燒之即焦，《經訣》二"草木之藥"作"且草木藥"，"焦"後有
　　　"停之即朽"四字。《經訣》十三亦有這幾句，不過作"夫草藥之爲
　　　物也……煮之即爛，埋之則腐，燒之則灰，停之則朽"。《金汋經》
　　　中"埋之即腐，煮之即爛，燒之即焦"三"即"字均作"則"。

（14）不能自生，何能生人乎？不能自堅，何能堅人乎？藏本、平津本
　　　無後二句，據《經訣》十三校補。《經訣》二作不能自生，何能生
　　　人？不能自堅，何能堅人乎？《經訣》十三作不能自堅，豈能堅人
　　　乎？不能自生，豈能生人乎？按："不能自堅"呼應前文"求於外

物以自堅固”。

【注】

[1] 抱朴子曰：《經訣》二：“九鼎之道出自真人，真人以傳玄女，玄女以傳黃帝。黃帝得之，以傳玄子。”陳國符先生説：“《抱朴子·金丹篇》引《黃帝九鼎神丹經》述黃帝九鼎神丹神效及傳授，九丹試丹法與九丹神效，見《黃帝九鼎神丹經訣》卷一，是此即《黃帝九鼎神丹經》。”“據以上《真人歌》用韻，有兩漢例，有東漢例，有西漢例，故《黃帝九鼎神丹經》于西漢末東漢初出世。”“而《黃帝九鼎神丹經訣》乃唐人所纂。”（陳國符《道藏經中外丹黃白法經訣出世朝代考》，見李國豪、張孟聞、曹天欽主編《中國科技史探索》）簡稱九丹訣。故《黃帝九鼎神丹經訣》是我們校勘、研究《抱朴子內篇》的重要資料。《黃帝九鼎神丹經訣》，舊題狐剛子述，二十卷，卷一爲本經，卷二以下出於晉後。提出“夫長生學者在藥，藥之大者在訣”，并提出華丹、神符、神丹、還丹、餌丹、煉丹、柔丹、伏丹、寒丹九種之名。收入《道藏》第 584、586 册。《黃帝九鼎神丹經》試丹法“以作金，金成則藥成；金不成，則藥不成。”此試丹法亦用於《太清金液神丹經》卷上所煉丹“金液之華”，卷中所煉“金液還丹”。王明釋：“案《論衡·道虛篇》力辟道家以爲服食藥物能延年度世爲虛妄。”至確可參。

[2] 呼吸道引：道家吐納導引的養生術。運用呼吸俯仰、肢體屈伸、意念活動或局部按摩使體內氣血暢通，促進身體健康。《莊子·刻意》：“吹呴呼吸，吐故納新，熊經鳥申，爲壽而已矣。此道引之士，養形之人，彭祖壽考者之所好也。”成玄英疏：“吹冷呼而吐故，呴暖吸而納新。如熊攀樹而自經，類鳥飛空而伸腳。斯皆導引神氣，以養形魂，延年之道，駐形之術。”

[3] 乘雲：駕雲；馭雲。駕龍：乘龍飛行。謂得道成仙。

[4] 黃帝以傳玄子：王明釋：“玄子即元君，云合服九鼎神丹得道，著經九卷。見《洞仙傳》。”涓子：《列仙傳》上《涓子傳》：“涓子者，齊人也。好餌術，接食其精。至三百年乃見於齊，著《天人經》四

十八篇。後釣於荷澤，得鯉魚，腹中有符。隱於宕山，能致風雨。受伯陽九仙法（於）淮南山（劉）安，（安）少得其文，不能解其旨也。其《琴心》三篇有條理焉。"受通授。

［5］喢（shà）血：歃血。古人會盟以牲血塗嘴唇，表示誠信。

［6］沐浴：濯髮洗身。泛指洗澡。五香：蓋指都梁、郁金、丘隆、附子、安息五種香料。唐韓鄂《歲華紀麗·四月八日》："八字之佛爰來，五香之水乃浴。"原注："《高僧傳》：摩歌利頭四月八日浴佛，以都梁香爲青色水，鬱金香爲赤色水，丘隆香爲白色水，附子香爲黃色水，安息香爲黑色水，以灌佛頂。"按《高僧傳》爲南朝梁時作品，而五香作爲沐浴材料，當更早。

［7］舉家：全家。焦贛《易林·乾之需》："目瞤足動，喜如其願，舉家蒙寵。"

［8］一身：獨自一人。

6　九丹者，長生之要，非凡人所當見聞也，萬兆蠢蠢[1]，唯知貪富貴而已，豈非行尸者乎[2]？合時又當祭，祭自有圖法一卷也(1)。

第一之丹名曰丹華(2)[3]。當先作玄黃[4]，用雄黃水(3)[5]、礜石水(4)[6]、戎鹽[7]、鹵鹽(5)[8]、礜石(6)[9]、牡蠣(7)[10]、赤石脂[11]、滑石[12]、胡粉各數十斤[13]，以爲六一泥(8)[14]，火之三十六日成[15]，服之七日仙。又以玄黃膏丸此丹(9)[16]，置猛火上，須臾成黃金[17]。又以二百四十銖合水銀百斤火之[18]，亦成黃金。金成者藥成也。金不成者藥不成也(10)[19]，更封藥而火之，日數如前，無不成也。

第二之丹名神符(11)[20]。服之百日仙也。行度水火，以此丹塗足下，即可步行水上(12)。服之三刀圭(13)[21]，三尸九蟲皆即消壞(14)[22]，百病皆愈也[23]。

第三之丹名曰神丹[24]。服一刀圭，百日仙也。以與六畜吞之[25]，亦終不死(15)。又能辟五兵。服之百日(16)，仙人玉女[26]，山川鬼神，皆來侍之(17)，見如人形(18)[27]。

第四之丹名曰還丹[28]。服一刀圭，百日仙也。朱鳥鳳凰(19)[29]，翔覆其上，玉女至傍。以一刀圭，合水銀一斤火之，立成黃金。以此丹塗錢物用之，即日皆還。以此丹書凡人目上，百鬼走避[30]。

第五之丹名餌丹[31]。服之三十日，仙也。鬼神侍，玉女至也(20)。

第六之丹名煉丹[32]。服之十日，仙也。又以汞合火之，亦成黃金(21)。

第七之丹名柔丹(22)[33]。服一刀圭，百日仙也。以缺盆汁和服之(23)[34]，九十老翁，亦能有子[35]，與金公合火之(24)[36]，即成黃金。

第八之丹名伏丹[37]。服之百日仙也(25)。以此丹如棗核許持之(26)，百鬼避之。以丹書門户上，萬邪衆精不敢前，又辟盜賊虎狼也。

第九之丹名寒丹[38]。服一刀圭，百日仙也(27)。仙人玉女來侍(28)，飛行輕舉，不用羽翼。

凡此九丹，但得一丹便仙，不在悉作之，作之在人所好者耳。凡服九丹，欲升天則去，欲且止人間亦任意，皆能出入無間，不可得之害矣(29)[39]。

【校】

（1）祭自有圖法一卷也：《籤》六七祭作醮，無也字。《金汋經》中無自、也二字。下有"在《太清經》末卷內具載所有神丹法"十四字。

（2）第一之丹：《籤》六七、《經訣》二作"第一丹"。下文第二至第九之後皆無'之'字。名曰：《金汋經》《籤》六七無曰字。下第二至第九皆無曰字。丹華：其下《經訣》二有"經云"二字，下文"神符"
"神丹""還丹""餌丹""煉丹""柔丹""伏丹""寒丹"之後，皆有"經
云"二字。

（3）用雄黃水：《籤》六七無水字，但有雌黃二字。

（4）礬石水：（藏本）原校："（水）一本作汞。"王明案："《籤》六七'礬石
水'作'礬汞'，《金汋經》作'礬石汞'。"

（5）鹵鹽：藏本鹽作鹹。

（6）礜：藏本作礬，從孫星衍校、《金汋經》《籤》六七校改。按：《九丹
經》上："解曰：治丹華法，取礬石、戎鹽、鹵鹽、礜石四物先燒
之。"亦作"礜石"，但無"雄黃"。

（7）蠣：藏本、平津本作礪，從《籤》六七、《金汋經》下校改。

（8）六一泥：孫星衍校：其下"刻本有封之二字"。王明案："《籤》六七
有'固濟'二字。固濟者，密封也。"

（9）又以玄黃膏丸此丹：藏本、平津本脫"黃"字，據《籤》六七校補。

（10）金不成者藥不成也：藏本、平津本無"者藥不成也"五字，據《籤》
六七校補。

（11）第二之丹名神符：藏本、平津本作第二之丹名曰神丹，亦曰神
符，據《金汋經》《籤》六七、《經訣》二刪"曰神丹亦曰"五字。

（12）即可步行水上：藏本、平津本無"即可"二字，據《金汋經》補即字，
《籤》六七補可字。《經訣》二亦有即可二字。

（13）服之：《校補》："'之'字涉上文'服之百日仙'而衍。"

（14）皆即消壞：《籤》六七無"即"字，"壞"下有其身中三字。

（15）亦終不死：《籤》六七無"終"字。

（16）服之百日：藏本、平津本無"之"字，據《金汋經》《經訣》二補。上
文"服之七日仙""服之百日仙"，下文"服之三十""服之十日"並
其證。

（17）皆來侍之：《籤》六七無之字。

（18）見如人形：《金汋經》作見形如人。

（19）朱鳥：《經訣》二鳥作雀。

（20）鬼神侍，玉女至也：藏本、平津本作鬼神來侍，玉女至前：從《經

　　訣》二校改。

（21）亦成黃金：《籤》六七亦作即。

（22）柔丹：原校：“（柔）一本作藥。”

（23）和服之：《籤》六七作和之服九十日仙也。

（24）金公：其下孫星衍校：“刻本有注云：即鉛也。藏本無。”

（25）服之百日仙也：藏本、平津本百作即，從《金汋經》《籤》六七校改。

（26）持之：《籤》六七作帶行。

（27）百日仙也：《籤》六七百作即。

（28）仙人玉女來侍：藏本、平津本作仙童仙女來侍，從《經訣》二校改。
　　《金汋經》《籤》六七仙女作玉女。

（29）不可得之害矣：王明案：“《金汋經》無‘之’字，《籤》六七‘之’作
　　‘而’，慎校本、寶顏堂本並作‘不可得而害之矣’。”

【注】

［1］萬兆：一萬一兆，極言衆多。指百姓。蠢蠢：衆多而雜亂貌。

［2］行尸：徒具形骸，雖生猶死的人。

［3］丹華：丹方名，又名流珠九轉。《黃帝九鼎神丹經訣》十，“故真人
　　歌九鼎，第一定外丹之華（當作“第一之丹名丹華”）曰：父在神
　　山母在河。本在南越亦在巴。出於武陵會長沙。先祖昆弟豫章
　　家。道士將我游五華。子明配鉛與赤蓋。變化生彼玄黃多。流
　　珠熠熠內懷河。合彼雄水及丹砂。轉相會合如一家。牡蠣赤石
　　使不邪。霜雪紫色忽若華。後若相感兩性和。日暮復動否藏
　　佳。嬉戲光彩色勿華。陰陽令會系不過。二氣生子加積沙。雞
　　羽掃取土龍和。一銖一斤無少多。食以黍粟飛相過。坐觀天地
　　遠見暇（一作遐）。忽然萬里渡江河。以龍爲馬雲爲車。光同日
　　月所欲何。諸天賢聖相對羅。靈龜騈輯轉蝦蟆。伯牙鼓琴玉女
　　歌。青腰起舞悲相和。由身服食食丹華。邪氣不生疾不過。即
　　得久視吉無他。”《九轉流珠神仙九丹經》上：“（前闕）婚親多。道
　　士持戒游五都。其子四千金銀加。子明炊婦與赤爐。用口牙如
　　黃真多。蒸覆柔箶中如巴。子明惶悸內懷河。鄰里雄黃及丹

砂。轉相和解謝其家。牡蠣赤石使不邪。後乃相聽兩性和。日
暮腸動應感加。夫妻共戲色忽華。陰陽以會樂不過。即日生子
如積沙。銅羽次藥土龍和。可化金銀水黄牙。斤與一銖慎無
多。食如黍粟飛相過。坐知天地遠見他。忽然萬里渡江河。以
龍爲馬雲爲車。時入天門見大家。身比日月在欲何。盡見賢聖
相對羅。靈龜駢鵝神蝦蟆。伯牙鼓琴玉女歌。青腰起舞悲相
和。但獨煩冤當奈何。身遂服食神丹華。邪氣不害疾不過。幸
得度世吉無他。"兩相比較，文字有同有異。《九丹經》上有逐句
串講，文繁不錄。《中國道教史》説："'丹華'方所説的煉製黄金，
有人認爲是真金，其製取過程可能是混汞提金，或煉製含金礦。"
參見近重真澄《東洋煉金術》頁 63。

[4] 當先作玄黄：《太清金液神丹經》上《陰君作漢字顯出之合有五
百四字》："作六一泥法……期令乾燥。復取水銀九斤，鉛一斤，
置土釜中，猛其火，從旦至日下晡，水銀鉛精俱出如黄金，名曰玄
黄，一名飛輕，一名飛流。"《經訣》一："黄帝曰：'欲作神丹，皆先
作玄黄。'玄黄法：取水銀十斤，鉛二十斤，納鐵器中，猛其下火，
鉛與水銀吐其精華，華紫色或如黄金色，以鐵匙接取，名曰玄黄，
一名黄精，一名黄芽，一名黄輕。當納藥於竹筒中，百蒸之，當以
雄黄、丹砂水和，飛之。"玄黄即是鉛、汞氧化物的混合物：

$$2Pb + O_2 \xrightarrow{327℃} 2PbO \tag{1}$$

$$6PbO + O_2 \xrightarrow{450—500℃} 2Pb_3O_4 \tag{2}$$

$$2Hg + O_2 \xrightarrow{\triangle} 2HgO \tag{3}$$

汞在大氣壓下的沸點爲 357℃，在沸點溫度以上時，氧化汞
（HgO）即分解爲汞和氧氣。所以，必須控制溫度，這樣，鉛的氧
化反應主要按（1）式進行，故玄黄中氧化鉛主要爲 PbO。

[5] 雄黄（As_4S_4）：礦物名，砷的硫化物，可供藥用。《御覽》九八八引
吳氏《本草》曰："雄黄，神農苦山陰有丹，雄黄生山之陽，故曰雄

是丹之雄，所以名雄黃也。"《本草綱目》九《雄黃》："［主治］餌服之者，皆飛入腦中，勝鬼神，延年益壽，保中不飢。得銅可作金。_{別錄}"

［6］礬石：又名玄武膏。透明結晶體礦物，可入藥，有五種顏色。即今之砷黃鐵礦，化學組成爲 FeAsS，又叫毒砂。古代礬石名目很多。其所指：① 明礬［$KAl(SO_4)_2 \cdot 12H_2O$］；② 綠礬［$FeSO_4 \cdot 7H_2O$］；③ 黃礬［$KFe_2(SO_4)_2(HO)_6$］；④ 膽礬［$CuSO_4 \cdot 5H_2O$］。作礬石水法同雄黃水法。《御覽》九八八引《本草經》曰："礬石一名羽砠。味鹹酸，生山谷。治寒熱、泄痢、惡瘡、目痛，堅骨，煉餌，久服輕身、不老。生河西。"王明釋："礬石水或是礬石液即硫黃。《重修正和證類本草》四云：石硫黃能化金銀銅鐵奇物，礬石液也。陶弘景謂此礬石液是黃白術及合丹法。"《經訣》一九《青礬石水法》："取吳礬中擇取青色者一斤，先以淳酢搜，令湿湿，乃盛之，用硝石二兩，漆固，埋之地中三尺，十五日成水也。"

［7］戎鹽：主要成分是 NaCl。即岩鹽，因產於戎地得名。又名西戎淳味。《御覽》九八八引《本草經》曰："戎鹽主明目、益氣、去毒蟲。"《本草綱目》十一《戎鹽》："［氣味］獨狐滔曰：'乾汞，製丹砂。'"

［8］鹵鹽：藏本鹽作鹹。又名寒石、石鹼。主要成分是 NaCl，可能含部分硫酸鈉及硫酸鎂。《御覽》九八八引《本草經》曰："鹵鹹，一名寒石。味苦，治大熱，消渴、狂煩。"《本草綱目》十一《鹵鹽》："［主治］大熱消渴狂煩，除邪，及下蠱毒，柔肌膚。_{本經}"

［9］礜（yù）石：又名白礜石、太白石。即砷黃鐵礦（FeAsS），又叫毒砂，有毒，蒼白二色者可以入藥。《御覽》九八七引《本草經》曰："礜石，一名青分石，一名立制石，一名固羊石。味辛，生山谷。治寒熱、鼠瘻、蝕瘡，除熱，殺百獸。生漢中。"《本草綱目》十《礜石》："［集解］［（陶）弘景曰］'……白礜石，能柔金。以黃泥包，炭火燒之，一日一夕則解，可用。丹房及黃白術多用之。'"

［10］牡蠣：簡稱蠔。又名四海分居。軟體動物。主要成分是碳酸鈣

（$CaCO_3$），可入藥。《本草綱目》四十六《牡蠣》："[主治]久服强骨節，殺邪鬼，延年。本經"

[11] 赤石脂：風化石的一種，以色理細膩者爲勝，爲道家煉丹所用。主要成分是 Fe_2O_3，近代常用作染料。近重真澄認爲《内篇》中的赤石脂是一種含金礦，即風化成赤色的矽石質的金礦露頭。《御覽》九八七引《本草經》曰："赤石脂，味酸，無毒，養心氣。"《本草綱目》九《五色石脂·赤石脂》："[主治]養心氣，明目益精。時珍"《葛仙翁肘後備急方》四《治胸膈上痰癊諸方》第二十八《附方》："《千金翼論》曰：治痰，飲吐水無時節者，其源以冷飲過度遂令脾胃氣羸，不能消於飲食，飲食入胃則皆變成冷水，反吐不停者，赤石脂主之：赤石脂一斤，搗篩，服方寸匕，酒飲自任，稍稍加至三匕，服盡一斤，則終身不吐淡水，又不下痢，補五藏，令人肥健。有人痰，飲服諸藥不效，用此方遂愈。"

[12] 滑石：又名雷何督子。主要成分晉代指 $3MgO \cdot 2SiO_2 \cdot 2H_2O$，即矽酸鎂，可入藥。《御覽》九百八十八引《本草經》曰："滑石，味苦寒，生山谷。治身熱，泄癖。生掖陽。"《本草綱目》九《滑石》："[主治]益精氣，久服輕身耐飢長年。本經"

[13] 胡粉：鉛粉（$Pb(OH)_2 \cdot PbCO_3$），又名粉錫、碳酸鉛。用鉛與醋反應製成，可入藥，可作化妝品。《本草綱目》八《粉錫》："[主治]伏尸毒螫，殺三蟲。本經"

[14] 六一泥：用戎鹽、鹵鹽、礬石、牡蠣、赤石脂、滑石、胡粉七種原料搗合如泥，故名。《太清金液神丹經》上："治六一泥，用五月五日、七月七日、九月九日至佳。發丹火良日，甲申、乙巳、乙卯。凡作丹忌日：春戊辰、己巳，夏丁巳、戊申、壬辰、己未，秋戊戌、辛亥、庚子，冬戊寅、壬戌、己卯、癸酉，及月殺，反（及）支干孟仲季月收閉，丙戌、丁亥、壬戌、癸亥、辛巳月建諸晦朔上朔八魁往亡日皆凶不成。"又《陰君作漢字顯出之有五百四字》："作六一泥法：礬石、戎鹽、鹵醎、礜石四物，分等燒之，二十日止，復取左顧牡蠣、赤石脂、滑石，凡七物，分等視土釜大小自在，令足，以泥土釜耳。合治萬杵，訖，置鐵器中猛下火九日九夜，藥正赤。復治

萬杵，下細篩，和以醇醲苦酒令如泥，名曰六一泥。取兩赤土釜。隨人作多少，定其釜大小，以六一泥塗兩土釜，表裏皆令厚三分，日中曝之十日，期令乾燥。"《經訣》一："黄帝曰：又當作六一泥。泥法：用礬石、戎鹽、鹵鹽、礜石四物先燒，燒之二十日。東海左顧牡蠣、赤石脂、滑石凡七物，分等多少自在，合搗萬杵令如粉，於鐵器中合裹火之，九日九夜猛其下火，藥正赤如火也。可復搗萬杵，下絹篩，和百日華池以爲泥。當開，以泥赤土釜。土釜令可受八九升，大者一斗。塗之，令内外各厚三分。暴之于日中十日，令乾燥。乃取胡粉燒之，令如金色。復取前玄黄各等分，和以百日華池，令土釜内外各三分，暴之十日，令大乾燥，乃可用飛丹華矣。""以六一泥塗釜口際會，無令泄也。謹候視之，勿令有拆如發，則藥皆飛，失其精華。"又名蚓螻、蚯蚓泥。

[15] 火之三十六日成：《太清金液神丹經》上《陰君作漢字顯出之合五百四字》："取好胡粉鐵器中火熬之，如金色，與玄黄等分，和以左味，治萬杵，令如泥，復更以塗中上下兩釜内外各令厚三分，曝之十日期乾，無令燥拆(坼)，(燥拆)輒以泥隨手護之。取越丹砂十斤，雄黄五斤，雌黄五斤，合治下篩，作之隨人多少，下可五斤，上可百斤，納土釜中，以六一泥密塗其際，令厚三分，曝之十日。又搗白瓦屑，下細篩，又以苦酒、雄黄、牡蠣(各)一斤合搗二萬杵，令如泥，更泥固濟，上令厚三分，曝之十日。又燥，入火便拆(坼)，拆半髮者神精去飛。若有細拆，更以六一泥塗之，密視之。先以釜置鐵鐃上，令安便。以馬矢燒釜四邊，去五寸，然之九日九夜，無馬矢，稻米糠可用；又以火附九日九夜；當釜下九日九夜；又以火壅釜半腹九日九夜：凡三十六日，藥成也。寒之一日，發視，丹砂當飛著上釜，如奔月墜星，雲繡九色，霜流煒燁；又如凝霜積雪，劍芒翠光，玄華八暢，羅光紛紜；其氣似紫華之見太陽，其色似青天之映景雲；重樓綩綖，英彩繁宛。乃取三年赤雄雞羽掃取之，名曰金液之華。若不成者，更燒如前法。又三十六日，合七十二日，無理不成也。要節通火令以時，不可冷熱不均，則三十六日而成，不復重燒之也。釜坼則無神，服之無益。泥之

小令出三分，乃佳。又覺猛其火增損之，以意度耳。平旦澡浴熏衣，東向再拜，心存天真靈官諸君，因長跪，服如黍粟，復漸小豆，上士七日登仙，下士七十日升仙。"《經訣》一："第一神丹名曰丹華。作之法：……先以馬通糠火，去釜五寸溫之，九日九夜；推火附之，又九日九夜；以火壅釜半腹，又九日九夜：凡三十六日可止火。一日寒之。藥皆飛著上釜，如五彩琅玕，或如奔星，或如霜雪，或正赤如丹，或青或紫，以羽掃取一斤減四兩耳。"

[16] 玄黃膏：蓋即玄黃華製成的膏狀物。《石藥爾雅》上《飛煉要訣·釋諸藥隱名》："玄黃花。一名輕飛，一名鉛汞……"丸：搏成藥丸。

[17] 置猛火上，須臾成黃金：《太清金液神丹經》上《陰君作漢字顯出之合五百四字》之下："先以一銖神丹投水銀一斤，合火，即成黃金，不可服。當急火之，以金打成筒盛丹，丹經以繡囊裹之，先淨潔作苦酒，令釅，不釅不可用也。"

[18] 水銀：即汞。又名赤帝、流珠、白虎腦。《本草綱目》九《水銀》："[釋名][時珍曰]'其狀如水似銀，故名水銀。'""[主治]熔化還復爲丹，久服神仙不死。本經"

[19] 金不成：《經訣》一："玄女曰：作丹華成，當試以作金。金成者，藥成也；金不成者，藥不成。"

[20] 第二之丹名神符：保存《黃帝九鼎神丹經》部分韻文的《九丹經》上云："真人曰：'第二之丹名神符。本生太陽河伯餘。其子四千相與俱。河上妳女誠獨姝。娥眉白易如明珠。長沙好砂色由由。少小貞信不用夫。東西南北父母俱。身不沾污清若珠。好待賢士相待須。勇悍敢語言若書。安心懷能才有餘。不校人女妄吹噓……子明媒之使共居。八十一日當庚辛。與不相聽欲上書。後復會面神丈夫。子明迫之用赤釜。後竟相聽色由由……四時生子若神廬。五色光顏厚寸餘。和以黃成復如初……'"《黃帝九鼎神丹經訣》一："第二神丹名曰神符也。取無毒水銀，多少自在，納在六一泥釜中封之。乾訖，一如調治丹華法也，飛之九上下。寒，發，掃取，和以鯉魚膽，復封塗如初，復飛之九上

下。寒，發，掃取，和以龍膏，名曰神符。取鉛黃華十斤，置器中以炭火之；即又取水銀七斤投鉛中，猛火之。須臾，精華俱上出，狀如黃金，又似流星、紫赤流珠、五色玄黃。即以鐵匙接取之，得十斤，即化九轉，名曰丹華之黃，一名玄黃之液，一名天地之符。即擣治汞，化爲丹，名曰還丹。""取汞九斤，鉛一斤，合置赤土釜中，猛火上，從平旦至日午上晡，一云日下時，水銀與鉛精俱出如黃金色，名曰黃精，一名黃牙，一名黃輕，一名黃華。以井華水火之，名曰黃華池，一名黃龍，一名黃服，一名立制石。取玄黃和以玄水液，合如封泥，丸之，納赤土釜中，以六一泥内伏之，令各厚三分，令乾十日，勿令泄，以馬通若糠火火之八十日，當成金藥。取玄黃一刀圭納猛火以鼓囊吹之，食頃，皆消成黃金。黃金若不成，藥仍生，未可用也。當更納赤土釜中，如前封泥火之八十日，藥乃可用服矣。玄黃一名伏丹，一名紫粉。欲服之，當以甲子日平旦向東再拜，服如小豆，吞一丸，日一，百日神仙，萬病皆愈，大癩大瘵并愈，無所不痊，即服以百日。華池和玄黃令如泥，以置苴兩赤土釜中，内外各厚三分，納水銀一斤，亦可十斤，作藥多少任意。三斤可以仙一人耳。可得玄黃精十兩，取汞三斤，納土釜中，復以玄黃覆其上厚二寸許，以一土釜合之，封以六一泥，外内固濟，無令泄，置日中暴，令大乾，乃火之；濕者不可得火，（火）即坼破。如調丹華法，以馬通若糠火火之九日夜，寒一日，發之，藥皆飛著上釜，狀如霜雪紫紅朱緑五色，光華厚二分寸餘。以羽掃取之，和以黃狗大膽，亦可以河伯餘（魚）者。"按："河伯餘糧"蓋"禹餘糧"之誤。

[21] 刀圭：中藥量具名。王明釋："武威漢墓出土醫藥木簡中有刀圭之稱。"宋唐慎微重修《政和經史證類備急本草》卷一引陶弘景《名醫別録》："凡散藥有云'刀圭'者，十分方寸匕之一，準如梧桐子大也……一撮者，四刀圭也。"又見陶弘景《本草集注叙録》。元俞琰《周易參同契釋疑》："刀圭，即是刀頭圭角些子而已，言其不多也。"明董谷《碧里雜存上》："前在京師買得古錯刀三枚，京師人謂之長錢……其錢形正似今之剃刀，其上一圈正似圭璧之

形,中一孔即貫索之處。蓋服食家舉刀取藥,僅滿其上之圭,故謂之‘圭’。”

[22]三尸:亦名三彭、三蟲。即王充《論衡·商蟲》《三國志·魏書·華佗傳》所謂人體中的三種蟲,道教所稱人體内作祟的“三尸神”,分别居於上中下三丹田内,每于庚申日向天帝呈奏人的過惡。《金碧五相類參同契》下《除三蟲章》十五:“三蟲後來有姓名,嗜酒食肉好鬥争,貪財貪色好人夭。”陰長生注:“三蟲者,三尸也。上蟲姓彭名居,在上丹田;中蟲姓彭名質,在中丹田;下蟲姓彭名矯,在下丹田。在人身爲三魂,亦名曰三尸。上尸好食酒肉喜怒;中尸好貪財好鬥;下尸好色,祇好死,不好生。每庚申日上界參司命報其人惡,不奏人善,要人早亡,待食人血髓。故以學人先須除三蟲,方免苦也。”九蟲:道教語。九臟尸蟲。泛指在人體中作祟的種種尸蟲。皆即消壞:《籤》六七無“即”字,“壞”下有“其身中”三字。

[23]百病:各種疾病。

[24]第三之丹名曰神丹:《九轉流珠神仙九丹經》上:“真人曰:‘第三之丹名神丹。五色參差誠可觀。本自正陽武都間。大神良潔净白面。常得賢士兩萬錢。面色較好目□燔。晨昏出遊止名山,方士劫之不敢焉。……服之繫之皆大神。子明合會使相親。雄雌合得火飛精。善塗其際致令堅。和以龍膏物相因,食之不死壽萬年。……常居石室依名山。百官雞犬青雲間。世皆歷盛去甚難。’”《經訣》一:“第三神丹名曰神丹也。先以六一泥泥兩赤土釜,内外令厚各三分。又取牡蠣、赤石脂、磁石(法無磁石,存本不改),凡三物,分等調治之,萬杵,令如粉,和以百日華池,令泹。一云以苴釜中塗釜内(服),又以玄黄華著此苴上令厚一寸許,乃取帝男二斤雄黄也、帝女一斤雌黄也,先以百日華池小沾(沾)之濡之,乃即上,不敢飛,乃鐵臼中調搗之萬杵令如粉,上釜中,復蓋以黄粉,令厚一寸許,以一釜合之,封以六一泥,勿令洩氣。乾之十日,乃以馬通糠火火之九日夜,火去釜邊五寸也;以推火擁(壅)之九日夜也;推火至釜一日猛火九日夜;以大壅至

釜半腹火之九日夜止：凡三十六日。一日寒之，以羽掃飛精上
著者，和以龍膏，通納釜中也，復泥封之乾之，復火之三十六日，
一云二十七日止。一日寒，發之，以羽掃取之，名曰飛精，治之者
曰神丹。”

[25] 六畜（chù）：馬、牛、羊、雞、狗、猪。泛指各種牲畜。

[26] 玉女：神女。《真靈位業圖》有“上天玉女”“北宫玉女”“太素玉
女”“六戊玉女”等名目。

[27] 見（xiàn）：顯現。

[28] 第四之丹名曰還丹：《九丹經》上：“真人曰：‘第四之丹名還丹。
男子兄弟通九人……”《經訣》一：“第四神丹名曰還丹。取礜石、
礜石、代赭、戎鹽、牡蠣、赤石脂、土龍矢、雲母、滑石凡九物，皆燒
之一日一夜，猛其火。皆合治搗令如粉，和以左味，令如泥，以苴
一釜中。納汞一斤，次以帝男，次以曾青，次以礜石亭脂，次以鹵
鹽，次以太一禹餘糧，次以礜石，礜石在上，而水銀獨在下也。凡
七物，各異器調搗之令如粉，以水銀一斤，獨在下。餘先乃以次
納之，以一釜合上，以左味和六一泥泥之，封令密，暴之十日。置
鐵弋三柱上，令高九寸，以馬通糠火火之，去釜底五寸，候其火，
九日夜，没增火；至釜半腹九日夜，常以濕布加釜上，令藥不飛。
視布乾，取復濡濡之，凡八十一日止。寒之一日，發之，藥皆飛著
上釜，釜出五色。飛法一同，藥之要也。以雞羽掃取之，合以百
草花，以井華水一服之……”

[29] 朱鳥：鳳凰一類神鳥。

[30] 百鬼：衆神；各種鬼怪。

[31] 餌丹：《九丹經》下：“真人曰：‘第五之丹名（曰）餌丹。本自長沙
武陵士。太一旬石朱氏子。子明媒之與賢士。雄分各等神爵
子。諸神往來衛左右。”《經訣》一：“第五神丹名曰餌丹。取汞一
斤，置六一（泥）釜中。又取帝男一斤，搗之如粉，加汞上。禹餘
糧一斤，搗之如粉，加帝男上。以六一釜合之，封其際，以六一泥
泥之，令乾。加馬通糠火火之九日夜止。更以炭火燒之九日夜，
乃止火。寒之一日。發之，藥皆飛著上釜如霜雪。以羽掃取之，

和以龍膏、少室天雄,分等,乃雞子服,一云雞子血。"

[32] 煉丹:《九丹經》下:"真人曰:'第六之丹名煉丹。所出微妙諸神
仙。乃出蠻夷巴越間。目如珠光口如丹。賢者不取人民間。飛
流八石三旬間。子明和調令可丸……和以龍膏物相因。亦可服
食黃白成。諸神敬諾聽己言……'"《經訣》一:"第六丹名曰煉
丹。取八石而成之。八石者,取巴越丹砂、帝男、帝女飛之,曾
青、礜石、礬石,石膽、磁石凡八物,等分多少在意,異搗令如粉,
和以土龍膏,乃取土龍矢二升,以黃犬肝膽合爲釜,牡蠣、赤石脂
各三斤,搗令如粉,以左味和爲泥,塗釜內外,各厚三分,乾之。
一法八味多少自在,以土龍膏、土龍矢一升,以和黃狗膽,合土龍
矢二升,牡蠣、赤石脂末之如粉,和以爲泥,塗釜內外,各厚三分,
乾之。八石各異末之如粉者,乃納丹砂在下,次以帝男,次以帝
女,次以曾青,次以礬石,次以礜石,次以石膽,次以磁石,磁石獨
在上。以六一釜合之,以六一泥封其會際,乾之如上法。乃以馬
通糠火火之三十六日止。寒之一日。發之,藥皆飛上著如霜雪。
羽掃取之,和以龍膏丸如小豆,食後服一丸,日一,十日仙矣。"

[33] 柔丹:《經訣》一:"第七丹名曰柔丹。用汞三斤,以左味和玄黃合
如泥,以塗土釜內外,各厚三分。乃納汞,合以一釜。用六一泥
塗其際會,乾之。十日乃火之,如太丹華法,三十六日止。寒之
一日發之,以羽掃取上著釜者,和以龍膏,服如小豆,日三,令人
神仙不死。"

[34] 蒛盆:即覆盆子,一種植物果實。《爾雅·釋草》:"茥,蒛盆。"郭
璞注:"覆盆也。實似莓而小,亦可食。"茥音 guī。《石藥爾雅·
飛煉要訣·釋諸藥隱名》:"覆盆子一名蒛盆。"《本草綱目》十八
《覆盆子》:"[主治]益氣輕身,令髮不白。別錄補虛續絕,強陰健
陽,悅澤肌膚,安和五臟。馬志"

[35] 九十老翁,亦能有子:《九丹經》下:"九十老公服之,陽氣大盛,可
復生子。""八十老母服之,即復生子。"

[36] 金公:鉛之隱名。《御覽》八一二引桓譚《新論》"淮南王之子娉迎
道人作爲金銀。"又云:"鉛則金之公,而銀者金之昆弟也。"《籤》

六三:"時人不知金公之理,金者太白之名,公者物中之尊,呼之曰鉛。"《本草綱目》八:"［釋名］［時珍曰］:'鉛易沿流,故謂之鉛……而神仙家拆其字爲'金公',隱其名爲水中金。"

［37］伏丹:即錫金。《石藥爾雅》上《飛煉要訣·釋諸藥隱名·錫金》:"錫金,一名黃精,一名玄黃,一名飛精,一名金公華,一名黃芽,一名伏丹,一名制丹,一名黃輕,一名黃矍,一名紫粉,一名黃華,一名黃龍,一名黃池,一名河車,一名太陰,一名金精,一名金公河車,一名素單白豪,一名假公黃。"《九丹經》上:"玄黃,一名伏丹,一名紫粉……玄黃藥治大癩,大癩百日皆愈,無所不治。"《經訣》一:"第八丹名曰伏丹。其色頗黑紫,如有五色之彩。取汞一斤,亦可多之。以玄黃華苴其土釜,令內外各厚三分。復搗曾青、磁石令如粉,以著玄黃華及曾青、磁石末覆汞上。以一釜合以六一泥,塗其會際,乾之十日。乃以馬通糠火火之九日夜,轉以上釜爲下釜,復火之九日夜;又復以下釜爲上釜,火之九日夜,如是九上九下乃止。寒之一日。發之,以羽掃之,取其飛著上者,和以龍膏後還納釜中更火之,一旬乃止。寒一日,發之,以羽掃取飛上著者搗之如粉,盛以金銀筒若生竹筒中。常平旦面東向日再拜長跪,以井華水服一刀圭,便爲神仙也。"

［38］寒丹:《經訣》一:"第九丹名曰寒丹。法用赤土釜,以六一泥泥其內外,令各厚三分,乾之。如治丹華法,取帝男、帝女、曾青、礜石各一斤,異搗之如粉,先以玄黃苴以六一釜如丹華法,乃內流珠一斤於釜中,次以帝男加流珠上,次以帝女,次以曾青,次以礜石,次以磁石,磁石最上。以一釜合之,以六一泥塗其會際,令厚三分。復以土龍矢、黃土各半斤,令爲泥。一云以牡蠣、赤石脂塗其上,厚三分,又以土龍矢塗厚三分,暴之十日令乾。乃微火先文後武九日夜。寒一日,發之,以羽掃取著上者,和以龍膏、黃犬膽,丸如小豆許。平旦,以井華水向日再拜,吞一丸。"

［39］不可得之害矣:《九丹經》下:"(真人曰:)八十一首由一丹,能得之者升太清,因火變化藥自然。物類相使轉相因,水火之道最甚神。曾祖九族水爲先,金木合符夫妻身。日月星辰託陰陽,謂精

集會火爲王。姓爲陵陽字子明，攻擊胡虜誅豪强。延及巴越侵
豫章。四夷來降合中央。三陰相制柔勝强。青龍白虎東西翔。
鳳凰朱雀赫瞳瞳。黄金之樓十二重。中有玄武神龜倡。五彩爲
帷覆玉房。真人御之升九皇。遊遨太清及明堂。精華踶踶如雪
霜。能知此藥爲仙王。"

7　抱朴子曰：復有太清神丹$^{(1)[1]}$，其法出於元君$^{(2)}$。
元君者$^{(2)}$，老子之師也$^{(3)}$。《太清觀天經》有九篇$^{(4)}$，云其
上三篇$^{(5)}$，不可教受$^{(6)}$；其中三篇$^{(7)}$，世無足傳；常沈之三
泉之下$^{(8)[3]}$；下三篇者，正是《丹經》上中下，凡三卷也。元
君者，大神仙之人也$^{(9)}$，能調和陰陽，役使鬼神風雨$^{(10)}$，驂
駕九龍十二白虎$^{[4]}$，天下衆仙皆隷焉，猶自言，亦學道服丹
之所致也$^{(11)}$，非自然也。況凡人乎$^{(12)}$？其經曰：上士得
道，升爲天官；中士得道，棲集昆侖；下士得道，長生世間。
愚民不信$^{(13)}$，謂爲虛言$^{[5]}$，從朝至暮，但作求死之事，了不
求生，而天豈能强生之乎？凡人唯知美食好衣，聲色富貴
而已，恣心盡欲，奄忽終歿之徒$^{[6]}$，慎無以神丹告之，令其
笑道謗真$^{(14)}$。傳丹經不得其人，身必不吉。若有篤信
者$^{[7]}$，可將合藥成以分之$^{(15)}$，莫輕以其方傳之也。知此道
者，何用王侯？爲神丹既成，不但長生，又可以作黄金。金
成，取百斤先設大祭$^{[8]}$。祭自有別法一卷，不與九鼎祭同
也。祭當別稱金，各檢署之$^{(16)[9]}$。

【校】

（1）復有太清神丹：《籤》六七無復有二字。

（2）元君者：《籤》六七者作即。

（3）老子之師也：《意林》作老君師也。《金汋經》下子作君。

（4）《太清觀天經》：《金汋經》作《太清上經》。《籤》六七九作十，其上
　　　七篇，其下三篇。《金汋經》作九。孫星衍校："（九）《太平御覽》
　　　九百八十五引作十四。"

（5）其上三篇：《籤》六七、《御覽》六百七十及九百八十五引三作七。

（6）受：孫星衍校引一本、《金汋經》、《籤》六七、《御覽》六百七十、九
　　　百八十五并作授，受通授。

（7）其中三篇：孫星衍校："（三）《御覽》（九百八十五）引作四。"

（8）常：孫星衍校引藏本、王明案引《金汋經》《籤》六七等作當。

（9）大神仙之人也：《籤》六七無仙之二字。

（10）役使鬼神風雨：《籤》六七無鬼神二字，慎校本、寶顔堂本、崇文本
　　　作役使鬼神、興作風雨。

（11）亦：藏本作本亦，平津本作亦本，從《金汋經》《籤》六七、宋浙本、
　　　慎校本校改。

（12）凡人：《籤》六七作凡夫。

（13）愚民：藏本、平津本作民愚，從《金汋經》、《籤》六七乙改。

（14）謗真：《籤》六七作慢真益罪也。

（15）藥成：《籤》六七作成藥，《金汋經》無成字。分之：慎校本、寶顔
　　　堂本作分與之。

（16）祭當別稱金，各檢署之：《籤》六七作祭當別稱名銜，各檢署其用
　　　金斤數。

【注】

［1］復有太清神丹：蓋即《太清金液神丹經》。

［2］元君：女仙之尊稱。《老子內傳》："授元君神圖寶章。"與本文"老
　　　子之師"説法相反。明彭大翼《山堂肆考·女仙》："男高仙曰真
　　　人，女仙曰元君。"如西王母稱金母元君，后土夫人稱碧霞元君。

［3］三泉：三重泉；最深層的地下泉水。

［4］驂駕：駕馭。此處"驂""駕"連文同義。驂：三匹馬同駕一車。
　　　焦贛《易林·乾之否》："戴日精光，驂駕六龍。"九龍：傳説中神
　　　仙駕馭的神獸。《籤》九八《太極真人智慧經贊六首》其六："寶蓋

連玉輿,命駕御九龍。”

［５］虛言：空話；假話。《老子・第二十二章》：“古之所謂‘曲則全’
者,豈虛言哉?”

［６］終歿(mò)：壽終。

［７］篤信：堅信；深信

［８］大祭：重大祭祀。包括天地、宗廟等。

［９］檢署：標籤署名；封泥加印。

8　禮天二十斤(1)[1],日月五斤,北斗八斤,太乙八
斤[2],井五斤,竈五斤[3],河伯十二斤[4],社五斤[5],門、
戶[6]、閭(2)[7]、鬼神、清君各五斤(3)[8],凡八十八斤。餘一十
二斤,以好韋囊盛之[9],良日於都市中市盛之時(4)[10],嘿聲
放棄之(5)[11],徑去無復顧(6)。凡用百斤外,乃得自恣用之
耳(7)[12]。若不先以金祭祀諸神(8),必致殃咎(9)[13]。又曰：
長生之道,不在祭祀事鬼神也,不在導引與屈伸也(10)。升
天之要,在神丹也。知之不易,行之難也(11)。子能作之,可
長存也。漢末新野陰君(12),合此太清丹得仙。其人本儒
生,多才思(13)[14],善著詩,及丹經贊並序,述初學道隨師本
末,列己所知識之得仙者四十餘人,甚分明也。作此太清
丹,小爲難合於九鼎(14),然是白日升天之上法也。合之當
先作華池(15)[15]、赤鹽[16]、艮雪(16)[17]、玄白[18]、飛符、三五
神水[19],乃可起火耳。

【校】

（１）禮：《金汋經》作祭祀。

（２）閭：《籤》六七作合。

（３）神：《籤》六七、《金汋經》無。清君：《金汋經》作靖君。各：宋浙
本作合。

（4）時：《籤》六七作處。

（5）嘿聲放棄之：藏本作嘿聲放棄之於多處，孫星衍校引藏本無
　　　“人”字，從王明案引《籤》六七刪“於多人處”四字。

（6）俓：藏本、《金汋經》下作俓，俓同徑。《廣雅・釋詁三》“俓，過
　　　也”，王念孫疏證：“俓，與徑同。”《廣韻・徑韻》：“俓，直也。”

（7）自恣：藏本作息恣，平津本作恣意，從孫星衍、顧廣圻校、王明案
　　　引《金汋經》《籤》六七校改。

（8）若不先以金祭祀諸神：藏本、平津本作不先以金祀神，從《金汋
　　　經》校改。

（9）致：藏本、平津本作被，從《籤》六七校改。

（10）不在：《金汋經》作亦不在。

（11）行之難也：藏本作“爲之實難也”，從《經訣》六“爲”作“行”，據孫
　　　星衍、顧廣圻校、《籤》六七刪“實”字。

（12）漢末：藏本、平津本作近代，漢末，陳其榮校引《御覽》六百八十代
　　　作後，據王明案引《御覽》九百八十五引校刪“近代”二字。

（13）多：藏本、平津本作有，從《籤》六七校改。

（14）太清丹：《籤》六七作太清小法。小爲難合於九鼎：《籤》六七作
　　　難合於九鼎經。鼎：其下《金汋經》有丹字。

（15）合之當：《籤》六七作當合之日。華池：其下《金汋經》有溺水金
　　　公黃華六字。

（16）艮雪：王明本作艮雲，從藏本、崇文本、平津本校改。

【注】

［1］禮天：禮拜天地。禮：禮拜敬神。謂事神致福。《儀禮・覲禮》：
　　　“（天子）出拜日於東門之外……禮日于南門外，禮月與四瀆於北
　　　門外，禮山川丘陵於西門外。”鄭玄注：“變拜言禮者，容祀也。”賈
　　　公彥疏：“言拜無祀，祀則兼拜。”

［2］太乙：此謂道教神名。

［3］井、竈：人所飲食。各爲五祀神之一。《淮南子・時則》：“（春）其
　　　祀戶；孟夏之月、仲夏之月……其祀竈；季夏之月……其祀中溜；

（秋）其祀門；（冬）其祀井。”班固《白虎通德論·五祀》：“五祀者，
何謂也？謂門、户、井、竈、中溜也。所以祭何？人之所處出入所
飲食，故爲神而祭之。”王充《論衡·祭意》：“五祀報門、户、井、
竈、室中溜之功。户，人所出入，井、竈，人所飲食，中溜，人所託
處，五者功多，故俱祀之。”

[４] 河伯：河神。名馮夷，人面魚身。《楚辭·九歌·河伯》洪興祖補
注引葛洪《抱朴子·釋鬼》：“馮夷以八月上庚渡河溺死，天帝署
爲河伯。”

[５] 社：土地神。王充《論衡·祭意》：“社稷，報生萬物之功，社報萬
物，稷報五穀。”

[６] 門、户：各爲五祀神之一。《禮記·月令》：“孟冬之月，臘先祖五
禮。”鄭玄注：“（五祀）門、户、中溜、竈、行也。”門：門神。左神荼
（shū），右鬱壘（lǜ）。《論衡·亂龍》：“上古之人，有神荼、鬱壘者，
昆弟二人，性能執鬼。居東海度朔山上，立桃樹下，簡閲萬鬼。
鬼無道理，妄爲人禍，荼與鬱壘縛以盧（蘆）索，執以食虎。”句意
本此。户：户神。

[７] 閭：里巷之門，此指里巷之神。

[８] 清君：指廁神。古名廁所，名曰屏、廁、清、溷、偃，“清”是其中之
一名。《説文·廣部》：“廁，清也。”《釋名·釋宮室》：“廁，溷
也……或曰溷，言溷濁也；或曰清，至穢宜常修治使清潔。”《廣
雅·釋宮》：“圊、圂、屏、廁也。”王念孫《疏證》：“《急就篇》云‘屏
廁清溷糞土壤。’屏，與屏通。溷，與圂通。”“《開元占經·甘氏外
官占》引甘氏云：‘天溷七星在外屏南，外屏七星在奎南。’注云：
‘天溷，廁也。外屏，所以障天溷也。’又引甘氏贊云：‘抒廁糞土，
遮罩擁障，宴溷莫睹。’宴，亦廁也。字又作匽，又作偃。匽與屏，
皆取隱蔽之義。《周官·宮人》：‘爲其井匽，除其不蠲，去其惡
臭。’鄭注云：‘井，漏井，所以受水潦。’鄭司農云：‘匽，路廁也。
元（玄）謂匽猪，謂溜下之池，受畜水而流者之。’案‘井’字疑是
‘並’字之訛，隸書‘並’或作‘幷’，因訛而爲‘井’。並、屏古字通。
屏匽，謂廁也。《（戰國策·）燕策》云：‘宋王鑄諸侯之象，使侍屏

匽。'《莊子‧庚桑楚》篇:'觀室者周於寢廟,又適其偃焉。'司馬
彪注云:'偃,屏廁也。'偃,與匽同。據下文云'除其不蠲,去其惡
臭',則以'匽'爲'路廁'者是也。《釋名》云:'廁,言人雜廁非一
也。或曰溷,言溷濁也。或曰圊,言至穢之處,宜常修治使潔清
也。'《急就篇》注云:'屏,僻宴之名也。廁之言側也。'亦謂僻側
也。"《集韻‧徑韻》:"屏,偃廁。"屏音 bìng。《荀子‧王制》:"修
采清,易道路。"應劭《風俗通義‧怪異‧世間多有精物妖怪百
端》:"女孫年三四歲亡之,求不能得,二三日乃於清中糞下啼。"
後作"圊"。《急就篇》二十:"屏廁清溷糞土壤。"顏師古注:"清,
言其處特異餘所,常常加潔清也;溷者,目其穢濁也。屏、廁、清、
溷,其實一也。"

[9] 韋:柔皮。

[10] 良日:吉日;好日子。

[11] 嘿:用同默。不説話。

[12] 自恣:放縱自己,不受約束。

[13] 殃咎:災禍。

[14] 儒生:通儒家經書的人。王充《論衡‧超奇》:"故夫能説一經者
爲儒生,博覽古今者爲通人。"才思:才性和思理;才氣和思致。

[15] 華池:三年苦酒投以藥物溶解後的溶液。以所投藥物不同作華
池的方法多種多樣。《經訣》十七《玄白法》:"……凡所措手皆憑
醋,内過百日者謂之淳醯;三年已上,爲苦酒,投之以藥,即曰'華
池';古人秘之,號之左味。"又《天師太清華池口訣》:"按本經作
華池如本經説。唯以穀五斗以水漬之,令生芽,乃暴,令乾,搗
篩,以納華池中,合諸物攪之,乃得成;若不生穀蘗,則池不成。
此大道之大要也。以華池水,金、玉、五石、鉛等皆化。爲經,在
三十六水經,皆須華池而成水也。"又《作太一金液還丹華池法》:
"以五月天雨水三石六斗作苦酒,用米麴如常封泥之二十一日,
内大麥蘗末餈一斗八升,復經七日或三七日,清澄,別納大甕中,
名曰左味。又作三斗秫米餈,先搗礜石十斤,令如米豆大,以餈
裹之,作三十許,納左味中百日成,名太一華池。華池成便可漬

金液餌八石也。"又《八石華池法》："取三轉左味兩石一斗、紫石英一斤、真鍾乳一斤、特生礜石一斤、磁石一斤、青陽石五斤、石膏一斤四兩、石亭脂八兩,五栽三斗凡九味,異搗,下篩,擇寅日瓷器中合納之,封固勿令洩氣,七日成矣。以金屑、銀屑、黃衣投此八石華池中,依方日滿,足成黃白左味此黃白八石華池也,以此左味煮水銀及和丹,入飛成丹,可長生。"

[16] 赤鹽:又名聖無知。紅色的戎鹽。《本草綱目》十一《戎鹽》:"[集解]張果《玉洞要訣》云:赤戎鹽出西戎,稟自然水土之氣,結而成質。其地水土之氣黃赤,故鹽亦隨土氣而生。味淡于石鹽,力能伏陽精。亦名絳鹽。抱朴子書有作赤鹽法。"方士煉黃金用之。

[17] 艮雪:指升汞,即氯化汞,又名"汞銀霜"。白色粉末,能昇華,有劇毒,可用做殺蟲劑和消毒劑。《太清石壁記》中《艮雪丹》:"一流珠白雪,二流傾素雪,三玄珠絳雪。水銀一斤,錫十二兩。右取水銀鐺中,著火暖之。別鐺鎔錫成水,投水銀中;瀉於净地中,自成白銀餅,取銀搗碎研纚羅之。絳礬、白礬、太陰玄精各四兩。右并搗,和銀粉,取伏龍肝鹽末等和上用藥佈置,一依四神法。唯以朴硝一斤覆上,更用末白鹽花覆之,牢固濟,四日文火,漸漸加火,仍須微微,不得依四神武火,滿七日。訖,用猛火一炊,間寒之。開取其藥,霜亦有不上者,并在鹽花内結作芙蓉頭子,其霜煮煉依四神法。"《艮雪丹方》:"艮雪丹方,一名水銀霜丹,二名流珠白雪丹,三名流汞素霜丹,四名玄珠絳霜丹,五名太陽紅粉丹,六名飛紅化藥丹,七名朝霞散彩丹,八名夕月流光丹,九名辰錦流輝丹,十名凝階積雪丹。"

[18] 玄白:與"玄黃"相對的一種丹藥。祭祀時以玄白爲薦金用。《經訣》十七《玄白法》:"九鼎第八服丹法訣,以玄黃若玄白一斤,布釜底,以水銀置其上,故須作也。取鉛瀉爲挺,作板。依水銀一斤、鉛三斤、真金六兩消鉛金,乃内汞,鼓以爲銀板。懸華池中,七日一發,未發當密覆華池甕口。發之,取其流白者納青竹筒中,漆固其口,注華池中三十日成水。又法:鉛一斤、金一斤,兩鼓之爲板,薄鍛如縑,置木盤中,以布幕其下,納左味中三十日,

皆爲玄白在盤，乃可用。玄白有金者即可用，無金者不可用。太清丹即以玄白爲薦金。九鼎法唯用玄黃也。”

[19] 三五神水：① “三”蓋謂“三危之露”，“五”蓋謂“五雲之漿”，神水蓋謂三危之露、五雲之漿有神奇功效。《呂氏春秋·本味》：“（伊尹）說湯以至味……水之美者，三危之露。”高誘注：“三危，西極山名。”《漢武帝内傳》：“其次藥有九丹金液、紫華紅英、太清九轉、五雲之漿、玄霜絳雪、騰躍三黃……”庾信《溫湯碑》：“其色變者，流爲五雲之漿；其味美者，結爲三危之露。”“醴泉清疾，聞乎建武之朝；神水蠲屙，在乎咸康之世。”倪璠注引《抱朴子》曰：“雲母有五種，向日看其色，五色并具而多青者名雲英，宜以春服之；五色並具而多赤者名雲珠，宜以夏服之；五色并具而多白者名雲液，宜以秋服之；五色并具而多黑者名雲母，宜以冬服之；但有青、黃二色者名雲沙，宜以季夏服之；晶晶純白名磷石，可以四時長服之也。五雲之法，或以桂蔥水玉化之以爲水；或以露於鐵器中，以玄水熬之爲水；或以硝石合於筒中埋之以爲水，或以蜜搜爲酪；或以秋露漬之百日，韋囊挺以爲粉；或以無巓草樗血合餌之，令人長生也。”② 外丹家指各種丹藥飛煉成爲溶液，具有神奇功效，故名。如三汞五金所化的神水。《經訣》三：“五金三汞九鉛八石皆有毒，若不得古人舊訣，假有新知方者，口傳三數十句，終無成理。故狐（剛）子云：‘五金盡火毒，若不調煉其毒作粉，假令變化，得成神丹大藥，其毒未盡去者，久事服餌，少違誡禁，即返殺人。”三汞：雄汞、雌汞、神飛汞。又十一：“狐剛子云：凡出水銀，有三種法：一名雄汞，二名雌汞，三名神飛汞。”五金：五種金屬。《漢書·食貨志上》“金、刀、龜、貝”顏師古注：“金謂五色之金也。黃者曰金，白者曰銀，赤者曰銅，青者曰鉛，黑者曰鐵。”按：丹家一般用錫不用鐵，故五金多指金銀銅鉛錫。《龍虎還丹經訣頌》：“華池神水始知能。”谷神子注：“《神水華池論》曰：‘華池者鉛，神水者汞。’”

9　一轉之丹[(1)][1]，服之三年得仙[(2)]；二轉之丹，服之二年得仙；三轉之丹，服之一年得仙；四轉之丹，服之半年得仙；五轉之丹，服之百日得仙；六轉之丹，服之四十日得仙[(3)]；七轉之丹，服之三十日得仙[(4)]；八轉之丹，服之十日得仙；九轉之丹[2]，服之三日得仙[(5)]。若取九轉之丹，内神鼎中，夏至之後[3]，爆之鼎熱，内朱兒一斤於蓋下[4]。伏伺之，候日精照之[5]。須臾，翕然俱起[6]，煌煌煇煇[(6)]，神光五色[7]，即化爲還丹。取而服之一刀圭，即白日升天。又九轉之丹者，封塗之於土金中[(7)]，糠火[(8)][8]，先文後武[9]，其一轉至九轉，遲速各有日數多少[10]，以此知之耳。其轉數少[(9)]，其藥力不足，故服之用日多，得仙遲也。其轉數多，則藥力盛[(10)]，故服之用日少，而得仙速也。

【校】

（1）一轉：王明校：“‘一轉’上慎校本、寶顔堂本有‘神丹’二字，另起一行，統冠九丹。”

（2）服之三年得仙：《籤》六七無得字。下幾句“得仙”皆無得字。

（3）服之四十日得仙：《金汋經》下四作三。

（4）服之三十日得仙：《金汋經》、慎校本三作二。

（5）服之三日得仙：《金汋經》三作一。

（6）煌煌煇煇：孫星衍校：“藏本作煌煇煌煇。”魯藩本、宋浙本同藏本。

（7）封塗之：《金汋經》作封塗内之。内通納。

（8）糠火：《金汋經》作糠火火之。《籤》六七作糠火燒。王明按：“當有‘火之’或‘燒’字。”

（9）其轉數少：孫星衍校：其下“藏本衍則用日多四字。”

（10）則藥力盛：藏本、平津本作藥力成，據《籤》六七補“則”字，從《金汋經》、慎校本成作盛。《校補》：“‘成’乃‘盛’之壞字。上言九轉之丹轉數少則藥力不足，此言轉數多則藥力盛。

【注】

［1］轉：反復變化。煉丹時，丹砂燒成水銀，水銀燒成丹砂，名一轉。

［2］九轉之丹：按：以上所説九轉，語焉不詳。兹録《經訣》十二《太極真人九轉丹》供參：“第一轉，取胡粉五百斤，以石鹽二十斤，置於一石水中，取牛糞汁一石和之，丸如雞子，陰乾，然後置爐中鼓之，須臾鉛出，此名粉鉛，號地之精也。取黄丹五斤，以牛糞汁和之，丸如雞子，陰乾之，置爐鍋中鼓之，須臾鉛出，此名丹鉛，號天之精也。第二轉，取前天地之精合炒爲水色青沙，然後以石鹽三十斤明浄者和湯八斗曰鹹水。鹹水盆中研之，爲土色黄沙。搗爲末，置鐺器中燒之三日三夜，變爲火色赤沙，與好丹沙色同，罷矣。第三轉，取前丹以首男乳一斗，若首男乳難得，取黄牛乳亦得，取牛糞汁一石，取石鹽明浄者三十斤爲湯八斗，相和溲之，丸如雞子，陰乾，鼓之如法，餘如前爲之。第四轉，取前三轉天地之精成丹者，以朱砂好色光明洞徹者二十斤，以酒煮之三七日，臼中搗之，和藥，復以地强汁即牛糞汁也和之，丸如雞子，陰乾之，置爐中鼓之。作法用皆與九轉同法，但用藥有異。第五轉，取雄黄色如雞冠者五斤，以真牛酥煮之七日，然後暴之，與藥相和，然後以酒一石，牛糞汁一石合丸如雞子，陰乾，鼓之，法如前，餘亦如前。第六轉，取雌黄二十斤，吴黄礬石五斤，合之牛乳、麻子汁，煮之三日夜，陰乾，搗篩，上和藥以牛糞汁，丸如雞子，陰乾，鼓之，如前法。第七轉，取石曾青五斤，香附、白附各百枚新實者良。餘法同上。第八轉，取戎鹽三斤，朴硝、芒硝各三斤，搗篩同藥，以牛糞汁和之，丸如雞子，陰乾，鼓之如前也。第九轉，取前八轉丹依法置其人生命上及王相上，依丹經立壇醮祭潔清齋戒，置靈寶五符於五方，十二神印八方，掩天門，閉地户，歷華蓋，入陰中，符於辰上，八靈符置取白玉五斤爲粉，金一斤爲屑，藥以青羊心肝各一具，和泥泥爐，以牛糞和之如雞子，置生命上陰乾，取天心日天心時置九宫，合藥者在中宫侍爐，先問日奇合，尋出宫

爲妙。三日夜丹成，丸以白蜜。日服二丸如黍米粒，可爲真人矣。秘之勿傳。”

［３］夏至：二十四節氣之一，在公曆六月二十一日或二十二日。這天北半球晝最長，夜最短；南半球則相反。至，指陽氣至極，陰氣始至和日行北至。《逸周書·時訓》：“夏至之日，鹿角解，又五日，蜩始鳴。”

［４］朱兒：丹砂。《籤》六八《金丹部》：“第一絳陵朱兒七兩。”注：“口訣：是丹砂，巴越者是也。”又名降陵朱兒、絳宮朱兒。

［５］日精：太陽的精華。

［６］翕然：一致貌；突然。

［７］煌煌：光彩奪目貌。煇煇：明亮貌。煇同輝。神光：神異的靈光。

［８］糠火：用稻、麥穀皮燒火。

［９］先文後武：先溫火後猛火；先火力小而緩，後火力大而猛。文：柔和。

［10］遲速：慢和快；緩慢或迅速。

10　　又有《九光丹》，與九轉異法⁽¹⁾[1]，大都相似耳。作之法，當先以諸藥合火之⁽²⁾[2]，以轉五石。五石者，丹砂[3]、雄黄[4]、礜石⁽³⁾[5]、曾青⁽⁴⁾[6]、慈石也⁽⁵⁾[7]。一石輒五轉而各成五色，五石合爲二十五色，色各一兩⁽⁶⁾，而異器盛之。欲起死人[8]，未滿三日者，取青丹一刀圭和水，以浴死人，又以一刀圭發其口內之⁽⁷⁾，死人立生也。欲致行廚[9]，取黑丹和水，以塗左手，其所求如口所道，皆自至，可致天下萬物也。欲隱形及先知未然方來之事，及住年不老⁽⁸⁾，服黄丹一刀圭[10]，即便長生不復老⁽⁹⁾。及坐見千里之外⁽¹⁰⁾，吉凶皆知，如在目前也⁽¹¹⁾。人生宿命[11]，盛衰壽夭，富貴貧賤⁽¹²⁾，皆知之也，其法俱在《太清經》卷中⁽¹³⁾。

【校】

（1）異：《籤》六七作丹。

（2）作之法：陳其榮校："《御覽》九百八十五'作'下有'丹'。"按：經核對，《御覽》九百八十五無"丹"字。王明校："《校勘記》：《御覽》九百八十五作'下有丹'。"按：王明理解《校勘記》有誤。當先以諸藥合火之：藏本、平津本無"先"字，據《金汋經》下、《御覽》九百八十五校補。

（3）礜石：藏本、平津本作白凡，據孫星衍、陳其榮、王明校改。孫星衍校："（凡）刻本作礬，《太平御覽》九百八十八引作礜。"陳其榮校："《御覽》九百八十五、九百八十八並作礜石。"王明按："《金汋經》《石藥爾雅》五石丹亦作白礜，是。"

（4）曾青：《石藥爾雅》作空青。

（5）慈石也：《金汋經》下作磁石。

（6）五石合爲二十五色，色各一兩：藏本、平津本作五石而二十五色，各一兩，從王明校引《金汋經》校改。《籤》六七、《御覽》九百八十五並重色字。

（7）發其口内之：孫星衍校："（之）藏本無此字。"

（8）住年：陳其榮校："《御覽》九百八十五住作延年。"按：本段由"欲"字領句組成的三個分句"欲起死人""欲致行廚""欲隱形"，前兩個分句都是一句一事，而"欲隱形及先知未然方來之事"以下是幾件不相干的事，"欲隱形及先知未然方來之事"與"及住年不老，服黄丹一刀圭，即便長生不老矣"不是一類事，疑"欲隱形及先知未然方來之事"之下有脱誤，而"及住年不老"之"及"，蓋"欲"字脱"谷"旁，而"欠"字形誤成"及"字。又上文已用一個及字，此處不當再用一個及字。

（9）即便長生不復老：藏本、平津本作即便長生不老矣，據《金汋經》下、《御覽》九百八十五補復字，删矣字。《籤》六七無不老矣及四字。

（10）千里之外：《籤》六七千作萬。

（11）吉凶皆知，如在目前也：《籤》六七皆作所，"知"下有皆字。

（12）富貴貧賤：《籤》六七作貴賤貧富。

（13）卷中：藏本、平津本作中卷耳：從《籤》六七校改。

【注】

〔1〕九光丹：鉛黄華。《石藥爾雅》上《飛煉要訣・釋諸藥隱名》：“鉛黄華，一名黄丹，一名軍門，一名金柳，一名鉛華，一名華蓋，一名龍汁，一名九光丹。”柳通鉚。

〔2〕作之法，當先以諸藥合火之：《經訣》九《金鉚法》：“金精、石膽、朱砂、雄黄、石硫黄、朴硝、硇砂、白礬、騏驎竭等各二兩。唯騏驎竭研作末，瓷器中以醋浸之，著糠火中，勿令沸即爛，從辰至未。出，用蜜陀僧、紫石英，已上各五兩，鹽一斤，凡十二物，藥各搗爲末。別用水銀八兩於小銅鐺中，以醋沃水銀鐺，下小猛火。別鐵器中鎔錫，瀉著水銀中，即合相得。看醋欲盡，更添一斗，如此盡二斗，罷矣。即取諸藥著瓷器中，并水銀，一時與藥合，研半日，成藥也。即取細膩鉚打，令使碎如黍豆等十斤鉚，與藥二兩，與黄礬石末十兩相合，入八風沃爐中，用樫柳木炭，剛柔兼好，裝鉚勿使不均，即火不徹，盡火力止。若鉚熟，即停；如不熟，更一遍入爐，即無有不熟者。用沙盆中精沙取熟金如麩片，或如細沙糖屎，自與金別沙。托取牛屎灰一斗、鹽末半升，與二兩熟金沙一時和攪，以玄精水和，團如雞子，熏乾，還入牛屎，火食之；若好一遍即罷，未好更一遍入食沙。取堝中消之，瀉脂膜中，打薄，用胡同律、黄礬石等分，醋和塗鋌，燒出色，一如水鉚金法，即成上金。若作薄泥塗飾物者，還依前法，一斤金、黄礬、曾青等分一兩，堝中令鎔，攪即柔軟，隨意打用矣。若鉚金稱無楞角者，十斤鉚加前藥一兩，黄礬石末加前十兩無不得者。若鉚非真體物，强鼓造，徒費功也。藥力得星化氣消，即爲鐵悔，終無銖兩真物可得。其藥分中，騏驎竭不可得者，以紫鉚代用亦得矣。”

〔3〕丹砂：又名太陽。《九丹經》上：“第二之丹名神符，本生太陽河伯余。”“太陽者，丹砂也，生於丙丁。丙丁者，火精，上爲熒惑星，下爲丹砂也。”《經訣》八《作丹砂水法》：“丹砂一斤，納生竹筒中，加

石膽、硝石各二兩，㗜悌盛苦酒筒内中，覆蓋埋中庭，入地三尺，二十成水。其水甘美，其色黄濁也。”《本草綱目・金石部》九《丹砂》：“［集解］土宿真君曰：‘丹砂受青陽之氣，始生礦石。二百年成丹砂而青女孕，又二百年而成鉛，又二百年而成銀，又二百年復得太和之氣，化而爲金，故諸金皆不若丹砂金爲上也。’”

［4］雄黄：即二硫化二砷 As_2S_2。《石藥爾雅・飛煉要訣・釋諸藥隱名》：“雄黄，一名朱雀筋，一名白陵，一名石黄，一名太旬首中石，一名天陽石，一名桑黄雄，一名丹山月魂，一名深黄期，一名帝男精，一名帝男血，一名迄利迦。”又名朱雀、并帝、男精。《本草綱目》九《雄黄》：“［氣味］土宿真君曰：‘南星、地黄、蒿茝、五加皮、紫河車、地榆、五葉藤、黄芩、白芷、當歸、地錦、鵝腸草、雞腸草、苦參、鵝不食草、圓桑、蝟脂，皆可製雄黄。’”

［5］礜石：《山海經・西山經》：“皋塗之山……有白石焉，其名曰礜，可以毒鼠。”《御覽》九八七引此，小注云：“今礜石殺鼠，蠶食之而肥。”

［6］曾青：銅礦砂。又名青龍膏。《石藥爾雅》作空青。《太清石壁記》中《丹經秘要口訣》：“青神羽理：空青。”孔雀石的一種。又名楊梅青。産於川贛等地。隨銅礦生成，球形，中空，翠緑色。可用作繪畫，亦可入藥。《御覽》九百八十八引《淮南萬畢術》曰：“取曾青十斤燒之，以水灌其地，雲起如山雲矣。曾青爲藥，令人不老。”《本草經》曰：“曾青生蜀郡名山，其山有銅者，曾青出其陽，青者銅之精，能化金、銅。”《本草綱目》十《曾青》：“［集解］《造化指南》云：‘層（曾）青生銅礦中，乃石緑之得道者。肌膚得東方正色，可以合煉大丹，點化與三黄齊驅。’”“［氣味］［獨孤滔曰］‘曾青住火成膏，可結汞，製丹砂，蓋含金氣所生也。須酒醋漬煮用。’”點化即加少量的藥劑，能使較大量的物質起變化。

［7］慈石：磁鐵礦的礦石。別名玄石、處石、熁鐵石、吸針石。又名帝流漿、並定臺、引針。《本草綱目》十《慈石》引《造化指南》：“［集解］土宿真君曰：‘鐵受太陽之氣，始生之初，石産焉。一百五十年而成慈石，又二百年孕，而成鐵。’”“［氣味］［獨孤滔曰］‘伏丹

砂,養汞,去銅暈。’”伏：産品；提净、升華、起化學變化。

［8］起死人：使死人復活。

［9］行廚：道教施法,只要説出想要之物,其物便由仙女送至。《廣
　　記》六十《仙女五·麻姑》：“(麻姑)入拜方平,方平爲之起立,坐
　　定,召進行廚,皆金盤玉杯。”《遐覽篇》著録《行廚經》一卷。

［10］黄丹：PbO(密陀僧),即九光丹。鉛的一種氧化物。可作顔料,
　　可入藥。又名銀丹。《本草綱目》八《鉛丹》：“［集解］［弘景曰］即
　　今熬鉛所作黄丹也。俗方稀用,惟仙經塗丹釜所須。”“［主治］吐
　　逆胃反,驚癇癲疾,除熱下氣,煉化還成九光,久服通神明。本經”

［11］宿命：前世的生命。《四十二章經》十三：“沙門問佛,以何因緣,
　　得知宿命,會其至道?”宿命論不獨佛教,道教亦然。

　　11　抱朴子曰(1)：其次有《五靈丹經》一卷,有五法
也(2)。用丹砂、雄黄、雌黄(3)[1]、石硫黄(4)[2]、曾青、礬石(5)、
慈石、戎鹽、太乙餘糧(6)[3],亦用六一泥,及神室祭醮[4],合
之三十六日成(7)。又用五帝符[5],以五色書之[6],亦令人
不死,但不及太清及九鼎丹藥耳(8)。

　　12　又有《岷山丹法》,道士張蓋蹋精思於岷山石室
中(9)[7],得此方也。其法鼓冶黄銅(10),以作方諸,以承取月
中水(11),以水銀覆之,致日精火其中[8],長服之不死。又取
此丹置雄黄銅燧中,覆以汞曝之(12)[9],二十日發而治之,以
井華水服如小豆(13)[10],盲者能視,百病即愈(14),髮白還黑,
齒落更生(15)。

　　13　又《務成子丹法》(16),用巴沙汞置八寸銅盤中[11],
以土爐盛炭,倚三隅塹以枝盤(17)[12],以硫黄水灌之,常令
如泥,百日服之不死。

14　又《羨門子丹法》⁽¹⁸⁾，以酒三升，和丹一斤⁽¹⁹⁾，曝之四十日，服之一日，則三蟲百病立下^{(20)[13]}；服之三年，仙道乃成，必有玉女來二人侍之，可役使致行廚，此丹可以厭百鬼^[14]，及四方死人殃注害人宅^[15]，及起土功妨人者^[16]，懸以向之，則無患矣。

15　又有《立成丹》，亦有九首^[17]，似九鼎而不及也。其要⁽²¹⁾：取雌黃、雄黃燒下其中銅⁽²²⁾，鑄以爲器，覆之三歲淳苦酒^[18]，上百日⁽²³⁾，此器皆生赤乳，長數分，或有五色琅玕^[19]，取理而服之⁽²⁴⁾，亦令人長生。又可以和菟絲^[20]，菟絲是初生之根，其形似菟，掘取克其血⁽²⁵⁾，以和此丹，服之立變化，任意所作也⁽²⁶⁾。又和以朱草^{(27)[21]}，一刀圭服之⁽²⁸⁾，能乘虛而行云^[22]，朱草狀似小棗，裁長三四尺⁽²⁹⁾，枝葉皆赤⁽³⁰⁾，莖如珊瑚，喜生名山岩石之下⁽³¹⁾，刻之汁流如血，以玉及八石金銀投其中，立便可丸如泥^[23]，久則成水，以金投之，名爲金漿；以玉投之⁽³²⁾，名爲玉醴，服之皆長生。

16　又有《取伏丹法》云：天下諸水，有名丹者，若南陽之丹水之屬也^{(33)[24]}，其中皆有丹魚。當先夏至十日夜伺之⁽³⁴⁾，丹魚必浮於水側⁽³⁵⁾，赤光上照，赫然如火也^[25]。網而取之，可得之，得之雖多，勿盡取也，割其血，以塗足⁽³⁶⁾，則可步行水上，長居淵中矣^{(37)[26]}。

17　又《赤松子丹法》⁽³⁸⁾，取千歲蔂汁^{(39)[27]}，及蟠桃汁淹丹^{(40)[28]}，著不津器中^[29]，練蜜蓋其口^[30]，埋之入地三尺，百日，絞柠木赤實，取汁和而服之，令人面目鬢髮皆赤，長生也。昔中黃仙人有赤鬚子者^[31]，豈非服此乎⁽⁴¹⁾？

18　又《白石生丹法》，取峻岩之上千歲松葉、金菊花、茯苓、茯神成散，華池水服之，能致神靈。又以柏葉陰乾百日，煉蜜丸散，服久得壽身輕[42]。取烏鷇之未生羽毛者[43][32]，以真丹和牛肉以吞之，至長，其毛羽皆赤，乃煞之，陰乾百日[44]，並毛羽搗服一刀圭，百日，得壽五百歲。

19　又《康風子丹法》，用陽烏[45][33]、鶴卵、雀血，合少室天雄汁和丹[34]，内鵠卵中漆之，内雲母水中[35]，百日化爲赤水。服一合，輒益壽百歲[46]；服一升，壽千歲也[47]。

【校】

（1）抱朴子曰：《金汋經》下、《籤》六七無。

（2）有五法也：《籤》六七作凡有五法也。

（3）雌黃：孫星衍校："《御覽》九百八十五引無此二字。"

（4）石硫黃：《籤》六七引無石字。《御覽》九百八十五硫作流。

（5）礬：孫星衍校："《御覽》九百八十五引作礜。"

（6）太乙餘糧：孫星衍校：（乙下）"《御覽》引有禹字。"

（7）合之：《金汋經》作合之火。《校補》："疑當作'合火之'，今本脱'火'字，《金汋經》火之誤倒耳。"

（8）丹藥耳：《籤》六七無藥字。

（9）張蓋蹋：《金汋經》下、《御覽》六百七十蓋作盉，《金汋經》下蹋作蹹。

（10）冶：孫星衍校："藏本作治。"王明案："宋浙本亦作治，並誤。"

（11）以承取月中水：《金汋經》《籤》六七引並無中字。

（12）曝之：《金汋經》下、《籤》六七曝作暴。

（13）服如小豆：《籤》六七作服如小豆大。

（14）盲者能視，百病即愈：藏本、平津本作百日盲者皆能視之，百日病者自愈，從王明校、《校補》、《金汋經》、《籤》六七校改。

（15）落：《籤》六七作墮。

（16）又：《金汋經》下作又有。

（17）隅：孫星衍、顧廣圻校：“藏本作偶。”

（18）又：《金汋經》下作又有。

（19）以酒三升，和丹一斤：藏本、平津本作以酒和丹一斤，用酒三升和，從慎校本、寶顏堂本校改。

（20）下：《金汋經》作去。

（21）其要：藏本、平津本作其要一本更云。按：《金汋經》《籤》六七并無“一本更云”，蓋校語，從《校補》刪。

（22）取雌黃雄黃燒下其中銅：《金汋經》《籤》六七並無雌黃二字。《籤》六七下作取，當從。

（23）上百日：《籤》六七作“上比百日”。

（24）取理而服之：《金汋經》《籤》六七“理”作“治”。顧廣圻、王明校、藏本、魯藩本、慎校本理作埋。

（25）克其血：《金汋經》下作刻其汁。《御覽》九百九十三引克作刻。克通刻。與下文“刻之汁流如血”同旨。

（26）任意所作也：藏本、《金汋經》下、《御覽》九百九十三任作在，《籤》六七作在意也。按任意、在意兩可。《經訣》一：“八石者，取巴越丹砂、帝男、帝女飛之，曾青、礬石、礜石、石膽、磁石凡八物等分，多少在意。”此“在意”即“任意”。

（27）又和以朱草：《籤》六七作又以朱草和。

（28）一刀圭服之：藏本、平津本作一服之，從《籤》六七校補“刀圭”二字。

（29）朱草狀似小棗，裁長三四尺：藏本、平津本“裁”作“栽”，形近致誤。僅僅。《籤》六七作朱草葉如菰，生不群、長不雜。裁：藏本、平津本誤作栽。

（30）枝葉：《籤》六七作枝幹。

（31）喜：《籤》六七作多。

（32）名爲金漿以玉投之：孫星衍校：“上八字據《意林》增，各本脫。”《籤》六七名作化，《金汋經》下玉作玉石。

（33）若南陽：藏本、平津本作有南陽，從《金汋經》、宋浙本校改。

（34）當先：藏本、魯藩本、宋浙本作常先，《金汋經》作常赤以。夜伺：
明抄本作夜祠，顧廣圻校祠作伺。

（35）必浮于水側：顧廣圻校作夜浮于水側時。

（36）以塗足：藏本、平津本作塗足下，從《校補》據《史記·高祖紀》"至
丹水"張守節正義引《抱朴子》校改。《御覽》九百三十五、九百三
十九作以塗足，無下字。

（37）矣：《金汋經》下無。

（38）又：《金汋經》下作又有。

（39）汁：藏本、平津本作汗，藏本原校："一本作汁。"從原校、《金汋
經》、慎校本、寶顏堂本、崇文本校改。

（40）蟠桃汁：藏本、平津本作礬桃汁，《金汋經》下礬作樊。按：礬當
作蟠。

（41）豈非服此乎：《金汋經》下作豈非服此藥乎。

（42）《白石生丹法》：藏本、平津本作《石先生丹法》，從王明引《金汋
經》校改。此下從王明引《金汋經》校補"取峻巖之上千歲松葉、
金菊花、茯苓、茯神成散，華池水服之，能致神靈。又以柏葉陰乾
百日，煉蜜丸散，服久得壽身輕"數句。

（43）取烏：平津本作取鳥，從《意林》、《金汋經》、藏本及《御覽》九百二
十校改。

（44）百日：寶顏堂本、崇文本無。

（45）陽烏：藏本、平津本誤作羊烏。

（46）百；孫星衍校：藏本作十。

（47）服一升壽千歲也：藏本、平津本作服一升千歲也，從《金汋經》補
"壽"字。

【注】

［1］雌黃：即三硫化二砷 As_2S_3。半透明，檸檬黃色，有毒，能殺菌滅
蟲。《石藥爾雅·飛煉要訣·釋諸藥隱名》："雌黃，一名帝女血
煉者，一名玄臺月半煉者，一名黃龍血生，一名黃安煉者，一名赤
廚桑。"又名帝女。《御覽》九百八十八引《本草經》曰："雌黃，石

金，味辛，平。生山谷，治身癢諸毒。"《典術》曰："天地之寶藏於中極，命曰雌黃。雌黃千年化爲雄黃，雄黃千年化爲黃金。"《本草綱目》九引《造化指南》："陽石氣未足者爲雌，已足者爲雄。相距五百年而結爲石。造化有夫婦之道，故曰雌黃。"《葛仙翁肘後備急方》二《治傷寒時氣温病方》十三："若小腹滿不得小便方：細末雌黃，蜜和丸，取如棗核大，内溺孔中令半寸，亦以竹管注陰，令痛朔之通。"

[2] 石硫黃：即硫黃。又名石停脂，《石藥爾雅》上《飛煉要訣・釋諸藥隱名》："一名黃英，一名煩硫，一名硫黃，一名石停脂，一名九靈黃童，一名黃硇砂，一名山不住。"《經訣》一九《石硫黃水法》："取石硫黃一斤，八月桑上露一升，硝石二兩，納筒中，漆固，納華池中三十日成水。其取露法，以清旦令細心童子洗手，以净綿浥緤取之。"石質藥物。能治療多種疾病，爲歷代名醫所重。《本草綱目》十一《石硫黃》："[主治]婦人陰蝕，疽痔惡血，堅筋骨，除頭禿。能化金銀銅鐵奇物。本經療心腹積聚，邪氣冷癖在脅，咳逆上氣，脚冷疼弱無力，及鼻衄，惡瘡，下部䘌瘡，止血，殺疥蟲。別録

治婦人血結。吳普下氣，治腰腎久冷，除冷風頑痹，寒熱。生用治疥癬，煉服主虚損泄精。甄權壯陽道，補筋骨勞損，風勞氣，止嗽，殺臟蟲邪魅。大明長肌膚，益氣力，老人風秘，并宜煉服。李珣主虚寒久痢，滑泄霍亂，補命門不足，陽氣暴絶，陰毒傷寒，小兒慢驚。時珍"[發明][(李)時珍曰]'按孫升談圃云：硫黃，神仙藥也。每歲三伏日餌百粒，去臟腑積滯有驗。'"

[3] 太乙餘糧：① 禹餘糧。即薢草。《御覽》九八八《藥部五》引《博物志》曰："扶海洲上有草焉，名曰薢草，其實食之如大麥。從七月稔熟民斂，至冬乃訖。名自然穀，或曰禹餘糧。今藥中有禹餘糧者，世傳昔禹治水，棄其所餘食于江中而爲藥也。"② 一種褐鐵礦礦石，主要成分爲氧化鐵($2Fe_2O_3 \cdot 3H_2O$)。又名白素，又名太一旬石。明謝肇淛《五雜俎・物部三》："泰山有太乙餘糧，視之，石也。石上有甲，甲中有白，白中有黃。相傳太乙者，禹之師也，嘗服此而棄其餘，故名。"《本草綱目》十《太一餘糧》："[主

治]久服能忍寒暑,不飢,輕身飛行千里,神仙。本經"

[4]　神室:供神、齋戒、祭神的處所。醮(jiào):祭祀;設壇伏章祈禱。

[5]　五帝符:"符"是道士用以消災祈福,厭劾鬼怪的法物,如用《河
　　　　圖》《洛書》符號或神明所授"天文"書寫在紙帛上。《遐覽》:"鄭
　　　　君言:符出於老君,皆天文也。老君能通于神明,符皆神明所
　　　　授。"五帝符即青帝符、赤帝符、黃帝符、白帝符、黑帝符。《經訣》
　　　　十九《合和防辟法》:"法曰:凡欲爲神丹,五石變化出五金之法,
　　　　皆當謁天上皇道君受五神符,則五石、五金隨意而化,爭出其精。
　　　　青帝符法:(以)甲乙日,白茅爲藉,長三尺,青繒長一丈二尺布
　　　　藉上,酒二杯,脯二朐,以(青)繒爲地,墨書符,廣二寸,長七寸,
　　　　置藉上,祝曰:吉日良時小兆臣某再拜謹受上皇道君青帝神符,
　　　　因再拜燒符服之。……赤帝符法:以丙丁日,白茅爲藉,長三
　　　　尺,絳繒長一丈三尺布藉上,酒二杯,脯二朐,以丹書符,廣二寸,
　　　　長七寸,投符藉上,祝曰:吉日良時小兆臣某再拜(謹)受上皇道
　　　　君赤帝神符,因再拜燒符吞之。黃帝符法:以戊己日,白茅爲
　　　　藉,長三尺,黃繒長(一)丈二尺布席(藉)上,酒二杯,脯二朐,朱
　　　　爲地,以紫書符,廣三寸,長七寸,投(符)席(藉)上,祝曰:吉日
　　　　良時小兆臣某再拜(謹)受上皇道君黃帝神符,因再拜燒(符)服
　　　　之。白帝符法:以庚辛日,白茅爲藉,長三尺,白素長一丈三尺
　　　　布藉上,酒二杯,脯二朐,綠爲地,以丹書符,廣二寸,長七寸,投
　　　　(符)藉上,祝曰:吉日良時小兆臣某再拜(謹)受上皇道君白帝
　　　　神符,因再拜燒符服之也。黑帝符法:以壬癸日,白茅爲藉,長
　　　　三尺,皂繒長一丈二尺布藉上,酒二杯,脯二朐,黑爲地,以丹書
　　　　符,廣二寸,長七寸,投(符)藉上,祝曰:吉日良時小兆臣某再拜
　　　　(謹)受上皇道君黑帝神符,因再拜燒符服之。"

[6]　五色:青、赤、白、黑、黃五色。《書·益稷》:"以五采彰施於五色,
　　　　作服,汝明。"孫星衍疏:"五色,東方謂之青,南方謂之赤,西方謂
　　　　之白,北方謂之黑,天謂之玄,地謂之黃。玄出於黑,故六者有黃
　　　　無玄爲五也。"

[7]　張蓋蹹:又見後《登涉篇》。

［８］致日精火其中：《御覽》八百六十九引《抱朴子》曰：“又陽燧可以取火於日，而無取日於火之理，則日精之生火明矣。”

［９］汞：玄珠。曝（pù）：曬也。

［10］井華水：清晨初汲的水。華同花。《本草綱目》五《井泉水》：“［集解］井水新汲，療病利人，平旦第一汲，爲井華水。”“［發明］［虞搏曰］新汲井華水，取天一真氣，浮於水面，用以煎補陰之劑，及煉丹煮茗，性味同於雪水也。”

［11］巴沙汞：巴蜀出產的丹砂。《九丹經》下：“乃出蠻夷巴越間者，言越砂出巴郡越鄉。”《本草綱目》九《丹砂》［集解］［（陶）弘景曰］“即今朱砂也。……乃出武陵、西川諸蠻夷中，皆通屬巴地，故謂之‘巴砂’。”生朱砂：又名帝女髓。《葛仙翁肘後備急方》二《治瘴氣疫癧溫毒諸方》十五《附方》：“外臺秘要辟瘟方：取上等朱砂一兩細研，白蜜和丸如麻子大，常以太歲日平旦，一家大小勿食諸物，面向東立，各吞三七丸，永無疾疫。”

［12］三隅：三角。塹；溝。枝：通支。支撐。

［13］三蟲：即三尸、三彭，人體中的蟲。《論衡·商蟲》：“人體中有三蟲……三蟲食腸。”道教亦主張去三蟲。《漢武帝內傳》：“皇甫隆曰：‘治身之要，當朝朝服玉泉，使人丁壯有顏色，去三蟲而堅齒也。’”

［14］厭（yà）：同壓。鎮除。

［15］注：通疰。傳染性疾病；注入。《廣雅·釋詁一》：“疰，病也。”王念孫疏證：“《釋名》：‘注病，一人死，一人復得，氣相灌注也。’‘注’與‘疰’通。”

［16］土功：指治水、築城、建築宮殿等土木工程。

［17］首：篇。

［18］淳苦酒：淳醯，百天以上的醋；苦酒，三年以上的醋。

［19］琅玕：似珠玉的美石。

［20］菟：通兔。

［21］朱草：一種紅色的草，古人以爲祥瑞之物。《鶡冠子·度萬》：“朱草生，衆祥具。”

[22] 乘虛：凌空；騰空飛行。

[23] 立便：立刻；立即。

[24] 南陽：地名，治所在今河南省南陽市。

[25] 赫然：光彩鮮明貌。多指紅色。

[26] 淵：迴旋的水。

[27] 蔂(léi)：同虆，藤。《本草綱目》十八《千歲藟》："[主治]久服，輕身不飢耐老，通神明。別錄"藟同蔂。

[28] 蟠桃：神話中的仙桃。《論衡・訂鬼》引《山海經》："滄海之中，有度朔之山，上有大桃木，其蟠屈三千里。"

[29] 不津器：蓋指乾燥而不滲漏的器皿。津：汁進出器物；滲漏。

[30] 練蜜：蜜色如白練，故云。又名石蜜。用甘蔗煉成的蜜。

[31] 中黃：中黃伯，古勇士名，一説國名；中黃子，傳説中的仙人名。赤須子：古仙名。《列仙傳》下《赤鬚子傳》："赤鬚子，豐人也。豐中傳世見之云：秦穆公時主魚吏也。數道豐界災害水旱，十不失一。臣下歸向，迎而師之，從受業，問所長。好食松實、天門冬、石脂。齒落更生，髮墮再出，服霞，絕（粒）。後遂去吳山下十餘年，莫知所之。"

[32] 鷇(kòu)：由母哺食的幼鳥。按：鷇、雛有別。《漢書・東方朔傳》："聲謷謷者，鳥哺鷇也。"顏師古注引項昭曰："凡鳥哺子而活者爲鷇，生而自啄曰雛。"

[33] 陽烏：名陽鴉，似鸛而小。《本草綱目》四十七《陽烏》："[集解][藏器曰]陽烏出建州，似鸛而殊小，身黑，頸長而白。""[主治]燒灰酒服，治惡蟲咬成瘡。藏器"

[34] 少室：山名，在中嶽嵩山西部，在今河南登封縣北，因山有石室，故名。天雄：一種草藥。《御覽》九百九十引《本草》曰："天雄，味辛，甘温、大温。有大毒，主大風，破積聚邪氣。強筋骨，輕身健行，長陰氣，強志，令人武勇，力作不倦。一名白幕。生少室山谷。"

[35] 雲母：礦物類中藥。《葛仙翁肘後備急方》三《治卒中風諸急方》十九："《千金翼方》治熱風，汗出，心悶，水和雲母服之，不過，再

服，立差。"《本草綱目》八《雲母》："［主治］除邪氣，安五臟，益子精，明目，久服輕身延年。本經"《仙藥》載有食雲母之法。

20　又《崔文子丹法》[1]，納丹鶩腹中蒸之(1)[2]，服，令人延年，長服不死。

21　又《劉元丹法》[3]，以丹砂內玄水液中[4]，百日，紫色，握之不汙手，又和以雲母水，內管中漆之，投井中，百日化爲赤水。服一合，得百歲，久服長生也。

22　又《樂子長丹法》[5]，以曾青、鉛丹合汞及丹砂[6]，著銅筒中，乾瓦白滑石封之(2)，於白砂中蒸之，八十日。服如小豆，三年仙矣(3)。

23　又《李文丹法》，以白素裹丹，以竹汁煮之，名紅泉，乃浮湯上蒸之(4)，合以玄水，服之一合(5)，一年，仙矣。

24　又《尹子丹法》[7]，以雲母水和丹密封，置金華池中(6)[8]，一年出，服一刀圭，盡一斤，得五百歲。

25　又《太乙召魂丹法》(7)[9]，所用五石，及封之以六一泥，皆似九丹也，長於起卒死三日以還者，折齒內一丸(8)[10]，與硫黃丸，俱以水送之，令入喉，即活(9)，皆言見使者持節召之。

26　又《采女丹法》(10)，以兔血和丹與蜜蒸之百日。服之如梧桐子者大一丸，日三，至百日，有神女二人來侍之，可役使。

27 又《稷丘子丹法》[11]，以清酒、麻油、百華醴、龍膏和[12]，封以六一泥，以糠火煴之，十日成。服如小豆一丸，盡劑，得壽五百歲。

28 又《墨子丹法》[13]，用汞及五石液於銅器中[14]，火熬之，以鐵匕攪之(11)，十日，還爲丹。服之一刀圭，萬病去身，長服不死。

29 《張子和丹法》，用鉛、汞、曾青水合封之，蒸之於赤黍米中，八十日成。以棗膏和丸之[15]，服如大豆，百日，壽五百歲。

30 又《綺里季丹法》(12)[16]，先飛取五石玉塵[17]，合以丹砂汞，内大銅器中煮之，百日，五色，服之不死(13)。以鉛百斤，以藥百刀圭，合火之成白銀，以雄黄水和而火之(14)，百日成黄金，金或太剛者，以豬膏煮之；或太柔者，以白梅煮之，盡一劑得長生(15)。

31 又《玉柱丹法》，以華池和丹(16)，以曾青、硫黄末覆之薦之，内筒中沙中，蒸之五十日。服之百日，玉女、六甲、六丁、神女來侍之[18]，可役使，知天下之事也。

32 又《肘後丹法》，以金華和丹(17)，乾瓦封之，蒸八十日，取如小豆(18)，置盤中，向日和之，其光上與日連。服如小豆，長生矣。以投丹陽銅中[19]，火之成金(19)。

33　又《李公丹法》，用真丹及五石之水各一升，和令如泥，釜中火之，三十六日出，和以石硫黃液。服之十年，與天地相畢。

34　又《劉生丹法》，用白菊花汁[20][20]、地血汁、地楮汁[21][21]、樗汁和丹蒸之[22]，三十日。研合服之，一年，得五百歲[22]，老翁服更少不可識，少年服亦不老。

35　又《王君丹法》，巴沙及汞內雞子中，漆合之，令雞伏之三枚。以王相日服之[23]，住年不老。小兒不可服，服之則不復長矣[23]。與新生雞犬服之，皆不復大，鳥獸亦皆如此驗。

36　又《陳生丹法》，用白蜜和丹，內銅器中土封之[24]，沈之井中，一期[24]，服之經年，不飢，盡一斤，壽百歲。

37　又《韓衆終丹法》[25]，漆、蜜和丹煎之[25]，服可延年久視，立日中無影。過此以往，尚數十法，不可具論[26][26]。

【校】

（1）納丹鵞腹中：《金汋經》下作內丹鵞卵腹中。

（2）以曾青鉛：其下十七字寶顏堂本無。

（3）三年仙矣：原校："一本作一年仙。"

（4）乃：寶顏堂本作丹。

（5）合：慎校本、寶顏堂本作和。服之一合：慎校本、寶顏堂本作一合日服之。

（6）置金華池中：藏本、平津本作致金華池中，從《金汋經》下致作置。

（7）《太乙召魂丹法》：藏本、平津本作《太乙招魂魄丹法》，從王明、

《校補》校改。陳其榮校:“《御覽》八百八十六招作召,案下文云‘持節召之’,《至理篇》有‘召魂小丹’,則《御覽》是。”王明案:“《金汋經》作《太乙召魂丹法》。”《校補》刪魄字。

（8）折齒內一丸:藏本作折師內一一丸,平津本作折死者口內一丸,從陳其榮校引《御覽》八百八十六、王明案引《金汋經》校改。

（9）令:陳其榮校引《御覽》八百八十六無。入喉即活:其下《金汋經》《御覽》八百八十六有活者二字。

（10）采女:陳其榮校引《白孔六帖》九十七作和女,《初學記》二十九作和安。《御覽》九百七作采女。

（11）以鐵匕攪之:平津本作以鐵上撓之,從藏本、《金汋經》下上作匕。從《金汋經》下、慎校本、寶顏堂本撓作攪。

（12）《綺里季丹法》:藏本、平津本作《綺里丹法》,從《金汋經》校改。

（13）不死:《金汋經》作仙飛,義長。

（14）和而火之:藏本、平津本作和之而火之,從《金汋經》校改。《御覽》九百七十火作煮。

（15）白梅煮之,盡一劑得長生:藏本、平津本作白梅煮之,據《校補》引《金汋經》補“盡一劑得長生”六字。

（16）《玉柱丹法》,以華池和丹:《金汋經》玉作王,魯藩本柱作桂。孫星衍校:“天一閣本‘華池’下有‘汞也’,藏本無。”

（17）以:孫星衍校:其下“一本有‘砂汞’二字”。

（18）取如小豆:孫星衍校:“據此,‘如小豆’三字當衍。”

（19）火之成金:（藏本）原校:“又一法,以油汁和丹服之,百日長生。”原校亦見《金汋經》正文。《金汋經》油作柚,當從。

（20）用白菊花汁:其下《金汋經》下、《藝文類聚》八十一、《御覽》九百九十六下有蓮花汁三字。

（21）地血汁、地楮汁:藏本、平津本作地楮汁,從《金汋經》《御覽》九百九十六校補地血汁。

（22）得五百歲:《校補》:“《御覽》九百九十六引此下有‘仙方所謂日精’六字,疑爲舊注之語。”

（23）小兒不可服,服之則:藏本、平津本作小兒不可服。《校補》:

“‘服’下疑有脫文。”尋上下文意，疑當補“服之則”三字。全句
謂：小兒不可服，服之則不復長矣。

（24）內銅器中土封之：平津本作內銅石中封之，從藏本石作器。

（25）《韓衆終丹法》：孫星衍、顧廣圻、陳其榮、王明校，《仙藥篇》“韓終
服菖蒲”，《藝文類聚》八十一引作韓終，無衆字。《御覽》三百八
十八作“韓中丹”，《藝文類聚》九十八引作山芝者韓中所食也。
東方朔《七諫》“見韓衆而宿之”，王逸注：“韓衆，仙人也（衆一作
終）。”按：韓衆、韓終、韓中，傳聞異詞。

（26）具：孫星衍校：“藏本作俱。”

【注】

［1］崔文子：《列仙傳》上《崔文子傳》：“崔文子者，太山人也。文子世
好黃老事，居潛山下。後作黃散赤丸成（于）石父祠，賣藥都市，
自言三百歲。後有疫氣，民死者萬計，長吏之文所請救。文擁朱
旛，繫黃散以徇人門，飲散者即愈，所活者萬計。後去，在蜀賣黃
散，故世寶崔文赤丸黃散，實近於神焉。”

［2］納：古作內。鶩（wù）：野鴨。

［3］劉元：不詳。

［4］玄水液：① 玄水龍膏，即水銀。② 磁石水。《經訣》二十：“玄水
液者，一名玄水澤，即是磁石水也。”

［5］《樂子長丹法》：《御覽》六百六十二引《三洞珠囊》曰：“樂子長，齊
人也。少好道，到霍林山服巨勝、赤松散方，去仙。”

［6］鉛丹：Pb_3O_4。又名河車。箇（tǒng）：筒狀的容器。瓦：瓦粉，
即鉛粉，又名粉錫。《本草綱目》八《粉錫》：“［主治］伏尸毒螫，殺
三蟲。本經”

［7］尹子：蓋即關尹子。

［8］金華池：用小麥、麴、赤黍米、青白石、鉛、丹砂與水等製作而成的
液體。《經訣》十七《黃帝九鼎神丹華池方》：“合丹作金華池，以
驗五石之精，令不飛散方，小麥五斗漬之，令擇蒸之使熟。麴五
斗、青白石大如栗者五斗，鉛七斤，熬作屑，丹砂五斤細末之，赤

黍米五斗，炊作飯。先以石子置甕底，次以丹砂，次麴，次麥，次黍飯，次以水一石五斗淋之，密覆之，夏七十日、冬百四十日成。作之于盛室之中王相之地，勿令雞犬及婦人六畜見之，(見之則)使神功不成矣。”

[9]　太乙召魂丹：又名五靈丹方。《太清石壁記》上《五靈丹方》：“一曰升霞，二曰淩霄，三曰靈化，四曰太一召魂，五曰還霞丹。汞霜、雄黃、石硫黃、朱砂、雌黃已上各十兩。右搗篩，以酢拌，曝乾，七遍，入釜中，以白鹽花爲藉，然下石藥以汞霜爲上，即以白鹽花覆之厚三分，依召魂丹用火三日夜，藥成丸如麻子。一服一丸，治萬病。”又《召魂丹方》：“二名反魂，三名更生，四名歸今，五名全生。朱砂、雄黃、石琉黃、磁石各五斤，水銀一斤。右以石琉黃鎔成水，傾水銀中，攪成碧砂，和諸石藥一時搗篩細研，酢拌，一依四神，唯轉數多於四神丹。”

[10]　折齒内一丸：言人死之後，飲水難入，欲納此丸，須折其一齒，即以丸自無齒孔中投進之，則其人活矣。

[11]　《稷丘子丹法》：《列仙傳》上《稷丘君傳》：“稷丘君者，太山下道士也。(漢)武帝時以道術受賞賜。髮白再黑，齒落更生，後罷去。上東巡太山，稷丘君乃冠章甫，衣黃衣，擁琴來迎，拜武帝，指帝：‘陛下勿上也，上必傷足指。’及數里，右足指果折。上諱之。故但祠而還，爲稷丘君立祠焉，(復百户)爲稷承奉之云。”《黃白篇》：“角里先生從稷丘子受化黃金法。”

[12]　清酒：古代祭祀用的清潔的酒；清醇的酒。麻油：《葛仙翁肘後備急方》六《治耳爲百蟲雜物所入方》四十八《附方》：“劉禹錫《傳信方》治蚰蜒入耳：以麻油作煎餅枕卧，須臾，蚰蜒自出而瘥。李元淳尚書在河陽日，蚰蜒入耳，無計可爲。半月後，腦中洪洪有聲，腦悶不可徹，至以頭擊門柱。奏疾狀危急，因發御藥以療之無瘥者。爲受苦，不念生存。忽有人獻此方，乃愈。”百華醴：蜂蜜的別名。華同花。龍膏：覆盆子異名。《石藥爾雅》上《飛煉要訣·釋諸藥隱名》：“覆盆子，一名缺盆，一名龍膏。”

[13]　墨子：《神仙傳·墨子傳》：“墨子者，名翟，宋人也。仕宋，爲大

夫。外治經典，內修道術。……墨子年八十有二，乃歎曰：'世事
已可知，榮位非常保，將委流俗以從赤松子遊耳。'乃入周狄山精
思道法，想像神仙。……於是神人授以素書，朱英丸方，道靈教
戒，五行變化，凡二十五篇……墨子拜受合作，遂得其驗。"

[14] 五石：《九丹經》下："五石者，水銀外，雄黃、雌黃、曾青、礜石、磁
石，凡五神（石）。"

[15] 棗膏：《經訣》十八《煉棗膏法》："大乾棗三斗，水六斗煮之，令棗
爛，又納三斗水更煮沸，合取用九斗水絞去滓，澄淨之，令得三
斗，乃納羖羊髓六升，投汁中，微更煎，如飴乃止。無羖羊，羯羊
髓亦得。分等以爲棗膏如此，膏可長服，令人填滿，有美色。羖
羊者，雄羊也。此出金液棗膏，和丹用法。"

[16] 綺里季：商山四皓之一。

[17] 飛取：漂取精華。研藥物爲粉末，用水漂去浮在水面的粗屑而
取其精。

[18] 六甲六丁：道教供真武大帝驅使的神將，"行風雷，制鬼神"。道
士齋醮作法時，用符籙召請他們"祈禳驅鬼"。六甲：甲子、甲
戌、甲申、甲午、甲辰、甲寅，屬陽，男神。六丁：丁卯、丁巳、丁
未、丁酉、丁亥、丁丑，屬陰，女神。《天上九霄雷霆玉經》："六丁
玉女，六甲將軍。"《老君六甲符圖》記有六丁六甲之姓名：六丁
神即丁卯神司馬卿，丁丑神趙子任，丁亥神張文通，丁酉神臧文
公，丁未神石叔通，丁巳神崔石卿；六甲神爲甲子神王文卿，甲戌
神展子江，甲申神扈文長，甲午神衛上卿，甲辰神孟非卿，甲寅神
明文章，《道藏》中收有《靈寶六丁秘法》《上清六甲祈禱秘法》等。

[19] 丹陽銅：丹陽郡所產的銅。"陽"一作"楊"。治所宛陵（今安徽宣
城），三國吳移治建業（今南京）。按：非確指。商周考古證明，今
安徽銅陵、江西瑞昌、湖北大冶銅礦遺址爲商周以來中國三處最
大的銅冶煉地，所謂"南金"，當具體指這三處所產的銅。丹陽銅
當指今安徽銅陵所產的銅。《本草綱目》八《赤銅》[集解]："《寶
藏論》云：赤金一十種，丹陽銅、武昌白慢銅……皆不由陶冶而
生者，無毒，宜作鼎器。"

[20] 白菊：《本草綱目》十五《菊》：“(白菊)[主治]和巨勝、茯苓。蜜丸服之，去風眩，變白不老，益顏色。藏器”

[21] 地血：又名紫草。《本草綱目》十二《紫草》：“[主治]心腹邪氣，五疸，補中益氣利九竅，通水道。本經”楮：其葉與果實可入藥。《葛仙翁肘後備急方》五《治腸癰肺癰方》三十七：“聖惠方治癬濕瘡，用楮葉半斤細切搗爛，傅癬上。”又七《治卒蠍所螫方》六十二《附方》：“廣利方治蠍螫人痛不止方：楮樹白汁塗之立差。”《本草綱目》三十六《楮》：“[主治]陰痿水腫、益氣充肌明目。久服，不飢不老，輕身。別錄”

[22] 檴(chū)：臭椿樹，可入藥。《本草綱目》三十五《椿檴》：“[主治]……去口鼻疳蟲。……鬼疰傳尸，蠱蟲下毒，及赤白久痢。藏器”

[23] 王相(wàng xiàng)：陰陽家言，五行交替旺盛於四時。陰陽家以王(旺盛)、相(强壯)、胎(孕育)、没(没落)、死(死亡)、囚(禁錮)、廢(廢棄)、休(休退)八字與五行、四時、八卦等遞相配搭，以表示事物的消長更迭。五行用事者爲王，王所生爲相，表示物得其時。王充《論衡·難歲》：“立春、艮王、震相、巽胎、離没、坤死、兑囚、乾廢、坎休。王之沖死，相之沖囚，王相沖位，有死囚之氣。”王符《潛夫論·夢列》：“風雨寒暑謂之感，五行王相謂之時……故審其徵候，内考情意，外考王相，即吉凶之符，善惡之效，庶可見也。”汪繼培箋：“《五行大義》云：五行體休王者，春則木王、火相、水休、金囚、土死；夏則火王、土相、木休、水囚、金死；六月則土王、金相、火休、木囚、水死；秋則金王、水相、土休、火囚、木死；冬則水王、木相、金休、土囚、火死。”

[24] 期(jī)：一周年。

[25] 漆：生漆。《本草綱目》三十五《漆》：“[主治]生漆：去長蟲。久服，輕身耐老。本經”

[26] 具論：具體討論。

38　抱朴子曰：金液，太乙所服而仙者也，不减九丹矣，合之用古秤黄金一斤，并用玄明龍膏^{(1)[1]}、太乙旬首中石^[2]、冰石^[3]、紫女^{(2)[4]}、玄水液^[5]、金化石^{(3)[6]}、丹砂，封之即成水⁽⁴⁾。其經云⁽⁵⁾：金液入口，則其身皆金色。老子授之於元君⁽⁶⁾。元君曰：此道至重，百世一出，藏之石室，合之，皆齋戒百日^[7]，不得與俗人相往來。於名山之側，東流水上，別立精舍^{(7)[8]}，百日成。服一兩便仙。若未欲去世，且作地仙之士者⁽⁸⁾，但齋戒百日矣。若欲昇天⁽⁹⁾，皆先斷穀一年，乃服之也。若服半兩，則長生不死，萬害百毒，不能傷之。可以畜妻子⁽¹⁰⁾，居官秩；任意所欲⁽¹¹⁾，無所禁也。若復欲升天者，乃可齋戒⁽¹²⁾，更服一兩，便飛仙矣。

【校】

（1）并用玄明龍膏：平津本作并用元明龍膏，“元”避清康熙諱改，從《籤》六七、藏本校改。

（2）紫女：藏本、平津本作紫遊女，“遊”字當删。

（3）金化石：顧廣圻校：“化當作花，即華字也。”

（4）封之即成水：藏本、平津本無“即”字，從《籤》六七校補。

（5）其：藏本作真，從孫星衍、顧廣圻、《籤》六七《金液法》校改。其經：即金液經。

（6）老子：《金汋經》下作老君。授之：《金汋經》、《籤》六七、天一閣本並作受之。按：授通受。當今作受爲宜。

（7）舍：孫星衍校：“藏本作室。”宋浙本亦作室。

（8）地仙之士者：藏本、平津本作地水仙之士者，據《金汋經》《丹經》二删“水”字。《籤》六七作地仙者。

（9）若欲：平津本作若求，從藏本、魯藩本、《金汋經》、《籤》六七等校改。

（10）可以畜妻子：《籤》六七無以字。

(11) 任意：藏本、《籤》六七作在意。按：兩可。

(12) 乃可齋戒：其下孫星衍校：“刻本有斷穀一年四字，非。”

【注】

［1］玄明龍膏：水銀。《石藥爾雅》上《飛煉要訣・釋諸藥隱名》：“太陰玄精，一名監精，一名玄明龍膏，與汞同名。”

［2］太乙旬首中石：雄黃。《石藥爾雅》上《飛煉要訣・釋諸藥隱名》：“雄黃，一名太（乙）旬首中石。”

［3］冰石：寒水石、凝水石。《石藥爾雅》上《飛煉要訣・釋諸藥隱名》：“凝水石，一名水石，一名寒水石，一名淩石，一名冰石。”《本草綱目》十一《凝水石》：“［主治］身熱，腹中積聚邪氣，皮中如火燒，煩滿，水飲之。久服不飢。本經”

［4］紫女：紫石英。即赤色戎鹽。《石藥爾雅》上《飛煉要訣・釋諸藥隱名》：“紫石英，一名西戎淳味，一名紫女。”《本草綱目》十一《戎鹽》：“［集解］張果《玉洞要訣》云：赤戎鹽出西戎。”《經訣》十八《紫石英》：“紫石英是石之精，末服之長生，常含之不飢渴也。紫英者，八石華法之要味也。久服輕身、延年。味甘辛溫，無毒。生太山山谷，采無時，所以太山之石，其色黑明徹，其下有根，故謂之最上也……可入華池用也。”

［5］玄水：酢；水銀。《石藥爾雅》上《飛煉要訣・釋諸藥隱名》：“水銀，一名玄水。”“酢，一名華池，一名玄明，一名玄水。”

［6］金化石：消石，即硝酸鉀（KNO_3）。《石藥爾雅》上《飛煉要訣・釋諸藥隱名》：“消石，一名河東野，一名金化石。”《御覽》九八七引《本草經》曰：“消石一名芒消。味酸苦寒，生山谷。治五藏積熱。生益州。”《本草綱目》十一《消石》引《造化指南》：“（消石一名）焰消。”“消石感海鹵之氣所產。乃天地至神之物。能寒能熱，能滑能澀，能辛能苦，能酸能鹹。入地千年，其色不變。七十二石化為水，制服草木，柔潤五金，制煉八石，雖大丹亦不舍此也。”“［主治］五臟積熱，胃脹閉，滌去蓄結飲食，推陳致新，除邪氣。煉之如膏，久服輕身。本經”在攝氏 334 度時熔融成膏狀物。

［7］齋戒：古人在祭祀或煉丹前沐浴更衣，整潔身心，滌除邪穢，以
　　示虔誠。齋本作齊。湛然純一謂之齊，肅然警惕謂之戒。洗心
　　曰齊，防患曰戒。按：今以不茹葷爲齋，不妄舉爲戒。

［8］精舍：道士修煉之所。

39　以金液爲威喜、巨勝之法(1)[1]，取金液及水銀一味
合煮之，三十日，出，以黃土甌盛，以六一泥封(2)，置之猛火
上(3)，六十時(4)，皆化爲丹，服如小豆大便仙。以此丹一刀
圭粉和(5)，水銀一斤，即成銀。又取此丹一斤，置猛火上扇
之(6)，即化爲赤金而流(7)，名曰丹金。以塗刀劍，辟五兵萬
里(8)。以此丹金爲盤椀，飲食其中，令人長生。以承月下
當得神液(9)，如方諸之得水也，飲之不死(10)。以金液和黃
土，內六一泥甌中，猛火炊之，盡成黃金(2)，中用也(11)，復以
火炊之，皆化爲丹。服之如小豆(12)，可以入名山大川爲地
仙。以此丹一刀圭粉水銀，立成銀，以銀一兩和鉛一斤，皆
成銀。《金液經》云(13)：投金銀八兩於東流水中(14)，歃血爲
誓(15)，乃告口訣(16)，不知本法(17)，盜其方而作之(18)，終不
成也。凡人有至信者，可以藥與之，不可輕傳其書(19)，必兩
受其殃，天鑒人甚近(20)[3]，而人不知耳(21)。

40　抱朴子曰：九丹誠爲仙藥之上法，然合作之，所用
雜藥甚多。若四方清通者(22)[4]，市之可具。若九域分
隔[5]，則其物或不可得也(23)。又當起火晝夜數十日，伺候
火力，不可令失其適，勤苦至難，故不及合金液之易也。合
金液，唯金爲難得耳。古秤一斤於今秤二斤(24)，率不過直
三十許萬，其所用雜藥差易具。又不起火，但以置華池中，
日數足，便成矣，都合可用四十萬而得一劑(25)，可足令八人

仙也⁽²⁶⁾。然其中稍少合者，其氣力不足以相化成，如釀數
升米酒，必無成也。

41　抱朴子曰：其次有《餌黃金法》⁽²⁷⁾，雖不及金液，
亦遠不比他藥也[6]。或以豕負革肪及酒煉之[7]，或以樗皮
治之⁽²⁸⁾，或以荆酒、磁石消之[8]，或有可引爲布⁽²⁹⁾，或立令
成水服之。或有禁忌，不及金液也。或以雄黃、雌黃合餌
之，可引之張之如皮，皆地仙法耳。銀及蚌中大珠，皆可化
爲水服之。然須長服不可缺⁽³⁰⁾，故皆不及金液也。

【校】

（1）以金液爲威喜、巨勝之法：《籤》六七作威喜、巨勝法。威喜：木
　　芝別名。《漢武帝内傳》作"威僖"。

（2）以六一泥封：《金汋經》作封以六一泥。

（3）置之猛火上：藏本、平津本作置猛火炊之，從《金汋經》《類聚》七
　　十三、《御覽》七百五十九、九百八十五校改。

（4）六十：《金汋經》《籤》六七并誤作卒。

（5）一刀圭粉和：藏本無"和"字，從孫星衍校補：其下"《御覽》九百
　　八十五引有和字。"

（6）置猛火上：藏本、平津本無"猛"字，據《金汋經》下、《御覽》九百八
　　十五校補。

（7）即化爲赤金而流：藏本、平津本無"即"字，據《金汋經》下校補。

（8）辟五兵萬里：藏本、平津本無"五"字，據《金汋經》下校補。

（9）以承月下，當得神液：藏本、平津本作以承日月得液，綜合下書
　　校改：《籤》六七作以承日月下得神液汋，《金汋經》下作以引承
　　日月當得神液，《御覽》四、九百八十五得作神。

（10）飲之不死：《籤》六七作飲之者不死也。《御覽》九百八十五作飲
　　之令人不死。

（11）中用也：《籤》六七無。

（12）豆：其下《籖》六七有大字。

（13）《金液經》：藏本、平津本作受《金液經》，從《金汋經》校改。

（14）投金銀八兩：藏本、平津本作投金人八兩，從愼校本、寶顏堂本校改。孫星衍校：“一本八作十。”

（15）歃血爲誓：藏本、平津本作飲血爲誓，從《籖》六七校改。

（16）乃告口訣：其下《籖》六七有曰字。

（17）不知本法：藏本、平津本作不如本法，從《金汋經》《籖》六七如作知。

（18）而作之：《籖》六七作而合之。按：合、作兩可。

（19）不可輕傳其書：《校補》：“‘書’下當更有‘輕傳其書’四字，今本誤脱。”

（20）天鑒人甚近：藏本、平津本作天神鑒人甚近，據《金汋經》下删“神”字；鑒作監，監通鑒。

（21）而人不知耳：藏本、平津本無“而”字，從《金汋經》下校補。

（22）清通者：《籖》六七無者字。

（23）則其物或不可得也：藏本、平津本作則物不可得也，從《御覽》九八五校改。《籖》六七作則其物不可得也。

（24）古秤一斤於今秤二斤：藏本、平津本作古秤金一斤於今爲二斤，從《籖》六七校改。

（25）得：陳其榮校：“《御覽》八百十作成。”

（26）可足令八人仙也：藏本、平津本作可足八仙人也，從《金汋經》校改，加“也”字。仙人：孫星衍、顧廣圻校：“當作人仙。”

（27）有《餌黃金法》：《金汋經》作有《餌黃白小丹》。愼校本、寶顏堂本“餌”上有小字。

（28）皮治之：顧廣圻校：“治當作冶。”

（29）或有可引爲布：“布”藏本、平津本作“巾”，據《金汋經》下校改：或可引如布。按：巾蓋布之殘誤。

（30）缺：藏本、平津本作供，天一閣本作斷，從陳其榮校引盧本、王明案引愼校本、寶顏堂本校改。

【注】

[１]威喜：木芝別名。《仙藥》：“巨勝延年，威喜避兵。”“木威喜芝，夜視有光，燒之不燃，帶之避兵。”巨勝：黑胡麻別名。相傳張騫得其種於西域，故名。即芝麻。《神農本草經》一：“胡麻，一名巨勝。味甘平，補五内，益氣力，久服輕身不老。”《仙藥》：“巨勝一名胡麻，餌服之不老，耐風濕補衰老也。”古人認爲胡麻爲八穀之勝，故名巨勝。《葛仙翁肘後備急方》五《治卒陰腫痛頹卵方》四十二：“姚療陰癢生瘡，嚼胡麻塗之。”六《治目赤痛暗昧刺諸病方》：“又方常服明目洞視：胡麻一石蒸之三十遍，末酒服，每日一升。”

[２]黄金：又名賢士。《九丹經》下：“子明媒之與賢士者，子明（者），火也，賢士者，黄金（也）。”

[３]天鑒人甚近：《微旨》：“夫天高而聽卑，物無不鑒。”注此正合。

[４]清通：清和通泰。

[５]九域：九州。

[６]不比：不同。比：齊同；等同。

[７]豕負革肪：一名負革肪。豬項頸下的脂膏。道家煉五金用。

[８]荆酒：紫荆、牡荆、蔓荆等荆類植物泡的酒。參《本草綱目》三十六《牡荆》《蔓荆》《紫荆》等。磁石：鉛。《九丹經》上：“真人曰：‘第二之丹曰神符……磁石者，鉛也。”《經訣》一九《磁石水法》：“取磁石一斤、雄黄一兩、石膽一兩合搗，納竹筒中，漆固口，納華池中三十日，取磁石水用。凡言漆固，皆加灰布陰乾。”

42　抱朴子曰：合此金液九丹，既當用錢，又宜入名山，絶人事，故能爲之者少，且千萬人中[(1)]，時當有一人得其經者[(2)]。故謂作道書者[(3)]，略無説金丹者也。第一禁，勿令俗人之不通道者，謗訕評毁之，必不成也。鄭君言所以爾者，合此大藥皆當祭，祭則太乙、元君、老君、玄女皆來鑒省[１]。作藥者若不絶跡幽僻之地[２]，令俗閑惡人得經過

聞見之⁽⁴⁾，則諸神便責作藥者之不遵承經戒^{(5)[3]}，致令惡
人有謗毀之言，則不復佑助人，而邪氣得進，藥必不成⁽⁶⁾。
必入名山之中，齋戒百日，不食五辛生魚^[4]，不與俗人相
見，爾乃可作大藥。雖成亦須齋戒⁽⁷⁾，不但初作時齋也。
鄭君云：左君告之⁽⁸⁾，言諸小小山，皆不可於其中作金液神
丹也。凡小山皆無正神爲主，多是木石之精、千歲老物^[5]、
血食之鬼^[6]。此輩皆邪炁，不念爲人作福，但能作禍，善試
道士。道士須當以術辟身，及將從弟子，然或能壞人藥也。
今之醫家，每合好藥好膏，皆不欲令雞犬、婦人小兒見
之⁽⁹⁾。若被諸物犯之，用便無驗。又染彩者惡惡目者見
之^[7]，皆失美色。況神仙大藥乎？是以古之道士，合作神
藥⁽¹⁰⁾，必入名山，不止凡山之中，正爲此也。

43　又按仙經⁽¹¹⁾，可以精思合作仙藥者，有華山^[8]、泰
山^[9]、霍山^[10]、恒山^[11]、嵩山^{(12)[12]}、少室山^[13]、長山^[14]、太白
山^{(13)[15]}、終南山^[16]、女几山^[17]、地肺山^[18]、王屋山^{(14)[19]}、抱
犢山^[20]、安丘山^[21]、潛山^{(15)[22]}、青城山^[23]、娥眉山^{(16)[24]}、綏
山^{(17)[25]}、雲臺山^[26]、羅浮山^[27]、陽駕山^[28]、黃金山^[29]、鱉祖
山^[30]、大小天台山^[31]、四明山^{(18)[32]}、蓋竹山^[33]、括蒼山^[34]，
此皆是正神在其山中，其中或有地仙之人。上皆生芝草，可
以避大兵大難⁽¹⁹⁾，不但於中以合藥也⁽²⁰⁾。若有道者登之，
則此山神必助之爲福，藥必成⁽²¹⁾。若不得登此諸山者，海中
大島嶼亦可合藥⁽²²⁾。若會稽之東^[35]，翁洲^[36]、亶洲^[37]、紵
嶼^{(23)[38]}，及徐州之莘莒洲^{(24)[39]}、泰光洲^[40]、鬱州^[41]，皆其次
也。今中國名山不可得至，江東名山之可得住者⁽²⁵⁾，有霍
山，在晉安^[42]；長山、太白⁽²⁶⁾，在東陽^[43]；四望山、大小天台

山、蓋竹山、括蒼山，並在會稽。

【校】

（1）且千萬人中：藏本、平津本作且亦千萬人中，從《金汋經》下删
　　　"亦"字。

（2）一人：孫星衍校："藏本作人人。"

（3）故謂作道書者："謂"平津本作"凡"，從藏本、《金汋經》下校改。

（4）惡人：藏本、平津本作愚人，從《金汋經》下校改。

（5）者之：孫星衍校："藏本作之者。"

（6）藥必不成：藏本、平津本作藥不成也，從《金汋經》下校改。

（7）雖成亦須齋戒：藏本、平津本作作藥須成乃解齋，從慎校本、寶
　　　顏堂本校改《金汋經》解齋作常齋。

（8）左君告之：藏本作老君告之，從孫星衍、顧廣圻、《金汋經》《經訣》
　　　四校改。

（9）婦人小兒：藏本、平津本作小兒婦人，從《九丹經》上、《太清金液
　　　神丹經》上、《金汋經》下、《經訣》四校乙。

（10）道士合作神藥：陳其榮校："《御覽》六百七十作道士飛練神藥。"
　　　　神藥：王明校引《金汋經》作神仙大藥。

（11）又按仙經：陳其榮校："《御覽》六百七十作入山經，蓋《抱朴》古本
　　　　仙字作仚，用《説文》正體轉寫，誤分爲入山二字耳。"

（12）嵩山：《金汋經》下、《經訣》四作嵩高山。

（13）太白山：又名終南山，與下終南山重複，當從《金汋經》删太白山
　　　　三字。

（14）王屋山：《金汋經》下列在"女几山、地肺山"之上。

（15）潛山：陳其榮校："《御覽》六百七十作安丘衡灊，約文也。此無衡
　　　　山。潛與灊同。孫云：古以潛山爲衡嶽，故謂之衡灊。"

（16）娥眉山：孫星衍校："（娥）刻本作峨。"

（17）綏山：平津本作綏山。

（18）四明山：藏本、平津本作四望山，"望"蓋"明"之誤。

（19）大難：陳其榮校：“《御覽》六百七十作大水。”

（20）以合藥也：愼校本、寶顏堂本、崇文本以作可。

（21）山神必助之爲福藥必成：陳其榮校：“《御覽》六百七十作‘山’下有‘之’字，‘福’下有‘其’字。”王明案：“《金汋經》亦有‘其’字。”

（22）海中大島嶼亦可合藥：藏本、平津本無“亦可合藥”四字，據《金汋經》校補。

（23）紆嶼：孫星衍校：“刻本下有洲字，非。”

（24）莘：孫星衍校：“藏本作羊。”按：《金汋經》下正作羊。

（25）可得住者：孫星衍校：“（住）刻本作往。”

（26）太白：《校補》：“下脱山字，當從《金汋經》補。”

【注】

〔１〕老君：孔融與道教徒尊老子爲“老君”或“太上老君”。《後漢書·孔融傳》：“融曰：‘然。先君孔子與君先人李老君同德比義，而相師友，則融與君累世通家。’”“太上老君”最早見於《魏書·釋老傳》。玄女：天女。《經訣》一：“黃帝受還丹至道于玄女。玄女者，天女也。”

〔２〕幽僻：幽靜而偏僻。

〔３〕遵承：猶遵照、遵從。經戒：此謂道經告戒。《經訣》一：“玄女曰：作藥以五月五日大良，次用七月七日，始以甲子、丁巳開除之日爲善，甲申、乙巳、乙卯次之。作藥忌日：春戊辰、己巳，夏丁巳、戊申、壬辰、己未，秋戊戌、辛亥、庚子，冬戊寅、己未（按：當作壬戌）、癸卯、癸酉，及月殺，及支天（按：當作干）季四（按：“季四”當删）孟仲季月收（閉），壬午、丙戌、癸亥、辛巳月建諸朔望皆凶，不可用以起火合神藥。”《太清石壁記》上《飛丹發火吉日》：“五月五日、七月七日、九月九日、甲申、乙巳、乙卯，又以太陽之月，立夏之後，取甲子成、開、收、除、平、定之日并吉，發火取二更時，不爾取五更，無驚觸。凡合丹不得過三人，已上即心不齊。”即其經戒之一。

〔４〕五辛：蔥、薤、韭、蒜、興蕖等五種辛味蔬菜。又名“五葷”。《梵

綱》云：“不得食五辛。言五辛者，一蔥，二薤，三韭，四蒜，五興渠。”薤：能救卒中。《葛仙翁肘後備急方》一《救卒中惡死》一：“又張仲景諸要方搗薤汁以灌鼻中。”

［5］物（mèi）：讀作“魅”。鬼魅精怪。楊樹達《漢書管窺·宣元六王傳》“或明鬼神，信物怪”：“物當讀爲彪。《説文九篇上·鬼部》云：‘彪，老物精也。或作魅……’彪字從鬼，而與人死爲鬼者不同。”

［6］血食：吃魚肉之類葷腥食物。

［7］彩：彩色絲織物。惡（wù）：憎惡；忌諱。惡（è）目：面目兇惡。

［8］華山：五嶽之一的西嶽，在今陝西華陰市南。相傳道教三十六小洞天之一。《雲笈七籤》二七《洞天福地·天地宫府圖并序》：“三十六小洞天……第四西嶽華山洞，周回三百里，名曰惣仙洞天，在華州華陰縣，真人惠車子主之。”

［9］泰山：五嶽之一的東嶽，在今山東泰安市。相傳道教三十六小洞天之一。《雲笈七籤》二七《洞天福地·天地宫府圖并序》：“三十六小洞天……第二東嶽太山洞，周回一千里，名曰蓬玄洞天，在兗州乾封縣，屬山圖公子治之。”

［10］霍山：五嶽之一的南嶽，在今安徽潛山縣。抱朴子此處行文，按西嶽、東嶽、南嶽、北嶽、中嶽依次叙述。故此處所説霍山當爲廬江潛縣，即今安徽潛山縣，漢武帝時五嶽之一的南嶽。《漢書·武帝紀》“登灊天柱山”顏師古注引應劭曰：“灊音若潛，南嶽霍山在灊，灊，縣名，屬廬江。”文穎曰：“天柱山在灊縣南，有祠。”後改爲衡山。

［11］恒山：亦名常山。五嶽之一的北嶽，在今山西渾源縣。後改在河北曲陽。相傳道教三十六小洞天之一。《雲笈七籤》二七《洞天福地·天地宫府圖并序》：“三十六小洞天……第五北嶽常山洞，周回三千里，號曰惣玄洞天，在恒州常山曲陽縣，真人鄭子真治之。”

［12］嵩山：五嶽之一的中嶽，在今河南登封市北。相傳道教三十六小洞天之一。《雲笈七籤》二七《洞天福地·天地宫府圖并序》：

"三十六小洞天……第六中嶽嵩山洞,周回三千里,名曰司馬洞天,在東都登封縣,仙人鄧雲山治之。"

[13] 少室山:在嵩山峻極峰西。太室山在嵩山峻極峰東。

[14] 長山:又名金華山。《御覽》四七引《郡國志》:"長山相連三百里,一名金華山,即皇初平初起遇道士教以仙方處。"《吳録·地理志》:"常山仙人采藥處,謂之長山。山南有春草岩、折竹岩,岩間不生蔓草,盡出龍須,云赤松羽化處。又有似龍須而麁大者,名爲虎鬚,不中爲席,但以其蕘爲燈炷。又抱朴子云:'左元放言金華山可以合神丹,免五兵、洪水之患。'又按《輿地志》云:金華山連亙三百餘里。"下文云:"長山在東陽。"在今浙江金華市。

[15] 太白山:① 在今陝西扶風南。相傳道教三十六小洞天之一。《雲笈七籤》二七《洞天福地·天地宮府圖并序》:"三十六小洞天……第十一太白山洞,周回五百里,名曰玄德洞天,在京兆府長安縣,連終南山,仙人張季連治之。"② 在今浙江金華。下文云:"太白在東陽。"

[16] 終南山:秦嶺山峰之一,又名太白山,在今陝西西安市南。

[17] 女几山:在今河南宜陽縣。《御覽》四二引《元和郡縣志》:"女几山在福昌縣西南三十四里。"《山海經·中山經》:"女几之山,其上多玉,其下多黄金。"

[18] 地肺山:在今江蘇句容縣。相傳爲道教七十二福地之首。《雲笈七籤》二七《洞天福地》:"七十二福地……第一地肺山,在江寧府句容縣界,昔陶隱居幽棲之處,真人謝允治之。"

[19] 王屋山:在今河南濟源縣。山有三重,其狀如屋,故名。相傳爲十大洞天之首。《雲笈七籤》二七《洞天福地·天地宮府圖并序》:"十大洞天……第一王屋山洞,周回萬里,號曰小有清虛之天,在洛陽河陽兩界,去王屋縣六十里,屬西城王君治之。"

[20] 抱犢山:在今山西上黨東南。《元和郡縣志》:"抱犢山在沂州承縣北六十里,壁立千仞……昔有遁隱者,抱一犢於其上墾種,故以爲名。"

[21] 安丘山：在今山東安丘縣。

[22] 潛山：在今安徽潛山縣。相傳道教三十六小洞天之一。《雲笈七籤》卷二七《洞天福地》："三十六小洞天……第十四潛山洞，周迴八十里，名曰天柱司玄天，在舒州懷寧縣，仙人稷丘子治之。"

[23] 青城山：在今四川灌縣。道教十大洞天之一。《雲笈七籤》卷二七《洞天福地》："十大洞天……第五青城山，周迴二千里，名曰寶仙九室之洞天。在蜀州青城縣。屬青城丈人治之。"

[24] 娥眉山：在今四川娥眉縣。相傳道教三十六小洞天之一。《雲笈七籤》卷二七《洞天福地》："三十六小洞天……第七峨嵋山洞，周迴三百里，名曰盧陵洞天，在嘉州峨嵋縣，真人唐覽治之。"

[25] 綏山：在峨眉山西南。

[26] 雲臺山：在今四川蒼溪縣。

[27] 羅浮山：道教十大洞天之一，在廣東增城縣東博羅縣。羅山與浮山連體，故名。相傳葛洪在此山積年修道而卒。《雲笈七籤》卷二七《洞天福地》："十大洞天……第七羅浮山洞，周迴五百里。名曰朱明輝真之洞，在循州博羅縣屬，青精先生治之。"

[28] 陽駕山：不詳。

[29] 黃金山：不詳。湖北鍾祥縣有黃金山，產銅。

[30] 鼊祖山：疑即鼊子山，在浙江蕭山縣。

[31] 大小天台山：在浙江天台縣。

[32] 四明山：在浙江境內。《雲笈七籤》卷二七《洞天福地》："三十六小洞天……第九四明山洞，周迴一百八十里，名曰丹山赤水天，在越州上虞縣，真人刁道林治之。"

[33] 蓋竹山：① 在今浙江台州市。相傳道教三十六小洞天之一。《雲笈七籤》卷二七《洞天福地》："三十六小洞天……第十九蓋竹山，周迴八十里，名曰長耀寶光天，在台州黃巖縣屬，仙人商丘子治之。"② 在今浙江衢州市。相傳道教七十二福地之一。《雲笈七籤》卷二七《洞天福地》："七十二福地……第二蓋竹山，在衢州仙都縣，真人施存治之。"

[34] 括蒼山：道教十大洞天之一。在今浙江東南部。《雲笈七籤》卷

二七《洞天福地》：“十大洞天……第十括蒼山，周迴三百里，號曰成德隱玄之洞，在處州樂安縣屬，北海公涓子治之。”

[35] 會稽：古郡名，地處今江蘇東南、浙江西北。

[36] 翁洲：蓋在今浙江東海中。

[37] 亶(dǎn)洲：島名，在東海中。《史記·秦始皇本紀》：“於是遣徐市發童男女數千人，入海求仙人。”張守節正義引《括地志》：“亶洲在東海中，秦始皇使徐福將男女入海求仙人，止住此洲，共數萬家，至今洲上人有至會稽市易者。吳人《外國圖》云：‘亶洲去琅琊萬里。’”《三國志·吳書·吳主傳·孫權》：“黃龍二年，遣將軍衛溫等將甲士萬人，浮海求夷洲及亶洲。亶洲在海中，長老傳言，秦始皇遣方士徐福將童男童女數千人入海，求蓬萊神山及仙藥，止此洲不還。其上人民，時有至會稽貨布。會稽東縣人入海，亦有遭風流移至亶洲者。”

[38] 紵嶼：蓋在今浙江東海中。傳説中的島嶼。《御覽》七八二引《外國記》：“周詳泛海，落紵嶼，上多紵，有三千餘家，云是徐福童男之後。風俗似吳人。”

[39] 徐州：在今淮北一帶。

[40] 泰光洲：在今淮北附近。

[41] 鬱州：在今連雲港市東海中。

[42] 霍山：在今福建南安縣。晉安：古郡名，治所在今福建福州市。

[43] 東陽：古郡名，治所在今浙江金華市。

44　抱朴子曰：予忝大臣之子孫[1]，雖才不足以經國理物(1)[2]，然疇類之好[3]，進趨之業(2)，而所知不能遠余者，多揮翮雲漢，耀景辰霄者矣(3)[4]。余所以絶慶吊於鄉黨[5]，棄當世之榮華者，必欲遠登名山，成所著子書[6]，次則合神藥，規長生故也(4)。俗人莫不怪予之委桑梓[7]，背清塗[8]，而躬耕林藪[9]，手足胼胝[10]，謂予有狂惑之疾也。然道與世事不並興(5)，若不廢人間之務，何得修如此之志乎！見之誠了，執之必定者，亦何憚於毀譽，豈移於勸沮哉[11]？聊書其心，將來之同志尚者云。後有斷金之徒[12]，所捐棄者，亦與余之不異也。

45 《小神丹方》，用真丹三斤，白蜜六斤攪合，日暴煎之，令可丸。日一服如麻子許十丸[6]，未一年，髮白者黑，齒落者生[7]，身體潤澤，長服之[8]，老翁成少年，長生不死矣。

46 《小餌丹法》[9]，丹一斤，搗篩，下淳苦酒三升[10]，淳漆二升[11]，凡三物合，令相得，微火上煎令可丸，服如麻子三丸，目再服三十日[12]，腹中百病癒，三尸去；服之百日，肌骨強堅；服千日[13]，司命銷去死籍[14][13]，與天地相畢，日月相望，改形易容，變化無常[15]，日中無影，乃別有光也。

47 《小餌黃金法》，煉金內清酒中[16]，約二百過，出入即沸矣[17]，握之出指間，令如泥，若不沸，及握之不出指間[18]，即削之[19]，內清酒中無數也。成，服之如彈丸一枚[20]，亦可一丸[21]，分爲小丸，服之三十日，無寒溫，神人玉女侍之[22]，銀亦可餌之[23]，與金同法。服此二物，能居名山石室中者，一年即輕舉矣[24]。止人間服亦地仙，勿妄傳也[25]。

48 《兩儀子餌黃金法》[26]，豬負革脂三斤，淳苦酒一升，取黃金五兩，置器中，煎之土爐，以金置脂中，百入百出，苦酒亦爾。食一斤[27]，壽蔽天地；食半斤，壽二千歲；五兩，壽千二百歲。無多少，便可餌之。當以王相日作，服之神良。勿傳示人,示人⁽²⁸⁾,令藥不成不神。欲去,當服丹砂也⁽²⁹⁾。

【校】

（1）經國理物:《金汋經》下理作治。蓋避唐高宗諱改。

（2）趍:《金汋經》下作趣。趍趣同趨。

（3）辰:孫星衍校:"藏本作晨。"魯藩本同藏本。辰晨古互通。

（4）規長生故也:《校補》:"《金汋經》'規'上有'以'字,'故'下無'也'字'故'屬下爲句。"

（5）世:其下《金汋經》有反字。

（6）日一服:藏本、平津本作旦服,從《金汋經》下校改。下有日再服,此正當作日一服。"旦"由"日""一"合而爲一致誤。

（7）髮白者黑,齒落者生:《金汋經》下作白鬢更黑,齒落更生。

（8）長服之:藏本、平津本作長肌,服之不老,從《仙藥》篇及《金汋經》下校改。

（9）《小餌丹法》:藏本、平津本作《小丹法》,從《金汋經》校改。

（10）下淳苦酒:藏本、平津本無"下"字,據《仙藥篇》校補。

（11）淳漆二升:藏本、平津本無"淳"字,從王明案《仙藥篇》及《金汋經》下校補。

（12）三丸日再服:藏本、平津本無"日"字,據各本、《金汋經》下校補。再:兩次。

（13）服千日:藏本、平津本無"服"字,從《金汋經》下校補。

（14）銷:藏本、平津本作削,誤。

（15）改形易容,變化無常:藏本、平津本作形易容變化無常,從王明案《仙藥》篇及《金汋經》下校改。

（16）煉:《金汋經》下作消。

（17）矣:《金汋經》下無。

（18）握:《金汋經》下作泥,承上泥字而誤。

（19）即削之:孫星衍校:"(削)刻本作銷。"《金汋經》作消,慎校本、寶顔堂本作即復銷之。

(20) 彈丸：《金汋經》下作彈子丸。

(21) 一丸：藏本、平津本“一”作“二”，從王明校、《校補》據《仙藥篇》《金汋經》二作一。

(22) 侍：藏本作事。

(23) 銀亦可餌之：《金汋經》下作銀亦得可餌。

(24) 一年即輕舉矣：《金汋經》下作一年輕舉。

(25) 止人間服亦地仙，勿妄傳也：《金汋經》下無服、也二字。

(26) 《兩儀子餌黃金法》：藏本、平津本“黃”前有“消”字從《金汋經》下校刪。

(27) 食一斤：孫星衍校：“(食)藏本作湌。”王明案：“宋浙本、慎校本、寶顔堂本并作‘湌’。”《金汋經》下作餐。餐同湌。

(28) 勿傳示人，示人：《金汋經》作勿傳非人，傳示非人。《校補》：“疑當作‘勿傳示非人，傳示非人’。”

(29) 欲去當服丹砂也：《校補》：“‘欲去’義無所屬。《仙藥篇》作‘欲食去尸藥，當服丹砂’，今本脫去‘食’‘尸藥’三字，兹據補。”

【注】

［1］忝(tiǎn)：辱没；羞辱。自我謙詞。

［2］經國理物：治理國家，治理萬民。

［3］疇類：同類。

［4］揮翩雲漢，耀景辰霄：喻飛黃騰達。按，“辰霄”與“雲漢”互文義近。辰霄：高空。辰：大辰，指房宿、心宿、尾宿。《爾雅·釋天》：“大辰，房、心、尾也。”霄：霄漢；雲霄。

［5］慶吊：慶賀弔唁。鄉黨：鄉里。

［6］子書：經書之外，凡著書立説自成一家之言，統稱子書。《漢書·藝文志》有《諸子略》，是子書與經書《六藝略》分庭抗禮之始。後分經、史、子、集四部。此指《抱朴子》一書。

［7］桑梓：故鄉。《詩·小雅·小弁》：“惟桑與梓，必恭敬止。”桑梓爲宅旁所植之樹，東漢以後因以喻家鄉。

［8］清塗：清貴的仕途。

［9］林藪：山林與澤藪。

［10］胼胝（pián zhī）：手掌腳掌因長期勞動長的老繭。

［11］移：改變態度；爲⋯⋯左右。勸沮：亦作勸阻。鼓勵與阻止。

［12］斷金：喻兩人同心協力，情深義厚。《易·繫辭上》："二人同心，其利斷金。"孔穎達疏："金是堅固之物，能斷而截之，盛言利之甚也。"

［13］死籍：主生死的簿册。

至治卷五^{(1)[1]}

1 抱朴子曰：微妙難識[2]，疑惑者衆。吾聰明豈能過人哉？適偶有所偏解[3]，猶鶴知夜半[4]，燕知戊己⁽²⁾[5]，而未必達於他事也。亦有以校驗[6]，知長生之可得，仙人之無種耳[7]。

2 夫道之妙者，不可盡書，而其近者，又不足説⁽³⁾。昔庚桑胼胝[8]，文子黧顏⁽⁴⁾[9]，勤苦彌久，乃受大訣⁽⁵⁾，諒有以也[10]。夫圓首含氣[11]，孰不樂生而畏死哉？然榮華勢利誘其意，素顏玉膚惑其目[12]，清商流徵亂其耳[13]，愛惡利害攪其神，功名聲譽束其體，此皆不召而自來[14]，不學而已成。自非受命應仙[15]，窮理獨見，識變通於常事之外[16]，運清鑒於玄漠之域[17]，窹身名之親疎[18]，悼過隙之電速者[19]，豈能棄交修賒[20]，抑遺嗜好[21]，割目下之近欲，修難成之遠功哉？夫有因無而生焉[22]，形須神而立焉[23]。有者，無之宮也；形者，神之宅也[24]。故譬之於堤，堤壞則水不留矣；方之於燭，燭糜則火不居矣。形勞則神散⁽⁶⁾，氣竭則命終。根竭枝繁，則青青去木矣[25]；氣疲欲勝，則精靈離身矣[26]。夫逝者無反期，既朽無生理，達道之士，良所悲矣⁽⁷⁾！輕璧重陰[27]，豈不有以哉！故山林養性之家，遺俗得意之徒，比崇高於贅疣，方萬物乎蟬翼[28]，豈苟爲大言，而强薄世事哉！誠其所見者了，故棄之如忘耳。是以遐棲幽遁[29]，韜鱗掩藻[30]；遏欲視之目，遣損明之色，杜思音之耳，遠亂聽之聲；滌除玄覽[31]，守雌抱一(8)[32]；專氣致柔[33]，鎮以恬素[34]；遣歡戚之邪情[35]，外得失之榮辱，割厚味之臘毒(9)[36]，謐多言於樞機(10)[37]；反聽而後所聞徹[38]，內視而後見無朕[39]；養靈根於冥鈞[40]，除誘慕於接物[41]；削斥淺務，御以愉慔[42]，爲乎無爲[43]，以全天理[44]。

【校】

（1）《至治》：藏本、平津本等作《至理》，蓋避唐高宗李治諱改而未復者，正如《外篇·官理》之"理"避唐高宗諱改一樣，今復之。

（2）燕知戊己：宋浙本知作識。藏本、王明本己作巳，誤。

（3）不足説：藏本作不足可説，孫星衍、顧廣圻校刪可字。王明校："'足'下宋浙本有'何'字，亦非。"

（4）文子：藏本作文字，從孫星衍校改。黳：藏本、平津本作蠤，今校改，黑也。

（5）勤苦彌久，乃受大訣：藏本、平津本"乃"作"及"，蓋形近致誤。《微旨》："羊公積行布施，詣乎皓首，乃受天墜之金。"《外篇·良規》："此等皆計行事成，徐乃受殃者耳。"并其例。

（6）形：藏本作身，從孫星衍校改："刻本作形。"

（7）良所悲矣：慎校本、寶顏堂本所作可。

（8）守雌：明抄本作守比，顧廣圻校作守雌。

（9）厚味：藏本、平津本作厚生，從王明校改。之：明抄本無，顧廣圻校補。

（10）樞機：明抄本脱樞字，顧廣圻校補。

【注】

［1］至治：本指安定昌盛、教化大行的政治局面或時世；最好的治理。《書·君陳》："至治馨香，感於神明；黍稷非馨，明德唯馨。"

此論對身體最好的醫治、營衛和護理。

［２］微妙難識：句前省略主語“仙道”。《老子·第十五章》：“古之善
爲道者，微妙玄通，深不可識。”句意本此。

［３］偏解：片面的見解。此作者自謙之辭。

［４］鶴知夜半：鶴夜半而鳴。比喻各有專長。《淮南子·説山》：“雞
知將旦，鶴知夜半，而不免於鼎俎。”又見《春秋説題辭》，注云：
“鶴，水鳥。夜半水位感其生氣，則益喜而鳴。”

［５］燕知戊己：吳淑《事類賦》十九《燕》“性知戊己”引《博物志》
曰：“燕戊己日不銜泥塗巢，此非才智，自然得之。”戊己：指一旬中
的戊日和己日。此取其義。《禮記·月令》：“季夏之月……中央
土，其日戊己。”鄭玄注：“戊之言茂也，己之言起也。”

［６］校驗：核對查考；比較驗證。

［７］無種：謂没有血統相傳關係。按：“無種”由“有種”而來。《史
記·陳涉世家》：“且壯士不死即已，死即舉大名耳，王侯將相寧
有種乎？”

［８］庚桑：庚桑楚，陳人，老子弟子。《亢倉子》舊題庚桑楚作，柳宗
元、李肇《唐國史補》都説是僞作。

［９］文子：老子弟子。《歷世真仙體道通鑒》卷四《文子》：“文子，姓辛
名鈃，一名計然，葵丘濮上人。其先晉公子也，學道於老君。周
（一本作楚）平王問于文子”“文子對曰：‘道德匡邪以爲正，振亂
以爲治，化淫敗以爲樸淳，使德復生，天下安寧。’”“平王用其言
而天下治。後南游吳越，范蠡師之。”“後位以上大夫，弗就，隱吳
興余英禹山（今武康境内），相傳以爲登雲而升（天）。”《漢書·藝
文志》著録《文子》九篇。

［10］有以：猶有因。有道理；有規律。

［11］圓首：圓頭。指人類。《大戴禮記·曾子天圓》：“上首之謂圓，下
首之爲方。”盧注：“人首圓足方，因繫之天地。”

［12］素顏：猶粉面。指女子。玉膚：白潤如玉的肌膚。形容女子白
皙的容顏與皮膚。

［13］清商流徵亂其耳：與《暢玄》篇“清商流徵，損聰者也”句意同旨。

[14] 不召而自來：謂必然產生，不以人的主觀意志爲轉移。

[15] 自非：假如。《左傳·成公十六年》：“唯聖人能外內無憂；自非聖人，外寧必有內憂。”受命：受天之命。

[16] 變通：事物因變化而通達；因時制宜。

[17] 清鑒：明察；高明的鑒別力。《外篇》有《清鑒》篇專論明察。玄漠：恬靜，寂靜。

[18] 寤：醒悟；覺醒。寤通悟。身名：身首與名聲。

[19] 過隙：經過空隙之地。喻人生短暫，光陰易逝。墨翟以來常用語。《墨子·兼愛下》：“人之生地上之無幾何也，譬之猶駟馳而過隙也。”《莊子·知北遊》：“人生天地之間，若白駒之過卻，忽然而已。”釋文：“白駒，或云日也。卻，本亦作隙，孔也。”又《盜跖》：“天與地無窮，人死者有時，操有時之具，而托於無窮之間，忽然無異騏驥之馳過隙也。”《禮記·三年問》：“將由夫修飾之君子與？則三年之喪二十五月而畢，若駟之過隙。”鄭玄注：“駟之過隙，喻疾也。”《史記·魏豹傳》：“人生一世間，如白駒過隙耳。”《漢書·魏豹傳》顏師古注：“言其速疾也。白駒，謂日景也。隙，壁際也。”隙：空隙之地，壁孔；壁際。

[20] 棄交修賒：交賒(shē)：交近賒遠，猶遠近。嵇康《答難養生論》：“世人以身殉之，斃而不悔，此以所重而要所輕，豈非背賒而趣交邪？”“遠雖大，莫不忽之；近雖小，莫不存之。夫何故哉？誠以交賒相奪，識見相異也。”交：親交。親戚舊交。《莊子·山木》：“親交益疏，徒友益散。”成玄英疏：“親戚交情，益甚疏遠；門徒朋友，益甚離散。”賒：遙遠。《字彙·貝部》：“賒，遠也。”

[21] 嗜好(hào)：喜好，特殊的愛好。

[22] 有因無而生焉：《老子·第一章》：“無，名天地之始；有，名萬物之母。”《第二章》：“故有無相生。”

[23] 形須神而立焉：意本《莊子·知北遊》：“精神生於道，形本生於精，而萬物以形相生。”

[24] 有者，無之宮也；形者，神之宅也：《西升記》四《神生章》二十二：“老子曰：神生形，形成神。形不得神，不能自生；神不得形，不

能自成。形神合同，更相生更相成。"

[25] 青青：形容顔色很青。

[26] 精靈：猶精神。

[27] 輕璧重陰：輕視璧玉，重視光陰。《淮南子·原道》："聖人不貴尺之璧，而重寸之陰，時難得而易失也。"

[28] 比崇高于贅疣，方萬物乎蟬翼：《莊子·大宗師》："彼以生爲附贅縣疣。"《外篇·逸民》："榮華，猶贅疣也；萬物，猶蜩翼也。"與此同旨。

[29] 遐棲：謂隱居。

[30] 韜鱗：魚潛於深水。比喻人隱退深藏。

[31] 玄覽：猶玄鑒。玄鑒即玄鏡。喻心靈深處明澈如鏡。《老子·第十章》："滌除玄覽，能無疵乎！"高亨正詁："覽鑒古通用。玄者形而上也，鑒者鏡也。玄鑒者：内心之光明，爲形而上之鏡，能照察事物，故謂之玄鑒。"《淮南子·修務》："執玄鑒於心，照物明白。"

[32] 守雌：以柔弱態度處世，不爲人先。《老子·第二十八章》："知其雄，守其雌，爲天下谿。"抱一：合道；守道。魂與魄合而爲一，即合於道。《老子·第十章》："載營魄抱一，能無離乎？"《第二十二章》："少則得，多則惑，是以聖人抱一以爲天下式。"《明本》："而道家抱一以獨善。"

[33] 專氣致柔：結聚精氣，能使筋骨柔和。《老子·第十章》："專氣致柔，能如嬰兒乎？"高亨注："《管子·内業篇》：'摶氣如神，萬物備存。'尹注：'摶謂結聚也。'《老子》之'專氣'與《管子》之'摶氣'同。"

[34] 恬素：恬澹樸素。

[35] 歡戚：歡樂和憂愁。

[36] 厚味：《國語·周語下》："（高位寔疾顛，）厚味寔腊毒。"韋昭注："厚味，喻重禄也。腊，亟也。味厚者，其毒亟也。"《漢書·五行志中之上》："'厚味寔腊毒。'腊音昔。顔注：'腊，久也。味厚者爲毒久。'"

［37］樞機：門關與弩牙。比喻事物的關鍵部分。《易·繫辭上》：“言行，君子之樞機；樞機之發，榮辱之主也。”邱光庭《兼明書》卷二《周易》“樞機”條：“明曰：樞是門關。”即門閂。

［38］反聽：謂自我省察；不聽。《史記·商君列傳》：“趙良曰：‘反聽之謂聰，內視之謂明，自勝之謂强。’”《文選》陸機《文賦》：“其始也皆收視反聽，耽思傍訊。”李善注：“收視反聽，言不視聽也。”

［39］內視：心視；內心反省。此謂閉目不視外物，專心一意，氣沈丹田。《文子·上德》：“夫道者，內視而自反。”舊注：“反聽內視，自得於身也。”古代養生術、道家修煉內丹功夫之一。無朕：沒有徵兆。

［40］靈根：指才德修養。揚雄《太玄·養》“藏心於淵，美厥靈根。”范望注：“靈根，道德也。”冥鈞：猶造化。指天地，大自然。

［41］誘慕：爲被誘惑而貪戀。

［42］愉慔（mù）：恬愉自勉。慔：《説文·心部》：“慔，勉也。從心，莫聲。”段玉裁注：“勉者，强也。”

［43］爲乎無爲：作些無所作爲的事。《老子·第四十八章》：“爲學日益，爲道日損。損之又損，以至於無爲，無爲而無不爲。”

［44］天理：天性。《莊子·天道》：“夫至樂者，先應之以人事，順之以天理。”《禮記·樂記》“滅天理而窮人欲者也”，孔穎達疏：“理，性也，是天所生本性滅絶矣。”

3　爾乃咬吸寶華(1)[1]，浴神太清(2)[2]。外珍五曜(3)[3]，內守元精(4)[4]。堅玉鑰於命門[5]，結北極於黄庭[6]。引三景於明堂[7]，飛元始以煉形[8]。采靈液於金梁[9]，長驅白而留青[10]，凝澄泉於丹田[11]，引沈珠於五城[12]。瑶鼎俯爨[13]，藻禽仰鳴[14]。瑰華擢穎[15]，天鹿吐瓊[16]。懷重規於絳宫[17]，潛九光於洞冥[18]。雲蒼鬱而連天(5)[19]，長谷湛而交經[20]。履躡乾兑[21]，召呼六丁[22]。坐臥紫房[23]，咀吸金英[24]。曄曄秋芝[25]，朱華翠莖[26]。

晶晶珍膏[27]，溶溢霄零[28]。治飢止渴，百痾不萌[29]。逍遥
戊己(6)，燕和飲平(7)。拘魂制魄，骨填體輕[30]。故能策風
雲以騰虛，並混輿而永生也[31]。然梁塵盈尺，非可求之乎
漏刻(8)[32]；山溜洞徹[33]，非可致之於造次也[34]。患於聞之
者不信，信之者不爲，爲之者不終耳。夫得之者甚希而隱，
不成者至多而顯。世人不能知其隱者，而但見其顯者，故
謂天下果無其仙道也(9)。

【校】

（1）爾乃：王明先生將“爾”字歸上段。按：不敢苟同。《外篇·君
　　道》：“爾乃蠲滋章之法令，振大和之清風。”又：“而乃憂悲以思邈
　　世之大賢，擁篲以延岩棲之智士。”而通爾。《交際》“於是公叔、
　　偉長，疾其若彼，力不能正，不忍見之，爾乃發憤著論，杜門絶交，
　　斯誠感激有爲而然。”《疾謬》：“爾乃笑亂男女之大節，蹈《相鼠》
　　之無儀。”又：“何必房集内宴，爾乃款誠，著妻妾飲會，然後分好
　　昵哉！”《廣譬》第 11 首：“識儒雅之汪濊，爾乃悲不學之固陋。”
　　《自叙》：“魏武帝深亦疾之，欲取其首，爾乃奔波亡走，殆至屠
　　滅。”並其證。叹：《藝文類聚》七十五、《御覽》七百二十、宋浙
　　本、慎校本、寶顏堂本、崇文本作咀。
（2）浴神：影宋本刊本《御覽》七百二十作谷神。
（3）外珍五曜：藏本、平津本作外除五曜，從《藝文類聚》七十五、《御
　　覽》七百二十校改。
（4）元精：藏本、平津本作九精，疑本作元精。九與元草書形近致誤。
　　王充《論衡·超奇》：“載稟元氣，人受元精。”
（5）蒼：孫星衍校：“疑作倉。”
（6）戊己：藏本作戊巳，從平津本校改。
（7）燕：宋浙本作咽。
（8）梁塵盈尺，非可求之乎漏刻：藏本、平津本作梁塵之盈尺，非可
　　求之漏刻，與“山溜洞徹，非可致之於造次”不駢對，當删“之”補

　　　　"乎"。求：明抄本脱，顧廣圻校補。"之"下，孫星衍校："疑
　　　　脱於。"
（9）故謂天下果無其仙道也：原無"其"字，據藏本、魯藩本、宋浙本、
　　　　孫星衍、顧廣圻、王明校補。

【注】

〔1〕爾乃：如此才。承上啟下用之。咬（fǔ）：咀嚼。寶華：指寶貴的
　　　　自然之氣。華：氣。《黃庭內景經・上有章》："灌漑五華植靈
　　　　根。"務成子注："五華者，五方之英華，即氣也。"

〔2〕浴神：《老子・第六章》"谷神不死"陸德明釋文："'谷'，河上作
　　　　'浴'。云：'浴者，養也。'"太清：清明的元氣。《淮南子・道
　　　　應》："太清問於無窮曰：'子知道乎？'"高誘注："太清，元氣之清
　　　　者也。"

〔3〕五曜：指金、木、水、火、土五星。漢史岑《出師頌》："五曜霄映，素
　　　　靈夜歎。"

〔4〕元精：天地的精氣。《太清金液神氣經》上："清虛真人曰：'五輝
　　　　之丹道之靈。七符要妙和元精。洞達九晨飛神明。回而化之華
　　　　光生。能知其要遊上清。清虛玉堂太皇經。靈書深微妙無程。'"
　　　　《後漢書・郎顗傳》："元精所生，王之佐臣；天之生固，必爲聖
　　　　漢。"李賢注："元爲天精，謂之精氣。"此指人的精氣。

〔5〕玉鑰：鑰匙的美稱。內丹術指人體七竅開合的關鑰。《黃庭內景
　　　　經・黃庭章》："七蕤玉鑰閉兩扉。"梁丘子注："外象喻也，七竅開
　　　　合以喻關鑰。用之以道，不妄閉（開）也。蕤鑰之飾也，存神必閉
　　　　目，故名曰閉兩扉也。"命門：又名生門、關元，即下丹田和下黃庭
　　　　宮。男子藏精，女子藏胎之所。《雲笈七籤》八十一《治脾腎舌
　　　　術》："閉塞命門如玉都。"原注："腎宮主壽，故曰命門。"《難經・
　　　　三十六難》："左者爲腎，右者爲命門。命門者，諸神精之所舍，原
　　　　氣之所繫也。故男子以藏精，女子以繫胞。"按：命門實即性
　　　　器官。

〔6〕北極：① 指北極星。揚雄《甘泉賦》："洪臺崛其獨出兮，木致北

極之嶒嶒。”② 内丹術指北極君,即心下神。《老子中經上·第
二十五神仙》:“心下神,字玄谷,北極君也。”玄谷指腎。《黄庭外
景經·上部經》:“下有長城玄谷邑。”務成子注:“腸爲長城,腸爲
邑,腎爲玄谷,上應南北也。”黄庭:① 中央。《黄庭内景經》務成
子題解:“黄者,中央之色也。庭者,四方之中也。外指事即天
中、人中、地中,内指事即腦中、心中、脾中,故曰黄庭。”② 内丹
術指上丹田。《黄庭外景經·上部經》:“上有黄庭下關元。”梁丘
子注:“黄庭者,在頭中,明堂、洞房、丹田,此三處是也。”③ 指
脾。《黄庭内景經·脾長章》:“中部老君是明堂。”梁丘子注:
“脾,黄庭之宫也。”又《隱藏章》:“耽養靈根不復枯。”梁丘子注:
“脾爲黄庭,人命之根本也。”④ 指眼睛,《黄庭外景經·上部
經》:“上有黄庭下關元。”務成子注:“黄庭,目也。”

[7]三景:指日、月、星三光。《黄庭内景經·上有章》:“元氣所合列
宿分。”梁丘子注:“元氣,一也。使心與道合,存日、月、星辰,靈
光照耀,羅列一身,分明與天合。”明堂:肺。《黄庭外景經·中
部經》:“立於懸膺含明堂。”梁丘子注:“舌下爲玄膺,肺爲明堂,
含氣咽之,灌於明堂,流行身中也。”

[8]元始:本原,開始;元始天尊。《隋書·經籍志四》:“道經者,云有
元始天尊,生於太元之先,稟自然之氣,沖虛凝遠,莫知其極。”此
指代元始的自然之氣。一説:疑即“元息”,亦即“胎息”,指煉氣
功高度入静時的呼吸。

[9]靈液:① 内丹術指真氣、津液。《黄庭内景經·口爲章》:“漱咽
靈液災不干。”梁丘子注:“靈液,真氣,邪不忓正。”《雲笈七籤》六
十《進取訣》:“津液喉滿口則咽之,令下入胃存胃神承之,如此三
止,是謂漱咽靈液,灌漑五藏,面乃生光。”金梁:指牙齒。《黄庭
遁甲緣身經·心藏圖》:“常以四月、五月、六月弦朔清旦,南面端
坐,叩金梁,九漱玄泉,三静思想。”

[10]驅白而留青:與“還白留青”意近,謂老而復少。白:白髮。青:
黑髮。

[11]澄泉:清泉。喻精氣。丹田:内丹術分指上丹田(在頭部)、中丹

田(在胸部)、下丹田(臍部下)。《雲笈七籤》一八《老子中經上·第十七神仙》:"經曰:丹田者,人之根也,精神之所藏也,五氣之元也,赤子之府,男子以藏精,女子以藏月水,主生子,合和陰陽之門户也,在臍下三寸。"

[12] 沈珠:又名寶珠、靈珠、神珠、玄珠、火珠、丹珠、懸珠等。蓋指精液。陳朴《內丹訣·一轉歌》:"一轉之功似寶珠。"又《三轉歌》:"靈珠胎色漸鮮紅。"注:"靈珠,內丹也。"又《二轉歌》:"神珠奔電歸北海。"又《望江南》:"玄珠降丹,窟在中宫。"注:"玄珠,真丹也。"又《五轉歌》之《望江南》:"珠自右飛,電入丹城。"注:"一道真火飛入丹田,其聲如雷,鼻光如火。乃是丹珠。"《黄庭外景經·下部經》:"恬恢無欲養華莖。"務成子注:"閒居静處,深固靈珠。素捐世俗,摧剛就深。合養玉莖,色如桃華。"華莖、玉莖指男子的生殖器。五城:臍下丹田異名。《老子中經上·第十四神仙》:"臍者,人之命也。一名中極,一名太淵,一名昆侖,一名特樞,一名五城。"

[13] 瑶鼎:玉鼎。內丹家借用《周易》卦名"鼎"指稱人體中宫。此借用作"汞鼎"。外丹術語"鉛汞"用於內丹,指陰陽、男女、夫妻。《周易參同契》(唐人)無名氏注:"汞爲日,南方,離,火,屬己,太陽之精,爲青龍。鉛爲月,北方,坎,水,屬戊,太陰之精,爲白虎。"此用煉汞鉛爲丹喻男女做愛,反之用男女做愛喻煉汞鉛爲丹。俯爨(cuàn):俯身燒火。

[14] 藻禽:彩鳳,即鳳凰。喻女。

[15] 擢穎:抽穗。穎指穗狀花實;穀穗。此喻內丹煉成,丹花飛濺。

[16] 天鹿:傳説中靈獸名。一名天禄。《御覽》九百六引《瑞應圖》云:"天鹿,能壽之獸,五色光暉。"《宋書·符瑞志下》:"天鹿者,純靈之獸也。五色光耀洞明,王者道備則至。"借喻腎臟。《黄庭遁甲緣身經》:"腎者,陰之精……其神如白鹿兩頭。"吐瓊:吐出瓊漿玉液。

[17] 重(chóng)規:指日月俱圓。絳宫:內丹術指心。《黄庭内景經·若得章》:"重重樓閣十二環。"一作"重中樓閣十二環"。梁

丘子注:"謂喉嚨十二環相重,(重)在心上。心爲絳宮,有象樓閣故也。"句喻兩心相印。

[18]九光:四射的光芒。《開元占經》五引《尚書緯·考靈曜》:"日昭四極九光。"此形容丹藥光芒四射。洞冥:指幽深之處。句喻激情奔放。

[19]雲:内丹術指人呼吸的氣息。《道樞·金丹泥金篇》:"徐出其息,使之綿綿,其名曰雲行。"按:此蓋指雲雨之雲。雲雨喻男女歡會。見《文選》宋玉《高唐賦序》。蒼鬱:青翠茂盛。此形容激情奔放如騰雲駕霧之狀。

[20]長谷:① 人類與動物的性器官;男之玉莖,女之陰部。谷:道家指孳生宇宙、天地、萬物的本源。喻指道。《老子·第六章》:"谷神不死,是爲玄牝。玄牝之門,是謂天地根。"蘇轍解:"謂之'谷神',言其德也。謂之'玄牝',言其功也。牝生萬物,而謂之玄焉,言見其生而不見所以以生。玄牝之門,言萬物自是出也,天地自是生也。"高亨正詁:"亨按:谷神者,道之别名也。""道能生天地,養萬物,故曰谷神。""玄牝亦道之别名也。"按:"谷"與"玄牝"是生養宇宙、天地、萬物的父母,最初本义指生育器官。② 鼻與口。《老子·第六章》:"谷神不死,是爲玄牝。"河上公注:"玄,天也,于人爲鼻;牝,地也,于人爲口。"《雲笈七籤》五九《達磨大師住世留形内真妙用訣》:"原其所禀之時,伏母臍下,混沌三月,玄牝具焉。"注:"玄牝者,口鼻也。"《黄庭内景經·瓊室章》:"長谷玄鄉繞郊邑。"梁丘子注:"長谷,鼻也。玄鄉,腎也。郊邑謂五藏六府也。言鼻中之氣出入,下與腎連,周繞藏府,心居赤城,存想内外,郭外曰郊,故爲象喻也。"按:鼻腔與腎聯繫在一起,蓋是古人不直言性器官的隱諱説法。湛:深沈貌。《老子·第四章》:"湛兮,似或存。"交經:交錯。句謂玉莖長,女陰深,相向交互進退。喻男女做愛動作。

[21]履躡乾兑:猶言爬山頭,涉澤水。語含雙關,喻男女做愛動作。履:踐;行。《詩·大雅·生民》"履帝武敏歆"毛傳:"履,踐也。"躡:踏;登。《淮南子·覽冥》"縱矢躡風"高誘注:"躡,踏也。"

《釋名・釋姿容》："躡，攝也。登其上使攝服也。"乾兌：乾卦與
兌卦。此分别指稱腦袋和竅穴。《易・説卦》："乾爲首。"高亨今
注："乾爲天，天尊，爲宇宙最上部分。首貴，爲人身之最上部分，
故乾爲首。"又"兌爲口。""兌爲澤，爲少女。"高亨今注："兌爲澤，
澤之在地，如口之身，澤吞吐河流如口吞吐飲食，故兌爲口。"《老
子・第五十六章》："塞其兌，閉其門，終身不勤。"河上公注："兌，
目也。"高亨正詁："塞其兌，閉其門者，杜民之耳目口鼻，使之無
知無識也。"《淮南子・道應》："王若欲久持之，則塞民於兌。"高
誘注："兌，耳目鼻口也。"《金碧五相類參同契》中《説卦體章》十
一："兌出坤宫自合情。"兌與腎相關，蓋指腎之竅穴。

[22] 六丁：道教認爲丁卯、丁巳、丁未、丁酉、丁亥、丁丑爲女神，爲天
帝所役使；道士則可用符籙召請，以供驅使。《黄庭内景經・常
念章》"神華執巾六丁謁。"梁丘子注："六丁者，謂六丁陰神玉女
也。"《後漢書・梁節王暢傳》："從官卞忌自言能使六丁。"李賢
注："六丁，謂六甲中丁神也。若甲子旬中，則丁卯爲神；甲寅旬
中，則丁巳爲神之類也。役使之法，先齋戒，然後其神至，可使致
遠方物及知吉凶也。"

[23] 紫房：煉丹處。青虛真人歌："紫房何蔚炳。"鮑照《代淮南王》詩
之一："合神丹，戲紫房。"

[24] 金英：金色的芝英，即靈芝。

[25] 曄曄（yè）：美盛貌。秋芝：秋天的靈芝。又稱五芝、靈芝。靈
芝：元氣。《真氣還原銘》"靈芝在身"強銘子注："靈芝……指元
氣是也。"

[26] 朱華：荷花；紅花。

[27] 皛皛（jiǎo）：潔白明亮貌。珍膏：此喻元氣。

[28] 溶溢：水盛大貌。霄零：雨從雲霄徐徐而下。

[29] 百痾：各種疾病。

[30] 拘魂制魄：拘縛魂魄。骨填：方劑名。孫思邈《備急千金方》二
十一《消渴》一："治虛勞渴無不效，骨填煎方：茯苓　菟絲子
山茱萸　當歸　牛膝　附子　五味子　巴戟天　麥門冬　石膏

各三兩,石韋　人參　桂心　蓯蓉各四兩,《外台》作遠志大豆卷一斤　天門冬五兩　上十六味,爲末,次取生地黄、栝樓根各十斤,搗絞取汁,於微火上煎之,減半,便作數分,納藥并下白蜜二斤,牛髓半斤,微炎煎之,令如糜,如鷄子黄大,日三服。亦可飲服之。"

[31] 混輿:混元地輿。指天地。以上清、精、庭、形、青、城、鳴、瓊、冥、經、丁、英、莖、零、萌、平、輕、生:耕部。

[32] 漏刻:片刻之間。

[33] 山溜:山間向下傾注的細小流水。《孔叢子·連叢子上》:"山溜至柔,石爲之穿。"句意本此。洞徹:通達。

[34] 造次:須臾。

4 抱朴子曰:防堅則水無漉棄之費[1],脂多則火無寢曜之患[2];龍淵以不割常利(1)[3],斤斧以日用速弊[4];隱雪以違暖經夏,藏冰以居深過暑;單帛以幔鏡不灼(2)[5],凡卉以偏覆越冬[6]。泥壤,易消者也,而陶之爲瓦[7],則與二儀齊其久矣[8];柞楢,速朽者也(3)[9],而燔之爲炭[10],則可億載而不敗焉。轅駒以優畜晚卒(4)[11],良馬以陟峻早斃[12];寒蟲以適己倍壽[13],南林以處溫長茂。接煞氣則雕瘁於凝霜[14],值陽和則鬱藹而條秀[15]:物類一也,而榮枯異功[16],豈有秋收之常限,冬藏之定例哉?而人之受命,死生之期,未若草木之於寒天也;而延養之理,補救之方,非徒溫暖之爲淺益也[17]。久視之效,何爲不然?而世人守近習隘[18],以仙道爲虛誕,謂黄老爲妄言,不亦惜哉!夫愚夫乃不肯信湯藥鍼艾[19],況深於此者乎! 皆曰:俞跗[20]、扁鵲[21]、和、緩[22]、倉公之流[23],必能治病[24],何不勿死? 又曰:富貴之家,豈乏醫術? 而更不壽,是命有自然也。乃責如此之人,令信神仙,是使牛緣木[25],馬逐鳥也。

【校】

（1）龍淵：藏本、平津本作龍泉：蓋避唐高祖李淵諱改而未復者，從
　　《意林》四校改。利：孫星衍校："《意林》作新。"
（2）幔：王明校："宋浙本、魯藩本、寶顏堂本作'裏'。"
（3）楢：孫星衍校："藏本作柳。"王明按："宋浙本、魯藩本、《御覽》八
　　百七十一引亦作'柳'。"
（4）轅駒：藏本、平津本作轅豚，顧廣圻校豚下用△示疑。按：古有
　　轅馬、轅騎、轅騾、轅駒或轅下駒等語，未見"轅豚"語於他書，僅
　　見於此，疑有誤，蓋本作轅駒，與下"良馬"對文。優畜：孫星衍
　　校："(畜)藏本作稸。"稸同畜。

【注】

[1]防：堤防。澌棄：滲漏、廢棄。
[2]寢曜：止息明亮。曜同耀。
[3]龍淵：古寶劍名。相傳歐冶子、干將所鑄。泛指一般的寶劍。
[4]斤斧：斧頭。兩種砍斫木頭的器具。楊永發《論斤斧》："斤，斫砍
　　木頭的器具。有時專指橫刃的鐯子。斧，斫砍木頭的器具。多
　　數情況下指縱刃的斧頭。"[《中國語言學發展之路──繼承、開
　　拓、創新國際學術研討會論文集(下)》第335頁]
[5]幔：幕帳；覆蓋。
[6]偏覆：指四周圍以防寒保溫之物。偏：邊側。
[7]陶：燒製(陶器)。
[8]二儀：天地。
[9]柞楢(zuò yóu)：兩種木質堅硬的木材。《周禮·夏官·司爟》
　　"四時變國火"鄭玄注引鄹子曰："秋作柞楢之火。"
[10]燔(fán)：焚燒。
[11]轅駒：指不慣駕車的幼馬。《史記·魏其武安侯列傳》："今日廷
　　論，局趣效轅下駒。"張守節正義引應劭曰："駒馬加著轅。局趣，
　　纖小之貌。"優畜：優裕地喂養。
[12]陟峻：爬到最高處。

[13] 寒蟲：越冬的蟲。

[14] 煞（shà）氣：凶穢之氣；邪氣。雕瘁：傷損病困；凋摧憔悴。雕通凋。凝霜：濃霜。

[15] 陽和：春天的暖氣。鬱藹：草木茂盛貌。

[16] 榮枯：草木茂盛與枯萎；盛衰。

[17] 非徒：不但；不僅。

[18] 守近習隘：拘守眼前利益，習慣狹隘見解。

[19] 鍼艾：中醫治病，針刺艾灸穴位。鍼同箴針。艾：艾蒿。《葛仙翁肘後備急方》二《治傷寒時氣溫病方》十三："又方取乾艾三斤以水一斗煮，取一升去滓，頓服取汗。"

[20] 俞跗：傳說黃帝時良醫，以割皮解肌，洗滌內臟治病。他書或作喻跗、逾跗、俞柎、臾跗、俞夫、榆柎、俞附。《周禮·天官·疾醫》鄭玄注："岐伯、榆柎，則兼彼數術者。"釋文："岐伯、榆柎，皆黃帝時醫人。"

[21] 扁鵲：戰國初趙簡子時名醫，姓秦名越人，勃海郡鄭（mào）（今河北任丘鄭州鎮）人。家于盧國，又因名盧醫。是我國醫史上著名的帶下醫、耳目痹醫、小兒醫、言脈者。

[22] 和、緩：醫和、醫緩，春秋時秦國名醫。醫和又名秦和。《左傳·昭公元年》："晉侯（平公）求于秦，秦伯（景公）使醫和視之。"《國語·晉語八》："（晉）平公有疾，秦景公使醫和視之。"《漢書·藝文志·方技略》："方技者……太古有岐伯、俞拊，中世有扁鵲、秦和。"醫緩見《左傳·成公十年》："（晉景）公疾病，求醫于秦。秦伯使醫緩爲之。……醫至，曰：'疾不可爲也。在肓之上，膏之下，攻之不可，達之不及，藥不至焉，不可爲也。'"

[23] 倉公：姓淳于，名意，漢文帝時名醫。

[24] 必：假如。用於假設復句的上句"不"字之前。《論語·顏淵》："子貢問政。子曰：'足食，足兵，民信之矣。'子貢曰：'必不得已而去，於斯三者何先？'曰：'去兵。'"

[25] 緣木：爬樹。《孟子·梁惠王上》："以若所爲求若所欲，猶緣木而求魚也。"此活用其語，而取象不同。

5　抱朴子曰：召魂小丹、三使之丸[1]，及五英、八石小小之藥(1)[2]，或立消堅冰，或入水自浮，能斷絕鬼神，禳卻虎豹[3]，破積聚於腑臟[4]，追二豎於膏肓(2)[5]，起猝死於委尸[6]，返驚魂於既逝。夫此皆凡藥也，猶能令已死者復生，則彼上藥也，何爲不能令生者不死乎？越人救虢太子於既殞[7]，胡醫活絕氣之蘇武(3)[8]，淳于能解顱以理腦[9]，元化能刳腹以澣胃(4)[10]，文摯愆期以瘳危困(5)[11]，仲景穿胸以納赤餅[12]。此但醫家之薄技(6)，猶能若是，豈況神仙之道，何所不爲？夫人所以死者，諸欲所損也(7)，老也(8)，百病所害也，毒惡所中也(9)，邪氣所傷也；風冷所犯也。今道引行氣(10)，還精補腦[13]，食飲有度，興居有節，將服藥物[14]，思神守一[15]，柱天禁戒(11)[16]，帶佩符印[17]，傷生之徒[18]，一切遠之，如此則通，可以免此六害[19]。今醫家通明腎氣之丸[20]，內補五絡之散[21]，骨填苟杞之煎[22]，黃蓍建中之湯[23]，將服之者，皆致肥丁[24]。漆葉青粘(12)[25]，凡弊之草(13)，樊阿服之[26]，得壽二百歲，而耳目聰明，猶能持針以治病，此近代之實事，良史所記注者也[27]。

【校】

（1）五英：疑本作五石英。因“石”字與下文“八石”之“石”相重，抄寫者就省去了“石”字，變成“五英”了。

（2）追：陳其榮校：“藏本、盧本追作殲，此誤。”王明案：“宋浙本、魯藩本、慎校本亦作‘殲’。”“刻印本‘追’又作‘退’。”按：追、殲、退三可。

（3）胡醫：俞樾曰：“此‘巫’字疑‘醫’字之壞，即‘醫’字也。上言越人，下言淳于、華佗，皆是醫而非巫，下云，此醫家之薄技，猶能若是。可知其不言巫矣。”按：俞校當從。

（４）瀹胃：慎校本、寶顏堂本、崇文本作滌腸。按：兩可。

（５）愆：藏本、平津本作衍；從王明引《初學記》二十校改。

（６）此但醫家之薄技：藏本、平津本無“但”字，據《初學記》二十《醫》
七引補。

（７）夫人所以死者，諸欲所損也：藏本、平津本作夫人所以死者，損
也，從盧本校改。

（８）老也：藏本作老者，從孫星衍、顧廣圻校改。按：《經訣》七作夫
人所以死者，其害有六也：一者損也；二者老也；三者百病所加；
四者毒惡所中；五者邪氣所傷；六者風冷所犯。

（９）毒惡所中：明抄本中作終，顧廣圻校改。

(10) 今道引行氣：“今”前《經訣》七有“凡欲卻惡之者”六字，道作導。

(11) 柱天禁戒：孫星衍校：“(柱)疑作枉。”顧廣圻校：“柱當作枉。”

(12) 青粘：藏本、平津本作青蓁，從《三國志》校改。孫星衍校：“當作
蓁，《三國志（·魏書·方技傳·華佗)》作‘粘’。”顧廣圻校同。
按：蓁音田，與黏不是一字。粘即黏。又見《後漢書·方術傳
下·華佗》，粘作黏，升作斗，青粘屑作青黏。

(13) 凡弊：《外篇·名實》作凡蔽，當一致。平常破舊。

【注】

［１］召魂小丹：蓋能起死復生的丹藥。《雲笈七籤》七一《諸丹目録三
品》列有“太一玉粉丹、太一召魂丹”。召魂：招魂。招死者之魂。
《儀禮·士喪禮》“復者一人”鄭玄注：“復者，有司招魂復魄也。”
招生者之魂。《楚辭》有《招魂》篇，王逸題解：“《招魂》者，宋玉之
所作也。……宋玉憐哀屈原，忠而見斥，愁懣山澤，魂魄放佚，厥
命將落。故作《招魂》，欲以復其精神，延其年壽。”三使之丸：蓋
能起三種有益病人作用的藥丸。《雲笈七籤》七一《諸丹目録三
品》列有“太一三使丹”。又《太一三使丹法》：“水銀霜一斤，朱砂
十兩，石亭脂十兩，雄黃十兩。”《太清石壁記》中《三使丹方》：“水
銀霜一斤，朱砂二斤，雄黃一斤。右三味擣篩酢拌，唯以水銀霜
覆上，更加鹽花蓋上。餘更不異於四神丹飛之五轉。”兩種藥的

藥效見下文所説，但皆是起"小小"作用的"凡藥"。

［2］五石英：五種石英。石英：即水晶，又名水精、水玉。《本草綱目》八《水精》："［釋名］［時珍曰］瑩澈晶光，如水之精英，會意也。《山海經》謂之水玉，《廣雅》謂之石英。""［主治］身熱目赤，以水浸冷熨之。藏器"《山海經・南山經》："堂庭之山……多水玉，多黃金。"郭璞注："水玉，今水精也。相如《上林賦》曰：'水玉磊砢。'赤松子所服，見《列仙傳》。"

［3］禳卻：消災除邪。禳（ráng）：古代消災除邪的祭祀。《周禮・天官・女祝》："掌以時招、梗、禬、禳之事，以除疾殃。"鄭玄注："卻變異曰禳。"

［4］積聚：中醫指腹内結塊的病症。《難經・五十五難》："積者陰氣也，其始發有常處，其痛不離其部，上下有所終始，左右有所窮處；聚者陽氣也，其始發無根本，上下無所留止，其痛無常處謂之聚，故以是別知積聚也。"腑臟：六腑五臟。六腑：胃、膽、大腸、小腸、膀胱、三焦。一説有喉咽而無三焦。五臟：腎、心、肝、肺、脾。《後漢書・馬融傳》"先王所以平和府藏"李賢注："《韓詩外傳》曰：'人有五藏六府。何謂五藏？精藏于腎，神藏於心，魂藏於肝，魄藏於肺，志藏於脾，此之謂五藏也。何謂六府？喉咽者，量腸之府也；胃者，五穀之府也；大腸者，轉輸之府也；小腸者，受成之府也；膽者，積精之府也；旁光者，湊液之府也。'"一説無喉咽而有三焦。《黃庭内景經・心神章》"六府五藏神體精"梁丘子注："心、肝、脾、肺、腎爲五藏，胃、大腸、小腸、膀胱、三焦、膽爲六府。府者，猶官邑之府，取受物之義，故曰府也。藏者，各具一質，而共藏於身，故爲藏也。""府藏"爲初字，"腑臟"爲後起字。

［5］二豎：兩個童僕。指代病魔。《左傳・成公十年》："（晉景）公疾病，求醫于秦。秦伯（共公）使醫緩爲之。未至，公夢疾爲二豎子，（其一）曰：'彼良醫也，懼傷我，焉逃之？'其一曰：'居肓之上，膏之下，若我何！'醫至，曰：'疾不可爲也！在肓之上，膏之下。攻之不可，達之不及，藥不至焉，不可爲也！'公曰：'良醫也。'厚爲之禮而歸之。"杜預注："緩，醫名。爲，猶治也。肓，鬲也。心

下爲膏。達,針。”膏肓:古代醫學以心尖脂肪曰膏,心臟與隔膜之間曰肓,在肓上膏下爲藥力與針灸所不能及。至此,則病入膏肓没法治了。

［6］起猝死:使倉猝死亡的人復蘇。猝死:即卒死。“卒”爲“猝”之初字。漢魏以來通語。《葛仙翁肘後備急方·救卒死尸厥方》一、又《救卒中惡死方》一《附方》:“扁鵲云:‘中惡與卒死,鬼擊亦相類,已死者爲治,皆參用此方。’”委尸:棄置的死尸。

［7］越人救虢太子於既殞:《史記·扁鵲倉公列傳》:“其後扁鵲過虢。虢太子死,扁鵲至虢宫門下,問中庶子。”知其病狀。扁鵲曰:“若太子病,所謂‘尸厥’者也。……會氣閉而不通,陰上而陽内行……故形静如死狀。太子未死也。”“扁鵲乃使弟子子陽厲針砥石,以取外三陽五會,有間,太子蘇。”“故天下盡以扁鵲爲能生死人。”

［8］胡醫:《漢書·蘇武傳》“(蘇武)引佩刀自刺。衛律驚,自抱持武,馳召醫。鑿地爲坎,置熅火,覆武其上,蹈其背以出血。武氣絶,半日復息。”蘇武(? —前60):字子卿,杜陵(今陝西西安)人。少以父爲郎,稍遷至杉中廐監。天漢元年(前100),以中郎將持節使匈奴。因受副使張勝與匈奴緱王謀劫持單于母閼氏歸漢事牽連,被拘迫降。自刺不死,旋徙北海無人處牧羊。前後凡十九年,秉持漢節。李陵奉遣往勸,被堅拒。昭帝與匈奴和親,求遣歸漢。始元六年(前81)得歸長安,拜爲典屬國。以故二千石參預謀立宣帝,賜爵關内侯,復爲右曹典屬國。

［9］淳于:淳于意,臨菑(今山東淄博東北)人。曾爲齊太倉長,故名倉公。少喜醫方術,師從同郡元里公乘陽慶,學黄帝、扁鵲醫術,“受其脈書上下經、五色診、奇咳術、揆度陰陽外變、藥論、石神、接陰陽禁書”。事之三年,爲人治病,决死生多驗。文帝時,嘗列舉所治病死生驗諸病例,對答詔問。四年(前176)有罪當刑。其女緹縈從父至長安,上書願没入爲官奴婢,以贖父罪,文帝憫之。後除肉刑。《史記·倉公傳》未載“能解顱以理腦”之事,不詳何據。

[10] 元化能刳腹以澣胃：華佗，一名旉，字元化，沛國譙（今安徽亳州市）人。遊學徐土，兼通數經，曉養性之術，爲五禽戲，精方藥，善針灸，以麻沸散爲人破腹而療治癒疑難之症甚衆，曹操聞而召之，使常在左右，後思歸，既歸，數乞期不返。操怒，使人收送獄拷死。舊題華佗著《中藏經》。刳（kū）腹以澣（huàn）胃：剖腹洗胃。澣胃：《後漢書・方術傳下・華佗》："若疾發結於内，針藥所不能及者，乃令先以酒服麻沸散，既醉無所覺，因刳破腹背，抽割積聚。若在腸胃，則斷截湔洗，除去疾穢，既而逢合，傅以神膏，一月之間皆平復。"這蓋是有記載的最早的腫瘤外科手術。

[11] 文摯：戰國時宋國良醫。《吕氏春秋・至忠》："齊（愍）王疾痏，使人之宋迎文摯。文摯至，視王之疾，謂太子曰：'王之疾必可已也……非怒王則疾不可治，怒王則摯必死。'太子頓首强請"。文摯"與太子期。而將往不當者三，齊王固已怒矣。文摯至，不解屨登床，履王衣，問王之疾，王怒而不與言。文摯因出辭以重怒王，王叱而起，疾乃遂已。"愆期：不按時赴約。《易・歸妹》："歸妹愆期，遲歸有待。"瘳（chōu）：治癒。

[12] 仲景（約 150—219）：張機，字仲景，南陽郡涅陽（今河南鄧縣、鎮平）人。官至長沙太守。醫治傷寒的良醫，人稱醫中亞聖，其專著《傷寒論》行於世。《欽定古今圖書集成・藝術典・醫部・醫術名流列傳》引《襄陽府志》："張機，字仲景，南陽棗陽人。原學于同郡張伯祖，盡得其傳。靈帝時舉孝廉，官至長沙太守。少時與同郡何顒客遊洛陽，顒謂人曰：'仲景之術，精于伯祖。'宗族二百餘口，自建安以來，未及十稔，死者三之二，而傷寒居其七。乃著《傷寒論》十卷行於世。華佗讀而喜曰：'此真活人書也。'又著《金匱玉函要略》三卷。漢魏迄今，家肄户習，論者推爲醫中亞聖。而范蔚宗《後漢書》不爲仲景立傳，君子有遺憾焉。"《傷寒論》乃博采衆方而成，與《素問》《難經》並重，中醫奉爲經典。穿胸以納赤餅：已失傳，未見於其他古籍。

[13] 還精補腦：道家保持元氣養生延年之術。曹植《飛龍篇》："授我仙藥，神皇所造。教我服食，還精補腦。壽同金石，永世難老。"

《歷世真仙體道通鑑》卷一《軒轅黃帝》："黃帝合符瑞於釜山,得不死之道。奉事太一元君,受要記修道養生之法。於玄女、素女,受還精補腦之術。"《列仙傳》上《容成公傳》："容成公者,自稱黃帝師,見於周穆王。能善導補之事,取精於玄牝。其要谷神不死,守生養氣者也。髮白更黑,齒落更生。與老子同,亦云老子師也。"《後漢書·方術傳下·華佗》"(徐)壽光年可百五六十歲,行容成公御婦人法"李賢注:"御婦人之術,謂握固不寫,還精補腦也。"謂此爲取坎填離。坎爲水,象徵精。離爲火,象徵腦或氣。還精補腦,謂取坎中之陽(即氣)與離中之陰(即精),互相補充。

[14] 將服:持而服之。將:持;賷持。《微旨》:"寶精行炁,最其急也,并將服小藥以延年,學近術以辟邪惡,乃可漸階精微矣。"《極言》:"忍怒以全陰氣,抑喜以養陽氣。然後先將服草木以救虧缺,後服金丹以定無窮,長生之理,盡於此矣。"《雜應》:"養生之盡理者,既將服神藥,又行氣不懈,朝夕導引,以宣動榮衛,使無輟閡,加之以房中之術,節量飲食,不犯風濕,不患所不能,如此可以不病。""將服"之義同此。

[15] 思神守一:道家修養之術,謂專一精思以通神。《莊子·在宥》:"我守其一以處其和,故我修身千二百歲矣,吾形未常衰。"《漢武帝內傳》:"剋己反善,奉敬真神,存真守一,行此一月,輒除過一年。"

[16] 柱(zhǔ)天禁戒:(遵守)擎天柱般的禁條戒律。柱天:撐天,支天。《後漢書·齊武王縯傳》:"伯升自發春陵子弟,合七八千人,部署賓客,自稱柱天都部。"語出於此,而取義有別。禁戒:禁條戒律。《百喻經·子死欲置家中喻》:"出家之人,守持禁戒,如護明珠,不使缺落。"凡宗教必有禁戒,不獨佛教。

[17] 帶佩:腰帶上的佩飾。《後漢書·禮儀志上》:"最後親陵,遺計吏,賜之帶佩。"此謂佩帶。符印:符節印信等憑證物的統稱。此指道教所使用的符印。

[18] 傷生:傷害生命;妨害活人。

[19] 六害：即上文所言"諸欲所損""老""百病""毒惡""邪氣""風冷"六種危害。按："六害"另指見《道藏》十八册《抱朴子養生論》："且夫善養生者，先除六害，然後可以延駐於百年。何者是耶？一曰薄名利，二曰禁聲色，三曰廉貨財，四曰損滋味，五曰除佞妄，六曰去沮嫉。六者不除，修養之道徒設爾。蓋緣未見其益，雖心希妙道，口念真經，咀嚼英華，呼吸景象，不能補其短促。誠緣舍其本而忘其末，深可誡哉！所以保和全真者，乃少思、少念、少笑、少言、少喜、少怒、少樂、少愁、少好、少惡、少事、少機。夫多思則神散，多念則心勞，多笑則藏腑上翻，多言則氣海虛脱，多喜則膀胱納客風，多怒則腠理奔血，多樂則心神邪蕩，多愁則頭鬢燋枯，多好則志氣傾溢，多惡則精爽奔騰，多事則筋脈乾急，多機則智慮沈迷。斯乃伐人之生，甚於斤斧；損人之命，猛於豺狼。無久坐，無久行，無久視，無久聽。不飢勿强食，不渴勿强飲；不飢强食則脾勞，不渴强飲則胃脹。體欲常勞，食欲常少；勞勿過極，少勿至飢。冬朝勿空心，夏夜勿飽食。早起不在雞鳴前，晚起不在日出後。心內澄則真神守其位，氣內定則邪物去其身。行欺詐則神悲，行爭競則神沮。輕侮於人當減算，殺害於物必傷年。行一善則魂神樂，構一惡則魄神歡。魄神樂死，魂神好生。常以寬泰自居，恬恢自守，則身形安静，災害不干。生錄必書其名，死籍必削其咎。養生之理，盡於此矣。至於煉還丹以補腦，化金液以留神，斯乃上真之妙道，蓋非食穀啖血者越分而修之，萬人之中得者，殊少深可誡焉。老君曰：存吾此道，上士全修延壽命，中士半修無災病，下士時修免夭横，愚者失道擯其性，其斯之謂歟？"其内容主要是養生、處世的法則。

[20] 通明腎氣之丸：指有益於耳聰目明與腎氣的藥丸。孫思邈《備急千金方》六《七竅病》之《目病》一，列有《視曲丸》《十子散》《補肝丸》《補肝散》《洗眼湯》等方劑，可參。腎氣：中醫以爲五臟各有氣，腎氣爲先天之根本，關係人的生長發育與壽夭。《素問‧上古天真論》："女子七歲，腎氣盛，齒更髮長。"腎氣充足則耳聰目明。《黄庭内景經‧腎部章》："上數明霞日月煙。"梁丘子注：

"腎氣充足,耳目聰明,陰陽不衰,外象喻也。"

[21] 五絡:五臟的經絡。《黃帝内經·靈樞》"夫十二經脈者,内屬於五臟,外絡於肢節。"

[22] 苟杞:又作枸杞。《本草綱目》三十六《枸杞》:"[主治]枸杞:主五内邪氣,熱中消渴,周痹風濕。久服,堅筋骨,輕身不老,耐寒暑。本經""枸杞子:堅筋骨,耐老,除風,去虛勞,補精氣。孟詵"

[23] 黃耆:又名黃芪、戴糝、戴椹、芰草、百本、王孫。黃芪湯,方劑名。孫思邈《備急千金方》十九《腎臟·補腎》:"黃芪湯　治虛勞不足,四肢煩疼,不欲食,食即脹,汗出方:黃芪　芍藥　桂心　麥門冬各三兩　五味子　甘草　當歸　細辛　人參各一兩(後藤本作"各二兩")大棗二十枚　前胡六兩　茯苓四兩　生薑　半夏各八兩　上十四味,㕮咀,以水一斗四升,煮取三升,每服八合,日二服。"《本草綱目》十二《黃耆》:"根[主治]癰疽久敗瘡,排膿止痛,大風癩疾,五痔鼠瘻,補虛,小兒百病。本經""莖葉[主治]療渴及筋攣,癰腫疽瘡。別録"建中之湯:方劑名。孫思邈《備急千金方》十九《腎臟·補腎》:"建中湯　治五勞七傷,小腹急疼,膀胱虛滿,手足逆冷,食飲苦吐酸痰嘔逆,泄下,少氣,目眩耳聾口焦,小便自利方:膠飴半斤　黃芪　乾薑　當歸各三兩,大棗十五枚　附子一兩　人參　半夏　桔皮　芍藥　甘草各二兩　上十一味,㕮咀,以水一斗,煮取三升半,湯成下膠飴烊沸,分四服。"建中湯方子有三,此録其一。還有大建中湯方二。

[24] 肥丁:茁壯。"肥""丁"連文義近。

[25] 漆葉:漆樹葉。又名㯇。漆可救卒中惡死。《葛仙翁肘後備急方》一《救卒中五尸方》六:"又方漆葉暴乾搗末酒服之。"青粘:《三國志·魏書·方技傳·華佗》:"(樊)阿從佗求可服食益於人者,佗授以漆葉青黏散:漆葉屑一升,青黏屑十四兩,以是爲率,言久服去三蟲,利五藏,輕體,使人頭不白。阿從其言,壽百餘歲。"裴松之注引《佗別傳》曰:"青黏者,一名'地節',一名'黃芝',主理五藏,益精氣。本出於迷入山者,見仙人服之,以告佗。佗以爲佳,輒語阿,阿又秘之。近者人見阿之壽而氣力强盛,怪

之,遂責阿所服,因醉亂誤道之。法一施,人服者,皆有大驗。”

[26] 樊阿:東漢彭城(今江蘇徐州市)人,華佗的學生,善針術。《後漢書·方術傳下·華佗》:“(樊)阿善針術。凡咸言背及匈藏之間不可妄針,針之不可過四分,而阿針背入一二寸,巨闕匈藏間乃五六寸,而病皆瘳。”匈:胸之初字。

[27] 記注:記錄史實。周代左史記言,右史記事。王粲《爲劉荆州與袁尚書》:“且當先除曹操,以卒先公之恨,事定之後,乃議兄弟之怨,使記注之士,定曲直之評,不亦上策邪?”

6　又云:有吳普者[1],從華陀受五禽之戲[2],以代導引,猶得百餘歲。此皆藥術之至淺,尚能如此,況於用其妙者耶? 今語俗人云:治中(1)[3]、四順[4],可以救霍亂[5];款冬[6]、紫菀[7],可以治咳逆[8];萑蘆[9]、貫衆之煞九蟲[10];當歸[11]、芍藥之止絞痛[12];秦椒(2)[13]、獨活之除八風[14];菖蒲[15]、乾薑之止痹濕(3)[16];菟絲[17]、蓯蓉之補虛乏[18];甘遂[19]、葶歷之逐痰癖[20];括樓[21]、黃連之愈消渴[22];薺苨[23]、甘草之解百毒[24];蘆如、益智之護衆創(4)[25];麻黃[26]、大青之主傷寒[27]。俗人猶謂不然也,寧煞生請福,分蓍問祟[28],不肯信良醫之攻病(5),反用巫史之紛若[29],況乎告之以金丹可以度世,芝英可以延年哉[30]!

【校】

(1) 治中:藏本、平津本作理中,“理”蓋避唐高宗李治諱改而未復者,今從《千金方》復之。

(2) 秦椒:藏本、平津本作秦膠:從《本草綱目》、顧校改。

(3) 止:孫星衍校:“疑作去。”顧廣圻校:“當作去。”

(4) 益智:藏本、平津本作益熱,非藥名,疑誤。“智”蓋抄寫者寫成同音的“執”字,下面又加四點致誤,從《本草綱目》校改。

（5）攻：孫星衍校：其下“藏本有疾字。”

【注】

[1] 吳普：東漢廣陵（今江蘇揚州）人，華佗的學生。

[2] 五禽戲：我國最早模仿虎、鹿、熊、猿、鳥五種動物的動作而形成
的成套健身體操之一。《三國志·魏書·方技傳·華佗》：“華佗
語（吳）普曰：‘……是以古之仙者爲導引之事，熊頸鴟顧，引挽腰
體，動諸關節，以求難老。吾有一術，名五禽之戲：一曰虎，二曰
鹿，三曰熊，四曰猨，五曰鳥，亦以除疾，並利蹄足，以當導
引。……’普施行之，年九十餘，耳目聰明，齒牙完堅。”《後漢
書·方術傳下·華佗》，李賢注：“熊頸，若熊之攀枝自懸也。鴟
顧，身不動而回顧也。莊子曰：‘吐故納新，熊經鳥申，此導引之
士，養形之人也。’”

[3] 治中：指以甘草、乾薑、人參、白术四味藥製成的治中丸或熬成
的治中湯。《葛仙翁肘後備急方》二《治卒霍亂諸急方》十二：“服
舊方用理中丸及厚朴、大豆豉、通脈、半夏湯。”“崔氏云：‘理中丸
方：甘草三兩，乾薑、人參、白术各一兩，搗，下篩，蜜丸如彈丸；
覺不住，更服一枚；須臾不差，仍温湯一斗，以麋肉中服之，頻頻
三五度，令差。亦可用酒服。’”孫思邈《備急千金方》二十《膀胱
腑》之《霍亂》六：“治中湯　主霍亂吐下脹滿，食不消，心腹痛方：
人參　乾薑　白术　甘草各三兩　上四味　㕮咀，以水八升，煮
取三升，分三服。不瘥，頓服三兩服劑。遠行防霍亂，依前作丸
如梧子，服三十丸。如作散，服方寸匕，酒服亦得。若轉筋者，加
石膏三兩。（張）仲景云：若臍上築者，腎氣動也，去术加桂心四
兩；吐多者，去术加生薑三兩；下多者，復用术；悸者，加茯苓二
兩，渴欲得水者，加术合前成四兩半；腹中痛者，加人參合前四兩
半；若寒者，加乾薑合前成四兩半；腹滿者，去术加附子一枚。服
湯後一食頃，服熱粥一升，微自温，勿發揭衣被也。”《醫宗金鑒·
刪補名醫方論八·理中湯丸》集注引程應旄曰：“陽之動始于温，
温氣得而穀精運，穀氣升而中氣膽，故名曰理中。”

［4］四順：乾薑、甘草、人參、附子四味藥所熬的湯藥。《葛仙翁肘後備急方》二《治卒霍亂諸急方》十二：“四順湯治吐下腹乾嘔手足冷不止：乾薑、甘草、人參、附子各二兩，水六升，煮取三升半，分爲三服；若下不止，加龍骨一兩；腹痛甚，加當歸二兩，胡洽用附子一枚，桂一兩人（仁），霍亂亦不吐痢，但四支脈沈、肉冷、汗出、渴者，即差。”孫思邈《備急千金方》二十《膀胱腑》之《霍亂》六：“四順湯　治霍亂轉筋，肉冷汗出，嘔啘者方：人參　乾薑　甘草各三兩　附子一兩　上四味　㕮咀，以水六升，煮取二升，分三服。”范汪云：“利甚加龍骨二兩炒。”

［5］霍亂：① 中醫泛指具有吐瀉、腹痛等症狀的腸胃疾病。《素問·六元正紀大論》：“太陰所至，爲中滿，霍亂吐下。”② 指急性腸道傳染病。

［6］款冬：款冬花。又名款凍、顆凍、氐冬、鑽凍、菟奚、橐吾、虎須。《本草綱目》十六《款冬花》：“［主治］咳逆上氣善喘，喉痹，諸驚癇寒熱邪氣。本經　消渴，喘息呼吸。別録　療肺氣心促急，熱乏勞咳，連連不絶，涕唾稠粘，肺痿肺癰，吐膿血。甄權　潤心肺，益五臟，除煩消痰，洗肝明目，及中風等疾。大明”《葛仙翁肘後備急方》三《治卒上氣咳嗽方》二十三《附方》：“崔知悌療久嗽熏法：每旦取款冬花如雞子許，少蜜拌花，使潤，内一升鐵鐺中，又用一瓦椀鑽一孔，孔内安一小竹筒筆管……鐺下著炭，少時款冬煙自從筒出，則口含筒吸煙咽之……吸煙使盡止。凡如是五日一爲之，待至六日，則飽食羊肉餺飥一頓，永差。”

［7］紫菀：又作紫苑。又名青菀、紫蒨、返魂草、夜牽牛。《本草綱目》十六《紫菀》：根“［主治］咳逆上氣，胸中寒熱結氣。去蠱毒痿蹶，安五臟。本經　療咳唾膿血，止喘悸，五勞體虛，補不足，小兒驚癇。別録　治尸疰，補虛下氣，勞氣虛熱，百邪鬼魅。甄權　調中，消痰止渴，潤肌膚，添骨髓。大明　益肺氣，主息賁。好古”《備急千金方》五《少小嬰孺方》之《咳嗽》六《紫菀湯》：“治小兒中冷及傷寒暴嗽，或上氣，喉咽鳴，氣逆，或鼻塞，清水出者方：紫菀　杏仁　各半兩［各二分］　麻黄　桂心　橘皮　青木香各六銖

［各一分］　黄芩　當歸　甘草各半兩［各二分］　大黄一兩［六分］　上十味，咬咀，以水三升，煮取九合，去滓。六十日至百日兒，一服二合半，一百日至二百日兒，一服三合。”又十七《肺臟》之《積氣》第五《七氣丸方》《檳榔湯方》都用到這一味藥。

［8］咳（kài）逆：咳喘氣逆。

［9］萑（huán）蘆：蘆類植物。初生名“葭”，幼小時名“蒹”，長成後稱“萑”。《本草綱目》十五《蘆》“［集解］［時珍曰］蘆有數種：其長丈許中空皮薄色白者，葭也，蘆也，葦也。短小于葦而中空皮厚色青蒼者，葵也，薍也，荻也，萑也……”根“［主治］消渴客熱，止小便利。别録　療反胃嘔逆不下食，胃中熱。傷寒内熱，彌良。蘇恭　解大熱，開胃，治噎噦不止。甄權　寒熱時疾煩悶，瀉痢人渴，孕婦心熱。大明《葛仙翁肘後備急方》四《治卒患胸痹痛方》二十九《附方》：“金匱玉函方治五噎心膈氣滯煩悶吐逆不下食：蘆根五兩，剉，以水三大盞煮，取二煮，去滓，不計時温服。”

［10］貫衆：又名貫節、貫渠、百頭、草鴟頭、黑狗脊、鳳尾草。《本草綱目》十二《貫衆》：根“［主治］腹中邪熱氣，諸毒，殺三蟲。本經”九蟲：道教語。九臟尸蟲。泛指在人體中作祟的種種尸蟲。

［11］當歸：又名乾歸、山蘄、白蘄、文無。具有多種藥用價值。《本草綱目》十四《當歸》：根“［主治］……治頭痛，心腹諸痛，潤腸胃筋骨皮膚，治癰疽，排膿止痛，和血補血。時珍”《葛仙翁肘後備急方》一《治卒心痛方》八《附方》：“又方治心痛，當歸爲末，酒服方寸匕。”按：據上海名醫陳存仁於 20 世紀 70 年代所著《被忽視的發明：中國早期醫藥史話》説，當歸具有抗生素作用。《千金方》十三《心腹痛》六有《温中當歸湯方》《增損當歸湯方》《當歸湯方》等皆以當歸爲主藥。

［12］芍藥：又名將離、犁食、白木、餘容、鋋，白者名金芍藥，赤者名木芍藥。《本草綱目》十四《芍藥》：根“［主治］邪氣腹痛，除血痹，破堅積，寒熱疝瘕，止痛，利小便，益氣。本經　通順血脈，緩中，散惡血，逐賊血，去水氣，利膀胱大小腸，消癰腫，時行寒熱，中惡腹痛腰痛。别録　治臟腑擁氣，强五臟，補腎氣，治時疾骨熱，婦

人血閉不通，能蝕膿。甄權"《千金方》十三《心腹痛》六"治寒氣卒客於五臟六腑中，則發心痛方"與"得快利，痛不止，宜服後方"皆以芍藥爲主藥之一。絞痛：指內臟劇烈陣發性疼痛。

[13] 秦椒：又名大椒、檓花椒。《本草綱目》三十二《秦椒》："[主治]除風邪氣，溫中，去寒痹，堅齒髮，明目，久服輕身好顏色，耐老增年通神。本經　療喉痹吐逆疝瘕，去老血，產後餘疾腹痛，出汗，利五臟。別錄　上氣咳嗽，久風濕痹。孟詵"《葛仙翁肘後備急方》三《治卒上氣咳嗽方》二十三："又方椒二百粒，搗，末之，杏人（仁）二百枚，熬之，棗百枚，去核，合搗，令極熟，稍稍合如棗許大，則服之。"又六《附方》："續十全方治蟲入耳：秦椒末一錢，醋半盞，浸良久，又少少灌耳，蟲自出。"

[14] 獨活：又名羌活、羌青、獨搖草、護羌使者、胡王使者、長生草。《本草綱目》十三《獨活》：根"[主治]風寒所擊，金瘡止痛，奔豚癇痓，女子疝瘕。久服輕身耐老。本經療諸賊風，百節痛風，無問久新。別錄"《葛仙翁肘後備急方》三《治風毒腳弱痹滿上氣方》二十一："次服獨活酒方，獨活五兩，附子五兩，生用，切，以酒一斗漬，經三宿，服，從一合始，以微痹爲度。"《千金方》八《諸風》二《大續命湯》《排風湯》《大八風湯》《小八風散》，《風懿》六《獨活湯方》獨活皆爲主藥之一。八風：各種痛風。説法各異。《本草綱目》三《諸風》："有中臟、中腑、中經、中氣、痰厥、痛風、破傷風、麻痹。"

[15] 菖蒲：又名昌陽、堯韭、水劍草。中藥名。《肘後備急方》一《救卒死尸蹶方》二："又方搗乾菖蒲以一棗核大著捨下。"《本草綱目》十九《菖蒲》：根"[主治]風寒痹濕，咳逆上氣，開心孔，補五臟，通九竅，明耳目，出音聲。主耳聾癰瘡，溫腸胃，止小便利。久服輕身，不忘不迷惑，延年。益心智，高志不老。本經　四肢濕痹，不得屈伸，小兒溫瘧。身積熱不解，可作浴湯。別錄　治耳鳴頭風淚下，鬼氣，殺諸蟲，惡瘡疥瘙。甄權　除風下氣，丈夫水臟，女人血海冷敗，多忘，除煩悶，止心腹痛，霍亂轉筋，及耳痛者，作末炒，乘熱裹罨甚驗。大明　心積伏梁。好古　治中惡卒死，客忤癲

痛,下血崩中,安胎漏,散癭腫。搗汁服,解巴豆、大戟毒。時珍”

[16] 乾薑：又名白薑。《本草綱目》二十六《乾薑》："[主治]胸滿咳逆
上氣,溫中止血,出汗,逐風濕痹,腸澼下痢,生者尤良。本經　寒
冷腹痛,中惡霍亂脹滿,風邪諸毒,皮膚間結氣,止唾血。別錄
治腰腎中疼冷,冷氣,破血去風,通四肢關節,開五臟六腑,宣諸
絡脈,去風毒冷痹,夜多小便。甄權　消痰下氣,治轉筋吐瀉,腹
臟冷,反胃乾嘔,瘀血撲損,止鼻洪,解冷熱毒,開胃,消宿食。
大明　主心下寒痞,目睛久赤。好古《千金方》八《諸風》二《大續
命湯》《大八風湯》《八風散》《小八風散》,乾薑都是主藥之一。
按：菖蒲、乾薑治卒死。《肘後備急方》一《救卒中惡死方》一《附
方》："搗菖蒲生根絞汁灌之,立差尸厥之病。"又《救卒死尸蹷方》
二："又方搗乾菖蒲以一兩棗核大著其舌下。""以菖蒲屑內鼻兩
孔吹之,令人以桂屑著舌下。又云：扁鵲法治楚王效。"又《救卒
客忤死方》三："搗生菖蒲茛絞汁含之,立差。"痹濕：由濕氣侵入
肌體而導致肢節疼痛、麻木的病。

[17] 菟絲：菟絲子。又名菟縷、菟累、菟蘆、菟丘、赤網、玉女、唐蒙、火
焰草、野狐絲、金線草。《本草綱目》十八《菟絲子》："[主治]續絕
傷,補不足,益氣力,肥健人。本經　養肌強陰,堅筋骨,主莖中
寒,精自出,溺有餘瀝,口苦燥乾,寒血爲積。久服明目輕身延
年。別錄　治男女虛冷,添精益髓,去腰疼膝冷,消渴熱中。……
甄權"

[18] 蓯蓉：又名肉鬆容、黑司命。《本草綱目》十二《肉蓯蓉》："[主治]
五勞七傷,補中,除莖中寒熱痛,養五臟,強陰,益精氣,多子,婦
人癥瘕,久服輕身。本經　除膀胱邪氣腰痛,止痢。別錄　益髓,
悅顏色,延年,大補壯陽,日御過倍,治女人血崩。甄權　男子絕
陽不興,女子絕陰不產,潤五臟,長肌肉,暖腰膝,男子泄精尿血
遺瀝。女子帶下陰痛。大明《肘後備急方》四《治虛損羸瘦不堪
勞動方》三十三《附方》："經驗後方治五勞七傷陽氣衰弱腰腳無
力,羊腎蓯蓉羹法：羊腎一對,去脂膜,細切；蓯蓉一兩,酒浸一
宿,刮去皺皮,細切,相和作羹,蔥白、鹽、五味等如常法事治,空

腹食之。"虛乏：虛弱乏力。

[19]甘遂：又名甘藁、陵藁、陵澤、甘澤、重澤、苦澤、白澤、主田、鬼醜。
《本草綱目》十七《甘遂》："［主治］大腹疝瘕，腹滿，面目浮腫，留
飲宿食，破癥堅積聚，利水穀道。本經　下五水，散膀胱留熱，皮
中痞，熱氣腫滿。別録　能瀉十二種水疾，去痰水。甄權　瀉腎經
及隧道水濕，腳氣、陰囊腫墜，痰迷癲癇，噎膈痞塞。時珍"《肘後
備急方》四《治卒大腹水病方》二十五："又方雄黄六分，麝香三
分，甘遂、芫花、人參各二分，搗，蜜和丸服如豆大二丸，加至四丸
即差。"《千金方》十九《腰痛》七《治腰痛不得立方》："甘遂　桂心
一作附子　杜仲　人參各二兩　上四味，治下篩，以方寸匕納羊
腎中，炙之令熟服之。"

[20]葶藶：又作"葶藶"。又名"丁歷""蕇蒿""大室""大適""狗薺"。
《本草綱目》十六《葶藶》："［主治］癥瘕積聚結氣，飲食寒熱，破堅
逐邪，通利水道。本經　下膀胱水，伏留熱氣，皮間邪水上出，面
目浮腫，身暴中風熱痱癢，利小腹。久服令人虛。別録　療肺壅
上氣咳嗽，止喘促，除胸中痰飲。開寶通月經。時珍"《肘後備急
方》四《治卒大腹水病急方》二十五："又方葶藶一兩、杏人（仁）二
十枚並熬，黄色，搗，分十服，小便去，立差。"痰癖：中醫病症名。
指水飲久停化痰，流移脅肋之間，以致有時脅痛的病症。

[21]括樓：又作栝樓，又名果蠃、瓜蔞、天瓜、黄瓜、地樓、澤姑、根名白
藥、天花粉、瑞雪。《本草綱目》十八《栝樓》：實"［主治］胸痺，悦
澤人面。別録　潤肺燥，降火，治咳嗽，滌痰結，利咽喉，止消渴，
利大腸，消癰腫瘡毒。時珍"《肘後備急方》四《治卒患胸痺痛方》
二十九《附方》："杜壬治胸膈痛徹背心腹痞滿氣不得通及治疾
嗽：大括蔞去穰，取子炒熟，别研，和子皮麵糊爲丸如梧桐子大，
米飲下十五丸。"又五《治癰疽妒乳諸毒腫方》三十六《附方》："楊
文蔚方治癰未潰：栝樓根、赤小豆等分爲末，醋調塗。"

[22]黄連：又名王連、支連。中藥名。《肘後備急方》一《治卒心痛方》
八："又方黄連八兩以水七升煮，取一升五合去滓温服五合，每日
三服。"《本草綱目》十三《黄連》：根"［主治］熱氣，目痛眥傷泣出，

明目,腸澼腹痛下痢,婦人陰中腫痛。久服令人不忘。本經　主
五臟冷熱,久下泄澼膿血,止消渴大驚,除水利骨,調胃厚腸益
膽,療口瘡。別錄"按:據上海名醫陳存仁於 20 世紀 70 年代所著
《被忽視的發明:中國早期醫藥史話》説,黃連具有抗生素作用。
消渴:中醫學病名。口渴,善飢,尿多,消瘦。包括糖尿病、尿崩
症等。《素問‧奇病論》:"肥者令人内熱,甘者令人中滿,故其氣
上溢,轉爲消渴。"

[23] 薺苨:又名杏參、杏葉沙參、菧苨、甜桔梗、白麵根、苗名隱忍。
《本草綱目》十二《薺苨》:根"[主治]解百藥毒。別錄　殺蠱毒,治
蛇蟲咬,熱狂温疾,署毒箭。大明　利肺氣,和中明目止痛,蒸切
作羹粥食,或作齏菹食。咎殷　食之,壓丹石發動。孟詵　主咳嗽
消渴强中,癰毒丁腫,辟沙虱、短狐毒。時珍"《肘後備急方》七《治
卒中諸藥毒救解方》:"鉤吻葉與芥相似誤食之殺人方:薺苨八
兩,水六升,煮,取三升服五合,日五服。"

[24] 甘草:又名蜜甘、蜜草、美草、靈通、國老。具有多種藥用價值。
《本草綱目》十二《甘草》:根"[主治]五臟六腑寒熱邪氣,堅筋
骨,長肌肉,倍氣力,金瘡尰,解毒。久服輕身延年。本經　温中
下氣,煩滿短氣,傷臟咳嗽,止渴,通經脈,利血氣,解百藥毒,爲
九土之精,安和七十二種石,一千二百種草。別錄"《肘後備急方》
三《治卒上氣咳嗽方》二十三:"又方甘草二兩以水三升煮,取一
升半,分,再服。"百毒:指各種藥物之毒;指各種藥物。

[25] 蘆如:桔梗。《御覽》九百九十三《桔梗》:"吳氏《本草經》曰:桔
梗,一名符蔰,一名白藥,一名利如,一名梗草,一名蘆茹。"《本草
綱目》十二《桔梗》:根"[主治]胸脅痛如刀刺,腹滿腸鳴幽幽,驚
恐悸氣。本經　利五臟腸胃,補血氣,除寒熱風痹,温中消穀,療
喉咽痛,下蠱毒。別錄　……養血排膿,補内漏及喉痹。大明
……主口舌生瘡,赤目腫痛。時珍"《肘後備急方》三《治卒上氣
咳嗽方》:"治痰嗽喘急不定,橘梗一兩半,搗羅爲散,用童子小便
半升煎取四合去滓,温服。"益智:中藥名。《本草綱目》十四卷
《益智子》:"[主治]吐血血崩諸症。時珍"

[26]麻黄：又名龍沙、卑相、卑鹽。《本草綱目》十五《麻黄》：莖“[主治]中風傷寒頭痛，温瘧，發表出汗，去邪熱氣，止咳逆上氣，除寒熱，破癥堅積聚。本經”《肘後備急方》二《治傷寒時氣温病方》十三：“麻黄二兩、大黄二兩、黄芩一兩、芒消一兩、釜底墨一兩、竈突墨二兩、梁上塵二兩，搗，蜜丸如彈丸，新汲水五合，末一丸頓服之。若渴，但與水，須臾更寒，寒了汗出便解。”按：麻黄治卒死。《肘後備急方》一《救卒客忤死方》三：“又張仲景諸要方麻黄四兩、杏人七十枚，甘草一兩，以水八升煮，取三升，分令咽之，通治諸感忤。”治黄疸。《肘後備急方》四《治卒發黄疸諸黄病》三十一：“又方麻黄一把，酒五升，煮，取二升半可盡服，汗出，差。”

[27]大青：《本草綱目》十五《大青》：“[主治]時氣頭疼，大熱口瘡。_{別録}　除時行熱毒，甚良。_{弘景}　治温疫寒熱。_{甄權}　治熱毒風，心煩悶，渴疾口乾，小兒身熱疾風疹，及金石藥毒。塗罯腫毒。_{大明}　主熱毒痢，黄疸，喉痹、丹毒。_{時珍}”《肘後備急方》二《治傷寒時氣温病方》十三：“大青四兩、甘草膠各二兩、豉八合，以水一斗，煮二物，取三升半，去滓，内豉煮，三沸，去滓，乃内膠，分作四，服盡，又合此，治得，至七八日，發汗不解及吐，下大熱，甚佳。”主：中醫術語。主治。漢張仲景《傷寒論・傷寒例》：“太陽病頭痛發熱，汗出惡風者，桂枝湯主之。”傷寒：中醫泛指一切熱性病。

[28]分蓍：猶言辨別吉凶。蓍：多年生草本植物。古人用於占卜吉凶。問祟：猶言問卜吉凶。祟：鬼神給人帶來的災禍。

[29]巫史：古代從事求神占卜與掌管天文、星象、曆數的人員，統稱巫史。紛若：盛多貌。

[30]芝英：靈芝。司馬相如《大人賦》：“呼吸沆瀣兮餐朝霞，咀噍芝英兮嘰瓊華。”

7　昔留侯張良[1]，吐出奇策，一代無有，智慮所及[2]，非淺近人也，而猶謂不死可得者也；其聰明智用[3]，非皆不逮世人,而曰:"吾將棄人間之事,以從赤松遊耳。"遂修道引,絕穀一年[4],規輕舉之道[5],坐呂后逼蹴[6],從求安太子之計。良不得已,爲畫致四皓之策。果如其言[7]。呂后德之,而逼令强食之[8],故令其道不成耳。按孔安國《秘記》云[9]:良得黃石公不死之法,不但兵法而已[10]。又云:良本師四皓(1)[11]。甪里先生、綺里季之徒,皆仙人也。良悉從受其神方,雖爲呂后所强飲食,尋復修行仙道,密自度世,但世人不知,故云其死耳。如孔安國之言,則良爲得仙也。又,漢丞相張蒼[12],偶得小術,吮婦人乳汁[13],得一百八十歲[14];此蓋道之薄者,而蒼爲之,猶得中壽之三倍[15],況於備術,行諸秘妙(2),何爲不得長生乎? 此事見於《漢書》,非空言也。

【校】

(1)師:王明校:"(師)下宋浙本有'事'字。"

(2)況於備術,行諸秘妙:王明校:"寶顏堂本無'備'字,'妙'作'法'。"

【注】

[1]張良(前? —前185),本姓姬,人稱"姬公子",韓人。其先大父、父相繼爲韓相,輔佐五世君主。秦滅韓,謀復韓國,結交刺客,在博浪沙(今河南原陽東南)狙擊秦始皇未中。乃更名張良,字子房,號鶴間,亡匿下邳(今江蘇睢寧北)。遇黃石公,得《太公兵法》。秦末起義中,聚衆歸劉邦,不久説項梁立韓貴族成爲韓王,任韓司徒。後韓王成爲項羽所殺,復歸劉邦,爲其主要謀士。鴻門宴中,計護劉邦脫險。楚漢戰争期間,提出不立六國後代,重用韓信,聯結英布、彭越等策略,又主張追擊項羽,殲滅楚軍,都爲劉邦所采。劉邦譽之爲"運籌策帷幄之中,決勝於千里之外",

　　爲漢初三傑之一,封留侯。

[2]智慮:智謀;謀劃。

[3]智用:謂智慧的運用。

[4]吾將棄人間之事五句:《史記‧留侯世家》:"留侯乃稱曰:'……
願棄人間事,欲從赤松子遊耳。'乃學辟穀,導引輕身。"

[5]輕舉:猶飛升;登仙。

[6]逼蹴(cù):同偪促、逼蹙。逼迫。

[7]從求安太子之計數句:《史記‧留侯世家》:"上欲易太子,立戚夫
人子趙王如意。大臣多諫爭,未能得堅決者也。呂后恐,不知所
爲。人或謂呂后曰:'留侯善畫計策,上信用之。'呂后乃使建成
侯呂澤劫留侯,曰:'君常爲上謀臣,今上欲易太子,君安得高枕
而臥乎?'留侯曰:'始上數在困急之中,幸用臣策。今天下安定,
以愛欲易太子,骨肉之間,雖臣等百餘人何益。'呂澤強要曰:'爲
我畫計。'留侯曰:'此難以口舌爭也。顧上有不能致者,天下有
四人。四人者年老矣,皆以爲上慢侮人,故逃匿山中,義不爲漢
臣。然上高此四人。今公誠能無愛金玉璧帛,令太子爲書,卑辭
安車,因使辯士固請,宜來。來,以爲客,時時從入朝,令上見之,
則必異而問之。問之,上知此四人賢,則一助也。'於是呂后令呂
澤使人奉太子書,卑辭厚禮,迎此四人。四人至,客建成侯所。'"
此致四皓之策也。

[8]呂后德之,而逼令強食之:《史記‧留侯世家》:"呂后德留侯,乃
強食之,曰:'人生一世間,如白駒過隙,何至自苦如此乎!'留侯
不得已,強聽而食。"

[9]按孔安國《秘記》:《神仙傳‧孔安國》:"孔安國者,魯人也。常行
氣服鉛丹,年三百歲,色如童子。……(孔安國)曰:'……(漁父)
授我秘方服餌之法,得以度世。'"

[10]良得黃石公不死之法,不但兵法而已:《史記‧留侯世家》:"良嘗
閒從容步遊下邳圯上,有一老父……出一編書,曰:'讀此則爲王
者師矣。後十年興。十三年孺子見我濟北,穀城下黃石即我
矣。'遂去,無他言,不復見。旦日視其書,乃《太公兵法》也。良

因異之,常習誦讀之。”但不見“得不死之法”的記載。十三年後果於穀城山見黃石,取而寶祠之。後世流傳《黃石公素書》與《黃石公三略》。

[11] 良本師四皓:按:所謂“良本師事四皓”、“悉從受其神方”,不見《史記・留侯世家》記載。

[12] 張蒼(? —前152):秦末陽武(今河南原陽東南)人。精于律令,秦時爲御史。從劉邦起事,爲常山守、代相、趙相,功封北平侯,遷計相。用《顓頊曆》,比定律令及百工程品。高后八年爲御史大夫。與周勃擁立文帝,越四年,拜丞相,後病免。景帝時病卒。著書十八篇,言陰陽律曆事。

[13] 吮婦人乳汁:《漢書・張蒼傳》:“蒼免相後,口中無齒,食乳,女子爲乳母。”顏師古注:“言每就飲之。”

[14] 得一百八十歲:未見記載。設張蒼“秦時爲御史”,與趙高即便同年,趙高被殺於公元前207年,張蒼死於公元前152年,也不過比趙高晚死55年。他不可能“得一百八十歲”。

[15] 中壽:有百歲、九十歲、八十歲、七十歲、六十歲五説。《左傳・僖公三十二年》:“公使謂之曰:‘爾何知?中壽,爾墓之木拱矣。’”孔穎達疏曰:“上壽百二十歲,中壽百,下壽八十。”《文選》孫楚《征西官屬送于涉陽侯作》“三命皆有極,咄嗟安可保”,李善注:“《養生經》:‘黃帝曰:“上壽百二十,中壽百年,下壽八十。”’”又嵇康《養生論》:“或云:‘上壽百二十,古今所同。’”李善注:“《養生經》:‘黃帝問天老曰:“人生上壽一百二十年,中壽百年,下壽八十年,而竟不然者,皆夭耳。”’”《莊子・盜跖》:“人上壽百歲,中壽八十,下壽六十。”《吕氏春秋・安死》:“人之壽,久之不過百,中壽不過六十。”《淮南子・原道》:“凡人中壽七十歲。”《論衡・正説》:“上壽九十,中壽八十,下壽七十。”《意林》引《王孫子》:“人上壽百歲,中壽八十,下壽六十。”《晉書・周訪傳》:“善相者廬江陳訓謂訪與陶侃曰:‘二君皆位至方岳,功名略同,但陶得上壽,周當下壽,優劣更由年耳。’”後陶止七十六歲,周止六十一歲。

8　抱朴子曰：服藥雖爲長生之本，若能兼行氣者，其益甚速。若不能得藥，但行氣而盡其理者，亦得數百歲。然又宜知房中之術[1]，所以爾者，不知陰陽之術，屢爲勞損[2]，則行氣難得力也。夫人在氣中，氣在人中[3]，自天地至於萬物，無不須氣以生者也。善行氣者，內以養身，外以卻惡，然百姓日用而不知焉。吳越有禁呪之法[4]，甚有明驗(1)，多炁耳(2)。知之者可以入大疫之中[5]，與病人同床而己不染[6]。又以群從行數十人[7]，皆使無所畏，此是炁可以禳天災也[8]。或有邪魅山精[9]，侵犯人家，以瓦石擲人，以火燒人屋舍。或形見往來，或但聞其聲音言語，而善禁者以炁禁之，皆即絶，此是炁可以禁鬼神也。入山林多溪毒蝮蛇之地[10]，凡人暫經過，無不中傷，而善禁者以炁禁之，能辟方數十里上(3)，伴侶皆使無爲害者。又能禁虎豹及蛇蜂(4)[11]，皆悉令伏不能起。以炁禁金瘡，血即登止[12]。又能續骨連筋。以炁禁白刃，則可蹈之不傷，刺之不入。若人爲蛇虺所中，以炁禁之則立愈。近世左慈、趙明等，以炁禁水，水爲之逆流一二丈[13]。又於茅屋上然火，煮食食之，而茅屋不焦。又以大釘釘柱，入七八寸，以炁吹之，釘即湧射而出。又以炁禁沸湯[14]，以百許錢投中，令一人手探摝取錢[15]，而手不灼爛[16]。又禁水著中庭露之(5)。大寒不冰。又能禁一里中炊者盡不得蒸熟。又禁犬令不得吠(6)。昔吳遣賀將軍討山賊[17]，賊中有善禁者，每當交戰，官軍刀劍皆不得拔，弓弩射矢皆還向(7)，輒致不利。賀將軍長智有才思(8)，乃曰："吾聞金有刃者可禁[18]，蟲有毒者可禁，其無刃之物，無毒之蟲，則不可禁；彼能禁吾兵者(9)，必不能禁無刃物矣。"乃多作勁木白棒(10)[19]，選異力精卒五千人爲先登[(11)]，盡捉栝[20]。彼山賊恃其有善禁者，了不能備[(12)]，於是官軍以白棒擊之，大破彼賊，禁者果不復行[(13)]，所打煞者，乃有萬計[(14)]。夫炁出於形，用之其效如此，何疑不可絕穀治病，延年養性乎？仲長公理者，才達之士也。著《昌言》[21]，亦論“行炁可以不飢不病”，云：“吾始者未之信也，至於爲之者，盡乃然矣。養性之方，若此至約[22]，而吾未之能也，豈不以心馳於世務，思銳於人事哉！他人之不能者，又必與吾同此疾也。”昔有明師，知不死之道者，燕君使人學之，不捷而師死。燕君怒其使者，將加誅焉。諫者曰：“夫所憂者，莫過乎死；所重者，莫急乎生。彼自喪其生，亦安能令吾君不死也？”君乃不誅[23]。其諫辭則此爲良説矣[(15)]。使彼有不死之方，若吾所聞行炁之法，則彼説師之死者[(16)]，未必不知道也，直不能棄世事而爲之，故雖知之而無益耳，非無不死之法者也。”又云：“河南密縣，有上成者[(17)][24]，學道經久，乃與家人辭去，其始步稍高，遂入雲中不復見。此所謂舉形輕飛[25]，白日升天，仙之上者也。”陳元方、韓元長，皆潁川之高士也[26]，與密相近。二君所以信天下之有仙者，蓋各以其父祖及見上成者成仙升天故耳，此則又有仙之一證也。

【校】

（1）驗：孫星衍校：“藏本作獻。”顧廣圻校同。王明案：“宋浙本、寶顏堂本作‘效’。”

（2）多炁耳：孫星衍曰：“疑句有脱字。”明抄本“炁”誤作“無”，顧廣圻校改。明抄本“炁”多誤作無，顧廣圻校改不少，不贅。王明案：“宋浙本作正須氣耳。”

（3）上：王明校：“慎校本、寶顏堂本、崇文本作‘而’。”

（4）蜂：慎校本、實顏堂本、崇文本作虺。按：下文若人爲蛇虺所中，正與此文呼應。

（5）又：孫星衍校：“藏本作損，非。”王明案：“實顏堂本無‘又’字。”

（6）入山林多溪毒蝮蛇之地……禁犬令不得吠：陳其榮校：“《後漢書·方術·徐登傳》注（引《抱朴子》）作：‘道士趙炳，以氣禁人，人不能起。禁虎，虎伏地，低頭閉目，便可執縛。以大釘釘柱，入尺許，以氣吹之，釘即躍出射去，如弩箭之發。’《御覽》七百六十七（引《抱朴子》）作：‘吳有趙柄，以大釘釘柱入尺許，以氣吹之，釘即躍出，如弩箭之發。’趙柄乃趙炳之誤（王明案影宋本《御覽》作趙炳，不誤），今此作趙明，無以氣禁人六句，又不云躍出，射去如箭弩之發，當是脱落，然此等特小異耳。《御覽》七百三十七引（《抱朴子》曰）：‘治金創以氣吹之，即斷痛（又七百四十二作：“治金瘡以氣吹之，血即斷，痛登時止”）。登山，蛇虺毒蟲中人，在近者就以氣禁之，其相遠者或數十里，便延（當作遥）治之。士（有脱誤）呼其姓名而咒之，男也，吹我右手（句有脱。《釋滯》篇云：“男噓我左，女噓我右。”）記識其時，後校問之，即時愈也。又有介象者，能以氣禁一里中居人炊者不得蒸，以氣禁樹上群鳥即墮地，又於茅（《徐登傳》有“屋”字，此脱。）上爨煮，雞熟而茅不燋；又禁刀矛，以刺人腹，以樵打之，刃曲而不復入；又燒釜正赤而立上，久之不知熱；以錢投於沸釜湯中，亦探取錢而手不灼；能令一市人皆坐不得起。’此一段與今本絶異。”

（7）官軍刀劍皆不得拔，弓弩射矢還向：《三國志·吳書·賀齊傳》“凡斬首七千”裴注引《抱朴子》無皆字，“還向”作“還自向”。慎校本、實顏堂本等“還向”作“還自射”。

（8）長智有才思：《賀齊傳》裴注引作長情有思。

（9）彼能禁吾兵者：《賀齊傳》裴注引作彼必是能禁吾兵者也。

（10）乃多作勁木：明抄本脱多字，顧廣圻校補。

（11）異力：《賀齊傳》裴注引異作有。

（12）盡捉棓。彼山賊恃其有善禁者：藏本、平津本無“有”字，據《三國志·吳書·賀齊傳》校補。王明校：“‘棓’宋浙本作‘掊’。‘棓’

通‘掊’，擊也。明案‘山賊’下原無‘賊’字，文意未完，查慎校本、寶顏堂本、崇文本皆有，今據補。”按：不必補“賊”字。《賀齊傳》注引作：“選有力精卒五千人爲先登，盡捉掊。彼山賊恃其有善禁者，了不嚴備。”理解與斷句，與王明不同，省净當從。其：其下。能：孫星衍校：“一本作爲。”《校補》作嚴。

(13) 大破彼賊，禁者果不復行：《賀齊傳》注引作彼禁者果不復行。

(14) 所打煞者，乃有萬計：《賀齊傳》注引作所擊殺者萬計。

(15) 其諫辭則此爲良説矣：孫星衍校：“疑句有脱誤，刻本此下添然亦非至當之論七字，非。”顧廣圻校：“此當作未。”

(16) 則彼説師之死者：孫星衍校：“疑衍説師二字。”顧廣圻校：“説師二字衍。”

(17) 上成：藏本、平津本作卜成，從孫星衍、顧廣圻校改。孫星衍按：“卜當作上，《後漢書·方術傳》云上成公。”顧廣圻校：“《廣韻·十四清》成字下載云以爲上成復姓，然則卜者誤也。”

【注】

［1］房中術：又名陰陽之術、男女合氣術等，古代有關男女交媾養生保精的方術。《漢書·藝文志·方技略》：“《容成陰道》二十八卷，《務成子陰道》三十六卷，《堯舜陰道》二十三卷，《湯盤庚陰道》二十卷，《天老雜子陰道》二十五卷，《天一陰道》二十四卷、《黄帝三王養陽方》二十卷、《三家内房有子方》十七卷。右房中八家，百八十六卷。房中者，情性之極，至道之際，是以聖王制外樂以禁内情，而爲之節文。傳曰：‘先王之作樂，所以節百事也。’樂而有節，則和平壽考，及迷者弗顧，以生疾而隕性命。”《黄庭内景經·呼吸章》：“結精育胞化生身，留胎止精可長生。”《瓊室章》：“長生至慎房中急，何爲死作令神泣。”《常念章》：“急守精室勿妄泄，閉而寶之可長活。”《玄元章》：“結珠固精養神根，玉芝金鑰常完堅。”《黄庭外景經·上部經》：“長生要妙房中急，棄捐淫術專子精，寸田尺宅可治生……閉子精門可長活。”《千金方》二十七《養性》之《房中補益》八論之甚詳，是專寫給四十歲以上的，

其中一段話是："凡御女之道，不欲令氣未感動，陽氣微弱即以交合。必須先徐徐嬉戲，使神和意感良久，乃可令得陰氣，陰氣推之，須臾自强，所謂弱而内迎，堅急出之，進退欲令疏遲，情動而止，不可高自投擲，顛倒五臟，傷絶精脈，生致百病。但數交而慎密者，諸病皆愈，年壽日益，去仙不遠矣。不必九一三五之數也，能百接而不施泄者，長生矣。若御女多者，可采氣。采氣之道，但深接勿動，使良久氣上面熱，以口相當引取女氣而吞之，可疏疏進退，意動便止，緩息眠目，偃臥導引，身體更强……"

〔2〕勞損：謂因過度勞累，而使身心受到損傷。此指房事過多給身體帶來的損傷。

〔3〕人在氣中，氣在人中：《谷神賦》"氣中有精"天水逸人大信注："氣中有寶是真精，能閉能藏勿嗜情。水在魚中魚在水，精在人中人得生。"

〔4〕禁呪：亦作禁祝、禁咒。"禁"即下文所説"以炁禁之"的"炁禁"，"呪"即"符呪"或"呪語"。"炁禁"念"咒語"，"咒語"要運氣，兩相結合。相傳以真氣、符咒等治病邪、克異物、禳災禍的一種法術。

〔5〕大疫：重大瘟疫。疫：流行性急性傳染病的通稱。

〔6〕與病人同床而己不染：各人免疫力與抵抗力不同，同床不一定得病，但以隔離爲好。

〔7〕群從：指堂兄弟及諸子侄。陶潛《悲從弟仲德》詩："禮服名群從，恩愛若同生。"《顏氏家訓·兄弟》："子侄不愛，則群從疏薄。"王利器注："群從：謂族中子弟。"

〔8〕是：因爲；因此。《逸周書·常訓》："夫禮非克不承，非樂不竟，民是乏生。"

〔9〕邪魅：作祟害人的鬼怪。山精：傳説中的山間怪獸。

〔10〕溪毒：即射工蟲。傳説中的毒蟲。《意林》二引《淮南子》："天下之物，莫凶於溪毒，良醫藏之，有所用也。"蝮蛇：又名反鼻蛇。黃黑色如土，白班，黃頷尖口，胎生，毒最烈，不即療多死。《本草綱目》四十三《蝮蛇》："膽"〔主治〕蟲瘡。別録　殺下部。甄權　療諸漏，研傅之。若作痛，杵杏仁摩之。時珍"肉"〔主治〕釀作酒，療

癲疾諸瘡,心腹痛,下結氣,除蠱毒。別録"《肘後備急方》五《治腸癰肺癰方》三十七《附方》:"姚方:大蝮蛇一枚,切,勿令傷,以酒漬之,大者一斗,小者五升,以糠火溫,令下,尋取蛇一寸許,以臘月豬膏和,傅瘡,差。"

[11] 蛇:泛指蛇類。蜂:胡蜂,馬蜂。

[12] 登:頓時;馬上。

[13] 趙明等以炁禁水:趙明即趙昞,又作趙炳,東漢方士。《後漢書·方術傳下·徐登》:"又趙炳,字公阿,東陽人,能爲越方。時遭兵亂,疾疫大起,(徐登、趙昞)二人遇于烏傷溪水之上,遂結言約,共以其術療病。……登乃禁溪水,水爲不流;炳復次禁枯樹,樹即生荑。"李賢注:"《異苑》云:'趙侯以盆盛水,吹氣作禁,魚龍立見。'越方,善禁呪也。"

[14] 沸湯:滾開的水。

[15] 撌(└):由上向下掩而取之;由下向上撈而取之。《周禮·夏官·大司馬》"三鼓撌鐸"鄭玄注:"掩上振之爲撌。"賈公彥疏:"掩上振之者,以手在上向下掩而執之。"引申爲撈取。按:錢投沸水,上下翻動,伸手進去,既可"向下掩而執之",亦可從下向上撈取。

[16] 灼爛:燒灼至於糜爛。

[17] 賀將軍:賀齊,字公苗,會稽山陰(今浙江紹興)人。少爲郡吏,守剡長。誅惡養善,威震山越。先後定侯官、建安、丹陽、吳郡餘杭、豫章諸地,遷奮武將軍。建安二十一年(216)與陸遜共破尤突,拜安東將軍,封山陰侯。後遷將軍,假節徐州牧。

[18] 金:此指金屬製刀劍兵器。

[19] 白棒:没有安裝金屬的銳利木棒。按"白"含銳利義,如"白刃"。

[20] 掊:擊。

[21] 仲長公理者:仲長統(179—219),字公理,山陽高平(今山東鄒縣西南)人。少好學,博覽群書,善於文辭。尚書令荀彧舉爲尚書郎,後參丞相曹操軍事。著《昌言》凡三十四篇,十餘萬言,論古今爲政得失,尤以《理亂》《損益》《半誠》三篇最有名,已佚,嚴可

均《全後漢文》有輯佚本。本篇所引"行炁可以不飢不病"兩節，即其佚文之一。

[22] 至約(yào)：至要。《漢書·禮樂志二》"治本約"顏師古注："約讀曰要。"

[23] 昔有明師……君乃不誅：説據《韓非子·外儲説左上》："客有教燕王爲不死之道者，王使人學之，所使學者未及學而客死。王大怒，誅之。王不知客之欺己，而誅學者之晚也。夫信不然之物，而誅無罪之臣，不察之患也。且人所急無如其身，不能自使其無死，安能使王長生哉？"《列子·説符》："昔人言有知不死之道者，燕君使人受之，不捷，而言者死。燕君甚怒其使者，將加誅焉。幸臣諫曰：'人所憂者莫急乎死，己所重者莫過乎生。彼自喪其生，安能令君不死也？'乃不誅。"不捷：没有趕上。《漢書·揚雄傳上》"豈駕鵝之能捷"，顏師古注引晉灼曰："捷，及也。"

[24] 上成：《文選》宋玉《高唐賦》："有方之士，羨門、高溪、上成、鬱林、公樂聚穀。"此方士"上成"爲姓之例。《後漢書·方術傳下·上成公》："上成公者，密縣人也。其初行久而不還，後歸，語其家云：'我已仙矣。'因辭而去。家人見其舉步稍高，良久乃没雲。陳寔、韓韶同見其事。"

[25] 輕飛：本指善飛的禽鳥。《文選》楊雄《羽獵賦》"鱗輕飛"李周翰注："輕飛，謂禽之善飛也。"此謂上成輕身飛翔。

[26] 陳元方、韓元長：張華《博物志》五《方士》："潁川陳元方、韓元長，時之通才者，所以並信有仙者。其父時所傳聞河南密縣有成公。其人出行，不知所至，復來還，語其家云：我得仙。因與家人辭訣而去，其步漸高，良久乃没而不見。至今密縣傳其仙去。二君以信有仙，蓋由此也。"

微 旨 卷 六[1]

1 抱朴子曰："余聞歸同契合者[2]，則不言而信著；殊途別務者[(1)][3]，雖忠告而見疑[4]。夫尋常咫尺之近理[5]，人間取捨之細事[6]，沈浮過於金羽[7]，皂白分於粉墨[8]，而抱惑之士，猶多不辨焉，豈況説之以世道之外，示之以至微之旨[9]，大而笑之，其來久矣，豈獨今哉？夫明之所及，雖玄陰幽夜之地[10]，豪釐芒髮之物[11]，不以爲難焉[(2)]。苟所不逮者，雖日月麗天之照灼[12]，嵩岱干雲之峻峭[13]，猶不能察焉。黃老玄聖[14]，深識獨見，開秘文於名山，受仙經於神人[15]，躡埃塵以遺累[(3)][16]，淩大遐以高躋[(4)][17]，金石不能與之齊堅，龜鶴不足與之等壽，念有志於將來，愍信者之無文，垂以方法[18]，炳然著明，小修則小得，大爲則大驗。然而淺見之徒，區區所守[19]，甘於荼蓼而不識粘蜜[20]，酣於醨酪而不賞醇醪[21]。知好生而不知有養生之道[22]，知畏死而不信有不死之法，知飲食過度之畜疾病[(5)]，而不能節肥甘於其口也[23]；知極情恣欲之致枯損[(6)][24]，而不知割懷於所欲也。余雖言神仙之可得，安能令其信乎？"

【校】

（1）殊途別務：藏本作途殊別孤，平津本作途殊別務。按："途殊"當乙作"殊途"，方與"別務"並列，結構相同。

（2）不以爲難焉：焉原作見，從孫星衍引藏本、王明引宋浙本校改。

（3）遺累：藏本、平津本同。《校補》：“‘遺’當作‘遣’。‘遣累’猶言去累。《道意篇》云：‘遣害真之累’，是其義矣。《御覽》六百七十二引正作‘遣’。今據改。”按：遺、遣兩可。遺累：棄累。《文選》陸機《吊魏武帝文》：“既睎古以遺累，信簡禮而薄葬。”李善注：“禮繁則易亂，厚葬則傷生，能遵簡薄，所以遺累。”《宋書・蠻夷傳・婆黎國》：“子因以遺情遺累，虛心爲道，而據事剖析者，更由指掌之間乎！”《交際》：“内遺心競之累。”

（4）凌大遐以高蹻：王明校：“宋浙本、《御覽》六百七十二引‘大’作‘太’，‘大’通‘太’。”

（5）知飲食過度之畜疾病：王明校：“宋浙本、藏本、魯藩本、慎校本、寶顔堂本‘畜’并作‘速’，《御覽》六百七十二引亦作‘速’。明案‘速’字於義爲長。‘畜’字亦通。”按畜、速兩可。

（6）恣欲：明抄本脱欲字，顧廣圻校補欲字。

【注】

［1］微旨：即下文説的“至微之旨”，最精深微妙的旨意。許慎《説文解字叙》：“究洞聖人之微旨。”微旨在于内修形神，寶精行氣。

［2］歸同：歸於同一，目標一致。契合：投合，意氣相投。

［3］別務：志趣不同。

［4］忠告：真誠勸告。按：“忠告而見疑”蓋由《史記・屈原賈生列傳》“信而見疑”變來。

［5］尋常：皆古代長度單位。八尺爲尋，一丈六尺爲常。此喻距離短或小。咫尺：周制八寸爲咫，十寸爲尺。形容距離近、地方狹小、微小。

［6］取捨：擇用與棄置；選擇。

［7］沈浮：猶言輕重。金羽：金重羽輕。喻輕重。

［8］皂白：黑與白。多喻非與是。粉墨：白粉與黑墨；白與黑。

［9］至微：指極微細的物類；極微妙的事理。

［10］玄陰：陰暗；幽暗。

[11] 豪釐：一毫一釐。形容數量極少。豪通毫。

[12] 照（zhāo）灼：明艷；燦爛。南朝梁沈約《八詠詩・會圃臨東風》："容儀已照灼，春風復回薄。"

[13] 干雲：高入雲霄。峻峭：高聳，陡峭。

[14] 玄聖：指有大德而無爵位的聖人。《莊子・天道》："以此處上，帝王天子之德也；以此處下，玄聖素王之道也。"

[15] 開秘文於名山，受仙經於神人：謂黃帝、老子同受太一元君仙經。《雲笈七籤》一百《軒轅本紀》："黃帝合符瑞於釜山，得不死之道，奉事太一元君；受要記修道養生之法于玄女、素女，受房中之術，能御三百女。"《金丹》："（太乙）元君者，老子之師也。"

[16] 蹴：踩；踏。與下"凌"互文義近。《廣記》四三八《李道豫》引南朝梁任昉《述異記》："安國李道豫，宋元嘉中，其家犬臥于當路，豫蹴之。犬曰：'汝即死，何以踏我？'豫未幾而卒。"此例前用"蹴"而後用"踏"，"蹴"正解作"踏"。埃塵：塵土；喻塵世。

[17] 大遐：高遠的上空。高躋：猶高升。此指升天。

[18] 垂：留傳；流傳。

[19] 區區：拘泥，局限。《漢書・楊王孫傳》："且《孝經》曰'爲之棺槨衣衾'，是亦聖人之遺制，何必區區獨守所聞？"

[20] 荼蓼（túliǎo）：陸穢、水草。荼：苦菜。蓼：辛菜。喻艱難困苦。《詩・周頌・良耜》："其鎛斯趙，以薅荼蓼。"毛傳："蓼，水草也。"孔穎達疏："王肅云：荼，陸穢。蓼，水草。"《詩・邶風・谷風》"誰謂荼苦"毛傳："荼，苦菜也。"《說文・艸部》："蓼，辛菜。"粘蜜：飴糖和蜂蜜。粘即飴。

[21] 醨（lí）：薄酒。酪（lào）：醋。《禮記・禮運》"以爲醴酪"鄭玄注："酪，酢截。"酢：同醋。截（zài）：醋。醇醲：味道醇厚的美酒。醪（láo）：濁酒；醪糟。

[22] 好（hào）生：愛惜生靈。此謂愛惜生命。

[23] 肥甘：指肥美的食品。

[24] 極情：至情；盡情。此謂竭力滿足自己的情感需求。恣欲：縱欲。《史記・樂書》："夫上古明王舉樂者，非以娛心自樂，快意恣

欲，將欲爲治者。"枯損：謂斫傷身體。

2　或人難曰："子體無參午達理[1]，奇毛通骨，年非安期、彭祖多歷之壽[2]，目不接見神仙，耳不獨聞異說(1)，何以知長生之可獲，養性之有徵哉！若覺玄妙於心得[3]，運逸鑒於獨見[4]，所未敢許也。夫衣無蔽膚之具[5]，資無謀夕之儲[6]，而高談陶朱之術，自同猗頓之策，取譏論者，其理必也。抱痼疾而言精和、鵲之技[7]，屢奔北而稱究孫、吳之算[8]。人不信者，以無效也(2)。"余答曰："夫寸鮊泛濫跡水之中(3)[9]，則謂天下無四海之廣也；芒蟵宛轉果核之內[10]，則謂八極之界盡於茲也。雖告之以無涯之浩汗[11]，語之以宇宙之恢闊[12]，以爲空言，必不肯信也。若令吾眼有方瞳[13]，耳長出頂，亦將控飛龍而駕慶雲[14]，凌流電而造倒影[15]，子又將安得而詰我。設令見我，又將呼爲天神地祇異類之人，豈謂我爲學之所致哉！姑聊以先覺挽引同志(4)[16]，豈強令吾子之徒皆信之哉！若令家戶有仙人，屬目比肩[17]，吾子雖蔽，亦將不疑。但彼人之道成，則蹈青霄而遊紫極[18]，自非通靈[19]，莫之見聞，吾子必爲無耳。世人信其臆斷，仗其短見，自謂所度，事無差錯，習乎所致，怪乎所希，提耳指掌[20]，終於不悟，其來尚矣，豈獨今哉？"

【校】

（1）不獨聞：王明校："宋浙本、藏本、魯藩本作'獨不聞'。"

（2）以無：王明校："宋浙本作'無以'。"

（3）寸鮊：藏本、平津本作寸鮪，從《札迻》校改。《札迻》："《金汋經》云：'見巨鯨而知寸鮊之細也。'此'寸鮪'亦'寸鮊'之訛。"泛濫跡水：藏本作泛跡濫水，從孫星衍校改："(跡濫)二字誤倒。《意林》引作'濫跡'爲是。'跡水'又見後《明本篇》。"顧廣圻校同。
濫：藏本作監。

（4）姑：孫星衍校："藏本作始。"王明案："宋浙本作'我'。"

【注】

［1］參午：又作參五、參伍。或三或五，變化不定；交互錯綜。《易・繫辭上》："參五以變，錯綜其數。"達理：通達事理。此指通貫的紋路。葛洪《神仙傳・老子》："老子黃白色，美目廣顙，長耳大目，疏齒方口，厚脣，額有三五達理。"

［2］多歷：謂歷時久遠。

［3］玄妙：深奧微妙，難以捉摸。

［4］逸鑒：超越的鑒照。

［5］蔽膚：猶遮身。

［6］謀夕：爲晚上的事預作打算。《左傳・昭公元年》："吾儕偷食，朝不謀夕，何其長也。"楊伯峻注："言早尚不能爲夕計謀，何能念及長遠庇民。"

［7］痼（gù）疾：積久難治的病。和：秦醫和。鵲：扁鵲。

［8］奔北：敗逃。《書・甘誓》"弗用命，戮于社"，孔傳："不用命奔北者，則戮之於社主前。"孔穎達疏："奔北，謂背陳走也。"孫：孫武，春秋末齊國安樂（今山東惠民）人。以兵法見知吳王闔廬，命以爲將，西破强楚，攻入楚郢都，北威齊晉，顯名于諸侯。《孫子兵法》十三篇爲其所著，被尊爲中國兵法之祖。其學說博大精深，被當今學者視爲綜合國力論專著。孫臏，孫武後裔，仕齊爲軍師。著《孫臏兵法》，近年山東臨沂銀雀山漢墓出土《孫臏兵法》殘簡。吳：吳起（前？—前381），戰國衛左氏（今山東曹縣）人，曾參學生。初仕魯，殺齊女之妻以免魯疑，卒爲魯將破齊軍。被黜後，事魏文侯，用爲將，擊秦，拔五城，爲西河守以拒秦。魏相公叔忌之，奔楚，楚悼王用爲令尹。捐廢冗員，富國强兵，南平百越，北並陳蔡，擊退三晉，西伐秦，威震諸侯。悼王死，被宗室大臣殺害，著《兵法》。算：計謀。

[9] 寸鮀：吹沙小魚。鮀同鯊。《後漢書·馬融傳》"鱮、鯉、鱣、鮀"李賢注："鮀或作鯊，郭義恭《廣志》云，'吹沙魚，大如指，沙中行。'"泛濫：浮游水上。跡水：腳印裏的水。形容水小。

[10] 芒蠍(hé)：木中小蛀蟲。宛轉：迴旋；盤曲。

[11] 無涯：亦作無厓、無崖。沒有窮盡；無邊際。《莊子·養生主》："吾生也有涯，而知也無涯。"知通智。浩汗：水盛大貌。

[12] 恢闊：寬闊，弘大。

[13] 方瞳：方形的瞳孔。古人以爲長壽之相。晉王嘉《拾遺記·周靈王》："老聃在周之末，居反景日室之山，與世隔絕，有黃髮老叟五人……瞳子皆方，面色玉潔，手握青筠之杖，與聃共談天地之數。"

[14] 慶雲：五色的祥雲。《列子·湯問》："慶雲浮，甘露降。"

[15] 流電：閃電。倒影：道家指天上最高的地方，在日月之上。下視日月，其影皆倒。《漢書·郊祀志下》"登遐倒景"顏師古注："如淳曰：在日月之上，反從下照，故其景倒。"景：古影字。

[16] 姑聊："姑""聊"連文同義，猶姑且、暫且。先覺：事先認識覺察；覺悟早于常人的人。挽引：牽引。

[17] 屬(zhǔ)目：注目，注視。

[18] 青霄：青天；高空。晉左思《蜀都賦》："干青霄而秀出，舒丹氣而爲霞。"紫極：星名。借指帝王宮殿。《文選·潘岳《西征賦》》："厭紫極之閑敞，甘微行以遊盤。"李善注："紫極，星名，王者爲宮以象之。曹植上表曰：'情注于皇居，心在乎紫極。'"此指道教所稱仙人居所。

[19] 通靈：通於神靈。

[20] 提耳：提撕受教者的耳朵，因指懇切教導。《詩·大雅·抑》："匪面命之，言提其耳。"鄭玄箋："我非但對面語之，親提撕其耳。"一說"親近其耳"。"提"借爲睼(tì)。《說文·目部》："睼，迎視也。從目，是聲。"引申有逢逆、迫近之義。

　　3　或曰"屢承嘉談[1]，足以不疑於有仙矣，但更自嫌於不能爲耳[2]。敢問更有要道[3]，可得單行者否[4]?"抱朴子曰:"凡學道當階淺以涉深，由易以及難(1)，志誠堅果，無所不濟[5]，疑則無功，非一事也。夫根荄不洞地，而求柯條干雲，淵源不泓窈[6]，而求湯流萬里者[7]，未之有也。是故非積善陰德(2)[8]，不足以感神明;非誠心款契[9]，不足以結師友;非功勞不足以論大試[10];又未遇明師(3)，而求要道，未可得也。九丹金液，最是仙主。然事大費重，不可卒辦也。寶精愛炁[11]，最其急也，并將服小藥以延年命，學近術以辟邪惡，乃可漸階精微矣(4)。"

【校】

（1）由易以及難:藏本、平津本作由難以及易，從王明引慎校本、寶顏堂本、崇文本校改。《老子·第三十六章》:"圖難於其易，爲大於其細。"

（2）是故:孫星衍校:"二字刻本作'自'。"

（3）明師:孫星衍校:"藏本無此二字。"王明案:"宋浙本亦無。"

（4）乃可:王明校:"宋浙本作'爾乃可以'。"

【注】

［1］承:聞;聆聽。此猶言敬奉。

［2］嫌:懷疑。

［3］敢問:冒昧請問。敢:謙詞。猶冒昧。

［4］單行:專行。此猶言走快捷方式。

［5］志誠:誠實;用情專一。堅果:堅定果決。無所不濟:没有什麽辦不成的。按:蓋由"無所不×"語式變來。《鶡冠子·環流》:"終身之命，無時成者也。故命無所不在，無所不施，無所不及。"

［6］淵源:水的源頭。喻事物的本原。泓窈:深而遠。

［7］湯（shāng）流：湯湯水流。盛大的水流。《詩·衛風·氓》：“淇
水湯湯，漸車帷裳。”毛傳：“湯湯，流貌。”

［8］陰德：暗中做有德於人的事。《淮南子·人間》：“有陰德者必有
陽報，有陰行者必有昭名。”神明：天地間一切神靈的總稱。
《易·繫辭下》：“陰陽合德，而剛柔有體，以體天地之變，以通神
明之德。”

［9］款契：謂情投意合；親切。

［10］大試：大用。

［11］寶精：謂珍貴自身的精氣。《雲笈七籤》五九：“精者神也，寶精則
神明，神明則長久。”愛炁：珍惜元氣。王充《論衡·道虛》：“世或
以老子之道可以度世，恬淡無欲，養精愛氣。”炁同氣。

4　　或曰：“方術繁多，誠難精備[1]，除置金丹，其餘可
修，何者爲善？”抱朴子曰：“若未得其至要之大者，則其小
者不可不廣知也，蓋藉衆術之共成長生也(1)[2]。大而諭
之，猶世主之治國焉(2)[3]；文武禮律[4]，無一不可也；小而
諭之，猶工匠之爲車焉，轅軏軸轄(3)[5]，莫或應虧也。所爲
術者，內修形神[6]，使延年愈疾；外攘邪惡，使禍害不干。
比之琴瑟，不可以子弦求五音也[7]；方之甲冑[8]，不可以一
札待鋒刃也[9]。何者？五音合用不可闕，而鋒刃所集不可
少也。凡養生者，欲令多聞而體要，博見而善擇(4)[10]，偏修
一事，不足必賴也[11]。又患好事之徒(5)，各仗其所長：知
玄、素之術者[12]，則曰唯房中之術(6)，可以度世矣；明吐納
之道者，則曰唯行氣可以延年矣；知屈伸之法者，則曰唯導
引可以難老矣[13]；知草木之方者，則曰唯藥餌可以無窮
矣(7)；學道之不成就，由乎偏恃之若此也(8)[14]。淺見之家，
偶知一事，便言已足，而不識真者，雖得善方，猶更求無已，
以消工棄日，而所施用，意無一定，此皆兩有所失者也。或

本性戇鈍[15]，所知殊尚淺近，便强入名山，履冒毒螫[16]，屢被中傷，恥復求還[17]。或爲虎狼所食，或爲魍魎所殺[18]，或饑而無絕穀之方，寒而無自温之法，死於崖谷[19]，不亦愚哉！夫務學不如擇師，師所聞素狹，又不盡情以教之，因告云：爲道不在多也。夫爲道不在多，自爲已有金丹至要，可不用餘耳，然此事知之者甚希(9)，寧可虛待不必之大事，而不修交益之小術乎[20]？譬猶作家，云不事用他物者[21]，蓋謂有金銀珠玉，在乎掌握懷抱之中，足以供累世之費者耳。苟其無此，何可不廣播百穀，多儲果疏乎(10)？是以斷穀辟兵，厭劾鬼魅，禁禦百毒[22]，治救衆疾；入山則使猛獸不犯，涉水則令蛟龍不害；經瘟疫則不畏，遇急難則隱形；此皆小事，而攝生者不可不知(11)，況過此者，何可不聞乎？”

【校】

（1）若未得……蓋藉衆術之共成長生也：《經訣》五作：“欲求長生久視，與天地相畢，若未得其至要之大者，則小者不可不知，蓋道之共成長生也。”

（2）之：孫星衍校：“藏本無此字。”

（3）轅輞軸轄：《經訣》五作轅軸輞轄。

（4）多聞而體要，博見而善擇：陳其榮校：“《御覽》七百二十體要作貴要。善擇作擇善。”

（5）好事：藏本、平津本作好生，從《經訣》五、《校補》據《對俗》《釋滯》《勤求》《御覽》七百二十引校改。

（6）之術：顧廣圻校：“當衍此二字。”

（7）可以無窮矣：王明校：“《校勘記》云：《御覽》七百二十‘窮’作‘病’。明案‘窮’字文義泛泛無所指，不若作‘病’於義爲長，但影宋本《御覽》仍作‘窮’。”

（8）偏恃：藏本、平津本作偏枯，從《御覽》七百二十校改。

（9）然此事知之者甚希：王明校：“宋浙本此句下有‘乃可終身不與
　　知之者相遭’。”

（10）疏：孫星衍校：“刻本作蔬，藏本如此。”王明案：“宋浙本亦作
　　‘蔬’。”疏：蔬之初字。

（11）此皆小事，而攝生者不可不知：藏本、平津本無“攝生者”三字，據
　　《經訣》五校補。

【注】

［1］繁多：衆多。精備：精通齊備；精密詳盡。

［2］衆術：葛洪《大丹問答》：“（鄭思遠）先生曰：‘夫術者，俯仰、屈伸、
　　胎息、嗽津、御（少）女以運精，餌朱兒以存身。’”所説即概括了所
　　謂衆術。

［3］世主：國君。

［4］禮律：謂禮法與刑律。

［5］轅：轅杆，即車前駕牲口用的直木。輞：車輪的外框。軸：車
　　軸；即貫於轂中持輪旋轉的圓柱形長杆。轄：固定車輪與車軸
　　而插入軸端孔穴的銷釘。

［6］形神：形骸與精神。《史記·太史公自序》：“凡人所生者神也，所
　　托者形也。神大用則竭，形大勞則敝，形神離則死。”

［7］子弦：獨弦。按：“子弦”亦可求五音，辛亥革命後劉天華之《獨弦
　　操》是也。

［8］甲冑：鎧甲和頭盔。

［9］札：鎧甲的葉片，多用皮革或金屬製成。鋒刃：刀劍等的尖端和
　　刃口。借指兵器。

［10］多聞：博學。體要：領悟要旨。

［11］必賴：信賴；依賴。“必”“賴”連文義近。

［12］玄、素：玄女和素女。《雲笈七籤·軒轅本紀》：“于玄女、素女受
　　房中之術，能御三百女。玄女授帝如意神方，即藏之崆峒山。”素
　　女：① 長於音樂。《史記·封禪書》：“太帝使素女鼓五十弦瑟。”
　　《雲笈七籤》一百《軒轅本紀》：“素女於廣都來教帝以鼓五十弦

瑟。"② 擅房中術。王充《論衡·命義》:"素女對黃帝陳五(御)女之法,非徒傷父母之心,乃又賊男女之性。"③ 知陰陽天道者。《吳越春秋》:"越王問于范蠡曰:'何子言之。其合於天?'范蠡曰:'此素女之道也。'"《山海經·海內經》:"西南黑水之間,有都廣之野,后稷葬焉。其城三百里,蓋天地之中,素女所出也。"(從郝懿行校)楊慎《山海經補注》:"黑水廣都,今之成都也。"四川青城山原有"素女洞",後人以爲即素女居處。其傳説的由來,似與蜀地古文化有關。傳有《素女經》一書,今有佚本,見《雙梅影闇叢書》。

[13] 難老:猶長壽。《詩·魯頌·泮水》"永錫難老"鄭玄箋:"難使老者,最壽考也。"

[14] 偏恃:謂專賴一方面。

[15] 戇鈍:愚笨。戇(gàng):愚;傻。鈍:愚。

[16] 毒螫:謂毒蟲等刺人或動物。

[17] 求:終;最後。

[18] 魍魎(wǎng liǎng):古代傳説中的山川精怪;鬼怪。

[19] 崖谷:山崖;山谷。

[20] 交益:普遍受益。"交"即"交徧"之"交","交""徧"連文同義。《詩·邶風·北門》:"我自外入,室人交徧讁我。"高亨今注:"交徧,猶普遍。"

[21] 作家:治家;理家。

[22] 厭劾:用迷信方法消災除邪。即符劾厭勝。符劾:克制鬼神的符咒。厭勝:巫術詛咒制勝,壓服人或鬼怪。鬼魅:鬼怪。

5　或曰:"敢問欲修長生之道,何所禁忌?"抱朴子曰:"禁忌之至急,在不傷不損而已。按《易內戒》及《赤松子經》及《河圖記命符》皆云:天地有司過之神[1],隨人所犯輕重,以奪其算[2],算減則人貧耗疾病[3],屢逢憂患,算盡則人死。諸應奪算者有數百事,不可具論。又言身中有三尸,三尸之爲物,雖無形而實魂靈鬼神之屬也[(1)][4]。欲使人早死,此尸當得作鬼,自放縱遊行,享人祭酹[5]。是以每到庚申之日,輒上天白司命,道人所爲過失[6]。又月晦之夜,竈神亦上天白人罪狀[(2)][7]。大者奪紀,紀者,三百日也。小者奪算,算者一百日也[(3)]。吾亦未能審此事之有無也。然天道邈遠,鬼神難明。趙簡子、秦穆公皆親受金策於上帝[(4)][8],有土地之明徵。山川草木[(5)],井竈洿池[9],猶皆有精氣,及人身中,亦有魂魄[(6)],況天地爲物之至大者,於理當有精神,有神則宜賞善而罰惡[(7)],但其體大而網疎,不必機發而回應耳[10]。然覽諸道戒[11],無不云欲求長生者,必欲積善立功,慈心於物[12];恕己及人[13],仁逮昆蟲[14];樂人之吉,愍人之苦;賙人之急[15],救人之窮;手不傷生,口不勸禍[16],見人之得如己之得,見人之失如己之失,不自貴[17],不自譽,不嫉妬勝己[18],不佞諂陰賊[19]。如此乃爲有德,受福於天,所作必成,求仙可冀也。若乃憎善好殺,口是心非,背向異辭[20],反戾直正[21],虐害其下,欺罔其上[22],叛其所事,受恩不感,弄法受賂,縱曲枉直,廢公爲私,刑加無辜,破人之家,收人之寶,害人之身,取人之位,侵克賢者,誅戮降伏[23],謗訕仙聖[24],傷殘道士,彈射飛鳥,刳胎破卵[25],春夏燎獵,罵詈神靈[26],教人爲惡,蔽人之善[(8)],危人自安,佻人自功[27],壞人佳事,奪人所愛,離人骨肉[28],辱人求勝,取人長錢,還人短陌[29],決放水火[30],以術害人,迫脅尪弱[31],以惡易好,強取強求[32],擄掠致富[33],不公不平,淫佚傾邪[34],凌孤暴寡[35],拾遺取施[(9)],欺紿誑詐[36],好說人私[37],持人短長[38],牽天援地[39],說詛求直[40],假借不還[41],換貸不償[42],求欲無已,憎拒忠信，不順上命，不敬所師，笑人作善，敗人苗稼，損人器物，以窮人用，以不清潔，飲飼他人^[43]，輕秤小斗，狹幅短度，以假雜真，采以姦利^[44]，誘人取物，越井跨竈^[45]，晦歌朔哭。凡有一事，輒是一罪，隨事輕重，司命奪其算紀^[46]，算盡則死。但有惡心而無惡跡者奪算，若惡事而損於人者奪紀⁽¹⁰⁾，若算紀未盡而自死者，皆殃及子孫也。諸橫奪人財物者，或計其妻子家口以當填之，以致死喪，但不即至耳。其惡行若不足以煞其家人者，久久終遭水火劫盜，及遺失器物⁽¹¹⁾；若遇縣官疾病⁽¹²⁾，自營醫藥，烹牲祭祀所用之費，要當令足以盡其所取之直也。故道家言枉煞人者，是以兵刃而更相殺。其取非義之財，不避怨恨，譬若以漏脯救飢，鴆酒解渴^[47]，非不暫飽而死亦及之矣。其有曾行諸惡事，後自改悔者，若曾枉煞人，則當思救濟應死以解之^{(13)[48]}。若妄取人財物^[49]，則當思施與貧困以解之。若以罪加人，則當思薦達賢人以解之^[50]。皆一倍於所爲，則可便受吉利，轉禍爲福之道也^[51]。能盡不犯之，則必延年益壽，學道速成也。夫天高而聽卑，物無不鑒^[52]，行善不怠，必得吉報。羊公積行布施，詣乎皓首，乃受天墜之金^[53]。蔡順至孝，感神應之^{(14)[54]}。郭巨煞子爲親，而獲鐵券之重賜^[55]。然善事難爲，惡事易作，而愚人復以項託、伯牛輩^[56]，謂天地之不能辨臧否，則不知彼有外名者，未必有内行^[57]，有陽譽者不能解陰罪，若以薺、麥之生死，而疑陰陽之大氣，亦不足以致遠也。蓋上士所以密勿而僅免^[58]，凡庸所以不得其欲矣。”

【校】

（1）魂：孫星衍校：“藏本作魄。”

（2）又月晦之夜，竈神亦上天白人罪狀：《類聚》八十作竈之神每月晦日輒上天言人罪狀。

（3）算者一百日也：藏本、平津本作算者，三日也，原校：“或作一日。”從《校補》校改。《酉陽雜俎·諾皋記（上）》云：“大者奪紀，紀三百日；小者奪算，算一百日。”

（4）公：孫星衍校：“藏本作王。”

（5）山川草木：王明校：“《御覽》八百八十引‘草’作‘石’。”

（6）及人身中，亦有魂魄：孫星衍校：“疑此下有脫文。”陳其榮校：“《御覽》八百八十六無及字，作人身之中。亦有魂魄，當據補。”

（7）理當有精神，有神：陳其榮校：“《御覽》八百八十六次句復作有精神。”

（8）蔽人之善：王明校：“宋浙本此句下有‘減人自益’四字，疑脫。”

（9）拾：孫星衍校：“藏本作捨。”

（10）若惡事而損於人者奪紀：孫星衍校：“藏本無奪紀二字，疑有脫文。”

（11）及遺失器物：孫星衍校：“藏本作及行求遺器物。”

（12）若：平津本作或，從藏本校改。

（13）應死：藏本、平津本作應死之人，從顧廣圻校刪“之人”二字。

（14）蔡順至孝，感神應之：陳其榮校：“下有脫文。”

【注】

[1] 司過：伺察其過失。司通伺。

[2] 算：壽命。紀日單位：一百天。紀年單位：十二年。《初學記》十七、《御覽》四百一引《河圖》：“黃帝曰：‘凡人生一日，天帝賜算三萬六千，又賜紀二千；聖人得三萬六千七百二十，凡人得三萬六千，一紀主一歲，聖人加七百二十。’”《初學記》十七引《河圖》：“孝順二親，得算二千天，司錄所表事，賜算中功。”臧琳《拜經日記》九：“紀算，謂年壽也，十二年謂紀，百日爲算。”《法苑珠林》六二引《冥祥記》：“一算十二年。”

[3] 貧耗：貧窮虛空。

［4］魂靈：靈魂。

［5］祭酹(lèi)：行祭以酒灑地。泛指祭奠。

［6］庚申之日：道教認爲是日若能通宵静坐不眠，使三尸神不能上天言人之過，名曰“守庚申”。《雲笈七籤》八十二《神仙守庚申法》：“常以庚申日徹夕不眠，下尸交對，斬死不還；復庚申日徹夕不眠，中尸交對，斬死不還；復庚申日徹夕不眠，上尸交對，斬死不還。三尸皆盡，司命削去死籍，著長生録，上與天人遊。”白：陳奏；上報。

［7］竈神：古代無論宮廷或民間都信仰竈神，供神於竈上。《論語·八佾》：“與其媚于奧，寧媚於竈。”據傳與火有關的遠古神人炎帝、祝融皆爲總竈神，故竈神信仰與原始社會之氏族社火崇拜有關。《淮南子·氾論》：“炎帝作火，死而爲竈。”高誘注：“炎帝、神農以火德王天下，死，託祀于竈神。”應劭《風俗通·祀典·竈神》：“《周禮》説：顓頊氏有子曰黎，爲祝融，祀以爲竈神。”王充《論衡·祭意》：“五祀報門、户、井、竈、室中溜之功。户，人所出入，井、竈，人所飲食，中溜，人所托處，五者功多，故俱祀之。”傳説竈神于農曆臘月二十三至除夕上天陳報人家善惡。《莊子·達生》“竈有髻”成玄英疏：“竈神，其狀如美女，著赤衣。名髻也。”段成式《酉陽雜俎·諾皋記上 538》：“竈神名隗，狀如美女。又姓張名單，字子郭。夫人字卿忌。……常以月晦日上天白人罪狀，大者奪紀，紀三百日，小者奪算，算一百日。故爲天帝督使，下爲地精。……一曰名壤子也。”

［8］趙簡子、秦穆公皆親受金策於上帝：《史記·趙世家》：“趙簡子疾，五日不知人……居二日半，簡子寤。語大夫曰：‘我之帝所甚樂，與百神游於鈞天，廣樂九奏萬舞……帝甚喜，賜我二笥，皆有副。”《史記·封禪書》：“秦繆公立，病卧五日不寤，寤，乃言夢見上帝，上帝命繆公平晉亂。史書而記藏之府。”繆通穆。

［9］井竈：亦作井竈。井和竈。亦借指家園、故居。洿(wū)池：池塘。

［10］機發：以機關制動；以弩機發射。喻迅捷。回應：回聲相應。形

容反應靈敏。贊同；支援；追隨。

[11] 覽諸道戒：蓋謂曾閱覽道戒經典并從葛玄接受道戒。《大戒上
品並序》：“《上品經》云：‘太極仙公於天台山静齋念道，稽首禮
拜，請問太極法師徐來勒曰。”王利器曰：“豈小仙公葛洪亦有所
受之耶？”道戒：道教戒律。如：《太上老君戒經》；《太上經戒》
《太上經戒·妙林經二十七戒》《老君二十七戒》等。

[12] 慈心於物：對人對物有仁慈之心。《大戒上品并序》：“故慈心於
天人，念度於後學也。”

[13] 恕己：寬宥自己；擴大自己的仁愛之心。

[14] 仁逮昆蟲：謂不殺生。《太上老君戒經》：“老君曰：戒殺者，一切
衆生含氣以上蚑飛蠕動之類皆不得殺。”

[15] 賙（zhōu）：賑濟。以上工功、蟲、窮：東部。

[16] 勸禍：鼓勵犯罪。《老君説一百八十戒》：“第四十戒者，不得勸人
殺。”禍：作禍。犯罪。

[17] 不自貴：蓋語本《老君説一百八十戒》：“第四十五戒者，不得
自貴。”

[18] 嫉妬：亦作嫉妒、忌妒。《老君説一百八十戒》：“第二十三戒者，
不得妄言綺語隔戾嫉妬。”

[19] 佞諂：諂媚奉承。

[20] 背向異辭：謂當面説一套，背後又説一套。《老君説一百八十
戒》：“第三十四戒者，不得面譽人、異處論人惡。”背向：背對和
面向。

[21] 反戾（lì）：違反。“反”“戾”連文同義。

[22] 欺罔：欺騙蒙蔽。《老君説一百八十戒》：“第一百二戒者，不得欺
罔老小。”

[23] 誅戮：誅殺；殺害。降伏：降服；制服。此指已投降的人。

[24] 謗訕：譏謗譏刺。

[25] 刳（kū）胎：此指剖挖孕獸胎兒。《老君説一百八十戒》：“第九十
七戒者，不得妄上樹探巢破卵。第九十八戒者，不得籠罩鳥獸。”

[26] 罵詈（lì）：罵，斥罵。多用於書面語。《老子説一百八十戒》：“第

四十八戒者,不得惡言罵詈。"

[27] 佻(tiāo):竊取。

[28] 離人骨肉:離散人家骨肉。《老君説一百八十戒》:"第四十一戒者,不得別離他人家口。"

[29] 長錢:足數的錢。短陌:"足陌"的對稱。不足一百錢而當百錢使用的錢。陌:通百。一百錢。《隋書·食貨志》曰:"梁大同後……京師以九十爲百,名曰長錢。"清顧炎武《日知録》十一《短陌》:"《抱朴子》云:'取人長錢,還人短陌。'則是晉時已有之,不始于梁也。"宋沈括《夢溪筆談辨證二》:"今之數錢,百錢謂之'陌'者,借'陌'字用之,其實祇是'佰'字,如'什'與'伍'耳。"

[30] 決放水火:決水放火。《老君説一百八十戒》:"第十四戒者,不得燒野田山林。""第一百九戒者,不得在平地然火。""第一百三十四解者,不得妄開決陂湖。"

[31] 迫脅:逼迫威脅。尫(wāng)弱:瘦弱;衰弱。"尫""弱"連文同義。

[32] 强取强求:蠻横求取。《老君説一百八十戒》:"第七十三戒者,不得横求人物。""第七十四戒者,不得强乞擾亂百姓。""第九十四戒者,不得强取人物以恩惠。"

[33] 擄掠:俘虜人口,搶劫財物。

[34] 淫佚:恣縱逸樂;淫蕩;淫亂。《老君説一百八十戒》:"第八十戒者,不得淫泆別離夫妻。"淫泆同淫佚。傾邪:爲人邪僻不正。

[35] 凌孤暴寡:凌犯孤兒,强暴寡母;凌犯孤單者,暴虐寡弱者。《老君説一百八十戒》:"第二十五戒者,不得積財物侮蔑孤貧。"

[36] 欺紿(dài):欺騙。"欺""紿"連文同義。

[37] 好説人私:喜歡説他人的陰私之事。《老君説一百八十戒》:"第三十二戒者,不得言人陰私。"

[38] 持人短長(cháng):謂抓住他人的缺點過失作爲把柄,加以攻擊。《老君説一百八十戒》:"第二十九戒者,不得持人長短,更相嫌恨。"短長:優劣;是非;短處和長處。此偏指短處。

[39] 牽天援地:援天引地。牽援:猶牽引。此猶言東拉西扯。

［40］說詛（zhòu zǔ）：詛咒。原指祈禱鬼神加禍於所恨的人。後泛指咒罵。《老君說一百八十戒》：“第六十八戒，不得呪人死敗。”直：有理；正義。

［41］假借：借。“假”“借”連文同義。

［42］換貸：借貸；借取。“換”“貸”連文同義。

［43］以不清潔，飲飼他人：《論衡·雷虛》：“飲食人不潔浄，天之惡也。”“天之大惡，飲食人不潔清。”“王者宜法天，制飲食人不潔清之法爲死刑也。”語本此。

［44］姦利：指非法謀取的利益。

［45］越井跨竈：① 比喻兒子勝過父親。《藝文類聚》八十《火部·竈》：魏王朗《雜箴》曰：“家人有嚴君焉，井竈之謂也。俾冬作夏，非竈孰能？俾夏作冬，非井孰言？”宋呂祖謙《詩律武庫·跨竈撞樓》引三國魏王朗《雜箴》：“家人有嚴君者，井竈之謂也，是以父喻井竈。或曰：竈上有釜，故生子過父者，謂之跨竈。”按：此蓋取其不敬嚴君，有違倫常之義。② 道教認爲冒犯井竈。井竈各爲“五祀”之一，是禮敬、祭祀的對象。《太上洞真安竈經》：“太上曰：夫人宅者，覆也；屋者，居也；室者，止也；舍者，吉也。世上人民祇知峻宇雕牆，妄施綺麗，不知司命竈君主鎮中堂，唯好清浄，匡護黎民。凡人，若能慎護廚竈，無令銅鐵刀斧之器，飛禽走獸之毛，不浄柴薪，厭穢之水（犯忌）；若犯忌諱，能令家宅不安，人口暴病。其儀：每月按祭竈吉日良夜，可用鍋安浄水，座布香茆，列案焚香，供養酒果，召請五帝司命之主，六癸神女之靈，如對真靈宣示，呪曰（下略）。”《金丹》：“禮天二十斤，日月五斤，北斗八斤，太乙八斤，井五斤，竈五斤。”其地位僅次於太乙。《老君說一百十八戒》：“第一百戒者，不得以穢汙之物投井。第一百一戒者，不得塞池井。”按：“越井跨竈”蓋是稚川的創造。

［46］晦歌朔哭……司命奪其算紀：《顏氏家訓·風操》：“道書又曰：‘晦歌朔哭，皆當有罪，天奪其算。’”蓋同出“道書”，而注此正合。歌哭：既歌又哭。常用以表達强烈的感情。

［47］漏脯：隔宿之乾肉。古人認爲此肉爲漏水所沾濕，有毒，食之可

致人之命(《重修政和證類本草·獸部下品》)。鴆酒：鴆鳥羽毛浸制的毒酒，人飲之立死。鴆(zhèn)：一種有毒的鳥。

[48] 應：很快；立即。王充《論衡·感虛》："或時燕王好用刑，寒氣應至。"

[49] 妄：不法；非分。

[50] 薦達：推薦引進。

[51] 轉禍爲福：語本《戰國策·燕策一》："所謂轉禍爲福，因敗成功者也。"

[52] 天高而聽卑，物無不鑒：《呂氏春秋·制樂》："(子韋)曰：'臣敢賀君。天之處高而聽卑，君有至德之言三，天必三賞君。今昔(夕)，熒惑其徙三舍。舍行七星，星一徙當一年，三七二十一，臣曰君延年二十一歲。……'是昔(夕)，熒惑果徙三舍。"《史記·宋微子世家》："天高聽卑，君有君人之言三，熒惑宜有動。"

[53] 羊公積行布施，詣乎皓首，乃受天墜之金：《外篇·廣譬》第78首："羊公積行，黃髮不倦，而乃墜金雨積。"可與此合讀。羊公：羊祜(221—278)，字叔子，泰山南城(今山東費縣西)人。魏末任相國從事中郎，與荀勖共掌(司馬昭的)機密。晉武帝(司馬炎)代魏後，與他籌畫滅吳。泰始五年(269)以尚書左僕射都督荆州諸軍事，出鎮襄陽。在鎮十年，開屯田，儲軍糧，作一舉滅吳準備；平日則與吳將陸抗互通使節，各保分界。屢請出兵滅吳，未能實現。臨終，舉杜預自代。乃受天墜之金：出處不詳。

[54] 蔡順至孝，感神應之：《後漢書·周盤傳》："(周)盤同郡蔡順，字君仲，亦以至孝稱。順少孤，養母。……母年九十，以壽終。未及得葬，里中災，火將逼其舍，順抱伏棺柩，號哭叫天，火遂越燒它室，順獨得免。"《初學記》十七引周斐《汝南先賢傳》曰："蔡順字君仲，有至孝之心。少喪父，奉養母，甘口之物，不敢先嘗。母至婚家，因飲酒變吐，順恐中毒，乃嘗其吐。母生瘡出膿，以口嗽之。"

[55] 郭巨煞子爲親，而獲鐵券之重賜：《初學記》二十七引宗躬《孝子傳》曰："郭巨，河內温人也。妻生男，謀曰：'養子則不得營業，妨

於供養,當殺而埋焉。'鍤入地,有黃金一釜,上有鐵卷曰:'黃金一釜,賜孝子郭巨。'"怪誕不經,不可取。煞:通殺。

[56] 項托:又作項橐。項橐,春秋末孔子之師。《戰國策·秦策五》:"甘羅曰:'夫項橐生七歲而爲孔子師。'"《天中記》二五引《圖經》:"項橐,魯人,十歲而亡。時人尸而祝之,號小兒神。"《淮南子·説林》:"項託使嬰兒矜。"高誘注:"項託年七歲,窮難孔子而爲之師。"又《修務》:"夫項託七歲爲孔子師,有以聽其言也。"伯牛:冉耕,字伯牛,孔子弟子,孔子以爲有德行。伯牛有惡疾,早死。見《史記·仲尼弟子列傳》。

[57] 內行:平日家居的操行。

[58] 密勿:勤勉努力。《詩·小雅·十月之交》:"黽勉從事,不敢告勞。"王先謙《詩三家義集疏》謂"魯(詩)'黽勉'作'密勿'。"《漢書·劉向傳》:"(上封事)故其詩曰:'密勿從事,不敢告勞。'"顏師古注:"此《小雅·十月之交》篇刺幽王之詩也。密勿,猶黽勉。"黽(mǐn)勉:努力,盡力。

6 或曰:"道德未成[1],又未得絶跡名山,而世不同古,盜賊其多,將何以卻朝夕之患,防無妄之災乎[2]?"抱朴子曰:"常以執日[3],取六癸上土[4],以和柏葉熏草(1)[5],以泥門戶方一尺,則盜賊不來,亦可取市南門土,及歲破土[6],月建土[7],合和爲人,以其著朱鳥地[8],亦壓盜也。有急則入生地而止[9],無患也。天下有生地,一州有生地,一郡有生地,一縣有生地,一鄉有生地,一里有生地,一宅有生地,一房有生地。"

或曰:"一房有生地,不亦偪乎[10]?"抱朴子曰:"經云:'大急之極,隱於車軾[11]。'如此,一車之中,亦有生地(2),況一房乎?"

【校】

（1）柏葉：藏本、平津本作百葉，從宋浙本、《御覽》九八三校改。

（2）亦有生地：孫星衍校：其下“藏本有亦有死地四字。”魯藩本同藏
　　本。顧廣圻校同。

【注】

［1］道德：此指修煉仙道的功夫與法術。

［2］無妄之災：意外的災難。《易·無妄》：“六三：無妄之災。或繫
　　之牛，行人之得，邑人之災。”後因稱平白無故受害。

［3］執日：即十二地支的未日。古代術數家以爲天文中的十二辰分
　　別象徵人事上的建、除、滿、平、定、執、破、危、成、收、開、閉十二
　　種情況。後因以“建除”指根據天象占測人事吉凶禍福的方法。
　　《淮南子·天文》：“太陰在寅……寅爲建，卯爲除，辰爲滿，巳爲
　　平，主生。午爲定，未爲執，主陷。申爲破，主衡。酉爲危，主杓。
　　戌爲成，主小德。亥爲收，主大德。子爲開，主太陽。醜爲閉，主
　　太陰。”何寧補曰：“此建除法也。《史記·日者傳》有建除家。太
　　公《六韜》曰：‘開牙門當背建向破。’《越絕書》云：‘黄帝之元，執
　　辰破巳。霸王之氣，見於地户。’《漢書·王莽傳》云：‘十一月壬
　　子直建，戌辰直定。’《論衡·偶會篇》：‘正月建寅，斗魁破申。’是
　　也。案建除有二法，《越絕書》從歲數，《淮南子》及《漢書》從月
　　數。後人惟用月也。”《協紀辨方》：“建除十二神者：建、除、滿、
　　平、定、執、破、危、成、收、開、閉，是也。”有“建日不開倉，除日不
　　出財，滿日不服藥，平日不修溝，定日不作辭，執日不發病”等口
　　訣。列表如下：

十二地支：	子	丑	寅	卯	辰	巳	午	未	申	酉	戌	亥
十二建除：	開	閉	建	除	滿	平	定	執	破	危	成	收
	主	主	主	主	主	主	主	主	主	主	主	主
	太	太	生	生	生	生	陷	陷	衡	杓	小	大
	陽	陰									德	德

［4］六癸：甲寅日。癸：即十天干的癸日。奇門遁甲術視“甲”爲顯

貴,隱而不露,故稱"甲子"爲"六戊","甲寅"爲"六癸"。《古今圖
書集成》七百七《奇門玄覽釋義》:"甲無專位,與六干同處,甲子
同六戊,甲戌同六己,甲申同六庚,甲午同六辛,甲辰同六壬,甲
寅同六癸。"

[5] 柏葉:《本草綱目》三十四《柏》:柏葉"[主治]吐血衂血,痢血崩
中赤白,輕身益氣,令人寒暑,去濕痹,止飢。別録"熏草:《本草
綱目》十四《熏草、零陵香》:"[主治]明目止淚,療泄精,去臭惡
氣,傷寒頭痛,上氣腰痛。別録"

[6] 歲破:叢辰名。指太歲所沖的方位。虛設的太歲運行到子位,子
位叫直符,與子位相對的午位,叫歲破。迷信認爲,太歲所沖的
方位不吉利。王充《論衡・調時》:"且夫太歲在子,子宅直符,午
宅爲破。"黃輝校釋:"蓋相沖則破,不相沖則不破也。""若太歲在
丑,丑宅直符,未觸其沖,則未宅爲破;太歲在寅,寅宅直符,申觸
其沖,則申宅爲破;太歲在卯,卯宅直符,酉觸其沖,則酉宅爲破。
餘類推。"又《辨祟》:"宅盛即留,衰則避之,及歲破、直符,輒舉家
移。"又《難歲》:"抵太歲名曰歲下,負太歲名曰歲破,故皆凶也。"
《協紀辨方》:"太歲所沖之辰爲歲破。"例如,子年見午,丑年見
未,寅年在申,卯年在酉,辰年見戌,己年見亥等類推,相沖者
是也。

[7] 月建:農曆每月所建之辰,如正月建寅,二月建卯等。《淮南子・
天文》:"大時者,咸池也;小時者,月建也。"

[8] 朱鳥:是二十八宿中的南方七宿井、鬼、柳、星、張、翼、軫的總稱。
七星相聯呈鳥形;朱色象火,南方屬火,故名。《史記・天官書》:
"南宮朱鳥。"朱鳥七宿首位者稱鶉首,指七宿中的井、鬼二宿;中
部者稱鶉火,指七宿中的柳、星、張三宿;末位者稱鶉尾,指翼、軫二
宿。宋沈括《夢溪筆談・象數一》:"天文家'朱鳥',乃取象於鶉。故
南方朱鳥七宿,曰鶉首、鶉火、鶉尾是也。"故朱鳥指代南方。

[9] 生地:可以保全生命的地方。《史記・淮陰侯列傳》:"其勢非置
之死地,使人人自爲戰,今予之生地,皆走,寧尚可得而用之乎!"

[10] 偪:狹窄。襯托人多密集。藏本"偪"作"逼"。偪同逼。

[11] 極、軾：職部。

7　或曰：“竊聞求生之道，當知二山，不審此山，爲何所在，願垂告悟，以袪其惑。”抱朴子曰：“有之，非華、霍也，非嵩、岱也。夫太元之山[1]，難知易求；不天不地，不沈不浮；絶險緜邈(1)[2]，嵬崿崎嶇(2)[3]；和氣絪緼[4]，神意並遊(3)[5]；玉井泓邃(4)[6]，灌溉匪休(5)；百二十官[7]，曹府相由(6)[8]；離坎列位[9]，玄芝萬株[10]；絳樹特生[11]，其寶皆殊(7)；金玉嵯峨[12]，醴泉出隅[13]；還年之士，挹其清流[14]；子能修之[15]，喬、松可儔(8)[16]：此一山也。長谷之山[17]，杳杳巍巍[18]；玄氣飄飄(9)[19]，玉液霏霏[20]；金池紫房[21]，在乎其隈[22]；愚人妄往(10)，至皆死歸；有道之士，登之不衰；采服黄精[23]，以致天飛：此二山也。皆古賢之所秘，子精思之。”

或曰：“願聞真人守身煉形之術。”抱朴子曰：“深哉問也！夫‘始青之下月與日[24]，兩半同升合成一[25]；出彼玉池入金室[26]，大如彈丸黄如橘[27]；中有嘉味甘如蜜(11)[28]，子能得之謹勿失(12)[29]；既往不追身將滅，純白之氣至微密[30]；升於幽關三曲折[31]，中丹煌煌獨無匹[32]；立之命門形不卒[33]，淵乎妙矣難致詰。’此先師之口訣，知之者不畏萬鬼五兵也[34]。”

【校】

（1）緜邈：宋浙本、藏本、魯藩本、慎校本、寶顔堂本、《御覽》七百二十緜皆作緬。按：緜邈、緬邈兩可。《文選》左思《吳都賦》：“島嶼緜邈，洲渚馮隆。”劉逵注：“緜邈，廣遠貌。”陸機《感時賦》：“夜綿邈其難終，日踠晚而易落。”綿同緜。《文選》潘岳《寡婦賦》：“遥逝兮逾遠,緬邈兮長乖。"呂延濟注:"緬邈,長遠貌。"

（2）崺嵬:孫星衍校:"《御覽》七百二十引作崔巍。"顧廣圻校同。

（3）神意:陳其榮校:"《御覽》七百二十作神仙。"王明案:"影宋本《御覽》作'神意'。"按:中華書局影印本《御覽》作"神童"。蓋所據影宋本《御覽》版本不同故也。

（4）泓邃:藏本、平津本同,王明引《御覽》七百二十作校改泓窈。按:兩可。

（5）匪休:陳其榮校:"《御覽》七百二十作延休。"

（6）由:王明校:"慎校本、寶顏堂本作'留'。"

（7）其實皆殊:孫星衍校:"《御覽》七百二十引作其實如珠。"顧廣圻校同。

（8）喬松:王明校:"藏本、魯藩本作'松喬',《對俗》《明本》兩篇并有'松喬'之稱。但《塞難篇》仍作'喬松'。《御覽》七百二十引作松喬,按:兩可。

（9）玄氣:孫星衍校:"（氣）《御覽》七百二十引作靈。"王明案:"宋浙本作雲。"

（10）妄往:陳其榮校:"《御覽》七百二十作競往。"

（11）中有嘉味甘如蜜:《諸真論還丹訣·容成公內丹歌訣》甘作甜。

（12）子能得之謹勿失:《諸真論還丹訣·容成公內丹歌訣》能作若,謹作慎。其下有"審能修之仙道畢"一句,《歌訣》注:"精氣結即名曰內還丹,其津液上下灌丹田,頭上即有九宮,即是九轉八瓊丹也。修氣九年功成,大道畢矣,與天地齊也。精爲玉,氣爲金,元屬玄珠,以白氣裹玄珠入金室。金室者,肺也,胎也,氣海存三者,心也,大數三也。"

【注】

［1］太元:髮神之字。指代頭顱。《黃庭內景經·至道章》:"髮神蒼華字太元。"梁丘子注:"白與黑謂之蒼,最居首上,故曰太元也。"

［2］絕險:猶極險。亦指極險之處。

［3］崺嵬(zuì wěi):高峻貌。崎嶇:形容地勢或道路高低不平。

［4］和氣：天地間陰陽二氣交合而生之氣，萬物由此“和氣”而生。
《老子·第四十二章》：“萬物負陰而抱陽，沖氣以爲和。”絪緼
（yīn yùn）：《御覽》七百二十引作“煙熅”。陰陽二氣交互作用的
狀態；元氣。《易·繫辭下》：“天地絪緼，萬物化醇。”“絪緼”同
“煙熅”。

［5］神意：精神、意念。

［6］玉井：井的美稱。喻指口。《黄庭内景經·口爲章》：“口爲玉池
太和宫。”

［7］百二十官：人體百節之仙官。

［8］曹府：猶曹局。官署。曹：古代分科辦事的官署或部門。《墨
子·號令》：“吏卒侍大門中者曹無過二人。”岑仲勉注：“曹猶今
言‘處’或‘科’。”

［9］離：心；上丹田。坎：腎；下丹田。《金碧五相類參同契》中《金津
玉液章》第七：“金津生坎户，玉液産離宫。”陰長生注：“金液者是
精，從坎宫子位而生；坎者，腎也。玉液者是津，從離宫午位而所
産；離者，心也。精津合歸中宫，乃成金丹大藥，謂之鉛汞二真
也。”列位：此謂位次。

［10］玄芝：黑芝。靈芝的一種。《楚辭》東方朔《七諫·亂辭》“拔搴玄
芝兮”，洪興祖補注：“《本草》：黑芝，一名玄芝。”按：蓋喻指女人
頭髮。

［11］絳樹：古代歌女名，借指美女。曹丕《答繁欽書》：“今之妙舞莫巧
於絳樹，清歌莫善於宋臈。”特生：獨立生長。

［12］金玉：此蓋形容牙齒如金似玉。嵯峨：山高峻貌。

［13］醴泉：喻指口中津液。《黄庭内景經·口爲章》：“口爲玉池太和
宫。”梁丘子注：“口中液水爲玉津，一名醴泉，亦名玉漿，貯水爲
池也。”出隅：流出山崖。

［14］挹：酌；取。清流：流澈的流水。按：挹取女人口中津液，實含
采陰補陽之意。

［15］子：男子美稱。

［16］喬松可儔：謂與喬、松齊壽，成爲仙人。以上求、浮、嶇、遊、休、

由、株、殊、隅、流、儔：幽模合韻。其中"嶇、株、殊、隅"爲模部字，餘爲幽部字。

[17] 長谷：此指男人的玉莖。

[18] 杳杳：昏暗貌；幽遠貌。

[19] 玄氣：兩腎間白氣。《黄庭外景經·下部經》："服食玄氣可遂生。"梁丘子注："謂服食兩腎間白氣，故云玄氣。"飄飄：飛揚貌。

[20] 玉液：腎液，即精液。《脈望》七："玉液乃腎液也。"霏霏：飄灑；飛揚。

[21] 金池：金水池。金指女，精爲水，因喻指女陰。紫房：又名幃幙、玉房、絳宫，通名明堂，中丹田異名。此隱指女陰。

[22] 隈：曲水深處。

[23] 黄精：① 中草藥名。又名黄芝、戊己芝、菟竹、鹿竹、仙人餘糧、救窮草、米餔、野生薑、重樓、雞格、龍銜、垂珠等。李時珍《本草綱目》十二《黄精》："［釋名］［時珍曰］黄精爲服食要藥，故《别録》列於草部之首，仙家以爲芝草之類。以其得坤土之精粹，故謂之黄精。"根"［主治］補中益氣，除風濕，安五臟。久服輕身延年不飢。別録 補五勞七傷，助筋骨，耐寒暑，益脾胃。潤心肺。單服九蒸九暴食之，駐顏斷穀。大明 補諸虚，止寒熱，填精髓，下三尸蟲。時珍"② 丹術主語，指黄芽（元氣或内丹）之精。《龍虎還丹訣頌》谷神子注："黄精則黄芽之精也。"以上巍、霏、隈（灰）、歸、衰（灰）、飛：微灰合韻。

[24] 始青之下月與日：《諸真論還丹訣·容成公内丹歌訣》（下簡稱《歌訣》）注："始青者，元氣也。月屬陰，以象下元；日屬陽，以象中元也。"《黄庭内景經·隱藏章》："揚風三玄出始青。"梁丘子注："腎屬三冬色，陰極則生春，發陽出青氣。揚風，感化也。陰陽二氣與腎氣爲三，三生萬物微妙，故曰三玄。出始青，言萬物生色青。《太平經》云：'積清成青也。'"

[25] 兩半同升合成一：《歌訣》注："青氣、元氣及津液爲三，合爲一成珠也。"兩半：陰陽；日月。意爲思存日月，陰陽合一，就可煉形長生。

[26] 出彼玉池入金室：《歌訣》注：“玉池，口也；金室，胎也。津液與氣，俱在氣海中結成珠，如橘色黄也。”金室：指肺。《黄庭外景經・中部經》：“即欲不死入金室。”務成子注：“卻入三寸爲金室。洞房之中當幽闕，變吾形爲真人，真人所處丹田中。”

[27] 大如彈丸黄如橘：《歌訣》注：“胎因氣結，氣因胎成珠也。”

[28] 中有嘉味甘如蜜：《歌訣》注：“胎氣既成珠如橘也，氣海中每服氣存想，以氣遶裹其珠也。見之即口中華池自甜如蜜。”

[29] 子能得之謹勿失：《歌訣》注：“胎結成珠，見之，慎勿與非道説。若與婦人交接，折此玄珠，永不結矣。”

[30] 純白：正白無雜色；猶純潔。微密：精微周密。

[31] 幽關：指兩腎之間。《黄庭内景經・黄庭章》：“玄泉幽關高崔巍。”梁丘子注：“兩腎間爲幽關，如門之左右象巍，中間闕然爲道，腎在身内，故曰幽關也。”

[32] 中丹：中丹田，指心；修煉内丹的最高境界。煌煌：盛美。

[33] 命門：下丹田異名。以上日、一、室、橘（薛）、蜜、失、滅、匹、詰：質薛合韻。

[34] 先師之口訣：蓋指《九皇上經》。《雲笈七籤》五六《諸家氣法・元氣論并序》：“《九皇上經》曰：‘始青之下月與日，兩半同升合成一；出彼玉池入金室，大如彈丸黄如橘；中有佳味甘如蜜，子能得之慎勿失。’”注云：“交梨火棗，生在人體中，其大如彈丸，其黄如橘，其味甚甜，其甜如蜜。不遠不近，在於心室。心室者，人之含氣之宅，精之主，魂之魄。玉池者，口中舌上所出之液，液與神氣一合，謂兩半合也。”

8　或曰：“聞房中之事，能盡其道者，可單行致神仙，并可以移災解罪，轉禍爲福，居官高遷，商賈倍利[1]，信乎？”抱朴子曰：“此皆巫書妖妄過差之言[2]，由於好事者增加潤色(1)[3]，至令失實。或亦奸僞造作虛妄，以欺誑世人，隱匿端緒[4]，以求奉事[5]，招集弟子，以規世利耳。夫陰陽之術，高可以治小疾，次可以免虛耗而已[6]。其理自有極，安能致神仙而卻禍致福乎？人不可以陰陽不交，坐致疾患[7]。若欲縱情恣欲(2)[8]，不能節宣，則伐年命。善其術者，則能卻走馬以補腦[9]，還陰丹以朱腸[10]，采玉液於金池[11]，引三五於華梁(3)[12]，令人老有美色，終其所稟之天年；而俗人聞黃帝以千二百女升天(4)[13]，便謂黃帝單以此事致長生(5)；而不知黃帝於荊山之下，鼎湖之上，飛九丹成[14]，乃乘龍登天也[15]。黃帝自可有千二百女耳，而非單行得仙之所由也(6)。雖服藥千種，三牲之膳(7)，而不知房中之術(8)，亦無所益也(9)。是以古人恐人輕恣情性，故美爲之說，亦不可盡信也。玄、素諭之水火，水火煞人，而又生人，在於能用與不能用耳(10)。大都知其要法(11)，御女多多益善，如不知其道而用之，一兩人足以速死耳。彭祖之法，最其要者。其他經多煩勞難行，而其爲益不必如其書。人少有能爲之者。口訣亦有數千言耳。不知之者，雖服百藥，猶不能得長生也。”

【校】

（1）由於好事者：藏本、平津本無“者”字，從宋浙本校改。《釋滯》《登涉》兩篇並有“好事者”之文，是其證。

（2）若欲：陳其榮校：“各本作若乃。”

（3）引三五於華梁：孫星衍校：“(引)藏本作到。”

（4）千二百女升天：《校補》：“《雲笈七籤》一百《軒轅本紀》作‘三百女’。”

（5）單以：《校補》：“‘以’當作‘行’，此涉上句‘以’字而衍。”

（6）單行得仙：藏本、平津本無“得仙”二字，據《經訣》四、宋浙本校補。

（7）雖服藥千種，三牲之膳：藏本、平津本作凡服藥千種，三牲之養，從《經訣》四凡作雖，養作膳。按：用雖代凡，與下“亦”字呼應。

（8）房中之術：顧廣圻校：“當衍此（之術）二字。”

（9）亦無所益也：此句下宋浙本有斯事實夫復是生道之本。

（10）在於能用與不能用耳：藏本、平津本無後一“用”字，據《校補》云：
　　　“‘不能’下疑脫‘用’字，《（外篇・）用刑篇》‘水火者所以活人，亦
　　　所以殺人。存乎能用之與不能用。’句意相同。”

（11）大都知其要法：藏本無知字。孫星衍校：“舊脫如字，今校補。”
　　　按：如蓋知字之誤。

【注】

［1］商賈（gǔ）：行商坐賈；商人。《周禮・天官・太宰》：“六曰商賈，
　　　阜通貨賄。”鄭玄注：“行曰商，處曰賈。”

［2］妖妄：怪異荒誕。過差（cī）：過分；失度。

［3］潤色：使增加光彩。

［4］端緒：頭緒。

［5］奉事：侍候；侍奉；供奉。

［6］虛耗：空竭。

［7］陰陽不交，坐致疾患：《釋滯》說：“人復夫不可都絕陰陽，陰陽不
　　　交，則坐致壅閼之病；故幽閉怨曠，多病而不壽也。”這合乎順其
　　　自然的原則。較本處所說爲詳，注此正合文意。

［8］縱情恣欲：放縱情欲。節宣：節制和疏通。《神仙傳・彭祖傳》：
　　　“（采女）問延年益壽之法，彭祖曰：‘……古之至人，恐下才之子
　　　不識事宜，流遁不還，故絕其源，故有上士別床，中士異被。服藥
　　　百裹，不如獨臥。……苟能節宣其宜適，抑揚其通塞者，不以減
　　　年，得其益也。’”孫思邈《千金方》二十七《房中補益》八：“御女之
　　　法，能一月再泄，一歲二十四泄，皆得二百歲，有顏色，無疾病。
　　　若加以藥，則可長生也。人年二十者，四日一泄；三十者，八日一
　　　泄；四十者，十六日一泄；五十者，二十日一泄；六十者，閉精勿
　　　泄，若體力猶壯者，一月一泄。凡人氣力自有強盛過人者，亦不
　　　可抑忍，久而不泄，致生癰疽。若年過六十，而有數旬不得交合，

意中平平者,自可閉固也。”

［9］走馬:今語跑馬。指洩露精液。補腦:即還精補腦。

［10］陰丹:還精之術;寶精之術。《雲笈七籤》六四《王屋真人口授陰丹秘訣靈篇》:“陰丹者,還精之術也。”《極言》:“服陰丹以補腦。”指男女交媾時,男子精液不泄,而能從女陰處採集玉液以自補。一說指婦人乳汁。《神仙服食經》:“仙藥有陰丹,乃婦人乳汁也。”朱腸:不詳。蓋指代腑臟。

［11］采玉液於金池:即古人所說采陰補陽。玉液:蓋喻指女陰之血。金池:金水池,喻指女陰。參見下條注引《太清修丹秘訣》所引《混元經》。《太清修丹秘訣·腎》:“一海瓊波在北方,何人知此到金鄉。看看便見還丹就,上火功夫不可量。”金鄉指腎,金池指女陰。

［12］引三五於華梁:《九丹經》上:“真人曰:‘……太陰者坎位在子,太陽爲離位在午。故坎生月,離生日也。日爲夫,月爲婦也。日爲雄,月爲雌也。磁石鉛屬太陰,位在子,其數一。丹砂屬陽位在午,其數九,雄黃屬土,其數五。故曰一、五、九,凡十五。故真人名爲三五。知三五,橫行天下。能知三五以治藥爲還丹服之耳,得長生不死,故曰橫行天下。”故三五喻男女、夫婦也,此其一。其二,三五蓋指神、氣、精的結合。《太清修丹秘訣》:“《混元經》云:‘天地造化成人。然父者,木也;精者,火也。二象元是一氣。木者,主也;火即爲用。母者,金也;精者,水也。金即爲主,水即爲用。父與母、精與氣,此四象,遇土即相生,不遇土即相克。母之宮者,真土也。四象氣至此宮,自然相順,共聚爲寶。神、氣、精,用爲一身之主也。神者,脾氣也;氣者,金水之氣也;精者,火木之氣也。(神、氣、精)爲人身之三奇。”水數一,火數二,合爲三。土數五,爲脾,主神。華梁:華美的魚梁。廋語,喻女身。華:美而艷。如顏如舜華、明目皓齒、膚如凝脂、豐乳凸胸、楊柳腰肢。梁:魚梁。《詩·邶風·谷風》:“毋逝我梁,毋發我笱。”毛傳:“逝,之也。梁,魚梁。笱,所以捕魚也。”鄭玄箋:“毋,禁新昏也。女毋之我家,取我爲室家。”孔穎達疏:“此與《(詩·小雅·)

小弁》及《《詩·齊風·敝笱》）'敝笱在梁'皆云笱，笱者，捕魚之器，即'梁'爲'魚梁'明矣。《（詩·小雅·）何人斯》云：'胡逝我梁？'我者，己所自專之辭，即亦爲'魚梁'也。《（詩·衛風·）有狐》云：'在彼淇梁。'傳曰：'石絶水曰梁。'《（詩·曹風·）候人》云：'維鵜在梁。'傳曰：'梁，水中之梁。'《（詩·小雅·）鴛鴦》云：'鴛鴦在梁。'箋云：'石絶水之梁。'《（詩·小雅·）白華》亦云：'有鷺在梁。'又云：'鴛鴦在梁。'皆鳥獸所在，非人所往還之處，即皆非橋梁矣，故以'石絶水'解之。此石絶水之梁，亦是魚梁。故《（禮記·）王制》云：'獺祭魚然後虞人入澤梁。'注云：'梁，絶水取魚者。'《白華》箋云：'鷞（qiū）也，鶴也，皆以魚爲美食者也。'……鄭司農（衆）云：'梁，水堰。堰水而爲關空，以笱承其空。'然則梁者爲堰以郭水，空中央承之以笱，故云'笱所以捕魚也'。"高亨注："逝，往。梁，魚梁，攔魚的水壩。笱（gǒu），捉魚的器具，編竹成筒形，口有倒刺，魚入即不能出，現在叫做鬚籠。在魚壩上弄一個孔穴，鬚籠安在孔穴裏。"聞一多《風詩類鈔·谷風》："毋逝我梁，毋發我笱。"注："梁，堰石郭水而空其中，以通魚之往來。笱，以竹爲器，承梁之空以取魚。逝，之，發，開也。二句廋語，禁夫勿來就己身也。"句謂男女交歡，男子將神、氣、精傾注於女身。

[13] 以：率領；憑藉。

[14] 荆山：即覆釜山，在河南靈寶縣閡鄉南。鼎湖：《史記·封禪書》："齊人公孫卿……卿有劄書曰：'黄帝得寶鼎宛朐……黄帝僊登於天。'""卿曰：'申公，齊人。……申公曰："……黄帝采首山銅，鑄鼎於荆山下，鼎既成，有龍垂鬍鬚，下迎黄帝。黄帝上騎，群臣後宫從上者七十余人，龍乃上去。……故後世因名其處曰鼎湖。""飛九丹成：煉成爲九丹。飛：煉；升華。

[15] 乃乘龍登天：王充《論衡·道虚》："龍不升天，黄帝騎之，乃明黄帝不升天也。龍起雲雨，因乘而行；雲散雨止，復入淵。如實黄帝騎龍，隨溺於淵也。"給公孫卿所造謊言予以駁斥，而葛洪卻堅信公孫卿的謊言。

塞 難 卷 七[1]

1 或曰："皇穹至神[2]，賦命宜均[3]，何爲使喬、松凡人受不死之壽，而周、孔大聖無久視之祚哉[4]？"抱朴子曰(1)："命之修短，實由所值，受氣結胎[5]，各有星宿(2)[6]。天道無爲，任物自然，無親無疎，無彼無此也[7]。命屬生星[8]，則其人必好仙道。好仙道者，求之亦必得也。命屬死星，則其人亦不信仙道(3)，則亦不自修其事也。所樂善否，判於所稟，移易予奪[9]，非天所能。譬猶金石之消於爐冶[10]，瓦器之甄於陶竈[11]，雖由之以成形，而銅鐵之利鈍，甕罌之邪正[12]，適遇所遭，非復爐竈之事也。"

【校】

（1）抱朴子曰：顧廣圻校作抱朴子答曰。

（2）各有星宿：明抄本脱各字，顧廣圻校補。

（3）不信仙道：平津本重此四字，從孫星衍、王明校删所重四字。孫星衍校："藏本無此四字。"王明案："魯藩本亦無。"

【注】

[1] 塞難：回答（儒生們質疑仙道的種種）責難。塞：答；回報。

[2] 皇穹：天帝。

[3] 賦命：給以生命；指命運。

[4] 周、孔：周公姬旦、孔丘，都是儒家尊崇的聖人。

[５]受氣：謂禀受星氣。《詩・小雅・小弁》“天之生我，我辰安在”，鄭玄箋：“此言我生所值之辰安所在乎？爲六物之吉凶。”孔穎達疏：“六物，歲、時、日、月、星、辰。”王充《論衡・命義》：“至於富貴所禀，猶性所禀之氣，得衆星之精。衆星在天，天有其象，得富貴象則富貴，得貧賤象則貧賤。”“天有百官，有衆星，天施氣而衆星布精，天所施氣，衆星之氣在其中矣。人禀氣而生，含氣而長，得貴則貴，得賤則賤。貴或秩有高下，富或資有多少，皆星位尊卑小大之所授也。”本篇所論，蓋本於此。此指受孕。結胎：受孕。

[６]星宿（xiù）：星相家謂與人相應的星官、星神。

[７]天道無爲四句：蓋本《荀子・天論》：“天行有常，不爲堯存，不爲桀亡。”

[８]生星：活星。與下“死星”相對。

[９]移易：移動改變。予奪：賜予和剥奪。

[10]爐冶：猶冶煉。

[11]甄：製作陶器。《文選》張華《女史箴》“既陶既甄”，李善注引如淳曰：“陶人作瓦器謂之甄。”陶竈：古代燒製陶器的土窰。

[12]甕罌（wèng yīng）：泛指各種陶製容器。甕用於汲水和盛食物等，罌用於盛酒或水。

2　或人難曰：“良工所作，皆由其手，天之神明，何所不爲？而云人生各有所值，非彼昊蒼所能匠成[1]，愚甚惑焉，未之敢許也。”抱朴子答曰：“渾茫剖判[2]，清濁以陳[3]，或升而動，或降而静，彼天地猶不知所以然也。萬物感氣，并亦自然，與彼天地，各爲一物，但成有先後，體有巨細耳。有天地之大，故覺萬物之小；萬物之小(1)，故覺天地之大。且夫腹背雖包圍五臟，而五臟非腹背之所作也；肌膚雖纏裹血氣[4]，而血氣非肌膚之所造也；天地雖含囊萬物，而萬物非天地之所爲也。譬猶草木之因山林以萌秀，而山林非有事焉[5]；魚鱉之託水澤以產育(2)[6]，而水澤非有為焉。俗人見天地之大也，以萬物之小也，因曰天地為萬物之父母，萬物為天地之子孫。夫蚤生於我(3)，豈我之所作？故蚤非我不生[7]，而我非蚤之父母，蚤非我之子孫。蠛蠓之育醢醋[8]，芝栭之產於木石(4)[9]，蛞蝤之滋於污淤(5)[10]，翠蘿之秀於松枝[11]，非彼四物所創匠也(6)，萬物盈乎天地之間，豈有異乎斯哉？天有日月寒暑，人有瞻視呼吸，以近況遠(7)，以此推彼，人不能自知其體老少痛癢之何故，則彼天亦不能自知其體盈縮災祥之所以[12]；人不能使耳目常聰明，榮衛不輟閡(8)[13]，則天亦不能使日月不薄蝕[14]，四時不失序。由茲論之，夭壽之事(9)[15]，果不在天地；仙與不仙，決在所值也(10)。夫生我者父也，娠我者母也，猶不能令我形器必中適，姿容必妖麗(11)[16]，性理必平和，智慧必高遠[17]，多致我氣力，延我壽命；而或矬陋尪弱[18]，或且黑且醜，或聾盲頑嚚[19]，或枝離妬塞[20]，所得非所欲也，所欲非所得也，況乎天地遼闊者哉！父母猶復其遠者也。我自有身，不能使之永壯而不老，常健而不疾，喜怒不失宜，謀慮無悔吝[21]。故授氣流形者父母也(12)[22]，受而有之者我身也，其餘則莫有親密乎此者也，莫有制御乎此者也[23]，二者已不能有損益於我矣，天地亦安得與知之乎？必若人物皆天地所作[24]，則宜皆好而無惡，悉成而無敗，眾生無不遂之類[25]，而項、揚無春雕之悲矣(13)[26]！子以天不能使周、孔有度世之祚(14)，益知所稟有自然之命(15)，非天地所剖分也[27]。聖之為德，德之至也。天若能以至德與之，而使之所知不全(16)，功業不建，位不霸王[28]，壽不盈百，此非天有為之驗也。聖人之死，非天所殺，則聖人之生，非天所挺也[29]。賢不必壽,愚不必夭;善無近福,惡無近禍;生無定年,死無常分[30];盛德哲人,秀而不實;竇公庸夫,年幾二百[31];伯牛有疾(17)[32],子夏喪明[33];盜跖窮凶而白首[34],莊蹻極惡而黃髮[35];天之無爲,於此明矣。"

【校】

（ 1 ）萬物之小：原作有萬物之小,從孫星衍、王明,宋浙本、藏本、魯藩校删"有"字。

（ 2 ）之：孫星衍校:"藏本無此字。"

（ 3 ）夫蚑生於我：陳其榮案:"蚑,俗字,《説文》及《玉篇》并作'蟁',宜改正。"

（ 4 ）柵：藏本作欛,從孫星衍校改。

（ 5 ）蛞蠕：藏本、平津本作蛞蝀,明抄本作蝀蛞,顧廣圻校作蛞蝀。按:當作蛞蠕。

（ 6 ）創匠：《御覽》九四五引作創造。

（ 7 ）以近況遠：藏本、平津本作以遠況近,從王明引宋浙本校改。

（ 8 ）輆閡：藏本、平津本作輆閲,從《校補》校改。《雜應》:"朝夕導引,以宣動榮衛,使無輆閡。"是其證。

（ 9 ）夭壽：平津本作大壽,據王明引藏本、魯藩本、慎校本校改。宋浙本作壽夭。

（10）決在所值也：藏本在作非,從孫星衍、顧廣圻、王明與宋浙本校改。

（11）妖麗：艷麗。孫星衍、顧廣圻校妖作姣,慎校本、寶顏堂本妖作姸。按:"妖麗"在魏晉時爲褒義詞。《外篇·刺驕》:"昔者西施心痛而卧於道側,姿顔妖麗,蘭麝芬馥,見者咸美其容而念其疾,莫不躊躇焉。"是其證。藏本作"妖麗"不誤。

（12）授：孫星衍校:"藏本作受。"

（13）項、揚：平津本作頃、楊,從《校補》、王明引藏本、魯藩本、慎校本、寶顏堂本校改。

（14）周、孔：藏本、平津本作孔、孟，從王明引宋浙本校改。本篇篇首
　　及《論仙》《釋滯》《明本》《辨問》《黃白》諸篇皆以“周、孔”並提是
　　其證。周、孔爲聖人。孟子爲亞聖，不能與周公并提。

（15）益知所稟有自然之命：藏本、平津本作益知所稟之有自然，與下
　　文“益明所稟有自然之命”同意，知“所稟之有自然”當乙作“所稟
　　有自然之”，並在其下加“命”字。

（16）所知不全：孫星衍、顧廣圻校：“當作所如不合。”王明案：“慎校
　　本、寶顔堂本、崇文本‘知’作‘欲’。”

（17）伯牛有疾：藏本、平津本作伯牛廢疾，從《論語·雍也》與王明引
　　慎校本、寶顔堂本、崇文本校改。

【注】

［1］昊蒼：蒼天。匠成：培養造就。

［2］渾茫：混沌蒙昧。剖判：開闢；分開。指開天闢地。

［3］清濁：清輕之氣與濁重之塵。《易緯乾鑿度上》：“一者，形變之
　　始，清輕者上爲天，濁重者下爲地。”

［4］纏裹：纏繞裹紮。

［5］有事：猶有司。《詩·小雅·十月之交》：“皇父孔聖，作都于向。
　　擇三有事，亶侯多藏。”毛傳：“擇三有事，有司，國之三卿。”

［6］産育：養育；生育；出産。

［7］故：本來。

［8］蠓蠓：《爾雅·釋蟲》：“蠓，蠛蠓。”郭璞注：“小蟲，似蚋，喜亂飛。”
　　《埤雅》：“蠓，一名醯雞。醯雞即醋蟲。”郝懿行《爾雅義疏·釋
　　蟲》：“今醋蟲與蠓異。”醯（xī）：醋。

［9］芝栭（ěr）：靈芝與木耳。《禮記·內則》“芝、栭”，鄭玄注：“芝音
　　之；栭音而，本又作檽。”孔穎達疏：“芝栭者，庾蔚云：‘無華葉而
　　生者曰芝栭。’盧氏云：‘芝，木芝也。’王肅曰：‘無華而實者名栭，
　　皆芝屬也。’”《廣韻·之韻》：“栭，木耳別名。”

［10］蛣蟩（jué）：即孑孓：蚊子的幼蟲。《爾雅·釋魚》：“蜎，蠉。”郭
　　璞注：“井中小蛣蟩。《廣雅》云：‘一名孑孓。’”

[11] 蘿：松蘿，女蘿。纏繞松柏、其他喬木或寄生石上的青灰色藤蔓。可入藥。《肘後備急方》四《治胸膈上痰癊諸方》二十八：“又方杜蘅三兩、松蘿三兩、瓜蒂三十枚，酒一升二合漬，再宿，去滓，温服五合一服，不吐，晚更一服。”

[12] 災祥：指吉凶災變的徵兆。

[13] 輟閡：窒礙。輟(chuò)：中止。閡(ài)：阻隔。

[14] 薄蝕：又作薄食。日月相掩食；日月無光。《吕氏春秋·明理》：“其月有薄蝕。”高誘注：“薄，迫也。日月激會相掩，名爲薄蝕。”陳奇猷校釋：“高訓薄爲迫，非。”《漢書·天文志》：“彗孛飛流，日月薄食。”顔師古注引孟康曰：“日月無光曰薄，京房《易傳》‘日月赤黄爲薄’。”

[15] 夭壽：夭折與長命。

[16] 形器必中適：身材一定中正適當。姿容：外貌；儀容。

[17] 性理：才性思理；情緒和理智。平和：温和。高遠：高超深遠。

[18] 矬(cuó)陋：短小醜陋。尪(wāng)弱：瘦弱；羸弱。

[19] 頑嚚(yín)：冥頑愚妄，不講道理。《書·堯典》：“嚚子。父頑，母嚚，象傲。”孔傳：“心不則德義之經爲頑。”《左傳·文公十八年》：“昔帝鴻氏有不才子，掩義隱賊，好行兇德，醜類惡物，頑嚚不友，是與比周。”陸德明釋文：“心不則德義之經爲頑，口不道忠信之言爲嚚。”

[20] 枝離：支離，形體殘缺。枝通支。《莊子·人間世》：“夫支離其形者，猶足以養其身。”劬蹇：勞苦困頓。一説劬通佝。佝僂跛行。

[21] 謀慮：謀劃；考慮。悔吝：悔恨。

[22] 流形：運動變化形體。此言賦予形體。

[23] 制御：又作制馭。控制，駕馭。馭同御。

[24] 必若：假如。“必”“若”連文同義。必：倘若，如果。表示假設關係，用在“不”前。

[25] 衆生：泛指人和動物植物。《禮記·祭義》：“衆生必死，死必歸土。”孫希旦集解：“衆生，兼人物而言也。”

[26] 項、揚：項託、揚烏。與《外篇·自叙》合。項託見《淮南子·説

林》《修務》《論衡‧實知》《魏志‧楊阜傳》注引皇甫謐《列女傳》。《戰國策‧秦策五》：“甘羅曰：‘項橐生七歲而爲孔子師。’”《外篇‧自叙》：“項子有含穗之歎，揚烏有凰折之哀。”《顏氏家訓‧歸心》：“項橐、顏回之短折。”《弘明集‧正誣論》：“顏、項凰夭。”揚雄《法言‧問神》：“育而不秀者，吾家之童烏乎？”橐通託。

[27] 剖分：分開。應劭《風俗通‧皇霸序》：“天地剖分，萬物萌毓。”

[28] 霸王：霸與王，古稱有天下者爲王，諸侯之長爲霸。《禮記‧經解》：“義與信，和與仁，霸王之器也。”

[29] 挺：生長；長出。

[30] 常分(fèn)：定分。

[31] 竇公庸夫：桓譚《新論‧袪蔽篇》：“竇公，魏文侯時樂人，年百八十歲，兩目皆盲，不能導引，無所服餌。余以爲竇公少盲，專一內視，精不外鑒，故有此壽。”

[32] 伯牛：冉耕，字伯牛，孔子弟子。《論語‧雍也》：“伯牛有疾。”廢通癈。固疾。

[33] 子夏喪明：子夏失明。《史記‧仲尼弟子列傳》：“卜商字子夏。少孔子四十四歲。”“孔子既没，子夏居西河教授，爲魏文侯師。其子死，哭之失明。”

[34] 盜跖：盜，蔑稱；跖，人名。《史記‧伯夷列傳》正義謂黃帝時大盜之名，陸德明謂李奇注《漢書》說“秦之大盜”，《莊子》說春秋末期造反者。《莊子‧盜跖》：“柳下季之弟名曰盜跖。盜跖從卒九千人，橫行天下，侵暴諸侯。”《荀子‧不苟》：“盜跖貪凶(今本作‘吟口’)，名聲若日月，與舜、禹俱傳而不息。”《史記‧伯夷列傳》謂跖“竟以壽終”，故曰“白首”。

[35] 莊蹻(jué)：楚莊王苗裔，戰國時楚將，開拓西南有功者。《史記‧西南夷傳》：“始楚威王時，使將軍莊蹻循江上，略巴、黔中以西。莊蹻者，故楚莊王苗裔也。蹻至滇池，方三百里，旁平地，肥饒數千里，以兵威定屬楚。欲歸報，會秦擊奪楚巴、黔中郡，道塞不通，因還以其衆王滇，變服，從其俗，以長之。”索隱云：“蹻，音矩灼反。楚莊王弟，爲盜者。”《華陽國志‧南中志》：“南中，在昔

夷、越之地。周之季世，楚威王遣將軍莊蹻溯沅水，出且蘭，以伐
夜郎。既降，而秦奪楚黔中地，無路得反，遂留王滇池。蹻，楚莊
王苗裔也。"兩書所説莊蹻所走路線略有不同。莊蹻爲開拓今湖
南、貴州、雲南作出了貢獻。古統治者誣爲"極惡"。黃髮：鶴髮
（白髮）。指年老；亦指老人。黃髮：鶴發（白髮）。指年老；亦指
老人。《詩·魯頌·閟宮》："黃髮台背。"鄭玄箋："黃髮、台背，皆
壽徵也。"爲壽高之象。《文選·南都賦》："於是乎鯢齒眉壽鮐背
之叟，皤皤被黃髮者，喟然相與歌曰。"《説文·白部》："皤，老人
白也。"

3　或曰："仲尼稱自古皆有死[(1)][1]，老子曰神仙之可
學。夫聖人之言，信而有徵；道家所説，誕而難用。"抱朴子
曰："仲尼，儒者之聖也；老子，得道之聖也。儒教近而易
見，故宗之者衆焉；道意遠而難識[2]，故逮之者寡焉。道
者，萬殊之源也[3]；儒者，大淳之流也。三皇以往，道治
也[4]；帝王以來，儒教也[5]。談者咸知高上世之敦朴[(2)][6]，
而薄季俗之澆散[7]，何獨重仲尼而輕老氏乎！是玩華藻於
木末[8]，而不識所生之有本也[9]。何異乎貴明珠而賤淵
潭[10]，愛和璧而惡荆山[11]；不知淵潭者，明珠之自出；荆山
者，和璧之所由生也[(3)]。且夫養性者，道之餘也；禮樂
者[(4)]，儒之末也。所以貴儒者，以其移風易俗[12]，不唯揖讓
與盤旋也[13]；所以尊道者，以其不言而化行，匪獨養生之一
事也。若儒道果有先後，則仲尼未可專信[14]，而老氏未可
孤用。仲尼既敬問伯陽[15]，願比老、彭[16]。又自以知魚鳥
而不識龍，喻老氏於龍[17]。蓋其心服之辭，非空言也。與
顏回所言，瞻之在前，忽然在後，鑽之彌堅，仰之彌高[18]，無
以異也。"

【校】

（1）仲尼：原作仲尼，誤，從邱光庭校改，下同此。

（2）咸知高上世之敦朴：藏本無“上”字，從孫星衍、王明校補。孫星衍校：“（“知”下）刻本有上字。”王明案：“校語當在‘高’字下。”“高上世”與下文“薄季俗”對文。

（3）不知淵潭者，明珠之自出；荊山者，和璧之所由生也：《意林》四作不知淵潭是明珠所出；荊山是和璧所生。

（4）禮樂：孫星衍校：“藏本作澄藥，唯樓觀本作禮樂，今據之改正。”王明案：“宋浙本亦誤作‘澄藥’。”

【注】

［1］仲尼稱自古皆有死：《論語·顏淵》：“（子）曰：‘自古皆有死，民無信不立。’”

［2］道意：道家無爲的主旨。班固《奕旨》：“外若無爲默而識，净泊自守以道意。隱居放言遠咎悔，行象虞仲信可喜。”此謂道家或道教的旨意、氣質。

［3］道者，萬殊之源也：《暢玄》：“玄者，自然之始祖，而萬殊之大宗也。”兩者意同可互注。

［4］三皇：傳説中上古帝王。所指説法不一，孔安國謂伏羲、神農、黄帝。《周禮·春官·外史》：“（外史）掌三皇五帝之書。”孔穎達疏：“《三墳》，三皇時書。”孔安國《書序》：“伏羲、神農、黄帝之書謂之《三墳》。”《莊子·天運》：“余語汝，三皇五帝之治天下。”成玄英疏：“三皇者，伏羲、神農、黄帝也。”又見《世本》、皇甫謐《帝王世紀》。

［5］帝王：五帝三王。《莊子·秋水》：“帝王殊禪，三代殊繼。”成玄英疏：“帝，五帝也；王，三王。三代，夏、商、周。”此指國家產生以來。

［6］上世：上古時代。敦朴：敦厚樸素。《鄧析子·轉辭》：“上古之民，質而敦朴。”《史記·孝文本紀》：“上常衣綈衣，所幸慎夫人，令衣不得曳地，幃帳不得文繡，以示敦朴，爲天下先。”

［7］季俗：指末代頽敗的風俗。《宋書·明帝紀》：“庶淳風至教，微遵太古，阜財興讓，少敦季俗。”澆散：澆淳散樸。謂使淳樸的社會風氣變得浮薄。《文子·上禮》：“施及周室，澆醇散樸，離道以爲僞，險德以爲行。”《漢書·循吏傳·黄霸》：“澆淳散樸，并行僞貌。”顏師古注：“不雜爲淳，以水澆之，則味漓薄。樸，大質也，割之，散也。”

［8］華藻：花。“華”“藻”連文同義。引申爲文采、文章。《後漢書·循吏傳·孟嘗》：“而嘗單身謝病，躬耕壟次，匿景藏采，不揚華藻，實羽翮之美用，非徒腹背之毛也。”木末：樹梢。《楚辭·九歌·湘君》：“采薜荔兮水中，搴芙蓉兮木末。”

［9］本：草木的根。《吕氏春秋·辯土》：“是以晦廣以平，則不喪本莖。”

［10］淵潭：深潭。引申爲學識和文章内容深厚。《外篇·辭義》：“雖並屬文，參差萬品。或浩瀁而不淵潭，或得事情而辭鈍，（或）違物理而文工。蓋偏長之一致，非兼通之才也。”

［11］愛和璧而惡荆山：《韓非子·和氏》：“楚人和氏得玉璞楚山中，奉而獻之厲王。”荆山：在今湖北南漳縣西。

［12］移風易俗：轉移風氣，改變習俗。《禮記·樂記》：“移風易俗，天下皆寧。”《孝經·廣要道章》：“移風易俗，莫善於樂。”

［13］揖讓：賓主相見，拱手行禮，三揖三讓的禮節。《周禮·秋官·司儀》：“司儀掌九儀之賓客擯相之禮，以詔儀容、辭令、揖讓之節。”《左傳·昭公二十五年》：“子大叔見趙簡子，簡子問揖讓、周旋之禮焉，對曰：‘是儀也，非禮也。’”盤旋：指儀節中遵照一定程式的迴旋進退。《淮南子·泛論》：“夫弦歌鼓舞以爲樂，盤旋揖讓以修禮。”

［14］專信：偏信。《南史·恩幸傳·施文慶》：“此等怏怏，素不服官，迫此事機，那可專信。”

［15］仲尼既敬問伯陽：《史記·老莊申韓列傳》：“老子者，楚苦縣厲鄉曲仁里人也，姓李氏，名耳，字聃，周守藏室之史也。……孔子適周，將問禮於老子。老子曰：‘子所言者，其人與骨皆已朽矣，獨

其言在耳。且君子得其時則駕,不得其時則蓬累而行。吾聞之,
良賈深藏若虛,君子盛德,容貌若愚,去子之驕氣與多欲,態色與
淫志,是皆無益於子之身。吾所以告子,若是而已。'孔子去,語
弟子曰:'……至於龍吾不能知,其乘雲而上天。吾今見老子,其
猶龍邪!'老子修道德,其學以自隱無名爲務。居周久之,見周之
衰,乃遂去。至關,關令尹喜曰:'子將隱矣,强爲我著書。'於是
老子乃著書上下篇,言道德之意五千言而去,莫知其所終。"所遺
之書,或稱《老子》,或稱《老子道德經》。其思想以"道"爲核心,
以清静自然返朴歸淳爲旨歸,兼有養生與治國的内容,哲學内涵
尤爲豐富。

[16] 願比老、彭:《論語・述而》:"述而不作,信而好古,竊比于我老
彭。"集解引包咸曰:"老彭,殷賢大夫,好述古事。"邢昺疏:"老彭
即莊子所謂彭祖也。李云'名鏗,堯臣,封于彭城,歷虞夏至商,
年七百歲,故以久壽見聞',《世本》云:'姓籛,名鏗,在商爲守藏
史,在周爲柱下史,年八百歲。'籛音翦。一云即老子也……王弼
云:'老是老聃,彭是彭祖也。'"據此,"老彭"有二人、一人兩説,
此從二人説。

[17] 自以知魚鳥而不識龍,喻老氏於龍:《莊子・天運》:"孔子曰:吾
乃今於是乎見龍!龍,合而成體,散而成章,乘雲氣而養(翔)乎
陰陽。"《史記・老子傳》:"孔子去,謂弟子曰:'鳥,吾知其能飛;
魚,我知其能遊;獸,吾知其能走。走者可以爲罔,遊者可以爲
綸,飛者可以爲矰。至於龍,吾不能知,其乘風雲而上天。吾今
日見老子,其猶龍邪!'"

[18] 瞻之在前四句:語本《論語・子罕》:"顏淵喟然歎曰:'仰之彌高,
鑽之彌堅,瞻之在前,忽焉在後,夫子循循然善誘人。'"

4　或曰:"仲尼親見老氏而不學道,何也?"抱朴子曰:
"以此觀之,益明所稟有自然之命,所尚有不易之性也[1]。
仲尼知老氏玄妙貴異,而不能把酌清虚[2],本源大宗[3],出

乎無形之外,入乎至道之内,其所諮受[4],止於民間之事而已,安能請求仙法耶? 忖其用心汲汲,專於教化,不存乎方術也。仲尼雖聖於世事,而非能沈靜玄默[5],自守無爲者也⁽¹⁾。故老子戒之曰:'良賈深藏若虛,君子盛德容貌若愚,去子之驕氣與多欲,態色與淫志,是皆無益於子之身⁽²⁾。'此足以知仲尼不免於俗情,非學仙之人也。夫栖栖遑遑⁽³⁾[6],務在匡時;仰悲鳳鳥⁽⁴⁾[7],俯歎匏瓜[8];沽之恐不售[9],忼慨思執鞭[10];亦何肯舍經世之功業,而修養生之迂闊哉?"

【校】

(一) 自守無爲者也:孫星衍校:"藏本無自字。"

(二) 良賈深藏若虛,君子盛德容貌若愚,去子之驕氣與多欲,態色與淫志,是皆無益於子之身:藏本、平津本無"容貌""皆"三字,據《史記·老子列傳》校補。

(三) 栖栖:同棲棲。孫星衍校:"藏本作'恓恓'。"按:恓同悽。恓通棲。但"恓恓"與"棲棲"義不完全相同。恓恓:惶惶不安;悽涼。

(四) 鳳鳥:藏本、平津本作鳳鳴,從王明引宋浙本校改。

【注】

[1] 所稟:稟受。王充《論衡·命義》:"至於富貴所稟,猶性所稟之氣,得衆星之精。"所尚:崇尚。命、性:耕部。

[2] 挹酌:吸取。清虛:清净虛無。《文子·自然》:"老子曰:'清虛者天之明也,無爲者治之常也。'"

[3] 本源大宗:"本源"與"大宗"連文同義。

[4] 諮受:請教、承受。《百喻經·與兒期早行喻》:"不求名師諮受道法。"

[5] 沈静:沈穩閒静;平静。《逸周書·官人》:"沈静而寡言,多稽而

險貌,曰質靜者也。"玄默:沉默不語;清靜無爲。《淮南子‧主
術》:"天道玄默,無容無則。"《文選》揚雄《長楊賦》:"且人君以玄
默爲神,澹泊爲德。"李周翰注:"玄默,無事也。"《漢書‧刑法
志》:"及孝文即位,躬修玄默,勸趣農桑,減省租賦。"

〔6〕栖栖:同棲棲。忙碌不安貌。遑遑:驚恐匆忙不安貌。

〔7〕仰悲鳳鳥:仰悲鳳鳥不至。《論語‧子罕》:"子曰:'鳳鳥不至,河
不出圖,吾已矣夫!'"

〔8〕俯歎匏(páo)瓜:俯歎自己是中看不中用的匏瓜。《論語‧陽
貨》:"子曰:'……吾豈匏瓜也哉? 焉能繫而不食?'"

〔9〕沽之恐不售:《論語‧子罕》:"子貢曰:'有美玉於斯,韞櫝而藏
諸? 求善賈而沽諸?'子曰:'沽之哉! 沽之哉! 我待賈者也。'"
何晏集解引馬融曰:"沽,賣也。"

〔10〕忼慨:感慨。《説文‧心部》:"慨,忼慨,壯士不得志也。"

5　或曰:"儒道之業,孰爲難易?"抱朴子曰:"儒者,易
中之難也;道者,難中之易也。夫棄交遊[1],委妻子[2],謝
榮名[3],捐禄仕(1)[4];割粲爛於其目[5],抑鏗鏘於其耳[6];恬
愉靜退,獨善守己[7];謗來不戚,譽至不喜;覿貴不欲,居賤
不恥:此道家之難也。出無慶弔之望[8],入無瞻視之責[9];
不勞神於七經[10],不運思於律曆[11];意不爲推步之苦,心
不爲藝文之役[12];衆煩既捐,和氣自益(2);無爲無慮,不怵
不惕[13]:此道家之易也,所謂難中之易矣。夫儒者所修,
皆憲章成事[14],出處有則(3),語默隨時[15];師則循比屋而
可求(4),書則因解注以釋疑[16]:此儒者之易也。鉤深致
遠[17],錯綜《典》《墳》[18];該《河》《洛》之籍籍[19],博百氏之
云云[20];德行積於衡巷[21],忠貞盡於事君(5)[22];仰馳神於
垂象[23],俯運思於風雲;一事不知,則所爲不通;片言不正,
則褒貶不分[24];舉趾爲世人之所則,動唇爲天下之所

傳⁽⁶⁾[25]：此儒家之難也，所謂易中之難矣。篤論二者，儒業多難，道家約易，吾以患其難矣，將舍而從其易焉。世之譏吾者，則比肩皆是也。可與得意者[26]，則未見其人也。若同志之人，必存乎將來，則吾亦未謂之爲希矣。”

【校】

（1）捐：藏本、平津本作損，形近致誤。禄仕：藏本、明抄本作利禄，從孫星衍、顧廣圻校改。子、仕、耳、己、恥爲韻。王明案：“宋浙本作‘損禄位’。”

（2）衆煩既捐，和氣自益：藏本、平津本捐作損，形近致誤，當作捐。衆煩既已捐棄，那麼“和氣”才能“自益”。

（3）皆憲章成事，出處有則：顧廣圻校：“中有脱文。”

（4）循：孫星衍校：“藏本無此字。”求：孫星衍校：“藏本作封。”

（5）忠：藏本、魯藩本、慎校本均誤作志，據孫星衍校、宋浙本校改。

（6）之：孫星衍校：“藏本無此字。”

【注】

[1]交遊：朋友；結交朋友。

[2]妻子：妻子和子女。

[3]榮名：令名，美名。

[4]禄仕：爲食俸禄居官。《詩·王風·君子陽陽序》：“君子遭亂，相招爲禄仕，全身遠害而已。”子、仕、耳、己、喜、恥：之部。

[5]粲爛：鮮明貌。

[6]鏗鏘：形容（金玉、樂器、人聲等）聲音洪亮、深沉堅定。

[7]獨善：獨治自身。《孟子·盡心上》：“窮則獨善其身，達則兼善天下。”趙岐注：“獨治其身以立於世，不失其操也。”

[8]望：與下“責”互文同義。怨恨；責怪。

[9]瞻視：古代君臣有“瞻視”的嚴格規定。《外篇·譏惑》：“趨步升降之節，瞻視接對之容，至於三千。”即指禮儀繁縟而言。對天

子、國君、諸侯、大夫、士，"瞻視"尊卑異等，高低、距離有別。《禮記·曲禮下》："天子視，不上於袷(jié)，不下於帶；國君，綏視；大夫，衡視；士，視五步。凡視，上于面則敖，下於帶則憂。"鄭玄注："袷，交領也。天子至尊，臣視之，目不過此。(綏視謂)視國君彌高。'綏'讀爲'妥'，'妥視'則上於袷。(衡視謂)視大夫又彌高也。衡，平也。'平視'謂視面也。士視，(謂)得旁游目五步之中也。視大夫以上上下游目不得旁。敖則仰，憂則低。"《左傳·昭公十一年》叔向有"視不過結襘""視不登帶"之語，也講的是"天子視，不上於夾，不下於帶"的禮儀。客人有"將入户，視必下"的禮儀，見《禮記·曲禮上》。對尊長者"平視"，被視爲大不敬。《三國志·魏書·王粲傳》附劉楨、裴松之注引《典略》："其後太子(曹丕)嘗請諸文學，酒酣坐歡，命夫人甄氏出拜。坐中衆人咸伏，而楨獨平視。太祖聞之，乃收楨，減死輸作。"《世説新語·言語10》"劉公幹以失敬罹罪"條劉孝標注引《文士傳》説：楨"坐平視甄夫人配輸作部，使磨石"。(坐：因；由于)

[10] 七經：有兩説：東漢《一字石經》以《周易》《尚書》《魯詩》《儀禮》《春秋》《公羊》《論語》爲七經；《後漢書·張純傳》"乃案七經讖"，李賢注："七經，謂《詩》《書》《禮》《樂》《易》《春秋》及《論語》也。"

[11] 運思：運用心思，猶構思。律曆：樂律和曆法。《大戴禮記·曾子天圓》："聖人慎守日月之數，以察星辰之行，以序四時之順逆，謂之曆；截十二管，以宗八音之上下清濁，謂之律也。曆居陰而治陽，律曆迭相治也。"盧辯注："曆以治時，律以候氣，其致一也。"

[12] 藝文：六藝群書典籍。

[13] 不怵不惕：不驚不懼。怵惕：戒懼；驚懼。以上責、曆、役、益、惕：錫部。

[14] 憲章：遵循。成事：成例；老例。

[15] 出處有則二句：《易·繫辭上》："君子之道，或出或處，或默或語。"

[16] 解注：注解。

[17] 鉤深致遠：鉤取深處之物與招致遠處之物。喻探求深奧的道理，或指治學的廣博精深。《易·繫辭上》：“探賾索隱，鉤深致遠，以定天下之吉凶。”孔穎達疏：“物在深處，能鉤取之；物在遠處，能招致之。”

[18] 錯綜：交錯綜合。

[19] 該：兼通。《河》《洛》：《河圖》《洛書》。儒家關於《周易》八卦來源及《書·洪範》“九疇”創作過程的傳說。《易·繫辭上》：“河出圖，洛出書，聖人則之。”籍籍：縱橫交錯貌；衆多貌。

[20] 百氏：猶言諸子百家。

[21] 衡巷：橫木爲門的平民里巷。泛指民間。

[22] 忠貞：忠誠堅貞。

[23] 馳神：馳思。遐想。垂象：顯示徵兆。

[24] 褒貶：讚美與譏刺。

[25] 舉趾：舉足。抬腳。

[26] 得意：領會旨意。此猶言理解。

6　或曰：“余閱見知名之高人[1]，洽聞之碩儒[2]，果以窮理盡性(1)，研核有無者多矣，未有言年之可延，仙之可得者也。先生明不能並日月[3]，思不能出萬夫，而劇談長生之道(2)[4]，未之敢信也。”抱朴子曰：“吾庸夫近才，見淺聞寡，豈敢自許以拔群獨識[5]，皆勝世人乎？顧曾以顯而求諸乎隱[6]，以易而得之乎難；校其小驗，則知其大效；覩其已然，則明其未試耳。且夫世之不信天地之有仙者，又未肯規也[7]。率有經俗之才，當塗之伎[8]，涉覽篇籍助教之書[9]，以料人理之近易，辨凡猥之所惑[10]，則謂衆之所疑，我能獨斷之(3)；機兆之未朕[11]，我能先覺之。是我與萬物之情，無不盡矣；幽翳冥昧[12]，無不得也。我謂無仙，仙必無矣。自來如此其堅固也(4)[13]。吾每見俗儒磎磎[14]

拒之不信其事者[5]，皆病於頗有聰明[15]，而偏枯拘繫[16]，以小黯自累，不謂規爲在乎極暗[6][17]，而了不別菽麥者也[18]。夫以管窺之狹見[19]，而孤塞其聰明之所不及[20]，是何異以一尋之綆[21]，汲百仞之深，不覺所用之短，而云井之無水也。俗有聞猛風烈火之聲，而謂天之冬雷；見遊雲西行，而謂月之東馳[7]。人或告之，而終不悟信，此信己之多者也。夫聽聲者，莫不信我之耳焉；視形者，莫不信我之目焉。而或者所聞見，言是而非，然則我之耳目，果不足信也。況乎心之所度[22]，無形無聲，其難察尤甚於視聽[23]，而以己心之所得必固，世間至遠之事，謂神仙爲虛言，不亦蔽哉？”

【校】

（１）果：王明校引宋浙本作足。

（２）而劇談長生之道：藏本、平津本作而據長生之道，從王明校改。《外篇·崇教》：“劇談則方戰而已屈，臨疑則未老而憔悴。”《酒誡》：“管輅年少，希當劇談，故假酒勢以助膽氣。”《重言》：“好劇談者，多漏於口。”並其例。

（３）能獨：孫星衍校：“藏本作獨能。”

（４）自來如此其堅固也：王明校：“此句下宋浙本有‘安可移乎’。”

（５）拒之不信其事者：藏本、平津本作守株之不信至事者，從王明引慎校本、寶顏堂本、崇文本“守株”作“拒”，“至”作“其”。

（６）不謂規爲在乎極暗：藏本、明抄本作不肯爲純在乎極暗，從孫星衍、顧廣圻校肯作謂，從王明引慎校本、寶顏堂本、崇文本校爲純作規爲。

（７）見遊雲西行，而謂月之東馳：陳其榮校：“《御覽》八行作馳，馳作行。”

【注】

［１］閱見：閱歷見識。知名：謂聞知其名聲或名字；聲名爲世所知，猶出名。此謂才識高超的人。

［２］碩儒：大儒。

［３］明不能並日月：由“明並日月”變來，用以稱頌聖賢或帝王英明。《禮記‧經解》：“天子者……與日月並明。”

［４］劇談：猶暢談。

［５］自許：自誇；自我評價。拔群：高出衆人。多指才能。

［６］顧：但是；只不過。

［７］規：通窺。窺察。馬王堆漢墓帛書甲本《老子‧德經》：“不規於牖，以知天道。”

［８］當塗：執政；掌權。

［９］涉覽：泛讀。篇籍：書籍；典籍。

［10］凡猥：凡人。

［11］機兆：先兆；徵兆。“機”“兆”連文同義。朕：跡象。

［12］幽翳：隱蔽。冥昧：幽暗。

［13］堅固：堅定。

［14］碌碌：隨衆附和貌；平庸無能貌。

［15］頗：很，甚。

［16］偏枯：偏頗，不平衡。拘繫：拘束。

［17］規爲（wéi）：謀度所爲之事。《禮記‧儒行》：“儒有上不臣天子，下不事諸侯……不臣不事，其規爲有如此者。”孔穎達疏：“謂不與人爲臣，不求仕官，但自規度所爲之事。”句謂：不認爲自己謀度所爲之事在於極爲愚昧。

［18］不別菽麥：不能分別豆子和麥子。形容愚昧無知。《左傳‧成公十八年》：“周子有兄而無慧，不能辨菽麥。故不可立。”菽麥：豆和麥。比喻極易識別的事物。

［19］管窺：從細管中看物。喻所見者小。

［20］孤塞（sè）：謂獨自專斷，拒絕他人的意見。《後漢書‧申屠剛傳》：“建武七年，詔書徵剛，將歸，與（隗）囂書曰：‘愚聞專己者

孤,拒諫者塞。孤塞之政,亡國之風也。'"

[21] 綆(gěng):汲井水用的繩索。

[22] 度(duó):指計算、推測、謀劃等心理活動。

[23] 視聽:看和聽;視覺和聽覺。

7　抱朴子曰:"妍媸有定矣[(1)][1],而憎愛異情[2],故兩目不相爲視焉;雅鄭有素矣[3],而好惡不同,故兩耳不相爲聽焉;真僞有質矣,而趨舍舛忤[4],故兩心不相爲謀焉。以醜爲美者有矣,以濁爲清者有矣,以失爲得者有矣,此三者乖殊[(2)][5],炳然可知[(3)],如此其易也,而彼此終不可得而一焉。又況乎神仙之事,事之妙者,而欲令人皆信之,未有可得之理也。凡人悉使之知,又何貴乎達者哉?若待俗人之息妄言,則俟河之清[6],未爲久也。吾所以不能默者,冀夫可上可下者,可引致耳[7]。其不移者,古人已末如之何矣[8]。"

【校】

(1)妍媸:孫星衍校:"(媸)藏本作蚩。"

(2)乖殊:明抄本乖誤作華,顧廣圻校作乖。

(3)炳然:王明校:"慎校本、寶顏堂本、崇文本作'昭然'。"按:炳然、昭然兩可。《對俗》:"《列仙傳》炳然,其必有矣。"《微旨》:"垂以方法,炳然著明。"《仙藥》:"明文炳然,而世人終於不信。"《勤求》:"仙之可學致,如黍稷之可播種得,其炳然耳。"凡四例。而"昭然"僅《雜應》"是對問以諸事,則吉凶昭然"一例。

【注】

[1] 妍媸(yán chī):美醜。

[2] 憎愛:憎恨與喜愛。

［３］雅：雅樂，即中正之聲溫雅。鄭：鄭聲，即淫哇之聲繁越。指代
　　　俗樂。揚雄《法言・吾子》：“或問：交五聲、十二律，或雅或鄭，
　　　何也？曰：中正則雅，多哇則鄭。”有素：本來就有；由來已久。
［４］趨舍：取捨。舛忤（chuǎn wǔ）：亦作舛午、舛迕。抵觸；違背。
　　　午通忤。
［５］乖殊：怪異；不同。
［６］俟河之清：等待黃河水變清。《左傳・襄公八年》：“子駟曰：‘周
　　　詩有之曰：俟河之清，人壽幾何？’”
［７］引致：引薦羅致；使之來。
［８］末如之何：不知道該怎麼辦了。《論語・衛靈公》：“子曰：‘不曰
　　　如之何，如之何者，吾末如之何也已矣。’”集解引孔安國曰：“如
　　　之何者，言禍難已成，吾亦無如之何。”

8　抱朴子曰：“至理之未易明，神仙之不見信，其來尚
矣⑴，豈獨今哉？太上自然知之，其次告而後悟[1]。若夫
聞而大笑者，則悠悠皆是矣。吾之論此也，將有多敗之悔，
失言之咎乎⑵[2]！夫物莫之與，則傷之者至焉[3]。蓋盛陽
不能榮枯朽之木，神明不能變沈溺之性[4]；子貢不能悅錄
馬之野人⑶[5]，古公不能釋欲地之戎狄[6]；實理有所不通，
善言有所不行；章甫不售於蠻越[7]，赤舄不用於跣夷⑷[8]，
何可強哉？夫見玉而指之曰石⑸，非玉之不真也，待和氏
而後識焉；見龍而命之曰蛇，非龍之不神也，須蔡墨而後解
焉[9]。所以貴道者，以其加之不可益，而損之不可減也[10]；
所以貴德者，以其聞毀而不慘[11]，見譽而不悅也。彼誠以
天下之必無仙，而我獨以實有而與之諍[12]，諍之彌久，而彼
執之彌固，是虛長此紛紜，而無救於不解，果當從連環之
義乎[13]！”

【校】

（1）其來尚矣：藏本、平津本作其來久矣，從王明引慎校本、寶顏堂本、崇文本校改。《外篇・交際》《內篇・微旨》並有"其來尚矣"之文，可作旁證。

（2）咎：原校："咎一作吝。"

（3）錄：原作祿，孫星衍校："按祿當作錄，事見《呂氏春秋・必己》《淮南子・人間訓》。前《論仙篇》云：前術家有鉤錄之法，用錄字義正同。"按：祿通錄。

（4）跣：王明校引慎校本、寶顏堂本作戎。

（5）之：孫星衍校："藏本無此字。"

【注】

［1］太上：最上，最高。其次：次第較後；猶第二、第三、第四。《墨子・親士》："太上無敗，其次敗而有以成。"孫詒讓閒詁："太上，對其次爲文，謂等之最居上者。"

［2］多敗之悔，失言之咎：本劉向《説苑・敬慎》："有金人焉，三緘其口，而銘其背曰：'……無多言，多言多敗。'"

［3］夫物莫之與，則傷之者至焉：本《易・繫辭下》："莫之與，則傷之者必至矣。"高亨今注："無人助之，孤立無援，則有人傷之矣。"

［4］沈溺：沉迷，迷戀。

［5］悦：通説。與下"釋"互文義近。《呂氏春秋・必己》："孔子行道而息，馬逸，食人之稼。野人取其馬。子貢請往説之，畢辭，野人不聽。有鄙人始事孔子者曰：'請往説之。'因謂野人曰：'子不耕於東海，吾不耕於西海也，吾馬何得不食子之禾？'其野人大悦，相謂曰：'説亦皆如此其辯也，獨如向之人！'解馬而與之。"錄：扣留。

［6］古公：古公亶父。姓姬，周先君公叔祖類之子，繼父爲周族領袖，修后稷、公劉之業，積德行義，國人愛戴。因戎狄侵逼，自豳（陜西旬邑西）遷岐下，營城廓，建官制，開墾荒地，發展生産，鄰國之民多歸附。後被周人追尊爲太王。欲地之戎狄：有侵佔土地欲

望的戎狄。古公亶父居豳，狄人侵之，事之皮幣、犬馬、珠玉，不得免，乃知狄人之所欲在於土地。因此去豳，逾梁山，邑於岐山之下。

［7］章甫不售於蠻越：《莊子·逍遙遊》：“宋人資章甫而適諸越，越人斷髮文身，無所用之。”章甫：殷商時的一種冠。即緇布冠。冠禮始加緇布冠。宋：殷商後裔所在地。

［8］赤舄(xì)：又名金舄。赤色重底，古代天子、諸侯所穿之鞋，與冕服相配。《周禮·天官·屨人》：“掌王及后之服屨，爲赤舄、黑舄、黃繶、青句、素屨、葛屨。”鄭玄注：“王吉服有九，舄有三等，赤舄最上，冕服之舄。《詩(·大雅·韓侯)》云：‘王錫韓侯，玄袞赤舄。’則諸侯與王同。”孫詒讓正義：“赤舄最尊，故即以赤爲飾，不以他采間之。亦謂之金舄，以赤兼黃朱，近於金色也。”跣(xiǎn)夷：夷民赤足，不用穿赤舄。

［9］蔡墨：春秋時人，善於辨識龍。《左傳·昭公二十九年》：“秋，龍見于絳郊。魏獻子問於蔡墨曰：‘吾聞之，蟲莫知於龍，以其不生得也，謂之知，信乎？’對曰：‘人實不知，非龍實知。古者畜龍，故國有豢龍氏、御龍氏。’……”知通智。

［10］加：通嘉。褒獎。《管子·小匡》：“力死之功，猶尚可加也。”郭沫若等集校引丁士涵曰：“加與嘉通。”損：貶損。

［11］慘：憂愁。《詩·陳風·月出》“勞心慘兮”，陸德明釋文：“慘，憂也。”

［12］諍：通爭。爭論。

［13］連環之義：連環沒有縫隙，難以解開。喻指難以解答的意義。《戰國策·齊策六》：“秦昭王嘗使使者遺齊君王后玉連環，曰：‘齊多知，而解此環不？’君王后以示群臣，群臣不知解。君王后引椎椎破之，謝秦使曰：‘謹以解矣。’”

釋滯卷八^[1]

1 或問曰:"人道多端^[2],求仙至難,非有廢也,則事不兼濟^[3]。藝文之業,憂樂之務,君臣之道,胡可替乎^[4]?"抱朴子答曰:"要道不煩,所爲鮮耳^[5]。但患志之不立,信之不篤,何憂於人理之廢乎? 長才者兼而修之,何難之有? 内寶養生之道,外則和光於世^[6];治身而身長修,治國而國太平。以六經訓俗士^[7],以方術授知音;欲少留則且止而佐時^[8],欲升騰則凌霄而輕舉者,上士也。自持才力⁽¹⁾,不能並成,則棄置人間^{(2)[9]},專修道德者,亦其次也。昔黄帝荷四海之任,不妨鼎湖之舉^[10];彭祖爲大夫八百年,然後西適流沙;伯陽爲柱史^[11],甯封爲陶正^[12],方回爲閭士^[13],吕望爲太師^[14];仇生仕於殷^[15],馬丹官於晉^[16];范公霸越而泛海^[17],琴高執笏於宋康^[18],常生降志於執鞭^{(3)[19]},莊公藏器於小吏^{(4)[20]}。古人多得道而匡世,修之於朝隱^[21],蓋有餘力故也^{(5)[22]}。何必修於山林⁽⁶⁾,盡廢生民之事^[23],然後乃成乎? 亦有心安靜默,性惡諠譁^[24],以縱逸爲歡,以榮任爲戚者^[25],帶索藍縷^[26],茹草操耜^[27];玩其三樂,守常待終^{(7)[28]};不營苟生,不憚速死^[29];辭千金之聘,忽卿相之貴者^[30]。無所修爲^[31],猶常如此,況又加之以知神仙之道,其亦必不肯役身於世矣,各從其志^[32],不可一概而言也。"抱朴子曰:"世之謂一言之善,貴於千金然^[33],蓋亦軍國之得失^[34]，行己之臧否耳^[35]。至於告人以長生之訣，授之以不死之方，非特若彼常人之善言也^[36]，則奚徒千金而已乎^[37]？設使有困病垂死^[38]，而有能救之得愈者，莫不謂之爲宏恩重施矣^[39]。今若按仙經，飛九丹，水金玉，則天下皆可令不死，其惠非但活一人之功也。黃老之德，固無量矣，而莫之克識，謂爲妄誕之言，可歎者也。”

【校】

（1）持：慎校本、寶顏堂本作恃。按：兩可。

（2）棄置：孫星衍、顧廣圻校：“（置）藏本作智。”

（3）常生：王明校：“‘常’或疑作‘長’。”按：常猶長，常通長。

（4）吏：藏本作史。孫星衍校：“舊本作史，今改正。”

（5）也：孫星衍校：“藏本無此字。”

（6）山林：孫星衍校：“藏本無此二字。”王明案：“魯藩本亦無。”

（7）玩其三樂，守常待終：《丹訣》二作守常待終，玩其三樂。

【注】

［1］釋滯：解決（人道、仙道兼濟的）疑難問題，修仙在於寶精、行氣、服食金丹大藥。

［2］多端：多頭緒，多方面。

［3］兼濟：謂使天下民衆、萬物咸受惠益。此謂各方面同時做到。

［4］胡：何。替：廢棄。

［5］鮮（xiǎn）：少。

［6］和光於世：不自顯才華於世。《老子·第四章》：“和其光，同其塵。”

［7］六經：指儒家經典《詩》《書》《易》《禮》《樂》《春秋》。俗士：此指仕途經濟之士。

［8］佐時：謂輔佐當世之君治理國家。

［9］棄置：謂摒棄聰明智巧。

［10］黃帝……不妨鼎湖之舉：《史記·封禪書》："黃帝采首山銅，鑄鼎
　　　于荊山下。鼎既成，有龍垂胡鬚下迎黃帝。……故後世因名其
　　　處曰鼎湖。"

［11］伯陽爲柱史：老子字伯陽，爲周柱下史。《列仙傳》上《老子傳》：
　　　"老子，姓李，名耳，字伯陽，陳人也。生於殷時，爲周柱下史。好
　　　養精氣，貴接而不施。轉爲守藏史，積八十餘年，《史記》云二百
　　　餘年。時稱爲隱君子，諡曰耼。仲尼至周，見老子，知其聖人，乃
　　　師之。後周德衰，乃乘青牛車去。入大秦，過西關，關令尹喜待
　　　而迎之，知真人也，乃强使著書作《道德經》上下二卷。"

［12］甯封爲陶正：《列仙傳》上《甯封子傳》："甯封子者，黃帝時人也。
　　　世傳爲黃帝陶正。有人過之，爲其掌火，能出五色煙，久則以教
　　　封子。封子積火自燒，而隨煙氣上下。視其灰燼，猶有其骨。時
　　　人共葬于甯北山中，故謂之甯封子焉。"陶正：掌管製造陶器的
　　　首長。

［13］方回爲閭士：《列仙傳》上《方回傳》："方回者，堯時隱人也。堯聘
　　　以爲閭士。煉食雲母，亦與民人有病者，隱於五柞山中。夏啟末
　　　爲宦士，爲人所劫，閉之室中，從求道，回化而得去。更以方回掩
　　　封其戶。時人言得回一丸泥塗門戶，終不可開。"

［14］吕望爲太師：吕望即吕尚。《列仙傳》上《吕尚傳》："吕尚者，冀州
　　　人也。生而内智，預見存亡。避紂之亂，隱於遼東四十年。西適
　　　周，匿于南山，釣於磻溪，三年不獲魚。比閭皆曰：'可已矣。'尚
　　　曰：'非爾所及也。'已而果得《兵鈐》於魚腹中。文王夢得聖人，
　　　聞尚，遂載而歸。至武王伐紂，嘗作《陰謀》百餘篇。服澤芝、地
　　　髓，具二百年而告亡，有難而不葬。後子伋葬之，無尸，唯有《玉
　　　鈐》六篇在棺中云。"按：本姓姜，字子牙，其先封于吕，以封爲姓，
　　　故曰吕尚。年老隱釣于渭水，遇周文王，立爲太師，號太公望。

［15］仇生仕于殷：殷湯時爲木正。《列仙傳》上《仇生傳》："仇生者，不
　　　知何所人也。當殷湯時爲木正，三十餘年而更壯。皆知其奇人
　　　也，咸共師奉之。常食松脂，在尸鄉北山上，自作石室。至周武
　　　王，幸其室而祀之。"

[16] 馬丹官於晉：《列仙傳》上《馬丹傳》："馬丹者，晉耿（狄）之人也。當文侯時，爲大夫。至獻公時，復爲幕府正。獻公滅耿（狄），殺恭太子，丹乃去。至趙宣子時，乘安車入晉都，候諸大夫。靈公欲仕之，逼不以禮。有迅風發屋，丹入回風中而去。北方人尊而祠之。"

[17] 范公霸越而泛海：《列仙傳》上《范蠡傳》："范蠡字少伯，徐人也。事周，師太公望，好服桂飲水。爲越大夫，佐句踐破吳。後乘輕舟入海，變名姓，適齊，爲鴟夷子。更後百餘年，見於陶，爲陶朱君，財累億萬，號陶朱公。後棄之蘭陵賣藥，後人世世識見之。"

[18] 琴高執笏於宋康：《列仙傳》上《琴高傳》："琴高者，趙人也。以鼓琴，爲宋康王舍人。行涓、彭之術，浮游冀州、涿郡之間。二百餘年後辭，入涿水中，取龍子。與諸弟子期曰：皆潔齋待于水旁設祠。果乘赤鯉來，出坐祠中，且有萬人觀之。留一月餘，後入水去。"執笏：手持笏板。古代臣子朝見君王，或臣僚相見時，手持玉石、象牙、或竹、木製成的手板爲禮。此指做官。

[19] 常生：陰長生。《神仙傳》："陰長生者，新野人也。漢皇后之親屬，少生富貴之門，而不好榮貴，唯專務道術。聞馬鳴生得度世之道，乃尋求之，遂得相見。便執奴僕之役，親運履之勞。鳴生不教以度世之法，但日夕別與之高談論當世之事，治農田之業，如此十餘年，長生不懈。同時共事鳴生者十二人皆悉歸去，唯長生執禮彌肅。鳴生告之曰：'子真能得道矣。'乃將入青城山中，煮黃土爲金以示之，立壇西面，乃以《太清神丹經》授之。鳴生別去，長生乃歸合之，丹成服半劑，不盡即升天。"降志：猶降心；降低志向。

[20] 莊公藏器於小吏：莊公：作者尊稱莊周。藏器：隱藏才能。小吏：莊周曾任蒙城漆園史。

[21] 朝隱：在朝廷任職，但淡泊恬退，與隱居無異。揚雄《法言·淵騫》："或問，柳下惠非朝隱者與？"《文選》王康琚《反招隱詩》："小隱隱陵藪，大隱隱市朝。"《史記·滑稽列傳》褚先生補曰："（東方）朔曰：'如朔等，所謂避世於朝廷者也。古之人，乃避世于深

山中。'"避世於朝廷"，這是"朝隱"的最準確的注脚。朝隱的代表人物，據李軌注，有拘於羑里的周文王、隱於殷朝的箕子，《反招隱詩》謂有"伏柱史"的老聃，《法言·淵騫》謂有春秋時的柳下惠。《漢過》説："繫制者曲從而朝隱。"這是被"威辟"而"曲從"的"朝隱"，與自願者有别。還有所謂"吏隱"，"吏隱"也是"朝隱"。

[22] 餘力：餘裕的力量。

[23] 生民：生育人。

[24] 諠嘩：聲大而嘈囋。

[25] 縱逸：恣縱放蕩。張華《博陵王宫俠曲》之一："身在法令外，縱逸常不禁。"榮任：謂擔任要職。

[26] 帶索藍縷：以繩索爲衣帶，衣衫襤褸。藍縷：通襤褸。衣服破舊。《左傳·宣公十二年》："篳路藍縷，以啟山林。"杜預注："篳路，柴車。藍縷，敝衣。"

[27] 茹草：吃野草。耜(sì)：耒下鏟土的部件，類似鍬。

[28] 三樂：三種人生快樂。《列子·天瑞》："孔子問曰：'先生所以樂，何也？'(榮啟期)對曰：'吾樂甚多：天生萬物，唯人爲貴。吾得爲人，是一樂也。男女之别。男尊女卑，故以男爲貴，吾既得爲男矣，是二樂也。人生有不見日月，不免於繈褓者，吾既已行年九十矣，是三樂也。貧者，士之常也；死者，人之終也。處常待終，當何憂哉？'孔子曰：'善乎！能自寬者也。'"守常：守其故常。

[29] 不營苟生：不鑽營苟且偷生。營苟：蠅營狗苟。像蒼蠅一樣到處鑽營，像狗一樣苟且求活。

[30] 辭千金之聘，忽卿相之貴者：如莊周，楚威王聞其賢，厚幣以迎，許以爲相，莊周以"無汙我"拒之。齊宣王又以千金之幣迎周爲相，他不願做"郊祭之犧牛"，遂終身不仕。

[31] 修爲：實行；修行。

[32] 各從其志：各人按照自己的意志行事。《史記·伯夷叔齊列傳》："子曰：'道不同不相爲謀。'亦各從其志也。"

[33] 一言之善，貴於千金：袁康《越絶書·外傳紀策考》："故無往不復，何德不報，漁者一言千金歸焉。"

[34] 軍國：統軍治國。

[35] 行己：謂立身行事。臧否（pǐ）：善惡；得失。

[36] 非特：不僅；不衹。

[37] 奚徒：何衹是；豈衹是。

[38] 設使：假如；縱令；即使。垂死：接近死亡。

[39] 重（zhòng）施：優厚的施與。

　　2　抱朴子曰：“欲求神仙，唯當得其至要[1]，至要者在於寶精行炁，服一大藥便足，亦不用多也。然此三事，復有淺深，不值明師，不經勤苦，亦不可倉卒而盡知也。雖云行炁，而行炁有數法焉。雖曰房中，而房中之術，近有百餘事焉。雖言服藥，而服藥之方，略有千條焉。初以授人，皆從淺始，有志不殆，勤勞可知，方乃告其要耳。故行炁或可以治百病，或可以入瘟疫[2]，或可以禁蛇虎，或可以止瘡血，或可以居水中，或可以行水上，或可以辟飢渴，或可以延年命。其大要者，胎息而已。得胎息者，能不以鼻口嘘吸[3]，如在胞胎之中[4]，則道成矣。初學行炁，鼻中引炁而閉之，陰以心數至一百二十，乃以口微吐之(1)，及引之，皆不欲令己耳聞其炁出入之聲(2)，常令入多出少，以鴻毛着鼻口之上[5]，吐炁而鴻毛不動爲候也[6]。漸習轉增其心數，久久可以至千，至千則老者更少，日還一日矣。夫行炁當以生炁之時，勿以死炁之時也。故曰仙人服六炁[7]，此之謂也。一日一夜有十二時，其從半夜以至日中六時爲生炁，從日中至夜半六時爲死炁[8]，死炁之時，行炁無益也。善用炁者，嘘水，水爲之逆流數步；嘘火，火爲之滅；嘘虎狼，虎狼伏而不得動起；嘘蛇虺，蛇虺蟠而不能去。若他人爲兵刃所傷，嘘之血即止；聞有爲毒蟲所中，雖不見其人，遥爲嘘祝我之手，男噓我左，女噓我右，而彼人雖在百里之外，即時皆愈矣。又中惡急疾，但吞三九之炁[9]，亦登差也[(3)][10]。但人性多躁，少能安静以修其道耳。又行炁大要，不欲多食，及食生菜肥鮮之物[11]，令人炁强難閉。又禁恚怒[12]，多恚怒則炁亂，既不得溢，或令人發欬，故尠有能爲者也。予從祖仙公，每大醉及夏天盛熱，輒入深淵之底，一日許乃出者，正以能閉炁胎息故耳。房中之法十餘家，或以補救傷損[13]，或以攻治衆病，或以采陰益陽，或以增年延壽，其大要在於還精補腦之一事耳。此法乃真人口口相傳，本不書也，雖服名藥，而復不知此要，亦不得長生也。人欲不可都絶陰陽[14]，陰陽不交[(4)]，則坐致壅閼之病[15]；故幽閉怨曠[16]，多病而不壽也。任情肆意[17]，又損年命。唯有得其節宣之和，可以不損。若不得口訣之術，萬無一人爲之而不以此自傷煞者也。玄、素[18]、子都[19]、容成公[20]、彭祖之屬[21]，蓋載其麤事，終不以至要者著於紙上者也。志求不死者，宜勤行求之[(5)]。余承師鄭君之言，故記以示將來之通道者，非臆斷之談也。余實復未盡其訣矣。一塗之道士，或欲專守交接之術[22]，以規神仙，而不作金丹之大藥，此愚之甚矣。”

【校】

（1）微吐之：孫星衍校：“（微）藏本無此字。當重有（吐之）二字。”顧廣圻校同。

（2）皆不欲令己耳：孫星衍校：“（己）藏本作自。”

（3）登差：藏本、平津本作登時差。按：當删“時”字。

（4）人欲不可都絶陰陽，陰陽：藏本、平津本欲作復，從寶顔本、崇文本校改。陰陽：藏本不重，據孫星衍校補：“當重有（此）二字。”

顧廣圻校同。

（5）宜勤行求之：平津本宜作以，從王明校改：“藏本、魯藩本、慎校本、寶顏堂本‘以’皆作‘宜’，今據改。”

【注】

［1］至要：事理或學問的要旨、要訣。

［2］入瘟疫：降服瘟疫。入：入降。“入”“降”連文同義。降服。《史記·淮南衡山列傳》：“南越賓服，羌僰入獻，東甌入降。”韓愈《衢州徐偃王廟碑》：“諸國皆入秦，爲臣屬……”按：“入”之“降服”義單用，葛洪早於韓愈。

［3］噓吸：大氣鼓蕩，吐納呼吸。此謂人的呼氣和吸氣。

［4］胞胎：猶胞衣。常指娘胎。

［5］鴻毛：鴻雁的羽毛。常用以比喻輕微或不足道的事物。

［6］候：徵候；徵兆。

［7］故：過去；從前。《史記·李將軍列傳》：“今將軍尚不得夜行，何乃故也！”六炁：天地玄黃之氣。《楚辭·遠遊》“餐六氣而飲沆瀣兮”王逸注：“《陵陽子明經》言：‘春食朝霞，朝霞者，日始欲出赤黃氣也；秋食淪陰，淪陰者，日没以後赤黃氣也；冬飲沆瀣，沆瀣者，北方夜半氣也；夏食正陽，正陽者南方日中氣也：並天地玄黃之氣，是爲六氣也。’”洪興祖補注：“《莊子（·逍遥遊）》‘六氣之辨’李（頤）云：‘平旦爲朝霞，日中爲正陽，日入爲飛泉，夜半爲沆瀣：天地玄黃爲六氣也。’”

［8］其從半夜以至日中六時爲生炁，從日中至夜半六時爲死炁：《金碧五相類參同契》中《大小數章》第十：“一日十二時，六時爲陽，乃從子至巳也；六時爲陰，乃從午至亥也。一日一夜，此名子午法。子前（按：當作後）是生炁，午後是死炁，不在行也，子後午前是名生炁，可以用功。故歌曰：子後午前須志煉，隨意出，隨意入，子細思量是寶物。”陰長生注：“子後午前是運用玉液金精成仙藥之名，陽大陰小之數也。”按：子指23時、24時，午指11時、12時，從子至巳，指從23時至上午10時，從午至亥，指從上

午 11 時至 22 時。《太清金液神丹經》上正一天師張道陵序：“從
夜半至日中爲生氣，日中至夜半爲死氣。常以生氣時正偃卧冥
目握固閉氣息於心中，數至二百乃口吐之，日日增數如此，身神
具，五藏安；能閉氣數至二百五十，即絳宮神守，泥丸常滿，丹田
充盛；數至三百，華蓋明，耳目聰，舉身無病，邪氣不復，千玉女來
爲使，令長生無極也。”

［9］三九：指初九、十九、二十九三天采日精之日。陳朴《內丹訣·二
轉歌·口訣》：“丹降之後一轉了畢，凡遇初九、十九、二十九三九
之日，日正午時於静室中閉門端坐。”又：“時逢九數采陽精。”注：
“故自五轉之後於一月之内逢三九之日，采日之精以養聖胎矣。”
一說當乙作“九三”。指腎間陽氣。《悟真篇注釋》中宋張伯端
《西江月》十三首之五：“二八誰家姹女，九三何處郎君。自稱木
液與金精，遇土卻三性。”象川無名子翁淵明注：“二八，陰數；姹
女，即我真氣也。又曰：木液九三即陽數也。郎君即陽丹也。又
曰金轉。二物相交會于丹田土釜之中，即成三性也。”《脈望》一：
“換骨煉形，使九三之陽長。”

［10］登差：立愈。差通瘥。

［11］肥鮮：肥腴鮮美；腴美的食物。

［12］恚（huì）怒：生氣，憤怒。《墨子·非儒下》：“孔某乃恚怒于景公
與晏子。”

［13］傷損：損傷；損害。

［14］人欲：人的欲望嗜好；人的七情六欲。《禮記·樂記》：“人化物也
者，滅天理而窮人欲者也。”孔穎達疏：“滅其天生清静之性而窮
極人所貪嗜欲。”《孟子·告子上》：“食色，性也。”趙岐注：“人之
甘食悦色者，人之性也。”

［15］壅閼（è）：壅遏；閉塞不通。《列女傳·楚處莊侄傳》：“妾，縣邑之
女也，欲言隱事于王，恐壅閼蔽塞，而不得見聞。”

［16］幽閉：幽禁；禁閉。此指男女不接觸。怨曠：長期男女離別；曠
男怨女，女無夫，男無妻。《詩·邶風·雄雉序》：“軍旅數起，大
夫久役，男女怨曠。”《文選》陳琳《爲袁紹檄豫州》：“怨曠思歸，流

涕北顧。”呂延濟注：“怨，別；曠，久也。”

[17] 任情：任意；恣意。肆意：縱情任意，不受拘束。

[18] 玄、素：《遐覽篇》著録《玄女經》《素女經》。

[19] 子都：《神仙傳》：“巫炎，字子都，北海人也，漢駙馬都尉。武帝出見子都於渭橋，其額上鬱鬱紫氣，高丈餘。帝召問之：‘君年幾何？所得何術而有異氣乎？’對曰：‘臣年已百三十八歲，亦無所得。’將行，詔東方朔使相此君有何道術。朔對曰：‘此君有陰道之術。’”陰道即房中術。《遐覽篇》著録《子都經》一卷。

[20] 容成公：字子黃，道東人。隱居太姥山修仙，後轉徙崆峒山，保精煉氣，呼吸導引，年二百餘歲而有少容。相傳他擅長房中養生術，《漢書·藝文志》著録有《容成陰道》二十六卷，乃後人僞託。《列仙傳》上《容成公傳》：“容成公者，自稱黃帝師，見於周穆王，能善補導之事，取精于玄牝，其要谷神不死，守生養氣者也。髮白更黑，齒落更生，事與老子同。亦云老子師也。”《遐覽篇》著録《容成經》一卷。

[21] 彭祖：《遐覽篇》著録《彭祖經》一卷。玄女、素女、巫炎、容成公、彭祖，傳皆爲房中術專家。

[22] 交接：性交。《漢書·景十三王傳·廣川惠王劉越》：“子海陽嗣，十五年，坐畫屋爲男女贏交接，置酒請諸父姊妹飲，令仰視畫。”贏：赤身露體。

3　抱朴子曰：“道書之出於黃老者，蓋少許耳[1]，率多後世之好事者，各以所知見而滋長，遂令篇卷至於山積。古人質朴，又多無才，其所論物理[2]，既不周悉[3]，其所證按(1)，又不著明[4]，皆闕所要而難解，解之又不深遠，不足以演暢微言[5]，開示憤悱[6]，勸進有志[7]，教戒始學[8]，令知玄妙之塗徑，禍福之源流也。徒誦之萬遍，殊無可得也。雖欲博涉，然宜詳擇其善者，而後留意，至於不要之道書，不足尋繹也[9]。末學者或不别作者之淺深，其於名爲道家之言，便寫取累箱盈筐⁽²⁾，盡心思索其中。是探燕巢而求鳳卵，搜井底而捕鱣魚⁽³⁾，雖加至勤，非其所有也，不得必可施用，無故消棄日月，空有疲困之勞，了無錙銖之益也[10]。進失當世之務[11]，退無長生之效，則莫不指點之曰[12]，彼修道如此之勤，而不得度世，是天下果無不死之法也，而不知彼之求仙，猶臨河羨魚[13]，而無網罟[14]，非河中之無魚也。又五千文雖出老子，然皆泛論較略耳[15]。其中了不肯首尾全舉其事，有可承按者也。但暗誦此經[16]，而不得要道，直爲徒勞耳，又況不及者乎？至於文子[17]、莊子[18]、關令尹喜之徒[19]，其屬文筆⁽⁴⁾[20]，雖祖述黃、老，憲章玄虛[21]，但演其大旨，永無至言。或復齊死生[22]，謂無異以存活爲徭役，以殂歿爲休息[23]，其去神仙，已千億里矣，豈足耽玩哉？其寓言譬喻[24]，猶有可采，以供給碎用，充御卒乏，至使末世利口之姦佞，無行之弊子[25]，得以老、莊爲窟藪[26]，不亦惜乎？」

【校】

（1）其所證按：藏本、平津本同，王明校：「‘按’一作‘據’。」按：兩可。

（2）便寫取累箱盈筐：王明校：「慎校本、寶顏堂本、崇文本作‘輒便取集以至積箱盈筐’。」

（3）鱣魚：藏本作鱓魚，從王明引宋浙本、《御覽》九三六校改。鯉魚。

（4）筆：孫星衍校：「藏本作華。」王明按：「宋浙本亦作華，非。」

【注】

[1] 道書之出於黃老者：指從老子分化出來的一個道家支派所寫的著作，如《黃老帛書》《鶡冠子》《管子·心術》《文子》《淮南子》，嚴遵《老子指歸》、《老子道德經河上公章句》等。《黃帝九鼎神丹經》等亦屬這一類著作。少許：少量；一點點。

〔2〕物理：事理。

〔3〕周悉：周到詳盡。

〔4〕著明：顯明。《易·繫辭下》：“縣象著明，莫大乎日月。”

〔5〕演暢：闡明，闡發。微言：精深微妙的言辭。

〔6〕開示：啓發。憤悱（fěi）：積思苦想而難以求得與表達。《論語·
述而》：“不憤不啓，不悱不發。”朱熹集注：“憤者，心求通而未得
之意；悱者，口欲言而未能之貌。”

〔7〕勸進：鼓勵促進。

〔8〕教戒：亦作教誡。教導和訓誡。

〔9〕尋繹：抽引推求。

〔10〕錙銖：喻微小的數量。錙：古代重量單位。其説不一：六銖、八
銖、六兩、八兩爲一錙。一般從《説文》，謂六銖，即一兩的四分之
一。《禮記·儒行》“雖分國如錙銖”鄭玄注：“八兩曰錙。”《淮南
子·詮言》：“雖割國之錙錘以事人。”高誘注：“六兩曰錙。”又《説
山》：“有千金之璧而無錙銖之碔諸。”高誘注：“六銖曰錙。”銖：
古代重量單位，以黍爲起算物。其説不一：一兩的二十四分之
一、百黍、九十六黍、十黍、一百四十四粟爲一銖。《禮記·儒行》
“雖分國如錙銖”孔穎達疏：“十黍爲參，十參爲銖，二十四銖爲
兩。”《説苑·辨物》：“十六黍爲一豆，六豆爲一銖，二十四銖爲一
兩。”《荀子·富國》：“割國之錙銖以賂之，則割定而欲無猒。”楊
倞注：“十黍之重爲銖。”《淮南子·天文》：“十二粟而當一分，十
二分而當一銖，十二銖而當半兩。”

〔11〕失當世之務：套用《史記·劉敬叔孫通傳》語：“叔孫通出，皆以五
百斤金賜諸生。諸生乃皆喜曰：‘叔孫生誠聖人也，知當世之要
務。’”當世：用世；治世。

〔12〕指點：評説；指責。

〔13〕臨河羨魚：面對河水而想得到魚。喻心中有欲望，卻無實際行
動，仍不能如願以償。《淮南子·説林》：“臨河而羨魚，不如歸家
織網。”高誘注：“羨，願。”

〔14〕網罟：捕魚和鳥獸的工具。

[15] 較略：大概；大體。

[16] 暗誦：默誦；背誦。

[17] 文子：老子弟子。或曰姓辛名妍（一作鈃），字文子，號計然，葵丘濮上人，爲范蠡師。著《文子》九篇。其書雜取儒、墨、道、法諸家語，以解《道德經》。柳宗元稱之爲“駁書”。

[18] 莊子：莊周（前 369—前 286），戰國時宋國蒙（今河南商丘縣東北）人。曾任蒙城漆園吏。生活極爲窮困，曾向監河侯借糧。楚威王聞其賢，厚幣以迎，許以爲相，以“無汙我”拒之。齊宣王又以千金之幣迎周爲相，他不願做“郊祭之犧牛”，遂終身不仕。其學無所不窺，然其要本歸於老子之言。其著作主張清静無爲，獨尊老子而詆訾儒、墨，是繼老子之後的著名道家代表人物、哲學家、浪漫主義文學家。《莊子·內篇》爲莊周所作，《外篇》與《雜篇》爲其門徒所作。

[19] 關令：即關尹。官名。即周之司關。《國語·周語中》：“敵國賓至，關尹以告。”韋昭注：“關尹，司關。掌四方之賓客。”《史記·老子傳》：“至關，關令尹喜曰：‘子將隱矣，强爲我著書。’”索隱：“李尤《函谷關銘》云：‘尹喜要老子留作二篇。’”舊題尹喜撰《關尹子》一卷，分爲九篇。《漢書·藝文志》著録。《古今圖書集成》二二五：“關令尹喜，字公文，周大夫，善内學，常服日精月華，隱德修行，時人莫知。老子西遊，喜先見紫氣來，知有真人當過，物色而遮之，果得老子。”老子曾應其求，在此寫成《道》《德》上、下篇五千言，即《道德經》。後隨老子出關西去，“與俱游流沙，莫知所終”。道教尊爲無上真人、文始先生。故《關尹子》又稱《文始真經》。

[20] 文筆：文章；有韻者爲文，無韻者爲筆。《晉書·習鑿齒傳》：“鑿齒少有志氣，博學洽聞，以文筆著稱。”劉勰《文心雕龍·總術》：“今之常言，有文有筆，以爲無韻者筆也，有韻者文也。”

[21] 祖述：效法。憲章：效法。《禮記·中庸》：“仲尼祖述堯、舜，憲章文、武。”

[22] 齊死生：齊同死與生。其一，不悦生惡死。《莊子·大宗師》：“古

之真人，不知説生，不知惡死。"其二，生與死同時產生、存在、發展。《莊子·齊物論》："方生方死，方死方生。"王先謙曰："隨生隨滅，隨滅隨生，浮游無定。"陳鼓應注："相反的理論有一面在生長中，則另一面即在消亡中。"人之新陳代謝即此説之例證。按：齊死生講的是哲學，與具體的死生有別。《法言·君子》："或曰：'人有齊死生、同貧富、等貴賤，何如？'"李軌注："齊死生，莊子所謂齊物者，非好死惡生之謂也。"

[23] 以存活爲徭役，以殂歿爲休息：《莊子·大宗師》："夫大塊載我以形，勞我以生，佚我以老，息我以死。"《淮南子·俶真》"休我以死"高誘注引《莊子》曰："生乃徭役，死乃休息也。"語本此。存活：生存，活在世上。徭役：一定數量的無償的力役、軍役、雜役等苛政。殂歿：亦作殂没(mò)。死亡。

[24] 寓言：有所寄託的話。

[25] 弊子：卑劣的人。

[26] 窟藪：洞窟與水澤之地。指寄託或藏身之所。

4　或曰："聖明御世[1]，唯賢是寶[2]，而學仙之士，不肯進宦，人皆修道，誰復佐政事哉？"抱朴子曰："背聖主而山栖者[3]，巢、許所以稱高也[4]；遭有道而遁世者[5]，莊伯所以爲貴也[6]。軒轅之臨天下，可謂至治也(1)，而廣成不與焉[7]；唐堯之有四海，可謂太平也，而偓佺不佐焉；而德化不以之損也，才子不以之乏也[8]。天乙革命[9]，而務光負石以投河[10]；姬武翦商[11]，而夷、齊不食於西山[12]。齊桓之興[13]，而少稷高枕於陋巷[14]；魏文之隆[15]，而干木散髮於西河(2)[16]。四皓鳳戢於商、洛(3)[17]，而不妨大漢之多士也(4)；周黨麟跱於林藪，而無損光武之刑厝也(5)[18]。夫寵貴不能動其心[19]，極富不能移其好。濯纓滄浪[20]，不降不辱[21]。以芳林爲臺榭[22]，峻岫爲大廈[23]；翠蘭爲綺床，綠

葉爲幃幌[24]；荷裳代袞衣，薇藿當嘉饍(6)[25]；非躬耕不以
充飢[26]，非妻織不以蔽身[27]。千載之中，時或有之，況又
加之以委六親於邦族(7)[28]，捐室家而不顧[29]；背榮華如棄
跡，絶可欲於胸心[30]；凌嵩峻以獨往[31]，侶影響於名山；内
視於無形之域，反聽乎至寂之中；八極之内，將遽幾人[32]？
而吾子乃恐君之無臣，不亦多憂乎？”

【校】

（１）至治：藏本、平津本作至理，“理”蓋避唐高宗李治諱改而未復者，
　　　今復之。
（２）西河：孫星衍校：“藏本作之王。”王明案：“宋浙本作‘蓬蓽’，慎校
　　　本、寶顔堂本、崇文本作‘衡門’。”
（３）四皓：藏本、平津本作四老，從《黄帝九鼎神丹經訣》二校改。按：
　　　《外篇·逸民》：“（劉邦）雖飢渴四皓，而不逼也。”是其證。
（４）多士：王明校引慎校本、寶顔堂本並作事功。
（５）光武：藏本、平津本作孝文，從王明校改。
（６）荷裳代袞衣，薇藿當嘉饍：藏本、平津本荷裳作被褐，不合上下
　　　文“翠蘭”，“緑葉”“薇藿”修辭特點。《經訣》二作荷裳以代袞服，
　　　葵藿以當嘉饍。按：被褐當作荷裳。
（７）六：王明引宋浙本作九。

【注】

[１] 聖明：英明聖哲，無所不知。稱頌帝、后之詞。所謂聖者明並日
　　　月也。也指代皇帝。御世：治理天下。
[２] 唯賢是寶：寶賢，珍惜賢士。與“馬首是瞻”句式相同。是：結構
　　　助詞，起將賓語“賢”提前的作用。
[３] 山栖：亦作山棲。隱居山上。
[４] 巢、許：巢父、許由，相傳皆唐堯時隱遁的高士。稱高：被稱爲
　　　高士。

［5］有道：謂政治清明。《論語・季氏》：“孔子曰：‘天下有道，則禮樂征伐自天子出；天下無道，則禮樂征伐自諸侯出。自諸侯出，蓋十世，希不失矣。’”集解引孔安國曰：“……平王東遷，周始衰弱，諸侯自作禮樂，專行征伐。”

［6］莊伯：即莊光，字子陵，一名遵，會稽餘姚人。避明帝諱，改寫爲嚴光。嚴光少有高名，與東漢光武帝劉秀同學。及光武即位，乃變名姓，隱身不見。光武派人覓訪，三反而後至，授諫議大夫，不受，退隱于富春山。

［7］廣成：廣成子。《莊子・在宥》：“黄帝立爲天子十九年，令行天下，聞廣成子在於空同之山，故往見之。”“問至道之精”，廣成子答以“奚足以語至道哉”。黄帝又問“治身奈何而可以長久”，廣成子始語“至道”：“至道之精，窈窈冥冥；至道之極，昏昏默默。無視無聽，抱神以静，形將自正。必静必清，無勞汝形，無搖汝精，乃可以長生。”并傳授經驗説：“我守其一以處其和，故我修身千二百歲矣，吾形未常衰。”結論説：“得吾道者，上爲皇而下爲王；失吾道者，上見光而下爲土。”與：助。

［8］偓佺：《列仙傳》上《偓佺傳》：“偓佺者，槐山采藥父也。好食松實，形體生毛，長數寸，兩目更方。能飛行，逐走馬。以松子遺堯，堯不能服也。松者簡松也，時人受服者皆至二三百歲焉。”德化：以德行感化；猶德教。才子：古稱德才兼備的人。

［9］天乙革命：指成湯推翻夏王朝，建立商王朝。《史記・殷本紀》：“主癸卒，子天乙立，是爲成湯。”“湯既勝夏”，“湯乃踐天子位，平定海内。”

［10］務光負石以投河：《莊子・讓王》：“湯將伐桀”“又因務光而謀，務光曰：‘非吾事也。’”克夏，“又讓務光”，“務光辭”“乃負石而自沈于廬水。”負石：抱石投水。

［11］姬武翦商：周武王姬發伐紂，翦滅殷商。

［12］夷、齊不食：《史記・伯夷列傳》：“伯夷、叔齊，孤竹君之二子也。……武王已平殷亂，天下宗周，而伯夷、叔齊恥之，義不食周粟，隱于首陽山，采薇而食之……遂餓死于首陽山。”

[13] 齊桓之興：齊桓公(前？─前 643)，春秋時齊國君。姓姜，名小白，齊襄公之弟。從莒回國取得政權，任用管仲、鮑叔、隰朋等賢臣改革國政，齊遂富強。

[14] 少稷高枕於陋巷：少稷：又名小臣稷。小臣其姓，稷其名。齊桓公禮士，一日三往弗得見，五往乃得見之。高枕：枕著高枕頭。此猶高臥，指隱居不仕。陋巷：狹小簡陋的居室。

[15] 魏文之隆：魏文侯(？─前 387)，名都，一説名斯。在位時，與韓、趙並列爲諸侯。受子夏經藝，優禮賢士段干木，過段干木之間伏軾，表示對段干木的禮敬。善於網羅人才，翟黃、吳起、西門豹、樂羊、李克、屈侯、田子方等爲其選。在位三十八年卒。

[16] 干木：段干木，戰國魏人，魏國著名馬匹交易經紀人，子夏的學生，隱居不仕。游西河，魏文侯欲以之代己，欲以爲相，不肯就。散髮：指過隱居生活，逍遥自在。

[17] 四皓：東園公、綺里季、夏黄公、甪里先生，秦時人，逃匿商山中，義不爲漢臣。張良以計讓太子卑辭安車招之輔太子。四人年皆八十餘，鬚眉皓白，故稱四皓。鳳戢(jí)：鳳凰收斂羽翼。喻隱退不仕。商、洛：亦作商雒。商縣、上洛縣的合稱。

[18] 周黨：字伯況，太原廣武人。王莽竊位，托疾杜門。建武中，徵爲議郎，以病去職。再徵，光武引見，黨伏而不謁，自陳願守所志，帝乃許焉。黨遂隱居澠池，著書上下篇而終。麟跱：像麒麟一樣跱立。形容孤高卓立。刑厝：亦作刑措、刑錯。置刑法而不用。此指不加刑于周黨，因博士范升奏毁周黨，使「伏虚妄之罪」，故云。

[19] 寵貴：尊榮顯貴。

[20] 濯纓滄浪：用清水洗濯帽帶。寫漁父隱居生活。《孟子·離婁上》：「有孺子歌曰：『滄浪之水清兮，可以濯吾纓；滄浪之水濁兮，可以濯吾足。』」楊伯峻引盧文弨《鐘山札記》曰：「倉浪，青色；在竹曰蒼筤，在水曰滄浪。」纓：繫帽子的絲帶。

[21] 不降不辱：不降志，不辱身。《論語·微子》：「子曰：『不降其志，不辱其身，伯夷、叔齊與？』」

[22] 芳林：指春日之樹木。亦指叢林。臺榭：臺和榭。土築高平的方形建築爲臺，臺上建築爲榭。泛指樓臺等建築。

[23] 峻岫（xiù）：高山洞穴。《雲笈七籤》六五：“自非篤志慕道者，於是丹經秘要便永藏峻岫矣。”

[24] 絪（yīn）床：有縟墊的床鋪。幬幀：亦作幬幕。

[25] 荷裳：用荷葉做衣服，以示高潔。《楚辭·離騷》：“制芰荷以爲衣兮，集芙蓉以爲裳。”集同集。袞（gǔn）衣：古代帝王及上公穿的繡有卷龍的禮服。薇：野豌豆。藿：豆葉。嫩時可食。

[26] 非躬耕不以充飢：如徐穉。《後漢書·徐穉傳》：“徐穉。字孺子，豫章南昌人也。家貧，常自耕稼，非自力不食。”躬耕：親身從事耕作。充飢：進食解飢。

[27] 非妻織不以蔽身：如東漢梁鴻、孟光夫婦“共入霸陵山中，以耕織爲業，詠《詩》《書》，彈琴以自娛”（《後漢書·逸民列傳·梁鴻》）。

[28] 六親：歷來説法不一，凡五，此舉其中之一：《管子·牧民》：“上服度，則六親固。”尹知章注：“六親，父、母、兄、弟、妻、子。”邦族：邦國宗族。此僅指宗族。

[29] 室家：泛指家庭或家庭中的人。

[30] 可欲：指足以引起欲念的事物。《老子·第三章》：“不見可欲，使民心不亂。”胸心：猶言内心；胸懷和氣度。

[31] 嵩峻：高大。

[32] 將遽：豈。“將”“遽”連文同義。

5　或曰：“學仙之士，獨潔其身而忘大倫之亂[1]，背世主而有不臣之慢[2]，余恐長生無成功，而罪罟將見及也[3]。”抱朴子答曰：“夫北人[4]、石户[5]、善卷[6]、子州[7]，皆大才也，而沈遁放逸[8]，養其浩然，昇降不爲之虧(1)[9]，大化不爲之缺也[10]。況學仙之士，未必有經國之才，立朝之用[11]，得之不加塵露之益[12]，棄之不覺毫釐之損者乎[13]？

方今九有同宅[14]，而幽荒來仕[15]，元凱委積[16]，無所用之[17]。士有待次之滯[18]，官無暫曠之職；勤久者有遲叙之歎[19]，勳高者有循資之屈(2)[20]；濟濟之盛[21]，莫此之美；一介之徒[22]，非所乏也。昔子晉舍視膳之役(3)[23]，棄儲貳之重[24]，而靈王不責之以不孝[25]；尹生委衿帶之職[26]，違式遏之任[27]，而有周不罪之以不忠。何者，彼誠亮其非輕世薄主[28]，直以所好者異，匹夫之志，有不可移故也[29]。夫有道之主，含垢善恕[30]，知人心之不可同，出處之各有性，不逼不奪(4)，以崇光大[31]；上無嫌恨之褊心(5)[32]，下有得意之至歡；故能暉聲并揚於罔極[33]，貪夫聞風而忸怩也[34]。吾聞景風起則裘爐息[35]，世道夷則奇士退；今喪亂既平(6)，休牛放馬[36]，烽燧滅影[37]，干戈載戢，繁弱既韜[38]，盧鵲將烹[39]；子房出玄帷而反閭巷[40]，信、布釋甲冑而修魚釣(7)[41]。況乎學仙之士，萬未有一，國家吝此亦何爲哉(8)？然其事在於少思寡欲[42]，其業在於全身久壽，非爭競之醜[43]，無傷俗之負，亦何罪乎？且華、霍之極大，滄海之浤瀁，其高不俟翔埃之來，其深不仰行潦之注(9)[44]，撮壤土不足以減其峻[45]，挹勺水不足以削其廣(10)，一世不過有數仙人，何能有損人物之鞅掌乎[46]？"

【校】

（1）昇降：孫星衍校："(降)疑作'隆'。"

（2）勳：王明校："慎校本、寶顏堂本、崇文本皆作'才'。"循資：孫星衍校："藏本作待漏。"王明按："宋浙本作'坐漏'。"

（3）視：王明校："慎校本、寶顏堂本、崇文本作'親'。"

（4）不奪：藏本作不集，平津本作不禁，從宋浙本校改。

（5）褊心：藏本、平津本作偏心，從陳其榮引盧本、王明引宋浙本、慎校本校改。

（6）今：孫星衍校：“藏本作會。”

（7）信、布：平津本、王明本、顧久本作信、越，藏本作佳（信）布，據崇
文本、《經訣》二校改。《外篇·嘉遯》：“信、布陷大功之刑。”《任
能》：“所向無敵，則不如信、布。”並其證。而“信越”不見於《外
篇》《內篇》他處。

（8）亦何爲哉：藏本、平津本亦作以，校改從《校補》：“‘以’疑‘亦’字
草書之訛。”

（9）其深不仰行潦之注：藏本、平津本仰作抑，據王明引慎校本、寶
顏堂本、崇文本校改。

（10）挹勺水不足以削其廣：藏本作升勺出不足以削其所土，此從平
津本，升當作挹。《暢玄》：“增之不溢，挹之不匱。”《微旨》：“還年
之士，挹其清流。”《塞難》：“挹酌清虛。”《袪惑》：“猶涉滄海而挹
水。”並其例。

【注】

［1］大倫：指封建社會的基本倫理道德。包括臣子盡忠于君父。《論
語·微子》：“欲潔其身，而亂大倫。”句意本此。

［2］不臣：不守臣節，不合臣道。

［3］罪罟：網；罪網。“罪”“罟”連文同義，網也。《説文·網部》：“罪，
捕魚竹網也。從網、非。秦以罪爲辠字。”又“罟，網也。從網，古
聲。”《詩·小雅·小明》：“豈不懷歸，畏此罪罟。”鄭玄箋：“我誠
思歸，畏此刑罪羅網我，故不敢歸爾。”後世從鄭箋。

［4］北人：北人無擇。《吕氏春秋·離俗》：“舜又讓其友北人無擇，北
人無擇曰：‘異哉！后之爲人也。居於畎畝之中，而游入於堯之
門。不若是而已，又欲以其辱行漫我，我羞之。’而自投於蒼領
之淵。”

［5］石户：石户之農。《吕氏春秋·離俗》：“舜讓其友石户之農。石
户之農曰：‘棬棬乎！后之爲人也。葆力之士也。’以舜之德爲未
至也。於是乎夫負妻攜子以入於海，去之終身不反。”（棬棬：用

力貌。葆力：恃力。）

[6] 善卷：姓善，名卷，舜時隱者。《莊子·讓王》：“舜以天下讓善卷。善卷曰：‘余立於宇宙之中，冬日衣皮毛，夏日衣葛絺；春耕種，形足以勞動；秋收斂，身足以休食；日出而作，日入而息，逍遥於天地之間而心意自得。吾何以天下爲哉！悲夫，子之不知余也！’遂不受。於是去而入深山，莫知其處。”

[7] 子州：子州支伯。《莊子·讓王》：“舜讓天下于子州支伯。子州支伯曰：‘予適有幽憂之病，方且治之，未暇治天下也。’”

[8] 沈遁：深深隱逸。放逸：放縱逸樂。

[9] 昇降：指昇降禮儀，與“大化”相關，《外篇·譏惑》：“趨步升降之節，瞻視接對之容，至於三千。”是其證。升同昇。

[10] 大化：廣遠深入的教化。

[11] 立朝：在朝廷做官。

[12] 塵露：微塵滴露。喻事物微小不足稱。曹植《求自試表》：“冀以塵露之微，補益山海；螢燭末光，增輝日月。”

[13] 毫釐：兩個微小的度量單位。喻極微細。

[14] 九有：九州，指全國。《詩·商頌·玄鳥》：“方命厥后，奄有九有。”毛傳：“九有，九州也。”同宅：猶同天。

[15] 幽荒：荒遠之地。泛指九州之外。

[16] 元凱：善和；八元、八凱。《左傳·文公十八年》：“昔高陽氏有才子八人，蒼舒、隤敳[tuí ái]、檮戭[chóu yǎn]、大臨、尨[máng]降、庭堅、仲容、叔達，齊聖廣淵，明允篤誠，天下之民謂之八愷。高辛氏有才子八人，伯奮、仲堪、叔獻、季仲、伯虎、仲熊、叔豹、季狸，忠肅共懿，宣慈惠和，天下之民謂之八元。”杜預注：“愷，和也；元，善也。”凱與愷同。泛指賢臣、才士。委積：充塞；充滿。

[17] 無所用之：沒有地方可以用上它。《左傳·哀公十一年》：“得志于齊，猶獲石田也，無所用之。”此謂沒有地方可以用上他們。

[18] 待次：依照次序，不躐等。《荀子·王制》：“賢能不待次而舉，罷不能不待須而廢。”楊倞注：“不因官之次序若傅説起版築爲相

也。”此指官吏授職後,依次按資歷等待補缺。

[19] 遲叙:指進職慢。叙:依等級次第授官進職;按勞績大小給予獎勵。

[20] 循資:按年資逐級晉升;論資排輩。

[21] 濟濟:衆多貌。《詩・大雅・旱麓》:“瞻彼旱麓,榛楛濟濟。”毛傳:“濟濟,衆多也。”

[22] 一介之徒:一個助手之輩;一個傳話人的角色。介:助;(使臣)助手;賓輔、賓副。《爾雅・釋詁》:“亮、介、尚,右也。”孫炎注:“介者,相助之義,如人之左右手,故以介爲左右也。”《禮記・少儀》“介爵”鄭玄注:“介,賓之輔也。”《禮記・曲禮上》“凡與客入者”孔穎達疏:“凡賓主各有副,賓副曰介,主副曰擯。”

[23] 視膳:古代兒女侍養父母及長輩進餐時的禮儀。《禮記・文王世子》:“食上,必在視寒暖之節;食下,問所膳。”

[24] 儲貳:儲君、太子,國君法定的繼承人。

[25] 靈王:周靈王(?—前545),姓姬,名泄心。在位二十七年卒。

[26] 尹生:即關令尹喜。委衿帶之職:放棄形勢險要關塞的職守。衿帶:衣帶。喻形勢回互環繞的要害之地。張衡《西京賦》:“岩險周固,衿帶易守。”薛綜注:“謂左崤函,右隴坻;前終南,後高陵。”李善注:“《左氏傳》曰:‘制,岩邑也。’李尤《函谷關銘》曰:‘衿帶咽喉。’《管子》曰:‘地形險要,易守難攻。’”衿同襟。唐王勃《滕王閣序》“襟三江而帶五湖”即由“衿帶”而來。

[27] 違式遏之任:言尹喜放棄關令防寇之責。式遏:遏制。《詩・大雅・勞民》:“式遏寇虐,無俾民憂。”鄭玄箋:“式,用;遏,止也。”此謂防衛;抵禦。

[28] 誠亮:忠誠;誠實。《宋書・沈演之傳》:“(演之、曄)并美彰出内,誠亮在公,能克懋厥猷,樹績所范。”

[29] 匹夫之志二句:語本《論語・子罕》:“子曰:‘三軍可奪帥也,匹夫不可奪志也。’”

[30] 含垢:包容污垢;忍受恥辱。《左傳・宣公十五年》:“諺曰:‘高下在心。’川澤納汙,山藪藏疾,瑾瑜匿瑕,國君含垢,天之道也。”楊

伯峻注："以上三句,引出此句。含垢,杜注云:'忍垢恥。'《老子》
云:'受國之垢,是爲社稷主。'意蓋謂國君宜以社稷之長遠利益
爲重,不宜小不忍而危害社稷。"

[31] 光大:廣大。

[32] 嫌恨:怨恨。北魏賈思勰《齊民要術·檳榔》:"《南州八郡志》曰:
'檳榔……彼人以爲貴異,婚族好客,輒先逞此物,若邂逅不設,
用相嫌恨。'褊心:心胸狹窄。《詩·魏風·葛屨》:"維是褊心,
是以爲刺。"王先謙集疏:"《説文》'急'字下云:'褊也。''褊'下
云:'衣小也。'《廣韻》:'褊,衣急。'……褊小、褊陋,皆自衣旁
推之。"

[33] 暉聲:光彩與聲望。罔極:無窮無盡。

[34] 忸怩:內心羞愧。

[35] 景風:東南風(《淮南子·墜形》);南風(《史記·律書》)。

[36] 休牛放馬:謂放歸徵作軍用的牛馬,停止戰爭。

[37] 烽燧:報警白天放煙曰烽,夜間舉火曰燧。

[38] 干戈載戢:干盾與戈戟於是收藏。繁弱:良弓名。韜:收藏。

[39] 盧:戰國時韓國所產的黑色獵犬,又名韓盧、韓氏之盧。鵲:宋
國所產之白色獵犬。泛指獵犬。

[40] 子房:張良字子房,佐劉邦取得天下,封留侯。棄人間事,學避穀
導引。出玄帷:離開軍中帳幕。指不再出謀劃策。反閭巷:指
過平民生活。

[41] 信、布:韓信、英布,皆劉邦功臣。釋甲胄:脫下鎧甲頭盔。魚
釣:釣魚。

[42] 少思寡欲:《老子·第十九章》:"見素抱朴,少私寡欲。"《文選》謝
靈運《鄰里相送方山詩》"寡欲罕所闕"李善注:"老子曰:'少思寡
欲。'"與今本《老子》不同。

[43] 爭競:謂爲名利而爭逐奔走;亦泛指互相爭勝。

[44] 行潦(lǎo):路上雨後的流水。

[45] 撮壤:一撮土。

[46] 人物:指才能傑出或聲望卓著的人。

6　或曰："果其仙道可求得者，《五經》何以不載，周、孔何以不言，聖人何以不度世，上智何以不長存？若周、孔不知，則不可爲聖。若知而不學[1]，則是無仙道也。"抱朴子答曰："人生星宿，各有所值，既詳之於別篇矣[1]。子可謂戴盆以仰望[2]，不睹七曜之炳粲[3]；暫引領於大川[4]，不知重淵之奇怪也。夫《五經》所不載者無限矣，周、孔所不言者不少矣，特爲吾子略説其萬一焉。雖大笑不可止，局情難卒開[2]，且令子聞其較略焉。夫天地爲物之大者也。九聖共成《易經》[5]，足以彌綸陰陽[6]，不可復加也[7]。今問善《易》者，周天之度數[8]，四海之廣狹，宇宙之相去[9]，凡爲幾萬里[3]？上何所極[10]，下何所據[11]？及其轉動，誰所推引[12]？日月遲疾[13]，九道所乘[4][14]，昏明脩短[15]，七星迭正[16]，五緯盈縮[17]，冠珥薄蝕[18]，四七凌犯，彗孛所出[19]，氣矢之異[20]，景老之祥[21]，辰極不動[22]，鎮星獨東[23]；羲和外景而熱，望舒内鑒而寒[24]；天漢仰見爲潤下之性[25]，潮濤往來有大小之變[5][26]。五音六律[6][27]，占喜怒之情；雲動氣起，含吉凶之候。欃、槍、尤、矢[28]，旬始、鋒澤[7][29]，四鎮、五殘，天狗、歸邪[30]，或以示成，或以正敗。明《易》之生，不能論此也。以次問《春秋》四部、《詩》、《書》、三《禮》之家[31]，皆復無以對矣。皆曰悉正經所不載，唯有巫咸、甘公、石申、《海中》《郤萌》《七曜》記之悉矣[32]。余將問之曰，此六家之書，是爲經典之教乎？彼將曰非也。余又將問曰：甘石之徒，是爲聖人乎？彼亦曰非也。然則人生而戴天，詣老履地，而求之於《五經》之上則無之，索之於周、孔之書則不得，今寧可盡以爲虛妄乎？天地至大，舉目所見，猶不能了[33]，況於玄之又玄[34]，妙之極妙者乎？"

【校】

（1）若知而不學：王明校：“此句下宋浙本有‘是則不近人情，若爲而不得’二句。”

（2）開：孫星衍校：“藏本作闓。”王明按：“宋浙本亦作‘闓’。”

（3）凡爲幾萬里：藏本、平津本無“萬”字，從王明引慎校本、寶顔堂本校補。

（4）乘：孫星衍校引藏本、王明校引宋浙本、魯藩本、寶顔堂本作剩。

（5）潮濤：藏本、平津本作濤潮，今乙改。詳見注。

（6）六律：藏本、平津本作六屬，今校改。

（7）鋒澤：藏本、明抄本、平津本作絳繹，據孫星衍、顧廣圻校改：“當作鋒澤，謂天鋒及格澤也。”

【注】

［1］別篇：主要指《塞難》篇，論星宿甚詳。

［2］戴盆：將盆覆戴在頭上。仰望：抬頭向上看。

［3］七曜：指日、月和水、火、木、金、土五星。

［4］引領：伸頸遠望。多形容期望殷切。

［5］九聖：指伏羲、神農、黄帝、堯、舜、禹、文王、周公、孔子。

［6］彌綸：普遍包括。《易·繫辭上》：“《易》與天地準，故能彌綸天地之道。”正義：“彌謂彌縫補合，綸謂經綸牽引。”集解引虞翻曰：“彌，大。綸，絡，謂《易》在天地，包絡萬物，‘以言乎天地之同則備矣。”高亨注：“《釋文》引京（房）云：‘准，等也。彌，遍也。’集解引虞翻曰：‘綸，絡也。’彌綸即普遍包括。此二句言《易經》所講之道與天地齊等，普遍包絡天地之道。”

［7］不可復加：不能再增加。

［8］周天：謂繞天球大圓一周。天文學上以天球大圓三百六十度爲周天。《禮記·月令》孔穎達疏：“星既左轉，日則右行，亦三百六十五日四分日之一至舊星之處。即以一日之行而爲一度計，二十八宿一周天，凡三百六十五度四分度之一，是天之一周之數也。”

［9］宇宙：空間與時間；天地。《淮南子·原道》"紘宇宙而章三光"高誘注："四方上下曰宇,古往今來曰宙,以喻天地。"去：距離。

［10］上：指天。

［11］下：指地。

［12］推引：推動；推拉。

［13］遲疾：或快或慢；快慢。

［14］九道：月亮所行之道。《漢書·天文志》："日有中道,月有九行。……月有九行者,黑道二,出黄道北；赤道二,出黄道南；白道二,出黄道西；青道二,出黄道東。"王先謙補注："月行青朱白黑道,各兼黄道而言,故又謂之九道。"《論衡·説日》："儒者或曰：'日月有九道。'"黄暉《校釋》："《考靈曜》曰：'萬世不失九道謀。'鄭注引《河圖帝覽嬉》曰：'黄道一；青道二,出黄道東；赤道二,出黄道南；白道二,出黄道西；黑道二,出黄道北。……'（《月令》疏）"

［15］昏明：黑夜和白晝。脩短：長短。按：白天與黑夜長短不一,如夏至日白天最長,冬至日白天最短。

［16］七星：二十八宿之一。南方朱鳥七宿的第四宿,有星七顆。《禮記·月令》："季春之月,月在胃,昏七星中。"孫希旦集釋："七星,南方朱鳥之第四宿。"《史記·天官書》："南宮朱鳥,……七星,頸,爲員官,主急事。"

［17］五緯：金、木、水、火、土五星。《周禮·春官·大宗伯》"以實柴祀日月星辰"鄭玄注："星謂五諱,辰謂日月。"賈公彦疏："五緯即五星：東方歲星,南方熒惑,西方太白,北方辰星,中央鎮星。言緯者,二十八宿隨天左轉爲經,五星右旋爲緯。"

［18］冠珥：日冠、日珥。爲突出在太陽邊緣外面的火紅氣團。日全食時,肉眼可以看見。《周禮·春官·視祲》"四曰監"鄭玄注："監,冠珥也。"賈公彦疏："謂有赤雲氣在日旁如冠耳。珥即耳也。今人猶謂之日珥。"《漢書·天文志》："抱珥虹蜺。"顏師古注引如淳曰："……凡氣在日上爲冠爲戴,在旁直對爲珥,在旁如半環向日爲抱,向外爲背。"

[19] 彗：彗星。彗星之光，引長如彗，俗名掃帚星。孛：孛星。孛星如彗，光芒四射，光短。古謂彗孛出現，是災禍或戰爭的先兆。《後漢書·盧植傳》：“比年地震，彗孛互見。”

[20] 氣矢：我同學張明高先生説：矢是天矢星。似乎指星暈現象，略同於日暈。《史記·天官書》：“西宫……廁下一星曰天矢。矢黄則吉；青、白、黑，凶。”所謂“氣矢”蓋指此。

[21] 景：大星；德星；瑞星。老：南極老人星。《史記·天官書》：“景星者，德星也。”“狼比地有大星，曰南極老人。老人見，治安；不見，兵起。”

[22] 辰極：北極星，北斗星。《爾雅·釋天》：“北極謂之北辰。”郝懿行疏：“説者謂北極五星，第五星爲天樞，最小，是不動處。然實不動處，猶在樞星之下。今按樞星非不動，但其動也微，人所不見耳。”按：古人認爲北極星永不移動其位置。北極星距離我們地球約 400 光年，它是目前一段時間内北天極最近的亮星，距極點不足一度，因此人們覺得它好像不參與周日運動，總是位於北天極處。

[23] 鎮星：土星。《史記·天官書》：“太歲在甲寅，鎮星在東壁。”

[24] 羲和：日御。指代日。外景：指火日。望舒：月御，指代月。内鑒：猶内景，指金水。《淮南子·天文》：“明者，吐氣者也，是故火曰（日）外景；幽者，含氣者也，是故水曰（月）内景。”

[25] 天漢：天河，銀河。仰見：上仰出現。潤下：水性就下以滋潤萬物。

[26] 潮濤：《御覽》四引《抱朴子》：“月之精生水，是以月盛滿而潮濤大。”又二十三、六十八引《抱朴子》：“水從天邊來，一月之中，天再東再西，故潮來再大再小也。又夏時日居南宿，陰消陽盛，而天高一萬五千里，故夏潮大也；冬時日居北宿，陰盛陽消，而天卑一萬五千里，故冬潮小。”與此所説此正合。

[27] 五音：宫(1)、商(2)、角(3)、徵(zhǐ)(5)、羽(6)五個音階。六律：古代音樂標準名。又名鍾律：黄鍾之律；律吕。陽六爲律：黄鍾、大蔟、姑洗、蕤賓、夷則、無射。陰六爲吕：大吕、應鍾、南吕、

函鍾、小吕、夾鍾。

[28] 欃(chán)、槍、尤、矢：天欃、天槍、蚩尤、枉矢，皆星名。《史記·天官書》："歲星……退而西北，三月生天欃，長四丈，末兌。退而西南，三月生天槍，長數丈，兩頭兌。""蚩尤之旗，類彗而後曲。""枉矢，類大流星，蛇行而倉黑，望之如毛羽然。"

[29] 旬始：星名。《史記·天官書》："旬始，出於北斗旁，狀如雄雞。"鋒澤：《史記·天官書》："杓端有兩星：一內爲矛，招搖；一外爲盾，天鋒。""格澤星者，如炎火之狀。黄白，起地而上。下大，上兌。其見也，不種而穫。"

[30] 四鎮、五殘、天狗、歸邪：皆星名。《史記·天官書》："五殘星，出正東東方之野。其星狀類辰星，去地可六丈。""四鎮星，所出四隅，去地可四丈。""如星非星，如雲非雲，命曰歸邪。""天狗，狀如大奔星，有聲，其下止地，類狗。"

[31] 《春秋》四部：《墨子·明鬼下》："周之《春秋》"、"燕之《春秋》"、"宋之春秋"、"齊之《春秋》"。《詩》《書》：《詩經》《尚書》。三禮：《周禮》《儀禮》《禮記》的合稱。《後漢書·儒林傳下·董鈞》："中興，鄭衆傳《周官經》，後馬融作《周官傳》，授鄭玄，玄作《周官注》。玄本習《小戴禮》，後以古經校之，取其義長者，故爲鄭氏學。玄又注小戴所傳《禮記》四十九篇，通爲《三禮》焉。"

[32] 巫咸、甘公、石申句：《史記·天官書》："昔之傳天數者，……殷商，巫咸；……在齊，甘公(一説魯人，一説郳人)；……魏，石申。"《漢書·天文志》引甘氏、石氏《星經》。《漢書·藝文志》天文録《海中星占驗》十二卷、《海中五星經雜事》二十二卷、《海中五星順逆》二十八卷、《海中二十八宿國分》二十八卷、《海中二十八宿臣分》二十八卷、《海中日月彗雜占》十八卷。《隋書·經籍志三》著録梁有石氏、甘氏《天文占》各八卷。《乙巳占》引有《巫咸》《石氏》《甘氏》《海中占》《郗萌占》等書。郗萌：東漢天文學家，主宣夜説。此指代其書名。《七曜》：天文書名。

[33] 猶不能了：藏本"猶"作"由"。由通猶。

[34] 玄之又玄：《老子·第一章》："玄之又玄，衆妙之門。"

7　復問俗人曰："夫乘雲產蜃之國(1)[1]，肝心不朽之民[2]，巢居穴處，獨目三首[3]，鳥爪狗蹄(2)[4]，脩臂交股[5]，黃池無男[6]，穿胸旁口[7]。廩君起石而汎土船(3)[8]，沙壹觸木而生群龍(4)[9]。女媧地出[10]，杜宇天墮(5)[11]。麤飛犬言(6)[12]，山徙社移[13]。三軍之衆，一朝盡化；君子爲鶴，小人成沙(7)。女丑倚枯(8)[14]，貳負抱桎(9)[15]。寄居之蟲[16]，委甲步肉[17]。二首之蛇[18]，弦之爲弓[19]。不灰之木，不熱之火[20]。昌蜀之禽[21]，無目之獸[22]，無身之頭[23]，無首之體[24]。精衛填海[25]，交讓遞生(10)[26]。火浣之布，切玉之刀。味炎吐烈(11)[27]，磨泥瀝水[28]，灌枯化形(12)[29]，山夔前跟[30]；石脩九首[31]，畢方人面[32]。少千之劾伯敬(13)[33]，聖卿之役肅霜[34]。西羌以虎景興(14)[35]，鮮卑以乘鱉强(15)[36]，林邑以神錄王[37]，庸蜀以流尸帝[38]。鹽神蟲飛而嬰采(16)[39]，縱目世變於荆岫[40]，五丁引蛇以傾峻[41]，肉甚振翅於三海(17)[42]。金簡玉字，發於禹井之側[43]；《正機》《平衡》，割乎合石之中(18)。凡此奇事，蓋以千計，《五經》所不載，周、孔所不說，可皆復云無是物乎？至於南人能入柱以出耳[44]，禦寇停肘水而控弦[45]，伯昏躡億仞而企踵[46]，呂梁能行歌以憑淵[47]；宋公克象葉以亂真[48]，公輸飛木鳶之翩翾[49]；離朱覩毫芒於百步[50]，賁獲效脊力於萬鈞[51]，越人揣針以蘇死[52]，豎亥超跡於累千[53]，郅人奮斧於鼻堊[54]，仲都袒身於寒天[55]。此皆周、孔所不能爲也，復可以爲無有乎？若聖人誠有所不能，則無怪於不得仙，不得仙亦無妨於爲聖人，爲聖人偶所不聞(19)，何足以爲攻難之主哉[56]？聖人或可同去留，任自然，有身而不私，有生而不營，存亡任天，長短委命[57]，故不學仙,亦何怪也。"

【校】

（1）產蠒：藏本、平津本作蠒產,當乙,始與"乘雲"結構相同。

（2）鳥爪：藏本、平津本作馬開,從孫星衍校改:"一本作鳥爪。"

（3）汎：藏本作沉,從孫星衍校改。藏本土作士,誤。

（4）壹：孫星衍校:"藏本作丘,非。"木:孫星衍校:"藏本作目,非。"

（5）杜：藏本作壯,從孫星衍校改。

（6）矍：藏本原校:"矍一作攫。"犬言:按與"矍飛"非一類,疑有誤。

（7）三軍之衆四句：《御覽》七十四、八十五、九百十六作周穆王南征,一軍盡化,君子爲猿爲鶴,小人爲蟲爲沙。

（8）女丑倚枯：藏本、平津本丑作仞,從藏本原校改:"仞一作丑。"《札迻》:"'仞'作'丑'是也。"

（9）貳負抱桎：藏本貳作二,桎作柱,孫星衍校:"貳舊誤作二,今校正。桎舊誤作柱,今校正。"

（10）交讓遞生：交藏本作玄,平本作元,從孫星衍、顧廣圻校改。

（11）味炎吐烈：藏本、平津本作炎昧吐烈:蓋昧本作味,炎昧本作味炎,與"吐烈"互文,結構相同。

（12）灌枯：藏本、平津本作枯灌,今乙改。"灌枯"與"化形"結構相同。

（13）伯敬：藏本、平津本作伯率,從《搜神記》校改。

（14）虎景：藏本、平津本作唐景,從《校補》校改:"'唐景'不可解,於史傳亦無徵。'唐'當作'虎',字之誤也。"《鶡冠子·王鈇篇》云'虎狼殺人',注云'虎'或作'唐',又'虎'誤爲'唐'之證。"

（15）乘：孫星衍校:"藏本作柔(桑),訛。"

（16）鹽神蟲飛而婴采：藏本作鹽神婴來而蟲飛,孫星衍校:"按,'來'當作'采'。"按:先"蟲飛"而後"婴采",當互乙。

（17）肉甚：孫星衍校引刻本作"內其",陳其榮校引藏本、王明案引宋浙本作內甚。

（18）割乎合石之中：藏本、平津本合作文,從孫星衍校改:"按文當作合,事見後《辨問篇》。"《辨問篇》:"《靈寶經》有《正機》《平衡》《飛龜授袂》三篇,皆仙術也。吳王伐石以治宮室,而于合石之中,得紫文金簡之書。"

(19) 閒:陳其榮校:"各本作閑。"

【注】

[1] 乘雲産璽之國:《博物志》二《外國》:"大人國,其人孕三十六年生,白頭。其兒則長大能乘雲而不能走,蓋龍類。"《山海經·海外北經》:"歐絲之野在大踵東,一女子跪據樹歐絲。"《説文·欠部》:"歐,吐也。"璽:同繭。

[2] 肝心不朽之民:《博物志》二《異人》:"無臂民,居穴食土,無男女,死埋之,其心不朽,百年還化爲人。細民,其肝不朽,百年而化爲人。皆穴居處。二國同類也。"《山海經·海外北經》:"無臂之國,在長股東,爲人無臂。"郭璞注:"音啓,或作紫。臂,肥腸也。"

[3] 巢居:在樹上築巢而居。穴處(chǔ):居住山洞。獨目三首:《山海經·海外北經》:"一目國,在其東,一目中其面而居。一曰有手足。"又《海外南經》:"三首國在其東,其爲人一身三首。"又《海內西經》:"服常樹,其上有三頭人,伺琅玕樹。"

[4] 鳥爪:《山海經·海內經》:"有贏民,鳥足。"狗蹄:《山海經·大荒北經》:"大荒之中,有山名曰融父山,順水入焉,有人名曰犬戎。""有國名曰賴丘。有犬戎國。有神(人),人面獸身,名曰犬戎。"《海內北經》:"犬封國曰犬戎國,狀如犬。"蓋與"狗蹄"有關。

[5] 脩臂交股:《山海經·海外南經》:"長臂國在其東,捕魚水中,兩手各操一魚。"郭璞注:"舊説云:其人手下垂至地。"《山海經·海外南經》:"交脛國在其東,其爲人交脛。一曰在穿匃(胸)東。"

[6] 黃池無男:《山海經·海外西經》:"女子國在巫咸北,兩女子居,水周之。"郭璞注:"有黃池,婦人入浴,出即懷妊矣。"

[7] 穿胸:《山海經·海外南經》:"貫匃(胸)國在其東,其爲人匃有竅。"《淮南子·墬形》"穿胸民"高誘注:"胸前穿孔達背。"旁口:不詳。蓋與"穿胸"相關。

［8］廩君起石而汎土船：《後漢書·南蠻傳》：“巴郡南郡蠻，本有五姓：巴氏、樊氏、曋氏、相氏、鄭氏。皆出於武落鍾離山。其山有赤黑二穴，巴氏之子生於赤穴，四姓之子皆生黑穴。未有君長，俱事鬼神，乃共擲劍於石穴，約能中者，奉以爲君。巴氏子務相乃獨中之，衆皆歎。又令各乘土船，約能浮者，當以爲君。余姓悉沈，唯務相獨浮。因共立之，是爲廩君。”

［9］沙壹觸木而生群龍：《後漢書·西南夷傳·哀牢夷》：“哀牢夷者，其先有婦人名沙壹，居於牢山。嘗捕魚水中，觸沈木若有感，因懷妊，十月，産子男十人。後沈木化爲龍，出水上。沙壹忽聞龍語曰：‘若爲我生子，今悉何在？’九子見龍而驚走，獨小子不能去，背龍而坐，龍因舐之。其母鳥語，謂背爲九，謂坐爲隆，因名子曰九隆。及後長大，諸兄以九隆能爲父所舐而黠，遂共推以爲王。”

［10］女媧地出：《楚辭·天問》“女媧有體，孰制匠之”，王逸注：“傳言女媧人頭蛇身。”《淮南子·覽冥》：“往古之時，四極廢，九州裂，天下兼覆，地不周載……於是女媧煉五色石以補蒼天。”《御覽》七八引《風俗通》曰：“俗説天地開闢，未有人民。女媧摶黄土作人，劇務，力不暇供，乃引繩於泥中，舉以爲人，故富貴者黄土人；貧賤凡庸者，絚人也。”唐司馬貞補《三皇本紀》：女媧風姓，代羲立。當其時，諸侯有共工氏，與祝融戰，不勝而怒，乃頭觸不周山。崩，天柱折，地維絶。女媧乃煉石以補蒼天，斷鼇以立四極。

［11］杜宇：《御覽》一六六引揚雄《蜀王本紀》：“後有王曰杜宇，出天墮山。又有朱提氏女，名曰利，自江源而出，爲宇妻。（杜宇）乃自立爲蜀王，號曰望帝，移居郫邑。”嚴可均輯《全漢文》引揚雄《蜀王本紀》：“有一男子，名曰杜宇，從天墮止，後自立爲蜀王，號曰望帝。”

［12］甓(pì)飛：《三國志·魏書·杜夔傳》“其好古存正莫及夔”，裴松之注：“時有扶風馬鈞，巧思絶世。……嘗試以車輪縣瓴甓數十，飛之數百步矣。”犬言：王明釋：“不知即《後漢書·南蠻傳》帝嚳女配盤瓠故事否？蓋犬解人言也。”或與上犬戎國故事相關。

[13] 山徙社移：《搜神記》六《山徙》：“夏桀之時，厲山亡。秦始皇之時，三山亡。周顯王三十二年，宋大丘社亡。漢昭帝之末，陳留昌邑社亡。”

[14] 女丑：《山海經・海外西經》：“女丑之尸，生而十日炙殺之。在丈夫北。以右手鄣其面。”又《大荒西經》：“有人衣青，以袂蔽面，名曰女丑之尸。”

[15] 貳負抱桎：《山海經・海內西經》：“貳負之臣曰危，危與貳負殺窫窳。帝乃梏之疏屬之山，桎其右足，反縛兩手與髮，繫之山上木。”

[16] 寄居之蟲：即寄居蟹。《藝文類聚》六一引晉庾闡《揚都賦》：“鸚螺蛻骨，寄居負敖。”段成式《酉陽雜俎・鱗介篇703》：“寄居，殼似蝸，一頭小蟹，一頭螺蛤也。寄在殼間，常候蝸（一名螺）開出食，螺欲合，遽入殼中。”《重修政和證類本草》二十一：“蝸牛，寄居螺蛤殼中，候螺蛤開，當自出食；螺蛤欲合，已還殼中，亦名寄居蟲。”兩者說法小異。

[17] 委甲步肉：指“蝸（一名螺）開出食”，丟棄甲殼，用肉體行走。

[18] 二首之蛇：《山海經・海內經》：“有人曰苗民。有神焉，人首蛇身，長如轅，左右有首。”《博物志》三《異蟲》：“常山之蛇名率然，有兩頭。觸其一頭，頭至；觸其中，則兩頭俱至。孫武以喻善用兵者。”

[19] 弦之爲弓：《爾雅・釋地》“中有枳首焉”郭璞注：“岐頭蛇也。或曰今江東呼兩頭蛇爲越王約髮，亦名弩弦。”《石藥爾雅》：“蛇脫皮，一名蛇符弓皮。”

[20] 不灰之木：束晳《發蒙記》：“西域有火鼠之布，東海有不灰之木。”《重修政和證類本草》五：“不灰木出上黨，今澤潞山中皆有之，蓋石類也。其色青白如爛木，燒之不然，以此得名。”

[21] 昌蜀之禽：指蜀王杜宇。杜宇好稼穡，移居郫邑，使鱉令鑿巫山治水有功，昌盛蜀地，後化爲杜鵑鳥，故云。

[22] 無目之獸：《山海經・北山經・大荒北經》：“大荒之中……有赤獸，馬狀無首，名曰‘戎宣王尸’。”按：無首則無目。

[23] 無身之頭：《呂氏春秋·先識覽》：“周鼎著饕餮，有首無身，食人未咽，害及其身，以言報更也。”

[24] 無首之體：《山海經·大荒西經》：“有人無首，操戈盾立，名曰夏耕之尸。故成湯伐夏桀于章山，克之，斬耕厥前。耕既立，無首，走厥咎，乃降於巫山。”走：猶逃避。

[25] 精衛填海：《山海經·北山經》：“發鳩之山……有鳥焉，其狀如烏，文首，白喙，赤足，名曰精衛，其鳴自詨。是炎帝之少女，名曰女娃。女娃游於東海，溺而不返，故爲精衛，常銜西山之木石，以堙於東海。”

[26] 交讓：木名。《文選》左思《蜀都賦》“交讓所植，蹲鴟所伏”，劉逵注：“交讓，木名也。兩樹對生，一樹枯則一樹生，如是歲更，終不俱生俱枯也。出岷山，在安都縣。”

[27] 味炎：吞火。《山海經·海外南經》：“厭火國在其國南，（其爲人）獸身黑色，（生）火出其口中。”《博物志》二《外國》：“厭光國民，光出口中，形盡似猿猴，黑色。”

[28] 磨泥漉水：不詳。疑指魔術師表演燒制瓷器之前給高嶺土加工的兩道工序。因以指代燒制瓷器。漉水：過濾使水乾。

[29] 灌枯化形：灌枯：猶言化腐朽爲神奇，枯木逢春。

[30] 山夔前跟：《山海經·大荒東經》：“東海中有流波山……其上有獸，狀如牛，蒼身而無角，一足，出入水則必風雨，其光如日月，其聲如雷，其名曰夔。”

[31] 石脩：不詳。九首：《楚辭·招魂》：“一夫九首，拔木九千些。”

[32] 畢方：鳥名。《山海經·西山經》：“又西二百八十里，曰章莪之山……有鳥焉，其狀如鶴，一足，赤文青質而白喙，名曰畢方，其鳴自叫，見則其邑有訛火。”袁珂注：“訛火，即怪火也。”又《海外南經》：“畢方鳥在其東，青水西，其爲鳥人面，一腳。”

[33] 少千：人名。《搜神記》一《魯少千》：“魯少千者，山陽人也。漢文帝嘗微服懷金過之，欲問其道。少千拄金杖，執象牙扇，出應門。”《太平廣記》四百五十六《楚王英女》引《列異傳》：“魯少千者，得仙人符。楚王英少女爲魅所病，請少千。少千未至數十里

止宿。夜有乘鸞蓋車,從數千騎來,自稱'伯敬',候少千。遂請內酒數槫、肴饌數案。臨別言:'楚王女病,是吾所爲。君若相爲一還,我謝君二十萬。'少千受錢即爲還,從他道詣楚,爲治之於女舍前。有排户者,但聞云:'少千欺汝翁!'遂有風聲西北去,視處有血滿盆,女遂氣絶,夜半乃蘇。王使人尋風,於城西北得一死蛇,長數丈;小蛇千百,伏死其旁。後詔下郡縣,以其日月大司農失錢二十萬,大官失案數具。少千載錢上書具陳説,天子異之。"

[34] 聖卿之役蕭霜:劉義慶《幽明録》:"陽起,字聖卿,能劾百鬼,役蕭霜之神,變形如奴,送書京師,朝發暮返,作使當千人之力。"

[35] 西羌以虎景興:《後漢書·西羌傳》:"羌無弋爰劍者,秦厲公時爲秦所拘執,以爲奴隸。不知爰劍何戎之别也。後得亡歸,而秦人追之急,藏於岩穴中得免。羌人云爰劍初藏穴中,秦人焚之,有景象如虎,爲其蔽火。得以不死。……諸羌見爰劍被焚不死,怪其神,共畏事之,推以爲豪。"爰劍被焚不死,西羌之興,由於虎景蔽之。

[36] 鮮卑以乘鱉强:《後漢書·東夷傳·夫餘國》:"初,北夷索離國王出行,其侍兒于後妊身,王還。欲殺之。侍兒曰:'前見天上有氣,大如雞子,來降我,因以有身。'王囚之,後遂生男。王令置於豕牢,豕以口氣嘘之,不死。復徙於馬蘭,馬亦如之。王以爲神,乃聽母收養,名曰東明。東明長而善射,王忌其猛,復欲殺之。東明奔走,南至掩㴲水,以弓擊水,魚鱉皆聚浮水上,東明乘之得度,因至夫餘而王之焉。"夫餘"西與鮮卑接"壤,故葛洪如此説。(妊:《後漢書》原作娠。)

[37] 林邑以神録王:《晉書·南蠻傳·林邑國》:"咸康二年,(林邑國王)范逸死,奴文篡位。文,日南西卷縣夷帥范椎奴也。嘗牧牛澗中,獲二鯉魚,化成鐵,用以爲刀。刀成,乃對大石嶂而祝之曰:'鯉魚變化,治成雙刀,石嶂破者,是有神靈。'進斫之,石即瓦解。文知其神,乃懷之。……逸甚愛信之。""及逸死,無嗣,文遂自立爲王。"録通録。符籙。

[38] 庸、蜀：泛指四川。皆古國名。庸在川東夔州一帶，蜀在成都一帶。《後漢書·張衡傳》："鱉令殪而尸亡兮，取蜀禪而引世。"李賢注："鱉令，蜀王名也。令音靈。殪，死也。禪，傳位也。引，長也。揚雄《蜀王本紀》曰：'荆人鱉令死，其尸流亡，隨江水上至成都，見蜀王杜宇，杜宇立以爲相。杜宇號望帝，自以德不如鱉令，以其國禪之，號開明帝。……'"

[39] 蟲飛而婜采：《後漢書·南蠻傳》："巴郡南郡蠻……（君長）廩君乃乘土船，從夷水至鹽陽。鹽水有神女，謂廩君曰：'此地廣大，魚鹽所出，願留共居。'廩君不許。鹽神暮輒來取宿，旦即化爲蟲，與諸蟲群飛，掩蔽日光，天地晦冥。"李賢注引《代（世）本》曰："廩君使人操青縷以遺鹽神，曰：'婜此即相宜，與女俱生，（弗）宜將去。'鹽神受縷而婜之……"

[40] 縱目：蜀王蠶叢豎生雙目。晉常璩《華陽國志·蜀志》："有蜀侯蠶叢，其目縱，始稱王，死作石棺石槨，國人從之，故俗以石棺槨爲縱目人塚也。"世變：指荆人鱉令受禪爲帝。

[41] 五丁引蛇以傾峻：《初學記》五《總載山》二"五女"引揚雄《蜀王本紀》："秦王獻美女于蜀王，蜀王遣五丁迎五女，見大蛇入山穴中，五丁引蛇，山崩，五女上山，化爲石。"

[42] 肉甚振翅於三海：《山海經·海外南經》："羽民國在其東南，其爲人長頭，身生羽。一曰在比翼鳥東南，其爲人長頰。"又《大荒南經》："有羽民之國，其民皆生毛羽。"《博物志》二《外國》："羽氏（民）國民，有翼，飛不遠。多鸞鳥，民食其卵，去九疑四萬三千里。"

[43] 金簡玉字：金質簡册，玉質文字。常指道教仙簡文字。趙曄《吳越春秋·越王無餘外傳》："聖人所記曰：在於九山東南，天柱號曰宛委，……其岩之巔，承以文玉，覆以磐石。其書金簡，青玉爲字，編以白銀，皆璡其文。"《雲笈七籤》七《石碩》引孔靈符《會稽記》："會稽山南有宛委山，其上有石，俗呼爲石簣，壁立干雲，累梯然後至焉。昔禹治洪水，厥功未就，齋於此山，發石簣，得金簡字，以知山河體勢。於是疏導百川，各盡其宜也。"禹井：《漢

書·地理志》“會稽郡”顏師古注：“會稽山在南，上有禹塚、
禹井。”

[44] 南人能入柱以出耳：不詳。按：蓋隱形術、魔術一類。

[45] 禦寇停肘水而控弦：《列子·黃帝》：“列禦寇爲伯昏瞀人射，引之
盈貫，措杯水其肘上，發之，鏑矢復遝，方矢復寓。”張湛注：“（盈
貫）盡弦窮鏑。手停審故，杯水不傾。郭象曰：……箭方去，未至
的，以復寄杯於肘，言敏捷之妙也。……《小爾雅》‘遝，合也。’”
楊伯峻注：“方矢猶今矢……若以先後言，則今矢又爲後矢。方
矢復寓，言後矢又寓於弦也。”

[46] 伯昏躡億仞而企踵：《列子·黃帝》：“伯昏瞀人曰：‘……當與汝
登高山，履危石，臨百仞之淵，若能射乎？’……禦寇伏地，汗流至
踵。”企踵：跖起腳跟。

[47] 呂梁能行歌以憑淵：《莊子·達生》：“孔子觀於呂梁，縣水三千
仞，流沫四十里，黿鼉魚鱉之所不能遊也。見一丈夫游之，……
數百步而出，被髮行歌而游於塘下。”

[48] 宋公克象葉以亂真：《韓非子·喻老》：“宋人有爲其君以象爲楮
葉者，三年而成，豐殺莖柯，毫芒繁澤，亂之楮葉之中而不可別
也。此人遂以功食祿于宋邦。”王先慎曰：“豐殺，謂肥瘦也。”高
亨曰：“‘繁’當作‘顏’，聲之誤也。《淮南·泰族》正作‘顏’。”克
通刻。

[49] 公輸飛木鳶之翾翾：《墨子·魯問》：“公輸子削竹木以爲鵲，成而
飛之，三日不下。”《淮南子·齊俗》：“魯般、墨子以木爲鳶而飛
之，三日不集。”鳶：同鳶。翾翾（xuān）：輕飛貌。

[50] 離朱覿毫芒于百步：離朱即離婁，相傳黃帝時人，能百步外見秋
毫之末。《類聚》一七、《御覽》三六六引《慎子·內篇》：“離朱之
明，察毫末於百步之外。”班固《答賓戲》“離婁眇目於毫分”李善
注引《纏子》：“董無心曰：‘離婁之目，察秋毫之末於百步之外，可
謂明矣。’”（董無心有《董子》一書，見《漢書·藝文志》。）《莊子·
駢拇》“而離朱是已”成玄英疏：“離朱，一名離婁，黃帝時明目人，
百里察毫末也。”釋文引司馬彪云：“一云：見千里（外之）針鋒。”

覿（dí）：看見。

[51] 賁獲效脅力于萬鈞：孟賁、烏獲，皆戰國時力士。“賁”一作“説”。《史記·秦本紀》：“（秦）武王有力好戲，力士任鄙、烏獲、孟説，皆至大官。”

[52] 越人揣針以蘇死：越人，秦越人，即扁鵲。《史記·扁鵲倉公列傳》：“其後扁鵲過虢。虢太子死，扁鵲至虢宮門下，問中庶子喜方者曰：‘太子何病？……’中庶子曰：‘……暴蹶而死。’扁鵲曰：‘其死何如時？’曰：‘雞鳴至今。’曰：‘收乎？’曰：‘未也，其死未能半日也。’（扁鵲曰：）‘……臣能生之。’”“扁鵲乃使弟子子陽屬針砥石以取外三陽五會。有閒，太子蘇。乃使子豹爲五分之熨，以八減之齊（劑）和煮之，以更熨兩脅下。太子坐起。更適陰陽，但服湯二旬而復故。故天下盡以扁鵲爲能生死人。”

[53] 豎亥超跡於累千：豎亥，推步地理之人。《山海經·海外東經》：“帝命豎亥步，自東極至於西極，五億十選九千八百步。豎亥右手把算，左手指青丘北。一曰禹令豎亥。一曰五億十萬九千八百步。”郭璞注：“選，萬也。”《淮南子·墜形》：“禹乃……使豎亥步自北極至於南極，二億三萬三千五百里七十五步。”蓋傳聞異辭。《文選》陸機《演連珠》之四十七“是以儀天步晷”李善注引鄭玄注《尚書大傳》云：“步，推也。”《左傳·文公六年》疏：“日月轉運於天，猶如人之行步，故推曆謂之步曆。”

[54] 郢人奮斧於鼻堊：《莊子·徐無鬼》：“郢人堊漫其鼻端若蠅翼，使匠石斫之，匠石運斤成風，聽而斫之，盡堊而鼻不傷，郢人立不失容。”

[55] 仲都袒身於寒天：桓譚《新論》載王仲都能忍寒暑，乃以隆冬盛夏日，令袒載駟馬於上林昆明池上環冰而馳，御者厚衣狐裘寒戰，而仲都獨無變色，卧於池臺上，曛然自若；夏大暑日，使曝坐，環以十爐火，不言熱，又身不汗。

[56] 攻難（nàn）：質疑詰難。

[57] 委命：聽憑命運安排。班固《答賓戲》：“慎修所志，守爾天符。委命供己，味道之腴。”張華《鷦鷯賦》：“動翼而逸，投足而安。委命順理，與物無患。”

道 意 卷 九[1]

1 抱朴子曰："道者涵乾括坤[2]，其本無名[3]。論其無，則影響猶爲有焉；論其有，則萬物尚爲無焉[4]。隸首不能計其多少[5]，離朱不能察其髣髴[6]；吳札、晉野竭聰[7]，不能尋其音聲乎窈冥之內[8]；狗狶狃猪疾走(1)[9]，不能跡其朕兆乎宇宙之外(2)[10]。以言乎邇，則周流秋毫而有餘焉[11]；以言乎遠，則彌綸太虛而不足焉[12]。爲聲之聲，爲響之響；爲形之形，爲影之影。方者得之而静，員者得之而動[13]；降者得之而俯，昇者得之以仰[14]。强名爲道，已失其真[15]。況乃復千割百判(3)，億分萬析，使其姓號至於無垠[16]，去道遼遼[17]，不亦遠哉？

【校】

（1）狗狶狃猪：藏本作猧猵涉褚，平津本作猧猵涉猪，孫星衍校："四字據刻本如此，疑傳寫誤也。藏本'狳猪'作'涉褚'。"王明校："案猧，疑系'猵'之訛。《廣雅·釋詁》：'猵，大也。'狶音希，本作'狶'。《廣雅·釋獸》：'狶，豕也。'"按：《漢書·食貨志下》有"猪突狶勇"語，證明"猪""狶"同出一語中不誤，誤在"猧""猵"二字。"猧""猵"二字不見於字書，義不可解。王校"猧"爲'猵'，但古書中未見"猵狶"連文之例，故不敢苟同。犭旁字中與"猧"字形相近者，有"狗"、有"猵"，"狗"與"狶"有連文之例，而"猵"則無與"狶"連文者。犭旁字中與"猵"字形部分相近者，祇有一個

“狴”字。稚川會不會因“狗豨”連文而仿造出“狴猪”連文之例？狗與狴同爲犬旁，“豨”與“猪”同爲豕旁，組成“狗豨狴猪”一語，以與“吴札晉野”對仗？“狗豨”連文見於《墨子·耕柱》：“言則稱于湯、文，行則譬於狗豨。”《廣雅·釋獸》：“韓獹、宋狴。”“獹”又作“盧”，“狴”又作“鵲”、“猎”。韓盧是戰國時韓國所産的黑色獵犬，宋鵲是宋國所産之白色獵犬。《孔叢子·執節》有“韓盧宋鵲”語。《外篇·崇教》：“縱盧、猎以噬狡獸。”姑校于此，以俟高明。

（2）朕兆：藏本、平津本作兆朕，從王明引慎校本、寶顔堂本校乙。

（3）乃復：平津本作復乃，從王明引宋浙本、藏本、魯藩本校乙。

【注】

［1］道意：指道家無爲的旨意；道家或道教的旨意。《塞難》：“儒教近而易見，故宗之者衆焉；道意遠而難識，故達之者寡焉。”論修道養身，勿求神問卜。

［2］涵乾括坤：包容囊括乾坤。

［3］其本無名：《老子·第一章》：“無，名天地之始。”

［4］論其有：《老子·第一章》：“有，名萬物之母。”

［5］隸首：傳説黄帝史官，始作算數。《文選》張衡《西京賦》：“伯益不能名，隸首不能紀。”李善注：“《世本》曰：‘隸首作數。’宋衷曰：‘隸首，黄帝史也。’”《後漢書·律曆志》：“隸首作數。”李賢注：“《博物記》曰：‘隸首，黄帝之臣。’一説，隸首，善籌者也。”

［6］髣髴：隱約，依稀；約略的形跡。

［7］吴札：吴國季札通曉音樂，聘于晉，請觀周樂，使工爲之歌《周南》《召南》等，季札逐一給予中肯評論。《左傳·襄公二十九年》詳載其事。晉野：晉國師曠，字子野，耳聰能辨歌音以知吉凶。

［8］窈冥：深遠渺茫貌。

［9］豨（xī）：猪；大猪。《方言》八：“猪，南楚謂之豨。”猪：一孔生三毛的家畜；小猪。

［10］跡：追蹤。朕兆：形體。《淮南子·俶真》“天而未成兆朕”高誘

注:"兆朕,形怪也。"于省吾《雙劍誃諸子新證·淮南子一》:
"'怪'系'性'譌,性猶體也。……此言'未成兆朕',即未成
形體。"

[11] 周流：猶周遊。秋毫：鳥獸在秋天新長出來的細毛。喻細微
之物。

[12] 太虛：玄遠的太空。

[13] 方者得之而靜,員者得之而動：方者：指地。員者：指天。古人
認爲天圓地方,天動地靜。員：圓之初字。《大戴禮記·曾子天
圓》："天之所生上首,地之所生下首。上首謂之圓,下首謂之
方。"首：始。

[14] 降者得之而俯,昇者得之以仰：《易乾鑿度上》："一者,形變之始。
清輕者上爲天,濁重者下爲地。"俯：下。仰：上。

[15] 强名爲道,已失其真：《老子·第二十五章》："有物混成,先天地
生。寂兮寥兮,獨立而不改,周行而不殆,可以爲天地母。吾不
知其名,强字之曰道,强爲之名曰大。"

[16] 姓號：姓氏。無垠：沒有邊際。

[17] 遼遼：遠貌。

2　俗人不能識其太初之本[1],而修其流淫之末[2]。人
能淡默恬愉,不染不移[3];養其心以無欲[4],頤其神以粹
素[5];掃滌誘慕[6],收之以正;除難求之思,遣害真之累;薄
喜怒之邪,滅愛惡之端;則不請福而福來,不攘禍而禍去
矣。何者,命在其中,不繫於外,道存乎此,無俟於彼也。
患乎凡夫不能守真[7],無杜遏之檢括[8],愛嗜好之搖
奪(1)[9];馳騁流遁[10],有迷無反;情感物而外起[11],智接事
而旁溢[12]。誘於可欲,而天理滅矣;惑乎見聞,而純一遷
矣[13]。心受制於奢玩[14],神濁亂於波蕩(2)[15]。於是有傾
越之災,有不振之禍[16];而徒烹宰肥腯[17],沃酹醪醴[18];撞

金伐革[19]，謳歌踊躍；拜伏稽顙[20]，守静虛坐(3)[21]；求乞福願[22]，冀其必得；至死不悟，不亦哀哉？若乃精靈困於煩擾[23]，榮衛消於役用；煎熬形器(4)[24]，刻削天和[25]，勞逸過度，而碎首以請命(5)[26]；變起膏肓，而祭禱以求痊；當風卧濕，而謝罪於靈祇[27]；飲食失節[28]，而委禍於鬼魅。蕞爾之體[29]，自貽兹患[30]；天地神明，曷能濟焉？其烹牲馨群，何所補焉？夫福非足恭所請也[31]，禍非禋祀所禳也[32]。若命可以重禱延，疾可以豐祀除，則富姓可以必長生，而貴人可以無疾病也。夫神不歆非族[33]，鬼不享淫祀[34]。皁隸之巷[35]，不能紆金根之軒(6)[36]；布衣之門[37]，不能動六轡之駕[38]。同爲人類，而尊卑兩絶，況於天神，緬邈清高[39]，其倫異矣，貴亦極矣。蓋非腐鼠之酒肴(7)[40]，庸民之曲躬[41]，所能感降，亦已明矣。夫不忠不孝，罪之大惡[42]，積千金之賂[43]，太牢之饌，求令名於明主[44]，釋愆責於邦家[45]，以人釋人，猶不可得，況年壽難獲於令名，篤疾難除於愆責[46]。鬼神異倫，正直是與[47]，冀其曲佑，未之有也(8)。夫慚德之主[48]，忍訐之臣[49]，猶能賞善不須貨財(9)，罰惡不任私情[50]，必將修繩履墨[51]，不偏不黨[52]，豈況鬼神？過此之遠，不可以巧言動，不可以飾賂求，斷可識矣。

【校】

（1）奪：孫星衍校："藏本作笶。"

（2）神：平津本作情，從王明引宋浙本、藏本、魯藩本校改。

（3）静：藏本、平津本作請，王明校引宋浙本、魯藩本、慎校本作靖，寶顔堂本作静。静通靖。

（4）形器：藏本、平津本作形氣，從《經訣》六、宋浙本校改。

（5）碎首以請命：孫星衍校：“藏本無此(以)字。”按：本句不過是借
　　用典故。

（6）金根：孫星衍校：“(根)藏本作銀。”

（7）腐鼠：藏本、平津本作臭鼠，今校改。

（8）未之有也：平津本作未有之也，從王明引宋浙本、藏本、魯藩本、
　　慎校本校改。

（9）貨財：藏本、平津本作貸財，今校改。《外篇·疾謬》：“冒于貨財，
　　貪于飲食。”《自叙》：“商人則失貨財。”并其例。按：“貨財”爲漢
　　魏以來通語。《禮記·曲禮上》：“貧者不以貨財爲禮，老者不以
　　筋力爲禮。”《史記·平准書》：“而府庫餘貨財。”《漢書·張禹
　　傳》：“内殖貨財。”

【注】

[1]太初：天地未分之前的混沌狀態。

[2]流淫：猶荒淫。

[3]淡默：淡泊寧静。不染：不被沾汙。染：汙。不移：謂不移
　　其志。

[4]養其心以無欲：修養自己的心靈而無私欲。《孟子·盡心下》：
　　“養心莫善於寡欲。”

[5]頤其神：頤養自己的精神。陸雲《登遐頌·焦生》：“頤神太素，淑
　　思玄沖。”粹素：純粹朴素。

[6]掃滌：掃除滌蕩。

[7]守真：保持真元；保持本性。

[8]杜遏：杜絶遏止。檢括：檢點約束。

[9]搖奪：動搖改變。

[10]馳騁：競奔；追逐。流遁：流蕩逃遁。有迷無反：即迷而不返。
　　比喻犯錯不知改正。反通返。

[11]感物：爲外界事物所感動。

[12]接事：猶接物。接觸外界；與人交往。旁溢：向四面八方流去。

[13]純一：純朴；單純。

[14] 受制：受到轄制。

[15] 濁亂：攪擾使之混亂。波蕩：奔競；追逐名利。

[16] 不振：無法挽救。

[17] 烹宰：宰殺、烹煮牲畜。肥腯（tú）：肥壯。“肥”“腯”連文同義。《説文・肉部》：“牛羊曰肥，豕曰腯。從肉，盾聲。”

[18] 沃酹（lèi）：酹酒祭祀鬼神。曹操《祀故太尉橋玄文》：“不以斗酒隻雞過相沃酹，車過三步，腹痛勿怪。”醪醴：醪酒；甜酒。

[19] 撞金：敲打青銅樂器。青銅樂器包括鎛、鍾、鈴、鐃、鉦、錞于、句鑃等。伐革：擊鼓。鼓包括各種鼓，其中有青銅鼓。

[20] 拜伏：跪拜俯伏。表示恭敬的一種禮節。稽顙（qǐ sǎng）：屈膝下拜，叩至地。

[21] 靜：謙敬貌。虚坐：空的坐位。

[22] 求乞：請求；乞求。

[23] 精靈：精神。煩擾：雜亂；紛擾。

[24] 煎熬：烹煮。形器：形體。

[25] 刻削：侵害；剥奪。天和：謂人體的元氣。

[26] 碎首以請命：本是禽息用以死諫舉人的行爲。禽息：春秋時秦人。《後漢書・朱穆傳》李賢注引《韓詩外傳》：“禽息，秦大夫，薦百里奚，不見納。繆公出，當車以頭擊闑，腦乃精（播）出，曰：‘臣生無補於國，不如死也。’繆公感寤而用百里奚，秦以大化。”請命：此謂請求上蒼解除痛苦。

[27] 靈祇：天神和地神。亦泛指神明。

[28] 失節：謂失去控制。

[29] 蕞（zuì）爾：小貌。

[30] 自貽兹患：“自貽”亦作“自詒”。自己給自己招致這個禍患。由“自詒伊戚”變來。《詩・小雅・小明》：“心之憂矣，自詒伊戚。”《左傳・宣公二年》：“烏呼，我之懷矣，自詒伊戚，其我之謂矣。”晉裴啟《語林》：“胡毋彦國至相州，坐廳事斷官事。爾時三秋中傍搖扇視事；其兒子先從容顧謂曰：‘彦國復何爲自貽伊戚？’”

[31] 足（jù）恭：過分謙恭，以取媚於人。《論語・公冶長》：“巧言、令

色、足恭,左丘明恥之,丘亦恥之。”

[32] 禋(yīn)祀:燔柴升煙祭天;泛指祭祀。《周禮·春官·大宗伯》:“以禋祀祀昊天上帝。”鄭玄注:“禋之言煙。周人尚臭,煙氣之臭聞者。”孫詒讓正義:“竊以意求之,禋祀者蓋以升煙爲義。”

[33] 神不歆非族:語本《左傳·僖公十年》:“神不歆非類,民不祀非族。”歆(xīn):饗;嗅聞。謂祭祀時神靈享用祭品的香氣。《詩·大雅·生民》:“其香始升,上帝居歆。”鄭玄箋:“其馨香即時上行,上帝則安而歆享之。”

[34] 淫祀:不合禮制的祭祀。淫:超越(禮制)。

[35] 皂隸:奴隸的兩個等級。《左傳·昭公七年》:“人有一等……故王臣公,公臣大夫,大夫臣士,士臣皂,皂臣輿,輿臣隸,隸臣僚,僚臣僕,僕臣台。”

[36] 金根:金根車,以黄金爲飾的根車。帝王、太后所乘。蔡邕《獨斷》下:“上所乘曰金根車,駕六馬,有五色安車、五色立車各一,皆駕四馬,是爲五時副車。”

[37] 布衣:布制衣服。借指平民。古代平民不能穿錦繡衣服,故稱。

[38] 六轡:古代駕車,一車四匹馬,馬各二轡。兩邊驂馬之内轡繫於軾前,御者衹執六根韁繩控御四馬。《詩·秦風·小戎》:“四牡孔阜,六轡在手。”

[39] 清高:職位顯達高貴。

[40] 酒肴:酒與菜肴。

[41] 曲躬:折腰。形容恭順。

[42] 大惡:大惡行;大罪行。

[43] 賂:贈送財物;行賄。

[44] 令名:美好的聲譽;美好的名稱。

[45] 愆(qiān):罪過。邦家:國家。

[46] 篤疾:重病。

[47] 正直是與:與正直。援助正直的人。與“馬首是瞻”句式相同。是:將賓語“正直”提前。

[48] 慚德:内心慚愧于自己的言行有失。

［49］忍詬：亦作忍垢。忍受恥辱。

［50］賞善：謂賞賜善人善事。貨財：貨物；財物。罰惡：懲罰惡人惡事。

［51］修：通循。《爾雅・釋詁上》"遹，循也"郝懿行正義："循，又通作修，修、循一聲之轉也。"爲便於今人理解，作"循"爲是。循繩履墨：循繩墨、履繩墨。繩墨：木工劃線的工具，喻法令法規。

［52］不偏不黨：不偏頗不結私黨。《書・洪範》："無偏無黨，王道蕩蕩。"

3 楚之靈王，躬自爲巫[1]，靡愛斯牲，而不能卻吳師之討也[2]。漢之廣陵，敬奉李須(1)[3]，傾竭府庫而不能救叛逆之誅也[4]。孝武尤信鬼神(2)[5]，咸秩無文[6]，而不能免五柞之殂[7]；孫主貴待華鄉，封以王爵(3)[8]，而不能延命盡之期[9]。非犧牲之不博碩，非玉帛之不豐醲(4)[10]，信之非不款，敬之非不重，有丘山之損，無毫釐之益，豈非失於近，而營之於遠乎？

【校】

（1）李須：藏本作李頒，從孫星衍校改："按頒當作須，事見《漢書・武五子傳》。"指女巫李女須。

（2）孝武：藏本作孝文，從孫星衍校改："武舊誤作文，今校正。"

（3）王：孫星衍校："藏本作往，非。"

（4）非玉帛之不豐醲：孫星衍校："不下有脫文。"

【注】

［1］楚之靈王，躬自爲巫：桓譚《新論》："昔楚靈王驕逸輕下，信巫祝之道，躬執羽紱，起舞壇前，吳人來攻，其國人告急，而吳王鼓舞自若。"

［2］吳師之討：指楚靈王乾溪之難。《史記・楚世家》："(楚靈王)十

二年(前 529)春,楚靈王樂乾溪,不能去也。國人苦役。初,靈王會兵于申,僇越大夫常壽過,殺蔡大夫觀起。起子從亡在吳,乃勸吳王伐楚,爲間越大夫常壽過而作亂,爲吳間。使矯(靈王弟)公子棄疾命召(靈王弟)公子比于晉,至蔡,與吳、越兵欲襲蔡。令公子比見棄疾,與盟于鄧。遂入殺靈王太子禄,立子比爲王,(靈王弟)公子子晳爲令尹,棄疾爲司馬。先除王宫,觀從從師于乾溪,令楚衆曰:‘國有王矣。先歸,復爵邑田室。後者遷之。’楚衆皆潰,去靈王而歸。”索隱:“僇,辱也。”

[3]廣陵:廣陵王劉胥。敬奉:真誠地奉行;恭敬地奉事。李須:女巫李女須。廣陵厲王劉胥敬奉李女須事見《漢書·武五子傳·廣陵王》:“始,昭帝時,(廣陵厲王劉)胥見上年少無子,有覬欲心。而楚地巫鬼,胥迎女巫李女須,使下神祝詛。女須泣曰:‘孝武帝下我。’左右皆伏。言‘吾必令胥爲天子。’胥多賜女須錢,使禱巫山。會昭帝崩,胥曰:‘女須良巫也!’殺牛塞禱。……宣帝即位,胥曰:‘太子孫何以反得立?’復令女須祝詛如前。……居數月,祝詛事發覺,有司按驗,胥惶恐,藥殺巫及宫人二十餘人以絶口。公卿請誅胥,天子遣廷尉、大鴻臚即訊……(胥)即以綬自絞死。”

[4]傾竭:竭盡。“傾”“竭”連文同義。

[5]孝武:漢武帝信奉鬼神事,見於《史記·封禪書》《漢書·郊祀志》及《武帝紀》。

[6]咸秩無文:謂祭祀衆神,即使没有文字記述,也皆依次序行事。《書·洛誥》:“周公曰:‘王肇稱殷禮,禮於新邑,咸秩無文。’”孔傳:“言王當始舉殷家祭祀,以禮典祀於新邑,皆次秩不在禮文者而祀之。”

[7]五柞之殂:漢後元二年(前 87),武帝死於盩屋五柞宫。

[8]孫主:吳主孫權。華嚮:即王表。《三國志·吳書·吳主傳》:“太元元年五月……初臨海羅陽縣有神,自稱王表。周旋民間,語言飲食,與人無異。然不見其形。……是月,遣中書郎李崇齎輔國將軍羅陽王印綬迎表……秋七月,崇與表至,權于蒼龍門外

爲立第舍，數使近臣齎酒食往。……二年……諸將吏數詣王表
請福，表亡去。"

[9] 命盡之期：孫權死于吳太元二年(西元 252)夏四月。

[10] 博碩：肥壯。多指六畜肥壯。

　　4　第五公誅除妖道，而既壽且貴[1]；宋廬江罷絶山
祭[2]，而福禄永終[3]。文翁破水靈之廟，而身吉民安[4]；魏
武禁淫祀之俗[5]，而洪慶來假[6]。前事不忘，將來之鑒
也(1)[7]。明德惟馨[8]，無憂者壽；嗇寶不夭[9]，多慘用老。
自然之理，外物何爲！若養之失和，伐之不解，百屙緣隙而
結[10]，榮衛竭而不悟，太牢三牲，曷能濟焉？俗所謂道率皆
妖僞(2)[11]，轉相誑惑[12]，久而彌甚；既不能修療病之術，又
不能返其大迷[13]；不務藥石之救，惟專祝祭之謬[14]；祈禱
無已[15]，問卜不倦[16]；巫祝小人[17]，妄説禍祟[18]；疾病危
急，唯所不聞；聞輒修爲，損費不訾[19]；富室竭其財儲，貧人
假舉倍息[20]；田宅割裂以訖盡[21]，篋櫃倒裝而無餘[22]。或
偶有自差[23]，便謂受神之賜；如其死亡，便謂鬼不見赦；幸
而誤活，財産窮罄[24]，遂復飢寒凍餓而死。或起爲刦
剽[25]，或穿窬斯濫(3)[26]；喪身於鋒鏑之端[27]，自陷於醜惡
之刑[28]，皆此之由也。或什物盡於祭祀之費耗[29]，穀帛淪
於貪濁之師巫[30]。既没之日，無復兇器之直[31]；衣衾之
周(4)[32]，使尸朽蟲流[33]，良可悼也。愚民之蔽，乃至於此
哉！淫祀妖邪，禮律所禁。然而凡夫，終不可悟。唯宜王
者更峻其法制，犯無輕重，致之大辟[34]，購募巫祝不肯止
者[35]，刑之無赦，肆之市路[36]。不過少時，必當絶息(5)[37]。
所以令百姓杜凍飢之源(6)，塞盜賊之萌，非小惠也。

【校】

（1）前事不忘：藏本忘作妄，據孫星衍校、《戰國策》校改。

（2）俗所謂道率皆妖偽：藏本、平津本無“道”字，據王明案引宋浙本校補。

（3）穿窬斯濫：孫星衍校：“一本作或縱而爲穿窬，非。”

（4）衣衾之周：宋浙本之作不。王明案：“‘衣衾之周’，承上文‘無復’而言，亦通順。”

（5）必當絕息：王明校：“宋浙本‘息’下有‘卒如頗嚴，而實善政’兩句。”

（6）令百姓杜凍飢之源：王明校：“宋浙本‘姓’下有‘病必親醫藥，勉強死之禍，省其大費，救其困乏’四句。”

【注】

［1］第五公：第五倫公，字伯魚，京兆長陵（今陝西咸陽東北）人。東漢建武二十七年（公元 52）舉孝廉，補淮陽國醫工長。二十九年拜會稽太守。“會稽多淫祀，好卜筮。民常以牛祭神，百姓財産以之困匱”。“倫到官，移書屬縣，曉告百姓。其巫祝有依託鬼神詐怖愚民，皆案論之。有妄屠牛者，吏輒行罰”。淫祀“後遂斷絕，百姓以安”。第五倫享年八十餘，卒於家。誅除：誅滅。

［2］宋廬江：宋均（？—76）字叔庠，南陽安衆（今河南鄧州市東北）人。“以父任爲郎，時年十五，好經書，每休沐日，受業博士，通《詩》《禮》，善論難。至二十餘，調補辰陽長”。“立學校，禁絕淫祀，人皆安之”。後爲謁者，監伏波將軍馬援軍，以恩信詔降武陵蠻。遷上蔡令、九江太守。廬江郡“浚遒縣有唐、後二山，民共祠之，衆巫遂取百姓男女以爲（山）公、（山）嫗，歲歲改易，既而不敢嫁娶”。“均乃下書曰：‘自今以後，爲山娶者皆娶巫家，勿擾良民。’於是遂絕”。後遷東海相、拜尚書令、遷司隸校尉，出爲河內太守。爲政寬厚，倡行教化。

［3］福禄：幸福與爵禄。永終：長久；永久。

［4］文翁：西漢廬江舒（今安徽廬江縣西南）人。少好學，通《春秋》，

以郡縣察舉。景帝末，爲蜀郡守，曾派小吏十餘人至長安，受業
于博士，或學律令。學成歸來，以爲右職，有官至郡守刺史者。
又在成都設學校，入學得免除徭役，並以成績優良者爲郡縣吏。
這些措施對當地文化教育的發展有所促進。武帝時令郡國皆立
學校，自其爲始。破水靈之廟：王明釋：“《水經注》三十三《江水
注》云，江水神嘗溺殺人，文翁拔劍擊之，遂不爲害。”

［５］魏武：魏武帝曹操。《三國志・魏書・武帝紀》：“（東漢光和末）
遷爲濟南相，……禁斷淫祀，奸宄逃竄，郡界肅然。”裴松之注引
《魏書》曰：“初，城陽王劉章以有功於漢，故其國爲立祠，青州諸
郡轉相仿效，濟南尤盛，至六百餘祠。……太祖到，皆毀壞祠屋，
止絶官吏民不得祠祀。及至秉政，遂除奸邪鬼神之事，世之淫祀
由此遂絶。”

［６］來假（gé）：來；來到。《詩・商頌・烈祖》：“來假來饗，降福無
疆。”陸德明釋文：“假音格。”

［７］前事不忘，將來之鑒：記取前人的經驗教訓，可以作爲將來行事
的借鑒。《戰國策・趙策一》：“（張孟談對曰：）臣觀成事，聞往
古，天下之美同，臣主之權均之能美，未之有也。前事之不忘，後
事之師。君若弗圖，則臣力不足。”

［８］明德惟馨：完美的德性才是芳香清醇的。語見《書・君陳》：“黍
稷非馨，明德惟馨。”王明釋：“言道德風行，猶如香氣遠播。”

［９］嗇：愛惜；保養。寶：大寶。指精氣。

［10］緣隙：乘隙；乘機。

［11］率皆：猶言都是。妖僞：猶妖訛。亦指怪誕乖謬的行爲。

［12］誑惑：欺騙迷惑。

［13］療病：治療疾病。返其大迷：謂迷途知返。

［14］祝祭：祭禮人進行祭饗。

［15］祈禱：向神祝告求福。

［16］問卜：占卜。迷信者用以推斷吉凶，解決疑難。

［17］巫祝：古稱事鬼神者爲巫，祭主贊詞爲祝。後連用以指掌占卜
祭祀。

[18] 禍祟：謂鬼神所興作的災禍。《墨子‧天志上》：“我欲福禄，而惡禍祟。”

[19] 損費：耗費；損耗。不訾(zī)：無法計量。

[20] 假舉：借貸。“假”“舉”連文同義。《左傳‧僖公二年》“假道于虞”孔穎達疏：“假，借也。”《梁書‧王志傳》：“京師有寡婦無子，姑亡，舉債以斂葬。”舉債即借債。

[21] 割裂：從整體中割出一部分。訖(qì)盡：一點不剩。

[22] 篋(qiè)櫃：亦作篋匱。箱子和櫃子。《韓詩外傳》十：“王者藏于天下，諸侯藏于百姓，商賈藏於篋匱。”

[23] 差(chài)：瘥之初字。病癒。《方言》三：“差，愈也。南楚病癒者謂之差。”

[24] 窮罄：空然無物。謂一無所有。

[25] 刣剽(piào)：亦作劫摽。猶搶劫。蔡邕《難夏育上言鮮卑仍犯諸郡》：“方今郡縣盜賊，劫摽人財，攻犯官民，日月有之。”

[26] 穿窬：穿壁越牆。此指偷盜行爲。窬通踰，翻牆。斯濫：就胡作非爲了。《論語‧衛靈公》：“子曰：‘君子固窮，小人窮斯濫矣。’”何晏集解：“濫，溢也。君子固亦有窮時，但不如小人窮則濫溢爲非。”

[27] 鋒鏑：刀刃和箭鏃。借指兵器或戰争。《史記‧秦漢之際月表》：“墮毀名城，銷鋒鏑，鉏豪桀，維萬世之安。”

[28] 醜惡之刑：指對男人實施宮刑。宮刑是中國古代五刑之一。閹割男子生殖器，破壞婦女生殖機能。《書‧吕刑》：“宮辟疑赦。”孔傳：“宮，淫刑也。男子割勢，女子幽閉，次死之刑。”醜惡：指男性生殖器。《世説新語‧德行 23》“王平子、胡毋國諸人，皆以任放爲達，或有裸體者”劉孝標注引晋王隱《晋書》曰：“魏末，阮籍嗜酒荒放，露頭散髮，裸祖箕踞，其後貴游子弟阮瞻、王澄、謝鯤之徒，皆祖述於籍，謂得大道之本。故去巾幘，脱衣服，露醜惡，同禽獸。”

[29] 什物：各種物品器具。什：雜。費耗：耗費。花費。

[30] 縠帛：泛指絲織品。貪濁：猶貪污。師巫：巫師。

[31] 兇器：指明器。即後世冥器。隨葬器物。《周禮·天官·閽人》："喪服兇器不入宮。"鄭玄注："喪服，衰絰；兇器，明器也。"直：值之初字。

[32] 衣衾：此指裝殮死者的衣服與單子。

[33] 尸朽蟲流：按用齊桓公"尸蟲"之典。《史記·齊世家》："桓公尸在床上六十七日，尸蟲出於户。"《管子·小稱》："（桓公）乃援幰以裹首而絶，死十一日，蟲出於户。"

[34] 致：施加；施行。大辟：古五刑之一，謂死刑。

[35] 購募：懸賞緝捕。《後漢書·黨錮傳序》："其辭所連及陳寔之徒二百餘人，或有逃遁不獲，皆懸金購募。"

[36] 肆：執行死刑後陳尸示衆；殺。《論語·憲問》："吾力猶能肆諸市朝。"《廣雅·釋詁一》："肆，殺也。"《大戴禮記·夏小正》："狸子肇肆……其或曰：肆，殺也。"

[37] 絶息：斷絶；停止。

5　曩者有張角[1]、柳根[2]、王歆、李申之徒[3]，或稱千歲，假託小術[4]；坐在立亡，變形易貌；詿眩黎庶[5]，糾合群愚；進不以延年益壽爲務，退不以消災治病爲業；遂以招集奸黨，稱合逆亂[6]，不紕自伏其辜(1)[7]；或至殘滅良人，或欺誘百姓，以規財利；錢帛山積[8]，富踰王公；縱肆奢淫，侯服玉食(2)[9]，妓妾盈室，管弦成列[10]；刺客死士，爲其致用；威傾邦君[11]，勢淩有司[12]；亡命逋逃，因爲窟藪[13]。皆由官不糾治，以臻斯患；原其所由，可爲歎息。吾徒匹夫，雖見此理，不在其位，末如之何！臨民官長[14]，疑其有神，慮恐禁之，或致禍祟；假令頗有其懷，而見之不了；又非在職之要務，殿最之急事[15]；而復是其愚妻頑子之所篤信，左右小人，并云不可，阻之者衆；本無至心而諫[16]，怖者異口同聲(3)；於是疑惑，竟於莫敢，令人扼腕發憤者也(4)[17]。余親見所識者數人，了不奉神明，一生不祈祭，身享遐年[18]，名位巍巍[19]，子孫蕃昌，且富且貴也。唯余亦無事於斯[20]，唯四時祀先人而已。曾所遊歷水陸萬里，道側房廟，固以百許，而往返經遊(5)，一無所過[21]；而車馬無傾覆之變(6)，涉水無風波之異；屢值疫癘[22]，當得藥物之力(7)；頻冒矢石[23]，幸無傷刺之患，益知鬼神之無能爲也。又諸妖道百餘種，皆煞生血食，獨有李家道無爲爲小差[24]。然雖不屠宰，每供福食[25]，無有限劑[26]，市買所具[27]，務於豐泰[28]，精鮮之物，不得不買。或數十人廚，費亦多矣。復未純爲清省也[29]，亦皆宜在禁絶之列。

【校】

（1）糺：藏本、平津本作純，從王明引宋浙本校改。宋浙本糺皆作糺。糺同糾。

（2）侯服玉食：藏本、平津本侯作佟，從王明引宋浙本校改。

（3）怖：其下王明引宋浙本有之字。

（4）扼：藏本作振。孫星衍校："扼，舊誤作振，今校正。"

（5）經遊：平津本作徑遊，從陳其榮引盧本、王明案引藏本、魯藩本、慎校本校改。

（6）傾覆：平津本作頗覆，從王明引宋浙本、藏本、魯藩本、慎校本校改。

（7）當得藥物之力：王明校引宋浙本、藏本、魯藩本、慎校本當皆作常。按：當通常。

【注】

［1］張角（？ —184）：鉅鹿（今河北平鄉西南）人。奉黄老道和《太平經》，以符水咒法爲人治病，創太平道，自稱"大賢良師"。靈帝（167—189 在位）時借治病傳教，在農民中秘密串聯，建立組織，

十餘年間,徒衆達數十萬,遍及青、徐、幽、冀、荆、揚、兖、豫八州。中平元年(184)宣佈起義,稱"天公將軍"。謂"蒼天已死,黃天當立。歲在甲子,天下大吉"。以頭纏黃巾爲標誌,被稱爲黃巾軍。遂置三十六方,各立渠帥。旬日之間,天下回應,京師大震。與弟張梁會集幽冀兩州黃巾軍,在廣宗(今河北威縣東)擊退中郎將盧植的進攻,後又打敗中郎將董卓。不久病死。

[2] 柳根:即劉根。《後漢書・方術傳下・劉根》:"劉根者,潁川人也,隱居嵩山中。諸好事者自遠至近,就根學道,太守史祈以根爲妖妄,乃收執詣郡",數之"誣惑百姓。"蓋即其人。

[3] 王歆:西漢末與赤眉軍同時起義的領袖。《後漢書・馮異傳》:"時赤眉雖降,衆寇猶盛:延岑據藍田,王歆據下邽……擁兵多者萬人,少者數千人,轉相攻擊。"李賢注:"秦武公伐邽戎致之也。隴西有上邽,故此有下也。"下邽在今渭南東北,華縣西北。李申:不詳。

[4] 假託:虛擬;虛構。此謂憑藉。

[5] 誑眩:欺騙眩惑。黎庶:黎民。

[6] 稱合:舉合,舉兵合士。逆亂:叛亂;變亂。

[7] 伏其辜:服罪;承擔罪責而死。

[8] 錢帛:金錢、縑帛。

[9] 侯服玉食:穿王侯的衣服,吃珍貴的食物。

[10] 管弦:此指管弦樂的演奏與配合。成列:此謂樂隊規模大。

[11] 邦君:古代指諸侯國國君。後指刺史等地方官。

[12] 有司:官吏。古代設官分職,各有專司。

[13] 亡命:謂削除戶籍而逃亡在外。泛指逃亡、流亡。逋(bū)逃:逃亡;流亡。"逋""逃"連文同義。

[14] 臨民:治民。臨:監視,監臨。

[15] 殿最:古代考核軍功或政績,最末尾的稱"殿",最前頭的稱"最"。此偏指最前頭的。

[16] 至心:最誠摯之心;誠心。

[17] 發憤:含恨;感慨痛惜。

[18] 遐年：高齡；長壽。曹植《王仲宣誄》：“庶幾遐年，攜手同征；如何奄忽，棄我夙零。”

[19] 名位：官職與品位；名譽與地位。

[20] 唯：通雖。即使。

[21] 一無所過：此謂一座廟宇也不逛。語式蓋由“一無所得”變來。《太平御覽》九六九引《吳書》：“徐盛與曹休戰，賊積茅草欲焚盛，盛燒船而去，賊一無所得。”過：前往拜訪。此謂逛。

[22] 疫癘：瘟疫。

[23] 矢石：箭和礧石，古時守城的武器。

[24] 李家道：見下段。小差：小有差別。

[25] 福食：供祀神用的食物。

[26] 限劑：猶限量。

[27] 市買：買；交易。“市”與“買”連文同義。

[28] 豐泰：猶言豐盛，豐裕。

[29] 清省：清平省約。《三國志·魏書·曹爽傳》“於是收爽、羲、訓、晏、颺、謐、軌、勝、範、當等，皆伏誅”裴松之注引三國魏魚豢《魏略》：“範前在台閣，號爲曉事，及爲司農，以清省稱。”

6　或問李氏之道起於何時。余答曰：吳大帝時(1)[1]，蜀中有李阿者，穴居不食，傳世見之(2)[2]，號爲八百歲公(3)。人往問事(4)，阿無所言，但占阿顔色(5)。若顔色欣然，則事皆吉；若顔容慘戚，則事皆凶[3]；若阿含笑者，則有大慶；若微歎者，即有深憂[4]，如此之候，未曾不審也(6)。後一旦忽去，不知所在。後有一人姓李名寬(7)，到吳而蜀語，能祝水治病頗愈，於是遠近翕然[5]，謂寬爲李阿，因共呼之爲李八百，而實非也。自公卿以下，莫不雲集其門[6]；後轉驕貴[7]，不復得常見，賓客但拜其外門而退，其怪異如此。於是避役之吏民，依寬爲弟子者恒近千人，而升堂入室高業先進者[8]，不過得祝水及三部符導引日月行炁而已[9]，了無治身之要、服食神藥、延年駐命[10]、不死之法也。吞氣斷穀，可得百日以還，亦不堪久，此是其術至淺可知也。余親識多有及見寬者，皆云寬衰老羸悴[11]，起止咳噫[12]，目瞑耳聾，齒墮髮白，漸又昏耗[13]，或忘其子孫，與凡人無異也。然民復謂寬故作無異以欺人，豈其然乎？吳曾有大疫，死者過半。寬所奉道室，名之爲廬，寬亦得温病[14]，託言入廬齋戒，遂死於廬中。而事寬者猶復謂之化形尸解之仙，非爲真死也。夫神仙之法，所以與俗人不同者，正以不老不死爲貴耳。今寬老則老矣，死則死矣，此其不得道，居然可知矣[15]，又何疑乎？若謂於仙法應尸解者，何不且止人間一二百歲，住年不死(8)，然後去乎？天下非無仙道也，寬但非其人耳。余所以委曲論之者，寬弟子轉相教授，佈滿江表[16]，動有千計，不覺寬法之薄，不足遵承而守之[17]，冀得度世，故欲令人覺此而悟其滯迷耳。

【校】

（1）吳大帝：明抄本作吳文帝，顧廣圻校文爲大。

（2）傳世：藏本、平津本同。陳其榮校：“《御覽》六百六十六作累世。”

（3）蜀中有李阿……，號爲八百歲公：《校補》：“本書所載李阿、李寬，並有李八百之名。而《神仙傳》分李八百與李阿爲二人，且阿無八百之號。本書謂李寬實非八百，則阿爲八百明矣。何一人著書參差若是也。張道陵《二十四治圖》（《雲笈七籤》二十八），中八品第一昌利治，注云：‘山在懷安軍金堂縣東（四十里，去成都一百五十里），昔蜀郡李八伯初學道處’；下八品第五平岡治，注云：‘山在蜀州新津縣（去成都一百里），昔蜀郡人李阿於此山學道得仙。’此言李八百又與葛異，而李阿未云有八百之名，蓋道家傳聞互異。”號爲八百歲公：《御覽》六百六十六作“號八百歲翁”。

李八百又見《歷世真仙體道通鑒》卷十《李八百》。

（4）人往問事：藏本、平津本重"往"字，從王明校引《御覽》六百六十六引刪一"往"字。

（5）占阿：藏本、平津本作占問。從陳其榮校改："《御覽》六百六十六問作阿。"《校補》："作'阿'是也。'問'字蓋涉上文而誤。《神仙傳》云，或問往事，阿無所言，但占阿顏色，是其切證。"

（6）未曾不審也：藏本、平津本作未曾一失也，從陳其榮引《御覽》六百六十六、王明案引《神仙傳·李阿傳》校改。

（7）後：藏本、平津本同。孫星衍校："疑作復。"

（8）死：平津本作老，從藏本、魯藩本、寶顏堂本校改。

【注】

［1］吳大帝：指三國吳主孫權。因諡號爲"大皇帝"故稱。

［2］傳世：代代相傳。

［3］顏容：面容。慘戚：悲傷淒切。

［4］深憂：深重的憂愁；十分擔憂。此謂深重的憂患。

［5］翕（xī）然：悅服貌；一致（稱頌）。《漢書·鄭當時傳》："聞人之善言，進之上，唯恐後。山東諸公以此翕然稱鄭莊。"

［6］雲集：如雲聚合。

［7］驕貴：驕橫顯貴。

［8］升堂入室：謂既已登上堂屋，又已進入室內。喻學業有成。《論語·先進》："子曰：'由也，升堂矣！未入於室也。'"葛洪所説與《論語·先進》有所不同。高業：學業優秀。先進：前輩。

［9］三部符：① 蓋指《道藏》第11冊《太上老君混元三部符》：卷上目錄：都匠符、解穢符、安宅符、辟土氣符、移徙符、辟火符、止魅耗符、田種符、利糴符、死喪咎痓符、百怪符、十二時地符。獸百怪符：鼠怪符、鬼怪符、蛇怪符、狐怪符。卷中目錄：百怪符、捍厄符。百怪符：雞怪符、井怪符、釜怪符、百鳥怪符、蜘蛛蟲蟻符、旋風符、龍虹怪符、諸雜異怪符、六畜及諸怪符、四季符、十二日辰見怪符、十二時地符、護身符。卷下目錄：延年符、

辟鬼符、安魂符、斷惡夢符、辟瘟符、求子安胎符、産難符、卻蚊蝱符、百解符、求官符、治酒漿符。每一符包括多少不等的具體的符。皆是表示避凶趨吉的期盼吉祥。② 蓋指老子六甲三部符。《黃庭內景經・仙人章》:"負甲持符開七門。"梁丘子注:"老子六甲三部符……"日月行炁:《黃庭內經景經・上有章》:"出日入月呼吸存。"梁丘子注:"日月者,陰陽之精也。左出右入,身有陰陽之氣,法象天地之氣,出爲呼氣,入爲吸氣,呼吸之間,心當存之。"有服日炁法,如《胎息秘要歌訣》云:"平旦,伺日初出,乃對日,坐立任意,叩齒九通,冥目握固。存日中五色流霞,皆來接身,下至兩足,上至頭頂。又令光霞中有紫氣,如目童,累數十重,與五色俱來,入口服之,四十五咽氣。又咽液九過,叩齒九通。"服月精法,如《胎息秘要歌訣》云:"伺月初出,對月坐立,任意叩齒十通,冥目握固,存月中五色流精,皆來接身,下至兩足,上至頭頂。又令光精中有黃氣,如目童,累數十重,與五色俱來,入吞口中,五十咽氣。又咽液十過,叩齒十通。"

[10] 駐命:猶言延年卻老。

[11] 羸(léi)悴:疲困憔悴。

[12] 咳噫(ài):咳嗽。"咳""噫"連文同義。《札朴》一:"噫,即欬也。噫欬聲相近。"《説文・欠部》桂馥義證:"欬,或作咳。"

[13] 昏耗(mào):昏亂;迷糊。耗通眊。

[14] 温病:感受風寒而引起的熱病的總稱。《素問・生氣節通天論》:"冬傷於寒,春必温病。"張仲景《傷寒論・傷寒例》"中而即病者名曰傷寒,不即病者,寒毒藏於肌膚,至春變爲温病,至夏變爲暑病。"

[15] 居然:昭顯貌。

[16] 江表:長江以南地區。中原視江南爲江外,故云。

[17] 遵承:猶遵照。遵從。《後漢書・東平憲王蒼傳》:"惟陛下審覽虞帝優養母弟,遵承舊典,終卒厚恩。"

7　天下有似是而非者，實爲無限，將復略説故事[1]，以示後人之不解者。昔汝南有人於田中設繩罥，以捕麞而得者[2]，其主未覺。有行人見之，因竊取麞而去(1)[3]，猶念取之不事(2)[4]。其上有鮑魚者[5]，乃以一頭置罥中而去。本主來，於罥中得鮑魚，怪之以爲神(3)，不敢持歸。於是村里聞之，因共爲起屋立廟，號爲鮑君。後轉多奉之者，丹楹藻梲[6]，鐘鼓不絶，病或有偶愈者，則謂有神，行道經過，莫不致祀焉。積七八年，鮑魚主後行過廟下，問其故，人具爲之説(4)。其鮑魚主乃曰：此是我鮑魚耳，何神之有？於是乃息。

8　又南頓人張助者[7]，耕白田(5)[8]，有一李栽[9]，應在耕次，助意惜之(6)，欲持歸，乃掘取之，未得即去，以濕土封其根，以置空桑中，遂忘取之。助後作遠職不在[10]。後其里中人，見桑中忽生李，謂之神。有病目痛者，蔭息此桑下[11]，因祝之，言李君能令我目愈者，謝以一豘[12]。其目偶愈，便殺豘祭之。傳者過差，便言此樹能令盲者得見(7)。遠近翕然(8)，同來請福，其下常車馬填溢(9)[13]，酒肉滂沱[14]，如此數年。張助罷職來還(10)[15]，見之，乃曰：此是我昔所置李栽耳，何有神乎？乃斫去便止也。

9　又汝南彭氏墓近大道，墓口有一石人(11)，田家老母到市買數片餅以歸(12)[16]，天熱，過蔭彭氏墓口樹下，以所買之餅暫著石人頭上，忽然便去，而忘取之。行路人見石人頭上有餅，怪而問之。或人云：此石人有神(13)，能治病，病愈者以餅來謝之(14)。如此轉以相語，云頭痛者摩石人

頭,腹痛者摩石人腹,亦還以自摩,無不愈者。遂千里來就
石人治病,初但具雞豚,後用牛羊^{(15)〔17〕},爲立帷帳,管弦不
絕,如此數年。忽日前忘餅母聞之,乃爲人説,始無復
往者。

【校】

（1）以捕麞:其下藏本、平津本原脱"而得者,其主未覺,有行人見之,
　　因竊取麞"十六字,從《校補》引勞格《讀書雜識》二據《太平廣記》
　　（三一五《鮑君》)引《抱朴子》補足。

（2）不事:與《風俗通・怪神・鮑群神》同。然《太平廣記》三一五《鮑
　　君》引作不俟。

（3）本主來,於胃中得鮑魚,怪之以爲神:《曲園》曰:"此文有脱誤。
　　《風俗通・怪神篇》載此事云:汝南鯛陽有于田得麞者,其主未
　　往取也。商車十餘乘,經澤中行,望見麞著繩,因持去。念其不
　　事,持一鮑魚置其處。有頃,其主往,不見所得麞,反見鮑魚,澤
　　中非人道路,怪其如是,大以爲神。"

（4）之説:王明校引宋浙本作説之。

（5）耕白田:王明校:"《御覽》九百六十八引作'耕於白田'。"

（6）助意惜之:藏本、平津本無"意"字,據《御覽》九六八校補。

（7）得見:《風俗通義・怪神・李君神》《太平廣記》三一五引漢應劭
　　《風俗通・張助》、《御覽》九百六十八引見作視。

（8）翕然:《太平廣記》三一五引漢應劭《風俗通・張助》同。《風俗通
　　義・怪神・李君神》作翕赫。

（9）其下常車馬填溢:藏本、平津本無"其下"二字,據宋浙本、《太平
　　廣記》三一五引漢應劭《風俗通・張助》校補。

（10）罷職:百子全書本《風俗通義・怪神・李君神》作遠出。

（11）墓口有一石人:事見《風俗通義・怪神・石賢士傳》其下有在石
　　獸後四字。

（12）餅:《風俗通義・怪神・石賢士傳》作餌,《太平廣記》三百十五引

亦作餌,下文亦作餌。

(13) 石人：藏本、平津本作石上,從《校補》校改:"'石上'當作'石人'。《太平廣記》三百十五引此文作'石人',是。"

(14) 能治病,病：藏本、平津本不重"病"字,據《校補》補:"《太平廣記》引重'病'字。今本脫。"

(15) 初但具雞豚,後用牛羊,藏本、平津本作初但雞肋,後用牛羊,據曲園、《校補》校改。《曲園》云:"'雞肋'當是'雞豚'之誤。"《校補》云:"《太平廣記》三百十五引作'豚',與俞校合;又'但'作'具',或此文作'初但具雞豚,後用牛羊'。"

【注】

［1］故事：舊事;先例。

［2］汝南：古代郡名。西漢治所在上蔡,東漢治所在平輿,東晉治所在懸瓠。罥(juàn)：捕捉鳥獸的網。麞(zhāng)：小型鹿類。

［3］因：猶言乘機。竊取：謙詞。採用。此謂偷竊。

［4］不事：猶言不分。不本分。

［5］鮑魚：乾鹹魚。

［6］藻梲(zhuó)：梁上彩繪短柱。《論語·公冶長》:"臧文仲居蔡,山節藻梲,何如其知也?"邢昺疏:"藻梲者,藻,水草有文者也;梲,梁上短柱也。畫爲藻文,故云藻梲。"

［7］南頓：古縣名。故城在今淮陽南項城西。張助故事見《風俗通義·怪神·李君神》。

［8］白田：旱地。

［9］栽：出土萌芽;秧苗。《論衡·初稟》"出土爲栽蘗"黃暉《校釋》:"《爾雅·釋詁》:'哉,始也。''哉'與'栽'同,故出土萌芽爲栽。芽米謂之蘗。"

［10］作：擔任。

［11］蔭：遮蔽日光。

［12］豘：通豚(tún)。小猪。

［13］填溢：充塞滿溢。

［14］滂沱：充溢。此形容豐盛。

［15］來還：歸來；回來。

［16］田家：農家。

［17］雞豚：雞和猪。喻微賤小事；喻微利。

10　又洛西有大古墓[1]，穿壞多水，墓中多石灰，石灰汁主治瘡。夏月，行人有病瘡者煩熱，見此墓中水清好，因自洗浴，瘡偶便愈。於是諸病者聞之，悉往自洗，轉有飲之以治腹内疾者。近墓居人，便於墓所立廟舍而賣此水。而往買者又常祭廟中，酒肉不絕。而來買者轉多，此水行盡，於是賣水者常夜竊輦運他水以益之⑴。其遠道人不能往者，皆因行使或持器遣信買之⑵[2]。於是賣水者大富。人或言無神，官申禁止，遂填塞之[3]，乃絕。

11　又興古太守馬氏在官[4]，有親故人投之求恤焉[5]，馬乃令此人出外住，詐云是神人道士，治病無不手下立愈[6]。又令辨士遊行，爲之虛聲[7]，云能令盲者登視，躄者即行[8]。於是四方雲集，趨之如市[9]，而錢帛已山積矣⑶。又敕諸求治病者[10]，雖不便愈，當告人言愈也，如此則必愈；若告人未愈者，則後終不愈也，道法正爾，不可不信。於是後人問前來者，前來輒告之云已愈，無敢言未愈者也。旬日之間，乃致巨富焉。凡人多以小黠而大愚[11]，聞延年長生之法，皆爲虛誕⑷，而喜信妖邪鬼怪，令人鼓舞祈祀。所謂神者，皆馬氏誑人之類也，聊記其數事，以爲未覺者之戒焉。”

12　或問曰：“世有了無知道術方伎，而平安壽考者，何也。"抱朴子曰："諸如此者，或有陰德善行，以致福佑[12]；或受命本長，故令難老遲死；或亦幸而偶爾不逢災傷[13]。譬猶田獵所經，而有遺禽脫獸[14]；大火既過，時餘不爐草木也。要於防身卻害，當修守形之防禁[15]，佩天文之符劍耳。祭禱之事無益也，當恃我之不可侵也，無恃鬼神之不侵我也。然思玄執一[16]，含景環身[17]，可以辟邪惡，度不祥，而不能延壽命，消體疾也。任自然無方術者，未必不有終其天年者也，然不可以值暴鬼之橫枉，大疫之流行，則無以卻之矣。夫儲甲冑，蓄蓑笠者[18]，蓋以爲兵爲雨也。若幸無攻戰，時不沈陰[19]，則有與無正同耳(5)。若矢石霧合，飛鋒煙交[20]，則知裸體者之困矣。洪雨河傾，素雪彌天，則覺露立者劇之矣[21]。不可以薺麥之細碎[22]，疑陰陽之大氣，以誤晚學之散人[23]，謂方術之無益也。"

【校】

（1）此水行盡於是賣水者常夜竊輦運他水以益之：藏本、平津本作此水盡於是賣水者常夜竊他水以益之，從《校補》與王明校補"行、輦、運"三字。《校補》："《太平廣記》（三一五《洛西古墓》）引此文‘盡’上有‘行’字，‘竊’下有‘運’字，於義爲長，疑今本脫誤。"王明案："宋浙本‘竊’下有‘輦’字，是。"

（2）行使：平津本作行便，從孫星衍校引藏本、王明校引宋浙本校改。遣信：藏本、平津本作遺信，當從孫星衍校改。

（3）山積：藏本作積山。孫星衍校："二字舊誤倒，今校正。"

（4）爲：孫星衍校："當作謂。"按：爲通謂，兩可。

（5）有與無：王明校："宋浙本‘有’下‘無’下並有‘之者’二字。"

【注】

[1] 洛西：蓋指洛陽或洛水以西。

［2］行使：古稱使臣。《春秋·桓公十一年》"宋人執鄭祭仲"孔穎達疏："行使被執，例稱行人。"此謂被託付的人。遣信：猶傳信。《世說新語·文學39》："母王夫人在壁後聽之，再遣信令還。"信：傳信人。

［3］填塞（sāi）：塞滿；填平。

［4］興古：今雲南文山東北硯山。在官：任職。

［5］親故：親戚故舊。

［6］手下立愈：猶手到病除。

［7］辨士：遊說之士。辨通辯。遊行：虛浮不實的言行。虛聲：虛譽。

［8］躄（bì）：足不能行。《素問·痿論》"痿躄"王冰注："躄，謂攣躄，足不得伸以行也。"

［9］趨之如市：急忙前往如趕集市。猶如後世所用"趨之如鶩"之語式。

［10］敕：告誡。

［11］小黠而大愚：猶"小黠大癡"。好賣弄小聰明而實際上很愚蠢。韓愈《送窮文》："騙我令去，小黠大癡。"按：韓語實本葛洪此語。

［12］福佑：幸福；福氣。

［13］災傷：由天災人禍造成的損害。

［14］遺禽脫獸：禽獸逃脫。遺脫：猶逃脫。《六韜·略地》："敵人恐懼，不入山林，即歸大邑，走其別軍，車騎遠要其前，勿令遺脫。"葛洪用"遺""脫"各帶賓語"禽""獸"。

［15］守形：專注於形體。《莊子·在宥》："目無所見。耳無所聞，心無所知，汝神將守形，形乃長生。"防禁：防備禁戒。

［16］思玄：研求妙理。執一：謂掌握根本之道。

［17］含景（jǐng）：服食日光。道家養身術之一。

［18］蓑笠（suō lì）：雨具蓑衣和笠帽。

［19］沈陰：陰暗；陰沉。

［20］飛鋒：指飛來的兵刃。此包括箭矢。

［21］露立：謂無居處。《三國志·吳書·陳表傳》："（陳表）家財盡於

養士,死之日,妻子露立。太子登爲起屋宅。"劇:艱難。

[22] 蕎麥之細碎:蕎麥于"立秋前後下種,八九月收刈"(李時珍《本草綱目》二十三),與一般植物春種秋收不同,故違背一般陰陽規律。細碎:瑣碎;細小。此言與整個物體相較而言是細微的。

[23] 散人:閒散不爲世用之人。

明　本　卷　十[1]

1　或問儒道之先後[2]。抱朴子答曰："道者，儒之本也；儒者，道之末也[3]。夫以爲陰陽之術[1]，衆相忌諱[2]，使人拘畏[4]；而儒者博而寡要，勞而少功[5]；墨者儉而難遵，不可偏修[3][6]；法者嚴而少恩，傷破仁義[7]。唯道家之教，使人精神專一，動合無形[8]；包儒墨之善，總名法之要[9]；與時遷移，應物變化[10]；指約而易明，事少而功多；務在全大宗之朴，守真正之源者也。而班固以史遷先黃、老而後六經，謂遷爲謬[11]。夫遷之洽聞，旁綜幽隱；沙汰事物之臧否[12]，覈實古人之邪正。其評論也，實原本於自然[13]；其褒貶也，皆準的乎至理。不虛美，不隱惡[14]，不雷同以偶俗。劉向命世通人[15]，謂爲實録[16]；而班固之所論，未可據也[4]。固誠純儒，不究道意，玩其所習，難以折中[17]。夫所謂道，豈唯養生之事而已乎？《易》曰：立天之道，曰陰與陽；立地之道，曰柔與剛；立人之道，曰仁與義[18]。又曰：《易》有聖人之道四焉[19]，苟非其人，道不虛行。又於治世隆平[20]，則謂之有道；危國亂主，則謂之無道[21]。又坐而論道，謂之三公[22]；國之有道，貧賤者恥焉[23]。凡言道者，上自二儀，下逮萬物，莫不由之。但黃、老執其本，儒、墨治其末耳。今世之舉有道者，蓋博通乎古今[5]，能仰觀俯察[24]，歷變涉微，達興亡之運，明治亂之體，心無所惑,問無不對者,何必修長生之法,慕松、喬之式者哉⁽⁶⁾?而管窺諸生,臆斷瞽説^[25],聞有居山林之間,宗伯陽之業者^[26],則毁而笑之曰:彼小道耳^[27],不足算也^[28]。嗟乎!所謂抱螢燭於環堵之内者,不見天光之焜爛⁽⁷⁾,侶鮒鰕于跡水之中者^[29],不識四海之浩汗;重江河之深,而不知吐之者昆崙也;珍黍稷之收,而不覺秀之者豐壤也。今苟知推崇儒術,而不知成之者由道。道也者,所以陶冶百氏,範鑄二儀,胞胎萬類,醖釀彝倫者也^[30]。世間淺近者衆,而深遠者少,少不勝衆,其來久矣⁽⁸⁾。是以史遷雖長而不見譽,班固雖短而不見彈^[31]。然物以少者爲貴,多者爲賤,至於人事,豈獨不然?故藜藿彌原,而芝英不世^[32];枳棘被野^[33],而尋木間秀^[34];沙礫無量^[35],而珠璧其尟^[36];鷹隼屯飛^{(9)[37]},而鸞鳳罕出^[38];虺蝪盈藪^[39],而虬龍希覿^[40];班生多黨,固其宜也。夫道者,内以治身,外以治國^[41];能令七政遵度,二氣告和^[42];四時不失寒燠之節^[43],風雨不爲暴物之災^[44];玉燭表升平之徵^[45],醴泉彰德洽之符^{(10)[46]};焚輪虹霓寢其祅^[47],頹雲商羊戢其翼^[48];景耀高照^[49],嘉禾畢遂^[50];疫癘不流,禍亂不作;墮壘不設^[51],干戈不用;不議而當,不約而信^[52];不結而固,不謀而成^[53];不賞而勸^[54],不罰而肅;不求而得,不禁而止。處上而人不以爲重,居前而人不以爲患^[55];號未發而風移,令未施而俗易:此蓋道之治世也。故道之興也,則三五垂拱而有餘焉^[56];道之衰也,則叔代馳騖而不足焉^[57]。夫唯有餘,故無爲而化美;夫唯不足,故刑嚴而奸繁。黎庶怨於下,皇靈怒於上^[58]。或洪波橫流^{(11)[59]},或亢陽赤地^[60];或山谷易體^[61],或冬雷夏雪;或流血漂櫓^[62],積尸築京^[63];或坑降萬計[64]，析骸易子[65]；城愈高而衝愈巧[66]，池愈深而梯愈妙[12]；法令明而盜賊多[67]，盟約數而叛亂甚[68]；猶風波駭而魚鼈擾於淵，纖羅密而羽禽躁於澤[69]，豺狼衆而走獸劇於林[70]，爨火猛而小鮮糜於鼎也[13][71]。君臣易位者有矣，父子推刃者有矣[72]；然後忠義制名於危國[73]，孝子收譽於敗家。疾疫起而巫醫貴矣[74]，道德喪而儒墨重矣[75]。由此觀之，儒道之先後，可得定矣。”

【校】

（1）夫：藏本、平津本作先，從盧本、慎校本、寶顏堂本、崇文本校改。

（2）衆相忌諱藏本、平津本相作於，從《校補》校改。

（3）偏修：即徧循。《校補》：“‘偏’當作‘徧’，‘修’當作‘循’，並字之誤也。”按：偏通徧。《墨子·小取》“則不可偏觀也”孫詒讓閒詁：“偏與徧通。”修通循。《爾雅·釋詁上》“遹，循也”郝懿行正義：“循，又通作修，修、循一聲之轉也。”

（4）未可據也：宋浙本、藏本據作遽，皆非。

（5）古今：藏本、崇文本作今古。按：《抱朴子》無論《內篇》《外篇》，沒有作“今古”的。《外篇·勖學》：“舒竹帛而考古今。”《崇教》：“無術學，則安能見邪正之真偽，具古今之行事。”《交際》：“時移世變，古今別務。”《擢才》：“且夫愛憎好惡，古今不均。”《疾謬》：“古今因革之異同。”《刺驕》：“言發足以解古今之惑。”《廣譬》第34首：“信耳而疑目者，古今之所患也。”皆作“古今”，不作“今古”。

（6）式：平津本作武，從宋浙本、藏本、魯藩本、慎校本校改。法、式對舉互文同義。

（7）焜爛：藏本、魯藩本、平津本同，宋浙本作晃爛。

（8）其：平津本作由：從宋浙本、藏本、魯藩本、慎校本、崇文本校改。

（9）鷹隼屯飛：藏本、平津本鷹作鴻，從孫星衍校改：“（鴻）刻本作鷹。”“鴻隼”是否連文待考。“鷹隼”連文見於古籍和《抱朴子外篇》之《尚博》《文行》。

（10）醴泉：藏本、平津本作澄醴；今校改。詳見注。

（11）或：孫星衍校：“藏本無此字。”

（12）池愈深而梯愈妙：二愈字孫星衍、王明校，宋浙本、藏本、魯藩本
　　　作逾。按：愈通逾，但宜統一，全用愈字。

（13）糜：孫星衍校：“藏本作麇。”

【注】

［１］明本：闡明道先儒後、道本儒末、道源儒流、道優儒劣，道居於百
　　　家君長的統治地位。

［２］先後：前後。《禮記·大學》：“物有本末，事有終始，知所先後，則
　　　近道矣。”按：辨先後之理以此。

［３］道者，儒之本也；儒者，道之末也：《塞難》：“道者，萬殊之源也；儒
　　　者，大淳之流也。三皇以往，道治也；帝王以來，儒教也。”注此
　　　正合。

［４］陰陽之術：春秋戰國時代九流之一，包括“陰陽、四時、八位、十二
　　　度、二十四節”（《漢書·司馬遷傳》）與“五德終始”兩個學派。班
　　　固《漢書·藝文志》：“陰陽家者流，蓋出於羲和之官，敬順昊天，
　　　曆象日月星辰。敬授民時，此其所長也。及拘者爲之，則牽於禁
　　　忌，泥於小數，舍人事而任鬼神。”顏師古注：“泥，滯也。音乃計
　　　反。”“舍，廢也。”《史記·太史公自序·論六家之要指》：“嘗竊觀
　　　陰陽之術，大祥而衆忌諱，使人拘而多所畏；然其序四時之大順，
　　　不可失也。”《漢書·司馬遷傳》：“夫陰陽、四時、八位、十二度、二
　　　十四節各有教令，曰順之者昌，逆之者亡，未必然也，故曰‘使人
　　　拘而多畏’。”陰陽之術蓋相當於今之天文學、氣象學。拘畏：拘
　　　束畏懼。

［５］儒者：指儒家學派，其代表人物是孔丘、孟軻。《漢書·藝文志》：
　　　“儒家者流，蓋出於司徒之官，助人君順陰陽、明教化者也。游文
　　　於六經之中，留意於仁義之際，祖述堯、舜，憲章文、武，宗師仲
　　　尼，以重其言，於道最爲高。”顏師古注：“祖，始也。述，修也。

憲,法也。章,明也。宗,尊也。言以堯舜爲本始而遵修之,以文
王、武王爲明法,又師尊仲尼之道。《論六家之要指》:"儒者博而
寡要,勞而少功,是以其事難盡從;然其序君臣父子之禮,列夫婦
長幼之別,不可易也。"《漢書・司馬遷傳》:"夫儒者,以六藝爲
法,六藝經傳以千萬數,累世不能通其學,當年不能究其禮,故曰
'博而寡要,勞而少功'。"

[6] 墨者:墨家學派,其代表人物是墨翟。偏修:即徧循。《漢書・
藝文志》:"墨家者流,蓋出於清廟之守,茅屋采椽,是以貴儉;養
三老五更,是以兼愛;選士大射,是以上賢;宗祀嚴父,是以右鬼;
順四時而行,是以非命;以孝視天下,是以上同。此其所長也。
及蔽者爲之,見儉之利,因以非禮,惟兼愛之意,而不知別親疏。"
《論六家之要指》:"墨者儉而難遵,是以其事不可徧循。然其强
本節用,不可廢也。"索隱:"不可徧循,言難盡用也。"

[7] 法者:法家以法術勢治國,代表人物是韓非。《漢書・藝文志》:
"法家者流,蓋出於理官,信賞必罰,以輔禮制。《易》曰:'先王以
明罰飭法。'此其所長也。及刻者爲之,則無教化,去仁愛,專任
刑法而欲以致治,至於殘害至親,傷恩薄厚。"《論六家之要指》:
"法家嚴而少恩,然其正君臣上下之分,不可改矣。"《漢書・司馬
遷傳》:"法家不別親疏,不殊貴賤,壹斷於法,則親親尊尊之恩絶
矣,可以行一時之計,而不可長用也,故曰'嚴而少恩'。"傷破:
傷害;損傷。

[8] 道家:道家秉要執本,清虛自守,其代表人物是老聃、莊周。《漢
書・藝文志》:"道家者流,蓋出於史官,歷記成敗存亡禍福古今
之道,然後知秉要執本,清虛以自守,卑弱以自持,此君人南面之
術也。合於堯之克攘,《易》之嗛嗛,一謙而四益,此其所長也。
及放者爲之,則欲絶去禮學,兼棄仁義,曰獨任清虛可以爲治。"
顏師古注:"《虞書・堯典》稱堯之德曰'允恭克讓',言其信恭能
讓也,故志引之云。攘,古讓字。四益,謂天道虧盈而益謙,地道
變盈而流謙,鬼神害盈而福謙,人道惡盈而好謙也。此《謙》卦象
辭。嗛字與謙同。放,蕩也。"《論六家之要指》:"道家使人精神

專一,動合無形,贍足萬物。其爲術也,因陰陽之大順,采儒墨之善,撮名法之要,與時遷移,應物變化,立俗施事,無所不宜,指約而易操,事少而功多。"專一:純净不雜;專心一意。無形:不露形跡。

[9] 名:名家。名家辯名實而循名責實,其代表人物有惠施、公孫龍等。《漢書·藝文志》:"名家者流,蓋出於禮官,古者名位不同,禮亦異數。孔子曰:'必也正名乎! 名不正則言不順,言不順則事不成。'此其所長也。"《論六家之要指》:"名家使人儉而善失真,然其正名實,不可不察也。"

[10] 與時遷移:猶"與世推移"。隨著世事的變化而變化以合時宜。應物:順應事物。《論六家之要指》:"與時遷移,應物變化,立俗施事,無所不宜。"

[11] 班固以史遷先黄老而後六經,謂遷爲謬:《漢書·司馬遷傳贊》:"論大道則先黄老而後六經,序遊俠則退處士而進姦雄,述貨殖則崇勢力而羞賤貧,此其所蔽也。"

[12] 沙汰:淘汰;揀選。《後漢書·賈琮傳》:"詔書沙汰刺史、二千石,更選清能吏,乃以琮爲冀州刺史。"

[13] 原本:追溯事物的由來。

[14] 不虛美,不隱惡:《漢書·司馬遷傳贊》:"然自劉向、揚雄博極群書,皆稱遷有良史之材,服其善序事理,辨而不華,質而不俚,其文直,其事核,不虛美,不隱惡,故謂之實録。"虛美:憑空加以讚美。隱惡:掩蓋過錯。武英殿本作不隱善,也通。

[15] 命世:名世;著名於當世。通人:學識淵博通達的人。

[16] 謂爲實録:《漢書·司馬遷傳贊》引劉向語作"謂之實録",顏師古注引應劭曰:"言其録事實。"

[17] 折中:取正,用爲判別事物的準則。《楚辭·九章·惜誦》:"令五帝以折中兮,戒六神與向服。"朱熹集注:"折中,謂事理有不同者,執其兩端而折其中,若《史記》所謂'六藝折中于夫子'是也。"

[18] 立天之道六句:語見《易·説卦》。高亨注:"仁以愛人,主於柔。義以制事,主於剛。"

[19]《易》有聖人之道四焉：《易·繫辭上》：“《易》有聖人之道四焉：以言者尚其辭，以動者尚其變，以制器者尚其象，以卜筮者尚其占。”

[20] 於：如。隆平：昌盛太平。

[21] 危國：猶危邦、亂邦。《論語·泰伯》：“危邦不入，亂邦不居。”無道：謂社會政治紛亂黑暗。《論語·季氏》：“天下無道，則禮樂征伐自諸侯出。”

[22] 坐而論道，謂之三公：指三公無固定職守，專門陪著君主謀慮國事，議論政令。《周禮·考工記序》：“或坐而論道。”鄭玄注：“論道，謂謀慮治國之政令也。”《周禮·考工記》：“坐而論道，謂之王公。”“王”當作“三”。三公：太師、太傅、太保。

[23] 國之有道二句：《論語·泰伯》：“子曰：‘……邦有道，貧且賤焉，恥也；邦無道，富且貴焉，恥也。’”作者易“邦”爲“國”，“邦”“國”義同。

[24] 仰觀俯察：指觀察周圍事物。《易·繫辭上》：“仰以觀於天文，俯以察於地理。”

[25] 瞽説：胡説，瞎説。

[26] 伯陽之業：此指黃、老道業。老子李聃字伯陽。

[27] 小道：指異端邪説。《論語·子張》：“子夏曰：‘雖小道，必有可觀者焉。’”集解：“小道謂異端。”皇侃疏：“小道，謂諸子百家之書也。”

[28] 不足算：不足數。不值得一辨。算：等差；區別（優劣、高下）。《論語·子路》：“子曰：‘斗筲之人，何足算也！’”按：《論語》異文作“何足選”、“何足數”。“何足算”謂沒有什麼區別。算、選、數義通。《三蒼》：“算，選也。”《説文·辵部》：“選……一曰選擇也。”

[29] 鮋（yóu）：小魚。鰕：同蝦。

[30] 醖釀：造酒的發酵過程；造酒。此喻涵育、薰陶。彝倫：（治國理民的）常道。《書·洪範》：“我不知其彝倫攸叙。”

[31] 彈（tán）：彈劾；批評指責。

［32］不世：非一世所能有，罕有。多指非凡。

［33］枳棘：枳木與棘木多刺，被稱惡木，用以喻惡人或小人。被野：
覆蓋原野。

［34］尋木：大木。《山海經・海外北經》：“尋木長千里。”

［35］沙礫：沙子和碎石。

［36］珠璧：珠和璧。珠連璧合。

［37］鷹隼：鷹和雕。泛指猛禽。屯（tún）：聚。

［38］鸞鳳：鸞鳥與鳳凰。喻賢俊之士，

［39］虺蜴：蜥蜴。虺（huǐ）：蜥蜴之屬。

［40］虯龍：傳說中的一種無角龍。

［41］內以治身二句：蓋本老、莊內聖外王之說。帛書甲本《老子・道
經・第十三章》：“故貴爲身於爲天下，若可以囊（托）天下（矣）；
愛以身爲天下，女（如）可以寄天下矣。”高明注：“‘貴爲身於爲天
下’，猶言爲身貴於爲天下。”《莊子・讓王》：“道之真以治身，其
緒餘以爲國家，其土苴以治天下。”又《天下》：“古之所謂道術者，
果惡乎在？曰：‘無乎不在。’曰：‘神何由降？明何由出？’‘聖有
所生，王有所成。皆原於一。’”此即所謂“內聖外王之道”。《鶡
冠子・泰錄》：“內聖者，精神之原也。”宋人陸佃解曰：“外王者皆
其緒餘土苴，則內聖者，精神之原也。”蓋得其旨。梁啟超《諸子
考釋・莊子天下篇釋義》：“‘內聖外王之道’一語，包舉中國學術
之全部，其旨歸在於內足以資修養而外足以經世。”

［42］二氣：指陰陽。

［43］四時：春秋冬夏四季。于省吾先生《歲時起源考》說，最初“有春
秋而無冬夏”。《莊子・逍遙遊》：“蟪蛄不知春秋。”即其證。
《易・恒》：“象曰：……四時變化而能久成。”《禮記・孔子閒
居》：“天有四時，春秋冬夏。”亦先有“春秋”後有“冬夏”之一證。
寒燠（yù）：冷熱。燠以長物，寒以成物。

［44］暴物：殘害萬物。

［45］玉燭：四氣（春夏秋冬四時的溫、熱、冷、寒之氣）和諧；謂其美如
玉，其明如燭。形容太平盛世。《爾雅・釋天》：“四氣和謂之

玉燭。"

[46] 醴泉：與"玉燭"對舉。地出的甜美的泉水。《禮記·禮運》："故天降膏露,地出醴泉。"疏引《援神契》："德至深泉,則醴泉湧。"一說天降甘露爲醴泉,指及時雨。

[47] 焚輪：頹風;旋風;龍捲風。暴風從上來降謂之頹。頹,下也。虹蜺：亦作虹蜺。即蝃蝀。雨後或日出、日没之際太陽光線與水氣相映,出現在天空的七色圓弧。常有兩環,内環爲雄虹,外環爲雌虹。寢：止息。祆：同妖。

[48] 頹雲：下墜的雲。商羊：傳説中的知雨之鳥,大雨前常屈一足起舞,預告天將大雨。見《説苑·辨物》。戢：收斂。

[49] 景耀：光芒;陽光。

[50] 嘉禾：生長奇異的禾,古人以爲吉祥的徵兆。

[51] 塹壘：深壕高迭的防禦工事。塹同壍。

[52] 不約而信：蓋由"不約而親"變來。《戰國策·中山策》："當此之時,秦中士卒,以軍中爲家,將帥爲父母,不約而親,不謀而信,一心同功,死不旋踵。"

[53] 不謀而成：蓋由"不謀而信"變來。書證見上一條注引。

[54] 不賞：極大之功。《史記·淮陰侯列傳》："臣聞勇略震主者身危,而功蓋天下者不賞。"此借用指不給獎賞。勸：努力。

[55] 處上：猶言"處中"。居於中樞地位,擔任要職。居前：猶居先。領先。

[56] 三五：三皇五帝。垂拱：垂衣拱手,不親理政務。稱頌帝王無爲而治用之。謂任官得人或强臣掌政。

[57] 叔代：衰亂的時代。馳騖：疾馳;奔競。

[58] 皇靈：指祖先;指天帝。

[59] 洪波：波濤,大波浪。横流：大水不循道而氾濫。喻政局動盪,社會不安。

[60] 亢陽：指驕陽;旱災。赤地：空無所有的地面。指遭受嚴重旱災、蟲災,莊稼顆粒無收。

[61] 山谷易體：指地震引起的地貌變化。《詩·小雅·十月之交》：

"高岸爲谷,深谷爲陵。"

[62] 漂櫓:亦作漂樐、漂鹵,亦作漂杵。謂血流浮起盾牌。形容殺傷極多。《戰國策·中山策》:"韓魏相率,興兵甚衆,君所將之(卒)不能半之,而與戰之于伊闕,大破二國之軍,流血漂鹵,斬首二十四萬。"

[63] 積尸築京:收積敵方尸體,封土建築炫耀武功的高高的觀闕(高塚)。《左傳·宣公十二年》:"君盍築武軍,而收晉尸以爲京觀。臣聞克敵必示子孫,以無忘武功。"杜預注:"積尸封土其上,謂之京觀。"京觀實即"骷髏台",後世紀念碑之濫觴。

[64] 坑降萬計:活埋已投降的將卒,動以萬計。如秦趙長平之戰,秦將白起挾詐而坑殺趙國降卒四十萬,項羽率楚軍夜襲坑秦降卒二十余萬于新安城南。

[65] 析骸易子:"析骸以爨","易子而食"(《左傳·宣公十五年》)。

[66] 衝:衝車;戰車。攻城衝撞城牆、城門的戰車。

[67] 法令明而盜賊多:《老子·第五十七章》:"法令滋章,盜賊多有。"

[68] 數(shuò):屢次;頻繁。

[69] 纖羅:細眼網。躁:驚擾;疾飛。

[70] 劇:囂煩;四散奔跑。與上"躁"互文義近。

[71] 小鮮:小魚。《老子·第六十四章》:"治大國若烹小鮮。"

[72] 父子推刃:父仇子報,手持刀劍刺殺或復仇。《公羊傳·定公四年》:"父受誅,子復讎,推刃之道也。"何休注:"一來一往曰推刃。"謂父罪當誅而子復仇,仇家亦必報復,彼此一來一往。

[73] 然後忠義制名于危國:意本《老子·第十八章》:"六親不和,有孝慈;國家昏亂,有忠臣。"忠義:忠貞義烈;忠臣義士。

[74] 巫醫:巫師和醫師。

[75] 道德句:意本《老子·第十八章》:"大道廢,有仁義。"

2　或問曰:"昔赤松子、王喬、琴高、老氏、彭祖、務成、鬱華皆真人[(1)],悉仕於世,不便遐遁[1],而中世以來[2],爲

道之士,莫不飄然絶跡幽隱[3],何也?"抱朴子答曰:"曩古
純朴,巧僞未萌,其明信道者,則勤而學之;其不信者,則嘿
然而已[4]。謗毀之言,不吐乎口;中傷之心[5],不存乎胸
也。是以真人徐徐於民間,不促促於登退耳。末俗偷
薄[6],雕僞彌深[7];玄淡之化廢,而邪俗之黨繁;既不通道,
好爲訕毀;謂真正爲妖訛,以神仙爲誕妄;或曰惑衆,或曰
亂群,是以上士恥居其中也。昔之達人,杜漸防微[8],色斯
而逝[9],夜不待旦[10],覩幾而作,不俟終日[11]。故趙害鳴
犢,而仲尼旋軫[12];醴酒不設,而穆生星行[13];彼衆我寡,
華元去之[14]。況乎明哲,業尚本異[15],有何戀之當住其間
哉?夫淵竭池漉,則蛟龍不游;巢傾卵拾(2)[16],則鳳凰不
集;居言於室,而翔鷗不下[17];凡卉春翦,而芝蓂不秀;世俗
醜正[18],慢辱將臻;彼有道者,安得不超然振翅乎風雲之
表,而翻爾藏軌於玄漠之際乎[19]?山林之中非有道也,而
爲道者必入山林,誠欲遠彼腥羶,而即此清净也。夫入九
室以精思[20],存真一以招神者[21],既不喜誼譁而交汙
穢(3);而合金丹之大藥,煉八石之飛精者(4),尤忌利口之愚
人,諱凡俗之聞見(5)。明靈爲之不降[22],仙藥爲之不成,非
小禁也。止於人中,或有淺見之有司(6),加之以罪禍(7);或
有親舊之往來,牽之以慶吊。莫若幽隱一切,免於如此之
腐鼠矣(8)。彼之邈爾獨往,得意嵩岫(9),豈不有以乎?或
云:上士得道於三軍,中士得道於都市,下士得道於山
林[23],此皆爲仙藥已成,未欲升天(10)。雖在三軍,而鋒刃
不能傷;雖在都市,而人禍不能加(11);而下士未及於此,故
止山林耳。不謂人之在上品、中品者(12),初學道當止於三
軍、都市之中而得也,然則黄、老可以至今不去也。"

【校】

（1）務成、鬱華：《校補》："務成、鬱華，道家有二説。《太上老君開天經》（《雲笈七籤》二）云：'伏犧之時，老君下爲師，號曰無化子，一名鬱華子。帝堯之時，老君下爲師，號曰務成子。'此謂務成、鬱華諸仙，皆老子化身，蓋本道家舊説也。葛氏《神仙傳》辨之云：'夫有天地則有道術，道術之士，何時暫乏。是以伏羲以來，至於三代，顯名道術，世世有之，何必常是一老子也。'是抱朴不取舊説者矣。今以老子、務成、鬱華並列，正可與《神仙傳》相印證。"按：葛洪《神仙傳・老子》："或云：（老子）上三皇時爲玄中法師，下三皇時爲金闕帝君，伏羲時爲鬱華子，神農時爲九靈老子，祝融時爲廣壽子，黄帝時爲廣成子，顓頊時爲赤精子，帝嚳時爲禄圖子，堯時爲務成子，舜時爲尹壽子，夏禹時爲真行子，殷湯時爲錫則子，文王時爲文邑先生，一云守藏史。"此段"或云"在"葛氏《神仙傳》辨之云"之前，葛氏辨文與"或云"所説不同。

（2）巢傾卵拾：王明校："'拾'宋浙本作'捨'，又云一作'拾'。"

（3）既不喜諠嘩而交汙穢：藏本、平津本"交"作"合"，從宋浙本校改。

（4）飛精：陳其榮校："《御覽》六百七十精作英。"

（5）諱凡俗之聞見：藏本諱作忌，與上"忌"字重複，平津本無"諱"字，從宋浙本校改。按："諱"方與上"忌"互文對仗。

（6）或有淺見之有司：藏本、平津本"見"下有"毀"字，從孫星衍校删。

（7）加之以：藏本、平津本無"以"字，從孫星衍校補。王明按："宋浙本有'以'字。"禍：藏本、平津本作福，從孫星衍校改。如此"或有淺見之有司，加之以罪禍"方與"或有親舊之往來，牽之以慶吊"對仗。

（8）腐鼠：藏本、平津本作臭鼠；今校改。

（9）嵩：孫星衍校："一本作'岩'。"

（10）未欲升天：陳其榮校："《御覽》六百七十作未欲輕舉。"

（11）人禍：陳其榮校："《御覽》六百七十作凶禍。"

（12）人之在上品、中品者：藏本、平津無"中品"二字，尋上下文意，上文有"上士、中士、下士"之分，此處"上品"與下文"三軍"相呼應，然而没有"中品"二字與下文"都市"相呼應,疑"上品"下蓋脱"中品"二字。

【注】

［１］遐遁:遠遠地逃離;謂隱居不仕。

［２］中世:猶中古;猶中期。此指春秋時代。

［３］飄然:高遠貌;超脱貌。此謂飄泊貌;流落貌。幽隱:隱居;潛藏。

［４］嘿(mò)然:沉默無語的樣子。嘿同默。

［５］中(zhòng)傷:誣衊、傷害別人。"中"與"傷"同義。

［６］偷薄:澆薄,不敦厚。

［７］雕僞:矯飾;做作。雕:浮僞。

［８］杜漸防微:在錯誤、壞事、不良風氣等剛露苗頭時就加以制止,不使其蔓延發展。陸賈《新語·道基》:"忠進讒退,直立邪亡,道行奸止,……杜漸消萌。"

［９］色斯而逝:猶驚駭而飛。《論語·鄉黨》:"色斯舉矣,翔而後集。"王引之《經傳釋詞》八:"今按'色斯'者,狀鳥舉之疾也,與'翔而後集'意正相反。"此一説也。2006年12月《語言研究》徐前師《〈論語〉"色斯舉矣"新解》説:"《玄應音義》四十六'歃然'條:'所力反,《埤蒼》:"恐懼也。"《通俗文》:"小怖曰歃。"《公羊傳(·哀公六年)》"歃然而駭"是也。'卷四二'歃歃'條又云:'所力反,《通俗文》:"小怖曰歃。"《埤蒼》:"歃歃,恐懼也。"'卷六七'歃然'條:'《考聲》:"恐怖也。"'""歃、色上古音均爲入聲生母、職部字,大徐'色'音所力切,與(顧)野王反切同,可見歃、色在上古、中古都爲同音字,故可互相假借。""由上可知,《論語》'色斯舉矣'之'色'本當作'歃','驚駭'、'恐怖'之義。""《論語》'色斯舉矣'意即'(雉鳥)稍感恐怖即飛走啊'"。後用以指高飛遠遁以避世。

［10］待旦:等到天亮。《孟子·離婁下》:"周公思兼三王,以施四事。其有不合者,仰而思之,夜以繼日;幸而得之,坐以待旦。"

多指爲官勤政。

[11] 覩幾而作，不俟終日：《易·繫辭下》：“君子見幾而作，不俟終日。”孔穎達疏：“言君子欲見事之幾微，則須動作而應之，不得待終其日，言赴幾之速也。”《後漢書·邳彤傳》“謀幾初者”李賢注：“幾，事之微，吉凶之先見者。”

[12] 趙害鳴犢，而仲尼旋軫：聽説趙簡子殺害晉國賢大夫竇鳴犢，孔子倒車回去。《史記·孔子世家》：“孔子既不用於衛，將西見趙簡子，至於河，而聞竇鳴犢、舜華之死也，臨河而歎曰：‘美哉水，洋洋乎！丘之不濟此，命也夫！’子貢趨而進曰：‘敢問何謂也？’孔子曰：‘竇鳴犢、舜華，晉國之賢大夫也。趙簡子未得志之時，須此兩人而後從政，及其已得志，殺之乃從政。丘聞之也，刳胎殺夭則麒麟不至郊，竭澤涸漁則蛟龍不合陰陽，覆巢毀卵則鳳皇不翔。何則？君子諱傷其類也。夫鳥獸之於不義也尚知辟之，而況乎丘哉！’乃還息乎陬鄉，作爲《陬操》以哀之。而反乎衛，入主蘧伯玉家。”軫：車前後兩端之橫木；代指車。

[13] 醴酒不設，而穆生星行：《漢書·楚元王傳》：“初，元王敬禮申公等，穆生不嗜酒。元王每置酒，常爲穆生設醴。及王戊即位，常設。後忘設焉。穆生退曰：‘可以逝矣！醴酒不設，王之意怠。不去，楚人將鉗我於市。’……遂謝病去。”醴酒不設：不再特別準備甜酒。比喻對人禮敬漸漸減弱。星行：星夜離去。

[14] 彼衆我寡，華元去之：《左傳·宣公二年》：“二年春，鄭公子歸生受命于楚伐宋……宋師敗績。囚華元……宋人以兵車百乘，文馬百駟以贖華元於鄭。半入，華元逃歸。……華元曰：‘去之，夫其口衆我寡。’”口衆即人衆。

[15] 業尚：① 尊崇；崇尚。② 學業和品德。

[16] 巢傾卵拾：蓋由“巢覆而卵不破”或“巢毀而卵不破”變來。《世説新語·言語5》：“孔融被收，中外惶怖。時融兒大者九歲，中者八歲，二兒故琢釘戲，了無遽容。融謂使者曰：‘冀罪止於身，二兒可得全不？’兒徐進曰：‘大人豈見覆巢之下，復有完卵乎？’尋亦收至。”注引《魏氏春秋》作：“二子曰：‘安有巢覆而卵不破

者哉?’”《後漢書・孔融傳》:“初,女年七歲,男年九歲,以其幼
弱得全,寄它舍。二子方弈棊,融被收而不動。左右曰:‘父執
而不起,何也。’答曰:‘安有巢毁而卵不破乎!’”蓋傳聞異辭,作
者用之而取義不同。

[17] 居言於室,而翔鷗不下:《列子・黄帝》:“海上之人有好漚(鷗)
鳥者,每旦之海上,從漚鳥遊,漚鳥之至者百住(數)而不止,其
父曰:‘吾聞漚鳥皆從汝遊,汝取來,吾玩之。’明日之海上,漚鳥
舞而不下也。”

[18] 醜正:嫉害正直的人。

[19] 翻爾:猶翻然。迅速轉變貌;反而。藏軌:猶隱跡。

[20] 九室:道教謂人頭中“九宫”與人體“九竅”。《黄庭内景經・常
念章》:“九室正虚神明舍。”梁丘子注:“九室,謂頭中九宫室及
人之九竅,使上宫榮華,九竅真正,則衆神之所止也。”

[21] 真一:本指保持本性,自然無爲。此指真一之氣,亦即祖氣、
元氣,養生的方法。《太上靈寶經五符序》下:“割嗜欲所以固
血氣,然後真一存焉,三一守焉。身壯之焉,年壽遐焉。泥
丸、絳宫、丹田,是三一之真焉。令子守之,則萬毒千邪不敢
傷矣。”

[22] 明靈:聖明神靈。

[23] 上士、中士、下士:古代官階。《周禮・天官・序官》:“宰夫下
大夫四人,上士八人,中士十有六人,下士三十有二人。”孫詒讓
正義:“凡諸官上士,《王制》謂之元士,又謂之適士,中、下士又
謂之官師。”稚川此處不過是借用。三軍:周制王六軍,大國諸
侯三軍。中軍最尊,上軍次之,下軍又次之。一軍一萬二千五
百人,三軍合三萬七千五百人。《周禮・夏官・司馬》:“凡制
軍,萬有二千五百人爲軍。王六軍,大國三軍,次國二軍,小國
一軍。”軍隊的通稱。《論語・子罕》:“三軍可奪帥也,匹夫不可
奪志也。”

3　或問曰："道之爲源本，儒之爲末流，既聞命矣[1]，今之小異，悉何事乎？"抱朴子曰："夫升降俯仰之教[2]，盤旋三千之儀[3]；攻守進趣之術，輕身重義之節(1)[4]；歡憂禮樂之事[5]，經世濟俗之略[6]：儒者之所務也。外物棄智[7]，滌蕩機變[8]；忘富逸貴，杜遏勸沮；不恤乎窮[9]，不榮乎達[10]；不戚乎毁[11]，不悦乎譽：道家之業也。儒者祭祀以祈福，而道家履正以禳邪(2)[12]。儒者所愛者勢利也，道家所寶者無欲也[13]。儒者汲汲於名位(3)，而道家抱一以獨善。儒者所講者，相研之簿領也(4)[14]；道家所習者，遣情之教戒也。夫道者，其爲也(5)，善自修以成務[15]；其居也，善取人所不爭[16]；其治也，善絶禍於未起；其施也，善濟物而不德[17]；其動也，善觀民以用心[18]；其静也，善居貞而無悶(6)[19]。此所以爲百家之君長[20]，仁義之祖宗也，小異之理，其較如此[21]，首尾汙隆[22]，未之變也。"

【校】

（1）義：孫星衍校："藏本作命。"

（2）道家：藏本、平津本作道者，依本句上下文例從王明校引宋浙本校改。

（3）名位：藏本、平津本作名利，"利"與上文"勢利"之"利"重複，今校改。"名位"稚川多用之。《外篇·逸民》："恬粹不爲名位所染。"《交際》："豈名位之足競乎？"《任命》："知之者希，名位不臻。"《疾謬》："名位粗會，便背禮叛教，託云率任。"《博喻 68》："金玉崇而寇盗至，名位高而憂責集。"《彈禰》："少長稱譽，名位殊絶。"《詰鮑》："名位不同，則禮物異數。"《自叙》："内以誇妻妾，外以釣名位。""雖翕肩屈膝，趨走風塵，猶必不辦大致名位而免患累。"並其例可證。

（4）相研：王明校："或疑'研'爲'斫'，訛。"按："相研"不誤，儒家經典非相斫書。相斫：謂《左傳》爲相斫書。《三國志・魏書・王肅傳》"明帝時，大司農弘農董遇等，亦歷注經傳，頗傳于世"裴松之注引三國魚豢《魏略》："豢又嘗從問《左氏傳》，（隗）禧答曰：'……《左氏》直相斫書耳，不足精意也。'"採張明高説。

（5）其：孫星衍校："藏本作無，誤。"

（6）居貞：藏本、平津本作居慎，孫星衍校："慎當作真，或疑作貞。"按：當作貞。上有成務，此有居貞，上下相關。《外篇・君道》："居貞成務，則確若嵩、岱之根地。"則是連文用例。

【注】

［1］源本：根本；根源；源頭。末流：水流的下游。聞命：接受命令或教導。《左傳・昭公十三年》："寡君聞命矣。"

［2］升降：上升下降。特指行喪禮時之升降西階而言。俯仰：周旋，應付。《禮記・樂記》："升降上下，周還裼襲，禮之文也。"釋文："還，音旋。"孔穎達疏："周謂行禮周曲迴旋也。"

［3］三千之儀：極言禮儀、威儀之繁縟。《中庸》："禮儀三百，威儀三千。"

［4］輕身重義：謂輕視生命而重視正義事業。

［5］禮樂(yuè)：禮節和音樂。古代帝王以禮樂治國。《吕氏春秋・孟夏》："乃命樂師習合禮樂。"高誘注："禮所以經國家，定社稷，利人民；樂所以移風易俗，蕩人之邪，存人之正性。"

［6］經世：治理世事。

［7］外物：超脱物欲之外。棄智：道家謂屏棄聰明智巧。《老子・第十九章》："絶聖棄智，民利百倍。"《莊子・胠篋》："故絶聖棄智，大道乃止；擿玉毁珠，小盜不起。"

［8］滌蕩：蕩洗；清除。機變：機辯。口辯機利；機智而長於言辭。變通辯。

［9］不恤：不憂憫；不顧惜。

［10］不榮：不以爲榮顯。

［11］不戚：不爲……憂傷。

[12] 履正：躬行正道。

[13] 無欲：没有私欲。《老子・第五十七章》："故聖人云：'……我無欲而民自樸。'"王弼注："上之所欲，民從之速也。我之所欲唯無欲，而民亦無欲而自樸也。"

[14] 簿領：領取物品的登記簿。此指典籍。

[15] 成務：成就事業。《易・繫辭上》："夫《易》何爲者也？夫《易》，開物成務，冒天下之道，如斯而已者也。"

[16] 不争：不争奪。《老子・第三章》："不尚賢，使民不争。"又《第二十二章》："夫唯不争，故天下莫能與之争。"

[17] 濟物：猶濟人。救助他人。不德：不自以有德。《老子・第三十八章》："上德不德，是以有德；下德不失德，是以無德。"林希逸注："有德而不自知其德化。"

[18] 觀民：顯示於民。《韓非子・難三》"舉善以觀民"陳奇猷集釋引顧廣圻曰："觀，示也。"

[19] 居貞：遵守正道。《易・頤》："居貞之吉，順以從上也。"無悶：没有苦惱。多形容隱居情懷。《易・乾・文言》："遯世無悶。"按：其動也、其静也二句，與《外篇・任命》"其静也，則爲逸民之宗；其動也，則爲元凱之表"之意相近，可合讀。

[20] 百家：指學術上的各個派別。此指先秦以來諸子。舉成數而言，故云百家。君長：國君與卿大夫；天子與諸侯。

[21] 較：大較，大略，大致情況。

[22] 汙隆：高下。《文選》潘岳《西征賦》："憑高望之陽隈，體川陸之汙隆。"

4　或曰："儒者，周、孔也，其籍則六經也，蓋治世存正之所由也[1]，立身舉動之準繩也[2]；其用遠而業貴，其事大而辭美，有國有家不易之制也[3]。爲道之士，不營禮教[4]，不顧大倫；侶狐貉於草澤之中[5]，偶猿猱於林麓之間(1)[6]；魁然流擯[7]，與木石爲鄰；此亦東走之迷[8]，忘葵之甘也[9]。"抱朴子答曰："摛華騁艷[10]，質直所不尚[11]；攻蒙救惑，疇昔之所屬[12]；誠不欲復與子較物理之善否，校得失於機吻矣[13]。然觀孺子之墜井[14]，非仁者之意；視瞽人之觸柱，非兼愛之謂[15]？即又陳梗概(2)[16]，粗抗一隅[17]。夫體道以匠物[18]，寶德以長生者，黃、老是也。黃帝既治世致太平，而又昇仙(3)，則未可謂之後於堯、舜也。老子既兼綜禮教，而又久視，則未可謂之減於周、孔也(4)。故仲尼有竊比之歎[19]，未聞有疵毀之辭。而末世庸民，不得其門，修儒、墨而毀道家，何異子孫而罵詈祖考哉[20]？是不識其所自來，亦已甚矣。夫侏儒之手[21]，不足以傾嵩、華[22]；焦僥之脛[23]，不足以測滄海；每見凡俗守株之儒[24]，營營所習[25]，不博達理，告頑舍囂(5)[26]，崇飾惡言[27]，誣詰道家。説糟粕之滓，則若觀駿馬之過隙也[28]；涉精神之淵，則猶觀淪溺而自失也(6)[29]。猶斥鷃之揮短翅[30]，以淩陽侯之波[31]；猶蒼蠅之力駕質(7)[32]，以涉眴猿之峻(8)[33]；非其所堪，祇足速困。然而嘍嘍守於局隘[34]，聽不經曠，明不徹離[35]，而欲企踵以包三光[36]，鼓腹以奮雷震(9)[37]，不亦蔽乎？蓋登旋璣之眇邈，則知井谷之至卑[38]；覩大鵬之彌天(10)[39]，乃知鷦鷯之可陋(11)[40]。吾非生而知之[41]，又非少而信之，始者蒙蒙[42]，亦如子耳。既觀奧秘之弘修[43]，而恨離困之不早也。五經之事，注説炳露，初學之徒，猶有不解(12)。豈況金簡玉字(13)，神仙之經，至要之言，又多不書。登壇歃血[44]，乃傳口訣。苟非其人，雖裂地連城[45]，金璧滿堂[46]，不妄以示之。夫指深歸遠(14)[47]，雖得其書而不師授(15)，猶仰不見首，俯不知根(16)，豈吾子所詳悉哉？夫得仙者，或升太清，或翔紫霄[48]；或造玄洲[49]，或棲板桐(17)[50]，聽鈞天之樂[51]，享九芝之饌[52]；出攜松、羨於倒景之表[53]，入宴常、陽於瑤房之中[54]；曷爲當侶狐貉，而偶猿狄乎[55]？所謂不知而作也。夫道也者，逍遥虹霓，翱翔丹霄[56]，鴻崖六虛[57]，唯意所造。魁然流擯，未爲戚也。犧脺聚處[58]，雖被藻繡[59]，論其爲樂，孰與逸麟之離群以獨往[60]，吉光坼偶而多福哉(18)[61]？"

【校】

（1）猿猱：王明校："'猱'宋浙本作'狄'，當作'狄'。"按：兩可。"猿猱"、"猿狄"皆泛指猿猴。《管子·形勢》："墜岸三仞，人之所大難也，而猿猱飲焉。"《楚辭·九章·涉江》："深林杳以冥冥兮，乃猿狄之所居。"

（2）即：藏本、平津本作耶，從孫星衍校改："案耶當作即。"王明案："慎校本、寶顏堂本'耶'又'作'又聊'。"

（3）黃帝既治世致太平，而又昇仙：平津本既作能，從王明校改："'能'宋浙本、藏本、魯藩本、慎校本皆作'既'，當作'既'。"

（4）未可謂之減於周、孔也：藏本、平津本作未可謂之爲減周、孔也，據王明校補"於"字："慎校本、寶顏堂本、崇文本'減'下有'於'字。"按：當删"爲"字，如此，"則未可謂之後於堯、舜也"與"未可謂之減於周、孔也"字數相同而對文。

（5）告頑舍囂：藏本、平津本舍作令，從孫星衍校改："按令當作舍。"

（6）則猶觀淪溺而自失也：藏本、平津本作則淪溺而自失也，孫星衍校：其下"當脱二字。"按："則"下當補一與上文"若"字義相同的"猶"字，還當補一與上文"睹"字義相同的"觀"字。

（7）猶蒼蠅之力駕質：藏本作猶蠅力駕質，從孫星衍校補"蒼、之"二字。王明案："魯藩本亦脱'蒼'字、'之'字。蠅訛作'鼃'。"

（8）眴猿：藏本、平津本作昫猿，藏本原校："昫一作日。"從孫星衍校改。眴通眩。

（9）奮：孫星衍校："按當作奪。"雷震：藏本作電靈，平津本作雷靈，從王明校改:"宋浙本'靈'作'震'。'靈'下有'拘桎不移'四字。"

(10) 大鵬之彌天:藏本、平津本作大明之麗天,從王明校改:"'明'宋浙本作'鵬','麗'作'彌'。"

(11) 鷦鷯:藏本、平津本作鷦金,從王明引宋浙本校改。

(12) 猶有不解:藏本、平津本作猶可不解,今校改。王明校:"'可'宋浙本作'多',慎校本、柏筠堂本作'有'。"按:"多""有"易相混,此當作"有"。《外篇·審舉》:"亦焉得不墮多黨者之後,而居有力者之下乎?"多黨:疑當作"有黨"。下文有"有黨有力"之語,其"有黨"即證明此處"多黨"當作"有黨"。"有"與"多"形近致誤。

(13) 金簡玉字:藏本作金簡玉扎,平津本作金簡玉札,今校改。《釋滯》:"金簡玉字,發於禹井之側。"是其證。

(14) 指深歸遠:王明校:"此句下宋浙本有'匪徒數切'四字。"

(15) 授:藏本平津本作受。按:雖"授""受"古通,爲便於今之讀者理解,以作"授"爲宜。

(16) 根:平津本作跟,從孫星衍引藏本、王明引宋浙本、魯藩本校改。

(17) 板桐:原校:"板或作枝。"

(18) 坼:平津本作拆,從藏本。

【注】

[1] 治世:治天下,治國。存正:保存正統、正宗;維護、保持正氣正義。所由:所經歷的道路。

[2] 立身:處世、做人。準繩:制定物體平直的器具。準:測平器。繩:量直的墨線。喻行爲準則或標準。

[3] 有國有家:古代諸侯封地稱國,卿大夫封地稱家。

[4] 禮教:禮儀教化。

[5] 狐貉(hé):狐與貉。貉:通稱貉子,外形似狐狸,穴居,晝伏夜出。草澤:低窪積水野草叢生的地方。

[6] 林麓:猶山林。木叢生曰林,林屬於山曰麓。《周禮·地官·林衡》:"林衡掌巡林麓之禁令,而平其守,以時計林麓而賞罰之。"

[7] 魁然:獨立不群。魁(kuài):通塊。孤獨貌。

〔8〕東走之迷：《韓非子·説林上》：“慧(惠)子曰：‘狂者東走，逐者亦東走。其東走則同，其所以東走則異。’”

〔9〕忘葵：忘記園葵。蓋用公儀休典。《史記·循吏列傳·公儀休》：“公儀休者，魯博士也。以高弟爲魯相。奉法循理，無所變更，百官自正。使食禄者不得與下民争利，受大者不得取小。……食茹而美，拔其園葵而棄之。”“食茹而美”則“忘葵之甘也”矣。

〔10〕摛(chī)華：猶摛藻。鋪陳辭藻。意謂施展文才。班固《答賓戲》：“雖馳辯如波濤，摛藻如春華，猶無益於殿最也。”騁艷：馳騁艷采。與“摛華”互文義近。

〔11〕質直：品質正直。

〔12〕疇昔：昔日；從前。饜(yàn)：厭惡。

〔13〕於：結構助詞。猶“之”。機吻：機辯唇吻。

〔14〕孺子：幼兒，兒童。

〔15〕謂：意思；意義。與上文“意”對文同義。

〔16〕梗概：大概，概略。

〔17〕粗抗一隅：呈上粗略的片面見解。抗：呈上。一隅：指一個角落；此指一隅之見，片面的見解。

〔18〕匠物：創造萬物；治理世事。匠：創造者；治；制。此處“匠物”與下文“治世”互文義近。

〔19〕仲尼有竊比之歎：《論語·述而》：“子曰：述而不作，信而好古，竊比於我老、彭。”

〔20〕祖考：祖先。《書·君牙》：“纘乃舊服，無忝祖考。”枚傳：“繼汝先祖，故所服忠勤，無辱累祖考之道。”

〔21〕侏儒：身材異常短小者；矮子。

〔22〕傾：側。側：度。度量。與下文“測”互文同義。《廣雅·釋詁一》：“側，度也。”“測，度也。”

〔23〕焦僥：小矮人。《山海經·大荒南經》：“有小人名曰焦僥之國。”郭璞注：“皆長三尺。”

〔24〕守株：守株待兔。喻死守狹隘經驗，不知變通。《韓非子·五蠹》：“宋人有耕田者，田中有株，兔走，觸株折頸而死。因釋其耒

而守株,冀復得兔。兔不可復得,而身爲宋國笑。"

[25] 營營:勞而不知休息貌。《莊子·庚桑楚》:"全汝形,抱汝生,無
使汝思慮營營。"鍾泰發微:"營營,勞而不知休息貌。"

[26] 告頑舍囂(yín):開導他們仍愚頑不化,丢開他們又刁惡奸詐。
《左傳·文公十八年》:"顓頊氏有不才子……告之則頑,舍之則
囂。"杜預注:"德義不入心。""不道忠信。"

[27] 崇飾惡言:誇飾惡言。《左傳·文公十八年》:"少皞氏有不才子,
毀信廢忠,崇飾惡言,靖譖庸回,服讒搜慝,以誣盛德。"

[28] 説:通閲,閲讀。此處"閲"與下文"涉"字對文義近。

[29] 淪溺:沉没;淹没。

[30] 斥鷃:又作尺鷃。池澤之鷃;小鳥。

[31] 陽侯之波:古代傳説中的波濤之神。《漢書·揚雄傳》"陵陽侯之
素波兮"顔師古注引應劭曰:"陽侯,古之諸侯也,有罪自投江,其
神爲大波。"梁玉繩曰:"然陶潛《四八目》本《論語摘輔象》以陽侯
爲伏羲六佐之一,主江海,《路史》所云陽侯司波也。《淮南子
(·覽冥)》:'武王伐紂,渡于孟津,陽侯之波,逆流而擊。'所稱,
當指此陽侯。"此指波濤。

[32] 力:用。《詩·小雅·正月》"亦不我力"馬瑞辰傳箋通釋:"力即
爲用。"

[33] 眴猿:猿猴目眩。眴通眩。

[34] 嘍嘍(lóu):狹小;狹窄。《外篇·自叙》:"或有始無卒,唐堯、公
旦、仲尼、季札,皆有不全得之恨,無以近人信其嘍嘍管見熒燭之
明,而輕評人物,是皆賣(邁)彼上聖大賢乎!"因眼光狹窄,故"守
於局隘",與"嘍嘍管見熒燭之明",義正相同。

[35] 不經:不過於。曠:師曠,晉國樂師,聽力極好,善於辨音。不
徹:不透徹於。離:離朱,古代視力極好的人。

[36] 企踵:踮起腳跟。多形容急切仰望之狀。

[37] 鼓腹:挺胸迭腹;擊拍腹部。雷震:擊;雷鳴。

[38] 眇邈:高遠;久遠。《漢武帝内傳》:"然五帝六甲通真招神,此術
眇邈,必當須精潔至誠,殆非流濁所宜施行。"井谷:井中;井底。

[39] 大鵬之彌天：《莊子・逍遥遊》：“鵬之背，不知其幾千里也，怒而飛，其翼若垂天之雲。”故云“彌天”。

[40] 鷦鷯：稱巧婦鳥。又名黃脰鳥、桃雀、桑飛等。兩句兩種鳥相比擬，稚川常用此法。如：《外篇・交際》：“索鸞鳳乎鷦鷯之巢，未爲難也。”《行品》：“若令士之易別，如鷦鷯之與鴻鵠，狐兔之與龍麟者。”《博喻》第 10 首：“是以鷦鷯倦翻，猶不越乎蓬杪；鴛雛徐起，顧昒而戻蒼昊。”

[41] 生而知之：生下來就知道。《論語・季氏》：“孔子曰：‘生而知之者上也，學而知之者次也；困而學之，又其次也；困而不學，斯爲下矣。’”

[42] 蒙蒙：通濛濛；蒙昧貌。劉向《説苑・雜言》：“子居艘楫之間，則吾不如子；至於安國家，全社稷，子之比我，蒙蒙如未視之狗耳。”

[43] 奥秘：亦作奥密。幽深隱密；奥妙，隱秘。

[44] 登壇：登上壇場。古時會盟、祭祀、帝王即位、拜將多設壇場，舉行隆重儀式。此指拜師學道。

[45] 裂地：劃分土地封賞。連城：指毗鄰的多座城市。

[46] 金璧滿堂：極言財富之多。《老子・第九章》：“金玉滿堂，莫之能守。”

[47] 指深歸遠：即指歸深遠。

[48] 紫霄：高空。

[49] 玄洲：傳説中的十洲之一。《海内十洲記・玄洲》：“玄洲在北海之中，……上有太玄都，仙伯真公所治。……宫室各異，饒金芝玉草。”

[50] 板桐：古代傳説仙人所居之山名，在閬風之上。兩句謂流長必源遠。

[51] 鈞天之樂：天上的音樂。《史記・趙世家》：“（趙簡子）語大夫曰：‘我之帝所甚樂。與百神游於鈞天，廣樂九奏萬舞，不類三代之樂，其聲動人心。’”

[52] 九芝：九莖連葉之芝。《漢書・武帝紀》：“甘泉宫内中産芝，九莖連葉。”後泛指靈芝草。

[53] 松：赤松子。羨：羨門子高，傳説古之仙人，爲方仙道。

[54] 常、陽：平常生、陽陵子明，皆修道之士。《列仙傳》上《平常生傳》："穀城鄉平常生者，不知何所人也。數死復生，時人以爲不然。後大水出，所害非一。而平（常生）輒在缺門山頭大呼言：'平常生在此！'云：'復水雨，五日必止。'則上山求祠之，但見平衣帔革帶。後數十年復爲華陰門卒。"《列仙傳》下《陵陽子明》："陵陽子明者，銍鄉人也。好釣魚於旋溪，釣得白龍，子明懼，解鉤，拜而放之。後得白魚，腹中有書，教子明服食之法。子明遂上黃山采五石脂，沸水而服之。三年，龍來迎去，止陵陽山上百餘年。山去地千餘丈，大呼下人，令上山半，告言溪中子安當來，問子明釣車在否。後二十餘年，子安死，人取葬石山下。有黃鶴來棲其塚邊樹上，鳴呼子安云。"

[55] 當：如同；類似。偶：夥伴；同伴。

[56] 丹霄：謂絢麗的天空。

[57] 鴻崖：仙人名。又作洪涯、洪崖。傳説爲黃帝的樂官伶倫，後來修道成仙。傳言堯時即有三千歲，漢時仍在，嘗與衛叔卿于終南山巔博弈。此指遊仙。

[58] 犧腯：備供祭祀用的肥豬。犧：宗廟之牲，色純白，如犧牛犧羊。腯（tú）：豬肥壯。此指備作祭祀用的豬。

[59] 藻繡：猶文繡。刺繡華美的絲織品或衣服。

[60] 逸麟：指自由奔跑的麒麟。《外篇·博喻82》："逸麟逍遥大荒之表，故無機阱之禍。"

[61] 吉光：神馬名。坼（chè）：分裂；分開，離開。

仙藥卷十一^[1]

1　抱朴子曰："《神農》四經曰^{(1)[2]}：'上藥令人身安命延，昇爲天神⁽²⁾，遨遊上下^[3]，役使萬靈⁽³⁾，體生毛羽，行廚立至。'又曰：'五芝，及餌丹砂、玉札^[4]、曾青、雄黃、雌黃、雲母、太乙禹餘糧⁽⁴⁾，各可單服之，皆令人飛行長生。'又曰：'中藥養性，下藥除病^[5]，能令毒蟲不加，猛獸不犯，惡氣不行，衆妖併辟。'又《孝經援神契》曰：'椒薑禦濕^[6]，菖蒲益聰，巨勝延年，威喜辟兵。'皆上聖之至言，方術之實録也。明文炳然，而世人終於不信，可歎息者也。仙藥之上者丹砂，次則黃金，次則白銀，次則諸芝，次則五玉^[7]，次則五雲^{(5)[8]}，次則明珠^[9]，次則雄黃，次則太乙禹餘糧，次則石中黃子^[10]，次則石桂^[11]，次則石英^[12]，次則石腦^[13]，次則石硫黃⁽⁶⁾，次則石粕^[14]，次則曾青，次則松柏脂^[15]、茯苓^[16]、地黃^[17]、麥門冬^[18]、木巨勝^[19]、重樓^[20]、黃連、石韋^[21]、楮實^[22]、象柴^{(7)[23]}，一名'托盧'是也⁽⁸⁾。或云仙人杖，或云西王母杖^[24]，或名天精，或名卻老，或名地骨，或名苟杞也^{(9)[25]}。天門冬，或名地門冬，或名莚門冬，或名顚棘，或名淫羊食，或名管松^[26]，其生高地，根短而味甜，氣香者善；其生水側下地者，葉細似蘊而微黃^[27]，根長而味多苦，氣臭者下，亦可服食。然喜令人下氣^[28]，爲益尤遲也。服之百日，皆丁壯倍駛於术及黃精也^{(10)[29]}，入山便可蒸，煮啖之,若取長服,足可以斷穀[11]。若有力可餌之,亦可作散,並絞其汁作酒[12],以服散尤佳。楚人呼天門冬爲百部,然自有百部草[30],其根俱有百許,相似如一也,而其苗小異也。真百部苗似拔揳[31],唯中以治欬及殺虱耳,不中服食,不可誤也。如黃精一名白及,而實非中以作糊之白及也[32]。按《本草》藥之與他草同名者甚多[33],唯精博者能分別之,不可不詳也。黃精一名兔竹[13],一名救窮[14],一名垂珠[15],服其花勝其實,服其實勝其根,但花難多得。得其生花十斛,乾之纔可得五六斗耳[16],而服之日可三合,非大有役力者不能辦也[17][34]。服黃精僅十年,乃可大得其益耳[18][35]。俱以斷穀不及术,术餌令人肥健[36],可以負重涉險,但不及黃精甘美易食,凶年可以與老小休糧[19][37],人不能別之,謂爲米脯也。

【校】

（1）《神農》四經:孫星衍、顧廣圻校:"《太平御覽》九百八十四引無此（四）字。"按:當有"四"字。《外篇·廣譬8》:"神農不九疾,則四經之道不垂。"是其證。

（2）昇爲天神:孫星衍校:"藏本無此（爲）字。""《御覽》（九百八十四）引此下有仙字。"王明案:"魯藩本亦無'爲'字。"

（3）役使:藏本、平津本作使役:從王明校乙:"一本及《御覽》九百八十四引作'役使'。"按:本書多用。如《金丹》:"役使鬼神風雨。""可役使致行廚。""至百日,有神女二人來侍之,可役使。""服之百日,玉女六甲六丁神女來侍之,可役使,知天下之事也。"《極言》:"昔者黃帝生而能言,役使萬靈。"本篇如"五年不闕,可役使鬼神"、"千日則玉女來侍,可得役使"。《漢武帝內傳》:"役使群鬼,得爲地仙。"

（4）雌黃:孫星衍校:"《御覽》引無此二字。"

（５）五雲：藏本、平津本作雲母，從孫星衍、顧廣圻引《御覽》九百八十
　　　四校改。

（６）石硫黄：孫星衍、顧廣圻校："（黃）《御覽》九百八十四引作丹。"王
　　　明案："'硫'一作'流'。"

（７）象柴：孫星衍校："《御覽》（九百八十四引《抱朴子》）《大觀本草》
　　　引象作家。"

（８）一名托盧：藏本、平津本作純盧，從孫星衍校改："《御覽》（九八
　　　四）《大觀本草》引純作托。"《説文‧木部》作宅櫨，《周禮‧地
　　　官‧掌染》注作槖蘆，《列仙傳‧陸通傳》作槖盧，托宅槖，盧蘆
　　　櫨，並聲同互通。説從《校補》。

（９）或云仙人杖，或云西王母杖，或名天精，或名卻老，或名地骨，或
　　　名苟杞也：藏本作或名仙人杖，或云西王母杖，或名天精，或名
　　　卻老，或名地骨，或名苟杞也。平津本作或云仙人杖，或云西王
　　　母杖，或名天精，或名卻老，或名地骨，或名苟杞也。從《御覽》九
　　　百八十四校改。

（10）駛：藏本作駃，從孫星衍校："舊誤作駃，今校正。"同駛。

（11）煮啖之，若取長服，足可以斷穀：藏本、平津本作若煮啖之，取足
　　　可以斷穀，從王明校改："一本無'若'字，'取'上有'若'字，'取'
　　　下有'長服'二字。"

（12）並絞其汁作酒：藏本、平津本作並及絞其汁作酒，從王明校刪
　　　"及"字："一本無'及'字。《重修政和證類本草》六引作'並搗絞
　　　其汁作液'。"

（13）兔：孫星衍校："《御覽》九八百八十九引作菟。"按：兔通菟。

（14）救窮：孫星衍校："《御覽》（九百八十九）引作雞格。"

（15）垂：孫星衍校："《御覽》（九百八十九）引作岳。"

（16）纏可得五六斗：《御覽》九百八十九引纏作則。斗：孫星衍校：
　　　"《御覽》引作升。"

（17）不能辨也：王明校："一本、崇文本'辨'作'辦'。"按：辨同辦。
　　　《資治通鑑‧魏紀一》"一曰皆辦"胡三省注："辨，與辦同。蜀本
　　　作辦。"

（18）乃可大得其益耳：陳其榮校："《御覽》九百八十九引作乃可得
　　　益壽。"

（19）休：孫星衍校："《大觀本草》引作代。"

【注】

［１］仙藥：論能讓人成仙的藥物。《肘後備急方》八《治百病備急丸散
　　　膏諸要方》："葛氏常備藥：大黃、桂心、甘草、乾薑、黃連、椒、术、
　　　吳茱萸、熟艾、雄黃、犀角、麝香、菖蒲、人參、芍藥、附子、巴豆、半
　　　夏、麻黃、柴胡、杏仁、葛根、黃芩、烏頭、秦膠等，此等藥并應各少
　　　許。"可與本篇所列藥名互參。

［２］《神農》四經：《御覽》七二一引《帝王世紀》："炎帝神農氏長於姜
　　　水，始教天下耕種五穀而食之，以省殺生。嘗味草木，宣藥療疾，
　　　救夭傷之命。百姓日用而不知，著《本草》四卷。"神農嘗百草，首
　　　創醫藥。但《神農》四經乃偽託神農氏之作。

［３］遨遊：遊樂；嬉遊；漫遊。

［４］玉札：植物名，即地榆。藥名。玉泉的別名。又名玉漿、瓊漿。
　　　韓愈《進學解》："玉札、丹耕，赤箭、青芝，牛溲、馬勃，敗鼓之皮，
　　　俱收并蓄。"王伯大音釋："玉泉，一名玉札。"《本草綱目》八《玉‧
　　　玉泉》："［釋名］……［志曰］按別本注云：玉泉者，玉之泉液也。"
　　　"［主治］五臟百病，柔筋强骨，安魂魄，長肌肉，益氣，利血脈，久
　　　服耐寒暑，不飢渴，不老神仙。本經"

［５］中藥養性，下藥除病：與上文"上藥令人身安延年"蓋本張華《博
　　　物志》四《藥論》引《神農經》曰："上藥養命，爲五石之練形，六芝
　　　之延年也；中藥養性，合歡蠲忿，萱草忘憂；下藥治病，謂大黃除
　　　實，當歸止痛。"按：據上海名醫陳存仁於上世紀70年代所著《被
　　　忽視的發明：中國早期醫藥史話》說，大黃具有抗生素作用。

［６］椒薑禦濕：《本草綱目》三十二《秦椒》："［主治］除風邪氣，溫中，
　　　去寒痹，堅齒髮，明目。本經"薑《本草綱目》二十六《生薑》：
　　　"［主治］歸五臟，除風邪寒熱，傷寒頭痛鼻塞，咳逆上氣，止嘔吐，
　　　去痰下氣。別錄"

［7］五玉：五色玉。《登涉》："仙人入瘟疫秘禁法,思其身爲五玉。五玉者,隨四時之色,春青,夏赤,四季月黄,秋白,冬黑。"

［8］五雲：雲英、雲珠、雲母、雲液、雲沙五種雲母。

［9］明珠：光澤晶瑩的珍珠。班固《白虎通德論・封禪》："江出大貝,海出明珠。"按：蓋即真珠。《本草綱目》第四十六卷《真珠》："［主治］鎮心。點目,去膚翳障膜。塗面,令人潤澤好顔色,塗手足,去皮膚逆臚。綿裹塞耳,主聾。<small>開寶磨翳墜痰。甄權</small>"

［10］石中黄子：藥名。石中的黄液,道家傳説服食了可以長生。《本草綱目》十《石中黄子》："［主治］久服輕身延年不老。<small>唐本</small>"

［11］石桂：石桂芝。

［12］石英：分紫、白、青、赤、黄、黑六種。石質藥物。《本草綱目》八《石英・五色石英》："隨臟而治：青治肝,赤治心,黄治脾,白治肺,黑治腎。<small>大明</small>"

［13］石腦：石質藥物。《本草綱目》九《石腦》："［主治］風寒虛損,腰腳疼痹,安五臟,益氣。<small>別録</small>"

［14］石粕：蓋指玉飴。本篇第 9 段云："玉可以烏米酒及地榆酒化之爲水,亦可以葱漿消之爲粕。"

［15］松柏脂：松脂;柏脂。《太上靈寶五符序》中："丹光之母者,松脂也。"《肘後備急方》三《治卒中風諸急方》十九《附方》："《内台秘要方》療歷節諸風百節酸痛不可忍：松脂三十斤,煉五十徧,不能五十徧亦可二十徧,用以煉酥三升,温和松脂三升熟,攪令極稠,旦空服,以酒服方寸匕,日三。數食麶粥爲佳,慎血腥生冷酢物果子。一百日差。"《本草綱目》三十四《松・松脂》："［主治］安五臟,除熱。久服,輕身不老延年。<small>本經</small>"《柏・柏脂》："［主治］身面疣目,同松脂研勻塗之,數夕自失。<small>聖惠</small>"

［16］茯苓：中藥名。《太上靈寶五符序》中："浮水之髓者,茯苓也。"《丹訣》十八《煉茯苓法》："取好茯苓白細膩者以桑灰汁煮之,即散,投冷水中即凝堅,用之佳。"《本草綱目》三十七《茯苓》："［主治］胸脅逆氣、憂恚驚邪恐悸,心下結痛,寒熱煩滿咳逆,口焦舌乾,利小便。久服,安魂養神,不飢延年。<small>本經</small>"

[17] 地黃：一名地髓。中藥名。張華《博物志》四《藥物》："地黃藍首斷心，分根菜種皆生。"《本草綱目》十六《地黃》："［主治］傷中，逐血痹，填骨髓，長肌肉。……久服輕身不老，生者尤良。本經"

[18] 麥門冬：中藥名。《本草綱目》十六《麥門冬》：根"［主治］心腹結氣、傷中傷飽、胃絡脈絕，羸瘦短氣。久服輕身不老不飢。本經"

[19] 木巨勝：蓋巨勝之一種。

[20] 重樓：黃精別名。中藥名。張華《博物志》五《方士》曰："黃帝問天老曰：'天地所生，豈有食之令人不死者乎？'天老曰：'太陽之草，名曰黃精，餌而食之可以長生。'"《本草綱目》十二《黃精》：根"［主治］補中益氣，除風濕，安五臟。久服輕身，延年不飢。別錄　補五勞七傷，助筋骨，耐寒暑，益脾胃，潤心肺。單服，九蒸九暴，食之：駐顏，斷穀。大明　補諸虛，止寒熱，填精髓，下三尸蟲。時珍"

[21] 石韋：中藥名。《本草綱目》二十《石韋》："［主治］補五勞，安五臟，去惡風，益精氣。別錄"

[22] 楮實：中藥名。《本草綱目》三十六《楮》：楮實"［主治］陰痿水腫，益氣，充肌，明目。久服，不飢不老，輕身。別錄"

[23] 象柴：枸杞。象柴之名，不見於他書。《本草綱目》三十六《枸杞》："［主治］枸杞：主五內邪氣，熱中消渴，周痹風濕。久服，堅筋骨，輕身不老，耐寒暑。本經　下胸脅氣，客熱頭痛，補內傷大勞噓吸，强陰，利大小腸。別錄　補精氣諸不足，易顏色，變白，明目安神，令人長壽。甄權"

[24] 仙人杖、西王母杖：同見李時珍《本草綱目》三十六《枸杞》［釋名］。

[25] 或名天精，或名卻老，或名地骨，或名苟杞：同見李時珍《本草綱目》第三十六卷《枸杞》［釋名］。

[26] 天門冬，或名地門冬，或名筵門冬，或名顛棘，或名淫羊食，或名管松：《本草綱目》十八《天門冬》［釋名］："抱朴子云：一名顛棘，或名地門冬，或名筵門冬。在東嶽名淫羊藿，在中嶽名天門冬，在西嶽名管松，在北嶽名無不愈，在南嶽名百部，在京陸山阜名

顛棘,在越人名浣草。雖處處有之,其名不同,其實一也。別有
百部草,其根有百許如一,而苗小異,其苗似菝葜,惟可治咳,不
中服食,須分別之。"所引與本篇不盡同。"[主治]諸暴風濕偏
痺,強骨髓,殺三蟲,去伏尸。久服輕身益氣延年。本經"《道藏》
第十八冊《修真秘錄·斷穀常餌法》:"取天門冬,去心皮,末服之
方寸匕,日三,無問人間山中,常勿廢之,久久益善。亦釀酒服
之。治癥瘕積聚風癲狂,去三蟲伏尸,除疥濕痺輕,令益氣,令人
不飢,百日則還年卻老。能早服益善。"

[27] 蘊:通縕。亂麻。可束以燃火。

[28] 喜:容易。《百喻經·婆羅門殺子喻》:"人命難知,計算喜錯。"

[29] 丁壯:強壯、健壯。駛:馬疾行;迅速。术(zhú):又名山薊、楊
枹、枹薊、馬薊、山姜、山連、吃力伽。《本草綱目》十二《術》:"[主
治]風寒濕痺,列肌痙疸,止汗除熱消食。作煎餌久服,輕身延年
不飢。本經"《肘後備急方》二《治傷寒時氣溫病方》十三:"又方取
术丸子二七枚,以水五升挼之,令熟,去滓,盡服汁,當吐下愈。"

[30] 百部草:中藥名。《肘後備急方》三《治卒上氣咳嗽方》二十三:
"百部根四兩,以酒一斗漬,再宿,火暖服一升,日再服。"《本草綱
目》十八《百部》:"[主治]咳嗽上氣。別錄　治肺熱,潤肺。甄權"

[31] 真百部苗似拔揳(qiā):《重修政和證類本草》九:"百部根主治咳
嗽上氣。"拔揳:亦作菝葜。《肘後備急方》三《治風毒腳弱痺滿
上氣方》二十一:"菝葜淨洗,剉之一斛,以水三斛煮,取九斗以漬
麹,及煮,去滓,取一斛漬飯釀之如酒法,熟即取飲,多少任意。
可頓作三五斛。若用松節葉亦依準此法,其汁不厭濃也。患腳
屈積年不能行,腰脊攣痺,及腹內緊結者,服之不過三五劑,皆平
復。"《重修政和證類本草》八:"菝葜,主腰背寒痛風痺。"《本草綱
目》十八《菝葜》:"[主治]治時疾瘟瘴。大明　補肝經風虛。好古"

[32] 黃精一名白及,而實非中以作糊之白及也:《御覽》九百九十四
引抱朴子曰:"草有黃精,一名白及,有鴟頭鵝尾、雞腸烏喙而非
有翼之鳥也。"所說與本句相類,蓋此處佚文。白及:中藥名。
《本草綱目》十二卷《白及》:"[釋名]其根白色,連及而生,故曰白

及。其味苦,而曰甘根。""[發明][時珍曰]白及性澀而收,得秋金之令,故能入肺止血,生肌治瘡也。""[主治]癰腫惡瘡敗疽,傷陰死肌,胃中邪氣,賊風鬼擊,痱緩不收。本經"

[33] 本草：全名《神農本草經》三卷,見《漢書·平帝紀》,不見班固《漢書·藝文志》。至南朝梁阮孝緒《七錄》始著錄《神農本草經》,共收藥三百六十五種。梁陶弘景又增三百六十五種,爲《名醫別錄》。唐顯慶中命蘇恭等修定《本草》,增藥一百十四種,爲《唐本草》。《神農本草經》原書已佚,清人孫星衍有輯本。

[34] 役力：猶效力。此猶言能力。

[35] 僅(jìn)：幾乎;接近。《晉書·趙王倫傳》："自興兵六十餘日,戰所殺害,僅十萬人。"

[36] 肥健：肥碩健壯。

[37] 凶年：荒年。《穀梁傳·莊公二十八年》："古者稅什一,不外求,而上下皆足也,雖累凶年,民弗病也。"休糧：謂停食穀物。

2　五芝者,有石芝,有木芝,有草芝,有肉芝,有菌芝[(1)][1],各有百許種也。

石芝者,石象芝生於海隅名山[(2)],及島嶼之涯有積石者[(3)],其狀如肉象有頭尾四足者,良似生物也,附於大石,喜在高岫險峻之地,或卻著仰綴也。赤者如珊瑚,白者如截肪[2],黑者如澤漆[3],青者如翠羽,黃者如紫金,而皆光明洞徹如堅冰也。晦夜去之一二百步[(4)],便望見其光矣。大者十餘斤,小者三四斤,非久齋至精,及佩老子入山靈寶五符[4],亦不能得見此輩也[(5)]。凡見諸芝,且先以開山卻害符置其上[5],則不得復隱蔽化去矣。徐徐擇王相之日,設醮祭以酒脯,祈而取之,皆從日下禹步閉氣而往也[6]。又若得石象芝,搗之三萬六千杵,服方寸匕[7],日三,盡一斤,則得千歲;十斤,則萬歲。亦可分人服也。又玉脂芝,生於有玉之山，常居懸危之處，玉膏流出[8]，萬年已上，則凝而成芝，有似鳥獸之形，色無常彩，率多似山玄水蒼玉也[9]。亦鮮明如水精[10]，得而末之，以無心草汁和之[11]，須臾成水，服一升，得一千歲也。七明九光芝，皆石也，生臨水之高山石崖之間，狀如盤椀，不過徑尺以還，有莖蒂連綴之，起三四寸，有七孔者，名七明，九孔者名九光，光皆如星，百餘步內，夜皆望見其光，其光自別，可散不可合也。常以秋分伺之得之[12]，得之搗服方寸匕，入口則翕然身熱，五味甘美，盡一斤，則得千歲，令人身有光，所居暗地如月，可以夜視也(6)。石蜜芝，生少室石戶中，戶中便有深谷(7)，不可得過，以石投谷中，半日猶聞其聲也。去戶外十餘丈有石柱，柱上有偃蓋石，高度徑可一丈許，望見蜜芝從石戶上墮入偃蓋中(8)[13]，良久，輒有一滴，有似雨後屋之餘漏，時時一落耳。然蜜芝墮不息，而偃蓋亦終不溢也(9)。戶上刻石爲科斗字[14]，曰得服石蜜芝一斗者壽萬歲。諸道士共思惟其處，不可得往，唯當以碗器著勁竹木端以承取之，然竟未有能爲之者。按此石戶上刻題如此，前世必已有得之者也。石桂芝(10)，生名山石穴中，似桂樹而實石也。高尺許，大徑尺(11)，光明而味辛，有枝條，搗服之一斤得千歲也。石中黃子，所在有之，沁水山爲尤多(12)。其在大石中，則其石常潤濕不燥，打其石，石有數十重(13)，乃得之。在大石中，赤黃溶溶，如雞子之在其殼中也。即當飲之，不飲則堅凝成石(14)[15]，不復中服也。法正當及未堅時飲之，既凝則應末服也。破一石中，多者有一升，少者有數合，可頓服也。雖不得多，相繼服之，其計前後所服(15)，合成三升(16)，壽則千歲。但欲多服，唯患難得耳。石腦芝，生滑石

中^{(17)[16]}，亦如石中黄子狀，但不皆有耳。打破大滑石千
許，乃可得一枚。初破之，其在石中，五色光明而自動，服
一升得千歲矣。石硫黄芝⁽¹⁸⁾，五嶽皆有，而箕山爲多^[17]。
其方言許由就此服之而長生^[18]，故不復以富貴累意不受
堯禪也。石硫丹者，石之赤精⁽¹⁹⁾，蓋石硫黄之類也。皆浸
溢於崖岸之間，其濡濕者可丸服，其已堅者可散服，如此有
百二十⁽²⁰⁾，皆石芝也，事在《太乙玉策》及《昌宇内
記》^{(21)[19]}，不可具稱也。

【校】

（1）五芝者，有石芝，有木芝，有草芝，有肉芝，有菌芝，各有百許種
　　　也：《類聚》九十八作芝有石芝、木芝、草芝、肉（芝）、菌芝，各有
　　　百許種。《九丹經》下無石芝。
（2）海隅名山：陳其榮校："《御覽》九百八十五作海隅石山。"
（3）有積石者：陳其榮校："《御覽》九百八十五作肉芝者，無有積石
　　　三字。"
（4）一二：原作三，從孫星衍校改、"《御覽》九百八十五引作一二。"
（5）暈也：陳其榮校："《御覽》九百八十五引作此光也。"王明案："影
　　　宋本《御覽》無'光也'二字。"
（6）夜視也：陳其榮校："《御覽》九百八十五作夜視書也。"
（7）户中便有深谷：王明校："一本'便'作'更'。"
（8）墮：原作隨，從孫星衍校改："《御覽》九百八十五引作墮。"顧廣圻
　　　校："當作墮。"
（9）有一滴，有似雨後屋之餘漏，時時一落耳。然蜜芝墮不息，而偃：
　　　孫星衍校："自有一至而偃二十四字，各本皆脱去，《御覽》引有，
　　　今據之補全。"
（10）石桂芝：陳其榮校："《藝文類聚》八十九作石桂英芝。"
（11）大徑尺：原作大如徑尺，據孫星衍、王明校删"如"字。
（12）沁水山：孫星衍校："《本草圖經》引作近水之山。"

(13) 打其石,石有數十重:藏本、平津本不重"石"字,據《御覽》九百八十五校補。

(14) 則堅凝:陳其榮校:"《御覽》八百九十五作則漸堅凝。"

(15) 其計前後所服:藏本、平津本無"後"字,從王明校補。

(16) 合成三升:孫星衍校:"(升)《御覽》引作斗。"

(17) 石腦芝:陳其榮校:"《御覽》九百八十五作石脛芝。"

(18) 石硫黃芝:孫星衍校:"《御覽》九百八十七引無芝字。"

(19) 石硫丹者,石之赤精:王明案:"影宋本《御覽》(九百八十七)標題作'石流赤',引文作'石硫丹者,山之赤精'。"

(20) 百二十:陳其榮校:"《御覽》九百八十七作百二十種。"

(21) 《昌宇內記》:原校:"宇一作字。"王明案:"作'字'非。"

【注】

[1] 五芝者,有石芝,有木芝,有草芝,有肉芝,有菌芝,各有百許種也:《遐覽篇》著錄有《木芝圖》《菌芝圖》《肉芝圖》《石芝圖》《大魄雜芝圖》。《道藏》第 19 册《種芝圖法》《白雲仙人靈草歌》可參。

[2] 截肪:切開的脂肪。喻顏色和質地白潤。曹丕《與鍾大理書》:"竊見玉書稱美玉,白如截肪,黑譬純漆,赤擬雞冠,黃侔蒸栗。"稚川"赤者"以下數句修辭仿此。

[3] 澤漆:又名五鳳草。中草藥。《本草綱目》十七《澤漆》:"[主治]皮膚熱,大腹水氣,四肢面目浮腫,丈夫陰氣不足。本經此處解爲有光澤的生漆亦可。

[4] 老子入山靈寶五符:見《登涉》篇"入山符",抱朴子曰:"上五符,皆老君入山符也。"

[5] 開山卻害符:見《登涉》篇有關內容。

[6] 禹步:相傳夏禹治水辛苦,身體偏枯,步行困難,故名。指跛行。後世道士仿其步態。

[7] 方寸匕:量藥粉末的器具,作匕正方一寸,故名。王明釋:"武威漢墓出土醫藥簡牘中有方寸匕之稱。"

[8]玉膏：玉的脂膏，古代傳説中的仙藥。《山海經·西山經》：“丹水
出焉……其中多白玉，是有玉膏。其原沸沸湯湯，黄帝是食是
饗。”郭璞注引《河圖玉版》：“少室山，其上有白玉膏，一服即仙
矣。”已：通以。有似鳥獸之形：今各地發現之溶洞鍾乳石多
此類。

[9]山玄水蒼玉：山玄玉，玉石紋路像山而色玄；水蒼玉，玉石紋路
似水而色蒼。《禮記·玉藻》：“公侯佩山玄玉而朱組綬，大夫佩
水蒼玉而純組綬。”鄭玄注：“玉有山玄水蒼者，視之文色所似
也。”正義：“玉色似山之玄而雜有文，似水之蒼而雜有文。”此處
用來形容玉脂芝之色或玄或蒼。

[10]水精：水晶石。

[11]無心草：鼠曲草，又名黄蒿。中藥名。《本草綱目》十六《鼠曲
草》：“〔主治〕鼠曲：調中益氣，止泄除痰，壓時氣，去熱嗽。日華
佛耳：治寒嗽及痰，除肺中寒，大升肺氣。李杲”

[12]秋分：二十四節氣之一，每年在陽曆 9 月 23 日或 24 日，這天南
北半球晝夜等長。董仲舒《春秋繁露·陰陽出入上下》：“至於中
秋之月，陽在正西，陰在正東，謂之秋分。秋分者，陰陽相半也，
故晝夜均而寒暑平。”

[13]偃蓋：車蓬或傘蓋，喻圓形覆罩之物。

[14]科斗字：我國古代字體之一。以其筆劃頭圓大而尾細長，狀似
蝌蚪而得名。《書序》：“至魯共王好治宫室，壞孔子舊宅以廣其
居，於壁中得先人所藏古文虞、夏、商、周之書，及傳《論語》《孝
經》，皆科斗文字。”

[15]堅凝：牢固。《荀子·議兵》：“兼并易能也，唯堅凝之難焉。”此謂
凝固、凝結。

[16]滑石：一種石質藥物。《本草綱目》九《滑石》：“〔主治〕身熱泄澼，
女子乳難癃閉，利小便，蕩胃中積聚寒熱，益精氣。久服輕身耐
飢長年。本經”

[17]箕山：山名。在今河南登封縣東南。傳説堯時巢父、許由隱
居處。

[18] 許由：相傳堯時隱士，隱居箕山。

[19]《太乙玉策》及《昌宇内記》：《對俗篇》有《玉策記》《昌宇經》，當即此二書。昌宇，人名，傳説與力牧等並爲黄帝之臣。

3　及夫木芝者，松柏脂淪入地千歲，化爲茯苓[^(1)][1]，茯苓萬歲，其上生小木，狀似蓮花，名曰木威喜芝。夜視有光，持之甚滑，燒之不然[^(2)]，帶之辟兵；以帶雞而雜以他雞十二頭共籠之，去之二十步，射十二箭，他雞皆傷，帶威喜芝者終不傷也。從生門上采之[2]，於六甲陰乾之[3]，百日，末服方寸匕，日三，盡一枚，則三千歲也。千歲之栝木[^(3)][4]，其下根如坐人，長七寸，刻之有血，以其血塗足下，可以步行水上不没，以塗人鼻以入水，水爲之開，可以止住淵底也；以塗身則隱形，欲見則拭之。又可以治病，病在腹内，刮服一刀圭[^(4)]，其腫痛在外者，隨其所在刮一刀圭，即其腫痛所在以摩之[^(5)]，皆手下即愈；假令左足有疾，則刮塗人左足也[^(6)]。又刮以雜巨勝爲燭，夜遍照地下，有金玉寶藏，則光變青而下垂，以錙掘之可得也。末之，服盡十斤則千歲也。又松樹枝三千歲者，其皮中有聚脂，狀如龍形，名曰飛節芝[^(7)]，大者重十斤，末服之，盡十斤[^(8)]，得五百歲也。又有樊桃芝，其木如升龍，其花葉如赤羅[^(9)][5]，其實如翠鳥，高不過五尺，生於名山之陰，東流泉水之上[^(10)]，以立夏之候伺之[^(11)]，得而末服之，盡一株得五千歲也。參成芝，赤色有光，扣之枝葉，如金石之音，折而續之，即復如故。木渠芝，寄生大木上，如蓮花，九莖一叢，其味甘而辛。建木芝實生於都廣[^(12)][6]，其皮如纓蛇，其實如鸞鳥。此三芝得服之，白日昇天也。黄盧子[7]、尋木華、玄液華，此三芝生於泰山要鄉及奉高，有得而服之，皆令人壽千歲。黄蘗檀桓芝者[8]，千歲黃蘗木下根，有如三斛器，去本株一二丈，以細根相連狀如縷(13)，得末而服之，盡一枚則成地仙不死也。此輩復百二十種(14)，自有圖也[9]。

【校】

（1）松柏：孫星衍校："刻本無此（柏）字，非。"

（2）然：孫星衍校："《御覽》（九百八十五）、《大觀本草》引作焦。"按：《類聚》九十八、《御覽》九百八十五作燋。燋同焦。然：燃之初字。

（3）栝木：顧廣圻校："又（御覽）九百八十六芝門引作枯木者非。"孫星衍校："《御覽》九百九十二引作射干。按所引爲藥部射干門，當不誤也。"陳其榮校："《御覽》九百八十六作栝木，校語宜先舉出。"

（4）刮服：平津本作刮腹。

（5）即：原無此字，孫星衍校："藏本無此字。"據諸本補。

（6）則刮塗人左足也：藏本、平津本作則刮射人之左足也，從王明引影宋本《御覽》九百八十六校改。

（7）名曰飛節芝：藏本、平津本作名曰日飛節芝，據孫星衍引《御覽》九百五十三、九百八十六校刪"日"字。

（8）盡十斤：孫星衍校："（十）《御覽》九百八十六引作一。"

（9）赤羅：藏本、平津本作丹羅，丹蓋赤之訛。丹、赤二字易混，如"石硫丹"《御覽》九百八十七標題作"石流赤"，引文作"石流丹"，即其例。

（10）東流泉水之上：平津本上作土，從王明校改："'土'藏本、魯藩本、慎校本、寶顏堂本、崇文本、一本及《御覽》九百八十六引皆作'上'。按當作'上'。"

（11）立夏：孫星衍校："《御覽》引作夏至。"

（12）建木芝實……其實如鸞鳥：王明校："上'實'字一本作'止'。下'實'字，孫校：'實'《御覽》引作'文'。"

（13）以細根相連狀如縷：王明校：“‘以’字上寶顏堂本、崇文本有
‘有’字。”

（14）此輩復百二十種，自有圖也：王明校：“‘復’下寶顏堂本、崇文本
有‘有’字。”

【注】

〔1〕松柏脂淪入地千歲，化爲茯苓：張華《博物志》四《藥物》：“《神仙
傳》云：‘松柏脂入地千年，化爲茯苓。’”

〔2〕生門：術數家奇門遁甲術“八門”中的第二門。八門是：休、生、
傷、杜、景、死、驚、開。休、生、開三門爲吉，餘五門爲凶。生門主
和存、生長、發展等。《日家奇門》：“凡出生門者，宜求財，見貴
人，營謀百事，大吉。”

〔3〕於六甲陰乾之：謂在六甲吉日陰乾之。六甲：術數家依甲子、甲
戌、甲申、甲午、甲辰、甲寅等“六甲”回環推數，視其吉凶以取捨
迎避。《後漢書·方術傳序》“其流又有風角遁甲”李賢注：“遁
甲，推六甲之陰而隱遁也。”

〔4〕栝（kuò）木：檜樹。柏葉松身曰栝。

〔5〕赤羅：又作赤蘿，檖的別稱，即山梨樹，一種果木。《詩·秦風·
黃鳥》：“山有苞棣，隰有樹檖。”毛傳：“檖，赤羅也。”三國吳陸璣
疏：“檖，一名赤蘿，一名山梨，今人謂之楊檖，其實如梨，但實甘
小異耳。”

〔6〕建木：樹名。《山海經·海內南經》：“有木其狀如牛，引之有皮若
纓黃蛇，其葉如羅，其實如欒，其名曰建木。”都廣：都廣之野，傳
說中的地名。《山海經·海內經》：“西南黑水之間，有都廣之野，
后稷葬焉。”

〔7〕黃盧子：芝名。蓋以黃盧子發現其芝而命名“黃盧子”也。《雲笈
七籤》一〇九《神仙傳·黃盧子》：“黃盧子者，姓葛名越，甚能治
病，千里寄姓名，與治之皆愈，不必見病人身也。”下略。

〔8〕黃檗（bò）：亦作黃檗、黃柏。中藥名。具有清熱解毒作用。《本
草綱目》三十五《檗木》：“療驚氣在皮間，肌膚熱赤起，目熱赤痛，

口瘡。久服通神。別録"
［9］自有圖：見《遐覽篇》。

4　草芝有獨搖芝，無風自動，其莖大如手指，赤如丹，素葉似莧[1]，其根有大魁如斗[2]，有細者如雞子十二枚，周繞大根之四方，如十二辰也[3]，相去丈許，皆有細根，如白髮以相連，生高山深谷之上，其所生左右無草。得其大魁末服之，盡則得千歲，服其細者一枚百歲，可以分他人也。懷其大根即隱形，欲見則左轉而出之。牛角芝，生虎壽山及吳阪上[4]，狀似蔥，特生如牛角[5]，長三四尺，青色，末服方寸匕，日三，至百日，則得千歲矣。龍仙芝，狀如升龍之相負也(1)，以葉爲鱗，其根則如蟠龍，服一枚則得千歲矣。麻母芝，似麻而莖赤色，花紫色。紫珠芝(2)，其花黃，其葉赤，其實如李而紫色，二十四枝輒相連，而垂如貫珠也。白符芝，高四五尺，似梅，常以大雪而花，季冬而實[6]。朱草芝，九曲，曲有三葉，葉有三實也。五德芝[7]，狀似樓殿，莖方，其葉五色各具而不雜，上如偃蓋，中常有甘露，紫氣起數尺矣[8]。龍銜芝，常以仲春對生，三節十二枝，下根如坐人。凡此草芝，又有百二十種，皆陰乾服之，則令人與天地相畢，或得千歲二千歲。

【校】

（1）狀如升龍之相負：藏本、崇文本、《類聚》九十八、《御覽》九百八十六如作似。

（2）紫珠芝：藏本、平津本無"紫"字，從陳其榮、王明校補。《校勘記》："《藝文類聚》九十八作紫朱芝。此脫紫字，作‘朱’者，彼誤也。據下文，如李而紫色，垂如貫珠，明當作紫珠芝。"王明案：

“《校勘記》之說是矣。《御覽》九百八十六引正作‘紫珠芝’，今據補。”

【注】

［1］莧（xiàn）：一種野菜，可入藥。《肘後備急方》五《附方》：“聖惠方治反花瘡：用馬齒莧一斤，燒作灰細研，猪脂調傅之。”又七《治卒中射工水弩毒方》：“又方馬齒莧搗，飲汁一升，滓傅瘡上，日四五徧，則良驗。”

［2］魁（kuài）：塊根。

［3］十二辰：子、丑、寅、卯、辰、巳、午、未、申、酉、戌、亥。① 古代用以記年、月、日、時。《周禮·春官·馮相氏》：“掌十有二歲、十有二月、十有二日、十有二辰，十日、二十有八星之位，辨其叙事，以會天位。”賈公彦疏：“十有二辰者，謂子、丑、寅、卯之等。”② 用於記星次。《史記·天官書》“斗秉兼之，所從來久矣”張守節正義：“言北斗所建秉十二辰，兼十二州、二十八宿，自古所用，從來久遠矣。”③ 用於配十二生肖。蔡邕《月令問答》：“凡十二辰之禽五時所食者，必家人所畜丑牛、未羊、戌犬、酉雞、亥豕而已，其餘虎以下非食也。”《蠡海集》：“十二肖屬：子以鼠配，丑以牛，寅以虎，卯以兔，辰以龍，巳以蛇，午以馬，未以羊，申以猴，酉以雞，戌以狗，亥以猪，謂以十二屬，亦曰十二獸。”

［4］虎壽山：不詳。吴（yú）阪：亦稱吴山。古地名。即虞阪，在春秋虞國（今山西平陸縣）境内，又稱顛軨阪，道狹而險。傳説商代傅説隱於此。

［5］特生如牛角：如公牛所生牛角。特：公牛。《説文·牛部》：“特牛，牛父也。”

［6］季冬：冬季的最後一個月農曆十二月。

［7］五德芝：猶言五色芝。五色：東方青，南方赤，西方白，北方黑，中央黄。《漢書·郊祀志下》：“耕耘五德，朝種暮獲。”顏師古注引晉灼曰：“五德東方甲，南方丙，西方庚，北方壬，中央戊。”芝亦如之。

［8］紫氣：紫色雲氣。古以爲祥瑞之氣。《史記·老子韓非列傳》“莫

知其所終"司馬貞索隱引劉向《列仙傳》："老子西游，關令尹喜望
見有紫氣浮關，而老子果乘青牛而過也。"寶物的光氣。

5　肉芝者，謂萬歲蟾蜍，頭上有角，頷下有丹書八字
再重[(1)]，以五月五日日中時取之[(2)]，陰乾百日，以其足畫
地，即爲流水[(3)]；帶其左手於身，辟五兵。若敵人射己者，
弓弩矢皆反還自向也。千歲蝙蝠，色白如雪，集則倒縣[1]，
腦重故也。此二物得而陰乾末服之，令人壽四萬歲。千歲
靈龜，五色具焉，其雄額上兩骨起似角，以羊血浴之，乃剔
取其甲，火炙擣服方寸匕，日三，盡一具，壽千歲。行山中，
見小人乘車馬，長七八寸者，肉芝也，捉取服之即仙矣。風
生獸似豹[(4)]，青色，大如狸，生於南海大林中，張網取之，積
薪數車以燒之，薪盡而此獸在灰中不然，其毛不焦，斫刺不
入，打之如皮囊，以鐵鎚鍛其頭數十下乃死[(5)]，死而張其口
以向風，須臾便活而起走，以石上菖蒲塞其鼻即死。取其
腦以和菊花服之，盡十斤，得五百歲也。又千歲燕，其窠戶
北向，其色多白而尾掘[(6)][2]，取陰乾，末服一頭五百歲。凡
此又百二十種，此皆肉芝也[(7)]。

【校】

（1）八字再重：藏本、平津本作八字體重，從陳其榮校改："《藝文類
　　聚》九十八、《御覽》三十一、九百四十九（體重）作再重，按再重，
　　謂八字作八八也。"

（2）以五月五日日中時取之：藏本、平津本"日"字不重，據《校補》重
　　之："此句文義不完，《御覽》（九百八十六）引重'日'字是也。"

（3）以其足畫地：藏本、平津本作以其左足畫地，從《意林》《類聚》四、
　　九十八、《紺珠集》三、《御覽》九百八十六校刪"左"字。

（4）風生獸似豹：藏本、平津本豹作貀，從王明按改："'貀'慎校本、寶

顏堂本、崇文本及《御覽》九百八引皆作‘豹’。《十洲記》炎洲上
有風生獸似豹。此當作豹。”

（5）以鐵錘鍛其頭數十下乃死：藏本、平津本十作千，從藏本原校、
《十洲記》校改。

（6）而尾掘：孫星衍校：“《御覽》九百八十八引（尾下）有曲字。”陳其
榮校：“《御覽》九百二十二作而尾屈，九百八十六作而尾毛堀，一
本作而尾毛掘。堀、掘與屈相當。九百九十八不引，校語所謂有
曲字者，未審何據？”

（7）此皆肉芝也：《九丹經》下：“千歲鵠，晝夜十二時，一時輒一鳴，其
形小於群鵠也。取其骨炙，搗，下篩，服方寸匕，日三，不死。”本
文所未及。

【注】

［１］蝙蝠：《肘後備急方》三《治卒上氣咳嗽方》二十三：“又方蝙蝠除
頭，燒令焦，末，飲服之。”縣：懸之初字。

［２］而尾掘：尾巴翹起。掘通崛。突出；翹起。

6　菌芝，或生深山之中，或生大木之下，或生泉水之
側[(1)]，其狀或如宮室，或如車馬，或如龍虎，或如人形，或
如飛鳥，五色無常[(2)]，亦百二十種，自有圖也。皆當禹步
往採取之，刻以骨刀，陰乾末服方寸匕，令人昇仙，中者數
千歲，下者千歲也。欲求芝草，入名山，必以三月、九月，
此山開出神藥之月也[(3)]，勿以山浪日[(4)][1]，必以天輔時[2]，
三奇會尤佳[3]。出三奇吉門到山[4]，須六陰之日[5]，明堂
之時[6]，帶靈寶符，牽白犬，抱白雞，以白鹽一斗[7]，及開山
符檄，著大石上，執吳唐草一把以入山[(5)][8]，山神喜，必得
芝也。又采芝及服芝，欲得王相專和之日[(6)]，支干上下相
生爲佳[9]。此諸芝名山多有之，但凡庸道士，心不專精[10]，

行穢德薄，又不曉入山之術，雖得其圖，不知其狀，亦終不能得也。山無大小，皆有鬼神，其鬼神不以芝與人，人則雖踐之，不可見也。

【校】

（1）或生泉水之側：藏本、平津本無“水”字，據《九丹經》下、《御覽》九八六校補。

（2）五色：《九丹經》下：“菌芝有五色，其赤者如真丹，黑者如上漆，白者如霜雪，黃者如紫金，綠者如雄鴨頭毛，紫者如新染上紫，紅者如桃華也。欲知是真芝非芝，當取陰乾之百日，色不變者，是真芝也。”“采青芝，當以甲乙平旦日出時從東方往，以木刀刺取之，以青繒九尺盛以去；采赤芝，當以丙丁日禺中日中時從南方往，以魚刀刺取之，以絳繒八尺盛之以去；采黃芝，當以戊己日黃昏時從西北以金刀刺取之，以黃繒一尺盛之以去；采黑芝。當以壬癸日夜半時從北方往，以骨刀刺取之，以皂繒五尺盛之以去；采白芝，當以庚辛日日入時從西方往，以木刀刺之，以白絹六尺盛之以去。”可補本文所無。

（3）入名山，必以三月九月：《九丹經》下：“采芝之法，春正月、二月、三月勿以寅、卯、甲、乙之日入山也；夏四月、五月、六月勿以巳、午、丙、丁之日入山也；秋七月、八月、九月勿以申、酉、庚、辛之日入山也；冬十月、十一月、十二月勿以亥、子、壬、癸之日入山也。”與本文所說不同，可補本文所未及。

（4）浪日：藏本、平津本作很日，從《校補》《御覽》九百八十六校改。

（5）吳唐草：原校：“草或作花。”

（6）專：王明校：“一本作‘合’。”

【注】

［1］浪日：流連山景浪費時日。

［2］天輔時：古術數家將天上九星按九宮爲序，分爲天蓬、天芮、天

沖、天輔、天禽、天心、天柱、天任、天英等九位,九位分別與八卦、節氣,與休、生、傷、杜、景、死、驚、開等八門相交互,再按一定的格式定吉凶。《古今圖書集成》七百七《天輔時》:"《三元經》曰:天輔之時,有罪無疑,斧鑕在前,天猶救之。甲己之日己巳時,乙庚之日甲申時,丙辛之日甲午時。丁壬之日甲辰時,戊癸之日甲寅時,是天輔之時,凡此之時也,有罪皆能釋。"

[3]三奇:凡五義,此蓋指術數家以乙、丙、丁爲天上三奇,甲、戊、庚爲地下三奇,辛、壬、癸爲人間三奇。"三奇"出現於年月日,順次布列爲吉。《三命通會》:"乙、丙、丁天上三奇,甲、戊、庚地下三奇,壬、癸、辛人間三奇。命中遇三奇,富貴自無疑。"

[4]吉門:遁甲術中有休、生、傷、杜、景、死、驚、開"八門"之説,其中"休、生、開"爲吉門,餘爲凶門。《黄帝太乙八門入式秘訣》卷上《三奇合門法》:"天有三奇日月星,地有三奇乙丙丁,人有三奇神氣精,門有三奇開休生,合乙丙丁便是吉門,值三奇,宜出行。""吉門"即指合乎乙丙丁三奇的"開休生"。

[5]六陰之日:指"六辛"之日。《三命通會》十五:"六陰云者,猶言六辛日也。"六辛:辛未、辛巳、辛卯、辛丑、辛亥、辛酉。按:六辛日即甲午日,"甲午同六辛"也。

[6]明堂之時:術數家按"一、二、三、四、五、六、七、八、九、絳宫、明堂、玉堂"分爲十二宫,并與干支等交錯記時。如甲子日明堂在酉時,乙丑日明堂在亥時,丙寅日明堂在丑時等。

[7]牽白犬,抱白雞,以白鹽一斗:《九丹經》下:"凡入名山,采芝草,當……衣白衣以入山,抱白雞,持白監(鹽)一斗,或可牽白犬,必見芝。"注此正合。

[8]吳唐草:疑吳唐乃地名,以地名命名其草。

[9]支干上下相生:術數家將天干、地支與五行、陰陽相配,形成相生相剋的關係。如"甲生丁(甲爲陽木,丁爲陰火,陰陽,甲丁相吸,故甲木生丁火。)"、"甲剋戊(甲爲陽木,戊爲陽土,陽陽相斥,故甲木剋戊土。)"

[10]專精:聚精凝神;專一求精;專心一志。《吕氏春秋·論威》:"并

氣專精,心無有慮,目無有視,耳無有聞,一諸武而已。"許維遹集釋:"'并'爲'屏'之初文。"陳奇猷校釋:"許説是。凡人專心致志於一事,皆遮罩其氣息而爲之,即所謂'并氣專精'也。"

7　又雲母有五種,而人多不能分別也,法當舉以向日,看其色,詳占視之,乃可知耳。正爾於陰地視之[1],不見其雜色也。五色並具而多青者名雲英,宜以春服之;五色並具而多赤者名雲珠,宜以夏服之;五色并具而多白者名雲液,宜以秋服之;五色并具而多黑者名雲母,宜以冬服之[2];但有青黄二色者名雲沙,宜以季夏服之[3]。晶晶純白者名磷石(1)[4],可以四時長服之也。服五雲之法,或以桂蔥水玉化之以爲水[5],或以露於鐵器中,以玄水熬之爲水[6],或以硝石合於筒中埋之爲水,或以蜜溲爲酪(2)[7],或以秋露漬之百日,韋囊挺以爲粉[8],或以無巓草樗血合餌之[9]。服之一年,則百病除(3);三年久服(4),老公反成童子;五年不闕,可役使鬼神(5);入火不燒,入水不濡,踐棘而不傷膚(6),與仙人相見。又他物埋之即朽,著火即焦(7),而五雲以納猛火中,經時終不然,埋之永不腐敗,故能令人長生也。又云,服之十年,雲氣常覆其上,服其母以致其子[10],理自然也(8)。又向日看之,晻晻純黑色起者[11],不中服,令人病淋發瘡[12]。雖水餌之,皆當先以茅屋溜水,若東流水露水,漬之百日,淘汰去其土石,乃可用耳。中山衛叔卿服之[13],積久能乘雲而行,以其方封之玉匣之中。仙去之後,其子名度世(9),及漢使者梁伯,得而按方合服,皆得仙去。

【校】

(1)晶晶純白者名磷石:藏本、平津本無"者"字,據陳其榮校補:"《御覽》八百八純白下有者字。"按以上句例當據補。

（2）或以蜜溲爲酪：藏本、平津本溲作搜，從王明引崇文本校改。

（3）除：孫星衍校："藏本作愈。"

（4）久服：孫星衍校："藏本無此二字。"

（5）不闕可：孫星衍校："藏本此三字作則。"

（6）踐棘而不傷膚：孫星衍校："（而）藏本無。""（膚）藏本無。"

（7）著火：孫星衍校："藏本作燒之。"

（8）理自然也：孫星衍校："《大觀本草》玉石部下引小有異，據之改補。"

（9）其子名度世：藏本、平津本脫"度"字，據王明校補，《神仙傳·衛叔卿傳》："但見其子名度世。"

【注】

［1］陰地：陽光照不到的地方。

［2］五色……服之：古人五行説中，春天與青色相配，夏天與赤色相配，秋天與白色相配，冬天與黑色相配，季夏以青黃二色相配，故青者適宜在春天服用，如此等等。

［3］季夏：夏季的第三個月。農曆六月。

［4］磷石：雲母別名。

［5］水玉：水晶的古稱，又名水精、石英。《山海經·南山經》："堂庭之山多棪木，多白猿，多水玉，多黃金。"郭璞注："水玉，今水精也。"《本草綱目》八《水精》："［主治］熨目，除熱淚。藏器　亦人點目藥。穿串吞咽中，推引諸哽物。時珍"

［6］玄水：磁石水；醋。

［7］溲（sōu）：浸；泡。

［8］挻（shān）：揉。

［9］無巔草：又名糜銜、鹿銜、薇銜、無心。《本草綱目》十五《薇銜》："［主治］風濕痹歷節痛，驚癇吐舌，悸氣賊風，鼠瘻癰腫。本經……久服輕身明目。別録"

［10］服其母以致其子：古人認爲雲母爲雲霧之母。《本草綱目》八《雲

母》：“[釋名]……按《荊南記》云：‘華容方臺山出雲母，土人候雲所出之處，於下掘取，無不大獲。……’據此，則此石乃雲之根，故得‘雲母’之名。而雲母之根，則陽起石也。”

[11] 晻晻（ǎn）：黑暗貌；昏暗貌。蔡邕《愁霖賦》：“瞻玄雲之晻晻兮，聽長空之淋淋。”

[12] 淋（lìn）：尿道發炎，小便雜有濃血。《素問·六元正紀大論》：“小便黃赤，甚則淋。”

[13] 衛叔卿：傳說漢武帝時仙人。《神仙傳》：“衛叔卿者，中山人也，服雲母得仙。……其子名度世……（漢武）帝即遣使者（梁伯）與度世共之華山求尋其父……叔卿曰：‘……汝歸，當取吾齋室西北隅大柱下玉函，函中有神素書，取而按方合服之，一年可能乘雲而行，道成來就吾於此，勿得爲漢臣也。’……後掘得玉函，封以飛仙之香，取而餌服，乃五色雲母，遂合藥服之，與梁伯俱仙去。”《御覽》六百六十二《道部四》引《三洞珠囊》曰：“衛叔卿，中山人，服雲母。子度世入山見父，叔卿語曰：‘吾齋書室西北墉大柱下有玉函，中有書取而按合服之。’度世歸，果如言，餌五色雲母，仙去。”

8　又雄黃當得武都山所出者[1]，純而無雜，其赤如雞冠，光明曄曄者[2]，乃可用耳。其但純黃似雄黃色(1)，無赤光者，不任以作仙藥[3]，可以合理病藥耳[4]。餌服之法，或以蒸煮之，或以酒餌，或先以硝石化爲水乃凝之(2)，或以玄胴腸裹蒸之於赤土下(3)[5]，或以松脂和之，或以三物煉之[6]，引之如布，白如冰，服之皆令人長生，百病除，三尸下(4)，瘢痕滅，白髮黑，墮齒生，千日則玉女來侍，可得役使，以致行廚。又玉女常以黃玉爲志，大如黍米，在鼻上，是真玉女也，無此志者，鬼試人耳。

【校】

（1）雄黃色：孫星衍校：“《大觀本草》引雄作雌。”

（2）硝：孫星衍校：“《大觀本草》引作消。”按：消通硝。

（3）玄胴腸：平津本作元胴腸。按：“元”避清康熙諱改，當作玄。孫星衍校：“《大觀本草》引‘元胴腸’作豬胴。”

（4）三尸下：王明校：“一本無此句。”

【注】

［1］武都山：在今四川綿竹縣北。《九丹經》上：“本自正陽武都間者，言真雄黃雌黃皆出正陽武都。”

［2］曄曄：光芒四射貌。《雲笈七籤》九七《太微玄清左夫人歌一首並序》：“朗朗扇景輝，曄曄長庚煥。”

［3］任：用。《呂氏春秋·察今》“此任物亦必悖矣”高誘注：“任，用也。”

［4］合理：合治；配合治療。指幾種藥物的配製與治療。

［5］玄胴腸：豬腸。胴（dòng）：大腸。

［6］三物：此指上文所説硝石、玄胴腸、松脂。胡道靜《正統道藏·前言》説：“當道士們把硝鹽、木炭、硫磺、砒霜這四種物質放在一起燒煉時，所得的結果是發生了爆炸，爐壞人亡，爲了引以爲戒，道士們把這個配方記錄在《道藏》中的一部方術道書《真元妙道要略》裏，從而意外地給化學史和發明史留下了貴重的史料。”與本文所説大同小異。詳見《道藏》第19册，葛洪老師、真人鄭思遠撰《真元妙道要略》。

9　玉亦仙藥，但難得耳。《玉經》曰：服金者壽如金，服玉者壽如玉也[1]。又曰：服玄真者，其命不極[2]。玄真者，玉之別名也。令人身飛輕舉，不但地仙而已。然其道遲成，服一二百斤，乃可知耳。玉可以烏米酒及地榆酒化之爲水（1），亦可以蔥漿消之爲粑，亦可餌以爲丸，亦可燒以爲粉，服之一年已上，入水不沾，入火不灼，刃之不傷，百毒不犯也。不可用已成之器，傷人無益，當得璞玉[3]，乃可用也，得于闐國白玉尤善[4]。其次有南陽徐善亭部界中玉及日南盧容水中玉亦佳[5]。赤松子以玄蟲血漬玉爲水而服之[6]，故能乘煙霞上下也(2)。玉屑服之與水餌之，俱令人不死，所以爲不及金者，令人數數發熱[7]，似寒食散狀也[8]。若服玉屑者，宜十日輒一服雄黃、丹砂各一刀圭，散髮洗沐寒水，迎風而行，則不發熱也。董君異嘗以玉醴與盲人服之[9]，目旬日而愈。有吳延稚者，志欲服玉，得玉經方不具，了不知其節度禁忌[10]，乃招合得珪璋環璧(3)[11]，及校劍所用甚多(4)[12]，欲餌治服之，後余爲説此不中用，乃歎息曰：事不可不精，不但無益，乃幾作禍也。

又銀但不及金玉耳，可以地仙也。服之法，以麥漿化之，亦可以朱草酒餌之，亦可以龍膏煉之，然日三服(5)，輒大如彈丸者，又非清貧道士所能得也。

又真珠徑一寸以上可服[13]，服之可以長久，酪漿漬之皆化如水銀，亦可以浮石水蜂窠蠶化之(6)[14]，包彤蛇黃合之[15]，可引長三四尺，丸服之，絶穀則不死而長生也(7)。淳漆不沾者，服之令人通神長生，餌之法，或以大無腸公子[16]，或云大蟹(8)。十枚投其中，或以雲母水，或以玉水合服之，九蟲悉下，惡血從鼻去，一年六甲行廚至也[17]。

【校】

（１）玉可以烏米酒：陳其榮校：“《御覽》八百五米作珠，‘烏米酒’‘烏珠酒’，皆不他見，未審孰是。”

（２）煙霞：藏本、平津本無“霞”字，據孫星衍校補：其下“《御覽》八百五引有霞字。”

（3）招：原校"一作始。"

（4）校：原校："一作裝。"

（5）然：孫星衍校："按此下當有日字。"然日：藏本、平津本無"日"字，據孫星衍校補。

（6）浮石水蜂窠鬻化之：藏本、平津本作浮石水蜂窠化，據孫星衍、王明校補。孫星衍校"《大觀本草》引此下有鬻字。"王明案："慎校本、寶顏堂本'化'下有'之'字。"

（7）絕穀則不死：藏本、平津本作絕穀服之則不死，從顧廣圻校刪"服之"二字。

（8）或云大蟹：孫星衍校："此四字當是小注誤入正文。"顧廣圻校："四字小注。"

【注】

[1]服金者壽如金：《黃帝九鼎神丹經訣》九《明用金銀善惡服煉方法》說："古者狐剛子作七轉煉金粉法，皆用鎺金。今合神丹，丹亦宜鎺金新出（產）者爲上。凡服金銀，金銀多毒，必須煉毒盡，乃可服之。是以狐剛子立五金盡有毒，若不煉令毒盡作粉，假令變化，得成神丹大藥，其毒若未去，久事服餌，小違禁戒，即反殺人。"《八煉九轉還丹伏火之訣》說要經過八煉：先鉛煉，次水銀煉，次玄水煉，次石灰汁煉，次消毒灰煉，次消毒灰蒸煉，次消毒灰炒煉，次醋煉。"然後毒盡，方可服之"。《太清經天師口訣》說："一切金銀多毒，若不精煉，恐畏傷人。先鉛煉三七徧，次水銀煉三七徧，玄水煉三百六十徧，石灰汁煉三七日，消毒灰蒸煉三七徧，消毒灰炒煉三七徧，醋煉三七日，然後毒盡，方可服之。"陳國符先生說："（左元放弟子狐剛子）《煉金銀法》，即作《金銀粉法》，即先將金銀與汞合成汞泥，然後飛汞以得金銀粉。"按：凡重金屬，不可服。

[2]不極：無窮；無垠。

[3]璞玉：包在石中尚未被雕琢的玉。

[4]于闐（tián）：漢代西域國名，在今新疆和田一帶。

［5］南陽：在今河南南陽市。徐善亭：蓋南陽一亭名。部界：區域；
　　界域。此謂所在範圍。日南：郡名，在當時交州南部。盧容水：
　　日南郡境内河流名。

［6］玄蟲：不詳。

［7］數數（shuò）：屢次；常常。《漢書·李陵傳》：“立政等見陵，未得
　　私語，即目視陵，而數數自循其刀環，握其足，陰諭之，言可還歸
　　漢也。”

［8］寒食散（sǎn）：即寒食五石散。簡稱寒食散、五石散、石散、散。
　　一種内服散劑。最早見於《史記·扁鵲倉公列傳》：“論曰：‘中熱
　　不溲者，不可服五石。’石之爲藥精悍……”服用不慎，危害甚大。
　　後方士煉五石散作爲長生之術。據《諸病源候論》記載考之，通
　　行方爲：紫石英、白石英、赤石脂、石鐘乳、硫磺等五種礦物類藥
　　製成的粉末。《金丹》：“五石者，丹砂、雄黄、白礬、曾青、慈石
　　也。”與通行方不同。服後身體發熱，精神亢奮。服後宜吃冷食，
　　著單衣。有服食五石散而致殘致死的。《世說新語·語言14》：
　　“何平叔云：‘服五石散，非唯治病，亦覺神明開朗。’”何晏字平
　　叔。王羲之《雜帖》二：“姊累告安和，梅妹大都可行，袁妹極得石
　　散力，然故不善佳，疾久，尚憂之。”余嘉錫《寒食散考》可參。

［9］董君異：董奉，字君異，三國吳侯官人。少有道術，多救人疾苦。
　　病癒者使栽五株杏，數年計十餘萬株，令人將穀一器置倉中，自
　　往取杏，每年貨杏得穀以賑救貧乏，供給行旅。《三國志·吳
　　書·士燮傳》“尉他不足踰也”裴松之注引葛洪《神仙傳》：“燮嘗
　　病死，已三日，仙人董奉以一丸藥與服，以水含之，捧其頭搖消
　　之，食頃，即開目動手，顔色漸復，半日能起坐，四日復能語，遂復
　　常。奉字君異，侯官人也。”

［10］節度：猶節制；約束。《漢書·循吏傳·龔遂》：“功曹以爲王生素
　　嗜酒，亡節度，不可使。”

［11］珪璋環璧：皆玉質禮器。珪：瑞玉，長形玉版，上尖下方，象徵天
　　圓地方。璋：狀如半珪。環：璧的一種。璧：扁平圓形，中心有
　　孔，邊闊大於孔徑。

［12］校(jiào)：裝飾。《三國志・吴書・諸葛恪傳》：“鉤落者，校飾革帶，世謂之鉤絡帶。”

［13］真珠：即珍珠。《肘後備急方》二《治瘴氣疫癘温毒諸方》十五：“常用辟温病散方：真珠、肉桂各一分，貝母三分熬之，雞子白熬令黄黑三分，搗篩，旦服方寸匕。若歲中多病可月月朔望服之，有病即愈，病人服者當可大效。”

［14］浮石：岩漿凝成的海綿狀的岩石，用作藥物。《本草綱目》九《浮石》：“〔主治〕清金降火，消積塊，化老痰。震亨”鱟(hòu)：鱟魚，又名東方鱟。

［15］蛇黄：一種藥物。《本草綱目》十《蛇黄》：“〔主治〕心痛疰忤，石淋，小兒驚癇，婦人産難，以水煮研服之。唐本　鎮心。大明”

［16］無腸公子：《紺珠集》三：“無腸公子：蟹。”

［17］六甲行廚：神仙庖廚。又曰天廚，亦名行廚。《列仙傳》：“神仙所至，自有六甲行廚，隨所需即有。”《漢武帝内傳》：“七月七日西王母降，自設天廚。”《北夢瑣言》：“修道功深，自享六甲行廚，隨所欲須，舉意即至。”

10　桂可以蔥涕合蒸作水[1]，可以竹瀝合餌之[2]，亦可以先知君腦，或云龜和服之(1)[3]，七年，能步行水上，長生不死也。

巨勝一名胡麻[4]，餌服之不老，耐風濕，補衰老也。桃膠以桑灰汁漬[5]，服之百病愈，久服之身輕有光明，在晦夜之地如月出也，多服之則可以斷穀。

柠木實芝赤者(2)，餌之一年，老者還少，令人夜能徹視鬼神(3)[6]。昔道士梁須年七十乃服(4)之，轉更少，至年百四十歲(5)，能夜讀書(6)，行及奔馬(7)，後入青龍山去。槐子以新甕合泥封之(8)[7]，二十餘日，其表皮皆爛，乃洗之如大豆，日服之，此物至補腦(9)，久服之(10)，令人髮不白而長生。

玄中蔓方[8]、楚飛廉[9]、澤瀉[10]、地黄、黄連之屬，凡三百餘種，皆能延年，可單服也。靈飛散[11]、未央丸(11)[12]、制命丸[13]、羊血丸[14]，皆令人駐年卻老也。

南陽酈縣山中有甘谷水，谷水所以甘者，谷上左右皆生甘菊[15]，菊花墮其中，歷世彌久，故水味爲變。其臨此谷中居民，皆不穿井，悉食甘谷水，食者無不老壽，高者百四五十歲，下者不失八九十，無夭年人，得此菊力也。故司空王暢[16]、太尉劉寬[17]、太傅袁隗，皆爲南陽太守[18]，每到官，常使酈縣月送甘谷水四十斛以爲飲食。此諸公多患風痺及眩冒[19]，皆得愈，但不能大得其益，如甘谷上居民，生小便飲食此水者耳。又菊花與薏花相似[20]，直以甘苦別之耳，菊甘而薏苦，諺言所謂苦如薏者也。今所在有真菊，但爲少耳[21]，率多生於水側，緱氏山與酈縣最多[22]，仙方所謂日精、更生(12)、周盈皆一菊[23]，而根、莖、花、實異名，其說甚美，而近來服之者略無效，正由不得真菊也。夫甘谷水得菊之氣味，亦何足言。而其上居民，皆以延年，況將服好藥(13)，安得無益乎？

【校】

（1）或云龜：孫星衍校：“此三字當是小注誤入正文。”

（2）柠木實之赤者：藏本、平津本作柠木實芝赤者：原校：“柠，一作楮。”從王明案引慎校本、寶顏堂本、崇文本、《太平廣記》四百十四、《御覽》三百九十四校改芝作之。

（3）令人夜能徹視鬼神：藏本、平津本作令人徹視見鬼，從《校補》引《歲時廣記》二十四校改王明案：“宋浙本作‘年至’。”

（4）須：孫星衍校據《大觀本草》引作頓，《校補》引《太平廣記》四百十四作頃，王明案“《御覽》三九十四引仍作‘須’。”

（5）至年百四十歲：《校補》：“《太平御記》四百十四引‘至年’作‘年至’，於義爲長。”陳其榮校：“《御覽》三百九十四四作三。”

（6）能夜讀書：藏本、平津本作能夜書，從《御覽》三百九十四補“讀”字。

（7）行及奔馬：《御覽》三百九十四引作走及馬，《太平御記》四百十四引行作走。按：行、走有別，當作走及奔馬。

（8）甕：孫星衍校：“《御覽》九百五十四引作瓷。”

（9）至補腦：藏本、平津本作主補腦，從《御覽》九五四主作至。

（10）久：孫星衍校：“《御覽》（九五四）作早。”

（11）央：平津本作夬，孫星衍校：“疑作央。”從藏本、崇文本校改。

（12）更生：孫星衍、顧廣圻校：其下“當有陰成二字。”

（13）將服：藏本、平津本作將復，王明校：“一作‘得’，或云作‘將服’。”按：當從或云。《至治》：“將服藥物，思神守一。”“骨填苟杞之煎，黃蓍建中之湯，將服之者，皆致肥丁。”《微旨》：“寶精愛炁，最其急也，并將服小藥以延命，學近術以辟邪惡。”《極言》：“然後先將服草木以救虧缺，後服金丹以定無窮。”《雜應》：“理者，既將服神藥，又行氣不懈。”並其證。

【注】

〔1〕洟：此指汁液。《玉篇·水部》：“洟，目汁也。”按：凡汁液皆可曰洟。

〔2〕竹瀝：用火炙烤淡竹或其他竹類後瀝出的液汁。可入藥。主治痰阻竅絡、中風、癲狂等症。《肘後備急方》二《治卒霍亂諸急方》十二：“又方飲竹瀝少許亦差。”

〔3〕先知君：即龜。唐馮贄《雲仙雜記》九：“蟹曰無腸公子，龜曰先知君。”按：蓋皆據葛洪本文。

〔4〕胡麻：《御覽》六百六十九引《五符經》曰：“胡麻本生大宛，又名巨勝。服之不息，與世長存。五穀之長也，服之可以知萬物、通神明。”《肘後備急方》六《治目赤痛暗昧刺諸病方》：“又方常服明目洞視：胡麻一石蒸之三十遍，末，酒服，每日一升。”

［5］桃膠：僻側之膠。《石藥爾雅》上《飛煉要訣・釋諸藥隱名》：“桃膠，一名薛側膠。”薛：疑“僻”字之誤。《本草綱目》二十九《桃・桃膠》：“〔主治〕煉服，保中不飢，忍風寒。別錄”

［6］徹視：猶透視。《黃白》：“又從此道士學徹視之方。”

［7］槐：《肘後備急方》三《治中風諸急方》：“若身直不得屈伸反復者，取槐皮黃白者切之，以酒共水六升煮，取二升，去滓，適寒溫，稍稍服之。”

［8］玄中：① 玄中石。《證類本草・卷四・磁石篇》：“雷公云：凡使，勿誤用玄中石并中麻石。此石之二真相似磁石，祇是吸铁不得。”餘不詳。② 蘭筋，馬目上陷如井字。《文選・爲曹洪與魏文帝書》“及整蘭筋”李善注：“《相馬經》云：‘一筋從玄中出，謂之蘭筋。’玄中者，目上陷如井字。蘭筋豎者千里。”蔓方：不詳。

［9］飛廉：又名飛雉。草藥名。《本草綱目》十五《飛廉》：“〔主治〕骨節熱。脛重酸疼。久服令人身輕。本經”

［10］澤瀉：又名水瀉。中藥名。《本草綱目》十九《澤瀉》：“〔根主治〕風寒濕痹，乳難，養五臟，益氣力，肥健，消水。久服，耳目聰明，不飢延年，輕身面生光，能行水上。本經”

［11］靈飛散：蓋養生散之一種。靈飛：靈飛經，内容係存思、符籙之法。《漢武帝内傳》：“昔曾扶廣山見青真小童，有此金書秘字，云‘求道益命，千端萬緒，皆須五帝六甲靈飛之術，六丁六壬名字之號，得以請命延算，長生久視，驅策眾靈，役使百神。’”即謂此經之作用。《太清金液神氣經》中《靈飛散方》：“雲母一斤，成煉著茯苓半斤，亦可一斤，柏子仁七兩，續斷草七兩，石鐘乳七兩，菊花五兩，亦可十五兩，术四兩，乾地黃十三兩，桂七兩，凡九物，治，下篩。訖，以天門冬一十斤咬咀，絞取汁以丸。此藥汁多和之汁，少者溲之，著銅器中，懸著，甑下蒸黍米一斛二斗，下熟，出藥。曝乾，更治，令細篩。服一方寸匕。旦服。無毒，可多服耳。當食十日身輕，二十日耳目聰明，七十日頭髮白返黑。”

［12］未央丸：乃狐剛子所創制。《太清金液神氣經》中《未央丸方》：“雲母二斤，松脂四斤，水銀三兩，天門冬一斤，亦可二兩，凡四

物,咬咀,納著大竹筒中;復以大竹筒例沓之,令得强下。下訖,復以麻約其筒三,上塞其口,勿令泄。蒸之,十斛米下,若不能一頓炊之耳。訖,出筒,不須出藥,筒著户上。裏面二十一日内氣出爲陰,外氣入爲陽,二氣足藥,乃成。更出,治之五百下。若藥燥者,可以蜜和之。常以成日西北向服之,如大豆二丸;卻五十日,復服二丸;復五十日,復服二丸。⋯⋯"

[13] 制命丸:不詳。蓋救命丸。

[14] 羊血丸:蓋用羊血、蜂蜜製作的丸藥。

[15] 菊:菊花。《本草綱目》十五《菊》:"[主治]久服利血氣,輕身耐老延年。本經"

[16] 司空:東漢時與司徒、太尉合稱三公,但無實權。王暢(? —169):字叔茂。王龔子。初舉孝廉,辭病不就。舉茂才,四遷尚書令,出爲齊相。徵拜司隸校尉,轉漁陽太守,坐事免官。桓帝特詔三公,復爲尚書,旋拜南陽太守。抑制豪强,凡貪贓不自首者,家産皆没入官,豪右恐懼。後納功曹張敞言,更崇寬政,慎刑簡罰,教化遂行。以政績著,遷長樂衛尉。靈帝建寧元年(168)拜司空,旋免。

[17] 劉寬:字文饒,弘農華陰(今屬陝西)人。桓帝時爲南陽太守,典歷三郡。温仁多恕,雖在倉卒,未嘗疾言遽色,吏民有過,但用蒲鞭示辱而已。靈帝時爲太尉,遷光禄勳,封逯鄉侯,謚昭烈。

[18] 太傅:太子老師,參預朝政,國君輔弼官員。袁隗(? —190):字次陽,汝南汝陽(今河南商水西北)人。靈帝時任大鴻臚、司徒等職。獻帝初,拜爲太傅,與侄袁紹共輔大將軍何進執政。後因紹起兵討董卓,被董卓殺害。其爲南陽太守事不詳。

[19] 眩冒:眼睛昏花。《素問·玉機真藏論》:"太過則令人善忘,忽忽眩冒而巔疾。"

[20] 薏:薏苡。可供食用、釀酒、入藥。《肘後備急方》一《治卒心腹煩滿方》十一:"又方銼薏苡根濃取汁服三升。"又五《治癰疽妒乳諸毒腫方》三十六:"葛氏療癰發數十處方:又方吞薏苡子一枚勿多。"

[21] 真菊：《肘後備急方》七《治卒飲酒大醉諸病方·附方》："《外臺秘要》治酒醉不醒：九月九日真菊花末飲服方寸匕。"

[22] 緱（gōu）氏山：山名。在河南偃師縣，該地古稱緱氏。

[23] 日精、更生、周盈：皆菊名。見《重修政和證類本草》六。此節文字，并見《太上靈寶五符序》中《辯菊薏法》。日精，菊之花；更生：菊之葉；周盈：菊之莖；長生：菊之根。

11　余亡祖鴻臚少卿曾爲臨沅令[(1)][1]，云此縣有廖氏家，世世壽考，或出百歲，或八九十，後徙去，子孫轉多夭折。他人居其故宅，復如舊，後累世壽考。由此乃覺是宅之所爲，而不知其何故[2]，疑其井水殊赤，乃試掘井左右，得古人埋丹砂數十斛，去井數尺[(2)]，此丹砂汁因泉漸入井，是以飲其水而得壽，況乃煉丹砂而服之乎[(3)][3]？

12　余又聞上黨有趙瞿者[4]，病癩歷年[5]，衆治之不愈，垂死。或云不如及活流棄之[(4)]，後子孫轉相注易[6]，其家乃齎糧將之[7]，送置山穴中。瞿在穴中，自怨不幸[(5)]，晝夜悲歎，涕泣經月[8]。有仙人行經過穴，見而哀之，具問訊之[(6)]。瞿知其異人，乃叩頭自陳乞哀[(7)]，於是仙人以一囊藥賜之，教其服法。瞿服之百許日，瘡都愈，顏色豐悅，肌膚玉澤[(8)][9]。仙人又過視之，瞿謝受更生活之恩，乞丐其方[(9)][10]。仙人告之曰：此是松脂耳，此山中更多此物，汝煉之服，可以長生不死。瞿乃歸家，家人初謂之鬼也，甚驚愕[(10)][11]。瞿遂長服松脂，身體轉輕，氣力百倍，登危越險，終日不極[(11)]，年百七十歲，齒不墮，髮不白。夜臥，忽見屋間有光大如鏡者，以問左右，皆云不見，久而漸大，一室盡明如晝日。又夜見面上有彩女二人，長二三寸，面體皆具，但爲小耳，遊戲其口鼻之間，如是且一年，此女漸長大，出在其側。又常聞琴瑟之音，欣然獨笑，在人間三百許年⁽¹²⁾，色如小童，乃抱犢入山去⁽¹³⁾，必地仙也。于時聞瞿服松脂如此⁽¹⁴⁾，於是競服。其多力者^{(15)[12]}，乃車運驢負，積之盈室，服之遠者，不過一月，未覺大有益輒止，有志者難得如是也。

【校】

（1）余亡祖鴻臚少卿：孫星衍校："《御覽》七百二十、九百八十四引卿皆作時。"陳其榮校："《御覽》六百七十、又七百二十、又九百八十五皆作少時，三百八十三作少卿，九百八十四不引，校語誤。"

（2）去井：藏本、平津本無"井"字，據《御覽》三八三、七百二十校補。

（3）況乃煉丹砂而服之乎：藏本、平津本作況乃餌煉丹砂而服之乎，據《校補》引《御覽》七百二十删"餌"字。

（4）不如及活流棄之：藏本、平津本作不及活流棄之，據王明校補"如"字："《太平廣記》四百十四《服餌·》服松脂條引（"不"下）有'如'字，是。""不如及活"與《神仙傳·趙瞿》"當及生"之意相若。

（5）瞿在穴中：孫星衍校：其下"藏本有瞿字"。

（6）有仙人行經過穴，見而哀之，具問訊之：《肘後備急方》五作"有仙人經穴，見之哀之，具問其詳"。《太平廣記》十引《神仙傳·趙瞿》："夜中忽見石室前有三人問瞿何人。"與本文迥異。

（7）哀：孫星衍校"《大觀本草》作命"。

（8）顏色豐悦，肌膚玉澤：《肘後備急方》五作"顏色悦，肌膚潤"。

（9）丐：孫星衍校"《大觀本草》作遺"。

（10）甚驚愕：《校補》："'甚驚愕'下當有脱文。《太平廣記》四百十四引作'甚驚愕遂具言狀'，《御覽》六百七十引作'甚駭問，得愈狀'《神仙傳》亦有'具説其由'一句可證。"

（11）登危越險，終日不極：《廣記》四百十四危作高，極作倦。《肘後備

急方》五越作涉,極作困。按:危、高同義,極、倦同義,越、涉
同義。

(12) 在人間三百許年:陳其榮校"《御覽》六百七十作在二百餘年"。

(13) 乃抱犢入山去:藏本、平津本作乃入抱犢山去,從《太平廣記》四
百十四引校改。《元和郡縣誌》:"抱犢山在沂州承縣北六十里,
壁立千仞……昔有遁隱者,抱一犢於其上墾種,故以爲名。"

(14) 于:孫星衍校"藏本作余"。

(15) 其多力者:藏本、平津本作其多役力者,從《太平廣記》四百十四
引删"役"字。

【注】

[1] 余亡祖:指葛系(一作葛奚)。《晉書·葛洪傳》:"祖系,吳大鴻
臚。"鴻臚:秦名典客,漢景帝時更名大行令,武帝時改名大鴻
臚,王莽時更名典樂,東漢復名大鴻臚。掌諸侯王入朝迎送接待
朝會封授等禮儀。《通典》二六注引應劭曰:"郊廟行禮贊導九
賓。鴻,聲也;臚,傳也,所以傳聲贊導,故曰鴻臚。"爲列卿之一。
少卿:卿之貳。臨沅:三國吳時武陵郡治所,在今湖南常德市。

[2] 何故:什麼緣故;爲什麼。《左傳·宣公十一年》:"夏徵舒爲不
道。弒其君,寡人以諸侯討而戮之,諸侯、縣公皆慶寡人,女獨不
慶寡人,何故?"

[3] 煉丹砂:原指在爐鼎中燒煉礦石藥物以制"長生不死"的丹藥即
金丹,道士將此稱爲外丹,而將人體擬作爐鼎,以煉體內的精、
氣、神,稱作"內丹"。煉丹即二者的統稱。蘇軾《送蹇道士歸廬
山》詩:"綿綿不絕微風裏,內外丹成一彈指,"陳師道注:"道家以
烹煉金石爲外丹,吐故納新爲內丹。"

[4] 上黨:地名,即今山西長治市。趙瞿:字子榮,上黨人。

[5] 癩(lài):惡瘡;頑癬;麻風。歷年:經過多年。

[6] 轉:躲避;回避。《管子·法法》:"上令盡行,禁盡止,引而使之,
民不敢轉其力。"尹知章注:"轉,避也。"注易:流動轉移。《史
通·補注》:"注者,流也,流通而靡絕。"

［7］齎(jī)：持；帶。《戰國策‧齊策四》："齊王聞之，君臣恐懼，遣太傅賫黃金千斤，文車二駟，服劍一，封書謝孟嘗君。"將：駕御。《史記‧田叔列傳》："少孤貧，爲人將車之長安。"司馬貞索隱："將車，猶御車也。"此指駕車送趙瞿。

［8］經月：指太陰曆月亮經歷一次朔望的標準時間；整月。

［9］豐悅：豐潤悅目。玉澤：玉的光澤。

［10］受：授之初字，通授。付與；給予。

［11］驚愕：吃驚而發楞；非常震驚。《戰國策‧燕策三》："荊軻逐秦王，秦王環柱而走，群臣驚愕。"

［12］多力：此指財力雄厚。

13　又漢成帝時[1]，獵者於終南山中，見一人無衣服，身生黑毛。獵人見之，欲逐取之。而其人逾坑越谷，有如飛騰，不可逮及[2]。於是乃密伺候其所在[3]，合圍得之，乃是婦人(1)。問之，言我本是秦之宮人也，聞關東賊至，秦王出降[4]，宮室燒燔[5]，驚走入山；飢無所食，垂餓死(2)。有一老翁教我食松葉松實(3)，當時苦澀，後稍便之，遂使不飢不渴，冬不寒，夏不熱。計此女定是秦王子嬰宮人，至成帝之世，二百許歲(4)。乃將歸，以穀食之。初聞穀臭嘔吐[6]，累日乃安。如是二年許，身毛乃脫落，轉老而死。向使不爲所得[7]，便成仙人矣。

14　南陽文氏，說其先祖，漢末大亂，逃壺山中(5)，飢困欲死[8]。有一人教之食術，遂不飢(6)，數十年乃來還鄉里，顏色更少，氣力勝故。自說在山中時，身輕欲跳[9]，登高履險，歷日不極[10]，行冰雪中，了不知寒。常見一高岩上[11]，有數人對坐博戲者[12]，有讀書者，俛而視文氏(7)，因聞其相問(8)，言此子中呼上否(9)。其一人答言未可也。術一名山蔺^[13]，一名山精。故《神藥經》曰：必欲長生，常服山精⁽¹⁰⁾。

【校】

（1）乃：藏本、平津本作定，從孫星衍引《大觀本草》、王明案引慎校本、寶顏堂本校改。

（2）垂餓死：陳其榮校："《意林》作垂當餓死。"

（3）松葉松實：孫星衍校："《大觀本草》作松柏葉實。"

（4）二百許歲：明抄本二作三，顧廣圻校："《意林》作二。"按：秦王子嬰降漢（前 206）至漢成帝（前 32—前 7 在位）剛二百年。

（5）逃壺山中：藏本、平津本作逃去山中，從王明校改："'去'《太平廣記》四百十四、《重修政和證類本草》六引作'壺'，是。《類聚》八十一作華，按：華、壺在上古同爲魚部字，《類聚》作華，證明《廣記》作壺，語音有據。漢末去上古未遠，仍保存上古音。作壺是。

（6）遂不飢：藏本、平津本作遂不能飢。《校補》："《類聚》八十一、《太平廣記》四百十四、《御覽》九百八十九引並無'能'字，疑是衍文。"當删。

（7）俛而視文氏：《太平廣記》四百十四作俛而視之，文氏。按："文氏"當屬下句。

（8）因聞其相問：孫星衍校引藏本、王明案引魯藩本、慎校本聞作閱。

（9）言此子中呼上否：《太平廣記》四百十四中作可。按："中"爲魏晉常用語，孫人和曾詳論之。《外篇·審舉》："不可以拯衰弊之變也。""不可"原刻作"不中"。陳其榮曰："案刻本'中'爲'可'之訛，當改正。"孫人和曰："陳說未核'中''可'形不相近，無緣致誤，刻本作'中'，當仍其舊，不當以意輒改失其真。抱朴之文，頗逞辭藻，復工對仗，往往互文見意。且本書'不可'、'不得'、'不能'諸語多作'不中'。《（內篇·）對俗篇》云：'何以既斬之而不可續，已灑之而不中服乎？'《仙藥篇》云：'不中服食，不可誤也。'

又云：'晻晻純黑色起者，不中服。'《極言篇》云：'又不中以不然之言對答之者也。'《登涉篇》云：'然不中以筆傳。'《遐覽篇》云：'未中以經深涉遠耳。'《（外篇·）交際篇》云：'天下不爲盡不中交也。'《自叙篇》云：'不中爲傳授之師。'並其證。"（《抱朴子校補》手稿本）。按：藏本作"不中"。《外篇·良規篇》云："但吾親不中奉事，故棄去之。"亦其例也。稚川這種用法，保存了古義。《管子·禁藏》："約（得）地之宜，忠（中）人之和。"俞云："'忠'當讀爲'中'，中人之和猶得人之和。"《國蓄》："夫（大）國之君不相中。"王念孫云："不相中，不相得也。"《史記·封禪書》："康后與王不相中。"《索隱》引《三倉》云："中，得也。"是其證。

（10）常：孫星衍校："《御覽》九百八十九、《大觀本草》引作當。"王明案："慎校本、寶顏堂本、崇文本'常'作'長'。"按：常、當、長皆可。

【注】

［1］漢成帝（前51—前7）：劉驁，字太孫。漢元帝子。

［2］逮及：至；達到。此謂追上；趕上。

［3］伺候：即斥候。偵察者。亦指偵察。《六韜·農器》："太公曰：'戰攻守禦之具盡在於人事：耒耜者，其行馬蒺藜也；馬牛車輿者，其營壘蔽櫓也；鋤耰之具，其矛戟也；……牛馬所以轉輸糧用也，雞犬其伺候也。'"

［4］關東：函谷關以東。賊至：實指公元前206年劉邦率軍入關。秦王：指子嬰（？—前206）：姓嬴，秦始皇孫，秦二世兄子。趙高殺二世而立之，去帝號爲王。設計殺趙高。爲王四十六日。劉邦入關，遂降。後爲項羽所殺。《史記·高祖本紀》："漢元年十月，沛公兵遂先諸侯至霸上。秦王子嬰素車白馬，繫頸以組，封皇帝璽符節，降軹道旁。"

［5］宮室燒燔：指項羽西屠咸陽，焚宮室事。《史記·項羽本紀》："（鴻門宴後）居數日，項羽引兵西屠咸陽，殺秦降王子嬰，燒秦宮室，火三月不滅，收其貨寶婦女而東。"

［6］臭（xiù）：氣味。《詩·大雅·文王》：“上天之載，無聲無臭。”鄭
　　　玄注：“耳不聽聲音，鼻不聞香臭。”

［7］向使：假使；假令。

［8］欲：將要。《後漢書·趙孝王良傳》：“汝與伯升志操不同，今家欲
　　　危亡，而反共謀如是！”

［9］欲：似，好像。《世說新語·假譎12》：“既成婚，女之頑囂，欲過
　　　阿智。”

［10］歷日：多日。歷：多；曾經多次。

［11］常：通嘗。曾經。

［12］博戲：古代的一種棋藝。《史記·貨殖列傳》：“博戲馳逐，鬥雞
　　　走狗。”

［13］山薊：薊通薊。薊：《玉篇》古麗切。草名；木名。山薊：又名馬
　　　薊、大薊，見《本草綱目》十二《術》［釋名］、十五《大薊》［釋名］。
　　　《肘後備急方》五《治卒得蠱鼠諸瘻方》四十《附方》：“煮大薊根汁
　　　服之立差。”

15　昔仙人八公[1]，各服一物，以得陸仙，各數百年，乃
合神丹金液，而升太清耳。人若合八物，煉而服之，不得其
力，是其藥力有轉相勝畏故也。韓終服菖蒲十三年(1)，身
生毛，日視書萬言，皆誦之，冬袒不寒。又菖蒲生須得石
上(2)，一寸九節已上，紫花者尤善也。趙他子服桂二十
年(3)，足下生毛[2]，日行五百里，力舉千斤。移門子服五味
子十六年(4)[3]，色如玉女，入水不沾，入火不灼也。楚文子
服地黃八年(5)，夜視有光，手上連弩也(6)[4]。林子明服术
十一年，耳長五寸，身輕如飛，能超踰淵谷二丈許。杜子微
服天門冬，御八十妾(7)，有子百三十人(8)，日行三百里。任
子季服茯苓十八年，仙人玉女往從之，能隱能彰，不復食
穀，灸瘢皆滅，面體玉光。陵陽子仲服遠志二十年(9)[5]，有

子三十七人，開書所視不忘，坐在立亡。《仙經》曰：雖服草木之葉，已得數百歲，忽怠於神丹⁽¹⁰⁾，終不能仙。以此論之，草木延年而已，非長生之藥可知也。未得作丹，且可服之，以自楷持耳^[6]。」

16　或問：「服食藥物，有前後之宜乎^[7]?」抱朴子答曰：「按《中黃子服食節度》云：服治病之藥，以食前服之；養性之藥，以食後服之。吾以咨鄭君，何以如此。鄭君言：此易知耳，欲以藥攻病，既宜及未食，內虛，令藥力勢易行；若以食後服之，則藥但攻穀而力盡矣。若欲養性，而以食前服藥，則力未行，而被穀驅之下去不得止，無益也。」

【校】

（１）韓終：一作韓衆。《楚辭・遠遊》"羨韓衆之得一"洪興祖補注："《列仙傳》：'齊人韓終，為王采藥，王不肯服，終自服之，遂得仙也。'"十三年：《藝文類聚》八十一引作三十年，《廣記》四百十四、《御覽》六百六十九引《仙經》同。

（２）生須得石上：《校補》："《太平廣記》四百十四引'生須'作'須生'。"王明案引慎校本、寶顏堂本、崇文本作須得生石上。

（３）二十年：《校補》："《太平廣記》（四百十四）引作二十一年。"生毛：《太平廣記》作毛生。

（４）移門子服五味子十六年：《御覽》九百九十引引《典術》作羨門子服五味子十六年。陶弘景《真誥》移門子作衍門子。移、羨、衍三字音近並通。後《遐覽篇》有《移門子記》。按："移"與"羨、衍"為歌元對轉，"移、衍"為喻母字，"羨"為邪母字。十六年：《太平廣記》四百十四引作六十年。說參《校補》。

（５）楚文子：《御覽》九百八十九引同，《太平廣記》四百十四引作楚子。

（6）手上連弩也：藏本、平津本作手上車弩也，陳其榮校：“《御覽》九百八十九亦作‘車弩’，未定是‘連’之訛。據《御覽》三百四十八引趙公王琚《教射經》有‘絞車弩中七百步’。王琚，《魏書》有傳，將恐古有車弩，至魏盛行耳。”按：陳校不可從。按出處當從孫星衍、顧廣圻校：“車當作連。”《墨子·備高臨》：“備臨以連弩之車。”《漢書·李陵傳》：“陵軍步鬥樹木間，復殺數十人，因發連弩射單于。”並其證。

（7）御八十妾：陳其榮校：“《藝文類聚》八十一、《御覽》九百八十九作十八妾。”

（8）有子百三十人：孫星衍校：“《御覽》九百八十九、《大觀本草》引（三）作四。”

（9）陵陽子仲：《御覽》九百八十九引作陵陽仲。

（10）忽怠於神丹：藏本忽作勿。孫星衍校：“忽舊誤作勿，今校正。”

【注】

［１］八公：有兩説：① 淮南八公：王充《論衡·道虛》：“（劉）安嗣爲王，恨父徙死，懷反逆之心，招會術人，欲爲大事。伍被之屬，作道術之書，發怪奇之文，八公之傳，欲示神奇，合景亂首，若得道之狀。”《淮南子》高誘《叙》：“天下方術之士多往焉。如蘇飛、李尚、左吳、田由、雷被、毛被、伍被、晉昌等八人，及諸儒大、小山之徒。”《搜神記》一：“淮南王安好道術，設廚宰以候賓客。正月上午，有八老公詣門求見。門吏曰：‘先生無駐衰之術，未敢以聞。’公知不見，乃更形爲八童子，色如桃花，王便見之，盛禮設樂，以享八公。”梁玉繩《瞥記》五：“壽春八公山以八人得名，《水經·肥水注》言‘左吳與王春、傅生等尋安同詣玄洲，還爲著記，號曰《八公記》’，則八公名目又與高序異矣。”② 即下文的韓終、趙他子、移門子、楚文子、林子明、任子季、陵陽子仲等八人。其得道成仙事蹟散見《列仙傳》《太平廣記》等。

［２］桂：《肘後備急方》三《治卒中風諸急方》十九：“若四肢逆冷吐清

汗，宛轉啼呼者，取桂一兩哎咀，以水三升煮，取二升，去滓，適寒溫，盡服。"

［3］五味子：中藥名。南產者色紅，北產者色黑，入滋補藥必用北產者，乃良。《本草綱目》十八《五味子》："［主治］益氣，咳逆上氣，勞傷羸瘦，補不足，強陰，益男子精。本經　養五臟，除熱，生陰中肌。別錄"

［4］手上：言其手勁大，能上連弩也。連弩：裝有機括，可以同發數矢或連發數矢之弓。

［5］遠志：中藥名。《本草綱目》十二《遠志》"［主治］咳逆傷中，補不足，除邪氣，利九竅，益智慧，耳目聰明，不忘，強志倍力。久服輕身不老。本經　利丈夫，定心氣，止驚悸，益精，去心下膈氣，皮膚中熱，面目黃。別錄"

［6］楷持：支撐。"楷""持"連文同義。楷(zhī)：通作"支"。支撐。

［7］前後之宜：此指飯前還是飯後服藥之宜。

17　或問曰："人服藥以養性，云有所宜，有諸乎？"抱朴子答曰："按《玉策記》及《開明經》，皆以五音六屬[1]，知人年命之所在。子午屬庚，卯酉屬己，寅申屬戊，丑未屬辛，辰戌屬丙，巳亥屬丁。一言得之者，宮與土也[2]。三言得之者，徵與火也。五言得之者，羽與水也。七言得之者，商與金也。九言得之者，角與木也。若本命屬土，不宜服青色藥[3]；屬金，不宜服赤色藥[4]；屬木，不宜服白色藥[5]；屬水，不宜服黃色藥[6]；屬火，不宜服黑色藥[7]。以五行之義，木剋土，土剋水，水剋火，火剋金，金剋木故也[8]。若金丹大藥，不復論宜與不宜也。"

一言宮。庚子庚午，辛未辛丑，丙辰丙戌，丁亥丁巳，戊寅戊申，己卯己酉。

三言徵。甲辰甲戌，乙亥乙巳，丙寅丙申，丁酉丁卯，戊午戊子，己未己丑。

　　五言羽。甲寅甲申，乙卯乙酉，丙子丙午，丁未丁丑，壬辰壬戌，癸巳癸亥。

　　七言商。甲子甲午，乙丑乙未，庚辰庚戌，辛巳辛亥，壬申壬寅，癸卯癸酉。

　　九言角。戊辰戊戌，己巳己亥，庚寅庚申，辛卯辛酉，壬午壬子，癸丑癸未。

　　禹步法[9]：前舉左，右過左，左就右。次舉右，左過右，右就左。次舉右(1)，右過左，左就右。

　　如此三步，當滿二丈一尺，後有九跡(2)。

【校】

（1）次舉右：孫星衍校“按右當作左”。顧廣圻校同。

（2）後有九跡：王明校“寶顏堂本無‘後’字”。

【注】

[1]五音：此指五音與五行、五色相配，即“納音五行”，可卜命運吉凶，亦可推服藥宜忌。其對應關係如下：

五音：	宮	商	羽	角	徵
五行：	土	金	水	木	火
五色：	黃	白	黑	青	赤
	一言	七言	五言	九言	三言

六屬：即下文所說“子午屬庚，卯酉屬己，寅申屬戊，丑未屬辛，辰戌屬丙，巳亥屬丁”。子午屬庚：即庚子庚午。卯酉屬己：即己卯己酉。寅申屬戊：即戊寅戊申。丑未屬辛：辛未辛丑。辰戌屬丙：即丙辰丙戌。巳亥屬丁：即丁亥丁巳。

[2]一言得之：一個字即得到卜卦所要得到的東西。下面三言、五言、七言、九言同此。

〔３〕若本命屬土,不宜服青色藥:因"青"代表"木",而"木剋土"。本命:指人生年干支。《三國志‧魏書‧管輅傳》:"又吾本命在寅,加月食夜生。"

〔４〕屬金,不宜服赤色藥,因"赤"代表"火",而"火剋金"。

〔５〕屬木,不宜服白色藥,因"白"代表"金",而"金剋木"。

〔６〕屬水,不宜服黃色藥,因"黃"代表"土",而"土剋水"。

〔７〕屬火,不宜服黑色藥,因"黑"代表"水",而"水剋火"。

〔８〕以五行之義:指古人以五行相剋之理推衍并運用於服藥宜忌與萬事萬物。木剋土:樹木吸取土壤肥力。土剋水:堤壩阻水。水剋火:水能滅火。火剋金:火銷鎔金屬。金剋木:金屬工具能砍斷樹木。

〔９〕禹步法:《雲笈七籤》六一《服五方靈氣法》:"諸步綱起于三步九跡,是謂禹步。其來甚遠,而夏禹得之,因而傳世,非禹所以統也。夫三元九星、三極九宮以應太陽大數。其法先舉左,一跬一步,一前一後,一陰一陽,初與終同步,置腳橫直,互相承如丁字所,亦象陰陽之會也。"可與本文合觀。

18　《小神方》[1],用真丹三斤,白蜜六斤[2],合和日曝煎之,令可丸。旦服如麻子十丸,未一年,髮白更黑,齒墮更生,身體潤澤[1],長服之,老翁還成少年,長生不死也[3]。

《小餌黃金方》,火銷金納清酒中,二百出,二百入,即沸矣。握之出指間[4],令如泥,若不沸及握之不出指間,即復銷之內酒中無數也。成服如彈丸一枚,亦可汁一丸分爲小丸[5],服三十日,無寒温,神人玉女下之。又銀亦可餌,與金法同。服此二物,可居名山石室中,一年即輕舉矣。人間服之,名地仙,勿妄傳也。

　　《兩儀子餌銷黄金法》⁽⁶⁾，豬負革肪三斤^{(7)[2]}，醇苦酒一斗，取黄金五兩，置器中煎之，出爐，以金置肪中⁽⁸⁾，百入百出，苦酒亦爾⁽⁹⁾，淪一斤金，壽弊天地^{(10)[3]}；食半斤金，壽二千歲；五兩，千二百歲；無多少，便可餌之。當以王相之日，作之神良，勿傳人；傳人，藥不成不神也⁽¹¹⁾。欲食去尸藥⁽¹²⁾，當服丹砂。

　　《餌丹砂法》，丹砂一斤，搗筬下醇苦酒三升⁽¹³⁾，淳漆二升⁽¹⁴⁾，凡三物合，令相得，微火上煎之，令可丸，服如麻子三丸，日再服⁽¹⁵⁾。三十日⁽¹⁶⁾，腹中百病癒，三尸去；服之百日，肌骨堅強；服之千日，司命削去死籍⁽¹⁷⁾；與天地相畢⁽¹⁸⁾，日月相望，改形易容，變化無常，日中無影，乃別有光矣⁽¹⁹⁾。

【校】

（1）《小神方》：孫星衍校："按（神下）疑有丹字。"按：《金丹篇》作《小神丹方》。

（2）白蜜六斤：藏本、平津本作白蜜一斤，從《校補》引《金丹》《金汋經》一校改。

（3）長生不死也：藏本、平津本作常服長生不死也，據《校補》校删"常服"二字："《金丹篇》及《金汋經》並無此（常服）二字。"

（4）握之出指間：握原作渥，陳其榮校："渥之明刻諸本作握之，榮案下文有及握之不出指間語，正作握。"

（5）亦可汁一丸分爲小丸：王明校："一本無'汁'字。"

（6）儀子：藏本無。孫星衍校："此二字據前《金丹篇》補。"

（7）豬負革肪：藏本作豬負革方脂。孫星衍校："肪舊誤作方脂二字，今删正。"

（8）肪：孫星衍校："藏本無此字。"

（9）百入百出苦酒亦爾：王明案：“一本作‘百出百入’，寶顏堂本、崇文本‘爾’作‘可’。”爾：藏本誤作示。按：“爾”簡寫成“尒”，“尒”誤成“示”。

（10）壽弊天地：孫星衍校引藏本、王明案引魯藩本無壽字。

（11）藥不成：藏本、平津本作藥成，據王明案補“不”字：“前《金丹篇》及慎校本、寶顏堂本、崇文本皆作‘藥不成’，是。”

（12）欲食去尸藥：陳其榮校：“明刻本尸上有三字。”王明案：“明藏本、魯藩刊本無‘三’字。”

（13）篠下：孫星衍校：“藏本作下從，誤，今改正。《金丹篇》篠作篩，字同也。”醇：孫星衍校：“藏本無此字。”

（14）淳漆二升：原校：“一本和蜜二升。”

（15）日再服：藏本、平津本脫服字，據《校補》補：“下脫‘服’字，言每日服兩次也。《金丹篇》及《金汋經》並有‘服’字。”王明案：“一本‘再’下有‘服’字，是。”

（16）三十日：藏本、平津本“三”作“四”，從《金丹》《金汋經》校改。

（17）司命削去死籍：藏本、平津本無“去”字，據王明校補：“慎校本、寶顏堂本、崇文本‘削’下有‘去’字。”

（18）相畢：藏本、平津本作相保，據王明校改：“慎校本、寶顏堂本、崇文本‘保’作‘畢’。”

（19）乃別有光矣：孫星衍校：“自《小神方》至此，皆又見《金丹篇》，其文小異，不具出。”

【注】

［1］潤澤：形容有光澤。賈誼《新書·道德說》：“目清而潤澤若濡，無毚穢雜焉，故能見也。”

［2］豬負革肪：即豬脖子肥膘。負革肪，亦名負革脂。

［3］壽弊天地：弊通蔽。《韓非子·姦劫弒臣》：“爲姦利以弊人主。”王先謙集解：“弊，讀爲蔽。”

辨　問　卷　十　二[1]

1　或問曰："若仙必可得，聖人已修之矣，而周、孔不爲之者，是無此道可知也。"抱朴子答曰："夫聖人不必仙，仙人不必聖。聖人受命，不值長生之氣[1]；但自欲除殘去賊[2]，夷險平暴[3]，制禮作樂[4]，著法垂教；移不正之風，易流遁之俗；匡將危之主，扶亡徵之國[5]；刊《詩》《書》[6]，撰《河》《洛》[7]，著經誥[8]，和《雅》《頌》[9]；訓誨童蒙[2]，應聘諸國；突無凝煙，席不暇暖[10]。其事則鞅掌罔極，窮年無已，亦焉能閉聰掩明[3]，內視反聽，呼吸導引，長齋久潔，入室煉形[11]，登山採藥，數息思神，斷穀清腸哉？至於仙者，唯須篤志至信[12]，勤而不怠，能恬能靜，便可得之，不待多才也。有入俗之高具[4][13]，乃爲道者之重累也。得合一大藥，知守一養神之要[5]，則長生久視，豈若聖人所修爲者云云之無限乎？且夫俗所謂聖人者，皆治世之聖人，非得道之聖人。得道之聖人，則黄、老是也；治世之聖人，則周、孔是也。黄帝先治世而後登仙，此是偶有能兼之才者也。古之帝王，刻於泰山，可省讀者七十二家[6][14]，其餘磨滅者，不可勝數，而獨記黄帝仙者，其審然可知也。

【校】

（1）氣：藏本、平津本作道，從孫星衍校改。下文"按仙經以爲諸得仙者,皆其受命偶值神仙之氣"可證孫校之正確。

（2）訓誨童蒙：藏本、平津本無"誨"字,今校補。孫星衍、顧廣圻校：
"（訓下）當脫一字。"按：訓下蓋脫一誨字。《外篇・嘉遯》："誰
誨童蒙?""訓童蒙"、"誨童蒙",兩者相合,則爲訓誨童蒙。

（3）焉能：陳其榮校引藏本、王明引一本作焉得。按：兩可。《外
篇・審舉》："亦焉得不墮多黨者之後,而居有力者之下乎?"《黃
白》："然不聞方伎者,卒聞此,亦焉得不驚怪邪?"《黃白》："亦焉
能不驚怪邪?"皆其例。

（4）有入俗之高具：藏本、平津本具作真,從孫星衍校改。顧廣圻校：
"真當作其。"如按顧校,"其"屬下句。王明案："一本'入'作
'世','真'作'豪'。"

（5）知守一養神之要：藏本、平津本無"守"字,據陳其榮引盧本、王明
案引慎校本、寶顏堂本、崇文本校補。《對俗》："《仙經》：'服丹守
一,與天相畢。'"《至治》："將服藥物,思神守一。"《地真》："子欲
長生,守一當明。"并其證。

（6）可省讀：藏本讀下有書字。孫星衍校："此下舊衍'書'字,今
刪正。"

【注】

［1］辨問：就儒家聖人不修仙道、不能成仙辯論答疑。辨通辯。王充
《論衡・道虛》："如聖人皆仙,仙者非獨黃帝;如聖人不仙,黃帝
何得獨仙?"葛洪蓋據此而駁斥王充等儒家之論。

［2］除殘去賊：除掉兇殘的人、去掉害人的人。

［3］夷險平暴：削平險阻,平定暴亂。蓋由"夷險平亂"變來。曹操
《分租與諸將掾屬令》："與諸將士大夫共從戎事,幸賴賢人不愛
其謀,群士不遺其力,是以夷險平亂,而吾得竊大賞,户邑三萬。"

［4］制禮作樂：制定禮樂。《禮記・明堂位》："（周公）朝諸侯于明堂,
制禮作樂。"

［5］亡徵：國家將亡的徵兆。

［6］刊《詩》《書》：説蓋本《史記・孔子世家》："孔子之時,周室微而禮

樂廢,《詩》《書》缺。追跡三代之禮,序《書傳》,上紀唐、虞之際,下至秦繆,編次其事。……故《書傳》《禮記》自孔氏。……古者《詩》三千餘篇,及至孔子,去其重,取可施於禮義,上采契、后稷,中述殷、周之盛,至幽、厲之缺,始于衽席,故曰《關雎》之亂以爲《風》始,《鹿鳴》爲《小雅》始,《文王》爲《大雅》始,《清廟》爲《頌》始。三百五篇孔子皆弦歌之,以求合於《韶》《武》《雅》《頌》之音。禮樂自此可得而述,以備王道,成六藝。"王充《論衡·知實》:"(孔子)故退作《春秋》,刪定《詩》《書》。"

[7]《河》《洛》:《河圖》《洛書》。《河圖》:有數說: ① 關於《周易》一書起源的傳說。《書·顧命》:"《河圖》,在東序。"孔傳:"《河圖》,八卦。伏犧氏王天下,龍馬出河,遂則其文以畫八卦,謂之《河圖》。"按:"《河圖》是對八卦規律的總結和演示",又是"較快掌握八卦規律的教科書"(呂藝《〈河圖〉生八卦之謎解破》,見《北京大學百年國學文粹·語言文獻卷》)。 ② 關於最早天文圖籍的傳說。《論語·子罕》"河不出圖"邢昺疏引鄭玄注:"《河圖》、《洛書》,龜龍銜負而出,如《(尚書)中候》所說,龍馬銜甲,赤文,綠色。甲似龜背,袤廣九尺,上有列宿、斗正之度,帝王錄紀興亡之數是也。" ③ 孔安國、鄭玄以爲聖人帝王受命之瑞。上引《論語·子罕》"河不出圖"引孔曰:"聖人受命,則鳳鳥至,河出圖,今天無此瑞,吾已矣夫者,傷不得見也。" ④ 五行說起源。《尚書天球河圖傳》:"伏羲氏王天下,龍馬負圖出於河,是謂《河圖》。伏羲則其文,而畫八卦。其文:一六居下,二七居上,三八居左,四九居右,五十居中,爲五行相生之序。" ⑤ 言治水事。《宋書·符瑞志》:"禹觀於河,見長人白面魚身。出曰:'吾河精也。'呼禹曰:'文命治淫。'言訖,授禹《河圖》。言治水之事,乃退入於淵。" ⑥ 讖諱書名。洛書:1. 漢儒關於《書·洪範》"九疇"創作過程的傳說。《書·洪範》:"天乃賜禹《洪範》九疇,彝倫攸叙。"孔傳:"天與禹,洛出書。神龜負文而出,列於背,有數至於九,禹遂因而第之以成九類常道,所以次叙。"2. 聖人受命之瑞。《易·繫辭上》:"河出圖,洛出書。"正義曰:"如鄭康成之義,則《春秋緯(說

題辭)》云：‘河以通乾出天苞，洛以流坤吐地符。河龍圖發，洛龜感應。《河圖》有九篇，《洛書》有六篇。’孔安國(《論語·子罕》注)以爲‘《河圖》則八卦是也，《洛書》則九疇是也。’”《漢書·五行志上》：“《易》曰：‘天垂象，見吉凶，聖人象之；河出圖，雒出書，聖人則之。’劉歆以爲虑羲氏繼天而王，受《河圖》，則而畫之，八卦是也；禹治洪水，賜雒書，法而陳之，《洪範》是也。”顏師古注：“虑讀與伏同。”

[8] 經語：六經與周語，指代古代典籍。

[9] 《雅》《頌》：雅樂與頌樂。雅樂爲朝廷的樂曲，頌樂爲宗廟祭祀的樂曲。《禮記·樂記》：“故聽其《雅》《頌》之聲，志意得廣焉。”孔穎達疏：“《雅》以施正道，《頌》以贊成功，若聽其聲，則淫邪不入，故志意得廣焉。”

[10] 突無凝煙，席不暇暖：《淮南子·修務》：“孔子無黔突，墨子無暖席。”高誘注：“黔言其突竈不至於黑，坐席不至於溫，歷行諸國，汲汲于行道也。”班固《答賓戲》：“孔席不暖，墨突不黔。”突：煙囱。凝煙：濃密的煙霧。

[11] 煉形：道家謂修煉自身形體。

[12] 篤志：專心一志；立志不變；堅守志趣。《論語·子張》：“子夏曰：‘博學而篤志，切問而近思，仁在其中矣。’”至信：最大誠信。

[13] 入俗：入世。儒家主張入世，故指代儒家。高具：高才。

[14] 省讀：猶閱讀。七十二家：謂相傳到泰山、梁父封禪者有七十二位國君。《史記·封禪書》：“管仲曰：‘古者封泰山、禪梁父者七十二家，而夷吾所記者十有二家。’”

2　世人以一人所尤長，衆人所不及者[1]，便謂之聖。故善圍棊之無比者[1]，則謂之棊聖，故嚴子卿[2]、馬綏明於今有棊聖之名焉[3]；善史書之絶時者[4]，則謂之書聖，故皇象、胡昭於今有書聖之名焉[5]；善圖畫之過人者，則謂之畫聖[2]，故衛協、張墨於今有畫聖之名焉[6]；善刻削之尤巧者,則謂之木聖,故張衡、馬鈞於今有木聖之名焉[(3)][7]。故孟子謂伯夷,清之聖者也[8];柳下惠,和之聖者也[9];伊尹,任之聖者也[(4)][10]。吾試演而論之,則聖非一事。夫班、輸、倕、狄,機械之聖也[(5)][11];附、扁、和、緩,治疾之聖也[(6)];子韋、甘均,占候之聖也[12];史蘇、辛廖,卜筮之聖也[13];夏育、杜回,筋力之聖也[14];荆軻、聶政,勇敢之聖也[15];飛廉、夸父,輕速之聖也[16];子野、延州,知音之聖也;孫、吳、韓、白,用兵之聖也。聖者,人事之極號也,不獨於文學而已矣[17]。莊周云:盜有聖人之道五焉:妄意而知人之藏者,明也;先入而不疑者,勇也;後出而不懼者,義也;知可否之宜者,知也;分財均同者,仁也。不得此道而成天下大盜者,未之有也[18]。"

【校】

（1）世人以一人所尤長,衆人所不及者:藏本、平津本作世人以人所尤長,衆所不及者,據王明校補"一""人"二字。

（2）故皇象、胡昭於今有書聖之名焉;善圖畫之過人者,則謂之畫聖:孫星衍校:"以上二十六字藏本脱,校本依《太平御覽》七百五十二增。"按:《御覽》七百五十二引作:"書聖皇象、胡昭是也;畫聖衛協、張墨是也;木聖張衡、馬鈞是也。"由此知孫星衍校文是套用上文"故善圍棋之無比者,則謂之棋聖,故嚴子卿、馬綏明於今有棋聖之名焉"的文例而校出上文二十五字的。

（3）馬鈞:孫星衍校:"(鈞)藏本作忠,校本依《御覽》(七百五十二)更正。"

（4）柳下惠,和之聖者也;伊尹,任之聖者也:孫星衍校:"上十六字藏本脱,刻本有。"王明案:"一本亦脱。寶顏堂本、崇文本皆有。"

（5）班、輸、倕、狄:平津本同,藏本輸作秋,孫星衍校:"刻本無上(輸、倕)二字。"按:當有"輸倕"二字。如此"班、輸、倕、狄"方與"附、扁、和、緩"對舉。

（6）附：王明校："柏筠堂本作跗。"

【注】

〔1〕圍棊：棋類的一種。傳爲堯作。春秋戰國時代即有關於圍棋的記載。古時棋局縱橫各十七道，共二百八十九個交叉點，黑白子各一百五十枚。唐以後縱橫各十九道，共三百六十一個交叉點。雙方用黑白子對箸，以圍困對方，吃子多少定勝負，故稱圍棋。目前所知最早的圍棋專著有宋張擬《棋經》、晏天章《玄玄棋經》。

〔2〕嚴子卿：嚴武字子卿，三國吳人，善圍棋。與皇象（書法）、宋壽（占夢）、曹不興（畫繪）、鄭嫗（相術）、吳範（歷數風氣）、劉惇（天官占數）、趙達（九宮一算）爲"八絶"。《三國志·吳書·趙達傳》"（孫）權聞達有書……及發棺無所得，法術絶焉"裴松之注引《吳録》曰："嚴武字子卿，衛尉峻再從子也，圍棋莫與爲輩。……世皆稱妙，謂之八絶云。"

〔3〕馬綏明：不詳。疑指馬合鄉侯或馬朗。《三國志·魏書·文帝紀》"博聞强識，才藝兼該"裴松之注引《典論·自叙》："余於他戲弄之事少所喜，唯彈棋略盡其巧，少爲之賦。昔京師先工有馬合鄉侯、東方安世、張公子，常恨不得與彼數子者對。"《隋書經籍志》三"《棋勢》四卷"附："《圍棋勢》二十九卷，晉趙王倫舍人馬朗等著。"

〔4〕史書：漢稱令史所習之書，即當時通用的隷書。《漢書·元帝紀贊》："元帝多材藝，善史書。"泛指書法。

〔5〕皇象：字休明，三國吳廣陵江都（今江蘇江都市）人。曾任侍中、吳青州刺史。工書法，師杜度，草書著稱。王僧虔《能書人名録》："吳人皇象能草書，世稱沉著痛快。"《書斷》："（皇象）與嚴武等稱八絶……休明章草入神，八分入妙，小篆入能。"胡昭：字孔明，潁川人。《三國志·魏書·管寧傳》附胡昭："初，昭善史書，與鍾繇、邯鄲淳、衛覬、韋誕並有名。尺牘之跡，動見楷模焉。"鍾、胡行書法，俱學于劉德昇，而大行于晉世初。唐張彦遠《法書

要録》云：“潁川鍾繇，同郡胡昭，二子俱學于（劉）德昇，而胡書肥，鍾書瘦。”《書斷》：“胡昭……甚能篆書，真行又妙。”

[6] 衛協：晉代著名畫家，工繪畫，作道釋人物，冠絕當代。又名畫家顧愷之、張墨等皆師事衛協，世目爲畫聖。《宣和畫譜》：“衛協以畫名于時，作道釋人物，冠絕於代。”顧愷之《論畫》：“七佛及夏殷大列女二，皆衛協手，偉而有情勢；《北風詩》亦衛手，巧密於情思，世所并貴。”《述畫記》：“《上林苑圖》，協之跡最妙。又《七佛圖》，人物不敢點睛。”《歷代名畫記》：“協有《〈史記〉伍子胥圖》《醉客圖》《神仙畫》《張儀像》《鹿圖》《詩黍稷圖》《白畫卞莊子刺客圖》《吳王舟師圖》，并傳於代。又《小列女》。又衛協師于曹不興。”《圖畫見聞志》“有（衛協）《穆天子燕瑤圖》”。張墨：晉代著名畫家。《古畫品録》：“張墨風範氣韻極妙參神，但取精靈，遺其骨法，可謂微妙。”《歷代名畫記》：“張墨有屏風，一維摩詰像，雜白畫一搗練圖傳於代。”白畫即白描。

[7] 張衡（78—139）字平子，南陽西鄂（今河南南召縣）人。世爲著姓。少入京師，觀太學，通五經，貫六藝。曾兩度擔任掌管天文的太史令，精通天文曆算，創制世界上最早利用水力轉動的渾象（也叫渾天儀）和測定地震的地動儀。第一次正確解釋了月食的成因，説明月光是日光的反照，月食是由於月球進入地影而產生的。天文著作有《靈憲》，總結了當時天文知識，明確提出了“宇之表無極，宙之端無窮”，認識到宇宙的無限性。并認識到行星運動的快慢與距離地球的遠近有關。辭賦《二京賦》鋪寫京都景象，規模宏大。《歸田賦》形式短小，重在抒情。《四愁詩》《同聲歌》各具特色，在五七言詩發展史上有一定的地位。《御覽》七百五十二引《文士傳》：“張衡曾作木鳥，假以羽翮，腹中施機，能飛數里。”馬鈞：字德衡，三國時扶風人，巧思絕世，改革綾機，作指南車及翻車，令木人擊鼓吹簫、跳丸擲劍等。

[8] 伯夷：或説名尤，字公信；叔齊，或説名致，字公達。殷商末人，孤竹君之二子。父欲立叔齊，及父卒，叔齊讓伯夷，伯夷逃，叔齊亦逃。於是兩人歸西伯文王。因以武王伐紂爲“臣弒君”而天下宗

周，故義不食周粟，最後餓死于首陽山。按：《孟子·萬章下》作：
"孟子曰：'伯夷，聖之清者也。'"

[9] 柳下惠：或作柳下季。姓展，字禽。居於或食邑于柳下。惠：其
諡號。魯公族大夫，爲士師，三次被黜。按：《孟子·萬章下》
作："孟子曰：'……柳下惠，聖之和者也。'"

[10] 伊尹：名阿衡，一說名摯。本爲有莘氏媵臣，後歸湯，湯舉任以國
政。佐湯平定海內，治理天下，有大功。歷成湯、外丙、中壬諸
朝。帝中壬卒，立成湯嫡長孫太甲。太甲暴虐，乃放太甲于桐
宮，攝行政當國，後復迎之歸位。卒于太甲子沃丁時。按：《孟
子·萬章下》作："孟子曰：'……伊尹，聖之任者也。'"

[11] 班、輸、倕、狄：魯班、公輸班、倕、狄四人。班輸：春秋魯國的巧
匠公輸班。一說班指魯班，輸指公輸般，"班輸"爲兩人的合稱。
倕：工倕，相傳堯之巧工。《尚書·舜典》作"垂"，互通。狄：通
翟，即墨翟。

[12] 子韋、甘均：古代星占家。《史記·天官書》："昔之傳天數者，于
宋子韋，在齊甘公。"集解引徐廣曰："甘公名德。"《漢書·藝文
志》錄有《甘德長柳占夢》十一卷。《史記·張耳傳》索隱引劉歆
《七略》云："字逢，甘德"。《志林》云"甘公一名德。"不詳葛氏云
"甘均"所據，疑有誤。說參《札迻》。

[13] 史蘇：晉獻公占卜史官。辛廖：周大夫，善於占筮。占候：觀察
天象變化附會人事，預斷吉凶。

[14] 夏育：周時衛人，大力士，能舉千鈞，後成爲勇士的代稱。杜回：
秦力士。

[15] 荊軻：荊軻曾與蓋聶論劍，蓋聶怒而視之，荊軻出而駕離榆次；
曾與魯勾踐博，魯勾踐怒而叱之，荊軻默然而逃之。蓋聶、魯勾
踐，蓋荊軻所認爲無大勇的人，不足與論劍、爭道，故不示勇。爲
燕太子丹刺秦王政。聶政：戰國時軹（今河南濟源縣南）人。殺
人避仇，與母、姊至齊，以屠爲業。嚴仲子事韓哀侯，與韓相俠累
有隙，恐被誅，亡去，至齊，欲求聶政爲其報仇。政以母在，未允。
母死，政乃西見嚴仲子，仗劍至韓。俠累方坐府上，持兵執戟而

侍衛者甚衆。政直入，上階刺殺之，左右大亂。政大呼，所擊殺者數十人。又以刀自割面皮，抉出眼睛，自屠出腸而死。其姊哭其于韓市，死於其側。

[16] 飛廉：亦作蜚廉。商紂臣，善走。蜚通飛。夸父：堯時人，與太陽賽跑。《山海經・海外北經》：“夸父與日逐走，入日，渴欲得飲，飲於河渭；河渭不足，北飲大澤。未至，道渴而死。棄其杖，化爲鄧林。”

[17] 文學：文章博學；指儒家學説。《論語・先進》：“德行：顏淵、閔子騫、冉伯牛、仲弓。言語：宰我、子貢。政事：冉有、季路。文學：子游、子夏。”《韓非子・六反》：“學道立方，離法之民也，而世謂之文學之士。”

[18] 莊周云：盜有聖人之道五焉：《莊子・胠篋》：“夫妄意室中之藏，聖也；先入，勇也；後出，義也；知可否，知也；分均，仁也。五者不備而能成大盜者，天下未之有也。”妄意：隨意；臆測。

3　或曰：“聖人之道，不得枝分葉散，必總而兼之，然後爲聖。”余答之曰：“孔子門徒，達者七十二[1]，而各得聖人之一體，是聖事有剖判也。又云：顏淵具體而微[2]，是聖事有厚薄也。又《易》曰：‘有聖人之道四焉，以言者尚其辭，以動者尚其變，以制器者尚其象，以卜筮者尚其占[3]。’此則聖道可分之明證也。何爲善於道德以致神仙者，獨不可謂之爲得道之聖乎(1)？苟不有得道之聖，則周、孔不得爲治世之聖乎？聖既非一矣(2)，何以當責使相兼乎(3)？按仙經以爲諸得仙者，皆其受命偶值神仙之氣，自然所稟。故胞胎之中，已含通道之性，及其有識，則心好其事，必遭明師而得其法，不然，則不信不求，求亦不得也。《玉鈐經・主命原》(4)曰：‘人之吉凶，制在結胎受氣之日(5)，皆上得列宿之精。其值聖宿則聖，值賢宿則賢；值文宿則文，值

武宿則武；值貴宿則貴，值富宿則富；值賤宿則賤，值貧宿
則貧；值壽宿則壽，值仙宿則仙。又有神仙聖人之宿，有治
世聖人之宿，有兼二者之宿，有貴而不富之宿，有富而不貴
之宿(6)，有兼富貴之宿，有先富後貧之宿，有先貴後賤之
宿，有兼貧賤之宿，有富貴不終之宿，有忠孝之宿，有兇惡
之宿。'如此不可具載，其較略如此(7)。爲人生本有定命，
張車子之説是也[4]。苟不受神仙之命，則必無好仙之心，
未有心不好之而求其事者也，未有不求而得之者也。自古
至今，有高才明達，而不信有仙者，有平平許人學而得仙
者[5]，甲雖多所鑒識而或蔽於仙，乙則多所不通而偏達其
理，此豈非天命之所使然乎？

【校】

（1）獨不可謂之爲得道之聖乎：藏本、平津本無“乎”字，據王明校補：
　　　“慎校本、寶顏堂本‘聖’下有‘乎’字。”按：有“乎”字語足。

（2）聖既非一矣：藏本、平津本無“聖”字，據王明校補：“慎校本、寶顏
　　　堂本‘既’上有‘聖’字。”

（3）當貴：王明校：“一本作‘富貴’，非。”

（4）《玉鈐經》：孫星衍校：“（經）藏本作云，非。”

（5）制在結胎受氣之日：王明校：“慎校本、寶顏堂本、崇文本無‘制
　　　在’二字，但有‘修短於’三字。”

（6）有富而不貴之宿：王明校：“此句下一本有‘有不貴之宿’五字。”

（7）如此：孫星衍校：“此二字當衍。”

【注】

[1] 達者七十二：《史記·孔子世家》：“孔子以詩書禮樂教弟子，蓋三
　　　千焉，身通六藝者七十有二人。”

[2] 具體而微：總體的各部分都具備而形狀或規模較小。《孟子·

公孫丑上》:"冉牛、閔子、顏淵,則具體而微。"此謂大體近於孔子的博大精深,袛是顯得微薄一些。

[3]《易》曰數句:見《易·繫辭上》"子曰"一段文字。高亨今注:"以,用也。用《易經》以論事,則尚其卦爻辭,以判斷是非。用《易經》以行動,則尚其卦爻之變化,以決定進退。用《易經》以創造器物,則尚其卦象,以悟得方法。如《繫辭下篇》所云'爲耒耜,蓋取諸《益》。爲舟楫,蓋取諸《渙》'等是。用《易經》以卜筮,則尚其占得之結果,以預知吉凶。"按:與"《易》有聖人之道四焉"相類似的話,《孔子家語·六本》有:"孔子曰:'(顏)回有君子之道四焉:⋯⋯'"

[4]張車子:干寶《搜神記》卷十《張車子》云:張嫗野合有身,産得兒,嫗曰:"今在車屋下生,夢天告之,名爲車子。""車子長大,富於周家。"《校補》:"蓋車子之事,世所共知。此言人生本有定命,若俗説張車子之事是也。"

[5]平平許人:普普通通的人。袁宏《後漢紀·和帝紀下》:"(任尚)私謂所親曰:'我以班君當贈以奇策,今所云平平耳。'"許:猶詞尾"然"。

4　夫道家寶秘仙術,弟子之中,尤尚簡擇,至精彌久,然後告之以要訣,況于世人,幸自不信不求[1],何爲當強以語之邪?既不能化令信之,又將招嗤速謗[2]。故得道之士,所以與世人異路而行,異處而止,言不欲與之交,身不欲與之雜。隔千里,猶恐不足以遠煩勞之攻(1);絕軌跡,猶恐不足以免毀辱之醜。貴不足以誘之,富不足以移之,何肯當自衒於俗士(2)[3],言我有仙法乎?此蓋周、孔所以無緣而知仙道也。且夫周、孔,蓋是高才大學之深遠者耳,小小之伎,猶多不閑[4]。使之跳丸弄劍[5],踊鋒投狹[6],履絙登幢(3)[7],摘盤緣案[8];跟掛萬仞之峻峭[9],游泳呂梁之不測；手扛千鈞，足躡驚飆[10]，暴虎檻豹[11]，攬飛捷矢[12]；凡人爲之，而周、孔不能，況過於此者乎？他人之所念慮[13]，蚤虱之所首向，隔牆之朱紫，林下之草芥[14]，匣匱之書籍，地中之寶藏[15]，豐林邃藪之鳥獸，重淵洪潭之魚鱉，令周、孔委曲其采色[16]，分別其物名，經列其多少，審實其有無，未必能盡知，況遠於此者乎[4]？聖人不食則飢，不飲則渴；灼之則熱，凍之則寒；撻之則痛，刃之則傷；歲久則老矣，損傷則病矣，氣絶則死矣。此是其所與凡人無異者甚多，而其所以不同者至少矣。所以過絶人者，唯在於才長思遠，口給筆高，德全行潔，強訓博聞之事耳，亦安能無事不兼邪[5]？既已著作典謨[17]，安上治民[18]，復欲使之兼知仙道[6]，長生不死，以此責聖人，何其多乎？吾聞至言逆俗耳[19]，真語必違衆，儒士卒覽吾此書者，必謂吾非毀聖人。吾豈然哉？但欲盡物理耳，理盡事窮，則似於謗訕周、孔矣。世人謂聖人從天而墜，神靈之物，無所不知，無所不能[20]。甚於服畏其名，不敢復料之以事，謂爲聖人所不能，則人無復能之者也；聖人所不知，則人無復知之者也，不亦可笑哉[7]？今具以近事校之，想可以悟也。完山之鳥，賣生送死之聲，孔子不知之，便可復謂顔回祇可偏解之乎[21]？聞太山婦人之哭，問之，乃知虎食其家三人，又不知此婦人何以不徙去之意，須答乃悟[22]。見羅雀者純得黃口，不辨其意，問之乃覺[23]。及欲葬母，不知父墓所在，須人語之，既定墓崩，又不知之，弟子誥之[8]，乃泫然流涕[24]。又疑顔淵之盜食，乃假言欲祭先人，卜掇塵之虛僞[25]。廐焚，又不知傷人馬否[26]。顔淵後，便謂之已死[27]。又周流七十余國，而不能逆知人之必不用之也，而栖栖遑遑[9]，席不暇溫^[28]。又不知匡人當圍之,而由其途^[29]。問老子以古禮,禮有所不解也^[30]。問郯子以鳥官,官有所不識也^[31]。行不知津,而使人問之,又不知所問之人,必譏之而不告其路^[32],若爾可知不問也。下車逐歌鳳者,而不知彼之不住也^[33]。見南子而不知其無益也^[34]。諸若此類,不可具舉,但不知仙法,何足怪哉?又俗儒云:聖人所不能,則餘人皆不能。則鮫人水居⁽¹⁰⁾,梁母火化^[35];伯子耐至熱^{(11)[36]},仲都堪酷寒^[37];左慈兵解而不死^[38],甘始休糧以經歲^[39];范軹見硎而不入,欒令流尸而更生;少千執百鬼,長房縮地脈^[40];仲甫假形於晨鳧^{(12)[41]},張楷吹噓起雲霧^{(13)[42]}:未聞周、孔能爲斯事也。”

【校】

(1)煩勞:孫星衍校:“刻本作煩舌。”

(2)何肯當自銜於俗士:王明校:“寶顏堂本‘當’作‘常’。”按:“當”讀爲“常”。《管子‧正》“當故不改曰法”戴望校訂:“當,讀爲常。”

(3)履綑登幢:王明校:“一本‘綑’作‘繩’。”

(4)遠於:藏本、平津本作於遠,從王明引慎校本、寶顏堂本、崇文本校乙。

(5)兼邪:王明校:“一本作‘察也’。”

(6)兼:藏本、平津本作兩,從王明引慎校本、寶顏堂本、崇文本校改。

(7)不亦可笑哉:藏本作不亦笑哉,平津本作不可笑載。按:蓋藏本脫“可”字,平津本脫“亦”字,今校補“亦”字。

(8)弟子誥之:王明案:“慎校本、寶顏堂本‘誥’作‘語’。”按:誥即告,告之後起字。

(9)栖栖:藏本作恓恓,今校改。

(10)鮫人:藏本、平津本作宕人,今校改。張華《博物志》二《異人》:“南海外,有鮫人,水居如魚,不廢織績,其眼能珠。”是其證。

（11）伯子：藏本、平津本作子伯，從《校補》乙改。

（12）晨梟：王明校："‘晨’一本作‘神’。"

（13）雲霧：王明校："一本‘雲’作‘寒’。"

【注】

［1］幸自：本自，原來。

［2］速謗：招致譭謗。

［3］自衒：自我衒耀。《文選》曹植《求自試表》："夫自衒自媒者，士女之醜行也。"

［4］高才大學：蓋由"高材好學"變來。《漢書·宣帝紀》："高材好學，然亦喜遊俠。"材通才。高才：才智過人。大學：大學者。閑：習。熟悉；通曉。

［5］跳丸弄劍：古雜技名。表演者兩手快速連續上下拋接鈴與劍。弄劍：擊劍；舞劍、擲劍。張衡《西京賦》："跳丸劍之揮霍。"張銑注："跳，弄也；丸，鈴也。揮霍，鈴劍上下貌。"《三國志·魏書·王粲傳》"潁川邯鄲淳"裴松之注引魚豢《魏略》："（曹）植遂科頭拍袒，胡舞五椎鍛，跳丸擊劍，誦俳優小說數千言訖。"

［6］踰鋒：即胸突。以草爲環，刀插四邊，表演者跳躍其中，胸突刀鋒上越過。投狹：即沖狹。卷篝席，矛插其中，表演者投身卷席，從中穿過。《西京賦》："沖狹燕濯，胸突銛鋒。"薛綜注："卷篝席，以矛插其中，伎兒以身投，從中過。燕濯，以盤水置前，坐其後，踴身張手跳前，以足偶節，踰水，復卻坐，如燕之浴也。"張銑曰："狹以草爲環，插刀四邊，伎人躍入其中，胸突刀上，如煙之飛躍水也。"按："煙"當作"燕"。

［7］履緪登橦：履緪：走懸空繩索。張衡《西京賦》："走索上而相逢。"緪（gēng）：粗繩。登橦：猶言尋橦。據現存漢畫與漢墓出土石刻，系一人手持長竿或頭頂長竿，數人爬竿而上。橦：用同幢。張衡《西京賦》："烏獲扛鼎，都盧尋橦。"李善注引《漢書（·西域傳贊）》曰："武帝（設酒池肉林以）享四夷之客，作《巴俞》都盧。"音義曰："體輕善緣橦。"古都盧國人善緣高。

〔8〕摘(zhì)盤：拋接盤子。摘：義與“擲”同。緣案：攀緣盤旋而上堆壘九層的桌案。注者小時見過村裏叔叔們表演過這種雜技。

〔9〕跟掛萬仞之峻峭：張衡《西京賦》：“侲僮程材，上下翩翩；突倒投而跟絓，譬隕絕而後聯。”薛綜注：“侲之言善。善童，幼子也。程，猶見也。材，伎能也。翩翩，戲橦形也。突然倒投，身如將墜，足跟反絓橦上，若已絕而復連也。”按：與《釋滯》第7段“伯昏躡億仞而企踵”所說相類似。

〔10〕足躡驚飆：謂奔走迅速，腳下生風，如腳踏驚風狂飆。張衡《南都賦》：“足逸驚飆，鏃析毫芒。”

〔11〕暴虎：徒手與老虎搏鬥，《詩·鄭風·大叔于田》：“袒裼暴虎，獻於公所。”毛傳：“暴虎，空手以搏之。”《漢書·匡衡傳》：“鄭伯好勇，而國人暴虎。”檻豹：設檻捕豹。檻：關動物的大籠子。

〔12〕攬飛捷矢：接住迅速飛來的箭矢。

〔13〕念慮：思慮。《淮南子·説山》：“念慮者不得卧。止念慮，則有爲其所止矣。”

〔14〕草芥：草和芥。常用以比喻輕賤。《孟子·離婁上》：“視天下悦而歸己，猶草芥也，惟舜爲然。”

〔15〕寶藏(zàng)：蘊藏於地下的自然資源。《禮記·中庸》：“今夫山，一卷石之多，及其廣大，草木生之，禽獸居之，寶藏興焉。”

〔16〕委曲：此謂詳細描叙。采色：神色；容態；模樣。《莊子·人間世》：“采色不定，常人之所不違。”成玄英疏：“神采氣色，曾無定準。”

〔17〕典謨：《尚書》中《堯典》《舜典》和《皋陶謨》的並稱。《書序》：“典謨訓誥誓命之文凡百篇，所以恢弘至道，示人主以軌範也。”因以指經典。

〔18〕安上治民：安居上位，治理民衆。《孝經·廣要道章》：“安上治民，莫善於禮。”邢昺疏：“欲身安於上，民治於下者，莫善於行禮以帥之。”

〔19〕至言逆俗耳：蓋由“忠言逆耳”變來。《史記·留侯列傳》：“且忠言逆耳利於行，毒藥苦口利於病，願沛公聽樊噲言！”

[20] 世人謂聖人從天而墜四句：《論衡・知實》實批此論："論聖人不能神而先知，先知之間，不能獨見。"按："聖人不能先知"王充一共舉了十六個例子，多爲葛洪所采。從天而墜：喻意想不到，突如其來。由"從天而下"變來。《漢書・周亞夫傳》："直入武庫，擊鳴鼓。諸侯聞之，以爲將軍從天而下也。"顏師古注："不意其猝至。"

[21] 完山之鳥數句：《説苑・辨物》："孔子晨立堂上，聞哭者聲音甚悲。……孔子出，而弟子有吒者。……孔子曰：'(顏)回爲何而吒？'回曰：'今者有哭者，其音甚悲，非獨哭死，又哭生離者。'孔子曰：'何以知之？'回曰：'似完山之鳥。'孔子曰：'何如？'回曰：'完山之鳥生四子，羽翼已成，乃離四海，哀鳴送之，爲是往而不復返也。'孔子使人問哭者，哭者曰：'父死家貧，賣子以葬父，將與其別也。'"

[22] 聞太山婦人之哭數句：《禮記・檀弓下》："孔子過泰山側，有婦人哭於墓者而哀。夫子式而聽之，使子路問之曰：'子之哭也，壹似重有憂者。'而曰：'然。昔者吾舅死于虎，吾夫又死焉，今吾子又死焉。'夫子曰：'何爲不去也？'曰：'無苛政。'夫子曰：'小子識之，苛政猛於虎也。'"

[23] 見羅雀者純得黃口數句：《説苑・敬慎》："孔子見羅雀者，其所得者皆黃口也。孔子曰：'黃口盡得，大爵獨不得，何也？'羅者對曰：'黃口從大爵者，不得；大爵從黃口者得。'孔子顧謂弟子曰：'君子慎所從，不得其人，則有羅網之患。'"向宗魯校證："關曰：對曰下，《家語（・六本）》有'大雀善驚而難得，黃口貪食而易得'十四字。"關：日本關嘉，字公德，著《説苑纂注》廿卷。黃口：雛鳥的嘴。借指雛鳥。

[24] 及欲葬母數句：《禮記・檀弓上》："孔子少孤，不知其（父）墓。……（母亡）問于鄒曼父之母，然後得合葬於防。""於是封之，崇四尺。孔子先反，門人後。雨甚至，孔子問焉，曰：'爾來何遲也？'曰：'防墓崩。'孔子不應。孔子泫然流涕曰：'吾聞之，古不修墓。'"《史記・孔子世家》："孔子母死，乃殯於五甫之衢，蓋

其慎也。耶人挽父之母誨孔子父墓,然後往合葬於防焉。”王充《論衡·知實》:“孔子母死,不知其父墓,殯於五甫之衢,人見之者,以爲葬也。蓋以無所合葬,殯之謹,故人以爲葬也。鄰人鄒曼甫之母告之,然後得合葬於防。有塋自在防,殯于路衢,聖人不能先知,八也。”葛洪實從王充舉此例。泫(xuàn)然:流涕貌。亦指流淚。

[25] 又疑顏淵之盜食數句:《吕氏春秋·任數》:“孔子窮乎陳蔡之間,藜羹不斟,七日不嘗粒,晝寢。顏回索米,得而爨之,幾熟。孔子望見顏回攫其甑中而食之。選間,食熟,謁孔子而進食。孔子佯爲不見。孔子起曰:‘今者夢見先君,食潔(饗)而後饋。’顏回對曰:‘不可。向者煤室(炱)入甑中,棄食不祥,回攫而飯之。’孔子歎曰:‘所信者目也,而目猶不可信;所恃者心也,而心猶不足恃。弟子記之,知人固不易矣。’”

[26] 廏焚,又不知傷人、馬否:《論語·鄉黨》:“廏焚。子曰:‘傷人乎?’不問馬。”

[27] 顏淵後,便謂之已死:《論語·先進》:“子畏于匡,顏淵後。子曰:‘吾以女爲死矣。’”

[28] 周流七十餘國數句:《吕氏春秋·遇合》:“孔子周流海内,再干世主,如齊至衛,所見八十餘君。”《論衡·儒增》:“孔子不能容于世,周流遊説七十餘國,未嘗得安。”

[29] 不知匡人當圍之,而由其途:《史記·孔子世家》張守節正義引《琴操》云:“孔子到匡郭外,顏淵舉策指匡穿垣曰:‘往與陽貨正從此入。’匡人聞其言,告君曰:‘往者陽貨今復來。’乃率人圍孔子數日……”

[30] 問老子以古禮,禮有所不解也:《史記·孔子世家》:“(孔子)適周問禮,蓋見老子云。”又《老子傳》:“孔子適周,將問禮於老子。”

[31] 問郯子以鳥官,官有所不識也:《左傳·昭公十七年》:“秋,郯子來朝,公與之坐。昭子問焉,曰:‘少皞氏鳥名官,何故也?’郯子曰:‘……我高祖少皞摯之立也,鳳鳥適至,故紀於鳥,爲鳥師而鳥名。……’仲尼聞之,見於郯子而學之。”

[32] 行不知津數句：《論語・微子》：“長沮、桀溺耦而耕，孔子過之，使
子路問津焉。長沮問：‘夫執輿者爲誰？’子路曰：‘爲孔丘。’曰：
‘是魯孔丘與？’曰：‘是也。’曰：‘是知津矣。’問於桀溺。桀溺曰：
‘子爲誰？’曰：‘爲仲由。’曰：‘是魯孔丘之徒與？’曰：‘然。’曰：
‘滔滔者天下皆是也，而誰以易之？且而與其從辟人之士也，豈
若從辟世之士哉？’耰而不輟。”譏之不告其路以此。《論衡・知
實》說：“如孔子知津，不當更問。論者曰：‘欲觀隱者之操。’則孔
子先知，當自知之，無爲觀也。如不知而問之，是不能先知，
七也。”

[33] 下車逐歌鳳者，而不知彼之不住也：《論語・微子》：“楚狂接輿歌
而過孔子曰：‘鳳兮鳳兮！何德之衰？往者不可諫，來者猶可追。
已而，已而！今之從政者殆而！’孔子下，欲與之語。趨而辟之，
不得與之言。”

[34] 見南子而不知其無益也：《論語・雍也》：“子見南子，子路不説。
孔子矢之曰：‘予所否者，天厭之！天厭之！’”

[35] 梁母火化：《列仙傳》上《嘯父傳》：“嘯父者，冀州人也。少在西周
市上補履數十年，人不知也。後奇其不老，好事者造求其術，不
能得也，唯梁母得其作火法。臨上三亮山，與梁母別，列數十火
而升。西邑多奉祀之焉。”

[36] 伯子：即幼伯子。《列仙傳》上《幼伯子傳》：“幼伯子者，周蘇氏客
也。冬常著單衣，盛暑着襦袴。形貌歲異，後數十年更壯。時人
莫知。世世來誠祐蘇氏子孫，得其福力也。”

[37] 仲都堪酷寒：桓譚《新論》：“道士王仲都能忍寒暑，元帝乃以隆冬
盛寒日令祖，載駟于明池上，環冰而馳。御者厚衣狐裘寒戰，而
仲都獨無變色，卧于池臺上，嘿然自若。”

[38] 左慈兵解而不死：《神仙傳》說，魏王曹操屢欲殺左慈，荆州刺史
劉表“欲收害之”，“吳主孫討逆復欲殺之”，左慈皆以術避之而
不死。

[39] 甘始：甘陵（今河北清河東南）人。曾爲曹操所收録，曹植辟左
右。善行氣，老有少容，能行容成御婦人術。《後漢書・方術傳

下·甘始》:“甘始……率能行容成御婦人術,或飲小便,或自倒
懸,愛嗇精氣,不極視大言。甘始……爲操所收,問其術而行
之。”李賢注引曹植《辯道論》曰:“甘始者,老而有少容,自諸術士
咸共歸之。……余嘗辟左右獨與之言,問其所行。……始語余:
‘吾本師姓韓字雅。嘗與師于南海作金,前後數四,投數萬斤金
於海。’……始若遭秦始皇、漢武帝,則復徐福、欒大之徒也。”又
見《三國志·魏書·華陀傳》“青黏生於豐、沛、彭城及朝歌云”引
《佗別傳》,其所引曹植《辯道論》“字雅”作“字世雄”。休糧以經
歲:《神仙傳》説,甘始,三國時太原人,善行氣,不飲食,在世百
餘歲。

[40] 長房,費長房。縮地脈:道士化遠爲近的方術。《神仙傳》:“(費
長)房有神術,能縮地脈,千里存在,目前宛然,放之復舒如
舊也。”

[41] 仲甫:李仲甫。《神仙傳》:“李仲甫者,豐邑中益里人也。少學道
于王君,服水丹有效,兼行遁甲,能步訣隱形。年百餘歲轉少。
初隱百日,一年復現形,後遂長隱。……仲甫有相識人居相去五
百余里,常以張羅自業。一旦,張羅得一鳥,視之,乃仲甫也。語
畢,別去。”

[42] 張楷吹噓起雲霧:《後漢書·張霸傳》:“霸子楷好道術,能作五里
霧。”《太平廣記》四《神仙》四《張楷》引《仙傳拾遺》:“張楷,字公
超,有道術。居華山谷中,能爲五里霧。有玉訣金匱之學,坐在
立亡之道,人學其術者填門如市,故云霧市。金華山有張超
谷焉。”

5　俗人或曰[(1)]:“周、孔皆能爲此,但不爲耳。”吾答之
曰:“必不求之於明文,而指之以空言者,吾便可謂周、孔能
振翮翻飛[1],翱翔八極,興雲致雨,移山拔井,但不爲耳。
一不以記籍見事爲據者,復何限哉?必若所云者,吾亦可
以言周、孔皆已昇仙,但以此法不可以訓世,恐人皆知不死

之可得，皆必悉委供養，廢進宦而登危浮深，以修斯道，是爲家無復子孫，國無復臣吏，忠孝並喪，大倫必亂，故周、孔密自爲之，而秘不告人；外託終亡之形，內有上仙之實。如此，則子亦將何以難吾乎？亦又未必不然也。《靈寶經》有《正機》《平衡》《飛龜授袂》凡三篇[2]，皆仙術也。吳王伐石以治宮室，而於合石之中[3]，得紫文金簡之書，不能讀之，使使者持以問仲尼，而欺仲尼曰：‘吳王閒居，有赤雀銜書以置殿上[4]，不知其義，故遠諮呈。’仲尼觀之(2)，曰：‘此乃靈寶之方，長生之法，禹之所服，隱在水邦，年齊天地，朝於紫庭者也[5]。禹將仙化，封之名山石函之中，今乃云赤雀銜之(3)，殆天授也[6]。’以此論之，是夏禹不死也，而仲尼又知之：安知仲尼不皆密修其道乎？正復使聖人不爲此事，未可謂無其効也。人所好惡，各各不同，諭之以面[7]，豈不信哉？誠合其意，雖小必爲也；不合其神，雖大不學也。好苦憎甘，既皆有矣；嗜利棄義，亦無數焉。‘聖人之大寶曰位[8]。’‘何以聚人？’‘曰財[9]。’又曰：‘富與貴，是人之所欲[10]。’而昔已有禪之以帝王之位而不用，委之以四海之富而不願[11]；蔑三九之官[12]，背玉帛之聘；遂山林之高潔，甘魚釣之陋業者[13]，蓋不可勝數耳。又曰：‘男女飲食，人之大欲存焉[14]。’是以好色不可諫，甘旨可忘憂[15]。昔有絕穀棄美，不畜妻妾，超然獨往，浩然得意(4)，顧影含歡[16]，漱流忘味者[17]，又難勝記也。人情莫不愛紅顏艷姿，輕體柔身，而黃帝迷篤醜之嫫母(5)[18]，陳侯憐可憎之敦洽[19]。人鼻無不樂香，故流黃鬱金[20]，芝蘭蘇合[21]，玄膽素膠[22]，江離揭車[23]，春蕙秋蘭，價同瓊瑤；而海上之女，逐酷臭之夫[24]，隨之不止(6)。周文嗜不美之菹[25]，不以易太牢之滋味[7]；魏明好椎鑿之聲，不以易絲竹之和音[26]。人各有意，安可求此以同彼乎？周、孔自偶[27]，不信仙道，日月有所不照，聖人有所不知，豈可以聖人所不爲，便云天下無仙！是責三光不照覆盆之內也。”

【校】

（1）俗人或曰：王明校：“一本無‘俗人’二字。”

（2）仲尼觀之：藏本、平津本作仲尼以視之，從《校補》《玉燭寶典》十、《經訣》二校改。

（3）今乃云：藏本、平津本作乃今，從《經訣》二校改。

（4）浩：孫星衍校：“藏本作倍，非。”

（5）述：孫星衍校：“藏本作遠，非。”

（6）隨之不止：孫星衍校：其下“刻本有‘人口無不悅甘而’七字，非。”

（7）不以易太牢之滋味：孫星衍校：其下“刻本有‘人耳無不喜樂而’七字，非。”

【注】

[1] 振翮：猶言鼓翼展翅。翩飛：飛舞。翩同翻。

[2]《靈寶經》有《正機》《平衡》《飛龜授袟》：《雲笈七籤》六《三洞並序》：“時太極真人徐來勒與三真人以己卯年正月降天台山傳《靈寶經》以授葛玄，玄傳鄭思遠，思遠以《靈寶》及三洞諸經付玄從弟少傅奚，奚付子護軍悌，悌付子洪，洪即抱朴子也。”《神仙傳》云：華子期受《隱仙靈寶》方：一曰《伊洛飛龜袟》；二曰《白禹正機》；三曰《平衡》。袟：同帙。書套。此指書籍。

[3] ……而於合石之中：《釋滯》：“《正機》《平衡》，割乎文（合）石之中。”與本文合。

[4] 赤雀：傳説中的瑞鳥。赤雀銜丹書。《詩·大雅·文王序》正義引《尚書中候·我應》：“季秋之月甲子，赤雀銜丹書入豐，止於昌

户，再拜稽首受。"《太平御覽》二四引《尚書中候》："周文王爲西伯，季秋之月甲子，赤雀銜丹書入豐鄗，止於昌户。乃拜稽首受。取（最）曰：'姬昌，蒼帝子。亡殷者，紂也。'"

［5］紫庭：神仙所居宮闕。

［6］天授：上天所授；天之所與。《史記•淮陰侯列傳》："且陛下所謂天授，非人力也。"

［7］諭之以面：以臉面打比喻。《左傳•襄公三十一年》："人心之不同，如其面焉。"

［8］聖人之大寶曰位：語見《易•繫辭下》，高亨注："聖人有位則有政權，有政權則能建功業。……故位是聖人之大寶。"

［9］何以聚人？曰財：語見《易•繫辭下》，高亨注："人有財富，足以養生，則聚；無財富，不能養生，則散。"

［10］富與貴，是人之所欲：《論語•里仁》："子曰：'富與貴，是人之所欲也，不以其道得之，不處也。'"集解引孔安國曰："不以其道得富貴，不處也。"

［11］有禪之以帝王之位而不用二句：如越王子搜。見《莊子•讓王》、《呂氏春秋•貴生》。《竹書紀年》："周貞定十年，鹿郢卒，子不壽立。二十年，不壽見弒，朱勾立。威烈王十四年，朱勾卒，子翳立。"而周安王二十六年諸咎弒其君。十月越人弒諸咎，立孚錯枝爲君。周顯王四年，越人又弒其君，立無顓。樂資《春秋後傳》："王子搜號曰無顓。"是怵於三世之弒而逃於丹穴者，乃王子搜，而非翳也。説從黃輝《論衡校釋•命禄》"越王翳逃山中"注。

［12］三九之官：三公九卿。帝王輔弼之才。三公：西周指太師、太傅、太保，西漢指丞相、太尉、御史大夫。東漢指太尉、司徒、司空。《書•周官》："立太師、太傅、太保，茲惟三公，論道經邦，燮理陰陽，官不必備，惟其人。"杜佑《通典•職官一》："秦兼天下，……太尉主五兵，丞相總百揆，又置御史大夫以貳于相。"有三公之實，但無三公之名。漢承秦制，仍設丞相、太尉、御史大夫。御史大夫爲三公之一，見枚叔《上書諫吳王》。九卿：西漢指奉常、郎中令、衛尉、太僕、廷尉、典客、宗正、治粟内史、少府。

[13] 背玉帛之聘三句：如莊周。《莊子·秋水》：“莊子釣于濮水，楚王
使大夫二人往先焉，曰：‘願以境内累矣。’莊子持竿不顧。”其輕
視卿相如此。

[14] 男女飲食，人之大欲存焉：《禮記·禮運》：“飲食男女，人之大欲
存焉。”孔穎達疏：“飲食男女是人心所欲之大端緒也。”

[15] 忘憂：忘卻憂愁。《論語·述而》：“其爲人也，發憤忘食，樂以忘
憂。”萱草別名。張華《博物志》四《藥論》引《神農經》曰：“上藥養
命，爲五石之練形，六芝之延年也；中藥養性，合歡蠲忿，萱草忘
憂；下藥治病，謂大黃除實，當歸止痛。”

[16] 顧影含歡：看着身影，滿懷歡樂。蓋由“顧景慚形”、“顧影自憐”
變來。曹植《封二子爲公謝恩章》：“天時運幸，得生貴門。遇以
關戚，少荷光寵。竊位列侯，榮曜當世。顧景慚形，流汗反側。”
景：影之初字。陸機《赴洛道中作》詩之一：“佇立望故鄉，顧影
淒自憐。”

[17] 漱流：在清流中洗漱。形容隱居生活。《三國志·蜀書·彭羕
傳》：“伏見處士綿竹秦宓……枕石漱流，吟詠緼袍，偃息於仁義
之途，恬淡於浩然之域。”忘味：忘記美味。原形容沉浸在優美
音樂中的精神狀態。《論語·述而》：“子在齊聞《韶》，三月不知
肉味。”班固《幽通賦》：“虞《韶》美而儀鳳兮，孔忘味於千載。”

[18] 述：配偶；以……爲配偶。嫫母：傳説爲黃帝第四妃，貌極醜，而
最賢。《呂氏春秋·遇合》：“故嫫母執乎黃帝，黃帝曰：‘屬汝德
而弗忘，與汝正而弗衰，雖惡奚傷。’”高誘注：“惡，醜也。奚，
何也。”

[19] 敦洽：傳説中貌極醜而有治國才能的女子。《呂氏春秋·遇合》：
“陳有惡人焉，曰敦洽讎麋，雄顙廣顏。色如浹赬，垂眼臨鼻，長
肘而盭。陳侯見而甚説之，外使治其國，内使制其身。”

[20] 流黃：流黃香，似流黃而香。《御覽》九八二引吳時《外國傳》：“流
黃香出都昆國，在扶南（郡）南三千餘里。”《廣志》：“流黃香出南
海邊國。”鬱金：鬱金香，其香十二葉，爲百草之英。《藝文類聚》
八一引晉左芬《鬱金頌》：“伊此奇草，名曰鬱金。越自殊域，厥珍

來尋。芬香酷烈，悅目我心。明德惟馨，淑人是欽。"《御覽》九八一引《唐書》曰："太宗（貞觀二十一年）時伽毗國獻鬱金香，似麥門冬，九月花開，狀似芙蓉，其色紫碧，香聞數十步，華而不實，欲種者取根。"

[21] 芝蘭：芷和蘭。皆香草。芝通芷。《荀子·王制》："其民之親我歡若父母，好我芳若芝蘭。"蘇合：蘇合香。《後漢書·西域傳》："大秦國諸香煎其汁，以爲蘇合。"

[22] 玄膽：不詳。疑即底野迦。《本草綱目》第五十卷《底野迦》："［集解］［恭曰］出西戎。彼人云：用諸膽作之。狀似久壞丸藥，赤黑色。胡人時將至此，甚珍重之。試用有效。［頌曰］宋時南海亦或有之。""［主治］百病中惡，客忤邪氣，心腹積聚。唐本"《雜應》云：含玄膽湯以治齒牙動搖。一說疑爲麝香之類。素膠：不詳。疑即白膠香。《本草綱目》第三十四卷《楓香脂》："［釋名］白膠香［時珍曰］楓樹枝弱善搖，故字從風。俗呼香楓。《金光明經》謂其香爲須薩折羅婆香。［主治］癮疹風癢浮腫，煮水浴之。又主齒痛。唐本　一切癰疽瘡疥，金瘡吐衄略血，活血生肌，止痛解毒，燒過揩牙，永無牙疾。時珍"

[23] 江離：香草名。《楚辭·離騷》："扈江離與辟芷兮。"王逸注："扈，被也。楚人名被爲扈。江離、芷，皆香草也名。辟，幽也。芷幽而香。"李時珍《本草綱目》十四《蘼蕪》："【釋名】［時珍曰］蘼蕪，一作蘪蕪。其莖葉靡弱而繁蕪，故以名之。當歸名蘄，白芷名蘺。其葉似當歸，其香似白芷，故有蘄茝、江離之名。""【集解】［別録］曰：芎藭葉名蘼蕪。又曰：蘼蕪，一名江蘺，芎藭苗也。……［時珍曰］……而司馬相如《子虛賦》稱，芎藭菖蒲，江離蘼蕪。《上林賦》云：被以江離，揉以蘼蕪。似非一物，何耶？蓋嫩苗未結根時，則爲蘼蕪；既結根後，乃爲芎藭。大葉似芹者爲江蘺，細葉似蛇床者爲蘼蕪。如此分別，自然明矣。"揭車：香草名。《楚辭·離騷》："畦留夷與揭車兮。"王逸注："畦，共呼種之名也。留夷，香草也。揭車，亦芳草，一名艺輿。五十畝爲畦也。"洪興祖補注："《本草拾遺》云：藒車味辛，生彭城，高數尺，白

花。"留夷即芍藥。

[24] 海上之女，逐酷臭之夫：《吕氏春秋・遇合》："（齊）人有大（犬）臭者，其親戚兄弟妻妾知識無能與居者，自苦而居海上，海上人有說其臭者，晝夜隨之而弗能去。"蓋據此而言。"海上人"本文寫成"海上之女"，不知何據。

[25] 周文嗜不美之菹：《吕氏春秋・遇合》："若人之於滋味，無不說甘脆，而甘脆未必受也。文王嗜菖蒲菹，孔子聞而服之，縮頞而食之，三年然後勝之。"高誘注："昌本之菹。"陳奇猷案："《韓非子・難四》云：'屈到嗜芰，文王嗜菖蒲菹，非正味也，而二賢尚之，所味不必美。'《周禮・天官・醢人》注：'昌本，昌蒲根切之四寸爲菹。'《說文》：'菹，酢菜也。'菹、葅同。"

[26] 魏明好椎鑿之聲二句：劉晝《新論・殊好篇》："漢順聽山鳥之音，云勝絲竹之響；魏文好椎鑿之聲，不貴金石之和。"魏明：魏明帝。上古"明""文"同爲明母字，故互通借。漢順、魏文并提，魏文當指魏明帝。

[27] 偶：通隅。片面。《說文・人部》朱駿聲通訓定聲："偶，假借爲隅。"

極言卷十三^[1]

1 或問曰："古之仙人者,皆由學以得之,將特稟異氣耶^{(1)[2]}?"抱朴子答曰："是何言歟? 彼莫不負笈隨師^[3],積其功勤,蒙霜冒險,櫛風沐雨^[4],而躬親灑掃^[5],契闊勞藝^[6],始見之以信行^[7],終被試以危困,性篤行貞^[8],心無怨貳^[9],乃得升堂以入於室^[10]。或有怠厭而中止,或有怨恚而造退^[11]。或有誘於榮利,而還修流俗之事;或有敗於邪説,而失其淡泊之志;或朝爲而夕欲其成,或坐修而立望其效。若夫覩財色而心不戰^[12],聞俗言而志不沮者,萬夫之中,有一人爲多矣。故爲者如牛毛,獲者如麟角也⁽²⁾。夫彀勁弩者^[13],効力於發箭;涉大川者,保全於既濟。井不達泉,則猶不掘也;一步未至,則猶不往也。修塗之累,非移晷所臻^[14];凌霄之高,非一簣之積^[15]。然升峻者患於垂上而力不足,爲道者病於方成而志不遂。千倉萬箱,非一耕所得;干天之木,非旬日所長;不測之淵,起於汀瀅^[16];陶白之資^{(3)[17]},必積百千。若乃人退己進,陰子所以窮至道也^[18]。敬卒如始,羨門所以致雲龍也。我志誠堅,彼何人哉?"

【校】

(1) 異:平津本作其,從王明案引藏本、魯藩本、寶顏堂本校改。

（2）爲者如牛毛，獲者如麟角也：陳其榮校：“《北堂書鈔》八十三爲作學，獲作成。”

（3）陶白：藏本、平津本作陶朱，從王明校改：“‘朱’宋浙本作‘白’。”按：“陶、白”並稱，見《外篇·守塉》：“進則侶鴻、鷰以振翮，退則參陶、白之理生。”（理生：當作治生。“理”避唐高宗諱改。）又見《喻蔽》：“陶朱、白圭之財不一物者，豐也。”陶朱白圭，皆以治生積資著稱。

【注】

［1］極言：竭力陳説；直言規勸。《禮記·禮運》：“言偃復問曰：‘夫子之極言禮也，可得而聞乎？’”《吕氏春秋·先識》：“臣聞國之興也，天遺之賢人與極言之士。”本篇是極言修仙習道的訪談録。

［2］學以得之：蓋由“學以聚之”變來。《易·乾·文言》：“君子學以聚之。”將：抑或；還是。句意本《文選》嵇康《養生論》：“夫神仙雖不目見，然記籍所載，前史所傳，較而論之，其有必矣。似特受異氣，稟之自然，非積學所能致也。”

［3］負笈(jí)：背著書箱。① 形容所讀書之多。《鹽鐵論·相刺》：“故玉屑滿篋，不爲有寶；誦詩書負笈，不爲有道。”張之象本、沈延銓本、金蟠本與王利器校，“誦詩書負笈”作“詩書負笈”，《詩譜序》正義引《詩含神霧》：“詩者，持也。”“持書”與“負笈”對文。馬非百注釋：“負笈，背著書箱。這裏‘負笈’與‘滿篋’對文，是説所讀的書多得用所背的書箱來計算。”② 指遊學外地。《後漢書·李固傳》“常步行尋師”李賢注引三國吳謝承《後漢書》：“因改易姓名，杖策驅驢，負笈追師三輔，學五經，積十餘年。”《御覽》七一一引謝承《後漢書》：“袁閬字夏甫，汝南人也。博覽群書，常負笈尋師。”此從其義。

［4］櫛風沐雨：風梳髮，雨洗頭。喻不顧風雨，奔波勞苦。櫛(zhì)：梳篦之總名。《三國志·魏書·董昭傳》“昭受恩非凡，不敢不陳”裴松之注引《獻帝春秋》：“（董）昭……書與荀彧曰：‘今曹

（操）公遭海内傾覆，宗廟焚滅，躬擐甲胄，周旋征伐，櫛風沐雨，且三十年，芟夷群凶，爲百姓除害。……'"

［5］躬親：親自；親自從事。《詩・小雅・節南山》："弗躬弗親，庶民弗信。"

［6］契闊：勞苦。《詩・邶風・撃鼓》："死生契闊，與子成説。"毛傳："契闊，勤苦也。"勞藝：勤勞於道藝。契闊勞藝：猶言艱辛勤勞於道藝。

［7］信行：誠實守信的品質行爲。

［8］性篤行貞：本性篤厚，行爲貞正。性行：本性、行爲。

［9］無怨貳：不怨天尤人，不再犯同樣的過失。《論語・憲問》："子曰：'不怨天，不尤人。'"又《雍也》："孔子對曰：'不遷怒，不貳過。'"

［10］升堂以入於室：先入門，次升堂，後入室。喻做學問由淺入深、由表及裏。

［11］怨恚（huì）：怨恨。王充《論衡・書虛》："怨恚吳王，發怒越江，違失道理，無神之驗也。"造退：突然退離。

［12］財色：資財與女色。此謂是否貪財好色。心不戰：不動心。顏抖：動（心）。

［13］彀（gòu）：拉滿弓弩。勁弩：强弩硬弓。

［14］移晷（guǐ）：日影移動。猶言經過了一段時間。《漢書・王莽傳上》："（陳）崇奏之曰：'人不還踵，日不移晷。'"顏師古注："還讀曰旋。晷，景也。言其速疾。"此喻短暫時間。

［15］一簣之積：猶言積土造山僅僅一筐。藏本"簣"作"匱"，通簣。《書・旅獒》："爲山九仞，功虧一簣。"

［16］汀濙（tīng yìng）：很小的水流。他書亦作瀟瀯、渟瀯、渟濙。

［17］陶白：陶朱白圭，皆以治生積資著稱。陶朱公范蠡助越王句踐滅吳後退隱經商，成爲巨富。白圭，周人，魏文侯時的大商業家。他説："吾治生産，猶伊尹、呂尚之謀，孫吳用兵，商鞅行法是也。"具有經濟戰略戰術眼光，故"天下言治生祖白圭"。

［18］人退己進，陰子所以窮至道也：陰長生恭事馬鳴生學道。鳴生

初不教其度世之法，但日夕與之高談，論當世之事，如此十餘年。同時共事鳴生者十二人，皆歸去，唯長生執禮彌肅。鳴生告之曰：子真能得道矣。以《太清神丹經》授之。是即所謂"人退己進，陰子所以窮至道也"。

2　抱朴子曰："俗民既不能生生[1]，而務所以煞生。夫有盡之物，不能給無已之耗；江河之流，不能盈無底之器也。凡人利入少而費用多者，猶不供也，況無錙銖之來，而有千百之往乎？人無少長，莫不有疾，但輕重言之耳。而受氣各有多少，多者其盡遲，少者其竭速。其知道者補而救之，必先復故，然後方求量表之益[2]。若令服食旬日(1)，則肉飛骨騰；導引改朔[3]，則羽翮參差，則世間無不通道之民也。患乎升勺之利未堅[4]，而鍾石之費相尋[5]，根柢之據未極(2)，而冰霜之毒交攻。不知過之在己，而反云道之無益，故捐丸散而罷吐納矣。故曰非長生難也，聞道難也；非聞道難也，行之難也；非行之難也，終之難也。良匠能與人規矩，不能使人必巧也。明師能授人方書，不能使人必爲也[6]。夫修道猶如播穀也，成之猶收穀也(3)。厥田雖沃[7]，水澤雖美，而爲之失天時，耕鋤又不至，登稼被壟[8]，不穫不刈，頃畝雖多[9]，猶無獲也(4)。凡夫不徒不知益之爲益也，又不知損之爲損也，夫損易知而速焉，益難知而遲焉，而尚不悟其易(5)，安能識其難哉？夫損之者如燈火之消脂，莫之見也，而忽盡矣；益之者如苗禾之播殖(6)，莫之覺也，而忽茂矣。故治身養性，務謹其細，不可以小益爲不中而不修(7)[10]，不可以小損而無傷而不防。凡聚小所以就大，積一所以至億也。若能愛之於微(8)，成之於著，則幾乎知道矣。"

【校】

（１）旬日：藏本、平津本作終日，從王明校改：“寶顏堂本、崇文本‘終’作‘旬’。”

（２）根柢：孫星衍校：“（柢）藏本作移，非。”盧本、崇文本作根荄。按：兩可。

（３）收穀：藏本、平津本作“收積”，從王明校改：“寶顏堂本、崇文本作‘收穀’。”

（４）猶無穫也：孫星衍校引藏本、王明案引宋浙本穫作穧。按：穫讀爲穧。《荀子·富國》“一歲而再穫之”，楊倞注：“穫，讀爲穧。”

（５）而：平津本作“人”。

（６）益之：孫星衍校：“藏本無此（之）字。”

（７）不可以小益爲不中而不修：藏本、明抄本、平津本“中”作“平”，從顧廣圻校改：“平當作中。”王明校：“‘平’一作‘足’。”

（８）若能愛之於微：孫星衍校：“藏本無此（之）字。”

【注】

［１］生生：養生；生活。《老子·第五十章》：“人之生，動之於死地，亦十有三。夫何故？以其生生之厚。”高亨注：“生生，猶養生。”

［２］量表：（元氣）盈溢體內體外。量：充滿。《呂氏春秋·期賢》：“無罪之民其死者量于澤矣。”高誘注：“量猶滿也。”《荀子·富國》：“葷菜百蔬以澤量。”楊倞注：“以澤量，言滿澤也。”表：外。《書·堯典》“光被四表”蔡沈集傳：“表，外也。”此謂由內到外。

［３］改朔：變換朔日。指經過一個月。朔：農曆初一。

［４］升勺：十合爲一升，十勺爲一合。喻微小。

［５］鍾石：六斛四斗爲一鍾，十斗爲一石。喻巨大。

［６］故曰非長生難也……不能使人必爲：《漢武帝內傳》：“明科所云：非長生難也，聞道難；非聞道難也，行之難；非行之難也，終之難。良匠能與人規矩，不能使人必巧；明師能授人妙術，不能使人必爲。”文字小有不同。蓋同出一源或同爲作者所作。聞道：領悟某種道理。《老子·第四十一章》：“上士聞道，勤而行之；中士聞

道,若存若亡;下士聞道,大笑之,不笑不足以爲道。"《論語·里
仁》:"朝聞道,夕死可矣。"

[7] 厥田:其田。《書·禹貢》:"厥田惟上上。"

[8] 登稼:猶登熟、登稔。五穀成熟、五穀豐收。《淮南子·主術》"歲
登穀豐"高誘注:"登,成也。年穀豐熟也。"被壠:覆蓋壠畝。

[9] 頃畝:百畝。形容面積大。頃和畝。泛指土地面積。

[10] 不可以小益爲不中而不修:謂善惡皆由量變發展爲質變,而有
成名與滅身的問題。故小善不可不積,細惡不可不去。《易·繫
辭下》:"善不積,不足以成名;惡不積,不足以滅身。小人以小善
爲無益,而弗爲也;以小惡爲無傷,而弗去也。故惡積而不可揜,
罪大而不可解。"語本此。

3　或問曰:"古者豈有無所施行,而偶自長生者乎?"
抱朴子答曰:"無也。或隨明師,積功累勤,便得賜以合成
之藥。或受秘方,自行治作,事不接於世,言不累於俗,而
記著者止存其姓名,而不能具知其所以得仙者,故闕如
也[1]。昔黃帝生而能言[2],役使百靈,可謂天授自然之體
者也,猶復不敢端坐而得道(1)。故陟王屋而授丹經(2)[3],
到鼎湖而飛流珠[4],登崆峒而問廣成[5],之具茨而事大
隗[6],適東岱而奉中黃[7],入金谷而諮涓子[8],論道養則資
玄、素二女(3)[9],精推步則訪山稽、力牧[10],講占候則詢風
后[11],著體診則受雷岐[12];審攻戰則納五音之策[13],窮神
奸則記白澤之辭[14],相地理則書青烏之説(4)[15],救傷殘則
綴金冶之術[16]。故能畢該秘要,窮盡道真(5)[17],遂勒升龍
以高躋(6)[18],與天地乎罔極也。然按神仙經,皆云黃帝及
老子奉事太乙元君以受要訣[19],況乎不逮彼二君者,安有
自得仙度世者乎? 未之聞也。"

【校】

（1）猶復不敢端坐而得道：藏本、平津本敢作能，從孫星衍校改：
　　　“（能）《藝文類聚》十一、《御覽》七十九引作敢。”

（2）陟王屋而授丹經：藏本、平津本同。《校補》：“《類聚》引授作受是
　　　也。”《雲笈七籤・軒轅本紀》：“黃帝捨帝王之尊，託狷豚之文，登
　　　雞山，陟王屋山，開石函，發玉笈，得九鼎神丹注訣。”按：授通受。

（3）資：孫星衍校：“《藝文類聚》《御覽》引作質。”

（4）相地理則書青鳥之説：烏，原作鳥。孫星衍校：“（鳥）《藝文類
　　　聚》、《御覽》引作烏。”當從。

（5）窮盡道真：藏本、平津本作窮道盡真，從《雲笈七籤・軒轅本紀》、
　　　《類聚》十一校改。“窮盡道真”與“畢該秘要”對文。

（6）遂勒升龍以高躋：藏本、平津本無“勒”字，從《類聚》十一校補。

【注】

［1］闕如：存疑不言；缺而不論。《論語・子路》：“君子于其所不知，
　　　蓋闕如也。”

［2］黃帝生而能言：《史記・五帝本紀》：“黃帝者，少典之子，姓公孫，
　　　名曰軒轅。生而神靈，弱而能言，幼而徇齊，長而敦敏，成而
　　　聰明。”

［3］王屋：王屋山。丹經：蓋即《金丹》所説《黃帝九鼎神丹經》。

［4］飛流珠：謂煉丹，丹液飛濺如珠。流珠：水銀。

［5］登崆峒而問廣成：《神仙傳》：“廣成子者，古之仙人也，居崆峒之
　　　山石室之中。黃帝聞而造焉曰：‘敢問至道之要。’廣成子曰：‘爾
　　　治天下，禽不待候而飛，草木不待黃而落，何足以語至道！’黃帝
　　　退而閒居三月，復往見之，膝行而前，再拜請問治身之道。廣成
　　　子答曰：‘至道之精者，杳杳冥冥，無視無聽。抱神以静，形將自
　　　正。必静必清，無勞爾形。無搖爾精，乃可長生。慎内閉外，多
　　　知爲敗。我守其一，以處其和。故千二百歲而形未嘗衰。得我
　　　道者上爲皇，失吾道者下爲土。將去，汝入無窮之門，遊無極之
　　　野，與日月參光，與天地爲常。人其盡死，而我獨存矣。’”《雲笈

七籤・軒轅本紀》：“登崆峒山，見廣成子，問至道，廣成子不答。帝退，捐天下，築特室，藉白茅，間居三月，方往，再問修身之道，乃授以《自然經》一卷。”

[6] 之具茨而事大隗：《莊子・徐無鬼》：“黃帝將見大隗乎具茨之山。”成玄英疏：“大隗，大道廣大而隗然空寂也。亦言，大隗，古之至人也。具茨，山名也。在滎陽密縣東界，亦名泰隗山。黃帝聖人，久冥至理，方欲寄尋玄道，故托跡具茨。”大隗：或云神名。

[7] 東岱：東嶽泰山。《雲笈七籤》一百作中岱。中黃：中黃真人。《雲笈七籤・軒轅本紀》：“適中岱，見黃子中受九茄之方。”注：“一云至崆峒山見中黃真人。”

[8] 金谷：約在今河南洛陽市西北。涓子：《列仙傳》上《涓子傳》：“涓子，齊人也。好餌术，接食其精。至三百年，乃見於齊。著《天人經》四十八篇。後釣於荷澤，得鯉魚，腹中有符。隱於宕山，能致風雨。受伯陽《九仙法》淮南山（王劉）安，少得其文，不能解其旨也。其《琴心》三篇有條理焉。”受通授。

[9] 道養：攝生養性。此指房中術。

[10] 山稽、力牧：傳說皆黃帝之師。山稽一作太山稽。《淮南子・覽冥》：“昔者黃帝治天下，而力牧、太山稽輔之。”高誘注：“力牧、太山稽，黃帝師。孟子曰：‘王者師臣也。’”

[11] 占候：觀察天地氣候變化預測吉凶。風后：傳說黃帝大臣。《史記・五帝本紀》：“（黃帝）舉風后、力牧、常先、大鴻以治民。”裴駰集解引鄭玄曰：“風后，黃帝三公也。”

[12] 體診：診斷身體疾病。雷、岐：雷公、岐伯。相傳黃帝時精於醫術方藥的醫家。《漢書・司馬相如傳》顏師古注引張揖曰：“岐伯者，黃帝太醫，屬使方藥也。”《黃帝內經素問》、《雲笈七籤・軒轅本紀》：“黃帝……著體診之訣于岐伯、雷公。”

[13] 審攻戰則納五音之策：《雲笈七籤・軒轅本紀》：“黃帝即與蚩尤大戰于涿鹿之野……，玄女教帝三宮秘略，五音權謀，陰陽之術，……黃帝於是納五音之策，以審攻戰之事，復率諸侯再伐蚩尤于冀州……擒殺蚩尤。”

[14] 窮神奸則記白澤之辭：《雲笈七籤・軒轅本紀》：“帝巡狩，東至海，登桓山于海濱，得白澤神獸，能言，達於萬物之情。因問天下鬼神之事，自古精氣爲物，遊魂爲變者，凡萬一千五百二十種，白澤言之，帝令以圖寫之，以示天下。”

[15] 相地理則書青烏之説：《文選》謝靈運《廬陵王墓下詩》“灑淚眺連崗”注引青烏子《相塚書》。《御覽》五百六十引《相塚書》曰：“青烏子稱山三重相連名傘山”《雲笈七籤・軒轅本紀》：“黃帝始畫野分州，……有青烏子能相地理，帝問之以制經。”

[16] 救傷殘則綴金冶之術：《雲笈七籤・軒轅本紀》：“黃帝……救傷殘、綴金冶之事，故能秘要窮盡道真也。”綴：連綴。此猶言記載。金冶：不詳。

[17] 道真：道德、學問的真諦。此謂修道的根本。

[18] 遂勒昇龍以高躋：《雲笈七籤・軒轅本紀》：“黃帝聞之，自擇日卜云：還宅昇仙之日得。戊午，果有龍來垂胡髯下迎黃帝，乃乘龍與友人無爲子及臣僚等從上七十二人同去。”

[19] 奉事太乙元君以受要訣：《雲笈七籤・軒轅本紀》：“奉事太一元君，受要記修道養生之法。”

4　或曰：“黃帝審仙者，橋山之塚[1]，又何爲乎？”抱朴子答曰：“按《荆山經》及《龍首記》[2]，皆云黃帝服神丹之後，龍來迎之，群臣追慕，靡所措思[3]，或取其几杖，立廟而祭之，或取其衣冠，葬而守之[4]。《列仙傳》云[5]：黃帝自擇亡日，七十日去，七十日還，葬於橋山，山陵忽崩(1)，墓空無尸，但劍舄在焉。此諸説雖異，要於爲仙也。言黃帝仙者，見於道書及百家之説者甚多，而儒家不肯長奇怪，開異塗(2)，務於禮教，而神仙之事，不可以訓俗，故云其死，以杜民心耳。朱邑(3)[6]、欒巴[7]、于公[8]，有功惠於民，百姓皆生爲之立廟祠。又古者盛德之人，身没之後，臣子刊其勳

績於不朽之器。而今世君長遷轉[9]，吏民思戀，而樹德頌
之碑者，往往有焉，此亦黄帝有廟墓之類也，豈足以證其必
死哉[10]？”

【校】

（1）山陵忽崩：原校：“陵，一作後。”

（2）開異塗：孫星衍校：“（開）藏本作閲。”

（3）朱邑：藏本、明抄本、平津本作朱巴，從孫星衍、顧廣圻校、崇文本
　　　校改。

【注】

［1］橋山之塚：《史記·五帝本紀》：“黄帝崩，葬橋山。”裴駰集解引
　　　《皇覽》曰：“黄帝塚上郡橋山。”《漢書·地理志》：“上郡陽周，橋
　　　山在南，有黄帝塚。”橋山：在今陝西黄陵縣。

［2］《荆山經》及《龍首記》：《遐覽》篇著録作《龍首經》《荆山記》各一
　　　卷。明正統道藏有《黄帝龍首經》上下兩卷。

［3］靡所措思：無所措置思念之情。蓋由《詩·小雅·祈父》“靡所底
　　　止”語式變來。

［4］或取其衣冠，葬而守之：即立衣冠塚。《漢書·郊祀志上》：“黄帝
　　　以僊上天，群臣葬其衣冠。”後因稱祇埋葬死者衣冠的墳墓爲“衣
　　　冠塚”。

［5］《列仙傳》云：《列仙傳》上《黄帝》：“黄帝者，號曰軒轅。能劾百
　　　神，朝而使之。弱而能言，聖而預知，知物之紀。自以爲雲師，
　　　有龍形。自擇亡日，與群臣辭。至於卒，還葬橋山。山崩，柩空
　　　無尸，唯劍舄在焉。仙書云：黄帝采首山之銅，鑄鼎于荆山之
　　　下。鼎成，有龍垂胡髯下迎，帝乃升天。群臣百僚，悉持龍髯，
　　　從帝而升，攀帝弓。及龍髯拔而弓墜，群臣不得從，望帝而悲
　　　號。故後世以其處爲鼎湖，名其弓爲烏號焉。”所説僅一、二句
　　　與此相同。

［6］朱邑（？—前61）字仲卿，廬江舒（今安徽廬江西南）人。少爲本縣桐鄉嗇夫，廉平不苛，存問耆老孤寡，所部吏民愛敬。補遷太守卒史，舉賢良爲大司農丞，遷北海太守，以治行第一入爲大司農。爲人敦厚，不私故舊，居處儉節，禄賜以供九族鄉黨，家無餘財。病卒，其子葬之桐鄉西郭外，民共爲邑起塚立祠，歲時祭祀。

［7］欒巴：《神仙傳》：“欒巴者，蜀郡成都人也。少而好道，不修俗事。時太守躬詣巴，請屈爲功曹，待以師友之禮。……後舉孝廉，除郎中，遷豫章太守，……後徵爲尚書郎。……有司奏巴不敬，詔問巴，巴曰：‘臣鄉里以臣能治鬼護人，生爲臣立廟。今旦有耆老皆來臣廟中享臣，不能早飲之，是以有酒容。臣適見成都市上火，臣故漱酒爲雨救之，非敢不敬。’”

［8］于公：《説苑・貴德》：“丞相西平侯于定國者，東海下邳人也。其父號曰于公，爲縣獄史（史），決曹掾，決獄平法，未嘗有所冤。郡中離文法者，于公所決，皆不敢隱情。東海郡中爲于公生立祠，命曰于公祠。”

［9］君長：此指縣令一類地方長官。袁枚《隨園詩話・詩文著述》：“《詩》疏：外諸侯曰君，内諸侯曰長，猶漢之官制，萬户以上稱令，不及萬户稱長也。今混稱令長、君長。”遷轉：謂官員升級。“遷”“轉”連文同義。

［10］此亦黄帝有廟墓之類也：《御覽》七十九引《抱朴子》曰：“汲郡塚中竹書言黄帝既仙去，其臣有左徹者削木爲黄帝之像，帥諸侯朝奉之。故司空張茂先撰《博物志》亦云黄帝仙去，其臣思戀罔極，或刻木立像而朝之，或取其衣冠而葬之，或立廟而四時祠之。”

5　或人問曰：“彭祖八百[1]，安期三千，斯壽之過人矣，若果有不死之道，彼何不遂仙乎？豈非稟命受氣，自有修短，而彼偶得其多，理不可延，故不免於雕隕哉[2]？”抱朴子答曰:"按《彭祖經》云[3]，其自帝嚳，佐堯[4]，歷夏至殷爲大夫，殷王遣彩女從受房中之術[5]，行之有效，欲殺彭祖，以絶其道，彭祖覺焉而逃去。去時年七八百歲，非爲死也。《黄山公記》云(1)：彭祖去後七十餘年，聞人於流沙之國西見之(2)，非死明矣。又彭祖之弟子，青衣烏公、黑穴公、秀眉公、白兔公子、離婁公、太足君、高丘子、不肯來七八人[6]，皆歷數百歲，在殷而各仙去，況彭祖何肯死哉？又劉向所記《列仙傳》亦言彭祖是仙人也。又安期先生者，賣藥於海邊，琅琊人傳世見之，計已千年。秦始皇請與語，三日三夜。其言高，其旨遠，博而有證。始皇異之，乃賜之金璧，可直數千萬。安期受而置之於阜鄉亭，以赤玉舄一量爲報(3)[7]，留書曰：後數千載(4)，求我於蓬萊山。如此，是爲見始皇時已千歲矣，非爲死也。又始皇剛暴而驁很[8]，最是天下之不應信神仙者。又不中以不然之言答對之者也。至於問安期以長生之事，安期答之允當，始皇惺悟，信世間之必有仙道，既厚惠遺，又甘心欲學不死之事，但自無明師也，而爲盧敖、徐福輩所欺弄[9]，故不能得耳。向使安期先生言無符據(5)，三日三夜之中，足以窮屈[10]，則始皇必將烹煮屠戮，不免鼎俎之禍[11]，其厚惠安可得乎？"

【校】

（1）黄山公記：藏本作"黄帝石公記"，平津本作"黄石公記"，從孫星衍校删"帝"字，據藏本原校作"黄山公記"。《遐覽》篇載有《黄山公記》可證。《黄白》篇有黄山子，《神仙傳》云："黄山君者，修彭祖之術。"黄山君殆即黄山公。

（2）聞人於流沙之國西見之：藏本、平津本作門人於流沙之西見之，從《校補》改補："《神仙傳》云，聞人於流沙之國西見之，即本於

《黄山公記》。此‘門’或即‘聞’之壞字。”

（３）一量：《類聚》八十四引無。

（４）後數千載：藏本、平津本“後”作“復”，據《校補》引《列仙傳》《藝文類聚》八十四校改。

（５）言無符據：王明校：“慎校本、寶顔堂本、崇文本‘言無符據’作‘所言無據’。”

【注】

［１］彭祖八百：《莊子・逍遥遊》釋文引《世本》：“姓籛名鏗，年八百歲。”《淮南子・説林》注、《御覽》三八七引《風俗通》亦云年八百。《吕氏春秋》之《情欲》《執一》《爲欲》三篇注、《搜神記》并云七百歲。《神仙傳》：“其年七百六十歲，而不衰老，往流沙，非壽終。”

［２］雕陨：又作凋殞。喪亡。

［３］《彭祖經》：《神仙傳》：“後有黄山君者，修彭祖之術數百年，猶有少容。彭祖既去，乃追論其言，以爲《彭祖經》。”《遐覽》篇著録《彭祖經》一書。

［４］帝嚳：《史記・五帝本紀》：“帝嚳高辛者，黄帝之曾孫也。”“帝嚳娶陳鋒氏女，生放勳。娶娵訾氏女，生摯。帝嚳崩，而摯代立。帝摯立，不善，而弟放勳立，是爲帝堯。”

［５］彩女：漢代宮女之一種。後泛稱宮女。

［６］青衣烏公……不肯來：皆彭祖弟子，餘不詳。

［７］安期先生者……以赤玉舄一量爲報：蓋本《列仙傳》，内容與《列仙傳》合。阜鄉：鄉名。赤玉舄（xì）：古代傳説中赤玉做成的鞋子。《列仙傳》上《安期先生傳》：“安期先生者，琅琊阜鄉人也，賣藥於東海邊，時人皆言‘千歲翁’。秦始皇東游，請見，與語三日三夜，賜金璧，度數千萬，出於阜鄉亭，皆置去，留書以赤玉舄一雙爲報，曰：‘後數（千）年，求我于蓬萊山。’”一量：一雙。量通緉。量詞，猶雙。

［８］剛暴：剛猛而暴戾。驁通傲，很通狠。驁很：倨傲狠戾；輕侮（明德之人）而不聽從。《左傳・文公十八年》：“顓頊氏有不才

子……傲很明德，以亂天常，天下之民，謂之檮杌。"杜預注："謂
鯀檮杌頑凶，無儔匹之貌。"楊伯峻注："傲疑借爲嫯。《説文》：
'嫯，侮易也。'很，《説文》：'不聽從也。'傲很明德，猶言於明德輕
侮而不聽從之。昭二十六年《傳》'傲很威儀'亦無視威儀之義。
檮音濤，杌音兀。"

[9]　盧敖：即盧生。燕人。方士。《史記·秦始皇本紀》："三十二年
（前215）始皇之碣石，使燕人盧生求（仙人）羨門、高誓。……燕
人盧生使入海還，以鬼神事，因奏録圖書，曰：'亡秦者胡也。'始
皇乃使將軍蒙恬發兵三十萬人北擊胡，略取河南地。""三十五年
（前212）……盧生説始皇曰：'臣等求芝奇藥仙者常弗遇，類物有
害之者。方中，人主時爲微行以辟惡鬼，惡鬼辟，真人至。人主
所居而人臣知之，則害於神。真人者，入水不濡，入火不蓺，陵雲
氣，與天地久長。……願上所居宮毋令人知，然後不死之藥殆可
得也。'於是始皇曰：'吾慕真人，自謂"真人"，不稱"朕"。'乃令咸
陽之旁二百里内宮觀二百七十復道甬道相連，帷帳鍾鼓美人充
之，各案署不移徙。行所幸，有言其處者，罪死。……自是後莫
知其行之所在。"盧生後以"始皇爲人，天性剛戾自用"，畏罪，乃
亡去。徐福：一作徐市。字君房，琅邪（今山東膠南、諸城一
帶），一説今江蘇贛榆人。《史記·秦始皇本紀》："秦始皇二十八
年（前219年）……齊人徐市等上書，言海中有三神山，名曰蓬
萊、方丈、瀛洲，僊人居之。請得齋戒，與童男女求之。於是遣徐
市發童男女數千人，入海求僊人。"《太平廣記》四《徐福》引《仙傳
拾遺》："徐福字君房，不知何許人也。秦始皇時，大宛中多枉死
者橫道，數有鳥衘草覆死人面，皆登時活。有司奏聞始皇，始皇
使使者齎此草以問北郭鬼谷先生，云：'是東海中祖洲上不死之
草，生瓊田中，一名養神芝，其葉似菰，不叢生，一株可活千人。'
始皇於是謂可索得，因遣福及童男童女各三千人乘樓船入海尋
祖洲不返，後不知所之。"傳説徐福在海上漂到了現今的日本國
土，公元七、八世紀後，日本文獻中頗多有關徐福的記載，尊之爲
司農耕、醫藥之神。現日本還有專門紀念徐福的名勝之地。"爲

盧敖徐福輩所欺弄”，如上所述。後秦始皇醒悟，知受騙。

［10］窮屈：窮盡；極盡。《呂氏春秋·安死》：“智巧窮屈，無以爲之。”高誘注：“窮，極；屈，盡。”此指理屈辭窮。

［11］鼎俎：（斬殺了）切割烹煮。俎：切肉的砧板；切割。

6　或問曰：“世有服食藥物，行氣導引，不免死者，何也？”抱朴子答曰：“不得金丹，但服草木之藥及修小術者，可以延年遲死耳，不得仙也。或但知服草藥，而不知還年之要術[1]，則終無久生之理也。或不曉帶神符[1]，行禁戒，思身神[2]，守真一[3]，則止可令內疾不起[2]，風濕不犯耳。若卒有惡鬼强邪，山精水毒害之，則便死也。或不得入山之法，令山神爲之作禍，則妖鬼試之，猛獸傷之，溪毒擊之，蛇蝮螫之，致多死事，非一條也。或修道晚暮，而先自損傷已深，難可補復。補復之益，未得根據，而疾隨復作，所以剋伐之事[4]，何緣得長生哉？或年老爲道而得仙者，或年少爲道而不成者，何者？彼雖年老而受氣本多，受氣本多則傷損薄，傷損薄則易養，易養故得仙也。此雖年少而受氣本少，受氣本少則傷深[3]，傷深則難救，難救故不成仙也。夫木槿楊柳，斷殖之更生，倒之亦生，横之亦生[5]。生之易者，莫過斯木也。然埋之既淺，又未得久，乍刻乍剥[6]，或搖或拔，雖雍以膏壤，浸以春澤，猶不免於枯瘁者[4]，以其根荄不固，不暇吐其萌芽，津液遂不得結其生氣也[5][7]。人生之爲體，易傷難養，方之二木，不及遠矣。而所以攻毀之者，過於刻剥，劇乎搖拔也。濟之者鮮[6]，壞之者衆，死其宜也。夫吐故納新者[8]，因氣以長氣，而氣大衰者則難長也。服食藥物者，因血以益血，而血垂竭者則難益也。夫奔馳而喘逆[9]，或欬或滿[7]，用力役體，汲汲短乏

者，氣損之候也。面無光色，皮膚枯臘，脣焦脈白[10]，腠理
萎瘁者[11]，血減之證也。二證既衰於外，則靈根亦凋於中
矣。如此，則不得上藥，不能救也。凡爲道而不成，營生而
得死者，其人非不有氣血也。然身中之所以爲氣爲血者，
根源已喪，但餘其枝流也。譬猶入水之爐，火滅而煙不即
息；既斷之木，柯葉猶生。二者非不有煙，非不有葉，而其
所以爲煙爲葉者，已先亡矣。世人以覺病之日，始作爲
疾(8)，猶以氣絶之日，爲身喪之候也。唯怨風冷與暑濕，不
知風冷暑濕(9)，不能傷壯實之人也(10)；患體虛氣少者，不能
堪之，故爲所中耳。何以較之？設有數人，年紀老壯既同，
服食厚薄又等，俱造沙漠之地，並冒嚴寒之夜，素雪墮於
上，玄冰結於下，寒風摧條而宵駭[12]，咳唾凝冱於脣吻[13]，
則其中將有獨中冷者，而不必盡病也。非冷氣之有偏，蓋
人體有不耐者耳。故俱食一物，或獨以結病者，非此物之
有偏毒也。鈞器齊飲，而或醒或醉者，非酒勢之有彼此也。
同冒炎暑，而或獨以暍死者[14]，非天熱之有公私也。齊服
一藥，而或昏瞑煩悶者，非毒烈之有愛憎也。是以衝風赴
林[15]，而枯柯先摧；洪濤淩崖，而圻隙首頹(11)；烈火燎原，
而燥卉前焚；龍梚墜地(12)，而脆者獨破。由玆以觀，則人之
無道，體已素病，因風寒暑濕者以發之耳。苟能令正氣不
衰，形神相衛，莫能傷也。凡爲道者，常患於晚，不患於早
也。恃年紀之少壯，體力之方剛者自役過差，百病兼結(13)，
命危朝露，不得大藥，但服草木，可以差於常人[16]，不能延
其大限也。故仙經曰：養生以不傷爲本，此要言也。神農
曰：百病不愈，安得長生？信哉斯言也。”

【校】

（1）而不知還年之要術：原校：“〔還年〕誤作房中。”

（2）則止可令内疾不起：藏本、平津本“止”作“正”，從王明引慎校本、寶顔堂本、崇文本校改。

（3）受氣本少：孫星衍校：“藏本不重。”

（4）猶不免於枯瘁者：藏本、平津本“免”作“脱”，從孫星衍引刻本、《經訣》六校改。

（5）津液遂不得結其生氣也：藏本、平津本作津液不得遂結其生氣也，按：“遂”今校移至“津液”後。

（6）濟之者鮮：王明校：“‘濟’寶顔堂本作‘培’。”

（7）或欬或滿：孫星衍校：“〔滿〕刻本作㦗。”滿通㦗。

（8）始作爲疾：王明校：“慎校本、寶顔堂本作‘始爲己病’。”

（9）不知風冷暑濕：孫星衍校：“藏本無此六字。”

（10）不能傷壯實之人也：王明校：“慎校本、寶顔堂本‘傷’作‘侵’。”

（11）坼隙：藏本作折隙，平津本作拆隙，從王明校改：“‘拆’疑當作‘坼’，開裂也。”按：折、拆、坼形近致誤，王校是。

（12）龍椀墜地：孫星衍校：“〔龍〕當作籠。”

（13）百病兼結：王明校：“宋浙本此句下有‘亦尚生存’四字。”

【注】

［1］神符：神靈賦予的憑信。此謂符籙。

［2］身神：身體之神。道教認爲人自身中有三萬六千神。《道藏》第三四册《枕中經》：“老君曰：‘身中有三萬六千神，左三魂，右七魄，身有千二百形影，體有萬二千精光，五臟六腑，二十四神子，常念之，勿令離身，有病三呼，即降其真。’”有關身神的著作有《無上祕要·身神品》《呼身神治百病經》。

［3］守真一：見《地真》第3段“守真一”一段文字。

［4］剋伐：征服；克服。中醫驅除、攻逐療法，稍過即傷元氣，謂之“克伐”。

［5］夫木槿楊柳，斷殖之更生，倒之亦生，横之亦生：《韓非子·説林

上》："夫楊，橫樹之即生，倒樹之即生，折而樹之又生。"句意仿此。木槿：亦作木堇。皮、根、花可入藥。《本草綱目》三十六《木槿》：皮、根"［主治］止腸風瀉血，痢後熱渴，作飲服之，令人得睡，並炒用。藏器"花："［主治］腸風瀉血，赤白痢，並焙入藥。作湯代茶，治風。大明"莖的纖維可造紙。

［6］刻：傷害。剥：撕裂。

［7］津液：人體內各種液體的總稱，通常指唾液。津液又稱爲玉液、金醴、瓊漿、玉英、胎津等。此指液汁。

［8］吐故納新：吐出濁氣，吸納清氣。道家養生之術。喻揚棄陳舊的，吸取新鮮的。《莊子·刻意》："吹呴呼吸，吐故納新。"成玄英疏："吹冷呼而吐故，呴暖吸而納新。"釋文引李云："吐故氣，吸新氣。"

［9］奔馳：車馬疾行。此謂疾行奔跑。喘逆：哮喘而雙腳發冷。《素問·通評虛實論》："氣逆者，足寒也。"校注引張琦曰："肺主氣，肺虛故氣虛，氣逆足寒……故上則喘逆，而下則足寒。"

［10］脈白：指脈象蒼白不青。《黃帝內經素問·脈要精微論》："肝脈搏堅而長，色不青，當病墜若搏，因血在脅下，令人喘逆。"

［11］腠（còu）理：中醫指皮下肌肉之間的空隙和皮膚肌肉紋理。萎瘁：同萎悴。枯萎；衰落。瘁與悴同。

［12］駭：聲如疾雷擊鼓；聲音響而急促。《周禮·夏官·大司馬》"鼓皆駴"鄭玄注："疾雷擊鼓曰駴。"陸德明釋文："皆駴，本亦作駭。"孫詒讓正義引段玉裁曰："謂擊鼓聲如疾雷，響而促。"

［13］咳唾（kài tuò）：咳嗽吐唾沫。凝冱（hù）：結冰；凍結。冱同沍、沍。唇吻：口；嘴。

［14］暍（yē）：中暑；傷暑。張仲景《傷寒論·辨痓濕暍病脈證並治》："太陽中熱者，暍是也。"集注引方有執曰："蒸熱謂之暑，傷暑謂之暍。"

［15］衝風：暴風；猛烈的風。

［16］差：表示程度高。頗，甚。

7　或問曰：“所謂傷之者，豈非淫慾之間乎？”抱朴子曰：“亦何獨斯哉？然長生之要，在乎還年之道[(1)]。上士知之，可以延年除病，其次不以自伐者也[[1]]。若年尚少壯而知還年[(2)]，服陰丹以補腦[[2]]，采玉液於長谷者[(3)][[3]]，不服藥物，亦不失一二百歲也[(4)]，但不得仙耳。不得其術者，古人方之於冰杯之盛湯，羽苞之蓄火也[[4]]。且又才所不逮[(5)]，而困思之，傷也；力所不勝，而強舉之[[5]]，傷也；深憂重恚，傷也；悲哀憔悴，傷也[(6)]；喜樂過差，傷也；汲汲所欲，傷也；戚戚所患，傷也[(7)]；久談言笑，傷也；寢息失時，傷也；挽強引弩，傷也[(8)][[6]]；沈醉嘔吐，傷也；飽食即臥，傷也，跳走喘乏，傷也[(9)]；歡呼哭泣，傷也；陰陽不交，傷也；積傷至盡則早亡，早亡非道也。是以養生之方[(10)]，唾不及遠，行不疾步，耳不極聽，目不久視[[7]]，坐不至久[(11)][[8]]，臥不及懷[(12)][[9]]，先寒而衣，先熱而解，不欲極飢而食，食不過飽，不欲極渴而飲，飲不過多。凡食過則結積聚，飲過則成痰癖。不欲甚勞，不欲甚逸[(13)]，不欲起晚[(14)]，不欲汗流[(15)]，不欲多睡，不欲奔車走馬，不欲極目遠望，不欲多啖生冷，不欲飲酒當風，不欲數數沐浴，不欲廣志遠願，不欲規造異巧。冬不欲極溫，夏不欲窮涼[(16)]，不欲露臥星下，不欲眠中見肩[(17)]，大寒大熱，大風大霧，皆不欲冒之。五味入口，不欲偏多[[10]]，故酸多傷脾，苦多傷肺，辛多傷肝，鹹多則傷心，甘多則傷腎[[11]]，此五行自然之理也。凡言傷者，亦不便覺也，謂久則壽損耳。是以善攝生者，臥起有四時之早晚[[12]]，興居有至和之常制；調利筋骨，有偃仰之方[[13]]；杜疾閑邪[[14]]，有吞吐之術；流行榮衛，有補瀉之法；節宣勞逸，有與奪之要。忍怒以全陰氣，抑喜以養陽氣。然後先將服草木以救

虧缺，後服金丹以定無窮，長生之理，盡於此矣。若有欲決
意任懷，自謂達識知命，不泥異端，極情肆力，不營久生者，
聞此言也，雖風之過耳，電之經目，不足論也。雖身枯於流
連之中，氣絕於紈綺之間，而甘心焉，亦安可告之以養生之
事哉？不惟不納，乃謂妖訛也。而望彼信之，所謂以明鑒
給蒙瞽，以絲竹娛聾夫也。”

【校】

（1）在乎還年之道：孫星衍校：“（還年）疑房中。”陳其榮校：“《御覽六
　　百六十八亦作‘還年’，下同。”顧廣圻校：“之道二字衍。”

（2）還年：孫星衍校：“疑房中。”

（3）采玉液於長谷者：明抄本玉作七，顧廣圻校作玉。

（4）一二百歲：藏本、平津本作三百歲，從陳其榮引《御覽》六百六十
　　八、王明引《籤》三十五《禁忌篇》校改。

（5）且又才所不逮：陳其榮校：“《御覽》六百六十八無且又二字，作凡
　　傷之道有數焉。”

（6）深憂重恚，傷也；悲哀憔悴，傷也：藏本作悲哀憔悴，傷也，平津本
　　作“悲哀憔悴傷也”，從陳其榮、王明校改。陳其榮校：“《御覽》六
　　百六十八悲上有深憂重怨四字，衰作哀。依今本語例補改當云
　　‘深憂重怨，傷也；悲哀憔悴，傷也’。”王明案：“（衰）今依宋浙本、
　　藏本、魯藩本改正。”“《籤》三十五正是如此，惟‘怨’作‘恚’。”按：
　　當作“恚”。

（7）汲汲所欲，傷也；戚戚所患，傷也：藏本、平津本作汲汲所欲，傷
　　也，從陳其榮、王明校改。陳其榮校：“《御覽》六百六十八所欲下
　　有戚戚所患四字，依今本語例，當補於‘傷也’下，云‘戚戚所患，
　　傷也’。”王明案：“案《籤》三十五及宋浙本有此六字。”

（8）挽強引弩：藏本、平津本作挽弓引弩，據《籤》三十五引校改。按：
　　原本蓋作挽強引弩，“強”脫“虽”而成“弓”。

（9）跳走喘乏，傷也：陳其榮校：“《御覽》六百八十八喘乏作喘息。”

(10) 養生之方:《籤》三十五、《御覽》六百六十八生作性。按:兩可。
　　 "性"書寫脫"忄"即成"生",然生通性。

(11) 坐不至久:藏本、平津本同,王明案引《籤》三十五、《御覽》六百六
　　 十八"久"作"疲"。按:兩可。

(12) 臥不及懻:藏本、平津本懻作疲,從《籤》三十五校改。《籤》三十
　　 五注:"懻,居致切,強也,直也。"

(13) 不欲甚勞,不欲甚逸:藏本、平津本作不欲甚勞甚逸,據《籤》三十
　　 五校改。

(14) 不欲起晚:孫星衍、顧廣圻校:"(不欲後)當有起早二字。"

(15) 不欲汗流:陳其榮校:"《御覽》六百六十八作不欲多汗。"

(16) 夏不欲窮涼:《籤》三十五、《御覽》六百六十八窮作極。按:
　　 兩可。

(17) 不欲露臥星下,不欲眠中見肩:藏本、平津本無"欲"字,據《籤》三
　　 十五校補。

【注】

［1］自伐:自戕;自己敗毀。此謂自我攻伐。

［2］陰丹:道教指"還精之術"。《雲笈七籤》六四《王屋真人口授陰丹
　　 秘訣靈篇》:"夫陽丹可以上升,陰丹可以駐壽。陽丹者,還丹也;
　　 陰丹者,還精之術也。"指男女交媾時,男子精液不泄,而能從女
　　 陰處採集玉液以自補。

［3］采玉液於長谷者:隱指男女的交媾行為,即所謂采陰補陽。玉
　　 液:隱指女子陰血。長谷:此隱指女陰。

［4］羽苞:羽毛製作的包裹。苞通包。

［5］力所不勝,而強舉之,傷也:《內篇序》:"要離之羸,而強赴扛鼎之
　　 契,秦人所以斷筋也。"此蓋指男子陽萎而強舉之。

［6］挽強:謂拉引硬弓。

［7］目不久視:《黃帝內經素問・宣明五氣篇》:"久視傷血。"校注引
　　 姚止庵曰:"目得血而能視,視久則目力竭而血傷。"

［8］坐不至久:《黃帝內經素問・宣明五氣篇》:"久坐傷肉。"校注引

姚止庵曰:"若久坐,則氣血凝滯而肉疾矣。"

[9] 懁:强直。《玉篇・心部》:"懁,北方名强直爲懁,又懁怯也。"《史記・貨殖列傳》:"人民矜懁怯,好氣,任俠爲奸,不事農商。"裴駰集解引臣瓚曰:"今北土名强直爲'懁中'也。"《黄帝内經素問・宣明五氣篇》:"久臥傷氣。"校注引姚止庵曰:"氣隨動而運,臥久而氣懈怠而不行。"

[10] 五味入口,不欲偏多:《黄帝内經素問・宣明五氣篇》:"五味所入:酸入肝,辛入肺,苦入心,鹹入腎,甘入脾,是謂五入。"古人五行、五味、五臟相配,列表如下:

五行	木	金	火	水	土
五味	酸	辛	苦	鹹	甘
五臟	肝	肺	心	腎	脾

"五行相剋":"木剋土",故"酸多傷脾";"火剋金",故"苦多傷肺";"金剋木",故"辛多傷肝";"水剋火",故"鹹多傷心";"土剋水",故"甘多傷腎":此即五行自然之理。

[11] 故酸多傷脾……甘多則傷腎:《素問・五藏生成篇》:"多食鹹則脈凝泣而變色,多食苦則皮槁而毛拔,多食辛則筋急而爪枯,多食酸則肉胝膹而唇揭,多食甘則骨痛而髮落,此五味之所傷也。"

[12] 臥起有四時之早晚:《黄帝内經・四氣調神大論》:"春三月……夜臥早起,廣步於庭。""夏三月……夜臥早起,無厭於日。""秋三月……早臥早起,與雞俱興。""冬三月……早臥晚起,必待日光。"

[13] 調利:調和通暢;使調和通暢。偃仰:即俯仰。

[14] 閑邪:防止邪惡。《易・乾》:"閑邪存其誠。"

勤 求 卷 十 四^[1]

1 抱朴子曰："天地之大德曰生^[2]，生，好物者也^[3]。是以道家之所至秘而重者，莫過乎長生之方也。故血盟乃傳，傳非其人，戒在天罰。先師不敢以輕行授人，須人求之至勤者，猶當揀選至精者乃教之，況乎不好不求，求之不篤者，安可自銜沽以告之哉⁽¹⁾？其受命不應仙者，雖日見仙人成群在世，猶必謂彼自異種人，天下別有此物，或呼爲鬼魅之變化，或云偶值於自然，豈有肯謂修爲之所得哉？苟心所不信，雖令赤松、王喬言提其耳，亦當同以爲妖訛⁽²⁾。然時頗有識信者，復患於不能勤求明師。夫曉至要得真道者，誠自甚稀，非倉卒可值也。然知之者，但謂少耳⁽³⁾，亦未嘗絕於世也。由求之者不廣不篤，有仙命者，要自當與之相值也。然求而不得者有矣，未有不求而得者也。世間自有奸僞圖錢之子，而竊道士之號者，不可勝數也。然此等復不謂挺無所知也^{(4)[4]}，皆復粗開頭角^[5]，或妄沽名，加之以伏邪飾僞，而好事之徒，不識其真僞者，徒多進問⁽⁵⁾，自取誆惑，而拘制之^[6]，不令得行，廣尋奇士異人，而告之曰，道盡於此矣。以誤於有志者之不少，可歎可恚也。或聞有曉消五雲、飛八石、轉九丹、冶黃白⁽⁶⁾、水瓊瑤華⁽⁷⁾、朱碧^[7]、凝霜雪於神爐、采靈芝於嵩岳者，則多而毀之曰^{(8)[8]}，此法獨有赤松、王喬知之，今世之人而云知之者，

皆虛妄耳。則淺見之家，不覺此言有詐僞而作，便息遠求
之意。悲夫，可爲慨歎者也！凌晷飛飆^{(9)[9]}，暫少忽老^[10]，
迅速之甚，諭之無物，百年之壽，三萬餘日耳。幼弱則未有
所知，衰邁則歡樂並廢，童蒙昏耄，除數十年，而險屯憂
病⁽¹⁰⁾，相尋代有^[11]，居世之年，略消其半⁽¹¹⁾，計定得百年
者，喜笑平和，則不過五六十年，咄嗟滅盡^[12]，哀憂昏耄，六
七千日耳，顧眄已盡矣，況於全百年者，萬未有一乎？諦而
念之，亦無以笑彼夏蟲朝菌也^[13]。蓋不知道者之所至悲
矣。里語有之：人在世間，日失一日，如牽牛羊以詣屠所，
每進一步，而去死轉近。此譬雖醜，而實理也。達人所以
不愁死者，非不欲求，亦固不知所以免死之術，而空自焦
愁，無益於事。故云樂天知命^[14]，故不憂耳，非不欲久生
也。姬公請代武王^[15]，仲尼曳杖悲懷^[16]，是知聖人亦不樂
速死矣。俗人見莊周有大夢之喻^[17]，因復競共張齊死生之
論。蓋詭道强達^[18]，陽作違抑之言^[19]，皆仲尼所爲破律應
煞者也^[20]。今察諸有此談者，被疾病則遽針灸，冒危險則
甚畏死。然末俗通弊，不崇真信，背典誥而治子書^[21]，若不
吐反理之巧辨者，則謂之朴野，非老莊之學。故無骨直而
取偶俗之徒^{(12)[22]}，遂流漂於不然之説，而不能自返也^[23]。
老子以長生久視爲業^[24]，而莊周貴於搖尾塗中，不爲被網
之龜^[25]，被繡之牛^[26]，餓而求粟於河侯^[27]，以此知其不能
齊死生也。晚學不能考校虛實，偏據一句，不亦謬乎？且
夫深入九泉之下，長夜罔極，始爲螻蟻之糧，終與塵壤合
體，令人怛然心熱，不覺咄嗟^[28]。若必有求生之志，何可不
棄置不急之事⁽¹³⁾，以修玄妙之業哉？其不信則已矣。其信
之者，復患於俗情之不蕩盡，而不能專以養生爲意，而營世

務之餘暇而爲之，所以或有爲之者⁽¹⁴⁾，恒病晚而多不成也。凡人之所汲汲者，勢利嗜欲也。苟我身之不全，雖高官重權，金玉成山，妍艷萬計，非我有也。是以上士先營長生之事，長生定可以任意，若未升玄去世^[29]，可且地仙人間。若彭祖、老子，止人中數百歲，不失人理之歡，然後徐徐登遐，亦盛事也。"

【校】

（1）安可自衒沽以告之哉：藏本、平津本作"安可衒其沽以告之哉"，從王明校改："慎校本、寶顏堂本、崇文本'衒其'作'自衒'。《辨問》：'貴不足以誘之，富不足以移之，何肯當自衒於俗士，言我有仙法乎？'《袪惑》：'奸人愈自衒沽，虛而類實。'《外篇·任命》："士以自衒爲不高，女以自媒爲不貞。"均其例。

（2）亦當同以爲妖訛：王明校："宋浙本'當同'作'同當'。慎校本、寶顏堂本、崇文本'同'作'指'。"

（3）但謂少耳：藏本、平津本作但當少耳，從王明校改："寶顏堂本、崇文本'當'作'謂'。"謂，認爲。

（4）不謂挺無所知也：宋浙本、藏本謂作肯。

（5）徒多進問：藏本、平津本作徒多之進問，從《校補》刪"之"字："'之'字疑涉上文諸之字而衍。"

（6）冶：藏本、平津本作治，從顧廣圻校改："治當作冶。"

（7）水瓊瑤華：藏本華作花，華同花；明抄本、平津本作化。藏本原校："瓊一作槿。"王明案："宋浙本云：'一作瑾。'"

（8）多：孫星衍校："其下'疑有脫誤。'"

（9）飛飆：藏本、平津本作飆飛，今乙改。"飛飆"方與"凌暑"結構相同。

（10）險厄憂病：藏本、平津本厄作阸，從陳其榮校改："《御覽》六百七十二阸作厄。"

（11）略消其半：《御覽》六七二"消"作"銷"。按：消通銷。

（12）骨直：藏本、平津本作骨殖，今校改。詳見注。

（13）若必有求生之志：藏本、平津本必作心，從王明校改："寶顏堂本、崇文本'心'作'必'。"

（14）所以或有爲之者：明抄本爲作違，顧廣圻校作爲。

【注】

〔1〕勤求：勤勞尋求明師，以求長生不死之道。

〔2〕天地之大德曰生：《易·繫辭下》："天地之大德曰生。"韓康伯注："施生而不爲，故能常生，故曰大德也。"孔穎達疏："自此已下，欲明聖人同天地之德，廣生萬物之意也。言天地之盛德在平常生，故言曰生；若不常生，則德之不大。以其常生萬物，故云大德也。"《老子想爾注》："公乃生，生乃大。"

〔3〕生，好物者也：《左傳·昭公二十五年》："生，好物也；死，惡物也。"楊伯峻注："好物、惡物猶言所喜好事、所厭惡事。惠棟《補注》引《周書·度訓》云：'凡民之所好惡，生物爲好，死物爲惡。'惡亦厭惡之惡。"

〔4〕挺：究竟；完全。

〔5〕粗開頭角：猶言稍微有點頭緒。頭角：猶頭緒，端緒。《禮記·學記》"開而弗達"鄭玄注："開，爲發頭角。"孔穎達疏："開，謂開發事端。但爲學者開發大義頭角而已，亦不事事使之通達也。"《三國志·吳書·韋曜傳》："又《吳書》雖已有頭角，叙贊未述。"

〔6〕拘制：拘禁；繫縛。焦贛《易林·訟之巽》："執囚束縛，拘制於吏。"

〔7〕朱碧：丹青。丹砂和青臒。

〔8〕多：認爲……誇大。

〔9〕凌暮：流動的日影。喻時光。飛飆：疾風。陸機《日出東南隅行》："遺芳結飛飆，浮景映清湍。"

〔10〕暫少忽老："暫""忽"互文同義。《助字辨略》四："《漢書·李廣傳》：'（李廣）暫騰而上胡兒馬。'此暫字，猝也，忽也。"

〔11〕相尋：接連不斷。江淹《效古》詩之一："誰謂人道廣，憂慨自

相尋。"

[12] 咄嗟：猶呼吸之間。謂時間倉卒；迅速。

[13] 夏蟲朝菌：喻時光短暫。夏蟲：指蟪蛄（夏蟬）夏生秋死。朝菌：
指朝生暮死的菌類。《莊子・逍遥遊》："朝菌不知晦朔，蟪蛄不
知春秋。"

[14] 樂天知命：順應自然之理，知曉窮通之數。《易・繫辭上》："樂天
知命，故不憂。"正義："順天道之常數，知性命之始終，任自然之
理，故不憂也。"

[15] 姬公請代武王：武王疾，周公姬旦禱于三王（大王、王季、文王），
願以己身自代武王（受疾病），史官納其祝策于金縢匱中。見
《書・金縢》。又見《史記・周本紀》。

[16] 仲尼曳杖悲懷：《史記・孔子世家》："孔子病，子貢請見。孔子方
負杖逍遥於門，曰：'賜，汝來何其晚也？'孔子因歎，歌曰：'太山
壞乎！梁柱摧乎！哲人萎乎！'因以涕下。……後七日死。"

[17] 莊周有大夢之喻：《莊子・齊物論》："予惡乎知夫死者不悔其始
之蘄生乎！夢飲酒者，旦而哭泣；夢哭泣者，旦而田獵。方其夢
也，不知其夢也，夢之中又占其夢焉，覺而後知其夢也。且有大
覺而後知此其大夢也。"此即所謂大夢之喻。

[18] 詭道：詭詐之術。《孫子・計》："兵者，詭道。"曹操注："兵無常
形，以詭詐爲道。"

[19] 陽：通佯。假裝。

[20] 仲尼句：疑稚川記憶有誤。所爲：所謂。破律：《禮記・王制》：
"析言破律……，殺。"鄭玄注："析言破律，巧賣法令者也。"

[21] 典誥：《尚書》中《堯典》《湯誥》等篇的並稱。亦泛指經書典籍。

[22] 骨直：骨幹挺直。引申爲剛强而果毅。《周禮・考工記・弓人》：
"骨直以立，忿埶以奔，若是者爲之安弓。"鄭玄注："骨直謂强
毅。"孫詒讓正義："骨直，言骨幹挺直，其人必剛强而果毅也。"

[23] 自返：同自反。自我反省。此謂自我改正。

[24] 老子以長生久視爲業：《老子・第五十九章》："深根固柢，長生久
視之道。"蓋據此而言。

[25] 莊周貴於搖尾塗中:《莊子·秋水》:"莊子釣于濮水,楚王使大夫二人往先焉,曰:'願以境内累矣。'莊子持竿不顧,曰:'吾聞楚有神龜,死已三千歲矣,王以巾笥而藏之廟堂之上。此龜者,寧其死爲留骨而貴乎?寧其生而曳尾於塗中乎?'……莊子曰:'往矣!吾將曳尾於塗中。'"

[26] 被繡之牛:《莊子·列禦寇》:"或聘於莊子,莊子應其使曰:'子見夫犧牛乎?衣以文繡,食以芻菽,及其牽而入於大廟,雖欲爲孤犢,其可得乎?'"

[27] 餓而求粟於河侯:《莊子·外物》:"莊周家貧,故往貸粟于監河侯。"

[28] 咄嗟:歎息。

[29] 升玄:道教謂得道升天。

2　"然決須好師,師不足奉,亦無由成也。昔漢太后從夏侯勝受《尚書》,賜勝黃金百斤,他物不可勝數。及勝死,又賜勝家錢二百萬,爲勝素服一百日[1]。成帝在東宫時[2],從張禹受《論語》[3]。及即尊位,賜禹爵關内侯[4],食邑千户[5],拜光禄大夫[6],賜黃金百斤。又遷丞相,進爵安昌侯。年老乞骸骨[7],賜安車駟馬[8],黃金百斤,錢數萬。及禹疾,天子自臨省之,親拜禹床下。章帝在東宫時[9],從桓榮以受《孝經》[10]。及帝即位,以榮爲太常上卿[11]。天子幸榮第[12],令榮東面坐,設几杖[13]。會百官及榮門生生徒數百人[14],帝親自持業講説[15]。賜榮爵關内侯,食邑五千户。及榮病,天子幸其家,入巷下車,抱卷而趨,如弟子之禮。及榮薨,天子爲榮素服[16]。凡此諸君,非能攻城野戰,折衝拓境[17],懸旌効節(1)[18],祈連方[19],轉元功[20],騁鋭絶域也[21]。徒以一經之業,宣傳章句[22],而見尊重,巍巍如此,此但能説死人之餘言耳[23]。帝王之貴,猶自卑降以敬事之。世間或欲試修長生之道者，而不肯謙下於堪師者，直爾蹴迁[24]，從求至要，寧可得乎？夫學者之恭遜驅走，何益於師之分寸乎？然不爾，則是彼心不盡；彼心不盡，則令人告之不力；告之不力，則秘訣何可悉得邪？不得已當以浮淺示之，豈足以成不死之功哉？亦有人皮膚好喜[25]，而通道之誠，不根心神，有所索欲(2)[26]，陽爲曲恭，累日之間，怠慢已出。若值明智之師，且欲詳觀來者變態，試以淹久，故不告之，以測其志。則若此之人，情僞行露[27]，亦終不得而教之；教之亦不得盡言吐實，言不了則爲之無益也。陳安世者(3)，年十三歲，蓋灌叔本之客子耳(4)[28]，先得仙道。叔本年七十皓首，朝夕拜安世曰，道尊德貴，先得道者則爲師矣，吾不敢倦執弟子之禮也[29]。由是安世告之要方，遂復仙去矣。夫人生先受精神於天地，後稟氣於父母(5)，然不得明師，告之以度世之道，則無由免死；鑿石有餘焰，年命已凋頹矣。由此論之，明師之恩，誠爲過於天地，重於父母多矣，可不宗之乎？可不求之乎！」

【校】

（1）劾節：原校：「一作郊坰。」王明按：「宋浙本、藏本、魯藩本：‘一作郊坰’。」

（2）欲：孫星衍校：「刻本作取。」

（3）陳安世者：陳其榮校：「《御覽》九百十一作陳世安，下亦作世安。按《登涉篇》有仙人陳安世。」王明案：「當作陳安世，影宋本《御覽》所引與今本《抱朴子》正本合。」

（4）灌叔本：陳其榮校：「《御覽》九百十一灌作管。」王明案：「一本作權叔本。」

（5）後稟氣於父母：平津本「氣」作「氣血」。從孫星衍引藏本、王明案引宋浙本校刪「血」字。

【注】

[1] 昔漢太后從夏侯勝受《尚書》數句:《漢書·夏侯勝傳》:"(霍)光以爲羣臣奏事東宮,(孝昭上官)太后省政,宜知經術,白令(夏侯)勝用《尚書》授太后。""受(宣帝)詔撰《尚書》《論語説》,賜黄金百斤。年九十卒官,賜塚塋,葬平陵。太后賜錢二百萬,爲勝素服五日,以報師傅之恩,儒者以爲榮。"素服:本色或白色的衣服。居喪或遭遇凶事時所穿。

[2] 東宮:太子所居,指代太子。《詩·衛風·碩人》:"東宮之妹,邢侯之姨。"毛傳:"東宮,齊太子也。"

[3] 從張禹受《論語》:張禹(前? —前5)字子文,西漢河內軹(今河南濟源南)人。壯至長安求學。元帝時試爲博士,授太子《論語》,遷光禄大夫,出爲東平内史。成帝即位,以帝師賜爵關内侯,拜爲諸吏光禄大夫,給事中,領尚書事。河平四年(前25)爲丞相,封安昌侯。鴻嘉元年(前20),因老病乞骸骨,免官就第,以特進爲天子師。國家每有大政,必與定議。性奢侈,喜殖貨物,多買膏腴之田。

[4] 關内侯:第十九級,在列侯之下,有實際社會地位。

[5] 食邑:指國君賜予臣下作爲世禄的封地。

[6] 光禄大夫:《後漢書·百官志》集解引荀綽《晉百官表注》曰:"光禄大夫,古官也,職掌言議,毗亮論道,獻可替否,贊相德化。"地位在御史大夫之上。

[7] 乞骸骨:請求退職,意謂使骸骨得歸葬故鄉。《晏子春秋·外篇上二十》:"臣愚不能復治東阿,願乞骸骨,避賢者之路。"

[8] 安車駟馬:坐車,供年老的高官及貴婦乘用,駕四匹馬。《史記·儒林列傳·申公》:"於是天子(武帝)使使束帛加璧,安車駟馬迎申公。"

[9] 章帝:劉炟(58—88),性寬容,好儒術。素知明帝苛切,事從簡朴。詔理冤獄,招撫流民,減免田租。在位期間,社會安定,經濟富庶。

[10] 桓榮(? —59):字春卿,沛郡龍亢(今安徽懷遠西北)人。少學于

長安，習《歐陽尚書》，十五年不窺家園。後於九江教授，徒衆數百人。新莽末年，抱經書與弟子逃匿山谷。建武十九年(43)，年六十餘，始辟大司徒府。入授太子《尚書》，拜爲議郎。每朝會，輒令榮於公卿前敷奏經書，拜博士。與諸博士論難，温恭蘊藉，辯明經義，不以言辭勝人。二十八年拜太子少傅。三十年，拜爲太常。明帝即位，尊以師禮。永平二年(59)，拜五更，封關内侯，食邑五千户。稚川所言桓榮授太子《孝經》，蓋誤記，或別有所據。

[11] 太常上卿：掌天神、地祇、人鬼三禮。

[12] 幸：稱帝王親臨。

[13] 東面坐：坐西面東。古人席次尚右，帝師坐西而面東講授，帝王東立面西而受教，以示尊師。《後漢書・桓榮傳》：“(顯宗)乘輿嘗幸太常府，令榮坐東面，設几杖，會百官驃騎將軍東平王蒼以下及榮門生數百人，天子親自執業，每言輒曰‘大師在上’。”李賢注引《東觀記》曰：“時執經生避位發難，上謙曰：‘大師在是’也。”清梁章鉅《稱謂録》八：“漢明帝尊桓榮以師禮，上幸太常府，令榮坐東面，設几。故師曰西席。”後尊稱受業之師或幕友爲“西席”。《漢武帝内傳》：“(西)王母上殿東向坐。”即坐西面東而坐，居於師位，亦其證。

[14] 會百官及榮門生生徒數百人：《桓榮傳》“會百官”後有“驃騎將軍東平王蒼以下”十字，無“生徒”二字。門生：東漢時指再傳弟子。《後漢書・賈逵傳》：“皆拜逵所選弟子及門生爲千乘王國郎。”宋歐陽修《〈集古録〉跋尾・後漢孔廟碑陰題名》：“其親授業者爲弟子，轉相傳授者爲門生。”生徒：學生；門徒。《後漢書・馬融傳》：“(融)常坐高堂，施絳紗帳，前授生徒，後列女樂。”

[15] 業：古代書册之版。《禮記・曲禮上》“請業則起，”鄭玄注：“業，謂篇卷也。”清宋翔鳳《過庭録・管子識誤》：“古人寫書用方版，《爾雅》‘大版謂之業’，故書版亦謂之業。鄭訓業爲篇卷，以今證古也。”

[16] 榮薨，天子爲榮素服：《桓榮傳》作：“榮卒，帝親臨變服，臨喪送

葬,賜家塋於首山之陽”。薨(hōng)：諸侯死。天子曰崩,諸侯
曰薨。

[17] 折衝：使敵人的戰車撤退。即克敵制勝。折：返回。衝：衝車：
戰車之一種,衝擊城牆用之。拓境：開拓土宇;擴大疆土。

[18] 懸旌：懸掛旌旗。指進軍。《漢書·陳湯傳》：“故宗正劉向上疏
曰：‘……(湯)懸旌萬里之外,揚威昆山之西。’”効節：指敵人投
降,獻出符節。《左傳·文公八年》：“司城蕩意諸奔,効節於府人
而出。”

[19] 連：連帥,十國諸侯之長。方：方伯,一方諸侯之長。泛指地方
長官。

[20] 元功：首功;功臣。

[21] 騁鋭：顯示威力。絶域：極遠的地方。此指西域地區。

[22] 章句：破章析句。這是經學家解説經義的一種方式。泛指書籍
注釋。

[23] 死人之餘言：指古代著作。《莊子·天道》：“(齊)桓公讀書於堂
上,輪扁斲輪於堂下,椎鑿而上,問桓公曰：‘敢問公之所讀者,何
言邪?’公曰：‘聖人之言也。’曰‘聖人在乎?’公曰：‘已死矣。’曰：
‘然則君之所讀者,古人之糟魄已夫?’”魄與粕音同通用。

[24] 直爾：竟然如此。蹴迮(cù zé)：蹙迫;倉促。“蹴”“迮”連文同
義。蹴同蹙。

[25] 皮膚好喜：表面膚淺的喜好。“皮膚”與下文“心神”相對。

[26] 不根：不植根於。心神：心思精力;心意神態。

[27] 情僞：真假;真誠與虛僞。

[28] 陳安世：《御覽》六六二引葛洪《神仙傳》：“陳安世,京兆人。爲灌
叔本傭,稟性慈仁。叔本好道。有二道人託爲書生,從叔本游,
以觀試之。叔本不知其異人也,久而益怠。書生乃問安世曰：
爾好道否?曰：無緣知之。曰：審好道,明日早會道北大樹下。
安世承言,早往,無所見,曰：書生詐我哉? 三期,安世輒早至。
乃以藥授安世,後仙去。”不贅引。客子：雇工。

[29] 拜安世曰數句：《神仙傳》：“(權叔本)乃歎曰：‘夫道尊德貴,不在

年齒。父母生我，然非師則莫能使我長生，先聞道者即爲師矣。'乃執弟子之禮，朝夕禮拜之，爲之灑掃。安世道成，白日升天。臨去遂以要術授叔本，叔本後亦仙去矣。"

3　抱朴子曰："古人質正[1]，貴行賤言[2]，故爲政者不尚文辨[3]，修道者不崇辭説[4]。風俗衰薄，外飾彌繁，方策既山積於儒門[5]，而内書亦軼掌於術家[6]。初學之徒，即未便可授以大要。又亦人情以本末殷富者爲快[7]。故後之知道者，干吉(1)[8]、容嵩[9]、桂帛諸家[10]，各著千所篇[11]，然率多教誡之言，不肯善爲人開顯大向之指歸也[12]。其至真之訣，或但口傳，或不過尋尺之素，在領帶之中，非隨師經久，累勤歷試者[13]，不能得也。雜猥弟子，皆各隨其用心之疎密[14]，履苦之久遠(2)，察其聰明之所逮，及志力之所能辨，各有所授，千百歲中(3)，時有盡其囊枕之中，肘腋之下[15]，秘要之旨耳(4)。或但將之合藥，藥成分之(5)，足以使之不死而已，而終不以其方文傳之(6)。故世間道士，知金丹之事者，萬無一也。而管見之屬[16]，謂仙法當具在於紛若之書[17]，及於祭祀拜伏之間而已矣。夫長生制在大藥耳，非祠醮之所得也(7)。昔秦、漢二代，大興祈禱，所祭太乙、五帝(8)[18]，陳寶八神之屬[19]，動用牛羊穀帛，錢費億萬，了無所益。況於匹夫，德之不備，體之不養，而欲以三牲酒肴，祝願鬼神[20]，以索延年，惑亦甚矣。或頗有好事者，誠欲爲道，而不能勤求明師，合作異藥，而但晝夜誦講不要之書，數千百卷，詣老無益，便謂天下果無仙法。或舉門扣頭，以向空坐，烹宰犧牲[21]，燒香請福，而病者不愈，死喪相襲，破產竭財，一無奇異，終不悔悟，自謂未篤。若以此之勤，求知方之師，以此之費，給買藥之直

者^{(9)[22]}，亦必得神仙長生度世也。何異詣老空耕石田，而
望千倉之收，用力雖盡⁽¹⁰⁾，不得其所也。所謂適楚而道
燕^[23]，馬雖良而不到，非行之不疾，然失其道也。或有性信
而喜信人，其聰明不足以校練真僞^[24]，揣測深淺，所博涉素
狹，不能賞物。後世頑淺⁽¹¹⁾，趣得一人，自譽之子，云我有
秘書，便守事之^[25]。而庸人小兒，多有外託有道之名，名過
其實，由於誇誑，内抱貪濁，惟利是圖^[26]，有所請爲，輒强喑
嗚^[27]，俛仰抑揚^[28]。若所知寶秘乃深而不可得之狀⁽¹²⁾。
其有所請，從其所求，俯仰含笑，或許以頃後，故使學者⁽¹³⁾，
欲罷而不能^[29]，自謂事之未勤，而禮幣之尚輕也^[30]。於是
篤信之心，尤加恭肅，賂以殊玩⁽¹⁴⁾，爲之執奴僕之役，不辭
負重涉遠^[31]，不避經險履危，欲以積勞自効，服苦求哀，庶
有異聞^[32]。而虛引歲月，空委二親之供養，捐妻子而不恤，
戴霜蹈冰，連年隨之，而妨資棄力^[33]，卒無所成。彼初誠欺
之，末或慚之，懵然體中，實自空罄短乏⁽¹⁵⁾，實無能以自
救⁽¹⁶⁾，將何法以成人乎？余目見此輩不少，可有十餘
人⁽¹⁷⁾。或自號高名，久居於世，世或謂之已三四百歲，但易
名字，詐稱聖人，託於人間，而多有承事之者^[34]。余但不喜
書其人之姓名耳。頗遊俗間，凡夫不識姸蚩，爲共吹揚⁽¹⁸⁾，
增長妖妄，爲彼巧僞之人，虛生華譽，歙習遂廣^[35]，莫能甄
別。故或令高人偶不留意澄察^[36]，而但任兩耳者，誤於學
者，常由此輩，莫不使人歎息也。每見此曹，欺誑天下，以
規勢利者，遲速皆受殃罰，天網雖疎，終不漏也^[37]。但誤有
志者可念耳^[38]。世人多逐空聲，尠能校實。聞甲乙多弟
子^[39]，至以百許，必當有異，便載馳競逐^[40]，赴爲相聚守之
徒，妨工夫以崇重彼愚陋之人也^[41]，而不復尋精。彼得門

人之力,或以致富,辨逐之雖久[(19)][42],猶無成人之道,愚夫
故不知此人不足可事,何能都不與悟,自可悲哉! 夫搜尋
仞之壟,求干天之木,漉牛跡之中,索吞舟之鱗[43],用日雖
久,安能得乎? 嗟乎! 將來之學者,雖當以求師爲務,亦不
可以不詳擇爲急也。陋狹之夫,行淺德薄,功微緣少,不足
成人之道,亦無功課以塞人重恩也[44]。深思其趣,勿令徒
勞也。"

【校】

（1）干吉：孫星衍校："(干)藏本作于。"

（2）久遠：顧廣圻校："遠當作連。"

（3）千百歲：顧廣圻校："歲當作輩。"按：兩可。

（4）旨：孫星衍校："藏本無此字。"

（5）將之合藥,藥成分之：王明校："寶顏堂本、崇文本并作'將合成藥
　　　以分之'。"

（6）而終：藏本、平津本作而終年,從顧廣圻校刪"年"字。

（7）非祠醮之所得也：宋浙本、藏本得作定。

（8）五帝：藏本、平津本作五神;從王明引宋浙本校改。

（9）給買藥之直者：孫星衍校："(藥下)藏本有求明師祕術五字,衍。"
　　　王明案："宋浙本亦衍此五字。"

（10）用力雖盡：王明校："寶顏堂本、崇文本'盡'作'勤'。"按：兩可。

（11）博涉素狹,不能賞物,後世頑淺：顧廣圻校："博當作持,涉衍字,
　　　賞當作當,後當作涉,頑當作淺。"如依顧校當作持素狹,不能當
　　　物,涉世淺淺。

（12）寶秘乃深：王明校："寶顏堂本、崇文本'乃'作'之'。"

（13）學者：藏本、平津本作不覺者,從王明引寶顏堂本、崇文本校改。

（14）略以殊玩：王明校："宋浙本、藏本、魯藩本'殊'作'珠'。"

（15）實自：顧廣圻校："衍實自二字。"

（16）實無能以自救：藏本、平津本作無能法以相教,從顧廣圻校改。

(17) 可有十餘人：藏本、平津本作可以有十餘人，從王明校删“以”字：
　　　“寶顔堂本、崇文本無‘以’字。”

(18) 吹揚：王明校：“寶顔堂本、崇文本‘吹’作‘稱’。”

(19) 辨逐：孫星衍校：“(辨)即辦字。”辨通辦。

【注】

［1］質正：品質正直。《楚辭・九章・懷沙》：“内厚質正兮，大人所
　　　盛。”王逸注：“言人質性敦厚，心志正直。”

［2］貴行賤言：謂以身體力行爲貴，而以言説爲賤。《老子・第五十
　　　六章》：“知者不言，言者不知。”河上公注：“知者貴行，不貴言也。
　　　馴不及舌，多言多患。”知通智。

［3］文辨：猶文辯。能文善辯。《韓非子・外儲説左上》：“范且、虞慶
　　　之言皆文辯辭勝而反事之情。”且同雎。

［4］辭説：言辭。《禮記・禮運》：“祝嘏辭説，藏于宗祝巫史，非禮也，
　　　是謂幽國。”

［5］方策：方册。簡册，典籍。此指儒家治國典籍。《禮記・中庸》：
　　　“文、武之政，布在方策。”鄭玄注：“方，版也；策，簡也。”

［6］内書：指神仙方術與釋道諸書。《三國志・魏書・王粲傳》附胡
　　　昭“尺牘之跡，動見模楷焉”裴松之注引《魏略》：“(扈累)晝日潛
　　　思，夜則仰視星宿，吟詠内書。”

［7］本末：指農業和工商業。《史記・孝文本紀》：“今勤身從事而有
　　　租税之賦，是爲本末者毋以異，其于勸農之道未備。”殷富：繁
　　　盛，富足。《詩・墉風・定之方中序》：“百姓説之，國家殷富焉。”

［8］干吉：琅邪(今山東臨沂)人。《太平經》的作者。《後漢書・襄楷
　　　傳》：“初，順帝時，琅邪宫崇詣闕，上其師干吉于曲陽泉水上所得
　　　神書百七十卷，皆縹白素、朱介、青首、朱目，號《太平清領書》。
　　　其言以陰陽五行爲家，而多巫覡雜語。有司奏崇所上妖妄不經，
　　　乃收藏之。後張角頗有其書焉。”“(楷疏云)臣前上琅邪宫崇受
　　　干吉神書。”李賢注：“神書，即今道家《太平經》，其經以甲乙丙丁
　　　戊己庚辛壬癸爲部，每部一十七卷。”

〔9〕容嵩：即宮崇，琅邪（今山東臨沂）人。師事干吉，受《太平經》。著書百餘卷，一說著道書二百卷。服雲母，數百歲有童子之色，後入紵嶼山仙去。上《太平經》事見上條注文。

〔10〕桂帛：即帛和，字仲理，三國遼東人，入地肺山（終南山）事董奉，董奉以行氣服術法授之。董奉要他到西城山，事王遠，王遠責之視石室北壁三年，得見石壁所刻《太清中經》《神丹方》《三皇天文》《五嶽真形圖》，帛和諷誦萬言，不解者，王遠授之訣。

〔11〕千所篇：一千多篇。所：相當於“許”，表約數。

〔12〕指歸：主旨；意向。《三國志·吳書·諸葛瑾傳》：“與權談說諫喻，未嘗切愕，微見風彩，粗陳指歸，如有未合，則舍而及他。”

〔13〕歷試：屢試，多次考驗或考察。《孔叢子·論書》：“堯既得舜，歷試諸難。”

〔14〕隨：依據；按照。疎密：亦作疎密、疏密。稀疏與稠密；簡繁略詳；粗疏與嚴密。何晏《景福殿賦》：“斑閑賦白，疎密有章。”

〔15〕肘腋：胳膊肘與胳肢窩。喻切近之地。《三國志·蜀書·法正傳》：“主公之在公安也，北畏曹公之強，東憚孫權之逼，近則懼孫夫人生變于肘腋之下。”

〔16〕管見：如從管中窺物，見識狹隘。陸雲《諫吳王起西園第表啟》：“伏見西園大營第室，雖未審節度豐儉之制，然用功甚嚴，竊懼事不得濟，愚臣管見，輒敢瞽言。”

〔17〕紛若：眾多貌；史巫。《易·巽》：“九二：巽在床下，用史巫紛若，吉，無咎。”孔穎達疏：“紛若者，盛多之貌。”高亨今注：“巽，伏也。床，病人之所臥也。周人室中無床，地上鋪席，坐臥其上，有病而後設床。紛疑借為畔。畔是一種巫術，用牲血塗在人身或房屋器物等，以驅逐鬼魅，清除不祥。若猶之也。爻辭言，病人伏在床下，當是室中有鬼魅，病人驚懼，用史巫畔之可愈，則吉而無咎矣。”此指代史巫。

〔18〕太乙、五帝：天神太一與五帝。《史記·封禪書》：“亳人謬忌奏祠大一方，曰：‘天神貴者太一，太一佐曰五帝。’”

〔19〕陳寶：古代傳說中的神名。說法不一：二童子名；陳倉縣寶雞

祠；陳倉縣寶夫人祠。《史記·封禪書》：“（秦）文公獲若石雲，于陳倉北阪城祠之。其神或歲不至，或數歲來，來也常以夜，光輝若流星，從東南來集於祠城，則若雄雞，其聲殷云，野雞夜雊。以一牢祠，命曰陳寶。”集解引臣瓚曰：“陳倉縣有寶夫人祠，或一歲二歲與葉君合。葉君神來時，天爲之殷殷雷鳴，雉爲之雊也。在長安正西五百里。”韋昭曰：“在陳倉縣，寶而祠之，故曰陳寶。”索隱案：“《列異傳》云：‘陳倉人得異物以獻之，道遇二童子，云：“此名爲媦，在地下食死人腦。”媦乃言云：“彼二童子名陳寶，得雄者王，得雌者伯。”乃逐童子，化爲雉。秦穆公大獵，果獲其雌，爲立祠。祭，有光，雷電之聲。雄止南陽，有赤光長十餘丈，來入陳倉祠中。’所以代俗謂之寶夫人祠，抑有由也。葉，縣名，在南陽。葉君即雄雉之神，故時與寶夫人神合也。”八神：古謂宇宙的八神。《史記·封禪書》：“八神：一曰天主，祠天齊。天齊淵水，居臨菑南郊山下者。二曰地主，祠泰山梁父。蓋天好陰，祠之必于高山之下，小山之上，命在‘畤’；地貴陽，祭之必於澤中圜丘云。三曰兵主，祠蚩尤。蚩尤在東平陸監鄉，齊之西境也。四曰陰主，祠三山。五曰陽主，祠之罘。六曰月主，祠之萊山。皆在齊北，并勃海。七曰日主，祠成山。成山斗入海，最居齊東北隅，以迎日出云。八曰四時主，祠琅邪，琅邪在齊東方，蓋歲之所始。皆各用一牢具祠，而巫祝所損益，珪幣雜異焉。”

[20] 祝願：向神禱告，以求實現自己的願望。焦贛《易林·小過之渙》：“求玉獲石，非心所欲，祝願不得。”

[21] 烹宰：宰殺、烹煮牲畜。犧牲：供祭祀、盟誓、宴享用的純色全體牲畜。色純曰犧，牛羊豕曰牲。《周禮·地官·牧人》：“凡祭祀，共其犧牲。”鄭玄注：“犧牲，毛羽完具也。”《國語·周語上》“奉犧牲”韋昭注：“純色曰犧。”《漢書·禮樂志》：“河龍供鯉醇犧牲。”顏師古注：“醇謂色不雜也。犧牲，牛羊全體者也。”

[22] 給買藥之直者：供給購買藥物的費用。直：同值。價值，費用。

[23] 適楚而道燕：前往楚國卻走在去燕國的大道上。即“南轅北轍”。比喻行動與目的相反。《戰國策·魏策四》：“魏王欲攻邯鄲，季

梁諫曰：'今者臣來，見人於大行，方北面而持其駕，告臣曰："我欲之楚。"臣曰："君之楚，將奚爲北面？"曰："吾馬良。"曰："馬雖良，此非楚之路也。"曰："吾用多。"臣曰："用雖多，此非楚之路也。"曰："吾御者善。"此數者愈善而離楚愈遠耳。今王動欲成霸王，舉欲信於天下。恃王國之大，兵之精銳，而攻邯鄲，以廣地尊名，王之動欲數，而離王愈遠耳，猶至楚而北行也。'"

[24] 校練：猶考核。袁宏《後漢紀・章帝紀上》："（桓虞）稍遷南陽太守，表賢黜惡，校練名實，豪吏無所容其奸。"

[25] 守事：從事公務；奉行公事。《墨子・號令》："釋守事，而治私家事，卒民相盜。"此謂奉事（老師）。

[26] 惟利是圖：祇圖有利，不顧別的。由"唯利是視"、"唯利是務"變來。句式與"馬首是瞻"相同。是：結構助詞，起將賓語"利"提前的作用。《左傳・成公十三年》："余雖與晉出入，余唯利是視。"荀悅《荀侍中集・昌邑王論》："傾險讒害，誣下惑上，專權擅定，唯利是務，是謂佞臣。"

[27] 强（qiǎng）：硬裝著。喑嗚（yìn wù）：含怒未發；怒喝。此猶言咋咋呼呼。

[28] 俛仰：應付；周旋。《世説新語・言語40》"何敢近舍明公，遠希嵇、阮"劉孝標注引晉鄧粲《晉紀》："伯仁儀容弘偉，善於俛仰應答，精神足以蔭映數人。"抑揚：揚揚自得貌。

[29] 欲罷而不能：想要停止下來都不可能。《論語・子罕》："夫子循循然善誘人，博我以文，約我以禮，欲罷不能。"本指追求某種事物而不肯中途放棄，此謂迫不得已而不能中止。

[30] 禮幣：用作餽贈、貢獻的禮物。《儀禮・聘禮》："執禮幣以盡言賜禮。"

[31] 負重涉遠：背重物，走遠路。《孔子家語・致思》："負重涉遠，不擇地而休。"

[32] 庶：希望。《易・繫辭下》"顔氏之子其殆庶幾乎"李鼎祚集解引侯果注："庶，冀也。"

[33] 妨資棄力：損傷了捐棄了資力。妨：傷。資力：人力、物力、財

力。賈誼《新書・淮難》:“豫讓爲智伯報趙襄子,五起而不取者
無他,資力少也。”

[34] 承事:治事;受事。此謂奉承、侍奉。

[35] 歙習:同翕習。威盛貌。蔡邕《釋誨》:“隆貴翕習,積富無崖。”

[36] 澄察:明察;洞察。《後漢書・朱浮傳》:“覆案不關三府,罪譴不
蒙澄察。”《晉書・苻堅載記下》:“澄察善惡,禁勒强豪。”

[37] 天網雖疎,終不漏也:天道像一張網,極爲廣闊,雖然稀疏,但作
惡者卻逃不出天道的懲罰。《老子・第七十三章》:“天網恢恢,
疎而不失。”

[38] 可念:可憐,值得同情。《世說新語・德行 33》:“阿兄,老翁可
念,何可作此!”

[39] 甲乙:猶某某。代詞。《宋書・禮志二》:“某曹關太常甲乙啟
辭,押。”

[40] 競逐:競争追逐。《漢書・遊俠傳序》:“外戚大臣魏其、武安之
屬,競逐于京師。”

[41] 愚陋:愚鈍淺陋。《楚辭・九辯》:“性愚陋以褊淺兮,信未達乎從
容。”王逸注:“姿質鄙陋,寡所知也。”

[42] 辨逐:辨通辦。(給老師)辦事,追隨(老師)。

[43] 吞舟之鱗:吞舟之魚。謂大魚。《意林》一引《尸子》:“水積則生
吞舟之魚。”

[44] 功課:古代對下屬工作成績的考核。此猶言功德。塞:抵償。

4　抱朴子曰:“諸虛名之道士,既善爲誑詐,以欺學
者,又多護短匿愚,恥於不知,陽若博涉已足[(1)],終不肯行
求請問於勝己者,蠢爾守窮[1],面牆而立[2];又不但拱默而
已[3],乃復憎忌於實有道者而謗毀之[4],恐彼聲名之過己
也。此等豈有意於長生之法哉?爲欲以合致弟子,圖其財
力,以快其情欲而已耳[5]。而不知天高聽卑[6],其後必受
斯殃也。夫貧者不可妄云我富也,賤者不可虛云我貴也,

況道德之事實無[7]，而空養門生弟子乎？凡俗之人，猶不宜懷妒善之心，況於道士，尤應以忠信快意爲生者也，云何當以此之傲然函胸臆間乎[8]？人自不能聞見神明之聞見己之甚易也(2)。此何異乎在紗幌之外[9]，不能察軒房之內，而肆其倨慢，謂人之不見己？此亦如竊鍾椎物，鏗然有聲，惡他人聞之，因自掩其耳者之類也[10]。而聾瞽之存乎精神者，唯欲專擅華名，獨聚徒衆，外求聲價，內規財利(3)，患疾勝己，乃劇於俗人之爭權勢也。遂以脣吻爲刃鋒，以毀譽爲朋黨，口親心疏，貌合行離[11]，陽敦同志之言，陰挾蜂蠆之毒[12]，此乃天人所共惡，招禍之符檄也[13]。夫讀五經，猶宜不恥下問[14]，以進德修業[15]，日有緝熙[16]。至於射御之麤伎，書數之淺功[17]，農桑之露事，規矩之小術，尚須師授以盡其理，況營長生之法，欲以延年度世，斯與救恤死事無異也[18]。何可務惜請受之名[19]，而永守無知之困？至老不改，臨死不悔，此亦天民之篤暗者也[20]。令人代之慚悚[21]，爲之者獨不顧形影也[22]。爲儒生尚當兀然守朴[23]，外託質素[24]，知而如否，有而如無，令庸兒不得盡其稱，稱而不問不對，對必辭讓而後言。何其道士之人[25]，強以不知爲知，以無有爲有，虛自衒耀[26]，以圖奸利者乎？迷而不知返者，愈以遂往(4)。若有以行此者，想不恥改也。吾非苟爲此言，誠有爲而興，所謂疾之而不能默然也。徒憫念愚人，不忍見嬰兒之投井耳[27]。若覽之而悟者，亦仙藥之一草也，吾何爲哉！不御苦口[28]，其危至矣，不俟脈診而可知者也(5)。"

【校】

（1）陽若博涉已足：藏本、平津本作陽若以博涉已足，從王明校刪

“以”字：“寶顔堂本、崇文本無‘以’字。”

（２）人自不能聞見神明之聞見己之甚易也：平津本作“人自不能聞見神明，而神明之聞見己之甚易也”，從孫星衍、王明校删“而神明”三字。孫星衍校：“藏本無此三字。”王明案：“宋浙本亦無。”

（３）財利：藏本、平津本作財力，從王明引慎校本、寶顔堂本、崇文本校改。本書《雜應》：“但養虚聲，以圖財利。”可證。

（４）愈以遂往：王明校：“‘以’宋浙本、藏本、魯藩本作‘於’。”按：兩可。

（５）脈診：疑本作診脈。

【注】

［１］蠢爾：無知蠢動貌。《詩·小雅·采芑》：“蠢爾蠻荆，大邦爲仇。”朱熹集傳：“蠢者，動而無知之貌。”

［２］面牆：面向牆壁，一無所見。《論語·陽貨》：“子謂伯魚曰：‘女爲《周南》、《召南》矣乎？人而不爲《周南》、《召南》，其猶正牆面而立也與！’”邢昺疏：“牆面，面向牆也。”後因以“面牆”喻不學而見識淺薄。

［３］拱默：拱手緘默。《漢書·鮑宣傳》：“（上書）以苟容曲從爲賢，以拱默尸禄爲智。”

［４］憎忌：憎惡怨恨。《北齊書·酷吏傳·宋遊道》：“朝貴中有憎忌卿者，但用心，莫懷畏慮，當使卿位與之相似。”

［５］快：放肆；縱逸。《荀子·大略》：“國將衰，必賤師而輕傅，賤師而輕傅，則人有快；人有快，則法度壞。”楊倞注：“人有肆意。”

［６］天高聽卑：原指謂天帝高高在上，卻能聽到人間私語，據其善惡而降福禍於人。《吕氏春秋·制樂》：“宋景公之時，熒惑在心。公懼，召子韋而問焉，曰：‘熒惑在心，何也？’子韋曰：‘熒惑者，天罰也；心者，宋之分野也。禍當於君。雖然，可移于宰相。’公曰：‘宰相，所與治國家也，而移死焉，不祥。’子韋曰：‘可移於民。’公曰：‘民死，寡人將誰爲君乎？寧獨死。’子韋曰：‘可移於歲。’公曰：‘歲害則民饑，民饑必死；爲人君而殺其民以自活也，其誰以

我爲君乎？是寡人之命固盡已，子無復言矣。’子韋還走，北面載拜曰：‘臣敢賀君。天之處高而聽卑，君有至德之言三，天必三賞君。今昔（夕），熒惑其徙三舍。舍行七星，星一徙當一年，三七二十一，臣曰君延年二十一歲。……’是昔（夕），熒惑果徙三舍。”《論衡·變虛》批判了這種説法：“人不曉天所爲，天安能知人所爲？”

［7］道德：此指方士求仙的方術。

［8］云何：爲什麼。《詩·唐風·揚之水》：“既見君子，云何不樂？”傲（bié）然：縈回貌；盤旋往復貌。胸臆：胸部；内心；胸襟和氣度。焦贛《易林·屯之旅》：“雙鳧俱飛，欲歸稻食，經涉崔澤，爲矢所射，傷我胸臆。”

［9］紗幌：紗製窗簾。晉陸翽《鄴中記》：“石虎太武殿西有昆華殿，閣上輒開大窗，皆施以絳紗幌。”窓同窗。

［10］竊鍾椷物……自掩其耳者之類：即“盜鍾掩耳”。比喻自己欺騙自己。《吕氏春秋·自知》：“范氏之亡也，百姓有得鍾者，欲負而走，則鍾大不可負；以椎毁之，鍾況然有音。恐人聞之而奪己也，遽揜其耳。”椷（chéng）：觸動。

［11］貌合行離：表面上很親密，而行動各異。蓋由“貌合心離”變來。舊題漢黄石公《素書·遵義》：“貌合心離者孤，親讒遠忠者亡。”

［12］蜂蠆（chài）：蜂和蠆。兩種有毒刺的螫蟲。《國語·晉語九》：“蚖蟻蜂蠆，皆能害人，況君相乎！”

［13］符檄：官符移檄的統稱。符：傳命憑證。檄：聲討文書。《宋書·沈懷文傳》：“世祖入討，劭呼之使作符檄，懷文固辭。”

［14］不恥下問：不以向地位比自己低而學識比自己高的人請教爲可恥。形容虛心求教。

［15］進德修業：增進道德，建立功業。《易·乾》：“（文言）子曰：‘君子進德修業。忠信，所以進德也。修辭立其誠，所以居業也。’”孔穎達疏：“德謂德行，業謂功業。九三所以終日乾乾者，欲進益道德，修營功業，故終日乾乾匪懈也。”

［16］緝熙：光明；奮發前進。《詩·大雅·文王》：“穆穆文王，於緝熙

敬止。”高亨今注：“緝熙，奮發前進。”

[17] 射御：射箭、駕車（武技）。書數：寫字、算術（文藝）。射御、書數爲“禮、樂、射、御、書、數”六藝中的四藝。《周禮·地官·大司徒》：“三曰六藝：禮、樂、射、御、書、數。”

[18] 救恤：亦作救卹。救濟撫恤。《三國志·魏書·張範傳》：“救恤窮乏，家無所餘，中外孤寡皆歸焉。”此指搶救生命。死事：此指死亡之事。

[19] 請受：請求傳授。受通授。

[20] 天民：人民；普通人。篤暗：極爲愚昧。

[21] 慚悚（sǒng）：羞慚惶恐。《宋書·蔡廓傳》：“進無古人舉賢之美，退無在下獻替之績，致此紛紜，伏增慚悚。”

[22] 不顧形影：謂不知顧影慚形。曹植《封二子爲公謝恩章》：“天時運幸，得生貴門。遇以親戚，少荷光寵。竊位列侯，榮曜當世。顧景慚形，流汗反側。”

[23] 兀（wù）然：猶巋然，高聳特出貌。

[24] 質素：謂其本色素朴。劉向《説苑·反質》：“吾思夫質素，白當正白，黑當正黑。”

[25] 何其：怎麼那樣；爲什麼那樣。《詩·邶風·旄丘》：“何其久也，必有以也。”

[26] 衒耀：亦作衒燿、炫耀。賣弄誇耀。桓寬《鹽鐵論·崇禮》：“炫耀奇怪，所以陳四夷，非爲民也。”《外篇·正郭》：“行自衒耀，亦既過差。”

[27] 不忍見嬰兒之投井：謂有仁愛惻隱之心。《孟子·公孫丑上》：“今人乍見孺子將入于井，皆有怵惕惻隱之心。……惻隱之心，仁之端也。”朱熹集注：“惻：傷之切也。隱：痛之深也。”

[28] 不御苦口：不用苦口良藥。

5　抱朴子曰：“設有死罪，而人能救之者，必不爲之吝榮辱而憚卑辭也[(1)][1]，必獲生生之功也[2]。今雜猥道士之輩,不得金丹大法,必不得長生可知也。雖治病有起死之效[3],絕穀則積年不飢,役使鬼神,坐在立亡,瞻視千里,知人盛衰,發沈祟於幽翳[4],知禍福於未萌,猶無益於年命也。尚羞行請求[5],恥事先達,是惜一日之屈,而甘罔極之痛,是不見事類者也[6]。古人有言曰:生之於我,利亦大焉。論其貴賤,雖爵爲帝王,不足以此法比焉。論其輕重,雖富有天下,不足以此術易焉[7]。故有死王樂爲生鼠之喻也[2]。夫治國而國平,治身而身生,非自至也,皆有以致之也[8]。惜短乏之虛名,恥師授之暫勞,雖曰不愚,吾不信也。今使人免必死而就戮刑者[9],猶欣然喜於去重而即輕,脫炙爛而保視息[10],甘其痛苦,過於更生矣。人但莫知當死之日,故不暫憂耳。若誠知之,而刂劓之事[11],可得延期者,必將爲之。況但躬親灑掃,執巾竭力於勝己者[12],可以見教之不死之道,亦何足爲苦[13],而蔽者憚焉。假令有人,恥迅走而待野火之燒爇,羞逃風而致沈於重淵者,世必呼之爲不曉事也,而咸知笑其不避災危,而莫怪其不畏實禍[3],何哉?”

【校】

(1) 榮辱:藏本、平津本作勞辱,今校改。《外篇·崇教》:“操殺生之威,提黜陟之柄;榮辱決於與奪,利病感於脣吻。”《疾謬》:“樞機之發,榮辱之主。”《吳失》:“樂天任命,混一榮辱。”《詰鮑》:“獨不知衣食並足,而民知榮辱乎?”《窮達》:“瞻徑路之遠而恥由之,知大道之否而不改之,齊通塞于一塗,付榮辱于自然者,豈懷悒悶於知希,興永歎於川逝乎?”皆“榮辱”連文之例,而“勞辱”之辭,不見於他篇。

(2) 故有死王樂爲生鼠之喻也:陳其榮校:“《御覽》九百十一‘死王樂

爲生鼠'下復有二語云：'雖爲帝王，死不及生鼠'，似非抱朴本文，隋志有《音》一卷，或即此。"

（3）實禍：王明校："宋浙本作'賁禍'，寶顏堂本、崇文本作'債禍'。案當作'賁'，賁通債，覆敗。"按："賁禍""債禍"連文之例，不見於本書他處，亦未見於所見典籍與詞書；而"實禍"則兩見於《外篇》。《用刑》："作戒將來者，由乎慕虛名于往古，忘實禍於當己也。"又《安貧》："先生無少伯之奇略，專鋭思乎《六經》，忽絶粻之實禍。"并其證。

【注】

［1］榮辱：此偏指"辱"。卑辭：言辭謙恭。

［2］生生：猶言不絶後。《易・繫辭上》："生生之謂易。"孔穎達疏："生生，不絶之辭。陰陽變轉，後生次於前生，是萬物恒生謂之易也。"

［3］起死：使死人復活。《國語・吳語》："君王之于越也，繄起死人而肉白骨也。"

［4］沈祟：潛伏的災殃。幽翳：隱蔽。

［5］尚：猶倘，倘若。用在假設句之首。《墨子・尚賢上》："尚欲祖述堯舜禹湯之道，將不可以不尚賢。"

［6］事類：事情的類似性；同類之事。《韓非子・顯學》："夫禍知磐石象人，而不知禍商官儒俠爲不墾之地、不使之民，不知事類者也。"

［7］古人有言曰數句：套用《吕氏春秋・重己》："今吾生之爲我有，而利我亦大矣。論其貴賤，爵爲天子，不足以比焉；論其輕重，富有天下，不足以易之。"楊樹達曰："此言雖天子之貴，不足以比吾生之貴；雖有天下之重，不可易吾生之重也。"（《吕氏春秋拾遺》一九三六年十一卷二期《清華學報》）這裏作者用來强調"法""術"之重要。貴賤：此偏指"貴"。

［8］有以：猶有爲。有所作爲。《老子・第二十章》："衆人皆有以，而我獨頑似鄙。"

［9］戮：懲罰；羞辱。

［10］視息：僅存視覺、呼吸等，謂苟全性命。漢蔡琰《悲憤詩》：“爲復
　　　強視息，雖生何聊賴！”

［11］刖劓：刖足劓鼻。刖（yuè）：古代砍去腳或腳趾的酷刑。劓
　　　（yì）：古代割鼻的酷刑。

［12］執巾：執巾櫛。侍執巾櫛。妻妾謙稱。《左傳·僖公二十二年》：
　　　“寡君之使婢子侍執巾櫛，以固子也。”楊伯峻注：“《禮記·曲禮
　　　下》云：‘自世婦以下自稱婢子。’……巾爲拭巾，櫛乃梳篦之總
　　　名。侍執巾櫛，當時謙語。”此謂執弟子之禮。

［13］苦：羞辱。

　　6　抱朴子曰：“昔者之著道書者多矣，莫不務廣浮巧
之言，以崇玄虛之旨[1]，未有究論長生之階徑，箴砭爲道之
病痛(1)[2]，如吾之勤勤者也[3]。實欲令迷者知反，失之東
隅，收之桑榆[4]，墜井引綆，愈於遂没。但惜美疢而距惡石
者(2)[5]，不可如何耳。人誰無過，過而能改[6]，日月之
蝕[7]，睎顏氏之子也[8]。又欲使將來之好生道者[9]，審於
所托，故竭其忠告之良謀，而不飾淫麗之言[10]，言發則指
切，筆下則辭痛，惜在於長生而折抑邪耳，何所索哉？”

　　7　抱朴子曰：“深念學道藝養生者[11]，隨師不得其人，
竟無所成，而使後之有志者，見彼之不得長生，因云天下之
果無仙法也。凡自度生(3)，必不能苦身約己以修玄妙
者[12]，亦徒進失干禄之業[13]，退無難老之功，内誤其身，外
沮將來也[14]。仙之可學致，如黍稷之可播種得，甚炳然耳。
然未有不耕而獲嘉禾，未有不勤而獲長生度世也。”

【校】

（1）箴砭：孫星衍校：“藏本闕此（砭）字。”

（2）惜美疢：孫星衍校引藏本、王明案引宋浙本、魯藩本“疢”作“病”，王明案引慎校本、寶顔堂本、崇文本“惜美疢”作“惜養危病”。按：各本皆誤，緣其不明“美疢”之出典故也。

（3）凡自度生：王明校：“慎校本、崇文本‘自’作‘欲’。”

【注】

［1］玄虛：玄遠虛無。《韓非子·解老》：“聖人觀其玄虛，用其周行，强字之曰道。”

［2］箴砭：亦作鍼砭、針砭。古代用石針治病。後借喻爲糾謬、規諫。

［3］勤勤：懇切至誠。《漢書·司馬遷傳》：“曩者辱賜書，教以慎於接物，推賢進士爲務，意氣勤勤懇懇。”

［4］失之東隅，收之桑榆：謂初雖有失，終得補償。東隅：日所出處。桑榆：落日所照處。東漢初，馮異與赤眉軍作戰，先敗後勝，光武帝璽書慰勞馮異。《後漢書·馮異傳》：“璽書勞異曰：‘赤眉破平，士卒勞苦。始雖垂翅回溪，終能奮翼黽池，可謂失之東隅，收之桑榆。’”李賢注：“《淮南子》曰：‘至於衡陽，是謂隅中。’又《前書》谷子雲曰：‘太白出西方六十日，法當參天，今已過期，尚在桑榆間。’桑榆，謂晚也。”

［5］美疢：美或愛之中含有的疾病或患害。疢（chèn）：煩熱；疾病。語本《左傳·襄公二十三年》：“季孫之愛我，疾疢也；孟孫之惡我，藥石也。美疢不如惡石。夫石，猶生我；疢之美，其毒滋多。”楊伯峻注：“美疢，如《孟子·梁惠王下》云‘寡人有疾，寡人好勇’‘寡人好色’之好勇好色，或以爲指無痛苦的病。惡石，以石爲針，刺之常苦痛。”後把溺愛、姑息稱爲“美疢”。距：通拒。

［6］人誰無過，過而能改：《左傳·宣公二年》：“人誰無過，過而能改，善莫大焉。”

［7］日月之蝕：日蝕、月蝕。《論語·子張》：“君子之過也，如日月之蝕焉。”

［8］睎：希望。顔氏之子：指顔回。揚雄《法言·學行》：“睎驥之馬，亦驥之乘也；睎顔之人，亦顔之徒也。”汪榮寶義疏引《説文》：

"睎,望也。"

［9］生道：使民生存之道。《孟子·盡心上》："以生道殺民,雖死不怨殺者。"

［10］淫麗：奢華;華麗。

［11］道藝：道士、方士修煉長生的道術。《後漢書·方術傳序》："漢自武帝頗好方術,天下懷挾道蓻之士,莫不負策抵(抵)掌,順風而屆焉。"李賢注："《前書》武帝時(李)少翁、欒大等并以方術見。少翁拜文成將軍,欒大拜五利將軍,貴震天下,而海上燕、齊之士,莫不搤腕而自言有禁方矣。抵(抵),側擊也。"

［12］苦身：謂勞苦其軀體。《史記·越王句踐世家》："吳既赦越,越王句踐反國,乃苦身焦慮,置膽於坐,坐臥即仰膽,飲食亦嘗膽也。"

［13］干禄：求福;求仕進。兩說皆通。《詩·大雅·旱麓》："豈弟君子,干禄豈弟。"《論語·爲政》："子張學干禄。"

［14］沮：同阻。阻礙。

雜應卷十五^[1]

1 或曰：“敢問斷穀人可以長生乎^{(1)[2]}？凡有幾法，何者爲善與？”抱朴子答曰：“斷穀人止可息肴糧之費^{(2)[3]}，不能獨令人長生也。問諸曾斷穀積久者云，差少病痛^[4]，勝於食穀時。其服术及餌黃精，又禹餘糧丸^[5]，日再服三者⁽³⁾，令人多氣力，堪負擔遠行，身輕不極^{(4)[6]}。其服諸石藥^[7]，一服守中十年五年者及吞氣服符飲神水輩^[8]，但爲不飢耳，體力不任勞也。道書雖言欲得長生，腸中當清^{(5)[9]}；欲得不死，腸中無屎^{(6)[10]}。又云：食草者善走而愚，食肉者多力而悍，食穀者智而不壽，食氣者神明不死^[11]。此乃行氣者一家之偏説耳，不可便孤用也。若欲服金丹大藥，先不食百許日爲快。若不能者，正爾服之，但得仙小遲耳，無大妨也。若遭世荒，隱竄山林^[12]，知此法者，則可以不餓死。其不然也，則無急斷，急既無可大益，又止人中斷肉，聞肥鮮之氣^[13]，皆不能不有欲於中心⁽⁷⁾。若未便絶俗委家，巖棲岫處者^[14]，固不能成遂休五味^{(8)[15]}，無致自苦，不如莫斷穀而節量飢飽。近有一百許法，或服守中石藥數十丸，便辟四五十日不飢，練松柏及术，亦可以守中，但不及大藥，久不過十年以還^[16]。或辟一百二百日，或須日日服之⁽⁹⁾，乃不飢者。或先作美食極飽，乃服藥以養所食之物，令不消化，可辟三年。欲還食穀，當以葵子猪膏下之[17]，則所作美食皆下，不壞如故也。洛陽有道士董威輦，常止白社中，了不食[18]，陳子叙共守事之，從學道積久，乃得其方，云以甘草[19]、防風[20]、莧實之屬十許種搗爲散[21]，先服方寸匕，乃吞石子大如雀卵十二枚，足辟百日，輒更服散，氣力顏色如故也。欲還食穀者，當服葵子湯下石子，乃可食耳。又赤龍血青龍膏作之[22]，用丹砂、曾青水(10)，以石內其中，復須臾，石柔而可食也。若不即取，便消爛盡也。食此石恣口取飽(11)，令人丁壯。又有引石散，以方寸匕投一斗白石子中，以水合煮之，亦立熟如芋子，可食以當穀也。張太玄舉家及弟子數十人，隱居林慮山中(12)[23]，以此法食石十餘年，皆肥健。但爲須得白石，不如赤龍血青龍膏，取得石便用，又當煮之，有薪火之煩耳。或用符，或用水，或符水兼用，或用乾棗，日九枚，酒一二升者。或食十二時氣[24]，從夜半始，從九九至八八七七六六五五而止[25]。或春向東食歲星青氣，使入肝；夏服熒惑赤氣，使入心；四季之月食鎮星黃氣，使入脾；秋食太白白氣，使入肺；冬服辰星黑氣，使入腎[26]。又中岳道士郗元節食六戊之精(13)[27]，亦大有効。假令甲子之旬，有戊辰之精，則竟其旬十日，常向辰地而吞氣，到後甲復向其旬之戊也[28]。《甘始法》[29]，召六甲六丁玉女[30]，各有名字，因以祝水而飲之，亦可令牛馬皆不飢也。或思脾中神名，名黃裳子[31]，但合口食內氣，此皆有真効。余數見斷穀人三年二年者，皆身輕色好，堪風寒暑濕[32]，大都無肥者耳。雖未見數十歲不食者，然人絕穀不過十許日皆死，而此等已積載而自若，亦何疑於不可大久乎？若令諸絕穀者轉羸，極常慮之，恐不可久耳。而問諸爲之者，無不初時少氣力，而後稍丁健，月勝一月，歲勝一歲，正爾，可久無嫌也[33]。夫長生得道者，莫不皆由服藥吞氣，而達之者不妄也(14)。夫服藥斷穀者，略無不先極也。但用符水及單服氣者，皆四十日中疲瘦(15)[34]，過此乃健耳。鄭君云：本性飲酒不多，昔在銅山中，絕穀二年許，飲酒數斗不醉。以此推之，是爲不食更令人耐毒，耐毒則是難病之候也。余因此問山中那得酒？鄭君言：先釀好雲液勿壓漉，因以桂、附子、甘草五六種末合丸之[35]，曝乾，以一丸如雞子許，投一斗水中，立成美酒。又有《黃帝雲液泉法》，以蘖米及七八種藥合之[36]，取一斗酒，輒內一升水(16)，如千歲苦酒之內水也。無知盡時，而味常好不變，飲之大益人。又符水斷穀，雖先令人羸，然宜兼知者，倘卒遇荒年，不及合作藥物，則符水爲上矣。有馮生者，但單吞炁，斷穀已三年，觀其步陟登山，擔一斛許重，終日不倦。又時時引弓，而略不言語，言語又不肯大聲。問之云，斷穀亡精費氣，最大忌也。余亦屢見淺薄道士輩，爲欲虛曜奇怪，招不食之名，而實不知其道，但虛爲不啖羹飯耳。至於飲酒，日中斗餘，脯臘粘糒棗栗雞子之屬[37]，不絕於口。或大食肉而咽其汁，吐其滓，終日經口者數十斤，此直是更作美食矣。凡酒客但飲酒食脯而不食穀，皆自堪半歲一歲而不蹙頓矣[38]，未名絕穀耳。吳有道士石春，每行氣爲人治病，輒不食，以須病者之愈，或百日，或一月乃食。吳景帝聞之曰[39]：此但不久，必當飢死也。乃召取鏁閉，令人備守之。春但求三二升水，如此一年餘，春顏色更鮮悅，氣力如故。景帝問之，可復堪幾時。春言無限，可數十年，但恐老死耳，不憂飢也。乃罷遣之。按如春言，是爲斷穀不能延年可知也。今時亦有得春之法者。"

【校】

（1）斷穀人：孫星衍校："藏本無此（穀）字。"王明案："宋浙本無'人'字。"

（2）斷穀人止可息肴糧之費：孫星衍校："藏本無此（穀）字。"王明案："宋浙本無'人'字。'止'宋浙本、藏本、魯藩本作'正'。'息'慎校寶顏堂本崇文本作'者'。"

（3）日再服三者：藏本、平津本"者"作"日"，從孫星衍校改："（三日）按'日'當作'者'。"顧廣圻校同。

（4）不極：陳其榮校引盧本、王明案引寶顏堂本、崇文本作不困。按："不極"爲葛洪常用語。《仙藥》："登危越險，終日不極。"《登涉》："或問登峻涉險，遠行不極之道。""不但涉遠不極。"

（5）腸中當清：孫星衍校："（腸）《意林》引作腹，下同。"

（6）欲得不死，腸中無屎：藏本、平津本屎作滓，從孫星衍引《意林》、陳其榮校引《御覽》三百七十六校改。

（7）皆不能不有欲於中心：藏本於作之。按：於、之語法作用相同。

（8）固不能成：藏本、平津本無"能"字，從王明校補："寶顏堂本、崇文本'固不成'作'固不能成'。"

（9）日日：藏本、平津本作日月；從王明引慎校本、寶顏堂本、崇文本校改。

（10）用：孫星衍校："藏本作明。"

（11）恣口取飽：藏本、平津本恣作以，從王明校改："'以'宋浙本作'恣'。"

（12）張太玄：平津本玄作元，蓋避清康熙諱改，從藏本校復。林慮山：孫星衍校："（慮）藏本作其。"

（13）郗：明抄本作郤，顧廣圻校作郤。

（14）不妄也：藏本、平津本作而不妄也，從孫星衍校刪"而"字。

（15）皆四十日中疲瘦：藏本、平津本作皆作四十日中疲瘦，從王明校

删"作"字："慎校本、寶顏堂本、崇文本無作字。"孫星衍校："按作
當作乍。"

(16) 取一斗酒,輒内一升水：藏本、平津本作取一升,輒内一升水投
中,從陳其榮校改："《北堂書鈔》一百四十八作取一斗酒輒内一
升水,隸書斗作升,因誤爲升耳。"無"投中"二字,當删。

【注】

［1］雜應：綜合應答信衆有關長生的各種旁雜道術的問題,諸如避
穀、不寒、不熱、避五兵、隱淪、解脱身軀、防疾、預測吉凶、堅齒、
聰耳、明目、遠行不極、避瘟之道等。

［2］斷穀：古人認爲斷穀可以避腥臭。《黄庭内景經·百穀章》："百
穀之實土地精,五味外美邪魔腥。臭亂神明胎氣零,那從反老得
還嬰。三魂忽忽魄糜傾,何不食氣太和精。故能不死入黄寧。"

［3］肴糧：菜蔬和糧食。《後漢書·竇武傳》："是時羌蠻寇難,歲儉民
飢,武得兩宫賞賜,悉散與太學諸生,及載肴糧于路,丐施貧民。"

［4］差：略,尚,僅。

［5］禹餘糧：① 礦石藥名,一名白餘糧,一種石中如麵細粉。一名白
素。《本草綱目》十《禹餘糧》："［主治］咳逆寒熱煩滿,下赤白,血
閉症瘕,大熱。煉餌服之,不飢,輕身,延年。本經"② 草藥名,麥
門冬,又名"禹餘糧"。《本草綱目》十六《麥門冬》："［釋名］［時珍
曰］可以服食斷穀,故又有餘糧、不死之稱。"薜草,又名"禹餘
糧"。張華《博物志》三《異草木》："海上有草焉,名蒒蒒。其實食
之如大麥,七月稔,俗名自然穀,或曰禹餘糧。"土茯苓,又名"禹
餘糧"。

［6］不極：不疲困。《荀子·非相》"極禮而褫"王先謙集解引劉台拱
曰："極,疲困也。"

［7］石藥：指礦物類藥物。魏晉至唐,上層人士多喜服用。《素問·
腹中論》："石藥發瘨,芳草發狂。"又："芳草之氣美,石藥之氣
悍。"《太平廣記》二四七引隋侯白《啓顔録·魏市人》："後魏孝文
帝時,諸王及貴臣多服石藥。"

［8］守中：守中丸、守中石藥。《肘後備急方》四《治卒絶糧失食飢憊欲死方》三十五：“有守中丸藥法：其疏諸米豆者，是人間易得易作，且不乖穀氣，使質力無減耳。恐肉穢之身，忽然專御藥物或非所堪，若可得頻營，則自更按余所撰穀方中求也。”本篇下文説及“守中石藥”。

［9］生、清：耕部。

［10］死、屎：脂部。

［11］食草者善走而愚四句：《大戴禮記・易本命》：“食草者善走而愚……食肉者勇敢而悍，食穀者智惠而巧，食氣者神明而壽。”語本此而文有小異。《黄庭外景經・下部經》：“獨食太和陰陽氣，故能不死天相溉。”太和之氣又名元氣、胎氣、精氣、玄氣，即清真之氣，最忌諱五穀腥臭，故行氣就要避穀。

［12］隱竄：隱伏躲藏。《荀子・正論》：“庶人隱竄，莫敢視望。”

［13］肥鮮：肥腴鮮美；肥腴鮮美的食物。劉向《列女傳・楚接輿妻》：“若受人重禄，乘人堅良，食人肥鮮，而將何以待之。”

［14］巖棲岫（xiù）處：棲宿在山巖上、山洞中；巢居穴處。蓋由“巖棲地處”變來。舊題師曠《禽經》：“山鳥巖棲，原鳥地處。”張華注：“山巖之鳥多不巢。”

［15］成遂：猶成功。達到目的。《文子・道德》：“不慈不愛，不能成遂。”

［16］以還：猶云以下。指某一點之下。劉義慶《世説新語・文學25》：“自中人以還，北人看書，如顯處視月；南人學問，如牖中窺日。”

［17］葵子：葵花籽。《肘後備急方》五《治癰疽妒乳諸毒腫方》：“《經驗後方》治一切癰腫無頭，以葵菜子一粒新汲水吞下，須臾即破，如要兩處破，服兩粒，要破處遂粒加之，驗。”《本草綱目》十六《葵》：“［集解］葵有蜀葵、錦葵、黄葵、繳葵、莵葵，皆有工用。”冬葵子“［主治］五臟六腑，寒熱羸溲，五癃，利小便。久服堅骨長肌肉，輕身，延年。本經”猪膏：猪油。

［18］董威輦：董京字威輦。《御覽》六百六十二引葛洪《神仙傳》曰：

“董威輦,不知何許人。晉武帝末在洛陽白社中寢息土上,衣服襤縷,常吞一石子,經日不食,或市乞傭作。人或往觀之,亦不與言。時或著詩。莫知所終。”《晉書·隱逸傳·董京》:“董京,字威輦,不知何郡人也。初與隴西計吏俱至洛陽,被髮而行,逍遥吟詠,常宿白社中。孫楚時爲著作郎,數就社中與語,遂載與俱歸……。楚乃貽之書,勸以今堯舜之世,胡爲懷道迷邦。京答之以詩……後數年,遁去,莫知所之。”白社:地名。在河南洛陽市東。

[19] 甘草:又名蜜、蜜草、美草。《本草綱目》十二《甘草》:根“[主治]五臟六腑寒熱邪氣,堅筋骨,長肌肉,倍氣力,金瘡尰,解毒。久服輕身延年。本經”

[20] 防風:又名銅芸、屏風。《肘後備急方》四《治卒大腹水病方》二十五:“又方防風、甘草、葶藶各一兩,搗,苦酒和丸如梧子大三丸,日三服,常服之,取消平乃止。”《本草綱目》十三《防風》:“[主治]大風,風眩痛惡風,風邪目盲無所見,風行周身,骨節痛痹,煩滿。久服輕身。本經”

[21] 莧實:《本草綱目》二十七《莧》:莧實“[主治]青盲,明目除邪,利大小便,去寒熱。久服益氣力,不飢輕身。本經　治白翳,殺蚘蟲。別錄　益精。大明”

[22] 赤龍血:丹砂水,丹砂水色紅,故稱。青龍膏:曾青水色青,故名。《石藥爾雅》上《飛煉要訣·釋諸藥隱名》:“曾青,一名赤龍翹,一名青龍膏。”

[23] 林慮山:在今河南林縣。南接太行,北接恒嶽。

[24] 十二時:古時以干支爲記,一晝夜分十二時。《左傳·昭公五年》:“自王已下,其二爲公,其三爲卿。”杜預注:“日中當王,食時當公,平旦爲卿,雞鳴爲士,夜半爲皂,人定爲輿,黃昏爲隸,日入爲僚,晡時爲僕,日昳爲台,隅中、日出闕……”“十二時”之説出此,依次爲:夜半、雞鳴、平旦、日出、食時、隅中、日中、日昳、晡時、日入、黃昏、人定。《南齊書·天文志》實繼承杜預説,明以十二支紀時。十二地支與一天24時時辰初正列表如下:

十二支	子	丑	寅	卯	辰	巳	午	未	申	酉	戌	亥
十二時	夜半	雞鳴	平旦	日出	食時	隅中	日中	日昳	晡時	日入	黃昏	人定
初	23	1	3	5	7	9	11	13	15	17	19	21
正	24	2	4	6	8	10	12	14	16	18	20	22

[25] 九九、八八、七七、六六、五五：不詳。蓋分別指"夜半、雞鳴、平旦、日出、食時"五時之生氣。九九、七七、五爲陽氣，八八、六六爲陰氣。

[26] 春向東食歲星青氣，使入肝……冬服辰星黑氣，使入腎：古人將五行與五時、五方、五星、五色、五臟相配，列表如下：

五行：	木	火	土	金	水
五時：	春	夏	四季	秋	冬
五方：	東	南	中	西	北
五星：	歲星	熒惑	鎮星	太白	辰星
五色：	青	赤	黃	白	黑
五臟：	肝	心	脾	肺	腎

[27] 六戊之精：即真陰之精。六戊：戊辰、戊寅、戊子、戊戌、戊申、戊午。六爲陰數、水數，喻坎位；天干"甲乙丙丁戊己庚辛壬癸"，戊己居中。《金丹大要・真土妙用章》："日月出於東而光耀於西，則西方白虎金德之正氣入于玄冥之內，化而爲六戊。"

[28] 假令甲子之旬……到後甲復向其旬之戊也：謂在前甲"甲子、乙丑、丙寅、丁卯、戊辰、己巳、庚午、辛未、壬申、癸酉"這十天中，居中的"戊辰"爲其精華，所以這十天都要向辰地（東方）吸氣；在後甲"甲戌、乙亥、丙子、丁丑、戊寅、己卯、庚辰、辛巳、壬午、癸未"這十天中，居中的"戊寅"爲其精華，故這十天都要向戌地（西方）吸氣。

[29] 《甘始法》：甘始，東漢太原人。好道術，不飲食，嘗依容成、玄、素之法，演益之爲一卷，治病不用針灸湯藥，在世百餘歲。後入王屋山，不知所終。

[30] 六甲六丁：道教神名，名取干支，共十二神。六甲：甲子、甲戌、甲申、甲午、甲辰、甲寅，六甲屬陽，爲男神。六丁：丁卯、丁丑、

丁亥、丁酉、丁未、丁巳,六丁屬陰,爲女神。《黄庭内景經·常念章》:"神華執巾六丁謁。"梁丘子注:"六丁者,謂六丁陰神玉女也。"

[31] 或思脾中神名,名黄裳子:《黄庭内景經·脾部章》云:"脾部之宫屬戊己,中有明童黄裳裏。"按:黄裳,原意黄色下衣,古人謂吉祥之物。《易·坤》:"六五:黄裳,元吉。"高亨今注:"元,大也。裳,裙也,褲也。周人認爲黄裳是尊貴吉祥之服,代表吉祥之徵,故筮遇此爻大吉……黄裳黄裙内服之美,比喻人内德之美,故大吉。"

[32] 風寒暑濕:中醫"六淫"中的四淫。《素問·至真要大論》:"夫百病之生也,皆生於風、寒、暑、濕、燥、火。"

[33] 無嫌:猶無妨。賈思勰《齊民要術·作魚鮓》:"作裹鮓法……有茱萸、橘皮則用,無亦無嫌也。"

[34] 服氣:亦作食氣,又曰行氣、含氣、煉氣、運氣。原爲一種練習呼吸的養生方法。嵇康《養生論》:"呼吸吐納,服氣養生。"後成爲道教内煉方術。認爲通過呼吸,可以服食"日精月華",作爲"修仙"的方法之一。《雲笈七籤》三十二《服氣療病》:"但令鼻内口吐,所謂吐故納新也。《服氣經》曰:'道者,氣也,保氣則得道,得道則長存。神者,精也,保精則神明,神明則長生。'"又卷三十三《行氣》:"凡行氣之道,其法當在密室閉户,安床暖席,枕高二寸半,正身偃卧,瞑目閉氣,自止於胸,隔以鴻毛著鼻上,毛不動,經三百息,耳無所聞,目無所見。心無所思……初起三息五息七息九息而一舒氣,更嗽之能十二息氣,是小通也;百二十息,不舒氣是大通也。此治身之大要也。……至於千即去仙不遠矣。"

[35] 桂:有筒桂、肉桂、桂心、官桂、板桂等。《肘後備急方》一《治卒腹痛方》九:"又方肉桂一斤、吴茱萸半升,水五升煮,取一升半分再服。"《本草綱目》三十四《桂》:"[主治]利肝肺氣,心腹寒熱冷疾,霍亂轉筋,頭痛腰痛出汗,止煩止唾,咳嗽鼻衄,墮胎,温中,堅筋骨,通血脈,理疏不足,宣導百藥,無所畏。久服,神仙不老。别録"附子:其母名烏頭,附烏頭而生。治卒心痛。《肘後備急

方》一《治卒心痛方》八："附子二兩,炮,乾薑一兩,搗,蜜丸,服四丸,如梧子大,日三。"《本草綱目》十七《附子》:"[主治]風寒咳逆邪氣,溫中,寒濕踒躄,拘攣膝痛,不能行步,破癥堅積聚血瘕,金瘡。本經"《本草綱目》八《甘草》:根"[主治]五臟六腑寒熱邪氣,堅筋骨,長肌肉,倍氣力,金瘡尰,解毒。久服輕身延年。本經"

[36] 蘖(niè)米:《本草綱目·穀部》二十五《蘖米》:"[集解][時珍曰]……有粟、稷、麥、豆諸蘖,皆水浸脹,候生芽曝乾去須。取其中米,炒研面用。其功皆主消導。"

[37] 脯臘:乾肉。大動物析成條片的叫"脯",小動物全作的叫"臘"。粕餔(yí bù):飴糖和糖漬乾果。粕同飴,餔同餔。

[38] 蹙頓:縮攏。

[39] 吳景帝:三國吳孫休諡號。

2 或問不寒之道。抱朴子曰:"或以立冬之日,服六丙六丁之符[1],或閉口行六丁之炁千二百遍(1),則十二月中不寒也。或服太陽酒[2],或服紫石英(2)[3]、朱漆散[4],或先服雄丸一(3),後服雌丸二(4)。亦可堪一日一夕不寒也。雌丸用雌黃、曾青、礜石、磁石也。雄丸用雄黃、丹砂、石膽也。然此無益於延年之事也。"

【校】

(1) 六丁:藏本、平津本作五火,　今校改。下段"或行六癸之氣"承上用"六癸",則本段承上當用"六丁"。

(2) 紫石英:陳其榮校:"《御覽》九百八十七此下有東莞縣西北二十五里有襏山出紫石英舊以貢獻二十字,疑是注文。"

(3) 或先服雄丸一:藏本、平津本無"先"字,從王明校補:"慎校本、崇文本'或'下有'先'字。"

(4) 後服雌丸二:原校:"別本先雌後雄。"王明案:"宋浙本有此語。"

【注】

［1］六丙六丁之符：即月符星籙。三奇乙丙丁，指代日月星。顧久注：“《奇門遁甲・煙波釣叟歌句解上》注：‘六乙屬太陽，六丙屬太陰，六丁屬星曜。’則六丙六丁之符，當指繪有月相星圖之符籙。”六丙屬太陰，謂月。六丙：丙寅、丙子、丙戌、丙申、丙午、丙辰。六丁屬星曜，謂星。

［2］太陽酒：又名朱明酒。蓋指用太陽土、太陽石等藥物浸泡的酒。《本草綱目》七《太陽土》：“［主治］人家動土犯禁，主小兒病氣喘，但按九宮，看太陽在何宮，取其土煎湯飲之，喘即定。時珍”太陽石：《本草綱目》十一《附録諸石・太陽石》李時珍引劉守真宣明方。

［3］紫石英：《本草綱目》八《紫石英》：“［主治］心腹咳逆邪氣，補不足，女子風寒在子宮，絶孕十年無子。久服溫中，輕身延年。本經”

［4］朱漆散：紅漆粉末，用以治病。《本草綱目》三十五《漆》［集解］李時珍列有“金漆”、“黃漆”、“黑漆”，《本草綱目》卷十七列有《澤漆》，可參。朱漆：紅漆。《吴子・圖國》：“今君四時使斬離皮革，排以朱漆，畫以丹青，爍以犀象。”

　　3　或問不熱之道。抱朴子曰：“或以立夏日，服六壬六癸之符[1]，或行六癸之炁[2]，或服玄冰之丸(1)[3]，或服飛霜之散(2)[4]。然此用蕭丘上木皮，及五月五日日中時北行黑蛇血(3)，故少有得合之者也。唯幼伯子、王仲都，此二人衣以重裘(4)，曝之於夏日之中，周以十爐之火(5)[5]，口不稱熱，身不流汗，蓋用此方者也。”

【校】

（1）或服玄冰之丸：平津本作或服元水之丸，“元”避康熙諱改，當從藏本作玄，《藝文類聚》五、《御覽》二十二引正作玄。藏本原校：

"水一作冰。"《藝文類聚》五、《御覽》二十二、二十三、三十四皆作冰。《紺珠集》三作玄冰,當從。

（2）飛霜之散:《類聚》五引作飛雪散。

（3）五月五日日中:藏本、平津本不重"日"字,從《校補》補:"'日'下當更有'日'字。"

（4）衣以重裘:陳其榮校:"《御覽》二十三、八百六十九作衣之以重裘。"

（5）十爐之火:藏本、平津本作十二爐之火,從陳其榮校刪"二"字:"《御覽》二十三、八百六十九無二字。"

【注】

［1］六壬六癸之符:蓋指甲辰、甲寅日之符籙。《奇門遁甲・煙波釣叟歌句解上》注:"甲辰爲'六壬',甲寅同'六癸'。"

［2］行六癸之炁:蓋指運行甲寅之日的元氣。

［3］玄冰丸:修仙家之丹藥。《海錄碎事》卷二《冰丸霜散》引《朝野僉載》:"立夏日,服六壬、六癸符或玄冰丸、飛霜散,則暑不能侵。"蓋本《內篇》。

［4］飛霜散,蓋指"冬霜"。《本草綱目》五《冬霜》［釋名］:"乾象占云:天氣下降而爲露,清風薄之而成霜。""［主治］食之解酒熱,傷寒鼻塞,酒後諸熱面赤者。藏器"

［5］十爐之火:桓譚《新論》:"道士王仲都暑日環以十爐火不言熱。"《博物志》五《辨方士》:"王仲都（當）盛夏之月,十爐火炙之不熱。"並其切證。

　　4　或問辟五兵之道。抱朴子答曰(1):"吾聞吳大皇帝曾從介先生受要道云[1]:但知書北斗字及日月字(2),便不畏白刃[2]。帝以試左右數十人(3),常爲先登陷陳(4)[3],皆終身不傷也。鄭君云:但誦五兵名亦有驗。刀名大房,虛星主之[4];弓名曲張,氐星主之[5];矢名彷徨,熒惑主之^{(5)[6]}；劍名失傷，角星主之^[7]；弩名遠望，張星主之^[8]；戟名大將，參星主之也^{(6)[9]}。臨戰時，常細祝之。或以五月五日作赤靈符，著心前^[10]。或丙午日日中時，作燕君龍虎三囊符^[11]。歲符歲易之，月符月易之，日符日易之。或佩西王母兵信之符^[12]，或佩熒惑朱雀之符^[13]，或佩南極鑠金之符^{(7)[14]}，或戴卻刃之符⁽⁸⁾，祝融之符^[15]。或傅玉札散，或浴禁蔥湯，或取牡荊以作六陰神將符^[16]，符指敵人。或以月蝕時刻，三千歲蟾蜍喉下有八字者血⁽⁹⁾，以書所持之刀劍。或帶武威符熒火丸^[17]。或交鋒刃之際，乘魁履罡^[18]，呼四方之長，亦有明効。今世之人，亦有得禁辟五兵之道，往往有之。」

【校】

（1）抱朴子答曰：藏本、平津本無「答」字，從陳其榮校補：「《藝文類聚》四、《御覽》三十一、三百三十九，'曰'上並有答字。」

（2）但知書北斗字及日月字：孫星衍校：「（知）疑作朱。」陳其榮校：「《御覽》三百三十九無'書'字，作但知北斗姓字及日月名字。」

（3）帝以試左右數十人：陳其榮校：「《御覽》三百三十九試下有告字。」

（4）常爲先登陷陳：藏本、平津本作常爲先登鋒陷陳，從孫星衍校刪「鋒」字。

（5）熒惑主之：藏本、平津本作熒惑星主之，據《御覽》三百三十九刪「星」字。

（6）大將：藏本、平津本作大將軍，據孫星衍校刪「軍」字：「按軍字不當有，此以將字爲韻也。」按：《御覽》三百三十九作大將，無軍字。

（7）或：孫星衍校：「藏本無此字。」之：孫星衍校：「藏本無此字。」

（8）之：孫星衍校：「藏本無此字。」

（9）三千歲蟾蜍：藏本、平津本無“千”字，據孫星衍引刻本、王明案引慎校本、寶顏堂本校增。

【注】

［1］吳大皇帝：孫權謚號。介先生：介象。《神仙傳》：“介象者，字元則，會稽人也。學通五經，博覽一家之言，能屬文。後學道，入東山，善度世禁氣之術。”“吳主徵至武昌，……從象學隱形之術。”未見“避五兵之道”文字。

［2］白刃：銳利的刀刃。白：鋒銳。商承祚《〈説文〉中之古文考》：“甲骨文、金文、鈢文皆……從日銳頭，象日始出地面，光閃耀如尖銳。”“白刃”之“鋒銳”義蓋從此出。

［3］陷陳：攻入敵人的營壘或陣地。陳：古陣字。

［4］大房：刀神名。出處不詳。《北堂書鈔》卷一二三引《龍魚河圖》云：“有脱光刀。”《藝文類聚》卷六十引《太公兵法》：“刀子之神，名曰脱光。”與此所説不同。虛星：二十八宿北方玄武七宿之一，居中間。古人據其運行情況，以考正仲秋節氣。《書·堯典》：“宵中，星虛，以殷仲秋。”孔傳：“虛，玄武之中星，亦言七星，皆以秋分日現，以正三秋。”

［5］曲張：弓神名。《北堂書鈔》卷一二五、《藝文類聚》卷六十引《龍魚河圖》：“弓之神，名曰曲張。”氐星：二十八宿中東方蒼龍七宿的第三宿，有星四顆。也稱天根。

［6］矢：箭。彷徨：出處不詳。《北堂書鈔》卷一二五、《藝文類聚》卷六十引《太公兵法》：“箭之神，名續長。”與此所説不同。熒惑：即火星，因火星隱現不定，令人迷惑，故名。

［7］失傷：出處不詳。《藝文類聚》卷六十引《龍魚河圖》：“劍名飛揚。”與此所説不同。角星：東方蒼龍七宿的第一宿。

［8］遠望：弩之神名。《北堂書鈔》卷一二五、《藝文類聚》卷六十引《太公兵法》：“弩之神，名遠望。”張星：二十八宿南方朱雀七宿第五宿，有星六顆，在長蛇座內。《史記·天官書》：“張，素，爲廚，主觴客。”司馬貞索隱：“素，嗉也。《爾雅》云：‘鳥張嗉。’郭璞

云：‘嗉，鳥受食之處也。’”張守節正義：“張六，六爲嗉，主天廚食
飲賞賚觴客。”

[9]大將：戟神名。《北堂書鈔》卷一二四引《太公兵法》：“戟之神，名
曰大將。”參星：二十八宿西方白虎七宿的第七宿。《左傳·昭
公元年》：“遷實沈于大夏，主參。”以上房、張、徨、傷、望、將：
陽部。

[10]赤靈符：舊時佩掛胸前以避災禍的符籙。赤靈：指赤龍。《文
選》張衡《南都賦》：“松子神陂，赤靈解角。”李善注：“赤靈，赤龍
也。”《海録碎事》卷二《赤靈符》引《抱朴子》：“五月五日作赤靈符
書著心前，以辟五兵。”

[11]燕君：燕昭王（前？—前279），姓姬，名職。燕王噲“禪讓”給相
國子之，燕國大亂，太子平、將軍市被“死已（以）殉國”（《戰國
策·燕策一》）。趙武靈王十一年（前315）“召公子職于韓，立以
爲燕王，使樂池送之”（《史記·趙世家》）。昭王深恨齊乘亂伐
燕，勵精圖治，卑辭厚禮以招賢者。師事郭隗，重用樂毅、劇辛
等。吊死問孤，與百姓同甘苦，國以富强。二十八年（前284），聯
韓、趙、魏、楚之兵以伐齊，破齊都臨淄。在位三十三年卒。近世
出土有“郾（燕）王職（職）戈”，是其證。《太平廣記》二引《仙傳拾
遺》云：燕昭王“好神仙之道。仙人甘需臣事之，爲述昆臺登真
之事”及與西王母遊等。

[12]西王母：或稱王母。古代神話中的女仙人。見之諸多載籍。《雲
笈七籤》十八《第四神仙》：“經曰：西王母者，太陰之元氣也。姓
自然字君思，下治昆侖之山。”

[13]朱雀：二十八宿中南方七宿的總稱。南方朱雀七宿井鬼柳星張
翼軫，從井宿到軫宿，像一隻鳥，柳爲鳥嘴，星爲鳥頸，張爲嗉，翼
爲羽翮。古多在軍旗與符籙上繪其形象。

[14]南極：星名。《史記·天官書》：“狼比地有大星，曰南極老人。”道
教神名。鑠金：熔化金屬；熔化的金屬。

[15]祝融：高辛氏火正。《管子·五行》：“昔者黄帝……得祝融而辯
於南方。”《左傳·昭公二十九年》：“木正曰句芒，火正曰祝融。”

《呂氏春秋·孟夏季》:"其帝炎帝,其神祝融。"高誘注:"祝融,顓
頊氏後,老童之子吳回也,爲高辛氏火正,死爲火官之神。"

[16] 牡荆:中藥名。《本草綱目》三十六《牡荆》[集解]:"而仙方用牡
荆,云能通神見鬼。"實"[主治]除骨間寒熱,通利胃氣,止咳逆,
下氣。別錄"葉"[主治]久痢霍亂轉筋,血淋,下部瘡,濕薄腳,主
腳氣腫滿。別錄"六陰神將:即六丁神。《奇門遁甲·釋三奇之
靈》:"六丁者,六甲之陰神。……凡有用事出入六丁之時,宜合
呼其神之字,當利庇佑。"

[17] 武威符熒火丸:武威太守符與務成子熒火丸。《太平廣記》十四
《神仙》十四《劉子南》引《神仙感遇傳》:"劉子南者,乃漢冠軍將
軍,武威太守也。從道士尹公受務成子螢火丸,辟疾病、疫氣、百
鬼、虎狼、虺蛇、蜂蠆諸毒及五兵白刃、盜賊凶害。用雄黃各二
兩,熒火、鬼箭、蒺藜各一兩,鐵槌柄燒令焦黑,鍛竈中灰、殳羊角
各一分半,研如粉麵,以雞子黃并丹雄雞冠血,丸如杏仁大者,以
三角絳囊盛五丸,常帶左臂上,從軍者繫腰中,居家懸户上,辟盜
賊毒物。子南合而佩之。永平十二年,于武威邑界,遇虜大戰敗
績,餘衆奔潰,獨爲寇所圍,矢下如雨,未至子南馬數尺,矢輒墮
地,終不能中傷,虜以爲神人也,乃解圍而去。子南以教其子及
兄弟爲軍者,皆未嘗被傷,喜得其驗,傳世寶之。漢末青牛道士
封君達得之,以傳安定皇甫隆,隆授魏武帝,乃稍傳於人間。一
名冠軍丸,亦名武威丸,今載在《千金翼》中。"按:"雄黃"後疑脱
一藥名。《雲笈七籤》七十七《螢火丸方》:"劉子南者,漢冠軍將
軍,武威太守也。從道士尸(尹)公受務成子螢火丸,辟病除百鬼
虎狼虺蛇師子蜂蠆諸毒及五兵白刃。"螢同熒。

[18] 乘魁履罡:登河魁,踐天罡。道士步式。河魁、天罡,星相家指爲
月内凶神。河魁:叢辰名。天罡:星名。即北斗七星的柄。《協
紀辨方書》引《曆例》:"河魁,月内凶神也。陽建之月,子月起西
順行十二辰。前三辰爲天罡,後三辰爲河魁,陰建之月反是。所
值之日,百事宜避。"天罡或作天岡。道教稱北斗叢星中三十六
星之神。

5　或問隱淪之道[1]。抱朴子曰：“神道有五，坐在立亡其數焉[2]。然無益於年命之事，但在人間無故而爲此，則致詭怪之聲，不足妄行也。可以備兵亂危急，不得已而用之，可以免難也。鄭君云：服大隱符十日，欲隱則左轉，欲見則右回也。或以玉粹丸塗人身中[3]，或以蛇足散(1)[4]；或懷離母之草[5]，或折青龍之草[6]，以伏六丁之下[7]。或入竹田之中，而執天樞之壤[8]；或造河龍石室[9]，而隱雲蓋之陰[10]。或伏清泠之淵[11]，以過幽闕之徑[12]；或乘天一馬以游紫房(2)[13]。或登天一之明堂[14]，或入玉女之金匱[15]。或背輔向官[16]，立三、蓋之下[17]；或投巾解履(3)[18]，膽煎及兒衣符(4)[19]，子居蒙人(5)，青液桂梗[20]，六甲父母[21]，僻側之膠[22]，駮馬泥丸[23]，木鬼之子[24]，金商之芝(6)[25]；或可爲小兒，或可爲老翁；或可爲鳥，或可爲獸；或可爲草，或可爲木，或可爲六畜；或依木成木，或依石成石；依水成水，依火成火：此所謂移形易貌，不能都隱者也。”

【校】

（1）或以蛇足散：與“或以玉粹丸塗人身中”相較，疑脱“灑四體表”四字？“或以玉粹丸塗人身中，或以蛇足散□□□□”與“或懷離母之草，或折青龍之草，以伏六丁之下”相較，“蛇”句下疑脱“以倚六甲之旁”。

（2）或乘天一馬以游紫房：王明案：“寶顏堂本‘一’下有‘之’字。”按：“天一”與下文“天一”重複，疑當作“太一”。本句與“或伏青泠之淵，以過幽闕之徑”相較，疑脱“之裏”二字。

（3）或投巾解履：孫星衍校：“中有脱文。”按：“或投巾解履”與“或背輔向官，立三、蓋之下”相較，疑“解履”下脱一五字句。

（4）膽煎及兒衣符：義不可解，疑有脱誤。疑“膽煎”屬上句，“及兒衣符”本作“及佩兒衣符”，與下句語義相關。

（5）子居蒙人：原校：“蒙一作象。”疑“居”下原脱“母腹”二字。

（6）金商之芝：藏本、平津本芝作艾，從王明校改。

【注】

［1］隱淪：指神人等級之一。泛指神仙。一說隱没身體不使人見。《文選》郭璞《江賦》：“納隱淪之列真，挺異人乎精魄。”李善注：“桓子《新論》：‘天下神人五：一曰神仙，二曰隱淪，三曰使鬼物，四曰先知，五曰鑄凝。’馮衍《爵銘》：‘富如江海，壽配列真。’《説文》：‘真，仙人變形也。’”又顔延年《五君詠·嵇中散》：“立俗迕流議，尋山洽隱淪。”又謝玄暉《敬亭山》詩：“隱淪既已托，靈異居然棲。”又任延昇《爲卞彬謝卞忠貞墓啟》：“隱淪惆悵。”李善注俱引《桓子新論》此文，謂隱淪之術也。《後漢書·方術傳下·解奴辜》：“皆能隱淪，出入不由門户。”《北堂書鈔》卷一百四十八引《世語》：“白子高少好隱淪之術，而未遇至人，常爲美酒給過客，一旦，有四仙人齎藥集其舍求酒，子高知非凡，乃欲取他藥雜之，仙人云：‘吾亦有仙藥。’於是賓主各出其藥。仙人謂子高曰：‘卿藥陳久，可服吾藥少許。’子高服之，因隨仙人飛去。子高仙酒，至今稱之。”

［2］其數焉：是其中的一種。

［3］玉粕丸：麥芽糖做成的藥丸。粕同飴。

［4］蛇足散：不詳。蓋以四腳蛇陰乾後磨成的粉狀藥物。

［5］離母之草：又名赤箭、天麻、鬼督郵。《太上靈寶五符序》中《夏禹受真人方》：“赤箭，一名離母，一名鬼督郵，一名神草，一名獨搖，一名當苦，一名勝子，一名鬼箭。”《本草綱目》十二《赤箭、天麻》：“［主治］殺鬼精物，蠱毒惡氣。久服益氣力，長陰肥健，輕身增年。本經”

［6］青龍之草：此蓋指六甲符。《登涉》：“往山林中，當以左手取青龍上草，……凡六甲爲青龍。”《太上六壬明鑒符陰經》卷一：“（六甲符）右甲子符用皁帛八寸書符咒曰。”“右甲寅符用青帛八寸書符咒曰。”“右甲辰符用黄帛八寸書符咒曰。”“右甲午符用緋帛七寸

書符咒曰。”“右甲申符用白帛四寸書符咒曰。”“右甲戌符用黄帛
五寸書符咒曰。”“（六丁符）右丁卯符用青帛八寸書符咒曰。”“右
丁巳符用緋帛七寸書符咒曰。”“右丁未符用黄帛五寸書符咒
曰。”“右丁酉符用白帛九寸書符咒曰。”“右丁亥符用皂帛六寸書
符咒曰。”“右丁丑符用黄帛五寸書符咒曰。”每符咒語四字句各
八句，從略。《雲笈七籤》十四：“若辟除惡神鬼者，書六甲六乙符
持行，并呼甲寅，神鬼皆散走。”

［7］六丁：即三奇之靈，謂星曜所指方位。《奇門遁甲·釋三奇之
靈》：“謂六丁爲三奇之靈，凡出入用兵戰鬥，皆從天上六丁所臨
之方而去者，百事皆吉。”

［8］天樞之壤：天樞所臨之地。天樞北斗七星之第一星。《星經·北
斗》：“……第一名天樞，爲土星。”

［9］河龍石室：指河龍所處之方位。河龍：古代傳說中的黄河龍馬。
《易·繫辭上》：“河出圖，洛出書。”《正義》曰：“如鄭康成之義，則
《春秋緯（説題辭）》云：‘河以通乾出天苞，洛以流坤吐地符。河
龍圖發，洛龜感應。’”此處出於修辭需要借用。

［10］雲蓋：狀如車蓋的雲。《山海經·海外西經》：“大樂之野，夏后啟
於此儛九代；乘兩龍，雲蓋三層。”

［11］清泠之淵：水名。《山海經·中山經》：“神耕父處之，常遊清泠之
淵，出入有光。”郭璞注：“清泠水，在西鄂縣山上，神來時，水赤有
光耀。”

［12］幽闕之徑：蓋指幽深的兩山夾峙之間的小路。闕：兩山夾峙的
地方。《史記·司馬相如列傳》：“出乎椒丘之闕，行乎洲淤之
浦。”司馬貞索隱：“兩山俱起，象雙闕。”按：上句寫伏入水中，本
句寫經過山間。

［13］天一之馬：蓋神馬名。待考。紫房：即紫宮。紫微垣，北極星周
圍星區。《史記·天官書》“皆曰紫宮”索隱引《元命包》曰：“紫之
言此也，宮之言中也，言天神運動，陰陽開閉，皆在其中也。”

［14］天一：星名。《晉書·天文志》：“天一星在紫宮門前。”明堂：星
宿名。《史記·天官書》：“東宮蒼龍，房、心。心爲明堂。”索隱引

《春秋説題辭》云：“房、心爲明堂，天王布政之宮。”

[15] 玉女：本書通指神女，此當指織女星。

[16] 輔：星宿名，北斗第四星旁第一小星。《漢書‧翟方進傳》：“輔湛沒，火守舍。”顏師古注引張晏曰：“北斗第四星旁第一小星曰輔，沉沒不見，則天下之兵銷。”官：星官的簡稱。《史記‧天官書》索隱：“案，天文有五官。官者，星官也。星座有尊卑，若人之官曹列位也，故曰天官。”《漢書‧天文志》：“凡天文在圖籍昭昭可知者，經星常宿中外官凡百一十八名，積數七百八十三星，皆有州國官宮物類之象。”

[17] 三、蓋：不詳。蓋指三星與華蓋星。《詩‧唐風‧綢繆》：“三星在天。”毛傳：“三星，參也。”天空中明亮而接近的三星，有參宿三星、心宿三星、河鼓三星。此借指天空。華蓋：古星名，屬紫微垣，共十六星，在五帝座上，今屬仙后座。

[18] 投巾解履：不詳。蓋是道士一種隱淪法術，或幻師魔術。膽煎：不詳。今之膽囊煎是一種救急方，不知是否與膽煎相關而又有所不同。

[19] 及：如果。用在假設複句的上一分句。《老子‧第十三章》：“吾所以有大患者，爲吾有身；及吾無身，吾有何患？”兒衣符：不詳。蓋是像嬰兒衣服形狀的符籙。

[20] 青液桂梗：蓋是幾種藥物名。梗：即刺榆，又名梤榆，《説文‧木部》：“梗，山梤榆，有束。”段玉裁注：“山梤榆，又梤榆之一種也。有束，故名梗榆，即《齊民要術》所謂刺榆者也。”《本草綱目》三十五《榆》：“[釋名]零榆。本經　白者名梤。時珍”白皮[氣味]“甘，平，滑利，無毒。”“[主治]大小便不通，利水道，除邪氣。久服，斷穀輕身不飢。本經”

[21] 六甲父母：本名商陸，異名甚多，《周易》名莧陸，馬融、鄭玄、王肅名章陸，《廣雅》名常蓼、馬尾、薢蕏，《圖經》名章柳，《玉篇》名葦柳，葦薊，《開寶》名當陸、白昌，《本草》名募根、呼夜、烏棋、六甲父母，俗名章柳根，多年生草本植物，可入藥。五代邱光庭著《兼明書》卷二《周易》“莧陸”條：“《夬》九五曰：‘莧陸夬夬，中行無

咎。’王弼云：‘草之柔脆者。’子夏傳云：‘莧陸，木根草莖，剛下柔上。’馬、鄭、王肅皆云：‘莧陸一名章陸。’明曰：‘如諸儒之意，皆以莧陸爲一物，直爲上六之象。今以莧陸爲二物：莧者，白莧也；陸者，商陸也。莧象上六，陸象九三，亦全柔也；九三上六象陰以陽應陰，陸亦剛下柔上也。且《夬》是五陽共決一陰之卦，九五以陽處，既剛且尊，而爲決主，親決上六而九三應之，亦將被決，故曰莧陸夬夬。重言之者，決莧決陸也。由此而論，莧陸爲二物，亦以明矣。按《本草》商陸，一名募根（音勅張反），一名呼夜，一名章陸，一名烏槐，一名六甲父母，殊無莧之號，蓋諸儒之誤也。’或曰：‘九三君子夬夬，其義如何？’答曰：‘九三以陽應陰，有違於衆。若君子能決斷，己意與衆陽共決上六則免悔，故亦重言夬夬也。’”又見《本草綱目》第十七卷商陸［釋名］。《本草綱目》第十七卷商陸：根［主治］水脹疝瘕痺，熨除癰腫，殺鬼精物。本經療胸中邪氣，水腫萎痺，腹滿洪直，疏五臟，散水氣。別錄瀉十種水病。喉痺不通，薄切醋炒，塗喉外，良。甄權通大小腸，瀉蠱毒，墮胎，火脅腫毒，傅惡瘡。大明”

[22] 僻側之膠：桃膠。《石藥爾雅》上《飛煉要訣・釋諸藥隱名》：“桃膠，一名薛側膠。”“薛”疑“僻”之誤。《本草綱目》二十九《桃・桃膠》：“［氣味］苦，平，無毒，［主治］煉服，保中不飢，忍風寒。別錄”“［時珍曰］……又《列仙傳》云：高丘公服桃膠得仙。”《御覽》九六七引抱朴子曰：“桃膠以桑木灰漬服之百病癒，久久身有光，在晦夜之地如月出也，多服之則可以斷穀矣。”

[23] 駮（bó）馬：梓榆的別名。《詩・秦風・晨風》“隰有六駁”陸璣疏：“駮馬，梓榆也，其樹皮青白駁犖，遥視似駁馬，故謂之駁馬。”泥丸：道教腦神精根的別名；又名耳塞、耳垢、腦膏、泥丸脂、太一帝君。《黃庭内景經・至道章》：“腦神精根字泥丸。”梁丘子注：“丹田之宫，黃庭之舍，洞房之主，陰陽之根。泥丸，腦之象也。”又：“一面之神宗泥丸。”梁丘子注：“腦神丹田，百神之王。”腦神支配衆神。《本草綱目》五十二《耳塞》：“［主治］顛狂鬼神及嗜酒。大明　蛇、蠱、蜈蚣螫者，塗之良。時珍”

［24］木鬼之子：蓋指槐子。《肘後備急方》六《治目赤痛暗昧刺諸病
　　　方》："古方明目黑髮：槐子于牛膽中漬，陰乾百日，食後吞一枚，
　　　十日輕身，三十日白髮黑，百日內通神。"《本草綱目》三十五卷
　　　《槐》［發明］引《太清草木方》云："槐者，虛星之精。十月上巳日
　　　采子服之，去百病，長生，通神。"

［25］金商之芝：指楸木耳。《石藥爾雅・飛煉要訣・釋諸藥隱名》：
　　　"楸木耳，一名金酒芝，一名金商芝。"《本草綱目》三十五《楸》：
　　　"［發明］［時珍曰］楸乃外科要藥，而近人少知。葛常之《韻語陽
　　　秋》云：有人患發背潰壞，腸胃可窺，百方不瘥。一醫用立秋日
　　　太陽未升時，采楸樹葉。熬之爲膏，傅其外；內以雲母膏作小丸
　　　服，盡四兩，不累日而愈也。東晉范旺，名醫也，亦稱楸葉治瘡腫
　　　之功。則楸有拔毒排膿之力可知。"按："楸木耳"亦當有此功效。

6　或問："魏武帝曾收左元放而桎梏之，而得自然解
脫[1]，以何法乎？"抱朴子曰："吾不能正知左君所施用之
事。然歷覽諸方書，有月三服薏苡子[2]，和用三五陰丹，或
以偶牙陽胞(1)[3]，或以七月七日東行跳脫蟲[4]，或以五月
五日石上龍子單衣[5]，或以夏至日霹靂楔(2)[6]，或以天文
二十一字符[7]，或以自解去父血[8]，或以玉子餘糧[9]，或合
山君目[10]，河伯餘糧(3)，浮雲澤以塗之[11]，皆自解。然左
君之變化無方，未必由此也。自用六甲變化[12]，其真形不
可得執了。"

【校】

（1）偶牙：疑本作偶方。

（2）霹靂楔：陳其榮校："《御覽》二十三楔作橵。"橵音杉。

（3）河伯餘糧："禹餘糧"又名"白餘糧"。疑"白"誤爲"伯"，淺人加
　　　"河"而成"河伯"，"河伯餘糧"遂不可解矣。

【注】

[1] 魏武帝二句：《後漢書·方術傳下·左慈》："操懷不喜,因坐上收,欲殺之,慈乃卻入壁中,霍然不知所在。"左慈,字元放。收：逮捕。

[2] 薏苡子：薏苡仁。《本草綱目》二十三《薏苡》："[主治]筋急拘攣,不可屈伸,久風濕痹,下氣。久服,輕身益氣。本經"

[3] 陽胞：蓋指男嬰胞衣。《本草綱目》五十二卷《人胞》："[修治][吳球曰]……近世男用男,女用女;一云男病用女,女病用男。""[主治]……治男女一切虛損勞極,癲癇失志恍惚,安心養血,益氣補精。吳球"

[4] 跳脱蟲：不詳。疑指蛤蟆。《本草綱目》四十二《蛤蟆》："[集解]……蛤蟆在陂澤中,背有黑點,身小能跳接百蟲,解作呷呷聲,舉動極急。""[主治]邪氣,破癥堅血,癰腫陰瘡。服之不患熱病。本經"

[5] 龍子單衣：蛇蛻。《石藥爾雅》上《飛煉要訣·釋諸藥隱名》："蛇脱皮,一名龍子衣,一名脱皮,一名蛇符弓皮。"《本草綱目》四十三《蛇蛻》："[主治]小兒百二十種驚癇、蛇癇、癲疾……。本經"

[6] 霹靂楔：不詳。疑指"霹靂砧",霹靂砧又名"雷楔"。《本草綱目》十《霹靂砧》："[集解][藏器曰]此物伺候震處,掘地三尺得之。其形非一,有似斧刀者,剉刀者,有安二孔者。""[主治]大驚失心,恍惚不識人,並石淋,磨汁服,亦煮服。作枕,除魔夢不祥。藏器"

[7] 天文二十一字符：不詳。① 蓋指日、月、金、木、水、火、土五星與天樞、天璇、天璣、天權、玉衡、開陽、搖光北斗七星組成的符籙,凡二十一字。② 蓋北斗七星符：天樞星、天璇星、天璣星、天權星(斗身)、玉衡星、開陽星、搖光星(斗柄),凡二十一字。

[8] 自解去父血：不詳。自解：自我解脱。以其尾自解得脱之動物有晰蝪、守宮、蠑螈等。守宮：又名壁宮、壁虎。《本草綱目》四十三《守宮》："[主治]中風癱瘓,手足不舉,或歷節風痛,及風痙驚癇,小兒疳痢,血積成痞,癧風瘰鬁,療蠍螫。時珍"去父血：

不詳。

[9]玉子餘糧：不詳。玉子：仙人名。葛洪《神仙傳·玉子》：“玉子者，姓韋名震，南郡人也。周幽王徵之不起……後入峋峒山合丹，白日升天而去。”豈玉子合丹棄其所餘，食而得名乎？一說疑即“太一餘糧”。《本草綱目》十《太一餘糧》：“[主治]咳逆上氣，癥瘕血閉漏下，除邪氣，肢節不利。久服耐寒暑不飢，輕身飛行千里，神仙。本經”

[10]山君目：虎目。山君：虎爲山獸之長，故名。《駢雅·釋獸》：“山君，虎也。”《本草綱目》五十一《虎》：“[集解]……[時珍曰]按《格物論》云：虎，山獸之君也。”睛“[主治]癲疾。別錄　瘧病，小兒熱疾驚悸。孟詵　驚啼，客忤，疳氣，鎮心安神。日華　明目去臀。時珍”

[11]浮雲滓：雲母別名。《石藥爾雅》上《飛煉要訣·釋諸藥隱名》：“雲母，一名玄石，一名浮雲滓。”

[12]六甲變化：《後漢書·方術傳上》“遁甲”李賢注：“遁甲，推六甲之陰而隱遁也，今書《七志》有《遁甲經》。”《古今圖書集成》七百七《奇門元覽釋義》：“十干中，戊己庚辛壬癸（六儀）乙丙丁（三奇）皆專制用事，而甲無專位，與六干同處，甲子同六戊，甲戌同六己，甲申同六庚，甲午同六辛，甲辰同六壬，甲寅同六癸。又以六十花甲子布於九宮，起宮爲甲子遁一位爲甲戌，又遁一位爲甲申之類，皆爲遁甲之義。”又，七四五《術數部匯考》五十八《奇門遁甲總叙》：“以乾、坤、坎、離、震、巽、艮、兌八卦，以一節二氣，分之八節，各起主卦。冬至後陽遁，順數自一至九；夏至後陰遁，逆數自九至一。冬至後順布六儀，逆布三奇；夏至後順布三奇，逆布六儀。所謂六儀者即六甲也；三奇者，乙丙丁也。如六甲爲直符，直事乙爲日奇，丙爲月奇，丁爲星奇。戊己庚辛壬癸爲六儀也。常以直事加時，宮，即知開休生三門所臨。又以直符加時於天上三奇，與開休生三門合，則吉無不利。九宮即九星也。蓋天有九星，以鎮九宮；地有九州，以應九土。取諸洛龜載九履一，左三右七，二四爲肩，六八爲足，五居中宮之儀也。是遁甲法，不過

乘天之日時，擇地之方向，使人皆知趨吉避凶云耳，豈行軍避敵
伏匿逃形之怪術哉！”所謂“變化”蓋此類。

7　或問曰：“爲道者可以不病乎？”抱朴子曰：“養生之
盡理者，既將服神藥，又行氣不懈，朝夕導引，以宣動榮衛，
使無輟閡，加之以房中之術，節量飲食，不犯風濕，不患所
不能，如此可以不病。但患居人間者，志不得專，所修無
恒，又苦懈怠不勤，故不得不有疹疾耳[1]。若徒有通道之
心，而無益己之業，年命在孤虛之下[2]，體有損傷之危，則
三尸因其衰月危日，入絶命病鄉之時，招呼邪氣，妄延鬼神
魅，來作殃害。其六厄並會[3]，三刑同方者[4]，其災必大。
其尚盛者，則生諸疾病，先有疹患者，則令發動。是故古之
初爲道者，莫不兼修醫術，以救近禍焉。凡庸道士，不識此
理，恃其所聞者，大氐不關治病之方(1)。又不能絶俗幽居，
專行内事[5]，以卻病痛，病痛及己(2)，無以攻療，乃更不如
凡人之專湯藥者。所謂進不得邯鄲之步，退又失壽陵之義
者也[6]。余見戴霸、華他所集《金匱綠囊》、崔中書《黃素
方》及百家雜方五百許卷[7]。甘胡、呂傅、周始、甘唐通、阮
河南等(3)[8]，各撰集《暴卒備急方》，或一百十，或九十四，
或八十五，或四十六，世人皆爲精悉[9]，不可加也。余究而
觀之，殊多不備，諸急病甚尚未盡(4)，又渾漫雜錯，無其條
貫[10]，有所尋按[11]，不即可得。而治卒暴之候[12]，皆用貴
藥，動數十種，自非富室而居京都者[13]，不能素儲，不可卒
辦也。又多令人以針治病，其灸法又不明處所分寸，而但
説身中孔穴榮輸之名[14]。自非舊醫備覽《明堂注偃側圖》
者[15]，安能曉之哉？余所撰百卷，名曰《玉函方》[16]，皆分
別病名，以類相續，不相雜錯，其《救卒》三卷(5)，皆單行徑

易,約而易驗,籬陌之間,顧眄皆藥,衆急之病,無不畢備,
家有此方,可不用醫。醫多承襲世業,有名無實,但養虛
聲,以圖財利。寒白退士[17],所不得使,使之者乃多誤人,
未若自閑其要,勝於所迎無知之醫。醫又不可卒得,得又
不肯即爲人使,使腠理之微疾,成膏肓之深禍,乃至不救。
且暴急之病,而遠行借問,率多枉死矣。"

【校】

（1）大氐：藏本、平津本作大至；從孫星衍校改。氐通抵。

（2）病痛及己：王明校："慎校本、寶顏堂本、宋浙本作'及病'。"

（3）阮河南：藏本、平津本作阮南河,從《校補》乙改。

（4）諸急病甚尚未盡：王明校："慎校本、寶顏堂本、崇文本'甚'作'其'。"

（5）救卒：藏本作九十,平津本作玖拾,從孫星衍校改："當作《救卒》,
　　　即《肘後救卒方》也。卒,古猝字。"

【注】

[1] 疢(chèn)疾：疾病。

[2] 孤虛：即陰陽家所謂六甲空亡日也。古代以十天干順次與十二
　　　地支相配爲一旬,所餘的兩地支被稱爲"孤",與"孤"相對的爲
　　　"虛"。古人用以推算吉凶禍福與成敗。《史記·龜策列傳》："日
　　　辰不全,故有孤虛。"裴駰集解："甲乙謂之日,子丑謂之辰。《六
　　　甲孤虛法》：甲子旬中無戌亥,戌亥即爲孤,辰巳即爲虛。甲戌
　　　旬中無申酉,申酉爲孤,寅卯即爲虛。甲申旬中無午未,午未爲
　　　孤,子丑即爲虛。甲午旬中無辰巳,辰巳爲孤,戌亥即爲虛。甲
　　　辰旬中無寅卯,寅卯爲孤,申酉即爲虛。甲寅旬中無子丑,子丑
　　　爲孤,午未即爲虛。劉歆《七略》有《風后孤虛》二十卷。"正義：
　　　"按：歲月日時孤虛,并得上法也。"《黃帝太一八門逆順生死
　　　訣·六甲旬中孤虛法》："甲戌旬孤在申酉,虛在寅卯。甲子旬孤
　　　在戌亥,虛在辰巳,甲申旬孤在午未,虛在子丑。甲午旬孤在辰

巳,虛在戌亥。甲辰旬孤在寅卯,虛在申酉。甲寅旬孤在子丑,虛在午未。”此指年命不好。按:“甲乙謂之日,子丑謂之辰”即“天干謂之日,地支謂之辰”。

[3] 六厄:百六之厄;陰六之厄。陽九之厄爲九厄,陰六之厄爲六厄。①《靈寶天地運度經》:“天庀謂之陽九,地虧謂之百六。三千三百年爲小陽九,小百六;九千九百年爲大陽九,大百六。”陽九,奇數,爲陽數之窮;百六,偶數,爲陰數之窮。故百六亦稱陰六。黃滔《融結爲河嶽賦》:“則有龜負龍擎,文籍其陽九陰六;共觸愚稱,傾缺其天樞地軸。”指厄運或災難。北齊李清《造報德像碑》:“陽九作沴,濡足于堯季;陰六爲災,授手于湯日。”②術數家有陽九、陰六之説。《游宦紀聞》:“太乙數以四百五十六年,爲一陽九,二百八十八年,爲一百六。陽九,奇數也,爲陽數之窮;百六,偶數也,爲陰數之窮。”《古今圖書集成》六八七《術數部匯考》一之十七:“陽九:……此乃陽九厄六之期。……陰六:太乙在厄要參詳,二百八十八數當。大厄之末別有數,四千三百二十殃。小厄盡時災較可,大厄窮時都會亡。此乃陰六厄會之期,以二百二十八爲小厄。十五小元乃一大元,計四千三百二十年也。小厄臨終,猶有旬載之凶;大厄終時,則有百年之亂也。”泛指各種災難。

[4] 三刑:古代星相家將十二地支與五行、四方相配,據其生克之理以推吉凶。子卯爲一刑,寅巳申爲二刑,丑戌未爲三刑。凡逢三刑之地則凶。見《協紀辨方書·義例》。《三車一覽》:“三刑生於三合,亦如六害生於六合之義。子刑卯,卯刑子,爲無禮之刑;寅刑巳,巳刑申,申刑寅,爲恃勢之刑;丑刑戌,戌刑未,未刑丑,爲無恩之刑;辰午酉亥爲自刑之刑。是爲地支五行三刑也。”《新唐書·呂才傳》:“長平坑降卒,非俱犯三刑;南陽多近親,非俱當六合。”《資治通鑑·唐太宗貞觀十五年》引此文,胡三省注云:“三刑:寅刑巳,巳刑申,申刑寅;丑刑戌,戌刑未,未刑丑;子刑卯,卯刑子。”泛指各種刑罰。“六厄”與“三刑”互文對舉。“六厄三刑”與“六街三市”結構相同。同方:謂同在一體。《文選》陸機

《演連珠》之三十："是以天殊其數，雖同方不能分其感；理塞其通，則並質不能共其休。"劉孝標注："耳之與目，同在於身，而苦樂有殊，不能相救。"

〔5〕内事：指方術之事。《三國志・魏書・管寧傳》"尺牘之跡，動見模楷焉"裴松之注引《魏略》："德林亦就學，始精《詩》《書》。後好内事，於衆輩中最玄默。"

〔6〕進不得邯鄲之步二句：《莊子・秋水》："且子獨不聞夫壽陵餘子之學行於邯鄲與？未得國能，又失其故行矣，直匍匐而歸耳。"

〔7〕戴霸：不詳。當爲葛洪之前名醫。華他：華佗。東漢末年名醫。崔中書：不詳。葛洪《肘後備急方序》："余既窮覽《墳》《索》以著述，餘暇兼綜術數，省（張）仲景、元化、劉、戴《秘要》《金匱緑秩》《黃素方》，近將千卷。"《隋書經籍志》三"《張仲景方》十五卷，仲景，後漢人。梁有《黃素藥方》二十五卷，亡。"《金匱緑囊》：即《金匱緑秩》。

〔8〕甘胡、吕傅、周始、甘唐通：不詳。蓋皆葛洪之前名醫。阮河南：阮炳，曾任河南尹，故稱。《三國志・魏書・杜畿傳》"（杜）恕奏議論駁皆可觀，掇其切世大事著于篇"裴注引《杜氏新書》："（阮）武弟炳，字叔文，河南尹。精意醫術，撰藥方一部。"《隋書經籍志》三"范東陽方一百五卷"下："梁又有《阮河南藥方》十六卷，阮文叔（當爲叔文）撰。"

〔9〕爲：通謂。認爲。精悉：精細瞭解。

〔10〕條貫：系統；序列。《史記・屈原賈生列傳》："明道德之廣崇，治亂之條貫，靡不畢見。"

〔11〕尋按：查考。《三國志・魏書・孫禮傳》："今二郡争界八年，一朝決之，緣有解書圖畫，可得尋案擿校也。"

〔12〕卒（cù）暴：急促；緊迫。

〔13〕京都：京師；國都。《漢書・外戚傳下・孝成許皇后》："著絶世於皇極，顯禍敗及京都。"

〔14〕孔穴榮輸：經穴榮脈。輸（shù）：通俞（shù），俞通腧（shù）。人體穴位的總稱。《靈樞經》："經脈之所注爲俞。"

[15] 明堂注偃側圖：人體穴位圖。《隋書經籍志》三著録《黃帝明堂偃
人圖》十二卷、《扁鵲偃側針灸圖》三卷、《黃帝流注脈經》一卷、
《明堂孔穴圖》三卷等，皆與葛洪此處所説相似。明堂：醫家稱針
灸之穴，點志其處曰明堂。

[16] 《玉函方》：《隋書經籍志》三著録《玉函煎方》五卷，葛洪撰，此即
《玉函方》之一。

[17] 寒白退士：寒素清白隱退的士人。

8　或問：“將來吉凶，安危去就[1]，知之可全身(1)[2]，爲
有道乎？”抱朴子曰：“仰觀天文，俯察地理[3]，占風氣[4]，布
籌算[5]，推三棊[6]，步九宮[7]，檢八卦[8]，考飛伏之所集[9]，
診訞訛於物類[10]，占休咎於龜策，皆下術常伎，疲勞而難
恃。若乃不出帷幕而見天下，乃爲入神矣。或以三皇天
文[11]，召司命、司危、五嶽之君[12]，阡陌亭長六丁之靈，皆
使人見之，而對問以諸事，則吉凶昭然，若存諸掌，無遠近
幽深，咸可先知也。或召六陰玉女，其法六十日而成，成則
長可役使。或祭致八史，八史者，八卦之精也，亦足以預識
未形矣。或服葛花及秋芒麻勃刀圭方寸匕[13]，忽然如欲
臥，而聞人語之所不決之事，吉凶立定也。或用明鏡九寸
以上自照，有所思存，七日七夕則見神仙，或男或女，或老
或少，一示之後，心中自知千里之外，方來之事也。明鏡或
用一，或用二，謂之日月鏡。或用四，謂之四規鏡(2)。四規
者，照之時，前後左右各施一也。用四規所見來神甚多。
或縱目，或乘龍駕虎，冠服彩色，不與世同，皆有經圖。欲
修其道，當先暗誦所當致見諸神姓名位號，識其衣冠。不
爾，則卒至而忘其神，或能驚懼[14]，則害人也。爲之，率欲
得靜漠幽閒林麓之中[15]，外形不經目，外聲不入耳，其道必

成也。三童九女節壽君[16]，九首蛇軀百二十官[17]，雖來勿得熟視也[18]。或有問之者，或有訶怒之者[19]，亦勿答也。或有侍從暐曄，力士甲卒，乘龍駕虎，簫鼓嘈嘈，勿舉目與言也。但諦念老君真形，老君真形見，則起再拜也。老君真形者[20]，思之，姓李名聃，字伯陽，身長九尺，黃色，鳥喙，隆鼻[21]，秀眉長五寸(3)[22]，耳長七寸，額有三理上下徹，足有八卦，以神龜爲床(4)，金樓玉堂，白銀爲階，五色雲爲衣，重迭之冠，鋒鋌之劍[23]，從黃童百二十人，左有十二青龍，右有三十六白虎(5)，前有二十四朱雀，後有七十二玄武[24]，前道十二窮奇[25]，後從三十六辟邪[26]，雷電在上，晃晃昱昱[27]，此事出於仙經中也。見老君則年命延長，心如日月，無事不知也。”

【校】

（1）全身：孫星衍校：“刻本作前審。”

（2）謂之四規鏡：藏本、平津本作謂之四規，從《校補》引《書鈔》一百三十六、《初學記》二十五、《類聚》七十、王明案《御覽》七百一十七引補鏡字。

（3）秀眉：孫星衍校：“《意林》引無秀字。”顧廣圻校：“（秀）後當有屈字。”

（4）以神龜爲床：孫星衍校：“（床下）《意林》引有住字。”

（5）三十六：藏本、明抄本、平津本三作二，從顧廣圻校改。

【注】

［１］去就：離去或接近；離職或就任。《莊子·秋水》：“寧於禍福，謹於去就。”

［２］全身：保全身首。《論衡·累害》：“偶俗全身。”

［３］仰觀天文，俯察地理：《易·繫辭上》：“仰以觀於天文，俯以察於

地理。"

［4］占風氣：占候預測氣象。風氣：古代的一種占候之法。《三國
　　志·吳書·吳範傳》："(吳範)以治歷數，知風氣，聞於郡中……
　　每有災祥，輒推數言狀，其術多效。"

［5］籌算：古時刻有數位的竹籌。《漢書·貨殖傳》："致之臨邛，大
　　意，即鐵山鼓鑄，運籌算。"

［6］三棊：古占卜之術。制棋十二枚，分上、中、下三組，擲地，占卜，
　　得上、中、下三種卦形，查閱卦辭，以定吉凶。

［7］九宮：東漢以前易緯家以八卦加上中央，合爲九宮，依次爲坎、
　　坤、震、巽、中央、乾、兑、艮、離，用以占卜吉凶。《後漢書·張衡
　　傳》："重之以卜筮，雜之以九宮。"李賢注："《易乾鑿度》曰：'太一
　　取其數以行九宮。'鄭玄注云：'太一者，北辰神名也。下行八卦
　　之宫，每四乃還於中央。中央者，(地神)［北辰］之所居，故謂之
　　九宫。天數大分，以陽出，以陰入。陽起于子，陰起於午，是乙太
　　一下九宫，從坎宫始，自此而從于坤宫，又自此而從于震宫，又自
　　此而從于巽宫，所以(從)［行］半矣，還息于中央之宫。既又自此
　　而從于乾宫，又自此而從于兑宫，又自此而從于艮宫，又自此而
　　從于離宫，行則周矣，上游息於太一之星而反紫宫。行起從坎宫
　　始，終於離宫也。'"《隋書經籍志》三《五行》著録《九宮經》三卷、
　　《九宫行棋經》三卷，皆鄭玄注。又有《九宫八卦式蟠龍圖》一卷。

［8］八卦：《周易》中的八種符號。八卦是：乾(天)、坤(地)、離(火)、
　　坎(水)、巽(風)、震(雷)、艮(山)、兑(澤)。八卦由陰(--)陽(—)
　　兩種線形組成，陰陽是八卦的根本。分爲乾與坤、離與坎、巽與
　　震、艮與兑相互對立而統一的四組。《易·繫辭下》："古者包犧
　　氏之王天下也，仰則觀象於天，俯則觀法於地，觀鳥獸之文與地
　　之宜，近取諸身，遠取諸物，於是始作八卦，以通神明之德，以類
　　萬物之情。"

［9］飛伏：漢代易學術語。以卦見者爲飛，不見者爲伏；以飛爲未來，
　　伏爲既往。漢儒用以占驗吉凶。見《京氏易傳》、清惠棟《漢易
　　學》。一説指飛禽伏獸。

[10] 訞訛：怪誕虛妄。訞（yāo）：妖孽。按：“訞訛”同“妖訛”，訞同妖。

[11] 三皇天文：《三皇内文》中的天皇文。

[12] 司危：星座名。《史記・天官書》：“司危星，出正西西方之野。星去地可六丈，大而白，類太白。”正義：“司危者，出正西西方分野也，大如太白，去地可六丈，見則天子以不義失國而豪傑起。”按：《漢書・天文志》作“司詭”。五岳之君：五岳之神。五岳：五都，道教五座仙山：東岳廣乘山，南岳長離山，西岳麗農山，北岳廣野山，中岳昆侖山。見明楊慎《丹鉛總録・地理》引《道經》。《九丹經》上：“道士持戒游五都。五都者，五岳也。”

[13] 葛花：《本草綱目》十八《葛花》：“[主治]消酒。別録　腸風下血。時珍”秋芒：農曆秋七月之芒。《本草綱目》十三《芒》：莖“[主治]人畜爲虎狼等傷，恐毒入内，取莖雜葛根濃煮汁服，亦生取汁服。藏器　煮汁服，散血。時珍”麻勃：一名麻花，一名麻賁，即大麻。《御覽》九九五引《本草經》曰：“麻賁，一名麻勃。味平，辛，生川谷。治七傷，利五藏，下血氣。多食令人見鬼狂走，久服輕身，通神明。麻子補中益氣，久服肥健不老。生太山。”《本草綱目》二十二《大麻》：“[主治]一百二十種惡風，黑色遍身苦癢，逐諸風惡血，治女人經候不通。藥性治健忘及金瘡内漏。時珍”

[14] 驚懼：驚慌害怕。《莊子・達生》：“死生驚懼不入乎其胸中，是故遻物而不慴。”

[15] 静漠：亦作静莫、静寞。恬静淡漠；寂静冷漠。《文子・守静》：“老子曰：‘静漠恬淡，所以養生也。’”

[16] 三童、九女、節壽君：皆道教神仙名。九女：九個侍從仙女。《雲笈七籤》卷四八：“明鏡（君）有三童九女侍之。三童長六尺，九女長五尺。”

[17] 九首蛇軀：《楚辭・招魂》：“雄虺九首。”《山海經・海外北經》：“共工之臣曰相柳氏，九首，以食於九山。……相柳者，九首人面，蛇身而青。”百二十官：道教仙官統稱。

[18] 熟視：注目細看。《史記・齊悼惠王世家》：“（魏勃）因退立，股戰

而栗,恐不能言者,終無他語。灌將軍熟視笑曰:'人謂魏勃勇,妄庸人耳。'"

[19]呵怒:猶怒斥。顏之推《顏氏家訓·教子》:"凡人不能教子女者,亦非欲陷其罪惡,但重於呵怒傷其顏色,不忍楚撻慘其肌膚耳。"呵同訶。

[20]老君真形:敦煌寫本伯二三五三號《道德經開題序訣議疏》:"案:《抱朴》引《朱軸玉札》云:'老子黃色美眉,廣顙長耳,大目疏齒,方口厚脣,頯有參午達理,日角月玄,鼻白雙骨,耳有三門,足蹈二五,手把十文,此是托神李母,下爲周師之相也。'"可與本文以下文字合觀。

[21]喙(huì):嘴。隆鼻:高鼻。即隆準。《史記·高祖本紀》:"高祖爲人,鼻準而龍顏。"裴駰集解引文穎曰:"準,鼻也。"服虔曰:"準音拙。"

[22]秀眉:老人眉毛中的長毛爲長壽的象徵。《詩·小雅·南山有臺》:"樂祇君子,遐不眉壽。"毛傳:"眉壽,秀眉也。"

[23]鋋(chán、又 yán):鐵柄小矛。

[24]左青龍……玄武:分別指東方之神、西方之神、南方之神、北方之神。套用《淮南子·兵略》語:"所謂天數者,左青龍,右白虎,前朱雀,後玄武。"高誘注:"角、亢爲青龍,參、井爲白虎,星、張爲朱雀,斗、牛爲玄武。用兵軍者右參、井,左角、亢,背牛、斗,向星、張,此順北斗之銓衡也。"此藉以形容老子出行東西南北四神所率儀仗簇擁之盛狀。古人坐北朝南,左邊爲東方,右邊爲西方,前面爲南方,後面爲北方。青龍:東方七宿角、亢、氐、房、心、尾、箕的總稱,形似蒼龍,角像龍角,氐房像龍身,尾宿即龍尾。白虎:西方七宿奎、婁、胃、昴、畢、觜、參的總稱,形似白虎。朱雀:南方七宿井、鬼、柳、星、張、翼、軫的總稱,形似朱雀,柳爲鳥嘴,星爲鳥頸,張爲嗉,翼爲羽翮。玄武:北方七宿斗、牛、女、虛、危、室、壁的總稱,形似龜或龜蛇合體。《雲笈七籤》二五:"七星尊神千千萬萬,在吾左右:左有青龍名孟章,右有白虎名監兵,前有朱雀名陵光,後有玄武名執明。"

[25] 道：開道。窮奇：此指獸名。《山海經‧海內北經》：“窮奇狀如虎，有翼，食人從首始……”《西山經》：“〔邽山〕其上有獸焉，其狀如牛，蝟毛，名曰窮奇，音如獆狗，是食人。”

[26] 辟邪：神獸名。《後漢書‧靈帝紀》“天祿蝦蟆”李賢注：“今鄧州南陽縣北有《宗資碑》，旁有兩石獸，鐫其膊，一曰天祿，一曰辟邪。”《十洲記》：“聚窟洲……有獅子、辟邪、鑿齒、天鹿。”

[27] 晃晃昱昱：明亮；輝煌。蓋由“晃昱”變來。晉王嘉《拾遺記‧岱輿山》：“和之以泥，塗仙宮，則晃昱明粲也。”

9　或問堅齒之道[1]。抱朴子曰：“能養以華池[2]，浸以醴液[3]，清晨建齒三百過者[4]，永不搖動。其次則含地黃煎[5]，或含玄膽湯[6]，及蛇脂丸[7]、礬石丸[8]、九棘散[9]，則已動者更牢，有蟲者即愈。又服靈飛散者[10]，則可令既脫者更生也。”

【注】

[1] 堅齒之道：《顏氏家訓‧養生》：“吾嘗患齒，搖動欲落，飲食熱冷，皆苦疼痛。見《抱朴子》牢齒之法，早朝叩齒三百下爲良，行之數日，即便平愈，今恒持之。”可證堅齒之效。《御覽》八六七引葛洪《肘後方》曰：“治齒痛用三年釀酢。”亦堅齒之一法。

[2] 華池：口腔。《黃庭內景經‧肺之章》“三十六咽玉池裏”，務成子注：“口爲玉池，亦曰華池。咽液入丹田，所謂灌溉靈根也。”此取其義。

[3] 醴液：口中津液。《黃庭內景經‧口爲章》“口爲玉池太和官”，務成子注：“口中津液爲玉液，一名醴泉，亦名玉漿。”

[4] 建齒：猶言叩齒。建通健。過：量詞。遍；次。

[5] 地黃：又名芑、地髓。孫思邈《備急千金要方》六《七竅病》之《齒病》六：“治齒根動，欲脫落方：生地黃綿裹著齒上，咋之，又咬咀，以汁漬齒根，日四五著之，并咽汁，十日大佳。治齒根動痛

方：生地黄　獨活各三兩　上二味，㕮咀，以酒一升漬一宿，以含之。”“又方：生地黄一節　蒜一瓣　上二味，熟搗，綿裹著痛上，咬之，勿咽汁，汁出吐之，日日爲之，瘥止。”《本草綱目》十六《地黄》：乾地黄“〔主治〕傷中，逐血痹，填骨髓，長肌肉……久服輕身不老，生者尤良。本經”“治齒痛唾血。”生地黄“〔主治〕婦人崩中血不止，及産後血上薄心悶絶。别録”

[6] 玄膽：石膽又名黑石，則玄膽蓋即石膽。石膽皆出鉛中。《本草綱目》十《石膽》：“〔主治〕治牙蟲。大明”“〔附方〕齒痛及落”，“走馬牙疳”，“小兒齒疳”。

[7] 蛇脂：蝮蛇脂。《本草綱目》四十三《蝮蛇》：脂“〔主治〕綿裹，塞耳聾。亦傅腫毒。時珍”

[8] 礜石：孫思邈《備急千金要方》六《七竅病》之《齒病》六：“治齒根動，欲脱落方：又方：礜石一兩，燒水三升，煮取一升，先拭血，乃含之，已後不用，朽人牙根，齒落，不用之可也。”“治牙癰塞口噤不開方：附子大者一枚　黄連十八銖　礜石一兩　上三味，末之，納管中，强開口，吹之入喉間，細細吹之。”《本草綱目》十一《礜石》：“〔主治〕口齒眼目諸病，虎犬蛇蠍百蟲傷。時珍”

[9] 九棘：不詳。蓋統指各種棘。棘，小棘，有白棘、赤棘、顛棘（天門冬）、天棘（天門冬）之名。孫思邈《備急千金要方》六《七竅病》之《齒病》六：“治齒痛，漱湯方：腐棘刺二百枚，以水二升，煮取一升，旋旋含之，日四五度，以瘥止。”

[10] 靈飛散：蓋養生散之一種。靈飛：修身養生之術。南朝宋鮑照《藥奩銘》：“水玉出煙，靈飛生光。”錢振倫注：“《漢武内傳》：‘求道益命，皆須五帝六甲靈飛之術，六丁六壬名字之號。’”《太清金液神氣經》中《靈飛散方》：“雲母一斤，成煉著茯苓半斤，亦可一斤，柏子仁七兩，續斷草七兩，石鐘乳七兩，菊花五兩，亦可十五兩，术四兩，乾地黄十三兩，桂七兩，凡九物，治，下篩。訖，以天門冬一十斤㕮咀，絞取汁以丸。此藥汁多和之汁，少者溲之，著銅器中，懸著，甑下蒸黍米一斛二灰，下熟，出藥。曝乾，更治，令細篩。服一方寸匕。旦服。無毒，可多服耳。當食十日身輕，二

十日耳目聰明，七十日頭髮白返黑。”

10　或問聰耳之道。抱朴子曰：“能龍導虎引[1]，熊經龜咽[2]，燕飛蛇屈鳥伸，天俛地仰[3]。令赤黃之景[4]，不去洞房[5]。猿據兔驚，千二百至，則聰不損也。其既聾者，以玄龜熏之[6]，或以棘頭[7]、羊糞[8]、桂毛、雀桂成裹塞之[9]；或以狼毒冶葛[10]，或以附子蔥涕[11]，合內耳中，或以蒸鯉魚腦灌之[12]，皆愈也。”

【注】

[1]　龍導虎引：如龍呼吸，如虎引體。仿效龍虎呼吸與軀體運動相結合的體育鍛煉方法。近年出土西漢帛畫治疾的《導引圖》是其證。

[2]　熊經龜咽：如熊攀樹而懸，如龜吞咽。燕飛蛇屈鳥伸：如燕飛翔，如蛇屈曲，如鳥伸腿。《後漢書·方術傳·華佗》：“佗語（吳）普曰：‘人體欲得勞動，但不當使極耳。動搖則穀氣得銷，血脈流通，病不得生，譬猶戶樞，終不朽也。是以古之仙者爲導引之事，熊經鴟顧，引挽關節，以求難老。吾有一術，名五禽之戲：一曰虎，二曰鹿，三曰熊，四曰猨，五曰鳥。亦以除疾，兼利蹏足，以當導引。’”

[3]　天俛地仰：如天俯地，如地仰天，一種有俯有仰的體操運動。

[4]　赤黃之景：不詳。赤黃：蓋指赤髓、黃精（黃芽），道教稱兩種從鉛裹煉出的精華，指代元神。《龍虎還丹訣頌》：“黃精赤髓結爲砂。”谷神子注：“黃精則黃芽之精也。金碧歌曰：赤髓流爲汞，汞結爲砂。”《周易參同契》上：“陰陽之始，玄含黃芽，五金之主。”俞琰發揮：“玄含黃芽者，水中產鉛也。鉛爲五金之主，在北方玄冥之內，得土而生黃芽。黃芽，即金華也。”景：象。《黃庭內景經》務成子注：“景者，象也。外象喻即日月星辰雲霞之象，內象喻即血肉筋骨藏府之象也。”

［5］洞房：① 指身體明堂以下，丹田以上。《黄庭内景經·肝氣章》：
　　　“取津玄膺入明堂。”務成子注：“喉嚨一名重樓，重樓以下爲明
　　　堂，明堂以下爲洞房。”玄膺爲舌下生津之竅，是人體津液的上部
　　　來源。② 指兩眉附近的一個穴位。《黄庭内景經·靈臺章》：
　　　“洞房紫極靈門户。”梁丘子注引《大洞經》：“兩眉間……卻入二
　　　寸爲洞房。”

［6］玄龜：水龜，水色玄，又名玄衣督郵，故名。《本草綱目》四十五《水
　　　龜》：“［主治］甲：久服，益氣資智。別錄”“版：治血麻痹。日華”

［7］棘頭：不詳。蓋與棘針、棘刺相類的草本植物，可入藥。

［8］羊糞：《本草綱目》五十《羊》：“屎青殺羊者良。”“［主治］燒灰，理
　　　聤耳……。日華”按：又，羊腎治耳疾。見孫思邈《備急千金要
　　　方》六《七竅病》之《耳病》八：“治腎熱，面黑目白，腎氣内傷，耳鳴
　　　吼鬧，短氣，四肢疼痛，腰背相引，小便黄赤方”的第一主藥即
　　　羊腎。

［9］桂：陸佃《埤雅》：“桂猶圭也。宣導百藥，爲之先聘通使，如執圭
　　　之使也。”嵇含《南方草木狀》：“皮赤者爲丹桂，葉似柿者爲菌桂，
　　　葉似枇杷葉者爲牡桂。”牡桂分爲木桂與肉桂兩種。木桂又名大
　　　桂，肉桂亦名桂枝，一名桂心。詳見李時珍《本草綱目·木部》三
　　　十四《桂、牡桂》。孫思邈《備急千金要方》六《七竅病》之《耳病》
　　　八：“治耳聾方：又方：桂心十八銖　野葛　成煎雞肪五兩　上
　　　三味，㕮咀，於銅器中微火煎三沸，去滓，密貯勿泄，以葦筒盛如
　　　棗核大，火炙，令少熱，欹卧，傾耳灌之，如此十日，耵聹自出，大
　　　如指，長一寸。久聾不過三十日，以髮裹膏深塞，莫使洩氣，五日
　　　用出之。”《千金翼方》云治二十年耳聾。桂毛：木桂之毛。《本
　　　草綱目》三十四《牡桂》：“［時珍曰］：……牡桂，葉長如枇杷葉，
　　　堅硬有毛及鋸齒，其花白色，其皮多脂。”“牡桂，［時珍曰］此即木
　　　桂也。薄而味淡，去粗皮用。”則“堅硬有毛及鋸齒”者可用爲藥
　　　物。雀桂：不詳。蓋牡桂中之一小品種名。

［10］狼毒：《本草綱目》十七《狼毒》：根“［主治］合野葛納耳中，治聾。
　　　抱朴子”冶葛：野葛。冶通野。《本草綱目》十八《葛》：葛根“［主

治]療金瘡，止脅風痛。別錄"

[11] 附子蔥涕：《肘後備急方》六《治卒耳聾諸病方》："耳中膿血出方：
細附子末以蔥涕和，灌耳中良，單蔥涕亦佳，側耳，令入耳。"孫思
邈《備急千金要方》六《七竅病》之《耳病》八："治百蟲入耳方：又
方：以蔥涕灌耳中，蟲即出。《肘後》以療聤耳耳膿血。"《本草綱
目》十七《附子》："［主治]合蔥涕，塞耳治聾。時珍"蔥涕：蔥汁。
《本草綱目》二十六《蔥》："［發明]［時珍曰]蔥汁即蔥涕。"汁"［主
治]治頭痛耳聾，消痔漏，解衆藥毒。時珍"

[12] 鯉魚腦：孫思邈《備急千金要方》六《七竅病》之《耳病》八："治腎
熱，耳膿血出溜，日夜不止方：鯉魚腦一枚　鯉魚腸一具，洗，細
切，鯉魚鮓三斤　烏麻子熬令香，一升　上四味，先搗麻子碎，次
下餘藥，搗爲一家，納器中，微火熬暖，布裹薄耳，得兩食頃開之，
有白蟲出，復更作藥，若兩耳并膿出，用此爲一劑，薄兩耳；若止
一耳，分藥爲兩劑薄，不過三薄，耳便瘥。慎風冷。"《本草綱目》
四十四《鯉魚》：腦髓"［主治]煮粥食，治暴聾。大明"

11　或問明目之道。抱朴子曰："能引三焦之昇
景[(1)][1]，召大火於南離[2]，洗之以明石[3]，熨之以陽光，及
燒丙丁洞視符[4]，以酒和洗之，古人曾以夜書也。或以苦
酒煮蕪菁子令熟[5]，曝乾，末服方寸匕，日三，盡一斗，能夜
視有所見矣。或以犬膽煎青羊[6]、班鳩[7]、石決明[8]、充
蔚[9]、百華散，或以雞舌香[10]、黃連[11]、乳汁煎注之。諸有
百疾之在目者皆愈，而更加精明倍常也[12]。"

【校】

(1) 昇景：原校："昇一作外。"

【注】

[1] 三焦：說法不一：① 指心、肝、肺三焦。《黃庭內景經・心神

章》:"六府五藏神體精。"梁丘子注:"言三焦者多矣而未的其真,
蓋心、肝、腑(肺)三藏之上而繫管之中爲三焦。《中黄經》云:
'心、肝、肺三焦當指其所也。'"② 上焦、中焦、下焦的合稱,約相
當於食道、胃、腸等部分及其機能。《史記·扁鵲倉公列傳》:"別
下于三焦、膀胱。"張守節正義引《八十一難》云:"三焦者,水穀道
路,氣之所終始也。上焦在心下下鬲(膈),在胃上口(主内而不
出)也;中焦在胃中脘(主腐熟水穀),不上不下也;下焦在臍下,
當膀胱上口(主出而不内以傳導)也。"《素問》:"三焦者,決瀆之
官,水道出焉。"

［2］大火:心宿。《爾雅·釋天》:"大火謂之大辰。"郭璞注:"大火,心
也。在中最明,故時候主焉。"離:八卦之一,卦象爲火,指南方。
《易·説卦》:"離爲火。""離也者,……南方之卦也。"内丹術象徵
心臟。《金丹大成·金丹問答》:"心爲離。"

［3］明石:蓋指下文所説之"石決明"。

［4］丙丁:古以十干配五行,丙丁屬火,因稱火爲丙丁。《吕氏春秋·
孟夏》:"其日丙丁。"高誘注:"丙丁,火日也。"

［5］苦酒:醋的別名。《本草綱目》二十五《醋》:"［釋名］［弘景曰］醋
酒爲用……以有苦味,俗呼苦酒。丹家又加餘物,謂爲華池左
味。""［主治］消癰腫,散水氣,殺邪蟲。別録"蕪菁子:蕪菁,又名
"蔓菁""諸葛菜",俗稱"大頭菜"。《肘後備急方》四《治卒發黄疸
諸黄病方》三十一:"治黄疸方:蕪菁子五升,搗篩,服方寸匕,日
三,先後十日愈也。"又六:"經驗後方治虚勞眼暗,采三月蔓菁花
陰乾爲末,以井花冰(水)每空心調下二錢也,久服,長生,可讀夜
書。""又方輕身益氣明目,蕪菁子一升,水九升,煮令汁盡日乾,
如此三度,搗末水服方寸匕,日三。"《本草綱目》二十六《蕪菁》:
子"［主治］明目。別録 療黄疸,利小便。蘇恭"

［6］犬膽:《九丹經》下:"和以龍膏若黄狗膽,服之輕身。"《肘後備急
方》六《治目赤痛暗昧刺諸病方》四十三:"聖惠方治眼癢急赤澀
用犬膽汁注目中。"《本草綱目》五十《狗》:"膽,青犬、白犬者良。"
"［主治］明目。本經"青羊:《肘後備急方》六:"梅師方治目暗黄

昏不見物者，以青羊肝切淡醋食之，煮亦佳。"《本草綱目》五十《羊》："[集解][弘景曰]羊有三四種。入藥以青色羖羊爲勝，次則烏羊。""肝青羖羊者良。""[主治]補肝，治肝風虛熱，目赤暗痛，熱病後失明。蘇恭"

［7］班鳩：《本草綱目》四十九《班鳩》：鳩肉"[主治]明目。多食，益氣，助陰陽。嘉佑"

［8］石決明：《肘備急方》三《治中風諸急方》十九《附方》："日華子云：治頭痛，水調決明子貼太陽穴。""又方決明子作枕勝黑豆治頭風明目也。"《本草綱目》四十六《石決明》："[主治]目障翳痛，青盲。久服益精輕身。別録"

［9］充蔚：又名益母、益明、貞蔚。《本草綱目》十五《茺蔚》：子"[主治]明目益精，除水氣，久服輕身。本經"

［10］雞舌香：即丁香。《肘後備急方》五《治癰疽妒乳諸毒腫方》三十六："又方治妬乳乳癰，取丁香搗末水調，方寸匕服。"《本草綱目》三十四《丁香》："[主治]風水毒腫，霍亂心痛，去惡氣。別録"

［11］黃連：又名王連、支連。《肘後備急方》六《治目赤痛暗昧刺諸病方》："治目方用黃連多矣而羊肝丸尤奇異。"《本草綱目》十三《黃連》："[主治]熱氣，目痛眥傷泣出，明目。……久服令人不忘。本經"乳汁：《本草綱目》五十二《乳汁》："[主治]療目赤痛多淚。別録"

［12］精明：黑眼珠明亮。《淮南子・主術》"猶不能見精"，高誘注："精，目瞳子也。"

12　或問登峻涉險、遠行不極之道。抱朴子曰："唯服食大藥，則身輕力勁，勞而不疲矣。若初入山林，體未全實者，宜以雲珠粉[1]、百華醴[2]、玄子湯洗腳[3]，及虎膽丸[4]、朱明酒[5]、天雄鶴腦丸(1)[6]、飛廉煎[7]、秋芒、車前[8]、澤瀉散[9]，用之旬日，不但涉遠不極，乃更令人行疾，可三倍於常也。若能乘蹻者[10]，可以周流天下，不拘山河。凡乘蹻道有三法，一曰龍蹻[11]，二曰虎蹻，三曰鹿盧蹻[12]。或服符精思，若欲行千里，則以一時思之。若晝夜十二時思之，則可以一日一夕行一萬二千里，亦不能過此，過此當更思之，如前法。或用棗心木爲飛車，以牛革結環劍以引其機[13]，或存念作五蛇六龍三牛交罡而乘之[14]，上昇四十里，名爲太清[15]。太清之中，其氣甚罡，能勝人也[16]。師言鳶飛轉高，則但直舒兩翅，了不復扇搖之而自進者，漸乘罡炁故也[17]。龍初昇階雲，其上行至四十里，則自行矣。此言出於仙人，而留傳於世俗耳，實非凡人所知也。又乘蹻須長齋，絕葷菜，斷血食，一年之後，乃可乘此三蹻耳。雖復服符，思五龍蹻行最遠，其餘者不過千里也(2)。其高下去留，皆自有法，勿得任意耳。若不奉其禁，則不可妄乘蹻，有傾墜之禍也。”

【校】

（1）鶴腦：藏本、平津本作鶴脂，今校改。詳見注。

（2）其餘者不過千里也：王明校：“宋浙本云‘者’下缺一字。”

【注】

［1］雲珠粉：即雲母。《本草綱目》八《雲母》：“[主治]除邪氣，安五臟，益子精，明目，久服輕身延年。本經”

［2］百華醴：百花所釀之酒。

［3］玄子湯：蓋以玄子所制而命名的湯藥。玄子：道教所稱神仙元君。

［4］虎膽丸：《本草綱目》五十一《虎》：膽“[主治]小兒驚癇。藏器 小兒疳痢，神驚不安，研水服之。孟詵”

［5］朱明酒：蓋即太陽酒。朱明：太陽。《楚辭·招魂》：“朱明承夜兮，時不可以淹。”王逸注：“朱明，日也。”

〔6〕天雄：《本草綱目》十七《天雄》：“〔主治〕大風，寒濕痹，曆節痛，拘攣緩急，破積聚邪氣，金瘡，強筋骨，輕身健行。本經”“強志，令人勇武不倦。別錄”鶴腦：《本草綱目》四十七《鶴》：（白鶴）腦“〔主治〕和天雄、蔥實服之，令人目明，夜能書字。抱朴子”

〔7〕飛廉：《本草綱目》十五《飛廉》：根及花“〔主治〕骨節熱，脛重酸疼。久服令人身輕。本經”

〔8〕車前：又名芣苢。《本草綱目》十六《車前》：“〔主治〕氣癃止痛，利水道小便，除濕痹。久服輕身耐老。本經……養肺強陰益精，令人有子，明目療赤痛。別錄”

〔9〕澤瀉：又名水瀉。《本草綱目》十九《澤瀉》：根“〔主治〕風寒濕痹，乳難，養五臟，益氣力，肥健，消水。久服，耳目聰明，不飢延年，輕身，面生光，能行水上。本經”

〔10〕乘蹻：方士所謂舉足高飛之術。曹植《升天行》之一：“乘蹻追術士，遠之蓬萊山。”蹻（jué）：道士所穿的（木）屐、（草）鞋。古代多指草鞋。按：蓋是最早的滑翔器。

〔11〕龍蹻：如龍飛行長空。道士飛行之術。見《龍蹻經》。《雲笈七籤》一〇六《紫陽真人周君內傳》：“紫陽真人……聞蒙山樂先生能讀《龍蹻經》，遂往尋之。”

〔12〕鹿盧蹻：如滑車或絞盤轉動之快速。鹿盧：古時引以下棺或置井上以汲水的滑車或絞盤。《禮記·檀弓下》“公室視豐碑”鄭玄注：“豐碑，斲大木為之，形如石碑，於槨前後四角樹之，穿中，于間為鹿盧，下棺以緯繞。天子六緯四碑，前後各重鹿盧也。”《古文苑》王褒《僮約》：“屈竹作杷，削治鹿盧。”章樵注：“鹿盧引綆以汲井。”

〔13〕牛革結環劍：用牛皮條繫結柄環的劍。

〔14〕五蛇：五條蛇。本喻指春秋時輔佐晉文公的狐偃、趙衰、魏武子、司空季子、介子推五臣。《史記·晉世家》：“龍欲上天，五蛇為輔。”司馬貞索隱：“龍喻重耳，五蛇即五臣：狐偃、趙衰、魏武子、司空季子及介子推也。”六龍：六條龍。本篇謂日乘六龍。《易·乾》：“象曰：……大明終始，六位時成。時乘六龍以禦天。”高亨

今注："上古神話：日行於天空，乘車，車上駕六龍，其母羲和御之。余謂象傳借用此神話，言日駕六龍以時運行於天空。"交罡：與罡星前後交錯。

[15] 太清：三清之一。元始天尊所化法身道德天尊所居之地，在玉清、上清之上。泛指仙境。

[16] 罡：同剛。勝：堪，承受得起。

[17] 罡氛：亦稱罡風。道家稱高空中的風。

13　或曰："《老子篇中記》及《龜文經》，皆言大兵之後[(1)][1]，金木之年[2]，必有大疫，萬人餘一，敢問辟之道[(2)]。"抱朴子曰："仙人入瘟疫秘禁法，思其身爲五玉。五玉者，隨四時之色，春青[(3)]，夏赤，四季月黄[(4)][3]，秋白，冬黑。又思冠金巾，思心如炎火[4]，大如斗，則無所畏也。又一法，思其髮散以被身，一髮端，輒有一大星綴之。又思作七星北斗[5]，以魁覆其頭[6]，以罡指前[7]。又思五臟之氣，從兩目出，周身如雲霧，肝青氣，肺白氣，脾黄氣，腎黑氣，心赤氣，五色紛錯[8]，則可與疫病者同床也。或禹步呼直日玉女[9]，或閉氣思力士，操千斤金錘，百二十人以自衞。或用射鬼丸[10]、赤車使者丸[11]、冠軍丸、徐長卿散[12]、玉函精粉[13]、青牛道士熏身丸[14]、崔文黄散[(5)]、草玉酒[15]、黄庭丸[16]、皇符、老子領中符[17]、赤鬚子桃花符[18]，皆有良効者也。"

【校】

（1）大兵之後：藏本、平津本作藥兵之後，從孫星衍引刻本、王明案引宋浙本校改。顧廣圻校："藥當作荒。"

（2）敢問辟之道：孫星衍校："當重有之字。"王明案："宋浙本、藏本、魯藩本作'敢問避辟之道'，寶顔堂本、崇文本作'敢問避疫之道’。”顧廣圻校删“避”字。

（3）春青：藏本、平津本作春色青，按：“色”字蓋承上“色”字而衍，當删。“夏赤，四季月黄，秋白，冬黑”皆無“色”字，是其證。

（4）四季月黄：原校：“四季，或作六月。”

（5）崔文黄散：原校：“崔一作雀。”“黄一作星。”

【注】

[1] 大兵之後：意本《老子·第三十章》：“大軍之後，必有凶年。”

[2] 金木之年：蓋謂嚴刑峻法的年月。金木：金屬刑具刀鋸斧鉞與木制刑具捶楚桎梏。《莊子·列禦寇》：“爲外刑者，金與木也；爲內刑者，動與過也。”

[3] 四季月黄：按：“四季月”即上文“四季之月”。爲與五色相配，而在春夏秋冬四季之外，加了一個“四季之月”。“四季月”蓋指長夏，即陰曆六月。

[4] 心如炎火：《黄庭經》説心爲中宫，心形似含華之蓮，心爲赤色，如炎火。

[5] 七星北斗：“七星”“北斗”連文同義。

[6] 魁：指天樞、天璇、天璣、天權組成的斗身。一説，北斗七星之第一星。《史記·天官書》：“衡殷南斗，魁枕參首。”張守節正義：“魁，斗第一星也。”“以魁覆其頭，以罡指前”即俗謂踏罡步斗也。

[7] 罡：星名。北斗七星的柄。又叫天罡星。

[8] 紛錯：紛繁雜亂。

[9] 禹步：邁著禹步。直：同值。

[10] 射鬼丸：蓋即鬼箭製成的藥丸。或辟温殺鬼丸。孫思邈《備急千金要方》九《辟温》二：“辟温殺鬼丸　熏百鬼惡氣方：雄黄　雌黄各二兩　殺羊角　虎骨各七兩　龍骨　龜甲　鮫鯉甲　蝟皮各三兩　樗雞十五枚　空青一兩　芎藭　真朱各五兩　東門上雞頭一枚　上十三味，末之，烊蠟二十兩，并手丸如梧子。正旦，門户前燒一丸，帶一丸，男左女右，辟巨惡，獨宿、弔喪、問病各吞一丸小豆大；天陰、大霧日，燒一丸於户牖前，佳。”

[11] 赤車使者：又名小錦枝。《本草綱目》十四《赤車使者》："［主治］風冷邪疰，蠱毒癥瘕，五臟積氣。蘇恭　治惡風冷氣。服之悦澤肌皮，好顏色。甄權"

[12] 徐長卿：人名；草藥名。又名石下長卿、鬼督郵、別仙蹤。《本草綱目草部》十三《徐長卿》："［釋名］［時珍曰］徐長卿，人名也。常以此藥治邪病，人遂以名之。""［主治］鬼物百精蠱毒，疫疾邪惡氣，温瘧。久服强悍輕身。本經　益氣延年。又曰：石下長卿：主鬼疰精物邪惡氣，殺百蟲蠱毒。老魅注易，亡走啼哭，悲傷恍惚。本經"《肘後備急方》一《治尸注鬼注方》七："車前子、車下、李根皮、石長生、徐長卿各數兩，分等，粗搗，作方囊，貯半合，繫衣帶及頭；若注船下暴惨，以和此共帶之；又臨入船，刻取此船自燒作屑，以水服之。"

[13] 玉函精粉：不詳。葛洪有玉函方，"玉函精粉"蓋其中一種。

[14] 青牛道士：此指封君達。《御覽》六百六十三引劉向《列仙傳》："封君達，隴西人。服黃連五十餘年。入鳥鼠山中服練百餘歲，往來故里，常騎青牛，施藥愈病，人惟呼青牛道士。居人間積年，後入虎丘山仙去。"《漢武帝内傳》："封君達，隴西人也。少好道，初服黃連五十餘年，乃入鳥舉山，又於山中服煉水銀百餘年，還鄉里年如三十者。常乘青牛，故號爲'青牛道士'。行，聞有病殆死者，識與不識，便以腰間竹管中藥與服之，或爲下針，應手皆愈，世多得其效驗。都不以姓字語人，人通識乘青牛，因以青牛爲名。聞魯女生得真人《五嶽（真形）圖》，連年請求之，女生後見授，并具告節度。君達先在人間二百餘年，乃入玄丘山中，不知所在。臨去以《五嶽真形圖》傳左元放，元放以傳葛孝先也。"

[15] 草玉酒：不詳。《御覽》八百五引《十洲記》曰："瀛州有玉膏如酒，名曰玉酒，飲之令人長生。"引《魏略》曰："大秦出采玉，五色玉、夫餘出赤玉。"李時珍《本草綱目》八引"采"作"菜"。"菜""草"相類，"草玉"豈"菜玉"乎？《本草綱目》八引陳藏器曰："以玉投朱草汁，化成醴。"豈"草玉酒"謂"朱草汁"與"玉"之合成乎？

[16] 黃庭丸：不詳。蓋藥丸名。

[17] 皇符、老子領中符：皆道士所用符籙名。

[18] 赤鬚子桃花符：蓋以赤鬚子命名的符名。《列仙傳》下《赤鬚子》：
"赤鬚子，豐人也。豐中傳世見之云：秦穆公時主魚吏也，數道
豐界災害水旱，十不失一。臣下歸向，迎而師之，從受業，問所
長，好食松實、天門冬、石脂。齒落更生，髮墮再出。服霞，絶粒。
後遂去吳山下十餘年，莫知所之。"

黄白卷十六[1]

1 抱朴子曰："《神仙經·黄白之方》二十五卷(1)，千有餘首。黄者，金也；白者，銀也。古人秘重其道，不欲指斥[2]，故隱之云爾[3]。或題篇云庚辛，庚辛亦金也[4]。然率多深微難知，其可解分明者少許爾。世人多疑此事爲虚誕，與不信神仙者正同也。余昔從鄭公受九丹及《金銀液經》[5]，因復求受《黄白中經》五卷。鄭君言，曾與左君於廬江銅山中試作，皆成也。然而齋潔禁忌之勤苦，與合金丹神仙藥無異也(2)。俗人多譏余好攻異端，謂予欲强通天下之不可通者(3)。余亦何爲然哉！余若欲以此輩事，騁辭章於來世[6]，則余所著《外篇》及雜文二百餘卷，足以寄意於後代，不復須此。且此《内篇》，皆直語耳[7]，無藻飾也[8]。余又知論此曹事，世人莫不呼爲迂闊不急，未若論俗間切近之理，可以合衆心也。然余所以不能已於斯事，知其不入世人之聽，而猶論之者，誠見其効驗，又所承授之師非妄言者。而余貧苦無財力，又遭多難之運[9]，有不已之無賴，兼以道路梗塞(4)，藥物不可得(5)，竟不遑合作之。余今告人言：我曉作金銀，而躬自飢寒委頓(6)[10]，何異自不能行，而賣治蹵之藥[11]，求人信之，誠不可得。然理有不如意者(7)，亦不可以一槩斷也。所以勤勤綴之於翰墨者[12]，欲令將來好奇賞真之士，見余書而知其論道之意耳(8)。"

【校】

（1）神仙經：《諸家神品丹法》（下簡稱《丹法》）一無經字。

（2）與合金丹神仙藥無異也：藏本、平津本無“合”字，據王明校補：“《御覽》六百七十二‘與’下有‘合’字，是。”

（3）謂予欲强通天下之不可通者：藏本、平津本作“謂予爲趣欲强通天下之不可通者”，《丹法》一無“謂予爲趣”四字。按：“爲趣”二字當删。《御覽》六百七十二無“爲趣”“者”三字。

（4）梗塞：孫星衍校：“（梗）刻本作逼。”

（5）不可：《丹法》一作難。

（6）躬自飢寒委頓：藏本、平津本無“委頓”二字，據《丹法》一校補。

（7）然理有不如意者：藏本、平津本無“者”字，據《丹法》一校補。

（8）而知其論道之意耳：藏本、平津本作而具論道之意耳，從《丹法》一校改。

【注】

［1］黃白：黃金白銀；煉製黃金白銀。《黃帝九鼎神丹經訣》七《六一泥法》有“以左元放所授狐剛子七寶未央丸”之句，陳國符先生説：“狐剛子實爲最大之外丹黃白師。”其黃白術可詳參《黃帝九鼎神丹經訣》與陳國符先生《道藏經中外丹黃白法經訣出世朝代考》，後者見《中國科技史探索》。《黃帝九鼎神丹經訣》一：“真人曰：以丹砂精化爲流珠霜雪，鉛精化爲還丹，黃白乃成，服之神仙矣。”

［2］指斥：指名直呼。蔡邕《獨斷》上：“謂之陛下者，群臣與天子言，不敢指斥天子，故呼在陛下者而告之，因卑達尊之意也。”

［3］云爾：語末助詞。相當於“如此而已”。《論語·述而》：“不知老之將至云爾。”

［4］庚辛亦金：古人將干支與五行相配，“甲乙”屬“木”，“庚辛”屬“金”，故以庚辛指代黃金。《淮南子·天文》“其日庚辛”高誘注：“庚、辛，皆金也。”

［5］鄭公：尊稱鄭隱。鄭隱，字思遠，葛玄弟子，葛洪之師。下文“鄭

君”亦尊稱鄭隱。

［6］辭章：詩文的總稱。《後漢書·蔡邕傳》：“（蔡邕）好辭章、術數、
　　天文，妙操音律。”

［7］直語：沒有藻飾的語言。劉勰《文心雕龍·書記》：“諺者，直語
　　也。喪言亦不及文，故吊亦稱諺。”按：《玄暢》《至理》《微旨》等
　　篇，不乏“騁辭章”之文，非直語。

［8］藻飾：修飾文詞。劉勰《文心雕龍·情采》：“莊周云‘辯雕萬物’，
　　謂藻飾也。”

［9］多難之運：詳見《外篇·自叙》所叙“慈父見背”“又累遭兵火”等
　　遭遇。

［10］委頓：衰弱；病困。《三國志·魏書·高貴鄉公髦》“車駕率群司，
　　躬行古禮焉”裴松之注引《魏名臣奏》載太尉華歆表：“臣老病委
　　頓，無益視聽。”

［11］躄：同蹕（bì）：足不能行。

［12］翰墨：筆墨。張衡《歸田賦》：“揮翰墨以奮藻，陳三皇之軌模。”

2　“夫變化之術，何所不爲。蓋人身本見，而有隱之
之法；鬼神本隱，而有見之之方。能爲之者往往多焉。水
火在天，而取之以諸燧(1)。鉛性白也，而赤之以爲丹；丹性
赤也，而白之而爲鉛[1]。雲雨霜雪，皆天地之氣也，而以藥
作之，與真無異也[2]。至於飛走之屬[3]，蠕動之類[4]，稟形
造化，既有定矣。及其倏忽而易舊體，改更而爲異物者，千
端萬品，不可勝論。人之爲物，貴性最靈[5]，而男女易形，
爲鶴爲石(2)，爲虎爲猿，爲沙爲黿(3)，又不少焉[6]。至於高
山爲淵，深谷爲陵(4)[7]，此亦大物之變化。變化者，乃天地
之自然，何爲嫌金銀之不可以異物作乎？譬諸陽燧所得之
火，方諸所得之水，與常水火，豈有別哉？蛇之成龍[8]，茅
穭爲膏[9]，亦與自生者無異也。然其根源之所緣由(5)，皆

自然之感致[10]，非其窮理盡性者(6)，不能知其指歸；非原始見終者[11]，不能得其情狀也。狹觀近識(7)，桎梏巢穴，揣淵妙於不測，推神化於虛誕，以周、孔不說，墳籍不載，一切謂爲不然[12]，不亦陋哉？又俗人以劉向作金不成，便云天下果無此道，是見田家或遭水旱不收，便謂五穀不播殖得也。"

【校】

（1）諸燧：平津本同，藏本殘作者遂，《丹法》一作陽燧方諸。

（2）爲鶴爲石：《御覽》八五引鶴作鵠。鶴通鵠。《丹法》一鶴作鵠。

（3）爲沙爲黿：《御覽》八五引沙作蛇。

（4）高山爲淵，深谷爲陵：《丹法》一作高山爲深淵，空谷爲丘陵。

（5）緣由：孫星衍校引藏本、王明案引宋浙本、魯藩本作由緣。

（6）非其窮理盡性者：藏本、平津本作非窮理盡性者，《丹法》一"非"前有"其"字。按："其"當與"非"乙轉。

（7）狹觀近識：藏本、魯藩本觀作覩。

【注】

[1] 鉛性白也四句：王明先生《抱朴子內篇校釋·序言》說："前一'白'字指鉛能變做白色的胡粉而言，後一'白'字作漂白去色解釋。'鉛性白也'，是說鉛經過化學變化可以變成鉛白，即胡粉，也就是白色的鹼性碳酸鹽。鉛白加熱後經過化學變化，可以變成鉛丹，即赤色的四氧化三鉛，這就是所謂'赤之以爲丹'。赤色的四氧化三鉛再加熱分解後，可以變成鉛白，這叫做'丹性赤也，而白之以爲鉛'。"鉛氧化可以變成紅色的鉛丹（四氧化三鉛）；鉛丹分解，又可得到鉛。鉛與醋酸反應：

$$Pb + 2CH_3COOH + [O] \longrightarrow Pb(CH_3COO)_2 + H_2O \quad (1)$$

$$3Pb(CH_3COO)_2 + 2CO_2 + 6H_2O + [O] \longrightarrow \quad (2)$$
$$2Pb(OH)_2PbCO_3 + 6CH_3COOH$$

由二式即可分別得到鉛粉(鹼性碳酸鉛)和鉛霜(醋酸鉛)。

［2］雲雨霜雪四句：謂能人工造雨雪。《後漢書·張楷傳》：“(楷)性好道術,能作五里霧。時關西人裴優,亦能爲三里霧。”《魏書·西域傳·悦般國》：“又言其國有大術者,蠕蠕來抄掠,術人能作霖雨、狂風、大雪及行潦,蠕蠕凍死漂亡者十二三。”《關尹子·七釜》：“人之力有可以奪天地造化者,如冬起雷,夏造冰。……皆純氣所爲,故能化萬物。”注此正合。

［3］飛走：飛禽走獸。

［4］蠕動：指爬行的動物。

［5］貴性：謂人。指人具有可貴的稟性。《孝經·聖治章》：“天地之性,人爲貴。”

［6］爲鶴爲石三句：《藝文類聚》九十引葛洪《抱朴子》：“周穆王南征,一軍盡化,君子爲猿爲鶴,小人爲蟲爲沙。”

［7］高山爲淵,深谷爲陵：後句見《詩·小雅·十月之交》。

［8］蛇之成龍：《史記·外戚世家》：“《傳》曰：‘蛇化爲龍,不變其文。’”《御覽》九百三十四引《異苑》曰：“丹陽鍾忠以元嘉冬月晨行,見有一蛇,長二尺許,文色似青琉璃,頭有雙角,白如玉,忠感而畜之,於是資業日登。經年蛇自亡去,忠及二子相繼殞斃。此蛇來吉去凶,其唯龍乎？”

［9］茅：仙茅、白茅、地筋(地菅)。糝(sǎn)：以米和羹。《禮記·内則》“和糝不蓼”陳澔集説：“宜以五味調和米屑爲糝,不須加蓼,故云和糝不蓼也。”茅糝爲膏：蓋謂以米屑和仙茅作成的膏狀藥物。《本草綱目》十二《仙茅》：“［主治］心腹冷氣不能食,腰腳風冷攣痹不能行,丈夫虛勞,老人失溺無子,益陽道。久服通神强記,助筋骨,益肌膚,長精神,明目。_{開寶}治一切風氣,補暖腰腳,清安五臟。久服輕身,益顔色。丈夫五勞七傷,明耳目,填骨髓。_{李珣}　開胃消食下氣,益房事不倦。_{大明}”

［10］感致：使受感動而被招致。《後漢書·逸民傳序》：“是以堯稱則天,不屈潁陽之高；武盡美矣,終全孤竹之絜。自兹以降,風流彌繁,長往之軌未殊,而感致之數匪一。”

[11] 原始見終：推求事物的本原之始即能見其發展的最終的結果。
《論衡‧實知》：“凡聖人見禍福也，亦揆端推類，原始見終，從閭巷論朝堂，由昭昭察冥冥。”

[12] 一切：一概；一律。《管子‧臣乘馬》：“國無幣，以穀爲幣，國穀之
橫，一切什九。”橫通橫，橫通衡，平也。

　　3　“成都内史吳大文[(1)][1]，博達多知，亦自説昔事道士
李根[2]，見根煎鉛錫，以少許藥如大豆者投鼎中，以鐵匙攪
之，冷即成銀。大文得其秘方，但欲自作，百日齋便爲之，
而留連在官，竟不能得，恒歎息言人間不足處也。又桓君
山言漢黃門郎程偉[3]，好黃白術，娶妻得知方家女[(2)]。偉
常從駕出而無時衣，甚憂。妻曰：請致兩端縑[4]。縑即無
故而至前。偉按《枕中鴻寶》[5]，作金不成。妻乃往視偉，
偉方扇炭燒筒，筒中有水銀。妻曰：吾欲試相視一事。乃
出其囊中藥，少少投之，食頃發之，已成銀。偉大驚曰：道
近在汝處，而不早告我，何也？妻曰：得之須有命者。於
是偉日夜説誘之，賣田宅以供美食衣服，猶不肯告偉。偉
乃與伴謀撾笞伏之。妻輒知之，告偉言，道必當傳其人，得
其人，道路相遇輒教之，如非其人，口是而心非者，雖寸斷
支解[6]，而道猶不出也。偉逼之不止，妻乃發狂，裸而走，
以泥自塗，遂卒。近者前廬江太守華令思[(3)][7]，高才達學，
洽聞之士也，而事之不經者[8]，多所不信。後有道士爲説
黃白之方[(4)]，乃試令作之，云以鐵器銷鉛，以散藥投中，即
成銀。又銷此銀，以他藥投之，乃作黃金。又從此道士學
徹視之方，行之未百日，夜卧即便見天文及四鄰了了，不覺
復有屋舍籬障。又妾名瑤華者已死，乃見形[(5)]，與之言語
如平生。又祭廟，聞廟神答其拜，牀似動有聲[9]。令思乃

歎曰：世間乃定無所不有，五經雖不載，不可便以意斷也。然不閑方伎者(6)，卒聞此，亦焉得不驚怪邪[10]？”

【校】

（1）大：《丹法》一、宋浙本作太。

（2）娶妻得知方家女：王明校：“‘知’寶顏堂本、崇文本作‘之’。”

（3）華令思：王明校：“《御覽》七百三十六‘令’作‘念’。”

（4）後有道士爲説黄白之方：藏本、平津本無“爲”字，據《丹法》一校補。

（5）已死乃見形：陳其榮校：“《御覽》七百三十六作死已久亦見其形。”

（6）然不閑：藏本、明抄本、平津本作然不聞，從顧廣圻校改：“聞當作閑，即嫻字也。”

【注】

［1］内史：官名。西漢諸侯王國置内史掌民政，歷代相沿。錢大昕《十駕齋養心録》六：“漢制，諸侯王國以相治民事，若郡之有太守也。晉則以内史行太守事，國除爲郡，則復稱太守，然二名往往相混淆，史家亦互稱之。”《御覽》六百六十三引《道學傳》：“李根，字子側，許昌人。昔往壽春吳太文家，弟子知根有道術，窮竊視其器，見素書一卷，自記學道服藥時日。又太文説根目瞳子方，根乃地仙耳。”

［2］亦自説昔事道士李根：吳大文從李根學作金銀事見《神仙傳·李根》。

［3］桓君山：見下“桓譚”注。黄門郎：《漢書·百官公卿表》：“中黄門有給事黄門，位從將大夫。”《通典》二十一：“凡禁門黄闥，故號黄門，其官給事于黄闥（宫門）之内，故曰黄門侍郎。”或稱“黄門郎”。侍從皇帝，傳達詔命，參與機密朝政，備皇帝顧問。程偉好黄白事見桓譚《新論·辨惑》。

〔４〕端：古代量詞。帛類的長度單位。相當於二丈。《周禮·地官·媒氏》“入幣純帛無過五兩”鄭玄注：“五兩，十端也。……《雜記》曰：‘納幣一束，束五兩，兩五尋，’然則每端二丈。”賈公彥疏：“古者二端相向，卷之共爲一兩，五兩故十端也。”

〔５〕《枕中鴻寶》：《漢書·劉向傳》：“上（宣帝）復興神仙方術之事，而淮南有《枕中鴻寶》、《苑秘書》，書言神仙使鬼物爲金之術。”顏師古注：“《鴻寶》《苑秘書》，并道術篇名，臧在枕中，言常存録之不漏泄也。”淮南：淮南王劉安。

〔６〕支解：古代碎裂肢體的一種酷刑。《戰國策·秦策三》：“（吳起）功已成矣，卒支解。”鮑彪注：“斷其四支。”

〔７〕令思：華譚（？—322）字令思，廣陵（今江蘇揚州）人。幼孤，及長，好學不倦。初爲揚州刺史從事史，太康中除郎中、太子舍人，本國中正，後遷廬江內史。建武初（317）授秘書監，後加散騎常侍。著《辨道》三十卷。

〔８〕不經：謂近乎荒誕，不合常理。《史記·孟子荀卿列傳》：“（騶衍）乃深觀陰陽消息而作怪迂之變，《終始》《大聖》之篇十余萬言，其語閎大不經。”

〔９〕床：安放器物的支架几案。

〔10〕驚怪：亦作驚恠。感到驚異奇怪。《史記·刺客列傳》：“酒酣，嚴仲子奉黃金百鎰，前爲聶政母壽。聶政驚怪其厚，固謝嚴仲子。”

4　“又黃白術亦如合神丹，皆須齋潔百日已上，又當得閑解方書⁽¹⁾，意合者乃可爲之，非濁穢之人〔１〕，及不聰明人，希涉術數者所辦作也⁽²⁾，其中或有須口訣者，皆宜師授。又宜入於深山之中，清潔之地，不欲令凡俗愚人知之，而劉向止宮中作之，使宮人供給其事，必非齋潔者，又不能斷絕人事，使不來往也，如此安可得成哉？桓譚《新論》曰⁽³⁾〔２〕：史子心見署爲丞相史〔３〕，官架屋，發吏卒及官奴婢以給之，作金不成。丞相史自以力不足⁽⁴⁾，又白傅太后〔４〕，太后不復利於金也,聞金成可以作延年藥,又甘心焉[5],乃除之爲郎[6],舍之北宮中,使者待遇[7],寧有作此神方可於宮中,而令凡人雜錯共爲之者哉? 俗間染繒練,尚不欲使雜人見之,見之即壞,況黃白之變化乎(5)? 凡事無巨細,皆宜得要。若不得其法,妄作酒醬醋羹臛猶不成,況大事乎?"

【校】

（1）閑：孫星衍校："即嫺字。"

（2）所辨作也：孫星衍校："辨即辦字也。"

（3）桓譚新論：孫星衍校："（論）藏本作詮,非。"

（4）丞相史自以力不足：藏本、平津本無"史"字,按：承上"丞相史",此當補"史"字。

（5）況黃白之變化乎：孫星衍校："藏本無此（況）字。""藏本無此（乎）字。"王明案："宋浙本亦無'況'字。"

【注】

[1]濁穢：污濁。比喻醜惡、鄙陋的事物。《史記·屈原賈生列傳》："濯淖污泥之中,蟬蛻於濁穢,以浮游塵世之外。"

[2]桓譚（前33—公元39）：字君山。沛國相（今安徽濉溪西北）人,博學多通,遍習《五經》,尤好古學,精通音律。哀、平間以父任爲郎。新莽時爲掌樂大夫。更始,拜太中大夫。建武初,拜議郎給事中。上書陳時政,力言國之興廢。見光武以圖讖決疑,指斥讖記之虛妄。帝怒,欲以非聖無法斬之。後出任六安郡丞,憂死道中。著《新論》二十九卷。

[3]史子心：史子心作金事,見《新論·辨惑篇》。丞相史：漢初相府總管長史的前身。《漢舊儀》："漢初置相國史,秩五百石。後罷,並爲丞相史。"後位在"司直""長史""丞相徵事"之下,秩四百石。

[4]傅太后（? —前2）：河內溫（今屬河南）人。初爲上官太后才人。

元帝爲太子時得幸,元帝即位,立爲倢仔。生子定陶恭王劉康,
更名昭儀。其孫劉欣立爲哀帝,益驕橫,干擅朝政。哀帝卒,廢
爲庶人,旋自殺。

［5］甘心:羨慕;向慕。《史記・封禪書》:"(三神山)諸仙人及不死之
　　藥皆在焉……世主莫不甘心焉。"司馬貞索隱:"甘心,謂心甘
　　羨也。"

［6］郎:廊的省文。在王宮殿前左右廊廡中任職的官員。其職任:
　　近侍左右、執兵宿衛、奉使出命等。

［7］使者:使唤的人;僕從,傭工。《禮記・投壺》:"司射、庭長及冠士
　　立者,皆屬賓黨;樂人及使者、童子,皆屬主黨。"鄭玄注:"使者,
　　主人所使。"

　　5　"余曾諮於鄭君曰:'老君云:不貴難得之貨[1]。而
至治之世,皆投金於山,捐玉於谷[2],不審古人何用金玉爲
貴而遺其方也(1)?'鄭君答余曰:'老君所云,謂夫披沙剖
石[3],傾山漉淵,不遠萬里,不慮壓溺[4],以求珍玩,以妨民
時,不知止足,以飾無用。及欲爲道,志求長生者,復兼商
賈,不敦信讓[5],浮深越險,乾没逐利[6],不吝軀命,不修寡
欲者耳(2)。至於真人作金,自欲餌服之致神仙,不以致富
也。故經曰:金可作也,世可度也,銀亦可服餌,但不及金
耳。'余難曰:'然則何不餌世間金銀而化作之(3),作之則非
真,非真則詐僞也。'鄭君答余曰:'世間金銀皆善,然道士
率皆貧。故諺云:無有肥仙人、富道士也。師徒或十人或
五人,亦安得金銀以供之乎? 又不能遠行採取,故宜作也。
又化作之金,乃是諸藥之精,勝於自然者也。仙經云:丹
精生金。此是以丹作金之説也。故山中上有丹砂,其下多
有金(4)。且夫作金成則爲真物,中表如一[7],百煉不減。
故其方曰,可以爲釘(5),明其堅勁也[8]。此則得夫自然之

道也。故其能之，何謂詐乎[6]？詐者謂以曾青塗鐵，鐵赤色如銅，以雞子白化銀，銀黃如金，而皆外變而內不化也。夫芝菌者，自然而生，而仙經有以五石五木種芝，芝生，取而服之，亦與自然之芝無異[7]，俱令人長生，此亦作金之類也。雉化爲蜃，雀化爲蛤，與自然者正同。故仙經曰：流珠九轉，父不語子；化爲黃白，自然相使[9]。又曰：朱砂爲金，服之昇仙者，上士也；茹芝導引，咽氣長生者，中士也；餐食草木[8]，千歲以還者，下士也。又曰：金銀可自作，自然之性也，長生可學得者也。《玉牒記》云：天下悠悠，皆可長生也。患於猶豫，故不成耳。凝水銀爲金[9]，可中釘也。《銅柱經》曰：丹沙可爲金，河車可爲銀[10]，立則可成，成則爲真，子得其道，可以仙身。黃山子曰：天地有金，我能作之；二黃一赤，立成不疑[11]。《龜甲文》曰：我命在我不在天，還丹成金億萬年[12]。古人豈欺我哉？但患知此道者多貧，而藥或至賤而生遠方，非亂世所能得也[10]。若戎鹽鹵鹹皆賤物，清平時了不直錢，今時不限價直而買之無也。羌里石膽[13]，千萬錢求一斤[11]，亦不可得。徒知其方，而與不知者正同，可爲長歎者也。有其法者，則或飢寒無以合之，而富貴者復不知其法也。就令知之，亦無一信者。假令頗信之，亦已自多金銀[14]，豈肯費見財以市其藥物，恐有棄繫逐飛之悔，故莫肯爲也。又計買藥之價，以成所得之物，尤有大利，而更當齋戒辛苦，故莫克爲也。且夫不得明師口訣，誠不可輕作也。’”

【校】

（１）金玉：平津本作金銀：從王明校改：“宋浙本、藏本、魯藩本作‘金玉’。”

（2）者耳：孫星衍校：“藏本無此二字。”

（3）然則何不餌世間金銀：藏本、平津本無“然則”二字，據《丹法》一、宋浙本校補。

（4）故山中上有丹砂，其下多有金：藏本、平津本無“上”字，據《丹法》一校補。

（5）釘：王明校：“或疑‘釘’當作‘針’。”

（6）故其能之，何謂詐乎：王明校：“‘能’下宋浙本有‘成’字。慎校本、寶顏堂本、崇文本‘其’作‘苟’，‘謂’下有‘之’字。”

（7）亦與自然之芝無異：藏本、平津本無“之”字，據王明校補：“慎校本、寶顏堂本、崇文本‘自然’下有‘之’字。”

（8）餐食草木：王明校：“‘餐’宋浙本作‘殄’”按：藏本作飧，《丹法》一作湌。湌同餐。飧殄：熟食。

（9）凝水銀爲金：孫星衍校：“藏本無此（水）字。”王明案：“宋浙本‘水銀’作‘汞’，可知藏本漏‘水’字。”

（10）非亂世所能得也：藏本、平津本無“能”字，據《丹法》一校補。

（11）千萬錢求一斤：藏本、平津本無“錢”字，據王明校補：“慎校本、寶顏堂本、崇文木本‘千萬’下有‘錢’字，案當有。”

【注】

［1］不貴難得之貨：《老子·第六十四章》：“是以聖人欲不欲，不貴難得之貨。”

［2］至治之世：指堯舜之時。投金於山，捐玉于谷：《外篇·詰鮑》：“余聞唐堯之爲君也，捐金於山；虞舜之禪也，捐璧於谷。”按：唐堯二句，不詳所據。蓋作者別有所本，或記憶有誤。《莊子·天地》：“若然者，藏金於山，沈珠於淵，不利貨財，不近貴富。”陸賈《新語·術事》：“聖人不貴珠玉而寶其身，故舜棄黃金於嶄嵓之山，捐珠玉於五湖之淵，將以杜淫邪之欲，絕琦瑋之情。”嵓通巖。《淮南子·泰族》：“故舜深藏黃金於嶄岩之山，所以塞貪鄙之心也。”據此，爲虞舜事。唐堯捐金，他書未見，蓋連類而及。藏：去；輕棄不用。《左傳·昭公十九年》“紡焉以度而去之”陸德明

釋文引裴松之注《魏志》云:"古人謂藏爲去。"《文選》張衡《東京賦》"藏金于山"吕延濟注:"藏,輕棄不用。"

[3]披沙:淘去泥沙;排去泥沙。南朝梁鍾嶸《詩品》上:"陸文如披沙簡金,往往見寶。"

[4]壓溺:土壓和水淹。指意想不到的外來災害。王充《論衡·氣壽》:"凡人禀命有二品:一曰所當觸值之命,二曰强弱壽夭之命。所當觸值,謂兵、燒、壓、溺也。""兵、燒、壓、溺,遭以所禀爲命,未必有審期也。"

[5]信讓:誠信謙讓。《禮記·坊記》:"故君子信讓以蒞百姓,則民之報禮重。"

[6]乾没(gān mò):投機取利。《漢書·張湯傳》:"(湯)始是小吏,乾没,與長安富賈田甲、魚翁叔之屬交私。"顏師古注:"服虔曰:'乾没,射成敗也。'如淳曰:'豫居物以待之,得利爲乾,失利爲没。'"清顧炎武《日知録·乾没》:"乾没大抵是僥倖取利之意。"

[7]中表:裏和外。《世説新語·德行18》:"裴令公歲請二國租錢數百萬,以恤中表之貧者。"

[8]釘:煉製而成的黄金餅塊。堅勁:勁健有力。《管子·地員》:"其泉白清,其人堅勁。"

[9]子、使:之部上聲字。

[10]河車:鉛;黄芽;紫河車。《九丹經》上:"玄黄精一名黄芽,一名黄輕,……一名黄華,一名玄制石。"《石藥爾雅》上《飛煉要訣·釋諸藥隱名》:"鉛精,一名金公,一名河車,一名水錫,一名太陰,一名素金,一名天玄飛雄,一名幾公黄,一名立制太陰,一名虎男,一名黑虎,一名玄武,一名黄男,一名曰虎,一名黑金,一名青金。"《龍虎還丹訣》上《辨真鉛》:"按仙經隱號,一名立(玄)制石,一名黄精,一名玄華,一名白虎,一名黄芽,一名河車,一名黄池,一名黄龍,一名木錫。"李白《金陵與諸賢送權十一序》:"嘗采姹女于江華,收河車於清溪,與天水權昭夷服勤爐火之業久矣。"王琦注:"姹女,汞也;河車,鉛也。皆煉丹藥物。"

[11]二黄一赤:指雄黄、戎鹽與丹砂。見下文。之、疑:之部平聲字。

[12] 我命在我不在天：《西升經》五《我命章》：“我命在我，不屬天地。”《雲笈七籤》五九《太无先生服氣法》：“老君云：‘我命在我，不在天地。’”又六四《王屋真人口授陰丹秘訣靈篇》：“故道者相傳皆曰：‘我命在我，不在乎天。’”與此意同。《雲笈七籤》五六《諸家氣法·元氣論并序》：“仙經云：‘我命在我，保精受氣，壽無極也。’”按：《塞難》云：“命之修短，實由所依，受氣結胎，各有星宿。”與此相連，蓋側重點不同。天、年：真部平聲字。

[13] 石膽：石質藥物。《黃帝九鼎神丹經訣》九《煉石膽取精華法》：“以土墼壘作兩個方頭爐，相去二尺，各表裏精泥，其間旁開一孔，亦泥表裏使精，燻使乾。一爐中著銅盤，使定，即密泥之；一爐中以炭燒石膽，使作煙，以物扇之，其精華盡入銅盤。爐中卻火，待冷，開，取任用。入萬藥，藥皆神。”《本草綱目》十《石膽》：“〔集解〕《別録》云：石膽生秦州羌道山谷大石間，或羌里句青山。二月庚子，辛丑日采。其爲石也，青色多白文，易破，狀似空青。能化鐵爲銅，合成金銀。”

[14] 已：古通以，因爲。《韓非子·外儲説右上》“已與二弟争民”王先慎集解：“已、以，古通。”

6　“夫醫家之方藥[1]，淺露之甚，而其常用効方，便復秘之。故方有用後宮遊女[1]，僻側之膠，封君泥丸[2]，木鬼子，金商芝，飛廉根[2][3]，伏龍肝[4]，白馬汁[3][5]，浮雲澤，龍子丹衣[4]，夜光骨[6]，百花醴，冬鄒齋之屬[5][7]，皆近物耳，而不得口訣，猶不可知，況於黃白之術乎？今能爲之者，非徒以其價貴而秘之矣，此道一成，則可以長生。長生之道，道之至也，故古人重之也。凡方書所名藥物，又或與常藥物同而實非者，如河上姹女[8]，非婦人也；陵陽子明[9]，非男子也；禹餘糧，非米也；堯漿[10]，非水也。而俗人見方用龍膽虎掌[11]、雞頭鴨蹠[12]、馬蹄犬血[6][13]、鼠尾牛膝[14]，皆謂之血氣之物也；見用缺盆覆盆[(7)][15]、釜鑼大戟[16]、鬼箭、天鉤[(8)][17]，則謂之鐵瓦之器也；見用胡王使者[18]、倚姑新婦[(9)][19]、野丈人、守田翁[(10)][20]、戴文浴[21]、徐長卿，則謂人之姓名也。近易之草[(11)]，或有不知；玄秘之方，孰能悉解[(12)]？劉向作金不成，無可怪之也。及得其要，則復不煩聖賢大才而後作也，凡人可爲耳。劉向豈頑人哉[(13)]，直坐不得口訣耳。今將載其約而効之者，以貽將來之同志焉。當先取武都雄黃[22]，丹色如雞冠，而光明無夾石者，多少任意[(14)]，不可令減五斤也。搗之如粉，以牛膽和煮之令糝[(15)]。以赤土釜容一斗者，先以戎鹽石膽末薦釜中，令厚三分，乃内雄黃末，令厚五分，復加戎鹽於上。如此，相似至盡。又加碎炭火如棗核者，令厚二寸。以蚓螻土及戎鹽爲泥，泥釜外[23]，以一釜覆之，皆泥令厚三寸，勿泄。陰乾一月，乃以馬糞火煴之[24]，三日三夜，寒，發出，鼓下其銅，銅流如冶銅鐵也。乃令鑄此銅以爲筩，筩成以盛丹砂水。又以馬屎火煴之[(16)]，三十日發爐，鼓之得其金，即以爲筩，又以盛丹砂水。又以馬通火煴三十日[(17)]，發取搗治之。取其二分生丹砂，一分並汞[(18)][25]，汞者，水銀也[(19)]。立凝成黃金矣。光明美色，可中釘也。"

【校】

（1）夫醫家之方藥：藏本、平津本無"方"字，據《丹法》一校補。

（2）飛廉根：藏本、平津本作飛君根，《丹法》一作飛軍糧，疑"君"與"軍糧"皆誤。"君"與"廉"、"軍"與"輕"部分形近致誤，糧一體寫作粮，蓋"根"之誤。飛廉又名飛輕。詳見注。

（3）白馬汁：藏本、平津本汁作汗，從王明校改。

（4）龍子丹衣：王明校："'丹'一作'單'，參前《雜應篇》注。"

（5）冬鄒齋：《丹法》一齋作齊。

（6）馬蹄：孫星衍校："（蹄）藏本作肺。"

（7）缺盆：藏本、平津本作缺杯，從王明校改。

（8）天鉤：原校："鉤一作釣。"

（9）姑：《諸家神品丹法》一作枯。

(10) 守田翁：藏本、平津本翁作公，從《丹法》一校改。按：蓋本作翁，
　　抄寫者丟了下邊的"羽"字，就成爲"公"字了。

(11) 近：藏本、平津本作"延"，從孫星衍引刻本、陳其榮引《御覽》九百
　　九十八、王明案案引慎校本、寶顏堂本、崇文本校改。

(12) 玄秘之方，孰能悉解：《丹法》一無"秘"字，"解"下有"之"字。

(13) 劉向豈頑人哉：孫星衍校："（頑）刻本作凡。"王明案："頑人謂愚
　　鈍之人。'凡'字蓋涉上文而訛，"

(14) 多少任意：孫星衍校："（任）藏本作在。"按：任意、在意兩可，魏
　　晉時義同。

(15) 以牛膽和煮之令糝：藏本、平津本作以牛膽和之，煮之令燥，從
　　《丹法》一校改。"燥"乃"糝"之訛。

(16) 又以馬屎火煴之⋯⋯又以盛丹砂水：孫星衍校："以上二十七字
　　當是小注，一本如此作，誤入正文耳。"

(17) 馬通：《丹法》一作馬矢，以下凡"馬通"皆作"馬矢"。

(18) 汞：孫星衍校："藏本作綠。"

(19) 汞者，水銀也：孫星衍校："以上五字，當是小注，誤入正文。"顧廣
　　圻校同。

【注】

［1］後宮遊女：熒火蟲。《石藥爾雅》上《飛煉要訣·釋諸藥隱名》：
　　"熒火蟲，一名後宮遊女，一名夜遊好女兒。"

［2］封君泥丸：蓋封君達所制丸藥。

［3］飛廉根：中草藥名。《本草綱目》十五《飛廉》：根及花"［主治］骨
　　節熱，脛重酸疼。久服令人身輕。本經"

［4］伏龍肝：又名竈心土。《肘後備急方》五《治癰疽妒乳諸毒腫方》

三十六：“又方伏龍肝末之，以酒調，厚傅其瘡口，乾即易，不日平復。”《本草綱目》七《伏龍肝》：“[釋名]陶弘景曰：此竈中對釜月下黄土也。以竈有神，故號爲伏龍肝，並以迂隱其名爾。”“[主治]婦人崩中吐血，止咳逆血。醋調，塗癰腫毒氣。別録”

［5］白馬汁：覆盆子別名。《石藥爾雅》上《飛煉要訣·釋諸藥隱名》：“覆盆子，一名缺盆，一名白馬汁。”

［6］夜光骨：蠟燭殘餘的別名。《石藥爾雅》上《飛煉要訣·釋諸藥隱名》：“燭燼，一名夜光骨。”《本草綱目》六《燭燼》：“[集解][時珍曰]燭有蜜蠟燭、蟲蠟燭、柏油燭、牛脂燭、惟蜜燭、柏油者，燼可入藥。”“[主治]丁腫……治九漏……。時珍”

［7］冬鄒齋：不詳。蓋是一種藥物的隱名。

［8］河上姹女：汞的別名。又名黄輕、鉛黄華。《百問訣》《海客論》引《古歌》：“河上姹女，靈而最神（真）；得火則飛，不見埃塵（真）。鬼隱龍匿，莫知所存（魂）。將欲制之，黄芽爲根（痕）。”《周易參同契》中“不見埃塵”作“不染垢塵”，長生陰真人注：“河上姹女，水（汞）之異名。”《九丹經》上：“河上姹女者，鉛黄華也。”

［9］陵陽子明：水銀的別名。《龍虎還丹訣》上《辨水銀》：“按仙經隱號，一名河上姹女，一名長生子，一名汞，一名太陽流珠，一名神膠，一名陵陽子，一名玄明龍，一名玄水，一名白虎腦，一名金銀席。”

［10］堯漿：不詳。蓋藥物名。

［11］龍膽：草藥名。《肘後備急方》一《治卒心痛方》八：“又方龍膽四兩，酒三升煮，取一升頓服。”虎掌：又名天南星，中草藥。《肘後備急方》二《治卒霍亂諸急方》十二：“回陽散、天南星爲末，每服三錢，入京棗三枚，水一盞半同煎，至八分，温服，未省，再服。”又三《治卒上氣咳嗽方》二十三：“十全博救方治咳嗽，天南星一個，大者炮令裂爲末，每服一大錢，水一盞，生薑三片煎，至五分，温服，空心，日午、臨臥時各一服。”

［12］雞頭：又名芡實，水流黄，草藥名。《本草綱目》三十三《芡實》：“[釋名]莖上花似雞冠，故名雞頭。”揚雄《方言》三：“蔧、芡，雞頭

也。北燕謂之菱，青、徐、淮、泗之間謂之芡，南楚、江、湘之間謂之雞頭，或謂之雁頭，或謂之烏頭。"實若石榴，肉白如菱米，其莖可食，其根煮食如芋。鴨蹠：又名雞舌草、碧竹子，中草藥。見《本草綱目》十六《鴨蹠草》[釋名]。"[氣味]苦，大寒，無毒。""[主治]寒熱瘴瘧……。藏器"

[13] 馬蹄：馬蹄草：蓴菜，又名水葵、露葵。見《本草綱目》十九《蓴》[釋名]。"[主治]消渴熱痹。別錄"杜衡：又名馬蹄香，香草名。《爾雅·釋草》："杜，土鹵。"郭璞注："杜衡也，似葵而香。"《本草綱目》十三《杜衡》[釋名]："[恭曰]杜衡葉似葵，形似馬蹄，故俗名馬蹄香。""[主治]風寒咳逆。別錄"犬血：蓋是"白狗耳上血"的略語。《石藥爾雅》上《飛煉要訣·釋諸藥隱名》："白狗耳上血，一名白龍柴，一名陰龍膏瓠汁。"

[14] 鼠尾：鼠尾芩，即黃芩。見《本草綱目》十三《黃芩》[釋名]。"[主治]諸熱黃疸……。本經"《肘後備急方》一《治心腹煩滿方》十："又方黃芩一兩、杏人二十枚、牡蠣一兩，水三升煮，取一升頓服。"按：據上海名醫陳存仁於上世紀70年代所著《被忽視的發明：中國早期醫藥史話》說，黃芩具有抗生素作用。鼠尾草：《爾雅·釋草》："葝、鼠尾。"郭璞注："可以染皂。"《本草綱目》十六《鼠尾草》："[釋名][時珍曰]鼠尾以穗形命名。""[主治]鼠瘻寒熱，下痢膿血不止。白花者主白下，赤花者主赤下。別錄"牛膝：又名"山莧菜"、"對節菜"。《肘後備急方》三《治寒熱諸瘧方》十六："又方牛膝莖葉一把，切，以酒三升服，令微有酒氣，不即斷，更作，不過三服而止。"又四《卒治大腹水病方》二十五："姚云牛膝酒神驗也。"

[15] 缺盆：即覆盆，又名決盆、馬瘺、陸英、陸荊。《爾雅·釋草》"茥，蒛葐。"郭璞注："覆盆也，實似莓而小，亦可食。"《廣雅·釋草》："蒛葐、陸英，莓也。"王念孫疏證："《神農本草》云：'蓬藟味酸平，主安五藏，益精氣，久服輕身不老。一名覆盆。出荊山、平澤。'"覆盆：《御覽》九百九十八引《甄氏本草》："覆盆子，一名馬瘺，一名陸荊。"《石藥爾雅》上《飛煉要訣·釋諸藥隱名》："覆盆子，一

名缺盆。"《名醫別録》:"覆盆子,味甘平,無毒,主益氣輕身,令髮不白。五月采。"

[16]　釜鬵(ⅰ):不詳。"釜"指代鐵釜、土釜,"鬵"指代鼎。鬵:同鬲,古代一種炊具,似鼎。此蓋指形似釜鬲的草藥名。大戟:又名蕎、邛巨、下馬仙,草藥名。見《本草綱目》十七《大戟》[釋名]。"[主治]蠱毒、十二水,腹滿急痛積聚,中風皮膚疼痛,吐逆。本經"

[17]　鬼箭:又名神箭、衛矛。《神農本草經》:"衛矛味苦寒,主(治)女子崩中下血腹滿汗出,除邪,殺鬼毒蠱疰。一名鬼箭。生霍山山谷。"《廣雅·釋草》:"鬼箭,神箭也。"王念孫疏證:"陶弘景云:'山野處處有,其莖有三羽,狀如箭羽,俗皆呼爲鬼箭。'然則鬼箭以形得名也。"天鉤:不詳。蓋草藥名。

[18]　胡王使者:即獨活、白頭翁、野丈人。見《本草綱目》十二《白頭翁》[釋名]。根"[主治]溫瘧狂易寒熱,癥瘕積聚癭氣,逐血止痛,療金瘡。本經"花"[主治]瘧疾寒熱,白禿頭瘡。時珍"又見《本草綱目》十三《獨活》[釋名]。"[主治]風寒所擊,金瘡止痛。本經"

[19]　倚姑新婦:不詳。蓋草藥名。

[20]　守田翁:即半夏,又名蔄草、地文、和姑。見《本草綱目》十七《半夏》[釋名]。《肘後備急方》一《救卒中惡死方》一:"又方半夏末和如大豆吹鼻中。"又二《治傷寒時氣溫病方》十三:"又方熟洗、半夏末服之,一錢一服。"

[21]　戴文浴:即戴文玉,草藥名。見趙學敏《本草綱目拾遺》四。如金釵草,療血疾。

[22]　武都雄黃:《本草綱目》九《雄黃》[集解]:"[別録]曰:雄黃生武都山谷,敦煌山之陽,采無時。"武都山在今甘肅敦煌市之南。

[23]　蚓螻土:即蚯蚓泥、六一泥。見《本草綱目》七《蚯蚓泥》[釋名]。校注:"六一泥:本草述卷三蚯蚓泥條云:'綱目一名六一泥,蓋謂六味(礬石、黃礬、蚯蚓糞、城土、鹽各一兩,黃泥一斤,以上共六味)同爲末,搗和成泥,用以固濟煉藥之盒耳,然不可獨以此名

歸之蚓類也。'"按：與《金丹》所説不同。

[24] 馬糞：《石藥爾雅》上《飛煉要訣·釋諸藥隱名》："馬糞，一名馬通，一名靈薪。"又名通卿。《九丹經》上："先以通卿煴火以壅土釜邊，火去土釜五寸許。通卿者，馬通也。"火：又名子明。《九丹經》上："曰子者火也，故火名子明也。"《黄帝九鼎神丹經訣》一："火名子明，汞亦名子明。"

[25] 汞：丹鉛。異名甚多。《黄帝九鼎神丹經訣》十二《丹鉛秘目三十六名》："一名玄黄花，二名黄輕，三名龍鱗，四名伏丹，五名河車，六名丹液，七名驛丹，八名制丹，九名煉丹，十名黄芽，十一石膽，十二陰陽父母，十三飛輕，十四黄精，十五黄龍符，十六河上姹女，十七制石，十八名汞，十九黄花，二十成己丹，二十一紫粉，二十二紅粉，二十三流珠液，二十四紫明，二十五玄丹，二十六黄龍，二十七金火符，二十八陰陽之精髓，二十九天地母，三十液神符，三十一金花，三十二飛丹，三十三黄華，三十四太陰，三十五金公，三十六河上游女。"又名朱氏子。《九丹經》下："太一旬石朱氏子。朱氏子者，水銀也。"

7　作丹砂水法

治丹砂一斤，内生竹箭中(1)[1]，加石膽、消石各二兩[2]，覆薦上下(2)，閉塞箭口，以漆骨丸封之(3)[3]，須乾，以内醇苦酒中。埋之地中，深三尺。三十日成水，色赤味苦也。

金樓先生所從青林子受作黄金法[4]

先鍛錫，方廣六寸，厚一寸二分，以赤鹽和灰汁[5]，令如泥，以塗錫上，令通厚一分，累之納於赤土釜中(4)。率錫十斤，用赤鹽四斤，合封固其際，以馬通火煴之，三十日，發火視之，錫中悉如灰狀，中有累累如豆者，即黄金也。合冶内土甌中⁽⁵⁾，以炭鼓之，十煉之並成也。率十斤錫，得金二十兩。唯長沙、桂陽、豫章、南海土釜可用耳^[6]。彼鄉土之人，作土釜以炊食，自多也⁽⁶⁾。

治作赤鹽法

用寒鹽一斤^[7]，又作寒水石一斤^{(7)[8]}，又作羽涅一斤^{(8)[9]}，又作白礬一斤⁽⁹⁾，合内鐵器中，以炭火火之，皆消而色赤，乃出之可用也。

甪里先生從稷丘子所授化黃金法^{(10)[10]}

先以礬水石二分⁽¹¹⁾，内鐵器中，加炭火令沸，乃内汞多少自在，攪令相得，六七沸，注地上成白銀。乃取丹砂水、曾青水各一分，雄黃水二分，於鑼中加微火上令沸，數攪之，令相得，復加炭火上令沸⁽¹²⁾，以此白銀内其中，多少自在，可六七沸，注地上凝，則成上色紫磨金也^{(13)[11]}。

治作雄黃水法

治雄黃内生竹筩中一斤，輒加消石二兩，覆薦上下，封以漆骨丸，内醇大醋中^{(14)[12]}，埋之深三尺，二十日即化爲水也。作曾青水方，及礬石水同法，但各異筩中耳^{(15)[13]}。

小兒作黃金法⁽¹⁶⁾

作大鐵筩成⁽¹⁷⁾，中一尺二寸，高一尺二寸。作小鐵筩成，中六寸，瑩磨之^[14]。赤石脂一斤^[15]，消石一斤，雲母一斤，代赭一斤^[16]，流黃半斤^{(18)[17]}，空青四兩^[18]，凝水石一斤，皆合搗細篩，以醯和，塗之小筒中，厚二分，汞一斤，丹

砂半斤，良非半斤⁽¹⁹⁾。取良非法用鉛十斤內鐵釜中，居爐
上露灼之，鉛銷，內汞三兩，早出者以鐵匙抄取之，名曰良
非也⁽²⁰⁾。攪令相得，以汞不見爲候，置小筩中，雲母覆其
上，鐵蓋鎮之。取大筩居爐上，銷鉛注大筩中，没小筒中，
去上半寸，取銷鉛爲候，猛火炊之，三日三夜成，名曰紫
粉^[19]。取鉛十斤於鐵器中銷之，二十日上下，更內銅器中，
須鉛銷，內紫粉七方寸匕，攪之，即成黃金也。欲作白銀
者，取汞置鐵器中，內紫粉三方寸匕⁽²¹⁾，火令相得，注水中，
即成銀也。

【校】

（１）内生竹筩中：《丹法》一内作納，無生字。按：内，納之初字。

（２）覆薦上下：《丹法》一薦作藉。按：兩可。

（３）漆骨丸：孫星校："（漆）藏本作染。"

（４）累之納於：藏本作累累於、平津本作累置於，從《丹法》一校改。

（５）合冶内土甌中：平津本冶作治，從孫星衍校改："（治）藏本作冶。"

（６）自多也：孫星衍校："自'金樓先生'以下，當另起一條而誤連。"

（７）用寒鹽一斤：孫星衍校："藏本無此（一斤）二字。"又作寒水石一
　　　斤：顧廣圻校："似當云用寒鹽又作白礬一斤。寒水石又作寒羽
　　　一斤，小注。"

（８）又作羽涅一斤：藏本、平津本作又作寒羽涅一斤，《丹法》一無又
　　　作寒三字。"寒"字蓋承上"寒水石"之"寒"而衍，當删。

（９）又作白礬一斤：孫星衍校："藏本無此（一斤）二字。"

（10）角里先生：孫星衍校："自'角里先生'以下當另起一條而誤連。"
　　　王明案："孫校是，今將'角里先生從穋丘子所授黃金法'移爲文
　　　前小標題。"所授化黃金法：《丹法》一作所受作庚法。金作庚，
　　　下同。

（11）礬水石：王明校："宋浙本作'礬石水'。"

(12) 數攪之，令相得，復加炭火上令沸：《丹法》一作“數攪之，令相入”，“復加炭火令沸以此爲妙”，移至“紫磨金”下。

(13) 注地上凝，則成上色紫磨金也：《丹法》一作“注地上即成上色紫磨庚也”。

(14) 醇大醋：原校：“或作醇苦酒。”

(15) 作曾青水方，及礬石水同法，但各異箭中耳：《丹法》一用“作青白丸石水法”作爲小標題，“作青白水及丸石水同法，但各異箭中耳”另起一條。按，“青白”當作“白青”。

(16) 小兒作黃金法：《丹法》一作“小童作庚法”。

(17) 作大鐵箭成：《丹法》一“成”作“盛”，下同。

(18) 流黃：《丹法》一作硫黃。

(19) 良非：《丹法》一作良飛。

(20) 取良非法用鉛十斤内鐵釜中，居爐上露灼之，鉛銷，内汞三兩，早出者以鐵匙抄取之，名曰良非也：《諸家神品丹法》一“取良飛法”作爲小標題，“用鉛十斤納鐵器中，坐火上，露炊之，鉛納汞三兩，早出者以鐵匙抄取之名曰良飛也”，另立爲一條，在《務成子法》之前。

(21) 方寸匕：藏本、明抄本、平津本作寸已上，從孫星衍、顧廣圻校改。

【注】

[1] 丹砂：《黄帝九鼎神丹經訣》八《作丹砂水法》：“丹砂一斤，納生竹筒中，加石膽、硝石各二兩，塘啼，盛苦酒筒内中，覆蓋，埋中庭，入地三尺，二十日成水。其水甘美，其色黄濁也。又法：丹砂一斤，納生竹筒中，加石膽二兩。硝石四兩，漆固，如上，入華池中三十日成水。又法：加石膽、硝石各二兩，塘啼，盛埋如上法，三十日成水，其味苦，其色赤。”可供讀本段參考。

[2] 消石：《丹法》一消作硝。消通硝。又名芒消、苦消。石藥名。見《本草綱目》十一[釋名]。《肘後備急方》六《治目赤痛暗昧刺諸病方》：“取芒硝一大兩，置銅器中急火上煉之，放冷後，以生絹細羅點眼角中，每夜欲卧時一度點，妙。”《本草綱目》十一《消石》：

“[主治]五臟積熱，胃脹閉……除邪氣。煉之如膏，久服輕身。
本經”

［３］漆骨丸：不詳。蓋是使上下釜際密閉之物。

［４］金樓先生：青童君的學生，八公的老師。青林子：蓋即東海青童
君，太極真人的學生，金樓先生的老師。《黃帝九鼎神丹經訣》八
《明化石序》：“昔太極真人以此神經及水石法授東海青童君，君
授金樓先生，先生授八公，八公授淮南王劉安。”

［５］赤鹽：戎鹽之一種。《黃帝九鼎神丹經訣》九《作赤鹽法》：“黃礬
石一斤，石鹽八兩，并搗作末，鐵器中消熔，看色赤足，即停下，成
赤鹽，研爲末用。狐子曰：‘其藥分中，金精、曾青、朱砂、雄黃，若
不煉殺，用之者，徒費千金，无閏金之分毫也。’”《本草綱目》十一
《戎鹽》：“[集解]《本草》云：‘北海青，南海赤。’……張果《玉洞要
訣》云：‘赤戎鹽出西戎，裹自然水土之氣，結而成質。其地水土
之氣黃赤，故鹽亦隨土氣而生。’”“亦名絳鹽”。“[主治]明目目
痛，益氣，堅肌骨，去毒蠱。本經”

［６］長沙、桂陽、豫章、南海：皆古郡名。長沙，治所在今湖南長沙市；
桂陽，治所在今湖南郴州市；豫章，治所在今江西南昌市；南海，
治所在今廣東番禺縣。《太極真人九轉還丹經要訣》：“西城王君
曰：‘欲合九轉，先作神釜，可容三斗半者當用滎陽、長沙、豫章土
釜，厚四分。’”

［７］寒鹽：即鹵鹹，又名寒石，故名。《本草綱目》十一《鹵鹹》：“[主
治]大熱消渴狂煩，除邪，及下蠱毒，柔肌膚。本經”

［８］寒水石：凝水石；石膏。《本草綱目》十一《凝水石》：“[正誤][恭
曰]……或云縱理爲寒水石，橫理爲凝水石。”“[主治]身熱，腹中
積聚邪氣，皮中如火燒，煩滿，水飲之。久服，不飢。本經”《本草
綱目》九《石膏》：“[釋名][時珍曰]……其性大寒如水，故名寒水
石，與凝水石同名異物。”“[主治]中風寒熱，心下逆氣驚喘，口乾
舌焦，不能息，腹中堅痛，除邪鬼，產乳金瘡。本經”

［９］羽涅：礬石別名，《本經》名羽涅。《本草綱目》十一《礬石》：“[釋
名][時珍曰]礬者，燔也，燔石而成也。《山海經》云：女床之山，

其陰多涅石。郭璞注云：礬石也。楚人名涅石，秦人名爲羽涅。”《肘後備急方》六《治目赤暗昧刺諸病方》：“外臺秘要主目翳及努肉，用礬石最白者内一黍米於翳上及努肉上即冷淚出，綿拭之，令惡汁盡，其疾日日減，翳自消薄，便差。礬石須真白好者方可使用。”

[10] 甪（心）里先生：西漢初“商山四皓”之一。

[11] 上色：上等；高級。紫磨金：上等黄金。孔融《聖人優劣論》：“金之優者，名曰紫磨，猶人之有聖也。”酈道元《水經注·温水》：“華俗謂上金爲紫磨金，夷俗謂上金爲陽邁金。”

[12] 内醇大醋中：《黄帝九鼎神丹經訣》十七《作醋法》：“赤黍米一石，淨簁淘，取泔三石，爛炊作飯及泔。依前三石之數一時下著甕中，細搗篩，訖，以麴末黍飯及泔，依前三石之數一時下著甕中，攪之使均，以紙七重蓋其甕口，每經七日卸卻一重，四十九日去紙盡也。初，以紙蓋重重別繫，凡七七日，其醋即熟。別以好帛幕其甕口。待滿，始堪投藥。欲取投藥，接取醋清若未，須用糟密貯，勿開之也。其作醋水，以五月雨水作之最神。百石、千石分料放此。醋甕之底，必須著磚，不欲數移，（移）即健壞。挹率率物，宜用訖，瓢時，以枯棘漉去毛髮也。”

[13] 作曾青水方：《黄帝九鼎神丹經訣》十五《煉曾青法》：“曾青以好酒漬之，置銅器中，以紙蓋鎮，于日中暴，若夏日，待七日亦得，唯多日益有力矣。若無日，以火暖之，調暴乾，訖，以瓷器玉槌研之，令極碎，釅醋拌，使乾濕得所任用。又以絹厚密者爲袋盛曾青，置瓷缸中。率曾青十兩，用醋一升。懸其藥袋於醋缸中，十日一易醋，盡一百日，用醋一斗而止也。其懸絹袋，不得到底。”

[14] 瑩磨：磨治使光潔；磨治。三國吴康僧會《〈安般守意經〉序》：“若得良師鑴刮瑩磨，薄塵微曀，蕩使無餘。”

[15] 赤石脂：《肘後備急方》二《治傷寒時氣温病方》十三：“又方赤石脂一斤、乾薑二兩、水五升煮，取三升分二服。若絞臍痛，加當歸一兩、芍藥二兩，加水一升也。”

[16] 代赭：《黄帝九鼎神丹經訣》十八《代赭石》：“代赭特是丹方之要，

并與戎鹽、鹵鹹皆欲急須，故黃帝之丹亦所切要味也。而好者紅
赤色如雞冠，有澤，染爪甲不偸者良。俗出齊國山谷，采無時。
一名須丸。出姑幕者名須丸；出代郡者，名代赭。此爲俗用，乃
疎其味苦甘寒，無毒。”《神農本草經》：“代赭一名血師，好者狀如
雞肝。”《本草綱目》十“［主治］：鬼疰賊風蠱毒，殺精物惡鬼，腹中
毒邪氣，女子赤沃漏下。本經”

［17］流黃：硫黃。《肘後備急方》五《附方》：“又方治諸瘡胬肉如蟻出
數寸，用硫黃一兩，研，胬肉上薄塗之，即便縮。”

［18］空青：又名楊梅青、青神羽理。《肘後備急方》三《治中風諸急方》
二十：“又方取空青末著口中入咽即愈。姚同。”《本草綱目》十《空
青》《造化指南》：“銅得紫陽之氣，而生綠。綠二百年而成石綠，
銅始生其中焉。曾、空二青，則石綠之得道者，均謂之礦。又二
百年得青陽之氣，化爲鍮石。”“［釋名］［時珍曰］空言質，青言色，
楊梅言似也。”“［主治］青盲耳聾，明目，利九竅，通血脈，養精神，
益肝氣。本經”

［19］紫粉：鉛汞化合物。《石藥爾雅》上《飛煉要訣・釋諸藥隱名》：
“玄黃花，一名輕飛，一名飛流，一名大丹，一名良飛，一名紫粉。”

8　務成子法[(1)]

作鐵筩長九寸，徑五寸，搗雄黃三斤，蚯蚓壤等分[(2)]，
作合以爲泥，塗裹使徑三寸[(3)]，遺口四寸[(4)]，加丹砂水二
合，覆馬通火上，令極乾，内銅筒中，塞以銅合蓋堅，以黃沙
築上，覆以蚯蚓壤重泥[(5)]，上無令泄，置爐炭中，令有三寸
炭，筩口赤，可寒發之，雄黃皆入著銅筩，復出入如前法。
三斤雄黃精，皆下入著筩中，提取與黃丹等分[(6)][1]，合作以
爲爐，爐大小自在也[(7)]。欲用之，置爐於炭火中，爐赤，内
水銀，水銀動則内鉛其中[(8)]，黃從傍起交中央，注之於地，
即成金。凡作一千五百斤，爐力即盡矣。此金取牡荆赤黍

酒漬之^[2]，百日，即柔可和也。如小豆，服一丸，日三服，盡
一斤，三蟲伏尸^[3]，百病皆去，盲者視，聾者聞，老者即還年
如三十時，入火不灼，百邪衆毒、冷風暑濕，不能侵入；盡三
斤，則步行水上，山川百神，皆來侍衛，壽與天地相畢。以
樗雞朱草煮一丸^{(9)[4]}，以拭目眥，即見鬼及地中物，能夜
書；以白羊血塗一丸，投水中，魚龍立出，可以取也；以青羊
血、丹雞血塗一丸^{(10)[5]}，懸都門上，一里不疫；以塗牛羊六
畜額上，皆不疫病，虎豹不犯也；以虎膽蛇肪塗一丸，從月
建上以擲敵人之軍^[6]，軍即便無故自亂，相傷殺而走矣；以
牛血塗一丸以投井中，井中即沸，以投流水，流水則逆流百
步；以白犬血塗一丸⁽¹¹⁾，投社廟舍中，其鬼神即見，可以役
使；以兔血塗一丸，置六陰之地^[7]，行廚玉女立至，可供六
七十人也⁽¹²⁾；以鯉魚膽塗一丸，持入水，水爲之開一丈，可
得氣息水中以行，冒雨衣不沾也；以紫莧煮一丸，含咽其
汁，可百日不飢；以慈石煮一丸，内髻中，以擊賊，白刃流矢
不中之，有射之者，矢皆自向也；以六丁六壬上土並一丸，
以蔽人中則隱形，含一丸，北向以噴火，火則滅；以庚辛日
申酉時，向西地以一丸擲樹，樹木即日便枯；又以一丸，禹
步擲虎狼蛇蝮，皆即死；研一丸以書石即入石，書金即入
金，書木入木，所書皆徹其肌理，削治不可去也。卒死未經
宿，以月建上水下一丸，令入咽喉，并含水噴死人面，即活。
以狐血鶴血塗一丸，内爪中，以指萬物，隨口變化，即山行
木徙，人皆見之，然而實不動也。凡作黄白，皆立太乙、玄
女、老子坐醮祭，如作九丹法，常燒五香，香不絶。又金成，
先以三斤投深水中，一斤投市中，然後方得恣其意用
之耳⁽¹³⁾。

【校】

（１）務成子法：《丹法》一作務成子作庚法。

（２）蚓螻壤：《丹法》一作螻蚓土。

（３）塗裏：王明校："慎校本、寶顏堂本、崇文本作'塗筩中'。"

（４）遺口：藏本、平津本作匱口；從《丹法》一校改。遺，留也。

（５）蚓螻壤：藏本、平津本脱螻字，據上文"蚓螻壤"補。

（６）入著筩中：藏本、明抄本、平津本作入著筩中，下，從顧廣圻校删"下"字。與黃丹等分：藏本、平津本丹作沙，從《丹法》一校改。

（７）爐大小自在也：王明校："'爐'宋浙本、藏本、魯藩本作'火'。"

（８）水銀動則内鉛其中：藏本、平津本無"水"字，據《丹法》一校補。

（９）樗雞：今校改。藏本、平津本作杼血，藏本原校："杼一作樗。"《丹法》一杼作樗。詳見注。

（10）以青羊血丹雞血塗一丸：王明校："慎校本、寶顏堂本、崇文本'青羊血'下有'塗一丸'。"

（11）以白犬血塗一丸：孫星衍校："（丸下）刻本有置六陰之地五字，藏本無。"

（12）可供六七十人也：藏本、平津本供作俟，從孫星衍校、《丹法》一、王明引宋浙本校改。

（13）然後方得恣其意用之耳：孫星衍校："自《務成子法》以下，當另起一條而誤連。"王明案："孫校是，今將《務成子法》移爲文前小標題。"

【注】

［１］黃丹：鉛黃花。《石藥爾雅》上《飛煉要訣・釋諸藥隱名》："鉛黃花，一名黃丹，一名軍門，一名金柳，一名鉛華，一名華蓋，一名龍汁，一名九光丹。"《肘後備急方》四《治卒胃反嘔啘方》三十《附方》："又方碧霞丹治吐逆立效：北來黃丹四兩，篩過，用好米醋半升同藥入銚内煎，令乾，卻用炭火三秤就銚内煅透紅，冷，取研細爲末，用粟米飯丸如桐子大煎湯下七丸，不嚼，衹一服。"

［２］牡荆：又名黃荆、小荆。《本草綱目》三十六《牡荆》：實"［氣味］

苦,温,無毒。"“[主治]除骨間寒熱,通利胃氣,止咳逆,下氣。
別録"“治小腸疝氣甚效。浸酒飲,治耳聾。時珍"“葉[氣味]苦、
寒,無毒。"“[主治]久痢、霍亂、轉筋、血淋,下部瘡……別録"赤
黍:黍的一種。《本草綱目》二十三卷《黍》:“[釋名]赤黍曰虋
(mén)。"黍米“[主治]益氣,補中。別録燒灰和油,塗杖瘡,止痛,
不作瘢。孟詵"

[3]　三蟲伏尸:人體内的寄生蟲都死去。三蟲:亦稱三彭,或稱三尸
神,指人體内的寄生蟲。王充《論衡・商(適)蟲》:“人腹中有三
蟲。下濕之澤,其蟲曰蛭。蛭食人足,三蟲食腸。"黃暉《校釋》:
“《三國志・魏志・華佗傳》:‘漆葉青粘散,漆葉屑一升,青粘屑
十四兩,以是爲率,言久服去三蟲,利五歲。’據《神農本草經》、
《名醫名(別)録》,三蟲乃濕熱所化之蟲,天門冬、白僵蠶、胡汾、
貫衆、檳榔,并主殺三蟲者。"伏尸:尸體倒地。猶言死亡。

[4]　樗雞:樗樹上的紅色小蟲。《本草綱目》四十《樗雞》:“[釋名]紅
娘子、灰花蛾。"“[主治]心腹邪氣,陰痿,益精强志,生子好色,補
中輕身。本經"朱草:一種紅色的草,可作染料。方士附會爲瑞
草。“朱草"與“騶虞"同被古人視爲吉祥物,互爲對仗。

[5]　丹雞:紅色雄雞。《肘後備急方》一《救卒中惡死方》一:“割丹雄
雞冠血管吹内鼻中。"《本草綱目》四十八《雞》:“丹雄雞肉[氣味]
甘、微温,無毒。"“[主治]女人崩中漏下赤白沃。通神,殺惡毒,
辟不祥。補虚温中止血。本經"

[6]　月建:指農曆每月所建置的辰時,如十一月爲建子之月,十二月
爲建丑之月,正月爲建寅之月,二月爲建卯之月,如此類推。上:
方位。術數家將有時間的天盤、地盤、人盤相配即得相應方位。

[7]　六陰之地:指六丁神所臨方位。六陰:道教認爲六丁爲陰神,
故名。

登涉卷十七^[1]

1 或問登山之道。抱朴子曰："凡爲道合藥，及避亂隱居者，莫不入山。然不知入山法者，多遇禍害。故諺有之曰：太華之下，白骨狼藉^[2]。皆謂偏知一事，不能博備^[3]，雖有求生之志，而反強死也^[4]。山無大小，皆有神靈，山大則神大，山小則神小也。入山而無術，必有患害。或被疾病，或遭驚怖，或患傷刺^{(1)[5]}；或聞異聲，或逢變異，或見光景^{(2)[6]}，或令大木不風而自摧折，岩石無故而自墮落，打擊煞人；或令人迷惑狂走，墮落坑谷；或令人遭虎狼毒蟲犯人，不可輕入山也。當以三月九月，此是山開月^[7]，又當擇其月中吉日佳時。若事久不得徐徐須此月者^[8]，但可選日時耳。凡人入山，皆當先齋潔七日，不經污穢，帶昇山符出門^[9]，作周身三五法^[10]。又五嶽有受殃之歲，如九州之地，更有盛衰⁽³⁾，受飛符煞炁，則其地君長不可作也。按《周公城名錄》^[11]，天下分野，災之所及，可避不可禳，居宅亦然，山嶽皆爾也。又大忌不可以甲乙、寅卯之歲，正月、二月入東嶽；不以丙丁、巳午之歲，四月、五月入南嶽；不以庚辛、申酉之歲，七月、八月入西嶽；不以戊己之歲⁽⁴⁾，四季之月入中嶽；不以壬癸、亥子之歲，十月、十一月入北嶽^[12]。不須入太華、霍山、恒山、太山、嵩高山，乃忌此歲月⁽⁵⁾，其嶽之方面，皆同禁也。又萬物之老者，其精悉能假託人形，以眩惑人目[13]，而常試人，唯不能於鏡中易其真形耳。是以古之入山道士，皆以明鏡徑九寸已上，懸於背後，則老魅不敢近人。或有來試人者，則當顧視鏡中，其是仙人及山中好神者，顧鏡中故如人形。若是鳥獸邪魅，則其形貌皆見鏡中矣。又老魅若來，其去必卻行，行可轉鏡對之，其後而視之，若是老魅者，必無踵也；其有踵者，則山神也。昔張蓋蹹及偶高成二人，並精思於蜀雲臺山石室中(6)，忽有一人著黃練單衣葛巾，往到其前曰：勞乎道士，乃辛苦幽隱，於是二人顧視鏡中，乃是鹿也。因問之曰(7)：汝是山中老鹿，何敢詐爲人形？言未絕，而來人即成鹿而走去(8)。林慮山下有一亭，其中有鬼，每有宿者，或死或病，常夜有數十人(9)，衣色或黃或白或黑，或男或女。後郅伯夷者過之宿(10)，明燈燭而坐誦經，夜半有十餘人來，與伯夷對坐，自共樗蒲博戲(11)[14]，伯夷密以鏡照之，乃是群犬也。伯夷乃執燭起，佯誤以燭爝爇其衣，乃作燋毛氣。伯夷懷小刀，因捉一人而刺之，初作人叫(12)，死而成犬，餘犬悉走，於是遂絕，乃鏡之力也。上士入山，持《三皇內文》及《五嶽真形圖》[15]，所在召山神，及按鬼錄，召里社及山卿澤尉問之(13)[16]，則木石之怪，山川之精，不敢來試人。其次即立七十二精鎮符[17]，以制百邪之章，及朱官印、包元十二印[18]，封所住之四方，亦百邪不敢近之也。其次執八威之節[19]，佩老子玉策，則山神可使，豈敢爲害乎？余聞鄭君之言如此，實復不能具知其事也。余師常告門人曰：‘夫人求道，如憂家之貧，如愁位之卑者，豈有不得耶？但患志之不篤，務近忘遠，聞之則悦，倔倔前席[20]，則忽然若遺[21]，毫釐之益未固，而丘山之損不已，亦安得窮至言之微妙，成罔

極之峻崇乎₂'''

【校】

（1）或被疾病，或遭驚怖，或患傷剌：藏本、平津本作"或被疾病及傷剌，及驚怖不安"，從《經訣》四校改。

（2）或聞異聲，或逢變異，或見光景：藏本、平津本作或見光影，或聞異聲，從《經訣》四校改。

（3）盛衰：藏本、平津本作衰盛，今校乙。

（4）戊己：藏本"己"誤作巳。

（5）忌此歲月：藏本、明抄本、平津本無"月"字，據顧廣圻校補："（歲下）當有月（字）。"

（6）昔張蓋蹋及偶高成二人，並精思於蜀雲臺山石室中：原校："蓋一作盍。""高一作豪。"按：《太平廣記》四百四十三《張盍蹋》引《抱朴子》作昔張盍蹋、甯成二人并出家於蜀雲臺山石室中。

（7）因問之曰：陳其榮校："《御覽》六百七十一問作叱。"

（8）走去：陳其榮校："《御覽》六百七十一作徑去。"

（9）常夜有數十人：陳其榮校："《御覽》六百七十一作十數人，七百五十四作十許人。"

（10）郅伯夷：藏本、平津本作郄伯夷，今校改。藏本原校："郄一作郅。"陳其榮校："《御覽》六百七十一作郅。"孫詒讓《札迻》云："《續搜神記》亦作'郅'，別本是也。《風俗通義·怪神篇（·世間多有精物妖怪百端）》載此事，文小異，云北部督郵西平郅伯夷，長沙太守郅君章孫也（今本'郅'誤作'到'，依盧氏《群書拾遺補》校正）。君章，郅惲字，《後漢書》有傳，則不當作'郄'明矣。"過之宿：藏本、平津本過作遇，今校改。孫星衍校："（遇）疑作過。"崇文本、《御覽》六百七十一、七百五十四作過之宿。

（11）自共：陳其榮校："《御覽》七百五十四作自持。"

（12）人叫：陳其榮案："盧本作人聲。"王明案："寶顏堂本亦作'人聲'，慎校本作'人語'。"

(13) 召里社及山卿澤尉問之：藏本、平津本作召州社及山卿宅尉問
　　之，今校改。《經訣》五州作里，宅作澤，卷一有"山卿澤尉皆來侍
　　從"之句。《九丹經》上："坐使諸神，言服神丹百日，諸仙下迎，真
　　人玉女玉童素女青腰諸百鬼山卿澤尉皆來侍從。"宅亦作澤。

【注】

［1］登涉：爬山蹚水。《晉書·苻朗載記》："每談虛語玄，不覺日之將
　　夕；登涉山水，不知老之將至。"本篇論登山涉水避忌之法。《黃
　　帝九鼎神丹經訣》二、四、五、七多引本篇，可用以參校本文。

［2］太華：即西嶽華山，在陝西省華陰縣南，因其西有少華山，故稱
　　太華。狼藉(jí)：縱橫散亂貌。按：華山險峻，僅《智取華山》解
　　放軍所走華山一條路到達北峰，其後半段 80 度的陡坡最險。注
　　者年過八旬，於 2008 年 9 月 12 日曾沿此路爬山北峰，深有
　　體會。

［3］博備：完美；完備。《後漢書·劉愷傳》："沉重淵懿，道德博備。"

［4］強死：亦作殭死。人尚健壯而死於非命。《左傳·文公十年》：
　　"初，楚范巫矞似謂成王與子玉、子西曰：'三君皆將強死。'"孔穎
　　達疏："強，健也。無病而死，謂被殺也。"此謂暴死。

［5］驚怖：驚恐。《莊子·逍遙遊》："吾聞言於接輿，大而無當，往而
　　不返。吾驚怖其言，猶河漢而無極也。"

［6］光景：光影。《列子·周穆王》："光影所照，王目眩不能得視。"

［7］山開月：方士認爲可以登山的月份。按：陰曆三月與九月正值
　　春秋兩季氣候最好、最適宜登山的月份。

［8］久(yǒu)：通有。《列子·湯問》："道終乎本無始，進乎本無久。"
　　張湛注："久當爲有，無始無不終，無有故不盡。"楊伯峻集釋引殷
　　敬順《釋文》云："久音有。"

［9］昇山符：下文云"入山符"。

［10］周身：保全自身。三五法：不詳。"三五"是具有概括性、指代性
　　的多義數詞。此蓋指跋涉三山五嶽的法術。三山：傳說中的海
　　上三神山。晉王嘉《拾遺記·高辛》："三壺，則海中三山也。一

曰方壺,則方丈也;二曰蓬壺,則蓬萊也;三曰瀛壺,則瀛洲也。"
五嶽:五都,道教五座仙山:東嶽廣乘山,南嶽長離山,西嶽麗農
山,北嶽廣野山,中嶽昆侖山。見明楊慎《丹鉛總録‧地理》引
《道經》。《漢武帝内傳》:"遊行五嶽,當用紫書曲素訣辭,可以淩
虛,三五順行,與靈同車。"一説蓋指本篇下文所説"當須口傳"的
三五禁法。三五:蓋指三田(上丹田、中丹田、下丹田)五臟。

[11]《周公城名録》:不詳。蓋系地理著作。

[12] 大忌不可以甲乙、寅卯之歲數句:《經訣》四作"東岳歲月忌,不可
以甲乙、寅卯之歲,正月、二月入也;南岳歲月忌,不可以丙丁、巳
午之歲,四月、五月入也;中岳歲月忌,不可以戊己、辰戌、丑未之
歲,四季之月入也;西岳歲月忌,不可以庚辛、申酉之歲,七月、八
月入也;北岳歲月忌,不可以壬癸、亥子之歲,十月十一月入也。"
與此幾句互對,有利於理解本篇。作者以天干、地支與五方、五
嶽、入山月份相配,列表如下:

五嶽	東嶽泰山	南嶽霍山	中嶽嵩山	西嶽華山	北嶽恒山
天干	甲乙	丙丁	戊己	庚辛	壬癸
地支	寅卯	巳午	辰戌丑未	申酉	亥子
月份	正月二月	四月五月	四季之月	七月八月	十月十一月

其中"不以戊己之歲"一句作者未列地支,疑脱。

[13] 又萬物之老者,其精悉能假託人形,以眩惑人目:《論衡‧訂鬼》:
"夫物之老者,其精爲人。"作者蓋本此而言。假託:虛擬;虛構。
袁宏《後漢書‧光武紀》:"子房玄筭,高祖之蓍龜也。始者相得,
非子房不謀也。海内既安,杜門不出,假託神仙,僅乃獲免。"

[14] 樗(chū)蒲:古代博戲的一種。馬融《樗蒲賦》:"昔有玄通先生,
游于京都,好此樗蒲。"據他的描寫,樗蒲是一種模仿兩軍對陣形
式而設計的博戲。其結構與陸博大同小異。陸博是一種兩人對
弈的遊戲。有十二枚棋子,分黑白二色,弈者各執六枚。其行棋
的步數和次序,則由投箸或擲彩來決定。詳見《列子‧説符》"擊
博樓上"張湛注引《古博經》:"博法,二人相對,坐向局,分爲十二
道,兩頭當中名爲水。用棋十二枚,六白六黑;又用魚二枚置於

水中。其擲彩以瓊爲之。瓊畟(cè)方寸三分，長寸五分，銳其
頭，鑽刻瓊四面爲眼，亦名爲齒。二人互擲彩行棋。棋行到處即
豎之，名爲驍棋，即入水食魚，亦名牽魚。每牽一魚獲二籌，翻一
魚獲三籌。若已牽兩魚而不勝者，名曰被翻雙魚。彼家獲六籌
爲大勝也。"

[15]《五嶽真形圖》：是最重要的道教典籍之一。其傳承脈絡，據葛洪
《五嶽真形序論》說："（西）王母出以示之（漢武帝），此《五嶽真形
圖》也。……此乃三天太上（道君）所出，文秘禁重。""三天太上
侍官""乃以《五嶽真形圖》授魯女生。""女生臨去以傳封君達"，
"君達入玄丘山臨去傳鄭氏"。《漢武帝內傳》則說封君達"臨去
以《五嶽真形圖》傳左元放，元放以傳葛孝先"，葛孝先傳鄭隱。
一說鮑玄傳葛洪，葛洪傳滕叔，滕叔傳樂玄真。《雲笈七籤》七九
《五嶽真形神仙圖記》："世塵難蕩，善始少終。元帝過江，鮑太玄
頻奏，王丞相雅重之。鮑爲廣州刺史、南海太守，化行丹天，傳授
葛洪，洪傳滕叔，叔傳樂玄真，條流稍廣，約在至誠，修行唯密
也。"葛洪《五嶽真形序論》："弟子葛洪曰：夫至道無形，機妙難
論。神仙之事，誠非小醜所宜緣尋。然世人不覩其門，皆謂之
無。既見真驗，復不肯以語人。是以清濁乖律，香臭絕倫。若道
士得秘聖之書，皆當杜於一人口者，則靈真之文將墜於獨見，何
緣得存流於百代乎？洪謂傳授但當必得其人耳，豈可都閉耶？
自江東都無有此書，若鄭君復秘而不出，則斯文永翳也。昔曾以
此白鄭君，鄭君曰：'道書人皆有之，如《三皇天文》大字及靈書至
妙。'（洪曰：）'修勤求慕，時或聞見《五嶽真形圖》，自錄之首。吳
越之人，無有得傳，將斯文之不出，文貴而不授乎？不審先生有
此書與不？儻令魚目之珠映于九陽之光，洿丘瓦石甃盼南和之
肆，若遂仰瞻天真，則洪心堅愈深。'鄭君曰：'此書吾似有之，傳
授禁重，不可妄泄，傳非其人，罪咎必至。凡道士輩，雖心希清
正，而行多不備；不備則有慮，有慮則禍詣。亦何急令致禍之書
而爲刀鋸乎？是以先流得之者，又不敢輕以授人，便自都絕，正
如此耳。卿極有心，必能通玄暢昧，是故相告，且勿宣之。吾先

受此書于青牛先生，自吾受圖以來，未傳一人。依仙科，當付一人，乃得絕身棄跡耳。世上波波，不可復停，行當以此文與卿。’復是一年許七月閑夜見吁告曰：‘吾方當去，可具素寫圖。’洪乃齋盛祭受令，施用節度，皆出於鄭君也。鄭君說：‘青牛先生、仙人封君達，本隴西人也。初服黃連五十餘年，入鳥鼠山，又於山中服練水銀百餘年，還鄉里，年如三十者。常乘青牛，故號青牛道士。行聞有疾殆死者，識與不識，便以腰間竹管中藥與服之，或爲下針，應手皆愈，世多得其驗效。都不以姓字語人，人通識乘青牛爲名耳。人間復二百餘年，入玄丘山，不知所在。青牛先生言家有《五嶽真形》，一嶽各遣五神，來衛護圖書。所居山川近心者，山澤神又恒遣侍官防身。管家凶逆，欲見傷害，皆反受其殃。辟除五兵五溫，可帶履鋒刃。又司人之奸穢，言人之不正，不正者禍身，奸穢者禍門，是以宜深忌慎。人有帶此文及執持以履山林者，百山地源靈主，皆出境拜迎尊貴圖信。鬼神猶執卑降之禮，何況凡人，而可慢惰哉！’”足見葛洪傳承與補葺《五嶽真形圖》的貢獻。《五嶽真形圖》是一部原始的地理書。《五嶽真形序論》說：“漢武帝以王母言問東方朔，朔對如別祖洲、瀛洲、玄洲、炎洲、長洲、元洲、流洲、生洲、鳳麟洲、聚窟洲，此言皆十洲之名，處巨海之中，是人跡所不逮處。”知其主要內容與《海內十州記》相同。《真誥》卷十四注曰：“海中名山多載在《五嶽序》中耳。”《五嶽真形圖》是道士趨利避害的護身符圖。《道藏》第三十二冊《五嶽圖序》《雲笈七籤》七九《五嶽真形圖序》：“五嶽真形者，山水之象也。……予有東嶽真形，令人神安命延，存身長久……；予有南嶽真形，五瘟不加，辟除火光……；予有中嶽真形，所向唯利，致財巨億……；予有西嶽真形，消辟五兵，入陣刀刃不傷……；予有北嶽真形，入水卻災，百毒滅伏……；予盡有五嶽真形，橫天縱地，彌綸四方。”“可以威制五嶽，役使眾靈。”王利器說：“是書雖屬宗教迷信護符圖，實爲中國原始之地理鳥瞰圖，李約瑟曾注意到這種古老的圖形與現代測量的山嶽等高線圖近似，爲極讓現代人驚詫的事。”（《葛洪著述考略·五嶽真形圖文一卷》）。

[16] 里社：閭里的土地神。山卿：山神中地位如朝廷九卿者。澤尉：藪澤守衛神，地位如衛尉者。"山""澤"對舉並列。

[17] 七十二精：極言精怪之多。七十二：古以爲一套陰陽五行之成數，用以表示數量多。

[18] 朱官印、包元十二印：不詳。《遯覽》有"包元符""包元經"，蓋與此同類。包元：包含五常之道。《後漢書·梁統傳》："伏維陛下，包元履德，權時撥亂，功踰文武，德侔高皇。"王先謙集解引惠棟曰："《東觀記》云：'包五常，履九德。'"十二印：形容印章之多，道教認爲印章具有法力。

[19] 八威：道教謂八方之神。《黄庭内景經·黄庭章》："重堂焕焕揚八威。"梁丘子注："八方之神，曰八威也。"

[20] 偃偃（qū）：通詘。卑屈恭敬貌。前席：欲更接近而移坐向前。《史記·商君列傳》："衛鞅復見孝公。公與語，不自知膝之前于席也。"

[21] 忽然：漫不經心；忽略。《墨子·天志上》："然而天下之士君子之于天也，忽然不知以相儆戒，此我所以知天下士君子知小而不知大也。"

2　抱朴子曰："入山之大忌，正月午[1]，二月亥[2]，三月申[3]，四月丑(1)[4]，五月戌(2)[5]，六月卯[6]，七月子(3)[7]，八月巳(4)[8]，九月寅[9]，十月未(5)[10]，十一月辰(6)[11]，十二月酉(7)。入山良日，甲子、甲寅[12]，乙亥、乙卯[13]、丙戌、丙辰[14]，已上日大吉。"抱朴子曰："按《九天秘記》及《太乙遁甲》云[15]，入山大月忌：三日、十一日、十五日、十八日、二十四日、二十六日、三十日[16]；小月忌：一日、五日、十三日、十六日、二十六日、二十八日[17]。以此日入山，必爲山神所試。又所求不得，所作不成。不但道士，凡人以此日入山，皆凶害，與虎狼毒蟲相遇也。"

【校】

（1）四月丑：藏本、明抄本、平津本丑作戌，從孫星衍、顧廣圻校改。

（2）五月戌：藏本、平津本作五月未，藏本原校："未一作戌。"平津本
　　　原注："一作戌。當作戌。一作最是。"

（3）七月子：藏本、明抄本、平津本作七月甲子，從孫星衍、顧廣圻校
　　　刪甲字。

（4）八月巳：藏本、明抄本、平津本作八月申子，從孫星衍、顧廣圻
　　　校改。

（5）十月未：藏本、明抄本、平津本作十月辰未，從孫星衍、顧廣圻校
　　　刪辰字。

（6）十一月辰：藏本、平津本作十一月己丑，從孫星衍校改。

（7）十二月酉：藏本、明抄本、平津本酉作寅，從孫星衍校改："寅當作
　　　酉。此以寅、午、戌（按：當作寅、戌、午）逆行於正、五、九月，亥、
　　　卯、未順行於二、六、十月，申、子、辰（按：當作辰、子、申）之於三、
　　　七、十一月亦逆行，巳、酉、丑（按：當作丑、巳、酉）之於四、八、十
　　　二月亦順行，而各忌之也。諸本皆訛錯，不可通，今訂正。"顧廣
　　　圻校同孫校。

【注】

［1］正月午：正月庚午、壬午。

［2］二月亥：二月己亥、辛亥。

［3］三月申：三月壬申、甲申。

［4］四月丑：四月辛丑、癸丑。

［5］五月戌：五月甲戌、丙戌。

［6］六月卯：六月癸卯、乙卯。

［7］七月子：七月甲子、丙子、戊子。

［8］八月巳：八月乙巳、丁巳。

［9］九月寅：九月丙寅、戊寅。

［10］十月未：十月乙未、丁未。

［11］十一月辰：十一月甲辰、丙辰。

［12］甲子：正月初一。甲寅：二月二十一日。

［13］乙亥、乙卯：正月十二日、二月二十四日。

［14］丙戌、丙辰：正月二十三、二月二十三。

［15］遁甲：《後漢書·方術傳序》：“遁甲，推六甲之陰而隱遁也。”指其術將甲遁隱不用。即“奇門遁甲”，古代方士選吉術數之一。“奇門遁甲”起于《易緯乾鑿度》太乙行九宮法。神其説者以爲出自黄帝、風后及九天玄女。其法以十干的乙丙丁爲三奇（乙爲日奇，即日生於乙；丙爲月奇，即月明於丙；丁爲星奇，丁爲南極、星精），以戊己庚辛壬癸爲六儀。三奇、六儀，分置九宮，而以甲統之，視其加臨吉凶，以爲趨避，故稱“遁甲”。甲雖不用，而六甲爲太乙之貴神，常隱於六儀之下，以配九宮而起符使，因名“奇門遁甲”。因遁甲術中有休、生、傷、杜、景、死、驚、開“八門”之説，故又名“八門遁甲”。今奇門遁甲凡十八局，道士由此製成遁甲盤（年盤、月盤、日盤、時盤）以便查找時間和方位的吉凶，以趨吉避凶。一説當云“循甲”，以六甲迴圈推數，“遁”即“循”字。《古今圖書集成》七百七《奇門玄覽釋義》：“遁甲者何？天干凡十（甲乙丙丁戊己庚辛壬癸），甲爲之首，統領諸干，至尊至貴。其所畏者，獨庚金耳。故須遁匿其甲，勿使受制於庚。然乙爲甲妹，可以配之，使其情有所牽。丙丁爲甲男女，可以制之使其勢不得肆，故以乙丙丁爲三奇。又十干中，戊己庚辛壬癸（六儀）乙丙丁（三奇）皆專制用事，而甲無專位，與六干同處。甲子同六戊，甲戌同六己，甲申同六庚，甲午同六辛，甲辰同六壬，甲寅同六癸。又以六十花甲子布於九宮，起宮爲甲子遁一位爲甲戌，又遁一位爲甲申之類，皆爲遁甲之義。”又，七四五《術數部匯考》五十八《奇門遁甲總叙》：“昔大撓造甲子而天地之數管是矣，風后復演爲遁甲。其法幽深隱秘，未易窺測，故謂之遁歟！大約以六甲儀爲直符，以二十四氣爲式局，而六戊之下貴神攸處然。總之，以

乾、坤、坎、離、震、巽、艮、兌八卦,以一節二氣,分之八節,各起主卦。冬至後陽遁,順數自一至九;夏至後陰遁,逆數自九至一。冬至後順布六儀,逆布三奇;夏至後順布三奇,逆布六儀。所謂六儀者即六甲也;三奇者,乙丙丁也。如六甲爲直符,直事乙爲日奇,丙爲月奇,丁爲星奇。戊己庚辛壬癸爲六儀也。常以直事加時、宮,即知開、休、生三門所臨。又以直符加時於天上三奇,與開、休、生三門合,則吉無不利。九宮即九星也。蓋天有九星,以鎮九宮;地有九州,以應九土。取諸洛龜載九履一,左三右七,二四爲肩,六八爲足,五居中宮之儀也。是遁甲法,不過乘天之日時,擇地之方向,使人皆知趨吉避凶云耳,豈行軍避敵伏匿逃形之怪術哉!」

[16] 三日……三十日:按正月算,三日丙寅、十一日甲戌、十五日戊寅、十八日辛巳、二十四日丁亥、二十六日己丑、三十日癸巳。

[17] 一日……二十八日:以二月算,一日甲午、五日戊戌、十三日丙午、十六日己酉、二十六日己未、二十八辛酉。

3　抱朴子曰:「天地之情狀,陰陽之吉凶,茫茫乎其亦難詳也[1],吾亦不必謂之有,又亦不敢保其無也。然黃帝、太史皆所信仗(1)[2],近代達者嚴君平[3]、司馬遷皆所據用,而經傳有治歷明時[4]、剛柔之日[5]。故詩曰(2):吉日惟戊[6]。有自來矣。王者立太史之官,封拜置立[7],有事宗廟(3),郊祀天地,皆擇良辰[8],而近才庸夫,自許脫俗,舉動所爲,恥揀善日,不亦戇愚哉?每伺今入山,不得其良時日交,下有其驗,不可輕入也。按《玉鈐經》云:欲入名山,不可不知遁甲之秘術,而不爲人委曲説其事也。而《靈寶經》云[9]:入山當以保日及義日若專日者大吉,以制日伐日必死[10],又不一一道之也。」

【校】

（1）太史：藏本、平津本作太公，從《經訣》四校改。

（2）故詩曰：藏本、平津本作古言曰，從孫星衍校改。

（3）有事宗廟：陳其榮校："《御覽》六百七十一宗廟下有社稷
（二字）。"

【注】

［1］茫茫：紛繁複雜。漢蔡琰《胡笳十八拍》："十六拍兮思茫茫，我與
兒兮各一方。"

［2］太史：《雲笈七籤》一百《軒轅本紀》："帝置四史官，令沮誦、蒼頡、
隸首、孔甲居其職，主圖籍也。"與下文所説"王者立太史之官"一
致。太史管天文地理，與本段首二句所説直接相關。

［3］嚴君平：本姓莊，名遵，字君平，避漢明帝劉莊諱，改"莊"爲"嚴"，
蜀郡（今四川成都）人。《漢書·王吉傳序》："蜀有嚴君平，（皆）
修身自保，非其服弗服，非其食弗食。……君平卜市於成都市，
以爲'卜筮者賤業，而可以惠衆人。有邪惡非正之間，則依蓍龜
爲言利害。與人子言依於孝，與人弟言依于順，與人臣言依於
忠，各因勢導之以善，從吾言者，已過半矣。'裁日閲數人，得百錢
足自養，則閉肆下簾而授《老子》，博覽亡不通，依老子、嚴周之指
著書十餘萬言。楊雄少時從遊學，以而仕京師顯名，數爲朝廷在
位賢者稱君平德。"君平崇尚自然，喜好清静，歸本于道家"無爲"
之旨。主張"信順柔弱，躬耕而食，常於止足，歸乎無名"。認爲
"益我貨者損我神，生我名者殺我身"，終身不仕，年九十餘，以壽
終。著有《老子注》和《老子指歸》，後者即《道德真經指歸》，現
《道藏·洞神部·玉訣類》所收僅存後七卷。

［4］經傳：此指《易》經《易》傳。治歷明時：修明曆法，明確時令（以
安排生産）。歷通曆。《易·革·象》："君子以治歷明時。"

［5］剛柔之日：《禮記·曲禮上》："外事以剛日，内事以柔日。"鄭玄
注："順其出爲陽也，出郊爲外事。《春秋傳》曰：甲午禡兵。順
其居内爲陰。"孔穎達疏："外事，郊外之事也；剛，奇日也。十日

有五奇五偶，甲丙戊庚壬五奇爲剛也。外事剛義故用剛日也。"
"內事，郊內之事也，乙丁己辛癸五偶爲柔也。""崔靈恩云：'外事
指用兵之事，內事指宗廟之祭。'"

［6］吉日惟戊：吉利的日子是戊辰日。《詩·小雅·吉日》"吉日維
戊"高亨今注："此戊日爲戊辰日，且是一月中逢單的日子。古人
逢單日則從事征戰、田獵等外事。"

［7］封拜置立：蓋指封禪、拜祖、置祭、立祠等宗廟社稷活動。但"封
拜"一般指賜爵授官。

［8］郊祀：古代於都城郊外祭祀天地，南郊祭天，北郊祭地。郊爲大
祀，祀爲群祀。《孝經·聖治章》："昔者，周公郊祀后稷以配天。"
李隆基注："周公攝政，因行郊天之祭，乃尊始祖以配之也。"

［9］《靈寶經》：王明釋："陳寶國《道藏源流考》稱《抱朴子》所引《靈寶
經》即《五符經》。本篇所引《靈寶經》文，皆見於《太上靈寶五符
序》卷下。宋賈善翔《猶龍傳》五云漢天師張陵撰《靈寶五符序》，
即此文也。"即《靈寶五符經》，又稱《洞玄五符經》，簡稱《五符
經》。分爲上中下三卷。卷上述《靈寶五符》之由來，當爲《靈寶
五符序》。卷中述華子期得"靈寶方"，其中有服食諸方，及符籙
一道。卷下爲符咒，有《靈寶五符》《八戒策》《陽生符》《陰生符》
等，末爲服五芽密咒五道，蓋即《靈寶五芽經》。收入《道藏》第6
冊，題爲《太上靈寶五符序》，乃以上卷之名，概括全書。毅按：
《靈寶經》蓋曾經葛洪修補編訂，卷下"抱朴子曰：登名山師受經
後欲佩身供養受者設此醮也"一語，可爲旁證。

［10］入山當以保日及義日若專日者大吉，以制日伐日必死：《五符
序》下："入山（水）之日，當以保日及義日、專日大吉，易得道，以
制日、伐日入山必死。"保日、義日、專日、制日、伐日：皆依五行
生剋以定吉凶。《淮南子·天文》："水生木，木生火，火生土，土
生金，金生水。子生母曰義，母生子曰保，子母相得曰專，母勝子
曰制，子勝母曰伐。以勝（制）擊殺，勝而無報；以專從事，（專）而
有功；以義行理，名立而不墮；以保畜養，萬物蕃昌，以困舉事，破
滅死亡。"《太上靈寶五符序》下："保者（日），（謂）支干上生下之

日,(若)甲午、乙巳(日)是也;義日,(謂)支干下生上之日,(若)壬申、癸酉日是也;制日,(謂)支干上剋下之日,(若)戊子、己亥(日)是也;伐日,(謂)干支下剋上之日,甲申、乙酉日是也。"(母謂十天干,子謂十二地支。)京房《易積算傳》:"八卦鬼爲繫爻,財爲制爻,天德爲義爻,福德爲寶爻,同氣爲專爻。"("繫",即《淮南》之"困",《抱朴子》之"伐"。"寶"即"保"。)《論衡·詰術》:"甲乙有支干,支干有加時。支干加時,專比者吉,相賊者凶。"校釋:"《白虎通·姓名篇》:'甲乙者,干也;子丑者,枝也。'""專比,謂支干上下相生之日;賊,謂上下相剋之日。"《古今圖書集成》七百七《六十甲子吉凶日》:"丁丑、丙戌、甲午、庚子、壬寅、癸卯、乙巳、丁未、戊申、己酉、辛亥、丙辰,皆干生支也,名寶日,上吉;甲子、丙寅、丁卯、己巳、辛未、壬申、癸酉、乙亥、庚辰、辛丑、庚戌、戊午,皆支生干也,名曰義日,次吉;戊辰、己丑、戊戌、丙午、壬子、甲寅、乙卯、丁巳、己未、庚申、辛酉、癸亥,皆干支同類也,名和日,次吉;乙丑、甲戌、壬午、戊子、庚寅、辛卯、癸巳、己未、丙申、丁酉、己亥、甲辰,皆干剋支也,名制日,小凶;庚午、丙子、戊寅、己卯、辛巳、癸未、甲申、乙酉、丁亥、壬辰、癸丑、壬戌皆支剋干也,名伐日,大凶。"

4 "余少有入山之志,由此乃行學遁甲書[1],乃有六十餘卷,事不可卒精,故鈔集其要,以爲《囊中立成》,然不中以筆傳。今論其較略,想好事者欲入山行,當訪索知之者,亦終不乏於世也。《遁甲中經》曰:欲求道,以天內日天內時[2],劾鬼魅,施符書;以天禽日天禽時入名山[3],欲令百邪虎狼毒蟲盜賊,不敢近人者,出天藏,入地户[4];凡六癸爲天藏,六己爲地户也。又曰:避亂世,絕跡於名山,令無憂患者,以上元丁卯日[5],名曰陰德之時,一名天心,可以隱淪,所謂白日陸沈[6],日月無光,令鬼不能見也(1)。又曰：求仙道入名山者，以六癸之日六癸之時，一名天公日，必得度世也[7]。又曰：往山林中，當以左手取青龍上草，折半置逢星下[8]，歷明堂入陰中(2)，禹步而行三，呪曰：諾皋[9]，太陰將軍，獨開曾孫王甲(3)，勿開外人；使人見甲者，以爲束薪[10]；不見甲者，以爲非人。則折所持將軍之草置地上(4)，左手取土以傅鼻人中[11]，右手持草自蔽，左手著心前(5)，禹步而行，到六癸下，閉氣而住，令鬼不能見也(6)。凡六甲爲青龍，六乙爲逢星，六丙爲明堂，六丁爲陰中也[12]。☷比成《既濟》卦[13]，初一初二跡不任九跡數[14]，然相因仍一步七尺[15]。又云，一尺合二丈一尺(7)，顧視九跡。又禹步法，正立，左足在前，右足在後(8)，次復前左足(9)，以左足從右足並，是一步也。次復前右足(10)，次前左足，以右足從左足並，是二步也。次復前右足，以左足從右足並，是三步也。如此，禹步之道畢矣。凡作天下百術，皆宜知禹步，不獨此事也。"

【校】

（1）令鬼不能見也：藏本、平津本令作人，今校改。"人"乃"令"字之殘誤。

（2）歷明堂入陰中：藏本、明抄本平津本作歷明堂入太陰中，從孫星衍、顧廣圻、《經訣》七校删"太"字。

（3）獨開曾孫王甲：藏本、明抄本、平津本開作聞，從孫星衍、顧廣圻、《經訣》七、吳曾《能改齋漫録》五引校改。

（4）則折所持將軍之草置地上：藏本、平津本作則折所持之草置地上，據《經訣》七補"將軍"二字。

（5）左手著心前：藏本、平津本作左手著前，從《經訣》七補心字。

（6）令鬼不能見也：藏本、平津本令作人，從《經訣》七校改。

（7）又云，一尺合二丈一尺：孫星衍校："此（又云一尺）四字當是小

注,誤入正文。"顧廣圻校:"四字當是小注。"當删。按:"一尺"疑
當作三步,"三步"方"合二丈一尺"。合二丈一尺:原校:"一作
一步三尺。"

（8）左足在前,右足在後:藏本、平津本作右足在前,左足在後,疑"右
足"與"左足"當互乙。前《仙藥》:"禹步法:前舉左,右過左,左就
右。"當與之同。

（9）次復前左足:藏本、平津本作次復前右足。按:"右足"當爲"左
足"。孫星衍、顧廣圻校:"此(前)下當有左足次前四字。"按:"左
足"當爲"右足"。

（10）次復前右足:孫星衍、顧廣圻校:"此(前)下當有左足次前四字。"
按:"右"與"左"當互乙。

【注】

［1］行學:遊學。

［2］天内日、天内時:天内即天芮星,主大凶。術數家以天上十二分
野製作"天盤星圖",分列天蓬、天芮、天衝、天輔、天禽、天心、天
柱、天任、天英九星。以此與天盤、地盤等相參,用來推測吉凶。
參《古今圖書集成》七〇八《術數》載《奇門遁甲·天盤星圖》。

［3］天禽:即天禽星,主上吉。參見上條注文。

［4］天藏(zàng):天然的府藏。此指六癸。地户:地的門户。此指
六己。

［5］上元:術數家將二十四節氣的每一節氣分爲三元,其中子、午、
卯、酉爲上元;寅、申、巳、亥爲中元;辰、戌、丑、未爲下元。

［6］陸沈:陸地無水而沈。喻隱居。

［7］求仙道入名山者,以六癸之日六癸之時,一名天公日,必得度世
也:《太上靈寶五符序》下:"……又欲得六癸之日,六癸之時,一
名天心,一名天同,必得度世。……取六癸日六癸時皆當令和
順也。"

［8］青龍上:青龍的方位。即東方。

［9］諸皋(háo):召魂應答呼唤之辭。召魂呼唤曰"皋",代魂應聲曰

“諾”。太陰將軍：被呼唤的神靈名。

[10] 束薪：一捆薪柴。

[11] 人中：人中穴，在人鼻與上唇中間。《肘後備急方》一《救卒中惡死方》一：“又方灸鼻人中七壯，又灸陰囊下去下部一寸百壯。”

[12] 六乙：乙丑、乙亥、乙酉、乙未、乙巳、乙卯。六丙：丙寅、丙子、丙戌、丙申、丙午、丙辰。六丁：丁卯、丁丑、丁亥、丁酉、丁未、丁巳。

[13] ䷾比成《既濟》卦：《易·既濟》説：　爲坎、爲水；　爲離、爲火。離下坎上，火下水上。兩卦排比，水在火上，是用水救火，故曰“既濟”。既濟：已經成功。

[14] 初一初二跡不任九跡數：八卦由“--”“—”兩種線形組成，“--”爲陰爻，“—”爲陽爻。《易》六十四卦，每卦畫有六行，每一行爲一爻。其中“—”爲“九”，“--”爲六。倒數第一陽爻爲“初九”，倒數第一陰爻爲“初六”。最上陽爻爲上九，最上陰爻爲上六。

[15] 一步七尺：指禹步步幅。

　　5　抱朴子曰：“《靈寶經》⁽¹⁾，所謂寶日者⁽²⁾，謂支干上生下之日也，若用甲午、乙巳之日是也^{(3)[1]}。甲者，木也。午者，火也。乙亦木也，巳亦火也，火生於木故也。又謂義日者，支干下生上之日也^[2]，若壬申、癸酉之日是也。壬者，水也。申者，金也。癸者，水也。酉者，金也，金生於水故也⁽⁴⁾。所謂制日者，支干上克下之日也^[3]。若戊子、己亥之日是也。戊者，土也。子者，水也。己亦土也，亥亦水也，五行之義，土克水也。所謂伐日者，支干下克上之日，若甲申、乙酉之日是也^[4]。甲者，木也，申者，金也。乙亦木也，酉亦金也，金克木故也。他皆仿此，引而長之，皆可知之也。”

【校】

（1）《靈寶經》：藏本、平津本作《靈寶經》曰，從孫星衍校删曰字。

（2）所謂寶日者：孫星衍校：“（寶）當作保。”王明案：《太上靈寶五符序》卷中正作保。”按：保同寶，寶通保。《廣雅·釋詁三》：“寶，道也。”王念孫疏證：“大元元沖云：晔，君道也，訓臣保也。保與寶同。”《九經古義·周易下》：“繫傳下：‘聖人之大寶曰位。’孟喜本作大保。保，古寶字。”《尹文子·大道上》“不善人之所寶”錢熙祚校：“《老子》寶作保。二字古通。”《太上靈寶五符序》下：“夏禹受鐘山真人，入山（水）之日，當以保日及義日、專日大吉，易得道，以制日、伐日入山必死。”

（3）若用甲午、乙巳之日是也：《經訣》四作若甲午、乙巳是。

（4）金生於水故也：藏本、平津本作水生於金故也，從《經訣》四校改。

【注】

［1］若用甲午、乙巳之日是也：《太上靈寶五符序》下：“保者，支干上生下之日，甲午、乙巳（日）是也。”

［2］支干下生上之日也：《太上靈寶五符序》下：“義日，支干下生上之日，壬申、癸酉日是也。”

［3］所謂制日者，支干上克下之日也：《太上靈寶五符序》下：“制日，支干上克下之日，戊子、己亥（日）是也。”

［4］所謂伐日者三句：《太上靈寶五符序》下：“伐日，支干下克上之日，甲申、乙酉日是也。”

　　6　抱朴子曰：“入名山，以甲子開除日[1]，以五色繒各五寸(1)，懸大石上(2)，所求必得。又曰：入山宜知六甲秘祝[2]。祝曰：臨兵鬥者，皆陣列前行。凡九字，常當密祝之，無所不辟。要道不煩此之謂也。”

【校】

（1）以五色繒：《五符序》下作“以所授委繒參之五色彩”。

（2）懸大石上：《五符序》下作“懸于名山大石上”。

【注】

［1］入名山以甲子開除日：從甲子到乙亥十二天内的“開”“除”二日。術數家以爲天文中的十二辰分别象徵人事上的建、除、滿、平、定、執、破、危、成、收、開、閉十二種情況，稱十二直，又稱建除十二客。後因以“建除”指根據天象占測人事吉凶禍福的方法，有“除日不出財”“開日不送喪”之歌訣。《淮南子·天文》：“寅爲建，卯爲除，辰爲滿，巳爲平，主生；午爲定，未爲執，主陷；申爲破，主衡；酉爲危，主杓；戌爲成，主少德；亥爲收，主大德；子爲開，主太歲；丑爲閉，主太陰。”清錢塘補注：“此建除法也。《史記·日者傳》有建除家。太公《六韜》云：‘開牙門當背建向破。’《越絶書》云：‘黄帝之元，執辰破巳。霸王之氣，見於地户。’《漢書·王莽傳》云：‘十一月壬子直建，戊辰直定。’《論衡·偶會篇》云：‘正月建寅，斗魁破巾。’是也。案建除有二法，《越絶書》從歲數，《淮南》書及《漢書》從月數。後人惟用月也。”

［2］六甲秘祝：《黄帝太乙八門入式訣》下：“呪曰：六甲九章，天圓地方。五行日月，運轉如常。禹步持道，蚩尤避兵。青龍扶轂，白虎扶行。朱雀前引，玄武後隨，辟除不祥。北斗誅伐，降福除殃。急急如。”所謂“六甲秘祝”，除本文所説“臨兵鬥者，皆陣列前行”九字外，蓋此類。

7　抱朴子曰：“山中山精之形，如小兒而獨足，足向後(1)，喜來犯人。人入山，若夜聞人音聲笑語(2)，其名曰蚑[1]，知而呼之，即不敢犯人也。一名熱肉(3)，亦可兼呼之。又有山精，如鼓赤色，亦一足，其名曰暉(4)。又或如人，長九尺(5)，衣裘戴笠，名曰金累。或如龍而五色赤角，名曰飛龍⁽⁶⁾,見之皆以名呼之,即不敢爲害也。"

【校】

（1）足向後：藏本、平津本足作走,從孫星衍校改："（走）《御覽》八百八十六引作足。"

（2）若夜聞人音聲笑語：藏本、平津本笑作大,從孫星衍、王明校改。孫星衍校："《御覽》八百八十六引'若'作'谷',無'夜'字,'人'作'其','大'作'笑'。"王明案："影宋本《御覽》有'夜'字。一本'大'亦作'笑',是。""大"蓋"笑"之殘誤。

（3）熱肉：藏本、平津本作熱内：從王明校改："一本作熱肉。"

（4）其名曰暉：孫星衍校："（暉）《御覽》引作揮。"

（5）尺：孫星衍校："《御覽》引作寸。"

（6）或：孫星衍校：其上"《御覽》引有又字。"飛龍：藏本、平津本作飛飛：從藏本原校、《經訣》四、《御覽》八百八十六校改。

【注】

[1]蚑（qí）：蟲名蟏蛛。見枚乘《七發》瞿蛻園注。傳說中的山精名。南朝宋劉敬叔《異苑》三："吳孫皓時,臨海得毛人。《山海經》：'山精如人而有毛。'此蔣山精也。故《抱朴子》曰：'山之精,形如小兒而獨足,足向後,喜來犯人,其名曰蚑。知而呼之,即當自卻耳。'"

8 抱朴子曰："山中有大樹,有能語者⁽¹⁾,非樹能語也,其精名曰雲陽⁽²⁾,呼之則吉。山中夜見火光者,皆久枯木所作,勿怪也。山中夜見胡人者,銅鐵之精。見秦人者⁽³⁾,百歲木之精。勿怪之,並不能爲害。山水之間見吏人者⁽⁴⁾,名曰四徼⁽⁵⁾,呼之名即吉⁽⁶⁾。山中見大蛇著冠幘者^[1],名曰升卿,呼之即吉。山中見吏,若但聞聲不見形,呼人不止,以白石擲之則息矣。一法以葦爲矛以刺之即吉⁽⁷⁾。山中見鬼來唤人，求食不止者，以白茅投之即死也。山中鬼常迷惑人使失道徑者⁽⁸⁾，以葦杖投之即死也。山中寅日，有自稱虞吏者，虎也^[2]；稱當路君者，狼也；稱令長者，老狸也；卯日稱丈人者，兔也；稱東王父者，麋也；稱西王母者，鹿也；辰日稱雨師者，龍也；稱河伯者，魚也；稱無腸公子者，蟹也。巳日稱寡人者，社中蛇也；稱時君者，龜也。午日稱三公者，馬也；稱仙人者，老樹也。未日稱主人者，羊也；稱赤吏者，麋也⁽⁹⁾。申日稱人君者，猴也；稱九卿者，猿也。酉日稱將軍者，老雞也⁽¹⁰⁾；稱捕賊者，雉也⁽¹¹⁾。戌日稱人姓字者，犬也；稱成陽公者，狐也⁽¹²⁾。亥日稱神君者，豬也；稱婦人者，金玉也⁽¹³⁾。子日稱社君者，鼠也；稱神人者，伏翼也^[3]。丑日稱書生者，牛也。但知其物名，則不能爲害也。」

【校】

（1）有能語者：陳其榮校：「《御覽》八百八十六、九百五十二無有字。」

（2）其精名曰雲陽：其下孫星衍校：「《御覽》引有以其名三字。」

（3）見秦人者：藏本、平津本作見秦者，據《經訣》四、孫星衍引《御覽》八百八十六校補。

（4）吏人者：孫星衍校：「《御覽》引無人字。」

（5）徼：孫星衍校：其下「《御覽》引有以其名三字。」通僥。

（6）呼之名即吉：孫星衍校：「《御覽》引無此（名）字。」

（7）一法以葦爲矛：藏本矛作茅，孫星衍校：「（矛）舊誤作‘茅’，今校正。」

（8）山中鬼常迷惑人使失道徑者：藏本、平津本無“人”字，據王明校補：「一本‘惑’下有‘人’，是。慎校本、寶顏堂本無‘道’字。」

（9）稱赤吏者，麋也：藏本、平津本無“赤”字，據《御覽》九百七校補。

（10）老雞也：孫星衍校：「舊脫此（老）字，今依《御覽》八百八十六引補。”

（11）捕賊：陳其榮校：“《御覽》八百八十六作賊捕。”

（12）成陽公：陳其榮校“《御覽》八百八十六作咸陽公，八百八十九作陽城公。”

（13）亥日稱神君者，猪也；稱婦人者，金玉也：孫星衍校：“舊此二句誤倒，今依《御覽》乙正。”

【注】

［1］幘（zé）：古代包扎髮髻的巾。蔡邕《獨斷》下：“幘者，古之卑賤執事不冠者之所服也，……元帝額有壯髮，不欲使人見，始進幘服之，群臣皆隨焉，然尚無巾，如今半頭幘而已。”

［2］山中寅日，有自稱虞吏者，虎也：自此以下部分動物以十二地支與十二生肖相配，子鼠、丑牛、寅虎、卯兔、辰龍、巳蛇、午馬、未羊、申猴、酉雞、戌狗、亥猪。人生在某年，即肖某物，如子年生的肖鼠，丑年生的肖牛等。十二生肖即十二相屬，又名十二時、十二辰、十二支像。十二生肖與干支紀年法，最遲蓋起源于戰國以前。古印度、巴比倫、埃及均有之。

［3］神人：神仙。伏翼：蝙蝠。《本草綱目》四十八《伏翼（蝙蝠）》：“［集解］［時珍曰］伏翼形似鼠，灰黑色，有薄肉翅，連合四足及尾如一。夏出冬蟄，日伏夜飛。食蚊蚋。”

9　或問隱居山澤辟蛇蝮之道⑴。抱朴子曰：“昔圓丘多大蛇，又生好藥［1］，黃帝將登焉，廣成子教之佩雄黃［2］，而衆蛇皆去。今帶武都雄黃，色如雞冠者五兩以上，以入山林草木，則不畏蛇。蛇若中人，以少許雄黃末内瘡中，亦登愈也⑵。蛇類雖多⑶，唯有蝮蛇及眼鏡蛇⑷［3］，中人爲至急，不治之，一日則煞人。人不曉治之方術者⑸，而爲此二蛇所中，即以刀割所傷瘡肉以投地⑹，其肉沸如火炙，須臾焦盡，而人得活。此蛇七八月毒盛之時，不得囓人，而其

毒不泄，乃以牙嚙大竹及小木，皆即燋枯。今爲道士入
山[7]，徒知大方，而不曉辟之之道[8]，亦非小事也。未入
山，當預止於家，先學作禁法，思日月及朱雀玄武青龍白
虎[4]，以衛其身，乃行到山林草木中，左取三口炁閉之，以
吹山草中，意思令此炁赤色如雲霧，彌滿數十里中。若有
從人，無多少皆令羅列，以炁吹之，雖踐蛇，蛇不敢動，亦略
不逢見蛇也。若或見蛇，因向日左取三炁閉之，以舌柱
天[5]，以手拈都關[6]，又閉天門[7]，塞地户[8]，因以物抑蛇
頭而手縈之，畫地作獄以盛之，亦可捉弄也。雖繞頭頸[9]，
不敢嚙人也。自不解禁，吐炁以吹之，亦終不得復出獄去
也。若他人爲蛇所中，左取三口炁以吹之，即愈不復痛。
若相去十數里者，亦可遥爲作炁，呼彼姓字，男祝我左手，
女祝我右手，彼亦愈也。《介先生法》，到山中住，思作五色
蛇各一頭，乃閉炁以青竹及小木枝刺之[10]，左徊禹步，思作
吳蚣數千板[11]，以衣其身，乃去，終亦不逢蛇也。或以乾薑
附子帶之肘後，或燒牛羊鹿角熏身[9]，或帶王方平雄黄
丸[10]，或以猪耳中垢及麝香丸著足爪甲中[11]，皆有效也。
又麝及野猪皆啖蛇[12]，故以厭之也。又運日鳥及蝯
龜[13][12]，亦皆啖蛇。故南人入山，皆帶蝯龜之尾，雲日之
喙以辟蛇。蛇中人，刮此二物以塗其瘡，亦登時愈也。雲
日，鴆鳥之別名也[14]。又南人入山，皆以竹管盛活蜈蚣，蜈
蚣知有蛇之地[15][13]，便動作於管中，如此則詳視草中，必
見蛇也。大蛇丈餘，身出一圍者，蜈蚣見之，而能以炁禁
之，蛇即死矣。蛇見蜈蚣在涯岸間，大蛇走入川谷深水底
逃，其蜈蚣但浮水上禁，人見有物正青，大如綖者[14]，直下
入水至蛇處，須臾蛇浮出而死。故南人因此末蜈蚣治蛇

瘡,皆登愈也。"

【校】

（1）或問：藏本、明抄本、平津本作"或問曰",從顧廣圻校删曰字。《校補》："《類聚》九十六引無'曰'字。"

（2）亦登愈也：藏本、平津本作亦登時愈也,從《校補》《御覽》九百三十三校改。下文"南人因此末蜈蚣治蛇瘡,皆登愈也"可證。"登愈"乃魏晉南北朝之通語。登：頓時。

（3）蛇類雖多：藏本、平津本類作種,從《經訣》五、王明校引慧琳《一切經音義》第四十一、四十七、《御覽》九百三十三引校改。

（4）眼鏡蛇：藏本、平津本作青金蛇,今校改。疑"青金"爲"眼鏡"之誤。"眼鏡"與"眼睛"同音,"眼"脱誤,"睛"脱"目"爲"青","鏡"脱"竟"爲"金",故誤爲"青金蛇"。

（5）人不曉治之方術者：按：《類聚》九十六、王明校引《御覽》九百三十三引均作若不曉方術,較省净。

（6）即以刀割所傷瘡肉投地：《類聚》九十六、《御覽》九三三皆作但以刀割瘡肉投地,較省净。

（7）道士：藏本、平津本作道士人,今校删"人"字。

（8）不曉辟之之道：王明校："一本上'之'字空格。"

（9）雖：孫星衍校："藏本作以'。"

（10）小木枝：藏本、平津本枝作板,從王明校改："'板'一本作'枝',案當作'枝'。"案：下文"屈"當删。

（11）板：王明校："一本作'枚'。"

（12）又麝：孫星衍校：其下"藏本有香字。"

（13）運日鳥：孫星衍校："按運皆當作雲,見下。又劉逵《三都賦注》作雲,字與此正同。"按兩可。

（14）雲日,鳩鳥之别名也：孫星衍校："(雲)藏本作曇,誤。(日)藏本作是,誤。"按：蓋注文誤入正文。

（15）蜈蚣知有蛇之地：孫星衍校："藏本無此(蚣)字。"

【注】

［１］圓丘：傳説中的山名。

［２］廣成子：傳説中的仙人；或云即老子。《莊子·在宥》：“黄帝立爲天子十九年，令行天下，聞廣成子在於空同之山，故往見之。”陸德明釋文：“廣成子，或云即老子。”

［３］蝮蛇：又名反鼻蛇。黄黑色如土，白班，黄頷尖口，胎生，毒最烈，不即療多死。《肘後備急方》五《治腸癰肺癰方》三十七《附方》：“姚方：大蝮蛇一枚，切，勿令傷，以酒漬之，大者一斗，小者五升，以糠火温，令下，尋取蛇一寸許，以臘月猪膏和，傅瘡，差。”眼鏡蛇：有劇毒。

［４］朱雀、玄武、青龍、白虎：古代用來表示天空南、北、東、西四個方向的二十八星宿的星象，合稱“四象”。又稱四方四神。《禮記·曲禮上》：“前朱鳥而後玄武，左青龍而右白虎。”鄭玄注：“以此四獸爲軍陳，象天也。”孔穎達疏：“何胤云：如鳥之翔，如蛇之毒，龍騰虎奮，無能敵此四物。”

［５］舌：《黄庭内景經·至道章》謂舌爲面部七神之一：“舌神通命字正倫。”天：與下“天門”同義，指嘴。

［６］都關：蓋“玉都”、“關元”的合稱。《雲笈七籤》六四《王屋真人口授陰丹秘訣靈篇》：“命門即精室之下是也。玉都即五藏是也。”《黄庭外景經·上部經》：“上有黄庭下關元。”梁丘子注：“關元，在臍下三寸，元陽之門在其前。”關即關口，元即元氣，關元就是元陰元陽交會之處。關元實即性器官，猶命門。

［７］天門：本句指嘴。《黄庭外景經·下部經》：“伏於天門候故道。”梁丘子注：“天門爲口，候故道者通腦户也。”

［８］地户：指肛門。《女丹功·第三·閉户》：“仙女曰：凡坤道，須要閉住地户，即曰鄷都後門。”

［９］鹿角：可治癰疽。《肘後備急方》五《治癰疽妒乳諸毒腫方》三十六：“又方燒鹿角，搗末，以苦酒和，塗之，佳。”

［１０］王方平：《神仙傳》：“王遠字方平，東海人也。舉孝廉，除郎中，稍加中散大夫，學通《五經》，尤明天文、圖讖、《河》《洛》之要，逆知

天下盛衰之期,九州吉凶,如觀之掌握,後棄官入山修道。道成,
漢孝桓帝聞之,連徵不出。使郡國逼載以詣京師,遠低頭閉口不
答詔,乃題宮門扇板四百餘字,皆説方來之事。"

[11] 麝香:《本草綱目》五十一《麝》:麝臍香"[主治]辟惡氣,殺鬼精
物,去三蟲蠱毒,温瘧癎痓。久服,除邪,不夢寤魘寐。本經"按:
麝香可救卒中惡死。《葛仙翁肘後備急方》一《救卒中惡死方》
一:"燒桔梗二兩,末。米飲服,仍吞麝香如大豆許,佳。""廣利方
治卒中客忤垂死,麝香一錢重研和醋二合,服之即差。"

[12] 運日鳥:鴆鳥之别名。《國語·魯語上》》"使醫鴆之"韋昭注:"鴆,
鳥也,一名運日,其羽有毒,漬之酒而飲之,立死。"蠑(yīng)龜:
又名攝龜、呷蛇龜。能食蛇。

[13] 蜈蚣:可治霍亂;可治蛇毒。《肘後備急方》二《治卒霍亂諸急方》
十二:"又方燒蜈蚣膏傅之即差。"又七《治卒青蛙蝮虺衆蛇所螫
方》:"徐王治蛇方:又方燒蜈蚣末以傅瘡上。"

[14] 綖:同線。

10　或問曰:"江南山谷之間,多諸毒惡,辟之有道
乎?"抱朴子答曰:"中州高源(1)[1],土氣清和[2],上國名山,
了無此輩。今吴楚之野,暑濕鬱蒸[3],雖衡霍正嶽,猶多毒
蠚也[4]。又有短弧(2)[5],短弧一名蜮,一名射工,一名射
影,其實水蟲也,狀如鳴蜩,大似三合杯(3)[6],有翼能飛,無
目而利耳,口中有横物角弩(4),如聞人聲,緣口中物如角
弩(5),以氣爲矢,則激水而射人(6),中人身者即發瘡,中影
者亦病。而不即發瘡,不曉治之者煞人。其病似大傷
寒(7),不十日皆死(8)。又有沙虱,水陸皆有,其新雨後及晨
暮前,跋涉必著人,唯烈日草燥時,差稀耳。其大如毛髮之
端,初著人,便入其皮裏,其所在如芒刺之狀,小犯大痛,可
以針挑取色之正赤如丹(9),著爪上行動也。若不挑之,蟲

鑽至骨，便周行走入身，其與射工相似，皆煞人。人行有此
蟲之地，每還所住，輒當以火炙燎令遍身，則此蟲墮地
也[10]。若帶八物麝香丸，及度世丸，及護命丸[7]，及玉壺
丸[8]、犀角丸[9]、及七星丸[10]，及薺苨，皆能辟沙虱短弧
也[11]。若卒不能得此諸藥者，但可帶好生麝香亦佳。以雄
黃、大蒜等分合搗，帶一丸如雞子大者亦善。若已爲所中
者，可以此藥塗瘡亦愈。咬咀赤莧汁[11]，飲之塗之亦愈。
五茄根及懸鉤草、萬一藤[12][12]，此三物皆可各單行，可以
此藥搗服其汁一二升。又射工蟲冬天蟄於山谷間，大雪時
索之。此蟲所在，其雪不積留，氣起如灼蒸，當掘之，不過
入地一尺則得也，陰乾末帶之，夏天自辟射工也。若道士
知一禁方，及洞百禁，常存禁及守真一者[13]，則百毒不敢近
之，不假用諸藥也。」

【校】

（１）高源：孫星衍校："（源）當作原。"崇文本作高原。按：源，古作
　　　原。《詩·衛風·竹竿》"泉源在左"陳奐傳疏："源，古作原，今通
　　　作源。"

（２）短弧：藏本、平津本作短狐，從《説文》段注校改。《説文·蟲部》
　　　"蜮"段玉裁注："今惟《五行志》《左傳》釋文作弧，不誤矣……按
　　　此因其以氣射害人，故謂之短弧，作狐非也。其氣爲矢，則其體
　　　爲弧。"

（３）大：藏本、平津本作狀；從孫星衍校改。

（４）角弩：陳其榮校："衍角弩二字，《御覽》九百五十無。"

（５）如角弩：陳其榮校："《御覽》九百五十作如用弩。"

（６）則激水而射人：藏本、平津本激作因，從陳其榮校改："《御覽》九
　　　百五十因作激。"

（７）其病似大傷寒：陳其榮校："《御覽》九百五十作大傷寒者。"

（8）不十日皆死：王明案："影宋本《御覽》九百五十無'十'字。"

（9）取色之正赤：藏本、平津本無"色"字，據陳其榮校補："《御覽》九百五十取之下有色字。"

（10）則此蟲墮地也：陳其榮校："《御覽》九百五十作則此蟲隨火去也。"王明案："影宋本《御覽》無'此'字。"

（11）皆能辟沙虱短弧也：藏本、平津本作皆辟沙虱短狐也，從王明校補改："'皆'下一本有'能'字。"

（12）萬一藤：藏本、平津本作菖藤，今校改。疑"菖"與"萬"蓋部分形近致誤，下脱"一"字。當作萬一藤。詳見注。

【注】

［1］中州：指中原地區。高源：高原。《詩·衛風·竹竿》"泉源在左"陳奐傳疏："源，古作原，今通作源。"高平曰原。

［2］土氣：指氣候。《列子·湯問》："土氣和，亡札厲。"清和：天氣清明和暖。曹丕《槐賦》："天清和而濕潤，氣恬淡以安治。"

［3］暑濕：炎熱潮濕。《史記·大宛列傳》："條枝在安息西數千里，臨西海，暑濕。"鬱蒸：悶熱。

［4］衡霍：即衡山。衡山一名霍山，故稱。《爾雅·釋山》"霍山爲南岳"邢昺疏："衡山一名霍……而云衡霍，一山二名者，本衡山，一名堆山。"衡山爲五岳之一，故云正岳。毒螫（hē）：毒蟲用毒刺刺扎施毒。

［5］短弧：傳説中的一種蟲子。《漢書·五行志下之上》："蜮猶惑也，在水旁能射人，射人有處，甚者至死，南方謂之短弧。"顏師古注："即射工也，亦呼水弩。"《論衡·言毒》："南道名毒曰短弧。"南道即南方。

［6］鳴蜩（tiáo）：蟬的別名。《方言》十一曰："蟬，楚謂之蜩，宋衛之間謂之螗蜩，陳鄭之間謂之蜋蜩，秦晉之間謂之蟬……"《肘後備急方》三《治卒中風諸急方》十九《附方》："又方蟬蜕、薄苟等分爲末，酒調一錢匕，日三服。"三合杯：能容納三合的大杯。

［7］度世丸：長壽丸。護命丸：救命丸。道教丸藥名。

［8］玉壺丸：備急丸；修仙丸。玉壺：玉壺之典。費長房欲仙，見市中有老翁懸一壺賣藥，市畢跳入壺中，費拜隨老翁入壺。但見玉堂富麗，酒食俱備。後知老翁乃神仙。《肘後備急方》七《治卒蠆螫方》：“以玉壺丸及五蛄丸塗其上，並得其方在備急丸散中。”

［9］犀角：《本草綱目》五十一《犀》：犀角“［主治］百毒蠱疰，邪鬼瘴氣，殺鉤吻、鴆羽、蛇毒，除邪，不迷惑魘寐。久服輕身。本經”

［10］七星：即金星草，又名鳳尾草。《本草綱目》二十《金星草》：“［主治］發背癰瘡結核，解硫黃丹石毒。……塗瘡腫，殊效。嘉佑”“解熱，通五淋，涼血。時珍”

［11］㕮（fǔ）咀：咀嚼。將中藥切細、搗碎、銼末，如經咀嚼，故云。赤莧：《肘後備急方》七《卒中射工水弩毒方》：“又方赤莧莖葉搗絞，取汁飲之，以滓傅之。姚云：服七合，日四五服。”

［12］五茄：又作五加、五佳，又名五花。《本草綱目》三十六《五加》：“根皮同莖”，“［主治］心腹疝氣腹痛，益氣療躄，小兒三歲不能行，疽瘡陰蝕。本經”懸鉤：懸鉤子，又名山莓、木莓、樹莓。《本草綱目》十八《懸鉤子》：“［主治］醒酒止渴，除痰唾，去酒毒。藏器搗汁服，解射工、虺毒。時珍”萬一藤：《本草綱目》十八《附錄諸藤‧萬一藤》：“［藏器曰］生嶺南。蔓如小豆。一名萬吉。主蛇咬。杵末，水和傅之。”

［13］一禁方、洞百禁、常存禁：皆道教禁咒。守真一：保持本性，自然無爲。此指氣功修煉的一種。詳見《地真》論“守真一”之道。

11　或問：“道士山居，棲巖庇岫[1]，不必有絪緼之溫，直使我不畏風濕(1)，敢問其術也？”抱朴子曰：“金餅散[2]、三陽液[3]、昌辛丸[4]、菫草耐冬煎[5]、獨搖膏[6]、茵芋玄華散[7]、秋地黃血丸[8]，皆不過五十日服之而止，可以十年不畏風濕。若服金丹大藥，雖未升虛輕舉，然體不受疾；雖當風臥濕，不能傷也。服此七藥，皆謂始學道者耳。姚先生但服三陽液，便袒臥冰上，了不寒振。此皆介先生及梁有道臥石上，及秋冬當風寒，已試有驗，秘法也。"

【校】

（1）使：顧廣圻校："當作宜。"

【注】

〔1〕棲巖：棲息於山巖。指隱居山林。謝靈運《初去郡》詩："廬園當
棲巖，卑位代躬耕。"庇岫（xiù）：依託山洞。

〔2〕金餅散：不詳。蓋茶葉餅磨成的粉狀物。金餅：茶葉餅的美稱。
唐李郢《酬友人春暮寄枳花茶》："金餅拍成和雨露，玉塵煎出照
煙霞。"

〔3〕三陽液：不詳。蓋一種藥液。三陽：中醫謂太陽、少陽、陽明三
經脈爲三陽。《史記·扁鵲倉公列傳》有"三陽五會"語。

〔4〕昌辛丸：蓋白昌與細辛配製的藥丸。白昌：《本草綱目》十九《白
昌》："〔主治〕食諸蟲。别録　主風濕咳逆，去蟲，斷蚤虱。弘景
研末，油調塗疥瘡。蘇頌《本草綱目》十三《細辛》："〔主治〕咳逆
上氣，頭痛腦動，百節拘攣，風濕痹痛死肌。久服明目利九竅，輕
身長年。本經"細辛能治卒死。《肘後備急方》一《救卒中惡死方》
一："《外臺秘要》治卒客忤停尸不能言，細辛、桂心等分内口中。"

〔5〕薰草：薰菜，即蒜。《肘後備急方》二《治傷寒時氣溫病方》十三：
"又方小蒜一升搗取汁二合，頓服之，不過，再作便差。"耐冬：又
名絡石、雲英、雲花。《本草綱目》十八《絡石》："〔主治〕……蝮蛇
瘡毒，心悶，服汁並洗之。刀斧傷瘡，傅之立瘥。蘇恭"

〔6〕獨搖：白楊；柍杙。《本草綱目》三十五《白楊》：木皮"〔主治〕毒
風腳氣腫，四肢緩弱不隨，毒氣游易在皮膚中……唐本"枝"〔主
治〕消腹痛，治吻瘡。時珍"《柍杙》木皮："〔主治〕去風血腳氣疼
痹。踠損瘀血，痛不可忍，取白皮火炙，酒浸服之。藏器"

〔7〕茵芋：又名莞草、卑共。《本草綱目》十七《茵芋》："〔主治〕五臟邪
氣，心腹寒熱，羸瘦……諸關節風濕痹痛。本經"玄華：道教謂髮

神名。泛指頭髮。《雲笈七籤》四十六《理髮祝第十四》：“呪曰：太帝散靈五老返神泥丸，玄華，保精長存。”段成式《酉陽雜俎·廣知》：“髮神曰玄華。”

［8］地黃：又名芐、芑、地髓。《本草綱目》十六《地黃》：乾地黃“［主治］傷中，逐血痹，填骨髓，長肌肉。作湯除寒熱積聚，除痹。療折跌絕筋。久服輕身不老，生者尤良。本經”

12　或問涉江渡海辟蛟龍之道[1]。抱朴子曰：“道士不得已而當遊涉大川者，皆先當於水次，破雞子一枚，以少許粉雜香末，合攪器水中，以自洗濯[1]，則不畏風波蛟龍也。又佩東海小童符，及制水符、蓬萊札[2]，皆卻水中之百害也。又有六甲三金符[3]、五木禁[4]。又法，臨川先祝曰：卷蓬，卷蓬[2]，河伯導前辟蛟龍，萬災消滅天清明。又《金簡記》云，以五月丙午日日中，搗五石，下其銅。五石者，雄黃、丹砂、慈石、礜石、曾青也[3]。皆粉之，以金華池浴之，內六一神爐中鼓下之[5]，以桂木燒之[4]，銅成以剛炭煉之[6]，令童男女進火，取牡銅以爲雄劍，取牝銅以爲雌劍[7]，各長五寸五分，取土之數[8]，以厭水精也。帶之以水行，則蛟龍巨魚水神不敢近人也。欲知銅之牝牡，當令童男女俱以水灌銅，灌銅當以在火中向赤時也[5]，則銅自分爲兩段，有凸起者牡銅也，有凹陷者牝銅也，各刻名識之。欲入水，以雄者帶左，以雌者帶右。但乘船不身涉水者，其陽日帶雄，陰日帶雌[9]。又天文大字，有北帝書[10]，寫帛而帶之，亦辟風波蛟龍水蟲也。”

【校】

（1）蛟龍：平津本作蛇龍，從王明引藏本、魯藩本與一本校改。

（2）卷蓬,卷蓬：原校："或作弓逢,弓逢。"

（3）五石者,雄黄、丹砂、慈石、礜石、曾青也：藏本、明抄本、平津本作
五石者,雄黄、丹砂、雌黄、礬石、曾青也,從孫星衍、顧廣圻、王明
校改。孫星衍校："當衍雌黄,脱慈石。前《金丹篇》不誤。"顧廣
圻校同。王明案："礬石當作礜石,參前《金丹篇》校注。"《金丹
篇》："五石者,丹砂、雄黄、白凡(礬)、曾青、慈石也。"

（4）以桂木燒之：藏本、平津本作以桂木燒爲之,從陳其榮校删"爲"
字："《書鈔》一百二十二、《御覽》八百十三作以桂薪燒之,無
爲字。"

（5）向：王明校："一本作尚。"

【注】

［1］洗濯：洗滌;除去(罪過、積習、恥辱、仇限等)。

［2］東海小童符,及制水符、蓬萊札：皆道教符札。

［3］六甲：道教符籙名。《雲笈七籤》十四："若辟除惡神鬼者,書六甲
六乙符持行,并呼甲寅,神鬼皆散走。"三金：三種金屬。多指金、
銀、銅。

［4］五木禁：蓋用五木香禁鬼怪蟲害。五木香：本名蜜香,又名青木
香、南木香、《本草綱目》十四《木香》："[釋名][時珍曰]木香,草
類也。本名蜜香,因其香氣如蜜也。……昔人謂之青木香。《三
洞珠囊》云：五香者,即青木香也。一株五根,一莖五枝,一枝五
葉,葉間五節,故名五香,燒之能上徹九天也。古方治癰疽有五
香連翹湯,内有青木香。"[主治]邪氣,辟毒疫温鬼……本經　殺
鬼精物,温瘧蠱毒……別錄"

［5］六一神爐：用六一泥製作的火爐。

［6］剛炭：剛木炭。剛木：檀柘之屬。《山海經·北山經》"多枳棘剛
木"郭璞注："剛木：檀柘之屬。"青榈木當屬此類樹木。

［7］牡銅、牝銅：古代煉銅時以水灌銅,其凸起者爲牡銅,其凹陷者
爲牝銅。唐段成式《酉陽雜俎·廣知(430)》："煉銅時與一童女
俱,以水灌銅,銅當自分爲兩段,有凸起者牡銅也,凹陷者牝銅

也。”按：段成式所説，實本本篇下文所説。

［8］取土之數：即取五之數。《書·洪範》：“五行：一曰水，二曰火，三曰木，四曰金，五曰土。”“五曰土”，故五爲土之數。

［9］陽日、陰日：十二地支的單數爲陽日，雙數爲陰日。

［10］北帝：主殺戮的北方之帝顓頊、玄冥。

13　或問曰[1]：辟山川廟堂百鬼之法[2]。抱朴子曰：“道士常帶天水符[1]，及上皇竹使符、老子左契[2]，及守真一思三部將軍者[3]，鬼不敢近人也。其次則論《百鬼録》，知天下鬼之名字，及《白澤圖》《九鼎記》[4]，則衆鬼自卻。其次服鶉子赤石丸[5]，及曾青夜光散[6]，及蔥實烏眼丸[7]，及吞白石英祇母散[3][8]，皆令人見鬼，即鬼畏之矣。”抱朴子曰：“有老君黃庭中胎四十九真秘符[9]，入山林，以甲寅日丹書白素，夜置案中，向北斗祭之，以酒脯各少少，自説姓名，再拜受取[10]，内衣領中，辟山川百鬼萬精虎狼毒也。何必道士，亂世避難入山林，亦宜知此法也。”

入山符

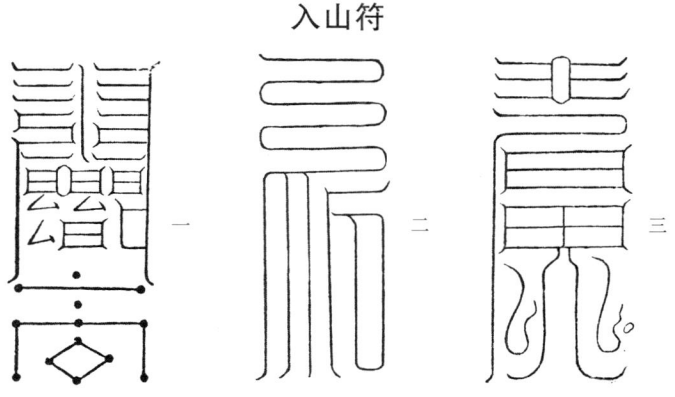

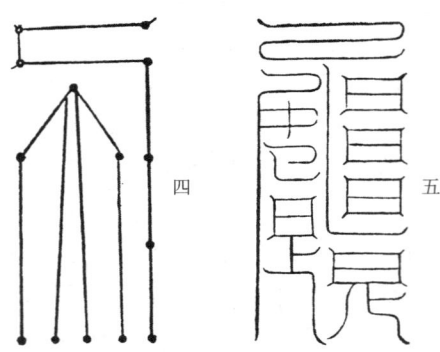

抱朴子曰：“上五符，皆老君入山符也。以丹書桃板上，大書其文字，令彌滿板上，以著門戶上[11]，及四方四隅，及所道側要處，去所住處，五十步内，辟山精鬼魅。戶内樑柱，皆可施安。凡人居山林及暫入山，皆可用，即衆物不敢害也。三符以相連著一板上。意謂爾非葛氏(4)。”

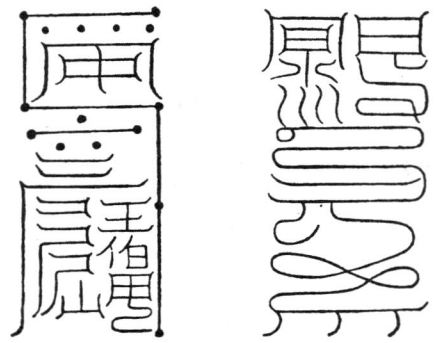

抱朴子曰：“此符亦是老君入山符，戶内梁柱皆可施。凡人居山林及暫入山，皆宜用之也。”

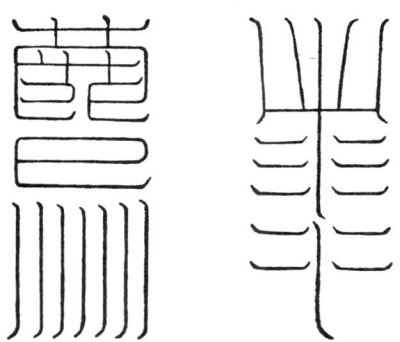

　　抱朴子曰："此是仙人陳安世所授入山辟虎狼符，以丹書絹二符，各異之。常帶著所住之處，各四枚。移涉當拔收之以去，大神秘也。開山符以千歲虆名山之門[(5)][12]，開寶書古文金玉[(6)]，皆見秘之。右一法如此，大同小異。"

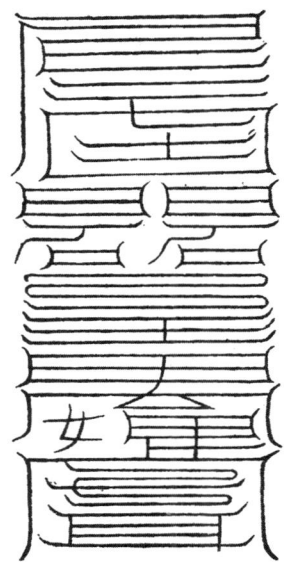

　　抱朴子曰:"此符是老君所戴,百鬼及蛇蝮虎狼神印也。以棗心木方二寸刻之,再拜而帶之,甚有神効[7]。仙人陳安世符矣。"

入山佩帶符

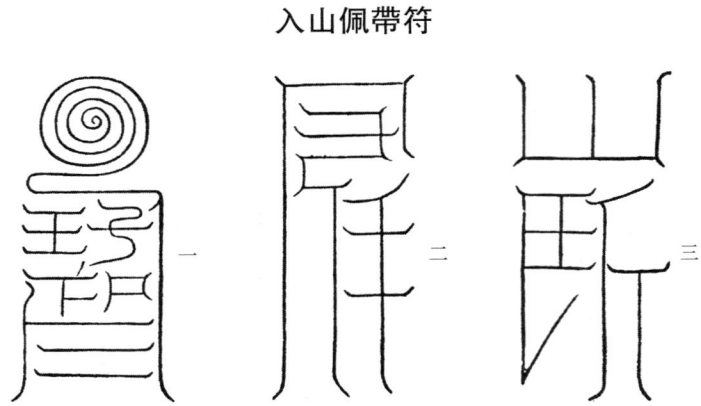

　　此三符,兼同著牛馬屋左右前後及猪欄上,辟虎狼也。

【校】

（1）或問曰：王明案："一本無'曰'字。"

（2）堂：原校："一作座。"

（3）祇母散：藏本祇作祇。

（4）意謂爾非葛氏：孫星衍校："末六字疑附注之語,誤入正文。"顧廣圻校："當作小字。"

（5）千歲虆名山之門：疑有脱文,蓋"千歲虆"與"名山之門"當中缺一動詞如"繫""繞"之類字。

（6）開寶書古文金玉：疑有脱誤,蓋本作開寶藏、書古文、煉金玉。

（7）甚有神効：孫星衍校：其下"疑有缺文。"

【注】

［1］天水符：《遐覽篇》著録《天水符》一卷，《天水神符》一卷。

［2］上皇竹使符、老子左契：《袪惑》：“自不帶《老君竹使符》《左右契》者，不得入也。”《遐覽篇》著録《左右契》一卷。

［3］三部將軍：道教神名。

［4］《白澤圖》：白澤，傳説中的神獸名。《雲笈七籤》一百《軒轅本紀》：“黄帝得白澤神獸，能言，達於萬物之情。帝令以圖寫之，以示天下。”《隋書·經籍志三》著録《白澤圖》一卷。《九鼎記》：傳説黄帝采首山之銅，鑄九鼎于荆山之下。虢州湖城縣有石記述黄帝鑄鼎於此云。

［5］鶉子赤石丸：鵪鶉蛋與赤石英配製的丸藥。赤石：赤石英、赤石脂。《御覽》九百八十七引《本草經》曰：“赤石英形如白石英，赤形端，故赤澤有光，補心氣。”

［6］曾青夜光散：蓋由曾青與熒火蟲配製的散藥。《本草綱目·石部》十《曾青》引《造化指南》：“曾青生銅礦中，乃石緑之得道者，肌膚得東方正色，可以合煉大丹，點化與三黄齊驅。”“［主治］目痛，止眼淚，風痺，利關節，通九竅，破癥堅積聚。久服輕身不老。本經”夜光：熒火蟲的别名。

［7］蔥實烏眼丸：蓋由蔥籽與烏眼配製的丸藥。烏眼：草本植物，可入藥。《廣雅·釋草》：“烏眼，薟薕也。”疏證：“《唐風·葛生篇》‘薟蔓于野’，《釋文》：‘薟，音薕。’陸機《疏》云：‘薟似栝樓，葉盛而細。其子正黑，如燕薁，不可食也。幽州人謂之烏眼。其莖葉煮以哺牛，除熱。’薟，曹憲音薕。各本脱去‘薟’字，《音》内‘薕’字又誤入正文，今據《詩疏》訂正。薟有三種：一爲《爾雅》‘蔨，鹿藿’，《玉篇》云：‘蔨，白薟也。’《神農本草》：‘白薟，一名菟核。’陶注云：‘作藤生，根如芷。’是也；一爲赤薟，蘇頌《本草圖經》云：‘赤薟與白薟花實相類，但表裏俱赤。’是也；一爲烏薟苺，《唐本草》云：‘烏薟苺，蔓生，葉似白薟。’是也。此三者未知孰當《廣雅》之薟。”

［8］白石英：《肘後備急方》三《治卒得驚邪恍惚方》十八《附方》：“簡

要濟衆方，每心臟不安，驚悸善忘，上膈風熱化痰：白石英一兩、朱砂一兩，同研爲散，每服半錢，食後夜臥，金銀湯調下。"祇母散：不詳。

［9］中胎：胎中。四十九真秘符：《遐覽篇》著録《四十九真符》一卷。

［10］受取：接受；領取。《漢書·王莽傳中》："吏終不得禄，各因官職爲姦，受取賕賂以自共給。"

［11］以丹書桃板上……：即桃符類物，掛在大門口上的兩塊畫著神荼（shū）、鬱壘（lǜ）二神的桃木板，用以壓邪，被除不祥。《論衡·亂龍》："上古之人，有神荼、鬱壘者，昆弟二人，性能執鬼。居東海度朔山上，立桃樹下，簡閱萬鬼。鬼無道理，妄爲人禍，荼與鬱壘縛以盧（蘆）索，執以食虎。"南朝梁宗懍《荊楚歲時記》："正月一日……帖畫雞户上，懸葦索於其上，插桃符其旁，百鬼畏之。"

［12］虆（léi）：藤蔓。

14　或問曰："昔聞談昌[1]，或步行水上，或久居水中，以何法乎？"抱朴子曰："以蒠涕和桂[2]，服如梧桐子大七丸，日三服，至三年，則能行水上也。鄭君言但習閉氣至千息，久久則能居水中一日許。得真通天犀三寸以上(1)[3]，刻以爲魚，而銜之以入水，水常爲人開，方三尺，可得氣息水中。又通天犀角有一赤理如綖者(2)，自本徹末者(3)，以角盛米置群雞中，雞欲往啄之(4)，未至數寸，即驚卻退。故南人或名通天犀爲駭雞犀(5)[4]。以此犀角著穀積上，百鳥不敢集。大霧重露之夜，以置中庭，終不沾濡也。此犀獸在深山中，晦冥之夕[5]，其光正赫然如炬火也[6]。以其角爲叉導，毒藥爲湯，以此叉導攪之(6)[7]，皆生白沫，白沫湧起(7)，則無復毒勢也(8)。以攪無毒物，則無沫起也。故以是知之者也。若行異域有蠱毒之鄉[8]，每於他家飲食，則常先以犀攪之也。人有爲毒箭所中欲死，以此犀叉刺瘡中⁽⁹⁾，其瘡即沫出而愈也。通天犀所以能煞毒者，其爲獸專食百草之有毒者，及衆木有刺棘者，不妄食柔滑之草木也。歲一解角藏於山中石間⁽¹⁰⁾。人或得之，則須刻木色理形狀，令如其角以代之，犀不能覺，後年輒更解角著其處也。他犀亦辟惡解毒耳，然不能如通天者之妙也。或食六戊符千日，或以赤班蜘蛛及七重水馬⁽¹¹⁾[9]，以合馮夷水仙丸服之[10]，則亦可以居水中，祇以塗蹠下，則可以步行水上也。頭垢猶足以使金鐵浮水[11]，況妙於茲乎？”

【校】

（１）得真通天犀三寸以上：陳其榮校：“《藝文類聚》九十五、《事類賦》《御覽》八百九十引‘三寸’作‘一尺’。”

（２）有一赤理：孫星衍校：“《事類賦》引無‘一’字，‘赤’作‘白’。”陳其榮校：“《後漢書·西域·大秦國傳》注、《藝文類聚》九十五、《御覽》十五又八百九十作白理無一字。”《事類賦》引同。

（３）者，自本徹末者：藏本、明抄本、平津本作有自本徹末，今校改。孫星衍校：“（有）《事類賦》引無。”“（末下）《事類賦》引有者字。”顧廣圻校：“有當作者。”按：“者”當屬上句。《事類賦》《御覽》十五作自本徹末者。

（４）雞欲往啄之：藏本、平津本無“往”字，據王明校補：“《後漢書·西域傳·大秦國》李注、《藝文類聚》九十五引‘欲’下有‘往’字，一本亦有，按當有‘往’字。”

（５）駮雞犀：《類聚》九十五“駮雞”後有“得其角以上刻爲魚而銜以入水，水常爲開，方三尺，可得氣息水中”數句。

（６）以其角爲叉導，毒藥爲湯，以此叉導攪之：藏本、平津本作以其角爲導，毒藥爲湯，以此導攪之，從《校補》據《類聚》九十五引校改。王明案：“影宋本《御覽》八百九十引‘其角爲義導’，‘義’乃‘叉’字之訛。”

（７）皆生白沫，白沫湧起：藏本、平津本不重“白沫”二字，從《校補》校補：“‘白沫’下當更有‘白沫’二字。”

（8）無復毒勢：藏本、平津本作了無復勢，從《校補》引《類聚》九十五、《御覽》八百九十校改。

（9）以此犀叉刺瘡中：藏本、平津本叉作文，從孫星衍校改：“（文）當作叉，即釵字也。”顧廣圻校同。

（10）歲一解角藏於山中石間：藏本、平津本無“藏”字，據陳其榮校補：“《御覽》八百九十解角下有藏字。”

（11）赤班：王明案：“班一作斑。”及七重：陳其榮校：“《御覽》九百四十八作及七種。”

【注】

［1］談昌：道士名。餘不詳。

［2］蔥涕：蔥汁。可救卒中惡死。《肘後備急方》一《救卒中惡死方》一：“取蔥黃心刺（刺）其鼻，男左女右，入七八寸，若使目中出血佳。”桂：《後備急方》一《治卒心痛方》八：“桂末若干薑末二藥並可單用，溫酒服方寸匕，須臾六七服差。”若：及也。差：同瘥。愈。

［3］通天犀：一種白色紋理上下貫通的犀牛角，又名水犀、駭雞犀。《本草綱目》五十一《犀》：“［集解］［陶弘景曰］又有通天犀，上有一白縷，直上至端，夜露不濡，入藥至神驗。”三寸：《校勘記》：“《藝文類聚》九十五、《御覽》八百九十作‘一尺’。”

［4］駭雞犀：《戰國策·楚策一》：“乃遣使車百乘，獻雞駭之犀、夜光之璧于秦王。”王念孫《讀書雜誌·戰國策二》：“雞駭之犀，當爲駭雞之犀。”劉向《九歎·怨思》：“淹芳芷于腐井兮，棄雞駭於筐簏。”王逸注：“雞駭，文犀也。……一作駭雞。”

［5］晦冥：昏暗；陰沉。《史記·高祖本紀》：“是時雷電晦冥，太公往視，則見蛟龍於其上。”

［6］赫然：光彩鮮明貌。多指紅色。《後漢書·光武帝紀下》：“遠望舍南，火光赫然屬天，有頃不見。”炬火：點燃的火把。

［7］叉導：一種叉形器具。

［8］蠱毒：蠱蟲之毒。蠱蟲：糧食中蛀蟲所化的蛾；傳說一種人工培育的毒蟲。

［9］蜘蛛：《肘後備急方》三《治寒熱諸瘧方》十六：“又方取蜘蛛一枚蘆管中密塞，以縊頸，過發時乃解去。”“又方取蜘蛛一枚著餠（飯）中合丸吞之。”水馬：不詳。疑即水蛭，水蛭即馬蟥。

［10］馮夷：傳說中的黃河之神，即河伯。泛指水神。《莊子·大宗師》：“馮夷得之，以遊大川。”成玄英疏：“姓馮名夷，弘農華陰潼鄉堤首里人也。服八石，得水仙。大川，黃河也。天帝賜馮夷爲河伯，故游處盟津大川之中也。”水仙丸：馮夷“得水仙”之丸。

［11］頭垢猶足以使金鐵浮水：《御覽》七百三十六引《淮南萬畢術》曰：“首澤浮針，取頭中垢以塗針，塞其孔，置水即浮。”

15　或問：“爲道者多在山林，山林多虎狼之害也，何以辟之？”抱朴子曰：“古之人入山者，皆佩黃神越章之印[1]，其廣四寸，其字一百二十，以封泥著所住之四方各百步[2]，則虎狼不敢近其内也。行見新虎跡，以印順印之，虎即去，以印逆印之，虎即還，帶此印以行山林，亦不畏虎狼也。不但祇辟虎狼，若有山川社廟血食惡神能作福禍者，以印封泥，斷其道路，則不復能神矣。昔石頭水有大黿[3]，常在一深潭中，人因名此潭爲黿潭。此物能作鬼魅，行病於人。吳有道士戴昞者(1)，偶視之(2)，以越章封泥作數百封，乘舟以此封泥遍擲潭中，良久，有大黿徑長丈餘，浮出不敢動，乃格煞之，而病者并愈也。又有小黿出(3)，羅列死於渚上甚多。山中卒逢虎，便作三五禁，虎亦即卻去。三五禁法，當須口傳，筆不能委曲矣。一法，直思吾身爲朱鳥，令長三丈(4)，而立來虎頭上，因即閉氣，虎即去。若暮宿山中者，密取頭上釵，閉炁以刺白虎上，則亦無所畏。又法，以左手持刀閉炁，畫地作方，祝曰：‘恒山之陰，太山之陽[4]；盜賊不起，虎狼不行；城郭不完，閉以金關。’因以刀横旬日中白虎上[5]，亦無所畏也。或用大禁，吞三百六十氣，左取右以叱虎，虎亦不敢起。以此法入山，亦不畏虎。或用七星虎步[6]，及玉神符、八威五勝符、李耳太平符[7]、中黄華蓋印文及石流黄散[8]，燒牛羊角，或立西岳公禁山符[9]，皆有驗也。闕此四符也[5]。”

【校】

(1) 戴昞：《御覽》九百三十二昞作炳。

(2) 偶視之：陳其榮校：“《御覽》九百三十二作能視見之。”

(3) 又有小黿出：王明校：“慎校本、寶顔堂本、崇文本黿下有浮字。”

(4) 令長三丈：原校：“一本三作二。”

(5) 闕此四符也：孫星衍校：“末五字疑系附注之語，誤入正文。”顧廣圻校：“小字注入正文。”

【注】

[1] 黄神越章：印名。古登山者所佩，以避虎狼。王明釋：“方術家以爲黄神越章能避虎狼，亦能殺鬼。《善齋吉金錄》璽印錄俱載黄神越章之印數圖。”

[2] 封泥：謂用泥封緘文書。古代文書笥囊外加繩捆紮，在繩結處以膠泥加封，上蓋鈐印，以防洩密、失竊。

[3] 石頭：地名。1. 在今江西南昌市北。《水經注》三十九《贛水》云：“水之西岸，有磐石，謂之‘石頭’，津步之處也。”2. 石頭城。在建康（今南京城）西，爲東晉軍事重鎮。

[4] 恒山之陰：恒山之北。太山之陽：太山之南。陽、行：陽部。完、關：元部。

[5] 以刀横旬日中白虎上：用刀横放在十天之内白虎這一天中。白虎：西方七宿奎、婁、胃、昂、畢、觜、參的總稱。特指迷信傳説中的凶神。《協紀辨方書》引《人元秘樞經》：“白虎者，歲中凶神也。

常居歲後四辰。"

[6] 七星虎步：步天罡，踏北斗，動作威武。道士禮拜星宿，召遣神靈的一種動作。其步行轉折，據説宛如踏在罡星斗宿之上，故稱。即禹步。七星：指北斗星。虎步：形容動作威武。

[7] 玉神符、八威五勝符、李耳太平符：皆道教符圖。五勝：五行相勝。言水勝火，火勝金，金勝木，木勝土，土勝水。

[8] 中黄華蓋印文：黄帝呈傘蓋形的印章印跡。中黄：指黄帝。《文選》張協《七命》："啟中黄之少宫，發蓐收之變商。"吕延濟注："中黄，黄帝也。"一説傳説中的仙人中黄子。華蓋：帝王或貴官車上傘蓋。

[9] 西岳公：西岳大帝。道教神名。

地真卷十八^[1]

1 抱朴子曰：“余聞之師云：‘人能知一，萬事畢^[2]。’知一者，無一之不知也。不知一者，無一之能知也^[3]。道起於一，其貴無偶^{(1)[4]}，各居一處，以象天地人，故曰‘三一’也^[5]。天得一以清，地得一以寧，人得一以生，神得一以靈^{(2)[6]}。金沈羽浮，山崎川流；視之不見，聽之不聞；存之則在，忽之則亡；向之則吉，背之則凶⁽³⁾；保之則遐祚罔極，失之則命彫氣窮^{(4)[7]}。老君曰：‘忽兮恍兮，其中有象；恍兮忽兮，其中有物^{(5)[8]}。’一之謂也⁽⁶⁾。故仙經曰^[9]：‘子欲長生，守一當明^{(7)[10]}；思一至飢，一與之糧；思一至渴，一與之漿^[11]。’一有姓字服色：男長九分，女長六分；或在臍下二寸四分下丹田中^[12]；或在心下絳宮金闕中丹田也^[13]；或在人兩眉間，卻行一寸爲明堂^[14]，二寸爲洞房^[15]，三寸爲上丹田也。此乃是道家所重，世世歃血口傳其姓名耳。一能成陰生陽，推步寒暑^{(8)[16]}；春得一以發，夏得一以長，秋得一以收，冬得一以藏^{(9)[17]}。其大不可以六合階，其小不可以毫芒比也^{(10)[18]}。”

【校】

（1）道起於一，其貴無偶：《五符序》下作一者，至貴無偶之號，道起於一，數靡不由一；《御覽》六百六十八引《五符經》作一者，至貴無偶之號。

（２）天得一以清，地得一以寧，人得一以生，神得一以靈：《五符序》下作天得一以清，神得一以靈，地得一以寧，人得一以生。

（３）向之則吉，背之則凶：《五符序》下向作順，背作逆。

（４）保之則遐祚罔極，失之則命彫氣窮：《五符序》下作寶之遐祚無極，泄之命彫氣亡。保通寶。

（５）忽兮恍兮四句：《五符序》下忽作惚。王明校：“宋浙本‘其中有物’下重‘其中有物’一句。按當重一句，與下句‘一之謂也’相貫。”案：“有象”“有物”，方與“一之謂也”連貫，故不必重。

（６）一之謂也：《五符序》下作此一之謂也。

（７）子欲長生，守一當明：《五符序》下、《御覽》六百六十八引《五符經》子作必，守作三。上句《太清金液神丹經》上《正一天師張道陵序》同，下句亦守作三。

（８）推步寒暑：《五符序》下、《御覽》六百六十八引《五符經》步作行。

（９）春得一以發，夏得一以長，秋得一以收，冬得一以藏：《五符序》下作春得以茂，夏得以長，秋得以收，冬得以藏。

（10）其大不可以六合階，其小不可以毫芒比：《五符序》下、《御覽》六百六十八引《五符經》階作隱，《御覽》比作兆。

【注】

［１］地真：指人體的三寶上、中、下三丹田。《雲笈七籤》卷五十《金闕帝君三元真一經訣》說：“天有三玄，謂日、月、星也，亦爲三精，是用長生；人有三寶，三丹田也，亦爲三真，是用永存。《靈寶經》曰：‘天精地真，六寶常存。’此之謂也。”據此，知“地真”與“天精”相提並論，“天精”指日、月、星，“地真”指三丹田。三丹田統括人體全身器官，正與本篇內容相關，故葛洪截用《靈寶經》“地真”語定篇名爲《地真》。嚴可均曰：“《抱朴子養生論》，前半即《地真篇》也，後半與《極言篇》相輔。”論“知一”、“思一”、“守一”、“真一”、“玄一”、治國如治身等，故本卷實論養生。

［２］人能知一，萬事畢：《莊子・天地》：“記曰：‘通于一而萬事畢。’”

成玄英疏：“一，道也。夫事從理生，理必包事，本能攝末，故知
一，萬事畢。”《西升經》五《無思章》：“故曰：子能知一，萬事畢。”
《太上靈寶五符序》下：“夏禹曰：‘子知真一之丹，萬事延。’”

［３］知一者，無一之不知也。不知一者，無一之能知也：語見《淮南
子·精神》，高誘注：“上一，道也；下一，物也。”

［４］道起於一，其貴無偶：《老子·第四十二章》：“道生一。”呂吉甫
曰：“道之在天下，莫與之偶者。莫與之偶，則一而已矣，故曰‘道
生一’。”（引自焦竑《老子翼》）《淮南子·原道》：“道者，一立而萬
物生矣。”《西升經·虛無章》：“老子曰：‘……道生一，一生萬
物。’”《太平經》一：“一者，數之始也，生之道也，元氣所起也，天
之大綱也。”

［５］三一：精、氣、神三位一體。《太平經》：“三氣共一，爲神根也。一
爲精，一爲神，一爲氣，此三者，共一位也。”本篇一指道，三指泥
丸、絳宮、丹田。《太極左仙公説神符經》：“仙公晨居華陽洞天静
守三一。”注：“一者，道也；三者泥丸、絳宮、丹田也。太上説三一
經以存於身，故仙公時守三一，静通神時也。”

［６］天得一以清，地得一以寧，人得一以生，神得一以靈：《老子·第
三十九章》：“昔之得一者，天得一以清，地得一以寧，神得一以
靈，谷得一以盈，萬物得一以生，侯王得一以爲天下正。”（今本
《老子》無“人得一以生”。）嚴靈峰《老子達解》云：“一者，‘道’之
數。‘得一’猶言得道也。”《太平經·聖君秘旨》：“天不守一失其
清，地不守一失其寧，日不守一失其明，月不守一失其精，……神
不守一不生成，人不守一不活生。一之爲本，萬事皆行，子知一，
萬事畢矣。”清、寧、生、靈：耕部。

［７］遐祚：綿延不盡的福澤。陸雲《登遐賦》：“貽我則歌，永揚遐祚。”
凶、窮：東部。

［８］忽兮恍兮四句：語見《老子·第二十一章》。恍、象：陽部。忽、
物：物部。

［９］仙經：指《太上靈寶五符序》。

［10］子欲長生，守一當明：生、明：耕部。

〔11〕思一至飢，一與之糧；思一至渴，一與之漿：見《太上靈寶五符序》
　　　下。糧、漿：陽部。

〔12〕丹田：人體部位名。道教稱人體有三丹田：上丹田在兩眉間，中
　　　丹田在心下，下丹田在臍下。一般指下丹田。《雲笈七籤》六四
　　　《王屋真人口授陰丹秘訣靈篇》：“三丹田者，上丹田，腦髓是也；
　　　中丹田，心虛是也；下丹田，精室是也。”

〔13〕絳宮：道教指心。《黃庭內景經・若得章》：“重重樓閣十二環。”
　　　梁丘子注：“謂喉嚨十二環相重，重在心上。心爲絳宮，有象樓閣
　　　故也。”金闕：道教謂天上有黃金闕，爲仙人或天帝所居。此蓋
　　　與“絳宮”連文同義，喻其重要。

〔14〕明堂：道教稱兩眉之間爲天門，入內一寸爲明堂。《黃庭外景
　　　經・上部經》：“明堂四達法海源。”梁丘子注：“眉頭一寸爲明堂，
　　　氣皆流達如海之元也。”與此所說相合。

〔15〕洞房：道教指人體的一個穴位。《黃庭內景經・靈臺章》：“洞房
　　　紫極靈門戶。”梁丘子注引《大洞經》：“兩眉間……卻入二寸爲洞
　　　房。”與此所說相合。

〔16〕推步：星家推五星之度，昏旦節氣之差。《後漢書・楊厚傳》：“就
　　　同郡鄭伯山受《河》《洛》書，及天文推步之術。”

〔17〕春得一以發，夏得一以長，秋得一以收，冬得一以藏：謂春生、夏
　　　長、秋收、冬藏合乎道。長、藏：陽部。

〔18〕六合：天地四方。《莊子・齊物論》：“六合之外，聖人存而不論；
　　　六合之內，聖人論而不議。”成玄英疏：“六合者，謂天地四方也。”

　　2　“昔黃帝東到青丘，過風山，見紫府先生，受《三皇
內文》，以劾召萬神(1)〔1〕；南到圓隴陰建木(2)〔2〕，觀百靈之
所登(3)，採若惠之華(4)〔3〕，飲丹巒之水(5)〔4〕；西見中黃子，受
《九茄之方》(6)〔5〕，過崆峒，從廣成子受《自然之經》(7)〔6〕；北
到洪堤，上具茨，見大隗君、黃蓋童子，受《神芝圖》〔7〕；還陟
王屋，得《神丹金訣記》(8)；到峨眉山，見天真皇人於玉堂，

請問真一之道^{(9)[8]}。皇人曰：‘子既君四海，欲復求長生，不亦貪乎⁽¹⁰⁾？其相覆不可具說^[9]，粗舉一隅耳。夫長生仙方，則唯有金丹，守形卻惡⁽¹¹⁾，則獨有真一。’故古人尤重也。仙經曰：九轉丹，金液經，守一訣，皆在昆侖五城之內，藏以玉函，刻以金札，封以紫泥，印以中章焉^{(12)[10]}。”

【校】

（1）過風山：《雲笈七籤》一百《軒轅本紀》無。以劾召萬神：《御覽》七九引同。《五符序》下“以”前有“天文大字”四字，“神”下有“役使群靈”四字。

（2）南到圓隴陰建木：《五符序》下同。王明校：“《御覽》七十九‘圓隴’作‘負（按爲“員”之訛）隴’，‘陰’作‘蔭’。《校勘記》：‘‘陰’亦得讀爲‘蔭’。明案《雲笈七籤》卷一百作‘南至五芝玄澗，登圓隴蔭建木’。”

（3）百靈：藏本、平津本作百令，從陳其榮引《御覽》七十九、王明案引《軒轅本紀》校改。

（4）採若蕙之華：藏本、平津本蕙作乾，今校改。《五符序》下若作箬。《御覽》引乾作戟。按：“箬乾”固誤，“若戟”亦誤。疑與“乾”“戟”兩字字形部分相近者蓋“蕙”字。“若蕙”連文見揚雄《反離騷》：“卷薜芷與若蕙兮，臨湘淵而投之。”顏師古注：“《離騷》云：‘貫薜荔之落蘂’，‘雜杜衡與芳芷’。‘又樹蕙之百畝’，‘雜申椒與菌桂’，皆以自喻德行芬芳也。”

（5）丹巒：藏本、平津本作丹巒，從陳其榮引《書鈔》十六、《御覽》七十九、王明案引《軒轅本紀》校改。“巒”蓋“巒”之形訛。

（6）西見中黃子，受《九茄之方》：藏本、平津本茄作加，《五符序》下加作茄，《軒轅本紀》作適中岱見黃子中受九茄之方。小注：一云至崆峒山，見中黃真人。

（7）過崆峒，從廣成子受《自然之經》：藏本、平津本作過洞庭，從廣成子受《自成之經》，陳其榮校：“《御覽》七十九作過崆峒，撿《莊子》

等書載廣成子事，無作洞庭者也。"王明案："《軒轅本紀》作'登崆峒山見廣成子問至道，廣成子授以《自然經》一卷'，作崆峒是。《自成經》當作《自然經》，後《遐覽篇》著錄《自然經》一卷，《御覽》七十九引正作《自然之經》，並據訂正。"按：《五符序》下作過崆峒，上，從廣成子受自然之經。

（8）還陟王屋，得《神丹金訣記》：藏本、平津本屋作室，據《校補》引《極言篇》、王明案引《軒轅本紀》、宋浙本校改。《五符序》下作還陟王屋之山，受《金液九轉神丹經》于玄女。

（9）天真皇人：藏本、平津本同，但下列皆無"天真"二字：《經訣》五《黃帝玉台篇圖符》："昔黃帝到峨嵋山，見皇人於玉堂，請問真道。"《五符序》下："帝又乃到峨眉山，清齋三月，得與皇人相見。"《御覽》七十九引無天真二字。

（10）皇人曰：子既君四海，欲復求長生，不亦貪乎：《五符序》下"欲復求長生"作"復欲不死"。《軒轅本紀》"君四海"作"居海內"，"欲復求長生"作"復欲求長生不死"。

（11）卻惡：藏本作卻遠，平津本作卻還，從《經訣》七、孫星衍引刻本、王明案引慎校本、寶顏堂本校改。

（12）皆在崑崙五城之內，藏以玉函，刻以金札，封以紫泥，印以中章焉：《五符序》下作：又西王母安此書著五城之內，其外衛備有仙樓十二，藏以紫玉之匱，刻以黃金之札，封以丹光芝草，印乙太上中章。

【注】

［1］昔黃帝東到青丘，過風山，見紫府先生，受《三皇內文》，以劾召萬神：《雲笈七籤》一百《軒轅本紀》："東到青丘山，見紫府先生，受《三皇內文》大字，以劾召萬神。"注："抱朴子云有二十卷。"正文與本文合，惟多"山"、"大字"三字。青丘：即長洲。傳說中神仙居住的十島之一。《十洲記》："長洲一名青丘……上饒山川及多大樹，樹乃有二千圍者。一洲之上，專是林木，故一名青丘。"

［2］圓隴：地名。具體所指不詳。建木：傳說中神木名。《呂氏春

秋・有始覽》：“白民之南，建木之下，日中無影，呼而無響，蓋天地之中也。”高誘注：“建木在都廣南方，衆帝所從上下也，復在白民之南。”

[3]若惠：香草名。杜若、蕙草。《本草綱目》十四《杜若》：“[主治]……久服益精明目輕身。令人不忘。本經”又《熏草》：“[釋名]蕙草。”“[主治]明目止淚，療泄精，去臭惡氣，傷寒頭痛，上氣腰痛。別錄”蕙實“[主治]明目補中。別錄”

[4]丹巒：地名。不詳。蓋即丹山也。

[5]中黄子：中黄真人。《極言》：黄帝“適東岱而奉中黄”。

[6]崆峒：山名。在今甘肅省平涼市西。《史記・五帝本紀》：“（黄帝）西至於空桐。登雞頭。”崆峒、空桐同指一地。

[7]洪堤：地名。不詳。具茨：山名，在今河南省密縣東。大隗君：神名；古之至人。《莊子・徐無鬼》：“黄帝將見大隗乎具茨之山，方明爲御，昌寓驂乘。”陸德明釋文引司馬彪云：“在滎陽密縣東，今名泰隗。”黄蓋童子：古之至人。

[8]天真皇人：蓋即道教天界上清境九種真人之第五種，曰天真。

[9]覆：掩蓋深藏。

[10]昆侖五城：道教仙山昆侖中的五座城池。玉函：玉制的匣子。金札：小而薄，刻有字的金片。紫泥：此指大神仙經訣用武都紫泥封，泥上蓋印。中章：仙官簿書印章。中：簿書；案卷。皆喻秘藏。

　　3　“吾聞之先師曰：一在北極大淵之中，前有明堂，後有絳宮(1)[1]，巍巍華蓋[2]，金樓穹隆[3]；左罡右魁[4]，激波揚空；玄芝被崖，朱竹菶茸(2)[5]。白玉嵯峨(3)[6]，日月垂光(4)[7]；歷火過水[8]，經玄涉黄(5)[9]；城闕交錯[10]，帷帳琳琅(6)[11]；龍虎列衛[12]，神人在傍(7)[13]。不施不與，一安其所；不遲不疾，一安其室(8)。能暇能豫，一乃不去；守一存真，乃能通神(9)；少欲約食，一乃留息；白刃臨頸，思一得生(10)；知一不難，難在於終；守一不失，可以無窮；陸辟惡獸，水卻蛟龍；不畏魍魎，挾毒之蟲(11)[14]；鬼不敢近，刃不敢中。此真一之大略也。”

【校】

（1）吾聞之於先師曰：一在北極大淵之中，前有明堂，後有絳宮：《五符序》下作：“太上太一真一之經曰：三一相須，其居不同。或在北極大淵之中，前有明堂，下有絳宮。”

（2）朱竹蓊茸：藏本、平津本作朱草蒙瓏，從《五符序》下校改：“玄芝被宇，往往成叢；深谷直下，朱竹蓊茸。”

（3）白玉嵯峨：其下《五符序》下有“甘泉無窮”一句。

（4）日月垂光：其下《五符序》下有“金爐隆崇，或在離宮，或在命門”三句。

（5）經玄涉黃：《五符序》下作經方入圓。

（6）帷帳琳琅：《五符序》下作幃帳成雲。

（7）在傍：《五符序》下作爲群。

（8）一安其室：明抄本室作失，顧廣圻校作室。

（9）守一存真，乃能通神：《五符序》下、《御覽》六百六十八引《五符經》作存一至勤，一能通神。

（10）白刃臨頸，思一得生：《五符序》下作：臨危不疑，一爲除災，天禍在前，思一得生。

（11）陸辟惡獸，水卻蛟龍；不畏魍魎，挾毒之蟲：《五符序》下作：陸辟猛獸，及與毒蟲；水卻魍魎，及與蛟龍。

【注】

［1］北極大淵：皆指丹田。大，一作太。太淵：肚臍的別名。《黃庭內景經·治生間》：“兼行形中八景神。”梁丘子注引《玉篇經》云：“臍中爲太一君，主人之命，一名太淵，一名昆侖，一名太極，主身中萬三千精光。”

〔2〕華蓋：帝王或貴官車上的傘蓋。此喻指雙眉。《黄庭内景經·天中章》：“眉號華蓋覆明珠。”

〔3〕金樓：黄金建造的重樓。重樓指喉嚨。《黄庭内景經·黄庭章》：“重堂焕焕揚八威。”梁丘子注：“重堂，喉嚨名也，一曰重樓，亦名重環。《本經》云：‘絳宫重樓十二級。’絳宫，心也。喉嚨在心上，故曰重堂。喉嚨者，津液之路也，流通上下，滋榮一體，焕明八方。”

〔4〕左罡右魁：蓋喻指左右腎。罡、魁：北辰星名。罡：北斗七星的柄。魁：天樞，北斗七星的第一星。罡、魁指代北辰，北辰喻指腎。

〔5〕芝：黑芝，靈芝的一種。此蓋隱喻陰毛。朱竹：蓋隱喻玉莖。以上中、宫、隆、空、茸：東部。

〔6〕白玉：又名白石。喻指牙齒。

〔7〕日月：喻指雙目。《黄庭外景經中》：“出日入月是吾道。”梁丘子注：“日月，兩目也。”

〔8〕火：喻指心、元神。《黄庭内景經·心部章》：“心部之宫蓮含葉。”梁丘子注：“火宫也。心藏之質象蓮花之未開也。”水：喻指腎氣。《黄庭内景經·心神章》：“腎神玄冥字育嬰。”梁丘子注：“腎屬水，故曰玄冥，腎精爲子，故曰育嬰。”

〔9〕玄黄：内丹術指人的身體。

〔10〕城闕：喻指腑臟。城喻腹腔。

〔11〕帷帳：蓋喻指血脈。

〔12〕龍虎：神氣。《重陽真人授丹陽二十四訣》：“丹陽又問：‘何者是龍虎？’祖師答曰：‘神者是龍，氣者是虎。’”

〔13〕神人：道教認爲人自身中有三萬六千神，日日念念不忘，就可以袪病延年，長生不死。以上光、黄、琅、傍：陽部。

〔14〕陸辟惡獸，水卻蛟龍；不畏魍魎，挾毒之蟲：以上與、所：魚部。疾、室：質部。豫、去：魚部。真、神：真部。食、息：職部。頸、生：耕部。終、窮、龍、蟲、中：東部。

4　抱朴子曰：“吾聞之於師云：道術諸經，所思存念作[1]，可以卻惡防身者，乃有數千法。如含影藏形[2]，及守形無生[3]，九變、十二化、二十四生等[4]，思見身中諸神[5]，而內視令見之法，不可勝計，亦各有效也。然或乃思作數千物以自衛，率多煩難[6]，足以大勞人意。若知守一之道，則一切除棄此輩，故曰能知一則萬事畢者也。受真一口訣，皆有明文，歃白牲之血，以王相之日受之，以白絹白銀爲約，剋金契而分之，輕説妄傳，其神不行也。人能守一，一亦守人(1)[7]，所以白刃無所措其鋭(2)，百害無所容其凶，居敗能成，在危獨安也(3)。若在鬼廟之中，山林之下，大疫之地，塚墓之間，虎狼之藪，蛇蝮之處，守一不怠，衆惡遠迸。若忽偶忘守一，而爲百鬼所害。或卧而魘者，即出中庭視輔星[8]，握固守一[9]，鬼即去矣。若夫陰雨者(4)，但止室中，向北思見輔星而已。若爲兵寇所圍，無復生地，急入六甲陰中[10]，伏而守一，則五兵不能犯之也。能守一者，行萬里，入軍旅，涉大川，不須卜日擇時，起工移徙，入新屋舍，皆不復按堪輿星曆[11]，而不避太歲太陰將軍、月建煞耗之神[12]，年命之忌，終不復值殃咎也。先賢歷試有驗之道也。”

【校】

（1）人能守一，一亦守人：《五符序》下守作存。

（2）所以白刃無所措其鋭：《五符序》下措作揣。

（3）居敗能成，在危獨安也：《五符序》下作人敗已成，在危猶安。

（4）若夫陰雨者：王明校：“‘夫’宋浙本作‘天’。”

【注】

[1]思存：思念，念念不忘。《詩・鄭風・出其東門》：“出其東門，有

女如雲;雖則如雲,匪我思存。”鄭玄箋:“此如雲者,皆非我思所
存也。”

［2］含影藏形:指隱遁術。《遐覽》著録《含景圖》。景通影。

［3］守形無生:思存形體,不生雜念。

［4］九變、十二化、二十四生:變化之術。《遐覽》著録《九變經》《十二
化經》《二十四生經》等。

［5］思見身中諸神:即“存神”術。

［6］煩難:複雜困難。《淮南子・修務》:“不避煩難,不違危殆。”

［7］人能守一,一亦守人:《黄庭内景經・五行章》:“能存玄真萬事
畢。”梁丘子注:“莊子曰:人能守一,萬事畢。”

［8］輔星:星名。即大熊座第80號星,北斗七星第六顆星開陽的伴
星。《史記・天官書》:“輔星明近,輔臣親强;斥小,疏弱。”《晉
書・天文志上》:“中宮……,抱北極四星曰四輔,所以輔佐北極
而出度授政也。……輔星傅乎開陽,所以佐斗成功,丞相之象
也。七政星明,其國昌;輔星明,則臣强。”

［9］握固:屈指成拳。導引按摩時的一種修煉方法。《老子・第五十
五章》:“骨弱筋柔而握固。”唐玄宗注:“赤子骨弱筋柔而能握拳
牢固。”魏源正義:“握固,謂以四指握拇指也。”《雲笈七籤》三十
二《導引按摩》:“按經云:‘拘魂門,制魄户,名曰握固,與魂魄安
門户也。此固精明目,留年還魄之法,若能終日握之,邪氣百毒
不得入。’”注:“握固法,屈大拇指於四小指下把之,積習不止,即
眼中亦不復開。一説云:令人不遭魘魅。”

［10］六甲:屬陽,男神。《黄庭内景經・仙人章》:“負甲持符開七門。”
梁丘子注:“老子六甲三部符云:甲子神名王文卿,甲戌神名展
子江,甲申神名扈文長,甲午神名衛上卿,甲辰神名孟非卿,甲寅
神名明文章。存六神之名者,則七竅開通,故無有疾病。”陰中:
十二地支中雙日屬陰。此指陰日中與地盤相應的方位。

［11］堪輿:天地總名;天地之道。因以指天地。星曆:天文曆數。

［12］太歲太陰將軍、月建煞耗之神:皆爲道教凶神。

5　抱朴子曰：“玄一之道，亦要法也。無所不辟，與真一同功[1]。吾《內篇》第一名之爲《暢玄》者，正以此也。守玄一復易於守真一。真一有姓字長短服色，此玄一，但自見之(1)。初求之於日中，所謂知白守辱，欲死不得者也(2)[2]。然先當百日潔齋，乃可候求得之耳，亦不過三四日得之，得之守之，則不復去矣。守玄一，並思其身，分爲三人，三人已見，又轉益之，可至數十人，皆如己身，隱之顯之，皆自有口訣，此所謂分形之道。左君[3]，及薊子訓[4]、葛仙公[5]，所以能一日至數十處，及有客座上，有一主人與客語，門中又有一主人迎客，而水側又有一主人投釣，賓不能別何者爲真主人也。師言守一兼修明鏡[6]，其鏡道成(3)，則能分形爲數十人，衣服面貌，皆如一也。”

【校】

（1）此玄一，但自見之：藏本、平津本作目玄一此見之，從王明案改：“宋浙本‘目’作‘此’屬下句，是。”下句“此”“宋浙本作‘自’。”

（2）知白守辱：藏本、平津本作知白守黑，《老子·第二十八章》：“知其雄，守其雌，爲天下谿。……知其白，守其黑，爲天下式。”易順鼎《讀老札記》説：“按此章有後人竄入之語，非《老子》原文。《莊子·天下篇》引老聃曰：‘知其雄，守其雌，爲天下谿。知其白，守其辱，爲天下谷。’此《老子》原文也。蓋本以‘雌’對‘雄’，以‘辱’對‘白’。‘辱’有黑義，《儀禮》注：‘以白造緇曰辱。’此古義之可證者。後人不知‘辱’與‘白’對，以爲必‘黑’始可對‘白’。”

（3）其鏡道成：孫星衍校：“刻本無此（成）字。”陳其榮校：“藏本無成字。”

【注】

［1］玄一、真一：同指道。但葛洪加以區別：思存“玄一”祇念自身，

表現爲所謂幾個相同的自身顯現；"真一"則有自己的姓字名號服色，思存真一的效果與"道"相合，以求長生。《黄庭内景經・五行章》："三光焕照入子室，能存玄真萬事畢，一身精神不可失。""存玄真"即存"玄一"與"真一"。

［２］知白守辱：這裏作者用來借指在白天守持"玄一"（"玄"有黑義）。欲死不得：指能避免死亡。

［３］左君：左慈。葛洪《神仙傳・左慈》："左慈……尤明六甲，能役使鬼神，坐致行廚……變化萬端，不可勝記。……於是受執入獄，獄吏欲拷掠之，户中有一慈，户外亦有一慈，不知孰是。（曹）公聞而愈惡之，使引出市殺之，須臾忽失慈所在，乃閉市門而索。或不識慈者，問其狀，言眇一目，著青葛巾，青單衣，見此人便收之。及爾，一市中人皆眇目，著葛巾青衣，卒不能分。"所謂"能一日至數十處"之分身術多此類。

［４］薊子訓：葛洪《神仙傳・薊子訓》："薊子訓者，齊人也。少嘗任州郡，舉孝廉，除郎中，又從軍，除駙馬都尉。人莫知其有道。在鄉里時惟行信讓，與人從事。如此三百餘年，顏色不老。人怪之，好事者追隨之，不見其所常服藥物也。好清澹，常閒居，讀《易》，小小作文，皆有意義。……子訓曰：'吾千里不倦，豈惜寸步乎？欲見者語之，令各絶賓客，吾明日當各詣宅。'生如言告諸貴人，各自絶客，掃灑。至時，子訓果來，凡二十三家，各有一子訓。諸朝士各謂子訓先到其家。明日至朝，各問子訓何時到宅，二十三人所見皆同，服飾顏貌無異，惟所言語隨主人意，答乃不同也。京師大驚異，其神變如此。"此即所謂"能一日至數十處"。

［５］葛仙公：葛玄，字孝先，從左慈受《九丹金液經》，爲鄭思遠師，崇道者呼爲仙公。《道藏・太極葛仙公傳》："仙公一日之間能至數十處，嘗有客，仙公于坐上方與客語，門中又人一仙公迎他客，而水側又有一仙公投釣，不能别何者爲真。"

［６］明鏡：道教方術之一。人照鏡，人與鏡中人爲二人，所謂分形術，蓋由此引發。《遐覽篇》著録《明鏡經》一卷。

6　抱朴子曰:"師言欲求長生⁽¹⁾,當勤服大藥⁽²⁾,欲得通神,當金木分形^{(3)[1]}。形分則自見其身中之三魂七魄^[2],而天靈地祇,皆可接見,山川之神,皆可使役也。"

【校】

（1）師言欲求長生:藏本、平津本無"求"字,據《類聚》七十九、《御覽》八百八十六校補。

（2）當勤服大藥:藏本、平津本無當字,據陳其榮校補:"《藝文類聚》七十九、《御覽》八百八十六勤上有當字。案下文有當,明此亦有當。"

（3）當金木分形:藏本、平津本木作水,按:"水"與"木"形近而訛,當作木。詳見注。

【注】

［1］當金木分形:《太玄·玄數》:"三、八爲木。""四、九爲金。"指"魂魄分形"。藏魂之肝以三爲數,藏魄之肺以四爲數,故道家附會爲"三魂七魄"。見下條。

［2］形分則自見其身中之三魂七魄:《太玄·玄數》:"三八爲木,爲東方。""四九爲金,爲西方。"中醫認爲肝屬東方木而藏魂,肺屬西方金而藏魄。道教加以附會,認爲人的魂有三,魄有七,總稱三魂七魄。三魂之名是:一名胎光,二名爽靈,三名幽精。道教謂,修煉者要不爲三魂所制,須制御陰雜之氣,使清陽之氣久居人身中,如此"神氣常堅,精華不散,則人不衰不老"。并謂道教有攝三魂之法。七魄之名是:一尸狗,二伏矢,三雀陰,四吞賊,五非毒,六除穢,七臭肺。"此皆七魄之名也,身中之濁鬼也"。并謂道教有制煉七魄之法。見《雲笈七籤》五四《拘三魂法》《制七魄法》。《黃庭內景經·上覩章》:"三魂自寧帝命書。"宋俞琰《席上腐談》:"醫家謂肝屬東方木而藏魂;肺屬西方金而藏魄。道家乃有三魂七魄之説。魂果有三,魄果有七乎?非也。蓋九宫數以

三居左,七居右也。白玉蟾三龍四虎之説亦猶是,蓋《太玄(・玄數)》以三爲木,四爲金也。"

7　抱朴子曰:"生可惜也,死可畏也[1]。然長生養性辟死者,亦未有不始於勤苦(1),而終成於久視也。道成之後,略無所爲也;未成之間,無不爲也。採掘草木之藥,劬勞山澤之中[2],煎餌治作,皆用筋力,登危涉險,夙夜不怠,非有至志,不能久也。及欲金丹成而昇天,然其大藥物,皆用錢直,不可卒辦。當復由於耕牧商販以索資[3],累年積勤,然後可合。及於合作之日,當復齋潔清净,斷絶人事。有諸不易,而當復加之以思神守一,卻惡衛身,常如人君之治國(2),戎將之待敵,乃可爲得長生之功也。以聰明大智,任經世濟俗之器,而修此事,乃可必得耳。淺近庸人,雖有志好,不能克終矣。故一人之身,一國之象也(3)[4];胸腹之位,猶宫室也(4)[5];四肢之列,猶郊境也(5)[6];骨節之分,猶百官也(6)[7]。神猶君也,血猶臣也,氣猶民也(7)[8]。故知治身,則能治國也(8)。夫愛其民所以安其國,養其氣所以全其身(9)。民散則國亡,氣竭即身死(10),死者不可生也,亡者不可存也(11)。是以至人消未起之患,治未病之疾(12)[9],醫之於無事之前,不追之於既逝之後。民難養而易危也,氣難清而易濁也(13)。故審威德所以保社稷,割嗜欲所以固血氣(14)。然後真一存焉,三七守焉[10],百害卻焉,年命延焉矣。"

8　抱朴子曰:"師言服食金丹大藥,雖未去世,百邪不近也。若但服草木及小小餌八石(15),適可令疾除命益耳,不足以禳外來之禍也。或爲鬼所冒犯,或爲大山神之所輕淩，或爲精魅所侵犯[11]。唯有守真一，可以一切不畏此輩也。次則有帶神符。若了不知此二事以求長生，危矣哉。四門而閉其三，盜猶得入，況盡開者邪？"

【校】

（1）亦未有不始於勤苦：藏本勤作弱，藏本、平津本皆無苦字，據王明案補："宋浙本'勤'作'苦'，'苦'字文意不完，'勤'當'勤苦'連文。"按："勤苦"本書多見，《金丹》《至治》《釋滯》《黃白》等篇皆"勤苦"連文，是其證。

（2）常如人君之治國：王明案："'常'崇文本作'當'。"按：常通當。

（3）一國之象也：《御覽》七百二十引《老子養生要訣》，無也字。

（4）胸腹之位：《抱朴子養生論》位作設，《御覽》七百二十引《老子養生要訣》作胸臆之設，《經訣》六無之位二字。

（5）四肢之列：《經訣》六肢作支。《抱朴子養生論》、《御覽》七百二十引《老子養生要訣》作支體之位。

（6）骨節之分，猶百官也：《五符序》下無也，《御覽》七百二十引《老子養生要訣》官作川。其下"腠理之間，猶四衢也"：見《抱朴子養生論》、《御覽》七百二十引《老子養生要訣》、《雲笈七籤》二十九引《真文經》，《丹經》六與本篇無。

（7）神猶君也，血猶臣也，氣猶民也：《經訣》六民作人，《籤》二十九引《真文經》"血猶臣"作"血猶民"，無"氣猶民也"。

（8）故知治身，則能治國也：《五符序》下、《籤》二十九引《真文經》能作知，也作矣，《抱朴子養生論》作故至人能治其身，亦如明主能治其國，《御覽》七百二十引《老子養生要訣》作故志人能理其身，亦猶明君能治其國。

（9）夫愛其民所以安其國，養其氣所以全其身：《御覽》七百二十引《老子養生要訣》同，《抱朴子養生論》養作愛，《五符序》下、《籤》二十九引《真文經》養作嗇。嗇同懙。

（10）民散則國亡，氣竭即身死：《五符序》下、《籤》二十九引《真文經》

即作則,《抱朴子養生論》作民弊國亡,氣衰身謝,《經訣》六作全
其神者不可使氣竭,保其國者不可使人散。

(11) 死者不可生也,亡者不可存也:《籤》二十九引《真文經》作亡不可
復存,死不可復生,《五符序》下作亡者不可存,死者不可生。

(12) 是以至人消未起之患,治未病之疾,醫之於無事之前,不追之於
既逝之後:《五符序》下同,《籤》二十九引《真文經》無"是以",起
作生,醫作堅守。

(13) 民難養而易危也,氣難清而易濁也:《籤》二十九引《真文經》危作
散,清作保,濁作失,《抱朴子養生論》作故知生難保而易散,氣難
清而易濁,《御覽》七百二十引《老子養生要訣》作故知國難保而
易喪,氣難清而易濁。

(14) 故審威德所以保社稷,割嗜欲所以固血氣:《經訣》六無兩"所"
字,《五符序》下社稷作其理,《籤》二十九引《真文經》社稷作其
理,"所以固血氣"作"者保其氣",《抱朴子養生論》作若能審機權
可以制嗜欲,保全性命,《御覽》七百二十引《老子養生要訣》作審
機權可以安社稷,制嗜欲可以保性命。

(15) 若但服草木及小小餌八石:王明校:"慎校本、寶顏堂本僅一'小'
字,不重。"

【注】

[1] 生可惜也,死可畏也:《黃帝九鼎神經訣》六:"肖形天壤,人最爲
貴。限以速老則死,善養則生,生可惜也,死可畏也。"

[2] 劬勞:勞累;勞苦。《詩·小雅·蓼莪》:"哀哀父母,生我劬勞。"

[3] 耕牧:耕種畜牧。《太史公自叙》:"遷生龍門,耕牧河山之陽,年
十歲則通古文。"

[4] 一人之身,一國之象也:見《五符序》下、《抱朴子養生論》《經訣》
六、《雲笈七籤》二十九引《真文經》。

[5] 胸腹之位:見《雲笈七籤》二十九引《真文經》、《太上靈寶五符
序》下。

[6] 四肢之列:見《五符序》下、《雲笈七籤》二十九引《真文經》。

〔7〕骨節之分,猶百官也:見《抱朴子養生論》《雲笈七籤》二十九引《真文經》。其下“腠理之間,猶四衢也”:見《抱朴子養生論》、《御覽》七百二十引《老子養生要訣》,《雲笈七籤》二十九引《真文經》、《丹經》六與本篇無。

〔8〕神猶君也,血猶臣也,氣猶民也:見《五符序》下、《抱朴子養生論》、《御覽》七百二十引《老子養生要訣》。

〔9〕病:重病。疾:病之輕者。《説文•疒部》:“病,疾加也。”《玉篇•疒部》:“病,疾甚也。”《論語•子罕》“子疾病”何晏集解引包咸曰:“疾甚曰病。”

〔10〕三七:三魂七魄。

〔11〕精魅:妖精鬼怪。王嘉《拾遺記•前漢上》:“勿輕萬乘之尊,惑此精魅之物。”

遐覽卷十九[1]

1 或曰:"鄙人面牆[2],拘繫儒教,獨知有五經、三史、百氏之言[3],及浮華之詩賦,無益之短文,盡思守此,既有年矣。既生值多難之運,亂靡有定[4],干戈戚揚[5],藝文不貴,徒消工夫,苦意極思,攻微索隱,竟不能祿在其中[6],免此壟畝[7];又有損於精思[8],無益於年命,二毛告暮[9],素志衰頹,正欲反迷,以尋生道,倉卒罔極[10],無所趨向,若涉大川,不知攸濟[11]。先生既窮觀《墳》《典》[12],又兼綜奇秘,不審道書,凡有幾卷?願告篇目。"

【注】

[1] 遐覽:廣泛閱覽。遐:久遠;廣博。本卷主要介紹魏晉前的道教典籍。

[2] 面牆:此謂面向牆壁學習。《論語·陽貨》:"人而不爲《周南》《召南》,其猶正牆面而立也與?"

[3] 五經:《易》《書》《詩》《禮》《春秋》。三史:《史記》、《漢書》、謝承《後漢書》(王利器);《史記》、《漢書》、《東觀漢記》(楊明照、王明)。百氏之言:諸子百家的學說。指諸子百家。

[4] 亂靡有定:語見《詩·小雅·節南山》,鄭玄注:"定,止。……天下之亂無肯止之者。"

[5] 干戈戚揚:語見《詩·大雅·公劉》第一章。干:盾。戈:戟。戚:斧。揚:舉起。

〔6〕禄在其中：《論語·衛靈公》：“學也禄在其中矣。”

〔7〕壟畝：猶耕作。陶潛《勸農詩》：“相彼賢達，猶勤壟畝，矧伊衆庶，曳裾拱手。”

〔8〕精思：精力和思慮。《史記·魯仲連鄒陽列傳》：“雖竭精思，欲開忠信，輔人主之治，則人主必有按劍相眄之跡，是使布衣不得爲枯木朽株之資也。”

〔9〕二毛：頭髮斑白。指老年人。《左傳·僖公二十二年》：“君子不重傷，不禽二毛。”杜預注：“二毛，頭白有二色。”楊伯峻注：“二毛，有白髮間於黑髮者。”

〔10〕倉卒罔極：猶言倉卒遭世罔極。倉卒(cù)：匆忙急迫。罔極：不正。賈誼《弔屈原賦》：“遭世罔極兮，乃殞厥身。”

〔11〕若涉大川，不知攸濟：《易·未濟》：“六三：征凶。利涉大川。”《書·大誥》：“若涉淵水，予惟往求朕攸濟。”《漢書·武帝紀》：“元光元年五月，詔賢良曰：‘……若涉淵水，未知所濟。’”

〔12〕窮觀：此猶言遍覽。傅毅《舞賦》：“材人之窮觀，天下之至妙。”

2　抱朴子曰：“余亦與子同斯疾者也。昔者幸遇明師鄭君，但恨弟子不慧⁽¹⁾，不足以鑽至堅極彌高耳[1]。於時雖充門人之灑掃，既才識短淺，又年尚少壯，意思不專，俗情未盡，不能大有所得，以爲巨恨耳。鄭君時年出八十，先鬢髮斑白⁽²⁾，數年間又黑，顏色豐悦⁽³⁾，能引强弩射百步，步行日數百里，飲酒二斗不醉。每上山，體力輕便，登危越險，年少追之，多所不及。飲食與凡人不異，不見其絶穀。余問先隨之弟子黃章，言鄭言嘗從豫章還[2]，於掘溝浦中，連值大風[3]。又聞前多劫賊，同侶攀留鄭君，以須後伴。人人皆以糧少，鄭君推米以呴諸人[4]，己不復食，五十日亦不飢。又不見其所施爲，不知以何事也[5]。火下細書⁽⁴⁾，過少年人。性解音律，善鼓琴，閑坐⁽⁵⁾，侍坐數人，口答諸問，言不輟響，而耳並料聽[6]，左右操弦者，教遣長短，無毫釐差過也。余晚充鄭君門人，請見方書，告余曰：'要道不過尺素[6]，上足以度世，不用多也。然博涉之後，遠勝於不見矣。既悟人意，又可得淺近之術，以防初學未成者諸患也。'乃先以道家訓教戒書不要者近百卷，稍稍示余。余亦多所先見，先見者頗以其中疑事諮問之[7]。鄭君言：'君有甄事之才[8]，可教也。然君所知者，雖多未精[7]，又意在於外學[9]，不能專一，未中以經深涉遠耳，今自當以佳書相示也[10]。'又許漸得短書縑素所寫者[8][11]。積年之中，合集所見[9]，當出二百許卷，終不可得也[10]。他弟子皆親僕使之役，采薪耕田，唯余尪羸，不堪他勞，然無以自效，常親掃除，拂拭床几，磨墨執燭，及與鄭君繕寫故書而已[12]。見待余同於先進者，語余曰：'雜道書卷卷有佳事，但當校其精粗，而擇所施行，不事盡諳誦，以妨日月而勞意思耳。若金丹一成，則此輩一切不用也[11]。亦或當有所教授，宜得本末，先從淺始，以勸進學者[13]，無所希準階由也。'鄭君亦不肯先令人寫其書[12]，皆當決其意[13]，雖久借之，然莫有敢盜寫一字者也。鄭君本大儒士也，晚而好道，由以《禮記》《尚書》教授不絕[14]。其體望高亮，風格方整[14]，接見之者皆肅然。每有諮問，常待其溫顏，不敢輕脫也[15][15]。書在余處者，久或一月[16]，足以大有所寫，以不敢竊寫者，政以鄭君聰慜，邂逅知之[16]，失其意則更以小喪大也。然於求受之初，復所不敢，為斟酌時有所請耳。是以徒知飲河，而不得滿腹[17]。然弟子五十余人，唯余見受金丹之經及《三皇內文》《枕中五行記》，其餘人乃有不得一觀此書之首題者矣。他書雖不具得，皆疏其名[18]，今將為子說之，後生好書者，可以廣索也。”

【校】

（1）弟子：藏本、平津本作子弟，據孫星衍校乙：“當作弟子。”王明案：“孫校是，宋浙本正作‘弟子’。”

（2）先鬚髮班白：藏本作先髮鬢斑白，平津本作先髮鬢班白，從《御覽》六百七十校改。王明校：“‘鬢’宋浙本作‘鬚’。”班通斑。

（3）數年間又黑，顏色豐悦：陳其榮校：“《御覽》六百七十作數年間復黑，又顏色豐澤。”

（4）火下：陳其榮校：“《御覽》六百七十作燈下。”按：兩可。

（5）善鼓琴，閑坐：陳其榮校：“《御覽》六百七十作閑夜鼓琴。”

（6）耳並料聽：孫星衍校引刻本、王明案引寶顏堂本料作聰。

（7）雖多未精：陳其榮校：“《御覽》六百七十作雖多而未精。”

（8）又許：陳其榮校：“《御覽》六百七十作久許。”

（9）合集所見：陳其榮校：“《御覽》六百七十集作積。”

（10）終不可得也：陳其榮校：“《御覽》六百七十作不可頓得了也。”顧廣圻校：“可當作具。”王明案：“影宋本《御覽》作‘經不可頓得了也’。”

（11）此輩：陳其榮校：“《御覽》六百七十作此書等。”

（12）先：陳其榮校：“《御覽》六百七十作悉。”

（13）皆當決其意：藏本、王明校引魯藩本、慎校本、《御覽》六百七十引決皆作訣，決通訣。明抄本作訣，顧廣圻校作決。

（14）由以《禮記》《尚書》教授不絶：王明校：“由與猶通。”

（15）不敢輕脱也：藏本、平津本脱作鋭，從陳其榮校改：“《御覽》六百七十鋭作脱。”

（16）久或一月：平津本或作之，據王明校改：“檢宋浙本、藏本、魯藩本、慎校本、寶顏堂本等‘之’作‘或’，案作‘或’於義爲長。”

【注】

［1］鑽至堅、極彌高：《論語·子罕》：“顏淵喟然歎曰：‘仰之彌高，鑽

　　之彌堅。’”

［２］豫章：指豫章郡治所南昌。

［３］掘溝浦：地名。具體所指不詳。

［４］推：予。《墨子·小取》：“推也者，以其所不取之，同於其所取者，
　　　予之也。”卹：同恤。救濟。

［５］何事：何故；爲什麼。《世説新語·排調38》：“桓公既廢海西，立
　　　簡文。侍中謝公見桓公，拜，桓驚笑曰：‘安石，卿何事至爾？’謝
　　　曰：‘未有君拜於前，臣立於後。’”

［６］尺素：小幅的絹帛。古人多用以寫信或文章。《文選·古樂府·
　　　飲馬長城窟行》：“客從遠方來，遺我雙鯉魚。呼兒烹鯉魚，中有
　　　尺素書。”

［７］疑事：難以辨別的事。《禮記·曲禮上》：“疑事勿質，直而勿有。”

［８］甄事：鑒別事物；審察事理。

［９］外學：與“内學”相對而言。道教以所習神仙導養之學爲内學，儒
　　　家典籍爲外學。《晉書·葛洪傳》：“後師事南海太守、上黨鮑玄。
　　　玄亦内學，逆占將來。”本篇所説“外學”指儒家典籍。

［10］自當：自然應當。《東觀漢紀·鄧禹傳》：“赤眉無穀，自當來降。”
　　　佳書：指玉笈瓊笥之書。《文始經言外旨·後序》：“後遇鄭君，鄭
　　　君多玉笈瓊笥之書。服餌，開我以至道之良藥；呼吸，洗我以紫
　　　清之上味。後屬洪以《關尹子》，洪每愛之誦之藏之拜之。”

［11］短書：漢代經、律等官書用二尺四寸竹簡書寫，非官書包括子書
　　　均用短於二尺四寸竹簡書寫，名曰“短書”。後多指小説、雜記之
　　　類書籍。王充《論衡·骨相》：“在經傳者較著可信；若夫短書俗
　　　記，竹帛胤文，非儒者所見，衆多非一。”縑素：細絹。可供書畫。

［12］故書：舊本；古書。《周禮·地官司徒》：“泉府上士四人。”鄭玄
　　　注：“鄭司農云：‘故書泉或作錢。’”

［13］進學：使學業有進步。《禮記·學記》：“善待問者如撞鐘，叩之以
　　　小者則小鳴，叩之以大者則大鳴，待其從容，然後盡其聲；不善答
　　　問者反此。此皆進學之道也。”

［14］體望高亮：德性聲望，高尚忠直。風格：風度；品格。方整：方

正端莊。

［15］輕脫：輕佻；輕易。《左傳・僖公三十三年》：“輕則寡謀，無禮則脫。”杜預注：“脫，易也。”

［16］邂逅：意外；萬一。《後漢書・杜根傳》：“周旋民間，非絕跡之處，邂逅發露。”

［17］徒知飲河，而不得滿腹：《莊子・逍遥遊》：“偃鼠飲河，不過滿腹。”謂不貪求。此謂知之不深。

［18］疏(shù)：記録。《廣韻・禦韻》：“疏，記也。”

3　道經有《三皇內文天地人》三卷⁽¹⁾[1]、《元文》上中下三卷⁽²⁾、《混成經》二卷、《玄録》二卷、《九生經》、《二十四生經》[2]、《九仙經》、《靈卜仙經》、《十二化經》⁽³⁾、《九變經》、《老君玉歷真經》、《墨子枕中五行記》五卷[3]、《温寶經》、《息民經》、《自然經》、《陰陽經》、《養生書》一百五卷、《太平經》一百七十卷⁽⁴⁾[4]、《九敬經》⁽⁵⁾、《甲乙經》五十卷、《青龍經》、《中黄經》[5]、《太清經》[6]、《通明經》、《按摩經》、《道引經》十卷、《元陽子經》、《玄女經》[7]、《素女經》[8]、《彭祖經》[9]、《陳赦經》、《子都經》[10]、《張虚經》、《天門子經》[11]、《容成經》、《入山經》⁽⁶⁾、《內寶經》、《四規明鏡經》⁽⁷⁾、《日月臨鏡經》、《五言經》、《柱中經》、《靈寶皇子心經》、《龍蹻經》[12]、《正機經》、《平衡經》、《飛龜振經》、《鹿盧蹺經》、《蹈形經》、《守形圖》、《坐亡圖》、《觀卧引圖》、《含景圖》、《觀天圖》、《木芝圖》、《菌芝圖》、《肉芝圖》、《石芝圖》、《大魄雜芝圖》、《五嶽經》五卷、《隱守記》、《東井圖》、《虚元經》、《牽牛中經》、《王彌記》⁽⁸⁾、《臘成記》、《六安記》、《鶴鳴記》、《平都記》、《定心記》、《龜文經》、《山陽記》、《玉策記》、《八史圖》、《入室經》⁽⁹⁾、《左右契》、《玉歷經》、《昇天儀》、《九奇經》、

《更生經》、《四衿經》十卷、《食日月精經》、《食六氣經》、《丹一經》、《胎息經》[13]、《行氣治病經》、《勝中經》十卷、《百守攝提經》、《丹壺經》(10)、《岷山經》、《魏伯陽内經》[14]、《日月廚食經》、《步三罡六紀經》、《入軍經》、《六陰玉女經》、《四君要用經》、《金鴈經》、《三十六水經》[15]、《白虎七變經》、《道家地行仙經》、《黃白要經》、《八公黃白經》、《天師神器經》(11)、《枕中黃白經》五卷、《白子變化經》(12)、《移災經》、《厭禍經》(13)、《文人經》、《涓子天地人經》、《崔文子肘後經》(14)、《神光占方來經》(15)、《水仙經》、《尸解經》、《中遁經》、《李君包天經》、《包元經》、《黃庭經》[16]、《淵體經》、《太素經》、《華蓋經》、《行廚經》、《微言》三卷、《内視經》、《文始先生經》[17]、《歷藏延年經》、《南闓記》(16)、《協龍子記》七卷、《九宮》五卷[18]、《三五中經》、《宣常經》、《節解經》[19]、《鄒陽子經》、《玄洞經》十卷、《玄示經》十卷、《箕山經》十卷、《鹿臺經》、《小僮經》、《河洛内記》七卷、《舉形道成經》五卷(17)、《道機經》五卷、《見鬼記》、《無極經》、《宮氏經》、《真人玉胎經》、《道根經》、《候命圖》、《反胎胞經》、《枕中清記》、《幻化經》、《詢化經》、《金華山經》(18)、《鳳網經》、《召命經》、《保神記》、《鬼谷經》、《凌霄子安神記》、《去丘子黃山公記》、《王子五行要真經》(19)、《小餌經》、《鴻寶經》、《鄒生延命經》[20]、《安魂記》、《皇道經》、《九陰經》、《雜集書録》、《銀函玉匱記》、《金板經》、《黃老仙録》、《原都經》、《玄元經》、《日精經》、《渾成經》、《三尸集》、《呼身神治百病經》、《收山鬼老魅治邪精經》三卷、《入五毒中記》、《休糧經》三卷、《採神藥治作秘法》三卷、《登名山渡江海勑地神法》三卷、《趙太白囊中要》五卷、《入温氣疫病大禁》七卷(20)、《收治百鬼召五岳丞太山主者記》三卷、《興利宮宅官舍法》五卷、《斷虎狼禁山林記》、《召百里蟲蛇記》、《萬畢高丘先生法》三卷、《王喬養性治身經》三卷、《服食禁忌經》、《立功益筭經》、《道士奪筭律》三卷、《移門子記》、《鬼兵法》、《立亡術》、《練形記》五卷、《郗公道要》、《甪里先生長生集》[21]、《少君道意》十卷、《樊英石壁文》三卷[22]、《思靈經》三卷、《龍首經》[23]、《荊山經》、《孔安仙淵赤斧子大覽》七卷、《董君地仙卻老要記》、《李先生口訣肘後》二卷。凡有不言卷數者，皆一卷也。

【校】

（1）《三皇內文天地人》：當從孫星衍校引刻本、《校補》引《雜應篇》與下文、王明案引慎校本、寶顏堂本作《三皇內文天地人》，即《三皇天文》《三皇地文》《三皇人文》。

（2）《元文》：疑本作《玄文》，"玄"蓋避康熙諱改。

（3）《十二化經》：孫星衍校："藏本無此（十）字，非。"明抄本無"十"字，顧廣圻校補。

（4）《太平經》：王明校："《抱朴子》著錄僅五十卷，未曉何故？下文又著錄《甲乙經》一百七十卷。蓋非晉皇甫謐所撰之醫經，乃于吉《神書》一百七十卷爾！清姚振宗《三國藝文志》以爲《甲乙經》一百七十卷即後漢于吉《太平清領書》。然則《太平經》五十卷，抑爲《包元太平經》歟？"按：疑"五十卷"與"一百七十卷"錯訛，當互乙。《太平經》卷九："問：《太平經》何以百七十卷爲意？曰：……故作《太平經》一百七十卷，象天地爲數……"《太平經復文序》："故作《太平復文》先傳上相青童君，（君）傳上宰西城王君，王君傳弟子帛和，和傳弟子干吉。干君初得惡疾，殆將不救，詣帛和求醫。帛君告曰：'吾傳汝太平本文，可因易爲一百七十卷，編成三百六十章，普傳於天下，授有德之君致太平。'"《老君説一百八十戒并序》：“昔周之末，周赧王之時，始出太平之道，太清之教。老君至琅邪，授道與干君，干君受道法，遂以得道，拜爲真人。又傳《太平經》一百七十卷甲乙十部。”并其證。

（5）《九敬經》：原校：“敬一作都。”

（6）《入山經》：孫星衍、顧廣圻校：“（山）當作内。”

（7）《四規經》《明鏡經》：《校補》：“當作‘四規明鏡經’。上‘經’字蓋涉上下諸‘經’字而衍。四規，鏡名。《四規明鏡經》與《日月臨鏡經》皆論鏡之用法，見《雜應篇》。”

（8）《王彌記》：孫星衍校：“（王）藏本作玉。”

（9）《入室經》：陳其榮案：“盧本作《八寶經》。”王明案：“慎校本、寶顔堂本亦作《八寶經》。”

（10）《丹壺經》：原校：“壺一作臺。”

（11）《天師神器經》：原校：“器一作氣。”按：當作氣。

（12）《白子變化經》：原校：“白一作帛。”按：當作帛。蓋帛和之作。

（13）《厭禍經》、《中黄經》：藏本厭作壓。王明校：“《中黄經》前已著錄，此復出，當删。”

（14）《崔文子肘後經》：原校：“肘後一作時候。”按：當作肘後。

（15）《神光占方來經》：原校：“光一作仙。”

（16）《南闔記》：原校：“闔一作闕。”王明案：“慎校本、寶顔堂本、崇文本作《南闕記》，小注云：‘闕’一作‘闔’。”

（17）《舉形道成經》五卷：原校：“道一作通。”

（18）《金華山經》：孫星衍校：“（金）藏本作今。”王明案：“魯藩本作‘金’，今字誤。蓋無山名今華者。《御覽》四十七引《抱朴子》云：‘左元放言，金華山可以合神丹，免五兵洪水之害（患）。’”可見金華山爲道家煉丹之勝地，故撰經。

（19）《王子五行要真經》：孫星衍校：“（王）藏本作玉。”王明案：“魯藩本亦作玉。”

（20）《入温氣疫病大禁》：藏本作人，當從盧本、慎校本、寶顔堂本、崇文本人作入。《雜應》篇有“入瘟疫秘禁法”可證。孫星衍校：“（大），藏本作太。”顧廣圻校同。

【注】

[１]《三皇内文天地人》：即《三皇天文》《三皇地文》《三皇人文》。《天
皇文》《地皇文》《人皇文》各一卷，共三卷。前《地真》篇云，昔黄
帝受《三皇内文》；又本篇云，道書之重者，莫過於《三皇内文》；明
《正統道藏》有《三皇内文遺秘》三卷。《正統道藏》第 18 册《三皇
内文遺秘》："《天皇内文》上：'天生雲龍，道本上升。張烈正氣，
麗乎太清。輔弼正道，行于正平。六甲洞元，九天超形。福延子
孫，仙行自真。次及人皇，人敬長生。六丁九氣，秘密真誠。敬
之終吉，昊天貴名。久知道妙，身體長寧。聞此真句，常任之
清。……'《地皇内文》中：'國合律法，四海咸歸，飄飄玉虚。辟
邪保神，萬劫無虞。旁生國土，福皆霑之。却滅凶殃，福德堂堂。
信欽明約，至誠修學。保神終年，歸道捨俗，精勤仙録。山川嶽
瀆，西南東北。……'《人皇内文》下：'舉目自天，目心中明。星
月少小，功曜乾坤而地祇斗；授林震，地户巽；坎離午，人門坤；巳
兑西，天門乾；巳坎子，鬼門艮。戊頭甲乙丙丁庚辛，壬元丙上
辛。……'"坎離：猶言鉛汞、水火、陰陽。坎子：即坎男。道教
指汞。内丹家指人體内的陰精。與"離女"相對。離女：道家指
鉛。内丹家指人體内的陽氣。陰陽家言：西北間（乾）爲天門，
東南間（巽）爲地户，西南間（坤）爲人門，東北間（艮）爲鬼門。鬼
門爲陰惡之氣所聚，百鬼所居。《人皇内文》涉及陰陽家所用八
卦、方位、天干、地支、十二時等的搭配，丹鼎家、内丹家的隱語，
文意費解，妄斷句讀，以俟高明。《太清金闕玉華仙書八極神章
三皇内秘文》卷上有微正、神宗、鬼宗、精宗、天條、天皇神印、天
至神呪、天皇真形符、三皇授法壇儀式、三皇劍法，共十章；卷中
有地皇神印、地皇真形符篆、修士居山所宜、入山醮儀山主、高玄
生氣擇洞、封山元天淨地、辯識仙賓邪神、辯識三十六種芝草變
形、辯識三十六種仙藥形像、地皇君服餌仙術升仙得道，共十章；
卷下有制惡興善、立正忘邪、明昏亂、固形體、鍊神氣、出聖胎、超
仙、人皇符印、人皇神咒、知生死五假素奏上法，共十章。内容較
《三皇内文遺秘》豐富詳細，可參。

［２］《二十四生經》：明《正統道藏》有《二十四生圖經》一卷，全名作《洞玄靈寶二十四生圖經》，見《正統道藏》第三四册。

［３］《墨子枕中五行記》五卷：王明釋：“本篇下文（第六段）云：‘其變化之術，大者唯有《墨子五行記》。其法用藥用符，乃能令人飛行上下，隱淪無方，又能畫地成河，撮土成山等等。《神仙傳·劉政》所言《墨子五行記》略相似。’”按：《隋書經籍志三》著録《墨子枕内五行紀要》一卷，蓋與此相類。

［４］《太平經》：傳漢時曾先後流傳三種《太平經》：西漢成帝時齊人甘忠可造《包元太平經》十二卷。張陵《太平洞極經》一百四十四卷。已佚。東漢順帝時琅邪宮崇上其師干吉所得神書一百七十卷，號《太平清領書》。《後漢書·襄楷傳》：“初，順帝時，琅邪宮崇詣闕，上其師干吉于曲陽泉水上所得神書百七十卷，皆縹白素、朱介、青首、朱目，號《太平清領書》。其言以陰陽五行爲家，而多巫覡雜語。有司奏崇所上妖妄不經，乃收藏之。後張角頗有其書焉。”又“臣（襄楷）前上琅邪宮崇受干吉神書，不合明聽。”李賢注：“干姓，吉名也。神書，即今道家《太平經》也。其經以甲、乙、丙、丁、戊、己、庚、辛、壬、癸爲部，每部一十七卷也。”明《正統道藏》本著録爲《太平經》一百十九卷，僅存五十七卷。

［５］中黄經：即《太清中黄真經》，亦名《胎藏中黄經》《胎藏論》，原題“九仙君撰，中黄真人注”。九仙及中黄皆九天之神，作者托爲九仙、中黄，大概是一人作，卷上卷下二卷，分爲十八章，經文爲七言韻語。爲胎息養生之作，以爲人身系形神相成。人食五穀，而第生貪欲，五味傷生，多欲損命，致形神相離而死，故修真養生者辟穀存思，胎息食氣，乃能長生。

［６］《太清經》：蓋即《太清丹經》《太清金液神丹經》。

［７］《玄女經》：《隋書·經籍志三》著録《玄女經》一卷。全稱作《黄帝授三子玄女經》。作者不詳。叙述“日辰勝克”的片斷篇章，主要談“許嫁婚娶”，何者對夫婦舅姑有利或不利。《四庫全書總目提要》載，“其發端以天一所在，占日之吉凶；以天罡加臨，占與人期會，亦屬五行家言”，認爲乃“術數家依託所爲”。

［ 8 ］《素女經》：《隋書·經籍志三》著録《素女秘道經》一卷、《素女方》
　　　一卷、《素女式經要法》一卷。王明釋：“《雙梅景暗叢書》有《素女
　　　經》一卷。”

［ 9 ］《彭祖經》：《隋書·經籍志三》著録《彭祖養性經》一卷、《彭祖養
　　　性》一卷。

［10］《子都經》：蓋巫炎著。葛洪《神仙傳》：“巫炎，字子都，北海人也，
　　　漢駙馬都尉。武帝……詔東方朔使相此君有何道術，朔對曰：
　　　‘此君有陰道之術。’武帝屏左右而問之。……帝曰：‘卿不仁，有
　　　道而不聞於朕，非忠臣也。’子都對曰：‘臣誠知此道爲真，然陰陽
　　　之事，宮中之利，臣子所難言。又行之皆逆人情，能爲之者少，故
　　　不敢以聞。’”

［11］《天門子經》：蓋王剛著。葛洪《神仙傳》：“天門子者，姓王名剛，
　　　尤明補養之要。故其經曰：‘陽生立於寅，純木之精；陰生立于
　　　申，純金之精。夫以木投金，無往不傷，故陰能疲陽也。陰人所
　　　以著脂粉者，法金之白也。是以真人道士，莫不留心注意，精其
　　　微妙，審其盛衰。我行青龍，彼行白虎，取彼朱雀，前我玄武，不
　　　死之道也。又陰人之情也，每急於求陽，然而外自收抑，不肯請
　　　陽者，明金不爲木屈也。陽性氣剛燥，志節疎略。至於游宴，言
　　　和氣柔，辭語卑下，明木之畏于金也。’天門子既行此道，年二百
　　　八十歲，猶有童子之色，乃服珠醴得仙，入玄洲山去也。”王明釋：
　　　“至‘明木之畏于金也’一大段，即是《天門子經》之遺文。”

［12］《龍蹻經》：王明釋：“明《正統道藏》（第三三册）正一部有《上清太
　　　上開天龍蹻經》五卷。”按：據此，則《龍蹻經》是簡稱。

［13］《胎息經》：王明釋：“明《正統道藏》洞神部有《胎息經》一卷，幻真
　　　先生注。”按：《對俗》篇云：“仙經謂還精胎息，延壽無極。”蓋本此
　　　經。明《正統道藏》第二册有《胎息經注》一卷。

［14］《魏伯陽内經》：魏伯陽，東漢會稽上虞人，著《内經》。後蜀彭曉
　　　《周易參同契分章通真義序》：“按《神仙傳》，真人魏伯陽者，會稽
　　　上虞人也。世襲簪裾，唯公不仕。修真潛默，養志虛無。博贍文
　　　詞，通諸緯候。恬淡守素，唯道是從。每視軒裳，如糠粃焉。不

知師授誰氏。得古文《龍虎經》,盡獲妙旨。乃約《周易》撰《參同契》三篇,又云未盡纖維,復作《補塞遺脱》一篇。繼演丹經之玄奥,所述多以寓言,借事隱顯異文。密示青州徐從事。徐乃隱名而注之。至後漢孝桓帝時,公復授與同郡淳于叔通,遂行於世。”此傳文與今本不同。但“乃約《周易》撰《參同契》三篇”一語,似爲今本《神仙傳》一《魏伯陽傳》所採用。今本《神仙傳》一《魏伯陽傳》云:“魏伯陽者,吳人也。本高門之子,而性好道術。後與弟子三人入山作神丹,丹成。……伯陽作《參同契五行相類》凡三卷,其説如解釋《周易》。其實假借爻象以論作丹之意。而世之儒者不知神丹之事,多作陰陽注之,殊失其旨矣。”《雲笈七籤》一〇九《神仙傳·魏伯陽》與後蜀彭曉所説不同。明正統道藏不收《神仙傳》,《神仙傳》亡於元代焚經之禍。説從余嘉錫《四庫全書提要辨證·子部十》與陳國符先生《道藏經中外丹黄白法經訣出世朝代考》。《金碧五行相類參同契》上第一章《叙説章第一》:“昔説魏君《參同契》。”陰長生注:“參者離也,同者通也,與諸君子書丹經并此相通其機與識認根元契者,上合天仙之訣,下合陰陽造化變轉,謂之上契合也。”

[15]《三十六水經》:蓋即《三十六水法》。

[16]《黄庭經》:道經名。全名《太上黄庭外景玉經》《太上黄庭内景玉經》,七言歌訣體,《外景》三篇早於《内景》,(《外景》)傳爲西晉人魏夫人(名華存,字賢安,任城人也)授楊羲作隸書寫出後,傳之許氏。義熙(405—418)中孔默得之,令王興繕寫,寫本焚毁無存,王興私繕本“濟浙江便遇風淪漂,唯有《黄庭》一篇得存”。其序云:“黄者,二儀之正色。庭者,四方之中庭。近取諸身,則脾爲主;遠取諸象,而天理自會。”黄主脾,主中央,示人身中部位;庭爲階前空地,引申爲“空”。景者,象也。亦即用静功修養導致玄關出現時之“中空現象”。主張“扶養性命守虚無,恬淡無爲何思慮”,以達到養生長壽。并主張“仙人道士非有神,積精所致爲專年”,歷來爲道家要籍,文人學士亦重之。王羲之所書《黄庭經》亦系《外景經》。有梁丘子、務成子注。收入《道藏》第 167

册，又見於《道藏》第 679 册，即《雲笈七籤》11、12。《黄庭内景經》，稱大道玉晨君作，傳南嶽魏夫人，三十六章。此外尚有《黄庭遁甲緣身經》《黄庭玉軸經》等。諸史多著録。明《正統道藏》洞玄部有注本多種。

[17]《文始先生經》：蓋即《文始真經》《無上妙道文始真經》，分別見《道藏》第一四册《文始真經注》、第十一册《無上妙道文始真經》。

[18]《九宫》五卷：《隋書·經籍志三》著録《黄帝九宫經》一卷。

[19]《節解經》：王明釋："疑即《老子節解》。"

[20]《鄒生延命經》：《漢書·劉向傳》："淮南有……及《鄒衍重道延命方》，世人莫見。"《鄒生延命經》蓋從此出。

[21]《角里先生長生集》：角里先生，商山四皓之一。

[22]《樊英石壁文》：樊英，字季齊，南陽魯陽（今河南魯山）人。少受業三輔，習《京氏易》，明《五經》。善風角、星算、圖讖、推步、災異。州郡屢辟，皆不就。安帝初，徵爲博士。永建四年（129）順帝專設壇席，待以師傅之禮，拜五官中郎將。旋以疾辭，詔以爲光禄大夫，賜告歸。朝廷常問以災異，所言多驗。著《易章句》，世稱樊氏學，以圖緯教授。《樊英石壁文》蓋是後人將樊英的文章刻於石壁上，故名。

[23]《龍首經》：王明釋："明《正統道藏》洞真部有《黄帝龍首經》二卷。"

4　其次有諸符，則有《自來符》、《金光符》、《太玄符》三卷、《通天符》、《五精符》、《石室符》、《玉策符》、《枕中符》、《小童符》、《九靈符》、《六君符》、《玄都符》、《黄帝符》、《少千三十六將軍符》、《延命神符》、《天水神符》、《四十九真符》、《天水符》、《青龍符》、《白虎符》、《朱雀符》、《玄武符》、《朱胎符》、《七機符》、《九天發兵符》、《九天符》、《老經符》、《七符》、《大捍厄符》、《玄子符》、《武孝經燕君龍虎三囊辟兵符》、《包元符》、《沈羲符》、《禹蹻符》、《消災符》、《八

卦符》、《監乾符》、《雷電符》、《萬畢符》、《八威五勝符》、《威
喜符》、《巨勝符》、《采女符》、《玄精符》、《玉歷符》、《北臺
符》、《陰陽大鎮符》、《枕中符》[(1)]、《治百病符》十卷、《厭怪
符》十卷、《壺公符》二十卷、《九臺符》九卷、《六甲通靈符》
十卷、《六陰行廚龍胎石室三金五木防終符》合五百卷、《軍
火召治符》、《玉斧符》十卷，此皆大符也。其餘小小，不可
具記。抱朴子曰：“鄭君言符出於老君皆天文也[(2)]。老君
能通於神明，符皆神明所授。今人用之少驗者，由於出來
歷久，傳寫之多誤故也。又信心不篤，施用之亦不行。又
譬之於書字，則符誤者，不但無益，將能有害也。書字人知
之，猶尚寫之多誤。故諺曰：‘書三寫，魚成魯，虛成虎[(3)]。’
此之謂也。七與士，但以倨勾長短之間爲異耳[(4)]。然今符
上字不可讀，誤不可覺，故莫知其不定也[(5)]。世間又有受
體使術[[1]]，用符獨効者，亦如人有使麝香便能芳者，自然不
可得傳也。雖爾，必得不誤之符，正心用之。但當不及真
體使之者速効耳，皆自有益也。凡爲道士求長生，志在藥
中耳[(6)]，符劍可以卻鬼辟邪而已。諸大符乃云行用之可以
得仙者，亦不可專據也。昔吳世有介象者[[2]]，能讀符文，知
誤之與否。有人試取治百病雜符及諸厭劾符，去其籤題以
示象，皆一一據名之。其有誤者，便爲人定之。自是以來，
莫有能知者也。”

【校】

（1）《枕中符》：與上文之《枕中符》重複，當删。

（2）符出於老君皆天文也：孫星衍校：“（皆）疑當作者。”

（3）魚成魯，虛成虎：孫星衍校：“《意林》虛作帝。”陳其榮校：“《書鈔》
　　　一百一、《御覽》六百十八亦作帝。”

（4）倨勾：藏本同。孫星衍校："倨舊誤作鋸，今校正。"

（5）故莫知其不定也：《經訣》五作故莫知其定與不定也，義長當從。

（6）志在藥中耳：王明校："宋浙本'志'一作'制'。"

【注】

［１］受體：稟受的本性。

［２］昔吳世有介象者：葛洪《神仙傳》："介象者，字元則，會稽人也。學通五經，博覽一家之言，能屬文。後學道，入東山，善度世禁氣之術。"又能讀符文，無謬誤者。

5　或問："仙藥之大者，莫先於金丹，既聞命矣，敢問符書之屬，不審最神乎？"抱朴子曰："余聞鄭君言，道書之重者(1)，莫過於《三皇文》《五嶽真形圖》也(2)。古人仙官至人(3)[1]，尊祕此道，非有仙名者，不可授也。受之四十年一傳[2]，傳之歃血而盟(4)，委質爲約[3]。諸名山五嶽，皆有此書(5)，但藏之於石室幽隱之地，應得道者[4]，入山精誠思之，則山神自開山，令人見之。如帛仲理者[5]，於山中得之，自立壇委絹，常畫一本而去也。有此書，常置清潔之處(6)。每有所爲，必先白之，如奉君父。其經曰：家有《三皇文》，辟邪惡鬼(7)，溫疫氣(8)，橫殃飛禍。若有困病垂死，其通道心至者，以此書與持之，必不死也。其乳婦雖難艱絕氣者持之，兒即生矣[6]。道士欲求長生，持此書入山，辟虎狼山精，五毒百邪[7]，皆不敢近人。可以涉江海，卻蛟龍，止風波。得其法，可以變化起工(9)。不問地擇日，家無殃咎。若欲立新宅及塚墓，即寫《地皇文》數十通，以布著地，明日視之，有黃色所著者，便於其上起工，家必富昌。又因他人葬時，寫《人皇文》，並書己姓名著紙裏，竊內入塚中，勿令人知之，令人無飛禍盜賊也。有謀議己者，必反自中傷。又此文先潔齋百日[10]，乃可以召天神司命及太歲日游五岳四瀆[8]，社廟之神，皆見形如人，可問以吉凶安危，及病者之禍祟所由也。又有十八字以著衣中[9]，遠涉江海，終無風波之慮也。又家有《五嶽真形圖》，能辟兵凶逆[10]，人欲害之者，皆還反受其殃。道士時有得之者，若不能行仁義慈心，而不精不正[11]，即禍至滅家，不可輕也。」

【校】

（1）道書之重者：《經訣》五"之"後有"至"字，當據補。

（2）《三皇文》：當從《御覽》六百七十二作《三皇內文》。

（3）古人：王明校："（人）宋浙本及《御覽》六百七十二引並作'者'。"

（4）傳之歃血而盟：《經訣》五作傳者歃血爲盟，《御覽》六百七十二引"歃血"作"訣朱"。

（5）皆有此書：陳其榮校："《御覽》六百七十二作有此書者。"

（6）常置清潔之處：王明校："'常'宋浙本作'當'。"

（7）家有《三皇文》，辟邪惡鬼：《御覽》六百七十二"文"下有"者"字。《經訣》五作家有三皇文，辟一切邪惡鬼毒。

（8）溫疫氣：溫通瘟。但《微旨》："經瘟疫則不畏。"《釋滯》："或可以入瘟疫。"《雜應》："仙人入瘟疫秘禁法，思其身爲五玉。"並"瘟疫"連文，當全書一致。

（9）起工：孫星衍校："（工）藏本作功。"開工蓋房。

（10）文先潔齋百日：《經訣》五作有此文而求驗者當潔齋百日。按：當據改。

（11）而不精不正：《經訣》五作而不清正者。按：精當作清。

【注】

［1］仙官：天庭中有官爵的神仙。《漢武帝內傳》："比及百年，阿母必

能致汝于玄都之虛，迎汝於昆閬之中，位以仙官，游于四方。”

［2］受之四十年一傳：《漢武帝內傳》：“（上元夫人）阿環曰：‘初學道者聽四十年一傳，得道者四百年一傳，得仙者四千年一傳，得真者四萬年一傳，得升太上者四十萬年一傳，女受傳女，男受傳男。’”“王母曰：‘……此書文聽四十年授一人，如無其人，八十年可頓授二人；得道者四百年授一人，（如）無其人，八百年併授二人；得仙者四千年授一人，如無其人，八千年可頓授二人；得真者四萬年授一人，如無其人，八萬年頓授二人；升太上者四十萬年授一人。’”葛洪祇説了一句，點到爲止。

［3］委質：拜獻禮物屈膝委身體於地，表示獻身捨命。《左傳・僖公二十三年》：“策名委質，貳乃避也。”孔穎達疏：“質，形體也……拜則屈膝而委身體於地，以明敬奉之也。”

［4］應：感應；應驗。《國語・越語下》：“天應至矣，合未盡也，王姑待之。”

［5］帛仲理：帛和，字仲理，遼東（治所在今遼寧遼陽市）人。入地肺山（終南山）事董奉，奉以行氣服術法授之。到西城山事王君，君語和大道訣曰：“此山石室中當熟視北壁，當見壁有文字，則得道矣。”視壁三年，方見文字，乃古人之所刻，刻《太清中經》《神丹方》及《三皇（天）文》大字、《五嶽真形圖》，皆著石壁。和諷誦其萬言，義有所不解，王君乃授之訣曰：“作他仙在林慮山。”林慮山一名隆慮山，在今河南林縣西。謂曾授于吉《素書》二卷，于吉演繹成一百七十卷《太平經》。

［6］乳婦：臨産婦女。《東觀漢記・侯霸傳》：“民至乃誡乳婦勿得舉子，侯君當去，必不能全。”

［7］五毒：蠍子、蜈蚣、蛇虺、蜂、蛾五種毒蟲。清吕種玉《言鯖・穀雨五毒》：“古者青齊風俗，于穀雨日畫五毒符，圖蠍子、蜈蚣、蛇虺、蜂、蛾之狀，各畫一針刺，宣佈家户貼之，以禳蟲毒。”

［8］四瀆：長江、黃河、淮河、濟水。《爾雅・釋水》：“江、河、淮、濟爲‘四瀆’。”

［9］十八：木；又如十八公，松。

[10] 凶逆：兇惡悖逆；兇惡悖逆的人。陳琳《爲袁紹檄豫州》：“幕府董
　　 統鷹揚，掃除凶逆。”

6　“其變化之術，大者唯有《墨子五行記》，本有五
卷。昔劉君安未仙去時[1]，鈔取其要，以爲一卷。其法用
藥用符，乃能令人飛行上下，隱淪無方[2]，含笑即爲婦人，
蹙面即爲老翁，踞地即爲小兒，執杖即成林木，種物即生
瓜果可食(1)，畫地爲河，撮壤成山，坐致行廚，興雲起火，
無所不作也。其次有《玉女隱微》一卷，亦化形爲飛禽走
獸(2)，及金木玉石，興雲致雨方百里[3]，雪亦如之，渡大水
不用舟梁[4]，分形爲千人，因風高飛，出入無間[5]，能吐氣
七色，坐見八極，及地下之物，放光萬丈，冥室自明，亦大
術也。然當步諸星數十，曲折難識，少能諳之(3)[6]。其
《淮南鴻寶萬畢》[7]，皆無及此書者也。又有《白虎七變
法》，取三月三日所殺白虎頭皮、生騩血、虎血，紫綬[8]，履
組[9]，流萍，以三月三日合種之。初生草似胡麻，有實，即
取此實種之，一生輒一異。凡七種之，則用其實合之，亦
可稱形易貌，飛沈在意，與墨子及《玉女隱微》略同，過此
不足論也。”

《遐覽》者，欲令好道者知異書之名目也。鄭君不徒明
五經、知仙道而已，兼綜九宮、三奇(4)，推步天文，《河》《洛》
讖記[10]，莫不精研。太安元年[11]，知季世之亂，江南將鼎
沸[12]，乃負笈持仙藥之撲(5)，將入室弟子，東投霍山，莫知
所在(6)。

【校】

（1）種物即生瓜果可食：王明校：“‘即’宋浙本作‘立’。”按：兩可。

（２）亦化形：陳其榮校：“《御覽》六百七十二作可化形。”

（３）諳：一作譜，王明校：“宋浙本、藏本、魯藩本作‘諳’，是。”

（４）三奇：當從《御覽》六七二引作三萊。

（５）乃負笈持仙藥之樸：孫星衍、顧廣圻校：“（樸）當作朴。”王明案：
　　“宋浙本作‘朴’，是。”當從孫、顧、王校作朴。

（６）莫知所在：王明校：“宋浙本、藏本、魯藩本、慎校本、寶顏堂本、崇
　　文本‘在’下並有‘焉’字。”

【注】

［１］劉君安：葛洪《神仙傳》：“劉根者，字君安，京兆長安人也。少明
　　五經，以漢孝成皇帝綏和二年舉孝廉，除郎中。後棄世學道。”先
　　入嵩高山、如華陰山，後入雞頭山仙去。

［２］無方：變化無窮。陸機《漢高祖功臣頌》：“灼灼淮陰，靈武冠世，
　　策出無方，思入神契。”

［３］興雲致雨方百里：古代道士作法興雲致雨，現在人工造雨。

［４］舟梁：用船架設的浮橋；船和橋。《國語·周語中》：“澤不陂
　　障，川無舟梁，是廢先王之教也。”韋昭注：“舟梁，以舟爲
　　梁也。”

［５］無間(jiàn)：沒有空隙。指極微小處。《老子·第四十三章》：
　　“天下之至柔，馳騁天下之至堅，無有入無間。吾是以知無爲之
　　有益。”

［６］諳：熟悉。

［７］《淮南鴻寶萬畢》：西漢淮南王劉安賓客所作，其書論變化之術。
　　其書已亡，今存輯佚本。

［８］紫綬：紫色絲帶，古代高官用以繫印兼服飾。《漢書·百官公卿
　　表上》：“相國、丞相，皆秦官，金印紫綬。”

［９］履組：猶鞋帶。《文選》陸機《吊魏武帝文》：“諸舍中無所爲，學作
　　履組賣也。”

［10］讖(chèn)記：讖書。預言未來吉凶的文字、圖錄。《漢書·王莽
　　傳下》：“君惠好天文讖記，爲涉言：‘星孛掃宮室，劉氏當復興，國

師公姓名是也。’”

［11］太安元年：公元302年。太安：晉惠帝年號。

［12］鼎沸：比喻形勢紛擾動亂。《漢書·霍光傳》：“今群下鼎沸，社稷
　　　將傾。”

袪惑卷二十[1]

1　抱朴子曰：“凡探明珠，不於合浦之淵[2]，不得驪龍之夜光也[3]；採美玉，不於荊山之岫[4]，不得連城之尺璧也[5]。承師問道[6]，不得其人，委去則遲遲冀於有獲，守之則終已竟無所成(1)，虛費事妨功，後雖痛悔，亦不及已。世間淺近之事，猶不可坐知，況神仙之事乎(2)！雖聖雖明，莫由自曉，非可以歷思得也，非可以觸類求也。誠須所師，必深必博，猶涉滄海而挹水(3)，造長洲而伐木(4)[7]，獨以力劣爲患，豈以物少爲憂哉？夫虎豹之所餘，乃狸、鼠之所爭也(5)；陶朱之所棄，乃原、顏之所無也(6)[8]。所從學者，不得遠識淵潭之門，而值孤陋寡聞之人[9]，彼所知素狹，源短流促，倒裝與人，則靳靳不捨(7)[10]，分損以授[11]，則淺薄無奇能，其所寶宿已不精(8)，若復料其粗者以教人，亦安能有所成乎？譬如假穀於夷齊之門[12]，告寒於黔婁之家[13]，所得者不過橡栗縕褐[14]，必無太牢之饍，錦衣狐裘矣。或有守事庸師，終不覺悟。或有幸值知者，不能勤求，此失之於不覺，不可追者也。知人之淺深，實復未易。古人之難(9)，誠有以也。白石似玉，奸佞似賢，賢者愈自隱蔽，有而如無；奸人愈自衒沽[15]，虛而類實。非至明者，何以分之？彼之守求庸師而不去者，非知其無知而故不止也，誠以爲足事故也。見達人而不能奉之者(10)，非知其實深而不能請之也，誠以爲無異也。夫能知要道者，無欲於物也，不狥世譽也[16]，亦何肯自標顯於流俗哉[17]？而淺薄之徒，率多誇誕自稱説，以厲色希聲飾其虛妄[18]，足以眩惑晚學，而敢爲大言。乃云，已登名山，見仙人。倉卒聞之，不能清澄檢校之者[19]，鮮覺其僞也。余昔數見雜散道士輩，走貴人之門，專令從者作爲空名，云其已四五百歲矣。人適問之年紀，佯不聞也，含笑俯仰，云八九十。須臾自言，我曾在華陰山斷穀五十年[20]，復於嵩山少室四十年，復在泰山六十年，復與某人在箕山五十年，爲同人遍説所歷，正爾，欲令人計合之，已數百歲人也。於是彼好之家，莫不煙起霧合，輻輳其門矣[21]。

　　又術士或有偶受體自然，見鬼神，頗能内占，知人將來及已過之事，而實不能有禍福之損益也，譬如蓍龜耳[22]。凡人見其小驗，便呼爲神人，謂之必無所不知。不爾者，或長於符水禁祝之法，治邪有效，而未必曉於不死之道也。或修行雜術，能見鬼怪，無益於年命。問之以金丹之道，則率皆不知也。因此細驗之，多行欺誑世人，以收財利，無所不爲矣。此等與彼穿窬之盜，異途而同歸者也。夫託之於空言，不如著之於行事之有徵也[23]，將爲晚覺後學[24]，説其比故[25]，可徵之僞物焉。”

【校】

（1）終巳：藏本、平津本同，當作終己。猶終身。《資治通鑑·周顯王十六年》：“然則且有子弒其父，臣弒其主者，而王終己不知也。”胡三省注：“終己，猶言終身也。”

（2）況神仙之事乎：王明校：“‘事’宋浙本作‘道’，是。”

（3）猶涉滄海而挹水：藏本挹作揰。按：挹、揰兩可。揰：擔運；提。

（4）造長洲而伐木：洲，一本作林。王明按：“宋浙本、藏本、魯藩本、慎校本作‘洲’，是。”當據改。《外篇·君道》：“洪潦淩室，而造船於長洲矣。”《用刑》：“滔天之水已及，而方造舟於長洲之林。”《鈞世》：“然而譬如東甌之木，長洲之林，梓豫雖多，而未可謂之爲大夏之壯觀，華屋之弘麗也。”《廣譬》第60首：“寸刃不能刊長洲之林。”均作長洲。

（5）乃狸鼠之所争也：陳其榮校：“《御覽》六百五十九争作飫。”

（6）原、顏：陳其榮校：“《御覽》六百五十九顏作憲。”

（7）捨：王明校：“宋浙本作‘忍’，藏本作‘息’。”

（8）則淺薄無奇能，其所寶宿已不精：王明案：“慎校本、寶顏堂本、崇文本并無‘能’字，‘宿’作‘秘’。”當删能。宿當作秘。

（9）古人之難：當從孫星衍校作古人難之。

（10）見達人：陳其榮校：“藏本作見達者。”

【注】

［1］袪惑：要學人除去對假道士的迷惑，求師問道，必須防僞。

［2］合浦：在今廣西北海市，濱南海北部灣，古代著名產珠地。

［3］驪龍之夜光：黑龍頷下的明珠。驪：純黑色。夜光：夜明珠。又名明月珠。《莊子·列禦寇》：“夫千金之珠，必在九重之淵，而驪龍頷下。”

［4］荆山：在今湖北南漳縣西。山有抱玉岩，傳爲楚人卞和得璞處。《韓非子·和氏》：“楚人和氏得玉璞楚山中。”楚山即荆山。

［5］連城之尺璧也：尺璧價值連城。《尹文子·大道上》：“玉工曰：此玉無價以當之，五城之都，僅可一觀。”

［6］承師問道：接受老師教誨，請教治國之道。《尚書大傳·洛誥》、《大戴禮記·保傅》、賈誼《新書·保傅》、《漢書·賈誼傳》：“帝入太學，承師問道。”

［7］長洲：道教稱大海中神仙居住的十處名山勝境之一，其上多樹。《十洲記》：“長洲……上饒山川及多大樹，樹乃有千圍者。一洲之上，專是林木，故一名青丘。”

〔8〕原、顔：原憲、顔淵，皆孔子弟子而家貧者。

〔9〕孤陋寡聞：學識淺陋，見聞不廣。《禮記‧學記》：“獨學而無友，則孤陋而寡聞。”

〔10〕靳靳：吝惜貌。

〔11〕分損：分散；減少。

〔12〕假穀於夷、齊之門：言夷、齊之家無穀可貸。夷、齊：伯夷、叔齊，孤竹君之二子。周武王滅殷，伯夷、叔齊恥食周粟，逃隱首陽山餓死。

〔13〕黔婁：春秋魯人。劉向《列女傳‧魯黔婁妻》：“黔婁食不充虛，衣不蓋形。死則覆以布被，首足不盡斂。”

〔14〕橡栗：橡子。可食，味苦。喻粗惡食物。緼褐：猶緼袍。泛指貧者所服粗陋之衣。

〔15〕衒沽：謂自我誇耀而求得任用。《後漢書‧李雲傳論》：“曷其絞訐摩上，以衒沽成名哉？”李賢注：“沽，賣之。”

〔16〕狗：藏本作徇。狗同徇。謀求；營求。

〔17〕摽顯：標榜；炫示。摽通標。

〔18〕厲色：怒容；嚴厲的臉色。希聲：極細微的聲音。《老子‧第四十一章》：“大器晚成，大音希聲。”

〔19〕檢校（jiào）：查核察看。《漢武帝內傳》：“弟子阿昌言：‘向奉詣絳河攝南真七元君檢校群龍猛獸之數事畢，過門受教。’”

〔20〕華陰山：華陰在西嶽華山之北，故名。

〔21〕輻輳：又作輻湊。集中；聚集。《文子‧微明》：“志大者，兼包萬國，一齊殊俗，是非輻輳，中爲之轂也。”

〔22〕蓍龜：蓍草、龜甲；用蓍草、龜甲來占卜。

〔23〕空言：謂祇起褒貶作用而不見用於當世的言論主張。《史記‧太史公自序》：“子曰：‘我欲載之空言，不如見之於行事之深切著明也。’”

〔24〕將（qiāng）：願。《詩‧衛風‧氓》：“將子勿怒，秋以爲期。”毛傳：“將，願也。”

〔25〕比故：猶言全部緣故。比：皆；都。

2 "昔有古强者[1]，服草木之方，又頗行容成、玄、素之法，年八十許，尚聰明不大羸老[2]，時人便謂之爲仙人，或謂之千載翁者。揚州稽使君聞而試迎之於宜都(1)[3]。既至，而咽嗚挲縮[4]，似若所知實遠，而未皆盡吐者。於是好事者，因以聽聲而響集，望形而影附，雲萃霧合，競稱歎之(2)，饋餉相屬[5]，常餘金錢。雖樂、李之見重於往漢[6]，不足加也。常服天門冬不廢，則知其體中未嘗有金丹大藥也。而强曾略涉書記[7]，頗識古事。自言已四千歲，敢爲虛言，言之不怍[8]。云已見堯、舜、禹、湯，説之皆萬萬如實也(3)。世云堯眉八采[9]，不然也，直兩眉頭甚豎，似八采耳。堯爲人長大美髭髯，飲酒一日中二斛餘，世人因加之云千鍾[10]，實不能也，我自數見其大醉也。雖是聖人，然年老治事，轉不及少壯時。及見去四凶[11]，舉元凱，賴用舜耳。舜是孤煢小家兒耳[12]，然有異才，隱耕歷山，漁于雷澤，陶于海濱[13]，時人未有能賞其奇者，我見之所在以德化民，其目又有重瞳子[14]，知其大貴之相，常勸勉慰勞之。善崇高尚，莫憂不富貴，火德已終，黄精將起[15]，誕承歷數[16]，非子而誰！然其父至頑，其弟殊惡，恒以殺舜爲事[17]。吾常諫諭曰[18]，此兒當興卿門宗[19]，四海將受其賜[20]，不但卿家，不可取次也。俄而受禪，嘗憶吾言之有徵也。又云：孔子母年十六七時(4)[21]，吾相之當生貴子，及生仲尼，真異人也，長九尺六寸[22]，其顙似堯，其項似皋陶，其肩似子産，自腰以下不及禹三寸(5)[23]。雖然，貧苦孤微[24]，然爲兒童便好俎豆之事[25]。吾知之必當成就。及其長大，高談驚人，遠近從之受學者，著録數千人。我喜聽其語，數往從之，但恨我不學，不能與之覆疏耳[26]。常勸我讀《易》云，此良書也，丘竊好之，韋編三絶^[27]，鐵搗三折^{(6)[28]}，今乃大悟。魯哀公十四年，西狩獲麟^[29]，麟死。孔子以問吾，吾語之，言此非善祥也。孔子乃愴然而泣^[30]。後得惡夢，乃欲得見吾。時四月中甚熱，不能往，尋聞之病七日而没，於今髣髴記其顔色也。又云，秦始皇將我到彭城，引出周時鼎。吾告秦始皇，言此鼎是神物也。有德則自出，無道則淪亡。君但修己，此必自來，不可以力致也。始皇當時大有怪吾之色，而牽之果不得出也^[31]。乃謝吾曰：君固是遠見理人也。又説漢高祖、項羽皆分明，如此類事，不可具記。時人各共識之，以爲戲笑。然凡人聞之，皆信其言。又强轉惜髦，廢忘事幾。稽使君曾以一玉卮與强⁽⁷⁾，後忽語稽曰：昔安期先生以此物相遺。强後病于壽春黄整家而死。整疑其化去。一年許，試鑿其棺視之，其尸宛在矣。此皆有名無實，使世間不信天下有仙，皆坐此輩以偽亂真也^[32]。”

【校】

（1）揚州稽使君：孫星衍校：“按，揚當作廣，稽當作嵇，謂嵇含也。《外篇·自叙》云‘廣州刺史’，與《晉書·（葛）洪傳》同，又《（嵇）含傳》不云爲揚州，皆可證也。”

（2）競稱歎之：孫星衍校：“（競稱）藏本作竟守。”王明案：“慎校本、寶顔堂本、崇文本‘競稱歎之’作‘竟守事之’。”

（3）萬萬：陳其榮校：“《御覽》三百六十五作了了。”《校補》：“作‘了了’是也。下文云，聞誕此言了了。《論仙篇》云：‘目察百步，不能了了。’《黄白篇》云：‘夜卧即便見天文及四鄰了了。’是本書多用了了連語。今本作‘萬萬’，蓋‘了了’誤作‘万万’，又轉寫作‘萬萬’也。”當據正。

（4）孔子母年十六七時：王明校：“‘母’下宋浙本有‘徵在’二字。”

（5）其顙似堯四句：藏本、崇文本顙作頭。語見《史記·孔子世家》，後兩“似”字作“類”，“自”上有“然”字，“腰”作“要”。“要”爲“腰”之初字。又見《孔子家語·困誓》，文有小異。

（6）鐵撾三折：原校：“撾一作摘”。

（7）嵇使君曾以一玉厄與强：陳其榮校：“《御覽》七百六十作嵇使君以玉匕與强，引在匕門，當不誤也。”

【注】

[1] 古强：曾“親事”李阿。《神仙傳·李阿傳》：“有古强者，疑阿異人，常親事之，試隨阿所宿，乃在青城山中。强後復欲隨阿去，然身未知道，恐有虎狼，私持其父大刀，阿見而怒强曰：‘汝隨我行，那畏虎也？’取强刀以擊石，刀折壞。强憂刀敗。至旦隨出，阿問强曰：‘汝愁刀敗也？’强言實恐父怪怒，阿則取刀左手擊地，刀復如故。强隨阿還成都，未至，道逢人奔車，阿以脚置其車下轢，脚皆折，阿即死。强怖，守視之。須臾，阿起，以手撫脚，而復如常。强年十八，見阿年五十許；强年八十余，而阿猶然不異。”

[2] 羸（léi）老：衰弱的老人；衰老。《左傳·襄公十年》：“余羸老也，可重任乎？”

[3] 嵇使君：即嵇含，字君道，自號亳丘子，譙國銍（今安徽宿縣西南）人。歷任懷帝撫軍從事中郎、太弟中庶子、振威將軍、襄城太守、廣州刺史，爲鎮南將軍劉弘司馬郭勱所殺。宜都：郡名，在今湖北宜昌市東南，今枝城市。

[4] 咽（yè）鳴：猶吞吞吐吐。掣縮：猶抽搭。哭泣貌。一說：面孔拉扯的樣子。

[5] 饋餉：饋贈。“饋”“餉”連文同義。《周禮·天官·玉府》“凡王之獻金玉”鄭玄注：“古者致物於人，尊之則曰獻，通行曰饋。”《孟子·滕文公下》“葛伯仇餉”朱熹集注：“餉，亦饋也。”

[6] 欒、李之見重於往漢：方士欒大、李少君，均受到漢武帝的寵倖。

[7] 書記：指文字、書籍、文章等。《東觀漢記·梁鴻傳》：“鴻常閉戶吟詠書記，遂潛思著書十餘篇。”

［8］言之不怍：語見《論語・憲問》：“其言之不怍，則爲之也難。”怍
　　（zuò）：慚愧。

［9］八采：八種彩色。《淮南子・修務》：“若夫堯眉八彩，九竅通洞，
　　而公正無私，一言而萬民齊。”

[10] 千鍾：《孔叢子・儒服》：“堯、舜千鍾，孔子百觚。”

[11] 去四凶：流放四凶族。《左傳・文公十八年》：“舜臣堯，賓於四
　　門，流四凶，渾敦、窮奇、檮杌、饕餮，投諸四裔，以禦螭魅。”而
　　《書・舜典》云：“流共工於幽州，放驩兜於崇山，竄三苗于三危，
　　殛鯀於羽山。”孔傳：“幽州，北裔；崇山，南裔；三危，西裔；羽山，
　　東裔，在海中。”兩説不同，而本句似本《左傳》文。

[12] 孤煢（qióng）：孤獨，無依無靠。曹丕《短歌行》：“我獨孤煢，懷此
　　百離。”

[13] 隱耕歷山，漁于雷澤，陶于海濱：《管子・版法》：“舜耕歷山，陶河
　　濱，漁雷澤，不取其得，以教百姓。”《史記・五帝本紀》：“舜耕歷
　　山，漁雷澤，陶河濱。”歷山：蓋在今山東濟南市。雷澤：本名雷
　　夏澤，在今山東菏澤市。

[14] 重瞳子：雙重瞳子。《荀子・非相》：“堯舜參牟子。”楊倞注：“牟
　　與眸同，參眸子謂有二瞳之相參也。”

[15] 火德：五德之一。以五行土木金火水來附會朝代更替。堯“以火
　　承木”（《帝王世紀》），稱火德，此指堯之時代。黃精：黃土之精，
　　爲土德。舜“以土代火，色尚黃”（《帝王世紀》）。稱土德。此指
　　舜的時代。

[16] 誕承：繼承；接受。“誕”“承”連文同義。歷數：指帝王繼承的次
　　序。古人迷信説法，認爲帝位相承，與天象運行次序相應。《論
　　語・堯曰》：“堯曰：‘咨，爾舜，天之歷數在爾躬，允執其中。’”

[17] 其父至頑，其弟殊惡，恒以殺舜爲事：語本《史記・五帝本紀》：
　　“舜父瞽叟頑，（後）母嚚，（異母）弟象傲，皆欲殺舜。”《孟子・萬
　　章上》：“象日以殺舜爲事。”

[18] 諫諭：勸諫諷喻；勸説曉喻。徐幹《中論・法象》：“雖妻妾不可得
　　而黷也，雖朋友不可得而狎也。是以不慍怒而德行行於閨門，不

諫諭而風聲化乎鄉黨。”

[19] 門宗：宗族；家族。《三國志·蜀書·馬超傳》：“臣門宗二百餘口，爲孟德所誅略盡，惟有從弟岱，當爲微宗血食之繼，深托陛下，余無復言。”

[20] 受其賜：《論語·憲問》：“管仲相桓公，霸諸侯，一匡天下，民至於今受其賜。”

[21] 孔子母，名徵在。《史記·孔子世家》：“（叔梁）紇與顏氏女野合而生孔子。”索隱：“《家語》云：‘梁紇娶魯之施氏，生九女。其妾生孟皮，孟皮病足，乃求婚於顏氏徵在，從父母爲婚。’”

[22] 長九尺六寸：語本《孔子家語·困誓》：“孔子適鄭，與弟子相失，獨立東郭門外。或人謂子貢曰：‘東門外有一人焉，其長九尺有六寸……。’”

[23] 顙（sǎng）：額頭。皋陶：舜之大臣，掌刑獄。子產：春秋鄭國公孫僑（前？—前522），字子產，又字子美，諡成子，鄭公族子國之子。子國原任大司馬，因改革田制被殺。鄭簡公十二年（前554）被立爲卿，二十一年（545）相鄭伯以入楚，二十三年鄭卿子皮授政給他。他執政之始，繼續整理田洫，開畎樹桑，訂成“丘賦”制度，發佈法律條文，保障公私合法利益。輔佐簡公二十餘年，對內主張惠民去奸，不毀鄉校，開放議政風氣；對外注意利用各國矛盾與時機，周旋于晉楚兩大强國之間，卑亢得宜，給鄭國外交帶來了新氣象。孔子稱其爲“古之遺愛”。

[24] 孤微：謂低微貧賤。《後漢書·周燮傳》：“（馮）良字君郎，出於孤微，少作縣吏。”

[25] 俎豆之事：借指禮儀之事。《論語·衛靈公》：“俎豆之事，則嘗聞之矣。”何晏集解：“孔曰：‘俎豆，禮器。’”俎：放肉用的几案。豆：盛乾肉一類食物的器皿。宴客、朝聘、祭祀用的禮器，因指禮儀。

[26] 覆疏：反復論辯。《世說新語·文學38》：“（許詢）便往西寺與王（修）論理，共決優劣，苦相折挫，王遂大屈。許復執王理，更相覆疏，王復屈。”

[27] 韋編三絶：聯結竹簡的皮條斷了三次。《史記·孔子世家》：“孔

子晚而喜《易》……讀《易》，韋編三絶。曰：‘假我數年，若是，我
于《易》則彬彬矣。’”因爲勤奮讀書、刻苦學習之典。

[28] 鐵撾三折：撾，一作摘。供穿引之用的鐵針斷了三次。語見《論
　　 語比考讖》。《御覽》六一六引《史記》：“孔子晚善《易》，韋編三
　　 絶，鐵摘三折，漆書三滅也。”按：今本《史記·孔子世家》無後二
　　 句。《海録碎事》卷十八《韋編鐵摘》：“《北堂書抄》：孔子晚喜
　　 《易》，韋編三絶，鐵摘三折。”鐵撾：鐵杖；鐵槌。古代用作兵器。

[29] 魯哀公十四年：相傳孔子作《春秋》至此而輟筆。《春秋·哀公十
　　 四年》：“春，西狩獲麟。”杜預注：“麟者仁獸，聖王之嘉瑞也。時
　　 無明王出而遇獲，仲尼傷周道之不興，感嘉瑞之無應，故因《魯春
　　 秋》而修中興之教。絶筆於‘獲麟’之一句，所感而作，固所以爲
　　 終也。”

[30] 愴然：悲傷貌。曹操《讓縣自明本志令》：“孤每讀此二人書，未嘗
　　 不愴然流涕也。”

[31] 秦始皇將我到彭城……而牽之果不得出也：《史記·秦始皇本
　　 紀》：“二十八年……始皇還，過彭城，齋戒禱祠，欲出周鼎泗水。
　　 使千人没水求之，弗得。”

[32] 坐：因爲；由於。《史記·白起王翦列傳》：“今空秦國甲士而專委
　　 於我，我不多請田宅爲子孫業以自堅，顧令秦王坐而疑我邪？”

　　3 “成都太守吳文，説五原有蔡誕者[1]，好道而不得佳
師要事，廢棄家業，但晝夜誦詠《黄庭》《太清中經》觀天節
詳之屬(1)，諸家不急之書，口不輟誦，謂之道盡於此。然竟
不知所施用者，徒美其浮華之説而愚人。又教之但讀千
遍，自得其意，爲此積久，家中患苦之[2]，坐消衣食[3]，而不
能有異，己亦慚忿[4]，無以自解，於是棄家，言仙道成矣(2)。
因走之異界深山中，又不曉採掘諸草木藥可以辟穀者，但
行賣薪以易衣食，如是三年，飢凍辛苦，人或識之，而詭不

知也。久不堪而還家，黑瘦而骨立[5]，不似人。其家問之，從何處來，竟不得仙邪？因欺家云：吾未能升天，但爲地仙也。又初成位卑，應給諸仙先達者[6]，當以漸遷耳。向者爲老君牧數頭龍[7]，一班龍五色最好(3)，是老君常所乘者，令吾守視之[8]，不勤，但與後進諸仙共博戲，忽失此龍，龍遂不知所在。爲此罪見責(4)，送吾付昆侖山下，芸鋤草三四頃，并皆生細而中多荒穢(5)[9]，治之勤苦不可論，法當十年乃得原[10]。會偓佺子、王喬諸仙來按行[11]，吾守請之(6)[12]，并爲吾作力，且自放歸，當更自修理求去(7)[13]，於是遂老死矣。初誕還云，從昆侖來，諸親故競共問之(8)，昆侖何以(9)？答云：天不問其高幾里，要於仰視之，去天不過十數丈也(10)。上有木禾[14]，高四丈九尺，其穗盈車，有珠玉樹、沙棠、琅玕、碧瑰之樹[15]，玉李玉瓜玉桃，其實形如世間桃李，但爲光明洞徹而堅(11)，須以玉井水洗之，便軟而可食。每風起，珠玉之樹，枝條花葉，互相扣擊，自成五音，清哀動心[16]。吾見謫失志，聞此莫不愴然含悲。又見昆侖山上，一面輒有四百四十門，門廣四里[17]，內有五城十二樓[18]，樓下有青龍白虎，蜲蛇長百餘里[19]，其中口牙(12)，皆如三百斛船，大蜂一丈，其毒煞象。又有神獸，名獅子、辟邪、天鹿、焦羊、銅頭鐵額、長牙鑿齒之屬[20]，三十六種，盡知其名，則天下惡鬼惡獸，不敢犯人也。其神則有無頭子、倒景君、翁鹿公、中黃先生與六門大夫[21]，張陽字子淵，浹備玉闕(13)[22]，自不帶《老君竹使符》《左右契》者，不得入也。五河皆出山隅[23]，弱水遶之，鴻毛不浮[24]，飛鳥不過，唯仙人乃得越之。其上神鳥神馬，幽昌、鵁鶄、騰黃、吉光之輩(14)[25]，皆能人語而不死，真濟濟快仙府也，恨吾不得善周旋其上耳。於時聞誕此言了了，多信之者。"

【校】

（1）觀天節詳：顧廣圻校："詳當作解。"疑有誤。有兩種可能：① 書名。蓋《太清觀天經》或《觀天圖》之誤，本書提到的有《太清觀天經》《觀天圖》是其證。② 非書名。《太平廣記》二百八十八《祅妄一·蔡誕》引作觀即解之。

（2）於是棄家，言仙道成矣：王明校："宋浙本'是'下有'忽然'二字，'言'下有'我'字。"《太平廣記》二百八十八《祅妄一·蔡誕》引"棄"上有"忽"字，"言"下有"我"字。按，當據《廣記》補。

（3）一班龍五色最好：宋浙本、《廣記》二百八十八《祅妄一·蔡誕》引班作斑，班通斑。

（4）爲此罪見責：王明校："'責'宋浙本作'謫'，是。"

（5）芸鋤草三四頃，并皆生細而中多荒穢：王明校："《太平廣記》二百八十八《祅妄一·蔡誕》引'草'上有'芝'字。'而'作'石'。"當據補改。

（6）守請：王明校："《太平廣記》二百八十作'首訴'。"

（7）修理："理"蓋避唐高宗李治諱改。

（8）諸親故競共問之：藏本、舊本競作竟。

（9）昆侖何以：孫星衍校："(以)疑作似。"《校勘記》："《御覽》三十八（以）作似。"王明案："宋浙本亦作'似'。"

（10）十數丈也：陳其榮校："《御覽》三十八丈作里。"

（11）但爲光明洞徹而堅：當從《類聚》八十六、八十七無爲字。

（12）其中口牙：當從《事類賦》二十《獸部一·虎》《御覽》八百九十一作其口中牙。

（13）浹：一作俠，《校補》："'俠'當作'浹'。"《省煩》："浹人事，備王道。"《辭義》："人事靡細而不浹，王道無微而不備。"並其證。《荀子·禮論篇》云："方皇周挾。"楊注："'挾'讀爲'浹'，帀也。"

（14）鷦鵬：藏本作鷦鵬。孫星衍校："鵬舊誤作鵬，今校正。"又作焦明,南方神鳥名。王明案:"寶顔堂本、崇文本'之輩'作'之屬'。"

【注】

[1]五原:地名,在今内蒙五原縣。

[2]患苦:憎恨,厭惡。《史記·外戚世家》:"修成子仲驕恣,陵折吏民,皆患苦之。"

[3]坐:空;徒然。南朝齊王融《和王友德元古意》:"坐銷芳草氣,空度明月輝。"

[4]慚忿:羞慚忿恨。唐段成式《酉陽雜俎續集·貶誤》:"隱者曰:'此魔所爲,吾過矣。'烈士慚忿而死。"

[5]骨立:形容消瘦到極點。劉向《説苑·修文》:"(子路)遂自悔,不食七日而骨立焉。"

[6]應給:供給。此作"侍奉"解。"應""給"連文同義。先達:有德行學問的前輩。

[7]向者:從前;前些時候。《世説新語·文學6》:"何晏爲吏部尚書,有位望,時談客盈坐。王弼未弱冠,往見之。晏聞弼名,因條向者勝理語弼曰:'此理僕以爲極,可得復難不?'"

[8]守視:看護;守衛。《後漢書·城陽恭王祉傳》:"以皇祖、皇考墓爲昌陵,置陵令守視。"

[9]荒穢:猶荒蕪;猶荒廢。《孔叢子·巡守》:"入其疆,土地荒穢,遺老失賢。"

[10]原:寬恕;原諒。《史記·高祖本紀》:"城降,令出罵者斬之,不罵者原之。"

[11]偓佺子:《列仙傳》《搜神記》稱偓佺爲堯時槐山采藥父,好食松實,形體生毛,兩目正方。能飛行,逐走馬。以松子遺堯。按行:巡行。巡視。

[12]守請:請求。"守""請"連文同義。

[13]修理:此作"修煉"解。

[14]木禾:穀類,可食。《山海經·海内西經》:"昆侖之虛,方八百里,高萬仞。上有木禾,長五尋,大五圍。"郭璞注:"木禾,穀類也。

生黑水之阿,可食,見《穆天子傳》。"

[15] 珠玉樹、沙棠、琅玕、碧瑰之樹:《淮南子·墜形》:"(昆侖虛)上有……珠樹、玉樹、琁樹,不死樹在其木禾西;沙棠、琅玕在其木禾東;絳樹在其木禾南;碧樹、瑶樹在其木禾北。"

[16] 清哀:凄清哀傷。《藝文類聚》四三引劉向《别録》:"漢興以來,善雅歌者魯人虞公,發聲清哀,蓋動梁塵。"

[17] 一面輒有四百四十門,門廣四里:《淮南子·墜形》:"旁有四百四十門,門間四里。"

[18] 内有五城十二樓:《史記·孝武本紀》:"方士有言:'黄帝時,爲五城十二樓,以候神人于執期,命曰迎年。'"裴駰集解引應劭曰:"昆侖、玄圃五城十二樓,此仙人之所常居也。"迎年:猶云祈年。

[19] 蜲(wēi)蛇:一種大蛇。《文選》張衡《東京賦》:"斬蜲蛇,腦方良。"李善注:"《莊子》:蜲蛇之狀,其大若轂,其長若轅,紫衣而朱冠也。"

[20] 獅子、辟邪、天鹿、焦羊、銅頭鐵額、長牙鑿齒之屬:《十洲記》:"聚窟洲……及有獅子、辟邪、鑿齒,天鹿、長牙、銅頭鐵額之獸。"辟邪:傳説中的神獸。似鹿而長尾,有兩角。《急就篇》三"射魃辟邪除群凶"顏師古注:"射魃、辟邪,皆神獸名……辟邪,言能辟禦妖邪也。"天鹿:一作天禄,傳説中的靈獸名。《漢書·西域傳上·烏弋山離國》"有桃拔、師子、犀牛"顏師古注引孟康曰:"桃拔一名符拔,似鹿,長尾,一角者或爲天鹿,兩角者或爲辟邪。"焦羊:不詳。銅頭鐵額:形容異常勇猛强悍,刀槍不入。長牙:不詳。據上引《海内十洲記》當與"鑿齒"不同,當爲獸名。據下引《山海經》《淮南子》,"長牙"是"鑿齒"的一個特點。鑿齒:古代傳説中的野人。《山海經·海外南經》:"羿與鑿齒戰于壽華之野,羿射殺之,在昆侖虛東。羿持弓矢,鑿齒持盾。"郭璞注:"鑿齒亦人也,齒如鑿,長五六尺,因以名云。"一説獸名。《淮南子·本經》:"堯乃使羿誅鑿齒于疇華之野。"高誘料:"鑿齒,獸名,齒長三尺,其狀如鑿。"

[21] 無頭子、倒景君、翕鹿公、中黄先生與六門大夫:皆爲道教神

仙名。

[22] 浹(jiā)備：此謂嚴密戒備。玉闕：傳說天帝、仙人所居的宮闕。《海內十洲記·昆侖》：“(鐘山)上有金臺玉闕，亦元氣之所含，天帝君治處也。”

[23] 五河：神話傳說中的五色之河。《漢書·司馬相如傳下》：“徧覽八紘而觀四海兮，度九江越五河。”顔師古注：“五河，五色之河也。《仙經》說有紫、碧、絳、青、黃之河。”山隅：山角；山曲；山坳。

[24] 弱水：古代傳說中險惡難渡、不勝鴻毛的河海。《山海經·大荒西經》：“有大山，名昆侖之丘……其下有弱水之淵環之。”郭璞注：“其水不勝鴻毛。”《海內十洲記·鳳麟洲》：“鳳麟洲，在西海之中央，地方一千五百里。洲四面有弱水繞之，鴻毛不浮，不可越也。”

[25] 幽昌：北方神鳥名。鷦鵬：又作焦明，南方神鳥名。《說文解字·鳥部》：“鸏，鸏鵝也，從鳥肅聲。五方神鳥也。東方發明，南方焦明，西方鸏鵝，北方幽昌，中央鳳皇。”

4　“又河東蒲阪有項曼都者[1]，與一子入山學仙，十年而歸家，家人問其故。曼曰(1)：在山中三年精思，有仙人來迎我，共乘龍而昇天。良久，低頭視地，窈窈冥冥[2]，上未有所至，而去地已絶遠。龍行甚疾，頭昂尾低，令人在其脊上，危怖嶮巇[3]。及到天上，先過紫府[4]，金床玉几，晃晃昱昱，真貴處也，仙人但以流霞一杯與我[5]，飲之輒不飢渴。忽然思家，到天帝前，謁拜失儀，見斥來還，令常更自修積(2)，乃可得更復矣(3)。昔淮南王劉安昇天見上帝[6]，而箕坐大言[7]，自稱寡人[8]，遂見謫守天廁三年(4)[9]，吾何人哉！河東因號曼都爲斥仙人。世多此輩，種類非一，不可不詳也。此妄語乃爾，而人猶有不覺其虛者，況其微茫欺誆，頗因事類之象似者而加益之，非至明者，倉卒安能辨哉？"

【校】

（一）曼曰：孫星衍曰："（曼下）當有都字。"

（二）令常更自修積：《校補》、王明案引藏本、魯藩本、慎校本、寶顏堂本、崇文本常皆作當。按：常通當。

（三）乃可得更復矣：藏本同。孫星衍校："（復）舊誤作後，今校正。"王明案："宋浙本'復'作'往'。"

（四）天廁：一本作天厨。王明校："《御覽》一百八十六、《太平廣記》二百八十八引'厨'作'廁'。"

【注】

［1］河東蒲阪：在今黃河東岸、山西永濟縣西。項曼都：王充《論衡·道虛》抨擊其"好道學仙"之虛妄甚詳。

［2］窈窈冥冥：渺茫恍忽之貌。《淮南子·精神》："古未有天地之時，惟像無形，窈窈冥冥。"

［3］危怖：恐懼不安。《三國志·吳書·周魴傳》："人居世間，猶白駒過隙，而常抱危怖，其可言乎？"嶮巇（xiǎn xī）：險峻崎嶇貌。"嶮""巇"連文同義。此形容艱險或險惡。

［4］紫府：道教稱仙人所居。《六帖》："銀宮金闕，紫府青都，皆是神仙所居。"

［5］流霞：傳說中的仙酒。《論衡道虛》："曼都曰：'……口飢欲食，仙人輒飲我以流霞一杯。每飲一杯，數月不饑。'"

［6］淮南王劉安昇天見上帝：《論衡·道虛》："儒書言：淮南王學道，招會天下有道之人，傾一國之尊，下道術之士，是以道術之士，并會淮南，奇方異術，莫不爭出。王遂得道，舉家昇天。"王充說："此虛言也。"

［7］箕坐：坐時將兩腿左右呈箕舌狀伸開，古人認爲是不禮貌的姿

態。《禮記・曲禮上》：“坐毋箕。”孔穎達疏：“箕謂舒展兩足，狀如箕舌也。”《論衡・率性》：“南越王趙佗本漢賢人也，化南夷之俗，背畔王制，椎髻箕坐，好之若性。”黃暉校釋引顏師古曰：“箕坐，謂伸其兩腳而坐。”

［8］寡人：古代君主自稱，猶余一人。《禮記・曲禮下》：“諸侯見天子，曰‘臣某侯某’。其與民言，自稱曰‘寡人’。”

［9］天廚：《神仙傳・劉安》：“安未得上天，遇諸仙伯。安少習尊貴，稀爲卑下之禮，坐起不恭，語聲高亮，或誤稱寡人。於是仙伯主者奏安云：‘不敬，應斥去。’八公爲之謝過，乃見謫守都廚三年。後爲散仙人，不得處職，但得不死而已。”

5　“乃復有假託作前世有名之道士者，如白和者[(1)]，傳言已八千七百歲[(2)]，時出俗間，忽然自去，不知其在[(3)]。其洛中有道士[(4)]已博涉衆事，洽煉術數者，以諸疑難諮問和，和皆尋聲爲論釋，皆無疑礙，故爲遠識。人但不知其年壽，信能近千年不啻耳[(5)][1]。後忽去，不知所在。有一人於河北自稱爲白和，於是遠近競往奉事之，大得致遺至富。而白和子弟，聞和再出，大喜，故往見之，乃定非也。此人因亡走矣。”

6　“五經四部[2]，並已陳之芻狗，既往之糟粕。所謂‘跡’者，足之自出而非足也。‘書’者聖人所作而非聖也，而儒者萬里負笈以尋其師；況長生之道，真人所重，可不勤求足問者哉？然不可不精簡其真偽也[3]！余恐古强、蔡誕、項曼都、白和之不絶於世間，好事者省余此書，可以少加沙汰其善否矣[4]。又仙經云：仙人目瞳皆方[(6)]。洛中見白仲事者[(7)]，爲余説其瞳正方，如此果是異人也。”

【校】

（1）如白和者：王明校：“‘白’宋浙本作‘帛’。”

（2）傳言已八千七百歲：當從《校補》引《黄氏日鈔》、王明案引宋浙本作七千八百歲。

（3）不知：孫星衍校：“當衍此二字。”

（4）其：孫星衍校：“當衍此字。”

（5）啻：孫星衍校：“當衍此字。”

（6）仙人目瞳皆方：王明案：“慎校本、寶顔堂本、崇文本‘皆方’作‘正方’。”按：兩可。《論仙篇》第九段有“郊閒兩瞳之正方”語，作正方；葛洪《神仙傳》有“李根兩目瞳子皆方”語，作皆方。

（7）洛中見之白仲事者：孫星衍校：“（見之）當作之見。”“白”前《遐覽篇》作“帛”。

【注】

［1］不啻（chì）：不僅；何止。《書·多士》：“爾不克敬，爾不啻不有爾土，予亦致天之罰於爾躬。”孔傳：“不但不得還本土而已，我亦致天罰於汝身。”

［2］四部：《隋書·經籍志序》：“魏秘書郎鄭默，始制《中經》，秘書監荀勖，又因《中經》，更著《新簿》，分爲四部，總括群書。一曰甲部，紀六藝及小學等；二曰乙部，有古諸子家、近世子家、兵書、兵家、術數；三曰丙部，有史記、舊事、皇覽簿、雜事；四曰丁部，有詩賦、圖贊、汲塚書，……”東晉李充、謝靈運，南齊王儉等人加以調整，以五經爲甲部，歷史記載爲乙部，諸子爲丙部，詩賦爲丁部。隋唐以後沿用此種分法，稱爲經、史、子、集。

［3］精簡：精心選擇。《南史·陳暄傳》：“徐陵爲吏部尚書，精簡人物，縉紳之士皆向慕焉。”此謂精嚴核實。

［4］沙汰：此處當解爲“鑒別”、“區分”。

抱朴子内外篇校注

〔晉〕葛洪著　金毅校注

中

上海古籍出版社

抱朴子外篇校注

前　　言

　　葛洪的代表作品是《抱朴子内篇》與《抱朴子外篇》。《外篇·自叙》：“洪……立一家之言，乃草創子書。……其《内篇》言神仙方藥、鬼怪變化、養生延年、禳邪祛禍之事，屬道家。其《外篇》言人間得失，世事臧否，屬儒家。”按：《抱朴子》分《内篇》與《外篇》，《内》屬道，《外》屬儒，這種分法蓋本老、莊。帛書甲本《老子·道經·第十三章》：“故貴爲身於爲天下，若可以橐（託）天下（矣）；愛以身爲天下，女（如）可以寄天下矣。”高明注：“‘貴爲身於爲天下’，猶言爲身貴於爲天下。”《莊子·讓王》：“道之真以治身，其緒餘以爲國家，其土苴以治天下。”又《天下》：“古之所謂道術者，果惡乎在？曰：‘無乎不在。’曰：‘神何由降？明何由出？’‘聖有所生，王有所成。皆原於一。’”此即所謂“内聖外王之道”。葛洪《内篇·明本》：“夫道者，内以治身，外以爲國。”説得更爲直白。《鶡冠子·泰録》：“内聖者，精神之原也。”宋人陸佃解曰：“外王者皆其緒餘土苴，則内聖者，精神之原也。”蓋得其旨。《文獻通考·經籍考》雜家類引《崇文總目》：羅隱《兩同書》二卷，“采孔、老二書，著爲内外篇，以老子修身之説爲内，孔子治世之道爲外，會其旨而同元。”也是這個意思。梁啓超《諸子考釋·莊子天下篇釋義》：“‘内聖外王之道’一語，包舉中國學術之全部，其旨歸在於内足以資修養而外足以經世。”可謂高度概括。《抱朴子内篇·明本》：“道者，儒之本也；儒者，道之末也。”“夫道者，内以治身，外以爲國。”《塞難》説：“道者，萬殊之源也；儒者，大淳之流也。三皇以往，道治也；帝王以來，儒教也。”即本上引老、莊所説“内聖外王”立論。道家視道爲内學，儒爲外學。

《抱朴子內篇·遐覽》:"然君所知者,雖多未精,又意在於外學,不能專一,未中以經深涉遠耳,今自當以佳書相示也。"《晉書·葛洪傳》:"後師事南海太守、上黨鮑玄。玄亦内學,逆占將來。"其實《外篇》是儒墨道法兼采,故《隋志》將《外篇》入雜家,不過以儒爲主。

　　葛洪的功名思想與隱逸思想,都是極爲突出的,在晉代是頗具代表性的。葛洪無論仕隱出處,均抱負不凡。《廣譬》第2首説:"潛靈俟慶雲以騰竦,棲鴻階勁風以淩虚;素鱗須姬發而躍,白雉待公旦而來。姜老值西伯而投磻溪之綸,韓、英遭漢高乃騁撥亂之才。"這雖不是自道胸臆,但字裏行間流露出來的,儼然自比姜老、韓信、英布,意謂自己不出則已,出則爲將相或軍師;即便當隱士,也要扮演姜太公隱釣磻溪的角色,期待明君如西伯、姬發的重用。《任命》説:"窮達任所值,出處無所繫。其静也,則爲逸民之宗;其動也,則爲元凱之表。"即在野當隱士,則努力成爲逸民的宗師;在朝當大臣,則竭力成爲朝臣們的表率。由此可見,葛洪是設想以"元凱之表"與"逸民之宗"的雙重身份來寫《外篇》的,主要論述作爲"元凱之表"的經國理世,與作爲"逸民之宗"的素王之業。其《外篇》内容甚爲廣泛而豐富,包括了上層建築、意識形態領域諸多方面的内容。葛洪"高世越談,自開户牖",提出了不少真知灼見。

一、君臣之道,經國理世

　　宋人晁公武《郡齋讀書志》曰:"《外篇》言君臣理國用刑之道。"君臣理國之道,起於"爭奪"。葛洪的國家起源學説,見於《詰鮑》《君道》等篇。《詰鮑》説,原始社會是一個"無階級"而"識母忘父"的母系氏族社會,不存在君臣之道的問題。隨著社會生産力的發展,"有欲之性"、"厚己之情"的産生,由母系社會逐步發展爲父系社會。有"聖人作","備物致用,去害興利"。聖人在戰勝"并兼"、"爭奪"的基礎上建立國家,"明辟蒞物,良宰匠世,設官分職,宇宙穆如也"。這就是説,國家與政府是暴力的産物,又是防止暴力,維持社會秩序，組織社會生産與社會生活的工具。葛洪把這種君臣之道，視爲"天秩"，而"天秩有不遷之常尊"。（《博喻》第 24 首）這是董仲舒"天不變，道亦不變"的翻版。但在西晉八王之亂、永嘉之變後，提出這個問題，具有撥亂反正的重大意義；在封建社會沒有從世界上徹底消滅之前，仍有其合理性的一面。

元首股肱，一體相賴。葛洪在《臣節》中把君臣比做腦袋與四肢的關係："喻之元首，方之股肱，雖有尊卑之殊邈，實若一體之相賴也。"君臣休戚與共，一榮俱榮，一損俱損。葛洪所以强調君臣利益的一致性，是基於歷代廢立君主，特別是魏晉廢立君主頻繁的歷史事實。作爲國君，不要猜忌賢臣，謂"臣賢於君者不可任"，葛洪舉例説，"魯哀庸主而仲尼盡節，齊景下才而晏嬰竭誠"，（《任能》）説明庸主下才也可任用賢臣。葛洪關於國家最高領導的官制模式是國君領導下的軍師獻計，將相分掌軍政大權，共同執行帝命。這大概是總結西漢初年的經驗而得出的。《任能》説："漢高決策於玄幃，定勝乎千里則不如良、平；治兵多而益善，所向無敵，則不如信、布。兼而用之，帝業克成。"《君道》説："韓、白畢力以折衝，蕭、曹竭能以經國。"這就是説，朝政由國君、軍師、大將、相國共掌，而國君獨斷。既相互協調，又彼此制約。

"畫法創制"、"宏略遠罩"，即制訂並實施根本大法與根本制度。畫法，堅持原則性與靈活性、穩定性與變動性的統一。"功不倍前"，不變"一定"之法；（《博喻》第 29 首）而"權宜之隨時"取"味淡則加之以鹽"。（《廣譬》第 29 首）兼顧整體利益與局部利益、長遠利益與眼前利益的統一，要避免"根荄蹶於此，則柯條瘁於彼；道失於近，則禍及於遠；政謬於上，而民困於下"（《廣譬》第 14 首）的情況。"廟算"要居安思危，要有預見性。"廟算"對外用兵要"揆德"、"量力"而"精"，（《廣譬》）對內用兵要"明哲"，（《博喻》）取謹慎持重的方針。"廟算"或"畫法創制"、"宏略遠罩"，大約相當於今天説的"出主意"或謀劃戰略方針。

招賢用才，人主要務。《貴賢》説："招賢用才者，人主之要務也。"《審舉》説:"根心招賢,以舉才爲首務。"《欽士》説:"以招賢爲首務,得賢爲重寶。"葛洪認爲,招賢用才關乎國家安危,社稷存亡。他説,有唐、重華、西伯、姬發、齊桓、晉文、漢高所以取得成功,是因爲他們"未有不致群賢爲六翮,託豪傑爲舟楫者也"。(《嘉遯》)葛洪説,賢臣"勝己",是正常現象,不要因爲"臣賢於君"而不任用。這叫做"勞於求人,逸於用能"。(《審舉》)在這個問題上,葛洪發展了荀子"善假於物"的觀點。有關招賢用才的論述,是《外篇》論述最主要、最詳盡、最精采的部分,限於篇幅,現從略。"招賢用才"約相當於今天説的"使用幹部",國君的主要工作就是"出主意,用幹部"。

　　"陶冶庶類,匠成翹秀"。選拔重用人才是一方面,培養造就人才,是更重要的另一方面。葛洪建議"中興"的司馬氏政權"興辟雍,立庠序,集國子,修文德,發金聲,振玉音",(《勗學》)崇教勸學,清澄性理,啓導聰明,"陶冶庶類,匠成翹秀",(同上)大力興辦教育,培養治國人才,造就統治階級接班人,從而形成崇奉儒學,興隆儒教,競尚儒術,弘揚儒道的風氣,恢復與發揚漢儒的文化傳統,帶動整個文化建設的繁榮昌盛。根據"湯、武染乎伊、吕,其興勃然;辛癸染乎推、崇,其亡忽焉"(《崇教》)的歷史經驗與教訓,葛洪提出"朋友師傅,尤宜精選,必取寒素德行之士,以清苦自立,以不群見憚者,其經術如(董)仲舒、桓榮者,强直若龔遂、王吉者",(同上)作爲帝王、元儲、貴遊的老師。學生學習的重點是"論忠孝之至道",以忠孝"資父事君";(《良規》)"論存亡之軌迹",探討歷代興衰存亡的規律,從中吸取統治經驗與歷史教訓。

　　"安上治民,莫善於禮"。(《省煩》)"禮"的物質基礎是發展社會生産,解決國民的衣食住行等問題。葛洪繼承《管子·牧民》的政治經濟思想,提出"知禮在於廩實"、"食貨首乎八政"、(《守塉》)"至於八政首食,謂之民天"。(《詰鮑》)葛洪有感于魏晉時代"喪亂日久,風頹教沮;抑斷之儀廢,簡脱之俗(容)成"而提出"禮治"問題。《譏惑》説:"蓋人之有禮,猶魚之有水矣。"謂封建統治階級應視“禮”如生命。禮治的核心是建立、鞏固尊卑等級制度，使其“足以叙等威而表情敬”。（《省煩》）“等威”即封建等級制度及三綱五常之不可動搖的權威；“情敬”即“尊其辭令，敬其威儀”，（《疾謬》）對“等威”的崇禮。一言以蔽之，禮治爲鞏固封建國家的政治統治服務。

“刑之爲物，國之神器”。這是葛洪國家學說的核心。“刑罰”與“德教”、“仁政”相較，具有不可替代的作用。《用刑》説：“德教者，黼黻之祭服也；刑罰者，捍刃之甲胄也。”“仁者，爲政之脂粉；刑者，御世之轡策。”脂粉是用來修飾門面、粉飾太平的；而轡策才是駕馭並鞏固整個國家機器的力量所在。兩者相較，“脂粉非體中之至急，轡策須臾不可無也”。簡直視“刑罰”如同生命與維持生命的布帛菽粟。這在當時，可謂快人快語，説得再明確再露骨不過了。“脂粉”可以不要，唯獨“刑罰”這個“神器”，必須“君所自執，不可假人”。因爲這是“（朝代）崇替之所由，（國家）安危之源本”。

用刑的重點，在於“誅貴”，“誅貴所以立威”。（《廣譬》第 24 首）因爲構成統治威脅的，通常情況不是外部而是内部，不是基層而是上層，不是平民而是貴戚。如果不“誅貴”，養虎貽患，其後果不堪設想，非如此不能“端此以率彼，治親以整疏”。“誅貴”可以達到“誅一以振萬，損少以成多”的統治效果。晉武帝罰小官不罰大官，誅死劉友而不問罪山濤，見《晉書·李憙傳》。李憙上言：“故立進令劉友、前尚書山濤、中山王睦、故尚書僕射武陔各占官三更稻田，請免濤、睦等官。陔已亡，請貶謚。”詔曰：“然按此事皆是（劉）友所作，侵剥百姓，以繆惑朝士。姦吏乃敢作此，其考竟友以懲邪佞。濤等不貳其過者，皆勿有所問。”對待高級士族，特別寬容。這是因爲司馬氏篡權，是靠高級士族的支援得以實現的。一個高級士族出身的胡威，曾諫晉武帝行政不要太寬。晉武帝説，我對中等官以下，一點也不假借。由於不敢“誅貴”，所以高級士族肆無忌憚，晉武帝的威權也就名存實亡了。葛洪的“誅貴”觀點，大概是由此而發的。而“誅貴”的觀點突破了“刑不上大夫”的傳統，對後世最高統治者有借鑒價值。至於主張恢復肉刑，歷史已經證明是不可取的。

《臣節》篇説，作爲臣子，應如孔子教導子貢所説的："爲人下者乎？其猶土也。"即把自己視爲大地。大地寬廣博大，厚德載物，"是以古人方之於地，掘之則出水泉，樹之則秀百穀；生者立焉，死者入焉"。"出水泉"、"秀百穀"，盡可能多地作出自己的貢獻。"生者立焉，死者入焉"、"送往事居"，使活著的得以生存、發展，死了的能回歸自然，埋入土中，各得其所。這段話，就是到了今天，仍具有現實的教育意義。作爲政府官員，難道不也應該如此嗎？每一個生長在這塊土地上的人，不也應該如此嗎？

《良規》針對魏晉興起的禪讓廢立的政權交替方式提出批評，指出作爲重臣，不要走"周公之攝王位，伊尹之黜太甲，霍光之廢昌邑，孫綝之退少帝"之"合道用權"之路，擅自廢立君主，也不要贊許這種廢立之事，而應無限忠誠於國君。對湯、武革命持否定態度，認爲作爲臣子湯、武不該奪取夏、商政權。如果肯定"湯、武爲是，而伊、霍爲賢"，就是"相勸爲逆"。"夫廢立之事，小順大逆，不可長也"。但《仁明》篇又説："湯、武逆取順守，誠不仁也；應天革命，以其明也。"肯定了湯、武順天革命之明。

清人嚴可均曰："《外篇》……頗通達治體，爲政者當置座右。"就《外篇》所論君臣之道而言，嚴説是道出了《外篇》治國的價值的。故《外篇》實爲爲官者而寫，當爲官員必修之書。

二、逸民之隱，素王之業

《嘉遯》《逸民》《任命》《自叙》等篇，贊逸民之隱、抒逸民之志、叙逸民之用、論素王之業並談到統治者對逸民應持的正確態度與政策。

逸民的隱遯行爲，是一種社會歷史現象。據《莊子·讓王》、皇甫謐《高士傳》，早在堯舜時代即已產生，巢父、許由是中國文化史上隱士逸民的鼻祖。從此，逸民代有其人，史不絕書。

逸民分野隱與朝隱兩種，即《文選》王康琚《反招隱詩》說的：“小隱隱陵藪，大隱隱市朝。”朝隱的代表人物，據揚雄《法言·淵騫》李軌注，有拘於羑里的周文王、隱於殷朝的箕子，《反招隱詩》謂有“伏柱史”的老聃，《法言·淵騫》謂有春秋時的柳下惠。《史記·滑稽列傳》褚先生補曰：“（東方）朔曰：‘如朔等，所謂避世於朝廷者也。古之人，乃避世於深山中。’”“避世於朝廷”，這是“朝隱”的最準確的注腳。《漢過》說：“縶制者曲從而朝隱。”這是被“威辟”而“曲從”的“朝隱”，與自願者有別。還有所謂“吏隱”，“吏隱”也是“朝隱”。

逸民隱遁的原因是多方面的：如被遺落、重生、避害、“不事仕而事力”、持不同政見等。這裏要著重討論的是，葛洪爲什麼要隱遁山林。

西晉視東南士族如左衽，諸多歧視。《審舉》說“昔吳土初附，其貢士見偃以不試，今太平已近四十年矣，猶復不試，所以使東南儒業，衰於在昔矣。此乃見同於左衽之類，非所以別之也。”因而斷了東南士族仕進之路。葛洪在東晉做官，都是僚佐職務，並不能真正伸展他的治國才能。《外篇·自叙》說：“（榮位勢利）有若春華，須臾凋落。得之不喜，失之安悲！”因而“望絕於榮華之途，而志安乎窮否之域”。（《內篇·自序》）故仕途不得意是葛洪走向隱遁的原因之一。他說的“少有定志，決不出身”，并沒有真正實行，他曾出仕做官，這是不能回避的事實。

仕途險惡，生命朝不保夕。西晉八王之亂，充滿了你死我活的慘烈鬥爭與血腥廝殺，士人都在驚恐萬狀中過日子。士族中一部分深諳統治階級歷史與現狀而又頭腦清醒的知識分子，不願參與其中，做無謂的工具與犧牲品，故產生了避害遠禍的思想，出身顯宦世家而又熟讀經史的葛洪，是他們中的代表人物。《嘉遁》說：“夫鸞不絓網，驥不墮穽。相彼鳥獸，猶知爲患。”何況有文化的士人！至於要離滅家、紀信赴燔、陳賈刎頸、仲由投命、嬴門伏劍、聶政感惠、荆卿絕臏、樊公含悲，“皆下愚之狂惑，豈上智之攸取哉”！（《嘉遯》）這種犧牲，他認爲是做蠢事，不值得，不屑爲之。

“成功之下，未易久處也”。（《知止》）越王勾踐被困會稽時，他需要謀臣良將爲他報仇雪恨，故能採納范蠡、文種禦侮強國之策，“文子以九術霸越”。一旦打敗了吳王夫差，能共患難的越王勾踐，卻不能與謀臣共安樂，而賜劍文種，逼其自盡。漢初韓信、英布、彭越因功高震主，先後被殺。這正如葛洪說的：“榮不移晷，辱已及之。”（同上）除了君主的猜忌而外，還有同列的忌妒。“淮陰顯擢，而庸隸悒懊以忌其超”。（《博喻》第 14 首）從春秋戰國至西漢，吳起、白起、賈誼都曾遇到這個問題。

“高尚其志，不仕王侯”。（《嘉遯》）葛洪把君主分爲明主、庸主、昏惑之君三種，而昏君，他認爲無可救藥，不值得爲他賣命。《博喻》第 27 首說：“高唱遠和，不爲庸愚吐；忘身致果，不爲薄德作！”《臣節》公開說：“去之可也。”惹不起，躲得起。

“梧禽不與鴟梟同枝”，（《交際》）葛洪覺得與雞鶩爭食庭粒，與鴟梟爭奪腐鼠，是玷污了自己。《廣譬》第 52 首說：“焦螟之卑棲，不肯爲衝鼠之戾天；玄蟬之潔飢，不願爲蜣螂之醉飽。是以禦寇不納鄭陽之惠，曾參不美晉楚之富。”故寧爲“潔飢”，不爲“穢飽”，以保持他士族的清高品質。

“貴不以爵”、“富不以財”。葛洪的富貴觀與一般“學成文武藝，貨於帝王家”的士人截然不同。葛洪追求的是一種精神與品格自我完善的富貴。《逸民》說：“故醇而不雜，斯則富矣；身不受役，斯則貴矣。”《安貧》說：“六藝備研，《八索》必該，斯則富矣；振翰摛藻，德音無窮，斯則貴矣。”在他心目中，孔子高於帝王，隱士高於達官顯宦；他視隱士如麟鳳，達官如雞犬。所有這些，從根本上改變或突破了高官厚祿、顯親揚名的傳統儒家觀念。

“我命在我不在天”、（《内篇·黃白》）“方寸之心，制之在我”。用當今的說法就是走自己的路，自己掌握自己的命運，這是最根本、最主要的原因。魏晉時代“是中國政治上最混亂、社會上最苦痛的時代，然而卻是精神極自由、極解放，最富於智慧，最濃於熱情的一個時代"。（宗白華《美學散步・論〈世說新語〉與晉人的美》）在此時代精神吹拂、薰陶、感召之下，熟讀儒家經典的葛洪呼吸到了個性解放的新鮮空氣，從而能從仕途經濟的桎梏中解放出來，成爲自己掌握自己命運的一代學者。所謂"我命在我不在天"、"在我而已，不由於人焉"，（《外篇・自叙》）正是他發自内心的個性解放的呼聲！《嘉遯》説："咀嚼芝芳（英），風飛雲浮；晞景九陽，附翼高遊；仰棲梧桐，俯集玄洲。孰與銜轡而伏櫪，同被繡於犧牛哉！"就是他個性解放的形象寫照與藝術的禮贊！

葛洪的逸民之志，因師從鄭隱而增强。鄭隱之師，即葛洪從祖葛玄，好神仙修煉之術，是東吳著名道士，甚得孫權崇信。博覽經傳子史，學通古今，誦老莊，懂醫術。鄭隱明五經，善律曆、緯候，師從葛玄受仙經，知丹道。葛洪十六七歲時拜鄭隱爲師，得以獨覽大批道經。這促使葛洪更堅定了逸民之志。

"身在江海之上，心居乎魏闕之下"。（《莊子・讓王》）葛洪雖隱居山林，但對朝廷仍寄予希望，等待朝廷召賢用才，特別是期待明君的出現與重用。

逸民"高尚其志，不事王侯"、"不臣天子，不友諸侯"，雖不能説是"叛逆"，但在天子諸侯眼中，至少是表現爲"離心"，能爲天子、諸侯所容嗎？如果天下士人都向逸民學習，離開天子、諸侯，天子、諸侯豈不成了孤家寡人？殷商末年曾爲隱士的吕尚，後來成爲周文王、武王的軍師。他馬上打天下，便想馬上治天下。他被封於齊，首先就向逸民狂狷、華士開刀，"使吏執殺之，以爲首誅"，（《韓非子・外儲説右上》，"狷"作"喬"）"恐其沮衆"，（《逸民》）即反映了容許不容許逸民當隱士的問題。直至西晉，仍有這個問題。鍾會即奉行吕尚這一理論，而將嵇康殺了。（見《世説新語・雅量 2》"嵇中散臨刑東市"條注引《文士傳》）即便不殺，也不讓逸民"居君之地"、"食君之穀"，想將逸民餓死或驅逐出境或開除其國籍。子貢即持這種態度，《韓詩外傳》一："子貢曰：'吾聞之：非（詆毁）其世者,不生(猶言獲取)其利,汙(指責)其君者,不履其土,今吾子(鮑焦)汙其君而履其土,非其世而持(采)其蔬。《詩》曰:"溥天之下,莫非王土。"此誰有之哉?(你所站立的土地,所采的蔬菜,是屬於誰的呢)'鮑焦曰:'於戲! 吾聞賢者重進而輕退(謂不隨便去做官卻輕易辭去官位),廉者易愧而輕死。'於是棄其蔬而立槁於洛水之上。"這也是不容隱士的典型例子。仕隱雙方,針尖對麥芒,幾乎到了勢不兩立的境地。針對這個尖銳的社會問題,葛洪出臺了《嘉遯》《逸民》這兩篇傑作,在讚美逸民隱遁的同時,著重説明逸民與仕人的社會作用是互補的、共同的:"在朝者,陳力以秉庶事;山林者,修德以厲貪濁。殊途同歸,俱人臣也。"(《逸民》)"非有出者,誰叙彝倫? 非有隱者,誰誨童蒙? 普天率土,莫非臣民。亦何必垂纓者爲是,而樂飢衡門者可非乎?"(《嘉遯》)因此,葛洪認爲天子與諸侯,對待逸民應取正確的態度與政策:不收捕,不誅殺,不威辟,而優重禮遇逸民,像西漢劉邦尊重商山四皓,東漢安帝、順帝、桓帝、靈帝與三國魏文帝、明帝優重禮遇逸民那樣,這樣容易取得逸民在政治上的支持,即使不支持也不致於因强徵而對抗朝廷。

正如朝臣與逸民有其仕隱的對立,帝王之政與素王之業亦有朝野的區分,彼此既分庭抗禮,又相互相促進,共同作用於社會,推動社會的進步。而逸民所起的社會作用,往往是朝廷無法取代的。

素王,猶空王,謂具有帝王之德,而未居帝王之位者。《莊子·天道》:"以此處下,玄聖、素王之道也。"郭象注:"有其爲天下所歸,而無其爵者,所謂素王自貴也。"孔子是最早被稱爲"素王"的人。《淮南子·主術》:"孔子之通,智過於萇宏,勇服於孟賁……然而勇力不聞,伎巧不知,專行教道,以成素王。"《漢書·董仲舒傳》:"仲舒對曰:'……孔子作《春秋》,先正王道而繫萬事,見素王之文焉。'"《説苑·貴德》:"(孔子)於是退作《春秋》,明素王之道,以示後人。"《論衡·超奇》:"然則孔子之《春秋》,素王之業也。"又《定賢》:"孔子不王,素王之業在《春秋》。"葛洪推崇孔子,視孔子爲素王的初祖。《刺驕》説:"紂爲無道,史稱獨夫;仲尼陪臣,謂爲素王。"素王之業,在葛洪心目中是最偉大最崇高的事業。《博喻》第48首説:"多力何必孟賁、烏獲,逸容豈唯鄭旦、毛嬙,飈迅非徒驊騮、驌騄,立斷未獨沈閭、干將。是以能立素王之業者,不必東魯之丘;能洽掩枯之仁者,不必西鄰之昌。"這就是説,人皆可以爲堯舜,人皆可以爲素王! 言外,孔子可以成爲世人敬仰的素王,他人包括我葛洪在内,也可以成爲後人追慕的素王! 他既以此勉勵後生,也以此高自期許。

那麽,何謂素王之業? 孔子既被尊爲素王,則孔子在野所從事的整個事業,即素王之業。而葛洪所説的"素王之業",概括來説,有如下幾點:

興儒教,救微言。《嘉遯》説:"興儒教以救微言之絶。"儒教借助漢武帝"罷黜百家,獨尊儒術"而一度輝煌。中經東漢、三國、西晉三代的戰爭,加上魏晉以來的老莊學説適應豪門士族的需要而興盛起來,所以儒家經學徹底衰微了,統治階級的統治思想,失去了精神支柱。所以東晉王朝一建立,葛洪即向東晉王朝提出"興辟雍,立庠序"的問題,詳見葛洪"陶冶庶類,匠成翹秀"所諭。就逸民言,自孔子以來,向有辦學的優良傳統,正可借辦學弘揚儒道,拯救微言,使文武統一之軌,得以延續。通過"切磋後生,弘道養正",(《嘉遯》)"陶冶童蒙,闡弘禮敬(教)",(《逸民》)培養思想文化戰線上的接班人,從而通過他們發揚固有的優良傳統文化。如果説韓愈"文起八代之衰",那麽,早在他四百年前開復古先聲的則是教起東漢、三國、西晉三代之衰的葛洪!

"闡弘風化,熙隆退讓"。葛洪認爲,朝廷如能順從逸民山林隱逸之志,以他們不與仕人爭名奪利的風範,感化躁競者,"則可以闡弘風化,熙隆退讓。厲苟進之貪夫,感輕薄之冒昧",(《逸民》)使社會上的躁競風俗得以净化。所以提出這點,其一,這是葛洪基於華夏歷來具有謙讓的美德,如虞芮之君朝周"入其境,則耕者讓畔,行者讓路""士讓爲大夫,大夫讓爲卿",(《詩·大雅·緜》毛傳)因而"虞芮知恥而無訟"。(《用刑》)"越翳(搜)入穴以逃之,季札退耕以委之"(《逸民》)的避就王位,與後世的篡奪、劫殺截然相反。而逸民不與人爭名奪利,正是直接繼承並發揚了這種美德。其二,是鑒於當時"紛擾日久,求競成俗"的惡尚,用以針砭時弊,給那些玩命跑官、要官、要權、要錢的爭奪者潑一盆冷水,開一副清醒劑,意謂還是彼此謙讓,謀求平衡與友誼,彼此相安無事爲好。其三,净化歷史長河。《逸民》説:"淳風足以濯百代之穢,高操足以激將來之濁。"讓謙讓之風在歷史上顯示出激貪厲濁的道德威力。葛洪這個觀點,貫穿全書。

論世務,議政事。葛洪《外篇》就是一部譏俗議政之作。《應嘲》説:"今先生高尚勿用,身不服事,而著《君道》《臣節》之書。不交於世,而作譏俗、救生之論。甚愛骭毛,而綴用兵戰守之法。不營進趨,而有《審舉》《窮達》之篇。蒙竊惑焉。"針對這一點,葛洪説:"君臣之大,次於天地。思樂有道,出處一情,隱顯任時,言亦何繫?大人君子,與世變通。老子無爲者也,鬼谷終隱者也,而著其書,咸論世務。何必身居其位,然後乃言其事乎!……豈必達官乃可議政事,居否則不可論治亂乎?"葛洪正是通過《外篇》"言人間得失,世事臧否",而參政議政的。

擁經著述,立德立言。《逸民》説:"蓋世之所貴,立德立言。若夫孝友仁義,操業清高,可謂立德矣;窮覽《墳》《索》,著述粲然,可謂立言矣。……仲尼無攻伐之勳,不可爲(謂之)不及韓(信)、白(起)矣。"故他認爲隱居山林著書立説的社會作用不亞于韓、白的戰功。《重言》玄泊先生説:"吾將收遠名於萬代,求知己於將來。豈能競見知於今日,標格於一時乎!"故他著作子書《內篇》《外篇》等作爲自己一生的功業。《內篇·黃白》説:"余所著《外篇》及雜文二百餘卷,足以寄意於後代。"這大概就是劉勰在《文心雕龍·諸子》中所説的"身與時舛,志共道申,標心於萬古之上,送懷於千載之下"吧!

概括言之,葛洪所説的素王之業,其實就是從事有關上層建築特別是意識形態領域的教學、研究、論議與著述工作,這就大大擴展了士人社會活動的領域，不獨以從政爲依歸。這個領域朝臣可以縱橫馳騁，民間學者包括逸民隱士也可縱橫馳騁。這個領域，隱士逸民是可以充分發揮自己的優勢與作用的。

三、指斥時事，彈斷風俗

明朱務本《刻抱朴子叙》說《外篇》是"備論時政得失，人事臧否"之作，這可以說是明清以來學者的共識。

歷代王朝的興替生滅，就像走馬燈似的，你方唱罷我登場。許多君王，結局悲慘。爲什麼會這樣？這成爲《外篇》論述的重點之一。

"或蟲流而莫斂"、"或擢筋於廟梁"。（《名實》）前句說春秋五霸之首齊桓公"裹首"而死，尸體腐爛而蟲出於外。這是由於齊桓公晚年信用易牙、豎刁、常之巫、衛公子開方，四人"相與作亂"所致。後句說"淖齒之用齊"，"擢愍王之筋，懸之廟梁"。齊桓公、齊愍王都因用人不當給自己帶來慘痛的悲劇。故稚川說："蓋所拔之非真，而忠能之不用也。"

"或逆竄於申亥"、"或絶命於望夷"。（同上）楚靈王不君，不納箴諫，築章華臺，"罷（疲）弊楚國"，"其民不忍飢勞之殃，三軍叛於乾溪"。靈王逃竄山中，最後縊死於芋尹申亥氏之家。秦二世胡亥由於大興土木，建築規模龐大的阿房宮，超過人民的承受能力，加上信用趙高而被逼自縊望夷宮。故稚川要統治者"鑒章華之召災，悟阿房之速禍"，從中吸取教訓。

"暴兵百萬，動數十年"。窮兵黷武，"天下有生離之哀，家户懷怨曠之歎；白骨成山，虛祭布野"，（《用刑》）人民飽受戰爭帶來的深重苦難。"驪山之役，太半之賦"（同上），徭役與賦稅的重擔，壓得百姓喘不過氣來。因此"天下欲反，十室而九"。陳勝、吳廣、劉邦、項羽領導的農民起義，結束了秦王朝的統治。西漢、東漢也是被農義起義的烈火埋葬的。

“趙高之弑秦，王莽之篡漢”。(《用刑》)秦始皇重用宦官趙高，始皇死，趙高與李斯僞造遺詔，逼使始皇長子扶蘇自殺，立胡亥爲二世皇帝。任郎中令，居中用事，控制朝政。設謀殺大臣及群公子，構陷將相，殺李斯。不久又逼二世自殺，立子嬰爲秦王。趙高是斷送秦王朝的罪魁禍首。西漢末年，外戚專權，最終王莽篡漢。《漢書·諸侯王表序》：“(王莽)因母后之權，假伊、周之稱，顓作威福廟堂之上，不降階序而運天下。”而東漢則是外戚、宦官輪番執政，直至東漢終寢。這就是《君道》篇説的“上宰鼎列，委之母后之族；專斷顧問，決之阿諂之徒”的必然結果。

枳首爭莓，同室操戈。三國吳孫權妻妾間爭做皇后，群子間爭做太子，而朝臣分爲擁嫡、擁庶兩派。孫權廢太子孫和而立孫亮，孫亮爲宗室孫綝所廢。孫休死，孫和子孫皓立。孫皓殘暴，較孫權有過之無不及，用剥面皮、鑿眼睛、滅三族等報復舊怨，宗族與大臣幾乎慘殺殆盡，而吳國也就隨之滅亡了。這真是“睹枳首之爭莓，而忘同身之禍”！(《吳失》)但禍首是孫權，裴松之批評孫權“坐生亂階，自構家禍”。晉武帝大搞分封，司馬氏集團一次分封即多達二十七王，這爲他們割據、爭奪皇權埋下禍根。

“主昏於上，臣欺於下”。(《吳失》)孫權“性多嫌忌”，對文武大臣存有戒心，因此用刑嚴峻，“果於殺戮”，愈到晚年，殺人愈兇。而孫權子孫之昏庸，又有過之：“危機急於彍弩，亡徵著於日月，而自謂安於峙岳，唐、舜可仰也。”(同上)這是吳國滅亡的主要原因之一。西晉“惠帝可廢而不廢，終使傾覆洪基”。(《晉書·武帝紀·制曰》)晉惠帝這個傻瓜，正好給外戚楊駿、賈充、特別是賈后專權提供了機會。賈后專權又給趙王倫發難提供了藉口，於是釀成八王之亂。永嘉之變則是由於對北方各少數民族的民族政策失誤，“(劉)元海當除而不除，卒令擾亂區夏”，(《晉書·武帝紀·制曰》)即既不除之又不能安撫、控馭，必然留下隱患。懸爵賣官，也是“主昏於上”的突出表現。《審舉》：“於是懸爵而賣之，猶列肆也。”《後漢書·靈帝紀》有“西邸賣官”之文。懸爵賣官，晉初又勝過東漢桓、靈之時。《晉書‧劉毅傳》:"（晉武）帝嘗南郊,禮畢,喟然問毅曰:'卿以朕方漢何帝也?'對曰:'可方桓、靈。'帝曰:'吾雖德不及古人,猶克己爲政。又平吳會,混一天下。方之桓、靈,其已甚乎?'對曰:'桓、靈賣官,錢入官庫;陛下賣官,錢入私門。以此言之,殆不如也。'"晉武帝賣官超過桓、靈,而篡權超過曹魏。一個王朝靠賣官維持政權,這個王朝能長久?失選輕貢,是"臣欺於下"的表現之一。《審舉》説:"靈、獻之世,閹官用事,群姦秉權,危害忠良。臺閣失選用於上,州郡輕貢舉於下。夫選用失於上,則牧守非其人矣;貢舉輕於下,則秀、孝不得賢矣。故時人語曰:'舉秀才,不知書;察孝廉,父別居。寒素清白濁如泥,高第良將怯如雞。'又云:'古人欲達勤誦經,今世圖官免治生。'蓋疾之甚也。"選舉官吏如此,各級官吏還能清廉高效履行職務?

"抑挫獨立,推進附己"。(《漢過》)統治者一方面掩德蔽賢,千方百計排斥有功、清白、忠讜、特立、方稜之士,甚至視"忠賢望士"爲"黨人",予以"囚捕誅除",一再興起黨錮之禍;一方面啓用"苛碎峭險,懷蠆挾毒"、"利口小辯,希旨巧言"、"求取不廉,好奪無足"、"賴看文書,望空下名"等二十種形形色色的人物,並且各冠以美名,什麽"公方正直"、"標領清妍"、"淹曠達節"、"業大志高"、"上將之元"等等,這幫人盤據中央到地方的整個官僚機構。稚川説他們"養豺狼而殲騶虞,殖枳棘而翦椒桂"。因此,黑白顛倒,清濁混淆;"忠謇離退,姦凶得志";黃鍾毀棄,瓦釜雷鳴;"邪流溢而不可遏也,僞途闢而不可杜也",到了不可收拾的地步。

"用者不賢,賢者不用"。"匪富匪勢,窮年無冀",(《吳失》)德清行高而懷才英逸者,如"鴛鳳卷六翮"、"鸕首滯潢汙",或躲得遠遠的,或被抑淪於下。而"貨厚者在前","黨強者爲右"。誰"有財有力",誰就"躡青雲"而直上。即便是斥鷃,也"因驚風以凌霄";即便是朽舟,也"託迅波而電邁","滓穢充斥"朝廷。他們"或有不開律、令之篇卷,而竊大理之位;不識几案之所置,而處機要之職"。他們"進無補過拾遺之忠,退無聽訟斷獄之幹";文"不能辨人物之精粗”，武“不知三才之軍勢”。他們什麼本事也沒有，就祇有“以毀譽爲鹽織，以威福代稼穡”，幹盡壞事，濫施淫威了！“屢爲奔北之辱將，而不失前鋒之顯號”，用這種人領兵打仗，還有不亡國的！稚川說他們“魚質龍文”，“遭水而喜，見獺即悲”，全是窩囊廢。稚川說他們是“駑狗”、“雞鶩”，是不能“責盧、鵲之效”、“崇鷹揚之功”的。他們之不可救藥，即便“臨之以斧鉞之威，誘之以傾城之寶”，也無濟於事。

縣級政權的絕大多數縣令是“器小志近，冒於貨賄，唯富是圖，肆情恣欲，無止無足”，(《百里》)貪得無厭。所在主管官員不敢觸犯他們，而“恣其貪殘”。這幫貪殘之輩當道，黎庶“安得不困毒而離叛”、“聚而爲群盜”？這幫人猶如“被木馬以繁纓”，怎能與追風騁迹？“以壞龍當雲雨”怎能“耀景(影)於天衢”呢？全是占著茅坑不拉屎的貨。

最主要的是帝君、元儲、公子王孫、貴遊子弟都存在着許多致命弱點：他們“生乎深宮之中，長乎婦人之手，憂懼哀勞，未嘗經心”，(《崇教》)即從降生到掌權，長期生活優裕，未經風雨，未見世面，“不知稼穡之艱難”，當然對被統治者的生產與生活，對維持與鞏固政權統治的艱鉅性，一無所知，更無實際的體會。他們追求享樂的欲望，沒有止境：“目倦於玄黃，耳疲乎鄭、衛，鼻壓乎蘭麝，口爽於膏粱；冬沓貂狐之溫麗，夏縝紗縠之翩飄”。(同上)無不窮奢極欲。他們天生擁有重權：“未免緥褓之中，而加青紫之官；纔勝衣冠，而居清顯之位；操殺生之威，提黜陟之柄；榮辱決於與奪，利病感於唇吻；愛惡無時暫乏，毀譽聒厲於耳”。(同上)他們最無能，還特狂傲：“省文章既不曉，睹學士如草芥；口筆乏乎典據，牽引錯於事類；劇談則方戰而已屈，臨疑則未老而憔悴”。這決定他們遲早要丟掉江山社稷。

臧否人事，與儒家傳統有所不同，一向被儒家稱頌備至的人物，葛洪既稱頌，又批評。《博喻》第 78 首：“抱朴子曰：‘勳、華不能化下愚，故教不行於子、弟。’”謂堯、舜雖然聖明，卻對教育自己的子、弟無能爲力。《審舉》：“知人則哲,上聖所難。”指出陶唐“失任”,姬公“謬授”,仲尼“近失澹臺於形骸”,季札“蔽奇士於咫尺”,都有不知人的缺陷。

鄙薄、輕視孔丘、墨翟等周遊天下、棲棲惶惶干謁時主的行爲,這反映了孔子與儒家從政做官的思想在魏晉時代已失去了對士人的吸引力,爲士人所不齒。

撻伐老、莊與魏晉玄風。《用刑》篇批評老子“我清静而民自正,我無欲而民自朴”等不要刑法的言論。稚川“常恨莊生言行自伐,桎梏世業”,(《應嘲》)認爲莊子言論,“可得而論,難得而行”。否定整個道家之言,“高則高矣,用之則弊”。這是從經國理世立論,認爲老、莊與魏晉玄風無補世用。

指斥呂尚不該誅殺隱逸之士。如果隱逸之士都該誅殺的話,那麼呂尚當年未遇文王之時,也是“曾隱於窮賤,凡人易之,老婦逐之,賣傭不售,屠釣無獲,曾無一人慕之”。“設令殷紂以(呂)尚逃遁收而斂(殺)之,尚臨死豈能自謂罪所應邪”! 真可謂一針見血,筆鋒犀利!

有幾篇專門評論幾位代表性士人。《重言》讚揚了玄泊先生的潛心治學,論述了“希聲以全大音,約説以俟識者”之旨。《彈禰》彈擊禰衡恃才傲物,導致殞命,同時側面反映了當時士人所處政治環境之惡劣、政治氣氛之沉悶。《正郭》批評指責郭泰,不遺餘力。給郭泰定性爲“乃避亂之徒,非全隱之士”,大體正確;分析郭泰仕隱兩難處境與心態,可謂入木三分。但評郭從整體上講,近乎矯枉過正。《詰鮑》批駁鮑敬言的無君論,闡釋自己的有君論。但鮑敬言的無君論實由亂世引發。

《行品》既寫了聖、賢、道、孝、仁、忠、明、智等三十九種善人,又寫了悖、逆、凶、惡、虐、讒、佞、暴等四十五種惡者,還寫了十種“難分”善惡的人,進而告誡“用材取士,推昵結友,不可不精擇,不可不詳試”。這於我們認識社會形形色色人物,提供了參照。《漢過》説:“於是傲兀不檢,丸轉萍流者,謂之弘偉大量;苟碎峭嶮,懷螫挾毒者,謂之公方正直……"要瞭解歷史上的士人與官場人物都是些什麼樣的嗎? 請看看葛洪這段文字就知道了。

"彈斷風俗,言苦辭直",見之《勖學》《酒誡》《疾謬》《刺驕》《百里》《應嘲》等篇,體現了稚川追求真善美,憎恨假惡醜的精神。儘管"取憎在位,招擯於時",但他也"不忍違情曲筆,錯濫真僞"。這在"虛美隱惡"、"屬華艷以取悦"(《應嘲》)的當時,真可謂不畏強禦!

《勖學篇》批評了那種"朝種而暮穫"的急功近利的思想。他們爲了做官,不惜"蒙塵觸雨,戴霜履冰,懷黃握白,提清挈肥",走邪門歪道。

《酒誡篇》寫俗人"是酣是湎",沈醉於酒。其飲酒過程:由"抑抑濟濟,言希容整",歌詠詩篇,較爲文明而有節制的方式,至"日未移晷"即發展到"口涌鼻流,濡首及亂","或顛蹶良倡,或冠脱帶解"的狂飲爛醉。所謂"貞良者"、"怯懦者"、"遲重者"、"整肅者"者等各種人物於酒醉之後,廉恥儀毁,荒錯疾發,"闒茸"、"傲很"等原形盡皆畢露,醜態百出。精濁神亂,臧否顛倒,"以九折之阪爲蟻封","以呂梁之淵爲牛迹"。肆忿於器物,酗酒於妻子,枉酷於臣僕,"遷威怒於路人,加暴害於士友"。"褻嚴主"、"犯凶人"有之,"白刃抽"、"棒杖奮"有之,"以少凌長"有之,"辱人父兄"有之。於是"衆患"、"百痾"皆起,引發一系列社會矛盾與衝突。這一段描寫,極盡揭露與諷刺之能事,是本篇最精彩的部分。

《疾謬篇》著重揭露與批判了上層社會禮教與風俗方面的疾弊與謬誤,涉及整個上層建築及意識形態的方方面面的問題。反對"醜辭嘲弄",提倡"及義之言";反對"小人之接",提倡"君子之交";反對"仗氣力以求畏",提倡"治清德以取敬";反對"戲婦之法",提倡尊重婦女人格;反對"強爲放達",提倡"惜護節操";反對積"小惡"爲大惡,提倡積"小善"爲大善,如此等等。稚川指出,種種"背禮叛教"的行爲,所以"清論所不能復制,繩墨所不能復彈",是由於他們"冠蓋之後,勢援之門"的出身、"鷹頭之蠅,廟垣之鼠"的特殊社會地位。這種"鷹頭之蠅，廟垣之鼠"，歷代皆有。他們通過"假財色"、"因時運"、"以婚姻"、"弄毀譽"，以"交權豪"、"佻榮位"、"連貴戚"、"合威柄"。"黨成交廣"，成幫結夥；"道通步高"，得以通天。由於他們得到統治者，特別是最高統治者的庇護，因此無法無天，任意妄爲，自毁法令法律。

《刺驕篇》反對"驕慢倨傲"，提倡"勞謙虚己"；反對"恣驕放"，提倡"守禮防"。稚川認爲，"勞謙虚己"之得衆，與"驕慢倨傲"之失衆，乃是爲政者的"存亡之機"。要做到"勞謙虚己"，就要做到"無以貌取人"，"不慕學倨傲"，"率人以敬"，"竹柏其行，歲寒勿改"。最後稚川著重指出漢末諸無行群驕慢傲之俗發展到稚川當時，"傷破人倫，劇於寇賊之來"。

《外篇》解剖秦漢魏晉社會方方面面最全面、最具體、最發人深省，故《外篇》是我們瞭解秦漢魏晉封建社會最好的歷史教科書。

四、美學之見，古朴今麗

葛洪在《外篇》和《内篇》中詳略不等地談到了他的文學見解或美學見解。這些見解繼承並發展了劉安《淮南子》、王充《論衡》、曹丕《典論・論文》、徐幹《中論》、嵇康《聲無哀樂論》與陸機《文賦》等文學或美學觀點。葛洪的美學見解，包括作家、作品與品藻諸方面。這裏簡要談幾點：

"夫才有清濁，思有修短"。葛洪繼承上述諸人重才的觀點，在《辭義》中提出："夫才有清濁，思有修短。雖並屬文，參差萬品；或浩瀁而不淵潭，或得事情而辭鈍，（或）違物理而文工。蓋偏長之一致，非兼通之才也。"作家才能的"清濁"，思想的"修短"決定作品内容的深淺與藝術的高低。"兼通之人"即"通人"。"故道人總原本以括流末，操綱領而得一致焉"。（《尚博》）即能歷史地、全面地、完整地、系統地把握客觀、表現生活的天才作家。這種"通才"既是"天授之才"，（《仁明》）又是後天"飾染"的結果。（《勖學》）"天授"

之"素質"，經過後天"雕鍛"、"飾染"，兩相統一，才能成爲作家或有才能的人。

　　"德行文學者，君子之本也"。(《循本》)"文章之與德行，猶十尺之與一丈，謂之餘事，未之前聞"。葛洪這個德行、文學統一的觀點，突破了自孔子以來至魏晉時的儒家德本文末的傳統觀念。這個觀點是就作家修養來說的。作家修養不應區別本末，應像陸機、陸雲那樣，"德行"與"文章"兼備。《外篇·佚文》："觀此二人，豈徒儒雅之士，(亦)文章之人也。"就"德行"與"文章"相比較而言，"文章"的作用與價值，超過"德行"。其理由是：其一，"筌可以棄，而魚未獲，則不得無筌；文可以廢，而道未行，則不得無文"。(《尚博》)正是在這一點上，葛洪又說："夫文學者，人倫之首，大教之本。"(《太平御覽》六〇七引《抱朴子》)無"文"，即談不上"道"。其二，"德行(爲)有事，優劣易見；文章微妙，其體難識。夫易見者粗也，難識者精也。夫唯粗也，故詮衡有定焉；夫唯精也，故品藻難一焉。吾故舍易見之粗而論難識之精，不亦可乎"？(《尚博》)葛洪論述了審美判斷與道德判斷有"精"與"粗"、"難識"與"易見"之分。在這裏，葛洪看到了文章作爲藝術和審美對象，比道德複雜得多。其三，《尚博》廣爲設喻，形容文章奧妙無窮：其音韻之"宏促"，謀篇之"疏密"，本末之"修短"，意蘊之"深淺"，其"遼邈"(遠近)、"巨細"、"銳鈍"、"輕重"、"清濁"、"强弱"等等，皆有天懸地隔之殊，並不是凡"能染毫畫紙者"即可稱能文而"概之一例"的。其四，"本不必皆珍，末不必悉薄。譬若錦繡之因素地，珠玉之居蚌、石"。(同上)這實際是說，珠玉比蚌石更珍貴。"德行"與"文學"雖同爲"君子之本"，但並非"並重"，而是彼此統一。而"文學"有着"德行"所不能替代的美的價值，這是葛洪所作的獨特貢獻。

　　"音爲知者珍，書爲識者傳"。(《喻蔽》)《尚博》說："文章微妙，其體難識。"《辭義》說："夫文章之體，尤難詳賞。"原因何在？"品藻難一"。這是由於客觀事物之美的多樣性，文學作品之美的多樣性，不像"德行"那樣容易"銓衡有定"。《辭義》說："五味舛而並甘，橐色乖而皆麗。”由於美的多樣性，引起人們鑒賞愛憎的不同。因此，葛洪反對“愛同憎異，貴乎合己，賤於殊途”，即反對以一己的愛好趣味作爲判斷的標準。《辭義》説：“文貴豐贍，何必稱美如一口乎?”這是較爲開明通達的看法。美醜是相比較而存在的。《博喻》第 43 首説：“能言莫不褒堯，而堯政不必皆得也；舉世莫不貶桀，而桀事不必盡失也。”“西施有所惡，而不減其美者，美多也；嫫母有所善(美)，而不能救其醜者，醜篤也。”這種相比較而存在的美，也容易引起品藻的難一。就讀者欣賞作品而言，首先是“觀聽殊好，愛憎難同”，(《廣譬》第 83 首)在審美觀上，這直接影響人們對作品的正確理解與欣賞。其次，人們審美能力有高下之分，因此判斷各異。不是某種美的專家，不識所矚之美。《刺驕》説：“夫非漢濱(東)之人，不能料明珠於泥淪之蚌；非泣血(珠)之民，不能識夜光於重崖之裏。”不經過比較，也不識其美。《廣譬》第 11 首説：“聆《白雪》之九成，然後悟《巴人》之極鄙。”經過比較，方能提高鑒賞力。《尚博》説，最成功的作品具有“深”(“内辟不測之深源”)、“遠”(“外播不匱之遠流”)、“高”(“其所祖宗也高”)、“妙”(“其所抽繹也妙”)、“變化”(“變化不繫滯於規矩之方圓”)、“旁通”(“旁通不凝閡於一途之逼促”)的六大特點。鑒賞者不掌握這些特點，就不能“識其味”，“得其神”。不能“識其味”、“得其神”，就談不上藝術欣賞。《尚博》又説，作品是“巨異”的，即博大而奇詭，那就不是祇知“常情”的人所能觀賞；作品是“無涯”的，即包含無窮無盡的意味，那就不是見識狹隘的人，所能窺測；作品是“至精”的，即包含“微妙難識”的東西，那就不是祇知“易見之粗”的人所能理解；作品是“甚深”的，即包含著遼邈深遠的意思，那就不是思想淺近的人所能揣度。總之，葛洪看到了即使不存好惡的鑒賞者，也因受到眼界、胸襟、學識的限制，其鑒賞力與作品所達到的高度之間相距甚遠，因此影響鑒賞者對作品作出正確的判斷。祇有那些超越“常情”、視野廣闊、見解卓越、知識淵博、興趣濃烈、能夠涵蓋萬有、探賾索微、鈎深致遠、原始見終而又懂藝術的人，才能對作品作出合乎高妙深遠、旁通變化的評價。

漢魏群言，義深辭贍。《尚博》說："正經爲道義之淵海，子書爲增深之川流。"漢魏子書之社會作用，與正經相同或相近，是渾浩流轉，富於充沛力量的活水，它"義深於玄淵，辭贍於波濤"。祇是因爲没有聖人爲之品藻評論，所以未能與《三墳》經典並列，而"拘繫之徒，桎梏淺隘之中，挈瓶訓詁之間，輕奇賤異，謂爲不急。或云小道不足觀，或云廣博亂人思"，極力抹煞漢魏以來文章的成就。因此，葛洪深爲憤慨。漢魏群言中，給司馬遷以公允的評價。《内篇·明本》說："班固以史遷先黄老而後六經，謂遷爲謬。夫遷之洽聞，旁綜幽隱，沙汰事物之臧否，核實古人之邪正。其評論也，實原本於自然；其襃貶也，皆準的乎至理，不虛美，不隱惡，不雷同以偶俗。劉向命世通人，謂爲'實録'；而班固之所論，未可據也。"這段評論反映葛洪能突破儒家思想局限的特點，有力地批判了班固對司馬遷所作的不正確的批評。葛洪特別推崇王充及其《論衡》。《喻蔽》開篇就說："余雅謂王仲任作《論衡》八十餘篇，爲冠倫大才。"接著從各方面反駁了"同門魯生"對王充的種種責難，指出："王生學博才大，又安省乎？"認爲一部作品的價值主要在於内容即"事義高遠"，而不在於篇幅長短。葛洪對陸機、陸雲的作品，尤爲讚賞。《抱朴子外篇·佚文》說："陸君之文，猶玄圃之積玉，無非夜光焉；五河之吐流，泉源如一焉。其弘麗妍贍，英鋭漂（飄）逸，亦一代絶乎（手）！""《陸子》（陸雲作）十篇，誠爲快書。其辭之富者，雖覃思不可損也；其理之約者，雖鴻筆不可益也。觀此二人，豈徒儒雅之士，（亦）文章之人也。""（二陸）方之他人，若江河之與潢汙，及其精處，妙絶漢魏人也。""妙絶漢魏"、"一代絶手"之評，可謂推崇備至，而重點在於"弘麗妍贍，英鋭飄逸"、辭富理約，既重内容，又重文辭。

"諸後作而善於前事"。（《鈞世》）荀子法後王的思想，爲王充所繼承；而王充以高下、是非、善惡、深淺、真僞而論貴賤及"古今一也"的思想爲葛洪所繼承。但葛洪較王充進一步，能從歷史進化論的高度來反對貴古賤今的思想。《文行》説："世俗率貴古昔而賤當今，敬所聞而黷所見。同時雖有追風絶影之駿，猶謂不及伯樂之所御也；……雖有冠群獨行之士，猶謂不及於古人也。"批評了廣泛存在於社會生活各個領域的貴古賤今思想。《尚博》諷刺"俗士多云：今山不及古山之高，今海不及古海之廣……重所聞輕所見，非一世之所患也"。指斥這種貴古賤今的思想由來已久，根深柢固，因此痛快淋漓地予以諷刺。《鈞世》著重指出："至於鬬錦麗而且堅，未可謂之減於蓑衣。""若舟車之代步行，文墨之改結繩，諸後作而善於前事。"再次表現了他的進化觀。葛洪認爲整個中國文化包括文學藝術，古今演變的特點是由"醇素"發展爲"雕飾"。《鈞世》説："且夫古者事事醇素，今則莫不雕飾。時移世改，理自然也。"葛洪著重從"醇素"與"雕飾"之不同來肯定今文化勝於古文化，今文學勝於古文學。《鈞世》："今詩與古詩，俱有義理，而盈於差美。方之於士，並有德行，而一人偏長藝文，不可謂一例也。……若夫俱論宮室，而奚斯露寢之頌，何如王生之賦《靈光》乎……""且夫《尚書》者，政事之集也，然未若近代之優文詔策軍書奏議之清富贍麗也。《毛詩》者，華采之辭也，然不及《上林》《羽獵》《二京》《三都》之汪濊博富也。"葛洪敢於突破儒家徵聖、宗經的傳統觀念，提出今文勝於古文的觀點是好的，而其重點放在篇章文辭之美上。這較王充主張"養實者不育華，調行者不修辭"，(《論衡‧自紀》)反對"調墨弄筆爲美麗之觀"，(《佚文》)是一大進步。但和他在《辭義》中重内容、輕形式的主張自相矛盾，而舉例説《詩經》不及《上林》《羽獵》一類的賦，《三百篇》不及夏侯湛、潘岳的《補亡詩》，就未免過於偏頗了。《詩經》之質樸，有其質樸之美；漢賦鋪張雕飾，有其鋪張雕飾之美，不能以後者否定前者。何況詩與賦文體風格、篇幅長短不同，不能相比擬。總之，葛洪的文學或美學之鑒賞批評的理論，在曹丕《典論‧論文》、陸機《文賦》到劉勰《文心雕龍》鍾嶸《詩品》的過程中，具有承先啓後並奠定劉勰、鍾嶸理論基礎的價值。我們讀《文心雕龍》可以時時看到葛洪理論的影子。

五、持身接物，卑以自牧

《交際》篇依據史伯的觀點，從美學的高度論證了交際的重要性：“單弦不能發《韶》《夏》之和音，孑色不能成袞龍之瑋燁，一味不能合伊鼎之甘，獨木不能致鄧林之茂。玄圃極天，蓋由衆石之積；南溟浩瀁，實須群流之赴。”交際即持身接物。

葛洪的持身接物，基本上遵循道家傳統，即《莊子·大宗師》說的“安時而處順，哀樂不能入也”，《人間世》說的“知其不可奈何而安之若命，德之至也”；但也繼承了儒家所稱揚的安貧樂道思想，即《論語·雍也》孔子說的“一簞食，一瓢飲，在陋巷，人不堪其憂，回也不改其樂”。其總的出發點是超脫世俗紛爭、傾軋與壓力，求得心靈上的安寧、心理上的平衡、精神上的自得其樂、品格上的自完自足，以便排除干擾，潛心著述，贏得人生價值的永恒與不朽。其基本生活態度是“樂天知命，何憂何慮；安時處順，何怨何尤”。（《名實》）其處世方術有如下幾點：

審時。《窮達》說：“否泰，時也；通塞，命也。審時者何怨於潛沈，知命者何恨於卑瘁乎？”機遇與命運對於封建社會的士人的“窮達”來說，自然是至關重要的。但是，必須審時度勢，認清機遇是不是如豐華之俟發春，到了氣候；命運是不是如夷吾之遇叔牙，恰逢知己。同時還要斟酌，出山從政風險怎樣，因爲“禍福交錯乎倚伏之間，興亡纏綿乎盈虛之會”。（《任命》）如果騰達的機遇已經具備，被禮聘或薦舉，出山從政，幹一番事業，“美名垂於帝籍，弘勳著於當世”，自是如願以償；如果不具備，則“沈潛”仍舊，“齊通塞於一途，付榮辱於自然”，而不必“獨悲”。解決了“審時”的問題，就能正確對待“任命”、“守堵”、“安貧”、“知止”、“擇交”等問題。

任命。即聽憑命運的安排。《任命》說：“窮達任所值，出處無所繫。”即安於所處的政治環境、所扮演的社會角色。朝廷不要葛洪出來做官，他就"其靜也，爲逸民之宗"，幹他的素王之業；朝廷要他出山任職，他就"其動也，則爲元凱之表"，效忠帝王之業。這話帶有向朝廷作政治表態的性質。就葛洪内心而言，他寧願"窮""任所值"，"處""無所繫"。他的朋友干寶説葛洪"才堪國史"，推薦葛洪出仕，選爲散騎常侍，領大著作，葛洪固辭不就，即是明證。

守塉。即仿效孫叔敖"慕寢丘之莫争，簡塉土以葺宇"。（《守塉》）在統治集團内部進行財富、權力分配時，心甘情願領取最差的一份。《外篇·自叙》説："庚（戊）寅詔書，賜爵關中侯，食句容之邑二百户。竊謂討賊以救桑梓，勞不足録，金紫之命，非其始願，本欲遠慕魯連，近引田疇，上書固辭，以遂微志。"即欲遂守塉之志。祇是不敢"距弘通之大制，故遂息意而恭承詔命焉"。

安貧。葛洪過着"衣不避寒，食不充虚，名不出户"，"貧無車馬，不堪徒行"的貧病交加的生活。然而如同"列子不以其乏，而食鄭陽之禄；曾參不以其貧，而易晉楚之富"，（《守塉》）不願"憂貧而與賈豎争利，戚窮而與凡瑣競達"。（《安貧》）"安貧"與"樂道"相伴。雖然物質生活清苦，但努力追求精神生活的充實。"夫士以《三墳》爲金玉，《五典》爲琴箏；講肆爲鐘鼓，百家爲簧笙"。在安貧樂道中，"遺紛埃於險途，澄精神於玄默"。（同上）

知止。《知止》説："禍莫大於無足，福莫厚乎知止。""知足者，常足也；不知足者，無足也。常足者，福之所赴也；無足者，禍之所鍾也。"這主要是針對那些權欲熏心的重臣來説的，但也是葛洪知止思想的流露。葛洪認爲，最根本的修養，在於"神參造化，心遺萬物"，將功名利禄等"常欲"，蕩滌乾净，使自己的精神境界得到徹底的昇華。

擇友。《交際》説："吾聞詳交者不失人，而泛結者多後悔。"因此主張"先擇而後交"，即通過觀察、瞭解、判斷，然後決定是否與之建交。葛洪所交，取"直諒多聞"、"始終一契，寒暑不渝"即經得起時間考驗而又志同道合、正直誠實而又見聞廣博的人。葛洪不肯結交"權豪之徒"，對"手握刀尺，口爲禍福"者，"恥與共世"。特别憎惡那些以權謀私，橫行鄉里的人。葛洪疾惡如仇，他説："余徒恨不在其位，有斧無柯，無以爲國家流穢濁於四裔，投畀於有北！"（《交際》）而葛洪與一般人交往，不苛求人以謹小慎微："不爲皎皎之細行，不治察察之小廉。"（《外篇·自叙》）

敬辭。即慎言，口不臧否人物。《外篇·自叙》説："口不及人之非，不説人之私。"特别是不具體涉及葛洪當世某一具體人，尤其不直接涉及當道。但他説的"未嘗論評人物之優劣"不過是障人眼目之術。他的《疾謬》《譏惑》《刺驕》《漢過》《吳失》《正郭》《彈禰》等篇，都是他"論評"世事、"臧否"人物的代表作品。《外篇》涉及的歷史、傳説、寓言人物，都是圍繞所要闡述的問題，所要表達的觀點，順帶予以褒貶。專論人物作品祇有《正郭》《彈禰》兩篇，而其評論郭泰、禰衡得失參半，優劣互見。

葛洪自詡"抱朴子"，行舛於世，不合時宜，"發音則響與時乖，抗足則迹與衆迕"，（《外篇·自叙》）這種反潮流的言行，與禰衡"開口見憎，舉足蹈禍"，實在没有什麼本質區别。《譏惑》説："喪亂以來，事物屢變，冠履衣服，袖袂財制，日改月易……余實凡夫，拙於隨俗，其服物變不勝，故不變。"這表現了他處世之術的另一面：堅持自己的本色與個性。

六、辯證之思，純熟見新

葛洪的辯證思想，基本上繼承了《周易》、孫武、老聃三家的辯證哲學，並具體運用於觀察自然、社會與歷史，純熟中顯露創新。

葛洪認爲宇宙間的萬事萬物都是對立統一的，因而無論探討什麼問題，他都能從對立統一的角度，予以辯證的解釋與發揮。如：

生滅。葛洪認爲萬事萬物永遠處於變動轉化之中，即有生即有死，有興即有亡，有盛即有衰，不存在永遠强大、焕赫的事物。《知止》説："吾聞無熾不滅，靡溢不損；焕赫有委灰之兆，春草爲秋瘁之端。"任何事物從它產生開始即蘊含着衰亡的因素,正如春草出生之初,即已開始了它的枯瘁的過程,而"焕赫"的熾物早已開始變爲灰塵的過程,都向它的對立面逐漸轉化。"隆隆者絕,赫赫者滅。有若春華,須臾凋落"。(《外篇·自叙》)這是不以人的主觀意志爲轉移的客觀規律,任何英雄好漢都無法改變這個規律。

禍福。《守塉》説:"處塉則勞,勞則不學清而清至矣;居沃則逸,逸則不崇奢而奢來矣。""清者,福之所集也;奢者,禍之所赴也。福集,則雖微而著,雖衰可興焉。禍赴,則雖强可弱,雖存可亡焉。此不期而必會,不招而自來者也。"表面看起來,"居沃"比"處塉"好,"逸"比"勞"好。但是,"勞"則鍛煉了自身的體魄,净化了自己的思想;而"逸"則懶惰了自身的筋骨,腐蝕了自己的靈魂。前者"福集",由微而著,由衰而興;後者"禍赴",則由興而衰,由存而亡。"不期"兩句説,不以人的意志爲轉移,結果必然如此。全書凡論禍福,都貫穿了禍福相互依存而又各自向自己對立面轉化的觀點。

否泰。《交際》説:"天地不交則不泰,上下不交則乖志。夫不泰則二氣隔並矣,志乖則天下無國矣。"否泰是可以各自向自己對立面轉化的。《博喻》第 11 首説:"否終,則承之以泰;晦極,則清輝晨耀。是以垂耳吴阪者,騁千里之逸軌;縈鱗九淵者,凌虹霓以高蹈。"用以比喻處世,要遭受種種波折、磨難、屈辱、打擊,從而使自己受到鍛煉,處境也隨之變化。《博喻》第 12 首又説:"九斷四屬者,蕴藻可以表靈。""是以夷吾桎梏,而建匡合之績。"謂蕴藻雖遭受"九斷",但仍"四屬",可用來薦於鬼神;管仲雖然被"桎梏",但被齊桓公重用,此即所謂否極泰來。

雌雄。《老子·第二十八章》説:"知其雌,守其雄,爲天下溪。""雄"喻剛動、躁進,雌喻柔静、謙下;而溪以卑安,容納萬物。這個觀點,葛洪作了具體的發揮。《廣譬》第 50 首説:"金以剛折,水以柔全;山以高陊,谷以卑安。是以執雌節無争雄之禍,多尚人有召怨之患。"兩强相争,或兩敗俱傷,或必有一傷,而勝者不可能永遠是勝者,自己也有被打敗的時候。基於這個觀點,葛洪讚賞"淮陰隱勇於胯下”、“應侯韜奇於溺簀”、“張耳掩壯以抱關，朱亥竄勇於鼓刀”；(《廣譬》第 51 首)“荆卿、朱亥，不示勇於怯弱之間；孟賁、馮婦，不奮戈戟於俚俠(狸豻)之群”。(《博喻》第 73 首)葛洪認爲，“執雌”無損於自身，如淮陰並不因爲胯下受辱而“損其龍躍而虎視”，應侯並不因爲被“溺簀”，而“妨其鸞翔而鳳起”。因此，大丈夫處事，應該懂得抑揚屈伸的道理：“故一抑一揚者，輕鴻所以淩虛也；乍屈乍伸者，良才所以俟時也。”做到能伸能屈。葛洪通過這些例子，教育人們執雌、守柔、不爭，以此與人相處。就一個人來説，應該這樣；作爲一個國家來説，也應這樣。葛洪反對“窮兵以侵鄰”，認爲是“廟算不精”，即反映了他的執雌思想。

他如本末、源流、榮辱、美醜、善惡、安危、剛柔、憂樂、貴賤、真僞、離合、得失、與奪、廢立、進退、窮達、出入、內外、明暗等，葛洪論述時無不貫穿對立統一的觀點。

葛洪論述問題不絕對肯定或否定一切，而是“一分爲二”。《博喻》第 43 首説：“能言莫不襃堯，而堯政不必皆得也；舉世莫不貶桀，而桀事不必盡失也。”但也有三七開的問題。《博喻》第 43 首又説：“西施有所惡，而不減其美者，美多也；嫫母有所善(美)，而不能救其醜者，醜篤也。”謂西施有七分美，而嫫母有七分醜。

葛洪認爲矛盾的轉化是有條件的。《勖學》説：“故瑤華不琢，則耀夜之景不發；丹青不治，則純鈞(鉤)之勁不就。”瑤華轉化爲“耀夜之寶”在於“琢”，丹青轉化爲“純鈞”在於“治”。這“琢”、這“治”就是轉化的外在條件。而所以得以轉化，又由於瑤華自身具有“耀夜”的內在條件，丹青自身具有成爲“純鈞”的內在條件。而外因通內因起作用。

葛洪强調事物的數量變化的積累，會引起質量的變化。《嘉遯》説：“夫漸漬之久，則膠漆解堅。”“三至之言，則市虎以成。”這裏的“久”、“至”就是量變發展爲質變的關鍵所在，從而説明讒言可畏。

葛洪認爲共性與個性、一般與個別是統一的。《逸民》説：“夫傾庶鳥之巢,則靈鳳不集;漉魚鼈之池,則神虬遐逝;刳凡獸之胎,則麒麟不跱其郊;害一介之士,則英傑不踐其境。”“庶鳥”是“一般”,“靈鳳”是“個別”;“魚鼈”是“一般”,“神虬”是“個別”;“一介之士”是“(指代)一般”,“英傑”是“個別”。但他們皆有共性與個性、統一與對立,從而説明處理“個別”事件,要考慮與之相關的“一般”;反之,處理“一般”,也要考慮與之相關的“個別”,否則就要出問題。

七、精辯玄賾,析理入微

“精辯玄賾,析理入微”,(《晉書・葛洪傳》)謂精潔治辯幽微深奧的事物,分析到了精微玄妙的境地。這兩句所説論證特點,“騁辭章”(《内篇・黄白》)的《外篇》表現尤其爲突出。

葛洪論證問題,主要採用辯對、論説、連珠三種文體形式,也採用駢賦、叙述體,而此二體中也兼有論證,故一併予以論述。

辯對。辯對是先秦學者間早已盛行的討論問題的方式,也是先秦諸子廣泛採用的文體形式,我們讀《孟子》與《莊子》最能感受到這一點。魏晉時代,問難辯對,精微析理成爲名士生活的重要内容,《世説新語・文學22》有最生動的描述,“殷中軍爲庾公長史”條記載了丞相王導召集殷浩、桓温、謝尚及王導掾屬王濛、王述的一次清談盛會:“丞相自起解帳,帶麈尾語殷曰:‘身今日當與君共談析理。’既共清言,遂達三更。丞相與殷共相往返,其餘諸賢略無所關。既彼我相盡,丞相乃歎曰:‘向來語,乃竟未知理源所歸,至於辭喻不相負,正始之音,正當爾耳。’”可見清談析理之一斑。

葛洪生活於清談的時代,與清談名士王導、干寶、嵇含等相交往,耳濡目染,自然少不了參與清談。《外篇・自叙》説:“洪忝爲儒者之末,每與人言,常度其所知而論之,不強引之以造彼所不聞也。及與學士有所辯識,每舉綱領。若值惜短,難解心義,但粗説意之與向,使足以發寤而已,不致苦理,使彼率不得自還也。彼静心者存而詳思之,則多自覺而得之者焉。度不可與言者,雖或有問,常辭以不知,以免辭費之過也。"證明葛洪參與了清談,他清談採用了啓發的方式,不强加於人,給惜短者留面子,"不致苦理"。但從《詰鮑篇》抱朴子與鮑敬言關於"古者無君,勝於今世"的辯論來看,彼此争論是相當激烈的;從《逸民篇》針對"隱遁之士,則爲不臣,亦豈居君之地,食君之穀乎"來看,唇槍舌戰,幾至互不相容。

　　清談的内容,就《外篇》來説,有别於魏晉玄學五家、佛教六家七宗,可謂獨樹一幟。

　　《外篇》有許多篇章是採用設難辯對的形式展開的。如《嘉遯》《逸民》《任命》《守塉》《安貧》《窮達》等篇,討論隱逸與仕進、窮與達、貧與富、賤與貴以及處世哲學等問題;《鈞世》《尚博》《辭義》《循本》《喻蔽》等篇討論有關文學作家、作品、鑒賞與評價作品等問題;《清鑒》《正郭》《彈禰》等討論鑒定、評價人物的問題;《用刑》討論"貴仁"還是重刑的問題。

　　論説。葛洪繼承並發展了先秦兩漢諸子論説形式,但具有六朝駢偶行文的特點。以"抱朴子曰"形式出現,獨家論説,與辯對形式稍異,但論證問題與辯對無别。如《勖學》《崇教》《君道》《臣節》《交際》《擢才》《行品》《酒誡》《疾謬》《譏惑》《刺驕》等篇。

　　連珠。連珠體有的説源於《鄧析子·無厚》,有的説源於《韓非子》之《内儲説上下》《外儲説左上下》《外儲説右上下》。除《北史·李先傳》提到"《韓子·連珠論》二十二篇"外,今本《韓子》不見"連珠"之名。《文心雕龍·雜文》説源於揚雄:"揚雄覃思文閣(閣),業深綜述。碎文瑣語,肇爲《連珠》。其辭雖小,而明潤矣。"揚雄《連珠》云:"臣聞明君取士,貴拔衆之所遺;忠臣善薦,不廢格之所排。是以巖穴無隱,而側陋章顯也。"《藝文類聚》五七傅玄《連珠序》:"所謂連珠者,……其文體,辭麗而言約,不指説事情,必假喻以達其旨,而覽者微悟,合於古詩勸興之義。欲使歷歷如貫珠,易睹而可悦,故謂之連珠也。"據他説,"漢章帝之世,班固、賈逵、傅毅三子受詔作之，而蔡邕、張華之徒又廣焉。"説明代有其人撰寫連珠之文。《文選》陸士衡（機）《演連珠》五十首，是理論、比喻、事例的有機結合，比揚雄的《連珠》寫得更爲精采，開啓葛洪《博喻》《廣譬》這兩篇巨製。

葛洪於《外篇》，幾乎篇篇都採用了連珠體，包括他的《自叙》。《自叙》末段爲設難辯對，而"洪答曰"之文，即用了連珠體："夫期頤猶奔星之騰煙（燜），黃髮如激箭之過隙。況或未萌而殞籜，逆秋而零瘁者哉！故項子有含穗之歎，揚烏有夙折之哀。"前兩句爲明喻，中間兩句爲議論，末兩句爲事例，三者有機結合，構成一首妙文。《博喻》《廣譬》兩篇則是集連珠體之大成，前者凡 97 首，後者凡 85 首，可謂兩篇連珠體集錦，堪稱《外篇》胸前的兩串光彩奪目的項鍊，而析理入微之深刻，隨處可見。

駢賦。賦起源於《詩》《騷》。章學誠《校讎通義·漢志詩賦》第十五説："古之賦家者流，原本《詩》《騷》，出入戰國諸子。假設問對，《莊》《列》寓言之遺也；恢廓聲勢，蘇、張縱横之體也；排比諧隱，韓非《儲説》之屬也；徵材聚事，《吕覽》類輯之義也。"所論於我們理解葛洪《外篇》駢賦，頗有助益。葛洪駢賦，具有六朝駢賦特點：一、主客問答形式，如《嘉遯》之懷冰（丘）先生與赴勢公子的問答形式，這同於漢賦。但《内篇·暢玄》未取此種形式，也仍是駢賦。二、篇幅較漢代大賦稍短，而比抒情小賦長。三、"鋪采摛文，體物寫志"，"麗辭雅義，符采相勝"、"文雖新而有質，色雖糅而有本"。（《文心雕龍·銓賦》）。也具有"包括宇宙，總攬人物"（《西京雜記》二引司馬相如語）的特點。四、駢偶較漢代多而工。四六句也較漢賦多。五、多用韻語，體現了駢賦也是"古詩之流也"（班固《兩都賦序》）。如《嘉遯》首段多方面刻畫了懷冰（丘）先生的歸隱心態與隱居生活。"言歡"至"救濁"幾句全面讚揚了懷冰（丘）先生的創作才能與文章的感人力量。這一段文字充分體現了上述特點，相當精彩，表明葛洪不愧爲文章高手。

叙述。葛洪《外篇·自叙》遠承司馬遷《太史公自序》，近仿王充《論衡・自紀》。自叙家譜，按時代先後排列材料。而自叙身世、經歷、抱負、性格等，則按内容組合。其間間或用辯對、論説、連珠等形式，並非純粹之叙述文，但彼此銜接，天衣無縫。《吴失》是通過葛洪老師鄭隱對葛洪的談話，鄭隱老師左慈對門生的談話而展開叙述的，而他們在叙述時也採用了論説、連珠等形式。《彈禰》是以中心人物禰衡的活動展開叙述的：禰衡由許下曹操“謫作鼓史（史）”，“走投荆州劉表”爲之作書，又“走到夏口，依將軍黄祖”，至被殺，結束了桀驁不遜的短暫一生。叙述中，兼有議論，表達了“彈禰”的主題。

　　葛洪在運用上述五種文體時，皆貫穿了論證析理的特點：“彌綸群言，而研精一理”，(《文心雕龍・論説》)即不拘一家之言，而兼采衆説，用以説透一個觀點或問題。如在用刑問題上，法家、兵家、儒家、墨家、道家，凡有可取者，則兼而采之，揉到論説中去。如《用刑》：“刑者，御世之轡策。”即采各家之説。《大戴禮記・盛德》：“古者以法爲銜勒，以官爲轡，以刑爲策。”《韓非子・難勢》：“今以國位爲車，以勢爲馬，以號令爲鞭策。”《韓詩外傳》三：“昔者先王使民以禮，譬之如御也；刑者，鞭策也。”《孔叢子・刑論》：“孔子曰：‘以禮齊民，譬之於御，則轡也；以刑齊民，譬之如御，則鞭也。’”主要採用了儒法兩家之説。這同《省煩》説的墨子“張刑網”一致。《墨子・尚同中》説：“昔者，聖王制爲五刑，以治天下。”“故古者之置正長也，將以治民也。譬之若絲縷之有紀，而網罟之有綱也。”故也採用墨家之説。“刑之爲物，國之神器。君所自執，不可假人。”實本於《老子・第二十九章》：“天下神器，不可爲也。”又《第三十六章》：“國之利器，不可以示人。”既然“不可以示人”，當然更是“不可(以)假人”的了。“明君治難於其易，去惡於其微”，直接本於《老子・第三十六章》“圖難於其易，爲大於其細”。“當怒不怒，姦臣爲虎；當殺不殺，大賊乃發”，則採用了《六韜・文韜・上賢》之説：“故可怒而不怒，姦臣乃作；可殺而不殺，大賊乃發。”其中也兼采了《韓非子・揚權》“主施其刑，大虎自寧”的觀點。“濟其寬猛”採用了《左傳·昭公二十年》孔子語:"寬以濟猛,猛以濟寬,政是以和。"這種雜采衆說的做法,葛洪説是"隨時所急"。《喻蔽》説:"若用筆不宜雜載,是論議當常守一物。昔諸侯訪政,弟子問仁,仲尼答之,人人異辭。蓋因事託規,隨時所急。譬猶治病之方千百,而針灸之處無常。"由此我們就會明白,爲什麽《逸民》批評孔子:"仲尼親受業於老子,而不修其無爲。"而爲什麽《用刑》指斥道家:"道家之言,高則高矣,用之則弊。"是褒是貶,根據自己的觀點的需要。

"據事以類義,援古以證今"。(《文心雕龍·事類》)如《任命》爲了説明藏器待時這一點,葛洪舉了許多歷史人物的窮達爲證:"夫其窮也,則有虞婆娑而陶鈞(鈞),尚父見逐於愚媼,范生來辱於溺簣,弘、式匿奇於耕牧;及其達也,則淮陰投竿而稱孤,文種解屬而紆青,傅説釋築而論道,管子脱桎爲上卿。蓋君子藏器以有待也,稽德以有爲也;非其時不見也,非其君不事也。"要指出的是,上述所舉歷史人物,在别的篇章裏,也曾多次提到。但所取事例有異,説明不同的問題。

以子之矛,攻子之盾。葛洪爲了論證"明先於仁,明居仁上",言必引儒家經典。《明仁》説:"夫唯聖人與天合德,故唐堯以'欽明'冠典,仲尼以'明'義首篇。'明明'在上,首元之尊稱也。明哲保身,《大雅》之絶蹤也。"葛洪稱引經典的目的,祇是爲了自己的論點找理論依據,爲我所用,又便於俗儒所接受。這其實是以子之矛,攻子之盾,用儒家之論"明",貶低儒家之論"仁"。這自然是經不起推敲的。俞樾《諸子評議補録》十一批駁説:"其實明不先仁,在《論語》固有明證,何也? 孔子論令尹子文、陳文子,皆曰:'未知,焉得仁?'則知淺而仁深,知卑而仁高,大可見矣。《釋文》曰:'知,鄭音智。'《漢書·(古今)人表(序)》引此語,師古注曰:'智者雖能利物,猶不及仁者所濟遠也。'師古此義,必是(鄭)康成舊説。抱朴不知此旨,故以明居仁之上,殊非正論。豈當時何晏之《集解》已行,學者已不知鄭義乎?"俞氏過於認真了。葛洪所引,祇是爲了巧飾己説,與理解《論語》文字是否有誤無關。孔子之"仁"講的是修養與德行，而葛洪是從治國才能的角度來論"仁"與"明"之不同的。"仁"在葛洪眼中，祇是"養物之器"、"爲政之脂粉"，(《用刑》)這同今日所謂"忠厚是無用的別名"之"忠厚"，不是就"忠厚"品質講的一樣。這反映儒家在魏晉士人心中已不那麼神聖了。相反，聖人之語成了士人用作調侃戲謔的談資。如《世説新語·簡傲11》王子猷答桓沖語有"不問馬，何由知其數"、"未知生，焉知死"。除"何由知其數"外，分別引自《論語》之《鄉黨》與《先進》，古人以此視爲情趣高雅、學問淵博的表現。

　　葛洪《外篇》行文特點，前人多有稱道點評。明朱務本《刻抱朴子叙》備加稱揚説："至《外篇》備論時政得失，人事臧否，廣駁曲引，窮搜遠喻，鑿鑿允合於時。""況其文詞恢弘壯麗，曠充蓊鬱，如千尋之桐梓，翠干雲霄，照乘之明珠，光彩射人；山嶽不足以壯其勢，江河不足以充其氣，萬化不足以擬其富，瓊玖琳琅不足以比其珍，吴粧楚艷不足以比其麗，雷電倏忽，風雲幻化，不足以極其變，蓋六朝之文之鼻祖。"《四庫全書簡明目録》子部道家類："《外篇》……多作排偶之體，而詞旨辨博，饒有名理。"《四庫全書薈要提要》子部："詞旨辨博，文藻贍麗，非六朝以後所能作。"范文瀾《中國通史簡編》稱讚劉勰《文心雕龍》説："剖析文理，體大思精，全書用駢文來表達縝密繁富的論點，宛轉自如，意無不達，似乎比散文還要流暢，駢文高妙，至此，可謂登峰造極。"這個評語借來評價葛洪《外篇》的駢文特點，也是適用的。而且應指出，沒有葛洪的"登峰造極"，即無劉勰的"登峰造極"，前者爲後者作了鋪墊。

　　葛洪駕御語言的能力極强，語言表達極爲簡潔而高度概括，如《交際》説的"文艷相、雄，學優融、玄"，一個"艷"字即概括了西漢司馬相如、揚雄這兩位詞賦大家華美的賦文特點，一個"優"字即總結了東漢馬融、鄭玄這兩位昌明古學的學者的滿腹經綸。很顯然，這種語言風格深刻地影響了劉勰《文心雕龍》的語言風格。

　　《外篇》全書涉及內容甚廣，遠不是本文所能全面概括。本文所説，難免以偏概全，提法偏頗，歡迎前輩時賢指正。

例　言

　　本書主要是與對葛洪《抱朴子外篇》一書感興趣的文、史、哲、社界以及文化較高的讀者，交流解讀《抱朴子外篇》的心得，校、注僅供讀者參考。

　　正文主要依據明正統道藏本、平津館叢書本《抱朴子外篇》，以明清以來善本與各家校本（包括王國維以六朝寫本所校明嘉靖四十四年魯藩承訓書院刻本）訂正。

　　書名在《前言》中説明。篇名在每篇首段正文之後以第一條注文表示。如：嘉遯：讚美隱遁；方處嘉運時隱遁。遯同遁。有的列書證，有的不列。

　　全書校注分列，有校文者在正文後按前校後注排列。

　　前賢所校，對的遵從，錯的重校，未校的補校。

　　校勘涉及通假、異文、文字、詞序、語序、駢儷、文例、文意、音韻、人名、儀禮、輿服等諸多方面的問題與知識。

　　一些用字，不視爲誤字出校，而按通假字處理，如：植殖、脩循、修循、晨辰、倫淪、叔菽、常嘗、裳常、擢權、被披、蹇謇、擁壅、晏宴、明萌、魚漁、思偲、亡妄、清精、杖仗、變辯、辯辨、或惑、厭饜、屬癘瘝、免勉、驕嬌、闕安、駁駮、闇掩、掉踔、嚮享、樂療、兹滋、共恭、棘戟、論掄、逕徑、猶由、疑擬、荓萍、振震、蕃繁、屬庆、埤卑、平辯、大太、太泰、懾攝、修羞、色歙等。

　　異文，根據版本或典籍校之，如：《逸民》"服而師之"，從藏本作"復而肆之"，謂復其素志而肆之山林；《勖學》"失之於暘谷"之"暘谷"，據《楚辭·天問》、《山海經·海外東經》、《文選》潘安仁《西征賦》、《蜀都賦》、《史記・五帝本紀》索隱、《月賦》“擅扶光於東沼”注引《淮南子》等作“湯谷”。

殘誤、形誤，如：《嘉遯》篇的“恥令”，據《任能》“恥令其君不及唐、虞”、《交際》“恥令譚、青專面地之篤”，校改爲“恥令”。《廣譬》第 22 首的“鹿裘”，蓋本作“麤裘”，“鹿”爲“麤”之殘，《君道》篇“遵放勳之麤裘”是其證。

脱文補之，如：《欽士》“郅都之象，使勁虜振惵；孔明之尸，猶令大國寢鋒”，“使”前補一“尚”字，“尚使勁虜振惵”與“猶令大國寢鋒”對文。《博喻》第 13 首“所競者細，則利同而讎結；善否殊塗，則事異而□生”，補一“怨”字，“讎結”與“怨生”對文。《自叙》“洪見魏文帝《典論・自叙》，末及彈棋擊劍之事，有意於略説所知，而實不數”之“不數”，據上下文意，校改作“不足數”。

以詞語出處校之，如：《逸民》篇的“井蛇”，藏本作“魚蛇”，據班固《答賓戲》“魚龞蝶之”校爲“魚龞”；又“濯裘布被”的“濯裘”，據《禮記・禮器》“澣衣濯冠以朝”校作“濯冠”。《博喻》篇第 80 首的“楚砥”，據《文選》王褒《聖主得賢臣頌》“越砥斂其鍔”校爲“越砥”。《喻蔽》的“九員之澤，折方之淵”，依《尸子》下“凡水，其方折者有玉，其員折者有珠”、《淮南子・墜形》“水圓折者有珠，方折者有玉”，校爲“水員折之澤，方折之淵”。

語法、修辭，如：《嘉遯》“古人所以或避危亂而不肯入，或色斯而不終日者”，後句於“色”前補一“舉”字，作“或舉色斯而不終日者”，如此則“或避危亂而不肯入”方與“或舉色斯而不終日”字數相等並對舉。

語序須乙轉的，如：《逸民》篇“甒澄汀”，據《内篇・極言》“不測之淵，起於汀澄”，乙作“甒汀澄”；又“宣嫗煦之和風者”之“嫗煦”，據《禮記・樂記》“煦嫗覆育萬物”乙作“煦嫗”。

須互易的，如：《廣譬》第 69 首“瑰貨多藏，則不招怨而怨至矣；器盈志驕，則不召禍而禍來矣”，“瑰貨多藏”疑當與“器盈志驕”互易。“器盈志驕”是“招怨”的直接起因，所謂“富貴而驕，自遺其咎"(《老子·第九章》)、"驕慢倨傲,則去之者多"(《刺驕》);"瓌貨多藏"是"召禍"的直接起因,所謂"多藏必厚亡"(《老子·第四十四章》)。兩者雖然並提,但一指精神,一指物質。《詰鮑》:"冶容慢藏,誨淫召盜。""誨淫"與"慢藏"互易,作"冶容誨淫,慢藏召盜"。《易·繫辭上》"慢藏誨盜,冶容誨淫",是其證。

涉及音韻的,如《審舉》"寒素清白濁如泥,高第良將怯如雞"之"泥"與"雞",爲脂支合韻,合于魏晉文人用韻習慣,用邯鄲淳的《曹娥碑》,曹植的《七哀》《矯志詩》,應瑒的《侍五官中郎將》,成公綏的《天地賦》,陸雲的《喜霽賦》,夏侯淳的《笙賦》,陶潛的《飲酒》之九、《丙辰歲八月中,于下潠田舍獲》等韻例證之。

多角度校勘,如:《交際》篇的"奴顏婢睞"校爲"奴顏婢膝",涉及詞義訓詁、語法結構、字形分析、封建禮儀,以及劉楨"坐平視甄夫人配輸作部,使磨石"之典故等諸多知識。

人名的校勘,如《名實》"飛菟待子豫而飈騰"之"子豫"乃"子輿"之誤,《後漢書·馬援傳》:"近世有西河子輿,亦明相法。子輿傳西河儀長孺,長孺傳茂陵丁君都,君都傳成紀楊子阿,臣援嘗師事子阿,受相馬骨法。"

一般詞語,盡可能給予準確注釋。如:《逸民》篇"不肯苦言以侵隱士"的"苦言",解爲"困辱之言";《君道》篇"剡鋭載脅,九功允諧"的"剡鋭載脅",解爲"鋭利器械皆具";《任命》篇"有虞婆娑而陶鈞"的"婆娑",解爲"勞碌"或"勞累";《行品》篇"淩強禦而無憚,雖險逼而不沮者,黠人也"的"黠人",解爲"堅强的人";《百里》篇"何由騁迹於追風"的"騁迹",解爲"往來自如;縱橫馳騁";《正郭》篇"何救於露居"的"露居",解爲"破敗的居室";《自叙》篇"無以近人信其嘍嘍管見熒燭之明"的"嘍嘍",解爲"小小孔眼貌";《鈞世》篇"守株之徒,嘍嘍所甐"的"嘍嘍",解爲"拘束;拘泥"。

政治、思想的詞語,盡可能給予合乎政治、思想內容的注釋。如:《嘉遯》篇"有補末化"的"末化",據稚川"道本儒末"的觀點,解爲"儒家教化"。

礼制、舆服词语，尽可能从古代礼仪、舆服制度给予笺注，如：《诘鲍》篇"谯采择之过限"，指皇帝挑选天下美女爲妃嫔，超过了圣人规定的限度。《君道》篇"山栖海窜，含歡革面"的"革面"，读爲"革鞔"，从闻一多说解爲"车之以革爲覆者"。

天文、地理、鸟兽、建筑词语，尽可能按其专业词义给予笺注。如：《吴失》篇"迴紫盖於鹑首"的"鹑首"解爲：指代"朱鸟"，"朱鸟"指代"南方"，"南方"指代三国吴统治区。《广譬》第 85 首"伐舟於东闽"的"东闽"，指今福建东部一带。《博喻》第 63 首"山鸠知晴雨於将来"的"山鸠"，指"鹘鸠"，一名"斑鸠"。《讥惑》篇"于貜"乃"干貜"之误，"干貜"即"乾鹊"，或作"鳱（gān）鹊"，或作"乾鹄（gān gào、qián gào）"，今谓之喜鹊。《臣节》篇"阿阁有鸣凤之巢也"的"阿阁"，即四阿重閣，"四阿"即夏后氏之"世室"，殷人之"四阿重屋"，周人之"明堂"，今建筑术语叫"重簷廡殿顶樓閣"。由重簷、五脊（即一条正脊和四条斜脊，因名五脊顶）、四面（即四个倾斜而略呈彎曲的屋面，因又名四坡顶）、四个屋角组成，屋角和屋簷略向上翹起，封建王朝一级建筑，其遗制见今太和殿（无樓閣）、午门（有樓閣）。阿有二义：1. 四面（或四坡）簷霤下注。2. 四个屋角处翹起来的簷霤。

重複出现的词语，爲省篇幅不再作注。

较爲难以理解的句子，用串讲方式疏通，如：《嘉遯》篇"以玉帛爲草土"句谓：把朝廷用玉帛礼聘自己爲高官这种喜庆事，视爲居父母大丧时寝苦枕塊哀亲在草在土的悲伤事。《博喻》第 31 首"膏壤带郭，无解黔敖之蒙袂"句，谓：即便环绕城郭的土地肥沃，有黔敖嗟来之食，也不能解决蒙袂者的饥饿问题。

注人物一般祇作概述，如生卒年、籍贯、行状等，有的引原文，有的不引，详略视材料与需要而有所不同。凡见诸史籍或其他典籍者，概述稍详；有的人物如詹何是先秦著名学者，但无传记，祇散见先秦两汉典籍，从中钩沉作简要概括。

涉及人物的词语注释，如：《嘉遯》"薄周流之棲遑"的"棲遑"，兼指孔丘與墨翟，《正郭》"而乃自西徂東，席不暇溫，欲慕孔、墨棲棲之事"是其證。《君道》："烹如簣以諡司原之箴，折菀澇（路）以迪梁伯之美。"梁伯：指《左傳・襄公四年》諫阻晉悼公田獵的魏絳。梁伯即魏伯。魏絳是魏之先祖，亦即梁之先祖，故稱梁伯。《臣節》："宣力四方，則以吉、召爲軌儀。"召（公）：指召虎，即召穆公，召公奭的後裔。《擢才》："武夫排之"之"武夫"指"絳灌"。《酒誡》篇"坤靈挺空桑之化"，謂酒的發明或與伊尹有關，見《吕氏春秋・本味》。

　　限於篇幅，祇少部分詞語列出書證，書證盡可能列舉最早的。

　　書證與所箋注之文的文意盡可能一致，如：

　　《君道》"西面逡巡"之"西面"，指立東面西受教，與"西席"相對。古人席次尚右，帝師居西而面東講授，帝王立東面西而受教，以示尊師。見《後漢書・桓榮傳》李賢注引《東觀記》、清梁章鉅《稱謂録》八。

　　《時難》："令獻長生之術者，反獲立死之罪；進安上之計者，旋受危身之禍。"兩個分句彼此呼應，內容互補。四句蓋據鼂錯上"削藩"、"安上"之大計被斬東市、蕭望之所建白之"中書政本"之計被迫飲鴆自殺而言。分別見《史記・鼂錯傳》《漢書・蕭望之傳》。

　　《博喻》第 14 首："是以淮陰顯擢，而庸隸悒懊以疾其超。"悒懊以疾其超：蓋指劉邦諸將。以《史記・淮陰侯列傳》論證之。其實不獨劉邦諸將，即劉邦本人亦"畏惡其能"，韓信被斬祇是遲早之事。

　　《官治》："衛靈聽聖言而數驚。""聖言"蓋指史鰌尸諫之言，詳見《大戴禮記・保傅》。

　　《守塏》："是以注清聽於《九韶》者，《巴人》之聲不能悦其耳。""清聽"謂"耳聰善聽"，《後漢書・申屠蟠傳》："（同郡緱氏女）玉之節義，足以感無恥之孫，激忍辱之子。不遭明時，尚當表旌廬墓，況在清聽，而不加哀矜！"

　　《博喻》第 84 首："驥虞側足以蹈虚。"側足：置足；插足。曹植

《送應氏》詩之一:"側足無行逕,荒疇不復田。"

《逸民》"三歸玉食"之"三歸"舉郭嵩燾《養知書屋文集》一《釋三歸》以證之;《任能》"夫勁弩難彀,而可以摧堅逮遠"以下八句,舉《墨子·親士》以證之。

《酒誡》篇"發人所諱"舉《晉書·庾純傳》賈充與庾純之互相攻訐以證之。

撰者讀書甚少,受檢索條件限制,大部分詞語祇作簡注,不列書證。書證以俟高明。

嘉 遯 卷 一[1]

1 抱朴子曰[2]：“有懷冰先生者(1)[3]，薄周流之棲遑[4]，悲吐握之良苦[5]；讓膏壤於陸海[6]，爰躬耕乎斥鹵[7]；祕六奇以括囊[8]，含琳琅而不吐[9]；謐清音則莫之或聞[10]，掩輝藻則世不得覩；背朝華於朱門[11]，保恬寂乎蓬户[12]；絶軌躅於金、張之間(2)[13]，養浩然於幽人之伍(3)[14]；謂榮顯爲不幸，以玉帛爲草土[15]；抗靈規於雲表，獨違今而遂古[16]。庇峻岫之巍峨，藉翠蘭之芳茵[17]。漱流霞之澄液[18]，茹八石之精英[19]。思眇眇焉若居乎虹霓之端[20]，意飄飄焉若在乎倒景之鄰[21]；萬物不能攪其和，四海不足汩其神[22]。”

【校】

（1）懷冰：盧舜治本作“懷丘”，“懷丘”與“赴勢”相對，趨捨相反。

（2）軌：魯藩本作軏，王國維校作軌，下同。

（3）伍：陳澧曰：“疑當作伍。”楊明照按：“陳説是。成都二仙菴《道藏輯要》（後簡稱蜀藏本）正作伍。伜與伍本通，但稚川率用伍字。”

【注】

[1] 嘉遯：1. 讚美隱遯。遯同遁。陳澧曰：“抱朴之隱遯，所以避害。故此篇首述其旨。”《易·遯》：“九五，嘉遯，貞吉。”孔穎達正義：“嘉，美也。”陸德明釋文：“遯，又作遁，同。隱退也。”2. 方

處嘉運時隱遁。尚秉和《周易尚氏學》：“乾爲嘉，五居中當位，下有應與，不必遯也。乃識微慮遠，及此嘉時而遯焉，故曰貞吉。”高亨《周易大傳今注》：“大臣之仕於朝，方在美善幸運之時，而退隱於野，出於正則吉。”《三國志·魏書·管寧傳》：“在乾之姤，匿累藏光，嘉遯養浩，韜韞儒墨潛化傍流，暢於殊俗。”按：兩說皆通。

[2] 抱朴子：1. 葛洪自號。帛書乙本《老子·道經·第十九章》：“見素抱朴，少私而寡欲。”呂吉甫曰：“‘見素’則知其無所與雜而文；‘抱朴’則知其不散而非不足。素而不雜，朴而不散，則復乎性。”（呂吉甫《老子道德經注》引自焦竑《老子翼》）《外篇·自叙》：“洪期於守常，不隨世變，言則率實，杜絕嘲戲，不得其人，終日默然。故邦人咸稱之爲‘抱朴之士’，是以洪著書，因以自號焉。”2. 書名，包括《內篇》與《外篇》。

[3] 懷冰先生：稚川虛擬的人物。

[4] 薄周流之棲遑：楊明照箋：“周流，即周遊。棲遑，即棲棲遑遑之省。《呂氏春秋·遇合》：‘孔子周流海內，再干世主，如齊至衛，所見八十餘君。’《新語·本行》：‘（夫子）閔周室之衰微，厄挫頓仆，禮義之不行也歷說諸侯，欲匡帝王之道，反天下之政，身無其立（讀爲位），而世無其主，周流天下，無所合意。’《論衡·儒增》：‘孔子不能容於世，周流游說七十餘國，未嘗得安。’《論語·憲問》：‘微生畝謂孔子曰：“丘何爲是栖栖者與？”’邢昺疏：‘栖栖，謂皇皇也。’《鹽鐵論·散不足》：‘孔子栖栖。’《論衡·定賢》：‘孔子棲棲。’是‘棲’與‘栖’同。《孟子·滕文公下》：‘周霄問曰：“古之君子仕乎？”孟子曰：“仕！《傳》曰：‘孔子三月無君，則皇皇如也。’”’《法言·學行》：‘仲尼皇皇。’‘皇’與‘遑’通。《文選》班固《答賓戲》：‘是以聖哲之治，棲棲遑遑（《漢書·叙傳上》作皇皇）。’李善注：‘棲遑，不安居之意也。’”按：葛洪本句非僅指孔子，也兼指墨翟之類士人的奔忙於干謁。《墨子·公輸》：“公輸盤爲楚造雲梯之械，成，將以攻宋。子墨子聞之，起於齊，行十日十夜而至於郢，見公輸盤……”《文子·自然》“孔子無黔突，墨子

無煖席。”《淮南子·脩務》：“孔子無黔突，墨子無煖席。”高誘注：“黔言其突(shēn)竈不至於黑，坐席不至於溫，歷行諸國，汲汲於行道也。”《文選》班固《答賓戲》：“是以聖哲之治，棲棲遑遑，孔席不暖，墨突不黔。”《正郭》：“而乃自西徂東，席不暇溫，欲慕孔、墨棲棲之事。”《正郭》之文當與本句合讀。屈原《楚辭·離騷》：“覽相觀於四極兮，周流乎天余乃下。”漢王褒《聖主得賢臣頌》：“王良執靶，韓哀附輿，縱騁馳騖，忽如影靡……周流八極，萬里一息，何其遼哉！”棲遑：忙碌不安，奔忙不定。陸機《演連珠》之二十八：“是以利盡萬物，不能叡童昏之心；德表生民，不能救棲遑之辱。”本句與下句“悲吐握之良苦”對仗，下句也是針對兩人，即夏禹與周公。

［5］吐握：一飯三吐哺，一沐三握髮。原來形容夏禹、周公姬旦禮賢下士，忙碌到吃頓飯的功夫都要三次接見來訪者而來不及吞嚥食物就吐了出來；洗一次澡的功夫都要三次接見來訪者而來不及梳理，祇好手持長髮。《呂氏春秋·謹聽》：“昔者禹一沐而三捉髮，一食而三起，以禮有道之士，通乎己之不足也。”《韓詩外傳》三：“成王封伯禽於魯，周公誡之曰：‘往矣，子無以魯國驕士！吾，文王之子，武王之弟，成王之叔父也，又相天子，吾於天下亦不輕矣。然一沐三握髮，一飯三吐哺，猶恐失天下之士。’”本句與上句對仗皆各指兩個代表人物。

［6］陸海：物產如陸地如海洋一般豐富。

［7］爰：於是。表示承接關係。躬耕：親身從事耕作。斥鹵：鹽鹼地。按：兩句隱含孫叔敖“不受”楚莊王“數封”，而責子“必受無利地”“寢丘”之典。

［8］祕六奇以括囊：像西漢陳平永遠祕藏六出奇計之事那樣，永不說出自己的治國方略。

［9］琳琅：精美的玉石。喻優美的文辭。

［10］謐(mì)：寂靜無聲。清音：清越的聲音。喻清美的言論。

［11］輝藻：華美的文采。朝華：1. 早晨開的花。2. 木槿的別名。朝開暮落的花。隱喻“夕而零落”。朱門：紅漆大門。指貴族豪富

之家。

[12] 恬寂：謂清静無爲。蓬户：蓬草編的門。指窮人的陋室。

[13] 絶：使遠離。軌躅（zhuó）：車輪輾過的痕迹。金：金日磾（mì
dī）（前134—前86），字翁叔，本匈奴休屠（chú）王太子。昆邪王
殺其父降漢，因其父故，輸黄門養馬。武帝拜爲馬監，遷侍中、駙
馬都尉、光禄大夫。因休屠王以金人祭天，賜姓金。後元元年，
警覺侍中僕射莽何羅兄弟欲刺武帝，日磾當廷縛之。昭帝即位，
受武帝遺詔，與霍光等輔政，封爲秅（dù）侯，謚敬侯。其家族自
武帝至平帝，“七世（爲）内侍”。張：張安世（前？—前62），字子
孺，杜陵（今陝西西安東南）人。張湯（前？—前115）子，以父任
爲郎，給事尚書。擢爲尚書令，遷光禄大夫。昭帝即位，霍光薦
爲左將軍、光禄勳，封富平侯。昭帝卒，與光立、廢昌邑王劉賀，
尊立宣帝。光卒，拜爲大司馬車騎將軍，領尚書事。更爲衛將
軍、兩宫衛尉，城門、北軍兵皆屬之。職典樞機，以謹慎周密著
稱。内治産業，富逾霍光。“安世子孫相繼，自宣、元以來爲侍
中、中常侍、諸曹、散騎、列校尉凡十餘人”。後因以金、張爲顯宦
之家的代稱。

[14] 浩然：廣大壯闊貌；正大豪邁貌。幽人：隱士。

[15] 玉帛：圭璋與束帛。古代祭祀、會盟、朝聘等用之。泛指禮物、財
富。《周禮·春官·肆師》：“立大祭用玉帛牲牷。”古以玉帛招
士。《史記·儒林列傳·申公》：“於是天子（武帝）使使束帛加
璧，安車駟馬迎申公。”《文選·東京賦》：“旅束帛之戔戔。”薛綜
注：“束帛，謂古招士，必以束帛加璧於上。……王肅云：‘失位無
應，隱處丘園，蓋蒙闇之人。道德彌明，必有束帛之聘也。’”楊明
照箋：“草土，鄙夷之辭。《左傳·僖公二十八年》：‘況瓊玉乎，是
糞土也。’《國語·晉語》四：‘玉帛酒食，猶糞土也。’《史記·貨
殖·范蠡傳》：‘貴出如糞土，賤取如珠玉。’《後漢書·袁紹傳》：
‘輕榮財於糞土。’《淮南子·繆稱》：‘碧瑜，糞土也。’（《論衡·累
害》：“文王所以爲糞土，惡來所以爲金玉也。”）《鍾子·劽蕘》：
‘珪玉棄於糞土。’（宋本《意林》六引）上引諸書之‘糞土’，與此文

之‘草土’，字雖有異，含義固不殊也。”謹按：長於列舉書證的楊明照未能給“草土”舉出一個書證證明其表示“鄙夷”之義，而所舉七例“糞土”的書證，與“草土”無涉。“草土”非“糞土”，“草土”與“糞土”語義各殊，“草土”非“鄙夷之辭”。“草土”用爲“鄙夷之辭”有待書證。楊明照把“草土”視爲一般詞語來箋注，是不妥的。“以玉帛爲草土”與“謂榮顯爲不幸”對舉互文顯義，“玉帛”與“榮顯”相關，“草土”與“不幸”相關。“玉帛”與聘禮相關，“草土”與喪禮相關。“玉帛”是朝廷禮聘士人的禮物，士人視爲喜慶之事；“草土”是居親喪所用之物，“（在）草土”的人們視爲悲傷之事。據載，居大喪守孝時，要“寢苫枕塊”。此喪禮，蓋始於春秋齊國晏嬰。《左傳·襄公十七年》：“齊晏桓子卒，晏嬰麤縗斬……居倚廬，寢苫、枕草。”楊伯峻注：“桓子即晏弦，晏嬰之父。晏嬰，《史記》有傳。麤，通作粗。麤縗斬，即粗布之斬衰。讀同衰。古代喪服，子爲父斬衰三年。……居喪時，臨時所搭草棚。倚木爲廬，在中門外東牆下，以草夾障，不塗泥，向北開户，……苫音山，編禾稭爲席，孝子臥其上，以草爲枕。以上並是晏嬰所行之子喪父之禮。”“寢苫枕草”，他書或作“寢苫枕凷”。《墨子·節葬下》：“處喪之法將奈何哉？曰：……處倚廬，寢苫枕凷。《禮記·喪服大記》：“父母之喪，居倚廬，不塗，寢苫枕凷。”孔穎達疏：“居倚廬者，謂於中門之外東牆下倚木爲廬，故云居倚廬。……寢苫枕凷者，謂孝子居於廬中，寢臥於苫·頭枕於凷。”凷同塊。這“苫”、這“凷”就是“草土”。《儀禮·喪服》：“居倚廬，寢苫枕塊。”賈公彦疏：“寢苫者，哀親之在草故也。”又《既夕禮》：“居倚廬，寢苫枕塊。”鄭玄注：“苫，編稿；塊，墢也。”賈公彦疏：“孝子寢臥之時，寢於苫以塊枕頭，必寢苫者，哀親之在草；枕塊者，哀親之在土。”賈公彦疏實據《禮記·問喪》：“居於倚廬，哀親之在外也；寢苫枕塊，哀親之在土也。”鄭玄注：“言親在外、在土，孝子不忍反室自安也。”又有“寢苫枕干”之語。《禮記·檀弓上》：“子夏問於孔子曰：‘居父母之仇，如之何？’夫子曰：‘寢苫枕干不仕。’”鄭玄注：“雖除喪，居處猶若喪也。干，盾也。”“草土”

除見於葛洪《抱朴子外篇・嘉遯》外，又見於顏之推《顏氏家訓・文章》："吾家世文章，甚爲典正……有詩賦銘誄書表啓疏二十卷，吾兄弟始在草土，並未得編次，便遭火蕩盡，竟不傳於世。"王利器集解引盧文弨曰："草土，謂在苫凷之中也。"《資治通鑑・唐昭宗天復二年》："六月，丙子，以中書舍人蘇檢爲工部侍郎同平章事。時韋貽範在草土，薦檢及姚洎于李茂貞。"胡三省注："居喪者寢苦枕塊，故曰草土。"官員居喪對君上自稱草土臣。陳子昂《爲宗舍人謝賵贈表》："草土臣某頓首稽顙。"要指出的是，《漢語大詞典》"草土"條所引文例皆晚于葛洪本文的例子，當據補。句意蓋謂：把朝廷用"玉帛"禮聘自己爲高官這種喜慶事，視爲居父母大喪時寢苦枕塊哀親在草在土的悲傷事。

[16] 抗：匹敵；對等。引申爲陪伴。靈規：耀靈如圓規，指日。此處指代日月。雲表：雲端；雲外。遂古：從古。苫、鹵、吐、睹、户、仵、土、古：模部。

[17] 峻岫(xiù)：深山峻嶺的洞穴。

[18] 漱：與下文"茹"互文義近。吸飲。流霞：傳說中天上神仙的飲料。

[19] 八石：道家煉丹常用的八種原料。丹經所載具體藥物不同：1. 朱砂、雄黄、雲母、空青、硫黄、戎鹽、硝石、雌黄。2. 巴砂、越砂、雄黄、雌黄、曾青、礬石、磁石、石膽。3. 石衆、石腦、流丹、流珠、飛節、黄子、石髓、桂英。

[20] 眇眇：高遠貌；遼遠貌。虹霓：雨後或日出、日没之際太陽光線與水氣相映，出現在天空的七色圓弧。常有兩環，内環爲雄虹，外環爲雌虹。

[21] 飄飄：形容馳思高遠。倒景(影)：道家指天上最高的地方，在日月之上。下視日月，其影皆倒。景：影之初字。

[22] 攪：亂。汩(gǔ)：擾亂。茵、英、鄰、神：真耕合韻，英爲耕部字，餘爲真部字。稚川方音－n與－ng不分。

2　於是有赴勢公子聞之,慨然而嘆曰[1]:"空谷有項領之駿者,孫陽之恥也[2];太平遺冠世之才者,賞真之責也[(1)][3]。安可令俊民全其獨善之分[4],而使聖朝乏乎元凱之用哉[5]!"

【校】

(1)責:魯藩本作貴,王國維校作責。

【注】

[1]赴勢公子:稚川虛擬的人物。赴勢:趨炎附勢。

[2]空谷有項領之駿者:喻賢者有才而不得賞識與任用。空谷:空曠幽深的山谷。項領之駿:頸項粗壯的駿馬。喻賢才。《詩·小雅·節南山》:"駕彼四牡,四牡項領。"毛傳:"項,大也。"《潛夫論·三式》:"周公之戒,不使大臣怨乎不以。《詩》云:'駕彼四牡,四牡項領。'"汪繼培箋:"此引《詩》以明大臣怨乎不以,則以四牡項領而靡所騁,喻賢者有才而不得試……"孫陽:伯樂。《莊子·馬蹄》:"及至伯樂,曰:'我善治馬。'"陸德明釋文:"伯樂,姓孫名陽,善馭馬。"

[3]賞真:此指發現、賞識、薦舉具有真材實學的負責人。

[4]俊民:才智傑出的人。獨善:獨自修身致善,提高道德品質。分:志。

[5]元凱:善和;八元八凱。古史稱高辛氏有才子八人(伯奮、仲堪、叔獻、季仲、伯虎、仲熊、叔豹、季狸)爲八元,高陽氏有才子八人(蒼舒、隤敳[tuí ái]、檮戭[chóu yǎn]、大臨、尨[máng]降、庭堅、仲容、叔達)爲八愷。泛指賢臣、才士。

3　乃造而說曰[1]:"徒聞振翅竦身[2],不能凌屬九霄,騰跚玄極[3],攸叙彝倫者[4],非英偉也。今先生操立斷之鋒[5],掩炳蔚之文[6];玩圖籍於絕迹之藪[7],括藻麗乎鳥獸之群[8]；陳龍章於晦夜[9]，沈琳琅於重淵；蟄伏於盛夏，藏華於當春[10]。雖復下帷覃思，彈毫騁藻[11]，幽贊太極，闡釋元本(1)[12]。言歡則木梗怡顏如巧笑(2)[13]，語戚則偶象嚬顣而滂沱[14]；抑輕則鴻羽沈於弱水，抗重則玉石漂於飛波[15]；離同則肝膽爲胡越[16]，合異則萬殊而一和[17]；切論則秋霜春肅，溫辭則冰條吐葩[18]；摧高則峻極頹淪[19]，竦卑則淵池嵯峨；疵清則倚暗夜光[20]，救濁則立澄黃河。然不能沾大惠於庶物，著勊勳於皇家(3)；名與朝露皆晞[21]，體與蜉蝣並化[22]；忽崇高於聖人之寶[23]，忘川逝於大耋之嗟[24]：竊爲先生不取焉[25]！

【校】

（1）闡釋元本：“元本”疑當乙爲“本元”。指創造天地萬物的一種混沌的元氣，爲萬物之本，故名。與“太極”互文同義。“元”與上文“文”、“群”、“淵”、“春”相叶。

（2）木：魯藩本作本，王國維校作木。

（3）勊：平津本作弘。勊同弘。

【注】

[１]造：到；至；訪問。説：游説（shuì），勸説別人使其聽從自己。

[２]竦身：聳身，縱身向上跳。竦通聳。

[３]淩厲：淩空高飛；升騰直上。九霄：猶九天，天之極高處；高空。騰跚：騰躍旋空而行。玄極：天頂，高空。

[４]攸叙彝倫：叙次或規定（治國）常道。攸：所。《書·洪範》：“天乃錫禹洪範九疇，彝倫攸叙。”孔傳：“天與禹，洛出書，神龜負文而出，列於背，有數至於九，禹遂因而第之，以成九類，常道所以次叙。”

[５]立斷：形容劍鋒銳利。

［6］炳蔚：原指虎斑文、豹斑文文采鮮明華麗。《易·革》：“象曰：大人虎變，其文炳也。”“君子豹變，其文蔚也。”虎變即虎斑文，豹變即豹斑文。此形容文采鮮明華麗。

［7］玩：研討；體會。絶迹之藪：人迹罕至的湖澤。

［8］括：搜尋囊括。藻麗：華麗；艷麗。句謂從鳥獸群中攝取文采。

［9］龍章：龍形花紋。指衮龍服與章甫冠或王侯儀衛旗幟上的龍形圖文。此藉指文采。

［10］蟄(zhé)伏：如蟲伏處、幽居。

［11］下帷：放下室内懸掛的帳幕。指教授學生。《史記·儒林列傳·董仲舒》：“董仲舒，廣川人也。以治《春秋》，孝景時爲博士。下帷講誦，弟子傳以久次相受業，或莫見其面。蓋三年，董仲舒不觀於舍園，其精如此。”故“下帷講誦”用以指教書。覃(tán)思：深思。

［12］幽贊太極：深深著明宇宙萬物的本原。《易·説卦》：“幽贊於神明而生蓍。”韓康伯注：“幽，深也；贊，明也。”孔穎達疏：“幽者隱而難見，故訓爲深也。贊者，佐而助成而令微者得著，故訓爲明也。”太極：氣象或元氣未分之時。《易乾鑿度》：“孔子曰：‘易始於太極，太極分而爲二，故生天地。’”鄭玄注：“(太極)氣象未分之時，天地之所始也。”元本：根本。與“太極”互文義近。

［13］木梗：木刻的人；木偶人。巧笑：美好的笑容。

［14］顰顣(pín cù)：皺眉蹙額。表示不悦或憂傷的神情。滂沱：雨大貌，形容淚或血等流得多。沱：魯藩本作沲，同沱。

［15］弱水：古代傳説中險惡難渡、不勝鴻毛的河海。

［16］肝膽：中醫認爲肝與膽互爲表裏，膽爲肝府，故常並提。此喻兩個事物關係密切。胡越：胡地在北，越地在南。喻疏遠隔絶。《莊子·德充符》：“仲尼曰：‘自其異者視之，肝膽楚越也；自其同者視之，萬物皆一也。’”《淮南子·俶真》“楚”作“胡”，高誘注：“肝膽，喻近；胡越，喻遠。”

［17］殊：異。一：同。

［18］春肅：倒春寒時，草木蕭瑟。喻言辭冷峻。華同花。

［19］峻極：高至於。

［20］夜光：指月。

［21］晞（xī）：乾。

［22］蜉蝣（fú yóu）：幼蟲生活水中，成蟲褐綠色，有四翅，壽命長者六
　　　七日，短者幾小時。

［23］聖人：此指國君。寶：指帝位及其政權。《易・繫辭下》：“天地
　　　之大德曰生，聖人之大寶曰位。”

［24］川逝：指一去不復返的江河之水。大耋之嗟：老年人的嗟歎。
　　　耋（dié）：老年。八十曰耋，一説七十曰耋。以上沱、波、和、葩、
　　　峨、河、家、化、嗟：歌部。

［25］竊：私下；私自。多用作謙詞。不取：不贊成；不採取。

　　4　“蓋聞：‘大者天地，其次君臣[1]。’先聖憂時，思行其
道⑴，‘三月無君，皇皇如也[2]’。恥今聖主⑵，不與堯、舜
一致[3]；愍此黎民，不可比屋而封[4]。故或負鼎而龍躍[5]，
或扣角以鳳歌⑶[6]。不須蒲輪而後動[7]，不待文王而後
興[8]。潛初飛五[9]，與時消息[10]。進有攸往之利[11]，退無
濡尾之累[12]；明哲以保身[13]，宣化以濟俗[14]。使夫承蘭風
以傾柯[15]，濯清波以遣穢者⑷，若沈景之應朗鑒，方圓之赴
規矩[16]。故勳格上下，惠沾八表[17]。夫有唐所以巍巍[18]，
重華所以恭己⑸[19]，西伯所以三分[20]，姬發所以革命[21]，
桓、文所以一匡[22]，漢高所以應天[23]，未有不致群賢爲六
翮[24]，託豪傑爲舟楫者也。若令各守洗耳之高[25]，人執耦
耕之分[26]，則稽古之化不建[27]，英明之盛不彰；明良之歌
不作[28]，括天之網不張矣[29]。

【校】

（1）思行其道：陳其榮校：“舊寫本思作急。”

（2）恥今聖主：各本同。“今”蓋本作“令”。《任能》有“恥令其君不及唐、虞”語，《交際》有“恥令譚、青專面地之篤”語，均作“恥令”，是其證。

（3）鳳歌：據《論語·微子》，本是楚狂接輿歌而過孔子曰“鳳兮，鳳兮，何德之衰”等語，與甯戚無涉。稚川強求“龍躍”與“鳳歌”相儷致此。有關甯戚的記載均作“商歌”，當從。

（4）者：崇文本作“有”，屬下句。

（5）已：魯藩本誤寫作巳。

【注】

［1］大者天地，其次君臣：言君臣關係如天地一般永恒，而地位僅次於天地。《國語·晉語五》：“（趙宣子）對曰：‘大者天地，其次君臣，所以爲明訓也。今宋人弑其君，是反天地而逆民則也，天必誅焉。晉爲盟主而不修天罰，將懼爲焉。’公許之。”

［2］先聖：指孔子。皇皇如：惶惶然。憂悼在心之貌；惶恐不安貌。皇通惶。《孟子·滕文公下》：“傳曰：‘孔子三月無君，則皇皇如也。’”

［3］堯：姓伊祁氏，號陶唐，史稱唐堯。親和九族，合和萬國。命羲和制曆法，鯀治洪水，任賢舉能。晚年命舜攝行天子之政，經三年考核，卒以天下授舜。及卒，百姓悲哀，如喪父母。一說堯晚年德衰，爲舜所囚，其位爲舜所奪。《逸周書·諡法》：“翼善傳聖曰堯。”舜：姓姚氏，史稱虞舜。冀州人。以耕漁、製作陶器爲生。年二十，以孝聞。年三十被四岳薦於帝堯，堯命他攝天子事，任用禹、皋陶、契、后稷等賢臣。因舜子商均不肖，乃以禹爲繼位之嗣。南巡，卒於蒼梧之野。一說舜爲禹所放逐，死於蒼梧。《逸周書·諡法》：“仁聖盛明曰舜。”

［4］比屋而封：謂上古之世教化遍及四海，家家皆有德行，堪受旌表。一說堯舜時，一說周時。漢陸賈《新語·無爲》：“堯舜之民，可比屋而封；桀紂之民，可比屋而誅者，教化使然也。”《尚書大傳》五：“周人可比屋而封。”

［5］負鼎：指伊尹背着食鼎求見商湯，得到重用。《戰國策‧趙策四》：“伊尹負鼎俎而干湯，姓名未著，而受三公。”鼎：烹煮器具。多爲禮器。俎：砧板。龍躍：如龍騰躍。言興起。

［6］扣角：相傳春秋衛人甯戚家貧，飯牛車下，適遇齊桓公，因擊牛角而歌。桓公聞而知其賢，後車載之，拜爲上卿。扣角遂成爲求仕之典。商歌：悲涼低沈之歌。商：五音（宮、商、角、徵［zhǐ］、羽）之一。

［7］蒲輪：指用蒲草包裹車輪，使車子減少震動。古時常用於封禪或迎接賢士，以示禮敬。《漢書‧武帝紀》：“（建元元年）遣使者安車蒲輪、束帛加璧，徵魯申公。”顏師古注：“以蒲裹輪，取其安也。”

［8］待文王而後興：語本《孟子‧盡心上》：“孟子曰：‘待文王而後興者，凡民也。若夫豪傑之士，雖無文王猶興。’”朱熹集註：“興者，感動奮發之意。”文王：周文王，商末周族領袖。姓姬，名昌。商紂時曾被囚於羑里。行仁政，解決虞、芮爭端，諸侯歸附。伐犬戎、崇等國，自岐下徙都於豐。在位五十年，未及伐殷而卒。周人追尊爲文王。興：起，此謂應徵前往朝廷出仕。

［9］潛初飛五：“潛初”是《易‧乾》“初九：潛龍勿用”的縮語。“初九”是《易經》爻題倒數第一陽爻。“潛龍”謂藏於水中的龍。“勿用”猶言勿動，無所作爲。謂隱。飛五：是《易‧乾》“九五：飛龍在天，利見大人”的縮語。“九五”是《易經》爻題倒數第五陽爻。“飛龍在天，利見大人”謂大人居高位。謂仕。

［10］與時消息：跟隨時間消長。消：消亡。息：孳生。兩句謂是隱是仕，要隨王朝興衰而定。

［11］進：謂出仕做官。有攸往之利：所往有利於建國封侯。

［12］退：謂退隱。濡（rú）尾：打濕尾巴。《易‧未濟》：“小狐汔濟，濡其尾，無攸利。”喻庸人無能而蠻幹致禍。累：禍患。

［13］明哲以保身：明曉善惡是非，去危就安，保全自身。

［14］宣化以濟俗：傳佈君令，教化百姓，用來匡救時俗。

［15］承蘭風以傾柯：寫“宣化”的客觀效果。句謂讓黎民百姓接受儒家教化，就像樹枝受到蘭花香風吹拂而傾斜。

[16] 沈景(jǐng)：西沈的太陽;沈入水中的太陽或月亮。朗鑒：明鏡。
　　規矩：校正圓形與方形的兩種工具。

[17] 勳格上下：功勳至於天地。八表：八方極遠之地。

[18] 有唐：指唐堯,帝嚳(kù)之子。有：詞頭。初封於陶,後徙於唐。
　　所以：用在上半句,由果探因。

[19] 重華：虞舜目重瞳,故名。恭己：恭謹以律己。

[20] 西伯：西方諸侯之長。指周文王或周武王,此指周文王。三分：
　　指三分天下有其二。

[21] 姬發：姓姬,名發。周文王太子,繼昌而立。以太公望爲師,周公
　　旦爲輔,修文王緒業。九年東觀兵於盟津。十一年,率師伐紂,
　　大敗紂於牧野,滅殷,建立西周。分封諸侯,都鎬。克殷二年卒。

[22] 桓：齊桓公(前?—前643),春秋時齊國君。姓姜,名小白,齊襄
　　公之弟。從莒回國取得政權,任用管仲、鮑叔、隰朋等賢臣改革
　　國政,齊遂富強。以"尊王攘夷"相號召,幫助燕國打敗北戎,營
　　救邢、衛兩國,制止戎狄對中原的進攻;聯合中原諸侯進攻蔡、
　　楚,和楚國會盟於召陵(今河南偃城東北);安定東周的内亂,多
　　次大會諸侯,訂立盟約,成爲春秋五霸之首。晚年重用易牙、開
　　方、豎刁等佞臣,其五子各樹黨爭立。卒,尸蟲出於外。文：晉
　　文公(前697—前628),春秋時晉國君。獻公子,名重耳。獻公
　　寵倖驪姬(前?—前651),立幼子爲嗣。重耳出奔在外十九年,
　　賴秦援返晉即位。施惠百姓,重賞從亡者。侵曹伐衛,與楚戰於
　　城濮,大勝。於踐土(今河南滎陽東北)大會諸侯,成爲霸主。一
　　匡：一匡天下,使天下得到匡正。

[23] 漢高：漢高祖劉邦(前256—前195),字季,秦末泗水沛縣(今江
　　蘇沛縣)人。曾任泗水亭長。秦二世元年(前209),陳勝起義,他
　　起兵響應,稱沛公。初屬項梁,後受楚懷王孫心派遣,西入關,取
　　咸陽,秦亡。除秦苛法,"約法三章",深得民心。鴻門宴後,受項
　　羽封,爲漢王。從韓信計,還定關中,與項羽爭奪天下。歷時五
　　年,聯合韓信、英布軍等會師垓下決戰,項羽亡。即帝位,定都長
　　安,史稱西漢。行與民休息之策,輕徭薄賦,重農抑商。令蕭何

次律令,韓信申軍法,張蒼定章程,叔孫通制禮儀,整齊漢制。加強中央集權,逐一剪除異姓諸侯王,分封同姓諸侯王,徙豪强大族於關中,以加强控制。北和匈奴,南撫百越。討伐英布,中流矢,病重。臨終前,預定相國、太尉人選,以防呂氏專權。尊號高皇帝,廟號高祖。應天:順應天命。謂變革以應天命。

[24] 六翮(hé):謂鳥類雙翅中的正羽,用以指其兩翼。翮:羽莖。

[25] 洗耳:表示厭惡聽到汙濁的聲音。傳說堯讓天下給許由,許由洗耳而不受。一説巢父洗耳不受。蓋傳聞異辭。

[26] 執……分:堅守本分。耦耕:二人並耕。泛指耕種、農事或務農。

[27] 稽古:依據傳説;考察古事。《書・堯典》:"曰若稽古帝堯。"孔安國傳:"若,順;稽,考也。能順考古道而行之者帝堯。"方孝岳《尚書今語》:"'曰''若'皆發語詞。稽,考也,據也。……'古'乃十口識(zhì)前言,即是傳説。"

[28] 明良之歌:指皋陶所唱頌歌。《書・益稷》:"乃賡載歌曰:'元首明載!股肱良哉!庶事康哉!'"

[29] 括天之網:比喻朝廷的統治。張:張設羅網以捕鳥獸。

5 "故藏器者珍於變通隨時[1],英逸者貴於吐奇撥亂。若乃耀靈翳景於雲表[2],則麗天之明不著[3];哮虎韜牙而握爪[4],則搏噬之捷不揚;太阿潛鋒而不擊,則立斷之勁不顯[5];驥駬踠趾而不馳,則追風之迅不形[6];並默則子貢與喑者同口[7],咸瞑則離朱與矇瞽不殊矣[8]。先生潔身而忽大倫之亂[9],得意而忘安上之義[10];存有關機之累[11],没無金石之聲[12];庸人猶且憤邑(1)[13],何有大雅而無心哉[14]!

【校】

(1) 憤邑:原作憤色,當從孫人和校作憤邑。

【注】

［1］藏器：謂待時。器：用具，引申爲才能。《易·繫辭下》："君子藏器於身，待時而動。"

［2］耀靈：太陽的別稱。《楚辭·天問》："角宿未旦，曜靈安藏？"王逸注："曜靈，日也。"曜、耀古今字。翳景（yì jǐng）：遮蔽陽光。景：日光。

［3］麗天：附著於天。《易·離》："日月麗乎天，百穀草木麗乎土。"王弼注："麗，猶著也。各得所著之宜。"明：日月的光亮。

［4］哮虎：虓虎。怒吼咆哮的老虎。韜：掩藏。

［5］太阿：相傳春秋時歐冶子、干將所鑄之寶劍名。勁：精銳。

［6］驥騄：赤驥、騄駬，並爲周穆王八駿之一。踠（wǎn）趾：屈足；蜷脚。追風：秦始皇七匹名馬之一，以馳稱。

［7］子貢：端沐賜（前520—前?）的字。衛人，孔子弟子。利口巧辯，孔子常黜其辯。游説列國，存魯、亂齊、破吴、强晉而霸越，具有卓越的外交才能。曾相魯、衛。善貿易，家累千金。喑（yīn）：啞；緘默無言。

［8］離朱：即離婁，相傳黄帝時人，視力極强。矇瞽（méng gǔ）：無眼珠謂之瞽，有眼珠而無視力謂之矇。

［9］大倫：封建社會最基本的倫理道德，即所謂父子有親、君臣有義、夫婦有別、長幼有序、朋友有信等"五倫"。此指君臣有義。

［10］安上：安居上位；使君上安定。《孝經·廣要道章》："安上治民，莫善於禮。"邢昺疏："欲身安於上、民治於下者，莫善於行禮以帥之。"

［11］關機：機關，指口舌。

［12］没：通殁。死。金石：鍾鼎碑碣，記功用之。

［13］憤邑：或作"憤悒"。憤恨憂鬱。

［14］大雅：指大雅之才；稱德高才大者。

6　"夫繩舒則木直[1]，正進則邪凋；有虞舉則四凶戮[2]，宣尼任則少卯梟(1)[3]；猶震雷駭則礐鼓埋，朝日出則螢燭幽也[4]。不拯招魂之病，則無以効越人之絶伎[5]；不獎多難之世[6]，則無以知非常之遠量。高拱以觀溺[7]，非勿踐之仁也[8]；懷道以迷國[9]，非作者之務也[10]。若俟中唐殖占日之草[11]，朝陽繁鳴鳳之音[12]；郊畤獨角之獸，野攢連理之林[13]；長旄卷而不懸[14]，干戈戢而莫尋[15]；少伯方將告退於成功[16]，孰能相擢乎陸沈哉[17]？深願先生不遠迷復哉[18]！"

【校】

（1）邱光庭《兼明書》卷三《孝經》"仲尼"條："今人讀'仲尼'之'尼'與'僧尼'之'尼'音同。明曰：非也。'仲尼'之尼當音'夷'，古'夷'字耳。按《尚書》古文'隅尼''島尼''萊尼'並作'尼'，今文皆作'夷'，然則'夷''尼'音義同。又按《左傳》魯哀公誄孔子曰：'鳴呼！哀哉！尼父音甫。'晉王衍字夷甫，是用今文耳。又漢有諫尼，晉有潘尼，猶用古字。按字書，仲尼之尼，從尸，下二；僧尼之尼，從尸，下工，文字不同，音義亦別。代人不能分別，乃一概而呼，實乖聖人之音也。"

【注】

[1] 繩舒則木直：句喻曲直。繩：畫直的墨線。

[2] 有虞舉：四岳推薦，堯送以二女，付虞舜以職三年，因政績顯著，傳位給他以舜爲堯的繼承人。四凶：虞舜時四個惡名昭著的部族首領。戮：懲罰，即殛、竄、放、流。一說流共工于幽州，放驩兜于崇山，竄三苗于三危，殛鯀于羽山，四罪而天下咸服。一說流四凶族：渾敦（驩兜）、窮奇（共工）、檮杌（táo wù）（鯀 gǔn）、饕餮（tāo tiè）（三苗），投諸四裔，以禦螭魅。

[3] 宣尼任則少卯梟：指孔子由大司寇攝行相事，以少正卯"五惡亂政"將其梟首示衆。宣尼（yí 夷）：西漢平帝元始元年（公元 1 年）

追諡孔子曰襃成宣尼公。少卯（前?一前 498）：少正卯，魯大夫。少正，官名；卯，名。梟（xiāo）：斬首而懸其頭於木竿上示衆。

［4］駭：驚動；震動。鼛（gāo）鼓：一種用於指揮勞役的大鼓，長一丈二尺。堙（yīn）：泯滅，埋没。螢燭：螢火蟲與蠟燭。喻光幽微。

［5］拯：救助。招魂：招死者或生者之魂。招魂之病：垂危之症。無以：無所以；無從。効：表現，顯示。効通效。越人：戰國初趙簡子時名醫扁鵲，姓秦名越人，勃海郡鄭（mào）（今河北任丘鄚州鎮）人。一説家於盧國（今山東濟南西南），又因名盧醫。學醫於長桑君，醫道精湛，擅長多科醫術，是我國醫史上著名的帶下（婦科）醫、耳目痺（五官科）醫、小兒（小兒科）醫、言脈者。

［6］獎多難：謂輔助帝王多難興邦。

［7］高拱：高高地兩手抱拳，指安坐時的姿勢。觀溺：冷眼旁觀他人掉進水裏。

［8］勿踐之仁：謂不讓牛羊踐踏路旁蘆葦的仁愛心腸。相傳這是公劉仁及草木的遺風。《詩·大雅·行葦》：“敦彼行葦，牛羊勿踐履。”毛傳：“敦，聚貌。行，道也。”鄭玄箋：“敦敦然道旁之葦，牧牛羊者毋使躐履折傷也。”敦音團，行音杭。《列女傳·辯通·晉弓工妻傳》：“妻曰：‘君聞昔者公劉之行乎？羊牛踐葭葦，惻然爲民痛之，恩及草木。’”

［9］懷道以迷國：猶言懷寶以迷邦，比喻有才德而不救拯國家的迷亂。懷道：胸懷治道。迷國：指隱居不仕，不拯救國家的迷亂。《論語·陽貨》：“懷其寶而迷其邦，可謂仁乎？”朱熹集註：“懷寶迷邦，謂懷藏道德，不救國之迷亂。”

［10］作者：創始者；有作爲的人。

［11］中唐：大門至廳堂的路。殖：通植。占日之草：即用以觀察日月運行天數的朱草曆莢。《竹書紀年》上：“帝堯陶唐氏七十年……又有草莢階而生，月朔始生一莢，月半而生十五莢，十六日以後日落一莢，及晦而盡；月小，則一莢焦而不落，名曰‘蓂莢’，一曰‘曆莢’。”

[12] 朝陽繁鳴鳳之音：謂鳳鳴高崗，梧桐生於山東。喻英才遇時而起。形容盛世用之。朝陽：山的東面，因其爲早晨太陽所照，故名。《爾雅・釋山》：“山東曰朝陽。”郭璞注：“旦即見日。”《詩・大雅・卷阿》：“鳳凰鳴矣，於彼高岡；梧桐生矣，於彼朝陽。”毛傳：“梧桐盛也，鳳皇鳴也，臣竭其功，則地極其化。”

[13] 跱(zhì)：止；立。獨角之獸：謂麒麟之類的瑞獸。攢：聚。連理：枝條連生一起。古人認爲德至草木則木連理。

[14] 長旌卷而不懸：收卷軍旗，不懸旌萬里之外。喻與周邊國家或民族和睦相處。旌：用旄牛尾和彩色鳥羽作竿飾的軍旗。

[15] 干戈：指武器。干：盾牌，用以抵擋敵人進攻的武器。戈：有長柄，用以鈎挽並啄刺敵人的進攻性武器。尋：用。

[16] 少伯：范蠡字，春秋末楚國宛（今河南南陽）三户人。助越王句踐滅吳雪會稽之恥，乃乘扁舟，浮於江湖。

[17] 陸沈：陸地無水而沈。比喻隱居，也比喻埋没，不爲人所知。音、林、尋、沈：侵部。

[18] 不遠迷復：謂迷途不遠而能返回，是不迷也。喻知過即改。

7　於是懷冰先生蕭然遐眺[1]，遊氣天衢[2]，情神遼緬[3]，旁若無物[4]，俯而答曰：“嗚呼！有是言乎？蓋至人無爲[5]，棲神沖漠[6]。不役志於禄利，故害辱不能加□也(1)；不蹉跱於險途(2)[7]，故傾墜不能爲患也[8]。藜藿不供，而意佚於方丈[9]；齊編庸民[10]，而心歡於有土[11]。寢宜僚之舍[12]，閉干木之間[13]，攜莊、萊之友[14]，治陋巷之居[15]。礭岳峙而不拔(3)[16]，豈有懷於卷舒乎[17]？以欲廣則濁和，故委世務而不紆眄(4)[18]；以位極者憂深[19]，故背勢利而無餘疑。其貴不以爵也，富不以財也[20]。侶雲鵬以高逝[21]，故不縈翮於腐鼠[22]；以蕃、武爲厚誡[23]，故不改樂於簞瓢[24]。

【校】

（1）害辱：孫星衍校：“藏本作害而。”魯藩本蓋脱一字。王國維校，在其下旁劃鉤，當加“辱”字。不能加：各本“加”下當補一“禍”字，如此，“害辱不能加禍”始與“傾墜不能爲患”對文。

（2）躕峙：魯藩本作“踷峙”。

（3）礏：平津本作碻，礏同碻。

（4）以欲廣則濁和：“則”當作“者”，與“位極者”爲對文；如“則”字不改，則下一分句的“位極者”之“者”當改爲“則”，取句式一律。

【注】

[1] 蕭然：蕭灑；悠閒。遐眺：遠望。

[2] 遊氣：浮動的雲氣。天衢（qú）：謂天空廣闊，可任意通行，如市之廣衢。四達謂之衢。

[3] 情神：精神，神情。遼緬：猶遥遠。

[4] 旁若無物：猶旁若無人，形容神色自若，不以有人在側爲意。

[5] 至人無爲：超脱凡俗達到無我境界的人順任自然。《莊子·知北遊》：“是故至人無爲，大聖不作，觀於天地之謂也。”

[6] 棲神沖漠：寄託精神於恬静虚寂，以保其根本，養其元神。

[7] 躕峙（chú zhì）：滯留；徘徊不前。峙與跱同。

[8] 傾墜：陷落，倒塌。

[9] 藜藿（lí huò）：兩種嫩葉可食的野菜。泛指粗劣的飯菜。藜：俗稱灰菜，似藿而表赤。藿：豆葉，嫩時可食。佚：通逸，安樂。方丈：指一丈見方的美食。極言肴饌之豐盛。

[10] 齊編：猶齊民；編户民。謂户籍編在一起。指平民身份相同。

[11] 有土：有土地；有封地。

[12] 宜僚：姓熊，名宜僚，春秋時楚國勇士、隱者，善弄丸、解紛。楚國白公勝（前？—前479）作亂，欲殺令尹子西。因宜僚“可以當五百人”，想以劍屈之。宜僚不爲利諂，不爲威惕。白公勝不得宜僚之助，遂使白公、子西兩家之難解。

[13] 干木：段干木，戰國魏人，魏國著名馬匹交易的經紀人，子夏的

學生,隱居不仕。魏文侯欲以之爲相、代己爲侯,干木避之。

[14] 莊:莊周(前369—前286),戰國時宋國蒙(今河南商丘縣東北)人。曾任蒙城漆園吏。生活極爲窮困,曾向監河侯借糧。楚威王聞其賢,厚幣以迎,許以爲相,以"無汙我"拒之。齊宣王又以千金之幣迎周爲相,他不願做"郊祭之犧牛",遂終身不仕。其學無所不窺,然其要本歸於老子之言。其著作主張清静無爲,獨尊老子而詆訾儒、墨,是繼老子之後的著名道家代表人物、哲學家、浪漫主義文學家。《莊子·内篇》爲莊周所作,《外篇》與《雜篇》爲其門徒所作。萊:老萊子,春秋末楚人,至孝,與孔子約略同時。相傳逃世耕於蒙山之陽,墾山播種五穀,蓬蒿爲室,杖木爲床。著書十五篇,言道家之用。楚王迎之,不就。

[15] 治……居:建造居室。陋巷:狹小簡陋的居室。

[16] 礌:堅高之貌。岳:高大的山。

[17] 卷舒:隱退與出仕。此偏指出仕。閭、居、舒:魚部

[18] 濁:混亂;昏亂。紆眄(yū miǎn):猶言縈懷眷顧。

[19] 位極:官位在一人之下,萬人之上。憂深:憂患深重。

[20] 其貴不以爵也,富不以財也:意本《荀子·儒效》:"故君子無爵而貴,無禄而富。"

[21] 雲鵬:翼若垂天之雲的鵬鳥。高逝:高高飛翔。

[22] 縈翾:猶言來回飛行。腐鼠:腐爛的老鼠肉。《莊子·秋水》:"惠子相梁……莊子往見之,曰:南方有鳥,其名爲鵷鶵,子知之乎?夫鵷鶵發於南海,而飛於北海,非梧桐不止,非練實不食,非醴泉不飲。於是鴟得腐鼠,鵷鶵過之,仰而視之,曰:'嚇!'"

[23] 蕃:陳蕃(?—168),字仲舉,汝南平輿(今屬河南)人。桓帝時,任太尉,與李膺等反對宦官專權,時人譽爲"不畏强禦"。復拜太傅,録尚書事。與外戚、大將軍竇武謀除宦官,事泄,遂率官屬諸生攻入承明門,兵敗被誅。家屬徙比景,宗族、門生、故吏皆被斥免禁錮。武:竇武(?—168),字游平,扶風平陵(今陝西咸陽西北)人。少以經行著稱,教授於大澤中,名顯關西。女爲桓帝皇后,拜城門校尉。上書請黜宦官,解除黨禁。定策立靈帝,拜大

將軍,封聞喜侯。與太學生聯結,起用反對宦官的李膺等人,與
陳蕃等謀除宦官,事敗,自殺。家屬徙日南,宗族、賓客、姻屬皆
被誅。

[24] 簞瓢:盛飯用的簞和盛水用的瓢。喻貧困簡樸的生活。

8 "且夫玄黃遐邈[1],而人生倏忽。以過隙之促[2],託
罔極之間[3],迅乎猶奔星之蹔見[4],飄乎似飛矢之電經[5]。
聊且優游以自得[6],安能苦形於外物哉[7]! 夫鸞不絓
網(1)[8],驎不墮穽[9],相彼鳥獸[10],猶知爲患;風塵之
徒[11],曾是未若也(2)[12]?

【校】

(1)鸞:孫星衍校:"今本作鳶,從《意林》改。"

(2)曾是未若:各本均作曾是未咨,當從王廣恕校"咨"作若。

【注】

[1]且夫:提挈助詞,用於一個論點或敘述的開端。玄黃:天地的顏
　　　色;天地。遐邈:遼闊;遼遠。

[2]過隙:如(騏驥、白駒)經過空隙之地。喻人生短暫,光陰易逝。
　　　隙:空隙之地;壁孔;壁際。

[3]罔極:無窮無盡。

[4]奔星:流星。蹔:暫之或體。見:現之本字。出現。

[5]飄:疾急。

[6]聊且:姑且。優游:從容;悠閒。

[7]外物:身外之物。多指功名利祿、地位權勢等。

[8]鸞:瑞鳥。

[9]驎:麟之假字。仁獸。

[10]相(xiàng):視。

[11]風塵之徒:指競相奔趨於仕途者。《文選·答賓戲》:"商鞅挾三

術以鑽孝公,李斯奮時務而要始皇,彼皆躡風塵之會,履顛沛之
勢。”《藝文類聚》三二引後漢秦嘉《與妻書》:“勞心無已,當涉遠
路;趨走風塵,非志所慕。”

[12] 曾未若。竟連鳥獸還不如。鄙夷之辭。《禮記·三年問》:“然而
從之,則是鳥獸之不若也。”

9　“若夫要離滅家以效功[1],紀信赴燔以誑楚[2],陳賈
刎頸以證弟[3],仲由投命而菹醢[4],嬴門伏劍以表心[5],聶
政感惠而屠葅[6],荊卿絶臏以報燕[7],樊公含悲而授首[8],
皆下愚之狂惑,豈上智之攸取哉[9]!

【注】

[1] 若夫:至於。用於句首或段落的開始或轉折,表示另提一事。要
離:春秋時吳國刺客。吳公子光既弑庶父王僚而即位,又欲殺
王子慶忌。要離獻策“願王戮臣妻子,斷臣右手”,然後詐以畏罪
出逃,見慶忌於楚。慶忌信之,與謀奪取吳國。渡江,於中流刺
殺慶忌。要離至江陵,“自斷手足,伏劍而死”。

[2] 紀信(前?—前204):劉邦部將。楚漢相爭時,劉邦被圍於滎
陽,“漢王乏食”,事急。“紀信乘黃屋車,傅左纛”,偽裝成劉邦,
詐降東門,劉邦得與數十騎出西門而遁。項羽燒殺紀信。赴燔:
謂投火獻身。

[3] 陳賈:蓋與孟子同時的齊國大夫。刎頸:割斷脖頸,自殺。其詳
不可考。證弟:證明周公爲兄,管叔爲弟。據《孟子·公孫丑
下》《史記·管蔡世家》,以管叔爲兄,周公爲弟。但《列女傳·母
儀》《孟子章句》趙岐注,則以周公爲兄,管叔爲弟,蓋陳賈同此,
故云證弟。

[4] 仲由(前542—前480):字子路,一作季路。卞(今山東泗水東)
人,孔子弟子。少孔子九歲,至孝,性鄙野耿直,冠以雄雞,佩以
豚,以示其勇。曾凌暴孔子,孔子以禮儀誘化之,後儒服委質爲

弟子。孔子贊其能片言折獄,可治千乘之國的賦稅。隨孔子周游列國。曾爲魯季氏宰和衛蒲邑大夫。爲衛大夫孔悝邑宰時,逢衛内亂,衛莊公命石乞、壺黶攻之,擊斷其冠纓。子路説:"君子死,冠不免。"遂結纓而死。死後"醢之"。葅醢(zū hǎi):剁成肉醬。古代酷刑之一。泛指處死。

[5] 嬴門:侯嬴(前?—前257),戰國魏隱士。年七十,爲魏都大梁夷門監者。信陵君聞其賢,往以厚禮請,嬴不肯受。信陵君大會賓客,親迎之。嬴使信陵君執轡駕車,招摇過市,以成信陵君禮賢下士之名,遂爲信陵君上客。魏安釐王二十年(前257)爲信陵君謀劃竊虎符以救趙,並薦舉力士朱亥隨信陵君往奪晉鄙軍。事成,嬴北向自刭以謝信陵君知遇之恩。伏劍:仰劍刃,伏身其上取死。

[6] 聶政(前?—前397):戰國時軹(今河南濟源縣)人。殺人避仇,與母、姊至齊,以屠爲業。嚴仲子事韓哀侯,與韓相俠累有隙,恐被誅,亡去,至齊,欲求聶政爲其報仇。政以母在,未允。母死,政乃西見嚴仲子,仗劍至韓。俠累(前?—前397)方坐府上,持兵執戟而侍衛者甚衆。政直入,上階刺殺之,左右大亂。政大呼,所擊殺者數十人。又以刀自割面皮,抉出眼睛,自屠出腸而死;其姊哭其於韓市,死於其側。

[7] 荆卿:荆軻(前?—前227),戰國時衛(今河南東部)人。衛人謂之慶卿,至燕,燕人謂之荆卿。好讀書擊劍,曾游説衛元君,未被用。與燕之狗屠及善擊筑者高漸離友善,爲燕國處士田光(前?—前227)所善待。田光薦之於燕太子丹,被尊爲上卿,丹恣軻所欲。軻攜秦亡將樊於期之頭與燕督亢圖,圖内藏焠毒藥之匕首,與燕國勇士秦舞陽赴秦,謀刺秦王。至秦,得受秦王接見。至殿,軻取圖獻之。秦王發圖,圖窮而匕首見。軻因刺之,秦王驚走。軻左股爲劍所斷,遂引匕首擲之,未中秦王。身被八創,猶倚柱而笑,謂事所以不成者,因欲生劫秦王之故。軻遂被秦王左右所殺。絶臏:截斷臏骨。按《史記·刺客列傳·荆軻》謂秦王"斷其左股","軻被八創"。與稚川"絶臏"的記述不同。

蓋傳聞異詞。

[8] 樊公：樊於期(wū jī)，戰國末秦將。得罪於秦王，父母宗族皆被戮，於期奔燕，燕太子丹受之。秦王政懸賞千金、邑萬家購其頭。太子丹欲使軻刺秦王，荊軻謂須得樊於期之首而獻，才能被秦王召見。太子丹義而不忍殺樊於期，荊軻遂私見之，謂樊於期，若得其首以獻秦王，秦王必喜而見之，方有機會刺殺秦王。樊於期扼腕奮勵，遂自刎，以期荊軻能成刺秦王之事。授首：此謂自刭，授出首級給荊軻。

[9] 下愚：最愚蠢的人。上智：最聰明的人。《論語·陽貨》：“子曰：‘唯上知與下愚不移。’”楊伯峻注釋：“《漢書·古今人表》說：‘可與爲善，不可與爲惡，是謂上智。可與爲惡，不可與爲善，是謂下愚。’則是以其品質言。孫星衍《問字堂集》說：‘上知謂生而知之，下愚謂困而不學。’則是兼以其知識與品質而言。”

10　“蓋禄厚者責重(1)[1]，爵尊者神勞。故漆園垂綸，而不顧卿相之貴[2]；柏成操耟[3]，而不屑諸侯之高。羊説安乎屠肆[4]，楊朱齊其一毛[5]。僥求之徒，昧乎可欲[6]，集不擇木[7]，仕不料世，貪進不慮負乘之禍[8]，受任不計不堪之敗；論榮貴則引伊、周以救溺[9]，言亢悔則諱覆餗而不記[10]；伺驪龍之睡而撥明珠(2)[11]，居量表之寵而冀無患(3)[12]；耽漏刻之安[13]，蔽必至之危；無朝菌之榮，望大椿之壽[14]；似蹈薄冰以待夏日[15]，登朽枝而須勁風；淵魚之引芳餌[16]，澤雉之咽毒粒[17]；咀漏脯以充飢[18]，酣鴆酒以止渴也[18]。

【校】

（1）禄厚：藏本、魯藩本作“厚禄”，王國維校乙作“禄厚”，“禄厚”與

“爵尊”相儷。

（2）伺驪龍之睡而撥明珠。驪龍：原作河龍。“河龍”衹與“供鯉”有
　　關，見《漢書・禮樂志》，而與“撥明珠”無涉，蓋作者誤記。驪龍：
　　見《莊子・列禦寇》：“夫千金之珠，必在九重之淵，而驪龍頷下。
　　子能得珠者，必遭其睡也。使驪龍而寤，子尚奚微之有哉！”成玄
　　英疏：“驪，黑龍也，頷下有千金之珠也。譬譏得車之人也。”雖然
　　《莊子》文中有“河上有家貧”句，帶上了“河”字，但仍以“驪龍”爲
　　妥，以其豁然醒目故也。

（3）居……寵：疑當作居……龐。《陸士龍集・逸民賦》：“咨有得之
　　必喪兮，蓋居龐之名辱。”蓋稚川用陸雲語。

【注】

［1］蓋禄厚者責重，爵尊者神勞：先秦以來常用語。《戰國策・秦策
　　三》：“勞大者其禄厚，功多者其爵尊。”《管子・明法解》：“是故其
　　所任官者大，則爵尊而禄厚。”

［2］漆園：莊周曾任蒙城漆園吏，因以指代莊周。漆園所在地有三
　　說：山東曹縣、河南商丘、安徽定遠。垂綸：垂絲釣魚。此指隱
　　居生活。卿相：執政大臣。《莊子・秋水》：“莊子釣於濮水，楚
　　王使大夫二人往先焉，曰：‘願以境内累矣。’莊子持竿不顧。”其
　　輕視卿相如此。

［3］柏成：即伯成子高。柏：古通伯。操耜：手持耒耜耕作。指歸
　　隱。不屑：不以爲潔。《莊子・天地》：“堯治天下，伯成子高立
　　爲諸侯。堯授舜，舜授禹，伯成子高辭爲諸侯而耕。”

［4］羊説（yuè）：屠羊説。因跟隨楚昭王逃難，昭王返國後要獎賞他，
　　他拒絶了。屠肆：屠宰場所；肉市。

［5］楊朱：字子居，又名楊子取、陽生、陽子居，戰國時魏人，約生於墨
　　翟之後，孟軻之前。老聃弟子。他主張“全性養真，不以物累形”
　　（《淮南子・氾論》）的養生哲學。其處世態度是“拔一毛以利天
　　下，不爲也”（《孟子・盡心上》），“悉天下奉一人，不取也”（《列
　　子・楊朱》）。吝其一毛：喻重身。即《韓非子・顯學》説的：“（楊

朱)義不入危城，不處軍旅，不以天下大利易脛一毛。"見《孟》：珍惜。勞、高、毛：宵部。

[6]　僥：求利不止。可欲：指足以引起欲念的事物。

[7]　集不擇木：喻不顧安危禍福即急於事主。

[8]　負乘：負乘致寇。謂卑賤者背著財物，又坐上大馬車顯耀，就會招致強盜來搶。因以"負乘致寇"謂居非其位，才不稱職就會招致禍患。《易・繫辭上》："《易》曰：'負且乘，致寇至。'負也者，小人之事也；乘也者，君子之器也。小人而乘君子之器，盜思奪之矣。"正義："負者，擔負於物，合是小人所爲也。乘也者君子之器者，言乘車者君子之器物，言君子合乘車，今應負之人而乘車，是小人乘君子之器也。則盜竊之人，思欲奪之矣。"

[9]　伊：伊尹，名阿衡，一說名摯。本爲有莘氏媵臣，後歸湯，湯舉任以國政。佐湯平定海內，治理天下，有大功。歷成湯、外丙、中壬諸朝。帝中壬卒，立成湯嫡長孫太甲。太甲暴虐，乃放太甲於桐宮，攝行政當國，後復迎之歸位。卒於太甲子沃丁時。周：周公姬旦，亦稱叔旦。周武王同母弟。因采邑在周（今陝西岐山北），稱爲周公。佐武王滅商。及武王卒，成王年少，遂踐祚代成王攝行政當國。管叔、蔡叔、霍叔及武庚反，奉命東征定之。成王長，還政於王，作《多士》《毋逸》以誡之。勤政愛士，禮儀制度，多出其手。因伊、周兩人都曾攝政，故常並提。亦指攝政大臣。救溺：援救落水者；救助危難。按：喻指攝政，防止政權失控。

[10]　亢悔：亢龍有悔。《易・乾》："上九：亢龍，有悔。"正義："上九亢陽之至，大而極盛，故曰亢龍。此自然之象。以人事言之，似聖人有龍德，上居天位，久而亢極，物極則反，故有悔也。"集解引王肅曰："窮高曰亢，知進忘退，故悔也。"喻處在高位，必有後悔。諱：避忌。覆餗（sù）：傾覆鼎中的珍饌。喻力不勝任而敗事。《易・鼎》："九四：鼎足折，覆公餗。"不記：謂不記取教訓。

[11]　驪龍：黑龍。《莊子・列禦寇》："夫千金之珠，必在九重之淵，而

驪龍頷下。子能得珠者,必遭其睡也。使驪龍而寤,子尚奚微之有哉!"成玄英疏:"驪,黑龍也,頷下有千金之珠也。譬譏得車之人也。"伺:偵候;探察。撥:分開。明珠:光澤晶瑩的珍珠。句謂撥明珠帶有冒險性。

[12] 量(liàng)表:謂權傾朝野。量:盈滿。

[13] 漏刻:頃刻。

[14] 朝(zhāo)菌:大芝,一種朝生暮死的菌類植物。借喻極短的生命。《莊子·逍遙遊》:"朝菌不知晦朔。"榮:草木的花;草木開花。大椿:長壽樹。《莊子·逍遙遊》:"上古有大椿者,以八千歲爲春,八千歲爲秋,此大年也。"

[15] 似蹈薄冰以待夏日:喻危險。

[16] 淵魚之引芳餌:喻香餌引魚上鈎。

[17] 澤雉:湖澤中的野雞。

[18] 漏脯:隔宿之乾肉。古人認爲此肉爲漏水所沾濕,有毒,食之可致人之命。

[19] 鴆(zhèn)酒:鴆鳥羽毛浸製的毒酒,人飲之立死。

11　"昔箕子覩象箸而流泣[1],辟父聞偶葬而永歎[(1)][2];蓋尋微以知著,原始以見終[3]。然而闇夫蹈機不覺[4],何前識之至難[5],而利欲之癩篤邪[(2)]周成賢而信流言[6],公旦聖而走南楚[7],託《鴟鴞》以告悲[8],賴《金縢》以僅免[9]。況能寤之主,不世而一有[10];不悅之謗,無時而蹔乏。德不以激烈風而起斃禾[11],事不以載圭璧而稱多才[12],嗟泣靡及,宜其然也[13]。

【校】

(1) 辟:原作尼。

(2) 癩:藏本、魯藩本、平津本等作癩,徐濟忠校、盧舜治本等作彌。

【注】

[１]箕子：殷紂之諸父或庶兄。《史記·宋世家》："箕子者，紂親戚
也。"索隱："馬融、王肅以箕子爲紂之諸父，服虔、杜預以爲紂之
庶兄。"官太師，封於箕（今山西太谷東北）。紂淫亂驕奢，箕子
諫，不聽，將他囚禁。周武王克殷後，把他釋放。象箸（zhù）：象
牙筷子。《韓非子·喻老》："昔者，紂爲象箸而箕子怖。"《淮南
子·説山》："紂爲象箸而箕子唏。"高誘注："見象箸知當復作玉
杯……故箕子爲之驚號啼也。"

[２]尼父（yí fǔ）：指孔子。孔子字仲尼，省稱曰尼。孔子卒，魯哀公
誄之，稱尼父。父：丈夫之顯稱。偶葬：用木偶、土偶作殉葬品。
《孟子·梁惠王上》："仲尼曰：'始作俑者，其無後乎？'爲其象人
而用之也。"趙岐注："俑，偶人也，用之送死。仲尼重人類，謂秦
穆公時以三良殉葬，本由有作俑者也。夫惡其始造，故曰此人其
無後嗣乎？"

[３]尋微以知著，原始以見終：尋求了隱微的奧秘，就認識到它將發
展到一種怎樣顯著的狀態；探求事物發展的本源，就能見到它的
結局。原始：考察探究事物的初始。

[４]闇：愚昧；糊塗。蹈機：脚踏布機。喻掌握着事物發展變化的規
律。此謂處于事物發展變化的迹象和徵兆已很明顯的時候。機
通幾。

[５]前識：先見之明；超前的見識。

[６]周成：西周成王姬誦，周武王太子。武王卒，繼之而立。年幼，周
公旦攝政，七年後返政於王。都豐，使召（shào）公營洛邑，遷殷
遺民，東伐淮夷。正禮樂，改制度，天下稱治。信流言：指周成王
年幼相信管叔及群弟所謂周"公將不利於孺子（成王）"的流言。

[７]公旦：周公姬旦。聖：聽覺敏鋭，無所不通；賢聖。走南楚：奔
往南方的楚國。

[８]《鴟鴞》：《詩·豳風》篇名。這是一首寓言詩，描寫大鳥在鴟鴞抓
去她的一兩個雛兒之後，爲了防禦外來的侵害，保護自己的小
鳥，不辭辛勞，修築窩巢的事。傳爲周公所作。周公以大鳥自

比，鴟鴞比殷武庚，"既取我子"之"子"比管叔、蔡叔。"鬻子"比成王，"室家"比周國。參高亨《詩經今注》。

[9]《金縢》：《書》篇名。武王疾，周公禱於三王(大王、王季、文王)，願以身代(受疾病)，史官納其祝策於金縢匱中。後周公因管、蔡流言，避居東都。成王開匱，乃知周公忠勤，執書以泣，遂迎周公歸。因其匱緘以金，故名。

[10] 寤：通悟。醒悟，明曉。不世而一有：謂非一世所能有，罕有。多指非凡。

[11] 德：指周公之德政。不以：不論，不管。激烈風：激起暴風。起斃禾：使倒伏的莊稼豎立起來。謂周成王謝罪於天，始得到天的諒解。

[12] 事：指天子之國家大事，如祭祀、會盟、兵戎等。此指周公"乃自以爲功"祭祀先王。載圭璧：即植(置)璧秉圭。圭：上端作三角形，下端作方正的長條形。璧：平圓形，正中有孔，邊寬爲内孔直徑的兩倍。稱：述說。此指周公祝先王。多才：多才多藝。

[13] 嗟泣靡及：由《詩·王風·中谷有蓷》之"何嗟及矣"變來。按：承上兩句，語當爲成王。宜其然也：是"其然宜也"的倒裝。

12　"夫漸漬之久[1]，則膠漆解堅[2]；浸潤之至[3]，則骨肉乖析[4]；塵羽之積，則沈舟折軸[5]；三至之言，則市虎以成[6]。故江充疏賤，非親於元儲[7]；後母假繼，非密於伯奇[8]。而掘梗之誣，滅父子之恩[9]；袖蜂之誑，破天性之愛[10]。又況其他，安可自必[11]？嗟乎！伍員所以懷忠而漂尸[12]；悲夫！白起所以秉義而刎頸也[13]。蓋徹鑒所爲寒心，匠人之所眩惑矣(1)[14]。

【校】

（1）匠人：當從王廣恕、楊明照校作"近人"，《逸民》《行品》《疾謬》《譏惑》《自叙》均有"近人"之文。"匠"與"近"形近致誤。之所：疑

“之”與“以”混，而“以所”當乙作“所以”。

【注】

[1] 漸漬(jiān zì)：浸潤。“漸”與“漬”同義。

[2] 膠漆：比喻關係親密，感情深厚，難捨難分。

[3] 浸潤：逐漸滲透。引申爲積久而發生作用。《論語·顏淵》“浸潤之譖”集解引包咸曰：“譖人之言，如水之浸潤，漸以成之。”“浸潤”後指代讒言。

[4] 骨肉：喻至親，指父母兄弟子女等親人。乖析：分離。

[5] 塵羽之積，則沈舟折軸：謂輕物的積累，可起重物的作用。喻量變引起質變。《戰國策·魏策一》《淮南子·繆稱》並有“積羽沈舟，群輕折軸”語，本此。

[6] 三至之言，則市虎以成：謂謠言或讒言多次傳播，也會産生壞影響。市虎：市本無虎，因喻流言蜚語。兩句本《戰國策·魏策二》：“龐葱與太子質於邯鄲，謂魏王曰：‘今一人言市有虎，王信之乎？’王曰：‘否。’‘二人言市有虎，王信之乎？’王曰：‘寡人疑之矣。’‘三人言市有虎，王信之乎？’王曰：‘寡人信之矣。’龐葱曰：‘夫市之無虎明矣，然而三人言而成虎。今邯鄲去大梁也遠於市，而議臣者過於三人矣，願王察之矣。’王曰：‘寡人自爲知。’於是辭行而讒言先至。後太子罷質，果不得見。”以上四個複句隱喻下文後母“破(尹吉甫父子)天性之愛”、江充“滅(漢武帝)父子之恩”。

[7] 江充(前?—前91)，本名齊，字次倩，趙國邯鄲(今屬河北)人。初因妹嫁趙太子丹，得爲上客。後與丹交惡，父母被誅，亡入關，更名充，詣闕告丹諸不法事，丹由是敗亡。充容貌偉岸甚壯，武帝見而異之，以爲謁者；使匈奴還，拜直指繡衣使者，督三輔，禁奢侈，奉法不阿。衛太子據家使乘車馬行馳道中，亦遭懲治。武帝以爲忠，遷爲水衡都尉。後巫蠱事起，見武帝年高，恐武帝卒後爲太子據所誅，遂掘蠱於太子據宮。太子據懼，舉兵親臨斬之。武帝後知江充之詐，夷其三族。疏賤：指關係疏遠，地位低

下：關係疏遠，地位低下的人。元儲：元子儲君。指太子據。

[8] 後母假繼：後母是假母、繼母。非密於伯奇：謂她與尹吉甫的夫婦關係，没有尹吉甫與伯奇的父子關係密切。

[9] 掘梗：指江充“掘蠱於太子（據）宫，得桐木人”，以此誣陷太子據。誣：説話虚妄不實。滅父子之恩：指由於江充爲姦，致使武帝與太子劉據（前 128—前 91）骨肉之親斷絶，吏圍捕太子據，太子據自經。

[10] 袖蜂：西周上卿尹吉甫後妻因妒忌前妻之子伯奇，取蜂去毒，置於衣領上，誆騙孝順的伯奇前去拾掇之，因譖於吉甫，謂對她無禮。吉甫怒，乃放伯奇於野。又有伯奇“自投河中”、“自死”、“自縊”之説。蓋傳聞異詞。天性：此指父子親情。

[11] 又况其他，安可自必：承上文數句所説離間事實而作出推論：吉甫與伯奇、漢武帝與太子據尚切如此，又何况其他非親非故的人，怎麽能自信不被讒言所離間，而不受迫害呢？况：何况。用於進逼複句的下一分句。

[12] 伍員（yún）（前？—前 484）：字子胥，春秋時楚人。伍奢之子、伍尚之弟。楚平王七年（前 522）伍奢被讒，與伍尚俱被殺。伍員經宋、鄭等國入吴。因助公子光刺殺吴王僚（前？—前 515）自立，即吴王闔廬（前？—前 496）。闔廬命子胥爲行人，與謀國事，整軍經武，國勢日盛。西破强楚，北威齊、晉，南服越人。夫差（前？—前 473）時，勸王拒絶越王求和並停止伐齊，漸被疏遠。太宰嚭進讒謂子胥外連諸侯，夫差遂使人賜劍命他自刭。夫差取子胥尸盛以鴟夷革浮之江中。一説“吴烹伍子胥”，“煮之於鑊”；一説“自投水”。

[13] 白起（前？—前 257）：又名公孫起，郿（今陝西眉縣）人。秦昭王時，從左庶長官至大良造。善用兵，屢戰獲勝，奪得韓、趙、楚很多土地。攻楚，拔鄢、鄧、郢，封武安君。爲上將軍，長平之戰大勝趙軍，詐坑俘虜四十五萬。因不同意“請許韓、趙之割地以和”，與應侯范雎有隙。又因不同意秦昭王攻打邯鄲的計策，稱病不起，被昭王賜劍自裁。

[14] 徹鑒：明鑒；洞察。所爲：所以。

13　“又欲推短才以釐雷同，仗獨是以彈衆非[1]。然不覿金雖克木，而錐鑽不可以伐鄧林[2]；水雖勝火，而升合不足以救焚山[3]。寸膠不能治黄河之濁[4]，尺水不能卻蕭丘之熱[5]。是以身名並全者甚稀[6]，而先笑後號者多有也[7]。畏亢悔而貪榮之欲不滅，忌毁辱而争肆之情不遣[8]，亦猶惡溼而泳深淵[9]，憎影而不就陰[10]；穿舟而息漏，猛爨而止沸者也[11]。

【注】

[1] 釐：治理；更改。雷同：隨聲附和。仗：憑藉；依靠。彈：抨擊；彈劾。

[2] 金雖克木，而錐鑽不可以伐鄧林：意本《文子・上德》：“金之勢勝木，一刃不能殘一林。”金、木：各爲五行之一。金指金屬工具。錐鑽：鑽孔的兩種工具。鄧林：古代神話中的樹林。《山海經・海外北經》：“夸父與日逐走，入日，渴欲得飲，飲於河渭；河渭不足，北飲大澤。未至，道渴而死。棄其杖，化爲鄧林。”兩句謂寡不敵衆。

[3] 水雖勝火，而升合不足以救焚山：意本《文子・上德》：“水之勢勝火，一酌不能救一車之薪。”水、火：各爲五行之一。升合：一升一合。比喻數量很少。不足以：不能用來。

[4] 膠：阿膠：原産山東東阿縣，以阿井水煎黑驢皮製成，又稱驢皮膠。《太平御覽》七三六引《淮南萬畢術》：“膠撓水則清。”又七六六引孔融《同歲論》：“阿膠徑寸，不能止黄河之濁。”

[5] 尺水：喻小股流水；淺水。蕭丘：傳說中的海島名。相傳在南海中，上有自生之火，春起秋滅，生長一種小而焦黑的樹木。熱：燒；灼。

[6] 身名並全：謂身首不異處，名聲不受沾汙。《列子・説符》：“叔曰：‘仁義使我身名並全。’”

〔7〕先笑後號：先喜後悲，福轉爲禍，吉轉爲凶。號：大聲哭。《易·旅》："上九：鳥焚其巢，旅人先笑後號咷。"

〔8〕忌：畏懼。肆：殺。《大戴禮記·夏小正》："貍子肇肆。……其或曰：肆，殺也。"

〔9〕惡溼：厭惡潮溼。謂惡居下流。《孟子·公孫丑上》："是猶惡溼而居。"泳：潛行水中。

〔10〕憎影而不就陰：憎惡影子卻不走進遮陰之處。意本《莊子·漁父》："人有畏影惡迹而去之走者，舉足愈數而迹愈多，走愈疾而影不離身。自以爲尚遲，疾走不休，絶力而死。不知處陰以休影，處靜以息迹，愚亦甚矣。"

〔11〕息漏：消除漏洞。猛爨而止沸：謂烈火燃燒，其效果適與止息滾水的目的相反。爨：炊。喻愛憎與行爲背離。意本《吕氏春秋·盡數》："夫以湯止沸，沸愈不止；其去火，則止矣。"

14 "夫七尺之骸[1]，稟之以所生(1)[2]，不可受全而歸殘也[3]；方寸之心[4]，制之在我[5]，不可放之於流遁也[6]。躬耕以食之，穿井以飲之[7]，短褐以蔽之[8]，蓬廬以覆之[9]，彈詠以娱之[10]，呼吸以延之[11]，逍遥竹素[12]，寄情玄毫[13]，守常待終[14]，斯亦足矣。且夫道存則尊，德勝則貴(2)。隋珠彈雀，知者不爲[15]。何必須權而顯，俟禄而飽哉！

【校】

（1）以：當從徐濟忠校删。"稟之所生"與下文"制之在我"爲對文。

（2）勝：當從陳其榮校引承訓本作盛。《疾謬》篇"夫德盛操清"、《博喻》篇"德盛業廣"並其例，此處當與之一律。

【注】

〔1〕七尺：人身長約古七尺，故以七尺指代身軀。《荀子·勸學》有"七尺之軀"語，是其證。骸：形體的總稱，包括手足首身。

〔 2 〕稟：承受。所生：謂父母。《詩·小雅·小宛》：“夙興夜寐，無忝
爾所生。”朱熹集傳：“夙興夜寐，各求無辱於父母而已。”《孝經·
士章》李隆基注：“所生，謂父母也。”句謂身體髮膚，受之父母。

〔 3 〕受全：謂身體髮膚，受之父母，是完整無缺的。歸殘：謂至死歸
還父母的是體虧身辱，指不孝。《禮記·祭義》：“樂正子春曰：
‘……吾聞諸曾子，曾子聞諸夫子曰：“天之所生，地之所養，無人
爲大。父母全而生之，子全而歸之，可謂孝矣；不虧其體，不辱其
身，可謂全矣。”’”

〔 4 〕方寸之心：心處胸中方寸間，故名。《列子·仲尼》：“嘻！吾見子
之心矣，方寸之地虛矣，幾聖人也。”

〔 5 〕制之在我：由我自己掌握。《西昇經·我命章》：“我命在我，不屬
天地。”心亦如此。

〔 6 〕流遁：耽樂放縱；流蕩逃遁。

〔 7 〕之：指我，第一人稱。

〔 8 〕短(shù)褐：古代貧賤者或僮豎所穿、用粗毛布或粗麻布做的長
襦。短通裋(shù)，裋之借字，即短褐，謂褐衣而豎裁之，以其省
而便於做事。

〔 9 〕蓬廬：茅舍。泛指簡陋的房屋。

〔10〕彈詠：彈琴歌詠。

〔11〕呼吸：道家導引吐納的養生術。《莊子·刻意》：“吹呴呼吸，吐故
納新，熊經鳥申，爲壽而已矣，此道引之士，養形之人，彭祖壽考
者之所好也。”

〔12〕逍遙：玩味。竹素：竹簡與白絹，用以書寫，因指書籍、史策。

〔13〕玄毫：猶言筆墨。玄：黑色，指代墨。毫：筆毫。

〔14〕守常待終：謂持守固常貧苦的生活狀態，等待平民一般死去。
守常：守其故常。

〔15〕隋珠彈雀：以隋侯之珠，彈千仞之雀。比喻處事輕重失當，得不
償失。隋珠：隋侯之珠。隋侯見大蛇傷斷，以藥傅之。後蛇於
江中銜大珠以報之，因曰隋侯之珠。蓋月珠。

15　“且夫安貧者以無財爲富,甘卑者以不仕爲榮[1]。故幼安浮海而澄神(1)[2],胡子甘心於退耕[3]。逢、比有令德之罪[4],信、布陷功大之刑(2)[5]。一枝足以戢鸞羽[6],何煩乎豐林?潢洿足以泛龍鱗[7],豈事乎滄海[8]?藜藿嘉於八珍[9],寒泉旨於醽、醁[10];攝縷美於赤舄(3)[11],縕袍麗於袞服[12];把橦安於杖鉞[13],鳴條樂乎絲竹[14];茅茨艷於丹楹[15],采椽珍於刻桷[16];登嵩峰爲臺榭[17],疕巖雷爲華屋(4)[18];積篇章爲敖庾[19]。寶玄談爲金玉[20];棄細人之近戀[21],捐庸隸之所欲[22];遊九皋以含歡,遣智慧以絶俗;同屈尺蠖[23],藏光守朴[24];表拙示訥[25],知止常足[26]。然後咀嚼芝芳(5)[27],風飛雲浮[28];晞景九陽[29],附翼高遊[30];仰棲梧桐[31],俯集玄洲(6)。孰與銜轡而伏櫪[32],同被繡於犧牛哉[33]!”

【校】

（1）幼安：魯藩本幼作幻,王國維校作幼。

（2）信、布陷功大之刑：“功大”宜作“大功”,“信、布”句方與“逢比有令德之罪”相儷。

（3）攝縷：孫星衍校:“舊寫本作躡屨。”楊明照引魯藩本等作攝屨,謂履屨二字均可。按：當作攝屨。攝：通躡。縷：屨之誤。《説文・履部》段玉裁注:“古曰屨,今曰履;古曰履,今曰鞻(鞋)。”稚川從古,作屨爲是。

（4）疕：痹之異體字。當作“庇”。上文“庇峻岫之巍峨”、《詰鮑》“未若庇體廣廈”、《内篇・登涉》“棲巖庇岫”,並其例。

（5）芝芳：疑當作芝英。《史記・司馬相如列傳・大人賦》有“噍咀芝英”之句,稚川語本此而誤記。

（6）玄洲：疑當作鳳洲。《十洲記》:“鳳麟洲在西海之中央,……洲上多鳳麟,數萬各爲群。”

【注】

［1］安貧：自甘於貧窮。

［2］幼安：管寧（158—241）字幼安，北海朱虛（今山東臨朐東南）人。與平原華歆、同郡邴原相友，俱遊學於異國。避亂渡海至遼東，聚徒講學。曹操辟，不受。黃初四年（224）歸故里，文帝徵爲太中大夫，固辭不受。明帝拜光禄勳，不就，老死鄉里。澄神：猶言用心專一。指聚徒講學。

［3］胡子：胡昭（161—250）字孔明，三國魏潁川（今河南禹縣）人。避地冀州，辭袁紹之命，遁還鄉里。曹操徵之，求退，居陸渾山中，躬耕勤學。建安二十三年（218）陸渾縣亂惟賴昭得安。嘉平二年（250）公車特徵，會卒。

［4］逢：豢龍逢，古豢龍氏之後，夏桀之賢臣。豢一作關，兩字古聲相近。《韓詩外傳》四：“桀爲酒池，可以運舟，糟邱足以望十里，而牛飲者三千人。關龍逢進諫曰：‘古之人君身行禮義，愛民節財，故國安而身壽。今君用財若無窮，殺人若恐弗勝。君若弗革，天殃必降，而誅必至矣。君其革之！’立而不去朝，桀囚而殺之。”比：比干。姓子，殷王室宗親。紂王淫亂不止，屢諫不從，後以死強諫，紂怒，剖其心而死。周武王滅殷後，封其墓。兩人皆以“令德”被治罪。

［5］信：韓信（前？—前196）秦末淮陰（今屬江蘇）人。初從項梁，繼歸劉邦。經蕭何力薦，拜爲大將軍。獻策東向與項羽爭奪天下，劉邦從之。在劉邦與項羽相持滎陽、成皋間時，率軍抄項羽後路破趙取齊佔據黃河下游以北廣大地區，封齊王。高祖五年（前202）十月，會師垓下，項羽敗亡。旋徙爲楚王，都下邳。就國後，被人告發謀反，貶爲淮陰侯。又被告與代相陳豨（xī）勾結在長安謀反，爲呂后所殺，夷三族。漢初三傑之一。布：英布（前？—前196），秦末六縣（今安徽六安東）人。早年坐法，受黥刑，輸驪山，故又稱黥布。率驪山刑徒數千人從番君起義，兵屬項梁，封當陽君。隨項羽破章邯，入函谷關，常爲前鋒，封九江王。楚漢戰爭中歸漢，封淮南王。五年，引兵會師垓下。十一年

（前196）見吕后醢彭越，遍賜諸侯，大恐，起兵反。戰敗逃江南，爲長沙王（吴芮子成王臣）所誘殺。陷：陷害。

［6］一枝：喻棲身之地狹小。《莊子·逍遥遊》：“鷦鷯巢於深林，不過一枝。”鷺羽：指鷺鳥。榮、耕、刑、林：耕侵合韻，“林”爲侵部字，餘爲耕部字。

［7］潢洿（huáng wū）：積聚不流之水；池塘。洿同汙。龍鱗：龍的鱗甲，指蛟龍。

［8］事：勞煩。與上文“煩”字互文義近。

［9］八珍：古代用煎、炮、擣、漬、敖等八種方法，用膏、鹽、醬、醋、棗、梅汁等佐料，製作猪、牛、羊、狗、麋、鹿等肉食品。此泛指珍饌美食。《周禮·天官·膳夫》“珍用八物”鄭玄注：“珍謂淳熬、淳母、炮豚、炮牂、擣珍、漬、敖、肝膋也。”鱗、珍：真部。

［10］醽醁（líng lù）：兩種美酒名。醽酒産於湘東（今衡陽東南）酃湖，醁酒産於豫章（今江西南昌）康樂縣烏程鄉。醁取渌水爲酒，故他書亦作酃渌、渌酃。

［11］攝縷當作攝屨，趿拉著鞋；拖著鞋。赤舄（xì）：古代帝王諸侯所穿的鞋。舄：複底而著木的鞋。

［12］緼（yùn）袍：内絮亂麻或舊粗絲，貧者所服。衮（gǔn）服：衮衣，古代帝王及上公所穿的繪有卷龍的禮服。

［13］把橦（chuáng）：一隻手所持木棍。把：執持。橦：帳柱；竿。杖鉞（yuè）：手持斧鉞。鉞：斧，狀如大斧，有穿，安裝長柄，用於砍殺的兵器，象徵王權。《史記·周本紀》：“武王左杖黄鉞，右秉白旄以麾。”

［14］鳴條：風吹樹枝聲。此指天籟。絲竹：絲弦樂器與竹管樂器，泛指人爲的音樂。

［15］茅茨：以茅草蓋屋。丹楹：朱漆塗飾的廳堂前的兩根圓柱。借指華麗屋室。此指朱漆楹柱。

［16］采椽：未經斷削的櫟木或柞木作的圓形椽子，言儉朴。刻桷：經斷削繪飾的方形椽子，言奢華。椽子是在檩子上架屋面板和瓦的條木。

[17] 嵩：山大而高。臺榭：土築高平的方形建築爲臺，臺上建築爲
　　　榭。泛指樓臺等建築。

[18] 巖霤(liù)：巖室、穴居。《禮記·月令》“其祀中霤”鄭玄注：“中
　　　霤，猶中室也。古者複穴，是以名室爲霤云。”

[19] 敖庾：即敖倉，秦代所建倉名。在今河南滎陽東北敖山上。泛指
　　　糧倉。

[20] 玄談：指有關討論老莊之道、辨析《周易》名理、闡揚儒家名教的
　　　談論。

[21] 細人：小人，見識短淺的人。

[22] 庸隸：泛指執賤役者。《左傳·昭公七年》：“故王臣公，公臣大
　　　夫，大夫臣士，士臣皂，皂臣輿，輿臣隸，隸臣僚，僚臣僕，僕臣
　　　臺。”“隸”之“執賤役”本此。

[23] 九皋：九折之澤；曲折深遠的沼澤。《詩·小雅·鶴鳴》：“鶴鳴於
　　　九皋，聲聞於野。”毛傳：“皋，澤也。言身隱而名著也。”鄭玄箋：
　　　“皋，澤中水溢出所爲坎，自外數至九，喻深遠也。”釋文：“韓詩
　　　云：‘九皋，九折之澤。’”

[24] 尺蠖(huò)：尺蠖蛾的幼蟲，體柔軟細長，其行先曲後伸，如人用
　　　手代尺量布之狀，故名尺蠖。因喻先屈後伸。《易·繫辭下》：
　　　“尺蠖之屈，以示信也。”正義：“尺蠖之蟲初行必屈者，欲求在後
　　　之信也。”釋文：“尺蠖，蟲名也。(信)本又作伸，同。音申。”

[25] 藏光：比喻隱匿才華，不使外露。

[26] 表拙示訥：表示才疏語拙，不善應對。拙：遲笨。訥(nè)：言語
　　　遲鈍。《老子·第四十五章》：“大巧若拙，大辯若訥。”

[27] 知止：知足。常足：永遠知足。醶、服、竹、桷、屋、玉、欲、俗、朴、
　　　足：屋部。

[28] 風飛雲浮：喻解脫之後的快意。

[29] 晞(xī)景：曬太陽。九陽：古代傳說的日出處；太陽。英、陽：
　　　陽部。

[30] 附翼：相傍相依地。句謂：沐浴陽光，依傍朝霞，高蹈遠遊。

[31] 仰棲梧桐：謂如鳳凰棲息梧桐樹上。

[32] 孰與：比⋯⋯怎樣。表示比較選擇。銜轡（pèi）：銜鐵轡頭，即馬嚼子和馬繮繩。此謂被套上銜鐵和轡頭。伏櫪（lì）：馬伏首於馬槽上。指受人馴養。喻受制於人。

[33] 被（pī）繡：披上繡有文采的衣服。犠牛：古代祭祀用的純色牛。喻人如牛，被當作犧牲品。《莊子・列禦寇》：“或聘於莊子，莊子應其使者曰：‘子見夫犧牛乎？衣以文繡，食以芻叔，及其牽而入於太廟，雖欲爲孤犢，其可得乎？’”浮、遊、洲、牛：幽部。

16　赴勢公子曰：“夫入而不出者，謂之耽寵忘退；往而不反者，謂之不仕無義[(1)][1]。故達者以身非我有，任乎所值[2]；隱顯默語，無所必固[3]；時止則止，時行則行[4]。束帛之集，庭燎之舉[5]，則君子道長，在天利見[6]。若運涉陽九讒勝之時[7]，則不出户庭，括囊勿用[8]。龍起鳳戢，隨時之宜[9]。古人所以或避危亂而不肯入[10]，或色斯而不終日者[(2)][11]，慮巫山之失火，恐芝艾之並焚耳[12]

【校】

（1）反：魯藩本作及，王國維校作反。仕：魯藩本作任，王國維校作仕。

（2）或色斯而不終日者：徐濟忠校：“‘斯’下疑有‘舉’字。”陳其榮校：“榮案‘色斯’下疑脱‘舉’字。”楊明照校：“徐、陳説非是。”楊校引《論語・鄉黨》《後漢書・左雄傳》《三國志・魏書・崔琰傳》《論衡・定賢》《隸釋》後漢《元賓碑》《張壽碑》《費鳳碑》《文選》陸機《君子有所思行詩》等之例謂曰：“皆已單用‘色斯’二字。本書《漢過篇》：‘於是明哲色斯而幽遁。’《内篇・明本》：‘昔之達人杜漸防微，色斯而逝。’是稚川亦單用‘色斯’二字，此固不應再著‘舉’字也。若然，則上句‘危’下之‘亂’字當删，始能與《論語・泰伯》文合。”“吉藩本‘斯’下有‘舉’字，蓋不知上句有羨字而妄增以相儷耳。”按，楊明照“色斯”“單用”説雖然有道理，但砍去

“亂”字以遷就“色斯”，使這兩句“以相儷”，未免削足適履。“色斯舉”與“避危亂”是不相儷，但“或色斯”句缺述語也是事實。如“色斯”之前補一“舉”字，則“避”與“舉”相文。不必爲與“色斯”對文，而强行砍去“亂”字。何況“避危亂”語有所本。《論語·泰伯》：“危邦不入，亂邦不居。”“不肯入”這裏包括“不肯居”之意。故問題不在“或避危亂”，而在“或色斯”句，不補“舉”字則無以疏通句意。“舉色斯”者，謂舉如色斯也。《論語·鄉黨》：“色斯舉矣，翔而後集。”王引之《經傳釋詞》八：“今按‘色斯’者，狀鳥舉之疾也，與‘翔而後集’意正相反。”語本此。

【注】

[1] 入而不出：入世做官而不出世隱居。耽寵：貪戀榮寵。反：同返。往而不反：前往山林隱居，而不再返回朝廷。《韓詩外傳》五：“朝廷之士爲禄，故入而不出。山林之士爲名，故往而不返。入而亦能出，往而亦能反，通移有常，聖也。”不仕無義：不做官是不合君臣之義的。

[2] 身非我有：身體不是我自己所能保有的。謂生命乃天地所委付。任乎所值：聽憑命運安排，隨遇而安。

[3] 隱顯默語：隱遁山林與顯達朝廷，靜默與説話。隱顯：猶言出處。必固：固執；不知變通。

[4] 時止則止，時行則行：謂仕隱相機行事，動静不失其時。

[5] 束帛之集：指以束帛徵聘賢者。束帛：捆爲一束的五匹綢子。古爲聘問、婚喪、友贈的禮品。集：聚集。庭燎：古代朝覲會同、郊廟祭饗，庭中所設照明的火炬。按：齊桓公曾設庭燎以待士。

[6] 君子道長：君子之道盛長。《易·泰》：“象曰：……君子道長，小人道消也。”在天利見：飛龍在天，利見大人。語見《易·乾》。喻居高位而有所作爲。

[7] 陽九：陽九之厄。1. 古代術數家説，以四千六百一十七歲爲一元，初入元一百六歲，内有旱災九年，謂之陽九。其餘爲陰九、陰七、陽七、陰五、陽五、陰三、陽三等，陽爲旱災，陰爲水災。從入

元至陽三,常歲四千五百六十年。災歲五十七年,平均每八十年
有一災年。2. 道教謂三千三百年爲小陽九,小百六;九千九百年
爲大陽九,大百六。陽九,奇數,爲陽數之窮;百六,偶數,爲陰數
之窮。故百六亦稱陰六。天厄謂之陽九,地虧謂之百六。即陰
六。指厄運或災難。泛指各種災難。

［8］不出户庭:謂潛居在家。括囊勿用:緘口不言,無所作爲。

［9］龍起鳳戢,隨時之宜:謂出仕還是隱退,要根據情況,權宜處理。

［10］古人:此指孔子。避危亂而不肯入:躲避危險動亂的國家而不
願進入。危亂:謂危邦、亂邦。即不入於危險的國家,不居於動
亂的國家。

［11］色斯:飛走了,驚恐之狀就像雉鳥一樣。後用以指高飛遠遁以
避世。色斯:古作歠斯,猶歠然。驚駭貌;恐怖貌。嗇欠、色上
古中古音均爲入聲、生母、職部字,故互通借。不終日:不俟
終日。

［12］巫山:重慶市巫山縣東,北與大巴山相連,形如"巫"字,故名。芝
艾之並焚:比喻貴賤、賢愚、良莠同歸於盡,猶玉石俱焚。芝:紫
芝,喻賢者;艾,蕭艾,賤草,喻不肖。

17　"方今聖皇御運[1],世夷道泰;仁及蒼生,惠風遐
邁[2];威肅鬼方[3],澤沾九裔[4]。儀坤德以厚載,擬乾穹以
高蓋[5];神化則雲行雨施[6],玄澤則煙熅汪濊[7];四門穆穆
以博延[8],主思英逸以俾乂[9]。此乃千載之所希值[10],剖
判之一會[11]。而先生慕嘉遯之偏枯(1)[12],不覺狷、蜚之患
害也[13];務乎單豹之養内,未睹暴虎之犯外也[14]。是聞涉
水之或溺,則謂乘舟者皆敗[15];以商臣之凶逆[16],則謂繼
體無類也(2)[17]。"

【校】

（1）慕:當作慕於,以與下文"務乎"文律一致。

（2）繼體：其下當補"者"字。

【注】

［1］聖皇：稱頌時君或開國之君。此指晉元帝。御運：謂掌握政權。

［2］蒼生：草木叢生之處。此指百姓。遐邁：遠行。此謂被及遠方。

［3］鬼方：殷周時西北部族名。此指周邊少數民族地區；遠方。

［4］澤沾：恩澤使（九裔）受益。九裔：指四方邊遠地區的民族。裔：
　　　夷狄之總名；周邊地區的民族；邊遠。

［5］乾（qián）穹：天空。"乾""穹"連文同義。高蓋：高高覆蓋。

［6］神化：神妙的教化。雲行雨施：謂教化如雲之行，如雨之施。
　　　《易·乾》："彖曰：……雲行雨施，品物流行。"

［7］玄澤：聖恩。煙熅（yīn yùn）：陰陽二氣交互作用的狀態；元氣。
　　　煙熅同絪縕。汪濊（huì）：深廣貌；饒多貌。

［8］四門穆穆：明堂四門大開，端莊恭敬。《書·舜典》："賓於四門，
　　　四門穆穆。"孔傳："穆穆，美也。四門，四方之門。舜流四凶族，
　　　四方諸侯來朝會，舜賓迎之，皆有美德，無凶人。"《史記·五帝本
　　　紀》："'賓於四門，四門穆穆。'諸侯遠方賓客皆敬。"句謂如虞舜
　　　那樣廣開明堂四門延攬賓客與人才。

［9］英逸：英俊卓越。俾乂（bǐ yì）：使治理。

［10］千載所希值：謂君臣難以遇合。

［11］剖判：開闢；分開。指開天闢地。

［12］偏枯：1. 偏癱，半身不遂。2. 偏於一方面，失卻平衡，如人之半
　　　身不遂。

［13］狷、華：狂狷、華士。狂狷，他書或作"狂矞"或作"狂譎"，"矞"爲
　　　"譎"之省。太公望時齊東海上之居士，不臣天子，不友諸侯，被
　　　太公望使吏執殺。

［14］單豹：魯國隱者，"好術"之方技家。養內：猶言治裏，謂導氣。
　　　犯外：從外部侵犯（單豹）。《莊子·達生》説單豹"遇餓虎，餓虎
　　　殺而食之"。

［15］是聞涉水之或溺，則謂乘舟者皆敗：因此聽説徒手渡水有的被

淹,就認爲凡是乘船的都要溺水而死。是:是以,因此。《吕氏春秋·蕩兵》:"有以乘舟死者,欲禁天下之船悖。"

[16] 商臣(前?—前614):楚成王太子,蜂目而豺聲,爲人殘忍。楚成王欲廢之而立王子職,商臣遂於楚成王四十六年(前626)以宫甲圍成王,逼令自縊,繼位爲穆王,在位十二年而卒。

[17] 繼體:嫡子繼承帝位。此泛指繼位。《史記·外戚世家序》:"自古受命帝王及繼體守文之君。"索隱:"按:繼體,謂非創業之主,而是嫡子繼先帝之正體而立者也。"無類:不肖。

18　懷冰先生曰:"聖化之盛,誠如高論。出處之事,人各有懷。故堯、舜在上,而箕、潁有巢棲之客[1];夏后御世,而窮藪有握耒之賢(1)[2]。豈有慮於此險哉!蓋各附於所安也。是以高尚其志,不仕王侯[3],存夫爻象,匹夫所執[4]。延州守節,聖人許焉[5]。

【校】

(1)藪:崇文本作谷。

【注】

[1]堯、舜在上:此稱頌時君英明。箕、潁有巢棲之客:此處隱者自指。堯讓天下於許由,許由不受,耕於箕山潁水之陽。一説指許由、巢父。巢棲:指隱居。

[2]夏后:指夏禹。姓姒,鯀之子。鯀治水無功,舜舉禹,使續鯀之業。禹受命,親歷山川險阻,開九州,通九道。居外十三年,過家門而不敢入,卒平洪水。劃九州,定貢賦,成五服之制。聲教被於四海,天下稱治。帝舜卒,即位爲天子。國號夏。據夏、商、周斷代工程所制《夏商周年表》推斷,夏朝約建於公元前2070年。即位十年,東巡狩,至會稽而卒。后:君主。握耒之賢:謂伯成子高退耕於野。

［3］高尚其志，不仕王侯：不卑屈其隱士志向，不給王侯做官。二句
　　　《易·蠱》本作"上九：不事王侯，高尚其事"，下一"事"字，《孟子
　　　外書文説》引作"志"，與本文合。爻辭乃指伯夷、叔齊而言，意謂
　　　夷、齊不爲周臣，高尚其志。這裏稚川借用。

［4］存夫爻象：指存於《易·蠱》上九"爻象"之中。爻象：《易》以六
　　　爻相交成象，即卦所表示的形象或所象徵的人事。"—"爲陽爻，
　　　"— —"爲陰爻。每三爻成一卦，共八卦，稱經卦。兩卦相重，共六
　　　爻，得六十四卦，稱別卦。匹夫：指平民中的男子。

［5］延州：指季札。姓姬，吳王壽夢之季子。少而賢，壽夢欲立之，固
　　　辭。其後諸兄皆讓之，堅不就。志行高潔，通音律，嘗出使魯、
　　　齊、鄭、衛諸國，以學問人品著聞。封於延陵，後復封於州來，故
　　　稱延州來或延州季子，號延陵季子。聖人：指子臧，君子稱他
　　　"能守節"，而季札引之以自勵。許焉：稱讚這種事。此處稚川記
　　　憶有誤，子臧並未讚許季札。

19　"僕所以逍遥於丘園[1]，斂迹乎草澤者[2]，誠以才
非政事[3]，器乏治民。而多士雲起，髦彦鱗萃[4]；文武盈
朝，庶事既康。故不欲復舉熠耀以廁日月之間(1)[5]，附甌
瓵於洪鍾之側[6]，貢輕扇於堅冰之節，銜裘爐乎隆暑之
月[7]。必見捐於無用，速非時之巨嗤(2)[8]。若擁經著述，
可以全真成名，有補末化(3)[9]；若强所不堪，則將顛沛惟
咎[10]，同悔小狐[11]。故居其所長，以全其所短耳[12]。雖無
立朝之勳[13]，即戎之勞[14]；然切磋後生[15]，弘道養正[16]，
殊塗一致[17]，非損之民也(4)。劣者全其一介[18]，何及於許
由(5)，聖世恕而容之，同曠於有唐，不亦可乎！"

【校】

（1）舉熠耀以廁日月之間：按，與下三句述補結構的排句相較，多一

字。廁：疑爲衍文。

（2）巨嘩：魯藩本巨作臣，王國維校作巨。

（3）末化：魯藩本作未化，王國維校作末化，至确。

（4）非損：盧本作非狷介，疑狷介本作狷、華，謂非狷、華之民也，以此駁上文“不覺狷、華之患害也”。

（5）何及於許由：楊明照校：“此句文意不屬。非‘何’爲‘可’之誤，即‘及’當作‘反’。”按，當作“可”。句謂全其一介，可追攀許由也。

【注】

［1］僕：謙詞。用於第一人稱。此懷丘先生自稱。丘園：家園；鄉村。後因指隱居之地。

［2］草澤：草野；民間。

［3］政事：政務；事務。在君爲政，在臣爲事。

［4］髦彥：出類拔萃的人。髦：才德傑出的人。士中之俊，如毛中之髦。彥：賢士。鱗萃：猶群集。

［5］熠燿（yì yào）：燐火；鬼火。此指螢火蟲。喻微光。以：猶於。日月：喻光明。

［6］拊（fǔ）：拍；輕擊。甌瓴（biān líng）：泛稱粗陋的陶製小盆小甕。兩者皆可用作打擊樂器。洪鍾：大鍾。鍾通鐘。

［7］貢輕扇於堅冰之節，衒裘爐乎隆暑之月：喻不合時宜。衒（xuàn）：賣弄；自誇。

［8］速：延請；招致。

［9］末化：指儒家教化。稚川以道爲儒之本，以儒爲道之末。《内篇·明本》：“道者，儒之本也；儒者，道之末也。”本末互爲表裏，内道外儒。

［10］顚沛：傾覆，仆倒；流離困頓。用以形容人事困頓挫折。惟：結構助詞。咎：過錯。

［11］同悔小狐：與小狐沒入水中一樣後悔。

［12］居：安。全：完備。此引申爲彌補。

［13］立朝：此指在朝廷做官。勳：大功勞。王功曰勳。

［14］即戎：用兵；作戰。

［15］切磋：骨器、象牙、玉、石等器物加工的工藝名稱。比喻道德學問的相互研討勉勵。《詩·衛風·淇奥》：“如切如磋，如琢如磨。”

［16］弘道養正：弘揚正道，培養正確認識。

［17］殊塗一致：道路不同，目的一致。

［18］一介：指微小之事物。

20 赴勢公子勃然自失[1]，蕭爾改容[2]，曰：“先生立言助教[3]，文討姦違[4]；摽退靜以抑躁競之俗[5]。興儒教以救微言之絕[6]。非有出者，誰叙彝倫[7]？非有隱者，誰誨童蒙[8]？普天率土，莫非臣民[9]。亦何必垂纓執笏者爲是[10]，而樂飢衡門者可非乎[11]！夫群迷乎雲夢者[12]，必須指南以知道[13]；並乎滄海者(1)，必仰辰極以得反[14]。今聞嘉訓[15]，乃覺其蔽。請負衣冠[16]，策駑希驥[17]，汎愛與進[18]，不嫌擇焉。”

【校】

（1）並：其下當從陳其榮校引承訓本補一“失”字。群迷、并失對文。

【注】

［1］勃然：因心情緊張而變色之貌。自失：因感到空虛而內心若有所失；不知所措。

［2］蕭爾：猶蕭然，恭敬而認真貌。爾：詞尾。

［3］立言：指著書立説。《左傳·襄公二十四年》：“豹聞之：太上有立德，其次有立功，其次有立言，雖久不廢，此之謂不朽。”

［4］姦違：猶姦回。奸惡邪僻的人。

［5］摽（piāo）：高舉貌。此引申爲倡導。躁競：急於進取而争競。謂熱中權勢或仕宦。

［6］微言：隱微不顯之言；精微要妙之言。此指孔子之微言。謂文武之道。

［7］出：出仕。

［8］蒙童：幼稚愚昧。

［9］普天率土：猶全國。《詩·小雅·北山》：“溥天之下，莫非王土；率土之濱，莫非王臣。”毛傳：“溥，大；率，循；濱，涯也。”溥，《孟子·萬章上》引作“普”。率（shuài）：沿著；順著。匪通非。

［10］垂緌執笏（hù）：垂下冠帶，手持笏板。古時臣子朝見君王時的裝束和上奏備忘的笏板。謂出仕做官。笏板按品第分別以玉、象牙、竹製成。

［11］樂飢：樂道忘飢。一説療飢；充飢。樂通療。衡門：橫木爲門。指簡陋的房屋。實指隱居。

［12］雲夢：雲夢澤。古藪澤名。先秦兩漢所稱雲夢，大致包括今湖南益陽縣湘陰縣以北、湖北荆州市以南、武漢市以西地區。

［13］指南：指司南車。琢勺形磁石置盤以辨方向。司南即指南針之祖。

［14］辰極：北辰，北極星。反同返。

［15］嘉訓：善言，有教益的話。

［16］負衣冠：背著衣帽。謂執弟子禮。

［17］希驥：謂仰慕才俊。希通睎，望。驥：千里馬。喻傑出人才。

［18］汎愛：博愛；廣愛衆人。與進：贊成進步。

逸 民 卷 二[1]

1 抱朴子曰："余昔遊乎雲臺之山[2]，而造逸民，遇仕人在焉。仕人之言曰：'明明在上[3]，總御八紘[4]；華夷同歸，要荒服事[5]。而先生遊柏成之遐武[6]，混群伍於鳥獸[7]。然時移俗異，世務不拘。故木食山棲[8]，外物遺累者(1)，古之清高，今之逋逃也[9]。君子思危於未形，絕禍於方來；無乃去張毅之内熱[10]，就單豹之外害[11]；畏盈抗慮(2)，忘亂群之近憂[12]；避牛迹之淺嶮，而墮百仞之不測[13]；違濡足之泥淫(3)，投爐冶而不覺乎[14]？'

【校】

（1）遺：楊明照校："孫人和曰：'按："遺"當作"遣"。"遣累"，猶言去累。《（内篇·）道意》篇云："遣害真之累。"是其證。'照按：孫説是。《内篇·微旨》'躡埃塵以遣（此依《太平御覽》六七二引）累'，今本亦誤'遣'爲'遺'，與此同。《神仙傳·劉安傳》：'不能遺累'亦以'遺累'連文。"按："遺"有"棄"義，"遺累"、"遣累"兩可。《文選》陸機《弔魏武帝文》："既睎古以遺累，信簡禮而薄葬。"李善注："禮繁則易亂，厚葬則傷生，能遵簡薄，所以遺累。"《宋書·蠻夷傳·婆黎國》："子因以遺情遺累，虛心爲道，而據事剖析者，更由指掌之間乎！"《交際》："内遺心競之累。"北齊劉晝《新論·防欲》："故明者剋情以遺累，約慾以守真。"並其證。

（2）畏盈抗慮：按：與"忘亂群之近憂"不相儷，疑有脱誤，蓋本作"畏盈科之遠慮"。抗：蓋"遠"簡寫爲"远"而誤。

（3）淫：吉藩本同。平津本誤作涇。

【注】

［1］逸民：《論語·微子》："逸民：伯夷、叔齊、虞仲、夷逸、朱張、柳下惠。"何晏《集解》："逸民者，節行超逸也。"《堯曰》："舉逸民。"邢昺疏："節行超逸之民隱居未仕者，則舉用之。"《漢書·律曆志序》"舉逸民"顏師古注："逸民，謂有德而隱處者。"一謂指被遺落的人才，"逸"同"佚"，即《孟子·公孫丑上》"柳下惠……遺佚而不怨"之"佚"，楊伯峻《論語譯注》據黃式三《論語後按》持此説。

［2］雲臺之山：蓋指江蘇連雲港市之鬱洲山。《内篇·金丹》："余周旋徐、豫、荆、襄、江、廣數州之間。"鬱洲山即在徐州境内。泛指高山。

［3］明明在上：稱頌時君英明。此指晉元帝明智、明察。

［4］八紘（hóng）：八方極遠之地。

［5］要荒：要服、荒服，各爲五服之一。古代王畿周邊，以五百里爲一區劃，由近及遠分爲甸服、侯服、綏服、要服、荒服。要服在王畿一千五百里之外，荒服在王畿兩千里之外，泛指邊遠地區。要荒地區，服事朝廷，祇要做到要約供役與大略供役就行了，故名。服事：指按五服服數定期向朝廷進貢，以事天子。句謂要服、荒服的周邊少數民族皆誠心臣服朝廷。

［6］遐武：前人的足跡；往古的事迹。

［7］混群伍於鳥獸：隱遁則與鳥獸結群爲伍，混居在一塊。句意謂有違聖教。《論語·微子》："夫子憮然曰：'鳥獸不可與同群！吾非斯人之徒與而誰與？'"集解引孔安國曰："隱於山林是同群。吾自當與此天下人同群，安能去人從鳥獸居乎？"

［8］木食山棲：以樹木果實爲食，居處山上。

［9］清高：純潔高尚。逋（bū）逃：逃亡；流亡者。指逃避賦税徭役的人。

［10］無乃：莫非；恐怕。表示委婉測度的語氣。張毅：春秋時魯國隱

者，爲人“好恭”，無論貴家貧户，皆無不往，以示一視同仁。但他行年四十而有内熱之病以死。内熱：謂内心憂煎焦灼。

[11] 單豹句：意謂由一個極端走向另一個極端。

[12] 畏盈抗慮：似應作“畏盈科之遠慮”，句謂擔心盈滿坑窪之水會氾濫天下，近乎杞人憂天，故曰“遠慮”。與下文“避牛迹之淺嶮”同旨。盈科：水充滿坑坎。《孟子·離婁下》：“源泉混混，不舍晝夜，盈科而後進，放乎四海。”

[13] 淺嶮：微小的險阻。嶮通險。百仞：形容極高或極深。仞：長度單位，有八尺、七尺、五尺六寸、四尺諸説。不測：指深。

[14] 違：離。濡足：沾汙了腳。覺：悟。

2　逸民答曰：‘夫銳志於雛鼠者(1)，不識騶虞之用心[1]；盛務於庭粒者[2]，安知鴛鸞之遠指[3]！猶焦螟之笑雲鵬[4]，朝菌之怪大椿，坎蛙之疑海鼇[5]，魚蛇之嗤應龍也(2)[6]。子誠喜懼於勸沮[7]，焉識玄曠之高韻哉[8]！吾幸生於堯、舜之世[9]，何憂不得此人之志乎？’

【校】

（1）雛鼠：疑本作腐鼠，即《莊子·秋水》“鴟得腐鼠”之“腐鼠”。作“雛鼠”，蓋稚川誤將“鵷鶵”“腐鼠”混記了。鶵：同雛。“鵷鶵”與“騶虞”無陪襯意義，而“腐鼠”與“騶虞”則有鮮明的對比作用。《莊子·秋水》：“惠子相梁，……莊子往見之，曰：‘南方有鳥，其名爲鵷鶵，子知之乎？夫鵷鶵，發於南海而飛於北海，非梧桐不止，非練實不食，非醴泉不飲。於是鴟得腐鼠，鵷鶵過之，仰而視之曰：“嚇！”今子欲以子之梁國嚇我邪！’”

（2）魚蛇：魯藩本平津本誤作井蛇。孫星衍校：“藏本作魚蛇。”陳其榮校：“藏本作魚蛇，今從舊寫本。”楊明照按：“藏本是。”按：當作魚黿。班固《答賓戲》：“應龍潛於潢汙，魚黿媟之。”喻君子處境困難時，受小人欺侮。爲什麼“魚黿”變成了“魚蛇”？黿，蓋抄

寫者漏寫它上面的"元"字與下面兩邊的部分(即"彐"與它相反
的部分)而殘訛爲"它(蛇)"字,於是出現"魚蛇"連文之怪事。

【注】

[1] 騶(zōu)虞:傳說中的義獸。白虎黑文,不食生物,有至信之德則
　　　應之。句謂騶虞志向遠大。

[2] 盛務於庭粒者:喻志向短淺。庭粒:庭中穀粒。

[3] 鵷鸞:鵷雛與鸞鳥,皆鳳屬。喻高貴之人。鵷:同鵷(yuān)。
　　　鸞:鸞鳥。指:同旨。

[4] 焦螟:他書或作焦冥。傳說中一種極小的蟲。

[5] 坎蛙之疑海鼈:淺井中的青蛙衹知井幹周圍的樂趣,故懷疑東
　　　海之鼈的快樂。喻眼光短淺。《莊子·秋水》:"公子牟隱机大
　　　息,仰天而笑曰:'子獨不聞夫埳井之鼃乎?'謂東海之鼈曰:'吾
　　　樂與!出跳梁乎井幹之上,入休乎缺甃之崖;赴水則接腋持頤,
　　　蹶泥則没足滅跗;還視虷蟹與科斗,莫吾能若也。且夫擅一壑之
　　　水,而跨跱埳井之樂,此亦至矣!夫子奚不時來入觀乎?'東海之
　　　鼈左足未入,而右足已縶矣。於是逡巡而卻,告之海曰:'夫千里
　　　之遠,不足以舉其大;千仞之高,不足以極其深。禹之時,十年九
　　　潦,而水弗爲加益;湯之時,八年七旱,而崖不爲加損。夫不爲頃
　　　久推移,不以多少進退者,此亦東海之大樂也。'於是埳井之鼃聞
　　　之,適適然驚,規規然自失也。"[埳井:淺井。埳同坎。跳梁:跳
　　　躍貌。井幹:井口邊,井臺。甃(zhòu):井壁磚。跗(fū):足背。
　　　虷(hán):孑孓,蚊子的幼蟲。縶(zhí):絆。適適(tì):驚恐貌。
　　　規規:自失貌。]

[6] 應龍:古代傳說中一種有翼的龍;古代傳說中善於興雲作雨的
　　　龍。相傳禹治洪水時,有應龍以尾畫成江河,使水入海。魚蛇之
　　　嗤應龍:蛇當作黽,意謂魚黽譏笑應龍。

[7] 勸沮:亦作勸阻。鼓勵和禁止。

[8] 玄曠:美大;高遠開闊。高韻:高雅的風度。

[9] 堯舜之世:稱頌當代聖朝如堯舜時代。

3　仕人曰：'昔狂狷、華士，義不事上，隱於海隅，而太公誅之[1]。吾子沈遁[2]，不亦危乎！'

逸民曰：'吕尚長於用兵，短於爲國[3]；不能儀玄黄以覆載[4]，擬海嶽以博納[5]；褒賢貴德，樂育人才；而甘於刑殺，不修仁義；故其劫殺之禍(1)[6]，萌於始封[7]。周公聞之，知其無國也[8]。夫攻守異容，道貴知變。而吕尚無烹鮮之術[9]，出致遠之御(2)[10]；推戰陳之法，害高尚之士[11]。可謂賴甲胄以完刃(3)，又兼之浮泳(4)[12]；以射走之儀(5)，又望求之準的者也[13]。

【校】

（1）劫殺：當作劫弒。《論衡・實知》："太公治齊，周公睹其後世當有劫弒之禍。"

（2）出：藏本、魯藩本、平津本等誤如此，當從孫人和校作拙。出乃拙之壞字。《官理》："故良駿敗於拙御。"是其證。

（3）完刃：楊明照校作免刃。

（4）兼之：其下疑脱一乎字。"兼之乎"與下文"求之於"互儷。

（5）射走之儀：疑"儀"下脱一"的"字。《韓非子・用人》："釋儀的而妄發，雖中小不巧。""儀的"連用，是其證。

【注】

［1］太公：太公望吕尚。東海上人。本姓姜氏，從其封姓，故曰吕尚。西周至春秋齊國之始祖。

［2］吾子：對稱代詞，表示親密或恭敬。子：男子之美稱。沈遁：深深隱逸。本段文意實本《世説新語・雅量》"嵇中散臨刑東市"條劉注引《文士傳》曰："吕安罹事，康詣獄以明之。鍾會庭論康曰：'今皇道開明，四海風靡；邊鄙無詭隨之民，街巷無異口之議。而康上不臣天子，下不事王侯；輕時傲世，不爲物用，無益於今，有

敗於俗。昔太公誅華士，孔子戮少正卯，以其負才亂群惑衆也。今不誅康，無以清潔王道。'於是錄康閉獄。"《晉書・嵇康傳》："初，康居貧，嘗與向秀共鍛大樹下，以自贍給。潁川鍾會，貴公子也，精練有才辯，故往造焉。康不爲之禮，而鍛不輟。良久會去，康謂曰：'何所聞而來？何所見而去？'會曰：'聞所聞而來，見所見而去。'會以此憾之。及是，言於文帝曰：'嵇康，臥龍也，不可起。公無憂天下，顧以康爲慮耳。'因譖'康欲助毌丘儉，賴山濤不聽。昔齊戮華士，魯誅少正卯，誠以害時亂教，故聖賢去之。康、安等言論放蕩，非毀典謨，帝王者所不宜容。宜因釁除之，以淳風俗。'帝既昵聽信會，遂并害之。""仕人曰"數句實際反映了晉代當時以司馬昭、鍾會爲代表的一部分統治者的不允許隱士隱遁民間的觀點。

[3]長於用兵：指善於用籌帷幄，調兵遣將，指揮打仗，奪取天下。短於爲國：指不擅長太平年月的治國之術。

[4]儀：仿效；取法。玄黃：天地。覆載：覆蓋與承載。謂覆育包容。

[5]擬：仿效；摹擬。海嶽：大海與高山。

[6]劫殺：據《史記・田敬仲完世家》，田完第四代孫田釐子乞開始篡齊活動，殺齊景公所立太子晏孺子，而立景公他子陽生。前481年，其子田常之徒殺簡公。田常重孫太公和遷齊康公於海上。康公十九年（前386）田和立爲齊侯。

[7]萌於始封：謂分封呂尚爲齊國之君就萌芽了劫弒之禍。

[8]周公聞之，知其無國也：周公聽説呂尚甘於刑殺，知呂尚所封之國，必有失國之日。

[9]烹鮮：喻治國便民之道或治國才能。《老子・第六十四章》："治大國若烹小鮮。"河上公注："鮮，魚。烹小鮮，不去腸，不去鱗，不敢撓，恐其糜也。治國煩，則天下亂。"

[10]致遠之御：到達遠方的駕馭之術。句喻無長治久安之策。

[11]推戰陳之法：猶言推行馬上打天下，馬上治天下的軍事統治策略。陳通陣。高尚之士：指隱士狂狷、華士。

[12]完刃：免於兵刃之禍。兩句謂甲胄在身，負荷太重，與游泳相矛盾。

[13]射走之儀：謂射擊移動的箭靶。儀：弩上的瞄準件，其作用相當
　　於今日步槍的尺規。望：疑衍，當删。準的：箭靶中心。此指固
　　定目標。兩句謂條件與目的相反，行爲與目的相違。

　　4　'夫傾庶鳥之巢，則靈鳳不集[1]；漉黿鼈之池[2]，則
神虯遐逝；刳凡獸之胎，則麒麟不峙其郊[3]；害一介之士，
則英傑不踐其境。吕尚創業垂統[4]，以示後人；而張苛酷
之端，開殘賊之軌。適足以驅俊民以資他國，逐賢能以遺
讎敵也[5]。去彼市馬骨以致駿足[6]，軾陋巷以退秦兵
者[7]，不亦遠乎[8]！子謂吕尚何如周公乎？'

【注】

[1]靈鳳：鳳凰。古以爲四靈之一，故名。集：指飛來並停於樹上。

[2]漉(lù)：使乾涸。鼈：甲魚。神虯(qiú)：傳説中神異的無角龍。

[3]刳(kū)：剖開。麒麟：古代傳説中的一種動物。形狀像鹿，頭上
　　有角，身有鱗甲，尾象牛尾。古人以爲仁獸、瑞獸，象徵吉祥。峙
　　(chí)：止不前；止。引申爲來到；逗留。以上六句謂殺雞取蛋、
　　竭澤而漁，影響極壞，後果不堪設想。

[4]創業垂統：多指君位的建立與傳承。《孟子·梁惠王下》："君子
　　創業垂統，爲可繼也。"趙岐注："君子造業垂統，貴令後世可繼續
　　而行耳。"

[5]適足以驅俊民以資他國，逐賢能以遺讎敵也：這恰好足以驅趕
　　俊傑之士以資助別國，驅逐賢能之人以贈送仇敵。《孟子·離婁
　　上》："民之歸仁也，猶水之就下，獸之走壙也。故爲淵驅魚者，獺
　　也；爲叢驅爵者，鸇也；爲湯、武驅民者，桀與紂也。"《史記·李斯
　　列傳》："斯乃上書曰：'……今逐客以資敵國，損民以益讎。'"索
　　隱："資，猶給也。"遺(wèi)：送；給與。

[6]去：距離。彼：指燕昭王。市馬骨：指燕昭王採郭隗之策用千

金買千里馬之骨以求賢才之事。喻招覽人才之迫切。駿足：喻賢才。

[7] 軾陋巷以退秦兵者：指魏文侯過段干木之閭伏軾致敬，因此退卻秦兵之事。軾：車箱前扶手橫木，立乘者伏軾致敬。陋巷：狹陋居室。

[8] 不亦遠乎：語見《論語•泰伯》。不亦：常用於表示肯定的反問句，句末多有“乎”字與之呼應。

5　仕人曰：‘不能審也[1]。’

逸民曰：‘夫周公大聖，以貴下賤[2]，吐哺握髮[3]，懼於失人：從白屋之士七十人[4]，布衣之徒親執贄所師見者十人[5]，所友者十有二人[6]，皆不逼以在朝也(1)。設令呂尚居周公之地，則此等皆成市朝之暴尸[7]，而溝澗之腐骴矣(2)[8]。

【校】

（1）皆不逼以在朝也：陳其榮校：“藏本脱‘不’字，從舊寫本補。”魯藩本亦脱“不”字，當補。

（2）此等皆成市朝之暴尸，而溝澗之腐骴矣。楊明照按：“‘而’下疑脱一字（或是“爲”字）。”按：“而”當作“爲”。《管子•樞言》：“能而稷乎？能而麥乎？”俞樾云：“兩‘而’字並當作‘爲’，古‘爲’字作‘𤓽’，與‘而’字相似而誤。”是其旁證。“爲”草書與“而”形近，易致誤。“成市朝之暴尸”與“爲溝漳之腐骴”互文同義。原“而”下無脱字。

【注】

[1] 審：詳究細察。

[2] 以貴下賤：以高貴身份而禮敬卑賤者。

[3] 吐哺握髮：比喻爲國家殷切求才而禮賢下士。

[4] 白屋：指不施采色、露出木材的房屋；或指白茅覆蓋的房屋，平

民所居。

[5] 布衣：借指平民。執贄：猶執摯。古代禮制，謁見人時攜禮物相贈。《荀子·堯問》："伯禽將歸於魯，周公謂伯禽之傅曰：'……吾語女，我，文王之爲子，武王之爲弟，成王之爲叔父，吾於天下不賤矣。然而吾所執贄而見者，十人；還贄而相見者，三十人；貌執之士者，百有餘人。'"劉向《説苑·尊賢》："周公攝天子位七年，布衣之士執贄所師者十二人。"

[6] 所友：指以朋友之禮相待。十有二人：即十二人。有：又。用於整數與零數之間。

[7] 市朝：市場和朝廷。暴尸：暴露尸骸；陳尸示衆。

[8] 腐胔(zì)：腐爛的尸骨。

6 '唐堯非不能致許由、巢父也，虞舜非不能脅善卷、石户也[1]，夏禹非不能逼伯成子高也[2]，成湯非不能録卞隨、務光也[3]，魏文非不能屈干木也[4]，晉平非不能吏亥唐也(1)[5]；然復而肆之(2)[6]，貴而重之，豈六君之劣弱也(3)[7]？誠以百行殊尚，默默難齊(4)[8]；慕尊賢之美稱，恥賊善之醜迹。取之不足以增威[9]，放之未憂於官曠(5)[10]。從其志則可以闡弘風化[11]，熙隆退讓[12]；屬苟進之貪夫[13]，感輕薄之冒昧。雖器不益於旦夕之用，才不周於立朝之俊；不亦愈於脅肩低眉[14]，諂媚權右[15]；提贄懷貨[16]，宵征同塵[17]；争津競濟，市買名品[18]；棄德行學問之本，赴雷同比周之末也[19]？彼六君尚不肯苦言以侵隱士(6)[20]，寧肯加之鋒刃乎[21]！聖賢誠可師者，吕尚居然謬矣[22]！

【校】

（1）吏亥唐：魯藩本作吏期唐，"期"當作"亥"

（2）復而肆之：孫星衍校從舊寫本作服而師之，當從孫人和校、藏本、魯藩本作復而肆之。謂復其素志而肆之山林。

（3）劣弱：平津本等作小弱。兩可。

（4）默默：孫星衍校："疑作語默。"《易·繫辭上》："君子之道,或出或處,或默或語。"

（5）官曠：疑本作曠官。謂空著職位。

（6）苦言：魯藩本苦誤作若,王國維校打鉤示當改。

【注】

［1］善卷：堯舜時隱者。石戶：石戶之農,舜的朋友。石戶：地名。農：農人。父、戶：模部。

［2］伯：古通柏。柏成子高。

［3］成湯：姓子,名履,又稱天乙。契的後代,主癸之子,繼之而立。有至德,諸侯歸心。興師伐夏桀,放桀南巢。踐天子位,代夏,號武王。錄：拘捕。卞隨、務光：皆商湯時隱者,商湯將伐桀,皆因卞隨、務光而謀,兩人皆曰："非吾事也。""吾不知也。"克夏,讓天下,卞隨、務光皆辭,或投水,或負石自沈。

［4］魏文：魏文侯（前？—前396）名都,一說名斯,魏桓子之孫。在位時,與趙、韓並列爲諸侯。受子夏經藝,優禮賢士段干木,過其閭必軾,得譽於諸侯。善於網羅人才,李克（前455—前395）、西門豹、吳起、翟璜、樂羊、屈侯鮒、田子方等皆爲其選。在位三十八年,稱雄諸侯。不能屈干木：指魏文侯説"段干木未嘗肯以己易寡人"而代之爲侯、魏文侯"請相之,段干木不肯受"兩事。

［5］晉平：晉平公姬彪（前？—前532）,晉悼公子,繼悼公而立。在位二十六年卒。吏亥唐：以亥唐爲官吏。亥唐：晉國賢者,隱居陋巷。以上六句蓋直接演繹《文選·與山巨源絕交書》"禹不偪伯成子高,全其節也"句文意。偪通逼。

［6］復：復舊;恢復。肆之：放之。

［7］貴而重之：猶言尊重他們。劣弱：衰弱;懦弱。

［8］百行（xíng）：各種品行;多方面的品行。殊尚：崇尚不同。

［9］取：逮捕;捉拿。

［10］放：指放歸山林。

［11］闡弘：闡揚光大。風化：猶風教；風氣。

［12］熙隆：令興盛；令盛行。

［13］厲：通勵。勸勉。按：激勵惡者向善，濁者向潔，貪者向廉。苟
　　　進：苟且進取，以求祿位。

［14］脅肩低眉：竦肩縮頭。形容故作恭敬敬畏的樣子。

［15］權右：權門右族。指顯貴。古以右爲尊。

［16］提贄懷貨：謂以禮物鑽營。貨：金玉布帛的總稱。

［17］宵征：夜行。同塵：謂與眾庶同塵垢。《老子・第五十六章》：
　　　“和其光，同其塵。”此猶言同流俗。

［18］爭津競濟：喻爭名奪利，唯恐落後。

［19］比周：親密；結黨營私；勾結。

［20］苦言：楊明照曰：“逆耳之言。《史記・商君傳》：‘商君曰：“……
　　　苦言，藥也；甘言，疾也。”’”按：楊箋不切本句“苦言”之義，当解
　　　爲：困辱之言。《漢書・馮奉世傳》“爲外國所苦”顏師古注：
　　　“苦，謂困辱之。”

［21］寧肯：豈肯；難道願意。加之鋒刃：指斬首處死。鋒刃：借指
　　　兵器。

［22］居然：顯然。謬：謬誤；荒謬。

　　7　‘漢高帝雖細行多闕[1]，不涉典墳[2]；然其弘曠恢
廓[3]，善恕多容[4]，不繫近累[5]，蓋豁如也[6]。雖飢渴四
皓，而不逼也[7]。及太子卑辭致之[8]，以爲羽翼[9]，便敬德
矯情[10]，惜其大者，發《黃鵠》之悲歌[11]，杜婉妾之覬覦[12]。
其珍賢貴隱，如此之至也。宜其以布衣而君四海[13]，其度
量蓋有過人者矣。

【注】

［1］漢高帝：廟謚“太祖高皇帝”，故云。細行多闕：指劉邦“狎侮”廷

吏、"好酒及色"、解諸客儒冠"溲溺其中"、"與人言,常大駡"等。
細行:小節;小事。闕:過失、缺點。

[2] 不涉典蓺:不涉獵《詩》《書》等典籍。典蓺:經典。蓺:藝之
初字。

[3] 弘曠恢廓:此謂劉邦"常有大度",能用大才如蕭何、張良、陳平、
韓信等。弘曠:謂心胸開闊。恢廓:寬宏;寬廣。

[4] 善恕多容:指劉邦寬厚,能寬恕、容納有大缺點的人,如雍齒"嘗
窘辱"自己,封之爲什方侯;拜"數窘漢王"的季布爲郎中等。

[5] 不繫近累:指不爲身邊瑣事所牽累。此蓋指不因戚夫人欲立趙
王如意事而影響傳國於太子。見下"以爲羽翼"注引。

[6] 豁如:豁然。(心胸)開闊。

[7] 飢渴四皓:謂如飢似渴急於得到賢士。四皓:漢初商山四個鬚
眉皓白的隱士:東園公、甪里先生、綺里季、夏黄公。甪一作角。

[8] 太子:漢惠帝劉盈(前207—前188)。漢二年(前205)立爲太子。
性仁弱。高祖常欲易之,屢爲群臣所阻。高祖十二年(前195)四
月,高祖卒。五月,即帝位。在位期間,因呂后專權,鴆殺趙王如
意,殘害戚夫人,不理朝政,唯以飲酒爲樂。惠帝七年(前188)七
月,憂鬱而死。卑辭致之:指太子遵照張良的計策,卑辭厚禮迎
接四皓。卑辭:言辭謙恭。

[9] 以爲羽翼:謂使四皓作爲輔弼。羽翼:禽鳥的翼翅。喻輔佐。

[10] 敬德矯情:此指尊敬四皓輔佐太子之德,克制欲易置太子的感
情。矯情:掩飾真情。

[11] 發《黄鵠》之悲歌:歌唱鴻鵠高飛。《史記•留侯世家》:"戚夫人
泣。上曰:'爲我楚舞,吾爲若楚歌。'歌曰:'鴻鵠高飛,一舉千
里。羽翮已就,橫絶四海。橫絶四海,當可奈何! 雖有矰繳,尚
安所施!'"謂太子已定,無以更改。矰繳(zēng zhuó):射鳥用拴
繩的箭。黄鵠:又名鴻鵠,即白色的天鵝。

[12] 杜:杜絶。婉妾:指戚夫人。覬覦(jì yú):非分的希望或企圖。
"上欲易太子"反映了戚夫人的非分之想。

[13] 宜其以布衣而君四海:劉邦以平民百姓的身份而君臨天下,是

理所當然的。

8 '且夫呂尚之殺狂、華者[1]，在於恐其沮眾也[2]。然俗之所患者，病乎躁於進趨[3]，不務行業耳[4]，不苦於安貧樂賤者之太多也[5]。假令隱士，往往屬目[6]，至於情挂勢利，志無止足者，終莫能割此常慾，而慕彼退靜者也。開闢已降[7]，非少人也，而忘富遺貴之士，猶不能居萬分之一。仲尼親受業於老子[8]，而不能修其無爲[9]；子貢與原憲同門[10]，而不能模其清苦[11]；四凶與巢、由同時，王莽與二龔共世[12]，而不能效也。凡民雖復笞督之[13]，危辱之，使追狂、華，猶必不肯，乃反憂其壞俗邪？呂尚思不及此，以軍法治平世，枉害賢人[14]，酷誤已甚矣！賴其功大，不便以至顛沛耳[15]。

【注】

[1] 且、夫：並爲提掣助詞，兩者合用於一段的開頭。者：……的原因。

[2] 沮眾：敗壞民眾從上。指太公望所說"吾恐其亂法易教也"。

[3] 患：擔心。病乎：禍患在於。

[4] 行業：德行功業；操行學業。

[5] 安貧樂賤：甘心貧苦，樂於卑賤。

[6] 屬（zhǔ）目：注目，注視。

[7] 開闢：指天地初開。已降（jiàng）：猶以來。

[8] 仲尼親受業於老子：指孔子問禮於老聃。《禮記·曾子問》："孔子曰：'昔者吾從老聃。'"《史記·老子傳》："孔子適周，將問禮於老子。"仲尼：孔子之字。老子：即老聃。老聃著有《老子》，又稱《道德經》，大約成書於戰國初年。因此有人說作者爲另一人。

[9] 不能修其無爲：指孔子沒有接受老聃的主要學術思想。無爲：

老子主張任何事物都應順它自身的發展規律去發展,不必人爲
地去制約它。《老子·第三十七章》:"道常無爲而無不爲,侯王
若能守之,萬物將自化。"

[10] 原憲(前515—前?):字子思,魯(今山東西南部)人,或説宋人。
孔子弟子。孔子卒,憲隱居於衛國草澤中,生活貧困。子貢相
衛,結駟連騎,排藜藋入窮巷,往見憲,憲身著敝衣冠見之,子貢
恥之,憲卻神情自若,使子貢慚愧。終身蓬户,褐衣疏食而不厭。
同門:同師受業。

[11] 模:效法。清苦:守貧刻苦。

[12] 王莽(前45—公元23):字巨君,魏郡元城(今河北大名)人。漢
元帝王皇后侄。西漢末,以外戚掌握政權,永始元年(前16)封新
都侯,遷騎都尉、光禄大夫、侍中。因劾奏外戚定陵侯淳于長,獲
忠直名,遂擢爲大司馬。元皇后稱制,莽總攬朝政。元始五年
(公元5年)毒死平帝,自稱假皇帝。次年立年僅二歲的劉嬰爲
天子,號孺子。初始元年(公元8年)稱帝,改國號曰新。公元
8—23在位。由於復古改制,法令苛細,徭役繁重,屢改幣制,農
商失業,食貨具廢,民不聊生,致社會矛盾激化,於天鳳四年(公
元17年)爆發全國性農民起義。更始元年(公元23年)被殺,新
亡。二龔:龔勝、龔舍,相友,並著名節,世謂之楚兩龔。龔勝
(前68—前11),字君賓,彭城(今江蘇徐州)人。少好學明經。
初爲郡吏,三舉孝廉,以王國人不得宿衛。哀帝時徵爲諫大夫,
遷丞相司直,徙光禄大夫,守右扶風。旋復爲光禄大夫,諸吏給
事中。因言董賢亂制忤旨,出爲勃海太守,謝免病歸。王莽代
漢,屢遣使强徵,以"受漢家厚恩"遂絶食十四日而死。龔舍(前
60—公元6):字君倩,楚武原(今江蘇邳縣西北)人。少好學明
經。楚王入朝,聘爲常侍,歸國固辭,以勝薦,徵爲諫大夫,病免。
復徵爲博士,又病去。哀帝遣使即楚拜爲太山太守,至郡數月,
上書乞骸骨。拒爲光禄大夫,乃遣歸。共世:猶同代。

[13] 笞(chī)督:猶笞責。

[14] 枉害:枉加殘害。

[15] 賴：仗恃。以至：猶發展到。

9 '且呂尚之未遇文王也，亦曾隱於窮賤，凡民易之，老婦逐之，賣傭不售，屠釣無獲，曾無一人慕之[1]。其避世也，何獨慮狷、華之沮衆邪(1)[2]？設令殷紂以尚逃遁[3]，收而斂之(2)[4]，尚臨死，豈能自謂罪所應邪？魏武帝亦刑法嚴峻，果於殺戮[5]，乃心欲用乎孔明[6]，孔明自陳不樂出身[7]。武帝謝遣之[8]，曰："義不使高世之士，辱於汙君之朝也[9]。"其鞭撻九有[10]，草創皇基[11]，亦不妄矣[12]。

【校】

（1）其：當從陳澧校作共。形近致誤。

（2）斂之：孫星衍疑當作殺之。

【注】

[1] 凡民易之……慕之：一般人看不起他……靠近他。《戰國策·秦策五》："姚賈曰：'太公望，齊之逐夫，朝歌之廢屠，子良之逐臣，棘津之讎不庸，文王用之而王。'"高誘注："太公望呂尚，老婦之（所）逐。賣肉於朝歌，肉上生臭，不售，故曰廢屠。子良不用而斥逐也。釣魚於棘津，魚不食餌。賣庸作，又不能自售也。"類似傳聞又多見於秦漢典籍。呂尚是我國歷史上著名傳奇人物。賣傭不售：出賣勞力，賣不出去。屠釣：宰牲和釣魚。無獲：不得。曾：竟。慕：趨赴；靠近。

[2] 避世：謂不爲統治者幹事。

[3] 殷紂：殷商的帝辛，姓子，名受，帝乙少子。帝乙卒，繼爲帝。資辨捷疾，聞見甚敏；材力過人，手格猛獸。拒諫飾非，矜人臣以能。好酒淫樂，嬖寵妲己，其言是從。使樂師作淫聲艷舞，收狗馬奇物充仞宮室。廣建殿閣苑臺，設酒池肉林。重刑辟，行炮烙之法。重用諛臣。百姓怨望，諸侯離叛。周武王率諸侯伐之，戰

於牧野。紂敗，登鹿臺自焚而死。

〔４〕收：逮捕；拘押。

〔５〕魏武帝：曹操（155—220）字孟德，小字阿瞞，一名吉利，沛國譙
　　　（今安徽亳州市）人。祖、父世爲宦官。少機警，有權數。年二十
　　　舉孝廉爲郎，除洛陽北部尉，遷頓丘令，徵拜議郎。討黄巾有功，
　　　遷濟南相。起兵討董卓，收“青州兵”，迎漢獻帝都許，録尚書事，
　　　軍國號令一決於操。先後翦滅袁術、袁紹、陶謙、劉表、韓遂、張
　　　魯等，統一北方。善用兵，知用人，長於文學。位至丞相、大將
　　　軍，加九錫，封魏公，進魏王。子丕建魏後追尊廟號太祖，謚武
　　　帝。刑法嚴峻：指曹操殺戮、梟懸論不阿諂的九江太守邊讓，灰
　　　族其妻孥；榜笞太尉楊彪，五毒備至；擅收立殺議郎趙彦，不俟報
　　　聞；遣使就太守士燮盡族避難交州的袁忠、桓邵等。刑法：此謂
　　　行刑執法。果於殺戮：説殺戮就殺戮，立即實行。指曹操“刑戮
　　　在口”，“所怨滅三族，群談者受顯誅，腹議者蒙隱戮”。果：有決
　　　斷；竟事之辭。謂徹底實行。實現；貫澈到底。

〔６〕乃：其。

〔７〕自陳：自我陳述隱者之志。出身：做官。

〔８〕謝遣：致歉、遣送。

〔９〕汙君：無道昏君；濫惡之君。

〔10〕鞭撻九有：謂以武力奪取天下。《三國志·魏書·武帝紀評》：
　　　“漢末天下大亂，雄豪並起，而袁紹虎視四州，強盛莫敵。太祖運
　　　籌演謀，鞭撻宇内，擥申、商之法術，該韓、白之奇策，……終能總
　　　御皇機，克成洪業者，惟其明略最優也。”鞭撻：鞭打；引申爲駕
　　　馭。九有：九州。泛指全國。

〔11〕草創：起（稿）；創作；創建。

〔12〕妄：平庸，尋常。

　　　10　‘紛擾日久[1]，求競成俗；或推貨賄以龍躍[2]，或階
黨援以鳳起[3]；風成化習，大道漸蕪；後生昧然[4]，儒訓遂

埋[5]。將爲立身,非財莫可[6]。苟有卓然不群之士[7],不出户庭,潛志味道[8],誠宜優訪,以興謙退也[9]。'

'夫使孫、吳荷戈[10],一人之力耳;用其計術,則賢於萬夫[11]。今令大儒爲吏,不必切事。肆之山林,則能陶冶童蒙[12],闡弘禮敬(1)。何必服巨象使捕鼠[13],韝鸑(2)……也(3)。'

'……則鍾鼎鑴其聲[14]。若乃零淪藪澤[15]。空生徒死[16],亦安足貴乎?'

【校】

(1) 禮敬:當從楊明照校作禮教。

(2) 韝鸑:孫星衍校:"下有脫文。"疑當作韝鷹。宋吳淑《事類賦注》一八《禽部》一《鷹》"亦有下韝命中"注引《東觀漢記》:"(桓)虞欺曰:'善吏如使良鷹,下韝即中。'"《太平御覽》九二六引晉孫楚《鷹賦》:"郭延考與余辭,其後從者韝二鷹以侍側。"《鮑參軍集·代東武吟》:"昔如韝上鷹,今似檻中猿。"而"韝"與"鸑"古籍中未見有相涉或連文者,蓋鷹與鸑草書形近致誤。韝鷹:手臂臂衣上的蒼鷹。韝:革制臂衣。

(3) 也:孫星衍校:"下脫'仕人曰'數語。"

【注】

[1] 紛擾:動亂;紛亂騷擾。《後漢書·鮮卑傳》:"關東紛擾,道路不通。"按:例晚於本文。

[2] 推貨賄:謂以貨賄行賄。貨賄:金玉布帛等財物。龍躍:如龍騰躍。喻縱橫馳騁,奮發有爲。

[3] 階黨援:利用同黨或內黨外援的援助,作爲攀登高官的階梯。黨援:結援相助的黨與。鳳起:如鳳凰起飛。比喻奮發有爲。

[4] 昧然:昏茫無知貌。

[5] 埋(yīn):泯滅。

[6] 立身:處世、爲人,此指在官場上立足。非財莫可:指用錢買官。

［7］卓然不群：猶卓爾不群。形容優異卓絶，超群出衆。

［8］潛志：猶潛心。專心致志。味道：體察道理；玩味道的哲理。

［9］優訪：優禮賢者，就朝政廣泛諮詢意見。優：優厚；優待。

［10］孫：孫武，春秋末齊國安樂（今山東惠民）人。以兵法見知吴王闔
　　　廬，命以爲將，西破强楚，攻入楚郢都，北威齊晉，顯名於諸侯。
　　　《孫子兵法》十三篇爲其所著，被尊爲中國兵法之祖。其學説博
　　　大精深，被當今學者視爲綜合國力論專著。吴：吴起（前？—前
　　　381），戰國衛左氏（今山東曹縣北）人，曾參學生。初仕魯，殺齊
　　　女之妻以免魯疑，卒爲魯將大破齊軍。遭讒，魯君疑之。被黜
　　　後，赴魏。事魏文侯，用爲將，擊秦，拔五城，文侯以起善用兵而
　　　廉平，爲西河（今陝西合陽一帶）守以拒秦。武侯時受王錯之譖，
　　　魏相公叔忌之，奔楚。楚悼王以爲宛（今河南南陽）守，旋擢用爲
　　　令尹。起明法審令，罷無能，廢無用，捐不急之官，墾殖强兵。南
　　　平百越，北併陳、蔡，卻三晉，西伐秦，威震諸侯，楚國勢日强。悼
　　　王死，宗室大臣作亂，亂箭射殺伏王尸之吴起。著《兵法》。

［11］用其計術，則賢於萬夫：謂孫、吴的謀略、戰術的作用，超過了萬
　　　人的力量。

［12］陶冶童蒙：如製瓦鑄金一般培養教育接受啓蒙的兒童。

［13］服巨象使捕鼠：喻當用其所長而不能用其所短。表達方式套用
　　　《莊子·秋水》："騏驥驊騮一日而千里，捕鼠不如狸狌。"王國維
　　　批示："此下有闕。"

［14］鍾鼎鐫其聲：謂勒銘業績。鍾鼎：鍾和鼎。古人於其上刻文紀
　　　功。鐫：雕鑿。

［15］零淪：零落；淪落失意。藪澤：水草茂密的沼澤湖泊地帶；猶
　　　草野。

［16］空生徒死：謂生死皆徒然，没有意義與價值。

11　逸民答曰：'子可謂守培塿[1]，玩狐丘[2]，未登閬風
而臨雲霓[3]；觀瀯汀(1)[4]，遊潢洿，未浮南溟而涉天漢[5]。

凡所謂志人者，不必在乎禄位，不必須乎勳伐也[6]。太上無己(2)，其次無名[7]。能振翼以絶群(3)[8]，騁迹以絶軌[9]；爲常人所不能爲，割近才所不能割；少多不爲凡俗所量，恬粹不爲名位所染[10]；淳風足以濯百代之穢，高操足以激將來之濁。何必紆朱曳紫[11]，服冕乘軺[12]；被犧牛之文繡，吞詹何之香餌[13]；朝爲張天之炎熱[14]，夕成冰冷之委灰[15]！

【校】

（1）瀯汀：按：當乙作汀瀯。《内篇·極言》：“不測之淵，起於汀瀯。”

（2）己：魯藩本多誤作巳。

（3）能振翼以絶群：“絶群”與“騁跡以絶軌”之“絶”重複，“絶群”宜改爲“超群”。

【注】

[1] 培塿（pǒu lǒu）：本作部婁（pǒu lǒu）。小土丘。喻小天地。

[2] 狐丘：狐狸穴居或出没的小山。

[3] 閬（làng）風：山名，相傳爲仙人所居，在昆侖之巔。雲霓：借指高空。霓：雌虹。

[4] 翫（wán）：同玩。觀賞。瀯汀（yìng tìng）：很小的水流。

[5] 南溟（míng）：天池；南方的大海。

[6] 須乎：尋求。勳伐：功績。王功曰勳，積功曰伐。

[7] 太上：最高。無己：猶無我。其次：第二。無名：不追求名聲。《莊子·逍遥遊》：“至人無己，神人無功，聖人無名。”

[8] 振翼：煽動翅翼飛翔。孔融《薦禰衡表》：“如得龍躍天衢，振翼雲漢，揚聲紫微，垂光虹蜺，足以昭近署之多士，增四門之穆穆。”

[9] 騁迹：往來自如；縱横馳騁。《藝文類聚》六一引漢劉楨《魯都賦》：“舞人就列，整飾容華；和顔揚眸，昳風長歌；飄乎焱發，身如轉波，尋虚騁迹，顧與節和。”《文選》吴質《答東阿王書》：“步武之間，不足以

騁迹。”李周翰注：“武亦迹也。言步迹之間，地小何足使良馬馳騁其軌迹也。”絶軌：猶遠迹。指先賢的事迹。句謂追攀先賢。

[10] 恬粹：淡泊、純粹。

[11] 紆（yū）朱曳（yè）紫：謂身佩朱、紫印綬。形容地位尊顯。紆：繫結；垂挂。曳：拖。朱紫：指高官所佩印綬的顏色。“紆朱”來自揚雄《法言·學行》：“紆朱懷金者之樂不如顏氏子之樂。顏氏子之樂也内，紆朱懷金者之樂也外。”“曳（yè）紫”蓋由《文選》揚雄《解嘲》“拖紫”變來：“紆青拖紫，朱丹其轂。”李善注引《東觀漢記》：“印綬。漢制：公侯紫綬，九卿青綬。”

[12] 服冕：穿著冕服。冕：大夫以上禮服，包括衣冠。指做大官。乘軺（yáo）：乘坐一馬所拉的輕便車。漢代貴輜軿而賤軺車，魏晉重軺車而輕輜軿。

[13] 詹何：古善釣者。香餌：漁獵所用之誘餌。引申爲引人上鈎的事物。

[14] 張天：布滿天空。《文選》左思《蜀都賦》：“躑塵張天，則埃壒曜靈。”李周翰注：“車馬之塵昏上蔽日景也。”

[15] 委灰：灰燼。兩句喻尊卑、興衰之變化。

12　‘夫斥鷃不以蓬榛易雲霄之表[1]，王鮪不以幽岫貿滄海之曠(1)[2]；虎、豹入廣廈而懷悲，鴻、鵾登嵩巒而含感[3]。物各有心，安其所長。莫不泰於得意，而慘於失所也。經世之士，悠悠皆是[4]，一日無君，惶惶如也[5]。譬猶藍田之積玉[6]，鄧林之多材，良工大匠，肆意所用[7]。亦何必棲魚而沈鳥哉[8]！嘉遯高蹈[9]，先聖所許；或出或處，各從攸好[10]。

【校】

（1）貿：其上半部的字原作“夗”，兩字同。

【注】

[１] 斥鷃：斥澤之鷃雀，即鶉鷃。斥澤：即尺澤，小澤。

[２] 王鮪（wěi）：大鮪魚，亦名鱘魚。幽岫（xiù）：深山中的巖洞。常
　　　爲隱者所居之地。

[３] 虎、豹入廣廈而懷悲二句：喻環境不適應禽獸的生活習性。鴻：
　　　天鵝。鵾（kūn）：鵾雞，似鶴而大。嵩巒：高峻的峰巒。

[４] 經世：閱歷世事；治理世事。悠悠：衆多貌。

[５] 惶惶如：同皇皇如，恐懼不安貌。

[６] 藍田之積玉：陝西省藍田縣藍田山玉石衆多。喻精英衆多。

[７] 肆意：縱情任意，不受拘束。

[８] 棲魚而沈鳥：喻所用違背其本性所長。

[９] 高蹈：遠行；隱居。鳥、蹈：宵部。先聖所許：謂孔子認可此事。
　　　見《論語・微子》“逸民”一節孔子對逸民的評論。許、處：模部。

[１０] 或出或處：有的出來做官，有的在家隱居。

13　‘蓋士之所貴，立德立言[１]。若夫孝友仁義[２]，操
業清高[３]，可謂立德矣；窮覽《墳》《索》[４]，著述粲然[５]，可
謂立言矣。夫善卷無治民之功，未可謂之減於俗吏(1)；仲
尼無攻伐之勳，不可以爲不及於韓、白矣(2)[６]。身名並全，
謂之爲上。隱居求志，先民嘉焉[７]。夷、齊一介，不合變
通[８]，古人嗟歎，謂不降辱(3)[９]。夫言不降者，明隱逸之爲
高也；夫不辱者(4)，知羈縶之爲洿也[１０]。聖人之清者[１１]，
孟軻所美[１２]，亦云天爵貴於印綬[１３]。志修遺榮[１４]，孫卿所
尚[１５]；道義既備(5)[１６]，可輕王公。而世人所畏唯勢，所重
唯利。盛德身滯，便謂庸人；器小任大，便謂高士。或有乘
危冒嶮[１７]，投死忘生[１８]，棄遺體於萬仞之下[１９]，邀榮華乎
一朝之間[２０]，比夫輕四海[２１]、愛脛毛之士[２２]，何其緬
然邪[２３]！

【校】

（1）未可：當作未可以。"未可以"方與下文"不可以"字數對稱。

（2）爲：孫人和校作謂。按：爲通謂。但爲了與上文用字一律，作謂亦可。其下當補"之"字。於：當從楊明照校删。

（3）降辱：崇文本作"降志辱身"，義顯。

（4）夫不辱者：陳其榮校："藏本'不'上有'夫'字，舊寫本有'身'字，今從盧本删。"

（5）既備：魯藩本作"既必"。

【注】

［1］立德立言：樹立德業，建立學説。《左傳·襄公二十四年》："豹聞之：太上有立德，其次有立功，其次有立言，雖久不廢，此之謂不朽。"

［2］孝友：孝順父母，友愛兄弟。

［3］操業：志行節操。

［4］窮覽：遍觀。《墳》《索》：《三墳》《五典》《八索》《九丘》的並稱。相傳是中國最早的書籍。泛指古代典籍。

［5］粲然：明白貌；明亮貌。此猶言鮮明貌。

［6］攻伐之勳：謂武功。攻伐：攻戰討伐。韓：韓信。白：白起。

［7］隱居求志：隱居不仕，以求順遂自己的懷抱。先民：古代聖人，此指孔子。

［8］夷、齊：伯夷，或説名允，字公信；叔齊，或説名致，字公達。殷商末人，孤竹君之二子。父欲立叔齊，及父卒，叔齊讓伯夷，伯夷逃，叔齊亦逃。於是兩人歸西伯文王。因以武王伐紂爲"臣弑君"而天下宗周，故義不食周粟，最後餓死於首陽山。一介：耿介；正直。不合變通：謂不合時宜，不知隨俗俯仰，與時推移。

［9］古人：指孔子。不降辱：即不降其志，不辱其身。

［10］羈縶：馬絡頭和馬繮繩；束縛；拘禁。洿：汙。隱者視"羈縶"爲有汙自身清白。

［11］聖人之清：聖人中的清高者。《孟子·萬章下》："孟子曰：'伯夷，

聖之清者也。'"

[12] 孟軻（前390—前305）：字子輿，戰國時鄒（今山東西南部）人。
　　　 受業於孔子之孫子思之門人，精通並發展了儒學。遊事齊宣王，
　　　 講學於稷下學宮。燕亂時，勸齊宣王伐燕，大勝。至魏，勸梁惠
　　　 王不可言利。宣揚"仁義"，主張行"仁政"、"王道"，不合當時合
　　　 縱連橫的潮流，故諸侯認爲"迂遠而闊於事情"。於是退而與萬
　　　 章之徒等序《詩》《書》，祖述孔子學說，作《孟子》七篇。後世與孔
　　　 子並稱"孔孟"，尊爲"亞聖"。

[13] 天爵：指道德高尚，受到輿論稱讚而自然形成的爵位。印綬：印
　　　 信和繫印信的絲帶。指代官爵。官爵即人爵。

[14] 志修遺榮：思想修養在於遺棄榮華富貴。

[15] 孫卿：荀卿（約前313—前238，漢時避宣帝諱，改爲孫卿），名況，
　　　 趙（今山西安澤）人。年已知命，遊學稷下（在今山東臨淄市東
　　　 北），三爲祭酒，位列大夫，爲當時學術界領袖。曾至秦，晤見范
　　　 雎；至趙，與孝成王議兵。受讒離齊至楚，春申君黃歇（前？—前
　　　 238）以爲蘭陵（今山東蒼山縣）令。曾授徒，李斯、韓非等俱爲其
　　　 弟子。晚年著書立說，探討儒、墨、道德等問題，主張"隆禮至
　　　 法"。今傳《荀子》。

[16] 道義：道德義理。

[17] 乘危：登上危險之地；冒險。此指登上高處。

[18] 投死：猶效死。

[19] 遺體：謂子女的身體爲父母之遺體。此猶言自己的身體。

[20] 邀：謀求。榮華：本指草木開花；此謂榮耀、顯貴。一朝（zhāo）：
　　　 一個早晨；一旦。

[21] 輕四海：指輕視統治天下的尊貴，如許由、善卷、石戶等。

[22] 愛脛毛：猶言愛身重生，如楊朱、莊周。脛毛：小腿上的汗毛，謂
　　　 物之細微者。所謂"愛脛毛"指"不以天下大利易其一毛"

[23] 緬然：遙遠貌。

14　仕人曰：'潛退之士，得意山澤，不荷世貴，蕩然縱肆[1]，不爲時用，嗅禄利……(1)誠爲天下無益之物，何如？'

逸民答曰：'夫麟不吠守，鳳不司晨[2]，騰黄不引犂[3]，尸祝不治庖也[4]。且夫揚大明乎無外[5]，宣煦嫗之和風者(2)，日也[6]；耀華燈於闇夜，冶金石以致用者[7]，火也。天下不可以經時無日[8]，不可以一旦無火；然其小大，不可同也。江海之外(3)，彌綸二儀[9]，升爲雲雨，降成百川[10]；而朝夕之用，不及累仞之井；灌田溉園，未若溝渠之沃。校其巨細[11]，孰爲曠哉？

【校】

（1）嗅禄利：孫星衍校："句有脱誤。"

（2）煦嫗：原作嫗煦，當據《禮記・樂記》乙作煦嫗。

（3）外：當從徐濟忠校作水。

【注】

[1]荷：承受。世貴：當世顯貴。蕩然：放縱貌；無拘束貌。縱肆：放縱；放肆。

[2]麟不吠守，鳳不司晨：謂麟鳳與雞犬職司不同。喻隱士與官吏社會作用各異。《藝文類聚》九九引《尚書中候》："帝舜云：'朕惟不乂，百獸鳳晨。'"鄭玄注："百獸率舞，鳳皇司晨鳴也。"此"鳳皇司晨"之證。然《金樓子・立言上》曰："鳳無司晨之善，麟乏警夜之功。"與鄭注異，蓋徵引周秦漢魏語。稚川所據，其詳已不可考。

[3]騰黄：神馬名。異名甚多：吉良、吉光、吉量、吉黄、乘黄、訾黄、飛黄、翠黄、紫黄。傳説乘之壽千歲。泛指駿馬。犂：耕具。

[4]尸祝：主祭人對神主掌祝。傳鬼神辭曰祝。

[5]揚：熾烈；熾盛放光。大明：日。此指陽光。

［6］煦嫗：《禮記·樂記》："天地訢合,陰陽相得,煦嫗覆育萬物。"鄭玄注："氣曰煦,體曰嫗。"煦,指天降暖氣以養物;嫗,指地賦物以形體。和風:天地陰陽相交形成的風。多指春風。日:火。

［7］致用：盡其所用。後用作付諸實用之意。如：學以致用。

［8］經時：歷久。

［9］彌綸：包括;纏裹:總合。二儀:天地。

［10］升爲雲雨,降成百川：意本《文子·道原》："水爲道也,廣不可極,深不可測……上天爲雨露,下地爲潤澤……無私無公,與天地洪同。"

［11］校(jiào)：比較。

15 '桀、紂,帝王也[1];仲尼,陪臣也[2]。今見比於桀、紂,則莫不怒焉;見擬於仲尼,則莫不悦焉[3]。爾則貴賤果不在位也。故孟子云[4]：禹、稷、顔淵[5],易地皆然矣[6]。宰予亦謂[7]：孔子賢於堯、舜遠矣[8]。夫匹庶而鈞稱於王者(1),儒生高極乎唐虞者(2),德而已矣,何必官哉!

【校】

（1）王：其上當補"帝"字,帝王與唐虞相對。

（2）生：其下當補"而"字。如此"儒生而高極乎唐虞者"方與"匹庶而鈞稱於帝王者"字數相等而對仗。

【注】

［1］桀、紂：夏桀和商紂的並稱。皆爲暴君,故用爲泛指暴君。

［2］陪臣：古代天子以諸侯爲臣,諸侯以大夫爲臣,大夫又有家臣。因之大夫對於天子,大夫之家臣對於諸侯,都是隔了一層的臣,即所謂"重(chóng 蟲)臣",因之稱爲"陪臣"。一,諸侯的卿大夫,對天子自稱陪臣。二,指大夫的家臣。孔子曾爲季氏史,故爲魯之陪臣;又曾爲魯定公之中都宰、司空、大司寇攝相事,故爲

周天子之陪臣。

［３］今見比……悦焉：謂貴賤不在於地位之高低，而在品德之美醜。

［４］孟子云：見《孟子・離婁下》："孟子曰：'禹、稷、顏回同道。禹思天下有溺者，由己溺之也；稷思天下有飢者，由己飢之也。是以如是其急也。禹、稷、顏子，易地則皆然。'"趙岐注："禹、稷急民之難若是，顏子與之易地，其心亦然。不在其位，勞佚異矣。"由通猶。

［５］稷：后稷。周部族始祖。姓姬，名棄。相傳其母姜嫄爲帝嚳元妃，履大人足拇指印，感而生子，以爲不祥，把他遺棄，故名。因自幼喜愛培植農作物，成效顯著，堯舉爲農師，舜封棄於邰，號曰后稷。我國以農立國，被祀爲稷神。顏淵（前521或前511—前490或前480）：即顏回，字子淵，春秋時魯人，孔子弟子。好學，安貧樂道，簞食瓢飲，不改其樂。不遷怒，不貳過。在孔門中以德行著稱。

［６］易地：互換所處的地位。皆然：都是這樣。

［７］宰予：字子我，孔子弟子。利口善辯。曾認爲三年之喪太久，因君子三年不行禮不爲樂，則禮壞樂崩。孔子對此甚爲不滿，謂其不仁。宰予晝寢，孔子批評他"朽木不可雕也，糞土之牆不可圬也"。仕齊，爲臨淄大夫。或謂其參與田常作亂而夷其族，孔子恥之。

［８］孔子賢於堯、舜遠矣：謂孔子如處於堯、舜的地位，其道德必遠遠超過堯、舜。宰予（前522—前458）：別名宰我、子我，魯（今山東西南部）人。

16　'且夫交靈府於造化(1)[1]，運天地於懷抱；恢恢然世故不棲於心術[2]，茫茫然寵辱不汩其純白(2)[3]。流俗之所欲[4]，不能染其神；近人之所惑，不能移其志。榮華，猶贅疣也[5]；萬物，猶蜩翼也[6]。若然者，豈肯詰屈其支體[7]，俯仰其容儀[8]；挹酌於其所不喜，脩索於其所棄遺^[9]；怡顏以取進^[10]，曲躬以避退^[11]；恐俗人之不悦，感我身之淩遲^[12]；屈龍淵爲錐鑽之用^[13]，抑靈蕡爲鼗鼙之音^[14]，推黄鉞以適釤鐮之持^[15]，撓華旗以入林杞之下乎^[16]！

【校】

（1）府：藏本作升，當從楊明照校作府。

（2）芒芒然：平津本作茫茫然。

【注】

［1］交：相通。靈府：指心。造化：自然界的創造者；道，自然之道；天地。

［2］恢恢然：廣大開闊貌；寬宏大度貌。《老子·第七十三章》：“天網恢恢，疏而不失。”此指胸襟開闊。心術：内心。

［3］茫茫然：茫讀作莽。盛壯無涯。寵辱：榮寵與侮辱；得寵與受辱。純白：潔白無瑕。

［4］流俗：世間平庸的人。

［5］贅疣：指附生於體外的肉瘤。喻多餘無用之物。

［6］蜩（tiáo）翼：蟬的翅膀。喻物之輕薄微小。

［7］詰屈：屈曲；曲折。支：通肢。

［8］俯仰其容儀：容顏儀表，隨人俯仰變化。俯仰：周旋，應付。容儀：容貌舉止；容貌儀表。

［9］挹酌：汲取。脩：循。循索：尋求。“尋”“循”同爲邪母平聲字，故義相通。

［10］怡顏：和悦的容顏；使容顏喜悦。

［11］曲躬：折腰。形容恭順。

［12］淩遲：衰敗；衰退。

［13］龍淵：春秋時歐冶子、干將所造寶劍名。

［14］靈蕡（fén）：蕡鼓。大鼓。鼗鼙（táo pí）：兩種小鼓。鼗：俗稱撥

　　浪鼓。鼙：軍中小鼓。句謂屈使大鼓作小鼓用。

[15] 推：舉。黃鉞：天子所用的以黃金爲飾的斧鉞。天子權力的象
　　　徵。釤（shān山）鎌：大鎌刀。句謂把黃鉞當鎌刀來使用。

[16] 撓：曲。華旗：采旗；華麗的旗幟。林杞之下：杞柳木叢生之
　　　地。句謂華旗插到了不該插的地方。以上屈、抑、推、撓互文爲
　　　義，皆指屈大才爲小用。

　　17　‘古公杖策而捐之[1]，越嶷入穴以逃之(1)[2]，季札
退耕以委之[3]，老萊灌園以遠之[4]，從其所好[5]，莫與易
也[6]。故醇而不雜，斯則富矣；身不受役[7]，斯則貴矣。若
夫剖符有土[8]，所謂祿利耳，非富貴也。且夫官高者其責
重，功大者人忌，獨有貧賤，莫與我爭，可得長寶[9]，而無
憂焉。

【校】

（1）越嶷入穴以逃之：句本《淮南子・原道》：“越王嶷逃山穴，越人熏
　　　而出之，遂不得已。”《論衡・命祿》：“越王嶷逃山中。”按，並誤。
　　　“越嶷”當據《莊子・讓王》“越人三世弒其君，王子搜患之，逃乎
　　　丹穴”，仿越嶷簡作越搜。越人三世弒其君，見《竹書紀年》：“威
　　　烈王十四年，朱句卒，子嶷立。”“周安王三十六年七月，太子諸咎
　　　弒其君嶷，十月越人弒諸咎粵（一作越）滑，吳人立孚錯枝爲君。”
　　　“周顯王四年於越寺區弟思（一作忠）弒其君莽安，次無顓立。”樂
　　　資《春秋後傳》：“王子搜號曰無顓。”黃暉曰：“是怯於三世之弒而
　　　逃丹穴者，乃王子搜而非嶷也。”（《論衡校釋・命祿》）楊明照同
　　　時引《淮南子・原道》《莊子讓王》之文而不指出葛氏並《淮南子》
　　　《論衡》之誤，是不符校勘原則的。

【注】

[1]古公：古公亶父。姓姬，周先君公叔祖類之子，繼父爲周族領袖，

修后稷、公劉之業,積德行義,國人愛戴。因戎狄侵逼,自豳(陝西旬邑西)遷岐下,營城廓,建官制,開墾荒地,發展生産,鄰國之民多歸附。後被周人追尊爲太王。杖策:拄策;拄著手杖。捐:棄。

〔2〕穴:此指巫山中的洞穴。巫山在今浙江山陰。

〔3〕季札:季札棄其吳國國君君位事,詳見《左傳·襄公十四年》。

〔4〕老萊:其灌園事不詳。古書皆以灌園爲陳仲子事。是稚川誤記,還是別有所本,不詳。

〔5〕從其所好:順遂他們各自的好尚。

〔6〕莫與易也:没有一個人能幫助他們改變自己的喜好。

〔7〕受役:被役使。即《自叙》中説的"翕肩屈膝,趨走風塵"以奉公事之類。

〔8〕剖符:古代帝王授與諸侯或功臣的憑證。竹製,剖分爲二,帝王諸侯各執其一,因以"剖符"指分封、授官。

〔9〕長寶:永寶。永久寶重。"子子孫孫永寶用"或"子子孫孫永寶用事"爲鍾鼎銘文習用語。

18　'濯裘布被[1],拔葵去織[2],犹不掩豆[3],菜肴糲飡[4],又獲偪下邀偪之譏[5];樹塞反坫[6],三歸玉食[7],穰侯之富(1)[8],安昌之泰[9],則有僭上洿濁之累[10]。未若遊神典文[11],吐故納新[12];求飽乎末耜之端[13],索縕乎杼軸之間(2)[14];腹仰河而已滿,身集一枝而餘安[15];萬物芸芸,化爲埃塵矣[16]。饘粥餬口[17],布褐緼袍[18],淡泊肆志[19],不憂不喜,斯爲尊樂[20],喻之無物也。

【校】

(1)穰侯:原作"襄",今依平津本改。

(2)緼:當從楊照校作温。

【注】

［1］布被：麻布製作的被子。多以狀生活簡樸或清苦。《史記·平準書》：“公孫弘以漢相，布被，食不重味，爲天下先。”

［2］拔葵去織：官員示不與民爭利。《史記·循吏列傳》：“公儀休者，魯博士也，以高第爲魯相。……使食禄者不得與下民爭利。……食茹而美，拔其園葵而棄之。見其家織布好，而疾出其家婦，燔其機，云‘欲令農士工女安所讎其貨乎？’”

［3］豘：它書或作豚。小猪。豆：古代食器，形似高足盤。喻雖肉食，但不奢侈。《禮記·雜記》：“晏平仲祀其先人，豚肩不掩豆。賢大夫也，而難爲下也。”鄭玄注：“言其偪士庶人也。豚俎實豆徑尺，言其並豚兩肩不能覆豆，喻小也。”

［4］菜肴糲飱：寫春秋楚相孫叔敖生活清苦。糲飱：猶糲食。粗惡的飯食。喻生活清苦。糲：粗米。飱：同餐。

［5］偪下：謂由於高位者生活儉樸對臣下產生一種壓力。偪：同逼。邀僞：猶言弄虛作假。

［6］樹塞：設立屏風或照壁。《論語·八佾》：“（子）曰：‘邦君樹塞門，管（仲）氏亦樹塞門。’”反坫（diàn）：互相敬酒後，把空酒杯放還在土築平臺上，爲周代諸侯宴會時的一種禮節。《論語·八佾》：“邦君爲兩君之好，有反坫，管氏亦有反坫。管氏而知禮，孰不知禮？”

［7］三歸：楊明照按：“解三歸者，言人人殊，論證亦不一致，要以不主一娶三姓説者居多。可參閱劉寶楠《論語正義》及郭嵩燾《釋三歸》。”按，惜乎楊明照未引《管子》與郭氏文。《管子·山至數》：“今上斂穀以幣，民曰無幣。以穀，則民之三有歸於上矣。”尹知章注：“本意收其穀入，既無幣，請輸穀，故歸於上。”郭嵩燾《養知書屋文集》卷一《釋三歸》曰：“三歸之名，實本於此。是所謂三歸者，市租之常例之歸之公者也。桓公既霸，遂以賞管仲。《漢書·地理志》《食貨志》並云，桓公用管仲設輕重以富民，身在陪臣，而取三歸。其言較然明顯。《韓非子（·外儲説左下）》云‘使子有三歸之家’，《説苑（尊賢）》作‘賞之市租’（金毅按，《説苑》作

“賜之齊國市租一年”）。三歸之爲市租,漢世儒者猶能明之,此一證也。……”謂按常例繳納公家的市租,爲管仲所擁有。郭説較爲可信。《論語・八佾》:“或曰:‘管仲儉乎?’(子)曰:‘管氏有三歸,官事不攝,焉得儉?’”此蓋即《老子・德經・第七十七章》所説之“食税”也,高明先生曰:“‘食税’指糧食之税。”文謂管仲享有此特權。玉食:珍美的食品。

[8] 穰(rǎng)侯:魏冉,戰國秦昭王母宣太后之異母弟。自惠王、武王任職用事,以力能立昭王,掌國政。封於穰,益封陶,號穰侯。舉白起,先後伐韓、魏、齊、楚,秦益强,冉功最多,權傾一國。魏人范雎入秦,説秦昭王親政,冉免相,出關就封。因與白起“相善”,“於是穰侯之富,富於王室”,“穰侯出關,輜車千乘有餘”。

[9] 安昌:安昌侯張禹(前?—前5)字子文,河内軹(今河南濟源南)人。壯至長安求學。元帝時試爲博士,授太子《論語》,遷光禄大夫,出爲東平内史。成帝即位,以帝師賜爵關内侯,拜爲諸吏光禄大夫,給事中,領尚書事。河平四年(前25)爲丞相,封安昌侯。鴻嘉元年(前20),因老病乞骸骨,免官就第,以特進爲天子師。國家每有大政,必與定議。性奢侈,喜殖貨物,多買膏腴之田。泰:奢侈。本傳説他“内奢淫”,“後堂”,“婦人相對,優人筦弦鏗鏘,昏夜乃罷”,其“泰”如此。

[10] 僭(jiàn)上:超越本分,行事與君主相等,甚至超過君主,如冒尊者的儀制或宮室、器物等。

[11] 遊神:猶遊心。寄託精神;專心致志。典文:指經典。

[12] 吐故納新:吐出濁氣,吸納清氣。道家養生之術。此喻揚棄陳舊的,吸取新鮮的。《莊子・刻意》:“吹呴呼吸,吐故納新。”

[13] 耒耜:耕地翻土的工具。耒:耒耜的柄。耜:耒耜下端的起土器。句謂自耕而食。

[14] 杼軸:織機上的梭子與筘,分別用來持緯(横線)與承經(直線)。指代織機。句謂自織而衣。

[15] 腹仰河而已滿二句:喻衣食住行都很知足。《莊子・逍遥遊》:

"鷦鷯巢於深林,不過一枝;偃鼠飲河,不過滿腹。"句意同此。
仰:俯。反義爲訓。餘:富裕。端、間、安:元部。

[16] 芸芸:衆多貌。埃塵:塵土。

[17] 饘(zhān)粥:稠粥與稀粥。

[18] 布褐:粗布短衣。緼袍:以亂麻爲絮的袍子。古爲貧者所服。

[19] 淡泊:恬淡,不追名逐利。肆志:快意;隨心;縱情。

[20] 尊樂:内自尊而外自樂。《禮記·禮器》:"古之聖人,内之爲尊,
外之爲樂。"

19 '夫仕也者,欲以爲名邪?則修毫可以泄憤懣[1],
篇章可以寄姓字[2]。何假乎良史[3],何煩乎鑱鼎哉(1)! 孟
子不以矢石爲功[4],揚雲不以治民益世[5]。求仁而得[6],
不亦可乎?

【校】

(1) 鑱鼎:楊明照校:"王國維校'鑱'作'鍾'。
照按:'鑱'當作'巉'。
蓋寫者以鼎系金屬所鑄,妄改期爲'鑱'耳。"按:當依它書作"崇
鼎"、"岑鼎"或"讒鼎"。"崇鼎"見《禮記·明堂位》並鄭注,"岑
鼎"見《吕氏春秋·審己》《新序·節士》,"讒鼎"見《左傳·昭公
三年》《韓非子·説林下》。最早,崇、岑、讒三字同爲崇母、平聲、
侵部字,音近義通,故通用。天子之寶鼎,故以具有"高"義的
"崇"、"岑"、"讒"爲名。參陳奇猷《吕氏春秋校釋·審己》注一
五。王國維校當從。

【注】

[1] 修毫:長毫;毛筆。

[2] 姓字:姓氏和名字,猶姓名。

[3] 何假乎良史:爲什麼借助於良史。良史:指能秉筆直書、記事信
而有徵者。

［4］孟子不以矢石爲功：指孟軻不以攻伐戰争爲事功，主張人和。
　　《孟子·公孫丑下》：“威天下，不以兵革之利。”矢石：古時守城
　　的武器。矢：箭。石：發石；石砮（石製的箭頭）。此指戰争，
　　打仗。

［5］揚雲：揚子雲的省稱。揚雄（前53—公元18），又作楊雄，字子
　　雲，蜀郡成都（今四川成都）人。少好學，博覽多通。口吃不能暢
　　談，好深湛之思，善爲辭賦。成帝時待詔承明殿，除爲郎，給事黄
　　門。作《甘泉》、《河東》、《校獵》、《長楊》四賦。哀帝時作《解嘲》
　　《解難》。其意欲求文章成名於後世，以爲經莫大於《易》，故作
　　《太玄》；傳莫大於《論語》，故作《法言》。新莽時，以“耆老久次”
　　轉爲大夫，校書天禄閣。吕寬獄起，恐受牽連下獄，遂從閣上自
　　投下，幾死。

［6］求仁而得：求仁而得到仁。《論語·述而》：“（子）曰：‘求仁而得
　　仁，又何怨？’”

20　仕人又曰：‘隱遁之士[1]，則爲不臣[2]，亦豈宜居君
之地，食君之穀乎[3]？’

逸民曰：‘何謂其然乎！昔顔回死[4]，魯定公將躬弔
焉[5]。使人訪仲尼[6]。仲尼曰：凡在邦内，皆臣也[7]。定
公乃升自東階，行君禮焉[8]。由此論之，“率土之濱，莫匪
王臣”可知也。在朝者陳力以秉庶事，山林者修德以厲貪
濁[9]，殊塗同歸，俱人臣也[10]。王者無外，天下爲家[11]，日
月所照，雨露所及，皆其境也。安得懸虚空(1)[12]，湌咀流
霞[13]，而使之不居乎地，不食乎穀哉！

【校】

（1）懸虚空：疑本作命懸虚空。

【注】

［１］隱遁：又作隱遯。隱居遠避塵世。

［２］不臣：不守臣節，不合臣道。

［３］君之地、君之穀：視天下萬物爲天子所私有。這是子貢的觀點。
《韓詩外傳》一："鮑焦衣弊膚見，挈畚持蔬，遇子貢於道。子貢
曰：'吾子何以至於此也？'鮑焦曰：'天下之遺德教者衆矣，吾何
以不至於此也！吾聞之：世不己知而行之不己者，是爽行也；上
不己用而干之不止者，是毁廉也。行爽廉毁，然且弗舍，惑於利
者也。'子貢曰：'吾聞之：非其世者不生其利，汙其君者不履其
土；今吾子汙其君而履其土，非其世而持其蔬，《詩（・小雅・北
山）》曰："溥天之下，莫非王土。"此誰有之哉！'鮑焦曰：'於戲！
吾聞賢者重進而輕退，廉者易愧而輕死。'於是棄其蔬而立槁於
洛水之上。"

［４］顔回死：《淮南子・精神》："顔回夭死。"高誘注："顔淵十八而
卒。"《論衡・命義》："顔淵困於學，以才自殺。"兩説不同。按"壽
十八"説，則顔淵死於魯定公時。若依毛奇齡《論語稽求篇》説，
顔回卒時三十一歲，則死於魯哀公五年（前 490）。稚川從魯定公
時死説。

［５］魯定公（前？―前 495）：姓姬，名宋。魯襄公子，魯昭公弟。昭
公出奔於外，及卒，魯人立之爲君。在位十五年卒。躬弔：親自
弔唁。

［６］訪：諮詢。

［７］邦：國。

［８］升自東階：君弔臣之禮。《孔子家語・曲禮公西赤問》："禮：君
弔其臣，升自東階，向尸而哭。"按：東階即阼階，阼階是大堂前
東面的臺階。天子、諸侯、大夫、士皆以阼爲主人之位。臨朝觀、
揖賓客、承祭祀，升階皆由此。

［９］在朝者陳力以秉庶事二句：直接繼承庾峻的觀點。《晉書・庾
峻傳》："峻上書曰：'朝廷之士，佐主成化，猶人之有股肱心膂，共
爲一體也。山林之士，被褐懷玉，太上棲於丘園，高節出於衆庶；

其次輕爵服,遠恥辱以全志;最下就列位,惟無功而能知止。彼
其清劭足以抑貪汙,退讓足以息鄙事。……'"陳力:貢獻力量;
恪盡職守。秉:持。山林者:指隱居山林的人。修德:修養道
德。厲:激勵。貪濁:猶貪汙。

[10] 殊塗同歸:比喻採取不同的方法,而得到相同的結果。《易・繫
辭下》:"天下同歸而殊塗,一致而百慮,"

[11] 王者無外:謂帝王以天下爲一家。《公羊傳・隱公元年》"王者無
外"何休注:"王者以天下爲家,無絶義。"

[12] 虛空:天空;空中。

[13] 湌咀流霞:猶言咀嚼流霞。流霞:浮動的彩雲。按:此句針對
上文"豈宜……食君之穀"而言。

21　'夫山之金玉,水之珠貝,雖不在府庫之中[1],不給
朝夕之用,然皆君之財也。退士不居肉食之列[2],亦猶山
水之物也,豈非國有乎?許由不竄於四海之外[3],四皓不
走於八荒之表也[4]。故曰:"萬邦黎獻,共惟帝臣[5]。"干木
不荷戈戍境,築壘疆場,而有藩魏之功[6]。今隱者潔行蓬
蓽之內[7],以詠先王之道,使民知退讓,儒墨不替[8],此亦
堯、舜之所許也。昔夷、齊不食周粟[9],鮑焦死於橋上[10],
彼之硜硜[11],何足師表哉!

【注】

[1] 府庫:古指國家儲藏財物、兵甲的處所。《孟子・梁惠王下》:"君
之倉廩實,府庫充。"

[2] 肉食:本指享受厚祿的人。泛指做官的人。《左傳・莊公十年》
有"肉食者謀之"、"肉食者鄙"之語。

[3] 竄:逃。四海:古以中國四境有海環繞,故云。

[4] 走:急趨;奔跑。八荒:八方荒遠的地方。

[5] 萬邦:所有諸侯封國。泛指天下、全國。黎獻:衆多賢能的人,

庶民中的賢者。兩句見《書·益稷》,孔傳:"獻,賢也。萬國衆賢,共爲帝臣。"

[6] 疆場(yì):邊界;邊境。藩屏;捍衛。《文選》左思《詠史詩》:"吾希段干木,偃息藩魏君。"

[7] 蓬蓽:蓬户蓽門。用草、竹、樹枝等编成的門户。形容窮苦人家所住的簡陋房屋。蓽:同篳。篳門,荆竹織門;柴門。喻簡陋的房屋。

[8] 儒墨不替:儒墨爲先秦顯學,故先秦已並提。替:廢。

[9] 昔夷、齊不食周粟:謂伯夷、叔齊反對武王伐紂,不享用周朝提供的俸禄。

[10] 鮑焦死於橋上:傳春秋時隱士。耕田而食,穿井而飲,非妻所織不服。子貢譏之,鮑焦於是"棄其蔬而立槁於洛水之上"。

[11] 硜硜(kēng kēng):淺陋固執貌。兩句謂夷齊、鮑焦的行爲不值得隱士效法。

22 '昔安帝以玄纁玉帛聘周彦祖[1]。桓帝以玄纁玉帛聘韋休明[2]。順帝以玄纁玉帛聘楊仲宣(1),就拜侍中,不到[3]。魏文帝徵管幼安[4],不至;又就拜光禄勳(2),竟不到[5];乃詔所在常以八月致羊一口,酒二斛[6]。桓帝玄纁玉帛聘徐孺子[7],就拜太原太守及東海相,不到[8]。順帝以玄纁玉帛聘樊季齊(3),不到[9];乃詔所在常以八月致羊一口,酒二斛[10],又賜几杖,待以師傅之禮[11]。獻帝時[12],鄭康成州辟舉賢良方正、茂才(4)[13],公府十四辟,皆不就[14];公車徵左中郎(5)、博士、趙相、侍中、大司農,皆不起[15]。昭帝公車徵韓福,到,賜帛五十匹及羊酒[16]。法高卿再舉孝廉,本州五辟,公府八辟,九舉賢良、博士,三徵(6),皆不就[17]。桓帝以玄纁玉帛、安車輜輪聘韓伯休,不到[18]。以玄纁玉帛、安車輜輪聘姜伯淮(7)[19],就拜太中大夫^[20]、犍爲太守，不起^[21]。然皆見優重，不加威辟也。若此諸帝襃隱逸之士不謬者，則呂尚之誅華士爲凶酷過惡⁽⁸⁾，斷可知矣。'

仕人乃悵然自失，慨爾永歎曰^[22]：'始悟超俗之理，非庸瑣所見矣。'"

【校】

（1）楊仲宣：當從楊明照校作楊仲桓。

（2）又就：其上疑脱"明帝"二字。

（3）樊季齊：原作樊季高，當從楊明照校與《後漢書》本傳作樊季齊。

（4）辟舉：與下文"辟"重複，當作舉。

（5）公車徵左中郎：是袁紹表鄭玄爲左中郎將，非公車徵。《後漢書·鄭玄傳》："(袁)紹乃舉玄茂才，表爲左中郎將，皆不就。"

（6）三徵：據《後漢書》本傳爲"四徵"，徵爲公車徵召。

（7）以：其上蓋脱靈帝二字。伯淮：原作伯雅，當從陳漢章校作伯淮。

（8）華士：其上當補"狂狷"二字，方與上文"狂狷、華士"並提一致。

【注】

[1] 安帝：劉祜(94—125)，東漢章帝孫。十歲好學史書。延平元年(106)殤帝卒，鄧太后與兄車騎將軍鄧騭迎立爲帝，年十二，鄧后臨朝。建光元年(121)，鄧太后卒，親政，與宦官合謀盡誅鄧氏宗族，致郡國不寧，邊境騷擾。玄纁(xūn)：黑色和淺紅色的布帛。此用作禮品。周彦祖：周燮字彦祖，汝南安城(今河南正陽縣東北)人。少奇醜，母欲棄之。十歲就學，能通《詩》《論語》；及長，專精《禮》《易》。非身所耕漁則不食。舉孝廉、賢良方正，特徵，皆以疾辭。延光二年(123)，安帝以玄纁羔幣聘；燮自載至潁川陽城，遣門生送敬，辭疾而歸。

[2] 桓帝：劉志(132—167)，章帝曾孫。本初元年(146)質帝卒，梁太

后與大將軍梁冀迎立爲帝,年十五。梁氏排斥賢良,朝政昏暗。
延熹二年(159),與宦官單超等謀誅梁氏,委政宦官。大臣陳蕃、
李膺等聯合太學生反對宦官干政,被誣爲"部黨"。下詔逮捕黨
人,史稱"黨錮"。好音樂,善琴笙,不勤朝政。韋休明:韋著字
休明,扶風平陵(今陝西咸陽西北)人。少以經行知名,不應州郡
之命。大將軍梁冀辟,不就。延熹二年,桓帝公車備禮徵,至霸
陵,稱病歸,亡入山中。靈帝詔拜東海相,解巾之郡。政任威刑,
爲受罰者所奏,坐論輸左校。後因妻驕恣亂政,辭歸。爲姦人所
害,隱者恥之。

[3]順帝:劉保(115—144),安帝子。永寧元年(120),立爲皇太子。
延光三年(124),廢爲濟陰王。安帝、少帝相繼而卒,宦官孫程等
迎立爲帝,年十一歲。孫程等十九名宦官由是封侯。外戚梁南、
梁繼相繼爲大將軍,朝政疊爲宦官、外戚把持。楊厚字仲桓,廣
漢新都(今屬四川)人。少學父楊統天文推步之術,精力思述。
安帝永初三年(109),以善圖讖,除爲中郎。因所言不合鄧太后
意,免歸。不應州郡、三公之命,方正、有道、公車特徵,皆不就。
順帝永建二年(127)上明法改憲,消除災異等五事。順帝褒之,
拜議郎,三遷爲侍中。因不阿附外戚梁冀,稱病求退。修黄老之
術,教授門生三千餘人。梁太后屢詔,不就。侍中:秦爲丞相
史,漢爲加官。侍從皇帝,出入禁中,應對顧問,參與機密,地位
顯赫。

[4]魏文帝:曹丕(187—226),字子桓,沛國譙(今安徽亳州市)人。
建安十六年(211)爲五官中郎將、副丞相。二十二年立爲魏太
子。二十五年繼曹操位爲丞相、魏王。十月受漢獻帝禪讓稱帝,
都洛陽,國號魏。任曹仁爲大將軍、大司馬征伐四方,用陳群行
九品官人法,申后族不得輔政之令。善射獵、擊劍、彈棋。雅好
詩文,命諸儒集經傳爲《皇覽》,著有《典論》,影響深遠。

[5]光禄勳:原爲漢代九卿之一,宮内總管,魏晉時成爲外廷機構,
除朝會時猶守衛殿門外,一般衹掌太官令(掌膳食)、守宮令(掌
御用紙筆墨及封泥)、黄門令(掌宮中宦者)、掖庭令(掌後宮貴

人、采女事）等。

［ 6 ］所在：此指所在州郡之在位者。八月致羊等：至農曆八月賜給
　　　羊、酒表示慰問與關懷。斛：十斗。按：本句所言，爲例行公事。

［ 7 ］徐孺子（119—190）：徐穉字孺子，南昌（今屬江西）人。家貧，常
　　　自耕稼，非自力不食。恭儉義讓，鄉里稱之。屢辟公府，不起。
　　　太守陳蕃請爲功曹，旋辭歸。後舉有道，家拜太原太守，皆不就。
　　　桓帝公車厚禮徵之，不至。與陳蕃往還，蕃特設一榻以待之，去
　　　則懸之。與太尉黃瓊、名士郭太友善。

［ 8 ］就拜：前往其家徵拜。太原：郡名，治所晉陽（今太原市西南）。
　　　太守：漢時爲一郡之最高長官，掌一郡辟除、選舉、賞罰、司法、
　　　監察、兵權、財權以及自設條教、生殺予奪之大權，秩二千石。東
　　　海：郡名、侯國名，治所在郯（今山東郯城北）。拜東海相事，不
　　　見於《後漢書·徐穉傳》。兩漢郡國並行，王國、侯國設相，總理
　　　一國政務。

［ 9 ］樊季齊：樊英字季齊，南陽魯陽（今河南魯山）人。少受業三輔，
　　　習《京氏易》，明《五經》。善風角、星算、圖讖、推步、災異。州郡
　　　屢辟，皆不就。安帝初，徵爲博士。永建四年（129）順帝專設壇
　　　席，待以師傅之禮，拜五官中郎將。旋以疾辭，詔以爲光禄大夫，
　　　賜告歸。朝廷常問以災異，所言多驗。著《易章句》，世稱樊氏
　　　學，以圖緯教授。

［10］乃詔所在常以八月致羊一口，酒二斛：《北堂書鈔》五六引《樊英
　　　別傳》：“所在縣給穀千斛，常以八月存高年，致牛一頭，酒三斛。”

［11］几杖：坐几和手杖，皆老者所用，常用爲敬老者之物，亦用以借
　　　指老人。師傅：老師；太師、太傅或少師、少傅的合稱。

［12］獻帝：劉協（181—234），靈帝子。昭寧元年（189）少帝辯被殺，即
　　　帝位，年僅九歲。初平元年（190）董卓焚洛陽，遷都長安。曹操
　　　遷都於許（今河南許昌市），挾天子以令諸侯。建安二十五年
　　　（220）遜位於曹丕，廢爲山陽公，東漢亡。

［13］鄭康成：鄭玄（127—200），字康成，北海高密（今山東高密西南）
　　　人。少爲鄉嗇夫，不樂爲吏。後至太學受業，師事第五元先，始

通《京氏易》《公羊春秋》《三統曆》《九章算術》。又從張恭受《周官》《禮記》《左氏春秋》《韓詩》《古文尚書》。西入關，師從馬融。遊學十餘年，歸鄉里，門徒數百人。黨事起，遭禁錮十四年，遂隱修經業，杜門不出。黨禁解，大將軍何進聞其名而辟之，玄不受朝服，一宿去。歸鄉教授，弟子數千。董卓、袁紹辟之，不就。其學以古文爲主，兼采今文，自成一家，稱爲純儒，號爲鄭學，古學遂明。注《周易》《尚書》《毛詩》《儀禮》《禮記》《論語》《孝經》《尚書大傳》《中候》《乾象曆》，又著《天文七政論》等百餘萬言。北海相孔融深敬之，告高密縣爲玄特立一鄉，鄭公鄉。賢良方正：漢代察舉特科中的主要科目。指才幹出衆，品行端方之人。茂才：西漢稱秀才，漢武帝設爲察舉特科，指德才秀異之士。東漢避光武帝諱，改稱茂才，改爲常科。袁紹曾舉鄭玄茂才，見本傳。

[14] 公府：三公之府。東漢三公爲太尉、司徒、司空，又稱三司府。

[15] 左中郎（將）：秩比二千石，主謁者。博士：指任五經博士，職責是教授、課試，或奉使、議政。大司農：指公車徵鄭玄爲大司農。大司農本名治粟内史，漢景帝時改名大司農，掌管國家錢穀租稅等財政。

[16] 昭帝：劉弗陵（前94—前74），武帝少子，後元二年（前87）二月，立爲皇太子，年八歲。同月武帝卒，即帝位。大將軍霍光等遵武帝遺詔輔政。因海内虛耗，戶口減半，乃輕徭薄賦，與民休息。始元六年（前81），詔問民間疾苦，罷鹽鐵榷酤。元鳳元年（前80），鄂邑長公主、燕王旦、左將軍上官桀等謀反被誅，霍光專擅朝政。在位十三年卒。韓福：涿郡（今河北涿州市）人。以行義修潔著名，昭帝以德行徵，病不進。終身不仕，卒於家。

[17] 法高卿（100—188）：法真字高卿，郿（今陝西眉縣）人。好學，博通内外圖典，爲關西大儒。性恬静寡欲，不交人間事。辟公府，舉賢良，皆不就。順帝前後四徵，終不降屈。再：兩次；第二次。孝廉：孝子廉吏，漢代察舉科目。每歲由郡國所屬吏民中薦舉於朝廷。賢良：賢良方正。

[18] 安車：古代可以乘坐的小車，與立乘相對。高官、貴夫人乘用。

高官告老或徵召有名望的人,多賜乘安車。韓伯休:韓康又名恬林,字伯休,京兆霸陵(今陝西臨潼)人。家世著姓。常采藥名山,賣於長安,口不二價,凡三十餘年。博士公車徵,不就。桓帝備玄纁安車徵之,中道逃遁,以壽終。

[19] 姜伯淮:姜肱(97—173),字伯淮,彭城廣戚(今江蘇沛縣東南)人。家世名族,以孝行稱。博通《五經》,兼明星緯,教授三千餘人。公府爭辟,皆不就。桓帝令繪其像,乃以被韜面,言患眩疾,畫工竟不得見。靈帝時,宦官曹節白徵肱爲犍爲太守,肱乃遠浮海濱。後隱居青州,賣卜爲生。

[20] 太中大夫:參與朝廷謀議與宗廟禮儀的散官,屬光禄勳,秩比千石。

[21] 犍(qiān)爲:郡名,西漢最後治所武陽(今四川彭山東)。東漢永初元年(107)分犍爲郡南境置犍爲屬國都尉,治所在朱提(今雲南昭通)。

　　按:本段叙述次序較亂,提到的幾個帝王未按昭、安、順、桓、[靈]、獻、魏文帝、[明帝]先後出現的順序排列,同一個順帝分置兩處,同一個桓帝甚至分置三處來寫。法高卿,順帝四徵,叙述法高卿卻夾在昭帝與桓帝之間。聘姜伯淮爲靈帝時事,句首蓋脱“靈帝”二字。管幼安“拜光禄勳”是魏明帝時事,“又就”之上蓋脱“明帝”二字。是原文如此,還是抄寫者抄錯所致,無從稽考了。今按昭、安、順、桓、[靈]、獻、魏文帝、[明帝]順序試疏理如下:

　　昔昭帝公車徵韓福,到,賜帛五十匹及羊酒。安帝以玄纁玉帛聘周彦祖。順帝以玄纁玉帛聘楊仲桓,就拜侍中,不到。順帝以玄纁玉帛聘樊季齊,不到;乃詔所在常以八月致羊一口,酒二斛,又賜几杖,待以師傅之禮。法高卿再舉孝廉,本州五辟,公府八辟,九舉賢良、博士,(順帝)四徵,皆不就。桓帝以玄纁玉帛聘韋休明。桓帝玄纁玉帛聘徐孺子,就拜太原太守及東海相,不到。桓帝以玄纁玉帛、安車軺輪聘韓伯休,不到。(靈帝)以玄纁玉帛安車軺輪聘姜伯淮,就拜太中大夫、犍爲太守,不起。獻帝時，鄭康成州舉賢良方正、茂才，公府十四辟，皆不就；公車徵左中郎、博士、趙相、侍中、大司農，皆不起。魏文帝徵管幼安，不至；（明帝）又就拜光祿勳，竟不到；乃詔所在常以八月致羊一口，酒二斛。然（諸隱逸之士）皆見優重，不加威辟也。若此諸帝襃隱逸之士不謬者，則呂尚之誅狂狷、華士爲凶酷過惡，斷可知矣。

[22] 悵然：失意不樂貌。慨爾：猶慨然。感慨貌。永歎：長久歎息。

勘 學 卷 三[1]

1 抱朴子曰:"夫學者,所以清澄性理(1)[2],簸揚埃穢[3];雕鍛鑛璞[4],礱鍊屯鈍[5];啓導聰明,飾染質素[6];察往知來[7],博涉勸戒(2)。仰觀俯察[8],於是乎在;人事王道,於是乎備[9]。進可以爲國,退可以保己(3)。是以聖賢罔莫孜孜而勤之(4)[10],夙夜以勉之;命盡日中而不釋[11],飢寒危困而不廢[12]。豈以有求於當世哉[13]?誠樂之自然也。

【校】

(1)清澄性理:楊明照校:"《文子‧上義》:'凡學者能明於天人之分,通於治亂之本,澄心清意以存之,見其終始,反於虛無,可謂達矣。'(又見《淮南子‧泰族》)《中論‧治學》:'學也者所以疏神達思,怡(疑"治"之誤)情理性,聖人之上務也。'《晉書‧虞溥傳》:'移告屬縣曰:"學所以定情理性,而積衆善者也。"'是此文'性理'二字誤倒,當乙作'理性'。《説苑‧建本》:'學者所以反情治性,盡才者也。'《論衡‧量知》:'故夫學者所以反情治性,盡材成德也。'《白虎通德論‧辟雍》:'故學以治性。''治性',與'理性'同。亦可證。"謹按:楊明照所舉"澄心清意"、"疏神達思,怡情理性"、"反情治性"等,都是"述賓+述賓"結構,而"清澄性理"是"述+賓"結構,兩者結構不同,無法進行比較,不能相提並論。雖然"清澄性理"可變爲"清性澄理",由"述+賓"結構變爲"述賓+述賓"結構,但與楊明照所校不同。按楊明照所説,雖可將"性理"乙轉爲"理性",視爲"述賓"結構,但"澄"無以作"清"的賓語。此其一。"性理"即下文"才性有優劣,思理有修短"的"才性"、"思理"。《藝文類聚》五七引後漢傅毅《七激》:"原情心之性理,綜道德之彌奥,豈欲聞之乎?"干寶《搜神記》九《賈充》:"(賈)充忽然得遷營,顔色憔悴,性理昏錯,經日用復。"此"性理"連文之證。《内篇·塞難》:"夫生我者父也,娠我者母也,猶不能令我形器必中適,姿容必妖麗,性理必平和,智慧必高遠,多致我氣力,延我壽命。"亦是例證。《酒誠》:"是以智者嚴騾括於性理,不肆神以逐物。"所説正是"清澄性理"的另一説法。《辭義》:"夫才有清濁,思有修短。"其"才"即"才性",其"思"即"思理"。此其二。故後學不敢苟同楊明照的校改。

(2)戒:孫星衍校:"藏本作成,從舊寫本改。"魯藩本亦誤作成。

(3)已:藏本、魯藩本誤作巳。

(4)罔莫:孫星衍校:"盧本作罔不。"按:兩可。

【注】

[1]勖(xù)學:勉勵學習。按:《尸子》《荀子》《賈子》《大戴禮記》皆有《勸學》篇,《潛夫論》有《贊學》篇,《勖學》蓋申其説也。

[2]清澄:清除汙濁,沈澱雜質。性理:即下文"才性有優劣,思理有長短"的才性、思理,包括情緒與理智。

[3]簸揚:用籤揚去穀物中的糠粃雜物。此謂揚棄;去除。

[4]鑛璞:指未經煉製的銅鐵鑛石和未經雕琢的玉石。

[5]礱(lóng)鍊:磨鍊。屯(zhūn)鈍:猶遲鈍,笨拙。

[6]飾染質素:修飾質樸,繪染素絲,比喻教育與學習的作用。飾染:修飾繪染。《大戴禮記·勸學》:"孔子曰:'野哉!君子不可以不學,見人不可以不飾。不飾無貌,無貌不敬,不敬無禮,無禮不立。'"盧辯注:"野,鄙略也。言人氣質鄙略者由於不學之故也。""飾,修飾也。貌,謂文貌。《論語》曰:'不學禮,無以立。'"《墨子·所染》:"染於蒼則蒼,染於黄則黄。……非獨國有染也,士亦有染。"質素:謂其本色素樸。

[7]察往知來:考察以往,就能預知未來。《文子·符言》:"察其所以

往者,即知其所以來矣。”

[8]仰觀俯察:指觀察周圍事物。《易·繫辭上》:“仰以觀於天文,俯以察於地理。”

[9]王道:儒家提出的一種以仁義治天下的政治主張。與霸道相對。

[10]聖賢:聖人和賢人的合稱。泛稱道德才智傑出者。孜孜:勤勉,不懈怠。

[11]命盡日中而不釋:孔子中午臨没仍手不釋卷。王充《論衡·別通》:“孔子病,商瞿卜期日中。孔子曰:‘取書來!’比至日中何事乎? 聖人之好學也,且死不休。念在經書,不以臨死之故,棄忘道藝,其爲百世之聖,師法祖(宋本作漢祖)脩。”不釋:手不釋卷。形容讀書勤奮。

[12]危困:危難困苦。如黄霸危困繫獄當死,仍從夏侯勝受《尚書》於獄中。廢:指停止讀書。

[13]當世:當政;執政。《左傳·昭公七年》:“聖人有明德者,莫不當世,其後必有達人。”孔穎達疏:“不當世,謂不得在位爲國君也。”

　　2　“夫剟削刻畫之薄伎,射御騎乘之易事[1],猶須慣習,然能後善[2]。況乎人理之曠[3],道德之遠,陰陽之變[4],鬼神之情[5],緬邈玄奧[6],誠難生知[7]。雖云色白,匪染弗麗;雖云味甘,匪和弗美[8]。故瑶華不琢[9],則耀夜之景不發;丹青不治[10],則純鈞之勁不就(1)[11]。火則不鑽不生,不扇不熾;水則不决不流,不積不深[12]。故質雖在我,而成之由彼也[13]。登閬風,捫晨極[14],然後知井谷之闇隘也[15];披七經[16],玩百氏[17],然後覺面牆之至困也。

【校】

(1)純鈞:原作純鉤,當從王念孫、陳漢章、孫人和校、藏本、魯藩本等作“純鈞”“淳均”或“醇鈞”,詳見楊明照校。王國維按六朝寫本校作鉤。按：寫本誤。

【注】

［１］射御：射箭御馬之術。古代六藝中的兩種，都屬尚武的技藝。騎乘：騎馬駕車。

［２］慣習：熟練。《左傳・襄公三十一年》：“子産曰：‘……譬如田獵，臨御貫，則能獲禽。’”杜預注：“貫，習也。”貫通慣。《玉篇・心部》：“慣，習也。”《爾雅・釋詁下》“貫，習也”郝懿行義疏：“貫，又通作慣。”

［３］人理：猶人倫。封建社會做人的道德規範。《莊子・漁父》：“其用於人理也，事親則慈孝，事君則忠貞。”

［４］陰陽：1. 古代指宇宙貫通物質和人事的兩大對立面的矛盾、轉化與統一，包括天地間化生萬物的二氣、天地、日月、晝夜、寒暑、雷電、雨雪、君臣、夫婦、男女、雌雄、律呂等矛盾對立面的統一。2. 古代指有關日月星辰等天體運轉規律的學問。

［５］鬼神：精氣自爲靈物，是爲神；遊魂離開人身，則爲鬼。《易・繫辭上》：“精氣爲物，遊魂爲變，是故知鬼神之情狀。”韓康伯注：“精氣煙熅，聚而成物，聚極則散，而遊魂爲變也。遊魂，言其遊散也。盡聚散之理，則能知變化之道，無幽而不通也。”

［６］緬邈：久遠；遥遠。玄奥：玄秘深奥；精深微妙。

［７］生知：言生而知之；與生俱來即懂得。《論語・述而》：“子曰：‘我非生而知之者，好古，敏以求之者也。’”

［８］雖云色白四句：强調飾染、烹調對質素加工的美學價值。《禮記・禮器》：“君子曰：‘甘受和，白受采。’”正義：“甘爲衆味之本，不偏主一味，故得受五味之和；白是五色之本，不偏主一色，故得受五色之采。以其質素，故能包受衆味及衆采也。”

［９］瑶華(huā)：指美玉。琢：雕刻。《禮記・禮器》：“玉不琢，不成器。”景：本指日光，引申指光亮。

［10］丹青：銅色赤、錫色青，因指銅錫合金。銅錫鑄劍須經火鍛鍊始成，故曰治。

[11] 純鈎：春秋時歐冶子所鑄名劍之一。《越絶書‧越絶外傳記寶
　　　劍》："一曰湛盧，二曰純鈎。"勁：强勁有力。

[12] 火則不鑽不生四句：推理本《文子‧上德》："竹木有火，不鑽不
　　　熏；土中有水，不掘不出。"

[13] 質雖在我二句：謂質素雖存在其自身所具備的條件，但須通過
　　　學習加工方能成材。《韓詩外傳》八："雖有美質，不學則不成。"

[14] 登閬風，捫晨極：喻站得高，方能眼界開闊。晨通辰。辰極：即
　　　北斗星。

[15] 井谷：井口；井底。闇隘：陰暗狹隘。

[16] 七經：有兩説：東漢《一字石經》以《周易》《尚書》《魯詩》《儀禮》
　　　《春秋》《公羊》《論語》爲七經；《後漢書‧張純傳》"乃案七經讖"
　　　李賢注："七經，謂《詩》《書》《禮》《樂》《易》《春秋》及《論語》也。"

[17] 百氏：謂諸子百家。《漢書‧叙傳下》："總百氏，贊篇章。"

　　3　"夫不學而求知，猶願魚而無網焉[1]，心雖勤而無獲
矣；廣博以窮理，猶順風而託焉(1)[2]，體不勞而致遠矣[3]。
粉黛至則西施以加麗[4]，而宿瘤以藏醜[5]；經術深則高才
者洞達(2)[6]，鹵鈍者醒悟(3)。文梓干雲[7]，而不可名臺榭
者(4)，未加班輸之結構也[8]；天然爽朗，而不可謂之□君子
者(5)，不識大倫之臧否也[9]。

【校】

（1）託：其下藏本、魯藩本、平津本等脱"舟"字，當據孫人和校補。
　　　《交際》："託其輕舟也。"是其證。

（2）達：孫星衍校："藏本作逸，從舊寫本改。"

（3）鹵：其上當據楊明照校引《太平御覽》六百七補"而"字。

（4）名：其下當據楊明照引《太平御覽》六百七引補"之爲"二字。

（5）謂之：其下楊明照校引《御覽》六百七作有"爲"字，當據補。

【注】

[1] 願魚：猶言欲魚、羨魚。臨河羨魚，喻祇有空想，而無行動。《淮南子·説林》：“臨河羨魚，不如歸家織網。”高誘注：“羨，願。”

[2] 託舟：喻“善假於物”。“善假於物”見《荀子·勸學》。

[3] 不勞：指付出相對輕一些的勞動。致遠：到達遠方。《墨子·親士》：“良馬難乘，然可以任重致遠。”

[4] 粉黛：傅面用的白粉與畫眉用的黛黑，兩種化妝用品。西施：姓施，或稱先施，別名夷光，亦稱西子。春秋末越國苧蘿山（今浙江諸暨南）鬻薪之女。越王句踐敗於會稽，范蠡取西施獻給吳王夫差，使其迷惑忘政，越遂亡吳。“吳亡後，越浮西施於江”。《墨子·親士》：“西施之沈，（因）其美也。”

[5] 宿瘤：相傳齊國東郭采桑女，頸上有大瘤，因號宿瘤。閔王以爲有德，迎立爲后。

[6] 洞達：理解得很透徹；看得很清楚。《藝文類聚》七十八引桓譚《仙賦》：“乘淩虛無，洞達幽明。”王充《論衡·知實》：“孔子見竅睹微，思慮洞達。”

[7] 文梓：有紋理的梓樹。梓：落葉喬木，木質輕軟、耐朽，多用作琴瑟與建築材料。干雲：高入雲霄。

[8] 班輸：春秋魯國的巧匠公輸班。一説班指魯班，輸指公輸般。結構：連結構架以成屋室；建築物結構的樣式。

[9] 臧否(zāng pǐ)：善惡；得失。臧，善也。否，惡也。《左傳·隱公十一年》：“師出臧否，亦如之。”杜預注：“臧否，謂善惡、得失也。”

4　“欲超千里於終朝[1]，必假追影之足[2]；欲凌洪波而遐濟，必因艘楫之器；欲見無外而不下堂[3]，必由之乎載籍；欲測淵微而不役神[4]，必得之乎明師[5]。故朱緑所以改素絲[6]，訓誨所以移蒙蔽，披玄雲而揚大明，則萬物無所隱其狀矣；舒竹帛而考古今[7]，則天地無所藏其情矣。況於鬼神乎？而況於人事乎？泥涅可令齊堅乎金玉[8]，曲木可攻之以應繩墨[9]，百獸可教之以戰陳[10]，畜牲可習之以進退[11]，沈鱗可動之以聲音[12]，機石可感之以精誠[13]，又況乎含五常而稟最靈者哉[14]！

【注】

［1］終朝(zhāo)：早晨。古時指自旦及食時這段時間(5—8時)。

［2］假：憑藉。即《荀子·勸學》"善假於物"之"假"。追影：追風、躡景(yǐng)，指駿馬。崔豹《古今注·鳥獸》載，秦始皇有駿馬名追風、躡景。後因以追風、躡景形容馬行疾速。

［3］不下堂：謂足不出戶。《荀子·不苟》："故君子不下室堂，而海内之情舉積此者，則操術然也。"

［4］淵微：深沈精微。《後漢書·張衡傳論》："故知思引淵微，人之上術。"

［5］明師：賢明的老師。《内篇·勤求》："由此論之，明師之恩，誠爲過於天地，重於父母多矣，可不崇之乎？可不求之乎？"

［6］素絲：本色的絲；白絲。《吕氏春秋·情欲》："墨子見染素絲者而歌曰：'染於蒼則蒼，染於黄則黄。'"

［7］舒竹帛：猶言打開書本閲讀。竹帛：竹簡和白絹。古代書寫最初用竹帛，因以指書册、史乘。

［8］泥涅可令齊堅乎金玉：指高嶺土經精加工燒製可成陶器、瓷器。泥涅：黑泥。

［9］繩墨：正曲直的工具。喻規矩、準則、法度、法律。

［10］百獸可教之以戰陳：意本《大戴禮記·五帝德》："(黄帝)教熊羆貔豹虎，以與赤帝戰於版泉之野。三戰，然後得其志。"按：黄帝所率所教，當繫以熊羆貔貅豹虎爲圖騰並用作面具的部落。戰陳：即戰陣。作戰的陣法。陳：古陣字。

［11］畜牲可習之以進退：牲畜可使之演習進退拜起的禮儀。如大象。習：演習。

［12］沈鱗：猶言沈魚。指水中的魚。動：被感動。聲音：指音樂。

《荀子・勸學》《大戴禮記・勸學》："昔者，瓠巴鼓瑟，而沈魚
出聽。"

[13] 機石：弩機發射箭矢中石，古人認爲是精誠所致，金石爲開。《吕
氏春秋・精通》："養由基射兕，中石，矢乃飲羽，誠乎兕也。"《韓
詩外傳》六："昔者，楚熊渠子夜行，（見）寢石以爲伏虎，彎弓而射
之，没金飲羽；下視，知其石也，矢躍無迹。熊渠子見其誠心，石
爲之開，而況人乎？"《史記・李將軍列傳》："廣出獵，見草中石，
以爲虎而射之，中石没鏃，視之石也。"精誠：猶真誠。

[14] 五常：五種倫常道德：父義、母慈、兄友、弟恭、子孝。

5　"低仰之駟，教之功也[1]；鷙擊之禽，習之馴也[2]。
與彼凡馬野鷹，本實一類；此以飾貴，彼以質賤[3]。運行潦
而勿輟[4]，必混流乎滄海矣；崇一簣而弗休，必鈞高乎峻極
矣[5]。大川滔瀁，則蚖螭群遊[6]；日就月將，則德立道
備[7]。乃可以正夢乎丘、旦(1)[8]，何徒解桎乎困蒙哉[9]！

【校】

（1）正：孫星衍校："藏本作止，從舊寫本改。"

【注】

[1] 低仰：高低起伏。駟（sì）：駕一車的四匹馬。

[2] 鷙（zhé）擊：擊；（鷹鷂）擊殺鳥類。鷙：鷹鷂之類的猛禽。習之
馴也：演習使之馴服。

[3] 彼：那些。凡馬：此指没有調教的馬。野鷹：指没有馴化的鷹。
飾：此指訓練、調教（馬與鷹）。質：此指未經訓練、調教的馬與
鷹。兩句藉以強調教育與學習的重要性。

[4] 運：使流動。行潦（lǎo）：道中或溝中積水。行：洐（xíng）之
省借。

[5] 崇：高；加高。一簣（kuì）：猶言一筐土。簣：盛土竹器。《書・

旅獒》：“爲山九仞，功虧一簣。”

[6] 滃瀁（yǎng）：激蕩貌；水漫無際貌。虯螭（qiú chī）：傳説中的兩
　　種無角的龍。

[7] 日就月將：（謂向著既定目標，）每日每月前往奮進；日有所成就，
　　月有所奉行。就：前往。將：行。《詩・周頌・敬之》：“日就月
　　將，學有緝熙于光明。”高亨今注：“就，前往。將，行也。緝熙，奮
　　發前進。此二句言：我將奮發學習，堅持不懈，以期至於心明眼
　　亮。”《淮南子・脩務》“《詩》云：‘日就月將，學有緝熙于光明。’”
　　高誘注：“言爲善者日有所成就，月有所奉行，當學之是明。”

[8] 乃可以正夢乎丘、旦：喻仰慕、追攀孔子與周公，用心專一。《論
　　語・述而》：“子曰：‘甚矣，吾衰也！久矣，吾不復夢見周公。’”
　　《吕氏春秋・博志》：“蓋聞孔丘、墨翟晝日諷誦習業，夜親見文
　　王、周公旦而問焉。用志如此其精也，何事而不達，何爲而不成。
　　故曰精而熟之，鬼將告之。”

[9] 何徒：難道僅僅是；豈止是。用反問語氣表示不止是。解桎：解
　　脱桎梏。喻擺脱束縛。困蒙：處於困境的愚昧的人；猶窘迫。

　　6　“昔仲由冠雞帶豘[1]，雙珥鳴蟬[2]，杖劍而見，拔白
而舞(1)[3]；盛稱南山之勁竹[4]，欲任掘强之自然[5]。尼父
善誘[6]，染以德教，遂成升堂之生[7]，而登四科之哲[8]。子
張鄙人(2)[9]，而灼聚凶猾[10]，漸漬道訓[11]，成化名儒，乃抗
禮於王公[12]，豈直免於庸陋！

【校】

（1）拔白：一本作拔刃，藏本、魯藩本作拔白，義勝，當從。
（2）子張：陳其榮案：“盧本作子房。”按：當從藏本作子張。

【注】

[1] 雞：此指公雞。豘（tún）：同“豚”。小豬。此指小公豬。《史

記·仲尼弟子列傳》:"冠雄雞,佩猳豚。"集解:"冠以雄雞,佩以
猳豚。二物皆勇,子路好勇,故冠帶之。"

[2] 雙:藏本、平津本原作靃,同雙。雙珥鳴蟬:楊明照曰:"蓋謂劍
鼻上飾有兩鳴蟬之狀也。"按:緊承上句"冠雞帶狁",蓋指冠飾。
珥:插。鳴蟬:冠上左右兩邊鳴蟬之狀的飾物。蔡邕《獨斷》:
"侍中、中常侍加黃金(璫),附貂蟬鼠尾飾之。"《藝文類聚》六十
七引應劭《漢官儀》曰:"侍中左蟬右貂。"《初學記》二十六引《漢
官儀》曰:"侍中、中常侍加黃金璫,附蟬爲文,貂尾爲飾。"吴淑
《事類賦注》十二《服用部·冠》"柱後惠文,執法近臣之服"引蔡
邕《獨斷》曰:"……漢制:侍中、中常侍皆冠惠文,加貂附蟬。"按
《史記·仲尼弟子列傳》未言及"雙珥鳴蟬"事,出處不詳。

[3] 杖劍:持劍。拔白:從箭囊中拔箭在手。白:白羽箭。《南史·
齊紀下·廢帝東昏侯》:"(帝)又虛設箭馬齎仗千人,皆張弓拔
白,出東掖門。"按:晚於本例。

[4] 盛稱南山之勁竹:謂自己如南山之竹,自致其用,無須學習。南
山:泛指南面的山。勁竹:堅硬的竹子。

[5] 掘强(jiàng):倔強。掘通倔。

[6] 尼父:指孔子。孔子字仲尼,省稱曰尼。孔子卒,魯哀公誄之,稱
尼父。善誘:善於誘導進勸人。

[7] 升堂:喻學問技藝已入門。《論語·先進》:"子曰:'由也,升堂
矣!未入於室也。'"言子路學於孔子,雖有成就,但還須更進
一步。

[8] 四科:孔門四種科目,指德行、言語、政事、文學。《論語·先進》:
"德行:顏淵、閔子騫、冉伯牛、仲弓。言語:宰我、子貢。政事:
冉有、子路。文學:子游、子夏。"哲:有卓越智慧的人。

[9] 子張:顓孫師(前 503—前?),字子張,陳(今河南東部)人。孔子
弟子,少孔子四十八歲。曾向孔子請教干禄之事,孔子曰:"言寡
尤,行寡悔,禄在其中矣。"隨從孔子周遊列國。鄙人:小人;鄙
俗的人。

[10] 灼聚:顏庚之字。梁父之大盜,齊國之大夫、忠臣。他書灼或作

涿、啄。據《左傳》，顏灼聚死於魯哀公二十三年犁丘之役。凶
猾：凶頑狡詐；凶頑狡詐的人。

[11] 漸漬(jiān zì)：浸潤。引申爲漬染；感化。道訓：謂道的準則。

[12] 抗禮於王公：謂子張、灼聚進入上流社會，與王公政治地位相
等。抗禮：行對等的禮節；以平等的禮節相待。抗通伉。[14] 抗禮
於王公：謂子張、灼聚進入上流社會，與王公政治地位相等。抗
禮：行對等的禮節；以平等的禮節相待。抗通伉。《莊子·漁
父》：“萬乘之主，千乘之君，見夫子未嘗不分庭抗禮。”成玄英疏：
“抗，對也。”《史記·貨殖列傳》：“子貢結駟連騎，束帛之幣聘享
諸侯，所至，國君無不分庭與之抗禮。”

7 “以是賢人悲寓世之儵忽，疾泯没之無稱[1]；感朝聞
之弘訓[2]，悟通微之無類[3]；懼將落之明戒[4]，覺罔念之作
狂[5]；不飽食以終日，不棄功於寸陰[6]；鑒逝川之勉志，悼
過隙之電迅(1)；割遊情之不急[7]，損人間之末務(2)；洗憂貧
之心，遣廣願之穢；息畋獵博弈之遊戲[8]，矯晝寢坐睡之懈
怠[9]；知徒思之無益，遂振策於聖途[10]。學以聚之，問以辯
之[11]，進德修業[12]，温故知新[13]。

【校】

（1）迅：魯藩本作速。

（2）損：當作捐。棄。

【注】

[1] 疾泯没之無稱：謂不被稱頌於後世而引爲遺憾。《論語·衛靈
公》：“子曰：‘君子疾没世而名不稱焉。’”泯没：死的婉稱。無
稱：無可稱述或稱讚。

[2] 朝聞：早上聞道。形容對真理或信仰追求的迫切，謂真理重於
生命。《論語·里仁》：“子曰：‘朝聞道，夕死可矣。’”

［3］通微：通曉、洞察細微的事物。三國魏劉劭《人物志·九徵》：“色平而暢者，謂之通微。通微也者，智之原也。”劉昞注：“水流疏達爲智之原，原不通微，不能成智。”無類：沒有常法。《荀子·性惡》：“齊給便敏而無類，……是役夫之智也。”楊倞注：“無類，首尾乖戾。”

［4］將落：草木枝葉之將要墜落。喻不學則才智日退。《左傳·昭公十八年》：“閔子馬曰：‘……夫學，殖也，不學將落。’”正義：“夫學如殖草木也，令人日長日進，猶草木之生枝葉也；不學則才知日退，將如草木之隊落枝葉也。”知：智本字。隊：墜本字。

［5］罔念：謂不思爲善。作狂：成爲狂人。《書·多方》：“惟聖罔念作狂，惟狂克念作聖。”孔傳：“惟聖人無念於善，則爲狂人；惟狂人能念於善，則爲聖人。”

［6］寸陰：短暫的時間。影印淳熙本《文選·魏都賦》張載注引《司馬法》佚文：“明不寶咫尺之玉，而愛寸陰之旬。”張載注：“旬，時也。”

［7］遊情：猶遊心、遊神、潛心、留心。《後漢書·賈逵傳》：“猶朝夕恪勤，遊情六藝，研機綜微，靡不審覈。”

［8］博弈：局戲和圍棋。博：六博。六白六黑，兩人相博，每人六棋，故名。

［9］晝寢：宰予白天睡覺，孔子曾批評他“朽木不可雕也”。坐睡：坐著打瞌睡。齊景公打獵“夜猶早，公姑坐睡”。

［10］振策：揚鞭走馬。

［11］學以聚之，問以辯之：見《易·乾·文言》，高亨今注：“辯讀爲辨。君子學以聚積知識，問以辨明是非。”

［12］進德修業：增進道德，建立功業。《易·乾》：“（文言）子曰：‘君子進德脩業。忠信，所以進德也。脩辭立其誠，所以居業也。’”孔穎達疏：“德謂德行，業謂功業。九三所以終日乾乾者，欲進益道德，脩營功業，故終日乾乾匪懈也。”

［13］溫故知新：溫習學過的知識，得到新的理解和體會。

8　“夫周公上聖^[1],而日讀百篇⁽¹⁾;仲尼天縱^[2],而韋編三絕^[3];墨翟大賢^[4],載文盈車⁽²⁾;仲舒命世^[5],不窺園門^[6]。倪寬帶經以芸鉏^[7],路生截蒲以寫書^[8];黃霸抱桎梏以受業^[9],甯子勤夙夜以倍功^[10]。故能究覽道奧⁽³⁾,窮測微言^[11];觀萬古如同日,知八荒若户庭^[12];考七耀之盈虛^[13],步三、五之變化^[14];審盛衰之方來,驗善否於既往;料玄黃於掌握,甄未兆以如成^[15]。故能盛德大業,冠於當世;清芳令問,播於罔極也。

【校】

（1）日:當從楊明照校作旦。《墨子·貴義》:“周公旦朝讀書百篇,夕見漆(七)十子。”“朝”“夕”對舉,朝正指旦。

（2）文:當作書。《墨子·貴義》:“子墨子南遊使衛,關中載書甚多。”畢沅云:“關中,猶云厢中。”内可庋物,故以載書。

（3）道奧:陳其榮校:“《御覽》六百十二作玄奧。”按:兩可。

【注】

［1］周公上聖:《漢書·孫寶傳》:“寶曰:‘周公上聖。’”

［2］天縱:天所放任;天所賦予。《論語·子罕》:“太宰問於子貢曰:‘夫子聖者與?何其多能也!’子貢曰:‘固天縱之將聖,又多能也。’”集解引孔安國曰:“言天固縱大聖之德,又使多能也。”

［3］韋編:先秦用竹簡寫作,用皮繩編綴,故名。三絕:斷了三次。形容孔子讀《易》次數之多,翻閱之頻繁。《史記·孔子世家》:“孔子晚而喜讀《易》,序《彖》《繫》《象》《說卦》《文言》。讀《易》,韋編三絕。”

［4］墨翟(約前468—約前376):春秋戰國之際宋國大夫、墨家學派創始人。其學爲尚賢、尚同;節用、節葬;非樂、非命;天志、明鬼;兼愛、非攻。主張“兼相愛,交相利”,以實現“飢者得食,寒者得衣,勞者得息”,“安居樂業”的生活。技藝傑出,曾做飛梯、橦子、

飛石、車弩等器具。今有《墨子》共五十三篇，爲墨子及其學派所作。墨家爲先秦顯學，故曰大賢。

［5］仲舒：董仲舒（前180—前115），廣川（今河北景縣）人。勤於治學，精通《春秋》。景帝時爲博士，教授弟子。武帝時，以賢良上"天人三策"，爲武帝所重。出爲江都相，深受易王劉非敬重。中廢爲中大夫，居家著《災異之變》，推遼東高廟災。爲主父偃告發下獄，論罪當死，詔赦之，遂不復言災異。爲膠西王相，恐獲罪，病免。居家以修學著書爲事。朝廷如有大議，常遣使問之。推明孔氏，抑黜百家。立學校之官，州郡舉茂才孝廉，皆自其發之。所著凡百三十篇，有《春秋繁露》傳世。命世：名世；著名於當世。

［6］不窺園門：喻一心"下帷講誦"。

［7］倪寬（前？—前103）：又作兒（ní）寬，千乘（今山東高青北）人。少治《尚書》，師事歐陽生。以郡國選詣博士，受業於孔安國。以射策爲掌故，功次補廷尉文學卒史。廷尉張湯除奏讞掾，以古法義決疑獄。及湯爲御史大夫，舉爲侍御史。武帝擢爲中大夫，遷左內史。治民勸農，緩刑罰，卑禮下士，吏民大信愛之。奏開六輔渠，定水令以廣溉田。以力諫武帝封禪，元封元年（前110）拜御史大夫。與司馬遷等共定"太初曆"。芸鉏：芟刈；耕耘。鉏同鋤。

［8］路生：路溫舒先生，字長君，西漢鉅鹿（治今河北平鄉西南）人。少時牧羊，取澤中蒲，編以習字。初學律令，轉爲獄史。太守異之，署決曹史。受《春秋》，通大義。舉孝廉，爲山邑丞。元鳳中署奏曹掾，守廷尉史。宣帝初，上書言宜尚德緩刑，以爲"秦有十失，其一尚存，治獄之吏是也"。後遷廣陽私府長、臨淮太守。車、鉏、書：魚部。

［9］黃霸（前？—前51）：字次公，淮陽陽夏（今河南太辰）人。後徙雲陵。少學律令，喜爲吏。武帝末以待詔入錢補侍郎、謁者。昭帝時察補河東均輸長、河南太守丞。處議當於法，合人心。宣帝即位，聞其持法平，召爲廷尉正，數決疑獄。守丞相長史，坐阿縱

少府夏侯勝非議，詔書下獄，當死。三歲復出爲諫大夫，擢爲揚州刺史，以高第爲潁川太守，秩比千石，治爲天下第一。賜爵關內侯，歷太子太傅、御史大夫，至五鳳三年(前55)爲丞相，封建成侯。長於治民而總綱紀號令不及治郡。桎梏：刑具。腳鐐手銬。在足曰桎，在手曰梏。受業：從師學習。

[10] 甯子：甯越，戰國趙中牟(今河南鶴壁市西)人。夙夜以倍功：謂日夜加倍用功讀書。《呂氏春秋·博志》：“(甯越)苦耕稼之勞，謂其友曰：‘何爲可以免此苦也？’其友曰：‘莫如學。學三十歲則可以達矣。’甯越曰：‘請以十五歲。人將休，吾則不敢休；人將臥，吾將不敢臥。’十五歲而周威公師之。”

[11] 微言：精深微妙之言辭。此指孔子之微言。《漢書·藝文志》：“昔仲尼沒而微言絕。”

[12] 觀萬古如同日二句：謂讀書可以縮短古今距離、主客觀距離。若户庭：喻近在咫尺。

[13] 七耀：指日、月和水、火、木、金、土五星。盈虛：盈縮；盈滿和虧缺。謂消長變化。

[14] 步：推步；推算天象曆法。古人謂日月轉運於天，猶如人之行步，可推算而知。

[15] 未兆：尚未顯出迹象。

9　“且夫聞商羊而戒浩潦[1]，訪鳥甃而洽東肅(1)[2]；諮萍實而言色味[3]，訊土狗而識墳羊[4]；披《靈寶》而知山隱[5]，因折俎而説專車[6]；瞻離畢而分陰陽之候[7]，由冬蟄而覺閏餘之錯[8]。何神之有？學而已矣。夫童謠猶助聖人之耳目[9]，豈況《墳》《索》之弘博哉[10]？

【校】

（1）東：當從王國維校作陳。

【注】

［1］商羊：傳説中的知雨之鳥，大雨前常屈一足起舞，預告天將大雨。《説苑·辨物》：“其後齊有飛鳥，一足，來下止於殿前，舒翅而跳。齊侯大怪之，又使聘問孔子。孔子曰：‘此名商羊，急告民趣治溝渠，天將大雨。’於是如之，天果大雨。諸國皆水，齊獨以安。孔子歸，弟子請問。孔子曰：‘異時……兒又有兩兩相牽，屈一足而跳，曰：“天將大雨，商羊起舞。”今齊獲之，亦其應也。’”又見《孔子家語·辨政》。戒浩濩：告戒將發大水。浩濩：水流壯闊貌。

［2］鳥：指隼（sǔn），鷙鳥。砮（nǔ）：石製箭鏃。洽：博洽。肅：肅慎氏，周武王時東北少數民族。據《國語·魯語下》説，孔子在陳國，有鶚飛止於陳侯之庭而死，原來是被楛矢射中，箭鏃石砮長一尺八寸。陳侯派人手持死鶚前往孔子之館請教孔子。孔子説，鶚來自遠方，射中它的是肅慎氏的箭矢。從前周武王克商，肅慎氏上貢楛矢石砮，武王分給異姓的陳侯。這種楛矢石砮還可在故府找到。派人去找，果如孔子所説。本句即概括了這個掌故。楛（hù）：木名。

［3］萍實：萍蓬草的果實。《説苑·辨物》：“楚昭王過江，有物大如斗，直觸王舟，止於舟中。昭王大怪之。使聘問孔子。孔子曰：‘此名萍實。令剖而食之。惟霸者能獲之。此吉祥也。’……孔子歸，弟子請問。孔子曰：‘異時，小兒謡曰：“楚王浚江得萍實，大如拳，赤如日，剖而食之美如蜜。”此楚之應也。’”後以“萍實”謂甘美的水果。

［4］土狗：傳説中的土怪。墳羊：土中所生之怪。墳一作羵。《國語·魯語下》：“季桓子穿井，獲如土缶，其中有羊焉。使問孔子，曰：‘吾穿井而獲狗，何也？’對曰：‘以丘之所聞，羊也。丘聞之：……土之怪曰墳羊。’”韋昭注引唐固《國語注》：“墳羊，雌雄不成者。”

［5］《靈寶》：寶精養神的道家經典。見《雲笈七籤》三。山隱：龍威丈人姓山，名隱居，傳説春秋時吳國的隱士。《河圖緯·河圖絳

象》："太湖中洞庭山，林屋洞天，即禹藏真文之所，一名包山。吳
王闔閭登包山之上，命龍威丈人入包山，得書一卷，凡一百七十
四字，而還。吳王不識，使問仲尼，詭云：'赤烏銜書以授王。'仲
尼曰：'昔吾遊西海之上，聞童謠曰："吳王出遊觀震湖，龍威丈人
名隱居。北上包山入靈墟，乃造洞天竊禹書。天帝大文不可舒，
此文長傳百六初。今强取出喪國廬。"丘按謠言，乃龍威丈人洞
中得也。赤烏所銜，非丘所知也。'吳王懼，乃復歸其書。"本句概
括其意。

[6] 因：通過。折俎：古代祭祀、宴會時，殺牲肢解而後置於禮器俎
上。專車：占滿一車。據《國語·魯語下》説，吳伐越，毀會稽，
獲得骨節，占滿一車。吳王使臣詢問孔子："骨何爲大?"孔子曰：
"丘聞之：昔禹致群神於會稽之山，防風氏後至，禹殺而戮之，其
骨節專車，此爲大矣。"韋昭注："因折俎之骨，執以問之。"

[7] 畢：二十八宿之一，有星八顆。陰陽：雨天與晴天。《詩·小
雅·漸漸之石》："月離於畢，俾滂沱矣。"高亨今注："古代天文
説，月行經過畢星，就要下大雨。"

[8] 螽(zhōng)：蝗蟲。《左傳·哀公十二年》："冬十二月，螽，季孫
問諸仲尼。仲尼曰：'丘聞之："火伏而後蟄者畢。"今火猶西流，
司曆過也。'"杜預注："火，心星也。火伏，在今十月。猶西流，言
未盡没，知是九月。曆官失一閏，《釋例》論之備。"楊伯峻注："孔
丘之意，謂時已十月，天空應不見心宿二，昆蟲應皆蟄伏，然心宿
二猶遥見於西方天空，逐漸沈没，乃司曆者之誤。杜注因之謂此
年應閏而失閏，其實此年不當閏，明年亦十二月仍有飛蝗，而閏
當在十二月後。"稚川從杜預説，故云"閏餘之錯"。閏餘：農曆
一年和一回歸年相比所多餘的時日。

[9] 童謠：古人以爲童謠預示人事世運。

[10] 豈況：何況。

10 "才性有優劣[1]，思理有脩短[2]；或有夙知而早成，

或有提耳而後喻[3]。夫速悟時習者[4]，驥騄之腳也[5]；遲
解晚覺者，鶉鵲之翼也[6]。彼雖尋飛絕景[7]，止而不行，則
步武不過焉[8]；此雖咫尺以進，往而不輟，則山澤可越焉。
明暗之學[9]，其猶茲乎？蓋少則志一而難忘，長則神放而
易失。故修學務早，及其精專，習與性成，不異自然也[10]。
若乃絕倫之器，盛年有故[11]，雖失之於暘谷(1)，而收之於虞
淵[12]。方知良田之晚播，愈於卒歲之荒蕪也[13]。日燭之
喻[14]，斯言當矣。

【校】

（1）暘谷：《書·堯典》：“分命羲仲，宅嵎夷，曰暘谷。”孔傳：“暘，明
　　也。日出於谷而天下明，故稱暘谷。”《淮南子·天文》：“日出於
　　暘谷。”《文選·西京賦》“日月於是乎出”、《東京賦》“左瞰暘谷”
　　注引及《思玄賦》“夕余宿乎扶桑”、“躋日中於昆吾兮”注引《淮南
　　子》作“暘谷”。然《楚辭·天問》：“出自湯汜，次於蒙汜，自明及
　　晦，所行幾里？”王逸注：“言日出東方湯谷之中，暮入西極蒙水之
　　涯也。”《山海經·海外東經》：“湯谷上有扶桑，十日所浴。”《思玄
　　賦》：“朝吾行於湯谷兮，從伯禹乎稽山。”李善注：“湯谷，日所
　　出。”俱作“湯谷”。《文選》潘安仁《西征賦》“旦似湯谷，夕類虞
　　淵”、《蜀都賦》“若湯谷之揚濤”、張景陽《雜詩》十首“朝霞迎白
　　日，丹氣臨湯谷”、《月賦》“擅扶光於東沼”注引《淮南子》，“暘谷”
　　並作“湯谷”。《史記·五帝本紀》索隱引亦作“湯谷”，云《史記》
　　“舊本作湯谷，今並依《尚書》字”。《史記·司馬相如傳》“右以湯
　　谷爲界”，張守節正義引許慎云：“熱如湯。”湯谷：古稱日出處，
　　熱如湯，故名。

【注】

［1］才性：才能禀賦。《荀子·修身》：“彼人之才性之相縣也，豈若跛
　　鼈之與六驥足哉？”

［2］思理：思辨能力。《晉書・戴若思傳》：“思理足以研幽，才鑒足以辯物。”

［3］提耳：提撕受教者的耳朵，因指懇切教導。《詩・大雅・抑》：“匪面命之，言提其耳。”鄭玄箋：“我非但對面語之，親提撕其耳。”一説“親近其耳”。“提”借爲眡(tì)。《説文・目部》：“眡，迎視也。從目，是聲。”引申有逢逆、迫近之義。喻：曉悟。

［4］時習：按時演習或實習。

［5］驥騄(jì lù)：指良馬。腳：四條腿。腳本指小腿，此指整條腿。《説文・肉部》：“腳，脛也。”《急就篇》三“股腳膝臏脛爲柱”顏師古注：“腳，足也。”

［6］鶉鵲：鶉鶉和喜鵲。它們怎麼使勁振翅飛翔也沒有良馬的四條腿跑得快，因喻笨拙遲鈍。

［7］尋飛絶景(yǐng)：追逐飛鳥，踪影絶迹，因以爲良馬名。尋：逐。景：影之初字。

［8］步武：很短的距離。古以六尺爲步，半步爲武。

［9］明暗：聰明與遲鈍；廣明德慧與無德寡知。《新書・修政語上》：“湯曰：‘學聖王之道者，譬其如日，静思而獨居，譬其若火。夫舍學聖(王)之道而静居獨思，譬其若去日之明於庭，而就火之光於室也。然可以小見而不可以大知。’”《説苑・建本》：“河間獻王曰：‘湯稱學聖王之道者，譬如日焉，静居獨思，譬如火焉。夫捨學聖王之道，若捨日之光，何乃獨思，若火之明也。可以見小耳，未可用大知。’惟學問可以廣明德慧也。”

［10］習與性成：習慣養成，即成爲天性。《大戴禮記・保傅》：“少成若天性，習貫之爲常。”

［11］有故：有變故。桓寬《鹽鐵論・疾食》：“常居則匱於衣食，有故則賣畜粥業。”

［12］失之於暘谷，而收之於虞淵：雖然失之於日出之處湯谷，而收之於日没之處虞淵。《後漢書・馮異傳》：“璽書勞異曰：‘可謂失之東隅，收之桑榆。’”李賢注：“桑榆，謂晚也。”按：《後漢書》雖後出於葛洪，但“璽書勞異曰”數句則爲東漢時語。虞淵：傳説爲

日没之處。兩句謂亡羊補牢，未爲晚也。

[13] 卒歲：度過年終；度過歲月。《詩・豳風・七月》：“無衣無褐，何以卒歲？”

[14] 日燭：日光與燭光。喻少而好學與老而好學不同。《說苑・建本》：“臣（師曠）聞之：少而好學，如日出之陽；壯而好學，如日中之光；老而好學，如炳燭之明。炳燭之明，孰與昧行乎？”

11　“世道多難，儒教淪喪，文武之軌[1]，將遂凋墜。或沈溺於聲色之中(1)，或驅馳於競逐之路。孤貧而精六藝者[2]，以游、夏之資[3]，而抑頓乎九泉之下(2)；因風而附鳳翼者[4]，以駑庸之質，猶迴遑乎霞霄之表(3)[5]。捨本逐末者[6]，謂之勤修庶幾[7]；擁經求己者(4)，謂之陸沈迂闊[8]。於是莫不蒙塵觸雨，戴霜履冰[9]；懷黃握白[10]，提清挈肥[11]；以赴邪徑之近易，規朝種而暮穫矣[12]。

【校】

（1）聲色：平津本作黄色。

（2）九泉：當從楊明照校作九淵，《清鑒》《博喻》《廣譬》《正郭》均有“九淵”之文是其證。

（3）霞霄：當依孫人和校與下文“遂墮墜於雲霄之上”的文例作“雲霄”。

（4）己：魯藩本誤作巳。

【注】

[1] 文武之軌：文武之道。指周文王、周武王修身治國之道與禮樂文章。周文王、周武王是儒家所尊崇的周代聖王。《論語・子張》：“文武之道，未墜於地。”朱熹集註：“文武之道，謂文王、武王之謨訓功烈，與凡周之禮樂文章皆是也。”此套用其語，而語意不同。

［２］六蓺：指儒家的“六經”，即《禮》《樂》《書》《詩》《易》《春秋》。

［３］游：言偃字子游，吳人，或説魯人。孔子弟子，少孔子四十五歲。
　　　從孔子受業後仕魯，爲武城宰，使武城習禮樂，孔子過武城，曾聞
　　　弦歌之聲。習於文學，治有政績。夏：卜商（前 507—前?）字子
　　　夏，衛（今河南東部）人，或説溫國人。孔子弟子，少孔子四十四
　　　歲。孔子曾勉勵其爲君子儒，無爲小人儒，認爲商能發明師説，
　　　可與之言《詩》。孔子卒，居西河，精研《詩》《易》《禮》《春秋》等經
　　　典，教授弟子，頗有成績。爲魏文侯師，受器重。其子死，哭之失
　　　明。資：稟賦，資質。

［４］附鳳翼：喻依附帝王或投靠有權勢的人。

［５］迴邅乎霞霄之表：喻庸才作高官。迴邅：游移不定；彷徨疑惑。
　　　此猶言盤旋。

［６］捨本逐末：原或作捨本事末、舍本治末、舍本趨末、背本逐末。本
　　　指放棄農業，而從事工商業。此指捨棄根本的、主要的，而追求
　　　枝節的次要的。

［７］庶幾（jī）：差不多；近似。讚揚之辭。借指好學、近於知幾（察
　　　微、預見）的賢才。

［８］陸沈：愚昧迂執，不合時宜。

［９］戴霜履冰：形容不怕嚴寒，奔波於外。履冰：行於冰上。喻身處
　　　險境，戒慎恐懼之至。

［10］懷黃握白：攜帶錢財。黃：黃金。白：白銀。

［11］提清挈肥：手提美酒佳肴。清：濾去汁滓的甜酒，此謂美酒。挈
　　　（qiè）：用手提著。

［12］朝種暮穫：比喻收穫迅速；時間短暫。

12 “若乃下帷高枕[1]，遊神九典[2]，精義賾隱[3]，味道
居靜，確乎建不拔之操，揚青於歲寒之後，不撓世以投
迹[4]，不隨衆以萍漂者[5]，蓋亦鮮矣。汲汲於進趨，悒悶於
否滯者[6]，豈能捨至易速達之通途，而守甚難必窮之塞路

乎？此川上所以無人[7]，《子衿》之所爲作[8]。愍俗者所以痛心而長慨，憂道者所以含悲而頰思也[9]。

【注】

[1] 下帷：放下帷幕。此指閉門讀書，潛心研究。

[2] 遊神：謂專心致志。九典：九種典籍。《漢書·藝文志·六藝略》：“序六藝爲九種。”九種是：《易》《書》《詩》《禮》《樂》《春秋》《論語》《孝經》《小學》。

[3] 精義：精研微妙的義理。賾隱：探賾索隱。探討事物之複雜，索求事物之隱晦。《易·繫辭上》：“探賾索隱，鉤深致遠。”正義：“探，謂闚探求取。賾，謂幽深難見。”高亨今注：“賾，雜也。索，求也。《小爾雅·廣詁》：‘鉤，取也。’……致猶推也。……此言探討事物之複雜，索求事物之隱晦，鉤取事物之深奧，推致事物之遼遠。”

[4] 揆(kuí)：揣度；估量。投迹：舉步前往；投身。《莊子·天地》：“且若是，則其自爲處危，其觀臺多物，將往投迹者衆。”

[5] 萍漂：水面浮萍，漂泊不定。喻隨波逐流，與世浮沈。

[6] 悒悶：憂鬱煩悶。《窮達》：“齊通塞於一塗，付榮辱於自然者，豈懷悒悶於知希，興永歎於川逝乎！”悒(yì)：憂鬱不快。《説文·心部》：“悒，不安也。”“悶，懣也。”否(pǐ)滯：停滯；阻塞。《晉書·李重傳》：“臣以革法創制，當先盡開塞利害之理，舉而錯之，使體例大通而無否滯亦未易故也。”此指仕途不順暢。

[7] 川上所以無人：《論語·子罕》：“子在川上曰：‘逝者如斯夫！不舍晝夜。’”句謂再無人如孔子説此話者。

[8] 《子衿(jīn)》：《詩·鄭風》篇名。《子衿序》：“《子衿》，刺學校廢也。亂世則學校不修焉。”所爲(wéi)：所以。表示行爲動作發生的原因。

[9] 憂道：擔憂得不到真理。《論語·衛靈公》：“君子憂道不憂貧。”頰思：愁思；傷感。

13 "夫寒暑代謝[1]，否終則泰[2]，文武迭貴[3]，常然之數也[4]。冀群寇畢滌[5]，中興在今[6]；七耀遵度[7]，舊邦惟新[8]；振天惠以廣掃(1)[9]，鼓九陽之洪爐[10]；運大鈞乎皇極[11]，開玄模以軌物[12]。陶冶庶類，匠成翹秀[13]；蕩汰積埃，革邪反正[14]。戢干戈，櫜弓矢(2)[15]；興辟雍[16]，之庠序(3)[17]；集國子[18]，修文德[19]；發金聲，振玉音[20]。降風雲於潛初[21]，旅束帛乎丘園[22]；令抱翼之鳳，奮翮於清虛[23]；項領之駿，騁迹於千里。使夫含章抑鬱[24]，窮覽洽聞者，申公、伏生之徒[25]，發玄纁，登蒲輪[26]，吐結氣，陳立素(4)[27]，顯其身，行其道，俾聖世迪唐、虞之高軌[28]，馳升平之廣塗，玄流沾於九垓[29]，惠風被乎無外，五刑厝而頌聲作[30]，和氣洽而嘉穟生[31]，不亦休哉！

【校】

（1）惠：孫星衍校疑作彗。

（2）櫜：孫星衍校："疑作櫜。"

（3）之：當從徐濟忠校作立。

（4）立素：當從徐濟忠校作玄素。

【注】

[1] 代謝：來者爲代，去者爲謝。《文子·自然》："(道)輪轉無窮，象日月之運行，若春秋之代謝。"

[2] 否(pǐ)終則泰：閉塞到極點，則轉向通泰。《吳越春秋·句踐入臣外傳》："時過於期，否終則泰。"

[3] 文武迭貴：文治武功，交相爲用。《淮南子·氾論》："一世之間，而文武代爲雌雄，有時而用也。"迭：更。

[4] 常然之數：自然的道理。常然：自然之性；常態。數：規律，法則。《莊子·駢拇》："天下有常然；常然者，曲者不以鉤，直者不

以繩,圓者不以規,方者不以矩。"《後漢書・仲長統傳》:"存亡以
之迭代,政亂從此周復,天道常然之大數也。"

[５]群寇:蓋指漢族豪强割據勢力與非漢族豪酋。

[６]中興:中途振興;轉衰爲盛。被視爲司馬氏西晉王朝的繼續,故
云中興。偏安的諱稱。

[７]遵度:猶言運行遵循軌道。

[８]舊邦維新:故國乃始更新。《詩・大雅・文王》:"周雖舊邦,其命
維新。"此謂改變舊法,推行新政。舊邦:此指司馬氏西晉王朝。
新:指新建的司馬睿的東晉王朝。

[９]惠,疑作篲。篲,掃帚星。《爾雅・釋天》:"篲星爲欃槍。"《左
傳・昭公十七年》:"篲,所以除舊布新也。"

[10]九陽:太陽。《後漢書・仲長統傳》"九陽代燭"李賢注:"九陽,謂
日也。"洪爐:此喻天地。

[11]大鈞:造化;自然。《文選》賈誼《鵩鳥賦》:"大鈞播物兮,坱圠無
垠。"李善注:"如淳曰:'陶者作器於鈞上,此以造化爲大鈞。'應
劭曰:'陰陽造化,如鈞之造器也。'"皇極:指大中至正之道,帝
王統治天下的準則。《書・洪範》:"五,皇極。皇建其有極。"孔
穎達疏:"皇,大也。極,中也。施政教,治下民,當使大得其中,
無有邪僻。"

[12]玄模:猶言自然的模子。玄:宇宙本體。軌物:規範事物;準
則;揆正法度與章明物采。《左傳・隱公五年》:"君,將納民於
軌、物者也。故講事以度軌量謂之軌,取材以章物采謂之物。"杜
預注:"言器用衆物不入法度,則爲不軌不物。"楊伯峻注:"度軌
量猶言揆正法度。""章,明也。""不軌謂舉事不合禮制法度,不物
謂不關大事器用之物采而君主浪用之。"

[13]匠成:培養造就。《淮南子・泰族》:"入學庠序,以修人倫,此皆
人之所有於性,而聖人之所匠成也。"翹秀:傑出的人才;出類拔
萃的人材。翹:鳥羽長毛,引申爲特出。《審舉》:"夫孤立之翹
秀,藏器以待賈。"

[14]反正:此指帝王復位。

[15]　櫜：疑作櫜。櫜（gāo），收藏盔甲、弓矢的器具；儲藏。

[16]　辟（bì）雍：西周天子爲貴族子弟所設的大學。取四周有水，形如璧環爲名。辟象璧圓以法天，雍（水）象教化流行。爲行鄉飲、大射或祭祀之禮的地方。其仿製作品遺留至今者見於北京國子監辟雍。

[17]　之：疑作立。立庠序：與“興辟雍”對仗。此一對仗又與上文“戢干戈，櫜弓矢”、下文“集國子，修文德；發金聲，振玉音”三組對仗相並立。庠（xiáng）序：古代地方的學校。泛指學校。殷曰序，周曰庠。《孟子·滕文公上》：“設爲庠序學校以教之：庠者，養也；校者，教也；序者，射也。夏曰校，殷曰序，周曰庠，學則三代共之。皆所以明人倫也。”

[18]　國子：公卿大夫的子弟：指國子學，封建國家管理教育的機構和最高學府。《周禮·地官·師氏》：“以三德教國子：一曰至德以爲道本，二曰敏德以爲行本，三曰孝德以知逆惡。”鄭玄注：“國子，公卿大夫之子弟，師氏教之；而世子亦齒焉，學君臣父子長幼之道。”

[19]　文德：指禮樂教化。與“武功相對”。《論語·季氏》：“故遠人不服，則修文德以來之。”

[20]　發金聲，振玉音：以鍾發聲，以磬收韻，奏樂從始至終的全過程，不同凡響。振：猶收也。兩句謂弘揚儒教。《孟子·萬章下》：“孔子之謂集大成，集大成也者，金聲而玉振之也。金聲也者，始條理也；玉振之也者，終條理也。”楊伯峻注：“朱熹集註云：‘並奏八音，則於其未作，而先擊鎛鍾（獨立懸挂的較大之鍾）以先其聲；俟其既闋，而後擊特磬（獨立懸挂之磬）以收其韻。’振，猶收也（《中庸》“振河海而不洩”鄭玄注）。”

[21]　降風雲於潛初：喻人之際遇。《易·乾·文言》：“雲從龍，風從虎，聖人作而萬物睹。”謂雲將起而龍吟，風欲生而虎嘯。潛初：即《易·乾》所説“初九：潛龍，勿用”。

[22]　旅束帛：陳列束帛。古代招士必以束帛加璧於其上而聘之。《文選·東京賦》：“聘丘園之耿潔，旅束帛之戔戔。”薛綜注：“耿，清

也。旅，陳也。謂有清潔者也。言丘園中有隱士貞潔清白之人，聘而用之。束帛，謂古招士必以束帛加璧於上。"束帛：捆爲一束的五匹帛。

[23] 抱翼：喻隱士。奮：鳥張開翅膀。翮（hé）：鳥羽莖下端中空部分，指代鳥翅。清虛：即天空。

[24] 含章：包含美質；含有文章，指有文采。《易·坤》："六三：含章可貞。"孔穎達疏："章，美也。"《文選·蜀都賦》："揚雄含章而挺生。"呂向注："揚雄含懷文章，挺拔而生。"

[25] 申公：名坤。又作申公培。魯人。少與楚元王劉交俱從齊人浮丘伯受《詩》。從元王至楚，爲中大夫，文帝時爲博士。失官，隨楚王劉郢客歸楚，復爲中大夫。因諫楚王劉戊受辱，歸魯居家教授，弟子自遠方至受業者千餘人。授《詩經》口説其旨，不爲解説之傳，疑者存焉。其弟子御史大夫、郎中令王臧議立明堂，奏請使使安車蒲輪徵爲太中大夫。"天子問治亂之事""對曰：'爲治者不在多言，顧力行何如耳。'"年八十餘，病免歸，數年卒。伏生：名勝，字子賤，濟南（治今山東章丘西北）人。秦時爲博士。始皇焚書，伏生藏《書》於壁中。漢初，伏生求其書，獨得二十九篇，教於齊魯間，齊魯學者由此頗能言《尚書》。文帝欲召之，伏生年九十餘，詔使太常使掌故晁錯往從學，由伏生女兒通傳口授，即今文《尚書》。宣帝時，有歐陽氏、大小夏侯氏立於學官。

[26] 發玄纁：謂用黑色和淺紅色的布帛加璧徵發。

[27] 立素：疑作玄素。楊明照箋："玄，指墨。素，指縑帛。陳玄素，謂從事著述也。"按：申公、伏生是否曾"從事著述"，楊明照未作舉證。兩人是否"從事著述"，有待考證。據《史記·儒林列傳》與《漢書·儒林傳》，申公一生從事教學，應徵朝廷"時已八十餘，老，對曰：'爲治者不在多言，顧力行何如耳。'"未見他"從事著述"的記載。伏生於漢文帝時已九十餘歲，文帝派晁錯前往從學，由伏生女兒通傳口授，也不可能"從事著述"。"玄素"無有解爲"著述"者。楊明照《抱朴子外篇校箋》一書，所舉書證，前無古人，但楊明照未舉出一個"玄素"作"著述"解的書證。後學不才，

今試爲解，以俟高明。在本文中蓋含四義：1. 變白變黑。喻受環境制約，物無定質。《太平御覽》九百五十一引《抱朴子》：“今頭蝨著身，皆稍變而白；身蝨著頭，皆漸化而黑。則玄素果無定質，移易在乎所漸也。”《文選》嵇康《養生論》：“蝨處頭而黑。”李善注：“《抱朴子》曰：‘今頭蝨著身，皆稍變而白；身蝨處頭，皆漸化而黑。則是玄素果無定質，移易在乎所漸。’”2. 染黃染黑素絲，喻培育人才當否。《墨子·所染》：“子墨子見染絲者而歎曰：‘染於蒼則蒼，染於黃則黃。……非獨染絲然也，國亦有染。舜染於許由、伯陽，禹染於皋陶、伯益，湯染於伊尹、仲虺，武王染於太公、周公。此四王者，所染當，故王天下，立爲天子，功名蔽天地。舉天下之仁義顯人，必稱此四王者。夏桀染於干辛、推哆，殷紂染於崇侯、惡來，厲王染於厲公長父、榮夷終，幽王染於傅公夷、蔡公穀。此四王者，所染不當，故國殘身死，爲天下僇。舉天下不義辱人，必稱此四王者。’”《崇教》：“湯、武染乎伊、呂，其興勃然；辛、癸染乎推、崇，其亡忽焉。”盧諶《贈劉琨一首並書》：“始素終玄，墨翟垂涕。”李善注：“墨子見練絲而泣之，爲可以黃，可以黑。”李周翰注：“墨翟見素絲而泣曰：‘入玄則玄，豈直絲染，人亦有焉。’”“始素終玄”，即素絲經“飾染”而由白變黑。本篇論“飾染質素”即此意。申公、伏生之徒所從事的就是“飾染質素”的教育工作，故曰“陳玄素”。3. 尚黑尚白，謂易服色、改正朔。夏尚黑、殷尚白、周尚赤。夏正建寅爲人統，商正建丑爲地統，周正建子爲天統。亦謂之三正。《禮記·檀弓上》：“夏后氏尚黑，大事斂用昏，戎事乘驪，牲用玄。殷人尚白，大事斂用日中，戎事乘翰，牲用白。周人尚赤，大事斂用日出，戎事乘騵，牲用騂。”鄭玄注：“（夏）以建寅之月爲正，物生色黑。昏時亦黑，此大事謂喪事也。戎，兵也。馬黑色曰驪。《爾雅》曰：‘騏牝驪牡玄。’玄，黑類也。（殷）以建丑之月爲正，物牙色白。日中時亦白。翰，白色馬也。《易》曰：‘白馬翰如。’（周）以建子之月爲正，物萌色赤。日出時亦赤。騵騂馬白腹。騂，赤類。”孔穎達疏：“此一節論三代正朔所尚色不同。”“夏尚黑，殷尚白，周尚赤，此之謂三統。”至戰國末，鄒衍創五德終始之説，以土、木、金、火、水五德循環相剋的觀點，用來解釋王朝更迭興替的歷史原因，故名五德。此説又認爲帝王受命於天而統治天下，到期則以五德相勝之序轉移政權，故名終始。受命之帝王須依所憑之德改正朔、易服色。按其説，夏爲木，殷爲金，周爲火。三代之更替，火（周）剋金（商），金（商）剋木（夏）。至秦始皇統一中國，采納鄒衍的學説，以周爲火德，秦爲水德，水（秦）剋火（周），故秦代周。漢消滅暴秦則爲土（漢）剋水（秦），西漢武帝時以爲漢據土德，改曆，以正月爲歲首，色尚黃。《禮記·大傳》“改正朔，易服色”孔穎達疏：“改正朔者，正謂年始，朔謂月初。言王者得政，示從我始，改故用新，隨寅、丑、子所損也。周子、殷丑、夏寅，是改正也。周夜半，殷雞鳴，夏平旦，是易朔也。易服色者，服色，車馬也，易之謂各隨所尚赤、白、黑也。”南朝梁江淹《蕭重讓揚州表》：“竊聞周夏巽章，玄素各禮。”上述五德終始簡表如下：

朝代	夏	殷	周	秦	漢
五色	青	白	赤	黑	黃
五行	木	金	火	水	土
月建	寅	丑	子	亥	寅
五方	東	西	南	北	中
歲首	正月	十二月	十一月	十月	正月

4. 辨黑白，明是非，比喻兩種事物的根本差別和變異。《淮南子·覽冥》“若乃玄雲之素朝”高誘注：“玄，黑也。”《文選》潘岳《西征賦》“南有玄灞素滻”李善注：“玄，水色。”按：“玄雲”與“素朝”對舉，“玄灞”與“素滻”對舉，黑白分明。又顏延年《和謝監靈運》：“雖慙丹腴施，未謂玄素睽。”李善注：“丹腴，喻君恩也。玄素，喻別也。”呂延濟注：“丹腴，喻榮祿也。睽，別也。言雖蒙榮祿之施，終不同素絲之變而別也。”稍白漸黑，物無定質；飾染質素，培養人材；易服色、改正朔，禮制治國；辨黑白，明是非：此四項蓋爲申公、伏生之徒的重要教學內容。

[28] 聖世：猶聖代。對當代的諛稱。高軌：高尚的行爲規範。

[29] 玄流：清水，指君上的恩澤。沾：溢。九垓（gāi）：中央至八極之
地。此泛指全國。

[30] 五刑：五種等級的刑法。先秦爲：墨，刺面或額，染上黑色，作爲
標誌；劓（yì），割鼻；刖（fèi），斷足，即後來的刖刑；宮，閹男子的
生殖器、破壞婦女生殖機能；大辟（bì），大罪，死刑。秦漢時爲：
黥（墨刑）、劓、斬左右趾、梟首、菹其骨肉於市。厝：同措。置之
不用。頌聲作：唱起頌歌。

[31] 和氣：天地間陰陽二氣交合而生之氣，萬物由此"和氣"而生。嘉
穟：即穗。

14　"昔秦之二世[1]，不重儒術[2]，捨先聖之道[3]，習刑
獄之法[4]。民不見德，唯戮是聞[5]。故惑而不知反迷之
路[6]，敗而不知自救之方；遂墮墜於雲霄之上，而齏粉乎不
測之下[7]。惟尊及卑，可無鑒乎？"

【注】

[1] 秦之二世：此指秦始皇與胡亥。胡亥（前230—前207）：姓嬴，
名胡亥。秦始皇幼子。始皇卒於沙丘，與趙高謀改遺詔，賜扶
蘇、蒙恬死，遂即位。寵信趙高，殺大臣及諸公子，天下震恐。任
性胡爲，復作阿房，用法益苛。元年（前209）九月，郡縣皆反，受
趙高蔽，昏然無知。殺將相去疾、李斯、馮劫等。三年，事急，責
趙高，高懼，與親作反，逼胡亥自殺。

[2] 不重儒術：《史記・秦始皇本紀》："臣（李斯）請史官非秦記皆燒
之。非博士官所職，天下敢有藏《詩》《書》、百家語者，悉詣守、尉
雜燒之。有敢偶語《詩》《書》者，棄市。"儒術：儒家的原則、學
説、思想、典籍等。

[3] 先聖：先世聖人。此指先聖孔子。

[4] 習刑獄之法：《史記・秦始皇本紀》："今天下已定，法令出一，百
姓當家則力農工，士則學習法令辟禁。""若欲有學法令，以吏爲

師."刑獄：猶刑罰。

［5］民不見德，唯戮是聞：百姓看不到當道的德政，祇聽到殺戮之
　　聲。語見《左傳·僖公二十三年》。是：結構助詞。

［6］反迷：迷途知返。反通返。

［7］齏(jī)粉：碎粉；變成碎粉。

崇 教 卷 四[1]

1 抱朴子曰："澄視於秋毫者[2]，不見天文之煥炳[3]；肆心於細務者[4]，不覺儒道之弘遠[5]。玩鮑者忘茝蕙，迷大者不能反(1)[6]。夫受繩墨者，無枉刓之術[7]；染道訓者，無邪僻之人[8]。飾治之術，莫良乎學[9]；學之廣，在於不倦；不倦，在於固志。志苟不固，則貧賤者汲汲於營生，富貴者沈倫於逸樂(2)。是以遐覽淵博者，曠代而時有[10]；面牆之徒，比肩而接武矣[11]。

【校】

（1）茝蕙：《楚辭·離騷》作"蕙茝"。反：魯藩本作及，王國維校作反。

（2）沈倫：陳其榮案："倫當作淪。"按：倫古通淪。

【注】

［1］崇教：本篇指尊崇和興隆儒道、儒術、儒教與儒家經典著作，蓋直接繼承了傅玄的觀點。《晉書·傅玄傳》："玄復上疏曰：'……夫儒學者，王教之首也。尊其道，貴其業，重其選，猶恐化之不崇；忽而不以爲急，臣懼日有陵遲而不覺也。'"内容大大超出了"崇教"的範圍。《崇教》與《勖學》互補，組成對立統一體。

［2］澄視：猶明察；澈視。

［3］天文：日月星辰等天體在宇宙間的分佈、運行等現象，古人把

風、雲、雨、露、霜、雪等地文現象也包括在内。《易·繫辭上》："仰以觀於天文，俯以察於地理。"焕炳：明亮。《論衡·超奇》："天晏，列宿焕炳。"

［4］肆心：用心；盡心。《南史·齊紀上·高帝》："公有濟天下之勳，重之以明哲，道庇生靈，志匡宇宙，勠力肆心，劬勞王室，險阻艱難，備嘗之矣。"按：例晚於本文。

［5］儒道：儒家的道德原則。《荀子·子道》："若夫志以禮安，言以類使，則儒道畢矣；雖舜不能加毫末於是矣。"楊倞注："志安於禮，不妄動也。言發於類，不怪説也。如此則儒者之道畢矣。"此包括儒家的整個學説。

［6］玩鮑：喻久處不良環境，習而不察。玩：習慣，滿足。鮑：鹽漬魚、鹹魚，其味至臭。《大戴禮記·曾子疾病》："曾子曰：'……與君子遊，苾乎如入蘭芷之室，久而不聞，則與之化矣；與小人遊，貸乎如入鮑魚之次，久而不聞，則與之化矣。是故君子慎其所去就。'"盧辯注："苾，馨香也。蘭芷皆香草。""孔氏《中庸》疏云：'變盡舊體而有新體，謂之爲化。'"王聘珍解詁："人以身入小人之類，與之俱化，是以其身貸予之也。鄭注《周禮》云：'鮑者，於楅室中糗乾之。'次，若今市亭然。"茝(chǎi)蕙：香草名。因指代香味。《楚辭·離騷》作"蕙茝"。茝：白芷。蕙：佩蘭；蕙蘭。

［7］受繩墨者，無枉刳之術：謂經木工畫墨線加工而成的東西合乎方圓要求。喻不以規矩不能成方圓。枉：邪曲。

［8］邪僻：乖謬不正；品行不端的人。《管子·正世》："夫民貪行躁，而誅罰輕，罪過不發，則是長淫亂而便邪僻也。"

［9］飾治：本指精心製作。此指"清澄性理"、"飾染質素"的培養造就。

［10］曠代：久歷年代。《時難》："高勳之臣，曠代而一有。"

［11］比肩而接武：形容人多擁擠。比肩：一個挨一個。《淮南子·説山》："三人比肩，不能外出户。"接武：步履相接。武：足迹。

2　“若使素士則晝躬耕以餬口^{(1)[1]}，夜薪火以修業^[2]；在位則以酺宴之餘暇，時遊觀於勸誡^[3]，則世無視内^{(2)[4]}，游、夏不乏矣⁽³⁾。亦有飢寒切己，藜藿不給，膚困風霜^[5]，口乏糟糠，出無從師之資^[6]，家有旦暮之急^{(4)[7]}，釋耒則農事廢，執卷則供養虧者^[8]，雖闕學業，可恕者也。所謂千里之足，困於鹽車之下^[9]；赤刀之鑛^[10]，不經歐冶之門者也^[11]。

【校】

（1）則晝躬耕以餬口：《意林》四作行耕以餬口。平津本“餬”誤作糊，藏本、魯藩本不誤。

（2）視内：藏本、魯藩本同，孫星衍校：“盧本作顓愚。”當從徐濟忠校作視肉。

（3）游、夏不乏矣：《意林》作游、夏不足多矣。

（4）旦暮：藏本、魯藩本、平津本等作暮旦，校從崇文本改。

【注】

［1］素士：猶言布衣之士；貧寒的讀書人。《三國志·魏書·賈詡傳》：“願將軍恢崇德度，躬素士之業。”

［2］薪火：點燃火把。修業：寫作。業：古人寫字著書所用的方版。《管子·宙合》：“修業不息版。”此謂學習知識，鑽研學問。

［3］遊觀：此謂流覽書籍。

［4］視内：疑作視肉，指禽獸但知視肉而食之。《北堂書鈔》八三、《太平御覽》六百七、《困學紀聞》十並引《莊子》：“人而不學，命之曰視肉。”

［5］膚困風霜：謂缺乏禦寒之衣，肌膚經受風霜之苦。

［6］資：此猶言學費。

［7］急：指等米下鍋之類急事。

［8］卷(juàn)：書卷；書籍。魏晉以前典籍多以絹素或紙繕寫，卷軸

以藏,故云書卷。後世以卷泛稱書籍。供養：贍養,侍奉。此指奉養的物品。

[9] 千里之足二句：喻俊才未遇伯樂被埋没。《燕丹子》下："騏驥之在鹽車,駑之下也；及遇伯樂,則有千里之功。"

[10] 赤刀：寶刀。刀一名削,故又名赤刀削。

[11] 歐冶：歐冶子,春秋時越國著名鑄劍工匠。應越王聘,鑄湛盧、巨闕、勝邪、魚腸、純鈞五劍。後與干將爲楚王鑄龍淵、泰阿、工布三劍。

3　"若夫王孫公子[1],優遊貴樂,婆娑綺紈之間[2],不知稼穡之艱難[3]；目倦於玄黄[4],耳疲乎鄭、衛[5],鼻饜乎蘭麝[6],口爽於膏粱[7]；冬沓貂狐之緼麗(1)[8],夏縝紗縠之翩飄[9]；出驅慶封之輕軒[10],入宴華房之粲蔚[11]；飾朱翠於楹梲[12],積無已於篋匱(2)；陳妖冶以娱心,湎醽醁以沈醉[13]；行爲會飲之魁,坐爲博奕之帥[14]；省文章既不曉[15],睹學士如草介[16]；口筆乏乎典據(3),牽引錯於事類[17]；劇談則方戰而已屈[18],臨疑則未老而憔悴(4)[19]。雖菽麥之能辯[20],亦奚别乎瞽瞶哉[21]！"

【校】

(1) 緼：當從楊明照校作温。

(2) 已：魯藩本誤作己。

(3) 乏：魯藩本作之,王國維校作乏。

(4) 未老：魯藩本作生老。

【注】

[1] 王孫公子：泛指貴族子弟。尊稱青年或青年互相推敬之辭。

[2] 婆娑：逍遥；閒散自得。《文選》班彪《北征賦》："登障隧而遥望

兮,聊須臾以婆娑。"李善注:"婆娑,容與之貌也。"容與:猶放縱。綺紈:華麗的絲織品。貴族子弟所服,因指紈袴子弟,含貶意。《漢書·叙傳上》:"(班伯)出與王、許子弟爲群,在於綺襦紈綺之間,非其好也。"顔師古注:"晉灼曰:'白綺之襦,冰紈之綺也。'師古曰:'紈,素也。綺,今細綾也。並貴戚子弟之服。'"《文選》劉峻《廣絶交論》:"於是有弱冠王孫,綺紈公子。"李周翰注:"綺紈,謂衣羅綺之士也。"

[3] 不知稼穡之艱難:不瞭解從種到收的農業生產全過程所付出的艱辛勞動。《書·無逸》:"相小人,厥父母勤勞稼穡,厥子乃不知稼穡之艱難。"孔傳:"視小人不孝者,其父母躬勤艱難,而子乃不知其勞。"《書·洪範》"土爰稼穡"孔傳:"種曰稼,斂曰穡。土可以種,可以斂。"稼穡:泛指農業勞動。間、難:元部。

[4] 玄黄:黑色與黄色。此泛指各種絢麗采色。曹植《辨道論》:"玄黄所以娱目。"

[5] 鄭、衛:指春秋時鄭國、衛國的音樂。指代地方俗樂,與雅樂相對。《禮記·樂記》:"魏文侯問於子夏曰:'吾端冕而聽古樂,則唯恐卧;聽鄭、衛之音,則不知倦。'"

[6] 饜(yàn):滿足。蘭麝:蘭與麝香。指名貴的香料。

[7] 口爽:口舌失去辨味的能力;敗了胃口。《老子·第十二章》:"五味令人口爽。"王弼注:"爽,差失也。失口之用,是謂之爽。"膏粱:肥美的食物。《國語·晉語七》:"夫膏粱之性,難正也。"韋昭注:"膏,肉之肥者。粱,食之精者。言食肥美者率多驕放,其性難正。"

[8] 沓貂狐:猶言外套貂皮或狐皮重裘。沓通錔。重疊;合。緼麗:疑當作温麗,既温暖又美麗。

[9] 縝(zhěn):細緻。紗縠:輕薄、柔軟的絲織品的通稱。其輕者爲紗,縐者爲縠。《漢書·江充傳》:"充衣紗縠禪衣,曲裾後垂交輸。"顔師古注:"紗縠,紡絲而織之也。輕者爲紗,縐者爲縠。"翩飄:輕快貌。《文選》張衡《思玄賦》:"迅飈潚其媵我兮,鶩翩飄而不禁。"舊注:"翩飄,疾貌。"吕延濟注:"翩飄,輕貌。"

[10] 慶封(前?—前538):字季,又名子家,齊大夫、齊景公左相,盡

滅崔氏,右相崔杼自殺。爲相國專權,被逐奔魯,復奔吳。楚靈王伐吳,俘之,敢斥靈王弒君篡位,遂被殺。輕軒:輕便的軒車。田獵用之。軒:古代一種前頂較高而有帷幕的車子,供大夫以上乘坐;車的通稱。

[11] 華:雕繪。粲蔚:粲然、蔚然,鮮明,華美。

[12] 楹梲(zhuō):廳堂的前柱與梁上的短柱。《任命》:"楹梲之下至卑而不動者,雖鴻、鶤之翅未之及也。"句謂建築華麗。

[13] 湎:沈迷於酒。沈醉:大醉。

[14] 奕:通弈。博弈:局戲和圍棋。

[15] 省文章既不曉:八王之亂的禍首之一的司馬倫"無學,不知書",即其例。省(xǐng):察看。此泛指閱讀。

[16] 草芥:草和芥。比喻輕賤。《孟子·離婁上》:"視天下悦而歸己,猶草芥也,惟舜爲然。"《文選》夏侯湛《東方朔畫贊》:"戲萬乘若寮友,視儔列如草芥。"劉良注:"草芥,鄙賤之物也。"

[17] 牽引:援引;引證。按:魏晉文人言必據典。

[18] 劇談:猶暢談。《漢書·揚雄傳上》:"口吃不能劇談。"顏師古注:"鄭氏曰:'劇,甚也。'晉灼曰:'或作遽。遽,疾也。'師古曰:'劇亦疾也。無煩作遽也。'"王充《論衡·本性》:"恢諧劇談,甘如飴蜜。"此指激烈辯論。戰:指舌戰。

[19] 臨疑:面對決疑之事。老:疲憊;困乏。

[20] 菽:與叔通。《別雅》五:"叔粟,菽粟也。"菽麥:豆和麥。比喻極易識別的事物。辯通辨。分別。《左傳·成公十八年》:"周子有兄而無慧,不能辨菽麥。"杜預注:"菽,大豆也。豆麥殊形易別,故以爲癡者之候。不慧,蓋世所謂白癡。"

[21] 奚:何以。瞽瞶(kuì):眼瞎耳聾。比喻見聞甚少。瞶:同聵。枚乘《柳賦》:"小臣瞽瞶,與此陳詞,于嗟樂兮!"蔚、匱、醉、帥(月部)、芥(月部)、纇、悴、瞶:物月合韻。

4　抱朴子曰:"蓋聞帝之元儲[1],必入太學[2],承師問道[3]。齒於國子者，以知爲臣，然後可以爲君；知爲子，然後可以爲父也[4]。故學立而仕[5]，不以政學[6]，操刀傷割[7]，鄭喬所歎[8]。觸情縱欲[9]，謂之非人。而貴游子弟[10]，生乎深宮之中，長於婦人之手，憂懼之勞(1)，未常經心(2)。或未免於襁褓之中[11]，而加青紫之官(3)[12]；纔勝衣冠[13]，而居清顯之位(4)。操殺生之威(5)[14]，提黜陟之柄(6)[15]；榮辱決於與奪，利病感於唇吻[16]；愛惡無時暫乏[17]，毀譽括屬於耳(7)[18]。嫌疑象類，似是而非；因機會以生無端(8)[19]，藉素信以設巧言[20]；交構之變[21]，千端萬緒；巧算所不能詳，毫墨所不能究也[22]。無術學[23]，則安能見邪正之真僞，具古今之行事[24]？自悟之理，無所感假，能無傾巢覆車之禍乎！

【校】

（1）憂懼之勞：藏本、魯藩本、平津本同，當從楊明照校作憂懼哀勞。憂愁、恐懼、哀傷、勞苦。《荀子・哀公》："魯哀公問於孔子曰：'寡人生於深宮之中，長於婦人之手，未嘗知哀也，未嘗知憂也，未嘗知勞也，未嘗知懼也，未嘗知危也。'"據此概括出"憂懼哀勞"。

（2）未常：陳其榮案："常當作嘗。"按：常通嘗。

（3）官：陳其榮校："《初學記》十八作裮。"

（4）清顯：陳其榮校："《初學記》十八作寵榮。"義長，當從。

（5）操殺生之威：《初學記》十八作專生殺之威。

（6）提：《初學記》十八作操。

（7）括：當從楊明照校作聒.

（8）生：崇文本作坐。

【注】

[１]元儲：元子、儲君，即太子。《陳書・宣帝紀》："自元儲紹國，正位

君臨，無道非幾，佇聞刑措。”按：晚於本例。

［2］太學：國子學。我國古代設於京城的最高學府。相傳西周已有太學。漢武帝元朔五年（前124）立五經博士，弟子五十人，爲西漢置太學、傳授儒家經典之始。

［3］承師問道：接受老師教誨，請教治國之道。《大戴禮記·保傅》：“帝入太學，承師問道。”

［4］齒於國子五句：謂列於國子學者，當知君臣、父子之道，並自爲臣、爲子開始。《禮記·文王世子》：“是故知爲人子，然後可以爲人父；知爲人臣，然後可以爲人君。……故世子齒於學。……故學之爲父子焉，學之爲君臣焉，學之爲長幼焉，父子君臣長幼之道得而國治。”齒：並列，次列。國子：公卿大夫子弟。此指國子學，封建國家培養貴族子弟的最高學府。

［5］學立而仕：謂少年懷志學習仁愛禮義、壯年確立儒家學説，然後從政做官。《論語·爲政》：“吾十有五而志于學，三十而立。”楊伯峻注：“立，《泰伯》篇説：‘立於禮。’《季氏》篇又説：‘不學禮，無以立。’”

［6］不以政學：不通過從政來學習禮義。

［7］操刀傷割：比喻才力薄弱，難以承擔重任。《左傳·襄公三十一年》：“子皮欲使尹何爲邑。子産曰：‘少，未知可否。’子皮曰：‘願，吾愛之，不吾叛也。使夫往而學焉，夫亦愈知治矣。’子産曰：‘不可！人之愛人，求利之也。今吾子愛人則以政，猶未能操刀而使割也，其傷實多。子之愛人，傷之而已，其誰敢求愛於子？……僑聞學而後入政，未聞以政學者也。’若果行此，必有所害。”

［8］鄭喬：春秋鄭國公孫僑（前？—前522），字子産，又字子美，諡成子，鄭公族子國之子。子國原任大司馬，因改革田制被殺。鄭簡公十二年（前554）被立爲卿，二十一年（545）相鄭伯以入楚，二十三年鄭卿子皮授政給他。他執政之始，繼續整理田洫，開畝樹桑；訂成“丘賦”制度，發佈法律條文，保障公私合法利益。輔佐簡公二十餘年，對內主張惠民去姦，不毀鄉校，開放議政風氣；對

外注意利用各國矛盾與時機，周旋於晉楚兩大强國之間，卑亢得宜，給鄭國外交帶來了新氣象。孔子稱其爲“古之遺愛”。

[9] 觸情縱欲：觸動、放縱情欲。謂有失禮儀。《韓詩外傳》一：“不肖者，觸情縱欲。”《説苑·修文》：“傳曰：‘觸情縱欲，謂之禽獸。’”

[10] 貴遊子弟：指没有官職的王公貴族子弟。泛指顯貴者。

[11] 襁褓（qiǎng bǎo）：背負嬰兒的寬帶和包裹嬰兒的被子。泛指嬰兒包。最早本作繈緥。

[12] 青紫之官：謂高官。漢代丞相、太尉金印紫綬，御史大夫銀印青綬，故云。

[13] 勝衣：謂兒童稍長，能穿成人的衣服。“冠”連類而及。衣冠：古代士以上戴冠，因用以指士以上的服裝。

[14] 殺生：決定生死。

[15] 黜陟（chù zhì）：指人才的進退，官吏的升降。

[16] 感（hàn）：通撼。搖動。義同“搖唇鼓舌”之“搖”。唇吻：指口；舌。喻議論、口才。

[17] 愛惡（wù）：愛好與厭惡。《易·繫辭下》：“是故愛惡相攻而吉凶生。”

[18] 括：疑作聒（guō），多聲亂耳；驚耳；刺耳。厲：聲高而急。

[19] 無端：平白無故；指莫須有的罪名。

[20] 素信：一向信任；素有恩信。

[21] 交構：互相構陷。變：事變；突發事件。

[22] 筭：同算。詳：審察；推斷。毫墨：筆和墨。借指文字、圖畫。

[23] 術學：道術學識。

[24] 具：陳述；撰寫。行事：行爲；事迹

5 “先哲居高，不敢忘危[1]。愛子欲教之義方[2]，雕琢切磋[3]，弗納於邪僞。選明師以象成之(1)，擇良友以漸染之；督之以博覽，示之以成敗；使之察往以悟來[4]，觀彼以知此[5]；驅之於直道之上，斂之乎檢括之中[6]；懍乎若跟挂

於萬仞^[7]，慄然有如乘奔以履冰^{(2)[8]}。故能多遠悔吝^[9]，保其貞吉也^[10]。

【校】

（1）象：藏本、魯藩本、平津本等同。陳澧曰：“象，疑當作匠。”楊明照按：“‘象成’二字見《禮記·樂記》，與此文意不符。陳説是也。”按：“匠”與“象”字形相遠，無以致誤。疑當作誨。漏寫“言”旁後，“每”在字形與書法上和“象”字有某些相近致誤。誨成：教誨而成之。《説苑·建本》：“賢父之於子也，慈惠以生之，教誨以成之。……子七歲以上，父爲之擇明師，選良友，勿使見惡，少漸之以善，使之早化。”“選明師以誨成之”即上引之“擇明師”與“教誨以成之”的合文。

（2）有：疑衍文，當删。

【注】

［1］先哲居高，不敢忘危：謂前代賢哲，居安思危。《易·繫辭下》：“是故君子安而不忘危。”先哲：前代的賢人。張衡《思玄賦》：“仰先哲之玄訓兮，雖彌高而弗違。”

［2］義方：行事應該遵守的規範和道理。《左傳·隱公三年》：“石碏諫曰：‘臣聞愛子，教之義方。’”

［3］雕琢：猶砥礪。治玉爲朴曰雕，治玉成器曰琢。切磋：骨器加工曰切，象牙加工曰磋。此喻道德學問方面的相互研討勉勵。

［4］察往以悟來：考察既往歷史經驗與教訓以領悟將來應遵循的原則。

［5］觀彼以知此：謂由表及裏，由此及彼，通觀全面，懂得舉一反三的道理。

［6］檢括：檢點約束；規矩，法度。

［7］懍（lǐn）乎：猶懍然。戒懼貌。跟挂：腳跟倒挂。

［8］慄然：悚懼貌。乘奔：乘坐奔馳的快馬。履冰：踏在薄冰上。

喻身處險境,戒慎恐懼之至。

[9]悔吝:災禍;悔恨。

[10]貞吉:謂人能守正道而不自亂則吉。後指純正美好。

6 “昔諸竇蒙遺教之福(1)[1],霍禹受率意之禍[2];河間(2)、東平以好古而安[3],中山燕剌由面牆而危(3)[4]。前事不忘,今之良鑒也[5]。湯、武染乎伊、呂,其興勃然;辛、癸染乎推、崇,其亡忽焉[6]。朋友師傅(4)[7],尤宜精簡。必取寒素德行之士,以清苦自立,以不群見憚者[8]。其經術如仲舒、桓榮者(5)[9],强直若龔遂、王吉者[10],能朝夕講論忠孝之至道(6),正色證存亡之軌迹,以洗濯垢涅[11],閑邪矯枉[12],宜必抑情遵憲法、入德訓者矣

【校】

(1)遺教:藏本、魯藩本作道教,陳其榮校:“今從舊寫本。”

(2)河間:原作中山,當從楊明照校作河間。

(3)燕剌:其上當從楊明照校有中山二字。

(4)朋友:魯藩本作明友。

(5)桓榮:魯藩本作柄榮,王國維校作桓榮。

(6)講:疑衍文,當删。“論忠孝”與“證存亡”對文。

【注】

[1]諸竇:指漢景帝外家竇氏家族。竇太后之弟竇少君被封爲章武侯,兄竇長君之子彭祖被封爲南皮侯,從昆弟子竇嬰(前?—前131)任大將軍,被封爲魏其侯。諸竇所以成爲退讓君子、三人封侯、三世保其榮寵,同與之相居止的師傅、賓客的教育影響以及諸竇接受黃老思想教育,很有關係。《史記·外戚世家》:“竇皇后兄竇長君,弟曰竇廣國,字少君。……絳侯、灌將軍等曰:‘吾

屬不死,命乃且縣(懸)此二人。兩人所出微,不可不爲擇師傅賓客,又復效呂氏大事也。'於是乃選長者、士之有節行者與居。竇長君、少君由此爲退讓君子,不敢以尊貴驕人。”“竇太后好黃帝、老子言,(文)帝及太子(景帝)諸竇不得不讀《黃帝》《老子》,尊其術。”所謂“蒙遺教之福”指此。蒙:承受。遺教:安置教師。

[2]霍禹(前?—前66):霍光子。昭帝時爲中郎將。宣帝地節二年(前68)遷爲大將軍,嗣爵爲博望侯。尊盛日久,内不能善。後因其母顯毒殺許皇后事泄,宣帝更以爲大司馬,無印綬,罷其右將軍屯兵官屬。自見日侵削,甚怨,稱病不朝,謀廢帝自立。四年,事泄,腰斬,母及諸女昆弟皆棄市,相連坐滅者數千家。率意之禍:指欲“廢天子而立禹”之事。率意:隨意;輕率。

[3]河間:西漢河間獻王劉德(?—前130),景帝子,母栗姬。景帝前二年(前155年),立爲河間王。修學好古,實事求是。多方搜求民間善書,所獻皆先秦舊書。好儒術,修禮樂,山東諸儒多從遊。武帝時來朝,獻雅樂,對策所問三十餘事,文約旨明。謚獻王。東平:蓋即東漢東平憲王劉蒼(?—83)。光武子。建武十五年(39)封東平公,十七年進爵爲王。少好讀書,雅有智思,明帝甚愛重之。永平初,拜爲驃騎將軍,置長史掾史四十人,位在三公上。與公卿共議定南北郊冠冕車服制度,及光武廟登歌八佾舞數。帝每巡狩,常留鎮,侍衛皇太后。以在朝數載,聲望日隆,意不自安,上書歸職。永平五年,許還國,仍持上將軍印綬。章帝即位,恩禮逾於前世,諸王莫比。朝廷每有疑政,輒遣使咨問,所對皆見納用。著《光武受命中興頌》等。病卒,帝詔告中傅,封上蒼自建武以來章奏及所作書、記、賦、頌、七言、別字、歌詩,並集覽焉。此即“好古而安”。好(hào)古:謂喜愛古代的事物。

[4]中山:中山靖王劉勝(?—前113),景帝子,母賈夫人。景帝前三年(154),立爲中山王。但奢淫,沈溺放恣,不佐天子拊循百姓。樂酒好内,有子百二十餘人。憂讒畏禍,藉以自全,故結局與燕剌不同。謚靖王。燕剌(前?—前80):燕剌王劉旦,漢武

帝四子。元狩六年(前117)立爲燕王。爲人辯略,博學經書雜
説,好星曆術數倡優射獵之事,招致遊士。及衛太子敗,齊懷王
卒,自以爲次第當立,上書求入宿衛,武帝怒拒。後坐藏匿亡命,
削三縣。昭帝即位,與齊孝王孫劉澤等結謀,欲廢帝自立。事
發,有詔弗治。其姊鄂邑蓋長公主、左將軍上官桀父子與霍光爭
權有隙,乃私與交通,賂遺蓋主,謀誅霍光,廢帝自立。元鳳元年
(前80),蓋主舍人父燕倉知其謀,告發,上官桀等伏誅,旦以綬自
絞。國除,謚刺王。面牆而危:所説與上述《燕刺王傳》明言“博
學經術雜説”不符。按:“危”僅就燕刺而言。蓋稚川意在强調學
習要吸取古人教訓。

[5] 前事不忘二句:記取前人的經驗教訓,可以作爲今日行事的
　　借鑒。

[6] 湯、武:商湯、周武王。伊、吕:伊尹、吕尚。《墨子·所染》:“湯染
　　於伊尹、仲虺,武王染於太公、周公。”勃然:興起貌。辛:受辛,殷
　　紂名。癸:履癸,夏桀名。以指暴君。推:推哆(chǐ),桀之勇力之
　　士。崇:崇侯虎,紂之諛臣。《墨子·所染》:“夏桀染於干辛、推
　　哆,殷紂染於崇侯、惡來。”忽焉:快速貌。《左傳·莊公十一年》:
　　“臧文仲曰:‘禹、湯罪己,其興也悖焉;桀、紂罪人,其亡也忽
　　焉。’”杜預注:“悖,盛貌;忽,速貌。”釋文:“悖,一作勃,同。”

[7] 朋友:同學,志同道合的人。《易·兑》:“象曰:‘君子以朋友講
　　習。’”正義:“同門曰朋,同志曰友。朋友聚居,講習道義。”師
　　傅:此指太師、太傅、少師、少傅,太子之師。《史記·儒林列
　　傳》:“自孔子卒後,七十子之徒散遊諸侯,大者爲師傅卿相,小者
　　友教士大夫。”

[8] 寒素:寒門素儒。泛指士族中家境貧寒而清白的讀書人。自立:
　　能自持自守,不爲外力所動。不群:不凡,超出同輩。《晉書·閻
　　纘傳》:“愍懷太子之廢也,纘興棺闕,上書理太子之冤曰:‘……
　　臣伏念遹生於聖父而至此者,由於長養深宮,沈淪富貴,受饒先
　　帝,父母驕之。每見選師傅下至群吏,率取膏粱擊鍾鼎食之家,
　　希有寒門儒素如衛綰、周文、石奮、疏廣,洗馬、舍人亦無汲黯、鄭

莊之比,遂使不見事父事君之道。……非但東宮,歷觀諸王師友文學,皆豪族力能得者,率非龔遂、王陽,能以道訓。友無亮直三益之節,官以文學爲名,實不讀書,但共鮮衣好馬,縱酒高會,嬉遊博弈,豈有切磋,能相長益!'"上書內容多與本篇合,很可能爲本篇所本,至少可與本篇互相應證。

[9] 桓榮(? —59):字春卿,沛郡龍亢(今安徽懷遠西北)人。少學於長安,習《歐陽尚書》,十五年不窺家園。後於九江教授,徒衆數百人。新莽末年,抱經書與弟子逃匿山谷。建武十九年(43),年六十餘,始辟大司徒府。拜議郎,入授太子。每朝會,輒令榮於公卿前敷奏經書,拜博士。與諸博士論難,溫恭蘊藉,辯明經義,不以言辭勝人。二十八年拜太子少傅。三十年,拜爲太常。明帝即位,尊以師禮。永平二年(59),拜五更,封關內侯,食邑五千戶。

[10] 強直:剛強正直。龔遂:字少卿,山陽南平陽(今山東鄒縣)人。以明經爲官,至昌邑王劉賀郎中令。爲人忠厚,剛毅有大節,數引經義,面刺王過。昭帝卒,王即位,旋以淫亂廢,昌邑群臣皆誅,唯遂與中尉王陽以數諫爭得減死,髡爲城旦。宣帝即位,因勃海郡饑荒,民衆蜂起,乃召爲勃海太守。時年七十,單車獨行至府,開倉濟民,選用官吏,勸民務農桑,整齊風俗,郡中吏民皆富實。數年召還,拜爲水衡都尉,以官壽卒。王吉(前? —前48):字子陽,琅邪皋虞(今山東即墨東北)人。少好學,兼通五經,能爲騶氏《春秋》,以《詩》《論語》教授,好梁丘賀《說易》。以郡吏舉孝廉爲郎,遷雲陽令,舉賢良爲昌邑中尉。及王劉賀即位二十餘日被廢,以忠直諫爭得減死,髡爲城旦。宣帝即位,起家復爲益州刺史,徵爲博士、諫大夫。上疏言得失,宣帝以其言迂闊不用,遂謝病免歸。吉與貢禹爲友,趣舍相同,世稱"王陽得位,貢公彈冠"。元帝遣使徵之,病卒於道。

[11] 洗濯:洗滌;除去(罪過、積習、恥辱、仇限等)。垢涅:污垢、汙泥。垢:污濁。涅:黑泥;污泥。

[12] 閑邪:防止邪惡。矯枉:矯正彎曲。比喻糾正偏邪。

7 “漢之末世,吳之晚年,則不然矣[1]。望冠蓋以選用[2],任朋黨之華譽;有師友之名,無拾遺之實[3];匪唯無益,乃反爲損。故其所講説,非道德也;其所貢進,非忠益也[4]。唯在於新聲艷色,輕體妙手[5];評歌謳之清濁[6],理管絃之長短[7];相狗馬之勤駑[8],議邀遊之處所;比錯塗之好惡[9],方雕琢之精麤;校彈棊樗蒲之巧拙[10],計漁獵相捔之勝負[11];品藻妓妾之妍蚩[12],指摘衣服之鄙野;爭騎乘之善否[13],論弓劍之疏密。招奇合異,至於無限。盈溢之過,日增月甚。

【注】

[1] 末世:指一個王朝衰亡的時期。

[2] 冠蓋:禮帽和車蓋。泛指使者、官員的冠服和車乘。因指使者、貴官或冠族。此指冠族。

[3] 拾遺:糾正別人的缺點過失。指臣下對君主指陳弊病,補救朝政。

[4] 貢進:猶貢舉。古時地方向朝廷薦舉人材。忠益:盡忠報效。

[5] 輕體:輕盈的體態;體態輕盈的人。曹植《七啓》:“縱輕體以迅赴,景追形而不逮。”此指舞伎。

[6] 清濁:音樂的清音與濁音。《禮記・樂記》:“倡和清濁,迭相爲經。”鄭玄注:“清謂蕤賓至應鍾也,濁謂黃鍾至中呂也。”正義:“先發聲者爲倡,後應聲者爲和。黃鍾至仲呂爲濁,長者濁也。蕤賓至應鍾爲清,短者清也。”林鍾即函鍾。仲呂即小呂。茲標示如下:

黃	大	太	夾	姑	仲	蕤	林	夷	南	無	應
鍾	呂	簇	鍾	洗	呂	賓	鍾	則	呂	射	鍾
濁	濁	濁	濁	濁	濁	清	清	清	清	清	清

[7] 理:辯白。此謂辯論。管絃:管樂器與絃樂器。此指管弦樂的演奏與配合。

［8］狗馬：指遊畋動物。勦（chāo）駑：輕捷與遲鈍。

［9］錯塗：鍍金或鑲嵌文字或花紋。按：考古文物證明，先秦即已有了錯塗工藝。

［10］彈綦：漢魏博戲之一。綦即棋。《後漢書·梁冀傳》"彈棋"李賢注引《藝經》曰："彈棋，兩人對局。白黑棋各六枚，先列其相當，更先彈也。其局以石爲之。"樗（chū）蒲：古代博戲之一。據後漢馬融《樗蒲賦》的描寫，樗蒲是一種模仿兩軍對陣形式而設計的博戲。其結構與陸博大同小異。陸博是一種兩人對弈的遊戲。有十二枚棋子，分黑白二色，弈者各執六枚。其行棋的步數和次序，則由投箸或擲彩來決定。詳見《列子·説符》"擊博樓上"張湛注引《古博經》："博法，二人相對，坐向局，分爲十二道，兩頭當中名爲水。用棋十二枚，六白六黑；又用魚二枚置於水中。其擲彩以瓊爲之。瓊畟（cè）方寸三分，長寸五分，鋭其頭，鑽刻瓊四面爲眼，亦名爲齒。二人互擲彩行棋。棋行到處即豎之，名爲驍棋，即入水食魚，亦名牽魚。每牽一魚獲二籌，翻一魚獲三籌。若已牽兩魚而不勝者，名曰被翻雙魚。彼家獲六籌爲大勝也。"

［11］相捔（pū）：即相扑。起源于戰國。秦漢稱角抵，亦稱角觝，猶今之摔跤。後傳日本。

［12］品藻：品評；鑒定。妓姿：侍姬。妍蚩：美好和醜惡。

［13］騎乘（jì shèng）：指車馬。善否（pǐ）：善惡；好壞。

8　"其談宮殿，則遠擬瑶臺、瓊室[1]，近效阿房、林光[2]；以千門萬户爲局促，以昆明、太液爲淺陋[3]；笑茅茨爲不肖，以土階爲朴駿[4]。民力竭於功役，儲蓄靡於不急；起土山以準嵩、霍[5]，決渠水以象九河[6]；登淩霄之華觀，闚辟雲際之綺窻[7]。淫音譟而惑耳，羅袂揮而亂目[8]；濮上、《北里》，迭奏迭起[9]；或號或呼，俾晝作夜[10]。流連於羽觴之間[11]，沈淪乎絃節之側[12]。

【注】

[１]瑤臺：夏桀用美玉砌的樓臺。泛指雕飾華麗的建築。瓊室：商紂王爲妲己所造的玉室。泛指奢華的帝宮。

[２]阿房(ē páng)：秦始皇三十五年始建宮殿名。《史記‧秦始皇本紀》：“乃營作朝宮渭南上林苑中。先作前殿阿房，東西五百步，南北五十丈，上可以坐萬人，下可以建五丈旗。”索隱：“此以其形名宮也，言其四阿旁廣也，故云下可以建五丈之旗也。阿房，後爲宮名。”按：四阿即廡殿頂，或曰四坡頂，或曰五脊頂殿，如故宮太和殿。林光：秦離宮名，二世胡亥所造，縱廣各五里。漢代於其旁造甘泉宮。在雲陽縣界。

[３]昆明：漢昆明池。《漢書‧武帝紀》元狩三年：“發謫吏穿昆明池。”顏師古注引臣瓚曰：“《西南夷傳》有越嶲、昆明國，有滇池，方三百里。漢使求身毒國，而爲昆明所閉。今欲伐之，故作昆明池象之，以習水戰。在長安西南，周回四十里。”太液：太液池。《漢書‧郊祀志下》：“(建章宮)其北治大池，漸臺高二十餘丈，名曰泰液，池中有蓬萊、方丈、瀛州、壺梁，象海中神山龜魚之屬。”泰通太。

[４]土階：指建築簡陋。朴騃(ái)：魯鈍；粗陋。

[５]準：依照，以爲準繩。嵩、霍：嵩山與霍山。《爾雅‧釋山》：“霍山爲南岳……嵩高山爲中岳。”

[６]九河：古代黃河下游許多支流的總稱。《書‧禹貢》：“九河既道。”孔傳：“河水分爲九道。”《釋文》引《爾雅‧釋水》：“九河：徒駭一，太史二，馬頰三，覆釜四，胡蘇五，簡六，絜七，鉤盤八，鬲津九。”泛指黃河。

[７]綺窻：雕刻或繪畫而成的精美窗戶。窻同窗。

[８]羅袂揮：指舞伎跳舞。羅袂：絲羅的衣袖。指華麗的衣著。

[９]濮上：春秋衛地濮水之濱。其地以侈靡之樂聞名於世，男女亦多於此幽會，故用以指代侈靡淫亂的音樂、風俗的流行地。《禮記‧樂記》：“桑間、濮上之音，亡國之音也。”鄭玄注：“濮水之上，地有桑間者，亡國之音，於此之水出也。昔殷紂使師延作靡靡之

樂,已而自沈於濮水。後師涓過焉,夜聞而寫之,爲晉平公鼓之,
是之謂也。"《北里》:殷紂舞曲名。因用以稱委靡粗俗的樂曲。

［10］或號或呼,俾晝作夜:有的哭號,有的呼叫,把白天當夜晚。俾:
使。語見《詩·大雅·蕩》。

［11］羽觴(shāng):酒器。作鳥雀狀,左右形如兩翼。一説插鳥羽於
觴,促人速飲。

［12］絃節:指代音樂演奏。絃:絃樂器。節:節拍器,用兩圓竹編
成,上合下開形似箕,拍之成聲以節樂。

9 "或建翠翳之青蔥[1],或射勇禽於郊坰[2];馳輕足於
巇峻之上[3],暴僚隸於盛日之下[4];舉火而往,乘星而返;
機事廢而不修[5],賞罰棄而不治。或浮文艘於澒溔[6],布
密網於緑川;垂香餌於漣潭,縱擢歌於清淵[7];飛高繳以下
輕鴻[8],引沈綸以拔潛鱗。或結罝罘於林麓之中[9],合重
圍於山澤之表;列丹飈於豐草[10],騁逸騎於平原;縱盧、猲
以噬狡獸[11],飛輕鷴以鷙翔禽[12];勁弩殪狂兕[13],長戟斃
熊虎[14]。如此,既彌年而不猒[15],歷載而無已矣。

【注】

［1］翠翳之青蔥:即青蔥之翠翳。翠翳:猶翠蓋。即以翠鳥羽毛裝
飾的車蓋。青蔥:翠緑色。"青蔥"作"翠翳"的形容詞,而放在
"翠翳"之後,是古漢語特點之一。

［2］郊坰(jiōng):遠郊。《爾雅·釋地》:"邑外謂之郊,郊外謂之牧,
牧外謂之野,野外謂之林,林外謂之坰。"

［3］輕足:行走迅速;善走的獵犬。按:此處蓋就人犬都行走迅速而
言。巇(xiǎn)峻:險峻,山勢高而險。巇同險。

［4］僚隸:此指執役服事的奴隸。《左傳·昭公七年》:"隸臣僚,僚
臣僕。"

［5］機事:指國家樞機政事。

[6]文舺：指刻龍文、繪鷁首以爲裝飾的華麗船隻。滉瀁(huàng yǎng)：水深廣貌；廣闊無涯。此指廣大水域。

[7]櫂：即櫂、棹。櫂歌：划船時所唱的歌。

[8]高繳(zhuó)：指飛向高空的箭。繳：射鳥時繫在箭上的生絲繩。亦指繫在絲繩上的箭。輕鴻：輕盈迅捷的鴻鵠。

[9]罝罘(jū fú)：捕兔器。泛指捕獸的網。林麓：猶山林。木叢生曰林，林屬於山曰麓。

[10]丹飈：猶赤熛，形容夜間田獵，衆人列隊手持火把的輝煌情狀。飈通熛。

[11]盧：戰國時韓國所產的黑色獵犬，又名韓盧、韓氏之盧。猎(què)：宋國所產之白色獵犬。泛指獵犬。《孔叢子‧執節》有"韓盧宋鵲"語；《詩傳名物集覽》有"韓盧宋猎"語。噬(shì)：咬。狡：矯健兇猛。

[12]鷂(yào)：鷂鷹，似鷹而小，捕小鳥、小雞而食。

[13]勁弩：用機械發射的强勁的弓弩，故名。殪(yì)狂兕(sì)：一箭射死兇猛的兕。兕：似牛而皮厚的野獸。一說雌犀。

[14]長戟：長柄的戟。古兵器之一。長二丈四尺。

[15]猒(yàn)：厭之古字。

10　"而又加之以四時請會[1]，祖送慶賀[2]；要思數之密客，接執贄之嘉賓[3]。人間之務，密勿罔極[4]。是以雅正稍遠，遨逸漸篤[5]。其去儒學，緬乎邈矣[6]。能獨見崇替之理[7]，自拔淪溺之中，舍敗德之嶮塗，履長世之大道者，良甚鮮矣。嗟乎！此所以保國安家者至稀，而傾撓泣血者無筭也[8]。

【注】

[1]四時：春秋冬夏四季。于省吾《歲時起源考》説，最初"有春秋而無冬夏"。《莊子‧逍遙游》："蟪蛄不知春秋。"即其證。《禮記‧

孔子閒居》："天有四時,春秋冬夏。"亦先有"春秋"後有"冬夏"之
一證。

[2] 祖送:祖道餞行。古代出行前祭祀路神並宴飲送別出行者。

[3] 要(yāo):約請;邀請。思數(shuò):感情親近。執贄:猶執摯。
古代禮制,謁見人時攜禮物相贈。

[4] 人間之務:猶言有關人際關係之事。密勿:勤勉努力。《詩‧小
雅‧十月之交》:"黽勉從事,不敢告勞。"王先謙《詩三家義集
疏》:"魯'黽勉'作'密勿'。"此指在"人間之務"上捨得下功夫。

[5] 漸篤:猶言逐漸發展到嚴重程度。

[6] 緬乎邈矣:遙遠極了。

[7] 崇替:興廢;盛衰。《國語‧楚語下》:"吾聞君子唯獨居思前世
之崇替者,與哀殯喪,於是有歎,其餘則否。"韋昭注:"崇,終也;
替,廢也。"清俞樾《古書疑義舉例‧兩字對文而誤解例》:"按崇
替二字對文。韋昭曰:'崇,終也;替,廢也。'是未達崇字之
義。《文選‧東京賦》薛綜注曰:'崇猶興也。'然則崇替猶言
興廢。"《文選》陸機《答賈長淵詩》:"邈矣終古,崇替有徵。"李
周翰注:"崇替,亦猶興亡也。"王儉《褚淵碑文》:"自非坦懷至
公,永鑒崇替,孰能光輔五君,寅亮二代者哉。"張銑注:"崇,
興;替,廢也。"

[8] 傾撓:敗亡;敗壞。《世說新語‧方正33》"王師不振以此負公",
劉孝標注引《晉陽秋》:"顗曰:'吾備位大臣,朝廷傾撓,豈可草間
求活,投身胡虜邪!'"泣血:無聲痛哭,淚如血湧。一說,淚盡血
出。形容極度悲傷。《易‧屯》:"上六:乘馬班如,泣血漣如。"
無筭(suàn):不計其數。極言其多。筭同算。

11　"今聖明在上[1],稽古濟物[2],堅隄防以杜決溢[3],
明襃貶以彰勸沮[4]。想宗室公族[5],及貴門富年[6],必當
競尚儒術,摛節藝文[7];釋《老》、《莊》之意不急(1)[8],精六
經之正道也[9]。"

【校】

（1）意：當從徐濟忠、孫星衍校删。

【注】

［1］聖明：英明聖哲，無所不知。稱頌帝、后之詞。所謂聖者明並日月也。也指代皇帝。在上：尊稱帝王。

［2］濟物：猶濟人。救助他人。

［3］杜：阻止；堵住。決溢：河隄潰破，水流泛溢。

［4］彰：揭示；昭示。

［5］宗室：特指與君主同宗的人。猶皇族。公族：君主或諸侯的同族。

［6］富年：未來歲月富裕，因指少壯之時。

［7］撙（zǔn）節：抑制；節制。《禮記・曲禮上》：“是以君子恭敬撙節，退讓以明禮。”鄭玄注：“撙，猶趨也。”王引之《經義述聞》：“趨，讀局促之促，謂自抑損也。”孫希旦曰：“有所抑而不敢肆謂之撙，有所制而不敢過謂之節。”藝文：辭章；文藝。有別於經文。《審舉》：“心悦藝文，學不爲禄。”“撙節藝文”是與魏晉重辭章的風尚相背的。

［8］釋《老》《莊》之意不急：謂魏晉玄學無補世用，故“釋”之也。

［9］六經：指《詩》《書》《禮》《樂》《易》《春秋》六部儒家經典，漢以來無《樂經》。

君　道　卷　五^[1]

1　抱朴子曰："清玄剖而上浮，濁黃判而下沈^[2]。尊卑等威，於是乎著^[3]。往聖取諸兩儀⁽¹⁾，而君臣之道立^[4]；設官分職^[5]，而雍熙之化隆^[6]。君人者，必修諸己以先四海^[7]，去偏黨以平王道^[8]，遣私情以標至公，擬宇宙以籠萬殊^[9]。真偽既明於物外矣，而兼之以自見^[10]；聽受既聰於接來矣，而加之以自聞^[11]。儀決水以進善^[12]，鈞絶絃以黜惡^[13]。昭德塞違^[14]，庸親昵賢^[15]。使規盡其圓，矩竭其方，繩肆其直，斤効其斲^[16]。器無量表之任⁽²⁾，才無失授之用^[17]。

【校】

（1）往聖：孫星衍曰："《御覽》百二十作'曩聖'。"

（2）器無量表之任："無"蓋蒙下句"無"字而誤，疑當作"有"。如此"器有量表之任"方與下文"才無失授之用"互文。

【注】

[1]君道：論君人南面之術，爲君治國之道。《君道》篇發展了《荀子》《説苑》之《君道》篇的學説。

[2]清玄剖而上浮二句：清濁謂清輕之氣體與濁重之塵埃。玄黃謂天地，天玄而地黃。《易緯乾鑿度上》："清輕者上爲天，濁重者下爲地。"剖、判：此謂開天闢地。浮、沈：（氣）升（埃）降。

〔3〕尊卑：此指天尊地卑。《易·繫辭上》：“天尊地卑，乾坤定矣；卑
　　高以陳，貴賤位矣。”引申爲君尊臣卑。等威：與一定身份地位
　　相應的威儀。《左傳·文公十五年》：“示有等威。”杜預注：“等
　　威，威儀之等差。”著：成。

〔4〕取諸兩儀：取之於天地，即從天地受到啓發。《易·繫辭上》：“是
　　故《易》有太極，是生兩儀。”君臣：《易·序卦》：“有天地，然後有
　　萬物；有萬物，然後有男女；有男女，然後有夫婦；有夫婦，然後有
　　父子；有父子，然後有君臣。”謂君臣乃天地自然演化的必然
　　結果。

〔5〕設官：設置治理政事的機構。分職：各授其職；各司其職。句謂
　　國家與政府的產生，促進了社會的進步。《周禮·天官·冢宰》：
　　“惟王建國，辨方正位，體國經野，設官分職，以爲民極。”鄭玄注：
　　“鄭司農（衆）云：‘置冢宰、司徒、宗伯、司馬、司寇、司空，各有所
　　職，而百事舉。’”

〔6〕雍熙：和樂昇平。《文選》張衡《東京賦》：“百姓同於饒衍，上下共
　　其雍熙。”薛綜注：“言富饒是同，上下咸悦，故能雍和而廣也。”劉
　　良注：“雍，和。熙，盛。”

〔7〕君人：統治臣民；國君。修諸己：治國從自我修身開始。《禮
　　記·中庸》：“知所以修身，則知所以治人；知所以治人，則知所以
　　治天下國家矣。”諸己：之於己。

〔8〕偏黨：猶偏向。亦指偏私。平：平平（pián），平易順暢；治理有
　　序。王道：王者所立之道。與“霸道”相對。《書·洪範》：“無偏
　　無黨，王道蕩蕩。無黨無偏，王道平平。”

〔9〕擬宇宙：效法天地的覆載無私。

〔10〕明：視覺；看清楚。物外：身外事物。自見：内視自己；猶自知。
　　《莊子·駢拇》：“吾所謂明者，非謂其見彼也，自見而已矣。”《韓
　　詩外傳》一：“聽者自聞，明者自見。”

〔11〕聽受：聽從接受。聰：聽覺；聽清楚。接來：接受來自外界的聲
　　音。自聞：省察自己。《莊子·駢拇》：“吾所謂聰者，非謂其聞
　　彼也，自聞而已矣。”

[12] 儀決水以進善：意本《國語·周語上》：“是故爲川（者）決之使導，爲民者宣之使言。”儀：效法。決水：此謂開閘放水。進善：使進呈善言；使進舉賢善的人才。按：從善如流方能進善。《左傳·成公八年》：“君子曰：‘從善如流。’”

[13] 鈞：相同。鈞通均。絶絃：指離弦之箭。喻速度極快。絃同弦。《隸釋孫叔碑》：“去不善如絶弦。”

[14] 昭德塞違：彰顯美德，杜絶錯誤。《左傳·桓公二年》“昭德塞違”孔穎達疏：“昭德，謂昭明善德，使德益彰聞也；塞違，謂閉塞違邪，使違命止息也。”

[15] 庸親昵賢：酬答勳勞、發揚親情、接近賢人。《左傳·僖公二十四年》：“庸勳、親親、暱近、尊賢，德之大者也。”

[16] 使規盡其圓四句：謂充分發揮規矩、準繩、斧斤等等執法機構與措施的作用。盡、竭、肆、劾：互文爲義。

[17] 量表：楊明照箋：“《荀子·儒效》：‘若夫謫（疑爲“論”之誤）德而定次，量能而授官，使賢不肖皆得其位，能不能皆得其官。’又《君道》：‘論德而定次，量能而授官，皆使其人識其事，而各得其所官。’（《文選》曹植《求自試表》李注引）《漢書·董仲舒傳》：‘仲舒對曰：“……毋以日月爲功，試賢能爲上，量材而授官，錄德而定位，則廉恥殊路，賢不肖異處矣。”’《後漢書·王符傳》：‘（《潛夫論·貴忠》）故明主不敢以私授，忠臣以虛受。’”（今《潛夫論·貴忠》文異）按：楊箋未下己語，從引文看大致謂“量才表舉”。僅就這一條孤立地看，説得通，但不能覆蓋《内篇·極言》之例：“其知道者補而救之，必先復故，然後方求量表之益。”似用“（權）傾朝野”“（元氣）充滿體内體外”方能概括這兩條。量：充盈。《吕氏春秋·期賢》：“無罪之民其死者量於澤矣。”高誘注：“量猶滿也。”《荀子·富國》：“葷菜百蔬以澤量。”楊倞注：“以澤量，言滿澤也。”表：外。《書·堯典》“光被四表”蔡沈集傳：“表，外也。”此猶言朝野、内外。

2　"考名責實[1]，屢省勤恤[2]；樹訓典以示民極[3]，審褒貶以彰勸沮；明檢齊以杜僭濫[4]，詳直枉以違晦吝(1)[5]。其與之也，無叛理之幸；其奪之也，有伯氏之撝(2)[6]。匠之以六藝[7]，軌之以忠信，蒞之以慈和，齊之以禮刑[8]。揚仄陋以伸沈抑[9]，激清流以澄臧否。使物無詭道[10]，事無非分。立朝牧民者，不得侵官越局[11]；推轂即戎者[12]，莫敢憚危顧命。悅近以懷遠[13]，修文以招攜[14]。阜百姓之財粟[15]，闡進德之廣途；杜機僞之繁務，□□□□□□。□□□(3)，則明罰敕法[16]，哀敬折獄(4)[17]；淳化洽，則匿瑕藏疾[18]，五教在寬[19]。

【校】

（1）晦：當從楊明照校引柏筍堂本等作悔。

（2）伯：原作百，當從楊明照校作伯。《用刑》"使伯氏無怨於失邑"，是其證。

（3）務：其下，孫星衍校"脱一句"，楊明照按："實脱一句半，共九字（上六字與上文"杜機僞之繁務"句相儷，下三字與下文之"淳化洽"半句相儷）。"

（4）哀敬：孫人和校作哀矜，楊明照按"孫説非"。

【注】

［1］考名責實：按名稱考核實際，要求名稱與實際相副。《鄧析子·無厚》："循名責實，君之事也。"

［2］屢省（xǐng）：屢次審察（下情）。《書·益稷》："屢省乃成，欽哉！"孔傳："屢，數也。當數顧省汝成功，敬終以善，無懈怠。"勤恤：憂愍；關懷。《書·召誥》："上下勤恤。"《國語·周語上》："勤恤民隱，而除其害也。"韋昭注："恤，憂也。隱，痛也。"實、恤：質部。

［３］訓典：王者教導民衆的法典；先王法典之書。句謂以法治國。民
極：民衆的準則。

［４］檢齊：法度齊同。僭濫（jiàn làn）：賞罰失當，過而無度。僭，賞
之差也；濫，刑之過也。《詩・商頌・殷武》：“不僭不濫，不敢怠
遑。”毛傳：“賞不僭，刑不濫。”《左傳・襄公二十六年》：“善爲國
者，賞不僭而刑不濫。”句謂賞罰應當公允。

［５］直枉：正直與邪曲。喻是非；好壞。《論語・爲政》：“哀公問曰：
‘何爲則民服？’孔子對曰：‘舉直錯諸枉，則民服；舉枉錯諸直，則
民不服。’”集解引包咸曰：“錯，置也。舉正直之人用之，廢置邪
枉之人，則民服其上。”

［６］伯氏：名偃。《論語・憲問》：“問管仲。曰：‘人也。奪伯氏駢邑
三百，飯疏食，没齒無怨言。’”集解引孔安國曰：“伯氏，齊大夫。
駢邑，地名。齒，年也。伯氏食邑三百家，管仲奪之，使至疏食，
而没齒無怨言，以其當理也。”揜（yǎn）：（就疏食言）困迫。

［７］匠：教育；培養。六藝：1. 古代教育學生的六種科目：禮、樂、
射、御、書、數。2. 六經：《詩》《書》《禮》《樂》《易》《春秋》六種儒
家經典。

［８］齊：使整齊。禮刑：禮教與刑罰。《論語・爲政》：“子曰：‘道之
以政，齊之以刑，民免而無恥；道之以德，齊之以禮，有恥且格。’”
集解：“孔安國曰：‘政，謂法教。’馬融曰：‘齊，整之以刑罰。’包咸
曰：‘德，謂道德。’格，正也。”《禮記・緇衣》：“子曰：‘夫民教之以
德，齊之以禮，則民有格心；教之以政，齊之以刑，則民有遯心。’”
鄭玄注：“格，本也。遯，逃也。”禮柔而刑剛，剛柔相濟。

［９］揚：舉薦；舉用。仄（zè）陋：他書或作側陋。原指貴族中疏遠隱
匿之賢者。泛指地位卑微而有才德的人。《書・堯典》：“（堯）
曰：‘明明，揚側陋。’”方孝岳今語：“堯曰，可悉舉貴戚及疏遠隱
匿者。”“‘疏遠隱匿’，亦指族中不居要位者而言。”沈抑：受壓抑
而致埋没。

［10］物無詭道：人無詭詐之道；人無違道之事。詭道：詭詐之術；違
道；間道：捷徑。《孫子・計》：“兵者，詭道也。”曹操注：“兵無常

形，以詭詐爲道。”

[11] 侵官越局：謂超越許可權而侵犯其他官員的職權。《左傳·成公十六年》：“國有大任，焉前專之？且侵官，冒也；失官，慢也；離局，姦也。”《國語·晉語八》：“伯華曰：‘外有軍，內有事。赤也，外事也，不敢侵官。’”韋昭注：“非其官而與之，爲侵官。”《晉書·傅咸傳》：“解結以咸劾戎爲違典制，越局侵官，干非其分，奏免咸官。”句謂責權分明。

[12] 推轂(gǔ)：天子跪而推車前進。古代帝王命將出征的隆重禮遇或典禮。《史記·張釋之馮唐列傳》：“臣聞上古王者之遣將也，跪而推轂，曰：閫以內者寡人制之；閫以外者，將軍制之。”後因以稱任命將帥之禮。轂：車輪中心穿軸承輻的部分。即戎：用兵；作戰。《論語·子路》：“子曰：‘善人教民七年，亦可以即戎矣。’”集解引包咸曰：“即，就也；戎，兵也。言以攻戰。”句謂將帥率軍出征。

[13] 悅近：使境內的人高興。懷遠：安撫邊遠的民族。即實行懷柔政策，使邊遠的民族懷歸。《左傳·僖公七年》：“臣聞之，招攜以禮，懷遠以德。”

[14] 修文：修治典章制度，提倡禮樂教化。《論語·季氏》：“故遠人不服，則修文德以來之。”招攜：招引尚未歸心的人；安撫。攜：離。

[15] 阜百姓之財粟：意本《國語·周語上》：“先王之於民也，懋正其德而厚其性，阜其財求而利其器用。”韋昭注：“阜，大也。大其財求，不鄻壅也。”阜：豐富；富有。

[16] 明罰敕法：嚴明刑罰，整飭法度。《易·噬嗑》：“象曰：雷電噬嗑，先王以明罰敕法。”鄭玄注：“敕，猶理也。”正義：“……欲取明罰敕法可畏之義，故連云雷電也。”敕：敕之俗字。

[17] 哀敬折獄：以憐恤、敬慎的態度判決訴訟案件。《書·呂刑》“哀敬折獄”孔傳：“當憐下人之犯法，敬斷獄之害人。”敬：即“敬五刑”之“敬”，謂事關人命，當敬慎折獄。

[18] 匿瑕藏疾：玉藏瑕疵、山匿蛇蝎。比喻人器量大能包容。《左傳·宣公十五年》：“諺曰：‘高下在心。’川澤納汙，山藪藏疾，瑾

瑜匿瑕,國君含垢,天之道也。"楊伯峻注:"以上三句,引出此句。
含垢,杜注云:'忍垢恥。'《老子》云:'受國之垢,是爲社稷主。'意
蓋謂國君宜以社稷之長遠利益爲重,不宜小不忍而危害社稷。"
瑕:玉的斑點。

[19] 五教:五常之教。指父義、母慈、兄友、弟恭、子孝五種倫理道德
的教育。《書・舜典》:"帝曰:'契,百姓不親,五品不遜,汝作司
徒,敬敷五教,在寬。'"正義:"一家之内,尊卑之差,即父、母、兄、
弟、子,是也。教之義、慈、友、恭、孝,此事可常行,乃爲五常耳。"
《左傳・文公十八年》:"舉八元,使布五教於四方,父義、母慈、兄
友、弟共、子孝。"共通恭。《尚書大傳》二"若是共禦"鄭玄注:
"共,讀曰恭。"

3　"外總多士於文武[1],内建維城之穆屬[2],使親疎相
持[3],尾爲身幹[4]。枝雖茂而無傷本之憂,流雖盛而無背
源之勢[5]。石磐嶽峙[6],式遏覬覦[7]。見三苗之傾殄,則
知川源之未可恃也;睹嶽幽之不守,則覺嚴巘之不足賴
也[8]。夫江、漢猶存,而强楚虜辱[9];劍閣自如,而子陽赤
族[10]。四岳、三塗,實不一姓[11];金城湯池[12],未若人
和[13]。守在海外,匪山河也[14]。

【注】

[1] 外:外朝。總:總括。多士:衆多的賢士;百官。於:爲。文武:
文治武功。

[2] 維城:宗子(嫡長子)維城。城:猶言屏障。《詩・大雅・板》:
"懷德維寧,宗子維城。"之:與。穆屬:此猶言皇子皇孫們。古
代宗廟始祖居中,以下父昭子穆左右爲序,因以穆指子孫。句謂
皇子皇孫們共同捍衛君主。

[3] 親疎相持:此謂皇室與朝廷不論關係是皇族親密還是異姓疏
遠,都要互相扶持。親疎:指血源關係或感情上的距離遠近。

相持：相互扶持；相互依存。

[4] 尾爲身幹：句謂即使是尾巴，也是身體的軀幹部分。楊明照曰：
"尾，喻帝室。身，喻諸侯。"按：蓋身喻帝室，尾喻諸侯；身喻朝
廷，尾喻郡國。

[5] 枝雖茂而無傷本之憂二句：謂本枝、源流兼顧，但枝不得傷本、
流不得背源。本喻朝廷，枝喻郡國；源喻君，流喻臣。

[6] 石磐嶽峙：謂社稷安穩如大石盤薄，高山聳立。

[7] 式遏：遏制；制止；防禦。《詩·大雅·民勞》："式遏寇虐，無俾民
憂。"鄭玄箋："式，用。遏，止也。"

[8] 三苗：古國名，縉雲氏之後，爲諸侯，號饕餮。其地約在今長江中
游江西、湖北、湖南沿江地帶。傾殄(tiǎn)：傾覆滅絕。川源：同
川原。江河的源頭；江河。翳幽：隱蔽(防守)之處。嚴嶮：險要
之地。嚴：險。以上四句謂地形險要不是防禦外敵的主要依靠。

[9] 江、漢猶存，而強楚虜辱：謂把存亡寄託在山川的險固上是楚國
滅亡的主因之一。《荀子·議兵》："汝、潁以爲險，江、漢以爲池，
限之以鄧林，緣之以方城，然而秦師至，而鄢、郢舉若振槁然，是
豈無固塞隘阻也哉？其所以統之者非其道故也。"強楚：在公元
前三世紀，當西方的亞歷山大帝國分崩離析之時，東方的楚國統
一了黃河、長江、淮河以南廣大地區，是當時中國與世界上版圖
最大的帝國。

[10] 劍閣：棧道名，在今四川劍閣縣東北大劍山、小劍山之間，是川
陝間主要通道，軍事戍守要地。子陽：公孫述(前？—公元36)
字子陽，扶風茂陵(今陝西興平東北)人。西漢哀帝時以父任爲
郎，補清水長，太守以其能使攝五縣。王莽天鳳中爲導江卒正。
更始立，詐稱受更始命爲輔漢將軍，蜀郡太守兼益州牧。更始二
年(24)自立爲蜀王，都成都。建武元年(25)，自立爲天子。六
年，廢銅錢，置鐵官錢。次年，隗囂(？—公元35)稱臣。性苛，好
鬼神，濫誅殺，任人唯親，將士離心。十一年爲岑彭(？—公元
35)、吳漢(？—公元44)軍所破，被刺。吳漢盡滅公孫氏。赤族：
誅滅全家族。見誅者必流血，故云。

［11］三塗：太行、轘轅、崤澠三處險道（服虔説）。一説指伊闕、太谷、
　　　轘轅三道。一説山名，在今河南嵩縣西南伊水之北，俗名崖口。
　　　一説水名。《左傳・昭公四年》：“四岳、三塗，……九州之險也，
　　　是不一姓。”言險要不足恃。

［12］金城湯池：金屬造的城牆，沸水灌注的護城河。形容城池堅固。
　　　語見《水經・河水注》引《墨子》：“金城湯池。”《漢書・蒯通傳》：
　　　“必將嬰城固守，皆爲金城湯池，不可攻也。”顏師古注：“金以喻
　　　堅，湯喻沸熱不可近。”

［13］人和：此指君臣上下和樂。《孟子・公孫丑下》：“天時不如地利，
　　　地利不如人和。”

［14］守在海外：猶守在四夷。謂天下有道，德化遠播四海之外。海
　　　外：泛指邊遠以外地區。《左傳・昭公二十三年》：“古者，天子
　　　守在四夷。”杜預注：“德及遠。”

　　4　“是以賢君抱□懼不足⁽¹⁾，而改過恐有餘［1］。謀當
計得，猶思危而弗休焉［2］；戰勝地廣，猶戒盈而夕惕焉［3］。
象渾穹以遐燾，式坤厚以廣載［4］。運重光以表微［5］，致遠
思乎未兆。資春景以嫗煦⁽²⁾［6］，範秋霜以肅物［7］。諏諮以
校同異［8］，平衡以銓群言［9］。虛己以盡下情，推功以勸將
來。御之以術［10］，則終始可竭也；整之以度［11］，則參差可
齊也。巍若閬風之凌霄［12］，而諸下不得以輕重料焉［13］；窈
若玄淵之萬仞⁽³⁾，而褻近不能以少多量焉⁽⁴⁾［14］。然則君之
流源不窮，而百僚之才力畢矣；我之涯畔無外，而彼之斤兩
可限［15］。

【校】

（1）抱：其下，孫星衍校“有脱字”，徐濟忠疑有德字。按：當有德或
　　　道字。《莊子・徐无鬼》：“抱德煬和，以順天下。”《文子・守静》：

“養生以經世,抱德以終年,可謂能體道也。”《三國志・魏書・管
寧傳》有“寧抱道懷真”語。

（2）嫗煦:《禮記・樂記》作煦嫗。

（3）淵:孫星衍曰:“舊寫本作洲。”按:作淵是。

（4）而褻近:孫星衍校:“此三字藏本（魯藩本、慎本、舊寫本等）作但
則近”,當從楊明照校與吉藩本作則近侍。

【注】

［1］不足:與“有餘”相對文。蓋仿《呂氏春秋・離俗覽》“貴所不足,
賤所有餘”句式。

［2］猶思危而弗休焉:仍然時時想到危險、困難隨時可能出現。《吳
子・圖國》:“（魏）武侯嘗謀事,君臣莫能及。罷朝而有喜色。
（吳）起進曰:‘昔楚莊王嘗謀事,群臣莫能及,退朝而有憂色。申
公（巫臣）問曰:“君有憂色,何也?”曰:“寡人聞之,世不絕聖,國
不乏賢,能得其師者王,得其友者霸。今寡人不才,而群臣莫及
者,楚國其殆矣!”此莊王之所憂,而君悦之,臣竊懼矣。’於是武
侯有慚色。”

［3］戰勝地廣,猶戒盈而夕惕焉:謂持勝之術在於戒懼盈滿,仍懷憂
懼。《呂氏春秋・慎大覽》:“趙襄子攻翟,勝老（左）人、中人,使
使者來謁之。襄子方食摶飯,有憂色。左右曰:‘一朝而兩城下,
此人之所（以）喜也,今君有憂色,何（也）?’襄子曰:‘江河之大
也,不過三日,飄風暴雨,日中不須臾。今趙氏之德行無所於積,
一朝而兩城下,亡及其我乎?’孔子聞之曰:‘趙氏其昌乎?夫憂
所以爲昌也,而喜所以爲亡也。勝非其難者也;持之其難者也。
賢主以此持勝,故其福及後世。齊、荊、吳、越皆嘗勝矣,而卒取
亡,不達乎持勝也。唯有道之主能持勝。’”戒盈:戒懼盈滿,防
止驕傲。夕惕:到了晚上仍懷憂懼。

［4］象渾穹以逴燾,式坤厚以廣載:謂取則天地而行德政。象、式:
取法。渾（hǔn）穹:廣大的天空。逴燾（dào）:高遠覆蓋。坤厚:
大地寬厚。《易・坤》:“坤厚載物,德合無疆。”

［5］重(chóng)光：日、月。表微：表明微細之事。《禮記・檀弓下》："君子表微。"鄭玄注："表，猶明也。"孔穎達疏："若失禮微細，唯君子乃能表明之。"

［6］嫗煦(yǔ xù)：天煦覆而地嫗育，即生養覆育(萬物)。煦：指天降氣以養物；嫗：指地賦物以形體。《禮記・樂記》："天地訢合，陰陽相得，煦嫗覆育萬物。"鄭玄注："氣曰煦，體曰嫗。"孔穎達疏："天以氣煦之，地以形嫗之是天煦覆而地嫗育，故言煦嫗覆育萬物也。"

［7］範：取法；效法。秋霜：秋天的霜，肅殺於物。肅物：猶言使萬物收斂。兩句喻人主治國寬猛相濟。

［8］詶諮(chóu zī)：回答詢問。亦指諮詢；訪問。校(jiào)：比較。

［9］平衡：此謂權衡(得失、利害)。群言：此指各方面的話。

［10］御之以術：以權術駕御群臣。《尹文子・大道上》："術者，人君之所密用，群下不可妄窺。"

［11］整之以度：以法度或法制整飭群臣。

［12］巋若閬風之凌霄：喻國君高高在上，威嚴不可侵犯。巋(nì)：高聳；高峻。

［13］諸下：衆臣下，衆部下。輕重：喻賢愚、高下、好壞。料：猶揣度。

［14］褻近：指親近帝王的侍從人員。少多：少和多。此猶言淺深。以上四句謂不能讓近侍或近臣測度國君高深，國君不能露出自己的權術底蘊。

［15］我：指代國君。涯畔無外：廣大無邊際。句喻馭臣之術無限。彼：指代群臣。斤兩：猶上文所說"少多"。句喻臣下(揣摩國君意圖與底蘊)的智力有限。

　　5　"發號吐令，則輷若震霆之激響[1]，而不爲邪辯改其正[2]；畫法創制，則炳若七曜之麗天[3]，而不以愛惡曲其情。宏略遠罩，則靄若密雲之高結[4]；居貞成務[5]，則確若嵩、岱之根地。料倚伏於未萌之前[6]，審毀譽於巧言之口。不使敦樸散於雕僞，不使一體澆於二端[7]。雖能獨斷，必博納乎芻蕘[8]；雖務含弘，必清耳於浸潤[9]。

【注】

［１］輷（hōng）：其正體作轟。震霆：霹靂，疾雷。

［２］邪辯：不合正道的華美言辭。蓋由“邪辭”變來。《孟子·公孫丑上》：“邪辭知其所離，遁辭知其所窮。”

［３］七曜：即七耀。曜同耀。日月與金、木、水、火、土五星。句謂法令與制度應讓萬民都看見，如同看見日月星辰那樣明亮。

［４］幬：籠罩；密布。句喻宏觀調控有力。

［５］居貞：占問安居。《易·屯》：“初九：磐桓，利居貞，利建侯。”周振甫譯注：“倒數第一陽爻：徘徊（難進）。占問安居有利，建國封侯有利。”又《頤》：“六五：拂經，居貞吉，不可涉大川。”周振甫譯注：“倒數第五陰爻，是違反常理。（六五安靜居於尊位）故占問居處吉。（既安靜），故不可渡大河。”一說遵守正道。貞通正。成務：成就事業；確定事務之辦法。《易·繫辭上》：“夫《易》何爲者也，夫《易》開物成務，冒天下之道，如斯而已者也。”

［６］倚伏：禍福互相依託隱藏。指事物的對立統一，無不互相依存而又在一定條件下互相轉化。《老子·第五十八章》：“禍兮福之所倚，福兮禍之所伏。”

［７］一體：謂關係密切、協調如一個整體。《管子·七法》：“有一體之治，故能出號令，明憲法矣。”尹知章注：“謂上下同心，其猶一體。”澆（náo）：通撓，擾亂。二端：兩種主意。《戰國策·東周策》：“西周之欲入寶，持二端。”鮑彪注：“言東兵急則入，不急則已。”

［８］芻蕘（chú ráo）：割草曰芻，打柴曰蕘，因指割草打柴的人。指代一般百姓。《詩·大雅·板》：“先民有言，詢於芻蕘。”毛傳：“芻蕘，薪采者。”鄭玄箋：“古之賢者有言，有疑事當與薪采者謀之，

匹夫匹婦或知及之。"

[9]清耳：静耳。此猶言净言。謂不讓汙濁的話污染耳朵。浸潤：
　　如水滲透。此指浸潤的譖毁，即讒言。《論語・顔淵》："子張問
　　明。子曰：'浸潤之譖，膚受之愬，不行焉，可謂明也已矣。'"集解
　　引鄭（玄）曰："譖人之言，如水之浸潤，漸以成之。"

　　6　"民之飢寒，則哀彼責此[(1)][1]；百姓有罪，則謂之在
予[2]。嘉祥之臻，則念得神之祐；或逢天之怒[(2)]，則思桑林
之引咎[3]。不吝改絃於宜易之調[4]，不恥反迷於朝過之
塗[5]。虎眈以警密，麟跱以接疏。路無擊壤之叟[6]，則羞
聞和音之作[7]；民有不粒之匱，則媿臨方丈之膳[(3)][8]。處
飛閣之概天[9]，則懼役夫之勞瘁；茹柔嘉之旨脆，則憂敬授
之失時[10]；聆管弦之宴羨[11]，則戚逸樂之有過；瞻藻麗之
采粲，則慮賦斂之慘烈[12]。遵放勳之麤袞[13]，準衛文之大
帛[14]；追有夏之卑宮[15]，識露臺之不果[16]；鑒章華之召
災[17]，悟阿房之速禍[18]。

【校】

（1）責：魯藩本誤作貴。

（2）或：當從楊明照校與吉藩本作感，屬上句。

（3）丈：魯藩本作文，王國維校作丈。

【注】

[1]民之飢寒，則哀彼責此：《新書・修政語上》："帝堯曰：'吾存心於
　　先古，加志於窮民，痛萬民之罹罪，憂衆生之不遂也；故一民或
　　飢，曰：'此我飢之也。'一民或寒，曰：'此我寒之也。'一民有罪，
　　曰：'此我陷之也。''仁行而義立，德博而化富。故不賞而民勸，
　　不罰而民治，先恕而後行，是以德音遠也。"彼：指代人民。此：

指代國君自己。

[2] 百姓有罪，則謂之在予：先秦常語。如堯曰：“百姓有過，在予一人。”(《論語・堯曰》)商湯曰：“萬夫有罪，在余一人。”(《國語・周語上》)周公曰：“百姓有過，在予一人。”(《韓詩外傳》三)“在予一人，乃我教導之過也。”(《國語・周語上》韋昭注)

[3] 逢天之怒：指遇到天災。古人認爲天災乃天帝發怒所致。桑林：相傳爲商湯祈雨的地方。《吕氏春秋・順民》：“昔者湯克夏而正天下，天下旱，五年不收。湯乃以身禱於桑林，曰：‘余一人有罪，無及萬夫；萬夫有罪，在予一人。無以一人之不敏，使上帝鬼神傷民之命。’於是翦其髮，磨(礪)其手，以身爲犧牲，用祈福於上帝。民乃甚説，雨乃大至。”高誘注：“桑林，桑山之林，能興雲作雨也。”引咎：歸過於己。

[4] 改絃：更換樂器的弦線。猶改調。比喻改革制度或變更方法。絃同弦。

[5] 反迷：謂迷途知返，改邪歸正。反通返。

[6] 擊壤：擊地，古代的一種遊戲。《太平御覽》七五五引邯鄲淳《藝經》：“擊壤，古戲也。壤，以木爲之，前廣後鋭，長尺四，闊三寸，其形如履。將戲，先側一壤於地，遥於三四十步，以手中壤敲之，中者爲上。”《論衡・感虚》：“堯時(天下大和，百姓無事，有)五十之民，擊壤於途。觀者曰：‘大哉，堯之德也。’擊壤者曰：‘吾日出而作，日入而息，鑿井而飲，耕田而食，堯何等力？’”因以“擊壤”爲稱頌盛世之典故。

[7] 和音：和諧之音。象徵治世。《禮記・樂記》：“是故治世之音，安以樂，其政和。”鄭玄注：“言八音和否，隨政也。”作：演奏。

[8] 不粒：顆粒無存；絶糧。穀謂之粒。愧：同愧。

[9] 飛閣：高閣淩空，有閣道連通，狀如展翅高飛，故云。既指閣道，又指高閣，也可單指高閣。《三輔黄圖・漢宫》：“帝於未央宫營造日廣，以城中爲小，乃於宫西跨城池作飛閣，通建章宫，構輦道以上下。”

[10] 敬授：敬慎記録天候，授與人民。《書・堯典》“敬授人時”孔傳：

"敬記天時,以授人也。"

[11] 宴羨:宴衍,淫邪的音樂。衍通羨。《文選》揚雄《長楊賦》:"抑止絲竹宴衍之屬,憎聞鄭衛幼眇之聲。"李善注:"宴衍,邪聲也。"

[12] 賦斂:田賦;税收;徵收賦税。《左傳·成公十八年》:"薄賦斂,宥罪戾。"慘烈:此謂苛重;殘酷。

[13] 放勳:《書·堯典》:"曰若稽古,帝堯曰:放勳欽明,文思安安。"孔安國曰:"勳,功也。欽,敬也。言堯放上世之功化,而欽明文思之四德,安天下之當安也。"麤通粗。

[14] 準:遵。衛文(前?—前635):衛文公,名燬,昭伯頑之子,衛戴公之弟。因衛亂奔齊。戴公卒,齊桓公率諸侯伐翟,爲衛築楚丘,立其爲衛君。衛文公輕賦税,平理刑獄,身自操勞,與百姓同苦,以牧聚衛民,使衛轉危爲安。前659—前635年在位。《左傳·閔公二年》:"衛文公大布之衣,大帛之冠。"杜預注:"大布,麤布。大帛,厚繒。"大帛:古白布冠。不加染飾,示儉朴也。兩句謂遵循帝堯與衛文公生活簡朴的原則。

[15] 有夏:夏朝。有:詞頭。此指夏禹。卑宮:宮室簡陋低矮。稱頌自奉節儉。《論語·泰伯》:"子曰:'禹,吾無閒然矣!……卑宮室,而盡力乎溝洫。'"

[16] 露臺:露天臺榭。《史記·文帝紀》:"(文帝)嘗欲作露臺,召匠計之,直百金。上曰:'百金,中民十家之産。吾奉先帝宮室,常恐羞之,何以臺爲!'"

[17] 章華:臺名。春秋時楚靈王所建離宮。一説在華容,今湖北監利;一説在城父,今安徽亳州。據《國語·楚語上》説,楚靈王建章華臺,"國民罷(疲)焉,財用盡焉,年穀敗焉,百官煩焉",如此"數年乃成"。伍舉説:"若君謂此臺美爲之正,楚其殆矣!"果然,楚靈王此舉招致三軍叛於乾谿,竟自縊而死。

[18] 阿房(ē páng):按:建造阿房宮袛是秦亡的直接原因之一。速禍:招致禍害。

7　“誥誓，則念依時之失信[(1)][1]。耽玩，則覺褒、妲之惑我[2]。征伐，則量力度時[3]，不令百里有號泣之憤[4]。誅戮，則遺情任理[(2)]，不使鴟夷有抱枉之魂[5]；鑒操彤之杜伯[6]，惟人立之呼豕[(3)][7]。廢嫡，則戒晉獻之巨惑[8]；立庶，則念劉表之殄祀[9]。蒐畋，則樂失獸而得士[10]，識弛網而悦遠[11]。偏愛，則慮袖蜂之謗巧，飛燕之專寵[12]。獨任，則悟鹿馬之作威[13]，恭、顯之惡直[14]。納策，則思漢祖之吐哺[15]，孝景之誅錯[16]。

【校】

（1）失：當從楊明照校作守。

（2）遺：楊明照校：“疑當作‘遣’。遣情，猶言去情。”按：兩可。三國魏曹植《洛神賦》：“於是背下陵高，足往神留。遺情想像，顧望懷愁。”晉陸機《贈潘尼》詩：“遺情市朝，永志丘園。”南朝宋謝靈運《述祖德詩》之二：“遺情捨塵物，貞觀丘壑美。”“遺情”連文並其證。

（3）惟：陳其榮案：“承訓本作推。”

【注】

［1］誥誓：古代君主訓誡勉勵軍民或會同的文告。誓以訓戒，誥以敷政。此謂遵守誥誓之言。守信：遵守期約；保持誠信。句意蓋本《左傳·僖公二十五年》：“晉侯（文公）圍原，命三日之糧。原不降，命去之。諜出，曰：‘原將降矣。’軍吏曰：‘請待之。’公曰：‘信，國之寶也，民之所庇也。得原失信，何以庇之？所亡滋多。’退一舍而原降。”又見《韓非子·外儲說左上》。此誥誓守信之例。

［2］耽玩：此謂沈溺於玩樂。褒：褒姒，褒國美女，姓姒。得周幽王寵愛，生子伯服。幽王廢申后及太子，而以褒姒爲后，伯服爲太子。姒性不好笑，幽王欲其笑，舉烽火戲諸侯，乃大笑。後申侯

聯犬戎攻幽王，舉烽火而諸侯不至，殺幽王驪山下，虜褒姒而去。
《吕氏春秋·疑似》謂周幽王擊鼓戲諸侯，諸侯兵不至。蓋傳聞
異辭。妲：妲己，名妲，有蘇氏美女，帝紂寵妃。紂王“爲長夜之
歡”，“妲己好之”；“爲炮格之法，膏銅柱，加之炭，令有罪者行其
上，輒墮炭中，妲己乃笑”；妲己曰：“吾聞聖人之心有七竅。”紂王
於是剖比干之心而觀之。周武王滅商，妲己被殺。

［３］量力度（duó）時：衡量敵我雙方力量，審度時勢。由“量力度德”
變來。《左傳·隱公十一年》：“度德而處之，量力而行之。”“鄭、
息有違言。息侯伐鄭，鄭伯與戰於竟，息師大敗而還。君子是以
知息之將亡也，不度德，不量力……其喪師，不亦宜乎？”

［４］百里：百里傒。又作百里奚。本虞國大夫。晉滅虞，亡秦走宛，
被執於楚。秦穆公聞其賢，以五張羊皮贖之，授以國政，號五羖
大夫。薦其友蹇叔，同佐穆公，多有建樹。與蹇叔共諫穆公勿伐
晉，不聽，果敗於崤。出師時，百里奚與蹇叔從其子而哭之。號
泣：號咷大哭。句謂不要犯穆公不量力度時而伐晉的錯誤。

［５］鴟夷：皮囊。吴王夫差賜屬鏤之劍令伍子胥自盡，子胥伏劍死。
夫差以皮作鴟形，名曰鴟夷，裹其尸而投之江。這裏指代伍子
胥，因指像伍子胥這樣的忠臣。

［６］操彤：指手執朱弓，挾朱矢，射殺周宣王之事。杜伯：周宣王大
夫，無罪被殺。後三年，宣王會諸侯田於圃，杜伯射殺宣王。《論
衡·死偽》駁斥了這種説法。

［７］惟：思。人立之呼豕：即豕人立而啼，謂野猪像人站起來一樣呼
叫。句意謂當思齊襄公被叛賊所弑的教訓。據《左傳·桓公十
八年》説，齊襄公與魯桓公夫人私通，桓公怒，夫人以告襄公，襄
公使公子彭生殺桓公。魯人責之，襄公殺彭生以謝魯。據《莊公
八年》説，襄公“田於貝丘，見大豕。從者曰：‘公子彭生也！’公
怒，曰：‘彭生敢見！’射之，豕人立而啼。公懼，隊（墜）於車，傷
足，喪屨。”雖“伏”藏，但被叛賊發現，“遂弑之”。稚川摘取《莊公
八年》文，在於點明作惡必被報復。

［８］晉獻：晉獻公（前？—前651）。名詭諸。晉武公子，繼武公而

立。伐驪戎,得驪姬及其女弟,俱寵倖之。獻公欲廢太子申生而
立驪姬所生幼子奚齊,驪姬佯哭不從。而當晉獻公命太子申生
至曲沃祭祀並獻胙肉時,驪姬使人置毒藥於胙中,誣陷太子欲殺
獻公,致使太子奔新城自殺。又譖重耳、夷吾二公子,使之離晉
逃亡。公死,奚齊立,爲晉大夫里克等所殺。

[9] 立庶:立次子或妾所生之子或旁支之子爲嗣。劉表(142—208):
字景升,山陽高平(今山東鄒縣)人,魯恭王之後。初平元年
(190)任荊州刺史,取得豪族蒯良、蒯越等人的支援,據有今湖
南、湖北等地方。後爲荊州牧。對當時軍閥混戰,取觀望態度,
所轄地區破壞較少,中原人前來避難者甚衆。表及後妻蔡氏愛
少子劉琮以爲嗣,而出長子劉琦爲江夏太守。劉琮舉州降曹操。
殄(tiǎn)祀:斷絕祭祀。此指劉表政權完結。

[10] 蒐畋:春天打獵。泛指田獵。畋:田之後起字。畋獵。樂失獸
而得士:謂得士重於得獸。典出劉向《新序·雜事二》:“晉文公
逐麋而失之,問農夫老古曰:‘吾麋何在?’老古以足指曰:‘如是
往。’(文)公曰‘寡人問子,(子)以足指,何也?’老古振衣而起曰:
‘一不意人君(之)如此也!虎豹之居也,厭閑而近人,故得;魚鱉
之居也,厭深而之淺,故得;諸侯(之居也),厭衆而(遠遊,故)亡
其國。《詩(·召南·鵲巢)》云:“維鵲有巢,維鳩居之。”君放不
歸,人將居之(矣)。’於是文公恐,歸遇欒武子。欒武子曰:‘獵得
獸乎?而有悦色。’文公曰:‘寡人逐麋而失之,得善言,故有悦
色。’欒武子曰:‘其人安在乎?’曰:‘吾未與來也。’欒武子曰:‘居
上位而不恤其下,驕也;緩令急誅,暴也;取人之言而棄其身,盜
也。’文公曰:‘善!’還,載老古與俱歸。”本句概括這段文意。

[11] 弛網:謂網開三面,政網衹嚴在“犯命”上,故得人悦遠。典出《吕
氏春秋·異用》:“湯見祝網者,置四面,其祝曰:‘從天墜者,從地
出者,從四方來者,皆離(罹)吾網。’湯曰:‘嘻!盡之矣!非桀,
其孰爲此也?’湯收其三面,置其一面,更教祝曰:‘昔蛛蝥作網
罟,今之人學紓,欲左者左,欲右者右,欲高者高,欲下者下,吾取
其犯命者。’漢南之國聞之,曰:‘湯之德及禽獸矣!’四十國歸之。

人置四面，未必得鳥。湯去其三面，置其一面，以網其四十國。非徒網鳥也。"悦遠：使遠方悦服。

[12] 飛燕(前？—前1)：趙飛燕。漢成帝劉驁(前51—前7)長安宮人，初以賜與陽阿公主家，學歌舞。以體輕善舞，號曰"飛燕"。成帝微行過公主家，見而悦之，召入宮中，大爲寵倖。復召其妹合德入宮，俱爲婕妤。永始元年(前16)，立爲皇后。姊妹專寵十餘年，然皆無子，後宮有産子者輒害之。哀帝即位，尊爲皇太后。哀帝卒，貶爲孝成皇后，徙居北宮。平帝即位，廢爲庶人，是日自殺。

[13] 鹿馬：指鹿爲馬。喻故意混淆是非，顛倒黑白。陸賈《新語·辨惑》："至如秦二世之時，趙高駕鹿而從行。王曰：'丞相何爲駕鹿？'高曰：'馬也。'王曰：'丞相誤也？以鹿爲馬。'高曰：'陛下以臣言不然，願問群臣。'於是乃問群臣，群臣半言鹿，半言馬。當此之時，秦王不能自信其目，而從邪臣之説。"

[14] 恭：弘恭(前？—前47)，沛(治今安徽濉溪西北)人。顯：石顯(前？—前32)，字君房，濟南(治今山東章丘西)人。兩人皆少坐法腐刑，爲中黃門，以選爲中尚書。宣帝時，恭爲中書令，顯爲中書僕射。恭明習法令故事，善爲請奏，能稱其職。元帝時兩人共擅朝政。永元二年(前47)兩人誣陷前將軍蕭望之，迫其自殺。恭病卒，顯代爲中書令。元帝以其久典樞要，中人無外黨，遂委之以政。事無大小，俱爲所決。詭辨傷人，睚眥必報，公卿以下，畏之重足。又與中書僕射牢梁、少府五鹿充宗結爲黨友，諸附依者皆得寵位。成帝時遷長信中太僕，失勢，旋以舊惡免官。與妻徙故郡，憂懣不食，道病死。惡(wù)直：嫉害正直的人。

[15] 漢祖：漢高祖劉邦。吐哺：吐出嘴裏的食物，表示接受張良之策。據《史記·留侯世家》載，漢王與酈食其謀畫削弱項羽之策，酈食其建議漢王"復立六國之後，畢已受(授)印"，如此則"莫不向風慕義，願爲臣矣"。張良得知此策後，向漢王講了八條不能採用的理由，最後一條他説："今復六國，立韓、魏、燕、趙、齊、楚之後，天下游士各歸事其主，從其親戚，反其故舊墳墓，陛下與誰

取天下乎？其不可八矣。……誠用客之謀，陛下事去矣。"漢王
當即接受張良的意見，"輟食吐哺，罵曰：'豎儒，幾敗而公事！'令
趣銷印。"句意本此。按：張良這條建議顯然吸取了項羽入關後
"先王諸將相"的教訓。項羽大封諸將相爲王是項羽繼失策於鴻
門宴未殺劉邦之後，又一重大失誤，這是項羽失敗的重要原因之
一。項羽不過是一介武夫，沒有起碼的政治頭腦。

[16] 孝景：孝景帝劉啓（前188—前141）。遵文帝之業，與民休息，改
田賦十五稅一爲三十稅一，減輕農民負擔。采晁錯削藩計，平定
吳楚七國之亂後，把諸侯王任免官吏的權力集中到中央，鞏固中
央集權。與文帝合稱文景之治。錯：晁錯（前200—前154），潁
川（治今河南禹縣）人。少治申商刑名之學，以文學爲太常掌故。
文帝時從伏生受《尚書》。以其辯得幸太子，爲太子家令，號智
囊。景帝即位，爲御史大夫。堅持重本抑末政策，並主張納粟受
爵。建議守邊備塞，徙民實邊，防備匈奴貴族攻掠。請削諸侯，
"以尊京師"。前三年，吳楚以誅錯爲名起兵反叛。景帝採用竇
嬰、袁盎之議，斬其首於東市，父母妻子無少長，皆棄市。及鄧公
謁見景帝，言晁錯"卒受大戮，內杜忠臣之口，外爲諸侯報仇"，景
帝始有所覺悟。

8　"旨甘之進，則疏儀狄[1]；容悅姑息，則沈樂激(1)[2]。
除蒸子之諂[3]，親放麛之仁(2)[4]。鑒白龍以輟輕脫[5]，觀
贏以節無屬(3)[6]。防人彘之變，於六宮之中[7]；止汗血之
求，於絕域之外[8]。除惡犬，以遏酒酸之患(4)[9]；市馬骨，
以招追風之駿。軾怒鼃以勸勇[10]，避螳螂以勵武[11]。聆
虎會之讜言(5)[12]，容保申之正直[13]。剔腹背無益之毛，攬
六翮淩虛之用[14]。烹如簧以譖司原之箴[15]，折宛籧以迪
梁伯之美(6)[16]。放丹姬以弭婉孌之迷[17]，退子瑕以杜餘
桃之惑[18]。藏淵中之魚，操利器之柄[19]。勿憚徙薪之煩，

以省焦爛之費[20]。鼓廉恥之陶冶，明考試之準的。

【校】

（1）樂激：陳其榮案：“盧本作樂盈。”

（2）麑：原作麜，當從楊明照校作麑。

（3）羸：孫星衍校：其下“脱一字。”陳其榮案：“盧本‘羸’上有‘奇’字。”其下，當從楊明照校補露或路字。《孟子·滕文公上》“是率天下而路也”趙岐注：“是率導天下之人以羸路也。”《風俗通義·十反》：“氣力羸露。”

（4）酒酸：原作酒酗，當從顧廣圻、俞樾校作酒酸。酒店門前有狗，買酒者畏之，故酒賣不出去，就變酸了。

（5）虎會：原作虐會，顧廣圻、王國維校作虎會，當從。平津本等作公廬。

（6）宛籍：原作菀洿，他書或作宛路，當作宛籍。《書·禹貢》：“惟箘籍、楛，三邦底貢厥名。”是其證。《吕氏春秋·直諫》“宛路之矰”，路當作籍或籍。

【注】

［1］儀狄：傳説爲夏禹時善釀酒者。《戰國策·魏策二》：“昔者帝女令儀狄作酒而美，進之禹。禹飲而甘之，遂疏儀狄，絕旨酒，曰：‘後世必有以酒亡其國者。’”

［2］容悦：曲意逢迎，取悦於上。姑息：苟安。樂激：戰國初趙簡子的佞臣。見趙簡子好聲色、宮室臺榭、良馬善御，樂激極力致之，而趙簡子好士六年，樂激未曾進一人，故趙簡子沈之於河。狄、激：錫部。

［3］蒸子之詒：指易牙以烹調事齊桓公，“烝其首子”或“蒸其子首而獻之”之事。首子、子首，傳聞異詞。楊樹達《積微居小學述林·易牙非齊人考》云：“竊疑易牙本夷戎之類，非中國之民，本其國俗以事齊桓，故進蒸子而不以爲異。管仲非之者，蓋以中國禮義

之教爲衡量，自當責其不愛子耳。"録以備考。稚川以管仲之見看待易牙蒸子進桓公之事。

[4] 放麑(ní)：放走已獵得的鹿子。《韓非子·説林上》："孟孫獵麑，使秦西巴持之歸，其母隨之而啼，秦西巴弗忍而與之。孟孫適至而求麑。答曰：'余弗忍而與其母。'孟孫大怒，逐之。居三月，復召以爲其子傅。……孟孫曰：'夫不忍麑，又且忍吾子乎？'"後遂以"放麑"爲仁慈的典故。

[5] 鑒白龍以輟輕脱：言國君當以白龍輕率化爲魚，被漁者豫且射中左目之事作爲鑒戒，中止微服出行"欲從民飲"的輕率行爲，以免"豫且之患"。見《白帖》九五引《吕氏春秋》《説苑·建本》。輕脱：輕佻。

[6] 羸：瘦弱。無饜：同無厭。不能滿足；没有限止。

[7] 人彘(zhì)：人猪。吕后百般摧殘戚夫人後對她的蔑稱。《史記·吕后本紀》："太后遂斷戚夫人手足，去眼，煇耳，飲瘖藥，使居廁中，命曰'人彘'。居數日，乃召孝惠帝觀'人彘'。"煇同熏。六宫：古代天子皇后妃嬪居住的寢宫。正寢一，燕寢五。《周禮·天官·内宰》"以陰禮教六宫"鄭玄注："鄭司農(衆)云：'六宫，後五前一。王之妃百二十人：后一人，夫人三人，嬪九人，世婦二十七人，女御八十一人。'玄謂：'六宫，謂后也。婦人稱寢曰宫，宫，隱蔽之言，后象王，立六宫而居之。亦正寢一，燕寢五。教者不敢斥言之，謂之六宫，若今稱皇后爲中宫矣。'"《禮記·昏義》："古者，天子后立六宫，三夫人，九嬪，二十七世婦，八十一御妻。"因以稱后妃或其所居之地。

[8] 汗血：汗血馬，古代西域駿馬名；因流汗如血，故稱。此指西域地區。

[9] 酒酸：《韓非子·外儲説右上》："宋人有酤酒者，升概甚平，遇客甚謹，爲酒甚美，縣幟甚高，著然不售，酒酸。怪其故，問其所知，問長者楊倩，倩曰：'汝狗猛耶？'曰：'狗猛則酒何故而不售？'曰'人畏焉。或令孺子懷錢挈壺甕而往酤，而狗迓而齕之，此酒所以酸而不售也。'夫國亦有狗，有道之士懷其術而欲以明萬乘之

主,大臣爲猛狗迎而齕之,此人主之所以蔽脅,而有道之士所以不用也。"句喻君主身邊亦有惡犬,君主當除之。

[10] 軾怒鼃:相傳春秋時越王句踐爲報吳仇,曾向鼓足鬥氣的青蛙憑軾示敬以求勇士。鼃同蛙。

[11] 避螳螂:相傳齊莊公出獵遇螳螂舉足搏輪,爲厲武而回車避之。勵:古通厲。厲武:振奮武備;勸勉勇武。

[12] 虎會:趙簡子諫臣。《新序·雜事一》:"趙簡子上羊腸之阪,群臣皆偏袒推車,而虎會獨擔戟行歌,不推車。"趙簡子認爲"會爲人臣(而)侮其主",當論罪。虎會對以"死而又死"(身死,妻子又死)。然後,虎會認爲要群臣推車是"爲人君而侮其臣者",講了種種害處。簡子"乃罷群臣(不)推車爲士大夫,置酒與群臣飲,以虎會爲上客"。讜言:正直之言,直言。

[13] 容保申之正直:楚文王接納太保申的直諫。申:其名。《呂氏春秋·直諫》:"葆申曰:'先王卜以臣爲葆,吉。今王得茹黃之狗,宛路之矰,畋三月不反;得丹之姬,淫,期年不聽朝。王之罪,當笞。'""王伏"受笞,殺"茹黃之狗,析(折)宛路之矰,放丹之姬"。

[14] 剔腹背無益之毛:喻罷黜身邊無用之臣。攬六翮凌虛之用:喻充分發揮能使國家騰飛的輔弼重臣的作用。攬:總攬。六翮:鳥類雙翅中的正羽。用以指鳥的兩翼。後指鳥。凌虛:升向高空。

[15] 如簧:楚國獵犬名。蓋楚國茹地所產之黃犬。司原之箴:即《虞人之箴》。司原:主管田獵用的禽獸;主管打獵。《左傳·襄公四年》:"(魏絳)對曰:'……昔周辛甲之爲太史也,命百官官箴王闕,於《虞人之箴》曰:"……在帝夷羿,冒於原獸,忘其國恤,而思其麀牡。武不可重,用不恢於夏家。獸臣司原,敢告僕夫。"《虞箴》如是,可不懲乎?'於是晉侯(悼公)好田,故魏絳及之。"獸臣即虞人。

[16] 宛籥:楚地宛城所產美竹,可以制箭,因指箭矢。迪:啓發;引導。梁伯:孫詒讓曰:"梁伯未詳。"王廣恕謂指《左傳·僖公十九年》之梁伯:"初,梁伯好土功,亟城而弗處,民罷而弗堪,則曰:

'某寇將至。'""《昭公二十三年》:'昔梁伯溝其公宮而民潰,民棄
其上,不亡,何待?'"楊明照曰:"疑即梁鴦。《列子·黃帝》:'周
宣王之牧正有役人梁鴦者,能養野禽獸。委食於園庭之內,雖虎
狼雕鶚之類,無不柔馴者。雄雌在前,孳尾成群,異類雜居,不相
搏噬也。王慮其術終於其身,令毛丘園傳之。'梁伯之美,蓋指其
善養野禽獸之術。"按:王說和楊說與"烹如簀"二句無關。"折
菀蕗(路)"句,當與"烹如簀"句合讀,讚美葆申與魏絳之諫君。
因晉悼公好田獵,故魏絳引了《虞人之箴》,其中講了夷羿之被滅
的歷史教訓。《虞人之箴》,見楊明照引《左傳·襄公》四年文:
"魏絳對曰:'……昔周辛甲之爲太史也,命百官,官箴王闕。於
《虞人之箴》曰:"……在帝夷羿,冒于原獸,忘其國恤,而思其麀
牡。武不可重,用不恢于夏家。獸臣司原,敢告僕夫。"虞箴如
此,可不懲乎?'於是晉侯(悼公)好田,故魏絳及之。"魏絳實爲魏
之先祖,亦即梁之先祖,故稱其爲梁伯。葆申諫君"折宛轡"是楚
文王(前689—前677在位)時事,魏絳是晉悼公(前572—前558
在位)時人。葆申諫楚文王事在前,正可作爲魏絳用以勸諫晉悼
公的歷史依據,對魏絳諫阻晉悼公有啓迪作用,故曰"啓梁伯之
美"。魏絳是晉悼公時期使晉國復霸的執政人物。《史記·魏世
家》:"魏悼子徙治霍,生魏絳。"索隱:"(魏絳)謚昭子。《系本》云
'莊子',文錯也。《居篇》又曰'昭子徙安邑',亦與此文同也。"是
魏絳定都安邑。魏絳是魏之先祖,實魏伯也。後遷都大梁,又稱
梁。魏惠王(前400—前319)又稱梁惠王,安邑(今山西夏縣北)
人。故稚川稱他爲梁伯。楊明照引了《左傳》有關文字,卻不能
得出正確結論,殊不可解。

[17] 丹姬:丹山之姬。丹山與巫山相近,爲楚地。丹山之姬蓋即姚
姬、巫山神女。弭:止。婉孌:美貌。

[18] 子瑕:彌子瑕。春秋衛靈公的幸臣,曾竊駕君車以奔母喪,君以
爲孝。與君遊果園,食桃甚甘甜,以其半啗君,君以爲忠。及色
衰愛弛,得罪於君,上兩事皆爲其罪證。

[19] 藏淵中之魚,操利器之柄:兩句喻牢牢掌握政柄。《老子·第三

十六章》：“魚不可脫於淵，國之利器不可以示人。”河上公注：“利器，權道也。治國權者，不可能示執事。”利器：此喻國家權力，包括刑賞兵柄。

[20] 徙薪：搬走竈旁薪柴，以防失火。《群書治要》四四引桓譚《新論》：“淳于髡至鄰家，見其竈突之直，而積薪在旁，曰：‘此且有火災，即教使更爲曲突，而遠徙其薪。竈家不聽。後災火果及積薪，而燔其屋。鄰里並救擊。及滅止而烹羊具酒，以勞謝救火者。曲突遠薪，固不肯呼淳于髡飲飯。智者譏之云：’教人曲突遠薪，固無恩澤；焦頭爛額，反爲上客。’傷其賤本而貴末也。”又見《藝文類聚》八十引。

9　“怒不越法以加虐，喜不踰憲以厚遺[1]。割情於所愛，而有犯者無赦；採善於所憎，而有勞者不遺[2]。傾下問以納忠(1)[3]，聞逆耳而不諱[4]。廣乞言於誹謗[5]，雖委抑而不距。掩細瑕而録大用，忘近惡而念遠功。使夫曹劌、孟明，有修來之効(2)[6]；魏尚、張敞，立雪恥之績[7]。射鉤之賊臣，著匡合之弘勳[8]；釋縛之左車，吐止戈之高策[9]。則鴟梟化爲鴛鸞[10]，邪偽變成忠貞[11]；芳穎秀於斥鹵，夜光起乎泥濘[12]。剡鋭載胥[13]，九功允諧[14]。西面逡巡[15]，以延師友之才；尊事老叟[16]，以敦孝悌之行。

【校】

（1）下：孫星衍校：其下“脱一字。”當依徐濟忠校、盧舜治本與吉藩本補問字。

（2）劌：藏本、魯藩本作翽，王國維校作劇。

【注】

[1] 怒不越法以加虐二句：謂不以喜怒愛憎違離憲法、決定賞罰。

《鄧析子·無厚》:“喜不以賞,怒不以罰。”

[2]採善於所憎:謂不因其爲所憎之人而廢其言。不遺:不遺漏。指該獎賞的應予獎賞。

[3]下問:問於在己之下者;問於在下位的人。《論語·公冶長》:“敏而好學,不恥下問。”

[4]逆耳:刺耳;不順耳。謂忠言。《史記·留侯世家》:“且忠言逆耳利於行,毒藥苦口利於病。”

[5]乞言:古代帝王及其嫡長子養一些德高望重的老人,以便向他們求教,叫乞言。誹謗:批評;進諫。《大戴禮記·保傳》:“於是有進善之旌,有誹謗之木。”盧辯注:“堯置之,使書政之愆失也。”《淮南子·主術》:“舜立誹謗之木。”高誘注:“書其善否於表木也。”《史記·文帝紀》“誹謗之木”集解引應劭曰:“橋梁邊板,所以書政治之愆失也。”

[6]曹劌(guì):春秋時魯國勇武之士,事魯莊公,頗得信任。爲魯將與齊戰,三次敗北,致使魯割地求和,莊公猶以爲將。齊桓公與魯莊公會盟於柯,劌執匕首劫齊桓公,桓公左右不敢動,齊桓公許歸侵魯之地,劌方釋之,從容就君臣之位,顏色不變,辭令如故。孟明:百里傒之子,名視,字孟明。秦穆公時爲秦將三帥中之主帥。穆公三十三年(前627)率師伐晉,大敗於殽,被俘,後復歸,穆公如故。三十五年再伐晉,仍不利,穆公遇之益厚。“孟明增修國政,重施於民”,三十六年伐晉,大敗晉師,封殽尸而還。秦遂霸西戎。修來:謂修業進德以求將來之功。

[7]魏尚:西漢槐里(今陝西興平東南)人。文帝時爲雲中太守。其軍市租,盡以給士卒,出私俸錢,五日一殺牛以享軍吏。匈奴不敢近雲中塞。坐上功首虜差六級,吏議削爵罰作。馮唐因間言於帝,爲其申辯。帝令馮唐持節赦尚,復爲雲中守。張敞(前?—前47):字子高,河東平陽(今山西臨汾西南)人。以切諫昌邑王顯名,宣帝擢爲豫州刺史,徵爲太中大夫。得罪大將軍霍光,出爲函谷關都尉。以治行守京兆尹。因與楊惲善,被罷職。不久復起爲冀州刺史、太原太守。直言敢諫,所至有治績。

雪恥：洗掉恥辱。句謂魏尚復起，雪削爵罰作之恥；張敞復起，
雪免爲庶人之恥。

［8］射鉤之賊臣：指管仲。春秋時齊襄公昏亂，其弟糾奔魯，以管仲、
召忽爲傅；小白（桓公）奔莒，鮑叔爲傅。襄公死，糾與小白皆想
入齊爲君，管仲射中小白上衣革制環帶之鉤。小白先入，得爲齊
君，迫魯人殺糾，俘管仲。小白采鮑叔之言，不記舊仇，任管仲爲
相，終成霸業。匡合：管仲九合諸侯，一匡天下。

［9］釋縛：解開捆綁身子的繩索。這是尊重降者並使之安心的一種
表示。左車：李左車，初爲趙將，屬陳餘，封廣武君。漢二年（前
205）韓信、張耳擊趙、代，曾獻策以奇兵絕漢後路，斷其輜重。陳
餘未采，遂兵敗。韓信軍於井陘之戰虜之，韓信親解其縛，委心
歸計師事之，李左車因提出“北首燕路”之策，爲韓信所采，燕聞
風而降。止戈：平息戰事。高策：此指“北首燕路”、傳檄而定河
北之策。

［10］鵂鴞（xiū xiāo）：鵂鶹（liú）、鴟鵂，貓頭鷹之一種。喻惡人。兩句
謂將消極因素轉化爲積極因素。

［11］忠貞：忠誠堅貞。《左傳·僖公九年》：“（晉獻）公曰：‘何謂忠
貞？’（荀息）對曰：‘公家之利，知無不爲，忠也；送往事居，耦俱無
猜，貞也。’”杜預注：“往，死也；居，生者。耦，兩也。送死事生，
兩無猜恨，所謂正也。”

［12］夜光：指像夜明珠或夜光璧發出光亮。句意蓋本《藝文類聚》八
三引《墨子》：“申徒狄曰：‘周之靈珪，出於土石；楚之明月，出於
蚌蜃。’”又三五引蔡邕《青衣賦》：“金生沙礫，珠出蚌泥。”兩句喻
起用傑出人才。

［13］剡銳載胥：楊明照箋：“《説文·刀部》：‘剡，銳利也。’《廣雅·釋
詁二》：‘剡，利也。’剡銳，泛指兵器。《詩·大雅·桑柔》：‘其何
能淑？載胥及溺。’鄭玄箋：‘淑，善。胥，相。及，與也。女若云
此於政事何能善乎？則女君臣皆相與陷溺於禍難。’正義：‘王肅
以爲如今之政其何能善？但君臣相與陷溺而已。’趙岐《孟子·
離婁上》注：‘載，辭也。胥，相也。刺時君臣何時能爲善乎？但

相與爲沈溺之道也。'此雖祇截用‘載胥’二字，取義則側重‘溺’字。剡銳載胥，即‘載戢干戈’之意，謂兵不復用也。”按：剡（yǎn）銳，此泛指銳利器械。“載胥”非“載戢”，兩者語義不同。楊箋不可從。《詩·大雅·桑柔》“載胥及溺”高亨今注：“載，猶則也。胥，皆也。溺，沈没。”此處祇截取“載胥”二字，猶言皆具，與“溺”無關。剡銳載胥：言銳利器械皆具。“剡銳載胥”與“九功允諧”對仗，兩句語意互補。工欲善其事，必先利其器。祇有具備了“剡銳載胥”的條件，方能做到“九功允諧”。

[14] 九功：六府三事之功。《左傳·文公七年》：“六府三事，謂之九功。水、火、金、木、土、穀，謂之六府。正德、利用、厚生，謂之三事。”允諧：和諧；妥善；成功。修理：言整齊有序。句謂社會經濟生活和諧。

[15] 西面：楊明照箋：“《説苑·君道》：‘燕昭王問於郭隗曰：“寡人地狹民寡，……以孤之不肖，得承宗廟，恐危社稷，存之有道乎?”郭隗曰：“有。然恐王之不能用也。”昭王避席，願請聞之。郭隗曰：“帝者之臣，其名臣也，其實師也；王者之臣，其名臣也，其實友也；霸者之臣，其名臣也，其實賓（楊校作“僕”）也；危國之臣，其名臣也，其實虜也。今王將東面，目指氣使以求臣，則廝役之材至矣；南面聽朝，不失揖讓之禮以求臣，則人臣之材至矣；西面等禮相亢，下之以色，不乘勢以求臣，則朋友之材至矣；北面拘指逡巡而退以求臣，則師傅之材至矣。如此，則上可以王，下可以霸，唯王擇焉。”燕王曰：“寡人願學而無師。”郭隗曰：“王誠欲興道，隗請爲天下之士開路。”於是燕王常置郭隗上座南面。’”按：楊箋所引，談了“四面”，“四面”非“西面”；“南面”是坐北面南，與“西面”無關。西面：指立東面西受教。與“西席”相對。古人席次尚右，帝師居西而面東講授，帝王東立面西而受教，以示尊師。《後漢書·桓榮傳》：“（顯宗）乘輿嘗幸太常府，令榮坐東面，設几杖，會百官驃騎將軍東平王蒼以下及榮門生數百人，天子親自執業，每言輒曰‘大師在上’。”李賢注引東觀記曰：“時執經生避位發難，上謙曰：‘大師在是’也。”清梁章鉅《稱謂録》八：“漢明帝尊

桓榮以師禮,上幸太常府,令榮坐東面,設几。故師曰西席。"後
尊稱受業之師或幕友爲"西席"。逡(qūn)巡:卻行,恭順貌。
《公羊傳·宣公六年》:"趙盾逡巡北面再拜稽首,趨而出。"《莊
子·田子方》"背逡巡"成玄英疏:"逡巡,猶卻行也。"

[16] 老叟:三老五叟。一作"三老五更(gēng)"。天子設三老五更之
位,以父兄之禮養之。《禮記·文王世子》:"適東序,釋奠於先
老,遂設三老、五更、群老之席位。"鄭玄注:"三老五更各一人也,
皆年老更事致仕者也。天子以父兄養之,示天下之孝悌也。名
以三五者,取象三辰五星,天所因以照明天下者。"又《樂記》:"食
三老五更於大學……所以教諸侯之弟也。"鄭玄注:"三老五更,
互言之耳,皆老人更知三德五事者也。"孔穎達疏:"三德謂正直、
剛、柔。五事謂貌、言、視、聽、思也。"

10　"是以淵蟠者仰赴[1],山棲者俯集[2]。炳蔚内弼,
虓闞外御[3]。政得於上,而物傾於下[4];惠發乎邇,而澤邁
乎遠[5]。明哲宣力於攸薘,黔庶讓畔於藪澤[6]。爾乃蠲滋
章之法令[7],振大和之清風[8]。蒲輪玉帛,以抽丘園之俊
民;元凱畢集,以究論道之損益。減牧羊之多人[9],反不酤
之至醇(1)[10]。張仁讓之闈[11],杜華競之津;旌義正之
操[12],弘道素之格[13]。使附德者,若潛萌之悅甘雨;見歸
者,猶行潦之赴大川[14]。黎民安之,若綠葉之綴修柯;左衽
仰之[15],若衆星之繫北辰[16]。

【校】

（1）反:魯藩本作及,王國維校作反。

【注】

[1] 淵蟠者:指隱者。淵蟠:猶潛藏,隱居。蟠:盤伏。仰赴:仰望、

　　　前往朝廷出仕。

［2］山棲者：指隱者。山棲：居處山間。俯集：恭身俯趨下山做官。

［3］虓闞（xiāo kǎn）：老虎暴怒哮吼的樣子。引申爲勇猛强悍的武
　　　將。外御：抵禦外敵。御通禦。

［4］政得於上，而物傾於下：《國語·周語中》：“夫政，自上下者也。
　　　上作政而下行之。不逆，故上下無怨。”韋昭注：“當從王出也。
　　　言君臣不相怨。”《廣譬》第 14 首：“務於遠者，或□（政）失於近；
　　　治其外者，或患生乎内。”可以與此二句合讀，一從正面，一從反
　　　面，説明君主的政治措施至關重要，關係國君是否得民心，是否
　　　能安居上位。

［5］惠發乎邇，而澤邁乎遠：恩澤從近處流向遠方。謂影響擴大到
　　　全國邊遠地區。兩句套用《易·繫辭上》句式：“行發乎邇見
　　　乎遠。”

［6］黔庶：黔首庶民。指百姓。讓畔：種田人互相謙讓，在田界處讓
　　　對方多占土地。黃帝、虞舜、周文王時代，相傳皆有讓畔之事。
　　　《文子·精誠》：“老子曰：‘昔黃帝之治天下，……田者讓畔。’”
　　　《淮南子·覽冥》“田者讓畔”作“田者不侵畔”。《韓非子·難
　　　一》：“歷山之農者侵畔，舜往耕焉，朞年甽畝正。”甽同畎。《史記·周
　　　本紀》：“西伯陰行善，諸侯皆來決平，……入界，耕者皆讓畔。民
　　　俗皆讓長。”後遂用來稱頌君王德政的典故。按：“讓畔”實指不
　　　侵畔，即不侵佔他人相鄰的地界。

［7］蠲（juān）：除；棄。滋章之法令：即法令滋彰。法令越發森嚴。
　　　《老子·第五十七章》：“法令滋彰，盜賊多有。”此謂更加苛細。

［8］大（tài）和：太和，天地陰陽沖和的元氣。

［9］減牧羊之多人：謂裁減冗員。

［10］不酤：猶言不釀造一夜就熟的酒，亦即不釀造酒。至醇：本指味
　　　道最濃厚的酒。此蓋指玄酒。玄酒是古代祭祀中當酒用的清
　　　水。《禮記·禮運》“故玄酒在室”孔穎達疏：“玄酒，謂水也。以
　　　其色黑，謂之玄。而太古無酒，此水當酒所用，故謂之玄酒。”

［11］張仁讓句：開啓仁愛謙讓之國風。《禮記·大學》“一家仁，一國

興仁；一家讓，一國興讓。”《後漢書・儒林傳・孫期》：“遠人從其學者，皆執經壄畔以追之，里落化其仁讓。”闈（wéi）：旁側小門；門户。

[12] 旌：表彰。旌：彰。義正：猶正義、道義。

[13] 道素：指純朴的德行。《行品》：“履道素而無欲，時難移而不變者，朴人也。”

[14] 猶行潦之赴大川：意本《左傳・昭公三年》語：“其愛之如父母，而歸之如流水。”

[15] 左衽：我國古代某些少數民族服裝的衣襟向左。《論語・憲問》“吾其被髮左衽矣”邢昺疏：“衽，謂衣衿。衿向左謂之左衽。夷狄之人，被髮左衽。”此指代周邊少數民族。

[16] 若衆星之繫北辰：如群星之依附北極星。《論語・爲政》：“爲政以德，譬如北辰，居其所，而衆星共（拱）之。”《爾雅・釋天》：“北極謂之北辰。”繫：聯屬；依附。句喻周邊少數民族心向朝廷。

11　“是以七政不亂象於玄極[1]，寒温不謬節而錯集。四靈備覿[2]，芝華灼粲[3]。甘露淋漉以霄墜，嘉穗婀娜而盈箱[4]。丹魃逐於神潢[5]，玄厲拘於度朔(1)[6]。百川無沸騰之異，南箕謐偃禾之暴[7]；物無詭時之凋，人無嗟慨之響[8]。囹圄虛陳，五刑寢厝[9]。正朔所不加[10]，冕紳所不曁[11]。氈裘皮服[12]，山棲海竄[13]，莫不含歡革鞼(2)[14]，感和重譯[15]；靈禽貢於彤庭[16]，瑶環獻自西極[17]。員首遽善[18]，猶氤氲之順勁風[19]；要荒承指[20]，若響亮之和絶音。誠升隆之盛致，三、五之軌躅也[21]。故能固廟祧於罔極[22]，繁本枝乎百世矣[23]”

【校】

（1）度朔：原作廣朔，當從王廣恕校作度朔。

（2）革鞔：原作革面，楊明照曰：“《易·革》：‘小六，君子豹變，小人革
面。’王注：‘小人樂成，則變面以順上也。’”孔穎達《正義》：“‘小
人革面’者，小人處之，但能變其顏面，容色順上而已，故曰‘小人
革面’。”按：當讀作革鞔。《易·革》：“上六，君子豹變，小人革
面。”聞一多《周易義證類纂》：“面讀爲鞔。”“革鞔即車之以革爲
覆者。”“‘小人革面’，小人正謂（下）士。”“《象傳》曰‘小人革面，
順以從君也’者，此釋本爻‘君子豹變，小人革面’二句，君即君
子。”“‘順以從君’者，大夫豹幨車在前，士革鞔車自後從之，所謂
屬車是矣。”

【注】

[1] 七政：指日、月和金、木、水、火、土五星各異其政。《書·舜典》：
“在璇璣玉衡，以齊七政。”孔傳：“在，察也。璇，美玉。璣衡，王
者正天文之器，可運轉者。七政，日、月、五星各異政，舜察天文，
齊七政，以審己當天心與否。”正義：“七政，其政有七，於璣衡察
之必在天者，知七政謂日、月、五星也。木曰歲星，火曰熒惑星，
土曰鎮星，金曰太白星，水曰辰星。《易·繫辭（上）》云：‘天垂
象，見吉凶，聖人象之。’此日、月、五星有吉凶之象，因其變動爲
占，七者各自異政，故爲七政。得失由政，故稱政也。”玄極：天
頂，天空。

[2] 四靈：指麟、鳳、龜、龍。《禮記·禮運》：“何謂四靈？麟、鳳、龜、
龍，謂之四靈。故龍以爲畜，故魚、鮪不淰；鳳以爲畜，故鳥不獝；
麟以爲畜，故獸不狘；龜以爲畜，故人情不失。”備覿（dí）：古人認
爲四靈全部出現是吉祥之兆。

[3] 芝華：靈芝之花。一歲開三次花，瑞草。灼粲（zhuó càn）：光輝
燦爛。

[4] 嘉穗：生長奇異而苗壯飽滿的穀穗。古人以爲是吉祥的徵兆。
婀娜：輕盈柔美貌；柔美茂盛貌。

[5] 丹魃（bá）：即旱魃。又名旱神、旱母、旱鬼。古代傳說中能造成
旱災的怪物。《詩·大雅·雲漢》：“旱既大甚，滌滌山川。丹魃

爲虐，如惔如焚。”毛傳：“滌滌，旱氣也。山無木，川無水。魃，旱神也。惔，燎之也。”丹魃之名以此。神潢：傳説中的河水名。《文選·東京賦》：“溺女魃於神潢。”朱銘《文選拾遺》一謂神潢即《南都賦》“松子神陂”之“神陂”，在南陽。按：“丹魃逐於神潢”即“溺女魃於神潢”的另一説法。

〔6〕玄厲：厲鬼，惡鬼，黑鬼。度朔：古代神話中的山名。《論衡·亂龍》：“上古之人，有神荼（shū）、鬱壘（lǜ）者，昆弟二人，性能執鬼。居東海度朔山上，立桃樹下，簡閱萬鬼。鬼無道理，妄爲人禍，荼與鬱壘縛以盧（蘆）索，執以食虎。”

〔7〕南箕：箕星。即箕宿。共四星，二星爲踵，二星爲舌。踵窄舌寬。夏秋間見於南方，故名。主八風，八風静謐則禾不倒伏。偃禾之暴：用成王啓《金縢》之書而覺悟，親迎周公，“天乃雨，反風，禾則盡起”的典故。

〔8〕嗟慨之響：猶《用刑》之“呼嗟之音”。呼號哀歎的聲音。句謂王道不虧。

〔9〕囹圄（líng yǔ）：監獄。《釋名·釋宫室》：“（獄）又謂之囹圄。囹，領也；圄，御也。領録囚徒，禁御之也。”寢屠：擱置；停止執行。兩句謂人民安分守己，無有犯法者。

〔10〕正朔所不加：漢族王朝所頒行的曆法不强加給周邊少數民族。《尚書大傳》：“正朔所不加，即君子所不臣也。”即以君子之禮對待所不臣服之少數民族。正朔：指帝王新頒的曆法。古代帝王易姓受命，必改正朔，故夏、商、周、秦及漢初的正朔各不相同。此泛指曆法。正朔即正月初一。自漢武帝至今之農曆，均用夏制，即以建寅之月爲歲首。《禮記·大傳》：“改正朔。”正義：“正謂年始，朔謂月初。”即元月元日。

〔11〕冕紳所不暨：謂漢族的冠服制度不許施行於少數民族。冕紳：禮帽與官服的腰帶。借指貴官重臣。紳：古代官員束腰的大帶，一端下垂。暨（jì）：至；與。

〔12〕氈裘皮服：用毛和皮革製成的衣服。西北少數民族所服，因指少數民族。

[13] 山棲海竄：此指居住山中與海島的少數民族。竄：伏匿。

[14] 革鞔：謂以皮革爲覆的飾車，下士所乘。句謂山棲海竄之民，心
懷喜悦臣服，如屬車之隨從大夫豹幨車也。

[15] 感和：謂召致和氣。重譯：輾轉翻譯。《尚書大傳》四：“成王之
時，越裳重譯而來朝，曰道路悠遠，山川阻深，恐使之不通，故重
三譯而朝也。”

[16] 靈禽：珍禽，神鳥。此指白雉。《文選》吳質《答東阿王書》“百越
使獻其白雉”李善注引《太公金匱》曰：“武王伐殷，四夷聞，各以
（其職）來貢，越裳獻白雉，重譯而至。”彤庭：本指漢代宮廷。因
以朱漆爲塗飾，故名。泛指皇宮。

[17] 瑤環：玉環。用作耳飾或佩飾。此指白環。《宋書·符瑞志》引
《竹書紀年》帝舜有虞氏九年：“西王母（之來朝）獻白環、玉玦。”
西極：西方極遠之地。

[18] 員首：圓頭。指人。《大戴禮記·曾子天圓》：“上首之謂圓，下首
之爲方。”盧辯注：“人首圓足方，因繫之天地。”此指百姓。遷善：
趨善；趨善。趣通趨。

[19] 氤氲（yīn yūn）：指天地陰陽二氣交會和合的狀態。

[20] 承指：逢迎意旨。句謂少數民族順承朝廷旨意。

[21] 三、五：三皇五帝。孔安國以伏羲、神農、黃帝爲三皇，以少昊、顓
頊、高辛、唐堯、虞舜爲五帝。參邱光庭《兼明書》卷一《諸書》“三
皇”條“五帝”條。

[22] 廟祧（tiāo）：泛指祖廟。諸侯以始祖之廟爲祧。句謂江山社稷
永固。

[23] 本枝：同一家族的嫡系和庶出子孫。

12　“夫根深則末盛矣，下樂則上安矣。馬不調，造父
不能超千里之迹；民不附，唐、虞不能致同天之美[1]。馬極
則變態生，而傾償惟憂矣[2]；民困則多離叛，其禍必振
矣(1)。可不戰戰以待旦乎[3]！可不慄慄而慮危乎！人主

不澄思於治亂，不深鑒於亡徵；雖目分百尋之秋毫[4]，耳精八音之清濁[5]；文則琳琳墮於筆端，武則鉤鉻摧於指掌[6]；心苞萬篇之誦，口播濤波之辯[7]；猶無補於土崩，不救乎瓦解也[8]。何者？不居其大，而務其細；滯乎下人之業，而闇元本之端也[9]。

【校】

（1）其禍必振矣：楊明照校：“徐濟忠‘其’上校沾‘而’字。又云：‘“必”字疑是“不”字。’”“有‘而’字與上‘而傾僨惟憂矣’句儷。盧本、文溯本、崇文本並有‘而’字。‘必振’與上下文意不屬，徐說是。”按：“必”字不誤，其下蓋脫一“不”字。“禍必不振矣”，語出《史記·刺客列傳·荊軻》：“是謂‘委肉當餓虎之蹊’也，禍必不振矣。”楊明照給“不振”作箋語時雖也提到“禍必不振矣”這句話，但未能由此發現徐校之不足並給全句作出正確的校勘，真是功虧一簣。

【注】

［1］馬不調，造父不能超千里之迹：比喻“民不附”則不能得到“同天”之美譽。造父：趙氏祖先衡父之子、孟增之孫，幸於周穆王，以善馴馬著稱。曾馴調騏驥八駿，又在桃林得到盜驪、驊騮、綠耳，獻之周穆王。穆王使御車東西巡狩，見西王母。適逢徐偃王反，造父為穆王日馳千里，攻徐偃王，大破之。周穆王賜以趙城，其後裔遂以趙為氏。同天：謂偉大齊同於天。稚川根據對仗需要而唐、虞並提。

［2］極：倦。王褒《聖主得賢臣頌》有“人極馬倦”語，極倦互文同義。傾僨（fèn）惟憂：擔憂馬仆倒、車覆敗。句式與“馬首是瞻”同。

［3］待旦：等到天亮。多指為官勤政。

［4］目：眼力。百尋：形容極高或極長。

［5］耳：聽力。八音：古代八種材料製成的樂器。此指代音樂。《周

禮·春官·大師》：“皆播之以八音：金、石、土、革、絲、木、匏、竹。”
鄭玄注：“金，鍾鎛也；石，磬也；土，塤也；革，鼓鼗也；絲，琴瑟也；
木，柷敔也；匏，笙也；竹，管簫也。”柷敔（zhù yǔ）：兩種木制樂器。

［6］鉤鉻摧於指掌：言其氣力大。鉤鉻（gé 革）：古代兵器名，即鉤。
似劍而彎曲，用以鉤殺人。《方言》五：“鉤，宋、楚、陳、魏之間，謂
之鹿觡，或謂之鉤格；自吳而西謂之鉤。”鉤格即鉤鉻，格、觡、鉻
互通。指掌：手指和手掌。兩句形容文武雙全。

［7］濤波之辯：雄辯滔滔，口若懸河。兩句形容文才與口才。

［8］猶無補於土崩，不救乎瓦解：形容潰敗不可收拾。《史記·秦始
皇本紀》：“秦之積衰，天下土崩瓦解。”正義：“言秦國敗壞，若屋
宇崩頹，衆瓦解散也。”

［9］滯：局限；拘泥；固執。闇元本：對於根本大事表現愚昧。四句
如今語所謂拾了芝麻，丢了西瓜，没有抓住大頭。

　　13　“誠能事過乎儉[1]，臨深履冰[2]；居安不忘乘奔之
戒，處存不廢慮亡之懼[3]；操綱領以整毛目[4]，握道數以御
衆才[5]；韓、白畢力以折衝[6]，蕭、曹竭能以經國[7]；介一人
之心(1)，致其果毅[8]，謀夫協思，進其長算[9]；則人主雖從
容玉房之内，逍遥雲閣之端；羽爵腐於甘醪[10]，樂人疲於拚
儛[11]；猶可以垂拱而任賢[12]，高枕以責成。何必居茅茨之
狹陋，食薄味之大羹[13]，躬監門之勞役[14]，懷損命之辛勤，
然後可以惠流蒼生，道洽海外哉？

【校】

（1）介一人之心：孫星衍校：“疑當作介人一心。”

【注】

［1］誠能事過乎儉：假如處理政事能謹慎而有節制。《易·小過》：

“君子以行過乎恭，喪過乎哀，用過乎儉。”此套用其句式而取義有所不同。儉通檢。檢束、節制。

［2］臨深履冰：《詩·小雅·小旻》：“戰戰兢兢，如臨深淵，如履薄冰。”毛傳：“(戰戰)，恐也；(兢兢)戒也。(如臨深淵)恐隊(墜)也。(如履薄冰)恐陷也。”隊：墜之本字。

［3］居安不忘乘奔之戒二句：《易·繫辭下》：“是故君子安而不忘危，存而不忘亡，治而不忘亂，是以身安而國家可保也。”

［4］操綱領以整毛目：操綱整目，持領理毛。意本《吕氏春秋·用民》：“用民有紀有綱，壹引其紀，萬目皆起；壹引其綱，萬目皆張。”綱領：如網之綱，如裘之領。總綱要領。喻重要。

［5］道數：道之精理。按：此指人君治國之道的精理。

［6］韓、白：韓信、白起。畢力：盡力；全力。折衝：使敵人的戰車撤退。即克敵制勝。

［7］蕭：蕭何(前？—前193)，秦末沛(今江蘇沛縣)人。初爲沛主吏掾。二世元年(前209)佐劉邦起義。入關克咸陽，收秦丞相御史所藏圖籍律令，掌握了全國的山川險要、郡縣户口和當時的社會情況。勸劉邦受項羽封，經營巴蜀；薦韓信爲大將，與項羽争奪天下。以丞相身份留守關中，制法令，立宗廟、宫室、縣邑，輸送士卒與糧餉，支援作戰。對劉邦戰勝項羽、建立漢朝起了重要作用，封酇侯。行與民休息之策，定律令制度。協助高祖消滅韓信等異姓諸侯。高祖卒，復佐惠帝。臨終前薦曹參爲相國。曹：曹參(前？—前190)，秦末沛人。初爲沛獄掾。秦末從劉邦起義，“身被七十創”，屢立戰功。漢朝建立，封平陽侯。協助高祖平定陳豨、英布等異姓諸侯王。曾任齊相九年，采蓋公黄老之術。繼蕭何爲漢惠帝丞相，“舉事無所變更，一遵蕭何約束”，有“蕭規曹隨”之稱。竭能：盡其所能。經國：治理國家。

［8］果毅：做事澈底，態度堅決。殺敵爲果，致果爲毅。

［9］長算：亦作長筭。長治久安的謀略。算：廟算。陸機《弔魏武帝文》：“長筭屈於短日，遠跡頓于促路。”

［10］羽爵腐於甘醪：酒器羽爵朽爛於醇酒。極言飲酒之多、飲酒時

間之長。甘醪(láo)：美酒；醇酒。

[11] 抃(biàn變)儛：拍手跳舞。抃：同抃。儛：同舞。

[12] 垂拱：垂衣拱手，不親理政務。稱頌帝王無爲而治用之。謂任官
　　　得人或强臣掌政。

[13] 大(tài)羹：不和五味的肉汁。

[14] 監門：監守門户；守門小吏。

14 “昏惑之君，則不然焉。其爲政也：或仁而不斷，
朱紫混漫(1)[1]，正者不賞，邪者不罰；或苛猛慘酷，或純威
無恩[2]；刑過乎重，不恕不貸(2)[3]。根露基頹[4]，危猶巢
幕，而自比於天日[5]，擬固於泰山；謂克明俊德者不難
及[6]，小心翼翼者未足筭也[7]。於是無罪無辜[8]，淫刑以
逞[9]；民不見德，唯戮是聞。

【校】

（1）或仁而不斷，朱紫混漫：依下文“或苛猛慘酷，或純威無恩”句例，
　　　疑“朱”前脱一“或”字。

（2）貸：原作逮，疑當作貸。

【注】

[1] 朱紫：正色與間色之好者。喻正與邪、是與非、善與惡。《論語·
　　　陽貨》：“惡紫之奪朱也。”集解引孔安國曰：“朱，正色；紫，間色之
　　　好者，惡其邪好而奪正色。”混漫：雜亂。句謂濫封官爵。

[2] 苛猛：苛虐兇暴。由《禮記·檀弓下》“苛政猛於虎也”而來。慘
　　　酷：極其殘酷；極其刻薄。

[3] 貸：赦免，寬恕。

[4] 根露基頹：根柢暴露，基礎頹壞。喻統治基礎已經動搖，不可
　　　收拾。

[5] 自比於天日：夏桀不聽伊尹勸告，曾説“吾有天下，猶天之有日

也。曰有亡乎？曰亡，吾亦亡也。”（《韓詩外傳》二）喻盲目樂觀
於皇權鞏固。

[6] 克明俊德：能明察任用才德傑出的人。《書・堯典》：“克明俊德，
以親九族。”孔傳：“能明俊德之士任用之，以睦高祖玄孫之親。”

[7] 不足筭（suàn）：不足數。不值得一辨。筭：數。等差；區別（優
劣、高下）。《論語・子路》：“子曰：‘斗筲之人，何足算也！’”集解
引鄭玄曰：“筲，竹器，容斗二升。算，數也。”筭算古通。按：《論
語》異文作何足選、何足數。“何足算”謂没有什麽區別。算、選、
數義通。

[8] 無罪無辜：指無罪之人。“無罪”“無辜”互文同義。《詩・小雅・
十月之交》：“無罪無辜，讒口囂囂。”

[9] 淫刑以逞：濫用刑罰以圖快意。淫刑：濫用刑罰；重刑，酷刑。

15　　“官人則以順志者爲賢[1]，擢才則以近習者爲
前[2]。上宰鼎列[3]，委之母后之族[4]；專斷顧問，決之阿諂
之徒。所揚引則遠九族外親(1)[5]，而不簡其器幹；所信仗
則在於瑣才曲媚，而憎□乎方直(2)；所抑退則從雷同，而不
察之以情[6]；所寵進則任美談，而不考其績用。掌要治民
之官，御戎專征之將[7]，或貪汙以壞所在矣，或營私以亂朝
廷矣，或懦弱以敗庶事矣，或恇怯以失軍利矣[8]。終於不
覺，不忍黜斥，猶加親委，冀其晚效。器小任大，遂及於禍。
良才遠量無援之士，或被褐而朝隱[9]，或沈淪於窮否[10]，懷
道括囊，展力莫由，陵替之災[11]，所以多有也。

【校】

（1）遠：當從楊明照校作遠及。

（2）憎□乎方直：楊明照校：“以上文‘而不簡其器幹’句例之，‘憎’之
　　　上或下脱去一字。”按：“憎”下蓋脱一“惡”字。如此，方與上文

“不簡其器幹”字數相等。

【注】

[1] 官人：選取人才給以適當官職。《書・皋陶謨》：“知人則哲，能官人。”孫星衍疏：“知人則能器使。”順志：順從長上的意志。

[2] 近習：親近；君主寵倖的人；佞倖小人。賢、前：仙部。

[3] 上宰：宰輔。亦泛指輔政大臣。鼎列：三公九列。泛指朝廷要職。鼎：國之重器，三足，因以喻三公、宰輔重臣。列：九列，九卿。特指少府。

[4] 母后之族：猶言后黨。指外戚（專權）。母后：帝王之母。泛稱太皇太后、皇太后、皇后。

[5] 九族：上推四世至高祖，下推四世至玄孫。同姓親戚，即高祖、曾祖、祖父、父、自己、子、孫、曾孫、玄孫。《書・堯典》：“克明俊德，以親九族。”孔傳：“能明俊德之士任用之，以睦高祖（至）玄孫之親。”外親：指女系親屬；猶外戚。

[6] 察之以情：謂以是否忠誠考察之。《左傳・莊公十年》：“小大之獄，雖不能察，必以情。”情：誠也。

[7] 御戎：駕御軍車。也指爲君主駕御軍車的甲士。《左傳・桓公三年》：“韓萬御戎，梁弘爲右。”又《成公十八年》：“弁糾御戎，校正屬焉，使訓諸御知義。”楊伯峻注：“御戎統率諸御。御戎爲駕御國君戎車之御，諸戎則爲駕一戎。”按：此謂統帥軍隊。專征：受命自主征伐。

[8] 恇（kuāng）怯：懦弱，膽怯。《説文・心部》、《廣雅・釋詁四》：“恇，怯也。”《三國志・魏書・董卓傳》“其後（牛）輔營兵有夜叛出者”裴松之注引晉王沈《魏書》曰：“輔恇怯失守，不能自安，常把辟兵符，以鈇鑕致其旁，欲以自彊。”

[9] 被（pī）褐：身穿粗布短襖。謂生活貧困。朝（cháo）隱：謂雖在朝廷做官，而淡泊恬退與隱者無別。《法言・淵騫》：“或問：‘柳下惠非朝隱者與？’”

[10] 窮否（pǐ）：困厄，不亨通。《抱朴子内篇・自序》：“是以望絶於榮

華之途,而志安乎窮否之域。”

[11]陵替：下陵上替。謂綱紀廢弛,上下失序。《左傳·昭公十八年》：“於是乎下陵上替,能無亂乎?”正義：“一國之人,皆懷苟且,不識上下之序,不知尊卑之義,於是在下者陵侮其上,在上者替廢其位,上下失分,能無亂乎?”

16　“又經典規戒,弗聞弗覽^{(1)[1]}；玩弄褻宴,是耽是務。高樓觀而下道德[2],廣苑囿而狹招納[3],深池沼而淺恩信,悅狗馬而惡蹇諤[4],貴珠玉而賤智略,豐綺紈而約惠澤,緩賑濟而急聚斂,勤畋弋而忽稼穡[5],重兼并而輕民命[6],進優倡而退儒雅[7],厚嬖幸而薄戰士[8],流聲色而忘庶事,先酣遊而後聽斷,數苦役而踈犒賜[9],工造費好不急之器[10],圈聚食肉靡穀之物[11]。然則危亡不可以怨天,微弱不可以尤人也。夫吉凶由己[12],湯、武豈一哉?

【校】

（1）弗覽：陳其榮校：“藏本作不覽,今從舊寫本。”

【注】

[1]弗：不之。“聞”、“覽”之賓語承前“經典規戒”而省去“之”字。

[2]樓觀：本謂結草爲樓,觀星望氣。《樓觀本起傳》：“樓觀者,昔周康王大夫、關令尹喜故宅也。以結草爲樓,觀星望氣,因以名樓觀。此宮觀所自始也。後秦始皇建廟於樓南,漢武帝立宮於觀北,晉宋碣板,于今尚在,秦漢廟户,相繼不絶。”又名“高明”。泛指樓殿之類的高大建築物。《禮記·月令》“可以居高明”鄭玄注：“高明,謂樓觀也。”

[3]廣苑囿：如紂“廣沙丘苑臺”(《史記·殷本紀》)。苑囿：古代畜養禽獸供帝王玩樂的園林。

[4] 謇諤：同謇諤(jiǎn è)。正直貌；忠直敢言貌。《文選》潘岳《笙賦》"終崔峨以謇愕"李善注："謇愕，正直之貌。"五臣本"謇愕"作"謇諤"，劉良注："崔峨、謇諤，聲高直貌。"《後漢書·陳忠傳》："(上疏)忠臣盡謇諤之節，不畏逆耳之害。"諤通愕。句謂忠直之士不如狗馬討他們喜歡。

[5] 畋弋：打獵。弋：以繩繫箭而射。《莊子·胠篋》："夫弓弩畢弋機變之知多。"成玄英疏："以繩繫箭射，謂之弋。"

[6] 民命：民眾的意旨；民眾的生命；百姓的生計。《書·盤庚下》："朕及篤敬，恭承民命，用永地於新邑。"《六韜·王翼》："揔攬計謀，保全民命。"《三國志·魏書·辛毗傳》："(方今二袁)朝不謀夕，民命靡繼，而不綏之，欲待他年……失所以用兵之要矣。"

[7] 優倡(chāng)：古代表演歌舞雜戲的藝人。《史記·孔子世家》："優倡侏儒爲戲而前。"

[8] 嬖(bì)幸：得寵；被寵愛的人。指姬妾、侍臣、倡優等。《後漢書·楊震傳》："方今九德未事，嬖倖充庭。"

[9] 數(shuò)：密；多；頻繁。犒賜：犒勞賞賜。犒：以牛酒宴餉軍士，酬賞勞績。

[10] 費好(hào)：費錢。好：錢孔，因指代錢。不急之器：如精雕細琢的工藝品之類。

[11] 食肉：謂獸。麋穀：指鳥。《吕氏春秋·慎小》："齊桓公即位，三年三言，而天下稱賢，群臣皆説，去食肉之獸，去食粟之鳥，去絲置之網。"

[12] 吉凶由己：禍福是由人自己的行爲所決定。《左傳·僖公十六年》："吉凶由人。"《後漢書·儒林傳上·孔僖》："僖曰：'學不爲人仕不擇官，凶吉由已，而由卜乎？'"

17 "昔周文掩未埋之骨，而天下稱其仁[1]；殷紂剖比干之心，而四海疾其虐[2]。望在具瞻，毀譽尤速[3]。得失之舉，不在多也。凡譽重則蠻、貊歸懷，而不可以虛索也[4]；毀積即華夏離心，而不可以言救也。是以小善雖無大益，而不可不爲；細惡雖無近禍，而不可不去也[5]。

【注】

［1］周文：周文王。掩……骨：埋葬枯骨。《吕氏春秋・異用》：“周文王使人抇池，得死人之骸，吏以聞於文王。文王曰：‘更葬之。’吏曰：‘此無主矣。’文王曰：‘有天下者，天下之主也；有一國者，一國之主也。今我非其主也？’遂令吏以衣棺更葬。天下聞之，曰：‘文王賢矣，澤及髊骨，又況人乎？’”抇（hú）：挖掘。髊（cī）：肉腐爛的骸骨。

［2］剖……心：破胸取心，古代的一種酷刑。始於殷紂王怒比干之諫，遂破其心。

［3］望在具瞻：名聲爲衆人所瞻望。謂地位顯赫。《詩・小雅・節南山》：“赫赫師尹，民具瞻爾。”毛傳：“具，俱；瞻，視。”

［4］蠻、貊（mò）：猶四夷。指周邊少數民族。蠻本爲長江中下游長江以南地區少數民族的泛稱。貊本爲北方一部族名。歸懷：向往歸附。

［5］小善雖無大益四句：謂善惡皆由量變發展爲質變，而有成名與滅身的問題。故小善不可不積，細惡不可不去。《易・繫辭下》：“善不積，不足以成名；惡不積，不足以滅身。小人以小善爲無益，而弗爲也；以小惡爲無傷，而弗去也。故惡積而不可揜，罪大而不可解。”

　　18　“若乃肆情縱欲，而不與天下共其樂，故有憂莫之恤也[1]。削基增峻(1)，而不覺下墮則上崩[2]，故傾頹莫之扶也[3]。於是轡策去於我手[4]，神物假而不還[5]；力勤財匱[6]，民不堪命[7]；衆怨於下，天怒於上[8]；田成盜全齊於帷幄[9]，姬昌取有二於西鄰[10]。陳、吳之徒[11]，奮劍而大呼；劉、項之倫[12]，揮戈而飆駭[13]。雲梯乘於百雉之上[14]，皓刃交於象魏之下[15]；飛鋒內薦[16]，禁兵外潰[17]。而乃憂悲以思邈世之大賢(2)，擁箠以延巖棲之智士[18]；慕伊、呂於嵩岫[19]，招孫、吳於草萊[20]，拜昌言而無所而莫問[21]，猶大廈既燔，而運水於滄海；洪潦淩室(3)[22]，而造船於長洲矣(4)[23]。

【校】

（1）增：陳其榮、楊明照校、承訓本等同。平津本誤作憎。

（2）而乃：與爾乃通。

（3）室：《意林》作空。

（4）而造船於長洲矣：《意林》作伐舟於長川。其下《意林》有“則不及矣”一句。

【注】

［1］而不與天下共其樂：謂國君不與民同樂，則民不與君同憂。《孟子·梁惠王下》：“樂民之樂者，民亦樂其樂；憂民之憂者，民亦憂其憂。樂以天下，憂以天下，然而不王者，未之有也。”類似觀點又見《文選·六代論》。

［2］削基增峻：謂削弱基礎的廣度而增加其上之高度則比例失調。喻本末輕重倒置，自取覆亡。《文子·上仁》：“不廣其基，而增其高者，覆。”下墮（huī）：基礎損壞。

［3］傾頹：倒塌；衰敗。諸葛亮《出師表》：“親小人，遠賢臣，此後漢所以傾頹也。”莫之扶：沒有一個人扶持。

［4］轡（pèi）策：繮繩和馬鞭。喻法律、法令、刑罰、兵權等控制工具。《韓非子·五蠹》：“如欲以寬緩之政，治急世之民，猶無轡策而御駻馬，此不知之患也。”我手：指君王之手。

［5］神物：神靈之物。此猶言神器，代表國家政權的實物如玉璽、寶鼎。借指帝位、政權。假而不還：謂喪失政權。假：借。此指借出。《左傳·成公二年》：“唯器與名，不可以假人。”

［6］力勤：民力耗盡。《淮南子・主術》：“及至亂王，取民則不裁其力，求於下則不量其積，男女不得事耕織之業，以供上之求，力勤財匱。”《文子・上仁》：“力勤財盡，有旦無暮。”

［7］民不堪命：人民不能忍受酷虐的政令。《國語・周語上》：“厲王虐，國人謗王。召公告王曰：‘民不堪命矣！’”韋昭注：“言民不堪暴虐的政令。”

［8］天怒：暴風疾雪等，古人謂之天怒。兩句言人神共憤。

［9］田成：田成子，又名田恒、田常，田乞之子。事齊簡公，與監止爲齊左右相。田常行田乞故智，以大斗出貸，以小斗收進，爲齊人擁戴。田常兄弟四人，追殺監止，其徒追執簡公於徐州殺之。立簡公弟驁，是爲平公。常爲相，盡歸齊所侵魯、衛之地，修功行賞，親於百姓，施德止刑，齊國之政盡歸田氏。割齊地爲己封邑，大於平公所食。盜全齊：竊取齊國政權。説從《莊子・胠篋》：“然而田成子一旦殺齊君而盜其國。”帷幄（wò）：軍帳；幕府，畫策之處。

［10］姬昌：周文王姓姬名昌。有二：三分天下有其二。《論語・泰伯》：“（西周）三分天下有其二，以服事殷。”西鄰：西伯文王在殷王朝西邊，故云。

［11］陳、吳：陳勝（前？—前208），字涉，秦末陽城（今河南方城東）人；吳廣（前？—前208），字叔，秦末陽夏（今河南太康）人。秦二世元年七月謫戍漁陽，兩人同爲屯長。在途中蘄縣大澤鄉同率戍卒九百人起事。陳自立爲將軍，吳自立爲都尉。克陳，陳涉被推爲王，號張楚。遣周文主力擊咸陽，分兵略趙、魏，各地紛紛回應。後因秦將章邯圍陳，退至下城父。次年九月，爲御者莊賈所殺。稱王凡六月。吳爲假王，監諸將西擊滎陽。久攻不克，將軍田臧矯陳勝令，將其殺害。句謂發動起義。

［12］劉：劉邦。項：項籍（前232—前202），字羽，秦末下相（今江蘇宿遷西）人，楚名將項燕（前？—前223）之後。秦二世元年（前209），從叔父項梁（前？—前208）在吳（今江蘇蘇州）起義。項梁戰死後，章邯圍陳，楚懷王孫心任命宋義爲上將軍，羽爲次將，率

軍往救。憤宋義至安陽(今屬河南)擁兵不前,殺之,懷王立爲上
將軍,親率兵救趙,大敗秦軍於巨鹿,摧毀秦軍主力。入關,鴻門
宴不聽范增殺劉邦之計而與之和解。秦亡後,羽自立爲西楚霸
王,並大封諸侯王。楚漢戰爭中,爲劉邦擊敗。最後從垓下突
圍,自刎於烏江。

[13] 飈駭:言如暴風般迅猛興起。劉勰《文心雕龍・時序》:"春秋以
後,角戰英雄,六經泥蟠,百家飈駭。"按:例晚於本文。

[14] 百雉:爲三百丈長一丈高的城牆。雉:古代計算城牆面積的單
位,長三丈高一丈。《禮記・坊記》:"都城不過百雉。"鄭玄注:
"雉,度名也,高一丈,長三丈。"此借指城牆。

[15] 皓刃:白刃,尖銳鋒利的刀劍。象魏:古代天子、諸侯宮門外的
一對高建築,亦名闕或觀。爲懸示政令的地方。《周禮・天官・
太宰》:"正月之吉,始和,布治于邦國都鄙,乃縣(懸)治象之灋于
象魏,使萬民觀治象,挾日而斂之。"鄭玄注引鄭司農(衆)曰:
"象,魏闕也。"賈公彥疏:"鄭司農云'象魏,闕也'者,周公謂之象
魏,雉門之外,兩觀闕高魏魏然,孔子謂之觀。"徐鍇《説文解字繫
傳》:"中央闕而爲道,……以其闕然爲道謂之闕,以其上可遠觀
謂之觀,以其縣(懸)法謂之象魏。"此指代皇宮。灋同法。縣:
懸之初字。

[16] 飛鋒:指箭矢、兵刃。内薦:聚集於宮廷之内。薦:至;聚。

[17] 禁兵:猶禁軍。保衛皇宮或京師的軍隊。

[18] 擁篲:執帚掃地。以帚清道,迎候賓客,以示敬意。《史記・荀卿
列傳》:"(騶子)如燕,昭王擁篲先驅,請列弟子之座而受業。"巖
棲:棲宿於山岩之上;巢居穴處。

[19] 伊、吕:伊尹、吕尚。伊尹輔商湯,吕尚佐周武王,皆有大功,後因
並稱伊吕,泛指輔弼重臣。此泛指隱居在野的傑出政治人才。

[20] 孫、吳:孫武、吳起。此泛指在野的特出的軍事人才。草萊:荒
蕪之地;鄉野;民間。

[21] 昌言:善言;正言。句謂國君已失去拜受善言之所。莫問:沒有
一個人可供詢問。句謂衆叛親離。

[22] 洪潦(lǎo)：洪水。多爲雨後的大水。

[23] 長洲：楊明照謂指“吳苑”。而《用刑》“方造舟於長洲之林”，則箋引《十洲記》曰：“長洲……上饒山林及多大樹，樹乃有二千圍者，一洲之上，專是林木，故一名青丘。”按：楊明照所引《十洲記》較合稚川文意，而箋云“吳苑”，似不妥。“造船”“造舟”“於長洲”，當同指一處，不能前後自相矛盾。長洲之苑，故址在今太湖北。春秋時爲吳王闔閭遊獵之處。就造船地點方便而言，江水洲適宜造船。但江水洲的林木不如《十洲記》中的長洲多而大適宜造船。

19　夫巍巍之稱，不可驕吝搆(1)[1]；而東嶽之封，未易以恣欲修也[2]。上聖兼策載馳[3]，猶懼不逮前；而庸主緩步按轡，而自以爲過之(2)。或於安而思危，或在嶮而自逸。或功成治定[4]，而匪怠匪荒[5]；或綴旒累卵，而不覺不寤[6]。不有辛、癸之没溺，曷用貴欽明之高濟哉[7]？念兹在兹[8]，庶乎庶乎[9]！”

【校】

（1）可：楊明照校：“‘可’下疑脱一字。”按：當補“以”字。

（2）而：當從楊明照校删。

【注】

[1] 驕吝：驕傲而吝嗇。《論語・泰伯》：“如有周公之才之美，使驕且吝，其餘不足觀也已。”搆通構。構成。

[2] 東嶽：泰山。封：封禪(shàn)。古代帝王祭天地的大典。在泰山上築壇爲祭，報天之功，曰封；在泰山下的梁父山辟場祭地，報地之德，曰禪。兩句用“齊桓公既霸，會諸侯於葵丘，而欲封禪”，“於是管仲睹桓公不可窮以辭，因設之以事”而阻之之典：“……今鳳皇麒麟不來，嘉穀不生，而蓬蒿藜莠茂，鴟梟數至，而欲封

禪，毋乃不可乎？於是桓公乃止。”（《史記·封禪書》）

［３］載馳：載馳載驅，謂車馬疾行。《詩·鄘風·載馳》：“載馳載驅，
歸唁衛侯。”

［４］功成治定：功業成就，政治安定。《禮記·樂記》：“王者功成作
樂，治定制禮。”

［５］匪怠匪荒：不怠惰，不放蕩。《書·大禹謨》：“無怠無荒，四夷
來王。”

［６］綴旒：（國君若）結綴的旗旒（隨風動搖）。比喻君主爲臣下所挾
持，大權旁落。他書或作“贅旒”、“綴斿”、“綴遊”。旒：通瑬，冠
冕前後的玉串。《公羊傳·襄公十六年》：“君若贅旒然。”何休
注：“旒，旂旒；贅，繫屬之辭，若今俗名就婿爲贅婿矣。以旂旒喻
者，爲下所執持（而）東西。”《漢書·五行志》下之下：“君若綴斿，
不得舉手。”顔師古注：“應劭曰：‘斿，旌旗之旒，隨風動搖也。’言
爲下所執，隨人東西也。”《文選》潘勗《册魏公九錫文》：“當此之
時，若綴旒然。”張銑注：“旒，冠上垂珠於冠者，言帝室之危如旒
之懸。”喻國勢垂危。累卵：堆疊的卵。比喻極其危險。《韓非
子·十過》：“故曹，小國也，而迫於晉楚之間，其君之危，猶累卵
也。”寤通悟。

［７］欽明：敬肅明察。《書·堯典》：“欽明文思安安。”孔傳：“欽，敬
也。”釋文引馬融曰：“威儀表備謂之欽，照臨四方謂之明。”

［８］念茲在茲：所想在此，所爲亦在此。《左傳·襄公二十一年》：
“《夏書》曰：‘念茲在茲。’”杜預注：“逸《書》也。茲，此也。謂行
此事，當念使可施之於此。”《書·大禹謨》：“帝念哉！念茲在茲，
釋茲在茲。”

［９］庶乎庶乎：這該算是接近聖道了吧。《論語·先進》：“子曰：‘回
也，其庶乎！’”集解：“言回庶幾聖道。”義疏：“庶，庶幾也。”朱熹
集註：“庶，近也，言近道也。”

臣　節　卷　六 [1]

1　抱朴子曰：“昔在唐、虞，稽古欽明，猶俟群后之翼亮 [2]，用臻巍巍之成功。故能熙帝之載 [3]，庶績其凝 [4]；四門穆穆，百揆時序 (1)[5]；蠻夷無猾夏之變 [6]，阿閣有鳴鳳之巢也 [7]。喻之元首，方之股肱 [8]，雖有尊卑之殊邈，實若一體之相賴也。

【校】

（1）四門穆穆，百揆時序：《書·舜典》：“納于百揆，百揆時叙。賓於四門，四門穆穆。”孔傳：“揆，度也。度百事，總百官。納舜於此官。舜舉八凱，使揆度百事。百事時叙，無廢事業。穆穆，美也。四門，四方之門。舜流四凶族，四方諸侯來朝者，舜賓迎之，皆有美德，無凶人。”

【注】

[1] 臣節：人臣的道德節操。着重論重臣爲政應持的節操。《荀子》論《臣道》，《説苑》論《臣術》，稚川論《臣節》，與之鼎立爲三。

[2] 群后：四方諸侯、九州牧伯。《書·舜典》“班瑞於群后”蔡沈集傳：“群后即侯牧也。”翼亮：輔佐。

[3] 熙帝之載：興起帝堯的事功。《書·舜典》：“舜曰：‘咨！四岳，有能奮庸熙帝之載，使宅百揆，亮采惠疇。’”孔傳：“奮，起。庸，功。載，事。訪群臣有能奮起發其功，廣堯之事者。言‘舜曰’以別堯。亮，信也。惠，順也。求其人使居百揆之官，信立其功順其

事者,誰乎?”

[４]庶績其凝:衆功皆成。《書·皋陶謨》:“撫於五辰,庶績其凝。”孔傳:“凝,成也。言百官皆撫順五行之時,衆功皆成。”《三國志·魏書·高堂隆傳》:“夫拓迹垂統,必俟聖明;輔世匡治,亦須良佐,用能庶績其凝,而品物康乂也。”

[５]百揆:猶言各種政務。時序:猶承序,承順,言有條理。時通承。同爲禪母字,爲之蒸對轉,故得通用。謂虞舜任總理,舉用八凱,使他们揆度百事,各種政務,皆有條理。虞舜大開明堂四門,敬迎遠方賓客,四方諸侯來朝者,端莊恭敬;一説“四方和順”(方孝岳語)。

[６]蠻夷:古代對四方邊遠地區少數民族的泛稱。亦專指南方少數民族。猾夏:擾亂華夏。

[７]阿閣有鳴鳳之巢:鳳巢阿閣,象徵祥瑞。喻朝中賢才聚集。《左傳·昭公十七年》正義引《尚書中候·握河紀》曰:“堯即政七十年,鳳皇止庭。伯禹拜曰:‘昔帝軒提象,鳳巢阿閣。’”《文選·古詩十九首》之五:“西北有高樓,上與浮雲齊,交疏結綺窗,阿閣三重階。”李善注:“《尚書中候》曰:‘昔黃帝軒轅,鳳皇巢阿閣。’《周書》曰:‘明堂咸有四阿。’然則閣有四阿,謂之阿閣。鄭玄《周書》注曰:‘四阿,若今四注者也。’”《藝文類聚》九九引《尚書中候》:“堯即政七十載,鳳凰止庭,巢阿閣讙(於)樹。”按:“阿閣”即四阿重閣。今建築術語叫“重簷廡殿頂樓閣”。由重簷、五脊(即一條正脊和四條斜脊,因名五脊頂)、四面(即四個傾斜而略呈彎曲的屋面,因又名四坡頂)、四個屋角組成,屋角和屋簷略向上翹起,封建王朝一級建築,其遺制見今太和殿(無樓閣)、午門(有樓閣)。阿有二義:1. 四面(或四坡)簷霤下注。《周禮·考工記》“四阿重屋”鄭玄注:“四阿,若今四柱(注)屋。”2. 四個屋角處翹起來的簷霤。《莊子·外物》:“宋元君夜半而夢人被髮闚阿門。”陸德明經典釋文引司馬彪曰:“阿,屋曲簷也。”《大戴禮記·明堂》:“或以爲明堂者,文王之廟也。”盧辯注:“古《周禮》《孝經》説。明堂,文王之廟,夏后氏曰世室,殷人曰重屋,周人曰明堂。”

［8］元首：人頭。喻國君。股肱（gōng）：雙腿和雙臂。喻左右輔佐
　　重臣。《書·益稷》：“乃賡載歌曰：‘元首明哉，股肱良哉，庶事
　　康載！’”

　　2　“君必度能而授者[1]，備乎覆餗之敗；臣必量才而受
者[2]，故無流放之禍。夫如影如響[3]，俯伏惟命者[4]，偷容
之尸素也[5]；違令犯顏[6]，蹇蹇匪躬者[7]，安上之屏翰
也(1)[8]。先意承旨者[9]，佞諂之徒也；匡過弼違者[10]，社稷
之魞也[11]。必將伏斧鑕而正諫[12]，據鼎鑊而盡言[13]。忠
而見疑，諍而不得者[14]，待放可也[15]；必死無補，將增主過
者，去之可也。

【校】

（1）屏：原作民，當從吉藩本作屏。

【注】

［1］度能而授：謂不妄授。《戰國策·燕策二》：“望諸君乃使人獻書
　　報燕（惠）王曰：‘……故察能而授官者，成功之君也。’”
［2］量才而受：謂不妄受。《文選》曹植《求自試表》：“夫論德而授官
　　者，成功之君也；量能而受爵者，畢命之臣也。”
［3］如影如響：喻順從。《管子·任法》：“然故下之事上也，如響之應
　　聲也；臣之事主也，如影之從形也。”
［4］惟命：惟命是從或惟命是聽之省。謂完全聽從指使，絕對服從。
　　《左傳·宣公十二年》：“孤不天，不能事君，使君懷怒以及敝邑，
　　孤之罪也，敢不惟命是聽。”《東觀漢記·鮑宣妻傳》：“既奉君子，
　　惟命是從。”
［5］偷容：偷合取容；偷合苟容。《荀子·臣道》：“不卹君之榮辱，不
　　卹國之臧否，偷合苟容，以持祿養交而已耳，謂之國賊。”尸素：
　　尸位素餐。謂空占職位而不盡職守，不勞而食。《漢書·朱雲

傳》："雲曰：'今朝廷大臣上不能匡主，下亡以益民，皆尸位素餐。'"顏師古注："尸，主也。素，空也。尸位者，不舉其事，但主其位而已。素餐者，德不稱官，空當食祿。"三國魏鍾繇《上漢獻帝自劾書》："尸素重祿，曠廢職任。"按：尸本指代死者接受祭祀的人。

〔6〕犯顏：謂敢於冒犯君王或尊長的威嚴。《韓非子·外儲説左下》："犯顏極諫，臣不如東郭牙，請立以爲諫臣。"

〔7〕蹇蹇：借爲"謇謇"，直諫不已貌。匪躬：謂忠心耿耿，不顧自身。《易·蹇》："六二：王臣蹇蹇，匪躬之故。"孔穎達疏："志匡王室，能涉蹇難而往濟蹇，故曰王臣蹇蹇也。盡忠於君，匪以私身之故而不往濟君，故曰'匪躬之故'。"

〔8〕屏翰：藩屏垣幹；輔弼。翰通幹（gàn）。按："屏翰"是"之屏之翰"、"大邦維屏，大宗維翰"的縮語。《詩·小雅·桑扈》："之屏之翰，百辟爲憲。"高亨今注："之屏之翰，即萬邦之屏之翰，承上文省萬邦二字，翰，借爲幹。此句言君子是萬邦的支持者。辟，君也。爲，猶取也。憲，法也，即典範。"《詩·大雅·板》："大邦維屏，大宗維翰。"高亨今注："大邦，指大國諸侯。屏，屏障。大宗，指王的同姓宗族。翰，借爲幹，棟梁之意。"

〔9〕先意承指：指事先揣摩在上者的旨意，竭力奉承，以博取其歡心。《韓非子·八姦》："優笑侏儒，左右近習，此人主未命而唯唯，未使而諾諾，先意承旨，觀貌察色，以先主心者也。此皆俱進俱退，皆應皆對，一辭同軌，以移主心者也。"旨通指。

〔10〕匡過弼違：糾正過失。"匡過""弼違"互文同義。《漢書·儒林傳·轅固》："夫主有失行，臣不正言匡過以尊天子，反因過而誅之，代立南面，非殺而何？"《書·益稷》："予違，汝弼。"孔傳："我違道，汝當以義輔正我。"後因稱糾正過失爲"弼違"。

〔11〕社稷：古代帝王、諸侯所祭的土神與穀神，因以指代國家政權與江山。骾（gěng）：骨頭卡在喉嚨。引申爲耿直。指骨骾之臣。謂忠言逆耳，如食骨在喉，故云骨骾之臣。《漢書》已下皆作"骨鯁"。王力《同源字典·陽部》："按，'骾、鯁'實同一詞。《後漢

書・來歙傳》：‘太中大夫段襄骨鯁可任。’注：‘骨鯁，喻正直也。
説文曰：‘鯁，魚骨也。食骨留咽中爲鯁。’”

[12] 斧鑕（zhì）：斧子與鐵鍖（zhēn）。鍖同砧。古代行刑時置人於鐵
砧板上，以斧腰斬之。甘伏斧鑕而正諫者，如茅焦諫秦始皇：
“‘陛下車裂假父，有嫉妬之心；囊撲兩弟，有不慈之名；遷母萯陽
宮，有不孝之行；從蒺藜於諫士，有桀、紂之治。今天下聞之，盡
瓦解無嚮秦者，臣竊恐秦亡，爲陛下危之。’所言已畢，乞行就質。
乃解衣伏質。皇帝下殿，左手接之，右手麾左右曰：‘赦之，先生
就衣，今願受事！’乃立焦爲仲父，爵之爲上卿。”質通鑕。詳見
《説苑・正諫》。

[13] 鼎鑊（huò）：古代兩種烹飪器，因用以烹人的酷刑刑具。據鼎鑊
而盡言者，如晉國人要烹鄭國人送來的詹伯，詹伯説：“臣願獲盡
辭而死，固所願也。”晉文公聽其辭。於是詹伯“就烹，據鼎而疾
號曰：‘自今以往，知忠以事君者，與詹同。’”晉文公“乃命弗殺，
厚爲之禮而歸之”。見《國語・晉語四》。

[14] 忠而見疑：如屈原（前 340—前 278）忠於楚懷王與頃襄王而被他
們懷疑、疏遠、流放。諍：諫。

[15] 待放：等待流放。王逸《楚辭・東方朔〈七諫〉序》：“古者，人臣三
諫不從，退而待放。”

3 “其動也，匪訓典弗據焉[1]；其静也，匪憲章弗循
焉[2]。請託無所容，申繩不顧私。明刑而不濫乎所恨[3]，
審賞而不加乎附己(1)[4]。不專命以招權[5]，不含洿而談
潔[6]。進思盡言以攻謬(2)[7]，退念推賢而不蔽。夙興夜
寐[8]，慽庶事之不康也[9]；儉躬約志[10]，若策奔於薄冰也。

【校】

（1）己：魯藩本誤作巳。

（2）攻謬：陳其榮案：“盧本作糾謬。”

【注】

［1］動：指採取某種政治措施。句謂按章辦事，有所遵循。

［2］静：指停止執行某種措施。憲章：法制，典章制度。

［3］申繩：用法，執法。不濫：不過度。

［4］審賞：獎賞分明。《墨子・備梯》：“審賞行罰，以静爲故。”句意蓋本《六韜・文韜・盈虚》：“所憎者，有功必賞；所愛者，有罪必罰。”

［5］專命：不奉上命而自由行事。《左傳・閔公二年》：“師在制命而已，禀命則下威，專命則不孝。故君之嗣適不可帥師。”楊伯峻注：“專制命之權，而不受君命。”招權：攬權；弄權。

［6］含洿：含垢納洿之省。忍受恥辱；寬容汙穢。此偏指納汙。《左傳・宣公十五年》：“川澤納汙，山藪藏疾，瑾瑜匿瑕，國君含垢，天之道也。”

［7］進思盡言：進見君主而思盡忠言。套用《孝經・事君章》“君子之事上也，進思盡忠”語。盡言：1. 言無不盡；竭盡其言。2. 猶直言，謂暢所欲言而毫無保留。

［8］夙興夜寐：起早睡晚。形容勤勞。《詩・衛風・氓》：“夙興夜寐，靡有朝矣。”鄭玄箋：“無有朝者，常早起夜卧，非一朝然。言己亦不解惰。”解通懈。

［9］庶事之不康：衆事不安。《書・益稷》：“庶事康哉。”孔傳：“衆事乃安。”

［10］儉躬約志：猶言約束身心。“儉”“約”互文同義。《荀子・非十二子》：“上功用，大儉約而僈差等。”《後漢書・郎顗傳》：“夫救奢必於儉約，拯薄無若敦厚。”

4　“納謀貢士，不宣之於口[1]；非義之利，不棲之乎心[2]。立朝則以砥矢爲操[3]，居己則以羔羊爲節(1)[4]。當危值難(2)，則忘家而不顧命；擎衡執銓，則平懷而無彼此[5]。儀蕭、曹之指揮(3)，羨張、陳之奇畫[6]；追周勃之盡規[(4)][7]，準二鮑之直視[8]；蹈嬰、弘之節儉[9]，執恬、毅之守終[10]；甘此離、紀炙身之分[(5)][11]，戒彼韓、英失忠之禍[12]。出不辭勞，入不數功；歸勳引過，讓以先下。誠專祇慄[13]，恒若天威之在顏也[14]；宵夙虔竦，有如湯鑊之在側也[15]。

【校】

（1）己：魯藩本誤作巳。

（2）當危：疑當作"當阸"。"阸"與"危"形近致誤。稚川語多有所本。《孟子·萬章上》："是時孔子當阸，主司城貞子，爲陳侯周臣。"趙注："是時孔子遭阸難，不暇擇大賢臣，而主貞子爲陳侯周臣也。"稚川將"阸難"變爲"當阸值難"。

（3）蕭、曹：楊明照校："'曹'，藏本、魯藩本、吉藩本、慎本、舊寫本作'公'。顧廣圻曰：'按：此蕭公謂何也。盧本臆改爲"蕭、曹"，大誤。'（徐濟忠亦校"公"爲"曹"）照按：顧說是。後《博喻》篇（第91首）'蕭公者斗筲之（主）吏'，《窮達》篇'淮陰因蕭公以鷹揚'，其稱蕭何爲蕭公與此同。"楊明照舉了幾個書證，如：《漢書·循吏傳·朱邑》："是時張敞爲膠東相，與邑書曰：'……韓信雖奇，賴蕭公而後信。'"《文選·景福殿賦》："昔在蕭公，暨於孫卿。"又《漢高祖功臣頌》："堂堂蕭公，王跡是順。"李善注："蕭何爲丞相，故曰公。"稱"蕭何"爲"蕭公"本此。毅按：顧廣圻說"盧本臆改"，無據。盧本實本杜甫《詠懷古跡》之五："伯仲之間見伊、呂，指揮若定失蕭、曹。"杜甫詩實本抱朴子本文。楊明照說："文廷式《純常子枝語》謂'指揮若定失蕭、曹'句本此，是不知所據本之有誤也。"這未免有失客觀。事實是：其一，"儀蕭、曹之指揮"與"羨張、陳之奇畫"對仗，合乎修辭要求，義較勝；其二，"蕭、曹"並提，見《君道》篇"蕭、曹竭能以經國"；其三，"儀蕭、曹之指揮，羨張、陳之奇畫"之對仗句，與"尚父者，老婦之棄夫；韓信者，乞食之餓子；蕭公者，斗殿筲之（主）吏；黥布者，刑黥之亡隸"之排比句，修辭方法、句法結構皆不同，與"穰苴賴平仲以超踔，淮陰因蕭公以鷹揚”之對仗句，修辭方法雖同，但句法結構不一樣，無以相比。其四，“蕭、曹”並提，非獨《抱朴子》一書。《史記·張丞相列傳》：“（周）昌爲人彊力，敢直言，自蕭、曹等皆卑下之。”揚雄《解嘲》：“夫蕭規曹隨，留侯畫策，陳平出奇，功若泰山。”“蕭規曹隨”也是“蕭、曹”並提。故作“蕭、曹”不爲無據。楊明照校：“‘指揮’，藏本、魯藩本、吉藩本、慎本、舊寫本作作‘宇宙’；盧本作‘指揮’，徐濟忠校同。照按：郭璞《爾雅釋詁注》：‘宇宙，亦爲大也。’蕭公之宇宙，蓋謂其‘鎮國家，撫百姓，給餽饟，不絕糧道。’於（漢初）三傑中功最大也。盧本據杜甫《詠懷古跡》之五‘指揮若定失蕭、曹’句改‘宇宙’爲‘指揮’，俱矣。”按：作“指揮”不能説無據。吳小如師據杜甫“指揮若定失蕭、曹”語，認爲不必校改爲“宇宙”。指揮：謂蕭規曹隨，先後爲相，調遣百官，指揮得力，于漢有大功，故云。

（４）追周勃之盡規：藏本、魯藩本作追周全之盡規。《官治》“欲盡規竭忠”，《詰鮑》“群后盡規”，並其證。平津本作盡忠。

（５）離、紀：陳其榮案：“盧本作要離。”紀：魯藩本作絕。

【注】

［１］貢士：向朝廷推薦賢才。諸侯三年一貢士於天子。《禮記·射義》：“諸侯歲獻，貢士於天子。”孔穎達疏：“諸侯三年一貢士於天子也。”不宣之於口：不公開説出來。

［２］棲……心：猶寄心。嵇康《釋私論》：“棲心古烈，擬足公塗。”

［３］砥矢：平如砥石，直如箭矢。《詩·小雅·大東》：“周道如砥，其直如矢。”孔穎達疏：“周之貢賦之道，其均如砥石然；周之賞罰之制，其直如箭矢然。”朱熹集傳：“砥，礪石，言平也；矢，言直也。”後因以“砥矢”喻公平正直。《東觀漢記·和帝紀》：“朝無寵族，政如砥矢。”

［４］居己：猶持身，處身。羔羊：謂德如羔羊之潔白，行如羔羊之屈柔。《〈詩·召南·羔羊〉序》：“在位皆節儉正直，德如羔羊也。”《後漢書·循吏傳·王渙》“蹈《〈詩·召南·〉羔羊》之義”李賢

注：“《韓詩·羔羊》曰：‘羔羊之皮，素絲五紽。’薛君章句曰：‘小者曰羔，大者曰羊。素喻潔白，絲喻屈柔。紽，數名也。詩人賢仕爲大夫者，言其德能，稱有潔白之性，屈柔之行，進退有度數也。’”因用以稱美士大夫操行潔白，進退有節。

[5] 擎衡執銓：執掌選拔官員的權力。“擎衡”與“執銓”互文同義。擎同攬。衡銓：即銓衡，以稱重量的器具喻考核、選拔人才。《三國志·魏書·夏侯玄傳》：“夫官人用才，國之柄也，故銓衡專於臺閣，上之分也。”

[6] 張：張良（前？—前185），本姓姬，人稱“姬公子”，韓人。其先大父、父相繼爲韓相，輔佐五世君主。秦滅韓，謀復韓國，結交刺客，在博浪沙（今河南原陽東南）狙擊秦始皇未中。乃更名張良，字子房，號鶴間，亡匿下邳（今江蘇睢寧北）。遇黃石公，得《太公兵法》。秦末起義中，聚衆歸劉邦，不久說項梁立韓貴族成爲韓王，任韓司徒。後韓王成爲項羽所殺，復歸劉邦，爲其主要謀士。鴻門宴中，計護劉邦脫險。楚漢戰爭期間，提出不立六國後代，重用韓信，聯結英布、彭越等策略，又主張追擊項羽，殲滅楚軍，都爲劉邦所采。劉邦譽之爲“運籌策帷幄之中，決勝於千里之外”，爲漢初三傑之一，封留侯。陳：陳平（前？—前178），秦末陽武（今河南原陽）户牖鄉人。少時家貧，好黃老之術。陳勝起義，他投魏王咎，爲太僕。從項羽入關，封武信君，後任都尉。旋歸劉邦，任護軍中尉，盡護諸軍。多權謀，建議行反間計使項羽去謀士范增，並以爵位籠絡韓信，爲劉邦所採納。謀畫劉邦僞遊雲夢，禁縛韓信。用陳平計，解平城匈奴之圍，由户牖侯更封爲曲逆侯。惠帝、吕后時任丞相，以吕氏專權，不治事。吕后卒，他與周勃定計，誅殺吕産、吕禄等，迎立文帝，任丞相。奇畫：猶奇謀。

[7] 周勃（前？—前169）：秦末沛（今江蘇沛縣）人。少時織薄曲（蠶具）爲生，常吹簫給喪事。秦末從劉邦起義，入咸陽封爲威武侯，至漢中以軍功爲將軍，後更封絳侯。漢初又從劉邦平韓王信、陳豨和盧綰（前247—前193）的叛亂。劉邦認爲他“厚重少文，然

安劉氏者必勃也”，可屬大事。呂后時，任太尉，但軍權仍爲呂后親屬所控制。呂后死，他與陳平定計，入北軍，號召北軍擁護劉氏，誅殺企圖奪取政權的諸呂，迎立文帝，任右丞相。盡規：竭力規劃。《國語·周語上》“近臣盡規”，韋昭注：“盡規，盡其規計以告王也。”

[8] 二鮑：鮑永、鮑恢。鮑永（？—42），字君長，上黨屯留（今山西屯留南）人。少有志操，習《歐陽尚書》，事後母至孝。初爲郡功曹，更始二年（24），遷尚書僕射，行大將軍事，封中陽侯。歸降光武，拜諫議大夫，説降更始河内太守，拜魯郡太守，擊斬董憲、彭豐等，封關内侯，遷揚州牧。建武十一年（35）徵爲司隸校尉。不辟權貴，劾光武帝叔趙王劉良，朝廷肅然。辟扶風鮑恢爲都官從事，恢亦不避彊禦。光武曾曰：“貴戚且宜斂手，以避二鮑。”後因忤旨，出爲東海相，更任兗州牧。直視：瞪目正視。令人肅然之狀。

[9] 嬰：晏嬰（前？—前500），字平仲，春秋齊國夷維（今山東高密）人。其父晏弱死，繼之爲齊卿。歷仕靈公、莊公、景公，以節儉力行重於齊。崔杼弑莊公於其家，嬰不畏權勢，枕公尸而哭，三踊而出。景公好治宮室，厚賦重利，嬰以祈禳之事諫之。爲相，食不重味，妾不衣帛。國有道，即順命；無道，即衡命，可行即行，以此三世顯名於諸侯。曾奉景公命使晉，與晉大夫叔向議論齊政，預言齊國政權終將爲田氏所取代。弘：公孫弘（前201—前121），字季，淄川薛（今山東淄博）人。少爲獄吏，有罪免。家貧，牧豕海上。年四十餘乃學《春秋》雜説。年六十以賢良徵爲博士。使匈奴，不合上意，免歸。元光五年（前130），以賢良對策第一，拜爲博士，待詔金馬門。每朝會議，開陳其端，使人主自擇，不肯面折廷爭。以熟悉文法吏治，由左内史、御史大夫任丞相，封平津侯（漢相封侯自此始）。曾建議設五經博士，置弟子員，起館開閣以延賢人。性節儉，養後母孝謹。爲人意忌，外寬内深，與有隙者必報，殺主父偃（前？—前126），徙董仲舒相膠西，皆弘所爲。

[10] 恬：蒙恬（前？—前210），其祖先本齊人，自祖父蒙驁起，世爲秦

名將。秦始皇二十六年(前 221)拜内史。秦並天下,率兵三十六萬擊退匈奴貴族,收復河南地(今内蒙古河套一帶)。築長城,西起臨洮,東至遼東,延袤萬餘里。渡河,居上郡,威振匈奴。爲秦始皇築巡遊之道,自九原抵甘泉,塹山堙谷,千八百里。後爲二世、趙高、李斯所迫,乃吞藥自殺。毅:(前? —前 210),蒙恬弟。位至上卿,出則參乘,入則御前。中車府令趙高有大罪,毅以法治之,擬除其宦籍並處死,終以秦始皇所赦,自此與趙高有隙。二世立,繫毅於代,賜死。毅力辯無罪,御史不聽,遂殺之。

[11] 甘此離、紀炙身之分:謂甘於扮演要離、紀信犧牲自己,各爲其主的角色。炙身:燒身。按:僅紀信"炙身",要離之妻、子被焚。

[12] 韓:韓信。英:黥布本姓英。

[13] 祇慄(zhī lì):亦作"祇栗"。敬慎恐懼。《漢書·匡衡傳》:"蓋欽翼祇栗,事天之容也。"

[14] 天威:帝王(鑒察)的威嚴。在顏:在自己的顏面之前。謂距離很近。顏:眉目之間。

[15] 虔竦:敬畏。湯鑊:滾水沸騰的大鍋。古代常作爲刑具,用來烹煮罪人。

5 "負荷寄託,則以伊、周爲師表[1];宣力四方,則以吉、召爲軌儀[2];送往事居(1),則竭忠貞而不迴[3];搏噬干紀[4],則若鷹鶚之鷙鳥雀[5];蕃扞壃埸[6],則慕魏絳、李牧之高蹤(2)[7];菹粜撫民,則希文翁、信臣之德化[8]。夫至忠者無□以爲國(3),況懷智以迷上乎[9]?義督者滅祀而無憚[10],況黜辱之敢辭乎?故能保勞貴以顯親(4)[11],託良哉於興歌(5)[12]。昆吾彝器[13],能者鐫勳。皋陶、后稷,亦何人哉[14]!"

【校】

(1)事:徐濟忠、楊明照、魯藩本、崇文本等同,平津本等誤作視。居:

魯藩本作君，王國維校作居。

（2）魏絳：就“蕃扞壇場”這一具體之事，與李牧并提而言，似當指守邊防備匈奴的魏尚。魏絳是晉悼公時的執政人物，其和戎外交取得成功，但他沒有具體負責守邊。

（3）無：其下當據楊明照校補一“私”字。“無私以爲國”，正是忠至的表現。

（4）勞貴：當從楊明照校作榮貴。榮貴連文見《嘉遯》《酒戒》《疾謬》《內篇·論仙》。蓋草書榮與勞形近致誤。

（5）輿：魯藩本作與。

【注】

［1］負荷：背負肩擔；承擔責任。句謂如伊尹之攝太甲之政命、周公之攝成王之政命也，承擔起君王的責任。

［2］吉：尹吉甫，姓兮名甲，尹爲官名。“甫”本作“父”。文武雙全，周宣王時曾率師北伐玁狁至太原。《詩·小雅·六月》《兮甲盤》均記述其事。召（shào）：楊明照曰：“召爲召公，即燕惠侯也。”按：燕惠侯其名，史無明文。《史記·燕召公世家》：“（燕）惠侯卒，子釐侯立。是歲，周宣王初立。”《詩·大雅·江漢》：“江漢之滸，王命召虎。”毛傳：“召虎，召穆公也。”召虎“宣力四方”，是周宣王時之事，與燕惠侯無涉。故召虎與燕惠侯殆非一人。召穆公，召公奭的後裔。公元前842年，“國人”暴動，召虎收藏太子靖（靜）於家，以己子代死，靖立爲宣王，得到重用。淮夷不服，受命領兵沿江漢出征，以功受策表揚。遺物有召伯簋。軌儀：道法；法則；儀制。

［3］送往事居：送死者，事生者。《左傳·僖公九年》：“（晉獻）公曰：‘何謂忠貞？’（荀息）對曰：‘公家之利，知無不爲，忠也；送往事居，耦俱無猜，貞也。’”杜預注：“往，死也；居，生者。耦，兩也。送死事生，兩無猜恨，所謂正也。”

［4］干紀：違犯法紀。《左傳·襄公二十三年》：“干國之紀，犯門斬關。”杜預注：“干，亦犯也。”潘勖《册魏公九錫文》：“犯關干紀，莫

不誅殛。"句謂打擊犯罪者。

［5］鷹：爽鳩。鸇(zhān)：亦稱晨風，鷂屬。鷹與鸇，皆爲猛禽。喻忠勇的人。

［6］蕃扞：藩屏；護衛。蕃通藩。壃埸(jiāng yì)：邊界；邊境。"壃""埸"連文同義。壃同疆。

［7］李牧(前？—前228)：戰國末趙將。常居雁門備匈奴，甚得軍心，滅襜襤、破敗東胡、降林胡。趙王遷三年(前223)爲大將軍，大敗秦軍於宜安，因功封武安君。後因趙王中秦反間計，被殺。高蹤：遠古的事迹；高尚的行迹。

［8］文翁：西漢廬江(今安徽廬江縣西南)人。少好學，通《春秋》，以郡縣吏察舉。景帝末，爲蜀郡守，曾派小吏十餘人至長安，受業於博士，或學律令。學成歸來，以爲右職，有官至郡守刺史者。又在成都設學校，入學得免除徭役，並以成績優良者爲郡縣吏。這些措施對當地文化教育的發展有所促進。武帝時令郡國皆立學校，自其爲始。信臣：召(shào)信臣，字翁卿，西漢九江壽春(今安徽壽縣)人。以明經甲科爲郎，出補穀陽長。元帝時超遷零陵太守，病歸。復徵爲諫大夫，遷南陽太守。爲人勤力有方略，好爲民興利。曾在南陽利用水泉開通溝瀆，並築堤閘數十處，溉田三萬多頃，並訂立了灌溉用水制度。當時吏民稱之爲召父。後遷少府。

［9］懷智以迷上：猶"懷道以迷國"。謂不肯從政，隱居不仕。兩句謂當忠至爲國，不應隱居不仕。

［10］滅祀：斷絕宗廟祭祀。指朝代滅亡。

［11］顯親：使雙親榮耀顯貴。《孝經·開宗明義章》："立身行道，揚名於後世，以顯父母，孝之終也。"

［12］興歌：民衆歌謠。興=衆。南朝梁江淹《爲蕭驃騎讓封第二表》："鑴金刻石，既不可詮；興歌里誦，其謂臣何？"胡之驥彙注："興歌，輿人之歌也。"

［13］昆吾：古代掌管冶鑄的官員。彝器：古代宗廟常用青銅器的總名。1979年1月《故宮博物院院刊》唐蘭《中國青銅器的起源與

發展》云:"青銅彝器的彝,本象兩隻手捧了一頭反縛四足的豬,
應該是用豬來祭祀。"後來用米酒、布帛祭祀,也叫做彝。祭祀曰
彝,祭祀用的器皿,也叫做彝。

[14] 皋陶(gāo yáo)、后稷,亦何人哉:套用《孟子·滕文公上》:"顏淵
曰:'舜,何人也? 予,何人也? 有爲者亦若是。'"皋陶:也稱咎
繇,偃姓。傳説是帝舜大臣,掌刑獄之事,有賢名。後佐禹治天
下,禹欲以其繼己位,尋卒。封其後於英、六。

　　6　抱朴子曰:"人臣勳不弘,則恥俸禄之虛厚也;績不
茂,則羞爵命之妄高也[1]。履信思順,天人攸贊[2];畏盈居
謙,乃終有慶[3]。舉足則蹈道度[4],抗手則奉繩墨,褒崇雖
淹留[5],而悔辱亦必遠矣。若夫損上以附下,廢公以營私;
阿媚曲從,以水濟水[6];君舉雖謬,而諂笑贊善[7]。數進玩
好,陷主於惡。巧言毁政,令色取悦,上蔽人主之明,下杜
進賢之路;外結出境之交[8],内樹背公之黨。雖才足飾
非[9],言足文過[10],專威若趙高[11],擅朝如董卓[12],未有不
身膏剗鋒,家糜湯火者也[13]。然而愚瞽舍正即邪[14],違真
侣僞,親覽傾債,不改其軌,殃禍之集(1),匪降自天也[15]。"

【校】

(1)殃:魯藩本作無。王國維校"無"旁打鈎。

【注】

[1] 爵命:封爵受職。《穀梁傳·隱公元年》:"邾之上古微,未爵命於
周也。"《文選》陳琳《檄吳將校部曲文》:"大啓爵命,以示四方。"
呂向注:"爵,謂封侯也;命,謂一命受職。"命:帝王按官職等級賜
給臣下的儀物,如玉圭、服飾等。

[2] 履信思順:篤守誠信,思念和順。《易·繫辭上》:"祐者,助也。

天之所助者，順也；人之所助者，信也。履信思乎順，又以尚賢
也。是以自天祐之，吉無不利也。"

［３］畏盈居謙：畏懼盈滿，居守謙卑。乃終有慶：而最終享有吉慶。
《易・坤》："象曰：……東北喪朋，乃終有慶。"

［４］蹈道度：猶言遵守法度、規矩。《行品》："步七曜之盈縮，推興亡
之道度者，術人也。"

［５］淹留：隱退；屈居下位。《楚辭・九辯》："時亹亹而過中兮，蹇淹
留而無成。"句謂在讚揚推崇面前，唯有採取謙遜的態度。雖：
同唯。

［６］以水濟水：謂用清水給清水調味，是達不到目的的。喻雷同附
和，無濟於事。《左傳・昭公二十年》："（晏子）對曰：'異。和如
羹焉，水、火、醯、醢、鹽、梅，以烹魚肉，燀之以薪，宰夫和之，齊之
以味，濟其不及，以洩其過。君子食之，以平其心。君臣亦
然。……今（梁丘）據不然。君所謂可，據亦曰可；君所謂否，據
亦曰否。若以水濟水，誰能食之？……'"楊伯峻注："《説文》：
'醯，酢也。'酢即醋字。醢音海，肉醬也。……燀音闡、音諂。
《説文》：'炊也。'調和其味。齊音劑，齊之，使酸鹹適中也。不及
謂酸鹹不足，則加梅鹽。濟，增益之義。過謂太酸太鹹，則加水
以減之。洩，減也。"

［７］諂笑：謂强笑以求媚。贊善：此指不分是非善惡好壞，一味予以
讚美，以討好主子。《春秋繁露・五行相勝》："主所爲，皆曰可；
主所言，皆曰善。謂順主指，聽從爲比。進主所善，以快主意，導
主以邪，陷主不義。"蘇輿義證："淩（曙）云：'諂，古謟字。《説
通論》：'諂者，陷也，陷君於惡也。'……淩云：'《國語》注："比，
阿黨也。"'善，疑作喜。《説苑・臣術篇》：'二曰：主所言，皆曰
善；主所爲，皆曰可。隱而求主之所好，即進之以快主（之）耳目，
偷合苟容，與主爲樂，不顧其後害，如此者，諛臣也。'"

［８］外結出境之交：謂人臣裏通外國，借外人以自重。如趙國之大
成午與韓國的申不害。《韓非子・内儲説下・六微》："大成牛從
趙謂申不害於韓曰：'以韓重我於趙，請以趙重子於韓。是子有

兩韓,我有兩趙。'"(大成牛:《戰國策·韓策》《史記·趙世家》
《漢書古今人表》俱作"大成午"。)

[9] 飾非:粉飾、掩蓋錯誤。如西漢汲黯指責御史大夫張湯"智足以
拒諫,詐足以飾非",見《史記·汲黯傳》。

[10] 文(wèn)過:掩飾錯誤;文飾其過。《論語·子張》:"子夏曰:'小
人之過必文。'"集解引孔安國曰:"文飾其過,不言情實。"朱熹集
註:"文,去聲。文,飾之也。"《漢書·楊惲傳》:"(《報孫會宗書》)
言鄙陋之愚心,若逆指而文過。"顏師古注:"逆足下之意指,而自
文飾其過。"

[11] 趙高(前? —前207):秦宦者。本趙國人。進入秦宮,管事二十
餘年。始皇末年任中車府令,掌符璽。親近始皇少子胡亥。公
元前210年,始皇死,與李斯偽造遺詔,逼使始皇長子扶蘇
(前? —前210)自殺,立胡亥爲二世皇帝。任郎中令,居中用事,
控制朝政。設謀殺大臣及群公子,構陷將相,殺李斯。不久又逼
二世自殺,立子嬰爲秦王。旋爲子嬰所殺,族滅。

[12] 董卓(? —192):字仲穎,隴西臨洮(今甘肅岷縣)人。本爲涼州
豪強。桓帝末,以羽林郎從張奐征并州,有功拜郎中。中平元年
拜中郎將,領兵平羌亂,拜前將軍。靈帝時,徵爲少府、并州牧,
皆不就,以觀時變。少帝立,何進召其入京,謀誅宦官。董卓遂
率兵入洛陽,廢、殺少帝及何太后,立獻帝。遷相國,專斷朝政。
曹操與袁紹等起兵討卓,他乃挾獻帝西遷長安。焚洛陽宮室,發
掘陵墓,取其珍寶,收諸富室,没入其財,盡徙洛陽人數萬口於長
安,洛陽周圍數百里内,生產受到嚴重破壞。自爲太師,號爲尚
父。築郿塢,積三十年穀,號曰萬歲塢。殘暴專橫,後爲王允、呂
布所殺。

[13] 家糜湯火:喻被烹、被燒,即族滅。湯火:滾水與烈火。喻極端
危險的事物或處境。

[14] 愚瞽:愚鈍而昧於事理;愚昧的人。多用於自謙。《後漢書·吳
良傳》:"敢秉愚瞽,犯冒嚴禁。"

[15] 匪降自天:不是天降災禍,而是人所自爲。《詩·小雅·十月》:

“下民之孽,匪降自天。”

7 抱朴子曰:“臣喻股肱,則手足也[1]。履冰執熱[2],不得辭焉。是以古人方之於地,掘之則則出水泉,樹之則秀百穀;生者立焉,死者入焉。功多而不望賞,勞瘁而不敢怨[3]。審識斯術,保己之要也。”

【注】

[1]手足:雙臂與雙腿,即四肢。喻整體的重要組成部分。《孟子·離婁下》:“君主之視臣如手足,則臣視君如腹心。”

[2]執熱:手執灼熱之物。《詩·大雅·桑柔》:“誰能執熱,逝不以濯。”毛傳:“濯所以救熱也。”鄭玄箋:“當如手執熱物之用濯。”一說,謂苦熱。段玉裁曰:“執熱,言觸熱、苦熱。濯,謂浴也。……此詩謂誰能苦熱,而不澡浴以潔其體,以求涼快者乎?”見《〈詩〉“執熱”解》。此喻不可解脫的危難。

[3]是以古人方之於地七句:喻臣子當如大地,衹論貢獻,而無所欲求與抱怨。意本《荀子·堯問》:“孔子曰:‘爲人下者乎? 其猶土也:深抇之而得甘泉焉,樹之而五穀蕃焉,草木殖焉,禽獸育焉;生則立焉,死則入焉。多其功而不德。爲人下者,其猶土也。’”楊倞注:“下,謙下也。……抇(hú),掘也。”百穀:穀類的總稱。焉:之,指代土地。勞瘁:辛苦勞累。

8 抱朴子曰:“臣職分則治,統廣則多滯[1]。非賁、獲之壯,不可以舉兼人之重[2];非萬夫之特[3],不可以總異官之局(1)[4]。韓侯所以罪侵冒之典(2)[5],子元所以懼不勝之禍也[6]。若乃才力絕倫,文武兼允[7],入有腹心之高筭(3)[8],出有折衝之遠略[9],雖事殷而益舉,兩循而俱濟(4)[10],舍之則彝倫斁[11],委之而無其人者,兼之可也;非此器也,宜自忖引,轅若載重^{(5)[12]},勶不及矣^[13]。常人貪榮,不慮後患,身既傾溺,而禍逮君親^[14],不亦哀哉！人皆辭斧斤所未開^[15],而莫讓攝官所不堪^[16]。嗟乎！陳、李所以作戒於力少^{(6)[17]},而子房所以高蹈於挹盈也^[18]。”

【校】

（1）官：藏本、魯藩本等同,楊明照校亦作官,平津本誤作言。

（2）冒：魯藩本作胃,王國維校在“胃”旁打鉤。

（3）入：魯藩本作人,王國維校作入。

（4）循：王國維校作脩。按：循與脩古互通。

（5）若：當從陳澧校作弱。《知止》“轅弱折於載重”,是其證。

（6）力少：平津本誤作力以。

【注】

［1］職分：職務分工；職責分工。統廣：統領或管轄過於寬泛。滯：躭擱（政務）。

［2］賁：孟賁,衛人,一說齊人；古勇士,一說秦武王時勇士。獲：烏獲,古力士,一說秦武王時力士,能舉千鈞。

［3］萬夫之特：萬人中的最雄俊者。《詩‧秦風‧黃鳥》：“維此奄息,百夫之特。”鄭玄箋：“百夫之中最雄俊也。”

［4］不可以總異官之局：謂不能超越自己的權限。

［5］韓侯：韓昭侯（前？—前333）繼莊侯（《史記‧韓世家》作懿侯）若山立。八年（前351）,命申不害爲相,修術行道,韓國以治,諸侯不敢侵韓。二十五年,旱,作高門以顯其奢,翌年高門成,尋卒。罪侵冒之典：加罪於超越本身職權的典冠者。《韓非子‧二柄》：“昔者韓昭侯醉而寢,典冠者見君之寒也,故加衣於君之上。覺寢而説,問左右曰：‘誰加衣者？’左右對曰：‘典冠。’君因兼罪典衣,殺典冠。其罪典衣,以爲失其事也；其罪典冠,以爲越其職也。非不惡寒也,以爲侵官之害甚於寒。故明主之畜臣,臣

不得越官而有功，不得陳言而不當。越官則死，不當則
罪。……”侵冒：侵犯。此指越權而侵犯其他官員的職權。相
當於侵官。典：此指典冠，掌管國君之冠的近侍。

[6] 子元：朱博（前？—前5）字子元，西漢杜陵（今陝西西安東南）
人。家貧，初爲亭長，遷功曹。經長史陳咸薦，除大將軍王鳳
（前？—前22）幕府屬，舉櫟陽令。入爲長安令，遷冀州刺史，徙
并州刺史、護漕都尉、琅琊太守。治郡善應事變，以治績高第入
守左馮翊，滿歲爲真。徙山陽太守，病免。哀帝即位，起家復爲
光禄大夫，遷京兆尹。哀帝祖母定陶太后求尊號，乃與傅晏諂諛
順指，謀成尊號。代師丹爲大司空，劾奏免大司馬傅喜、丞相孔
光，代光爲丞相，封陽鄉侯。又從傅太后旨，奏請免喜及氾鄉侯
何武爲庶人。哀帝疑其承指，附上罔下，詔詣廷尉，博自殺。懼
不勝之禍：指朱博爲丞相，辭讓食邑二千户事。

[7] 文武兼允：文韜武略都令人信服敬重。《詩·魯頌·泮水》：“允
文允武，昭假烈祖。”鄭玄箋：“僖公信文矣，爲脩泮宮也；信武矣，
爲伐淮夷也。”允：使人信服；使人敬重。

[8] 入：指上朝議政。腹心：喻親信智囊與謀臣。《詩·周南·兔
罝》：“赳赳武夫，公侯腹心。”毛傳：“可以制斷公侯之腹心。”正
義：“毛以爲兔罝之人，有文有武，可以爲腹心之臣。言公侯有腹
心之謀事，能制斷其是非。”高筭：深謀遠慮。

[9] 出：率軍出征。遠略：經略遠方；深遠的謀略。《左傳·僖公九
年》：“齊侯不勤德，而勤遠略，故北伐山戎，南伐楚。”《後漢書·
西羌傳論》：“貪其暫安之執，信其馴服之情，計日用之權宜，忘經
世之遠略。”

[10] 事殷而益舉：事業昌盛而逐漸取得成就。與下句互文同義。兩
循：即“文武兼允”。俱濟：皆取得成功。

[11] 彝倫斁（dù）：常道敗壞；諸事秩序遂壞（方孝岳《尚書今語》）。
《書·洪範》：“彝倫攸斁。”

[12] 忖引：思量引退。轅：車前駕牲口用的（左右各一的）直木與（居
中）隆曲的木杆。《説文·車部》：“轅，輈也。”朱駿聲《通訓定聲》

曰:"按大車、柏車、羊車,皆左右兩木曰轅,其形直,一牛在轅間;田車、兵車、乘車,皆居中,一木穹隆而上曰輈,其形曲,兩馬在輈旁。轅與輈對文則別,散文則通。"

[13] 尠不及矣:很少不招致禍患的。《易·繫辭下》:"子曰:'德薄而位尊,知小而謀大,力小而任重,鮮不及矣。'"尠(xiǎn):尟之俗。《說文·是部》:"尟,是少也。"尠尟同鮮。

[14] 君親:國君與雙親。亦特指君主。舊題李陵《答蘇武書》:"違棄君親之恩,長爲蠻夷之域,傷已。"

[15] 斧斤:斧和斤。泛指各種斧子。《孟子·梁惠王上》:"斧斤以時入山林,材木不可勝用也。"

[16] 攝官:任職的謙稱。《左傳·成公二年》:"敢告不敏,攝官承乏。"楊伯峻注:"攝,代也。承乏亦謙詞,表示某事由於缺乏人手,祇能由自己承當。此固當時辭令。"

[17] 陳:陳蕃。李:李膺(110—169),字元禮,潁川襄城(今屬河南)人。初舉孝廉,爲司徒胡廣所辟,舉高第,遷青州刺史,政令威明。桓帝時,爲司隸校尉,與太學生首領郭泰結交,反對宦官專權。太學生稱爲"天下楷莫李元禮"。與之結交者,名爲"登龍門"。延熹九年(166),宦官認爲他們結黨誹謗朝廷,被逮入獄,釋放後禁錮終身。靈帝立,外戚竇武執政,他又被起用爲長樂少府。與陳蕃等謀誅宦官失敗,死獄中。作戒:引爲鑒戒。

[18] 子房:張良字。高蹈:指隱居。鍾會《檄蜀文》:"誠能深鑒成敗,邈然高蹈,投迹微子之蹤,措身陳平之軌,則福同古人,慶流來裔,百姓士民,安堵樂業。"挹盈:舀取盈滿的液體,使其減少。喻謙退。句謂張良功成身退。《史記·留侯世家》:"留侯乃稱曰:'……今以三寸舌爲帝者師,封萬户,位列侯,此布衣之極,於良足矣。願棄人間事,欲從赤松子遊耳。'乃學避穀,道引輕身。"挹:通抑。

良 規 卷 七^[1]

1 抱朴子曰：“翔集而不擇木者^[2]，必有離罻之禽矣^[3]；出身而不料時者，必有危辱之士矣。時之得也，則飄乎猶應龍之覽景雲^[4]；時之失也，則蕩然若巨魚之枯崇陸^[5]。是以智者藏其器以有待也，隱其身而有爲也。若乃高巖將賈，非細縷所綴^[6]；龍門沸騰，非掬壤所遏^{(1)[7]}；則不苟且於乾没^[8]，不投險於僥倖矣。

【校】

（1）龍門沸騰，非掬壤所遏：《北堂書鈔》九九引作“龍門將決，非寸壤所遏”。

【注】

[1]良規：（對苟且投險者，特别是對欲廢立國君者）有益的規諫。

[2]翔集：衆鳥飛翔而後群集一處。喻審慎擇主而事。《論語·鄉黨》：“色斯舉矣，翔而後集。”集解引周生烈曰：“迴翔審觀而後下止。”

[3]離罻（wèi）：遭逢或陷入羅網。離：罹；遭逢。罻：捕鳥的網。《列女傳·賢明·周南之妻》：“夫鳳皇不離於蔚（罻）羅。”

[4]景雲：祥雲；瑞雲。句喻青雲得意。《淮南子·天文》：“龍舉而景雲屬。”

[5]蕩然：蕩漾；流出（水體）貌。枯：（失水而）乾枯。句喻遭厄運。《莊子·庚桑楚》：“吞舟之魚，碭而失水，則蟻能苦之。”碭通蕩。

［6］高巖將霣（yǔn）：喻王朝將要覆滅。霣同隕。墜落。綴：繫。

［7］龍門：即禹門口。在陝西韓城市東北與山西河津縣西北之間的
　　　龍門山。黃河至此，兩岸峭壁對峙，形如門闕，故名。此喻政局。
　　　掬（jū）壤：一捧之土。

［8］乾没（gān mò）：投機取利。《漢書·張湯傳》：“（湯）始是小吏，
　　　乾没，與長安富賈田甲、魚翁叔之屬交私。”顏師古注：“服虔曰：
　　　‘乾没，射成敗也。’如淳曰：‘豫居物以待之，得利爲乾，失利爲
　　　没。’”清顧炎武《日知録·乾没》：“乾没大抵是徼幸取利之意。”

2　抱朴子曰：“周公之攝王位[1]，伊尹之黜太甲[2]，霍
光之廢昌邑[3]，孫綝之退少帝[4]，謂之舍道用權(1)，以安社
稷[5]。然周公之放逐狼跋，流言載路[6]；伊尹終於受戮，大
霧三日[7]；霍光幾及於身，家亦尋滅[8]；孫綝桑蔭未移，首
足異所[9]。皆笑音未絕，而號咷已及矣。

【校】

（1）舍：楊明照校作合。

【注】

［1］周公之攝王位：周公代理成王攝政當國，假爲天子七年。

［2］太甲：姓子，成湯嫡長孫。帝中壬卒，伊尹立之爲帝。即
　　　位三年，爲政不明，暴虐亂德，不遵湯法，被伊尹放於桐宮。居桐宮三年，
　　　悔過自新，於是伊尹迎之復位。

［3］霍光（前？—前68）：字子孟，河東平陽（今山西臨汾西南）人。
　　　霍去病異母弟。武帝時爲奉車都尉、光禄大夫。小心謹慎，甚被
　　　武帝親信。昭帝年幼即位，他與桑弘羊等同受武帝遺詔輔政，任
　　　大司馬大將軍，政事一決於光，封博陸侯。及上官桀父子與其爭
　　　權，與燕王旦等謀反事泄被誅，光威震海内。昭帝死後，迎立昌
　　　邑王劉賀爲帝，以其悖亂，不久即廢，又迎立宣帝。黨親連體，根

據朝廷。雖歸政，而諸事仍先決而後奏，前後執政凡二十年。執政期間，輕徭薄賦，促進了生產的發展。廢昌邑：昌邑王劉賀悖亂，霍光串聯大司農田延年與車騎將軍張安世等會議未央宮，群臣表示"唯大將軍令"後，俱見白太后而廢之。

[４] 孫綝(shēn，231—258)：字子通，三國吳吳郡富春(今浙江富陽)人。始爲偏將軍，孫峻死，爲侍中武衛將軍，領中外諸軍事，代知朝政。驃騎將軍呂據大恐，表衛將軍滕胤爲丞相，綝更以胤爲大司馬。據、胤欲廢綝，綝殺據等，夷胤三族。遷大將軍，假節，封永寧侯，負貴倨傲，多行無禮。魏大將軍諸葛誕舉壽春叛，綝遣兵救之。未果而喪敗士衆，自戮名將，莫不怨之。退少帝：綝以孫亮始親政事，多所難問，甚懼。遂圍宮廢少帝，立琅邪王孫休。爲丞相、荆州牧。一門五侯，皆典禁兵，權傾人主，自吳開國所未嘗有。永安元年(258)，休與張布、丁奉等謀，斬之。

[５] 舍道用權：謂權宜之計雖有背經訓，而合乎治道，即可採用。

[６] 狼跋：老狼頷下垂胡，進則踐踏其胡而前仆。喻進退窘迫。《詩‧豳風‧狼跋序》："《狼跋》，美周公也。周公攝政，遠則四國流言，近則(成)王不知，周大夫美其不失其聖也。狼跋其胡，載疐其尾。"毛傳："跋，躐；疐，跲也。老狼有胡，進則躐其胡，退則跲其尾，進退有難，然而不失其猛。"流言：指"武王既喪，管叔及群弟乃流言於國，曰：'(周)公將不利於孺子(成王)。'"

[７] 伊尹終於受戮：伊尹最終被太甲殺害。《竹書紀年》上："(太甲)七年，王潛出自桐，殺伊尹，天大霧三日。"

[８] 霍光幾及於身：霍光夫人顯欲其小女成君納爲皇后，私使霍光所愛女醫淳于衍行毒藥殺死許后，霍光知其事，會奏上，署衍勿論。宣帝始立，内嚴憚之，若有芒刺在背。及光死，而宗族或腰斬或棄市，唯霍后成君廢處昭臺宮，后自殺。及身：親自受到。尋滅：隨即滅亡。

[９] 蔭：本作陰。桑陰未移：桑樹的影子尚未移動。本謂意氣相投，無須相知時日久長。因喻時間短暫。陰：日影。《戰國策‧趙策四》："昔者堯見舜於草茅之中，席隴畝而廕庇，桑陰(未)移而

授天下傳。"首足異所：指被斬首。此謂三國吳孫休立，衞士施朔告孫綝"欲反有徵"，休與張布、丁奉謀，乘臘會召至，於席間執殺之，夷三族。

3　"夫危而不持，安用彼相[1]？爭臣七人，無道，可救[2]。致令王莽之徒，生其姦變[3]，外引舊事以飾非[4]，内包豺狼之禍心[5]，由於伊、霍基斯亂也[6]。將來君子，宜深鑒兹矣。夫廢立之事，小順大逆，不可長也[7]。召王之譎，已見貶抑[8]。況乃退主，惡其可乎[9]！此等皆計行事成，徐乃受殃者耳。若夫陰謀始權，而貪人賣之，赤族殄祀[10]；而他家封者，亦不少矣[11]。

【注】

[1]危：不穩，這裏指站不穩。持：把着。安通焉。相：扶着瞎子走路的人。《論語・季氏》："危而不持，顛而不扶，則將焉用彼相矣？"集解引包咸曰："言輔相人者，當能持危扶顛，若不能，何用相爲！"

[2]爭：同諍。《孝經・諫諍章》："昔者天子有爭臣七人，雖無道，不失其天下。"

[3]王莽之徒：指像王莽這樣有篡權野心的人。

[4]外引舊事以飾非：謂王莽外表上援引舊有的周公攝政故事，爲自己篡權找依據，造輿論。《漢書・王莽傳上》："（王）舜等即共令太后下詔曰：'……其令安漢公居攝踐阼，如周公故事。'"飾非：此指掩飾篡奪行爲。

[5]内包豺狼之禍心：説本《漢書・諸侯王表序》："是故王莽知漢中外殫微，本末俱弱，亡所忌憚，生其姦心，因母后之權，假伊、周之稱，顓作威福廟堂之上，不降階序而運天下。詐謀既成，遂據南面之尊。"

[6]伊、霍：伊尹、霍光。基：開始。謂伊、霍是王莽篡權的始作

俑者。

［７］大逆：封建王朝稱危害君父、宗廟、宮闕等罪行爲“大逆”。爲“十惡”之一。

［８］召王之譎：晉文公召周襄王，而使諸侯朝見自己，是譎而不正。《論語・憲問》：“晉文公譎而不正。”集解引鄭玄曰：“譎者，詐也。謂召天子而使諸侯朝己。仲尼曰：‘以臣召君，不可以訓，故曰：“天王狩於河陽。”’是譎而不正也。”已見貶抑：見上引孔子語“以臣召君，不可以訓”。

［９］惡（wū）其可：怎麼行呢？惡：何。

［10］殄祀：祭祀斷絶。此指霍光、孫綝兩家滿門滅絶。

［11］他家封者：指告發之家得到封賞。《漢書・霍光傳》：“上（宣帝）乃下詔曰：‘……今大司馬博陸侯禹與母宣成侯夫人顯及從昆弟子冠陽侯雲、樂平侯山諸姊妹婿，謀爲大逆，……男子張章先發覺，以語期門董忠，忠告左曹楊惲，惲告侍中金安上。惲召見對狀，後章上書以聞。侍中史高與金安上建發其事，言無入霍氏禁闥，卒不得遂其謀，皆雠有功。封章爲博成侯，忠高昌侯，惲平通侯，安上都成侯，高樂陵侯。’”

4　“若有姦佞翼成驕亂，若桀之干辛、推哆[1]，紂之崇侯、惡來，厲之黨也[2]。改置忠良，不亦易乎？除君側之衆惡[3]，流凶族於四裔[4]；擁兵持壇[5]，直道守法；嚴操柯斧[6]，正色拱繩[7]；明賞必罰[8]，有犯無赦；官賢任能，唯忠是與[9]；事無專擅，請而後行；君有違謬，據理正諫。戰戰兢兢，不忘恭敬；使社稷永安於上，己身無患於下。功成不處[10]，乞骸告退[11]，高選忠能，進以自代，不亦綽有餘裕乎[12]？何必奪至尊之璽紱，危所奉之見主哉[13]！

【注】

［１］干辛：桀之邪臣、諛臣，專桀無道之威以致滅亡。推哆（chǐ）：桀

之勇力之人，生裂兕虎，指畫殺人。《墨子·所染》：“夏桀染於干辛、推哆。”

［2］崇侯：殷商時崇國國君，侯爵，名虎。爲殷紂佞臣。嘗陷西伯昌於罪，後爲西伯昌所伐。惡來：又名惡來革，姓嬴。蜚廉之子。有力，與其父同事商紂王。周武王伐紂，被殺。《墨子·所染》：“殷紂染於崇侯、惡來。”

［3］除君側之衆惡：清除君王身邊的各種罪人。《公羊傳·定公十三年》：“晉趙鞅取晉陽之甲，以逐荀寅與吉士射。荀寅與吉士射者曷爲者也？君側之惡人也。”按：歷史上，“除君側”常被作爲反對朝廷或中央政府的藉口。如西漢吳王濞發動七國之亂，即以誅晁錯爲名。

［4］流凶族於四裔：流放四個凶族的首領到四方邊地區。《左傳·文公十八年》：“舜臣堯，賓於四門，流四凶，渾敦、窮奇、檮杌（táo wù）、饕餮（tāo tiè），投諸四裔，以禦螭魅。”而《書·舜典》云：“流共工於幽州，放驩（huān）兜於崇山，竄三苗於三危，殛鯀（gǔn）於羽山。”孔傳：“幽州，北裔；崇山，南裔；三危，西裔；羽山，東裔，在海中。”“殛、竄、放、流，皆誅也，異其文，述作之體。”兩説不同，而本句似本《左傳》文。

［5］持壃：防守邊疆。壃：疆之或體。

［6］嚴操柯斧：猶言牢牢掌握政柄；猶言嚴守法令。柯斧：裝柄之斧。喻政柄或法規。《詩·豳風·伐柯》：“伐柯如何？匪斧不克。”毛傳：“柯，斧柄也。禮義者，治國之柄。”

［7］拱繩：猶言執法。《爾雅·釋詁》：“拱，執也。”

［8］明賞必罰：明示有功必賞，有罪必罰。

［9］唯忠是與：贊助忠君者。句式與“惟命是從”同。是：結構助詞，起前置賓語作用。

［10］功成不處：功成事就，即退避而不居其位。《老子·第二章》：“功成而弗居。”河上公注：“功成事就，退避不居其位。”

［11］乞骸：古代官吏自請退職，意謂使骸骨得歸葬故鄉。告退：請求退職。《晏子春秋·外篇上二十》：“晏子對曰：‘……臣愚不能復

治東阿,願乞骸骨,避賢者之路。'"

[12] 綽有餘裕:寬裕,富餘。《孟子・公孫丑下》:"豈不綽綽然有餘裕哉!"趙岐注:"綽、裕,皆寬也。"此謂迴旋餘地很大。

[13] 璽綬:天子或皇后、妃的印章與繫印章的絲帶。按:霍光奪其主璽綬見《漢書・霍光傳》:"(霍光)乃即持其(昌邑王)之手,解脫其璽組,奉上皇太后,扶王下殿,出金馬門,群臣隨送。"孫綝奪其主璽綬見《三國志・吳書・孫綝傳》:"綝遣中書郎李崇奪(孫)亮璽綬,以亮罪狀班告遠近。"見(xiàn):同現。

5 "夫君,天也;父也[1]。君而可廢,則天亦可改,父亦可易也。功蓋世者不賞,威震主者身危[2]。此徒戰勝攻取,勛勞無二者[3];且猶鳥盡而弓棄,兔訖而犬烹[4];況乎廢退其君,而欲後主之愛己;是奚異夫爲人子而舉其所生捐之山谷[5],而取他人養之;而云我能爲伯瑜、曾參之孝[6],但吾親不中奉事,故棄去之。雖日享三牲[7],昏定晨省[8],豈能見憐信邪?

【注】

[1] 君,天也;父也:喻國君至高無上。《左傳・宣公四年》:"箴尹曰:'棄君之命,獨誰受之?君,天也。天可逃乎?'"《説苑・至公》:"且事君猶事父也。"

[2] 威震主者身危:威勢使君主畏忌而身危。《史記・淮陰侯列傳》:"蒯生曰:'……且臣聞勇略震主者身危,而功蓋天下者不賞。'"

[3] 勛勞:功勛;功勞。王功曰勛,事功曰勞。勛:勳之古文。

[4] 鳥盡而弓棄,兔訖而犬烹:秦漢間常用語。《文子・上德》:"狡兔得而獵犬烹,高鳥盡而良弓藏。"訖:終了。

[5] 奚異:有何不同。所生:生身父母。《詩・小雅・小宛》:"夙興夜寐,無忝爾所生。"

[6] 伯瑜:韓伯瑜,梁(今河南開封)人。性至孝。《蒙求》"伯瑜泣杖"

舊注引《韓詩外傳》："（韓）伯瑜有過,其母笞之,泣。母曰:'他日笞汝未嘗泣,今泣何也?'對曰:'他日得杖,常痛。今母老,無力,不能痛,是以泣。'"曾參(sēn,前505—前435):字子輿,南武城(今山東費城西南)人。小孔子四十歲。孔子以爲能通孝道,故授之業,作《孝經》。曾仕齊爲吏,禄不過鍾釜,卻欣然自喜,樂其逮親。事親"養志"甚於"養口體"。親人既没,南遊於楚,得尊官,堂高九仞,生活優裕,卻北向而泣,悲不逮親。《大戴禮記》有幾篇專談曾子之孝。然《宋書·文九王傳》曰:"故景素秀才劉璡又上書曰:'臣聞曾子孝於其親,而沈乎水……。'"但不見於他書。

［7］日享三牲:父母每天享用牛羊猪肉。《孝經·紀孝行章》"雖日用三牲之養,猶爲不孝也"邢昺疏:"三牲,牛、羊、豕也。"

［8］昏定晨省(xǐng):古代子女侍奉父母的日常禮節。謂晚間安排席袵,早上省視問安。《禮記·曲禮上》:"凡爲人子之禮,冬温而夏清,昏定而晨省。"鄭玄注:"（昏）定,定其床袵也。（晨）省,問其安否何如。"

6　"霍光之徒,雖當時增班進爵,賞賜無量[1],皆以計見崇,豈斯人之誠心哉[2]?夫納棄妻而論前婿之惡,買僕虜而毁故主之暴[3];凡人庸夫,猶不平之。何者?重傷其類,自然情也[4]。故樂羊以安忍見疏[5],而秦西以過厚見親[6]。而世人誠謂湯、武爲是,而伊、霍爲賢[7],此乃相勸爲逆者也。

【注】

［1］班:朝班位次,等級。賞賜:尊長把財物送給位卑者。《漢書·霍光傳》:"（宣帝）明年,下詔曰:'夫褒有德,賞元功,古今通誼也。大司馬大將軍光宿衛忠正,宣德明恩,守節秉誼,以安宗廟。其以河北、東武陽益封光萬七千户。'與故所食凡二萬户。賞賜前後黄金七千斤,錢六千萬,雜繒三萬疋,奴婢百七十人,馬二千

匹,甲第一區。"《三國志·吳書·孫綝傳》:"(孫休)又下詔曰:
'……其以大將軍爲丞相,荆州牧,食五縣。'恩爲御史大夫、衛將
軍,據右將軍,皆縣侯。幹雜號將軍,亭侯。闓亦封亭侯。綝一
門五侯,皆典禁兵,權傾人主,自吳國朝臣未嘗有也。……(休)
恐其有變,數加賞賜。"

〔2〕斯人:指霍光、孫綝之徒。

〔3〕僕虜:古以俘虜爲家奴,故亦謂奴僕爲僕虜。

〔4〕傷其類:因同類遭受不幸而感到悲傷。如兔死狐悲。

〔5〕樂(yuè)羊:戰國時魏文侯的將軍。安忍:指中山之君烹其子而
遺之羹,而他忍心啜盡一杯,以此換取中山君的投降。見疏:指
魏文侯賞其功而疑其心。樂羊事迹見《戰國策·魏策一》:"樂羊
爲魏將而攻中山。其子在中山,中山之君烹其子而遺之羹。樂
羊坐於幕下而啜之,盡一盃。文侯謂覩師贊曰:'樂羊以我之故,
食其子之肉。'贊對曰:'其子之肉尚食之,其誰不食?'樂羊既罷
中山,文侯賞其功而疑其心。"

〔6〕秦西:秦西巴,春秋時魯國大夫、孟孫家臣。過厚:過分厚重。

〔7〕誠:如果。用於假設複句的上一分句表示假設。

7　"又見廢之君,未必悉非也。或輔翼少主[1],作威作
福[2],罪大惡積;慮於爲後患,及尚持勢[3],因而易之,以延
近局之禍[4]。規定策之功[5],計在自利,未必爲國也。取
威既重,殺生決口[6]。見廢之主,神器去矣[7],下流之罪,
莫不歸焉[8]。雖知其然,孰敢形言?無東牟、朱虛以致其
討(1)[9],無南史、董狐以證其罪[10],將來今日,誰又理
之[11]?獨見者乃能追覺桀、紂之惡不若是其惡,湯、武之事
不若是其事也(2)[12]。

【校】

(1)討:原作計,王國維、楊明照校作討,當從。

（2）事：疑當作美。上句“桀紂之惡不若是其惡”，則下句當作“湯武之美不若是其美”，“美”“惡”相對。《風俗通義·正失》：“孟軻云：‘堯、舜不勝其美，桀、紂不勝其惡。’”此“美”“惡”相對之例。

【注】

［1］輔翼：輔佐。《禮記·文王世子》：“保也者，慎其身以輔翼之，而歸諸道者也。”孔穎達疏：“輔，相也；翼也。謂護慎世子之身，輔相翼助，使世子而歸於道。”

［2］作威作福：原指統治者獨攬威權，擅行賞罰。此指臣子濫用權勢，獨斷專行或握有生殺予奪之大權。

［3］持勢：謂手握重權。《韓非子·外儲説右上》：“善持勢者，蚤絕其姦萌。”

［4］近局：猶言眼前。《小爾雅·廣詁》：“局，近也。”

［5］定策：尊立天子，書其事於簡策，以告宗廟，因稱大臣謀立天子曰定策。《漢書·韓王信傳》：“（韓增）與大將軍霍光定策立宣帝，益封千户。”

［6］殺生決口：楊明照箋：“《漢書·王莽傳下》：‘（王）宗姊妨爲衛將軍王興夫人，祝詛姑，殺婢以絕口。’‘決’與‘絕’音同得通。決口即絕口，謂防其泄密而殺之也。‘絕’與‘滅’可互訓。《爾雅·釋詁》：‘滅，絕也。’《廣雅·釋詁四》：‘絕，滅也。’是絕口即滅口矣。《戰國策·楚策四》：‘楚（考烈）王貴李園，李園用事。李園既入其女弟爲王后，子爲太子，恐春申君語泄而益驕，陰養死士，欲殺春申君以滅口。’《晉書·后妃上》：‘宣帝初辭魏武之命，託以風痹，嘗暴書，遇暴雨，不覺自起收之。家惟有一婢見之，（張皇）后乃恐事泄致禍，遂手殺之以滅口。’皆‘取威既重，殺生決口’之例。”按：楊箋“‘決’與‘絕’音同得通”，不確。“決”與“絕”古雖同爲入聲月部字，但“決”爲牙音全清見母屑韻字，“絕”爲齒音（齒頭）全濁從母薛韻字，在古代它們並不“音同”。楊明照未舉出通借書證，無以證其“得通”。它們不是同源字。辭書未有言“決”通“絕”者。“絕口”有“滅口”義，“決口”無“滅口”義；“絕口”

有“閉口”義，“決口”無“閉口”義。殺生：宰殺動物；㰤伐；主宰生死。《管子·海王》：“(桓公曰：)‘吾欲籍於六畜。’管子對曰：‘此殺生也。’”《荀子·王制》：“故養長時，則六畜育；殺生時，則草木殖。”楊倞注：“殺生，斬伐。”《管子·七法》：“予奪也、險易也、利害也、難易也、開閉也、殺生也，謂之決塞。”桓寬《鹽鐵論·除狹》：“垂青繩，摝銀龜，擅殺生之柄，專萬民之命。”決：處死；殺死。《三國志·魏書·倉慈傳》：“(倉)慈躬往省閱，料簡輕重，自非殊死，但鞭杖遣之，一歲決刑曾不滿十人。”口：人。《孟子·梁惠王上》：“百畝之田，勿奪其時，數口之家可以無飢矣。”“殺生”與“決口”互文義近。

[7] 神器去矣：謂丟失帝位。神器：最神聖的東西。猶言神物。《老子·第二十九章》：“將欲取天下而爲之，吾見其不得已。天下神器，不可爲也。”河上公注：“器，物也。”《文選·東京賦》：“巨猾閒釁，竊弄神器。”薛綜注：“神器，帝位也。”

[8] 下流之罪，莫不歸焉：喻衆惡所歸的地位。《論語·子張》：“子貢曰：‘紂之不善，不如是之甚也。是以君子惡居下流，天下之惡皆歸焉。’”

[9] 東牟：劉興居(前？—前177)，齊悼惠王劉肥之子、齊哀王劉襄之弟，高后二年(前186)封東牟侯，宿衛長安。呂后卒，與群臣共誅諸呂。旋清宮，與太僕滕公夏侯嬰逐出少帝。與周勃等一道迎立代王爲帝入宮。文帝二年(前178)，立爲濟北王。次年，乘文帝親征匈奴，發兵謀反。兵敗被俘，自殺，國除。朱虛：劉章(前？—前177)，劉興居之兄，高后二年(前186)封朱虛侯，宿衛長安。爲人有氣力，諸呂皆憚之。呂后卒，諸呂欲爲亂，因以呂禄女爲妻，知其謀，約兄齊哀王襄發兵而西，以誅諸呂。旋佐丞相陳平、太尉周勃等逐殺呂產，捕斬呂禄，笞殺呂嬃，迎立代王劉恒爲帝。文帝二年，立爲城陽王。諡景王。致其討：施加征討；施行誅殺。此指誅殺諸呂。

[10] 南史：春秋時齊國史官。《左傳·襄公二十五年》：“太史書曰：‘崔杼弑其君。’崔子殺之。其弟嗣書而死者二人；其弟又書，乃

舍之。南史氏聞太史盡死,執簡以往,聞既書矣,乃還。"杜預注:
"傳言齊有直史,崔杼之罪所以聞。"後因以爲直書史實的良史典
型。董狐:春秋時晉國史官。晉靈公無道,趙盾屢諫,靈公乃欲
殺盾,盾出奔。《左傳·宣公二年》:"乙丑,趙穿攻靈公於桃園。
宣子未出山而復。太史書曰:'趙盾弑其君。'以示於朝。宣子
曰:'不然。'對曰:'子爲正卿,亡不越境,反不討賊,非子而
誰?'……孔子曰:'董狐,古之良史也,書法不隱。'"

[11]理:1.審理。2.申辯。

[12]湯、武之事不若是其事也:楊明照箋注未直接涉及湯、武。《呂氏
春秋·當務》:"湯、武有放殺之事。"高注:"成湯放桀於南巢,周
武殺殷紂於宣室,故曰有放殺之事。"葛洪蓋本此而言。

　　8　"方策所載[1],莫不尊君卑臣,强榦弱枝[2]。《春秋》
之義,天不可讎[3]。大聖著經,資父事君[4]。民生在三,奉
之如一[5]。而許廢立之事,開不道之端,下陵上替,難以訓
矣[6]。俗儒沈淪鮑肆[7],困於詭辯,方論湯、武,爲食馬
肝[8],以彈斯事者,爲不知權之爲變,貴於起善而不犯順,
不謂反理而叛義正也。

【注】

[1]方策:即方册,典籍。《禮記·中庸》:"哀公問政。子曰:'文武之
　　政,布在方策。'"鄭玄注:"方,版也。策,簡也。"

[2]强榦弱枝:喻尊天子,卑諸侯;加强中央的集權,削弱地方的權
　　力。《春秋繁露·盟會要》:"故曰立義以明尊卑之分,强幹弱枝
　　以明大小之職。"

[3]《春秋》之義:指《春秋》一書字寓褒貶。《春秋》:編年體書名。
　　所記起於魯隱公元年(前722),止於魯哀公十四年(前481),凡
　　二百四十二年。叙事簡括,字寓褒貶。相傳孔子據魯史修訂而
　　成。今人楊伯峻《春秋左傳注·前言》云:"由此看來,孔丘實未

嘗修《春秋》，更不曾作《春秋》。"天不可讎：喻天子是不可仇恨的。《左傳·定公四年》："君命，天也。若死天命，將誰讎？"

［4］大聖：孔子。著經：指撰寫《春秋》、《孝經》。《孟子·滕文公下》："孔子懼，作《春秋》。"《隸釋·孔廟置守廟百石孔龢碑》："孔子作《春秋》，制《孝經》。"稚川蓋本此而言。資父事君：侍養父母，敬事國君。《孝經·士章》："資於事父以事母而愛同；資於事父以事君而敬同。"

［5］民生在三，奉之如一：謂人生事父、事師、事君這三件事奉之如一。《國語·晉語一》："（欒共子）辭曰：'成聞之，民生於三，事之如一。父生之，師教之，君食之；非父不生，非食不長，非教不知生之族也。故壹事之。'"韋昭注："壹事之，事之如一也。"

［6］不道：胡作非為。此指謀反。下陵上替：謂上下失序，綱紀廢墜。陵通淩。訓：通順。順從；遵循。

［7］鮑肆：出售鹹魚的店鋪。魚常腐臭，因以喻惡人或小人聚集之地。句謂俗儒如入鮑魚之肆，久而不聞其臭，而與之合汙矣。《説苑·雜言》："（孔子）又曰：'與善人居，如入蘭芷之室，久而不聞其香，則與之化矣；與惡人居，如入鮑魚之肆，久而不聞其臭，亦與之化矣。'"

［8］湯、武為食馬肝：古人誤認為馬肝有毒，食之喜殺人。《史記·儒林列傳·轅固生》："（轅固生）與黃生爭論景帝前。黃生曰：'湯、武非受命，乃弑也。'轅固生曰：'不然。夫桀、紂虐亂，天下之心皆歸湯、武，湯、武與天下之心而誅桀、紂，桀、紂之民不為之使而歸湯、武，湯、武不得已而立，非受命為何？'黃生曰：'冠雖敝，必加於首；履雖新，必關於足。何者？上下之分也。今桀、紂雖失道，然君上也；湯、武雖聖，臣下也。夫主有失行，臣下不能正言匡過以尊天子，反因過而誅之，代立踐南面，非弑而何也？'轅固生曰：'必若所云，是高帝代秦即天子之位，非邪？'於是景帝曰：'食肉不食馬肝，不為不知味；言學者無言湯、武受命，不為愚。'遂罷。是後學者莫敢明受命放殺者。"所謂"方論湯、武，為食馬肝"，指轅固生指責黃生打比方論證"湯、武非受命，乃弑也""為

食馬肝”中毒而喜殺人。《漢書・儒林傳》顏師古注：“馬肝有毒，食之喜殺人，幸得無食。言湯、武爲殺，是背經，故以爲喻也。”稚川贊同黄生的觀點，故云。

9 “而前代立言者[1]，不折之以大道[2]，使有此情者加夫立剡鋒之端[3]，登方崩之山；非所以延年長世，遠危之術。雖策命暫隆[4]，弘賞暴集；無異乎犧牛之被紋繡(1)[5]，淵魚之愛莽麥[6]，渴者之恣口於雲日之酒(2)[7]，飢者之取飽於鬱肉漏脯也[8]。屬筆者皆共褒之，以爲美談，以不容誅之罪爲知變[9]，使人於悒而永慨者也[10]。

【校】

（1）紋繡：當從楊明照校作文繡，以與《逸民》“被犧牛之文繡”一致。

（2）恣：平津本作資，誤。

【注】

[1]前代：指上引所説西漢景帝時代。立言：此指立湯、武受命之言。

[2]不折之以大道：不以大道説服對方。《漢書・叙傳上》：“《答賓戲》曾不折之以正道，明君子之所守。”折：責難，批評，指出對方錯誤或缺點。

[3]情：此指受命反上之心。加：超過。此指危險超過“立剡鋒之端，登方崩之山”。

[4]策命：以簡册書王命封官授爵。《左傳・僖公二十八年》：“（襄）王命尹氏及王子虎、内史叔興父策命晉侯（文公）爲侯伯。”杜預注：“以策書命晉侯爲伯也。”

[5]紋繡：《莊子・列禦寇》：“子見夫犧牛乎？衣以文繡。”

[6]莽麥：擣碎莽草葉，和麥相拌，納入水中以毒魚。莽草，又叫芒草，味辛苦温。《山海經・中山經》：“（朝歌之山）有草焉，名曰莽

草,可以毒魚。"莽草作爲藥物,可以殺蟲。見《太平御覽》九九三
引《淮南萬畢術》、唐慎微撰《重修政和經史證類備用本草》十四
《木部下品》。

[7]雲日:魯藩本王國維眉批:"雲日即運日。"運日即鴆鳥。《國語·
魯語上》"使醫鴆之"韋昭注:"鴆,鳥也,一名運日,其羽有毒,漬
之酒而飲之,立死。"

[8]鬱肉漏脯:腐敗變質的肉食。漢張仲景《金匱要略·禽獸蟲魚
禁忌篇·治食鬱肉漏脯中毒方》注:"鬱肉,密器蓋之隔宿者是
也;漏脯,茅屋漏下沾著者是也。"

[9]不容誅之罪:罪不容誅。謂罪大惡極,處以死刑都不能抵償。
《孟子·離婁上》:"爭地以戰,殺人盈野;爭城以戰,殺人盈城,此
所謂率土地而食人肉,罪不容於死。"

[10]於悒:同於(wū)邑:憂鬱煩悶;猶嗚咽,低聲。嗚咽謂低聲哭泣。
亦指悲泣聲。

　　10　"或諫余以此言爲傷聖人,必見譏貶[1]。余答曰:
舜、禹歷試内外[2],然後受終文祖[3]。雖有好傷,聖人者豈
能傷哉! 昔嚴延年廷奏霍光爲不道[4],於時上下蕭然,無
以折也。況吾爲世之誠,無所指斥[5],何慮乎常言哉!"

【注】

[1]爲傷聖人:指有損於聖人孔子、孟子的威信。孔子、孟子褒揚湯、
武革命,而稚川非之,故云。《易·革》:"彖曰:湯、武革命,順乎
天而應乎人。"《禮記·禮器》:"湯放桀,武王伐紂,時也。"鄭玄
注:"言受命改制度。"

[2]舜禹歷試内外:祇有虞舜曾經歷試,而禹不過是連類而及。歷
試:屢試,多次考驗或考察。《書·舜典序》:"虞舜側微,堯既聞
之聰明,將使嗣位,歷試諸難。作《舜典》。"

[3]受終:承受帝命。文祖:帝堯始祖之廟。《書·舜典》:"正月上

日,受終於文祖。"孔傳:"上日,朔日也。終,謂堯終帝位之事。
文祖者,堯文德之祖廟。"孔穎達疏:"受終,堯爲天子,於此事終
而授與舜。故知終謂堯終帝位之事,終言堯終舜始也。"

[4] 嚴延年(前?—前58):字次卿,東海下邳(今江蘇睢寧北)人。
其父爲丞相掾。少學法律於丞相府,歸爲郡吏。以選除補御史
掾,舉侍御史。宣帝初,劾奏大將軍霍光"擅廢立,亡人臣禮,不
道",朝廷敬憚。復劾大司農田延年持兵干屬車,御史中丞反劾
嚴延年闌納罪人,法至死,亡命。會赦,復爲御史掾。後爲涿郡
太守,鎮壓大姓西高氏、東高氏,郡中震恐,道不拾遺。繼爲河南
太守,務在摧折豪强,誅殺甚多,號爲屠伯。後坐誹謗政治不道
棄市。

[5] 指斥:指名直呼。

時 難 卷 八[1]

1 抱朴子曰：“盡節無隱者，可爲也[2]。若夫使言必納而身必安者，須時[3]。時之否也[4]，夫姦凶之徒，妬所不逮，擁上抑下，惡直醜正[5]，憂畏公方之彈擊邪枉，是以務除勝己以紓其誅[6]。明主不世而出，庸君迷於皁白，既不能受用忠益，或乃宣泄至言[7]。於是弘恭、石顯之徒，飾巧辭以構象似，假至公以售私姦[8]。令獻長生之術者，反獲立死之罪；進安上之計者，旋受危身之禍[9]。故曰：非言之難也，談之時難也。

【注】

［1］時難：謂與賢君聖主遇合、密談之時難以碰到。説本《韓非子》之《難言》《説難》等篇。

［2］盡節：此謂盡臣節。無隱：毫不隱瞞個人的政見。

［3］須時：其下孫星衍曰：“句。”指有待於聖明君主（接見并密談）之時。

［4］時之否(pǐ)也：否滯不通之時。否：塞。

［5］惡(wù)直醜正：憎恨、嫉害正直的人。《左傳・昭公二十八年》：“惡直醜正，實蕃有徒。”楊伯峻注：“惡、醜同義，直、正同義，惡直即醜正，同義複語。言嫉害正直者。”

［6］以紓(shū)其誅：用以緩解自己被指責的局面。誅：責。

［7］宣泄至言：講出或泄露臣下有關社稷大政的話。如劉向“上封

事”，而“恭、顯見其書”等之類。謂昏君出賣賢臣秘計。至言：直言，真實的話。

［8］售私姦：行其不可告人的姦計。恭、顯誣陷蕭望之、周堪、劉向事即其例。

［9］令獻長生之術者，反獲立死之罪；進安上之計者，旋受危身之禍：四句如同一幅對聯，“長生之術”喻長治久安之術，與“安上之計”呼應，內容互補。四句蓋據鼂錯上“削藩”“安上”之大計被斬東市、蕭望之所建白之“中書政本”之計被迫飲鴆自殺而言。他如太中大夫張猛、魏郡太守京房、御史中丞陳咸、待詔賈捐之皆嘗奏封事，因此石顯求索其罪，房、捐之棄市，猛自殺，咸抵罪，髠爲城旦。《史記·鼂錯傳》：“（鼂錯）遷御史大夫，請諸侯之罪過，削其地，收其枝郡。……錯所更令三十章，諸侯皆諠譁疾鼂錯。錯父聞之，從潁川來，謂錯曰：‘上（景帝）初即位，公爲政用事，侵削諸侯，別疏人骨肉，人口議多怨公者，何也？’鼂錯曰：‘固也。不如此，天子不尊，宗廟不安。’錯父曰：‘劉氏安矣，而鼂氏危矣，吾去公歸矣！’遂飲藥死，曰：‘吾不忍見禍及吾身。’死十餘日，吳楚七國果反，以誅錯爲名。及竇嬰、袁盎進説，上令鼂錯衣朝衣斬東市。”《漢書·蕭望之傳》：“初，宣帝不甚從儒術，任用法律，而中書宦官用事。中書令弘恭、石顯久典樞機，明習文法，亦與車騎將軍（史）高爲表裏，論議常獨持故事，不從望之等。恭、顯又時傾仄見詘。望之以爲中書政本，宜以賢明之選，自武帝遊宴後庭，故用宦者，非國舊制，又違古不近刑人之義，白欲更置士人，繇是大與高、恭、顯忤。”這是導致蕭望之被迫飲鴆自殺的主因。

　　2　“夫以賢説聖，猶未必即受；故伊尹干湯，至於七十也[1]。以智告愚，則必不入；故文王諫紂，終於不納也[2]。言不見信，之猶可也(1)。若乃李斯之誅韓非[3]，龐涓之刖孫臏[4]，上官之毀屈平[5]，袁盎之中鼂錯，不可勝載也[6]。爲臣不易，豈一途也哉[7]！蓋往而不反者，所以功在身後；

而藏器俟時者，所以百無一遇。高勳之臣，曠代而一有；陷冰之徒，委積乎史策。悲夫！時之難遇也，如此其甚哉！由兹以言，吾知渭濱呂尚之儔[8]，巖間傅説之屬[9]，懷其王佐之器，抱其邈世之材，秉竿擁築[10]，老死於庸人之伍，而遂不遭文王、高宗者[11]，必不訾矣[12]！”

【校】

（1）之猶可也：平津本作猶之可也。

【注】

[1] 猶：尚且。干：不待禮見；見不以禮；求。至於七十：極言干求次數之多而頻繁。《韓非子·難言》：“上古有湯至聖也，伊尹至智也。夫至智説至聖，猶且七十説而不受，身執鼎俎爲庖宰，昵近習親，而湯乃僅知其賢而用之。故曰：以至智説至聖，未必至而見受，伊尹説湯是也。”

[2] 入：採納。文王諫紂：周文王規諫殷紂王。《韓非子·難言》：“……以智説愚必不聽，文王説紂是也。故文王説紂而紂囚之。”十、入、納：緝部。

[3] 李斯（前？—前208）：楚上蔡（今河南上蔡西南）人。少爲郡小吏，後從荀卿學帝王之術。入秦爲秦相吕不韋舍人，因説秦王併六國，拜客卿。上書諫逐客，遷廷尉二十餘年。他建議對六國採取各個擊破的策略，對秦始皇統一六國，起了較大作用。秦統一六國後，任丞相。反對分封，主張焚《詩》《書》，禁私學，以加强專制主義中央集權的統治。他又以小篆爲標準，整理文字，對我國文字的統一有一定貢獻。秦始皇死後，屈從趙高，合謀僞造遺詔，迫令秦始皇長子扶蘇自殺，立少子胡亥爲二世皇帝。後爲趙高所忌，被殺。工書，泰山、琅邪等刻石傳説均爲他所手書。著有《諫逐客書》和《蒼頡篇》（今佚，有輯本）。韓非（前280—前233）：戰國末韓國貴族。喜刑名法術之學，歸本於黄老。口吃

不善言談而善著書。與李斯同師事荀卿。書諫韓王變法圖強，
不見用。發憤著書十餘萬言，受到秦王政的重視，被邀出使秦
國。不久因李斯、姚賈陷害，被迫自殺於獄中。他吸收了道、儒、
墨各家的思想，尤其集法家之大成，提出了一個法、術、勢相結合
的法治學說。著有《韓非子》一書。

［4］龐涓之刖孫臏：龐涓砍去孫臏雙腿的臏骨（膝蓋骨）。龐涓
（前？—前353）：嘗與孫臏俱學兵法，後爲魏惠王將軍。涓才能
不及孫臏，乃陰使人召之，至則以法刑斷其兩足而黥之，欲其隱
而勿見。刖（yuè）：砍，斷。古代砍掉雙腿膝蓋骨的酷刑。孫
臏：戰國齊人，孫武後裔。一説生於阿、鄄之間，一説楚人。約
與孟軻同時。臏刑後，齊使者載之歸齊，齊將田忌薦於威王
（前？—前320），威王以之爲軍師。其後魏伐趙，趙請救於齊，
臏隨田忌往救。臏建議急走大梁，圍魏救趙。於公元前353年
桂陵之戰，活捉龐涓。

［5］上官：上官大夫靳尚，事楚懷王、頃襄王。屈平（前340—约前
278）：姓屈名平，字原，又名正則，字靈均。初爲楚懷王左徒（副
相）。博聞强識，明於治亂，嫻於辭令。入則與王圖議國事，以出
號令；出則接遇賓客，應對諸侯。上官大夫與之同列，而心害其
能。懷王使屈原起草憲令，屈原文稿未定，上官見而欲奪之。屈
原不與，上官遂進讒言，王怒而疏平。屈原使齊返楚，諫懷王殺
秦使張儀，懷王令人追之不及。懷王欲應召赴秦，屈原諫其勿
行，懷王不聽。頃襄王時，屈原遭令尹子蘭、上官大夫譖害，被放
逐漢北，謫於江南。見郢都殘破，復國無望，遂懷石自沈於汨羅
江而死。其《離騷》《天問》《九章》《九歌》等爲古代文學瑰寶，文
辭優美，與《詩》同被稱頌。

［6］袁盎（前？—前148）：又作爰盎，字絲，安陵（今陝西咸陽東北）
人。吕后時爲吕禄舍人，文帝時爲郎中。爲人好直諫，曾面折天
子、慎夫人、絳侯周勃、宦者趙談、丞相申屠嘉（前？—前155）等。
人上告周勃謀反，唯盎明其無罪。諫文帝削淮南王劉長之地，以
抑其驕。及長謀反失敗至雍病死，復諫封其三子爲王。由此名

重朝廷。後爲隴西都尉、齊相、吳相。素惡鼂錯。景帝即位,錯
爲御史大夫,使吏案盎受吳王劉濞財物,抵罪,詔赦免爲庶人。
吳楚七國反,應召,密勸景帝斬錯以謝吳。旋以太常使吳,吳王
欲殺之,亡歸。梁孝王劉武怨其阻立己爲太子,令刺客遮刺殺
盎。中(zhòng):傷害。

[7]爲臣不易:言受人排擠陷害而君主不明也。《論語‧子路》:"人
之言曰:'爲君難,爲臣不易。'"

[8]渭濱呂尚:謂呂尚於渭水之濱遇到周文王而周文王立爲師。
儔:輩,同類。

[9]巖間傅説(yuè):服刑傅巖版築之間的罪徒説,武丁舉以爲相,
佐武丁修政行德,國力大振。屬:徒。

[10]秉竿:指呂尚於渭濱釣魚。擁築:指傅説於傅巖抱築幹活。

[11]高宗:殷高宗武丁。姓子,帝小乙之子。小乙卒,繼爲帝。時國
力衰微,乃修德敬民,以圖復興。於罪徒中得賢才傅説佐之,國
力復振。後世稱高宗。

[12]不訾(zī):不可比量,無法計算。極言其多。

官　治　卷　九^{(1)[1]}

1　抱朴子曰："騄駬之騁逸跡,由造父之御也[2];禹、稷之序百揆,遭唐、虞之主也[3]。故能不勞而千里至[4],揖讓而頌聲作[5]。若乃臧獲之乘騵駼[6],殷辛之臨三仁[7],欲長驅輕騖,則彎急轅逼[8];欲盡規竭忠,則禍如發機[9]。所以車傾於險途,國覆而不振也。故良駿敗於拙御,智士躓於闇世[10]。仲尼不能止魯侯之出[11],晏嬰不能遏崔杼之亂[12]。其才則是,主則非也。

【校】

（1）官治:各本作官理,疑"理"避唐高宗李治諱改而未復者,今復之。

【注】

[1] 官治:官府的政務;此蓋指邦治。《書·周官》:"塚宰掌邦治,統百官,均四海。"《周禮·天官·大宰》:"以八灋(法)治官府,……三曰官聯,以會官治。四曰官常,以聽官治。"孫詒讓正義:"此八法皆云邦治,唯官聯、官常云官治者,亦變文無義例,故《小宰》六聯亦云合邦治。"古指掌建邦的六典以佐王治邦國。此蓋指塚宰或宰相治國必須具備的賢君聖主條件。

[2] 騄駬(lù ěr):本作綠耳,亦作騄耳。良馬名。周穆王八駿之一。《穆天子傳》一:"天子之駿,……華騮、綠耳。"郭璞注:"駿者,馬之美稱。(華騮)色如華而赤,今名馬騾赤者爲棗騮棗騮赤也。

綠耳曰北曹之君來見,以一驪馬,是生綠耳。魏時鮮卑獻千里馬,白色而兩耳黃,名曰黃耳,即此類也。八駿,皆因其毛色以爲名號耳。"逸跡:(駿馬的)快步。造父之御:謂造父的馭馬是騄駬馳騁逸跡的主要條件。

［3］序百揆:謂使各種政務有條不紊進行。是"百揆時序"的倒文。遭:遇。唐、虞之主:謂唐堯、虞舜的主政,是塚宰領導各種政務得以正常進行的主要條件。

［4］不勞而千里至:謂唐虞的領導並不費力但卻具有一種凝聚力,受到各方的擁護。千里至:千里之外的人至、物至。

［5］揖讓:古作揖攘。賓主相見,屈己敬人的禮儀。揖:攘也。攘:推也,古讓字。揖、攘同義:推手使前,拱手使前。《周禮・秋官・司儀》:"掌九族之賓客擯相之禮,以詔儀容辭令揖讓之節。……詔王儀南鄉見諸侯,土揖庶姓,時揖異姓,天揖同姓。"鄭玄注:"以詔者,以禮告王。……王揖之者,定其位也。庶姓,無親者也。土揖,推手小(稍)下之也。異姓,昏姻也。時揖,平推手也。……天揖,推手小(稍)舉之。"鄉:同嚮、向。

［6］臧獲:古代對奴婢的賤稱。《方言》三:"荊、淮、海、岱、宋、齊之間,罵奴曰臧,罵婢曰獲。齊之北鄙、燕之北郊,凡民男而壻(婿)婢謂之臧,女而婦奴謂之獲。亡奴謂之臧,亡婢謂之獲。皆異方罵奴婢之醜稱也。"一說,意外所得的俘虜叫臧獲。臧:今作贓,乃意外所得之物。驌驦:良馬名。本作蕭爽,或作驌騻。《左傳・定公三年》:"唐成公如楚,有兩蕭爽馬,子常欲之。"杜預注:"蕭爽,駿馬名。"句意蓋本《尸子》下:"夫馬者,王良御之則和馴端正,致遠道矣;僕人御之,則逸奔毀之矣。"

［7］殷辛:殷紂王受辛。三仁:三位仁人。指殷商的微子、箕子、比干。《論語・微子》:"微子去之,箕子爲之奴,比干諫而死。孔子曰:'殷有三仁焉。'"

［8］長驅:向前奔馳不止;長途驅馳。輕騖(wù):謂馬快速奔馳。彎急轅逼:韁繩勒得太緊,轅木過分逼近。形容容易翻車。

［9］竭忠:竭盡忠誠。禍如發機:喻禍患來勢疾速。發機:撥動弩

弓的發矢弩牙,使箭射出。《孫子·勢》:“節如發機。”稚川改
“節”爲“禍”。

[10]　良駿:良馬;駿馬。拙御:拙劣的駕馭。躓(zhì):困頓,挫折。
闇世:昏亂的時代。闇:同暗。

[11]　魯侯:魯昭公(前 560—前 510),姓姬,名裯。魯襄公子。襄公
卒,其太子亦卒,季武子立之爲君。時年十九,猶有童心。二十
五年(517)欲誅季孫氏,三桓攻之,奔齊,齊伐魯之鄆而居之。二
十八年,如晉求入,晉居之乾侯,次年復之鄆。見《春秋》《左傳·
昭公二十五年》《史記·孔子世家》《魯周公世家》。十二年卒。
遏:阻止。

[12]　崔杼(前? —前 546):齊臣,事齊惠公,有寵。曾被齊卿高氏、國
氏驅逐奔衛,後返齊。齊靈公二十八年(前 554)趁靈公病篤,迎
立太子光即位,是爲齊莊公,又殺公子牙之傅高厚。齊莊公六年
(前 548),齊莊公與杼妻棠姜私通,崔杼使侍人賈舉弒之,晏嬰枕
尸而哭。崔杼立莊公異母弟杵臼,是爲齊景公,杼爲右相。景公
二年(前 546)崔氏内亂,國人助慶封滅崔氏,杼自殺。見《左傳·
襄公二十五年》《晏子春秋内篇·雜上二》《史記·齊太公世家》。

2　“夫君猶器也,臣猶物也;器小物大,不能相受矣。
髫孺背千金而逐蛺蜨,越人棄八珍而甘蛙黽,既患不賞
好(1),又病不識惡矣[1]。夫不用,則雖珍而不貴矣;莫與,
則傷之者必至[2]。昔衛靈聽聖言而數驚[3],秦孝聞高談而
睡寐[4],而欲緝隆平之化[5],收良能之勳[6],猶卻行以逐
馳[7],適楚而首燕也[8]。”

【校】

(1)　既:藏本、平津本作即,從楊明照校改。“既”與“又”搭配,組成並
列結構。

【注】

[1] 髫(tiáo)齔：幼童。髫：兒童下垂的髮式。蛺蜨(jiá dié)：蝴蝶的一類。越：古代南方少數民族之一，分佈於長江中下游。蛙黽(měng)：蛙類動物。黽：蛙的一種。《爾雅·釋魚》"在水者黽"郭璞注："耿黽也，似青蛙，大腹，一名土鴨。"兩句喻器小的國君祇知愛好，不知貴賤。此二句又喻下二句。

[2] 不用：不之用，即（國君）不用之。莫與：莫之與。《易·繫辭下》："莫之與，則傷之者必至矣。"高亨今注："無人助之，孤立無援，則有人傷之矣。"

[3] 衛靈聽聖言而數驚：楊明照箋文引了《論語·衛靈公》《史記·孔子世家》《說苑·政理》有關衛靈公"問陳"、問政的文字，詁此似不合。衛靈公(前？—前493)，姓姬，衛襄公子，繼襄公而立。在位四十二年。楊明照曰："數驚事未詳。"按："聖言"蓋指衛大夫史鰌尸諫之言。《大戴禮記·保傅》："衛靈公之時，蘧伯玉賢而不用，迷子瑕不肖而任事。史鰌患之，數言蘧伯玉而（靈公）不聽，病且死，謂其子曰：'我即死，治喪於北堂。吾生不能進蘧伯玉而退迷子瑕，是不能正君者，死不當成禮。而置尸於北堂，於我足矣。'靈公往弔，問其故，其子以父言聞，靈公造然失容曰：'吾失矣。'立召蘧伯玉而貴之，召迷子瑕而退（之），徙喪北堂，成禮而後去。衛國以治，史鰌之力也。夫生進賢而退不肖，死且未止，又以尸諫，可謂忠不衰矣。"盧注："因言賢者歿猶得士也。造然，驚慘之貌。貴之，進之爲卿。成禮，復正室。《論語》曰：'直哉史魚。'"數(shuò)驚：猶言猝然而驚。數：疾促；緊促。蓋即上引所謂"造然失容"，盧注所謂"驚慘之貌"也。《大戴禮記·保傅》這條材料楊明照曾於《審舉》"曾、史亦將變爲盜跖矣"箋中引用過，惟惜先生未能用於《官治》本條中，不知何故。

[4] 秦孝：秦孝公(前381—前338)，姓嬴，名渠梁。秦獻公子，繼獻公即位。元年(前361)，布恩惠，振孤寡，招戰士，明功賞。欲復穆公霸業，令於國中求賢。三年，重用商鞅，變法修刑，内務耕稼，外獎耕戰，國勢大盛。開阡陌，初爲賦。徙咸陽。置四十一

縣，屢勝韓、魏。天子致伯，諸侯畢賀。在位二十四年。見《史記・秦本紀》、《六國年表》。高談：此指商鞅對孝公所談不切實際的帝道、王道。睡寐：瞌睡，打盹。句謂秦孝公對帝道、王道不感興趣。後說以"强國之術"，始大悦。

［5］隆平：昌盛太平。《文選・東都賦》："即土之中，有周成隆平之制焉。"李善注："《春秋命曆序》曰：'成、康之隆，醴泉涌出。《孝經鉤命決》曰：'俱在隆平，優劣殊跡。'"

［6］良能：天賦才能；賢良而有才能的人。《孟子・盡心上》："人之所以不學而能者，其良能也。"

［7］卻行：倒退而行。

［8］適楚而首燕：謂雙腳走往南楚，而北首燕路。猶言南轅而北轍。比喻行動與想要達到的目的相反。《戰國策・魏策四》："魏王欲攻邯鄲，季梁聞之，中道而反。衣焦不申，頭塵不去，往見王曰：'今者臣來，見人行於大行，方北面而持其駕，告臣曰："我欲之楚。"臣曰："君之楚，將奚爲北面?"曰："吾馬良。"臣曰："馬雖良，此非楚之路也。"曰："吾用多。"臣曰："用雖多，此非楚之路也。"曰："吾御者善。"此數者愈善，而離楚愈遠耳。'"首：趨向。

務 正 卷 十[1]

1 抱朴子曰："南溟引朝宗以成不測之深[2]，玄圃崇木石以致極天之峻(1)[3]。大厦淩霄(2)，賴群橑之積[4]；輪曲轅直，無不闕之物[5]。故元凱之佐登，而格天之化洽[6]；折衝之才周，則逐鹿之姦寢[7]。舜、禹所以有天下而不與，衛靈所以雖驕恣而不危也[8]。

【校】
（1）木：平津本作本，誤。
（2）厦：通夏。平津本作夏，然依藏本等與《君道》《鈞世》《辭義》及《內篇·釋滯》四篇之例，作厦始一律。

【注】
[1]務正：致力於大政。正通政。《漢書·陸賈傳》"夫秦失其正"顏師古注："正，亦政也。"
[2]南溟引朝宗以成不測之深：喻善於納衆，積少成多。朝（cháo）宗：古代諸侯春夏朝見天子曰朝宗。《周禮·春官·大宗伯》："春見曰朝，夏見曰宗，秋見曰覲，冬見曰遇。"此喻小股水流注入大海。《書·禹貢》："江漢朝宗於海。"孔傳："二水經此州而入海，有似於朝。百川以海爲宗；宗，尊也。"
[3]玄圃：亦作縣圃、懸圃。傳說中昆侖山頂的神仙居處，有金台、玉樓、奇花異石。《淮南子·墜形》："縣圃、涼風、樊桐，在昆侖閶闔之中。"高誘注："閶闔，昆侖虛門名也。縣圃、涼風、樊桐，皆昆侖

之山名也。”極天之峻：高至於天。《詩‧大雅‧崧高》“駿極於天”毛傳：“駿，大。極，至也。”《禮記‧孔子閒居》引駿作峻。按：馬高大曰駿，山高曰峻，爲同源字，故相通。

[4] 大廈凌霄，賴群橑之積：喻整體有賴許多個體有機組成。《意林》二引《慎子》：“廊廟之材，非一木之枝。”《史記‧劉敬叔孫通傳》：“太史公曰：‘語曰：“故千金之裘，非一狐之腋也；臺榭之榱，非一木之枝也。三代之際，非一士之智也。”’”橑（lǎo）：屋椽，簷前木。此指代經過加工而納入設計的大構件。

[5] 輪曲轅直，無不闕之物：喻治國人才應方圓兼備，缺一不可。《呂氏春秋‧君守》：“今之爲車者，數官然後成。夫國豈特爲車哉？衆智衆能之所持也，不可以一物一方安（車）也。”（王念孫曰：“《治要》‘安’下無‘車’字，是也。”）高誘注：“輪輿轅軸，各自有材，故曰數官然後成。”陳奇猷案：“既言‘爲車者’，則此‘官’字當指職官，非指爲車之材。《周禮‧考工記》云：‘一器而工聚焉者，車爲多’，並列爲車者有爲輪之輪人，爲蓋之輪人，爲輈之輈人，又有爲車柯之車人等等，故此云數官而後成。高注非。”轅直：漢以後多爲雙轅，爲兩直木，左右各一。如大車、柏車、羊車皆左右兩木。闕：同缺。

[6] 登：成就；完成。格天：感通上天；至於上天。化洽：教化普霑。

[7] 逐鹿：喻國家分裂時，各路英雄争奪天下。《六韜‧武韜‧發啓》：“取天下者，若逐野鹿，而天下皆有分肉之心。”（“鹿”今本作“獸”，據《意林》一校）以鹿喻帝位。

[8] 衛靈所以雖驕恣而不危：謂衛靈公多賢臣，故雖驕恣而不危。《左傳‧襄公二十九年》：“（吳公子季札）適衛，説蘧瑗、史狗、史鰌、公子荆、公子發、公子朝曰：‘衛多君子，未有患也。’”《説苑‧尊賢》：“魯哀公問於孔子曰：‘當今之時，君（子）誰賢？’對曰：‘衛靈公。’公曰：‘吾聞之，其閨門之内，姑姊妹無别。’對曰：‘臣觀於朝廷，未觀於堂陛之間也。靈公之弟曰公子渠牟，其知足以治千乘之國，其信足以守之，而靈公愛之。又有士曰王林，國有賢人必進而任之，無不達也，不能達，退而與其禄，而靈公尊之。又有

士曰慶足，國有大事，則進而治之，無不濟也，而靈公説之。史鰌去衛，靈公邸舍三月，琴瑟不御，待史鰌之入也而後入。臣是以知其賢也。'"稚川蓋本此而言。衛靈公驕恣，蓋指其好色寵幸行爲不軌而實掌衛國政治的南子而言。《史記·孔子世家》："（衛）靈公夫人有南子者，使人謂孔子曰：'四方之君子不辱欲與寡君爲兄弟者，必見寡小君。寡小君願見。'孔子辭謝，不得已而見之。夫人在絺帷中。孔子入門，北而稽首。夫人自帷中再拜，環珮玉聲璆然。……靈公與夫人同車，宦者雍渠參乘，出，使孔子爲次乘，招搖市過之。孔子曰：'吾未見好德如好色者也。'"

2　"衆力並，則萬鈞不足舉也；群智用，則庶績不足康也[1]。故繁足者死而不弊[2]，多士者亂而不亡。然劍戟不長於縫緝[3]，錐鑽不可以擊斷(1)；牛馬不能吠守，雞犬不任駕乘。役其所長，則事無廢；避其所短，則世無棄材矣。"

【校】

（1）錐鑽不可以擊斷：《意林》作錐鑽不可剗割牛馬，其下有"而長於縫緝"一句。

【注】

[1] 衆力並……不足康也：喻集體力量、智慧的偉大作用。《文子·自然》："乘衆人之智者，即無不任也；用衆人之力者，即無不勝也；用衆人之力者，烏獲不足恃也；乘衆人之勢者，天下不足用也。"萬鈞：形容份量重或力量大。漢三十斤曰鈞。庶績：各種事業；衆功。

[2] 繁足：指百足之蟲。馬陸的別名。體長而稍高，長寸餘，由許多環節構成，各節有足一至二對。中斷面兩截，頭尾仍能各自行走。多比喻基礎厚、勢力大的集團、家族、人或國家雖已衰微或

垮臺，但其餘威和影響還存在，仍能掙扎一時。《意林》一引《魯連子》：“百足之蟲，至斷不蹶者，持之者衆也。”弊：仆，向前倒下。

[3]劍戟：泛指武器。縫緝：猶縫紉。

貴賢卷十一^[1]

1 抱朴子曰：“舍輕艘而涉無涯者，不見其必濟也^[2]；無良輔而羨隆平者，未聞其有成也。鴻鸞之淩虛者，六翮之力也^[3]；淵虬之天飛者，雲霧之偕也^{(1)[4]}。故招賢用才者，人主之要務也；立功立事者，髦俊之所思也^[5]。若乃樂治定而忽智士者，何異欲致遠塗而棄騏驥哉^[6]！

【校】

（1）天飛：宜乙作飛天，與“淩虛”對文。偕：當作階。

【注】

［1］貴賢：猶言尚賢、尊賢。《墨子・尚賢》《説苑・尊賢》《潛夫論・思賢》專論其事，本篇繼承了這個思想。

［2］無涯：亦作無崖。没有窮盡；無邊際。《莊子・養生主》：“吾生也有涯，而知也無涯。”知通智。

［3］鴻鸞：鴻鵠與鸞鳥。鴻鸞淩空高飛，因用以指賢德之士。《文選》揚雄《劇秦美新》：“振鷺之聲充庭，鴻鸞之黨漸階。”李善注：“振鷺、鴻鸞，喻賢人也。”

［4］虬（qiú）：無角龍。有角曰龍，無角曰虬。雲霧：此喻虬龍飛天的客觀條件。《韓非子・難勢》：“飛龍乘雲，騰蛇遊霧。”兩句謂淵中虬龍飛天，是以雲霧作爲階梯而上的。

［5］髦俊：才智傑出之士。《爾雅・釋言》：“髦，俊也。”郭璞注：“士中之俊，如毛中之髦。”

〔6〕騏騄：騏驥、騄駬，良馬名。

2　“夫拔丘園之否滯，舉遺漏之幽人[1]，職盡其才，禄
稱其功者，君所以待賢者也；勤夙夜之在公，竭心力於百
揆[2]，進善退惡[3]，知無不爲者[4]，臣所以報知己也。世有
隱逸之民，而無獨立之主者[5]，士可以嘉遁而無憂，君不可
以無臣而致治。是以傅説、吕尚不汲汲於聞達者[6]，道德
備則輕王公也[7]。而殷高、周文乃夢想乎得賢者[8]，建洪
勳必須良佐也。

【注】

〔1〕舉遺漏：察舉被遺忘、漏掉的人才。猶《論語·堯曰》之“舉逸
　　民”。幽人：隱者。

〔2〕夙夜之在公：即“夙夜在公”。《詩·召南·小星》：“被之僮僮，夙
　　夜在公。”毛傳：“被，首飾也。僮僮，竦敬也。夙，早也。”

〔3〕進善退惡(è)：進用賢善，黜退姦惡。《漢書·何武傳》：“刺史，古
　　之方伯，上所委任，一州表率也，職在進善退惡。”

〔4〕知無不爲：知道是應該做的，就一定去做。喻忠貞；敬業精神。
　　《左傳·僖公九年》：“公家之利，知無不爲，忠也。”林堯叟注：“凡
　　可以利益國家者，苟知其事，莫不盡心力而爲之。”

〔5〕無獨立之主：意本《墨子·尚同下》：“天子以其知力爲未足獨治
　　天下，是以選擇其次，立爲三公。”

〔6〕聞(wèn)達：有名望；顯達。《論語·顏淵》：“在邦必聞，在家必
　　聞。”又：“在邦必達，在家必達。”諸葛亮《前出師表》：“苟全性命
　　於亂世，不求聞達於諸侯。”

〔7〕道德備則輕王公：《荀子·脩身》：“志意脩則驕富貴，道義重則輕
　　王公。”

〔8〕殷高：殷高宗武丁。其“夢想乎得賢者”，見《書·説命上》“高宗
　　夢得説”、《史記·殷本紀》“武丁夢得賢人”、《楚辭·離騷》“武丁

用而不疑"王逸注："武丁思想賢者，夢得賢人。"即夢得傅説。周
文乃夢想乎得賢:《列仙傳·吕尚》："(周)文王夢得聖人，聞尚，
遂載而歸。"蓋據此而言。《史記·齊世家》："於是周西伯獵，果
遇太公於渭之陽，與語大説，曰:'吾先太公曰:"當有聖人適周，
周以興。"子真是邪？吾太公望子久矣。'"可見其想望之情。

3　"患於生乎深宫之中，長乎婦人之手，不識稼穡之
艱難，不知憂懼之何理[1]，承家繼體，蔽乎崇替[2]。所急在
乎侈靡，至務在乎游宴(1)[3]；般于畋獵[4]，湎於酣樂[5]。聞
淫聲則驚聽[6]，見艷色則改視；役聰用明，止此二事。鑒澄
人物，不以經神[7]。唯識玩弄可以悦心志，不知奇士可以
安社稷。犀象珠玉，無足而至自萬里之外[8]；定傾之器，能
行而淪乎四境之内[9]。二豎之疾既據而募良醫[10]，棟橈之
禍已集而思謀夫[11]。何異乎火起乃穿井，覺飢而占田
哉[12]！夫庸隸猶不可以不拊循而卒盡其力[13]，安可以無
素而暴得其用哉(2)！"

【校】

（1）游宴：楊明照校平津本曰："'晏'字誤。當依藏本、魯藩本、吉藩
本、慎本、舊寫本、柏筼堂本、文溯本、叢書本、崇文本作'宴'。"
按：晏、宴古通。《易·屯》："象曰:'雖磐桓，志行正也'。"王弼
注"非爲晏安"陸德明釋文："晏，本又作宴。"《左傳·閔公元年》
"宴安酖毒"陸德明釋文："宴，本又作晏。"

（2）安可以無素而暴得其用哉：楊明照校："此句文意不明，疑有脱
文(句首合有一"士"字或"賢士"二字。)"按：與"庸隸"對文，當
補"賢士"二字。無素：與"不拊循"不互文，疑"素"下脱一"信"
字，當補。素信：素有恩信。銀雀山漢墓竹簡《孫臏兵法·威王
問》："威王問:'令民素聽，奈何？'孫子曰:'素信。'"

【注】

［1］憂懼：哀、憂、勞、懼、危五字的縮語。《荀子·哀公》：“魯哀公問
　　於孔子曰：‘寡人生於深宮之中，長於婦人之手，寡人未嘗知哀
　　也，未嘗知憂也，未嘗知勞也，未嘗知懼也，未嘗知危也。’”

［2］承家：被封爲大夫，承受家邑；承繼家業。此指繼承王業。《易·
　　師》：“上六：大君有命，開國承家，小人勿用。”繼體：嫡長子繼承
　　帝位。《公羊傳·文公九年》：“繼文王之體，守文王之法度。”

［3］游宴：亦作“游燕”、“游讌”。游樂宴飲。《列子·周穆王》：“游燕
　　宮觀，恣意所欲，其樂無比。”《史記·主父偃傳》：“徐樂(上書)
　　曰：‘……陛下逐走獸，射蜚鳥，弘遊燕之囿，淫縱恣之觀，極馳騁
　　之樂，自若也。’”

［4］般(pán)：游樂；大肆。般通盤。《書·無逸》：“文王不敢盤于遊
　　田。”孔傳“文王不敢樂於遊逸田獵。”畋：“田”之後起字。

［5］湎：沈溺於酒。《書·酒誥》：“罔敢湎於酒。”

［6］淫聲：古代以雅樂爲正聲，俗樂爲淫聲。驚聽：使聽覺得到驚奇
　　的滿足。

［7］鑒澄：以静水爲鏡子照形，喻明察辨識。《淮南子·説山》：“人莫
　　鑑於沫雨，而鑑於澄水者，以其休止不蕩也。”

［8］無足而至：喻所好之物。《韓詩外傳》六：“夫珠出於江海，玉出於
　　崑山，無足而至者，猶主君之好也。”

［9］定傾之器：安邦之才；能使危險的局勢或即將傾覆的國家轉爲
　　穩定的人。《國語·越語下》：“范蠡進諫曰：‘夫國家之事，……
　　有定傾。’”韋昭注：“定，安也。傾，危也。”

［10］二豎：兩個童僕。指代病魔。《左傳·成公十年》：“(晉景)公疾
　　病，求醫于秦。秦伯(共公)使醫緩爲之。未至，公夢疾爲二豎
　　子，(其一)曰：‘彼良醫也，懼傷我，焉逃之？’其一曰：‘居肓之上，
　　膏之下，若我何！’醫至，曰：‘疾不可爲也！在肓之上，膏之下。
　　攻之不可，達之不及，藥不至焉，不可爲也！’公曰：‘良醫也。’厚
　　爲之禮而歸之。”杜預注：“緩，醫名。爲，猶治也。肓，鬲也。心
　　下爲膏。達，針。”謂病入膏肓。

［11］棟橈之禍：猶言棟橈之凶。棟橈（náo）：屋正中最高的橫梁脆弱
　　　彎曲。《易・大過》：“大過：棟橈，利有攸往，亨。”正義：“棟橈
　　　者，謂屋棟也。本之與末俱橈弱，以言衰亂之世，始終皆弱也。”
　　　比喻形勢危急。

［12］火起乃穿井：《淮南子・人間》：“譬猶失火而鑿池。”占：猶
　　　瞻；視。

［13］拊循：安撫；撫慰。《荀子・富國》：“垂事養民，拊循之，呝嘔之。”
　　　楊倞注：“拊與撫同。撫循，慰悅之也。呝（wā）嘔，嬰兒語聲也。”

任能卷十二^[1]

1 或曰："尾大於身者⁽¹⁾，不可掉^[2]；臣賢於君者，不可任。故口不容而强吞之者，必哽；才非匹而委仗之者⁽²⁾，見輕^[3]。"

抱朴子曰："詭哉言乎！ 昔者荆子總角而攝相事^[4]，實賴二十五老，臻乎惠康⁽³⁾；子賤起家而治大邦^[5]，實由勝己者多，而招其弘益^[6]。齊桓殺兄而立^[7]，鳥獸其行^[8]，被髮彝酒^[9]，婦閭三百^[10]，委政仲父，遂爲霸宗^[11]；夷吾既終^[12]，禍亂亟起^[13]。魯用季子二十餘年^{(4)[14]}，内無粃政，外無侵削^[15]；人之亡没，殄瘁響集^[16]。豈非才所不逮⁽⁵⁾，其功如彼；自任其事，其禍如此乎^[17]？

【校】

（1）尾大於身：與"臣賢於君"對文，"於"字犯複，其中一個當改爲"乎"字。下文"決策於玄幃"與"定勝乎千里"相儷，一用"於"，一用"乎"，是其證。

（2）委仗：平津本作安仗。

（3）臻乎惠康：當作而臻乎惠康。如此，"而臻乎惠康"方與"而招其弘益"對文。

（4）二十餘年：當作十餘年。據《左傳》，季子執魯政凡十六年。《春秋繁露·精華》有"二十年"之説，《説苑·尊賢》有"二十一年"之語，蓋爲稚川所本，但不符史實，不如《左傳》所載可靠。

（5）不遠：陳其榮案：“‘不遠’當是‘不逮’之訛。”

【注】

［1］任能：指國君任用具有方面治國才能的各種人材幫助自己治理
國家。《左傳·閔公二年》：“敬教勸學，授方任能。”孔穎達疏：
“任能，其所委任信能用之人也。”

［2］尾大於身：比喻下屬勢力強大或機構龐大，難以調度指揮。《左
傳·昭公十一年》：“末大必折，尾大不掉。”正義：“‘末大必折’，
以樹方喻也；‘尾大不掉’，以畜獸喻也。”本句喻下句“臣賢於君
者不可任”。掉：搖。

［3］口不容而強吞之：喻難容大才。哽（gěng）：食物不能下咽。喻
大臣爲難於君。匹：相當；匹配。委仗：依憑；依靠。

［4］荆子：荆公子，即楚之公子。總角：兒童小時束髮爲兩結，向上
分開，形狀如角，故名。劉向《説苑·尊賢》：“介子推行年十五而
相荆，仲尼聞之，使人往視。還，曰：‘廊下有二十五俊士，堂上有
二十五老人。’仲尼曰：‘合二十五人之智，智於湯、武；並二十五
人之力，力於彭祖。以治天下，其固免矣乎？’”《北堂書鈔》四九
引“介子推”作“荆公子”，當從。

［5］子賤（前502—前？）：宓（fú）不齊，字子賤，魯（今山東西南部）人。
孔子學生，少孔子三十歲。或謂少孔子四十九歲。孔子曾贊其
爲魯之君子。子賤爲單父宰，身不下堂，彈琴，而單父大治。孔
子慨歎不齊所治僅一小邑，若治大者，當會有更大政績。起家：
謂從家中徵召出來，授以官職。

［6］勝己者多：指子賤所父事、所兄事、所友、所師者眾。《韓詩外傳》
八：“子賤治單父，其民附。……孔子曰：‘（子賤）所父事者三人，
足以教孝矣；所兄事者五人，足以教弟矣；所友者十有二人，足以
袪壅蔽矣；所師者一人，足以慮無失策，舉無敗功矣。……’”

［7］齊桓：齊桓公小白。殺兄：指齊桓公遺魯書，責魯國殺其兄公子
糾，而公子糾自殺。按：齊桓公入齊爲君在前，殺兄在後。

［8］鳥獸其行：指齊桓公亂倫的穢行。齊桓公亂倫，“其姑姊妹有不

嫁者”（“七人”或“九人”）。

[9] 被（pī）髮：披頭散髮。《韓非子·外儲説右下》：“（齊）桓公被髮而御婦人，日遊於市。”彝酒：經常飲酒。

[10] 婦閭：女閭。設於宮中的淫樂場所。蓋後世妓院之濫觴。《韓非子·難二》：“昔者桓公宮中二市，婦閭七百。”《戰國策·東周策》：“齊桓公宮中七市，女閭七百，國人非之。”鮑彪注：“閭，里中門也。爲門爲市於宮中，使女子居之。”清周亮功《書影》四：“女閭七百，齊桓徵夜合之資，以佐軍興，皆寡婦也。”

[11] 委政：付以政柄。仲父：齊桓公尊管仲，事之如父，故名。仲：管夷吾之字。

[12] 夷吾：管仲（前？—前645）字，又稱敬仲、管子。春秋潁上人，少與鮑叔牙遊，事公子糾，於齊襄公末年輔佐公子糾避難奔魯。公子糾返齊謀即位，管仲率兵攔擊與公子糾爭位之公子小白，射中其帶鈎。小白立爲桓公，納鮑叔之諫，任用管仲。管仲相齊，通貨積財，富國强兵，貴輕重，慎權衡，使桓公九合諸侯，一匡天下，稱霸諸侯。管仲認爲“倉廩實而知禮節，衣食足而知榮辱”，其論卑而易行。

[13] 禍亂亟起：管仲死後，齊桓公重用易牙、開方、豎刁等佞臣。桓公病，其五子各樹黨爭立。齊桓公死後，尸在床上六十七日，尸蟲出於户。“禍亂亟起”指此。亟（qì）：屢次，一再。按：“齊桓”以下行文思路似本《晉書·段灼傳》：“臨去，遣息上表曰：‘……齊桓公，淫亂之主耳；然所以能九合一匡之功，有尊周之名，誠管夷吾之力。及其死也，蟲流出門，豈非任豎貂之過乎！且一桓公之身，得管仲，其功如彼；用豎貂，其亂如此。’”

[14] 季子：魯桓公之幼子，莊公之幼弟，又叫公子友、公子季友，號成季。以莊公患叔牙欲立慶父（前？—前660），遂使鍼季鴆殺之。莊公囑佐子斑，及莊公卒，遂立之。後子斑爲慶父所殺，因奔陳。及慶父奔莒，奉愍公弟子申入，立之，是爲僖（xǐ）公。爲相，封於鄪（bì）。帥師伐莒，如齊涖盟，執魯政凡十六年。其後爲季氏。

[15] 内無粃政，外無侵削：謂内政外交得當，内外安寧。句意蓋本董

仲舒《春秋繁露·精華》：“魯僖公以亂即位，而知親任季子。季子無恙之時，内無臣下之亂，外無諸侯之患，行之二十年，國家安寧。”粃（bǐ）政：弊政，指不良的有害的政治措施。

[16] 殄瘁響集：困窮如響應聚集。《説苑·尊賢》：“季子之卒後，邾撃其南，齊伐其北，魯不勝其患。”殄瘁：困窮；困苦。

[17] 才所不逮：指齊桓、魯僖才能不及管仲、季子。其功如彼：指齊桓公成爲五霸之一的盟主，魯國安寧十餘年。其禍如此：指上文“禍亂呕起”與“殄瘁響集”所概括的内容。按：“其功如彼”、“其禍如此”套用《新序·雜事三》句式：“夫失賢者其禍如彼，用賢者其福如此。”

　　2　“漢高決策於玄幃，定勝乎千里，則不如良、平[1]；治兵多而益善[2]，所向無敵，則不如信、布[3]。兼而用之，帝業克成[4]。故疾步累趨，未若託乘乎逸足[5]；尋飛逐走，未若假伎乎鷹、犬[6]。夫勁弩難彀[7]，而可以摧堅逮遠；大舟難乘，而可以致重濟深；猛將難御，而可以折衝拓境；高賢難臨，而可以攸叙彝倫[8]。

【注】

[1] 漢高決策……不如良、平：《史記·高祖本紀》：“……夫運籌策幃帳之中，決勝千里之外，吾不如子房。”這裏連類而及陳平。玄幃：猶言玄幕。黑色的帳幕。

[2] 多而益善：《史記·淮陰侯列傳》：“上問曰：‘如我能將幾何？’信曰：‘陛下不過能將十萬。’上曰：‘於君何如？’曰：‘臣多多而益善耳！’”

[3] 所向無敵：由“所當無敵”變來。《史記·項羽本紀》：“（項籍）乃謂亭長曰：‘吾知公長者，吾騎此馬五歲，所當無敵，嘗一日行千里，不忍殺之，以賜公。’”句意本《史記·高祖本紀》：“連百萬之軍，戰必勝，攻必取，吾不如韓信。”這裏兼及英布。

　　〔４〕兼而用之：指同時任用能擔任方面職務的各種傑出人材，如蕭
　　　　何、張良、韓信。其中蕭何“鎮國家，撫百姓，給餽糧，不絕糧道”
　　　　鼎力支援劉邦與項羽爭奪天下，起了關鍵作用。本文作者未叙
　　　　及。《史記·高祖本紀》：“此三人者，皆人傑也，吾能用之，此吾
　　　　所以取天下也。”

　　〔５〕逸足：猶疾足，指駿馬，喻傑出人才。傅毅《舞賦》：“良駿逸足，蹸
　　　　捍凌越。”徐幹《中論·治學》：“馬雖有逸足而不閑輿，則不爲
　　　　良駿。”

　　〔６〕尋飛逐走：追逐飛禽走獸。鷹犬：比喻受驅使而奔走效勞的人。
　　　　後多含貶義。

　　〔７〕彀（ɡòu）：張滿弓弩。

　　〔８〕彝倫：常道。按：以上八句意本《墨子·親士》：“良弓難張，然可
　　　　以及高入深；良馬難乘，然可以任重致遠；良才難令，然可以致君
　　　　見尊。”

　　3　“昔魯哀庸主也，而仲尼上聖，不敢不盡其節[1]；齊
景下才也[2]，而晏嬰大賢[3]，不敢不竭其誠[4]。豈有人臣
當與其君校智力之多少，計局量之優劣[5]，必須堯、舜乃爲
之役哉！何事非君？何使非民[6]？恥令其君不及唐、虞，
此亦達者之用心也。”

【注】

　　〔１〕魯哀庸主……不盡其節：《韓非子·五蠹》：“魯哀公，下主也，南
　　　　面君國，境內之民，莫敢不臣。民者固服於勢，誠易以服人，故仲
　　　　尼反爲臣，而哀公顧爲君。”魯哀公（前？—前429），姓姬，名將。
　　　　魯定公之子，繼定公即位。時公室益弱，患之，三桓亦患其作難，
　　　　故君臣有隙。二十七年（前467），三桓攻之，奔衛，歷鄒、越，返國
　　　　而卒。在位二十七年。哀：諡號。恭仁短折曰哀。按：魯哀公
　　　　並未任用孔子，祇是詢問過孔子一些問題，孔子以禮回答。仲尼

上聖:《韓非子·五蠹》:“仲尼,天下聖人也,修行明道以遊海内,海内説其仁,美其義,而爲服役者七十人。”上聖:猶至聖,指德智超群的人。

［2］齊景:齊景公(前?—前490)名杵曰,又作箸曰。齊莊公異母弟,莊公被殺後,爲崔杼所立。好治宮室,聚狗馬,奢侈、厚斂、重刑,晏子曾勸諫之。晚年盡逐群公子,立寵妾芮姬所生荼爲太子。齊政漸歸田氏。在位五十八年。

［3］晏嬰大賢:《史記·管晏列傳》:“晏平仲嬰者,萊之夷維人也。事齊靈公、莊公、景公,以節儉力行重於齊。……其在朝,君語及之,即危言;語不及之,即危行。國有道,即順命;無道,即衡命。以此三世顯名於諸侯。”

［4］竭其誠:竭盡其忠誠。以上六句意本賈誼《新書·過秦下》一段文字:“向使(秦)二世有庸主之行而任忠賢……即四海之内,皆歡然各自安樂其處,惟恐有變。”“借使子嬰有庸主之材,而僅得中佐,山東雖亂,三秦之地可全而有,宗廟之祀未當絶也。”

［5］局量(liàng):猶器量、氣度。《三國志·蜀書·黃權傳》:“(魏)文帝察權有局量,欲試驚之。”

［6］何事非君二句:語本《孟子·萬章下》:“伊尹曰:‘何事非君? 何使非民?’治亦進,亂亦進。……”

欽士卷十三^[1]

1 抱朴子曰：“由余在戎，而秦穆惟憂^[2]；楚殺得臣，而晉文乃喜^[3]。樂毅出而燕壞^[4]，種、蠡入而越霸^[5]。破國亡家，失士者也。豈徒有之者重，無之者輕而已哉^[6]！柳惠之墓，猶挫元寇之銳，況於坐之於朝廷乎^[7]？干木之隱，猶退踐境之攻，況於置之於端右乎^[8]？郅都之象，使勁虜振慴^{(1)[9]}；孔明之尸，猶令大國寢鋒^[10]。以此禦侮，則地必不侵矣；以此率師，則主必不辱矣。

【校】

（1）使：楊明照校：“以上下文例之，‘使’下合有‘猶’字。”按：下文有“猶令”語，此當作“尚使”，如此“尚使”“猶令”對文，而不犯複。

【注】

［1］欽士：尊敬（具有治國才能的）賢士。《爾雅·釋詁下》：“欽，敬也。”

［2］由余：其先晉人，亡入戎，爲戎王所重。奉使入秦，秦穆公深服其賢。用内史廖謀，離間戎王君臣。由余日被疏遠，遂去戎降秦，穆公待以客禮。秦穆公三十七年（前623），秦用其謀以伐戎，兼國十二，辟地千里，遂霸西戎。

［3］得臣：子玉名。事楚成王爲令尹。楚成王三十五年（前637），晉公子重耳流亡過楚，子玉請殺之，成王不允。晉楚城濮之戰，子

玉力主與晉交戰,楚成王怒,少與之兵。楚戰敗,歸,成王派人對他説:"(申、息的子弟大多傷亡了)大夫若入,其若申、息之老何?"故子玉自殺,乃奉命耳。《春秋·僖公二十八年》:"楚殺其大夫得臣。"語本此。晉侯乃喜:晉文公喜悦説:"莫余毒也已!"

[4] 樂(yuè)毅:其先祖樂羊爲魏將,後居趙。毅賢,好兵,趙人舉之。適逢趙沙丘之亂,乃適魏。聞燕昭王招賢,至燕,被委以上卿。毅爲上將軍,並護趙、楚、韓、魏、燕之兵以伐齊,破齊濟西,攻入臨菑,盡取齊寶物祭器之燕。昭王封毅爲昌國君。毅徇齊五年,下七十餘城,唯莒、即墨未服。燕惠王立,齊行反間,謂毅將王齊。惠王乃使騎劫代毅爲將,毅畏誅降趙。趙封毅於觀津,號望諸君。燕破軍亡將失齊,惠王悔之,復以毅爲昌國君。毅通燕、趙之好,爲兩國客卿。

[5] 種:大夫種(chóng),以官爲姓。或謂姓文,名種,字伯禽,一作子禽,也作少禽。楚平王時爲宛令。入越,事越王句踐。句踐三年(前 494),越敗於夫椒,保棲會稽,有"吾終於此乎"之歎。種歷數"湯繫夏臺,文王囚羑里,晉重耳奔翟,齊小白奔莒,其卒王霸"以激勵句踐,認爲被困不止是禍,而是福,句踐乃奮發有爲。種奉命請行成於吳,厚賂吳太宰嚭,吳卒赦句踐。掌國政,鎮撫國家,親附百姓。二十二年滅吳後,接受范蠡勸告,稱病不朝。句踐納讒,乃賜劍令其自殺。蠡:范蠡,字少伯,楚國宛三户人(一説徐人)。事越王句踐。句踐三年,句踐聞吳王夫差日夜勒兵,遂欲先伐吳。蠡諫,謂兵者兇器,行者不利。句踐不聽,大敗於夫椒。蠡與句踐"入官於吳三年"。二十二年圍吳三年,夫差請和,句踐欲許之。蠡謂"會稽之事,天以越賜吳,吳不取。今天以吳賜越,越其可逆天乎?"遂鼓進兵,終滅吳。句踐會盟諸侯稱霸後,蠡雖爲上將,急流勇退,遂去,自齊遺書大夫種,謂:"飛鳥盡,良弓藏;狡兔死,走狗烹。"越王"可與共患難,不可與共(安)樂"。改名鴟夷子皮,至陶,稱陶朱公,致資累巨萬。兩句套用揚雄《解嘲》語:"樂毅出而燕懼,種、蠡存而粵伯(越霸)。"

[6] 豈徒有之者重二句:意本《漢書·梅福傳》:"福上書曰:'……士

者,國之重器,得士則重,失士則輕。'"謂得士與失士,不僅關乎國家的國際地位的重與輕,而且決定國家的生死存亡。

［7］柳惠之墓二句:謂柳下惠之墓非敵寇鋒芒所向,而得到敵方的尊重。喻士人之貴。《戰國策·齊策四》:"齊宣王見顔斶,曰:'斶前!'斶亦曰:'王前!'……王忿然作色,曰:'王者貴乎? 士貴乎?'對曰:'士貴耳,王者不貴!'王曰:'有說乎?'斶曰:'有! 昔者秦攻齊,令曰:"有敢去柳下季壟五十步而樵采者,死不赦!"令曰:"有得齊王頭者,封萬户侯,賜金千鎰。"由是觀之,生王之頭,曾不若死士之壟也。'宣王默然不悦。"柳惠:柳下惠,或作柳下季。姓展,字禽。居於或食邑於柳下。惠:其諡號。魯公族大夫,爲士師,三次被黜。

［8］端右:謂輔佐重臣。特指尚書省長官。《晉書·職官志》:"尚書令,秩千石,假銅印墨綬,冠進賢兩梁冠,納言幘,五時朝服,佩水蒼玉,食奉月五十斛。受拜則策命之,以在端右故也。"

［9］郅都:西漢河東大陽(今山西平陸東北)人。景帝時爲中郎將。敢直諫,面折大臣於朝。阻止景帝持兵救賈姬,由此重都。拜濟南太守,誅豪强瞷氏首惡,路不拾遺。遷中尉,執法嚴峻,被權貴、列侯稱爲"蒼鷹"。後任雁門太守,匈奴素聞其節,引兵去。終因得罪竇太后,被殺。勁虜振慴:意本《史記·酷吏列傳·郅都》:"匈奴至,爲偶人象都,令騎馳射,莫能中,其見憚如此。"虜:對匈奴的蔑稱。振慴(shè):震驚恐懼。振通震。

［10］孔明:諸葛亮(181—234)字孔明,琅邪陽都(今山東沂南)人。早孤,隨從父玄避難荆州,躬耕鄧縣隆中(今湖北襄陽西),自比管仲、樂毅,徐庶稱之爲"卧龍"。建安十二年(207)劉備三顧,始得與論聯吴拒曹,跨有荆、益(今湖北湖南、四川),成霸興漢之策,從此成爲劉備的主要謀士。曹操南征,聯孫吴攻曹操,取得赤壁之戰的勝利,並佔領益州,建立了蜀漢政權。曹丕代漢,説劉備稱帝,任丞相。劉禪立,封武鄉侯,領益州牧。事無巨細,咸決之。當政期間,勵精圖治,賞罰嚴明,推行屯田政策,並改善同西南各族的關係,促進了當地的經濟文化的發展。曾五次率兵北

伐,志定中原。建興十二年,與司馬懿對峙渭南,病死於五丈原軍中,諡武忠侯,葬定軍山(今陝西勉縣東南)。性巧思,革新連弩,造木牛流馬,作八卦圖。長於治戎理民,短於將略奇謀。著有《諸葛亮集》。大國寢鋒:指曹魏的司馬懿退兵。《三國志·蜀書·諸葛亮傳》"天下奇才也"裴松之注引習鑿齒《漢晉春秋》曰:"(諸葛亮卒)楊儀等整軍而出,百姓奔告宣王(司馬懿),宣王追焉。姜維令儀反旗鳴鼓,若將向宣王者,宣王乃退,不敢偪。於是儀結陣而去,入谷然後發喪。宣王之退也,百姓爲之諺曰:'死諸葛,走生仲達。'或以告宣王,宣王曰:'吾能料生,不便料死也。'"本文所説遠早於習鑿齒。

2　　"是以明主旅束帛於窮巷,揚滯羽於瘁林[1],飛翹車於河梁[2],闢四門而不倦[3],不吝金璧,不遠千里,不憚屈己,不恥卑辭,而以致賢爲首務,得士爲重寶。舉之者受上賞,蔽之者爲竊位[4]。

【注】

[1] 滯羽:喻陷於困境不能施展才能的人。瘁林:枯槁的林木。喻惡劣的環境。指代隱士所居之地。

[2] 翹車:古代國君所乘、禮聘賢士的車;使車。《左傳·莊公二十二年》:"《詩》云'翹翹車乘,招我以弓。豈不欲往,畏我友朋。'"杜預注:"逸詩也。翹翹,遠貌。古者聘士以弓,言雖貪顧命,懼爲朋友所譏責。"河梁:橋梁。

[3] 闢四門:開闢明堂四門;開闢四方之門。喻廣開賢路,訪求人材。《書·舜典》:"詢於四岳,闢四門。"孔傳:"詢,謀也。謀政治於四岳,開闢四方之門未開者,廣致集賢。"

[4] 舉之者受上賞二句:謂運用賞罰以選拔人才。竊位:謂才德不稱,竊取名位。《論語·衛靈公》:"臧文仲其竊位者與? 知柳下惠之賢,而不與立也。"集解引孔安國曰:"知賢而不舉,是爲

竊位。"

3 "故公旦執贄於白屋,秦昭拜昌於張生[(1)][1]。鄒子涉境,而燕君擁篲[2];莊周未食,而趙惠竦立[3]。晉平接亥唐,腳痺而坐不敢正[(2)][4];齊佞之造稷丘[(3)],雖頻繁而不辭其勞[5]。楚王受笞於保申[6],簡去甲於公廬[(4)][7]。彼雖降高抑滿,以貴下賤,終亦并目以遠其明,假耳以廣其聰[8]。龍騰虎踞,宜其然也[9]。"

【校】

（1）秦昭:原作秦邵,孫星衍校:"事未詳,舊寫本作秦昭。"當從。

（2）晉平接亥唐,腳痺而坐不敢正:兩句當作"晉平之接亥唐,雖腳痺而坐不敢伸",如此方與其下二句對文。平:孫星衍校:"藏本作文,從舊寫本改。"腳:魯藩本"腳"中的"去"作"缶",王國維校作腳。正:《太平御覽》三七二引《韓非子》作申(伸)。

（3）佞:舊寫本作任,當從盧舜治本、徐濟忠、王廣恕、王國維校作侯。稷丘:當從王廣恕校作小稷,或從楊明照校作少稷。王廣恕案:"'雖頻繁而不辭其勞',似即指齊桓公見小臣稷事。"按:"小臣稷"見《韓非子·難一》等。"少稷"見《內篇·釋滯》:"齊桓之興,而少稷高枕於陋巷。"按文例,作"少稷"爲是。"稷丘"爲漢武帝時太山下道士,見《列仙傳》,與齊侯無關。《韓非子·難一》:"齊桓公時,有處士曰小臣稷,桓公三往而弗得見。桓公曰:'吾聞布衣之士,不輕爵祿,無以易萬乘之主;萬乘之主,不好仁義,亦無以下布衣之士。'於是五往乃得見之。"又見《呂氏春秋·下賢》、《韓詩外傳》六、《新序·雜事五》、嵇康《聖賢高士傳》等。

（4）簡:當依顧廣圻批、孫人和校與吉藩本作趙簡。

【注】

[1]秦昭:秦昭襄王(前?—前251),姓嬴,名則,又名稷。秦武王異

母弟。爲質於燕，燕人送歸，年少即位，政在宣太后。平定庶長壯與大臣、諸侯、公子之亂。連年征伐，敗韓、趙、魏、楚諸國。扣留楚懷王。重用白起、王齕等定蜀，攻取新市、伊闕、河内、安邑、河東、黔中、鄢、郢等地。用范雎謀，奪宣太后權，逐魏冉等。大敗趙師於長平，滅西周。在位五十六年，基本上奠定了秦統一中國的基礎。張生：張禄先生，即范雎，字叔，戰國魏人。事魏中大夫須賈，隨須賈使齊，齊襄王聞其善辯，賜金十斤及牛酒，雎辭不敢受。須賈大怒，歸告魏相魏齊，魏齊使人笞擊折脅摺齒。後化名張禄，隨鄭安平逃亡，秦謁者王稽載之入秦。他遊説秦昭王，廢宣太后，驅逐專權的秦相魏冉等。秦昭王四十一年（前266）任秦相，封於應（今河南寶豐西南），稱應侯。主張遠交近攻，殲滅敵國主力。行反間計，令趙以馬服子趙括（前？—前260）代廉頗，使長平（今山西高平西北）之戰終獲全勝。他妒忌白起爲功，迫使其自殺。推薦鄭安平爲將，王稽爲河東守，後鄭安平圍攻邯鄲失敗降趙，而王稽“與諸侯通”，坐法誅。他謝病歸相印，不久即死。

［２］鄒子：鄒衍（約前305—前240），又作騶衍，戰國齊人。歷遊魏、燕、趙等國，受到諸侯尊禮。深觀陰陽消息，提出五德終始説，把春秋戰國時代流行的五行説附會社會歷史變動和王朝興替上，盛稱機祥度制，後來變爲兩漢讖緯學説主要來源之一。論述“必先驗小物，推而大之，至於無垠”。提出所謂大九州説，論證赤縣神州（中國）衹是全世界八十一州中的一州，每九州爲一集合單元，稱大九州，有小海環繞，九個大九州另有大海環繞，再往外，便是天地的邊際。因其語閎大不經，當時人稱他爲談天衍。《漢書・藝文志》著録《鄒子》四十九篇，《鄒子終始》五十六篇，皆不傳。涉境：入燕國國境。燕君：楊明照曰：“已見《君道篇》‘擁彗以延巘棲之智士’句箋。”《君道篇》此句箋曰：“《史記・孟子傳》：‘是以騶子重於齊，……如燕，昭王擁彗先驅，請列弟子之座而受業。’”而燕君、昭王未予箋注。燕昭王（前？—前279），姓姬，名職。燕王噲禪讓給相國子之，燕國大亂，太子平、將軍市被死已

(以)殉國(《戰國策·燕策一》)。趙武靈王十一年(前315)"召公子職於韓,立以爲燕王,使樂池送之"(《史記·趙世家》)。昭王深恨齊乘亂伐燕,勵精圖治,卑辭厚禮以招賢者。師事郭隗,重用樂毅、劇辛、蘇秦等。弔死問孤,與百姓同甘苦,國以富强。二十八年(前284),聯韓、趙、魏、楚之兵以伐齊,破齊都臨淄。在位三十三年卒。近世出土有"郾(燕)王哉(職)戈",是其證。

〔3〕莊周未食:《莊子·説劍》論劍,有天子之劍、諸侯之劍、庶人之劍。莊周説完天子之劍後,"(惠)文王芒然自失"。所謂"竦立"蓋與此相關。莊周説完"庶人之劍"後,"(惠文)王乃牽(莊周)上殿。宰人上食,王三環之。莊子曰:'大王安坐定氣,劍事已畢奏矣。'"稚川蓋據此文而説"莊周未食,而趙惠竦立"。趙惠:趙惠文王(前?—前266)名何,趙武靈王之子。趙武靈王二十七年(前299)五月即位。趙惠文王二十年(前279),與秦昭襄王會於澠池。在位三十三年。馬叙倫《莊子義證附録一·莊子年表》:"趙惠文王元年,爲宋康王三十一年,是得與莊子相值。"稚川文亦一旁證也。

〔4〕晉平接亥唐:《太平御覽》五百九引嵇康《聖賢高士傳》:"亥唐,晉人也。……(平)公與亥唐坐,有間,亥唐出,叔向入。平公伸一足,曰:'吾向時與亥子坐,腓痛足痺不敢伸。'叔向悖然作色不悦。公曰:'子欲貴乎?吾爵子;子欲富乎,吾禄子。夫亥先生乃無欲也。吾非正坐,無以養之。子何不悦哉!'"

〔5〕齊侯:齊桓公。頻繁:指齊侯訪問少稷三往、五往之事。《韓非子·難一》:"齊桓公時,有處士曰小臣稷,桓公三往而弗得見。桓公曰:'吾聞布衣之士,不輕爵禄,無以易萬乘之主;萬乘之主,不好仁義,亦無以下布衣之士。'於是五往乃得見之。"

〔6〕楚王:楚文王(前?—前677),名熊貲。楚武王子,繼武王而立。始都郢,伐申、鄧、蔡、黃,逐漸消滅江漢間諸小國。十一年,齊桓公始霸,楚亦漸强大。在位十三年卒。受笞:受到鞭打或杖擊。楚文王因田獵、得丹姬不聽朝而被保申鞭打。

〔7〕簡:即趙簡、趙鞅(前?—前464),趙景叔之子。晉頃公九年(前

517)，鞅率諸侯戍周，翌年護周敬王入周。鞅聯絡韓氏、魏氏極力削弱晉公室。晉定公十五年(前 497)，殺邯鄲大夫趙午，范氏、中行氏聯合邯鄲趙氏族人伐鞅，鞅奔晉陽。後范氏、中行氏伐公，公擊之，范氏、中行氏敗走。定公十八年(前 494)，鞅圍范氏、中行氏於朝歌，終於獲勝。復拔邯鄲、圍柏人，竟有其地。鞅名晉卿，實專晉權，其采邑侔於諸侯。去甲：謂罷師，停止征伐。公盧：趙簡子甲士。《説苑•正諫》："趙簡子舉兵而攻齊，令軍中有敢諫者罪至死。被甲之士名曰公盧，望見簡子大笑。簡子曰：'子何笑?'對曰：'臣乃有宿笑。'簡子：'有以解之則可，無以解之則死。'對曰：'當桑之時，臣鄰家夫與妻俱之田，見桑中女，因往追之，不能得，還反，其妻怒而去之。臣笑其曠也。'簡子曰：'今吾伐國失國，是吾曠也。'於是罷師而歸。"盧盧古通。

［8］并目以遠其明二句：謂集中群體智慧。假耳：喻兼聽。句意以天下之目視，以天下之耳聽，則看得遠、聽得廣。《六韜•文韜•大禮》："目貴明，耳貴聰，心貴智。以天下之目視，則無不見也；以天下之耳聽，則無不聞也；以天下之心慮，則無不智也。輻湊並進，則明不蔽矣。"

［9］龍騰虎踞：喻帝王興起與帝都堅固。《太平御覽》一五六引《吳録》："劉備曾使諸葛亮至京，因睹秣陵山阜，歎曰：'鍾山龍盤，石頭虎踞，此帝王之宅。'"

用刑卷十四^[1]

1 抱朴子曰:"莫不貴仁^[2],而無能純仁以致治也^[3];莫不賤刑,而無能廢刑以整民也^[4]。咸云⁽¹⁾:'明后御世^[5],風向草偃^[6]。道洽化醇,安所用刑?'余乃論之曰:'夫德教者,黼黻之祭服也^[7];刑罰者^[8],捍刃之甲冑也^[9]。若德教治狡暴⁽²⁾,猶以黼黻御剡鋒也^[10];以刑罰施平世⁽³⁾,是以甲冑升廟堂也^[11]。故仁者養物之器,刑者懲非之具;我欲利之,而彼欲害之^[12];加仁無悛^[13],非刑不止。刑爲仁佐,於是可知也。

【校】

(1)咸:當據陳澧校與吉藩本作或。

(2)若:陳其榮校:"《御覽》三百五十六'若'下有'以'字,此脱。"

(3)以:疑當作不以。"不以刑罰施平世","是以甲冑升廟堂"。

【注】

[1]用刑:論運用刑法作爲治國理民的主要指導思想與手段。

[2]貴仁:重視或崇尚以仁義作爲治國的主要手段。《説苑·貴德》:"夫人臣猶貴仁,況於人主乎!"

[3]純仁:至仁。《漢書·揚雄傳下》:"今朝廷純仁,遵道顯義。"

[4]整民:整治百姓。《左傳·莊公二十三年》:"夫禮,所以整民也。"

[5]明后:賢明的君主。《書·舜典》"班瑞於群后"孔傳:"后,君也。"

御世：治理天下。《鬼谷子・忤合》：“是以聖人居天地之間，立身御世，施教揚聲，明名也。”

［6］風向草偃：比喻德政、教化所産生的感人力量，無不順從。《論語・顔淵》：“君子之德，風；小人之德，草。草上之風，必偃。”

［7］黼黻(fū fú)：古代禮服上所繪繡的花紋；繡有華美花紋的禮服。白與黑謂之黼，形若斧；黑與青謂之黻，兩己相背。《左傳・桓公二年》：“火、龍、黼、黻，昭其文也。”杜預注：“白與黑謂之黼，形若斧；黑與青謂之黻，兩己相背。”正義：“白與黑謂之黼，黑與青謂之黻，《考工記》文也。其言形若斧，兩己相背，相傳爲説。孔安國《虞書傳》亦云：‘黼若斧形，黻爲兩己相背。’是其舊説然也。”祭服：古代祭祀時所穿的禮服，玄衣纁裳。後世形制有異。

［8］刑罰：刑，古指肉刑與死刑；罰，指以金錢贖罪。泛指依照法律對違法者的强制處分。

［9］刃：喻政柄。甲胄：鎧甲和頭盔。

［10］御：與禦通。但爲與《守塉》《博喻》行文一律，作禦。

［11］廟堂：太廟的殿堂；太廟和明堂。句謂甲胄僅僅作爲崇敬之物而成爲廟堂的陳列品。

［12］我欲利之，而彼欲害之：蓋套用《説苑・指武》句式：“彼害之，我利之，雖非吾民，可得而使也。”

［13］悛(quān)：悔改。《方言》六：“悛，改也。”

2　‘譬存玄胎息[1]，呼吸吐納[2]，含景内視[3]，熊經鳥伸者[4]，長生之術也。然艱而且遲，爲者尠成；能得之者，萬而一焉。病篤痛甚，身困命危，則不得不攻之以鍼石[5]，治之以毒烈[6]。若廢和、鵲之方[7]，而慕松、喬之道[8]，則死者衆矣。仁之爲政，非爲不美也。然黎庶巧僞，趨利忘義。若不齊之以威，糾之以刑[9]，遠羨義、農之風，不可振[10]，其禍深大。以殺止殺[11]，豈樂之哉！

【注】

［1］玄：玄氣。自然界的元氣。胎息：古時道家修煉行氣的方法，如胞胎之呼吸。《內篇·釋滯》：“得胎息者，能不以鼻口噓吸，如在胞胎之中，則道成矣。”《正統道藏》“命”字二號抱朴子《胎息法》曰：“凡修行之人要定息，息者，正也，安也，順也，歸也，伏也，寧也，靜也，若四時威儀中，常作如是訣，入真道勿著諸境，虛心實腹，最爲妙也。但澄息心定，心定則炁（氣）寂，炁寂則神靜，神靜則境空，境空則寂滅，寂滅則無事，無事則清靜，清靜則道生，道生則自然，自然則逍遥。既入逍遥，則無量自在，得做神仙，自然五行總聚，六炁和合，八卦配偶，成於內丹，身形永劫不壞矣。”王利器曰：“葛氏得胎息之真諦，別裁獨出，既已存想禪悦，故爾活法圓機也。”（《文史》第三十七輯王利器《葛洪著述考略》）

［2］呼吸吐納：道家導引吐故納新的養生術。《莊子·刻意》：“吹呴呼吸，吐故納新。”成玄英疏：“吹冷呼而吐故，呴暖吸而納新。”呴（xū）：吹氣。

［3］含景（jǐng）：指服食日光。古代養生術，爲道家修煉內丹功夫之一。內視：心視；內心反省。此謂閉目不視外物，專心一意，氣沈丹田。《文子·上德》：“夫道者，內視而自反。”舊注：“反聽內視，自得於身也。”

［4］熊經鳥伸：如熊羆攀樹而引氣，若飛鳥伸腿而鍛練四肢。《莊子·刻意》“熊經鳥伸”《釋文》引司馬（彪）云：“熊經，若熊之攀樹而引氣也。”成玄英疏：“如熊攀樹而自懸，類鳥飛空而伸腳。”

［5］鍼石：用砭石製成的石針。古代針灸用石針，後世用金針。鍼、針古通。

［6］治之以毒烈：謂以毒攻毒。《淮南子·繆稱》：“天雄、烏喙，藥之凶毒（者）也，良醫以活人。”即其例也。

［7］和：醫和，春秋時秦國的良醫。又名“秦和”。《左傳·昭公元年》：“晉侯（平公）求於秦，秦伯（景公）使醫和視之。”

［8］松、喬之道：謂神仙傳說人物松、喬長生不老之術。松：赤松子。《列仙傳》卷上：“赤松子者，神農時雨師也。服水玉，以教神農。

能入火自燒。往往至崑崙山上，常止西王母石室中，隨風雨上下。炎帝少女追之，亦得仙俱去。至高辛時復爲雨師。今之雨師本是焉。"喬：王子喬，周靈王太子晉。好吹笙，作鳳凰鳴。遊伊、洛之間，道士浮丘公接以上嵩高山，後於緱氏山乘白鶴而去。

[9] 齊之以威二句：意本《論語·爲政》："子曰：'道之以政，齊之以刑，民免而無恥。'"

[10] 義、農：伏羲氏和神農氏的並稱。指代遠古純任自然，傳説不用刑罰之時。亂不可振：禍亂無以救治。句意本《淮南子·氾論》："夫神農、伏羲不施賞罰而不爲非，然而立政者不能廢法而治民。"高誘注："不能及神農、伏羲。"

[11] 以殺止殺：用殺戮來制止人們互相攻殺，以達到取消殺戮的目的。《商君書·畫策》："以殺去殺，雖殺可也。"

3　'八卦之作[1]，窮理盡性[2]。明罰用獄[3]，著於《噬嗑》[4]；繫以徽纆[5]，存乎《習坎》(1)[6]。然用刑，其然尚矣(2)。逮於軒轅[7]，聖德尤高[8]，而躬親征伐，至於百戰，僵尸涿鹿[9]，流血阪泉[10]，猶不能使時無叛逆，載戢干戈[11]。亦安能使百姓皆良，民不犯罪而不治者(3)，未之有也。唐、虞之盛，象天用刑[12]，竄、殛、放、流，天下乃服[13]。漢文玄默[14]，比隆成、康[15]，猶斷四百，鞭死者多[16]。夫匠石不舍繩墨[17]，故無不直之木；明主不廢戮罰，故無陵遲之政也。

【校】

（1）習坎：陳其榮校："刻本作'習次'，當改正。"

（2）其然：當從楊明照校與多本作其來。《交際》《內篇·微旨》並有"其來尚矣"之語，是其證。

（3）民不犯罪而不治者：從稚川強調用刑的上下文意來看，似當刪下“不”字。

【注】

［１］八卦：《周易》中的八種符號。八卦是：乾(天)、坤(地)、離(火)、坎(水)、巽(風)、震(雷)、艮(山)、兑(澤)。八卦由陰(━ ━)陽(━)兩種線形組成，陰陽是八卦的根本。分爲乾與坤、離與坎、巽與震、艮與兑相互對立而統一的四組。《易·繫辭下》：“古者包犧氏之王天下也，仰則觀象於天，俯則觀法於地，觀鳥獸之文與地之宜，近取諸身，遠取諸物，於是始作八卦，以通神明之德，以類萬物之情。”

［２］窮理盡性：深入推究事物的義理，透徹瞭解人的本性。《易·説卦》：“窮理盡性，以至於命。”孔穎達疏：“窮極萬物深妙之理，究盡生靈所稟之性。”

［３］明罰：嚴明刑罰；明察刑罰。《易·噬嗑》：“象曰：雷電，《噬嗑》，先王以明罰勅法。”用獄：訴訟。

［４］噬嗑(shì hé)：《易》卦名。六十四卦之一，震下離上。謂頤中有物，齧而合之。象徵以刑法治國。

［５］徽纆(mò)：繩索名。一説黑索，繫犯人用之。劉表曰：“三股曰徽，兩股曰纆，皆索名。”

［６］習坎：卦名。二坎相重，故爲習坎。謂重險。

［７］軒轅：即黄帝。古史傳説少典之子，姓公孫，名軒轅。時神農氏衰，諸侯相侵伐，暴虐百姓。他得到各部落擁護，在阪泉(今河北涿鹿東南)打敗炎帝。後蚩尤擾亂，他又率各部落擊殺蚩尤於涿鹿(今屬河北)。從此，他由部落首領被擁戴爲部落聯盟領袖。傳説有許多發明創造，如養蠶、舟車、文字、音律、醫學、算數等，都創始於黄帝時期。

［８］聖德：猶言至高無上的道德。用於古之稱聖人者，也用以稱帝德。

［９］僵：僵仆；斃：僵硬。涿鹿：山名，在上谷(今北京延慶以西，昌平以北)。

[10] 阪泉：在今河北涿鹿東南

[11] 載戢干戈：於是收藏干盾與戈戟。

[12] 象天用刑：即象刑。有兩説：1. 相傳上古無肉刑，僅以與衆不同的服飾象徵五刑以示辱。《尚書大傳》一：“唐虞象刑，犯墨者蒙皁巾，犯劓者赭其衣，犯臏者以墨幪其臏處而畫之，犯大辟者布衣無領。”2. 效法天道以制刑法，公示於人。《漢書·刑法志》：“《書》云：‘刑罰世重世輕’，此之謂也。所謂‘象刑惟明’者，言象天道而作刑，安有菲屨赭衣者哉？”稚川從之。

[13] 竄殛放流：概括用《書·舜典》語：“流共工於幽州，放驩兜於崇山，竄三苗於三危，殛鯀於羽山，四罪而天下服。”孔傳：“殛、竄、放、流，皆誅也，異其文，述作之體。”誅：謂責罰。殛：猶放。《字詁義府合按·義府上》：“流、放、竄、殛，即屏諸四夷，投諸四裔。”

[14] 漢文：漢文帝劉恒（前202—前157），原爲代王。吕后死，周勃、陳平等平定諸吕之亂，迎立爲帝，公元前180年—公元前157年在位。文帝與民休息，屢詔重農，減免租税，賑濟貧民，遣列侯就國，節省民力。廢除肉刑，收孥相坐律令，禁以誹謗妖言治罪。舉賢良方正，選用官史。采晁錯計，募民實邊。和親匈奴，安撫南越，慎動兵革。性節儉，尚敦朴，遺詔薄葬。史家把他與景帝統治時期合稱“文景之治”。玄默：沈默不語；清静無爲。《淮南子·主術》：“天道玄默，無容無則。”《漢書·刑法志》：“及孝文即位，躬脩玄默，勸趣農桑，減省租賦。”

[15] 成、康：周成王與周康王的並稱。史稱至治之世用之。周康王姓姬，名釗。周成王太子，繼之而立。以召公、畢公爲佐，緒文、武之業。

[16] 斷四百：本來形容判罪的人少，幾乎刑措不用。鞭死者多：廢除肉刑後，施行鞭杖之刑，而死者居多。

[17] 匠石：古代名石的巧匠。此泛指木匠。

4　‘蓋天地之道，不能純仁。故青陽闡陶育之和[1]，素秋厲肅殺之威[2]；融風扇則枯瘁攄藻[3]，白露凝則繁英彫零[4]。是以品物阜焉，歲功成焉[5]。溫而無寒，則蠕動不蟄，根植冬榮[6]；寬而無嚴，則姦宄並作[7]，利器長守(1)。故明賞以存正，必罰以閑邪。勸沮之器，莫此之要。觀民設教[8]，濟其寬猛[9]，使懦不可狎，剛不傷恩[10]。五刑之罪，至於三千，是繩不可曲也；司寇行刑(2)[11]，君爲不舉[12]，是法不可廢也。繩曲，則姦回萌矣[13]；法廢，則禍亂滋矣。

【校】

（1）長守：當作非守，不守。按：既然"姦宄並作"，則"利器"無以"長守"。疑"長"與"非"之右半邊形近致誤。

（2）司：魯藩本作可，王國維校作司。

【注】

[1] 青陽：春天。《尸子・仁意》："春爲青陽，夏爲朱明，秋爲白藏，冬爲玄英。"

[2] 素秋：秋天。古代五行之説，金屬秋，其色白，故云。厲：猛烈；凌厲。

[3] 融風：指東北風。又名炎風。立春木風，火之母，火之所生。《左傳・昭公十八年》："丙子，風。梓慎曰：'是謂融風，火之始也。'"杜預注："東北曰融風。融風，木也。木，火母，故曰火之始。"攄（shū）藻：猶言開花。

[4] 白露：二十四節氣之一。凝：此指露水變成霜粒。

[5] 歲功：猶言"歲德"。謂天地間一年四季滋生萬物的功德；一年時序所成就的功德。《管子・四時》："（土德）實輔四時：春嬴育，夏養長，秋聚收，冬閉藏。大寒乃極，國家乃昌，四方乃服，此謂歲德。"《漢書・禮樂志》："陽出佈施於上而主歲功，陰入伏藏於下而時出佐陽。陽不得陰之助，亦不能獨成歲功。"

〔6〕蟄(zhé)：冬眠，潛伏，不食不動。冬榮：草木冬天開花或長得茂盛。按三句謂反常氣象。

〔7〕姦宄(guǐ)：違法作亂的事情。《書·舜典》："寇賊姦宄。"孔傳："群行攻劫曰寇。殺人曰賊。在外曰姦。在内曰宄。"

〔8〕觀民設教：觀察民情，佈置教化。《易·觀》："象曰：風行地上，《觀》。先王以省方觀民設教。"省方：巡視邦國。

〔9〕濟其寬猛：猶言寬猛相濟，即用寬大和嚴懲相結合的辦法進行政治統治。《左傳·昭公二十年》"仲尼曰：'善哉！政寬則民慢，慢則糾之以猛；猛則民殘，殘則施之以寬。寬以濟猛，猛以濟寬，政是以和。'"

〔10〕懦不可狎二句：意本《左傳·昭公二十年》："夫火烈，民望而畏之，故鮮死焉；水懦弱，民狎而翫之，則多死焉。"杜預注："狎，輕也。"懦不可狎：喻寬的限度。剛不傷恩：喻嚴的限度。

〔11〕司寇：掌管刑獄、糾察等事的官員與機構。六卿之一。

〔12〕君爲不舉：國君因行刑（或大喪、大故），撤饌撤樂。不舉：有三種情形：1. 一不舉兼指天子至大夫早餐不進豐盛飲食，不奏樂；三不舉，則三餐不進食、不奏樂。2. 單指早餐撤食。3. 單指撤樂。《周禮·天官·膳夫》："王日一舉，鼎十有二，物皆有俎。以樂侑食。……王齊(齋)日三舉，大喪則不舉，大荒則不舉，大札則不舉，天地有裁則不舉，邦有大故則不舉。"鄭玄注："殺牲盛饌曰舉。侑猶勸也。鄭司農曰：'齊(齋)必變食。'大荒，凶年。大札，疫癘也。天裁，日月晦食。地裁，崩動也。大故，寇戎之事。鄭司農云：'大故，刑殺也。'"《左傳·莊公二十年》："鄭伯(厲公)聞之，見虢叔曰：'……夫司寇行戮，君爲之不舉。'"杜預注："司寇，刑官。(不舉)去盛饌。"又《襄公二十六年》："歸生蒯之：善爲國者，賞不僭而刑不濫，……將刑爲之不舉，不舉，則撤樂。此以知其畏刑也。"杜預注："不舉盛饌。"正義："舉則以樂勸食，不舉，故徹去樂縣。"《國語·周語上》："司寇行戮，君爲之不舉。"韋昭注："不舉，不舉樂也。"

〔13〕姦回：姦惡邪僻；姦惡邪僻的人。《左傳·宣公三年》："商紂暴

虐，鼎遷於周，德之休明，雖小，重也。其姦回昏亂，雖大，輕也。"

5 '亡國非無令也，患於令煩而不行；敗軍非無禁也，患於禁設而不止。故衆慝彌蔓，而下黷其上[1]。夫賞貴當功而不必重，罰貴得罪而不必酷也[2]。鞭朴廢於家，則僮僕怠惰[3]；征伐息於國，則群下不虔[4]。愛待敬而不敗，故制禮以崇之；德須威而久立，故作刑以肅之[5]。班、倕不委規矩[6]，故方圓不戾於物[7]；明君不釋法度，故機詐不肆其巧。

【注】

[1] 衆慝(tè)彌蔓：各種邪惡更加蔓延滋長。黷：輕慢。

[2] 當功：與功勞相稱。得罪：與罪惡相副。"當""對"同義。

[3] 鞭朴：用作刑具的鞭子和棍棒；亦指用鞭子或棍棒抽打。句意蓋本《呂氏春秋・蕩兵》："家無怒笞，則豎子嬰兒之有過也立見；國無刑罰，則百姓之悟相侵也立見。……故怒笞不可偃於家，刑罰不可偃於國。"

[4] 征伐息於國，則群下不虔：謂矛盾轉化。句意蓋本《呂氏春秋・蕩兵》："天下無誅伐，則諸侯之相暴也立見。……故……誅伐不可偃於天下。"群下：泛指大臣、近臣與諸侯。不虔：不敬。

[5] 愛待敬而不敗四句：愛待制禮以敬之崇之，德須作刑以威之肅之。《漢書・刑法志》："愛待敬而不敗，德須威而久立，故制禮以崇敬，作刑以明威也。"作刑：制定刑律。

[6] 班、倕：古代巧匠公輸班和倕的並稱。倕：傳說黃帝時或堯時巧匠，"作規矩準繩"。泛指巧匠。

[7] 不戾：不違背。

6 '唐、虞其仁如天[1]，而不原四罪[2]；姬公友于兄弟[3]，而不赦二叔[4]。仲尼之誅正卯，漢武之殺外甥[5]，垂淚惜法，蓋不獲已也。故誅一以振萬，損少以成多。方之櫛髮，則所利者衆[6]；比於割疽，則所全者大[7]。是以灸刺慘痛[8]，而不可止者，以痊病也；刑法凶醜[9]，而不可罷者，以救斃也。六軍如林[10]，未必皆勇。排鋒陷火，人情所憚。然恬顏以勸之，則投命者尟；斷斬以威之，則莫不奮擊[11]。故役歡笑者，不及叱咤之速[12]；用誘悅者，未若刑戮之齊[13]。

【注】

[1] 其仁如天：仁德涵養如天廣大。《大戴禮記‧五帝德》：“孔子曰：‘高辛之子也，曰放勳。其仁如天，其知如神。’”《史記‧五帝本紀》索隱：“（其仁）如天之涵養也。（其知）如神之微妙也。”

[2] 四罪：共工、驩兜、三苗、鯀。《大戴禮記‧五帝德》：“（放勳）流共工於幽州，以變北狄；放驩兜於崇山，以變南蠻；殺三苗於三危，以變西戎；殛鯀於羽山，以變東夷。”

[3] 姬公：周公姓姬名旦，處三公之位，故名。友于：友愛兄弟。

[4] 二叔：管叔、蔡叔散佈流言，說周“公將不利於孺子（成王）”，與武庚一起叛亂，被周公平定。管叔被殺，一說自“經而卒”；蔡叔被流放。

[5] 漢武：漢武帝劉徹（前 156—前 87），漢景帝中子，公元前 140—公元前 87 年在位。採董仲舒策，罷黜百家，獨尊儒術。設五經博士，長安興太學，郡國立學官。令郡國舉賢才，用人不拘一格。用主父偃計，行推恩令，析分諸侯藩國爲侯國。定左官律，附益法，禁諸侯干政。設十三州刺史，按六條問事。大將軍領尚書事，與丞相形成中外朝格局。數遣衛青、霍去病擊匈奴，令張騫（前？—前 114）通西域。平定閩越、東甌及南越，經營西南夷。改幣制，鑄五銖錢，鹽鐵官營，平準均輸，抑奪商賈。親督治河，廣興水利。大興土木，耗費甚鉅。晚年悔連年征戰，罷輪臺屯

田,思富養民。臨終前立少子弗陵爲皇太子,遺詔大將軍霍光等
輔政。殺外甥:殺隆慮公主之子昭平君。隆慮公主死前曾以金
千斤、錢千萬爲昭平君預贖死罪,武帝許之。隆慮公主卒,昭平
君日驕,醉殺主簿,獄繫内官。以公主子,廷尉上請,請論決其
罪,左右人人爲言。武帝爲之垂涕,良久説:“法令者,先帝所造
也,用弟故而誣先帝之法,吾何面目入高廟乎! 又下負萬民。”乃
可其奏。

[6] 櫛(zhì)髮:梳理頭髮。喻犧牲個別人,保全多數。《淮南子・兵
略》:“故聖人之用兵也,若櫛髮、耨苗,所去者少,而所利者多。”

[7] 割疽:割除癰疽。喻除局部禍患,而挽救了整體。《淮南子・詮
言》:“割痤疽,非不痛也;飲毒藥,非不苦也。然而爲之者,便於
身也。”

[8] 灸刺:艾灸和針刺。《素問・血氣形志》:“形樂志苦,病生於脈,
治之以灸刺。”

[9] 刑法:關於犯罪和刑罰的法律規範的總稱。

[10] 六軍:晉時稱領軍、護軍、左右二衛、驍騎、遊擊爲“六軍”。此泛
指軍隊。

[11] 排鋒陷火六句:謂以刑賞治軍牧民始能奏效。

[12] 叱咤(chì zhà):大聲吆喝;怒喝。《韓非子・外儲説右下》:“然
而使王良操左革而叱咤之,使造父操右革而鞭笞之,馬不能行十
里,共故也。”

[13] 刑戮:受刑罰或被處死。亦指刑罰。《荀子・榮辱》:“室家立殘,
親戚不免乎刑戮。”齊(jì):通齋。疾。

7　‘是以安于感深谷而嚴其法[1],衛子疾棄灰而峻其
辟[2]。夫以其所畏禁其所翫,峻而不犯,全民之術也。明
治病之術者(1),杜未生之疾;達治亂之要者,遏將來之
患[3]。若乃以輕刑禁重罪,以薄法衛厚利[4],陳之滋章,而
犯者彌多[5],有似穿窬以當路,非仁人之用懷也[6]。

【校】

（1）治：孫星衍校："藏本脱治字,從舊寫本補。"

【注】

[1] 安于：董安于,趙簡子家臣,深得信賴。治晉陽,爲上地守,行法嚴峭。范氏、中行氏之亂被平定後,知伯誣其參與叛亂,趙簡子迫於知氏威勢,甚患之。安于乃自縊而死,趙簡尸諸市。感深谷：從深谷的陡峭無人敢入而領悟法律的嚴峭,"則人莫之敢犯"。

[2] 衛子：衛鞅(約前 390—前 338),公孫氏,名鞅,戰國時衛國(今河南東部)人。少好刑名之學,初爲魏相公叔座家臣。公叔座曾建議魏惠王,舉國而用之,不用即殺之。聞秦孝公求賢,鞅乃入秦以强國之術説秦孝公,任左庶長,卒定變法之令。變法十年,秦民大悦,道不拾遺,家給人足。旋升大良造。孝公十二年由雍遷都咸陽,再頒變法之令。後十年,因功封之於、商十五邑,號商君,因稱商鞅。他兩次變法,奠定了秦國富强的基礎。孝公死後,被貴族誣告,車裂而死。《漢書‧藝文志》有《商君》二十九篇,今存二十四篇。遺物有商鞅方升。疾棄灰：殷商斷棄灰者之手,商鞅處以黥刑。因棄灰或有火,火則燔廬舍,故刑之。辟(pì)：刑法。

[3] 明治病之術者四句：意本《淮南子‧説山》："良醫者,常治無病之病；聖人者,常治無患之患。"

[4] 輕刑：1. 減省刑罰。2. 猶輕典。與薄法對文。薄法：猶輕法。

[5] 滋章：越來越森嚴。《老子‧第五十七章》："法令滋章,盜賊多有。"犯者彌多：《三國志‧魏書‧明帝紀》："(青龍四年詔)法令滋章,犯者彌多,刑罰愈重,而姦不可止。"

[6] 穿窬以當路：喻設陷穽害民。穽：阱的或體。《漢書‧食貨志下》："夫縣法以誘民,使入陷阱,孰積於此！"顏師古注："阱,穿地以陷獸也。"用懷：存心；居心。

8　'善爲政者，必先端此以率彼，治親以整疏[1]；不曲法以行意(1)[2]，必有罪而無赦[3]。若石碏之割愛以滅親(2)[4]，晉文之忍情以斬頡[5]。故仁者爲政之脂粉，刑者御世之轡策(3)；脂粉非體中之至急，而轡策須臾不可無也。蕭恭少怠，則慢惰已至；威嚴暫弛，則群邪生心。當怒不怒，姦臣爲虎；當殺不殺，大賊乃發[6]。水久壞河，山起咫尺。尋木千丈(4)，始於毫末[7]。鑽燧之火，勺水所滅(5)[8]；鵠卵未孚，指掌可縻(6)[9]。及其乘衝飆而燎巨野[10]，奮六羽以凌朝霞(7)，則雖智勇(8)，不能制也。[11]

【校】

（1）意：孫星衍校："舊寫本作惠。"按：兩可。

（2）滅：魯藩本誤作威。

（3）仁者爲政之脂粉，刑者御世之轡策：《意林》作仁者政之脂粉，刑者世之轡策。

（4）千丈：藏本、魯藩本作千文。王國維校作千丈。

（5）燧：孫星衍校："《意林》作端。"

（6）縻：孫星衍校："藏本作之所靡，從《意林》改。"

（7）六羽：從楊明照校，本書通作六翮，當統一。以：《意林》無。

（8）則：《意林》無。

【注】

[1] 善爲政者三句：强調執法從自身端正做起，嚴己寬人。

[2] 曲法：枉法。行意：按自己的主意行事。

[3] 有罪而無赦：凡是犯罪的概不寬恕。《管子·大匡》："耕者出入不應於父兄，用力不農，不事賢，行此三者，有罪無赦。"

[4] 石碏(què)：春秋時衛國上卿，事衛莊公、桓公。莊公寵愛嬖妾之子州吁，使爲將，石碏進諫曰："庶子好兵，使將，亂自此起。"莊

公不聽。桓公二年,州吁驕奢,桓公絀之,州吁出奔;十六年春弑
桓公而自立爲衛君,石碏之子參與其事。石碏與陳侯共謀,使右
宰醜進食,因殺州吁於濮;迎桓公弟晉,立爲宣公。割愛以滅親:
指石碏晚年忠於公室,派他的管家獳羊肩在陳國殺死親兒子石
厚。"大義滅親"之典,即從此出。滅:其古字少三點水。

［5］晉文之忍情以斬頡:謂晉文公殺死從亡者顛頡。原因有二説:
　　1.因顛頡違抗"無(勿)入僖負羈之宮"的命令。晉文公爲了報答
　　僖負羈饋盤飧置璧之惠,入曹時命令"勿入僖負羈之宮,而免其
　　族"。但魏犫、顛頡見此不平,自認爲有從亡之功,發怒説:"不給
　　有功勞有苦勞的人打算,還報答個什麼?"放火燒了僖負羈的家。
　　文公因愛惜人才,免了魏犫的戎右之職,而殺死顛頡,通報全軍。
　　2.因顛頡"後至"、"後期"。據《商君書‧賞刑》説,是因爲"合諸
　　侯大夫於侍千宮",而"顛頡後至";據《韓非子‧外儲説右上》説,
　　是因"田於圃陸,期以日中爲期",而"顛頡後期"。"遂斬顛頡之
　　脊"示衆。

［6］當怒不怒四句:謂人主當敬慎掌握刑法,怒與殺要恰當其時。
　　《韓非子‧揚權》:"主施其法,大虎將怯;主施其刑,大虎自寧。"
　　《六韜‧文韜‧上賢》:"故可怒而不怒,姦臣乃作;可殺而不殺,
　　大賊乃發。"怒、虎:模部。殺、發:月部。

［7］尋木:大樹。毫末:喻細微。

［8］鑽燧(suì):鑽燧取火。燧爲取火的工具,有金燧(陽燧)、木燧兩
　　種。木鑽呈棒狀,木燧呈盤狀,在木燧上用繩旋轉木鑽鑿洞取
　　火,故曰鑽燧。鑽木取火,被鑽之木,四季不同。春取榆柳之火,
　　夏取棗杏之火,季夏取桑柘之火,秋取柞楢之火,冬取槐檀之火。
　　一年之中,鑽火各展木,故曰改火。

［9］孚:今作孵,禽鳥伏卵。

［10］衝飆:急風;暴風。《博喻》第6首:"衝飆傾山,而不能效力於拔
　　毫;火鑠金石,而不能耀烈以起溼。"

［11］不能制也:以上數句意本《淮南子‧人間》:"夫爝火在縹煙之中,
　　一指所能息也;唐漏若鼷穴,一墣之所能塞也;及至火之燔孟諸

而炎雲臺，水決九河而漸荊州，雖起三軍之衆，弗能救也。……
夫鴻鵠之未孚於卵也，一指篾之，則靡而無形矣；及至其筋骨之
已就，而羽翮之既成也，則奮翼揮鬐，凌乎浮雲，背負青天，膺摩
赤霄，翱翔乎忽荒之上，析惕乎虹蜺之間，雖有勁弩、利矰、微繳、
蒲且子之巧，亦弗能加也。”

9　‘故明君治難於其易，去惡於其微[1]；不伐善以長
亂[2]，不操柯而猶豫焉。然則刑之爲物，國之神器，君所自
執，不可假人[3]；猶長劍不可倒捉，巨魚不可脫淵也[4]。乃
崇替之所由，安危之源本也。田常之奪齊[5]，六卿之分
晉[6]，趙高之弒秦[7]，王莽之篡漢[8]，履霜逮冰，由來漸
矣[9]。或永歎於海濱[10]，或拊心乎望夷(1)[11]，禍延宗
祧[12]，作戒將來者，由乎慕虛名於往古，忘實禍於當己也。’

【校】

（1）拊：平津本作附，楊明照校從各本改。

【注】

[1] 明君治難於其易二句：喻謹小慎微、防微杜漸。《老子·第六十
三章》：“圖難於其易，爲大於其細。”河上公注：“欲圖難事，當於
易時，未及成也。欲爲大事，必作於小，禍亂從小來也。”

[2] 不伐善：不誇耀自己。《論語·公冶長》：“顏淵曰：‘願無伐善。’”
集解引孔安國曰：“不自稱己之善。”朱熹集註：“伐，誇也。善，謂
有能。”

[3] 刑之爲物四句：謂人主當牢牢掌握刑法之柄。神器：此指刑法。

[4] 長劍不可倒捉：喻不能授人以柄。倒捉：此謂握劍反倒不持其
柄而握其刃。

[5] 田常之奪齊：田常是通過掌握刑罰大權而最終奪取齊國政權
的。《史記·田完世家》：“田常言於齊平公曰：‘德施，人之所欲，

君其行之；刑罰，人之所惡，臣請行之。'行之五年，齊國之政皆歸
田常。"

［6］六卿之分晉：春秋後期，晉國范氏、中行氏、知氏、韓氏、趙氏、魏
氏六卿秉持國政，相繼改革田畝制、稅制，圖謀富强，相互兼併，
最後韓、趙、魏三家分晉。

［7］趙高之弑秦：既指趙高遣閻樂逼秦二世自殺之事，亦指其亡秦
之事。弑：此指臣殺死君主。

［8］篡漢：謂非法盜竊、奪取西漢劉氏王朝的政權。篡：劫奪；奪取
君位。

［9］履霜逮冰：喻由事物的漸變而知其質變，因而當防微杜漸。意
本《易·坤》："初六：履霜堅冰至。象曰：履霜堅冰，陰始凝也；
馴致其道，至堅冰也。……文言曰：'……臣弑其君，子弑其父，
非一朝一夕之故，由來者漸矣。'"

［10］永歎於海濱：謂齊康公被田和遷於海上，後悔呂氏絕祀於田齊。

［11］拊心望夷：指秦二世胡亥被逼自殺望夷宮。拊(fǔ)心：拍胸，表
示哀痛或悲憤。

［12］宗祧(tiāo)：宗廟。祧：遠祖廟。

10　或人曰：'刑辟之興，蓋存叔世[1]。立人之道，唯仁
與義[2]。我清静而民自正，我無欲而民自朴[3]，烹鮮之戒，
不欲其煩。寬以愛人則得衆[4]，悦以使人則下附[5]。故孟
子以體仁爲安(1)[6]，揚子雲謂申、韓爲屠宰(2)[7]。夫繁策
急轡，非造父之御[8]；嚴刑峻罰，非三、五之道。故有虞手
不指揮，口不煩言(3)[9]，恭己南面[10]，而治化雍熙矣。宓生
政以率俗[11]，彈琴詠詩，身不下堂[12]，而漁者宵肅矣[13]。'

【校】

（1）安：當作安宅。"爲安宅"方與"爲屠宰"對文。《孟子·公孫丑
上》："夫仁，天之尊爵也，人之安宅也。"

（2）揚子雲謂申、韓爲屠宰：較上文孟子句多一字，“揚子雲”當作“揚雲”，與“孟子”對文，兩句方相儷。

（3）不煩言：疑本作不設言。“不設言”與“不指揮”表示言行皆“無爲”，而“不煩言”則與“不指揮”之意有別，爲“有爲”矣。《淮南子·原道》：“昔舜耕於歷山……當此之時，口不設言，手不指麾……”語本此。

【注】

［1］刑辟（pì）：刑法；刑律。《左傳·昭公六年》：“昔先王議事以制，不爲刑辟，懼民之有争心也。……夏有亂政，而作《禹刑》；商有亂政，而作《湯刑》；周有亂政，而作《九刑》：三辟之興，皆叔世也。”楊伯峻注：“刑辟即刑律。”

［2］立人：立身；做人。《易·說卦》：“立人之道，唯仁與義。”高亨今注：“仁者愛人，主於柔；義者制事，主於剛。”

［3］我清静而民自正二句：強調君主無爲無欲以治民。清静：指爲政不煩擾百姓，無爲而治。無欲：没有佔有他人財物的欲望。《老子·第五十七章》：“故聖人云：‘我無爲而民自化，我好静而民自正，我無事而民自富，我無欲而民自樸。’”王弼注：“上之所欲，民從之速也。我之所欲唯無欲，而民亦無欲而自樸也。此四者，崇本以息末也。”静、政：耕部。欲、樸：屋部。

［4］寬以愛人：即《詩·魯頌·駉序》説的“寬以愛民”。得衆：《論語·陽貨》有“寬則得衆”語。

［5］悦以使人：即《詩·豳風·東山序》説的“説以使民，民忘其死”。説同悦。

［6］體仁：躬行仁道；實行仁政。《孟子·梁惠王上》：“施仁政於民。”此體仁也。

［7］申、韓：申不害、韓非，皆戰國時主刑名法術之學的代表人物。爲屠宰：謂制民如牛羊，臨之以刀俎，把人民當牛羊來宰殺。《法言·問道》：“申、韓之術，不仁之至也！若何牛羊之用人也？”李軌注：“峻刑戮之術，制民如牛羊，臨之以刀俎，故曰‘不仁之至

也’。”

［8］繁策急轡：喻治民之法，過於苛急。非造父之御：喻非致遠之術。《文子·原道》：“夫法刻刑誅者，非帝王之業也；箠策繁用者，非致遠之御也。”

［9］手不指揮：喻無爲而治民。

［10］南面：坐北朝南，指帝王、諸侯、卿大夫之位。

［11］宓生：宓先生，即宓子賤。政通正。率俗：對某種社會風氣加以引導提倡。

［12］身不下堂：謂身體不離開殿堂。《吕氏春秋·察賢》：“宓子賤治單父，彈鳴琴，身不下堂，而單父治。”

［13］漁者宵肅：打魚的夜間恭敬守法。《吕氏春秋·具備》：“（巫期馬）見夜漁者，得則舍之。巫期馬問焉，曰：‘漁爲得也。今子得而舍之，何也？’對曰：‘宓子賤不欲人之取小魚也。所舍者小魚也。’”

11　‘必能厚惠薄斂，救乏擢滯(1)，舉賢任才，勸稼省用，招攜以禮，懷遠以德，陶之以成均[1]，治之以庠序(2)。化上而興善者，必若靡草之逐驚風[2]；洗心而革面者，必若清波之滌輕塵。朝有德讓之群后，野無犯禮之軌躅。圜土可以虚蕪(3)[3]，楚革可以永格[4]，何必賞罰可以爲國乎(4)？’

【校】

（1）擢滯：當作振滯。《國語·晉語四》：“（晉文）救乏振滯，匡困資無。”韋昭注：“救乏，救乏絕；振滯，振淹滯之士。”

（2）治：當從楊明照校作冶。與陶互文，陶以造瓦，冶以鑄金，並喻培養人才。

（3）圜土：陳其榮校：“舊刻‘土’誤作‘上’，從嚴氏覆校本改正。”

（4）何必賞罰可以爲國乎：當作何必賞罰乃可以爲國乎。乃：始也。

【注】

[１]成均：最早的大學。《周禮·春官·大司樂》：“掌成均之灋，以治
　　建國之學政，而合國之子弟焉。”鄭玄注：“玄謂：董仲舒云：‘成
　　均，五帝之學。’”泛指官設的最高學府。

[２]化上：下化於君上之教化。靡草：草木隨風而倒伏。靡：披靡；
　　倒下。《論語·顏淵》：“草上之風，必偃。”驚風：猛烈强勁的風。
　　司馬相如《上林賦》：“然後揚節而上浮，淩驚風，歷駭猋。”

[３]圜(yuán)土：牢獄。《周禮·秋官·大司寇》“以圜土聚教罷民”
　　鄭玄注：“圜土，獄城也。聚罷民其中，困苦以教之爲善也。民不
　　愍作勞，有似於罷。”釋文：“罷，音皮。”虛蕪：成爲空虛荒蕪的
　　地方。

[４]楚：刑杖或扑責學生的小杖。革：鞭用皮革製成，因指鞭。永
　　格：永遠擱置。

　　12　抱朴子荅曰：‘《易》稱“明罰敕法”，《書》有“哀矜
折獄”⁽¹⁾。爵人於朝，刑人於市[１]，有自來矣[２]，豈從叔
世⁽²⁾？多仁則法不立⁽³⁾，威寡則下侵上。夫法不立，則庶
事汩矣；下侵上，則逆節萌矣[３]。至醇既澆於三代，大朴又
散於秦、漢[４]；道衰於疇昔，俗薄乎當今。而欲結繩以整姦
欺[５]，不言以化狡猾[６]；委轡策而乘奔馬於險途，舍柁櫓而
泛虛舟以淩波⁽⁴⁾[７]；盤旋以逐走盜，揖讓以救災火[８]；斬晁
錯以卻七國[９]，舞干戚以平赤眉⁽⁵⁾[１０]，未見其可也。

【校】

（１）哀矜：當依《書·吕刑》作哀敬。

（２）豈從：當徐濟忠校作豈徒。

（３）多仁：當從楊明照校乙作仁多，方與下句之“威寡”相儷。《韓非
　　子·内儲説上》：“愛多者則法不立，威寡者則下侵上。”

（４）舍：《意林》作捨，舍通捨。虛舟：《意林》作輕舟。以淩波：當從

《意林》作於江海。其下《意林》有"豈不險哉"一句。

（5）干戚：原作干戈，當從楊明照校作干戚。《韓非子·五蠹》《淮南子·齊俗》《氾論》《鹽鐵論·繇役》並有"執干戚"語，可證。

【注】

［1］爵人於朝，刑人於市：語本《禮記·王制》："爵人於朝，與士共之；刑人於市，與眾棄之。"正義："此云爵人於朝，謂殷法也；……刑人於市，與眾棄之者，亦謂殷法。謂貴賤皆刑於市。周則有爵者，刑於甸師氏也。"

［2］有自來矣：語本《左傳·昭公元年》："魯國何罪？叔出季處，有自來矣，吾又誰怨？"杜預注："季孫守國，叔孫出使，所從來久，今遇此戮，無所怨也。"

［3］逆節：叛逆的念頭或行爲。明：萌之初字。

［4］至醇既澆於三代二句：蓋意本《淮南子·俶真》："施及周室之衰，澆醇散朴。"高誘注："施，讀難易之易也。"大（tài）朴：謂原始質朴之大道。

［5］結繩：指用繩打結以示約信的辦法進行統治。《易·繫辭下》："上古結繩而治，後世聖人易之以書契，百官以治，萬民以察。"

［6］不言：不發號施令。謂以潛移默化的德政感化人民。《老子·第二章》："是以聖人處無爲之事，行不言之教。"

［7］柁：同舵柂，控制船艦行駛方向的裝置。櫓：比槳長而大的於船頭或船尾划船的工具。

［8］盤旋以逐走盜二句：喻手段不能達到目的。盤旋：指儀節中遵照一定程式的迴旋進退。揖讓：作揖（拱手行禮）相讓。賓主相見的禮儀。《淮南子·氾論》："夫絃歌鼓舞以爲樂，盤旋揖讓以修禮。"

［9］斬晁錯以卻七國：事實證明，斬晁錯不能平息七國之亂。

［10］舞干戚：武舞，執盾與斧而舞。干：盾。戚：斧。赤眉：指西漢末年以樊崇等爲首的農民起義軍。因以赤色塗眉，故稱。句謂武舞不能平定赤眉暴動。

13　'蓋三皇步而五帝驟[(1)][1]，霸、王以來，載馳載驚[2]。當其弊也，吏欺民巧，寇盜公行[3]，髡鉗不足以懲無恥[4]，族誅不能以禁覬覦[5]。重目以廣視，累耳以遠聽[6]，抗燭以理滯事[7]，焦心以息姦源，而猶市朝有呼嗟之音[8]，邊鄙有不聞之枉。

【校】

（1）帝：原作常，當從楊明照校引各本作帝。《莊子·秋水》"五常之所連"陸德明釋文："（五常）本亦作五帝。"本文同此。

【注】

[1]三皇步而五帝驟：《太平御覽》七六引《孝經鉤命決》："三皇步，五帝驟。"步：行。驟：馬奔跑。陳立白《白虎通疏證》："蓋謂世愈降，德愈卑，政愈促也。"

[2]霸、王：有天下者爲王，諸侯之長曰霸。此指三王、五霸。三王指夏、商、周三代之君。五霸：通指春秋五霸。載馳載驚：本謂車馬疾行。馳驚：疾馳；奔騰。此指《孝經鉤命決》説的"三王馳，五霸驚"。以上謂行政隨時代演進而節奏越來越急促。

[3]寇盜公行：由《左傳·襄公三十一年》"盜賊公行"變來。公行：喻肆無忌憚。

[4]髡（kūn）鉗：剃去男犯的頭髮，鐵圈束頸的刑罰。

[5]族誅：族滅；誅滅父母、妻子。《漢書·項籍傳》："（項）梁掩其口曰：'無妄言，族矣。'"顏師古注："凡言族者，謂族誅也。"又《高帝紀》："（九年）貫高等謀逆發覺，逮捕高等，並捕趙王敖下獄，詔敢有隨王，罪三族。"顏師古注："張晏曰：'父母、兄弟、妻子也。'如淳曰：'父族、母族、妻族也。'師古曰：'如説是也。'"

[6]重目以廣視：喻兼視。重目：猶並目。累耳：猶言衆耳。遠聽：指身在遠方而聽見聞説；聽聆遠處的聲音。句喻兼聽。

[7]抗燭：喻尚明舉賢。抗：舉。《韓非子·外儲説左上》："鄭人有

遺燕相國書者,夜書,火不明,因謂持燭者曰:'舉燭!'云而過書舉燭。舉燭非書意也。燕相受書而説之,曰:'舉燭者,尚明也;尚明也者,舉賢而任之。'燕相白王,王大説,國以治。治則治矣,非書意也。"滯事:積壓或難決的政事。

[8] 呼嗟:號呼哀歎。兩句謂民冤無以上達。

14　'作威作福者[1],或發乎瞻視之下[2];凶家害國者,或搆乎蕭牆之內[3]。而欲以太昊之道[4],治偷薄之俗;以畫一之歌[5],救鼎湧之亂;非識因革之隨時[6],明損益之變通也。所謂刻舟以摸遺劍[7],參天而射五步[8];擐犀兕之甲[9],以涉不測之淵;衿卻寒之裘(1),以禦鬱隆之暑[10];踵之解結,頤之搔背[11];其爲憒憒(2)[12],莫此之劇矣。

【校】

(1) 衿:藏本、魯藩本誤作衿。

(2) 憒憒:孫星衍校:"藏本作憒憒,從舊寫本改。"魯藩本亦作憒憒。

【注】

[1] 作威作福:此謂大臣握有生殺予奪之大權,濫用權威。

[2] 瞻視:觀看;顧盼。涉及禮儀。臣子目視皇帝要合乎禮儀規定,否則就是大不敬。此指代天子。

[3] 搆:通構,構成。蕭牆:古代宮室,用以分隔內外的當門矮牆,即屏風。《論語·季氏》:"吾恐季氏之憂,不在顓臾,而在蕭牆之內也。"集解引鄭玄曰:"蕭之言肅也。牆謂屏也。君臣相見之禮,至屏而加肅敬焉,是以謂之蕭牆。"此以喻內部潛在的隱患。

[4] 太昊之道:指太昊時代純樸之風。太昊:即伏羲。傳説中的古帝名。一説是伏羲氏以木德王天下之號。

[5] 偷薄:澆薄;不敦厚。"偷"與"薄"同義,偷即薄。《後漢書·廉范傳》:"建初中,遷蜀郡太守,其俗尚文辯,好相持短長,范每屬以

淳厚,不受偷薄之説。"畫一之歌:指百姓所唱歌頌"蕭何爲法"
的歌謡:"蕭何爲法,顜若畫一。"畫一:即顜(jiǎng)若畫一。公
正嚴明如整齊畫一。

[6]　隨時:順應時勢;切合時宜。《易·隨》:"大亨貞,無咎,而天下隨
時,隨時之義大矣哉。"王弼注:"隨時,則天下隨之矣。隨之所
施,唯在於時也;時異而不隨,否之道也。"

[7]　刻舟以摸遺劍:即刻舟求劍。《吕氏春秋·察今》:"楚人有涉江
者,其劍自舟中墜於水,遽契其舟曰:'是吾劍之所從墜。'舟止,
從其所契者入水求之。舟已行矣,而劍不行。求劍若此,不亦惑
乎!以此故法爲其國,與此同。"高誘注:"遽,疾也。疾刻舟識之
於此下墜者也。"遺劍:喻用老辦法不能治理已發生變化的
國家。

[8]　參天而射五步:《淮南子·説山》:"越人學遠射,參天而發,適在
五步之内,不易儀也。世已變矣,而守其故,譬猶越人之射也。"
高誘注:"越人習水便舟,而不知射,射遠反直仰向天而發矢,勢
盡而還,故近在五步之内。參,猶望也。儀,射法。言不曉射,故
不知易去參天之法也。"喻拘泥成法而不知變通。

[9]　摜犀兕之甲:披戴犀牛和兕皮做成的鎧甲。句喻身受束縛。摜
(guàn):《玉篇·手部》:"摜,帶也。"

[10]　袗(zhěn):單衣;穿單衣。此指穿(裘)衣。句喻穿戴不合時令。

[11]　踵之解結:用腳後跟去解開結子(疙瘩)。典出《意林》一引《纏
子》:"董子曰:'子信鬼神,何異以踵解結,終無益也。'纏子不能
應。"頤之搔背:用下巴撓背部的癢處。以上八句謂手段達不到
目的。

[12]　憒憒(kuì):昏庸;糊塗。然昏庸始於心亂。《莊子·大宗師》:
"彼又惡能憒憒然爲世俗之禮,以觀衆人之耳目哉!"成玄英疏:
"憒憒,心亂也。"

15　'但當先令而後誅[1],得情而勿喜[2];使伯氏無怨

於失邑，虞、芮知恥而無訟耳[3]。若强暴掩容，操繩而不憚(1)[4]；誘於含垢[5]，草蔓而不除[6]；恃藏疾之大言，忘膏肓之近急；何異焦喉之渴切身，而遥指滄海於萬里之外；滔天之水已及，而方造舟於長洲之林；安得免夸父之禍[7]，脱淪水之害哉！

【校】

（1）憚：當從楊明照校作彈。

【注】

[1] 先令而後誅：謂先頒佈法令，而後執法誅殺犯罪者，即不能不教而殺。

[2] 得情：指審訊獲得真實情況。《論語·子張》："孟氏使陽膚爲士師，問於曾子。曾子曰：'上失其道，民散久矣。如得其情，則哀矜而勿喜。'"集解："包（咸）曰：'陽膚，曾子弟子。士師，典獄之官。'馬（融）曰：'民之離散，爲輕漂犯法，乃上之所爲，非民之過也。當哀矜之，勿之自喜，能得其情也。'"

[3] 虞、芮知恥而無訟：虞國與芮國國君争奪田地，久而不平，相約前往對質於周文王之前。入其境、邑、朝，見耕者讓田界，行者讓路，士讓爲大夫，大夫讓爲卿，虞、芮愧而訟息，相讓所争，以爲閑田而歸。見《詩·大雅·縣》"虞、芮質厥成，文王蹶厥生"毛傳。

[4] 强暴掩容：掩蓋强横兇暴的本來面目。句謂對强暴掩容者未繩之以法。

[5] 含垢：容忍污垢。《左傳·宣公十五年》："伯宗曰：'……諺曰："高下在心，川澤納汙，山藪藏疾，瑾瑜匿瑕，國君含垢。"天之道也。'"杜預注："（藏疾）山之有林藪，毒害者居之。（含垢）忍恥垢。晉侯恥不救宋，故伯宗爲説小惡不損大德之喻。"句謂惑於這種包容污垢的説法。

[6] 草蔓：雜草滋長。《左傳·隱公元年》："蔓草猶不可除，況君之寵

弟乎?"

[7] 夸父之禍：指神話人物夸父不自量力，與日逐走而招致渴死的
禍患。

16 '世人薄申、韓之實事[1]，嘉老、莊之誕談[2]。然而
爲政莫能錯刑[3]，殺人者原其死，傷人者赦其罪[4]，所謂土
桴瓦藏，無救朝飢者也[5]。道家之言，高則高矣[6]；用之則
弊，遼落迂闊。譬猶干將不可以縫線(1)，巨象不可使捕
鼠[7]；金舟不能凌陽侯之波[8]，玉馬不任騁千里之迹也。

【校】

（1）縫線：當從楊明照校作縫緝。《務正》《備闕》並有"縫緝"之文
可證。

【注】

[1] 實事：此指務實。

[2] 老、莊之誕談：楊明照箋注："老莊誕談。指何晏、王衍以來蔚然
成風之清談。"按：魏晉玄風，源於老、莊。本段文字痛斥"道家
之言，高則高矣，用之則弊，遼落迂闊，譬猶干將不可以縫線
（緝），巨象不可使捕鼠，金舟不能凌陽侯之波，玉馬不任騁千里
之迹也"，正是批判老、莊之言。但具體針對的是上文"或人曰"
中提到的"我清静則民自正，我無欲而民自朴；烹鮮之戒，不欲其
煩"而言的。"我清静"二句本於（帛書乙本）《老子·德經·第五
十七章》："是以（聖）人之言曰：'我無爲而民自化，我好静而民自
正，我無事而民自富，我欲不欲而民自朴。'""烹鮮"本於（帛書乙
本）《老子·德經·第十六章》："治大國若亨（烹）小鮮，以道立
（莅）天下，其鬼不神。"稚川認爲，老莊"清静無爲"的學説，於魏
晉時代無助於救時治亂，唯有以刑罰治國。下文説"若行其言，
則當燔棳梏，墮囹圄，罷有司，滅刑書，鑄干戈，平城池，散府庫，

毀符節,撤關梁,掊衡量,……可得而論,難得而行也。"正是針對
老莊"無爲"而言的。《内篇·塞難》:"三皇以往,道治也;帝王以
來,儒教也。""道治"早已成爲遠古歷史,到了"儒教"的近古階
段,連"立人之道"的"唯仁與義"也行不通,所謂"多仁則法不
立",更不用説"道治"了。故所説既是對老、莊的批判,又是指斥
何晏、王衍以來蔚然成風之清談。

［3］錯刑:擱置刑罰。錯通措。

［4］殺人者原其死二句:謂違背"百王所同"之刑法。《荀子·正論》:
"殺人者死,傷人者刑,是百王之所同也。"此蓋先王關於刑法的
共識。

［5］柈(pán):同"盤"。胾(zì自):切成大塊的肉。謂不能當飯吃。
喻無濟於事。朝飢:早晨空腹時感到的飢餓。

［6］道家:以老子、莊子爲代表的思想流派,崇尚自然,有無神論與
辯證法思想,主張清静無爲。此指魏晉玄學。近人劉師培《論文
雜記》:"六朝之士,崇尚老莊,故六朝之文,多道家言。"本注:"如
葛洪、孫興公、王逸少、支遁、陶淵明、陶弘景之文,皆喜言名理,
以放達爲高。"

［7］干將不可以縫線二句:喻用人用物不能責其所不能。干將:古
劍名。吳人干將,與歐冶同師,同爲吳國鑄劍名匠,因用以名其
所鑄之劍。泛指利劍。

［8］金舟:謂可供玩賞,而無實用。陽侯:古代傳説中的波濤之神。
《楚辭·九章·哀郢》:"淩陽侯之氾濫兮,忽翱翔之焉薄?"王逸
注:"陽侯,大波之神。"《漢書·揚雄傳》"陵陽侯之素波兮"顏師
古注引應劭曰:"陽侯,古之諸侯也,有罪自投江,其神爲大波。"
梁玉繩曰:"然陶潛《四八目》本《論語摘輔象》以陽侯爲伏羲六佐
之一,主江海,《路史》所云陽侯司波也。《淮南子(·覽冥)》:'武
王伐紂,渡於孟津,陽侯之波,逆流而擊。'所稱,當指此陽侯。"此
指波濤。

17　'若行其言,則當燔桎梏[1],墮囹圄,罷有司[2],滅刑書;鑄干戈,平城池[3],散府庫,毀符節[4];撤關梁[5],掊衡量[6];膠離朱之目,塞子野之耳[7]。汎然不繫[8],反乎天放(1)[9];不訓不營[10],相忘江湖[11]。朝廷闃爾若無人[12],民則至死不往來[13]。可得而論,難得而行也。

【校】

（1）放:原作牧,承訓本同,孫星衍校:"舊寫本作放。"楊明照曰:"'牧'、'放'二字此均通。"按:天放合乎莊子本意。

【注】

[1]其言:指代上文所説老、莊之言。燔桎梏:燒毀刑具。桎梏:腳鐐手銬。

[2]有司:官吏。古代設官分職,各有專司。此指朝廷各個部門。

[3]平城池:毀城填池,使與地平,即拆除城防設施。

[4]符節:古代信物之一種,以金玉竹木等製成,上刻文字,調兵或遣使用之,以兩半相合爲驗。

[5]關梁:關口與橋梁。泛指水陸交通必經之處,多爲設防、徵税之地。

[6]衡量:衡器和量器。《莊子・胠篋》:"掊斗折衡,而民不爭。"成玄英疏:"斗衡者,所以量多少,稱輕重也。既遭斗竊,翻爲盜資。掊擊破壞,合於古人之智守,故無忿爭。"

[7]膠離朱之目,塞子野之耳:猶言閉目塞聽。子野:晉平公樂師師曠之字。《莊子・胠篋》:"攪亂六律,鑠絶竽瑟,塞瞽曠之耳,而天下始人含其聰矣;滅文章,散五采,膠離朱之目,而天下始人含其明矣。"

[8]汎然不繫:漂浮水上而無所羈絆。意本《莊子・列禦寇》:"巧者勞而知者憂,無能者無所求,飽食而敖遊,汎若不繫之舟,虚而敖遊者也。"成玄英疏:"唯聖人汎然無係,泊爾忘心,譬彼虚舟,任

運逍遥。"

［9］天放：放任自然。《莊子・馬蹄》："彼民有常性，織而衣，耕而食，是謂同德。一而不黨，命曰天放。"郭象注："放之而自一耳，非黨也。故謂之天放。"成玄英疏："黨，偏也。命，名也。天，自然也。……若有心治物，則乖彼天然。直置放任，則物皆自足。故名曰天放也。"

［10］不訓：不順從於人，即不爲人所制。訓通順。營：迷惑。

［11］相忘江湖：彼此富足，相忘於江湖。《莊子・大宗師》："泉涸，魚相與處於陸，相呴以濕，相濡以沫，不如相忘於江湖。"郭象注："與其不足而相愛，豈若有餘而相忘。"

［12］闃（qù）爾：寂静貌。句意本《文子・精誠》："夫道者，……官府若無事，朝廷若無人。"

［13］民則至死不往來：《老子・第八十章》："鄰國相望，雞犬之聲相聞，民至老死不相往來。"

18　'俗儒徒聞周以仁興[1]，秦以嚴亡[2]，而未覺周所以得之不純仁，而秦所以失之不獨嚴也。

　　'昔周用肉刑[3]，刖足劓鼻[4]。盟津之令，後至者斬[5]，畢力賞罰(1)[6]，誓有孥戮(2)[7]。考其所爲，未盡仁也。及其叔世，罔法煩文，人主苛虐，號令不出宇宙[8]，禮樂征伐，不復由己[9]。群下力競，還爲長蛇[10]。伐本塞源，毀冠裂冕[11]。或沈之於漢[12]，或流之於彘[13]。失柄之敗，由於不嚴也。

【校】

（1）畢力賞罰：《太平御覽》一四六引《尚書大傳》作戮力賞罰，《周本紀》作畢立賞罰。

（2）誓有孥戮：稚川似指《書・牧誓》有"孥戮"之語，稚川記憶有誤。按：《甘誓》《湯誓》有"予則孥戮汝"之語，《牧誓》無。這點楊明照未予指出。

【注】

［１］周以仁興：蓋本《孟子・離婁上》：“孟子曰：‘三代之得天下也以仁。’”趙岐注：“三代，夏、商、周。”

［２］秦以嚴亡：蓋本賈誼《新書・過秦下》：“秦王……焚文書而酷刑法……以暴虐爲天下始……（二世）繁刑嚴誅，吏治刻深。……故秦之盛也，繁法嚴刑而天下震；及其衰也，百姓怨而海內叛矣。”

［３］肉刑：殘害肉體的刑罰。西周指墨、劓、剕、宮、大辟等。《荀子・正論》：“治古無肉刑，而有象刑。”

［４］刖（yuè）足：斷足。剕刑。《書・呂刑》“剕辟疑赦”孔傳：“刖足曰剕。”劓（yì）鼻：割鼻。桓寬《鹽鐵論・詔聖》：“劓鼻盈蔂，斷足盈車。”

［５］盟津之令，後至者斬：周武王兩次會諸侯於盟津。盟津：即孟津。舊址在今河南省孟縣南。《史記・周本紀》：“九年，武王上祭於畢。東觀兵，至於盟津。……武王自稱太子發，言奉文王以伐，不敢自專。乃告司馬、司徒、司空、諸節：‘齊栗，信哉！予無知，以先祖有德臣，小子受先功，畢立賞罰，以定其功。’遂興師。師尚父號曰：‘總爾衆庶，與爾舟楫，後至者斬。’……武王朝至於商郊牧野，乃誓。”即作《牧誓》。

［６］畢力賞罰：盡力執行賞罰的法令。

［７］孥（nú）戮：1. 誅及子孫。《書・甘誓》：“予則孥戮汝。”孔傳：“孥，子也。非但止汝身，辱及汝子，言恥累也。”2. 或作奴隸，或被殺戮。此指殺戮。顏師古《匡謬正俗》二：“按孥戮者或以爲奴，或加刑戮，無有所赦耳。此非孥子之孥。”

［８］宇宙：屋檐和棟梁。此猶言宮室、朝廷。《淮南子・覽冥》：“鳳皇之翔至德也，……而燕雀佼之，以爲不能與之爭於宇宙之間。”高誘注：“宇，屋簷也。宙，棟梁也。《易（・繫辭下）》曰：‘上棟下宇。’”兩句謂群下不執行人主苛虐之令。

［9］禮樂征伐：此指制禮作樂及出兵征伐的無上權力。《論語·季氏》："孔子曰：'天下有道，則禮樂征伐自天子出；天下無道，則禮樂征伐自諸侯出。自諸侯出，蓋十世，希不失矣。'"集解引孔安國曰："……平王東遷，周始衰弱，諸侯自作禮樂，專行征伐。"

［10］還：與環同。環繞。長蛇：喻指貪殘兇暴者。《左傳·定公四年》"吳爲封豕長蛇"杜預注："言吳貪害如蛇豕。"

［11］伐本塞源，毀冠裂冕：比喻毀滅根本，背棄王室。《左傳·昭公九年》："（周景）王使詹桓伯辭於晉曰：'……伯父若裂冠毀冕，拔本塞原，專棄謀主，雖戎、狄，其何有余一人！'"

［12］沈之於漢：指周昭王第二次南征楚國，没於漢水之事。《左傳·僖公四年》："管仲對曰：'……昭王南證而不復，寡人是問。'（楚成王）對曰：'……昭王之不復，君其問諸水濱。'"杜預注："昭王，成王之孫，南巡守，涉漢，船壞而溺。周人諱而不赴，諸侯不知其故，故問之。"

［13］流之於彘：流放周厲王於彘。《國語·周語上》："厲王虐，國人謗王，邵公告王曰：'民不堪命矣！'王怒，得衛巫，使監謗者，以告則殺之。國人莫敢言，道路以目。王喜，告邵公曰：'吾能弭謗矣，乃不敢言。'邵公曰：'是障之也。防民之口，甚於防川。……夫民慮之於心而宣之於口，成而行之，胡可壅也。若壅其口。其與能幾何？'王不聽，於是國莫敢出言，三年，乃流王於彘。"彘：在今山西霍縣西北。

19 '秦之初興，官人得才[1]：衛鞅、由余之徒，式法於內[2]；白起、王翦之倫，攻取於外[3]。兼弱攻昧[4]，取威定霸[5]；吞噬四鄰，咀嚼群雄；拓地攘戎，龍變虎視[6]；實賴明賞必罰，以基帝業。降及杪季[7]，驕於得意，窮奢極泰。加之以威虐，築城萬里[8]，離宮千餘，鍾鼓女樂，不徙而具[9]。驪山之役[10]，太半之賦[11]；閭左之戍[12]，坑儒之酷[13]；北擊獫狁[14]，南征百越[15]；暴兵百萬，動數十年。天下有生離之哀[16]，家户懷怨曠之歎[17]。白骨成山，虛祭布野[18]。徐福出而重號咷之讎[19]，趙高入而屯犲狼之黨[20]。天下欲反，十室九空(1)。其所以亡，豈由嚴刑？此爲秦以嚴得之，非以嚴失之也[21]。

【校】

（1）十室九空：當從楊明照校作十室而九。《文選·天監三年策秀才文》"十室而九"李善注引《抱朴子》文作"十室而九"，是其證。按：十室而七、十室而八、十室而九爲古人表示一種概率的常用語，稚川仿此。謂十家就有九家欲反也。

【注】

[1] 官人得才：選取人才給予適當官職，因而得到賢才。蓋本《晉書·段灼傳》："遣息上表曰：'……自穆公至於始皇，皆能留心待賢，遠求異士：招由余於西戎，致五羖於宛市，取丕豹於晉鄉，迎蹇叔於宋里。由是四方雄俊繼踵而至，故能世爲強國，吞滅諸侯，奄有天下，兼稱皇帝，由謀臣之助也。'"

[2] 衛鞅、由余之徒二句：謂由余、商鞅等助秦穆公、秦孝公以法治國，奠定興盛的政治基礎，建立封建制度。《新書·過秦上》："秦孝公據崤、函之固，擁雍州之地，君臣固守，以窺周室。有席捲天下，包舉宇内，囊括四海之意，併吞八荒之心。當是時也，商君佐之，内立法度，務耕織，修守戰之具，外連衡而圖諸侯，於是秦人拱手而取西河之外。"式：用。

[3] 白起、王翦之倫：謂白起、王翦攻城略地，奠定了統一中國的軍事基礎。王翦：秦頻陽（今陝西富平東北）人。少好兵，事秦始皇。十九年（前228）拔趙，趙王降。翌年攻燕，定燕薊而還。晚年奉命代李信，率軍六十萬大破楚軍，殺楚將項燕，虜楚王負芻，遂滅楚。因南征百越之君。屢建戰功，封武城侯。

[4] 兼弱攻昧：兼併弱小的國家，攻取君主昏昧的國家。《左傳·宣

公十二年》：“隨武子曰：‘……兼弱攻昧，武之善經也。子姑整軍而經武乎？猶有弱而昧者，何必楚？仲虺有言曰：‘取亂侮亡，兼弱也。’”杜預期注：“昧，昏亂。經，法也。仲虺，湯左相。”

［5］取威定霸：取得威望，建立霸業。《左傳·僖公二十七年》：“先軫曰：‘報施救患，取威定霸，於是乎在矣。’”

［6］龍變：謂神奇變化；喻乘時興起。《史記·封禪書》：“今鼎至甘泉，光潤龍變，承休無疆。”虎視：虎視眈眈。喻伺機攫取。《易·頤》：“六四：顛頤吉。虎視眈眈，其欲逐逐。”釋文引馬融曰：“（眈眈）虎下視。視貌。”

［7］杪（miǎo）季：猶末代、末世。《吳失》：“吳之杪季，殊代同疾。”杪：樹梢。

［8］築城萬里：指秦連接與構築萬里長城。《史記·蒙恬傳》：“秦已並天下，乃使蒙恬將三十萬衆，北逐戎、狄，收河南，築長城，因地形，用制險塞，起臨洮，至遼東，延袤萬餘里。”

［9］鍾鼓女樂，不徙而具：鍾鼓女樂齊備，各有專署。《史記·秦始皇本紀》：“（三十五年）關中計宮三百，關外四百餘。……乃令咸陽之旁二百里內宮觀二百七十，復道甬道相連，帷帳鍾鼓美人充之，各案署不移徙。”因對仗，故用“千”與“萬”相儷，取其成數，非實有千餘也。

［10］驪山之役：指用七十萬刑徒，歷時十年興建秦始皇陵的巨大工程。《史記·秦始皇本紀》：“太子胡亥襲位，爲二世皇帝。九月，葬始皇酈山。始皇初即位，穿治酈山，及並天下，天下徒送詣七十餘萬人，穿三泉，下銅而致槨，宮觀百官奇器珍怪徙臧滿之。令匠作機弩矢，有所穿近者輒射之。以水銀爲百川江河大海，機相灌輸，上具天文，下具地理。以人魚膏爲燭，度不滅者久之。”驪山：在陝西省臨潼東南，因古驪戎居此得名。又名酈山。

［11］太半之賦：全國賦稅的三分之二。《史記·項羽本紀》“漢有天下太半”集解引韋昭曰：“凡數，三分有二爲太半，一爲少半。”

［12］閭左之戍：命令閭巷左側的人民戍守邊地。一說秦時貧賤者居閭左，因指貧民。富者役盡，故用貧弱者役之。

[13] 坑儒之酷：指秦始皇命挖坑活埋四百六十餘儒生的酷刑。《史記·秦始皇本紀》：“侯生、盧生相與謀……於是乃亡去。始皇聞亡，乃大怒曰：‘吾前收天下不中用者盡去之。……盧生等吾尊賜之甚厚，今乃誹謗我，以重吾不德也。諸生在咸陽者，吾使人廉問，或爲訞言以亂黔首。’於是使御史悉案問諸生，諸生傳相告引，乃自除。犯禁者四百六十餘人，皆阬之咸陽。”《漢書·儒林傳序》“殺術士”顔師古注引後漢衛宏《詔定古文官書序》云：“秦既焚書，患苦天下不從所改更法，而諸生到者拜爲郎，前後七百人，乃密令冬種瓜於驪山阬谷中温處。瓜實成，詔博士諸生説之，人人不同，乃命就視之。爲伏機，諸生賢儒皆至焉，方相難不決，因發機，從上填之以土，皆壓(之)，終乃無聲。”將儒生們活埋了。

[14] 北擊獫狁：指秦始皇派蒙恬將兵十萬斥逐匈奴事。獫狁(xiǎn yǔn)古代北方少數民族。《史記·匈奴列傳》：“匈奴，其先祖夏后氏之苗裔也，曰淳維。唐虞以上有山戎、獫狁、葷粥(xūn yù)，居於北蠻，隨畜牧而轉移。”集解引晉灼曰：“堯時曰葷粥，周曰獫狁，秦曰匈奴。”

[15] 南征百越：指秦始皇使尉屠雎發卒五十萬進兵今浙、閩、粤、桂、湘、贛等越人部落。百越：古代南方越人的總稱。非一種，猶言百蠻。

[16] 生離：生時與親友的難以再見的別離。《楚辭·九歌·少司命》：“悲莫悲兮生別離。”

[17] 怨曠：指夫妻怨恨長期別離。《詩·邶風·雄雉序》：“軍旅數起，大夫久役，男女怨曠。”鄭玄注：“國人久處軍役之事，故男多曠，女多怨也。男曠而苦其事，女怨而望其君子。”

[18] 虚祭：因無墳墓，衹好望空而祭，故名。句謂虚祭者衆。《漢書·賈捐之傳》：“老母寡婦，飲泣巷哭，遥設虚祭，想魂乎萬里之外。”

[19] 徐福出：指秦始皇遣徐市(fú)發童男童女出海求仙人、壽藥事。《史記·秦始皇本紀》：“(二十八年)齊人徐市等上書，言海中有三神山，名曰蓬萊、方丈、瀛州，僊人居之。請得齋戒，與童男女

求之。於是遣徐市發童男女數千人,入海求僊人。""市""福"上古韻之職對轉。重號咷之讎:加重了童男童女的父母兄弟號咷大哭,思念兒女弟妹而產生的仇恨秦朝的情緒。號咷:放聲大哭。

[20] 趙高入:指趙高入秦王朝任中車府令、郎中令,左右朝政之事。

[21] 其所以亡四句:否認秦亡原因之一是由於刑罰過酷。此似針對陸賈之說而言。《新語·無爲》:"秦非不欲治也,然失之者,乃舉措太衆,刑罰太極故也。"唐晏曰:"按:此所謂'著秦之所以亡'也。"按:陸賈説較公允。

20　'且刑由刃也,巧人以自成,拙者以自傷[1]。爲治國有道,而助之以刑者,能令慝僞不作,凶邪改志[2]。若綱絕網紊,得罪於天[3],用刑失理,其危必速。亦猶水火者所以活人,亦所以殺人,存乎能用之與不能用[4]。

【注】

[1] 由:通猶,如。巧人以自成,拙者以自傷:謂用刃之妙,在於得當,恰到好處。

[2] 慝僞:姦僞;姦詐。改志:轉變思想態度。句謂改邪歸正。

[3] 綱絕網紊:喻政局失控,社會動亂。得罪於天:謂違背天理。《論語·八佾》:"獲罪於天,無所禱也。"

[4] 亦猶水火者所以活人三句:謂用刑如用水火,水火有利有弊,在於是否妥善用之。《呂氏春秋·蕩兵》:"夫兵不可偃也,譬之若水火然,善用之則爲福,不能(善)用之則爲禍。"

21　'夫癥瘕不除[1],而不修越人之術者[2],難圖老、彭之壽也(1)[3]。姦黨實繁[4],而不嚴彈違之制者,未見其長世之福也。但當簡于、張之徒[5],任以法理世(2);選趙、陳之屬[6],委以案劾。明主留神於上,忠良盡誠於下,見不善則若鷹鸇之搏鳥雀，覘亂萌則若薅田之芟蕪薉[7]。慶賞不謬加[8]，而誅戮不失罪，則太平之軌不足迪。令而不犯，可庶幾廢刑致治[9]，未敢謂然也。'

【校】

（1）難圖老、彭之壽也：按：與下文"未見其長世之福也"句相較，蓋脱一"其"字。如此，"圖難其"句方與"未見其"句字數相等均齊。

（2）世：當從孫星衍校與吉藩本删。

【注】

［1］癥瘕（zhēng jiǎ）：腹中結塊。《醫宗金鑒・婦科心法要訣・癥瘕積聚痃癖血血蠱總括》："癥積不動有定處，瘕聚推移無定形。"注："癥者，徵也，言有形可徵也；瘕者，假也，言假物成形也。"

［2］越人之術：扁鵲長生之術。

［3］老：老聃。《史記・老子傳》："蓋老子百有六十餘歲，或言二百餘歲。"彭：彭祖，傳説中的長壽人物。彭祖姓籛（jiān），名鏗，堯臣，封於彭城。歷虞夏至商，年八百歲，故以久壽見聞。《世本・氏姓》："彭祖在商爲守藏吏，在周爲柱下吏（史），年八百歲。"常食桂、芝，善導引行氣。

［4］實繁：實繁有徒。謂這類人實在多。多含貶意。繁亦作蕃。《左傳・昭公二十八年》："叔游曰：'《鄭書》有之：惡直醜正，實蕃有徒。'"

［5］于：于公及其子于定國，西漢東海郯縣（今山東郯城西南）人。于公於武帝時爲縣獄史，郡決曹。決獄平，所決皆不恨。後因東海太守冤殺孝婦，固爭不得，辭疾去。郡中爲之生立祠，號曰于公祠。于定國（前？—前40），字曼倩。少從父學法。初爲獄史，郡決曹。補廷尉史，以材高舉侍御史，遷御史中丞。昭帝死，上書諫即位之昌邑王。宣帝立，因超遷其爲光禄大夫，平尚書事。數年遷水衡都尉，超遷爲廷尉。決獄平法審慎，罪疑從輕。其斷獄

"民自以不寃"。甘露中爲丞相,封西平侯。張:張釋之,字季,西漢堵陽(今河南方城東)人。文帝時以資選爲騎郞,十年不得升遷。奏言秦亡漢興之事,文帝稱善,拜爲謁者僕射。累遷公車令、中郞將,後任廷尉。他認爲"法者,天子所與天下公共也",要求文帝嚴格按法處刑。因持法公平,"天下無寃民"。景帝時,遷爲淮南相。于、張並稱見《文選·楊荆州誄》:"聽參臯、呂,稱侔于、張。"李善注:"《漢書》曰:'于定國爲廷尉,其決疑平法,務在哀衆寡,罪從輕,朝廷稱之。'又曰:'張釋之爲廷尉,周亞夫見釋之持議平,乃結爲親友,繇此天下稱之。'"

[6] 趙:趙禹,扶風斄(今陝西武功西)人。景帝時以廉爲令史、丞相史,皆稱廉平。武帝時遷御史,至太中大夫。與張湯論定諸律令,用法益刻。已而遷中尉,徙少府,比九卿。中廢,復爲廷尉,執法嚴酷。陳:陳萬年(前? —前44),字幼公,沛郡相(今安徽濉溪西北)人。初爲郡吏,察舉縣令,遷廣陵太守。以高第入爲右扶風,遷太僕。廉平,內行修。善事權貴,賂遺外戚;教子以諂,爲子所譏。丞相丙吉薦之,竟代于定國爲御史大夫。子咸,字子廉。以父任爲郞。有異材,性抗直,數言事,刺譏近臣,書數十上,遷左曹。元帝時擢爲御史中丞,總領州郡奏事,課第諸刺史,內執法殿中,公卿以下皆敬憚之。因劾中書令石顯,被陷以泄省中語下獄,髡爲城旦。成帝時爲大將軍王鳳所薦,補長史,遷冀州刺史。居郡以殺伐立威,下吏畏之,豪强折服。其治仿嚴延年,其廉不如,奢侈玉食,數遺陳湯。翟方進爲相,奏其免歸故里,以憂死。

[7] 薙(tì)田之芟蕪薉:芟除田中雜草。芟:除草。蕪薉(huì):荒蕪;雜草叢生。

[8] 慶賞:襃奬賞賜。《周禮·地官·族師》:"刑罰慶賞,相及相共。"

[9] 可庶幾:猶言能指望。庶幾:希望;但願。《左傳·襄公二十六年》:"懼而奔鄭,引領南望曰'庶幾赦余。'"

22 或曰：‘然則刑罰果所以助教興善，式遏軌忒也[1]。若夫古之肉刑，亦可復與[2]？’

抱朴子曰：‘曷爲而不可哉！昔周用肉刑，積祚七百[3]；漢氏廢之，年代不如[4]。至於改以鞭笞，大多死者。外有輕刑之名，內有殺人之實也[5]。及於犯罪上不足以至死，則其下唯有徒謫鞭杖[6]，或遇赦令，則身無損[7]；且髡其更生之髮，撾其方愈之創[8]，殊不足以懲次死之罪。今除肉刑，則死罪之下，無復中刑在其間，而次死罪不得不止於徒謫鞭杖，是輕重不得不適也(1)。又犯罪者希而時有耳，至於殺之則恨重，而鞭之則恨輕，犯此者爲多[9]。今不用肉刑，是次死之罪，常不見治也。

【校】

（1）不得不適：下“不”字孫星衍曰：“疑衍。”當刪。

【注】

［1］軌忒：宄慝。內亂與罪惡。軌通宄，忒通慝。《左傳·成公十七年》：“臣聞亂在外爲姦，在內爲軌。”《書·洪範》：“民用僭忒。”釋文引馬融曰：“忒，惡也。”《漢書·王嘉傳》（復奏封事）引“忒”作“慝”，顏師古注：“慝，惡也。”

［2］復：恢復（肉刑）。主張恢復肉刑者，漢代有揚雄、班固、崔寔、鄭玄、陳紀等人。與：同歟。

［3］積祚七百：周祚延續了七百年。《左傳·宣公三年》：“（王孫滿）對曰：‘……成王定鼎於郟鄏，卜世三十，卜年七百，天所命也。”郟鄏音莢辱。《文選·西征賦》“祚八百而餘慶”李善注引《戰國策》曰：“呂不韋曰：‘周凡三十七王，八百六十七年。’”楊伯峻《春秋左傳注》引竹添光鴻云：“九鼎之定爲成王之二十年甲寅，九鼎之淪於泗，爲顯王之四十二年甲午。自定至淪，凡七百一年，正

合七百年之數。”按：據夏商周斷代工程所制夏商周年表推斷，西周武王於公元前 1046 年滅商，至公元前 256 年東周亡，凡 790 年。祀：年。《爾雅·釋天》：“夏曰歲，商曰祀，周曰年，唐虞曰載。”

［4］漢氏：指兩漢劉姓王朝。《漢書·叙傳下》：“(西漢)起元高祖，終于孝平、王莽之誅，十有二世，二百三十年。”《初學記》九引《帝王世紀》：“按，後漢十二帝，光武一，明帝二……靈帝十一，獻帝十二。……自漢元至更始二年，凡二百一十二年；自居攝元年至更始二年，凡十八年。自建武元年至延康元年，凡一百九十五年。漢前後並諸廢帝及王莽，合三十一帝，四百二十六年。”《三國志·魏書·文帝紀》：“改延康爲黄初，大赦。”裴松之注引《獻帝紀》：“漢歷世二十有四，踐年四百二十有六。”包括西漢與東漢，遠較周祚爲短。

［5］外有輕刑之名，内有殺人之實：指張蒼、馮静根據文帝詔令所定律令之實質。《漢書·刑法志》：“外有輕刑之名，内實殺人。斬右止(趾)者又當死。斬左止(趾)者笞五百，當劓者笞三百，率多死。”顏師古注：“止，足也。斬右止者棄市，故入於死。以笞五百代斬左止，笞三百代劓，笞數既多，亦不活也。”

［6］徒謫：被刑曰徒，罰罪曰謫。此謂處以徒刑或流刑。鞭杖：古代刑罰之一種。以鞭、杖責罰人。《三國志·魏書·明帝紀》：“鞭作官刑，所以糾慢怠也，而頃多以無辜死。其減鞭杖之制，著於令。”

［7］身無損：指髡鉗無損於身體。謂死罪之下的刑罰過輕。《後漢書·仲長統傳》：“(《昌言·損益》)肉刑之廢，輕重無品，下死則得髡鉗，下髡鉗則得鞭笞。死者不可復生，而髡者無傷於人。髡笞不足以懲中罪，安得不至於死哉！”李賢注：“下，猶減也。”

［8］髡(kūn)：古代剃去男子頭髮的刑罰。撾(zhuā)：敲打；擊。

［9］至於殺之則恨重三句：謂介於殺與鞭之間，犯者爲多，爲主張恢復肉刑張本。説本《後漢書·仲長統傳》：“(《昌言·損益》)殺之則甚重，髡之則甚輕。不制中刑以稱其罪，則法令安得不參差，

殺生安得不過謬乎?"恨:後悔。此猶嫌。

23　'今若自非謀反大逆[1],惡於君親,及用軍臨敵犯軍法者,及手殺人者,以肉刑代其死,則亦足以懲示凶人。而刑者猶任坐役[2],能有所爲,又不絶其生類之道[3],而終身殘毀,百姓見之,莫不寒心,亦足使未犯者蕭慄,以彰示將來,乃過於殺人。殺人,非不重也。然辜之三日,行埋棄之[4],不知者衆,不見者多也。若夫肉刑者之爲摽戒也多[5]。

【注】

［1］自非:倘若不是。《左傳・成公十六年》:"唯聖人能外内無憂;自非聖人,外寧必有内憂。"

［2］猶任坐役:就受刖刑者言,尚能擔任坐著服役的工作。

［3］不絶其生類之道:1. 指不斷絶其活命爲生之道。2. 特指不斷絶其生育子女之道,即不施宮刑。

［4］辜之三日,行埋棄之:謂肢解棄市,陳尸三日即棄尸埋之。稚川認爲示衆時間短而警戒效果不明顯。辜:分裂肢體。指棄市暴尸的酷刑。行:輒;即。

［5］摽(biāo)戒:打擊,懲戒。

24　'昔魏世數議此事[1],諸碩儒達學,洽通殷理者[2],咸謂宜復肉刑,而意異者駁之[3],皆不合也。魏武帝亦以爲然[4]。直以二陲未賓[5],遠人不能統至理者,卒聞中國刖人肢體[6],割人耳鼻,便當望風謂爲酷虐,故且權停,以須四方之并耳[7]。通人揚子雲亦以爲肉刑宜復也[8]。但廢之來久矣,坐而論道者[9],未以爲急也。'"

【注】

［１］魏世：曹魏時代。此兼指漢獻帝建安年間，時曹操當政。數議：幾次討論。1. 建安十三年初，陳紀、陳群論復肉刑。《後漢紀·獻帝紀》："（建安十三年）初，潁川陳紀論復肉刑。……群對曰：'臣父紀以爲："漢除肉刑而增加笞，本興仁惻而死者更衆，所謂名輕而實重者也。名輕則易犯，實重則傷民。……且殺償死，合于古制，至於傷人，或殘毀其體而裁剪毛髮，非其理也。若用古刑，使淫者下蠶室，盜者刖其足，則永無淫放穿窬之姦矣。"……今以笞死之法易不殺之刑，是重人支體而輕人軀命也。'時鍾繇與（陳）群同，王朗及議者多以爲未可行。太祖深善繇、群言，以軍事未罷，顧衆議故，且寢。"2. 曹操《議復肉刑令》。《三國志·魏書·陳群傳》："時太祖議復肉刑，令曰。"3. 文帝時大理欲復肉刑。《三國志·魏書·鍾繇傳》："初，太祖下令，使議死刑可宮割者。繇以爲：'古之肉刑，更歷聖人，宜復施行，以代死刑。'議者以爲非悅民之道，遂初。"4.明帝時鍾繇上疏主張恢復肉刑。《三國志·魏書·鍾繇傳》："太和中，繇上疏云：'……張蒼除肉刑，所殺歲以萬計。臣欲復肉刑，歲生三千人。'……（明）帝以吳、蜀未平，且寢。"此外，正始時追議肉刑。見《晉書·刑法志》。

［２］殷理：謂刑法。《荀子·正名》有"刑名從商"之説，故稱。

［３］意異者駁之：反對肉刑者有孔融。《後漢紀·獻帝紀》："初，潁川陳紀論復肉刑：'……若用古刑，使淫者下蠶室，盜者刖其足，永無淫放穿窬之姦矣。'（孔）融難之曰：'古者吏端刑清，治無過差，百姓有罪，皆不之濫。……陳湯之都賴（見《漢書》本傳），魏尚之邊功（見《史記·馮唐傳》），無復悔也。'"次有王朗。《三國志·魏書·鍾繇傳》："司徒王朗議，以爲'……夫五刑之屬，著在科律，自有減死一等之法，不死即爲減。施行已久，不待遠假斧鑿於彼肉刑，然後有罪次也。……'"駁通駁。辯論是非，否定他人意見。

［４］魏武帝亦以爲然：據《三國志·魏書·陳群傳》説，"太祖深善（鍾）繇、（陳）群（復肉刑之）言"。

［５］直：祇，不過。二陲：兩方遠邊。此指東吳與西蜀。陲：垂之俗
　　體。未賓：尚未賓服。遠人：此指吳、蜀之人。

［６］卒：同猝。突然。中國：古華夏族建於黃河一帶，以爲居天下之
　　中，故稱。此指曹魏所轄黃河流域。

［７］須四方之并：指消滅東吳與西蜀，統一全國。

［８］通人：學識淵博通達的人。《莊子·秋水》：“當桀、紂而天下無通
　　人，非知失也。”王先謙集解：“賢人皆隱遁，非其智失也。”揚子
　　雲：揚雄字子雲。揚雄“肉刑宜復”之論見《法言·先知》：“肉刑
　　之刑，刑也。”李軌注：“三千之屬，是正法也。”汪榮寶義疏：“‘刑
　　也’云者，謂刑法之正。”

［９］坐而論道：三公大臣陪侍帝王議論政事。《周禮·考工記》：“坐
　　而論道，謂之王（三）公。”

審 舉 卷 十 五^[1]

1　抱朴子曰：“華、霍所以能崇極天之峻者^[2]，由乎其下之厚也^[3]；唐、虞所以能臻巍巍之功者，實賴股肱之良也。雖有孫陽之手，而無騏驥之足⁽¹⁾，則不得致千里矣；雖稽古之才，而無宣力之佐，則莫緣凝庶績矣。人君雖明並日月^[4]，神鑒未兆^[5]；然萬機不可以獨統^[6]，曲碎不可以親總；必假目以遐覽，借耳以廣聰⁽²⁾；誠須有司，是康是贊^[7]。

【校】

（1）騏驥：平津本作騏驎，誤。

（2）必假目以遐覽，借耳以廣聰：《書鈔》一五引作借耳分聽，假目以覽。

【注】

［1］審舉：論通過歲舉、察舉、保任、試經、答策，慎重選拔輔佐國君的治國人材。

［2］華、霍：華山與霍山的並稱。華山爲西嶽，霍山晉時仍爲南嶽。《爾雅·釋山》：“華山爲西嶽，霍山爲南嶽。”

［3］由乎其下之厚也：謂基礎雄厚。基礎雄厚是華、霍極天的條件。喻下一分句。

［4］明並日月：用以稱頌聖賢、帝王英明。《禮記·經解》：“天子者，與天地參，故德配天地，兼利萬物，與日月並明，明照四海而不遺微小。”

［5］神鑒：有如神明鑒照。稱頌英明的鑒察力。

［6］萬機：同萬幾。指帝王日常處理的紛繁的政務。《書・皋陶謨》：
　　　“無教逸欲有邦，兢兢業業，一日二日萬幾。”孔傳：“幾，微也，言
　　　常戒懼萬事之微。”

［7］是康是贊：安之，助之。是：之。《左傳・昭公二十六年》：“王子
　　　朝使告于諸侯曰：‘……晉爲不道，是攝是贊。’”杜預注：“是贊，
　　　謂佐助之使得存立也。”

　　2　“故聖君莫不根心招賢⁽¹⁾，以舉才爲首務^[1]；施玉帛
於丘園⁽²⁾，馳軺車於巖藪；勞於求人，逸於用能^[2]；上自槐
棘^[3]，降逮皁隸^[4]；論道經國^[5]，莫不任職。恭己無爲，而
治平刑措；而化洽無外，萬邦咸寧⁽³⁾。設官分職，其猶構
室，一物不堪，則崩橈之由也^[6]。然未貢舉之士，格以四
科^[7]；三事九列，是之自出^[8]，必簡標穎拔萃之俊。而漢之
末葉，桓、靈之世，柄去帝室，政在姦臣^[9]；網漏防潰，風頽
教沮；抑清德而揚諂媚，退履道而進多財。力競成俗，苟得
無恥；或輸自售之寶，或賣要人之書⁽⁴⁾。或父兄貴顯⁽⁵⁾，望
門而辟命^[10]；或低頭屈膝⁽⁶⁾，積習而見收⁽⁷⁾。

【校】

（1）故聖君：孫星衍校：“藏本脱君字，從舊寫本補。”

（2）施：當從楊明照校作旅。與施形近致誤。《勗學》第13段“旅束
　　　帛乎丘園”、《欽士》第2段“是以明主旅束帛於窮巷”並作旅，是
　　　其證。

（3）而化洽無外，萬邦咸寧：當從楊明照校乙作“化洽無外而萬邦咸
　　　寧”，始與“恭己無爲而治平刑措”相對。

（4）或賣：藏本、魯藩本脱，今補。

（5）或：魯藩本脱。

（6）低頭：《意林》同，藏本、魯藩本作低眉，今改。屈：藏本、魯藩本脫。

（7）積習而見收：魯藩本作以積習而見私。孫星衍校："'或賣'以下五句藏本有脫誤，從《意林》改補。"

【注】

［1］根心：出自本心。《後漢書·宋弘傳論》："夫器博者無近用，道長者其功遠，蓋志士仁人所爲根心者也。"按：例晚於本文。

［2］勞於求人，逸於用能：强調聖君求賢捨得花力氣，則行政方能少用力氣。《大戴禮記·子張問入官》："賢君良上，必自擇左右始。是故佚諸取人，勞於治事；勞於取人，佚於治事。"

［3］槐棘：周代宮廷外朝門外種三槐九棘，公卿大夫分坐其下，以定三公九卿之位。因喻指三公九卿。《周禮·秋官·朝士》："掌建邦外朝之灋：左九棘，孤卿大夫位焉，群士在其後；右九棘，公侯伯子男位焉，群吏在其後；面三棘，三公位焉，州長衆庶在其後；左嘉石，平罷民焉；右肺石，達窮民焉。"鄭玄注："樹棘以爲位者，取其赤心而外刺，象以赤心三刺也。槐之言懷也。懷來人於此，欲與之謀。群吏，謂府史也。州長，鄉遂之官。"

［4］皂隸：指較士爲低而從事賤役者。《左傳·昭公七年》有"皂臣輿，輿臣隸"之語。

［5］論道經國：討論治國之道，佐助君主治理國家。《書·周官》："立太師、太傅、太保，兹惟三公，論道經邦，爕理陰陽。"枚傳："佐王論道，以經緯國事。"

［6］崩橈（náo）：房屋倒塌、傾覆。喻社稷覆亡。橈：彎曲。

［7］格：限制；衡量。四科：漢代舉士的四種科目。《後漢書·百官志一》"黃閣主簿録省衆事"李賢注引應劭《漢官儀》曰："世祖詔：'方今選舉，賢佞朱紫錯用。丞相故事，四科取士。一曰德行高妙，志節清白（如孝廉、賢良方正）；二曰學通行脩，經中博士（如文學、明經）；三曰明達法令，足以決疑，能按章覆問，文中御史（如明法）；四曰剛毅多略，遭事不惑，明足以決，才任三輔令（如

治劇）：皆有孝悌廉公之行。……’”亦指漢代以德行舉士的四
條標準：質朴、敦厚、遜讓、有行。《漢書·元帝紀》：“永光元年
春二月，詔丞相、御史舉質朴、敦厚、遜讓、有行者，光禄歲以此科
第郎、從官。”顏師古注：“始令丞相、御史舉此四科人以擢用之。
而見在郎及從官，又令光禄每歲依此考核，定其第高下，用知其
人賢否也。”

[8]　三事：三事大夫。指三公。《詩·小雅·雨無正》：“三事大夫，莫
肯夙夜；邦君諸侯，莫肯朝夕。”鄭玄箋：“（厲）王流在外，三公及
諸侯隨王而行者，皆無君臣之禮，不肯夙夜朝暮省王也。”九列：
九卿的職位。

[9]　桓、靈：東漢桓帝與靈帝的並稱。柄去帝室，政在姦臣：謂桓、靈
大權旁落。桓帝時，始則梁冀專權，繼則五邪（單超、徐璜、左悺、
唐衡、具瑗）肆虐，桓帝惟恭己而已。《後漢書·梁冀傳》：“（梁
冀）專擅威柄，凶恣日積，機事大小，莫不諮決之。宮衛近侍，並
所親樹，禁省起居，纖微必知。百官遷召，皆先到冀門牋檄謝恩，
然後敢詣尚書。……在位二十餘年，窮極滿盛，威行內外，百僚
側目，莫敢違命，天子恭己而不得有所親豫。”靈帝負乘，委體宦
孽，不得登高臨觀。

[10]　辟（bì）命：徵召；任命。《後漢書·賈逵傳》：“（司馬）均字少賓，
安貧好學，隱居教授，不應辟命。”

3　“夫銓衡不平，則輕重錯謬；斗斛不正，則少多混
亂；繩墨不陳，則曲直不分[1]；準格傾側，則淳雜實繁[2]。
以之治人，則虐暴而豺貪，受取聚斂[3]，以補買官之費；立
之朝廷，則亂劇於棼絲[4]。引用篤庸，以爲黨援，而望風向
草偃，庶事之康，何異懸瓦礫而責夜光，弦不調而索清音
哉！何可不澄濁飛沈，沙汰臧否[5]；嚴試對之法[6]，峻貪夫
之防哉！殄瘁攸階，可勿畏乎？

【注】

［１］繩墨不陳，則曲直不分：以上六句喻下文“準格”。六句意本《荀子·禮論》《禮記·經解》：“故衡誠縣，不可欺以輕重；繩墨誠陳，不可欺以曲直；規矩誠設，不可欺以方圓。”鄭玄注：“衡，稱也。縣，錘也。陳，設，謂彈畫也。誠，猶審也。”

［２］準格：標準；準則。袁宏《後漢紀·光武帝紀六》：“故論法治之大體，必以聖人爲準格。聖人之所務，必以大道通其法。”傾側：偏斜；傾斜。《荀子·非十二子》：“率道而行，端然正己，不爲物傾側，夫是之謂誠君子。”

［３］受取：接受；貪汙受賄。《漢書·王莽傳中》：“吏終不得禄，各因官職爲姦，受取賕賂以自共給。”

［４］棼（fén）絲：亂絲。

［５］澄濁飛沈：使清廉者飛升，貪濁者沈淪；飛升和沈落。澄濁：猶清濁。沙汰：淘汰；揀選。蔡邕《太尉楊公碑》：“沙汰虛亢，料簡貞實。”

［６］試對：試策或對策。漢以來考試取士的方法之一。有司就政事、經義等設問，由應試者作答，稱爲試策或對策。

4　古者諸侯貢士，適者謂之有功，有功者增班進爵；貢士不適者謂之有過，有過者黜位削地[1]。猶復不能令詩人謡大車、素餐之刺[2]，山林無伐檀、罝兔之賢(1)[3]。況舉之無非才之罪，受之無負乘之患。衡量一失其格，多少安可復損乎[4]？無孤立之魁秀，藏器以待賈[5]；瑣碌之輕薄，人事以邀速[6]。夫唯待價(2)，故頓淪於窮瘁矣；夫唯邀速，故佻竊而騰躍矣。

【校】

（１）罝兔：當乙作兔罝。

（２）待價：當從楊明照校作待賈，以與上文“藏器以待賈”一致。

【注】

[1] 古者諸侯貢士五句：謂古代諸侯每三年一次向朝諸廷薦舉人才，以其當否而給予增班進爵的賞賜與黜位削地的懲罰。《尚書大傳》二：“古者諸侯之於天子也，三年一貢士。天子命與諸侯輔助爲政，所以通賢共治，示不獨專，重民之至。大國舉三人，次國舉二人，小國舉一人。一適謂之攸好德，再適謂之賢賢，三適謂之有功。有功者天子賜以車服弓矢，再賜以秬鬯，三賜以虎賁百人，號曰命諸侯。……有不貢士謂之不率正者，天子黜之。一不適謂之過，再不適謂之敖，三不適謂之誣。誣者天子絀之，一絀，少絀以爵；再絀，少絀以地；三絀，而爵地畢。”秬鬯（jù chàng）：一種用黑黍和鬱金香草釀制的酒，用於祭祀。適：得；貢得其人。增班進爵：提高班列，進升爵位。黜位：降低或取消爵位。

[2] 詩人：指《詩經》各篇的作者。大車：《無將大車》，《詩·小雅》篇名。《無將大車序》：“《無將大車》，大夫悔將小人也。”鄭玄箋：“周大夫悔將小人。幽王之時，小人衆多，賢者與之從事，反見譖害，自悔與小人並。”按：《大車》取勿與小人相處之義。

[3] 伐檀：《詩·魏風》篇名。《伐檀序》：“《伐檀》，刺貪也。在位貪鄙，無功而受禄，君子不得進仕爾。”此指隱退山林而伐木爲生的隱者。按：句意蓋從《琴操上》：“《伐檀操》者，魏國女之所作也。……今賢者隱退伐木，小人在位食禄……。”兔罝（jū）：《詩·周南》篇名，捕兔的網。賢者居野，捕兔爲生。此指在野之賢人。

[4] 多少：猶優劣。《三國志·魏書·胡質傳》裴注引虞預《晉書》：“（武）周字伯南。……子陔，字元夏。陔及二弟韶、茂，皆總角見稱，並有器望，雖鄉人諸父，未能覺其多少。”《晉書·武陔傳》：“武陔字元夏……父周，魏衛尉。陔沈敏有器量，早獲時譽，與二弟韶叔夏、茂季夏並總角知名，雖諸父兄弟及鄉閭宿望，莫能覺其優劣。”是“多少”猶“優劣”。

[5] 藏器以待賈：藏匿自身的才具，等待最佳時機出售（給帝王之家）。賈：同價。喻待機出仕任職。

［6］人事：説情請託；交際應酬。袁宏《後漢紀·殤帝紀》："儒生寡少，其在京師不務經學，競於人事，争於貨賄。"邀速：謂謀求舉薦，快速出仕。

5　"蓋梟鴟屯飛(1)[1]，則鷟鳳幽集；豺狼當路，則麒麟遐遁[2]。舉善而教[3]，則不仁者遠矣(2)；姦僞榮顯，則英傑潛逝(3)。高概恥與闒茸爲伍[4]，清節羞入饕餮之貫[5]。舉任並謬[6]，則群賢括囊，群賢括囊，則凶邪相引；凶邪相引，則小人道長；小人道長，則檮杌比肩[7]。頌聲所以不作，怨嗟所以嗷嗷也。

【校】

（1）梟鴟：梟鴟當乙爲鴟梟。鴟梟見《交際》《疾謬》《博喻》諸篇。

（2）不仁者遠矣：按：似當作不仁者遠遁矣。"遠遁"方與下文"潛逝"對仗。兩句謂正能鎮邪。

（3）英傑潛逝："傑"下疑脱"者"字，"逝"下疑脱"矣"字。補此二字，"英傑者潛逝矣"方與"不仁者遠遁矣"相儷。

【注】

［1］梟鴟：鴟梟，俗稱貓頭鷹。喻姦邪之人。屯（tún）飛：聚集飛翔。喻得志在朝。

［2］麒麟：古代傳説中的一種仁獸、瑞獸，吉祥的象徵。喻才能傑出的人

［3］舉善而教：舉拔賢才而教育無能者。《論語·爲政》："舉用善人而教不能者，則民勸勉。"

［4］高概：崇高的節操；遠大的襟懷。《三國志·蜀書·彭羕傳》："高概節行，守真不虧。"此指節操高尚的人。

［5］清節：清操。高潔的節操。《漢書·王貢兩龔鮑傳贊》："春秋列國卿大夫及至漢興將相名臣，懷禄耽寵以失其世者多矣！是故

清節之士於是爲貴。"饕餮（tāo tiè）：傳説中一種貪殘的怪物。比喻貪得無厭者。貪財曰饕，貪食曰餮。

〔6〕舉任：猶任舉。推薦保舉。高級官吏可以保任其子弟爲官。始自秦，至魏晉猶然。《史記·穰侯列傳》："白起者，穰侯之所任舉也。"

〔7〕小人道長：謂邪惡勢力占了上風。《易·否》："象曰：……小人道長，君子道消也。"檮杌（táo wù）：顓頊氏之不才子，堯、舜時四凶之一。即鯀。

6　"高幹長材[1]，恃能勝己，屈伸默語[2]，聽天任命[3]，窮通得失，委之自然，亦焉得不墮多黨者之後(1)，而居有力者之下乎？逸倫之士，非禮不動[4]，山峙淵渟[5]，知之者希[6]，馳逐之徒，蔽而毀之[7]。故思賢之君[8]，終不知奇才之所在；懷道之人，願效力而莫從。雖抱稷、禼之器[9]，資邈世之量，遂沈滯詣死，不得登叙也[10]。而有黨有力者，紛然鱗萃[11]，人乏官曠[12]，致者又美，亦安得不拾掇而用之乎？

【校】

（1）多黨：疑當作"有黨"。否則，下文"有力"當作"多力"。二者必居其一。

【注】

〔1〕高幹長材：喻傑出人才。幹通榦。

〔2〕屈伸默語：古人一種較靈活的處世態度與人生哲學。屈伸：進退。

〔3〕聽天任命：聽憑天意和命運的擺佈。亦借指主觀上無能爲力，聽憑事態自然發展。《孔叢子·鴞賦》："禍福無門，唯人所求；聽

天任命,慎厥所脩。"

［4］非禮不動:不合禮儀制度,即不隨便行動。《論語・顔淵》:"非禮勿視,非禮勿聽,非禮勿言,非禮勿動。"按:此指非朝廷禮聘,自己即隱居不出。

［5］山峙淵渟:如山峙立如水淵深。喻人品高潔,端莊凝重,而又不爲人所知。《意林》五引仲長統《昌言》:"人之性有山峙淵渟者。"《文選》揚雄《劇秦美新》"崇嶽渟海通瀆之神"張銑注:"渟,深也。"

［6］知之者希:套用《老子・第七十章》"知我者希"語。

［7］蔽而毀之:套用《史記・汲黯傳》"因而毀之"語。

［8］思賢:《三國志・蜀書・諸葛亮傳》:"總攬英雄,思賢如渴。"

［9］稷:后稷,周之始祖。卨(xiè):同契,殷之始祖。

［10］登叙:指官吏的升遷和叙用。《晉書・應詹傳》:"(上疏)范官雖美,常以素論降替;在職實劣,直以舊望登叙。……以此責成,臣未見兆也。"

［11］鱗萃:猶鱗集。《文選・子虛賦》:"珍怪鳥獸,萬端鱗崪。"李善注引張揖曰:"崪與萃同,集也。"《史記・司馬相如傳》作"鱗萃"。

［12］人乏官曠:任非其人如人員短乏,位非其人如官位空缺。

7　"靈、獻之世(1)[1],閹官用事,群姦秉權,危害忠良[2]。臺閣失選用於上[3],州郡輕貢舉於下[4]。夫選用失於上,則牧守非其人矣[5];貢舉輕於下,則秀、孝不得賢矣[6]。故時人語曰(2):'舉秀才,不知書;察孝廉,父別居[7]。寒素清白濁如泥[8],高第良將怯如雞(3)[9]。'又云(4):'古人欲達勤誦經,今世圖官免治生(5)。'蓋疾之甚也。

【校】

（1）靈、獻:疑當作桓、靈。下文"故時人語曰"《書抄》七九作"桓、靈之世,州郡輕貢舉,故時人爲之語曰";《樂府詩集》八七引《後漢

書》逸文作"桓、靈之世，更相濫舉，人爲之謡"，並其證。楊明照
所引《後漢書·宦者·單超傳》《曹節傳》《張讓傳》《黨錮傳序》皆
叙桓、靈時事，唯未校正"靈、獻"之誤。此謚號代人之例。

（2）故時人語曰：《書鈔》七九作"桓、靈之世，州郡輕貢舉，故時人爲
之語曰"，"'父'作'乃'"。《樂府詩集》八七引《後漢書》逸文作：
"桓、靈之世，更相濫舉，人爲之謡。"

（3）泥、雞：楊明照校曰："'雞'，《意林》四引作'黽'；袁楚客《規魏元
忠書》（《新唐書·魏元忠傳》）引作'蠅'；《太平御覽》四九六引作
'蠅'。照按：'黽'字是。今本作'雞'，乃寫者不曉古音妄改。
（古音泥讀如涅，黽讀如蔑，楊慎《譚苑醍醐》五《黽音蔑》條有説
［《丹鉛雜録》五同］。）'蠅''蠅'二字雖誤，然足以證非'雞'字
也。"蠅即黽。楊慎《丹鉛總録》十五《黽音蔑》："泥，音涅。《後漢
書（·隗囂傳）》引《論語（·陽貨）》'涅而不緇'作'泥而不滓'，可
證也。黽，音蔑。《爾雅》（郭）注引'黽勉從事'或作'蠠没'，又作
'密勿'（《漢書·劉向傳》），可證也。泥音涅，則黽當音蔑。黽或
音密，則泥當音匿（暱）。古音例無定也。《晉書》作'怯如雞'，蓋
不得其音而改之。"按："涅而不緇"作"泥而不滓"，是因"涅"與
"泥"同義，可視爲異文。《廣雅·釋詁三》："涅，泥也。"泥，《廣
韻》有《齊韻》奴低切、《薺韻》奴禮切、《霽韻》奴計切三音，《集韻》
有《齊韻》年題切、《薺韻》乃禮切、《霽韻》乃計切三音，至《字彙
補》始有乃結切一音。"泥音涅"説從《史記·屈原賈生列傳》"不
獲世之滋垢，皭然泥而不滓者也"司馬貞索隱："泥亦音涅。滓亦
音淄。"《經義述聞·大戴禮上》"白沙在泥，與之皆黑"王引之按：
"泥，讀爲涅。"又《大戴禮上·白沙》王引之按："《史記·屈原傳》
'泥而不滓'即《論語》之'涅而不緇'。故知泥爲涅之借字也。"
《曾子制言上》"白沙在泥"阮元注："《洪範》正義引《荀子》泥作
涅。"《方言》三"涅，化也"錢繹箋疏："《大戴禮·曾子制言篇》：
'白沙在涅，與之俱黑。'《洪範》正義引《荀子》作'白沙在泥，與之
俱黑'。"王、阮、錢所説，祇能説泥與涅爲通假字，不等於泥音涅。
黽，《廣韻》有《耿韻》武幸切、《軫韻》武盡切、《獮韻》彌兖切三音，

《集韻》有《庚韻》眉耕切、《準韻》弭盡切、《獼韻》彌兗切、《耿韻》母耿切四音，皆無"黽音蔑"、"黽或音密"的注音或反切。論據"黿"音棉，"密"音覓，皆不音蔑。楊慎説實際是南北朝"叶韻"説的翻版。《詩·邶風·燕燕》三章"燕燕於飛，下上其音。之子於歸，遠送于南。瞻望弗及，實勞我心"。南朝梁沈重《毛詩音》於"南"下注"協句，宜乃林反"，以求"南"字與"音"、"心"字叶韻。沈重不知"音、南、心"上古同爲侵部字，在上古是相押的，不存在叶韻不叶韻的問題。故楊慎所説"泥音涅，則黽當音蔑；黽或音密，則泥當音匿(暱)"，是純任主觀隨意性立説，是牽强的；"古音例無定"説就全盤否定了古音的相對穩定性與變化的規律性。而楊明照引其説證之，就不妥當了。王廣恕曰："楊氏所引作黽……惟'雞'與'黽'字體不同，蓋傳聞之異，不必定謂'雞'爲誤也。"按：王説可從。"泥"爲脂部字，"雞"爲支部字，爲脂支合韻。上古音中之、脂、支區分嚴格，但至東漢末年，已有脂支合韻的事實。《古詩爲焦仲卿妻作》："三日斷五疋，大人故嫌遲。非爲織作遲，君家婦難爲。妾不堪驅使，徒留無所施。""遲"爲脂部字，"爲、施"爲支部字，脂支合韻，即其例。脂支合韻，合于魏晉文人用韻習慣。邯鄲淳《曹娥碑》：哀、歸、泥(脂皆合韻)。曹植《七哀》：徊、哀、妻、栖、泥、諧、懷、依(脂皆合韻)。應瑒《侍五官中郎將》：哀、徊、棲、淮、頹、泥、諧、梯、階、疲、微、宜、歸、懷(支脂皆合韻)。成公綏《天地賦》：泥、黎、淮(脂皆合韻)。曹植《矯志詩》：棲、泥(脂部)。陸雲《喜霽賦》：離、齊、躋、泥、闈(支脂皆合韻)。陶潛《飲酒》之九：開、懷、乖、栖、泥、諧、迷、回(脂皆合韻)。以上七例脂部泥字，皆與平聲字、陰聲字相叶。夏侯淳《笙賦》：吹、移、雞、離(支部)。潘岳《笙賦》：雞、飛、歸、悲(支脂合韻)。無名氏《太元末京口謠》：雞、啼、衣、栖(支脂皆合韻)。陶潛《丙辰歲八月中，于下潠田舍穫》：隈、懷、諧、雞、回、哀、開、頹、乖、栖(支脂皆合)。以上四例支部雞字皆與平聲字、陰聲字相叶。既然泥、雞都與皆部字相叶，就證明"泥"與"雞"相叶，合乎魏晉用韻規則。以上韻例多爲北大中文系孫玉文先生提供，謹此誌謝。

（4）又云：《意林》作諺曰。

（5）勤誦經：《意林》作勤讀書經。 免：王國維校作勉。

【注】

［1］桓、靈：桓帝劉志（132—167）與靈帝劉宏（156—189）。桓帝與單超等宦官密謀，“詔收（梁）冀及宗親黨與悉誅之”。單超、左悺、唐衡、徐璜、具瑗同日封侯，左悺、唐衡遷中常侍，“自是權歸宦官，朝廷日亂矣”。宦官曹節“北迎靈帝”即位，“與王甫等誣奏桓帝弟勃海王悝謀反，誅之”。張讓、趙忠與曹節、王甫相爲表裏。張讓、趙忠及夏惲、郭勝、孫璋、畢嵐、栗嵩、段珪、高望、張恭、韓悝、宋典十二人，皆爲中常侍，封侯貴寵，父兄子弟布列州郡。

［2］群姦秉權，危害忠良：指牢脩、朱並等勾結宦官，上書誣告李膺、張儉等“共爲部黨，誹訕朝廷，疑亂風俗”，天子下令逮捕所謂黨人。而曹節因此諷有司奏捕虞放、杜密、李膺、朱寓等百餘人，皆死獄中；矯詔以長樂食監王甫爲黃門令，將兵誅竇武、陳蕃等。

［3］臺閣：漢時尚書省的別稱。亦泛指中央政府機構。《後漢書·仲長統傳》：“（《昌言·法誡篇》）光武皇帝慍數世之失權，忿彊臣之竊命，矯枉過直，政不任下，雖置三公，事歸臺閣。”李賢注：“臺閣，謂尚書也。”又《郎顗傳》謂：“今選舉皆歸三司”，則並非尚書省獨掌。而《後漢書·陳忠傳》云：“選舉誅賞，一由尚書，尚書見任，重於三公。”則是尚書主掌選舉。三司或尚書主掌選舉蓋皆有“財貨無已，開長姦門，興致浮僞”的問題，所以“失選用於上”。

［4］州郡輕貢舉於下：謂州郡長官對向朝廷薦舉人才不重視。《後漢書·和帝紀》：“（永和九年詔）……在位不以選舉爲憂，督察不以發覺爲負，非獨州郡也。是以庶官多非其人，下民被姦邪之傷，由法不行故也。”

［5］牧守：泛指州郡長官。州官稱牧，郡官稱守。

［6］秀、孝：秀才、孝廉，漢晉選舉科目。自漢以來特舉秀才，歲舉孝廉。州舉秀才，郡舉孝廉。因避漢光武諱，秀才改稱茂才。

［7］舉秀才：經特舉出來的秀才。不知書：不會寫字。喻無知識。
　　察孝廉：指經歲舉出來的孝廉。父別居：謂雙親單獨過生活，孝
　　廉不負贍養之費。書、居：魚部。

［8］寒素：漢晉選拔士人的選舉科目。寒素指士族中門寒身素者。
　　《晉書・李重傳》：“時燕國中正劉沈舉霍原爲寒素，司徒府不從，
　　沈又抗詣中書奏原，而中書復下司徒參論。司徒左長史荀組以
　　爲：‘寒素者，當謂門寒身素，無世祚之資。原爲列侯，顯佩金紫，
　　先爲人間流通之事，晚乃務學，少長異業，年踰始立，草野之譽未
　　洽商，德禮無聞，不應寒素之目。’”清白：謂品行純潔，没有污
　　點。此指志節清白。這是察舉標準之一。所謂清白，封建社會
　　實指未從事工商、倡優、皁隸、奴僕等所謂卑賤職業者及其後代，
　　可應舉做官。《隋書・高祖紀下》：“開皇十六年六月甲午，制工
　　商不得進仕。”所載雖晚，但反映的則是較早的歷史事實。濁如
　　泥：喻品行惡劣。

［9］高第：考核成績，名列前茅。謂第一。後常指科舉中式。

　　8　“於時懸爵而賣之[1]，猶列肆也；爭津者買之，猶市
人也。有直者無分而徑進[2]，空拳者望途而收迹[3]。其貨
多者其官貴，其財少者其職卑。故東園積賣官之錢⑴，崔
烈有銅臭之嗤[4]。上爲下傚，君行臣甚[5]。故阿佞幸⑵，
獨談親容[6]；桑梓議主⑶[7]，中正吏部⑷，並爲魁儈，各責
其估[8]。清貧之士[9]，何理有望哉！是既然矣。又邪正不
同，譬猶冰炭；惡直之人，憎於非黨。刀尺顛倒者[10]，則恐
人之議己也⑸；達不由道者[11]，則患言論之不美也。乃共
搆合虛誣[12]，中傷清德，瑕累橫生，莫敢救拔。

【校】

（1）東園：楊明照校作西園。據《漢書・霍光傳》《佞幸傳・董賢》《後

漢書·后紀上·鄧后紀》等證明，“兩漢之世，東園（乃）專爲製作祕器之署”。西園賣官：《後漢書·靈帝紀》“初開西邸賣官”。《資治通鑑·靈帝紀》胡三省注：“開邸舍于西園，因謂之西邸。”《太平御覽》八三六引桓範《世要論》：“靈帝置西園之邸賣官，號曰‘禮錢’。”《文選》任彦昇（昉）《爲范尚書讓吏部封侯第一表》：“鴻都不綱，西園成市。”李善注引《漢紀》曰：“靈帝即位，太后臨朝，於西園賣官，自關内侯以下，入錢各有差。”但《後漢書·羊續傳》《北堂書鈔》五十引謝承《後漢書》並有“皆輸東園禮錢”之語，則東園亦成爲“另立名目入錢”之所，也是事實，祇是無“賣官”二字。

（2）阿佞幸：當從楊明照校作阿保佞幸。

（3）議主：孫星衍校：“故阿以下數句有脱字。”

（4）吏部：當從楊明照校乙作部吏。

（5）則恐人之議己也：當作則恐正人之議己也，方與下文“則患言論之不美也”同文例。

【注】

[1]　懸爵：公佈爵位，準備出售。《後漢書·桓帝紀》延熹四年公開計金賣官：“占賣關内侯、虎賁、羽林、緹騎、營士、五大夫錢各有差。”《靈帝紀》元和元年：“初開西邸賣官，自關内侯、虎賁、羽林，入錢各有差。私令左右賣公卿，公千萬，卿五百萬。”《晉書·劉毅傳》：“（晉武）帝嘗南郊，禮畢，喟然問毅曰：‘卿以朕方漢何帝也？’對曰：‘可方桓、靈。’帝曰：‘吾雖德不及古人，猶克己爲政。又平吴會，混一天下。方之桓、靈，其已甚乎？’對曰：‘桓、靈賣官，錢入官庫；陛下賣官，錢入私門。以此言之，殆不如也。’”當據補。晉武帝賣官超過桓、靈，而篡權超過曹魏。

[2]　有直：猶言有錢。直：通值。價值；工錢，錢。無分（fèn）：無己之份。此猶言没有做官的資格。

[3]　空拳者：此指手中没有錢財。望途：此指望見“爭津者”。

[4]　崔烈有銅臭之嗤：崔烈（？—192），涿郡安平（今屬河北）人。靈

帝時，歷任郡守、廷尉等，有重名於北州。靈帝開鴻都門榜賣官
爵，“烈時因傅母入錢五百萬”，得爲司徒，遷太尉。“論者嫌其銅
臭”，以此聲譽日減。董卓專權，坐繫獄。卓既誅，拜城門校尉。
李傕、郭汜攻入長安，烈爲亂兵所殺。有文才，著詩、頌等四篇。
銅臭：用來譏諷以錢買官或豪富者。

［5］上爲下傚：猶上行下效。《孟子•滕文公上》：“上有好者，下必有
甚焉者矣。”

［6］阿保：古代教育、撫養帝王、貴族子女的婦女，即傅母。《後漢
書•崔寔傳》：“靈帝時，開鴻都門，榜賣官爵，……或因常侍、阿
保，別自通達。”李賢注：“阿保，謂傅母也。”阿：名詞詞頭。佞
幸：謂以善於諂諛取得君主寵倖。此指宦官。親容：親密容納。
兩句謂朝中阿保、宦官密商賣官斂錢，臭味相投。

［7］桑梓：古代宅旁常栽的樹木。《詩•小雅•小弁》：“維桑與梓，必
恭敬止。”毛傳：“父之所樹，已尚不敢不恭敬。”朱熹集傳：“桑梓
二木古者五畝之宅，樹之牆下，以遺子孫給蠶食、具器用者
也。……桑梓，父母所植。”東漢以來借指故鄉或鄉親父老。議
主：此指地方上評議人物的人，屬中正所轄。

［8］中正：九品中正，魏晉南北朝一種官吏選拔的制度。魏文帝黃
初元年採納吏部尚書陳群的建議，各州郡設立中正官，將人才分
爲九等（九品），供朝廷選拔任用，謂之“九品官人法”。郡縣鄉亭
之屬吏。此指地方官吏，如三老、嗇夫、遊徼等。部吏：各郡屬
吏，泛指地方官。責……估：求價；討價。四句謂州郡豪吏强宗
把持貢舉，從中勒索。

［9］清貧：句意蓋本《後漢書•劉陶傳》：“徙爲京兆尹，到職，當出修
宮錢直千萬。陶既清貧，而恥以錢買職，稱疾不聽政。”李賢注：
“時拜職名，當出買官之錢，謂之修宮錢也。”謂清貧之士出不起
“修宮錢”“買職”，就不能做官。

［10］刀尺：本謂裁量。此喻品題人倫、人才的權力。到：通倒。

［11］達不由道：套用《孟子•盡心上》“達不離道”語。

［12］搆合：交結；勾結。虛誣：捏造事實，加以譭謗或陷害。

9 “於是曾、閔獲商臣之謗[1]，孔、墨蒙盜跖之垢[2]。懷正居貞者，填笮乎泥濘之中[3]；而狡猾巧僞者，軒翥乎虹霓之際矣[4]。而凡夫淺識，不辯邪正，謂守道者爲陸沈，以履徑者爲知變。俗之隨風而動，逐波而流者[5]，安能復身於德行(1)，苦思於學問哉[6]！是莫不棄檢括之勞(2)，而赴用賂之速矣。斯誠有漢之所以傾(3)，來代之所宜深鑒也。

【校】

（1）身：當從楊明照校作勤身。“勤身於德行”方與“苦思於學問”對仗。

（2）是：楊明照校：“‘是’下疑脱‘以’字。”按：“是”猶“是故”“是以”。

（3）傾：楊明照校作傾覆。按：當作傾頹。《三國志・蜀書・諸葛亮傳》：“（《前出師表》）親小人，遠賢臣，此後漢之所以傾頹也。”語本此。袁宏《後漢紀・獻帝紀》：“漢室傾頹，姦臣竊命。”《君道》：“削基增峻而不覺，下墮則上崩，故傾頹莫之扶也。”並其證。

【注】

[1] 曾：曾參。閔：閔損，字子騫，魯人，孔子弟子，以孝行著稱。《藝文類聚》二十引《説苑》：“閔子騫兄弟二人，母死，其父更娶，復有二子。子騫爲其父御車失轡，父持其手，衣甚單。父則歸呼其後母兒，持其手，衣甚厚溫。即謂其婦曰：‘吾所以娶汝，乃爲吾子，今汝欺我，去！無留。’子騫前曰：‘母在一子單，母去四子寒，’其父默然。故曰‘孝哉子騫’！一言其母還，再言三子溫。”

[2] 孔、墨：孔子、墨子。《韓非子・顯學》：“世之顯學，儒、墨也。儒之所至，孔丘也；墨之所至，墨翟也。”盜跖（zhí）：一説黃帝時大盜名；一説秦大盜；一説春秋時柳下惠之弟，爲著名的起義領袖。

[3] 填笮：顛仆困頓；擠壓。填通顛。笮：古窄字。逼窄。《説文・竹部》：“笮，迫也。在瓦之下，棼之上。”段玉裁注：“《説文》無窄字，笮、窄古今字也。屋笮者本義，引伸爲逼窄字。……按，笮在

上橡之下，下橡之上，迫居其間，故曰笮。"

[4] 軒翥乎虹霓之際：喻官運亨通，青雲直上。軒翥（zhù）：飛舉。
　　狀騰達。《楚辭·遠遊》："鸞鳥軒翥而翔飛。"洪興祖補注："《方
　　言》（十一）：'翥，舉也。楚謂之翥。'"

[5] 逐波而流：猶隨波逐流。喻與世浮沈。意本《史記·屈原傳》：
　　"夫聖人者，不凝滯於物而與世推移。舉世混濁，何不隨其流而
　　揚其波？"

[6] 勤身：謂努力職事而以致身體勞苦。《國語·晉語七》："文子勤
　　身以定諸侯。"

　　10　或曰："吾子論漢末貢舉之事，誠得其病也。今必
欲戒既往之失，避傾車之路；改有代之絃調[1]，防法玩之或
變[2][1]；令濮上《巴人》[2]，反安樂之正音[3]，膝理之疾[3]，無
退走之滯患者，豈有方乎[4]？ 士有風姿豐偉，雅望有餘[5]，
而懷空抱虛，幹植不足[6]。以貌取之[4]，則不必得賢[5]；徐
徐先試，則不可倉卒。將如之何？"

【校】

（1）改：平津本作敬，當從藏本等作改。

（2）法玩：按：疑當乙。"防玩法"方與"改有代"對文而結構相同。

（3）膝：王國維校作㬹（"奏"下不作"天"而作"夭"）。

（4）之：疑當作人。之、人形近致誤。《韓非子·顯學》《家語·子路
　　初見》並有"以容取人"語，是其證。

（5）不必：疑當乙爲必不。

【注】

[1] 有代：取代。絃調：此喻陳舊的制度與措施。變：指發動意外
　　事變。

[2]《巴人》：先秦楚國都城郢中流行的民間歌曲。用以稱流俗音樂。

《文選》宋玉《對楚王問》："客有歌於郢中者,其始曰《下里》《巴人》,國中屬而和之者數千人。"李周翰注:"《下里》《巴人》,下曲名也。"

［3］反:通返。正音:純正的音樂;雅正的樂聲。指治世之音。《禮記·樂記》:"是故治世之音,安以樂,其政和。"

［4］腠(còu)理:中醫指皮下肌肉之間的空隙。肌肉的紋理,爲滲泄及氣血流通灌注之處。退走:此猶言消除。滯患:猶言久病。

［5］雅望:美好的儀表。劉義慶《世説新語·容止 1》:"魏武將見匈奴使,自以形陋不足雄遠國,使崔季珪代……令間諜問曰:'魏王何如?'匈奴使答曰:'魏王雅望非常,然牀頭捉刀人,此乃英雄也。'"

［6］幹植:猶言根本。《淮南子·兵略》:"神莫貴於天,勢莫便於地,動莫急於時,用莫利於人。凡此四者,兵之之幹植也。然必待道而後行,可一用也。"

11　抱朴子答曰:"知人則哲,上聖所難[1]。今使牧守皆能審良才於未用,保性履之始終,誠未易也[2]。但共遣其私情,竭其聰明;不爲利欲動,不爲屬託屈。所欲舉者,必澄思以察之,博訪以詳之;修其名而考其行[3],校同異以備虛飾。令親族稱其孝友[4],邦閭歸其信義[5]。嘗小仕者,有忠清之效,治事之幹,則寸錦足以知其巧,刺鼠足以觀勇也。

【注】

［1］知人則哲:能鑒察人的品行才能,即可謂之明智。《書·臯陶謨》:"臯陶曰:'都!在知人,在安民。'禹曰:'吁!咸若時,惟帝其難之。知人則哲,能官人,安民則惠,黎民懷之。'"孔傳:"言帝堯亦以知人安民爲難。哲。智也。無所不知,故能官人。"

［2］性履:猶性行。《晉書·溫嶠傳論》:"太真性履純深,譽流邦族。"

［3］修：藏本、魯藩本作脩。脩同修。循。修、循古通。《荀子·榮辱》"循法則度量"王先謙集解引盧文弨曰："循，元刻作修。"循其名而考其行：猶言循名責實，聽其言而觀其行。

［4］親族：指家屬及同宗族的人。《孔子家語·問孔》："非禮則無以別男女、父子、兄弟、婚姻、親族、疎數之交焉。"

［5］邦閭：郡邑鄉里。此指本郡本鄉本村。陶潛《詠貧士詩》之五："至德冠邦閭，靖節映西關。"逯欽立校注："冠邦閭，爲本郡本村之冠，指袁安。"歸：稱許。與"稱"互文同義。

12　　"又秀、孝皆宜如舊試經荅策[1]，防其置對之姦(1)[2]，當令必絕其不中者勿署，吏加罰禁錮[3]。其所舉書不中者(2)，刺史太守免官[4]，不中左遷[5]。中者多不中者少，後轉不得過故。若受賕而舉所不當(3)[6]，發覺有驗者除名[7]，禁錮終身，不以赦令原，所舉與舉者同罪(4)。今試用此法，治一二歲之間，秀、孝必多不行者[8]，亦足以知天下貢舉不精之久矣。過此，則必多修德而勤學者矣。

【校】

（1）置：原作罪，孫星衍校："罪疑作置，舊寫本'罪'字空白。"陳其榮案："(罪對)盧本作所對。"

（2）書：王國維校作盡字，當從。《交際》"天下不爲盡不中交也"、《百里》篇"不爲盡無所中也"，文例與此相同，可證。

（3）舉所：當從楊明照校乙作所舉。

（4）所舉與舉者同罪：孫星衍校："藏本'與'字在'舉者'下，今從舊寫本。"

【注】

［1］試經：漢代尊崇儒學，以考試五經取士。荅策：對策。朝廷選拔人才，就政治經濟等治國大事要應試者對答。荅：後作答。

〔2〕置對：對問；對答。《漢書·劉向傳》：“（蕭）望之亦坐使子上書自
　　冤前事，恭顯白令詣獄置對。”顏師古注：“置對者，立爲對辭。”

〔3〕禁錮：禁止做官或參與政治活動。《史記·平準書》：“議令民得
　　買爵及贖禁錮，免減罪。”

〔4〕刺史太守免官：《晉書·孔坦傳》：“（元）帝申明舊制，皆令試經，
　　有不中科，刺史、太守免官。”刺史：約相當於秦之監御史，漢武
　　帝初設，原爲朝廷所派監督地方之官，後成爲地方最高行政長
　　官，上屬中央，下管郡縣。太守：郡一級最高行政長官。

〔5〕左遷：降官，貶職或貶到不好的地方。右爲尊，左爲卑。《漢書·
　　朱博傳》：“（朱博）遷爲大司農，歲餘，坐小法，左遷犍爲太守。”

〔6〕受賕（qiú）：接受賄賂。法當有罪，而以財求免曰賕；受之者，亦
　　曰賕。《史記·滑稽列傳》：“身死家室富，又恐受賕枉法，爲姦觸
　　大罪，身死而家滅。”

〔7〕除名：除去名籍，取消原來的身份。

〔8〕不行：指郡縣不敢實行察舉歲舉，而被舉者不敢應試。《晉書·
　　孔坦傳》：“太興三年，秀、孝多不敢行；其有到者，並託疾。……
　　揚州諸郡，接近京都，懼累及君父，多不敢行。”

　　13　“又諸居職，其犯公坐者，以法律從事[1]；其以貪濁
贓汙爲罪，不足至死者，刑竟及遇赦，皆宜禁錮終身，輕者
二十年。如此，不廉之吏，必將化爲夷、齊矣。若乃臨官受
取，金錢山積，發覺則自恤得了[2]，免退則旬日復用者，曾、
史亦將變爲盜跖矣(1)[3]。如此，則雖貢士皆中，不辭於官
長之不良。”

【校】

（1）曾、史亦將變爲盜跖矣：按：“曾、史”與“盜跖”同時出現於一句
　　中，見於《莊子·在宥》：“於是乎天下始喬詰卓鷙，而後有盜跖、
　　曾、史之行。”《韓非子·守道》：“盜跖與曾、史俱廉。”而“曾、史”

與"桀、跖"同時出現於一句中,見於《莊子·在宥》:"焉知曾、史不爲桀、跖嚆矢也!""上有桀、跖,下有曾、史,而儒、墨並起。"據此,作"盜跖"或作"桀、跖",兩可。

【注】

［１］從事:處置;處理。《漢書·王莽傳中》:"敢有趨驥犯法,輒以軍法從事。"

［２］自恤:自己以財物贖救自己。

［３］曾、史:謂行仁的曾參,行義的史鰌(qiū)。史鰌即史魚。曾、史並舉,古代表現仁與義的典型人物。

14　或曰:"能言不必能行[1],今試經對策雖過[2],豈必有政事之才乎[3]?"

抱朴子答曰:"古者猶以射擇人[4],況經術乎? 如其舍旃[5],則未見餘法之賢乎此也。夫豐草不秀堉土,巨魚不生小水,格言不吐庸人之口,高文不墮頑夫之筆[6]。故披《洪範》,而知箕子有經世之器[7];覽九術,而見范生懷治國之略(1)[8]。省夷吾之書,而明其有撥亂之幹[9];視不害之文,而見其精霸王之道也[10]。今孝廉必試經無脱謬,而秀才必對策無失指,則亦不得闇蔽也[11]。良將高第取其膽武,猶復試之以策,況文士乎? 假令不能必盡得賢能,要必愈於了不試也。

【校】

（１）范生:當作文子。《知止》:"文子以九術霸越。"是其證。

【注】

［１］能言不必能行:謂言行難兼善。《荀子·大略》:"口能言之,身能

行之,國寶也;口不能言,身能行之,國器也;口能言之,身不能
行,國用也;口言美,身行惡,國妖也。治國者,敬其寶,愛其器,
任其用,除其妖。"語本此。

［2］對策:古時就政事、經義等設問,由應試者對答,稱爲對策。漢以
來作爲取士考試的一種形式。

［3］政事:在君爲政,在臣爲事。《左傳·昭公二十五年》:"爲政事、
庸力、行務,以從四時。"杜預注:"在君爲政,在臣爲事;民功曰
庸,治功曰力;行其德教,務其時要,禮之本也。"

［4］以射擇人:以射箭選拔人材。《禮記·射義》:"故射者,進退周還
(旋)必中禮。内志正,外體直,然後持弓矢審固;持弓矢審固,然
後可以言中。此可以觀德行矣。⋯⋯是故古者天子,以射選諸
侯、卿、大夫、士。"鄭玄注:"選士者先考德行,乃後決之於射,男
子生而有射事,長學禮樂以飾之。"

［5］舍旃:捨棄之。旃:之焉的合音。

［6］高文:指優秀詩文。頑夫:冥頑不靈的人。以上四句謂每種事
物産生的客觀條件。

［7］《洪範》:《書》篇名。《洪範》實爲殷代巫祝之書,又相傳爲箕子授
之於周武王,其中亦不無後人的附益。故實有經傳之分,以材料
産生自有先後也。"九疇"大目爲經,其餘替有附益,即爲之傳。
是篇開啓漢人"天人感應"之説。箕子:殷末紂王親戚,或謂箕
國之君。王肅謂箕子爲紂之諸父,服虔、杜預以爲紂之庶兄。
《書·洪範》孔傳謂《洪範》"言天地之大法",故爲"經世"之書。

［8］九術:文種九種伐吳興越之術。《越絶書·越絶内經·九術》:
"昔者越王句踐問大夫種曰:'吾欲伐吳奈何? 能有功乎?'大夫
種對曰:'伐吳有九術。'王曰:'何謂九術?'對曰:'一曰尊天地,
事鬼神;二曰重財幣(一作"帛")以遺其君;三曰貴糴粟槁以空其
邦;四曰遺之好美以爲勞(熒)其志;五曰遺之巧匠,使起宮室高
臺,盡其財,疲其力;六曰遺(貴)其諛臣,使之易伐;七曰彊其諫
臣,使之自殺;八曰邦家富而備(利)器;九曰堅厲甲兵,以承其
弊。故曰九者勿患,戒口勿傳,以取天下不難。況於吳乎?'越王

曰：'善！'……越乃興師伐吳，大敗之於秦餘杭山，滅吳，禽
夫差。"

［9］省（xǐng）：閱讀。夷吾之書：即《管子》。但《管子》非管夷吾所
作，亦非一人之筆，一時之作，大體是戰國到漢初管子學派闡發
管仲政治經濟思想的論文彙編。其中某些材料較古，曾侯乙編
鐘用《地員》篇之樂律，是其證。夷吾：管仲之名。《史記·管仲
傳》："其爲政也，善因禍而爲福，轉敗而爲功。"所謂"撥亂"蓋
指此。

［10］不害：申不害（前385—前337），鄭（今河南中部）人。《史記·老
子韓非列傳》："申子之學本於黃老而主刑名。著書二篇，號曰
《申子》。"所謂"申子之文"指此。霸王：霸業與王業；霸道與王
道。《孟子·公孫丑上》"以力假仁者霸。""以德行仁者王。"孟子
認爲，霸道是一種憑藉實力的强權政治，王道是一種以道德爲基
礎的仁政。

［11］闇蔽：愚昧蔽塞。王充《論衡·程材》："論者徒尊法家，不高《春
秋》。是闇蔽也。"

15　"今且令天下諸當在貢舉之流者[1]，莫敢不勤學。
但此一條，其爲長益風教，亦不細矣[2]。若使海內畏妄舉
之失，凡人息僥倖之求，背競逐之末，歸學問之本，儒道將
大興，而私貨必漸絶[3]，奇才可得而役，庶官可以不曠矣。"

【注】

［1］諸：凡是。貢舉之流：猶貢舉是流。結構與"馬首是瞻"相同。
之：結構助詞。流：求。

［2］長（zhǎng）益：促進；增益。

［3］私貨：私人的財物。此呼應上文"其貨多者其官貴"而言，指私下
賄賂或以私貨買官。

16　或曰：“先生欲急貢舉之法[1]，但禁錮之罪，苛而且重(1)，懼者甚衆。夫急轡繁策，伯樂所不爲；密防峻法，德政之所恥。”

【校】

（1）苛：魯藩本作奇。

【注】

［1］急：嚴格；嚴厲。

17　抱朴子曰：“夫骨填肉補之藥[1]，長於養體益壽，而不可以救暍溺之急也[2]；務寬含垢之政[3]，可以蒞敦御朴，而不可以拯衰弊之變也(1)。虎狼見逼，不揮戈奮劍，而彈琴詠詩[4]，吾未見其身可保也(2)；燎火及室，不奔走灌注，而揖讓盤旋，吾未見其焚之自息也。今與知欲賣策者論此[5]，是與跖議捕盜也。”

【校】

（1）不可以拯衰弊之變也：“不可”原刻作“不中”。陳其榮曰：“案刻本‘中’爲‘可’之譌，當改正。”孫人和曰：“陳説未覈‘中’‘可’形不相近，無緣致誤，刻本作‘中’，當仍其舊，不當以意輒改失其真。抱朴之文，頗逞辭藻，復工對仗，往往互文見意。且本書‘不可’、‘不得’、‘不能’諸語多作‘不中’。《（內篇·）對俗篇》云：‘何以既斬之而不可續，已灑之而不中服乎？’《仙藥篇》云：‘不中服食，不可誤也。’又云：‘晻晻純黑色起者，不中服。’《極言篇》云：‘又不中以不然之言對答之也。’《登涉篇》云：‘然不中以筆傳。’《遐覽篇》云：‘未中以經深涉遠耳。’《（外篇·）交際篇》云：‘天下不爲盡不中交也。’《自叙篇》云：‘不中爲傳授之師。’並其

證。"(《抱朴子校補》手稿本）。按，《良規篇》云："但吾親不中奉
事，故棄去之。"亦其例也。葛洪這種用法，保存了古義。《管
子·禁藏》："約（得）地之宜，忠（中）人之和。"俞云："'忠'當讀爲
'中'，中人之和猶得人之和。"《國蓄》："夫（大）國之君不相中。"
王念孫云："不相中，不相得也。"《史記·封禪書》："康後與王不
相中。"《索隱》引《三倉》云："中，得也。"是其證。

（2）吾未見其身可保也：《太平御覽》三五一引作吾未見其身之可保
也。如此，方與"吾未見其焚之自息也"句相儷。

【注】

[1] 骨填：方劑名。《内篇·至治》："骨填苟杞之煎，黃耆建中之湯。"
孫思邈《備急千金方》二十一《消渴》一："治虛勞渴無不效，骨填
煎方：茯苓　菟絲子　山茱萸　當歸　牛膝　附子　五味子
巴戟天　麥門冬　石膏各三兩，石韋　人參　桂心　蓯蓉各四
兩，外臺作遠志大豆卷一斤　天門冬五兩　上十六味，爲末，次
取生地黃、栝樓根各十斤，搗絞取汁，于微火上煎之減半，便作
數分，納藥并下白蜜二斤，牛髓半斤，微炎煎之，令如糜，如雞子
黃大，日三服。亦可飲服之。"肉補：蓋與"骨填"互文義近。或爲
方劑名。待考。

[2] 暍（yē）：中暑。溺：同尿，此當指尿道急症。

[3] 務寬含垢：謂致力於寬緩的德政，容納有缺點錯誤或有罪行
的人。

[4] 揮戈奮劍：喻以武力解決問題。彈琴詠詩：喻以文弱辦法解決
暴力衝突。

[5] 策：授爵封官的文書。

18 抱朴子曰："今普天一統，九垓同風[1]，王制政令，
誠宜齊一。夫衡量小器，猶不可使往往而有異；況人士之
格，而可參差而無檢乎[2]？江表雖遠[3]，密邇海隅[4]，然染

道化，率禮教，亦既千餘載矣[5]。往雖暫隔，不盈百年[6]。而儒學之事，亦不偏廢也。惟以其土宇褊於中州[7]，故人士之數，不得鈞其多少耳。及其德行才學之高者，子游、仲任之徒[8]，亦未謝上國也[9]。

【注】

[1] 普天一統：此指西晉統一全國。九垓（gāi）：中央至八極之地；猶言九洲。

[2] 人士：有名望的人；文人，士人。《詩·小雅·都人士》：“彼都人士，狐裘黄黄。”鄭玄箋：“古明王時，都人之有士行者。”

[3] 江表：江外。指長江以南地區。阮禹《爲曹公作書與孫權》：“若能内取子布，外擊劉備，以効赤心，用復前好，則江表之任，長以相付。”

[4] 密邇：貼近；靠近。吳境有沿海地區，故云密邇海隅。《左傳·文公十七年》：“以陳、蔡之密邇於楚，而不敢貳焉。”

[5] 千餘載：指吳地與中原文化交往有一千多年。就文字記載而言，當始於吳太伯、仲雍二人之“奔荆蠻”。吳太伯“自號句吳”“立爲吳太伯”；“吳太伯、仲雍之後”，“周章已君吳”；“壽夢立，而吳始益大，稱王”。吳立國後，與中原交往，當始於“壽夢元年，朝周適楚，觀諸侯禮樂”。

[6] 暫隔：指孫策於建安三年封吳侯，吳與中原政權隔江而治的時期（198—280），凡八十二年。如從孫權黄武元年稱王訖孫皓天紀四年降晉（222—280）則僅爲五十八年，故“不盈百年”。

[7] 土宇：疆土，國土。褊（biǎn）：狹小；狹窄。中州：泛指中原地區。《三國志·吳書·全琮傳》：“是時中州士人避亂而南，依琮居者以百數。”

[8] 子游（前506—前？）：言偃之字，吳（今江蘇安徽一帶）人。孔子弟子，習於文學。《論語·先進》：“文學：子游、子夏。”仲任：王充（27—97）字仲任，會稽上虞（今屬浙江）人。出身“細族孤門”，

鄉里稱孝。少至京師太學，師事班彪。好博覽而不守章句。家
貧無書，常遊洛陽市肆，閱所賣書，過目能誦憶，遂博通衆流百家
之言。後歸鄉里，屏居教授。曾爲郡功曹、從事、治中，自免還
家。好論說，以理服衆。以爲俗儒守文，多失其真，乃閉門潛思，
著《論衡》八十五篇（今存八十四篇），二十餘萬言，釋物類同異，
正時俗嫌疑，反對宗教神秘主義和目的論，捍衛和發展了古代唯
物主義。同郡謝夷吾上書薦充才學，漢章帝特詔公車徵，病不
行。年近七十作《養性書》十六篇，裁節嗜欲，頤神自守，已佚。
永元中，病卒於家。

［9］未謝：不讓；不次於。上國：中原諸國，因指代中原地區。《左
　　　傳·昭公二十七年》“聘於上國”孔穎達正義引服虔曰：“上國，中
　　　國也。蓋以吳辟在東南，地勢卑下，中國在其上流，故謂中國爲
　　　上國也。”

19　“昔吳土初附，其貢士見偃以不試[1]。今太平已近
四十年矣[2]，猶復不試，所以使東南儒業衰於在昔也。此
乃見同於左衽之類，非所以別之也。且夫君子猶愛人以
禮[3]，況爲其愷悌之父母邪[4]！法有招患[5]，令有損化，其
此之謂也。今貢士無復試者，則必皆修飾馳逐，以競虛名，
誰肯復開卷受書哉？所謂饒之適足以敗之者也[6]。

【注】

［1］吳土初附：吳亡附晉於太康元年（280）。見偃：被停止。

［2］近四十年：自吳亡至晉元帝建武元年（317），稚川寫定本書之時，
　　　凡三十七年，故云“近四十年”。

［3］君子猶愛人以禮：套用《禮記·檀弓上》“君子之愛人也以德”語。

［4］愷悌（kǎi tì）：和樂平易。《詩·大雅·泂酌》：“豈弟君子，民之
　　　父母。”毛傳：“樂以強教之，易以說安之，民皆有父之尊，有母之
　　　親。”豈弟同愷悌。

［5］法有招患：套用《論衡·累害》“言有招患”語。
［6］饒之適足以敗之者也：謂動機與效果恰恰相反。套用《文子·
　　　微明》“事或欲利之,適足以害之”語。

　　20　“自有天性好古,心悦藝文,學不爲禄[1],味道忘貧,
若法高卿、周生烈者(1)[2]。學精而不仕,徇乎榮利者(2),萬之
一耳。至於甯越、倪寬、黃霸之徒,所以强自篤勵於典籍者,
非天性也,皆由患苦困瘁,欲以經術自拔耳。向使非漢武之
世[3],則朱買臣、嚴助之屬,亦未必讀書也[4]。今若取富貴之
道,幸有易於學者,而復素無自然之好,豈肯復空自勤苦[5],
執灑掃爲諸生[6],遠行尋師問道者乎[7]？

【校】

（1）生：魯藩本作坐,王國維校作生。
（2）學精而不仕,徇乎榮利者：陳澧曰：“仕字疑衍。”當删。

【注】

［1］學不爲禄：這與《論語·爲政》“子張學干禄”恰恰相反。
［2］周生烈：姓周生,名烈,字文逸,一説本姓唐,三國魏敦煌(今屬甘
　　　肅)人。魏初徵士、博士、侍中。
［3］向使：假使;假令。《史記·李斯列傳》：“向使四君卻客而不内,
　　　疏士兵而不用,是使國無富利之實而秦無彊大之名也。”
［4］朱買臣(前? —前115)：字翁子,吴縣(今屬江蘇)人。家貧,好
　　　讀書。常擔束薪,且行且誦。妻羞之,離去。年四十餘隨上計吏
　　　至長安,詣闕上書,待詔公車。會嚴助貴幸,薦之。召見,説《春
　　　秋》,言《楚辭》,武帝甚悦,拜爲中大夫,與嚴助俱爲侍中。曾奉
　　　命辯築朔方之事,難詘公孫弘。後坐事免,復召待詔。因東越數
　　　反,遂拜會稽太守。與横海將軍韓説破東越,有功。徵入爲主爵
　　　都尉。數年,坐法免官,復爲丞相長史。因屢被御史大夫張湯陵

折,乃與長史王朝、邊通合謀告湯陰事,迫湯自殺。旋因此事爲武帝所誅。嚴助(前?—前122):會稽吳人。嚴忌子,一説族子。本名莊助,東漢避明帝諱,改名嚴助。賢良對策,擢爲中大夫。常居左右,奏議朝政,數詘大臣,尤爲親幸,最爲先進。建元三年(前138)閩越舉兵圍東甌,乃遣助以節發兵救之。六年,奉使南越,諭意南越王遣太子入侍。後拜會稽太守,數年,求還侍中。及淮南王劉安事敗,連助,武帝欲勿誅,廷尉張湯力争,遂棄市。

〔5〕空自勤苦:語本《漢書·揚雄傳下》:"而鉅鹿侯芭常從雄居,受其《太玄》《法言》焉。劉歆亦嘗觀之,謂雄曰:'空自苦!今學者有禄利,然尚不能明《易》,又如《玄》何?吾恐後人用覆醬瓿也。'雄笑而不應。"

〔6〕執灑掃:謂行弟子之職責。儒家教育、學習基本内容之一。諸生:儒生;弟子。

〔7〕尋師問道:句意蓋提倡南榮趎訪道求學之精神。《新書·勸學》:"昔者南榮趎醜聖道之亡乎己,故步涉山川,茇冒楚棘,彌道千餘,百舍重繭,而不敢久息。既遇老聃,噩若慈父,雁行避景,翼立蛇進,而後敢問。見教一高言,若飢十日而得太牢焉。"趎通跦。

21　"兵興之世,武貴文寢[1],俗人視儒士如僕虜,見經誥如芥壤者[2],何哉?由於聲名背乎此也。夫不用譬猶售章甫於夷越[3],徇髯蛇於華夏矣[4]。今若遐邇一例[5],明考課試,則必多負笈千里[6],以尋師友,轉其禮賂之費,以買記籍者[7],不俟終日矣[8]。"

【注】

〔1〕兵興:此指東漢末年魏、蜀、吳的割據戰争與晉滅蜀、吳的戰争。寢:息。

〔2〕經誥:猶經典。經:六經。指《詩》、《書》等典籍。誥:周誥。周

誥多爲周王朝的政府訓戒文件,用於告戒或勸勉,指《書·周書》中的《大誥》《康誥》《酒誥》《召誥》《洛誥》《康王之誥》等篇,指代《尚書》。《尚書》,大都是一些誓詞、政府文告、貴族告誡之詞以及一些記述文字,集中了夏、商、周統治者的政治統治經驗。芥壤:小草和泥土。猶言土芥。喻微不足道之物。

［3］章甫:殷商時的一種冠。即緇布冠。冠禮始加緇布冠。句謂越地天熱,帽子于越人無用。

［4］髯蛇:嶺南所産大蛇。可入藥。

［5］一例:一律;同等。《公羊傳·僖公元年》:“臣子一例也。”

［6］負笈:背著書箱。1.形容所讀書之多。《鹽鐵論·相刺》:“故玉屑滿篋,不爲有寶;誦詩書負笈,不爲有道。”張之象本、沈延銓本、金蟠本與王利器校,“誦詩書負笈”當作“詩書負笈”,《詩譜序》正義引《詩含神霧》:“詩者,持也。”“持書”與“負笈”對文。馬非百注釋:“負笈,背著書箱。這裏‘負笈’與‘滿篋’對文,是說所讀的書多得用所背的書箱來計算。”2.指遊學外地。《後漢書·李固傳》“常步行尋師”李賢注引三國吳謝承《後漢書》:“因改易姓名,杖策驅驢,負笈追師三輔,學五經,積十餘年。”此從其義。

［7］記籍:典籍。慧遠《沙門袒服論》:“雖記籍未流茲土,其始似有聞焉。”

［8］不俟終日:形容急切心情。《易·繫辭下》:“君子見幾而作,不俟終日。”

22 抱朴子曰:“才學之士堪秀、孝者,已不可多得矣[1]。就令其人若如桓、靈之世,舉吏不先以財貨,便安臺閣主者[2],則雖諸經兼本解(1),於問無不對,猶見誣枉,使不得過矣。常追恨於時執事,不重爲之防。

【校】

（1）諸經兼本解:當從楊明照校作諸經兼解,方能“於問無不對”。

【注】

［1］不可多得：稀少，難得。孔融《薦禰衡表》：「若衡等輩，不可
　　　多得。」

［2］安：此指委任職務。主者：主管機構或主管人。

　　23　「余意謂新年當試貢舉者[1]，今年便可使儒官才
士[2]，豫作諸策，計足周用。集上禁其留草殿中(1)，封閉
之[3]；臨試之時，亟賦之[4]，人事因緣於是絶[5]。當答策
者，皆可會著一處，高選臺省之官親監察之[6]。又嚴禁其
交關出入，畢事乃遣，違犯有罪無赦。如此，屬託之冀窒
矣。夫明君恃己之不可欺，不恃人之不欺己也。亦何恥於
峻爲斯制乎？若試經法立，則天下可以不立學官[7]，而人
自勤樂矣。

【校】

（1）禁：其上疑脱諸策於三字，其下疑脱中、令二字。句蓋本作「集上
　　　（諸策於）禁（中，令）其（儒官才士）留草殿中」。

【注】

［1］新年：與下今年相對，謂明年。

［2］儒官：掌管學務的官員或官學教師。

［3］封閉：以封記關閉，使不得動用、通行或隨便打開。

［4］亟：急；速。賦：頒佈。此謂分發（試卷）。

［5］因緣：勾結。《漢書·王莽傳中》：「姦虐之人，因緣爲利，至略賣
　　　人妻子，逆天心，誖人倫。」

［6］高選：此謂選用高官（監考）。臺省：尚書省、中書省的略稱，指
　　　中央機構。監察：此謂監考。

［7］學官：官學機構、學舍、官員與教師的統稱。具體指學校教育。

24 "案四科亦有明解法令之狀[1]，今在職之人，官無大小，悉不知法令。或有微言難曉，而小吏多頑，而使之決獄，無□以死生委之(1)，以輕百姓之命，付無知之人也。作官長不知法，爲下吏所欺而不知。又決其口筆者(2)，憒憒不能知食法(3)[2]，與不食不問，不以付主者(4)。或以意斷事，蹉跌不慎法令[3]，亦可令廉良之吏，皆取明律令者試之如試經，高者隨才品叙用[4]。如此，天下必少弄法之吏，失理之獄矣。"

【校】

（1）無□：當從楊明照校作無異。

（2）決其口筆者：疑當作決其獄於口筆者。句蓋謂"決其獄（不察以情，而決）於口筆者"，純任主觀處理。

（3）憒憒：藏本、魯藩本、平津本同，王國維校作憒憒，當從。

（4）不以付主者：其下疑脱同字。"又，決其獄於口筆者，憒憒不能知食法，與不食不問，不以付主者同。"如此上下文意乃足。"不能知食法"乃是法盲所致，而"不食不問，不以付主者"則是執法之態度消極，兩者雖有所不同，但本質上都是無視法令之重要性。

【注】

[1] 明解法令：明達法令；明曉法律。謂"明達法令，足以決疑，能按章覆問，文中御史（如明法）"。

[2] 食法：謂不行法。食：即言已出而反吞之之意，謂不實行。

[3] 蹉跌：失足跌倒。引申爲失誤。

[4] 叙用：分等級進用。《三國志·魏書·文昭甄皇后傳》："（明帝）又嘗夢見后，於是差次舅氏親疏高下，叙用各有差，賞賜累鉅萬。"

交際卷十六^[1]

1 抱朴子曰："余以朋友之交⁽¹⁾，不宜浮雜⁽²⁾。面而不心，揚雄攸譏^{(3)[2]}。故雖位顯名美，門齊年敵，而趨舍異規^[3]，業尚乖互者^[4]，未嘗結焉。或有矜其先達，步高視遠^[5]；或遺忽陵遲之舊好，或簡棄後門之類味^[6]，或取人以官而不論德。其不遭知己，零淪丘園者，雖才深智遠，操清節高者，不可也^[7]；其進趨偶合，位顯官通者，雖面牆庸瑣，必及也⁽⁴⁾。如此之徒，雖能令壤蟲雲飛^[8]，斥鷃戾天^[9]，手捉刀尺，口爲禍福^[10]，得之則排冰吐華，失之則當春彫悴，余代其跼蹐^{(5)[11]}，恥與共世。

【校】

（1）以：《意林》四作謂。

（2）浮雜：孫星衍校："藏本作雜浮，從《意林》乙轉。"

（3）揚雄：孫星衍校："藏本作揚雲，從《意林》改。"按：當從楊明照校與藏本等作揚雲。《逸民》篇、《酒誡》篇作揚雲是其證。

（4）雖面牆庸瑣，必及也；與上文"雖才深智遠，操清節高者，不可也"相較，"瑣"下蓋脫一四字句與一"者"字，故不與上文對仗。

（5）跼蹐：原作踧蹐，當從王廣恕校作跼蹐。

【注】

［1］交際：論（魏晉社會）人與人之間的交往應遵循的原則。《孟子·

萬章下》："敢問交際,何心也?"朱熹集註:"際,接也,交際,謂人
以禮義幣帛相交接也。"王符《潛夫論·交際》:"語曰:人惟舊,器
惟新。昆弟世疎,朋友世親。此交際之理,人之情也。"

［2］面而不心:面朋面友。揚雄《法言·學行》:"朋而不心,面朋也;
友而不心,面友也。"李軌注:"面朋,揚子之所譏。"

［3］趨舍:取捨;好惡,進退。《韓非子·解老》:"人無愚智,莫不有趨
舍。"陳奇猷集釋:"趨舍,即取捨。"

［4］業尚:尊崇;崇尚。《名實》:"雖貧賤而不可脅以威,雖危苦而不
可動以利。其所業尚,可聞而不可盡也;其所執守,可見而不可
論也。"乖互:抵觸;違背。與乖忤、乖迕通。

［5］步高視遠:形容態度傲慢。《國語·周語下》:"柯陵之會,單襄公
見晉厲公,視遠步高。"韋昭注:"視遠,望視遠;步高,舉足高。"

［6］簡棄:撿除;拋棄。後門:寒微的門第。後門:寒微的門第。
《晉書·劉元海載記》:"幽冀名儒,後門秀士,不遠千里,亦皆
遊焉。"

［7］可:肯。《説文·可部》:"可,肯也。"

［8］壤蟲:幼蟲。一説蠰蟲。一種形似天牛的桑樹害蟲。《淮南子·
道應》:"吾比夫子,猶黃鵠與壤蟲也,終日行不離咫尺而自以爲
速,豈不悲哉!"許慎注:"壤蟲,蟲之幼也。"朱駿聲《説文通訓定
聲·壯部》:"(壤)又爲蠰。"

［9］戾天:至天。《詩·大雅·旱麓》"鳶飛戾天"鄭玄箋:"飛而至
天。"兩句喻小人得志。

［10］口爲禍福:猶言口含天憲,開口即決人生死榮辱。

［11］跼蹐(jú jí):局促不安。《詩·小雅·正月》:"謂天蓋高,不敢不
局;謂地蓋厚,不敢不蹐。"毛傳:"局,曲也。蹐,累足也。"局
同跼。

2 窮之與達不能求也。然而輕薄之人,無分之子,曾
無疾非峨然之節[(1)][1],星言宵征[2],守其門廷[3],翕然諂

笑[4]，卑辭悦色，提壺執贄，時行索媚；勤苦積久，猶且嫌
拒，乃行因託長者以搆合之。其見受也，則踊悦過於幽繫
之遇赦(2)[5]；其不合也，則懊悴劇於喪病之逮己也。通塞
有命[6]，道貴正直；否泰付之自然[7]，津塗何足多咨。嗟乎
細人，豈不鄙哉！人情不同，一何遠邪[8]？每爲慨然，助彼
羞之。

【校】

（1）峨然：原作俄然，當從孫人和校作峨然。

（2）踊：當作恂。蔣禮鴻主編《敦煌文獻語言詞典》引徐復説：“‘踊
　　　悦’，雙聲字，形容心中喜悦的樣子。字當作‘恂’，《廣韻》上聲二
　　　腫韻：‘恂，心喜也。餘隴切。’”“恂悦”是心理活動，“恂”從“忄”，
　　　不從“足”。“恂悦”與“踊躍”雖同爲雙聲字，但“踊躍”本義是“跳
　　　躍”，而“恂悦”本義是“心喜”，不含跳躍義，“躍”爲藥部字，而
　　　“悦”爲月部字，它們不是一個詞。

【注】

［1］曾：乃；竟。峨然：卓然特立貌；亭亭高竦貌。《世説新語·賞譽
　　　15》“庾子嵩目和嶠”劉孝標注引《晉諸公贊》：“嶠常慕其舅夏侯
　　　玄爲人，故於朝士中峨然不群，時類憚其風節。”

［2］星言：星焉。是“星言夙駕”之省。《詩·鄘風·定之方中》：“星
　　　言夙駕，説于桑田。”喻早駕。宵征：夜行。《詩·召南·小星》：
　　　“肅肅宵征，夙夜在公。”毛傳：“宵，夜；征，行。”

［3］其：承上指位顯官通之家。門廷：同門庭。迎著門的空闊的地
　　　方。《史記·李斯列傳》：“三川守李由告歸咸陽，李斯置酒於家，
　　　百官長皆前爲壽，門廷車騎以千數。”

［4］翕(xī)然：安寧、和順貌。《史記·太史公自序》：“諸侯驕恣，吳
　　　首爲亂，京師行誅，七國伏辜，天下翕然。”

［5］幽繫：囚禁；拘囚。《三國志·吳書·孫輔傳》：“輔遣使與曹公相

聞，事覺，(孫)權幽繫之。"

［6］通塞：謂境遇之順逆、窮達。《易·節》："象曰：不出戶庭，知通塞也。"有命：猶言命裏注定。《論語·顏淵》："死生有命，富貴在天。"

［7］否(pǐ)泰：閉塞與通泰。指世事的盛衰，命運的順逆。《玉臺新詠·古詩爲焦仲卿妻作》："否泰如天地，足以榮汝身。"

［8］一何：爲何；多麼。《戰國策·燕策一》："齊王按戈而卻曰：此一何慶弔相隨之速也！"

3　"昔莊周見惠子從車之多，而棄其餘魚[1]。余感俗士不汲汲於攀及至也(1)。瞻彼云云[2]，馳騁風塵者，不懋建德業[3]，務本求己[4]，而偏徇高交以結朋黨，謂人理莫此之要，當世莫此之急也。以嶽峙獨立者，爲澀吝疏拙[5]；以奴顏婢睞者(2)，爲曉解當世。風成俗習，莫不逐末流，流遁遂往[6]，可慨者也。

【校】

（1）不：疑當從楊明照校作莫不。《逸民》："莫不泰於得意，而慘於失所也。"《譏惑》："時人雖不肖者，莫不企及自勉。"《鈞世》："且夫古者事事醇素，今則莫不雕飾。"《博喻》第 43 首："能言莫不褒堯，而堯政不必皆得也；舉世莫不貶桀，而桀事不必盡失也。"並是"莫不"連用之例。

（2）奴顏婢睞：疑本作奴顏婢膝。《説文·目部》《玉篇·目部》："睞，目童子不正也。"《廣韻·代韻》："睞，旁視。"《文選》曹植《洛神賦》"明眸善睞"李善注："睞，旁視也。"又鮑照《舞鶴賦》"角睞分形"劉良注："睞，斜視也。"按：旁視、斜視在古代封建社會，非奴婢所宜爲。古代君臣有"瞻視"的嚴格規定。《譏惑》："趨步升降之節，瞻視接對之容，至於三千。"即指禮儀苛繁而言。對天子、國君、諸侯、大夫、士，"瞻視"尊卑異等，高低、距離有別。《禮記·曲禮下》：“天子視，不上於袷，不下於帶；國君，綏視；大夫，衡視；士，視五步。凡視，上於面則敖，下於帶則憂。”鄭玄注：“袷，交領也。天子至尊，臣視之，目不過此。（綏視謂）視國君彌高。‘綏’讀爲‘妥’，‘妥視’則上於袷。（衡視謂）視大夫又彌高也。衡，平也。‘平視’謂視面也。士視，（謂）得旁遊目五步之中也。視大夫以上上下游目不得旁。敖則仰，憂則低。”《左傳·昭公十一年》叔向有“視不過結襘”、“視不登帶”之語，也講的是“天子視，不上於袷，不下於帶”的禮儀。客人有“將入戶，視必下”的禮儀，見《禮記·曲禮上》。對尊長者“平視”，被視爲大不敬。《三國志·魏書·劉楨傳》裴松之注引《典略》：“其後太子（曹丕）嘗請諸文學，酒酣坐歡，命夫人甄氏出拜。坐中衆人咸伏，而楨獨平視。太祖聞之，乃收楨，減死輸作。”《世説新語·言語10》“劉公幹以失敬罹罪”條劉孝標注引《文士傳》説：楨“坐平視甄夫人配輸作部，使磨石”。“平視”尚且如此，奴婢豈敢“旁視”、“斜視”主人乎？所以“奴顔婢睞”之語是不能成立的，“睞”必爲誤字。“睞”與“膝”形近致誤。“睞”左邊“目”旁與“膝”之“月”旁草書易混，右邊“來”易與“水”、“永”、“未”、“求”等字相混。《管子·小稱》：“我託可惡，以來美名，又可得乎？”王念孫云：“‘來’當爲‘求’。下文云：‘以求美名，又可得乎？’即其證。”“‘求’‘來’二字，書傳多互訛。”《臣乘馬》：“桓公曰：‘善哉！策乘馬之數求也。’”安井衡云：“‘求’當爲‘未’字之誤。”而“未”少一橫即誤爲“木”字。《莊子·大宗師》“子輿”，《淮南子·精神》作“子求”，《博喻》第44首作“子永”。故王廣恕云：“‘永’與‘來’、‘求’字形均相似。”由此可知，爲什麽“睞”字的右半邊會誤寫成與“膝”的右半部分形近的字。就語法而言，“奴顔”與“婢睞”不是同一結構，前者爲偏正結構，後者爲主謂結構，偏正與主謂結構組成四字格，不可理喻；“顔”爲名詞，而“睞”爲動詞。如作“奴顔婢膝”，“奴顔”與“婢膝”同爲偏正結構，“顔”與“膝”同爲名詞，“奴顔婢膝”是合乎漢語四字格的結構的。總之作“膝”較合本文文意。如此説成立，則稚川首創“奴顔婢膝”這個成語。

【注】

［１］莊周見惠子從車之多，而棄其餘魚：謂惠施貪心不足，而莊周志
　　尚澹泊。《淮南子·齊俗》：“故惠子從車百乘以過孟諸，莊子見
　　之，棄其餘魚。”許慎注：“惠子名施，仕爲梁相。從車百乘，志尚
　　未足。孟諸，宋澤。莊子名周，蒙人。隱而不仕。見惠施之不
　　足，故棄餘魚。”以示鄙夷。從車：隨從的車；扈從的車。

［２］瞻彼云云：瞧瞧那些芸芸衆生。《詩》“瞻彼”凡十見，多與“馳騁
　　風塵”忙於世事有關，因借來形容“馳騁風塵者”。云云：衆多。
　　《莊子·在宥》：“萬物云云，各復其根。”成玄英疏：“云云，衆多
　　也。”此猶言芸芸衆生。

［３］懋建：勉力建立。《書·盤庚下》：“無戲怠，懋建大命。”孔傳：“勉
　　立大教。”

［４］務本：致力根本。《論語·學而》：“君子務本。”求己：責求自己。
　　《論語·衛靈公》：“君子求諸己，小人求諸人。”

［５］澀：遲鈍。奓：行難。

［６］遂往：前往。此猶言越來越發展。

　　4　“或有德薄位高[1]，器盈志溢，聞財利則驚掉[2]，見
奇士則坐睡[3]。繿縷杖策[4]，被褐負笈者[5]，雖文艷相、
雄[6]，學優融、玄[7]，同之埃芥，不加接引。若夫程鄭、王
孫、羅褒之徒[8]，乘肥衣輕，懷金挾玉者[9]，雖筆不集札，菽
麥不辨[10]，爲之倒屣，吐食握髮[11]。

【注】

［１］德薄位高：語本《易·繫辭下》：“子曰：‘德薄而位尊，知小而謀
　　大，力小而任重，鮮不及矣。’”

［２］驚掉：驚跳。掉通踔（zhuō），跳躍。朱駿聲《説文通訓定聲·小
　　部》：“掉，叚借爲踔。”

［３］坐睡：席地而坐晤對時睡著了。形容對奇士所談不感興趣。《史

記·商君列傳》："孝公既見衛鞅，語事良久，孝公時時睡，弗聽。"按：孝公對衛鞅説的帝王之道不感興趣。

[4]繿(lán)縷：衣服破爛貌。《左傳·宣公十二年》："篳路藍縷，以啓山林。"杜預注："篳路，柴車。藍縷，敝衣。"藍縷，《史記·楚世家》作藍蔞，集解引服虔（《春秋左氏傳誼》）曰："藍蔞，言衣敝壞，其蔞藍藍然也。"《方言》三："南楚凡人貧，衣被醜弊，謂之須捷，……或謂之襤褸。故《左傳》曰：'篳路襤褸，以啓山林。'殆謂此也。"繿縷、藍縷、藍蔞、襤褸，字形雖異，音義不殊，聯緜辭本無定字故也。

[5]被褐：穿著粗布短襖。謂處境貧困。被通披。《墨子·尚賢中》："傅説被褐帶索，庸築乎傅巖。"

[6]文艷：文章華美。相：司馬相如（前179—前117），字長卿，蜀郡成都（今四川成都）人。少名犬子，因慕藺相如爲人，更名相如。好讀書，善辭賦，召爲郎。出使西南夷有功，轉孝文園令，病免。其《子虛》《上林》《大人》等賦，辭藻瑰麗，氣韻排宕，意含諷諫。《漢書·叙傳下》："文艷用寡，子虛烏有，寓言淫麗，託風終始，多識博物，有可觀采，蔚爲辭宗，賦頌之首。述《司馬相如傳》第二十七。"雄：揚雄（前53—公元18）。少好學，博覽無所不見。好辭賦，司馬相如作賦弘麗溫雅，雄心壯之，擬之爲式。"草《法（言）》，纂《（太）玄》，斟酌六經；放《易》，象《論（語）》，潛於篇籍"（《漢書·叙傳下》）。按：《西京雜記》三："司馬長卿賦時人皆稱典而麗，雖詩人之作，不能加也。揚子雲曰：'長卿賦不似從人間來，其神化所至邪？'子雲學相如爲賦而弗逮，故雅服焉。"劉勰《文心雕龍·詮賦》："相如《上林》，繁類以成艷。""子雲《甘泉》，構深瑋之風。"

[7]學優：學問優裕。融：馬融（79—166），字季長，扶風茂陵（今陝西興平東北）人。少有俊才，師從京兆摯恂，博通經籍。恂奇其才，以女妻之。曾任校書郎、議郎、河間王長史、從事中郎轉武都太守，復爲南郡太守等職。其間因上《廣成頌》諷諫"武功宜廢"，忤鄧太后旨，十年不得升調；以忤大將軍梁冀旨，被誣貪濁，免

官,髡徙朔方。自刺不殊,得赦還。後不敢忤權勢,爲冀草劾李固,又作《西第頌》贊冀功德,爲人所譏。旋以病免官。教養諸生,常有千數,盧植、鄭玄,皆出其門。善鼓琴,好吹笛,不拘儒節,常坐高堂,施絳紗帳,後列女樂,對魏晉清談家的破棄禮教有一定影響。著《三傳異同説》,遍注《孝經》《論語》《詩》《易》《三禮》《尚書》《列女傳》,使古文經學達到成熟的境地。此外兼注《老子》《淮南子》《離騷》等。所著賦頌等凡二十一篇。玄:鄭玄。

［8］程鄭:漢武帝時人。其先秦滅六國後由山東遷至臨邛。以冶鑄爲業,行賈於西南夷,家僮數百,富埒卓氏。王孫:卓王孫。先世趙人,以冶鐵富。秦滅趙,遷於蜀,夫妻推輦行。時諸遷徙者皆求近處,惟其願遠徙臨邛。即鐵山鼓鑄,賈於滇蜀間。有僮千餘人,田池射獵擬於人君。羅裒(póu):蜀郡成都(今屬四川)人。成、哀時富商。初賈於京師,爲平陵石氏經營,往來於巴、蜀,數年間致財千萬餘。半以賂曲陽侯王根、定陵侯淳于長,依其權力賒貸郡國,人莫敢負。擅鹽井之利,期年所得自倍,遂殖其貨。

［9］乘肥衣輕:坐著壯馬駕的車輛,穿着又輕又暖的皮袍。《論語·雍也》:“子曰:‘赤之適齊也,乘肥馬,衣輕裘。’”懷金挾玉:喻極爲富有。

［10］集札:謂落筆于木簡,指寫作。《論衡·超奇》:“心思爲謀,集札爲文。”札:書寫用的木片。

［11］倒屣(xǐ):古人家居,脱鞋席地而坐,客人來,急於出迎,把鞋子穿倒了。《三國志·魏書·王粲傳》:“(蔡邕)聞粲在門,倒屣迎之。”因以形容熱情迎客。

　　5　“余徒恨不在其位[1],有斧無柯[2],無以爲國家流穢濁於四裔[3],投畀於有北(1)[4]。彼雖赫奕[5],刀尺決乎……(2);勢力足以移山拔海,吹呼能令泥象登雲。造其門庭,我則未暇也[6]。而多有下意怡顏,匍匐膝進,求交於若人[7],以圖其益。悲夫! 生民用心之不鈞,何其遼邈之不肖也哉! 余所以同生聖世而抱困賤,本後顧而不見者,今皆追瞻而不及,豈不有以乎[8]! 然性苟不堪[9],各從所好[10],以此存亡,予不能易也[11]。”

【校】

（1）投畀句:孫星衍校:“藏本作投負人於北波,此從盧本。”魯藩本同藏本。語見《詩·小雅·巷伯》。

（2）刀尺決乎:孫星衍校:“有脱文。”按:本段是稚川對首段“手捉刀尺,口爲禍福”所作的表態或答覆,故其下蓋脱“手,禍福定於口”六字。“刀尺決乎手”與“禍福定乎口”對文。

【注】

[1] 恨:遺憾。不在其位:指不在政府崗位。《論語·泰伯》:“子曰:‘不在其位,不謀其政。’”

[2] 有斧無柯:喻無權柄。陸賈《新語·辨惑》:“《詩》云:‘有斧有柯。’言何以治之也。”王利器校注引文廷式曰:“此逸詩也。”宋翔鳳曰:“《文選·檄吳將部曲文》注引云:‘有斧無柯,何以治之?’”

[3] 國家:《孟子·離婁上》:“人有恒言,皆曰天下國家,天下之本在國,國之本在家,家之本在身。”趙岐注:“國謂諸侯之國,家謂卿大夫也。”四裔:1. 指幽州、崇、三危、羽山四個邊遠地區。2. 指四方邊遠地區。

[4] 投畀:拋棄;放逐。畀(bì):給予。有北:北方。有:詞頭,無義。《詩·小雅·巷伯》:“取彼譖人,投畀豺虎;豺虎不食,投畀有北。”毛傳:“投,棄也。(有北)北方寒涼而不毛。”

[5] 赫奕:顯赫貌;美好貌。應劭《風俗通義·過譽·汝南陳茂》:“朱軒駕駟,威烈赫奕。”

[6] 我則未暇:我還沒有這個閒功夫。《文選·東京賦》:“作洛之制,

我則未暇。”薛綜注：“我，（漢）高祖也，謂天下新創草制，不暇改作，如制禮也。”此用漢高祖口吻。

［７］若人：這個人。《論語·公冶長》：“子謂子賤：‘君子哉若人！’”集解引包咸曰：“若人，若此人也。”

［８］有以：猶有因。有道理；有規律。《詩·邶風·旄丘》：“何其久也，必有以也。”

［９］性苟不堪：語似《文選》嵇康《與山巨源絕交書》所説：“性有所不堪，真不可强。”苟：如果。

［１０］各從所好：語本《論語·述而》：“子曰：‘富而可求也，雖執鞭之事，吾亦爲之。如不可求，從吾所好。’”集解引孔安國曰：“所好者，古人之道。”

［１１］予不能易：我不能改變我的本性。即不同流合污。意本《論語·微子》：“天下有道，丘不與易也。”集解：“言凡天下有道者，丘皆不與易也。己大而人小故也。”

６　或又難曰：“時移世變，古今別務，行立乎己，名成乎人[1]。金玉經於不測者，託於輕舟也[2]；靈鳥萃於玄霄者(1)，扶搖之力也[3]；芳蘭之芬烈者(2)，清風之功也；屈士起於丘園者，知己之助也。今先生所交必清澄其行業[4]，所厚必沙汰其心性[5]；孑然隻跱，失棄名輩[6]，結讎一世，招怨流俗；豈合和光以籠物，同塵之高義乎[7]？若比智而交，則白屋不降公旦之貴；若鈞才而遊，則尼父必無入室之客矣(3)[8]。”

【校】

（１）靈鳥：平津本作靈鳥，當從陳其榮案、楊明照校引藏本、承訓本等作靈鳥。指大鵬。下文有“不飛之鵬”語，是其證。

（２）芳蘭之芬烈：楊明照按：“‘芬烈’上有脱字，觀上下排句自明。”按：“蘭”下蓋脱一動詞，似當補“散”字，同表示“聚”義的“萃”字相對。如此，“靈鳥萃於玄霄者”方與“芳蘭散之芬烈者”駢對。

（3）客矣：孫星衍校：“藏本此下提行，案文提行者非。”

【注】

［1］行立乎己，名成乎人：謂行立名成的主客觀條件。《白虎通德論·論謚》：“行生于己，名生于人。”

［2］金玉經於不測者，託於輕舟也：意本《淮南子·齊俗》：“金之性沈，託之於舟上則浮，勢有所支也。”金玉：喻重；沈。輕舟：喻輕；浮。

［3］玄霄：高空；雲霄。扶搖：盤旋而上的暴風；旋風。《莊子·逍遥游》：“鵬之徙於南冥也，水擊三千里，摶扶搖而上者九萬里。”

［4］清澄：審察；省察。《楚辭·九章·惜往日》：“君念怒而待臣兮，不清澂其然否。”朱熹集注：“清澂，猶審察也。”澂同澄。行業：德行操守。《三國志·魏書·武帝紀》：“太祖少機警，有權數，而任俠放蕩，不治行業，故世人未之奇也。”

［5］心性：性情；性格。句謂揀選心性良善者而與之交。

［6］名輩：有名人物；名流。《三國志·魏書·傅嘏傳論》“傅嘏用才達顯云”裴松之注：“傅嘏識量名輩，實當時高流。”

［7］和光：謂才華内蘊，不露鋒芒。籠物：謂籠絡衆庶。同塵：謂如灰塵之混雜異物。《老子·第四章》：“和其光，同其塵。”吳澄注：“和，猶平也，掩抑之意；同，謂齊等而與之不異也。鏡受塵者不光，凡光者終必暗，故先自掩其光以同乎彼之塵，不欲其光也，則亦終無暗之時矣。”

［8］入室之客：指入室受教的弟子。《論語·先進》：“子曰：‘由也，升堂矣！未入于室也。’”

7　抱朴子曰：“吾聞詳交者不失人，而泛交者多後悔。故曩哲先擇而後交，不先交而後擇也[1]。子之所論，出人之計也；吾之所守，退士之志也[2]。子云玉浮鳥高，皆有所因[3]，誠復別理一家之説也[4]。吾以爲寧作不載之寶，不飛之鵬，不颺之蘭，無黨之士[5]，亦損於夜光之質(1)[6]、垂天之大[7]、含芳之卉、不朽之蘭乎(2)？且夫名多其實，位過其才，處之者猶尠免於禍辱，交之者何足以爲榮福哉！

【校】

（1）亦：當從孫星衍校：其下"疑當有何字。"

（2）蘭：疑當作士。不朽之士：就屈士言。如作"不朽之蘭"則與上文"含芳之卉"重複。

【注】

[1]曩哲：先哲；古之哲人。兩句意本《説苑·雜言》："上交者不失其禄，下交者不離於患。是以君子擇人與交，農人擇田而田。"

[2]出人：出仕之人。按："出人之計"與"退士之志"對舉，"出"爲"出仕"之義甚明。

[3]玉浮、鳥高：承前"金玉"、"靈鳥"兩句而言。因：憑藉。

[4]一家之説：指有獨到見解，自成一家的學説或論著。司馬遷《報任少卿書》："欲以究天人之際，通古今之變，成一家之言。"

[5]不載之寶：承上"金玉"而言。不飛之鵬：承上"靈鳥"而言。不颺之蘭：承上"芳蘭"而言。無黨之士：承上"屈士"而言。皆反其道而行之。

[6]夜光：夜光珠、夜光璧。此就"金玉"言。

[7]垂天之大：言大鵬的翅翼，有如懸挂天邊的雲塊那麼大。《莊子·逍遥游》："鵬之背不知其幾千里也，怒而飛，其翼若垂天之雲。"釋文："垂天之雲，司馬彪云：'若雲垂天旁。'崔（撰）云：'垂猶邊也，其大如天一面雲也。'"含芳之卉：就"芳蘭"言。

8　"由兹論之，則交彼而遇者，雖得達不足貴；芘之而怃者[1]，譬如蔭朽樹之被筆也[2]。彼尚不能自止其顛躓[3]，亦安能救我之碎首哉！吾聞大丈夫之自得而外物者[4]，其於庸人也，蓋逼迫不獲已而與之形接，雖以千計(1)，猶蚤虱之積乎衣，而贅疣之攢乎體也[5]。失之雖以萬數，猶飛塵之去嵩、岱，鄧林之墮朽條耳(2)。豈以有之爲益，無之覺損乎[6]？

【校】

（1）雖以千計：與下“失之雖以萬數”相較，少兩字，其前，蓋脫“形接”二字。

（2）鄧林：其上蓋脫“而”字，當補，“耳”當作“也”。如此，“而鄧林…”句方與“而贅疣……”句相儷。

【注】

［1］芘：通庇。怳同誤。

［2］笮：古窄字。逼窄。

［3］顛躓：仆倒；跌落。《戰國策·齊策三》：“顛躓之請，望拜之謁，雖得則薄矣。”鮑彪注：“顛，倒；躓，僵也。言其請救之急。”

［4］外物：超脫物欲之外。《莊子·大宗師》：“參日而後能外天下，已外天下矣，吾又守之，七日而後能外物。”

［5］贅疣：指附生於體外的肉瘤。喻多餘無用之物。

［6］覺損：减損。《世説新語·言語62》：“謝太傅語王右軍曰：‘中年傷於哀樂，與親友别，輒作數日惡。’王曰：‘年以桑榆，自然至此，正賴絲竹陶寫，但恐兒輩覺損欣樂之趣。’”

9　“且夫朋友也者，必取乎直諒多聞[1]，拾遺斥謬，生無請言(1)，死無託辭[2]，終始一契，寒暑不渝者[3]。然而此人良未易得，而或語默殊途，或憎愛異心，或盛合衰離，或見利忘信[4]。其處今也，譬猶禽魚之結侶[5]，冰炭之同器，欲其久合，安可得哉！夫父子天性，好惡宜鈞，而子政、子駿[6]，平論異隔[7]；吉甫、伯奇(2)[8]，辯訟有無[9]。面別心殊，其來尚矣。總而混之，不亦難哉！

【校】

（1）請：魯藩本作謂。

（2）吉甫、伯奇：原作南山、伯奇，楊明照曰："南山、伯奇，未詳。"按：本句既有"伯奇"二字，則蓋與《嘉遯》"袖蜂之誑，破天性之愛"所涉"吉甫、伯奇"父子受後妻後母讒毀有關，所説同出一典，當合讀。當作吉甫、伯奇。南山：蓋"吉甫"二字草書過於苟簡殘筆被淺學者誤讀爲"南山"所致。"吉甫、伯奇"與上"子政、子駿"正相對文。

【注】

[1] 諒：藏本、魯藩本等作亮，諒亮古通。《論語·季氏》："益者三友，……友直、友諒、友多聞，益矣。"邢昺疏："直謂正直。諒謂誠信。多聞謂博學。"朱熹集註："友直，則聞其過。友諒，則近於誠。友多聞，則進於明。"

[2] 請言：以言辭請託於人。託辭：以言辭囑託於人。劉向《説苑·善説》："中士可以託辭，下士可以託財。"

[3] 終始：從開頭到結局；事物發展的全過程。《禮記·大學》："物有本末，事有終始，知所先後，則近道矣。"一契：謂符契相合爲一。借指全部相合。王羲之《蘭亭集序》："每覽昔人興感之由，若合一契，未嘗不臨文嗟悼，不能喻之於懷。"不渝：不改變。《詩·鄭風·羔裘》："彼其之子，捨命不渝。"毛傳："渝，變也。"馬瑞辰通釋："謂雖至死而捨命亦不變耳。"

[4] 見利忘信：看到私利，不顧及信義。《漢書·樊酈滕灌商等傳贊》："夫賣友者，謂見利而忘義也。"這裏稚川將"義"換作"信"。

[5] 禽魚之結侶：謂飛禽（如鷹鷙）與遊魚生性存在着吃與被吃的關係，難以結爲伴侶。

［6］子政：劉向（前77—前6）本名更生，字子政，沛郡丰縣（今屬江蘇）人。漢皇族楚元王劉交四世孫。少治《春秋穀梁傳》，能屬文辭。先後任輦郎、諫大夫、郎中、宗正等。用陰陽災異推論時政得失，屢次上書劾外戚、宦官專權，辭多痛切。愈爲許、史、恭、顯所怨，遂廢十餘年。成帝時得復進用，更名向。任光禄大夫、中壘校尉。奉詔領校秘書，撰爲《别録》，爲我國目録學之祖。另著《洪範五行傳》《列女傳》《新序》《説苑》等。成帝欲用爲九卿，爲王氏所阻，終不得遷。子駿：劉歆（？—公元23），字子駿，後改名秀，字穎叔。劉向少子。少通《詩》《書》，能屬文。成帝時召爲黄門郎，奉詔與父領校秘書，博通六藝經傳、諸子、詩賦、數術、方技。父卒，爲中壘校尉。哀帝時，爲侍中、太中大夫，遷騎郎尉、奉車光禄大夫。復領校群經，卒父前業，集六藝群書，别爲《七略》。酷好古文經學，欲建《左氏春秋》《毛詩》《周禮》《古文尚書》於學官，爲今文經學博士所拒。遂移書太常博士責讓，其言甚切，爲諸儒群臣怨恨。恐誅，出爲河内太守。平帝時，王莽執政，遷中壘校尉、羲和、京兆尹，封爲紅休侯。考定律曆，著《三統曆譜》。王莽代漢後，立古文經學博士，拜爲國師。後謀誅王莽，事泄自殺。

［7］平論：評論。平通評。異隔：指劉向父子對《左傳》《穀梁傳》等問題上存在不同看法。《漢書·劉向傳》：“宣帝時，詔向受《穀梁春秋》，十餘年，大明習。及歆校秘書，見古文《春秋左氏傳》，歆大好之。……及歆治《左氏》，引傳文以解經，轉相發明，由是章句義理備焉。……歆以爲左丘明好惡與聖人同，親見夫子，而公羊、穀梁在七十子之後，傳聞之與親見之，其詳略不同。歆數以難向，向不能非間也。”

［8］吉甫、伯奇：《琴操》上《履霜操》曰：“（尹）吉甫，周上卿也。有子伯奇。伯奇母死，吉甫更娶後妻，生子曰伯邦（當作封）。（後妻）乃譖伯奇於吉甫曰：‘伯奇見妾有美色，然有欲心。’吉甫曰：‘伯奇爲人慈仁，豈有此也？’妻曰：‘試置妾空房中，君登樓而察之。’後妻知伯奇仁孝，乃取毒蜂綴衣領，（引）伯奇前持之。於是吉甫

大怒,放伯奇於野。"

[9] 辯訟有無:蓋謂吉甫認爲伯奇有欲心,而伯奇申辯無欲心。辯訟:辯論;争論。

10 "世俗之人,交不論志,逐名趨勢[1],熱來冷去[2];見過不改,視迷不救;有利則獨專而不相分,有害則苟免而不相恤[3];或事便則先取而不讓,值機會則賣彼以安此。凡如是則有不如無也。

【注】

[1] 趨勢:趨奉權勢。《三國志·魏書·董昭傳》:"國士不以孝悌清脩爲首,乃以趨勢游利爲先。"

[2] 熱來冷去:親熱富貴者,冷淡貧賤者。《戰國策·齊策四》:"譚拾子曰:'事之必至者,死也;理之固然者,富貴則就之,貧賤則去之,此事之必至,理之固然者。……'"

[3] 苟免:苟且免於損害。《禮記·曲禮上》:"臨財毋苟得,臨難毋苟免。"鄭玄注:"(毋苟得)爲傷廉也。(毋苟免)爲傷義也。"相恤:照顧他人。

11 "天下不爲盡不中交也,率於爲益者寡而生累者衆[1]。知人之明,上聖所難[2]。而欲力厲近才,短於鑒物者,務廣其交,又欲使悉得,可以經夷險而不易情[3],歷危苦而相負荷者,吾未見其可多得也。雖搜琬琰於培塿之上[4],索鸞鳳乎鷦鷯之巢[5],未爲難也。吾亦豈敢謂藍田之陽,丹穴之中爲無此物哉[6]!亦直言其稀已矣。

【注】

[1] 中(zhòng)交:值得結交。爲(wéi)益:猶有益。生累:猶牽累。

〔２〕上聖：指帝堯。《書・皋陶謨》：“禹曰：‘……惟帝（堯）其難之。
　　　知人則哲，能官人。’”

〔３〕夷險：艱險。《太平御覽》四百六引陸機《要覽》：“諸葛亮曰：‘勢
　　　利之交，難以經遠。士之相知，溫不增華，寒不改葉，能貫四時而
　　　不衰，歷夷險而益固。’”

〔４〕琬琰（wǎn yǎn）：美玉名。

〔５〕鷦鷯（jiāo liáo）：鳥名。俗稱巧婦鳥。又名黃脰鳥、桃雀、桑飛
　　　等。形小，體長約三寸。羽毛赤褐色，略有黑褐色斑點。尾羽
　　　短，略向上翹。以昆蟲爲主要食物。

〔６〕丹穴：山名。《山海經・南山經》：“丹穴之山……有鳥焉，其狀如
　　　雞，五采而文，名曰鳳皇。”

　　　12　“夫操尚不同(1)[1]，猶金沈羽浮也(2)；志好之乖次，
猶火升而水降也[2]。苟不可同，雖造化之靈，大塊之匠[3]，
不可使同也，何可强乎！余所稟訥騃(3)[4]，加之以天挺篤
懶[5]，諸戲弄之事，彈棋博弈，皆所惡見；及飛輕走迅[6]，遊
獵傲覽[7]，咸所不爲，殊不喜嘲褻。凡此數者，皆時世所
好，莫不躭之，而余悉闕焉，故親交所以尤遼也[8]。加以挾
直，好吐忠藎[9]，藥石所集[10]，甘心者尠。又欲勉之以學
問，諫之以馳競，止其摴蒲，節其沈湎，此又常人所不能
悦也。

【校】

（１）操尚不同：當作操尚之不同。如此，“操尚之不同”二句方與“志
　　　好之乖次”相對文。“之”起突出“不同”與“乖次”的作用。

（２）羽：疑當作而羽。如此，“金沈而羽浮”方與“火升而水降”對文。

（３）所稟訥騃：孫星衍校：“藏本作‘湌稟訥駭’，今從盧本。”按：湌同
　　　餐，藏本湌作飧，魯藩本同藏本。

【注】

［1］操尚：德操志尚。《三國志·魏書·邴原傳》：“少與管寧俱以操尚稱，州府辟命皆不就。”

［2］火升而水降也：喻自然之常性。《書·洪範》：“水曰潤下，火曰炎上。”孔傳：“言其自然而然之常性。”

［3］造化、大塊：大自然。《莊子·大宗師》：“以造化爲大冶。”“夫大塊載我以形。”《文選·江賦》“焕大塊之流形”李善注引司馬彪曰：“大塊，自然也。”

［4］訥騃(nè ái)：言語遲鈍，頭腦笨拙。

［5］天挺：謂天生卓越超拔。《後漢書·黃瓊傳》：“光武以聖武天挺，繼統興業。”

［6］飛輕走迅：猶言飛鷹走犬。指打獵。《文選·東京賦》“乃有迅羽輕足”劉良注：“(迅羽輕足)猶鷹犬。”楊明照箋：“輕，指鷹。迅，指犬。”

［7］傲(áo)覽：遊覽。傲通遨。遨同敖。

［8］親交：親戚舊交；知交。《莊子·山木》：“親交益疏，徒友益散。”

［9］忠藎(jìn)：猶忠誠。《三國志·蜀書·董和傳》“後從事於偉度”裴松之注：“(偉度)爲亮主簿，有忠藎之效，故見褒述。”

［10］藥石：藥劑和砭石。喻規誡。《左傳·襄公二十三年》：“臧孫曰：‘……孟孫之惡我，藥石也。’”杜預注：“常志相違戾，猶藥石之療疾。”

13　“毀方瓦合[1]，違情偶俗，人之受制(1)[2]，其所不堪(2)。而欲好日新，安可得哉！知其如此而不辯改之(3)，可不謂之闇於當世，拙於用大乎(4)[3]？夫交而不卒，合而又離，則兩受不弘之名，俱失克終之美。夫厚則親愛生焉，薄則嫌隙結焉[4]，自然之理也，可不詳擇乎！爲可臨觴拊背[5]，執手須臾[6]，欲多其數而必其全，吾所懼也。”

【校】

（1）受制：原作愛力。愛力，與上下文意不屬，疑有誤。“愛”蓋“受”字之誤，“力”蓋“制”之殘爲“刂”，“刂”誤爲“力”。“毀方瓦合，違情偶俗”如“人之受制”於人，故“甚所不堪”，如此則上下文意乃順。

（2）其所不堪：平津本作甚所不堪。魯藩本作其可不堪。

（3）辯：孫星衍校：“盧本作便。”

（4）拙於用大：平津本作拙於用人。楊明照校非之。

【注】

［1］毀方瓦合：毀去棱角，與瓦礫相合。喻屈己從衆。《禮記·儒行》：“毀方而瓦合。”鄭玄注：“去己之大圭角，下與衆人小合也。必瓦合者，亦‘君子爲道不遠人’。”正義：“方，謂物之方正有圭角鋒鋩也。瓦合，謂瓦器破而相合也。言儒者身雖方正，毀屈己之方正下同凡衆，如破去圭角與瓦器相合也。”

［2］受制：受他人轄制。《後漢書·呂布傳》：“君擁十萬之衆，當四戰之地，撫劍顧眄，亦足以爲人豪，而反受制，不以鄙乎！”

［3］拙於用大：不善於使用大的東西。喻心靈茅塞不通。《莊子·逍遙遊》：“惠子謂莊子曰：‘魏王貽我大瓠之種，我樹之成而實五石，以盛水漿，其堅不能自舉也。剖之以爲瓢，則瓠落無所容。非不呺然大也，吾爲其無用而掊之。’莊子曰：‘夫子固拙於用大矣。……今子有五石之瓠，何不慮以爲大樽而浮乎江湖，而憂其瓠落無所容，則夫子猶有蓬之心也夫！’”

［4］嫌隙：因猜疑或不滿而產生的惡感或仇怨。《三國志·魏書·胡質傳》：“今以睚眦之恨，乃成嫌隙。”

［5］臨觴：面對酒杯；面對美酒。觴：酒杯。曹植《求通親表》：“左右惟僕隸，所對惟妻子，高談無所與陳，發義無所與展，未嘗不聞樂而拊心，臨觴而歎息也。”拊背：輕拍肩背。表示撫慰。

［6］執手：握手；拉手。《詩·鄭風·遵大路》：“遵大路兮，摻執子之手兮。”鄭玄箋：“言執手者，思望之甚也。”

14　或曰："然則都可以無交乎？"

抱朴子答曰："何其然哉[(1)]！夫畏水者何必廢舟楫，忌傷者何必棄斧斤[1]？交之爲道，其來尚矣。天地不交則不泰，上下不交即乖志[2]。夫不泰則二氣隔并矣[3]，志乖則天下無國矣[4]。然始之甚易，終之覺難[(2)]。患乎所結非其人，敗於爭小以忘大也。《易》美金蘭[5]，《詩》詠百朋[6]，雖有兄弟，不如友生[7]。切思三益，大聖所嘉[8]，門人所以增親[(3)]，惡言所以不至[9]；管仲所以免誅戮而立霸功[10]，子元所以去亭長而驅朱軒者，交之力也[11]。

【校】

（1）何其然哉：當從楊明照校作何謂其然乎？或何爲其然乎？《逸民》："逸民曰：'何謂其然乎？'"《正郭》："抱朴子曰：'曷爲其然乎？'"是其證。

（2）終之覺難："終"平津本誤作絲。覺難：孫星衍校："藏本作寬難（魯藩本同），盧本如此，疑作實難。"楊明照案："吉藩本作覺難，較勝。"當從。覺：通較。

（3）增親：陳其榮案："承訓本作尊親。"

【注】

[1]畏水者兩句：喻不能因噎廢食。《呂氏春秋·蕩兵》："有以乘舟死者，欲禁天下之船，悖。"

[2]天地不交則不泰，上下不交即乖志：以上句喻下句，以交泰喻交志。《易·泰》："象曰：天地交而萬物通也，上下交而其志同也。"

[3]隔并：謂陰陽失調而產生的水旱災害。《後漢書·陳忠傳》："故天心未得，隔并屢臻。"李賢注："隔并，謂水旱不節也。"

[4]無國：無邦。《易·否·》："上下不交而天下無邦也。"

［5］金蘭：指深交；契合的友情。《易‧繫辭上》：“二人同心，其利斷金；同心之言，其臭如蘭。”

［6］百朋：本指極多的貨幣。此借指朋友極多。《詩‧小雅‧菁菁者莪》：“既見君子，錫我百朋。”鄭玄箋：“古者貨貝，五貝爲朋。錫我百朋，得禄多，言得意也。”錫同賜。古代以貝殼爲貨幣，五貝爲一串，兩串爲一朋。

［7］雖有兄弟，不如友生：謂兄弟骨肉之情，不如友生義氣之誼。語見《詩‧小雅‧常棣》。友生：朋友。

［8］切思：亦作切偲（sī）。切切偲偲。相互敬重，切磋勉勵貌。《論語‧子路》：“子曰：‘切切、偲偲、怡怡如也，可謂士矣。朋友切切、偲偲，兄弟怡怡。’”集解引馬融曰：“切切、偲偲，相切責之貌。怡怡，和順之貌。”思通偲。三益：謂直、諒、多聞。借指良友。

［9］門人所以增親，惡言所以不至：弟子所以更加互相親愛，惡言不聞於老師。《詩‧大雅‧緜》：“予曰有疏附，予曰有先後，予曰有奔奏，予曰有禦侮。”毛傳：“率下親上曰疏附，相道前後曰先後，喻德宣譽曰奔奏（走），武臣折衝曰禦侮。”正義引《尚書大傳》：“孔子曰：‘文王得四臣，吾亦得四友：自吾得回也，門人加親，是非疏附與？……自吾得由也，惡言不至於門，是非禦侮與？’”謂老師得益於友生之四行。

［10］管仲所以免誅戮而立霸功：管仲因鮑叔的推薦而免誅戮，齊桓公的任用而建立霸功。

［11］子元：朱博字。朱博因得友人、大將軍王鳳長史陳咸的薦舉，得除大將軍王鳳幕府屬，由此發迹。朱軒：使者所乘朱紅色車。軒：車通稱。

15　“單絃不能發《韶》《夏》之和音[1]，孑色不能成衮龍之瑋燁(1)[2]，一味不能合伊鼎之甘[3]，獨木不能致鄧林之茂[4]。玄圃極天，蓋由衆石之積；南溟浩瀁，實須群流之赴。明鏡舉則傾冠見矣，羲和照則曲影覺矣[5]；隈括修則枉刺之疾消矣^{(2)[6]}，良友結則輔仁之道弘矣^[7]。

【校】

（1）瑋燁：疑瑋當從火作煒。

（2）刺：王廣恕校作刜。

【注】

[1] 單絃不能發《韶》《夏》之和音：謂一根絃發不出和聲。喻個人力量有限。《左傳·昭公二十年》：“晏子對曰：‘……若琴瑟之專壹，誰能聽之？’”《韶》《夏》：舜樂和禹樂。泛指優雅的音樂。《書·益稷》：“簫《韶》九成，鳳皇來儀。”孔傳：“《韶》，舜樂名。言簫，見細器之備。雄曰鳳，雌曰皇，靈鳥也。儀，有容儀。備樂九奏而致鳳皇。”孔穎達疏：“成猶終也，每曲一終，必變更奏。故《經》言九成，《傳》言九奏，《周禮》謂之九變，其實一也。”

[2] 子色：單色。袞龍：朝服上的龍。指袞龍袍。瑋燁：燁燁，美盛貌。

[3] 伊鼎之甘：指伊尹鼎中和調五味，食品味道甘美。《吕氏春秋·本味》：“調和之事，必以甘酸苦辛鹹。……鼎中之變，精妙微纖。”

[4] 鄧林：以上四句意本《國語·鄭語》：“（史伯）對曰：‘……夫和實生物，同則不繼。’‘聲一無聽，物一無文，味一無果，物一不講。’”韋昭注：“五聲雜然後可聽，五色雜然後成文，五味合然後可食果美。講，論校也。”

[5] 羲和：神話傳説中駕馭日車的神。此指太陽。《楚辭·離騷》：“吾令羲和弭節兮。”王逸注：“羲和，日御也。弭，按也。按節，徐步也。”

[6] 檃（yǐn）括：矯正竹木彎曲的工具。《荀子·性惡》：“枸木必將待檃括烝矯然後直。”楊倞注：“檃括，正曲木之木也。”

[7] 輔仁：輔佐仁德之道。《論語·顏淵》：“君子以文會友，以友

輔仁。"

16　"達者知其然也,所企及則必簡乎勝己[1],所降結則必料乎同志。其處也則講道進德,其出也則齊心比翼。否則鈞魚釣之業[2],泰則協經世之務。安則有以精義,危則有以相恤。恥令譚、青專面地之篤(1)[3],不使王、貢擅彈冠之美[4]。夫然,故交道可貴也。

【校】

（1）青：藏本、魯藩本誤作肯。

【注】

[1]企及則必簡乎勝己：意本《論語·學而》："無友不如己者。"《吕氏春秋·觀世》："故周公旦曰：'……惟賢者必與賢於己者處。'"企及：踮起腳來才夠著。謂勉力從事。

[2]魚：通漁。同爲平聲疑母魚部字。《廣韻·魚韻》："魚,語居切。""魚"下有"漁"字。《易·繫辭下》"以田以魚"惠棟述："魚,讀爲漁。以罟取獸曰田,取魚曰魚。"上句喻同隱,獨善其身；下句喻協同治國,兼善天下。

[3]譚、青：薛譚、秦青,善謳者。《列子·湯問》："薛譚學謳於秦青,未窮青之技,自謂盡之；遂辭歸。秦青弗止,餞於郊衢,撫節悲歌,聲振林木,響遏行雲。薛譚乃謝求反,終身不敢言歸。"面地：謂行雲如人伏身傾聽,故云。

[4]王、貢：王吉、貢禹。王吉字子陽,琅邪皋虞（今山東即墨東北）人。貢禹（前124—前44）,字少翁,琅邪（今山東諸城）人。以明經潔行,徵爲博士。元帝時累官至御史大夫。屢上書主張選賢能,誅姦臣,罷倡樂,修節儉。王、禹相知,世稱："王陽在位,貢公彈冠。"謂二人趣舍相同,相互薦達也。

17 "然實未易知[(1)][1]，勢力生去就[2]；積毀壞刎頸之契[(2)][3]，漸漬釋膠漆之堅[4]。於是有忘素情之綢歎[(3)][5]，或睚眥而不思[6]。遂令元伯、巨卿之好，獨著於昔[7]；張耳、陳餘之變，屢構於今[8]。推往尋來，良可歎也。夫梧禽不與鴟梟同枝[9]，麟虞不與豺狼連群，清源不與濁潦混流，仁明不與凶闇同處。何者？漸染積而移直道[10]，暴迫則生害也。

【校】

（1）然：孫星衍校：其下"有脫文，盧本補'虛'字，未知是否。"楊明照按："'然'下似脫一'人'字。"當據補。

（2）積：孫星衍校："積字從盧本補。"

（3）綢歎：孫星衍校："（綢）盧本作惆。"疑本作綢繆。

【注】

[1]實未易知：《呂氏春秋·任數》："孔子歎曰：'弟子記之，知人固不易矣。'"語本此。

[2]去就：1.離去或接近；做官或不做官。2.猶取捨。

[3]積毀：謂衆口不斷譭謗。《史記·張儀列傳》："臣聞之，積羽沈舟，群輕折軸，衆口鑠金，積毀銷骨。"刎頸之契：同生死共患難的盟約。如廉頗與藺相如。《史記·廉頗藺相如列傳》："卒相與驩，爲刎頸之交。"驩同歡。

[4]漸漬釋膠漆之堅：喻膠漆的友誼經不起長時間浸潤的考驗。《後漢書·獨行傳·雷義》："義歸，舉茂才，讓於陳重，刺史不聽，義遂陽狂被髮走，不應命。鄉里爲之語曰：'膠漆自謂堅，不如雷與陳。'"交道善終之難如此。

[5]綢歎：同綢繆，謂情意殷切。《文選》吳質《答東阿王書》："奉所惠貺，發函伸紙，是何文采之巨麗，而慰喻之綢繆乎！"呂延濟注："綢繆，謂殷勤之意也。"

［6］睚眥（yá zì）：瞋目怒視；瞪眼看人。借指微小的怨恨。《戰國
　　策·韓策二》：“聶政曰：‘……夫賢者以感忿睚眥之意，而親信窮
　　僻之人。’”

［7］元伯：張劭字元伯，東漢汝南（今河南平輿北）人。巨卿：范式字
　　巨卿，一名氾，山陽金鄉（今山東嘉祥南）人。少遊太學，與張劭
　　爲友。二人並告歸。式與劭約定，兩年後拜見劭之尊親。至期
　　劭母設饌候之，届時式果至，上堂拜母，盡歡而別。後劭寢疾，
　　云：“恨不見吾死友！”劭卒，見夢於式，式往奔喪，爲修墳樹然後
　　去。後世視爲生死之交的楷模。

［8］張耳（前？—前202）、陳餘（前？—前204）：皆秦大梁（今河南開
　　封市）人。張耳少時爲魏信陵君客，曾任外黄令。餘好儒術，年
　　少，父事張耳，結爲刎頸之交。秦滅魏，餘、耳變名姓，俱亡至陳，
　　爲里監門。陳涉起兵，耳、餘並立陳人武臣爲趙王而事之。趙王
　　以餘爲代王。後耳降漢，與韓信破趙井陘，斬餘於泜水上。漢封
　　張耳爲趙王。兩人成爲勢利之交的典型。變：指交誼由善變
　　惡。搆通構。

［9］梧禽：梧桐樹上的飛禽，指鳳凰。

［10］漸染：漬染；沾染。《楚辭》東方朔《七諫·沈江》“日漸染而不自
　　知兮”王逸注：“稍積爲漸，汙變爲染。”

18　或人曰：“敢問全交之道，可得聞乎[1]？”

　　抱朴子答曰：“君子交絶，猶無惡言[2]，豈肯向所異辭
乎(1)？殺身猶以許友[3]，豈名位之足競乎？善交狎而不
慢[4]，和而不同[5]：見彼有失，則正色而諫之；告我以過，則
速改而不憚。不以忤彼心而不言，不以逆我耳而不納；不
以巧辨飾其非，不以華辭文其失[6]；不形同而神乖，不匿情
而口合；不面從而背憎[7]，不疾人之勝己；護其短而引其
長，隱其失而宣其得[8]；外無計數之諍[9]，内遺心競之

累[10]。夫然,故《鹿鳴》之好全(2)[11],而《伐木》之刺息[12]。若乃輕合而不重離,易厚而不難薄;始如形影,終爲參辰[13];至歡變爲篤恨,接援化成讎敵;不詳之悔,亦無以(3)……

【校】

（1）肯向:當從楊明照校作背向。《内篇·微旨》"背向異辭"是其證。

（2）故:平津本作後,楊明照校與藏本等作故。與上文"夫然,故道可貴也"文例同。

（3）亦無以:孫星衍校:"下有脱文。"

【注】

［1］全交:保全交誼;維護友情。《禮記·曲禮上》:"君子不盡人之歡,不竭人之忠,以全交也。"即寬以待人,不苟求友人。聞:指説給我聽。

［2］君子交絶,猶無惡言:語本《戰國策·燕策二》:"望諸君乃使人獻書報燕王曰:'……臣聞古之君子,交絶不出惡聲。'"《史記·樂毅列傳》正義:"言君子之人,交絶不説己長而談彼短。"

［3］殺身許友:如聶政之於嚴遂。

［4］善交:善於交友。《列子·力命》:"世稱管鮑善交者,小白善用能者。"狎而不慢:親近而不輕慢。《禮記·曲禮上》:"賢者狎而敬之。"鄭玄注:"狎,習也,近也。謂附而近之,習其所行也。"

［5］和而不同:君子心平氣和,恰到好處表達自己的不同意見。《論語·子路》:"子曰:'君子和而不同。'"集解:"君子心和,然其所見各異,故曰不同。"

［6］文其失:掩飾過失。《論語·子張》:"小人之過也必文。"

［7］面從:當面順從。《書·益稷》:"予違汝弼,汝無面從,退有後言。"背憎:背地裏憎惡。《詩·小雅·十月之交》:"噂沓背憎,職競由人。"鄭玄箋:"背則相憎。"

[8] 護其短而引其長二句：謂隱友人之惡、揚友人之善。《荀子·臣道》："言其所長，不稱其所短。"

[9] 計數（shù）：1. 計算。如君計臣力，臣計君祿之類。《韓非子·難一》："且臣盡死力以與君市，君垂爵祿以與臣市。君臣之際，非父子親也，計數之所出也。"舊注："君計臣力，臣計君祿。"2. 謀略權術。《三國志·吳書·張溫傳》："諸葛亮達見計數，必知神慮屈申之宜。"諍：經傳通作争。争奪。《説文·言部》朱駿聲通訓定聲："諍，叚借爲争。"

[10] 遺……累（léi）：抛棄牽累。《文選》陸機《弔魏武帝文》："既晞古以遺累，信簡禮而薄葬。"李善注："禮繁則易亂，厚葬則傷生，能遵簡薄，所以遺累。"心競：心智競争；暗自争勝。《左傳·襄公二十六年》："臣不心競而力争，不務德而争善。"

[11] 《鹿鳴》：《詩·小雅》首篇篇名。《毛詩序》："《鹿鳴》，燕（宴）群臣嘉賓也。既飲食之，又實幣帛筐篚，以將其厚意，然後忠臣嘉賓得盡其心矣。"

[12] 《伐木》：《詩·小雅》篇名。《初學記》十五引《韓詩·伐木序》："《伐木》廢，朋友之道缺，飢者歌其食，勞者歌其事，詩人伐木，自苦其事，故以爲文。"首章："伐木丁丁，鳥鳴嚶嚶。"三章："民之失德，乾餱以愆。"句指因一點飲食小事而失和。

[13] 參辰：二星名。語有"參辰卯酉"，謂參星西時（下午5—6時）出現於西方，辰星卯時（上午5—6時）出現於東方，此出彼落，永不相見。辰星即商星。《左傳·昭公元年》："昔高辛氏有二子，伯曰閼伯，季曰實沈，居於曠林，不相能也，日尋干戈，以相征討。后帝不臧，遷閼伯於商丘，主辰，商人是因，故辰爲商星；遷實沈於大夏，主參，唐人是因，以服事夏、商。"典本此。喻兩人關係斷絶。

19　"往者漢季陵遲，皇轡不振[1]；在公之義替，紛競之俗成。以違時爲清高[2]，以救世爲辱身，尊卑禮壞，大倫遂

亂。在位之人，不務盡節[3]，委本趨末，背實尋聲。王事廢
者其譽美[4]，姦過積者其功多。莫不飛輪兼策，星言假寐，
冒寒觸暑，以走權門，市虛華之名於秉勢之口，買非分之位
於賣官之家。或爭所欲，還相屠滅。

【注】

［１］皇轡：皇帝車駕馭馬的繮繩。猶皇輿。借指皇權或朝綱。《楚
　　　辭·離騷》："豈余身之憚殃兮，恐皇輿之敗績。"

［２］違時：違背當時形勢或時代趨勢。《國語·魯語上》："動不違時，
　　　財不過用。"《管子·霸言》："聖人能輔時，不能違時。"

［３］盡節：盡心竭力，保全節操。多指赴義捐軀。《管子·形勢解》：
　　　"入則務疾作，以實倉廩；出則盡節死敵，以安社稷。"

［４］王事：1.王命差遣的公事。《詩·小雅·北山》："四牡彭彭，王
　　　事傍傍。"2.特指朝聘、會盟、征伐等國家大事。《易·坤》："或從
　　　王事，無成有終。"高亨注："從征者有人未立功亦得賞，是無成有
　　　終。"此取其義。

20　"於是公叔、偉長[1]，疾其若彼[2]，力不能正，不忍
見之，爾乃發憤著論[3]，杜門絕交，斯誠感激有爲而然[4]。
蓋矯枉而過正[5]，非經常之永訓也。徒當遠非類之黨[6]，
慎諂黷之源[7]。何必裸袒以詭彼己[8]，斷粒以刺玉食哉！
夫交之爲非(1)，重諫而不止，遂至大亂。故禮義之所棄，可
以絕矣。"

【校】

（１）交之爲非：孫星衍校："（交）藏本作反，從舊寫本改。"魯藩本同
　　　藏本。

【注】

[１]公叔：朱穆(100—163)字公叔,南陽宛(今河南南陽市)人。五歲
有孝稱,及壯耽學。初舉孝廉,梁冀辟之,合典兵事。年五十,奉
書趙康稱弟子。有感時俗,著《崇厚論》及《絕交論》。永興初,出
爲冀州刺史,冀州令長聞穆渡河,解印綬者四十餘人。徵拜尚
書,志欲除宦官。禄仕數十年,及卒,實不能斂。蔡邕及門人謚
爲文忠先生。偉長：徐幹(169—217)字偉長,東漢末北海(今山
東昌樂西)人。官司空軍謀祭酒掾屬、五官將文學。以文學著
稱,爲"建安七子"之一。著有《中論》,辭義典雅。

[２]疾其若彼：詳見朱穆《絕交論》(《後漢書》本傳注引)《藝文類聚》
二一引徐幹《中論》,文繁不録。

[３]發憤：發泄憤懑。

[４]感激：感奮,激發。劉向《説苑·修文》:"感激憔悴之音作而民思
憂。"有爲：有作爲。《易·繫辭上》:"是以君子將有爲也。"此謂
有所針對而撰文。

[５]矯枉而過正：謂欲矯正枉曲,不能得中,反而太過。董仲舒《春秋
繁露·玉杯》:"《春秋》爲人不知惡而恬行不備也,是故重累責
之,以矯枉世而直之。矯者不過其正,弗能直。"

[６]非類：謂門第、身份、志趣不同的人。嵇康《井丹贊》:"井丹高潔,
不慕榮貴;抗節五王,不交非類。"

[７]謟瀆：謟瀆。阿諛在上者,輕侮在下者。瀆通瀆,瀆通嬻。《易·
繫辭下》:"君子上交不謟,下交不瀆。"高亨注:"謟,甘言媚人曰
謟。瀆借爲嬻,輕侮人曰嬻。"

[８]裸袒：赤身露體。此猶言赤裸裸。喻不涵蓄。詭：責成,要求。
彼己：彼己之子。今《詩·曹風·侯人》作"彼其之子"。彼其之
子即彼子,他這個人。此指他們這些人。

備闕卷十七^[1]

1 抱朴子曰："騕褭能奮蘭筋以絶景^[2]，而不能履□冰以乘深⁽¹⁾；猛虎能似雷霆以搏噬，而不能踊雲霧以淩虛^[3]；鴻、鶤不能振翅於籠罩之中^[4]，輕鷯不能電擊於几筵之下。物既然矣，人亦如之。故能調和陰陽者^[5]，未必能兼百行⁽²⁾，修簡書也^[6]；能敷五邁九者^[7]，不必能全小潔，經曲碎也。

【校】

（1）履冰：當從楊明照校作履薄冰。如此，"履薄冰"方與"踊雲霧"相對仗。

（2）百行：楊明照未校，當作百里，指縣令、縣長。下文謂"蔣生憒憒於百里，而獨步（乎）三槐"可與此兩句合讀互證。詳見《百里》篇。

【注】

[1] 備闕：周備與過失；求全責備與缺點過失。金無足赤，人無完人，論不必求全責備於大材。

[2] 騕褭（yǎo niǎo）：古駿馬名。《吕氏春秋·離俗》："飛兔、騕褭，古之駿馬也。"高誘注："飛兔、騕褭，皆馬名也，日行萬里。"蘭筋：馬目上筋名。借指千里馬。《文選·爲曹洪與魏文帝書》："及整蘭筋，揮勁翮，陵厲清浮，顧眄千里，豈可謂其借翰於晨風，假足於六駿哉？"李善注："《相馬經》云：'一筋從玄中出，謂之蘭筋。

玄中者，目上陷如井字。蘭筋竪者千里。'"

［3］雲霧：雲和霧。《韓非子・難勢》："飛龍乘雲，騰蛇遊霧。"

［4］振翅：煽動翅翼。《博喻52》："靈鶴振翅玄圃之峰，以違罩羅之患。"籠罩：鳥籠，籠檻。

［5］調和陰陽：指大臣按天人合一的哲理輔佐君主治理國事。《書・周官》："立太師、太傅、太保。兹惟三公，論道經邦，燮理陰陽。"

［6］簡書：帝王或朝廷用於告誠、策命、盟誓、徵召等事的文書。多由有文字水平的秘書撰寫。包括宰相在内的大臣未必皆有寫此簡書的本事。

［7］能敷五邁九者：指施行政教的輔佐大臣。敷五：佈施五典。五典即五常之教。邁九：（勉力）實行九德。《書・皋陶謨》："皋陶曰：'都，亦行有九德……'禹曰：'何？'皋陶曰：'寬而栗，柔而立，願而恭，亂而敬，擾而毅，直而温，簡而廉，剛而塞，彊而義，彰厥有常，吉哉！'"孔傳："言人性行有九德以考察，真僞則可知。"

2　"惠子，上相之標也，而不能役舟楫，以淩陽侯(1)[1]；漢高，神武之傑也，而不能治産業，端檢括[2]；淮陰，良將之元也，而不能修農商，免飢寒[3]；周勃，社稷之髀也(2)，而不能答錢穀，責獄辭[4]。若以所短棄所長，則逸儕拔萃之才不用矣[5]；責其體而論細禮(3)，則匡世濟民之勳不著矣(4)[6]。

【校】

（1）以：當從楊明照校删。

（2）社稷之髀也；《意林》髀作臣。

（3）責其體：平津本作責具體。

（4）匡：楊明照校："文溯本（剜改）作'匡'，崇文本同。照按：古籍中有言'匡時'、'匡國'、'匡君'、'匡主'者，其'匡'字誼與此同，若作'匠',則不可解矣。《論衡·對作篇》:'匡濟薄俗。'《後漢書·袁紹傳上》'今欲與卿勠力同心,共安社稷,將何以匡濟之乎',《三國志·魏書·賈詡傳》'乃拜詡尚書,典選舉,多所匡濟',又《趙儼傳》'曹鎮東應期命世,必能匡濟華夏',《南齊書·高帝紀》'匡濟艱難,功均造物',阮孝緒《七錄序》'所以匡濟風俗,矯正彝倫',皆以'匡濟'連文,足證此文'匠世'之'匠'碻爲誤字。後《博喻篇》'而抽匡世之器',《內篇·論仙》'未若擄匡世之高策'又《釋滯》'古人得道而匡世',並作'匡世',尤爲切證。"按:楊校所舉"匡時、匡國、匡君、匡主、匡濟",稚川三用"匡世",誠屬事實;而《備闕》"匠世濟民"、《博喻》第 88 首"責匠世之勳於劇碎之賢"、《詰鮑》"良宰匠世",稚川三用"匠世",也是事實。既然稚川既用"匡世",又用"匠世",我們還是採取實事求是的承認其"兩可"爲好的態度。如果説用"匡世"是繼承,那麼用"匠世"就是稚川的創新。《小爾雅·廣詁》:"匠,治也。"匠世即治世,是"可解"的。"治"的治理義較表示救助、輔佐、糾正義的"匡"字更積極。

【注】

[1]惠子:惠施(前? —前 310),宋(今河南東部)人。上相:對宰相的尊稱。標:榜樣。《説苑·雜言》:"梁相死,惠子欲之梁。渡河,而遽墮水中。船人救之。船人曰:'子欲何之而遽也?'曰:'梁無相,吾欲往相之。'船人曰:'子居船楫之間而困。無我,則子死矣。子何能相梁乎?'惠子曰:'(子)居艘楫之間,則吾不如子。至於安國家,全社稷,子之比我,蒙蒙如未視之狗耳!'"句意本此。

[2]漢高:漢高祖劉邦。神武:原謂以吉凶禍福威服天下而不用刑殺。後沿用爲英明威武之意,多用以稱頌帝王將相。《漢書·刑法志》:"漢興,高祖神武之材,行寬仁之厚,總擥英雄,以誅秦、項。"不能治產業:不能治家理財,從事農業生產。《史記·高祖本紀》:"(高祖)常有大度,不事家人生產作業。及壯,試爲吏,爲泗水亭長,廷中吏無所不狎侮。好酒及色。""大度"是其所長,餘

則爲"曲碎"行徑，不自檢括。產業：生產事業。檢括：檢點；約
束。蔡邕《貞節先生范史雲碑》："晚節禁寬，困於屢空，而性多檢
括，不治產業。"傑、括：月部。

［３］淮陰：淮陰侯韓信。不能修農商：不能從事農業生產與經營商
業。《史記・淮陰侯列傳》："（韓信）始爲布衣時，貧無行，不得推
擇爲吏，又不能治生商賈，常從人寄食飲，人多厭之者。"元、寒：
元部。

［４］社稷之髓：社稷的骨髓大臣。不能答錢穀：不能回答漢文帝所
問有關錢穀的政事。責獄辭：漢文帝責周勃回答有關獄訟之
事。《史記・陳丞相世家》："居頃之，孝文皇帝既益明習國家事，
朝而問右丞相勃曰：'天下一歲決獄幾何？'勃謝曰：'不知。'問：
'天下一歲錢穀出入幾何？'勃又謝不知，汗出沾背，愧不能對。"

［５］逸儕：超過一般人。即拔萃之才。

［６］匠世濟民：治理天下，救助百姓。

3　"天不能平其西北，地不能隆其東南[1]；日月不能擒
光於曲穴[2]，衝風不能揚波於井底[3]。摛齒，則松櫑不及
一寸之筳[4]；挑耳，則棟梁不如鷦鷯之羽；彈鳥，則千金不
及丸泥之用(1)；縫緝，則長劍不及數分之針。何必伏巨象
而捕鼠，制大鵬以司晨乎？故姜牙賣煦無所售(2)，而見師
於文、武[5]；蔣生憒慢於百里，而獨步三槐(3)[6]。"

【校】

（１）丸泥：疑當乙作泥丸。東方朔《對驃騎難》："以珠彈鳥，不如
　　　泥丸。"

（２）賣煦無所售：孫星衍曰："（煦）疑當作'漿'。舊寫本'煦'字空白，
　　　盧本作'魚'，妄改耳。"孫詒讓曰："盧本固誤，然孫校亦非。'賣
　　　煦'，蓋謂賣備。《戰國策・秦策（五）》：'姚賈曰：（太公望）棘津
　　　之讎不庸。'即其事也。但以'備'爲'煦'，未詳其義。《道藏》本

《漢武帝外傳》説李少君'或時煦賃',亦用'煦'爲'傭賃'字,疑晉、宋俗語也。"楊明照按:"《逸民篇》:'且吕尚之未遇文王也,亦曾隱於窮賤,凡人易之,老婦逐之,賣傭不售。'彼此系用一事,則'煦'當作'傭'矣。……《酒戒》篇'煦人所不免也',《群書治要》五十引'煦'作'庸'。'傭'之誤'煦',正如'庸'之誤'煦'也。"按:"煦"爲侯部字,"傭""庸"爲東部字,爲侯東通韻,兩字同一語源,故能義同通用。稚川保存古音,將"傭""庸"之陽聲韻字讀爲"煦"之陰聲韻字,而主要元音相同。楊明照視"煦"爲"傭""庸"之誤字,蓋未從古音探源故也。孫詒讓所説"用'煦'爲'傭賃'字,疑晉、宋俗語也",是有道理的。

（3）獨步三槐:當作獨步乎三槐。如此始能與上文"見師於文武"對仗。

【注】

［1］西北:指西北高原。《淮南子·天文》:"昔者共工,與顓頊争爲帝,怒而觸不周之山,天柱折,地維絶;天傾西北,故日月星辰移焉。地不滿東南,故水潦塵埃歸焉。"高誘注:"傾,高也。"

［2］摛(chī)光:放射光芒。《後漢書·馬融傳》:"旌旛摻其如林,錯五色以摛光。"

［3］衝風:暴風;猛烈的風。《楚辭·九歌·河伯》:"與女遊兮九河,衝風起兮横波。"

［4］摘(tī)齒:挑出牙縫中的食垢。松櫃(jiǎ):松樹和櫃樹。筳(tíng):小竹片;小竹枝。

［5］姜牙:姓姜,名尚,字牙,即太公望。周文王立吕尚爲師。《史記·齊太公世家》索隱:"譙周曰:'(太公望吕尚)姓姜,名牙。……'按,……蓋牙是字,尚是其名,後武王號爲師尚父也。"賣煦:賣傭。出賣苦力。

［6］蔣生:蔣琬(?—246),字公琰,三國蜀漢零陵湘鄉(今屬湖南)人。從劉備入蜀。諸葛亮曾稱琬爲"社稷之器,非百里之才"。亮駐漢中,琬統府中,常足食足兵相給。亮每言:"公琰託志忠

雅，當與吾共贊王業者也。”密表後主，示“後事宜以付琬”。亮卒，累官尚書令，封安陽亭侯。時亮初喪，遠近危悚，琬神守舉止如平日，衆望漸服。元熙初，詔琬屯軍漢中，命開府，加大司馬。憒慢：指蔣琬爲廣都長時“衆事不理，時又沈醉”之事。三槐：相傳周代宮廷外朝外種有三棵槐樹，朝見天子時，三公面向三槐而立。《周禮•秋官•朝士》：“面三槐，三公位焉。”此以喻蔣琬任三公官職。百里：縣的代稱。也指縣令。

擢才卷十八[1]

1 抱朴子曰:"華章藻蔚[2],非矇瞍所玩[3];英逸之才,非淺短所識。夫瞻視不能接物,則袞龍與素褐同價矣;聰鑒不足相涉,則俊民與庸夫一槩矣[4]。眼不見,則美不入神焉;莫之與,則傷之者至焉。且夫愛憎好惡,古今不均[5],時移俗易,物同價異[6]。譬之夏后之璜,曩直連城[7],鬻之於今,賤於銅鐵。故昔以隱居求志爲高士,今以山林之儒爲不肖[8]。故聖世人之良榦(1)[9],乃闇俗之罪人也;往者之介潔[10],乃末葉之羸劣也[11]。

【校】
(1)人:孫星衍校:"衍人字。"當删。

【注】
[1]擢才:論明主擢拔治國人才。
[2]華章:美麗的花紋。此指華美的辭章。藻蔚:謂文辭美煥。南朝梁陶弘景《吳太極左仙公葛公之碑》:"瓌辭麗氣之首,藻蔚於庭筵。"按:例晚於本文。
[3]矇瞍(méng sǒu):盲者。《詩·大雅·靈臺》:"矇瞍奏公。"毛傳:"有眸子而無見曰矇,無眸子曰瞍。"
[4]一槩:猶言一律;同等。《楚辭·九章·懷沙》:"同糅玉石兮,一槩而相量。"洪興祖補注:"(槩)平斗斛木。"槩同概。

〔5〕均：藏本作鈞。鈞通均。相同。

〔6〕時移俗易：時代更替，社會風俗變易。《魏書・禮志四》：“良由去聖久遠，典儀殊缺，時移俗易，物隨事變。”價：藏本作賈。賈：價的古字。

〔7〕夏后之璜：相傳夏后氏之珍。《左傳・定公四年》：“子魚曰：‘……分魯公以大路、大旂、夏后氏之璜。’”杜預注：“璜，美玉名。”夏后：指禹受舜禪而建立的夏王朝。亦稱夏氏、夏后氏。璜：玉器名。狀如半璧。古代朝聘、祭祀、喪葬時所用禮器。曩直連城：古時被視爲珍貴之物。直：同值。《史記・廉頗藺相如列傳》：“趙惠文王時，得楚和氏璧。秦昭王聞之，使人遺趙王書，願以十五城請易璧。”

〔8〕不肖：不材；不材之人。《漢書・武帝紀》：“代郡將軍（公孫）敖、雁門將軍（李）廣，所任不肖，校尉又背義妄行，棄軍而北。”顏師古注：“肖，似也。不肖者，言無所象類，謂不材之人也。”

〔9〕良榦：能勝重任的賢臣。榦：楨榦。《後漢書・左雄周舉等傳論》：“吳祐、蘇章、種暠、欒巴，牧民之良榦；龐參、虞詡，將帥之宏規。”

〔10〕介潔：耿介高潔。《博喻3》：“是以介潔而無政事者，非撥亂之器。”

〔11〕嬴劣：疲弱；瘦弱。《後漢書・東海恭王彊傳》：“臣内自省視，氣力嬴劣，日夜浸困。”此謂低下。

　　2　“弘偉之士，履道之生，其崇信匪徒重仞之牆[1]，其淵澤不唯呂梁之深也[2]，故短近不能賞，而淺促不能測焉。因以異乎己而薄之矣，以不求我而疾之矣，不貴不用，何足言乎？乃有播埃塵於白珪[3]，生瘡痏於玉肌[4]；訕疵雷同，攻伐獨立；曾參蒙劫剽之垢[5]，巢、許獲穿踰之謗[6]。識珍者必拾濁水之明珠，賞氣者必將穢藪之芳蕙⑴。自匪明並懸象，玄鑒表微者[7]，焉能披泥抽淪玉，澄川掇沈珠哉！夫珪璋居肆而不售[8]，矧乃翳於槃璞乎[9]？ 奇士扣角而見遏[10]，況乃潛於皋藪乎？

【校】

（1）識珍者必拾濁水之明珠，賞氣者必將穢藪之芳蕙二句：從楊明照據《意林》四補。《意林》濁誤作濯。《初學記》二七、《太平御覽》八百三引此二句將作採。

【注】

[1] 重仞之牆：數仞高的宮牆。喻孔子思想博大精深。《論語·子張》：“子貢曰：‘譬之宮牆，賜之牆也及肩，窺見室家之好；夫子之牆數仞，不得其門而入，不見宗廟之美，百官之富。’”

[2] 淵澤：深澤。此猶深邃。呂梁之深：喻順於自然的淵深修養。《莊子·達生》：“孔子觀於呂梁，縣（懸）水三十仞，流沫四十里，黿鼉魚鱉之所不能游也。見一丈夫游之……數百步而出，被髮行歌而游於塘下。孔子從而問焉，曰：‘吾以子爲鬼，察子則人也。請問，蹈水有道乎？’曰：‘亡，吾無道。吾始乎故，長乎性，成乎命。與齊（旋渦）俱入，與汨（湧流）偕出，從水之道不爲私（不由自己）焉。此吾所以蹈之也。’孔子曰：‘何謂始乎故，長乎性，成乎命？’曰：‘吾生於陵而安於陵，長於水而安於水，性也。不知吾所以然而然，命也。’”呂梁：水名。有三説：一説在西河離石，一説在蒲州龍門之下，一説在彭城。

[3] 播埃塵於白珪：謂玷污禮器。白珪：古代白玉制的禮器。

[4] 瘡痏（wěi）：創傷；瘢痕。《文選·西京賦》：“所惡成創痏。”薛綜注：“瘡痏，瘢痕也。”李善注：“《倉頡》曰：‘痏，毆傷也。’胡軌切。”“創”“瘡”正俗字。

[5] 曾參蒙劫剽之垢：曾參蒙受搶劫殺人的罪名。《戰國策·秦策二》：“（甘茂）對曰：‘……昔者曾子處費，費人有與曾子同名族者而殺人，人告曾子母曰：“曾參殺人。”曾子之母曰：“吾子不殺

人。”纖自若。有頃焉，人又曰：“曾參殺人。”其母尚纖自若也。
頃之，一人又告之曰：“曾參殺人。”其母懼，投杼逾牆而走。’”曾
參（前505—前435），字子輿，南武城（今山東費縣西南）人。垢：
穢濁。此謂罪名。

［6］巢、許：巢父、許由。穿踰：挖牆洞、爬牆頭。指偷竊行爲。《論
語・陽貨》：“色厲而内荏，譬諸小人，其猶穿窬之盜也歟！”何晏
集解：“穿，穿壁；窬，窬牆。”《孟子・盡心下》：“人能無穿踰之心，
而義不可勝用也。”趙岐注：“穿牆踰屋，姦利之心也。”

［7］懸象：多指日月星辰。《易・繫辭上》：“縣象著明，莫大乎日月。”
縣、懸古今字。玄鑒：猶明鏡。玄：水。鑒：鏡。喻高明的見
解。《淮南子・脩務》：“誠得清明之士，執玄鑒於心，照物明白，
不爲古今易意。”高誘注：“玄，水也；鑒，照也。”表微：謂表明微細
之事。《禮記・檀弓下》“君子表微”鄭玄注：“表，猶明也。”

［8］珪璋：兩種古代用於朝聘、祭祀的玉制禮器。瑞玉。珪：圭的後
起字。璋：狀如半圭。《禮記・禮器》“圭璋特”孔穎達疏：“‘圭
璋特’者，‘圭璋’，玉中之貴也。‘特’，謂不用他物媲之也。諸侯
朝王以圭，朝后執璋，表德特達不加物也。”居肆：謂陳列於貨物
所居之肆。

［9］矤（shěn）：況。翳於樊璞：被掩蔽的未經雕琢的大塊玉石。喻
大才未展。樊（pán）：樊樊，大貌。《尹文子・大道下》：“鄭人謂
玉未理者爲璞。”

［10］奇士扣角而見過：謂甯戚干禄受阻。《吕氏春秋・舉難》：“甯戚
欲干齊桓公。……甯戚飯牛居車下，望桓公而悲，擊牛角疾（商）
歌。桓公聞之，撫其僕之手曰：‘異哉，之歌者非常人也！’命後車
載之。……甯戚見，説桓公以治境内；明日復見，説桓公以爲天
下。桓公大説，將任之。群臣争之曰：‘客，衛人也，衛之去齊不
遠，君不若使人問之；而固賢者也，用之未晚也。’”干禄受阻多
此類。

3　"孫臏思聘其祕略[1]，而司馬刖之[2]；韓非願建治績(1)[3]，而李斯殺之。賈誼慷慨[4]，懷經國之術[5]，而武夫排之[6]；子政忠良，有匡危之具[7]，而恭、顯陷之[8]。和氏所以抱璞而泣血(2)[9]，禽息所以發憤而碎首也[10]。夫玉石易別於賢愚，愛寶情篤於好士，以易別之寶，合篤好之物，猶獲罪截趾，歷世受誣[11]。況乎難知之賢，非意所急，讒人畫蛇足於無形[12]，姦臣畏忠貞之害己；體曲者忌繩墨之容，夜裸者憎明燭之來。是以高譽美行，抑而不揚；虛構之謗，先形生影。又無楚人號哭之薦[13]，萬無一遇，固其宜矣。

【校】

（1）建：其下當從徐濟忠校補"其"字，"願建其治績"方與上文"思聘其祕略"相偶。

（2）抱璞：陳其榮校："舊刻'璞'訛作'璜'，從嚴氏覆校改正。"

【注】

[1]　祕略：蓋指孫臏所著《謀》八十九篇，見《呂氏春秋·不二》高誘注，《漢書·藝文志·兵書略》兵權謀家著録《齊孫子》八十九篇，圖四卷，早佚。1972 年山東臨沂銀雀山一號漢墓出土《孫臏兵法》。文物出版社整理發表之《孫臏兵法》共三十篇，分爲上下兩編。上編十五篇，各記"孫子曰"或"威王曰"，可稱《孫臏兵法》；下編十五篇，無此等字樣，似非孫臏之書。

[2]　司馬：官名，《周禮·夏官》大司馬之屬，有軍司馬、輿司馬、行司馬。春秋時鄭、宋諸國爲執政大臣之一，掌軍事。此當指戰國時魏國將軍龐涓。蓋魏國同鄭、宋諸國，以司馬掌軍事。

[3]　願建治績：《史記·韓非傳》："非見韓之削弱，數以書諫韓王，韓王不能用。於是韓非疾治國不務修明其法制，執勢以御臣下，富國强兵而以求人任賢，反舉浮淫之蠹而加之功實之上。"皆其願

建治績之證。其《韓非子》一書總結了先秦法家治國的經驗，主張以法、術、勢治國理民。

[4] 賈誼（前 201—前 169）：雒陽（今河南洛陽）人。十八歲以能誦詩書屬文，稱譽郡中。廷尉吴公薦於文帝，被召爲博士，不久超遷爲太中大夫。誼以爲漢興二十餘載，宜改正朔，易服色制度，定官名，興禮樂，乃草具儀法奏上。文帝從之，更定諸法，遣列侯就國，欲任以公卿之位。絳灌等毁其年少初學，擅權亂事，貶爲長沙王太傅。及渡湘水，自傷被讒放逐，爲賦以吊屈原，“亦以自喻”。在長沙三年，有鵩飛入，止於坐隅，又作《鵩鳥賦》（楚人謂鵩爲鵩）。歲餘，拜梁懷王太傅。是時制度疏闊，匈奴侵邊，諸侯王僭越。遂數上疏陳治安策，奏議析分王國，以“衆建諸侯而少其力”之策，削弱諸侯王勢力，鞏固中央集權；主張重農抑商，“驅民而歸之農”；願爲屬國之官，繫匈奴單于之頸而從漢令。後梁懷王墜馬死，自傷爲傅無狀，歲餘而死。所著政論有《陳政事疏》《過秦論》等，爲西漢鴻文。原有集，已散佚，今人輯爲《賈誼集》，包括《新書》十卷。慷慨：此謂意氣風發，文辭、情緒激昂。《史記·賈生傳》：“是時賈生年二十餘，最爲少。每詔令議下，諸老先生不能言，賈生盡爲之對，人人各如其意所欲出。諸生於是乃以爲能不及也。”“慷慨”指此。

[5] 懷經國之術：劉向稱賈誼“通達國體，雖古之伊（尹）、管（仲），未能遠過也”。

[6] 武夫排之：楊明照箋：“《史記·賈生傳》：‘賈生名誼，雒陽人也。年十八，以能誦詩屬書，聞於郡中。……文帝召以爲博士。是時賈生年二十餘，最爲少。每詔令議下，諸老先生不能言，賈生盡爲之對，人人各如其意所欲出。諸生於是乃以能不及也……賈生以爲漢興至孝文二十餘年，天下和洽，而固當改正朔，易服色，法制度，定官名，興禮樂，乃悉草具其事儀法……悉更秦之法。孝文帝初即位，謙讓未遑也。諸律令所更定，及列侯悉就國，其説皆自賈生發之。於是天子議以爲賈生任公卿之位。絳、灌、東陽侯、馮敬之屬盡害之，乃短賈生曰：“雒陽之人，年少初學，專欲

擅權,紛亂諸事。”於是天子後亦疏之,不用其議。’《漢書·賈生傳》:‘是時匈奴彊,侵邊。天下初定,制度疏闊。諸侯王僭儗,地過古制,淮南、濟北王皆爲逆誅。誼數上疏陳政事,多所欲匡建,其大略曰:“臣竊惟事勢,可爲痛哭者一,可爲流涕者二,可爲長太息者六,若其他背理而傷者,難徧以疏舉。……此之不爲,而顧彼之久行,故曰可爲長太息者此也。……”’贊曰:‘劉向稱“賈誼言三代與秦治亂之意,其論甚美,通達國體,雖古之伊、管未能遠過也。使時見用,功化必盛。爲庸臣所害,甚可悼痛。”’追觀孝文玄默躬行以移風俗,誼之所陳略施行矣。”按:楊箋引文迂遠,未直奔要害。《漢書·禮樂志》:“而大臣絳灌之屬害之,故其議遂寢。”顏師古注:“舊説以爲絳謂絳侯周勃也,灌謂灌嬰也。而(陸賈)《楚漢春秋》高祖之臣,別有絳灌。”《文選》劉子駿(歆)《移書讓太常博士》“然公卿大臣絳灌之屬”注:“《楚漢春秋》曰:‘漢已定天下,論群臣破敵禽將,活死不衰,絳灌、樊噲是也。功成名立,臣爲爪牙,世世相屬,百世無邪,絳侯周勃是也。’然絳灌自一人,非絳侯與灌嬰。”當以“絳灌”爲一人爲是。這點楊明照未予指明。

[7] 子政:劉向字。匡危:拯救危難。此指劉向建議剷除宦官:“臣愚以爲,宜退(弘)恭、(石)顯以章蔽善之罰,進(蕭)望之等以通賢者之路。”

[8] 恭、顯陷之:指弘恭、石顯將劉向“繫獄”、“免爲庶人”,“遂廢十餘年”等事。

[9] 和氏:卞和。楚人卞和得玉璞楚山中,先後獻之楚厲王及武王,皆以爲石,刖其左右足。及文王即位,和乃抱璞而哭於楚山之下,三日三夜,泣盡繼之以血。王乃使玉人治其璞,而得寶玉焉,遂命曰和氏之璧。

[10] 禽息:春秋時秦大夫。《後漢書·朱穆傳》李賢注引《韓詩外傳》:“禽息,秦大夫,薦百里奚,不見納。繆公出,當車以頭擊闑,腦乃精(播)出,曰:‘臣生無補於國,不如死也。’繆公感寤而用百里奚,秦以大化。”發憤:激起義憤;激於義憤。《史記·伯夷列傳》:

"行不由徑,非公正不發憤,而遇禍災者,不可勝數也。"碎首:此用以形容敢於死諫的精神與行爲。《漢書・杜鄴傳》:"臣聞禽息憂國,碎首不恨,卞和獻寶,刖足願之。"

[11]截趾:指砍去(和氏)雙足。歷世:此謂經過楚厲王、武王兩代。

[12]畫蛇足:畫蛇添足。比喻多此一舉,反而把事情弄糟。此謂讒人無中生有,隨便加人罪名。

[13]號哭之薦:指和氏抱璞泣血薦玉。

4 "夫以玉爲石者,亦將以石爲玉矣;以賢爲愚者,亦將以愚爲賢者矣[(1)]。以石爲玉,未有傷也;以愚爲賢者,亡之診也[(2)][1]。蓋診亡者,雖存而必亡;猶脈死者,雖生而必死也。可勿慎乎!於戲[2]!悲夫!莫之思者也。昔仲尼上聖也,東受累於齊人[3],南見塞於子西[4];文種大賢也,初不齒於荆俗[5],末雍遊於鈞如[6]。竸年立功[7],不亦難乎?夫結緑、玄黎[8],非陶、猗不能市也[9];千鈞之重,非賁、獲不能抱也。《白雪》之絃,非靈素不能徽也[10];邁倫之才,非明主不能用也。

【校】

(1)亦將以愚爲賢者矣:與上文"亦將以石爲玉矣"相較,知本句"者"字當删,否則上文當增"者"字。

(2)以愚爲賢者:與上文"以玉爲石"相較,多一"者"字,當删,否則上文當增"者"字。

【注】

[1]診:情狀;徵兆。嵇康《聲無哀樂論》:"夫喜怒章於色診,哀樂亦宜形於聲音。"

[2]於戲(wū hū):同嗚呼、於乎,感歎詞。

［3］東受累於齊人：1. 爲齊人黎鉏所沮，不能行道於魯。《史記・孔子世家》："齊人聞而懼曰：'孔子爲政必霸，霸則吾地近焉，我之爲先幷矣。盍致地焉？'黎鉏曰：'請先嘗沮之，沮之而不可則致地，庸遲乎？'於是選齊國女子好者八十人，皆衣文衣而舞康樂，文馬三十駟，遺魯君。（執政）桓子卒受齊女樂，三日不聽政；郊，又不致膰俎於大夫。孔子遂行，宿乎屯。"孔子遂離職魯國，周遊列國。2. 爲齊相晏嬰所阻，不能行道於齊。《墨子・非儒下》："齊景公問晏子曰：'孔子爲人何如？'……晏子對曰：'……今孔某深慮同謀以奉賊，勞思盡知以行邪，勸下亂上，教臣殺君，非賢人之行也。'"《晏子春秋・外篇八》："仲尼之齊，見景公，景公説之，欲封之以爾稽，以告晏子。晏子對曰：'不可。……其道也，不可以示世；其教也，不可以導民。今欲封之，以移齊國之俗，非所以導衆存民也。'"景公因而"留其封"。

［4］南見塞於子西：楚昭王想任用孔子，爲令尹子西所阻。《史記・孔子世家》："昭王將以書社地七百里封孔子。楚令尹子西曰：'王之使使諸侯有如子貢者乎？'曰：'無有。''王之輔相有如顏回者乎？'曰：'無有。''王之將率有如子路者乎？'曰：'無有。''王之官尹有如宰予者乎？'曰：'無有。''且楚之祖封於周，號爲子男五十里。今孔丘述三、五之法，明周、昭之業，王若用之，則楚安得世世堂堂方數千里乎？夫文王在豐，武王在鎬，百里之君卒王天下。今孔丘得據土壤，賢弟子爲佐，非楚之福也。'昭王乃止。"

［5］初不齒於荆俗：表示對文種的鄙視。《史記・越世家》正義引《吴越春秋》云："大夫種姓文名種，字子禽。荆平王時爲宛令，之三户之里，范蠡從（縱）犬竇蹲而吠之，從吏恐文種慚，令人引衣而鄣之。文種曰：'無鄣也。吾聞犬之所吠者人，今吾到此，有聖人之氣，行而求之，來至於此。且人身而犬吠者，謂我是人也。'乃下車拜，蠡不爲禮。"所據蓋此類。

［6］末雍遊於鈞如：謂文種後來與范蠡彼此協調，在越"填撫國家，親附百姓"，同建"沼（滅也）吴"之功。鈞如：同貌。

［7］競年：猶言盛年。《爾雅・釋言》："競，强也。"《增韻・敬韻》：

“競,盛也。”

[8] 結緑、玄黎:美玉名。《戰國策・秦策三》:“范子(雎)因王稽入
秦,獻書昭王曰:‘……臣聞周有砥厄,宋有結緑,梁有懸黎,楚有
和璞,此四寶者,工之所失也,而爲天下名器。’”玄通懸。

[9] 陶:陶朱公。范蠡既佐越王雪會稽之恥,乃變姓易名,乘舟適齊,
至陶,稱朱公。善治産業,遂至巨萬。故言富者,皆稱陶朱公。
猗:猗頓,以畜牧、鹽鹽起家,與王者埒富。《史記・貨殖列傳》裴
駰集解引《孔叢子(・陳士義)》説他是魯之窮士,問術朱公,朱公
告之曰:“子欲速富,當畜五牸。”於是他赴西河,大畜牛羊於猗氏
之南,十年之間,貲擬王公,馳名天下。以興於猗氏,故曰猗頓。

[10] 《白雪》:古琴曲名。傳爲春秋晉國師曠所作。宋玉《風賦》:“中
有鳴琴焉,臣援而鼓之,爲《幽蘭》《白雪》之曲。”絃同弦。靈素:
即素女。會彈五十弦瑟。《史記・封禪書》:“或曰:太帝使素女
鼓五十弦瑟,悲,帝禁不止,故破其瑟爲二十五弦。”但《古文苑》
揚雄《太玄賦》章注云:“素女,黄帝時人,鼓五十弦瑟。”徽:循弦
鼓琴。

5　“然耀靈、光夜之珍[1],不爲莫求而虧其質,以苟且
於賤賈[2];洪鍾、周鼎(1)[3],不爲委淪而輕其體(2),取見舉
於侏儒;嶧陽、雲和[4],不爲不御而息唱,以競顯於淫哇[5];
冠群之德,不以沈抑而履徑,而剗節於流俗[6]。是以和璧
變爲滯貨,柔木廢於勿用[7];赤刀之鑛,不經歐冶之鑪;元
凱之疇,終不值四門之闢也[8]。”

【校】

(1)洪鍾、周鼎:其下當據楊明照校補“之寶”二字。如此,方與上文
“然耀靈、光夜之珍”對句。

(2)體:孫星衍校:“藏本作禮,從舊寫本改。”

【注】

［１］耀靈、光夜之珍：言珍寶如日、月之光耀。光夜：夜光之倒文，以與耀靈對仗。月。《楚辭・天問》：“夜光何德，死而又育？”王逸注：“夜光，月也。育，生也。”

［２］苟且：祇圖眼前，得過且過。賈：價之初字。陸機《五等論》：“爲上無苟且之心，群下知膠固之義。”

［３］周鼎：周朝傳國的九鼎。《左傳・桓公二年》：“武王克商，遷九鼎於雒邑。”杜預注：“九鼎，殷所受夏九鼎也。武王克商，乃營雒邑而後去之，又遷九鼎焉。”

［４］嶧陽：嶧山的南坡。産桐，可製精美的琴，因指精美的琴。《書・禹貢》“嶧山孤桐”孔傳：“孤，特。嶧山之陽，特生桐，中琴瑟。”《史記・夏本紀》正義：“《括地志》云：‘嶧山，在（山東）兖州鄒縣南二十二里。《鄒山記》云：“鄒山，古之嶧山，言絡繹相連屬也。今猶多桐樹。”’按，今獨生桐，尚徵。一偏似琴瑟。”雲和：地名；山名。以産琴瑟著稱，因以爲琴瑟、琵琶等樂器的通稱。《周禮・春官・大司樂》“雲和之琴瑟”鄭玄注：“鄭司農（衆）云：‘……雲和，地名也。’……玄謂：‘雲和……山名。’”

［５］淫哇：亦作淫鼃、淫摙。淫邪不正的音樂。古代常用以貶稱俗樂。《漢書・叙傳上》：“（《答賓戲》）淫鼃而不可聽者，非《韶》《夏》之樂也。”顔師古注：“李奇曰：‘鼃，不正之音也。’師古曰：‘淫鼃，非正之聲也。’”

［６］劙（tuán）節：猶變節。劙：割；斷。

［７］柔木：善木。《詩・小雅・巧言》：“荏染柔木，君子樹之。往來行言，心焉數之。”毛傳：“荏染，柔意也。柔木，椅、桐、梓、漆也。”鄭玄箋：“此言君子樹善木，如人心思數善言而出之。”馬瑞辰《毛詩傳箋通釋》：“蓋讀‘柔’如‘柔嘉維則’之‘柔’，柔即善也，非泛言柔弱之木。”

［８］疇：同儔。《荀子・勸學》“草木疇生”楊倞注：“疇與儔同，類也。”

任命卷十九[1]

1 抱朴子曰：余之友人有居泠先生者[2]，恬愉静素[3]，形神相忘[4]，外不飾驚愚之容，内不寄有爲之心[5]，遊精《墳》《誥》[6]，樂以忘憂[7]。晝競羲和之末景[8]，夕照望舒之餘耀[9]；道靡遠而不究，言無微而不研。然車迹不靭權右之國(1)[10]，尺牘不經貴勢之庭[11]。是以名不出蓬户，身不離畎畝[12]。

【校】

(1) 國：孫星衍校："疑作閫。"楊明照校作域，當從。下文"被髮之域"、《自叙》"貴勢之域"、《内篇·至理》"玄漠之域"、《釋滯》"無形之域"並其證。

【注】

[1] 任命：聽憑命運的安排。摯虞《思遊賦》："信天任命兮，理乃自得。"

[2] 居泠先生：稚川虚擬的人物。居泠：居於輕妙境界。泠：輕妙。

[3] 恬愉：快樂；無所好憎。《淮南子·原道》："恬愉無矜而得於和。"高誘注："恬愉，無所好憎也。"静素：猶淡泊。《三國志·魏書·管寧傳》："天真高絜，老而彌篤。玄虚静素，有夷皓之節。"

[4] 形神相忘：忘形忘神，忘乎一切。《莊子·讓王》："故養志者忘形，養形者忘利，致道者忘心矣。"

[5] 驚愚：令愚昧者震驚。諸子常用語。《莊子·達生》："今汝飾知

以驚愚，脩身以明汙，昭昭乎若揭日月而行也。”句謂自己的容顏醜陋驚駭愚俗，也不加掩飾。

〔6〕遊精：留心；注意。《後漢書・馮衍傳》：“(《顯志賦・自論》)遊精宇宙，流目八紘。”《墳》《誥》：《三墳》《五典》、周《誥》、殷《盤》。泛指古代典籍。

〔7〕樂以忘憂：快樂就忘記了憂愁。《論語・述而》：“子曰：‘女奚不曰：“其爲人也，發憤忘食，樂以忘憂，不知老之將至云爾。”’”

〔8〕晝競羲和之末景：謂充分爭取並利用白天時間讀書。羲和：太陽。末景：猶言末照、餘光。

〔9〕望舒：月御，因以指代月。《楚辭・離騷》“前望舒使先驅兮”王逸注：“望舒，月御也。”餘耀：餘輝。句謂晚上利用月光讀書。

〔10〕不軔：不發軔。軔(rèn)：刹住車輪的木頭。車啓行曰發軔。《楚辭・離騷》“朝發軔於蒼梧兮”洪興祖補注：“軔，止車之木，將行則發之。”引申爲停車。

〔11〕尺牘：一尺長的木簡。後用爲書信的代稱。《後漢書・北海靖王興傳》“帝驛馬令作草書尺牘十首”李賢注：“《説文》云：‘牘，書版也。’蓋長一尺，因取名尺牘。”

〔12〕畎(quǎn)畝：田地，田間。《莊子・讓王》：“(舜)居於畎畝之中，而遊堯之門。”釋文引司馬彪云：“壟上曰畝，壟中曰畎。”

2　於是翼亮大夫候而難之[1]，曰：“余聞淵蟠起則玄雲赴，道化霑則逸才奮[2]。故康衢有角歌之音[3]，鼎俎發凌風之迹[4]。沽之則收不貲之賈[5]，踊之則超在天之舉[6]。耀逸景於暘谷(1)[7]，播大明乎九垓[8]。勳蔭當世(2)[9]，聲揚罔極。故尋仞之塗甚近而弗往者[10]，雖追風之腳不能到也；楹梲之下至卑而不動者，雖鴻、鵠之翅未之及也[11]。況乎寢足於大荒之表[12]，斂羽於幽梧之枝(3)[13]，安得效迅以尋景[14]，振輕乎蒼霄哉[15]？

【校】

（1）耀逸景於暘谷：楊明照曰："暘谷，日所出處。已見《勖學》篇·雖失失之於暘谷。'"按："暘谷"當作"湯谷"。請參閱《勖學》"雖失之於暘谷"校文。

（2）世：孫星衍校："藏本作已，從舊寫本改。"按：藏本、魯藩作已。

（3）枝：孫星衍校："此下舊寫本空白七字。"

【注】

[1] 翼亮大夫：稚川虛擬的人物。翼亮：輔佐。《三國志·魏書·高堂隆傳》："可選諸王，使君國典兵，往往棊跱，鎮撫皇畿，翼亮帝室。"難之：向他發難。

[2] 霑（zhān）：沾光，受益。霑通沾。

[3] 康衢：四通八達的大道。《爾雅·釋宮》："四達謂之衢。"郭璞注："交道四出。"角歌：甯戚擊牛角所唱的歌。按：甯戚扣角，是盛世的反映。

[4] 鼎俎：鼎和俎。古代祭祀、燕饗時陳置牲體或其他食物的禮器。泛指割烹的用具。《韓非子·難言》："上古有湯至聖也，伊尹至智也；夫至智說至聖，然且七十說而不受，身執鼎俎爲庖宰，昵近習親，而湯乃僅知其賢而用之。"淩風之迹：（言發迹之）快超過了風速。指伊尹由負鼎之媵臣一變而爲執掌國政的阿衡。

[5] 沽：賣。《論語·子罕》"求善賈而沽之"集解引馬融曰："沽，賣也。"此猶謂學成文武藝，售予帝王家。不貲（zī）：數量很大，不能以資財計算。形容貴重之極。

[6] 踊：登。在天：喻地位之高。《易·乾》："九五：飛龍在天，利見大人。"舉：舉拔。兩句謂位極人臣。

[7] 逸景：消逝的光陰；逾邁的日影。《文選》曹植《與吳季重書》："面有逸景之帶，別有參商之闊。"劉良注："面，謂相見日也。……言相見恐過度光景之帶。"

[8] 大明：謂日。兩句謂任大臣，做大事，光照天下。

[9] 勳蔭：子孫憑藉父祖功業而得到官爵。藏本、魯藩本蔭作廕，廕

同蔭。

[10] 尋：古代長度單位。一般爲八尺。仞：古代長度單位。一般爲
　　　七尺。一説八尺爲一仞。

[11] 楹棁(zhuō)：廳堂的前柱與梁上短柱。

[12] 寢足：止步。由“寢趾”變來。《大戴禮記·曾子制言上》“無席則
　　　寢其趾”盧辯注：“寢，猶止也。”大荒：荒遠的地方；邊遠地區。

[13] 斂羽：猶言斂迹藏身。幽梧：深邃之地的梧桐。兩句謂隱居。

[14] 尋景(yǐng)：追逐日影。喻疾。《文選·西京賦》：“乃有迅羽輕
　　　足，尋景追括，鳥不暇舉，獸不得發。”劉良注：“尋影追括，言
　　　疾也。”

[15] 振輕：猶言展翅。輕：指鳥羽；禽鳥。《文選》揚雄《羽獵賦》“獵
　　　蒙籠輪輕飛”李周翰注：“輕飛，謂禽之善飛也。”按：善飛因勁
　　　羽也。

3　“年期奄冉而不久[1]，託世飄迅而不再[2]。智者履
霜則知堅冰之必至，處始則悟生物之有終[3]。六龍促軌於
大渾[4]，華顛倏忽而告暮[5]，古人所以映順流而顧歎，昐過
隙而興悲矣(1)[6]。

【校】

（1）顧：魯藩本作頮。

【注】

[1] 年期：年紀的期限；壽命的期限。奄冉：猶荏苒。形容時光漸漸
　　　過去。陶潛《閒居賦》：“時奄冉而就過。”

[2] 飄迅：形容光陰迅速消逝或時間短暫。陸機《歎逝賦》：“時飄忽
　　　其不再。”

[3] 處始則悟生物之有終：意本《荀子·禮論》：“生，人之始也；死，人
　　　之終也。”生物：泛指自然界中一切有生命的物體。《禮記·樂

記》："土敝則草木不長,水煩則魚鼈不大,氣衰則生物不遂。"

[４]六龍：日駕。《易·乾》："彖曰：時乘六龍以御天。"軌：車。大
渾：猶混沌。指元氣未剖的原始狀態。此指天空。句謂日駕經
天,歲月不居,促迫行駛。

[５]華顛：白頭。《後漢書·崔駰傳》："(《達旨》)唐且華顛以悟秦。"
李賢注："《爾雅(·釋言)》曰：'顛,頂也。'華顛,謂白首也。"

[６]順流而顧晰：《論語·子罕》："子在川上,曰：'逝者如斯夫！不舍
晝夜。'"晰：回頭看。

４ "先生資命世之逸量,含英偉以邈俗(1)[1],銳翰汪濊
以波湧[2],六奇抑鬱而淵稸[3];然不能凌扶搖以高竦,揚清
一於九玄[4];器不陳於瑚、簋之末[5],體不免於負薪之
勞[6];猶奏和音於聾俗之地[7],鬻章甫於被髮之域[8]。徒
忘寤於翰林,銳意以窮神[9];崇琬琰於懷抱之內,吐琳瑯於
毛墨之端(2)[10];躬困屢空之儉[11],神勞堅高之間[12];譬若
埋尺璧於重壤之下[13],封文錦於沓匱之中[14];終無交易之
富,孰賞堙翳之珍哉[15]?

【校】

（１）含：魯藩本作舍。

（２）毛：當從楊明照校與舊寫本作毫。《崇教》："毫墨所不能究也。"
　　是其證。

【注】

[１]邈俗：邈然絕俗;超越世俗。《清鑒》："孔融、邊讓,文學邈俗,而
　　並不達治務,所在敗績。"

[２]銳翰：精粹的文筆。

[３]淵稸(xù)：如深淵所積蓄,極爲豐富。稸同蓄。俗、稸：屋部。

［ 4 ］凌扶摇以高竦二句：喻超拔於高位。清一：清净純一。蔡邕《鼎銘》："清一以考其素，正直以醇其德。"九玄：九天。

［ 5 ］瑚簋(hú guǐ)：宗廟盛黍稷的禮器。殷曰瑚，周曰簋。比喻治國安邦之才。《禮記·明堂位》："有虞氏之兩敦，夏后氏之四連，殷之六瑚，周之八簋。"鄭玄注："皆黍稷器，制之異同未聞。"楊明照箋："此句言不仕未被叙用。"

［ 6 ］負薪之勞：用朱買臣樵采之典。《漢書·朱買臣傳》："家貧，好讀書，不治產業，常艾薪樵，賣以給食，擔束薪，行且誦書。"負薪：背負柴草。謂從事樵采之事。

［ 7 ］和音：五音合奏所發出的和聲。聾俗：愚昧無知的世俗。句意如《牟子·理惑論》所説："譬對盲者説五色，爲聾者奏五音也。"

［ 8 ］鬻(yù)：賣。被(pī)髮：披頭散髮。

［ 9 ］徒忘寤於翰林：謂全身心地投入於寫作之中，竟然忘記了一切。翰林：猶詞壇文苑。文翰薈萃之所，文翰之多如林。

[10]崇琬琰二句：謂滿腹經綸，口吐華章。毛墨：即毫墨，筆墨。

[11]屢空：每每匱乏。《論語·先進》："回也其庶乎！屢空。"集解："言(顏)回庶幾聖道，雖數空匱而樂在其中。"

[12]堅高：猶言艱深之道。《論語·子罕》："顏淵喟然歎曰：'仰之彌高，鑽之彌堅。'"句謂勞神於鑽研高深的學問之中。

[13]尺璧：直徑一尺的璧玉。言其珍貴。《文子·道原》："聖人不貴尺之璧，而貴寸之陰，時難得而易失。"

[14]文錦：文彩斑爛的織錦。《漢書·貨殖傳序》："富者土木被文錦，犬馬餘肉粟。"沓匱：猶言套櫃。沓：重(chóng)。

[15]堙(yīn)翳：埋没不顯。

　　5 "夫龍驥維縶[1]，則無以別乎蹇驢[2]；赤刀韜鋒，則曷用異於鉛刀[3]。鱣鮪不居牛迹[4]，大鵬不滯蒿林[5]。願先生委龍蛇之穴，升利見之塗[6]；釋户庭之獨潔，覽二鼠而遠寤[7]；越窮谷以登高[8]，襲丹藻以改素[9]；競驚飈於清晨[10]，不盤旋以錯度(1)[11]；收名器於崇高[12]，嚮鍾鼎之慶祚[13]。柏成一介之夫(2)，採薇何足多慕乎[14]？”

【校】

（1）錯度：孫星衍校：“藏本作詣夜，從舊寫本改。”魯藩本同藏本。

（2）柏成：孫星衍校：“舊寫本作伯夷，涉下句望文改耳，此乃柏成子高，與采薇非一事。”楊明照非之，謂“當依舊寫本改作伯夷”，楊校當從。《逸民》：“夷、齊一介，不合變通”“昔夷、齊不食周粟，鮑焦死於橋上，彼之硜硜，何足師表哉”與此同旨，皆持貶抑態度。

【注】

［1］龍驥：指駿馬陳琳《答東阿王箋》：“譬猶飛兔流星，超山越海，龍驥所不敢追；況於駑馬，可得齊足？”馬八尺以上爲龍。驥：千里馬。維縶：繫縛；羈絆。《詩·小雅·白駒》：“皎皎白駒，食我場苗。縶之維之，以永今朝。”毛傳：“縶，絆。維，繫也。”

［2］蹇（jiǎn）驢：跛蹇駑弱的驢子；比喻駑鈍的人。《史記·賈生傳》：“爲賦以弔屈原，其辭曰：‘……騰駕罷牛兮驂蹇驢。’”

［3］鉛刃：鉛刀之刃。言其鈍。喻才力微薄。避免與上文“刀”重複，故用“刃”。《史記·賈生傳》：“（《弔屈原賦》）莫邪爲頓兮，鉛刀爲銛。”

［4］鱣鮪不居牛迹：意本《淮南子·氾論》：“夫牛蹄之涔，不能生鱣鮪。”高誘注：“鱣，大魚，長丈餘，細鱗，黃首白身，短頭，口在腹下。鮪，大魚，亦長丈餘，仲春二月從西河上，得過龍門便爲龍。先師説云也。”按：邵瑞彭曰：“‘腹’字乃‘頷’字之誤。”鱣鮪（zhān wěi）：鱘魚、鰉魚的古稱。鱣：身形似龍，鋭頭，口在頷下，背上腹下皆有甲，縱廣四五尺，長丈餘，大者千餘斤。鮪：似鱣而色青黑，頭小而尖，大者不過六七尺。

［5］大鵬：傳説中的大鳥。《莊子·逍遥遊》：“有鳥焉，其名爲鵬，搏扶搖羊角而上者九萬里，絶雲氣，負青天，然後圖南，且適南冥

也。斥鷃笑之曰：‘彼且奚適也？我騰躍而上，不過數仞而下，翺翔蓬蒿之間，此亦飛之至也！而彼且奚適也？’”兩句謂生物各有各的居處之所。

[6] 龍蛇之穴：喻指隱居之所。《易·繫辭下》：“龍蛇之蟄，以存身也。”因喻隱退。利見：指得見君主，被任用。

[7] 二鼠：指廁中之鼠與倉中之鼠處境與心態不同。喻賢與不肖，在所自處。《史記·李斯列傳》：“（斯）年少時，爲郡小吏，見吏舍廁中鼠，食不潔，近人犬，數驚恐之。斯入倉，觀倉中鼠，食積粟，居大廡之下，不見人犬之憂。於是李斯乃歎曰：‘人之賢不肖譬如鼠矣，在所自處耳。’乃從荀卿學帝王之術。”因而爭取做倉中之鼠。寤：悟。按：古書多用“寤”字。

[8] 越窮谷：指離開隱居地。《方言》六：“㤞、邆，離也。楚謂之越，或謂之遠。”登高：此指做高官。

[9] 襲丹藻：穿朱紅彩繡的禮服。指做大官。改素：猶言釋褐，脫去草民服裝。

[10] 驚飆：突發的暴風。張衡《南都賦》：“足逸驚飆，鏃析毫芒。”句謂迅速出仕。

[11] 錯度：措置步度。句謂出仕不要遲疑。

[12] 名器：名號與車服儀制。奴隸社會與封建社會用以區別尊卑貴賤等級。《左傳·成公二年》：“唯器與名，不可以假人，君之所司也。”杜預注：“器，車服；名，爵號。”一説指鍾鼎。《國語·魯語上》：“鑄名器，藏寶財。”韋昭注：“名器，鍾鼎也。寶財，玉帛也。”崇高：指富貴。《易·繫辭上》：“崇高莫大乎富貴。”句謂做高官有了車服與名號。

[13] 嚮：通享。享受。鍾鼎：鍾鳴鼎食。慶祚：幸福；福祚。《文選》朱浮《爲幽州牧與彭寵書》“捐傳葉之慶祚”劉良注：“言光武封寵爲建忠侯，可傳後葉子孫慶善福祚也。”句謂列入鍾鳴鼎食之家，享受福祚。

[14] 伯夷句：伯夷一介之夫，採薇而食，有什麼值得讚美羨慕的呢！採薇：採擇薇蕨而食。伯夷、叔齊，恥食周粟，隱於首陽山，採薇

而食之。因以採薇指隱居不仕。薇：巢菜。又名野豌豆。途、瘏、素、度、慕：模部。

6　居泠先生應曰："蓋聞靈機冥緬，混芒眇昧[1]，禍福交錯乎倚伏之間[2]，興亡纏綿乎盈虛之會；迅逝者不能脫逐身之景[3]，樂成者不能免理致之敗(1)[4]；匠流末者，未若挺治元兆之中(2)[5]；整已然者，不逮反本乎玄朴之外(3)[6]。是以覺尺蠖者，甘屈以保伸，識通塞者，不慘悅於否泰(4)[7]。

【校】

（１）理致：孫星衍校："疑有誤，舊寫本'理'字空白。"按：當作治致。理蓋避唐高宗李治諱改。治致當乙爲致治，與"逐身"對文。

（２）匠流末者二句：孫星衍校："藏本匡作匠。'治乎無'作治元，從舊寫本改。"魯藩本同藏本。元：王國維校作无。

（３）反：孫星衍校："舊寫本作原。"

（４）慘：孫星衍校："舊寫本作羞。"

【注】

[1]靈機：猶玄機。天意。冥緬：高遠。混芒：混沌蒙昧。指上古人類尚未開化的狀態。《莊子·繕性》："古之人，在混芒之中。"成玄英疏："其時淳風未散，故處在混沌芒昧之中。"此指廣大無邊的宇宙。眇昧：幽遠；深微。

[2]禍福交錯乎倚伏之間：謂禍福相互依存，相互影響，相互向對立面轉化。

[3]景：古影字。句意本《莊子·漁父》："人有畏影惡迹而去之走者，舉足愈數，而迹愈多，走愈疾而影不離身；自以爲尚遲，疾走不休，絕力而死。"

[4]樂成：樂于成功。《商君書·更法》："民不可與慮始，而可與

樂成。”

[５]流末：指事物的支流、尾梢。挺治：突出治理；直接治理。

[６]玄朴：純真；朴實。《晉書·景帝紀》：“時天子頗修華飾,帝又諫曰：‘履端初政,宜崇玄朴。’”

[７]會、敗、外、泰：月部。

　　7　“且夫洪陶範物[1],大象流形[2],躁靜異尚[3],翔沈舛情[4],金寶其重,羽矜其輕。篤隘者,執束於滓涅；達妙者,逍遥於玄清[5],潢洿納行潦而潘壹(1)[6],渤澥吞百川而不盈[7],魧鰕踊悦於泥濘(2)[8],赤螭淩厲乎高冥[9]。嚼香餌者,快嗜欲而赴死；味虚淡者,含天和而趨生[10]；識機神者[11],瞻無兆而弗惑；闇休咎者,觸强弩而不驚。各附攸好,安肯改營[12]？

【校】

（１）壹：陳其榮校：“藏本作噎,今從舊寫本。”按：藏本作壹,魯藩本作噎,平津本作溢,陳氏蓋誤記。

（２）踊：當作恿。

【注】

[１]洪陶：巨匠。天生萬物,如陶匠製造器物,故用以比喻天。

[２]大象：指世界一切事物的本源；大道。《老子·第三十五章》：“執大象,天下往。”河上公注：“象,道也。聖人守大道,則天下萬民移心歸往之。”流形：流布成形。

[３]躁靜異尚：急躁與寧靜的好尚各有不同。《老子·第四十五章》：“躁勝寒,靜勝熱。”王弼注：“躁罷然後勝寒,靜無爲以勝熱。”蔣錫昌説：“此文疑作‘静勝躁,寒勝熱。’”

[４]翔沈：謂飛翔之毛羽,潛沈之介鱗。《淮南子·天文》：“毛羽者,飛行之類也,故屬於陽；介鱗者,蟄伏之類也,故屬於陰。”

〔5〕玄清：指天空。《雲笈七籤》九七：“玄清眇眇觀，落景出東潯。願得絕塵友，蕭蕭罕世營。”

〔6〕潘（fān）壹：一作潘溢，水滿溢出。《管子·五輔》：“決潘溢。”尹知章注：“潘，溢也。潘溢者，疏決之令通。潘音翻。”句喻胸懷狹窄。

〔7〕渤澥（xiè）：渤海。海別枝。澥音蟹。《文選·子虛賦》：“浮渤澥。”李善注：“應劭曰：‘渤澥，海別枝也。’”

〔8〕鮋（yóu）：小魚。鰕：同蝦。

〔9〕赤螭（chī）：傳説中赤色無角小龍。《史記·司馬相如傳》：“（《上林賦》）於是乎蛟龍赤螭。”高冥：高空。

〔10〕天和：天地的和氣；人體的元氣。《莊子·知北遊》：“若正汝形，一汝視，天和將至。”

〔11〕機神：同幾神。機微玄妙；精微神妙。

〔12〕攸：所。形、情、輕、清、盈、冥、生、驚、營：耕部。

8　“吾聞五玉不能自剖於嵩岫[1]，騰蛇不能無霧而電征(1)，龍淵不能勿操而斷犀兕[2]，景鍾不能莫扣而揚洪聲[3]。金芝須商風而激耀[4]，倉庚俟煙熅而修鳴[5]；騏騄不苟馳以赴險[6]，君子不詭遇以毀名[7]。運屯，則沈淪於勿用[8]；時行，則高竦乎天庭[9]。士以自衒爲不高，女以自媒爲不貞[10]。何必委洗耳之峻標，效負俎之干榮哉[11]？

【校】

（1）騰蛇不能無霧而電征：按：“騰”當作“螣”。馬上躍曰騰，螣蛇飛天曰螣。《博喻》第57首：“螣蛇無足而電驚。”第87首：“螣蛇不能登淩於不霧之日。”此處當與之一致。“騰”與“螣”雖同爲定母蒸部字，但詞義不同。《爾雅·釋魚》：“螣，螣蛇。”郭璞注：“龍類也，能興雲霧而遊其中。”《荀子·勸學》：“螣蛇無足而飛。”《慎子》：“螣蛇遊霧。”《淮南子·主術》：“螣蛇遊霧而動（騰），應龍乘雲而舉。”王念孫曰：“後人以‘騰’與‘䞘’同音，因妄改爲‘動’耳。
不知‘䞘’是蛇名，而‘騰’爲升義，本不相復。”《玉篇·馬部》《廣
韻·登韻》：“騰，上躍也。”《説文·馬部》段注：“騰，引申爲躍
也。”《漢書·李廣傳》：“（李廣）暫騰而上胡兒馬。”顏注：“騰，跳
躍也。”

【注】

［1］五玉：古代諸侯作信符用的五種玉：璜、璧、璋、珪、琮。《書·舜
典》：“修五禮、五玉、三帛、二生、一死，贄。”孔傳：“修吉、凶、賓、
軍、嘉之禮，五等（公、侯、伯、子、男）諸侯執其玉。”孔穎達疏：“此
云五玉即上文五瑞，故知五等諸侯執其玉也，”《白虎通德論·文
質》：“五玉者各何施？蓋一爲璜以徵召、璧以聘問、璋以發兵、珪
以信質，琮以起土功之事也。”亦代稱諸侯。此泛指玉。

［2］犀兕：《爾雅·釋獸》：“兕，似牛。犀，似豕。”郭璞注：“（兕）一角，
青色，重千斤。（犀）形似水牛，猪頭。”犀兕皮質堅厚，可制甲。

［3］景鍾不能莫扣而揚洪聲：《莊子·天地》：“故金石有聲，不考不
鳴。”成玄英疏：“考，擊也。”景鍾：景公鍾。《國語·晉語七》：
“昔克潞之役，秦來圖敗晉功，魏顆以其身卻退秦師於輔氏，親止
杜回。其勳銘於景鍾。”韋昭注：“景鍾，景公鍾。”

［4］金芝：金色芝草。古代傳說中的一種仙藥。《漢書·宣帝紀》：
“金芝九莖產於函德殿銅池中。”顏師古注：“服虔曰：‘金芝，色像
金也。’”商風：西風；秋風。

［5］倉庚：黃鶯的別名。《詩·豳風·七月》：“春日載陽，有鳴倉庚。”
毛傳：“倉庚，離黄也。”

［6］騏騄：騏驎、騄駬。騄駬亦作騄耳。良馬。《商君書·畫策》：“騏
驎、騄耳，每一日走千里，有必走之勢也。”

［7］詭遇：本謂違背駕御禮法，驅車橫射禽獸。《孟子·滕文公下》：
“昔者趙簡子使王良與嬖奚乘，終日而不獲一禽。嬖奚反命曰：
‘天下之賤工也。’或以告王良。良曰：‘請復之。’彊而後可，一朝
而獲十禽。嬖奚反命曰：‘天下之良工也。’簡子曰：‘我使掌與女

乘。’謂王良。良不可，曰：‘吾爲之範我馳驅，終日不獲一；爲之
詭遇，一朝而獲十。《詩（·小雅·車攻)》云：不失其馳，舍矢如
破。我不貫與小人乘，請辭。’”趙岐注：“範，法也。王良曰：我
爲之法度之御，應禮之射，正殺之禽，不能得一；橫而射之曰詭
遇，非禮之射，則能獲十。言嬖奚小人也，不習於禮也。”楊伯峻
注：“根據《白氏六帖·執御篇》所引的孟子舊注，以‘謆’訓‘詭’，
謂不依駕御（之禮)爲‘詭遇’。按此説甚是。”此喻不以正當手段
獵取名利地位。

[8]　運屯(zhūn)：命運艱難。謂被埋沒。

[9]　天庭：天帝的宮庭。《法言·修身》：“仰天庭而知天下之居卑也
哉！”此指帝王的朝庭。句謂在朝做高官。

[10]　自衒：自我炫耀。自媒：自我介紹找對象。

[11]　負俎：背負砧板。《史記·殷本紀》：“(伊尹)負鼎俎，以滋味説
湯，致於王道。”因以“負俎”爲干求進用的故實。征、聲、鳴、名、
庭、貞、榮：耕部。

　　9　“夫其窮也，則有虞婆娑而陶鈞[1]，尚父見逐於愚
婦，范生來辱於溺簀(1)[2]，弘、式匿奇於耕牧[3]；及其達也，
則淮陰投竿而稱孤[4]，文種解屬而紆青[5]，傅説釋築而論
道[6]，管子脱桎爲上卿[7]。蓋君子藏器以有待也，稽德以
有爲也；非其時不見也，非其君不事也[8]；窮達任所值，出
處無所繫[9]。其靜也，則爲逸民之宗；其動也，則爲元凱之
表。或運思於立言，或銘勳乎國器[10]。殊塗同歸，其致
一焉。

【校】

（1）簀：孫詒讓案：“此當以簀爲正。”王國維眉批：“‘簀’當作‘簀’，此
范雎事。注音苦怪切，非也。”《史記·范雎傳》作溺簀。謂向包
卷范雎的竹席撒尿。

【注】

[1] 有虞婆娑而陶鈞：意本《韓非子·難一》：“東夷之陶者器苦窳,舜往陶焉,朞年而器牢。”有虞：虞舜。楊明照箋：“《漢書·叙傳上》:‘(《答賓戲》)婆娑虖術藝之場,休息虖篇籍之囿。’”(《文選》李注引項岱曰：“婆娑,偃息也。”)按：解“婆娑”爲“偃息”,不合本文文意。就語境言,“有虞婆娑”與“尚父見逐”、“范生來辱”、“弘式匡奇”同處窮困,是不能用“偃息”來形容有虞“陶鈞”的勞累與心情的。遠古時代,有虞以“陶鈞”作爲謀生的手段,與後世生活優裕,悠哉遊哉,“婆娑虖術藝之場,休息虖篇籍之囿”的高雅人士是不能同日而語,相提並論的。婆娑：辛苦勞累貌。應劭《風俗通義·十反·蜀郡太守潁川劉勝》：“杜密婆娑府縣,干與王政,就若所云,猶有公私。”謂杜密往來奔波辛勞幹辦於府縣之間。應文似可以用來作爲本文的書證,用以説明虞舜陶鈞辛苦勞累之事。陶鈞：製作陶器所用的轉輪。此指製作陶器。《史記·鄒陽傳》：“(《獄中上書》)是以聖王制世御俗,獨化于陶鈞之上。”集解引《漢書音義》曰：“陶家名模下圓轉者爲鈞……。”索隱：“張晏曰：‘陶,冶;鈞,範也。作器,下所轉者名鈞。’”

[2] 范生：范雎。《史記·范雎傳》：“雎詳(佯)死,即卷以簀,置廁中。賓客飲者醉,更溺雎,故僇辱以懲後,令無妄言者。”

[3] 弘：公孫弘。式：卜式,西漢河南(治今河南洛陽東南)人。畜牧爲事。因見武帝連年征伐匈奴,上書願輸財助邊。歲餘,持錢二十萬予河南太守給貧民,武帝召拜爲郎中,賜爵左庶長,布告天下,藉以鼓勵其他富商大賈出錢。復以牧羊上林,羊肥息,武帝奇之,拜爲緱氏令。後次爲成皋令、齊太傅、齊相。南越吕嘉反,復上書願與子從軍擊之,於是賜爵關内侯。元鼎中,徵爲御史大夫。因言郡國不便鹽鐵、算緡,武帝不悦,貶爲太子少傅。後以壽終。耕牧：《史記·平準書》：“卜式雖躬耕牧,不以爲利,有餘輒助縣官之用。”

[4] 淮陰：韓信封淮陰侯,因以爵稱其人。投竿：丟掉釣魚竿。借指出仕。韓信少時缺衣少食,“釣於城下”,有一漂母“見信飢,飯

信,竟漂數十日"。後投竿從軍。稱孤：謂余一人。指稱王。韓
信曾被封爲齊王。《史記·淮陰侯傳》："(漢四年)乃遣張良往立
信爲齊王。……(漢六年)遂械繫信,至雒陽,赦信罪,以爲淮
陰侯。"

［5］解屬(juē)：脱去草鞋。喻離開草民生活。猶釋褐。紆青：佩帶
　　青綬。喻地位顯貴。《漢書·揚雄傳》："(《解嘲》)紆青拕紫,朱
　　丹其轂。"顏師古注："青、紫,謂綬之色也。紆,縈也。拕,曳也。"
　　《東觀漢記》："印綬,漢制：公侯紫綬,九卿青綬。"句謂文種任越
　　國大夫,掌國政。

［6］釋築：指傅説放下擣土築牆的杵,離開奴隸勞動的地位。論道：
　　指傅説擔任坐而論道的三公重任。武丁舉傅説爲相。

［7］脱桎：解下腳鐐手銬,被釋放。按：管仲因魯君應鮑叔之請,"遂
　　生縛(管仲)而桎於齊",即用檻車押送回國。鮑叔牙迎受管仲,
　　及堂阜而脱桎梏,齋祓而見桓公。桓公厚禮以爲大夫,任政。上
　　卿：周官制,天子及諸侯皆有卿,分上中下三等,最尊貴者爲
　　上卿。

［8］非其時：不是明君治世之時。《禮記·儒行》："非時不見,不亦難
　　得乎?"非其君：不是明君。《孟子·萬章下》説伯夷"非其君不
　　事",語本此。

［9］窮達任所值,出處無所繫：謂超脱於窮達、出處之外,點明本文
　　主題。

［10］銘勳：記名其功。《文選·東京賦》："銘勳彞器,歷世彌光。"張銑
　　注："彞器,鍾鼎,祖宗之器,以銘記功勳也。"國器：國之寶器,指
　　鍾鼎之類。

　　10　"士能爲可貴之行,而不能使俗必貴之也;能爲可
用之才,而不能使世必用之也[1]。被褐,茹草[2],垂綸,罝
兔[3],則心歡意得,如將終身[4];服冕乘軺,兼朱重紫[5],則
若固有之[6]！常如布衣,此至人用懷也[7]。

【注】

［１］士能爲可貴之行四句：文本《荀子·大略》：“君子能爲可貴，不能
　　使人必貴己；能爲可用，不能使世必用己。”楊倞注：“修德在己，
　　所遇在命。”

［２］茹草：猶云茹糲。吃粗糙食物。《孟子·盡心下》“舜之飯糗茹
　　草”焦循正義：“草者，《史記·陳丞相世家》云：‘更以惡草具進楚
　　使。’集解：‘《漢書音義》：“草，粗也。”’索隱云：‘《戰國策（·齊策
　　四）》云：“食馮諼以草具。”’如淳云：‘藁草糲惡之具也。’《范雎列
　　傳》云：‘使舍食草具。’索隱云：‘謂亦舍之，而食以下客之食具。
　　然草具謂糲食草菜之饌具。’然則茹草，猶云茹糲矣。”

［３］罝（jū）兔：張網捕兔。賢者隱居生活内容之一。《詩·周南·兔
　　罝》“肅肅兔罝”鄭玄注：“罝兔之人，鄙賤之事，猶能恭敬，則是賢
　　者衆多也。”後用以稱賢者之行。

［４］如將終身：好像一輩子都這樣。《孟子·盡心下》：“孟子曰：‘舜
　　之飯糗茹草也，若將終身焉；及其爲天子也，被袗衣，鼓琴，二女
　　果，若固有之。’”趙岐注：“糗，飯乾糒也。袗，畫也。果，侍也。
　　舜耕、陶之時，飯糗茹草，若將終身如是。及爲天子，被畫衣，黼
　　黻絺繡也。鼓琴，以協音律也。以堯二女自侍，亦不佚豫，如固
　　自當有之也。”

［５］兼朱重紫：既穿朱色衣服，又佩紫綬官印。

［６］若固有之：好像固當自有之（謂寵辱不驚）。

［７］至人之用懷：猶至人之用心。語本《莊子·應帝王》：“至人之用
　　心若鏡。”至人：道家指超凡脱俗，達到無我境界的人。《莊子·
　　齊物論》：“至人神矣！大澤焚而不能熱，河漢冱而不能寒，疾雷
　　破山，風振海而不能驚。”

　　11　“若席上之珍不積[１]，環堵之操不粹者[２]，予之罪
也(1)。知之者希，名位不臻，以玉爲石，謂鳳曰鷃者，非余
罪也。夫汲汲於見知，悒悒於否滯者[３]，裳民之情也[４]；浩

然而養氣，淡爾而靡欲者，無悶之志也[5]。時至道行，器大者不悦；天地之間，知命者不憂[6]。若乃徇萬金之貨，以索百十之售(2)，多失骹毛[7]，我則未暇矣。"

【校】

（1）罪：孫星衍校："藏本作過，從舊寫本改。下云‘非余罪’，明此作罪。"

（2）百十：孫星衍校："舊寫本、盧本作百千。"按：《百家》"聚百千可以致數於億兆"、《内篇·極言》"陶朱之寶，必積百千"，并其證。

【注】

［1］席上之珍：筵席上的珍寶。比喻儒者優美的才德。《禮記·儒行》："儒有席上之珍以待聘。"鄭玄注："席，猶鋪陳也。鋪陳往古堯舜之善道，以待見問也。大問曰聘。"

［2］環堵之操：謂甘居簡陋居室的操守。環堵：四周環着每面一方丈的土墻。形容狹小、簡陋的居室。《禮記·儒行》："儒者有一畝之宫，環堵之室，蓽門圭窬，蓬户甕牖。"鄭玄注："環堵，面一堵也。五版爲堵，五堵爲雉。"《淮南子·原道》"環堵之室"高誘注："堵長一丈，高一丈，故曰環堵，言其小也。"

［3］悒悒：憂悒，愁悶；不安。《大戴禮記·曾子制言中》："故君子無悒悒於貧，無勿勿於賤。"

［4］裳：同常。《詩·小雅·裳裳者華》"裳裳者華"朱熹集傳引董氏云："古本作常，常棣也。"

［5］無悶：没有煩悶苦惱。謂不違道。《易·乾》："（文言）不易乎世，不成乎名，遯世無悶，不見是而無悶。"正義："遯世無悶者，謂逃遯避世，雖逢無道，心無所悶。"集解引崔憬曰："道雖不行，達理，無悶也；世人雖不己是，而己知不違道，故無悶。"

［6］知命：懂得事物生滅變化都由天命決定的道理。《論語·堯曰》："孔子曰：‘不知命，無以爲君也。’"集解引孔安國曰："命，謂達

之分。"

[7] 骭(gàn)毛：脛骨上的毛，小腿上的毛。《淮南子·俶真》："明於死生之分，達於利害之變，雖以天下之大，易骭之一毛，無所概於志也。"高誘注："骭，自膝以下，脛以上也。"

名實卷二十[1]

1 門人問曰："聞漢末之世，靈、獻之時，品藻乖濫[2]，英逸窮滯，饕餮得志[3]，名不準實，賈不本物，以其通者爲賢，塞者爲愚。其故何哉？"

抱朴子答曰："夫雷霆輷磕，而或不聞焉；七曜經天，而或不見焉[4]。豈唯形器有聾瞽哉！心神所蔽，亦又如之(1)[5]。是以聞格言而不識者，非無耳也，見英異而不知者(2)，非無目也，由乎聰不經妙，而明不逮奇也。夫智大量遠者(3)，盤桓以山峙；器小志近者(4)，蓬飛而萍浮。夫唯山峙，故莫之能動焉；夫唯萍浮，故流而不滯焉。

惡計其所窮。”《韓非子・姦劫弒臣》：“循名實而定是非，因參驗
而審言辭。”稚川是從治亂角度論名實的，故本其説而申之。按：
楊明照雖於《君道》“考其名實”語下引《六韜・文韜・舉賢》等文
作了箋證，但側重點在於箋證舉賢，與本篇主題還有所不同。
〔2〕品藻：品評；鑒定。《法言・法言序》：“爰及名將尊卑之條，稱述
品藻。”李軌注：“（品藻）定其差品及文質也。”楊明照曰：“此指人
物品題。”此指人物品題。乖濫：錯雜不當。《後漢書・杜喬
傳》：“今梁氏一門，宦者微孽，並帶無功之紱，裂勞臣之土，其爲
乖濫，胡可勝言！”
〔3〕饕餮（tāo tiè）：此指“閹寺專命於上”（《意林》五引《典論》）。
〔4〕雷霆輷礚四句：意本《韓詩外傳》六：“孟子曰：‘夫電雷之起也，破
竹折木，震驚天下，而不能使聾者卒有聞；日月之明，偏照天下，
而不能使盲者卒有見。’”輷礚（hōng kē）：聲。或不聞：指聾者。
或不見：指瞽者。
〔5〕豈唯形器有聾瞽哉三句：意本《莊子・逍遥遊》：“豈唯形骸有聾
盲哉！夫知亦有之。”形器：指人的器官。聾瞽：耳聾眼瞎。

2　“方之貨也，則緘連以待賈者[1]，唯至珍而難售⑴；
鳴鼓以徇者，雖凡蔽而易盡。比之材也，則結根於嵩、岱
者[2]，雖竦蓋千仞，垂蔭萬畝，而莫之知也；插株於塗要者，
雖鉤曲戾⑵[3]，細而速朽，而猶見用也。故廟堂有枯楊之
瑚、簋，窮谷多不伐之梓、豫也⑶[4]。

【校】
（1）唯：古通雖。《墨子・尚同下》“若人唯使得上之賞”孫詒讓閒詁：
　　“唯、雖字通。”但爲與下文“雖”一致，改“雖”爲是。
（2）戾：其上疑當從楊明照校補一繚字。如此“雖鉤曲繚戾”方與上
　　文“雖竦蓋千仞”字數相等。
（3）豫：孫星衍校：“藏本作橡，從舊寫本改。按本書屢用梓、豫。”

【注】

[１] 緘(jiān 兼)連：謂以繩索牢固纏束（囤積貨物）的箱子。緘：捆箱子；捆箱子的繩索。連：以繩繫之。

[２] 結根：猶植根，扎根。《古詩十九首》之八：“冉冉孤生竹，結根泰山阿。”嵩岱：中嶽嵩山、東嶽泰山。

[３] 繚戾：迴旋曲折。《楚辭‧九歎‧逢紛》：“龍卬脟圈，繚戾宛轉，阻相薄兮。”洪（興祖）補注：“繚，音了；戾，力結切，曲、也。”

[４] 梓、豫：皆木名。此泛指良材。梓：木質優良，輕軟，耐朽，供建築、製作家具、樂器等用。百木之長。《本草綱目‧木二‧梓》：“按陸佃《埤雅》云：梓爲百木長，故呼爲木王。蓋木莫良於梓。”豫：豫樟，樟類大木。即釣樟，又名烏樟，製作棺、舟用之。《本草綱目‧木六》：“相如賦云：梗、楠、豫、章。顏師古注云：豫即枕(chén 沈)木，章即樟木。二木生至七年乃可分別。觀此，則豫即《別錄》所謂釣樟也，根似烏藥香，故又名烏樟。”《戰國策‧宋策》：“墨子曰：‘……荆有長松、文梓、梗、柟、豫樟。’”高誘注：“皆大木也。”兩句喻凡庸被重用，而俊逸被遺棄。

　　3　“是以竊華名者，螻蜥騰於雲霄[1]；失實賈者，翠虯淪乎九淵(1)[2]。於是斥鷃淩風以高奮[3]，靈鳳卷翮以幽戢[4]，鉛鋒充太阿之寶，犬羊佻虎狼之資矣[5]。夫佞者鼓珍賂爲勁羽，則無高而不到矣[6]；乘朋黨爲舟楫，則無遠而不濟矣。

【校】

（１）九淵：原作九泉，當從楊明照校作九淵。

【注】

[１] 螻：螻蛄，今之土狗子。蜥：蜥蜴。俗稱四腳蛇。

[２] 翠虯：青龍的別稱。揚雄《解難》：“獨不見翠虯絳螭之將登虖天，

必聳身於蒼梧之淵。”此喻賢人。九淵：深淵。賈誼《弔屈原文》：“襲用九淵之神龍兮，沕深潛以自珍。”

［３］淩風：乘風。《任命》：“故康衢有角歌之音，鼎俎發淩風之迹。”高奮：高張振奮。《墨子・雜守》：“養勇高奮，民心百倍。”此謂高飛。句喻小人得志在朝。

［４］靈鳳：鳳凰。古以爲四靈之一，故稱。卷翮：收斂雙翅。幽戢：隱藏。句喻賢人隱退。

［５］犬羊佻虎狼之資矣：謂犬羊偷冒虎狼的資質。意本《法言・吾子》：“羊質虎皮，見草而説，見豺而戰，忘其皮之虎也。”

［６］勁羽：矯健的翅膀。句喻佞者賄賂權門而爬到高位。

4　“持之以夙興側立[1]，加之以先意承指，其利口諛辭也似辨[2]，其道聽塗説也似學[3]，其心險貌柔也似仁[4]，其行汙言潔也似廉，其好説人短也似忠，其不知忌諱也似直，故多通焉。且亦奉望我者，欲我益之，不求我者，我不能愛，自然之理也。

【注】

［１］側立：因敬重或戒懼而立在旁邊。《疾謬》：“昔莊生未食，趙王側立。”

［２］利口：能言善辯。《書・周官》：“無以利口亂厥官。”辨通辯。

［３］道聽塗説：《論語・陽貨》：“子曰：‘道聽而塗説，德之棄也。’”集解引馬融曰：“聞之於道路，別傳而説之。”

［４］心險貌柔：《莊子・列禦寇》：“孔子曰：‘凡人心險於山川。’”

5　“夫賢常少而愚常多，多則比周而匿瑕，少則孤弱而無援。佞人相汲引而柴正路[1]，俊哲處下位而不見知[2]。拔茅之義圮(1)[3]，而負乘之群興[4]。亢龍高墜[5]，泣血漣如[6]。故子西逐大聖之仲尼,臧倉毀命世之孟軻[7]。二生不免斯患,降茲亦何足言！斯禍蓋與開闢並生[8],苦之匪唯一世也;歷覽振古[9],多同此疾。

【校】

（1）尼:當作尼。

【注】

[1] 汲引:引薦;提拔。《漢書·劉向傳》:“禹稷與皋陶傳相汲引,不爲比周。”柴(zhài):阻塞;堵塞。《莊子·外物》“柴生乎守”郭象注:“柴,塞也。”

[2] 俊哲:亦作俊喆。才識不凡的人。《三國志·魏書·文帝紀》“夫婦人與政”裴松之注引晉孫盛曰:“夫經國營治,必憑俊喆之輔,賢達令德,必居參亂之任。”

[3] 拔茅茹:拔茜草。比喻遞相推薦引進。《易·泰》:“初九:拔茅茹,以其彙,征吉。”王弼注:“茅之爲物,拔其根而相牽引者也。茹,相牽引之貌也。”圮(pǐ):衰微;衰敗。

[4] 負乘:負乘致寇。句謂居非其位,才不稱職的小人們興起。

[5] 亢龍高墜:喻居高位者從高處跌落下來。《易·乾》:“上九:亢龍有悔。”正義:“上九,亢陽之至,大而極盛,上居天位,久而亢極,物極則反,故有悔也。”

[6] 漣如:狀血淚不止地流。《易·屯》:“上六:乘馬班如,泣血漣如。”

[7] 臧倉:魯平公嬖人,阻止魯平公去看望孟子。《孟子·梁惠王下》:“樂正子見孟子,曰:‘克(樂正子之名)告於君,君爲(將)來見也。嬖人有臧倉者沮君,君是以不果來也。’”“(孟子)曰:‘……吾之不遇魯侯,天也。臧氏之子焉能使予不遇哉?’”

[8] 開闢:指宇宙的開始。《太平御覽》一引《尚書中候》:“天地開闢。”此指有人類以來。極言久遠。

［9］振古：遠古；往昔。《詩·周頌·載芟》：“匪今斯今，振古如茲。”
　　毛傳：“振，自也。”朱熹集傳：“振，極也。……蓋自極古以來已如
　　此矣。”

6　“至於駑蹇矯首於瑁輦[1]，駥驥委牧乎林垌[2]，彼己
尸祿[3]，邦國殄瘁，下淩上替，實此之由[4]。或蟲流而莫
斂[5]，或逆竄於申亥(1)[6]，或擢筋於廟梁[7]，或絶命於望
夷，蓋所拔之非真，而忠能之不用也。

【校】
（1）申亥：孫星衍校：“舊寫本作曲亥。”按：當從藏本。

【注】
［1］駑蹇：劣馬。《楚辭·七諫·謬諫》王逸注：“蹇，跛也。”矯首：昂
　　首；擡頭。《漢書·揚雄傳》：“（《甘泉賦》）仰撟首以高視兮。”顏
　　師古注：“撟，舉也。撟與矯同。”此謂昂昂然得意貌。瑁輦：玉
　　飾的車子。對車駕的美稱。張衡《東京賦》：“是時稱警蹕已，下
　　彤輦於東廂。”經傳以雕、彤爲瑁，刻鏤。
［2］駥(róng)：八尺高的馬。《爾雅·釋畜》：“馬八尺爲駥。”驥：千
　　里馬。林垌：郊野。句意本《文選·爲曹洪與魏文帝書》：“夫騄
　　駬垂耳於林垌。”
［3］彼己：他那個人。此指他們那些。《詩·曹風·候人》：“彼其之
　　子，不稱其服。”“彼其”《左傳·僖公二十四年》引作“彼己”。尸
　　祿：尸祿素餐。謂乾拿薪俸而不幹事。句意譏功德不稱其位。
［4］下淩上替：謂上下失序，綱紀廢墜。之：結構助詞。其作用相當
　　於“唯利是圖”之“是”。
［5］或蟲流而莫斂：指齊桓公晚年信用易牙、豎刀、常之巫、衛公子
　　開方，四人“相與作亂”，桓公“裹首”而死，尸體腐爛而蟲出於外。
［6］或逆竄於申亥：楚靈王不君，不納箴諫，築章華臺，“罷（疲）弊楚

國”。“其民不忍飢勞之殃，三軍叛於乾溪”。靈王逃竄山中，最後縊於芋尹申亥氏，申亥以其二女殉而葬之。

［７］擢筋：抽筋。《韓非子·姦劫弒臣》：“淖齒之用齊也，擢愍王之筋，懸之廟梁。”

7　“故明君勤於招賢，而汲汲於擢奇，導達凝滯[1]，而嚴防壅蔽[2]。才誠足委，不拘於屠釣[3]；言審可施，抽之於戎戍[4]。或舉於牛口之下(1)，而加之於群僚之上[5]；或拔於桎梏之中，而任以社稷之重[6]。故能勳業隆濟，拓境服遠，取威定功[7]，垂統長世也。

【校】

（１）或舉於牛口之下：與下句相較，“舉”下蓋當補一“之”字。

【注】

［１］導達：猶疏通。《呂氏春秋·季春紀》：“修利隄防，導達溝瀆，開通道路，無有障塞。”凝滯：猶困阻。

［２］壅蔽：遮蔽；阻塞。《管子·任法》：“夫私者，壅蔽失位之道也。”

［３］不拘於屠釣：指周文王不受屠釣職業的限制而任用呂尚爲軍師。屠釣：宰牲和釣魚。古指操賤業者。《韓詩外傳》八：“太公望少爲人壻，老而見去，屠牛朝歌，賃於棘津，釣於磻溪。”

［４］言審可施：謂建策之言是慎重的，具有可行性。抽之於句：指漢高祖劉邦聽從戍守隴西的婁敬建都關中的意見，而賜姓劉氏，拜郎中，號爲奉春君，此即“奉春建策”。

［５］或舉之於二句：指秦穆公任用百里奚於牛口之下而使秦國稱霸。《史記·商君列傳》：“（百里奚）自粥（鬻）於秦客，被褐食牛。期年，繆公知之，舉之牛口之下，而加之百姓之上，秦國莫敢望焉。相秦六七年，而東伐鄭，三置晉國之君，一救荆國之禍。發教封内，而巴人致貢；施德諸侯，而八戎來服。”

〔6〕或拔於桎梏之中二句：指管仲脫桎梏而相齊桓公。社稷：古代
　　　帝王、諸侯所祭的土神和穀神。後因以指代國家。

〔7〕取威定功：取得威信，建立功業。《左傳·僖公二十七年》：“先軫
　　　曰：‘報施救患，取威定霸，於是乎在矣。’”

　　　8 “夫直繩者，枉木之所憎也[1]；清公者，姦慝之所讎
也[2]。人主不能運玄鑒以索隱[3]，而必須當塗之所舉[4]。
然每觀前代專權之徒，率其所舉皆在乎附己者也(1)。所薦
者先乎利己者也(2)。毀所畏而進所愛，所畏則至公者也，
所愛則同私者也。至公用則姦黨破，衆私立則主威奪
矣[5]；姦黨破則昇泰之所由也，主威奪則危亡之端漸矣。
毀所畏則恐辭之不痛，雖刑剭之，猶未愜意焉[6]，故必除之
而後快也；彼進所愛則苦談之不美(3)[7]，雖位超之，猶未逞
心焉，故必危彼以安此也。是故抱枉而死，無愆而黜者，有
自來矣。

【校】

（1）率其所舉皆在乎附己者也：“所舉”與下文“所薦者”相較，似脫一
　　　“者”字。

（2）所薦者先乎利己者也：“先乎”與上文“皆在乎”相較，似脫一
　　　“皆”字。

（3）彼：當從楊明照校刪。

【注】

〔1〕夫直繩者，枉木之所憎也：取直的墨線，是曲木憎惡的對象。《鹽
　　　鐵論·箴石》：“語曰：‘五盜執一良人，枉木惡直繩。’”

〔2〕姦慝(tè)：指姦惡的人；姦惡的心術或行爲。《左傳·昭公十四
　　　年》：“詰姦慝，舉淹滯。”孔穎達疏：“姦，邪；慝，惡。”

〔３〕索隱：探求隱微奧秘的道理。《易・繫辭上》：“探賾索隱，鈎深致遠，以定天下之吉凶，成天下之亹亹者，莫大乎蓍龜。”孔穎達疏：“索謂求索，隱謂隱藏。”

〔４〕當塗：執政；掌權。兩句謂君主因當途選舉不當而大權旁落。

〔５〕主威奪：君主的權威被姦黨所剥奪。《漢書・梅福傳》：“（上書）方今君命犯而主威奪，外戚之權日以益隆。”

〔６〕辭：承上指詆毀之辭。痛：痛快淋漓。刖劓：刖足劓鼻。愜（yàn）意：因滿足而愉悦。

〔７〕苦：擔心。《法言・先知》“或苦亂”李軌注：“苦，患也。”

　　９　“所以體道合真[1]，嶷然特立[2]，才遠量逸，懷霜履冰[3]，思綿天地，器兼元凱[4]，執經衡門，淵渟嶽立[5]。寧潔身以守滯，恥脅肩以苟合[6]。樂飢陋巷[7]，以勵高尚之節(1)[8]；藏器全真，以待天年之盡[9]。非時不出，非禮不動，結褐嚼蔬，而不悒悒也；黄髮終否[10]，而不恨恨也[11]。安肯蹷太山之峻，以適鑿枘之中[12]；斂垂天之羽，爲戒旦之役(2)[13]？編於仕類，而抑鬱庸兒之下。舍鸞鳳之林，適枳棘之藪[14]，競腐鼠於鶍鴟，而枉尺以直尋哉[15]！

【校】

（１）勵：通厲。但楊明照謂當作厲，以與《逸民》“厲苟進”“厲貪濁”、《交際》“厲近才”、《刺驕》“厲群枉”、《詰鮑》“厲秋威”等一致。

（２）爲：其上當有而字。“而爲戒旦之役”方與“以適鑿枘之中”字數相等。

【注】

〔１〕體道：躬行正道。《韓非子・解老》：“夫能有其國保其身者，必且體道。”陳奇猷集釋：“體亦履也。”

［2］巍（nì）然：卓異貌。《華嚴經音義上》引《字指》：“巍、峛，山峰貌。”按：引申爲屹立貌、卓異貌。《漢過》：“含霜履雪，義不苟合；據道推方，巍然不群。”

［3］懷霜：喻高潔。《文選·文賦》：“心懍懍以懷霜，志眇眇而臨雲。”李善注：“懷霜、臨雲，言高絜也。”絜：潔之初字。

［4］思綿天地：喻一心想着天下大事。器兼元凱：謂有元凱之才，足以擔任輔弼重臣。

［5］淵渟嶽立：猶山峙淵渟。

［6］苟合：附合；迎合。《戰國策·秦策三》：“吳起事悼王，使私不害公，讒不蔽忠，言不取苟合，行不取苟容。”

［7］樂：借爲療。

［8］勵：砥屬。

［9］天年：自然的壽命。《莊子·山木》：“此木以不材得終其天年。”

［10］黃髮：鶴髮（白髮）。指年老；亦指老人。《書·泰誓中》：“尚猷詢此黃髮。”《史記·秦本紀》作“古之人謀黃髮番番。”終否（pǐ）：一直困厄不順。

［11］悢悢（liàng）：惆悵；悲傷。《文選》李陵《與蘇武詩》：“徘徊蹊路側，悢悢不得辭。”李善注引《廣雅（·釋訓）》曰：“悢悢，恨（今本作“悲”）也。”又嵇康《與山巨源絕交書》：“顧此悢悢，如何可言。”李周翰注：“悢悢，悲恨也。”

［12］蹙（cù）：削減。鑿枘（zào ruì）：榫卯與榫頭相合。比喻投合，迎合。《楚辭·九辯》：“圜鑿而方枘兮，吾固知其鉏鋙而難入。”洪興祖補注：“枘，柄也。鉏鋙，不相當也。”

［13］垂天：懸掛天邊。《莊子·逍遥遊》：“（鵬）其翼若垂天之雲。”戒旦：報曉警睡。《文選》趙至《與嵇茂齊書》：“雞鳴戒旦，則飄爾晨征。”句謂大鵬不能扮演雄雞的角色。

［14］鸞鳳之林：指梧桐。鳳棲梧桐之上，故稱。枳（zhǐ）棘：枳木與棘木。因其多刺而稱惡木。常用以比喻惡人、小人或艱難。《易林·屯之賁》：“路多枳棘，步刺我足。”《後漢書·黃瓊傳》：“（上疏）光武以聖武天挺，繼統興業，創基冰泮之上，立足枳棘之林。”

李賢注："枳棘,諭艱難。"

[15] 枉尺以直尋:枉屈一尺而得以伸直八尺。喻小有所屈而大有所
　　獲。《孟子‧滕文公下》:"陳代曰:'不見諸侯,宜若小然;今一見
　　之,大則以王,小則以霸。且《志》曰:"枉尺而直尋。"宜若可爲
　　也。'"朱熹集註:"枉,屈也;直,伸也。八尺曰尋,所屈者小,所伸
　　者大也。"

10　"且大賢之狀也至拙,其爲味也甚淡,蕭然自足,
泊爾無知,知之者稀而不蔵,時不能用而不悶。雖並日無
藜藿之糝[1],不以易不義之太牢也[2];雖縕袍無卒歲之
服(1)[3],不肯樂無道之狐白也[4]。獨可散髮高枕[5],守其
所有已(2),絕不曲躬低眉,求其所未須也。

【校】

(一) 雖縕袍無卒歲之服:楊明照校:"'縕袍'與'卒歲'當互乙,即:雖
　　卒歲無縕袍之服。"這樣,"雖卒歲無縕袍之服"方與"雖並日無藜
　　藿之糝"對偶。

(二) 有已:陳其榮案:"承訓本作已有,當從之。"作"已有"方與下文
　　"未須"對仗。

【注】

[1] 並日:兩天當一天。之:與;和。糝(sǎn):以米和羹。《莊子‧
　　讓王》:"孔子窮於陳蔡之間,七日不火食,藜藿不糝。"成玄英疏:
　　"藜藿之羹,不加米糝。"

[2] 太牢:盛牛、羊、豕三牲的大食器,因把宴會或祭祀時並用牛、羊、
　　豕三牲,亦曰太牢。《國語‧楚語下》:"天子舉,以大牢祀以會。"
　　韋昭注:"大牢,牛、羊、豕也。"大太古通。《莊子‧至樂》:"具太
　　牢以爲膳。"成玄英疏:"太牢,牛、羊、豕也。"

[3] 卒歲:度過年終。縕袍:以亂麻爲絮的袍子。貧者所服。《論

語‧子罕》：“衣敝緼袍，與衣狐貉者立，而不恥者，其由也與？”朱
熹集註：“緼，枲著也；袍，衣有著者也。蓋衣之賤者。”

［４］狐白：狐狸腋下的白毛皮。指精美的狐裘。《禮記‧玉藻》：“士
不衣狐白。”

［５］散髮：喻指棄官隱居，逍遙自在。張協《詠史詩》：“抽簪解朝衣，
散髮歸海隅。”張銑注：“凡束髮爲從官，散髮爲罷官。”句謂隱居
的閒散生活。

11　“德薄位厚，弗交也；名與實違，弗親也；榮華馳
逐，弗務也；豪俠姦權，弗接也；俗說細辨，不荅也(1)；脅肩
所赴，弗隨也。貌愚而志遠，面垢而行潔。確乎若嵩、岱，
銓衡所不能測也；浩乎若滄海，斗斛所不能校也[1]。峻其
重仞之高，隱其百官之富[2]。觀彼佻竊，若草莽也[3]。邈
世之操，眇焉冠秋雲之表[4]；遺俗之神，緬焉棲九玄之
端[5]。雖窮賤，而不可脅以威；雖危苦，而不可動以利[6]。

【校】

（１）不荅也：上文“弗交”、“弗親”、“弗務”、“弗接”，下文“弗隨”，獨此
處作“不荅”，與上下文不一致，“不”疑當改爲“弗”。

【注】

［１］確乎若嵩、岱四句：謂如高山大海不可衡量。意本《淮南子‧泰
族》：“凡可度者小也，可數者少也……太山不可丈尺也，江海不
可斗斛也。”

［２］峻其重仞之高：自高門户。重仞：即“夫子之牆數仞”之意。隱
其百官之富：自隱富有。百官之富：指房舍多種多樣。官：房
舍。《論語‧子張》：“叔孫武叔語大夫於朝，曰：‘子貢賢於仲
尼。’子服景伯以告子貢。子貢曰：‘譬之宮牆，賜之牆也及肩，窺
見室家之好。夫子之牆數仞，不得其門而入，不見宗廟之美，百

官之富。得其門者或寡矣。夫子之云，不亦宜乎！'"集解引包咸曰："七尺曰仞。"。

［3］草莽：草叢；草野。《左傳·昭公十二年》："昔我先王熊繹辟在荆山，篳路藍縷以處草莽。"此喻賤如野草。

［4］眇焉：猶眇然。高遠貌。《漢書·王褒傳》："何必僶卬詘信若彭祖，呴噓呼吸如僑松，眇然絕俗離世哉！"顏師古注："眇然，高遠之意也。"

［5］緬焉：猶緬然。遥遠貌。九玄之端：九天之上。

［6］雖窮賤，而不可脅以威四句：伸《孟子·滕文公下》"富貴不能淫，貧賤不能移，威武不能屈"之意。

12　"其所業尚⁽¹⁾，可聞而不可盡也⁽²⁾；其所執守［1］，可見而不可論也。故疾之者，齊聲而側目［2］；愛之者，寡弱而無益。亦猶撮壤不能填決河，升水不能殄原火。於是鼖鼓戢雷霆之音［3］，鞀鞞恣喋謷之響［4］。芳蕙艾夷，臭鮑佩御［5］。玄珢傾棄而不羞［6］，醯酪專灌於圓丘［7］。汗血驅放而垂耳［8］，跛蹇馳騁於鑾軒［9］。此古人之所以懷沙負石，赴流魚葬［10］，而不堪與之同世也。已矣！悲夫！

【校】

（1）尚：平津本作耳，當從楊明照校引藏本等作尚。《交際》"業尚乖互者"、《内篇·明本》"業尚本異"，並以"業尚"連文是其證。

（2）可聞而不可盡也：陳其榮案："承訓本作尚可聞。"

【注】

［1］執守：持守；堅持。《參同契》下："執守恬淡，希時安平。"

［2］側目：斜目而視。形容憤恨。《漢書·鄒陽傳》："今爰盎事即窮竟，梁王恐誅。如此，則太后怫鬱泣血，無所發怒，切齒側目於貴臣矣。"

[3] 鼖(fén)鼓：大鼓。《周禮・考工記・韗人》：“鼓長八尺，鼓四尺，中圍加三之一，謂之鼖鼓。”鄭玄注：“大鼓謂之鼖。以鼖鼓鼓軍事。”

[4] 鞀(táo)：同鞉、鼗。有柄的小鼓。《周禮・春官・小師》“掌教鼓、鼗”鄭玄注：“鼗如鼓而小，持其柄搖之，旁耳還自擊。”鞞(pí)：同鼙。古代軍中或樂隊所用的小鼓，一説用於祀神的鼓，屬六鼓中雷鼓即八面鼓一類。《禮記・月令》：“仲夏之月……是月也，命樂師修鞀、鞞鼓。”正義：“鞀字或從兆下鼓。……鞞鼓者，《周禮（・地官・鼓人》）‘鼓人職掌六鼓……雷鼓’之屬是也。”鄭玄注：“雷鼓，八面鼓也。神祀，祀天神也。”喋鼛(gāo)：頻擊鼛鼓。《類篇・口部》：“喋，多言。”此僅取其多義。鼛：大鼓。《詩・大雅・緜》：“百堵皆興，鼛鼓弗勝。”毛傳：“鼛，大鼓也，長一丈二尺。或鼛或鼓，言勸事樂功也。”上句喻君子斂迹，下句喻小人得志。

[5] 芟(shān)夷：或作芟黄。除草；刈除。《左傳・隱公六年》：“爲國家者，見惡，如農夫之務去其草焉，芟夷蕴崇之，絶其本根，勿使能殖。”杜預注：“芟，刈也。夷，殺也。”鮑：鮑魚。御：用。

[6] 玄鬯(chàng)：以鬱金香草合黑黍釀造的香酒。以其芬芳條暢，故曰鬯。古時祭祀用之。《詩・大雅・江漢》“秬鬯一卣”毛傳：“秬，黑黍也。鬯，香草也。築煮合而鬱之曰鬯。”鄭玄箋：“秬鬯，黑黍酒也。謂之鬯者，芬香條暢也。”羞：進獻。《左傳・昭公二十七年》“羞者獻體”杜預注：“羞，進食也。”

[7] 醨(lí)酪：薄味酒。圜丘：古代祭天的圓形高壇。《周禮・春官・大司樂》：“凡樂……冬至日，於地上之圜丘奏之。”正義：“言圜丘者，案《爾雅》土之高者曰丘（今本《爾雅》無此文），取自然之丘。圜者，象天圜。”圜圓古通。

[8] 垂耳：兩耳下垂。賈誼《弔屈原賦》：“驥垂兩耳兮服鹽車。”謂未發揮汗血馬的作用。

[9] 鑾(luán)軒：鑾輿、鑾駕，天子的車駕，因有鑾鈴，故稱。《説文・金部》：“鑾，人君乘車，四馬鑣、八鑾鈴，象鸞鳥之聲，和則敬也。”

[10] 懷沙：指屈原。屈原賦《懷沙》爲絕命辭，“於是懷石遂自沈汨羅
　　　（江）以死”。負石：指申徒狄。《莊子·盜跖》：“（殷末人）申徒
　　　狄諫而不聽，負石自投於河，爲魚鼈所食。”

13　“然捐玄黎於洿潭，非夜光之不真也，由莫識焉；
投彤盧而不彎[1]，非繁弱之不勁也[2]，坐莫賞焉。故瓊瑤
俟荆和而顯連城之價[3]，烏號須逄門而著陷堅之力[4]；飛
菟待子輿而颷騰(1)[5]，俊民值知己而宣力。若夫美玉不出
重岫，良弓不鑿百札[6]，驥騄不服朱軒，命世不履爵勢，則
孰知其能擄符彩之耀曄[7]，頓雲禽於千仞[8]，騁逸迹以追
風，康庶績於百揆乎？

【校】

（1）子輿：原作子豫，楊明照曰：“子豫，蓋古善御者，其事待考。”按：
　　蓋稚川記憶有誤。子豫蓋當作“子輿”。《後漢書·馬援傳》：“昔
　　有騏驥，一日千里，伯樂見之，昭然不惑。近世有西河子輿，亦明
　　相法。子輿傳西河儀長孺，長孺傳茂陵丁君都，君都傳成紀楊子
　　阿，臣援嘗師事子阿，受相馬骨法。”是其證。

【注】

[1] 彤盧：紅色、黑色的弓矢。天子以賜有功之臣，使專征伐。《書·
　　文侯之命》：“王曰：‘父義和！其歸視爾師，寧爾邦，用賚爾秬鬯
　　一卣，彤弓一，彤矢百，盧弓一，盧矢百，馬四匹，父往哉！’”孔傳：
　　“彤，赤；盧，黑也。”彎：挽弓。
[2] 繁弱：古代諸侯封父之大弓名。《左傳·定公四年》：“封父之繁
　　弱。”杜預注：“封父，古諸侯也。繁弱，大弓名。”亦作良弓的
　　通稱。
[3] 瓊瑤：美玉或美石。《詩·衛風·木瓜》：“投我以木桃，報之以瓊
　　瑤。”毛傳：“瓊瑤，美玉。”荆和：荆楚的和氏。

［4］烏號：良弓名。《淮南子·原道》"射者扞烏號之弓"高誘注："烏號，桑柘。其材堅勁，烏峙其上，及其將飛，枝必橈下，勁能覆（起），巢（摋）烏隨之，烏不敢飛，號呼其上。伐其枝以爲弓，因號烏號之弓也。一説：黃帝鑄鼎於荆山鼎湖，得道而仙，乘龍而上。其臣援弓射龍，欲下黃帝不能也。烏，於也。號，呼也。於是抱弓而號，因（目）曰烏號之弓也。"逢門：古之善射者。即逢蒙。《孟子·離婁下》："逢蒙學射於羿，盡羿之道，思天下惟羿爲愈己，於是殺羿。"陷堅：攻打、攻入堅固的陣地。《史記·魏其武安侯列傳》："灌孟年老，潁陰侯彊請之，鬱鬱不得意，故戰常陷堅，遂死吳軍中。"

［5］飛菟：也作飛兔。古之駿馬。日行萬里，馳若兔之飛，因以爲名。《吕氏春秋·離俗》："飛兔、騕褭，古之駿馬也。"高誘注："飛兔、騕褭，皆馬名也。日行萬里，馳若兔之飛，因以爲名也。"《淮南子·齊俗》："夫待騕褭、飛兔而駕之，則世莫乘車（矣）。"許慎注："騕褭，良馬，飛兔其子。褭、兔走，蓋皆一日萬里也。"菟兔古通。子輿：蓋伯樂之後又一善相馬者，爲馬援所稱道，當屬無誤。子輿蓋西漢末年人。

［6］良弓不鑿百札：謂良弓能射穿七札，而不能射穿一百札。《左傳·成公十六年》："潘尫之黨與養由基蹲甲而射之，徹七札焉。"杜預注："黨，潘尫之子，蹲，聚也。一發達七札，言其能陷堅。"札：鎧甲的葉片，多用皮革或金屬製成。古之革甲一般由七層皮革疊合而成，言"百札"誇言其厚。

［7］符彩：美玉的文理色彩。《文選》左思《蜀都賦》："符采彪炳，暉麗灼爍。"劉逵注："符采，玉之横文也。"句承上美玉言。

［8］頓：折；挫傷。此指射傷。千仞：指高空。本句承上良弓言。

14 "夫其不遇，亦得不雜糅於瓦石⁽¹⁾，鈞賤於朽木，列鑣於下乘［1］，等望於凡頊哉［2］！嗟乎！彍棘矢而望高手於渠、廣［3］，策疲駑而求繼軌於周穆［4］，放斧斤而欲雙巧於

班、墨[5]，忽良才而欲彝倫之攸叙，不亦難乎？名實雖漏於
一世，德音可邀乎將來[6]。樂天知命[7]，何慮何憂？安時
處順[8]，何怨何尤哉[9]！”

【校】

（1）得不：疑當乙爲不得。

【注】

［1］列鑣：猶列騎。鑣（biāo）：馬嚼子，馬口中所銜鐵具露出在外的
兩頭部分。指代乘騎。下乘：下等的馬。《文選·爲曹洪與魏
文帝書》：“夫騄驥垂耳於坰牧，鴻雀戢翼於汙池，褻之者固以爲
園囿之凡鳥，外廄之下乘也。”

［2］凡項：庸凡微賤《譴惑》：“於是凡瑣小人之有財力者，了不復居於
喪位。”

［3］彍（guō）：同彉。張滿弩弓。《孫子·勢》：“勢如彍弩，節如發
機。”棘矢：棘木做的箭矢。《左傳·昭公四年》“桃弧棘矢”正義
引服虔云：“棘矢者，棘赤有箴，取其名也。”渠：熊渠子，楚之善
射者。《韓詩外傳》六：“昔者，楚熊渠子夜行，（見）寢石，以爲伏
虎，彎弓而射之，没金飲羽。下視，知其爲石。”廣：李廣（前？—
前119），隴西成紀（今甘肅秦安）人。《史記·李將軍列傳》：“廣
出獵，見草石中，以爲虎而射之，中石没鏃，視之石也。”

［4］疲駑：衰老的劣等馬。常用以自謙，言愚鈍無能。《漢書·石奮
傳》：“臣幸得待罪丞相，疲駑無以輔治。”繼軌：接繼前人之軌
迹。李康《運命論》：“前監不遠，覆車繼軌。”周穆：周穆王，昭王
之子，名滿。此指周穆王之八駿。《穆天子傳》一：“天子之駿：
赤驥、盗驪、白義、踰輪、山子、渠黄、華騮、緑耳。”

［5］班、墨：魯班、墨翟。兩人並提，蓋始自《淮南子·齊俗》：“魯般、
墨子以木爲鳶而飛之，三日不集。”蓋即所謂“雙巧”。魯般即
魯班。

［6］名實雖漏於一世：指名實被人忽視，不傳於當代。漏：遺忘；遺漏。德音：美好名聲。《詩·豳風·狼跋》：“公孫碩膚，德音不瑕。”朱熹集傳：“德音，令問也。”邀：逢，遇。謂爲後世讀者所識。

［7］樂天知命：樂從天道的安排，安守命運的分限。《易·繫辭上》：“樂天知命，故不憂。”正義：“順天道之常數，知性命之始終，任自然之理，故不憂也。”

［8］安時處順：安於時運，順應變化。《莊子·養生主》：“適來夫子時也，適去夫子順也。安時而處順，哀樂不能入也。”

［9］何怨何尤：意本《論語·憲問》：“子曰：‘不怨天，不尤人，下學而上達。知我者其天乎！’”集解引馬融曰：“孔子不用於世而不怨天，人不知己亦不尤人。”邢昺疏：“尤，非也。”

清鑒卷二十一^[1]

1 抱朴子曰："咸謂⁽¹⁾：'勇力絶倫者，則上將之器^{(2)[2]}；洽聞治亂者，則三、九之才也^[3]。'然張飛、關羽，萬人之^[4]敵，而皆喪元辱主^[5]，授首非所^[6]；孔融、邊讓，文學邈俗^[7]，而並不達治務，所在敗績^[8]。鄧禹、馬援、田間諸生，而善於用兵^[9]；蕭何、曹參，不涉經誥，而優於宰輔。爾則知人果未易也。欲試可乃已^[10]，則恐成⁽³⁾，折足覆餗；欲聽言察貌，則或似是而非，真僞混錯^[11]。然而世人甚以爲易，經耳過目，謂可精盡；余甚猜焉，未敢許也。

【校】

（1）咸：當從楊明照校引吉藩本作或，下文"或難曰"可證，當一律。

（2）器：其下當有"也"字。"上將之器也"始與"三九之才也"文例一律。

（3）則恐成：孫星衍校："舊寫本成字空白，疑衍。"按：與下文"則或似是而非"相較，其下疑脫去三字。

【注】

［1］清鑒：明察；高明的鑒別力。指鑒察非凡之才。《内篇・至治》："識變通於常事之外，運清鑒於玄漠之域。"

［2］上將：猶言大將、主將、最高統兵元帥。《孫子・地形》："料敵制勝，計險阨遠近，上將之道也。"

［3］三九：三公九卿，帝王輔弼之臣。

［4］張飛(？—221)：字益德，涿郡(今河北涿州市)人。少與關羽俱事劉備。在荆州，備爲曹操所追，飛力拒曹軍於長阪。備入益州，自南郡溯流而上，戰無不克，擒嚴顏，拜巴西太守。曹魏張郃欲下巴西，爲其所破。備爲漢中王，拜右將軍，遷車騎將軍，領司隸校尉。隨備伐吳，臨發，因不恤士卒，爲部將所殺。關羽(？—219)：字雲長，本字長生，河東解(今山西臨猗)人。亡命涿郡，爲劉備別部司馬，恩若兄弟。建安五年(200)爲曹操所執，拜偏將軍，禮之甚厚。斬顏良後復離操歸備，備收江南諸郡，以爲襄陽太守，董督荆州事。二十四年，拜爲前將軍。圍曹仁於樊，擒于禁，威震華夏。旋爲呂蒙所襲，於臨沮被殺。好《左傳》，諷誦皆上口。善待士卒而驕於士大夫，人稱萬人敵。萬人之敵：一人可敵萬人，極言勇武過人。《三國志·蜀書·關張馬黃趙傳評》：“關羽、張飛，皆稱萬人之敵，爲世虎臣。”

［5］喪元：掉腦袋。亦指獻出生命。《孟子·滕文公下》：“志士不忘在溝壑，勇士不忘喪其元。”趙岐注：“元，首也。”

［6］授首：此指被殺。《三國志·蜀書·張飛傳》：“臨發，其帳下將張達、范彊殺飛，持其首，順流而奔孫權。”《關羽傳》：“(孫)權遣將逆擊羽，斬羽及其子平於臨沮。”

［7］孔融(153—208)：字文舉，東漢末魯(今山東曲阜)人。孔子二十世孫。少好學，博覽群書。曾任北海相，時稱孔北海。又任將作大將、少府、太中大夫等職。性寬容少忌，賓客盈門。能詩，文章有名於世，犀利簡潔，爲建安七子之一。後因觸怒曹操被殺。邊讓(生卒年不詳)：字文禮，陳留浚儀(今河南開封西北)人。少以博學善辯稱。大將軍何進令史，出爲九江太守。獻帝初平中，王室大亂，乃去官。恃才氣，不屈曹操，終爲曹操所殺。有《章華賦》傳世，人稱有司馬相如之風。文學：文章博學。

［8］所在：此謂處處。敗績：打敗仗；政績不佳。據《後漢書·孔融傳》載，先爲黃巾軍張“饒所敗”，又爲“管亥所圍”；“融負其高氣，志在靖難，而才疏意廣，迄無成功。”《文苑下·邊讓傳》：“出爲九

江太守,不以爲能也。”“所在敗績”蓋指此。

[9]鄧禹(公元2—58):字仲華,南陽新野(今河南新野南)人。少遊
　　京師,知遇劉秀。初從劉秀鎮壓河北銅馬等部農民起義軍。後
　　爲前將軍,率軍入河東,鎮壓綠林軍王匡(？—公元23)、成丹
　　(？—公元25)等部。劉秀即位後,任大司徒,封酇侯。渡河入
　　關,所部號稱百萬,名震關西,但不久爲赤眉軍所敗。劉秀統一
　　全國後,改封高密侯。中元元年(58)復行司徒事。明帝初,爲太
　　傅。馬援(前14—公元49):字文淵,扶風茂陵(今陝西興平東北)
　　人。年十二而孤,少有大志。新莽末,爲新城大尹(漢中太守)。
　　新莽敗亡,避地涼州,被隗囂任爲綏德將軍。説隗囂歸附光武,未
　　果。建武八年(32)助光武敗囂。拜太中大夫、隴西太守,平定西
　　羌。建武十七年(41)任伏波將軍,封新息侯。帶病進擊武陵“五
　　溪蠻”時卒於軍中。曾在西北養馬,得專家傳授,發展了相馬法。
　　著有《銅馬相法》。田間:泛指鄉間、農村。諸生:儒生。

[10]試可乃已:想經過試用,不合格乃退。《書·堯典》:“岳曰:‘異
　　哉,試可乃已。’”孔傳:“異,已也;退也。言餘人盡矣,唯鯀可試,
　　無成乃退。”可:不可之省。孫星衍曰:“可,讀爲叵,如‘不可’
　　急讀。”

[11]混錯:混淆;錯亂。如孔子以容取人失之於子羽、以言取人失之
　　於宰予,即其例。

　　2　“區別臧否,瞻形得神,存乎其人,不可力爲[1]。自
非明並日月,聽聞無音者[2],願加清澄,以漸進用[3],不可
頓任。輕假利器,收還之既甚難,所損者亦已多矣[4]。無
以一事闇保其餘,同乎己者,未必可用;異於我者,未必可
忽也[5]。”

【注】

[1]瞻形得神:通過觀察人的形體而觀察到人的精神或内心世界。

存乎其人：《易·繫辭上》：“神而明之，存乎其人。”

［2］聽聞無音：聽於無聲，得其所聞。喻料事具有前瞻性。《鄧析子·轉辭》：“視於無有，則得其所見；聽於無聲，則得其所聞。”

［3］進用：選拔任用。《韓非子·人主》：“法術之士奚時得進用，人主奚時得論哉？”

［4］輕假利器：謂輕易把大權交給臣下。收還：借出者收回。《後漢書·翟酺傳》：“（上疏）臣恐威權外假，歸之良難。……老子稱‘國之利器，不可以示人。’”

［5］同乎己：指附合自己。異於我：指不附合自己。《意林》五引《昌言·雜》：“同於我者，何必可愛；異於我者，何必可憎。”

3　或難曰：“夫在天者垂象，在地者有形[1]。故望山度水，則高深可推[2]；風起雲飛，則吉凶可步。智者覩木不瘁，則悟美玉之在山；覩岸不枯，則覺明珠之沈淵[3]。彗星出，則知鯨魚之方死(1)[4]；日月蝕，則識騏驎之共鬥[5]。華、霍不須稱，而無限之重可知矣；江、河不待量，而不測之數已定矣。鴻鵠之翼[6]，騄駬之足，雖未飛走[7]，輕迅可必也(2)；豪曹之劍[8]，徐氏匕首[9]，雖未奮擊，其立斷無疑也。

【校】

（1）鯨：原作鱣，當從楊明照校作鯨。

（2）輕迅可必也：句前當有一“其”字。如此則與“其立斷無疑也”一句字數相等。

【注】

［1］在天者垂象，在地者有形：《易·繫辭上》：“在天成象，在地成形，變化見矣。”

［2］度：通渡。推：推算，計算。

［3］智者覩木不瘁四句：意本《荀子·勸學》：“玉在山而木潤，淵生珠

而岸不枯。"《淮南子·説山》:"故玉在山而草木潤,淵生珠而岸不枯。"高誘注:"玉,陽中之陰也,故能潤澤草木。珠,陰中之陽也,有光明,故岸不枯。"覿(dí):見。

[4] 彗星出,則知鯨魚之方死:《淮南子·天文》:"鯨魚死而彗星出。"鯨魚之死與彗星之出有關,其中科學奥秘,有待研究。

[5] 日月蝕,則識騏驎之共鬥:《淮南子·天文》:"麒麟鬥而日月食。"《春秋元命苞》:"麒麟鬥,日無光。"宋均曰:"麒麟,少陽之精鬥於地,則日月亦將爭於上。"麒麟互相爭鬥,與日蝕、月蝕相關,其中科學原因,待考。可能是"日無光"的天象引起麒麟互相爭鬥。食與蝕古通用。騏與麒、驎與麟古通用。

[6] 鵠:俗稱天鵝。

[7] 飛:指鴻鵠之翼言。走:指騄騏之足言。

[8] 豪曹:春秋時歐冶子所鑄名劍五之一。《越絶書·越絶外傳記寶劍》:"王使取豪曹,薛燭對曰:'豪曹非寶劍也。'"《博物志》四:"寶劍名純鉤(鈎)、湛盧、豪曹、魚腸、巨闕,五劍皆歐冶子所作。"

[9] 徐氏匕首:即趙人徐夫人匕首,與太阿、純鈎同爲著名兵器。《戰國策·燕策三》:"於是太子(丹)預求天下之利匕首,得趙人徐夫人之匕首,取之百金,使工以藥淬之,以試人,血縷縷,人無不立死者。"《史記·刺客·荊軻傳》索隱:"徐,姓,夫人,名。謂男子也。"

4 "駁子有吞牛之容[1],鶪鷇有凌鷙之貌[2]。卉茂者土必沃,魚大者水必廣[3]。虎尾不附狸身,象牙不出鼠口。叔魚無猒之心,見於初生之狀[4];食我滅宗之徵,著乎開胞之始[5]。申童覺竊妻之巫臣[6],張負知將貴之陳平[7]。范子所以絶迹於五湖者,以句踐蜂目而鳥喙也[8];趙人所以息意於爭鋒者,以白起首鋭而視直也[9]。文王之接呂尚,桑陰未移,而知其足師矣[10];玄德之見孔明,晷景未改,而腹心已委矣[11]。

【注】

［1］駮（bó）：傳説中的猛獸。《詩·秦風·晨風》"隰有六駮"毛傳：
　　"駮，如馬、倨牙、食虎豹。"

［2］鶚鷇（è kòu）：雛鶚，待母哺食的幼鶚。鶚，俗稱魚鷹。《漢書·
　　鄒陽傳》："（上書吳王）臣聞鷙鳥絫百，不如一鶚。"顏師古注："孟
　　康曰：'鶚，大雕也。'師古曰：'鷙擊之鳥，鷹鶚之屬也。鶚自大鳥
　　而鷙者耳，非雕也。絫，古累字。鶚，音愕。'"

［3］卉茂者土必沃二句：喻客觀條件於主觀成長的重要性。《文
　　子·上德》："川廣者魚大。"

［4］叔魚：春秋時晉臣羊舌鮒，叔向弟。獄同鬻。《國語·晉語八》：
　　"叔魚生，其母視之，曰：'是虎目而豕喙，鳶肩而牛腹，谿壑可盈，
　　是不可饜也，必以賄死。'遂不視。"韋昭注："叔魚，晉大夫叔向母
　　弟羊舌鮒。視，相察也。後爲贊理，受雍子女而抑邢侯，邢侯殺
　　之。不自養視。""初生之狀"指此所説。

［5］食我：春秋時晉叔向之子楊食我，又叫楊石、伯石。滅宗事見《左
　　傳·昭公二十八年》："夏六月，晉殺祁盈及楊食我。……遂滅祁
　　氏、羊舌氏。"當初，叔向欲娶於巫臣與夏姬所生之女申公巫臣
　　氏，叔向之母反對，説夏姬"殺三夫、一君，而亡一國、兩卿"，當引
　　爲鑒戒，認爲"甚美必有甚惡"。"叔向懼，不敢娶。平公強使娶
　　之，生伯石。"叔向之母"視之。及堂，聞其聲而還，曰：'是豺狼之
　　聲也。狼子野心。非是，莫喪羊舌氏矣。'遂弗視。"楊氏即羊舌
　　氏，以叔向食邑於楊，故其子稱楊食我。

［6］申童：春秋時楚臣申叔跪，申叔時之子。巫臣：春秋時原爲楚
　　臣，後爲晉臣。巫臣私下娶夏姬爲妻事，見《左傳·成公二年》：
　　"巫臣盡室以行，申叔跪從其父將適郢，遇之（巫臣），曰：'異哉！
　　夫子有三軍之懼，而又有桑中之喜，宜（殆）將竊妻以逃者也。'"
　　發覺竊妻之事，據此而言。

［7］張負：西漢陳平妻之祖父。負賞識陳平，決定將孫女嫁給他。知
　　將貴：指張負看出陳平家雖"負郭窮巷，以弊席爲門，然門外多
　　有長者車轍"，知其不會"長貧賤"，而"卒與（孫）女。"

［8］范子：范蠡。絶迹：指滅吳後，范蠡辭別越王句踐，"遂乘輕舟以浮於五湖，莫知其所終極"。句踐蜂目：楚之商臣"蜂目而豺聲"，稚川蓋借來加在句踐頭上。蜂目：眼睛像胡蜂。形容相貌兇悍。鳥喙：鳥嘴。《吳越春秋・句踐伐吳外傳》："范蠡復爲書遺（文）種曰：'……夫越王爲人，長頸鳥喙，鷹視狼步，可以共患難，而不可共處樂；可以履危，不可與安。子若不去，將害於子，明矣。'"

［9］趙人所以息意於爭鋒者：戰國時趙國與秦國長平之戰，白起詐坑戰俘，"前後斬首虜四十五萬人"，趙人喪失了戰鬥力。首鋭而視直：腦袋尖而兩眼直視。《世説新語・言語15》："嵇中散語趙景真：'卿瞳子白黑分明，有白起之風。恨量小狹。'"劉孝標注引漢嚴尤《三將叙》曰："白起。平原君勸趙孝成王受馮亭，王曰：'受之，秦兵必至，武安君必將，誰能當之者乎？'對曰：'澠池之會，臣察武安君小頭而面鋭，瞳子白黑分明，視瞻不轉。小頭而面鋭者，敢決斷也；瞳子白黑分明者，見事明也；視瞻不轉者，執志强也。可與持久，難與爭鋒。廉頗爲人，勇鷙而愛士，知難而忍恥，與之野戰則不如，持守足以當之。'王從其計。"蓋本此而言。

［10］文王之接呂尚三句：蓋據《説苑・尊賢》而稚川混用："堯、舜相見，不違桑陰；文王舉太公，不以日久。故聖賢之接也，不待久而親；能者之相見也，不待試而知矣。"桑陰未移：指時間短暫。謂意氣相投，相知無須時日長久。

［11］玄德：劉備（161—223）字玄德，涿郡涿縣（今河北涿州市）人。漢景帝子中山靖王劉勝之後。少孤貧，與母販履織席爲業。靈帝末，從討黃巾有功累遷高密令。先後投公孫瓚、陶謙、曹操、袁紹、劉表。後得諸葛亮輔佐，建安十三年（208）用其策聯吳破曹於赤壁，遂收江南諸郡，爲群下推爲荆州牧。因劉璋之請，率兵入蜀，十九年圍成都，璋出降，遂領益州牧。二十四年得漢中，稱漢中王。二十六年（221）曹丕廢漢獻帝，乃於成都稱帝，國號漢，建元章武。次年在吳蜀彝陵之戰中大敗，不久病死。晷景未改：

日影未移。晷景（guǐ yǐng）：晷表的投影；日影。《三國志·蜀書·諸葛亮傳》："（劉備）因屏人曰：'漢室傾頹，姦臣竊命，主上蒙塵。孤不度德量力，欲信大義於天下，而智術短淺，遂用猖蹶，至於今日。然志猶未已，君謂計將安出？'"諸葛亮當即提出"跨有荆、益"，"西和諸戎，南撫夷越，外結好孫權，内修政理"，聯吴抗曹，統一中國的策略，認爲"誠如是，則霸業可成，漢室可興"。劉備説"善"！此委腹心之語也。

5　"郭泰中才，猶能知人[1]。故入潁川則友李元禮[2]，到陳留則結符偉明[3]，入外黄則親韓子助[4]，至蒲亭則師仇季智(1)[5]；止學舍則收魏德公[6]，觀耕者則拔茅季偉[7]；奇孟敏於擔負[8]，戒元艾之必敗(2)[9]。終如其言，一無差錯。必能簡精鈍於符表[10]，詳舒急乎聲氣[11]，料明闇於舉厝[12]，察清濁於財色[13]，觀取與於宜適，謂虚實於言行(3)，考操業於閨閫[14]，校始終於信効[15]。善否之驗，不其易乎？"

【校】

（1）亭：原作亨，當從楊明照引《後漢書》《後漢紀》等作亭。智：原作知，當據楊明照引《後漢書·循吏傳·仇覽》作智。

（2）元艾：《後漢書·靈帝紀上》作黄元艾，《後漢書·郭太傳》作黄允字子艾。

（3）謂：當從楊明照校作課。課與考、校義近。

【注】

［1］郭泰（128—169）：《後漢書》作郭太，字林宗，太原界休（今屬山西）人。家世貧賤。少好學，博通群籍。與河南尹李膺友善，名震京師。歸鄉里，送行者車數千輛。三府屢辟，皆不就。桓帝

時，黨錮事起，士人共相標榜，被稱爲"八顧"之一。雖好交遊，而不爲危言高論，故得免於宦官中傷與黨錮之禍。後閉門教授，弟子千人。性明知人，善薦賢才，多有至高位者。卒於家。

［2］李元禮：李膺(110—169)字元禮，潁川襄城(今屬河南)人。桓帝時爲司隸校尉，與太學生首領郭泰等結交，反對宦官專權，被太學生稱爲"天下楷模李元禮"。延熹九年(166)，宦官誣爲他們結黨誹謗朝廷，被逮入獄。釋放後，禁錮終身。靈帝立，外戚竇武執政，他又被起用爲長樂少府，與陳蕃等謀誅宦官失敗，死獄中。

［3］符偉明：符融字偉明，陳留浚儀(今河南開封)人。少爲都官吏，恥爲吏而去。遊太學，師事少府李膺。郭泰初入京師，即薦之於膺，有知人之明。州郡禮請，舉孝廉，公府連辟，皆不應。桓帝時，黨錮事起，遭禁錮。家甚貧，妻死土葬而無棺。終身不仕，以壽終。

［4］韓子助：韓卓字子助，東漢陳留外黄(今河南民權西北)人。曾被符融向馮岱薦爲主簿，有知人之鑒。臘日，奴竊食祭其先，卓義其心，即日免之。

［5］仇季智：仇覽字季智，一名香，陳留考城(今河南民權東)人。少爲書生。年四十，縣召補吏，選爲蒲亭長。設制科令，勸課農桑，設立學校，倡禮樂教化。考城令署爲主簿。後入太學，爲士人所仰。學畢歸鄉里，州郡並請，皆辭。復徵方正，遇疾而卒。《後漢書·循吏傳·仇覽》："後(符)融告郭林宗，林宗因與融賷刺就房謁之，遂請留宿。林宗嗟歎，下床爲拜。"即拜季智爲師。

［6］魏德公：陳國(今河南淮陽)人。《太平御覽》四四四引《郭林宗別傳》："離泰……止學舍則收魏德公。"《後漢書·郭太傳》"其獎拔士人"李賢注引謝承《後漢書》："(泰)之陳國則親魏德公。"餘不詳。

［7］茅季偉：茅容字季偉，陳留(今河南開封)人。年四十餘，耕於野，時與人避雨樹下，獨危坐愈恭。郭泰見而奇之，遂與共言，因請寓宿。次日，殺雞供母，與泰食蔬糧。泰感其孝，因令勸學，卒成盛德。

[8] 孟敏：字叔達，鉅鹿楊氏（今河北甯晉）人。客居太原，荷甑墮地，不顧而去，郭泰見而問其意。曰：“甑以破矣，視之何益？”泰以此異之，因勸其遊學。十年知名，三公並辟，皆不就。

[9] 元艾：黃允字元艾，濟陰（治今山東定陶）人。以俊才知名。郭泰見之曰：“卿有絕人之才，足成偉器。然恐守道不篤，將失之矣。”後司徒袁隗欲納爲從女婿，遂欲廢妻夏侯氏。乃集賓客三百餘人與妻宴別，妻乘機歷數其隱匿穢惡十五事。此後人皆惡之。

[10] 符表：外表。徐幹《中論·法象》：“夫容貌者，人之符表也。符表正，則性情怡。”

[11] 聲氣：聲音氣息；旨趣和愛好。《鬼谷子·中經》：“聞聲和音，謂聲氣不同，則恩愛不接。”

[12] 明闇：亦作“明暗”。喻指聰慧與愚昧。《三國志·魏書·方技傳·管輅》“於是恩涕泣服罪”裴松之注引《輅別傳》：“利漕民郭恩，字義博，……義博每聽輅語，未嘗不推几慷慨。自言‘登聞君至論之時，忘我篤疾，明闇之不相逮，何其遠也！’”舉厝：亦作“舉措”“舉錯”。厝通措錯。舉動，行爲；措置，措施。《管子·五輔》：“故民必知權，然後舉錯得；舉錯得，則民和輯。”《荀子·天論》：“政令不明，舉錯不時。”又《王制》：“舉措應變而不窮。”

[13] 清濁：喻人事的優劣、善惡、高下等。《史記·吳太伯世家》：“延陵季子之仁心，慕義無窮，見微而知清濁。”此喻人品的優劣、善惡、高下等。財色：此謂是否貪財好色。

[14] 閫閾（kǔn）：家庭；家族。

[15] 信効：亦作“信效”。効通效。守信用並見諸行動而收到實效。《後漢書·馮異傳》：“（李）軼自通書之後，不復與異爭鋒……異引軍度河，與（武）勃戰於士鄉下，大破斬勃，獲首五千餘級，軼又閉門不救。異見其信效，具以奏聞。”

6　抱朴子答曰：“余非謂人物了不可知，知人挺無形理也[(1)][1]。徒以斯術存乎大明[2]，非夫當人自許[(2)]。然而世士各謂能之，是以有云[3]，以警付任耳[4]。夫貌望豐偉者不必賢[5]，而形器尩瘁者不必愚[6]；咆哮者不必勇，淳淡者不必怯。或外候同而用意異，或氣性殊而所務合[7]。非若天地有常候，山川有定止也[8]。

【校】

（1）理：魯藩本作埋。

（2）當：孫星衍校："疑作常。"按：當通常。《管子·版法解》"惡不公議而名當稱"集校引趙用賢云："當，一作常。"

【注】

［1］挺：特。《文選》禰衡《鸚鵡賦》"挺自然之奇姿"李周翰注："挺，特也。"

［2］大明：指聖明的君主。《魏書·張袞傳》："今大明臨朝，澤及行葦，國富兵強，能言率職。"

［3］是以有云：由"是以云"變來。《左傳·昭公元年》："（醫和）對曰：'……主不能御，吾是以云也。'"是以：因此。云：言。

［4］付任：把事情交給別人去做。

［5］貌望：猶外貌。《行品》："士有貌望朴悴，容觀焞陋，聲氣雌弱，進止質澀，然而含英懷ика，經明行高。"

［6］形器：此謂人體。尩（wāng）瘁：亦作尩悴。瘦弱憔悴。《晉書·段灼傳》："逮事聖明之君，而尩悴羸劣，陳力又不能，當歸死於地下，此臣之恨三也。"

［7］外候：外露的徵候；外表。《六韜·龍韜·五音》："太公曰：'微妙之音，皆有外候。'"此指人之外表。

［8］非若天地有常候二句：意本《管子·形勢》："天不變其常，地不易其則，春秋冬夏不更其節，古今一也。"

7　"物亦故有遠而易知，近而難料[1]，譬猶眼能察天

衢,而不能周項領之間;耳能聞雷霆,而不能識螳蟲之音
也[2]。唐[3]、呂[4]、樊[5]、許[6],善於相人狀,唯知壽夭貧富,
官秩尊卑[7],而不能審情性之寬剋,志行之洿隆[8]。惟帝
難之[9],況庸人乎?而吾子舉論形之例,詰精神之談,未修
其本,殆失指矣。

【注】

[1] 物亦有遠而易知,近而難料:意本《鬼谷子・抵巇》:"物有自然,
事有合離,有近而不可見,遠而可知。"

[2] 譬猶眼能察天衢四句:以例證明上說。意本《文子・上德》:"目
見百步之外,而不能見其眥。"《淮南子・說林》同,高誘注:"喻人
能有所爲而不能自爲也。"天衢:星名。《晉書・天文志上》:"房
四星,爲明堂,天子布政之宮也……又爲四表,中間爲天衢,爲天
關,黃道之所經也。"螳同蟻。段成式《酉陽雜俎》卷十七《蟲篇》:
"蟻……有竊黃者,最有兼弱之智,成式兒戲時,常以棘刺標蠅,
置其來路,此蟻觸之而返,或去穴一尺或數寸,纔入穴中者如索
而出,疑有聲而相召也。"此識蟻之音者也。

[3] 唐:唐舉,戰國末期魏國相士。《荀子・非相》:"今之世梁有唐
舉,相人之形狀顏色,而知其吉凶妖祥,世俗稱之。"嘗相李兌曰:
"百日之內持國秉。"相蔡澤曰:"先生之壽從今以往四十三歲。"

[4] 呂:單父人呂公,劉邦岳父。《史記・高祖本紀》:"呂公者,好相
人,見高祖狀貌,因重敬之,引入坐。""呂公曰:'臣少好相人,相
人多矣,如無季相,願季自愛,臣有息女,願爲季箕帚妾。'"索隱
按:"《漢舊儀》云:'呂公,汝南新蔡人。'又《相經》云:'魏人呂公,
名文,字叔平。'"

[5] 樊:樊氏。蓋秦末漢初人。《藝文類聚》一七引《樊氏相法》曰:
"耳門不容麥,百歲。"《太平御覽》三六六引《樊氏相法》曰:"耳門
不容麥,歲至百兼富。"又三六五引《樊氏相法》曰:"眉中長毫,百
二十歲。"《隋書・經籍志》三子部五行類:"《相經要錄》二卷。"

注："蕭吉撰。《相經》三十卷,鍾武隸撰;《相書》十一卷,樊、許、唐氏《武王相書》一卷,《雜相書》九卷,《相書圖》七卷。亡。"樊、許並列與稚川同,樊氏當在許負之前。

［6］許:許負。一個姓許的婦女,善相面。負通婦。《漢書·外戚傳》:"許負相薄姬,當生天子。"漢高祖薄姬,文帝母。《論衡·骨相》:"周亞夫未封侯之時,許負相之:'君後三歲而入將相,持國秉,貴重矣,於人臣無兩。其後九歲而君餓死。'"

［7］官秩:官吏的職位或依品級而定的俸禄。《荀子·王霸》:"百官則將齊其制度,重其官秩,若是,則百吏莫不畏法而遵繩矣。"

［8］洿:下。隆:高。《文選·西征賦》:"憑高望之陽隈,體川陸之汙隆。"

［9］惟帝難之:即便帝堯亦難爲這件事。

8　"夫亡射之箭,皆破秋毫[1]。然準的恒不得爲工(1)[2]。叔向之母,申氏之子[3],非不一得,然不能常也。陶唐稽古而失任[4],姬公欽明而謬授[5]。尼父遠得崇替於未兆[6],近失澹臺於形骸[7]。延州審清濁於千載之外[8],而蔽奇士於咫尺之內[9]。知人之難,如此其甚。郭泰所論,皆爲此人過上聖乎?但其所得者,顯而易識;其所失者,人不能紀。

【校】

（1）準的恒:當從楊明照校作準的無恒。即"無常儀的",無固定的射擊目標。

【注】

［1］亡:通妄。妄射:即《韓非子·問辯》中所説之"妄發":"故(儀的)有常則羿、逢蒙以五寸的爲巧,無常則以妄發之中秋毫爲拙。"破:猶射中。

［2］不得爲工：即《韓非子·外儲説左上》説的"莫能復其處，不可爲謂善射"。

［3］叔向：春秋時晉臣羊舌肸之字，又字叔肸。

［4］陶唐：帝堯，初封於陶，後徙於唐，故云。失任：指任用鯀治水失當。

［5］姬公：周公旦姓姬，故稱。謬授：指周公使管叔、蔡叔監殷，而管叔、蔡叔以殷叛之事。

［6］尼父遠得崇替於未兆：言孔子能於事物强盛之時，看到它將要衰亡。《論語·爲政》："子張問：'十世可知也？'子曰：'殷因於夏禮，所損益可知也；周因於殷禮，所損益可知也；其或繼周者，雖百世可知也。'"又《季氏》："（孔子曰：）吾恐季孫之憂，不在顓臾，而在蕭牆之内也。"季孫自魯昭公二十三年代叔孫舍執魯政，至定公五年被殺。

［7］澹臺：澹臺滅明（前512—前？），字子羽，南武城（今山東費縣西南）人。狀貌甚醜，欲事孔子，孔子以爲材薄。既已受業，行不由徑，非公事不見卿大夫。孔子聞之，説："吾以言取人，失之宰予；以貌取人，失之子羽。"形骸：人的軀體、軀殼。此指外貌；容貌。

［8］延州：延州來之省稱。即吳公子季札。季札始封延陵，後復封州來，故曰延州來。審清濁：指季札來聘"觀於周樂"所作的精彩評論。《左傳·襄公二十九年》："吳公子札來聘，……請觀於周樂。使工爲之歌《周南》《召南》，曰：'美哉！始基之矣，猶未也，然勤而不怨矣。'爲之歌《邶》《鄘》《衛》，曰：'美哉，淵乎！憂而不困者也。吾聞衛康叔、武公之德如是，是其《衛風》乎！'爲之歌《王》，曰：'美哉！思而不懼，其周之東乎！'爲之歌《鄭》，曰：'美哉！其細已甚，民弗堪也。是其先亡乎！'爲之歌《齊》，曰：'美哉，泱泱乎！大風也哉！表東海者，其太公乎！國未可量也。'……自《鄶》以下，無譏焉。爲之歌《小雅》，曰：'美哉！思而不貳，怨而不言，其周德之衰乎？猶有先王之遺民焉。'爲之歌《大雅》，曰：'廣哉，熙熙乎！曲而有直體，其文王之德乎！'爲之歌《頌》，曰：'至矣哉！直而不倨，曲而不屈，邇而不偪，……五聲和，八風平，

節有度,守有序,盛德之所同也。'見舞《象箾》《南籥》者,曰:'美哉!猶有憾。'見舞《大武》者,曰:'美哉,周之盛也其若此乎?'……見舞《韶箾》者,曰:'德至矣哉,大矣!如天之無不幬也,如地之無不載也,雖甚盛德,其蔑以加於此矣。觀止矣!若有他樂,吾不敢請已。'"

[9] 蔽奇士於咫尺之內:指季札路遇賢士而不識。《韓詩外傳》十:"吳延陵季子遊於齊,見遺金,呼牧者取之。牧者曰:'子何居之高,而視之下;貌之君子,而言之野也!吾有君不君,有友不友,當暑衣裘,君疑取金者乎?'延陵(季)子知其爲賢者,請問姓字。牧者曰:'子乃皮相之士也,何足語姓字哉!'遂去。"下篇《行品》篇"捐金之恨"亦指此事。

9　"且夫所貴,貴乎見俊才於無名之中,料逸足乎吳阪之間[1]。掇懷珠之蚌於九淵之底[2],指含光之珍於積石之中[3]。若伯喈識絕音之器於煙燼之餘[4],平子剔逸響之竹於未用之前[5]。六軍之聚,市人之會,暫觀一睹,無所眩惑,探其潛生之心計,定其始終之事行[6],乃爲獨見不傳之妙耳[7]。若如來論(1)[8],必俟考勤制度其操蹈之全毀,觀其云爲之好醜,此爲絲線既經於銓衡,布帛已歷於丈尺,徐乃説其斤兩之輕重,端匹之修短[9],人皆能之,何煩於明哲哉!"

【校】

(1)來論:原作末論,當據楊明照校作來論。

【注】

[1] 吳阪(yú bǎn):亦稱吳山。古地名。即虞阪,在春秋虞國(今山西平陸縣)境內,又稱顛軨阪,道狹而險。傳説商代傅説隱於此。

《三國志·魏書·陳思王植傳》："植復上疏陳審舉之義曰：'……昔騏驥之於吳阪，可謂困矣，及其伯樂相之，孫、郵御之，形體不勞而坐取千里。'"

[2] 懷珠之蚌：蚌中産明月珠。《藝文聚類》八三引《墨子》："楚之明月，出於蟀（蚌）蜃。"

[3] 含光：蘊含光彩。宋玉《登徒子好色賦》："此郊之姝，華色含光，體美容冶，不待飾裝。"本形容女子之美，此用以指代玉石。

[4] 伯喈：蔡邕（132—192）字伯喈，陳留圉（今河南杞縣南）人。少以孝稱，師從胡廣，博通群籍。靈帝時爲議郎，熹平四年（175）與楊賜、馬日磾、韓説等正定六經文字。自書丹於碑，使工鎸刻於太學門外，世稱熹平石經。因上書論朝政闕失獲罪，流放朔方。遇赦後，畏宦官陷害，亡命江湖十餘年。董卓專權，强辟之，任爲侍御史，官左中郎將。卓被誅後，爲王允所捕，死獄中。所撰漢史，多湮没不存。諳術數、天文，尤善音律。散文長於碑記，工整典雅，多用偶句，頗受推重。又善辭賦，其《述行賦》著稱於世。工篆、隸，尤以隸書著稱，結構嚴整，點畫伏仰，體法多變，有"骨氣洞達，爽爽有神"之評。又創飛白書。識絶音於煙爐之餘：在火災後的殘餘桐木中識別出能演奏絶妙之音的材料。《後漢書·蔡邕傳》："吳人有燒桐以爨者，邕聞火烈之聲，知其良木，因請而裁爲琴，果有美音，而其尾猶焦，故時人名曰'焦尾琴'焉。"

[5] 平子：張衡（78—139）字平子，南陽西鄂（今河南南陽北）人。世爲著姓。少入京師，觀太學，通五經，貫六藝。曾兩度擔任掌管天文的太史令，精通天文曆算，創制世界上最早利用水力轉動的渾象（也叫渾天儀）和測定地震的地動儀。第一次正確解釋了月食的成因，説明月光是日光的反照，月食是由於月球進入地影而產生的。天文著作有《靈憲》，總結了當時天文知識，明確提出了"宇之表無極，宙之端無窮"，認識到宇宙的無限性。並認識到行星運動的快慢與距離地球的遠近有關。辭賦《二京賦》鋪寫京都景象，規模宏大。《歸田賦》形式短小，重在抒情。《四愁詩》《同聲歌》各具特色，在五七言詩發展史上有一定的地位。劂逸響之

竹於未用之前：其事未詳。蔡邕鑒柯亭椽竹“取以爲笛”事，見
《後漢書·蔡邕傳》李賢注引張隲《文士傳》《藝文類聚》四四引伏
滔《長笛賦》《搜神記》十三，但非平子事，蓋稚川誤記。

［6］事行：事迹；行爲；品行。《管子·正世》：“夫五帝三王所以成功
立名，顯於後世者，以爲天下致利除害也。事行不必同，所務
一也。”

［7］不傳（zhuàn）：不移動。《禮記·内則》：“父母舅姑之衣、衾、簟、
蓆、枕、几不傳。”鄭玄注：“傳，移也。”

［8］來論：指對話或辯論時對方的觀點。《嵇康集·明膽論》：“敬覽
來論。”又《難宅無吉凶攝生論》：“思省來論。”

［9］端匹：古布帛長度名。《左傳·昭公二十六年》“以幣錦二兩。”杜
預注：“二丈爲一端，二端爲一兩，所謂匹也。二兩，二匹。”

行品卷二十二[1]

1 抱朴子曰："擬玄黃之覆載，揚明並以表微[2]；文彪昺而備體[3]，獨澄見以入神者[4]，聖人也[5]。

稟高亮之純粹[6]，抗峻標以邈俗[7]，虛靈機以如愚[8]，不貳過而諂黷者[9]，賢人也[10]。

居寂寞之無爲[11]，蹈修直而執平者[12]，道人也[13]。

盡烝嘗於存亡[14]，保髮膚以揚名者(1)[15]，孝人也。

垂惻隱於有生[16]，恒恕己以接物者[17]，仁人也。

竭身命以徇國(2)[18]，經險難而一節者，忠人也。

覿微理於難覺[19]，料倚伏於將來者，明人也[20]。

量治亂以卷舒(3)，審去就以保身者，智人也[21]。

順通塞而一情，任性命而不滯者[22]，達人也。

不枉尺以直尋，不降辱以苟合者(4)，雅人也。

據禮度以動靜(5)[23]，每清詳而無悔者[24]，重人也[25]。

體冰霜之粹素[26]，不染潔於勢利者，清人也。

篤始終於寒暑[27]，雖危亡而不猜者[28]，義人也。

守一言於久要[29]，歷盛衰而不渝者(6)，信人也[30]。

摛銳藻以立言[31]，辭炳蔚而清允者[32]，文人也。

奮果毅之壯烈(7)，騁干戈以靜難者[33]，武人也[34]。

甄《墳》《索》之淵奧[35]，該前言以窮理者[36]，儒人也。

銳乃心於精義[37]，吝寸陰以進德者，益人也。

識多藏之厚亡[38]，臨祿利而如遺者，廉人也。

不改操於得失，不傾志於可欲者，貞人也。

卹急難而忘勞[39]，以憂人爲己任者，篤人也[40]。

潔皎分以守終[41]，不遜避而苟免者(8)[42]，節人也。

飛清機之英麗[43]，言約暢而判滯者，辯人也。

每居卑而推功[44]，雖處泰而滋恭者[45]，謙人也。

崇敦睦於九族[46]，必居正以赴理者[47]，順人也。

臨凝結而能斷，操繩墨而無私者，幹人也[48]。

拔朱紫於中搆[49]，剖猶豫以允當者[50]，理人也[51]。

步七曜之盈縮[52]，推興亡之道度者[53]，術人也[54]。

赴白刃而忘生[55]，格兕虎於林谷者[56]，勇人也[57]。

整威容以肅棠[58]，仗法度而無二者[59]，嚴人也。

創機巧以濟用(9)[60]，總音數而竝精者[61]，藝人也[62]。

淩強禦而無憚[63]，雖險逼而不沮者[64]，黠人也[65]。

執匪懈於夙夜[66]，忘勞瘁於深峻者[67]，勤人也。

蒙謗讟而晏如[68]，不慴懼於可畏者[69]，勁人也。

聞榮譽而不歡，遭憂難而不變者，審人也[70]。

知事可而必行，不猶豫於群疑者[71]，果人也。

循繩墨以進止，不乾没於僥倖者，謹人也。

奉禮度以戰兢[72]，及親疏而無尤者[73]，良人也[74]。

履道素而無欲[75]時雖移而不變者，朴人也。

凡此諸行，了無一然，而不躋善人之跡者[76]，下人也[77]。”

【校】

（1）名：魯藩本作明。

（2）竭：藏本、平津本作端，從楊明照據《太平御覽》四一八引校改。

（3）治亂：藏本、平津本作理亂，從楊明照校改。《君道》《用刑》《應嘲》三篇，並有"治亂"之文，是其證。此蓋避唐高宗李治諱改。

（4）合：孫星衍校："藏本作命，從舊寫本改。"

（5）禮：藏本、平津本作體，從楊明照校改。本篇下文"奉禮度以戰兢"，《弭訟》篇"心忘禮度"，《詰鮑》篇"閑之以禮度"，並其證。

（6）盛：藏本、藩魯本、平津本作歲，從楊明照校改。

（7）烈：魯藩本作列。

（8）避：魯藩本作厚。

（9）巧：藏本、魯藩本作功。

【注】

[1] 行品：性行與品德。此指各行各業的各種人物的性行與品德。

[2] 明竝：明並日月之省。謂聖人明察如日月。

[3] 彪昺：通作彪炳。文采煥發貌。《文選·西京賦》："符采彪炳。"劉良注："灼爍光彩貌。"備體：猶齊備；完整。此指具備聖人之德。體以喻德。《管子·君臣下》："上尊而民順，財厚而備足，四者備體，頃時而王不難矣。"《文選·運命論》："（仲尼）……—及其孫子思，希聖備體而未之至。"李善注引劉熙《孟子注》曰"體者，四支股腳也。……體，以喻德也。"支通肢。

[4] 獨澄見：獨具清澈見解。入神：入於神化，掌握實質。《易·繫辭下》："精義入神，以致用也。"後多用以指一種技藝達到神妙之境。

[5] 聖人：指品德最高尚，智慧最高超的人。《孟子·離婁上》："聖人者，人倫之至也。"《荀子·禮論》："聖人者，道之極也。"《易·說卦》："聰明叡知謂之聖人。"

[6] 高亮：高尚忠正。純粹：純正不雜；精純完美。《易·乾》："大哉乾乎，剛健中正，純粹精也。"孔穎達疏："純粹不雜。"

[7] 峻標：高尚的風格。

[8] 如愚：不違如愚。謂從不提出反對意見和疑問，像個蠢人。《論語·爲政》："子曰：'吾與回言終日，不違如愚。退而省其私，亦

　　足以發。回也不愚。'"

[9]不貳過：不重犯過失。《論語・雍也》："孔子對曰：'有顏回者好
　　學，不遷怒，不貳過。……'"

[10]賢：有德行；多才能。

[11]寂寞之無爲：天地之本原，道德之極致。寂寞：空虛無物；清静
　　恬淡。《莊子・天道》："夫虛静恬淡，寂漠無爲者，天地之平，而
　　道德之至，故帝王、聖人休焉。"郭象注："凡不平、不至者，生於有
　　爲。"漠通寞。

[12]蹈：履行；遵循。

[13]道人：指倡導順應自然的人。《莊子・秋水》："道人不聞，至德
　　不得。"

[14]烝：通進。呈上。烝嘗：冬祭與秋祭。泛指祭祀。《爾雅・釋
　　天》："秋祭曰嘗，冬祭曰烝。"郭璞注："（嘗）嘗新穀。（烝）進品
　　物。"烝、蒸古今字。存亡：此指事死如事生、事亡如事存。《禮
　　記・中庸》："事死如事生，事亡如事存，孝之至也。"

[15]保髪膚：言保全身首。髪膚：頭髮與皮膚。借指身體。揚名：
　　傳揚名聲。指顯親。《孝經・開宗明義章》："身體髪膚，受之父
　　母，不敢毀傷，孝之始也；立身行道，揚名於後世，以顯父母，孝之
　　終也。"

[16]惻隱：傷切痛深。《孟子・公孫丑上》："惻隱之心，仁之端也。"朱
　　熹集註："惻：傷之切也。隱：痛之深也。"此指同情，憐憫。有
　　生：有生命者。《列子・楊朱》："有生之最靈者，人也。"

[17]恕己：謂擴充自己的仁愛之心。《孟子・盡心上》"强恕而行"朱
　　熹集註："恕，推己以及人也。"接物：謂與人交往。

[18]身命：指生命。《漢書・鄭崇傳》："臣願以身命當國咎。"徇國：
　　爲國家利益而獻出生命。徇通殉。

[19]難覺：難以察覺；難以領悟。

[20]明：見微、知微。《韓非子・難四》："知微之謂明。"

[21]智：審知禍福。《新書・道術》："深知禍福謂之智。"

[22]性命：指萬物的天賦與稟受。《易・乾》："乾道變化，各正性命。"

孔穎達疏："性者，天生之質，若剛柔遲速之别；命者，人所稟受，若貴賤夭壽之屬也。"

[23] 禮度：禮儀法度。《大戴禮記·盛德》："故明堂，天法也，禮度，德法也，所以御民之嗜欲好惡，以慎天法，以成德法也。"

[24] 清：古通精。《管子·輕重己》"清神生心"，集校引丁士涵云："清，精假字。"精詳：精細周詳。

[25] 重：持重不移。《大戴禮記·文王官人》"以觀其重"，王聘珍解詁："重，謂持重不遷也。"

[26] 體：稟受；繼承。冰霜：喻操守堅貞清白。粹素：純潔。

[27] 篤始終於寒暑：像寒來暑往那樣有始有終，真純如一。《交際》："終始一契，寒暑不渝。"注此正合。

[28] 猜：猜疑；懷疑。

[29] 久要：久處約，即久處貧困。楊樹達《積微居小學述林·〈論語（·憲問）〉"久要不忘平生之言"解》："余按《論語·里仁篇》云：'不仁者不可以久處約，不可以長處樂。'孔安國解上句云：'久困則爲非。'皇疏云：'約猶貧困也。'今謂本文之久要即彼之久處約也。"

[30] 信：履行所説。《國語·晉語二》"申生甚好信而彊"韋昭注："信，言必行之。"

[31] 摛(chī)：鋪陳。

[32] 清允：猶精當。《文心雕龍·誄碑》："周乎衆碑，莫非清允。"

[33] 騁：施展；發揮。静難(nàn)：平定變亂。静通靖。《後漢書·蓋勳傳》："勳諫曰：'……今不急静難之術，遽爲非常之事。'"

[34] 武人：指將帥。《詩·小雅·漸漸之石》："武人東征，不遑朝矣。"鄭玄箋："武人，謂將率也。"

[35] 甄：鑒察。此猶言鑒賞。

[36] 該：包括；總結。前言：前哲的言論；以往的言論。

[37] 乃心：猶言其心。精義：精深微妙的義理。

[38] 多藏之厚亡：謂聚斂越多，則喪失越大。《老子·第四十章》："是故甚愛必大費，多藏必厚亡。"王弼注："甚愛不與物通，多藏不與

物散,求之者多,攻之者衆,爲物所病,故大費、厚亡也。"

[39] 卹(xù):救濟;撫恤。急難:解救危難;猶危難。《詩·小雅·常棣》:"脊令在原,兄弟急難。"毛傳:"急難,言兄弟之相救於急難。"

[40] 篤:敦厚。

[41] 皎分(fèn):潔白的資質。守終:謂終身堅守不止。

[42] 遜避:退讓;退避。《宋書·袁顗傳》:"俛眉遜避,維持内外。"

[43] 清機:清净的心機。晉曹攄《思友人》詩:"精義測神奥,清機發妙理。"英麗:猶奇麗。

[44] 居卑:指辭尊位而甘居於低下地位。《孟子·萬章下》:"辭尊居卑。"推功:推讓功績。

[45] 滋恭:更加恭順。

[46] 敦睦:藏本、魯藩本敦作惇,互通。親厚和睦。《後漢書·獨行傳·繆肜》:"弟及諸婦聞之,悉叩頭謝罪,遂更爲敦睦之行。"。

[47] 居正:謂遵循正道。《公羊傳·隱公三年》:"君子大居正,宋之禍,宣公爲之也。"

[48] 幹人:施法者。《詩·大雅·板》:"大宗維翰。"毛傳:"翰,幹也。"孔穎達疏:"幹,是施法之稱。"

[49] 拔:揀選。引申爲識別。朱紫:紅色與紫色。《論語·陽貨》:"惡紫之奪朱也。"集解引孔安國曰:"朱,正色;紫,間色之好者。惡其邪好而奪正色。"後因以"朱紫"喻正與邪、是與非、善與惡、優與劣。朱紫二色本相近,半夜尤難分辨。搆:構之俗體。中搆:即中冓。中夜;半夜。《詩·鄘風·牆有茨》:"中冓之言,不可道也。"釋文引韓詩云:"中冓,中夜。"《漢書·文三王傳》:"太中大夫谷永上疏曰:'……是故帝王之意,不窺人閨門之私,聽聞中冓之言。'"顏師古注引晉灼曰:"魯詩以(中冓)爲夜也。"

[50] 允當:平允適當。《左傳·僖公二十八年》:"允當則歸。"

[51] 理:剖析。《説文·玉部》段玉裁注:"《戰國策》:鄭人謂玉之未理者爲璞。是理爲剖析也。"

[52] 盈縮：伸屈；進退。《戰國策·秦策三》：“進退、盈縮、變化，聖人之常道也。”

[53] 道度：規律；規矩。《臣節》：“舉足則蹈道度，抗手則奉繩墨。”

[54] 術：謂醫方蔔筮。此指卜筮星相。

[55] 白刃：鋒利的刀劍。《莊子·秋水》：“白刃交於前，視死若生者，烈士之勇也。”

[56] 格：鬥；擊。兕虎：兕與虎。泛指猛獸。

[57] 勇：雄毅果決。《慧琳音義》七“勇悍”注引顧野王曰：“勇，雄毅果決也。”

[58] 蕭衆：警惕戒備民衆（滋事）。《韓非子·難三》：“廣廷嚴居，衆人之所蕭也。”梁啓雄淺解：“《説文》：‘蕭，持事振敬也。’即執事警惕戒備也。”

[59] 無二：本謂没有異心。《左傳·僖公十五年》：“必報德，有死無二。”此謂説一不二。

[60] 機巧：靈巧的機械裝置。《後漢書·張衡傳》：“衡善機巧，尤致思於天文、陰陽、歷筭。”濟用：有助於運用或使用。

[61] 音數：音樂、數學，各爲六藝之一。《周禮·地官·大司徒》：“三曰六藝：禮、樂、射、御、書、數。”

[62] 蓺：藝之初字。才伎；技能。

[63] 凌：勝過；壓倒。强禦：豪强，有權勢的人。

[64] 險逼：猶險仄。艱難險阻。沮：沮喪；灰心失望。

[65] 黠（xiá）：楊明照曰：“《方言》一：‘虔、儇，慧也……自關而東，趙、魏之間謂之黠。’”按：篆此似不妥。黠：堅强。《説文·黑部》：“黠，堅黑也。”桂馥《説文義證》：“《漢書·趙充國傳》：‘以尤桀黠，皆斬之。’顏注：‘桀，堅也；黠，惡也。’馥謂當爲：黠，堅也；桀，惡也。”王筠《句讀》：“古籍用黠字，祇有堅義也。”用以篆此方合。“凌强禦而無憚，雖險逼而不沮者”正是堅强者的表現。

[66] 匪懈於夙夜：即夙夜匪懈，日夜勤勞，毫不鬆懈。《詩·大雅·烝民》：“夙夜匪解，以事一人。”鄭玄箋：“夙，早。夜，莫（暮）。匪，非也。”正義：“又能早起夜卧，非有懈倦之時。”解通懈。

［67］深峻：深川峻嶺。指艱難坎坷的旅途。

［68］謗讟（dú）：怨恨誹謗。《左傳·昭公元年》：“民無謗讟。”杜預注：“讟，誹也。”晏如：安定；安寧；恬適。《史記·司馬相如列傳》：“及臻厥成，天下晏如也。”《漢書·司馬相如傳下》顏師古注：“晏，安也。”

［69］慴（shè）懼：恐懼，害怕。

［70］審：慎。《呂氏春秋·音律》“審民所終”高誘注：“審，慎也。”

［71］群疑：種種猜疑。《易·暌》：“象曰：‘遇雨之吉，群疑亡也。’”諸葛亮《後出師表》：“群疑滿腹，衆難塞胸。”

［72］戰兢：畏懼戒慎貌。

［73］親疏：指關係或感情上的距離的遠近。無尤：沒有過失。

［74］良：行不犯事。

［75］道素：道德純朴。《南史·袁湛傳》：“袁昂道素之門，世有忠節，天下須共容之，勿以兵威陵辱。”此謂純朴的德行。

［76］躋（jī）：升登，達到。

［77］下人：才能庸劣或行爲卑下的人。

　　2　門人請曰[1]：“善人之行，既聞其目矣；惡者之事，可以戒俗者，願文垂誥焉(1)[2]。”

　　抱朴子曰：“不致養於所生[3]，捐孝道而危身者(2)[4]，悖人也[5]。

　　懷邪僞以偷榮[6]，豫利己而忘生者，逆人也[7]。

　　背仁義之正途，苟危人以自安者[8]，凶人也。

　　好爭奪而無猒[9]，專醜正而害直者，惡人也。

　　出繩墨以傷刻[10]，心好殺而安忍者，虐人也[11]。

　　飾邪説以浸潤，構謗累於忠貞者，讒人也[12]。

　　雖言巧而行違，實履濁而假清者，佞人也[13]。

　　不原本於枉直[14]，苟好勝而肆怒者[15]，暴人也。

措細善以取信,陰挾毒而無親者[16],姦人也[17]。

承風指以苟容[18],揆主意而扶非者[19],諂人也。

言不計於反覆[20],好輕諾而無實者[21],虛人也[22]。

覦利地而忘義[23],棄廉恥以苟得者[24],貪人也。

覿艷逸而心蕩[25],飾綺綺而思邪者(3)[26],淫人也。

見成事而疑惑[27],動失計而多悔者,闇人也[28]。

背訓典而自任[29],恥請問於勝己者[30],損人也。

知善事而不逮[31],雖多爲而無成者[32],劣人也。

委德行而不修[33],奉權勢以取媚者,弊人也[34]。

履蹊徑以僥速[35],推貨賄以爭津者,邪人也。

既傲很以無禮[36],好淩辱乎勝己者,悍人也。

被抑枉而自誣[37],事無苦而振懾者[38],怯人也。

治細辯於稠衆,非其人而盡言者[39],淺人也。

闇事宜之可否[40],雖企慕而不及者[41],頑人也[42]。

知事非而不改,聞良規而增劇者,惑人也。

無濟恤之仁心[43],輕告絕於親舊者[44],薄人也[45]。

既疾其所不逮(4),喜他人之有災者,妬人也。

專財穀而輕義,觀困匱而不振者[46],吝人也[47]。

冒至危以僥倖,值禍敗而不悔者,愚人也[48]。

情局碎而偏黨[49],志唯務於盈利者,小人也[50]。

騁鷹犬於原獸[51],好博戲而無已者[52],迷人也[53]。

忘等威之異數[54],快飾玩之誇麗者[55],奢人也。

耽聲色於飲讌,廢慶弔於人理者[56],荒人也[57]。

既無心於修尚[58],又怠惰於家業者,嬾人也。

無抑斷之威儀[59],每脫易而不思者[60],輕人也。

觀道義而如醉,聞貨殖而波擾者[61],穢人也。

杖淺短而多謬[62]，闇趨舍之臧否者，笨人也[63]。

憎賢者而不貴，聞高言而如聾者，嚚人也[64]。

覿朱紫而不分[65]，雖提耳而不悟者，蔽人也。

違道義以趨赴[66]，冒禮刑而罔顧者，亂人也。

每動作而受嗤，言發口而違理者，拙人也。

事酋豪如僕虜，值衰微而背惠者[67]，慝人也[68]。

捐貧賤之故舊，輕人士而踞傲者[69]，驕人也。

棄衰色而廣欲，非宦學而游者[70]，蕩人也[71]。

無忠信之純固[72]，背恩養而趨利者[73]，叛人也。

當交顏而面從[74]，至析離而背毀者[75]，僞人也。

習強梁而專己[76]，距忠告而不納者[77]，剌人也(5)[78]。”

【校】

（1）願文：盧本作願聞。

（2）捐：藏本、平津本作損，當改。棄也。孝道：藏本、平津本脫“孝”字，當補。

（3）綺：藏本、平津本作誇，從楊明照校改。

（4）其：魯藩本誤作真。

（5）剌人：平津本作刺人，從藏本改。楊明照箋云：“《周書·諡法》：‘愎佷遂過曰刺。’孔晁注：‘去諫曰愎，反是曰佷。’”按：正文與箋文“刺”並誤，“刺”當作“剌”。“剌人”謂乖戾、枉剌之人。“束”與“朿”有別。《交際》：“隈括修則枉剌之疾消。”王廣恕曰：“‘剌’疑作‘剠’。”楊明照校：“‘剌’與‘剠’左邊之形不甚相近，恐難致誤。疑‘刺’當作‘剌’。”按：楊校用此，正合。

【注】

[1] 請：請益，即已受教而更有所問。《禮記·曲禮上》：“請業則起，請益則起。”鄭玄注：“益，謂受説不了，欲師更明説之。”此謂

　　請教。

［ 2 ］垂誥：垂示告戒。《文心雕龍·才略》：“商周之世，則仲虺垂誥，
　　　伊尹敷訓。”

［ 3 ］致養：奉養親老。《易·説卦》：“坤也者，地也，萬物皆致養焉。”
　　　所生：謂父母。

［ 4 ］孝道：以孝爲本的行爲規範。危身：滅性。《禮記·檀弓下》：
　　　“喪不慮居，毁不危身。”鄭玄注：“危身，謂憔悴將滅性。”

［ 5 ］悖（bèi）：乖違。《漢書·高五王傳》：“悖逆人倫。”顔師古注：
　　　“悖，乖也。”

［ 6 ］偷榮：竊取榮禄。

［ 7 ］逆：乖於常理。

［ 8 ］危人以自安：語本袁康《越絶書·越絶篇叙外傳記》：“傳曰：危
　　　人自安，君子弗爲。”

［ 9 ］無猒：没有滿足的時候。猒通厭。

［10］傷刻：謂過於刻薄。

［11］虐：殘暴酷惡。

［12］謗累：謂誣陷他人。讒人：進讒言的人。《詩·小雅·青蠅》：
　　　“營營青蠅，止於棘，讒人罔極，交亂四國。”

［13］佞人：善於花言巧語，阿諛奉承的人。《論語·衛靈公》：“放鄭
　　　聲，遠佞人，鄭聲淫，佞人殆。”朱熹集注：“佞人，卑諂辯給之人。”

［14］原本：追溯事物的本原。

［15］肆怒：猶肆忿。

［16］無親：不近人情；苛刻。

［17］姦人：邪惡狡詐的人。

［18］承風指：望風承旨。見機迎合他人旨意。指通旨。苟容：屈從
　　　附合以取容於人。

［19］主意：君主的心意。扶非：附和錯誤；助長錯誤。

［20］反覆：重復再三；翻來覆去。

［21］輕諾：輕易許諾。《老子·第六十三章》：“夫輕諾必寡信。”

［22］虚人：虚而不實的人。

[23] 覿利地而忘義：猶見利忘義。看到私利，而不顧及道義。

[24] 苟得：不當得而得。《禮記·曲禮上》：“臨財毋苟得。”

[25] 艷逸：艷美飄逸；艷美飄逸的女人。《列仙傳·江妃二女》：“靈妃艷逸，時見江湄，麗服微步，流盼生姿。”心蕩：心跳不安；神魂顛倒。

[26] 綺紈：綺襦紈綺。綾綢衣褲。綾綢之類古代爲顯貴者所服，因用以指富貴子弟。《漢書·叙傳上》：“（班伯）出與王、許子弟爲群，在於綺襦紈綺之間，非其好也。”顏師古注：“晉灼曰：‘白綺之襦，冰紈之綺。’師古曰：‘紈，素也。綺，今細綾也。並貴戚子弟之服。’”思邪：邪念；想入非非。由“思無邪”變來。《詩·魯頌·駉》“思無邪”鄭玄注：“思遵伯禽之法，專心無復邪意也。”

[27] 成事：已成之事。《戰國策·趙策二》：“愚者闇於成事。”

[28] 闇人：謂暗於人事，不懂人情世故。此謂昏聵糊塗的人。

[29] 訓典：泛指奉爲典則的書籍。自任：自己承擔；當作自身的職責。《慎子·民雜》：“是以人君自任而躬事，則臣不事事，是君臣易位也。”此蓋謂自用。顏之推《顏氏家訓·文章》：“慎勿師心自任，取笑旁人也。”

[30] 請問：敬辭。用於請求對方解答問題。

[31] 不逮：指不趕緊做。

[32] 多爲：此猶言多次遇到善事，多次做得不及時。

[33] 德行：道德品行；三德（至德、敏德、孝德）、三行（孝行、友行、順行）。在心曰德，施之爲行。《周禮·地官·師氏》：“以三德教國子：一曰至德以爲道本，二曰敏德以爲行本，三曰孝德以知逆惡。教三行：一曰孝行以親父母，二曰友行以尊賢良，三曰順行以事師長。”鄭玄注：“德行，內外之稱，在心爲德，施之爲行。”

[34] 弊：劣。

[35] 履蹊徑：猶言走小路。

[36] 傲很：倨傲狠戾；輕侮（明德之人）而不聽從。

[37] 自誣：自行承認妄加於己的不實之詞。《後漢書·皇后紀上·和熹鄧皇后》：“有囚實不殺人而被考自誣。”

[38] 苦：困擾；困辱。《漢書·張騫傳》“以苦漢使”，顏師古注：“苦，令其困苦也。”振懾：亦作“振聾”、“振慴”、“震懾”。震驚恐懼。振通震。慴通懾。懾：怯；惑。《戰國策·燕策三》：“北蠻夷之鄙人，未嘗見天子，故振慴。”《後漢書·竇憲傳》：“憲既平匈奴，威名大盛，……由是朝臣震懾，望風承旨。”又《羊續傳》：“其令長貪絜，吏民良猾，悉逆知其狀，郡內驚竦，莫不震懾。”

[39] 盡言：直言。謂善惡褒貶，無所避諱。《國語·周語下》：“單子曰：‘……立於淫亂之國，而好盡言，以招人過，怨之本也。唯善人能受盡言。’”韋昭注：“盡言，盡其心意，善惡褒貶，無所諱也。”

[40] 事宜：事情的道理。《漢書·兒寬傳》：“總百官之職，各稱事宜。”

[41] 企慕：仰慕。漢崔寔《政論》：“富者不足借差，貧而無所企慕。”不及：趕不上；來不及。

[42] 頑：愚頑；愚妄。《書·堯典》“父頑”，孔傳：“心不則德義之經爲頑。”

[43] 濟恤：周濟；救助。

[44] 親舊：親近舊臣；猶親故。

[45] 薄：虛假刻薄，不誠朴寬厚。

[46] 振：通賑。但《君道》《吳失》《辭義》《應嘲》皆作賑，當一律。

[47] 吝：吝嗇；捨不得。

[48] 愚人：愚昧的人；可與爲惡，不可以爲善的人。

[49] 局碎：狹隘委瑣。偏黨：猶偏私。

[50] 小人：識見淺狹的人。《論語·陽貨》：“子曰：‘唯女子與小人爲難養也，近之則不遜，遠之則怨。’”

[51] 原獸：野獸；田獵野獸。《左傳·襄公四年》：“在帝夷羿，冒於原獸。”

[52] 博戲：古代的一種棋戲。《史記·貨殖列傳》：“博戲馳逐，鬥雞走狗。”

[53] 迷：惑。此引申爲沉溺於某種喜好。

[54] 異數：等次不同；程度不一。《左傳·莊公十八年》：“王命諸侯，名位不同，禮亦異數，不以禮假人。”正義：“《周禮（·春官·典

命）》：'王之三公八命'，'侯、伯七命'。是其名位不同也。其禮
各以命數爲節，是禮亦異數也。"按：《典命》謂"上公九命"，"以
九爲節"；"侯、伯七命"，"以七爲節"；"子、男五命"，"以五爲節"。
"王之三公八命，其卿六命，其大夫四命"。

[55] 飾玩：指裝飾品、玩賞品；裝飾和玩賞。誇麗：美好綺麗。

[56] 於：猶與、及。《孟子·公孫醜上》："太山之於丘垤，河海之於行
潦。"飲讌：指在一起飲酒吃飯。

[57] 荒：迷亂；逸樂。

[58] 修尚：提高品德修養。

[59] 抑斷：敬慎。抑：抑抑，慎審貌；謙謹貌。斷：斷斷。專誠守一。
《書·泰誓》"斷斷猗"蔡沈集傳："斷斷，誠一之貌。"

[60] 脫易：輕率簡慢；疏略無禮。《左傳·僖公三十三年》："（王孫滿）
言於王曰：'秦師輕而無禮，必敗。輕則寡謀，無禮則脫。'"杜預
注："脫，易也。"《史記·禮書》："凡禮始乎脫，成乎文。"索隱：
"脫，猶疏略也。始，初也。言禮之初尚疏略也。"

[61] 貨殖：生殖資貨財利。

[62] 杖：通仗。淺短：淺陋，狹窄膚淺。

[63] 笨：不精。《集韻·混韻》："笨，一曰不精也。"如：笨車：粗笨之
車。《宋書·顏延之傳》："（延之）常乘贏牛笨車。"笨伯：軀體笨
重之人。《晉書·羊聃傳》："豫章太守（陳留）史疇以大肥爲
笨伯。"

[64] 嚚(yín)：愚惡的人。《書·堯典》："父頑母嚚。"

[65] 睹朱紫而不分：謂愚闇，不分邪正。

[66] 趑趄(zī jū)：想前進又不敢前進。形容疑懼不決，猶豫觀望。《易·
夬》："九四：臀無膚，其行次且。"正義："次且，行不前進也。"釋文：
"次，本亦作趑。七私反。馬（融）云：'卻行不前也。且，語助也。'
且，本亦作趄。七餘反。王肅云：'趑趄，行止之礙也。'"

[67] 酋豪：部落首領。背惠：忘恩負義。

[68] 慝(tè)人：邪惡的人；反復無常的人。

[69] 踞傲：傲慢不恭。踞通倨。

[70] 宦學：學習仕宦所需的各種知識。按：此指"婚宦"，即"宦學婚嫁"，爲六朝人習用語，言通過宦學而另娶。《列子·力命》："語有之：'人不婚宦，情欲減半；人不衣食，君臣道息。'"《顔氏家訓·後婚》："前妻之子，每居己生之上，宦學婚嫁，莫不爲防焉，故虐之。"王利器集釋："敦煌本《父母恩衞講經文》：'何名婚嫁宦學？婚嫁又別，宦學又別。宦爲士（仕）宦，學爲學業。'"

[71] 蕩人：猶蕩子。放蕩的人。指辭家遠出，羈旅忘歸的人。《文選·古詩十九首》："（《青青河畔草》）蕩子行不歸，空牀難獨守。"李善注："《列子》曰：'有人去鄉土遊於四方而不歸者，世謂之狂蕩之人也。'"

[72] 純固：專一。

[73] 恩養：愛護養育。

[74] 交顔：猶當面；面對面。面從：當面順從；面從背違，指當面一套，背後一套。

[75] 析離：分離；分開。背毀：背後譭謗。《莊子·盜跖》："好面譽人者，亦好背而毀之。"

[76] 强梁：强勁有力；强横任力。《老子·第四十二章》："强梁者不得其死。"河上公注："强梁，謂不信玄妙，背叛道德，尚勢任力也。"專己：固執己見。

[77] 距：通拒。拒絶。

[78] 刺：剛愎拒諫。

3　抱朴子曰："人技未易知，真偽或相似。士有顔貌修麗[1]，風表閑雅[2]，望之溢目[3]，接之適意，威儀如龍虎[4]，盤旋成規矩。然心蔽神否，才無所堪，心中所有，盡附皮膚[5]。口不能吐片奇，筆不能屬半句；入不能宰民，出不能用兵；治事則事廢，銜命則命辱[6]。動靜無宜，出處莫可。蓋難分之一也。

【注】

[1] 顏貌：容儀，面貌。修麗：美麗。

[2] 閒雅：亦作"嫻雅"。閒通嫻。文靜優雅；文靜大方。《呂氏春秋·士容》："客人見田駢者，被除數服中法，進退中度，趨翔閒雅，辭令遜敏。"陳奇猷校釋："閒雅即嫻雅。《後漢書·馬援傳》注：'嫻雅猶沈静也。'"

[3] 溢目：滿目；目不暇給。

[4] 威儀：莊重的儀容舉止。

[5] 否(pǐ)：蔽塞。心中所有，盡附皮膚：喻浮淺至極。如今語"所想的都寫在臉上"。皮膚：此指面部表情。

[6] 銜命：1. 遵奉命令。《管子·形勢》："銜命者君之尊也，受辭者君之運也。"郭沫若等集校引豬飼彥博曰："銜，奉而守之也。言民奉命令則君尊。"2. 接受使命。《禮記·檀弓上》："銜君命而使。"《漢書·孫寶傳》："(上書)臣幸得銜命奉使，職在刺舉，不敢避貴幸之勢，以塞視聽之明。"此取其義。命辱：猶辱命。辜負使命。《漢書·蘇武傳》："屈節辱命，雖生，何面目以歸漢！"蘇武(前？—前60)：京兆(今陝西西安東南)人。

4　"士有貌望朴悴[1]，容觀矬陋[2]，聲氣雌弱，進止質澀[3]。然而含英懷寶[4]，經明行高[5]，榦過元凱，文蔚春林。文則庶績用康(1)[6]，武則克全獨勝。蓋難分之二也。

【校】

(1) 文則庶績用康：藏本、平津本作官則庶績康用，按：官、文草寫形近致誤。文、武對舉。"康用"當從楊明照校乙作"用康"。

【注】

[1] 朴悴：質朴而憔悴。

[2] 矬(cuó)陋：矮小醜陋。

［３］質澀：形體遲鈍。

［４］含英：內含精英。班固《西都賦》：“翡翠火齊，流耀含英。”此喻懷
　　才。懷寶：喻懷才；自藏其才。

［５］經明：即明經，通曉經術。行高：即高行，高尚的品行。

［６］文：在朝作文官。用康：以安。

　　5　“士有謀猷淵邃[1]，術略入神[2]，智周成敗(1)[3]，思
洞幽玄[4]，才兼能事[5]，神器兼宜(2)；而口不傳心，筆不盡
意[6]，造次之接[7]，不異凡庸。蓋難分之三也。

【校】

（１）敗：藏本、魯藩本誤作則。

（２）神器兼宜：藏本、平津本兼作無，兩字形近致誤。上文“動靜無
　　宜”，“無宜”否定“動靜”，而此處“神器無宜”句是與“才兼能事”
　　句同表肯定的，不當用“無”。“無”蓋本作“兼”字。

【注】

［１］謀猷：計謀；謀略。淵邃：精深。《博喻30》：“睹百抱之枝，則足
　　以知其本之不細；睹汪濊之文，則足以覺其人之淵邃。”

［２］術略：猶韜略；謀略。

［３］智周：智慧周備。《易·繫辭上》：“知周乎萬物，而道濟天下，故
　　不過。”

［４］洞：通。幽玄：幽深玄妙。

［５］能事：所擅長之事。

［６］口不傳心，筆不盡意：語蓋本陸機《文賦序》：“恒患意不稱物，文
　　不逮意。”心、口、筆三者之間存在着統一性與差別性。此指差
　　別性。

［７］造次：言談；談吐；辯論。《洛陽伽藍記·景寧寺》：“清言入神，造
　　次應對，莫有稱者。”

6 “士有機變清鋭[1]，巧言綺粲[2]，摯引譬喻[3]，淵湧風厲[4]；然而口之所談，身不能行[5]；長於識古，短於理今；爲政政亂，牧民民怨。蓋難分之四也。

【注】

[1] 機變：又作機辯。口辯機利；機智而長於言辭。《正郭》：“此人有機辯風姿，又巧自抗遇而善用。”《晉書·儒林傳·潘京》：“爲州郡所辟，因謁見問策，探得‘不孝’字，刺史戲京曰：‘辟士爲不孝邪？’京舉版答曰：‘今爲忠臣，不得爲孝子。’其機辯皆此類。”變通辯。

[2] 綺粲：華麗美好。

[3] 摯引：猶援引，引證。摯同攬。

[4] 淵湧：淵水騰湧。曹植《漢二祖優劣論》：“夫當此時也，九州鼎沸，四海淵涌，言帝者二三，稱王者四五。”風厲：疾速；風迅疾猛烈。

[5] 口之所談，身不能行：謂言行脱節。語本《史記·孫子吳起列傳》：“語曰：‘能行之者未必能言，能言之者未必能行。’”

7 “士有外形足恭[1]，容虔言恪[2]，而神疏心慢[3]，中懷散放[4]，受任不憂[5]，居局不治[6]。蓋難分之五也。

【注】

[1] 足（jù）恭：過度謙敬，以取媚於人。《論語·公冶長》：“巧言、令色、足恭，左丘明恥之，丘亦恥之。”

[2] 容虔言恪：容貌恭敬而説話謹慎。蔡邕《朱公叔鼎銘》：“虔恪機任，守死善道。”

[3] 疏慢：輕忽，怠慢。

[4] 中懷：内心。蘇武《別詩》之二：“幸有弦歌曲，可以喻中懷。”散（sǎn）放：放誕不羈。

［５］受任：接受委任。諸葛亮《前出師表》：“後值傾覆，受任於敗軍之際，奉命於危難之間，爾來二十有一年矣。”

［６］居局：治理官署。

8　“士有控弦命中[1]，空拳入白[2]，倒乘立騎[3]，五兵畢習[4]；而體輕慮淺，手勦心怯[5]，虛試無對，而實用無驗。望塵奔北[6]，聞敵失魄。蓋難分之六也。

【注】

［１］控弦：拉弓；持弓。

［２］空拳入白：張空拳，冒白刃。司馬遷《報任安書》：“李陵一呼勞軍，士無不起，躬自流涕，沫血飲泣，更張空拳，冒白刃，北向爭死敵。”空拳：徒手握拳。

［３］倒乘立騎：謂兩手支撐身體於馬背上倒立讓馬奔跑。形容騎術高明。

［４］五兵：鄭衆指戈、殳、戟、酋矛、夷矛，見《周禮・夏官・司兵》“掌五兵五盾”鄭玄注引鄭司農（衆）云；范甯指矛、戟、鉞、楯、弓矢，見《穀梁傳・莊公二十五年》“陳五兵五鼓”范甯注；顏師古指矛、戟、弓、劍、戈，見《漢書・吾丘壽王傳》“臣聞古者作五兵”顏面師古注。此泛指五種兵器。

［５］體輕：不持重。手勦（chāo）：兩手動作輕捷。

［６］望塵：袛遠遠望見敵方軍馬揚起的塵土。奔北：敗逃；敗北；背陣逃跑。《書・甘誓》：“弗用命，戮于社”孔傳：“不用命奔北者，戮之於社主前。”孔穎達疏：“奔北，謂背陳走也。”陳即陣。

9　“士有梗概簡緩[1]，言希貌朴，細行闕漏[2]，不爲小勇，踾踧拘檢[3]，犯而不校[4]，握爪垂翅[5]，名爲弱愿[6]。然而膽勁心方，不畏強禦，義正所在，視死猶歸[7]，支解寸斷[8]，不易所守。蓋難分之七也。

【注】

［1］梗概：剛直的氣概；慷慨。《三國志·吳書·凌統傳》：“時有薦同郡盛暹於（孫）權者，以爲梗概大節，有過於統。”此指氣概。

［2］闕漏：缺失遺漏。

［3］跼蹐（jú jí）：蜷曲不敢伸展。謹慎小心貌；局促不安。拘檢：拘束；檢束。

［4］犯而不校：被侵犯而不計較。《論語·泰伯》“犯而不校”，集解引包咸曰：“校，報也。言見侵犯不報也。”朱熹集註：“校，計校也。”校同較。

［5］握爪：猶匿爪。垂翅：猶垂翼。收斂翅翼。

［6］愿：恭謹良善。《書·皋陶謨》“愿而恭”，孔傳：“愨愿而恭恪。”孔穎達疏：“愿者，愨謹良善之名。”

［7］義正：猶正義、道義。視死猶歸：把赴死看作如歸家一般。形容不怕死。多指爲了正義，不惜犧牲生命。《管子·小匡》：“（管仲曰：）平原廣牧，車不結轍，士不旋踵，鼓之而三軍視死如歸，臣不如王子城父。”

［8］支解：肢解，分解四肢，古代酷刑之一。《戰國策·秦策三》：“（吳起）功已成矣，卒支解。”鮑彪注：“斷其四支。”支通肢。

10　　“士有孝友溫淑，恂恂平雅[1]；履信思順，非禮不蹈；安困潔志，操清冰霜[2]。而疏遲迂闊，不達事要[3]；見機不作[4]，所爲無成；居己梁倡[5]，受任不舉。蓋難分之八也。

【注】

［1］恂恂：溫順恭謹貌。《論語·鄉黨》：“孔子於鄉黨，恂恂如也，似不能言者。”集解引王肅曰：“恂恂，溫恭之貌。”

［2］操清：猶清操。高尚的節操。

［3］疏遲：懶散遲緩。

［4］見機不作：見到有利時機而不能抓住，有所作爲。《易·繫辭
下》：“君子見幾而作，不俟終日。”正義：“言君子既見事之幾微，
則須動作而應之，不得待終其日。言赴幾之速也。”機通幾。

［5］梁倡：謂處境狼狽，進退失據。《楚辭·九思·疾世》：“遠梁昌兮
幾迷。”舊注：“梁昌，陷(一作踣)據失所也。”

11　“士有行己高簡[1]，風格峻峭[2]；嘯傲偃蹇[3]，凌儕
慢俗[4]；不肅檢括，不護小失[5]；適情率意[6]，旁若無人；朋
黨排讉，談者同敗；士友不附[7]，品藻所遺。而立朝正色，
知無不爲；忠於奉上[8]，明以攝下[9]。蓋難分之九也。

【注】

［1］行己：謂立身行事。《論語·公冶長》：“子謂子產有君子之道四：其
行己也恭，其事上也敬，其養民也惠，其使民也義。”高簡：清高簡約。

［2］風格：風度；品格。峻峭：高聳，陡悄。此喻作風嚴峻。

［3］嘯傲：放歌長嘯，傲然自得。形容放曠不受拘束。《初學記》三郭璞
《遊仙詩》：“嘯傲遺世羅，縱情在獨往。”偃蹇(jiǎn)：驕傲。敖通傲。

［4］凌儕：超出一般，超等。

［5］不護小失：猶不護細行。不拘泥於小小失誤。

［6］適情：順適性情。率意：肆意，放任情意。

［7］士友：官僚知識階層或讀書人中的朋友。

［8］奉上：侍奉君上、上司。

［9］攝下：統領部屬。《國語·晉語一》：“若下攝上與上攝下。”韋昭
注：“攝，持也。”劉義慶《世說新語·品藻1》：“陳仲舉彊於犯上，
李元禮嚴於攝下。犯上難，攝下易。”

12　士有含弘曠濟[1]，虛己受物[2]；藏疾匿瑕，溫恭廉
潔[3]；勞謙沖退[4]，救危全信；寄命不疑，託孤可保[5]。而
純良暗權，仁而不斷；善不能賞，惡不忍罰；忠貞有餘，而幹

用不足[6]；操柯猶豫，廢法效非；枉直混錯，終於負敗[7]。蓋難分之十也。

【注】

［1］曠濟：猶廣濟，廣泛救助；謂使天下百姓普受益惠。

［2］受物：容納別人。

［3］溫恭：溫和恭敬。《書·舜典》：“濬哲文明，溫恭允塞。”孔穎達疏：“溫和之色，恭遜之容。”廉潔：謂不貪財貨，立身清白。《楚辭·招魂》：“朕幼清以廉潔兮，身服義而未沫。”王逸注：“不受曰廉，不汙曰潔。”

［4］勞謙：勤勞謙恭。《易·謙》：“九三：勞謙君子，有終吉。”沖退：謙讓。

［5］寄命：以重任相託。託孤：多指君主把遺孤託付給大臣。《論語·泰伯》：“曾子曰：‘可以託六尺之孤，可以寄百里之命，臨大節而不可奪也——君子人與？君子人也。’”

［6］幹用：才幹，能力。

［7］負敗：失敗；受挫折。

13　“夫物有似而實非[1]，若然而不然[2]。料之無惑，望形得神，聖者其將病諸[3]，況乎常人？故用才取士，推昵結友，不可以不精擇，不可以不詳試也[4]。若乃性行之惑變[5]，始正而終邪，若王莽初則美於伊、霍，晚則劇於趙高[6]，又非中才所能逆盡也。

【注】

［1］似而實非：即似是而非，指表面相似，而實際不一樣。《莊子·山木》：“材與不材之間，似之而非也。”

［2］若然而不然：好像是這樣，而實際不是這樣。《淮南子·人間》：“或若然而不然者。”

〔3〕其將：表示讓步。尚且。病諸：以之爲難。《論語·憲問》："修
己以安百姓，堯、舜其猶病諸。"集解引孔安國曰："病，猶難也。"

〔4〕詳試：察考。《漢書·蕭望之傳》："宣帝察望之經明持重，論議有
餘，材任宰相，欲詳試其政事，復以爲左馮翊。"

〔5〕性行：本性與行爲。王充《論衡·率性》："善漸於惡，惡化於善，
成爲性行。"惑：通或。《論語·顏淵》"子張問崇德辨惑"，陸德
明釋文："惑，本亦作或。"劉寶楠正義："惑、或爲古今字。"

〔6〕劇：甚；超過。

14　"若令士之易別，如鷦鷯之與鴻鵠，狐兔之與龍麟
者，則四凶不得官於堯朝，管、蔡不得幾危宗周[1]，仲尼無
澹臺之失，延陵無指金之恨(1)[2]，伊尹無七十之勞，項羽無
嫌范之悔矣[3]。所患於其如碔砆之亂瑾瑜[4]，鷦螟之似鳳
皇[5]，凝冰之類水精[6]，煙熏之疑雲氣，故令不謬者尟
也[7]。惟帝難之，矧乎近人哉！

【校】

（1）指金：藏本、平津本作捐金，從楊明照校改。

【注】

〔1〕管、蔡：管叔鮮、蔡叔度，因封叔鮮於管、叔度於蔡，爲成王之叔，
故名。宗周：指周王朝，因周爲所封諸侯國之宗主國，故稱。
《詩·小雅·正月》："赫赫宗周。"毛傳："宗周，鎬京也。"

〔2〕延陵無指金之恨：指季札路遇牧者，令其拾取遺金，有不知其爲
賢者的遺憾。

〔3〕項羽無嫌范之悔：漢三年（前204），漢王請和，割滎陽以西爲漢，
項王欲從之。范增曰："漢易與耳，今釋不取，後必悔之。"乃急圍
滎陽。漢王患之，乃用陳平反間計，項王乃疑亞父范增"與漢有
私，稍奪之權"。亞父欲急攻下滎陽，項王不信，不肯聽。亞父歸

至彭城,疽發背而死。唯項羽後悔"嫌範"之説無可考。

[4] 碔砆:似玉的美石。瑾瑜:美玉。《文選·子虛賦》:"其石則……硪石、碔砆。"李善注引張揖曰:"硪石、碔砆,皆石之次玉者。……碔砆,赤地白采,葱蘢白黑不分。"《左傳·宣公十五年》:"瑾瑜匿瑕。"正義:"瑾瑜,玉之美者。"

[5] 鷫鷞:通作鷫鸘、焦明。傳説中的南方神鳥,似鳳。

[6] 水精:水晶石。《山海經·南山經》:"堂庭之山……多水玉。"郭璞注:"水玉,今水精也。"

[7] 煙熏:煙。煙、熏同義連文。尠:同鮮。少。

15　"夫惟大明,玄鑒幽微[1],靈銓揣物,思灼沈昧,瞻山識璞,臨川知珠。士於難分之中,而無取捨之恨者,使臧否區分,抑揚咸允。武丁、姬文不獨治[2],而傅説、吕尚不永棄,高、莽、宰嚭不得成其惡[3],弘恭、石顯無所容其僞矣。斯蓋取士之較略[4],選擇之大都耳[5]。精微以求[6],存乎其人,固非毫翰之所備縷也。"

【注】

[1] 幽微:隱微。

[2] 姬文:姬昌周文王。

[3] 宰嚭(pǐ):太宰嚭,即伯嚭。春秋末吳國大臣。原爲楚人,楚誅其祖父伯州犁後,出奔吳,任大夫。受重賄,力勸吳王許越講和。屢進讒言,陷害伍子胥致死。吳亡被殺。

[4] 較略:大概;大體。《三國志·吳書·孫皎傳》:"此人雖麤豪,有不如人意時,然其較略大丈夫也。"

[5] 大都:大概;大抵。王羲之《十七帖》:"吾服食久,猶爲劣劣,大都比之年時,爲復可耳。"

[6] 精微:精專細緻。

弭訟卷二十三[1]

1 姑子劉君士由之論曰："人綱始於夫婦[2]，判合擬乎二儀[3]。是故大婚之禮[4]，古人所重，將合二姓之好[5]，以承祖宗之基。主人拜迎於門，聽命於廟[6]。玄纁贄幣[7]，親御授綏[8]。壻有三年之喪，致命女氏，女氏許諾而不敢改[9]。大喪既没，請命於壻，壻有辭焉，然後乃嫁[10]，所以崇敬讓也。豈有先訟後婚之謂乎(1)？

【校】

（1）後婚：平津本作後壻，從陳其榮校、藏本、魯藩本、舊寫本等改。

【注】

［1］弭訟：論止息（男女婚姻糾紛的）訴訟。

［2］人綱：人倫綱常之道，由三綱（君爲臣綱、父爲子綱、夫爲妻綱）組成。《白虎通德論・三綱六紀》："三綱者，何謂也？謂君臣、父子、夫婦也。……故《含文嘉》曰：'君爲臣綱，父爲子綱，夫爲妻綱。'"始於夫婦：《易・序卦》："有天地，然後有萬物；有萬物，然後有男女；有男女，然後有夫婦；有夫婦，然後有父子；有父子，然後有君臣；有君臣，然後有上下；有上下，然後禮義有所錯。"

［3］判合：配合；兩半相合。此特指兩性的結合。二儀：兩儀，天地兩體容儀。

［4］大婚：指天子或諸侯的婚娶。此泛指一般人的婚娶。

［5］合二姓之好：兩姓兒女結爲夫婦。

〔6〕主人：指婦家父母。二句本《禮記・昏義》：“是以昏禮：納采、問名、納吉、納徵、請期，皆主人筵几於廟，而拜迎於門外，入揖讓而升，聽命於廟，所以敬慎重正昏禮也。”鄭玄注：“聽命，謂主人聽使者所傳壻家之命。”

〔7〕玄纁贄幣：指夫家以黑色和淺紅色的布帛作爲納徵即訂婚的禮品。《儀禮・士昏禮》：“納徵，玄纁、束帛、儷皮，如納吉禮。”鄭玄注：“徵，成也。使使者納幣以成昏禮。用玄纁者，象陰陽備也。”

〔8〕親御授綏：夫壻親自駕車來婦家，授繩索給新娘上車。《禮記・昏義》：“降出，御婦車，而壻授綏。”正義：“降出，御婦車者，謂壻降西階而出，親御婦車也。而壻授綏者，謂婦升車之時，而壻授之以綏。”這是夫壻“欲得其（女方）歡心，示親之心也”。

〔9〕壻有三年之喪：指壻之父或母去世，喪服守孝三年。致命：猶言傳話。女氏：指女方家長。指訂婚之壻已葬其親，壻之伯父傳命於女方家長説：“某之子有父母之喪，不得嗣爲兄弟，使某致命。”女氏許諾而不敢改：指已訂婚，雖然夫壻之家有喪事，暫時不能結婚，也因女方家長已經許親，所以不敢將女兒改嫁他人。

〔10〕請命於壻：指女方父母使人請命於壻，問娶不娶。壻有辭焉：指夫壻辭掉這門親事。然後乃嫁：然後女方才能改嫁。

　　2　“而末世輕慢[1]，傷化敗俗[2]，舉不修義，許而弗與(1)，訟閱穢辱[3]，煩塞官曹[4]。今可使諸爭婚者，未及同牢[5]，皆聽義絶；而倍還酒禮[6]，歸其幣帛[7]。其嘗已再離者，一倍裨娉[8]；其三絶者，再倍裨娉。如此，離者不生訟心，貪吝者無利重受[9]，乃王治之要術，不易之永法也。”

【校】

（1）許：平津本作許，依楊明照校、藏本、魯藩本等改，兩者形近致誤。

【注】

[1] 輕慢：對人不尊重；態度傲慢。

[2] 傷化敗俗：猶傷風敗俗。《漢書·貨殖傳》：“傷化敗俗，大亂之道也。”

[3] 訟鬩（xì）：爭吵訴訟。應劭《風俗通義·皇霸·三王》：“俗儒新生，不能採綜，多共辨論，至於訟鬩。”此指男女雙方的婚姻訴訟案件。穢辱：污辱；侮辱。

[4] 官曹：官吏辦事機構；官吏辦事處所。《東觀漢記·光武紀》：“（公孫）述伏誅之後，而事少閒，官曹文書減舊過半。”

[5] 同牢：古代婚禮中，新婚夫婦共食一牲的儀式。《禮記·昏義》：“婦至，壻揖婦以入，共牢而食，合卺而酳。所以合體，同尊卑，以親之也。”正義：“共牢而食者，在夫之寢，壻東面，婦西面，共一牲牢而同食，不異牲。”

[6] 酒禮：有關飲酒的禮節。此指嫁娶時男方所備的酒禮費用。

[7] 幣帛：泛指財物。此指聘禮。

[8] 禆娉：謂壻家向女方問名求婚所下的聘禮。《廣雅·釋詁三》：“禆，予也。”《説文·女部》：“娉，問也。”段玉裁注：“凡娉女及聘問之禮，古皆用此字。……而經傳概以聘代之，聘行而娉廢矣。”

[9] 貪吝：貪婪吝嗇。

3　抱朴子答曰：“劉君憫德讓之淩替[1]，疾民爭之損化；雖速我訟，室家不足[2]；用和之貴[3]，將遂淪胥[4]。創讜言以拾世遺[5]，建嘉謀以拯流遁[6]。紛譁之俗，將以此而易；無恥之風，將由兹而移。情僞[7]，固難閒矣[8]。誠經國之永法，至益之篤論也[9]。

【注】

[1] 德讓：本謂爲人的品德應謙讓。此指禮讓。淩替：衰落；衰敗。

[2] 雖速我訟，室家不足：語見《詩·召南·行露》二章：“誰謂雀無

角！何以穿我屋？誰謂女無家！何以速我獄？雖速我獄，室家
不足！"稚川改"獄"作"訟"。速：招致。足：富足。

［３］用和之貴：以合節爲貴。《論語·學而》："禮之用，和爲貴。"楊樹
達《論語疏證》："事之中節者皆謂之和，不獨喜怒哀樂之發一
事也。"

［４］淪胥（xū）：相率牽連爲惡。此泛指淪喪。《詩·小雅·小旻》：
"如彼泉流，無淪胥以敗。"鄭玄箋："淪，率也。王之爲政者，如原
泉之流行則清，無相率爲惡，以自濁敗。"

［５］讜（dǎng）言：正直之言，直言；善言。《漢書·叙傳上》："上（成
帝）喟然歎曰：‘吾久不見班生（白），今日復聞讜言。’"顏師古注：
"讜言，善言也。（讜）音黨。"

［６］嘉謀：高明的經國謀略。《書·君陳》："爾有嘉謀嘉猷，則入告爾
后於内，爾乃順之於外。"

［７］情僞：真假；真誠與欺詐。

［８］閒（jiàn）：非議，批評。《論語·泰伯》："子曰：‘禹，吾無閒
然矣。’"

［９］篤論：猶確論。確切的評論。《漢書·董仲舒傳贊》："至（劉）向
曾孫龔，篤論君子也，以（劉）歆之言爲然。"

４　"洪以不敏[1]，不識至理[2]，造次承問，竊有疑焉[3]。
夫婚媾之結[4]，義無逼迫；彼則簡擇而求[5]，此則可意乃
許[6]。輕諾後悔，罪在女氏。食言棄信[7]，與奪任情[8]；嚴
防峻制[9]，未之能弭；今猥恣之[10]，唯責倍裨娉(1)，貧者所
憚也，豐於財者，則適其願矣。後所許者，或能富殖[11]，助
其裨娉，必所甘心。然則先家拱默[12]，不得有言，原情論
之[13]，能無怨歎乎？

【校】

（１）倍裨娉：藏本、平津本作裨娉倍，從楊明照校乙。上文一倍裨娉、

再倍裨婢是其證。

【注】

［1］洪：稚川名洪，故自稱洪。不敏：謙詞。猶不才；不敏捷明達。
《論語・顏淵》：“回雖不敏，請事斯語矣。”

［2］至理：最精深的道理。

［3］竊：私下；私自。多用作謙詞。

［4］婚媾（gòu）：婚姻；嫁娶。《易・屯》：“六二：屯如邅如，乘馬班
如，匪寇，婚媾。”

［5］簡擇：選擇。《戰國策・楚策二》：“秦王有愛女而美，又簡擇宮中
佳冶麗好、冗習音者，以懽從之。”

［6］可意：合意；如意。乃：始；才。

［7］食言：僞言；言已出而又吞没之。謂言而無信。《書・湯誓》：“朕
不食言。”孔傳：“食盡其言，僞不實。”孔穎達正義：“《（爾雅・）釋
詁》云：‘食，僞也。’孫炎曰：‘食，言之僞也。’哀二十五年《左傳》
云：‘……“是食言多矣，能無肥乎？”’然則言而不行，如食之消
盡。後終不行，前言爲僞。故通謂僞言爲食言。故《爾雅》訓食
爲僞也。”《國語・晉語八》：“虢之會，魯人食言。”韋昭注：“食，
僞也。”

［8］與奪：此謂（嫁女）與否。任情：任意；恣意。

［9］峻制：嚴酷的法令。

［10］猥恣：隨便聽任。猥：苟且，隨便。

［11］富殖：財貨充足。

［12］拱默：拱手緘默。《漢書・鮑宣傳》：“（上書）群臣幸得居尊官，食
重祿……以拱默尸祿爲智。”

［13］原情：推究本情。

5 “夫不伏之人[1]，視死猶歸，血刃之禍[2]，於是將起。
今苟惜其辭訟之小醜[3]，而搆其難忍之大恨，所謂愛其傚

覽之煩[4]，忘其凋殞之酷也[5]。夫買物於市者，或加價而奪之，則戡忍而不忿然矣[6]，況乎見奪待告之妻哉[7]！此法遂用者，將使結婚者雖納徵、親迎(1)[8]，猶抱有見奪之慮。何者？劉君之論，以同牢爲斷，固也。

【校】

（１）徵：藏本、平津本作敬，從王廣恕校改。

【注】

［１］不伏：不服。伏通服。

［２］血刃：血沾刀口。謂殺戮。《荀子·議兵》：“兵不血刃，遠邇來服。”

［３］辭訟：訴訟，打官司。醜：羞恥；丢臉。

［４］儦（jiù）覽：猶送審。《漢書·王莽傳中》：“（寶貨）皆輕則儦載煩費。”顔師古注：“儦，送也。”

［５］凋殞：喪亡。

［６］忿然：憤怒貌。

［７］待告：待聘；待娶。

［８］結婚：猶今言訂婚。指締結婚姻關係。納徵：即納幣。等於宣告訂婚，要致送幣帛。古代婚禮“六禮”之一。《儀禮·士昏禮》：“納徵，玄纁、束帛、儷皮，如納吉禮。”亦稱納幣。親迎：即迎親，謂壻親迎其婦入室，行交拜合卺之禮。古代婚禮“六禮”之最後一禮。

6　“爾則女氏雖受幣積年，恒挾在意之威(1)，恃可數奪，必惰於擇壻；壻小不得意，便得改悔。結讎速禍，莫此之甚矣。曩人畫法，慮關終始，杜漸防萌[1]，思之良精。而不開恣奪之路(2)，斷以報板之制者[2]，殆有意乎？

【校】

（1）在：王廣恕曰："疑當作'任'。"按：在、任兩可。漢魏語，"在意"即"任意"。《黄帝九鼎神丹經訣》一："第六丹名曰鍊丹。取八石而成之。八石者，取巴越丹砂、帝男、帝女飛之，曾青、礜石、礬石，石膽、磁石凡八物，等分多少在意，異擣令如粉。"《内篇·遐覽》："凡七種之，則用其實合之，亦可稱形易貌，飛沈在意，即墨子及《玉女隱微》略同，過此不足論也。"《金丹》："以和此丹，服之立變化，任意所作也。"藏本、《金汋經》下、《太平御覽》九百九十三"任"作"在"，《雲笈七籤》六七作"在意也"。

（2）開：藏本、平津本作關，從王廣恕校改。蓋承上"慮關終始"之"關"而誤。

【注】

［1］杜漸防萌：把隱患消除在開端或萌芽狀態中。即防患於未然。《新書·道基》："忠進讒退，直立邪亡，道行姦止，……杜漸消萌。"《後漢書·丁鴻傳》："（上封事）若勑政責躬，杜漸防萌，則凶妖銷滅，害除福湊矣。"

［2］報板：1.謂婚前應於户籍上登記有關事項。板：名籍。《周禮·天官·宫伯》："掌王宫之士庶子，凡在版者。"鄭玄注："鄭司農（衆）云：'版，名籍也。以版爲之，今時鄉户籍謂之户版。'"2.女家受聘的當日，其父兄及在場者書名於板回報男方，以作憑證。古時防止悔婚的措施。本文從此義。

　　7　"儻令女有國色[1]，傾城絶倫[2]，而值豪右權臣之徒[3]，目玩冶容[4]，心忘禮度，資累千金，情無所吝，十倍還娉，猶所不憚，況但一乎？華氏不難於殺孔父而取其妻[5]，楚人爲子迎婦以其美而自納之[6]。以此論之，豈惜傾竭居産，以助女氏還前家之直哉[7]！小人輕薄，眭眥成怨，又喜委衰逐盛，蹋冷趨熱。此法之行，則必多奪貧賤而與富貴者矣。不審吾君何方以防弊乎?"

【注】

[1] 儻令:假設。國色:容貌之美冠絶一國之女子。《公羊傳·僖公十年》:"驪姬者,國色也。"何休注:"其顏色一國之選。"

[2] 傾城:女子容貌之美使一城人傾心。《漢書·外戚傳上·李夫人》:"(李)延年侍上起舞,歌曰:'北方有佳人,絶世而獨立,一顧傾人城,再顧傾人國。寧不知傾城與傾國,佳人難再得!'"

[3] 豪右:富豪家族、世家大户。

[4] 冶容:女子修飾妖媚。此謂艷麗的容貌。《越絶書·外傳記·計倪傳》:"麗質冶容,宜求監于前史。"

[5] 華氏:華父督,宋臣,史稱宋督。孔父:孔父嘉,春秋宋國顧命大臣。《左傳·桓公二年》:"二年春,宋督攻孔氏,殺孔父而娶其妻。"爲孔父之妻"美而艷"之故。

[6] 楚人:指楚平王棄疾,爲太子建娶秦女爲妻,婦美,聽從費無忌之勸説,而自娶之。見《史記·楚世家》。

[7] 傾竭:倒盡。指消耗乾净或全部拿出。居産:家産。直通值。此指聘禮之值。

8　或曰:"可使女氏受娉禮無豐約[1],皆以即日報板,後皆使時人署姓名於别板[2],必十人已上,以備遠行及死亡。又令女之父兄若伯叔苔壻家書[3],必手書一紙。若有變悔而證據明者,女氏父母兄弟皆加刑罪。如此,庶於無訟者乎[4]!"

【注】

[1] 無:不論。連詞。《詩·魯頌·泮水》:"無小無大,從公於邁。"

[2] 别板:猶言報板的副本。

[3] 若:及;和。《書·召誥》:"拜手稽首,旅王若公。"

[4] 庶:或許,也許。

酒誡卷二十四^[1]

1 抱朴子曰："目之所好,不可從也;耳之所樂,不可順也;鼻之所喜,不可任也;口之所嗜,不可隨也;心之所欲,不可恣也^[2]。故惑目者,必逸容鮮藻也^[3];惑耳者,必妍音淫聲也^[4];惑鼻者,必苣蕙芬馥也^{(1)[5]};惑口者,必珍羞嘉旨也^[6];惑心者,必勢利功名也。五者畢惑⁽²⁾,則或承之禍爲身患者^[7],不亦信哉!

【校】

（1）必苣蕙芬馥也："苣蕙"當依《離騷》乙作"蕙苣"。

（2）五者:藏本、魯藩本誤作五音。

【注】

［1］酒誡:《書·酒誥》曰:"天降威,我民以大亂喪德,亦罔非酒惟行;越小大邦用喪,亦罔非酒惟辜。"本篇蓋申其意,而又總結了先秦至魏晉嗜酒者給個人與國家帶來的巨大危害,對傳統的酒文化作了較爲深入的批判。但他並非絕對禁止飲酒,他從祭祀禮儀與養生延年的角度,也講了微量飲酒的好作用。誡:一種規勸告誡的文體。

［2］目之所好十句:謂不可放縱情欲。從、順、任、隨、恣,互文義近,謂縱情任意。

［3］逸容:猶美貌。多指女色美麗超絕。《博喻48》:"多力何必孟賁、烏獲,逸容豈唯鄭旦、毛嬙?"鮮藻:水藻。陸機《從軍行》:

“夏條集鮮藻，寒冰結衝波。”此指華麗的裝飾。

［４］淫聲：淫邪的樂聲。古代以雅樂爲正聲，以俗樂爲淫聲。

［５］芬馥：香氣濃鬱。左思《吳都賦》：“光色炫晃，芬馥肸蠁。”

［６］珍羞：珍美的肴饌。張衡《南都賦》：“珍羞琅玕，充溢圓方。”嘉旨：酒肴佳美。《詩·小雅·頍弁》：“爾酒既旨，爾殽既嘉。”後以“嘉旨”形容酒、肴之美。

［７］或承之禍：有的要遭受其禍患。句式套用《易·恒》“或承之羞”，僅換了一個“羞”字。

2　“是以智者嚴檃括於性理，不肆神以逐物[1]，檢之以恬愉，增之以長算[2]。其抑情也，劇乎隄防之備決；其御性也，過乎腐轡之乘奔。故能内保永年，外免覊累也。蓋飢寒難堪者也，而清節者不納不義之穀帛焉[3]；困賤難居者也，而高尚者不處危亂之榮貴焉[4]。蓋計得則能忍之心全矣，道勝則害性之事棄矣[5]。

【注】

［１］逐物：追求身外之物。《莊子·天下》：“惜乎惠施之才，駘蕩而不得，逐萬物而不反。”

［２］長算：長壽。算：壽命。《初學記》十七、《御覽》四百一引《河圖》：“黃帝曰：‘凡人生一日，天帝賜算三萬六千，又賜紀二千；聖人得三萬六千七百二十，凡人得三萬六千，一紀主一歲，聖人加七百二十。’”《初學記》十七引《河圖》：“孝順二親，得算二千天，司錄所表事，賜算中功。”臧琳《拜經日記》九：“紀算，謂年壽也，十二年謂紀，百日爲算。”

［３］清節不納不義之穀帛焉：如列御寇之拒絶鄭子陽之遺粟。《莊子·讓王》：“子列子窮，容貌有飢色。客有言之於鄭子陽者，曰：‘列御寇蓋有道之士也，居君之國而窮，君無乃爲不好士乎！’鄭子陽即令官遺之粟。子列子見使者，再拜而辭。使者去。子列

子入，其妻望之而拊心曰：‘妾聞爲有道者之妻子皆得佚樂。今有飢色，君過而遺先生食，先生不受，豈不命邪？’子列子笑謂之曰：‘君非自知我也。以人之言而遺我粟，至其罪我也，又且以人之言，此吾所以不受也。’其卒，民果作難而殺子陽。”穀帛：穀物與布帛。泛指衣食等生活資料。

[４]高尚者不處危亂之榮貴焉：如北郭先生之拒楚莊王之聘爲相。《韓詩外傳》九：“楚莊王使使齎金百斤，聘北郭先生。先生曰：‘臣有箕箒之使，願入計之。’即謂婦人曰：‘楚欲以我爲相。今日相，即結駟連騎，食方丈於前，如何？’婦人曰：‘夫子以織屨爲食，食粥毚履，無怵惕之憂者，何哉？與物無治也。今如結駟連騎，所安不過容膝，食方丈於前，所甘不過一肉；以容膝之安，一肉之味，而殉楚國之憂，其可乎？’於是遂不應聘，與婦去之。”

[５]計：承上指“抑情”、“御性”。道勝：指“清節者”、“高尚者”所持先王之道戰勝情欲。害性：傷害本性，損傷元氣。

3　“夫酒醴之近味[1]，生病之毒物，無毫分之細益，有丘山之巨損，君子以之敗德，小人以之速罪[2]，耽之惑之，衉不及禍。世之士人，亦知其然，既莫能絕，又不肯節，縱心口之近欲，輕召災之根源，似熱渴之恣冷，雖適己而身危也。小大亂喪，亦罔非酒。

【注】

[１]酒醴：酒和醴。泛指各種酒。

[２]速罪：招致罪禍。《左傳·閔公二年》：“狐突諫曰：‘……孝而安民，子其圖之！與其危身以速罪也。’”

4　“然而俗人是酣是湎[1]：其初筵也，抑抑濟濟[2]，言希容整，詠《湛露》之“厭厭”[3]，歌“在鎬”之“愷樂”[4]，舉“萬壽”之觴[5]，誦“溫克”之義[6]。日未移晷[7]，體輕耳熱。

夫琉璃海螺之器並用[8]，滿酌罰餘之令遂急。醉而不止[(1)]，拔轄投井[9]。

【校】

（1）不止：當從陳其榮校、《詩・小雅・賓之初筵》作不出。

【注】

[1] 酣：酒樂；飲酒合樂。湎：沈醉於酒；飲酒閉門不出。

[2] 初筵：宴飲之始；泛指宴飲。抑抑：慎審貌。濟濟（qí qí）：莊敬貌。《詩・小雅・賓之初筵》：“賓之初筵，溫溫其恭。……其未醉止，威儀抑抑。”毛傳：“抑抑，慎密也。”鄭玄箋：“筵，席也。溫溫，柔和也。”《詩・大雅・文王》：“濟濟多士，文王以寧。”毛傳：“濟濟，多威儀也。”

[3] 《湛露》：《詩・小雅》篇名。《湛露序》：“《湛露》，天子燕諸侯也。”厭厭（yān yān）：安靜貌；和悅貌。《詩・小雅・湛露》：“厭厭夜飲，不醉無歸。”毛傳：“厭厭，安也。夜飲，燕私也。”

[4] 歌在鎬（hào）之“愷樂”：言周武王在鎬京，愷樂飲酒。愷（kǎi）樂：快樂。

[5] 萬壽：《詩・豳風・七月》：“稱彼兕觥，萬壽無疆。”

[6] 溫（yùn）克：謂飲酒後能蘊藉自持。《詩・小雅・小宛》：“人之齊聖，飲酒溫克。”毛傳：“齊，正。克，勝也。”鄭玄箋：“中正通知之人，飲酒雖醉，猶能溫藉自持以勝。”溫通蘊。含蓄。

[7] 移晷（guǐ）：日影移動。猶言經過了一段時間。

[8] 琉璃：.一種半透明的玉石。海螺：海裏所産螺獅，其殼可作酒杯等。

[9] 拔轄投井：形容殷勤留客飲酒。轄：車軸兩端的鍵，用以固定車輪與車軸位置。《漢書・游俠傳・陳遵》：“遵耆酒，每大飲，賓客滿堂，輒關門，取車轄投井中，雖有急，終不得去。”顏師古注：“耆，讀曰嗜。既關閉門，又投車轄也。”

5　"於是口涌鼻溢[1]，濡首及亂[2]。屢儛躚躚，舍其坐遷(1)[3]；載號載呶[4]，如沸如羹[5]。或争辭尚勝，或啞啞獨笑[6]，或無對而談，或嘔吐几筵[7]，或慎蹀良倡(2)[8]，或冠脱帶解。

【校】

（1）屢儛躚躚，舍其坐遷：兩句當據《賓之初筵》乙轉。躚躚：當從《賓之初筵》與《群書治要》引作僛僛。

（2）慎：孫星衍校："藏本作值，《群書治要》載此篇作顛蹀梁倡，知舊作慎。"魯藩本同藏本。

【注】

[1] 涌溢：涌流而出。《漢書・李尋傳》："間者重以水泉涌溢，旁宫闕仍出。"

[2] 濡首：沾濕了頭。形容沈湎於酒，失去常態。《易・未濟》："上九：有孚於飲酒，無咎。濡其首，有孚失是。象曰：飲酒濡首，亦不知節也。"及亂：猶言至醉亂。《論語・鄉黨》："唯酒無量，不及亂。"

[3] 舍其坐遷：謂違背飲酒之禮，舍其當坐、當遷之禮。儛同舞。躚躚(xiān)：輕盈貌；輕舉貌，躚同僊。《賓之初筵》："舍其坐遷，屢儛僛僛。"毛傳："遷，徙。屢，數也。僛僛然。"正義："數數起舞，僛僛然失所也。……僛僛，舞貌也。傳直云'僛僛'者，是貌狀之辭。"馬瑞辰《毛詩傳箋通釋》二二："古者飲酒之禮，取觶、奠觶皆坐。又凡禮盛者，坐卒爵，其餘則皆立飲。又有升降興拜，復席復位諸禮，皆可以'遷'統之。'舍其坐遷'謂舍其當坐、當遷之禮耳。"

[4] 載號(háo)載呶(náo)：又叫又鬧。《詩・小雅・賓之初筵》："賓既醉止，載號載呶。"

[5] 如沸如羹：如湯之沸，如羹之將熟。語見《詩・大雅・蕩》，形容

飲酒者笑語沓沓。

〔6〕啞啞（è）：笑聲。

〔7〕几筵：即几席。古人憑依、坐臥的器具。

〔8〕傎（diān）蹶：仆倒；跌落。良倡：又作梁昌、梁倡。按：此當解爲
“行走不穩貌”。

6　“貞良者流華督之顧眄[1]，怯懦者效慶忌之蕃捷[2]，遲重者蓬轉而波擾[3]，整肅者鹿踊而魚躍。口訥於寒暑者(1)[4]，皆搖掌而譜聲(2)[5]；謙卑而不競者(3)，悉裨瞻以高交(4)[6]。廉恥之儀毀，而荒錯之疾發；闒茸之性露[7]，而傲佷之態出(5)。

【校】

（1）口訥於寒暑者：《意林》作口訥者。

（2）搖掌：孫星衍校：“藏本作垂掌而諧聲，從《意林》改。”魯藩本同藏本。楊明照按：“《群書治要》作撫掌，較勝，當從之。”

（3）謙卑而不競者：《意林》作不競者。

（4）悉裨瞻以高交：孫星衍校：“《意林》作皆裨瞻而高發。”按：“發”字不可從，與下文“發”字重複。

（5）傲佷：當從楊明照校作傲很。《行品》篇：“既傲很以無禮。”《疾謬》篇：“所謂傲很明德。”當一律。

【注】

〔1〕華督：即《弭訟》第7段所説之“華氏”。顧眄：回視；斜視。《漢書·叙傳上》：“是故魯連飛一矢而蹶千金，虞卿以顧眄而捐相印也。”

〔2〕慶忌：春秋吳王僚之子，以勇武著稱。

〔3〕遲重（zhòng）：謹慎穩重。《新語·輔政》：“躁疾者爲厥速，遲重者爲常存。”

［4］口訥：説話遅鈍。《後漢書・黨錮傳・劉儒》：“郭林宗常謂儒口
訥心辯，有珪璋之質。”寒暑：猶寒暄，指彼此問候起居寒暖。劉
義慶《世説新語・文學53》：“張（憑）遂詣劉（惔），劉洗濯料事，處
之下坐，唯通寒暑，神意不接。”

［5］譜聲：譜寫歌曲；按譜歌唱。

［6］裨（bì）：接益；增益。高交：結交高官或高門望族。《交際》：“而
偏徇高交以結朋黨。”

［7］闒（tà）茸：庸碌低劣。桓寬《鹽鐵論・利議》：“諸生闒茸無行，多
言而不用，情貌不相副。”

　　7　“精濁神亂[1]，臧否顛倒。或奔車走馬[2]，赴坑谷而
不憚，以九折之阪爲螘封(1)[3]；或登危蹋頽[4]，雖墮墜而不
覺，以呂梁之淵爲牛迹也(2)。或肆忿於器物，或酗詈於妻
子[5]；加枉酷於臣僕[6]，用剡鋒乎六畜(3)[7]；熾火烈於室
廬(4)，掊寶玩於淵流[8]；遷威怒於路人(5)，加暴害於士友。
褻嚴主以夷戮者[9]，有矣；犯凶人而受困者，有矣。

【校】

（1）以九折之阪爲螘封：《意林》作以九折同螘封。

（2）以呂梁之淵爲牛迹也：《意林》作以呂梁同牛跡。

（3）六畜：孫星衍校：“（藏本、魯藩本）本脱‘六畜’二字，從《群書治
要》補。”

（4）火烈：當乙作烈火。

（5）路人：孫星衍校：“（藏本、魯藩本）本作‘踞人’，從《群書治
要》改。”

【注】

［1］精濁神亂：套用《道德真經指歸》一二“精濁神擾”語。濁亂：攪
擾使之混亂。此謂混濁錯亂。

［２］奔（fèn）車：覆車。《韓非子·安危》：“奔車之上無仲尼，覆舟之下無伯夷。”陳奇猷集釋：“陶鴻慶曰：‘奔與賁同，讀爲僨；僨，亦覆也。’蓋謂仲尼、伯夷不處險之地，愛其身也。”走馬：騎馬疾行；馳逐。

［３］九折之阪：蜿蜒曲折的山坡，因以爲名。其地在今四川榮經縣西邛崍山。螘封：蟻穴外隆起的土堆。螘：蟻本字。

［４］蹋積：謂履於險地。

［５］酗詢（xù yòng）：酒醉狂亂。《周禮·地官·司救》：“掌萬民之衺惡，過失。”鄭玄注：“過失亦由衺惡、酗詢、好訟。”

［６］枉酷：指枉殺。《晉書·武陔傳》：“（武）茂清正方直，聞於朝野，一旦枉酷，天下傷焉。”此謂枉加酷刑。臣僕：奴僕。亦爲罪人與執役者及臣下的通稱。仕於公曰臣，仕於家曰僕。

［７］六畜：指馬、牛、羊、豕、犬、雞。

［８］掊：通背。棄。

［９］嚴主：嚴謂父親，主謂家長。夷戮：殺戮。《後漢書·張衡傳》：“奢淫諂慢，鮮不夷戮。”

8　“言雖尚辭[1]，煩而叛理；拜伏徒多，勞而非敬。臣子失禮於君親之前[2]，幼賤悖慢於耆宿之坐[3]。謂清談爲詆訾[4]，以忠告爲侵己。於是白刃抽而忘思難之慮(1)，棒杖奮而罔顧乎前後。搆灕血之讎(2)，招大辟之禍[5]。

【校】

（１）忘思難之慮：“思”與“慮”義同，蓋“患”之誤。

（２）灕：孫星衍校：“（藏本、魯藩本同）《群書治要》作灑。”《墨子·明鬼下》：“揖羊而灕其血。”閒詁引畢（沅）云：“《太平御覽》《事類賦（注）》引已上八（當作“六”字作‘以羊血灑社’，則‘灕’爲‘灑’字之誤。”本文“灑血”之“灑”，“鹿”上少寫“丽”字而殘缺爲“灕”，與《墨子·明鬼下》相類。《漢語大辭典》“灕血”條引了稚川此例，似欠妥。

【注】

［1］尚辭：崇尚言辭。尚通上。《禮記·表記》：“子曰：‘事君不下達，不尚辭。’”鄭玄注：“不尚辭，不多出浮華之言也。”

［2］臣子：君主制時代的官吏。亦爲官吏對君主的自稱。《禮記·經解》：“喪祭之禮廢，則臣子之恩薄，而倍死忘生者衆矣。”

［3］耆宿：年高有德者之稱。《後漢書·樊儵傳》：“耆宿大賢，多見廢棄。”

［4］清談：猶清議。清雅的談論。談論内容以對人物、時事的評論爲主。

［5］大辟（bì）：謂死刑。

9　“以少淩長[1]，則鄉黨加重責矣(1)[2]；辱人父兄，則子弟將推刃矣[3]；發人所諱[4]，則壯士不能堪矣；計數深尅[5]，則醒者不能恕矣。起衆患於須臾[6]，結百痾於膏肓[7]。奔駟不能追既往之悔[8]，思改而無自反之蹊(2)[9]。蓋智者所深防，而煦人所不免也(3)。其爲禍敗，不可勝載。

【校】

（1）鄉：孫星衍曰：“《群書治要》作‘邦’。”

（2）反：魯藩本誤作及。

（3）煦：平津本作愚，孫星衍校：“（盧舜治本同），藏本作煦。”楊明照按：“魯藩本、吉藩本、慎本、舊寫本亦並作‘煦’，固誤；孫氏據盧本改爲‘愚’，亦非。《群書治要》作‘庸’，極是。當據改。此文‘庸’之誤‘煦’，正如《備闕》篇‘故姜牙賣傭無所售’之‘傭’誤‘煦’然也。”按：作“煦”不誤。“煦”與“庸”“傭”爲侯東對轉通韻，元音相同，出同一語源，當從藏本。

【注】

［1］少淩長：《左傳·隱公三年》：“少陵長。”正義：“陵，謂加上之。”陵

淩古通。

〔２〕鄉黨：1.泛指家鄉。周制：一萬二千五百家爲鄉，五百家爲黨。《論語·鄉黨》："孔子於鄉黨，恂恂如也，似不能言者。"2.同鄉；鄉親。

〔３〕推刃：手持刀劍一來一往刺殺或復仇。《公羊傳·定公四年》："父受誅，子復讎，推刃之道也。"何休注："一來一往曰推刃。"謂父罪當誅而子復仇，仇家亦必報復，彼此一來一往。

〔４〕發人所諱：如晉賈充宴朝士，與庾純互相揭發彼此的短處，即其例。《晉書·庾純傳》："初，純以賈充姦佞，與任愷共舉充西鎮關中，充由是不平。充嘗宴朝士，而純後至，充謂曰：'君行常居人前，今何以在後？'純曰：'旦有小市井事不了，是以來後。'世言純之先嘗有充伍伯者，充之先有市魁者，充、純以此相譏焉。充自以位隆望重，意殊不平。及純行酒，充不時飲。純曰：'長者爲壽，何敢爾乎？'充曰：'父老不歸供養，將何言也！'純因發怒曰：'賈充！天下凶凶，由爾一人。'充曰：'充輔佐二世，蕩平巴蜀，有何罪而天下爲之兇兇？'純曰：'高貴鄉公何在？'衆坐因罷。"借酒宴互相揭短多此類。而賈充姦佞與卑劣，躍然紙上，是賈充指使成濟殺死高貴鄉公，故云"何在"。庾純因此"得罪"賈充，上表自劾免官。

〔５〕深尅：嚴峻苛刻。《群書治要》作"深刻"。按：尅同剋，剋通刻。諸葛亮《彈李嚴表》："嚴少爲郡職吏，用情深尅，苟利其身。鄉里爲嚴諺云：'難可狎，李鱗甲。'"

〔６〕衆患：衆多的窘迫和困厄。《楚辭·遠遊》："免衆患而不懼兮，世莫知其所如。"胡文英注："衆患，世俗之迫阨也。"

〔７〕百痾(kē)：各種疾病。比喻各種宿怨。《後漢書·袁紹傳》："願捐棄百痾，追攝舊義，復爲母子昆弟如初。"

〔８〕奔駟不能追既往之悔：《論語·顏淵》："子貢曰：'惜乎！夫子之説君子也，駟不及舌。'"集解引鄭玄曰："過言一出，駟馬追之不及。"

〔９〕思改而無自反之蹊：謂改過無路。

10　“然而歡集，莫之或釋，舉白盈耳[1]，不論於能否(1)[2]。計瀝霤於小餘(2)[3]，以稽遲爲輕己。傾匡注於所敬[4]，殷勤變而成薄(3)。勸之不持[5]，督之不盡，怨色醜音(4)，所由而發也。

【校】

（1）於：當從陳其榮引《治要》删.

（2）計：當從陳其榮校與《治要》等作料。

（3）勤：孫星衍校：“藏本作勸，盧本作勑，從《群書治要》改。”魯藩本同藏本。

（4）怨：當從《治要》作惡。惡色與醜音在修辭上互相匹配，而“惡”與“醜”義近。

【注】

[1] 舉白：有三解：1. 進酒罰人飲之。白：指酒。《淮南子·道應》：“（魏）文侯喟然歎曰：‘吾獨無豫讓以爲臣乎？’蹇重舉白而進之曰：‘清浮君。’”許慎注：“蹇重，文侯臣。舉白，進酒也。浮，猶罰也，以酒罰君也。”2. 舉杯告盡。猶乾杯。《漢書·叙傳上》“引滿舉白”顏師古注引孟康曰：“舉白，見驗飲酒盡不也。”“白”亦指酒。3. 舉杯罰人飲酒。白：大白，用以罰酒用的杯子。《漢書·叙傳上》“引滿舉白”顏師古注：“一説，白者，罰爵之名也。飲有不盡者，則以此爵罰之。”凡此三説，各有所側重。

[2] 能否：此謂善飲與否。

[3] 料：量。瀝霤：下滴的水。此喻點滴殘酒。《史記·滑稽列傳》：“（淳于）髡曰：‘……侍酒於前，時賜餘瀝。’”

[4] 匡：通筐。傾筐：《詩·周南·卷耳》：“采采卷耳，不盈頃筐。”毛傳：“頃筐，畚屬，易盈之器也。”頃通傾。後以“傾筐”爲傾倒筐子。《晉書·殷仲堪傳》：“行者傾筐以顧念，居者吁嗟以待延。”此用以誇大形容把整杯酒倒注於所敬之人的頭上。

［5］不持：不引滿。荀悅《漢紀·武帝紀二》：“（灌夫）行酒至（田）蚡，
　　蚡曰：‘不得持滿’。”

11 “夫風經府藏[1]，使人惚悅[2]，及其劇者，自傷自
虞。或遇斯疾，莫不憂懼，吞苦忍痛，欲其速愈。至於醉之
病性，何異於茲？而獨居密以逃風，不能割情以節酒。若
畏酒如畏風，憎醉如憎病(1)，則荒沈之咎塞(2)[3]，而流連之
失正矣(3)。夫風之爲疾(4)，猶展攻治；酒之爲變，在乎呼
吸(5)。及其悶亂(6)，若存若亡[4]；視泰山如彈丸，見滄海如
盤盂；仰嚲天墮[5]，俯呼地陷；臥待虎狼，投井赴火，而不謂
惡也。夫用身之如此，亦安能惜敬恭之禮[6]，護喜怒之
失哉！

【校】

（1）若畏酒如畏風，憎醉如憎病：孫星衍校：“今本（平津本，實包括藏
　　本、魯藩本）作‘若畏風憎病’，從《群書治要》補。又《意林》作‘君
　　若畏酒如畏疾憎醉如憎大病’。”
（2）則荒沈之咎塞：《意林》作則無荒沈之咎矣。
（3）而流連之失正矣：《意林》無。
（4）夫風之爲疾：孫星衍曰：“（疾）《群書治要》作‘病’。”按：“疾”“病”
　　有別，古稱輕者爲疾，重者爲病。《說文·疒部》：“病，加疾也。”
　　《玉篇·疒部》：“病，疾甚也。”當從《治要》作“病”。
（5）呼吸：平津本作呼噏。
（6）悶亂：孫星衍校：“（藏本）本作間亂，從《群書治要》改。”

【注】

［1］風：中醫術語“六淫”之一。風屬陽，爲外感疾病的先導，並與其
　　他病邪結合而致病。府藏：今作腑臟，五臟六腑。五臟：腎、心、

肝、肺、脾。六腑：喉咽、胃、大腸、小腸、膽、膀胱。一説無喉咽
而有三焦。

〔2〕惝怳(huǎng)：迷迷糊糊。多指神志不清。

〔3〕荒沈：猶沈湎。縱酒無度。《漢書・五行傳下之下》：“顛覆厥德，
荒沈於酒。”咎塞：塞咎，抵補罪過。《後漢書・列女傳・盛道
妻》：“君可速潛逃，妾自留獄，代君塞咎。”

〔4〕若存若亡：好像活着，又好像死了。處於生死恍惚的狀態。《老
子・第四十一章》：“中士聞道，若存若亡，”按：用之而取義
不同。

〔5〕嚾(huàn)：原注：“荒旦切。”《玄應音義》十“嚾猶”注引《通俗文》：
“大呼曰嚾也。”

〔6〕敬恭：恭敬奉事；敬慎處事。《詩・大雅・雲漢》：“敬恭神明，宜
無悔怒。”

12 “昔儀狄既疏，大禹以興；糟丘、酒池，辛、癸以
亡[1]。豐侯得罪，以戴尊銜盃[2]；景升荒壞，以三雅之
爵[3]；劉松爛腸，以逃暑之飲[4]；郭珍發狂，以無日不醉[5]。
信陵之凶短[6]，襄子之亂政[7]，趙武之失衆[8]，子反之誅
戮[9]，漢惠之伐命[10]，灌夫之滅族[11]，陳遵之遇害[12]，季布
之疏斥[13]，子建之免退[14]，徐邈之禁言，皆是物也[15]。世
人好之樂之者甚多，而戒之畏之者至少[16]。彼衆我寡，良
箴安施[17]？且願君子節之而已。

【注】

〔1〕糟丘：極言釀酒之多，沈湎之甚。酒池：以酒爲池。《北堂書鈔》
一四七引《六韜》：“古之亂君，夏桀、殷紂，積糟爲丘，以酒爲池。”
辛：帝辛，即殷紂。癸：帝履癸，即夏桀。

〔2〕豐侯：豐國國君。《竹書紀年》下：“(周成王十九年)黜豐侯。”《太
平御覽》七六二引崔駰《酒箴》：“豐侯沈湎，荷甖負缶。自戮於

世,圖形戒後。"戴尊:戴在酒尊上。尊通樽。《太平御覽》七六二
引《三禮圖》:"射爲罰爵之豐,作人形也。豐,國名也。坐酒亡
國,戴盂戒酒。"即屬"戴尊"一類事。《説文解字注·異部》:"戴,
引申之,凡加於上曰戴。"盃同杯。

[３]景升:劉表之字。三雅:三個酒爵。以盛酒之多少分伯雅、仲
雅、季雅爲三雅。《太平御覽》八四五引曹丕《典論》:"劉表有酒
爵三:大曰伯雅,次曰仲雅,小曰季雅。伯雅容七升,仲雅六升,
季雅五升。"

[４]劉松:東漢末任光禄大夫。《初學記》三引《典論》:"大駕都許,使
光禄大夫劉松北鎮袁紹軍,與紹子弟日共宴飲。嘗以盛夏三伏
之際,晝夜酣飲,極醉,至於無知。云以避一時之暑。二方化之,
故荊南有三雅之爵,河朔有避暑之飲。"

[５]郭珍:東漢末雒陽令。《太平御覽》四七二引《典論》:"雒陽令郭
珍,居財巨億,每暑夏召客,侍婢數十,盛裝飾,被羅縠,袒裸其
中,使之進酒。"

[６]信陵(前? —前 243):魏公子無忌。魏安釐王異母弟,被安釐王
封爲信陵君,有食客三千人。魏安釐王二十年(前 257)竊得兵
符,擊殺將軍晉鄙,奪取兵權,救趙勝秦。後十年,爲上將軍,聯
合五國擊退秦將蒙驁的進攻,威振天下。秦行反間計,使晉鄙客
進讒於魏王,信陵君遂謝病不朝,病酒而卒。劉歆《七略》有《魏
公子兵法》二十一篇、圖七卷,系諸侯之客所進兵法,信陵君命名
編成,今佚。凶短:凶短折;夭折;早死。《書·洪範》:"六極,一
曰凶短折。"孔傳:"動不遇吉。短,未六十;折,未三十。言辛
苦。"則凶短謂不滿六十歲也。

[７]襄子(前? —前 425):趙襄子毋卹。毋卹一作無恤。《新序·刺
奢》:"趙襄子飲酒,五日五夜,不廢酒。謂侍者曰:'我誠邦士也
夫! 飲酒五日五夜矣,而殊不病。'優莫曰:'君勉之! 不及紂二
日耳。紂七日七夜,今君五日(五夜)。'襄子懼,謂優莫曰:'然則
吾亡乎?'優莫曰:'不亡。'襄子曰:'不及紂二日耳,不亡何待?'
優莫曰:'桀、紂之亡也,遇湯、武。今天下盡桀也,而君紂也,桀、

紂並世,焉能相亡? 然亦殆矣。'"亂:《韓非子·八説》:"人主肆意陳欲曰亂。"

[8] 趙武(前594—前541):即趙文子,亦稱趙孟。趙朔之子。春秋時晉景公討滅趙氏,他隨其母莊姬(晉成公之女)畜養於公宮。後被立爲趙氏的後嗣,歷任新軍、上軍之將。晉平公十二年(前546)任正卿,掌晉國之政,與楚屈建(即子木)主持弭兵之會。其飲酒失衆事見《左傳·昭公元年》:"趙孟賦《常棣》,且曰:'吾兄弟比以安,尨也可使無吠。'穆叔、子皮及曹大夫興拜,舉兕爵曰:'小國賴子,知免於戾矣。'飲酒樂。趙孟出,曰:'吾不復此矣。'天王(周景王)使劉定公勞趙孟於潁,館於雒汭。劉子曰:'美哉禹功,明德遠矣! 微禹,吾其魚乎? ……子盍亦遠績禹功,而大庇民乎?'對曰:'老夫罪戾是懼,焉能恤遠? 吾儕偷食,朝不謀夕,何其長也!'劉子歸以語王曰:'諺所謂老將知(智)而耄及之者,其趙孟之謂乎? 爲晉正卿,以主諸侯,而儕於隸人,朝不謀夕,棄神人矣。神怒民叛,何以能久? 趙孟不復年矣。神怒不歆其祀,民叛不即其事,事、祀不從,又何以年?'"失衆:指民叛。

[9] 子反(前? —前575):春秋楚國公子側,事楚共王。楚共王十六年(前575),楚與晉戰於鄢陵,楚軍敗,共王被射中目。酣戰之時,司馬子反渴而求飲,豎穀陽操觴酒而進之,子反嗜酒而醉,不能應共王之召,謀與晉復戰。子反説:"側亡君師,敢忘其死?"遂自殺而死。見《左傳·成公十六年》。然《吕氏春秋·權勳》《韓非子·十過》《淮南子·人間》皆謂楚共王"斬子反以爲戮",《説苑·敬慎》亦"誅子反以戮",《史記·楚世家》則"王怒,射殺子反",皆與《左傳》不同。稚川從《吕氏春秋》等書説,故"誅戮"。

[10] 漢惠(前207—前188):漢惠帝劉盈。伐命:戕害性命。

[11] 灌夫(前? —前131):字仲孺,潁陰(今河南許昌)人。吳楚七國之亂時,與父俱從軍,以功任郎中將、代相。建元元年(前140)任太僕。次年徙爲燕相,因事坐法免官。喜"任俠",家財錢數千萬,食客日數十百人,横暴潁川。後因怒罵丞相田蚡(前? —前131)强求嬰城南田,遂與蚡交惡。田蚡案其家潁川事,遣吏逐捕

灌氏支屬,皆得棄市罪。滅族：古代酷刑。一人犯罪而連及其
父母妻子等整個家族被殺。

[12] 陳遵：字孟公,西漢末杜陵(今陝西西安東南)人。嗜酒。初爲京
兆史,補鬱夷令。王莽當政時,爲校尉,以鎮壓趙明、霍鴻等起
義,封嘉威侯。後爲河南太守、九江及河内都尉。更始時,任大
司馬護軍,奉命前往匈奴,在朔方時醉見殺。

[13] 季布：漢初楚人。以任俠聞名於楚。爲項羽將,數次窘困劉邦。
劉邦稱帝後,曾千金緝拿。由朱家通過夏侯嬰向劉邦進言,得赦
免。先後任郎中、中郎將、河東守。文帝欲召爲御史大夫,因人
言其好勇嗜酒作罷。句謂季布因"有言其勇,使酒難近"而"留邸
一月,見罷"事。

[14] 子建：曹植(192—232)字子建,沛國譙(今安徽亳州市)人,曹操
第三子。因富於才學,早年曾被曹操寵愛,一度欲立爲太子,因
擅開司馬門違禁,失寵。及曹丕、曹叡父子相繼爲帝,以前嫌,待
之甚爲峻苛。悵然絶望,遂發疾而死。晚封陳王,謐思,世稱陳
思王。建安七子之一,有詩文百餘篇傳世。免退：指撤職。建
安二十四年(219)曹仁爲關羽所圍,曹操以植爲南中郎將,行征
虜將軍,欲遣救仁,呼有所敕戒。植醉不能受命,於是曹操悔而
罷之。

[15] 徐邈(172—249)：字景山,燕國薊(今北京西南)人。曹操召爲丞
相軍謀掾。時科禁酒,而私飲沈醉,鮮于輔爲之請,乃得免刑。
明帝時爲涼州刺史,善撫羌、胡,百姓歸心。累遷光禄大夫,封都
亭侯。禁言：指徐邈私飲沈醉,趙達問以曹事,曰"中聖人",操
聞之怒。鮮于輔解之曰："平日醉客謂酒清者爲聖人,濁者爲賢
人,邈性修慎,偶醉言耳。"皆是物也：本指都是由於美色爲害。
語見《左傳·昭公二十八年》。此指都是由於飲酒爲害。

[16] 好之樂之：語本《論語·雍也》："知之者,不如好之者,好之者不
如樂之者。"

[17] 彼衆我寡：對方(指飲酒者)處於多數地位,而我(稚川自指)處於
少數地位。《左傳·僖公二十二年》："司馬曰:'彼衆我寡。'"

13　"曩者既年荒穀貴[1]，人有醉者相殺，牧伯因此輒有酒禁[2]，嚴令重申，官司搜索[3]，收執榜徇者相辱(1)[4]，制鞭而死者太半[5]。防之彌峻，犯者至多。至乃穴地而釀(2)，油囊懷酒。民之好此，可謂篤矣。余以匹夫之賤，託此空言之書[6]，末如之何矣[7]。

【校】

（1）辱：孫星衍校："當作屬。"

（2）至乃：《意林》作民有。

【注】

[1] 曩者：指東漢末年至三國時期。年荒：即荒年。莊稼歉收或顆粒無收。

[2] 牧伯：稱州郡長官。《書・周官》"州牧侯伯"的略稱。酒禁：禁酒；釀酒、飲酒之禁。《後漢書・孔融傳》："時年饑兵興，（曹）操表制酒禁。"

[3] 官司：此指官府。多指政府的主要部門。

[4] 執：拘繫。榜（bēng）：杖擊；鞭打。徇：示眾。

[5] 制鞭：刑具。帶棱的生革皮鞭。《隋書・刑法志》："其鞭，有制鞭、法鞭、常鞭，凡三等之差。制鞭，生革廉成；法鞭，生革去廉；常鞭，熟靼不去廉。"按：隋蓋承魏晉制度。此指用此刑具抽打被收執者。

[6] 空言：謂衹起褒貶作用而不見用於當世的言論主張。《春秋繁露・俞序》："孔子曰：'吾因其行事而加乎王心焉，以爲見之空言，不如行事博深切明。'"

[7] 末如之何矣：我也不知該怎麼辦了。見《論語・衛靈公》"子曰"。

14　"又臨民者雖設其法，而不能自斷斯物，緩己急人，雖令不從[1]；弗躬弗親，庶民弗信[2]。以此而教，教安得行；以此而禁，禁安得止哉！沽賣之家，廢業則困，遂修飾賂遺^[3]，依憑權右，所屬吏不敢問。無力者獨止，而有勢者擅市。張壚專利^[4]，乃更倍售，從其酤買，公行靡憚，法輕利重，安能免乎哉⁽¹⁾？”

【校】

（1）安能免乎哉：孫星衍校：“《意林》作安能令絕乎。”

【注】

[1] 雖令不從：即便下了禁令，百姓也不聽從。此謂即使設立了禁酒令，而設令者也不能斷絕飲酒。語見《論語·子路》。

[2] 弗躬弗親，庶民弗信：謂當官的不親身執行，百姓便不信奉。語見《詩·小雅·節南山》。

[3] 賂遺（wèi）：以財物贈送或買通他人。《史記·匈奴列傳》：“漢遣中郎將蘇武厚幣賂遺單于。”

[4] 張壚：開設酒肆。壚同罏。

15　或人難曰：“夫夏桀、殷紂之亡^[1]，信陵、漢惠之殘^[2]，聲色之過^[3]，豈惟酒乎！以其生患於古，而斷之於今。所謂以褒姒喪周^[4]，而欲人君廢六宮；以阿房之危，而使王者結草菴也。蓋聞昊天表酒旗之宿^[5]，坤靈挺空桑之化^[6]；燎紫員丘^[7]，瘞薶圻澤^{(1)[8]}，裸鬯儀彝^[9]，實降神祇，酒爲禮也^{(2)[10]}。

【校】

（1）圻澤：楊明照校曰：“是‘此文之‘圻’當作‘折’矣。按：當乙作“澤折”，因與“員丘”對仗，稚川改爲“折澤”，而“折”字又誤作“圻”。

（2）蓋聞昊天表酒旗之宿……酒爲禮也：藏本、魯藩本等原缺。孫

　　　星衍校："已上三十四字從《書鈔》一百四十八補。"

【注】

[1] 夏桀：漢人謂夏桀亡於女色末喜。殷紂：漢人謂殷紂亡於女色姐己。

[2] 殘：就"凶短"與"伐命"言。

[3] 聲色：《列女傳·孼嬖·夏桀末喜傳》："桀既棄禮義,淫於婦人,求美女,積之於後宮。收倡優侏儒徒,能爲奇偉戲者,聚之於旁,造爛漫之樂。"又《殷紂姐己傳》："作新淫之聲,北鄙之舞,靡靡之樂。""聲色之過"多此類。

[4] 褒姒喪周：幽王惑於褒國姒姓之女而喪失西周。

[5] 昊天：蒼天。昊：元氣博大貌。表：標誌;顯現。酒旗：星座名。在軒轅星南。宿：星宿。

[6] 坤靈：地道之神靈。古人對大地的美稱。挺：生出;生長。空桑：傳說中發明釀酒的地方。按：酒的發明或與伊尹有關。《吕氏春秋·本味》："有侁氏女子採桑,得嬰兒於空桑之中。……其母居伊水之上,孕,夢有神告之曰:'臼出水而東走,毋顧。'明日,視臼出水,告其鄰,東走十里,而顧其邑盡爲水,身因化爲空桑。故命之曰伊尹。""空桑之化"蓋指此。

[7] 燎柴(liào chái)：燒柴祭天。燒柴祭曰柴。員丘：即圜丘,古代帝王冬至祭天的圓形高壇。後亦用於祭天地。圜：象天圓。丘：土之高者。

[8] 瘞薶(yì mái)：瘞繒埋牲祭地。古代祭地禮儀之一。瘞：埋物祭地。薶、埋正俗字。《禮記·祭法》："瘞埋於泰折,祭地也。"孔穎達疏："瘞埋於泰折,祭地也者,謂瘞繒埋牲祭神祇於此郊也。"澤折：即方澤大折,古代夏至祭地的方壇。方：象地方。因壇設於澤中,故稱。《廣雅·釋天》："圓丘大壇,祭天也;方澤大折,祭地也。"王念孫疏證引《周禮·春官·大司樂》："夏日至,於澤中之方邱奏之,若樂八變,則地示皆出,可得而禮也。"

[9] 祼鬯(guàn chàng)：古代祭祀儀式。以香酒灌地而告神。祼：

灌。鬯：即秬鬯，以鬱金香合黍釀造的香酒。《書·洛誥》有"祼
鬯告神"語。《周禮·春官·大宗伯》："以肆獻祼享先王。"鄭玄
注："祼之言灌，灌以鬱鬯，謂始獻尸求神時也。"儀彝：祭祀所用
表示禮儀的酒尊。

[10] 酒爲禮：以酒成禮。《左傳·莊公二十二年》："酒以成禮。"

16 "千鍾、百觚，堯、舜之飲也[1]。唯酒無量，仲尼之
能也[2]。姬旦酒肴不徹，故能制禮作樂[3]；漢高婆娑巨醉，
故能斬蛇鞠旅[4]。于公引滿一斛，而斷獄益明[5]；管輅傾
仰三斗(1)，而清辯綺粲[6]。揚雲酒不離口(2)，而《太玄》乃
就[7]；子圉醉無所識(3)，而霸功以舉。一瓶之醪傾，而三軍
之衆悅[8]；解毒之觴行，而盜馬之屬感[9]。消憂成禮，策勳
飲至[10]，降神合人，非此莫以也。內速諸父，外將嘉賓[11]。
如淮如滰，《春秋》所貴[12]。由斯言之，安可識(4)乎？

【校】

（1）傾仰三斗：當從陳漢章校據《北堂書鈔》一四八引作頓仰三升。

（2）揚雲：《意林》作楊雄。按：當與本篇本書一致作揚雲。

（3）子圉：孫星衍曰："疑有誤。"按：子圉即春秋晉懷公，僖公二十三
　　年立，而二十四年即被誅，不見"罪無所識，霸功以舉"的記載。
　　疑當爲晉文公重耳。重耳至齊懷安，其妻"姜與子犯謀，醉而遣
　　之"，是"醉無所識"。重耳回國，"使殺懷公於高梁"，繼而"霸功
　　以舉"。他們是叔侄關係（重耳爲叔，子圉爲侄），蓋稚川記憶有
　　誤。説從楊明照校。

（4）識：孫星衍校："當作誠。"

【注】

[1] 千鍾、百觚，堯、舜之飲：謂豪飲之酒量多至千鍾百觚。《孔叢

子・儒服》：“平原君與子高飲，强子高酒，曰：‘昔有遺諺：“堯、舜千鍾，孔子百觚，子路嗑嗑，尚飲十榼。”古之聖賢，無不能飲也。吾子何辭焉？’”

[2]　無量：祇管飲酒，不定數量。《論語・鄉黨》：“唯酒無量，不及亂。”皇侃疏：“酒雖多無有限量，而人宜隨己能而飲，不得及於醉亂也。”

[3]　姬旦酒肴不徹：謂因周公治國理政，不離酒肴。《韓詩外傳》四：“周公酒肴不離於前，鍾石不解於懸，而宇內亦治。”徹同撤。制禮作樂：制訂禮樂制度，即制訂國家根本大法與制度。《禮記・明堂位》：“周公踐天子之位，以治天下。六年，朝諸侯於明堂，制禮作樂，頒度量，而天下大服。”

[4]　漢高：漢高祖劉邦。婆娑：醉態蹣跚貌。斬蛇：《史記・高祖本紀》：“高祖被酒，夜徑澤中，令一人前行。行前者還報曰：‘前有大蛇當徑，願還。’高祖醉，曰：‘壯士行，何畏！’乃前，拔劍擊斬蛇。蛇遂分爲兩，徑開。”所謂劉邦斬蛇起義指此。鞠旅：向軍隊發出出征號令。猶誓師。《詩・小雅・采芑》：“鉦人伐鼓，陳師鞠旅。”毛傳：“鞠，告也。”鄭玄箋：“二千五百人爲師，五百人爲旅。此言將戰之日，陳列其師旅，誓告之也。”

[5]　于公：于定國之父。此實指于定國。引滿一斛：指飲酒至一斛。《漢書・于定國傳》：“定國食酒數石不亂，冬月請治讞，飲酒益精明。”蓋據此而言。斷獄：審理和判決案子。

[6]　管輅（208—255）：字公明，平原（今屬山東）人。幼喜仰視星辰。及成人，明《周易》、仰觀、風角、占相之道，無不精微。應清河（郡治今山東臨清東）太守華表召爲文學掾，官至少府丞。《管輅別傳》說他與人辯論，要“先飲三升清酒”。清辯：清晰明辯。綺粲：華麗美好。粲同燦。《管輅別傳》載管輅十五歲時與琅琊太守單子春及衆士辯論：“於是唱大論之端，遂經於陰陽，文采葩流，枝葉橫生，少引聖籍，多發天然。”“論難鋒起，而輅人人答對，言皆有餘。”“於是發聲徐州，號之神童。”

[7]　揚雲：揚雄字子雲，簡稱揚雲。嗜酒見《漢書・揚雄傳》：“家素

貧，嗜酒，人希至其門。時有好事者載酒肴從游學，而鉅鹿侯芭常從雄居，受其《太玄》《法言》焉。""酒不離口"蓋據此而言。《太玄》：《漢書·揚雄傳贊》："其意欲文章成名於後世，以爲經莫大於《易》，故作《太玄》。"模仿《周易》，内容包括三方、九州、二十七部、八十一家、二百四十三表、七百二十九贊。司馬光《説玄》云："《易》與《太玄》，大抵道同而法異。"

[8] 一瓶之醪傾，而三軍之衆悦：謂酒以滋味及衆。喻有福同享，有難同當。《文選·七命》："單醪投川，可使三軍告捷。"李善注引《黃石公記》曰："昔良將之用兵也，人有饋一簞之醪，投河，令衆迎流而飲之。夫一簞之醪，不味一河，而三軍思爲致死者，以滋味及之也。"類似記載甚多。醪(láo)：濁酒；醇酒。今稱江米酒。

[9] 解毒之觴行：《吕氏春秋·愛士》："昔者秦繆公乘馬而車爲敗，右服失而野人取之。繆公自往求之，見野人方將食之於岐山之陽，穆公歎曰：'食駿馬之肉而不還(疾)飲酒，余恐其傷女也！'於是遍飲而去。"盜馬之屬感：指盜馬的野人們感恩，於韓原之戰，"畢力爲繆公疾鬥於車下，遂大克晉，反獲(晉)懷公以歸"。

[10] 消憂：《漢書·東方朔傳》："銷憂者莫若酒。"銷同消。策勳：記錄功勳於策書之上。飲至：上古時諸侯朝會完畢，祭告宗廟並飲酒慶祝的典禮。《左傳·桓公二年》："凡公行，告於宗廟。反行，飲至，舍爵，策勳焉，禮也。"語本此。

[11] 諸父：《詩·小雅·伐木》："既有肥羜，以速諸父。"毛傳："羜，未成羊也。天子謂同姓諸侯，諸侯謂同姓大夫皆曰父，異姓則稱舅。國君友其賢臣，大夫、士友其宗族之仁者。"

[12] 如淮如澠：《左傳·昭公十二年》："有酒如淮。""有酒如澠。"淮：我國大河之一。源出河南省桐柏山，東流經河南、安徽等省到江蘇省入洪澤湖。洪澤湖以下，主流出三河經高郵江都縣三江營入長江。澠(shéng)：古水名。源出今山東省淄博市東北，西北流至博南縣東南入時水，此下時水亦通稱澠水。久澠。《春秋》：指《春秋左氏傳》。

17　抱朴子答曰:"酒旗之宿,則有之矣。譬猶懸象著明,莫大乎日月;水火之原,於是在焉[1]。然節而宣之,則以養生立功;用之失適,則焚溺而死[2]。豈可恃懸象之在天,而謂水火不殺人哉? 宜生之具,莫先於食;食之過多,實結癥瘕。況於酒醴之毒物乎(1)!

【校】

(1)之毒物乎:孫星衍校:"藏本作毒之物乎,從盧本乙轉。"

【注】

[1]水火之原,於是在焉:謂水與火來源於日與月。《太平御覽》三引《莊子》:"陽燧見日則燃爲火。"《淮南子·天文》:"物類相動,本標相應,故陽燧見日,則燃而爲火。方諸見月,則津而爲水。"高誘注:"陽燧,金也。取金杯無緣者熟摩令熱,日中時以當日下,以艾承之,則燃得火也。方諸,陰燧,大蛤也。熟磨令熱,月盛時以向月下,則水生。以銅盤受之,下水數滴。先師説然也。"焉:之,指代日月。

[2]焚溺:被火燒(死),被水淹(死)。比喻遭受傷害。

18　"夫使彼夏桀、殷紂、信陵、漢惠荒流於亡國之淫聲,沈溺於傾城之亂色[1],皆由乎酒熏其性,醉成其勢,所以致極情之失,忘修飾之術者也。我論其本,子識其末,謂非酒禍,禍其安出? 是獨知猛雨之霑衣,而不知雲氣之所作;唯患飛埃之糝目,而不覺颷風之所爲也[2]。

【注】

[1]亂色:妖媚的姿色。《禮記·樂記》:"姦聲亂色,不留聰明。"

[2]唯患飛埃之糝目二句:謂見小失大。糝(sǎn)目:沙粒灑落眼

中。《太平御覽》八百五十引《通俗文》："糝，沙入飯曰糝。"颷風：旋風、暴風。《爾雅・釋天》："扶搖謂之猋。"猋：颷之初字。

19　"千鍾、百觚，不經之言[1]，不然之事，明者不信矣。夫聖人之異自才智，至於形骸非能兼人[2]，有七尺三丈之長(1)，萬倍之大也。一日之飲，安能至是[3]？仲尼則畏性之變，不敢及亂[4]。周公則終日百拜，肴乾酒澄(2)[5]。上聖戰戰，猶且若斯。況乎庸人，能無悔乎？

【校】

（1）七尺：孫星衍校："當有誤。"當刪。

（2）肴乾酒澄：本指肉脯與美酒。《禮記・聘義》："聘射之禮，至大禮也。……酒清，人渴而不敢飲也；肉乾，人飢而不敢食也。日莫人倦，齊莊正齊而不敢解（懈）惰，以成禮節。"此指已過時而不能食用的乾肉與酸酒。《法言・修身》："或曰：'日昃不食肉，肉必乾；日昃不飲酒，酒必酸。賓主百拜而酒三行，不已華乎？'"兩句謂周公一天到晚忙於接待賓客，顧不上吃肉飲酒，以至肉脯與美酒變了味。據此，"澄"似當作"酸"。

【注】

[1]不經：謂近乎荒誕，不近情理。《史記・孟子荀卿列傳》："（騶衍）乃深觀陰陽消息而怪迂之變，《終始》《大聖》之篇十餘萬言，其語閎大不經。"

[2]兼人：勝過他人；倍於他人。《論語・先進》："求也退，故進之；由也兼人，故退之。"朱熹集註："兼人，謂勝人也。"

[3]一日之飲，安能至是：謂千鍾、百觚之言不可信。《論衡・語增》已批評了這種不經之言："（聖人）胸腹小大，與人均等。飲酒用千鍾，用肴宜盡百牛；百觚，則宜用十羊。夫以千鍾百牛、百觚十羊言之，文王之身，如防風之君；孔子之體，如長狄之人，乃能堪

之。"稚川説蓋本此。

［4］仲尼則畏性之變，不敢及亂：據《論語·鄉黨》"唯酒無量，不及亂"説明"畏性之變"。

［5］周公則終日百拜：楊明照曰："周公二句，未詳所出。"按：蓋本《禮記·樂記》："是故先生（王）因爲酒禮，壹獻之禮，賓主百拜，終日飲酒而不得醉焉，此先王之所以備酒禍也。"鄭玄注："百拜以喻多。"《太平御覽》七八五引《尚書大傳》："周公居攝六年，制禮作樂，天下和平。"周公實爲先王之一。百拜：顧炎武《日知錄·百拜》："古人之拜，如今之鞠躬，故通計一席之間，賓主交拜，近至於百。"

20　"漢高應天，承運革命[1]，向雖不醉，猶當斬蛇[2]。于公聰達，明於聽斷[3]，小大以情[4]，不失枉直。是以刑不濫加[5]，世無怨民。但其健飲，不即廢事。若論大醉，亦俱無知。決疑之才[6]，何賴於酒？ 未聞皋繇[7]、甫侯[8]、子産[9]、釋之[10]，醉乃折獄也[11]。

【注】

［1］承運：秉受天命。孫楚《爲石仲容與孫皓書》："太祖承運，神武應期。"

［2］當：通嘗。曾經。

［3］聰達：聰明而能通達事理。《漢書·淮陽憲王劉欽傳》："聰達有材，帝甚愛之。"

［4］小大以情：謂案子不論大小，一定均按實際情況裁斷。《左傳·莊公十年》"小大之獄，雖不能察，必以情。"末句《國語·魯語上》作"必以情斷之"。

［5］刑不濫加：指判處刑罰適度。《左傳·襄公二十六年》："歸生聞之：善爲國者，賞不僭而刑不濫。賞僭，則懼及淫人；刑濫，則懼及善人。"

〔6〕決疑：解決疑難問題；判斷疑案。《鶡冠子・天則》："聖王者有聽微決疑之道。"

〔7〕皋繇：舜臣，掌刑獄。

〔8〕甫侯：周穆王司寇。一作吕侯。《書・吕刑序》："吕命。穆王訓夏贖刑，作《吕刑》。"孔傳："吕侯見命爲天子司寇。吕侯以穆王命作書，訓暢夏禹贖刑之法，更從輕以布告天下。（吕侯）後爲甫侯，故或稱《甫刑》。"

〔9〕子産：即公孫僑，他"相鄭而鑄刑書"，遭到叔向的反對。

〔10〕釋之：張釋之，西漢文帝時任廷尉，因"持議平"，"由此天下稱之"。

〔11〕折獄：判決訴訟案件。《易・豐》："象曰：……君子以折獄致刑。"孔穎達疏："斷決獄訟。"

21　"管輅年少，希當劇談，故假酒勢以助膽氣；若過其量，亦必迷錯。及其刺毫釐於爻卦[1]，索鬼神之變化[2]，占氣色以決盛衰[3]，聆鳴鳥以知方來[4]，候風雲而尅吉凶[5]，觀碑柏而識禍福[6]，豈復須酒，然後審之？

【注】

〔1〕爻：《周易》組成卦的符號。"──"爲陽爻，"－－"爲陰爻。爻含有交錯變化之意。卦：《周易》中一套有象徵意義的符號。以陽爻（──）、陰爻（－－）相配合，每卦三爻，組成八卦（即經卦），象徵天地間八種基本事物及其陰陽剛柔諸性。八卦互相重疊，組成六十四卦，象徵事物間的矛盾聯繫。古代視占卜所得之卦判斷吉凶。《管輅別傳》："利漕民郭恩，字義博，有才學，善《周易》《春秋》，又能仰觀。輅就（郭）義博讀《易》，數十日中，意便開發，言難逾師。於此分蓍下卦，用思精妙，占覽上諸生疾病死亡、貧富喪衰，初無差錯，莫不驚怪，謂之神人也。"

〔2〕索鬼神之變化：求知鬼神的作祟。《三國志・魏書・方技傳・管輅》："時信都令家婦女驚恐，更互疾病，使輅筮之。輅曰：'君

北堂西頭,有兩死男子,一男持矛,一男持弓箭,頭在壁內,腳在壁外。持矛者主刺頭,故頭重痛不得舉也。持弓箭者主射胸腹,故心中縣(懸)痛不得飲食也。晝則浮游,夜來病人,故使驚恐也。'於是掘徙骸骨,家中皆愈",蓋據此而言。

[3]占氣色以決盛衰:見人面色神態即能占斷其盛衰生死。上引《管輅傳》:"輅族兄孝國,居在斥丘,輅往從之,與二客會。客去後,輅謂孝國曰:'此二人天庭及口耳之間同有兇氣,異變俱起,雙魂無宅,流魂於海,骨歸於家,少許時當並死也。'復數十日,二人飲酒醉,夜共載車,牛驚下道入漳河中,皆即溺死也。"

[4]聆鳴鳥以知方來:聽到鳥叫聲即能判斷將發生什麼事。《管輅傳》:"輅又至郭恩家,有飛鳩來梁頭,鳴甚悲。輅曰:'當有老公從東方來,攜豚一頭,酒一壺。主人雖喜,當有小故。'明日果有客,如所占。恩使客節酒、戒肉、慎火,而射雞作食,箭從樹間激中數歲女子手,流血驚布。"

[5]候風雲而尅吉凶:觀察風雲變幻而能判斷吉凶。《管輅傳》:"輅至列人典農王弘直許,有飄風高三尺餘,從申上來,在庭中幢幢回轉,息以復起,良久乃止。直以問輅,輅曰:'東方當有馬吏至,恐父哭子,如何!'明日膠東吏到,直子果亡。直問其故。輅曰:'其日乙卯,則長子之候也。木落於申,斗建申,申破寅,死喪之候也。日加午而風發,則馬之候也。離爲文章,則吏之候也。申未爲虎,虎爲大人,則父之候也。'"尅:能(判斷)。

[6]觀碑柏而識禍福:觀看墓碑與墓前柏樹而知禍福。《管輅傳》:"輅隨軍西行,過毌丘儉(父)墓下,倚樹哀吟,精神不樂。人問其故。輅曰:'林木雖茂,無形可久;碑誄雖美,無後可守。玄武藏頭,蒼龍無足;白虎銜尸,朱雀悲哭;四危以備,法當滅族。不過二載,其應至矣。'卒如其言。"古之葬者,樹松柏梧桐以識其墓。

22 "揚雲通人[1],才高思遠,英瞻之富,稟之自天,豈藉外物,以助著述? 及其數飲,由於偶好;亦或有疾,以宣藥勢耳。子圍肆志⁽¹⁾，蓋已素定。雖復不醉，亦於終果^[2]。瓶醪悦衆，寓言之喻。誠能賞罰允當，威恩得所，長算縱橫^[3]，應機無方^[4]，則士思果毅，人樂奮命；其不然也^[5]，雖流酒淵⁽²⁾，何補勝負？繆公飲盜，造次之權，舍法長惡，何足多稱哉！豈如慎之邪？"

【校】

（1）子圍：當作重耳或晉文。肆志：藏本、魯藩本誤作師志。

（2）雖流酒淵：疑當乙作雖酒淵流。本篇前文有"掊寶玩於淵流"，《廣譬》第1首有"問者或測其淵流"，邊讓《章華臺賦》有"蘭肴山竦，椒酒淵流"語，並其證，而語本邊讓賦。

【注】

［1］通人：學識淵博通達的人。《莊子·秋水》："當桀、紂而天下無通人，非知失也。"王先謙集解："賢人皆隱遁，非其智失也。"

［2］終果：承上文"雖復不醉"言，最後酒醉了。果：此言實現。

［3］縱橫：衆多貌。《文選》左思《吳都賦》："鈎餌縱橫，網罟接緒。"張銑注："縱橫，言多也。"

［4］應機：順應時機。《三國志·蜀書·卻正傳》："辯者馳説，智者應機。"無方：謂變化無窮。陸機《漢高祖功臣頌》："灼灼淮陰，靈武冠世。策出無方，思入神契。"

［5］其：如果。用在假設複句的上一分句。

疾謬卷二十五^[1]

1 抱朴子曰：“世故繼有^[2]，禮教漸積；敬讓莫崇，傲慢成俗。儔類飲會^[3]，或蹲或踞^[4]；暑夏之月，露首袒體。盛務唯在摴蒱彈棋，所論極於聲色之間；舉足不離綺繻紈絝之側^{(1)[5]}，遊步不去勢利酒客之門。不聞清談講道之言⁽²⁾，專以醜辭嘲弄爲先。以如此者爲高遠，以不爾者爲騃野^[6]。

【校】

（1）舉足不離：孫星衍校：“（藏本、魯藩本）本作舉口不踰，從《群書治要》改。”

（2）講：孫星衍曰：“本作論，從《群書治要》改。”按：“論道”亦通。論道：謀慮治國之道；議論、闡明治國之道。《崇教》：“能朝夕講論忠孝之至道，正色證存亡之軌跡。”其中“論”“證”對文，“講”爲衍文，而“論……道”是其證。

【注】

[1] 疾謬：論禮教與風俗的疾弊與謬誤。

[2] 世故：世事變故，變亂。《文選》潘尼《迎大駕》詩：“世故尚未夷，崤函方嶮澀。”

[3] 儔類：朋輩；同輩的人。蔡邕《陳留太守胡公碑》：“儔類赴送，遠近鱗集。”

[4] 或蹲或踞：有的曲腿蹲立，有的伸腿坐著。古人以此爲粗野無

禮的舉動。

［５］綺繻紈絝：綾綢之類古代爲顯貴者所服，因用以指富貴子弟。
　　多含貶義。綺：有花紋的絲織品。繻（xū、rú）：細密的絲織品。
　　紈：白色細絹。絝（kù）：脛衣；套褲。

［６］騃（ái）野：愚呆粗野。

2　“於是馳逐之庸民，偶俗之近人，慕之者猶宵蟲之
赴明燭(1)，學之者猶輕毛之應飆風(2)。嘲戲之談，或上及
祖考[1]，或下逮婦女。往者務其必深焉(3)，報者恐其不重
焉。倡之者不慮見答之後患，和之者恥於言輕之不塞[2]。
周禾之芟，溫麥之刈[3]，實由報恨，不能已也。利口者扶强
而黨勢，辯給者借鈝以刺譏(4)[4]。以不應者爲拙劣，以先
止者爲負敗。如此，交惡之辭，焉能默哉！

【校】

（１）慕之者猶宵蟲之赴明燭：《意林》作慕惡者如宵蟲之赴明燭，《太
　　平御覽》八七〇引作慕惡者猶宵蟲之赴明燭焉。

（２）學之者猶輕毛之應飆風：《意林》作學惡者如輕埃之應飆風。

（３）必：孫星衍校：“藏本作不。”魯藩本同藏本。此“必”“不”易混
　　之例。

（４）鈝：當作釾。鈝：日母字。釾：明母字。

【注】

［１］祖考：祖先。生曰父，死曰考。《書·君牙》：“纘乃舊服，無忝祖
　　考。”枚傳：“繼汝先祖，故所服忠勤，無辱累祖考之道。”

［２］見（xiàn）答：當時回答。和（hè）：回應。

［３］周禾之芟，溫麥之刈：言鄭國報復東周，芟刈其禾麥。《左傳·隱
　　公三年》：“鄭武公、莊公爲周平王卿士。王貳於虢。鄭伯怨王。
　　王曰：‘無之。’故周鄭交質，王子狐爲質於鄭，鄭公子忽爲質於

周。王崩,周人將畀虢公政。四月,鄭祭足帥師取温之麥。秋,又取成周之禾。周、鄭交惡。"温:周王畿内之小國,當在今河南省温縣東約四十里。

[4] 辯給(jǐ):便言捷給,能言善辯。《韓非子·難言》:"捷敏辯給,繁於文采,則見以爲史。"敠(fá):原注:"敠,扶發切。"盾。《方言》九:"盾,自關而東或謂敠。"

3 "其有才思者之爲之也^{(1)[1]},猶善於依因機會,準擬體例^[2];引古喻今,言微理舉;雅而可笑,中而不傷;不根人之所諱^[3],不犯人之所惜。若夫拙者之爲之也⁽²⁾,則枉曲直湊^[4],使人愕愕然^{(3)[5]}。妍之與嫫,其於宜絶⁽⁴⁾,豈唯無益而已哉!

【校】

(1)者之爲之也:孫星衍校:"(藏本、魯藩本)本作'者爲人也',從《群書治要》改。"

(2)爲之:孫星衍校:"(藏本)本作人,從《群書治要》改。"按:此人、之易混之例。

(3)愕然:平津本作愕愕然,從徐濟忠、陳其榮校、魯藩本、舊寫本、《治要》五十作愕愕然。《省煩》"必將愕然創見",是其證。

(4)其:崇文書局《百子全書》本作"期",義長,當從。

【注】

[1] 才思:才性和思理;才氣和思致。《後漢書·文苑傳·禰衡》:"(劉)表嘗與諸文人共草章奏,並極其才思。"爲:承前指"嘲戲之談"。

[2] 準擬:遵循;模仿。《南史·裴松之傳》:"有司奏太子婚,納徵用玉璧虎皮,未詳何所準擬。"體例:此謂慣例。

[3] 根(chéng):觸動。《内篇·勤求》:"此亦如竊鍾根物,鏗然

有聲。"

［4］枉曲直湊：本謂在彎曲的路上卻筆直地往前走。形容人笨拙死板而不知變通。此謂説話不繞彎，信口傷人。

［5］愕然：驚愕貌。《史記·黥布列傳》："楚使者在，方急責英布發兵，舍傳舍。隨何直入，坐楚使者上坐，曰：'九江王已歸漢，楚何以得發兵？'布愕然。"

4　"乃有使酒之客[1]，及於難侵之性，不能堪之，拂衣拔棘[2]，而手足相及。醜言加於所尊，歡心變而成讎，絶交壞身(1)，搆隙致禍[3]。以杯螺相擲者，有矣；以陰私相訐者，有矣[4]。昔陳靈之被矢[5]，灌氏之泯族(2)，匪降自天，口實爲之。樞機之發，榮辱之主[6]。三緘之戒[7]，豈欺我哉！

【校】

（1）身：當從王廣恕引《治要》校作厚。

（2）灌氏：孫星衍校："（藏本、魯藩本）本作'管氏'，從《群書治要》改。"

【注】

［1］使酒：因酒使性；酗酒縱性。

［2］拂衣：撩起衣服，表示憤怒。拔棘：拔出戟準備格鬥。棘通戟。戟爲戈矛之合體，柄前安有直刃以刺敵，而旁有横刃可勾啄敵人，兼有勾刺兩種作用。《左傳·隱公十一年》："子都拔棘以逐之。"杜預注："棘，戟也。"

［3］搆隙：結怨。搆通構。《周書·賀拔勝傳》："但去賊密邇，骨肉搆隙，自古迄今，未有不破亡者。"

［4］訐（jié）：當面揭發、攻擊他人的隱私、過錯或短處。

［5］陳靈之被矢：陳靈公淫夏姬，不避其子夏徵舒，且以言語傷害

他,夏徵舒以其母辱,射殺靈公。

[6] 樞機:户樞與弩牙。一説門閂與弩牙。喻事物的關鍵部分。此
喻言行。《易·繫辭上》:"言行,君子之樞機。樞機之發,榮辱之
主也。言行,君子之所以動天地也,可不慎乎!"韓康伯注:"樞
機,制動之主。"孔穎達疏:"樞,謂户樞。機,謂弩牙。言户樞之
轉,或明或闇;弩機之發,或中或否。猶言行之動,從身而發,以
及於物,或是或非也。"邱光庭《兼明書》卷二《周易》"樞機"條:
"孔穎達曰:'樞,户曰;機,弩牙。'明曰:'樞是門關(門閂),非户
曰也。何以知之?機是弩牙,牙發則前去。樞是門關,關發即扉
開。則是門之開閉,由關不由曰也。且曰非能動轉,安得謂之發
乎?道書云:流水不腐,户樞不蠹。益以門關來去,故不蠹敗。
户曰何謂不蠹乎?是知穎達之疏謬矣。'"

[7] 三緘:三緘其口。謂封口三重,以示謹慎。《太平御覽》三九〇引
《荀子》:"《金人銘》曰:'周大廟右階之前,有金人焉,三緘其口,
而銘其背曰:"我,古之慎言人也。戒之哉,毋多言,毋多事!
多言多敗,多事多害。"'"

5　"激雷不能追既往之失辭⁽¹⁾[1],班輸不能磨斯言之
既玷[2]。雖不能三思而吐清談,猶可息譴調以防禍萌
也⁽²⁾。尊其辭令[3],敬其威儀,使言無口過,體無倨容,可
法可觀,可畏可愛[4]。蓋遠辱之良術,全交之要道也。

【校】

(1)激雷:當從陳其榮校引《治要》作激電。
(2)防:孫星衍校:"《群書治要》作杜。"

【注】

[1] 失辭:言辭失當。《左傳·宣公十二年》:"彘子以爲諂,使趙括從
而更之,曰:'行人失辭。'"杜預注:"言誤對。"

［２］玷：玉的斑點。比喻過失、缺點。《詩·大雅·抑》：“白圭之玷，
　　尚可磨也；斯言之玷，不可磨也。”毛傳：“玷，缺也。”鄭玄箋：“斯，
　　此也。玉之缺尚磨鑢而平，人君政教一失，誰能反復之。”

［３］辭令：應對的言辭。《左傳·襄公三十一年》：“公孫揮能知四國
　　之爲，而辨於其大夫之族姓、班位、貴賤、能否，而又善爲辭令。”

［４］可法可觀，可畏可愛：概括《左傳·襄公三十一年》語：“故君子在
　　位可畏，施捨可愛，進退可度，周旋可則，容止可觀，作事可法，德
　　行可象，聲氣可樂；動作有文，言語有章，以臨其下，謂之有威
　　儀也。”

　　6　“且夫慢人者，不愛其親者也[1]；輕鬭者，不重遺體
者也[2]。皆陷不孝，可不詳乎！然而迷謬者無自見之
明[3]，觸情者諱逆耳之規。疢美而無直亮之鍼艾(1)[4]，群
惑而無指南以自反。諂媚小人，歡笑以贊善；面從之徒，拊
節以稱功[5]。益使惑者不覺其非，自謂有端、晏之捷，過人
之辯[6]，而不悟斯乃招患之旌，召害之符，傳非之驛，傾身
之車也[7]；豈徒減其方策之令聞(2)，虧其没世之德音而
已哉！

【校】

（１）疢美：藏本、魯藩本、平津本作“疾美”，從楊明照校引《左傳》
　　校改。

（２）令聞：《治要》作令問。聞通問。美好聲譽。

【注】

［１］慢人者，不愛其親者也：語本《吕氏春秋·孝行覽》：“故愛其親，
　　不敢惡人；敬其親，不敢慢人。”

［２］輕鬭者，不重遺體者也：意本《荀子·榮辱》：“鬭者，忘其身者也，

忘其親者也。"遺體：古謂子女的身體爲父母所生，因稱子女的
身體爲父母的遺體。

［3］自見之明：能正確認識自己的能力。《韓非子·喻老》："故知之
難不在見人，在自見。故曰：自見之謂明。"

［4］疢(chèn)美：内含疾病或患害的美或愛。《左傳·襄公二十三
年》："季孫之愛我，疾疢也；孟孫之惡我，藥石也。美疢不如惡
石。夫石，猶生我；疢之美，其毒滋多。"楊伯峻注："美疢，如《孟
子·梁惠王下》云'寡人有疾，寡人好勇''寡人好色'之好勇好
色，或以爲指無痛苦的病。"後把溺愛、姑息稱爲"美疢"。直亮：
正直誠實。《後漢書·鄭太傳》："北海邴原清高直亮。"鍼艾：中
醫治病，針刺艾灸穴位。鍼同箴針。艾：艾蒿。

［5］拊節：擊節。一種古樂器，以竹編成，擊節成聲；敲擊以控制節奏
的樂器。

［6］端：端木賜（前520—前?）。晏：晏嬰。是"北方辯於辭，習於禮
者"。捷：指言辭便捷。過人之辯：能言善辯，超過一般人。

［7］招患之旌：句式套用《孟子·滕文公下》"招虞人之旌"。召……
符：猶調令。古代上級徵調下級的憑證。符：符節；符信。
傳……驛：陸路的驛馬、驛站。

　　7　"蓋雖有偕老之慎[1]，不能救一朝之過；雖有陶朱之
富，不能贖片言之謬。故毫氂之失，有千里之差[2]；傷人之
語，有劍戟之痛[3]。積微致著[4]，累淺成深；鴻羽所以沈龍
舟，群輕所以折勁軸[5]；寸飈所以燔百尋之室[6]，蠹蠍所以
仆連抱之木也[7]。古賢何獨跼蹐恂恂之如彼，今人何其憒
慢傲放之如此乎！

【注】

［1］偕老：共同生活到老。常指夫妻相偕到老。《詩·邶風·擊鼓》：
"執子之手，與子偕老。"

〔2〕毫氂之失,有千里之差:謂由於極小的失誤而造成巨大的差錯或損失。《新書·胎教》:"《易》曰:'正其本而萬物理,失之毫氂,差以千里。'"氂:同氂、厘。

〔3〕傷人之語,有劍戟之痛:語本《荀子·榮辱》:"傷人之言,深於矛戟。"劍戟:泛指武器。

〔4〕積微致著:謂事物細微時人所不察,積多積久便成顯著。《荀子·大略》:"夫盡小者大,積微者著,德至者色澤洽,行盡而而聲問遠。"

〔5〕龍舟:龍形或刻有龍形的船隻。帝王所乘的大船。

〔6〕寸飈:即寸熛。短暫迅飛的火星子。飈與焱同,而焱與熛古通。百尋:形容極高或極長。

〔7〕蠚蠍(hé):木中的蠹蟲。《論衡·商蟲》:"柱有蠚,桑有蠍。"仆:倒。

8　"是以高世之士[1],望塵而旋迹;輕薄之徒,響赴而影集。謀事無智者之助,居危無切磋之益。良史懸筆[2],無可書之善;談者含音,無足傳之美。令聞不著,醜聲宣流。没有餘敗[3],貽譏將來。始無可法,終無可紀。斯亦志士之恥也。

【注】

〔1〕高世:清高脱俗。《世説新語·言語70》:"王右軍與謝太傅共登冶城。謝悠然遠想,有高世之志。"

〔2〕懸筆:猶擱筆。將筆放在筆架上,故云懸。

〔3〕没:通殁。死。餘敗:指長久的壞名聲。

9　"安忍爲之,過而不改,斯誠委夷路而陷叢棘[1],舍嘉旨而咽鉤吻者也[2]。豈所謂以小善爲無益而不爲,以小惡爲無損而不止,以至惡積而不可掩,罪大而不可解者

邪[3]？余願世人改其險詖之行(1)[4]，除其驕吝之失，遣其
誇矜尚人之疾[5]，絕息嘲弄不典之言[6]，則趙勝之門無去
客[7]，黃祖之栝無所用矣[8]。”

【校】

（1）險詖：原作無檢，當從崇文本作險詖，以與“驕吝”對文。

【注】

［1］夷路：平坦的道路。叢棘：古時囚禁犯人的地方，四周用荊棘堵
　　塞，以防犯人逃跑，故稱。《易·坎》：“繫用徽纆，寘于叢棘。”孔
　　穎達疏：“（叢棘）謂囚執之處，以棘叢而禁之也。”

［2］鉤吻：常綠灌木，花黃色，果實爲蒴果，種子有毒，中醫入藥，也稱
　　斷腸草、大茶藥、火把花、葫蔓藤、野葛、毒根、黃藤等。《太平御
　　覽》九九〇引桓譚《新論》：“鉤吻不與人相宜，故食則死，非爲殺
　　人生也。”

［3］所謂以小善爲無益而不爲四句：《淮南子·繆稱》：“君子不謂小
　　善不足爲也而舍之，小善積而爲大善；不謂小不善爲無傷也而爲
　　之，小不善積而爲大不善。”

［4］險詖(bì)：陰險邪僻。《〈詩·周南·卷耳〉序》：“內有進賢之志，
　　而無險詖私謁之心。”孔穎達疏：“險詖者，情實不正，譽惡爲善之
　　辭也。”

［5］誇矜：驕傲自誇。《史記·貨殖列傳》：“至若《詩》《書》所述虞夏
　　以來，耳目欲極聲色之好，口欲窮芻豢之味，身安逸樂，而心誇矜
　　執能之榮。”

［6］不典：不典雅。《梁書·馬仙琕傳》：“初，仙琕幼名仙婢，及長，以
　　‘婢’名不典，乃以‘玉’代‘女’，因成‘琕’云。”按：例實本稚川。

［7］趙勝(前？—前251)：戰國時趙國貴族，惠文王弟，有食客數千
　　人。三去相，三復位，封於東武城(今山東武城西北)，號平原君，
　　與孟嘗君、信陵君、春申君齊名。趙孝成王七年(前259)秦軍圍

困趙都邯鄲,他組織力量堅守三年之久,後向楚魏求援,擊敗秦軍。去客:門客離去。平原君美人看見跛子蹣跚前去打水,而"大笑之"。跛子以平原君"能貴士而賤妾",表示"臣願得笑臣者頭",平原君不肯"以一笑之故"殺美人。門客以爲平原君"愛色而賤士","去者過半"。於是平原君乃斬美人頭,向跛子謝罪。"其後門下乃復稍稍來"。

[8]黃祖:東漢末江夏太守。袁術使孫堅攻荆州,劉表使祖禦之,射殺孫堅。表送禰衡至,祖初善待之。後黃祖大會賓客,衡言不遜,祖怒殺之。孫權既立,以父仇屢攻黃祖。建安間兵敗城陷,祖挺身亡走,爲騎士馮則梟首。棓:棒。棓、棒正俗字。

10　抱朴子曰:"或有不治清德以取敬,而仗氣力以求畏[1]。其入衆也,則亭立不坐,爭處端上,作色諧聲[2],逐人自安;其不得意,恚懟不退[3]。其行出也(1),則逼狹之地[4],恥於分塗,振策長驅,推人於險,有不即避,更加攄頓[5]。嗚呼,悲哉! 此云古之卑而不可踰(2)[6],推蔭讓路,勞謙下士,無競於物,立若不勝衣[7],行若不容身者[8],何其緬然之不肖哉!

【校】

(1)行出:當從楊明照校乙作出行。"其出行也"始能與"其入衆也"句相儷。

(2)云:當從王廣恕校作去。

【注】

[1]氣力:權勢。韓愈《柳子厚墓誌銘》:"(子厚)既退,又無相知有氣力得位者推挽,故卒死於窮裔。"按:韓愈本稚川。

[2]作色:臉上變色。指神情變嚴肅或發怒。《禮記‧哀公問》:"孔子愀然作色而對曰:'君之及此言也,百姓之德也。'"鄭玄注:

　　　“作,猶變也。”

　[３]恚懟(huì duì)：怨恨。《後漢書・宦者傳・孫程》：“程既到國,怨
　　　恨恚懟,封還印綬符策,亡歸京師,往來山中。”

　[４]逼狹：猶狹窄。漢王延壽《桐柏廟碑》：“君準則大聖,親之桐柏,
　　　奉見廟祠,崎嶇逼狹。”

　[５]攄頓：形容馬時而騰躍時而停止,此偏指攄。兩句謂祇顧自己
　　　駕車拚命奔跑騰躍,而不顧同路者的車輛是否能及時躲避。

　[６]去：距離。卑而不可踰：《易・謙》：“謙尊而光,卑而不可踰,君
　　　子之終也。”正義：“尊者有謙而更光明盛大,卑者有謙而不可
　　　踰越。”

　[７]立若不勝衣：本形容身體羸弱,好像連衣服的重量都不能承受。
　　　此形容謙恭自退貌。《禮記・檀弓下》：“(趙)文子其中退然如不
　　　勝衣。”鄭玄注：“中,身也。退,柔和貌。”

　[８]行若不容身：謂斂身自處。《論語・鄉黨》：“入公門,鞠躬如也,
　　　如不容。”集解引孔安國曰：“斂身。”皇侃疏：“君門雖大,而己恒
　　　曲斂,如君門之狹不見容焉。”

　　11　“夫德盛操清,則雖深自挹降[１],而人猶貴之；若履
蹈不高[２],則雖行淩暴,而人猶不敬。假令外服人體,内失
人心,所謂見憎惡,非爲見尊重也。昔莊生未食,趙王側
立；驥衍入壇,燕君擁篲[３]；康成之里,逆虜望拜[４]；林宗之
庭,莫不卑肅[５]。非力之所服也。

【注】

　[１]挹降：謙抑。《世説新語・賞譽88》“王右軍……道劉真長‘標雲
　　　柯而不扶疏’”劉孝標注引《劉尹別傳》曰：“……雖身登顯列,而
　　　每挹降,閑静自守而已。”道：評論。

　[２]履蹈：猶言實踐。《禮記・表記》“道者義也”孔穎達疏：“凡可履
　　　蹈而行者,必斷害得宜,然後可履蹈,故云道者義也。”此指德行。

［３］騶衍入壇二句：騶衍由齊至燕國，燕“昭王擁篲先驅，
　　　　請列弟子之座而受業”。壇：疆之或體。燕君：燕昭王公子職，是燕國歷
　　　　史上頗有作爲的國君。擁篲：執帚掃地，恐埃塵之及長者。

［４］康成：鄭玄之字。逆虜：此蔑稱東漢黃巾起義軍。《後漢書・鄭
　　　　玄傳》：“建安元年，自徐州還高密，道遇黃巾賊數萬，見玄皆拜，
　　　　相約不敢入縣境。”望拜：遠遠望見即行叩拜。言極其恭敬。

［５］林宗：郭泰之字。郭泰在家授徒，受到學生與鄉人的尊敬。《太
　　　　平御覽》五四二引《郭太別傳》：“鄉人見太，皆於床下拜。”

12　“夫以抄盜致財[1]，雖巨富不足嘉；凶德脅人[2]，雖
見憚不足榮也。然而庸民爲之不惡，故聞其言者，猶鴟梟
之來鳴也[3]；覩其面者，若鬼魅之見形也。其所至詣，則如
妖怪之集也；其在道塗，則甚逢虎之群也。愚夫行之，自矜
爲豪[4]；小人徵之，以爲橫階[5]。亂靡有定，寔此之
由也[6]。

【注】

［１］抄盜：劫掠盜取財物。即使是發誓“不能清中原而復濟者，有如
　　　　大江”的祖逖，初到江南，也曾有過這種劣迹。《世説新語・任誕
　　　　23》：“祖車騎過江時，公私儉薄，無好服玩，王、庾諸公共就祖，忽
　　　　見裘袍重疊，珍視盈列。諸公怪問之，祖曰：‘昨夜復南塘一出。’
　　　　祖于時恒自使健兒鼓行劫鈔，在事之人，亦容而不問。”劉注引
　　　　《晉陽秋》曰：“逖性通濟，不拘小節，又賓從多是桀黠勇士，逖待
　　　　之皆如子弟。永嘉中，流民以萬數，揚土大飢。賓客攻剽，逖輒
　　　　擁護全衛。談者以此少之，故久不得調。”又見《晉書・祖逖傳》。
　　　　那個與王愷争豪奢的石崇更是鈔盜的代表人物。《世説新語・
　　　　汰侈》：“石崇每要客燕集”條劉注引王隱《晉書》：“石崇爲荆州刺
　　　　史，劫奪殺人，以致巨富。”《晉書・石崇傳》：“在荆州，劫遠使商
　　　　客，致富不貲。”爲官公然鈔盜多此類。

［2］凶德：違背仁德的惡行。《書·盤庚下》：“古我先王，將多於前
　　　功，適於山，用降我凶德，嘉績於朕邦。”孔傳：“下去兇惡之德，立
　　　善功於我國。”
［3］鴟梟：貓頭鷹，惡聲之鳥。
［4］自矜：自負；自誇。《史記·太史公自序》：“文侯慕義，子夏師之；
　　　惠王自矜，齊秦攻之。”豪：才德、力量或威望出衆的人。
［5］徵：驗證。橫階：橫行的階梯。
［6］亂靡有定：《詩·小雅·節南山》：“不弔昊天，亂靡有定。”鄭玄
　　　注：“定：止。……天下之亂無肯止之者。”肯：可。寔：同實。

　　13　“然敢爲此者，非必篤頑也，率多冠蓋之後⁽¹⁾，勢援
之門[1]，素頗力行善事，以竊虛名；名既粗立，本情便放：或
假財色以交權豪，或因時運以佻榮位⁽²⁾，或以婚姻而連貴
戚[2]，或弄毀譽以合威柄。器盈志溢，態發病出，黨成交
廣[3]，道通步高。清論所不能復制，繩墨所不能復彈，遂成
鷹頭之蠅，廟垣之鼠[4]。

【校】
（1）率多：孫星衍校：“（藏本、魯藩本）本無多字，從《群書治要》補。”
（2）佻：《治要》作叨。按：佻、叨兩可。

【注】
［1］勢援：有勢力，有後援；猶後盾。《後漢書·蘇不韋傳》：“時魏郡
　　　李暠爲美陽令，與中常侍具瑗交通，貪暴爲民患，前後監司畏其
　　　執援，莫敢糾問。”執同勢。
［2］婚姻：1. 男女結爲夫婦；嫁娶。2. 親家，有婚姻關係的親戚。
　　　《爾雅·釋言》：“壻之父爲姻，婦之父爲婚。……婦之父母、壻之
　　　父母相謂爲婚姻。”
［3］黨成交廣：朋黨結成，同黨廣布。按：“黨”與“交”即“交黨”，亦即

朋黨或同黨。《史記・燕召公世家》：“已而啓與交黨攻益，奪之。”“交”“黨”連文同義。

[４]鷹頭之蠅，廟垣之鼠：比喻依仗帝王權勢而肆意作惡的人。語本《佩文韻府》二十五《十蒸》引《魏略》：“君側之人，衆所畏懼，所謂鷹頭之蠅，廟垣之鼠者也。”與狐假虎威類似。

14　“所未及者，則低眉掃地以奉望之[(1)]；居其下者，□作威作福以控御之[(2)]。故勝己者則不得聞，聞亦陽不知也[1]；減己者則不敢言，言亦不能禁也。夫災蟲害穀，至霜降則殄矣；佞雄亂群，值嚴時則敗矣。獨善其身者，唯可以不肯事之[2]，不行伐之而已耳。有斧無柯，其如之何哉？”

【校】

（１）掃地：藏本、魯藩本、平津本同，疑當作掃門。西漢魏勃少時欲求見齊相曹參，“貧無以自通，乃常獨早夜爲齊相掃舍人門外”。齊相舍人怪而爲之引見。後以掃門爲求謁權貴的典故。

（２）□作：當從楊明照校作“則作”。如此，“則作威作福以控御之”與“則低眉掃門以奉望之”句式一致。

【注】

[１]聞：奏事於朝；下情上達。陽：假裝。陽猶佯，詐也。

[２]獨善其身：注重自身修養，保持節操。《孟子・盡心上》：“窮則獨善其身，達則兼善天下。”事：侍奉。

15　抱朴子曰：“《詩》美雎鳩，貴其有別[1]。在《禮》：男女無行媒，不相見[2]；不雜坐，不通問[3]，不同衣物，不得親授[4]。姊妹出適而反，兄弟不共席而坐[5]。外言不入，內言不出[6]。婦人送迎不出門[7]，行必擁蔽其面[8]。道路男由左,女由右⁽¹⁾。此聖人重別杜漸之明制也。

【校】

(1)道路男由左,女由右:左、右當從楊明照校互乙。《禮記·内則》:"道路:男子由右,女子由左。"鄭玄注:"地道尊右。"

【注】

[1]《詩》:《詩·周南·關雎》:"關關雎鳩,在河之洲。"毛傳:"關關,和聲也。雎鳩:王鳩也。鳥摯而有別。水中可居者曰洲。"雎鳩俗稱魚鷹,雌雄有固定的配偶。古人稱爲貞鳥。

[2]《禮》:指《禮記·曲禮上》。行媒:作媒撮合。《禮記》:"男女非有行媒,不相知名。"

[3]不雜坐,不通問:《禮記·曲禮上》:"男女不雜坐,……嫂、叔不通問。"鄭玄注:"不雜坐,謂男子在堂,女子在房也。……通問,謂相稱謝也。"

[4]親授:男女之手相與。《禮記·曲禮上》:"(男女)不親授。"《禮記·坊記》:"故男女授受不親。"鄭玄注:"不親者,不以手相與也。"

[5]不共席:指男女如果有同胞血緣關係也不同席而坐,不同器而食。

[6]外言不入,内言不出:《禮記·内則》:"外言不入於梱,内言不出於梱。"鄭玄注:"外言内言,言男女之職也。不出入者,不以相問也。"即男人的話不傳給女人,女人的話不傳給男人。

[7]婦人送迎不出門:《左傳·僖公二十二年》:"婦人送迎不出門,見兄弟不踰閾,戎事不邇女器。"門:指寢門。

[8]擁蔽:遮掩其面。《禮記·内則》:"女子出門,必擁蔽其面。"鄭玄注:"擁,猶障也。"

16 "且夫婦之間可謂昵矣,而猶男子非疾病不晝居於内[1]，將終不死婦人之手[2]，況於他乎？昔魯女不幽居深處[3]，以致扈掔之變[4]；孔妻不密潛戶庭[5]，以起華督之禍[6]。史敫無防(1)[7]，有汙種之悔(2)[8]；王孫不嚴，有杜門之辱[9]。而今俗婦女，休其蠶織之業[10]，廢其玄紞之務[11]；不績其麻，市也婆娑(3)[12]；舍中饋之事[13]，修周旋之好[14]。更相從詣，之適親戚[15]，承星舉火[16]，不已於行。多將侍從，曄曄盈路，婢使吏卒，錯雜如市，尋道褻謔，可憎可惡。

【校】

（1）敫：原作激，當依《戰國策・齊策》《史記》作敫，或從《田單傳贊》作嫩。敫嫩互通。

（2）汙：原作汗，從魯藩本、徐濟忠、顧廣圻校改。

（3）市：《潛夫論・浮侈》引作女，較今本《詩經》義長。

【注】

[1] 男子非疾病不晝居於内：《禮記・檀弓上》：“（君子）非致齊（齋）也，非疾也，不晝夜居於内。”鄭玄注：“内，正寢之中。”按：稚川文與此小異。

[2] 不死婦人之手：《禮記・喪大記》：“男子不死於婦人之手。”鄭玄注：“君子重終，爲其相褻。”

[3] 魯女：指春秋魯國大夫梁氏之女。不幽居深處：指梁氏女白天不杲在閨門之内，出外觀看莊公子般“雩，講於梁氏”，而“圉人（鄧扈）犖自牆外與之戲”之事。公子般悦梁氏女，改鞭打扈犖，而莊公説“不如殺之”。因此莊公父子與扈犖結怨。

[4] 扈犖(luò)之變：魯莊公欲立子般爲嗣，而莊公長弟慶父與莊公夫人哀姜私通，欲立哀姜之娣叔姜子開。莊公薨，慶父利用鄧扈犖與子般之隙，使“犖賊子般於黨氏”，而立開，是爲閔公。據《公羊傳》，有“然後鄧扈樂（犖）而歸獄焉”之文，則圉人犖終被慶父

作爲替罪羊而滅其口。樂、拳同聲。養馬人曰扈。

［5］孔妻：指春秋宋國顧命大臣孔父嘉之妻。不密潛户庭：指不隱密潛藏於家。具體指《左傳·桓公元年》所説之事："宋華父督見孔父嘉之妻於路，目逆而送之，曰：'美而艷。'"

［6］華督之禍：指宋國華父督攻孔氏，殺孔父嘉而娶其妻。弑殤公，召莊公於鄭而立之，以親鄭。

［7］史敫(jiǎo)：即戰國莒太史敫。齊閔王遇殺，其子法章變姓名爲太史敫家庸夫，與其女"私焉"。莒中及齊亡臣以法章自言閔王子而立之爲襄王。襄王立，以太史氏女爲王后，生子建。

［8］汙：汙辱。《戰國策·齊策六》："太史敫曰：'女無媒而嫁者，非吾種也，汙吾世矣！'"

［9］杜門之辱：指卓文君夜亡奔司馬相如，相如與卓文君於成都張墟"酤酒"，"卓王孫聞而恥之，爲杜門不出"之事。

［10］休其蠶織：《詩·大雅·瞻卬》："婦無公事，休其蠶織。"毛傳："休，息也。婦人無與外政，雖王后猶以蠶織爲事。"

［11］玄紞(dǎn)：古代禮冠上繫塞耳玉的絲帶。古代有皇后親織玄紞之事，因以玄紞指女紅。《國語·魯語下》："王后親織玄紞。"韋昭注："説云：'紞，冠之垂前後者也。'昭謂紞所以縣瑱當耳者。"

［12］不績其麻，市也婆娑：見《詩·陳風·東門之枌》，鄭玄箋："績麻者，婦人之事也。疾其今不爲。"績麻：把麻析成細縷撚成細線或繩。婆娑：舞貌。

［13］中饋：指在家主持飲食諸事。《易·家人》："六二：無攸遂，在中饋，貞吉。"集解引荀爽曰："坤道順從，故無所得遂，供肴中饋，酒食是議，故曰中饋。"

［14］周旋：古代行禮時進退揖讓的動作。引申爲交往應酬。曹操《與荀彧追傷郭嘉書》："郭奉孝年不滿四十，相與周旋十一年，險阻艱難，皆共罹之。"

［15］之適：前往。《爾雅·釋詁上》："適、之，往也。"親戚：親愛；親近。此取其義。阮籍《鳩賦》："何依恃以育養，賴兄弟之親戚。"

［16］承星：頭戴星光。

17　“或宿於他門，或冒夜而反。游戲佛寺[1]，觀視漁畋，登高臨水，出境慶弔[2]。開車褰幃[3]，周章城邑[4]，盃觴路酌，絃歌行奏[5]。轉相高尚，習非成俗；生致因緣[6]，無所不肯；誨淫之源[7]，不急之甚。刑于寡妻，家邦乃正[8]。願諸君子，少可禁絶。婦無外事[9]，所以防微矣。

【注】

［1］游戲：遨遊；遊逛。《古詩十九首》之三：“驅車策駑馬，游戲宛與洛。”

［2］出境：離開國境；越過所在州郡的邊界。《禮記・雜記下》：“婦人非三年之喪，不踰封而弔。”鄭玄注：“踰封，越竟（境）也。或爲越疆。”

［3］褰幃：撩起車幃。褰，攓之借字。幃通帷。

［4］周章：周流；周遊。《楚辭・九歌・雲中君》：“聊翺遊兮周章。”王逸事注：“周章，猶周流也。”

［5］絃歌：古代傳授《詩》學，均配以琴瑟而歌詠，後因以指禮樂教化、學習誦讀爲弦歌。

［6］生致因緣：猶言製造機會。因緣：機會；緣分。

［7］誨淫：引誘别人産生淫欲。《易・繫辭上》：“慢藏誨盜，冶容誨淫。”孔穎達疏：“……女子妖冶，身不精慤，是教誨淫者，使來淫己也。”

［8］刑：通型，示範。寡妻：嫡妻；余一人之妻。家邦：泛指國家。《詩・大雅・思齊》：“刑于寡妻，至於兄弟，以御於家邦。”

［9］婦無外事：謂婦女不參與國家大事。《白虎通德論・謚》：“婦人本無外事。”此指社交活動。

18　抱朴子曰：“輕薄之人，迹廁高深[1]，交成財贍[2]，名位粗會，便背禮叛教，託云率任；才不逸倫，强爲放達[3]；以傲兀無檢者爲大度[4]，以惜護節操者爲澀少。於是伏臘鼓缶無賴之子(1)，白醉耳熱之後[5]，結黨合群，遊不擇類；奇士碩儒，或隔籬而不接；妄行所在，雖遠而必至。攜手連袂[6]，以遨以集，入他堂室，觀人婦女，指玷修短[7]，評論美醜。不解此等何爲者哉？

【校】

（1）伏臘鼓缶：原作臘鼓垂，當從楊明照校作伏臘鼓缶。

【注】

［1］迹廁：猶廁迹。插足，置身。高深：此指統治集團内部的高層次、深層次。

［2］交：指一方授與，另一方受取。

［3］放達：豪放豁達，不拘禮俗。蓋指阮籍之流而言。

［4］傲兀：猶傲岸。高傲；倨傲孤高。《漢過》：“於是傲兀不檢，丸轉萍流者，謂之弘偉大量。”

［5］伏臘：古代兩種祭祀與兩個節日的名稱。伏：指夏季伏日，臘在十二月。鼓缶：古人助興或節歌用之。缶：盛酒漿、汲水、盛水陶器；瓦盆。此指陶製打擊樂器。無賴：指撒潑放刁强橫等惡劣行爲。白醉：酒醉。

［6］連袂：猶聯袂，衣袖相連。喻攜手偕行。

［7］指玷：評説、指責。玷：玉的斑點。

19 “或有不通主人，便共突前[1]；嚴飾未辦，不復窺聽[2]，犯門折關[3]，踰垝穿隙[4]，有似抄劫之至也。其或妾媵藏避不及，至搜索隱僻[5]，就而引曳，亦怪事也。夫君子之居室，猶不掩家人之不備[6]。故入門則揚聲(1)，升堂則下視。而唐突他家，將何理乎[7]？

【校】

（1）入門則揚聲，升堂則下視：當作"入門則下視，升堂則揚聲"。《禮記·曲禮上》："將入戶，視必下。"鄭玄注："不干掩人之私也。"又："將上堂，聲必揚。"鄭玄注："警内人也。"

【注】

［1］通：通名報姓。突前：猝然前來。《世説新語·任誕14》："裴成公婦，王戎女。王戎晨往裴許，不通徑前。裴從床南下，女從北下，相對作賓主，了無異色。"是其例。

［2］嚴飾：盛裝。此指接待客人的服裝。未辦：尚未來得及穿上。窺聽：此指觀察動靜，看是否有人。

［3］犯門折關：本指違禁强行打開城門，砍斷門閂。此指侵犯人家門庭。

［4］踰塊（guǐ）：翻越壞牆。

［5］妾媵（yìng）：古代貴族女子出嫁，以姪娣從嫁，稱媵。這裏泛指侍妾。搜索：尋求。

［6］掩：魯藩本作奄，同掩。乘人不備而突然襲擊。

［7］唐突：橫衝直撞；亂闖。將：爲，是。

20　"然落拓之子[1]，無骨骾而好隨俗者[2]，以通此者爲親密，距此者爲不泰(1)，誠爲當世不可不爾(2)[3]。於是要呼憒雜[4]，入室視妻，促膝之狹坐，交杯觴於咫尺，弦歌淫冶之音曲，以誂文君之動心[5]。載號載呶，謔戲醜褻[6]，窮鄙極黷，爾乃笑亂男女之大節(3)[7]，蹈《相鼠》之無儀[8]。

【校】

（1）不泰：平津本作不恭。

（2）不可：平津本作不可以。

（3）笑：當從楊明照校引吉藩本作喧笑。

【注】

［1］落拓：亦作落托。放浪不羈。

［2］骨髓：魚肉的小刺；魚骨、魚刺。《史記·吳太伯世家》：“方今吳外困於楚，而內空無有骨髓之臣，是無奈我何。”喻剛直。此指剛直之氣。

［3］當（dàng）世：隨順世俗。《漢書·韓安國傳》：“安國爲人多大略，知足以當世取捨，而出於忠厚。”王先謙補注：“明於趨避，所言所行當世俗意也。當音丁浪反。”

［4］要（yāo）呼：邀約，呼喊。憒雜：猶憒亂。混亂；昏亂。

［5］誂（tiǎo）：用言語挑逗，引誘。文君：卓文君。

［6］醜褻：不堪入目的褻狎。《世說新語·任誕25》：“有人譏周僕射與親友言戲穢雜無檢節，周曰：‘吾若萬里長江，何能不千里一曲。’”劉注引鄧粲《晉紀》曰：“王導與周顗及朝士詣尚書紀瞻觀伎。瞻有愛妾能爲新聲，顗於衆中欲通其妾，露其醜穢，顏無怍色。有司奏免顗官，詔特原之。”此其例也。整個統治者如同禽獸。醜穢，指男子的生殖器。

［7］大節：基本的法紀；綱紀。《左傳·莊公二十四年》：“御孫曰：‘今男女同贄，是無別也。男女之別，國之大節也。’”

［8］《相鼠》：《詩·鄘風》篇名，有“人而無儀”一語。無儀：沒有禮儀。一說，儀讀爲義。無義：沒有禮義廉恥。

21　“夫桀傾紂覆，周滅陳亡[1]，咸由無禮，況匹庶乎！蓋信不由中，則屢盟無益[2]；意得神至，則形器可忘[3]。君子之交也，以道義合，以志契親，故淡而成焉；小人之接也，以勢力結，以狎慢密，故甘而敗焉[4]。何必房集內讌，爾乃款誠[5]，著妻妾飲會[6]，然後分好昵哉！

【注】

［1］陳亡：春秋時，楚國藉口夏徵舒射殺陳靈公，而滅陳爲縣。

［2］信不由中：即言不由衷，所說的話不是發自内心。人言爲信。中
　　　同衷。屢盟：《詩・小雅・巧言》：“君子屢盟，亂是用長。”

［3］意得神至：謂意得即忘言，神至即忘形。意本《莊子・外物》“得
　　　意而忘言”之典。

［4］甘而敗：意本《莊子・山木》：“且君子之交淡若水，小人之交甘若
　　　醴。君子淡以親，小人甘以絶。”郭象注：“去利，故淡。道合，故
　　　親也。飾利，故甘。利不可常，故有時而絶也。”

［5］款誠：忠誠；真誠。《漢書・王莽傳上》：“（上書）非有款誠，豈可
　　　虚致？”

［6］妻妾飲會：漢魏上層社會習尚。《三國志・魏書・衛臻傳》：“夏
　　　侯惇爲陳留太守，舉臻計吏，命婦出宴，臻以爲‘末世之俗，非禮
　　　之正’。”

22　“古人鑒淫敗之曲防[1]，杜傾邪之端漸[2]，可謂至
矣。修之者爲君子，背之者爲罪人。然禁疏則上宫有穿窬
之男[3]，網漏則桑中有奔隨之女。縱而肆之，其猶烈猛火
於雲夢，開積水乎萬仞，其可撲以篲箒[4]，遏以撮壤哉！然
而俗習行慣，皆曰此乃京城上國，公子王孫貴人所共
爲也。”

【注】

［1］曲防：遍設堤防。

［2］端漸：猶開端。《宋書・顔竣傳》：“不如塞其端漸，杜其覬望。”

［3］上宫：與桑中同爲男女幽會之地。《詩・鄘風・桑中》：“期我乎
　　　桑中，要我乎上宫。”毛傳：“桑中、上宫，所期之地。”穿窬（yú）：
　　　穿壁翻牆。本指偷竊行爲。此指男女幽會或私奔。

［4］其可：豈能，難道能。篲箒（huì）：掃帚。篲同帚。

23　余每折之曰[1]："夫中州，禮之所自出也，禮豈然乎？蓋衰亂之所興，非治世之舊風也。夫老聃，清虛之至者也[2]，猶不敢見乎所欲(1)，以防心亂[3]。若使柳下惠潔高行(2)[4]，屢接褻讟，將不能不使情生於中，而色形於表。況乎情淡者萬未一，而抑情者難多得。如斯之事，何足長乎！

【校】

（1）所欲：疑當作可欲。《老子·第三章》："不見可欲，使心不亂。"《詰鮑》："見可欲，則真正之心亂。"是其旁證。

（2）潔高行：當從楊明照校作潔高行方。

【注】

［1］折：責難，指出別人的錯誤或缺點。《史記·吕后本紀》："陳平、絳侯曰：'於今面折廷爭，臣不如君。'"

［2］老聃：姓李氏，名耳，字聃。一説姓老名聃。清虛：清静虛無。《漢書·藝文志·諸子略》："道家者流……清虛以自守。"

［3］見乎可欲：顯耀或表現足以引起欲念的事物。見（xiàn）：表現；顯耀。

［4］潔高行方：蓋指柳下惠"坐懷不亂"事。柳下惠夜宿城門，遇一無家女子，恐其凍傷，而使坐於己懷，以衣裹之，竟宿而無淫亂行爲。

24　"窮士雖知此風俗不足引進，而名勢並乏，何以整之？每以爲慨。故常獲憎於斯黨，而見謂爲野朴之人[1]，不能隨時之宜。余其於信己而已(1)，亦安以我之不可，從人之可乎[2]！可歎非一，率如此也。已矣夫，吾末如之何也。彼之染入邪俗，淪胥以敗者，曷肯納逆耳之讜言，而反其東走之遠迹哉[3]？"

【校】

（1）余其：平津本作余期。

【注】

［1］見謂：被認爲；被説成。賈誼《新書・修政語上》："故言之者見謂
智，學之者見謂賢。"

［2］我之不可二句：《詩・小雅・巷伯》"哆兮侈兮，成是南箕"毛傳：
"魯人有男子獨處于室……男子曰：'柳下惠固可，吾固不可；吾
將以吾之不可，柳下惠之可？'"謂保持自己的獨立人格，不隨俗
從衆。

［3］東走：謂向東跑去的行爲相同，目的各異。《韓非子・説林上》：
"狂者東走，逐者亦東走；其東走則同，其所以東走之爲則異。"遠
迹：遠竄。句謂如狂者之東走之迷已深。

25　抱朴子曰："俗間有戲婦之法[1]，於稠衆之中，親屬
之前，問以醜言，責以慢對，其爲鄙黷[2]，不可忍論。或蹙
以楚撻，或繫腳倒懸。酒客酗嚚，不知限齊[3]，至使有傷於
流血，踒折支體者[4]，可歎者也。古人感離別而不滅燭[5]，
悲代親而不舉樂[6]。禮論：娶者羞而不賀[7]。今既不能動
蹈舊典，至於德爲鄉閭之所敬，言爲人士之所信，誠宜正色
矯而呵之，何謂同其波流，長此弊俗哉！然民間行之日久，
莫覺其非(1)，或清談所不能禁，非峻刑不能止也(2)。遂詘
周而疵孔，謂傲放爲邈世矣[8]。

【校】

（1）莫覺其非：其上王國維眉批曰："此下又是一事，中間當有闕文。"

（2）非峻刑不能止也：疑本作或峻刑所不能止也。如此，方與"或清
　　談所不能禁"對仗互補，句式一致。

【注】

［1］戲婦：指"鬧新房"陋俗。《漢書‧地理志下》："薊……初太子丹
　　賓養勇士，不愛後宮美女，民化以爲俗，至今猶然。賓客相過以
　　婦侍宿，嫁取之夕，男女無別，反以爲榮。"《群書治要》四五引《昌
　　言》："今嫁娶之會，捶杖以督之戲謔，酒醴以趣（之）情欲，宣淫佚
　　於廣衆之中，顯陰私於族親之間，汙風詭俗，生淫長姦，莫此之
　　甚，不可不斷者也。"楊明照曰："是'鬧新房'敝俗，漢季已然矣。"
　　《酉陽雜俎‧禮異》："近代婚禮……又娶婦之家，弄新婦。"

［2］鄙黷：輕賤侮慢。黷通嬻。《北史‧胡叟傳》："其述前載，無違舊
　　美；叙中世，有協時事；而未及鄙黷。人皆奇其才，畏其筆。"

［3］限齊（jì）：檢束。《三國志‧魏書‧崔琰傳》"南陽許攸"裴松之
　　注引三國魏魚豢《魏略》："攸自恃勳勞，時與太祖相戲，每在席，
　　不自限齊，至呼太祖小字。"

［4］踒（wō）折：猶骨折。踒：足骨折斷。泛指骨折。

［5］離別：此指女兒出嫁。不滅燭：謂女兒將告別父母，與父母共同
　　夜話骨肉之情。

［6］代親：繼承父母繁衍子孫，子與父新陳代謝。謂兒子娶妻。不舉
　　樂：謂婚禮不用樂。此古代婚禮習俗。原因有二：1. 謂兒子想
　　到兩代人的新陳代謝而悲傷。《禮記‧曾子問》："取婦之家，三
　　日不舉樂，思嗣親也。"2. 以修婦道。《禮記‧郊特牲》："昏禮不
　　用樂，幽陰之義也。樂，陽氣也。"

［7］禮論：指《禮記‧曲禮上》。羞：候；進。此指賀喜者派人送來酒
　　食，此人以酒食代娶親者迎接賓客。不賀：指賀喜者本人不到
　　場祝賀。

［8］詘：通黜。《文選‧與山巨源絕交書》："又每非湯、武而薄周、孔，
　　在人間不止，此事會顯，世教所不容。"李周翰注："湯與武王以臣
　　伐君，故非之；周公、孔子立禮，使人澆競，故薄之。言非、薄不

止,則必會明於世,則爲禮教之人不容我也。"陸善經曰:"晉氏方
欲遵湯、武革命,而非之;周、孔以禮義教人,而薄之,故不爲世所
容也。"

26 "或因變故[1],佻竊榮貴;或賴高援,翻飛拔萃[2]。
於是便驕矜誇鶩[3],氣凌雲物[4],步高視遠,眇然自足。顧
瞻否滯失群之士[5],雖實英異,忽焉若草。或傾枕而延賞,
或稱疾以距客。欲令人士立門以成林,車騎填噎於閭
巷[6],呼謂尊貴,不可不爾。

【注】

［1］因變故:利用意外發生的變化或事故,如政變、朝代更替。
［2］翻飛:向上飛舞;飄揚。曹植《臨觀賦》:"俯無鱗以遊遁,仰無翼
　　以翻飛。"
［3］驕矜:驕傲自負。《韓非子·難一》:"使小臣有智慧而遁桓公,是
　　隱也,宜刑。若無智慧而虛驕矜桓公,是誣也,宜戮。"
［4］雲物:雲氣,雲彩。
［5］顧瞻:回視;環視。《詩·檜風·匪風》:"顧瞻周道,中心怛兮。"
［6］填噎:堵塞;擁擠。

27 "夫以勢位言之,則周公勤於吐握;以聞望校之,
則仲尼恂恂善誘[1]。咸以勞謙爲務,不以驕慢爲高。漢之
末世,則異於茲。蓬髮亂鬢,橫挾不帶[2];或褻衣以接
人[3],或裸袒而箕踞[4]。朋友之集,類味之遊,莫切切進
德[5],闇闇修業[6],攻過弼違,講道精義。

【注】

［1］恂恂善誘:恭謹善導。《論語·鄉黨》:"孔子於鄉黨,恂恂如也。"

鄭玄注：“恂恂，恭慎貌。”《論語·子罕》：“夫子循循然善誘人。”集解：“循循，次序貌。誘，進也。言夫子正以此道進勸人有所序。”劉寶楠正義：“循循，或作恂恂。”稚川用鄭玄注本而與《論語集解》異。

〔2〕橫挾：不詳。蓋指橫挾頭髮而束之的簪子。蓋語本《儀禮·鄉射禮》：“凡挾矢於二指間橫之。”稚川摘取“橫”“挾”二字而用之，但取義不同。

〔3〕襵衣：内衣，貼身之衣。《禮記·檀弓下》：“季康子母死，陳襵衣。”

〔4〕裸袒：赤身露體。《世説新語·任誕6》：“劉伶恒縱酒放達，或脱衣裸形在屋中，人見譏之。伶曰：‘我以天地爲棟宇，屋室爲褌衣。諸君何爲入我褌中？’”劉注引鄧粲《晉紀》曰：“客有詣伶，值其裸袒。伶笑曰：‘吾以天地爲宅舍，以屋宇爲褌衣。諸君自不當入我褌中，又何惡乎！’其自任若是。”其鳥獸行如此。箕踞：隨意張開兩腿坐著，形似簸箕。一種輕慢、不拘禮節的坐姿。

〔5〕切切（qiē）：相互敬重切磋勉勵貌。《論語·子路》：“朋友切切偲偲，兄弟怡怡。”皇侃疏：“切切、偲偲，相切磋之貌也。”

〔6〕誾誾（yín）：謹敬貌。修業：寫字；學習知識，鑽研學問。業：篇卷；典籍。《管子·宙合》：“修業不息版。”尹知章注：“版，牘也。”

28　“其相見也，不復叙離闊，問安否[1]。賓則入門而呼奴，主則望客而唤狗[2]。其或不爾，不成親至，而棄之不與爲黨。及好會，則狐蹲牛飲[3]，爭食競割，掣撥森摺(1)，無復廉恥。以同此者爲泰，以不爾者爲劣。終日無及義之言[4]，徹夜無箴規之益。誣引老、莊，貴於率任[5]；大行不顧細禮，至人不拘檢括；嘯傲縱逸，謂之體道[6]。嗚呼惜乎！豈不哀哉！

【校】

（1）掣撥森摺：楊明照箋云：“森，水流廣大貌。”按：楊箋詁此不合文意，“森”字難與“掔”“撥”“摺”等動詞連文。疑本作“掔撥森摺”，狀“爭食競割”之醜態。森：《説文・木部》：“森。木多貌。”引申爲紛然。疑“森”與“森”形近致誤。摺：古“拉”字。“森摺”猶“競割”之結構形式。與“森列”“森複”之結構形式相同。

【注】

[1] 離闊：猶闊別。問安否：主人對客人的寒暄語。《禮記・曲禮上》：“主人不問，客不先舉。”鄭玄注：“客自外來，宜問其安否無恙，及所爲來故。”

[2] 喚狗：叫犬逐客。《禮記・曲禮上》：“尊客之前不叱狗。”鄭玄注：“主人於尊客之前，不敢厭倦，嫌若風去之。”

[3] 狐蹲牛飲：狀衆人食飲動作如禽獸。《世説新語・任誕12》：“諸阮皆能飲酒，仲容至宗人間共集，不復用常杯斟酌，以大甕盛酒，圍坐相向大酌。時有群猪來飲，直接上去便共飲之。”與“牛飲”無別，食飲動作如禽獸。諸如此類不予箋注。

[4] 無及義之言：言不及義。《論語・衛靈公》：“子曰：‘群居終日，言不及義，好行小慧，難矣哉！’”

[5] 誣引老、莊：指妄用老、莊之浮虚。這是稚川對魏晉玄學及其影響所作的批評。

[6] 體道：此指遵從老、莊，崇奉自然之道。

29　“於是嘲族以叙歡交(1)[1]，極讟以結情款[2]；以傾倚申腳者爲妖妍標秀(2)[3]，以風格端嚴者爲田舍朴駮(3)[4]；以蚩鎮抗指者爲勤令鮮倚[5]，以出言有章者爲摺答猝突[6]。凡彼輕薄之徒，雖便辟偶俗[7]，廣結伴流，更相推揚，取達速易；然率皆皮膚狡澤[8]，而懷空抱虚[9]，有似蜀人瓠壺之喻[10]，胸中無一紙之誦[11]，所識不過酒炙之事。所謂傲很明德，即聾從昧[12]，冒于貨財，貪于飲食(4)[13]，左生所載不才之子也[14]。

【校】

（1）嘲族：疑當作嘲啁。

（2）申腳：孫星衍校：“《群書治要》作屈申。”

（3）爲田舍朴騃：《意林》作田舍，其下有“豈不惑也”一句。

（4）貨財：當從《太平御覽》四四七引作貨賄。《百里》篇“冒于貨賄”，《內篇·論仙》“冒于貨賄”，《逸民》《安貧》亦以“貨賄”連文。

【注】

［1］嘲啁：戲謔，調笑。《三國志·蜀書·費禕傳》：“孫權性既滑稽，嘲啁無方。”歡交：歡悅之交。

［2］情款：情意誠摯融洽。枚乘《雜詩》之七：“願言追昔愛，情款感四時。”此指交情、情意。

［3］傾倚：歪斜。《三國志·魏書·方技傳·管輅》“然後舅氏乃服”裴松之注引《輅別傳》：“夫鄧（颺）之行步，則筋不束骨，脈不制肉，起立傾倚，若無手足，謂之鬼躁。”妖妍：艷麗。袁康《越絕書·外傳記計倪傳》：“盡妖研於圖畫，極凶悖於人理。”標秀：標致；秀美。魯藩本標作摽，互通。

［4］爲田舍朴騃：看作鄉巴佬粗陋愚魯。田舍：農家子。《世說新語·豪爽1）》：“王（敦）大將軍少時，舊有田舍名，語音亦楚。”

［5］以蚩鎮抗指者爲勤令鮮倚：楊明照按：“此句未詳其意，俟考。”按：尋上下文意，此試爲解，以俟高明。蚩鎮：蓋即蚩癲，癡呆癲傻。《釋名·釋姿容》：“蚩，癡也。”鎮通填，填通顛，顛通癲。《國語·晉語二》：“譬之如寶，既鎮其薨矣，又何加焉。”此鎮通填之例。《魏書·殷紹傳》：“每懼殞殂，填仆溝壑。”此填通顛之例。《急就篇》：“疝瘕顛疾狂失響。”顏師古注：“顛疾，性理顛倒失常，亦謂之狂譎，妄動作也。”此顛通癲之例。抗指：伸出手指。四字謂伸指呈現呆傻之狀。“蚩鎮抗指”與上文“傾倚申腳”對文，互相映襯。勤令鮮倚：輕捷、美好、漂亮、奇異。倚通奇。呆傻之晉惠，其呆傻之狀，蓋如本句所形容。《晉書·惠帝紀》：“帝又嘗在華林園，聞蝦蟆聲，謂左右曰：‘此鳴者爲官乎，私乎？’……

及天下荒亂，百姓餓死，帝曰：‘何不食肉糜？’其蒙蔽皆此類也。”

[6]出言有章：開口説話即有章法。《詩・小雅・都人士》：“其容不
　　改，出言有章。”摺（lā）沓：拉雜。爲緝部疊韻詞。猝突：猝爾突
　　然。形容疾速。爲物部疊韻詞。

[7]便辟（pián pì）：諂媚逢迎。《管子・君臣上》：“明君在上，便僻
　　不能食其意。”尹知章注：“便僻者不能諂君以得意，故曰不能食其
　　意也。”

[8]狡澤：佼美而有光澤。狡通姣、佼。

[9]懷空抱虛：懷抱空虛。謂腹中空空，無知無識。

[10]蜀人：指三國蜀人耆率雍闓。瓠（hú）壺：葫蘆製成的容器。瓠：
　　匏瓜的別稱。葫蘆的一種。喻（張裔）虛有其表。《三國志・蜀
　　書・張裔傳》：“張裔字君嗣，蜀郡成都人也。……先是，益州郡
　　殺太守正昂，耆率雍闓恩信著於南土，使命周旋，遠通孫權。乃
　　以裔爲益州太守，徑至至郡。闓遂趑趄不賓，假鬼教曰：‘張府君
　　如瓠壺，外雖澤而内實麤，不足殺，令縛與吴。’於是遂送裔
　　於吴。”

[11]胸中無一紙之誦：謂胸無點墨，不學無術。《論衡・别通》：“通人
　　胸中，懷百家之言；不通者空腹，無一牒之誦。”語本此，唯易“牒”
　　爲“紙”耳。牒、紙皆用以書寫。

[12]即聾從昧：喻與愚昧者爲伍。《左傳・僖公二十四年》：“即聾從
　　昧，與頑用嚚，姦之大者也。”正義：“即訓就也，就其耳聾者，從其
　　目昧者。”

[13]冒于貨賄，貪于飲食：《左傳・文公十八年》：“縉雲氏有不才子，
　　貪于飲食，冒于貨賄。”冒：貪。貨賄：財貨，財物。

[14]左生：指《左傳》作者，一般説是左丘明。據楊伯峻説，作者非左
　　丘明，當是儒家别派。見《春秋左傳注・前言》。

30　“若問以《墳》《索》之微言，鬼神之情狀，萬物之變
化，殊方之奇怪，朝廷宗廟之大禮[1]，郊祀禘祫之儀品[2]，

三正四始之原本[3]，陰陽律歷之道度，軍國社稷之典式，古
今因革之異同，則悗悷自失[4]，喑嗚俛仰[5]，蒙蒙焉[6]，莫
莫焉[7]；雖心覺面牆之困，而外護其短乏之病，不肯謐已，
強張大談[8]，曰："雜碎故事，蓋是窮巷諸生，章句之
士(1)[9]，吟詠而向枯簡(2)[10]，匐匍以守黃卷者所宜識(3)[11]，
不足以問吾徒也。"

【校】

（1）章句之士：《意林》四無。

（2）吟詠：《意林》作吟誦。

（3）匐匍以守黃卷者所宜識：《意林》作匐匍而守黃卷。

【注】

［1］宗廟：古代帝王、諸侯祭祀祖宗的廟宇。朝廷和國家政權的代
　　稱。大禮：指封建社會最基本的禮法制度與禮儀。説法各異，
　　如《周禮·春官·大宗伯》分嘉、飲食、昏冠、賓射、饗燕、脈膰、
　　賀慶諸禮，《禮記·經解》分朝覲、聘問、喪祭、鄉飲酒、昏姻
　　諸禮。

［2］郊祀：古代於都城郊外祭祀天地，南郊祭天，北郊祭地。郊爲大
　　祀，祀爲群祀。禘祫：古代帝王祭祀始祖的一種隆重儀禮。禘
　　（dì）：天子諸侯舉行各種大祭的總名。凡祀天、宗廟大祭與宗廟
　　時祭均稱爲"禘"。祫（xiá）：古代天子諸侯集合遠近祖先的神主
　　於太祖廟大合祭。三年喪畢時舉行一次，次年禘祭後又舉行一
　　次，以後每五年一次。儀品：禮制；品級。

［3］三正：此蓋指夏正建寅，以農曆一月爲正月；殷正建丑，以農曆
　　十二月爲正月；周正建子，以農曆十一月爲正月。《書·甘誓》：
　　"有扈氏威侮五行，怠棄三正。"《釋文》引馬融曰："建子、建丑、建
　　寅，三正也。"四始：指農曆正月旦（正月初一早晨，爲歲始）、冬
　　至、臘明日（臘日的第二天）、立春。

［４］怳悸：猶驚慌。怳(huǎng)：驚貌。悸：驚懼。

［５］喑嗚：悲咽。俛仰：低頭和擡頭。句謂低頭哭泣,仰頭歎息。

［６］蒙蒙：蒙昧貌。《説苑・雜言》：“子居艘楫之間,則吾不如子；至
　　　於安國家,全社稷,子之比我,蒙蒙如未視之狗耳。”

［７］莫莫：昏昧無知貌。

［８］强張：猶厚顔開口,不知羞恥。

［９］章句之士：指不能通達大義而拘泥於辨析章句的儒士。章句：
　　　破章析句。這是經學家解説經義的一種方式。泛指書籍注釋。

［10］吟詠：有節奏地誦讀；吟誦玩味。枯簡：乾枯的竹簡,謂古代
　　　典籍。

［11］黄卷：古人用黄蘗汁染書寫用紙以防蠹,故稱書爲黄卷。指代
　　　書籍。

31　　“誠知不學之弊,碩儒之貴,所祖習之非,所輕易
之謬[1]；然終於迷而不返者,由乎放誕者無損於進趨故
也[2]。若高人以格言彈而呵之,有不畏大人而長惡不悛
者[3],下其名品,則宜必懼然,冰泮而革面[4],旋而東走之
迹矣。”

【注】

［１］祖習：宗奉學習。輕易：輕視,簡慢。《列子・説符》：“虞氏富
　　　樂之日久矣,而常有輕易人之志,吾不侵犯之,而乃辱我以
　　　腐鼠。”

［２］迷而不返：迷路後不知回來。喻犯了錯誤,不知改正。王粲《爲
　　　劉表與袁尚書》：“若使迷而不返,遂而不改,則戎狄蠻夷將有誚
　　　讓之言。”放誕：放縱不羈。《西京雜記》二：“文君姣好,眉色如
　　　望遠山,臉際常若芙蓉,肌膚柔滑如脂,十七而寡,爲人放誕風
　　　流,故悦長卿之才而越禮焉。”

［３］大人：指在高位的人。《論語・季氏》：“孔子曰：‘君子有三畏：

畏天命,畏大人,畏聖人之言。'"楊伯峻注:"古代對於在高位的人叫'大人'。"長惡不悛:堅持繼續作惡,不肯罷手。《左傳·隱公六年》:"君子曰:'……長惡不悛,從自及也。'"長(zhǎng):積。悛(quān):改悔。

［4］冰泮(pàn):冰凍解融。

【晋】葛洪 著　金 毅 校注

抱朴子内外篇校注 下

上海古籍出版社

譏惑卷二十六[1]

1 抱朴子曰："澄濁剖判[2]，庶物化生[3]。羽族或能應對焉[4]，毛宗或有知言焉[5]；于玃識往(1)[6]，歸終知來[7]。玄禽解陰陽[8]，蚍蟷遠泉流[9]。蓍龜無以過焉[10]，甘、石不能勝焉[11]。夫唯無禮，不廁貴性[12]。

【校】

（1）于玃識往。楊明照曰："未詳。（《爾雅・釋獸》："玃父，善顧。"郭注："貜玃也，似獼猴而大。色蒼黑，能玃[攫]持人，好顧盼。"《說文・犬部》："玃，大母猴也。善攫持人，好顧盼。從犬，矍聲。《爾雅》曰：'玃父，善顧。'"……）"按：楊明照箋文詁此不合文意，單釋"玃"字，不合訓詁原則。本句與上文"羽族"句呼應，當作干玃：即乾鵲。乾玃：即乾鵲。他書或作"鳱鵲"或"乾鵠"。方以智《通雅》四五謂"乾鵲"即"喜鵲"。識往：不知何據。他書皆作"知來"。《淮南子・氾論》："乾鵠知來而不知往。"高注："乾鵠，鵲也。人將有來事憂喜之徵則鳴，此知來也。知歲多風，多巢於木枝，人皆探其卵，故曰不知往也。'乾'讀'乾燥'之'乾'，'鵠'讀'告退'之'告'。"《論衡・實知》："狌狌（猩猩）知往，鳱鵲知來。"《抱朴子內篇・對俗》："終歸（《敦煌》作"歸終"）知往，乾鵲知來。"並作"知來"，是其證。

【注】

［1］譏惑：諷刺（對禮儀的）疑惑。

［2］澄濁：猶清濁。指天清而地濁。剖判：開闢；分開。此指天地開闢。

［3］化生：化育生長；變化産生。《易·繫辭下》："男女構精，萬物化生。"

［4］羽族：指鳥類。枚乘《忘憂館柳賦》："出入風雲，去來羽族。"句指鸚鵡學舌能言。《禮記·曲禮上》："鸚鵡能言，不離飛鳥。"按：鸚鵡不能應對。

［5］毛宗：指獸類。班固《典引》："是以來儀集羽族於觀魏，肉角馴毛宗於外囿。"知言：猶言能説人類語言。

［6］于玃：當作干玃，即乾鵲，喜鵲。《説文·鳥部》："鸒，雗鸒。山鵲，知來事鳥也。"段玉裁注："《(爾雅·)釋鳥》'鸒，山鵲'爲一物，《説文》當云'雗鸒，雃也'爲一物。今本'山'字淺人依《爾雅》增之。避太歲，知來歲風，知人憂喜，知行人將至，此正今之喜雃。其性好晴，故曰乾雃。雗、乾、雃同。"《廣雅·釋鳥》"鳱鵠，雃也"王念孫疏證："乾鵠，又謂之乾鵲。《西京雜記》(三)：'陸賈曰：乾鵲噪而行人至。'今人則通呼喜鵲。"宋彭乘《墨客揮犀》二："北人喜鴉聲而惡鵲聲，南人喜鵲聲而惡鴉聲。鴉聲吉凶不常，鵲聲吉多凶少。故俗呼喜鵲，古所謂乾鵲是也。"《詩·召南·鵲巢》"維鵲有巢"馬瑞辰通釋："鵲即乾鵲，今之喜鵲也。……鵲性喜晴，故名乾鵲。"《淮南子·氾論》"乾鵠知來而不知往"高誘注："乾鵠，鵲也。人將有來事憂喜之徵則鳴，此知來也。知歲多風，多巢於木枝，人皆探其卵，故曰不知往也。'乾'讀'乾燥'之'乾'，'鵠'讀'告退'之'告'。"一説乾音虔(qián)。宋吴曾《能改齋漫録·辨誤一》："前輩多以'乾鵲'爲'乾'音'干'，或以對'濕螢'者有之。唯王荆公以爲'虔'字，意見於(《詩·鄘風·鶉之奔奔》)'鵲之彊彊'，余嘗廣之曰：乾，陽物也。乾有剛健之意。而《易》統卦有云：'鵲者，陽鳥。先物而動，先事而應。'《淮南子(·氾論)》曰：'乾鵠知來而不知往，此修短之化也。'以是知音'干'爲無義。"

［7］歸終：神獸。《藝文類聚》九五、《太平御覽》九百八引《淮南萬畢

術》："歸終知來。"注："歸終,神獸。"《内篇・對俗》："終歸(《敦
煌》作"歸終")知往,乾鵲知來。"

[8] 玄禽:玄鳥。燕子。《詩・商頌・玄鳥》："天命玄鳥,降而生商。"
解陰陽:指春分來,秋分去。《禮記・月令》："仲春之月……玄
鳥至。"又:"仲秋之月……玄鳥歸。"

[9] 虵螘:蛇與螞蟻。遠泉流:謂離去泉流。就螘而言。蛇不遠泉
流,此蓋連類而及,並與上句對仗故也。虵:蛇之俗體。螘:蟻
之本字。

[10] 蓍(shī)龜:古人以蓍草與龜甲占卜吉凶,因以指占卜。《易・繫
辭上》："探賾索隱,鈎深致遠,以定天下之吉凶,成天下之亹亹
者,莫大乎蓍龜。"此指其靈驗。亹亹(wěi):勤勉不倦。

[11] 甘:甘公。石:石申。《史記・天官書》："昔之傳天、數者……在
齊,甘公;……魏,石申。"集解引徐廣曰:"或曰甘公名德也,本是
魯人。"引《七録》云:"(甘公)楚人,戰國時作《天文星占》八卷。"
"石申,魏人,戰國時作《天文》八卷也。"石申,《漢書・藝文志》作
"石申夫"。按:占卜帶有很大的偶然性,而天文是一種"被動"
科學,均不能"主動"影響或變革所研究的對象。

[12] 無禮:指羽族、毛宗皆不知人的禮儀。《禮記・曲禮上》："夫唯禽
獸無禮,故父子聚麀。"鄭玄注:"聚猶共也。鹿牝曰麀。"貴性:謂
人。指人具有可貴的稟性。《孝經・聖治章》："天地之性,人爲
貴。"《内篇・論仙》："有生最靈,莫過乎人。貴性之物,宜必
鈞一。"

2　"厥初邃古[1],民無階級[2]。上聖悼混然之甚陋(1),
愍巢穴之可鄙[3],故構棟宇以去鳥獸之群[4],制禮數以異
等威之品[5];教以盤旋,訓以揖讓[6];立則磬折,拱則抱
鼓[7];趨步升降之節[8],瞻視接對之容[9],至於三千[10]。蓋
檢溢之隄防[11],人理之所急也。

【校】

（1）聖：平津本作帝。

【注】

[1] 厥初：其初。《詩·大雅·生民》：“厥初生民。”

[2] 階級：指君臣尊卑上下的等級。《管子·君臣下》：“古者未有君臣上下之別，未有夫婦妃匹之合，獸處群居，以力相征。”《潛夫論·班祿》：“上下大小，貴賤親疏，皆有等威，階級衰殺，各足祿其爵位，公私達其等級。”

[3] 上聖：即《詰鮑》所說“是以有聖人作，受命自天”之“聖人”。悼：哀傷。混然：無所知；糊塗。此指原始時代與鳥獸同群的狀態。陋：醜陋。巢穴：上古先民構木爲巢，穴居野處，故云。

[4] 棟宇：房屋的正中與四垂，指房屋。《易·繫辭下》：“上古穴居而野處，後世聖人易之以宫室，上棟下宇，以待風雨。”

[5] 禮數：古代按名位而分的禮儀等級制度。《左傳·莊公十八年》：“王命諸侯，名位不同，禮亦異數。”亦指官階品級。等威：與一定身份、地位相應的威儀。

[6] 揖讓：古作揖攘。賓主相見，屈己敬人的禮儀。揖：攘也。攘：推也，古讓字。揖、攘同義：推手使前，拱手使前。《周禮·秋官·司儀》：“掌九族之賓客擯相之禮，以詔儀容辭令揖讓之節。……詔王儀南鄉見諸侯，土揖庶姓，時揖異姓，天揖同姓。”鄭玄注：“以詔者，以禮告王。……王揖之者，定其位也。庶姓，無親者也。土揖，推手小（稍）下之也。異姓，昏姻也。時揖，平推手也。……天揖，推手小（稍）舉之。”鄉：同嚮向。

[7] 磬折：亦作磬折。屈身彎腰如磬之曲折。表示謙恭。《禮記·曲禮下》：“立則磬折垂佩。”拱：拱手。兩手相合以示敬意。抱鼓：拱手行禮如同抱着大鼓。磬磬古多通用。

[8] 趨步：急行曰趨，徐行曰步。趨，趨步表示恭敬。《禮記·曲禮上》：“帷薄之外不趨，堂上不趨，執玉不趨。”鄭玄注：“不見尊者，行自由不爲容也；入則容，行而張足曰趨。爲其迫也；堂下則趨，

志重玉也。"升降：上升下降的禮儀。《禮記・曲禮上》："居喪之
禮……升降不由阼階。"《儀禮・士喪禮》："升降自西階以東。"

［9］瞻視：觀瞻。《論語・堯曰》："君子正其衣冠，尊其瞻視。"皇侃
　　疏："尊其瞻視者，瞻視無回邪也。"此指瞻視尊卑異等，對天子、
　　國君、大夫、士，瞻視高度或左右距離不同。《禮記・曲禮上》：
　　"（瞻視）天子，視不上於袷，不下於帶；國君，綏視；大夫，衡視；
　　士，視五步。凡視，上於面則敖，上於帶則憂。"鄭玄注："袷，交領
　　也。天子至尊，臣視之，目不過此。視國君彌高。綏讀爲妥，妥
　　視謂上於袷。視大夫又彌高也。衡，平也。平視謂視面也。士，
　　視得旁游目五步之中也。視大夫以上，上下游目不得旁。敖則
　　仰，憂則低。"對尊長者平視，被視爲大不敬。《三國志・魏書・
　　劉楨傳》裴松之注引《典略》："其後太子（曹丕）嘗請諸文學，酒酣
　　坐觀，命夫人甄氏出拜。坐中衆人咸伏，而楨獨平視。太祖聞
　　之，乃收楨，減死輸作。"《世説新語・言語10》"劉公幹以失敬罷
　　罪"劉義慶注引《典略》曰："劉楨字公幹，東平寧陽人。建安十六
　　年，世子爲五官中郎將，妙選文學，使楨隨侍太子。酒酣，坐歡，
　　乃使夫人甄氏出拜，坐上客多伏，而楨獨平視。他日，（曹）公聞，
　　乃收楨，減死，輸作部。"《文士傳》曰："楨性辯捷，所問應聲而答，
　　坐平視甄夫人，配輸作部使磨石。"接對：猶應對；應答。此指應
　　對長者應取恭敬態度。《禮記・曲禮上》："（父之執）不問，不敢
　　對。""先生與之言，則對；不與之言，則趨而退。""侍坐於先生，先
　　生問焉，終則對。""侍坐於君子，君子問更端，則起而對。""侍於
　　君子，不顧望而對，非禮也。"

［10］至於三千：極言禮儀、威儀之繁多。《禮記・禮器》："故經禮三
　　百，曲禮三千，其致一也。"

［11］檢溢：防止溢濫。隄防：喻禮教。隄同堤。

　　3　"故'儼若'冠於《曲禮》[1]，'望貌'首於'五事'(1)[2]；
出門有見賓之肅[3]，閒居有敬獨之戒[4]。顏生整儀於宵

浴^[5]，仲由臨命而結纓。恭容暫廢，惰慢已及。安上治民，非此莫以^[6]。蓋人之有禮，猶魚之有水矣。魚之失水，雖暫假息^[7]，然枯糜可必待也⁽²⁾；人之棄禮，雖猶覥然^[8]，而禍敗之階也^{(3)[9]}。

【校】

（1）望貌：疑當作貌視。五事中不見望字。蓋稚川記憶有誤。"貌視"是《書・洪範》"貌"、"言"、"視"、"聽"、"思"五事的代表字。

（2）必：藏本、魯藩本、平津本同，當從王廣恕校作立。

（3）階：疑當作爲階。

【注】

［1］儼若：恭敬貌。《禮記・曲禮上》："《曲禮》曰：'毋不敬，儼若思。'"鄭玄注："禮主於敬。儼，矜莊貌，人之坐思，貌必儼然。"冠：列於篇首。

［2］五事：指古代統治者修身的五件事，謂貌恭、言從、視明、聽聰、思睿。《書・洪範》："五事：一曰貌，二曰言，三曰視，四曰聽，五曰思。貌曰恭，言曰從，視曰明，聽曰聰，思曰睿。"

［3］出門有見賓之肅：出門工作，好像去接待賓客，是件嚴肅的事。《論語・顏淵》："出門如見大賓。"集解引孔安國曰："爲仁之道，莫尚乎敬。"

［4］敬獨：在獨處時能敬慎不苟。《禮記・大學》："此謂誠於中，形於外，故君子必慎其獨也。"

［5］顏生：指顏回。楊慎《韻藻》一東注引《古連珠》："周公不以夜行而慚影，顏回不以夜浴而改容。"《佩文韻府》九十一《二沃》引《新論》："蘧瑗不以昏行變節，顏回不以夜浴改容。"《劉子・慎獨》："居室如見賓，入虛如有人。故蘧瑗不以昏行變節，顏回不以夜浴改容。"

［6］安上治民：國君安居上位，臣子治理民衆。《禮記・經解》《孝

經・廣要道章》：“安上治民，莫善於禮。”邢昺疏：“欲身安於上、民治於下者，莫善於行禮以帥之。”《左傳・昭公二十五年》：“夫禮，天之經也，地之義也，民之行也。”《北堂書鈔》八十引鄭玄注：“上好禮，則民易使也。”古人重禮以此。

［7］假息：苟延殘喘。《後漢書・方術傳・謝夷吾》：“竊以占候，知長當死。近三十日，遠不過六十日，遊魂假息，非刑所加，故不收之。”

［8］靦（tiǎn）然：面目具備之貌。《國語・越語下》：“范蠡曰：‘余雖靦然而人面哉，吾猶禽獸也。’”韋昭注：“靦，面目之貌。”

［9］禍敗之階：疑作禍敗之爲階。蓋套用《易・繫辭上》“言語以爲階”句式而來。

4　“魯秉周禮，暴兵不加[1]；魏式干木，鋭寇旋斾[2]。大楚帶甲百萬[3]，而有振槁之脆[4]；强秦崝、函襲嶮[5]，而無折柳之固[6]。豈非棄三本而喪根柢之攸召哉[7]！矧乎安可觸情(1)[8]。喪亂日久[9]，風頽教沮；抑斷之儀廢，簡脱之俗成(2)[10]。近人值政化之蚩役[11]，庸民遭道網之絶紾(3)[12]；猶網魚之去水罟，圍獸之出陸羅也[13]。

【校】

（1）矧乎安可觸情：王國維在此句上眉批：“此處又似有闕。”平津本可作逸。

（2）俗：疑本作容，與“儀”互文同義。俗、容形近致誤。《東觀漢記・明帝紀》：“臣望顏色儀容，類似先帝。”《逸民》：“俯仰其儀容。”是其證。

（3）網：當作綱。網綱形近致誤。

【注】

［1］魯秉周禮：魯國以周王朝禮樂制度爲國柄。《左傳・閔公元年》：

“(齊桓)公曰：‘魯可取乎？’(仲孫湫)對曰：‘不可。(魯)猶秉周禮。周禮，所以本也。臣聞之：“國將亡，本必先顛，而後枝葉從之。”魯不棄周禮，未可動也。君其務甯魯難而親之’……”暴兵不加：指齊桓公聽從仲孫湫關於魯國不可取之言而未加兵於魯。暴兵：兇暴不義之師。《吴子・圖國》：“凡兵之所起者五也……其名又有五：一曰義兵，二曰彊兵，三曰剛兵，四曰暴兵，五曰逆兵。”

［２］魏式干木：魏文侯過段干木之閭而軾之，表示對段干木的禮敬。式通軾。旋斾：回師。斾：大旗。此指秦國因魏文侯禮敬段干木而暫時按兵不動。

［３］大楚：强大的楚國。公元前四世紀，楚爲當時中國與世界上最强大的國家。帶甲百萬：披甲的軍隊有一百萬。《戰國策・楚策一・蘇秦爲合從説楚章》：“(蘇秦曰)楚，天下之强國也。……地方五千里，帶甲百萬，車千乘，騎萬匹，粟十年：此霸王之資也。”

［４］振槁：擊落枯葉。喻事極易成。《荀子・議兵》：“然而秦師至，而鄢、郢舉若振槁然。”楊倞注：“舉，謂舉而取之。鄢、郢，楚都。振，擊也。槁，枯葉也。謂(楚頃襄王十年、公元前 289 年)白起伐楚，一戰舉鄢、郢也。”脃：易斷。脃：脆的異體。

［５］崤、函：崤山與函谷關，地形險要。襲嶮：重重險阻。襲：重疊。嶮：同險。險阻：險要。

［６］折柳：折柳爲籬笆。《詩・齊風・東方未明》“折柳樊圃”毛傳：“柳，柔脆之木；樊，藩也。折柳以爲樊園，無益於禁矣。”此指代籬笆。兩句指《左傳・僖公三十二年》所説秦穆公出師而晉“敗秦師於殽，獲孟明視、西乞術、白乙丙以歸”之事。

［７］三本：禮的三個根本，指天地、先祖、君師。《荀子・禮論》：“禮有三本：天地者，生之本也；先祖者，類之本也；君師者，治之本也。無天地惡生？無先祖惡出？無君師惡治？三者偏亡焉，無安人。故禮，上事天，下事地，尊先祖而隆君師，是禮之三本也。”楊倞注：“類，種。偏亡，謂闕一也。”惡(wū)：何。根柢：草木的根。柢：根。喻事物的根本、基礎。

〔8〕矧：何況。

〔9〕喪亂：死亡禍亂。多用以形容時勢或政局動亂。此指西晉八王之亂與永嘉之變。

〔10〕簡脫：傲慢無禮。《吕氏春秋·驕恣》：“自驕則簡士。”高誘注：“簡，傲也。”《左傳·僖公三十三年》：“無禮則脫。”

〔11〕蚩役：輕視士人。蚩：《玄應音義》十七引《蒼頡篇》：“（蚩），相輕侮也。”役：門生，弟子。《莊子·庚桑楚》：“老聃之役有庚桑楚者，偏得老聃之道。”成玄英疏：“役，門人之稱。古人事師，共其驅使，使不憚艱危，故稱役也。”

〔12〕道網：疑作道綱，道德的綱要。《漢書·叙傳下》：“緯六經，綴道綱；總百氏，贊篇章。”此指儒道綱要。

〔13〕網魚：網中之魚。去、出：離開。罟：網的通稱；細網。圍獸：圍中之獸。羅：捕鳥的網。此指捕獸的網。兩句謂統治人民不能没有羅網，無則失序。

5　“喪亂以來，事物屢變：冠履衣服，袖袂財制[1]，日月改易，無復一定。乍長乍短，一廣一狹，忽高忽卑，或粗或細。所飾無常，以同爲快。其好事者，朝夕放効[2]，所謂京輦貴大眉，遠方皆半額也[3]。余寔凡夫，拙於隨俗，其服物變不勝，故不變。無所損者，余未曾易也。雖見指笑，余亦不理也[4]。豈苟欲違衆哉！誠以爲不急耳。

【注】

〔1〕財：通裁。財制：制定。王國維眉批：“財通裁。”此指剪裁製作。

〔2〕好事者：此指喜歡服飾打扮的人。放（fǎng）効：仿效。

〔3〕京輦：皇帝居京兆，乘輦轂，因名，指代都城。《後漢書·酷吏傳·周紆》“不宜典司京輦”王先謙集解引惠棟曰：“喻輦轂之下，京兆之中，故曰京輦。”大眉：廣眉，即半額。遠方：邊遠地區。半額：形容畫眉之廣，寬達半額。《東觀漢記·馬廖傳》：“（上

表)夫改政移風，必有其本。長安語曰：‘城中好高髻，四方高一
尺；城中好廣眉，四方且半額；城中好廣袖，四方用匹帛。’”《風俗
通義》佚文：“二趙王好大眉，人民半額。”按：日本古裝片中，尚
保存大眉遺風，蓋從我國傳去。

[4] 理：理睬。多用於否定。《漢書·淮南厲王劉長傳》：“貫高等謀
反事覺，並逮治王……厲王母亦繫，告吏曰：‘日得幸上，有子。’
吏以聞，上方怒趙，未及理厲王母。”

6　“上國衆事，所以勝江表者多，然亦有可否者。君
子行禮，不求變俗，謂違本邦、之他國，不改其桑梓之法
也[1]。況其在於父母之鄉，亦何爲當事棄舊而强更
學乎[2]？

【注】

[1] 君子行禮四句：《禮記·曲記下》：“君子行禮，不求變俗。祭祀之
禮，居喪之禮，哭泣之位，皆如其國之故，謹脩其法而行之。”鄭玄
注：“求，猶務也。不務變其故俗，重本也。謂去世先祖之國居他
國。其法，謂其先祖之制度，若夏、殷。”桑梓之法：家鄉的風俗習
慣與禮儀。

[2] 當事：遇事；臨事。《禮記·檀弓下》：“大夫弔，當事而至，則辭
焉。”孔穎達疏：“當事，當主人有大小斂殯之事也。”

7　“吳之善書，則有皇象[1]、劉纂[2]、岑伯然、朱季
平[3]，皆一代之絶手。如中州有鍾元常[4]、胡孔明[5]、張
芝[6]、索靖[7]，各一邦之妙。並用古體[(1)]，俱足周事[8]。余
謂廢已習之法，更勤苦以學中國之書，尚可不須也。況於
乃有轉易其聲音以效北語[9]，既不能便良，似可恥可笑。
所謂不得邯鄲之步，而有匍匐之蚩者[10]，此猶其小者耳。

【校】

（１）並用：陳其榮校：“盧本作並有。”

【注】

［１］皇象：字休明，三國吳廣陵江都（今江蘇江都市）人。曾任吳侍中、青州刺史。工書法，師杜度，草書著稱。《三國志・吳書・趙達傳》裴松之注引《吳録》：“時有張（超字）子並、陳梁甫能書。甫恨遄（《書斷》作“瘦”），並恨峻。象斟酌其間，甚得其妙，中國善書者不能及也。”《内篇・辨問》：“善史書之絶時者，則謂之書聖，故皇象、胡明於今有書聖之名焉。”王僧虔《能書人名録》：“吳人皇象能草書，世稱沈著痛快。”《書斷》：“（皇象）與嚴武等稱八絶……休明章草入神，八分入妙，小篆入能。”

［２］劉纂：孫權女婿、三國吳車騎將軍、中使。《三國志・吳書・妃嬪傳・步夫人》：“生二女，……少曰魯育，字小虎，前配朱據，後配劉纂。”裴松之注引（胡沖）《吳曆》曰：“纂先尚（孫）權中女，早卒，故又以小虎爲繼室。”爲車騎（將軍）見《孫峻傳》，爲中使見《孫綝傳》。其書法不詳。

［３］岑伯然、朱季平：查梁庾肩吾《書品》、唐張彦遠《法書要録》，皆未提到這兩位“一代之絶手”，蓋南北朝、隋唐時，此兩人事迹已失傳。故稚川所云，可補書法史之闕，然其詳已不可考。岑伯然：或即岑昏，三國吳臣。朱季平：或即朱育。《三國志・吳書・虞翻傳》“歸葬舊墓，妻子得還”裴松之注引《會稽典録》：“孫亮時，有山陰朱育，少好奇字，凡所特達，依體象類，造作異字千名以上。仕郡門下書佐，……育後仕朝，常在臺閣，爲東觀令，遥拜清河太守，加位侍中，推刺占射，文藝多通。”不知朱育是否即朱季平。

［４］鍾元常：鍾繇（151—230）字元常，潁川長社（今河南長葛西）人。東漢末官至黄門侍郎。曹操執政時，爲侍中守司隸校尉，持節督關中諸軍，經營關中，招集流散，使生産逐漸得到恢復，朝廷無西顧之憂，除前軍師。曹丕代漢後，爲廷尉，遷太尉。明帝繼位，遷

太傅。人稱鍾太傅。師法曹喜、蔡邕、劉德昇，博取衆長，兼善各體。與胡昭並師劉德昇，世傳胡肥鍾瘦。書工正、隸、行、草、八分，其隸行入神，八分入妙。點劃之間，多有異趣，結體朴茂，出乎自然，形成了由隸入楷的新貌，書風宏偉古樸，與晉王羲之並稱鍾王。《書斷》稱"秦漢已來，一人而已"。真迹不傳，宋以來法帖中所刻《宣示表》《賀捷表》《薦季直表》等，都出於後人臨摹。

[5] 胡孔明(85—173)：胡昭字孔明，潁川(今河南禹縣)人。初善史書，與鍾繇、邯鄲淳、衛覬、韋誕(179—253)並有名。鍾、胡行書法，俱學於劉德昇，而大行於晉世。唐張彥遠《法書要録》云："潁川鍾繇，同郡胡昭，二子俱學於(劉)德昇，而胡書肥，鍾書瘦。"《書斷》："胡昭……甚能籀書，真行又妙。"《晉書·荀勖傳》："立書博士，置弟子教習，以鍾、胡爲法。"

[6] 張芝(？—約192)：字伯英，東漢敦煌酒泉(今甘肅酒泉)人。隨父奐徙家弘農華陰。與弟昶並善草書，尤長章草。《後漢書·張奐傳》李賢注引王愔《文志》曰："芝少持高操，以名臣子勤學，文爲儒宗，武爲將表。太尉辟，公車有道徵，皆不至，號張有道。尤好草書，學崔(瑗)、杜(度)之法，家之衣帛，必書而後練。臨池學書，水爲之黑。下筆則爲楷則，號忽忽不暇草書，爲世所寶，寸紙不遺，韋仲將謂之'草聖'也。"《書斷》："伯英草、行入神，隸書入妙。"

[7] 索靖(244—303)：字幼安，敦煌(今屬甘肅)人。張芝姊之孫。少入太學，該博經史，兼通内緯。官至使持節、監洛城軍事、遊擊將軍。工書法，任尚書郎時與尚書令衛瓘俱以善草書知名，時人號爲"一臺二妙"。論者謂瓘得伯英筋，靖得伯英肉。尤擅章草，傳張芝草法而變其形迹。骨勢峻邁，富有筆力。前人評爲"精熟至極，索不及張；妙有餘姿，張不及索"。《書斷》："索靖……善章草書，出於韋誕，峻險過之。"索亦自重其書，名其字勢爲"銀鉤蠆尾"。著有《草書狀》《索子》《晉詩》各二十卷。

[8] 周事：濟事，成事。《關尹子·五鑒》："勿以我心揆彼，當以彼心揆彼，可以周事。"

［9］況於乃有轉易其聲音以效北語：如宋明帝《文章志》："（謝）安能作洛下書生詠，而少有鼻疾，語音濁。後名流多斅其詠，弗能及，手掩鼻而吟焉。"這些"名流多斅其詠"即其例。

［10］邯鄲之步：邯鄲人的步法。喻他人所獨工，而難以模仿的技能。《莊子·秋水》："且子獨不聞夫壽陵餘子之學行於邯鄲與？未得國能，又失其故行矣，直匍匐而歸耳！"成玄英疏："壽陵，燕之邑；邯鄲，趙之都，弱齡未仕，謂之餘子。"此"學步邯鄲"之典喻生硬地模仿，不但學不到人家的本領，反而連自己固有的長處也丟掉了。匍匐之羞：指上引"匍匐而歸"而被人譏笑之事。

8　　"乃有遭喪者而學中國哭者，令忽然無復念之情。昔鍾儀[1]、莊舄，不忘本聲，古人韙之[2]。孔子云(1)：喪親者若嬰兒之失母，其號豈常聲之有[3]！寧令哀有餘而禮不足[4]。哭以泄哀，妍拙何在？而乃治飾其音，非痛切之謂也。

【校】

（1）孔子：當從陳漢章校、《禮記·雜記下》作曾子。

【注】

［1］鍾儀：楚國伶人，被囚於晉國。晉國范文子稱其"樂操土風，不忘舊也"。

［2］莊舄（què）：戰國越人，仕楚，爵爲執珪。富貴不忘舊國，病中思越而吟越聲。韙（wěi）：以爲是；同意，讚賞。

［3］喪親兩句：《禮記·雜記下》："曾申問於曾子曰：'哭父母有常聲乎？'曰：'中路嬰兒失其母焉，何常聲之有！'"號：痛哭；大哭。

［4］寧令哀有餘而禮不足：謂寧願重哀而不重禮。《禮記·檀弓上》："子路曰：'吾聞諸夫子，喪禮，與其哀不足而禮有餘也，不若禮不足而哀有餘也。'"鄭玄注："喪主哀。"

9　“又聞貴人在大哀[1]，或有疾病服石散[2]，以數食宣藥勢[3]，以飲酒爲性命[4]。疾患危篤，不堪風冷，幃帳茵褥，任其所安。於是凡瑣小人之有財力者，了不復居於喪位，常在別房，高床重褥，美食大飲[5]，或與密客引滿投空，至於沈醉。曰：“此京洛之法也[6]。”不亦惜哉！

【注】

[1] 大哀：猶大故。指父母之喪。

[2] 石散（sǎn）：寒食五石散。或稱寒食散，五石散，石散，散。一種內服散劑。最早見於《史記・扁鵲倉公列傳》：“論曰：‘中熱不溲者，不可服五石。’石之爲藥精悍……”服用不慎，危害甚大。後方士煉五石散作爲長生之術。據《諸病源候論》記載考之，通行方爲：紫石英、白石英、赤石脂、石鐘乳、硫磺等五種礦物類藥製成的粉末。《金丹》：“五石者，丹砂、雄黄、白礬、曾青、慈石也。”與通行方不同。服後身體發熱，精神亢奮。服後宜吃冷食，着單衣。有服食五石散而致殘致死的。余嘉錫《寒食散考》可參。

[3] 以數食宣藥勢：《余嘉錫論學雜著・寒食散考》自注：“皇甫謐言服散當數冷食，一日可六七食。失食飢，令人寒。”數（shuò）食：屢食。

[4] 以飲酒爲性命：《寒食散考》自注：“謐言服散之人當常飲酒，令體中醺醺不絕。其失節度發病者救之之法，以熱酒爲性命之本。”

[5] 高床重褥，美食大飲：謂居喪違背有關服食的禮儀規定。《儀禮・既夕禮》：“居倚廬，寢苫，枕塊。……歠粥，朝一溢米，夕一溢米。不食菜果。”鄭玄注：“倚木爲廬，在中門外東方北户。苫，編稿。塊，堛也。……（歠粥）不在於飽與滋味。粥，糜也。二十兩曰溢，爲米一升二十四分升之一。實在木曰果。”《禮記・曲禮下》：“三年之喪……廬堊室之中，不與人坐焉。”又《喪大紀》：“既練，居堊室，不與人居。”《禮記・曲禮上》：“居喪之禮，……有疾則飲酒食肉，疾止復初。”

［6］京洛之法：猶言都城洛陽風尚。《後漢書・逸民傳・戴良》：“及
母卒，兄伯鸞居廬啜粥，非禮不行。良獨食肉飲酒，哀至乃哭。”
《世說新語・任誕2》：“阮籍遭母喪，在晉文王坐進酒肉。司隸何
曾亦在坐，曰：‘明公方以孝治天下，而阮籍以重喪於公坐飲酒食
肉，宜流之海外，以正風教。’文王曰：‘嗣宗毀頓如此，君不能共
憂之，何謂？且有疾而飲酒食肉，固喪禮也。’籍飲噉不輟，神色
自若。”蓋據此而言。京洛：指洛陽。因東周、東漢、三國魏、西
晉曾建都於此，故名。

10　“余之鄉里先德君子[1]，其居重難[2]，或并在衰老，
於禮唯應縗麻在身，不成喪致毀者[3]，皆過哀啜粥，口不經
甘[4]。時人雖不肖者，莫不企及自勉。而今人乃自取如
此，何其相去之遼緬乎！

【注】

［1］先德：以德爲先。《管子・小問》：“桓公曰：‘善哉，牧民何先？’管
子對曰：‘有時先事，有時先政，有時先德，有時先恕。’”此指有德
行的前輩。

［2］重難：嚴重困難。此蓋指父母大喪。

［3］縗（cuī）麻在身：用粗麻布條披於胸前的喪服。不成喪：不備
喪，謂不致毀，非首戴絰腰垂帶散麻以送葬之屬。致毀：謂致極
哀毀。按：孔子不主張“成喪致毀”。《禮記・雜記下》：“孔子
曰：‘身有瘍則浴，首有創則沐，病則飲酒食肉。毀瘠爲病，君子
弗爲也。’”

［4］啜（chuò）粥：吃稀飯。《禮記・喪大記》：“君之喪……子、大夫、
公子食粥。……大夫之喪，主人、室老、子姓，皆食粥。”口不經
甘：謂食旨不甘。《孝經・喪親章》：“孝子之喪親也，……服美
不安，聞樂不樂，食旨不甘，此哀戚之情也。”

11　"又凡人不解⁽¹⁾，呼謂中國之人居喪者，多皆奢溢^[1]，殊不然也。吾聞晉之宣^[2]、景^[3]、文^[4]、武四帝居親喪^[5]，皆毀瘠逾制^[6]；又不用王氏二十五月之禮，皆行二十七月服^{(2)[7]}。於時天下之在重哀者，咸以四帝爲法。世人何獨不聞此而虛誣高人，不亦惑乎！"

【校】

（1）又：魯藩本誤作人。

（2）二十七月服：原作七月服，當從陳漢章校作二十七月服。

【注】

［1］奢溢：奢侈過制。《史記·禮書》："周衰，禮廢樂壞，……循法守正者見侮於世，奢溢僭差者謂之顯榮。"

［2］宣：司馬懿（179—251），字仲達，河内温縣（今屬河南）人。少有奇節，博學洽聞，伏膺儒教。初爲曹操文學掾從討張魯、孫權，説操取漢天下。魏國建，拜太子中庶子，爲曹丕所信重。魏明帝時，任大將軍，多次率軍對抗諸葛亮，爲魏重臣。曹芳繼位，他和皇族曹爽受遺詔輔政，以侍中、持節、都督中外諸軍事、録尚書事諸職。嘉平元年（249）盡誅爽族，專國政。死後，其子師、昭相繼專權，在世家大族擁護下，其孫炎代魏建立晉朝，追尊懿爲宣皇帝。

［3］景：司馬師（208—255），字子元，司馬懿長子。繼其父爲魏大將軍，專國政。嘉平六年（254）廢魏帝曹芳，立曹髦。次年病死。司馬炎代魏追尊爲景皇帝。

［4］文：司馬昭（211—265），字子上，司馬懿次子。繼其兄司馬師爲魏大將軍，專國政並日謀代魏。魏帝曹髦曾説："司馬昭之心，路人所知也。"甘露五年（260）殺曹髦，立曹奂爲帝。景元四年（263），發兵滅蜀漢，自稱晉公，後爲晉王。死後數月，其子炎代魏稱帝，追尊爲文皇帝。

［５］武：司馬炎（236—290）字安世，司馬昭長子。咸熙二年（265）繼昭爲相國、晉王，逼魏主禪讓，代魏稱帝。咸寧六年（280）滅吳，統一全國。頒占田蔭客法，行課田户調式，加强了門閥制度。大封宗室爲王，掌重兵，分居要地；平吳後又令州郡去武備，肇身後八王及十六國之亂源。末年生活荒淫，嘗禁天下嫁娶，取良家女及孫吳宫人殆近萬人。

［６］毀瘠：因居喪過度哀傷而極度瘦弱。逾制：超越禮制規定。《禮記·曲禮上》：“居喪之禮，毀瘠不形。”正義：“毀瘠，羸瘦也；形，骨露也。”

［７］不用王氏二十五月之禮，皆行二十七月服：指不用王肅二十五月之禮，而皆用鄭玄二十七月之禮。《晉書·禮志上》：“摯虞表所宜損增曰：……三年之喪，鄭（玄）云二十七月，王（肅）云二十五月。”

刺驕卷二十七^[1]

1 抱朴子曰：“生乎世貴之門，居乎熱烈之勢^[2]，率多不與驕期而驕自來矣^[3]。非夫超群之器，不辯於免盈溢之過也^{(1)[4]}。蓋勞謙虛己，則附之者衆；驕慢倨傲，則去之者多。附之者衆，則安之徵也⁽²⁾；去之者多，則危之診也^[5]。存亡之機，於是乎在。輕而爲之，不亦蔽哉！

【校】

（1）於免：陳其榮校：“盧本作免於。”

（2）之徵也：孫星衍校：“（藏本、魯藩本）本脱‘之徵也’三字，從《群書治要》補。”

【注】

[1] 刺驕：譏刺驕奢淫逸。《鶡冠子·近迭》：“其君不賢，而行驕溢也。”陸佃解：“己亢爲驕，己滿爲溢。”

[2] 熱烈：此謂顯赫。

[3] 率多：大多。期：邀約；陪伴。自來：自至。《説苑·談叢》：“貴不與驕期，驕自來；驕不與亡期，亡自至。”

[4] 辯：通徧。全，都。盈溢：謂放縱，無所顧忌。《漢書·霍光傳贊》：“光不學無術，闇於大理，陰妻邪謀，立女爲后，湛溺盈溢之欲，以增顛覆之禍。”

[5] 診：症狀。《素問·風論》：“帝曰：‘五藏風之形狀不同者何？願聞其診及其病能。’”王冰注：“診謂可言之證。”

2　“亦有出自卑碎[1]，由微而著[2]，徒以翕肩斂迹[3]，偓伊側立[4]，低眉屈膝，奉附權豪(1)，因緣運會，超越不次[5]。毛成翼長，蟬蛻泉壤[6]，便自軒昂(2)[7]，目不步足[8]，器滿意得，視人猶芥。

【校】

（1）奉附權豪：孫星衍校：“《意林》作趨事豪貴。”

（2）便自：《意林》作自乃。

【注】

[1] 卑碎：指出身或地位微賤。

[2] 由微而著：由卑微超拔爲顯貴。如《晉書·趙王倫傳》中之孫秀，起自琅琊小吏，累官於趙國，以諂媚自達，遂執機衡。

[3] 翕（xī）肩：聳肩。畏懼竦敬貌。《漢書·揚雄傳下》：“（《解嘲》）翕肩蹈背。”顔師古注：“翕，斂也。”斂迹：收斂形迹。謂有所顧忌而不敢放肆。

[4] 偓（wò）伊：通喔咿。獻媚強笑貌。《楚辭·卜居》：“喔咿儒兒以事婦人乎？”王逸注：“喔咿儒兒，強笑噱也。一作嚅唲。”洪興祖補注：“喔，音握。咿，音伊。嚅，音儒。唲，音兒。皆強笑之貌。一云：喔咿，強顏貌。唲，曲從貌。”

[5] 超越不次：謂越級提拔。不次：不按尋常的次序。

[6] 毛成翼長：謂羽毛豐滿，已形成一種力量。蟬蛻：蟬自幼脫殼，即爲成蟲。喻擺脫貧賤，獲致功名利禄。《後漢書·竇融傳論》：“竇融始以豪俠爲名，拔起風塵之中，以投天隙，遂蟬蛻王侯之尊，終膺卿相之位。”泉壤：此喻低賤地位。

[7] 軒昂：驕傲貌。《三國志·吳書·孫堅傳》：“（董）卓受任無功，應召稽留，而軒昂自高。”

[8] 目不步足：走路眼睛不看一看自己的腳步與雙腿。《國語·周語下》：“（單子）對曰：‘……夫君子目以定體，足以從之，是以觀

其容而知其心矣。目以處義,足以步目。今晉侯（厲公）視遠而足高,目不在體,而足不步目,其心必異矣。目體不相從,何以能久！'"

3　"或曲晏密集[1],管絃嘈囋(1)[2],後賓填門,不復接引[3]。或於同造之中[4],偏有所見,復未必全得也[5]。直以求之差勤[6],以數接有情(2),苞苴繼到[7],壺榼不曠者耳[8]。孟軻所謂'愛而不敬,豕畜之也'[9],而多有行諸[10],云是自尊重之道。自尊重之道,乃在乎以貴下賤,卑以自牧[11],非此之謂也。乃衰薄之弊俗,膏肓之癈疾[12],安共爲之,可悲者也。

【校】

（1）嘈囋：平津本作嘈雜,當依陳其榮校、藏本、魯藩本等作嘈囋。《知止》"金口嘈囋"、《内篇・論仙》"砰磕嘈囋"並其證。

（2）有情：平津本作其情。陳其榮案："承訓本作有情。"

【注】

[1]晏：通宴。曲晏：猶私宴,多指宮中之宴。

[2]嘈囋(zá)：喧鬧聲。張衡《東京賦》："奏嚴鼓之嘈囋。"

[3]填門：門户填塞。形容登門人多。接引：接待；招待。

[4]同造：指同時來訪的賓客。造：至。

[5]得：親悅；融洽。《左傳・哀公二十四年》："閏月,公如越,得大子適郢,將妻公,而多與之地。"杜預注："適郢,越王大子；得,相親説也。"

[6]直：同值。此指財物。

[7]苞苴：即蒲包。苞通包。古以果實相贈,必用苞苴。即用葦或茅編織而成的包裹魚肉之類食品的用具。因指饋贈的禮物。《禮記・曲禮上》："凡以弓劍、苞苴、簞笥問人者。"鄭玄注："問,猶遺

也。苞苴裹魚、肉，或以葦，或以茅。"

[8] 壺榼(kē)：泛指盛酒或茶水的容器。亦指鋪陳酒具飲酒。

[9] 愛而不敬：《孟子·盡心上》："孟子曰：'食而弗愛，豕交之也；愛而不敬，獸畜之也。'"趙岐注："愛而不敬，若人畜禽獸，但愛而不能敬也。"豕：豬。畜：養。稚川引"獸"作"豕"，蓋換用。

[10] 行諸：實行之。"之"指代"愛而不敬，豕畜之"。

[11] 卑以自牧：《易·謙》："象曰：謙謙君子，卑以自牧。"王弼注："牧，養也。"自牧：自我修養。

[12] 膏肓：謂病入膏肓，到了無法醫治的地步。我國古代醫學上把心尖脂肪叫膏，心臟與隔膜之間叫肓。《左傳·成公十年》："（晉景）公疾病，求醫于秦。秦伯使醫緩爲之。……醫至，曰：'疾不可爲也。在肓之上，膏之下，攻之不可，達之不及，藥不至焉，不可爲也。'"癈疾：痼疾，久治不愈之病。説文疒部："癈，固疾也。"段玉裁注："癈爲正字，廢爲叚借字。"

4　"若夫偉人巨器，量逸韻遠[1]，高蹈獨往[2]，蕭然自得。身寄波流之間，神躋九玄之表[3]；道足於内，遺物於外(1)；冠摧履決，藍縷帶索。何肯與俗人競幹佐之便僻[4]，修佞幸之媚容；效上林喋喋之嗇夫[5]，爲春蜩夏蠅之聒耳(2)[6]。

【校】

（1）遺物：當從楊明照校乙轉，以與"道足"相儷。

（2）春蜩夏蠅：楊明照校曰："春季無蜩。……'蜩'，其'蛙'之誤歟？"按：疑本作春蛙秋蟬。比喻喧鬧誇張、空洞無物的言談。《太平御覽》九四九引楊泉《物理論》："夫虛無之談，尚其華藻，此無異於春蛙秋蟬，聒耳而已。"《禮記·月令》："仲夏之月，蜩始鳴；季秋之月，寒蟬鳴。"蜩：蟬。《廣譬》第58首有"春黽長譁"之語是其證。蛙即黽。"夏蠅"聒耳之説有待考證。

【注】

[1] 量（liàng）逸韻遠：猶逸量遠韻。氣量超群脱俗，風韻高遠。晉僧肇《鳩摩羅什法師誄》：“受生乘利，形標奇相，繼褓俊遠，髫齔逸量。”《晉書·庾敳傳》：“敳字子嵩，長不滿七尺，而腰帶十圍，雅有遠韻。”

[2] 獨往：孤往獨來；獨往自然。謂超脱萬物，獨行己志。

[3] 身寄波流之間二句：謂形體與世俯仰，隨俗浮沈，而精神超脱於世俗。躋：升。

[4] 幹佐：謂主管某項事務的輔佐官員。《三國志·魏書·鄧艾傳》：“（鄧艾）以口吃，不得作幹佐。”

[5] 上林喋喋之嗇夫：指虎圈嗇夫從旁代上林尉回答漢文帝所問禽獸簿甚悉一事。上林：秦舊苑，漢初荒廢，至武帝時重新擴建。故址在今西安市西及周至、户縣界。喋喋：多言；嘮叨。嗇夫：漢時小吏的一種。此指虎圈嗇夫，掌虎圈。

[6] 聒（guō）耳：指聲音刺耳。《玄應音義》二十引《蒼頡篇》：“聒，擾亂耳孔也。”

5 “求之以貌，責之以妍[1]，俗人徒覯其外形之粗簡，不能察其精神之淵邈[2]。務在皮膚[3]，不料心志。雖懷英抱異，絶倫邁世；事動可以悟舉世之術[4]，言發足以解古今之惑；含章括囊，非法不談[5]。而茅蓬不能動萬鈞之鏗鏘[6]，侏儒不能看重仞之弘麗[7]。因而蚩之⁽¹⁾，謂爲凡慣。

【校】

（1）蚩：通嗤。蚩嗤古今字。但當與《逸民》“嗤應龍”、《行品》“受嗤”、《辭義》“不免嗤”、《正郭》“乃見嗤”之“嗤”一致。

【注】

[1] 之：指上文“偉人巨器”。

［2］淵邈：深遠。阮籍《答伏義書》：“然則弘脩淵邈者，非近力所能究矣；靈變神化者，非局器所能察矣。”

［3］瞀：通瞀（mào）。眩惑。

［4］事動：猶動事。謂治理經國大業；治理政事。《史記·秦始皇本紀》：“應時動事，是維皇帝。”

［5］非法不談：《孝經·卿大夫章》：“非先王之法言不敢道。”

［6］動：猶撞擊。萬鈞：指洪鍾。鈞：三十斤。

［7］弘麗：宏偉華麗。《漢書·揚雄傳上》：“蜀有司馬相如，作賦甚弘麗溫雅。”

6　“夫非漢東之人(1)，不能料明珠於泥淪之蟀[1]；非泣血之民(2)，不能識夜光於重崖之裏[2]。蟭螟屯蚊眉之中(3)，而笑彌天之大鵬[3]；寸鮒遊牛迹之水，不貴橫海之巨鱗(4)[4]。故道業不足以相涉[5]，聰明不足以相逮；理自不合，無所多怪。所以疾之而不能默者，願夫在位君子，無以貌取人[6]，勉勖謙損[7]，以永天秩耳[8]。”

【校】

（1）漢東：藏本、魯藩本等與徐濟忠校並作漢東，平津本作漢濱。

（2）非泣血之民：“泣血”，楊明照按“泣珠”作了箋注，但未下校語，致使“泣血”之名，不副箋語之實。據楊明照箋語，此處“泣血”當作“泣珠”。《博物志》九：“南海外有鮫人，水居如魚，不廢織績，其眼能泣珠。”《文選·吳都賦》：“窮陸飲水，極沈水居。泉室潛織而卷綃，淵客慷慨而泣珠。”並作“泣珠”。《洞冥記》二有“得淚珠，則鮫所泣之珠也”之文，《太平御覽》八百三引佚文，有“泣而成珠滿盤”語，《述異記下》有“其眼能泣則出珠”之文，並其證。楊明照按“泣珠”引了上引諸書作了箋注，卻未給“泣血”作校勘，殊爲怪事。

（3）蚊眉：按：根據出處，當作蚊睫。《玄應音義》八六引《莊子》：“蟭

蜻巢於蚊睫。”《晏子春秋・外篇八》：“東海注：有蟲，巢於蠠（俗
作蚊）睫。”

（4）巨鱗：《太平御覽》九〇五引作巨鱣。

【注】

［1］漢東：漢東之國有隋，産明月珠。《左傳・桓公六年》：“漢東之
國，隨（隋）爲大。”《淮南子・覽冥》“譬如隋侯之珠”高誘注：“隋
侯，漢東之國，姬姓諸侯也。隋侯見大蛇傷斷，以藥傅之。後蛇
於江中銜大珠以報之，因曰隋侯之珠。蓋明月珠也。”泥淪：陷
沒在泥中。蜯同蚌。兩句謂非行家不識真貨於凡庸之中。

［2］泣血：疑當作泣珠，鮫人所泣之淚。夜光：夜光珠。重崖：蓋即
珠崖，即今海南省瓊山縣東南，出真珠。

［3］屯：聚。蚊睫：比喻極小的地方。

［4］鮒：即鯽魚。一說即土附魚。不貴橫海之巨鱗：因曾是東海之
波臣，故不以東海之巨鱗爲貴重。《莊子・外物》：“（莊）周顧視
車轍中，有鮒魚焉。周問之曰：‘鮒魚來！子何爲者耶？’對曰：
‘我，東海之波臣也。君豈有斗升之水而活我哉？’”

［5］道業：謂善行、美德。因其可以化導他人，故稱。《三國志・蜀
書・龐統傳》：“當今天下大亂，雅道陵遲，善人少而惡人多。方
欲興風俗，長道業，不美其譚即聲名不足慕企，不足慕企而爲善
者少矣。”

［6］以貌取人：以人的外貌作爲取捨的標準。《韓非子・顯學》：“孔
子曰：‘以容取人乎，失之子羽。’”

［7］勉勖：勉勵。《後漢書・馬援傳》：“陛下既已得之自然，猶宜加以
勉勖，法太宗之隆德，戒成哀之不終。”謙損：謙讓；謙退。王符
《潛夫論・過利》：“有勳德於民而謙損者，未嘗不光榮也。”

［8］天秩：1. 上天規定的品秩等級。《書・皋陶謨》：“天秩有禮。”孔
傳：“天次秩有禮。”孔穎達疏：“天又次叙爵命，使有禮法。”2. 爵
位、俸禄。潘岳《夏侯常侍誄》：“宜享遐紀，長保天秩。”

7　抱朴子曰:"世人聞戴叔鸞[1]、阮嗣宗傲俗自放,見謂大度[2]。而不量其材力,非傲生之匹,而慕學之[3];或亂項科頭[4],或裸袒蹲夷(1)[5];或濯腳於稠衆,或溲便於人前[6];或停客而獨食(2),或行酒而止所親[7]。此蓋左衽之所爲,非諸夏之快事也[8]。

【校】

（1）祖:陳其榮校:"刻本誤作祖,宜改正。"

（2）或停客而獨食:楊明照校:"'獨'之上或下疑脫一字。上下文皆排句,可證。"按:疑"食"下脫一"飲"字。

【注】

[1]戴叔鸞:戴良字叔鸞,汝南慎陽(今河南正陽北)人。少性倜儻不羈,以才高而議論尚奇,多駮流俗。嘗言:"我若仲尼長東魯,大禹出西羌,獨步天下,誰與爲偶!"舉孝廉,州郡數辟,皆不就。後攜妻子逃於江夏山中,以壽終。《太平御覽》四九八引應璩《與崔元書》:"豈有亂首抗巾以入都城,衣不在體而以適人乎! 昔戴叔鸞箕坐見邊文禮,此皆衰世之慢行也。"

[2]阮嗣宗:阮籍(210—263),字嗣宗,陳留尉氏(今屬河南)人。魏丞相掾阮瑀子。好老莊,善彈琴,任性放達,喜怒不形於色。初辟蔣濟掾屬,後爲宣帝太傅從事中郎、景帝大司馬從事中郎。高貴鄉公即位,封關内侯,徙散騎常侍。後求爲步兵校尉,故世稱阮步兵。不拘禮教,厭禮法之士。又能爲青白眼,見禮俗之士,以白眼相對,見同輩中人則青眼相加。由是禮法之士疾之如仇,文帝每保護之。發言玄遠,口不臧否人物。著有《大人先生傳》《達莊論》及《詠懷》詩八十餘篇。

[3]傲生:狂傲的先生,指戴良、阮籍。

[4]亂項:謂帽子不戴端正。項:頸的後部;冠的後部。科頭:謂不戴帽子,裸露頭髻。

［5］裸袒：赤身露體。《世説新語·德行 23》："王平子、胡毋彦諸人皆以任放爲達，或有裸體者。"劉孝標注："王隱《晉書》曰：'魏末阮籍嗜酒荒放，露頭散髮，裸袒箕踞。其後貴遊子弟阮瞻、王澄（字平子）、謝鯤、胡毋輔之（字彦固）之徒，皆祖述於籍，謂得大道之本。故去巾幘，脱衣服，露醜惡，同禽獸。甚者名之爲通，次者名之爲達也。'"蹲夷：踞坐。古代視爲野蠻無禮的舉動。賈誼《新書·等齊》："諸侯王所在之宫衛，織履蹲夷，以皇帝所在宫法論之。"

［6］濯腳：洗腳。如劉邦"倨床使兩女子（爲之）洗足而見酈生"即其例。溲便：解小便。如劉邦麾下騎士説"沛公不好儒，諸客冠儒冠來者，沛公輒解其冠，溲溺其中"。此用以指魏晉士人。

［7］行酒：依次斟酒；監酒，在席間主持酒政。

［8］諸夏：本指周代分封的中原各個諸侯國，因泛指中原地區。

8　"夫以戴、阮之才學，猶以踸踔自病，得失財不相補[1]。向使二生敬蹈檢括，恂恂以接物，兢兢以御用，其至到何適但爾哉[2]！況不及之遠者，而遵修其業[3]，其速禍危身，將不移陰[4]，何徒不以清德見待而已乎？

【注】

［1］踸踔（chěn chuō）：獨立特行，與衆不同。《孟子·盡心下》"如琴張、曾晳、牧皮者，孔子之所謂狂矣。"趙岐注："琴張，子張也。子張之爲人踸踔譎詭。"財：同纔。

［2］至到：造詣。《尚博》："源流至到之修短，藴藉汲引之淺深。"何適：何啻。猶何止，豈衹。適同啻。《莊子·胠篋》："何適而無道邪！"郭慶藩集釋："適，與啻同。"

［3］遵修：遵循。猶遵照。

［4］移陰：猶移晷。陰：日影。日影移動。

9　"昔者西施心痛而臥於道側(1)，姿顏妖麗(2)[1]，蘭麝芬馥(3)[2]，見者咸美其容而念其疾，莫不躊躇焉(4)。於是鄰女慕之[3]，因僞疾伏於路間，形狀既醜，加之酷臭，行人皆憎其貌而惡其氣，莫不睨面掩鼻(5)，疾趨而過焉。今世人無戴、阮之自然，而効其倨慢，亦是醜女闇於自量之類也(6)[4]。

【校】

（１）昔者西施心痛而臥於道側：《意林》四作昔西施以心痛臥於道側。

（２）姿顏妖麗：《意林》無。

（３）馥：《意林》《御覽》三七六引作芳。

（４）見者咸美其容而念其疾，莫不躊躇焉：《意林》作人皆美之。

（５）睨面掩鼻：藏本、魯藩本、平津本同，當從王廣恕校作睨而掩鼻。賈誼《新書‧勸學》："夫以西施之美而蒙不潔，則過之者莫不睨而掩鼻。"《淮南子‧脩務》："今夫毛嬙、西施，天下之美人。若使之銜腐鼠，蒙蝟皮，衣豹（貉）裘，帶死蛇，則布衣韋帶之人過者，莫不左右睥睨而掩鼻。"高誘注："言雖有美姿，人惡聞其臭，故睥睨而掩其鼻。"是其證。

（６）亦是：疑當乙爲是亦。

【注】

［１］妖麗：艷麗。《宋書‧百官志上》："女侍二人，皆選端正妖麗。"

［２］蘭麝：蘭花與麝香。指名貴的香料。此用以形容西施身上散發出來的香氣。

［３］鄰女：即效顰的東施。《莊子‧天運》："故西施病心而矉其里，其里之醜人見之而美之，歸亦捧心而矉其里。其里之富人見之，堅閉門而不出；貧人見之，挈妻子而去之走。彼知矉美，而不知矉之所以美。"矉通顰。皺眉。後人把這個醜女人稱做東施。表示

　　輕蔑。
[4]醜女：本指無鹽，此指東施。闇同暗。

　　10 “帝者猶執子弟之禮於三老五更者，率人以敬也。
人而無禮，其刺深矣[1]。夫慢人必不敬其親也[2]。蓋欲人
之敬之，必見自敬焉[3]。不修善事，則爲惡人[4]。無事於
大，則爲小人[5]。紂爲無道，見稱獨夫；仲尼陪臣，謂爲素
王[6]。則君子不在乎富貴矣[7]。今爲犯禮之行，而不喜聞
‘遄死’之譏[8]，是負豕而憎人説其臭，投泥而諱人言其
汙也[9]。

【注】

[1]人而無禮：《詩·鄘風·相鼠》：“相鼠有體，人而無禮。人而無
　　禮，胡不遄死！”毛傳：“體，支體也。遄，速也。”
[2]慢人必不敬其親也：謂對人怠慢即不敬其親，兩者有同一性。
　　《孝經·天子章》：“敬親者，不敢慢於人。”
[3]蓋欲人之敬之，必見自敬焉：《孟子·離婁下》：“敬人者，人恒敬
　　之。”《法言·君子》：“人必其自敬也，而後人敬諸。”
[4]不修善事，則爲惡人：《法言·修身》：“修其善則爲善人，修其惡
　　則爲惡人。”語本此而進了一步，不修善事，就是惡人。
[5]大：大體。指心思禮義。《孟子·告子上》：“孟子曰：‘從其大體
　　爲大人，從其小體爲小人。’”趙岐注：“大體，心思禮義；小體，縱
　　恣情欲。”
[6]素王：猶空王。謂具有帝王之德而未居帝王之位者。此指孔子。
　　《淮南子·主術》：“(孔子)專行教道，以成素王。”
[7]君子不在乎富貴矣：謂君子之貴、富與爵、禄無關。《荀子·儒
　　效》：“故君子無爵而貴，無禄而富。”
[8]遄死之譏：見上引《詩·鄘風·相鼠》文。遄（chuán）死：猶速
　　死，快死。

［９］負豕而憎人説其臭：《管子·地員》：“凡聽徵，如負猪豕，覺而駭。”

11　“昔辛有見被髮而祭者，知戎之將熾[1]。余觀懷[2]、愍之世[3]，俗尚驕褻，夷虜自遇[4]。其後羌胡猾夏，侵掠上京[5]。及悟斯事，乃先著之妖怪也。今天下向平，中興有徵，何可不共改既往之失，脩濟濟之美乎[6]！

【注】

［１］辛有：周平王時大夫。被（pī）髮：披髮，春秋時爲所謂夷狄之俗。祭：指祭於野或祭於墓。《左傳·僖公二十二年》：“初，平王之東遷也，辛有適伊川，見被髮而祭於野者，曰：‘不及百年，此其戎乎！其禮先亡矣。’秋，秦、晉遷陸渾之戎於伊川。”

［２］懷：晉懷帝（284—313），字豐度，武帝第二十五子。永興元年（304）立爲皇太弟，光熙元年（306）即位。次年改元永嘉。五年（311）東海王越卒，羯人石勒追喪至東都，殺太尉王衍及都衆十餘萬人。旋匈奴劉曜陷洛陽，殺吏民三萬有餘。被俘徙於平陽，七年（313）被殺。

［３］愍：晉愍帝司馬鄴（300—317），字彦旗，武帝孫，吳孝王晏之子。永嘉六年，懷帝没於匈奴，以皇太子建宗廟社稷於長安。建興元年（313）稱帝。四年，劉曜轉攻長安，城陷出降，徙至平陽，次年被殺。

［４］夷虜自遇：自己把自己看作夷虜。夷虜：視少數民族爲奴僕的蔑稱。

［５］羌胡猾夏，侵掠上京：指石勒、劉曜等五胡十六國興起，石勒、劉曜先後攻陷洛陽與長安。侵掠：侵犯掠奪。上京：古代對國都的通稱。

［６］中興：指晉元帝建立東晉。

12　“夫入虎狼之群，後知賁、育之壯勇^[1]；處禮廢之俗，乃知雅人之不渝。道化凌遲，流遁遂往，賢士儒者，所宜共惜。法當扣心同慨，矯而正之。若力之不能，末如之何，且當竹柏其行，使歲寒而無改也^[2]。何有便當崩騰^[3]，競逐彼闒茸之徒⁽¹⁾，以取容於若曹邪？去道彌遠，可謂爲痛歎者也！

【校】

（1）競逐彼闒茸之徒：平津本“彼”作“其”。

【注】

［1］賁、育：孟賁、夏育，先秦衛國勇士。一説皆秦國勇士。《史記·范雎傳》：“烏穫、任鄙之力焉而死，成荊、孟賁、王慶忌、夏育之勇焉而死。”集解引許慎曰：“孟賁，衛人。”引《漢書音義》曰：“或云夏育，衛人，力舉千鈞。”後成爲勇士的代稱。

［2］竹柏其行：使品行如青竹與松柏，傲霜鬥雪，經受住嚴寒的考驗。

［3］崩騰：奔走，奔波。

13　“其或峨然守正⁽¹⁾，確爾不移，不蓬轉以隨衆，不改雅以入鄭者^[1]，人莫能憎而知其善；而斯以不同於己者^[2]，便共仇讎而不數之^[3]，嗟乎衰獎，乃可爾邪！君子聽使以亢亮方楞^{(2)[4]}，無黨於俗，揚清波以激濁流^[5]，執勁矢以屬群枉，不過當不見容與不得富貴耳。天爵苟存於吾體者，以此獨立不達，亦何苦何恨乎？而便當伐本瓦合，餔糟握泥^{(3)[6]}，刓足適履^[7]，毀方入圓^[8]，不亦劇乎？

【校】

（1）峨然：藏本、魯藩本峨誤作俄。

（2）聽使：平津本作能使。

（3）握：當從楊明照校與《楚辭·漁父》作淈，或從《史記·屈原傳》
　　《索隱》引《楚辭》作滑。淈同滑。

【注】

［1］雅：雅樂。鄭：指代俗樂。

［2］斯：乃。

［3］仇讎：仇人；冤家對頭。《左傳·哀公五年》：“（越）與我同壤而世
　　爲仇讎。”數：1.（shù）：猶禮。《文選》應吉甫（貞）《晉武帝華林
　　園集》詩：“貽宴好會，不常厥數。”注：“數猶禮也。”2.（shuò）：親
　　近；親近。《左傳·成公十六年》：“無日不數於六卿之門。”杜預
　　注：“數，不疏。”兩可。

［4］方楞：方正有楞角。此指行爲端正。《漢過》：“柔媚者受崇飾之
　　祐，方稜者蒙訕棄之患。”

［5］揚清波以激濁流：即揚清激濁。讓純净的水浮上來，把汙濁的
　　水沖下去。喻獎勵好人好事，抨擊壞人壞事。

［6］餔糟：飲酒；吃酒糟。比喻屈志從俗，隨波逐流。握泥，當作淈
　　（gǔ）泥：攪渾泥水。喻屈從衆志，隨波逐流。《楚辭·漁父》：
　　“世人皆濁，何不淈其泥而揚其波？衆人皆醉，何不餔其糟而歠
　　其醨？”

［7］劓足適履：猶削足適履。喻爲了投合時俗而不顧自身。劓
　　（zǔn）：減損；斷折。《說文·刀部》：“劓，減也。”段玉裁注：“劓、
　　撙古今字。”適：從。

［8］毀方入圓：喻拋棄立身行事準則，曲意投合别人。與《漢過》篇
　　“毀方投圓”意同。

14　“夫節士不能使人敬之，而志不可奪也[1]；不能使
人不憎之(1)，而道不可屈也；不能令人不辱之，而榮猶在我
也(2)；不能令人不擯之，而操不可改也。故分定計決[2]，勸

沮不能干；樂天知命，憂懼不能入。困瘁而益堅，窮否而不悔。誠能用心如此者，亦安肯草靡萍浮[3]，以索鑿枘[4]，傚乎禮之所棄者之所爲哉！”

【校】

（1）敬：當從楊明照校作不敬，下文三排句可證。孫星衍校：“（藏本、魯藩本）本脱‘敬之’至‘使人’十二字，從《群書治要》補。”

（2）榮：孫星衍校：“（藏本、魯藩本、平津本）本作行，從《群書治要》改。”按：當從藏本、魯藩本作行。上言志、道，下言操，皆相類，而“榮”則不倫不類矣。“榮”蓋因欲與上文“辱”取義相反而妄改。“榮猶在我也”與上下文句式不一律，疑當作“行不可易也”。

【注】

［1］志不可奪：心志不因被人强迫而放棄或改變。《論語·子罕》：“匹夫不可奪志也。”

［2］分（fèn）定：本分所定；命定。《孟子·盡心上》：“君子所性，雖大行不加焉，雖窮居不損焉，分定故也。”

［3］草靡萍浮：喻無堅定節操。

［4］鑿枘（ruì）：卯眼和榫頭。鑿枘相應，故常用以喻彼此相合。《楚辭·九辯》：“圓鑿而方枘兮，吾固知其鉏鋙而難入。”

15　抱朴子曰：“聞之漢末，諸無行自相品藻次第(1)[1]，群驕慢傲，不入道檢者，爲都魁雄伯[2]，四通八達[3]。皆背叛禮教，而從肆邪僻(2)，訕毀真正，中傷非黨，口習醜言，身行弊事，凡所云爲[4]，使人不忍論也。夫古人所謂通達者，謂通於道德，達於仁義耳[5]。豈謂通乎褻黷，而達於淫邪哉！有似盜跖自謂有聖人之道五者也[6]。此俗之傷破人倫，劇於寇賊之來(3)，不能經久，豈所損壞，一服而已(4)。

【校】

（1）漢末諸無行：孫星衍校："藏本作無徒，盧本作無行，據下文云無行之子，盧本爲長。"魯藩本同藏本。

（2）從：藏本作縱。陳其榮案："承訓本作縱，二字古通。"從、縱古今字。然以《逸民》"蕩然縱肆"、《疾謬》"縱而肆之"證之，作"縱"前後一律。

（3）寇賊：楊明照校："二字當重。"

（4）豈、服：當從楊明照校："二字當據《群書治要》五十引作'其'、作'時'。"

【注】

［1］漢末諸無行：指東漢末年郭泰、許劭等。無行：無善行，謂品行不端正。次第：等第。《意林》五引《典論》："桓、靈之際……位成乎私門，名定乎横巷。由是户異議，人殊論。論無常檢，事無定價。長愛惡，興朋黨。"蓋據此而言。

［2］雄伯：傑出的人物。伯通霸。《三國志·吴書·張紘傳》"紘著詩賦銘誄十餘篇"裴松之注引三國吴韋昭《吴書》："後紘見陳琳作《武庫賦》《應機論》，與琳書深歎美之。琳答曰：'自僕在河北，與天下隔，此間率少於文章，易爲雄伯。'"《魏書·文苑傳序》："漢之西京，馬、揚爲首稱；東都之下，班、張爲雄伯。"按：遠古有八元、八凱，漢有八俊、八顧、八及、八廚，晉有八伯。《後漢書·黨錮傳序》："李膺、荀翌、杜密、王暢、劉祐、魏朗、趙典、朱寓爲'八俊'。俊者，言人之英也。郭林宗、宗慈、巴肅、夏馥、范滂、尹勳、蔡衍、羊陟爲'八顧'。顧者，言能以德行引人者也。……"《晉書·羊曼傳》："曼任達穨縱，好飲酒。……時州里稱陳留阮放爲宏伯，高平郗鑒爲方（放）伯，泰山胡毋輔之爲達伯，濟陰卞壺爲裁伯，陳留蔡謨爲朗伯，阮孚爲誕伯，高平劉綏爲委伯，而曼爲黠伯，凡八人，號兖州八伯，蓋擬古之八雋也。"黠與黠通。

［3］四通八達：蓋有兩解：1. 四通、八達并列對舉，各有所确指。四通：不詳，蓋指較早放達的戴良、阮籍、劉伶等輩，但有待書證。

八達：指晉代謝鯤等八個放達的人。《世說新語・品藻 17》“明帝問謝鯤”條劉孝標注引鄧粲《晉紀》：“鯤與王澄之徒，慕竹林諸人，散首披髮，裸袒箕踞，謂之‘八達’。”《晉書・光逸傳》：“光逸字孟祖，樂安人也。……初至，屬（胡毋）輔之與謝鯤、阮放、畢卓、羊曼、桓彝、阮孚散髮裸裎，閉門酣飲已累日。逸將排戶入，守者不聽，逸便於戶外脫衣露頭於狗竇中窺之而大叫。輔之驚曰：‘他人決不能爾，必我孟祖也。’遽呼入，遂與飲，不捨晝夜，時人謂之八達。”2. 出於駢句的修辭需要而連帶“四通”，實祇指指“八達”。

［4］云爲：言論行爲。《易・繫辭下》：“變化云爲，吉事有祥。”孔穎達疏：“或口之所云，或身之所爲也。”

［5］通於道德，達於仁義：意本《莊子・讓王》：“孔子曰：‘……君子通於道之謂通，窮於道之謂窮。今丘抱仁義之道，以遭亂世之患，其何窮之爲？’”

［6］聖人之道五：指盜跖的五種道德規範：聖、勇、義、知（智）、仁。《莊子・胠篋》：“跖之徒問於跖曰：‘盜亦有道乎？’跖曰：‘何適而無有道邪！夫妄意室中之藏，聖也；入先，勇也；出後，義也；知可否，知也；分均，仁也。五者不備而能成大盜者，天下未之有也。’”

16　“若夫貴門子孫及在位之士，不惜典刑[1]，而皆科頭袒體，踞見賓客[2]。既辱天官(1)[3]，又移染庸民。後生晚出[4]，見彼或已經清資(2)[5]，或佻竊虛名(3)，而躬自爲之；則凡夫便謂立身當世，莫此之爲美也。夫守禮防者苦且難[6]，而其人多窮賤焉；恣驕放者樂且易，而爲者皆速達焉。於是俗人莫不委此而就彼矣。

【校】

（1）既：孫星衍校：“《群書治要》作毁。”

（2）見彼或已經清資：孫星衍校：“藏本作彼或以經清之資，脫見字，從《群書治要》校正,舊寫本作經濟。”魯藩本同藏本。

（3）佻：陳其榮案：“《治要》作叨。榮案佻本有竊取義。”

【注】

［1］典刑：常法。《國語·晉語》八“必順於典刑”韋昭注：“典刑,常
　　法也。”

［2］踞：坐。《左傳·襄公二十四年》：“既免,復踞轉而鼓琴。”孔穎達
　　疏：“踞,謂坐其上也。”

［3］天官：泛指朝廷百官。《漢書·李尋傳》：“舉有德行、道術、能明
　　之士,充備天官。”王先謙補注：“天工人代,故官曰天官。”句謂毀
　　辱百官的尊嚴。

［4］後生：較後出生；後輩；弟子、學生。《論語·子罕》：“後生可畏,
　　焉知來者之不如今也。”《墨子·非儒下》：“無爲弟子後生,其師,
　　必脩其言,法其行,力不足知弗及而後已。”

［5］清資：魏晉至唐多由士族擔任的清貴官職。《北史·宋遊道傳》：
　　“出州入省,歷忝清資,而長惡不悛,曾無忌諱。”

［6］禮防：指禮法。謂禮之禁亂,猶防之止水。《禮記·經解》：“夫禮,禁
　　亂之所由也,猶坊止水之所自來也。”釋文：“坊,本又作防。”

17　“世間或有少無清白之操業,長以買官而富貴；或
亦其所知足以自飾也,其黨與足以相引也[1]。而無行之
子,便指以爲證曰：‘彼縱情恣慾,而不妨其赫奕矣；此敕身
履道[2],而不免於貧賤矣。’而不知榮顯者有幸,而頓淪者
不遇,皆不由其行也。

【注】

［1］黨與：同黨的人。《管子·八觀》：“請謁得於上,則黨與成於下。”

［2］敕身：警飾自身。敕：謹敬貌。《漢書·禮樂志》：“（《安世房中
　　樂》）敕身齊（齋）戒,施教申申。”顏師古注引應劭曰：“敕,謹敬之

貌。”履道：此指行謙虛之道。

18　“然所謂四通八達者，愛助附己爲之，履不及納，帶不暇結，攜手升堂，連袂入室[1]；出則接膝⑴[2]，請會則直致，所惠則得多；屬託則常聽，所欲則必副；言論則見饒，有患則見救；所論薦則蹇驢蒙龍駿之價[3]，所中傷則孝己受商臣之談[4]。故小人之赴也，若決水於萬仞之高隄[5]，而放烈火乎雲夢之枯草焉。欲望肅雍濟濟[6]，後生有式[7]，是猶炙冰使燥，積灰令熾矣。”

【校】

（1）出則接膝：與“請會則直致”相較，疑“出”下少一字，蓋脫“游”字。

【注】

[1] 履不及納，帶不暇結：謂不穿衣、鞋即接待客人。

[2] 接膝：膝與膝相接。猶促膝。形容坐得很近。陶潛《閑情賦》：“激清音以感余，願接膝以交言。”

[3] 論薦：選拔推薦。論通掄。選擇，選拔。蹇驢：跛蹇駑弱的驢子。喻駑鈍之人。龍駿：駿馬。喻俊才。馬，八尺以上爲龍。

[4] 孝己：殷高宗武丁之子，有賢孝之行，遭後母讒毀，被放逐而死。後用作孝子的典型。商臣：楚成王當初將以商臣爲太子，令尹子上說商臣是“忍人也，不可立也”。弗聽，立商臣爲太子。後又欲立王子職，而黜太子商臣。商臣聽從潘崇“行大事”之計，“以宮甲圍成王”，逼其自縊。

[5] 若決水於萬仞之高隄：喻勢銳不可當。《孫子·軍形》：“勝者之戰，若決積水於千仞之谿者，形也。”

[6] 肅雍：莊嚴雍容，整齊和諧。《詩·周頌·清廟》：“肅雝顯相。”毛傳：“肅，敬；雝，和。”雝通雍。

[7] 有式：有了榜樣。句喻所用手段不能達到所要達到的目的。

百里卷二十八 [1]

1 抱朴子曰："三台九列[2]，坐而論道；州牧郡守[3]，操綱舉領[4]。其官益大，其事愈優[5]。煩劇所鍾，其唯百里(1)[6]。衆役於是乎出，調求之所叢赴(2)。牧守雖賢，而令長不堪[7]，則國事不舉[8]，萬機有闕。其損敗，豈徒止乎一境而已哉！令長尤宜得才，乃急於臺省之官也[9]。用之不得其人，其故無他也，在乎至公之情不行，而任私之意不違也。

【校】

（1）百里：其下《北堂書鈔》七八引有也字。

（2）調：平津本作誅，誤，當從楊明照校、藏本、魯藩本等改作"調"。《省煩》有"調求"語，是其證。

【注】

[1] 百里：古時一縣所轄之地大率方百里，因以爲縣與縣令的代稱，此指代縣令。此論縣級政權縣令的作用與存在的問題。《漢書·百官公卿表上》："縣，大率方百里。"《後漢書·循吏傳·仇覽》："(王)渙謝遣曰：'枳棘非鸞鳳所棲，百里豈大賢之路。'"李賢注："時渙爲縣令，故自稱百里也。"

[2] 三台：三公。《後漢書·劉玄傳》："夫三公上應台宿。"李賢注引《春秋漢含孳》曰："三公在天爲三台。"又《袁紹傳》："坐召三台，

專制朝政。"李賢注引《晉書》曰:"漢官,尚書爲中台,御史爲憲台,謁者爲外台,是謂三台。"九列:九卿的職位;九卿。《漢書·韋玄成傳》:"明明天子,俊德烈烈。不遂我遺,恤我九列。"顏師古注:"九列,卿之位,少府也。"

[３] 州牧:刺史。一州之長,漢武帝時設十三州刺史,至成帝時改刺史爲州牧,後廢置不常。東漢靈帝時,再設州牧,掌一州軍政大權,魏晉後廢。郡守:太守,主一郡政事。秦廢封建,設郡縣,郡置守、丞、尉各一人,守治民,丞佐之。

[４] 操綱舉領:猶言提綱挈領、舉綱持領。操綱:手持漁網的總綱。舉領:拎起裘衣的領子。喻抓住要領,掌握原則。

[５] 優:寬閑;從容。《淮南子·詮言》:"故位愈尊而身愈佚,身(官)愈大而事愈少。"高官不操持具體政務,故得寬閑也。

[６] 煩劇:繁重。《漢書·食貨志下》:"繇役煩劇。"此指繁重的事務。按:朝廷各種政令軍令等皆由縣一級政權上承下達,無所不管,而劇縣即老大難縣更爲煩劇。鍾:彙聚;集中。

[７] 令長:秦漢時置,按户口、水土、秩高下、平劇而有所區分,一般萬户以上縣爲令,不足萬户爲長,因以令長泛指縣令。《漢書·百官公卿表上》:"縣令、長,皆秦官,掌治其縣。萬户以上爲令,……減萬户爲長。"

[８] 國事:國家的政事。《禮記·喪服大記》:"君言王事,不言國事。"孫希旦集解:"國事,政令之施於一國,以治其人民者也。"

[９] 臺省:封建王朝的中央政府。漢的尚書省、三國魏的中書省,都是代表皇帝發佈政令的中樞機關,設在禁省,因以"臺省"指政府的中央機構。

2 "或父兄貴重[１],而子弟以聞望見選;或高人屬託,而凡品以無能見叙[２]。或是所宿念[３],或親戚匪他,知其不可而能用[４]。此等亦時有快者(1),不爲盡不所中也[５],要於不精者,率多矣。其能自獨立(2),勉修清約[６],夙夜在公,以求衆譽。懼風績之不美,恥知己之謬舉[7],尠矣[8]。

【校】

（1）此：孫星衍校：“藏本作也,從盧本改。”魯藩本同藏本。

（2）獨：平津本作効,楊明照校依藏本應作獨。《擢才》《刺驕》《漢過》《安貧》《窮達》皆有“獨立”連文之語,是其證。

【注】

[1] 貴重：位高任重。《韓非子·内儲説下》：“大臣貴重,敵主争事,外市樹黨,下亂國法,上以劫主,而國不危者,未嘗有也。”

[2] 叙：按照規定的等級授予官職;按勞績大小不一給予獎勵。《周禮·天官·宫伯》：“凡在版者,掌其政令,行其秩叙。”鄭玄注：“叙,才等也。”賈公彦疏：“秩謂依班秩受禄;叙者,才藝高下爲次第。”

[3] 宿念：昔日的愛憐之情。《三國志·吴書·吴主傳》“此言之誠,有如大江”裴松之注引三國魏魚豢《魏略》：“當垂宿念,爲之先後,使獲攀龍附鳳,永自固定。”

[4] 匪他：謂至親。《詩·小雅·頍弁》：“豈伊異人？兄弟匪他。”鄭玄箋：“‘無他’,言至親。”謂都是兄弟,而非他人,因用爲兄弟的代稱。能：寧願;寧可。

[5] 盡不所中（zhòng）：没有一個選得合乎要求。

[6] 清約：清廉節儉;政事清明簡約。《後漢書·祭肜傳》：“肜在遼東幾三十年,衣無兼副。顯宗既嘉其功,又美肜清約。”

[7] 謬舉：妄加舉薦。指虚授。《文選》曹植《求自試表》：“故君無虚授,臣無虚受,虚授謂之謬舉,虚受謂之尸禄。”劉良注：“謬,誤也。”

[8] 尠（xiǎn）：即鮮。善。《易·繫辭上》：“故君子之道鮮矣。”此解爲“少”亦可。

3 “庸猥之徒[1]，器小志近，冒于貨賄，唯富是圖[2]，肆情恣慾，無止無足(1)。在所司官，知其有足賴主人[3]，舉劾彈糾，終於當解[4]。慮其結怨，反見中傷，不敢犯觸[5]，而恣其貪殘矣。如此，黎庶亦安得不困毒而離叛[6]；離叛者衆，則不得不屯聚而爲群盜矣。

【校】

（1）無止無足：孫星衍校：“藏本作元止無足，從舊寫本改。”魯藩本同藏本。按：“元”爲“无”之誤。

【注】

［1］庸猥：猶庸鄙。《窮達》：“或信此之庸猥，而不能遣所念之近情；或識彼之英異，而不能平心於至公。”

［2］唯富是圖：貪圖富貴；貪圖財富。是：結構助詞，起前置賓語作用。句式與“唯利是視”相同。

［3］在所：猶言所在地。司官：主管官員。《後漢書・陳寵傳》：“鄰縣人戶歸附者，寵輒訓導譬解，發遣各令還本司官行部。”李賢注：“司官，謂主司之官也。”有足賴主人：謂有主事之人足以依賴。

［4］當：判處。《史記・蒙恬列傳》：“（趙）高有大罪，秦王令蒙毅法治之。毅不敢阿法，當高罪死，除其宦籍。”解：免。《易・繫辭下》：“故惡積而不可揜，罪大而不可解。”

［5］犯觸：觸犯。王充《論衡・譏日》：“世俗既信歲時，而又信日。舉事若病、死、災、患，大則謂之犯觸歲月，小則謂之不避日禁。”

［6］困毒：苦難。此謂陷於苦難。王充《論衡・語增》：“魏公子無忌爲長夜之飲，困毒而死。”離判：離心背叛。《國語・周語中》：“尊貴、明賢、庸勳、長老、愛親、禮新、親舊……若七德離判，民乃攜貳。”

4　夫百尋之室，焚於分寸之飈⁽¹⁾；千丈之陂⁽²⁾，潰於一蟻之穴[1]。何可不深防乎！何可不改張乎[2]！而秉斤兩者[3]，或舍銓衡而任情；掌柯斧者[4]，或曲繩墨於附己。選之者，既不爲官擇人[5]；而求之者，又不自謂不任。於是蒞政而政荒，牧民而民散。

【校】
（１）焚：陳其榮案：“盧本作撓。”
（２）千丈之陂：魯藩本誤作千文之波。

【注】
[1] 百尋之室四句：比喻不防微杜漸即釀成大禍。《韓非子·喻老》：“千丈之隄，以螻蟻之穴潰；百尺之室，以突隙之煙（爓）焚。”飈通作猋，而與爓通。《説文·火部》：“爓，火飛也。”
[2] 改張：改弦更張。比喻改變方針、做法或態度。承上“百尋之室”四句而言，喻事先採取措施，防患於未然，如曲突徙薪。《三國志·吳書·孫休傳論》：“（孫）休以舊愛宿恩，任月（濮陽）興、（張）布，不能拔進良才，改絃易張，雖志善好學，何益救亂乎？”
[3] 秉斤兩者：指主管審舉的官吏。斤兩：斤和兩。計算重量的單位。此處借指（權衡）官員輕重。
[4] 掌柯斧者：指管刑法官吏。柯斧：裝柄之斧。《詩·豳風·伐柯》：“伐柯伐柯，其則不遠。”鄭玄箋：“伐柯者必用柯，其大小長短，近取法於柯。”後因以“柯斧”喻法規。
[5] 爲官擇人：爲朝廷選拔人才。《文選·晉紀總論》“選者爲人擇官，官者爲身擇利”李善注引謝承《後漢書》：“吕强上疏曰：‘苟寵所愛，私擢所幸，不復爲官擇人，反爲人擇官也。’”

5　“或有穢濁驕奢，而困百姓者矣；或有苛虐酷烈[1]，而多怨叛者矣；或有闇塞退憒[2]，而庶事亂者矣⁽¹⁾；或有潦倒疏緩[3]，而致弛壞者矣[4]；或有好興不急，而疲人力者矣；或有藏養逋逃[5]，而行淩暴者矣；或有不曉法令，而受欺弄者矣；或有以音聲酒色(2)，而致荒湎者矣[6]；或有圍棋樗蒱[7]，而廢政務者矣；或有田獵遊飲，而忘庶事者矣；或有不省辭訟，而刑獄亂者矣(3)[8]。

【校】

（一）庶事亂：當從楊明照校據上下文例乙作亂庶事。

（二）以：不合上下文例，當從楊明照校删。

（三）刑獄亂：當從楊明照校乙作亂刑獄，以與上文例一致。

【注】

［１］酷烈：殘暴。《荀子·議兵》：“秦人，其生民也陿阨，其使民也酷烈。”

［２］闇塞：愚昧蔽塞。《自叙》：“貴人時或問官吏民甲乙何如？其清高賢能者，洪指説其快事，其貪暴闇塞者，對以偶不識悉。”

［３］潦倒：散慢；拖沓。嵇康《與山巨源絶交書》：“足下舊知吾潦倒麤疎，不切事情。”公孫羅《文選鈔》：“潦倒，長緩貌。”今言拖沓。

［４］弛壞：廢弛敗壞。《孫子·地形》“卒强吏弱曰弛”曹操注：“吏不能統，故弛壞。”

［５］逋逃：逃亡；逃亡的罪人。《書·費誓》：“馬牛其風，臣妾逋逃。”孔傳：“馬牛其有風佚，臣妾逋亡。”

［６］荒湎：謂沈湎於酒色。《隋書·河間王慶傳》：“江都荒湎，流宕忘歸，内外崩離，人神怨憤。”

［７］圍棋：傳爲堯作。春秋戰國時代即有關於圍棋的記載。古時棋局縱橫各十七道，共二百八十九個交叉點，黑白子各一百五十枚。唐以後縱橫各十九道，共三百六十一個交叉點。雙方用黑白子對箸，以圍困對方，吃子多少定勝負，故稱圍棋。《内篇·辨問》：“故善圍棊之無比者，則謂之棊聖，故嚴子卿、馬綏明於今有

棊聖之名焉。"最早的圍棋專著有宋張儗《棋經》、晏天章《元
六經》。

[8] 刑獄：猶刑罰。《左傳·文公六年》："正法罪，辟刑獄。"刑指肉
刑、死刑、徒刑；罰指以金錢贖罪。泛指依照法律對違法者實行
的强制處分。

6　"百姓不堪[1]，起爲寇賊。釁咎發聞[2]，實於叢
棘[3]。虧君上之明，益刑書之煩。而民之荼毒[4]，亦已深
矣。夫用非其人，譬猶被木馬以繁纓[5]，何由騁迹於追
風[6]；以壞龍當雲雨，安能耀景於天衢哉[7]！

【注】

[1] 不堪：謂民不堪命。《國語·周語上》："厲王虐，國人謗王。召公
告王曰：'民不堪命矣！'"韋昭注："言民不堪暴虐之政令。"

[2] 釁咎：罪過，過失。指起爲盜賊。《説苑·正諫》："民之釁咎，血
成於通塗。"發聞：傳播。《書·吕刑》："上帝監民，罔有馨香，德
刑發聞惟腥。"孔穎達疏："苗民自謂是德刑者，發聞於外，惟乃皆
是腥臭。"此謂報告上達官府或朝廷。

[3] 實於叢棘：關進叢棘木圍着的牢獄内。《易·坎》："上六：係用
徽墨，寘於叢棘。"正義："謂囚執之處，以棘叢而禁之也。"釋文：
"寘，之豉反，置也。"集解引虞翻曰："獄外種九棘，故稱叢棘。"

[4] 荼毒：毒害，殘害。《書·湯誥》："爾萬方百姓，罹其凶害，弗忍荼
毒。"枚傳："罹，被也。荼毒，苦也。不能堪忍，虐之甚。"

[5] 繁纓：古代天子、諸侯用以絡馬的帶飾。繁(pán)：馬腹帶。纓：
馬頸革。《左傳·成公二年》："請曲縣、繁纓以朝。"杜預注："繁
纓，馬飾。"

[6] 騁迹：楊明照箋："騁跡：猶騁足。《文選·西京賦》：'百馬同轡，
騁足並馳。'"按："騁跡"與"騁足"語義有別。"騁足"指奔跑著的
馬足，藉指良馬。騁迹：往來自如；縱橫馳騁。《藝文類聚》六一

引劉楨《魯都賦》:"舞人就列,整飾容華。和顏揚眸,眄風長歌。飄乎焱發,身如轉波。尋虛騁跡,顧與節和。"《文選》吳質《答東阿王書》:"步武之間,不足以騁跡。"李周翰注:"武亦跡也。言步武之間地小,何足使良馬馳騁其軌跡也。"追風:《文選·七啟》:"駕超野之駟,乘追風之輿。"李善注:"超野、追風,言疾也。"《古今注·鳥獸》:"秦始皇有名馬七,一曰追風。"

[7]以壤龍當雲雨:《淮南子·墜形》:"土龍致雨。"高誘注:"湯遭旱,作土龍以象龍。雲從龍,故致雨也。"耀景(yǐng):顯示陰影(指下雨前的景象)。

7　"若秉國之鈞[1],出納王命者[2],審良、樂之顧眄[3],不令跛蹇廁騏駬;冒昧苟得[4],闇於自量者,慮中道之顛躓[5],不以駑蕡服鸞衡[6]。則何患庶績之不康[7]?何憂四凶之不退?三皇豈足四,五帝豈難六哉(1)[8]!"

【校】

(1)豈足:蓋原作不足。疑"豈"蒙下"豈難"之"豈"而誤,《戰國策》之《秦策四》《秦策五》並有"三王不足四,五伯不足六"之語可證。

【注】

[1]秉國之鈞:以制陶爲喻。鈞是製作陶器的轉輪,制陶者秉持轉輪製作陶器。因喻執政者執政,使國家機器保持運轉。《詩·小雅·節南山》:"尹氏大師,維周之氏。秉國之均,四方是維。天子是毗,俾民不迷。"毛傳:"氏,本也。均,平。毗,厚也。"鄭玄箋:"氏,當作'桎鎋'之'桎'。毗,輔也。言尹氏作大師之官,爲周之桎鎋,持國政之平,維制四方,上輔天子,下教化天下,使民無迷惑之憂。言任至重。"《漢書·鄒陽傳》"獨化於陶鈞之上"顏師古注引張晏曰:"陶家名模下圓轉者爲鈞。"

[2]出納王命:指起喉舌作用,把帝王詔命向下宣告,把下面意見報

告帝王。《詩·大雅·烝民》:"出納王命,王之喉舌。賦政于外,四方爰發。"毛傳:"喉舌,冢宰也。"鄭玄箋:"出王命者,王口所自言,承而施之也。納王命者,時之所宜,復於王也。"

[3] 良、樂:春秋時晉國王良、秦國伯樂的並稱,古之善相馬、善馭馬者。一説王良善馭馬,伯樂工相馬。《左傳·哀公二年》:"甲戌,將戰,郵無恤御簡子,衛大子爲右。"杜預注:"郵無恤,王良也。"《孟子·滕文公下》:"昔者趙簡子使王良與嬖奚乘。"顧眄:斜視;回視。此謂來回相馬。《戰國策·燕策二》:"人有賣駿馬者,比三旦立市,人莫之知。往見伯樂曰:'臣有駿馬,欲賣之,比三旦立於市,人莫與言。願子還而視之,去而顧之,臣請獻一朝之賈。'伯樂乃還而視之,去而顧之,一旦而馬價十倍。""顧眄"本此。王良並無顧眄賣駿馬傳説,此連類及之。

[4] 冒昧:無知妄爲。《後漢書·李雲傳》:"故敢觸龍鱗,冒昧以請。"

[5] 顛躓(zhì):傾跌;仆倒。《中論·審大臣》:"無異策穿蹄之乘,而登太行之險,亦必顛躓矣。"此指翻車。

[6] 不以駑蘙服鸞衡:不用駑鈍的牛、力弱的馬駕鸞車。蘙(niè):疲倦貌。《文選》謝靈運《過始寧墅》詩:"淄磷謝清曠,疲蘙慙貞堅。"李善注:"《莊子(·齊物論)》曰:'蘙然疲(役),而不知其所歸。'司馬彪曰:'蘙,極貌也。'蘙,奴結切。"吕向注:"疲蘙,困極之貌。"服:駕車。鸞衡:鸞鈴懸在衡上。指代車。馬動鸞鳴,行車有節,所以正威儀、行舒疾。衡:轅前横木用以縛軛者。《禮記·經解》:"升車,則有鸞和之音。"鄭玄注:"鸞、和,皆鈴也。所以爲車行節也。《韓詩内傳》曰:'鸞在衡,和在軾。前升車則馬動,馬動則鸞鳴,鸞鳴則和應。'"

[7] 康:安。《書·益稷》:"庶事康哉。"孔傳:"衆事乃安。"

[8] 三皇:孔安國以伏羲、神農、黄帝爲三皇。五帝:孔安國以少昊、顓頊、高辛、唐(堯)、虞(舜)爲五帝。説參邱光庭《兼明書》卷一《諸書》"三皇"、"五帝"二條。兩句謂:三皇不足與你爲四,五帝難道能與你爲六嗎? 言外三皇五帝都不及你。

接疏卷二十九^[1]

1 抱朴子曰：“以英逸而遭大明^[2]，則桑蔭未移，而金蘭之協已固矣^[3]；以長才而遇深識，則不待歷試，而相知之情已審矣^[4]。飄乎猶起鴻之乘勁風^[5]，翩乎若騰鱗之躡驚雲也^{(1)[6]}。

【校】

（1）騰：平津本作勝。

【注】

［1］接疏：指接納關係疏遠而地位低下的有用之才。蓋意本《書·堯典》：“明明，揚側陋。”孔傳：“堯知子不肖，有禪位之志，故明舉明人在側陋者，廣求賢也。”正義：“側陋者，僻側淺陋之處。”方孝岳今語：“堯曰，可悉舉貴戚及疏遠隱匿者。”

［2］大明：此喻指明並日月之明君。《管子·内業》：“鑒於大清，視於大明。”尹知章注：“（大明）日、月也。”

［3］金蘭之協：即金蘭之契。金蘭：喻交道。其堅如金，其芳如蘭。《易·繫辭上》：“二人同心，其利斷金；同心之言，其臭如蘭。”

［4］不待歷試：指依據自己的目視耳聽而決斷用人。《吕氏春秋·謹聽》：“夫堯惡得賢（於）天下而試虞，舜惡得賢（於）天下而試禹？斷之於耳而已矣。”高誘注：“惡，安。試，用也。何以能得賢於天下能用舜、禹？”

［5］飄：飛揚；疾飛。《吕氏春秋·觀表》：“聖人則不可以飄矣。”高誘

注:"飄,疾也。"

[6]翩:疾飛。《楚辭・九章・悲回風》"翩冥冥之不可娛"洪興祖補
　　注:"翩,疾飛也。"騰鱗:指騰雲駕霧的龍。蛟、龍爲鱗蟲之長。
　　《大戴禮記・易本命》:"有鱗之蟲三百六十,而蛟、龍爲之長。"
　　躡:登;騰(雲)。驚雲:快速飛動的雲氣。

2　"若以沈抑而可忽乎？則姜公不用於周矣[1]。若以
疏賤而可距乎[2]？則毛生不貴乎趙矣[3]。若積素行乃託
政(1),則甯戚不顯於齊矣;若貴宿名而委任[4],則陳、韓不
録於漢矣[5]。明者舉大略細[6],不忮不求[7]。故能取威定
功,成天平地[8]。豈肯稱薪而爨,數粒乃炊[9],并瑕棄
璧[10],披毛索靨哉[11]！"

【校】

（1）託政:魯藩本作説政。

【注】

[1]姜公:姜子牙,即吕尚。周:周文王。《淮南子・脩務》:"吕望鼓
　　刀而入周。"

[2]疏賤:指關係疏遠、地位低下的人。《韓非子・主道》:"是故誠有
　　功則雖疏賤必賞,誠有過則雖近愛必誅。"

[3]毛生:毛遂。戰國時趙國平原君的門客,曾自薦於平原君,提出
　　合縱於楚而解邯鄲之圍的策略,爲平原君所采,遂爲上客。

[4]宿名:素來的名望;久已享有的名望。《世説新語・德行30》:
　　"桓(彝)常侍聞人道深公者,輒曰:'此公既有宿名,加先達知稱,
　　又與先人至交,不宜説之。'"

[5]陳、韓不録於漢:指漢王劉邦任用陳平爲都尉,使爲参乘,典護
　　軍;擇良日,齋戒設壇場,拜韓信爲大將軍。

[6]舉大略細:重大節大才,略小節小過。《漢書・陳湯傳》:"(劉向

上疏)論大功者不録小過,舉大美者不疵細瑕。"

〔7〕不忮(zhì)不求:不嫉恨,也不貪求。《詩·邶風·雄雉》:"不忮不求,何用不臧。"毛傳:"忮,害。臧,善也。"

〔8〕成天平地:即地平天成。《左傳·文公十八年》:"舜臣堯,舉八愷,使主后土,以揆百事,莫不時序,地平天成。"杜預注:"揆,度也。成,亦平也。"形容一切就緒。

〔9〕稱薪而爨,數粒乃炊:喻斤斤計較細節,而不識大體。《淮南子·泰族》:"秤薪而爨,數米而炊,可以治小,而未可以治大也。"

〔10〕並瑕棄璧:喻衹見人才的缺點,而把有用人才拋棄。《玉篇·從部》:"並,專也。"《禮記·聘義》"瑕不揜玉"鄭玄注:"瑕,玉之病也。"

〔11〕披毛索黶:猶言吹毛求疵。故意挑剔毛病,尋找差錯。黶(yǎn):黑痣。《慎子·外篇》:"古之全大體者……不吹毛而求小疵,不洗垢而察難知。"

鈞世卷三十^[1]

1 或曰:"古之著書者,才大思深,故其文隱而難曉;今人意淺力近,故露而易見。以此易見,比彼難曉,猶溝澮之方江河^[2],螘垤之並嵩、岱矣^[3]。故水不發崐山^[4],則不能揚洪流以東漸^[5];書不出英俊,則不能備致遠之弘韻焉^[6]。"

【注】

[1] 鈞世:銓衡古今(作品的優劣)。《吕氏春秋·仲春》:"日夜分,則同度量,鈞衡石,角斗桶,正權概。"高誘注:"鈞,銓。"

[2] 溝澮(kuài):泛指田間水道。溝:廣、深各四尺。澮:廣二尋,深二仞。

[3] 螘垤(dié):楊明照箋:"螘,蟻本字。螘垤,蟻塚;亦曰螘封。此喻小土堆。《詩·豳風·東山》'鸛鳴於垤(,婦歎於室)。'毛傳:'垤,螘塚也。'正義:'此蟲穴處,輦土爲塚以避溼。'釋文:'垤,田節反。'"按:"螘垤"如楊明照所引,最早見於《韓非子·姦劫弒臣》:"夫世愚學之人,比有術之士也,猶螘垤之於大陵也,其相去遠矣。"但"螘垤"與"螘塚""螘封"有別。螘垤:猶螘闕。蟻穴外土之隆聳近水者。邱光庭《兼明書》卷二《毛詩》"鸛鳴於垤"條:"明曰:據詩之文勢,此'垤'不得爲'蟻冢',蓋是土之隆聳近水者也。按《左傳(·宣公十四年)》云'屨及於窒皇',(杜預注)謂'寢門闕也'。(《莊公十九年》)又云'葬於窒皇',(杜預注)謂'墓門闕也'。凡闕者,聚土爲之,故知此'垤'謂土之隆聳近水者,若坻沚之類也。鸛者,水鳥也。天將陰雨,則鳴於隆土之上。婦人

聞之，憂雨思夫，故歎於室。若以‘於垤’是蟻上於冢，則鸛鳴竟
於何處？豈文章之體當如是邪？且《經》無‘蟻’文，何得鑿空生
義？”然邱所據《左傳》版本與今本異。“屢及於垤皇”，今十三經
本《左傳·宣公十四年》作“屢及於窒皇”阮元校勘記：“惠棟云：
高誘《呂覽·行論篇》注引《傳》作‘經皇’，與《莊十九年》‘經皇’
一也。”不作“垤皇”，“墓”作“冢”。洪亮吉詁：“窒皇，蓋即今之甬
道。”《莊公十九年》作“葬於經皇”，沈欽韓《補注》、武億《義證》、
楊伯峻皆從《呂氏春秋·行論》篇“屢及諸庭”說，故楊伯注云：
“經皇即宣十四年傳‘屢及於窒皇’之窒皇。窒、經字通。蓋殿前
之庭也……章炳麟《左傳讀》謂經皇爲墓門内庭中之道，亦通。”
惜洪亮吉、惠棟、阮元、章炳麟、沈欽韓、楊伯峻、楊明照諸先輩皆
未以邱引《左傳》校之。洪亮吉之“甬道”說、章炳麟之“内庭中之
道”說、“庭”說，皆未及邱說。而注“螘垤”的梁啟雄、陳奇猷採
《說文》“蟻封”說，楊明照兼采“螘塚”“螘封”說，皆與“螘垤”之垤
義無關。“闕”是一個多義詞，邱所說也是一義。並：與……並
列。嵩、岱：嵩山，中嶽；岱宗，東嶽。

［４］崐山：崐崙山。《爾雅·釋水》：“河出崐崙墟。”郭璞注：“《山海經
　　（·海内西經）》曰：‘河出崐崙西北隅。’虚，山下基也。”

［５］漸（jiān）：入。《書·禹貢》：“東漸於海。”孔傳：“漸，入也。”正
　　義：“漸是沾濕，故爲入。謂入海也。”

［６］弘韻：博大的風度；宏富的神韻。

　　2　抱朴子答曰：“夫論管穴者[1]，不可問以九陔之無
外[2]；習拘閡者[3]，不可督以拔萃之獨見。蓋往古之士，匪
鬼匪神[4]，其形器雖冶鑠於疇曩[5]，然其精神布在乎方
策[6]，情見乎辭[7]，指歸可得[8]。

【注】

［１］管穴：竹管般的孔穴。喻狹隘的識見。《後漢書·陳忠傳》：“（上

疏)若嘉謀異策,宜輒納用;如其管穴,妄有譏刺,雖苦口逆耳,不得事實,且優遊寬容,以示聖朝無諱之美。"李賢注:"管穴,言小也。《史記(•扁鵲傳)》扁鵲曰:'若以管窺天,以隙視文。'隙,即穴也。"

[2] 九陔(gāi):亦作九垓、九閡。九層。天有九重,因指九天。《淮南子•道應》:"吾(若士)汗漫期於九垓之上。"許慎注:"九垓,九天也。"(從王念孫校)

[3] 拘閡(ài):束縛阻礙;固執局限。《後漢書•虞詡傳》:"兵不厭權,願寬假譽策,勿令有所拘閡而已。"李賢注:"閡與礙同。"

[4] 匪鬼匪神:句謂古人亦猶今人,也是人。

[5] 疇曩:猶疇昔。"疇"與"曩"連文同義。往日;舊時。

[6] 布:陳述;表達;抒寫。《禮記•中庸》:"哀公問政。子曰:'文武之政,布在方策。'"

[7] 情見乎辭:真情流露於文辭中。《易•繫辭下》:"聖人之情見乎辭。"見(xiàn):表現。

[8] 指歸:謂指意歸向。漢嚴遵有《老子指歸》。

3　　"且古書之多隱,未必昔人故欲難曉。或世異語變[1],或方言不同[2];經荒歷亂,埋藏積久[3],簡編朽絕[4],亡失者多;或雜續殘缺,或脫去章句[5]。是以難知,似若至深耳。

【注】

[1] 世異語變:時代不同,語言發生變化。言外謂理當用"讀應《爾雅》"來解決所謂"難曉"的問題。《大戴禮記•小辯》:"《爾雅》以觀於古,足以辯言矣。"《漢書•藝文志•六藝略》:"書者,古之號令,號令於眾。其言不立具,則聽受施行者弗曉,古文讀應《爾雅》,故解古今語而可知也。"王先謙補注引葉德輝曰:"《史記》(之)《五帝》《夏》《周紀》載《尚書》文,多以訓詁代經,即讀應《爾

雅》也。”《後漢書・賈逵傳》：“逵數爲（章）帝言，《古文尚書》與經傳《爾雅》詁訓相應。”

［２］方言：語言的地方變體。見揚雄《方言》。應劭《風俗通義序》：“周、秦常以歲八月遣輶軒之使，求異代方言，還奏籍，藏於祕室。……蜀人嚴君平有千餘言，林閭翁孺才有梗概之法，揚雄好之，天下孝廉、衛卒交會，周章質問，以治注續，二十七年爾乃治正，凡九千字。其所發明，猶未若《爾雅》之閎麗也。”郭璞《方言序》：“蓋聞《方言》之作，出乎輶軒之使，所以巡遊萬國，採覽異言。車軌之所交，人迹之所蹈，靡不畢載，以爲奏籍。……暨乎揚生，沈淡其志，歷哉構綴，乃就斯文。是以三五之篇著，而獨鑒之功顯。故可不出户庭，而坐照四表；不勞疇咨，而物來能名。考九服之逸言，標六代之絶語。……真洽見之奇書，不刊之碩記也。”

［３］埋藏：《漢書・藝文志・六藝略》：“秦燔書禁學，濟南伏生獨壁藏之。漢興亡失，求得二十九篇，以教齊、魯之間。”

［４］簡編朽絶：《漢書・藝文志序》：“漢興，改秦之敗，大收篇籍，廣開獻書之路。迄孝武世，書缺簡脱。”顏師古注：“編絶散落，故簡脱。”

［５］脱去章句：如《漢書・藝文志・六藝略》所説：“劉向以中古文校歐陽（高）、大小夏侯（勝、建）三家經文，《酒誥》脱簡一，《召誥》脱簡二。率簡二十五字者，脱亦二十五字，簡二十二字者，脱亦二十二字。文字異者七百有餘，脱字數十。”

４　“且夫《尚書》者，政事之集也[1]，然未若近代之優文、詔策、軍書、奏議之清富贍麗也[2]；《毛詩》者，華彩之辭也[3]，然不及《上林》[4]、《羽獵》[5]、《二京》[6]、《三都》之汪濊博富也[7]。

【注】

［１］夫《尚書》者，政事之集也：《荀子・勸學》：“故《書》者，政事之紀

也。"楊倞注："《書》所以紀政事也。"稚川改"紀"爲"集",更合乎
《尚書》的内容。《尚書》是夏、商、周乃至春秋的政府文件彙編。

［2］優文：褒獎的文告。如潘勗《册魏公九錫文》。詔：皇帝頒發的
命令、詔書。策：帝王對臣下使用的一種文書。蔡邕《獨斷》：
"天子命令,一曰策書,二曰制書,三曰詔書,四曰戒書。"軍書：
軍事文書。如陳琳《爲袁紹檄豫州文》。《漢書·息夫躬傳》："軍
書交馳而輻湊,羽檄重迹而押至。"奏議：古代臣下上奏帝王的
各類文字的統稱,包括表、奏、疏、議、上書、封事等。《東觀漢
記·光武帝紀》："有司奏議曰：'追迹先代,無郊其五運之祖
者。'"曹丕《典論·論文》："蓋奏議宜雅,書論宜理,銘誄尚實,詩
賦欲麗。"

［3］《毛詩》：即《詩經》。《漢書·藝文志序》："詩分爲四。"顔師古注
引韋昭曰："謂《毛氏》《齊》《魯》《韓》。"《毛詩》相傳爲漢初學者毛
亨(大毛公)和毛萇(小毛公)所傳。《漢書·藝文志》著録有《毛
詩》二十九卷、《毛詩故訓傳》三十卷,故稱。今所傳《詩經》,即
《毛詩故訓傳》。

［4］《上林》：《上林賦》,西漢司馬相如撰。假設無是公針對楚國的子
虚,齊國的烏有所説,誇耀漢天子在上林苑校獵的壯觀場面,以
壓倒楚、齊,表明諸侯之事絶不能與天子相比。最後主張天子應
修明政治,從事禮義教化。《文心雕龍·詮賦》："相如《上林》,繁
類以成艷。"

［5］《羽獵》：《羽獵賦》,西漢揚雄撰。描寫漢成帝出獵時的儀仗和勇
士羽騎之盛,文辭"沈博絶麗"。

［6］《二京》：《西京賦》與《東京賦》,東漢張衡撰。《後漢書·張衡
傳》："時天下承平日久,自王侯以下,莫不逾侈。衡乃擬班固《兩
都》作《二京賦》,因以諷諫。精思傅會,十年乃成。"晉楊泉《物理
論》："平子《二京》,文章卓然。"

［7］《三都》：《三都賦》,包括《魏都賦》《吳都賦》《蜀都賦》,晉左思撰。
左思詣著作郎張載,訪岷邛之事,構思十年乃成。皇甫謐爲其賦
序,張華評其"班(固)、張(衡)之流也,使讀之者,盡而有餘,久而

更新”。豪貴之家,競相傳寫,洛陽紙貴。

5 “然則古之子書,能勝今之作者[(1)][1],何也？然守株之徒[2],嘍嘍所翫[3],有耳無目,何肯謂爾！其於古人所作爲神,今世所著爲淺,貴遠賤近[4],有自來矣[5]。故新劍以詐刻加價,弊方以僞題見寶也[(2)][6]。是以古書雖質朴,而俗儒謂之墮於天也；今文雖金玉,而常人同之於瓦礫也。

【校】

（1）古之子書：楊明照校：“‘子書’之‘子’字可疑。因全篇所論者並未涉及子書也,以篇首‘古之著書者’論之,‘子’蓋‘著’之誤。‘古之著書,猶言古之著述耳。”按：“子”字與“著”字字形相殊,無以致誤。“著書”即包括撰寫子書。“著書”解爲“著述”,祇講了“著”字,“書”字爲何不講？“子書”見於《尚博》《百家》《自叙》等篇,這三篇專門談到“子書”之事,故本篇“子書”之“子”無誤。能：當從楊明照校作不能。

（2）弊方：當從王廣恕校依《韻府拾遺·豪韻》引作弊刀。

【注】

[1] 然則：順承連詞。連接句子,表示連接關係。猶言“如此,那麼”或“那麼”。《詩·周南·關雎序》：“是謂四始,詩之至也。然則《關雎》《麟趾》之化,王者之風,故繫之周公。”子書：指圖書四部分類法中除經書之外的子部書籍,即諸子百家之書。凡著書立說自成一家之言,統稱子書,如《老子》《墨子》《管子》《孟子》《莊子》《荀子》《韓非子》等。《漢書·藝文志》有《諸子略》,是子書與經書《六藝略》分庭抗禮之始。

[2] 然：乃。守株：守株待兔。《韓非子·五蠹》：“宋人有耕者,田中有株,兔走觸株,折頸而死,因釋其耒而守株,冀復得兔。兔不可復得,而身爲天下笑。”株：露出地面的樹根。故事所表達的哲

理是把偶然性當成了必然性。比喻死守住狹隘的經驗，不知變通。

[3] 嘍嘍(lóu)：楊明照箋：“《玉篇·口部》：‘嗹，閭前切。嗹嘍，多言也。嘍，力口切。多言。’《廣韻·一先》：‘嗹嘍，言語繁絮皃。’嘍嘍所觝，猶言經常稱譽其所觝習者，意即對所觝習之古人著作讚不絕口也。”又《自叙》：“無以近人信其嘍嘍管見熒燭之明，而輕評人物。”楊明照箋：“《内篇·金丹》：‘如其嘍嘍，無所先入。’又《明本》：‘然而嘍嘍守於局隘。’其迭用嘍字與此同，含義當亦無異。《玉篇·口部》：‘嗹，閭前切。嗹嘍，多言也。嘍，力口切。多言。’《廣韻·一先》：‘嗹嘍，言語繁絮皃。’”按：楊箋雖言之有據，持之有故，但不符“嘍嘍”本義。其一，“嗹嘍”是雙聲詞，“嘍嘍”是重言叠詞，不是同一個詞，不能用“嗹嘍”的詞義來解釋“嘍嘍”的詞義。其二，“多言”、“言語繁絮皃”不等於“經常稱譽”、“讚不絕口”義。“經常稱譽”、“讚不絕口”義不是“嘍嘍”的本義。其三，“嘍嘍”從“婁”得聲，依據王念孫《廣雅疏證序》説的“訓詁之旨，本於聲音”的原則，理當從“婁”聲字探其詞義。“婁”聲字含“小”義。小蟲曰螻。《文選》枚乘《七發》：“蚑蟜螻蟻聞之。”吕延濟注：“蚑蟜螻蟻，皆小蟲也。”小筐曰簍。《廣韻·麌韻》：“簍，小筐。”小塚曰塿，小阜曰塿。《廣雅·釋丘》：“塿，塚也。”《方言》十三：“塚，自關而東謂之丘，小者謂之塿。”柳宗元《始得西山宴遊記》：“不與培塿爲類。”蔣之翹輯注引《方言》：“關而東小塚謂之塿。”《廣韻·厚韻》：“塿，培塿。”《玉篇·土部》：“培塿，小阜也。”小甌曰甊。《玉篇·瓦部》：“甊，瓿甊。”《廣韻·厚韻》：“甊，瓿甊，甌。”《爾雅·釋器》：“甌瓿謂之瓵。”郭璞注：“瓿甊，小甌。”水道小穿曰劃。劃同剅(lóu)。《集韻·侯韻》：“劃，小穿也。”明焦竑《俗字雜用》：“水道小穿曰剅，一作劃。”小意曰寠數(jǔ shuò)。《釋名·釋姿容》：“寠數，猶局縮，皆小意也。”微視、細視曰瞜。《説文·目部》：“瞜，瞜婁，微視也。”段玉裁注：“《篇韻》婁作瞜。”《玉篇·目部》：“瞜，瞜瞜，微視也。”《集韻·虞韻》：“瞜，瞜瞜，微視。”《集韻·侯韻》：“瞜，一曰細視。”小雨不絕曰溇溇。

《説文·水部》:"瀌,雨瀌瀌也。"徐鍇繫傳:"瀌瀌,小雨不絶之皃。"并其例。其四,《説文·女部》:"婁,空也。"段玉裁注:"凡中空曰婁,今俗語尚如是。凡一實一虚層見迭出曰婁。人曰離婁。窗牖曰麗廔,是其意也。故婁之義又爲數也,此正如窗牖麗廔之多孔也。"按:"凡一實一虚層見迭出曰婁"是説,上上下下左左右右呈現許多小窗眼。"中空"的孔眼小於牆體面積,"虚"的部分小於"實"的部分。"婁"之"小"義,蓋由此而來。"數 shuò",密,即窗牖"多孔"密集。段注實本《釋名·釋宮室》:"樓,言窗户諸射孔婁婁然也。""樓"以"窗户""婁婁"得名。"諸射孔婁婁然"謂諸射孔呈現許多小孔眼的狀態。歷代都城城門箭樓都有許多小孔眼,如明清北京城的德勝門箭樓。其五,嘍嘍,最早作"婁婁"。《管子·地員》:"五殖之次曰五觳,五觳之狀婁婁然,不忍水旱。"尹知章注:"婁婁,疏也。"句謂下等薄土地面經受不了乾旱炙烤,呈現稀稀疏疏坼裂的狀態,好像許多不規則的條形窗牖,而整個地面被分裂成許許多多的小土塊,故用"婁婁"以狀之,"婁婁"隱含"細、小"義自明。《地員篇》是《管子》一書中最古老的篇章之一,今人黄翔鵬先生考證曾侯乙編鐘鐘律用的是《地員篇》的鐘律。故我們由此得知葛洪的"嘍嘍"保存了《管子·地員》"婁婁"的古義。《抱朴子外篇·自敘》:"唐堯公旦仲尼季札皆有不全得之恨,無以近人信其嘍嘍管見熒燭之明,而輕評人物,是皆賣(邁)彼上聖大賢乎!"(引者從陳其榮、楊明照校)"嘍嘍管見"謂小小孔眼般的一孔之見。《鈞世》:"然守株之徒,嘍嘍所玩,有耳無目,何肯謂爾!""守株之徒"與"嘍嘍所玩"兩句當合讀。此處的"嘍嘍"含有"拘泥、局限"義,由"小"義引申而來。兩句謂:"守株待兔之輩,拘泥於所玩習的作品。"《尚博》:"拘繫之徒,桎梏淺隘之中,挈瓶訓詁之間。"正是"嘍嘍所玩"的具體表現,可與此合讀。《内篇·金丹》:"想見其説,必自知出黄汙而浮滄海,背螢燭而向日月;聞雷霆而覺布鼓之陋,見巨鯨而知寸介之細也。知其嘍嘍,無所先入,欲以弊藥必規升騰者,何異策蹇驢而追迅風,棹藍舟而濟大川乎!"按:"黄汙"小而"滄海"大,"螢燭"光小而"日月”光大，“布鼓”聲小而“雷霆”聲大，“寸介”形體小而“巨鯨”形體大，“嘍嘍”在這段上下文中，祇能解爲狹小、狹窄。《明本》“然而嘍嘍守於局隘”當解爲“拘泥於狹隘之中”。

［４］貴遠賤近：指重視遠處傳來的消息，而忽視親眼所見之事實；猶言尊古卑今。

［５］有自來矣：從來久遠。《左傳・昭公元年》：“叔孫曰：‘……叔出季處，有自來矣。’”杜預注：“季孫守國，叔孫出使，所從來久。”

［６］新劍以詐刻加價：指作僞，將新劍雕成古劍，謀取暴利。弊刀、新劍對文。兩句謂假古董騙人，而偏有人信。

6　“然古書者雖多，未必盡美，要當以爲學者之山淵，使屬筆者得採伐漁獵其中(1)[1]。然而譬如東甌之木[2]，長洲之林[3]，梓豫雖多，而未可謂之爲大夏之壯觀，華屋之弘麗也。雲夢之澤，孟諸之藪[4]，魚肉之雖饒(2)，而未可謂之爲煎熬之盛膳(3)，渝、狄之嘉味也[5]。

【校】

（１）採伐：陳其榮校：“《書鈔》一百作‘砍伐’。”按：兩可。

（２）魚肉之：孫星衍校：“下脱一字。”按：“之”字當從陳澧校刪。“魚肉雖饒”與“梓豫雖多”爲對文。

（３）煎熬：陳其榮校：“刻本作燉，俗字，當改作熬。”

【注】

［１］山淵：高山與深淵。此謂蘊藏豐富。

［２］東甌(ōu)：本部族名，越族之一支。其首領搖漢初封爲東海王，都東甌(今浙江溫州市)。後成爲溫州及浙江南部沿海地區的別稱。《漢書・兩粵傳》王先謙補注引沈欽韓曰：“《元和志》：東甌，今(浙江)溫州永嘉縣是也。後以甌地爲回浦縣，永嘉縣即漢回浦縣之東甌鄉。”以林木繁茂著稱。

〔3〕長洲：《十洲記》：“長洲……上饒山川及多大樹，樹乃有二千圍者。一洲之上，專是林木，故一名青丘。”一説指吴東之長洲苑。

〔4〕雲夢、孟諸：並古澤藪名。《爾雅·釋地》：“宋有孟諸，楚有雲夢。”孟諸：或作孟猪、孟渚。在今河南商丘東北、虞城西北。《書·禹貢》：“導荷澤，被孟猪。”《左傳·僖公十八年》“余賜女孟諸之麋”杜預注：“孟諸，宋澤藪。”

〔5〕渝：一作俞兒或臾兒，古代善於辨别味道的人。一説黄帝時人，一説春秋齊人。狄：狄牙，即易牙，齊桓公識味臣，能别淄、澠之味。

7 “今詩與古詩俱有義理，而盈於差美[1]。方之於士，並有德行，則一人偏長藝文，不可謂一例也(1)[2]；比之於女，俱體國色，而一人獨閑百伎，不可混爲無異也[3]。

【校】

（1）謂：當作謂爲。“不可謂爲一例也”方與下文“不可混爲無異也”互文。

【注】

〔1〕古詩：指《詩經》。義理：文辭的思想内容。盈於差美：比較今詩與古詩，今詩較優於古詩。

〔2〕徧（piān）：通偏。

〔3〕體：體現。閑通嫻。熟習。百伎：各種技藝。

8 “若夫俱論宫室，而奚斯‘路寢’之頌[1]，何如王生之賦《靈光》乎[2]？同説遊獵，而《叔畋》[3]、《盧鈴》之詩[4]，何如相如之言《上林》乎？並美祭祀，而《清廟》[5]、《雲漢》之辭[6]，何如郭氏《南郊》之艷乎[7]？等稱征伐，而《出軍》[(1)][8]、《六月》之作[9]，何如陳琳《武軍》之壯乎[[20]]？則舉條可以覺焉。近者夏侯湛[11]、潘安仁並作《補亡詩》[12]：《白華》[13]、《由庚》[14]、《南陔》[15]、《華黍》之屬[16]，諸碩儒高才之賞文者，咸以古詩三百，未有足以偶二賢之所作也[17]。

【校】

（1）軍：當從孫星衍校與吉藩本作車。

【注】

[1]奚斯：春秋時魯國大夫、公子魚之字。路寢：古代天子、諸侯的正廳或正殿。《詩·魯頌·閟宮》：“松桷有舄，路寢孔碩。新廟奕奕，奚斯所作。”頌：此指《閟宮》詩。

[2]王生：王延壽，字文考，南郡宜城（今湖北宜城東南）人。王逸子，有俊才。少遊魯國，作《靈光殿賦》。後蔡邕亦造此賦，未成，及見延壽所作，甚奇之，遂輟翰而已。又作《夢賦》。後游水卒，時年二十餘。《文心雕龍·詮賦》：“延壽《靈光》，含飛動之勢。”

[3]《叔畋》：即《叔于田》，《詩·鄭風》篇名。鄭莊公弟太叔段，勇敢而有才能，莊公封他於京，他要進攻莊公，奪取統治寶座。莊公發兵討伐，他戰敗逃往別國。段的維護者寫此詩贊諛他。畋同田。

[4]《盧鈴》：即《盧令》，《詩·齊風》篇名。這是一首讚美獵人的短歌。鈴令音同得通。

[5]《清廟》：《詩·周頌》篇名。這是周王祭祀宗廟祖先所唱的樂歌。

[6]《雲漢》：《詩·大雅》篇名。周宣王時，連年發生嚴重的旱災。周王作這首詩求神祈雨，抒寫他為旱災而愁苦的心情。

[7]郭氏：郭璞（276—324），字景純，河東聞喜（今屬山西）人。尚書都令史郭瑗子。好經術，博學有高才，辭賦為中興之冠。又妙於陰陽曆算。避亂渡江，宣城太守殷祐引為參軍，後參王導軍事。

元帝以爲著作佐郎,尋遷尚書郎。後王敦以爲記室參軍,及敦舉兵,疑璞與溫嶠、庾亮通謀,遂殺之。璞好卜筮,撰前後筮驗六十餘事,名爲《洞林》。又抄京、費諸家要最,更撰《新林》十篇、《卜韻》一篇。注釋《爾雅》,別爲《音義》《圖譜》,又注《三蒼》《穆天子傳》《山海經》及《楚辭》《子虛》等數十萬言,皆傳於世。所作詩賦誄頌亦數萬言。《江賦》其辭甚偉,爲世所稱。《南郊》:《南郊賦》,見《藝文類聚》三八《禮部上·郊丘》所引。《南郊賦》奏上於大興元年(318),見《北堂書鈔》五七引何法盛《晉中興書》。

[8]《出車》:《詩·小雅》篇名。周宣王(前?—前782)時,北方獫狁侵犯周國,宣王派大將南仲領兵出征,擊退獫狁,勝利回朝。這首詩就是叙寫這次戰役的。

[9]《六月》:《詩·小雅》篇名。這首詩叙寫尹吉甫奉周宣王的軍令,北伐獫狁,獲致勝利的事迹。

[10] 陳琳(?—217):字孔璋,廣陵(今江蘇江都)人。初爲何進主簿,後歸袁紹,典文章。嘗爲紹移書曹操,數其罪狀。紹敗歸魏,操愛其才而不咎。爲司空軍謀祭酒,掌記室,軍國書檄多出其手,後徙爲門下督。建安七子之一,有文集行世。卒於疫中。《爲袁紹檄豫州》鋪張揚厲,筆力殊健,辭藻雋美,爲其代表作。《武軍》:《武軍賦》見嚴可均《全後漢文》九二,輯有佚文,寫軍隊武威昂揚甚壯。

[11] 夏侯湛(243—291):字孝若,譙國譙(今安徽亳州市)人。淮南太守夏侯莊子。幼有盛才,文章宏富,善構新詞。與潘岳並稱連璧。始爲太尉掾。泰始中,舉賢良,對策中第,拜郎中,補太子舍人,轉尚書郎,出爲野王令,調中書侍郎,出補南陽相。惠帝即位,任散騎常侍。以姓族爲盛門,頗豪侈。臨卒,遺命小棺薄斂,不修封樹,論者以爲深達存亡之理。著論三十餘篇,別爲一家之言。《昆弟誥》《東方朔畫贊》膾炙人口。其補亡詩《周詩》溫雅,較著名。

[12] 潘安仁:潘岳(247—300),字安仁,滎陽中牟(今屬河南)人。姿貌豐美,少以才穎見稱,號爲奇童。初辟司空太尉府,舉秀才。

出爲河陽令，負其才而鬱鬱不得志。轉懷令，勤於政績。調補尚書度支郎，遷廷尉評，以公事免。楊駿輔政，引爲太傅主簿。駿誅，除名。後爲著作郎，轉散騎常侍。性輕躁，趨世利，與石崇等諂事賈謐，號爲二十四友之首。及趙王倫起兵，與石崇等同被誅。在西晉文壇，與陸機並稱潘陸。少數詩以言情見長，如《悼亡詩》。《補亡詩》：《詩經》中《南陔》《白華》《華黍》《由庚》《崇丘》《由儀》六篇，文辭亡佚，晉束皙補著其文，《文選》著録，即以《補亡詩》名篇。潘岳未作《補亡詩》，稚川記憶有誤。

[13]《白華》：指《詩・小雅》逸詩篇名。《詩序》：“《白華》，孝子之絜白也。……有其義而亡其辭。”

[14]《由庚》：《詩・小雅》笙詩篇名。《詩序》：“《由庚》，萬物得由其道也。……有其義而亡其辭。”

[15]《南陔》：《詩・小雅》笙詩篇名。《詩序》：“《南陔》，孝子相戒以養也。……有其義而亡其辭。”

[16]《華黍》：《詩・小雅》笙詩篇名。《詩序》：“《華黍》，時和歲豐，宜黍稷也。有其義而亡其辭。”

[17]古詩三百：即《詩經》，最早稱爲《詩》或《詩三百》。《論語・爲政》：“子曰：‘詩三百，一言以蔽之，曰：“思無邪。”’”偶：匹敵；等同。二賢：指夏侯湛、潘岳。

9　“且夫古者事事醇素[1]，今則莫不彫飾[2]，時移世改，理自然也。至於罽錦麗而且堅，未可謂之減於蓑衣[3]；輶軒妍而又牢[4]，未可謂之不及椎車也[5]。

【注】

[1]醇素：淳厚素樸。蔡邕《漢太尉楊公碑》：“公承家崇軌，受天醇素。”

[2]彫飾：雕鏤刻飾。彫通雕。張衡《應問》：“器賴雕飾爲好，人以興服爲榮。”此謂雕琢文飾。

〔３〕罽(jì)錦：有花紋的毛織物。《資治通鑑·漢紀四十七》"以文罽
　　爲壇飾"胡三省注："西夷織毛爲布曰罽。"
〔４〕輜(zī)：古代有帷蓋的載重車，即衣車。軿(píng)：有帷蓋的車；
　　婦人所乘牛車。軿車前面開户，輜車後面開户。《説文·車部》：
　　"輜，輜軿，衣車也。軿，車前衣也。車後爲輜。"《釋名·釋車》：
　　"輜軿之形同。有邸曰輜，無邸曰軿。"《漢書·張敞傳》："禮，君
　　母出門則乘輜軿。"顏師古注："輜軿，衣車。"
〔５〕椎(chuí)車：用整塊圓木做車輪的簡陋車子。無輻，其狀如椎，
　　故名。借喻事物的草創。

10　"書猶言也[1]，若人談語[2]，故爲知有(1)，胡、越之
接，終不相解。以此教戒[3]，人豈知之哉？若言以易曉爲
辨，則書何故以難知爲好哉！若舟車之代步涉，文墨之改
結繩[4]，諸後作而善於前事，其功業相次千萬者，不可復縷
舉也。世人皆知之快於曩矣[5]，何以獨文章不及古邪？"

【校】

（１）知有：孫星衍校："（有）疑作音。"當從楊明照校乙作有知。

【注】

〔１〕書：文字。《荀子·解蔽》："故好書者衆矣，而倉頡獨傳者，
　　壹也。"
〔２〕談語：談話；談説。《史記·滑稽列傳》："即爲孫叔敖衣冠，抵掌
　　談語。"
〔３〕教戒：教導和訓戒。《吴子·治兵》："故用兵之法，教戒爲先。"
〔４〕文墨：文書辭章。《史記·蕭相國世家》："今蕭何未嘗有汗馬之
　　勞，徒持文墨議論，不戰，顧反居臣等上，何也？"
〔５〕快：猶好。魏晉常語。《三國志·魏書·華佗傳》："快自養，一月
　　可小起；好自將愛，一年便健。"

省煩卷三十一^[1]

1 抱朴子曰："安上治民，莫善於禮。彌綸人理，誠爲曲備^[2]。然冠、婚、飲、射，何煩碎之甚邪^[3]！人倫雖以有禮爲貴^[4]，但當令足以叙等威而表情敬，何在乎升降揖讓之繁重，拜起俯伏之無已邪^[5]？

【注】

[1] 省煩：指省減所有與安上治民無關的繁縟禮儀。

[2] 曲備：周備；完備。蔡邕《玄文先生李子材銘》："鼎俎之禮，節文曲備。"

[3] 冠、婚、飲、射：指《儀禮》之《士冠禮》《士昏禮》《鄉飲酒禮》《鄉射禮》四篇，叙述其行事威儀頗詳，故云煩碎之甚。冠（guàn）禮：指古代男子滿二十歲（天子諸侯可提前至十二歲）舉行加冠之禮。《禮記·樂記》："婚姻冠笄，所以別男女也。"鄭玄注："男二十而冠，女許嫁而笄，所以別男女也。"飲：鄉飲酒禮。周代鄉學三年業成大比，考其德行道藝優異者，薦于諸侯。將行之時，由鄉大夫設酒宴以賓禮相待，謂之鄉飲酒禮。射：射禮。古人重武習射，常舉行射禮。射禮有大射、賓射、燕射、鄉射四種。將祭擇士爲大射；諸侯來朝或諸侯相朝而射爲賓射；宴飲之爲燕射；卿大夫舉士後所行之射爲鄉射。《禮記·射義》"天子以射禮選諸侯"，孔穎達疏："天子以射禮簡選諸侯以下德行能否。"

[4] 有禮爲貴：貴在有禮則安。《禮記·曲禮上》："夫禮者，所以定親疏，決嫌疑，別同異，明是非也……人有禮則安，無禮則危。"

［5］拜起：跪拜起立。禮有九拜，各有不同。《周禮·春官·大祝》：
　　“辨九拜：一曰稽首，二曰頓首，三曰空首，四曰振動，五曰吉拜，
　　六曰凶拜，七曰奇拜，八曰褒拜，九曰肅拜，以享右祭祀。”鄭玄
　　注：“稽首，拜頭至地也；頓首，拜頭叩地也；空首，拜頭至手，所謂
　　拜手也。……”文繁不俱録。

　　2　“往者，天下乂安，四方無事[1]，好古官長，時或修
之。至乃講試累月，督以楚撻；晝夜修習[2]，廢寢與食；經
時學之，一日試之；執卷從事，案文舉動；黜謫之罰，又在其
間。猶有過誤，不得其意[3]。而欲以爲以此爲生民之常
事(1)，至難行也。此墨子所謂‘累世不能盡其學，當年不能
究其事’者也[4]。

【校】

（1）以爲：二字疑涉下“以此爲”而衍，當删。

【注】

［1］乂（yì）安：太平；安定。《史記·孝武本紀》：“（武帝）元年，漢興
　　已六十餘歲矣，天下乂安。”無事：没有變故。多指没有戰事或
　　災異。

［2］修習：演習；練習。《漢書·趙充國辛慶忌傳贊》：“民俗修習戰
　　備，高上勇力鞍馬騎射。”

［3］得其意：指掌握禮書内容。“至乃講試累月，督以楚撻……猶有
　　過誤，不得其意。”蓋稚川當時所見，可補史缺。

［4］累世不能盡其學二句：《墨子·非儒下》作“絫壽不能盡其學，當年不
　　能行其禮”。累：絫之隸變。當年：壯年。當：盛壯貌。《墨子·非
　　樂上》：“將必使當年，因其耳目之聰明，股肱之畢强，聲之和調，眉之
　　轉樸。”孫詒讓閒詁：“王云：‘當年，壯年也。’當有壯盛之義。”《吕氏春
　　秋·愛類》：“士有當年而不耕者，則天下或受其饑矣。”許維遹集釋

引王念孫曰："丁、當語之轉，'當年'猶'丁年'耳。"

3　"古人詢于芻蕘[(1)][1]，博採童謠，狂夫之言，猶在擇焉[2]。至於墨子之論，不能非也。但其張刑網[3]，開塗徑[4]，浹人事，備王道[5]，不能曲述耳。至於譏葬厚[6]，刺禮煩[7]，未可棄也。自建安之後[8]，魏之武、文，送終之制，務在儉薄[9]。此則墨子之道，有可行矣[10]。"

【校】

（1）芻：原作蒭，當依楊明照校與崇文本作芻。

【注】

［1］詢於芻蕘：意謂不恥下問，廣泛聽取庶民意見。《禮記・坊記》："詩云：'先民有言，詢于芻蕘。'"

［2］狂夫之言，猶在擇焉：《史記・淮陰侯列傳》："廣武君曰：'臣聞智者千慮，必有一失；愚者千慮，必有一得。故曰："狂夫之言，聖人擇焉。"'"擇：選取可用者而用之。

［3］張刑網：《墨子・尚同上》："是故子墨子言曰：'古者聖王爲五刑，請以治其民。……'"又《號令》定刑，曰斷34條（另有一條"可無斷"），曰斬16條，曰射7條，曰殺5條，曰戮、曰車裂各3條，曰梟、曰族各1條，蓋因所犯之罪而異。而且大搞株連："諸有罪自死罪以上，皆逮（及）父母、妻子、同產。""其以城爲外謀者，三族。"其法之峻，刑之嚴，所載，古籍中罕見，真可謂"張刑網"矣。

［4］開塗徑：《墨子・節用上》："其爲舟車何以爲？以爲車以行陵陸，舟以行川谷，以通四方之利。"此"開塗徑"之論也。《號令》有"城上道路，里中街巷"之語，《旗幟》有"道廣三十步"之語，可見當時"塗徑"之一斑。

［5］浹（jiā）人事：如《經上》《經下》《經説上》《經説下》《非攻》等所論及。備王道：如《尚賢》《尚同》等所論及。《史記・十二諸侯年

表序》：“王道備，人事浹。”稚川乙轉其語序。

［6］譏葬厚：《墨子·節葬下》論之甚詳，其中僅“殉葬”即提到“天子殺殉，衆者數百，寡者數十；將軍、大夫殺殉，衆者數十，寡者數人”，是厚葬中之最殘忍者，更不必論“棺槨必厚，葬埋必厚，衣衾必多，文繡必繁，丘隴必巨”等等。

［7］刺禮煩：《墨子·非儒下》：“晏子曰：‘……孔某盛容脩飾以蠱世，弦歌鼓舞以聚徒，繁登降之禮以示儀，務趨翔之節以觀衆，博學不可使議世，勞思不可以補民。絫壽不能盡其學，當年不能行其禮。’”刺禮煩之文繁不俱録。

［8］建安：東漢獻帝劉協年號(196—220)。武：魏武帝曹操，曹丕稱帝後追尊。文：魏文帝曹丕。

［9］儉薄：猶言儉樸。《三國志·魏書·武帝紀》：“遺令曰：‘天下尚未安定，未得遵古也。葬畢，皆除服。……斂以時服，無藏金玉珍寶。’”《文帝紀》：“(黃初三年)冬十月甲子，表首陽山東爲壽陵，作終制曰：‘……故吾營此丘墟不食之地，欲使易代之後不知其處。無施葦炭，無藏金銀銅鐵，一以瓦器，合古塗車、芻靈之義。棺但漆際會三過，飯含無以珠玉，無施珠襦玉匣，諸愚俗所爲也。……自古及今，未有不亡之國，亦無不掘之墓也。’”

［10］有：或許。王念孫《讀書雜記·史記四》：“如有，如或也，……或與有古同聲而通用。”謂“或”與“有”上古韻部爲職之對轉通用。

　　4　“余以爲喪亂既平[1]，朝野無爲[2]，王者所制，自君作古(1)[3]。可命精學洽聞之士，才任損益，免於拘愚者，使删定三禮[4]，割棄不要，次其源流，總合其事類，集以相從；其煩重遊説[5]，辭異而義同者存之，不可常行除之(2)，無所損傷，卒可斷約而舉之。勿令沈隱[6]，復有凝滯[7]。

【校】

（1）自君：陳其榮案：“盧本作自今。”

（2）常行：其下疑脱一者字。

【注】

〔1〕喪亂既平：《詩·小雅·常棣》：“喪亂既平，既安且寧。”此借指西
　　晉末年八王之亂與永嘉之變已經過去。

〔2〕無爲：無事。特指無戰事，無軍役之事。《詩·王風·兔爰》：“我
　　生之初，尚無爲；我生之後，逢此百罹。”

〔3〕自君作古：即自君作故。謂由某個君主開始這樣做，從而成爲
　　例行之事。《國語·魯語上》：“哀姜至，（莊）公使大夫宗婦覿，用
　　幣。宗人夏父展曰：‘非故也。’公曰：‘君作故。’”《文選·東京
　　賦》：“自君作故，何禮之拘？”《爾雅·釋詁》：“古，故也。”

〔4〕删定：經過修改而確定。三禮：儒家經典《周禮》《儀禮》《禮記》
　　之合稱。《後漢書·儒林傳下·董鈞》：“中興，鄭衆傳《周官經》，
　　後馬融作《周官傳》，授鄭玄，玄作《周官注》。玄本習《小戴禮》，
　　後以古經校之，取其義長者，故爲鄭氏學。玄又注小戴所傳《禮
　　記》四十九篇，通爲三禮焉。”

〔5〕煩重（chóng）：冗長而重複。《史記·十二諸侯年表》：“約其辭
　　文，去其煩重。”遊說：猶遊辭。浮而不實的話。《世説新語·文
　　學第33》：“殷中軍嘗至劉尹所，清言良久，殷理小屈，遊辭不已，
　　劉亦不復答。”

〔6〕沈隱：隱晦不明顯。王充《論衡·書虛》：“夫幽冥之實尚可知，沈
　　隱之情尚可定，顯文露書，是非易見。”

〔7〕凝滯：猶困阻。指疑難。《南史·謝靈運傳》：“（謝）幾卿詳悉故
　　實，僕射徐勉每有凝滯，多詢訪之。”

5　“其吉凶器用之物[1]，俎豆觚觶之屬[2]，衣冠車服之
制[3]，旗章采色之美[4]，宮室尊卑之品[5]，朝饗賓主之
儀[6]，祭奠殯葬之變[7]，郊祀禘祫之法[8]，社稷山川之
禮[9]，皆可减省，務令約儉。夫約則易從，儉則用少。易從

則不煩，用少則費薄。不煩，則蒞事者無過矣；費薄，則調求者無苛矣。

【注】

[1] 吉凶：吉禮、凶禮。《太平御覽》五二三引《禮記·外傳》：“吉禮者，祭祀郊廟、宗社之事是也。凶禮者，喪紀之説，年穀不登、大夫去國之事是也。”器用：此指禮器。按：古代，禮藏於器，禮器名目繁多，形制各異。僅青銅禮器，早在商代即已成套。

[2] 俎豆：俎、豆。古代祭祀、宴饗時盛食物用的兩種禮器。泛指各種禮器。《論語·衛靈公》：“俎豆之事則嘗聞之矣，軍旅之事未之學也。”集解引孔安國曰：“俎、豆，禮器。”觚（gū）：古代青銅制飲酒器，口部與底部呈喇叭形，細腰，圈足，盛行於商代和西周。觶（zhì）：古代青銅制飲酒器，圓腹侈口，圈足，或有蓋，形似尊而小。《禮記·禮器》：“宗廟之祭，貴者獻以爵，賤者獻以散。尊者舉觶，卑者舉觚。”鄭玄注：“凡觴，一升曰爵，二升曰觚，三升曰觶，四升曰角，五升曰散。”

[3] 衣冠：指天子、諸侯、大夫貴賤有等，衣冠有別。《書·益稷》：“予欲觀古人之象，日、月、星、辰、山、龍、華、蟲、作會、宗彝、藻、火、粉、米、黼、黻、絺、繡。以五采彰施於五色，作服，汝明。”孔傳：“欲觀示法象之服制。……天子服日、月而下，諸侯自龍袞而下至黼、黻，士服藻、火，大夫加粉、米。上得兼下，下不得僭上。以五采明施於五色，作尊卑之服，汝明制之。”車服：車輿禮服。《書·舜典》：“敷奏以言，明試以功，車服以庸。”孔傳：“功成則賜車服以表顯其能用。”孔穎達疏：“人以車服爲榮，故天子之賞諸侯，皆以車服賜之。”此指車服上下有等。《國語·周語上》：“故爲車服旗章以旌之。”韋昭注：“旌，表也。車服旗章上下有等，所以明貴賤，爲之表識。”如天子乘玉輅，卿乘重較，大夫乘墨車，庶民乘棧車等。

[4] 旗章：具有區別名分的旌旗及章識，上下有等，以別貴賤。《禮

記·月令》：“季夏之月……命婦官染采，黼黻文章，必以法故，無或差貸。黑、黃、蒼、赤，莫不質良，毋敢詐偽，以給郊廟祭祀之服，以爲旗章，以別貴賤等級之度。”鄭玄注：“婦官，染人也。采，五色。質，正也。良，善也。所用染者，當得真采正善也。旗章，旌旗及章識也。”

[5] 宮室尊卑：古代宮室之制，因名位不同而有等級之別。如殷人四阿重屋（重簷廡殿頂）與西漢明堂最尊。《周禮·考工記·匠人》：“殷人重屋，堂修七尺，堂崇三尺，四阿重屋。”鄭玄注：“重屋者，王宮正堂，若大寢也。其脩七尋，五丈六尺，放夏；周則其廣九尋，七丈二尺也，五室各二尋。崇，高也。四阿，若今四柱（注）屋。重屋，複笮也。”按：前一“堂”字指廳堂，後一“堂”字通陼，指臺階。臺階以高低、廣狹爲尊卑。《禮記·禮器》：“有以高爲貴者，天子之堂九尺，諸侯七尺，大夫五尺，士三尺。”西漢明堂亦四阿重屋。故宮太和殿即四阿重屋。請詳梁思成《〈營造法式〉注釋》。

[6] 朝饗：朝會宴饗。如《儀禮·燕禮》專記朝廷饗燕。賓主之儀：謂宴饗中賓主之間有關禮儀，如進退升降，拜起俯伏。

[7] 祭奠：置供品於靈前或墓前祭祀。殯葬：殯殮埋葬。

[8] 郊祀：古代於都城郊外祭天地，南郊祭天，北郊祭地。郊謂大祀，祀謂群祀。《孝經·聖治章》：“昔者，周公郊祀后稷以配天。”李隆基注：“后稷，周之始祖也。郊，謂圜丘祀天也。周公攝政，因行郊天之祭，乃尊始祖以配之也。”禘祫（dì xiá）：古代帝王祭祀始祖的一種隆重禮儀。歷代經傳，說解不一。禘：古代帝王諸侯舉行各種大祭的總名，包括祀天、宗廟大祭與宗廟時祭，五年於太廟舉行一次。《爾雅·釋天》：“禘，大祭也。”郭璞注：“五年一大祭。”邢昺疏：“經傳之文，稱禘非一，其義各殊。”不能詳述。祫：大合祭親疏遠近的先祖。

[9] 社稷……之禮：指以血祭祭祀土神與穀神之禮。《禮記·王制》：“天子祭天地，諸侯祭社稷。……天子社稷皆大牢，諸侯社稷皆少牢。”山川之禮：指望祭名山大川，即望祭河、海、岱、淮。《穀梁

傳·僖公三十一年》"猶三望"范甯注："鄭君曰：'望者，祭山川之名也，謂海也、岱也、淮也。'"《禮記·王制》："天子祭天下名山大川，五嶽視三公，四瀆視諸侯；諸侯祭名山大川之在其地者。"《周禮·春官·大宗伯》"以貍沈祭山林、川澤。"鄭玄注："祭山林曰貍，川澤曰沈。"

6　"拜伏揖讓之節，升降盤旋之容，使足敘事[1]，無令小碎；條牒各別[2]，令易案用。今五禮混撓[3]，雜飾紛錯，枝分葉散，重出互見，更相貫涉。舊儒尋案[4]，猶多所滯，駁難漸廣，異同無已，殊理兼說，歲增月長。自非至精，莫不惑悶。躊躇岐路之衢，愁勞群疑之藪[5]，煎神瀝思，考校叛例。

【注】

[1]敘事：指比次先尊後卑之事。《周禮·春官·内史》："掌敘事之法。"鄭玄注："敘，秩次也，謂先尊後卑也。"

[2]條牒：條例；文書。《世說新語·雅量 27》："桓宣武與郗超議芟夷朝臣，條牒既定，其夜同宿。"

[3]五禮：古人以祭祀之事爲吉禮，喪葬之事爲凶禮，軍旅之事爲軍禮，賓客之事爲賓禮，冠婚之事爲嘉禮。《周禮·春官·小宗伯》："掌五禮之禁令與其用等。"鄭玄注："鄭司農云：五禮：吉、凶、軍、賓、嘉。"一說指公、侯、伯、子、男五等之禮。雜飾：修飾。

[4]舊儒：猶宿儒。謂年老有名望的學者。尋案：查考。

[5]愁勞：愁苦；憂愁。《史記·吳王濞列傳》："彗星出，蝗蟲數起，此萬世一時，而愁苦聖人之所以起也。"

7　"嘗有窮年竟不豁了[1]，治之勤苦，決嫌無地呻吟[2]，尋析憔悴[3]。決角修之(1)[4]，華首不立[5]。妨費日月,廢棄他業;愁困後生,真未央矣。長致章句,多於本書。今若破合雜俗,次比種稷[6],删削不急,抗其綱較[7],其令炳若日月之著明(2)[8],灼若五色之有定[9];息學者萬倍之役,弭諸儒爭訟之煩[10]。將來達者觀之,當美於今之視周矣[11]。此亦改燒石去血食之比,無所憚難[12];而恨恨於惜懷推車(3)[13],遲於去巢居也(4)[14]。

【校】

（1）決角：當從楊明照校作總角。蓋涉上"決"字而誤。

（2）其令：疑當乙轉爲令其。

（3）恨恨：當從楊明照校作悢悢。懷：陳其榮校:"盧本作壞。"推：當從楊明照校作椎。

（4）遲：當從楊明照校作棲遲。於：衍文,當從楊明照校删。去：涉前行而誤,當從楊明照校删。如此,"棲遲巢居"方與"惜懷椎車"相對文,"皆謂不欲變古之事也"(孫詒讓語)。

【注】

［1］窮年：終其天年;畢生。《荀子·解蔽》:"以可以知人之性,求可以知物之理,而無所疑止之,則没世窮年不能徧也。"楊倞注:"窮年,盡其年壽。"豁了：通曉。

［2］決嫌：判斷疑惑難明之事。由通猶。無地：至極;不盡。呻吟：詠讀;吟詠。《莊子·列禦寇》:"鄭人緩也,呻吟裘氏之地,祇三年而緩爲儒。"郭象注:"呻吟,吟詠之謂。"

［3］憔悴：楊明照箋:"《楚辭·九歎·怨思》:'身憔悴而考旦兮。'王注:'憔悴,憂貌也。'《廣韻·六至》:'悴,憔悴,憂愁。'(前《崇教》篇有"臨疑則未老而憔悴"語)"案:詁此不合文意。謂竭盡心力。《左傳·昭公七年》:"《詩》曰:'或燕燕居息,或憔悴事國。'"

［4］決角：當作總角,古代兒童束髮爲兩結,向上分開,形狀如角,故云。借指童年。《詩·齊風·甫田》"總角丱兮"毛傳:"總角,髮

兩髦也。”正義：“《（禮記·）内則》云：‘男、女未冠、笄者，總角衿
纓。’冠，所以覆髮；未冠，則總角。故知‘總角聚兩髦’。言總聚
其髦以爲兩角也。”修：習。

［５］華首：猶華髮。花白頭髮；白首。指老年。不立：没有成就。
《論語·爲政》：“三十而立。”集解：“（立）有所成也。”《楚辭·離
騷》：“老冉冉其將至兮，恐修名之不立。”兩句謂從少年到老年一
直學習禮儀典籍，但未取得成就。

［６］次比：排列編次。《晉書·樂廣傳》：“廣乃作二百句語，述己之
志。（潘）岳因取次比，便成名筆。”種稷：種稷得稷，謂造什麽
因，結什麽果。《吕氏春秋·離俗覽·用民》：“夫種麥而得麥，種
稷而得稷，人不怪也。”此猶言因果、本末。

［７］抗其綱較：謂舉綱挈領。《廣雅·釋詁一》：“抗：舉也。”綱：大
綱。較：大略；梗概。

［８］著明：顯明。《易·繫辭上》：“縣象著明，莫大乎日月。”

［９］灼：明焕。五色：青、赤、黄、白、黑五種正色。《論語·鄉黨》“紅
紫不以爲褻服”皇侃疏：“侃案：五方正色，青、赤、白、黑、黄。”

［１０］争訟：因争論而訴訟。《韓非子·用人》：“争訟止，技長立。”此謂
争辯；争執。

［１１］將來達者觀之，當美於今之視周：仿西漢京房語之表達方式，用
以説明今勝於昔的進步觀點。《漢書·京房傳》：“臣恐後之視
今，猶今之視前也。”謂“删定三禮，割棄不要”，“删削不急”，使令
“約儉”“易從”，以視周代“禮經三百，威儀三千”之繁文縟禮，將
來的達者會讚美我們比周代進步的。

［１２］燒石：一稱石炭，即今煤炭；謂將食物加燒於石炭上。《藝文類
聚》十二引譙周《古史考》：“神農時，民食穀，釋米加燒石上而食
之。”血食：謂茹毛飲血。《禮記·禮運》：“昔者……未有火化，
食草木之實，鳥獸之肉，飲其血，茹其毛。”“燒石”較“血食”進了
一步。

［１３］悢悢：當作悢悢（làng）。猶眷眷。《後漢書·陳蕃傳》：“（上疏）
天之於漢，悢悢無已。”李賢注：“悢悢，猶眷眷也。”惜懷：珍愛

懷安。

[14] 遲於：當作棲遲，遊息。《詩·陳風·衡門》：“衡門之下，可以棲遲。”朱熹集傳：“棲遲，游息也。”

8 “然守常之徒[1]，而卒聞此義[2]，必將愕然創見[3]，謂之狂生矣。夫三王不相沿樂，五帝不相襲禮[4]，而其移風易俗[5]，安上治民，一也。或革或因，損益壞善(1)[6]，何必當乘船以登山(2)，策馬以涉川，被甲以升廟堂[7]，重裘以當隆暑乎[8]！若謂古事終不可變，則棺槨不當代薪埋[9]，衣裳不宜改裸袒矣[10]。”

【校】

（1）壞善：原作懷善，陳其榮校：“盧本作壞善。”

（2）當：蓋涉次行“重裘以當隆暑乎”句而衍，當從楊明照校删。

【注】

[1] 守常：此指守舊。

[2] 卒（cù）：同猝。《墨子·號令》：“敵人卒而至。”孫詒讓《閒詁》引蘇云：“卒猝同。”

[3] 創見（xiàn）：第一次出現。創：初。《史記·司馬相如列傳》：“期應紹至，不特創見。”《漢書·司馬相如傳下》顏師古注：“不獨初創而見也。”《文選》司馬相如《封禪文》：“期應紹至，不特創見。”李善注引文穎曰：“不獨一物造見也。”劉良注：“創，初也。”

[4] 三王不相沿樂二句：謂時代不同，禮樂也隨之而異。《禮記·樂記》：“五帝殊時，不相沿樂；三王異世，不相襲禮。”鄭玄注：“言其有損益也。”

[5] 移風易俗：《禮記·樂記》：“稱風易用俗，天下皆寧。”

[6] 損益壞善：謂壞者損之，善者益之。

[7] 被（pī）甲：披鎧甲。句謂披鎧甲以入廟堂，不合禮儀。

［8］隆暑：酷熱；盛暑。陸機《從軍行》：“隆暑固已慘，涼風嚴且苛。”

［9］棺槨：古代棺材兩重，外曰槨，内曰棺。薪埋：上古祖先死去，以
　　柴草包裹而葬。《易·繫辭下》：“古之葬者，厚衣之以薪，葬之中
　　野，不封不樹，喪期無數。後世聖人易之以棺槨。”衣：包裹。
　　薪：柴草。《禮記·檀弓上》：“殷人棺槨。”鄭玄注：“槨，大也。
　　以木爲之。言槨大於棺也。”

［10］衣裳：上衣下裳。《詩·齊風·東方未明》：“東方未明，顛倒衣
　　裳。”毛傳：“上曰衣，下曰裳。”相傳黄帝臣伯余始作衣，一説胡曹
　　作衣。《世本》：“伯余制衣裳。”《吕氏春秋·勿躬》：“胡曹作衣。”

尚博卷三十二^[1]

1 抱朴子曰:"正經爲道義之淵海^{(1)[2]},子書爲增深之川流^[3]。仰而比之,則景星之佐三辰也^[4];俯而方之,則林薄之裨嵩嶽也^[5]。雖津塗殊闢^[6],而進德同歸;雖離於舉趾^[7],而合於興化^{(2)[8]}。故通人總原本以括流末,操綱領而得一致焉。

【校】

(1)正:《太平御覽》六百八引作五。義:《太平御覽》六百八引作德。

(2)興化:魯藩本作與化。

【注】

[1] 尚博:指崇尚、尊貴(子書内容與藝術之)廣博豐富。《鬼谷子·權篇》:"繁稱文辭者,博也。"

[2] 正經:指儒家經典,包括兩漢魏晉所稱《五經》《六經》《七經》。揚雄《法言·問神》:"大哉!天地之爲萬物郭,五經之爲衆説郛。"李軌注:"莫有不存其内而能出其外者也。"謂《五經》如"天地",覆蓋面最廣。郭、郛:外城。六經:《莊子·天運》:"孔子謂老聃曰:'丘治《詩》《書》《禮》《樂》《易》《春秋》六經。'"七經:有兩説:東漢《一字石經》以《周易》《尚書》《魯詩》《儀禮》《春秋》《公羊》《論語》爲七經;《後漢書·張純傳》"乃案七經識"李賢注:"七經,謂《詩》《書》《禮》《樂》《易》《春秋》及《論語》也。"淵海:如深淵、大海。多比喻包容深廣或薈萃之處。

［３］川流：河流。《太平御覽》六百八引楊泉《物理論》：“夫《五經》，則
　　　海也；他傳記，則四瀆也；諸子，則涇渭也。至於百川，溝洫畎澮，
　　　苟能通陰陽之氣，達水泉之流，以四海爲歸者，皆益也。”

［４］景星：大星；德星；瑞星。古謂現於有道之國。《史記・天官書》：
　　　“天精而見景星。景星者，德星也。其狀無常，常出於有道之
　　　國。”正義：“景星狀如半月，生於晦朔，助月爲明。”三辰：日、月、
　　　星。《左傳・桓公二年》“三辰旂旗”杜預注：“三辰，日、月、
　　　星也。”

［５］林薄：交錯叢生的草木。叢木曰林，草木交錯曰薄。裨：益。嵩
　　　嶽：中嶽嵩山。

［６］津塗：此謂途徑；門徑。

［７］離於舉趾：蓋謂與非禮勿動有別。舉趾：舉動。

［８］興化：振興教化。《孔叢子・執節》：“賢者所在，必興化致治。”

　　2　“古人歎息於才難[1]，故謂百世爲隨踵[2]。不以璞
非崐山，而棄耀夜之寶[3]；不以書不出聖[4]，而廢助教之
言。是以閭陌之拙詩[5]，軍旅之鞠誓[6]，或詞鄙喻陋，簡不
盈十，猶見撰録[7]，亞次典誥[8]。百家之言，與善一
揆(1)[9]。譬操水者，器雖異而救火同焉；猶針、灸者，術雖
殊而攻疾均焉。

【校】

（１）與：當從楊明照校作興。《用刑》有“化上興善者”之語，“興善”
　　　連文。

【注】

［１］才難：人才難得。《論語・泰伯》：“孔子曰：‘才難，不其然乎！唐
　　　虞之際，於斯爲盛。’”集解引孔安國曰：“大才難得，豈不然乎！”

［２］隨踵：猶緊跟。常形容來者之多與來者之快。《意林》二引《申

子》："百世有聖人,猶隨踵;千里有賢人,是比肩。"

[3] 不以璞非崐山二句:不以玉之出産地論高低。《爾雅‧釋地》:
"西北之美者,有崐崙虛之璆、琳、琅、玕焉。"璞:鄭人謂玉未理
者。耀夜之寶:指夜光璧。《戰國策‧楚策一》:"乃遣使車百
乘,獻雞駭之犀、夜光之璧于秦王。"

[4] 書不出聖:非聖人所寫的著作,包括下文"閭陌之拙詩,軍旅之
鞠誓"以及漢魏以來子書。

[5] 閭陌之拙詩:指《詩》之十五《國風》。閭陌:猶里巷;民間。

[6] 軍旅之鞠誓:指《書‧夏書》之《甘誓》《書‧商書》之《湯誓》等篇。
鞠誓:猶誓告。向軍隊發出出征號令;誓師。《詩‧小雅‧采
芑》:"陳師鞠旅。"毛傳:"鞠,告也。"鄭玄箋:"二千五百人爲師,
五百人爲旅。此言將戰之日,陳列其師旅誓告之也。陳師告旅,
亦互言之。"鞠通鞫。

[7] 撰錄:編寫著錄。《史記‧孔子世家》:"孔子之時,周室微而禮樂
廢,《詩》《書》缺。追迹三代之禮,序《書傳》,上紀唐、虞之際,下
至秦繆,編次其事。……故《書傳》《禮記》自孔氏。古者《詩》三
千餘篇,及至孔子,去其重,取可施於禮義,上采契、后稷,中述
殷、周之盛,至幽、厲之缺,始於衽席,故曰:'《關雎》之亂以爲
《風》始,《鹿鳴》爲《小雅》始,《文王》爲《大雅》始,《清廟》爲《頌》
始。三百五篇孔子皆弦歌之,以求合《韶》《武》《雅》《頌》之音。
禮樂自此可得而述,以備王道,成六藝。'"孔子作了這個撰錄整
理的工作。

[8] 典誥:《尚書》中的《堯典》與《大誥》《康誥》等篇的並稱。泛指經
書典籍。《漢書‧王莽傳中》:"各策命以其職,如典誥之文。"

[9] 揆(kuí):道理。《孟子‧離婁下》:"得志行乎中國,若合符節,先
聖後聖,其揆一也。"

　　3　"漢魏以來,群言彌繁,雖義深於玄淵,辭瞻於波
濤;施之可以臻徵祥於天上(1)[1],發嘉瑞於后土[2];召環、

雉於大荒之外[3]，安圜堵於函夏之内[4]；近弭禍亂之階，遠垂長世之祉；然時無聖人，目其品藻。故不得騁驊、騄之迹於千里之塗[5]，編近世之道於《三墳》之末也[6]。

【校】

（1）天上：疑當乙作上天，或作皇天。

【注】

[1]徵祥：徵兆。特指祥兆。劉向《説苑·善説》："陛下之身逾盛，天瑞並至，徵祥畢見。"上天：古人觀念中的萬物主宰者。《書·泰誓上》："今商王受，弗敬上天，降災下民。"皇天：對天及天神的尊稱。《書·武成》："底商之罪，告於皇天后土，所過名山大川。"皇天、后土對文。

[2]嘉瑞：祥瑞。后土：對大地的尊稱。《左傳·僖公十五年》："君履后土而戴皇天。"

[3]環、雉：白環、白雉，遠方貢物。《竹書紀年》上："六年，西王母之來朝，獻白環玉玦。"《文選》吳質《答東阿王書》"使獻其白雉"李善注引《太公·金匱》曰："武王伐殷，四夷聞，各以（其職）來貢，越裳獻白雉，重譯而至。"句謂與周邊各國各族人民友好相處。

[4]安圜堵於函夏之内：謂國内人民安堵如故。安……堵：猶安居。《史記·田單列傳》："即墨即降，願無虜掠吾族家妻妾，令安堵。"圜（huán）堵：環堵。四周環著每面一方丈的土牆。形容狹小、簡陋的居室。《禮記·儒行》："儒者有一畝之宫，環堵之室。"鄭玄注："環堵，面一堵也。五版爲堵，五堵爲雉。"函夏：指全華夏；全中國。函：包含。《漢書·揚雄傳上》："（《河東賦》）以函夏之大漢兮，彼曾何足以比功？"顏師古注引服虔曰："函夏，函諸夏也。"《文選·七命》："王猷四塞，函夏謐寧。"張銑注："猷，道。謐，安也。函夏，謂中國也。言王道四方充塞，中國安静也。"

[5]驊騄：驊騮、騄耳，行疾，一日而至千里，周穆王八駿中的兩駿，指

代良馬。《穆天子傳》一："天子之駿，……華騮、綠耳。"郭璞注：
"(華騮)色如華而赤，今馬名驃赤者爲棗騮。棗騮赤也。……八
駿，皆因其毛色以爲名號耳。"驊同華。

[6] 近世之道：指魏晉以來的著述。《三墳》：三皇之典。泛指古代
　　典籍。《左傳·昭公十二年》："是能讀《三墳》《五典》《八索》《九
　　丘》。"杜預注："皆古書名。"

4　"拘繫之徒[1]，桎梏淺隘之中[2]，挈瓶訓詁之間[3]，
輕奇賤異，謂爲不急。或云小道不足觀[4]，或云廣博亂人
思。而不識合錙銖可以齊重於山陵[5]，聚百十可以致數於
億兆(1)[6]；群色會而袞藻麗[7]，衆音雜而《韶》《濩》和也[8]。

【校】
（1）百十：當依楊明照校引慎校本等作百千。《任命》《百家》與《内
　　篇·極言》均有"百千"連文之例，可作旁證。

【注】
[1] 拘繫之徒：指以章句訓詁爲能事，極端輕視文詞繁富華美的儒
　　家之徒。拘繫：拘束；拘泥。
[2] 桎梏淺隘之中：謂束縛於膚淺狹隘之中而不能自拔。桎梏：此
　　謂被束縛。
[3] 挈(qiè)瓶：汲水用的小瓶。喻小智之人，才思屢空。《左傳·昭
　　公七年》："人有言曰：'雖有挈缾之知，守不假器。'禮也。"杜預
　　注："挈缾，汲者。喻小知爲人守器，猶知不以假人。"缾同瓶。知
　　通智。訓詁：對古書字句作解釋。亦指對古書字句所作的解
　　釋，相當於今日之注解。《漢書·揚雄傳上》："雄少而好學，不爲
　　章句，訓詁通而已。"顏師古注："詁，謂指義也。"郭璞《〈爾雅〉
　　序》："夫《爾雅》者，所以通詁訓之指歸。"邢昺疏："詁，古也。通
　　古今之言使人知也。訓，道也，道物之貌以告人也。"

［4］小道：指諸子書。《論語・子張》：“子夏曰：‘雖小道，必有可觀者
　　　焉。’”集解：“小道謂異端。”皇侃疏：“小道，謂諸子百家之書也。”
　　　劉寶楠正義：“《周官・大司樂》注：‘道，多才藝。’此小道亦謂才
　　　藝。鄭（玄）注云：‘小道，如今諸子書也。’鄭舉一端，故云‘如’以
　　　例之。”稚川借《論語・泰伯》“不足觀”之語，反其意而用之。

［5］錙銖：喻微小的數量。錙：古代重量單位。其説不一：六銖、八
　　　銖、六兩、八兩爲一錙。一般從《説文》，謂六銖，即一兩的四分之
　　　一。《禮記・儒行》“雖分國如錙銖”鄭玄注：“八兩曰錙。”《淮南
　　　子・詮言》：“雖割國之錙錘以事人。”高誘注：“六兩曰錙。”又《説
　　　山》：“有千金之璧而無錙銖之礛諸。”高誘注：“六銖曰錙。”銖：
　　　古代重量單位，以黍爲起算物。其説不一：一兩的二十四分之
　　　一、百黍、九十六黍、十黍、一百四十四粟爲一銖。《禮記・儒行》
　　　“雖分國如錙銖”孔穎達疏：“十黍爲參，十參爲銖，二十四銖爲
　　　兩。”劉向《説苑・辨物》：“十六黍爲一豆，六豆爲一銖，二十四銖
　　　爲一兩。”《荀子・富國》：“割國之錙銖以賂之，則割定而欲無
　　　猒。”楊倞注：“十黍之重爲銖。”《淮南子・天文》：“十二粟而當一
　　　分，十二分而當一銖，十二銖而當半兩。”山陵：山嶽。

［6］億兆：極言其數之多。《左傳・昭公二十年》：“雖有善祝，豈能勝
　　　億兆人之詛。”杜預注：“萬萬曰億，萬億曰兆。”按：古代下數以十
　　　萬爲億，十億爲兆；中數以萬萬爲億，萬億爲兆；上數以億億爲
　　　兆。見漢徐嶽《數術記遺》。

［7］群色會：指五種采色合聚，上畫於衣，下繡於裳。《書・益稷》：
　　　“予欲觀古人之象，日、月、星、辰、山、龍、華、蟲，作會。……以五
　　　采彰施於五色，作服。”孔傳“欲觀示法象之服制。日、月、星爲
　　　三辰。華，象草華。蟲，雉也。畫三辰、山、龍、華、蟲於衣服、旌
　　　旗。會，五采也。以五采成此畫焉。”正義：“會者，合聚之名。下
　　　云‘以五采彰施於五色，作服’。知會，謂五色也。禮，衣畫而裳
　　　繡。五色備謂之繡。知畫亦備五色，故云以五采成此畫焉。謂
　　　畫之於衣。”袞藻：袞衣上的藻飾；衣之有文采者。

［8］衆音雜：謂各種樂器按宮、商、角、徵、羽五音合奏。《管子・宙

合》："夫五音不同聲而能調。"韶：舜樂名，言其德能繼紹堯之
德。他書作招，讀作韶。濩（hù）：通護，湯樂名，言其德能使天
下得其所。泛指古樂。《禮記·樂記》："《韶》，繼也。"鄭玄注：
"（《韶》）舜樂名也。《韶》之言紹也。言其德能繼紹堯之德。"《周
禮·春官·大司樂》："以樂舞教國子……《大夏》《大濩》《大
武》。"鄭玄注："《大濩》，湯樂也。湯以寬治民而除其邪，言其德
能使天下得其所也。"

5　"或貴愛詩賦淺近之細文(1)，忽薄深美富博之子書，
以磋切之至言爲駃拙(2)，以虛華之小辯爲妍巧[1]。真僞顛
倒，玉石混淆[2]；同廣樂於桑間[3]，鈞龍章於卉服(3)[4]；悠
悠皆然，可歎可慨者也。"

【校】

（1）詩賦：平津本作"詩乘"。詩爲文體通名，《乘》爲春秋時晉國史書
　　專名，兩者並列，不倫不類。

（2）磋切：當從楊明照校乙作切磋。

（3）鈞：《百家》作均。按：鈞通均。

【注】

[1]　小辯：猶巧言。謂巧辯異辭。《文子·上仁》："故小辯害義。"《漢
　　書·揚雄傳下》："雖小辯，終破大道而或衆。"顏師古注："爲巧辯
　　異辭以攪亂時政也。"辨通辯。或通惑。

[2]　真僞顛倒，玉石混淆：《孔叢子·對魏王》："駑驥同轅，伯樂爲之
　　咨嗟；玉石相糅，卞氏爲之歎息。故賢愚共貫，則能士匿謀；真僞
　　相錯，則正士結舌。"

[3]　廣樂：盛大典雅的音樂。多指仙樂。《穆天子傳》一："觴天子于
　　磐石之上，天子乃奏廣樂。"《史記·趙世家》："趙簡子疾，五日不
　　知人。……簡子寤，語大夫曰：'我之帝所甚樂，與百神遊於鈞

天，廣樂九奏萬舞，不類三代之樂，其聲動人心。’”桑間：桑間濮
上靡靡之音。泛指亡國之音。《禮記・樂記》：“桑間、濮上之音，
亡國之音也。”鄭玄注：“濮水之上，地有桑間者，亡國之音，於此
之水出也。昔殷紂使師延作靡靡之樂，已而自沈於濮水。後師
涓過焉，夜聞而寫之，爲晉平公鼓之。是之謂也。”此指代民間音
樂。桑間在河南濮陽南。

〔4〕卉服：即草服葛越（南方布名，用葛爲之），傳爲南海島夷所服。

6 或曰：“著述雖繁，適可以騁辭耀藻[1]，無補救於得
失，未若德行不言之訓[2]，故顏、閔爲上，而游、夏乃次四科
之格[3]，學本而行末(1)。然則綴文固爲餘事[4]，而吾子不
褒崇其源，而獨貴其流，可乎？”

【校】

（1）學本而行末：當從楊明照校乙作行本而學末。謂德行爲本，文
學爲末。

【注】

〔1〕騁辭：謂自如地、盡情地運用語言文字。孔融《薦禰衡表》：“飛辯
騁辭，溢氣坌涌。”

〔2〕不言之訓：指以德政感化人民。《老子・第二章》：“是以聖人處
無爲之事，行不言之教，萬物作焉而不爲始。”

〔3〕顏、閔：顏回、閔損。游、夏：子游、子夏。子游即言偃，子夏即卜
商。次：降等。四科：德行、言語、政事、文學。《論語・先進》：
“德行：顏淵、閔子騫、冉伯牛、仲弓。言語：宰我、子貢。政事：
冉有、季路。文學：子游、子夏。”皇侃疏：“德行爲人生之本，故
爲第一以冠初也。”

〔4〕綴文：猶作文。謂聯綴文辭以成文章。餘事：不重要的事。《漢
書・叙傳上》：“（《答賓戲》）著作者，前列之餘事耳。”

7　抱朴子答曰："德行爲有事,優劣易見[(1)][1];文章微妙,其體難識[2]。夫易見者,粗也;難識者,精也[3]。夫唯粗也,故銓衡有定焉;夫唯精也,故品藻難一焉。吾故捨易見之粗,而論難識之精,不亦可乎?"

【校】

（1）爲：當從楊明照校删。"德行有事"始與下"文章微妙"句相儷。

【注】

[1] 德行爲有事：謂德行之説,有其故實。《易·節》："君子以制數度,議德行。"正義："德行,謂人才堪任之優劣。"有事：有故實,有典故。

[2] 體：體性。指文章自身所具有的一切,包括文章法度與風格。劉勰《文心雕龍》有《體性篇》,可參。

[3] 易見者,粗也二句：意本《莊子·秋水》："可以言論者,物之粗也;可以意致者,物之精也;言之所不能論,意之所不能致者,不期精粗焉。"

8　或曰："德行者,本也;文章者,末也。故四科之序,文不居上。然則著紙者,糟粕之餘事[1];可傳者,祭畢之芻狗[2]。卑高之格,是可識矣。文之體略[3],可得聞乎?"

抱朴子答曰："荃可以棄,而魚未獲,則不得無荃;文可以廢,而道未行,則不得無文[4]。若夫翰迹韻略之宏促[5],屬辭比事之疏密[6],源流至到之修短,藴藉汲引之深淺[(1)][7]。其懸絕也,雖天外、毫内,不足以喻其遼邈[8];其相傾也,雖三光、熠耀,不足以方其巨細[9];龍淵、鉛鋌,未足譬其鋭鈍[(2)];鴻羽、積金,未足比其輕重[(3)][10]。清濁參差,所稟有主,朗昧不同科,强弱各殊氣[11]。而俗士唯見能染毫畫紙者,便概之一例[(4)]。斯伯牙所以永思鍾子[12],郢人所以格斤不運也[13]。

【校】

（1）蘊：《文行》作韞。"韞"義同"蘊",包藏。

（2）未足：《文行》作未足以。

（3）未足：《文行》作未足以。比：《文行》作方。

（4）之：《文行》作以,當從。此之、以相混之例。

【注】

［1］糟粕：酒滓。喻事物的粗劣無用者。《莊子·天道》："（輪扁）曰：'然則君之所讀者,古人之糟魄已夫？'"粕與魄音同通用。

［2］芻狗：結草爲狗供巫祝祭祀之用,用畢即棄。因用以喻微賤無用的事物或言論。《老子·第五章》："天地不仁,以萬物爲芻狗；聖人不仁,以百姓爲芻狗。"魏源本義："結芻爲狗,用之祭祀,既畢事則棄而踐之。"

［3］體略：綱要,要領。晉郭象有《論語體略》。

［4］筌：筌（quán）。竹編捕魚具,魚能進不能出。《莊子·外物》："筌者所以在魚,得魚而忘筌；蹄者所以在兔,得兔而忘蹄；言者所以在意,得言而忘言。"成玄英疏："意,妙理也。夫得魚兔本因筌蹄,而筌蹄實異魚兔,亦由玄理假於言説,言説實非玄理。魚兔得而筌蹄忘,玄理明而名言絶。"稚川強調"筌"的作用。喻文以載道,不得無文。不得無文：指不能没有文章；指言語、辭章没有文采。《左傳·襄公二十五年》："言之無文,行之不遠。"

［5］翰迹：猶筆迹。多指文辭、書牘。韻略：指詩文的用韻。宏促：宏亮與促急；渾厚與尖厲。宏：指平聲。促：指仄聲。

［6］屬辭比事：聚合會同之辭,比次褒貶之事；聯綴言辭,排列史實、典故,寫作文章。《禮記·經解》："屬辭比事,《春秋》教也。"此蓋就文章結構鬆緊、用典多少、文采濃淡而言。

〔７〕蘊藉：寬厚而有涵養；寬博有餘。此謂含蓄而不顯露。深淺：引申指事物的輕重、大小、多少。此猶言文野，深則文，淺則野。上句與本句，蓋就子書内容而言。

〔８〕懸絶：相差極遠。此謂相距極遠。天外：喻無限大而遠。毫内：喻無限小而近。皇甫謐《三都賦序》：“其文博誕空類，大者罩天地之表，細者入毫纖之内。”遼邈：遠近。

〔９〕相傾：相互對立而存在。《老子·第二章》：“長短相形，高下相傾。”三光：日、月、星。喻光芒照射範圍之廣大。熠（yì）耀：燐，即熒火，猶言鬼火。喻所照射範圍之狹小。燿同耀。

〔10〕龍淵：干將、歐冶所鑄與太阿同爲著名的鐵劍，特堅利。喻利。《越絶書·越絶外傳記寶劍》：“歐冶子、干將鑿茨山，洩其溪，取鐵英，作爲鐵劍三枚，一曰龍淵，二曰泰阿，三曰工布。”鉛鋌：鉛刀、箭鋌。喻鈍。鴻羽：喻物之最輕者。積金：喻物之最重者。

〔11〕清濁：喻文章氣質的優劣、高下。朗昧：明暗；聰明與愚昧。氣：氣質、風格、氣勢。《文選·典論論文》：“文以氣爲主，氣之清濁有體，不可力强而致。譬諸音樂，曲度雖均，節奏同檢，至於引氣不齊，巧拙有素，雖在父兄，不能以移子弟。”

〔12〕伯牙：春秋楚懷王、頃襄王時人，姓伯，名牙（或作雅）。傳説曾學琴於著名琴師成連先生，三年不成。後隨成連至東海蓬萊山，聞海水澎湃、林鳥悲鳴之聲，心有所感，乃援琴而歌，從此琴藝大進，終成天下妙手。琴曲《水仙操》《高山流水》相傳均爲他所作。鍾子：鍾子期，鍾氏，名期，子通稱。春秋時楚人，少善聽音。《吕氏春秋·本味》：“伯牙鼓琴，鍾子期聽之。方鼓琴而志在太山，鍾子期曰：‘善哉乎鼓琴，巍巍乎若太山！’少選之間，而志在流水，鍾子期又曰：‘善哉乎鼓琴，湯湯乎若流水。’鍾子期死，伯牙破琴絶弦，終身不復鼓琴，以爲世無足復爲鼓琴者。”

〔13〕郢人：與匠石運斤配合默契的郢都之人。喻知己。格通擱。《莊子·徐無鬼》：“莊子送葬，過惠子之墓，顧謂從者曰：‘郢人堊漫其鼻端，若蠅翼，使匠石斲之。匠石運斤成風，聽而斲之，盡堊而鼻不傷，郢人立不失容。宋元君聞之，召匠石曰：“嘗試爲寡人爲

之。”匠石曰：“臣則嘗能斲之，雖然，臣之質死久矣。”自夫子之死也，吾無以爲質矣，吾無與言之矣。’”謂無郢人的默契配合，便無法運斤。

9　“蓋刻削者比肩[1]，而班、狄擅絶手之稱(1)[2]；援琴者至衆，而夔、襄專知音之難(2)[3]；廐馬千駟，而騏驥有逸群之價[4]；美人萬計，而威、施有超世之容[5]。蓋有遠過衆者也(3)。

【校】

（１）稱：《文行》作名。

（２）知音：《文行》作清聲，與“絶手”對文，同爲偏正結構，當據改。
　　　難：當從《文行》作稱。

（３）蓋有遠過衆者也：《文行》作蓋遠過衆也。

【注】

［１］刻削：雕刻。《韓非子·外儲説左上》：“凡刻削者，以其所以削必小。”

［２］班：公輸班，亦稱魯班。狄：墨狄，即墨翟。狄通翟。墨翟亦魯之大巧者，能造木鳶而飛，且巧爲車輗。擅絶手之名：《内篇·辨問》：“夫班、狄，機械之聖也。”

［３］夔：舜時樂正。《書·舜典》：“帝曰：‘夔！命汝典樂，教胄子，直而温，剛而無虐，簡而無傲，詩言志，歌永言，聲依永，律和聲，八音克諧，無相奪倫，神人以和。’夔曰：‘於！予擊石拊石，百獸率舞。’”《吕氏春秋·察傳》：“……舜以（夔）爲樂正。夔於是正六律，和五聲，以通八風，而天下大服。”高誘注：“（樂正）樂官之正也。”襄：師襄，也稱師襄子，春秋時衛國樂師。魯樂官擊磬襄，另是一人。《韓詩外傳》五：“孔子學鼓琴於師襄子而不進。師襄子曰：‘夫子可以進矣。’孔子曰：‘丘已得其曲矣，未得其數也。’有間，曰：‘夫子可以進矣。’曰：‘丘已得其數矣，未得其意也。’有

間,復曰:'夫子可以進矣。'曰:'丘已得其人矣,未得其類也。'有
間,曰:'邈然遠望,洋洋乎,翼翼乎,必作此樂也。黯然而黑,幾
然而長,以王天下,以朝諸侯者,其惟文王乎!'師襄子避席再拜,
曰:'善!師以爲《文王之操》也。'"

[4] 廄馬:此指皇家或諸侯馬棚裏的馬。馬四匹爲駟。

[5] 威、施:南威、西施。南威,即南之威,是春秋晉國美女。《戰國
策·魏策二》:"晉文公得南之威,三日不聽朝。遂推南之威而遠
之,曰:'後世必有以色亡其國者。'"

10 "且文章之與德行,猶十尺之與一丈。謂之餘事,
未之前聞(1)。夫上天之所以垂象[1],唐、虞之所以爲稱[2];
大人虎炳,君子豹蔚[3];昌、旦定聖謚於一字[4],仲尼從周
之郁,莫非文也[5]。八卦生鷹隼之所被(2)[6],六甲出靈龜
之所負(3)[7]。文之所在,雖賤猶貴。犬羊之鞹,未得比
焉[8]。且夫本不必皆珍,末不必悉薄。譬若錦繡之因素
地[9],珠玉之居蚌、石(4)[10];雲雨生於膚寸[11],江河始於咫
尺[12]。爾則文章雖爲德行之弟,未可呼爲餘事也(5)[13]。"

【校】

(1) 未:魯藩本作末。

(2) 八卦生鷹隼之所被:"生"之下當依《文行》補"乎"字。

(3) 六甲出靈龜之所負:"出"之下當依《文行》補"於"字。

(4) 居:《文行》作託,義長,與"因"爲對文,當據改。

(5) 爾則文章雖爲德行之弟,未可呼爲餘事也:《文行》作理誠若兹,
則雅論病矣。

【注】

[1] 垂象:上天用日月星辰顯示天象。《易·繫辭上》:"天垂象。"

〔２〕唐、虞：唐堯、虞舜。唐堯被孔子視爲有文章之始，故爲稱於世，虞舜連類而及。《論語・泰伯》：“子曰：‘大哉！堯之爲君也！……焕乎！其有文章！’”集解：“焕，明也。其立文垂制又著明。”

〔３〕大人虎炳，君子豹蔚：《易・革》：“象曰：大人虎變，其文炳也。”又：“象曰：君子豹變，其文蔚也。”變：斑文。

〔４〕昌、旦定聖謚於一字：西伯姬昌謚曰周文王，其子姬旦謚曰周文公，同用一個文字定謚。《史記・周本紀》：“公季卒，子昌立，是爲西伯。……西伯蓋即位五十年，……謚曰文王。”《國語・周語上》：“是故周文公之頌曰。”韋昭注：“文公，周公旦之謚也。”《周書・謚法》：“經緯天地曰文。”

〔５〕仲尼從周之郁：《論語・八佾》：“子曰：‘周監於二代，郁郁乎文哉！吾從周。’”集解引孔安國曰：“監，視也。言周文章備於（夏商）二代，當從之。”

〔６〕八卦生鷹隼之所被：謂八卦受鷹隼所被文采的啓發而製作。《易・繫辭下》：“古者包犧氏之王天下也，仰則觀象於天，俯則觀法於地，觀鳥獸之文與地之宜，近取諸身，遠取諸物，於是始作八卦。”鷹隼：鷹和雕。泛指猛禽。所被（pī）：身披（文采）羽毛。按：鷹隼之羽無文采可言。

〔７〕六甲出靈龜之所負：謂五行方術之一的“六甲”係受“神龜負文而出”之《洛書》的啓發而產生。《書・洪範》：“天乃錫禹《洪範》九疇，彝倫攸叙。初一曰五行，次二曰敬用五事……九曰饗用五福。”孔傳：“天與禹，洛出書，神龜負文而出，列於背，有數至於九，禹遂因而第之，以成九類，常道所以次序。”《尚書・中侯握河紀》：“河龍出圖，洛龜書威，赤文綠字，以授軒轅。”

〔８〕鞹（kuò）：去毛的皮。《論語・顏淵》：“虎豹之鞹，猶犬羊之鞹。”犬羊之鞹無文采可言，故不能與上面所説有文采的例子相比。

〔９〕錦繡之因素地：謂繪事後素。《論語・八佾》：“子曰：‘繪事後素。’”朱熹集註：“謂先以粉地爲質，而後施五采。”錦繡：花紋色彩精美鮮艷的絲織品。素地：潔白的質地。

[10] 珠玉之居蚌、石：明珠産生於蚌中，如隋侯珠；璧玉寄託於石中，如和氏璧。《藝文類聚》八三引《墨子》：“楚之明月，出於蚌蜃。”楚之明月：即隋侯珠，因隋爲楚所滅，故稱。《淮南子・説山》：“明月之珠，出於蚔蜃。”蚔與蚌同，大蛤，中有珠。

[11] 膚寸：古長度單位。一指寬爲寸，四指寬爲膚。借指下雨前逐漸聚合的雲氣。《公羊傳・僖公三十一年》：“觸石而出，膚寸而合，不崇朝而徧雨乎天下者，唯泰山爾。”何休注：“側手爲膚，案指爲寸。”

[12] 江河始於咫尺：《荀子・子道》“昔者江出於崏山，其始出也，其源可以濫觴”。謂濫觴之地不過咫尺。

[13] 爾則文章雖爲德行之弟二句：以錦繡、珠玉、雲雨、江河喻“文章”，故“文章”非爲“餘事”。

11　或曰：“今世所爲，多不及古；文章著述，又亦如之。豈氣運衰殺[1]，自然之理乎？”

抱朴子答曰：“百家之言，雖有步趨(1)[2]，皆出碩儒之思，成才士之手，方之古人，不必悉减也。或有汪濊玄曠，合契作者[3]，内闚不測之深源[4]，外播不匱之遠流[5]。其所祖宗也高，其所紬繹也妙[6]。變化不繫滯於規矩之方圓，旁通不凝閡於一塗之逼促[7]。是以偏嗜酸醎者，莫能知其味(2)；用思有限者，不能得其神也。夫應龍徐舉[8]，顧眄淩雲[9]；汗血緩步，呼吸千里[10]。而螻螘怪其無階而高致(3)[11]，駑蹇患其過己之不漸也(4)。

【校】

（1）步趨：原作步起，當從楊明照校與崇文本作步趨。

（2）知：藏本作識。

（3）而螻螘：尋上下文意，“而”當從《文行》作故，義顯。

（4）患：《文行》作驚。驚、怪互文，義長，當據改。

【注】

［1］衰殺（shài）：減縮；減降。《墨子·備城門》："百步一櫳樅，起地高五丈三層，下廣，前面八尺，後十三尺，亓上稱議衰殺之。"畢沅校注："言稱此而議減其上。"亓，"其"的古字。

［2］步趨：亦步亦趨。形容事事追隨和模仿别人。《莊子·田子方》："顔淵問於仲尼曰：'夫子步亦步，夫子趨亦趨，夫子馳亦馳，夫子奔逸絶塵，而回瞠若乎後矣。'"

［3］合契：相符合；相一致。《後漢書·張衡傳》："驗之以事，合契若神。"作者：此指撰寫文章或從事藝術創作的人。吴質《答東阿王書》："還治諷采所著，觀省英瑋，實賦頌之宗，作者之師也。"

［4］内闢不測之深源：謂百家作品内容挖掘深廣，如江河之源。不測：喻深淵或江海。

［5］外播不匱之遠流：謂百家作品流傳影響深遠。匱：竭。

［6］紬（chōu）繹：引出端緒。引申爲闡述。

［7］凝閡：凝滯阻隔。閡同礙。逼促：猶狹窄。句謂思路開闊。

［8］應龍：古代傳説中一種有翼的龍。《淮南子·覽冥》"服應龍"高誘注："一説：'應龍，有翼之龍也。'"

［9］顧眄淩雲：言其飛入雲霄之速。

［10］呼吸千里：言速度之快。《文選》郭璞《江賦》："呼吸萬里，吐納靈潮。"李善注："呼吸萬里，言其速也。"

［11］螻螘：螻蛄與螞蟻。泛指微小的生物。其：指應龍。

12　"若夫馳騁於詩論之中[1]，周旋於傳記之間(1)[2]，而以常情覽巨異，以褊量測無涯，以至粗求至精，以甚淺求甚深，雖始自髫齔[3]，訖於振素[4]，猶不得也。夫賞其快者，必譽之以好；而不得曉者，必毁之以惡[5]，自然之理也。於是以其所不解者爲虚誕，慺誠以爲爾[6]，未必違情以傷物也。

【校】

（1）周旋於傳記之間：《文行》作“周旋一經之内”，義長，當從。

【注】

［1］馳驟：馳騁，疾奔。《韓非子·外儲説右下》：“造父御四馬，馳驟周旋，而恣欲於馬。”此指在詩論領域縱横自如，悉心研討，而有所建樹。

［2］傳記：經書的注釋；泛指記載的文字。《漢書·元后傳》：“《五經》傳記，師所誦説。”

［3］髫齓（tiáo chèn）：謂幼年。髫：兒童下垂的頭髮。齓：兒童換牙。《後漢書·文苑傳下·邊讓》：“（蔡邕薦讓書）髫齓夙孤，不盡家訓；及就學廬，便受大典。”李賢注：“髫，翦髮爲髫也。齓，毁齒（换牙）也。”

［4］振素：喻飄動的白髮。謂年老頭白。《陸士龍集·歲暮賦》：“黄髮皓而振素。”

［5］夫賞其快者四句：謂愛同憎異，“各執一隅之解”。《文心雕龍·知音》：“夫篇章雜沓，質文交加，知多偏好，人莫圓該。慷慨者逆聲而擊節，醖藉者見密而高蹈，浮慧者觀綺而躍心，愛奇者聞詭而驚聽。會己則嗟諷，異我則沮棄，各執一隅之解，欲擬萬端之變。所謂‘東向而望，不見西牆’也。”注此正合文意。快：謂文筆淋漓酣暢。

［6］慺（lóu）誠：恭謹貌。《玉篇·心部》：“慺，謹敬也。”

13　“又世俗率神貴古昔而黷賤同時[1]，雖有追風之駿，猶謂之不及造父之所御也；雖有連城之珍[2]，猶謂之不及楚人之所泣也[3]；雖有疑斷之劍[4]，猶謂之不及歐冶之所鑄也；雖有起死之藥[5]，猶謂之不及和、鵲之所合也[6]；

雖有超群之人，猶謂之不及竹帛之所載也；雖有益世之書，猶謂之不及前代之遺文也。是以仲尼不見重於當時[7]，《大玄》見蚩薄於比肩也[8]。

【注】

[1]世俗率神貴古昔而賤賤同時：謂貴遠賤近。神貴：神奇貴重。阮籍《大人先生傳》：“至人者不知乃貴，不見乃神，神貴之道存乎內而萬物運於外矣。”

[2]連城之珍：指珍貴之物，價值連城。

[3]楚人：卞和。

[4]疑斷：藏本、魯藩本等作擬斷。猶斬首。疑通擬。擬：指向（人頭）；比劃（斬首）。《漢書·蘇武傳》：“（衛律）復舉劍擬之，武不動。”擬斷之劍：用《北堂書鈔》一二二引《列士傳》之典：“干將、莫耶爲晉君造劍，三年乃成。劍有雌雄，乃以雌獻君，留其雄者自服。君覺，殺之。妻孕，謂其妻曰：‘吾藏劍在南山之陰，北山之陽，松生石上，劍在其中矣。爾生男，當以告之。’妻後生男，名曰赤鼻。晉君夢一人，眉廣二寸，辭欲報讎。購求甚急，乃逃朱鍾興山中。遇客，欲爲報讎。赤鼻乃持剄首奉之。客持頭詣晉君，令鑊煮之。頭三日三夜不爛。客曰：‘君往觀之即爛。’客以雄劍擬君，君頭墮鑊中。”“擬君”即斬晉君之首。故事又見《列異傳》《搜神記》十一、《太平御覽》三四三引《孝子傳》，魯迅《鑄劍》曾演繹其事。

[5]起死：使死人復活。《國語·吳語》：“君王之於越也，繄起死人而肉白骨也。”韋昭注：“繄，是也。是使白骨生肉，德至厚也。”

[6]和：春秋秦景公時良醫名。鵲：扁鵲，即秦越人。所合：指所配製的藥。合：調製。《黃帝九鼎神丹經訣》八《明化石序》：“臣聞凡合大丹，未有不資化石神水之力也。”

[7]仲尼不見重於當時：謂孔子命途多舛，周遊列國，而不被列國君主所用。《莊子·讓王》：“夫子再逐於魯，削迹於衛，伐樹於宋，

窮於商周，圍於陳蔡，殺夫子者無罪，藉夫子者無禁。”

［8］《大玄》：指揚雄《太玄經》。大通太。蚩薄：譏嘲鄙薄。蚩通嗤。
　　比肩：此指同朝爲官的劉歆、張竦。《漢書・揚雄傳下》：“劉歆
　　亦嘗觀之，謂雄曰：‘空自苦！今學者有禄利，然尚不能明《易》，
　　又如《玄》何？吾恐後人用覆醬瓿也。’雄笑而不應。”《論衡・齊
　　世》：“揚子雲作《太玄》，造《法言》，張伯松不肯壹觀。與之並肩，
　　故賤其言。使子雲在伯松前，伯松以爲《金匱》矣。”張伯松即張
　　竦，王莽封他爲淑德侯。

14　“俗士多云：今山不及古山之高，今海不及古海之
廣，今日不及古日之熱，今月不及古月之朗。何肯許今之
才士，不減古之枯骨？重所聞，輕所見[1]，非一世之所患
矣。昔之破琴剗弦者[2]，諒有以而然乎？”

【注】
［1］重所聞，輕所見：陸賈《新語・術事》：“世俗以爲自古而傳之者爲
　　重，以今之作者爲輕，淡於所見，甘於所聞。”句意本此。而陸賈
　　本荀子法後王的思想。
［2］破琴剗弦者：毁琴斷弦的人。指伯牙。

漢過卷三十三^[1]

1 抱朴子曰："歷覽前載^[2]，逮乎近代，道微俗弊，莫劇漢末也。當塗端右，閹官之徒，操弄神器^[3]，秉國之鈞；廢正興邪，殘仁害義；蹲踏背憎^[4]，即聾從昧；同惡成群，汲引姦黨；吞財多藏，不知紀極^[5]。而不能散錙銖之薄物，施振清廉之窮儉焉⁽¹⁾。

【校】

（1）施振清廉之窮儉：振，蓋衍文，當删。如此，"施清廉之窮儉"句方與"散錙銖之薄物"字數相等。"施""散"互文義近。

【注】

［1］漢過：指斥東漢末統治者的過失。斥"漢過"其名，而斥"晉過"其實。陳澧曰："此篇指斥當時之事，託言漢末耳。"

［2］歷覽：遍覽，逐一地看。司馬相如《長門賦》："貫歷覽其中操兮，意慷慨而自卬。"

［3］操弄：把持玩弄。《後漢書·竇武傳》："中常侍曹節、王甫等，自先帝時操弄國權，濁亂海内。"

［4］蹲踏：本作噂（zǔn）沓。噂噂沓沓。聚語貌；相對談語貌。《詩·小雅·十月之交》："噂沓背憎，職競由人。"毛傳："噂，猶噂噂。沓，猶沓沓，職，主也。"鄭玄箋："噂噂沓沓，相對談語，背則相憎逐，爲此者主由人也。"《說文·口部》："噂，聚語也。"

［5］紀極：終極；限度。《左傳·文公十八年》："縉雲氏有不才子……

聚斂積實，不知紀極。”杜預注：“實，財也。”楊伯峻注：“紀極，猶言限度也。紀、極同義詞連用。”引申爲窮盡。

2 “進官[1]，則非多財者不達也；獄訟[2]，則非厚貨者不直也[3]。官高勢重，力足拔才，而不能發毫釐之片言，進益時之翹俊也[4]。其所用也，不越於妻妾之戚屬；其惠澤也，不出乎近習之庸瑣。莫戒臧文竊位之譏[5]，靡追解狐忘私之義[6]；分祿以擬王林[7]，致事以由方回(1)[8]。

【校】

（1）致事：當從王廣恕校與藏本等作致士。《詰鮑》有“方回叩頭以致士”是其證。

【注】

[1] 進官：進升授官；進升官職。《漢書·孔光傳》：“光，帝師傅子，少以經行自著，進官蚤成。”

[2] 獄訟：1. 訟事；訟案。《周禮·地官·大司徒》：“凡萬民之不服教而有獄訟者，與有地治者聽而斷之，其附于刑者歸于上。”鄭玄注：“爭罪曰獄，爭財曰訟。”賈公彥疏：“獄訟相對，故獄爲爭罪，訟爲爭財。若獄訟不相對，則爭財亦爲獄。”2. 訴訟。《史記·五帝本紀》：“諸侯朝覲者不之丹朱而之舜，獄訟者不之丹朱而之舜，謳歌者不謳歌丹朱而謳歌舜。”

[3] 不直：不正；不公。此言不公正而不能勝訴。

[4] 翹俊：才智出衆的人。《晉書·忠義傳·虞悝》：“卿兄弟南夏之翹儁，而智勇遠聞。”儁同俊。

[5] 臧文：臧文仲（前？—前617），春秋時魯國大夫臧孫辰，卒諡文仲。

[6] 解狐：戰國初晉國趙簡子時重臣。解狐薦其讎人以爲相，一說以爲上黨守。《韓非子·外儲說左下》：“解狐舉其讎於簡主以爲

相,其儺以爲且幸釋己也,乃因往拜謝。狐乃引弓送而射之曰:
'夫薦汝公也,以汝能當之也;夫儺汝吾私怨也,不以私怨汝之故
擁汝於吾君。'故私怨不入公門。一曰:解狐舉邢伯柳爲上黨
守,柳往謝之曰:'子釋罪,敢不再拜。'曰:'舉子公也,怨子私也。
子往矣,怨子如初也。'"

[7] 王林:春秋衛靈公時人。《説苑・尊賢》:"又有士曰王林,國有賢
人必進而任之,無不達也;不能達,退而與分其禄,而靈公尊之。"

[8] 方回:相傳堯時隱士,隱於五柞山,堯聘爲閭士,舜與之遊,煉食
雲母粉,爲人治病。其"致士"事不詳。

3 "故列子比屋[1],而門無鄭陽之恤[2];高概成群,而
不遭暴生之薦[3]。抑挫獨立,推進附己。此樊姬所以掩
口[4],馮唐所以永慨也[5]。于時率皆素飱偷容(1)[6],掩德
蔽賢[7];忌有功而危之(2),疾清白而排之,諱忠讜而陷
之[8],惡特立而擯之[9]。柔媚者受崇飾之祐,方稜者蒙訕
棄之患。養豺狼而殲驎虞[10],殖枳棘而翦椒桂[11]。

【校】

(1) 于:魯藩本誤作干。

(2) 危:陳其榮校:"盧本作抑。"按:危虛而抑實,與下文排、陷、擯用
詞情趣一致。

【注】

[1] 列子:列禦寇,戰國時道家人物。劉向《七録》説他與鄭穆公同
時,《漢書・藝文志》説他先於莊子,成玄英《莊子疏》、柳宗元《辯
列子》都説他與鄭繻宗同時。《莊子》中多載其傳説。後被道教
徒神化,《歷世真仙體道通鑒》卷六謂爲鄭人,居鄭國四十年,人
無識者。問道於關尹子,師壺丘子,後師老商氏、支伯高子,進二
子之道。九年而後能御風而行,曾撰《列子》八卷,久佚。現傳

《列子》一書,學術界一致認爲形成於魏晉之際,晉人張湛注。比
　　屋:屋舍相鄰;鄰屋。指與鄭陽爲鄰。

[2] 門無鄭陽之恤:指鄭陽没有主動照顧列子的生活,是聽了客人
　　之言“居君之國而窮,君無乃爲不好士乎”,因“令官遣之粟數十
　　秉”。列子認爲“受人之養,而不死其難則不義”,故“再拜而辭”。
　　鄭陽(前?—前563):鄭穆公之子公子騑,字子駟,曾當國,故稱
　　子陽,好刑,嚴猛。魯襄公十年冬被盜殺。

[3] 暴生:暴勝之,字公子,西漢河東(今山西夏縣西北)人。武帝末,
　　爲直指使者,遷御史大夫。嘗表薦雋不疑,徵詣公車,拜爲青州
　　刺史。有知人之譽。

[4] 樊姬:春秋楚莊公夫人。楚莊公曾聽朝罷宴,姬問之,王曰:“與
　　賢者虞丘子語。”姬掩口而笑。王曰:“所笑何也?”姬曰:“虞丘子
　　相楚十餘年,未聞進賢、退不肖,是蔽君而塞賢路,是以笑也。”於
　　是虞丘子乃迎孫叔敖而進之,王以爲令尹。三年而霸,樊姬之
　　力也。

[5] 馮唐:西漢安陵(今陝西咸陽東北)人。文帝時爲中郎署長。敢
　　直諫,言漢“法太明,賞太輕,罰太重”,並言雲中守魏尚削爵之
　　冤。文帝悦,拜爲車騎都尉。景帝時,爲楚相,尋免。永慨:長
　　歎文帝“雖得廉頗、李牧,弗能用也”。

[6] 飡:飱之俗。飱同餐。

[7] 蔽賢:蔽隱賢才。《管子·地圖》:“論功勞,行賞罰,不敢蔽賢。”
　　尹知章注:“不敢蔽隱賢能。”

[8] 忠讜:忠誠正直。蔡邕《琅邪王傅蔡朗碑》:“規誨之策,日諫於
　　庭。忠讜著烈,令聞流行。”

[9] 特立:謂有堅定的志向和操守。《禮記·儒行》:“儒有委之以貨
　　財,淹之以樂好,見利不虧其義;劫之以衆,沮之以兵,見死不更
　　其守,……其特立有如此者。”正義:“言餘人不能,唯儒者獨能特
　　立有如此之行也。”

[10] 驎虞:麒麟和騶虞。皆爲瑞獸。驎爲麟之借字。

[11] 枳(zhǐ)棘:枳木與棘木。因其多刺而稱惡木。常用以喻小人或

惡人。《韓非子・外儲説左下》:"夫樹橘柚者,食之則甘,嗅之則
香;樹枳棘者,成而刺人,故君子慎所樹。"椒桂:椒與桂。皆香
木。常用以喻賢者。劉向《九歎・逢紛》:"椒桂羅以顛覆兮,有
竭信而歸誠。"

4 "於是傲兀不檢,丸轉萍流者[1],謂之弘偉大量;苛
碎峭巘[2],懷螫挾毒者[3],謂之公方正直;令色警慧[4],有
貌無心者,謂之機神朗徹[5];利口小辯,希指巧言者[6],謂
之標領清妍;猝突萍鶯(1)[7],驕矜輕俔者[8],謂之巍峨瑰
傑[9];嗜酒好色,鬬茸無行者(2)[10],謂之率任不矯;求取不
廉[11],好奪無足者,謂之淹曠達節(3)[12];蓬髪褻服,游集非
類者,謂之通美汎愛[13];反經詭聖,順非而博者[14],謂之
莊、老之客[15];嘲弄嗤妍(4),凌尚侮慢者(5),謂之蕭豁雅
韻[16];毀方投圓,面從響應者,謂之絶倫之秀;憑倚權豪,推
貨履徑者,謂之知變之奇;嬾看文書,望空下名者[17],謂之
業大志高;仰賴强親[18],位過其才者,謂之四豪之匹[19];輸
貨勢門,以市名爵者,謂之輕財貴義;結黨合譽,行與口違
者,謂之以文會友[20];左道邪術[21],假託鬼怪者,謂之通靈
神人[22];卜占小數,誑飾禍福者,謂之知來之妙;聲馬弄
稍[23],一夫之勇,謂之上將之元;合離道聽,偶俗而言者,謂
之英才碩儒。

【校】

（1）萍鶯:陳其榮校:"盧本作萍釁,二字未詳。"萍:楊明照校疑當
　　作萃。
（2）無行:原作無疑,當從楊明照校作無行。
（3）達:平津本作遠。

（4）媐：當從王廣恕校與文淵本作嬹。嬹妍：當乙作妍嬹。《崇教》
　　篇“品藻妓妾之妍蚩（嬹）”是其證，當一律。

（5）淩尚：陳其榮校：“盧本作淩上。”按：尚通上。

【注】

［1］丸轉：如丸轉動。比喻圓滑。萍流：如萍漂流。此喻隨俗。

［2］苛碎：苛刻煩瑣。《後漢書・李法傳》：“歲餘，上疏以爲朝政苛
　　碎，違永平、建初故事。”峭嶮（xiǎn）：山崖陡峭險峻。喻人心冷
　　酷陰險。

［3］懷螫挾毒：懷挾螫毒。懷挾：包藏。《漢書・外戚傳下・孝成許
　　皇后》：“雖使其懷挾邪意，猶不足憂，而況其無乎？”螫（shì）毒：
　　謂蜂、蠍等以尾針螫刺行毒。喻毒害。《韓非子・用人》：“至治
　　之國，有賞罰，而無喜怒，故聖人極；有刑法而死，無螫毒，故姦
　　人服。”

［4］警慧：魯藩本慧作惠，惠通慧。機敏聰慧。

［5］機神：機靈，敏捷。《周書・崔猷傳》：“（仲方）機神穎悟，文學優
　　敏。”朗徹：明白透徹。《正郭》：“（郭）林宗拔萃翹特，鑒識朗徹，
　　方之常人所議固多，引之上及（列），實復未足也。”

［6］希指：亦作希旨。迎合在上者的旨意。《漢書・孔光傳》：“上有
　　所問，據經法，以心所安而對，不希指苟合。”顏師古注：“希指，希
　　望天子之旨意也。”

［7］猝突：猝爾突然。萍鷽（xué）：萍疑作萃，萃集山雀。《爾雅・釋
　　鳥》：“鷽，山鵲。”

［8］驕矜：驕傲自負。輕侻（tuō）：輕佻狂放。侻通脫。

［9］瑰傑：魯藩本作瑰桀。桀：傑之初字。俊美奇偉。《晉書・阮籍
　　傳》：“籍容貌瓌傑，志氣宏放。”瓌同瑰。

［10］無行：《鹽鐵論・利議》：“大夫曰：‘嘻！諸生闒茸無行，多言而不
　　用，情貌不相副。’”

［11］求取不廉：《孟子・離婁下》：“孟子曰：‘可以取，可以無取，
　　取廉。’”

[12] 淹曠：寬廣；開闊。《梁書・柳慶遠傳》：“器識淹曠，思懷通雅。”
達節：謂不拘常規而合於節義。《左傳・成公十五年》：“子臧辭
曰：‘前志有之曰：“聖達節，次守節，下失節。”’”杜預注：“（聖達
節）聖人應天命，不拘常禮。”楊伯峻注：“（聖達節）最高道德爲能
進能退，能上能下，而俱合於節義。”

[13] 通美：謂豁達友善。《南史・何點傳》：“點明目秀眉，容貌方雅，
真素通美，不以門户自矜。”

[14] 順非而博：順從非違之事而又廣博。《禮記・王制》：“行僞而堅，
言僞而辯，學非而博，順非而澤，以疑衆，殺。”鄭玄注：“皆謂虚
華、捷給，無誠者也。”稚川將“學非而博，順非而澤”改爲“順非
而博”。

[15] 莊、老：莊周、老聃。本句實就嵇康等人而言。《文選》嵇康《與山
巨源絶交書》：“老子、莊周，吾之師也。……又每非湯、武而薄周
（公）、孔（子）。”《文選》干寶《晉紀總論》：“學者以莊、老爲宗，而
黜《六經》。”李善注引干寶《晉紀》：“劉弘教曰：‘太康以來，天下
共尚無爲，貴談莊、老，少有説事。’”

[16] 蕭豁：蕭灑豁達。南朝梁陶弘景《冥通記》二：“爾情無滯念，胸臆
蕭豁，是以果而速之。”雅韻：風雅的韻致。

[17] 望空（kòng）：猶言望白署空。指魏晉爲官者衹簽署文牘，不問
政務是非的行爲，並以此自高。下名：署名；簽字。《文選》干寶
《晉紀總論》：“當官者以望空爲高，而笑勤恪。”李善注引劉謙《晉
紀》應瞻《表》曰：“元康以來，望白署空，顯以台衡之量。”吕延濟
注：“望空，謂不識是非，但望空署白而已。”

[18] 强親：强近之親；比較親近的親族。李密《陳情表》：“外無朞功强
近之親，内無應門五尺之童。”

[19] 四豪：指戰國時魏之信陵君、趙之平原君、齊之孟嘗君、楚之春
申君。又稱四君、四賢。

[20] 以文會友：朋友相會，以文德爲本；通過文字來結交朋友。《論
語・顔淵》：“曾子曰：‘君子以文會友。’”

[21] 左道：邪門歪道。《禮記・王制》：“執左道以亂政，殺。”鄭玄注：

“左道,若巫蠱及俗禁。”孔穎達疏:“盧云左道謂邪道。地道尊右,右爲貴……故正道爲右,不正道爲左。”

[22] 通靈:通於神靈。班固《幽通賦》:“精通靈而感物兮,神動氣而入微。”

[23] 聲(pán):屈足,盤腿坐。《集韻·桓韻》:“聲,屈足也。”矟(shuò):一丈八尺的長矛。矟同槊。句謂無指揮作戰的本領。

5　“若夫體亮行高[1],神清量遠[2];不諂笑以取悦,不曲言以負心;含霜履雪[3],義不苟合[4];據道推方,嶷然不群[5];風雖疾而枝不撓,身雖困而操不改;進則切辭正論,攻過箴闕[6];退則端誠杜私[7],知無不爲者,謂之闇駭徒苦。夙興夜寐,退食自公[8],憂勞損益,畢力爲政者,謂之小器俗吏[9]。

【注】

[1] 體亮行高:稟性忠誠,品性高潔。《嵇康集·釋弘論》:“體亮心達者,情不繫於所欲。”《後漢書·安帝紀》:“清白行高者五十人,出補令、長、丞、尉。”

[2] 神清量遠:心神清朗,器量遠大。《淮南子·齊俗》:“是故凡將舉事,必先平意清神,神清意平,物乃可正。”

[3] 含霜履雪:比喻品行高潔。《文選·文賦》:“心懍懍以懷霜,志眇眇而臨雲。”李善注:“懷霜、臨雲,言高絜也。”

[4] 義不苟合:在道義上不隨便迎合世俗。《史記·游俠列傳》:“及若季次、原憲,閭巷人也,讀書懷獨行君子之德,義不苟合當世。”

[5] 嶷然不群:猶卓然不群。嶷(nì)然:卓異貌;屹立貌。

[6] 箴闕:勸誡過失。《左傳·襄公四年》:“昔周辛甲之爲大史也,命百官官箴王闕。”杜預注:“闕,過也。”楊伯峻注:“《尚書·盤庚(上)》云:‘猶須(胥)顧於箴言。’箴乃誡諫之意。此作動詞。……闕,過失也。”

〔7〕端誠：正直真誠。《荀子·非相》：“談說之術，矜莊以蒞之，端誠以處之。”

〔8〕退食自公：減膳，正直順從於公事。謂節儉奉公。《詩·召南·羔羊》：“退食自公，委蛇委蛇。”毛傳：“公，公門也。委蛇，行可從迹也。”鄭玄箋：“退食，謂減膳也。自，從也。從於公，謂正直順於事也。委蛇，委曲自得之貌，節儉而順心志定，故可自得也。”

〔9〕俗吏：鄙俗吏員。《文選·晉紀總論》：“劉頌屢言治道，傅咸每糾邪正，皆謂之俗吏。”李善注：“干寶《晉紀》曰：‘劉頌在朝忠正，才經政事。武帝重之，訪以治道，悉心陳奏，多所施行。’又曰：‘尚書郭啓出赴妹葬，疾病不辭。左丞傅咸糾之，尚書弗過。’王隱《晉書》傅玄曰：‘論經禮者謂之俗生，說法理者名爲俗吏。’”

6　“於是明哲色斯而幽遁，高俊括囊而佯愚[1]；疏賤者奮飛以擇木[2]，縶制者曲從而朝隱[3]；知者不肯吐其祕算，勇者不爲致其果毅。忠謇離退[4]，姦凶得志。邪流溢而不可遏也[5]，僞塗闢而不可杜也；以臻乎淩上替下，盜賊多有[6]。宦者奪人主之威[7]，三、九死庸豎之手[8]。忠賢望士，謂之黨人，囚捕誅鋤[9]，天下嗟嗷。無罪無辜[10]，閉門遇禍[11]。

【注】

〔1〕高俊：指才智過人者。《三國志·蜀書·龐統傳論》：“龐統雅好人流，經學思謀，于時荆楚謂之高俊。”佯愚：假裝愚昧。《論語·公冶長》：“子曰：‘甯武子邦有道則知，邦無道則愚。其知可及也，其愚不可及也。’”集解：“馬（融）曰：‘衛大夫甯俞，武，諡也。’孔（安國）曰：‘佯愚似實，故曰不可及也。’”

〔2〕擇木：鳥獸選擇樹木棲息。喻擇主而事。《左傳·哀公十一年》：“（仲尼）退，命駕而行，曰：‘鳥則擇木，木豈能擇鳥？’”杜預注：“以鳥爲喻。”

〔３〕繁(zhí)制：束縛、控制。朝隱：謂雖居位在朝，而淡泊恬退，與隱居無異。《法言・淵騫》：“或問，柳下惠非朝隱者與?”此即所謂“避世於朝廷間者也”。

〔４〕忠謇(jiǎn)：忠誠正直。蔡邕《上封事陳政要七事》：“臣愚以爲宜擢文右職，以勸忠謇。”

〔５〕流溢：放佚；淫洪。賈誼《論定制度興禮樂疏》：“漢承秦之敗俗，廢禮義，捐廉恥，今其甚者殺父兄，盜者取廟器，而大臣特以薄書不報期會爲故，至於風俗流溢，恬而不怪，以爲是適然耳。”《漢書・禮樂志》“至於風俗流溢”王先謙曰：“案流溢，即淫溢也。流與淫，溢與洪，字訓並通。”

〔６〕盜賊多有：《老子・第五十七章》：“法令滋彰，盜賊多有。”

〔７〕奪人主之威：如東漢宦官專權“手握王爵，口含天憲”；“其後孫程定立順之功，曹騰參建桓之策”(《後漢書・宦者列傳》)。

〔８〕三、九：三公、九卿。太傅、錄尚書事的陳蕃，長樂少府的李膺即死於庸豎之手。

〔９〕誅鋤：除滅；誅殺。陸賈《新語・慎微》：“今上無明三聖主，下無貞正諸侯，誅鋤姦臣賊子之黨，解釋疑滯紕繆之結。”宦官囚捕誅鋤黨人事詳見《後漢書・桓帝紀》《黨錮傳序》《竇武傳》《陳蕃傳》等。

〔10〕無罪無辜：同義反復，以示強調。《詩・小雅・十月之交》：“無罪無辜，讒口囂囂。”鄭玄箋：“囂囂，衆多貌。詩人非有辜罪，見椓譖囂囂然。”

〔11〕閉門遇禍：《後漢書・黨錮傳序》：“又張儉鄉人朱並，承望中常侍侯覽意旨，上書告儉與同鄉二十四人別相署號，共爲部黨，圖危社稷。……靈帝詔刊章捕儉等。……自此諸爲怨隙者，因相陷害，睚眥之忿，濫入黨中。又州郡承旨，或有未嘗交關，亦離禍毒。其死徙廢禁者，六七百人。”多此類。

7　“微煙起於蕭牆，而飆焚徧於宇宙[1]；淺隙發於膚

寸,而波濤漂乎四極[2]。金城屠於庶寇,湯池航於一
葦(1)[3]。勁銳望塵而冰泮[4],征人倒戈而奔北[5]。飛鋒薦
於宸闥,左衽掠於禁省[6]。禾黍生於廟堂,榛莠秀乎玉
階[7];雲觀變爲狐兔之藪,象魏化爲虎豹之蹊[8];東序煙爐
於委灰[9],生民燋淪於淵火[10]。凶家害國[11],得罪竹
帛[12]。良史無襃言,金石無德音[13]。夫何哉? 失人
故也。”

【校】

（1）航:陳其榮校:“盧本作杭。榮案當依《毛詩》作杭。”

【注】

［1］微煙起於蕭牆二句:蓋謂外戚楊駿、賈后先後專權,禍肇宮中;
八王之亂,殃及天下。《晉書·汝南王亮等傳論》:“自惠皇失政,
難起蕭牆,骨肉相殘,黎元塗炭。”又《儒林傳序》:“惠帝纘戎,朝
昏政弛,釁起宮掖,禍成藩翰。”飆焚:烈焰。宇宙:猶言天下、國
家。《呂氏春秋·本生》:“精通乎天地,神覆乎宇宙。”高誘注:
“宇宙,區宇之內。言其德大,皆覆被也。”

［2］淺隙發於膚寸二句:指匈奴貴族劉元海據離石稱漢,導致石勒
相繼效尤,釀成五胡十六國之亂。《晉書·載記一序》:“大凡劉
元海以惠帝永興元年據離石稱漢。後九年,石勒據襄國稱
趙。……提封天下,十喪其八,莫不龍旌帝服,建社開祊,華夷咸
暨,人物斯在。或篡通都之鄉,或擁數州之地,雄圖內卷,師旅外
拜,窮兵凶於勝負,盡人命於鋒鏑,其爲戰國者一百三十六載,抑
元海爲之禍首云。”四極:四方極遠之地。《楚辭·離騷》:“覽相
關於四極兮,周流乎天余乃下。”朱熹集注:“四極,四方極遠
之地。”

［3］金城屠於庶寇二句:謂永嘉五年(311)劉曜、王彌入京師,晉懷帝
欲幸長安,爲曜等所追及。曜等遂焚燒宮廟,逼辱后妃,三十六

王隕身鋒刃,百官士庶死者三萬餘人。永嘉七年懷帝被殺於平陽。金城:喻堅。湯池:指護城河。喻沸熱不可近。形容都城城池堅固。《漢書‧蒯通傳》:“皆爲金城湯池。”顏師古注:“金以喻堅,湯喻沸熱不可近。”航於一葦:謂一束蘆葦可以浮之水上而渡。《詩‧衛風‧河廣》:“誰謂河廣,一葦杭之。”杭古通航。

[4]勁銳:精銳的士卒或軍隊。《三國志‧吳書‧陳表傳》:“今除國賊,報父之仇,以人爲本。空枉此勁銳以爲僮僕,非表志也。”冰泮:冰凍融解。《詩‧衛風‧匏有苦葉》“迨冰未泮”毛傳:“泮,散也。”

[5]倒(dǎo)戈:掉轉武器向己方攻擊。《書‧武成》:“前徒倒戈,攻於後以北,血流漂杵。”此謂倒拖武器。指軍隊敗逃。奔北:敗逃。《書‧甘誓》:“弗用命,戮於社。”孔傳:“不用命奔北者,則戮之於社主前。”正義:“奔北,謂背陳走也。”陳:古陣字。

[6]飛鋒薦於扆闥二句:指劉曜、王彌的軍隊打進皇宮。飛鋒:指兵刃。《文選》張協《七命》:“口皦霜刃,足撥飛鋒。”呂延濟注:“鋒,刃也。”此包括箭矢。薦:《廣雅‧釋詁一》:“薦,至也。”扆闥(yǐtà):指宮廷。扆:宮殿內窗戶及門之間畫有斧文的屏風。《禮記‧曲禮下》:“天子當依而立。”釋文:“依,本又作扆,同於豈反。狀如屏風,畫爲斧文。”闥:宮中小門。《漢書‧霍光傳》:“出入禁闥二十餘年。”顏師古注:“宮中小門謂之闥。”左衽:此指劉曜、王彌等。禁省:禁中、省中。《後漢書‧桓鬱傳》:“昔五更桓榮,親爲帝師,子郁結髮敦尚,繼傳父業,故再以校尉入授先帝,父子給事禁省。”《獨斷上》:“禁中者,門戶有禁,非侍御者不得入,故曰禁中。”《文選‧魏都賦》“禁臺省中”李善注:“《魏武集》:‘荀欣等曰:‘漢制:王所居曰禁中,諸公所居曰省中。’’”

[7]禾黍生於廟堂二句:謂戰亂破壞宮殿之巨而久,宗廟所在地長了莊稼。禾黍:禾和黍。此謂悲憫故國破敗或勝地廢圮之典。《詩‧王風‧黍離詩序》:“《黍離》,閔(憫)宗周也。周大夫行役至宗周,過故宗廟宮室,盡爲禾黍,閔周室之顛覆,彷徨不忍去,而作是詩也。”廟堂:國君理政的殿堂。《莊子‧在宥》:“而萬乘

之君憂慄乎廟堂之上。”榛莠（zhēn yǒu）：叢生的惡草。玉階：
玉石砌成的臺階；天子階，指代朝廷。《文選·西都賦》“玉階彤
庭”張銑注：“玉階，以玉爲階。”又張衡《思玄賦》：“勔自强而不息
兮，蹈玉階之嶢崢。”舊注：“玉階，天子階也。”

［8］雲觀變爲狐兔之藪二句：謂宮殿區成爲狐兔聚集、虎豹出没的
地方。雲觀（guàn）：宮門前兩邊所建高臺上的樓闕。因其高聳
入雲，故稱。《禮記·禮運》：“出遊於觀之上。”正義：“《爾雅·釋
宮》云：‘觀謂之闕。’孫炎云：‘宮門雙闕者，舊縣法象，使民觀之
處，因謂之闕耳。’熊氏（安生）云：‘當門闕處，以通行路。’既言雙
闕，明是門之兩旁，相對爲雙。熊氏得焉。”釋文：“觀，古亂反。”
象魏：觀闕。闕在宮門前兩旁，中央闕然爲道。爲天子、諸侯懸
示教令的地方。與“雲觀”互文同義。象：法。魏：當途而高大
貌。《爾雅·釋宮》：“觀謂之闕。”郭璞注：“宮門雙闕。”邢昺疏：
“《周禮（·天官）·大宰》：‘正月之吉，縣治象之法于象魏，使萬
民觀治象。’鄭衆云：‘象魏，闕也。’劉熙《釋名（·釋宮室）》云：
‘闕在門兩旁，中央闕然爲道也。’……然則其上縣法象，其狀魏
魏然高大，謂之象魏。使人觀之，謂之觀也。是觀與象魏、闕，一
物而三名也。”

［9］東序煙燼於委灰：謂宮中所陳列的祕寶化爲灰燼。東序：古代
宮室的東廂房，爲儲藏寶器、圖書、祕籍之所。《書·顧命》：“大
玉、夷玉、天球、河圖，在東序。”孔傳：“三玉爲三重。夷，常也。
球，雍州所貢。河圖，八卦。伏犧氏王天下，龍馬出河，遂則其文
以畫八卦，謂之河圖。及典謨。皆歷代傳寶之。”燼：火餘之木。
《左傳·成公二年》“請收合餘燼”杜預注：“燼，火餘木。”《文選·
魏都賦》：“翼翼京室，眈眈帝宇。巢焚原燎，變爲煨燼。”又陸機
《演連珠》之十四：“臣聞郁烈之芳，出於委灰。”李善注引王逸《楚
辭（·離騷）》注曰：“委，棄也。”

［10］生民燋淪於淵火：謂人民被燒焦於火海，沈淪於深淵。燋通焦。

［11］凶家害國：禍殃了諸侯之家，損傷了天子之國。《書·洪範》：“臣
之有作福作威玉食，其害于而家，凶于而國。”

［12］得罪竹帛：指被記載於歷史，成爲歷史的罪人。

［13］金石：前哲重視功像圖畫、德刻金石、聲託弦管、名留竹帛，故稚川説此二句。《吴越春秋・句踐伐吴外傳》：“樂師曰：‘⋯⋯功可象於圖畫，德可刻於金石，聲可託於絃管，名可留於竹帛。’”

吳失卷三十四^[1]

1 抱朴子曰:"吳之杪季,殊代同疾^[2],知前失之於彼,不能改弦於此^[3];鑒亂亡之未遠^[4],而躡傾車之前軌^[5];覿枳首之爭苺,而忘同身之禍^[6];笑蟣虱之宴安,不覺事異而患等^[7];見競濟之舟沈,而不知殊塗而溺均也。

【注】

[1] 吳失:指責三國吳君臣統治的過失。王國維曰:"《漢過》《吳失》二篇,皆爲晉而作。"魯迅曰:"論及晉末社會狀態。"(見孫伏園《魯迅先生開列的中國文學入門書十二部》中《抱朴子外篇》批評。載1951年《人民文學》第四卷第六期。)理當包括這兩篇。

[2] 殊代同疾:指三國吳不同的君主患有相同的政治病。

[3] 改弦:更換樂器的弦線。喻改革制度或變更措施。《三國志·吳書·三嗣主傳評》:"(孫)休以舊愛宿恩,任用(濮陽)興、(張)布,不能拔進良才,改弦易張,雖志善好學,何益救亂乎?"因此重蹈東漢覆轍。

[4] 鑒:借鑒。《詩·大雅·蕩》:"殷鑒不遠,在夏后之世。"

[5] 前軌:猶前轍。陸機《歎逝賦》:"瞻前軌之既覆,知此路之良難。"

[6] 枳(zhī)首:枳首蛇,俗名兩頭蛇。枳通枝。歧出。《爾雅·釋地》:"中有枳首蛇焉。"郭璞注:"岐頭蛇也。或曰,今江東呼兩頭蛇爲越王約髮。亦名弩弦。"邢昺疏:"枳,岐也。此即兩頭蛇也。江東呼越王約髮,言是越王約髮所變也。亦名弩弦,即以形相似而名之也。"爭苺(méi):搶食苺果。苺後作莓。句喻同室操戈

相殘。東吳、西晉統治者同此。

[7] 蟣蝨之宴安：喻不能苟安于一時之利。蟣蝨(jī shī)：蝨及其卵。
宴安：謂逸樂。《左傳·閔公元年》："宴安酖毒，不可懷也。"杜
預注："以宴安比之酖毒。"

2 "余生於晉世所不見[1]。余師鄭君具所親悉，每誨
之云[2]：'吳之晚世，尤劇之病：賢者不用，滓穢充斥(1)[3]，
紀綱弛紊，吞舟多漏[4]。貢舉以厚貨者在前，官人以黨强
者爲右。匪富匪勢，窮年無冀。德清行高者，懷英逸而抑
淪；有財有力者(2)，躡雲物以官躋(3)。主昏於上[5]，臣欺於
下[6]。不黨不得，不競不進。背公之俗彌劇，正直之道
遂壞。

【校】

（1）充斥：原作充序，當從陳其榮校作充斥。

（2）財：平津本作才，但《審舉》《漢過》"多財"連文，《譏惑》"財力"連
文，當作財。

（3）躡雲物以官躋：陳其榮校："盧本作躡青雲。"官：當從楊明照校
作高。《知止》"高騖"連文，《內篇》之《微旨》《極言》"高躋"連文，
並其證。

【注】

[1] 生於晉世：生於晉武帝太康四年(283)。

[2] 鄭君：鄭隱，字思遠。少爲書生，明五經，善律曆、候緯，晚師于葛
玄，受《正一法文》《三皇內文》《五嶽真形圖》《太清金液經》，於九
宮、三棋、天文、《河》《洛》、讖記，莫不精研。體望高亮，風格方
整，學識廣博，藏道書很豐富。葛洪約於十七歲時師從鄭隱。誨
之：教誨我。之：稚川自指。

[3] 充斥：(盜寇)衆多。《左傳·襄公三十一年》："士文伯讓之曰：

‘敝邑以政刑之不脩，寇盗充斥。’”杜預注：“充，滿。斥，見。言其多。”俞樾《群經平議》二六：“充、斥並訓大，故亦並訓多。寇盗充斥，言寇盗之多也。杜訓斥爲見，義反不倫矣。”

［４］吞舟多漏：能吞舟的大魚大多漏網。喻罪大惡極者逍遥法外。《史記·酷吏列傳序》：“漢興，破觚而爲圜，斲雕而爲樸，網漏於吞舟之魚。”

［５］主昏於上：如孫皓。《三國志·吳書·三嗣主傳》“周奕、石偉巡行風俗”裴松之注引《楚國先賢傳》曰：“及皓即位，朝政昏亂。”

［６］臣欺於下：如左將軍張布。《三嗣主傳》：“（孫）休欲與博士祭酒韋曜、博士盛沖講論道藝，曜、沖皆切直，（張）布恐入侍，發其陰失，令己不得專，因妄飾説以拒遏之。……（休）竟如布意，廢其講業，不復使沖等入。”兩句換用《韓詩外傳》四語：“主闇於上，臣詐於下，滅亡無日矣。”

3　‘於是斥鷃因驚風以凌霄[1]，朽舟託迅波而電邁，鸞鳳卷六翮於叢棘[2]，鷁首滯潢汙而不擢矣[3]。秉維之佐[4]，牧民之吏，非母后之親，則阿諂之人也。進無補過拾遺之忠[5]，退無聽訟之幹[1]；虛談則口吐冰霜，行己則濁於泥潦[6]。莫媿尸禄之刺，莫畏致戎之禍[7]。

【校】

（１）聽訟：此下疑脱一述賓結構。蓋當補“斷獄”二字。如此，本句“退無聽訟斷獄之幹”方與上句“進無補過拾遺之忠”平列對文。

【注】

［１］斥鷃：即鷃雀。

［２］卷六翮：喻隱。叢棘：叢生的荆棘。喻草野。句喻有識之士退隱。

［３］鷁首：古代畫鷁鳥於船頭，表示壓水神，因指代船。鷁：大鳥。

《淮南子·本經》：“龍舟鷁首，浮吹以娛。”高誘注：“龍舟，大舟也。刻爲龍文，以爲飾也。鷁，大鳥也。畫其像著船頭，故曰鷁首。”《文選·西京賦》：“於是命舟牧爲水嬉，浮鷁首，翳雲芝。”薛綜注：“船頭象鷁首，厭水神，故天子乘之。”句喻英才被埋没。

〔4〕秉維：《詩·小雅·節南山》“秉國之均，四方是維”的縮語，原謂（太師尹氏）掌握國政好比陶人掌握圓盤制器，有維制四方的責任。

〔5〕補過拾遺：補救過失。《左傳·宣公十二年》：“林父之事君也，進思盡忠，退思補過，社稷之衛也。”《史記·汲黯傳》：“黯爲上（武帝）泣曰：‘……臣願爲中郎，出入禁闥，補過拾遺，臣之願也。’”

〔6〕泥潦(lǎo)：泥濘與積水。

〔7〕致戎：同致寇。招致盜寇。《易·解》：“象曰：‘負且乘’，亦可醜也。自我致戎，又誰咎也？”釋文：“致戎，本又作致寇。”正義：“言此寇難由己之招，非是他人致此過咎，故曰又誰咎也。”

4 ‘以毀譽爲鹽纑[1]，以威福代稼穡。車服則光可以鑒[2]，豐屋則群烏爰止[3]。叱咤疾於雷霆，禍福速於鬼神，勢利傾於邦君[4]，儲積富乎公室[5]。出飾翟黃之衛從[6]，入遊王根之藻梲(1)[7]。僮僕成軍[8]，閉門爲市。牛羊掩原隰，田池布千里[9]。有魚殽、濯裘之儉(2)[10]，以竊趙宣[11]、平仲之名[12]；内崇陶侃(3)、文信之訾(4)[13]，實有安昌[14]、董[15]、鄧之汙[16]。

【校】

（1）王根：原作玉根，當從陳漢章校作王根。

（2）有魚殽、濯裘之儉：“有”當作外有。如此，“外有”句方與“内崇”句平行並對文。魚殽：原作魚滄，盧本作魚餐，魯藩本作漁滄，王國維校作漁湌，當從《公羊傳·宣公六年》“而食魚殽”之文與徐濟忠、王廣恕、楊明照校作“魚殽”。濯裘：當依《禮記·禮器》

作濯冠。

（3）陶侃：王廣恕校作陶朱，陳漢章校作陶朱或陶、白、陶谷，王國維在“侃”旁打鉤，當作陶朱。《譏惑》《喻蔽》與《內篇》之《微旨》《極言》《袪惑》並作陶朱，是其證。即范蠡。

（4）訾：陳其榮校：“盧本作貲。”王國維校作貲。按：訾與貲同，財也。

【注】

［1］蠶織：蠶桑與紡織。《詩·大雅·瞻卬》：“婦無公事，休其蠶織。”毛傳：“休，息也。婦人無與外政，雖王后猶以蠶織爲事。”

［2］光可以鑒：光澤可以照人。《左傳·襄公二十八年》：“（慶封）遂來奔，獻車于季武子，美澤可以鑑。”杜預注：“光鑑形也。”鑑同鑒。

［3］群烏爰止：許多烏鴉飛集於大屋棲息。《詩·小雅·正月》：“瞻烏爰止，於誰之屋。”毛傳：“富人之屋，烏所集也。”爰：於此。此指代豐屋。

［4］邦君：古代指諸侯國國君。《書·伊訓》：“卿士有一於身，家必喪；邦君有一於身，國必亡。”此指刺史、太守等地方官。

［5］公室：指君主之家；王室。《論語·季氏》：“孔子曰：‘禄之去公室五世矣，政逮于大夫四世矣。’”

［6］翟黄：戰國魏下邽（今陝西渭南東北）人。嘗薦吳起、西門豹、樂羊、李克、屈侯鮒于魏文侯。因言直，“官則相位”，“禄則上卿”。《說苑·臣術》：“田子方渡西河，造（遇）翟黄。翟黄乘軒車，載（戴）華蓋，黄金之勒，約鎮簟席，如此者，其駟八十乘。子方望之，以爲人君也，道狹，下抵車而待之。翟黄至，而睹其子方也，下車而趨，自投下風，曰：‘觸（翟黄之名）。’田子方曰：‘子與！吾嚮者望子，疑以爲人君也，子至而人臣也，將何以至此乎？’翟黄對曰：‘此皆君之所以賜臣也，積三十歲，故至於此。……’”由此可見翟黄從車之多而奢華。

［7］王根：漢元后庶弟，字稚卿，封曲陽侯，爲驃騎將軍。以受傅太后

重賂,言于成帝,徵定陶王爲太子,輔政五歲。哀帝即位,司隸校尉解光奏根,遣就國。藻梲(zhuó):梁上繪有彩畫的短柱。借指裝飾華麗的房屋。《論語·公冶長》:"子曰:'臧文仲居蔡,山節藻梲,何如其知也?'"集解引包咸曰:"節者,柎也,刻鏤爲山。梲者,梁上楹,畫爲藻文。言其奢侈。"邢昺疏:"藻梲者,藻,水草有文者也;梲,梁上短柱也。畫爲藻文,故云藻梲。"《漢書·元后傳》説王根"驕奢僭上","園中土山漸台似類白虎殿","百姓歌之曰:'五侯初起,曲陽最怒。壞決高都(水),連竟(境)外杜(里),土山漸台西白虎。'"顏師古注:"皆放(仿)效天子之制也。"

[8]僮僕成軍:極言僕役衆多。《晉書·石崇傳》:"有司簿閱崇水碓三十余區,蒼頭八百餘人……""蒼頭"實即石崇的"僮僕"。僮僕:僕役。

[9]牛羊掩原隰,田池布千里:極言農莊莊園地區廣大。《晉書·王戎傳》:"性好興利,廣收八方園田水碓,周徧天下。積實聚錢,不知紀極,每自執牙籌,晝夜算計,恒若不足。"掩:遮蔽。原隰(xí):廣平低濕的地方。《國語·周語上》"猶其原隰之有衍沃也"韋昭注:"廣平曰原,下濕曰隰。"

[10]魚飱(sūn):魚做的食物。一說即魚羹。《公羊傳·宣公六年》:"勇士曰:'嘻! 子(指趙盾)誠仁人也……子爲晉國重卿,而食魚飱,是子之儉也。君將使我殺子,吾不忍殺子也。'"

[11]趙宣:春秋末晉國趙盾諡宣,故稱。自晉襄公七年(魯文公六年)至晉成公五年(魯宣公七年),將中軍,以中軍帥秉國政,以儉朴聞于諸侯。

[12]平仲:春秋齊相晏嬰之字或諡。晏嬰以節儉力行著稱,着苴布之衣,麋鹿之裘。孔子弟子有若曰:"晏子一狐裘三十年。"

[13]文信:文信侯呂不韋(前?—前235),濮陽(今河南滑縣)人。原陽翟(今河南禹縣)大商人,家累千金。在趙國邯鄲遇見爲質于趙的秦公子異人(後改名子楚),認爲"奇貨可居",遊説華陽夫人,立爲太子。子楚繼位(即莊襄王),被任爲相國,封文信侯,食河南雒陽十萬户,門下賓客三千,家僮萬人。曾命令賓客編著

《吕氏春秋》，“兼儒墨，合名法”，故有雜家之稱。莊襄王卒，秦王政年幼繼位，繼任相國，稱爲仲父。秦王政親政後被免職，不久遷往蜀郡，憂懼自殺。

［14］安昌：西漢安昌侯張禹。張禹“内殖貨財”，“多買田至四百頃，皆涇、渭漑灌，極膏腴”而“内奢淫”，“汙”蓋指此。

［15］董：董賢（前23—前1），字聖卿，雲陽（今陝西淳化西北）人。成帝時，以其父爲太子舍人。爲哀帝所寵倖，二十二歲，官至大司馬衛將軍，領尚書事，權與人主侔。其父、弟及妻父等並官至公卿，建宅第，造墳墓，費錢以萬萬計，所有財物價值達四十三萬萬錢。哀帝卒，王莽以太后詔收其大司馬印，罷歸第，即日與妻自殺。

［16］鄧：鄧通，蜀郡南安（今四川樂山）人。漢文帝時，爲黄頭郎，後得寵倖，擢爲上大夫。前後賞賜無數，並賜給蜀郡嚴道銅山，許其鑄錢，鄧氏錢布天下。景帝即位後免官。不久，家財盡被没收，寄食人家，窮困而死。

5　‘雖造賓不沐嘉旨之俟[1]，飢士不蒙升合之救，而金玉滿堂[2]，妓妾溢房；商販千艘，腐谷萬庾[3]；園囿擬上林[4]，館第僭太極[5]梁肉余於犬馬[6]，積珍陷於帑藏(1)[7]。其接士也無葭莩之薄(2)[8]，其自奉也有盡理之厚[9]。

【校】

（1）陷：當作羨。羨、餘對仗，猶超過。

（2）無：藏本、魯藩本脱。

【注】

［1］沐：受潤澤，引申爲蒙受。

［2］金玉滿堂：極言財富之多。《老子·第九章》：“金玉滿堂，莫之能守。”

［3］商販：經商。此指經商的船隻。《三國志・吳書・三嗣主傳》：
　　"自頃年已來，州郡吏民及諸營兵，多違此（農桑）業，皆浮船長
　　江，賈作上下。"注此正合。庾：露天的穀倉。

［4］園囿：周以圍牆，佈置亭榭木石，間或畜有鳥獸的皇家花園。《孟
　　子・滕文公下》："棄田以爲園囿，使民不得衣食。"上林：古宮苑
　　名。1. 秦都咸陽時置，始皇三十五年（前 212）營建朝宮于苑中，
　　阿房宮即其前殿。漢初荒廢，許民入墾。武帝時收爲宮苑，方三
　　百里。離宮七十所，皆容千乘萬騎。苑中養百獸，天子秋冬獵取
　　之。名果異卉三千餘，種植其中。司馬相如《上林賦》極言其侈。
　　故址在今陜西西安市西及周至、户縣界。2. 東漢置。故址在今
　　河南洛陽市東，漢魏洛陽故城西。《後漢書・明帝紀》："永平十
　　五年（72），車騎校獵上林苑。"即此。

［5］館第：猶府第。僭：超越本分。太極：太極殿。曹魏、東吳皆建
　　有太極殿。《三國志・魏書・明帝紀》："青龍三年〈235〉，是時，
　　大治洛陽宮，起昭陽、太極殿，築總章觀。"裴松之注引《魏略》曰：
　　"是年起太極諸殿，築總章觀，高十餘丈，建翔鳳於其上。"句謂大
　　臣府第等侔帝王宮殿。

［6］梁肉：以梁爲飯，以肉爲肴。餘於犬馬：富裕表現爲以梁肉餵養
　　犬馬。《孟子・梁惠王上》："狗彘食人食而不知檢。"趙岐注："言
　　人君但養犬彘，使食人食，而不知以法度檢斂也。"《三國志・吳
　　書・三嗣主傳》"（孫）皓以其（何定）惡似張布，追改（何）定名爲
　　布"裴松之注引《江表傳》："（何）定又使諸將上好犬，皆千里遠
　　求，一犬至直數千匹。御犬率具纓，直錢一萬。一犬一兵，養以
　　捕兔供廚。"較"梁肉餘於犬馬"又有過之。

［7］帑藏（tǎng zàng）：國庫。帑：金布所藏之府。《後漢書・鄭弘
　　傳》："人食不足，而帑藏殷積。"

［8］葭莩（jiā fú）：蘆葦裏的白皮（薄膜）。喻關係疏遠淡薄。《漢
　　書・景十三王傳・中山靖王勝》："勝對曰：'……今群臣非有葭
　　莩之親，鴻毛之重。'"顏師古注："晉灼曰：'莩，葭裏之白皮也，皆
　　取喻於輕薄也。'師古曰：'葭，蘆也。莩者，其箭中白皮至薄者

也。葭莩喻薄，鴻毛喻輕薄甚也。莩，音孚。’”

［9］自奉：謂自身日常生活的供養。《説苑・政理》：“武王問于太公曰：‘賢君治國何如？’對曰：‘其政平，其吏不苛，其賦斂節，其自奉薄。’”盡理：竭盡名分。《禮記・樂記》：“樂者，通倫理者也。”鄭玄注：“倫，猶類也；理，分也。”此謂儘量享有名分所給予的優厚待遇。

6　‘或有不開律、令之篇卷[1]，而竊大理之位[2]；不識几案之所置(1)[3]，而處機要之職；不知《五經》之名目，而饗儒官之禄(2)[4]；不閑尺紙之寒暑[5]，而坐著作之地[6]；筆不狂簡[7]，而受駁議之榮[8]；低眉垂翼[9]，而充奏劾之選[10]；不辨人物之精粗，而委以品藻之政[11]；不知三才之軍勢[12]，而軒昂節、蓋之下[13]；屢爲奔北之辱將，而不失前鋒之顯號[14]；不别菽麥之同異，而忝叨顧問之近任[15]。

【校】

（1）几：藏本、魯藩本作謹，當依平津本作几。

（2）饗：陳其榮校：“盧本作享。”按：饗通享。

【注】

［1］律、令：法令。《北堂書鈔》四五引杜預《律序》：“律者八，以正罪名；令者八，以存事制。二者相須爲用。”篇卷：指書籍。

［2］大理：掌刑法的官。秦爲廷尉，漢景帝六年（前151）更名爲大理，武帝建元四年（前137）復爲廷尉。《吕氏春秋・勿躬》“請置以爲大理”高誘注：“大理，治獄官。”此沿用舊名。

［3］不識几案之所置：謂爲刀筆吏卻無几案才，即不閑解文書。几案：桌子；案桌。王粲《儒吏論》：“彼刀筆之吏，豈生而察刻哉？起於几案之下，長於官曹之間，無温裕文雅以自潤，雖欲無察刻，弗能得矣。”此指文牘工作；官署文書。

［4］儒官：古代指掌管學務的官員或官學教師。此指學官祭酒、博士、助教等。《晉書·職官志》：“晉初承魏制，置博士十九人，及咸寧四年（278），武帝初立國子學，定置國子祭酒、博士各一人，助教十五人，以教生徒。”點綴升平而已。

［5］不閑尺紙之寒暑：謂不熟習書札，連書札中的問候辭語都不會寫。閑通嫺，熟習。尺紙：書札；信函。

［6］著作：著作郎，三國魏明帝始置，屬中書省，掌編纂國史。其屬有著作佐郎、校書郎、正字等。晉元康二年（292）改屬秘書省，稱大著作郎，專掌史任。《晉書·職官志》：“著作郎，周左史之任也。……魏明帝太和中，詔置著作郎，於此始有其官，隸中書省。及晉受命，武帝以繆徵爲中書著作郎。元康二年，詔曰：‘著作舊屬中書，而秘書既典文籍，今改中書著作爲秘書著作。’於是改隸秘書省。後別自置省而猶隸秘書。著作郎一人，謂之大著作郎，專掌史任，又置佐著作郎八人。著作郎始到職，必撰名臣傳一人。”凡士族出身者多半初仕秘書郎、著作郎等。

［7］筆：指與詩相對待的散文。《文心雕龍·總術》：“今之常言，有文有筆，以爲無韻者筆也，有韻者文也。”狂簡：本指志向高遠而處事疏闊。此指文采斐然可觀。《論語·公冶長》：“子在陳曰：‘歸與！歸與！吾黨之小子，狂簡斐然成章，不知所以裁之。’”皇侃疏：“狂者，直進無避者也。簡，大也；大，謂大道也。斐然，文章貌也。”

［8］駁議：古代臣屬上書天子的名稱之一。蔡邕《獨斷上》：“凡群臣上書于天子者有四名，……四曰駁議。……其有疑事，公卿百官會議，若臺閣有所正處，而獨執異意者曰駁議。駁議曰：某官某甲議以爲如是；下言臣愚戇議異。”

［9］垂翼：垂下翅翼。喻受挫折，止息不前。《易·明夷》：“初九：明夷於飛，垂其翼。”正義：“垂其翼者，飛不敢顯，故曰垂其翼也。”

［10］奏劾之選：指任監察百官之職，如御史大夫、御史中丞、侍御史、御史等。《漢書·百官公卿表上》：“御史大夫，秦官，位上卿，……有兩丞，秩千石。一曰中丞，在殿中蘭臺，掌圖籍秘書，外督部刺

史,内領侍御史員十五人,受公卿奏事,舉劾按章。"奏劾:上奏章檢舉。此指監察百官。

[11] 品藻之政:指魏晉九品中正之政。《北堂書鈔》七三引《傅子》:"魏司空陳羣始立九品之制,郡置中正,平人才之高下,各爲品目,州置州都,而總其議。"《晉書·劉毅傳》:"……上疏曰:'……今立中正,定九品,高下任意,榮辱在手。操人主之威福,奪天朝之權勢。愛憎決於心,情僞由於己。……是以上品無寒門,下品無勢族。……'"論九品中正"有八損",主張"宜罷中正,除九品"。

[12] 三才之軍勢:指在天、地、人三方面,敵我雙方的軍事力量。《六韜·虎韜·壘虛》:"太公曰:'將必上知天道,下知地理,中知人事。登高下望,以觀敵之變動;望其壘,即知其虛實;望其士卒,則知其去來。'"三才:天、地、人。《易·説卦》:"是以立天之道曰陰與陽,立地之道曰柔與剛,立人之道曰仁與義。兼三才而兩之,故《易》六畫而成卦。"

[13] 節:以竹爲之,柄長八尺,以旄牛尾爲其眊三重,取象竹節,因以爲名。將命者持之以爲信。蓋:車蓋,狀如傘。《晉書·秦秀傳》:"(賈)充文案小才,乃居伐國大任,吾將哭以送師。""及孫皓降于王濬,充未之知,方以吴未可平,抗表請班師。"蓋此兩句所説之人。

[14] 屢爲奔北之辱將二句:吴徐陵督陶濬、丞相張悌蓋屬此類。《三國志·吴書·三嗣主傳》:"天紀三年(279)冬……陶濬至武昌,聞北軍(晉軍)大出,停駐不前。四年春……(晉龍驤將軍王)濬、(廣武將軍唐)彬所至,則土崩瓦解,靡有禦者。(鎮南將軍杜)預又斬江陵督伍延,(安東將軍王)渾復斬丞相張悌、丹楊太守沈瑩等,所在戰克。"顯號:顯貴的名位。《漢書·司馬相如傳下》:"終則遺顯號於後世,傳土地於子孫。"

[15] 忝叨(tiǎn dāo):即叨忝。忝列。此指不知羞恥地擔任。顧問:指供帝王諮詢的侍從之臣,如侍中、中常侍、散騎常侍等。

7　‘夫魚質龍文，似是而非，遭水而喜，見獺即悲[1]。雖臨之以斧鉞之威[2]，誘之以傾城之寶[3]，猶不能奮鉛鋒於犀兕[4]，騁駑蹇以追風[5]。非不忌重誅也[6]，非不悦美賞也，體不可力，無自奈何[7]。而欲與之緝熙百揆(1)[8]，弘濟大務，猶託萬鈞於尺舟之上，求千鍾於升合之中，緤猇狗而責盧、鵲之効[9]，轎雞、鶩而崇鷹揚之功[10]。其不可用，亦較然矣[11]。

【校】

（1）緝熙：原作輯熙，當從楊明照校與慎本等作緝熙。

【注】

[1]魚質龍文：謂虛有其表。明楊宗吾《檢蠡隨筆》十二：“《抱朴子》曰：‘魚質龍文，似是而非，遭水而喜，見獺即悲。’此與揚子‘羊質虎皮’數語同意。”揚雄《法言·吾子》：“羊質虎皮，見草而説（悦），見豺而戰，忘其皮之虎矣。”遭水二句所寫，正是魚的特徵。獺：水狗，食魚。

[2]斧鉞：指殺戮大刑。《國語·周語上》：“有斧鉞、刀墨之民。”韋昭注：“斧鉞，大刑也。”

[3]誘之以傾城之寶：句謂攻克一座城池，其地珍寶，盡可搶劫一空，以作爲獎勵。傾城：全城，滿城。

[4]犀兕：此指用犀兕兩種獸皮製成的甲或盾。《荀子·議兵》：“楚人鮫革、犀、兕以爲甲，鞈如金石。”楊倞注：“鞈，堅貌。以鮫魚皮及犀、兕爲甲，堅如金石之不可入。”

[5]騁：使奔馳。追風：喻疾。《文選·七啓》：“駕超野之駟，乘追風之輿。”李善注：“超野、追風，言疾也。”

[6]重誅：指極刑。《戰國策·秦策三》：“臣（白起）寧伏受重誅而死，不忍爲辱軍之將。”

[7]可：堪。自：猶可，助動詞。

［8］緝熙：光明；奮發前進。《詩·大雅·文王》："穆穆文王，於緝熙
　　敬止。"毛傳："緝熙，光明也。"高亨《詩經今注》："緝熙，奮發前
　　進。"百揆：百官。

［9］絏(xiè)：拴；縛。盧鵲：韓盧、宋鵲，戰國時兩種良犬名。

［10］韝(gōu)：革制臂衣，用以停鷹。引申爲拘繫。雞鶩：雞鴨。喻
　　凡庸之徒。《楚辭·九章·懷沙》："鳳凰在笯兮，雞鶩翔舞。"鷹
　　揚：如鷹飛揚。威武貌。喻大展雄才。《詩·大雅·大明》："維
　　師尚父，時維鷹揚。"毛傳："師，大師也。尚父，可尚可父。鷹揚，
　　如鷹之飛揚也。"鄭玄箋："尚父，吕望也。尊稱焉，鷹，鷙鳥也。"

［11］較然：明顯貌。《史記·刺客列傳》："然其立意較然，不欺其志。"
　　索隱："較，明也。"

8　'吳主不此之思，不加夕惕[1]，佞諂凡庸，委以重
任[2]。危機急於彍弩[3]，亡徵著於日月[4]，而自謂安於峙
嶽[5]，唐、虞可仰也[6]。目力疲於綺粲，而不以覽庶事之得
失；耳聰盡於淫音，而不以證獻言之邪正；穀帛靡於不急，
而不以賑戰士之凍餒[7]；心神悦於愛媚[8]，而不以念存亡
之弘理。蓋輕乎崇替之源，而忽乎宗廟之重者也。'

【注】

［1］吳主：指三國吳君主孫亮(243—258)、孫休(235—264)、孫皓
　　(242—283)。稚川視吳非正統，故稱其君曰吳主。夕惕：朝夕
　　戒懼。《易·乾》："九三：君子終日乾乾，夕惕若厲，無咎。"正
　　義："夕惕者，謂終竟此日後至向夕之時，猶懷憂惕，若厲者，若，
　　如也。厲，危也。言尋常憂懼，恒如傾危，乃得無咎。"

［2］佞諂凡庸，委以重任：如重用萬彧、何定。《三嗣主傳》："左典軍
　　萬彧昔爲烏程令，與孫皓相善，稱皓才識明斷，是長沙桓王之疇
　　也。"又《濮陽興傳》："(萬彧)乃勸興、(張)布，於是興、布廢(孫)
　　休適(嫡)子而迎立皓。皓既踐阼，加興侍郎，領青州牧。俄彧譖

興、布追悔前事。十一月朔入朝，皓因收興、布，徙廣州，道追殺
之，夷三族。”而萬或官至右丞相，上鎮巴丘重鎮。又《賀邵傳》：
“邵上疏諫曰：‘……又何定趨走小人，僕隸之下，身無錙銖之行，
能無鷹犬之用，而陛下愛其佞媚，假其威柄，使定恃寵放恣，自擅
威福，口正國議，手弄天機。’”

[３] 彍（guō）弩：拉滿的弓弩。喻危急；危險。《孫子・勢》：“勢如彍
弩，節如發機。”杜牧注：“彍，張也。如弩已張，發則殺人。”《三國
志・吳書・賀邵傳》：“上疏諫曰：‘又北敵注目，伺國盛衰，……
長江之限不可久恃，苟我不守，一葦可航也。……一朝喪没，君
臣繫頸，共爲羈僕。’”已發出即將滅亡的警告。

[４] 亡徵：國家將亡的徵兆。《韓非子・亡徵》：“亡徵者，非曰必亡，
言其可亡也。”著於日月：比日月還要明顯。

[５] 嶽：山大而高；四嶽。《詩・大雅・崧嶽》“崧高維嶽”毛傳：“崧，
高貌。山大而高曰嶽。岳，四嶽也。東嶽岱，南嶽衡，西岳華，北
嶽恒。”

[６] 唐、虞可仰：謂孫皓妄想像唐、虞一樣成爲天下統一之君。《三嗣
主傳》“建衡三年春正月晦……（皓）乃還”裴松之注引《江表傳》：
“初丹陽楊刁玄使蜀，得司馬徽與劉廙論運命歷數事。玄詐增其
文以誑國人曰：‘黃旗紫蓋，見於東南，終有天下者，荆、揚之君
乎！’又得中國降人，言壽春下有童謠曰：‘吳天子當上。’皓聞之，
喜曰：‘此天命也。’即載其母妻子及後宮數千人，從牛渚陸道西
上，云青蓋入洛陽，以順天命。行遇大雪，道途陷壞，兵士被甲持
仗，百人共引一車，寒凍殆死。兵人不堪，皆曰：‘若遇敵便當倒
戈耳。’皓聞之，乃還。”亡國之禍臨頭，還在做美夢。

[７] 凍餒：謂飢寒交迫。《三國志・吳書・賀邵傳》：“邵上疏諫曰：
‘……又江邊戍兵……衣不全裋褐，食不贍朝夕。’”注此正合。

[８] 愛媚：寵愛。阮籍《鳩賦》：“聊偃仰以逍遙，求愛媚於今日。”此指
所寵愛的人。

9　"鄭君又稱其師左先生隱居天柱山(1)[1]，不營祿利，不友諸侯；然心願太平，竊憂桑梓。乃慨然永歎於蓬屋之下，告其門生曰[2]：'漢火寢耀(2)[3]，黃精載起[4]，纘樞紐於太微[5]，迴紫蓋於鶉首[6]，聯天理物[7]，光宅東夏[8]。惠風被於區外，玄澤洽乎宇內[9]；重譯接武，貢楛盈庭[10]。蕩蕩巍巍[11]，格於上下[12]。承平守文(3)[13]，因循甚易。而五弦謐響，《南風》不詠[14]。上不獲恭己之逸[15]，下不聞康哉之歌[16]。

【校】

（1）山：平津本作出，從楊明照校與各本校改，並於其下加逗號。

（2）火：原作必，當從楊明照校與吉藩本等作火。《安貧》有"昔漢火寢耀"是其證。

（3）守：孫星衍校："藏本誤作字，從舊寫本改。"魯藩本作字，王國維校作守。

【注】

［1］左先生：左慈字元放，東漢末廬江（治今安徽廬江西南）人。明五經，兼通星氣，見漢祚將衰，天下亂起，乃學道，尤明六甲。精思於天柱山中，得《九丹金液經》。後曹操欲殺之，乃變形逃遁，不知所終。天柱山：即霍山，在安徽潛縣西北，皖山最高峰。

［2］門生：東漢時指再傳弟子。其親授業者爲弟子，轉相傳授者爲門生。《後漢書·賈逵傳》："皆拜逵所選弟子及門生爲千乘王國郎。"歐陽修《〈集古錄〉跋尾·後漢孔廟碑陰題名》："其親授業者爲弟子，轉相傳授者爲門生。"唐以後亦指親授業的學生。

［3］漢火寢耀：謂漢朝將要衰亡。漢火：按五行説法，漢以火德王天下。《漢書·高帝紀贊》："漢承堯運……協於火德，自然之應，得天統矣。"

［4］黃精載起：謂曹魏將興。黃精：黃土之精。指土德。此指曹魏。

《後漢書·李雲傳》：“高祖受命，至今三百六十四載，君期一周，當有黃精代見。”李賢注：“黃精，謂魏氏將興也。”按：魏氏，指曹魏。《文選》陸機《答賈長淵詩》：“天厭霸德，黃祚（五臣本作“祖”）告釁。”李善注：“干寶《搜神記》曰：‘魏惟（推）五德之運，以上承漢。’《春秋保乾圖》曰：‘漢以魏微，黃精接期，天下歸高。’”張銑注：“霸，謂魏也。魏土德，故曰黃祖。”

［５］纘（zuǎn）：通攢。叢聚。樞紐：指北極星的紐星天樞。亦以喻帝王。太微：三光（日、月、五星）之廷；天帝南宮；天子庭。《史記·天官書》：“南宮朱鳥，權、衡。太微，三光之廷。”《索引》引宋均曰：“太微，天帝南宮也。三光，日、月、五星也。”《晉書·天文志上》：“太微，天子庭也……黃帝坐在太微中，含樞紐之神也。天子動得天度，止得地意，從容中道，則太微五帝坐明以光。”句謂東吳建國。

［６］紫蓋：指出現于斗、牛之間的雲氣，古代術士以爲帝王符瑞。《三國志·吳書·吳主傳》“乙太常顧雍爲丞相”裴松之注引三國吳韋昭《吳書》：“以尚書令陳化爲太常……爲郎中令使魏，魏文帝因酒酣，嘲問曰：‘吳、魏峙立，誰將平一海内者乎？’化對曰：‘《易（·說卦）》稱“帝出乎震”，加聞先哲知命，舊説紫蓋黃旗，運在東南。’”《宋書·符瑞志上》：“漢世術士曰：‘黃旗紫蓋，見於斗、牛之間，江東有天子氣。’”鶉（chún）首：楊明照箋：“《文選·西京賦》：‘昔者大帝説秦繆公而觀之，饗以鈞天之樂，帝有醉焉，乃爲金策，錫用此土，而剪諸鶉首。’薛注：‘大帝，天也。剪，盡也。’李注：‘……《漢書（·地理志下）》曰：“自井至柳，謂之鶉首之次，秦之分也。”盡取鶉首之分爲秦之境也。’（蔡邕《月令章句》：“自井至柳三度，謂之鶉首之次……秦之分野。”《續漢書·律曆志下》劉注引）是鶉首由原指秦地而借指吳地。此句言吳之區域。”按：楊箋“借指”之説欠準確。“鶉首”指代“朱鳥”，“朱鳥”指代“南方”，“南方”指三國吳統治區。朱鳥是二十八宿中的南方七宿井、鬼、柳、星、張、翼、軫的總稱。七星相聯呈鳥形；朱色象火，南方屬火，故名。《史記·天官書》：“南宮朱鳥。”朱鳥七宿首位者

稱鶉首,指七宿中的井、鬼二宿;中部者稱鶉火,指七宿中的柳、星、張三宿;末位者稱鶉尾,指翼、軫二宿。宋沈括《夢溪筆談·象數一》:"天文家'朱鳥',乃取象於鶉。故南方朱鳥七宿,曰鶉首、鶉火、鶉尾是也。"句意蓋謂:雲氣出現于斗、牛之間的吳之區域,在南方空中盤旋。

[7] 聯天理物:謂天人合一。《漢書·董仲舒傳》:"文王順天理物,師用賢聖。"稚川換順爲聯。聯:合。

[8] 光宅東夏:廣有中國東部地區。光宅:廣有;光大所居。光:猶廣;大。宅:居。《〈書·堯典〉序》:"昔在帝堯,聰明文思,光宅天下。"東夏:中國東部。《呂氏春秋·察今》"東夏之命"高誘注:"東夏,東方也。"此指東吳。

[9] 玄澤:聖恩。玄:天。《文選》應貞《晉武帝華林園集》詩:"玄澤滂流,仁風潛扇。"李善注:"玄澤,聖恩也。"張銑注:"玄,天也。天澤滂沛而流仁惠之風。"

[10] 貢楛:進貢以楛木爲幹的箭。借指向中央政府納貢的使者。

[11] 蕩蕩:廣大貌;博大貌。《論語·泰伯》:"子曰:'大哉堯之爲君也! 巍巍乎! 唯天爲大,唯堯則之,蕩蕩乎,民無能名焉。'"集解:"包氏(咸)曰:'蕩蕩,廣遠之稱也。言其布德廣遠,民無能識其名焉。'"

[12] 格於上下:到達天地。《書·堯典》:"允恭克讓,光被四表,格於上下。"孔傳:"允,信。克,能。光,充。格,至也。既有四德,又信恭能讓,故其名聞,充溢四外至於天地。"此猶言感動天地。

[13] 承平:治平相承;太平。《漢書·食貨志上》:"今累世承平,豪富吏民訾數鉅萬,而貧弱俞困。"守文:遵循周文王法度;遵循先王法度。《史記·外戚世家序》:"自古受命帝王及繼體守文之君,非獨内德茂也,蓋亦有外戚之助也。"索隱:"按,繼體,謂非創業之主,而是嫡子繼先帝之正體而立者也。守文,猶守法也,謂非受命創制之君,但守先帝法度爲之主耳。"

[14] 五弦:五弦琴。傳説舜創制。《南風》:《南風》之詩。《韓非子·外儲説左上》:"有若曰:'昔者舜鼓五絃(之琴),歌《南風》之詩,

而天下治。’”《史記·樂書》：“昔者舜作五弦之琴，以歌《南風》。”
集解引鄭玄曰：“《南風》，長養之風也，言父母之長養己也，其辭
未聞也。”王肅曰：“《南風》，育養民之詩也。其辭曰：‘南風之熏
兮，可以解吾民之慍兮。’”索隱：“此詩之辭出《尸子》及《家語》。”

[15] 恭己之逸：謂任賢，由大臣輔助主事，故逸。恭己：謂恭謹以律
己。《論語·衛靈公》：“子曰：‘無爲而治者，其舜也與！夫何爲
也，恭己正南面而已矣。’”

[16] 康哉之歌：古歌謠。歌辭出於《書·益稷》：“乃賡載歌曰：‘元首
明哉，股肱良哉，庶事康哉！’”孔傳：“賡，續。載，成也。帝歌歸
美股肱義未足，故續歌。先君後臣，衆事乃安，以成其義。”因用
以泛指歌頌太平之歌。

10　‘飛龍翔而不集，淵虯蟠而不躍[1]；騶虞翳於冥
昧[2]，朱草牙而未秀(1)[3]。陰陽相沴[4]，寒燠繆節[5]，七政
告凶(2)[6]，陵谷易所[7]。殷雷輷磕於龍潛之月[8]，凝霜肅
殺乎朱明之運[9]。玉燭不照[10]，沈醴不涌(3)[11]，郊場多
蘖[12]，嘉生不遂[13]。夫豈他哉(4)？誠由四凶不去，元凱不
舉；用者不賢，賢者不用也。

【校】

（1）朱草：原作朱華，當從楊明照校作朱草。

（2）告：魯藩本作吉。

（3）沈醴：疑當作醴泉。

（4）夫豈他哉：魯藩本作其豈他哉。

【注】

[1] 龍、虯；有角爲龍，無角爲虯。《淮南子·覽冥》“驂青虯”高誘注：
“有角爲龍，無角爲虯。”虬，虯之俗字。《方言》十二：“未陞天龍
謂之蟠龍。”不集、不躍：喻（賢士）不依附統治者。

〔2〕翳：被遮蔽。冥昧：幽暗。阮籍《大人先生傳》：“躍潛飄之冥昧兮，濯光曜之昭明。”

〔3〕朱草：可作染料。方士附會爲瑞草。朱草、騶虞同被古人視爲吉祥物，互爲對仗。董仲舒《春秋繁露·五行順逆》：“恩及草木，則樹木美而朱草生。”秀：開花。《論語·子罕》：“苗而不秀者有矣夫。”朱熹集註：“穀之始生曰苗，吐華曰秀。”

〔4〕沴(lì)：凌亂；氣相傷。《莊子·大宗師》“陰陽之氣有沴”郭象注：“沴，陵亂也。”《漢書·五行傳中之上》：“氣相傷謂之沴。”

〔5〕寒燠(yù)：冷暖。燠以長物，寒以成物。《書·洪範》：“八，庶徵：曰雨，曰暘，曰燠，曰寒，曰風，曰時。五者來備，各以其叙，庶草蕃廡。”孔傳：“雨以潤物，暘以乾物，燠以長物，寒以成物，風以動物。五者各以其時，所以爲衆驗。言五者備至，各以次序，則衆草蕃滋廡豐也。”孔穎達疏：“《釋言》云：‘燠，煖也。’”

〔6〕七政告凶：指日、月和金(太白星)、木(歲星)、水(辰星)、火(熒惑星)、土(鎮星)五星預告凶兆。日、月、五星有吉凶之象，因其變動爲占，七者各自異政，故爲七政。《詩·小雅·十月之交》：“日月告凶。”鄭玄箋：“告凶，告天下凶亡之徵也。”

〔7〕陵谷易所：謂高岸爲谷，深谷爲陵。喻君子小人高下易位。《詩·小雅·十月之交》：“高岸爲谷，深谷爲陵。”毛傳：“言易位也。”鄭玄箋：“易位者，君子居下，小人處上之謂也。”正義：“《詩推度災》曰：‘高岸爲谷，賢者退。深谷爲陵，小臨大。’”

〔8〕殷雷輷磕於龍潛之月：夏正的仲冬、季冬所打的大雷。古人認爲氣候反常，是賊氣所生。《文子·下德》《淮南子·本經》：“春肅秋榮，冬雨夏雪，皆賊氣之所生。”殷雷：響雷。《詩·召南·殷其雷》：“殷其雷，在南山之陽。”毛傳：“殷，雷聲也。”輷磕：形容雷聲巨大的象聲詞。龍潛之月：指陽氣潛藏、龍蛇蟄伏的冬季月份。《易·乾》：“潛龍勿用，陽氣潛藏。”《後漢書·魯恭傳》：“恭議奏曰：‘……《易（·乾）》曰：“龍潛之月。”言十一月、十二月陽氣潛藏，未得用事。’”

〔9〕凝霜肅殺乎朱明之運：夏正的夏季天降濃霜。謂夏天氣候反

常。凝霜：濃霜。《楚辭・九章・悲回風》：“吸湛露之浮源兮，
漱凝霜之雰雰。”朱明：指夏正之夏季。《尸子》上：“春爲青陽，
夏爲朱明，秋爲白藏，冬爲玄英。”

[10] 玉燭：四時之氣和暢；謂其美如玉，其明如燭。形容太平盛世。
《爾雅・釋天》：“四氣和謂之玉燭。”郭璞注：“道光照。”邢昺疏：
“注云‘道光照’者，道，言也，言四時和氣，温潤明照，故曰玉
燭。……《尸子・仁意》篇述太平之事：‘燭於玉燭……四氣和，
正光照，此之謂玉燭。’”

[11] 沈醴：疑作醴泉。醴泉、玉燭對舉。經史常語。1. 天降的甘露；
及時雨。《爾雅・釋天》邢昺疏引《尸子・仁意》：“甘雨時降，萬
物以嘉，高者不少，下者不多，此之謂醴泉。”2. 甜美的泉水。《禮
記・禮運》：“故天降膏露，地出醴泉。”此取其義，故用“涌”字。
按：醴泉涌、醴泉出爲恒語，見《孝經援神契》《白虎通德論・封
禪》《鶡冠子・度萬》等。《藝文類聚》九八引《抱朴子》曰：“何以
知天上不有甘露之淵，須太平而灑之；地中不有醴泉之源，待有
道而湧之耶？”

[12] 郊場多壘：邊疆都扎下很多營壘。形容敵軍逼近，邊境告急。
《禮記・曲禮上》：“四郊多壘，此卿大夫之辱也。”鄭玄注：“辱其
謀人之國不能安也。壘，軍壁也。數見侵伐則多壘。”場(yì)：田
界；邊界。

[13] 嘉生：茂盛的穀物。古以爲祥瑞。《國語・周語下》：“陰陽次序，
風雨時至，嘉生繁祉，人民穌利。”不遂：不生長；不成熟。《禮
記・樂記》：“氣衰則生物不遂。”鄭玄注：“遂，猶成也。”

11　‘然高概遠量，被褐懷玉[1]，守静潔志[2]，無欲於
物，藏器淵洿(1)[3]，得意遺世，非禮不動[4]，非時不見[5]。
困而無悶，窮而不悔[6]，樂天任命[7]，混一榮辱。進無悦
色，退無戚容者[8]，固有伏死乎甕牖[9]，安肯衒沽以進
趨[10]，揭其不貲之寶[11]，以競燕石之售哉[12]！

【校】

（1）藏器：平津本作藏路，誤。

【注】

［1］被褐懷玉：聖人身穿粗布短襖而懷着美玉。喻人有才德而深藏
不露。《老子·第七十章》：“知我者希，則我者貴。是以聖人被
褐而懷玉。”王弼注：“被褐者，同其塵；懷玉者，寶其真也。聖人
之所以難知，以其同塵而不殊，懷玉而不渝，故難知而爲也。”

［2］守静：保持清静，無所企求。《老子·第十六章》：“致虛極，守静
篤。”河上公注：“守清静，行篤厚。”潔志：使志向高尚。

［3］淵洿（wū）：池潭。王充《論衡·恢國》：“丘山易以起高，淵洿易
以爲深。”句謂深藏不露。

［4］非禮不動：《禮記·中庸》：“齊明盛服，非禮不動，所以修身也。”
按：此處謂朝廷不以禮聘我，我則不前往朝廷任職。

［5］非時不見：《禮記·儒行》：“非時不見，不亦難得乎？”正義：“非
時，謂非明時則不見。”見：同現。

［6］窮而不悔：《禮記·中庸》：“君子依乎中庸，遯世不見知而不悔，
唯聖者能之。”稚川換知爲窮。

［7］樂天任命：順應自然之理，知曉窮通之數，因而安於所處的境
遇。《易·繫辭上》：“樂天知命故不憂。”正義：“順天道之常數，
知性命之始終，任自然之理，故不憂也。”稚川換知爲任。

［8］戚容：憂傷的容顏。《禮記·雜記下》：“子貢問喪，子曰：‘敬爲
上，哀次之，瘠爲下；顏色稱其情，戚容稱其服。’”此謂做官退隱
無喜無憂。

［9］伏死：退隱而死。鄒陽《獄中上書自明》：“今欲使天下恢廓之士，
誘於威重之權，脅於位勢之貴，回面汙行以事諂諛之人，而求親
近於左右，則士有伏死堀穴巖藪之中耳，安有盡忠信而趨闕下者
哉！”甕牖：窗户圓如甕口；以破甕爲窗。喻貧寒之家。《禮記·
儒行》：“儒有一畝之宫，環堵之室，篳門圭窬，蓬户甕牖。”釋文：
“甕牖，以甕爲牖。”正義：“甕牖者，以牖牕圓如甕口也。又云，以

敗甕口爲牖。”

[10] 衒沽：謂自我誇耀以求任用。《後漢書・李雲傳論》：“曷其絞訐摩上，以衒沽成名哉？”李賢注：“沽，賣也。”

[11] 不訾之寶：無價之寶。不訾：無量。形容十分珍貴。《漢書・蓋寬饒傳》：“用不訾之軀，臨不測之險，竊爲君痛之。”

[12] 燕石：燕山所産的一種似玉的石頭。《後漢書・應劭傳》：“宋愚夫亦寶燕石。”李賢注引《闕子》曰：“宋之愚人得燕石梧臺之東，歸而藏之，以爲大寶。周客聞而觀之。主人父齋七日，端冕之衣，釁之以特牲，革匱十重，緹巾十襲。客見之，俯而掩口，盧胡而笑曰：‘此燕石也，與瓦甓不殊。’主人父怒曰：‘商賈之言，豎匠之心！’藏之愈固，守之彌堅。”此謂鄙物不足道。

12　‘孔、墨之道，昔不曾行[1]；孟軻、揚雄，亦居困否[2]。有德無時[3]，有自來耳。世無離朱，皂白混焉；時乏管青[4]，騏騫糅焉。磥礫積於金匱[5]，瑾瑤委乎溝洫[6]，匠石緬而遐淪，梓豫忽而莫識。已矣，悲夫！我生不辰[7]，弗先弗後[8]，將見吳土之化爲晉域，南民之變成北隸也。言猶在耳[9]，而孫氏興榇[10]。’”

【注】

[1] 孔、墨之道，昔不曾行：《論語・公冶長》：“子曰：‘道不行，乘桴浮於海。從我者，其由與？’”《吕氏春秋・諭大》：“孔丘、墨翟，欲行大道於世而不成。”按：儒、墨在先秦雖爲顯學，但孔、墨二人并不得志。

[2] 孟軻、揚雄，亦居困否：《史記・孟子傳》説孟軻“迂遠而闊於事情”而不爲諸侯所用，《風俗通義・窮通》説他“絶糧于鄒、薛，困殆甚”。《漢書・揚雄傳上》説揚雄“三世不徙官”，《太平御覽》五五六引桓譚《新論》説揚雄“居長安，素貧，比歲亡其兩男，哀痛之，皆持歸葬於蜀，以此困乏”。困否(pǐ)：困厄不通。

〔3〕時：指遇到明君與否在於時機。《荀子·宥坐》：“夫遇不遇者，時也。”

〔4〕管青：據《吕氏春秋·觀表》説，管青是古代十個善相馬的人之一，善於相馬之“膆（唇）吻”。因爲善相馬者的代稱。

〔5〕磧礫（qì lì）：淺水中的沙石。磧：水中沙堆。礫：小石。喻賤物。金匱：以金爲櫃；銅制的櫃子。匱：俗作櫃。

〔6〕瑾：美玉。瑶：石之美者。喻指原東吴地區的傑出人材。《廣譬8》：“南金不爲處幽而自輕，瑾瑶不以居深而止潔。”溝洫：田中水道。《周禮·考工記·匠人》：“匠人爲溝洫。”鄭玄注：“主通利田間之水道。”

〔7〕我生不辰：謂生的不是時候。《詩·大雅·桑柔》：“憂心慇慇，念我土宇。生我不辰，逢天僤怒。”毛傳：“宇，居也。僤，厚也。”鄭玄箋：“辰，時也。”

〔8〕弗先弗後：（怪自己）不先生不後生，而生於不當生的時候，即生不逢時。與《詩·大雅·瞻卬》之“不自我先，不自我後”意同。

〔9〕言猶在耳：此指話剛剛過。《左傳·文公七年》：“（穆嬴）頓首於宣子（趙盾）曰：‘先君（晉襄公）奉此（太）子（夷臯）也，而屬諸子曰：“此子也才，吾受子之賜；不才，吾唯子之怨。”今君雖終，言猶在耳，而棄之，若何？’”杜預注：“（在耳）在宣子之耳。”

〔10〕孫氏：此指孫皓于太康元年（280）在建鄴向西晉司馬氏王朝的龍驤將軍王浚投降。輿櫬：載棺以隨。表示決死或有罪當死。《左傳·僖公六年》：“許男面縛銜璧，大夫衰経，士輿櫬。”杜預注：“櫬，棺也。”

13　抱朴子聞之，曰：“二君之言，可爲來戒，故録於篇，欲後代知有吴失國，匪降自天也[1]。若苟諱國惡[2]，纖介不貶，則董狐無貴於直筆[3]，賈誼將受譏于《過秦》乎[4]？”

【注】

［1］有吳：吳國。有：名詞詞頭，無義。匪降自天：此謂（失國）罪過
在於孫吳自身。《詩·大雅·瞻卬》：“亂匪降自天，生自婦人。”

［2］諱國惡：忌諱談論有損國家的壞事。《左傳·僖公元年》：“公出
復入，不書，諱之也。諱國惡，禮也。”孔穎達疏：“國內有亂，致令
公出，不書公出復入，諱國亂也。國亂，國之惡，諱國惡，是
禮也。”

［3］董狐：春秋晉國趙宣子時的史官。直筆：秉筆直書，謂書法不
隱。“趙穿攻（晉）靈公於桃園”，董狐在史策上直書“趙盾弒其
君”，指責趙盾“亡不越竟，反不討賊，非子而誰”。事見《左傳·
宣公二年》。

［4］賈誼：漢文帝時作家。《過秦》：指賈誼《新書》之《過秦》上、中、
下三篇，總結秦朝興亡的歷史經驗與教訓。

守堉卷三十五^[1]

1 抱朴子曰："余友人有潛居先生者^[2]，慕寢丘之莫爭^[3]，簡堉土以葺宇^[4]，銳精蓺文^[5]，意忽學稼^[6]，屢失有年^[7]，飢色在顏^[8]。"

【注】

[1] 守堉：寧願居守於貧堉之地，示與世無爭。堉：薄土；不肥沃的土地。堉通瘠。

[2] 潛居先生：稚川虛擬的人物。潛居：隱居。

[3] 寢丘：春秋時楚地名。在今河南固始、沈丘兩縣間。相傳楚令尹孫叔敖臨死時告戒子孫勿受楚王所封美地，而請封於條件較差的寢丘，可以長保不失。《吕氏春秋・異寶》："孫叔敖疾，將死，戒其子曰：'王數封我矣，吾不受也。爲我死，王則封汝，必無受利地！楚、越之間，有寢之丘者，此其地不利，而名甚惡。'"高誘注："惡，謂丘名也。"（《御覽》百五十九、四百二十六引"楚越"作"荆楚"，當從。）因借喻貧堉的土地。

[4] 葺宇：用茅草覆蓋屋宇。葺：蓋屋。宇：居。

[5] 銳精：勤銳專精；用心專一。《方言・劉歆與揚雄書》："非子雲澹雅之才，沈鬱之思，不能經年銳精以成此書。"蓺文：六藝群書的概稱。班固《典引》："苞舉藝文，屢訪群儒。"

[6] 學稼：學習種植五穀。《論語・子路》："樊遲請學稼。子曰：'吾不如老農。'"五穀，黍、稷、麻、麥、豆也。

[7] 有年：五穀皆熟。《春秋經桓公三年》"有年"杜預注："五穀皆熟，

書有年。"

［8］飢色：飢餓的面色。《孟子・梁惠王上》："庖有肥肉，廄有肥馬，
　　民有飢色，野有餓莩，此率獸而食人也。"

　　2　"或人難曰：'夫知禮在於廩實[1]，施博由乎貨豐[2]；
高出於有餘(1)，儉生乎不足。故十千美於詩人[3]，食貨首
乎八政[4]。躬稼基克配之業[5]，耦耕有不改之樂[6]。

【校】

（1）高：楊明照按："'高'字於此不愜，疑爲'亯'之形誤。《玉篇・亯
　　部》：'亯，今作享。'享，享受。"按："享"於此亦不愜。《説文》：
　　"高，崇也，象臺觀高之形。從冂、口，與倉舍同意。"朱駿聲通訓
　　定聲："叚借又爲膏。"按：與倉舍同義，則内藏富饒也。叚借爲
　　膏，則膏即膏腴，與富饒義通。與表示"約少"的"儉"對舉互文爲
　　義。《資治通鑑・齊紀二》"歲儉出賑"胡三省注："歲入約少
　　爲儉。"

【注】

［1］知禮在於廩實：意本《管子・牧民》："倉廩實，則知禮節。"强調禮
　　的物質基礎。廩(lǐn)實：糧倉充實。
［2］施博：廣泛施捨。《文子・符言》："禄益厚者施益博。"
［3］十千：一萬。極言其多。《詩・小雅・甫田》"歲取十千"毛傳：
　　"十千，言多也。"朱熹集傳："十千，謂一成之田。地方十里爲九
　　萬畝，而以萬畝爲公田。"此指萬畝。
［4］食貨：古代用以指稱國家財政經濟。八政：古代人主施政的八
　　項内容。《書・洪範》："三，八政：一曰食，二曰貨。……"孔傳：
　　"(食)勸農桑。(貨)寶用物。"《漢書・食貨志上》："食謂農殖嘉
　　穀可食之物，貨謂布帛可衣及金刀龜貝，所以分財布利通有無者
　　也。二者，生民之本。"

〔5〕躬稼：親身務農。《論語·憲問》："禹、稷躬稼，而有天下。"集解引馬融曰："禹盡力於溝洫，稷播百穀，故曰躬稼。"基：始；奠定基礎。克配：能夠配享。《詩·周頌·思文》："思文后稷，克配彼天。"鄭玄箋："克，能也。……周公思先祖有文德者，后稷之功能配天。"

〔6〕耦耕：此指二人並耕的隱者生活如長沮、桀溺。不改之樂：隱者不改之樂與顏回同。

3　'奇士之居也$^{(1)}$，進則侶鴻、鸞以振翮$^{[1]}$，退則參陶、白之理生$^{(2)[2]}$；仕必霸王$^{[3]}$，居必千金$^{[4]}$。是以昔人必科膏壤以分利$^{(3)[5]}$，勤四體以稼穡$^{[6]}$；播原菽之與與$^{[7]}$，茂嘉蔬之翼翼$^{[8]}$；收秅秬之千倉$^{[9]}$，積我庾之惟億$^{[10]}$。出連騎以遊畋$^{[11]}$，入侯服而玉食$^{[12]}$。

【校】

（1）居：當從楊明照校作居世。

（2）理生：當從楊明照校作治生。因避唐高宗李治諱改。

（3）科：楊明照校作料。按："科"有"考校，查核"義，合上下文意，不必校爲"料"字。

【注】

〔1〕振翮：猶言鼓翼展翅。喻仕途順遂。《文選·古詩十九首之七》："昔我同門友，高舉振六翮。"

〔2〕陶：陶朱公，即范蠡，春秋末年的大商業家。白：白圭，周人，魏文侯時的大商業家。他説："吾治生産，猶伊尹、吕尚之謀，孫、吳用兵、商鞅行法是也。"具有經濟戰略戰術眼光，故"天下言治生祖白圭"。理生：治理家業；營謀生計。

〔3〕霸王：1. 古稱有天下者爲王，諸侯之長爲霸。《禮記·經解》："義與信，和與仁，霸王之器也。"2. 成就霸業或王業。《孟子·公孫

丑上》：“夫子加齊之卿相，得行道焉，雖由此霸王不異矣！”

［4］居必千金：居家經商，必致千金。語本《史記・越王句踐世家》：
　　“范蠡喟然歎曰：‘居家則致千金，居官則至卿相，此布衣之
　　極也。’”

［5］分利：分別五土之地利。《孝經・庶人章》“分地之利”李隆基注：
　　“分別五土，視其高下，各盡所宜，此分地利也。”

［6］四體：四肢。《論語・微子》：“丈人曰：‘四體不勤，五穀不分。孰
　　爲夫子？’植其杖而芸。”

［7］原菽：原田之中種有豆類。《詩・小雅・小宛》：“中原有菽，庶民
　　采之。”毛傳：“中原，原中也。菽，藿也。力采者則得之。”與與
　　（yù yù）：繁盛貌。《詩・小雅・楚茨》：“我黍與與，我稷翼翼。”
　　鄭玄箋：“黍與與、稷翼翼，蕃廡貌。”

［8］嘉蔬：凡祭祀宗廟之禮，用的稻曰嘉蔬。《禮記・曲禮下》：“凡祭
　　宗廟之禮……稻曰嘉蔬。”鄭玄注：“嘉，善也。蔬，菰蔬之屬也。”
　　翼翼：蕃盛貌。

［9］麰（móu）：大麥。《孟子・告子上》：“今夫麰麥，播種而耰之。”趙
　　岐注：“麰麥，大麥也。”秬（jù）：黑黍。千倉：極言糧食豐富。

［10］我庾之惟億：我的露天糧倉儲滿了糧食。《詩・小雅・楚茨》：
　　“我倉既盈，我庾維億。”毛傳：“露積曰庾。萬萬曰億。”鄭玄箋：
　　“倉言盈，庾言億，亦互辭，喻多也。十萬曰億。”維通惟。

［11］連騎：一人一馬列成馬隊。形容騎從之盛。《史記・貨殖列傳》：
　　“子貢結駟連騎，束帛之幣以聘享諸侯。”

［12］侯服玉食：穿王侯衣服，吃珍美之食。形容生活豪華奢侈。《漢
　　書・叙傳下》：“（述《貨殖傳》）侯服玉食，敗俗傷化。”

　　4　‘而先生之宅此也，亢陽則出谷颺塵[1]，重陰則滔
天凌丘[2]；陸無含秀之苗(1)[3]，水無吐穗之株[4]；稊糧曠
於囷廩[5]，薪爨廢於庖廚[6]。怡爾執待兔之志(2)[7]，淡然
無去就之謨(3)[8]。吾恐首陽之事[9]，必見於今；丹山之

困^[10]，可立而須^{(4)[11]}。人爲子寒心，子何宴然而弗憂也^[12]？

【校】

（1）舍：魯藩本作舍，王國維校作含。

（2）待兔：原作待免，當依王廣恕、陳漢章校與吉藩本作待兔。

（3）淡然：平津本作坦然。

（4）吾恐首陽之事，必見於今；丹山之困，可立而須。丹山：楊明照引
《詩·大雅·雲漢》曰："山川旱情如是之甚，殆即所謂赤地也。"
"'慕寝丘''簡埒土'之潛居先生，本已'秤牷曠於圖廩，薪爨廢於
庖廚'，其必爲飢餓所困也審矣。故曰'丹山之困，可立而待。'"
按：楊引與"首陽"隱居餓死之事不類。疑當作"丹穴"。蓋"穴"
字"宀"下漏寫"八"字，而"宀"與草寫"山"字形近而誤作"山"字。
《莊子·讓王》："越人三世弑其君，王子搜患之，逃乎丹穴。"《吕
氏春秋·貴生》："越人三世殺其君，王子搜患之，逃乎丹穴。"高
誘注："《淮南》云：'丹穴，山穴也。'"稚川"丹穴之困"之説本此。
王子搜後被"越人薫之以艾"，逼其出丹穴而任國君。《史記·越
世家》"子無彊立"《索隱》據樂資《春秋後傳》以搜爲翳子（按：非
翳子）無顙。《逸民》有"越翳（當作搜）入穴以逃之"之語，作穴不
作山，亦是旁證。首陽與丹穴，指伯夷、叔齊與王子搜離開人間
隱居而餓困言。

【注】

［1］亢陽：指驕陽；旱災。曹植《誥咎文》："亢陽害苗。"颷塵：塵土
飛揚。

［2］重陰：濃雲密布的陰天；陰雨。張衡《南都賦》："玄雲合而重陰，
谷風起而增哀。"

［3］含秀：猶含苞，裹着花苞。孫綽《遊天台山賦》："八桂森挺以凌
霜，五芝含秀而晨敷。"苗：此指五穀的苗。《論語·子罕》："子

曰：‘苗而不秀者，有矣夫！’”朱熹集註：“穀之始生曰苗，吐花曰秀。”

［4］株：《説文・木部》徐鍇繫傳：“入土曰根，在土上者曰株。”

［5］稗糲：猶粗糧。稗（bài）：稗子。《左傳・定公十年》“用秕稗也”杜預注：“稗，草之似穀者。”糲（lì）：麤米。《史記・太史公自序・論六家要指》“糲粱之食”索隱引服虔（《漢書・司馬遷傳》注）云：“糲，麤米。”曠：空；荒廢。囷廩（chuán lǐn）：糧倉。囷：存放穀物的圓囤。用竹篾或草製成。

［6］薪爨：柴火。《管子・侈靡》“雕橑然後爨之”集校引段玉裁云：“爨，然也。”然，燃之初字。庖廚：廚房。《孟子・梁惠王上》：“是以君子遠庖廚也。”

［7］待兔：守株待兔。《韓非子・五蠹》：“宋人有耕者，田中有株，兔走觸株，折頸而死；因釋其耒而守株，冀復得兔。兔不可得復，而身爲宋國笑。”借謂不知通變。

［8］去就：此偏指就（任職務）。謨：謀畫。

［9］首陽：山名。一稱雷首山。相傳爲伯夷、叔齊采薇隱居而餓死之地。《論語・季氏》：“伯夷、叔齊，餓于首陽之下，民到於今稱之。”集解引馬融曰：“首陽山在河東蒲阪縣，華山之北，河曲之中。”蒲阪故城在今山西省永濟縣南。

［10］困：居而無食。《周禮・地官・遺人》“以待凶荒”賈公彥疏：“書傳云：‘行而無資謂之乏，居而無食謂之困。’”

［11］可立而須：馬上等到。須：待。《戰國策・魏策一》：“張儀爲秦連橫説魏（哀）王曰：‘秦、韓爲一國，魏之亡，可立而須也。’”

［12］宴：通晏。晏然：安適貌；安閒貌。《戰國策・趙策二》：“魯仲連曰：‘……梁（安釐）王安得晏然而已乎？’”

5 ‘夫覿機而不作[1]，不可以言明；安土而不移，衆庶之常事[2]。豈觀鮑者忘蘭，而大迷者易性乎(1)[3]？何先生未寤之久也！鄙人惑焉，不識所謂[4]。夫袞冕非禦鋒鏑之

服[5]，典誥非救飢寒之具也。胡不畍沃衍於四郊[6]，躬田畯之良業[7]，捨六蓺之迂闊，收萬箱以賑乏乎[8]？'

【校】

（1）大迷：當乙轉爲迷大，《崇教》"迷大者不能反"是其證。

【注】

［1］機：通幾。徵兆。《易·繫辭下》："幾者，動之微，古之先見者也。君子見幾而作，不俟終日。"正義："言君子既見事之幾微，則須動作而應之，不得待終其日也。言赴幾之速也。"

［2］安土而不移，衆庶之常事：語含小人懷土的鄙夷之意。《論語·里仁》："子曰：'君子懷德，小人懷土。'"集解引孔安國曰："懷，安也。（懷土）重遷。"《後漢書·楊終傳》："（上疏）安土重遷，謂之衆庶。"

［3］狎鮑者忘蘭：謂聞慣乾魚臭味的人忘記蘭花的幽香。《大戴禮記·曾子疾病》："與君子遊，苾乎如入蘭芷之室，久而不聞，則與子化矣；與小人遊，貸乎如入鮑魚之次，久而不聞，則與之化矣。"苾：芳香。句意本此引申。

［4］所謂：所爲。謂同爲。王引之《經傳釋詞》二："家大人曰：'謂，猶爲也（此爲字讀平聲）。'"

［5］袞冕：古代帝王與上公的禮服和禮帽。鋒鏑：刀刃和箭鏃。借指兵器。《史記·秦漢之際月表》："墮壞名城，銷鋒鏑，鉏豪桀，維萬世之安。"

［6］畍：《玉篇·目部》："畍，亦古文視。"衍沃：平坦肥美的土地。《左傳·襄公二十五年》"井衍沃"杜預注："衍沃，平美之地。"正義："衍是高平而美者，沃是下平而美者，二者，並是良田。……賈逵云：'下平曰衍，有溉曰沃。'所指雖異，俱謂良美之田也。"

［7］田畯：田嗇夫，主農之官。《詩·豳風·七月》"田畯至喜"毛傳："田畯，田大夫也。"

［8］萬箱：猶萬車（糧食）。借指糧食之多。

6　潛居先生曰：‘夫聵者不可督之以分雅鄭[1]，瞽者不可責之以別丹漆[2]，井魚不可語以滄海(1)[3]，庸俗不中説以經術(2)。吾子苟知老農之小功，未喻面牆之巨拙，何異拾瑣沙而捐隋、和[4]，向炯燭而背白日也。夫好尚不可以一概枂[5]，趨舍不可以彼我易也。

【校】

（1）魚：原作黿，楊明照校：王引之謂當作魚。今本《莊子·秋水》：“井黿不可語於海者，拘於虛也。”王念孫《讀書雜誌餘編上》王引之曰：“‘黿’一作‘魚’，後人改之也。《太平御覽》時序部七、鱗介部七、蟲豸部一引此，並云‘井魚不可語於海’，則舊本作‘魚’可知。”

（2）庸俗不中説以經術：陳其榮案：“刻本‘中’字誤，當依上三句一例改爲‘可’字。”孫人和曰：“竊謂陳説未覈‘中’‘可’形不相近，無緣致誤，刻本作‘中’當仍其舊，不當以意輒改致失其真。抱朴之文，頗逞辭藻，復工對仗，往往互文見意。且本書‘不可’‘不得’‘不能’諸語多作‘不中’。……”孫氏取“互文見意”，不以“三句一例”改其參差之美，可參。孫氏此文寫於《審舉》“可以菈敦樸，而不可以極衰弊之變也”兩句之下，而涉及《守塉》，故移校於此。

【注】

［1］聵（kuì）：生而耳聾者。《國語·晉語四》：“聾聵不可使聽。”韋昭注：“耳不別五聲之和曰聾，生而聾曰聵。”雅：雅樂，即中正之聲温雅。鄭：鄭聲，即淫哇之聲繁越。指代俗樂。揚雄《法言·吾子》：“或問：交五聲、十二律，或雅或鄭，何也？曰：中正則雅，多哇則鄭。”

［2］瞽：盲人；不辨五色。《莊子·大宗師》：“瞽者無以與乎青黃黼黻

之觀。”丹漆：赤色與黑色。亦泛指各種顏色。

［３］井魚：喻見聞狹隘、目光短淺的人。

［４］隋、和：隋侯珠、和氏璧。《墨子·耕柱》：“子墨子曰：‘和氏之璧，隋侯之珠，……此諸侯之所謂良寶也。’”

［５］概：量穀物時刮平斗斛的器具，俗稱斗趟子。《楚辭·九章·懷沙》：“同糅玉石兮，一概而相量。”洪興祖補注：“槩，平斗斛木。”杚（gài）：刮平，使之均等。此猶言刮平；衡量。

7 ‘夫欲隮閬風、陟嵩華者[1]，必不留行於丘垤[2]；意在乎遊南溟、汎滄海者，豈暇逍遥於潢洿？是以注清聽於《九韶》者[3]，《巴人》之聲不能悦其耳；烹大牢饗方丈者，荼蓼之味不能甘其口[4]。鷾鵬戾赤霄以高翔[5]，鷦鴒傲蓬林以鼓翼[6]，洿隆殊途[7]，亦飛之極[8]。晦朔甚促，朝菌不識[9]。蜉蝣忽忽於寸陰(1)[10]，野馬六月而後息[11]。鯈鮒汎濫以暴鱗[12]，靈虯勿用乎不測[13]。行業乖舛[14]，意何可得？余雖黎滄之不充[15]，而足於鼎食矣[16]。

【校】

（１）忽忽：原作怱怱，平津本作忽忽。陳其榮校：“承訓本作怱怱，義可並通。”

【注】

［１］隮（jī）：通躋。登上、升上。閬風：即閬風巔。陟：升。嵩華：中嶽嵩山、西嶽華山。

［２］丘垤（dié）：小山丘；小土堆。《孟子·公孫丑上》：“泰山之於丘垤，河海之於行潦，類也。”趙岐注：“垤，蟻封也。”按：垤，蟻闕。

［３］清聽：楊明照箋：“《文選》陸機《吴趨行》：‘四坐並清聽，聽我歌《吴趨》。’”按：“四坐並清聽”是“請四坐之人聽取”的意思，與稚

川本文文義無關,楊箋所引書證箋此不妥。本文文意當解爲"謂
耳聰善聽"。《後漢書·申屠蟠傳》:"(同郡緱氏女)玉之節義,足
以感無恥之孫,激忍辱之子。不遭明時,尚當表旌廬墓,況在清
聽,而不加哀矜!"曹植《鬥雞》:"遊目極妙伎,清聽厭宮商。"九
韶:舜樂簫《韶》九成,故名。《論語·八佾》:"子謂《韶》:'盡美
矣,又盡善也。'"集解引孔安國曰:"韶,舜樂名。"《史記·五帝本
紀》:"咸戴帝舜之功,於是禹乃興《九招》之樂。"索隱:"招音韶,
即舜樂簫《韶》。九成,故曰《九招》。"《莊子·至樂》:"《咸池》《九
韶》之樂,張之洞庭之野,鳥聞之而飛,獸聞之而走,魚聞之而下
入,人卒聞之,相舉還而觀之。"一說帝嚳樂。

[4] 荼蓼(tú liǎo):陸穢、水草。即苦菜、辛菜。喻艱難困苦。《詩·
周頌·良耜》:"以薅荼蓼。"毛傳:"蓼,水草也。"正義:"王肅云:
'荼,陸穢。蓼,水草。'"

[5] 鵷:同鶢。鶢雛,大鳥,鳳凰之別名,飛八百里。《淮南子·覽
冥》:"軼鶢雛於姑餘。"高誘注:"鶢雛,鳳凰之別名。"鵬:鵬鳥。
赤霄:極高的天空。

[6] 鶺鴒:雝渠,雀屬,大如鷃,巢於沙上,吃昆蟲與小魚。《詩·小
雅·鶺鴒》:"脊令在原。"毛傳:"脊令,雝渠也。飛則鳴,行則
搖。"脊令同鶺鴒。鼓翼:猶振翅。張衡《歸田賦》:"王雎鼓翼,
倉庚哀鳴。"

[7] 洿:下。承上鶺鴒句,形容鶺鴒之鼓翼蓬林。隆:高。承上鵷鵬
句,形容鵷鵬之高翔赤霄。

[8] 亦飛之極:即亦飛之至也。謂鵷鵬與鶺鴒展翅,都各自盡了力。
《莊子·逍遥遊》:"有鳥焉,其名爲鵬,背若太山,翼若垂天之雲,
摶扶搖羊角而上者九萬里,絕雲氣,負青天,然後圖南,且適南冥
也。斥鴳笑之曰:'彼且奚適也? 我騰躍而上,不過數仞而下,翱
翔蓬蒿之間,此亦飛之至也。而彼且奚適也?'"郭象注:"各以得
性爲至,自盡爲極也。向言二蟲殊翼,故所至不同,或翱翔天池,
或畢志榆枋,直各稱體而足,不知所以然也。"

[9] 晦朔:晚早、夕旦。不識:指不知晦朔。《莊子·逍遥遊》:"朝菌

不知晦朔。”

[10] 忽忽：急速貌。《楚辭·離騷》“日忽忽其將暮”王逸注：“日又忽去，時將欲暮，年歲將盡，言己衰老也。”

[11] 野馬：指野外蒸騰的水氣，運動如奔馬，故云。《莊子·逍遙遊》：“鵬之徙於南溟也，水擊三千里，搏扶搖羊角而上者九萬里，去以六月息者也。野馬也，塵埃也，生物之以息相吹也。”郭象注：“野馬者，游氣也。”釋文：“野馬，司馬（彪）云：‘春月澤中游氣也。’崔（譔）云：‘天地間氣如野馬馳也。’”一説指大鵬。俞樾《曲園雜纂》二十五曰：“野馬，鵬之所馮（憑）以扶搖者。鵬之徙南溟也，以六月息。然則野馬亦可云六月息矣，故云野馬六月而後息。此‘野馬’正代‘鵬’字用，不然則野馬特游氣耳，何六月息之有？”六月而後息：指鵾鵬乘著六月風飛往南溟而後息止。六月息：六月風。而稚川將“息”理解爲“息止”，似不合莊子原意。

[12] 鰷（tiáo）：又名白鰷、白條。一種生於淡水的小白魚。《莊子·秋水》：“莊子曰：‘鰷魚出遊從容，此魚之樂也。’”釋文：“鰷，李（頤）音由。白魚也。”鮒：鯽魚。《莊子·外物》：“（莊）周顧視車轍中，有鮒魚焉。”汎濫：浮游水上。司馬相如《大人賦》：“奄息總極汎濫水嬉兮，使靈媧鼓瑟而舞馮夷。”汜同汎。暴鱗：曝鰓的魚。

[13] 靈虯：虯龍。龍爲四靈之一，故稱虯爲靈虯。傳説中的一種無角龍。曹植《矯志》詩：“靈虯避難，不恥污泥。”

[14] 乖舛：差異。《文選·西征賦》“人度量之乖舛”，李善注：“人，謂（湯）武王與桀也，安危異情，故曰乖舛。乖舛，不齊也。”

[15] 藜飱：謂以藜藿爲餐。泛指粗劣之食。飱同餐。揚雄《逐貧賦》：“人皆稻粱，我獨藜飱。”

[16] 鼎食：列鼎而食。指世家大族的豪奢生活。《史記·貨殖列傳》：“洒削，薄技也，而郅氏鼎食。”索隱：“洒削，謂摩刀以水洒之。”以上翼、極、識、息、測、得、食：職部。

8　'故列子不以其乏，而貪鄭陽之禄[1]；曾參不以其貧，而易晉、楚之富[2]。夫收微言於將墜者，周、孔之遐武也[3]；情孳孳以爲利者，孟叟之罪人也[4]。造遠者莫能兼通於岐路，有爲者莫能並舉於耕學[5]。體瘁而神豫，亦何病於居約[6]。

【注】

[1]　禄：穀。《周禮・春官・天府》"若祭天之司民司禄"鄭玄注："禄之言穀也。"

[2]　曾參不以其貧：《孟子・公孫丑下》："曾子曰：'晉楚之富，不可及也。彼以其富，我以吾仁；彼以其爵，我以吾義。吾何慊乎哉！'"趙岐注："慊，少也。"按：曾子不以貧易富是在雙親亡故之後。《韓詩外傳》一："曾子仕於莒，得粟三秉，方是之時，曾子重其禄而輕其身；親没之後，齊迎以相，楚迎以令尹，晉迎以上卿，方時之時，曾子重其身而輕其禄。"是其證。

[3]　將墜：《論語・子張》："文武之道，未墜於地。"稚川"墜"由此引申。

[4]　孳孳：一心一意貌。《孟子・盡心上》："孟子曰：'雞鳴即起，孳孳爲善者，舜之徒也；孳孳爲利者，（盗）跖之徒也。'"故爲"孟叟之罪人"。孟叟：對孟子的尊稱。叟：長老。《孟子・梁惠王上》："孟子見梁惠王。王曰：'叟！不遠千里而來，亦將有利於吾國乎？'"趙岐注："叟，長老之稱，猶父也。"

[5]　耕學：務農與治學。句意謂務農與治學不能兼顧。《論語・衛靈公》："子曰：'君子謀道不謀食。耕也，餒在其中矣；學也，禄在其中矣。君子憂道不憂貧。'"

[6]　居約：即《論語・里仁》"不仁者不可以久處約"的"處約"。

9　'且又處堵則勞，勞則不學清而清至矣；居沃則逸，逸則不學奢而奢來矣[1]。清者，福之所集也[2]；奢者，禍之所赴也[3]。福集，則雖微可著，雖衰可興焉；禍赴，則雖强可弱，雖存可亡焉[4]。此不期而必會，不招而自來者也[5]。

【注】

［1］處埆則勞、居沃則逸：語本張衡《西京賦》：“處沃土則逸，處埆土則勞。”按：張衡本於《國語·魯語下》：“沃土之民不材，淫也；瘠土之民莫不嚮義，勞也。”《文子·上仁》：“生而貴者驕，生而富者奢。”哲理來源久遠。

［2］清者，福之所集：蓋意本《左傳·莊公二十四年》：“儉，德之共（洪）也；侈，惡之大也。”

［3］禍赴二句：《晉書·傅咸傳》：“竊謂奢侈之費，甚於天災。”石崇以鬥奢招禍是其顯例。

［4］不期而必會：即《戰國策·趙策三》所說“粱肉不與驕奢期而驕奢至”之意。

［5］不招而自來：謂必然產生，不以人的主觀意志爲轉移。《老子·第七十三章》：“不召而自來。”召通招。

10　‘故君子欲正其末，必端其本[1]；欲輟其流，則遏其源[2]。故道德之功建，而奓靡之門閉矣[3]。姜望至德，而佃不復種[4]；重華大聖，而漁不償網[5]；然後玉璜表營丘之祚[6]，大功有二十之高[7]。何必譏之以惰嬾，而察才以相士乎[8]？

【注】

［1］君子欲正其末，必端其本：謂一定端正其本，方能根治其末。《論語·學而》：“君子務本。”《新語·術事》：“治末者調其本。”《說苑·建本》：“夫本不正者末必倚。”

［2］輟：止。遏：絕。《楚辭·天問》“永遏在羽山”王逸注：“遏，絕也。”

［３］奓靡：奢華靡費。《文選·西京賦》"紛瑰麗以奓靡"薛綜注："奓靡，奢放也。"奓：奢的籀文。見《説文·奢部》。

［４］姜望：姜子牙、太公望，同指吕尚。《史記·齊太公丗家》："太公望吕尚者，東海上人。……本姓姜氏，從其封姓，故曰吕尚。……於是周西伯獵，果遇太公於渭之陽，與語大説，曰：'自吾先君太公曰："當有聖人適周，周以興。"子真是邪？吾太公望子久矣。'故號之曰'太公望'。"至德：此指被周文王尊爲師尚父。佃：田，耕作。姜子牙未遇文王前從事過多種職業，佃耕衹是其中一種。

［５］重華：虞舜的美稱。一説舜目重瞳，故名。《史記·五帝本紀》："虞舜者，名曰重華。"大聖：指舜繼堯爲帝。兩句語本《説苑·雜言》："太公田不足以償種，漁不足以償網，治天下有餘智。"稚川出於對仗需要將"漁不償網"派給了虞舜。

［６］玉璜：半圓形的璧。《開元占經》一一四引《尚書大傳》一："周文王至磻溪，見吕尚釣，文王拜。尚云：'望釣得玉璜，剗曰："姬受命，吕佐檢，德合於今昌來提。"'"鄭玄注："釣得魚，魚中得玉璜也。佐檢，猶助也。提者，取也。半璧曰璜。"因即以"玉璜"指吕尚佐文王事。營丘：在今山東淄博市淄博北，以營丘山而得名。周武王封吕尚於齊，建都於此。後改名臨淄。《史記·周本紀》："（武王）於是封功臣謀士，而師尚父爲首封。封尚父於營丘，曰齊。"集解引劉向《別録》："師之、尚之、父之，故曰師尚父。"祚：君位；國統。

［７］大功有二十之高：語本《左傳·文公十八年》："以其（舜）舉十六相，去四凶也。……舜有大功二十而爲天子。"杜預注："舉十六相，去四凶也。""十六相"即八元八凱。

［８］惰嬾：就吕尚"佃不復種"、虞舜"漁不償網"而言。才：通財。《説文·才部》段玉裁注："才、材、財、裁、纔字以同音通用。"以"察財相士"正是"或人"的庸俗之見。

11　'夫二人分財，取少爲廉。余今讓天下之豐沃，處兹邦之褊埆[1]，舍安昌之膏腴[2]，取北郭之無欲[3]。誠萬物之可細[4]，亦何往而不足哉！北辰以不改爲衆星之尊[5]，五嶽以不遷爲群望之宗[6]。蟋蟀屢移而不貴[7]，禽魚魘深則逢患(1)。方將墾九典之蕪薉[8]，播六德之嘉穀[9]，厥田邈於上上之科(2)[10]，其收盈乎天地之間，何必耕也爲務哉(3)！

【校】

（1）魘：楊明照校："當作'厭'，始合文意。"按："厭""魘"古爲盍談通韻，故"魘"古通"厭"。《詩·齊風·還序》"從禽獸而無厭"陸德明釋文："厭，本或作魘。"《漢書·叔孫通傳》："群臣飲爭功，醉或妄呼，拔劍擊柱，上患之。通知上益魘之。""魘"《史記》作"厭"，是其證。但今語"魘""厭"有別，也是事實。

（2）上上：原作上土，楊明照引《書·禹貢》"厥田惟上上"之文，箋云："'厥田邈於上土之科'，言其田優於上等良田遠甚，以喻上文之九典也。"未對"上土"作校。按："上土"字面上固通，但當作"上上"。《書·禹貢》將土地分爲九等，"厥田惟上上"是其中的第一等，是其證，語本此。用"上上"來比喻"九典"才是最貼切的。作"上土"蓋因"上"與"土"形近致誤，正如"士"誤作"上"一樣（見《自叙》"又撰高尚不仕者爲《隱逸傳》十卷"，"尚"，孫星衍説"藏本作'上'"，而楊明照説"吉藩本作'士'"，是其證）。

（3）耕也：平津本作耕耘，當依楊明照校與藏本等作耕也。"耕也"連文見《論語·衛靈公》與《安貧》"耕也可以免飢"。

【注】

[1]　褊埆（què）：土地狹小瘠薄。《玉篇·衣部》："褊，小也。"《後漢書·陳龜傳》"（上疏）今西州邊鄙土地埆埆"李賢注："埆音覺，又音確，謂薄土也。"

［2］安昌：安昌侯張禹。《漢書·張禹傳》：“及富貴，多買田至四百
頃，皆涇、渭溉灌，極膏腴上賈。”

［3］北郭：春秋時楚國隱者北郭先生，楚莊王聘爲相，卻之而不仕。
《韓詩外傳》九：“楚莊王使使齎金百斤，聘北郭先生。先生曰：
‘臣有箕箒之使（妾），願入計之。’即謂婦人曰：‘楚欲以我爲相，
今日相，即結駟列騎，食方丈於前，如何？’婦人曰：‘夫子以織屨
爲食，食粥毚服，無怵惕之憂者，何哉？與物無治也。今如結駟
列騎，所安不過容膝；食方丈於前，所甘不過一肉。以容膝之安，
一肉之味，而殉楚國之憂，其可乎？’於是遂不應聘，與婦去之。”

［4］細：視爲細小。句謂心不爲萬物所惑。《文子·九守》“細萬物，
即心不惑。”

［5］北辰以不改：古人認爲北極星永不移動其位置。北極星距離我
們地球約400光年，它是目前一段時間内北天極最近的亮星，距
極點不足一度，因此人們覺得它好像不參與周日運動，總是位於
北天極處。爲衆星之尊：謂衆星拱衛北極星。《論語·爲政》：
“爲政以德，譬如北辰，居其所而衆星共（拱）之。”

［6］五嶽：東嶽泰山、南嶽衡山、西嶽華山、北嶽恒山、中嶽嵩高山。
《周禮·春官·大宗伯》：“以血祭祭社稷、五祀、五嶽。”鄭玄注：
“五嶽：東曰岱宗，南曰衡山，西曰華山，北曰恒山，中曰嵩高
山。”《爾雅·釋山》謂“霍山爲南嶽”，餘同。群望：星辰、山川；
群岳衆神。望：謂天子、諸侯不能親到，望而遥祭。《左傳·昭
公十三年》：“乃大有事於群望。”杜預注：“群望，星辰、山川。”《文
選·東京賦》：“元祀惟稱，群望咸秩。”薛綜注：“謂大祭天地之禮
既畢，群岳衆神，望以祭祀之，皆有秩次。”

［7］蟋蟀屢移：就蟋蟀由“七月在野，八月在宇，九月在户，十月入我
床下”，由遠而近、自外入内而言。見《詩·豳風·七月》。

［8］九典：九種典籍：《易》《書》《詩》《禮》《樂》《春秋》《論語》《孝經》
《小學》，見《漢書·藝文志·六藝略》“序六藝爲九種”。蕪薉
（huì）：本指田地不整治而雜草叢生。此喻學術領域荒蕪雜亂。
薉同穢。《楚辭·離騷》“哀衆芳之蕪穢”洪興祖補注：“蕪，荒也。

穢,惡也。"又《招魂》"牽於俗而蕪穢"王逸注:"(田)不治曰蕪,多草曰穢。"

[9] 六德:周大司徒教民的六項道德標準:知、仁、聖、義、忠、和。《周禮・地官・大司徒》:"以鄉三物教萬民,而賓興之。一曰教六德:知、仁、聖、義、忠、和。"鄭玄注:"……知,明於事。仁,愛人以及物。聖,通而先識。義,能斷時宜。忠,言以中心。和,不剛不柔。"嘉穀:古以粟爲嘉穀,後爲五穀的總稱。此喻六德之成果。《書・吕刑》:"稷降播種,農殖嘉穀。"孔傳:"后稷下教民播種,農畝生善穀。"

[10] 上上:最上等的。科:品。句謂其田優於上等良田,以喻上文之"九典""六德"。邁:勝過,超過。

12 '昔被衣以棄財止盜[1],庾氏以推璧厲貪(1)[2];疏廣散金以除子孫之禍[3],叔敖取墢以弭可欲之憂[4]。牛缺以載珍致寇[5],陶荅以多藏召殃(2)[6]。得失較然,可無鑒乎!'

【校】

(1) 庾氏:《莊子》佚文作庚市子肩、淮南子《莊子後解》作庚市子、嵇康《聖賢高士傳》作康市子。庾、庚、康三字形近,其中祇能有一字是正確的。説從楊明照。

(2) 陶荅:原作陶谷,當從楊明照校與《列女傳・賢明・陶荅子妻》作陶荅。

【注】

[1] 被(pī)衣:見《莊子》之《天地》《知北遊》《文子・道原》《淮南子・道應》、皇甫謐《高士傳・被衣傳》。又作蒲衣子,見《莊子・應帝王》《尸子》下。其"棄財止盜"事不詳。

[2] 推璧:猶言去璧。嵇康《聖賢高士傳》:"康市子者,聖人之無欲者

也,見人爭財而訟,推千金之璧於其旁,而訟者息。"厲貪:激勵
貪者變爲廉者。厲:勵之古字。

〔3〕疏廣:字仲翁,西漢東海蘭陵(今山東蒼山西南)人。少好學,明
《春秋》,居家教授。徵爲博士太中大夫。宣帝地節二年(前67)
選爲太子少傅,其侄疏受同時爲少傅。叔侄並爲師傅,朝廷以爲
榮。在位五年,俱告病還鄉,得賜黃金數十斤。歸鄉後日設酒
食,宴請族人故舊賓客。或勸其買田宅,則以恐子孫怠惰拒之。

〔4〕叔敖:孫叔敖,春秋楚期思之鄙人。沈尹莖(《史記·循吏傳》作虞
丘)薦於楚莊王以自代爲令尹。三爲令尹而不喜,三去令尹而不憂。
死時戒其子"必勿受利地",認爲唯有"寢之丘"地"可長有者"。

〔5〕牛缺:戰國秦上地之大儒,下之邯鄲,於耦沙遇盜,盜求其橐中
之載、車馬、衣被,皆與之。盜反顧,無懼色憂志,遂問其故。牛
缺曰:"聖人不以所養害其養。"盜稱其爲聖人,但懼其見趙王以
困己,還反殺之。

〔6〕陶荅:荅子治陶,故名。《列女傳·賢明·陶荅子妻》:"荅子治陶
三年,名譽不興,家富三倍。其妻數諫不用。居五年,從車百乘
歸休。宗人擊牛而賀之。其妻獨抱兒而泣。姑怒曰:'何其不祥
也!'婦曰:'夫子能薄而官大,是謂嬰害;無功而家昌,是謂積
殃。……今夫治陶,家富國貧,君不敬,民不戴,敗亡之徵見矣!
願與少子俱脫。'姑怒,遂棄之。處期年,荅子之家果以盜誅。"

13　"於是問者抑然良久,口張而不能嗋[1],首俛而不
能仰[2],慨而嗟乎,始悟立不朽之言者[3],不以產業汩
和[4];追下帷之績者,不以窺園涓目(1)[5]。子以臭雛之甘
呼鴛鳳(2)[6],擗蟹之計要猛虎[7],豈不陋乎? 鄙哉[8],子之
不夙知也。"

【校】

(1)涓:當從楊照校作滑。

（2）子以臭雛之甘呼鴛鳳：楊明照箋注引了《文選》嵇康《與山巨源
　　絕交書》"己嗜臭腐，養鴛雛以死鼠也"之文與李注引《莊子‧秋
　　水》語，但未下校語。按："臭雛"當作"腐鼠"。正如《逸民》"夫銳
　　志於雛鼠者"之"雛鼠"當作"腐鼠"一樣。見《莊子‧秋水》"鵄得
　　腐鼠"句。

【注】

［1］口張而不能嗑：狀啞然之窘態。嗑（hé）：合；閉。

［2］俛：俯。《左傳‧成公二年》"韓厥俛定其右"杜預注："俛，俯也。"

［3］立不朽之言：立言不朽。《左傳‧襄公二十四年》："（叔孫）豹聞
　　之：太上有立德，其次有立功，其次有立言，雖久不廢，此之謂
　　不朽。"

［4］産業：生産事業。汩（gǔ）和：擾亂和氣；損傷元氣。

［5］汩：當作滑（gǔ），《小爾雅‧廣言》："滑，亂也。"

［6］腐鼠之甘：謂嗜好腐臭之鼠。喻追逐汙濁的心態。《莊子‧秋
　　水》："惠子相梁，……莊子往見之，曰：'南方有鳥，其名爲鵷雛，
　　子知之乎？夫鵷雛，發於南海而飛於北海，非梧桐不止，非練實
　　不食，非醴泉不飲。於是鴟得腐鼠，鵷雛過之，仰而視之曰：
　　"嚇！"今子欲以子之梁國嚇我邪！'"呼：上引作"嚇"。鴛鳳：喻
　　高潔。句謂你認爲鴛鳳嗜好腐臭之鼠而呼之（而鴛鳳於腐鼠不
　　屑一顧）。

［7］擗（pǐ）：用同擘。分開；剖裂；折取。句謂用擘蟹肉的拙計邀猛
　　虎是引不起老虎的食欲的。

［8］鄙：固陋不慧；蔽固，不通達。《文選》張衡《東京賦》："鄙哉予乎，
　　習非而遂迷也。"李善注引《廣雅》："鄙，固陋不惠。"

安貧卷三十六[1]

1 抱朴子曰：“昔漢火寢耀[2]，龍戰虎争[3]，九有幅裂[4]，三家鼎據[5]。有樂天先生者[6]，避地蓬轉[7]，播流岷、益[8]；始處昵於文休[9]，末見知於孔明[10]；而言高行方[11]，獨立不群。時人憚焉，莫之或與[12]。時二公之力，不能違衆，遂令斯生沈抑衡蓽[13]。齒漸桑榆[14]，而韋布不改[15]。而時主思賢[16]，不聞不知；當途之士，莫舉莫貢。潛側武之陋巷[17]，竄繩樞之蓬屋[18]；進廢經世之務，退忘治生之事(1)；藜飱屢空[19]，朝不謀夕[20]。

【校】

（1）事：平津本作車。

【注】

[1]安貧：自甘於清貧生活。《後漢書·蔡邕傳》：“安貧樂賤，與世無營。”

[2]漢火：漢朝以火德旺。《漢書·律曆志》：“漢高祖皇帝，著《紀》，伐秦繼周。木生火，故爲火德。天下號爲漢。”

[3]龍戰虎争：比喻雙方勢均力敵，鬥争激烈。《漢書·叙傳上》：“(《答賓戲》)於是七雄虓闞，分裂諸夏，龍戰而虎争。”

[4]九有：九州。泛指全國。《詩·商頌·玄鳥》：“方命厥后，奄有九有。”毛傳：“九有，九州也。”幅裂：謂如布幅的撕裂。應劭《風俗

通義序》:"今王室大壞,九州幅裂。"

[5] 三家鼎據:謂魏、蜀、吳三家鼎立割據。《史記·淮陰侯列傳》:
"蒯通曰:'……誠能聽臣之計,莫若兩利而俱存之,參分天下,鼎
足而居,其勢莫敢先動。'"勸韓信據齊與楚、漢鼎立爲三,争奪
天下。

[6] 樂天先生:稚川虚擬的人物,取樂天知命之義。

[7] 避地:謂遷地以避災禍。《論語·憲問》:"子曰:'賢者辟世,其次
辟地。'"集解引馬融曰:"去亂國,適治邦。"辟:皇疏本作"避"。

[8] 播流:流亡;遷徙。酈道元《水經注·淄水》:"齊靈公滅萊,萊民
播流此谷,邑落荒蕪,故曰萊蕪。"岷、益:古代泛指四川地區,此
指蜀漢。岷:指岷山郡。益:指益州。陸機《辯亡論下》:"魏人
據中夏,漢氏有岷、益,吳制荆、揚而奄交、廣。"

[9] 昵:暱之或體。親近。文休:許靖(? —222)字文休,汝南平輿
(今河南平輿)人。少與從弟劭俱知名,有人倫臧否之稱。察孝
廉,除尚書郎,典選舉。董卓專政,補御史中丞。關東兵起,輾轉
避難至交州。應劉璋之邀入蜀,歷官巴郡、廣漢、蜀郡太守。建
安十九年(214)降劉備,爲左將軍長史,後拜爲太傅、司徒。章武
二年(222)卒。

[10] 孔明:諸葛亮(181—234),字孔明,琅邪陽都(今山東沂南)人。
東漢末隨從父避難荆州,躬耕隆中(今湖北襄樊市西),自比管
仲、樂毅,人稱卧龍。劉備三顧茅廬,與論聯吳抗曹、跨有荆(今
湖南、湖北)、益(今四川)之策。從此成爲劉備的主要謀士。後
劉備根據其策略,建立了蜀漢政權。劉備稱帝,任丞相。劉禪繼
位,以丞相封武鄉侯,領益州牧,外連孫吳,内修政理,事無巨細,
咸決之。上表北伐,五次出兵,志復中原,未果,卒於軍中。性巧
思,嘗改易連弩,造木牛流馬,推演兵法,作八陣圖。而應變將
略,非其所長。

[11] 言高行方:言論清高,品行方正。《淮南子·主術》:"行欲方者,
直立而不撓……行方者,有不爲也。"高誘注:"非正道,不爲也。"

[12] 莫之或與:没有一個人幫助他。《易·繫辭下》:"無交而求,則民

不與也；莫之與，則傷之者至矣。”

[13] 衡蓽：喻簡陋的房屋。常借指平民和隱士的居室。衡：橫木爲門。蓽：同篳，篳門，荊竹織門；柴門。

[14] 齒：年。漸：進。桑榆：日落時光照桑榆樹端，用以指日落。喻晚年。《太平御覽》三引《淮南子》：“日西垂景在樹端，謂之桑榆。”注：“言其光在桑榆上。”《後漢書・循吏傳・孟嘗》：“尚書同郡楊喬上書薦嘗曰：‘……且年歲有訖，桑榆行盡，而忠貞之節，永謝聖時。’”李賢注：“謂日將夕，在桑榆間，言晚暮也。”

[15] 韋布：韋帶布衣。古指未仕者或平民的寒素服裝。司馬相如《報卓文君書》：“五色有燦，而不掩韋布。”

[16] 時主：此指劉備。思賢：思念賢才。漢有思賢苑。《西京雜記》三：“（漢）文帝爲太子立思賢苑以招賓客，苑中有堂隍六所。客館皆廣廡高軒，屏風帷褥甚麗。”《三國志・蜀書・諸葛亮傳》：“將軍既帝室之冑，信義著於四海，總攬英雄，思賢如渴。”

[17] 側武：側身舉步，極言狹窄。

[18] 繩樞：以繩繫户樞。賈誼《新書・過秦上》：“然而陳涉，甕牖繩樞之子，氓隸之人，而遷徙之徒也。”《史記・秦始皇本紀贊》集解引服虔《漢書音義》曰：“以繩係户樞也。”

[19] 屢空：每每匱乏。《論語・先進》：“子曰：‘回也其庶乎？屢空。’”集解：“言回庶幾聖道，雖數空匱而樂在其中。”

[20] 朝不謀夕：謂早上不能預爲晚上打算。形容形勢危急或境況窘迫。《左傳・昭公元年》：“（趙孟）對曰：‘老夫罪戾是懼，焉能恤遠？吾儕偷食，朝不謀夕，何其長也！’”楊伯峻注：“言早尚不能爲夕計謀，何能念及長遠庇民。”

2 “於是偶俗公子造而詰之曰[1]：‘蓋聞有伊、呂之才者[2]，不久滯於窮賤[3]；懷猗頓之術者，不長處於飢寒。達者貴其知變，智士驗乎不匱[4]。故范生出則滅吴霸越，爲命世之佐[5]；入則貨殖營生，累萬金之貲[6]。

【注】

［1］偶俗公子：稚川虛擬的人物，取迎合世俗之意。

［2］伊、呂：伊尹、呂尚。

［3］久滯：久被棄置；久被埋没。《三國志·魏書·管輅傳》“正始九
年舉秀才”裴松之注引《管輅別傳》：“欲令明主不獨治，逸才不
久滯。”

［4］不匱：不缺乏。《左傳·宣公十二年》：“民生在勤，勤則不匱。”

［5］范生：范先生，即范蠡。

［6］訾：財。《漢書·司馬相如傳上》“以訾爲郎”顔師古注：“訾讀與
貲同。貲，財也。”

3　‘夫貧在六極[1]，富在五福[2]；《詩》美哿矣[3]，《易》
貴聚人[4]。垂餌香則鱣鮪來[5]，懸賞厚則果毅奮。長卿所
以解犢鼻而擁朱旄[6]，曲逆所以下席扉而享茅土[7]，不韋
所以食十萬之邑[8]，絳侯所以拔圄圉之困也[9]。故下鄉儉
而獲悔吝之辱(1)[10]，漂嫗豐而蒙千金之報[11]。

【校】

（1）下鄉：陳其榮校：“盧本作下卿，當從之。”按：下鄉不誤。

【注】

［1］貧在六極：貧困是六種窮極惡事中的一種。《書·洪範》：“六極：
一曰凶、短、折，二曰疾，三曰憂，四曰貧，五曰惡，六曰弱。”孔傳：
“（貧）困於財。”孔穎達疏：“六極，謂窮極惡事有六。”

［2］富在五福：富裕是五種幸福中的一種。《書·洪範》：“五福：一
曰壽，二曰富，三曰康寧，四曰攸好德，五曰考終命。”孔傳：“（富）
財豐備。”桓譚《新論》：“五福：壽、富、貴、安樂、子孫衆多。”

［3］《詩》美哿矣：《詩·小雅·正月》：“哿矣富人，哀此惸獨。”毛傳：
“哿，可。獨，單也。”鄭玄箋：“此言王政如是，富人已可，惸獨將

困也。”哿（gě）：嘉，樂。惸（qióng）：“煢”的異體字。

[4]《易》貴聚人：《易·繫辭下》：“何以聚人？曰：財。”財爲聚人之
本矣。

[5]鱣（zhān）：大鯉魚。鮪（wěi）：魚名，似鯉。《詩·衛風·碩人》：
“鱣鮪發發。”毛傳：“鱣，鯉也。鮪，鮥也。”《爾雅·釋魚》：“鮥，鮂
鮪。”郭璞注：“鮪，鯉屬也。大者名王鮪，小者名鮂鮪。”

[6]長卿以解犢鼻而擁朱旄：謂司馬相如因卓王孫“分予文君僮百
人，錢百萬”，“文君乃與相如歸成都，買田宅，爲富人”，方能脱下
牛犢鼻褌赴長安，賦奏爲郎，擁朱旄出使巴蜀。長（zhǎng）卿：
司馬相如之字。犢鼻：《漢書·司馬相如傳上》“相如身自著犢
鼻褌”王先謙補注：“但以蔽前，反繫於後，而無袴襠，即吾楚所稱
圍裙是也。”一説謂短褲。擁：執。朱旄：用赤色旄牛尾爲飾的
旗幟。

[7]曲逆所以下席扉而享茅土：謂陳平“多以金縱反間”等奇計滅
楚、解平城之圍等，方能下席扉而享茅土，即享受王侯的政治待
遇。曲逆：戰國時地名，屬中山國，故城在今河北完縣東南。漢
高祖於平城解圍後，路過此城封陳平爲曲逆侯。席扉：以席爲
門。喻生活清苦。茅土：指王、侯的封爵。古天子分封王、侯，
用代表方位的五色土築壇，按封地所在方向取一色土，包以白茅
而授之，作爲受封者得以有國建社的表徵。《周書·作雒》：“諸
侯受命於周，乃建大社於國中。其壇東青土，南赤土，西白土，北
驪土，中央釁以黄土。將建諸侯，鑿取其方一面之土，燾以黄土，
苴以白茅，以爲社之封。”

[8]不韋所以食十萬之邑：謂呂不韋破家財使子楚立爲秦莊襄王，
因而莊襄王以其爲丞相，封文信侯，“食河南雒陽十萬户”。

[9]絳侯所以拔圉圄之困：謂絳侯周勃因有人上書告其欲反而下廷
尉，勃以千金與獄吏，獄吏教其引“以公主爲證”。前此勃以益封
受賜，盡以予太后弟薄昭。薄昭爲言太后，太后以爲無反事。文
帝於是使使持節赦絳侯。

[10]下鄉俵：指淮陰下鄉南昌亭長及其妻“晨炊蓐食（謂食之豐厚於

常)”,不給韓信提供食物。儉:猶言吝嗇。獲悔咎:指後來受到韓信責備爲“小人,爲德不卒”。悔咎:過錯;禍殃。

[11]漂嫗豐:指漂母給韓信提供飯食數十日事。千金之報:指韓信“至國,召所從食漂母,賜千金”事。

4 ‘先生無少伯之奇略[1],專鋭思乎《六經》,忽絶粮之實禍[2],慕不朽之虚名[3];恥詭遇以干禄[4],羞衒沽以要榮;冀西伯之方畋[5],俟黄河之將清[6];甘列子之菜色[7],邈全神而遺形[8]。何異圖畫騏驥以代徒行之勞,遥指海水以解口焦之渴;張魚網於峻極之巔[9],施釣緡於修木之末[10];雖自以爲得所,猶未免乎迂闊也。

【注】

[1]少伯:范蠡字。

[2]絶粮(zhāng):斷糧。

[3]不朽:指立德、立功、立言永存。

[4]干禄:求禄位;求仕進。《論語・爲政》“子張學干禄”集解引鄭玄曰:“干,求也。禄,禄位也。”

[5]冀西伯之方畋:西伯田獵遇吕尚事見《六韜・文韜・文師》:“文王將田,史編布卜曰:‘田於渭陽,將大得焉。非龍非彲,非虎非羆,兆得公侯,天遺汝師,以之佐昌,施及三王。’文王曰:‘兆致是乎?’史編曰:‘編之太祖史疇,爲禹占得皋陶,兆比於此。’文王乃齋三日,乘田車,駕田馬,田於渭陽。卒見太公坐茅以漁。文王勞而問之……文王再拜曰:‘允哉!敢不受天之詔命乎!’乃載與俱歸,立爲師。”

[6]俟黄河之將清:喻期望之事無望或難以實現。《左傳・襄公八年》:“子駟曰:‘周《詩》有之曰:“俟河之清,人壽幾何。”’”杜預注:“逸《詩》也。言人壽促而河清遲,喻晉之不可待。”此喻期望河清而聖人出現。與上句互文爲意。

［7］菜色：指飢餓者營養不良的青黄臉色。《禮記・王制》：“雖有凶旱水溢，民無菜色。”鄭玄注：“菜色，食菜之色。民無食菜之飢色。”

［8］遺形：超脱形骸，精神進入忘我境界。《文選》賈誼《鵬鳥賦》：“真人恬漠兮，獨與道息。釋智遺形兮，超然自喪。”李善注：“《莊子》云：仲尼問於顔回曰：‘何謂坐忘？’回曰：‘墮支體，黜聰明，離形去智，同於大道，此謂坐忘。’司馬彪曰：‘坐而自忘其身。’”

［9］張魚網於峻極之巔：猶緣木求魚。

［10］釣緡（mín）：釣竿上的線。緡又作緍。《説文・糸部》：“緡，釣魚繳也。”段玉裁注：“繳本施於鳥者，而鈎（釣）魚之繩似之，故曰釣魚繳。《召南（・何彼襛矣）》曰：‘其釣維何？維絲伊緡。’傳曰：‘緡，綸也。’謂糾絲爲繩也。”修木之末：高樹之頂。四句喻所作之事與所要達到的目的相背。

5　‘事無身後之功，物無違時之盛[1]。今海内瓜分[2]，英雄力競，象恭滔天(1)[3]，猾夏放命[4]。駑蹇星馳以兼路，豺狼奮口而交争。當途投袂以訟屈，素士蒙塵以履徑。純儒釋皇道而治五霸之術[5]，碩生棄四科而恤月旦之評[6]。

【校】

（1）恭：藏本、魯藩本作龔。

【注】

［1］違時：謂違背當時形勢或時代趨勢。《國語・魯語上》：“動不違時，財不過用。”

［2］瓜分：常指分割國土。《戰國策・趙策三》：“天下將因秦之怒，乘趙之敝而瓜分之。”吴師道注：“分其地如破瓜然。”

［3］象恭滔天：本謂共工貌似恭敬而傲很之心如漫天。此喻巨姦大惡。《書・堯典》：“帝曰：‘吁！静言庸違，象恭滔天。’”孔傳：

"静,謀。滔,漫也,言共工自爲謀言,起用行事而違背之。貌象恭敬,而心傲很若漫天。言不可用。"方孝嶽今語:"堯訝曰,其人巧言而事功乖違,似恭於職而水患愈盛。"

[4] 猾夏:擾亂華夏。放(fāng)命:逆命;違命;放棄教命。《書·堯典》:"方命圮族。"孔傳:"圮,毀也。族,類也。言鯀性很戾,好比方名命,而行事輒毀敗善類。"正義:"鄭(玄)、王(肅)以'方'爲'放',謂放棄教命。"

[5] 純儒:純粹的儒者。《漢書·叙傳下》:"抑抑仲舒,再相諸侯……下帷覃思,論道屬書,讜言訪對,爲世純儒。"皇道:上古帝王治國的法則。亦指後世帝王治國的法則。《文選》班固《西都賦》:"博我以皇道,弘我以漢京。"李周翰注:"皇道,皇王之道。"五霸:春秋五個霸主。諸書説法不一,通常指齊桓公、晉文公、秦穆公、宋襄公、楚莊公。《孟子·告子下》:"五霸者,三王之罪人也。"趙岐注:"五霸者,大國秉直道以率諸侯,齊桓、晉文、秦穆、宋襄、楚莊是也。"《荀子·王霸》:"故齊桓、晉文、楚莊、吳闔閭、越句踐,是皆僻陋之國也,威動天下,彊殆中國。"《吕氏春秋·當務》"備説非六王、五伯"高誘注:"五伯:齊桓、晉文、宋襄、楚莊、秦繆也。"《漢書·諸侯王表》"衰則五伯扶其弱"顏師古注:"伯讀曰霸。此五霸謂齊桓、宋襄、晉文、秦穆、吳夫差也。"

[6] 四科:此指漢取士四科。恤:憂。此謂操心。月旦之評:謂品評人物。《後漢書·許劭傳》:"初,劭與靖俱有高名,好共覈論鄉黨人物,每月輒更其品題,故汝南俗有'月旦評'焉。"《後漢書》問世雖晚於稚川,但所據事實則在稚川之前。

6 '筐篋實者[1],進於草萊[2];乏資地者(1)[3],退於朝廷。握黃門者[4],排金門而陟玉堂[5];誦方策者,結世讎而委泥濘。贄幣濃者[6],瓦石成珪璋[7];請託薄者,龍駿棄林坰[8]。黨援多者,偕驚飆以淩雲(2)[9];交結狹者,侣跛鼈以沈泳[10]。夫丸泥已不能遏彭蠡之沸騰(3)[11],獨賢亦焉能反流遁之失正?

【校】

（1）乏資地：當從楊明照校乙轉爲"資地乏"，如此方與"筐篚厚"對文。

（2）偕：楊明照按："'偕'疑'階'之誤。"按：楊校不敢苟同。"黨援多者，偕驚颷以淩雲"與"交結狹者，侶跛鼈以沈泳"兩個分句合觀，"偕"與"侶"互文同義。

（3）丸泥：疑當乙作泥丸。

【注】

［1］筐篚(fěi)：盛物竹器。方曰筐，圓曰篚。謂禮物。《書·禹貢》："厥貢漆絲，厥篚織文。"孔傳："地宜漆林，又宜桑蠶，織文錦綺之屬，盛之筐篚而貢焉。"

［2］草萊：猶草野；民間。《漢書·蔡義傳》："徵義待詔，久不進見。上疏曰：'臣山東草萊之人。'"

［3］資地：資歷和地位。《宋書·趙倫之傳》："我不言汝資地所任，要是外戚高秩次第所至耳。"

［4］黃白：黃金和白銀。《內篇·黃白》專談煉製黃金白銀事。

［5］金門：金馬門。漢武帝得大宛馬，乃命東門京以銅鑄像，立馬於魯班門，因名金馬門。此指朝廷。玉堂：大玉堂、小玉堂殿。句謂有錢者即可入朝作官。

［6］贄幣：泛指各種禮品。《國語·周語上》："爲車服旗章以旌之，爲贄幣瑞節以鎮之。"

［7］珪璋：玉制的禮器，古代用於朝聘、祭祀。銳上方下曰珪，半圓曰璋。《詩·大雅·卷阿》："顒顒卬卬，如珪如璋。"鄭玄箋："體貌則顒顒然敬順，志氣則卬卬然高朗，如玉之珪璋也。"此喻傑出人才。

［8］龍駿：喻俊才。林坰：郊野。

[9] 驚飇：突發的暴風；狂風。張衡《南都賦》：“足逸驚飇，鏃析毫
　　芒。”淩雲：喻超拔至高位。

[10] 跛鼈：瘸腿的鼈。亦泛指鼈。鼈行動遲緩，故稱。鼈：俗鱉字。

[11] 彭蠡：澤名，在江西省北部。《書·禹貢》：“彭蠡既豬。”孔傳：“彭
　　蠡，澤名。”釋文：“今在九江郡界。”兩句謂賢者寡不敵衆，不能力
　　挽狂瀾於既倒。

　　7　‘今先生入無儋石之儲[1]，出無束脩之調[2]；徒含章
如龍鳳(1)，被文如虎豹[3]；吐之如波濤[4]，陳之如錦繡[5]；
而凍餓於環堵，何計疏之可吊[6]！奚不汎輕舟以託迅，御
飛帆以遠之；交瑰貨於朔、南[7]，收金、碧於九疑[8]；迪崔烈
之遐武，縻好爵於清時[9]。徒疲勞於述作[10]，豈蟬蜕之有
期也[11]？獨苦身以爲名[12]，乃黄、老之所蚩也[13]。’

【校】

（1）含：魯藩本誤作舍。

【注】

[1] 儋石之儲：猶言家中儲糧甚少。《漢書·揚雄傳上》：“家産不過
　　十金，乏無儋石之儲，晏如也。”儋石（dàn shí）：猶言少量的糧
　　食。儋：能容納二斛的小甖。一説，一石爲石，二石爲儋。儋：
　　擔古字。《漢書·蒯通傳》：“通復説曰：‘……守儋石之禄者，闕
　　卿相之位。’”顔師古注：“應劭曰：‘齊人名小甖爲儋，受二斛。’晉
　　灼曰：‘石，斗石也。’師古曰：‘儋音都濫反。或曰：儋者，一人之
　　所負儋也。’”

[2] 束脩：一捆（十條）乾肉。古代入學敬師的禮物。《論語·述而》：
　　“子曰：‘自行束脩以上，吾未嘗無誨焉。’”皇侃疏：“束脩，十束脯
　　也。古者相見，必執物爲贄。……束脩，最是贄之至輕者。”此指
　　一般性的禮物。調（diào）：賦。

［３］被文如虎豹：概括《易·革》語意：“象曰：大人虎變，其文炳也。……象曰：君子豹變，其文蔚也。”

［４］吐之如波濤：形容口頭表達暢快淋漓，雄辯滔滔。《漢書·叙傳上》：“(《答賓戲》)雖馳辯如濤波。”

［５］陳之如錦繡：形容文采燦爛。《釋名·釋言語》：“文者，會集衆采以成錦繡，會集衆字以成詞誼，如文繡然也。”

［６］計疏：疏忽於計謀。《史記·范睢傳》：“今見與國之不親也，越人之國而攻，可乎？其於計疏矣。”

［７］瓌貨：珍奇的物品。楊守敬影鈔日本卷子本《文選》張衡《西京賦》：“瓌貨方至，鳥集鱗萃。”薛綜注：“瓌，奇貨也。方，四方也。奇貨有如鳥之集，鱗之萃也。”今本“瓌”作“瓖”。瓖同瓌。朔、南：朔北、南土。《書·禹貢》：“東漸於海，西被於流沙，朔南暨，聲教訖于四海。”釋文：“朔，朔北也。”方孝岳今語：“‘朔南暨’亦倒文，即‘及朔及南’也。”《詩·周南·樛木》“南有樛木”毛傳：“南，南土也。”又《小雅·南有嘉魚》“南有嘉魚”朱熹集傳：“南，謂江漢之間。”又《魯頌·泮水》“大賂南金”毛傳：“南，謂荆、揚也。”《詩集傳》一“周南”朱熹集傳：“南，南方諸侯之國也。”此泛指南方廣大地區。

［８］金碧：金馬碧雞。形狀像馬的金，像雞的碧。《漢書·王襃傳》：“後方士言益州有金馬、碧雞之寶，可祭祀致也。宣帝使襃往祀也。”又《郊祀志下》：“或言益州有金馬、碧雞之神，可醮祭而致。”顔師古注：“如淳曰：‘金形似馬，碧形似雞。’”後以“金馬碧雞”作爲祥瑞之物。九疑：九嶷山。在今湖南省寧遠縣南。

［９］縻好爵：本謂我有好的酒杯，我將與你共飲之。《易·中孚》：“我有好爵，吾與爾靡之。”《釋文》：“靡，《埤蒼》作縻。”集解引虞翻曰：“靡，共也。”爵：酒杯。按：本句當與上句合讀，互文顯義。此處借用，已與原義無關，蓋指破費錢財，買得美官。縻：耗費。好爵：高官厚禄。陶潛《辛丑歲七月假還江陵夜行塗口》詩：“投冠旋舊墟，不爲好爵縈。”南朝齊孔稚珪《北山移文》：“雖假容於江皋，乃纓情於好爵。”

[10] 述作：傳承與創新。《禮記·樂記》：“作者之謂聖,述者之謂明。
明聖者,述作之謂也。”後用以指撰寫著作。

[11] 蟬蛻：知鳥脱殼。《淮南子·精神》：“蟬蛻蛇解,游於太清。”此喻擺
脱貧賤,獲致功名利禄。《後漢書·竇融傳論》：“竇融始以豪俠爲
名,拔起風塵之中,以投天隙,遂蟬蜕王侯之尊,終膺卿相之
位。”

[12] 苦身：自苦其身。《列子·楊朱》：“名乃苦其身,燋其心。”

[13] 黄、老：黄帝、老子的並稱。後世道家奉爲始祖,因亦謂道家爲
黄、老。黄、老主張“無爲”,反對名利,故譏笑“苦身以爲名”。

8　“樂天先生荅曰：‘六藝備研,《八索》必該⁽¹⁾,斯則富
矣；振翰摛藻,德音無窮[1],斯則貴矣。求仁仁至[2],舍旃
焉如[3]？夫棲重淵以頤靈[4],外萬物而自得；遺紛埃於險
塗,澄精神於玄默；不窺牖以迥覽[5],判微言而靡惑。雖復
設之以台鼎[6],猶碻爾而弗革也；曷肯憂貧而與賈豎爭
利[7],戚窮而與凡瑣競達哉！

【校】

（1）必：當從楊明照校作“畢”。“畢該”連文,《内篇·極言》“故能畢
該祕要”是其證。

【注】

[1] 摛（chī）藻：鋪陳辭藻。謂施展文才。《漢書·叙傳上》：“《答賓
戲》雖馳辯如濤波,摛藻如春華,猶無益於殿最也。”顏師古注：
“摛,布也。藻,文辭也。”

[2] 求仁仁至：這是孔子追求的爲人境界。《論語·述而》：“（子）曰：
‘求仁而得仁,又何怨？’”

[3] 舍旃：捨棄它。《詩·唐風·采苓》：“舍旃舍旃,苟亦無然！”鄭玄
箋：“旃之言焉也。舍之焉,舍之焉,謂謗訕人欲見貶退也。”焉
如：何往。《文選·東京賦》：“獨微行其焉如？”薛綜注：“焉,言安

也。如，往也。”呂向注：“焉，何也。”

［４］重淵：九重之淵；深淵。《莊子・列禦寇》：“千金之珠，必在九重
之淵。”後遂以“重淵”指深淵。頤靈：頤養性靈。

［５］不窺牖（yǒu）：《老子・第四十七章》：“不出戶，知天下；不窺牖，
見天道。其出彌遠，其知彌少。”遐覽：看得遠；遠望。

［６］雖復：猶縱令；即使。嵇康《家誡》：“雖復守辱不已，猶當絶之。”
台鼎：古稱三公，如星有三台，鼎有三足，故云。蔡邕《太尉汝南
李公碑》：“天垂三台，地建五嶽。降生我哲，應鼎之足。”

［７］憂貧：《論語・衛靈公》：“君子憂道不憂貧。”賈豎：古時對商人
的賤稱。《史記・魏其武安侯列傳》：“今人毀君，君亦毀人，譬如
賈豎女子争言，何其無大體也。”以上得、默、惑、革：職部。

9　‘吾子苟知商販可以崇寶，耕也可以免飢[1]，不識逐
麋者不顧兔[2]，道遠者其到遲也。且夫尚父之鼓刀，素首
乃吐奇也[3]。萬鈞之爲重[4]，衝颷不能移[5]；簫《韶》未九
成，靈鳥不紆儀也[6]。是以俟扶搖而登蒼霄者[7]，不充詘
於蓬蒿之杪[8]；騁蘭筋以陟三萬者(1)[9]，不争途乎塞驢之
群。大孝必畏辱親之險[10]，故子春戰悸於下堂[11]；上智不
貴難得之財[12]，故唐、虞捐金而抵璧(2)[13]。

【校】

（１）陟三萬：原作陟六萬，楊明照曰：“孫柔之《瑞應圖》：‘飛兔者，馬
名也，日行三萬里。’”“陟六萬，未詳”。按：“六”與“三”蓋草書形
近致誤，當改爲“三”。

（２）抵：原作抵，當依楊明照校、《文選・東京賦》“抵璧於谷”與《説
文》段玉裁注作抵。

【注】

［１］耕也可以免飢：與孔子“耕也，餒在其中”説法不同。《論語・衛

靈公》：“子曰：‘君子謀道不謀食。耕也，餒在其中矣；學也，禄在
其中矣。君子憂道不憂貧。’”

［２］逐麋者不顧兔：喻顧大不顧小。《淮南子·説林》：“逐鹿者不顧
兔。”麋：鹿屬。飢、遲：脂部。

［３］鼓刀：宰殺牲畜時敲擊其刀，使之發聲，故云。《楚辭·離騷》：
“吕望之鼓刀兮，遭周文而得舉。”

［４］萬鈞：指洪鍾。《文選·西京賦》：“洪鍾萬鈞。”薛綜注：“三十斤
曰鈞。”

［５］衝飈：暴風。《文選·九歌·少司命》：“與汝遊兮九河，衝飈起兮
水揚波。”吕延濟注：“衝飈，暴風也。”

［６］九成：猶九闋。演奏樂曲終止叫“成”，每曲一終，必變更奏。猶
“九奏”、“九變”。《書·益稷》：“簫《韶》九成，鳳皇來儀。”孔傳：
“《韶》，舜樂名。言簫，見細器之備。雄曰鳳，雌曰皇，靈鳥也。
儀，有容儀。備樂九奏而致鳳皇。”孔穎達疏：“成猶終也，每曲一
終，必變更奏。故《經》言九成，《傳》言九奏，《周禮》謂之九變，其
實一也。”本句據此而用否定之否定，表示肯定。紆儀：舞儀從
容。紆：徐紆。奇、移、儀：支部。

［７］扶揺：上行的暴風。《爾雅·釋天》：“扶揺謂之猋。”郭璞注：“暴
風從下上。”《莊子·逍遥遊》“搏扶揺而上者九萬里”釋文引司馬
彪曰：“上行風謂之扶揺。”

［８］充詘（qū）：歡喜失節貌；得意忘形貌。《禮記·儒行》：“儒有不
隕穫於貧賤，不充詘於富貴。”鄭玄注：“隕穫，困迫失志之貌也。
充詘，歡喜失節之貌。”杪：末；草木的頂部。

［９］蘭筋：馬目上部的筋名。筋節堅者能行千里，因之爲駿馬的代
稱。陟三萬：蓋就飛兔、要裹（niǎo）而言。《吕氏春秋·離俗
覽》：“飛兔、要裹，古之駿馬也。”高誘注：“飛兔、要裹，皆馬名也，
日行萬里。”《淮南子·齊俗》：“夫待騕裹、飛兔而駕之，則世莫乘
車。”許慎注：“騕裹，良馬。飛兔其子。裹、兔走，蓋皆一日萬里
也。”陟：長途跋涉。

［10］大孝：指尊親。《禮記·祭義》：“曾子曰：‘孝有三：大孝尊親，其

次弗辱,其下能養。'"辱親之險:指"服闇(在黑暗中做事)"、"登危"等有辱尊親的危險。《禮記·曲禮上》:"孝子不服闇,不登危,懼辱親也。"鄭玄注:"服,事也;闇,冥也。不於闇冥中從事,爲卒有非常,且嫌失禮也。"

[11] 子春戰悸於下堂:指春秋魯人、曾參弟子樂正子春,曾"下堂而傷其足",故"數月不出,猶有憂色",他認爲"虧其體"、"辱其身"是"忘孝之道"。戰悸:恐懼發抖。

[12] 上智:指大智之人。《孫子兵法·用間》:"惟明君賢將,能以上智爲間者,必成大功。"不貴難得之財:謂儉樸止盜。《老子·第三章》:"不貴難得之貨,使民不爲盜。"河上公注:"言人君不御好珍寶,黄金棄於山,珠玉捐於淵。"

[13] 唐、虞捐金而抵璧:以示崇尚簡樸。按:唐堯蓋連類而及,傳世典籍無唐堯"捐金而抵璧"之事。陸賈《新語·術事》:"故舜棄黄金於嶄巖之山,捐珠玉於五湖之淵,將以杜淫邪之欲,絶琦瑋之情。"説與稚川異。抵(zhǐ):側擊;擊落;投擲。《説文·手部》:"抵,側擊也。"《後漢書·劉玄傳》"抵破書案"李賢注:"抵,擊也。"又《黄瓊傳》"所謂抵金玉於沙礫"李賢注:"抵,投也。"《戰國策·趙策一》:"抵掌而談。"《文選·東京賦》:"抵璧於谷。"

10　'明哲消禍於未來[1],知士聞利則慮害[2]。而吾子訊僕以汎舟,孳孳於潤屋[3];勸隋珠之彈雀[4],探虎口以奪肉[5];輕遺體於不測[6],觸重險以遠至[7];忘髮膚之明戒[8],尋乾没於難冀。若乃焚輪傾巖(1)[9],木拔石飛;陽侯山峙,洪濤嵷巍[10];輕艘塵漂,力與心違。徒嗟泣而罔逮,乃悟達者之見微也[11]。

【校】

(1)焚輪:平津本作焚輪,當從藏本、崇文本作焚輪。

【注】

［1］明哲消禍於未來：謂明哲者能預見禍福。《漢書·劉向傳》：“（上封事）夫明者起福於無形，銷患於未然。”

［2］知士聞利則慮害：謂智士將利害作統一觀察與處理。《説苑·敬慎》引《老子》曰：“得其所利，必慮其所害。”

［3］潤屋：謂使居室華麗增輝。《禮記·大學》：“富潤屋，德潤身。”正義：“言家若富則能潤其屋，有金玉，又華飾見於外也。”此謂富有。句謂努力致富。

［4］隋珠之彈雀：喻得不償失。

［5］探虎口以奪肉：喻深入險境玩命謀利。《史記·酈生傳》：“酈生曰：‘足下起糾合之衆，收散亂之兵，不滿萬人，欲以徑入强秦，此所謂探虎口者也。’”

［6］遺體：猶身體。謂身體爲父母所遺，故云。《禮記·祭義》：“曾子曰：‘身也者，父母之遺體也。’”

［7］重險：重重險阻。張衡《西京賦》：“左有崤、函重險，桃林之塞。”

［8］髮膚：頭髮與皮膚。《孝經·開宗明義章》：“身體髮膚，受之父母，不敢毁傷，孝之始也。”

［9］焚輪：從上而下的旋風；龍捲風。《詩·小雅·谷風》“維風及頹”毛傳：“頹，風之焚輪者也。”正義：“《（爾雅·）釋天》云：‘焚輪謂頹。’李巡曰：‘焚輪，暴風從上來降謂之頹。頹，下也。’……然則頹者，風從上而下之名。”傾巖：使山巖崩塌。形容旋風威力之大。

［10］嶉（zuì）巍：高峻崇積貌。《春秋繁露·山川頌》：“山則……摧嵬嶉巍。”句形容旋風風力之巨大。

［11］見微：謂見微知著。《意林》一引《范子》：“計然者，葵丘濮上人，姓辛，名文子。……少而明學陰陽，見微而知著。”

　　11 ‘昔回、憲以清苦稱高[1]，陳平以無金免危[2]；廣漢以好利喪身[3]，牛缺以載寶灰糜[4]。匹夫枉死於懷璧[5]，豐狐召災於美皮[6]。今吾子督余以誨盜之業[7]，敦余以召賊之策，進酖酒以獻酬[8]，非養壽之忠益。

【注】

［1］回、憲：顏回、原憲，皆孔子弟子，清苦之讀書人。

［2］陳平以無金免危：陳平由楚歸漢途中渡河，船人以爲他“要（腰）中當有金玉寶器，目之，欲殺平。平恐，乃解衣裸（身）而佐刺船。船人知其無有，乃止”。句意本此。

［3］廣漢：袁廣漢，茂陵（今陝西興平東南）人。葛洪《西京雜記》三《袁廣漢園亭之侈》：“茂陵富人袁廣漢，藏鏹巨萬，家僮八九百人。於北邙山下築園，東西四里，南北五里，激流水注其內。構山爲石，高十餘丈，連延數里。養白鸚鵡、紫鴛鴦、氂牛、青兕，奇獸怪禽，委積其間。積沙爲洲嶼，激水爲波潮，其中致江鷗海鶴，孕雛產鷇，延漫林池。奇樹異草，靡不具植。屋皆徘徊連屬，重閣修廊，行之，移晷不能徧也。廣漢後有罪誅，沒入爲官園，鳥獸草木，皆移植上林苑中。”是東漢著名私家園林。

［4］灰糜：化爲灰燼和齏粉。此指被殺死亡。

［5］懷璧：喻多財招禍或懷才遭忌。《左傳·桓公十年》：“初，虞叔有玉，虞公求旃，弗獻。既而悔之，曰：‘周諺有之：“匹夫無罪，懷璧其罪。”吾焉用此，其以賈害也。’乃獻。”杜預注：“人利其璧，以璧爲罪。”

［6］豐狐召災於美皮：豐狐由於皮毛美麗而召災。《莊子·山木》：“夫豐狐文豹，棲於山林，伏於巖穴，靜也；……然且不免於罔羅機辟之患，是何罪之有哉？其皮爲之災也。”

［7］誨盜：誘人盜竊。《易·繫辭上》：“慢藏誨盜。”正義：“若慢藏財物，守掌不謹，則教誨於盜者，使來取此物。”

［8］酖（zhèn）酒：毒酒。酖通鴆。獻酬：謂飲酒時主客互相敬酒。主人酌賓爲獻，主人自飲酌賓爲酬。《國語·周語下》“獻酬交酢也”韋昭注：“酬，勸也。”

　　12　'夫士以《三墳》爲金玉[1]，《五典》爲琴筝[2]；講肆爲鍾鼓(1)[3]，百家爲笙簧(2)[4]；使味道者以辭飽(3)，酣德者以義醒[5]。超流俗以高蹈，軼億代而揚聲。方長驅以獨往，何貨賄之穢情？夫藏多者亡厚，好謙者忌盈[6]。含夜光者速剖[7]，循覆車者必傾。過載者沈其舟，欲勝者殺其生[8]。蓋下士所用心，上德所未營也[9]。'

　　'於是問者茫然自失[10]，請備門生之末編，永寶長生之良方焉[11]。'"

【校】

（1）講肆：藏本、平津本同。陳其榮案："肆當作肆，字以形似致誤。"按："講肆"與"三墳"、"百家"，同爲名詞性排語，故無誤。説從楊明照校。

（2）笙簧：當從孫人和校乙作簧笙。

（3）飽：平津本作鮑，誤。

【注】

[1]《三墳》爲金玉：《書鈔》九十五："退隱之士，以《三墳》爲金玉。"

[2]《五典》爲琴筝：《海録碎事》十八《五典》："《五典》爲笙簧，《三墳》爲珠玉。"五典：古書名。《左傳·昭公十二年》："(倚相)能讀《三墳》《五典》《八索》《九丘》。"杜預注："皆古書名。"

[3]講肆：講舍；講堂。鍾鼓：鍾與鼓，兩種打擊樂器。借指音樂。《詩·周南·關雎》："窈窕淑女，鍾鼓樂之。"

[4]筝、笙、醒、聲、情、盈、傾、生、營：耕部。

[5]酣德：猶味道。謂沈浸於道德的自我修養之中。以上四句蓋古人常語，謂視古代典籍爲珍寶，講習以怡情悦性。

[6]好謙者忌盈：《易·謙》："人道惡盈而好謙。"

[7]含夜光者速剖：《潛夫論·遏利》："蚌以珠剖體。"

[8]欲勝：欲望戰勝了自己。嵇康《答向子期難養生論》："欲勝則

身枯。"

［9］未營：未曾縈繞於心。營通縈。

［10］茫然自失：失意貌。《列子・仲尼》"子貢茫然自失"張湛注："未能盡符至言，故遂至自失也。"

［11］永寶：永遠寶重。鍾鼎銘文常用語。陳世輝《金文韻讀續輯（一）伯公父勺》"子孫永寶用老"陳世輝注："最後一字從么老聲，爲字書所無，字當入韻，似應讀老。"故從作老。長生：壽命長久。《老子・第五十九章》："是謂深根固柢、長生久視之道。"

仁明卷三十七^[1]

1　抱朴子曰：門人共論仁明之先後，各據所見，乃以諮余。余告之曰："三光垂象者，乾也；厚載無窮者，坤也。乾有明而兼仁，坤有仁而無明^[2]，卑高之數，不以邈乎^[3]？

【注】

［１］仁明：仁愛與明察。明、仁各有其作用，但稚川認爲有高下、尊卑之分。此篇實本徐幹《中論》論仁智之先後。

［２］坤有仁而無明：指地慈愛，厚載萬物而無三光之明。

［３］卑高：《易·繫辭上》："天尊地卑，乾坤定矣；卑高以陳，貴賤位矣。"句謂天地相距甚遠。

2　'夫唯聖人與天合德^[1]，故唐堯以"欽明"冠《典》^[2]，仲尼以《明義》首篇^[3]。明明在上，元首之尊稱也^[4]；明哲保身，《大雅》之絶蹤也^[5]。蜎飛蠕動，亦能有仁^[6]，故其意愛弘於長育⁽¹⁾，哀傷著於喁噍^[7]。然赴阬穽而無猜，入罻羅而不覺^[8]，有仁無明，故并趨禍……而攸失⁽²⁾。

【校】

（１）意爱：孫人和校"意"作"惠"，楊明照校"意"作"思"。按："意爱"即情意憐愛。"意爱"是魏晉以來表示"情愛"的雙音動詞。《三國志·魏書·董卓傳》"遂殺稠"裴松之注引晉司馬彪《九州春秋》曰："催兄子利隨稠,利還告催。韓、樊交馬語,不知所道,意愛甚密。"《後漢書·皇后紀上·光武郭皇后論》:"及至移意愛,析嬿私,雖惠心妍狀,愈獻醜焉。"是其證。

（2）而攸失:楊明照校:"三字於此費解,疑有脱誤。"

【注】

[1] 夫唯聖人與天合德:《易·乾·文言》:"夫大人者,與天地合其德,與日月合其明。"正義:"與天地合其德者,莊氏云:'謂覆載也。'與日月合其明者,(莊氏云:)'謂照臨也。'"

[2] 冠《典》:列於《書·堯典》之首:"曰若稽古帝堯,曰放勳,欽明文思安安。"孔傳:"勳,功。欽,敬也。言堯放上世之功化,而以敬明文思之四德,安天下之當安者。"

[3]《明義》首篇:當指《孝經·開宗明義章》,前人多以《孝經》爲孔子所作,故云。《太平御覽》六百一十引《孝經鉤命訣》:"子曰:'吾作《孝經》。'"按:稚川本意不在强調《孝經》作者,而是借用"明義"。明義:顯明義理;猶要旨。《孝經·開宗明義章》邢昺疏:"開,張也。宗,本也。明,顯也。義,理也。言此章開張一經之宗本,顯明五孝之義理,故曰《開宗明義章》也。"

[4] 明明在上:明察賢明之士在於上位的帝王。明明:即《書·堯典》"明明揚側陋"之"明明"。元首:君主。稱君主曰"在上",故曰"尊稱"。《書·益稷》有"元首明哉"之語。

[5] 明哲保身:《詩·大雅·烝民》:"既明且哲,以保其身。"集傳:"明,謂明於理;哲,謂察於事;保身,蓋順理以自守,非趨利避害而偷以全軀之謂也。"《大雅》:義取雙關,既指《詩·大雅·烝民》詩,又稱德高而有大才的人。本句對上句作了充分肯定。

[6] 蜎(xuān):通翾。飛翔。蠕(rú):蟲行動貌。

[7] 啁噍(zhōu jiū):鳥蟲鳴聲。

[8] 罻(wèi)羅:捕鳥的網。罻:小網;捕鳥網。

3　"熾潛景以易咀生^{(1)[1]}，結棟宇以免巢穴，選禾稼以代毒烈^[2]，制衣裳以改裸飾^[3]，役舟楫以濟不通^{(2)[4]}，服牛馬以息負步^[5]，序等威以鎮禍亂，造器械以戒不虞，創書契以治百官^[6]，制禮律以肅風教^[7]，皆大明之所爲，非偏人之所能辯也^[8]。

【校】

（1）咀生：孫星衍校："各本如此，盧本作組圭。"

（2）役：平津本作後，當從陳澧、孫人和校與藏本、魯藩本等作役。《備闕》"而不能役舟楫"是其證。

【注】

［1］熾潛景：即潛景熾。古代積柴水中曰潛。《小爾雅·廣獸》："魚之所息謂之潛。潛，椮也。謂積柴水中而魚舍焉。"按：積爲精母字，潛橜爲從母字，精從旁紐，義相通也。引伸之，積聚亦曰潛。燧聚積日光取火亦曰潛。景（jǐng）：日光。火光。熾：炊；炮。咀生：猶言生吃。《風俗通義·皇霸》："燧人始鑽木取火，炮生爲熟。"句謂：積聚日光、火光炊炮生物爲熟食，以取代茹毛飲血。

［2］選禾稼以代毒烈：謂神農嘗百草，植五穀。《新語·道基》："至於神農，以爲行蟲走獸，難以養民，乃求可食之物，嘗百草之實，察酸苦之味，教人食五穀。"

［3］裸飾：裸體以文身爲飾。

［4］以濟不通：《易·繫辭下》："刳木爲舟，剡木爲楫，舟楫之利，以濟不通，致遠以利天下。"

［5］服牛馬：役使牛馬駕車。《易·繫辭下》："服牛乘馬，引重致遠，以利天下。"負步：徒步。

［6］書契：指文字。《易·繫辭下》："上古結繩而治，後世聖人易之以書契，百官以治，萬民以察。"

〔7〕禮律：禮法與刑律。潘勖《册魏公九錫文》：“以君經緯禮律，爲民
　　規儀。”
〔8〕辯：通辦。辯辦同從辡聲。《説文新附·力部》：“辦，致力也。從
　　力，辡聲。”《後漢書·耿弇傳》“聖公不能辦也”李賢注：“辦，猶
　　成也。”

4　“夫心不違仁而明不經國[1]，危亡之禍，無以杜
遏[2]，亦可知矣。夫料盛衰於未兆，探機事於無形，指倚伏
於理外，距浸潤於根生者[3]，明之功也。垂惻隱於昆蟲，雖
見犯而不校[4]，睹觳觫而改牲[5]，避行葦而不蹈者[6]，仁之
事也。

【注】

〔1〕心不違仁：《論語·雍也》：“子曰：‘回也，其心三月不違仁。’”
〔2〕杜遏：禁絶，阻止。
〔3〕浸潤：指浸潤之譖。根生：猶言本性。《列子·天瑞》“烏足之根
　　爲蠐螬”張湛注：“根，本也。”《大戴禮記·子張問入官》“既知其
　　已生有習”盧辯注：“生，猶性也。”
〔4〕犯而不校：語見《論語·泰伯》，集解引包咸曰：“校，報也。言見
　　侵犯不報。”
〔5〕觳觫（hú sù）：（牛臨死）恐懼戰慄貌。借指牛。改牲：指以羊易
　　牛。《孟子·梁惠王上》：“王曰：‘……齊國雖褊小，吾何愛一牛？
　　即不忍其觳觫，若無罪而就死地，故以羊易之也。’”
〔6〕避行葦而不蹈：《詩·大雅·行葦》：“敦彼行葦，牛羊勿踐履。”今
　　文家遺説以爲寫公劉之仁德。

5　‘爾則明者才也，仁者行也。殺身成仁之行可力爲
而至[1]，鑒玄測幽之明難妄假。精粗之分，居然殊矣。夫
體不忍之仁[2]，無臧否之明，則心惑僞真，神亂朱紫。思算

不分⁽¹⁾，邪正不識，不逮安危，則一身之不保，何暇立以濟物乎⁽²⁾？

【校】

（１）思算：陳其榮校：“盧本作差等。”按：“思（謀）”與“算（計）”義近，沒有區分的必要。疑本作“恩算”。恩則在仁，算則在明，合乎《仁明》主旨。下文“以義斷恩”，與此呼應，作“恩算”爲是。“恩算不分”才是問題所在。“恩”與“思”形近致誤。

（２）立：其下當從楊照校補“人”字。

【注】

［１］殺身成仁：指儒家爲了“仁”的最高道德準則而不惜捨棄生命。《論語・衛靈公》：“志士仁人，無求生以害仁，有殺生以成仁。”因泛指爲正義事業而犧牲生命。

［２］體不忍之仁：《孟子・盡心下》：“人皆有所不忍，達之於所忍，仁也。”

　　6　“昔姬公非無友于之愛，而涕泣以滅親^[1]；石碏非無天性之慈，而割私以奉公。蓋明見事體，不溺近情^[2]，遂爲純臣。以義斷恩^[3]，舍仁用明，以計抑仁。仁可時廢，而明不可無也。湯、武逆取順守^[4]，誠不仁也；應天革命^[5]，以其明也。徐偃修仁以朝同班^[6]，外墜城池之險，内無戈甲之備，亡國破家，不明之禍也。”

【注】

［１］姬公：周公旦姓姬，故稱姬公。友于之愛：《書・君陳》：“惟友愛于兄弟。”因以“友于”爲兄弟友愛之義。

［２］事體：事理；道理。《東觀漢記・胡廣傳》：“達練事體，明解

朝章。"

［3］以義斷恩：《禮記・喪服四制》："門外之治,義斷恩。"

［4］逆取順守：稚川從正統觀念出發,認爲商湯、周武以諸侯身份用武力奪取帝位,不合君臣之道,故曰逆取。即位後,法先王,行仁義,合乎正道,故曰順守。《史記・陸賈列傳》："陸生曰:'……且湯、武逆取而以順守之,文武並用,長久之術也。'"

［5］應天革命：《易・革》："湯武革命,順乎天而應乎人。"

［6］徐偃：徐偃王。徐偃王破滅,諸説不同。《竹書紀年》："穆王十四年,王帥楚子伐徐戎,克之。"《史記・秦本紀》："徐偃王作亂,繆王長驅歸以救亂。"此從韓非説。《韓非子・五蠹》："徐偃王處漢東,地方五百里,行仁義,割地而朝者三十有六國,荆文王恐其害己也,舉兵伐徐,遂滅之。""偃王行仁義而喪其國。"《左傳》多載楚文王事,唯不見滅徐偃王事。同班：班列相同。

7　門人曰："仲尼歎仁爲'任重而道遠[(1)]'。又云:'人而不仁,如禮何[1]?''若聖與仁,則吾豈敢[2]!'孟子曰:'仁,宅也;義,路也[3]。''人無惻隱之心,非仁也[4]。''三代得天下以仁,失天下以不仁[5]。'此皆聖賢之格言,竹素之顯證也。而先生貴明,未見典據。小子蔽闇,竊所惑焉。"

【校】

（1）仲尼歎仁爲任重而道遠：楊明照箋曰:"《論語・泰伯》:'曾子曰:"士不可以不弘毅,任重而道遠。仁以爲己任,不亦重乎?"''照按:此本曾參之言,稚川屬之孔子,蓋誤記。'按:並非"稚川""誤記""曾參"爲"孔子"。"任重而道遠"一般人熟知,而不知"器重而道遠"的語源。《禮記・表記》:"子曰:'仁之爲器重,其爲道遠。'"據此,當作"仲尼歎仁爲'器重而道遠'"。葛洪僅誤記"器"爲"任"。

【注】

［1］人而不仁，如禮何：《論語·八佾》：“子曰：‘人而不仁，如禮何？人而不仁，如樂何？’”集解引包咸曰：“言人而不仁，必不行禮樂。”

［2］若聖與仁，則吾豈敢：講到聖和仁，我敢當不起。《論語·述而》：“子曰：‘若聖與仁，則吾豈敢！’”集解引孔安國曰：“孔子謙，不敢自名仁、聖。”

［3］仁，宅也：謂仁是人類最安適的住宅。義，路也：謂義是人類最正確的道路。《孟子·離婁上》：“孟子曰：‘……仁，人之安宅也；義，人之正路也。’”

［4］人無惻隱之心，非仁也：一個人如果沒有同情之心，簡直不是個人。《孟子·公孫丑上》：“孟子曰：‘……無惻隱之心，非人也。’”

［5］三代：夏、商、周。《孟子·離婁上》：“孟子曰：‘三代之得天下也以仁，其失天下以不仁。’”趙岐注：“三代，夏、商、周。”朱熹集註：“禹、湯、文、武，以仁得之，桀、紂、幽、厲，以不仁失之。”

8　抱朴子答曰：“古人云：‘好仁不好學，其蔽也愚[1]。’子近之矣。曩六國相吞[2]，豺虎力競，高權詐而下道德，尚殺伐而廢退讓[3]。孟生方欲抑頓貪殘[4]，襃隆仁義[5]，安得不勤勤諄諄獨稱仁邪[6]！然未有片言云仁勝明也。譬猶疫癘之時，醫巫爲貴(1)，異口同辭，唯論藥石。豈可便謂針艾之伎，過於長生久視之道乎[7]？

【校】

（1）醫巫：疑當乙作巫醫。巫師和醫師。《論語·子路》：“南人有言曰：‘人而無恒，不可以作巫醫。’善夫！”《內篇·明本》：“疾疫起而巫醫貴矣。”正作“巫醫”。

【注】

［1］好仁不好學，其蔽也愚：《論語·陽貨》：“子曰：‘由也，女聞六言、

六蔽矣乎？'對曰：'未也。''居！吾語汝，好仁不好學，其蔽也
愚。'"集解引孔安國曰："仁者愛物，不知所以裁之，則愚蕩無所
適守。"

［2］六國：指戰國時函谷關以東的齊、楚、燕、韓、趙、魏六國。《戰國
策·趙策二》："故竊爲大王計，莫如一韓、魏、齊、楚、燕、趙，六國
從親以儐畔秦。"

［3］高權詐而下道德二句：如田氏取齊，六卿分晉，六國合縱、秦國
連衡等。

［4］孟生：孟先生，即孟軻。孟子謂"春秋無義戰"，反對非正義的戰
爭。抑頓：抑制、壓制。

［5］褒隆仁義：褒揚尊崇仁義。《孟子·梁惠王上》："孟子對曰：'王
何必曰利？亦有仁義而已矣。……未有仁而遺其親者也，未有
義而後其君者也，王亦曰仁義而已矣，何必曰利？'"

［6］勤勤：懇切至誠。諄諄：忠謹誠懇貌。按：孟子未"獨稱仁"。
《孟子·盡心上》："日月有明，容光必照焉。"又《梁惠王上》："明
足以察秋毫之末。"都是"重明"之例。

［7］長生久視：長生久立；長生久活。《老子·第五十九章》："是謂深
根、固柢、長生、久視之道。"

9　"且吾以爲仁明之事，布於方策。直欲切理，示大
較精神，舉一隅耳[1]。而子猶日用而不知[2]。云明事之無
據乎？《乾》稱："大明終始，六位時成[3]。"是立天以明，無
不包也。《坤》云："至哉，萬物資生[4]。"是地德仁(1)[5]，承順
而已。先後之理，不亦炳然！

【校】

（1）地德：其下當據崇文本補一以字。如此，"地德以仁"方與上文
"立天以明"對文。

【注】

［1］舉一隅：即舉一反三，謂指明瞭一個角，就可以類推而知其他三個角的樣子。《論語・述而》："子曰：'不憤不啓，不悱不發，舉一隅而以三隅反，則不復也。'"

［2］日用而不知：謂每天用道卻不知道。《易・繫辭上》："百姓日用而不知。"

［3］大明終始，六位時成：《易・乾》："大明終始，六位時成。"集解引侯果曰："大明，日也。"高亨今注："日運行天空，而後宇宙光明，天在上方，地在下方，日出處爲東方，日入處爲西方，向日處爲南方，背日處爲北方，於是上下四方之位乃定。"

［4］至哉，萬物資生：《易・坤》："至哉坤元，萬物資生，乃順承天。"高亨今注："《説卦》：'坤，順也。'朱熹曰：'至，極也。'坤元，地德之善也。資，猶賴也。《説文》：'承，奉也，受也。''乃順承天'謂地順天道之變化，以生養萬物。"

［5］地德：大地的本性；大地的德化恩澤。

10　"《詩》云：'明明上天，照臨下土[1]。''明明天子，令問不已[2]。'《易》曰：'王明，並受其福[3]。''幽贊神明[4]。''神而明之[5]。'此則明之與神合體，誠非純仁所能企擬也。

【注】

［1］明明上天，照臨下土：見《詩・小雅・小明》，鄭玄箋："明明上天，喻王者當光明如日之中也；照臨下土，喻王者當察理天下之事也。"

［2］明明天子，令問不已：《禮記・孔子閒居》："三代之王也，必先令聞。《詩（・大雅・江漢）》云：'明明天子，令聞不已。'（釋文："聞，音問。"）"鄭玄注："令，善也。言以名德善聞，天乃命之王也。不已，不倦止也。"

［3］王明，並受其福：《易・井》："九三：……王明，並受其福。"高亨

今注：“國王明察，能知賢而用賢，則王與臣民俱受其福矣。”

［4］幽贊神明：暗中受到神明的贊助；深明天神地祇。神明：天地間一切神靈的總稱。《易·説卦》：“昔者聖人之作《易》也，幽贊於神明而生蓍。”高亨今注：“《集解》引荀爽曰：‘幽，隱也。’《小爾雅·廣詁》：‘贊，佐也。’神明，神祇也。《説文》：‘神，天神。祇，地神。’天神曰神。地神曰祇亦曰明。古説相傳，蓍爲神草。……幽贊於神明而生蓍，言聖人作《易》，暗中受神明之贊助，故生蓍草，以爲占筮之用。”

［5］神而明之：《易·繫辭上》：“神而明之，存乎其人。”

11　“孔子曰：‘聰明神武[1]。’不云聰仁。又曰：‘昔者，明王之治天下(1)。’不曰仁王。《春秋傳》曰：‘明德惟馨[2]。’不云仁德。《書》云：‘元首明哉[3]！’不曰仁哉。老子歎上士，則曰：‘明白四達[4]。’其説衰薄，則曰：‘失道而後德，失德而後仁(2)[5]。’《易》曰：‘王者南面向明[6]。’不云向仁也。‘我欲仁，斯仁至矣(3)[7]。’又曰：‘爲仁由己[8]。’斯則人人可爲之也。至於聰明，何可督哉！

【校】

（1）治天下：當作以孝治天下。《孝經·孝治章》：“子曰：‘昔者，明王之以孝治天下也。’”李隆基注：“言先代聖明之王以至德要道化人，是爲孝理。”

（2）失道而後德，失德而後仁：當作失道而後失德，失德而後失仁。《老子·第三十八章》：“故失道而後德，失德而後仁。”按：《韓非子·解老》引作“失道而後失德”。皮錫瑞曰：“《韓非子》‘失道而後失德’以下數句，多有一‘失’字，其義似較今本《老子》爲長。”劉師培説同。

（3）我欲仁：其上當從楊明照校補孔子曰三字，並於曰下加冒號，不然下文之“又曰”就顯得突然。

【注】

[1] 聰明神武:《易·繫辭上》:"其孰能與於此哉! 古之聰明叡知神武而不殺者乎!"高亨今注:"與,及也。《説文》:'睿,深明也。'知讀爲智。睿智,慧智也。殺,殘暴也。此二句言唯有古之聰明慧智神武而不殘暴之人始能至於此境也。"

[2] 明德惟馨:光明之德才是芳馨。《左傳·僖公五年》:"《周書》…… 又曰:'黍稷非馨,明德惟馨。'"杜預注:"《周書》,逸《書》。馨,香之遠聞。"

[3] 元首明哉:《書·益稷》:"乃賡載歌曰:'元首明哉!'"孔傳:"賡,續。載,成也。"

[4] 明白四達:《老子·第十章》:"明白四達,能無知乎?"奚侗曰:"明白四達,是無所不知也。知而不自以爲知,乃德之上者,四十一章所謂'明道若昧'也。"

[5] 道:一切存在的根據與始源。德:是"道"顯現或作用於物。仁:是從老子的"下德"產生出來的,屬於有心的作爲。説見陳鼓應先生《老子註譯及評介》第二一七頁。

[6] 王者南面向明:《易·説卦》:"聖人南面而聽天下,向明而治。"高亨今注:"《説卦》認爲帝王南面向明以上朝聽政,亦因離爲明爲南方而取象焉。"南面:古代以坐北朝南爲尊位,故帝王諸侯見群臣,或卿大夫見僚屬,皆面向南而坐,因以指居帝王、諸侯或卿大夫之位。向明:向陽。《列子·仲尼》:"文摯乃命龍叔背明而立,文摯自後向明而望之。"

[7] 我欲仁,斯仁至矣:《論語·述而》:"子曰:'仁遠乎哉? 我欲仁,則仁至矣。'"集解引包咸曰:"仁道不遠,行之即是。"

[8] 爲仁:猶行善。《論語·顏淵》:"顏淵問仁。子曰:'克己復禮爲仁。一日克己復禮,天下歸仁焉。爲仁由己,而由人乎哉?'"集解引孔安國曰:"行善在己,不在人也。"

12　"故孟子云:凡見赤子將入井,莫不趨而救之[1]。

以此觀之，則莫不有仁心。但厚薄之間，而聰明之分，時而有耳。昔崔杼不殺晏嬰[1]，晏嬰謂杼爲大不仁而有小仁[2]。然則姦臣賊子，猶能有仁矣。”

【校】

（1）凡見赤子將入井二句：《孟子·公孫丑上》：“今人乍見孺子將入於井，皆有怵惕惻隱之心。”赤子：嬰兒。按：“莫不”句不見於今本《孟子》。趨而救之：《公羊傳·桓公二年》：“殤公知孔父死，己必死，趨而救之，皆死焉。”蓋稚川誤記。

【注】

［1］不殺晏嬰：《左傳·襄公二十五年》：“人謂崔子：‘必殺之（晏嬰）。’崔子曰：‘民之望也，舍之，得名。’”而《晏子春秋內篇·雜上》曰：“崔杼將殺之，或曰：‘不可！子以子之君無道而殺之，今其臣有道之士也，又從而殺之，不可以爲教矣。’崔子遂舍之。”蓋戰國傳説，與《左傳》不同。

［2］晏嬰謂杼爲大不仁而有小仁：“嬰謂杼爲大不仁”，指弑莊公，“小仁”指舍己。《晏子春秋內篇·雜上》：“晏子曰：‘若大夫爲大不仁，而爲小仁，焉有中乎！’”孫星衍曰：“（小仁）謂其舍己。”則“大不仁”指“弑莊公”。

13　門人又曰：“《易》稱：‘立人之道，曰仁與義[1]。’然則人莫大於仁也。”

抱朴子答曰：“所以云爾者[2]，以爲仁在於行，行可力爲；而明入於神，必須天授之才[3]，非所以訓故也[4]。”

【注】

［1］立人之道，曰仁與義：見《易·説卦》，高亨今注：“仁以愛人，主於柔。義以制事，主於剛。”

〔2〕明入於神：即上文所謂“明之與神合體”。須：待。天授：上天
　　所授；天之所與。《史記·淮陰侯列傳》：“且陛下所謂天授，非人
　　力也。”

〔3〕云爾：如此説。舊題漢李陵《答蘇武書》：“足下又云：‘漢與功臣
　　不薄。’子爲漢臣，安得不云爾乎！”

〔4〕訓故：即訓詁。用今語對古書字句作解釋。《漢書·儒林傳·丁
　　寬》：“作《易説》三萬言，訓故舉大誼而已。”王先謙補注：“故詁
　　字同。”

博喻卷三十八^[1]

1 抱朴子曰："盈乎萬鈞,必起於錙銖^[2];竦秀淩霄,必始於分毫^[3]。是以行潦集,而南溟就無涯之曠;尋常積^[4],而玄圃致極天之高^[5]。"

【注】

[1] 博喻:廣舉事例作喻以説明各種問題。劉勰《文心雕龍·諸子》: "慎到析密理之巧,韓非著博喻之富。"周振甫注:"《韓非子》的《内外儲》《説林》多舉事例作喻。"《博喻》亦如此。

[2] 盈乎萬鈞,必起於錙銖:萬鈞由錙銖積累而成。

[3] 竦秀:挺拔秀麗。分毫:形容極細微或極少量。句意本《老子·第六十四章》:"合抱之木,生於毫末。"本首意蓋由此生發。

[4] 尋常:皆古代長度單位。八尺爲尋,一丈六尺爲常。1. 喻短或小。此取其義。2. 喻長或多。

[5] 極天之高:即駿極於天。霄、毫、高:宵部。

2 抱朴子曰："騁逸策迅者,雖遺景而不勞^[1];因風淩波者,雖濟危而不傾^[2]。是以元凱分職,而則天之勳就^[3];伊、吕既任,而革命之功成^[4]。"

【注】

[1] 遺景(影):謂把人與駿馬的影子抛在後面。形容迅速之極。

［2］凌波：行於水波之上。《楚辭》嚴忌《哀時命》：“勢不能凌波以徑
　　度兮，又無羽翼而高翔。”
［3］則天：效法天道，治理天下。
［4］革命之功成：指商湯由於任用伊尹伐夏、周武王由於任用吕尚
　　伐殷取得成功。傾、成：耕部。

　　3　抱朴子曰：“瓊艘瑤楫，無涉川之用；金弧玉弦，無
激矢之能[1]。是以介潔而無政事者，非撥亂之器；儒雅而
乏治略者[2]，非翼亮之才(1)[3]。”

【校】
（1）才：魯藩本作乎，《類聚》七十一《長短經·察相篇》引《抱朴子》
　　作士。

【注】
［1］瓊艘瑤楫四句：喻器物可供觀賞而無助實用。激矢：疾飛的箭。
［2］儒雅：此謂學問淵博。治略：施政的方略。
［3］王國維眉批：“能才爲韻。”上古爲之部字，魏晉爲咍部字。

　　4　抱朴子曰：“閬風、玄圃[1]，不借高於丘垤；懸黎、結
綠，不假觀於瓊、珉[2]。是以英偉不群，而幽蕙之芬駭[3]；
峻概獨立，而皋禽之響振(1)[4]。”

【校】
（1）皋禽：藏本、平津本作衆禽，從楊明照據《文選》謝莊《月賦》“聆皋
　　禽之夕聞”李善注引《抱朴子》校改。

【注】
［1］玄圃：此指玄圃堂，在昆侖山下面。

［2］瓊：玉之美者。《詩·衛風·木瓜》：“投我以木瓜，報之以瓊琚。”
　　　毛傳：“瓊，玉之美者。琚，佩玉名。”珉（mín）：石之似玉者。《荀
　　　子·法行》：“君子之所以貴玉而賤珉者，何也？”楊倞注：“珉，石
　　　之似玉者。”“假”與“借”互文同義。兩句喻“英偉”是由於自身具
　　　備的條件。

［3］芬駭：芬芳播散。陸機《皇太子有令賦詩》“協風傍駭”，李周翰
　　　注：“駭，散也。”

［4］峻概：猶高概。指節操高尚的人。皋禽：澤中之禽，指仙鶴。
　　　《詩·小雅·鶴鳴》：“鶴鳴於九皋，聲聞於天。”毛傳：“興也。皋，
　　　澤也。言身隱而名著也。”鄭玄箋：“皋，澤中水溢出所爲坎，自外
　　　數至九，喻深遠也。鶴在中鳴焉，而野聞其鳴聲。興者，喻賢者
　　　雖隱居，人咸知之。”瑉、振：真部。

　　5　抱朴子曰：“冰炭不衒能於冷熱[1]，瑾瑜不證珍而體
著[2]。是以君子恭己，不恤乎莫與(1)[3]；至人尸居，心遺乎
毀譽[4]。”

【校】

（1）莫與：陳其榮校：“盧本作莫知。”

【注】

［1］衒能：誇示能力。

［2］瑾瑜：二美玉名。體著：此指瑾赤而瑜碧。兩句喻自身具備的
　　　條件。

［3］不恤：不憂憫；不顧惜。《書·湯誓》“我后不恤我衆”，孔穎達疏：
　　　“我君夏桀不憂念我等衆人。”

［4］尸居：若死尸之安居。謂安居無爲。二句喻淡泊名利。著、與、
　　　譽：魚部。

6　抱朴子曰：“衝飈傾山，而不能效力於拔毫[1]；火鑠金石，而不能耀烈以起㴉(1)[2]。是以淮陰善戰守，而拙治生之策(2)[3]；絳侯安社稷，而乏承對之給[4]。”

【校】

（1）㴉：魯藩本誤作涇。

（2）治生：藏本、平津本作理治，疑當作治生。蓋避唐高宗李治諱改而致誤。《史記·淮陰侯列傳》：“（韓信）又不能治生商賈。”是其證。

【注】

[1]衝飈傾山二句：喻力量巨大可作用於大物而不能作用於小物。《淮南子·俶真》：“夫疾風敦木，而不能拔毛髮。”高誘注：“敦亦拔也。”

[2]火鑠金石：火熔化金屬與石頭。《淮南子·詮言》：“大熱鑠石流金，火弗爲益其烈。”㴉：漢隸多作濕。

[3]善戰守：見《史記·淮陰侯列傳》蒯通所贊韓信善戰守之事實：“臣請言大王功略：足下涉西河，虜魏王，禽夏説，引兵下井陘，誅成安君，徇趙，脅燕，定齊。南摧楚人之兵二十萬，東殺龍且，西鄉以報，此所謂功無二於天下，而略不世出者也。”拙治生之策：指“不能修農商，免飢寒”（《備闕》）。

[4]安社稷：指周勃與陳平合謀“卒誅諸吕而立孝文帝”事。見《史記》之《吕后本紀》《孝文本紀》及《絳侯周勃世家》。乏承對之給：孝文帝在朝廷上曾詢問周勃有關決獄與錢穀收支的情況，周勃一再説“不知”。見《史記·陳丞相世家》。㴉、給：緝部。

7　抱朴子曰：“徇名者[1]，不以授命爲難[2]；重身者，不以近欲累情[3]。是以紀信甘糜而不恨，楊朱同一毛於連城[4]。”

【注】

［1］徇名：捨身以求名。《鶡冠子·世兵》“列士徇名”，陸佃解：“以身
　　逐物曰徇。”徇通殉。

［2］授命：獻出生命。《論語·憲問》：“見危授命。”

［3］重身：擡高身價；愛惜其身。累情：勞神。

［4］同一毛於連城：喻重身。即《韓非子·顯學》説的：“（楊朱）義不
　　入危城，不處軍旅，不以天下大利易脛一毛。”情、城：耕部。

8　　抱朴子曰：“小鮮不解靈虬之遠規[1]，鳧鷖不知鴻鵠
之非匹[2]。是以耦耕者笑陳勝之投耒(1)[3]，淺識者嗤孔明
之抱膝[4]。”

【校】

（1）耒：魯藩本誤作來，王國維校作耒。

【注】

［1］小鮮：小魚。《老子·第六十章》“治大國若烹小鮮”，河上公注：
　　“鮮，魚。”靈虬：虬龍。句意蓋本《漢書·揚雄傳下》：“（《解難》）
　　獨不見夫翠虬絳螭之將登虖天，必聳身於倉梧之淵。”

［2］鳧鷖不知鴻鵠之非匹：謂野鴨與鷗鳥不知自己是不能與有四海
　　之志的天鵝相匹敵的。鳧鷖（fú yì）：野鴨與鷗鳥。泛指水鳥。
　　鴻鵠：即鵠。俗稱天鵝。

［3］耦耕者：此指與陳勝同時的耕作者。《史記·陳涉世家》：“陳涉
　　少時，嘗與人傭耕，輟耕之壟上，悵恨久之，曰：‘苟富貴，勿相
　　忘。’庸者笑而應曰：‘若爲傭耕，何富貴也？’陳涉太息曰：‘嗟乎！
　　燕雀安知鴻鵠之志哉！’”

［4］淺識者：指不稱許諸葛亮的時人。《三國志·蜀書·諸葛亮傳》：
　　“亮躬耕隴畝，好爲《梁父吟》。……每自比管仲、樂毅，時人莫之
　　許也。”孔明之抱膝：謂諸葛亮抱膝長嘯，有遠大抱負。《諸葛亮

傳》裴松之注引《魏略》：“亮在荆州，……每晨夜從容，常抱膝長
嘯，而謂三人（石廣元、徐元直、孟公威）曰：‘卿三人仕進可至刺
史郡守也。’三人問其所至，亮但笑而不答。”匹、膝：質部。

9　抱朴子曰：“淳鈞之鋒[1]，驗於犀兕[1]；宣慈之良[2]，
效於明試[3]。是以同否，則元凱與斗筲無殊[4]；並任，則騄
騏與駑駘不異[5]。”

【校】

（１）淳鈞：王國維據六朝寫本校鈞作鉤。按：寫本誤。

【注】

[１]淳鈞：歐冶子所鑄名劍之一。他書或作純鈞、淳均。説見王念孫
　　《讀書雜誌》十五純鈞條。據《淮南子·脩務》説，純鈞能“水斷龍
　　舟，陸剸犀甲”。“驗於犀兕”本此。

[２]宣慈：本謂博聞慈愛，後泛指博愛衆人。《左傳·文公十八年》：
　　“高辛氏有才子八人：伯奮、仲堪、叔獻、季仲、伯虎、仲熊、叔豹、
　　季狸，忠肅共懿，宣慈惠和，天下之民，謂之八元。”杜預注：“宣，
　　徧也。元，善也。”孔穎達疏：“宣者，徧也。應受多方，知思周徧。
　　慈，愛也，愛出於心，恩被於物也。”

[３]明試：明白考驗。《書·舜典》“敷奏以言，明試以功，車服以庸”，
　　孔傳：“敷陳奏進也，諸侯四朝，各使陳進治禮之言，明試其言，以
　　要其功，功成則賜車服以表顯其能用。”

[４]同否（pǐ）：同遭困厄命運。斗筲（shāo）：斗容十升；筲，竹器，容
　　一斗二升，皆容量較小的容器。此喻才識短淺、器量狹窄的人。
　　《論語·子路》：“子曰：‘噫！斗筲之人，何足算也。’”

[５]駑駘（tái）：劣馬。喻不肖。試、異：職部。

10　抱朴子曰：“器非瑚、簋，必進鋭而退速[1]；量擬伊、

呂，雖發晚而到早[2]。是以鶂鶂倦翮，猶不越乎蓬杪[3]；鳶
雛徐起(1)，顧昒而戻蒼昊[4]。”

【校】

（1）鳶雛：藏本、平津本作鴛雛，陳其榮案改：“承訓本作鳶雛，當從
之。”按：陳校是。鳶乃猛禽。

【注】

[1] 進銳而退速：《孟子・盡心上》：“其進銳也，其退速。”進銳、退速：
　　有同一性。銳，快速。
[2] 量擬伊、呂：謂器量遠大有如伊尹、呂尚。發晚：發憤較晚；發達
　　較晚。就“發憤較晚”而言，僅指呂尚，伊尹不過是連類而及；就
　　“發達較晚”而言，則伊尹、呂尚均發達很晚。據《韓非子・難言》
　　説，伊尹遊説商湯，至“七十説而不受”，直至“爲庖宰，昵近習
　　親”，商湯才“知其賢而用之”。據《淮南子・説林》“呂望使老者
　　奮”高誘注説：“呂望……年七十始學讀書。九十爲文王師。”都
　　是發達很晚。《鬼谷子・忤合》：“故伊尹五就湯，五就桀，然後合
　　於湯。呂尚三就文王，三入殷，而不能有所明，然後合於文王。”
[3] 不越乎蓬杪(miǎo)：喻飛得低矮。
[4] 鳶雛：猛禽鷂鷹的幼雛。蒼昊：天。《爾雅・釋天》：“春爲蒼天，
　　夏爲昊天。”早、杪、昊：宵部。

11　抱朴子曰：“否終，則承之以泰[1]；晦極，則清輝晨
耀[2]。是以垂耳吳阪者，騁千里之逸軌[3]；縶鱗九淵者，淩
虹霓以高蹈[4]。”

【注】

[1] 否終則承之以泰：謂閉塞轉化爲通泰。《易・雜卦》：“否泰，反其
　　類也。”高亨今注：“否，閉塞也。泰，通達也。其事類相反。”

　［2］晦極則清輝晨曜：謂黑夜轉化爲白天。清輝：清光。多指日月
　　　的光輝。晨曜：清晨的日光。曜通耀。
　［3］垂耳吳阪：喻命運坎坷之時。逸軌：猶逸跡。指駿馬的快步。
　［4］縈鱗九淵：指龍被收繫於九重深淵。《説文・糸部》：“縈，收卷
　　　也。”即收之使屈。耀、蹈：宵部。

　　12　抱朴子曰：“九斷四屬者，蘊藻所以表靈[1]；摧柯碎
葉者，惠茝所以增芬(1)[2]。是以夷吾桎梏，而建匡合之
績[3]；應侯困辱，而著入秦之勳[4]。”

【校】

（1）惠茝：藏本、平津本作茝蕙，依《楚辭・離騷》乙改。

【注】

　［1］九斷四屬：極言斷多續少。屬（zhǔ）：連綴。此謂蘊藻隨水漂流
　　　而折斷甚多。蘊（wēn）藻：聚藻，水中隱花植物藻草之聚集者。
　　　表靈：此謂可用之薦於鬼神。《左傳・隱公三年》：“苟有明信，
　　　澗、溪、沼、沚之毛，蘋、蘩、蘊藻之菜，筐、筥、錡、釜之器，潢、汙、
　　　行潦之水，可薦於鬼神，可羞於王公。”
　［2］摧柯碎葉：謂蕙茝枝葉受到摧殘，喻遭遇悲慘。增芬：芳香反而
　　　增加。謂生命力旺盛。
　［3］夷吾：管仲之名。桎梏：囚禁，囚於檻車。《管子・小匡》：“（魯
　　　君）遂生束縛（管仲）而梐以予齊。”尹知章注：“梐，檻。”
　［4］應侯：秦封范雎以應，號爲應侯。困辱：困窘和侮辱。指魏相魏
　　　齊使人笞擊范雎，摺脅折齒，卷以竹席置廁中，賓客醉溺之。入
　　　秦之勳：范雎隨秦使王稽入秦，説秦昭王加強王權之策，廢太
　　　后，逐穰侯，屢敗韓趙之師。見《史記・范雎傳》。芬、勳：文部。

　　13　抱朴子曰：“所競者細，則利同而讎結；善否殊塗，

則事異而怨生⁽¹⁾。是以嫫母、宿瘤,惡見西施之艷容^[1];商臣、小白,憎聞延州之退耕^[2]。"

【校】

（1）怨生:孫星衍曰:"藏本作'結生',舊寫本空白一字。"王國維校,在"結"旁打鈎示疑。楊明照校:"吉藩本作'妬生',蓋臆改也。"按:此字蓋爲"怨"字。"讎結"與"怨生"對仗。

【注】

［1］嫫(mó)母:傳說爲黄帝第四妃,貌極醜,而最賢。《荀子·賦》:"嫫母、力父,是之喜也。"楊倞注:"嫫母,醜女,黄帝時人。"艷容:華美的容貌。

［2］小白:齊桓公名小白。延州:即吴季札。生、耕:耕部。

14　抱朴子曰:"精鈍舛跡,則淩遲者愧恨^[1];壯弱異科,則扛鼎者見忌^[2]。是以淮陰顯擢,而庸隸悒怏以疾其超^[3];武安功高,而范雎飾談以破其事^[4]。"

【注】

［1］舛跡:彼此相反的表現。淩遲:(仕途)淹滯。《古文苑》揚雄《逐貧賦》:"朋友道絶,進官淩遲。"

［2］異科:等級不同。《論語·八佾》"爲力不同科",朱熹集註:"科,等也。"扛鼎:舉鼎。喻大才,能負重任。《史記·項羽本紀》:"籍長八尺餘,力能扛鼎。"見忌:蓋同秦武王與孟説(説)舉鼎,絶臏而死相關。《史記·秦本紀》:"(武王四年)武王有力好戲,力士任鄙、烏獲、孟説皆至大官。王與孟説(説)舉鼎,絶臏。八月,武王死。族孟説。"集解引徐廣曰:"(臏)一作脈。"正義:"絶,斷也。臏,脛骨也。"不僅是"見忌",而且是被滅族。

［3］淮陰顯擢,而庸隸悒怏以疾其超:楊明照箋:"《史記·淮陰侯列

傳》：‘淮陰侯韓信者，淮陰人也。……淮陰屠中少年有辱信者，曰：“若雖長大，好帶刀劍，中情怯耳。”衆辱之曰：“信能死，刺我；不能死，出我袴下。”於是信孰（熟）視之，俛出袴下，蒲伏。一市人皆笑信，以爲怯。……漢五年正月，徙齊王信爲楚王，都下邳。信至國……召辱己之少年令出袴下者以爲楚中尉。告諸將相曰：“此壯士也。方辱我時，我寧不能殺之邪？殺之無名，故忍而就於此。”’”按：楊箋不合史實。淮陰顯擢：指韓信被蕭何追回，蕭何建議劉邦設壇拜治粟都尉韓信爲“大將”之事。被韓信封爲“楚中尉”的人並未“悒懊以疾其超”，“悒懊以疾其超”的是劉邦諸將。《史記·淮陰侯列傳》：“（蕭）何曰：‘……王必欲拜之，擇良日，齋戒，設壇場，具禮，乃可耳。’王許之。諸將皆喜，人人各自以爲得大將。至拜大將，乃韓信也，一軍皆驚。”“人人各自以爲得大將”，即沒有一個人會想到韓信將被拜爲大將，韓信拜爲大將，“諸將”由“皆喜”變爲大失所望，“悒懊”是很自然的。至於“庸隸”之詞，是説“諸將”胸襟如“庸隸”，而“疾其超”即表現於“一軍皆驚”之中。當初陳平歸漢，劉邦“拜平爲都尉，使爲參乘，典護軍”而“絳侯、灌嬰等咸讒陳平”，後劉邦“拜（陳平）爲護軍中尉，盡護諸軍。諸將乃不敢復言”。對比之下，同樣由楚歸漢的韓信，被劉邦拜爲“大將”，劉拜諸將能服氣嗎？他們疾恨韓信超過自己，是不足爲怪的。其實不獨劉邦諸將，即劉邦本人亦“畏惡其能”，韓信被斬祇是遲早之事。隸：泛指執賤役者。《左傳·昭公七年》：“故王臣公，公臣大夫，大夫臣士，士臣皁，皁臣輿，輿臣隸，隸臣僚，僚臣僕，僕臣臺。”“隸”之“執賤役”本此。

[４] 武安功高：指秦國將領武安君白起在秦統一中國過程中所建立的卓越功勳。《史記·白起傳》：“武安君所爲秦戰勝攻取者七十餘城，南定鄢、郢、漢中，北禽趙括之軍。雖周、召、吕望之功不益於此矣。”基本上掃清了秦統一中國的主要障礙。范雎飾談句：指范雎接受蘇代的挑撥，言於秦王：“秦兵勞，請許韓、趙之割地以和，且休士卒。”以此妨礙了武安君的武功，也影響、延緩了秦統一中國的進程。至於與秦昭王議令白起自裁，更是范雎之過。

飾談：虛浮不實的話。忌、事：之部。

15　抱朴子曰：“必死之病，不下苦口之藥[1]；朽爛之材，不受雕鏤之飾[2]。是以比干匪躬，而剖心於情忠(1)[3]；田豐見微，而夷戮於言直[4]。”

【校】

（1）情：平津本作精，依藏本、魯藩本等校改。“情”與下文“言”同爲名詞對文。

【注】

［1］必死之病：如膏肓之疾。苦口之藥：《史記・留侯世家》：“良藥苦口利於病。”

［2］朽爛之材，不受雕鏤之飾：謂不堪造就。《論語・公冶長》：“宰予晝寢。子曰：‘朽木不可雕也。’”集解引包咸曰：“朽，腐也。雕，雕琢刻畫。”雕鏤：猶雕刻。

［3］比干：子姓。殷王室宗親。紂暴虐淫亂，屢諫不從。後以死强諫，紂怒，剖其心而死。周武王滅殷後封其墓。見《史記・殷本紀》。

［4］田豐（？—200）：字元皓，東漢巨鹿（今河北寧晉西南）人，或云渤海（今河北南皮東北）人。初辟太尉府，舉茂才，遷侍御史。後應袁紹命，爲別駕。勸紹迎天子，紹不納。紹平公孫瓚，多有謀。嘗勸紹“久持”之計而不能“決成敗於一戰”，紹怒，械繫豐。官渡之戰敗後，紹殺之。見《三國志・魏書・袁紹傳》《後漢書・袁紹傳》。見微：猶言見幾而作。此指“兵以幾動”。《後漢書・袁紹傳》：“田豐説紹曰：‘與公爭天下者，曹操也。操今東擊劉備，兵連未可卒解，今舉軍而襲其後，可一往而定，兵以幾動，斯其時也。’紹辭以子疾，未得行。”飾、直：職部。躬、冬：冬部。

16　抱朴子曰:“嶧陽孤桐,不能無絃而激哀響[1];大夏孤竹,不能莫吹而吐清聲[2]。是以官卑者,稷、卨不能康庶績;權薄者,伊、周不能臻升平。”

【注】

[1]不能無絃而激哀響:《淮南子·齊俗》:“故瑟無弦,雖師文不能以成曲。”許慎注:“師文,樂師。”哀響:悲哀的樂聲。《藝文類聚》十八引應瑒《正情賦》:“仰崇夏而長息,動哀響而餘歎。”

[2]大夏:晉國北部(今山西北部)的總稱。《呂氏春秋·古樂》:“昔黃帝令伶倫作爲律,伶倫自大夏之西,乃之阮隃之陰,取竹於嶰谿之谷,以生空竅厚鈞者,斷兩節間,其長三寸九分而吹之,以爲黃鍾之宮,吹曰‘舍少’。次制十二筒,以之阮隃之下,聽鳳皇之鳴,以別十二律。其雄鳴爲六,雌鳴亦六,以比黃鍾之宮,適合。黃鍾之宮,皆可以生之,故曰黃鍾之宮,律呂之本。”高誘注:“伶倫,黃帝臣。大夏,西方之山。”陳奇猷《呂氏春秋校釋·長攻》注[三四]:“大夏爲今山西省北部之總稱。”孤竹:獨生的竹。此指用孤竹製成的一種管樂器。《周禮·春官·大司樂》:“孤竹之管,雲和之琴瑟,雲門之舞,冬日至,於地上圜丘奏之。”鄭玄注:“孤竹,竹特生者。”

17　抱朴子曰:“登峻者,戒在於窮高;濟深者,禍生於舟重。是以西秦有思上蔡之李斯[1],東越有悔盈亢之文種[2]。”

【注】

[1]思上蔡:指李斯論腰斬咸陽市時思念微賤時在家鄉上蔡自由生活的情景。《史記·李斯列傳》:“(李斯)顧謂其中子曰:‘吾欲與若復牽黃犬俱出上蔡東門逐狡兔,豈可得乎?’”

[2]東越:指春秋時的越國。悔盈亢:指文種被賜劍自殺前後悔自

己身居高位而自滿的心情。《吳越春秋·句踐伐吳外傳》：“於是種仰天歎曰：‘嗟乎！吾聞大恩不報，大功不還，其謂斯乎？吾悔不隨范蠡之謀，乃爲越王所戮，吾不食善言，故哺以人惡，’越王遂賜文種屬盧之劍。種得劍，又歎曰：‘南陽之宰，而爲越王之擒。’自笑曰：‘後百世之末，忠臣必以吾爲喻矣。’遂伏劍而死。”稚川蓋據此而言。宄：魯藩本作抗，抗通宄。重、種：東部。

18　抱朴子曰：“剛柔有不易之質，貞橈有天然之性[1]。是以百鍊而南金不虧其真[2]，危困而烈士不失其正[3]。”

【注】

[1] 貞橈：正與曲。貞剛而橈柔。

[2] 百鍊：多次鍛煉；久經磨煉。應劭《漢官儀》上：“金取堅剛，百鍊不耗。”南金：南方出産的銅。借指貴重之物。《詩·魯頌·泮水》：“大賂南金。”毛傳：“南，謂荆、揚也。”鄭玄箋：“荆揚之州，貢金三品。”孔穎達疏：“金即銅也。”按：非確指。商周考古證明，今安徽銅陵、江西瑞昌、湖北大冶銅礦遺址爲商周以來中國三處最大的銅冶鍊地，所謂南金，當具體指這三處所産的銅。

[3] 烈士：有氣節有壯志的人。性、正：耕部。

19　抱朴子曰：“不以其道，則富貴不足居[1]；違仁舍義，雖期頤不足吝[2]。是以卞隨負石以投淵(1)[3]，仲由甘心以赴刃[4]。”

【校】

（1）卞：魯藩本作下，王國維校作卞。

【注】

[1] 道：指正確的途徑、手段、方法。句本《論語·里仁》：“子曰：‘富

與貴，是人之所欲也；不以其道得之，不處也。'"集解引孔安國曰："不以其道得富貴，則仁者不處。"

［2］期頤：一百歲。《禮記·曲禮上》："百年曰期、頤。"鄭玄注："期，猶要也；頤，養也。不知衣服食味，孝子要盡養道而已。"因指百歲老人。

［3］卞隨：夏末商初隱士。相傳商湯將討伐夏桀，曾和卞隨商量，卞隨拒不回答。湯戰勝夏桀後，要讓天下給他，他認爲受到污辱，自投稠水（一説潁水）而死。見《莊子·讓王》《吕氏春秋·離俗》。負石：抱石於懷中。示必死之決心。投淵：投身清泠之淵。因以"投淵"爲潔身自好之典。

［4］吝、刃：文部。

20　抱朴子曰："卑高不可以一概齊，餐廩不可以勸沮化[1]。是以惠施患從車之苦少，莊周憂得魚之方多[2]。"

【注】

［1］餐：指一餐之食，極言其少。廩：糧倉，此指一廩之糧食，極言其多。

［2］惠施患從車之苦少二句：謂惠施貪心不足，而莊周志尚淡泊。化、多：歌部。

21　抱朴子曰："出處有冰炭之殊，躁静有飛沈之異[1]。是以墨翟以重繭怡顔[2]，莊叟以遺世得意(1)[3]。"

【校】

（1）莊叟：藏本、平津本作箕叟，從陳其榮引承訓本校改。莊叟，即莊周。莊周與墨翟時代相近，同爲學者，而趨舍相反。而許由則遠在墨翟之前，無以相提並論。

【注】

〔1〕躁静：急躁與寧静。躁喻急於出仕。静：喻隱居。潘岳《秋興賦》：“苟趣舍之殊途兮，庸詎識其躁静。”李善注：“《老子（・第二十六章）》曰：‘重爲輕根，静爲躁君。’”飛沈：此謂飛黃騰達與沈淪草野。

〔2〕墨翟以重繭怡顔：謂墨翟爲阻止公輸般助楚攻宋而不辭辛苦奔走説服公輸般的故事。重繭：手腳上的厚繭。多指跋涉辛苦。《戰國策・宋策》説墨子“百舍重繭，往見公輸般”。

〔3〕異、意：職部。

22　抱朴子曰：“適心者，交淺而愛深[1]；忤神者，接久而彌乖[2]。是以聲同[3]，則傾蓋而居昵(1)[4]；道異，則白首而無愛(2)[5]。”

【校】

（1）居昵：陳其榮校：“盧本作若昵。”

（2）愛：魯藩本作憂，王國維校作愛。

【注】

〔1〕適心：謂使心情平和快樂。《吕氏春秋・適音》：“故適心之務，在於勝理。”按：此處當解爲“兩心相應”。

〔2〕忤神：違逆心神。猶忤情、忤意。

〔3〕聲同：同聲相應，同氣相求。喻志趣投合，互相吸引。《易・乾・文言》：“子曰：‘同聲相應，同氣相求。’”

〔4〕傾蓋：謂行道相遇，停車相語，車上的傘蓋靠在一起，因稱一見如故爲傾蓋。《韓詩外傳》二：“傳曰：孔子遭齊程本子於郯之間，傾蓋而語終日。”昵：親近；親密。

〔5〕道異：謂主張不同。《論語・衛靈公》：“子曰：‘道不同，不相爲謀。’”白首：人老髮白。乖、愛：咍部。

23　抱朴子曰:“艅艎、鷁首[1],涉川之良器也;櫂之以北狄(1)[2],則沈漂於波流焉。蒲梢、汗血[3],迅趨之駿足也[4];御之非造父(2)[5],則傾僨於嶮塗焉[6]。青萍、豪曹[7],剡鋒之精絶也;操者非羽、越,則有自傷之患焉[8]。勁兵鋭卒,撥亂之神物也;用者非明哲,則速自焚之禍焉[9]。”

【校】

（1）櫂之以北狄:徐濟忠校删“之”字,楊明照從之。按:不當删。見下。

（2）御之非造父:藏本、平津本脱“之”字,當補。如此,始與上文“櫂之以北狄”,下文“操者非羽、越”、“用者非明哲”同爲五字句,而“御之”與“櫂之”對文。

【注】

[1]艅艎(yú huáng):春秋吳王大船名。泛指大船、大型戰艦。《左傳·昭公十七年》:“楚師繼之,大敗吳師,獲其乘舟艅皇。”杜預注:“艅皇,舟名。”皇:艎之初字。

[2]櫂:同棹,划(船)。北狄:泛指北方各少數民族地區。此指北狄之人。《淮南子·齊俗》:“胡人便於馬,越人便於舟。”故云。首、流:幽部。

[3]蒲梢、汗血:古代大宛二駿馬名。《史記·樂書》:“(武帝)後伐大宛,得千里馬,馬名蒲梢。”集解引應劭曰:“大宛舊有天馬種,蹋石汗血,汗從前肩膊出,如血,號一日千里。”《漢書·西域傳贊》:“蒲梢、龍文、魚目、汗血之馬充於黄門。”顔師古注引孟康曰:“四駿馬名也。”

[4]駿足:良馬。駿:馬之美稱。喻賢才。

[5]御:同馭。

[6]父、塗:模部。

[7]青萍:古寶劍名。《文選》陳琳《答東阿王箋》:“君侯體高世之才,

秉青萍、干將之器。"萍通萍。

［8］羽：項羽。彭：彭越（前？—前196），字仲，昌邑（今山東金鄉西
　　北）人。常漁鉅鹿澤中，爲群盜。秦末聚衆起兵。楚漢戰爭中，
　　將兵三萬餘人歸劉邦，略定梁地（今河南東南部），屢斷項羽糧
　　道。不久率兵從劉邦擊滅項羽於垓下（今安徽靈璧南）。封梁
　　王。漢初因被告發謀反，爲劉邦所殺。見《史記・彭越傳》。

［9］自焚：《左傳・隱公四年》："夫兵，猶火也；弗戢，將自焚也。"

24　抱朴子曰："天秩有不遷之常尊，無禮犯遄死之重
刺(1)[1]。是以玄洲之禽獸[2]，雖能言而不得廁貴性(2)[3]；蛩
蛩之負蹶[4]，雖寄命而不得爲仁義。"

【校】

（1）無禮：孫星衍校："（其下）藏本有'猶'字，今從舊寫本删。"

（2）雖：平津本作惟，據各本校改，形近致誤。性：藏本、平津本作
　　牲，從楊明照校改。

【注】

［1］遄（chuán）：速；疾。《詩・鄘風・相鼠》："人而無禮，胡不遄死？"

［2］玄洲：按：今本《玄洲》一節未言及禽獸。

［3］能言：指會説話的禽獸，如鸚鵡、猩猩。《禮記・曲禮上》："鸚鵡
　　能言，不離飛鳥；猩猩能言，不離禽獸。"句謂能言的禽獸不能列
　　於人類。

［4］蛩蛩（qióng）：傳説中的一種異獸，狀如馬。《山海經・海外北
　　經》："（北海）有素獸焉，狀如馬，名曰蛩蛩。"郭璞注："即蛩蛩距
　　虛也，一走百里。見《穆天子傳》（卷一）。音邛。"蹶（jué）：古代
　　傳説中的獸名。《吕氏春秋・不廣》："北方有獸，名曰蹶。鼠前
　　而兔後，趨則踣，走則顛，常爲蛩蛩、距虛取甘草以與之。蹶有患
　　害也，蛩蛩距虛必負而走。此以其所能託其所不能。"

25 抱朴子曰:"謗讟不可以巧言弭,實恨不可以虛事釋。釋之非其道,弭之不由理,猶懷冰以遣冷⁽¹⁾,重鑪以卻暑,逐光以逃影,穿舟以止漏矣[1]。"

【校】

（1）以遣冷:藏本、魯藩本"以"作"之",王國維校作"以"。此之、以相混之例。

【注】

[1]釋之非其道六句:謂採取的途徑、方法如火上澆油,適得其反,反而使禍害擴大。《文子·精誠》:"不治其本而救之於末,無以異於鑿渠而止水,抱薪而救火也。"表達方式與此同。

26 抱朴子曰:"明主官人,不令出其器;忠臣居位,不敢過其量[1]。非其才而妄授,非所堪而虛任,猶冰碗之盛沸湯[2],葭莩之包烈火,綴萬鈞於腐索,加倍載於扁舟[3]。"

【注】

[1]明主官人四句:即《臣節》篇"君必度能而授"、"臣必量才而受"之意。《文選》曹植《求自試表》:"夫論德而授官者,成功之君也;量能而受爵者,畢命之臣也。"李善注:"《尸子》曰:'君子量才而受爵,量功而受祿也。'"

[2]沸湯:滾開的水。

[3]扁(piān)舟:小船。按:"猶"以下四句喻意同上一首。

27 抱朴子曰:"豹狐之裘,不爲負薪施[1];九成、六變,不爲聾夫設[2];高唱遠和,不爲庸愚吐[3];忘身致果,不爲薄德作。"

【注】

[1] 豹狐之裘：喻不能大材小用。《淮南子·説山》：“魏文侯之見反被裘而負芻也。”高誘注：“知其皮盡則毛無所傅也。”比喻與此同。

[2] 六變：謂樂章改變六次。古代祭百神，樂章變六次祭典始成。《周禮·春官·大司樂》：“凡六樂者，一變而致羽物，及川澤之示；再變而致臝物，及山林之示；三變而致鱗物，及丘陵之示；四變而致毛物，及墳衍之示；五變而致介物，及土示；六變而至象物，及天神。……若樂六變，則天神皆降，可得而禮也。”鄭玄注：“變，猶更也。樂成，則更奏也。此謂大蠟索鬼神而致百物，六奏樂而禮畢。”不爲聾夫設：《中論·貴奇》：“使彼有金石絲竹之樂，則不奏乎聾者之側。”

[3] 高唱：1. 高聲歌唱。2. 格調高雅的詩歌。《文選》陸機《演連珠》之二三：“絶節高唱，非凡耳所悲；肆義芳訊，非庸聽所善。”

28　抱朴子曰：“民財匱矣(1)，而求不已；下力竭矣(2)，而役不休。欲怨歎之不生，規其寧之惟永[1]，猶斷根以續枝，剡背以裨腹，刻目以廣明，割耳以開聰也(3)[2]。”

【校】

（1）矣：平津本作夫，疑誤。書寫者將“矣”上面的“厶”漏寫，然後將“矣”下面的“矢”誤寫成“夫”。“夫”當從藏本、魯藩本作“矣”。如此，“民財匱矣”方與下文“下力竭矣”句式一致並互爲對文。

（2）竭：孫星衍校：“《群書治要》作極。”按：兩可。

（3）剡背：藏本、平津本作割背，依承訓本改，剡字貼切。割耳：藏本、平津本作剡耳，依承訓本改，割字貼切。陳其榮校：“《群書治要》割剡二字上下互易。”則承訓本實從《群書治要》。

【注】

[1] 規其寧之惟永：規劃永久的安寧。《書·呂刑》：“一人有慶，兆民

賴之,其寧唯永。"孔傳:"天子有善,則兆民賴之,其乃安寧長久之道。"

〔2〕斷根以續枝四句:喻捨本逐末。《淮南子·説山》:"壞塘以取龜,發屋而求狸,掘室而求鼠,割脣而治齲。桀、跖之徒,君子不與。"可與此合讀。永、聰:東部。

29 抱朴子曰:"法無一定,而慕權宜之隨時;功不倍前,而好屢變以偶俗[1]。猶剗高馬以適卑車,削跗踝以就褊履(1)[2],斷長劍以赴短鞞[3],割尺璧以納促匣也(2)。"

【校】
(1)跗踝:藏本、平津本作附踝,從陳其榮引《治要》(五十)校改。
(2)割:陳其榮校:"《治要》作剖。"

【注】
〔1〕權宜:謂暫時適宜的措施。《文子·道德》:"聖人者,應時權變,見形施宜,世異則事變,時移則俗易。論世立法,隨時舉事。"按:稚川強調法有一定,故立意與《文子》不同。
〔2〕跗(fū):腳背;腳。踝(huái):小腿下連接腳跟兩旁的突出部分。褊(biǎn)履:窄鞋。
〔3〕鞞(bǐng):刀劍套。剗高馬以適卑車四句:喻削足適履。

30 抱朴子曰:"止波之修鱗,不出窮谷之隘[1];鸞棲之峻木,不秀培塿之卑[2]。九疇之格言,不吐庸猥之口[3];金版之高筭,不出恒民之懷[4]。覩百抱之枝,則足以知其本之不細;讀汪濊之文,則足以覺其人之淵邃(1)[5]。"

【校】
(1)讀:藏本、平津本作覩,蓋承前一分句之"覩"字而誤。

【注】

［１］修鱗：指大魚。窮谷：深谷；幽谷。

［２］鸞棲：鸞鳥棲止。喻賢士在位。《晉書·苻堅載記上》：“百姓歌之曰：‘長安大街，夾樹楊槐。下走朱輪，上有鸞棲。英彦雲集，誨我萌黎。’”鸞：鸞鳥。鳳屬。傳說中的神鳥、瑞鳥。《山海經·西山經》：“（女牀之山）有鳥焉，其狀如翟而五采文，名曰鸞鳥，見則天下安寧。”四句喻萬事萬物無不在一定條件下產生。

［３］九疇：指傳說天帝賜給大禹治理天下的九類大法，即《洛書》。疇：類。《書·洪範》：“天乃錫禹洪範九疇，彝倫攸敘。初一曰五行，次二曰敬用五事，次三曰農用八政，次四曰協用五紀，次五曰建用皇極，次六曰乂用三德，次七曰明用稽疑，次八曰念用庶徵，次九曰饗用五福、威用六極。”孔傳：“天與禹，洛出書，神龜負文而出，列於背，有數至於九，禹遂因而第之，以成九類。”馬融注：“從‘五行’已下至‘六極’，《洛書》文也。”因泛指治理天下的大法。庸猥：猶庸鄙。

［４］金版：與《六弢》並列的兵書名。《莊子·徐無鬼》：“吾所以說吾君者，橫說之則以《詩》《書》《禮》《樂》，從說之則以《金版》《六弢》。”《釋文》引司馬彪曰：“《金版》《六弢》，皆《周書》篇名。……版，本又作板。”高筭：深謀遠略。筭同算。恒民：常人，一般的人。《莊子·盜跖》：“夫可規以利，而可諫以言者，皆愚陋恒民之謂耳。”

［５］本：樹根。《呂氏春秋·先己》：“是故百仞之松，本傷於下。”高誘注：“本，根也。”淵邃：精深。睹百抱四句喻窺一斑而見全豹之巨大。

31　抱朴子曰：“桑林鬱藹，無補柏木之淒洌[１]；膏壤帶郭，無解黔敖之蒙袂[２]。然繭纊綈紈，此之自出[３]，千倉萬箱，於是乎生[４]。故識遠者貴本，見近者務末。”

【注】

〔1〕鬱藹：形容林木茂盛。

〔2〕帶郭：繞城外郭；近城郭。黔敖：春秋齊人，施食者。之：與。
蒙袂：餓者用袖蒙面，不欲見人。《禮記·檀弓下》："齊大饑，黔
敖爲食於路，以待餓者而食之。有餓者蒙袂輯屨，貿貿然來。黔
敖左奉食，右執飲，曰：'嗟！來食！'（餓者）揚其目而視之，曰：
'予唯不食"嗟來"之食，以至於斯也。'從而謝焉。終不食而死。"
句謂即便膏壤帶郭，有黔敖嗟來之食，也不能解決蒙袂者的飢餓
問題，因黔敖的"嗟來之食"非治本措施。按："黔敖之蒙袂"有語
省之病。

〔3〕繭：蠶繭。纊（kuàng）：新絲綿絮。《周禮·天官·典絲》"共其
絲纊組文之物"孫詒讓正義："凡繅者爲絲，不繅者爲纊，即今之
絲綿。"綈（tí）紈：厚薄絲織物的總稱。此：指桑林鬱藹。

〔4〕千倉萬箱：形容豐年儲糧之多。《詩·小雅·甫田》："乃求千斯
倉，乃求萬斯箱。"是：指膏壤帶郭。

32　抱朴子曰："體粗者繫形，知精者得神[1]；原始見終
者[2]，有可推之緒；得之未眹者(1)[3]，無假物之因[4]。是以
晝見天地，未足稱明；夜察分毫，乃爲絕倫[5]。"

【校】

（1）眹：平津本原誤作"眹"，此從楊明照校與藏本等改。

【注】

〔1〕體粗者繫形，知精者得神：請參《尚博》論精粗之文。

〔2〕原始見終：考察事物的開端而預見到它的結果。《論衡·實知》：
"凡聖人見禍福也，亦揆端推類，原始見終，從閭巷論朝堂，由昭
昭察冥冥。"

〔3〕眹（zhèn）：微兆；跡象。

〔4〕假物：借用事物。《公孫龍子·跡府》："假物取譬，以'守白'辯，謂白馬爲非馬也。"

〔5〕是以晝見天地，未足稱明四句：對比説明眼力超群在於看見衆人看不見的事物。未足稱明：《鶡冠子·度萬》："見日、月者不爲明。"神、因、倫：真部。

33　抱朴子曰："芳藻春耀，不能離柯以久鮮[1]；吞舟之魚，不能舍水而攝生[2]。是以名美而不副者，必無没世之風[3]；位高而器不稱者，不免致寇之敗[4]。"

【注】

〔1〕柯：莖、枝。

〔2〕吞舟之魚：謂大魚。《淮南子·主術》："吞舟之魚，蕩而失水，則制於螻蟻，離其居也。"高誘注："魚能吞舟，言其大也。其居，水也。"攝生：養生；維持生命。《老子·第五十章》："蓋聞善攝生者，陸行不遇兕虎，入軍不避甲兵。"河上公注："攝，養也。"

〔3〕没世：終身；永遠。《論語·衛靈公》"君子疾没世而名不稱焉"，皇侃疏："没世，謂身没以後也。"

〔4〕致寇之敗：指負乘者招致盜寇，搶走財物。

34　抱朴子曰："忍痛苦之藥石者，所以除伐命之疾[1]；嬰甲胄之重冷者，所以扞鋒鏑之集[2]；潔操履之拘苦者，所以全拔萃之業；納拂心之至言者，所以悟易方之惑也(1)[3]。"

【校】

（1）悟：平津本作無，從孫人和、楊明照校與藏本、魯藩本、吉藩本等改。

【注】

［1］忍痛苦之藥石者二句：服藥治病。《韓非子·六反》：“夫彈痤者
痛，飲藥者苦，爲苦憹之故，不彈痤、飲藥，則身不活、病不已矣。”
伐命之疾：謂要命的重病。伐命：猶伐性。戕害性命。《吕氏春
秋·本生》：“靡曼皓齒，鄭、衛之音，務以自樂，命之曰伐性之
斧。”《意林》二引“伐性”作“伐命”。

［2］嬰甲胄：穿戴鎧甲頭盔。扞：即捍。遮擋，抵禦。

［3］拂心：違逆心意。多用於臣對君。《漢書·杜欽傳》：“臣竊有所
憂，言之則拂心逆指，不言則漸日長，爲禍不細。”易方：改易方
正。《莊子·駢拇》：“夫小惑易方，大惑易性。”

35 抱朴子曰：“鸞、鳳競粒於庭場，則受襲於雞、鶩[(1)]；
龍、麟雜廁於芻豢，則見黷於六牲[1]。是以商老棲峻，以播
邈世之操[2]；卞隨赴深，以全遺物之聲[3]。”

【校】

（1）庭場：吴淑《事類賦注》一八引作庭。襲：吴淑《事類賦注》一八
引作辱。

【注】

［1］芻豢：草食曰芻，牛羊是也；穀食曰豢，犬豕是也。《禮記·月令》
“案芻豢”，鄭玄注：“養牛羊曰芻，犬豕曰豢。”六牲：即馬牛羊豕
犬雞六畜。

［2］商老：指商山四老：東園公、綺里季、夏黃公、甪里先生。四人鬚
眉皆白，故稱四皓。

［3］牲、聲：耕部。

36 抱朴子曰：“浚井不渫，則泥濘滋積[1]；嘉穀不耘，
則黃莠彌蔓[2]。學而不思，則凝閡實繁[(1)][3]；講肄不

精[(2)][4]，則長惑喪功。”

【校】

（1）凝闇：藏本、平津本作疑闇，按：蓋疑本作凝。

（2）講肄：平津本作講而，藏本、魯藩本作講肄，從王國維校改，義勝。

【注】

［1］浚（jùn）井：深井；挖井。《孟子·萬章上》“使浚井”，《史記·五帝本紀》作“穿井”。渫（xiè）：清除汙穢。《易·井》：“九三：井渫不食。”王弼注：“渫，不停汙之謂也。”正義：“渫，治去穢汙之名也。”

［2］黃（tí）：通稊。古從夷從弟之字多通。似穀的雜草，結實，細小，可作飼料。莠（yǒu）：似禾而不結實的雜草。因其穗形像狗尾，又名狗尾草。

［3］學而不思：《論語·爲政》“學而不思則罔”，集解引包咸曰：“學，不尋思其義，則罔然無所得。”

［4］講肄：講論肄習。《詩·小雅·甫田》“攸介攸止，烝我髦士”，鄭玄箋：“閒暇則於廬舍及所止息之處，以道藝相講肄，以進其爲俊士之行。”

37　抱朴子曰：“積萬金於篋匱，雖儉乏而不用[1]，則未知其有異於貧窶[2]；懷逸藻於胸心[3]，不寄意於翰素[4]，則未知其有別於庸猥。”

【注】

［1］篋（qiè）匱：箱櫃。《韓詩外傳》十：“王者藏於天下，諸侯藏於百姓，商賈藏於篋匱。”儉乏：貧乏，生活困難。

［2］貧窶（jù）：貧乏。困於財曰貧，無財備禮曰窶。《詩·邶風·北門》：“終窶且貧，莫知我艱。”

［3］逸藻：華麗的辭藻。《藝文類聚》八九引晉傅咸《舜華賦》："朝陽照灼以舒暉，逸藻采粲而光明。"

［4］寄意：寄託心意。翰：筆。素：縑帛。古代撰寫工具，因指文辭、著述。按："寄意於翰素"蓋即《典論·論文》"是以古之作者，寄身於翰墨，見意於篇章"之意。

38　抱朴子曰："南威、青琴，雖姣冶之極(1)[1]，而必俟盛飾以增麗[2]；回、賜、游、夏[3]，雖天才雋朗[4]，而實須《墳》《誥》以廣智。"

【校】

（1）雖姣冶：藏本、平津本脱"雖"字，當補，"雖姣冶之極"方與下文"雖天才雋朗"字數相等。

【注】

［1］青琴：傳説中的古神女名。亦泛指姣美的歌姬。姣冶：美麗。《史記·司馬相如列傳》："(《上林賦》)若夫青琴、宓妃之徒，絶殊離俗，姣冶嫺都……"索隱："伏儼曰：'青琴，古神女也。'郭璞曰：'姣，好也。都，雅也。'"

［2］盛飾：裝扮華麗；服飾端莊。《左傳·昭公元年》："子晳(公孫黑)盛飾入，布弊而出。"楊伯峻注："盛飾，裝扮華麗。"

［3］回：顔回。賜：端沐賜，即子貢。游：子游。夏：子夏。皆孔子弟子。

［4］雋朗：俊秀明悟。

39　抱朴子曰："丹幃接網，組帳重蔭[1]，則醜姿翳矣；朱漆致飾(1)，錯塗炫燿[2]，則枯木隱矣。是以六蓺備則卑鄙化爲君子[3]，衆譽集則孤陋邈乎貴游[4]。"

【校】

（一）致飾：平津本作飾致，從藏本等改。

【注】

［1］幬：帳。幬通帷。組帳：組綬帷帳，即用絲帶繫玉的華美帷帳。組，綬；帶，索；華美。古人佩玉，用以繫玉的絲帶。《楚辭·招魂》"放陳組纓"，王逸注："組，綬也。"蔣驥注："組，帶也。"《元包經傳·孟陽》"組牽牽"，李江注："組，索也。"《荀子·樂論》："亂世之徵，其服組。"王先謙集解："《書·禹貢》馬注：'組，文也。'服組謂華侈。"《禮記·玉藻》："天子佩白玉而玄組綬，公侯佩山玄玉而朱組綬，大夫佩水蒼玉而純組綬，世子佩瑜玉而綦組綬，士佩瓀玟而縕組綬。"鄭玄注："綬者，所以貫佩玉相承受者也。"按：此謂在帷帳上用絲帶繫玉。《楚辭·招魂》"纂組綺縞結琦璜些"，王逸注："纂組，綬類也。""以纂組結束玉璜，爲帷帳之飾也。"《文選》嵇康《贈秀才入軍詩》"組帳高褰"，李善注："《周禮（·天官·幕人）》曰：'幕人掌帷、幕、幄、帟、綬之事。'鄭司農（衆）曰：'帟，平帷（今本作帳）也。綬，組綬，所以繫帷也。'"劉良注："組，所（以）繫帳者。褰，舉也。"

［2］致飾：極飾。《易·序卦》"致飾然後亨則盡矣"，高亨今注："致猶極也。亨，美也。物加文飾，宜恰到好處，如極其飾，則失其質之美，粉黛多則美女失其故貌。"稚川用"致飾"而取義不同。

［3］卑鄙化爲君子：如"子張鄙人""成化名儒"（《勉學》）。

［4］孤陋：見聞少，學識淺薄。《禮記·學記》："獨學而無友，則孤陋寡聞。"鄭玄注："不相觀也。"

40　抱朴子曰："繁林翳薈[1]，則羽族雲萃；玄淵浩汗，則鱗群競赴(1)[2]。德盛業廣，則宅心者衆[3]，舍瑕録用[4]，即遠懷近集。"

【校】

（1）競：平津本作兢，從藏本等改。

【注】

[1] 翳薈：草木茂密，可爲障蔽；叢生的雜草。《孫子·行軍》“葭葦、山林翳薈者”，曹操注：“翳薈者，可遮罩之處也。”《文選·鷦鷯賦》“翳薈蒙蘢，是焉遊集”，李善注：“《孫子兵法》曰：林木翳薈，草樹蒙蘢。”李周翰注：“翳薈、蒙蘢，蒿草密貌。”

[2] 鱗群競赴：《周書·大聚》：“泉深而魚鼈歸之，草木茂而鳥獸歸之。”

[3] 宅心：歸心。心悅誠服而歸附。《漢書·叙傳下》：“項氏畔換，黜我巴漢。西土宅心，戰士憤怨。”顏師古注引晉灼曰：“西土，關西也。高祖入關，約法三章，秦民大悅，皆宅心高祖。”

[4] 舍瑕録用：不計小過而用其大才。《三國志·吳書·陸瑁傳》：“瑁與（暨艷）書曰：‘夫聖人嘉善矜愚，忘過記功，以成美化，加今王業始建，將一大統，此乃漢高棄瑕録用之時也。’”

41　抱朴子曰：“尋飛絕景之足，而不能騁逸放於呂梁[1]；淩波泳淵之屬，而不能陟峻極而攀危(1)[2]。故離朱剖秋毫於百步，而不能辯八音於雅俗；子野合通靈之絕響，而不能指白黑於咫尺(2)[3]。”

【校】

（1）陟峻極：藏本、平津本脱“極”字，從楊明照校補。《嘉遯》《勖學》《安貧》《窮達》等篇並有“峻極”之文，是其證。危：平津本脱，據藏本等補。如此，“而不能陟峻極而攀危”方與“而不能騁逸放於呂梁”字數相等。

（2）於咫尺：平津本脱“於”字，據藏本等補。

【注】

［1］逸放：猶遨遊。《雲笈七籤》五一：“能修之者，皆飛行太虛，逸放九清。”

［2］攀危：與陟峻同義反復。

［3］合通靈之絕響：謂師曠精於音樂，聞師涓所奏亡國之聲即知新聲出師延所作。《韓非子・十過》：“酒酣，（衛）靈公起曰：‘有新聲，願請以示。’（晉）平公曰：‘善。’乃召師涓，令坐帥曠之旁，援琴鼓之。未終，師曠撫止之，曰：‘此亡國之音，不可遂也。’平公曰：‘此道奚出？’師曠曰：‘此師延之所作，與紂爲靡靡之樂也。及武王伐紂，師延東走，至於濮水而自投。故聞此聲者，必於濮水之上。先聞此聲者，其國必削。不可遂。’”絕響：指中斷或已散失之樂調。《晉書・嵇康傳》：“康臨刑……索琴彈之曰：‘昔袁孝尼嘗從吾學《廣陵散》，吾每靳固之。《廣陵散》於今絕矣。’”又《阮籍嵇康等傳論》：“嵇琴絕響，阮氣徒存。”師曠目盲，故不能辨黑白。

42　抱朴子曰：“四聰廣闢，則羲和納景[1]；萬仞虛己，則行潦交赴。故博采之道弘，則異聞畢集[2]；庭燎之輝舉(1)，則奇士叩角[3]；誹謗之木設，則有過必知(2)[4]；敢諫之鼓懸，則直言必獻[5]。”

【校】

（1）輝舉：平津本作耀輝，依陳其榮校引承訓本、楊明照校引藏本改。

（2）必：魯藩本作不，王國維在“不”旁打鈎示疑。按：“必”“不”草書形近易誤。

【注】

［1］四聰廣闢：四門窗户大開。《書・舜典》：“闢四門，明四目，達四

聰。《左傳・文公十八年》“賓於四門”，杜預注：“闢四門，達四
聰，以賓禮衆賢。”釋文：“聰，本亦作窗，七工反。”《釋名・釋宮
室》：“窗，聰也，於内窺外爲聰明也。”喻牧民者廣納下聞。

［２］博采：廣泛地收集採納。異聞：別有所聞；不同的見聞。《論
語・季氏》：“陳亢問于伯魚曰：‘子亦有異聞乎？’”集解：“以爲伯
魚孔子之子，所聞當有異。”

［３］庭燎：句謂夜設照明以待士。叩：同扣，擊也。

［４］誹謗之木：供百姓書寫政治缺失的表木，即橋梁交午柱頭或橋
梁邊板，又叫華表木。有堯立、舜立兩説。《尸子》下：“堯立誹謗
之木。”《鄧析子・轉辭》：“舜立誹謗之木。”《史記・文帝紀》“誹
謗之木”，集解：“服虔曰：‘堯作之，橋梁交午柱頭。’應劭曰：‘橋
梁邊板，所以書政治之愆失也。’”崔豹《古今注・問答釋義》：“程
雅問曰：‘堯設誹謗之木，何也？’答曰：‘今之華表木也。以橫木
交柱頭，狀若花也，形似桔槔，大路交衢悉施焉。或謂之表木，以
表王者納諫也。亦以表識衢路也。’”有過必知：《論語・述而》：
“苟有過，人必知之。”

［５］敢諫之鼓：設於朝廷供進諫者敲擊以上聞的鼓。《鄧析子・轉
辭》：“堯置敢諫之鼓。”

43　抱朴子曰：“能言莫不襃堯，而堯政不必皆得也[1]；
舉世莫不貶桀，而桀事不必盡失也[2]。故一條之枯，不損
繁林之蓊藹[3]；薺麥冬生(1)，無解畢發之肅殺(2)[4]。西施
有所惡，而不能減其美者，美多也；嫫母有所美(3)，而不能
救其醜者，醜篤也[5]。”

【校】

（１）薺、麥：藏本、平津本作蒿麥，從楊明照校改。《内篇・論仙》《微
旨》《道意》與《藝文類聚》九七引《抱朴子》皆有“薺、麥”連文之
例。《淮南子・天文》：“陰生於午，故五月爲小刑。薺、麥、亭歷

枯,冬生草木必死。"《墜形》:"麥秋生(而)夏死,薺冬生中(而)夏死。"《脩務》:"薺、麥夏死。"並其證。

(2)畢發:陳其榮校:"承訓本作觱發。"按:兩可。

(3)所美:藏本、平津本作所善,當改。美與醜對文。《淮南子·説山》:"嫫母有所美,西施有所醜。"高誘注:"嫫母,古之醜女,而行貞正,故曰有所美,嫫謂模範之模。西施,古之好女,唯容儀光艷,未必貞正,故曰有所醜也。"是其證。

【注】

[1]能言:長於辯論;有獨到的見解。《鬼谷子·中經》:"能言者,儔善博惠。"此謂議論而有見解者。不必皆得:謂堯政有得有失。《莊子·盜跖》:"堯不慈。""堯殺長子。"《淮南子·説山》"堯有遺道",高誘注:"遺,失。謂不放四凶、用十六相,是也。一説不傳丹朱而傳舜,天下有'不慈'之名,故曰有遺道也。"

[2]桀事:謂桀有得事。《吕氏春秋·用衆》:"雖桀、紂猶有可畏可取者,而況於賢人乎?"高誘注:"桀作瓦,紂作胡粉,今人業之,尚可取之一隅。"《淮南子·説山》"桀有得事",高誘注:"謂若作瓦,以蓋屋遺後世也。"

[3]蓊藹:形容草木鬱茂。《文選》潘岳《閒居賦》"竹木蓊藹,靈果參差",劉良注:"蓊藹、參差,鬱茂兒。"

[4]畢發(bó):風寒冷。《詩·豳風·七月》"一之日觱發",毛傳:"觱發,風寒也。"釋文:"觱,音必。《説文(·水部)》作畢。發音如字。觱發,寒也。"

[5]西施有所惡數句:謂美醜並存,但有多、篤與否之分。

44 抱朴子曰:"身與名,難兩濟;功與神,尠並全[1]。支離其德者,苦而必安[2];用以適世者,樂而多危。故鷙禽以奮擊拘繫[3],言鳥以智慧見籠[4],瓊瑶以符采剖判[5],三金以琦玩冶鑠[6],蘭茝以芬馨剪刈[7],文梓以含音受伐。

是以翠虯覩化益而登玄雲^{(1)[8]}，靈鳳值孟戲而返丹穴^[9]。子來歎天倫之偉^{(2)[10]}，漆園悲被繡之犧。”

【校】

（1）翠虯：虯，平津本作“蚪”。

（2）子來：藏本、平津本作子永，從俞樾改。《莊子·大宗師》：“（子輿）曰：‘偉哉！夫造物者，將以予爲此拘拘也！’”子輿，《淮南子·精神》作子求：“子求行年五十有四……匍匐自闚於井，曰：‘偉哉！造化者其以我爲此拘拘邪？’”高注：“子求，楚人也。……偉哉，猶美哉也。造化，謂天也。拘拘，好貌。”俞樾據《莊子·大宗師》與子輿並提的“子來”爲證，謂“子求”當作“子來”。《莊子·大宗師》：“子來曰：‘父母於子，東西南北，唯命之從。陰陽於人，不翅於父母。……夫大塊載我以形，勞我以生，佚我以老，息我以死。故善吾生者，乃所以善吾死也。’”“歎天倫之偉”蓋指此。

【注】

［1］兩濟：兼顧；謂兩種互相矛盾的事同時取得成功。

［2］支離：支離疏，寓託的人名，一個形體支離不全的人。猶言忘。《莊子·人間世》：“支離疏者，頤隱於臍，肩高於頂，會撮指天，五管在上，兩髀爲脅。挫鍼治繲，足以餬口。鼓筴播精，足以食十人。……上與病者粟，則受三鍾與十束薪。夫支離其形者，猶足以養其身，終其天年。又況支離其德乎？”釋文引司馬彪云：“支離，形體不全貌。疏，其名也。”成玄英疏：“夫支離其形，猶忘形也。支離其德，猶忘德也。……夫忘形者猶足以養身終年，免乎人間之害，何況忘德者耶！”陳鼓應説：“借支離疏寫殘形者無所可用於當政者，乃得全生免害。”支離疏全生免害，體力其難也。

［3］鷙禽：鷙擊之禽，如鷹鸇之類。拘縶：押繫；束縛。《三國志·魏

書·管輅傳》“正始九年舉秀才”，裴松之注引《管輅別傳》：“然見清河郡內有一駬驥，拘繫後廄歷年，去王良、伯樂百八十里，不得騁天骨，起風塵，以此憔悴耳。”

[4] 言鳥：能言鳥，如鸚鵡之屬。句意本禰衡《鸚鵡賦》：“性辯慧而能言兮……閉以雕籠。”

[5] 符采：玉之橫文；玉的文理色彩。句意蓋本《論衡·累害》“夫采玉者，破石拔玉”。

[6] 三金：黃金、白金、赤金，即金、銀、銅。《漢書·食貨志下》：“金有三等：黃金爲上，白金爲中，赤金爲下。”顏師古注引孟康曰：“白金，銀也。赤金，丹陽銅也。”冶鑠：熔化。

[7] 蘭茝：蘭草和白芷。《楚辭·九章·悲回風》：“蘭茝幽而獨芳。”芬馨：芳香。舊題蘇武《詩》之四：“芬馨良夜發，隨風聞我堂。”

[8] 化益：伯益。堯臣，一説舜臣。《易·井》釋文：“《世本》云：‘化益作井。’宋衷云：‘化益，伯益也。堯臣。’”

[9] 孟戲：古代傳説中馴養百禽的人物。《史記·秦本紀》：“大廉玄孫曰孟戲、仲衍，鳥身人言。”丹穴：即丹穴之山。

[10] 天倫：自然的道理。《莊子·刻意》：“一之精通，合於天倫。”成玄英疏：“倫，理也，既與神爲一，則精智無礙，故冥乎自然之美。”

45　抱朴子曰：“萬麋傾角，猛虎爲之含牙⁽¹⁾；千禽鱗萃，鷙鳥爲之握爪[1]。是以四國流言，公旦不能遏[2]；謗者盈路，子産無以塞^{(2)[3]}。”

【校】

（1）含：魯藩本誤作舍，從他本改。

（2）子産無以塞：藏本作子産而無以塞，孫星衍校：“藏本‘而’字在‘子産’下，今從舊寫本。”按：“而”字當删。這樣“子産無以塞”與上文“公旦不能遏”字數相等。

【注】

[1] 萬麋傾角四句：意本《説苑·雜言》：“麋鹿成群，虎豹避之；飛鳥成列，鷹鷲不擊。”麋：即四不像。傾角：傾斜其角，以便攻擊對方。含牙：牙含口中。形容收斂齧食動作。《淮南子·兵略》：“凡有血氣之蟲，含牙帶角，前爪後距。”鱗萃：猶群集。握爪：屈爪成拳。形容收斂捕食動作。

[2] 四國：《詩·豳風·破斧》：“周公東征，四國是皇。”毛傳：“四國，管、蔡、商、奄。”皇：借爲惶，恐慌。

[3] 塞：謂止謗。兩句謂鄭子産執政，使“都鄙有章，上下有服，田有封洫，廬井有伍”，整頓“宗法封建”舊制，遭到“僭越”者的反對。《左傳·襄公三十年》：“鄭子皮授子産政……從政一年，輿人誦之曰：‘取我衣冠而褚（貯）之，取我田疇而伍（賦）之，孰殺子産，吾其與之。’”又《昭公四年》：“鄭子産作丘賦，國人謗之，曰：‘其父死於路，己爲蠆尾，以令於國，國將若之何？’子寬以告。子産曰：‘何害！苟利社稷，死生以之。’”杜預注：“謗，毀也。（其父）謂子國爲尉氏所殺。（蠆尾）謂子産重賦，毒害百姓。”

46 抱朴子曰：“威、施之艷，粉黛無以加；二至之氣，吹嘘不能增[1]。是以懷英逸之量者，不矜風格以示異(1)；體邁俗之器者，不恤小譽以狥通[2]。”

【校】

（1）矜：平津本作務，從楊明照引藏本、魯藩本等校改。

【注】

[1] 二至：冬至和夏至。《左傳·昭公二十一年》“二至、二分”，杜預注：“二至，冬至、夏至。”吹嘘：吹氣使冷，嘘氣使暖，冷暖使萬物枯榮。《後漢書·鄭泰傳》：“孔公緒清談高論，嘘枯吹生。”李賢注：“枯者嘘之使生，生者吹之使枯，言談論有所抑揚也。”後用以

比喻寒暖變化。

［2］矜：《公羊傳·僖公九年》：“矜之者何？猶曰莫我若也。”何休注：
　　“(矜)色自美大之貌。”風格：氣度；氣魄。狗通：謀求通達。狗
　　通徇。

47　抱朴子曰：“麟止鳳儀(1)，所患在少[1]；狐鳴梟呼，
世忌其多[2]。是以俊乂盈朝(2)，而求賢者未倦[3]；讒佞作
威，而忠貞者切齒[4]。”

【校】

（1）麟止：平津本作鱗止，從藏本等改。

（2）乂：魯藩本作又，王國維校作乂。

【注】

［1］麟止：《詩·周南·麟之止》詠麒麟，爲希罕之物。《廣雅·釋
　　獸》：“麒麟，步行中規，折還中榘，不履生蟲，不折生草。”鳳儀：
　　《書·益稷》“鳳皇來儀”，孔傳：“儀，有容儀。”指吉祥之兆。

［2］狐鳴梟呼：喻小人氣焰囂張。亦喻惡聲。故世忌其多。

［3］俊乂：才德出衆的人。《書·皋陶謨》“俊乂在官”，孔穎達疏：
　　“馬、王、鄭皆云‘才德過千人爲俊，百人爲乂’。”求賢者：指君
　　王。《呂氏春秋·士節》：“賢主勞於求人，而佚於治事。”高誘注：
　　“得賢而任之，故佚於治事也。”

［4］讒佞：讒邪姦佞之人。如趙高。《晏子春秋·諫上八》：“景公信
　　用讒佞，賞無功，罰不辜。”切齒：咬牙。極端痛恨貌。

48　抱朴子曰：“多力，何必孟賁、烏獲；逸容，豈唯鄭
旦、毛嬙[1]。飆迅，非徒驊騮、騕褭[2]；立斷，未獨沈閭、干
將[3]。是以能立素王之業者，不必東魯之丘[4]；能洽掩枯
之仁者(1)，不必西鄰之昌[5]。”

【校】

（1）洽：孫星衍校：“藏本作治，今從舊寫本。”

【注】

［1］逸容：猶美貌。鄭旦：春秋末與西施同爲越國苧蘿山鬻薪之美
女，同時被越王句踐獻給吳王夫差爲妃。《越絕書·越絕内經·
九術》：“越乃飾美女西施、鄭旦，使大夫種獻之於吳王，吳王大
悦。”毛嬙：古代美女名。一説越王美姬。《莊子·齊物論》：“毛
嬙、麗姬，人之所美也。”釋文引司馬（彪）云：“毛嬙，古美女名。
一云：越王美姬也。”成玄英疏：“毛嬙，越王嬖姬；麗姬，晉國之
寵嬪。此二人者，姝妍冠世。”

［2］飈迅：如暴風一般迅速。驊騮（huá liú）：周穆王八駿之一。泛
指駿馬。

［3］沈間：古劍名。即湛盧，言湛然如水而黑。湛、沈古同爲侵部字，
盧、間同爲魚部字，故相通用。傳爲春秋時歐冶子所鑄。又説吳
王得越王允常所獻寶劍三枚之一。干將：古劍名。相傳吳有干
將、莫邪夫婦善鑄劍，爲闔閭鑄陰陽劍，陽曰干將，陰曰莫邪。干
將藏陽劍，獻陰劍。吳王視爲重寶。

［4］東魯之丘：指東方魯國的孔丘。《史記·孔子世家》：“（其父叔梁
紇）禱於尼丘得孔子。……生而首上圩頂，故因名云，字仲尼。”

［5］掩枯之仁：指周文王收葬枯骨。按：兩句口吻頗似陸賈《新語·
術事》：“書不必起仲尼之門，藥不必出扁鵲之方。”

49　抱朴子曰：“靈鳳振響於朝陽，未有惠物之益，而
莫不澄聽於下風焉[1]；鴟梟宵集於垣宇，未有分釐之損，而
莫不掩耳而注鏑焉[2]。故善言之往，無遠不悦；惡辭之來，
靡近不忤[3]。猶日月無謝於貞明[4]，枉矢見忌於
暫出(1)[5]。”

【校】

（1）忌：藏本、平津本作忘，從王廣恕校改。兩者形近致誤。上文"扛
　　鼎者見忌"，是其證。

【注】

［1］振響：發出音響。此猶言鳥鳴。振通震。句謂鳳鳴朝陽。下風：
　　風所吹向的那一方。

［2］掩耳：捂住耳朵不聽。

［3］善言之往四句：謂言辭善惡，影響深遠。《易・繫辭上》："子曰：
　　'君子居其室，出其言善，則千里之外應之，況其邇者乎？ 居其
　　室，出其言不善，則千里之外違之，況其邇者乎？'"靡：無。

［4］貞明：謂日月能固守其運行規律而常明。《易・繫辭下》："日月
　　之道，貞明者也。"正義："言日月照臨之道，以貞正得一而爲
　　明也。"

［5］枉矢：星名，類大流星。其光行若射矢，故名。一說，其氣枉暴，
　　有所災害。《釋名・釋天》："枉矢，齊、魯謂光景爲枉矢，言其光
　　行若射矢之所至也；亦言其氣枉暴，有所災害也。"

50　抱朴子曰："影無違形之狀[1]，名無離實之文[2]。
故背源之水，必不能揚長流以東漸[3]；非時之華，必不能稽
輝藻於冰霜[4]。"

【注】

［1］影無違形：影子與事物形狀一樣。喻名實相副。《管子・宙合》
　　"景不爲曲物直"，尹知章注："物曲則影曲。"

［2］名無離實：名實相互依存。《管子・九守》："修名而督實，按實而
　　定名。名實相生，反相爲情。"修通循。

［3］背源之水二句：謂流不能離開源。《淮南子・說林》："塞其源者
　　竭。"東漸：《書・禹貢》"東漸於海"，孔傳："漸，入也。"

〔4〕非時之華：不按季節開放的花；早開的花。華：同花。《文子·上
　　德》：“華太早者，不須霜而落。”稽：稽留，猶言保持。輝藻：華采。

51　抱朴子曰：“鋸牙之獸[1]，雖低伏而見憚；揮斧之
蟲，雖跧形而不威[2]。故君子被褐[3]，窮而不可輕；小人軒
冕[4]，達而不足重。”

【注】

〔1〕鋸牙：像鋸齒一般的銳牙。指駁。即兹白，食虎豹。《周書·王
　　會》：“兹白者，若白馬，鋸牙，食虎豹。”孔注：“兹白，一名駁者
　　也。”又見《山海經》之《西山經》《海外北經》。
〔2〕揮斧之蟲：指螳螂。螳螂前有兩足，高舉如揮動的斧子。《藝文
　　類聚》九七引郭璞《爾雅圖贊》：“螳螂飛蟲，揮斧奮臂。”跧
　　（quán）：踢；踹。
〔3〕被（pī）褐：身穿粗布短襖。謂生活貧困。《老子·第七十章》：
　　“知我者希，則我者貴。是以聖人被褐懷玉。”河上公注：“被褐
　　者，薄外；懷玉者，厚內。匿寶藏懷，不以示人也。”
〔4〕軒冕：大夫以上官員的車乘與冕服。借指官位爵祿。此指做高
　　官。《管子·法法》：“是故先王制軒冕，所以箸貴賤。”

52　抱朴子曰：“逸麟逍遥大荒之表(1)，故無機穽之
禍[1]；靈鵾振翅玄圃之峰，以違罝羅之患[2]。何必曲穴而
永懷怵惕[3]？何必銜蘆而慘慘畏容[4]？故充乎宰割之用
者，必愛乎芻豢者也；給乎煎熬之膳者，必安乎庭粒
者也(2)。”

【校】

（1）逍遥：魯藩本作道遥，王國維校作逍遥。

（2）庭粒：藏本、平津本作庭立，從楊明照校改。《逸民》篇“盛務於庭
　　　粒者”是其證。

【注】

［1］逸麟：指自由奔跑的麋鹿。機罘：設有機關的捕獸陷阱。

［2］靈鶬（cāng）：鶬鴰（guā），亦名麋鴰，鶴屬。似雁而黑。罩羅：捕
　　　魚或捕鳥的器具。

［3］怵惕：戒懼；驚懼。

［4］銜蘆：雁用以自衛的一種本能，令箭矢不能截擊其翼。《尸子》
　　　下：“雁銜蘆而捍網，牛結陣以卻虎。”慘慘：憂悶；憂愁。《詩·
　　　小雅·正月》：“憂心慘慘，念國之爲虐。”鄭玄注：“慘慘，猶戚
　　　戚也。”

53　抱朴子曰：“聰者貴於理遺音於千載之外，而得興
亡之跡[1]；明者珍於鑒逸群於寒瘁之中[2]，而抽匡世之器。
若夫聆繁會之響，而顧問於庸工，非延州之清聽也[3]；枉英
逸之才(1)，而諮之於常人，非獨見之奇識也。故與不賞物
者而論用淩儕之器，是使瞽者指五色也[4]；與妬勝己者而
謀舉疾惡之賢，是與群狐議治裘也(2)[5]。”

【校】

（1）英逸：藏本、平津本作英遠，從孫人和校改。《擢才》《接疏》與本
　　　篇第46首並以英逸連文，可證。

（2）群狐：藏本、平津本脫“群”字，從楊明照校補。《知止》“議治裘不
　　　於群狐之中”可證。

【注】

［1］聰者貴於理遺音於千載之外二句：《淮南子·主術》：“延陵季子
　　　聽魯樂，而知殷、夏之風，論近以知遠也。作之上古，施及千歲，

而文不滅,況於並世化民哉!"詳見《左傳·襄公二十九年》吳季札所作評論。

[2]寒痿:謂窮困潦倒之人。

[3]繁會:猶交響。清聽:此指季札觀魯樂。

[4]瞽者指五色:喻不看對象。《莊子·逍遙遊》:"瞽者無以與乎文章之觀,聾者無以與乎鐘鼓之聲。"成玄英疏:"既瞽既聾,不可示之以聲、色也。"

[5]與群狐議治裘也:喻跟對方所謀之事有損於對方,故絕對不能與對方商議。《太平御覽》二百八引《符子》云:"魯侯欲以孔子爲司徒,將召三桓而議之,乃謂左丘明曰:'寡人欲以孔丘爲司徒,而授以魯政焉。寡人將欲詢諸三子。'……丘明曰:'周人有愛裘而好珍羞,欲爲千金之裘,而與狐謀其皮;欲具少牢之珍,而與羊謀其羞。言未卒,狐相率逃於重丘之下,羊相呼藏於深林之中。故周人十年不制一裘,五年不具一牢。何者?周人之謀失之矣。今君欲以孔丘爲司徒,召三桓而議之,亦以狐謀裘,與羊謀羞哉!'於是魯侯遂不與三桓謀,而召孔丘爲司徒。"

54 抱朴子曰:"駣、駁危苦於嶮峻之端(1)[1],不樂吠守之役(2);吉光飢渴於冰霜之野,不願犧牲之飽。孤竹不以絕粒[2],易鹿臺之富[3];子廉不以困匱寬大[4],貿銅山之豐[5]。"

【校】

(1)駣駁:陳其榮校:"承訓本作鷔駿。"當以駣駁爲是。

(2)吠守:陳其榮校:"承訓本作咈呼。"藏本、平津本作咈守,從王廣校改。《逸民》篇"麟不吠守"、《務正》篇"牛馬不能吠守"並其證。

【注】

[1]駣(lóng):野馬。駁:毛色不純的馬。

〔2〕孤竹不以絕粒：伯夷、叔齊處於孤竹，因以孤竹指代伯夷、叔齊。絕粒：指伯夷、叔齊餓死首陽山事。

〔3〕鹿臺：古臺名。別稱南單之臺。殷紂王貯藏珠玉錢帛的地方。故址在今河南省湯陰縣朝歌鎮南。《呂氏春秋·慎大覽》：“武王於是恢復盤庚之政，發巨橋之粟，賦鹿臺之錢，以示民無私。”高誘注：“鹿臺，紂錢府。賦，布也。私，愛也。”《新序·刺奢》：“紂爲鹿臺，七年而成，其大三里，高千尺，臨望入雲。”

〔4〕子廉：漢郝子廉，太原人，性廉潔。飢不得食，寒不得衣，一介不取諸人。嘗過姊飯，留十五錢，默置席下去。每行飲水，常投一錢井中。見《風俗通義·愆禮》。困匱：貧困。

〔5〕銅山：蘊藏、出產銅礦的山。《史記·佞幸列傳》：“上使善相者相（鄧）通，曰：‘當貧餓死。’文帝曰：‘能富通者在我也。何謂貧乎？’於是賜鄧通蜀嚴道銅山，得自鑄錢，‘鄧氏錢’布天下。”富侔人主。典出於此。

55　抱朴子曰：“志合者不以山海爲遠；道乖者不以咫尺爲近[1]。故有跋涉而遊集[2]，亦或密邇而不接[3]。”

【注】

〔1〕志合者不以山海爲遠二句：意本《淮南子·說山》：“行合趨同，千里相從；行不合，趨不同，對門不通。”高誘注：“《詩（·鄭風·東門之墠）》所謂室邇人遠，故曰對門不通也。”

〔2〕跋涉：登山涉水。謂旅途艱苦。《詩·鄘風·載馳》：“大夫跋涉，我心則憂。”毛傳：“草行曰跋，水行曰涉。”

〔3〕密邇：貼近；靠近。

56　抱朴子曰：“華袞粲爛[1]，非隻色之功[2]；嵩、岱之峻，非一簣之積[3]。故九子任，而康凝之績熙[4]；四七授(1)[5]，而佐命之勳著[6]。”

【校】

（1）四七授：陳其榮校：“盧本作四士授。”

【注】

[1] 華衮：古代王公貴族所服畫有卷龍、繡有五采的禮服。常用以
表示極高的榮寵。范甯《〈春秋穀梁傳〉序》：“一字之褒，寵踰華
衮之贈。”粲爛：鮮明貌。此謂（服色）絢麗鮮艷。

[2] 非隻色之功：謂五色俱備。

[3] 蕢（kuì）：盛土的竹筐。《書·旅獒》：“爲山九仞，功虧一蕢。”

[4] 九子：指堯的九位賢臣。《淮南子·道應》“昔堯之佐九人”許慎
注：“禹、皋陶、稷、契、伯夷、倕、益、夔、龍也。”《説苑·君道》：“當
堯之時，舜爲司徒，契爲司馬，禹爲司空，后稷爲田疇，夔爲樂工，
倕爲工師，伯夷爲秩宗，皋陶爲大理，益掌敺禽。……堯知九職
之事，使九子者各受其事，皆勝其任，以成九功，堯遂成厥功以王
天下。”九人所指與上引許慎注小異。康：庶事康哉即諸事安
寧。凝：庶績其凝，即衆功成就。績熙：庶績咸熙。

[5] 四七：指諸侯守四方如天之有二十八宿；指漢光武二十八將。
《後漢書·劉瑜傳》：“蓋諸侯之位，上法四七，垂文炳燿，關之盛
衰者也。”李賢注：“四七，二十八宿也。諸侯爲天子守四方，猶天
之有二十八宿。《漢官儀》曰：‘天子建侯，上法四七’也。”

[6] 古代帝王得天下，自稱是上應天命，故稱輔佐帝王創業爲佐命。

57 抱朴子曰：“翠虮無翅而天飛，螣蛇無足而電騖[1]；
鼈無耳而善瞥(1)，蚓無口而揚聲[2]。故皋繇喑而與辯者同
功[3]，晉野瞽而與離朱齊明[4]。”

【校】

（1）善瞥：藏本、平津本作善聞，馬宗霍《淮南舊注參正》云：“《説文·
目部》：‘瞥，過目也。從目蔽聲。’”“此蓋謂鼈因無耳，視覺特鋭，

過目則見也,故曰‘精於明也。’”“‘聞’字乃‘瞥’之誤。”據此,善聞當作善瞥,即“精於明也”。

【注】

[1] 天飛:飛龍在天。螣(téng)蛇:傳說中一種能飛的蛇。《爾雅・釋魚》:“螣,螣蛇。”郭璞注:“龍類也,能興雲霧而遊其中。”騖(wù):飛馳。

[2] 蚓:《古今注・魚蟲》:“蚯蚓,一名蜿蟺,一名曲蟮。善長吟於地中。江東謂之歌女,或曰吟砌。”“揚聲”蓋據此而言。

[3] 皋繇:即皋陶。舜臣,掌刑獄。《文子・精誠》《淮南子・主術》:“皋陶喑而爲大理,天下無虐刑。”則與會説話的成效相同。辯者:會説話的人。句謂皋陶雖喑而“有貴於言者”。

[4] 晉野:春秋晉平公樂師兼太宰師曠字子野。師曠之明,在於使“晉無亂政”。齊明:(與離朱)同等明察。句謂子野雖瞽而“有貴於見者”。

58　　抱朴子曰:“官達者,才未必當其位;譽美者,實未必副其名。故鋸齒不能咀嚼,箕舌不能別味[1],壺耳不能理音,屩鼻不能識氣[2];釜目不能攄望舒之景(1)[3],床足不能有尋常之逝。”

【校】

(1)攄:平津本作攄,從藏本等改。

【注】

[1] 箕舌:簸箕底伸展向前的寬廣處,其狀如舌。《禮記・曲禮上》“坐毋箕”,孔穎達疏:“坐毋箕者,箕謂舒展兩足,狀如箕舌也。”

[2] 屩(juē)鼻:草鞋前端的鼻子。

[3] 釜目:釜口兩邊提舉處兩孔有如兩目,故云。攄:《廣雅・釋詁

四》:"攄,舒也。"

59　抱朴子曰:"路人不能挽勁命中,而識養由之射[1];顔子不能控轡振策,而知東野之敗[2]。故有不能下棋,而經目識勝負;不能徽絃,而過耳解鄭、雅者[3]。"

【注】

[1]路人:指看見養由基射柳的過路人。挽勁:猶挽强。謂拉引硬弓。識養由之射:看出養由基的射擊有前功盡棄之時。養由:養由基,字養叔(《世本・氏姓上》),春秋楚國善射者。養:邑名,以邑爲氏。《戰國策・西周策》:"楚有養由基者,善射。去柳葉者百步而射之,百發百中。左右皆曰善。有一人過,曰:'善射,可教射也矣。'養由基曰:'人皆善,子乃曰"可教射",子何不代我射之也?'客曰:'我不能教子支左屈右。夫射柳葉者,百發百中而不已善息,少焉氣力倦,弓撥矢鈎,一發不中,前功盡矣。'"

[2]顔子:春秋魯國賢者顔闔。東野:東野稷,姓東野,名稷,善於駕車。《莊子・達生》:"東野稷以御見莊公,進退中繩,左右旋中規。莊公以爲文弗過也,使人鈎百而反。顔闔遇之,入見曰:'稷之馬將敗。'公密而不應。少焉,果敗而反。公曰:'子何以知之?'曰:'其馬力竭矣。而猶求焉,故曰敗。'"文:圖畫。弗過:比不上。鈎百:百轉。反同返。密:默。東野稷,《韓詩外傳》二作東野畢,顔闔作顔淵。

[3]徽絃:揮弦。彈琴。徽通揮。《文選・文賦》"猶絃么而徽急",李善注:"《淮南子(・主術)》曰:'鄒忌一徽琴,而威王終夕悲。'許慎注:'鼓琴循絃謂之徽。'"過耳:指聽樂。本段所說正是《世說新語・識鑒4》所謂"山濤不學孫、吳,而闇與之理合"之意。

60　抱朴子曰:"垂蔭萬畝者,必出峻極之嶺[1];滔天襄陵者,必發板桐之源[2]。邁世之勳,必由絶倫之器;定傾之笄,必吐冠俗之懷。是以蟭螟之巢,無乘風之羽[3];溝澮之中,無宵朗之琦[4]。"

【注】

[1] 垂蔭萬畝:謂樹木粗壯高大,枝葉繁密峻茂,形成大面積的陰影。蔭:陰的分別字。

[2] 滔天襄陵者:《書·堯典》:"湯湯洪水方割,蕩蕩懷山襄陵,浩浩滔天。"孔傳:"懷,包也。襄,上也。包山上陵,浩浩盛大若漫天。"板桐:古代傳説仙人所居之山,與閬風、玄圃並爲崑崙虛三山。《爾雅·釋山》:"崑崙虛有三山:閬風、板桐、玄圃。"《楚辭》嚴忌《哀時命》:"望閬風之板桐。"王逸注:"板桐,山名也,在閬風之上。"《淮南子·墬形》作樊桐。兩句謂流長必源遠。

[3] 乘風:蓋海鳥。《急就篇》二:"乘風縣鍾華洞樂。"顏師古注:"乘風,一名爰居,一名雜縣,蓋海鳥也。"

[4] 宵朗之琦:指夜間發光的珍寶,如明月珠、夜光璧。宵朗:夜明。

61　抱朴子曰:"衝飆焚輪,原火所以增熾也,而螢燭值之而反滅[1];甘雨膏澤,嘉生所以繁榮也,而枯木得之以速朽[2]。朱輪華轂[3],俊民之大寶也[4],而負乘竊之而召禍;鼎食萬鍾[5],宣力之弘報也,而近才受之以覆餗(1)。"

【校】

(1) 近:魯藩本作逸。以:魯藩本作而。

【注】

[1] 原火:燎原大火。《書·盤庚上》:"若火之燎於原,不可嚮邇。"

[2] 膏澤:滋潤農作物的雨水。曹植《贈徐幹》詩:"良田無晚歲,膏澤多豐年。"

[3] 朱輪華轂:紅漆車輪,彩繪車轂。古代顯貴者所乘之車。《史

記・張耳陳餘列傳》:“令范陽令乘朱輪華轂,使驅燕、趙郊。”
[4] 俊民之大寶:猶言賢臣之位。大寶:本指帝位,泛指高位,此指
　　大臣之位。《易・繫辭下》:“聖人之大寶曰位。”
[5] 萬鍾:指優厚的俸祿。《孟子・滕文公下》:“兄戴蓋禄萬鍾。”

62　抱朴子曰:“屠犀爲甲,給乎專征之服[1];裂翠爲
華,集乎后妃之首[2]。雖出自于幽谷(1),遷於喬木[3];然爲
二物之計,未若棲竄於林薄[4],攝生乎榛藪也[5]。故靈龜
寧曳尾於塗中,而不願巾笥之寶[6];澤雉樂十步之啄[7],以
違雞、鶩之禍。”

【校】

(1) 雖出自于幽谷:藏本、平津本作雖出幽谷,據嚴可均引《北堂書
　　鈔》寫本一百二十一改補。

【注】

[1] 屠犀爲甲:屠宰犀牛取其皮做甲。
[2] 裂翠爲華:扯取翠鳥羽毛作爲裝飾。《古文苑》揚雄《太玄賦》:
　　“翠羽媆而殃身兮。”章注:“媆,古美字。”《太平御覽》九二四引
　　《異物志》:“翠鳥似鷰,翡赤而翠青,其羽可以爲飾。”
[3] 雖出自于幽谷,遷於喬木:《詩・小雅・伐木》:“出自幽谷,遷於
　　喬木。”毛傳:“幽,深。喬,高也。”鄭玄箋:“遷,徙也。謂鄉(向)
　　時之鳥出從深谷,今移處高木。”兩句喻犀皮、翠羽之被派作大用
　　場,放在重要位置。
[4] 二物:指犀牛、翠鳥。本段文意蓋本《淮南子・説山》:“剥牛皮鞹
　　以爲鼓,正三軍之衆;然爲牛計者,不若服於軛也。狐白之裘,天
　　子被之而坐朝堂;然爲狐計者,不若走於澤。”棲竄:逃匿,逃竄。
[5] 榛藪:山林,叢林。
[6] 靈龜寧曳尾於塗中:比喻與其顯身揚名於廟堂之上而毁身滅

性,不如過貧賤生活而全身逍遥。《莊子·秋水》:"莊子釣於濮水,楚王使大夫二人往先焉,曰:'願以境内累矣。'莊子持竿不顧,曰:'吾聞楚有神龜,死已三千歲矣,王巾笥而藏之廟堂之上。此龜者,寧其死爲留骨而貴乎? 寧其生而曳尾於塗中乎?'二大夫曰:'寧生而曳尾於塗中。'莊子曰:'往矣,吾將曳尾於塗中。'"笥(sì):箱篋。

〔7〕澤雉:生長於沼澤地的野雞。《莊子·養生主》:"澤雉十步一啄,百步一飲,不蘄畜乎樊中。"郭象注:"蘄,求。樊,所以籠雉也。"釋文:"蘄,音祈。樊、李(頤)云:'藩也。所以籠雉也。'"

63　抱朴子曰:"偏才不足以經周用[1],隻長不足以濟衆短。是以雞知將旦,不能究陰陽之歷數[2];鵠識夜半(1),不能極晷景之道度[3]。山鳩知晴雨於將來,不能明天文[4];蛇螾知潛泉之所居,不能達地理[5]。"

【校】

(1)鵠:魯藩本誤作鵲。

【注】

〔1〕偏才:指具有某一方面才能的人。

〔2〕雞知將旦:指雄雞報曉。《淮南子·説山》:"雞知將旦,鶴知夜半。"陰陽:夜晝;冬夏。《禮記·祭義》:"日出於東,月生於西,陰陽長短,終始相巡。"孔穎達疏:"陰謂夜也,陽謂晝也。夏則陽長而陰短,冬則陽短而陰長,是陰陽長短。"歷數:魯藩本歷作曆,互通。歲時節候的次序。《書·洪範》:"五曰曆數。"孔傳:"曆數,節氣之度以爲曆,敬授民時。"方孝岳今語:"曆數者,即紀日月星辰之行道位次。"曆通歷。

〔3〕鵠:通鶴。鶴知夜半:《淮南子·説山》:"雞知將旦,鶴知夜半。"喻各有專長。晷景(guǐ yǐng):晷表的投影;日影。《史記·天官

書》：“冬至極短……鹿解角，蘭根出，泉水躍，略以知日至，要決暑景。”

[4]山鳩：楊明照箋：“山鳩，鳲鳩，一作尸鳩。即布穀鳥。《爾雅·釋鳥》：‘鳲鳩，鴶鵴。’郭注：‘今之布穀也。江東呼爲獲穀。’《山海經·西山經》：‘（南山）鳥多尸鳩。’郭注：‘尸鳩，布穀類也。’《後漢書·襄楷傳》：‘（上疏）臣聞布穀鳴于孟夏。’《杜工部集·洗兵馬》：‘田家望望惜雨乾，布穀處處催春種。’郝懿行曰：‘（布穀）其身灰色，翅、尾末俱雜黑色。農人候此鳥鳴，布種其穀矣。’（《爾雅義疏》下之五）”按：鳩約分兩類，一種反應春播季節，鳲鳩是也，一種反應晴雨，鶻鳩是也。《爾雅·釋鳥》郝懿行義疏將“鳲鳩鴶鵴”與“鶌鳩鶻鵃”列爲兩條，分別義疏，即反映了這一點。楊明照箋文指的是前一種。鳩以鳴聲似“布穀”，又鳴於播種時，故相傳爲勸耕之鳥。鳲鳩異名很多。一名秸鞠，亦作“鴶鵴”“鴶鞠”。《詩·召南·鵲巢》“維鵲有巢，維鳩居之”，毛傳：“興也。鳩，鳲鳩，秸鞠也。”又《曹風·鳲鳩》“鳲鳩在桑，其子七兮”，毛傳：“鳲鳩，秸鞠也。”《爾雅·釋鳥》：“鳲鳩，鴶鵴。”郭璞注：“今之布穀也。江東呼爲獲穀。”漢焦贛《易林·乾之蒙》：“鴶鵴鳲鳩，專一無尤，君子是則，長受嘉福。”《荀子·勸學》《詩》曰：尸鳩在桑，其子七兮”，唐楊倞注：“《曹風·尸鳩》之篇。毛云：尸鳩，鴶鞠也。”一名結誥，亦名擊穀。《方言》八：“布穀，自關而東梁楚之間謂之結誥，周魏之間謂之擊穀。自關而西，或謂之布穀。”郭璞注：“今江東呼爲獲穀。”郝懿行曰：“結誥即秸鞠，聲之轉也。”一名撥穀，一名郭公。李白《荆州樂》：“繰絲憶君頭緒多，撥穀飛鳴奈妾何。”陳藏器《本草拾遺》：“江東呼爲郭公，北人云撥穀，似鷂，長尾，牝牡飛鳴，以翼相拂擊。”《後漢書·襄楷傳》：“臣聞布穀鳴於孟夏，蟋蟀吟於始秋。”又名勃姑、鵓姑、鵓鴣、步姑、卜姑、保姑，互通。《爾雅·釋鳥》“鳲鳩鴶鵴”，郝懿行義疏：“《六書故》：‘其聲若曰布穀，故謂之布穀。又謂勃姑，又謂步姑。’按，今揚州人謂之卜姑，東齊及德滄之間謂之保姑，其身灰色，翅尾末俱雜黑色。農人候此鳥鳴布種其穀矣。”鶻鳩即斑鳩。斑鳩亦作

鳭鳩、鷦鳩。《詩·衛風·氓》“于嗟鳩兮”，毛傳：“鳩，鶻鳩也。”
陸璣疏：“鶻鳩，一名斑鳩，似鶏鳩而大。鶻鳩，灰色，無繡項，陰
則屏逐其（婦）［匹］，晴則呼之，語曰：‘天將雨，鳩逐婦’是也。”
“山鳩知晴雨”，故山鳩即斑鳩。按：“知晴雨”偏指“知雨”。《爾
雅·釋鳥》郝懿行義疏云：“班鳩也，杜陽人謂之斑佳，似鶏鳩而
大，項有繡文班然，故曰班鳩。”鶻鳩又作鶻鶋、鶻鵃，又名“鵤鳩”
“鳴鳩”“鶻嘲”。《爾雅·釋鳥》：“鵤鳩，鶻鶋。”郭璞注：“鶻鶋，
似山鵲而小，短尾，青黑色，多聲，今江東亦呼爲鶻鶋。”郝懿行義
疏：“《左·昭十七年》疏引舍人曰：‘鵤鳩，一名鶻鶋，今之斑鳩
也。’”漢張衡《東京賦》：“鶻鶋秋棲，鶻鶋春鳴。”（鶻鶋，李時珍
《本草綱目·禽三》引作“鶻嘲”。）《詩·小雅·小宛》“宛彼鳴鳩，
翰飛戾天”，毛傳：“鳴鳩，鶻鵃。”陸德明釋文：“鶻音骨，鵃，陟交
反。何音彫。《字林》作鵃。云骨鵃，小種鳩也。《草木疏》云鳴
鳩，斑鳩也。”《左傳·昭公十七年》：“鶻鳩氏，司事也。”杜預注：
“鶻鳩，鶻鵃也。”《説文·鳥部》：“鶻，鶻鳩也。”《禮記·月令》“鳴
鳩拂其羽”，正義引孫炎注：“鶻鳩，一名鳴鳩。”《吕氏春秋·季春
紀》高誘注：“鳴鳩，斑鳩也。是月拂擊其羽，直刺上飛數十丈乃
復者是也。”《淮南子·時則》高誘注：“鳴鳩奮迅其羽，直刺上飛
入雲中者是也。”晉傅咸《班鳩賦》：“體鬱鬱以敷文，音邕邕而有
序。”鶻鳩，一名學鳩。《莊子·逍遥遊》“蜩與學鳩”，釋文引司馬
彪云：“學鳩，小鳩也。如字。一音於角反，亦或作鷽，音預。”崔
譔云：“學，讀爲滑，滑鳩，一名滑雕。”滑與鶻通。又名鶻嘲。《爾
雅·釋鳥》“鵤鳩，鶻鶋”，郝懿行義疏：“《禮記》疏引郭云：‘鵤音
九物反，鶋音嘲，後世即謂之鶻嘲。’”“斑鳩”亦作“鳭鳩”“鷦鳩”。
斑鳩：形似鴿，灰褐色，頸後有白色或黃褐色斑點。《方言》八：
“自關而西，秦漢之間謂之鶏鳩。其大者謂之鳭鳩，其小者謂之
鷦鳩，或謂鶏鳩，或謂之鶏鳩，或謂之鶻鳩。”郭璞注：“（鷦鳩）今
荆鳩也。”《廣雅疏證·釋鳥》：“鳭鳩即班鳩，字或作鷦鳩，鳩之大
者也。”郝懿行謂：“鷦與班同。”《詩·小雅·南有嘉魚》“翩翩者
雛”，義疏：“鶏鳩，灰色，無繡項，陰則屏逐其（婦）［匹］，晴則呼

之,語曰:'天將雨,鳩逐婦。'是也。"三國吳陸璣《毛詩草木鳥獸
蟲魚疏·宛彼鳴鳩》:"斑鳩,項有繡文斑然。"一本作班鳩。《玉
篇》:"鶻,班鳩也。"總之"山鳩"非"布穀鳥","布穀鳥"與"知晴
雨"無關。

［5］蛇蟺知潛泉之所居:按"虵蟺"偏指"蟺"。

64　抱朴子曰:"禁令不明,而嚴刑以靜亂[1];廟筭不
精,而窮兵以侵鄰[2]。猶剡禾以討蝗蟲,伐木以殺蠹
蠍(1)[3],食毒以中蚤蝨(2),徹舍以逐雀鼠也[4]。"

【校】

（1）蠹蠍:孫星衍校:"《群書治要》作蛣蠍。"按:"蠹蠍"見《疾謬》。

（2）蝨:魯藩本作風,王國維校作虱。

【注】

［1］靜亂:平定變亂。靜通靖。曹植《求自試表》:"臣之事君,必以殺
身靜亂。"

［2］廟筭:朝廷或帝王對戰事進行的謀劃。因議論於廟堂之上,故
云。《孫子·計》:"夫未戰而廟筭勝者,得算多也;未戰而廟筭不
勝者,得算少也。"杜牧注:"廟筭者,計算於廟堂之上也。"張預
注:"古者興師命將,必致齋於朝,授以成算,然後遣之,故謂之廟
算。"窮兵:濫用武力。銀雀山漢墓竹簡《孫臏兵法·威王問》:
"用兵無備者傷,窮兵者亡。"

［3］剡(shàn):大鐮刀。此謂用剡割禾。

［4］中(zhòng):傷。以上四句喻捨本逐末。意本《淮南子·説山》:
"壞塘以取龜,發屋而求狸,掘室而求鼠,割脣以治齲,桀、跖之
徒,君子不與。"高誘注:"舉事所施如是者,則桀、跖之徒也,君子
不與也。"

65　抱朴子曰:"銳鋒產乎鈍石[1],明火熾乎闇木[2],貴珠出乎賤蚌,美玉出乎醜璞。是以不可以父母限重華[3],不可以祖禰量衛、霍也[4]。"

【注】

[1]銳鋒產乎鈍石:《藝文類聚》六十引《吳越春秋》:"秦客薛燭見純鈞之劍曰:'臣聞王之初造此劍,赤堇之山破而出錫,若耶之溪涸而出銅,太一下觀,天精下降。於是歐冶子因天地之精,進其伎巧,造爲此劍。'"劍須經鈍石礪磨而鋒利。銳鋒:利刃。此指劍。

[2]明火熾乎闇木:指木材在竈中燃燒,由晦暗逐漸燒至最明亮之時。

[3]不可以父母限重華:謂不能因爲虞舜的"父頑、母嚚(yín)"而不以之爲堯的繼承人。《書·堯典》:"僉帝曰:'有鰥在下,曰虞舜。'帝曰:'俞,予聞,如何?'岳曰:'瞽子。父頑、母嚚,象傲。克諧以孝,烝烝乂,不格姦。'"孔傳:"無目曰瞽。舜父有目不能分別好惡,故時人謂之瞽,配字曰瞍。瞍,無目之稱。心不則德義之經爲頑。象,舜弟之字,傲慢不友。言並惡。諧,和。烝,進也。言能以至孝和諧頑嚚昏傲,使進進以善自治,不至於姦惡。"重華:虞舜的美稱。

[4]祖禰(nǐ):祖廟與父廟;先祖與先父。《周禮·春官·甸祝》:"舍奠于祖廟,禰亦如之。"鄭玄注引鄭司農(衆)曰:"禰,父廟。"衛:衛青(前?—前106),字仲卿,河東平陽(今山西臨汾西南)人。本姓鄭。因其父鄭季爲吏,給事平陽侯曹壽家,與家僮衛媼私通而生之,遂冒姓衛。建元二年(前139),其姊得幸漢武帝,召爲侍中,拜太中大夫。元光元年(前129)拜車騎將軍,三次率兵大敗匈奴,拜大將軍,三子同時封侯。元狩四年(前119)與霍去病分兵遠征漠北。率騎五萬、步卒數十萬出定襄,逐匈奴單於至寘顏山而還。是役斬獲不如霍去病,自是寵日衰。霍:霍去病(前

140—前117），河東平陽（今山西臨汾西南）人。武帝衛皇后姊少
兒之子。善騎射。爲人靜默少言，果敢決斷。年十八爲侍中。
元朔元年（前119），以剽姚校尉從衛青擊匈奴，以功封冠軍侯。
元狩二年（前121）爲驃騎將軍，將萬騎，出隴西，過焉支山，殺折
蘭王、盧侯王，獲休屠王祭天金人。同年逾居延至祁連山，降渾
邪王。元狩四年，率騎五萬、步卒數十萬出代郡，絕大漠，封狼居
胥山，至翰海而還。斬獲多於大將軍。與衛青皆爲大司馬，秩祿
與大將軍等。武帝爲其治第，辭以“匈奴不滅，無以家爲也”。英
年病故，年僅二十四歲。

66　抱朴子曰：“志得則顔怡，意失則容戚；本朽則末
枯，源淺則流促。有諸中者，必形乎表[1]；發乎邇者，必著
乎遠[2]。”

【注】

［1］有諸中者，必形乎表：謂心中感情必流於外。《孟子·告子下》：
　　“有諸內必形諸外。”

［2］發乎句：《易·繫辭上》：“行發乎邇見乎遠。”釋文：“見，賢遍反。”

67　抱朴子曰：“妍姿媚貌，形色不齊，而悦情可均[1]；
絲、竹、金、石，五聲詭韻，而快耳不異[2]。繳飛鉤沈[3]，罾
舉置抑，而有獲同功[4]；樹勳立言，出處殊塗，而所貴
一致[5]。”

【注】

［1］妍姿媚貌三句：意本《淮南子·説林》：“佳人不同體，美人不同
　　面，而皆説於目。”悦情：歡樂之情；心情怡悦。

［2］絲、竹、金、石：指絃樂器、竹管樂器、鍾磬一類打擊樂器。泛指音
　　樂。《淮南子·齊俗》：“譬若絲、竹、金、石之會樂同也。”五聲：古

樂五聲音階的五個階名：宮、商、角、徵（zhǐ）、羽。相當於簡譜上
的 1（do）、2（re）、3（mi）、5（sol）、6（la）。詭韻：不同聲韻；音色
不同。

［3］繳飛鉤沈：語本《文選》陸機《演連珠 43》：“是以鳥棲雲而繳飛，
魚藏淵而網沈。”劉孝標注：“由求鳥必高其繳，須魚必沈其網
也。”張銑注：“繳，射也。”繳（zhuó）：繫在箭上的生絲繩，因指代
箭矢與射擊。

［4］罾舉罝抑：遣詞本《淮南子・説林》：“罩者抑之，罝者舉之，爲之
異，得魚一也。”《類函・漁部》注引“罝”作“罾”。罾（zēng）：形
如仰繳蓋的捕魚網，捕魚時提起四維。《史記・陳涉世家》“置人
所罾魚腹中”集解：“《漢書音義》曰：‘罾，音曾。’文穎曰：‘罾，魚
網也。’”《漢書・陳勝傳》顏師古注：“罾，魚網也。形如仰繳蓋，
四維而舉之。”今捕魚尚用之。罝（jū）：捕兔網。獲：出獵而得。

［5］樹勳：指出仕建功立業。立言：指歸隱從事寫作。《易・繫辭
上》：“君子之道，或出或處。”《繫辭下》：“天下殊途而同歸，一致
而百慮。”

68　抱朴子曰：“利豐者害厚[(1)]，質美者召災。是以南
禽殲於藻羽[1]，穴豹死於文皮[2]；鱣鯉積而玄淵涸，麋鹿聚
而繁林焚，金玉崇而寇盜至，名位高而憂責集[3]。”

【校】

（1）厚：藏本、魯藩本作後，依平津本改。

【注】

［1］南禽：此指産於日南郡、南海的翡翠鳥。《三國志・吳書・薛綜
傳》“（上疏）日南郡……責致遠珍名珠……翡翠、孔雀奇物，充備
寶玩。”《藝文類聚》九二引郭璞《爾雅・圖贊》：“翠雀麋鳥，越在
南海。……懷璧其罪，賈害以采。”殲於藻羽：因爲華美的羽毛

　　而被殺滅。

　[2]穴豹死於文皮:《莊子·應帝王》:"且也虎豹之文來田。"釋文引
　　　李頤曰:"虎豹以皮有文章見獵也。田,獵也。"《文子·上德》:
　　　"虎豹之文來射。"《淮南子·説林》高誘注:"虎豹以有文章,來使
　　　人射取之。"

　[3]名位高而憂責集:《説苑·談叢》:"官尊者憂深,禄多者責大。"

　　69　抱朴子曰:"商風宵肅,則絺扇廢[1];登危陟峻,則
輕舟棄;干戈雲擾,則文儒退[2];喪亂既平,則武夫黜。"

【注】

　[1]商風:秋風,西風。絺(chī)扇:細葛布製成的扇子。
　[2]雲擾:如雲擾亂。喻動蕩不安。《漢書·揚雄傳下》:"(《長楊
　　　賦》)豪俊糜沸雲擾,群黎爲之不康。"文儒:講求禮樂教化的儒
　　　生。以上四句意本《淮南子·氾論》:"一世之間,而文武代爲雌
　　　雄,有時而用也。"

　　70　抱朴子曰:"價直萬金者,不待見其物,而好惡可
別矣;條枝連抱者[1],不俟圍其木,而巨細可論矣。故望洪
濤之滔天(1),則知其不起乎潢污之中矣;觀翰章之汪濊(2),
則知不出乎章句之徒矣[2]。"

【校】

　(1)天:魯藩本作夫,王國維校作天。
　(2)翰章:平津本作翰草,從楊明照據各本校改。

【注】

　[1]連抱:連臂合抱。多形容樹木之粗大。《漢書·司馬相如傳上》:
　　　"欀檀木蘭,豫章女貞,長千仞,大連抱。"顏師古注:"連抱者,言

非一人所抱。"

[２] 章句之徒：指不能通達大義而拘泥於辨析章句的儒生。簡稱
　　　"章句儒"。《漢書・揚雄傳下》："當其亡事也，章句之徒相與坐
　　　而守之，亦亡所患。"顏師古注："章句小儒也。"

71　　抱朴子曰："丹華緑草，不拘於曲瘁之株；紫芝芳
秀，不限於斥鹵之壤[1]。是以受玄珪以告成者，生於四罪
之門[2]；承歷數於文祖者，出於頑、嚚之家[3]。"

【注】

[１] 紫芝：真菌的一種。也稱木芝，似靈芝。可入藥，性温味甘，能益
　　　精氣，堅筋骨。古人以爲瑞草，道教以爲仙草。王充《論衡・驗
　　　符》："建初三年，零陵泉陵女子傅寧宅，土中忽生芝草五本，長者
　　　尺四五寸，短者七八寸，莖葉紫色，蓋紫芝也。"

[２] 玄珪：一種黑色的玉器。上尖下方，古代用以賞賜建立特殊功
　　　績的人。本句指禹。《書・禹貢》："東漸於海，西被於流沙，朔南
　　　暨，聲教訖于四海。禹錫玄圭，告厥成功。"孔傳："玄，天色。禹
　　　功盡加於四海，故堯賜玄圭以彰顯之，言天功成。"方孝岳今語：
　　　"東西南北政令所及，通於蠻夷戎狄之區。禹受玄圭之賜，告成
　　　功於廟。""聲教句，以'聲教'爲主語，貫上下文，此古語法之異。
　　　暨，及也。'朔南暨'亦倒文，即'及朔及南'也。"圭是珪之初字。
　　　四罪：即四凶。禹父鯀爲四罪之一，故云"生於四罪之門"。

[３] 承歷數於文祖者，出於頑、嚚之家：謂虞舜繼承唐堯而爲帝。歷
　　　數：指繼承帝王的次序。古代迷信説法，認爲帝位相承，和天象
　　　運行次序相應。《論語・堯曰》："堯曰：'咨！爾舜！天之歷數在
　　　爾躬。'"集解："歷數，謂列次也。"皇侃疏："天，天位也。歷數，謂
　　　天位列次也。"朱熹集註："歷數，帝王相繼之次第，猶歲時氣節之
　　　先後也。"文祖：《書・舜典》："帝曰：'格汝舜！詢事考言，乃言
　　　底可績，三載，汝陟帝位。'舜讓於德，弗嗣。正月上日，受終於文

祖。"孔傳："終,謂堯終帝位之事。文祖者,堯文德之祖廟。"頑嚚
(yín):愚魯兇惡。此指舜的父母。《書·堯典》:"瞽子。父頑,
母嚚,象傲。"

72 抱朴子曰:"善言居室,則靡遠不應[1];枉直不中,
則無近不離[2]。是以宋野有退舍之熒惑[3],殷朝有外奔之
昵屬[4],白環至自少廣之表(1)[5],鹿馬變於蕭牆之裏。"

【校】

(1)白環:藏本、平津本作四環,從楊明照校改。

【注】

[1]善言居室,則靡遠不應:此指春秋宋景公所説不能移禍於宰相、
　　人民與歲時的話。《呂氏春秋·制樂》:"宋景公之時,熒惑在心。
　　公懼,召子韋而問焉,曰:'熒惑在心,何也?'子韋曰:'熒惑者,天
　　罰也;心者,宋之分野也。禍當於君。雖然,可移於宰相。'公曰:
　　'宰相,所與治國者也,而移死焉,不祥。'子韋曰:'可移於民。'公
　　曰:'民死,寡人將誰爲君乎? 寧獨死。'子韋曰:'可移於歲。'公
　　曰:'歲害則民饑,民饑必死;爲人君而殺其民以自活也,其誰以
　　我爲君乎? 是寡人之命固盡已,子無復言矣。'"靡遠不應:此指
　　天空的熒惑亦受到感動。《呂氏春秋·制樂》:"(子韋)曰:'臣敢
　　賀君。天之處高而聽卑,君有至德之言三,天必三賞君。今昔
　　(夕),熒惑其徙三舍。舍行七星,星一徙當一年,三七二十一,臣
　　曰君延年二十一歲。……'是昔(夕),熒惑果徙三舍。"《論衡·
　　變虛》批判了這種説法:"人不曉天所爲,天安能知人所爲?"
[2]枉直不中:此指微子等數諫,糾正帝紂之邪惡,没有結果。無近
　　不離:謂衆叛親離。此指紂成爲孤家寡人。
[3]宋野:春秋宋國的分野正當心宿。退舍:星宿移動位置。此指
　　熒惑徙退三舍。舍:所行止之處。熒惑:古指火星。因隱現不

定,令人迷惑,故名。按:其公轉週期約爲一年三百二十二日,其與心宿相遇有一定的週期,故熒惑在心,不足爲奇。此指妖星。説從陳奇猷《吕氏春秋校釋·制樂》注二六及《明理》注四二。

[4] 外奔:《論語·微子》"微子去之",集解引馬融曰:"微子,紂之庶兄。微子見紂無道,早去之。"一説紂之叔父。《吕氏春秋·先識》:"殷内史向摯⋯⋯出亡之周。"《史記·殷本紀》:"殷之大師、少師乃持其祭器奔周。"並其例。昵:睨之或體。

[5] 白環:西王母所獻。《藝文類聚》六七引《世本》:"舜時,西王母獻白環。"少廣:穴名、山名、空界名。《莊子·大宗師》:"西王母得之,坐乎少廣。"《釋文》:"司馬(彪)云穴名,崔(譔)云山名。或云西方空界之名。"成玄英疏:"少廣,西極山名也。"

73　　抱朴子曰:"荆卿、朱亥,不示勇敢於怯弱之間(1)[1];孟賁、馮婦,不奮戈戟於貍豺之群(2)[2]。英儒碩生,不飭細辯於淺近之徒(3)[3]。達人偉士,不變咬察於流俗之中[4]。"

【校】

(1) 勇敢:藏本、平津本脱"敢"字,依楊明照引吉藩本補。如此"不示勇敢"句始與"不奮戈戟"句相儷。

(2) 貍豺:藏本、平津本作俚俠,從楊明照引《太平御覽》三五一校改。貍豺較之蛟龍、虎兕,格鬥力量相差遠矣,故不奮戈戟於貍豺也。

(3) 飭:藏本同,陳其榮案:"承訓本作'飾',當從之。"按:兩可。

【注】

[1] 荆卿:荆軻。荆軻曾與蓋聶論劍,蓋聶怒而視之,荆軻出而駕離榆次;曾與魯勾踐博,魯勾踐怒而叱之,荆軻默然而逃之。蓋聶、魯勾踐,蓋荆軻所認爲無大勇的人,不足與論劍、爭道,故不示勇

敢。朱亥：戰國魏（今河南開封）人，以屠爲業。信陵君以計盜
兵符帥魏軍，預計晉鄙不肯交出兵權，侯生薦朱亥偕行。至軍，
鄙疑有詐，亥即以鐵椎擊殺之，遂破秦軍，解邯鄲之圍。

［２］馮婦：姓馮，名婦，晉國男子名，善搏虎，卒爲善士。見《孟子・盡
心下》。

［３］英儒：猶碩儒。

［４］孌：通辯。皎察：明察。皎字從日，與皎同。

74　抱朴子曰："盤旋揖讓，非禦寇之容[1]；摜甲纓冑，
非廟堂之飾[2]。垂紳振佩，不可以揮刃争鋒[3]；規行矩
步[4]，不可以救火拯溺[5]。"

【注】

［１］盤旋揖讓，非禦寇之容：謂禮儀動作不能禦敵。

［２］摜甲纓冑，非廟堂之飾：全副武裝披掛，不能進入朝廷議事。摜
（guàn）：披戴。纓：繫在頸上。《説文・系部》："纓，冠系也。"段
玉裁注："冠系，可以系冠者也。系者，係也，以二組系於冠卷結
頤下是謂纓。"冑：頭盔。《説文・冃部》："冑，兜鍪也。"段玉裁
注："……按，古謂之冑，漢謂之兜鍪，今謂之盔。"

［３］垂紳振佩二句：謂穿戴（侍君必恭的）禮服不能上戰場揮動兵器
作戰。垂紳振佩：大帶下垂，佩玉揚聲。《禮記・玉藻》"凡侍於
君，紳垂"，孔穎達疏："紳，大帶也。身直則帶倚，磬折則帶垂。"
《孟子・萬章下》"金聲而玉振之也"，趙岐注："振，揚也。"

［４］規行矩步：喻舉動皆合禮儀法度。《晉書・潘尼傳》："（《釋奠
頌》）二學儒官，搢紳先生之徒，垂纓佩玉，規行矩步者皆端委而
陪堂下，以待執事之命。"

［５］救火拯溺：《鹽鐵論・大論》："今欲以敦朴之時，治抏弊之民，是
猶遷延而拯溺，揖讓而救火也。"王利器校注："《淮南子・主術
篇》：'遷延而入之。'高注：'遷延倘佯也。'……《史記・齊悼惠王

世家》:'失火之家,豈暇先言大人而後救火乎?'"本首謂不能以
文治取代武功。

75　抱朴子曰:"乾坤陶育[1],而庶物不識其惠者,由乎
其益無方也[2]。大人神化,而群細不覺其施者,由乎治之
於未有也[3]。故可知者,小也;易料者,少也[4]。"

【注】

[1]陶育:陶冶化育。

[2]其益無方:《易‧益》"天施地生,其益無方",正義:"其施化之宜,
無有方所。"即沒有方所、物類的限制。

[3]治之於未有:猶如未曾施政。《群書治要》三六引《尸子‧貴言》:
"天地之道,莫見其所以長物而物長。……聖人之道亦然,其興
福也,人莫之見而福興矣。"

[4]可知者,小也;易料者,少也:謂認識其價值是很有限的。蓋仿
《淮南子‧泰族》:"故凡可度者,小也;可數者,少也。"

76　抱朴子曰:"娥、英、任、姒,不以蠶織爲首稱[1];湯、
武、漢高,不以細行招近譽[2]。故澄視於三辰者,不遑紆鑒
於井谷[3];清聽於《韶》《濩》者,豈暇垂耳於桑間[4]。"

【注】

[1]娥、英、任、姒:古代賢惠后妃的典範。娥、英:娥皇、女英,帝堯
之二女,娥皇爲舜之妻,女英爲舜之媵。《列女傳‧母儀有虞二
妃傳》:"有虞二妃者,帝堯之二女也,長曰娥皇,次曰女英。堯舉
舜爲相,攝行王政。每事,常謀於二女。舜既受禪,升爲天子,娥
皇爲后,女英爲妃。""天子稱二妃聰明貞仁。""首稱"當指此。
任:周文王母大任。姒:周武王母大姒,仁而明道。大:音太。
《詩‧大雅‧思齊》"思齊大任,文王之母"、"大姒嗣徽音,則百斯

男”，毛傳：“大姒，文王之妃也。”《穀梁傳·桓公十四年》：“王后
親蠶以共祭服。”《國語·魯語下》：“王后親織玄紞。”稚川於此持
異議。

［２］湯、武、漢高，不以細行招近譽：商湯、周武王、漢高祖，皆是開國
之君，重方略而不顧細節。

［３］井谷：井口。《易·井》“九二：井谷射鮒，甕敝漏”，高亨今注：
“井谷，猶井口也。山口出水謂之谷，故井口謂之井谷。”

［４］《韶》《濩》：舜樂和湯樂。垂耳：《文選·七發》：“野獸聞之，垂耳
而不能行。”

77　抱朴子曰：“膚表或不可以論中，望貌或不可以核
能[1]。仲尼似喪家之狗[2]，公旦類朴斷之材(1)[3]；咎繇面
如蒙俱(2)[4]，伊尹形若槁骸[5]。及龍陽、宋朝[6]，猶土偶之
冠夜光[7]，籍孺、董、鄧(3)[8]，猶錦紈之裹塵埃也[9]。”

【校】

（１）斷：藏本、平津本作骘，依楊明照引《祕府略》八六八引校改。

（２）俱：魯藩本作箕。

（３）籍孺：藏本、平津本籍作藉，從楊明照校、魯藩本、《史記》《漢書》
之《佞幸傳》與《太平御覽》八一五、《事類賦》十引改。

【注】

［１］膚表或不可以論中：《史記·陳丞相世家》：“平爲人長（大）美
色。……絳侯、灌嬰等咸讒陳平曰：‘平雖美丈夫，如冠玉耳，其
中未必有也。’”集解：“漢書音義曰：‘雖冠以玉，光好外見，中非
所有。’”稚川取意適與之反。膚表、望貌義近。望貌：儀容
相貌。

［２］喪家之狗：《韓詩外傳》九：“遠而望之，（孔子）羸乎若喪家之狗。”
《史記·孔子世家》，羸乎作纍纍，《家語·困誓》作纍然，王肅注：

“纍然,是不得意之貌也。”因喻失去依靠、無處投奔或驚慌失措的人。

［3］公旦類朴斷之材:《荀子·非相》:“周公之狀,身如斷菑。”楊倞注:“《爾雅(·釋木)》:‘木立死曰椔。’椔與菑同。”郝懿行曰:“周公背傴(僂)”,“其形曲折不能直立,故身如斷菑矣”。稚川蓋據此而言。斷菑:枯折的樹幹。形容人背傴枯瘦。

［4］蒙供(qī):古時臘月驅逐疫鬼或出喪時所戴的神像面具。臉方而醜,髮多而亂,形象兇惡。《荀子·非相》:“仲尼之狀,面如蒙供。”楊倞注:“供,方相也。其首蒙茸然,故曰蒙供。韓侍郎(愈):‘四目爲方相,兩目爲供。’”又:“皋陶之狀,色如削瓜。”他書還有“皋陶馬喙”、“皋陶馬口”、“皋陶鳥喙”之説。稚川所説,蓋別有所本。

［5］伊尹形若槁骸:不詳所據。伊尹狀貌,傳聞異辭。《荀子·非相》:“伊尹之狀,面無須麋。”楊倞注:“麋與眉同。”按“面無鬚眉”與“槁骸”有別。《晏子春秋内篇·諫上》第二十二則曰:“伊尹黑而短,蓬而髯,豐上兑(鋭)下,僂身而下聲。”

［6］龍陽:指戰國魏王男寵龍陽君。《戰國策·魏策四》:“魏王與龍陽君共船而釣,龍陽君得十餘魚而泣下。……王曰:‘然則何爲涕出?’……對曰:‘臣之始得魚也,臣甚喜,後得又益大,今臣直欲棄臣之前之所得矣。……四海之内,美人亦甚多矣,聞臣之得幸於王也,必褰裳而趨王,臣亦猶曩臣之前所得魚也,臣亦將(被)棄矣。臣安能無涕出乎?’魏王……於是布令於四境之内,曰:‘有敢言美人者,族!’”因稱男色爲龍陽。宋朝(zhāo):春秋時宋國公子,容貌甚美而善淫。《論語·雍也》:“子曰:‘不有祝鮀之佞,而有宋朝之美,難乎免於今之世矣!’”集解:“宋朝,宋之美人而善淫。”後用作美男子的代稱。

［7］猶土偶之冠夜光:喻徒有美丈夫的軀殼。

［8］籍孺:以婉佞貴幸,與漢高祖臥起,公卿皆因其關説。見《史記·佞幸列傳》。董:董賢。鄧:鄧通。

［9］錦紈:織錦和紈素。泛指貴重的絲織品。塵埃:揚土曰塵,塵之

細者曰埃。

78　抱朴子曰：“勳、華不能化下愚，故教不行於子、弟[1]。辛、癸不能改上智，故惡不染於三仁[2]。”

【注】

［1］勳華：放勳、重華。下愚：極愚蠢的人。子：指堯子丹朱。弟：指舜之異母弟象。《論語・陽貨》：“子曰：‘唯上知與下愚不移。’”集解引孔安國曰：“上知不可使爲惡，下愚不可使彊賢。”《淮南子・脩務》：“嚴父弗能正，賢師不能化者，丹朱、商均也。”高誘注：“丹朱，堯子。商均，舜子。”《漢書・劉向傳》：“（上疏）雖有堯、舜之聖，不能化丹朱之子。”

［2］辛：商紂名。癸：夏桀名履癸。三仁：三位仁人。指微子、箕子、比干。

79　抱朴子曰：“至大有所不能變[1]，極細有所不能奪。故冰霜肅殺，不能凋薺、麥之茂(1)[2]；熾暑鬱隆(2)，不能消雪山之凍；颺風蕩海，不能使潛泉揚波；春澤榮物[3]，不能使枯卉發華。”

【校】

（1）薺、麥：藏本、平津本作菽、麥，從楊明照校改。

（2）鬱隆：平津本作鬱陰，從陳其榮校、藏本、盧本等改。陳其榮曰：“鬱隆即《詩（・大雅・）雲漢》篇所謂‘蘊隆’也，當據改。”

【注】

［1］至大：極其廣大。《孟子・公孫丑上》：“其爲氣也，至大至剛，以直養而無害，則塞於天地之間。”朱熹集注：“至大初無限量；至剛不可屈撓。”

〔2〕冰霜二句：謂冰霜肅殺季節，正是薺菜、冬麥生長期，故不能凋
傷之。

〔3〕春澤：春雨。比喻恩澤。潘岳《西征賦》：“弛秋霜之嚴威，流春澤
之渥恩。”

80　抱朴子曰：“泣血之寶，仰礛磻以摛景[1]；沈閭、孟
勞，須越砥以斂鋒(1)[2]。騮�待王、孫而致遠(2)[3]，令質俟
隱括而成德。”

【校】

（1）越砥：藏本、平津本作楚砥，據出處校改。詳見注文。

（2）騮：藏本、平津本作駬，從楊照校改。

【注】

〔1〕礛磻（jiān zhū）：亦作礛諸。治玉之石；磨礪。《文子·上德》：
“璧瑗之器，礛磻之功也。”《淮南子·説山》“玉待礛諸而成器”高
誘注“礛諸，攻玉之石。”摛（chī）景：放射光芒。

〔2〕孟勞：春秋魯國寶刀名。《穀梁傳·僖公元年》：“孟勞者，魯之寶
刀也。”越砥：產於南昌的細磨刀石。《文選》王褒《聖主得賢臣
頌》：“及至巧冶，鑄干將之璞，清水淬其鋒，越砥斂其鍔。”李善注
引晉灼曰：“砥石出南昌，故曰越砥。”劉良注：“越砥，磨石名也。
斂，謂磨也。鍔，亦刃也。”

〔3〕騮：驊騮。駬（rì）：騄駬。並駿馬名。王：王良，戰國初晉國趙
簡子之善御者，即郵無恤。《左傳·哀公二年》：“郵無恤御簡
子。”杜預注：“郵無恤，王良也。”《孟子·滕文公下》：“昔者趙簡
子使王良與嬖奚乘。”趙岐注：“王良，善御者也。”孫：孫陽，即
伯樂。

81　抱朴子曰：“棲鸞戢鷲[1]，雖飢渴而不願籠委於庖

人之室[2]；乘黄、天鹿[3]，雖幽飢而不樂芻秣於濯龍之
廏(1)[4]。是以掇蜩之叟，忘萬物於芳林[5]；垂綸之生，忽執
珪於南楚[6]。”

【校】

（1）芻：藏本、平津本作蒭，從楊明照校改，以與他篇之“芻”一致。

【注】

［1］鸑：鸑鷟(yuè zhuó)，鸑鳳之別名。《國語·周語上》“周之興也，
　　　鸑鷟鳴於岐山”，韋昭注：“三君（賈逵、虞翻、唐固）云：‘鸑鷟，鸑
　　　鳳之別名也。’”《易林·乾之井》“鸑鳴岐山，龜應幽淵”，舊注：
　　　“鸑，鳳類。”棲：隱。戢：斂。
［2］庖人：官名，掌供膳；廚師。《周禮·天官·庖人》：“庖人掌共六
　　　畜、六獸、六禽，辨其名物。”
［3］乘黄：此用以指御馬。天鹿：傳説中的神獸。一名天禄。據説
　　　“王者道備則至”。漢代多以石雕其形以爲飾，亦用以爲閣名，如
　　　天禄閣。《漢書·西域傳上·烏弋山離國》“有桃拔、師子、犀
　　　牛”，顏師古注引孟康曰：“桃拔，一名符拔，似鹿，長尾，一角者或
　　　爲天鹿，兩角者或爲辟邪。”
［4］芻秣：餵牛馬的穀物飼料。《周禮·天官·大宰》：“以九式均節
　　　財用……七曰芻秣之式。”鄭玄注：“芻秣，養牛馬禾穀也。”濯龍：
　　　漢代内廏名。
［5］掇蜩之叟：拾取蟬翼的駝背老頭。忘萬物：謂一心一意拾取蟬
　　　翼。《莊子·達生》：“仲尼適楚，出於林中，見痀僂者承蜩，猶掇
　　　之也。仲尼曰：‘子巧乎！有道邪？’曰：‘我有道也。……雖天地
　　　之大，萬物之多，而唯蜩翼之知。吾不反不側，不以萬物易蜩之
　　　翼，何爲而不得？’孔子顧謂弟子曰：‘用志不分，乃凝於神。其痀
　　　僂丈人之謂乎！’”蜩(tiáo)：蟬。
［6］忽執珪於南楚：謂莊周拒絕楚威王之聘。執珪：古代大夫始得

執珪,因以指稱仕宦。

82　抱朴子曰:“方圓舛狀,逝止異歸[1]。故渾象尊於行健[2],坤后貴於安貞[3]。七政四氣[4],以周流成功[5]。五嶽八柱(1)[6],以峙静作鎮[7]。是以宋墨、楚申,以載馳存國[8];干木、胡明,以無爲折衝[9]。”

【校】

(一)八柱:藏本、平津本作六柱,從楊明照校改。

【注】

[1]方圓舛狀,逝止異歸:謂形狀決定行止。《尹文子·大道上》:“圓者之轉,非能轉而轉也,不得不轉也;方者之止,非能止而止,不得不止也。”逝止:猶去留。王粲《贈士孫文始》詩:“同心離事,乃有逝止。”《文選》陸機《文賦》“雖逝止之無常”,李善注:“逝止,由去留也。”由通猶。此謂行止。

[2]渾(hún)象:指天。本於渾天説。《書·舜典》“璿璣玉衡”,孔穎達疏引三國吳王蕃渾天説:“天之形狀似鳥卵,天包地外,猶卵之裹黄,圓如彈丸,故曰渾天,言其形體渾渾然也。”《晉書·天文志上》:“故丹陽葛洪釋之曰:‘《渾天儀注》云:“天如雞子,地如雞中黄,孤居於天内,天大而地小。天表裏有水,天地各乘氣而立,載水而行。周天三百六十五度四分度之一,又中分之,則半覆地上,半繞地下,故二十八宿半見半隱,天轉如車轂之運也。”’”行健:乾道剛健。《易·乾》:“象曰:天行健,君子自强不息。”正義:“行者,運動之稱;健者,强壯之名。……萬物壯健,皆有衰息。唯天運動,日過一度。蓋運轉混没,未嘗休息,故云天行健。”

[3]坤后:指地。《易·説卦》:“坤也者,地也。”《左傳·僖公十五年》:“君(秦穆公)履后土而戴皇天。”安貞:安静貞正。《易·

坤》：“安貞之吉，應地無疆。”正義：“安，謂安靜。貞，謂貞正。地體安靜而貞正，人若得靜而能正，即得其吉，應合地之無疆，是慶善之事也。”

［4］四氣：指春、夏、秋、冬四時的温、熱、冷、寒之氣。《禮記·樂記》：“奮至德之光，動四氣之和，以著萬物之理。”孔穎達疏：“動四氣之和者，謂感動四時之氣序之和平，使陰陽順序也。”

［5］周流：周遍流動。《易·繫辭下》：“變動不居，周流六虛。”正義：“言陰陽周遍流動。”

［6］八柱：八山爲柱。《楚辭·天問》：“八柱何當？”王注：“天有八山爲柱。”洪興祖補注：“《河圖》言：‘崑崙者，地之中也。地下有八柱。’《淮南子（·墜形）》云：‘天有九部八紀，地有九州八柱（今本作“極”）。’”

［7］峙静：猶巋然不動。作鎮：鎮守一方。《文選·西京賦》：“澶漫靡迤，作鎮於近。”劉良注：“澶漫靡迤，寬長貌。言此原陵爲國之近鎮。”

［8］宋墨：宋國的墨翟。墨翟爲宋大夫，當係世襲。説見陳奇猷《墨子的科學》，1963年第四期《中華文史論叢》。楚申：楚國大夫申包胥。載馳存國：指墨翟自齊至楚，與公輸般、楚王辯論，阻止了楚之攻宋；申包胥由楚至秦，哭於秦庭乞師，秦出兵救楚，敗吳軍。載馳：謂車馬疾行。《詩·鄘風·載馳》：“載馳載驅，歸唁衛侯。”

［9］干木：段干木以其賢而魏文侯禮之，使秦國按兵不動，不敢攻魏。胡明：胡昭字孔明，以其賢而“寇賊”不犯其所在部落。《三國志·魏書·管寧傳》：“昭乃轉居陸渾山中，躬耕樂道，以經籍自娛。閭里敬而愛之。……民孫狼等……還爲盜賊，到陸渾南長樂亭，自相約誓，言：‘胡居士賢者，一不得犯其部落。’一川賴昭，咸無怵惕。”無爲：指隱居不仕。

83　抱朴子曰：“得意於丘園者，身否而神泰；役己以恤物者[1]，形逸而心勞。故抱甕灌園者，歡於台宰[2]；嘔餐茹薇者，美乎鼎食[3]；仗策去齒者，形如腒臘[4]；夜以待旦者，勤憂損命[5]。”

【注】

[１]恤物：憂慮身外之物。

[２]抱甕灌園：狀隱居生活。《莊子·天地》説漢陰丈人“方將爲圃畦，鑿隧而入井，抱甕而出灌”。《史記·鄒陽傳》：“（獄中上疏）於陵子仲辭三公，爲人灌園。”集解引《列士傳》：“楚於陵子仲，楚王欲以爲相，而不許，爲人灌園。”台宰：三公、宰相。台：三台，喻三公。《後漢書·謝弼傳》：“夫台宰重器，國命所繼。”

[３]嘔餐茹薇：蓋用伯夷、叔齊采薇作歌故事。嘔餐：謳歌讚美。《漢書·朱買臣傳》：“數止買臣毋歌嘔道中。”顏師古注：“嘔，讀曰謳。”《文選·褚淵碑文》“餐東野之祕寶”，李善注“餐，美也。”茹薇：吃山菜。陸璣《毛詩草木鳥獸蟲魚疏》：“薇，山菜也。莖葉皆似小豆，蔓生，其味亦如小豆，可作羹，亦可生食。”

[４]仗：通杖。杖策去齒者：指古公。腒（jū）臘：本指乾鳥肉與乾肉。此形容辛勞之狀。《論衡·道虛》：“世稱堯若臘，舜若腒，心愁憂苦，形體羸瘦。”

[５]夜以待旦：謂熬夜理政。《孟子·離婁下》：“周公思兼三王，以施四事；其有不合者，仰而思之，夜以繼日；幸而得之，坐以待旦。”勤、憂同義。

84　抱朴子曰：“仁忍有天淵之絶，善否猶有無之覺[1]。騶虞側足以蹈虛[2]，豺狼掩群以害生[3]；虞卿捐相印以濟窮[4]，華公讓三事以推賢[5]；李斯疾勝己而殺韓非，龐涓患不如而刑孫臏。”

【注】

[１]天淵：高天和深淵。喻相隔極遠，差別極大。《詩·大雅·旱

麓》："鳶飛戾天,魚躍於淵。"《文選·答賓戲》："聲盈塞於天淵。"
李善注引項岱曰："若此之榮名,上達皇天,下洞重泉也。"覺:相
差。《世說新語·輕詆13》"高柔在東",劉孝標注引孫統《高柔集
叙》："婚泰山胡母氏女,年二十,既有倍年之覺,而姿色清惠,近
是上流婦人。"

[2] 騶虞側足以蹈虚:寫騶虞之仁愛。側足:置足;插足。曹植《送
應氏詩》之一:"側足無行逕,荒疇不復田。"

[3] 掩群以害生:寫豺狼之殘忍。掩群:盡取獸群。《禮記·曲禮
下》"大夫不掩群",孔穎達疏:"大夫不掩群者,群謂群獸共聚也。
群聚則多,不可掩取之。"

[4] 虞卿捐相印以濟窮:虞卿因進説趙孝成王,爲趙上卿,受相印,
故名虞卿。因拯救魏相魏齊,棄相印與魏齊逃亡,困於梁。窮愁
中著書,世稱《虞氏春秋》,佚。

[5] 華公:華歆(157—231),字子魚,平原高唐(今山東禹城西南)人。
何進輔政,徵爲尚書郎。太傅馬日磾辟爲掾,拜豫章太守,爲政
清静。曹操表徵爲議郎,後入尚書,轉侍中。荀彧死,代爲尚書
令。從征孫權,爲軍師。魏國初建,爲御史大夫、相國。曹丕稱
帝,爲司徒。明帝轉拜太尉,封博平侯。讓三事:指明帝即位,
拜華歆爲太尉,"歆稱病乞退,讓位於(管)寧"。《三國志·魏書》
有傳。三事:三事大夫,即三公。

85 抱朴子曰:"用得其長,則才無或棄;偏詰其短,則
觸物無可。故輕羅霧縠[1],冶服之麗也[2],而不可以禦流
鏑[3];沈閭、巨闕[4],斷斬之良也[5],而不可以挑腳刺。"

【注】

[1] 輕羅:一種質地較薄的絲織品。霧縠(hú):薄霧一般的輕紗。
《文選》宋玉《神女賦》"動霧縠以徐步兮",李善注:"縠,今之輕
紗,薄如霧也。"《漢書·禮樂志》"(《郊祀歌》)廁霧縠",顏師古

注:"霧縠,言其輕細若雲霧也。"

［2］冶服:華麗的服裝。《文選》陸機《吳王郎中時從梁陳作》詩:"玄
冕無醜士,冶服使我妍。"李周翰注:"冶服,美服也。"

［3］流鏑:疾飛的箭。《文選·西京賦》:"飛罕瀟箭,流鏑摇撮。"《釋
名·釋兵》:"矢……又謂之鏑。鏑,敵也,可以禦敵也。"

［4］沈閭:魯藩本沈作沉,互通。巨闕:春秋吳王闔閭、越王句踐的
寶劍。《荀子·性惡》:"闔閭之干將、莫邪、鉅闕、辟閭,此皆古之
良劍也。"

［5］斷斬:斬殺。《管子·禁藏》:"刑賞不當,斷斬雖多,其暴不禁。"

86　抱朴子曰:"小疵不足以損大器[1],短疢不足以累
長才·(1)[2]。日月挾蟲烏之瑕(2)[3],不妨麗天之景;黄河含
泥滓之濁(3),不害凌山之流。樹塞不可以棄夷吾(4),奪田
不可以薄蕭何[4],竊妻不可以廢相如[5],受金不可以斥
陳平[6]。"

【校】

（1）疢:魯藩本誤作疾。

（2）烏:藏本、平津本作鳥,誤,從楊明照校改。

（3）含:藏本、明抄本、平津本作合,從顧廣圻校改。含、挾對文。

（4）樹塞:藏本、魯藩本作奢僭。

【注】

［1］小疵:小過失;小缺點。《易·繫辭上》:"悔吝者,言乎其小疵
也。"《漢書·平帝紀》:"令士厲精鄉進,不以小疵妨大材。"顏師
古注:"鄉讀曰嚮。疵,病也。"嚮同向。

［2］短疢(chèn):暫時的疵病。《文子·上義》:"夫人情莫不有所短。
成(誠)其大略是也,雖有小過,不以爲累也。"

［3］挾:夾。《釋名·釋姿容》:"挾,夾也。"蟲烏:指月中蟾蜍與日中

三足烏。《淮南子·精神》：“日中有踆烏，而月中有蟾蜍。”高誘注：“踆猶蹲也。謂三足烏。蟾蜍，蝦蟆。”瑕：斑點。謂月蝕於蟾蜍，烏勝於日。《淮南子·説林》：“月照天下，蝕於詹諸。……烏力勝日。”高誘注：“詹諸，月中蝦蟆。食月，故曰蝕於詹諸。……烏在日中而見，故曰勝日。”

［４］奪田：指蕭何爲了消除劉邦的猜忌，接受門客“多買田地，賤貰貸以自汙”的建議，“强買民田宅數千萬”之事。見《史記·蕭相國世家》。

［５］竊妻：指司馬相如與新寡的卓文君私通事。

［６］受金：陳平由楚歸漢，典護軍，諸將不服，絳侯、灌嬰（前？—前176）等咸讒毀陳平“受諸將金，金多者得善處，金少者得惡處”。漢王疑之，召責魏無知。無知對曰：“楚漢相距，臣進奇謀之士，顧其計足以利國家不耳。且盜嫂受金，又何足疑乎？”漢王召責陳平，陳平曰：“……臣躶身來，不受金，無以爲資。誠臣計畫有可采者，顧大王用之；使無可用者，金具在，請封輸官，得請骸骨。”見《史記·陳丞相世家》。稚川採用並概括了魏無知的觀點。

87　抱朴子曰：“虎豹不能搏噬於波濤之中[1]，螣蛇不能登淩於不霧之日(1)[2]；摯雉兔則鸑鳳不及鷹鷂[3]，引耕犁則龍麟不逮雙特(2)[4]。故武夫勇士，無用乎晏如之世；碩生逸才，不貴乎力競之運。”

【校】

（１）螣蛇：孫星衍曰：“盧本作騰蛇。”按：上文作“螣蛇”，當一律。

（２）雙特：藏本、平津本作雙峙，疑誤。

【注】

［１］虎豹不能搏噬於波濤之中：謂虎豹祇能用武於陸地。

〔2〕螣蛇不能登淩於不霧之日：謂螣蛇祇能借霧而飛天。

〔3〕摯：搏擊；攫取。宋玉《高唐賦》：“鶻鶚鷹鴟，飛揚伏竄。股戰脅息，安敢妄摯？”《大戴禮記·夏小正》“鷹始摯”，王聘珍解詁：“摯，讀曰擊。”

〔4〕特：牡牛，公牛。《説文·牛部》：“特，朴特，牛父也。”

88　抱朴子曰：“兩絆而項領，則騏驎與蹇驢同矣[1]；失林而居檻，則猨狄與玃貃等矣(1)[2]。韜鋒而不擊，則龍淵與鉛刀均矣(2)；才遠而任近，則英俊與庸瑣比矣。若乃求千里之跡於縶維之駿[3]，責匠世之勳於劇碎之賢(3)[4]，謂之不惑，吾不信也。”

【校】

（1）猨：魯藩本作援，王國維校作猨。

（2）龍淵：藏本、平津本作龍泉，從楊明照校改。

（3）匠：楊明照校作匡。按：兩可。

【注】

〔1〕兩絆而項領二句：喻被拘束而不能自由發揮所長。《淮南子·俶真》：“是猶兩絆騏、驥，而求其致千里也。”

〔2〕失林而居檻二句：《韓非子·説林下》：“置猿於柙中，則與豚同。”《楚辭》嚴忌《哀時命》：“置猨狄於欞檻兮，夫何責其捷巧。”王逸注：“言猨狄當居高木茂林，見其才力，而置之欞檻之中，責其捷巧，非其理也。”檻：檻：櫳。《説文·木部》：“檻，櫳也。從木，監聲。一曰圈。”段玉裁注：“圈者，養獸之閑。”猨狄（yuán yòu）：泛指猿猴。猿、猨正俗字。狄：長尾猿。玃：有豬玃、狗玃等種類。《説文·豸部》：“玃，野豕也。”貃：外形似狐，銳頭，尖鼻，毛棕灰色，善睡。《列子·湯問》：“貃踰汶則死矣。”釋文：“貃，音鶴。似狐，善睡獸也。”

［3］繫維之駿：被繩索拴住的駿馬。繫維：絆繫。《詩·小雅·白
　　駒》：“皎皎白駒，食我場苗，縶之維之，以永今朝。”原謂絆馬足、
　　繫馬繮，示留客之意。此謂繩索拴住（駿馬）。
［4］劇碎：極爲瑣碎的工作。

89　抱朴子曰：“捐荼茹蒿者，必無識甘之口；棄瓊拾
礫者，必無甄珍之明。薄九成而悦北鄙者[1]，吾知其不能
格靈祇而儀翔鳳矣；舍英秀而杖常民者(1)[2]，吾知其不能
叙彝倫而臻升平矣[3]。”

【校】

（1）舍：魯藩本作含，王國維校作舍。

【注】

［1］北鄙：殷紂朝歌北鄙之音，指代亡國之樂。《淮南子·泰族》：“師
　　涓爲（晉）平公鼓朝歌北鄙之音。師曠曰：‘此亡國之樂也。’”高
　　誘注：“衛靈公宿於濮水之上，聞琴音，召師涓而寫之。蓋師延所
　　爲紂作朝歌北鄙之音也。”“靈公進新聲平公，平公以問師曠。師
　　曠曰：‘紂以師延作靡靡之樂，紂亡，師延東走，自投濮水而死，得
　　此音必於濮上也。’”北：敗。鄙：陋。
［2］杖：通仗。即《史記·春申君列傳》“仗兵革”之“仗”。
［3］叙彝倫：叙次常道。《書·洪範》：“彝倫攸叙。”孔傳：“常道所以
　　叙次。”《爾雅·釋詁》：“臻，至也。”

90　抱朴子曰：“達乎通塞之至理者，不惆悵於窮否[1]；
審乎自然之有命者[2]，不逸豫於道行[3]。故縈抑淵洿，是
遺愠悶之心[4]；振耀宸宬[5]，而無得意之色。三仕三已，則
其人也[6]。”

【注】

［１］悁悒（yuān yì）：憂憤；憂鬱。《楚辭・九思・憫上》：“忿悁悒兮
執訴告。”

［２］自然之有命：指死生有命，富貴在天。《論語・顏淵》：“子夏曰：
‘商聞之矣：死生有命，富貴在天。’”

［３］逸豫：逸樂；安樂。《詩・小雅・白駒》：“爾公爾侯，逸豫無期。”
毛傳：“爾公爾侯邪，何爲逸樂無期以反也。”余冠英注：“逸豫，安
樂也。”

［４］遺：棄。愠悶：怨怒與憤恨。

［５］振耀：照耀；顯耀。《漢書・揚雄傳上》：“昭光振耀，饗昒如神，仁
聲惠於北狄，武義動於南鄰。”耀通耀。宸扆（chén yǐ）：借指朝
廷。宸：指北極星所居，即紫微垣，借指帝王所居。扆：指帝王
座後的屏風

［６］三仕三已：猶言做官三起三落。《論語・公冶長》：“令尹子文，三
仕爲令尹，無喜色；三已之，無愠色。”《吕氏春秋・知分》：“孫叔
敖三爲令尹而不喜，三去令尹而不憂。”其人：指楚國大夫鬭穀
（令尹子文）、孫叔敖。

91　抱朴子曰：“否泰繫乎運命(1)[1]，窮達不足以論
士[2]；得失在乎適偶(2)[3]，榮辱不可以量才(3)[4]。時命不可
以力求，遭遇不可以智違。故尚父者，老婦之棄夫；韓信
者，乞食之餓子[5]；蕭公者，斗筲之主吏(4)[6]；黥布者，刑黜
之亡隸[7]，當其行龍姿於虺蜴之中，卷鳳翅乎斥鷃之群[8]，
則彼龍后，謂爲其倫[9]。”

【校】

（１）運命：藏本、平津本脱“命”字，從楊明照校補。如此，“否泰繫乎
運命”始能與下“得失在乎適偶”句相儷。

（２）適偶：孫星衍校：“舊寫本無偶字。”

（3）榮：平津本作營，當改。量才：藏本、平津本作才量，孫星衍校：
　　“當作量才。”《臣節》篇第 2 段“臣必量才而受者”句，本篇下文第
　　93 首“量才而授者”句，是其證。量才，論士對仗，同爲述賓結構。
（4）主吏：藏本、平津本脱“主”字，當補。蕭何曾任主吏掾。如此，
　　“斗筲之主吏”，方與“刑黥之亡隸”對仗。《史記・蕭相國世家》
　　索隱：“《漢書（・蕭何傳）》云：‘何爲主吏。’主吏，功曹也。”主吏、
　　棄夫、餓子、亡隸同爲偏正結構。

【注】

［1］運命：指命中注定的生死、貧富和一切遭遇。
［2］窮達不足以論士：窮達不是論士優劣成敗的依據。
［3］適偶：偶然（機遇）。《書・康誥》：“乃惟眚災，適爾。”蔡沈集傳：
　　“適，偶也。”《文選》嵇康《與山巨源絶交書》“偶與足下相知耳”，
　　李善注：“偶，謂偶然。非本志也。”
［4］時命不可以力求二句：《鄧析子・無厚》：“死生自命，貧富自時。”
　　《漢書・叙傳上》：“（《王命論》）不知神器有命，不可以智力
　　求也。”
［5］乞食：乞討食物。《左傳・僖公二十三年》：“（重耳）乞食於野人，
　　野人與之塊。”
［6］蕭公：漢人尊稱蕭何，稚川從之。本句蓋就漢“高祖以吏繇咸陽，
　　吏皆送奉錢三，（蕭）何獨以五”一事而言。
［7］黥布（前？—前 195）：本名英布，六縣（今安徽六安）人。有客相
　　之曰：“當刑而王。”曾坐法黥面，故改姓黥。刑黥：指論輸驪山
　　作陵。黜：放逐；貶斥。亡隸：指率驪山刑徒，亡之江中爲群盜。
　　見《史記・黥布列傳》。
［8］當其行龍姿於虺蜥之中：喻尚父、韓信、蕭公、黥布早年韜晦於
　　卑微地位之時。龍姿、鳳翅：喻他們四人的非凡的姿質、風度與
　　才能。虺蜥、斥鷃：喻一般人。虺（huǐ）：小蛇；蜥蝪之屬。《國
　　語・吳語》“爲虺弗摧”，韋昭注：“虺，小蛇也。”《説文・蟲部》
　　“蟲”字朱駿聲通訓定聲：“虺者，蜥蝪之屬。”蜥：蜥蝪，四腳蛇。

《説文·蟲部》：“蝘，在壁曰蝘蜓（俗名壁虎），在艸曰蜥易（俗名
四腳蛇）。”斥鷃：鷃雀。

[9]龍后：爲龍爲君，猶言帝王。指周文王、漢高祖。古以龍喻帝王。
《易·乾》：“飛龍在天，大人造也。”正義：“飛龍在天，猶聖人之在
王位。”《爾雅·釋詁》：“后，君也。”

92　抱朴子曰：“四靈翳逸，而爲隆平之符[1]；幽人嘉
遁，而爲有國之寶[2]。何必司晨而銜鑣[3]，羈紲於憂責
哉[4]！有用，人之用也；無用，我之用也[5]。狥身者，不以
名汩和；修生者，不以物累己[6]。”

【注】

[1]翳逸：與下嘉遁義近。隆平：昌盛太平。

[2]有國之寶：國寶。《荀子·大略》：“口能言之，身能行之，國寶
也。……治國者，苟其寶。”有國：此指朝廷。句謂國家的寶貴
財富。

[3]司晨：雄雞報曉。《藝文類聚》一引《尸子》：“使星司夜，月司時，
猶使雞司晨也。”銜鑣（biāo）：口中馬嚼子。即套馬起程。《説
文·金部》：“銜，馬勒口中也。”段玉裁注：“也當作者。……其在
口中者謂之銜。”又：“鑣，馬銜也。”段玉裁注：“馬銜橫毌口中，其
兩耑外出者系以鑾鈴。”毌同貫，耑同端。

[4]羈紲（xiè）：《國語·晉語四》：“從者爲羈紲之僕。”韋昭注：“馬曰
羈，犬曰紲。言此二者臣僕之役。”紲同緤。此謂拘禁；束縛。

[5]有用：與無用對立統一。稚川强調無用，即超脱自我。《莊子·
人間世》：“人皆知有用之用，而莫知無用之用也。”二句蓋由此
化出。

[6]狥身：猶捐軀。狥通徇。修生：猶養生。《漢書·叙傳上》：“若
夫嚴子者，絶聖棄智，修生保真，清虚澹泊，歸之自然。”

93　抱朴子曰：“量才而授者，不求功於器外[1]；揆能而受者[2]，不負責於力盡。故滅熒燭者，不煩滄海；扛斤兩者，不事烏獲。運薪輂鹽[3]，不宜枉騏驥之腳；碎職瑣任(1)，安足屈獨行之俊哉(2)[4]。”

【校】

（1）瑣：平津本誤作琑。

（2）安足屈獨行之俊哉：藏本、平津本哉作矣，當作哉。“安足……哉”表示疑問。或作“矣哉”，表示疑問兼感歎。

【注】

[1] 量才而授：謂不妄授。《漢書·董仲舒傳》：“仲舒對曰：‘……毋以日月爲功，試賢能爲上，量材而授官。’”才材古通。器：能力；才能。

[2] 揆能：度量才能。與量才同義。

[3] 輂：運送；載運。《後漢書·張衡傳》“或輂賄而違車兮”，李賢注：“輂，運也。”

[4] 獨行：謂節操高尚，不隨流俗。《禮記·儒行》：“世治不輕，世亂不沮……其特立獨行有如此者。”

94　抱朴子曰：“畎澮之流[1]，不能運大白之艘[2]；升合之器，不能容千鍾之物。熠燿不能竝表微之景[3]，常才不能列逸倫之器(1)。蓋造化所假[4]，聰明有本根也。”

【校】

（1）列：藏本、平津本作別，疑本作列。“列”與上文“竝”同義。

【注】

[1] 畎澮(quǎn kuài)：田間排水溝渠。溝渠寬一尺、深一尺爲畎，寬

二尋、深二仞爲澮。《書·益稷》“濬畎澮距川”，孔傳：“距，至也。
決九州名川通之至海。一畝之間，廣尺、深尺曰畎。方百里之
間，廣二尋、深二仞曰澮。”

［2］大白：大船名。《慧琳音義》八九引《莊子》：“今以木爲舟，則稱衛
舟、太白。”又引司馬彪注曰：“太白，亦船名也。”太通大。

［3］熠燿(yì yào)：燐火；鬼火；熒火。《詩·豳風·東山》“熠燿宵
行”，毛傳：“熠燿，燐也；燐，熒火也。”竝：併。《淮南子·本經》
“明與日月竝”，高誘注：“竝，併也。”《初學記》一引《纂要》：“日光
曰景。”注：“星月之光，通謂之景。”

［4］假：授與。本根：根由，根源。

95　抱朴子曰：“郢人美《下里》之淫嫑[1]，而薄《六莖》
之和音[2]；庸夫好悅耳之華譽，而惡利行之良規[3]。故宋
玉舍其延露之情聲(1)[4]，智士拓其獨見之遠謀(2)[5]。”

【校】

（1）舍：魯藩本誤作含。延露：藏本、平津本作延靈，從楊明照校改。
《知止》作“《延露》”亦其證。情：藏本、平津本作精，“精”蓋“情”
之誤，正如《荀子·法行》“瑕適並見，情也”，《管子·水地》作“夫
玉瑕適皆見，精也”一樣。

（2）拓：藏本、平津本作招，依楊明照引舊寫本校改。

【注】

［1］郢人：楚國都城郢(紀南)城百姓，借指楚國人。《下里》：古代常
用以貶稱俗樂。

［2］《六莖》：古樂名，傳爲顓頊所作。《漢書·禮樂志》：“昔黃帝作
《咸池》，顓頊作《六莖》，帝嚳作《五英》。”《白虎通德論·禮樂
篇》：“顓頊曰《六莖》者，言和律曆以調陰陽；莖者，萬物也。”此指
代雅樂。

［3］華譽：虛譽；虛名。《後漢書·馬融傳》：“察淫侈之華譽，顧介特
　　　之實功。”李賢注：“華譽，虛譽也。”利行：有利於辦好事情。《説
　　　苑·正諫》：“孔子曰：‘……忠言逆於耳利於行。’”
［4］《延露》：郢中歌曲名；古俚曲名。《淮南子·人間》：“夫歌《采
　　　菱》，發《陽阿》，鄙人聽之，不若（此）《延路》《陽局》。非歌者拙
　　　也，聽者異也。”許慎注：“延路，鄙曲名也。”按：《文選》之《吳都
　　　賦》《月賦》《舞賦》《長笛賦》《七啓》與《擬魏太子鄴中集》李善注
　　　引“不若（此）《延路》《陽局》”並作“不若延露以和”。
［5］遠謀：《左傳·莊公十年》：“肉食者鄙，未能遠謀。”

　　96　抱朴子曰：“瓊、瑶山積，不能無挾瑕之器[1]；鄧林
千里，不能無偏枯之木[2]。論珍則不可以細疵棄其美(1)，
語大則不可以少累廢其多[3]。故叛主者良、平也，而吐六
奇以安上[4]；群盜者彭越也，而建弘勳於佐命。”

【校】

（1）疵：魯藩本作疪，王國維校作疵。其：藏本、平津本作巨，從崇文
　　　本校改。如此“棄其美”與下文“廢其多”文例一律。

【注】

［1］瑕：玉之病。《禮記·聘義》“瑕不揜瑜，瑜不揜瑕”，鄭玄注：“瑕，
　　　玉之病也。”
［2］偏枯：此指樹木部分枝幹的枯死。
［3］論珍則不可以細疵棄其美二句：《吕氏春秋·舉難》：“以人之小
　　　惡，亡（忘）人之大美，此人主所以失天下之士也。”
［4］叛主：此指張良離開韓王成而引兵從沛公，陳平離開魏王咎往
　　　歸項羽，繼而懼誅而降漢。良、平：此偏指陳平，張良無“吐六
　　　奇”之典，不過是連類而及。

97　抱朴子曰:"五嶽巍峨,不以藏疾傷其極天之高;滄海淲瀁,不以含垢累其無涯之廣[1]。故九德尚寬以得衆,宣尼汎愛而與進[2]。"

【注】

［1］五嶽巍峨:以下四句:喻胸懷博大,對各類有大缺點的人才,能兼容並蓄。

［2］宣尼:孔子。《漢書·平帝紀》:"元始元年六月……追謚孔子曰褒成宣尼公。"

廣譬卷三十九^[1]

1 抱朴子曰："立德踐言^[2]，行全操清，斯則富矣，何必玉帛之崇乎⁽¹⁾？高尚其志^[3]，不降不辱^[4]，斯則貴矣，何必青紫之兼拕也^{(2)[5]}？俗民不能識其度量，庸夫不得揣其銓衡，是則高矣，何必淩雲而蹈霓乎？問者莫或測其淵流，求者未有覺其短乏，是則深矣，何必洞河而淪海乎？四海苟備^{(3)[6]}，雖室有懸磬之窶^[7]，可以無羨乎鑄山而煮海矣^[8]。身處鳥獸之群^[9]，可以不渴乎朱輪而華轂矣。"

【校】

（1）崇：其上當從楊明照校補"並"字。並崇、兼拕對文。

（2）也：當作"乎"，以與上下句所用之"乎"一致。

（3）海：當從楊明照校引吉藩本等作德。

【注】

[1] 廣譬：廣泛設喻。本篇一首一譬，比喻說明一個問題；85首組成一篇連珠體的文章，說明衆多問題。與《博喻》組成本書連珠體雙璧。

[2] 立德：與立功、立言合爲三不朽。《左傳·襄公二十四年》："豹聞之：太上有立德，其次有立功，其次有立言，雖久不廢，此之謂不朽。"孔穎達疏："立德，謂創制垂法，博施濟衆，聖德立於上代，惠澤被於無窮。"踐言：《禮記·曲禮上》："脩身踐言，謂之善行。"

［３］高尚其志：《易‧蠱》：“上九：不事王侯,高尚其事。”高亨注：“下‘事’字,僞《孟子外書文説》篇引作‘志’,必有所據,當從之。……意謂：夷、齊不爲周臣,高尚其志,而得凶禍,餓死於首陽山。”

［４］不降：不降其志。不辱：不辱其身。《論語‧微子》：“子曰：‘不降其志,不辱其身,伯夷、叔齊與?’”集解引鄭玄曰：“言其直己之心,不入庸君之朝。”

［５］扡：同拖。《漢書‧揚雄傳下》：“(《解嘲》)紆青扡紫,朱丹其轂。”顏師古注：“青、紫,謂綬之色也。紆,縈也。扡,曳也。”印綬,漢制：公侯紫綬,九卿青綬。《漢書‧夏侯勝傳》：“勝每講授,常謂諸生曰：‘士病不明經術；經術苟明,其取青紫如俛拾地芥耳。’”顏師古注：“青紫,卿大夫之服也。”王先謙補注：“王鳴盛曰：‘葉夢得云：“漢丞相、太尉皆金印紫綬,御史大夫銀印青綬,此三府官之極崇也。勝云青紫謂此。”顏據當時所見,誤以爲卿大夫之服,漢卿大夫蓋未服青紫也。’葉説是。”以上富貴觀有似於《淮南子‧繆稱》所言：“原心反性,則貴矣；適情知足,則富矣。”

［６］四德：孝弟信忠。《大戴禮記‧衛將軍文子》：“孔子曰：‘孝,德之始也；弟,德之序也；信,德之厚也；忠,德之正也。(曾)參也,中夫四德者矣哉!’”

［７］懸磬：形容家中空無所有,極貧窮。《國語‧魯語上》“室如縣磬”韋昭注：“縣磬,言魯府藏空虛,但有榱梁,如縣磬也。”縣通懸。磬：古代用石、玉製成的打擊樂器,形似曲尺。

［８］鑄山而煮海：《史記‧吳王濞列傳》：“吳有豫章郡銅山,濞則招致天下亡命者益(盜)鑄錢,煮海水爲鹽,以故無賦,國用富饒。”鑄山：謂開採山中銅礦以鑄造錢幣。句謂不必羨慕吳王濞之鑄錢、煮海發財。

［９］身處鳥獸之群：謂隱居山林。《論語‧微子》：“鳥獸不可與同群。”集解引孔安國曰：“隱於山林是同群。”

2　抱朴子曰："潛靈俟慶雲以騰辣[1]，棲鴻階勁風以凌虛；素鱗須姬發而躍[2]，白雉待公旦而來[3]；姜老值西伯而投磻溪之綸[4]，韓、英遭漢高乃騁撥亂之才[5]。"

【注】

［1］潛靈：龍爲四靈之一而又潛藏淵中，故云。慶雲：一曰景雲。五色雲。古人以爲喜慶、吉祥之氣。《淮南子·天文》："龍舉而景雲屬。"高誘注："龍，水物也。雲生於水，故龍舉而景雲屬。屬，會也。"

［2］素鱗：白魚。姬發：周武王姓姬名發。《史記·周本紀》："武王渡河，中流，白魚躍入王舟中，武王俯取以祭。……是時，諸侯不期而會盟津者八百諸侯。"集解引馬融曰："魚者，介鱗之物，兵象也。白者，殷家之正色，言殷之兵衆與周之象也。"《尚書大傳》三："八百諸侯俱至孟津，白魚入舟。"因以"白魚入舟"爲"殷亡周興"之兆。

［3］白雉：白色羽毛的野雞。古時以爲瑞鳥，是吉祥物。雉爲鶉雞類鳥。《尚書大傳》四："周公居攝六年，制禮作樂，天下和平，越裳以三象重譯而獻白雉。""越裳獻白雉"見於許多古書。《藝文類聚》九十引《抱朴子》曰："白雉有種，南越尤多。按《地域圖》，今之九德，則古之越裳也。蓋白雉之所出，周成王所以爲瑞者，貴其所自來之遠，明其德化所被之廣，非謂此爲奇也。"

［4］投……綸：投棄釣具。指吕尚晚年遇到周文王，結束隱釣生涯，而爲文王之師。磻（pán）溪：水名，在今陝西省寶雞市東南。傳説爲吕尚未遇文王時垂釣處。《韓詩外傳》八："太公望……釣於磻溪，文王舉而用之，封於齊。"

［5］來、才：咍部。

3　抱朴子曰："澄精神於玄一者，則形器可忘[1]；邈高節以外物者，則富貴可遺。故支離之疏，偉造化而怡顔[(1)][2]；北人、箕叟，棲嵩岫而得意焉[3]。"

【校】

（1）支離之疏：疏字原脱，孫星衍校："舊寫本空白一字，藏本不空，盧本作支離甕盎。"魯藩本同藏本。楊明照按："吉藩本作'支離之徒'。"按：蓋脱一"疏"字。支離之疏：即《莊子・人間世》的支離疏，猶介之推、南之威之例。

【注】

［1］澄精神於玄一者：謂將自己的精神與道融爲一體。玄一：玄一之道。道的本原。語本《老子・第一章》："道可道，非常道。""玄之又玄，衆妙之門。"又《第四十二章》："道生一，一生二，二生三，三生萬物。"

［2］支離之疏：釋德清《莊子内篇注》："支離者，謂隳其形；疏者，謂泯其智也。乃忘形去智之喻。"支離疏的臉部藏在肚臍下，肩膀高過頭部，形狀怪異不全，但他能忘形忘德，故"怡顔"。

［3］北人：北人無擇，古之隱士。《吕氏春秋・離俗》説，舜以天下讓其友北人無擇，北人無擇認爲是辱漫自己，因自投蒼領之淵。蒼領，于省吾説即"滄浪"。箕叟：指隱居箕山的巢父、許由。按：箕山在河南登封，靠近嵩山。

4　抱朴子曰："粗理不可浹全[(1)][1]，能事不可畢兼。故懸象明而可蔽[2]，山川滯而或移[3]，金玉剛而可柔，堅冰密而可離[4]。公旦不能與伯昏跟絓於馮雲之峻[(2)][5]，仲尼不能與吕梁較伎於百仞之溪[6]。"

【校】

（1）粗：疑本作精。精理、能事，正對其文。

（2）昏：原作氏，當依楊明照校引《莊子・田子方》作昏。

【注】

［１］浹（jiā）全：周備全面。

［２］明而可蔽：《文子·上德》：“日月欲明，浮雲蔽之。”

［３］山川滯而或移：《詩·小雅·十月之交》：“高岸爲谷，深谷爲陵。”
《莊子·大宗師》：“夫藏舟於壑，藏山於澤，謂之固矣；然而夜半
有力者負之而走，昧者不知也。”蓋或移之例。

［４］金玉剛而可柔：《文選》劉琨《重贈盧諶詩》：“何意百鍊剛，化爲繞
指柔。”堅冰密而可離：《淮南子·俶真》：“冰迎春泮而爲水。”高
誘注：“泮，釋也。”

［５］公旦不能與伯昏跟絓於馮雲之峻：謂周公不能與伯昏無人於
危石較量雙腳倒挂身軀的技藝。《莊子·田子方》：“伯昏無
人曰：‘是射之射，非不射之射也。嘗與汝登高山，履危石，臨
百仞之淵，若能射乎？’於是無人遂登高山，履危石，臨百仞之
淵，背逡巡，足二分垂在外，揖禦寇而進之。”馮（píng）：憑之
初字。

［６］仲尼不能與吕梁較伎於百仞之溪：孔子不能與吕梁男子較量游
泳的技藝。二句與《內篇·釋滯》“伯昏躡億仞而企踵，吕梁能行
歌以憑淵……此皆周、孔所不能爲也”、《辨問》“跟挂萬仞之峻
峭，游泳吕梁之不測……凡人爲之，而周、孔不能”之意相同。
移、離、溪：支部。

5　抱朴子曰：“震雷不能細其音以協金石之和[1]，日月
不能私其耀以就曲照之惠[2]，大川不能促其涯以適速濟之
情，五岳不能削其峻以副陟者之欲[1]。故廣車不能脅其轍
以苟通於狹路[3]，高士不能搏其節以同塵於隘俗[4]。”

【校】

（１）副：藏本作赴。

【注】

［１］金石之和：編鐘編磬合奏之和聲。《文選》陸士衡（機）《演連珠》之三十六：“臣聞枳棘希聲以諧金石之和。”

［２］日月不能私其耀以就曲照之惠：謂日月大公無私，遍照宇宙。《禮記・孔子閒居》：“日月無私照。”

［３］脅：通脅。收斂。轍：車輪的行迹。此指兩邊車輪間的寬度。

［４］撙（zǔn）其節：此指降低自己的品格與節操。《禮記・曲禮上》：“是以君子恭敬撙節退讓以明禮。”鄭玄注：“撙，猶趨也。”釋文：“撙，祖本反。就也，向也。”隘俗：陋俗。欲、俗：屋部。

6　抱朴子曰：“陰陽以廣陶濟物，三光以普照著明，嵩、華以藏疾爲曠，北溟以含垢稱大，碩儒以與進弘道[1]，遠數以博愛容衆(1)[2]。”

【校】

（１）遠數：陳其榮校：“承訓本作遠教。”

【注】

［１］弘道：《論語・衛靈公》：“子曰：‘人能弘道，非道弘人。’”

［２］遠數（shù）：猶遠謀。《中論・務本》：“夫小事者味甘，而大道者醇淡；近物者易驗，而遠數者難效。”容衆：《論語・子張》：“子張曰：‘異乎吾所聞，君子尊賢而容衆，嘉善而矜不能。’”

7　抱朴子曰：“靈龜之甲[1]，不必爲戰施；麟角鳳爪[2]，不必爲鬬設。故雋生不釋劍於平世[3]，擊柝不輟備於思危[4]。”

【注】

［１］靈龜：有靈應的龜兆。《易・頤》：“舍爾靈龜，觀我朵頤。”孔穎達

疏：“靈龜，謂神靈明鑒之龜兆。”

［２］麟角鳳爪：比喻稀罕珍貴的人才或事物。《詩·周南·麟之趾》：
“麟之角，振振公子。”

［３］雋生：雋不疑先生。《漢書·雋不疑傳》：“（暴）勝之素聞不疑賢，
至勃海，遣吏請與相見。不疑冠進賢冠，帶櫑具劍，佩環玦，褒衣
博帶，盛服至門上謁。門下欲使解劍，不疑曰：‘劍者君子武備，
所以衛身，不可解。請退。’吏白勝之，勝之開閣延請。”

［４］柝（tuò）：巡夜打更用的木棒。《易·繫辭下》：“重門擊柝，以待
暴客，蓋取諸豫。”韓康伯注：“取其豫備。”思危：居安思危。《左
傳·襄公十一年》：“《書》曰：‘居安思危。’思則有備，有備無患。”
杜預注：“《書》逸《書》。”施、危：支部。

8　抱朴子曰：“南金不爲處幽而自輕[1]，瑾瑤不以居深而
止潔。志道者不以否滯而改圖，守正者不以莫賞而苟合。”

【注】

［１］南金：喻南方的傑出人材。《晉書·薛兼傳》：“兼清素有器宇，少
與同郡紀瞻、廣陵閔鴻、吳郡顧榮、會稽賀循齊名，號爲‘五儁’。
初入洛，司空張華見而奇之，曰：‘皆南金也。’”

9　抱朴子曰：“登玄圃者，悟丘阜之卑[1]；浮溟海者，識
池沼之褊[2]。披九典，乃覺牆面之篤蔽(1)；聞至道，乃知拘
俗之多迷。”

【校】

（１）牆面：當從楊照校乙轉爲面牆，方與下句“拘俗”相儷。

【注】

［１］丘阜：小土丘。《管子·地圖》：“丘阜之所在，苴草林木蒲葦之

所茂。”

［2］溟海：海名。《文選·七命》“溟海渾澒湧其後”李善注引《十洲記
（·扶桑蓬丘）》：“東王所居處，山外有員海，員海水色正黑，謂之
溟（今本作冥）海。”呂向注：“溟海，海名。”

10　抱朴子曰：“渾沌之原，無皎澄之流[1]；毫釐之根，
無連抱之枝[2]；分寸之爐[3]，無炎遠之熱；隙穴之中，無炳
蔚之群[4]；鈎曲之形，無繩直之影[5]；參差之上，無整齊
之下[6]。”

【注】

［1］渾沌之原，無皎澄之流：《荀子·君道》：“官人守數，君子養原；原
　　清則流清，原濁則流濁。”渾沌：模糊；不分明。《鶡冠子·泰鴻》：
　　“五官六府，分之有道；無鈎無繩，渾沌不分。”原：源之初字。

［2］毫釐之根，無連抱之枝：《韓詩外傳》五：“故盈把之木，無合拱
　　之枝。”

［3］爐：柴薪。《文選》張協《雜詩》十首之十“尺爐重尋桂”李善注引
　　《說文（·火部）》：“爐，薪也。”

［4］炳蔚之群：指虎豹群體。虎豹斑文炳蔚，故云。《易·革》：“大人
　　虎變，其文炳也……君子豹變，其文蔚也。”

［5］鈎曲：如鈎彎曲。形、影：耕部。

［6］參差之上，無整齊之下：謂上梁不正下梁歪。《意林》五引《物理
　　論》：“諺曰：‘上不正，下參差。’”

11　抱朴子曰：“不覩瓊琨之熠爍，則不覺瓦礫之可
賤[1]；不覯虎豹之彧蔚(1)，則不知犬羊之質漫[2]。聆《白
雪》之九成，然後悟《巴人》之極鄙；識儒雅之汪濊，爾乃悲
不學之固陋。”

【校】

（1）戜：魯藩本作戜，王國維校作戜。

【注】

［1］琨：美玉；美石。《書·禹貢》“瑶琨篠簜”孔傳：“瑶、琨，皆美玉。”釋文：“琨，美石也。”熠（yì）爍：光彩閃耀。

［2］戜蔚：文采斑爛貌。漫：污穢。《楚辭·九歎·逢紛》“讒夫藹藹而漫著兮”王逸注：“漫，汙也。”

12　抱朴子曰：“無當之玉盌，不如全用之埏埴[1]；寸裂之錦黻，未若堅完之韋布[2]。故夏姬之無禮[3]，不如孤逐之皎潔[4]；富貴之多罪，不如貧賤之履道。”

【注】

［1］當（dāng）：底，器物的底部。《韓非子·外儲説右上》：“今千金之玉卮，通而無當，可以盛水乎？”盌：俗作碗。埏埴（shān zhí）：和泥製陶。《老子·第十一章》：“埏埴以爲器，當其無，有器之用。”河上公注：“埏，和也；埴，土也。謂和土以爲器也。”此謂陶器。

［2］堅完：堅；固。《荀子·王制》“尚完利”楊倞注：“完，堅也。”《大戴禮記·勸學》：“巢非不完也”王聘珍解詁：“完，固也。”

［3］夏姬：春秋鄭穆公女，陳大夫御叔之妻，夏徵舒之母。與陳靈公、孔寧（即公孫寧）、儀行父私通，徵舒射殺靈公。楚伐陳，以夏姬與連尹襄老；襄老死，夏姬回鄭。楚申公巫臣聘之於鄭，娶夏姬奔晉。

［4］孤逐：被孤立驅逐之齊國醜女名。《列女傳·辯通·齊孤逐女傳》：“孤逐女者，齊即墨之女，齊相之妻也。初，逐女孤，無父母，狀甚醜。三逐於鄉，五逐於里，過時無所容。齊相婦死，逐女造襄王之門而見謁者，曰：‘妾三逐於鄉，五逐於里，孤無父母，擯棄

於野，無所容止。願當君王之盛顏，盡其愚辭。'……王曰：'善。'遂尊相，敬而事之，以逐女妻之。"

13　抱朴子曰："猛獸不奮搏於度外，鷹鷂不揮翮以妄擊。若廟筭既内不揆德[1]，進取又外不量力[2]，猶輕羽之没洪鑪，飛雪之委沸鑊[3]，朝菌之試干將[4]，羔犢之犯虓虎也[5]。"

【注】

[1]揆德：度量人的品德。《逸周書·官人》："事阻者不夷……多私者不義，揚言者寡信，此之謂揆德。"此指衡量自身的政治威望。

[2]進取：此指對外用兵，開疆拓土。句意本《左傳·隱公十一年》："度德而處之，量力而行之。"

[3]輕羽之没洪鑪，飛雪之委沸鑊：喻自毀而無濟於事。《史記·刺客列傳·荆軻》："鞠武曰：'……夫以鴻毛燎於爐炭之上，必無事矣。'"

[4]朝菌之試干將：句意本《説苑·善説》："雍門子周曰：'……夫以秦、楚之强，而報讎於弱薛（韓），譬之猶摩蕭斧而伐朝菌也。'"

[5]羔犢之犯虓虎：喻弱不敵强。羔犢：小羊和小牛。常喻弱者一方。虓（bào）虎：兇暴的老虎。《漢書·鄒陽傳》："夫以區區之濟北而與諸侯爭彊，是以羔犢之弱而扞虎狼之敵也。"

14　抱朴子曰："三辰蔽於天，則清景暗於地[1]；根荄蹶於此，則柯條瘁於彼[2]。道失於近，則禍及於遠；政繆於上，而民困於下[3]。"

【注】

[1]清景：猶清光。清亮的光輝。曹植《公宴》詩："明月澄清景，列宿正參差。"

［2］根荄（gāi）：植物的根。比喻事物的根本。《文子·符言》：“故羽
翼美者，傷其骸骨；枝葉茂者，害其根荄。”蹶（jué）：拔。《左傳·
襄公十九年》“是謂蹷其本”杜預注：“蹷，猶拔也。”蹷同蹶。

［3］道失於近四句：意本《荀子·王霸》：“主能治近則遠者理，主能治
明則幽者化，主能當一則萬事正。”謂治政當抓住根本，由近及
遠，由上及下。繆（miù）：誤。

15　抱朴子曰：“務於遠者，或失於近(1)[1]；治其外者，
或患生乎內[2]。覆頭者，不必能令足不濡；蔽腹者，不必能
令背不傷。故秦始築城遏胡(2)，而禍發幃幄[3]；漢武懸旌
萬里，而變起蕭牆[4]。”

【校】

（1）或失於近：與第14首“政繆於上”同旨，或下蓋脫一政字，當補，
“政失於近”方與下文“患生乎內”對仗。

（2）秦始：疑當作秦皇，方與漢武對仗。《詰鮑》：“秦皇憂萬世之同
謐，故致傾亡。”《內篇·論仙》：“凡世人所以不信仙之可學，不許
命之可延者，正以秦皇、漢武求之不獲，以少君、欒太爲之無驗故
也。”“秦皇使十室之中，思亂者九；漢武使天下嗷然，户口減半。”
是其證，當一致。

【注】

［1］務於遠者，或失於近：意同第14首“道失於近”引《荀子·王霸》。
然有長遠利益與目前利益必須兼顧之意。

［2］治其外者，或患生乎內：謂祇注意鞏固邊防或開疆拓土，而不注
意蕭清與整頓內部。患生乎內：謂禍起蕭牆。

［3］秦始：秦始皇嬴政（259—前210）。築城遏胡：修築長城阻止匈
奴南下。禍發幃幄：謂宮廷政變。指趙高、李斯合謀共立二世
胡亥，逼扶蘇、蒙恬自殺，趙高讒毀李斯等，去疾、馮劫自殺，李斯

被誣卒就五刑,直至逼二世自殺。幃幄:指内庭;内宮。《三國
志・魏書・董卓傳》"相攻擊連月死者萬數"裴松之注引《獻帝起
居注》:"(皇甫)酈言:'我累世受恩,身又常在幃幄,君辱臣死,當
坐國家,爲李傕所殺,則天命也。'"

[4] 漢武:漢武帝劉徹。懸旌萬里:猶言軍旗飄揚萬里之外。指從
元朔元年(前128)起,武帝三次對匈奴的用兵,近半個世紀。懸
旌:挂起軍旗。指進軍。《漢書・陳湯傳》:"故宗正劉向上疏
曰:'……(湯)懸旌萬里之外,揚威昆山之西。'"變起蕭牆:蓋指
莽何羅兄弟謀逆行刺漢武帝,及戾太子劉據因巫蠱被廢與丞相
劉屈氂戰於長安,兵敗自經等事。《鶡冠子・道端》:"張軍衛外,
禍反在内。所備甚遠,賊在所愛。"此之謂乎?

16　　抱朴子曰:"人才無定珍,器用無常道[1]。進趨者
以適世爲奇,役御者以合時爲妙。故玄冰結則五明捐[2],
隆暑熾則裘、鑪退;高鳥聚則良弓發,狡兔多則盧、鵲走;干
戈興則武夫奮,《韶》《夏》作則文儒起。"

【注】

[1] 常道:通常的尺度、方法、途徑。《史記・范雎蔡澤列傳》:"進退
盈縮,與時變化,聖人之常道也。"

[2] 玄冰:冰厚,色似玄,故名。五明:五明扇。儀仗中使用的一種
掌扇。晉時祇限於帝王使用。崔豹《古今注・輿服》:"五明扇,
舜所作也。既受堯禪,廣開視聽,求賢人以自輔,故作五明扇焉。
秦漢公卿士大夫皆得用之,晉非乘輿不得用也。"亦指團扇。泛
指扇。陸機《羽扇賦》:"昔者武王玄覽造扇於前,而五明安衆。"

17　　抱朴子曰:"激脩流、揚朝宗者,不可以背五城而
跨積石[1];舒翠葉、吐丹葩者,不可以舍洪荄而去繁柯。敗
源失本,勄不枯汔[2];叛聖違經,理不弘濟。"

【注】

［1］五城：神仙所居。《史記・孝武本紀》："方士有言：黄帝時爲五城十二樓，以候神人於執期，命曰迎年。"集解引應劭曰："崑崙玄圃五城十二樓，此仙人之所常居也。"積石：即阿尼瑪卿山。在青海東南部，延伸至甘肅南部邊境。爲昆侖山脈中支，黄河繞流東南側。《書・禹貢》："浮于積石。"孔傳："積石山在金城西南，河所經也。"

［2］敗源失本：《淮南子・説林》："塞其源者竭，背其本者枯。"枯汔（qì）：乾枯。《説文・水部》："汔，水涸也。"《玉篇・水部》汔作汔。《廣雅・釋詁一》："汔，盡也。"

18　抱朴子曰："四瀆辯源，五河分流[1]，赴卑注海，殊塗同歸[2]。色不均而皆艷，音不同而咸悲，香非一而並芳，味不等而悉美[3]。"

【注】

［1］四瀆：長江、黄河、淮河、濟水的合稱。瀆：發源注海的江河大川。《爾雅・釋水》："江、河、淮、濟爲四瀆。四瀆者，發原注海者也。"其中濟水已湮。辯通辨。區分。五河：淮河及其支流澮、沱、漻、潼五河的合稱。《漢書・司馬相如傳下》："（《大人賦》）遍覽八紘而觀四海兮，度九江越五河。"顔師古注："服虔曰：'河有九，今越其五也。'晉灼曰：'五河，五湖，取河之聲合其音耳。'師古曰：'服、晉説五河皆非也。五河，五色之河也。《仙經》説有紫、碧、絳、青、黄之河，非謂九河之内，亦非五（河）［湖］也。'"按：九河乃黄河的九條支流。四瀆、五河指代所有河流。

［2］殊途同歸：《易・繫辭下》："天下同歸而殊塗。"此指"百川異源而同歸於海"。

［3］色不均而皆艷：謂表現不同，效果則一。《鶡冠子・環流》："酸鹹甘苦之味相反，然其爲善均也；五色不同采，然其爲好齊也；五聲

不同均(韻),然其可喜一也。"詰此正合。

19　抱朴子曰:"物貴濟事,而飾爲其末[1];化俗以德,而言非其本。故綀布可以禦寒[2],不必貂、狐;淳素可以匠物,不在文辯[3]。"

【注】

[1] 飾爲其末:《淮南子·原道》:"是故聖人内脩其本,而不外飾其末。"

[2] 綀布:絲織物和麻布。《後漢書·東夷傳·濊》:"知種麻,養蠶,作綀布。"

[3] 文辯:能文善辯。《韓非子·外儲説左上》:"范且、虞慶之言皆文辯辭勝而反事之情。"

20　抱朴子曰:"衝飇謐氣(1),則轉蓬山峙;脩綱既舒,則萬目齊理[1]。故未有上好謙而下慢,主賤寶而俗貧。"

【校】

(1) 飇:當作飆。

【注】

[1] 脩綱既舒,則萬目齊理:謂綱舉目張。《韓非子·外儲説右下》:"善張網者引其綱,不一一攝萬目而後得;一一攝萬目而後得,則是勞而難,引其綱而魚已囊矣。"

21　抱朴子曰:"事有緣微而成著[1],物有治近而致遠。故脩步武之池,而引沈鱗於江海;豐朝陽之林,而延靈禽於丹穴[2]。設象於槃盂,而翠虯降於玄霄;委灰於尺水,而望舒變於太極[3]。是以晉文回輪於勇蟲(1)，而壯士雲赴[4]；句踐曲躬於怒鼃，而戎卒輕死。九九顯，而扣角之俊至[5]；枯骨掩，而參分之仁洽。”

【校】

（1）晉文：當從楊明照校作齊莊。

【注】

［1］緣微而成著：《荀子·大略》：“積微者著。”

［2］修步武之池四句：謂築巢引鳳，首先創造或提供發展的條件。《文子·上德》：“欲致魚者，先通水；欲致鳥者，先樹木。水積而魚聚，木茂而鳥集。”朝陽之林：山東的梧桐。《詩·大雅·卷阿》：“鳳凰鳴矣，于彼高岡。梧桐生矣，于彼朝陽。”毛傳：“山東曰朝陽。”《爾雅·釋山》：“山東曰朝陽。”郭璞注：“旦即見日。”

［3］委灰於尺水二句：《淮南子·覽冥》：“畫隨灰而月運闕。”高誘注：“運讀連圍之圍也。運者，軍也，將有軍事相圍守，則月運出也。以蘆草灰隨牖下月光中令圖畫，缺其一面，則月暈亦缺於上也。”（《藝文類聚》一引）許慎注：“有軍事相圍守則月暈，以蘆灰隨暈環，闕其一面，則月暈亦闕於上也。”稚川蓋據此而言。《博物志》四《物理》：“凡月暈隨灰畫之，隨所畫而闕。《淮南子》云，未詳其法。”太極：猶言天空。

［4］晉文：當作齊莊，春秋齊靈公之子，名光（前553—前548在位），爲崔杼所殺。勇蟲：指螳螂，螳螂舉足想擋住車子前進，故云。喻不自量力，但精神可嘉。《韓詩外傳》八：“齊莊公出獵，有螳螂舉足將搏其輪。問其御曰：‘此何蟲也？’御曰：‘此是螳螂也。其爲蟲，知進而不知退，不量力而輕就敵。’莊公曰：‘此爲人，必爲天下勇士矣。’於是回車避之……而勇士歸之。”

［5］九九顯：齊桓公設庭燎以待士，有以九九小術而得到齊桓公的接見，故云。據《韓詩外傳》三説，齊桓公設庭燎以待士，“期年而

士不至”。“有以九九見者”，對他説：“‘……夫士之所以不至者，
君，天下之賢君也，四方之士，皆自以爲不及君，故不至也。夫九
九薄能耳，而君猶禮之，況賢於九九者乎？夫太山不讓礫石，江
海不辭小流，所以成其大也。……’桓公曰：‘善。’乃因禮之。期
月，四方之士相導而至矣。”九九：算術乘法名。《漢書·梅福
傳》“臣聞齊桓之時，有以九九見者”顔師古注：“九九，算術，若今
《九章》《五曹》之輩。”九九人人皆會，因用以指薄能之人。扣
同叩。

22　抱朴子曰：“膏壤在荄，而枯葉含榮[1]；率俗以身，
則不言而化[2]。故有唐以鹿裘臻太平(1)，齊桓以捐紫止奢
競[3]；章華構而豐屋之過成，露臺輟而玄默之風行[4]。”

【校】

（1）鹿裘：蓋本作麤裘。鹿爲麤之殘誤。《君道》“遵放勳之麤裘”是
　　其證。

【注】

[1] 含榮：猶云含苞待放的花朵；開花。

[2] 不言而化：即行不言之教。《老子·第二章》：“是以聖人處無爲
　　之事，行不言之教。”河上公注：“以身師導之也。”

[3] 齊桓：齊桓公小白。捐紫：《尹文子·大道上》：“昔齊桓好衣紫，
　　闔境不鬻異采。桓公患之。管仲曰：“君欲止之，何不試勿衣也。
　　謂左右曰：‘吾其惡紫之臭。’”“(桓)公曰：‘諾。’於是日，郎中莫
　　衣紫；其明日，國中莫衣紫；三日，境内莫衣紫也。”

[4] 競、行：陽部。

23　抱朴子曰：“聰者料興亡於遺音之絶響[1]，明者覿
機理於玄微之未形[2]。故越人見齊桓不振之徵，於未覺之

疾[3]；箕子識殷人鹿臺之禍，於象箸之初[4]。"

【注】

[１]遺音：前代留傳下來的音樂。嵇康《琴賦》："情舒放而遠覽，接軒
轅之遺音。"

[２]明者覬機理於玄微之未形：《文選》司馬相如《上書諫獵》"蓋聞明
者遠見於未萌而智者避危於無形"李善注引太公《金匱》："明者
見兆於未萌，智者避危於無形。"機理：事物變化的道理。劉劭
《人物志·材理》："指機理，則穎灼而徹盡；涉大道，則徑露而
單持。"

[３]齊桓：稚川蓋從《史記·扁鵲倉公列傳》。

[４]鹿臺之禍：指周武王伐紂，紂兵敗，登鹿臺自焚而死之事。《韓非
子·喻老》："昔者紂爲象箸而箕子怖。"句謂箕子知紂之亡始於
製作象牙筷子，追求奢侈，聚斂財貨之時。

24　抱朴子曰："二儀不能廢春秋以成歲[1]，明主不能
舍刑德以致治[2]。故誅貴所以立威，賞賤所以勸善。罰上
達則姦萌破，而非懦弱所能用也(1)[3]；惠下逮則遠人懷，而
非儉吝所能辦也。"

【校】

（１）非：孫星衍校："藏本脱非字，各本有。"陳其榮校："藏本脱非字，
今從舊寫本、盧本。"按：魯藩本亦脱非字。

【注】

[１]春秋：歲時起源，始"有春、秋而無冬、夏"（于省吾《歲時起源
考》），故"春秋"即統指四時。成歲：成爲一年。

[２]刑德：指殺戮以懲惡之刑與慶賞以養善之德。《韓非子·二柄》：
"明主之所導制其臣者，二柄而已矣。二柄者，刑、德也。"

[３]罰上達：謂打破"刑不上大夫"的傳統，刑罰貫通到貴戚。

25　抱朴子曰："浮滄海者，必精占於風氣，故保利涉之福[1]；善蒞政者，必戰戰於得失，故享惟永之慶。故闇君之所輕，蓋明主之所重也；亡國之所棄，則治世之所行也。"

【注】

[１]精占於風氣：謂以占候之法預測氣象。風氣：氣候；古代一種占候之術。《尚書序》："言九州所有，土地所生，風氣所宜，皆聚此書也。"利涉：順利渡過。《易·需》："利涉大川，往有功也。"

26　抱朴子曰："毫釐蹉於機，則尋常違於的[1]；與奪失於此，則善否亂於彼。邪正混伴，則彝倫攸斁[2]；功過不料，則庶績以崩。故明君賞猶春雨，而無霖淫之失；罰擬秋霜，而無詭時之嚴[3]。"

【注】

[１]毫釐蹉於機，則尋常違於的：以射喻政。蹉(cuō)：差錯。《古文苑》揚雄《并州牧箴》："宗周罔職，日用爽蹉。"章注："蹉，跌也。"《荀子·王霸》："此夫過舉蹞步而覺跌千里者夫"楊倞注："跌，差也。"機：弩機，主放箭。《鬼谷子·飛箝》"爲之樞機"陶注："機，所以主弩之放發。"尋常：此喻長或多。違：離。的：靶子的中心。《荀子·勸學》："是故質的張而弓矢至焉。"楊倞注："的，正鵠也。"正鵠即箭靶中心。

[２]彝倫攸斁(dù)：常道秩序遂壞。《書·洪範》："彝倫攸斁。"孔傳："斁，敗也。"

[３]明君賞猶春雨四句：謂明君賞罰順應天時。喻賞罰恰到火候，不過濫、過酷。《左傳·襄公二十六年》："古之治民者，勸賞而畏刑，恤民不倦，賞以春夏，刑以秋冬。"杜預注："順天時。"《左傳·

隱公九年》：“凡雨，自三日以往爲霖。”《爾雅·釋天》：“久雨謂之淫，淫謂之霖。”

27　抱朴子曰：“明銓衡者，所重不可得誣也；仗法度者，所愛不可得私也。故得人者，先得之於己也；失人者，先失之於己者也。未有得己而失人，失己而得人者也[1]。”

【注】

[1]故得人者數句：謂先從自己的修身做起。《文子·下德》：“老子曰：‘勝人者有力，自勝者强。能强者，必用人力者也；能用人力者，必得人心者也；能得人心者，必自得者也。未有得己而失人者也，未有失己而得人者也。’”

28　抱朴子曰：“明主躬操威恩，不假人以利器；暗主倒執干戈，雖名尊而勢去[1]。故制慶賞而得衆者，田常所以奪齊也[2]；擅威福而專朝者，王莽所以篡漢也[3]。”

【注】

[1]倒執干戈：喻放棄國家權力。《漢書·梅福傳》：“（上書）倒持泰阿，授楚其柄。”

[2]制慶賞而得衆者二句：《韓非子·二柄》：“故田常上請爵禄而行之群臣，下大斗斛而施於百姓，此簡公失德，而田常用之也。故簡公見弑。”《史記·田敬仲完世家》：“於是田常復修釐子之政，以大斗出貸，以小斗收。”“田常言於齊平公曰：‘德施，人之所欲，君其行之；刑罰，人之所惡，臣請行之。’行之五年，齊國之政皆歸田常。”

[3]王莽句：王莽，漢元帝劉奭（前76—前33）王皇后之侄，以外戚掌握政權，封新都侯。初始元年（8）稱帝，改國號曰新。“篡漢”指此。

29　抱朴子曰：“常制不可以待變化，一塗不可以應無方；刻船不可以索遺劍[1]，膠柱不可以諧清音[2]。故翠蓋不設於晴朗(1)，朱輪不施於涉川[3]。味淡則加之以鹽，沸溢則增水而減火[4]。”

【校】

（1）不：蓋“必”字之誤。

【注】

[1]刻船不可以索遺劍：用“刻舟求劍”之典。喻不可拘泥成法，固執不知變通。《吕氏春秋·察今》：“楚人有涉江者，其劍自舟中墜於水，遽契其舟。曰：‘是吾劍之所從墜。’舟止，從其所契者入水求之。舟已行矣，而劍不行，求劍若此，不亦惑乎？”舊校云：“契，一作刻。”

[2]膠柱不可以諧清音：用“膠柱鼓瑟”之典。喻不可固執拘泥，不知變通。《文子·道德》：“老子曰：‘執一世之法籍，以非傳代之俗，譬猶膠柱調瑟。’”膠柱：用膠粘住了瑟上調弦的短柱。

[3]翠蓋不設於晴朗二句：不，當作必。喻用物於當用之時、地。翠蓋：飾以翡翠羽毛的車蓋。《淮南子·原道》：“馳要褭，建翠蓋。”高誘注：“要褭，馬名，日行萬里。……翠蓋，以翠鳥羽飾蓋也。”

[4]味淡則加之以鹽：喻調整治國之法。《論衡·譴告》：“狄牙之調味也，淡則加之以鹽。”沸溢則增水而減火：喻冷處理。

30　抱朴子曰：“丹書鐵券[1]，刺牲歃血[2]，不能救違約之弊，則難以結繩檢矣；五刑九伐[3]，赤族之威(1)，不足以止覬覦之姦[4]，則不可以舞干化矣[5]。是以《書》有‘世重’之文[6]，《易》有‘隨時之宜’。”

【校】

（1）威：孫星衍校：“藏本作盛，從舊寫本改。”魯藩本作盛，王國維校
　　作威。

【注】

［1］丹書鐵券：古代帝王賜給功臣世襲的享有免罪等特權的證件，
　　以朱砂寫於特製鐵板上，故名。《漢書·高帝紀下》：“又與功臣
　　剖符作誓，丹書鐵契，金匱石室，藏之宗廟。”

［2］刺牲歃血：古時會盟，雙方宰牲，口含牲畜之血或以血塗口旁，
　　表示信誓。《淮南子·齊俗》“中國歃血也”許慎注：“殺牲歃血。”
　　《史記·平原君列傳》：“毛遂謂楚（頃襄）王之左右曰：‘取雞狗馬
　　之血來。’毛遂奉銅槃而跪進楚王曰：‘王當歃血而定從，次者吾
　　君，次者遂。’”索隱：“按：盟之所用牲貴賤不同，天子用牛及馬，
　　諸侯用犬及豭，大夫以下用雞，今此總言盟之用血，故云‘取雞狗
　　馬之血來’耳。”《左傳·隱公七年》“歃如忘”正義：“歃（shà），口
　　含血也。”

［3］五刑：用五種刑具，施五等刑罰。《國語·魯語上》“臧文仲言於
　　僖公曰：‘……大刑用甲兵，其次用斧鉞，中刑用刀鋸，其次用鑽
　　笮，薄刑用鞭扑，以威民也。故大者陳之原野，小者致之市朝，五
　　刑三次，是無隱也。’”韋昭注：“五刑，甲兵、斧鉞、刀鋸、鑽笮、鞭
　　撲也。次，處也。三處：野、朝、市。”九伐：古代對九種罪惡的討
　　伐。《周禮·夏官·大司馬》：“大司馬之職，……以九伐之灋正
　　邦國：馮弱犯寡，則眚之；賊賢害民，則伐之；暴內陵外，則壇之；
　　野荒民散，則削之；負固不服，則侵之；賊殺其親，則正之；放弒其
　　君，則殘之；犯令陵政，則杜之；外內亂，鳥獸行，則滅之。”鄭玄
　　注：“……眚，猶人眚瘦也。《王霸記》曰：‘（眚）謂四面削其
　　地。’……伐者，兵入其竟（境），鳴鍾鼓以往，所以聲其罪。……
　　壇讀如同墠之墠（shàn）。……謂置之空墠，以出其君，更立其次
　　賢者。……田不治，民不附，削其地，明其不能有。……侵之者，
　　兵加其境而已。……正之者，執而治其罪。《王霸記》曰：‘正，殺

之也。’……殘，殺也。……《王霸記》曰：‘……杜之者，杜塞使不與鄰國交通。’……《王霸記》曰：‘……百姓則誅滅去之也。’”

［４］覬覦：《左傳‧桓公二年》：“是以民服事其上，而下無覬覦。”杜預注：“下不冀望上位。”

［５］舞干：即舞干戚。手執干楯斧子而舞。謂武舞。《書‧牧誓》：“稱爾戈，比爾干，立爾矛，予其誓。”孔傳：“干，楯也。”化：化解。

［６］世重：世輕世重，謂刑罰隨時代不同而有輕重之別。《書‧呂刑》：“刑罰世輕世重。”孔傳：“言刑罰隨世輕重也。”

31　抱朴子曰：“人有識真之明者，不可欺以僞也；有揣深之智者，不可誑以淺也[1]。不然，以虺蛇爲應龍，狐、鴟爲麟、鳳矣。”

【注】

［１］人有識真之明四句：意本《潛夫論‧思賢》：“夫治世不得真賢，譬猶治疾不得真藥也。治疾當得真人參，反得支羅服；當得麥門冬，反得烝穬麥，已而不識真，合而服之，病以侵劇，不自知爲人所欺也。”

32　抱朴子曰：“世有雷同之譽，而未必賢也；俗有謹譁之毀，而未必惡也[1]。是以迎而許之者，未若鑒其事而試其用；逆而距之者，未若聽其言而課其實[2]；則佞媚不以虛談進，良能不能孤弱退。駑蹇輟望於大輅[3]，戎虯揚鑣而電騁[4]；則功胡大而不可建，道胡遠而不可到[5]。”

【注】

［１］世有雷同之譽四句：謂不能毀譽隨俗。謹（xuān）譁：喧嘩。《墨子‧號令》：“諸以眾彊凌弱少及彊奸人婦女以謹譁者，皆斷。”

［2］迎而許之者四句：謂用人不要盲目允許與拒絶，而要檢驗考察。《六韜・文韜・大禮》"文王曰：'主聽如何？'太公曰：'勿妄（望）而許，勿逆而拒；許之則失守，拒之則閉塞。'"《説文・言部》："課，試也。"

［3］駑蹇輟望於大輅：喻愚材不存覬覦於天子。大輅：玉輅。古時天子所乘的車，以玉爲飾。此指代天子。《書・顧命》"大輅在賓階面"孔傳："大輅，玉。"《禮記・樂記》："所謂大輅者，天子之車也。"

［4］戎虯：此謂高大的馬。戎：大。《詩・周頌・烈文》"念兹戎功"毛傳："戎，大也。"《漢書・司馬相如傳上》："（《上林賦》）於是乎背秋涉冬，天子校獵，乘鏤象，六玉虯。"集解引郭璞曰："虯，龍屬也。"《周禮・夏官庾人》："馬八尺以上爲龍。"揚鑣：提起馬嚼子，驅馬前進。此謂昂首。句喻賢才得到任用，春風得意。

［5］胡：何；什麽。《書・太甲下》"弗慮胡獲"枚傳："胡，何也。"

33　抱朴子曰："潛朽之木，不能當傾山之風；含隟之崖(1)，難以值滔天之濤。故七百之祚，三十之世[1]，非徒牧野之功[2]；倒戈之敗，鹿臺之禍[3]，不始甲子之朝[4]。其彊久矣，其亡尚矣。"

【校】

（1）含：魯藩本誤作舍。

【注】

［1］七百之祚，三十之世：《左傳・宣公三年》："成王定鼎於郟鄏，卜世三十，卜年七百，天所命也。"正義："《律曆志》云：'周三十六王，八百六十七年'，過卜數也。"按：《漢書・律曆志》引劉歆《世經》曰："（魯）頃公，《表》十八年，秦昭王之五十一年也，秦始滅周。周凡三十六王，八百六十七歲。"《史記・周本紀》"東西周皆

入于秦,周既不祀"集解引皇甫謐曰:"周凡三十七王,八百六十七年。"秦昭王五十一年爲公元前二五六年,以此上推,則武王滅商在公元前一一二二年,刨去公元前四〇三年三家分晉至公元前二五六年這段時間凡一四七年,則爲七百二十年。稚川約舉成數,故爲"七百之祚"。祚(zuò):君位。武、成、康、昭、穆、共、懿、孝、夷、共和、宣、幽、平、桓、莊、釐、惠、襄、頃、匡、定、簡、靈、景、敬、元、定、哀、思、考、威烈,凡三十一世。威烈王末年至公元前四〇三年三家分晉,周已名存實亡。至於武王滅商年代,學術界說各有異,凡二十餘種:前一一二二、前一一一六、前一一一一、前一一〇六、前一一〇二、前一〇八七、前一〇七五、前一〇七一、前一〇七〇、前一〇六六、前一〇五八、前一〇五七、前一〇五五、前一〇五〇、前一〇四六(夏商斷代工程從此說)、前一〇四五、前一〇三九、前一〇二九、前一〇二七、前一〇二五,詳見曹子西主編《北京通史》56—57頁所列。

[2]非徒牧野之功:謂周結束殷祚,非自牧野取勝,由來久遠。牧野:《說文》:"朝歌南七十里地。"在今河南汲縣南。《管子·制分》:"武王非於甲子之朝而後勝也,其前政多善矣。"尹知章注:"由前政多善,故甲子之朝,一戰大勝。"

[3]倒戈:《書·武成》:"罔有敵于我師,前徒倒戈,攻於後以北,血流漂杵。"

[4]甲子之朝:《書·牧誓》:"時甲子昧爽,王朝至於商郊牧野,乃誓。"孔傳:"是克紂之月。甲子之日,二月四日。昧,冥;爽,明;早旦。"二月四日爲周曆,夏曆(農曆)十二月四日,昧爽即拂曉。《利簋》:"珷(武王)征商,隹(唯)甲子朝。"兩相符合。

34 抱朴子曰:"貴遠而賤近者,常人之用情也;信耳而疑目者,古今之所患也[1]。是以秦王歎息於韓非之書,而想其爲人[2];漢武慷慨於相如之文,而恨不同世[3]。乃既得之,終不能拔。或納讒而誅之[4],或放之乎冗散[5]。

此蓋葉公之好僞形⁽¹⁾，見真龍而失色也^[6]。”

【校】

（1）葉：魯藩本誤作華。

【注】

［1］信耳二句：謂相信耳聞而忽略目見。《文選·東京賦》：“若客所謂末學膚受，貴耳而賤目者也。”李善注引桓譚《新論（·閔友）》曰：“世咸尊古卑今，貴所聞賤所見也，故輕易之。”

［2］秦王：嬴政。《史記·韓非傳》：“秦王見（韓非）《孤憤》《五蠹》之書，曰：‘嗟乎！寡人得見此人，與之遊，死不恨矣。’”爲人：作爲一個人，在體貌、品行、稟賦等方面所表現出來的特徵。

［3］漢武句：《漢書·司馬相如傳》：“蜀人楊得意爲狗監，侍上。上讀《子虛賦》而善之，曰：‘朕獨不得與此人同時哉！’”

［4］納讒句：指秦王政聽從李斯、姚賈之毀，下吏治韓非。李斯遺非藥，使自殺。

［5］放之句：指武帝並不重用司馬相如，在他出使西南有功後，不過由郎轉任散職孝文園令，又以病免。冗散（rǒng sǎn）：閒散，無固定職守。《後漢書·蔡邕傳》：“而今在任無復能省，及其還者，多召拜議郎、郎中。若器用優美，不宜處之冗散。”

［6］葉公二句：用葉公好龍之典。《藝文類聚》九六引《莊子》：“子張見魯哀公，（哀公）不禮焉。去（之），曰：‘君之好士，有似葉公子高之好龍也。葉公好龍，室屋雕文，畫以寫龍。於是天龍聞而示（下）之，窺頭於牖，拖尾至堂。葉公見之，棄而退走，失其魂魄，五色無主。是葉公非好真龍也，好夫似龍非龍也。今君之好士也，好夫似士而非士者也。’”葉（shè）：春秋時楚國邑名，在今河南省葉縣。姓沈，名諸梁，字子高，封於葉，故名葉公。這裏比喻愛好某種事物，實際並不理解它，甚至害怕它成爲現實。

35　抱朴子曰：“摩尼不宵朗，則無別於礩礫[1]；化鯤不凌霄，則無殊於桃蟲[2]。綿駒吞聲，則與喑人爲群[3]。逸才沈抑，則與凡庸爲伍。故鯩鰍褻絳虯於淵沔[4]，駑蹇黷駿騄於坰野者[5]，不識彼物静與之同，動與之異[6]。”

【注】

[1] 摩尼：梵語珠寶 mani 的譯音，也作末尼。譯曰珠、寶、離垢、如意，珠之總名。慧苑《音義上》：“摩尼，正云末尼，末謂末羅，此云垢也，尼謂離也，謂此寶光净不爲垢穢所染也。”《圓覺經》注：“性照圓明。”

[2] 化鯤：鯤化爲鵬，“怒而飛，其翼若垂天之雲”。詳見《莊子·逍遥遊》“北冥有魚”一段文字。桃蟲：即鷦鷯，微小於黄雀。《詩·周頌·小毖》：“肇允彼桃蟲，拚飛維鳥。”朱熹集傳：“桃蟲，鷦鷯，小鳥也。”

[3] 綿駒：春秋齊人，善歌。《孟子·告子下》：“綿駒處於高唐，而齊右善歌。”趙岐注：“綿駒，善歌者也。高唐，齊西邑，綿駒處之，故曰齊右善歌。”綿同綿。喑（yīn）：啞。《説文·口部》：“喑，宋、齊謂兒泣聲不止曰喑。”段玉裁注：“按喑之言瘖也，謂啼極無聲。”

[4] 鯩鰍：鯩，今通作鱓。鱓魚與泥鰍。喻凡物。鰍：今通作鰍。絳虯：傳説中的赤色虯龍。《漢書·叙傳上》：“（《答賓戲》）應龍潛於潢汙，魚黿媟之。”即其例。

[5] 駿騄：並良馬。坰野：荒郊遠野。邑外曰郊，郊外曰野，野外曰林，林外曰坰。

[6] 静：指與鱓鰍、駑蹇同在淵沔、坰野之時。之：指鱓鰍、駑蹇。動：指絳虯的升空、駿騄的馳騁。

36　抱朴子曰：“棄金璧於塗路，則行人止足；委錦紈於泥濘，則見者驚咄[1]。若夫放高世之士於庸鹵之伍，捐經國之器於困滯之地[2]，而談者不訟其屈，達者不拯其窮；

或貴其文而忽其身，或用其策而忘其功[3]。斯之爲病，由來久矣。”

【注】

［１］棄金璧四句：喻糟踐人才。《後漢書·黃瓊傳》：“（疾篤上疏）陛下不加清澄，審別真僞，復與忠臣並時顯封，使朱紫共色，粉墨雜糅，所謂抵金玉於沙礫，碎珪璧於泥途。”李賢注：“抵，投也。”

［２］困滯：指處境困窘的人。《管子·中匡》：“法行而不苛，刑廉而不赦，有司寬而不淩，菀濁困滯，皆法度不亡。”

［３］貴其文句：如漢武帝之對待司馬相如其文其人。用其策句：如秦始皇之對待韓非其人其策。

37　抱朴子曰：“開源不億仞[1]，則無懷山之流[2]；崇峻不淩霄，則無彌天之雲[3]。財不豐，則其惠也不博；才不遠，則其辭也不贍。故覩盈丈之牙(1)，則知其不出徑寸之口；見百尋之枝，則知其不附毫末之木[4]。”

【校】

（１）丈：魯藩本誤作文。

【注】

［１］開源：謂開始出現河流的源頭。此指黃河、長江的發源。

［２］懷山：包圍高山。《書·舜典》“蕩蕩懷山襄陵”孔傳：“懷，包也。襄，上也。”正義：“包裹高山，乘上丘陵。”

［３］崇峻：高大。《孔子家語·六本》：“宮室崇峻，輿馬奢侈。”句意蓋本《文子·上德》：“老子曰：‘山致其高，而雲雨起焉。’”

［４］故覩盈丈之牙四句：《淮南子·氾論》：“象見其牙，則大小可論也。”伸“水廣者魚大，山高者木修”（《淮南子·説山》）之意，與《清鑒》篇第４段“象牙不出鼠口”同旨。

38　抱朴子曰："靈鳳所以晨起丹穴,夕萃軒丘[1],日未移晷,周章九陔[2],凌風蹈雲,不蹢不閡者[3],以其六翮之輕勁也。夫良才大智,亦有國之六翮也。"

【注】

[1]靈鳳所以晨起丹穴:意本《山海經・南山經》:"又東五百里,曰丹穴之山。……有鳥焉,其狀如雞,五采而文,名曰鳳皇,首文曰德,翼文曰義,背文曰禮,膺文曰仁,腹文曰信。是鳥也,飲食自然,自歌自舞,見則天下安寧。"軒丘:軒轅之丘。《史記・五帝本紀》:"黃帝居軒轅之丘。"集解:"《山海經(・海外西經)》曰:'在窮山之際,西射之南。'張晏曰:'作軒冕之服,故謂之軒轅。'"按:丹穴、軒丘,皆鳳凰起止棲息之地。萃:至。《文選・西京賦》"悵懷萃"薛綜注:"萃,猶至也。"

[2]周章九陔:猶言滿天飛舞。周章:迴旋舒緩;周流。《楚辭・九歌・雲中君》:"龍駕兮帝服,聊翱翔兮周章。"王逸注:"周章,猶周流也。"九陔(gāi):猶九天。

[3]蹢(zhuó):跳行。《玉篇・足部》:"蹢,徵劣切。跳行也。"閡:同礙。停止。

39　抱朴子曰："淇衛忘歸[1],不能無絃而遠激(1)[2];振塵之音[3],不能無器而興哀。超俗拔萃之德,不能立功於未至之時。"

【校】

(1)遠激:當乙轉。即《鶡冠子・世兵》"矢激則遠"之縮語。

【注】

[1]淇:淇園,在今河南淇縣西北,產竹,出美箭。衛:箭羽。《淮南子・兵略》:"夫栝淇衛、箘簵,載以銀錫,雖有薄縞之幦,腐荷之

矰，然猶不能獨射也。”許慎注：“淇衛、箘簬，箭之所出也。”《藝文
類聚》六十引此作“箘簬，箭竹也，出於淇地。衛，箭羽（也）。”忘
歸：良箭名。以一去不復返，故名。《公孫龍子・跡府》：“龍聞
楚王張繁弱之弓，載忘歸之矢，射蛟兕於雲夢之圃。”

［2］不能無絃而遠激：《文子・上德》：“張弓而射，非弦不能發。”

［3］振：通震。《淮南子・兵略》：“鼓不振塵。”

40　抱朴子曰：“朱緑之藻，不秀於枯柯；傾山之流，不
發乎涸源[1]。熠燿之宵燄，不能使萬品呈形；志盡勢利(1)，
不能使芳風邈世[2]。”

【校】

（1）志盡：其下當補於字。這樣，“熠燿之宵燄”與“志盡於勢利”駢
　　對，之、於互文。

【注】

［1］涸：盡；竭。《文子・上德》：“江海之源，深而不竭。”句意本此。

［2］燄：微光。《書・洛誥》：“無若火始燄燄。”孔傳：“無令若火始然，
　　燄燄尚微。”

41　抱朴子曰：“重淵不洞地，則不能含螭龍(1)，吐吞
舟[1]；峻山不極天，則不能韜琳琅，播雲雨[2]。立德不絶
俗，則不能收美聲，著厚實；執志不絶群，則不能臻成功，銘
弘勳。而凡夫朝爲蜩翼之善，夕望丘陵之益[3]，猶立植黍
稷，坐索於豐收也。”

【校】

（1）含：魯藩本誤作舍。

【注】

［１］洞：通。《漢書・司馬相如傳下》：“洞出鬼谷之堀礨崴。”顏師古注：“洞，通也。”含、吐對舉。隱現：出没。螭（chī）龍：傳説中的無角龍。《呂氏春秋・舉難》“螭食乎清而游乎濁”高誘注：“螭，龍之别也。”

［２］峻山不極天：《詩・大雅・崧高》：“崧高維嶽，峻極於天。”毛傳：“駿，大。極，至也。”《禮記・孔子閒居》引駿作峻。韜：藏。《莊子・天地》“則韜乎其事心之大也”釋文引《廣雅》云：“（韜）藏也。”

［３］凡夫朝爲蜩翼之善二句：謂早上付出勞動甚少，而晚上就想收穫甚多。蜩翼：蟬的翅翼。喻薄。《莊子・齊物論》“吾待蛇蚹蜩翼邪”成玄英疏：“蜩翼，是蜩翅也。”又《達生》“而唯蜩翼之知”釋文：“蜩音條。蟬也。”丘陵：喻厚。

42　抱朴子曰：“行無邈俗之標，而索高世之稱；體無道蓻之本[1]，而營朋黨之末。欲以收清貴於當世[2]，播德音於將來，猶褰裳以越滄海[3]，企佇而躍九玄[4]。”

【注】

［１］道蓻：指學問和技能。《周禮・地官・鄉大夫》“察其道藝”賈公彦疏：“察其道藝者，謂萬民之中有六藝者並擬賓之。”藝同蓻。

［２］清貴：清高可貴。《晉書・王羲之傳》：“（庾亮）臨薨，上疏稱羲之清貴有鑒裁。”

［３］褰裳：《詩・鄭風・褰裳》“褰裳涉溱”鄭玄箋：“我則揭衣渡溱水往告難也。”因水淺撩起裙子即可涉水而過。裳：古稱裙爲裳，男女皆服。

［４］企佇：踮起腳來等待。表示急切盼望。《三國志・魏書・陳思王植傳》：“是臣悽悽之誠，竊所獨守，實懷鶴立企佇之心。”九玄：猶九天，極言其高。《雲笈七籤》四四：“九天真女，御飛鳳白鸞，遊

於九玄之上。"

43　抱朴子曰："泥龍雖藻繪炳蔚,而不堪慶雲之招[1];撩禽雖琱琢玄黄(1),而不任淩風之舉[2];芻狗雖飾以金翠,而不能躡景以頓逸[3];近才雖豐其寵禄,而不能令天清而地平(2)[4]。"

【校】

（1）撩:當從楊明照校引吉藩本作橑。

（2）而不能躡景以頓逸:與下文"而不能令天清而地平"句相較,"躡"上蓋脱一使字,使、令對文。

【注】

[1]泥龍:泥塑龍像。古人用以祈雨。此喻無用之物。藻繪:彩色的繡紋;錯雜華麗的色彩;文采。《史記·平準書》:"乃以白鹿皮方尺,緣以藻繢,爲皮幣,直四十萬。"繢即繪。

[2]撩,當作橑。橑（lǎo）禽:屋椽頭上雕刻或彩繪的鳥。琱琢:雕飾,裝飾。《荀子·君道》:"修冠弁衣裳,黼黻文章,琱琢刻鏤,皆有等差。"玄黄:顏色。《古文苑》班婕妤《擣素賦》:"閱絞練之初成,擇玄黄之妙匹。"章樵注:"擇顏色所宜而染之。"

[3]躡景（yǐng）:追躡日影。喻極其疾速。《文選·七啓》:"忽躡景而輕鶩,逸奔驥而超遺風。"李善注:"景,日景也。躡之言疾也。"李周翰注:"躡景,言躡步日景也。輕,疾。鶩,馳。逸,奔,皆過也。驥與遺風,皆良馬名。"

[4]天清:天氣清朗。荀悦《漢紀·成帝紀四》:"天清,晏然無雲。"地平:水土得到治理。《左傳·文公十八年》:"舜臣堯,舉八愷,使主后土,以揆百事,莫不時序,地平天成。"杜預注:"成,亦平也。"《書·大禹謨》"地平天成"枚傳:"水土治曰平。五行叙曰成。"

44　抱朴子曰：“毒粥既陳，則旁有爛腸之鼠[1]。明燎宵舉，則下有聚死之蟲[2]。芻豢之豐，則鼎俎承之(1)[3]；才小任大，則泣血漣如[4]。桑、霍爲戒厚矣[5]，范、疏之鑒明矣[6]。”

【校】

（1）鼎俎承之：疑當乙作承之鼎俎。

【注】

［1］爛腸：腸胃潰爛。《吕氏春秋·本生》：“肥肉厚酒，務以自彊，命之曰爛腸之食。”

［2］明燎：明亮的火炬。《漢書·食貨志上》“所以省費燎火”顔師古注：“燎，所以爲明。”

［3］鼎俎：鼎和俎。古代祭祀、燕饗時陳置牲體或其他食物的禮器。《周禮·天官·内饔》：“王舉，則陳其鼎俎，以牲體實之。”鄭玄注：“取於鑊以實鼎，取於鼎以實俎。實鼎曰脀，實俎曰載。”鼎：烹飪器。俎：割牲的砧板。

［4］泣血漣如：一説淚盡血出。漣如：淚流貌。《易·屯》：“乘馬班如，泣血漣如。”釋文：“漣如，音連。《説文》云：‘泣下也。’（按：今本《説文》無“泣下也”三字。）”如：形容詞詞尾。以上鼠、舉、俎、如：魚部。豐、蟲：東部。

［5］桑：桑弘羊（前152—前80），洛陽（今屬河南）人。桑弘羊因與上官桀等謀立燕王劉旦，奪霍光之權被殺。霍：霍禹。其父霍光秉政於漢昭帝，廢昌邑王、迎宣帝，權傾内外。宣帝親政後，收霍禹兵權，以謀反罪夷霍氏家族。戒厚：《漢書·張湯傳》附《張臨傳》：“（張）臨亦謙儉，每登閣殿，常歎曰：‘桑、霍爲我戒，豈不厚哉！’”顔師古注：“桑，桑弘羊也。霍，霍禹也。言以驕奢致禍也。”

［6］范：范蠡。疏：疏廣、疏受。西漢疏廣與其兄子疏受“父子並爲

師傅，朝廷以爲榮”，而他們自知“知足不辱，知止不殆”，“功成身退，天之道也”，“上疏乞骸骨”。

45　抱朴子曰：“滄海揚萬里之濤，不能斂山峰之塵；驚風摧千仞之木，不能拔弱草之荄[1]；貙虎虓闞，不能威蚊虻[2]；冠世之才，不能合流俗。”

【注】

［１］驚風摧千仞之木二句：套用《淮南子・俶真》語：“疾風教木，而不能拔毛髮。”荄：根。

［２］貙（chū）：虎屬。《爾雅・釋獸》：“貙，似狸。”郭璞注：“今貙虎也，大如狗，文似狸。”《北堂書鈔》一五五引《字林》：“貙，虎屬。”虓闞（bào hǎn）：怒吼。闞：虎怒視貌。《詩・大雅・常武》：“進厥虎臣，闞如虓虎。”毛傳：“虎之自怒虓然。”鄭玄箋：“前其虎臣之將，闞然如虎之怒。”蚊虻：一種危害人與牲畜的蟲子。以口尖刺入牛馬等皮膚，使之流血，並產卵其中。雄性吸花果之汁，雌性吸人畜之血。前三個分句喻第四個分句。

46　抱朴子曰：“堅志者，功名之主也(1)。不惰者，眾善之師也。登山不以艱險而止，則必臻乎峻嶺矣；積善不以窮否而怨(2)[1]，則必永其令問矣。”

【校】

（１）主也：孫星衍校：“舊寫本作柱也。”

（２）積善：孫星衍校：“藏本作清苦，從舊寫本改。”

【注】

［１］積善：《易・坤》：“（文言）積善之家，必有餘慶。’”

47　抱朴子曰：“和、鵲雖不長生，而針石不可謂非濟命之器也；儒者雖多貧賤，而《墳》《典》不可謂非進德之具也[1]。播種有不收者矣，而稼穡不可廢；仁義有過禍者矣，而行業不可惰。”

【注】

［1］《墳》《典》不可謂非進德之具：謂典籍能增進人的道德。

48　抱朴子曰：“重載不止[1]，所以沈我舟也；昧進忘退，所以危我身也[2]。聚蝎攻本雖權安，然必傾之徵也[3]。”

【注】

［1］重載(zài)：古時謂裝載輜重等貨物。《左傳·成公五年》“伯宗辟重”杜預注：“重載之車。”楊伯峻注：“重，重車，裝載貨物之車。”

［2］昧：貪冒。《左傳·襄公二十六年》“楚王是故昧於一來”杜預注：“昧，猶貪冒也。”

［3］本：根。《呂氏春秋·先己》：“是故百仞之松，本傷於下，而末槁於上。”高誘注：“本，根也。”

49　抱朴子曰：“玄雲爲龍興，非虺蜓所能招也[(1)][1]；飆風爲虎發，非狐貉之能致也[2]。是以大人受命，則逸倫之士集；玉帛幽求，則丘園之俊起[3]。”

【校】

（1）虺蜓：陳其榮校：“一作蜓。”“承訓本作蜓，亦通。”

【注】

［1］蜒（diàn）：蝘蜒。蝘蜒一曰守宫。俗名壁虎。泛指蟲豸。《説文·蟲部》：“蜒，蝘蜒也。”“在壁曰蝘，在艸曰蜥易。”《古今註·魚蟲》：“蝘蜒，一曰守宫。”

［2］颷風：《易·乾》：“（文言）風從虎。”“虎發”以此。貈（hé）：同貉、貊，似狐，善睡。《説文·豸部》：“貈，似狐，善睡獸也。”段玉裁注：“凡狐貉連文者，皆當作此貈字。今字乃皆假貉爲貈，造貊爲貈矣。”

［3］玉帛幽求：蓋意本《吕氏春秋·觀世》：“故欲求有道之士，則于江河之上，山谷之中，僻遠幽閑之所。若此，則幸于得之矣。”

50　抱朴子曰：“金以剛折[1]，水以柔全[2]；山以高陊[3]，谷以卑安。是以執雌節者，無争雄之禍[4]；多尚人者，有召怨之患[5]。”

【注】

［1］金以剛折：《説苑·敬慎》：“桓公曰：‘金剛則折。’”

［2］水以柔全：《老子·第七十八章》：“天下莫柔弱於水，而攻堅強者莫之能勝。”

［3］陊（duò）：落；壞；崩塌。

［4］雌節：外示柔弱，而待時應變之道。古代道家的處世哲學。《淮南子·原道》：“是故聖人守清道而抱雌節，因循應變，常後而不先。”高誘注：“清，和净也。雌，柔弱也。”

［5］召：招致。安、患：元部。

51　抱朴子曰：“淮陰隱勇於跨下，不損其龍躍而虎視也[1]；應侯韜奇於溺簣，不妨其鸞翔而鳳起也[2]。或南面稱孤，或宰總台鼎[3]。故一抑一揚者，輕鴻所以淩虚也；乍屈乍伸者，良才所以俟時也。”

【注】

［1］淮陰：淮陰侯韓信。《史記・淮陰侯列傳》："淮陰屠中少年有辱信者者，曰：'若雖長大，好帶刀劍，中情怯耳。'衆辱之曰：'信能死，刺我；不能死，出我袴下。'于是信執（熟）視之，俯出褲下，蒲伏。一市人皆笑信，以爲怯。"集解："徐廣曰：'袴，一作胯。胯，股也。音同。'"又云："《漢書》作跨，同耳。"《漢書・淮陰侯傳》顏師古注："跨下，兩股之間也。"龍躍而虎視：喻成爲歷史舞臺上的風雲人物。

［2］應侯：范雎入秦，被封爲應侯，因指范雎。溺簣：竹席包卷佯死之范雎，被醉客相繼溺之。鷖翔而鳳起：喻得志，大展宏圖。郭璞《山海經圖贊・南山經・鷖鳥》："鷖翔女牀，鳳起丹穴。"

［3］南面稱孤：稱孤道寡。指韓信，韓信曾被封爲齊王、楚王，故云。《莊子・盜跖》："凡人有此一德者，足以南面稱孤矣。"宰總台鼎：指范雎于秦昭王時總攬秦國大政。

52　抱朴子曰："焦螟之卑棲，不肯爲衡鼠之唳天(1)[1]；玄蟬之潔飢，不願爲蜣蜋之穢飽(2)[2]。是以禦寇不納鄭陽之惠，曾參不美晉、楚之寶(3)。"

【校】

（1）唳天：當從孫星衍校："舊寫本作戾天。"

（2）不願：陳其榮校："《御覽》九百四十六作不羨，兩通（嚴氏補校）。"

（3）寶：當作富。《孟子・公孫丑下》作"吳、楚之富"是其證。

【注】

［1］衡鼠：口銜腐鼠。用《莊子・秋水》"鴟得腐鼠"之典。衡鼠之戾天：猶言貪惡之鴟高飛至天。喻小人得志。《詩・大雅・旱麓》"鳶飛戾天"鄭玄箋："鳶，鴟之類。鳥之貪惡者也。"又《小雅・采芑》"其飛戾天"毛傳："戾，至也。"

［2］玄蟬：蟬呈玄色，故名。《荀子·大略》：“飲而不食者，蟬也。”《爾
　　雅·圖贊》：“蟲之潔清可貴惟蟬，潛蛻棄穢，飲露恒鮮。”蜣
　　（qiāng）螂：俗稱屎殼郎。《爾雅·釋蟲》：“蛣蜣，蜣蜋。”郭璞注：
　　“黑甲蟲，噉糞土。”邢昺疏：“蛣蜣，一名蜣蜋。黑甲。翅在甲下，
　　噉糞土，喜取糞作丸而轉之。”《古今註·魚蟲》：“蜣蜋，一名轉
　　丸，一名弄丸。能以土包屎轉而成丸，圓正無斜角。”

53　抱朴子曰：“微飆不能揚大海之波，毫芒不能動萬
鈞之鍾。是以漆園思惠，有捐斤之歎(1)[1]。伯氏哀期，有
剿弦之憤。短唱不足以致弘麗之和，勢利不足以移淡泊
之心。”

【校】

（1）捐斤：陳其榮校：“盧本作捐金。”按：盧本誤。

【注】

［1］捐斤之歎：莊周借匠石運斤失去對手，嘆息自己失去了理論上
　　的對手惠施。

54　抱朴子曰：“熊羆不校捷於狐狸[1]，金鶚不競擊於
小鷃[2]。是以張耳掩壯於抱關[3]，朱亥竄勇於鼓刀[4]。”

【注】

［1］熊羆（pí）：熊和羆，皆爲猛獸。羆：《爾雅·釋獸》：“羆，如熊，黃
　　白文。”郭璞注：“似熊而長頭，高腳，猛憨多力，能拔樹木。”《書·
　　牧誓》“如熊如羆”郭璞注：《山海經》曰：‘羆似熊而黃白色，猛憨
　　能拔樹。’”校通較。
［2］金鶚（è）：魚鷹。雕屬。性兇猛。《漢書·鄒陽傳》：“（《上書吳
　　王》）臣聞鷙鳥絫百，不如一鶚。”顏師古注：“孟康曰：‘鶚，大鵰

也。’師古曰：‘鷙撃之鳥，鷹鸇之屬也。鶚自大鳥而鷙者耳，非鵰也。紊，古累字。鶚，音愕。’”鷂（yào）：猛禽，似鷹而較小。

〔３〕張耳掩壯於抱關：謂張耳因秦購求張耳千金，陳餘五百金，乃變姓名，之陳，爲里監門以自養。抱關：監門。借指小吏職務，亦借指職位卑微。《史記·魏公子列傳》：“（侯）嬴乃夷門抱關者也，而公子親枉車騎，自迎嬴于衆人廣坐之中。”

〔４〕鷂、刀：宵部。

55　抱朴子曰：“懸魚惑於芳餌，檻虎死於籠狐[1]。不可以釣緡致者，必虯螭也；不可以機穽誘者，必麟、虞也[2]。”

【注】

〔１〕檻：櫳；圈。《説文·木部》：“檻，櫳也。……一曰圈。”段玉裁注：“圈者，養獸之閑。”籠狐：籠中的狐狸。此用作誘餌。

〔２〕狐、虞：模部。

56　抱朴子曰：“夫雲翔者[1]，不知泥居之洿；處貴者，尟恕群下之勞。然根朽者，尋木不能保其千里之茂也[2]；民怨者，堯、舜不能恃其長世之慶也[3]。”

【注】

〔１〕雲翔：高飛。《藝文類聚》三引夏侯湛《秋夕哀》：“聽蟋蟀之潛鳴，覩遊鴈之雲翔。”亦喻施展才華。《晉書·華譚傳》：“吳阻長江，舊俗輕悍。所安之計，當先籌其人士，使雲翔閭閻，進其賢才，待以異禮。”

〔２〕根朽：樹根朽爛。《文選》曹冏《六代論》：“根朽則葉枯。”朽、茂：幽部。根朽句喻下民怨句。

〔３〕民怨：《禮記·樂記》：“宮亂則荒，其君驕……角亂則憂，其民

怨。……如此，則國之滅亡無日矣。”慶：善。

57　抱朴子曰：“凡木結根於靈山，而匠石爲之寑斤斧矣[1]；小鮮寓身於龍池，而漁父爲之息網罟[2]。蚊集鷹首(1)，則鳶鵊不敢琢；鼠住虎側，則狸犬不敢睨(2)[3]。”

【校】

（1）蚊：魯藩本誤作蛟，王國維校作蚊。

（2）睨：孫星衍校：“藏本作議，從舊寫本改。”魯藩本同藏本。

【注】

[1] 靈山：蓋指四川成都以西之玉壘山。韓元吉本《古文苑》揚雄《蜀都賦》：“靈山揭其右，離堆被其東。”

[2] 龍池：蓋指四川宜賓市西南之龍池。《文選·蜀都賦》：“龍池滀瀑濆其隈。”劉良注：“龍池在朱堤南十里，地周四十七里。”龍池、靈山對文，則非漁父所能染指者。網罟：捕魚及捕鳥獸的工具。《管子·勢》：“獸厭走而有伏網罟。”

[3] 蚊集鷹首四句：比喻與狐假虎威、城狐社鼠、“鷹頭之蠅，廟垣之鼠”（《疾謬》）相類似。鳸（hù）：農桑候鳥的通稱。《爾雅·釋鳥》：“鳸，鴟。”郭璞注：“今鴟雀。”鵊（lú）：鳥名。見《玉篇·鳥部》。睨：視；斜視；顧視。《說文·目部》：“睨，衺視也。”《左傳·哀公十三年》：“旨酒一盛兮，余與褐之父睨之。”杜預注：“睨，視也。”《禮記·中庸》“睨而禮之”釋文：“睨，徐（邈）音詣。睥睨也。”《楚辭》劉向《九歎·惜賢》：“睨玉石之參差”王逸注：“顧視爲睨。”

58　抱朴子曰：“靈蔡默然[1]，而吉凶昭晢於無形[2]；春黿長譚，而醜音見患於聆耳[3]。故聲希者，響必巨[4]；辭寡者，信必著[5]。”

【注】

〔1〕靈蔡：春秋蔡國出龜，用以占卜吉凶，因作爲大龜的代稱。龜爲四靈之一，故曰靈蔡。《左傳·襄公二十三年》：“臧武仲自邾使告臧賈，且致大蔡焉。”杜預注：“大蔡，大龜。”指大蔡神龜。《淮南子·說山》：“大蔡神龜，出於溝壑。”高誘注：“大蔡，元龜之所出地名，因名其龜曰大蔡。臧文仲所居蔡，是也。”

〔2〕昭晢(zhé)。清楚；明顯。此謂顯示。《史記·司馬相如列傳》：“(《封禪文》)首惡湮没，闇昧昭晢。”無形：未露形迹。

〔3〕聒耳：刺耳。《太平御覽》九四九引楊泉《物理論》：“夫虚無之談，尚其華藻，此無異春蛙秋蟬，聒耳而已。”

〔4〕聲希：《老子·第四十一章》：“大音希聲。”河上公注：“大音，猶雷霆待時而動。喻常愛氣希言也。”高明《帛書老子校注》：“‘音’爲有聲，‘大音’則無聲。”《漢書·揚雄傳下》：“(《解嘲》)大味必淡，大音必希……是以聲之眇者不可同於衆人之耳。”

〔5〕辭寡：《易·繫辭下》：“吉人之辭寡。”正義：“以其吉善辭直，故辭寡也。”巨、著：魚部。

59　抱朴子曰：“箕踞之俗，惡盤旋之容；被髮之域，憎章甫之飾。故忠正者見排於讒勝之世⁽¹⁾，雅人不容乎惡直之俗^[1]。”

【校】

（1）忠正者：當删正字。本句多下句一字，不合對文故也。

【注】

〔1〕勝：通盛。惡直：憎惡正直。《左傳·昭公二十八年》：“《鄭書》有之：‘惡直醜正，實蕃有徒。’”杜預注：“《鄭書》，古書名也。言害正直者，實多徒衆。”釋文：“惡，如字；又烏故反。”

60　抱朴子曰：“升水不能救八藪之燔爇[1]，撮壤不能遏砥柱之沸騰[2]，寸刃不能刊長洲之林[3]，獨是不能止朋黨之非。”

【注】

［1］升水不能救八藪之燔爇：水本勝火，但量小則不能勝火。《文子·上德》：“水之勢勝火，一酌不能救一車之薪。”八藪：我國古代八個澤藪。《爾雅·釋地》：“魯有大野，晉有大陸，秦有陽陓，宋有孟諸，楚有雲夢，吳越之間有具區，齊有海隅，燕有昭余祁，鄭有圃田，周有焦護：十藪。”按：《漢書·嚴助傳》“九州爲家，八藪爲囿”顏師古注無“燕有昭余祈”“周有焦護”二句，與阮元《校勘記》引《周禮（·地官·序官）》“澤虞”注云《爾雅》有八藪”相合，知稚川所見《爾雅》與鄭玄同。燔爇（fán ruò）：焚燒；燃燒的大火。

［2］撮壤不能遏砥柱之沸騰：土可勝水，但量小則不能勝水。《文子·上德》：“土之勢勝水，一掬不能塞江河。”砥柱：山名，又名三門山。在今河南三門峽市，當黃河中流。以山在激流中矗立如柱，故名。今因整治河道，山已炸毀。

［3］寸刃不能刊長洲之林：金可勝木，但量小則無以勝木。《文子·上德》：“金之勢勝木，一刃不能殘一林。”刊：砍斫。以上三句喻下句正不壓邪。

61　抱朴子曰：“千羊不能扞獨虎，萬雀不能抵一鷹[1]。庭燎攢舉，不及羲和之末景；百鼓並伐，未若震霆之餘聲[2]。是以庸夫盈朝，不能使彝倫攸叙；英俊孤任，足以令庶事根長(1)。”

【校】

（1）根長：崇文本作康哉，當從。

【注】

[1] 千羊不能扞獨虎二句：喻世間一物降一物。《漢書·鄒陽傳》：
"鷙鳥絫百，不如一鶚。"扞同捍。

[2] 伐：擊。《詩·小雅·采芑》"鉦人伐鼓"毛傳："伐，擊也。"震霆：
霹靂，轟雷。《漢書·揚雄傳下》：《〈長楊賦〉》"擊如震霆"顏師
古注："霆，雷之急者。音廷。"

62　抱朴子曰："非分之達，猶林卉之冬華也[1]；守道
之窮，猶竹柏之履霜也[2]。故識否泰於獨見者，雖劫以鋒
銳，猶不失正而改塗焉，安肯諂笑以偶俗乎[3]？體方貞以
居直者，雖誘以封國，猶不違情時焉，安肯躡徑以取
容乎[4]？"

【注】

[1] 林卉之冬華：喻經不起嚴冬考驗。冬華：冬季開花。《史記·秦
本紀》："(獻公)十六年，桃冬花。"華同花。

[2] 窮：因守道而窮困。猶竹柏之履霜：喻經受得起嚴寒考驗。《莊
子·讓王》："孔子曰：'……君子通於道之謂通，窮於道之謂窮。
今丘抱仁義之道，以遭亂世之患，其何窮之爲！故內省而不窮於
道，臨難而不失其德。天(大)寒既至，霜露既降，吾是以知松柏
之茂也。'"履霜：《詩·魏風·葛屨》："糾糾葛屨，可以履霜。"
《易·坤》："象曰：履霜堅冰，陰始動也。"

[3] 劫以鋒銳：如齊國的崔杼"既弒莊公而立景公"，以"戟既在脰，劍
既在心"劫晏子與盟，晏子認爲"倍(背)其君，非義"，不從，即其
例。猶不失正而改塗焉：謂正義凜然。

[4] 體方貞以居直者四句：如白公勝"欲以子閭(楚平王子啓)爲王"，
子閭反對他"專利，以傾王室"，不可。白公勝"遂劫以兵"，子閭
不從而被殺。方貞：方正；正直。《漢書·揚雄傳上》："正皇天之
清則兮，度后土之方貞。"封國：封土立國。《周禮·夏官·大司

馬》："制畿封國,以正邦國。"鄭玄注："封,謂立封於疆爲界。"亦
指所封之國。《國語·晉語三》："既敗而穆,又失有罪,不可以封
國。"韋昭注："不可以守封國。"躐徑:謂不由正路。躐(liè):
踩;踏。

63　抱朴子曰:"震雷輷輷,而不能致音乎聾聵之耳[1];
重光麗天,而不能曲景於幽岫之中[2];凝冰慘慄,而不能凋
款凍之華(1)[3];朱飈鑠石,而不能靡蕭丘之木[4]。故至德
有所不能移也。"

【校】

（1）凍:平津本作冬。

【注】

[1] 輷輷(hōng kē):大聲。《説文·車部》:"轟,轟轟,群車聲也。從
三車。"《廣雅·釋訓》:"輷輷,聲也。"轟同輷。輷:《玉篇·車
部》:"輷,口盍切。車(聲)也。"聾聵:耳聾或天生的聾子。《國
語·晉諫四》:"(胥臣)對曰:'……聾聵不可使聽。'"韋昭注:"耳
不别五聲之和曰聾,生而聾曰聵。"

[2] 重光:指日、月。《文選》陸雲《大將軍宴會被命作詩》:"辰晷重
光,協風應律。"李善注引張晏曰:"重光,謂日、月也。"景:日光。

[3] 凝冰:冰;結冰。《莊子·在宥》:"其熱焦火,其寒凝冰。"成玄英
疏:"若違情起怒,寒甚凝冰;順心生喜,熱踰焦火。"慘慄:極寒
貌。《文選·古詩十九首之十七》:"孟冬寒氣至,北風何慘慄。"
劉良注:"慘慄,寒極也。"款凍,多作款冬:多年生草本植物。嚴
冬開花。葉似葵而大,花黃色,可入藥。《西京雜記》五:"(董)仲
舒對曰:'……葶藶死於盛夏,款凍華於嚴寒。'"

[4] 朱飈:猶赤熛;赤焰。飈與猋同。猋與熛通。《文選》曹植《雜詩》
"何意迴飈舉"李善注:"《爾雅(·釋天)》曰:'扶搖謂之猋。'飈與

猋同。”又《答賓戲》“其餘猋景附”李善注：“《説文(·火部)》：‘熛，火飛也。’猋與熛古字通。”又《吴都賦》“火烈熛林”劉良注：“熛，火爓也。”爓同焰。鑠石：熔化石頭。《楚辭·招魂》：“流金鑠石些。”王逸注：“鑠，銷也。”

64 抱朴子曰：“彍弩危機[1]，嚴鏃銜弦[2]，至可忌也，而勇雉觸之而不猜[3]；闇政亂邦，惡直妬能，甚難測也，而貪人競之而不避。故飛鋒暴集而不覺，禍敗奄及而不振[4]。是以愚夫之所悦，乃達者之所悲也；凡才之所趨，乃大智之所去也。”

【注】

[1] 彍弩危機：指突發的軍事事件。《漢書·吾丘壽王傳》“十賊彍弩”顔師古注：“張晏曰：‘彍，音郭。’師古曰：‘引滿曰彍。’”彍：引滿(弓)。

[2] 銜弦：連接着弓弦。《列子·仲尼》：“善射者能令後鏃中前括，發發相及，矢矢相屬。前矢造準而無絶落，後矢之括猶銜弦，視之若一焉。”

[3] 雉：耿介之鳥。守介而死，不失其節。《周禮·春官·大宗伯》“士執雉”鄭玄注：“雉取其守介而死，不失其節。”《文選》潘岳《射雉賦》李善注引《韓詩章句》：“雉，耿介之鳥也。”

[4] 奄：遽；驟然。《方言》二：“奄，遽也。……陳、潁之間曰奄。”

65 抱朴子曰：“風不輟則扇不用，日不入則燭不明；華不墮則實不結，岸不虧則谷不盈。九有乂安(1)，則韓、白之功不著[1]；長君繼軌，則伊、霍之勲不成[2]。故病困乃重良醫，世亂而貴忠貞[3]。”

【校】

（1）乂：藏本、魯藩本誤作人。

【注】

〔1〕韓：韓信。白：白起。

〔2〕長君：謂以年長者爲君。《左傳·文公六年》：“晉襄公卒，靈公
少，晉人以難故，欲立長君。”杜預注：“立少君，恐有難。”繼軌：
指繼帝位。《文選》劉琨《勸進表》：“伏惟高祖宣皇帝肇基景命，
世祖武皇帝遂造區夏，三葉重光，四聖繼軌。”李善注：“《廣雅（·
釋詁三）》曰：‘軌，跡也。’”伊：伊尹。霍：霍光。伊尹、霍光皆輔
年少君主。

〔3〕病困：猶言病篤。《漢書·金日磾傳》：“輔政歲餘，病困。大將軍
（霍）光白封日磾，臥授印綬，一日薨。”世亂而貴忠貞：因爲世亂，
沒有忠貞，故特別尊崇忠貞。《老子·第十八章》：“國家昏亂有
忠臣。”

66　抱朴子曰：“好榮，故樂譽之欲多；畏辱，則憎毀之
情急[1]。若夫通精玄一(1)，合契造化[2]，混盈虛以同條，齊
得失於一指者[3]，愛惡未始有所繫，窮通不足以滑和[4]。”

【校】

（1）玄一：陳其榮校：“舊寫本作一元。”

【注】

〔1〕好榮二句：謂好榮惡辱，人之常情。《荀子·榮辱》：“好榮惡辱，
好利惡害，是君子小人之所同也。”

〔2〕玄一：玄一之道。一：指無爲。《老子·第三十九章》：“昔之得
一者。”河上公注：“一，無爲。”合契造化：謂無思無慮，與自然相
契合。

〔3〕混盈虚：視盈虚爲混一。同條：同條共貫。事理相通，脈絡連貫。《漢書·董仲舒傳》：“制曰：‘……夫帝王之道，豈不同條共貫與？’”齊得失：把得與失同等看待。《莊子·齊物論》：“天地與我並生，而萬物與我爲一。”“齊得失”由此引申。指：指歸。《荀子·王制》“明一指”楊倞注：“指，指歸也。”

〔4〕繫：謂繫於心。滑（gǔ）和：擾亂中和之道。《莊子·德充符》：“死生存亡，窮達貧富，賢與不肖，毀譽，飢渴，寒暑，是事之變，命之行也；日夜相代乎前，而知不能規乎其始者也。故不足以滑和，不可入於靈府。”成玄英疏：“滑，亂也。雖復事變命遷，而隨形任化，淡然自若，不亂于中和之道也。”

67　抱朴子曰：“與奪不汩其神者，至粹者也；利害不染其和者，極醇者也。浩浩乎非瓢觶所校矣[1]，茫茫乎非跬步所尋矣[2]。聲希所以爲大音，和寡所以崇我貴[3]。玄黄遼邈，而不與易其曠(1)；死生大矣，而不以改其守[4]。常分細碎，將胡恤焉？”

【校】

（1）不與易：原作不與□，孫星衍校：“藏本擠接，舊寫本空白一字。”按：□：當補易字。“不與易其曠”與下文“不以改其守”爲對文。

【注】

〔1〕瓢、觶：泛指飲器。瓢：勺；瓠。《論語·雍也》“一瓢飲”集解引孔安國曰：“瓢，瓠也。”校：計量（體積）。

〔2〕茫茫：廣遠貌；闊遠貌；廣大貌。《文選·古詩十九首之十一》：“四顧何茫茫，東風搖百草。”吕延濟注：“茫茫，廣遠也。”《慧琳音義》六十“茫茫”注引《集訓》云：“茫茫者，闊遠皃也。”《類篇·艸部》：“茫，謨郎切。茫茫，廣大皃。”跬（kuǐ）步：半步，跨一腳，相當於今之一步。《荀子·勸學》：“故不積跬步，無以至千里。”楊

俇注："半步曰蹞。蹞與跬同。"尋：度量（長度與廣度）。《方言》
一："尋，長也。……自關而西秦、晉、梁、益之間，其物長謂之尋。
《周官》之法，度廣爲尋。"郭璞注："度，謂絹帛横廣。"

〔3〕和寡所以崇我貴：宋玉《對楚王問》："客有歌於郢中者，其始曰
《下里》《巴人》，國中屬而和者數千人……其爲《陽春》《白雪》，國
中屬而和者數十人而已也。……是其曲彌高者，其和彌寡。"《老
子·第七十章》："知我者希，則我者貴。"

〔4〕不與易：《論語·微子》："天下有道，丘不與易。""不與易"語本
此。死生大矣：語本《莊子·德充符》："死生亦大矣，而不得與
之變。"

68　抱朴子曰："林繁則匠入矣[（1）]，珠美則蜯裂矣。石
含金者焚鑠[1]，草任藥者剪掘[2]。刀利則先缺[3]，弦哀則
速絶[（2）][4]。用以適己，真人之寶也[5]；才合世求，有伎之
災也。"

【校】

（1）匠：當作斤。《荀子·勸學》："林木茂而斧斤至焉。"是其證。

（2）速：魯藩本誤作遠，王國維校，在"遠"旁打鈎示疑。

【注】

〔1〕石含金者焚鑠：《文子·符言》："老子曰：'山生金，石生玉，反
相剥。'"

〔2〕草任藥者剪掘：《重修政和證類本草·草部》所列上、中、下三品，
《本草綱目·草部》所列，皆任藥者。

〔3〕刀利則先缺：《老子·第七十六章》："兵强則滅，木强則折。"刀利
同此。

〔4〕弦哀則速絶：《說苑·尊賢》："應侯與賈午子坐，聞其鼓琴之聲。
應侯曰：'今日之琴，一何悲也？'賈午子曰：'夫張急調下，故使之

悲耳!'"《文選》陸機《演連珠》之十四:"繁會之音,生於絶弦。"劉
孝標注:"絃以特絶而流響。"

[5]用:資。《戰國策・魏策四》"吾用多"姚宏注:"用,資也。"此謂天
資。與下"才"互文義近。真人:道家指修真得道者。《莊子・大
宗師》:"古之真人,其寢不夢,其覺無憂,其食不甘,其息深
深,……古之真人,不知説生,不知惡死,其出不訢,其入不距,儵
然而往,儵然而來而已矣。"

69 抱朴子曰:"準的陳則流鏑赴焉[1],美名起則謗讟
攻焉。瑰貨多藏,則不招怨而怨至矣;器盈志驕,則不召禍
而禍來矣(1)。"

【校】

(1)瑰貨多藏:疑當與"器盈志驕"互易。"器盈志驕"是"招怨"的直
接起因,所謂"富貴而驕,自遺其咎"(《老子・第九章》),"驕慢倨
傲,則去之者多"(《刺驕》);"瑰貨多藏"是"召禍"的直接起因,所
謂"多藏必厚亡"(《老子・第四十四章》)。兩者雖然並提,但一
指精神,一指物質。

【注】

[1]準的陳則流鏑赴焉:意本《荀子・勸學》:"是故質的張而弓矢
至焉。"

70 抱朴子曰:"連城之寶,非貧寒所能市也;高世之
器,非淺俗所能識也。然盈尺之珍,不以莫知而暗其質;逸
倫之士,不以否塞而薄其節。樂天任命,何怨何尤。"

71 抱朴子曰:"大鵬無戒旦之用,巨象無馳逐之才。

故蔣琬敗績於百里,而爲三台之標[1];陳平困瘁於治家,而懷六奇之略[2]。"

【注】

[1]蔣琬敗績於百里:蔣琬治理一個縣,有其敗績的一面。指蔣琬任廣都長時"衆事不理,時又沈醉",被劉備看見。三台之標:猶言三公之首。蔣琬於諸葛亮死後,被升爲尚書令,加行都護,假節,領益州刺史,遷大將軍,録尚書事,封安陽亭侯。

[2]陳平困瘁於治家:陳平少時家貧,負郭窮巷,以弊席爲門。有田三十畮,但好讀書,其嫂嫉其不視家生産,"食糠覈",爲人"侍喪,以先往後罷爲助"。其"困瘁"如此。

72　抱朴子曰:"明闇者,才也,自然而不可飾焉;窮達者,時也,有會而不可力焉[1]。吕尚非早蔽而晚智,然振素而僅遇;韓信非初怯而末勇,然危困而後達[2]。"

【注】

[1]明闇者,才也數句:意本《荀子·宥坐》:"夫遇不遇者,時也;賢不肖者,材也。"《韓詩外傳》七:"賢不肖者,才也;遇不遇,時也。"材才古通。

[2]非初怯:指韓信當初接受胯下之辱不是由於膽怯。末勇:指後來率領千軍萬馬勇敢作戰。危困:指少時受惡少凌辱與飢寒生活。達:指拜大將軍與爲齊王、楚王事。

73　抱朴子曰:"奔驥不能及既往之失,千金不能救斯言之玷[1]。故博其施者,未若防其微;勤其求者,不如寡其辭[2]。"

【注】

［１］斯言之玷：《詩·大雅·抑》“斯言之玷”毛傳：“玷，缺也。”鄭玄
　　　箋：“斯，此也。”玷：白玉上的斑點。
［２］寡其辭：《易·繫辭下》：“吉人之辭寡，躁人之辭多。”

74　抱朴子曰：“烈士之愛國也如家，奉君也如親，則
不忠之事不爲其罪矣[１]；仁人之視人也如己[２]，待疏也猶
密，則不恕之怨不爲其責矣。”

【注】

［１］奉君也如親：《公羊傳·定公四年》：“事君猶事父也。”《説苑·建
　　　本》：“賢臣之事君也，受官之日，以主爲父，以國爲家。”
［２］仁人之視人也如己：謂推己及人。《孟子·盡心下》：“仁者以其
　　　所愛，及其所不愛。”

75　抱朴子曰：“玄冰未結，白雪不積，則青松之茂不
顯[１]；俗化不弊，風教不積，則皎潔之操不別。在危國而沈
賤，故莊、萊抗遺榮之高[２]；居亂邦而飢寒，故曾、列播忘富
之稱[３]。”

【注】

［１］青松之茂：喻高節。《莊子·讓王》《吕氏春秋·慎人》：“大寒既
　　　至，霜雪既降，吾是以知松柏之茂也。”
［２］危國：猶言亂邦。莊：莊子。萊：老萊子。抗遺榮句：堅持遺棄
　　　榮貴的高操。
［３］曾：曾參。列：列禦寇。

76　抱朴子曰：“天居高而鑒卑，故其網雖疏而不漏[１]；

神聰明而正直[1][2]，故其道賞真而罰僞。是以惠和暢於九區[3]，則七耀得於玄昊[4]；殘害著於品物，則二氣謬於四、八[5]。”

【校】

（1）直：平津本作真。

【注】

[1]天居高而鑒卑二句：謂天道像一個網，極爲廣闊而網眼稀疏，但能居高鑒卑，因此作惡者逃不脱天道的懲罰。《吕氏春秋·制樂》《新序·雜事四》：“（子韋）北面載拜曰：‘臣敢賀君，天之居高而聽卑。’”《老子·第七十三章》：“天網恢恢，疏而不失。”河上公注：“天所網羅恢恢甚大，雖踈遠，司察人善惡無有所失。”

[2]神：神靈。《左傳·莊公三十二年》：“史嚚曰：‘……神，聰明正直而壹者也，依人而行。’”杜預注：“唯德是與。”

[3]惠和：仁愛和順。《左傳·文公十八年》：“宣慈惠和。”九區：九州。泛指全國。《文選》陸機《皇太子宴玄圃宣猷堂有令賦詩》：“九區克咸，讙歌以詠。”李善注引劉駒騄《郡太守箴》曰：“大漢遵周，化洽九區。”劉良注：“咸，和也。言九州能和，謳歌以詠我王之德。”

[4]玄昊：蒼天。天玄而地黄，故稱天曰玄昊。《詩·小雅·巷伯》“投畀有昊”毛傳：“昊，昊天也。”

[5]二氣：指陰陽之氣。《易·咸》：“彖曰：咸，感也。柔上而剛下，二氣感應以相與。”謬：違誤。四：春夏秋冬四季。八：八個節氣：立春、春分；立夏、夏至；立秋、秋分；立冬、冬至。《文子·下德》：“春肅秋榮，冬雷夏霜，皆賊氣之所生。”

77 抱朴子曰：“天秩有罔極之尊，人爵無違德之貴[1]。故仲尼雖匹夫，而饗祀於百代[2]；辛、癸爲帝王，而僕豎不願以見比[3]。商老身愈賤而名愈貴[4]，幽、厲位彌重而罪彌著[5]。故齊王之生，不及柳惠之墓[6]；秦王之宮，未若康成之閭[7]。”

【注】

[1] 人爵：人君所授予的爵位。《孟子·告子上》：“孟子曰：‘有天爵者，有人爵者。仁義忠信，樂善不倦，此天爵也；公卿大夫，此人爵也。古之人修其天爵，而人爵從之。今之人修其天爵，以要人爵，而棄其天爵，則惑之甚者也，終亦必亡而已矣。’”趙岐注：“天爵以德，人爵以祿。要，求。棄善忘德，終必亡之。”

[2] 仲尼雖匹夫二句：謂孔子之社會、歷史地位，高於帝王。《呂氏春秋·不侵》：“桀、紂，天子也，而士皆去之。孔、墨，布衣也；萬乘之主，千乘之君，不能與之争士也。”孔子饗祀百代：主要指兩漢魏晉帝王祭祀孔子而言。饗祀：祭祀；受到祭祀。饗同享。張衡《東京賦》：“咸用紀宗存主，饗祀不輟。”

[3] 辛、癸爲帝王二句：謂夏桀、殷紂雖貴爲帝王，但其歷史地位不如僕豎。僕豎：童僕；僕人。《左傳·昭公七年》“寮臣僕”孔穎達疏：“僕，僕豎，主藏者也。”以見比：被用來比較。《後漢書·左雄傳》：“桀紂爲天子，而庸僕羞與爲比者，以其無義也。”

[4] 商老身愈賤而名愈貴：謂商山四皓身爲賤民，無一官半職，而其地位越是低賤，其名聲則越是高貴，最後爲劉邦所敬重。

[5] 幽：周幽王（前？—前771），姓姬，名宫湦，公元前781至前771年在位。《國語·晉語一》：“周幽王伐有褒，有褒人以褒姒女焉。褒姒有寵，生伯服。於是乎與虢石甫比，逐太子宜咎而立伯服。太子出奔申。申人、繒人召西戎以伐周，周於是亡。”韋昭注：“殺幽王於戲。”厲：周厲王（前？—前828），姓姬名胡，公元前878至前842年在位。《國語·周語上》：“厲王虐，國人謗王。召公告王曰：‘民不堪命矣。’王怒，得衛巫，使監謗者，以告則殺之。國人莫敢言，道路以目。……於是國人莫敢出言。三年，乃流王

於堯。"

［6］齊王之生，不及柳惠之墓：用顏斶對齊宣王（前？—前 301）論士
貴之典。《戰國策·齊策四》：“（顏）斶曰：‘有。昔者秦攻齊，令
曰：“有敢去柳下季壟五十步而樵采者，死不赦！”令曰：“有能得
齊王頭者，封萬户侯，賜金千鎰。”由是觀之，生王之頭，曾不若死
士之壟也！’宣王默然不悦。"柳惠：柳下惠。

［7］秦王之宫，未若康成之間：謂阿房宫不及鄭玄之閭受到人民敬
重。康成：鄭玄字。《後漢紀·獻帝紀》：“黄巾賊數萬人經玄
廬，皆爲之拜。高密一縣，不被抄掠。"《後漢書·鄭玄傳》：“國相
孔融深敬於玄，屣履造門。告高密縣爲玄特立一鄉，……曰‘鄭
公鄉’。昔東海于公僅有一節，猶或戒鄉人侈其門閭，矧乃鄭公
之德，而無駟牡之路！可廣開門衢，令容高車，號爲‘通德門’。"
“康成之間”蓋指此。

78　抱朴子曰：“影響不能無形聲以著[1]，餘慶不可以
無德而招[2]。故唐堯爲政，七十餘載，然後景星摛耀[3]；羊
公積行，黄髮不倦，而乃墜金雨積[4]。塗遠者其至必遲，施
後者其報常晚。”

【注】

［1］影響不能無形聲以著：謂影響由形聲的表現、回應而成。《管
子·心術上》：“若影之象形，響之應聲也。”

［2］餘慶：指留給子孫後輩的德澤。《易·坤》：“（文言）積善之家，必
有餘慶。"無德：指無德澤流布於民。招：至；來。

［3］唐堯爲政三句：據《書·堯典》，唐堯自稱“朕在位七十載”而後
“二十有八載，放勳乃殂落”，句意本此。摛（chī）耀：放射光芒。
摛：布。《文選·答賓戲》“摛藻如春華”李善注引韋昭曰：“摛，
布也。”

［4］羊公積行三句：本首，羊公與唐堯並提，當系爲政、積行人物。

《内篇·微旨》"或曰"一段論"長生之道"，倡"積善立功"，先後提到趙簡子、秦穆公、羊公、蔡順、郭巨等。《微旨》："羊公積德佈施，詣乎白首，乃受天墜之金。"所言與本首同。羊公：當指羊祜。羊祜（221—278），字叔子，泰山南城（今山東費縣西）人。魏末任相國從事中郎，與荀勖共掌（司馬昭的）機密。晉武帝司馬炎代魏後，與他籌劃滅吳。泰始五年（269）以尚書左僕射都督荊州諸軍事，出鎮襄陽。在鎮十年，開屯田，儲軍糧，作一舉滅吳準備；平日則與吳將陸抗互通使節，各保分界。屢請出兵滅吳，未能實現。臨終，舉杜預自代。積行：積累善行。而：通爾。墜金雨積：不詳。

79　抱朴子曰："理盡者不可責有餘，一至者不可求兼濟[1]。故洪濤之末，不能蕩浮萍；衝風之後，不能颺輕塵[2]；勁弩之餘力，不能洞霧縠[3]；西隤之落暉，不能照山東。"

【注】

[１]一至：謂偏材。劉劭《人物志·九徵》："一至謂之偏材。偏材，小雅之質也。"劉昞注："未能兼濟，各守一行。"

[２]衝風之後，不能颺輕塵：謂强力末衰竭。《史記·韓長孺傳》："安國曰：'……衝風之末，力不能漂鴻毛。'"

[３]勁弩之餘力，不能洞霧縠：謂强弩之末不能穿魯縞。《淮南子·説山》："矢之於十步貫兕甲，於三百步不能入魯縞。"高誘注："猶矢於三百步不能穿魯縞，言力竭勢盡也。"

80　抱朴子曰："懸象雖薄蝕[1]，不可以比螢燭之貞耀[2]；黃河雖混渾，不可以方沼沚之清澄[3]。山雖崩，猶峻於丘垤；虎雖瘠，猶猛於豻狼。"

【注】

［1］薄蝕：薄食。指日月相掩食。《吕氏春秋・明理》：“其月（日）有
　　薄蝕。”高誘注：“薄，迫也。日月激會相掩，名爲薄蝕。”《史記・
　　天官書》“日月薄蝕”集解：“孟康曰：‘日月無光曰薄。’”

［2］貞耀：光焰，光華。

［3］沼沚：池塘。《左傳・隱公三年》“澗谿沼沚之毛”杜預注：“沼，池
　　也。沚，小渚也。”

81　抱朴子曰：“神農不九疾，則四經之道不垂[1]；大禹
不胼胝，則玄珪之慶不集[2]。故先憂爲後樂之本(1)[3]，暫
勞爲永逸之始[4]。”

【校】

（1）先：原作救，平津本作久，當依楊明照校據吉藩本作先。後：原
　　作厚，當從楊明照校據《大戴禮記・曾子立事》作後。

【注】

［1］神農不九疾二句：謂神農多病成良醫，醫典傳世。四經：指《本
　　草》四卷。《本草》見《漢書・平帝紀》“元始五年”及《游俠傳・樓
　　護》。《淮南子・脩務》：“於是神農乃始教民播種五穀，相土地
　　宜，燥濕肥墝高下；嘗百草之滋味、水泉之甘苦，令民知所辟就。
　　當此之時，一日而遇七十毒。”《太平御覽》七二一引《帝王世紀》：
　　“炎帝神農氏長於姜水，始教天下耕種五穀而食之，以省殺生。
　　嘗味草木，宣藥療疾，救夭傷之命。百姓日用而不知，著《本草》
　　四卷。”《内篇・仙藥》“神農四經”孫星衍曰：“《博物志》引《神農
　　經》曰：‘上藥養命，中藥養性，下藥治病。’云云，大抵與此相同。”
　　九疾：泛指各種疾病。九：極言其多。

［2］大禹不胼胝二句：《書・禹貢》：“禹敷土，隨山刊木，奠高山大
　　川。……東漸於海，西被於流沙，朔南暨，聲教訖于四海。禹賜

玄圭,告厥成功。"孔傳:"玄,天色。禹功盡加於四海,故堯賜玄
圭以彰顯之。言天功成。"胼胝(pián zhī 駢支):胼手胝足,手腳
掌生出老繭。形容辛勞。《史記·李斯列傳》:"禹鑿龍門,通大
夏,疏九河,曲九防,決淳水致之海,而股無胈,脛無毛,手足胼
胝,面目黎黑。"

[３]先憂句:《大戴禮記·曾子立事》:"先憂事者後樂事。"《説苑·談
叢》:"先憂事者後樂。"

[４]暫勞爲永逸之始:一時的辛勞換來長久的安逸。《漢書·匈奴
傳下》:"黄門郎揚雄上書諫曰:'……以爲不壹勞者不久佚,不暫
費者不永寧。'"

82　抱朴子曰:"金鉤桂餌雖珍,而不能制九淵之沈
鱗[１];顯寵豐禄雖貴,而不能致無欲之幽人。故吕梁有鵠
立之夫,河湄繁伐檀之民[２];玉帛徒集於子陵之巷[３],蒲輪
虛反於徐生之門[４]。"

【注】

[１]金鉤桂餌:極言工具精美,具有藝術品價值,但不能釣魚。《太平
御覽》八三四引《闕子》:"魯人有好釣者,以桂爲餌,黄金之鉤,錯
以銀碧,垂翡翠之綸,其持竿處位即是,然其得魚不幾矣。故曰:
釣之務不在芳飾,事之急不在辯言。"

[２]伐檀之民:指《詩·魏風·伐檀》中砍伐檀木的人。謂隱者。

[３]玉帛徒集:言以玉帛徵聘無結果。子陵(前37—公元43):本姓
莊,避東漢明帝諱改,名光,字子陵,一名遵,會稽餘姚(今浙江餘
姚)人。少有高名,與漢光武同遊學。劉秀稱帝,光變姓名隱遁。
秀派人覓訪,三反而後至,授諫議大夫,不受,退隱於富春山。

[４]蒲輪虛反:此指東漢"桓帝乃以安車玄纁備禮徵之,並不至"。徐
生:徐稺,字孺子,豫章南昌(今江西南昌)人。家貧,常自耕稼,
非自力不食。恭儉義讓,鄉里稱之。清妙高跱,超世絶俗。公府

屢辟，不起。太守陳蕃請爲功曹，旋辭歸。後舉有道，家拜太原太守，皆不就。與陳蕃往還，蕃特設一榻以待之，去則懸之。與太尉黃瓊、名士郭太友善。

83　抱朴子曰：“觀聽殊好，愛憎難同[1]。飛鳥覩西施而驚逝[2]，魚鼈聞《九韶》而深沈。故衰藻之粲煥，不能悅裸鄉之目[3]；《采菱》之清音，不能快楚隸之耳[4]；古公之仁，不能喻欲地之狄[5]；端木之辯，不能釋繫馬之庸(1)[6]。”

【校】

（１）繫：陳其榮校：“承訓本作繁。”

【注】

［１］觀聽：揚雄《太玄·釋》：“次二，動于響景。測曰：動于響景，不足觀聽也。”此指看什麼和聽什麼。愛憎：偏指憎惡。《韓非子·説難》：“故彌子之行也未變於初也，而以前之所以見賢而後獲罪者，愛憎之變也。”

［２］飛鳥覩西施而驚逝：狀西施驚艷。《莊子·齊物論》：“毛嬙、西施，人之所美也；魚見之深入，鳥見之高飛。”

［３］粲煥：粲爛炳煥。《辭義》：“春華粲煥，非漸染之采。”裸鄉：赤身露體之地。按：傳説古西方有裸國。《吕氏春秋·貴因》：“禹之裸國，裸入衣出，因也。”又《求人》：“禹……南至……羽人、裸民之處，不死之鄉。”高誘注：“裸民，不衣衣裳也。”

［４］《采菱》：古代楚國和聲歌曲名。《楚辭·招魂》：“《涉江》《采菱》，發《揚荷》些。”王逸注：“楚人歌曲也。”《淮南子·説山》：“欲和美者，必先始於《陽阿》《采菱》。”高誘注：“《陽阿》《采菱》，樂曲之和聲。”“和聲”高雅，故“不快（於）楚隸之耳”。

［５］欲地之狄：有侵佔土地欲望的戎狄。古公亶父居豳，狄人侵之，事之皮幣、犬馬、珠玉，不得免，乃知狄人之所欲在於土地。因此

去豳,逾梁山,邑於岐山之下。

［6］端木：端木賜,字子貢,能言善辯。繫馬：孔子之馬被人扣繫。
子貢前去解説,扣馬者不聽。《吕氏春秋·必己》：“孔子行道而
息,馬逸,食人之稼。野人取其馬。子貢請往説之,畢辭,野人不
聽。有鄙人始事孔子者曰：‘請往説之。’因謂野人曰：‘子不耕於
東海,吾不耕於西海也,吾馬何得不食子之禾？’其野人大悦,相
謂曰：‘説亦皆如此其辯也,獨如向之人！’解馬而與之。”

84　抱朴子曰：“般旋之儀,見憎於裸踞之鄉[1]；繩墨之
匠,獲忌於曲木之肆[2]。貪婪饕餮者,疾素絲之皎潔[3]；比
周實繁者,讐高操之孤立。猶賈豎之惡同利[4],醜女之害
國色[5]。”

【注】

［1］般(pán)：同盤。盤旋。裸：裸體。踞：箕踞。

［2］繩墨之匠二句：《孟子·盡心上》：“孟子曰：‘大匠不爲拙工改廢
繩墨。’”趙岐注：“大匠不爲新學拙工,故爲之改鑿,廢繩墨之
正也。”

［3］素絲：素絲羔羊。用作正直廉潔者的譽稱。《詩·召南·羔羊》：
“羔羊之皮,素絲五紽。”薛君章句：“小者曰羔,大者曰羊。素喻
潔白,絲喻屈柔。紽,數名也。詩人賢仕爲大夫者,言其德能,稱
有潔白之性,屈柔之行,進退有度數也。”

［4］同利：《禮記·哀公問》：“國家靡敝,則車不雕幾,器不刻鏤,食不
貳味,以與民同利。”孔穎達疏：“車不雕幾者,幾謂沂鄂也,謂不
雕鏤使有沂鄂也。”(沂鄂：謂物表面的凹凸紋理。)

［5］醜女之害國色：《説苑·尊賢》：“夫美女者,醜婦之讎也。”

85　抱朴子曰：“君子之升騰也[1],則推賢而散禄[2]；庸
人之得志也,則矜貴而忽士[3]。施惠隆於佞幸,用才出乎

小惠[4]。不與智者共其安，而望有危而見救；不與奇士同其歡，而欲有戚之見恤。猶災火張天[5]，方請雨於名山[6]；洪水淩空，而伐舟於東甌(1)[7]，不亦晚乎？"

【校】

（1）東甌：原作東閩，疑當作東甌。《鈞世》："東甌之木，長洲之林，梓豫雖多，而未可謂之爲大廈之壯觀，華屋之弘麗也。"此當與《鈞世》一致。

【注】

［1］升騰：升官，發迹。《後漢書・左雄傳》："踴躍升騰，超等踰匹。"

［2］散禄：春秋衛國王林有與賢人禄之事。《説苑・尊賢》："又有士曰王林，國有賢人必進而任之，無不達也，不能達，退而與其禄，而靈公尊之。"

［3］矜貴：自炫高貴；自高身份。《列子・楊朱》："不矜貴，何羨名？"

［4］才：通財。《晏子内篇・諫下》："用財甚費。"

［5］張天：佈滿天空。《文選》左思《蜀都賦》："蹋塵張天，則埃壒曜靈。"

［6］請雨：求雨。《淮南子・泰族》："雩兊而請雨，卜筮而決事。"

［7］東甌：指今浙江温州及浙南地區的別稱。災火張天四句喻平時不燒香，臨時抱佛腳。

辭義卷四十[1]

1 或曰："乾坤方圓，非規矩之功[2]；三辰摛景，非瑩磨之力[3]；春華粲煥，非漸染之采；茝蕙芬馥，非容氣所假(1)[4]。知夫至真，貴乎天然也。義以罕覯爲異，辭以不常爲美。而歷觀古今屬文之家(2)，尟能挺逸麗於毫端[5]，多斟酌於前言[6]，何也？"

【校】

（1）容氣：楊明照曰："《左傳·定公八年》：'陽虎僞不見冉猛者，曰："猛在此必敗！"猛逐之，顧而無繼，僞顛。虎曰："盡客氣也。"'杜注：'言皆客氣，非勇。'《史記·天官書》：'日月暈適，雲風，皆天之客氣。'此二句芬馥之氣爲茝蕙所固有，非由外假也。是'容'爲'客'之形誤，當校正。"按："容"字不誤，當保留。容氣：香囊的氣味。稚川之前是否有"容氣"一詞的書證，有待考證，但有"容臭"的先例。"容臭"即"容氣"，"臭"即"氣"，即《詩·大雅·文王》"無聲無臭"之"臭"。《禮記·內則》："衿纓，皆佩容臭。"鄭玄注："容臭，香物也。"陳澔集說："助爲形容之飾，故言容臭，以纓佩之，後世香囊，即其遺制。"孫希旦集解："容臭，謂爲小囊以容受香物也。"楊明照所引"客氣"，無香味，與蕙茝芬馥無涉，無以相假。

（2）家：魯藩本作象，王國維校作家。

【注】

[1]辭義：辭采和文義。指文章的形式和內容兩方面。曹丕《與吳質

書》：“著《中論》二十餘篇，成一家之言，辭義典雅，足傳於後。”此謂屬辭比義，即連綴文辭，排比事義，寫成文章。

［２］乾坤方圓，非規矩之功：古人認爲天圓地方如規矩，但不受規矩控御。《易·説卦》：“乾，天也。……坤，地也。”《淮南子·齊俗》：“故天之圓也，不得規；地之方也，不得矩。”

［３］摛（chī）景：放射光芒。瑩磨：磨治使光潔。三國吳康僧會《〈安般守意經〉序》：“若得良師劃刮瑩磨，薄塵微曀，蕩使無餘。”

［４］茝蕙二句：謂香氣濃鬱，是蕙茝自身散發出來的，不是（人身上所佩）香囊氣味借給它們的。

［５］逸麗：猶美麗。《藝文類聚》七十引《戰國策·齊策一》：“鄒忌身體逸麗，朝服衣冠窺鏡，謂其妻曰：‘我孰與城北徐公美？’”今本《戰國策》作昳麗。

［６］斟酌：《國語·周語上》：“耆艾修之，而後王斟酌焉。”韋昭注：“斟，取也。酌，行也。”此猶言取捨。

２　抱朴子曰：“清音貴於雅韻克諧[1]，著作珍乎判微析理[2]。故八音形器異而鍾律同[3]，黼黻文物殊而五色均[4]。徒閑澀有主賓(1)[5]，妍蚩有步驟[6]。是則總章無常曲[7]，大庖無定味[8]。夫梓、豫山積，非班、匠不能成機巧[9]；衆書無限，非英才不能收膏腴[10]。何必尋木千里，乃構大廈；鬼神之言，乃著篇章乎[11]？”

【校】

（１）徒閑澀：陳其榮校：“盧本‘徒’下有‘以’字。”

【注】

［１］雅韻：雅正的韻律。蔡邕《琴賦》：“指掌反覆，抑案藏摧，於是繁絃既抑，雅韻復揚。”克諧：能和諧；能協同。《書·舜典》：“八音克諧，無相奪倫，神人以和。”孔傳：“倫，理也。八音能諧，理不錯

奪,則神人咸和。"

[2]著作：猶寫作。用文字表達意見、知識、思想、感情等。《文選·答賓戲》："著作者,前烈之餘事耳。"呂向注："著作,謂述作文史也。"

[3]形器：此指形體、質地、功能各異的樂器。鍾律：黃鍾之律；律呂。陽六爲律：黃鍾、大蔟、姑洗、蕤賓、夷則、無射。陰六爲呂；大呂、應鍾、南呂、函鍾、小呂、夾鍾。

[4]文物：指禮樂制度。古代用文物明貴賤,制等級,故云。《左傳·桓公二年》："夫德,儉而有度,登降有數,文、物以紀之,聲明以發之,以臨百官。"楊伯峻注："文承火龍黼黻,物承五色比象。"五色：青、黃、赤、白、黑。均：均勻、協調。

[5]徒：庶人在官者。《周禮·天官·甸師》"掌帥其屬而耕耨王藉"鄭玄注："庶人謂徒三百人。"孫詒讓正義："徒,即庶人之在官者。"按：此指伶人樂工。閑：嫻。嫻熟。《詩·邶風·柏舟》"威儀棣棣"毛傳："棣棣,富而閑習也。"段玉裁故訓傳："閑、嫻古今字。"嫻之借字。《説文·門部》段玉裁注："閑,又借爲嫻習字。"澀：疏拙。此謂生疏笨拙。

[6]步驟：緩行與疾走。《荀子·禮論》："故君子上致其隆,下盡其殺,而中處其中。步驟馳騁厲騖不外是矣,是君子之壇宇宮廷也。"

[7]總章：樂官名。因指樂官。《後漢書·獻帝紀》："(建安)八年冬十月己巳,公卿初迎冬於北郊,總章始復,備八佾舞。"李賢注："總章,樂官名。古之《安代樂》。"代：本作世,避唐太宗諱改。《安世樂》見《漢書·禮樂志》。

[8]大庖：帝王的庖廚。《詩·小雅·車攻》"大庖不盈"朱熹集傳："大庖,君庖也。"

[9]班、匠：公輸般與匠石,皆古之巧匠。班與般同。匠石字伯。

[10]膏腴：喻文辭華美。王充《論衡·別通》："自武帝以至今朝,數舉賢良,令人射策甲乙之科,若董仲舒、唐子高、谷子雲、丁伯玉,策既中實,文説美善,博覽膏腴之所生也。"《文心雕龍·事類》："夫

經典沈深，載籍浩瀚，實群言之奧區，而才思之神皋也。揚、班以下，莫不取資，任力耕耨，縱意漁獵，操刀能割，必列膏腴，"劉勰所言從稚川説出，而注此正合。

[11] 鬼神之言：指前人之言。與上文"多斟酌前言"呼應。

3　抱朴子曰："夫才有清濁，思有修短[1]，雖並屬文，參差萬品。或浩瀁而不淵潭(1)，或得事情而辭鈍，違物理而文工(2)[2]。蓋偏長之一致[3]，非兼通之才也。闇於自料，強欲兼之，違才易務[4]，故不免嗤也"。

【校】

（1）或浩瀁句：下脱一七字句，致使"或浩瀁"句失對。

（2）違：其上當有或字，或字句組成選擇性排句。文工：孫星衍校："藏本作言功，今從舊寫本。"陳其榮校："承訓本作言巧。"

【注】

[1] 才有清濁：《後漢書・文苑傳下・酈炎》："作詩二篇曰：'……賢愚豈常類，稟性在清濁。'"

[2] 浩瀁而不淵潭：喻文辭浮泛而無深意。浩瀁：形容没有涯際。阮籍《清思賦》："兹感激以達神，豈浩瀁而弗營？"潭：深。《管子・侈靡》："潭根之勿伐。"尹知章注："潭，深也。"

[3] 偏長（cháng）：某一方面的特長。一致：猶一得。

[4] 務：事。此承上文文意指兼通之事。

4　抱朴子曰："五味舛而並甘[1]，衆色乖而皆麗[2]。近人之情，愛同憎異，貴乎合己，賤於殊塗[3]。夫文章之體，尤難詳賞[4]。苟以入耳爲佳，適心爲快，豈知忘味之九成[5]，雅頌之風流也(1)[6]。所謂考鹽梅之醎酸，不知大羹之不致[7]；明飄颸之細巧(2)，蔽於沈深之弘邃也[8]。"

【校】

（1）風流：當乙作"流風"。謂流風遺韻。

（2）明飄颸之細巧：當作明乎飄颸之細巧，始能與"蔽於沈深之弘邃"對文。

【注】

［1］五味：酸、苦、辛、鹹、甘五種味道。殊：不同。甘：可口。《鶡冠子・環流》："酸、鹹、甘、苦之味相反，然其爲善均也。"

［2］衆色：指五采。青、赤、白、黑、黃五種采色。《國語・鄭語》："（史伯）對曰：'……物無一文。'"韋昭注："五色雜，然後成文。"乖：不同。《鶡冠子・環流》："五色不同采，然其爲好齊也。"

［3］愛同憎異：《文子・道德》："老子曰：'天下是非無所定，世各是其所善，而非其所惡。……'"

［4］文章之體：文學作品的體裁風格。曹丕《典論・論文》："夫人善於自見，而文非一體，鮮能備善，是以各以所長相輕所短。"《文心雕龍・體性》："若總其歸塗，則數窮八體：一曰典雅，二曰遠奧，三曰精約，四曰顯附，五曰繁縟，六曰壯麗，七曰新奇，八曰輕靡。"

［5］入耳：悅耳；中聽。忘味：形容沈浸於優美音樂中的精神狀態。《論語・述而》："子在齊聞《韶》，三月不知肉味。曰：'不圖爲樂之至於斯也！'"

［6］雅頌：謂《雅》《頌》之樂聲。《論語・子罕》："子曰：'吾自衛返魯，然後樂正，《雅》《頌》各得其所。'"

［7］鹽梅：鹽味鹹，梅味酸，兩種調味品。醎：《玉篇・酉部》："醎，俗鹹字。"大羹：不和五味的肉汁。見不致：不以酸、苦、辛、鹹、甘爲調味品，唯煮之而已。《左傳・桓公二年》"大羹不致"杜注："大羹，肉汁，不致五味。"

［8］飄颻(yáo)：形容馳思高遠。

5　“其英異宏逸者[1]，則羅網乎玄黃之表[2]；其拘束齷
齪者[3]，則羈絏於籠罩之內[4]。振翅有利鈍，則翔集有高
卑[5]；騁迹有遲迅，則進趨有遠近[6]。駑銳不可(1)……膠
柱調也[7]。文貴豐贍，何必稱善如一口乎？”

【校】

（1）駑銳不可：孫星衍校：“疑此下有脫文。”《文選》劉峻《辯命論》“非
　　　可以一塗驗”李善注引《抱朴子》曰：“駑銳不可以一塗驗，箏琴不
　　　可以膠柱調也。”楊明照按：“當據補‘以一塗驗箏琴，不可以’九
　　　字，文義乃足。”

【注】

［1］宏逸：謂高妙超逸。多以形容詩文繪畫的風格。
［2］羅網乎玄黃之表：謂寫作取材廣泛搜羅；包容。司馬遷《報任少
　　　卿書》：“近自託於無能之辭，網羅天下放失舊聞。”玄黃之表：猶
　　　言天地之表。天謂之玄，地謂之黃。《文選》皇甫謐《三都賦序》：
　　　“大者罩天地之表。”
［3］齷齪(wò chuò)：器量局促；狹小。《文選‧西京賦》“獨儉嗇以齷
　　　齪”李善注：“《漢書(‧酈食其傳)》韋昭注曰：‘齷齪，小節也。’”
　　　又《吳都賦》“齷齪而筭”張銑注：“齷齪，局小兒。”
［4］籠罩之內：喻範圍狹小。
［5］振翅有利鈍二句：以鳥飛喻構思。
［6］騁迹有遲迅二句：以馬馳喻行文。
［7］膠柱調(弦)：喻固執拘泥，不知變通。

6　“不能拯風俗之流遯，世塗之凌夷，通疑者之路，賑
貧者之乏，何異春華不爲肴糧之用[1]，葩蕙不救冰寒之急。

古詩刺過失，故有益而貴[2]；今詩純虛譽，故有損而賤也[3]。"

【注】

[1] 肴糧：菜蔬和糧食。《後漢書·竇武傳》："是時羌蠻寇難，歲儉民饑，武得兩宮賞賜，悉散與太學諸生，及載肴糧於路，匀施貧民。"

[2] 古詩刺過失：《毛詩序》："上以風化下，下以風刺上，主文而譎諫，言之者無罪，聞之者足以戒，故曰風。"如《詩·魏風》之《伐檀》《碩鼠》、《邶風·新臺》等都是諷刺過失的作品。《論語·陽貨》："(詩)可以怨。"集解引孔安國曰："怨刺上政。"

[3] 今詩純虛譽：如《文選》中所錄獻詩、公讌、祖餞、遊覽、贈答、行旅、軍戎諸類中篇什，大多爲歌功頌德、粉飾太平之作，故純虛譽也。

7　抱朴子曰："屬筆之家，亦各有病：其深者，則患乎譬煩言冗，申誡廣喻[1]，欲棄而惜，不覺成煩也；其淺者，則患乎姸而無據，證援不給[2]，皮膚鮮澤，而骨髓迴弱也[3]。繁華曄曄，則並七曜以高麗[4]；沈微淪妙，則儕玄淵之無測[5]。人事靡細而不浹，王道無微而不備(1)，故能身賤而言貴，千載彌彰焉。"

【校】

（1）備：平津本作愵。備、浹對文，同謂周備。

【注】

[1] 申誡：訓誡。《史記·周本紀》："王道衰微，穆王閔文武之道缺，乃命伯冏申誡太僕國之政。"冏同冏。此謂反復述說。

[2] 給：豐足。《國語·周語上》"事之共給"韋昭注："給，足也。"

［3］鮮澤：鮮明而有光澤。陸機《園葵》詩：“零露垂鮮澤，朗月耀其輝。”骨髓：《晉書・曹志傳》：“乃奏議曰：‘……骨髓不存，皮膚不充。’”

［4］暐曄（wěi yè）：形容文辭瑰麗。高麗：高超華美。《戰國策・宋衛策》：“人生之所行，與死之心異。始君之所行於世者，食高麗也；所用者，緤錯、絜薄也。群臣盡以爲君輕國而好高麗，必無與君言國事者。”姚宏注：“食，用也。麗，美也。諸所行爲者，務用高美觀目而已，不務用德也。”

［5］沈微：隱蔽，隱伏。劉劭《人物志・利害》：“其功足以運籌通變，其退也藏於隱微，其爲業也奇而希用，故或沈微而不章。”

循本卷四十一^[1]

1 抱朴子曰：“玄寂虚静者，神明之本也^[2]；陰陽柔剛者，二儀之本也^[3]；巍峨巖岫者，山嶽之本也^[4]；德行文學者，君子之本也。莫或無本而能立焉^[5]。是以欲致其高，必豐其基^{(1)[6]}；欲茂其末，必深其根^[7]。”

【校】

（1）基：魯藩本作墓，王國維校作基。

【注】

[1] 循本：尋求（萬事萬物之）本源。《莊子·秋水》：“請循其本。”成玄英疏：“循，猶尋也。”本篇指循文學之本。

[2] 玄寂：玄虛寂静。形容守道無爲。《嵇康集·知慧用有爲詩》：“大人玄寂無聲，鎮之以静自正。”虛静：致虛守静，使心境處於空明寧静的狀態。《老子·第十六章》：“致虛静，守静篤。”神明：人的精神。《文子·九守》：“故静漠者，神明之宅。”

[3] 陰陽柔剛者，二儀之本：陰陽爲立天之本，柔剛爲立地之本，故爲二儀之本。《易·説卦》：“是以立天之道，曰陰與陽；立地之道，曰柔與剛。”

[4] 巖岫(yán xiù)：山洞；峰巒。山嶽：高大的山。古代山嶽配天。《左傳·莊公二十二年》：“山嶽則配天。”正義：“《詩（·大雅·崧高)》云：‘崧高維嶽，駿極於天。’言其大能至天，故山嶽則配天也。”

［５］莫或：没有一個人或事。或：有。《後漢書·應劭傳》"莫或兹
酷"李賢注："或,有也。"無本而能立：語本《禮記·禮器》："無本
不立,無文不行。"鄭玄注："言必外内具也。"

［６］欲致其高,必豐其基：謂應正確處理高下關係。《文子·上義》：
"不廣其基,而增其高者,覆。"《淮南子·泰族》："根深則本固,基
美則上寧。"

［７］欲茂其末,必深其根：謂應正確處理本末關係。末：木上,統指
木之枝葉。

2 "鄉黨之友不洽,而勤遠方之求[1]；涖官之稱不
著[2],而索不次之顯。是以雖佻虛譽(1),猶狂華干霜以寒
曜(2),不崇朝而零瘁矣[3]；雖竊大寶於不料,冒惟塵以負
乘[4],猶鮮介附騰波以高淩(3)[5],顧昐已枯株於危陸矣[6]。"

【校】

（１）雖佻虛譽：與下一分句相較,其下蓋脱九字,下一分句多"於不
料,冒惟塵以負乘"九字是其證。

（２）猶狂華干霜以寒曜：與下一分句之"猶鮮介附騰波以高淩"相較
少一字。本書多"冰霜"連文,如：《行品》："體冰霜之粹素,不染
潔於勢利者,清人也。""安困潔志,操清冰霜。"《吳失》："虛談則
口吐冰霜,行己則濁於泥潦。"《博喻》第50首："非時之華,必不
能稽輝藻於冰霜。"第54首："吉光飢渴於冰霜之野,不願犧牲之
飽。"第79首："故冰霜肅殺,不能凋菽、麥之茂。"並其例。霜：其
上蓋脱一冰字,當補。寒曜：陳其榮校："藏本作寒曜,今從舊寫
本。"按：舊寫本作如曜。"寒曜""高淩"對文,同爲偏正結構。

（３）鮮介：陳其榮校："承訓本作鱗介,當從之。"

【注】

［１］鄉黨之友：即鄉黨是友。之：結構助詞,起前置賓語的作用。遠

　　方之求：即遠方是求。句式同"馬首是瞻"。

［2］涖官：臨任官職。《禮記·曲禮上》"涖官行法"鄭玄注："涖，臨也。"稱：譽。

［3］猶狂華干霜以寒曜，不崇朝而零瘁矣：《博喻50》："非時之華，必不能稽輝藻於冰霜。"與此二句同意，皆謂不合節令而開之華易凋謝。《易·大過》："枯楊生華，何可久也。"《晉書·五行志》："元帝太興四年，王敦在武昌，鈴下儀仗生華如蓮華，五六日而萎落。此木失其性。干寶以爲狂華生枯木，又在鈴閣之間，言威儀之富，榮華之盛，皆如狂華之發，不可久也。"干：冒犯。崇朝（zhāo）：一個早上。崇：重（chóng）；終了。形容時間短暫。《詩·鄘風·蝃蝀》："朝隮於西，崇朝其雨。"毛傳："隮，升。崇，終也。從旦至食時爲終朝。"《公羊傳·僖公三十一年》："不崇朝而徧雨乎天下者，唯泰山爾。"何休注："崇，重也。不重朝，言一朝也。"

［4］惟塵：惟塵冥冥。塵土飛揚貌。《詩·小雅·無將大車》"惟塵冥冥"鄭玄箋："冥冥者，蔽人目明，令無所見也。猶進舉小人，蔽傷己之功德也。"因以"惟塵"喻小人、佞人。

［5］鮮：泛指魚類。《老子·第六十四章》："治大國若烹小鮮。"河上公注："鮮，魚也。"介：此指水族龜鼈之屬。《禮記·月令》"其蟲介"鄭玄注："介，龜鼈之屬。"

［6］枯株於危陸：謂魚與龜、鼈因在高陸失水而乾死。與《良規》篇"則蕩然若巨魚之枯崇陸"句意相同。枯株：乾枯；乾枯的樹根。王先謙《釋名疏證補》八《釋喪制》"罪及餘人曰誅"條曰："《列子·黃帝篇》'若橛株駒'釋文：'李頤云："橛，豎也。株駒，（亦）枯樹本也。"'《莊子（·達生）》作'厥株拘'。（今本《莊子》釋文引李頤云："厥，豎也。豎若株拘也。"）則株有枯誼。"按：依李頤說，當解爲"乾枯的樹根"。

3　"聖賢孜孜，勉之若彼；淺近蹁蹁，忽之如此[1]。積習則忘鮑肆之臭[2]，裸鄉不覺呈形之醜。自非遁世而無悶，齊物於通塞者[3]，安能棄近易而尋迂闊哉！將救斯弊，其術無他，徒擢民於巖岫，任才而不計也。”

【注】

[1] 彼：指上文所説循本、豐其基、深其根。蹻蹻（jiǎo）：驕慢貌。《詩·大雅·板》“小子蹻蹻”毛傳：“蹻蹻，驕貌。”此：指上文所説不洽、不著，而冒惟塵以負、騰波以高淩。

[2] 鮑肆：賣鹹魚的店鋪。魚常腐臭，因以喻惡人之所或小人聚集之地。

[3] 齊物：人與物齊同，物與物齊同，即把是非、得失、物我、有無、死生、壽夭都同等看待的一種思想。見《莊子·齊物論》。《法言·君子》：“或曰：‘人有齊死生、同貧富、等貴賤，何如？’”李軌注：“齊死生，莊子所謂齊物者，非好死惡生之謂也。”

應嘲卷四十二[1]

1 抱朴子曰：客嘲余云："先生載營抱一[2]，韜景靈淵[3]，背俗獨往，邈爾蕭然。計決，而猶豫不棲於心術[4]；分定，而世累無餘於胸間(1)。伯陽以道德爲首[5]，莊周以《逍遙》冠篇[6]，用能標峻格於九霄，宣芳烈於罔極也[7]。

【校】
（1）無餘：平津本作無繫。

【注】
[1] 應嘲：應答他人的嘲諷。猶揚雄《解嘲》。

[2] 載營抱一：載營魄抱一。載：語助詞。猶夫也。營魄：魂魄。抱一：合一；守一。一指道。《老子·第十章》："載營魄抱一，能無離乎？"河上公注："營魄，魂魄也。人載魂魄之上得以生，當愛養之。……言人能抱一，使不離於身，則長存。一者，道始所生，大和之精氣也，故曰一。"又《第二十二章》"是以聖人抱一爲天下式"河上公注："抱，守也。"按：馬王堆出土帛書《老子》甲本無"魄"字，與本文一致。

[3] 韜景：藏匿光芒。靈淵：深淵。喻深居簡出。揚雄《太玄·去》："初一，去此靈淵，舍彼枯園。"范望注："一爲水，最在下，故稱靈淵。"

[4] 猶豫：藏本、魯藩本作猶與，互通。心術：1. 指人認識事物的方法和途徑。《莊子·天道》："此五末者，須精神之運，心術之動，

然後從者也。”成玄英疏：“術，能也。心之所能，謂之心術也。”
2. 內心。《禮記・樂記》：“姦聲亂色不留聰明，淫樂慝禮不接心
術。”此取其義。

[5] 伯陽；老子之字。老子姓李，一説姓老，名耳，字伯陽。一字重
耳，字聃。《史記・老子傳》正義引《朱韜玉札》及《神仙傳》云：
“老子，楚國苦縣瀬鄉曲仁里人。姓李，名耳，字伯陽；一名重耳，
外字聃。”以道德爲首：《史記・老子傳》：“老子脩道德，其學以
自隱無名爲務。……於是老子迺著書上下篇，言道德之意五千
餘言而去。”《老子》五千言，又名《道德經》，分《道》與《德》兩部
分，今本《道》在前，《德》在後。

[6] 莊周：《史記・莊子傳》：“莊子者，蒙人也，名周。”《逍遥》冠篇：
《莊子》首篇是《逍遥遊》。《逍遥遊》釋文：“《逍遥》者，篇名。義
取閑放不拘，怡適自得。”

[7] 芳烈：指盛美的功業。班固《典引》：“扇遺風，播芳烈，久而愈新，
用而不竭。”

　　2　“今先生高尚勿用，身不服事[1]，而著《君道》《臣節》
之書；不交於世，而作譏俗、救生之論[2]；甚愛骭毛，而綴用
兵戰守之法[3]；不營進趨，而有《審舉》《窮達》之篇。蒙竊
惑焉[4]。”

【注】

[1] 服事：承擔公職。《周禮・地官・大司徒》：“頒職事十有二于邦
國都鄙，使以登萬民……十有二曰服事。”鄭玄注：“鄭司農（衆）
曰：‘服事謂爲公家服事者。’”

[2] 譏俗：當指《交際》《酒誡》《疾謬》《譏惑》《刺驕》諸篇。救生：救
護衆生。篇名未見。《酒誡》講戒酒養生，含有救生之意。

[3] 綴：編寫；著作。用兵戰守之法：其軍事著作計有《兵法孤虚月
時秘要法》一卷，見《新唐書・藝文志・兵書類》《通志・藝文

略·兵家類》;《(抱朴子·)軍術》一篇,見嚴可均輯《全晉文》一百十七《抱朴子外篇》佚文。《北堂書鈔》一百二十(三見),《藝文類聚》九十,《太平御覽》七四、三百四十、九一四、九四七,《文選》江淹《詣建康平王上書》李注,《海録碎事》十九,所引用兵戰守之文凡十條,均冠有《軍術》篇名。《軍事鈔》若干卷,見《自叙》。

［4］蒙竊惑焉:《文選·西京賦》:"蒙竊惑焉,願聞所以辯之之説也。"李善注:"蒙,謙稱也。"蒙:蒙昧。自我謙稱。

3　抱朴子曰:"君臣之大,次於天地。思樂有道,出處一情,隱顯任時,言亦何繫[1]? 大人君子,與事變通。老子無爲者也[2],鬼谷終隱者也[3],而著其書,咸論世務[4]。何必身居其位,然後乃言其事乎[5]?

【注】

［1］有道:謂政治清明。《論語·衛靈公》:"邦有道,則仕;邦無道,則可卷而懷之。"

［2］老子無爲者也:老子倡導順應自然,不違背規律,不蠻幹。《老子·第二章》:"是以聖人處無爲之事,行不言之教。"河上公注:"以道治也。以身師導之也。"又《三章》:"爲無爲,則無不治。"又《第五十七章》:"我無爲而民自化,我好静而民自正。"《史記·老子韓非列傳》:"老子修道德,其學以自隱無名爲務。"

［3］鬼谷:鬼谷子,楚人,一説齊人,姓氏籍貫不詳。因隱於鬼谷,故自號鬼谷子,人稱鬼谷先生。長於養性持身,戰國縱横家之祖,傳説爲蘇秦、張儀(前? —前 310)之師。世傳《鬼谷子》一書,係後人僞託。《史記·蘇秦列傳》集解:"徐廣曰:'潁川陽城有鬼谷,蓋是其人所居,因爲號。'駰按:'《風俗通義》曰:"鬼谷先生,六國時從横家。"'"

［4］咸論世務:稚川蓋據《老子》《鬼谷子》之主旨而出此論。高亨《老子正詁》:"老子之言,皆爲侯王而發。"《老子》如第五、第十二、第

十八、第三十一、第五十三、第五十七、第七十四、第七十五等章，
《鬼谷子》如《捭闔》《內揵》《抵巇》《飛箝》《忤合》《揣》《摩》《權》
《決》《符言》諸篇，皆論世務之尤著者。

［5］言其事：謂在其位，謀其政。《論語·泰伯》：“子曰：‘不在其位，
　　不謀其政。’”此處正與之相反。

4　‘夫器非瓊瑤，楚和不泣；質非潛虯，風雲不集[1]。
余才短德薄，幹不適治，出處同歸，行止一致[2]。豈必達官
乃可議政事，居否則不可論治亂乎(1)？

【校】

（1）居：平津本作君。

【注】

［1］潛虯：潛龍。喻有才德而未爲世重用的人。風雲不集：喻君臣
　　尚未遇合。風由雲連類而及。泣、集：緝部。

［2］行止：猶行藏。與出處互文。行藏出處，古人所重。一致、同歸
　　互文同義。

5　“常恨莊生言行自伐[1]，桎梏世業[2]；身居漆園，而
多誕談[3]；好畫鬼魅，憎圖狗馬[4]；狹細忠貞，貶毀仁義[5]。
可謂彫虎畫龍，難以徵風雲[6]；空板億萬，不能救無錢[7]；
孺子之竹馬，不免於腳剝[8]；土桴之盈案，無益於腹
虛也[9]。”

【注】

［1］自伐：1. 自戕；自我敗毀。《孟子·離婁上》：“國必自伐，而後人
　　伐之。”2. 自誇；自誇其功。《老子·第二十二章》：“不自伐，故有

功；不自矜，故長。”此謂自相攻伐。

［２］桎梏世業：視世業爲枷鎖。《莊子·德充符》：“彼且蘄以諔詭幻怪之名聞，不知至人之以是爲己桎梏邪？”

［３］誕談：句謂誕談與漆園吏身份不合。

［４］好畫鬼魅，憎圖狗馬：《韓非子·外儲説左上》：“客有爲齊王畫者，齊王問曰：‘畫孰最難者？’曰：‘犬馬最難。’‘孰易者？’曰：‘鬼魅最易。’夫犬馬，人所知也，旦暮罄於前。不可類之，故難。鬼魅，無形者，不罄於前，故易之也。”鬼魅：人死爲鬼，物精爲魅。

［５］狹細忠貞：輕視忠貞。《莊子·天運》：“夫孝悌、仁義、忠信、貞廉，此皆自勉以役其德也，不足多也。”貶毀仁義：《莊子·胠篋》：“彼竊鈎者誅，竊國者爲諸侯。諸侯之門，而仁義存焉，則是非竊仁義聖知耶？”按：早於莊子的鄧析即持此觀點。

［６］難以徵風雲：古人認爲“雲從龍，風從虎”，故以風雲爲龍虎之驗證。

［７］空板億萬：謂板上虛列億萬錢數，而實無一錢。《史記·高祖紀》：“沛中豪桀吏聞令有重客，皆往賀。蕭何爲主吏，主進，令諸大夫曰：‘進不滿千錢，坐之堂下。’高祖爲亭長，素易諸吏，乃紿爲謁曰：‘賀萬錢。’實不持一錢。謁入，吕公大驚，起，迎之門……”《晉書·隱逸傳·魯褒》：“（《錢神論》）昔（劉邦岳父）吕公欣悦於空板……空板至虛，而況有實。”

［８］孺子之竹馬：謂竹馬無益於步行或代替步行。《後漢書·郭伋傳》：“始至行部，到西河美稷，有童兒數百，各騎竹馬，道次迎拜。”

［９］柈（pán）：盤之古字。《韓非子·外儲説左上》：“夫嬰兒相與戲也，以塵爲飯，以塗爲羹，以木爲胾，然至日晚必歸饟者，塵飯、塗羹可以戲而不可食也。”

6　或人又曰：“然吾子所著，彈斷風俗，言苦辭直[1]，吾恐適足取憎在位，招擯於時，非所以揚聲發響[2]，見貴之道也。”

【注】

［１］言苦辭直：《史記·商君列傳》：“商君曰：‘語有之矣：……苦言
　　　藥也，甘言疾也。’”
［２］揚聲發譽：《鄧析子·無厚》：“因勢而發譽，則行等而名殊。”《史
　　　記·司馬相如傳》：“（《上林賦》）此不可以揚名發譽，而適以貶君
　　　自損也。”

　　　7　　抱朴子曰：“夫制器者珍於周急[1]，而不以采飾外形
爲善；立言者貴於助教，而不以偶俗集譽爲高。若徒阿順
諂諛[2]，虚美隱惡[3]，豈所匡失弼違，醒迷補過者乎[4]？

【注】

［１］周急：周濟困急。《論語·雍也》：“吾聞之也，君子周急不繼富。”
　　　朱熹集註：“急，窮迫也；周，補不足也。”
［２］阿順：曲從隨順。諂諛：諂媚阿諛。《荀子·脩身》：“以不善先
　　　人者謂之諂，以不善和人者謂之諛。”楊倞注：“諂之言陷也，謂以
　　　佞言陷之。諛與俞義同，故爲不善和人也。”
［３］虚美隱惡（è）：憑空加以讚美，而掩藏其過錯。
［４］補過：彌補過失。《易·繫辭上》：“無咎者，善補過也。”

　　　8　　“慮寡和而廢《白雪》之音，嫌難售而賤連城之價[1]，
余無取焉[2]。非不能屬華艷以取悦[3]，非不知抗直言之多
咎[4]，然不忍違情曲筆[5]，錯濫真僞。欲令心口相契，顧不
愧景[6]，冀知音之在後也。否泰有命，通塞聽天[7]，何必書
行言用，榮及當年乎？

【注】

［１］嫌：疑慮；擔心。

［２］余無取焉：我認爲不值得取法。《法言·問道》：“及搶提仁義,絶滅禮學,吾無取焉耳。”

［３］華艷：華麗。《晉書·衛恒傳》：“摘華艷於紈素,爲學藝之範先。”

［４］抗：發揚。《禮記·樂記》“歌者上如抗”朱彬訓纂引方性夫曰：“抗,言聲之發揚。”此猶言發揚。多吝：多被嫉恨。《文選》潘岳《馬汧督誄》：“如何吝嫉,搖之筆端。”劉良注：“吝,恨也。”

［５］曲筆：史官由於某種原因,不據事直書,有意掩蓋事實真相,謂之曲筆。《後漢書·臧洪傳》：“洪答(陳琳)曰：‘……昔晏嬰不降志於白刃,南史不曲筆以求存,故身傳圖像,名垂後世。’”

［６］顧不愧景：《晏子春秋·外篇八》：“嬰聞之：君子獨立不慚於影,獨寢不慚於魂。”景(yǐng)：影之初字。身影。

［７］知音：懂得音理。《吕氏春秋·長見》：“晉平公鑄爲大鐘,使工聽之,皆以爲調矣。師曠曰：‘不調,請更鑄之!’平公曰：‘工皆以爲調矣。’師曠曰：‘後世有知音者,將知鐘之不調也。臣竊爲君恥之。’”

9　“夫君子之開口動筆,必戒悟蔽[1],式整雷同之傾邪[2],磋礱流遁之闇穢[3]。而著書者徒飾弄華藻[4],張礫迂闊[5],屬難驗無益之辭[6],治靡麗虛言之美[7],似堅白廣修之書(1)[8],公孫刑名之論[9]。雖曠籠天地之外,微入無間之内[10]；立解連環[11],離同合異[12],鳥影不動[13],雞卵有足(2)[14],犬可爲羊[15],大龜長蛇之言[16],適足示巧表奇以誑俗。

【校】

（１）廣修：原作屬修,當從楊明照校、《墨子·經説下》《公孫龍子·堅白論》作廣修。

（2）雞卵有足：疑有脱誤。蓋當作“雞三足，卵有毛”或“卵有毛，雞三
　　　足”。《莊子·天下》：“卵有毛，雞三足。”爲稚川所本。

【注】

［1］悟：通忤。違逆；觸犯。《吕氏春秋·蕩兵》：“國無刑罰，則百姓
　　　之悟相侵也立見。”畢沅校正：“悟與忤、牾並通用。”

［2］式整：形式整齊。傾邪：邪僻不正。《漢書·蕭望之傳》：“後
　　　（鄭）朋行傾邪，望之絶不與通。”

［3］磋礱（cuō lóng）：琢磨；研究。磋：磨治象牙；磨治器物。《詩·
　　　衛風·淇奥》：“如切如磋，如琢如磨。”毛傳：“治骨曰切，象曰磋，
　　　玉曰琢，石曰磨。”礱：磨。《國語·晉語八》：“趙文子爲室，斲其
　　　椽而礱之。”韋昭注：“礱，磨也。”

［4］飾弄：修飾玩弄。《孔叢子·抗志》：“（子思）答曰：‘有龍穆者，徒
　　　好飾弄辭説，觀於坐席，相人眉睫，以爲之意。’”

［5］張磔（zhé）：鋪陳，鋪叙引申。同爲知母雙聲字，互文同義。《資
　　　治通鑑五四·獻帝丁》：“（孔融）但能張磔網羅而目理甚疎。”胡
　　　三省注：“磔，陟格翻，開也。”

［6］屬難驗無益之辭：《新語·懷慮》：“世人不學《詩》《書》，行仁義，
　　　乃論不驗之語，學不然之事。”

［7］靡麗：1. 奢華；奢靡。《史記·司馬相如列傳》：“（《上林賦》）時
　　　休息於此，恐後世靡麗，遂往而不返。”2. 精美華麗。《孔子家
　　　語·刑政》：“文錦珠玉之器，雕飾靡麗，不粥於市。”此取其義。

［8］堅白廣修之書：指《墨經》《公孫龍子》名家之學。《墨子·經説
　　　下》：“見不見，離一二，不相盈，廣修堅白。”孫詒讓《閒詁》：“此言
　　　若堅白在石，見白不見堅，見堅不見白。白一也，堅二也，二者離
　　　則不能相盈。相盈猶相函也。若離者合之，則無不相盈。如
　　　廣修本爲二而從（縱）衡相函則爲一。堅白亦爲二，而色性相含
　　　則爲一。此皆二而一者也。”謂“堅”“白”不離“石”，故爲“三”。
　　　廣修：寬與長。此指寬長的乘積。

［9］公孫刑名之論：指《公孫龍子》。公孫龍（前？—前250），姓公

孫,名龍,趙(今山西、河北一帶)人。《孔叢子·公孫龍》:"公孫
龍者,平原君之客也。好刑名,以白馬爲非(白)。"刑通形。其生
卒年壽皆不可考,然卒歲約與趙平原君相上下。好形名,爲辯
者。所持堅白、同異諸説,輒與名家相反。嘗在平原君所,與孔
穿論"白馬非白""臧三耳",其辯;平原君厚遇之。著有《公孫龍
子》十四篇,見《漢書·藝文志·名家》。今《正統道藏》本三卷,
六篇:上卷,《跡府》《白馬》;中卷,《指物》《通變》;下卷,《堅白》
《名實》。然《跡府》第一爲後人所增,實存五篇云。刑名之論:
又作形名之論。刑通形。形名:用以討論實體和概念、特殊和
一般的關係。本文"刑名"指名家形名,非指法家刑名。《公孫龍
子·堅白論》:"'堅、白、石,三,可乎?'曰:'不可。'曰:'二,可
乎?'曰:'可。'曰:'何哉?'曰:'無堅得白,其舉也二;無白得堅,
其舉也二。'曰:'得其所白,不可謂無白;得其所堅,不可謂無堅。
而之(此)石也之於然也,非三也?'曰:'視不得其所堅而得其所
白者,無堅也;拊不得其所白而得其所堅者,無白也。'"譚戒甫
《形名發微》云:"堅白説,名家不言(堅、白)離而形名家言(堅、
白)離。""蓋謂無堅無白者,非無堅無白也;不過目不能同時得白
又得堅,手不能同時得堅又得白耳。所得既異,故堅白離也。右
第一節,首明堅、白、石不爲三而爲二,由於視拊之不同。"

[10] 雖曠籠天地之外二句:《文選》皇甫謐《三都賦序》:"大者罩天地
之表,細者入毫纖之內。"無閒:至微。《淮南子·原道》:"入於
無閒。"《文選》揚雄《解嘲》"細者入無閒"李善注:"無閒,言至
微也。"

[11] 立解連環:《莊子·天下》"連環可解也"成玄英疏:"夫環之相貫,
貫於空處,不貫於環也。是以兩環貫空,不相涉入,各自通轉,故
可解也。"按"立解"與《莊子·天下》所説"可解"不同。連環:喻
緊密相連之物。《戰國策·齊策六》:"秦始皇(鮑彪本作"昭王")
嘗使使者遺君王后玉連環,曰:'齊多知,而解此環不?'君王后以
示群臣,群臣不知解。君王后引椎椎破之,謝秦使曰:'謹以解
矣。'"後以"解連環"喻解決難題。

［12］離同合異：指公孫龍之“合同異，離堅白”，謂公孫龍“能合異爲同，離同爲異”。

［13］鳥影不動：《莊子·天下》：“飛鳥之景未嘗動也。”陳鼓應注：“這條辯論，用形而上學的觀點解釋運動。它認爲若果把一個運動所經過的時間及空間加以分割，分成許多點，把空間的點與時間上的點一一相當地配合起來，就可見飛鳥之影在某一時間還是停留在某一空間的點上，所以是‘未嘗動也’。”稚川認爲其説怪誕。

［14］卵有毛，雞三足：《莊子·天下》釋文：“司馬（彪）云：‘胎卵之生，必有毛羽……毛氣成毛，羽氣成羽，雖胎卵未生，而毛羽之性已著矣。’”“雞三足：雞之足‘實’爲二，雞足之‘名’（概念）爲一，合名與實爲三。”（《莊子今注今譯》）

［15］犬可爲羊：《莊子·天下》“犬可以爲羊”陳鼓應注：“犬羊同屬四足動物，這命題是從共相來立論的。”

［16］大龜長蛇：《莊子·天下》“龜長於蛇”《釋文》：“司馬彪云：‘蛇形雖長而命不久，龜形雖短而命甚長。’”楊寬《中國古代思想史》説：“龜長於蛇……從流俗的看法，自是蛇長龜短；但從道的觀點，説蛇長嗎？然長之中更有長，所以蛇衹能説短。説龜短嗎？然短之中更有短，所以龜也可以説是長。”

10　“何異乎畫敖倉以救飢[1]，仰天漢以解渴。説崑山之多玉，不能賑原憲之貧[2]；觀藥藏之簿領，不能治危急之疾[3]。墨子刻木鳶以厲天(1)[4]，不如三寸之車鎋[5]；管青鑄騏驥於金象[6]，不如駑馬之周用。言高秋天而不可施者[7]，丘不與易也[8]。”

【校】

（1）木鳶：原作木鷄，當從楊明照校據諸書作木鳶。

【注】

［1］敖倉：秦代所建倉名。亦稱敖庾。故址在今河南滎陽東北敖山上。

［2］崑山之多玉：《韓詩外傳》六：“玉出於崑山。”

［3］藥藏（zàng）：儲存藥物之處。藏：庫藏。簿領：官府記事的簿册或文書。《文選》劉楨《雜事》：“沈迷簿領書，回回自昏亂。”李善注：“簿領，謂文簿而記録之。”

［4］鳶：鴟鷹。《韓非子・外儲説左上》：“墨子爲木鳶，三年而成，蜚一日而敗。”厲：通戾。《潛夫論・德化》“鳶飛厲天”汪繼培箋：“《（詩・大雅・）旱麓》，厲今作戾。”

［5］車鎋（xiá）：車軸兩端的鍵，即銷釘，用以控制車輪。鎋同轄。“三寸之鎋”見《淮南子・謬稱》，“三寸之轄”見《淮南子・人間》。《説文・車部》：“轄，鍵也。”《廣韻・鎋韻》：“鎋，車軸頭鐵。轄，上同。”

［6］管青鑄騏驥於金象二句：這大概是模仿揚雄《法言・學行》“孔子鑄顔回矣”的比喻説法，蓋謂管青相馬脣吻，一經相中即等於“鑄騏驥於金象”，其馬便身價百倍了。但“金象”祇能供觀賞，而無實用價值。管青：古之善相馬者，相脣吻。《吕氏春秋・觀表》：“古之善相馬者……管青相膹肳……凡此十人者，皆天下之良工也。”陳奇猷《校釋》引畢沅曰：“李善注《文選》張景陽《七命》（膹肳）作‘脣吻’，《御覽》八百九十六同。”按：西漢“孝武皇帝時，善相馬者東門京鑄作銅馬法獻之，有詔立馬於魯班門外，則更名魯班門曰金馬門”。見《後漢書・馬援傳》“因表曰”一段文字。所謂“鑄騏驥”，實出於此，但與管青無關。金象：銅鑄的馬像。

［7］言高秋天：喻無實用。《鹽鐵論・相刺》：“文學言尚於唐、虞，言義高於秋天，有華言矣，未見其實也。”

［8］丘不與易：我孔丘也不參與其改易。此借用。《論語・微子》：“子路行以告。夫子憮然曰：‘鳥獸不可以同群，吾非斯人之徒與而誰與？天下有道，丘不與易也。’”

喻蔽卷四十三[1]

1 抱朴子曰:"余雅謂王仲任作《論衡》八十餘篇[2],爲冠倫大才[3]。有同門魯生難余曰:'夫瓊瑶以寡爲奇,磧礫以多爲賤[4]。故庖犧卦不盈十[5],而彌綸二儀;老氏言不滿萬,而道德備舉[6]。王充著書,兼箱累袠[7],而乍出乍入[8],或儒或墨[9]。屬詞比義,又不盡美[10]。所謂陂原之蒿莠[11],未若步武之黍稷也[12]。'

【注】

[1] 喻蔽:曉喻(對王充《論衡》的)壅蔽者。

[2] 《論衡》:《論衡·對作》:"故《論衡》者,所以銓輕重之言,立真僞之平,非苟調文飾爲奇偉之觀也。"其主旨爲"疾虛妄"(《佚文》)。按《事文類聚·別集》二引《抱朴子》曰:"王充好論説,始詭異,終有理。乃閉門潛思,絕慶弔之禮,户牖牆壁各置筆類,著《論衡》八十五篇。蔡邕入吴,始得之,祕玩以爲談助。後王朗得其書,時稱其才進。或曰:'不見異人,當得異書。'問之,果以《論衡》之益。"又《書抄》九八、《太平御覽》六百二引《抱朴子》曰:"王充所著《論衡》,北方都未有得之者。蔡伯喈常到江東得之,歎其文高,度越諸子。及還中國,諸儒覺其談論更遠,嫌得異書。或搜求至隱處,果得《論衡》,捉取數卷持去,伯喈曰:'惟吾與汝共之,弗廣也。'"因蔡邕、王朗得其書,而《論衡》得以傳世。

[3] 大才:謂堪大用之才。范曄《後漢書·王充傳》注引《謝承書》:"(謝)夷吾薦(王)充曰:'充之天才,非學所加,雖前世孟軻、孫

卿,近漢揚雄、劉向、司馬遷,不能過也。'"《書鈔》一百、《太平御覽》五九九引《抱朴子》曰:"(謝)堯卿東南書士,説王充以爲一代英偉,漢興以來,未有充比。若所著文,時有小疵,猶鄧林之枯枝,若滄海之流芥,未易貶也已。"

[4]　夫瓊瑶以寡爲奇二句:"以寡爲奇"、"以多爲賤"的觀點,見於《禮記・聘義》:"子貢問於孔子曰:'敢問君子貴玉而賤碈者,何也?爲玉之寡而碈之多與?'"《論衡・自紀》:"充書文重。或曰:'文貴約而指通,言尚省而趨明。……玉少石多,多者不爲珍。'"

[5]　卦不盈十:《易・繫辭下》:"古者庖犧氏之王天下也,仰則觀象於天,俯則觀法於地,觀鳥獸之文與地之宜;近取諸身,遠取諸物,於是始作八卦,以通神明之德,以類萬物之情。"按:八卦用五進位法,陽爻(一)表示一、三、五、七、九。陰爻(--)表示二、四、六、十。單卦由三個數組成,重卦由六個數組成,故"卦不盈十"。

[6]　老氏:指《老子》一書。

[7]　兼箱累裠:形容著作之衆多。裠(zhì):同袠、帙。書套、書函。

[8]　乍出乍入:《法言・君子》:"乍出乍入,《淮南》也。"李軌注:"或出經,或入經。"謂《論衡》不拘泥於儒經,"字中皆挾風霜"(《西京雜記三》)如《淮南》也。

[9]　或儒或墨:謂不純守儒家,而兼有墨家之長。《淮南子・要略》:"孔子脩成、康之道,述周公之訓,以教七十子,使服其衣冠,脩其篇籍,故儒者之學生焉。墨子學儒者之業,受孔子之術,以爲其禮煩擾而不説(悦),厚葬靡財而貧民,服傷生而害事,故背周道而用夏政。……故節財,薄葬,閑(簡)服生焉。"

[10]　屬詞比義:《禮記・經解》:"屬辭比事,春秋教也。"詞通辭。又不盡美:《論衡・自紀》:"充書不能純美。或曰:'口無擇言,筆無擇文。文必麗以好,言必辯以巧。言瞭於耳,則事昧於心;文察於目,則篇留於手。故辯言無不聽,麗文無不寫。今新書既在論譬,説俗爲戾,又不美好,於觀不快。'"盡美:美極了。《論語・八佾》:"子謂《韶》,'盡美矣,又盡善也。'謂《武》,'盡美矣,未盡

善也。'"

[11] 陂(bēi)原：山坡平原。山旁曰陂，廣平曰原。喻廣大範圍。蒿莠(yǒu)：艾類野草與狗尾草。喻無價值。

[12] 黍稷：古代主要農作物。泛指五穀。《書·君陳》："黍稷非馨，明德惟馨。"此喻實用價值。

2 抱朴子答曰：'且夫作者之謂聖，述者之謂賢(1)[1]。徒見述作之品，未聞多少之限也。吾子所謂竄巢穴之沈昧[2]，不知八紘之無外；守燈燭之宵曜[3]，不識三光之晃朗[4]；遊潢洿之淺狹[5]，未覺南溟之浩汗；滯丘垤之位埤[6]，不寤嵩、岱之峻極也。兩儀所以稱大者[7]，以其函括八荒，緬邈無表也；山海所以爲富者，以其包籠曠闊，含受錯雜也(2)。若如雅論，貴少賤多，則穹隆無取乎宏燾[8]，而旁泊不貴於厚載也[9]。

【校】

（1）述者之謂賢：據《禮記·樂記》"述者之謂明"語，賢當作明。賢與明有本質區別。

（2）含：魯藩本誤作舍。

【注】

[1] 作者之謂聖二句：《禮記·樂記》："故知禮樂之情者能作，識禮樂之文者能述。作者之謂聖，述者之謂明。明聖者，述作之謂也。"正義："作者之謂聖，聖者通達物理，故作者之謂聖，則堯、舜、禹、湯是也；述者之謂明，明者辨説是非，故脩述者之謂明，則子游、子夏之屬是也。"

[2] 沈昧：暗昧，真僞不明。《行品》："夫惟大明，玄鑒幽微，靈銓揣物，思灼沈昧，瞻山識璞，臨川知珠。"

［３］燈燭：指用油脂作燃料的照明物。《漢書·劉向傳》：“秦始皇帝
　　　葬於驪山之阿……石槨爲遊館，人膏爲燈燭。”此喻光線之微弱。

［４］晃朗：明亮貌。《文選》潘岳《秋興賦》：“天晃朗以彌高兮，日悠陽
　　　而浸微。”

［５］淺狹：狹窄，寬度小。《管子·八觀》：“夫國城大而田野淺狹者，
　　　其野不足以養其民。”

［６］埤（bēi）：通卑。

［７］兩儀所以稱大者：天大，無所不蓋；地大，無所不載，故云。

［８］穹隆：本指天之中間隆起四周下垂的樣子。古人仰視天形穹隆
　　　而高遠，故云。揚雄《太玄·玄告》：“天穹隆而周乎下。”范望注：
　　　“穹隆，天之形也。”宏燾（dào）：普遍覆蓋。《禮記·中庸》：“辟
　　　如天地之無不持載，無不覆幬。”鄭玄注：“幬亦覆也。……幬，或
　　　作燾。”

［９］旁泊：（地）廣大；廣博。《荀子·性惡》：“雜能旁魄而毋用。”楊倞
　　　注：“旁魄，廣博也。音薄。”魄通泊。厚載：引申指大地。

　　3　‘夫迹水之中[（1）]，無吞舟之鱗[1]；寸枝之上，無垂天
之翼[2]；蟻垤之巔，無扶桑之林[3]；潢潦之源，無襄陵之
流[4]。巨鰲首冠瀛洲[5]，飛波淩乎方丈[6]，洪桃盤於度
陵[7]，建木竦於都廣[（2）][8]，沈鯤橫於天池，雲鵬戾乎玄
象[9]。且夫雷霆之駭不能細其響，黃河之激不能局其流，
騏驥追風不能近其迹，鴻鵠奮翅不能卑其飛[10]。雲厚者雨
必猛，弓勁者箭必遠。王生學博才大，又安省乎[11]？’

【校】

（１）迹水：陳其榮校：“盧本作尺水。”

（２）木：原作水，孫星衍校：“當作木。”陳其榮案：“（建水）承訓本、盧
　　　本並作建木。”

【注】

［1］迹水：蹄印中的水。極言水少、水淺。《淮南子·俶真》：“夫牛蹏
之涔，無尺之鯉。”高誘注：“涔，潦水也。”蹏：蹄本字。吞舟之鱗：
指大魚。《淮南子·繆稱》：“尋常之溝，無吞舟之魚。”

［2］垂天之翼：指鯤鵬。其翼若垂天之雲。《莊子·逍遥遊》“其翼若
垂天之雲”釋文：“垂天之雲，司馬彪云：‘若雲垂天也。’崔（譔）
云：‘垂猶邊也。其大如天一面雲也。’”

［3］扶桑：神話中的樹名。《山海經·海外東經》：“湯谷上有扶桑。”
郭璞注：“扶桑，木也。”一説地名。《海内十洲記·扶桑》：“扶桑
在碧海之中，地方萬里……地多林木，葉皆如桑，又有椹樹，長者
數千丈，大二千餘圍。樹兩兩同根偶生，更相依倚，是以名爲
扶桑。”

［4］潢潦(lǎo)：地上流淌的雨水。

［5］巨鰲首冠瀛洲：古代神話：渤海之東有大壑，中有岱輿、員嶠、方
壺、瀛洲、蓬萊，隨波流動。天帝命禺彊用十五頭巨鼇舉首而戴
之，五山始峙立而不動。鰲：其正體作鼇，傳説中海中能負山的
大龜或大鼇。

［6］方丈：傳説中海上神山名。《史記·秦始皇本紀》：“齊人徐市等
上書，言海中有三神山，名曰蓬萊、方丈、瀛洲，仙人居之。”

［7］洪桃：大桃樹。度陵：即度朔（或作索）山，古代傳説東海中的山
名。《論衡·訂鬼》：“《山海經》又曰：‘滄（東）海之中，有度朔之
山，上有大桃樹，其屈蟠三千里。其枝間東北曰鬼門，萬鬼所出
入也。’”

［8］建木：傳説中神木名。《吕氏春秋·有始覽》：“白民之南，建木之
下，日中無影，呼而無響，蓋天地之中也。”高誘注：“建木在都廣
南方，衆帝所從上下也，復在白民之南。”《山海經·海内南經》郭
璞注：“建木，青葉、紫莖、黑華、黄實，其下聲無響，立無影也。”都
廣：都廣之野，傳説中的地名。《山海經·海内經》：“西南黑水之
間，有都廣之野，后稷葬焉。”

［9］沈鯤：與雲鵬互文，實爲一物。《莊子·逍遥遊》：“北冥有魚，其

名爲鯤。鯤之大，不知其幾千里也，化而爲鳥，其名曰鵬。鵬之背不知其幾千里也，怒而飛，其翼若垂天之雲。是鳥也，海運將徙於南冥。南冥者，天池也。”横：塞。

[10] 奮翅：奮力展翅。《古詩十九首》之五：“願爲雙鳴鶴，奮翅起高飛。”

[11] 王生：王先生，即王充。省：減少。此指篇章少、篇幅短、文字簡省。《論衡·自紀》：“爲世用者，百篇無害；不爲用者，一章無補。如皆爲用，則多者爲上，少者爲下。……今不曰所言非，而云泰多；不曰世不好善，而云不能領，斯蓋吾書所以不得省也。”蓋本此而言。

4　‘吾子云“玉以少貴，石以多賤”’夫玄圃之下，荆、華之顛[1]，九員之澤(1)，折方之淵(2)[2]，琳琅積而成山，夜光焕而灼天，顧不善也？又引庖犧氏著作不多。若夫周公既繇《大易》(3)[3]，加之以《禮》《樂》[4]；仲尼作《春秋》[5]，而重之以十篇[6]。過於庖犧，多於老氏，皆當貶也？

【校】

（1）九：疑當作水。水、九草書形近致誤。員：圓之初字，其下蓋脱一折字。

（2）折方：當乙作方折。

（3）繇：魯藩本誤作繫。

【注】

[1] 荆：荆山。相傳楚人和氏得玉璞於荆山。荆山在今湖北省南漳縣南。華：西嶽華山，金、石著稱。《淮南子·墜形》：“西南方之美者有華山之金石焉。”高誘注：“金，美金也。石，含玉之石也。”

[2] 員折：古代傳説圓折之水，其下有珠。方折：古代傳説方折之水，其下有玉。《尸子》下：“凡水，其方折者有玉，其員折者有

珠。”《淮南子·墜形》：“水圓折者有珠，方折者有玉。”高誘注：
“圓折者，陽也；珠，陰中之陽。方折者，陰也；玉，陽中之陰也。”

［３］周公既繇《大易》：謂大《易》之爻辭爲周公所作。繇（zhòu）：
《易》之爻辭。《左傳·僖公十五年》“史蘇占之”正義：“《易》之爻
辭，亦名爲繇。”《春秋牒例章句》曰：“卦下之象辭，文王所作；爻
下之象辭，周公所作。”《經典釋文序録》：“文王拘於羑里作卦辭，
周公作爻辭。”孔穎達《周易正義卷首》：“驗此諸説，以爲卦辭文
王，爻辭周公。”

［４］禮樂：指周公制禮作樂。《禮記·明堂位》：“武王崩，成王幼，周
公踐天子之位以治天下。六年，朝諸侯于明堂，制禮作樂，通度
量，而天下大服。”

［５］仲尼作《春秋》：稚川説從《左傳》作者、孟子、董仲舒與司馬遷等
説。《左傳·成公十四年》：“《春秋》之稱，微而顯，志而晦，婉而
成章，盡而不汙，懲惡而勸善，非聖人誰能修之？”《孟子·滕文公
下》：“世道衰微，邪説暴行有作，臣弑其君者有之，子弑其父者有
之。孔子懼，作《春秋》。”《史記·孔子世家》：“乃因史記作《春
秋》，上至隱公，下訖哀公十四年，十二公。”《漢書·董仲舒傳》：
“（對策）孔子作《春秋》。”重：加上。

［６］十篇：指《周易大傳》之十翼。《易乾鑿度》：“仲尼五十究《易》，作
十翼。”《漢書·藝文志》：“孔氏爲之《彖》《象》《繫辭》《文言》《序
卦》之屬十篇。”古人把《易傳》的《上彖》《下彖》《上象》《下象》《上
繫》《下繫》《文言》《説卦》《序卦》《雜卦》稱爲十翼，見《周易正義》
卷首《第六論夫子十翼》。高亨認爲非孔子所作，見《周易大傳今
注·周易大傳通説》。

5　‘言少則至理不備，辭寡即庶事不暢。是以必須篇
累卷積，而綱領舉也。羲和昇光以啓旦[1]，望舒曜景以灼
夜；五材並生而異用[2]，百藥雜秀而殊治；四時會而歲功
成，五色聚而錦繡麗；八音諧而《簫韶》美(1)，群言合而道藝

辨。積猗頓之財，而用之甚少，是何異於原憲也；懷無銓之量，而著述約陋，亦何別於瑣碌也？

【校】

（1）八：魯藩本誤作人。

【注】

［1］昇光：使日光上升（出地面）。啓旦：啓明，天亮。

［2］五材：指金、木、水、火、土五種物質。《左傳·襄公二十七年》“天生五材”杜預注：“五材，金、木、水、火、土也。”

6　‘音爲知者珍，書爲識者傳[1]。瞽曠之調鍾，未必求解於同世；格言高文(1)[2]，豈患莫賞而減之哉！且夫江海之穢物不可勝計，而不損其深也[3]；五嶽之曲木不可訾量，而無虧其峻也。夏君之璜(2)，雖有分毫之瑕，暉曜符彩，足相補也。數千萬言，雖有不艷之辭，事義高遠[4]，足相掩也。故曰四瀆之濁，不方甕水之清[5]；巨象之瘦，不同羔羊之肥矣。

【校】

（1）格言高文：當作格言之高文，始與“瞽曠之調鍾”相儷。

（2）君：平津本等作后。按：古籍多作后。

【注】

［1］音爲知者珍，書爲識者傳：謂專業性強，祇有懂行的專家才能識真。《太平御覽》四百三引《公孫尼子》：“道爲智者設，賢爲聖者用。”陸賈《新語·術事》：“辯爲智者通，書爲曉者傳，事爲見者明。”

〔2〕格言：《三國志·魏書·崔琰傳》：“琰書諫曰：‘蓋聞盤於游田，《書（·無逸）》之所戒；魯隱觀魚，《春秋〈左傳·隱公五年〉》譏之。此周、孔之格言，二經之明義。’”減：輕。

〔3〕且夫江海之穢物不可勝計二句：喻疵點無損大作。《淮南子·要略》：“夫江河之腐胔，不可勝數，然祭者汲焉，大也。”

〔4〕事義：指文章的思想內容。王充《論衡·謝短》：“《五經》題篇，皆以事義別之。”

〔5〕不方：不能與……相比。

7　‘子又譏之⁽¹⁾“乍入乍出，或儒或墨”’夫發口爲言，著紙爲書[1]。書者所以代言，言者所以書事[2]。若用筆不宜雜載，是論議當守一物[3]。昔諸侯訪政[4]，弟子問仁[5]，仲尼答之，人人異辭。蓋因事託規，隨時所急。譬猶治病之方千百，而針灸之處無常；卻寒以溫，除熱以冷，其於救死存身而已⁽²⁾。豈可詣者逐一道，如齊、楚而不改路乎[6]？

【校】

（1）譏之：平津本等作譏云。陳其榮校：“藏本作譏之，今從舊寫本。”此之、云二字易混之例。

（2）其：平津本等作期。

【注】

〔1〕發口爲言：《論衡·書解》：“出口爲言，集札爲文。”“出口爲言，著文爲篇。”

〔2〕書者所以代言：《說文解字叙》：“著於竹帛謂之書。”以書代言，是魏晉名士辯對析理的一種方式。如鍾會想和嵇康辯對析理，嵇康對他不屑一顧，鍾會便將自己關於才性之辯的觀點著成《四本論》，以之代替談話的方式。見《世說新語·文學5》。

〔3〕筆：此指較正規的散文。與文相對。《文心雕龍·總術》：“今之

常言,有文有筆,以爲無韻者筆也,有韻者文也。"所説實本稚川。

論議:此指議論文。常守一物:蓋即《文心雕龍·論説》所説"彌綸群言,研精一理"之義。

[4] 諸侯訪政:如《論語·爲政》:"哀公問:'何爲則民服?'孔子對曰:'舉直錯諸枉,則民服;舉枉錯諸直,則民不服。'"《八佾》:"定公問:'君使臣,臣事君,如之何?'孔子對曰:'君使臣以禮,臣事君以忠。'"《顏淵》:"齊景公問政於孔子。孔子對曰:'君君,臣臣,父父,子子。'"《子路》:"葉公問政。子曰:'近者悦,遠者來。'"孔子所答,皆人各異辭。《漢書·武帝紀》:"蓋孔子對定公以徠遠,哀公以論臣,景公以節用,非期不同,所急異務也。"顏師古注引臣瓚曰:"《論語》及《韓子(·難三)》皆言葉公問政於孔子,孔子答以悦近徠遠。今云定公,與二書異。"如淳曰:"韓非云哀公問政,仲尼曰政在選賢。""韓非云齊景公問政,仲尼曰政在節財。"多此類。

[5] 弟子問仁:如《論語·顏淵》:"顏淵問仁。子曰:'克己復禮爲仁。一日克己復禮,天下歸仁焉。爲仁由己,而由人乎哉?'""仲弓問仁。子曰:'出門如見大賓,使民如承大祭。己所不欲,勿施於人。在邦無怨,在家無怨。'""司馬牛問仁。子曰'仁者,其言也訒。'曰:'其言也訒,斯謂之仁矣乎?'子曰:'爲之難,言之得無訒乎?'"孔子回答亦人各異辭。

[6] 如:前往。齊、楚:齊在東北,楚在西南。如齊與如楚,方向相反,猶南轅北轍。《戰國策·魏策四》:"魏王欲攻邯鄲,季梁聞之,中道而反……往見王曰:'今者臣來,見人於大行,方北面而持其駕,告臣曰:"我欲之楚。"臣曰:"君之楚,將奚爲北面?"曰:"吾馬良。"臣曰:"馬雖良,此非楚之路也。"曰:"吾用多。"臣曰:"用雖多,此非楚之路也。"曰:"吾御者善。"此數者愈善,而離楚愈遠耳。'"

8　'陶朱、白圭之財不一物者,豐也。雲夢、孟諸所生萬殊者，曠也。故淮南《鴻烈》始於《原道》《俶真》[(1)]，而亦有《兵略》《主術》[1]。莊周之書，以死生爲一[2]，亦有畏犧、慕龜、請粟救飢[3]。若以所言不純，而棄其文，是治珠翳而劊眼，療溼痺而刖足，患萋莠而刈穀，憎枯枝而伐樹也[4]。’”

【校】

（1）俶：藏本、魯藩本作淑，今從平津本。

【注】

[1] 淮南鴻烈：即《淮南子》，由淮南王劉安（前 179—前 122）集衆人編撰。本名《鴻烈》，自劉向校定後稱《淮南》。《淮南鴻烈》之稱蓋起於東漢高誘《淮南鴻烈音》，見《舊唐書·經籍志下》，可靠性待考。《漢書·藝文志》歸入雜家，内篇二十一，外篇三十三，内篇論道，外篇雜説，今僅存内篇。《淮南子·要略》：“故著二十篇：有《原道》，有《俶真》，……有《主術》，……有《兵略》，……此鴻烈之《泰族》也。”許慎注：“鴻，大也。烈，功也。凡二十篇，總謂之《鴻烈》。”高誘《淮南子叙》：“其大較歸之於道，號曰《鴻烈》。鴻，大也；烈，明也；以爲明大道之言也。”文繁不録。《原道》：首篇篇名。高誘題解：“原，本也。本道根真，包裹天地，以歷萬物，故曰《原道》，因以題篇。”《俶（chù）真》：次篇篇名。高誘題解：“俶，始也；真，實也。道之實始於無有，化育於有，故曰《俶真》，因以題篇。”《兵略》第十五篇篇名。許慎題解：“兵，防也。防亂之萌，皆在略謀，解諭至論，用師之意也。故曰《兵略》。”劉文典按：“此篇《叙目》，無‘因以題篇’字，乃許慎注本。”《主術》：第九篇篇名。高誘題解：“主，君也；術，道也。君之宰國，統御臣下，五帝三王以來，無不用道而興，故曰《主術》也。因以題篇。”

[2] 死生爲一：即齊同生死。其一，不悦生惡死。本文指此。《莊子·大宗師》：“古之真人，不知説生，不知惡死。”其二，生與死同

時産生、存在、發展。《齊物論》:"方生方死,方死方生。"王先謙
曰:"隨生隨滅,隨滅隨生,浮游無定。"陳鼓應注:"相反的理論有
一面在生長中,則另一面即在消亡中。"人之新陳代謝即此説之
例證。按:齊死生講的是哲學,與具體的死生有别。

[３]請粟救飢:《莊子·外物》:"莊周家貧,故往貸於監河侯。"

[４]珠翳(yì):眼珠上所生翳蔽之膜,即白内障,俗呼翳子。《廣雅·
釋詁二》:"翳,障也。"淫痺:痺症之一,即腳濕冷病。《説文·疒
部》:"痺,淫病也。從疒,畁聲。"《龍龕手鏡·疒部》:"痺,正。
痺,今必至反。腳濕冷病也。"刖足:斷足。枯枝:《北堂書鈔》一
百引《抱朴子》:"謝(夷吾字)堯卿東南書士,説王充,以爲一代英
偉,漢興以來,未有充比。若所著文,時有小疵,猶鄧林之枯枝,
若滄海之流芥,未易貶也已。"按:以上四句謂治病除害不能作
傷本之事。

百家卷四十四[1]

1　抱朴子曰:"百家之言,雖不皆清翰鋭藻,弘麗汪
濊[2],然悉才士所寄心[3],一夫澄思也(1)。正經爲道義之
淵海,子書爲增深之川流。仰而比之,則景星之佐三辰;俯
而方之,則林薄之裨嵩嶽[4]。

【校】

（1）一夫澄思:當據崇文本作一夫所澄思,方與"才士所寄心"對仗。

【注】

[1]百家:此論百家之言的價值。本文大都爲《尚博篇》複出,但與
　　《尚博篇》之遣辭用典不盡相同。吉藩本未刻。
[2]清翰:清麗的文筆。鋭藻:豐茂的辭藻。《行品》:"摘鋭藻以立
　　言,辭炳蔚而清允者,文人也。"
[3]才士所寄心:借文章寄託心意。《文選》皇甫謐《三都賦序》:"是
　　以孫卿、屈原之屬,遺文炳然,辭義可觀。存其所感,咸有古詩之
　　意。皆因文以寄其心,託理以全其制。"
[4]正經爲道義之淵海六句:見《尚博》篇,爲《尚博》篇之文複出。

2　"而學者專守一業,游井忽海,遂蹢躅於泥潯之中,
而沈滯乎不移之困[1]。子書披引玄曠(1),眇邈泓窈(2);總
不測之源,揚無遺之流(2);變化不繫於規矩之方圓(3),旁通

不淪於違正之邪徑[(4)]；風格高嚴，重仞難盡[3]。 是偏嗜酸甜者，莫能賞其味也[(5)]；用思有限者，不得辯其神也[(6)]。

【校】

（1）披引：藏本、魯藩本作彼引，今從平津本。

（2）總不測之源，揚無遺之流：《尚博》篇作總原本以括流末。

（3）不繫：《尚博》篇作不繫滯。

（4）不淪於違正之邪徑：《尚博》篇作不凝閡於一塗之逼促。魯藩本正作五，邪作邦。

（5）是：《尚博》篇作是以。酸甜：《尚博》篇作酸鹹。賞其味：《尚博》篇作知其味。魯藩本脫味字。

（6）不得辯其神：《尚博》篇作不能得其神。

【注】

[1] 游井忽海：喻井底之蛙，拘於一隅，小不知大。《莊子·秋水》："公子牟隱机太息，仰天而笑曰：'子獨不聞夫埳井之鼃乎？謂東海之鱉曰："吾樂與！ 出跳梁乎井幹之上，入休乎缺甃之崖，赴水則接腋持頤，蹶泥則沒足滅跗，還視虷蟹與科斗，莫吾能若也。 且夫擅一壑之水，而跨跱埳井之樂，此亦至矣！ 夫子奚不時來入觀乎？"東海之鱉左足未入，而右膝已縶矣。 於是逡巡而卻，告之海曰："夫千里之遠，不足以舉其大，千仞之高，不足以極其深。 禹之時，十年九潦，而水弗爲加益；湯之時，八年七旱，而崖不爲加損。 夫不爲頃久推移，不以多少進退者，此亦東海之大樂也。" 於是埳井之鼃聞之，適適然驚，規規然自失也。' "《荀子·正論》："語曰：'淺不可與測深，愚不足與謀知。'坎井之鼃，不可與語東海之樂。"楊倞注："言小不知大也。"《鹽鐵論·復古》："坎井之鼃，不知江海之大。"蹖躓（zhuó zhì）：跌倒；顛仆。沈滯：滯留。

[2] 眇邈：高遠；久遠；遙遠。《內篇·明本》："蓋登旋璣之眇邈，則知井谷之至卑。"泓窈：深而遠。《內篇·微旨》："淵源不泓窈而求

湯流萬里者，未之有也。"此指意義深長奧妙。

［3］重仞：即《論語·子張》所說"夫子之牆數仞，不得其門而入，不見宗廟之美，不見百官之富"數句之意。

3 "先民歎息於才難，故百世爲隨踵[（1）]。不以璞不生板桐之嶺[（2）]，而捐曜夜之寶[（3）]；不以書不出周、孔之門[（4）]，而癈助教之言[（5）][1]。猶彼操水者，器雖異而救火同焉；譬若鍼灸者，術雖殊而攻疾均焉[（6）]。

【校】

（1）先民：《尚博》篇作古人。故：《尚博》篇作故謂。

（2）不生板桐之嶺：《尚博》篇作非崑山。

（3）捐：《尚博》篇作棄。

（4）周、孔之門：《尚博》篇作聖。

（5）癈：《尚博》篇作廢。

（6）猶彼：《尚博》篇作譬。譬若鍼：《尚博》篇作猶針。

【注】

［1］癈：《說文·疒部》段玉裁注："癈，猶廢。……癈爲正字，廢爲叚借字。亦有叚癈疾字爲興廢字者。"

4 "狹見之徒，區區執一[1]，去博亂精思[（1）]，而不識合錙銖可以齊重於山陵，聚百千可以致數於億兆。惑詩賦瑣碎之文，而忽子論深美之言[（2）]。真僞顛倒，玉石混殽，同廣樂於桑間，均龍章於素質[（3）]，可悲可慨，豈一條哉！"

【校】

（1）去博亂精思：《尚博》篇作或云廣博亂人思，兩句合當作云廣博亂精思。説從楊明照校。

（2）惑詩賦瑣碎之文：惑原作或，據平津本改。

（3）骰：《尚博》篇作淆。素質：《尚博》篇作卉服。

【注】

［1］區區：得志貌；拘泥，局限。《吕氏春秋·務大》：“燕爵争善處於
　　　一屋之下，母子相哺也，區區焉相樂也。”高誘注：“區區，得志貌
　　　也。”《漢書·楊王孫傳》：“且《孝經》曰‘爲之棺椁衣衾’，是亦聖
　　　人之遺制，何必區區獨守所聞?”執一：固執一隅，不知變通。
　　　《孟子·盡心上》：“執中無權，猶執一也。”

文行卷四十五[1]

1 或曰:"德行者,本也;文章者,末也。故四科之序,文不居上。然則著紙者,糟粕之餘事;可傳者,祭畢之芻狗。卑高之格,是可譏矣(1)。"

抱朴子答曰:"荃可棄,而魚未獲,則不得無荃;文可廢,而道未行,則不得無文(2)。

"若夫翰迹韻略之廣逼,屬辭比義之妍蚩,源流至到之修短,韞藉汲引之深淺(3):其懸絕也,雖天外、毫內,不足以喻其遼邈;其相傾也,雖三光、熠燿,不足以方其巨細;龍淵、鉛鋌,未足譬其銳鈍;鴻羽、積金,未足方其輕重(4)。而俗士唯見能染毫畫紙,便概以一例。斯伯氏所以永思鍾子、郢人所以格斤不運也(5)。

【校】

(1)譏:當依《尚博》篇作譏。按:本段同《尚博》篇"或曰"一段文字。

(2)荃可:《尚博》篇作荃可以。文可:《尚博》篇作文可以。餘同《尚博》篇。

(3)廣逼:《尚博》篇作宏促。屬辭比義之妍蚩:《尚博》篇作屬辭比事之疏密。韞:《尚博》篇作蘊。

(4)未足:二處未足平津本作未足以。《尚博》篇作未足。未足方:《尚博》篇作未足比。此下《尚博》有清濁參差等四句,此無。

(5)伯氏:《尚博》篇作伯牙。

【注】

［1］文行：字面謂文章與德行並重，而實側重論文章的價值。《循本》
　　云：“德行、文學，君子之本。”本篇文字多與《尚博》篇相同，略有
　　小異，吉藩本未刻，顧廣圻謂當删。

　　2　“夫斲削者比肩，而班、狄擅絶手之名⁽¹⁾；援琴者至
多，而夔、襄專清聲之稱⁽²⁾；廄馬千駟，而騏驥有逸群之
價⁽³⁾；美人萬計，而威、施有超世之色者，蓋遠過衆也⁽⁴⁾。

　　“且文章之與德行，猶十尺之與一丈。謂之餘事，未之
前聞也⁽⁵⁾。八卦生乎鷹隼之被⁽⁶⁾，六甲出於靈龜之負⁽⁷⁾。
文之所在，雖且貴⁽⁸⁾。本不必便疏，末不必皆薄⁽⁹⁾。譬錦
繡之因素地，珠玉之託蚌、石⁽¹⁰⁾，雲雨生於膚寸，江河始於
咫尺。理誠若兹，則雅論病矣⁽¹¹⁾。”

【校】

（1）夫斲：《尚博》篇作蓋刻。名：《尚博》篇作稱。
（2）多：《尚博》篇作衆。清聲之稱：《尚博》篇作知音之難。
（3）騏驥：《尚博》篇作騏驥。按：當從《尚博》篇作騏驥。
（4）色者：《尚博》篇作容。蓋遠過衆也：《尚博》篇作蓋有遠過衆者
　　也，當據補有、者二字。
（5）聞也：《尚博》篇作聞。其下《尚博》篇有夫上天之所以垂象等七
　　句，此無。
（6）生乎：《尚博》篇作生。被：平津本作飛，當從藏本、魯藩本等與
　　《尚博》篇。
（7）出於：《尚博》篇作出。負：《尚博》篇作所負。
（8）雖且貴：當據《尚博》篇雖賤猶貴，補賤字，作雖賤且貴。其下《尚
　　博》篇有犬羊之鞹，未得比焉，此無。
（9）疏：疑本作珍。本不必便疏二句：《尚博》篇作且夫本不必皆珍，
　　末不必悉薄。

(10) 譬：《尚博》篇作譬若。託：《尚博》篇作居。

(11) 理誠若兹二句：《尚博》篇無。而《尚博》篇之"爾則文章雖爲德行
　　之弟，未可呼爲餘事也"二句，此無。

3　又曰："應龍徐舉，顧眄而凌雲；汗血緩步，呼吸
而千里(1)。故螻蟓怪其無階而高致，駑蹇驚過己之不
漸也(2)。夫馳驟詩論之中，周旋一經之內(3)，以常情覽
巨異，以褊量測無涯(4)，始自髣齔，詣於振素，不能
得也(5)。

【校】

（1）應：其上《尚博》篇有夫字。顧眄而凌雲、呼吸而千里：《尚博》篇
　　無"而"字。

（2）故：《尚博》篇作而。驚：《尚博》篇作患其，據此，驚下當補其字。

（3）詩論：其前《尚博》篇有於字。周旋一經之內：《尚博》篇作周旋
　　於傳記之間。此《論衡‧程材》所謂"説一經之生"。

（4）以：《尚博》篇作而以。無涯：其下《尚博》篇有以至粗求至精，以
　　甚淺揣甚深二句。

（5）始自：其上《尚博》篇有雖字。詣：《尚博》篇作訖。不能得也：
　　《尚博》篇作猶不得也。其下《尚博》篇有夫賞其快者數句。

4　"又世俗率貴古昔而賤當今，敬所聞而黷所見[1]。
同時雖有追風、絕景之駿，猶謂不及伯樂之所御也(1)[2]；雖
有宵朗兼城之璞(2)，猶謂不及楚和之所泣也(3)[3]；雖有斷
馬指雕之劍(4)[4]，猶謂不及歐冶之所鑄也；雖有生枯起朽
之藥(5)，猶謂不及和、鵲之所合也；雖有冠群獨行之士，猶
謂不及於古人也(6)。"

【校】

（1）絕景：《尚博》篇無。謂：《尚博》篇其下有之字。下文謂字下同此。伯樂：《尚博》篇作造父。

（2）雖有宵朗兼城之璞：《尚博》篇作連城之珍，無宵朗二字。

（3）楚和：《尚博》作楚人。

（4）雖有斷馬、指雕之劍：楊明照校：“《尚博》篇作‘雖有疑（擬）斷之劍’。《漢書・王莽傳下》：‘（莽）使虎賁以斬馬劍挫（董）忠。’”按：楊明照引《漢書・王莽傳下》以證之，似不甚確切。“斷馬”指能“陸斷馬牛，水擊鴻雁”的良劍。《戰國策・韓策一》：“韓卒之劍戟，皆出於冥山、棠谿、墨陽、宛馮、龍泉、太阿，皆陸斷馬牛，水擊鴻雁，當敵於甲盾耳，此天下之名器也。”葛洪蓋截取“斷馬”二字名之。

（5）生枯起朽：《尚博》篇作起死。喻起死回生之效。

（6）冠群獨行之士：《尚博》篇作超群之人。於古人：《尚博》篇作竹帛之所載。

【注】

［1］又世俗率貴古昔而賤當今二句：由《尚博》篇又世俗率神貴古昔而黷賤同時一句變來。句意蓋本《商君書・更法》：“夫常人安於故習，學者溺於所聞。”《淮南子・脩務》：“尊古而賤今。”

［2］追風、絕景：形容駿馬奔馳疾速；駿馬專名。

［3］宵朗……之璞：指夜光璧。宵朗：夜間發光。《戰國策・楚策一》：“（楚懷王）乃遣使車百乘獻雞駭之犀，夜光之璧於秦（惠）王。”

［4］雖有斷馬、指雕之劍：《漢書・王莽傳下》：“（莽）使虎賁以斬馬劍挫（董）忠。”斷馬：指能“陸斷馬牛、水擊鴻雁”的良劍。《戰國策・韓策一》：“韓卒之劍戟，皆出於冥山、棠谿、墨陽、宛馮、龍淵、太阿，皆陸斷馬牛，水擊鴻雁，當敵於甲盾耳，此天下名器也。”稚川蓋截取“斷馬”二字名之。又名斬馬劍。《漢書・朱雲傳》：“臣願賜尚方斬馬劍，斷佞臣一人以屬其餘。”指雕：未詳所出。

正郭卷四十六^[1]

1 抱朴子曰:"嵇生以爲^[2]'太原郭林宗竟不恭三公之命,學無不涉^[3]。名重於往代^[4],加之以知人^[5]。知人則哲,蓋亞聖之器也^[6]。及在衰世,棲棲惶惶^[7],席不暇溫^[8],志在乎匡斷行道,與仲尼相似'。

【注】

[1] 正郭:謂糾正人們對郭林宗的錯誤評價,實爲稚川對郭林宗的指責與批評。

[2] 嵇生:嵇含(262—306)字君道,好學能屬文,以居鞏縣亳丘而自號亳丘子,譙國銍(今安徽宿縣西北)人。初辟楚王瑋掾,舉秀才,除郎中,齊王冏征西參軍,襲爵武昌鄉侯。歷長沙王乂驃騎將軍、襄城太守。兵敗依於鎮南將軍劉弘,弘甚器之。弘卒,爲劉弘部將郭勵所殺。著有《南方草木狀》。

[3] 郭林宗:郭泰(因范曄父名泰,故《後漢書》改爲太)(128—169),字林宗,太原界休(今山西介休東南)人。不恭三公:對於三公的任命,不恭敬從命。《後漢書·郭太傳》:"司徒黃瓊辟,太常趙典舉有道。……並不應。"三公:東漢以太尉、司徒、司空爲三公。學無不涉:少就成皋屈伯彥學,三年業畢,博通墳籍,藝兼游、夏。

[4] 名重於往代:郭林宗遊於洛陽,經符融紹介,河南尹李膺與林宗相見,大奇之,待以師友之禮,林宗於是名震京師。桓帝時,士人共相標榜,郭林宗被稱爲"八顧"之首。

［5］知人：郭林宗性明知人，好奬訓士類。其奬拔士人，皆如所驗，凡
　　六十人，并以成名。善薦賢才，多有至高位者。如宋果，性輕悍，
　　經林宗"訓之義方，懼以禍敗"，果感悔，遂改節自救。後任侍御
　　史、并州刺史，所在能化。王柔爲護匈奴中郎將，王澤爲代郡太
　　守，太原王子師位至司徒，西河王季然任北地太守，其餘多典州
　　郡者。

［6］知人則哲：謂能鑒察人的品行才能，即可謂之明智。亞聖：次
　　聖；指才智僅次於周公、孔子的人。《論語・先進》"顏淵死"章皇
　　疏引劉歆曰："顏(淵)是亞聖。"《文選》應璩《與曹長思書》李善注
　　引桓譚《新論》："昔顏淵有高妙次聖之才，聞一知十。"

［7］棲棲(xī)：同栖栖。忙碌不安貌。《論語・憲問》："微生畝謂孔
　　子曰：'丘何爲是棲棲者與？'"邢昺疏："棲棲，猶皇皇也。"惶惶：
　　即皇皇，恐懼不安貌。

［8］席不暇溫：謂席子未及坐暖即離去。形容忙於奔走，無時間久
　　留。《文子・自然》："孔子無黔突，墨子無暖席。"

　　2　余答曰：'夫智與不智，存於一言[1]。樞機之玷，亂
乎白圭[2]。愚謂亞聖之評，未易以輕有許也。夫所謂亞聖
者，必具體而微[3]，命世絶倫，與彼周、孔其間，無所復容之
謂也[4]。若人者，亦何足登斯格哉！林宗拔萃翹特，鑒識
朗徹[5]，方之常人，所議固多，引之上列(1)，實復未足也[6]。

【校】

（1）列：原作及，楊明照校："'及'，吉藩本作'聖'。""'上及'二字費
　　解。上文云'與仲尼相似'，則此句當以作'聖'爲是。《清鑒篇》：
　　'郭泰所論，皆爲此人過上聖乎？'尤爲切證。"按："及"與"聖"字
　　形有簡與繁之别，無以致誤。"及"疑本作"列"。"及"蓋"列"脱
　　"刂"後爲"歹"，"歹"訛誤爲"及"。僅吉藩本尚不足以爲證。楊
　　明照《前言》注[一三]云："吉藩本僅刻《外篇》……都有不同程度

的删削……刻書如此隨便删削,是太不忠於底本了。"删削之外,
是否有臆改?

【注】

[1]夫智與不智,存於一言:《論語·子張》:"子貢曰:'君子一言以爲
知,一言以爲不知,言不可不慎也。'"皇侃疏:"言智與不智由於
一言耳,今汝出此言,是不智也。"

[2]樞機之玷:指言行的缺點或錯誤。亂乎白圭:猶謂較白玉的缺
點難於克服。亂:治理。白圭:古代白玉製作的禮器。《詩·大
雅·抑》:"白圭之玷,尚可磨也;斯言之玷,不可爲也。"毛傳:
"玷,缺也。"鄭玄箋:"斯,此也。玉之缺尚可磨鑢而平,人君政教
一失,誰能反覆之。"

[3]具體而微:總體的各部分都具備而形狀或規模較小。《孟子·
公孫丑上》:"昔者竊聞之:子夏、子游、子張,皆有聖人之一體;
冉牛、顏淵,則具體而微。"趙岐注:"體者,四肢股肱也。……一
體者,得一肢也。具體者,四肢皆具。微,小也。比聖人之體微
小耳。體以喻德。"此謂大體近於周公、孔子的博大精深,祇是顯
得微薄一些。

[4]與彼周、孔其間,無所復容之謂:謂不能與周公、孔子至聖並列,
而無第三者可與比並,故爲亞聖。無所復容:再没有他人能被
容納其中。

[5]鑒識:審察辨識的能力。多指識別人才。

[6]上列:本謂高官的行列。《後漢書·趙典傳》:"身從衣褐之中,致
位上列。"此謂上等的席位。

3 '此人有機辯風姿[1],又巧自抗遇而善用[2];且好事
者爲之羽翼,延其聲譽於四方[3]。故能挾之見准慕於亂
世(1),而爲過聽不覈實者所推策[4]。及其片言所褒,則重
於千金[5];遊步所經(2),則賢愚波蕩[6]。謂龍鳳之集,奇瑞

之出也[7]。吐聲則餘音見法,移足則遺迹見擬[8]。可謂善擊建鼓而當揭日月者耳,非真隱也[9]。

【校】

（1）准:孫星衍校:"各本作推。"楊明照按:"'推'蓋涉下句'推策'之'推'衍,'准'又由'推'致誤。"當刪。

（2）遊步:平津本作遊涉。

【注】

[1]風姿:郭泰身長八尺,儀貌魁岸,器量弘深,善談論。

[2]抗遇而善用:指郭泰雖好臧否人物,但不爲危言覈論,故宦官擅政而不能傷,能處濁世而怨禍不及,得免黨錮之禍。

[3]延其聲譽:套用《國語‧晉語七》"使張老延君譽於四方"韋昭注:"延,陳也,陳君之稱譽於四方。"爲其延譽者,汝南范滂稱郭泰"隱不違親,貞不絕俗,天子不得臣,諸侯不得友"。石雲考從容謂宋子俊(浚)曰:"吾與子不及郭生,譬諸由、賜不敢望(顏)回也。"子俊(浚)曰:"……吾嘗與杜周甫論林宗之德也:清高明雅,英達瑰瑋,學問淵深,妙有俊才。然其愷悌玄澹,格量高俊,含弘博恕,忠粹篤誠,非今之人,三代士也。漢元以來,未見其匹也。周甫深以爲然。"

[4]推策:本謂以蓍草或竹籌推算曆數。此謂推衍、推廣。

[5]片言所褒,則重於千金:謂郭泰的褒貶對被褒貶者的地位高低起決定作用。謝承《後漢書》:"泰之所名,人品乃定,先言後驗,衆皆服之。……初,泰始至南州,過袁奉高,不宿而去;從(黃)叔度,累日不去。或以問泰,泰曰:'奉高之器,譬之(泛)〔氿〕濫,雖清而易挹。叔度之器,汪汪若千頃之陂,澄之不清,擾之不濁,不可量也。'已而果然,泰以是名聞天下。"(《後漢書‧郭太傳》李賢注引)黃叔度重於千金,以郭泰評價故也。

[6]遊步:劉向《列仙傳‧邛疏傳》:"遊步仙庭。"陸雲《與陸典書書》

之六：“遊步八素之林。”賢愚波蕩：《後漢書·郭太傳》：“賈淑字
子厚，林宗鄉人也。雖世有冠冕，而性險害，邑里患之。林宗遭
母憂，淑來修弔，既而鉅鹿孫威直亦至。威直以林宗賢而受惡人
弔，心怪之，不進而去。林宗追而謝之曰：‘賈子厚誠實凶德，然
洗心向善。仲尼不逆互鄉，故吾許其進也。’淑聞之，改過自屬，
終成善士。鄉里有憂患者，淑輒傾身營救，爲州閭所稱。”蓋其例
也。波蕩：鼓動；影響；受鼓動；受影響。《後漢書·黨錮傳·李
膺傳論》：“李膺振拔汙險之中，蘊義生風，激素行以恥威權，立廉
尚以振貴執，使天下之士奮迅感慨，波蕩而從之。”

［7］謂龍鳳之集，奇瑞之出：符融將郭泰紹介於李膺，説他爲“海之
明珠，未燿其光；鳥之鳳凰，羽儀未翔”。“因以介於李膺，由是
知名”。

［8］吐聲則餘音見法二句：謂郭泰談吐、行爲被時人作爲仿效、類比
的榜樣。《太平御覽》三八八引《郭林宗別傳》：“音聲如鐘，當時
以爲準的。”《後漢紀·靈帝紀上》：“（郭泰）所歷亭傳，不處正堂，
恒止逆旅之下，先加糞除，而後處焉。及宿止，冬讓温厚，夏讓清
涼。如鄉里或有爾者，父母諺曰：‘欲作郭林宗邪？’”

［9］建鼓：大鼓，又名植鼓。鼓身長而圓，用一木柱直貫鼓身，以爲支
柱。兩人相對擊鼓。古代召集士衆或發號令的鼓。《莊子·達
生》：“昭昭乎若揭日月而行也。”揭：擔。

4　‘蓋欲立朝[1]，則世已大亂；欲潛伏，則悶而不堪[2]。
或躍，則畏禍害[3]；確爾，則非所安[4]。彷徨不定[5]，載肥
載臞[6]。而世人逐其華而莫研其實，翫其形而不究其
神(1)。故遭雨巾壞，猶復見效[7]。不覺其短，皆是類也。
俗民追聲，一至於是[8]故其雖有缺隟[9]，莫之敢指也[10]。
夫林宗學涉知人，非無分也。然而未能避過實之名，而闇
於自料也。

【校】

（1）究：孫星衍校：“藏本作統，今從舊寫本。”

【注】

［1］立朝：此謂在朝廷做官。

［2］潛伏：潛藏；埋伏。此謂隱。悶：懣；煩。堪：勝。句謂逃遯避世，心有不甘，故有所悶，難以承受也。

［3］或躍：《易·乾》：“九四：或躍在淵。”此謂出仕。

［4］確爾：此謂堅定的隱居之志。

［5］彰偟：同章皇。彷徨；徘徊。《文選》揚雄《羽獵賦》“章皇周流”李善注：“章皇，猶彷徨也。”

［6］載肥載臞：或肥或瘦。《韓非子·喻老》：“子夏見曾子。曾子曰：‘何肥也？’對曰：‘戰勝，故肥也。’曾子曰：‘何謂也？’子夏曰：‘吾入見先王之義則榮之，出見富貴之樂又榮之，兩者戰於胸中，未知勝負，故臞。今先王之義勝，故肥。’”此喻内心鬥爭起伏。臞（qú）：消瘦。

［7］遭雨巾壞，猶復見效：《後漢書·郭太傳》：“嘗於陳、梁間行遇雨，巾一角墊，時人乃故折巾一角，以爲‘林宗巾’。其見慕皆如此。”

［8］一至於此：竟至於此。《呂氏春秋·知士》：“一至此乎？”高誘注：“一，猶乃也。”

［9］缺陳：缺陷。陳同隙。《廣雅·釋詁二》：“隙，裂也。”

［10］莫之敢指：沒有一個人敢指責他。

5　‘或勸之以出仕進者[1]。林宗對曰：“吾晝察人事，夜看乾象，天之所廢，不可支也[2]。方今運在《明夷》之爻[3]，值勿用之位[4]，蓋盤桓潛居之時[5]，非在天利見之會也[6]。雖在原陸，猶恐滄海橫流(1)，吾其魚也[7]；況可冒衝風而乘奔波乎？未若巖岫頤神(2)[8]，娛心彭、老(3)，優哉遊哉，聊以卒歲[9]。”

【校】

（1）横流：孫星衍校：“藏本作流横，今從舊寫本。”魯藩本亦作流横。

（2）巖岫頤神：楊明照校：“‘巖岫’與‘頤神’當互乙，始能與下句相儷。”

（3）彭、老：楊明照校：“以《用刑》‘難圖老、彭之壽也’句例之，彭、老，當乙作老、彭。”

【注】

［1］或勸之以出仕進者：同郡宋子浚曾勸郭林宗做官。《太平御覽》六一六引《郭林宗別傳》：“泰以有道君子徵。同邑宋子俊（浚）勸使往。泰遂辭以疾，關門教授。”“同郡宋子浚素服其名，以爲自漢元以來，未見其匹，曾勸之仕。”

［2］吾晝察人事四句：見《後漢書·郭太傳》。天之所廢，不可支也：前句見《左傳·襄公二十三年》《孟子·萬章上》，後句見《左傳·定公元年》《國語·周語下》。乾象：天象。古人以天象變化與人事有關。

［3］明夷：六十四卦之一卦，離下坤上。《易·明夷》：“明夷，利艱貞。”集解引鄭玄曰：“夷，傷也。日出地上，其明乃光；至其入地，明則傷矣。故謂之明夷。”因以喻昏君在上，賢人遭受艱難或不得志。爻：《周易》中組成卦的符號。爻含有交錯變化之意。《易·繫辭上》：“爻者，言乎變者也。”

［4］值勿用之位：《易·乾》：“初九：潛龍，勿用。”喻韜光待時。

［5］盤桓：指不進仕途。《易·屯》：“初九：磐桓，利居貞。”王弼注：“處屯之初，動則難生，不可以進，故磐桓也。”《釋文》“磐，本亦作盤。”

［6］在天利見：《易·乾》：“九五：飛龍在天，利見大人。”句謂不是飛黃騰達之時。

［7］滄海横流：大水不循道而氾濫。喻政局動蕩，社會不安。《孟子·滕文公上》：“當堯之時，天下猶未平，洪水横流，氾濫於天下。”朱熹集註：“横流，不由其道而散溢妄行也。”吾其魚也：我

變成了魚。《左傳·昭公元年》：“劉子曰：‘美哉禹功，明德遠矣！微禹，吾其魚乎！’”

［8］頤神：頤養精神。《後漢書·馬融傳》：“（《廣成頌》）夫樂而不荒，憂而不困，先王所以平和府藏，頤養精神，致之無疆。”

［9］優哉遊哉，聊以卒歲：形容從容不迫，悠閒自得地姑且度過歲月。《左傳·襄公二十一年》：“《詩》曰：‘優哉游哉。’聊以卒歲，知也。”杜預注：“《詩·小雅》（逸詩）言君子優游於衰世，所以辟害，卒其壽，是亦知也。”

6　‘按林宗之言，其知漢之不可救，非其才之所辯，審矣[1]。法當仰隮商洛[2]，俯泛五湖[3]，追巢父於峻嶺，尋漁父於滄浪[4]。若不能結蹤山客(1)[5]，離群獨往[6]，則當掩景淵泙，韜鱗括囊[7]。而乃自西徂東，席不暇溫，欲慕孔、墨棲棲之事[8]。

【校】

（1）客：楊明照校：“吉藩本作‘谷’。照按：‘谷’字是。”按：“山客”無誤，“山客”、“山谷”兩可。“山客”作“隱士”解，亦通。《魏書·裴衍傳》：“詔曰：‘知欲養屙中嶽，練石嵩嶺，棲素雲根，餌芝清壑。騰跡之操，深用嘉焉。但治缺古風，有愧山客耳。’”是其證。

【注】

［1］辯通辨。辨讀曰辦。

［2］隮（jī）：登上；升上。商洛：商縣、上洛縣的合稱，四皓隱居之地。

［3］俯泛五湖：《國語·越語下》：“范蠡……反至五湖。范蠡辭於王曰：‘君王勉之，臣不復入於越國矣。’……遂乘輕舟以浮於五湖，莫知其所終極。”

［4］漁父：捕魚爲生而隱居的老人。《楚辭·漁父》中之漁父在同屈原對話後，曾歌唱：“滄浪之水清兮，可以濯吾纓；滄浪之水濁兮，

可以濯吾足。"知爲隱者。滄浪：古水名。有漢水、漢水之別流、漢水之下流、夏水諸説。

［5］結蹤山客：謂與隱士交往。與上文"追巢父"、"尋漁父"同旨。

［6］離群：離開朋友。《禮記・檀弓上》："子夏投其杖而拜,曰：'吾過矣！吾過矣！吾離群而索居,亦已久矣。'"釋文："群,朋友也。"

［7］掩景：猶韜光。韜鱗：猶潛龍。

［8］自西徂東：謂奔競道上。《詩・大雅・緜》"自西徂東"鄭玄箋："徂,往也。"孔、墨棲棲：指如孔子周遊列國,而墨子奔走於宋、楚兩國之間。

7　'聖者憂世,周流四方,猶爲退士所見譏彈[1]。林宗才非應期,器不絶倫[2]；出不能安上治民,移風易俗；入不能揮毫屬筆(1),祖述六藝[3]。行自衒耀[4],亦既過差[5]；收名赫赫[6],受饒頗多。然卒進無補於治亂,退無迹於竹帛[7],觀傾視汨,冰泮草靡[8],未有異庸人也(2)。

【校】

（1）揮：陳其榮校："藏本作彈,今從舊寫本。"魯藩本同藏本。

（2）庸人：陳其榮校："'庸人'上盧本有'於'字。"

【注】

［1］猶爲退士所見譏彈：孔子被隱士譏諷、抨擊,見《論語・憲問》"有荷蕢而過孔子之門者",《微子》"楚狂接輿歌而過孔子曰"、"長沮、桀溺耦而耕"有關文字,《莊子》之《盜跖》《讓王》等篇,文繁不錄。

［2］應期：古人認爲期運乃天所授。故稚川認爲郭泰非天授之才。《文選》蔡邕《陳太丘碑文》："含元精之和,應期運之數。"李善注："《孟子（・公孫丑下）》謂充虞曰：'五百年必有王者興,其間必有名世者。'"呂向注："期運之數,謂應五百年而生賢之數也。"

〔3〕祖述：闡述；發揚。《漢書・司馬遷傳》：“遷既死後，其書稍出。
　　宣帝時，遷外孫平通侯楊惲祖述其書，遂宣布焉。”

〔4〕行：又，再。

〔5〕過差（cī）：過分；失度。《後漢書・馮衍傳下》李賢注引《衍集・
　　與婦弟任武達書》：“醉飽過差，輒爲桀、紂。”

〔6〕赫赫：顯盛、顯著貌。《國語・楚語上》“赫赫楚國”章昭注：“赫
　　赫，顯盛貌。”

〔7〕無迹於竹帛：指没有留下著作，傳於後世。竹帛：竹簡白絹，古
　　代用以書寫文字，因指代著作。

〔8〕草靡：草隨風倒伏。兩句謂林宗目睹東漢之亡徵而無動於衷。

　　8　‘無故沈浮於波濤之間[1]，倒屍於埃塵之中，遨集京
邑，交關貴游[2]，輪刓筞弊(1)[3]，匪遑啓處[4]。遂使聲譽翕
習(2)[5]，秦、胡景附[6]。巷結朱輪之軌[7]，堂列赤紱之客[8]；
輜車盈街[9]，載奏連車(3)。誠爲游俠之徒[10]，未合隱逸之
科也。

【校】

（1）刓：陳其榮校：“盧本作傾。”按：“輪刓”“筞弊”遣詞情趣相同，作
　　　“刓”爲長。

（2）翕習：平津本作翕熠，當依楊明照校與藏本、魯藩本作翕習。

（3）載奏：當從王廣恕校作載刺。《後漢書・郭太傳》“其見慕皆如
　　　此”李賢注引《泰別傳》：“泰名顯，士爭歸之，載刺常盈車。”

【注】

〔1〕沈浮：謂趨時隨俗，隨波逐流。波濤：比喻艱險的處境。

〔2〕京邑：京都。張衡《東京賦》：“京邑翼翼，四方所視。”交關：交結
　　通説。《後漢書・周章傳》：“及（竇）憲被誅，公卿以下多以交關
　　得罪。”

［3］輪刓筴弊：形容勞頓於競奔之途。刓（wán）：磨損；殘缺。筴同策。馬鞭。

［4］匪遑啓處：没功夫跪起安居。《詩·小雅·四牡》：“王事靡盬，不遑啓處。”毛傳：“遑，暇。啓，跪。處：居也。”盬（gǔ）：止息。

［5］翕習：威盛貌。《後漢書·馬融傳》：“（《廣成頌》）翕習春風。”

［6］秦、胡：戰國時秦國與匈奴相鄰，故云。此猶言漢人與胡人。景附：如影附形。《文選·答賓戲》“其餘森飛景附”張銑注：“（景附）如影之附形。”

［7］結……軌：猶結轍。謂車輛往來不斷。

［8］赤紱：即赤芾。赤色之蔽膝，大夫所服。象徵服赤紱之大夫。《後漢書·東平憲王蒼傳》：“（上疏）誠羞負乘。辱汙輔將之位，將被詩人‘三百赤紱’之刺。”李賢注：“赤紱，大夫之服也。《詩·曹風（·侯人）》曰：‘彼己之子，三百赤紱。’刺其無德居位者多也。”

［9］輻（yáo）車：一馬所駕的輕便車。《史記·季布欒布列傳》：“朱家廼乘輻車之洛陽。”索隱：“謂輕車，一馬車也。”《晉書·輿服志》：“漢世貴輻軿而賤輻車，魏晉重輻車而賤輻軿。”

［10］游俠之徒：即《史記·游俠列傳》所寫朱家、劇孟、郭解一類人物。集解引荀悦曰：“立齊氣，作威福，結私交，以立彊於世者，謂之游俠。”

9　‘有道之世而臻此者，猶不得復厠高潔之條貫[1]，爲祕丘之俊民(1)；而修兹在於危亂之運，奚足多哉[2]！孰不謂之闇於天人之否泰，蔽於自量之優劣乎[3]？空背恬默之塗，竟無有爲之益，不值禍敗，蓋其幸耳。

【校】

（1）祕丘：藏本、平津本同，魯藩本作秘丘，當作泌丘。泌丘：有赤眼鱒享用的丘園。指隱居之地。《蔡中郎集·郭有道碑》：“棲遲泌丘，善誘能教。”“泌丘”有語源可尋，文化内涵深遠。《詩·陳

風·衡門》:“衡門之下,可以棲遲。泌之洋洋,可以樂饑。”高亨
今注:“泌,疑借爲鮅,魚名,即赤眼鱒,形似鱔魚。”“祕丘”兩晉始
出,見於唐人所修《晉書》,晚多了。“祕丘”可能是唐宋學人的
誤寫。

【注】

[１]條貫:系統;序列。《史記·屈原賈生列傳》:“明道德之廣崇,治
　　亂之條貫,靡不畢見。”

[２]多:重視;稱讚。《韓非子·五蠹》:“以其犯禁也罪之,而多其有
　　勇也。”此謂稱讚。

[３]闇於天人之否泰:謂自以爲瞭解天人之否泰,故以闇評之。闇:
　　愚昧,昏庸。蔽於自量之優劣:謂自以爲自知優劣,故以蔽評
　　之。蔽:昏聵,不明是非。

10 ‘以此爲憂世念國,希擬素王[1],有似蹇足之尋龍
騏[2],斥鷃之逐鴻鵠;焦冥之方雲鵬,鼷鼬之比巨象也[3]。
然則林宗可謂有耀俗之才,無固守之質(1)[4];見無不了,
庶幾大用。符采外發,精神内虛[5];不勝煩躁,言行相伐;
口稱靜退,心希榮利。未得□玄圃之棲禽(2),九淵之潛
靈也。

【校】

(１)固:孫星衍校:“藏本作用,從舊寫本改。”魯藩本亦作用。

(２)□:孫星衍校:“舊寫本空白一字。”蓋脱謂字。

【注】

[１]希擬:效法。南朝宋宗炳《答何衡陽書》:“泥洹以無樂爲樂,法身
　　以無身爲身,若本不希擬,亦可爲增欿逸之慮,肇好奇之心。”

[２]蹇足:指駑馬。蹇:跛。龍騏:高大的良馬。《周禮·夏官·廋

人》：“馬八尺以上爲龍。”《商君書・畫策》：“騏、驥、騄耳，每一日走千里。”

［3］鼸（xī）：一種小鼠。鼬（yòu）：俗稱黄鼠狼。
［4］固守：堅守。《國語・周語上》：“陵其民而卑其上，將何以固守。”
［5］符采外發，精神内虚：形容徒有其表。

11　‘自衒自媒，士女之醜事也[1]。知其不可而尤傚尤師[2]，亞聖之器，其安在乎？雖云知人，知人之明，乃唐、虞之所難[3]，尼父之所病[4]。夫以明並日月，原始見終，且猶有失，不能常中。況於林宗螢燭之明，得失半解，已爲不少矣。

【注】

［1］自衒自媒，士女之醜事：《文選》曹植《求自試表》：“夫自衒自媒者，士女之醜行也。”
［2］知其不可：《論語・憲問》：“子路宿於石門。晨門曰：‘奚自？’子路曰：‘自孔氏。’曰：‘是知其不可而爲之者與？’”尤傚尤師：《左傳・僖公二十四年》：“（介之推）對曰：‘尤而效之，罪又甚焉。’”《國語・晉語四》作“郵而效之”。郵通尤。
［3］唐、虞之所難：《書・皋陶謨》：“禹曰：‘吁！咸若時，唯帝其難之。能官人。’”孔傳：“言帝堯亦以知人安民爲難。”按：據此，“虞舜”爲連類而及。
［4］尼父之所病：孔子認爲是自己的不足。《韓非子・顯學》：“故孔子曰：‘以容取人乎？失之子羽。以言取人乎？失之宰予。’”

12　‘然則名稱重於當世，美談盛於既没，故其所得者，則世共傳聞；而所失者，則莫之有識爾。雖頗甄無名之士於草萊，指未剖之璞於丘園[1]，然未能進忠烈於朝廷，立

禦侮於壇場,解亡徵於倒懸[2],折逆謀之競逐,若鮑子之推
管生[3],平仲之達穰苴[4]。

【注】

[１] 指未剖之璞於丘園:《後漢書·郭太傳》:"孟敏字叔達,鉅鹿楊氏
　　人也。客居太原。荷甑墮地,不顧而去。林宗見而問其意。對
　　曰:'甑以破矣,視之何益?'林宗以此異之,因勸令游學。十年知
　　名,三公俱辟,並不屈云。"他如茅容、庚乘,見同上。

[２] 倒懸:指人頭腳倒置或物上下倒置地懸挂著。《孟子·公孫丑
　　上》:"當今之時,萬乘之國行仁政,民之悦之,猶解倒懸也。"

[３] 鮑子:鮑叔牙,知管仲賢。管仲曾説:"生我者父母,知我者鮑子
　　也。"鮑叔事小白,管仲事公子糾。管仲射小白,中帶鈎。及小白
　　立爲齊桓公,鮑叔牙遂進管仲,使其爲相。管仲輔桓公,九合諸
　　侯,遂成霸業。

[４] 平仲:晏嬰之字,一説晏嬰之謚,又説平爲謚,仲爲字。相齊景
　　公,名顯諸侯。穰苴(ráng jū):司馬穰苴,又稱田穰苴,齊景公
　　時名將。《史記·司馬穰苴列傳》:"齊景公時,晉伐阿、甄而燕侵
　　河上,齊師敗績。景公患之。晏嬰乃薦田穰苴曰:'穰苴雖田氏
　　庶孽,然其人文能附衆,武能威敵,願君試之。'景公召穰苴,與語
　　兵事,大説之,以爲將軍,將兵扞燕、晉之師。"

13　'林宗名振於朝廷,敬於一時,三、九肉食,莫不欽
重[1]。力足以拔才,言足以起滯,而但養疾京輦[2],招合賓
客,無所進致,以匡危蔽[3]。徒能知人,不肯薦舉,何異知
沃壤之任良田,識直木之中梁柱,而終不能墾之以播嘉穀,
伐之以構梁棟[4],奚解於不粒(1)[5],何救於露居哉[6]! 其
距貢舉者,誠高操也;其走不休者,亦其疾也。'

【校】

（1）解：魯藩本作辭。

【注】

[1] 肉食：在位者。《左傳·莊公十年》"肉食者謀之"杜預注："肉食，在位者。"欽重（zhòng）：敬重。嵇康《家誡》："非意所欽重者，而來戲調蚩友人之闕者，但莫應。"

[2] 京輦：京城之中，輦轂之下。因指代京師，此指洛陽。《後漢書·袁紹傳》："（上書）臣備公族子弟，生長京輦。"《文選》潘岳《在懷縣作詩》："自我違京輦，四載迄於斯。"李善注："胡廣《漢官解故注》曰：'轂下，喻在輦轂之下京城之中也。'"張銑注："京輦，謂天子所居輦轂之下也。"

[3] 危蔽：危急與暗蔽。危急就情勢言，暗蔽就君主言。

[4] 梁棟：屋宇的大梁。郭璞《遊仙詩》之二："青溪千餘仞，中有一道士。雲生梁棟間，風出窗戶裏。"喻擔負國家重任的人才。趙曄《吳越春秋·句踐入臣外傳》："大夫文種者，國之梁棟，君之爪牙。"

[5] 不粒：顆粒無存。猶言絕糧。《書·益稷》："烝民乃粒。"孔傳："米食曰粒。"

[6] 露居：楊明照箋："《古文苑》揚雄《逐貧賦》：'人皆重蔽，子獨露居。'章樵注：'（重蔽）富盛者周護以防寇盜。'是露居謂家徒壁立，無資儲也。《藝文類聚》三五引揚雄《逐貧賦》'蔽'作'閉'。"按："不粒"謂"無資儲"，與上"嘉穀"呼應；"露居"謂破敗的居室，與上"梁棟"呼應。露：敗。《讀書雜志·荀子第三·富國》"都邑露"王念孫按："露者，敗也。"

14　嵇生又曰：'林宗存爲一世之所式，没則遺芳永播[1]，碩儒俊士，未或指點[2]，而吾生獨評其短，無乃見嗤於將來乎？'

抱朴子曰：‘曷爲其然哉！苟吾言之允者，當付之於後；後之識者，何恤於寡和乎[3]？且前賢多亦譏之(1)，獨皇生褒過耳(2)[4]。’

【校】

（1）多亦：當從楊明照校乙作亦多。亦爲副詞，通常加於形容詞之前。

（2）生：孫星衍校：“藏本作主，從舊寫本改。”魯藩本亦作主。

【注】

［1］所式：榜樣；被人效法的榜樣。遺芳：本指寒冬季節留下的香花芳草。如蘭、菊、梅等。《楚辭・遠遊》：“誰可與玩斯遺芳兮，晨鄉風而舒情。”此喻留下盛德美名。

［2］未或：没有。《書・五子之歌》：“有一於此，未或不亡。”指點：指責；評論。

［3］何恤：怎麼會擔心。《漢書・東方朔傳》：“(《答客難》)《詩》云：‘禮義之不愆，何恤人之言？’”顔師古注：“逸《詩》也。愆，過也。恤，憂也。”

［4］皇生：皇甫謐，字士安，安定朝(zhū)那(今寧夏固原東南)人。年二十餘，始就鄉人席坦受書。躬自稼穡，帶經而讀，遂博通百家之言。沈静寡欲，以著述爲務。自號玄晏先生，時人謂之書淫。晉武帝屢徵不起，自表就帝借書，帝與書一車。其《帝王世紀》《高士傳》等著稱於世。褒過：褒獎過分。指將郭太列爲高士，見《高士傳・郭太傳》。

15　故太傅諸葛元遜亦曰(1)[1]：‘林宗隱不修遁，出不益時，實欲揚名養譽而已[2]。街談巷議以爲辯[3]，訕上謗政以爲高[4]。時俗貴之，歙然猶郭解[5]、原涉見趨於曩時也[6]。後進慕聲者[7]，未能考之於聖王之典，論之於先賢之行，徒惑華名，咸競準的[8]，學之者如不及[9]，談之者則盈耳，中人猶不覺，童蒙安能知(2)[10]。

【校】

（1）諸葛：孫星衍校：其下“藏本有公字，從舊寫本删。”楊明照按下文“府君”、“生”文例相同，謂當有“公”字。

（2）蒙童：魯藩本作重蒙。

【注】

［1］太傅：古三公之一。周始置。漢高后元年置太傅，歷代相沿。諸葛公：諸葛恪（203—253），字元遜，琅琊（今山東臨沂）陽都人。吳大將軍諸葛瑾長子。少知名，弱冠拜騎都尉。嘉禾三年（234）任吳國輔越將軍，丹陽太守，率兵攻山越，遷山越一部分人民於平原，得甲士數萬。吳大司馬陸遜卒，恪遷大將軍，後以大將軍領太子太傅。孫權死，輔立孫亮，任大將軍，專國政。力主攻魏，建興二年（253）攻新城不克，士卒多傷病，因退兵。不久爲皇族孫峻所殺。

［2］養譽：猶養名。博取虚譽。《文選》陸機《五等諸侯論》：“是故侵百姓以利己者，在位所不憚，捐實事以養名者，官長所夙夜也。”李周翰注：“實謂政化之美，日以損之；名謂虚譽之名，日以養之。”

［3］街談巷議：《漢書·藝文志》：“小説家者流，蓋出於稗官。街談巷語，道聽塗説者之所造也。”

［4］訕上：毀謗在上位者。多指譏謗君王。《論語·陽貨》：“子曰：‘有惡：惡稱人之惡者，惡居下流而訕上者，惡勇而無禮者。’”集解引孔（安國）曰：“訕，毀謗。”邢昺疏：“訕，毀謗也。謂人居下位而謗毀在上，所以惡之也。”謗政：本指受到指責的政事。《左傳·昭公六年》：“今吾子相鄭國，作封洫，立謗政，制參辟，鑄刑書，將以靖民，不亦難乎？”此謂批評、誹謗政治。

［5］歙（xī）然：聚集貌。《荀子·非十二子》：“斂然聖王之文章具焉。”王先謙集解引王引之曰：“古無以斂然二字連文者。斂當爲歙字之誤也；歙然者，聚集之貌。”郭解：字翁伯，西漢河内軹縣（今河南濟源東南）人。其父任俠，漢文帝時誅死。少時作姦剽攻，鑄錢掘冢，所殺甚衆。年長易節爲儉，以德報怨，好客厚施。振人之命，不矜其功。武帝時徙茂陵，大將軍衛青爲之説情，武帝拒之，曰：“解布衣，權至使將軍，此其家不貧！”及徙，諸公送者出錢千餘萬。後因其客殺人，御史大夫公孫弘劾其任俠行權，以睚眦殺人，大逆無道，遂族誅。

［6］原涉：字巨先，西漢茂陵（今陝西興平東北）人。先世居陽翟，祖父時以豪傑徙茂陵。父爲南陽太守，及卒，行喪冢廬三年，由是顯名京師。爲扶風議曹，大司徒史丹舉爲谷口令。爲報季父之仇，自劾去官。郡國諸豪傑及長安、五陵諸爲氣節者皆歸慕之。專以賑施貧窮赴人之急爲務，人無賢不肖闐門，賓客恃勢多犯法，因睚眦殺人甚多。王莽末召拜爲鎮戎大尹。莽敗，歸附更始。旋以舊怨使客刺殺西屏將軍申徒建主簿尹公，爲建所誅。趨：歸向；歸附。《荀子·議兵》“完全富足而趨趨”楊倞注：“趨，歸也。”曩（nǎng）時：往時；以前。

［7］後進：後輩。亦指學識或資歷較淺的人。《論語·先進》：“先進於禮樂，野人也；後進於禮樂，君子也。”邢昺疏：“後進，謂後輩仕進之人也。”

［8］準的：標準。《後漢書·齊武王縯傳》：“遽自尊立，爲天下準的，使後人得承吾敝，非計之善者也。”此謂榜樣。

［9］學之者如不及：《論語·泰伯》：“子曰：‘學如不及，猶恐失之。’”

［10］以上所説一段文字蓋《諸葛子》佚文。《隋書·經籍志》三雜家《蔣子萬機論》下云：“梁有《諸葛子》五卷，吳太傅諸葛恪撰，亡（新舊《唐志》即未著録）。”宋本《意林》二標目：“《諸葛子》一卷。”

16　故零陵太守殷府君伯緒[1]，高才篤論之士也。亦曰：'林宗入交將相，出遊方國[2]，崇私議以動衆，關毀譽於朝廷。其所善，則風騰雨驟[3]，改價易姿；其所惡，則摧頓陸沈[4]，士人不齒。折其名賢(1)，遭亂隱遁，含光匿景(2)，未爲遠矣。君子行道，以匡君也[5]，以正俗也[6]。于時君不可匡，俗不可正，林宗周旋清談閭閻[7]，無救於世道之陵遲，無解於天民之憔悴也[8]。'

【校】

（1）折：平津本缺。孫星衍校："藏本作折，舊寫本空白一字。"魯藩本亦作折。

（2）含：魯藩本誤作舍。

【注】

［1］零陵：郡名。晉時治所在今湖南零陵。府君：漢代對郡相、太守的尊稱。殷伯緒：蓋即殷禮，字德嗣，雲陽（今陝西淳化西北）人。起乎微賤，與闞澤齊名的名儒，曾親屈節就學趙達，通占候，潛識過人。年十九，守吳縣丞。孫權爲王，召除郎中。使蜀，諸葛亮稱之曰："東吳菰蘆中乃有奇偉如此人。"於赤烏四年（241）曾建議孫權"乘勝逐北，以定華夏"，未被採納。卒於零陵太守任上。其字伯緒，不詳。

［2］方國：指四方州郡。《後漢書·胡廣傳》："臣等竊以爲廣在尚書，劬勞日久，後母年老，既蒙簡照，宜試職千里，匡寧方國。……"

［3］風騰雨驟：喻政治氣候變化急速。此藉以形容郭泰左右輿論之速。

［4］摧頓陸沈：《後漢書·郭太傳》："史叔賓者，陳留人也。少有盛名。林宗見而告人曰：'牆高基下，雖得必失。'後果以論議阿枉敗名云。"類似的有黃允、謝甄等。

［5］匡君：匡正君主過失。《漢書·武五子傳》："壺關三老上書曰：'……忠臣竭誠不顧鈇鉞之誅，以陳其事，志在匡君安社稷也？'"

顏師古注：“匡，正也，正其失也。”

［６］正俗：教正風俗。《禮記・曲禮下》：“教訓正俗，非禮不備。”正義：“熊氏（安生）云：‘教謂教人師法，訓謂訓説義理，以此教訓，正其風俗。’”

［７］閭閻：泛指里巷；民間。《漢書・循吏傳序》：“及至孝宣，繇仄陋而登至尊，興於閭閻，知民事之艱難。”顏師古注：“閭，里門也。閻，里中門也。言從里巷而即大位也。”

［８］天民：指人民；普通人。謂孤、獨、矜、寡，天下之窮民而無告者。《禮記・王制》：“少而無父者謂之孤，老而無子者謂之獨，老而無妻者謂之矜，老而無夫者謂之寡，此四者天民之窮而無告者也。”憔悴：困頓。《孟子・公孫丑上》：“民之憔悴於虐政，未有甚於此時者也。”按本段蓋據殷基《通語》，《通語》中蓋載有其父禮行事、議論，故稚川稱引之。《三國志・吳書・顧邵傳》裴注［二］引（張隱）《文士傳》曰：“（殷）禮子基，無難督，以才學知名，著《通語》數十篇。”《意林》四標目：“《通語》八卷。”

17　又故中書郎周生恭遠，英偉名儒也[1]。亦曰：‘夫遇治而贊之，則謂之樂道[2]；遭亂而救之，則謂之憂道；亂不可救而避之，則謂之守道[3]。虞舜，樂道者也[4]；仲尼，憂道者也[5]；微子，守道者也[6]。漢室將傾(1)，世務交遊[7]，林宗法當慨然私心(2)，要同契君子[8]，共矯而正之；而身棲棲爲之雄伯，非救世之宜也。於時雖諸黃門，六畜自寓耳[9]。其陳蕃、竇武之徒，雖鼎司牧伯，皆貴重林宗[10]，信其言論臧否，取定於匡危易俗[11]，不亦可冀乎？

【校】

（１）漢室：平津本作漢世。

（２）私：平津本作虛。

【注】

[1] 中書郎：中書侍郎。三國魏黃初初年設中書監、令、通事郎、黃門郎。後改通事郎爲中書侍郎，是中書監的副職，參與朝政。吳之官制，與之大同小異。周生恭遠：周昭字恭遠，潁川（今河南許昌市東）人。“與韋曜、薛瑩、華覈並述《吳書》，後爲中書郎，坐事下獄，覈表救之，孫休不聽，遂伏法云。”（《三國志・吳書・步騭傳》）《隋書・經籍志》三儒家《杜氏體論》下云：“梁有……《周子》九卷，吳中書郎周昭撰。亡。”

[2] 樂（lè）道：喜好聖賢之道。《史記・仲尼弟子列傳》：“子貢曰：‘富而無驕，貧而無諂，何如？’孔子曰：‘可也；不如貧而樂道，富而好禮。’”

[3] 守道：堅守某種道德規範。《左傳・昭公二十年》：“守道不如守官，君子韙之。”

[4] 虞舜樂道：指虞舜贊助唐堯，“舉八愷，使主后土，以揆百事，莫不時序，地平天成”；“舉八元，使布五教於四方”，“内平外成”。

[5] 仲尼憂道：指孔子憂禮樂征伐不能自天子出，故“脩成、康之道，述周公之訓”（《淮南子・要略》）。

[6] 微子守道：指微子見紂王愈淫亂不止，數諫不聽，乃與大師、少師謀，遂去國。

[7] 世務交遊：謂官場“王事不恤，賓客爲務”，而“徒榮己治私，求勢逐利而已”。

[8] 同契：契合；同心；同志。曹植《玄暢賦》：“上同契於稷、卨，降合穎于伊、望。”

[9] 諸黃門：指曹節、王甫等宦官。時曹節爲中常侍、奉車都尉，王甫任長樂食監。黃門：官署名。漢時設有黃門令，給事黃門之內，出入禁中，近侍帷幄。《後漢書・宦者傳序》“史游爲黃門令”李賢注引董巴《輿服志》曰：“禁門曰黃闥，中人主之，故曰黃門。”按：陳蕃、竇武當朝，曹節、王甫等宦官表面暫時有所收斂。

[10] 雖鼎司牧伯，皆貴重林宗：鼎司牧伯之貴重林宗者，如司徒黃瓊、太常趙典、河南尹李膺等。鼎司：指三公。以三足鼎立

爲喻。

[11] 取定：取威定霸。《左傳・僖公二十七年》：“報施救患，取威定霸，於是乎在矣。”

　　18　‘而林宗既不能薦有爲之士，立毫毛之益，而逋逃不仕也[(1)]，則方之巢、許[1]；廢職待客者，則比之周公[2]；養徒避役者，則擬之仲尼[3]；棄親依豪者，則同之游、夏[4]。是以世眩名實，而大亂滋甚也。若謂林宗不知，則無以稱聰明；若謂知之而不改，則無以言憂道。昔四豪似周公不能爲周公[5]，今林宗似仲尼而不得爲仲尼也。’

　　於是問者慨而歎曰：‘然則斯人乃避亂之徒，非全隱之高也。’”

【校】

（１）也：孫星衍校：“藏本作也，舊寫本作者。”

【注】

[１] 方之巢、許：指像巢父、許由一樣避世隱居。

[２] 比之周公：指像周公一樣禮賢下士。

[３] 擬之仲尼：指像孔子一樣弟子衆多。《呂氏春秋・有度》：“孔、墨之弟子徒屬，充滿天下。”《史記・孔子世家》：“孔子以《詩》《書》《禮》《樂》教，弟子蓋三千焉，身通六藝者七十二人。”

[４] 同之游、夏：指像子游一樣爲官、子夏一樣爲諸侯師。子游，吳人，而爲武城宰；子夏，衛人，而居西河爲魏文侯師。見《史記・仲尼弟子列傳》《家語・七十二弟子解》。

[５] 四豪：指戰國四公子孟嘗君、平原君、信陵君、春申君。按本段所說當出《周子》。

彈禰卷四十七[1]

1 抱朴子曰：“漢末有禰衡者，年二十有三[2]。孔文舉齒過知命(1)[3]，身居九列[4]，文學冠群(2)[5]，少長稱譽，名位殊絶。而友衡於布衣，又表薦之於漢朝(3)，以爲宜起家作臺郎(4)[6]。云‘惟嶽降神，異人並出[7]。目所一見，輒誦於口；耳所瞥聞(5)，不忘於心[8]。性與道合，思若有神[9]’，其歎之如此[10]。

【校】

（1）齒過知命：當從楊明照校作齒過不惑。《通鑒・漢紀》五四《獻帝紀》繫融薦衡事於建安元年（公元一九六）九月份内，是年融方四十四歲，當作齒過不惑。

（2）文學：陳其榮校：“《御覽》二百十五作才學。”

（3）漢：《太平御覽》二一五引無，當據楊明照校删。

（4）宜：其下，當據《太平御覽》二一五引補一“使”字。

（5）瞥：楊明照校引《文選・薦禰衡表》作暫。

【注】

[1] 彈禰（mí）：抨擊禰衡的過失，特別是彈擊他的恃才傲物。

[2] 禰衡（173—198）：字正平，平原般（今山東陵縣）人。少有辯才。建安初，自荆州游許都，恃才傲逸，人皆憎之，唯孔融高貴其才，上書薦之。曹操召爲鼓史，令其改服鼓史之裝以辱之。衡於操前裸身更衣，又至操營門前大罵，操怒，將他遣送劉表。劉表又

送於黄祖，終因觸怒黄祖，被絞殺。善文辭，有《鸚鵡賦》傳世。年二十有三：當建安元年（196）。

[3] 孔文舉：孔融（153—208）字文舉，魯（今山東曲阜）人，孔子二十世孫。性寬容少忌，好士，喜誘益後進。薦達賢士，多所獎進。《論語·爲政》："三十而立，四十而不惑。"故以"不惑"指代四十歲。

[4] 身居九列：《後漢書·孔融傳》："及獻帝都許，徵融爲將作大匠，遷少府。每朝會訪對，融輒引正定議，公卿大夫皆隸名而已。"少府屬漢代九卿之一，故云。

[5] 文學冠群：孔融爲建安七子之一。曹丕稱其爲"揚（雄）、班（固）儔也"，"募天下有上融文章者，輒賞以金帛"。

[6] 起家：謂從家中徵召出來，授以官職。《文選》孔融《薦禰衡表》："近日路粹、嚴象，亦用異才擢拜臺郎，衡宜與爲比。"呂延濟注："路粹、嚴象，漢末時人，皆以高才擢拜尚書郎。言衡之才，可與此數子爲比用者也。"

[7] 惟嶽降神：喻禰衡之才乃天授。《詩·大雅·嵩高》："維嶽降神，生甫及申。"毛傳："嶽，四嶽也。……嶽降神靈和氣，以生申、甫之大功。"《文選》孔融《薦禰衡表》張銑注："此言山嶽降靈，閒生異人，謂禰衡也。"異人：不尋常的人；有異才的人。《史記·平津侯主父列傳》："上方欲用文武，求之如弗及。始以蒲輪迎枚生，見主父而歎息。群臣慕向，異人並出。"

[8] 目所一見四句：言其記憶力強，堪稱博聞強識。瞥：倏忽。

[9] 性與道合：喻禰衡乃真人。《文子·九守》："老子曰：'所謂真人者，性合乎道也。'"

[10] 歎：讚歎。以上六句，見《後漢書·文苑傳下·禰衡》，並爲孔融表薦語。

2 "衡游許下[1]，自公卿國士以下[2]，衡初不稱其官，皆名之云阿某[3]，或以姓呼之爲某兒，呼孔融爲大兒，呼楊脩爲小兒[4]，苟或猶强可與語[5]，過此以往[6]，皆木梗泥偶[7]，似人而無人氣，皆酒甕飯囊耳[8]。

【注】

[1] 衡游許下：禰衡於建安初（196），來游許下。許下：即許昌。建安元年，董昭等勸曹操都許。王利器云：“六朝人率稱建都之地爲某下，如洛下、吳下、鄴下是，猶後代人之稱京師爲都下也。”見《顏氏家訓集解》58 頁注［三］。

[2] 國士：一國中才能最優秀的人物。《左傳·成公十六年》：“皆曰：國士在，且厚，不可當也。”

[3] 阿：名詞詞頭。用在人名或姓的前面，有親昵的意味。宋趙彥衛《雲麓漫鈔》四：“古人多言阿字，如……漢武阿嬌金屋。晉尤甚，阿戎、阿連等語極多。”

[4] 呼孔融爲大兒，呼楊脩爲小兒：孔融大禰衡二十歲，故稱大兒；楊脩小禰衡兩歲，故稱小兒。兒：男兒。《墨子·公孟》“夫嬰兒子之知”孫詒讓閒詁引畢云：“男曰兒。”説大兒小兒，表示親昵、崇敬、熱愛，“兒”猶言哥們。《後漢書·文苑傳下·禰衡》：“常稱曰：‘大兒孔文舉，小兒楊德祖。餘子碌碌，莫足數也。’”楊脩（175—219）：字德祖，弘農華陰（今屬陝西）人，楊彪子。謙恭才博，建安中舉孝廉，後爲曹操主簿，總知内外，事皆稱意，與曹植友善。操以其頗有才策，又爲袁氏之甥，慮成後患，遂誣殺之。其《答臨淄侯箋》頗著名。其“絶妙好辭”與“雞肋”之典，亦盛傳於世。

[5] 荀彧（163—212）：字文若，潁川潁陰（今河南許昌）人。世宦出身。少時，人稱有王佐之才。初附袁紹，繼歸曹操，爲奮武司馬。建安元年，建議迎獻帝都許，使曹操取得有利的政治地位。進爲侍中，守尚書令，常居中持重。繼任尚書令，參與軍國大事。後以反對曹操稱魏公，被迫自殺。强可與語：勉强能與之交談。不詳所據。《三國志·魏書·荀彧傳》裴松之注引《平原禰衡

傳》：“又問：‘曹公、荀令君、趙盪寇（稚長）皆足蓋世乎？’衡稱曹公不甚多；又見荀有儀容，趙有腹尺，因答曰：‘文若可借面弔喪，稚長可使監廚請客。’其意以爲荀但有貌，趙健啖肉也。於是衆人皆切齒。”涉及荀或的僅此。豈稚川別有所據乎？

［6］過此以往：《易·繫辭下》：“過此以往，未之或知也。”

［7］木梗泥偶：謂如木刻泥塑之人，沒有自己的思想。

［8］酒甕飯囊：猶言酒囊飯袋。譏諷無能的人，祇會吃喝，不會做事。稚川語蓋由《論衡·別通》“腹爲飯坑，腸爲酒囊”變化概括而來，而稚川語則變爲《顏氏家訓·誡兵》的“飯囊酒甕”。

　　3　“百官大會，衡時在坐，忽顰顣悽愴[1]，哀歎忼慨[2]。或譏之曰：‘英豪樂集，非所歎也(1)[3]。’衡顧眄；歷視稠衆而答曰：‘在此積尸列柩之間[4]，仁人安能不悲乎！’

【校】

（1）非所歎也：當從楊明照校引從《左傳·桓公九年》“太子其有憂乎？非歎所也”語乙作非歎所也。

【注】

［1］顰顣：皺眉。憂愁不樂之狀。《孟子·滕文公下》：“他日歸，則有饋其兄生鵝者，已顰顣曰：‘惡用是鶂鶂者爲哉？’”悽愴：悲傷；悲涼。《淮南子·本經》：“悽愴之志。”高誘注：“悽愴，傷悼之貌。”

［2］忼慨：感慨。《史記·項羽本紀》：“於是項王乃悲歌忼慨。”《說文·心部》：“慨，忼慨，壯士不得志也。”

［3］英豪樂集，非歎所也：謂禰衡所爲不注意英豪會集的場合。

［4］積尸列柩：禰衡用以形容自己被徒有人的軀殼的活死人所包圍着。《禮記·曲禮下》：“在床曰尸，在棺曰柩。”《三國志·魏書·荀或傳》裴松之注引《平原禰衡傳》：“衡知衆不悅，將南遷荊州。裝束臨發，衆人爲祖道，先設供帳於城南，自共相誡曰：‘衡數不

遜,今其後到,以不起服之。'及衡至,衆人皆坐不起,衡乃號咷大哭。衆人問其故,衡曰:'行尸柩之間,能不悲乎!'"

4 "曹公嘗切齒欲殺之,然復無正有入法應死之罪,又惜有殺儒生之名,乃謫作鼓史[(1)][1]。衡了無悔情恥色,乃縛角於柱[2],口就吹之,乃有異聲,並搖鼗擊鼓[3]。聞者不知其一人也。而論更劇,無所顧忌[4]。

【校】

(1)鼓史:原作鼓吏,當據張衡《文士傳》及《後漢書·文苑傳下·禰衡》作鼓史。

【注】

[1]曹公嘗切齒欲殺之四句:《三國志·魏書·荀彧傳》裴松之注引張衡《文士傳》曰:"(曹操)謂(孔)融曰:'禰衡豎子,乃敢爾!孤殺之無異於雀鼠,顧此人素有虛名,遠近所聞,今日殺之,人將謂孤不能容。……'"正通證。鼓史:指掌鼓的官吏。特指禰衡。"鼓史之狂"即指禰衡之狂。張衡《文士傳》:"太祖(曹操)聞其(禰衡)名,圖欲辱之,乃録爲鼓史。後至八月朝,大宴,賓客並會。時鼓史擊鼓過,皆當脱其故服,易着新衣。次衡,衡擊爲《漁陽參撾》,容態不常,音節殊妙。坐上賓客聽之,莫不慷慨。過不易衣,吏呵之,衡乃當太祖前,以次脱衣,裸身而立,徐徐乃着褌帽畢,復擊鼓《參撾》,而顏色不怍。太祖大笑,告四坐曰:'本欲辱衡,衡反辱孤。'"

[2]角:鼓角。出西北遊牧民族,鳴角以示晨昏。軍中多用作軍號。此蓋表演吹角特技。

[3]並:旁。《易·井》"並受其福"焦循章句:"並,猶旁。"此指用……伴奏。鼗(táo):長柄搖鼓,俗稱撥浪鼓。《周禮·春官·小師》:"掌教鼓、鼗、柷、敔、塤、簫、管、絃、歌。"鄭玄注:

"絃,謂琴瑟也。"

[4] 而論更劇:指演奏更加賣勁。論:用同掄(lūn)。用力揮動。無所顧忌:《漢書·王尊傳》有"無所畏忌"語,稚川改畏爲顧。

5　"尋亡走投荆州牧劉表[1],表欲作書與孫權(1),討逆于時已全據江東,帶甲百萬[2],欲結輔車之援,與共距中國(2)[3]。使諸文士立草,盡思而不得表意,乃示衡。衡省之曰:'但欲使孫左右持刀兒視之者(3),此可用爾[4];儻令張子布見此,大辱人也[5]。'即摧壞投地。

【校】

(1)孫權:當從楊明照校作孫策,方與討逆一致。

(2)與共:孫星衍校:"藏本作'共其',無'與'字,今從舊寫本。"魯藩本同藏本。

(3)持:孫星衍校:"藏本作拄,今從舊寫本改。"魯藩本作柱。

【注】

[1]亡走:逃跑。據張衡《文士傳》,是曹操怕"人將謂孤不能容","乃令騎以衡置馬上,兩騎扶送至南陽",等於押解出境。禰衡在曹操掌握之中,已行不由己了。

[2]孫策(175—200):字伯符,吴郡富春(今浙江富陽)人。孫堅長子,孫權之兄,與周瑜友善。少時居壽春,與江淮間士族結交。堅死後,依附袁術,收領其父殘餘部曲千餘人。興平二年(195)率軍渡江,削平當地割據勢力,據有吴、會稽等五郡;其後又奪取廬江郡,依靠南北士族,在江東建立了孫氏政權。建安三年,曹操表爲討逆將軍,封吴侯。建安五年,孫策利用曹操與袁紹官渡之戰的時機,欲進襲許昌,迎獻帝。兵未發,遇刺身亡。討逆:征討叛逆。此指討逆將軍孫策。

[3]輔車:輔車相依。輔是車箱下面、軸上兩旁的方木,用以夾車軸,

承受車箱，不使其傾側。輔與車相互依賴，喻兩者關係密切。《左傳·僖公五年》："宮之奇諫曰：'虢，虞之表也；虢亡，虞必從之。……諺所謂"輔車相依，唇亡齒寒"者，其虞、虢之謂也。'"杜預注："輔，頰輔；車，牙車。"共距中國：謂共同抗拒中原的曹操。距：通拒。

[4] 但欲使孫左右持刀兒視之者，此可用爾：謂所草外交文書，祇可用來給孫策帳下衛士讀之。《三國志·吳書·張昭傳》裴松之注引《典略》："余嚢聞劉荊州（表）嘗自作書欲與孫伯符，以示禰正平，正平蚩之，言'如是爲欲使孫策帳下兒讀之邪？將使張子布見乎？'"注此正合。持刀兒：執刀以衛左右的男性衛士。

[5] 張子布：張昭（156—236），字子布，彭城（今江蘇徐州）人。少好學，善隸書，從白侯子安受《左氏春秋》，博覽衆書，與琅邪趙昱、東海王朗齊名。孫策創業，命昭爲長史、撫軍中郎將。文武之事，一以委昭。魏黃初二年（221）拜爲綏遠將軍，封由拳侯。權既稱尊號，拜輔吳將軍，改封婁侯，食邑萬户。著《春秋左氏傳解》《論語注》。

6　"表悵然有怪色，謂衡曰：'爲了不中芸鋤乎惜之也[1]？'衡索紙筆(1)[2]，便更書之。衆所作有十餘通，衡凡一歷視之，而已暗記，書之畢以還表，表以還主[3]。或有録所作之本也，以比校之，無一字錯。乃各大驚。表乃請衡更作，衡則作成(2)，手不停輟[4]。表甚以爲佳，而施用焉[5]。

【校】

（1）衡：孫星衍校："藏本無衡字，從舊寫本補。"魯藩本亦無。

（2）則：平津本作即。兩可。

【注】

[1] 怪色：《後漢書・文苑傳下・禰衡》"表憮然爲駭"李賢注："憮然，
怪之也。音撫。"與此合。

[2] 了：完全。中（zhòng）：合適。芸鋤：芟刈。此謂修改。

[3] 通：一篇。歷視：依次一一閱讀每一篇文書。主：此指主持起
草文書的人。

[4] 手不停輟：不停地揮筆書寫。形容文思敏捷而連貫。

[5] 施用：采用。《後漢書・文苑下・禰衡傳》："衡乃從求筆札，須臾
立成，辭義可觀。表大悅，益重之。"

7　"衡驕傲轉甚，一州人士莫不憎恚[1]。而表亦不復
堪，欲殺之。或諫以爲曹公名爲嚴酷，猶能容忍；衡少有虛
名，若一朝殺之，則天下游士[2]，莫復擬足於荆楚者也[3]，
表遂遣之[4]。

【注】

[1] 一州人士：指劉表左右官員。憎恚（huì）：厭惡怨恨。《三國志・
魏書・荀彧傳》裴松之注引《傅子》曰："（禰）衡辯於言而剋於論，
見荆州牧劉表曰，所以自結於表者甚至，表悅之以爲上賓。衡稱
表之美盈口，而論左右不廢繩墨。於是左右因形而譖之，曰：'衡
稱將軍之仁，西伯不過也，唯以爲不能斷；終不濟者，必由此也。'
是言實指表短智，而非衡所言也。表不詳察，遂疏衡而逐之。衡
以交絶於劉表，智窮于黃祖，身死名滅，爲天下笑者，譖之者有形
也。""憎恚"蓋指此。

[2] 游士：泛指雲游四方以謀生的文人。桓寬《鹽鐵論・晁錯》："日
者，淮南、衡山修文學，招四方游士，山東儒、墨咸聚于江淮之間，
講議集論，著書數十篇。"

[3] 擬足：投足；投奔。《文選》揚雄《解嘲》："欲談者卷舌而同聲；欲
步者擬足而投跡。"李善注："欲行者擬足不前，待彼行而投其

跡也。”

［４］表遂遣之：《後漢書·文苑傳下·禰衡》：“後復侮慢於表，表恥不
　　能容，以江夏太守黃祖性急，故送衡與之。”

　　8　“衡走到夏口，依將軍黃祖，祖待以上賓[1]。祖大兒
黃射與衡偕行，過人墓下，俱讀碑銘一過而去[2]。久之，射
曰：‘前所視碑文大佳，恨不寫也。’衡曰：‘卿存其名耳，我
一覽尚記之。’即爲暗書之，末有一字石缺，乃不分明。衡
與半字，曰：‘疑此當作某字’，恐不審也。射省可……(1)

【校】

（１）射省可：孫星衍曰：“下缺數行。”楊明照按：“下所缺者，當是衡爲
　　黃祖所絞殺有關言行。”

【注】

［１］夏口：今湖北武昌。黃祖：後漢江夏太守，事劉表。袁術使孫堅
　　攻荆州，表使祖禦之，軍士射殺孫堅。孫權既立，以父仇屢攻祖。
　　建安間，兵敗城陷，祖挺身亡走，騎士馮則追梟其首。祖待以上
　　賓：《後漢書·文苑傳下·禰衡》：“（劉表）故送衡與之，祖亦善
　　待焉。衡爲作書記，輕重疏密，各得體宜。祖持其手曰：‘處士，
　　此正得祖意，如祖腹中之所欲言也。’”

［２］黃射(yì)：黃祖長子，時爲章陵（今湖北棗陽南）太守，尤善於衡。
　　俱讀碑銘：《後漢書·文苑傳下·禰衡》：“（黃射）嘗與衡俱遊，
　　共讀蔡邕所作碑文，射愛其辭，還，恨不繕寫。衡曰：‘吾雖一覽，
　　猶能識之，唯其中石缺二字爲不明耳。’因書出之。射馳使寫碑
　　還校，如衡所書，莫不歎伏。”按：下文“一字石缺，乃不分明”與
　　謝、范兩家《後漢書》《禰衡別傳》不同，蓋傳聞異辭。

　　9　“雖言行輕人(1)，密願榮顯，是以高遊鳳林[1]，不能

幽翳蒿萊[2]；然修己駮刺[3]，迷而不覺。故開口見憎，舉足蹈禍。齎如此之伎倆[4]，亦何理容於天下而得其死哉！猶梟鳴狐嚾，人皆不喜[5]，音響不改，易處何益[6]？

【校】

（一）雖：孫星衍校：“藏本作難，今從舊寫本。”魯藩本亦作難。

【注】

[1]高遊：遠遊；興趣很高的遊賞。班固《覽海賦》：“願結旅而自託，因離世而高遊。”鳳林：鳳凰所居之處。此喻士類翔集之所。句喻高遊士林。

[2]幽翳：隱蔽。王粲《思友賦》：“身既逝兮幽翳，魂眇眇兮藏形。”蒿萊：草野。阮籍《詠懷》之三一：“戰士食糟糠，賢者處蒿萊。”句喻隱遁民間。

[3]駮刺：竹製名片刺字漫滅。《三國志·魏書·荀彧傳》裴松之注引《平原襧衡傳》：“衡嘗書一刺懷之，字漫滅而無所適。”

[4]齎（jī）：持；懷抱。《文選》江淹《恨賦》“齎志投地”呂向注：“齎，持也。”

[5]梟鳴：梟鳥鳴叫。迷信以爲不吉之兆。《史記·魯仲連傳》正義引《魯連子》：“（魯仲連）往請田巴曰：‘……國亡在旦夕，先生奈之何？若不能者，先生之言，有似梟鳴，出聲而人惡之。願先生勿復言。’”嚾（huān）：叫。

[6]音響：此指説話的聲口語氣。易處：換個地方。《説苑·談叢》：“梟逢鳩，鳩曰：‘子將安之？’梟曰：‘我將東徙，’鳩曰：‘何故？’梟曰：‘鄉人皆惡我鳴，以故東徙。’鳩曰：‘子能更鳴，可矣；不能更鳴，東徙猶惡子之聲。’”

10　“許下，人物之海也，文舉爲之主[1]。任荷之足，爲至到於此[2]，不安已可知矣。猶必死之病，俞附、越人所無如何[3]；朽木、鉛鋌，班輸、歐冶所不能匠也[4]。而復走投荊、楚間，終陷極害，此乃衡懵蔽之効也[5]。蓋欲之而不能得，非能得而弗用者矣[6]。於戲，才士可勿戒哉！”

　　嵇生曰：“吾所惑者，衡之虛名也；子所論者，衡之實病也。敢不寤寐於指南，投杖於折中乎(1)[7]？”

【校】

（1）敢不寤寐於指南二句：楊明照按：“篇中既未見嵇含評論，而篇末忽贅其謙辭，疑上文有缺脱。”

【注】

[1] 許下，人物之海也：《後漢書・文苑傳下・禰衡》：“是時許都新建，賢士大夫四方來集。”故云人物之海。主：猶言文壇盟主。

[2] 任荷之足，爲至到於此：呼應上文，謂孔融保舉禰衡，擔待責任。任荷：擔荷。《國語・齊語》：“管子對曰：‘……負任擔荷，服牛輅馬，以周四方。’”韋昭注：“背曰負，肩曰擔。任，抱也。荷，揭也。服，謂牛服車也。輅，馬車也。周，徧也。”《後漢書・文苑傳下・禰衡》：“（孔融）上疏薦之曰：‘……若衡等輩，不可多得。……飛兔、騕褭、絕足奔放，（王）良、（伯）樂之所急。臣等區區，敢不以聞。’”

[3] 必死之病二句：謂即使良醫也無法救治。《文子・上德》：“與死同病者難爲良醫。”舊注：“必死之病，醫雖良而不救。”《淮南子・人間》：“是猶病者已惓而索良醫也，雖有扁鵲、俞跗之巧，猶不生也。”俞附：他書或作俞跗、踰跗、俞柎、臾跗、俞夫、榆柎。傳說黃帝時良醫，以割皮解肌，洗滌內臟治病。《周禮・天官・疾醫》鄭玄注：“岐伯、榆柎，則兼彼數術者。”釋文：“岐伯、榆柎，皆黃帝時醫人。”越人：即扁鵲。所無如何：猶言無可奈何。

[4] 朽木、鉛鋌，班輸、歐冶所不能匠：謂“朽木不可雕也”（《論語・公冶長》），鉛鋌無實用價值，即便是魯公輸班、歐冶，也不能治理。

鉛鋌（dìng）：鉛製箭鋌。

［5］極害：指被黃祖絞殺。《太平御覽》八三三引《禰衡傳》：“衡字正平。十月朝，黃祖在艨衝舟上，賓客皆會。作黍臛，既至，先在衡前。衡得便飽食，初不顧左右。既畢，復搏弄以戲。時江夏有張伯雲亦在座，調之曰：‘《禮》教云何而食此？’（《禮記·曲禮上》：“侍食於長者，……毋搏飯。”）正平不答，弄黍如故。祖曰：‘處士不當答之也！’衡謂祖曰：‘君子寧聞車前馬糞？’祖呵之。衡熟視祖，罵曰：‘死鍛錫公！’祖大怒，令五百將出，欲杖之。而罵不止。遂令絞殺。黃射來救，無所復及。悽愴流涕曰：‘此有異才，曹操及劉荆州不殺，大人奈何殺之？’祖曰：‘人罵汝父作鍛錫公，奈何不殺？’”《後漢書·文苑傳下·禰衡》：“後黃祖在蒙衝船上大會賓客，而衡言不遜順，祖慚，乃訶之，衡更熟視曰：‘死公！云等道？’祖大怒，令五百將出，欲加筆，衡方大罵，祖恚，遂令殺之。祖主簿素疾衡，即時殺焉。（黃）射徒跣來救，不及。”李賢注：“等道，猶今言何勿語也。”王先謙集解：“死公云等道，謂死公云何語也。”懵蔽：蔽塞不明。効：俗效字。

［6］欲之而不能得二句：《文選·西京賦》：“豈欲之而不能，將能之而不欲歟？”主語當是禰衡。

［7］寤寐於指南：猶言日夜皆奉之若指南針。寤寐：醒與睡。常以指日夜。《詩·周南·關雎》：“窈窕淑女，寤寐求之。”指南：指導；教導。《文選》張衡《東京賦》：“鄙哉予乎，習非而遂迷也，幸見指南於吾子。”薛綜注：“言己之惑，不知南北，今先生指以示我，我足以三隅反也。”投杖：猶投棄其杖，表示拜服。《禮記·檀弓上》：“子夏投其杖而拜，曰：‘吾過矣，吾過矣！吾離群而索居，亦已久矣。’”鄭玄注：“謝之，且服罪也。群，謂同門朋友也。索，猶散也。”折中：取正，用爲判斷事物的準則。《史記·孔子世家贊》：“自天子王侯，中國言六藝者，折中於夫子，可謂至聖矣！”

詰鮑卷四十八[1]

1　鮑生敬言好老、莊之書，治鮑辯之言(1)，以爲“古者無君，勝於今世[2]”。故其著論云：“儒者曰：‘天生烝民，而樹之君[3]。’豈其皇天諄諄言(2)，亦將欲之者爲辭哉[4]？夫彊者淩弱，則弱者服之矣；智者詐愚，則愚者事之矣[5]。服之，故君臣之道起焉；事之，故力寡之民制焉。然則隸屬役御[6]，由乎争彊弱而校愚智，彼蒼天果無事也[7]。

【校】
（1）治鮑：平津本作治劇。
（2）言：孫星衍校：“舊寫本作然。”

【注】
[1] 詰鮑：責問鮑敬言（關於“古者無君，勝於今世”的言論）。鮑敬言生平事迹不詳。

[2] 無君：沒有君長，即無國家與政府。指母系社會。《吕氏春秋·恃君》：“昔太古嘗無君矣，其民聚生群處，知母不知父，無親戚兄弟夫妻男女之别，無上下長幼之道，無進退揖讓之禮，無衣服履帶宫室畜積之便，無器械舟車城郭險阻之備，此無君之患。”高誘注：“太古，上古。兩儀之始，未有君臣之制。”

[3] 天生烝民：《詩·大雅·蕩》“天生烝民”毛傳：“烝，衆也。”樹之君：給百姓樹立了君長。《左傳·文公十三年》有“天生民而樹之君”語，又《襄公十四年》有“天生民而立之君”語。

［4］皇天：尊言天。皇：大。《楚辭·離騷》：“皇天無私阿兮，覽民德
　　焉錯輔。”諄諄言：諄諄然。反復告誡、再三叮嚀貌。言：助詞。
　　無義。《詩·大雅·抑》：“誨爾諄諄，聽我藐藐。”欲之者爲辭
　　哉：謂想做國君的人在找藉口。語仿《論語·季氏》：“求，君子
　　疾夫舍曰欲之而必爲之辭。”

［5］夫彊者凌弱四句：謂強暴與狡詐占了上風。《管子·君臣下》：
　　“古者未有君臣上下之別，未有夫婦妃匹之合，獸處群居，以力相
　　征。於是智者詐愚，强者凌弱。”

［6］隸屬：指百姓。《韓非子·難勢》：“堯教於隸屬，而民不聽；至於
　　南面而王天下，令則行，禁則止。”

［7］蒼天：《詩·秦風·黃鳥》：“彼蒼者天，殲我良人。”

　　2　“夫混茫以無名爲貴[1]，群生以得意爲歡[2]。故剥
桂刻漆(1)，非木之願[3]；拔鷸裂翠，非鳥所欲[4]；促轡銜
鑣(2)，非馬之性[5]；荷軛運重(3)，非牛之樂[6]。詐巧之萌，
任力違真；伐生之根(4)，以飾無用[7]，捕飛禽以供華玩[8]。
穿本完之鼻，絆天放之腳[9]，蓋非萬物並生之意[10]。夫役
彼黎烝，養此在官[11]，貴者禄厚，而民亦困矣。

【校】

（1）剥桂刻漆：平津本作削桂刻漆。

（2）促轡：藏本、魯藩本作促促，當依平津本作促轡。

（3）荷軛：平津本作荷軏。

（4）伐生之根：孫星衍校：“藏本作伐根之生，今從舊寫ㄥ。”魯藩本亦
　　作伐根之生。楊明照校删“之”字。如此，“伐生根以飾無用”，方
　　與“捕飛禽以供華玩”對文。

【注】

［1］混茫：指遠古人類未開化的狀態。《莊子·繕性》：“古之人在混

芒之中。"成玄英疏:"其時淳風未散,故處在混沌芒昧之中。"茫
與芒同。無名:道家稱天地未形成時的狀態。《老子·第一章》
"無,名天地之始;有,名萬物之母。"河上公注:"無名者,謂道;道
無形,故不可名也。始者,道本也。吐氣布化,出於虛無,爲天地
本始也。"

［2］群生:一切生物。《莊子·在宥》:"今我願合六氣之精,以育
群生。"

［3］剥桂刻漆:《莊子·人間世》:"桂可食,故伐之。漆可用,故割
之。"《急就篇》四:"芎藭厚朴桂栝樓。"顔師古注:"桂,謂菌桂、牡
桂之屬,百藥之長也。"《説文·桼部部首》:"桼,木汁,可以髤
物。"段玉裁注:"木汁名桼,因名其木曰桼。今字作漆,而桼廢
矣。"漆爲桼之俗字。

［4］鶡(hé):又名鶡雞。《山海經·中山經》:"(煇諸山)其鳥多鶡。"
郭璞注:"似雉而大,青色,有毛,勇健,鬥死乃止。音遏。出上黨
也。"鶡尾多用作天子武騎冠飾。翠:翠鳥,專指雌性翠鳥。翠
羽色青而黄。《爾雅·釋鳥》:"翠,鷸。"郭璞注:"似燕,紺色,生
鬱林。"《周書·王會》:"倉吾翡翠。翡翠者,所以取羽。"孔晁注:
"翠羽,其色青而有黄也。"

［5］促轡:謂拉緊繮繩,催馬快行。《禮記·曲禮上》"執策分轡"正
義:"轡,御馬索也。"銜鑣:御馬用之。鑣(biāo):馬嚼子。

［6］荷軏:即負軏,猶言駕轅。軏:牛拉車,駕在牛脖子上的曲木器
具。《古詩十九首》之七有"牽牛不負軏"語。

［7］伐生根:猶言伐木。生根:有生之根,木也。

［8］捕飛禽以供華玩:獵取飛鳥,如鸚鵡、畫眉之類,關在籠子裏供
自己賞玩。

［9］穿本完之鼻:《莊子·秋水》:"牛馬四足,是謂天;落(絡)馬首,穿
牛鼻,是謂人。"天:天然。人:人爲。天放:放任自然。《莊
子·馬蹄》"命曰天放"成玄英疏:"天,自然也。……若有心治
物,則乖彼天然,直置放任,則物皆自足。故名曰天放也。"

［10］並生:同是生物。《列子·説符》:"天地萬物與我並生,類也。"張

湛注：“同是生物。”

[11] 役彼黎烝，養此在官：謂役使人民養活百官。《漢書·司馬相如傳下》：“（《封禪文》）覺寤黎烝。”顏師古注：“黎烝，衆庶。”

3　“夫死而得生，欣喜無量[1]，則不如向無死也(1)[2]；讓爵辭禄，以釣虛名，則不如本無讓也。天下逆亂焉，而忠義顯矣；六親不和焉[3]，而孝慈彰矣[4]。

【校】

（1）向：魯藩本作何。

【注】

[1] 無量（liàng）：不可計算；没有限度。《左傳·昭公十九年》：“今宫室無量，民人日駭，勞罷死轉，忘寝與食，非撫之也。”

[2] 向：從前；原先。《穀梁傳·成公二年》：“今之屈，向之驕也。”

[3] 六親：1.《老子·第十八章》：“六親不和有孝慈。”王弼注：“六親，父、子、兄、弟、夫、婦。”2.《管子·牧民》：“上服度，則六親固。”尹知章注：“六親，謂父母兄弟妻子。”兩可。還有四說，從略。

[4] 孝慈：孝敬尊長，慈愛後輩或下屬；孝友。《論語·爲政》：“臨之以莊則敬，孝慈則忠。”《逸周書·官人》：“父子之間，觀其孝慈；兄弟之間，觀其和友。”王引之《經義述聞·通說上》：“孝友或謂之孝慈。”按：天下四句，意本《老子·第十八章》：“六親不和，有孝慈；國家昏亂，有忠臣。”謂“忠義”、“孝慈”之興，“皆由道廢、德衰、國亂、親亡之所致也”（蘇轍語）。

4　“曩古之世，無君無臣[1]。穿井而飲，耕田而食[2]。日出而作，日入而息[3]。汎然不繫[4]，恢爾自得[5]。不競不營，無榮無辱。山無蹊徑，澤無舟梁[6]。川谷不通，則不相並兼；士衆不聚，則不相攻伐。是高巢不探[(1)]，深淵不漉[7]；鳳鸞棲息於庭宇，龍鱗群遊於園池[(2)][8]；飢虎可履，虺蛇可執[9]；涉澤而鷗鳥不飛[10]，入林而狐兔不驚[11]。勢利不萌，禍亂不作。干戈不用，城池不設。萬物玄同[12]，相忘於道[13]。疫癘不流[14]，民獲考終[15]。純白在胸，機心不生[16]。含餔而遊，鼓腹而熙[(3)][17]。其言不華[18]，其行不飾[19]。安得聚斂以奪民財，安得嚴刑以爲坑穽[20]？

【校】

（1）是：楊明照按：“‘是’下疑脫‘以’字。”按：“是”有“是以；是故”義。《逸周書·常訓》：“夫禮非鈞不承，非樂不竟，民是乏生。”《史記·呂太后本紀》：“刑罰罕用，罪人是希。”並其證。

（2）鱗：當從楊明照校作麟。

（3）含餔而遊，鼓腹而熙：原作含餔而熙，鼓腹而遊，魯藩本含作舍，王國維校作舍。當從楊明照校引《淮南子·俶真》作含哺而遊，鼓腹而熙。

【注】

［1］曩（nǎng）古：古代，往古。《内篇·明本》：“曩古純朴，巧僞未萌。”無君無臣：《潛夫論·班禄》：“太古之時，烝黎初載，未有上下，而自順序，天未事焉，君未設焉。”

［2］穿井而飲，耕田而食：謂自食其力，無須依賴國君。《文子·道原》：“古者……鑿井而飲，耕田而食。”

［3］日出而作，日入而息：謂依照太陽升降安排生產與生活，無須聽命於國君。《莊子·讓王》：“舜以天下讓善卷，善卷曰：‘余立於宇宙之中，……日出而作，日入而息，逍遥於天地之間，而心意自得，吾何以天下爲哉！’”

［4］汎然不繫：漫不經心。《莊子·列禦寇》“汎若不繫之舟”成玄英疏：“唯聖人汎然無係，泊爾忘心，譬彼虛舟，任運逍遥。”

［5］恢爾：猶恢然。博大寬廣貌。《荀子·非十二子》："恢然如天地之苞萬物。"《説文·心部》："恢，大也。"

［6］山無蹊徑，澤無舟梁：形容小國寡民，不相往來，自給自足，無求於外的自然狀態。梁：水上橋梁。經傳言梁不言橋。《莊子·馬蹄》："故至德之世，其行填填，其視顛顛。當是時也，山無蹊隧，澤無舟梁。"郭象注："（填填、顛顛）此自足於内，無所求及之貌。不求非望之利，故止於一家而足。"成玄英疏："蹊，徑。隧，道也。舟，船也。當是時，即至德之世也。人知守分，物皆淳朴，不伐不奪，徑道所以可遺；莫往莫來，船橋於是乎廢。"

［7］探：摸取。《文子·上德》："飛鳥之巢，可俯而探。"漉（lù）：竭；乾涸。《禮記·月令》"毋漉陂池"釋文："漉音鹿，竭也。"

［8］鳳鸞棲息於庭宇二句：謂動物未受到捕獵，生態未遭到破壞，人與動物和諧相處。麟：《文子·道德》："鳳皇翔其庭，麒麟遊其郊，蛟龍宿其沼。"

［9］飢虎可履：喻無害人之心。《文子·道原》《淮南子·原道》："欲害之心忘乎中者，即飢虎可尾也。"虺蛇可執：《淮南子·本經》："昔容成氏之時……虎豹可尾，虺蛇可蹍，而不知其所由然。"高誘注："虎豹擾人，無害人之心，故可牽尾。虺蛇不螫毒，故可蹍履也。時人謂自當然耳，故曰不知其所由然。"蹍：踩，踐踏。

［10］涉澤而鷗鳥不飛：謂（人進入鷗鳥、狐兔活動範圍）鷗鳥、狐兔不受驚擾。《世説新語·言語45》"澄以石虎爲海鷗鳥"劉孝標注引《莊子》曰："海上之人好鷗者，每旦之海上從鷗遊，鷗之至者，百數而不止。其父曰：'吾聞鷗鳥從汝遊，取來玩之。'明旦之海上，鷗舞而不下。"

［11］入林而狐兔不驚：《莊子·山木》："入獸不亂群，入鳥不亂行。鳥獸不惡，而况人乎？"郭象注："若草木之無心，故爲鳥獸所不畏。"

［12］萬物玄同：萬物與天地同道。《老子·第五十六章》："和其光，同其塵，是謂玄同。"河上公注："玄，天也。人能行此上事，是與天同道也。"

［13］相忘於道：謂各自自足而得其志。《莊子·大宗師》："孔子曰：

'魚相造乎水,人相造乎道。……故曰:魚相忘乎江湖,人相忘乎道術。'"郭象注:"各自足而相忘者,天下莫不然也。至人常足,故常忘也。"

[14] 厲:通癘。《詩·小雅·正月》"胡然厲矣"陳奐傳疏:"厲者,癘之假借字。"疫癘:瘟疫。

[15] 考終:五福之一。《書·洪範》:"(五福)五曰考終命。"孔傳:"各成其短長之命以自終,不橫夭。"

[16] 純白在胸,機心不生:《莊子·天地》:"機心存於胸中,則純白不備。"機心:巧詐之心。《莊子·天地》:"有機械者,必有機事;有機事者,必有機心。機心存於胸中,則純白不備。"

[17] 含餔而遊,鼓腹而熙:《莊子·馬蹄》:"夫赫胥氏之時,民居不知所爲,行不知所之,含哺而熙,鼓腹而游,民能以此矣。"(熙、游二字當乙)釋文引司馬彪云:"赫胥氏,上古帝王也。"哺:口中嚼食。

[18] 其言不華:《淮南子·俶真》:"是故神越者其言華,德蕩者其行僞。"高誘注:"越:散也。言不守也,故華而不實。蕩,逸。僞,不誠也。"

[19] 其行不飾:《吕氏春秋·知度》:"情者不飾,而事實見矣。此謂之至治。至治之世,其民不好空言虚辭。"高誘注:"飾,虚。"

[20] 嚴刑以爲坑穽:《大戴禮記·盛德》:"故曰刑罰之所從生有源,不務塞其源,而務刑殺之,是爲民設陷以賊之也。"坑穽:喻害人的圈套。《後漢書·袁紹傳上》:"矰繳充蹊,阬穽塞路。"

5　"降及杪季,智用巧生[1]。道德既衰,尊卑有序[2]。繁升降損益之禮[3],飾紱冕玄黃之服[4];起土木於淩霄[5],構丹緑於旂橑(1)[6];傾峻搜寶,泳淵採珠[7]。聚玉如林,不足以極其變;積金成山,不足以贍其費。澶漫於淫荒之域,而叛其大宗之本(2)[8]。去宗日遠(3),背朴彌增。尚賢,則民争名;貴貨,則盗賊起。見可欲,則貞正之心亂(4)[9];勢利陳⁽⁵⁾，則劫奪之塗開⁽⁶⁾。造剡銳之器，長侵割之患；弩恐不勁，甲恐不堅，釪恐不利^[10]，盾恐不厚⁽⁷⁾。若無凌暴，此皆可棄也。

【校】

（1）棼橑：平津本、魯藩本作撩。

（2）大宗：原作大始，當從楊明照校引《文子‧上德》作大宗。

（3）去宗：孫星衍校：“藏本作崇，從舊寫本改。”魯藩本作法崇，當依楊明照引吉藩本等作去古。

（4）貞正：原作真正，當從楊明照校作貞正。

（5）勢利陳；疑當乙作陳勢利，與上文“見可欲”對文。否則，“見可欲”當乙作“可欲見”。

（6）劫：魯藩本殘爲去。

（7）盾：魯藩本作盾支。

【注】

[1] 智用巧生：謂淳朴壞散是智用巧生的原因。《文子‧上禮》：“施及周室，澆醇散朴，離道以爲僞，險德以爲行，智巧萌生。”

[2] 道德既衰，尊卑有序：謂道德衰微是尊卑産生的原因。《老子‧第三十八章》：“故失道而後德，失德而後仁，失仁而後義，失義而後禮。夫禮者，忠信之薄而亂之首。”河上公注：“言道衰而德化生也，言德衰而仁愛見也，言仁衰而分義明也，言義衰則施禮聘，行玉帛。”

[3] 損益：謂文質代有增減，由質變文。《論語‧爲政》：“子曰：‘殷因於夏禮，所損益，可知也；周因於殷禮，所損益，可知也；其或繼周者，雖百世可知也。’”集解：“孔(安國)曰：‘文質禮變。’”

[4] 黻冕：大夫以上祭服之衣與祭服之冠。黻通韍。《論語‧泰伯》：“子曰：‘禹……惡衣食，而致美乎黻冕。’”邢昺疏：“黻冕，皆祭服也。言禹降損其常服，以盛美其祭服也。……鄭玄注此云：‘黻

是祭服之衣,冕其冠也。’”朱熹集註:“韍,蔽膝也,以韋爲之。冕,冠也。皆祭服也。”玄黄:天色玄,地色黄,故玄以爲衣,黄以爲裳,象天在上,地在下。《詩・豳風・七月》“載玄載黄”正義引《易・繫辭下》“故云取諸乾坤也”某氏注:“乾爲天,坤爲地,天色玄,地色黄,故玄以爲衣,黄以爲裳,象天在上,地在下。”兩句由《淮南子・俶真》“繁登降之禮,飾紱冕之服”變來。

[5] 起土木於凌霄:謂大興土木,蓋高層豪華建築。《淮南子・本經》:“魏闕之高,上際青雲;大廈曾加,擬於昆侖。”注此正合。

[6] 棼橑(fén lǎo):樓閣的棟與椽。《文選・西都賦》“列棼橑以布翼”李善注:“《説文(・林部)》曰:‘棼,複屋棟也。’扶雲切。又(木部)曰:‘橑,椽也。’梁道切。《爾雅(・釋言)》曰:‘棟謂之桴。’音浮。”吕向注:“棼、桴皆棟也。橑,椽也。言棟上布椽如翼也。”

[7] 傾峻搜寶,泳淵採珠:謂崩高山,下深水,搜尋金玉與珠寶。《淮南子・本經》:“逮至衰世,鐫山石,鍥金玉,擿蚌蜃。”高誘注:“鐫猶鑿也,求金玉也。鍥,刻金玉以爲器也。擿猶開也,開以求珠也。”

[8] 澶(dàn)漫:縱逸;放縱貌。《莊子・馬蹄》:“澶漫爲樂,摘僻爲禮。”釋文引李頤曰:“澶漫,猶縱逸也。”淫荒:耽於逸樂;縱欲放蕩。《淮南子・俶真》:“是故百姓曼衍於淫荒之陂,而失其大宗之本。”大宗:《文子・上禮》:“各欲(以)行其智僞以容於世,而失大宗之本。”

[9] 尚賢,則民争名數句:意本《老子・率三章》:“不尚賢,使民不争;不貴難得之貨,使民不爲盜;不見可欲,使心不亂。”尊崇賢者,《墨子》有《尚賢》上中下三篇。貞正:堅貞端方。《戰國策・齊策四》:“(嚴)躅願得歸,晚食以當肉,安步以當車,無罪以當貴,清静貞正以自虞。”《新書・道術》:“言行抱一謂之貞……方正不曲謂之正。”

[10] 𨫌:同矛,矛之古文。見《玉篇・矛部》矛字下。一種直刺的兵器。

6　“故曰：‘白玉不毀，孰爲珪璋？道德不廢，安取仁義[1]？’使夫桀、紂之徒，得燔生人(1)，辜諫者(2)[2]；脯諸侯，菹方伯[3]；剖人心，破人脛[4]；窮驕淫之惡[5]，用炮烙之虐(3)[6]。若令斯人，並爲匹夫，性雖凶奢，安得施之[7]？使彼肆酷恣欲，屠割天下，由於爲君，故得縱意也。

【校】

（1）燔生人：原作燔人，當從孫人和引《淮南子‧俶真》作燔生人。如此“燔生人”與“辜諫者，脯諸侯，菹方伯，剖人心，破人脛”各三字句，平列成文。

（2）辜：孫星衍校：“舊寫本作皋。”

（3）炮烙：魯藩本作炰烙。

【注】

[1] 白玉不毀四句：謂珪璋以毀壞白玉爲代價，仁義以廢棄道德爲代價。語見《莊子‧馬蹄》，郭象注：“凡此皆變朴爲華，棄本崇末。於其天素，有殘廢矣。世雖貴之，非其貴也。”釋文引李（頤）云：“皆器名也。鋭上方下曰珪，半珪曰璋。”後兩句意本《老子‧第十八章》：“大道廢，有仁義。”

[2] 得：統領以下六個三字句。燔生人：語本《淮南子‧俶真篇》：“逮至夏桀、殷紂，燔生人，辜諫者。”燔（fán）：焚燒。生人：活人。辜諫者：《淮南子‧説林》：“桀辜諫者，湯使人哭之。”辜：磔（zhé）刑，即分裂肢體。《周禮‧秋官‧掌戮》“殺王之親者辜之”鄭玄注：“辜之言枯也，謂磔之。”

[3] 脯諸侯：《逸周書‧明堂》：“脯鬼侯。”《史記‧殷本紀》：“脯鄂侯。”並其例。菹方伯：《吕氏春秋‧行論》：“昔者紂爲無道，殺梅伯而醢之，殺鬼侯而脯之，以禮諸侯於廟。”高誘注：“肉醬爲醢。肉熟（乾）爲脯。梅伯、鬼侯皆紂之諸侯也。梅伯説鬼侯之女美，令紂取之。紂聽妲己之譖，曰（因）以爲不好，故醢梅伯、脯

鬼侯,以其脯燕諸侯於廟中。"

[4] 剖人心:《吕氏春秋·過理》:"殺比干而視其心。"高誘注:"比干,紂之諸父也。數諫紂之非,紂不能聽,故視其心,欲知其何以不與人同也。"破人脛:《淮南子·俶真》:"剖賢人之心,析才士之脛。"高誘注:"賢人,比干也。析,解也。剥解(有)才士腳,觀其有奇異。脛,腳也。"

[5] 窮驕淫之惡:《列女傳·孽嬖·夏桀末喜傳》:"(夏桀)日夜與末喜及宫女飲酒,無有休時。置末喜於膝上,聽用其言,昏亂失道,驕奢自恣。爲酒池,可以運舟。一鼓而牛飲者三千人……"《殷紂妲己傳》:"(紂)好酒,淫樂,不離妲己。……積糟爲邱,流酒爲池,縣(懸)肉爲林,使人裸形相逐其間,爲長夜之歡。"

[6] 炮烙:即炮格之刑。《荀子·議兵》:"紂剖比干,囚箕子,爲炮烙刑。"楊倞注:"《列女傳》曰:'炮烙爲膏銅柱,加之炭上,令有罪者如行焉,輒墮火中,紂與妲己大笑。'烙,古責反。"盧文弨曰:"'炮烙之刑',古書亦作'炮格之刑','格'讀如'庋格'之'格',古'閣''格'一也。《史記》索隱鄒誕生音'閣',此注云'烙,古責反',可證楊時本尚作'格'也。"《韓非子·喻老》:"紂爲肉圃,設炮烙,登糟丘,臨酒池。"俞樾《諸子平議·韓非子》:"蓋爲炮格,布火其下,欲食者於肉圃取肉,置格上炮而食之也。"《淮南子·俶真》:"逮至夏桀、殷紂,燔生人,辜諫者,爲炮烙,鑄金柱……"王念孫曰:"《吕覽·過理篇》'肉圃爲格',即所謂炮格也。後人多改'炮格'爲'炮烙',段氏若膺嘗正其誤,見盧氏《鍾山札記》中。"《史記·殷本紀》:"於是紂乃重刑辟,有炮格之法。"裴駰集解引《列女傳》:"膏銅柱,下加之炭,令有罪者行焉,輒墮其中。妲己笑,名曰炮格之刑。"是其證。炮格:古代烤肉用的銅質支架,此用作刑具。

[7] 若令斯人四句:謂帝王的地位給帝王施行兇奢提供了條件。説本《韓非子·難勢》:"桀、紂爲高臺深池以盡民力,爲炮烙(格)以傷民性,桀、紂得乘四(成肆)行者,南面之威爲之翼也。使桀、紂爲匹夫,未始行一,而身在刑戮矣。"

7　"君臣既立，衆慝日滋。而欲攘臂乎桎梏之間[1]，愁勞於塗炭之中[2]；人主憂慄於廟堂之上[3]，百姓煎擾乎困苦之中；閑之以禮度[4]，整之以刑罰[5]；是猶闢滔天之源[6]，激不測之流[7]；塞之以撮壤，障之以指掌也[8]！"

【注】

[1] 攘（rǎng）臂：捋起衣袖，伸出胳臂。喻振奮。《莊子・在宥》："而儒、墨乃始離跂攘臂乎桎梏之間。"

[2] 塗炭：（危險如）陷泥墜火；塗泥炭火。《書・仲虺之誥》："有夏昏德，民墜塗炭。"枚傳："夏桀昏亂，不恤下民，民之危險，若陷泥墜火，無救之者。"《文選》袁宏《三國名臣序贊》："論時，則民方塗炭。"呂向注："天下禍亂，人如在塗泥炭火之中。"

[3] 憂慄於廟堂之上：襲用《莊子・在宥》語："故賢者伏處大山嵁巖之下，而萬乘之君，憂慄乎廟堂之上。"《爾雅・釋詁》："慄，懼也。"

[4] 閑：防範。《左傳・昭公六年》"閑之以義"杜預注："閑，防也。"正義："閑，謂防衛也。閑之以義，防衛之使合於事宜也。"

[5] 整之以刑罰：《左傳・莊公二十三年》："曹劌諫曰：'不可！夫禮，所以整民也。'"正義："夫禮者，所以整理天下之民也。"這裏稚川以刑罰代禮。

[6] 滔天之源：言水之大。《書・堯典》："湯湯洪水方割，蕩蕩懷山襄陵，浩浩滔天。"孔傳："懷，包也。襄，上也。包山上陵，浩浩盛大若漫天。"

[7] 激：發。《莊子・外物》："激西江之水而迎子，可乎？"不測之流：言水之深。

[8] 指掌：極言其小。按：闢滔天四句：喻（衆慝）源流廣大，非撮壤、指掌所能塞障。喻禮度刑罰已不能遏止禍亂。

8　抱朴子難曰："蓋聞沖昧既闢，降濁升清[1]；穹隆俯燾,旁泊仰停[(1)][2]；乾坤定位,上下以形[3]。遠取諸物,則天尊地卑,以著人倫之體[4]；近取諸身,則元首股肱,以表君臣之序[5]。隆殺之軌[(2)][6],有自來矣。

【校】

（1）穹隆俯燾,旁泊仰停：原作穹隆仰燾,旁泊俯停。當作穹隆俯燾,旁泊仰停。

（2）隆殺：原作降殺,當從楊明照校作隆殺。

【注】

[1] 沖昧：猶渾沌。古代傳説中指天地初開前元氣未分、模糊一團的狀態。降濁升清：《易緯乾鑿度》上："一者,形變之始。清輕者上爲天,濁重者下爲地。"

[2] 穹隆俯燾,旁泊仰停：謂天俯燾而地仰停也。停通亭,養育。

[3] 乾坤定位,上下以形：謂天地形成,各在其所處地位運動。《易·繫辭上》："天尊地卑,乾坤定矣。卑高以陳,貴賤位矣。"

[4] 遠取諸物：《易·繫辭下》："古者包犧氏之王天下也,仰則觀象於天,俯則觀法於地,觀鳥獸之文與地之宜,近取諸身,遠取諸物,於是始作八卦,以通神明之德,以類萬物之情。"天尊地卑：直觀自然,天高貴在上,地卑賤在下。語見上引《易·繫辭上》。著：建立。

[5] 近取諸身：語見上引《易·繫辭下》。元首股肱：喻國君與左右輔佐之臣。《書·益稷》："元首明哉！股肱良哉！庶事康哉！"孔傳："先君後臣,衆事乃安,以成其義。"此即"君臣之序"。

[6] 隆殺(shài)：猶尊卑、厚薄、高下。《荀子·樂論》："貴賤明,隆殺辨。"《禮記·鄉飲酒義》"隆殺之義別矣"鄭玄注："尊者禮隆,卑者禮殺,尊卑別也。"

9　"若夫太極混沌,兩儀無質[1],則未若玄黃剖判,七耀垂象;陰陽陶冶,萬物群分也^[2]。由兹以言,亦知鳥聚獸散⁽¹⁾,巢棲穴竄;毛血是茹^[3],結草斯服^[4]。入無六親之尊卑^[5],出無階級之等威,未若庇體廣夏,粳粱嘉旨^{(2)[6]},黼黻綺紈,御冬當暑^[7];明辟蒞物^[8],良宰匠世⁽³⁾;設官分職^[9],宇宙穆如也^[10]。

【校】

（一）亦知：陳其榮校:“舊寫本作亦如。”

（二）粱：藏本、魯藩本誤作梁。

（三）匠：孫星衍校:“舊寫本作居。”

【注】

[一]混沌:指天地形成前的元氣狀態。《老子・第二十五章》:“有物混成,先天地生。”河上公注:“謂道無形,混沌而成萬物,乃在天地之先。”質:形體。《春秋説題辭》:“元氣清以爲天,渾沌無形體。”

[二]萬物群分:萬物類聚群分。《易・繫辭上》《禮記・樂記》:“物以群分。”

[三]毛血是茹:連血帶毛,生食禽獸。謂人類不知用火熟食。《禮記・禮運》:“昔者,先王……未有火化,食草木之實,鳥獸之肉,飲其血,茹其毛。”正義:“‘飲其血,茹其毛’者,雖食鳥獸之肉,若不能飽者,則茹食其毛以膈飽也。”句式同“馬首是瞻”。

[四]結草斯服:穿野草編織的衣服。《墨子・辭過》:“古之民未知爲衣服時,衣皮帶茭。”句式與“毛血是茹”同。斯:結構助詞,起前置賓語作用。

[五]六親句:謂父尊母卑、夫尊妻卑、兄尊弟卑。

[六]粳粱:同爲穀類精細的飯食,各爲六穀之一。粳(jīng):一作秔。即稌,稻也。粱:粱米。《周禮・天官・膳夫》:“凡王之饋食用六穀。”鄭玄注:“六穀,稌、黍、稷、粱、麥、苽。”又《食醬》“牛宜稌”

鄭玄注引鄭司農（衆）云："稌，稉也。"釋文："稉，本亦作秔。"《説文・禾部》："稌，稻也。"

［7］當暑：抵擋酷暑。指上句"綺紈"的功用。《論語・鄉黨》："當暑，袗絺綌。"集解引孔安國曰："暑則單服。絺綌，葛也。"

［8］明辟(bì)：明君。《書・洛誥》："周公拜手稽首曰：'朕復子明辟。'"孔傳："周公盡禮致敬，言我復還明君之政於子。子，成王。"蒞物：猶視事。《禮記・文王世子》："不能蒞阼"鄭玄注："蒞，視也。不能視阼階行人君之事也。"釋文："蒞，本或作涖。"《小爾雅・廣詁》："物，事也。"

［9］設官分職：《周禮・天官・序官》"設官分職"鄭玄注引鄭司農（衆）云："置冢宰、司徒、宗伯、司馬、司寇、司空，各有所職，而百事舉。"

［10］穆如：穆如清風。謂和美清風化育萬物。《詩・大雅・烝民》"穆如清風"鄭玄箋："穆，和也。"《法言・淵騫》："觀其行者，穆如也。"

10 "貴賤有章，則慕賞畏罰；勢齊力均，則爭奪靡憚。是以有聖人作[1]，受命自天[2]：或結罟以畋漁[3]，或瞻辰而鑽燧(1)[4]，或嘗卉以選粒[5]，或構宇以仰蔽[6]；備物致用[7]，去害興利[8]。百姓欣戴[9]，奉而尊之。君臣之道，於是乎生，安有詐愚淩弱之理？

【校】

（1）瞻：魯藩本誤作贍。

【注】

［1］作：興起。《禮記・禮運》："後聖有作。"鄭玄注："作，起。"正義："謂上古之後聖人作起。"

［2］受命自天：古帝王自稱受命於天，以鞏固其統治。《詩・大雅・

大明》：“有命自天，命此文王。”

［３］結罟：《易‧繫辭下》：“古者包犧氏之王天下也……，作結繩而爲罔罟，以佃以漁。”罔：網之初字。罟（gǔ）：猶網也。取獸曰網，取魚曰罟。畋佃通。

［４］瞻辰：觀察辰星。《藝文類聚》八十引《尸子》：“燧人上觀辰星，下察五木以爲火。”鑽燧：《論語‧陽貨》“鑽燧改火”皇侃疏：“鑽燧者，鑽木取火之名也。”《藝文類聚》十一、《初學記》九引《禮含文嘉》：“燧人始鑽木取火，炮生爲熟，令人無腹疾，遂天之意，故爲燧人。”

［５］嘗卉以選粒：指神農氏嘗百草五穀，以爲食用與藥用。《初學記》九引陸景《典語》：“神農嘗百草，嘗五穀，蒸民乃粒食。”

［６］構宇：《易‧繫辭下》：“上古穴居而野處，後世聖人易之以宮室，上棟下宇，以待風雨。”高亨今注：“後世聖人，言其非黃帝堯舜也。”按：本句謂有巢氏。

［７］備物致用：《易‧繫辭上》：“備物致用，立成器以爲天下利，莫大乎聖人。”正義：“謂備天下之物，招致天下所用，建立成就天下之器，以爲天下之利，唯聖人能然。故云莫大乎聖人也。”集解引虞翻曰：“（聖人）神農、黃帝、堯、舜也。”

［８］去害興利：《文選》曹植《求自試表》“欲以除害興利”李善注引《尸子》：“禹興利除害，爲萬民種也。”

［９］欣戴：欣悦擁戴。《逸周書‧明堂》：“四海兆民，欣戴文、武。”

11　“三、五迭興，道教遂隆[1]。辯章勸沮[2]，德盛刑清。明良之歌作，蕩蕩之化成[3]。太階既平[4]，七政遵度[5]。梧禽激響於朝陽[6]，麟、虞覿靈而來出[7]。龜、龍吐藻於河湄[8]，景、老摛耀於天路[9]。皇風振於九域[10]，兇器戢乎府庫[11]。是以禮制則君安，樂作而刑厝也[12]。

【注】

［１］道教：道治、儒教。稚川認爲是中國文化的源與流。《內篇‧塞

難》：“道者，萬殊之源也。儒者，大淳之流也。三皇以往，道治也。帝王以來，儒教也。”注此正合。

［2］辯章：辯別章明。《書・堯典》：“九族既睦，平章百姓。”平通辯。《史記・五帝本紀》索隱：“《古文尚書》作‘平’。……其今文作‘辯章’。”《漢書・叙傳上》：“劉向司籍，辯章舊聞。”《文選・答賓戲》辯作辨。《小爾雅・廣詁》：“章，明也。”

［3］蕩蕩之化：形容堯之德政廣大。蕩蕩：廣大貌；博大貌。《書・洪範》：“無偏無黨，王道蕩蕩。”

［4］太階：古星座名。即三台。上台、中台、下台共六星，兩兩並排而斜上如階梯，故名。《漢書・東方朔傳》：“願陳《泰階六符》，以觀天變，不可不省。”顏師古注：“孟康曰：‘泰階，三台也。每台二星，凡六星。符，六星之符驗也。’應劭曰：‘《黃帝泰階六符經》曰：“泰階者，天之三階也。上階爲天子，中階爲諸侯、公卿、大夫，下階爲士、庶人……三階平則陰陽和，風雨時，社稷神祇咸獲其宜，天下大安，是爲太平。”’”泰通太。

［5］七政遵度：指日、月與金、木、水、火、土五星運行正常。遵度：猶言遵循運動軌迹。

［6］朝（zhāo）陽：山的東面。句意本《詩・大雅・卷阿》。

［7］麟、虞：麒麟、騶虞。靈：聖。指聖主之德。《藝文類聚》九八、九九引《孝經援神契》：“德至鳥獸，則麒麟臻。”“德至鳥獸白虎見。”白虎即騶虞，騶虞白虎黑文。

［8］龜、龍吐藻：謂“河出圖，洛出書”（《易・繫辭上》）。《書・顧命》“天球，河圖。”孔傳：“伏犧王天下，龍馬出河，遂則其文以畫八卦，謂之‘河圖’。”《書・洪範》：“天乃賜禹《洪範》九疇，彝倫攸叙。”孔傳：“天與禹，洛出書。神龜負文而出，列於背，有數至於九，禹遂因而第之以成九類常道，所以次叙。”河湄：水草交際之處爲湄。

［9］景、老：景星、老人星。老人星又名南極星、壽星。《史記・天官書》：“西宮……狼比地有大星，曰南極老人。老人見，治安；不見，兵亂。”比地，近地。天路：指星辰的運行軌道。

[10] 皇風：皇帝的教化之風。《文選》班固《東都賦》：“覲明堂，臨辟
雍。揚緝熙，宣皇風。”劉良注：“覲，見也。緝熙，光明也。宣，布
也。言見群臣於明堂，以揚光明之德，布天下之風。”九域：九
洲。泛指全國。《漢書·律曆志下》：“祭典曰：‘共工氏伯九
域。’”《文選》潘勖《册魏公九錫文》“綏爰九域”李善注：“《韓詩》
曰：‘方命厥后，奄有九域。’薛君曰：‘九域，九州也。’”

[11] 兇器：兵器。《文子·下德》《國語·越語下》：“兵者，兇器也。”
戢：聚。《詩·周頌·時邁》“載戢干戈”毛傳：“戢，聚也。”

[12] 禮制、樂作：即制禮作樂。《禮記·樂記》：“王者功成樂作，治定
制禮。”鄭玄注：“功成、治定同時耳。功主於王業，治主於教民。”
刑厝：民不犯法，無所用刑。《荀子·議兵》：“傳曰：‘威厲而不
試，刑錯而不用。’”楊倞注：“錯，置也，如置物於地不動也。”錯、
厝同措。

12　“若夫奢淫狂暴，由乎人已[1]，豈必有君便應爾乎？
而鮑生獨舉衰世之罪，不論至治之義[2]，何也？

　　“且夫遠古質朴，蓋其未變，民尚童蒙[3]，機心不動。
譬夫嬰孩，智慧未萌，非爲知而不爲，欲而忍之也。若人與
人爭草萊之利，家與家訟巢窟之地，上無治枉之官，下有重
類之黨，則私鬭過於公戰[4]，木石銳於干戈。交尸布野，流
血絳路。久而無君，噍類盡矣[5]。

【注】

[1] 奢淫：奢侈淫逸。《漢書·哀帝紀》：“制節謹度以防奢淫，爲政所
先，百王不易之道也。”狂暴：兇暴；殘暴。袁宏《後漢紀·順帝紀
下》：“嬰雖爲大賊，起於狂暴，自分必及禍。”已：用作語氣詞，
同也。

[2] 至治：指社會安定、繁榮昌盛、教化大行的政治局面。《莊子·胠
篋》：“子獨不知至德之世乎？昔者容成氏、大庭氏……伏羲氏、

神農氏,當是時也,民結繩而用之。甘其食,美其服,樂其俗,安其居,鄰國相望,雞犬之音相聞,民至老死而不相往來。若此時也,則至治已。"義:良善。《書·皋陶謨》:"彊而義。"王引之《經義述聞·尚書上》:"義,善也。謂性發彊而又良善也。"

［3］童蒙句:蓋本《文子·道原》:"古者民童蒙不知東西。"又《精誠》:"處犧氏之王天下也……其民童蒙不知西東。"

［4］私鬭:私人之間的爭鬭。《韓非子·顯學》:"夫斬首之勞不賞,而家鬭之勇尊顯,而素民之疾戰距敵而無私鬭,不可得也。"

［5］噍(jiào)類:指能咀嚼食物的活着的人。《漢書·高帝紀上》:"項羽爲人慓悍禍賊,嘗攻襄城,襄城無噍類。"顏師古注引如淳曰:"噍,音祚笑反。無復有活而噍食者也。青州俗呼無子遺爲無噍類。"

13 "至於擾龍馴鳳[1],《河圖》《洛書》[2],或龍銜甲負(1)[3],或黃魚波湧(2)[4],或丹禽翔授[5],或回風三集[6],皆在有君之世,不出無王之時也。夫祥瑞之徵,指發玄極:或以表革命之符,或以彰至治之盛。若令有君不合天意,彼嘉應之來,孰使之哉?子若以混冥爲美乎[7]?則乾坤不宜分矣。若以無名爲高乎?則八卦不當畫矣。豈造化有謬,而太昊之闇哉!

【校】

（1）龍銜:原作鱗銜,楊明照校曰:"藏本、魯藩本、吉藩本作'鱗'。""鱗謂龍,甲謂龜也。"按:就出處言,"鱗銜"當作"龍銜",謂龍馬銜《甲圖》。《宋書·符瑞志》引《竹書紀年》帝堯陶唐氏:"乃有龍馬銜甲,赤文綠色,緣壇而上,吐《甲圖》而去。"《文選》顏延之《赭白馬賦》李注引《尚書中候》曰:"帝堯即政七十載,修壇河洛。……榮光出,河龍馬銜甲,赤文綠色,臨壇吐甲圖。""龍銜"本此。楊明照引了這後一條材料,但未由此得出"龍銜"的結論。

又,《詰鮑》前文曰:"龜、龍吐藻於河湄。"楊明照箋曰:"《春秋左傳序》'河不出圖'《正義》:'鄭玄以爲《河圖》《洛書》龜龍衡負而出,如《(尚書)中候》所説:"龍馬衡甲,赤文,綠色。甲似龜背,袤廣九尺,上有列宿鬥正之度,帝王録紀興亡之數"是也。'"也證明是"龍馬衡甲"。不知爲何如此前後不一致。

（2）黄魚波湧:按出處,當作黄魚雙踴或黄魚雙躍。

【注】

［1］擾:馴養。《左傳・昭公二十九年》:"有陶唐氏既衰,其後有劉累,學擾龍于豢龍氏,以事孔甲,能飲食之。夏后嘉之,賜氏曰御龍,以更豕韋之後。"《周禮・夏官・服不氏》:"服不氏掌養猛獸而教擾之。"鄭玄注:"擾,馴也。教習使之馴服。"

［2］河圖:有數説:1. 關於《周易》一書起源的傳説。見上引《書・顧命》與孔傳。按:"河圖是對八卦規律的總結和演示",又是"較快掌握八卦規律的教科書"(吕藝《〈河圖〉生八卦之謎解破》,見《北京大學百年國學文粹・語言文獻卷》)。2. 關於最早天文圖籍的傳説。《論語・子罕》:"河不出圖"邢昺疏引鄭玄注:"《河圖》《洛書》,龜龍衡負而出,如《(尚書)中候》所説,龍馬衡甲,赤文,綠色。甲似龜背,袤廣九尺,上有列宿、斗正之度,帝王録紀興亡之數是也。"3. 孔安國、鄭玄以爲聖人帝王受命之瑞。上引《論語・子罕》"河不出圖"引孔曰:"聖人受命,則鳳鳥至,河出圖,今天無此瑞,吾已矣夫者,傷不得見也。"4. 讖諱書名。洛書:1. 漢儒關於《書・洪範》"九疇"創作過程的傳説。見上"龜龍吐藻"注引。2. 聖人受命之瑞。《易・繫辭上》:"河出圖,洛出書。"正義曰:"如鄭康成之義,則《春秋緯(説題辭)》云:'河以通乾出天苞,洛以流坤吐地符。河龍圖發,洛龜感應。《河圖》有九篇,《洛書》有六篇。'孔安國(《論語・子罕》注)以爲'《河圖》則八卦是也,《洛書》則九疇是也。'"《漢書・五行志上》:"《易》曰:'天垂象,見吉凶,聖人象之;河出圖,雒出書,聖人則之。'劉歆以爲虙羲氏繼天而王,受《河圖》,則而畫之,八卦是也;禹治洪水,賜雒書,法而陳

之,《洪範》是也。"顏師古注:"處讀與伏同。"

[３] 龍銜甲負:《宋書·符瑞志》引《竹書紀年》帝堯陶唐氏:"乃有龍馬銜甲,赤文緑色,緣壇而上,吐《甲圖》而去。"《文選》顏延之《赭白馬賦》"實有騰光吐圖"李善注引《尚書中候》曰:"帝堯即政七十載,修壇河洛。……榮光出,河龍馬銜甲,赤文緑色,臨壇吐甲圖。"甲負:《初學記》六引《尚書中候》:"堯沈璧於洛,玄龜負圖(書)出,背甲赤文成字,止壇。"

[４] 黄魚波湧:古人以爲是吉祥之瑞。《宋書·符瑞志》引《竹書紀年》商湯:"湯乃東至於洛,東觀帝堯之壇,沈璧退立,黄魚雙踴,黑鳥隨之止於壇,化爲黑玉。"《淵鑒類函》四一八引《詩正義中候》曰:"湯沈璧洛水,黄魚雙躍出,躋於壇,化爲黑玉。"《詩·商頌譜》正義引《(尚書)中候·維(雒)予命》云:"天乙在亳,東觀於洛,黄魚雙躍出,濟(躋)於壇。"天乙即成湯,《史記·殷本紀》:"主癸卒,子天乙立,是爲成湯。"《禮記·檀弓上》正義引同上:"湯觀於亳,沈璧,而黑龍與之書,黄魚雙躍。"並其證。

[５] 丹禽翔授:有數説:1. 丹鳳銜圖授明主。《藝文類聚》九九引《春秋合誠圖》曰:"黄帝遊玄扈雒水上,與大司馬容光等臨觀,鳳皇銜圖置帝前,帝再拜授圖。"2. 赤鳥銜珪。《墨子·非攻下》:"赤鳥銜珪,降周之岐社,曰:'天命周文王,伐殷有國,河出緑圖,地出乘黄'。"《藝文類聚》九九引作"赤烏"。3. 赤雀銜丹書。《詩·大雅·文王序》正義引《尚書中候·我應》:"季秋之月甲子,赤雀銜丹書入豐,止於昌户,再拜稽首受。"《太平御覽》二四引《尚書中候》:"周文王爲西伯,季秋之月甲子,赤雀銜丹書入豐鄗,止於昌户。乃拜稽首受。取(最)曰:'姬昌,蒼帝子。亡殷者,紂也。'"4. 赤烏含穀。《尚書大傳·大誓》:"周將興之時,大赤烏含穀之種而集於王屋之上。"5. 赤燕遺丹書。《藝文類聚》九九引《田俅子》曰:"少昊之時,赤燕一羽而飛,集少昊之户,遺其丹書。"傳説甚多。

[６] 回風三集:旋風多次刮起。古人認爲是吉祥之兆。《宋書·符瑞志》引《竹書紀年》帝堯陶唐氏:"白雲起,回風揺。"

［7］混冥：無分無迹，無始無終；謂原始蒙昧的狀態。《莊子·天地》：
　　“致命盡情，天地樂而萬事銷亡，萬物復情，此之謂混冥。”郭象
　　注：“情復而混冥無迹也。”

14 “雅論所尚[1]，唯貴自然。請問夫識母忘父[2]，群
生之性也；拜伏之敬，末世之飾也(1)[3]。然性不可任，必尊
父焉；飾不可廢，必有拜焉。任之，廢之，子安乎？

【校】
（1）末世之飾：原作世之末飾，當從楊明照校乙作末世之飾。

【注】
［1］雅論：猶高論，雅正之論，亦用爲敬詞。《内篇·對俗》：“若如雅
　　論，宜不驗也。今試其小者，莫不効焉。”
［2］識母忘父：指群婚的母系社會之時的知母不知父的情況。《莊
　　子·盜跖》：“神農之世，……民知其母，不知其父。”
［3］末世之飾：《文子·上義》：“末世之衰也。”稚川換“衰”爲“飾”。
　　飾：此指禮儀、禮節。

15 “古者生無棟宇，死無殯葬[1]，川無舟檝之器，陸無
車馬之用。吞啖毒烈[2]。以至殞斃[3]；疾無醫術，枉死無
限。後世聖人，改而垂之[4]，民到於今，賴其厚惠[5]。機巧
之利，未易敗矣。

【注】
［1］死無殯葬：《孟子·滕文公上》：“蓋上世嘗有不葬其親者。其親
　　死，則舉而委之於壑。”趙岐注：“上世，未制禮之時。壑，路旁坑
　　壍也。其父母終，舉而委棄之於壑中也。”殯葬：殯殮埋葬。《禮
　　記·喪大記》：“在竟外，則殯葬可也。”

〔2〕啖（dàn）：食。

〔3〕殞斃：死亡。《三國志·魏書·高貴鄉公髦傳》：“顛沛殞斃，殺身
　　濟君。”

〔4〕垂：流傳。之：指舟楫、車馬、選禾稼、嘗百草等機巧之利。

〔5〕民到於今：《論語·憲問》：“子曰：‘……民到於今受其賜。’”

16　“今使子居則反巢穴之陋，死則捐之中野[1]。限水
則泳之游之，山行則徒步負戴。棄鼎鉉而爲生臊之食[2]，
廢針石而任自然之病。裸以爲飾，不用衣裳[3]。逢女爲
偶，不假行媒[4]。吾子亦將曰不可也。況於無君乎！

【注】

〔1〕反：返之初字。捐之中野：《易·繫辭下》：“古之葬者，厚衣之以
　　薪，葬之中野。”

〔2〕鼎鉉：鼎與貫鼎之具。此謂炊具。鉉：扛鼎而舉之。《易·鼎》：
　　“六五：鼎黄耳金鉉。”正義：“鉉，所以貫鼎而舉之也。”釋文引馬
　　融云：“鉉，杠鼎而舉之也。”生臊：謂肉類之腥臭氣。《國語·晉
　　語四》：“舅犯走且對曰：‘……偃之肉腥臊，將焉用之！’”句謂
　　生食。

〔3〕裸以爲飾：《左傳·哀公七年》：“子貢對曰：‘……大伯端委以治
　　周禮，仲雍嗣之，斷髮文身，嬴以爲飾，豈禮也哉！有由然也。’”
　　正義：“嬴以爲飾者，嬴其身體，以文身爲飾也。”嬴同裸。

〔4〕不假行媒：《禮記·曲禮上》：“男女非有行媒，不相知名。”鄭玄
　　注：“見媒往來傳昏姻之言，乃相知姓名。”

17　“若令上世人如木石[1]，玄冰結而不寒，資糧絕而
不飢者也(1)[2]，可也。衣食之情，苟在其心，則所爭豈必金
玉，所競豈必榮位？橡芋可以生鬭訟(2)[3]，藜藿足用致侵
奪矣。夫有欲之性[4]，萌於受氣之初[5]；厚己之情，著於成

形之日[6]。賊殺並兼[7]，起於自然。必也不亂，其理
何居[8]？

【校】

（1）肴：孫星衍校：“藏本作肴，從《意林》改。”
（2）芧：孫星衍校：“藏本作茅，今從舊寫本。”魯藩本作茅，王國維校
　　作芧。

【注】

[1] 木石：樹木和山石。比喻無知覺，無感情之物。司馬遷《報任少
　　卿書》：“身非木石，獨與法吏爲伍，深幽囹圄之中，誰可告愬者？”
[2] 資糧：糧食。《左傳・僖公四年》：“若出於陳鄭之間，共其資糧扉
　　屨，其可也。”楊伯峻注：“資糧，同義連綿詞，資亦糧也。”
[3] 芧：橡芧（xù）：橡實，俗稱橡子，櫟樹的果實。《莊子・齊物論》
　　“狙公賦芧”釋文：“芧，音序。司馬（彪）云：‘橡子也。’”鬪訟：鬪
　　毆爭吵。《論衡・論死》：“妒夫媢妻，同室而處，淫亂失行，忿怒
　　鬪訟。”
[4] 有欲：《荀子・禮論》：“禮起於何也？曰：‘人生而有欲，欲而不
　　得，則不能無求。求而無度量分界。而不能不爭，爭則亂。’”
[5] 受氣：禀受自然之氣。陶潛《感士不遇賦》：“咨大塊之受氣，何斯
　　人之獨靈。”此謂禀受陰陽精靈之氣。謂受孕。
[6] 成形：形體構成。指即將降生的胎兒。
[7] 賊殺：殺害。《周禮・夏官・大司馬》：“賊殺其親則正之，放弑其
　　君則殘之。”
[8] 何居：何故。居（jū；jī）：古代齊魯間語助詞。《禮記・檀弓上》：
　　“何居？我未之前聞也。”鄭玄注：“居讀爲姬姓之姬，齊魯之間語
　　助也。”正義：“何居，居是語辭，言仲子舍適孫立庶子，是何道理
　　乎？”《莊子・齊物論》：“何居乎形固可使如槁木，而心固可使如
　　死灰乎？”釋文：“何居，如字。又音姬。司馬（彪）云：‘猶故也。’”

18 “夫明王在上，羣后盡規；坐以待旦[1]，昧朝旰食[2]。延誹謗以攻過，責昵屬之補察[3]，聽輿謠以屬省(1)[4]，鑒履尾而夕惕[5]，颺清風以埽穢，厲秋威以肅物。制峻網密，有犯無赦[6]。刑戮以懲小罪(2)，九伐以討大憝[7]，猶懼豺狼之當路[8]，感彝倫之不叙，憂作威之凶家，恐姦宄之害國。

【校】

（1）屬省：當從楊明照校作屢省。

（2）刑：藏本、魯藩本作形，平津本作刑，當從。

【注】

［1］坐以待旦：多表示爲官勤政。《孟子·離婁下》：“周公思兼三王，以施四事，其有不合者，仰而思之，夜以繼日；幸而得之，坐以待旦。”趙岐注：“坐以待時，言欲急成之也。”

［2］昧朝旰食：形容政務繁忙，提前上朝而推遲退朝。昧朝：以昧爲朝。《書·牧誓》：“時甲子昧爽，王朝至於商郊牧野。”《荀子·哀公》：“孔子曰：‘……君未爽而櫛冠，平明而聽朝。’”楊倞注：“昧，闇。爽，明也。謂初曉尚暗之時。”旰（gàn）食：晚食。《左傳·昭公二十年》：“（伍）奢聞員不來，曰：‘楚君大夫其旰食乎！’”杜預注：“將有吳憂，不得早食。”

［3］昵屬：猶至親。《晉書·愍帝紀》：“今左右丞相茂德齊聖，國之昵屬。”補察：補過察政；補其愆過，察其得失。《國語·周語上》“親戚補察”韋昭注：“補，補過。察，察政也。”

［4］聽輿謠：《左傳·僖公二十八年》：“楚師背酅而舍，晉侯（文公）患之，聽輿人之誦，曰：‘原田每每，舍其舊而新是謀。’”杜預注：“恐衆畏險，故聽其歌誦。”輿：衆。謠：徒歌；不合樂的歌。此指民間評議時政之言論。屢省：《書·益稷》“屢省乃成”孔傳：“屢，數也。當數顧省汝成功。”

〔5〕鑒履尾：吸取踐踏虎尾的教訓。《易·履》：“六三：……履虎尾，咥人凶。”王弼注：“履虎尾者，言其危也。”正義：“以此履虎尾，咥齧於人，所以凶也。”

〔6〕有犯無赦：《管子·大匡》：“晏子曰：‘貴人子處華、下交、好飲食，行此三者，有罪無赦。’”

〔7〕大憝（duì）：大惡人。《書·康誥》：“王曰：‘封，元惡大憝，矧惟不孝不友！’”孔傳：“大惡之人，猶爲人所大惡，況不善父母，不友兄弟者乎！言人之罪惡莫大於不孝不友。”《廣雅·釋詁三》：“憝，惡也。”王念孫疏證：“凡人兇惡亦謂之憝。”

〔8〕豺狼之當路：喻貪暴執政者。《漢書·孫寶傳》：“（侯）文曰：‘豺狼橫道，不宜復問狐狸。’”顏師古注：“言不當釋大而取小也。”《後漢書·張綱傳》：“而綱獨埋其車輪於洛陽都亭，曰：‘豺狼當路，安問狐狸！’”

19　“故嚴司鷹揚以彈違[1]，虎臣杖鉞於方嶽[2]。而狂狡之變[3]，莫世乏之。而令放之(1)，使無所憚，則盜跖將橫行以掠殺[4]，而良善端拱以待禍[5]，無主所訴，無彊所憑。而冀家爲夷、齊[6]，人皆柳惠[7]，何異負豕而欲無臭，憑河而欲不濡[8]，無轡筴而御奔馬，棄柂櫓而乘輕舟[9]，未見其可也。”

【校】

（1）而令：陳其榮校：“藏本作而命，今從舊寫本。”按：兩可。

【注】

〔1〕嚴司：三司執法嚴峻。三司：中書省、門下省與御史臺，共掌朝政，其中包括刑獄。唐代指御史大夫、中書、門下，主理刑獄。《新唐書·百官志三》：“凡冤而無告者，三司詰之。三司，謂御史大夫、中書、門下也。”隋唐承襲魏晉刑獄制度。

〔2〕虎臣杖鉞於方嶽：謂武將在外，手握重兵，專任一方。《詩·大雅·常武》：“進厥虎臣，闞如虓虎。”毛傳：“虎之自怒虓然。”鄭玄箋：“前其虎臣之將，闞然如虎之怒。”杖鉞：手持斧鉞，受命出征。《淮南子·兵略》：“君入廟門，西面而立。將入廟門，趨至堂下，北面而立。主親操鉞持頭，授將軍其柄，曰：‘從此上至天者，將軍制之。’復操斧持頭，授將軍其柄，曰：‘從此下至地者，將軍制之。’”方嶽：《書·堯典》“四岳”孔傳：“四岳，即上羲和之四子，分掌四岳之諸侯。”稱四伯。後又分岳置八伯，掌八州之事。因以方岳稱任專一方之重臣。《三國志·魏書·滿寵傳》裴注引《世語》：“（明）帝將召寵，給事中郭謀曰：‘寵爲汝南太守、豫州刺史二十餘年，有勳方嶽。及鎮淮南，吳人憚之。’”

〔3〕狂狡：狂妄狡詐；指叛亂者。《漢書·諸侯王表序》：“亡狂狡之憂，卒折諸呂之難，成太宗之業者，亦賴之於諸侯也。”

〔4〕盜跖：黃帝時大盜之名。此指柳下惠弟，相傳春秋末期民衆之起義領袖。統治者以其爲天下之大盜，故世仿古，號之盜跖。《莊子·盜跖》：“柳下惠之弟，名曰盜跖。盜跖從卒九千人，橫行天下，侵暴諸侯。”《荀子·不苟》：“盜跖吟口，名聲若日月，與舜、禹俱傳而不息。”

〔5〕端拱：端身拱手。喻恭敬有禮，莊重不苟。《莊子·山森》：“（孔子）左據槁木，右擊槁枝，而歌焱氏之風……顏回端拱還目而窺之。”此謂束手（就擒）。

〔6〕夷、齊：伯夷、叔齊。《孟子·公孫丑上》：“孟子曰：‘伯夷非其君不事，非其友不友。不立於惡人之朝，不與惡人言。立於惡人之朝，與惡人言，如以朝衣坐於塗炭。推惡惡之心，思與鄉人立，其冠不正，望望然去之，若將浼然。’”趙岐注：“塗，泥。炭，墨也。浼，汙也。思，念也。與鄉人立，見其冠不正，望望然慚愧之貌也。去之，恐其汙己也。”句謂如夷、齊之潔身自好。

〔7〕柳惠：柳下惠。《孟子·公孫丑上》：“孟子曰：‘……柳下惠不羞汙君，不卑小官。進不隱賢，必以其道。遺佚而不怨，阨窮而不憫。……’”趙岐注：“憫，懣。”柳下惠三次被黜，容不加戚。句謂

其善己。

［８］負豕而欲無臭二句：喻手段與目的相違。表達方式如《呂氏春秋·勸學》："是懷腐而欲香也，是入水而惡濡也。"高誘注："腐爛必臭，懷而欲其香；入水必濡，而惡之，皆不可得也。"

［９］無轡筴而御奔馬二句：謂無控制手段即不能達到駕馭、統治的目的。《韓非子·姦劫弑臣》："無捶策之威，銜橛之備，雖造父不能以服馬。"柂：柁之俗體。柁同舵。控制行船方向的工具。櫓：划船的槳。《釋名·釋船》："（舟）其尾曰柂。柂，拕也。在後見拕曳也；且弼正船，使順流不使它戾也。在旁曰櫓。櫓，旅也，用旅力然後舟行也。"

20　鮑生又難曰："夫天地定位$^{(1)}$，二氣範物$^{[1]}$；樂陽則雲飛，好陰則川處；承柔剛以率性$^{(2)[2]}$，隨四八而化生。各附所安，本無尊卑也。君臣既立，而變化遂滋。夫獵多則魚擾，鷹衆則鳥亂$^{[3]}$；有司設則百姓困，奉上厚則下民貧。壅崇寶貨，飾玩臺榭；食則方丈，衣則龍章；內聚曠女，外多鰥男$^{[4]}$；採難得之寶，貴奇怪之物；造無益之器，恣不已之欲。非鬼非神，財力安出哉！

【校】

（１）定：原作之，當從楊明照校作定。由於草寫"定"脱去宀，而殘訛爲之字。

（２）率：藏本、魯藩本作卒，今從平津本。

【注】

［１］天地定位：天尊地卑，地位形成。《易·説卦》："天地定位，山澤通氣。"

［２］承柔剛以率性：順承陰陽而依循性行。《易·説卦》："昔者聖人之作《易》也，將以順性命之理。是以立天之道，曰陰與陽。立地

之道,曰柔曰剛。"柔剛:猶言陰陽。率性:循其本性;盡情任性。《禮記·中庸》:"天命之謂性,率性之謂道。"鄭玄注:"率,循也。循性行之是謂道。"正義:"率,循也。道者,通物之名。言依循性之所感而行,不令違越,是之曰道。感仁行仁,感義行義之屬,不失其常,合於道理,使得通達,是率性之謂道。"

〔3〕獺多則魚擾二句:《文子·上義》:"夫畜魚者,必去其蝙(猵)獺;養禽獸者,必除其豺狼。"此二句喻下二句。

〔4〕曠女,鰥男,即怨女曠夫。怨女:怨恨守活寡的婦女。曠夫:獨身的男人。《孟子·梁惠王上》:"當是時也,內無怨女,外無曠夫。"

　　21　"夫穀帛積,則民有飢寒之儉;百官備,則坐靡供奉之費[1]。宿衛有徒食之衆[2],百姓養游手之人[3]。民乏衣食,自給已劇[4],況加賦斂,重以苦役。下不堪命,且凍且飢,冒法斯濫[5],於是乎在。王者憂勞於上,台鼎鞏顇於下,臨深履薄,懼禍之及。恐智勇之不用,故厚爵重祿以誘之;恐姦釁之不虞[6],故嚴城深池以備之。而不知祿厚則民匱而臣驕(1),城嚴則役重而攻巧[7]。

【校】

（1）驕:平津本作騎,陳澧校改爲驕,與各本同。

【注】

〔1〕坐:徒然。供奉:供給;奉養。《漢書·王莽傳中》:"秦爲無道,厚賦稅以自供奉,罷民力以極欲。"

〔2〕宿衛:在宮禁中值宿,擔任警衛。《史記·齊悼惠王世家》:"後四年,封章弟興居爲東牟侯,皆宿衛長安中。"徒食:猶坐食。亦謂無功受祿。《禮記·王制》:"庶人耆老不徒食。"

〔3〕游手:王符《潛夫論·浮侈》:"今舉世舍農桑,趨商賈,牛馬車輿,

填塞道路,游手爲巧,充盈都邑,治本者少,滄食者衆。"此謂閒蕩不務正業。

[4]劇:艱難困苦。《廣韻·陌韻》:"劇,艱也。"

[5]冒法:犯法。《漢書·禮樂志》"民人抵冒"顔師古注:"抵,忤也。冒。犯也。言無廉恥,不畏懼也。"斯濫:就無所不爲。《論語·衛靈公》:"君子固窮,小人窮斯濫矣。"

[6]姦釁:姦言與嫌隙。王粲《爲劉荆州與袁尚書》:"初聞郭公則、辛仲治通內外之言,造交遘之隙,使士民不協,姦釁並作,聞之愕然,爲增忿怒。"此指姦詐不軌的事端。

[7]驕、巧:宵部。

22　"故散鹿臺之金,發鉅橋之粟,莫不懽然[1];況乎本不聚金,而不斂民粟乎?休牛桃林,放馬華山[2],載戢干戈,載櫜弓矢[3],猶以爲泰;況乎本無軍旅,而不戰不成乎?茅茨土階,棄織拔葵[4],雜囊爲幃[5],濯裘布被[6],妾不衣帛,馬不秣粟[7];儉以率物,以爲美談。所謂盜跖分財,取少爲讓[8];陸處之魚,相煦以沫也[9]。

【注】

[1]散鹿臺之金二句:寫周武王滅商後賑濟殷民的德政。《書·武成》:"散鹿臺之財,發鉅橋之粟。"鉅橋:紂倉名。《史記·殷本紀》集解引服虔曰:"鉅橋,倉名,許慎曰鉅鹿水之大橋也,有漕粟也。"故址在今河北曲周縣東北。懽同歡。

[2]休牛桃林,放馬華山:謂偃武修文。《書·武成》:"乃偃武修文,歸馬於華山之陽,放牛於桃林之野。"枚傳:"山南曰陽。桃林在華山東,皆非長養牛馬之地,欲使自生自死,示天下不復乘用。"桃林又名桃林塞、桃源、桃園,約在今河南靈寶以西,陝西潼關以東地區。

[3]載戢干戈,載櫜弓矢:謂收藏兵器,表示不再用兵。載:則,乃。

戢：收藏。干：盾。戈：戟。櫜（gāo）：古代盛衣甲或弓箭的囊。《詩·周頌·時邁》：“載戢干戈，載櫜弓矢。”毛傳：“戢，聚。櫜，韜也。”鄭玄箋：“載之言則也。王巡守而天下咸服，兵不復用，此又著震疊之效也。”

[4] 棄織拔葵：指魯相公儀休出其家婦，燔燒妻子的織布機，拔掉園葵而棄之，示不與民争利。

[5] 雜囊爲幃：謂漢文帝合聚上書用的袋子用作殿幃，以示節儉。《漢書·東方朔傳》“（文帝）集上書囊以爲殿帷”顔師古注：“集，謂合聚也。”

[6] 布被：《史記·平準書》：“公孫弘以漢相，（蓋）布被，食不重味，爲天下先。”

[7] 妾不衣帛，馬不秣粟：魯相季孫、晉相孟獻伯、齊相晏嬰、楚相孫叔敖之家皆生活簡朴如此。分別見：《左傳·成公十六年》：“季孫於魯，相（宣、成）二君矣，妾不衣帛，馬不食粟，可不謂忠乎？”《韓非子·外儲説左下》：“孟（孟）獻伯相魯（晉）……晉無衣帛之妾，居不粟馬。”《太平御覽》六八九引《韓子》：“晏嬰相齊，妾不衣帛，馬不食粟。”《鹽鐵論·通有》：“昔孫叔敖相楚，妻不衣帛，馬不秣粟。”

[8] 盜跖分財，取少爲讓：謂盜跖亦有道，講究謙讓。按：《莊子·天下》有“人皆取先，己獨取後”語，可與此合讀。

[9] 相煦：相呴以濕。用濕氣互相噓吸。煦同呴。煦（xǔ）：吐出，吹氣。以沫：相濡以沫。用口沫互相濕潤。《莊子·大宗師》：“泉涸，魚相與處於陸，相呴以濕，相濡以沫，不如相忘於江湖。”

23 “夫身無在公之役[1]，家無輸調之費(1)[2]，安土樂業[3]，順天分地[4]，內足衣食之用，外無勢利之争，操杖攻劫，非人情也。象刑之教[5]，民莫之犯。法令滋彰，盜賊多有。豈彼無利性[6]，而此專貪殘。蓋我清靜則民自正[7]，下疲怨則巧智生也。

【校】

（1）輸：魯藩本作輪，王國維校作輸。

【注】

［1］身無在公之役：謂不服役。在公：在公所執役；在辦公地點辦公。《詩・魯頌・有駜》：“夙夜在公，在公明明。”鄭玄箋：“公，事也。”朱熹集傳：“公，公所也。”

［2］家無輸調之費：謂不納稅。輸調：漢末、魏晉有“戶調”，即按戶徵調的賦稅，每年徵收絹綿若干。曹操平袁紹，定每戶出絹二匹、綿二斤，見《三國志・魏書・武帝紀》“百姓喜悅”裴松之注引《魏書》載公令曰。

［3］安土樂業：安居本土，愉快從事自己的職業。揚雄《連珠》：“吏不苟暴，役賦不重，財力不傷，安土樂業，民之樂也。”

［4］順天：遵循天道；順從天的旨意。《易・大有》：“君子以遏惡揚善，順天休命。”孔穎達疏：“順奉天德。”分地：區分土地所宜，種植五穀。《孝經・庶人章》：“用天之道，分地之利，謹身節用，以養父母，此庶人之孝也。”

［5］象刑：有兩解：1. 相傳堯、舜時無肉刑，僅用與衆不同的服飾加之犯人以示辱，謂之象刑。《荀子・正論》：“治古無肉刑而有象刑。”楊倞注：“象刑，異章服，恥辱其形象，故謂之象刑也。”2. 象天道以制刑法，公示於衆。《書・益稷》：“方施象刑，惟明。”《漢書・刑法志》：“所謂‘象刑惟明’者，言象天道而作刑，安有菲屨、赭衣者哉？”

［6］利：貪利。《淮南子・精神》“其餘無足利矣”高誘注：“利，貪利也。”

［7］我清靜句：《老子・第五十七章》：“我好靜，而民自正。”

24　“任之自然，猶慮凌暴。勞之不休，奪之無已，田蕪倉虛[1]，杼柚之空(1)[2]；食不充口，衣不周身；欲令勿亂，其可得乎！所以救禍而禍彌深⁽²⁾，峻禁而禁不止也⁽³⁾。關梁所以禁非，而猾吏因之以爲非焉；衡量所以檢僞，而邪人因之以爲僞焉^[3]；大臣所以扶危^[4]，而姦臣恐主之不危；兵革所以静亂，而寇者盜之以爲難：此皆有君之所致也。

【校】

（1）之：王國維校作乏，誤。

（2）所以：陳其榮校：“藏本無‘以’字，舊寫本作所謂，今從盧本。”魯藩本同藏本。

（3）而禁不止也：陳其榮校：“藏本無‘禁’字，今從盧本。”

【注】

［1］田蕪倉虛：《老子·第五十三章節》：“田甚蕪，倉甚虛。”

［2］杼柚之空：即杼柚是空。紡織機與紡織原料都被搜括一空。杼柚(zhù zhōu)：織機上的梭、筘，梭司緯線，筘承經線。指代織機。泛指紡織。之：結構助詞。空：罄盡。《詩·小雅·大東》：“小東大東，杼柚其空。”毛傳：“空，盡也。”鄭玄箋：“小也、大也，謂賦斂數之多少也。”

［3］衡量句：《莊子·胠篋》：“爲之斗斛以量之，則並與斗斛而竊之；爲之權衡以稱之，則並與權衡而竊之。”謂以合法之名，行非法之實。

［4］扶危：扶危定傾。謂在國家危殆將傾覆之時扶持之使安定。《周書·李基傳》：“太祖扶危定傾，威權震主。”

25　“民有所利，則有爭心。富貴之家，所利重矣。且夫細民之爭，不過小小；匹夫校力，亦何所至？無疆土之可貪，無城郭之可利^[1]，無金寶之可欲，無權柄之可競；勢不能以合徒衆，威不足以驅異人^[2]。孰與王赫斯怒^[3]，陳師鞠旅；推無讎之民[4]，攻無罪之國[5]；僵尸則動以萬計，流血則漂櫓丹野[6]！無道之君，無世不有，肆其虐亂[7]，天下無邦⁽¹⁾[8]，忠良見害於內，黎民暴骨於外，豈徒小小爭奪之患邪？

【校】

（1）邦：藏本、魯藩本誤作邪。

【注】

[1] 城郭：1. 城牆。內城的牆與外城的牆。《逸周書·糴匡》："宮室城廓脩爲備，供有嘉菜，於是日滿。"孔晁注："廓與郭同。"《禮記·禮運》："大人世及以爲禮，城郭溝池以爲固。"孔穎達疏："城，內城；郭，外城也。"2. 泛指城市。《史記·萬石張叔列傳》："城郭倉庫空虛，民多流亡。"

[2] 異人：他人；別人。《詩·小雅·頍弁》："豈伊異人？兄弟匪他。"鄭玄箋："'無他'，言至親。"高亨今注："異人，別人，外人。"謂都是兄弟，而非他人，因用爲兄弟的代稱。

[3] 王赫斯怒：《詩·大雅·皇矣》："王赫斯怒，爰整其旅。"鄭玄箋："赫，怒意。"赫斯：勃然。斯：猶然。詞尾。

[4] 推：伐；刺；殺。《禮記·月令》"天子三推"陸德明釋文："推，謂伐也。"《晏子春秋·雜三上》："曲刃鉤之，直兵推之。"于省吾《雙劍誃諸子新證·晏子春秋二》："自內向外刺之曰推。"

[5] 攻無罪之國：《墨子·非攻下》："今王公大人、天下之諸侯則不然，……攻伐無罪之國，入其國家邊境，芟刈其禾稼，斬其樹木，墮其城郭……勁殺其萬民，覆其老弱。"

[6] 流血則漂櫓丹野：謂血流漂浮起大盾牌。形容殺傷極多。櫓（ㄌㄨˇ）：盾牌。《書·武成》："前徒倒戈，攻於後以北，血流漂杵。"邱光庭《兼明書》卷二《尚書》"血流漂杵"條："明曰：血流春杵，不近人情。今以'杵'當爲'杆'字之誤也。按《詩》云：'赳赳武

夫,公侯干城。'《左傳》郤至舉此云:'公侯之所以扞城其民也。'則是古人讀'干'爲'扞'。扞一名楯,一名櫓。《漢書》云:'血流漂櫓。'櫓俗呼爲傍牌,此物體輕,或可漂也。"按:木杵可漂,石杵、鐵杵無以漂。丹野:鮮血染紅原野。曹丕《校獵賦》:"流血赫其丹野,羽毛紛其翳目。"

[7] 虐亂:《史記・儒林列傳・轅固生》:"(轅固生)與黄生爭論景帝前。黄生曰:'湯、武非受命,乃弑也。'轅固生曰:'不然。夫桀、紂虐亂,天下之心皆歸湯、武。'"

[8] 天下無邦:天下大亂,邦國危亡。《易・否》:"象曰:……上下不交,則天下無邦也。"

26　"至於移父事君,廢孝爲忠[1],申令無君,亦同有之耳。古之爲屋,足以蔽風雨,而今則被以朱紫,飾以金玉[2];古之爲衣,足以掩身形[3],而今則玄黄黼黻,錦綺羅紈[4];古之爲樂,足以定人情[5],而今則煩手淫聲(1)[6],驚魂傷和;古之飲食(2)充飢虚[7],而今則焚林漉淵,宰割群生(3)[8]。……豈可以事之有過,而都絶之乎?

【校】

（1）煩手:藏本、魯藩本、平津本作煩乎,從王國維校與盧舜治本等改。

（2）古之飲食:與上文古之爲屋、古之爲衣、古之爲樂之排句結構不一致,當作古之爲食。

（3）宰割群生:孫星衍校:"有脱文,此下乃抱朴子駁難之辭。"

【注】

[1] 移父事君,廢孝爲忠:《孝經・廣揚名章》:"子曰:'君子之事親孝,故忠可移於君。'"李隆基注:"以孝事君,則忠。"又《士章》:"故以孝事君則忠。"李隆基注:"移事父孝,以事於君則忠矣。"

［2］被以朱紫,飾以金玉:《漢書·外戚傳下·孝成趙皇后》:"皇后既
立,後寵少衰,而弟絶幸,爲昭儀。居昭陽舍,其中庭彤朱,而殿
上髹漆,切皆銅沓,黄金塗,白玉階,壁帶往往爲黄金釭,函藍田
璧,明珠、翠羽飾之。"語本此。

［3］古之爲衣,足以掩身形:《墨子·辭過》:"故聖人之爲衣服,適身
體,和肌膚而足矣,非榮耳目而觀愚民也。"掩身形:遮蔽身體。
《淮南子·氾論》:"而民得以揜形御寒。"高誘注:"揜,蔽。御,
止。"揜同掩。

［4］玄黄黼黻:泛指衣服的顔色與花紋。《古文苑》曹植《元會詩》:
"衣裳鮮潔,黼黻玄黄。"錦綺羅紈:皆絲織品。錦:用彩色經緯
絲織出各種圖案花紋的絲織品。《説文·帛部》:"錦,襄邑織
文。"綺:素地織紋起花的絲織物。《楚辭·招魂》"纂組綺縞"洪
興祖補注:"綺,文繒也。"羅:經緯組織顯出椒眼紋的絲織品。
《楚辭·招魂》"羅幬張些"王逸注:"羅,綺屬也。"紈:白色細絹。

［5］古之爲樂,足以定人情:謂先王之制禮作樂,是爲了移風易俗,
使民心向善。《禮記·樂記》:"是故先王之制禮作樂也,非以極
口腹耳目之欲也,將以教民平好惡,而反人道之正也。"反通返。
又:"樂也……可以善民心。其感人深,其移風易俗(易),故先王
著其教焉。"

［6］煩手淫聲:指鄭衛之音。煩手:亦作繁手。古代指民間音樂(俗
樂)的一種複雜的彈奏手法。《左傳·昭公元年》:"於是有煩手
淫聲,慆堙心耳,乃忘平和,君子弗聽也。"楊伯峻注:"中和之聲
既息,再奏,則變爲繁複之手法,靡靡之音凡過度曰淫。慆音滔,
又音陶,淫也。使心淫。堙音因,塞也,没也。使耳塞。蓋謂久
聽嘈雜之音使耳没而難禁。"《後漢書·文苑傳下·邊讓》:"(《章
華賦》)繁手超於北里。"

［7］充飢虚:由充虚變來。充虚:猶充飢。《墨子·辭過》:"故聖人
作誨,男耕稼樹藝,以爲民食。其爲食也,足以增氣充虚,彊體適
腹而已矣。"《文子·九守》:"故聖人食足以充虚接氣。"

［8］焚林漉淵,宰割群生:《吕氏春秋·義賞》:"雍季曰:'竭澤而漁,

豈不獲得？而明年無魚。焚藪而田，豈不獲得？而明年無獸。’”
《禮記·月令》：“仲春之月……是月也，毋竭川澤，毋漉陂池，毋
焚山林。”釋文：“漉音鹿，竭也。”

27　“若令虞在上(1)，稷、卨贊事，卑宮薄賦[1]，使民以
時[2]；崇節儉之清風，蕭玉食之明禁。質素簡約者[3]，貴而
顯之；亂化侵民者，黜而戮之，則頌聲作而黎庶安矣。何必
慮火災而壞屋室，畏風波而填大川乎？”

【校】

（1）虞：當作唐虞。唐虞並提見《嘉遯》篇“不與堯、舜一致”、《勗學》
篇“俾聖世迪唐、虞之高軌”、《君道》篇“唐、虞不能致同天之美”
等篇中。

【注】

［1］薄賦：減輕賦稅。《左傳·成公十八年》：“晉侯悼公即位于朝，始
　　命百官，……薄賦斂，宥罪戾。”

［2］使民以時：即“不違農時”（《孟子·梁惠王上》）。《論語·學而》：
　　“子曰：‘道千乘之國，敬事而信，節用而愛人，使民以時。’”集解
　　引包咸曰：“作使民必以其時（不妨奪農務）。”皇侃疏：“使民，謂
　　治城及道路也。以時，謂出不過三日，而不防奪農務也。”

［3］簡約：節儉；簡省。《後漢書·馬援傳》：“時皇太后躬履節儉，事
　　從簡約。”

28　抱朴子曰：“鮑生貴上古無君之論，余既駁之矣。
後所答余文，多不能盡載。余條抄其論而牒詰之云(1)[1]。”

　　鮑生曰(2)：“人君採難得之寶，聚奇怪之物，飾無益之
用，猷無已之求[2]。”抱朴子詰曰(3)：“請問古今帝王，盡採

難得之寶，聚奇怪之物乎？有不爾者也！余聞唐堯之爲君也，摘金於山[(4)][3]；虞舜之承禪也[(5)][4]，捐璧於谷[(6)]。疏食菲服[5]，方之監門。其不汔淵剖珠[6]，傾巖刊玉[7]，鑿石鑠黃白之鑛[8]，越海裂翡翠之羽，網瑇瑁於絶域[9]，掘丹青於嵫漢[10]，亦可知矣。

【校】

（１）條抄：原作稍條。楊明照校：“藏本、魯藩本、吉藩本、慎本作‘抄條’，舊寫本作‘條抄’。照按：舊寫本是。”

（２）鮑生曰：孫星衍校：“藏本連屬上文，今從舊寫本，以鮑生提行，後放此。”

（３）抱朴子詰曰：孫星衍校：“藏本以抱朴子提行，今改連上文，後放此。”

（４）摘：平津本作捐。

（５）承禪：原無承字。當據陳其榮校引《藝文類聚》八四、《太平御覽》八百六引《抱朴子》作“承禪”。如此則“虞舜之承禪”與“唐堯之爲君”對仗並字數相等。

（６）捐：陳其榮校據《藝文類聚》八四引作抵。按：抵當作抵。

【注】

［１］條抄：分條抄録鮑生之論。牒詰：以書札形式寫出責難。

［２］猒：厭的古字。滿足。《説文・甘部》：“猒，飽也。”

［３］唐堯之爲君也，摘金於山：不詳所據。蓋稚川別有所本，或記憶有誤。《莊子・天地》：“若然者，藏金於山，沈珠於淵，不利貨財，不近貴富。”陸賈《新語・術事》：“舜棄黃金於嶄嵓之山，捐珠玉於五湖之淵。”嵓通巖。《淮南子・泰族》：“故舜深藏黃金於嶄岩之山，所以塞貪鄙之心也。”據此，爲虞舜事。藏：去；輕棄不用。《左傳・昭公十九年》“紡焉以度而去之”陸德明釋文引裴松之注《魏志》云：“古人謂藏爲去。”《文選》張猗《東京賦》“藏金於山”吕

延濟注：“藏，輕棄不用。”

［４］承禪：接受禪讓。陸雲《晉故豫章刺史夏府君誄》：“披圖承禪，襄化軒、唐。”

［５］疏食：麤飯。《論語·述而》“飯疏食”集解引孔安國曰：“疏食，菜食。”釋文：“疏，本或作蔬。食，如字，謂菜食也。一音嗣，飯也。”邱光庭《兼明書》卷三《論語》“飯疏食”條：“明曰：經典言疏食者，皆謂麤飯，非菜食也。音嗣謂飯，麤飯者，喫麤飯也，上飯音扶晚反。”朱熹集註：“疏食，麤飯也。”麤同麤粗。菲服：單薄的衣服。《小爾雅·廣言》：“菲，薄也。”

［６］汔（qì）淵：使淵池乾涸。《類篇·水部》引《説文·水部》：“汔，水涸也。”

［７］傾巖：炸崩山崖。《文選》干寶《晉紀總論》“其廣則難傾”李周翰注：“傾，崩也。”刊玉：刻玉。《文選》蔡邕《陳太丘碑文》“刊石作銘”呂向注：“刊，刻也。”此謂挖掘美玉。

［８］黃白之礦：金銀礦石。《周禮·地官·卝人》鄭玄注：“卝之言礦也。金玉未成器曰礦。”釋文：“卝，徐（邈）音礦，虢猛反。”礦同礦。

［９］瑇（dài）瑁：即玳瑁。形似龜。甲殼黃褐色，有黑斑和光澤，可作裝飾品，甲片可入藥。《史記·春申君列傳》：“趙使欲夸楚，爲瑇瑁簪，刀劍室以珠玉飾之。”又《司馬相如列傳》“（《子虛賦》）瑇瑁鼉黿”正義：“（瑇瑁）似蟕蠵，甲有文，出南海，可以飾器物也。”

［10］丹青：丹砂（今之朱沙）和青臒（wò）（今之空青、孔雀石），可作顏料。《管子·小稱》：“丹青在山，民知而取之。”《史記·司馬相如列傳》：“（《子虛賦》）其土則丹青赭堊。”《漢書·司馬相如傳上》顏師古注：“張揖曰：‘丹，丹沙也。青，青臒也。’師古曰：‘丹沙，今之朱沙也。青臒，今之空青也。’”赭同赬（chēng）。嶓（mín）漢：指岷山郡與漢中郡，今四川北部與陝西西南一帶。嶓同岷。《晉書·羊祜傳》：“今江淮之難，不過劍閣；山川之險，不過岷漢。”

29　"夫服章無殊[1],則威重不著[2];名位不同,則禮物異數。是以周公辨貴賤上下之典式(1):宮室居處,則有堵雉之限[3];冠蓋旌旗,則有文物之飾[4];車服器用,則有多少之制[5];庖廚供羞[6],則有法膳之品[7]。年凶災眚[8],又減撤之[9]。無已之欲,不在有道。子之所云,可以聲桀、紂之罪,不足以定雅論之證也。"

【校】

（一）典式:平津本作異式,楊明照校從藏本、魯藩本。

【注】

[1]服章:表示官階身份的服飾。《左傳・宣公十二年》:"君子小人,物有服章,貴有常尊,賤有等威。"杜預注:"(服章)別尊卑也。"

[2]威重:威權,威勢。《史記・范雎蔡澤列傳》:"吳起爲楚悼王立法,卑減大臣之威重。"

[3]堵雉:古代計算城牆面積的單位。古用板築法築土牆,五板爲一堵,板的長度即堵的長度,五層板的高度即堵的高度。方丈曰堵,三堵曰雉。一雉之牆長三丈,高一丈。《左傳・隱公元年》:"都,城過百雉,國之害也。先王之制,大都不過三國之一,中五之一,小九之一。"都爲城邑,國爲國都。

[4]冠:帽子。弁、冕之總名。《説文・冖部》:"冠,所以絭髮,弁、冕之總名也。……冠有法制,故從寸。"段玉裁注:"析言之,冕、弁、冠三者異制;渾言之,則冕、弁亦冠也。(冠有法制)謂尊卑異服。"冠有法制,尊卑有等。詳見《周禮・夏官・弁帥》。蓋:車蓋。《釋名・釋車》:"蓋,在上覆蓋人也。"爲蓋法度詳見《考工記・輪人》。旌旗:古代用氂牛尾或兼五采羽毛飾竿頭的旗子;旗幟的總稱。《周禮・春官・司常》:"凡軍事,建旌旗。"冠、蓋、旌旗三者,《三禮圖》均有圖與説明,可參。文物:(指冠、蓋、旌旗三者的)文采物色。《文心雕龍・章表》:"詩云'爲章於天',謂

文明也。其在文物，赤白曰章。"

［5］器用：器皿用具。多少之制：謂以多少區分高低貴賤等級。句意謂"器以藏禮，禮以行義"（《左傳·成公二年》）。

［6］羞：美味的食品。後亦作饈。《周禮·天官·膳夫》："凡王之饋，食用六穀，膳用六牲，飲用六清，羞用百有二十品，珍用八物，醬用百有二十甕。"鄭玄注："羞出於牲及禽獸，以備滋味，謂之庶羞。"

［7］法膳：指帝王的常膳。《漢書·王莽傳上》："願陛下愛精休神，闊略思慮，遵帝王之常服，復太官之法膳，使臣子各得盡驩心，備共養。"

［8］災眚（shěng）：災殃；禍害。眚：猶災。《易·復》："上六：迷復，凶，有災眚。"釋文："眚，生傾反。子夏《易傳》云：'傷害曰災。妖祥曰眚。'鄭（玄）云：'害物曰災。'"

［9］減撤：減膳撤樂。古代天子膳用六牲（馬牛羊犬豕雞），諸侯膳用三牲。樂，樂懸；天子宮懸，諸侯軒懸。遇大荒、大札（疫癘）、天災（日月晦食）、地災（崩動），國有大故，即不殺牲，不奏樂。《周禮·天官·膳夫》："王齊日三舉……大荒則不舉，大札則不舉，天地有災則不舉。"不舉：即不殺牲，不舉樂。

30　鮑生曰："人君後宮三千[1]，豈皆天意？穀帛積，則民飢寒矣。"抱朴子詰曰："王者妃妾之數，聖人之所制也[2]。聖人，與天地合其德者也[3]。其德與天地合，豈徒異哉！夫豈徒欲以順情盈欲而已乎？乃所以佐六宮，理陰教，爾崇奉祖廟(1)[4]，祗承大祭[5]，供玄紞之服[6]，廣本支之路[7]。

【校】

（1）理陰教：原作理陰陽教，孫星衍校："陽字疑衍。"當刪。爾崇：孫星衍校："藏本作肅宗，從舊寫本改。"魯藩本同藏本。

【注】

［１］後宮三千：謂妃嬪多至三千人。《後漢書・皇后紀序》：“自武（帝）、元（帝）之後，世增淫費，至乃掖庭三千，增級十四。”李賢注：“婕妤一，娙娥二，容華三，充衣四，已上武帝置；昭儀五，元帝置；美人六，良人七，七子八，八子九，長使十，少使十一，五官十二，順常十三，無涓、共和、娛靈、保林、良使、夜者十四，此六品官秩同爲一等也。”《晉書・后妃列傳上》：“時（晉武）帝多内寵，平吳之後，復納孫皓宮人數千，自此掖庭殆將萬人。”帝王荒淫於此可見一斑。

［２］王者妃妾之數二句：謂皇后妃嬪等這套帝王多妻制是由聖人周公制定的。《禮記・昏義》：“古者，天子后立六宮：三夫人，九嬪，二十七世婦，八十一御妻，以聽天下之内治，以明章婦順，故天下内和而家順。”鄭玄注：“三夫人以下百二十人，周制也。”其宮内分工如《後漢書・皇后紀序》所說：“后正位宮闈，同體天王。夫人坐論婦禮，九嬪掌教四德，世婦主喪、祭、賓客，女御序于王之燕寢。頒官分務，各有典司。”李賢注：“鄭玄注《周禮》云‘夫人之於后，猶三公之於王，坐而論婦禮’也。九嬪比九卿。《周禮》曰：‘九嬪，掌婦學之法，以教九御’也。四德謂婦德、婦言、婦容、婦功也。婦，服也，明其能事於人也，比二十七大夫。《周禮》：‘世婦，掌祭祀、賓客、喪紀之事。祭之日，涖陳女宮之具，凡内羞之物，掌弔臨于卿大夫之喪。’御，謂進御于王也，比八十一元士。《周禮》曰：‘女御，（掌）叙于王之燕寢，以歲時獻功事’也。”

［３］聖人，與天地合其德者也：謂帝王德合天地。《易・乾》：“（文言）夫‘大人’者，與天地合其德。”《文子・精誠》：“故大人與天地合德。”大人即聖人。

［４］六宮：皇后的寢宮，正寢一，燕寢五，合爲六宮。《周禮・天官・内宰》：“内宰……以陰禮教六宮。”鄭玄注：“玄謂：‘六宮，謂后也。婦人稱寢曰宮，宮，隱蔽之言。后象王立六宮而居之，亦正寢一，燕寢五。教者不敢斥言之，謂之六宮。若今稱皇后爲中宮矣。《（儀禮・士）昏禮》母……（戒女）曰：‘夙夜毋違宮事。’”理

陰教：即掌理陰禮之教。"陰禮"指"婦人之禮"（鄭司農語）。
"理陰教"與"佐六宮"對文。

［5］祇（zhī）承：敬奉。《書·大禹謨》："文命敷于四海，祇承於帝。"
《文選》陸機《答賈謐詩》"祇承皇命"呂向注："祇，敬也。"大祭：
包括天地之祭、禘祫之祭等。《周禮·天官·酒正》"大祭三貳"
鄭玄注："鄭司農（衆）云：'大祭，天地。'"

［6］玄紞（dǎn）：古代禮冠上繫塞耳玉的絲帶。《國語·魯語下》"王
后親織玄紞"韋昭注："説云：'紞，冠之垂前後者。'昭謂：'紞，所
以懸瑱當耳者也。'"《説文·糸部》："紞，冕冠塞耳者。"段玉裁
注："紞，所以縣瑱，瑱所以塞耳，紞非塞耳者也。……冕冠塞耳
者，當作冕冠所以縣塞耳者。"句謂皇后有此職事。

［7］本支：本宗、支子。喻嫡系和庶出子孫。《詩·大雅·文王》："文
王孫子，本支百世。"毛傳："本，本宗也。支，支子也。"鄭玄箋：
"其子孫適（嫡）爲天子，庶爲諸侯，皆百世。"

31 "且案周典九土之記，及漢氏地理之書[1]，天下女
數，多於男焉[1]。王者所宗，豈足以逼當娶者哉！姬公思
之，似已審矣[2]。

【校】

（1）書：藏本、魯藩本誤作最。

【注】

［1］周典九土之記：指《周禮·夏官·職方氏》所載九州，其男女人
口比例是：揚州"其民二男五女"，荆州"其民一男二女"，豫州
"其民二男三女"，青州"其民二男二女"，兖州"其民二男三女"，
雍州"其民三男二女"，幽州"其民一男三女"，冀州"其民五男三
女"，并州"其民二男三女"，故説"天下女數，多於男焉"。其中青
州"二男二女"，賈公彦疏："若本有此數等，當言一男一女，明不

作'二男二女'。青州西北與兗州相接,宜與兗州同'二男三女'
也。"漢氏地理之書:指《漢書・地理志》。按《地理志》所言同
《周禮・夏官・職方氏》,唯青州"民二男三女",與《周禮》異而與
賈疏同。至於所載元始二年户口之數,則不分男女,不詳所據。
俞樾《曲園雜纂》二五已指出這點。

[2]姬公:周公姬旦。稚川將前段所説内容歸於周公所制,故云。與
前段"聖人之所制"呼應。《孟子・離婁下》:"周公思兼三王,以
施四事,其有不合者,仰而思之,夜以繼日。"

32　"帝王帥百僚以籍田(1)[1],后妃將命婦以蠶織[2],
下及黎庶,農課有限[3],力佃有賞[4],怠惰有罰。十一而
税[5],以奉公用。家有備凶之儲,國有九年之積[6]。各得
順天分地[7],不奪其時,調薄役希,民無飢寒。衣食既足,
禮讓以興[8]。

【校】

(1)帥:魯藩本誤作師。

【注】

[1]籍田:即阼田。天子即位踐阼祭天以行即位之禮,故天子即位
曰踐阼,天子所耕之田用以供上帝之粢盛,故曰阼田。籍田爲封
建制下王侯親耕之儀禮田。《禮記・月令》:"孟春之月……乃擇
元辰,天子親載耒耜,措之於參保介之御間,帥三公九卿諸侯大
夫,躬耕帝籍。天子三推,三公五推,卿諸侯九推。"鄭玄注:"帝
藉,爲天神借民力所治之田也。"藉通籍。

[2]將(jiàng):率領。命婦:封建時代受封號的婦人。宮中妃嬪等
爲内命婦,宮廷外臣下之母、妻爲外命婦。《周禮・天官・内
宰》:"仲春,詔后帥外内命婦始蠶於北郊。"

[3]農課:田税;農業税。課:徵收或交納賦税。《逸周書・大匡》:

"農廩分鄉,鄉命受糧。程課物徵,躬競比藏。"

[4] 力佃(tián):努力耕種土地。《戰國策·秦策五》:"今力田疾作,
不得煖衣餘食。"佃同田。復:謂免除徭役或賦稅。《荀子·議
兵》:"中試,則復其戶,利其田宅。"楊倞注:"復其戶,不徭役也。"
梁啟雄簡釋引《漢書·刑法志》注:"復,謂免其賦稅也。"

[5] 十一而稅:抽十分之一的稅。古代稅制之一種。《困學紀聞》二
引《尚書大傳》二:"王者十一而稅,而頌聲作矣。"《穀梁傳·哀公
十二年》:"古者公田什一。用田賦,非正也。"范甯注:"私得其什
而官稅其一,故曰什一。"

[6] 凶:荒年。九年之積:謂儲備糧食等物豐富,能應付連年災荒的
需要。《禮記·王制》《左傳·莊公二十八年》:"國無九年之蓄曰
不足。"

[7] 順天分地:"順天"就國家不違農時言;"分地"就家庭利用地
利言。

[8] 衣食既足,禮讓以興:謂人民衣食豐足是社會禮讓風俗的基礎。
即《管子·牧民》說的:"倉廩實,則知禮節;衣食足,則知榮辱。"

33 "昔文、景之世[1],百姓務農,家給戶豐[2],官倉之
米,至腐赤不可勝計。然而士庶猶侯服鼎食,牛馬蓋澤[3]。
由於賦斂有節,不足損下也。

【注】

[1] 文、景之世:謂西漢文景之治時。《史記·平準書》:"至今上(武
帝)即位數歲,漢興七十餘年之間,國家無事,非遇水旱之災,民
則人給家足,都鄙廩庾皆滿,而府庫餘貨財。京師之錢累巨萬,
貫朽而不可校。太倉之粟陳陳相因,充溢露積於外,至腐敗不
可食。"

[2] 家給(jǐ):家家生活富足。《史記·商君列傳》:"(初令)行之十
年,秦民大說,道不拾遺,山無盜賊,家給人足。"《漢書·昭帝紀》

“而百姓未能家給”顏師古注：“給，足也。家家自給足，是爲家
給也。”
［3］侯服鼎食：形容生活豪華奢侈。

34　“至於季世[1]，官失佃課之制，私務浮末之業(1)[2]，
生穀之道不廣[3]，而游食之徒滋多[4]，故上下同之，而犯非
者衆(2)[5]。鮑生乃歸咎有君[6]。

【校】
（1）末：魯藩本誤作未。
（2）非：孫星衍校：“舊寫本作罪。”

【注】
［1］季世：末代；衰敗時期。《左傳・昭公三年》：“叔向曰：‘齊其何
　　如？’晏子曰：‘此季世也，吾弗知。齊其爲陳氏矣！’……叔向曰：
　　‘然。雖吾公室，今亦季世也。’”
［2］浮末：古指工商業。古以農爲本，商賈爲末，以追逐浮利，故稱。
　　《潛夫論・浮侈》：“今察洛陽，浮末者什於農夫，虛僞游手者什於
　　浮末。”
［3］生穀：生産穀物。句謂政府採取的農業生産措施甚少。
［4］游食：游手好閒，不勞而食。《荀子・成相》：“臣下職，莫游食。”
　　楊倞注：“游食謂不勤於事，素湌游手也。”
［5］上下同之：尊卑都一樣。《左傳・襄公二十二年》：“忠、信、篤、
　　敬，上下同之，天之道也。”又《定公十三年》“上下同之”杜預注：
　　“言尊卑皆然。”犯非：猶言犯禁，犯法。下文有“冒法犯非”語，
　　是其證。
［6］歸咎：歸罪。《左傳・桓公十八年》：“禮成而不反，無所歸咎。”

35　“若夫譏采擇之過限(1)[1]，刺農課之不實[2]，責牛

飲之三千，貶履畝與太半[3]。但使後宮依周禮[4]，租調不橫加[5]，斯則可矣，必無君乎？夫一日晏起，則事有失所[6]。'即鹿無虞，維入于林中[7]'。安可終已！靡所宗統，則君子失所仰，凶人得其志。網疏猶漏，可都無網乎？"

【校】

（1）若夫：孫星衍校："藏本作未若。從舊寫本改。"魯藩本亦作未若。

【注】

[1] 采擇之過限：楊明照箋曰："《公羊傳宣公十五年》：'初稅畝。初者何？始也。稅畝者何，履畝而稅也。初稅畝何以書？譏。何譏爾？譏始履畝而稅也。'何注：'時宣公無恩信於民，民不肯盡力於公田，故履踐案行，擇其善畝穀最好者稅取之。'（《漢書五行志中》之下："宣公十五年，……是時民患上力役，解[顏注："解讀爲懈。"]於公田。宣是時初稅畝。稅畝，就民田畝擇美者稅其什一，亂先王制而爲貪利。"）過限，調用超越規定取稅。"按：楊明照箋語，恐非稚川本意。"譏采擇之過限"是一回事，"刺農課之不實"是另一回事。"譏采擇之過限"與初稅畝無關。"采擇"是選擇、採用的意思。實行"初稅畝"，雖與"採用"之意沾邊，但與"選擇"之意無涉。陸賈《新語·思務》："聞見欲衆，而采擇欲謹。"這是我們所見最早的例句，強調的是"選擇"要謹慎。稚川這裏所講的是皇帝挑選天下美女爲妃嬪，超過了聖人規定的限度。這一句當與下文"但使後宮依周禮"合觀，它們前後相呼應。如果像楊明照所引所說，則"但使後宮依周禮"就無了着落，好像突然冒出來的一句無關的話。《漢書·王莽傳上》："莽既尊重，欲以女配帝爲皇后，以固其權。奏言：'……博采二王後及周公孔子世列侯在長安者適子女。'事下有司，上衆女名，王氏女多在選中者。""采"即采擇。《晉書·武帝紀》："（泰始）九年秋七月丁酉朔……詔聘公卿以下子女以備六宮，采擇未畢，權禁斷婚姻。"

　　武帝於"太康二年三月丙申……詔選孫晧妓妾五千人入宮"尚在
　　其外。"譏采擇之過限"蓋與晉武"采擇"事有關,當箋引。

［2］刺農課之不實：諷刺不按原定賦稅超額收稅,使原定賦稅成爲
　　具文。《詩·魏風·碩鼠序》："碩鼠,刺重斂也。國人刺其君重
　　斂蠶食於民,不脩其政。貪而畏人,若大鼠也。"首章"無食我黍"
　　鄭玄箋："疾其稅斂之多也。"《伐檀》："不稼不穡,胡取禾三百廛
　　兮?""不稼不穡,胡取禾三百億兮?""不稼不穡,胡取禾三百囷
　　兮?"皆"刺農課之不實"。本句與下文"租調不橫加"呼應。

［3］履畝：謂實地丈量田畝,以便按田畝收取賦稅。《公羊傳·宣公
　　十五年》："稅畝者何,履畝而稅也。"何休注："履踐案行,擇其善
　　畝、穀最好者稅取之。""初稅畝"即從是年(前594)開始。

［4］周禮：指周制。

［5］租調：租和調。漢魏晉時的兩種稅制。租謂歲輸粟、稻,調謂歲
　　輸絹、綾、絁、布、綿、麻等。《後漢書·明帝紀》："赦隴西囚徒,減
　　罪一等,勿收今年租調。"

［6］一日晏起,則事有失所：周宣姜后諫周宣王"早臥晏起"事,見《列
　　女傳·賢明·周宣姜后傳》："周宣姜后者,齊侯之女也。賢而有
　　德,事非禮不言,行非禮不動。宣王嘗早臥晏起,后夫人不出房。
　　姜后脫簪珥,待罪於永巷,使其傅母通言於王曰:'妾不才,妾之
　　淫心見矣,至使君王失禮而晏朝,以見君王樂色而忘德也。夫苟
　　樂色,必好奢窮欲,亂之所興也。原亂之興,從婢子起,敢請婢子
　　之罪。'王曰:'寡人不德,實自生過,非夫人之罪也。'遂復姜后,
　　而勤於政事,早朝晏退,卒成中興之名。"

［7］即鹿無虞,維入于林中：就像追捕鹿的時候,而沒有熟悉地形的
　　虞官做嚮導,就必然徒勞無功,讓鹿群跑入林中。喻不能無君。
　　《易·屯》："即鹿無虞,惟入于林中。"孔穎達疏："即鹿無虞者,
　　即,就也。虞,謂虞官。如人之田獵欲從就於鹿,當有虞官助己
　　商度形勢可否,乃始得鹿。若無虞官,即虛入林木中,必不得鹿。
　　故云唯入於林中。"維同唯。虞官：掌管山林湖澤的官。

36　鮑生曰："人之生也，衣食已劇[1]；況又加之以斂賦(1)，重之以力役。飢寒並至，下不堪命，冒法犯非(2)，於是乎生。"

【校】

（1）斂賦：孫星衍校："藏本作收賦，從舊寫本改。"

（2）非：孫星衍校："舊寫本作罪。"

【注】

［1］衣食：《神農書》："衣食爲民之本。"《管子·侈靡》："衣食之於人也，不可一日違也。"

37　抱朴子詰曰："蜘蛛張網，蚤虱不餒；使人智巧，役用萬物[1]。食口衣身，何足劇乎？但患富者無知止之心，貴者有無限之用耳。豈可以一蹶之故(1)，而終身不行[2]；以桀、紂之虐，思乎無主也(2)。

【校】

（1）蹶：孫星衍校："藏本作'蹷'，從舊寫本改。"魯藩本亦作"蹷"。

（2）思：其上當從楊明照校補一"而"字，"而思乎無主"始與"而終身不行"字數相等。

【注】

［1］蜘蛛張網四句：謂小小昆蟲尚能覓食，何況人類智巧，能役使萬物，能無食乎？意本《藝文類聚》九七引《符子》："晉公子重耳奔齊，與五臣游乎大澤之中，見蜘蛛布其網，曳其繩，執犲而食之。公子重耳乃撫僕之手，駐駟而觀之，顧謂其臣咎犯曰：'此蟲也智之薄者矣，而猶役其智，布其網，曳其繩，執犲而食之。況乎人之有智，而不能廓垂天之網，布絡地之繩，以供方丈之御，是曾不如

蜘蛛之智，孰可謂之人乎！’”

[2] 一蹶之故二句：怎能因一次失足跌倒而一輩子不走路呢？意本
《淮南子·脩務》：“以一蹶之難，輟足不行。”高誘注：“蹶，躓也。
楚人謂躓也。”蹎（tuí）：顛仆，跌倒。

38　“夫言主事[1]，彌張賦斂之重於往古，民力之疲於
末務，飢寒所緣以譏之，可也。而言有役有賦，使國亂者，
請問唐、虞升平之世，三代有道之時，爲無賦税，以相供奉；
元首股肱，躬耕以自給邪？鮑生乃唯知飢寒並至，莫能固
窮[2]；獨不知衣食並足，而民知榮辱乎[3]？”

【注】

[1] 主事：主持事務。《孟子·萬章上》：“使之主事而事治，百姓安
之，是民受之也。”此謂主政者。

[2] 固窮：安守窮困。《論語·衛靈公》：“子曰：‘君子固窮，小人窮斯
濫矣。’”

[3] 獨不知二句：意本《管子·牧民》：“倉廩實，則知禮節。衣食足，
則知榮辱。”足、辱：屋部。

39　鮑生曰：“王者臨深履尾，不足喻危。假寐待
旦[1]，日昃旰食[2]，將何爲懼禍及也。”抱朴子難曰：“審能
如此，乃聖主也。王者所病，在乎驕奢。賢者不用，用者
不賢。夏癸指天日以自喻，秦皇憂萬世之同謚[3]，故致傾
亡，取笑將來。若能懼危夕惕，廣納規諫[4]，詢蒭蕘以待
聽(1)，養黃髮以乞言，何憂機事之有違，何患百揆之不康？
夫戰兢則彝倫叙，怠荒則姦宄作[5]。豈況無君，能無
亂乎？”

【校】

（1）蒭：當依楊明照引崇文本作芻。

【注】

［1］假寐：盛裝打盹。《詩·小雅·小弁》：“假寐永歎。”鄭玄箋：“不脱冠衣而寐曰假寐。”

［2］日昃(zè)：太陽偏西，約下午二時左右。《易·離》：“日昃之離，何可久也？”

［3］秦皇：秦始皇（前259—前210），姓嬴，名政。秦莊襄王子，繼莊襄王即位，時年十三，政在太后及丞相呂不韋、長信侯嫪毐。九年（前238）親政，奪太后權，平嫪毐之亂，次年免呂不韋相，重用李斯、尉繚。連年對外攻取，十七年滅韓，其後相繼滅楚、燕、魏、趙，至二十六年滅齊，統一六國。同年，稱始皇帝，欲“二世三世至於萬世”。定官制，廢分封，行郡縣，一文字、律令、度量衡。改十月爲歲首，銷天下之兵聚之咸陽。築馳道，封泰山，鑿靈渠。命方士入海求神仙及不死之藥，無果。三十二年，命將軍蒙恬率大軍三十萬伐匈奴。次年，擊南越，築長城。三十四年，從丞相李斯議，焚秦記以外列國史書及《詩》《書》、諸子百家，偶語者棄市，以古非今者族。三十五年，造阿房宮及驪山墓，坑殺儒生四百六十餘人於咸陽。數次巡游天下。三十七年，於東巡途中病，卒於沙丘行宮。《史記·秦始皇本紀》：“（二十六年）制曰：‘朕聞太古有號毋諡，中古有號，死而以行爲諡。如此。則子議父，臣議君也，甚無謂，朕弗取焉。自今已來，除諡號。朕爲始皇帝，後世以計數，二世三世至於萬世，傳之無窮。’”這樣就無“萬世之同諡”了。諡：古代帝王、貴族、大臣、士大夫或其他有地位的人死後，據其生前業迹評定的帶有褒貶意義的稱號。亦指按上述情況評定這種稱號。

［4］規諫：謂以正言勸誡諫諍。《墨子·非命中》：“故上有以規諫其君長，下有以教順其百姓。”

［5］怠荒：《禮記·曲禮上》“毋怠荒”鄭玄注：“怠荒，放散身體也。”

40　鮑生曰："王者欽想奇瑞[1]，引誘幽荒[2]，欲以崇德邁威[3]，厭耀未服(1)[4]。白雉玉環[5]，何益齊民乎[6]！"抱朴子詰曰："夫王者德及天，則有天瑞；德及地，則有地應[7]。若乃景星摛光以佐望舒之耀，冠日含采以表羲和之晷[8]；靈禽嚖喈於阿閣[9]，金象焜晃乎清沼[10]；此豈卑辭所致，厚幣所誘哉！王莽姦滑，包藏禍心[11]，文致太平[12]，誑眩朝野[13]，覘遺外域[14]，使送瑞物[15]，豈可以此謂古皆然乎？

【校】

（1）未：魯藩本誤作朱。

【注】

［1］欽想：猶想慕。南朝齊明帝《下謝朏詔》："撫事懷人，載留欽想。"

［2］引誘幽荒：指誘導、暗示四夷納貢異物。幽荒：荒遠之地。此指九州外之四夷。《文選》張衡《東京賦》："惠風廣被，澤泊幽荒。"薛綜注："幽荒，九州外，謂四夷也。"

［3］崇德：封拜賞賜有德之人。《書·武成》："惇信明義，崇德報功。"枚傳："有德尊以爵，有功報以禄。"邁威：推行恩威。《爾雅·釋言》："邁，行也。"

［4］厭耀未服：對尚未歸服的周邊少數民族充分施壓耀威。厭：壓之初字。

［5］玉環：白環。《藝文類聚》六七引《世本》："舜時，西王母獻白環。"

［6］齊民：凡民；平民。《莊子·漁父》："上以忠於世主，下以化於齊民。"《吕氏春秋·謹聽》"諸衆齊民"高誘注："齊民，凡民。"

［7］天瑞：上天降下的祥瑞。《史記·司馬相如列傳》："厥塗靡蹤，天瑞之徵。"集解引徐廣曰："其所來路非有迹，蓋自天瑞，不行而至也。"應：感應；應驗。《國語·越語下》："天應至矣，人事未盡也，王姑待之。"四句意本《禮記·禮運》正義引《孝經援神契》："（王者）德及於天，斗極明，日月光，甘露降；德及於地，嘉禾生，蓂莢

起,秬鬯出。"

[8] 冠日：日暈的一種。出現在太陽上方,形如冠;突出在太陽邊緣外面的發光氣團。日全食時,用肉眼可以看見,其色火紅。《初學記》二引《雜兵(占)書》："日冠者,如半暈也。法當在日上有冠。文(又)有兩珥者,尤吉。"《周禮·春官·眂祲》"四曰監"鄭玄注："監,冠珥也。"賈公彥疏："云監冠珥也者,謂有赤雲氣在日旁如冠耳。珥即耳也,今人猶謂之日珥。"采：蓋即"兩珥"或"五色氣"。《晉書·武帝紀》："太康元年春正月己丑朔,五色氣冠日。"

[9] 靈禽：此指鳳。鳳爲四靈之一,故云。噰喈(yōng jiē)：衆鳥和鳴聲。

[10] 金象焜晃乎清沼：與本篇上文"龍鱗(麟)群遊於園池"意同。金象焜晃：謂黃龍之鱗光閃耀。《初學記》三十引《河圖》："黃金千歲生黃龍。"《藝文類聚》九八引《瑞應圖》："黃龍者,四龍之長,四方之正色,神靈之精也。……王者不漉池而漁,則應和氣而遊於池沼。"蓋稚川所據。焜(kūn)晃：輝耀。

[11] 包藏禍心：懷着作惡害人的念頭。《左傳·昭公元年》："將恃大國之安靖己,而無乃包藏禍心以圖之。"

[12] 文(wèn)致太平：粉飾太平。《漢書·王莽傳上》："莽秉政,方欲文致太平。"

[13] 誑眩：欺騙眩惑。《內篇·道意》："曩者有張角、柳根、王歆、李申之徒,或稱千歲,假託小術,坐在立亡,變形易說,誑眩黎庶,糾合群愚。"

[14] 貺遺(kuàng wèi)：饋贈。《漢書·王莽傳上》："莽念中國已平,唯四夷未有異。乃遣使者齎黃金幣帛,重賂匈奴單于,使上書言:'聞中國譏二名,故名囊知牙斯今更名知,慕從聖制。'又遣王昭君女須卜居次入侍。所以誑耀媚事太后,下至旁側長御,方故萬端。"蓋據此而言。

[15] 使送瑞物：《漢書·王莽傳上》："始,(莽)風益州令塞外蠻夷獻白雉。……元始元年正月,莽白太后下詔,以白雉薦宗廟。"

41　“夫見盈丈之尾,則知非咫尺之軀⁽¹⁾;覩尋仞之牙,則知非膚寸之口。故王母之遣使^[1],明其玄化通靈^[2],無遠不懷也^[3]。越裳之重譯^[4],足知惠沾殊方,澤被無外也⁽²⁾。夫絶域不可以力服,蠻貊不可以威攝^[5],自非至治,焉能然哉!

【校】

（1）則知:《意林》四作必,下同。

（2）被:魯藩本脱。

【注】

[1]　王母:西王母。《藝文類聚》六七引《世本》:“舜時,西王母獻白環。”《太平御覽》八七引《瑞應圖》:“黄帝時,西王母使乘白鹿獻白環。”蓋傳聞之異。

[2]　玄化:聖德教化。蔡邕《陳留太守行小黄縣頌》:“有辜小罪,放死從生。玄化洽矣,黔首用寧。”左思《魏都賦》:“玄化所甄,國風所稟。”張銑注:“玄,聖;甄,成也。言皆聖化所成。”通靈:通於神靈。班固《幽通賦》:“精通靈而感物兮,神動氣而入微。”

[3]　無遠不懷:謂懷柔起了作用。《左傳·僖公七年》:“管仲言於齊侯(桓公)曰:‘臣聞之,招攜以禮,懷遠以德。’”

[4]　越裳之重譯:指獻白雉。《韓詩外傳》五:“比幾三年,果有越裳氏重九譯而至,獻白雉於周公。”

[5]　威攝:張衡《西京賦》:“威慴兕虎,莫之敢伉。”慴通攝。

42　“何者? 鮑生謂爲不用。夫周室非乏玉,而須王母之環以爲富也;非儉膳,而渴越裳之雉以充庖也⁽¹⁾。所以貴之者,誠以斯物爲太平,則上無苛虐之政,下無失所之人。蜎飛蠕動,咸得其懽。有國之美,孰多於斯! 而云不用，無益於齊民。源遠體大[1]，固未易見。鮑生之言，不亦宜乎[2]？”

【校】

（1）夫周室非乏玉，而須王母之環以爲富也：西王母獻玉環爲虞舜時事，故“周室”當作“虞舜”。越裳氏獻白雉爲周代事，故“周室”當移至“非儉膳，而渴越裳之雉以充庖也”之前。説從楊明照校。

【注】

[1] 體大：規模宏大。南朝宋范曄《獄中與諸甥姪書》：“此書行，故應有賞音者，紀傳例爲擧其大略耳，諸細意甚多。自古體大而思精，未有此也。”

[2] 不亦宜乎：見於先秦數部典籍。如《論語·子張》：“子貢曰：‘譬之宫牆，賜之牆也及肩，窺見室家之好；夫子之牆數仞，不得其門而入，不見宗廟之美，百官之富，得其門者或寡矣。夫子（指武叔）之云，不亦宜乎！’”

　　43　鮑生曰：“人君恐姦釁之不虞，故嚴城以備之也。”抱朴子詰曰：“侯王設險(1)，大《易》所貴[1]。不審嚴城，何譏焉爾[2]。夫兩儀肇闢，萬物化生，則邪正存焉爾。

【校】

（1）險：魯藩本作儉，王國維校作險。

【注】

[1] 侯王設險，大《易》所貴：《易·坎》：“彖曰：……天險，不可升也；地險，山川丘陵也。王公設險以守其國。險之時用大矣哉！”王弼注：“國之爲衛，恃於險也。言自天地以下，莫不須險也。”

[2] 譏：譴責。《公羊傳·隱公二年》：“何譏爾”何休注：“譏，猶

讉也。"

44 "夫聖人知凶醜之自然[1]，下愚之難移[2]，猶春陽之不能榮枯朽[3]，炎景之不能鑠金石[4]。冶容慢藏，誨淫召盜(1)[5]。故取法乎《習坎》[6]，備豫於未萌[7]；重門有擊柝之警[8]，治戎遏暴客之變[9]。而欲除之，其理何居？

【校】

（1）冶容慢藏，誨淫召盜：魯藩本"容"誤作"客"。

【注】

[1] 知凶醜之自然：懂得兇惡和醜陋來自人的自然天性。說從《荀子‧性惡》："人之性惡，其善者偽也。"

[2] 下愚之難移：最愚蠢的人（的品質、知識）是難以改變的。《論語‧陽貨》："子曰：'唯上知與下愚不移。'"集解引孔安國曰："上知不可使爲惡，下愚不可使强賢。"

[3] 春陽：陽春；春天的陽光。焦贛《易林‧井之巽》："春陽生草，夏長枝條。"

[4] 炎景：炎熱的日光。曹植《槐賦》："覆陽精之炎景，散流耀以增鮮。"

[5] 冶容慢藏，誨淫召盜：《易‧繫辭上》："慢藏誨盜，冶容誨淫。"正義："若慢藏財物，守掌不謹，則教誨於盜者使來取此物。女子妖冶其容，身不精愨，是教誨淫者使來淫己也。"

[6] 習坎：六十四卦之一，即上坎下坎。重坑（坑中有坑）；重險（險中有險）。象徵險阻。習：本作襲，重也。《易‧坎》："彖曰：習坎，重險也。"

[7] 備豫於未萌：防範意外事變於未萌發之前。《左傳‧文公六年》："文子曰：'備豫不虞，古之善教也。'"

[8] 重門有擊柝之警：設置層層大門，敲梆巡夜，警戒森嚴。

［９］治戎：作戰；治軍。《左傳・成公三年》：“二國治戎，臣不才，不勝
其任，以爲俘馘。”此謂修治戎器。《易・萃》：“象曰：澤上於地，
萃。君子以除戎器，戒不虞。”正義：“除者，治也。人既聚會，不
可無防。故君子於此之時，脩治戎器，以戒備不虞也。”釋文：
“（除）如字。本亦作儲，又作治。”

45　“兕之角也，鳳之距也，天實假之[1]，何必日用哉！
蜂蠆挾毒以衞身[2]，智禽銜蘆以扞網[3]；玃曲其穴以備徑
至之鋒，水牛結陣以卻虎豹之暴[4]。而鮑生欲棄甲胄以遏
利刃，墮城池以止衝鋒(1)[5]。若令甲胄既捐，而利刃不住；
城池既壞，而衝鋒猶集；公輸、墨翟，猶不自全。不審吾生，
計將安出乎？”

【校】

（１）遏：孫星衍校：“藏本遏作進，止作正，今從舊寫本。”魯藩本止作
正，王國維打鈎示疑。

【注】

［１］距：爪；雞雉等腿的後部突出像腳趾的部分。《淮南子・原道》
“雖有鉤箴芒距”高誘注：“距，爪也。”
［２］蜂蠆（chài）：蜂和蠆。兩種有毒刺的螫蟲。《國語・晉語九》：
“蚋蟻蜂蠆，皆能害人，況君相乎！”
［３］智禽：指雁。《尸子》下：“雁銜蘆以捍網。”
［４］水牛結陣：《尸子》下：“牛結陣以卻虎。”
［５］衝鋒：以衝車突擊敵軍、敵城。《呂氏春秋・召類》：“夫脩之於廟
堂之上，而折衝乎千里之外者，其司城子罕之謂乎？”高誘注：“衝
車，所以衝突敵之軍，能陷破之也。有道之國，不可攻伐，使欲攻
己者，折還其衝車於千里之外，不敢來也。”

46　或曰[1]：“苟無可欲之物，雖無城池之固，敵亦不來者也。”抱朴子答曰：“夫可欲之物，何必金玉！錐刀之末[2]，愚民競焉。越人之大戰，由乎分蚺虵之不鈞[3]。吳、楚之交兵(1)，起乎一株之桑葉(2)[4]。饑荒之世[5]，人人相食[6]。素手裸跣(3)[7]。

【校】

（1）交兵：孫星衍校：“藏本作反兵，從舊寫本改。”

（2）起乎：其下當從王廣悊校補一爭字。如此，“起乎爭一株之桑葉”始能與“由乎分蚺蛇之不鈞”句相儷。

（3）裸跣：孫星衍校：“下有脱文，疑缺一二葉。”

【注】

[1] 或曰：本篇《詰鮑》，不與他人相關，故仍是鮑生説。

[2] 錐刀之末：《左傳·昭公六年》：“叔向使詒子産書曰：‘……錐刀之末，將盡争之。’”杜預注：“錐刀末，喻小利。”

[3] 越人之大戰二句：不詳所據。蚺（rán）虵：蟒蛇。虵同蛇。《淮南子·精神》：“越人得髯蛇，以爲上肴。”高誘注：“髯蛇，大蛇也。其長數丈，俗以爲上肴。”《嵇康集·答難養生論》：“蚺蛇珍於越土，中國見而惡之。”稚川蓋據此意以爲之。鈞同均。

[4] 吳楚之交兵兩句：謂兩國交兵，起於細微。《史記·楚世家》：“初，吳之邊邑卑梁與楚邊邑鍾離小童争桑，兩家交怒相攻，滅卑梁人。卑梁大夫怒，發邑兵攻鍾離。楚王聞之怒，發國兵滅卑梁。吳國聞之大怒，亦發兵，使公子光因建母家攻楚，遂滅鍾離、居巢。楚乃恐而城郢。”《吕氏春秋·察微》則謂吳處女“戲而傷卑梁之處女”而引起兩國戰端。按：吳楚世仇，“小童争桑”，不過是導火線而已。

[5] 饑荒：穀物或果子等歉收或無收成。《逸周書·文傳》：“天有四殃，水旱饑荒。”《爾雅·釋天》：“穀不熟爲饑，蔬不熟爲饉，果不

熟爲荒。”

［6］人人相食：人吃人，或易子而食。《莊子·庚桑楚》：“千世之後，其必有人與人相食者也！”

［7］素手裸跣（xiǎn）：猶言徒手赤脚。《後漢書·馮衍傳上》：“然而諸將虜掠，逆倫絶理……燔其室屋，略其財産，饑者毛食，寒者裸跣。”

47　“遠則甫侯、子羔[1]，近則于公、釋之，探情審罰，剖毫析芒，受戮者吞聲而歌德(1)[2]，刖劓者没齒無怨言[3]。此皆非無君之時也。

【校】

（1）受戮者吞聲而歌德：尋文意“受戮者”當與下句“刖劓者”互乙。

【注】

［1］子羔：春秋齊人高柴，高氏别族，字子羔，或作子皋，孔子學生。狀貌甚惡，爲人篤孝。仕爲武城宰、衛國大夫。爲獄吏，執法公正，刖者頌德。詳見下。

［2］吞聲而歌德，指子羔所刖守門者自認爲“固吾罪當之”，感激子皋在判罪前“欲臣之免（罪）也甚”。“及獄決罪定”，對刖者表示同情，而“愀然不悦”。刖者説：“（此）非私臣而然也，夫天性仁心固然也。此臣之所以悦而德公也。”因而在衛君欲執孔子，孔子逃走，子皋跟著逃走時，刖者幫助子皋“逃之門下室中，吏追不得。”見《韓非子·外儲説左下》。刖同刖。

［3］没齒無怨言，《論語·憲問》：“（管仲）奪伯氏駢邑三百，飯疏食，没齒無怨言。”集解引孔安國曰：“齒，年也。”皇侃疏：“没，終也。齒，年也。……但食麤糲，以終餘年，不敢有怨言也。”《漢書·于定國傳》：“朝廷稱之曰：‘張釋之爲廷尉，天下無冤民；于定國爲廷尉，民自以不冤。’”蓋據此而言。

48　"昔有鰥在下[1]，而四嶽不蔽[2]；明揚仄陋[3]，而元凱畢舉。或投屠刀而排金門[4]，或釋版築而躡玉堂[5]，或委芻豢而登卿相[6]，或自亡命而爲上將[7]。伯柳達讎人，解狐薦怨家[8]。方回叩頭以致士，禽息碎首以推賢。敢問於時有君否邪？"

【注】

[1] 有鰥在下：指虞舜。鰥：病；側陋。《書·堯典》："師錫帝曰：'有鰥在下曰虞舜。'"孔傳："師，衆。錫，與。無妻曰鰥。虞，氏。舜，名。在下民之中。"方孝岳今語："衆皆言於堯曰，有一困苦之人在民間，虞舜是也。""《書》言'鰥寡'，多泛指疾苦庶民，非必無夫無妻。此時舜年未老，尤非所謂鰥也。""此所謂'鰥'，亦即困苦之意，即所謂'側陋'。"

[2] 四嶽：古代分掌四時、方嶽的官，即分掌四方的諸侯。《書·堯典》："帝曰：'咨！四嶽！湯湯洪水方割，蕩蕩懷山襄陵，浩浩滔天，下民其咨，有能俾乂。'"

[3] 明揚仄陋：明察明德的人推舉族中疏遠隱匿之人虞舜爲堯的繼承人。《書·堯典》："（堯）曰：'明明，揚側陋。'"孔傳："堯知子不肖，有禪位之志，故明舉明人在側陋者，廣求賢也。"正義："側陋者，僻側淺陋之處。"方孝岳今語："堯曰，可悉舉貴戚及疏遠隱匿者。"

[4] 投屠刀而排金門：謂呂尚。據《尉繚子·武議》說，呂尚曾"屠牛朝歌"。排金門：推開金馬門。指走進朝廷爲官。樊噲（前？—前189）亦屬此類人。《史記·滑稽列傳》："金馬門者，宦署門也。門傍有銅馬，故謂之曰金馬門。"

[5] 釋版築而躡玉堂：謂傅說。躡：踏；登。玉堂：宮殿的美稱。

[6] 委芻豢而登卿相：謂百里奚。甯戚亦屬此類人。

[7] 自亡命而爲上將：謂陳平自楚亡命歸漢，拜都尉，典護軍。英布亦屬這類人。

［8］解狐薦怨家：《左傳·襄公三年》："祁奚請老，晉侯問嗣焉。稱解
狐，其讎也，將立（位）之而卒。"晉侯爲晉悼公。但《韓非子·外
儲說左下》則説："解狐薦其仇於簡主以爲相。""解狐舉邢伯柳爲
上黨守。"與《左傳》説不同。惟《吕氏春秋·去私》與《左傳》大體
相同，而又誤作晉平公問。

49 又云："田蕪廩虛⁽¹⁾，皆由有君。""夫君非塞田之蔓
草，臣非耗倉之雀鼠也^[1]。其蕪其虛，卒由厄運^{(2)[2]}，水旱
疫癘，以臻凶荒^[3]。豈在賦税⁽³⁾，令其然乎？

【校】

（1）田：魯藩本作由，王國維校作田。
（2）卒：藏本、平津本同，當從楊明照校作率。《書·微子》"率由典
　　常"、《詩·大雅·假樂》"率由羣匹"、"率由舊章"皆"率由"連文，
　　並其例。
（3）税：孫星衍校："藏本作求，從舊寫本改。"魯藩本亦作求。

【注】

［1］耗：費。耗同秏。《廣韻·號韻》："秏，減也。俗作耗。呼到切。"
　　《文選·七啓》"耗精神乎虛廓"李善注引《蒼頡篇》曰："耗，消
　　也。"劉良注："耗，費也。"
［2］厄（è）運：不幸的遭遇。亦指遭遇不幸。馬融《廣成頌》："伏見元
　　年已來，遭值厄運，陛下戒懼災異，躬自菲薄。"
［3］凶荒：災荒；年穀不熟。《周禮·地官·遺人》："縣都之委積，以
　　待凶荒。"賈公彦疏："凶荒，謂年穀不熟。"

50 "至於八政首食，謂之民天^{(1)[1]}。后稷躬稼，有虞親
耕^[2]。豐年多黍多稌^[3]，我庾惟億^[4]，民食其陳^[5]。白渠開，
而斥鹵膏壤^[6]。邵父起陽陵之陂，而積穀爲山^[7]；叔敖創期

思⁽²⁾，而家有腐粟^[8]；趙過造三犂之巧，而關右以豐^[9]；任延教九真之佃，而黔庶殷飽^[10]。此豈無君之時乎⁽³⁾？”

【校】

（１）天：魯藩本作夫，王國維校作天。

（２）叔敖創期思：此句蓋脱“之邑”二字，與邵父句失對。

（３）時乎：孫星衍曰：“從‘遠則甫侯’以下二百七十字疑當在本篇前半，未敢輒移。”

【注】

［１］民天：《史記·酈食其傳》索隱引《管子》：“王者以民爲天，民以食爲天。”

［２］有虞親耕：《墨子·尚賢中》：“古者舜耕歷山。”

［３］豐年多黍多稌：《詩·周頌·豐年》：“豐年多黍多稌，亦有高廩，萬億及秭。”毛傳：“豐，大也。稌，稻也。”鄭玄箋：“豐年，大有年也。”稌（tú）稻。一説專指粳稻，一説專指糯稻。

［４］我庾惟億：《詩·小雅·楚茨》：“我倉既盈，我庾惟億。”毛傳：“露積曰庾。”露積：糧食堆在場園，以物圍起，上面加蓋。億：盈。

［５］民食其陳：《詩·小雅·甫田》：“我取其陳，食我農人，自古有年。”毛傳：“尊者食新，農夫食陳。”

［６］白渠：漢武帝太初二年（前103），趙中大夫白公復奏穿渠，引涇水，首起谷口，尾入櫟陽，注渭中，長二百里，溉田四千五百餘頃，名曰白渠。

［７］邵父：召信臣，字翁卿，西漢九江壽春（今安徽壽縣）人。以明經甲科爲郎，歷官上蔡長、零陵太守、諫大夫、南陽太守、河南太守、少府。爲人勤力有方略，好爲民興利，躬勸農耕，開通溝瀆，增廣溉田至三萬頃。爲民作均水約束，刻石以防紛争。庌縣吏家游惰子弟，輒罷斥之。郡以殷富，吏民尊爲召父，治行常爲第一。奏省樂府黄門倡優及大官園種冬生蔥韭菜茄，歲省費數千萬。

邵通召。陽陵之陂：不詳。信臣任南陽太守時，修築堤堰凡數十處，陽陵陂當在其中。

[8] 叔敖：孫叔敖，名饒，字叔敖，以字行。《荀子·非相》《呂氏春秋·贊能》俱言孫叔敖即期思之鄙人。創期思：蓋言經孫叔敖經營，始建成楚邑期思。期思：在今安徽廬江縣境。《淮南子·人間》："孫叔敖決期思之水，而灌雩婁之野。莊王知其可以爲令尹也。"許慎注："雩婁，今廬江是。"《後漢書·循吏傳·王景》："(廬江)郡界有楚相孫叔敖所起芍陂稻田。"李賢注："陂在今壽州安豐縣東。陂徑百里，灌田萬頃。芍音鵲。"

[9] 趙過：漢武帝末任搜粟都尉，主農政。在畎畝法基礎上創代田法，將一畝地分爲三份，每年輪流耕種，以保養地力，獲得較高的收成。採用新田器耦犁與樓車。耦犁共用二牛三人。具體耕作法，說法不一。有二牛挽一犁之説：一説一人扶犁，一人按轅，一人牽牛；一説二人牽牛，一人扶犁。有二牛二犁之説：謂一人前引二牛，二人各扶一犁而耕。使用耦犁，每年可種田五頃。樓車：一種畜力條播機，一人一牛，可同時完成開溝和下種兩項工作，一天能下種一頃。三犁之巧：即崔實《政論》所説"三犁共一牛"的三腳樓。關右：指潼關以西。在地理上古人以西爲右。王粲《從軍行》："相公征關右，赫怒震天威。"

[10] 任延(5—68)：字長孫，東漢南陽宛(今河南南陽)人。年二十，爲諸生，學於長安，明《詩》《易》《春秋》，號任神童。更始時，爲大司農屬、會稽都尉。建武初，詔徵爲九真太守。九真俗以射獵爲業，不知牛耕，乃令鑄作田器，教之墾闢，民漸充裕。郡内無婚姻禮法，乃移書屬縣，使男女以年齡相配。以政績著，拜武威太守，抑制豪强，整頓邊防，設立學校，修理溝渠，吏民稱之。明帝即位，拜潁川太守，旋轉河内太守。九真：在今越南河内以南。黔庶：庶民百姓。黔：黑色。

知止窮達重言卷四十九^[1]

知　　止

1　抱朴子曰："禍莫大於無足^[2]，福無厚乎知止^{(1)[3]}。抱盈居沖者，必全之筭也^[4]；宴安盛滿者，難保之危也。

【校】

（1）無：平津本作莫。

【注】

[1] 知止：懂得（謀取富貴、滿足情欲之事等）適可而止。《老子·第四十四章》："知足不辱，知止不殆。"

[2] 無足：（追求富貴）没有滿足。《老子·第四十六章》："禍莫大於不知足。"河上公注："富貴不能自禁止也。"

[3] 厚：重。句意本《傅子·曲制》："天下之福，莫大於無欲；天下之禍，莫大於不知足。"

[4] 抱盈居沖：持守盈滿如同居於空虚。謂貴不驕，富不奢。《老子·第四十五章》、"大盈若沖，其用無窮。"河上公注："謂道德大盈滿之君也。如沖者，貴不敢驕也，富不敢奢也。其用心如是，則無窮盡時也。"全：保全（身家性命）。

2　"若夫善卷、巢、許、管、胡之徒，咸蹈雲物以高騖⁽¹⁾，依龍鳳以竦迹^[1]；覘韜鋒於香餌之中^[2]，寤覆車乎來軔之路^[3]；違險塗以遁濟，故能免詹何之釣緡^{(2)[4]}。可謂善料微景於形外，覘堅冰於未霜；徙薪曲突於方熾之火^[5]，纏舟弭檝於衝風之前^[6]；瞻九犗而深沈^[7]，望密蔚而曾逝^{(3)[8]}；不託巢於葦苕之末^[9]，不偃寢乎崩山之崖者也^[10]。

【校】

（1）鷙：魯藩本作鷙。

（2）故能："覘韜鋒"二句爲因，"違險塗"二句爲果，二字似當移至"違險塗"之前。

（3）望密蔚而曾逝：楊明照箋云："密蔚，謂林木茂盛。曾逝，謂鳥高飛。"按："林木茂盛"是鳥棲息覓食的好地方，怎麼會"高飛"遠逝呢？顯然自相矛盾。疑"蔚"本作"罻"。"艸"與"罒"草書形近致誤。罻：捕鳥的小網。因有捕鳥的"密罻"，所以鳥才"高飛"遠逝。正如以"九犗"爲釣餌，所以魚才"深沈"，兩句句意互補。若如楊明照所箋，則不得其解矣。

【注】

［1］巢、許、管、胡：巢父、許由、管寧。胡昭。

［2］覘（chān）：窺視；察看。《禮記·檀弓下》"晉人之覘宋者"鄭玄注："覘，窺視也。"

［3］來軔：猶來軨。此指未傾覆前開過來的車。軔：支輪木；止車之木；車輪。此指代車。《文選》潘岳《懷舊賦》"水漸軔以凝洭"李善注："顏延年《纂要解》曰：'車跡曰軌，車輪謂之軔。'王逸《楚辭（·離騷）》注曰：'軔，支輪木也。'"六臣本作："車跡曰軌，軌並輪謂之軔。"《離騷》"朝發軔於蒼梧兮"洪興祖補注："軔，止車之木。"

［4］詹何：蓋楚頃襄王時楚國知道術、善漁釣之隱者。其言行散見於先秦諸多典籍，是先秦楚國有名的學者。《淮南子·覽冥》："故蒲且子之連鳥於百仞之上，而詹何之鶩魚於大淵之中，此皆得清淨之道，太浩之和也。"高誘注："詹何，楚人，知道術者也。

言其善釣，令魚馳鶩來趨鈎餌，故曰‘鶩魚’。得其精微，故曰‘太浩之和’也。”

［5］徙薪曲突：本謂預防火災。喻採取措施，防患於未然。曲突：彎曲的烟囱。

［6］纚（lí）舟：繫住船隻。纚通縭。弭檝：停止划船。檝：楫之異體。

［7］瞻九犗而深沈：以魚爲喻。《莊子·外物》：“任公子爲大鈎巨緇，五十犗以爲餌，蹲乎會稽，投竿東海，旦旦而釣，期年不得魚。”成玄英疏：“任，國名，任國之公子。巨，大也。緇，黑繩也。犗，犍牛也。餌鈎頭肉既爲巨鈎，故用大繩懸五十頭牛以爲餌。”句意本此。犗音界。

［8］曾（céng）逝：高飛。《淮南子·覽冥》：“還至其曾逝萬仞之上，翱翔四海之外。”高誘注：“曾，猶高也。逝，猶飛也。”

［9］不託巢於葦苕之末：《荀子·勸學》：“南方有鳥焉，名曰蒙鳩，以羽爲巢，而編之以髮，繫之葦苕，風至苕折，卵破子死。巢非不完也，所繫者然也。”句意本此。葦苕：蘆葦的花。

［10］偃寢：仰卧；躺下。崖：高岸。

3　“斯皆器大量弘[1]，審機識致；凌儕獨往，不牽常慾；神參造化[2]，心遺萬物[3]。可欲不能蠱介其純粹[4]，近理不能耗滑其清澄[5]。苟無若人之自然，誠難企及乎絕軌也[6]。

【注】

［1］器大量弘：即器量宏大。器量：器局；才識；度量。蔡邕《郭有道碑文》：“夫其器量弘深，姿度廣大，浩浩焉，汪汪焉，奧乎不可測已。”

［2］神參造化：蓋謂性合乎道。《文子·九守》：“老子曰：‘所謂真者，性合乎道也。’”孔融《薦禰衡表》：“性與道合，思若有神。”

［3］心遺萬物：心靈超脱萬物之上。《鶡冠子·世兵》：“至人遺物，獨

與道俱。"

［4］蔕（chài）介：梗塞的東西；梗塞。積存心中的小小不快。《史記・司馬相如列傳》："（《子虛賦》）吞若雲夢者八九，其於胸中曾不蔕芥。"《文選》張衡《西京賦》"睚眥蔕芥"李善注："張揖《子虛賦》注曰：'蔕介，刺鯁也。'蔕與蔕同。"句謂凡是足以引起欲念的事物都不能梗塞他們心靈的純粹素朴之中。

［5］耗淈（mào gǔ）：猶擾亂。耗通眊。昏昧不明；昏亂。《荀子・修身》"多而亂曰耗"王先謙集解引王念孫曰："耗，讀爲眊，眊，亂也……眊與耗古同聲而通用。"淈：亂。清澄：清明，清澈。《楚辭・遠遊》："保神明之清澄兮，精氣入而麤穢除。"王逸注："納新吐故，垢濁清也。"

［6］若人：像這些人。指上述善卷等人。《論語・公冶長》："子謂子賤，君子哉若人！"集解引包咸曰："若人，若此人也。"

4　"徒令知功成者身退[1]，慮勞大者不賞[2]。狡兔訖則知獵犬之不用(1)，高鳥盡則覺良弓之將棄[3]。鑒彭、韓之明鏡[4]，而念抽簪之術[5]；覩越種之闇機[6]，則識金象之貴[7]。若范公汎艘以絶景[8]，薛生遯亂以全潔(2)[9]，二疏投印於方盈[10]，田豫釋綬於漏盡[11]。進脱亢悔之咎，退無濡尾之吝；清風足以揚千載之塵，德音足以祛將來之惑[12]。方之陳、竇，不亦邈乎[13]？

【校】

（1）訖：孫星衍校："舊寫本作死。"

（2）遯亂：陳其榮校："舊寫本作遯辭。"《文選》桓溫《薦譙元彦表》："進免龔勝亡身之禍，退無薛方詭對之譏。"詭對即以遯辭對也。

【注】

［1］功成者身退：《老子・第九章》："功遂身退，天之道。"陳鼓應注：

“功遂，功業成就。身退，指斂藏鋒芒。”

［２］勞大者不賞：《史記·淮陰侯列傳》：“蒯生曰：‘……且臣聞勇略震主者身危，而功蓋天下者不賞。’”

［３］狡兔訖則知獵犬之不用：喻事情成功之後，曾經出過大力的人遭到擯棄或殺害。《文子·上德》：“狡兔得而獵犬烹，高鳥盡而良弓藏。”秦漢典籍這類話甚多。

［４］彭、韓：彭越、韓信。明鏡：明鑑。

［５］抽簪：喻指棄官引退。因作官者須束髮整冠，用簪連冠於髮，故稱引退爲抽簪。《文選》張協《詠史詩》：“達人知止足，遺榮忽如無。抽簪解朝衣，散髮歸海隅。”李善注：“鍾會《遺榮賦》：‘散髮抽簪，永絶（縱）一丘。’《蒼頡篇》曰：‘簪，笄也，所以持冠也。’”張銑注：“簪，冠簪也。凡束髮爲從官，散髮爲罷官。”

［６］越種：春秋越國文種。闇機：謂暗昧於未曾發覺自己可能被殺的徵兆。《淮南子·説山》：“大夫種知所以强越，而不知所以存身。”高誘注：“自（身）爲越所殺也。”《史記·越王句踐世家》：“范蠡遂去，自齊遺大夫種書曰：‘蜚鳥盡，良弓藏；狡兔死，走狗烹。越王爲人長頸鳥喙，可與共患難，不可與共（安）樂。子何不去？’種見書，稱病不朝。人或讒種且作亂，越王乃賜種劍曰：‘子教寡人伐吳七術，寡人用其三而敗吳，其四在子，子爲我從先王試之。’種遂自殺。”

［７］金象之貴：指范蠡浮於五湖後，越王句踐模寫范蠡之狀，用銅鑄像，供自己與大夫朝禮。《國語·越語下》：“范蠡不報於王（句踐），擊鼓興師，以隨使者至於姑蘇之宮，不傷越民，遂滅吳。反至五湖，范蠡辭於王曰：‘君王勉之，臣不復入於越國矣。’……遂乘輕舟以浮於五湖，莫知其所終極。王命工以良金寫范蠡之狀而朝禮之；浹日，而令大夫朝之。”韋昭注：“以善金鑄其形狀而自朝禮也。”

［８］范公：范蠡。汎艘以絶景（影）：言其乘輕舟浮於五湖，過隱姓埋名的生活。

［９］薛生：薛方，字子容，西漢末齊人。爲郡掾祭酒，嘗徵不至。王莽

秉政,以安車迎之,謝曰:"堯、舜在上,下有巢、許。今明主方隆
唐、虞之德,小臣欲守箕山之節也。"莽悦其言,不强致。方居家
以經教授,善屬文。光武徵之,道卒。

[10] 二疏:疏廣、疏受。

[11] 田豫:字國讓,三國魏漁陽雍奴(今天津市武清東北)人。魏文帝
初,北人擾邊,使豫持節護烏丸校尉,威震沙漠。累官并州刺史,
屢辭位不聽,乃曰:"年過七十而以居位,譬猶鐘鳴漏盡而夜行不
休,是罪人也。"遂引疾去。釋紱:解開繫印綬帶。謂致仕,休官。
陳琳《爲袁紹與公孫瓚書》:"故解印釋紱,以北帶南,分割膏腴,
以奉執事。"漏盡:漏刻已盡。謂夜深或天將曉。喻殘年。《獨
斷》下:"夜漏盡,鼓鳴則起;晝漏盡,鍾鳴則息也。"

[12] 祛……惑:除去疑惑。祛通袪。除去。《文選·郭有道碑文》"以
袪其蔽。"李善注:"袪,猶去也。"

[13] 陳:陳蕃。竇:竇武。《廣雅·釋詁一》:"邈,遠也。"

5 "或智小敗於謀大[1],或轅弱折於載重[2],或獨是陷
於衆非,或盡忠訐於兼會[3];或倡高筭而受晁錯之禍[4],或
竭心力而遭吴起之害。故有跼高蹐厚,猶不免焉[5]。

【注】

[1] 智小敗於謀大:《易·繫辭下》:"德薄而位尊,知小而謀大,力少
而任重,鮮不及矣。"釋文:"知,音智。"知通智。

[2] 轅弱:轅杆不堅牢。按:實指駕轅的馬軟弱,不堪載重。蓋指陳
蕃一類人。陳蕃以"掃除天下"爲己任,然與竇武合謀時,年已七
十有餘,如同一匹羸馬駕重載,不勝其任矣。

[3] 訐:當面揭發陰私。《論語·陽貨》"惡訐以爲直者"集解引包咸
曰:"訐,謂攻發人之陰私。"按:此謂當面指斥。《廣韻·月韻》:
"訐,面斥人以言。"兼會:(姦黨)聚會。

[4] 倡:通唱。導也。《楚辭·九歌·禮魂》"姱女倡兮容與"洪興祖

補注："倡。讀作唱。"

［5］跼高蹐厚：跼蹐高厚。跼蹐（jú jí）：本謂蜷曲不敢伸展，後以指小心謹慎，惶惶不安。局、跼古今字。

6　"公旦之放[1]，仲尼之行[2]；賈生遜擯於下土[3]，子長熏胥乎無辜[4]；樂毅平齊[5]，伍員破楚[6]；白起以百勝拓疆[7]，文子以九術霸越[8]；韓信功蓋於天下[9]，黥布滅家以佐命[10]：榮不移晷，辱已及之。不避其禍[11]，豈智者哉！

【注】

［1］公旦之放：周成王用事，人或譖周公旦欲爲亂久矣，周公旦走而奔楚。

［2］仲尼之行：句意函蓋甚廣，包括孔子一生行藏。1. 指孔子不再與季桓子共事而離開魯國政壇。《論語・微子》："齊人歸女樂，季桓子受之，三日不朝，孔子行。"2. 指諸侯問政不被採納而離開諸侯。《左傳・哀公十一年》："孔文子之將攻大叔也，訪於仲尼。仲尼曰：'胡簋之事，則嘗學之矣；甲兵之事，未之聞也。'退，命駕而行。"3. 指孔子周遊列國，干謁世主遭冷遇。《呂氏春秋・遇合》："孔子周流海內，再干世主，如齊至衛，所見八十餘君。"

［3］賈生遜擯於下土：漢文帝以爲賈誼才堪"任公卿之位"，而大臣絳灌之屬盡害之，遂由太中大夫貶爲長沙王太傅。生：先生。遜擯：此指服從朝廷由中央調任地方或貶謫下土。下土：偏遠的地方。《漢書・劉輔傳》："臣等愚，以爲輔幸得託公族之親，在諫臣之列，新從下土來，未知朝廷體，獨觸忌諱，不足深過。"

［4］子長（zhǎng）：司馬遷（前145—前?）字子長，司馬談（約前190—前110）之子，夏陽（今陝西韓城）人。出身史官世家。幼年"耕牧河山之陽，年十歲則通古文"。受業於董仲舒、孔安國，博通今古文經學。弱冠漫游天下，任郎中，出使西南，隨武帝巡視全國，爲其父草創之《太史公書》繼續準備素材。繼任父職，爲太史令，繼

續《太史公書》“草創，未就”。因李陵事件觸怒武帝，受宮刑。出
獄後，任中書令。又因“有怨言，下獄死”（後漢衛宏《漢儀注》）。
後司馬遷外孫楊惲“祖述其書”，最終完成《太史公書》巨制，“遂
宣布焉”，後世通稱《史記》。按：司馬遷尊稱其父司馬談職守，
司馬遷外孫楊惲尊稱司馬遷職守，後人尊稱司馬談、司馬遷父子
職守，故云“太史公”。薰胥：謂株連坐罪；牽率相引陷罪。薰：
率。胥：相。《漢書·叙傳下》：“（述《司馬遷傳》）烏呼史遷，薰
胥以刑。”顏師古注：“晉灼曰：‘《齊》《韓》《魯詩》作薰。薰，帥也，
從人得罪相坐之刑也。’”《詩·小雅·雨無正》：“若此無罪，淪胥
以鋪。”《經義述聞》六《毛詩》中“淪胥以刑”條王念孫曰：“……淪
胥以鋪，謂相率而入於刑。入於刑則病苦，故《韓詩》曰‘薰胥以
鋪’，《漢書》曰‘薰胥以刑’，其義一也。”《後漢書·蔡邕傳》：
“（《釋誨》）榮顯未副，從而顛踣，下獲薰胥之辜，高受滅家之誅。”
李賢注：“《詩·小雅》曰：‘若此無罪，勳胥以痛。’勳，帥也。胥，
相也。痛，病也。言此無罪之人，而使有罪者相帥而病之，是其
大甚。見《韓詩》。”王先謙集解：“以文義論，‘薰胥以痛’，仍訓牽
率相引陷罪爲是。”《海録碎事》卷二十一《薰胥》：“蔡邕云：下獲
薰胥之辜。前書云：史遷薰胥以刑。音義云：相薰蒸得罪也。”
薰、熏、勳三字古通。

[5] 樂毅平齊：樂毅任燕上將軍、趙相國，“並護（總領）趙、楚、韓、魏、
燕之兵以伐齊，破之濟西”，“至於臨菑”，“下齊七十餘城”“獨唯
聊、莒、即墨未下”。而燕惠王“得齊反間，乃使騎劫代將，而召
樂毅”。

[6] 伍員（yún）破楚：伍員奔吳，爲吳行人以謀楚。吳悉國中師，與
唐、蔡伐楚。吳、楚二師陳于柏舉。闔廬之弟夫概王以其屬五千
先擊子常之卒。子常之卒奔，楚師亂，敗退，吳追之。五戰五勝
而及郢（今湖北荆州市）。楚昭王出奔，吳入郢。子胥、伯嚭鞭平
王之尸，以報父仇。

[7] 白起以百勝拓疆：白起率領秦軍打仗，基本上給秦國統一中國
奠定了基礎。其著者，於秦昭王十四年（前293），爲左更，攻韓、

魏於伊闕，斬首二十四萬；十五年，爲大良造，攻取魏六十一城；二十八年，攻楚，拔鄢、鄧五城；二十九年，攻楚，拔郢，燒夷陵，遂東至竟陵；三十四年，攻魏，虜三晉將，斬首十三萬；四十七年，與趙長平之戰，前後斬首虜四十五萬。因與應侯范雎有隙，不同意攻打趙邯鄲而不起，秦昭王將其免爲士伍，賜劍令其自裁。

［8］九術：文種九種伐吳、興國之術。平吳之後越王句踐賜劍令文種自殺。

［9］韓信功蓋於天下：韓信幫助漢王劉邦奪取天下，功高蓋世，爲漢初三傑之一。因功高震主，呂后使武士斬之長樂鍾室。語本《史記·淮陰侯列傳》：“蒯生曰：‘……且臣聞勇略震主者身危，而功蓋天下者不賞。’”

［10］黥布滅家以佐命：謂黥布反楚歸漢，起兵攻楚，楚項伯（前？—前192）盡殺其妻子。會師垓下，敗亡項羽。見呂后醢彭越，遍賜諸侯，大恐，起兵反叛。最後，爲番陽人所殺。

［11］不避其禍：《呂氏春秋·士節》：“士之爲人，當理不避其難。”稚川遺詞，變“難”爲“禍”。

7　“爲臣不易，豈將一塗[1]？要而言之，決在擇主[2]。我不足賴，其驗如此。告退避賢[3]，潔而且安。美名厚實，福莫大焉(1)。能修此術，萬未有一。吉凶由人[4]，可勿思乎？

【校】

（1）福：魯藩本作禍，當從。

【注】

［1］爲臣不易：《論語·子路》：“人之言曰：‘爲君難，爲臣不易。’”豈將一塗：謂有選擇餘地。將：猶惟也，但也。

［2］決在擇主：《大戴禮記·衛將軍文子》：“君雖不量於臣，臣不可以

　　不量於其君。是故君擇臣而使之,臣擇君而事之。”

［3］避賢:謂辭職。《晏子春秋·外篇七》:“晏子對曰:‘……臣愚不
　　能復治東阿,願乞骸骨,避賢者之路。’”

［4］吉凶由人:謂吉凶取決於自己。《左傳·僖公十六年》“吉凶由
　　人”杜預注:“積善餘慶,積惡餘殃,故曰吉凶由人。”

　　8　“逆耳之言,樂之者希。獻納期榮^{(1)[1]},將速身禍。
救誹謗其不暇^{(2)[2]},何信受之可必哉^[3]! 夫矰繳紛紜^[4],
則鴛雛徊翩;坑穽充蹊^[5],則麟、虞斂迹^[6]。情不可極,慾
不可滿^[7]。達人以道制情,以計遣慾。爲謀者猶宜使
忠⁽³⁾,況自爲策而不詳哉⁽⁴⁾!

【校】

（1）期:孫星衍校:“藏本作斯,從舊寫本改。”魯藩本亦作斯。

（2）誹:藏本、魯藩本作“訴”,據平津本改。

（3）爲謀:當依楊明照引《論語·學而》“爲人謀而不忠乎”語,作爲
　　人謀。

（4）策:藏本、魯藩本作榮,據平津本改。

【注】

［1］獻納:指獻忠言供採納。班固《兩都賦序》:“故言語侍從之臣,若
　　司馬相如,朝夕論思,日月獻納。”

［2］誹謗:指視忠諫爲誹謗。《韓非子·難言》:“大王若以此不信,則
　　小者以爲毁譽誹謗,大者患禍災害死亡及其身。”《大戴禮記·保
　　傅》:“故今日即位,明日射人,忠諫者謂之誹謗。”

［3］信受:相信並接受。《梁書·文學傳下·任孝恭》:“孝恭少從蕭
　　寺雲法師讀經論,明佛理,至是蔬食持戒,信受甚篤。”遠晚於本
　　文。佛經尾語例皆有“皆有歡喜,信受奉行”等語。

［4］矰繳(zēng zhuó):繫有絲繩用以射鳥的短箭。《戰國策·楚策

四》：“不知夫射者方將修其砮盧，治其矰繳，將加己乎百仞
之上。”

[5] 蹊：小路。《漢書·李廣蘇建傳》“下自成蹊”顏師古注：“蹊，謂徑
道也。蹊音奚。”

[6] 麟虞斂迹：《列女傳·賢明·周南之妻傳》：“夫鳳皇不離於蔚
（罻）羅，麒麟不入於陷穽。……鳥獸之智，猶知避害。”

[7] 情不可極，慾不可滿：情欲的追求當適可而止。套用《禮記·曲
禮上》“志不可滿，樂不可極”語。

9　“蓋知足者，常足也[1]；不知足者，無足也。常足者，
福之所赴也；無足者，禍之所鍾也。生生之厚，殺哉生
矣(1)[2]。宋氏引苗[3]，郢人張革[4]，誠欲其快，而實速萎
裂。知進忘退[5]，斯之以乎(2)？

【校】

（1）殺哉生矣：陳其榮校：“盧本‘哉’作‘我’。榮案：‘生’下‘重’
‘生’字。”

（2）以：孫星衍校：“舊寫本作謂。”

【注】

[1] 知足者，常足也：指無欲心。《老子·第四十六章》：“故知足之
足，常足。”河上公注：“無欲心也。”

[2] 生生之厚，殺哉生矣：奉養自己，過於豐厚，就是戕害自己的生
命。《老子·第五十章》：“人之生，動之於死地，亦十有三。夫何
故？以其生生之厚。”清高延第《老子證義》：“‘生生之厚’，謂富
貴之人，厚自奉養，服食藥餌，以求長生，適自蹈於死地，此即動
之於死地者之端。緣世人但知戕賊爲傷生，而以厚自奉養者爲
能養生，不知其取死者同也，故申言之。”生生：過分地奉養自己
的生命。殺哉生矣：猶言戕殺其生命矣。哉：語氣助詞。

〔3〕宋氏引苗：喻急於求成，反而有害。《孟子·公孫丑上》：“宋人有
　　閔其苗之不長而揠之者，芒芒然歸，謂其人曰：‘今日病矣，予助
　　苗長矣。’其子趨而往視之，苗則槁矣。”

〔4〕郢：春秋戰國時楚國都城，在今湖北荊州市紀南城。張革：1. 膨
　　脹皮革。張通脹。《左傳·成公十年》：“將食，張，如廁。”杜預
　　注：“腹滿也。”《廣雅·釋詁一》：“痕，病也。”王念孫疏證：“痕、
　　脹、張並通。”皮革不可膨脹，皮革膨脹以後就不成其爲皮革了，
　　正如禾苗不可拔高。2. 舉鞭抽打孩子。張：舉。《文選》司馬遷
　　《報任少卿書》“更張空拳”李周翰注：“張，舉也。”革：皮鞭。
　　《詩·大雅·皇矣》“不長夏以革”馬瑞辰傳箋：“革猶鞭，革鞭作
　　官刑也。”“革鞭作官刑”屬刑罰範疇。而“郢人張革”，蓋謂郢中
　　百姓抽鞭教子，孩子皮開肉綻，傷害了孩子，反而達不到教育的
　　效果。“郢人張革”很可能是稚川的創造。

〔5〕知進忘退：《易·乾》：“（文言）亢之爲言也，知進而不知退。”

10　“夫筴奔而不止者[1]，尠不傾墜；凌波而無休者[2]，
希不沈溺。弄刃不息者[3]，傷刺之由也；斫擊不輟者，缺毀
之原也。盈則有損，自然之理。周廟之器(1)[4]，豈欺我
哉[5]！故養由之射，行人識以弛弦；東野之御，顏子知其方
敗。成功之下，未易久處也[6]。

【校】

（1）周廟：當作魯廟。楊明照校引《荀子·宥坐》《家語·三恕》作“魯
　　桓公之廟”，《淮南子·道應》作“桓公之廟”其證。

【注】

〔1〕筴奔：鞭策奔馬。筴通策。句意謂御轡而行，不可狂奔。

〔2〕凌波：在水上行走。此謂水中游泳。

〔3〕弄刃：耍刀。《淮南子·氾論》：“夫以刃相戲，必有過失。過失相

傷,其患必大。”

［４］周廟之器,當作魯廟之器。《荀子·宥坐》:“孔子觀於魯桓公之
廟,有欹器焉,孔子問於守廟者曰:‘此爲何器?’守廟者曰:‘此蓋
爲宥坐之器。’孔子曰:‘吾聞宥坐之器者,虛則欹,中則正,滿則
覆。’孔子顧謂弟子曰:‘注水焉。’弟子挹水而注之。中而正,滿
而覆,虛則欹。孔子喟然而歎曰:‘吁! 惡有滿而不覆者哉!’”

［５］豈欺我哉:《孟子·滕文公上》:“公明儀曰:‘文王我師也,周公豈
欺我哉。’”

［６］成功之下,未易久處:謂功成名就即當引退。《逸周書·附録》:
“成功之下,不可久處。”又《越王句踐世家》:“范蠡以爲,大名之
下,難以久居。”

11　“夫飲酒者不必盡亂,而亂者多焉。富貴者豈其
皆危,而危者有焉。智者料事於倚伏之表,伐木於毫末之
初。吐高言不於累棋之際[1],議治裘不於群狐之中。古人
佯狂爲愚[2],豈所樂哉? 時之宜然,不獲已也。

【注】

［１］累棋:高疊棋子,極易傾倒。喻非常危險。《戰國策·秦策四》:
“(黃歇)説(秦)昭王曰:‘……物至而反,冬夏是也;致至而危,累
碁是也。’”高誘注:“至,極也。”碁同棋。

［２］佯狂:裝瘋。《韓詩外傳》六:“比干諫而死。箕子曰:‘知不用而
言,愚也;殺身以彰君之惡,不忠也。二者不可,然且爲之,不祥
莫大焉。’遂被髮佯狂而去。”

12　“亦有深逃而陸遭濤波,幽遁而水被焚燒。若龔
勝之絶粒以殞命[1],李業煎蹙以吞酏[2],由乎迹之有眹,景
之不滅也。若使行如蹈冰,身如居陰[3],動無遺蹤可尋[4],
静與無爲爲一,豈有斯患乎? 又況揭日月以隱形骸[5],擊

建鼓以徇利器者哉！夫值明時則優於濟四海，遇險世則劣
於保一身，爲此永慨，非一士也。

【注】

[1] 龔勝之絕粒以殞命：龔勝（前68—前11）字君賓，彭城（今江蘇徐
州）人，著名節。龔勝以“受漢家恩厚”，拒絕王莽之徵，絕食十四
日而死。

[2] 李業：字巨遊，東漢廣漢梓潼（今四川梓潼）人。志操介特，習《魯
詩》。平帝時舉明經爲郎，王莽以業爲酒士，隱山谷不出。公孫
述僭號，徵爲博士。述羞不能致，使人持詔命奉毒酒劫業，業云
“君子見危授命”，遂飲藥而死。煎蹙：逼迫。

[3] 居陰：處在不顯身影的地方。《莊子·漁父》：“人有畏影惡迹而
去之走者，舉足愈數而迹愈多，走愈疾而影不離身，自以爲尚遲，
疾走不休，絕力而死，不知處陰以休影，處靜以息迹，愚亦甚焉。”
喻韜光晦影。

[4] 遺蹤：猶遺迹。潘岳《西征賦》：“眺華岳之陰崖，觀高掌之遺蹤。”

[5] 日月句：謂肩擔日月與隱藏形骸是互相矛盾的，因日月能照出人
的形骸，人的形骸是無法隱藏的。《莊子·達生》：“今汝飾知以
驚愚，修身以明汙，昭昭乎若揭日月而行也。”《小爾雅·廣言》：
“揭，擔也。”

13 “吾聞無熾不滅，靡溢不損。焕赫有委灰之兆，春
草爲秋瘁之端[1][1]。日中則昃，月盈則蝕[2]。四時之序，
成功者退[3]。遠取諸物，則構高崇峻之無限[4]，則頹壞惟
憂矣[5]；近取諸身，則嘉膳旨酒之不節，則結疾傷性矣。況
乎其高概雲霄，而積之猶不止；其威震人主，而加崇又不息
者乎！

【校】

（1）草：王國維校作華。按：兩可。

【注】

［1］煥赫：熾熱明亮；光亮顯赫。委灰：猶灰燼。《文選》陸機《演連珠》之十四：“臣聞馨烈之芳，出於委灰；繁會之音，生於絕絃。”李善注：“王逸《楚辭（・離騷）》注曰：‘委，棄也。’”

［2］日中則昃，月盈則蝕：比喻事物發展到一定程度，就向相反的方向發展。《易・豐》：“日中則昃，月盈則食，天地盈虛，與時消息。”食通蝕。

［3］四時之序，成功者退：《戰國策・秦策三》：“應侯曰：‘請聞其説。’蔡澤曰：‘吁，何君見之晚也！夫四時之序，成功者去。’”

［4］構高崇峻：構造高層建築，崇尚極天大廈。

［5］頹壞惟憂：結構同於“馬首是瞻”。惟：結構助詞，將“憂”的賓語“頹壞”提到前面。頹壞：傾倒崩壞。

14　“蚊虻墮山，適足翱翔；兕虎之墜，碎而爲齏[1]。此言大物不可失所也。且夫正色彈違[2]，直道而行[3]，打撲干紀[4]，不慮讎隙[5]，則怨深恨積。若舍法容非，屬託如響[6]，吐剛茹柔[7]，委曲繩墨[8]，則忠□喪敗(1)。居此地者，不亦勞乎(2)！是以身名並全者甚希，而折足覆餗者不乏也。

【校】

（1）忠□：孫星衍校：“舊寫本空白一字。”楊明照按：“‘忠’下疑脫‘良’字或‘貞’字。”按：當補貞字。

（2）勞：魯藩本作榮。

【注】

［1］蚊虻墮山四句：對比説明微物易安，大物難移。《鶡冠子・天

權》：“夫蚊虻墜乎千仞之谿，乃始翱翔而成其容。牛馬墜焉，碎而無形。由是觀之，則大者不便，重者創深。”陸佃解：“成其翱翔之容。高飛曰翱，布翼不動曰翔。”齏（jī基）：齏粉，細粉。

[２] 彈違：彈劾違法亂紀者。《晉書・應詹傳》：“今之艱弊，過於往昔，宜分遣黃、散若中書郎等循行天下，觀采得失，舉善彈違，斷截苟且，則人不敢爲非矣。”

[３] 直道而行：《論語・衛靈公》：“子曰：‘……斯民也，三代之所以直道而行也。’”朱熹集註：“直道，無私曲也。”

[４] 打撲干紀：打擊觸犯國家法紀者。《廣雅・釋詁一》：“扑、打，擊也。”干：犯。

[５] 讎隟：仇恨；仇怨。隟通隙。《玉篇・阜部》：“隟，穿穴也；裂也。”《廣韻・陌韻》：“隟，怨也。”

[６] 屬託如響：有求必應。如響：如響之應聲。《易・繫辭上》：“其受命也如響。”正義：“謂蓍受人命，報人吉凶，如響之應聲也。”

[７] 吐剛茹柔：吃掉柔弱的，吐出剛强的。喻凌弱畏强，欺軟怕硬。《詩・大雅・烝民》：“人亦有言，柔則茹之，剛則吐之；維仲山甫，柔亦不茹，剛亦不吐。不侮矜寡，不畏强禦。”孔穎達疏：“説人之恒性，莫不柔濡者則茹食之，堅彊者則吐出之。喻見前敵寡弱者則侵侮之，强盛者則避畏之。”

[８] 委曲繩墨：猶言枉法。委曲：枉曲；邪曲不正。晉段灼《上表陳五事》：“雖有椒房外戚之寵，不受其委曲之言；雖有近習愛幸之豎，不聽其姑息之辭。”

　　15 “然而入則蘭房窈窕[1]，朱帷組帳；文茵兼舒於華第[2]，艷容粲爛於左右；輕體柔聲，清歌妙舞[3]；宋、蔡之巧[4]，陽阿之妍[5]；口吐《採菱》《延露》之曲[6]，足躡《渌水》《七槃》之節[7]；和音悦耳(1)，冶姿娱心；密宴繼集，醽、醁不撤。仰登綺閣，俯映清淵；遊果林之丹翠，戲蕙圃之芬馥[8]。文鱗瀺灂[9]，朱羽頡頏(2)[10]；飛繳墮雲鴻，沈綸引魴鯉[11]。遠珍不索而交集，玩弄紛華而自至[12]。

【校】

（1）和音：平津本作知音。

（2）朱羽：陳其榮校："承訓本作采羽。"

【注】

［1］蘭房：1. 高雅的居室。阮籍《詠懷詩》之二三："仙者四五人，逍
遙晏蘭房。"2. 猶香閨。古時婦女所居之室。《文選》潘岳《哀永
逝文》"委蘭房兮繁華"呂延濟注："蘭房，妻嘗所居室也。"窈窕：
秘奧貌。

［2］文茵：虎皮坐褥；有花紋的席子。《詩·秦風·小戎》："文茵暢
轂，駕我騏馵。"毛傳："文茵，虎皮也。暢轂，長轂也。"華第（zǐ）：
華美的床鋪。《方言》五："床，齊魯之間謂之簀，陳楚之間或謂
之第。"

［3］清歌：不用樂器伴奏的歌唱；清亮的歌聲。張衡《思玄賦》："雙材
悲於不納兮，並詠詩而清歌。"

［4］宋、蔡之巧：宋音、蔡謳美妙。《史記·司馬相如傳》："（《上林
賦》）巴俞宋蔡，淮南《于遮》。"索隱："張揖曰：'《禮（記·）樂記》
曰：'宋音宴（燕）女，溺志。'蔡人謳，員三人。'"《楚辭·招魂》：
"吳歈蔡謳，奏大呂些。"王逸注："吳、蔡，國名也。歈、謳，皆歌
也。大呂，六律名也。奏大呂，言乃復使吳人歌謠，蔡人謳吟，進
雅樂，奏大呂，五音六律聲和調也。"巧：美好。

［5］陽阿：古之名倡；古之名俳；楚國名曲。《淮南子·俶真》"足躡陽
阿之舞"高誘注："陽阿，古之名倡也。"又《說山》"陽阿采菱"高誘
注："陽阿，古之名俳也。"《文選》宋玉《對楚王問》："其爲《陽阿》
《薤露》，國中屬而和者數百人。"

［6］《採菱》：郢中歌曲名；樂府清商曲名。《楚辭·招魂》："《涉江》
《采菱》，發揚荷些。"王逸注："楚人歌曲也。"《淮南子·說山》：

“欲美和者,(必先)始於《陽阿》《采菱》”高誘注:“陽阿、采菱,樂
曲之和聲。有陽阿,古之名俳,善和也。”

[7]《淥水》《七槃》:舞曲名。《淮南子・俶真》:“足蹋陽阿之舞,而手
會《綠水》之趨。”高誘注:“綠水,舞曲也。一曰:綠水,古詩也。”
按:《文選・長笛賦》李善注引正文及高誘注“綠水”並作“淥
水”,《七啓》李善注引高誘注作“淥水”。嵇康《琴賦》:“初涉《淥
水》,中度《清徵》。”綠通淥。《後漢書・文苑傳下・邊讓》“收尊
俎。徹鼓盤”李賢注引張衡《七盤舞賦》:“歷《七盤》而屣躡。”《文
選・舞賦》“眄般鼓則騰清眸,吐哇咬則發皓齒”李善注引王粲
《七釋》:“《七盤》陳於廣庭,疇人儼其齊俟。”

[8]蕙圃:佩蘭園。《史記・司馬相如列傳》:“其東則有蕙圃衡蘭。”
《漢書・司馬相如傳》顏師古注引張揖曰:“蕙圃,蕙草之圃也。”

[9]文鱗:有斑采的魚。《山海經・中山經》:“荆山之首曰景山……
雎水出焉,東南流注於江,其中多丹粟,多文魚。”郭璞注:“有斑
采也。”瀺灂(chán zhuó):出没游動貌。嵇康《贈秀才入軍》詩之
三:“魚龍瀺灂,山鳥群飛。”潘岳《西征賦》:“瀺灂驚波。”李善注:
“瀺灂,出没之貌。”

[10]頡頏(xié háng):鳥上下翻飛貌。《詩・邶風・燕燕》:“燕燕于
飛,頡之頏之。”毛傳:“飛而上曰頡,飛而下曰頏。”

[11]魴(fáng)鯉:鯿魚和鯉魚。《爾雅・釋魚》:“魴,魾。”郭璞注:“江
東呼魴魚爲鯿。”

[12]紛華:繁華;富麗。《史記・禮書》:“出見紛華盛麗而説,入聞夫
子之道而樂,二者心戰,未能自決。”

16 “出則朱輪耀路,高蓋接軫[1];丹旗雲蔚[2],麾節翕
赫[3];金口嘈囋[4],戈甲璀錯[5];得意託於後乘[6],嘉旨盈
乎屬車[7];窮遊觀之娱,極畋漁之懽;聖明之譽,滿耳而入;
諂悦之言,異口同辭。于時眇然,意蔑古人[8],謂伊、吕、
管、晏不足算也[9]。豈覺崇替之相爲首尾,哀樂之相爲朝

暮？肯謝貴盛乞骸骨⁽¹⁾，背朱門而反丘園哉！

【校】

（1）乞：當從楊明照校於其前補一以字。

【注】

［1］高蓋：指代軒車。《漢書·于定國傳》："于公謂曰：'少高大閭門，令容駟馬高蓋。……子孫必有興者。'至定國爲丞相。（定國子）永爲御史大夫，封侯傳世云。"接軫：形容馬車車輛之多。《漢書·司馬相如傳下》"（上疏）而羌夷接軫"顏師古注："軫，車後橫木。"

［2］丹旗：曹丕《黎陽作》詩之三："白旄若素霓，丹旗發朱光。"雲蔚：形容顔色像雲彩一樣絢麗華美。

［3］麾：古代用以指揮軍隊的旗幟。《文選》張衡《思玄賦》"前祝融使舉麾兮"舊注："《尚書（·牧誓）》曰：'右秉白旄以麾。'案執旄以指撝也。秦、漢以來即以所執之旄名曰麾，謂麾幢曲蓋者也。"翕赫：盛貌。《文選》揚雄《甘泉賦》："翕赫曶霍。"李善注："翕赫，盛貌。曶霍，疾貌。"

［4］金口：金鐸。以金爲舌曰金鐸。古樂器名，即大鈴。揚雄《法言·學行》："天之道不在仲尼乎？仲尼駕説者也；不在兹儒乎？如將復駕其所説，則莫若使諸儒金口而木舌。"李軌注："金寶其口，木質其舌，傳言如此，則是仲尼常在矣。"《周禮·地官·鼓人》"以金鐸通鼓"鄭玄注："鐸，大鈴也，振之以通鼓。司馬職曰：司馬振鐸。"又《天官·小宰》："徇以木鐸。"鄭玄注："古者將有新令，必奮木鐸以警衆，使明聽也。木鐸，木舌也。文事奮木鐸，武事奮金鐸。"顧炎武《日知録·木鐸》："金鐸所以令軍中，木鐸所以令國中。"

［5］戈甲：泛指武器裝備。《尉繚子·兵令下》："内卒出戍，令將吏授旗鼓戈甲。"璀錯：衆盛貌；文飾繁雜貌。《文選》王延壽《魯靈光

殿賦》:“下弟蔚以璀錯,上崎嶬而重注。”李善注:“璀錯,衆盛貌。”呂向注:“下弟蔚以璀錯,謂壯麗而文飾繁雜也。”

[6] 得意:此蓋承上段“艷容”等語指稱心如意的女人。“得意託於後乘”與“嘉旨盈乎屬車”互文,“得意”與“嘉旨”一指人,一指物。後乘(shèng):後車。《孟子・滕文公下》:“後車數十乘。”

[7] 屬車:副車。後車、屬車,同爲皇帝侍從之車。秦漢以來,皇帝大駕屬車八十一乘,法駕屬車三十六乘,分左、中、右三列行進。《文選・東京賦》:“屬車九九,乘軒並轂。”薛綜注:“副車曰屬,言相連也。”

[8] 蔑:輕蔑;無。《詩・大雅・桑柔》“國步蔑資”鄭玄注:“蔑,猶輕也。”高亨今注:“蔑,無也。資,助也。”

[9] 伊、呂、管、晏:伊尹、呂尚、管仲、晏嬰。算:辨別。《論語・子路》“噫!斗筲之人,何足算也。”

17 “若乃聖明在上,大賢讚事[(1)],百揆非我則不叙[1],兆民非我則不濟[2],高而不以危爲憂,滿而不以溢爲慮者[3],所不論也。”

【校】

(1)大賢:陳其榮校:“舊寫本作英賢。”

【注】

[1] 讚:贊,佐助。

[2] 兆民:衆民。極言其數之多。《禮記・内則》“降德於衆兆民”鄭玄注:“萬億曰兆。”《左傳・閔公元年》:“天子曰兆民,諸侯曰萬民。”

[3] 高而不以危爲憂二句:《孝經・諸侯章》:“在上不驕,高而不危。制節謹度,滿而不溢。高而不危,所以長守貴也。滿而不溢,所以長守富也。”兩句本此。

窮　　達[1]

1　或問："一流之才[2]，而或窮或達，其故何也？俊逸縶滯[3]，其有憾乎？"

【注】

[１] 窮達：仕途困厄與顯達。《孟子·盡心上》："古之人得志澤加於民，不得志修身見於世；窮則獨善其身，達則兼善天下。""窮達"二字本此。《百子全書》另立一卷，今依孫星衍本附在《知止》之後。

[２] 一流之才：第一等人材。《人物志·接識》："取同體也，則接論而相得；取異體也，雖歷久而不知。凡此之類，皆一流之材也。……故一流之人，能識一流之善；二流之人，能識二流之美。"才同材。

[３] 俊逸：英俊灑脱；超群拔俗。《後漢書·袁紹傳上》："乃先宣檄曰：'……故九江太守邊讓，英才儁逸。'"儁同俊。縶（zhí）：束縛；被束縛。

2　抱朴子答曰："夫器業不異，而有抑有揚者，無知己也。故否泰時也，通塞命也；審時者何怨於沈潛[1]，知命者何恨於卑瘁乎？故沈閭、淳鈞[1]，精勁之良也；而不以擊，則朝菌不能斷焉。珧、華、黎、緑[2]，連城之寶也；委之泥濘，則瓦礫積其上焉。故可珍而不必見珍也，可用而不必見用也。

【校】

（１）淳：王廣恕校："疑作淳。"王國維校同。形近之誤。鈞：王國維校作鉤,鉤字誤。

【注】

［1］審時:分析時勢。《荀子·宥坐》:"遇不遇者,時也。"此謂知時。

［2］珧(yáo):玉珧。小蚌。用作天子佩刀刀鞘下部的飾物。《詩·小雅·瞻彼洛矣》"鞞琫有珌"毛傳:"鞞,容刀鞞也。琫,上飾。珌,下飾也。天子玉琫而珧珌,諸侯璗琫而璆珌,大夫璙琫而鏐珌,士珧琫而珕珌。"《爾雅·釋魚》:"蜃,小者珧。"郭璞注:"珧,玉珧,即小蚌。"華:昭華,玉名。《淮南子·泰族》:"(堯)贈(舜)以昭華之玉而傳天下焉。"許慎注:"昭華,玉名。"

3 "庸俗之夫,闇於別物,不分朱紫,不辯菽麥。唯以達者爲賢,而不知僥求者之所達也;唯以窮者爲劣,而不詳守道者之所窮也[1]。

【注】

［1］詳:瞭解。守道者之所窮:謂守道者雖然窮,但還是堅守其道。《論語·衛靈公》:"子曰:'君子固窮,小人窮斯濫矣。'"集解:"濫,溢也。君子固然有窮時,但不如小人窮則濫溢爲非。"

4 "且夫懸象不麗天,則不能揚大明、灼無外;嵩、岱不託地,則不能竦峻極、概雲霄[1]。兔足因夷塗以騁迅,龍艘汎激流以效速[2]。離光非燧人不熾[3],楚金非歐冶不剡[4]。豐華俟發春而表艷(1),棲鴻待衝飆而輕戾。

【校】

(1)俟:藏本、魯藩本誤作俊。

【注】

［1］概：齊平。《楚辭·惜誓》："同權概而就衡。"王逸注："概，平也。"

［2］龍艘：龍舟。大船。《淮南子·本經》："龍舟、鷁首，浮吹以虞，此
遁於水也。"高誘注："龍舟，大舟也。刻爲龍文，以爲飾也。"艘：
船的總名。

［3］離光：火。離爲八卦之一，代表火。《易·説卦》："離爲火。"燧
人：燧人氏，發明火。《禮記·禮運》正義引《世本·作》："燧人
出火。"

［4］楚金：楚國所産剛鐵，可用以鑄造鋭利兵器。《左傳·僖公十八
年》："鄭伯（文公）始朝于楚，楚子（成王惲）賜之金，既而悔之。
與之盟曰：'無以鑄兵。'"杜預注："楚金利故。"《荀子·議兵》：
"楚人……宛鉅鐵鉈，慘如蜂蠆。"楊倞注："宛，地名，屬南陽。徐
廣（《史記·禮書》注）曰：'大剛曰鉅。'鉈與鍦同，矛也。……言
宛地出此剛鐵爲矛。慘如蜂蠆，言其中人之慘毒也。"

5　"四嶽不明揚，則有鯀不登庸[1]；叔牙不推賢，則夷
吾不式厚(1)[2]。穰苴賴平仲以超踔[3]，淮陰因蕭公以鷹
揚[4]；雋生由勝之之談[5]，曲逆緣無知之薦[6]。元直起龍
縈之孔明[7]，公瑾貢虎卧之興霸[8]。故能美名垂於帝籍，
弘勳著於當世也。

【校】

（1）厚：當從楊明照校作序。

【注】

［1］明揚：即《書·堯典》的"明明，揚仄陋"。有鯀：即有鯀在下。謂
虞舜。登庸：獲致功績。《書·堯典》："帝曰：'疇咨若時登
庸。'"方孝岳曰："堯歎問誰能理此再致功績。""'登庸'者，何休
釋《公羊》'登來'爲'得來'，謂'齊人語求得爲得來而讀言登來'。

此登庸之‘登’，亦伏生齊語，應讀爲‘得’。庸，功也。‘登庸’即
‘得功’，猶言‘獲致功績’。”

［2］叔牙：鮑叔牙。夷吾：管仲之名。不式厚，當作不式序。不被叙
用爲國相。《詩·周頌·時邁》：“式序在位。”《韓詩外傳》八引
同。《後漢書·宦者傳·吕强》：“陛下（靈帝）既已式序，（段熲）
位登臺司。”

［3］穰苴：司馬穰苴。平仲：晏嬰。超踔（chuō）：超越尋常。指被
拔擢爲將軍。

［4］淮陰因蕭公以鷹揚：《史記·淮陰侯列傳》：“信數與蕭何語，何奇
之。至南鄭，諸將行道亡者數十人，信度何等已數言上，上不我
用，即亡。何聞信亡，不及以聞，自追之。”追回韓信，推薦給劉
邦，建議劉邦設壇拜韓信爲大將。《漢書·張敞傳》：“蕭相國薦
淮陰，累歲乃得通。”

［5］雋生由勝之之談：雋不疑先通過與暴勝之的交談，而得到暴勝
之的表薦。《漢書·雋不疑傳》：“勝之開閣延請……登堂坐定，
不疑據地曰：‘竊伏海瀕，聞暴公子威名舊矣，今乃承顏接辭。凡
爲吏，太剛則折，太柔則廢，威行施之以恩，然後樹功揚名，永終
天禄。’勝之……敬納其戒，深接以禮意，問當世所施行。”所談内
容如此。

［6］曲逆緣無知之薦：謂曲逆侯陳平通過魏無知求見漢王劉邦，舉
薦陳平，陳平被漢王重用爲都尉，使爲參乘，典護軍。絳、灌之屬
咸讒陳平，漢王疑之。魏無知釋其疑，漢王乃謝（平），厚賜，拜爲
護軍中尉，盡護諸將。諸將乃不敢復言。於是封平爲户牖侯，更
以爲曲逆侯。

［7］元直：徐庶字元直，三國時潁川（今河南禹縣）人。東漢末客荆
州，與諸葛亮友善，薦亮於劉備。起龍縶：指劉備三顧茅廬，起
用卧龍之諸葛亮。

［8］公瑾：周瑜（175—210）字公瑾，廬江舒縣（今安徽舒城）人。人稱
周郎，與孫策友善。策死，瑜以中護軍與張昭共掌朝政。與劉備
合兵大敗曹操於赤壁。拜南郡太守。進軍至巴丘病死。精音

律,有"曲有誤,周郎顧"之譽。興霸:甘甯字興霸,巴郡臨江(今重慶市忠縣)人。初在劉表部下,不見用。歸吳,經周瑜、吕蒙共薦,孫權用同舊臣,隨周瑜破曹操,從吕蒙拒關羽。屢立戰功,時稱江表虎臣,官至折衝將軍。

6　"漢之末年,吳之季世[1],則不然焉。舉士也必附己者爲前,取人也必多黨者爲決[2]。而附己者不必足進之器也,同乎我故不能遺焉[3];而多黨者不必逸群之才也(1),信衆口故謂其可焉。

【校】

(1)多黨:疑當作有黨。有、多形近致誤。

【注】

[1]漢之末年二句:《崇教》"漢之末世,吳之晚年"等句,陳澧批語曰:"不敢言晉朝,託之漢、吳耳。"注此正合。

[2]決:選取。

[3]同乎我:贊同我的。《淮南子‧氾論》:"同乎我者遽是乎?"

7　"或信此之庸猥,而不能遺所念之近情;或識彼之英異(1),而不能平心於至公(2)[1]。於是釋銓衡而以疏數爲輕重矣[2],棄度量而以綸集爲多少矣[3]。于時之所謂雅人高韻,秉國之鈞,黜陟決己,褒貶由口者,尠哉免乎斯累也[4]。又況於胸中率有憎獨立(3)、疾非黨、忌勝己、忽寒素者乎?

【校】

(1)識:孫星衍校:"藏本作適,從舊寫本改。"魯藩本亦作適。

（2）平心於至公：與“遺所念之近情”相較少一動字，蓋當補一持字。如此則“持平心於至公”方與“遺所念之近情”字數相等而對仗。

（3）率：孫星衍校：“藏本作卒，從舊寫本改。”魯藩本亦作卒。

【注】

［1］平心：心情平和；態度冷静。《禮記・深衣》：“下齊如權衡者，以安志而平心也。”

［2］疏數（shuò）：猶言疏與密、遠與近。《禮記・哀公問》：“孔子曰：‘……非禮無以別男女、父子、兄弟之親，昏姻疏數之交也。’”《穀梁傳・隱公九年》：“庚辰，大雨雪，志疏數也。”范寧注：“謂災有遠近，遠者爲疏，近者爲密。”此謂人之關係的遠近。

［3］度量（liáng）：用以計量長短和容積的標準。《禮記・明堂位》：“頒度量，而天下大服。”鄭玄注：“度，謂丈尺高卑廣狹也。量，謂豆區斗斛筐筥所容受。”綸集：楊明照箋：“《爾雅・釋詁》：‘絡縮，綸。’郭注：‘綸者，繩也。’又《釋言》：‘緡，綸也。’郭注：‘緡，繩也，江東謂之綸。’是‘綸’與‘緡’字異義同，皆謂繩也。《史記・酷吏・張湯傳》：‘排富商大賈，出告緡令。’正義：‘緡音岷，錢貫也。’《漢書・武帝紀》：‘（元狩四年）初算緡錢。’顏注：‘李裴曰：“緡，絲也，以貫錢也。一貫千錢，出算二十也。”’師古曰：謂有儲積錢者，計其緡貫而稅之。李説爲是。（李裴説，《史記・平準書》“賈人緡錢”句集解亦引之。）又《食貨志》下：‘賈人之緡錢。’顏注：‘緡，謂錢貫也。’然則此文之綸應與緡同，亦指錢貫也。綸集，蓋謂所收得之錢貫。”按：楊明照之推理與結論，後學不敢苟同。歷代注家無一人注：“綸，錢貫也。”綸：青絲綬、青絲繩、琴瑟弦、釣絲、麤線、繩。《説文・系部》：“綸，青絲綬也。”《法言・孝至》“五兩之綸”李軌注：“綸，如青絲繩也。”《莊子・齊物論》：“而其子又以文之綸終”釋文引崔（譔）云：“綸，琴瑟弦也。”《文選》嵇康《贈秀才入軍》“垂綸長川”李周翰注：“綸，釣絲也。”《文選》王儉《褚淵碑文》“其出如綸”李周翰注：“綸，麤線也。”綸如

絲,是一種可以度量長短輕重的物品。《清鑒》:"此爲絲線既經
於銓衡,布帛已歷於丈尺,徐乃説其斤兩之輕重,端匹之修短,人
皆能之,何煩於明哲哉!"與本文所説"釋銓衡而以疏數爲輕重
矣,棄度量而以綸集爲多少矣"文意相通,可合讀。《清鑒》中的
"絲線"與本文"綸集"之"綸"同義。絲、繩也是一種財富。

〔4〕免乎斯累:避免這種牽累。《文子・符言》:"人能接物而不與己
焉,則免於累矣。"

8　"悲夫!邈俗之士,不群之人,所以比肩不遇,不
可勝計。或抑頓於藪澤,或立朝而非退也(1)。蓋修德而
道不行,藏器而時不會。或俟河清而齒已没,或竭忠勤而
不見知;遠用不騁於一世(2)[1],勳澤不加於生民。席上之
珍,鬱於泥濘;濟物之才,終於無施。操築而不值武丁,抱
竿而不遇西伯[2]。自曩迄今,將有何限?而獨悲之,不亦
陋哉!

【校】

(1)非:平津本作斥。

(2)遠用:平津本作遠行。

【注】

〔1〕遠用:久用。《詩・小雅・鴛鴦》"宜其遐福"鄭玄箋:"遐,遠也;
遠,猶久也。"勳澤不加於生民:《詩・小雅・車舝序》:"德澤不
加於民。"《漢書・叙傳上》:"(《王命論》)流澤加於生民。"

〔2〕操築:指傅説。武丁:殷高宗。抱竿:指吕尚。西伯:指周
文王。

9　"瞻徑路之遠而恥由之[1],知大道之否而不改之,齊

通塞於一塗，付榮辱於自然者，豈懷悒悶於知希[2]，興永歎於川逝乎？疑其有憾，是未識至人之用心也[3]。小年之不知大年[4]，井蛙之不曉滄海(1)，自有來矣(2)。”

【校】

（1）井蛙之不曉滄海：楊明照曰：“已見《百里》篇‘游井忽海’句箋。”按：楊明照誤記，《百里》篇無“游井忽海”之語。《守塉》篇有，“井蛙”當作“井魚”。《莊子·秋水》：“井鼃不可語於海者，拘於虛也。”王引之曰：“‘鼃’本作‘魚’，後人改之也。《太平御覽》時序部七、鱗介部七、蟲豸部一引此，並云‘井魚不可語於海’，則舊本作‘魚’可知。”見王念孫《讀書雜誌餘編上》。

（2）自有：當從楊明照校據舊寫本、文溯本乙轉爲有自。有自：《左傳》凡六見。《用刑》《名實》《鈞世》《詰鮑》四篇並有“有自來矣”語，可證。

【注】

［1］徑路：小路。《易·説卦傳》：“艮爲山，爲徑路。”孔穎達疏：“爲徑路，取其山雖高，有澗道也。”

［2］知希：《老子·第七十章》：“知我者希。”

［3］至人之用心：即《莊子·逍遙遊》説的“至人無己”。《莊子·應帝王》：“至人之用心若鏡，不將不迎，應而不藏，故能勝物而不傷。”

［4］小年之不知大年：語見《莊子·逍遙遊》。

重　言[1]

1　抱朴子曰：余友人玄泊先生者(1)[2]，齒在志學[3]，固已窮覽《六略》[4]，旁綜《河》《洛》[5]，畫競羲和之末景，夕照望舒之餘輝，道靡遠而不究，言無微而不測。以儒、墨爲城池(2)，以機神爲干戈。故談者莫不望塵而銜璧(3)[6]，文士寓目而格筆^{(4)[7]}。

【校】

（一）泊：孫星衍校：“《意林》作伯。”藏本、魯藩本作怕，王國維校作泊。

（二）墨：孫星衍校：“藏本作道，從舊寫本改。”魯藩本作道，王國維校作墨。

（三）衝璧：孫星衍校：“舊寫本作衝璧。”

（四）寓目：平津本作寅目。

【注】

［１］重（zhòng）言：慎重發言，即不輕易説話。《呂氏春秋・重言》：“人主之言，不可不慎。高宗，天子也，即位諒闇，三年不言。卿大夫恐懼，患之。高宗乃言曰：‘以余一人正四方，余唯恐言之不類也，兹故不言。’古之天子，其重言如此，故言無遺也。”

［２］玄泊先生：稚川虛擬的人物。玄泊：幽遠淡泊的精神境界。應劭《風俗通義・皇霸・三皇》：“三皇垂拱無爲，設言而民不違，道德玄泊，故稱曰皇。”吳樹平校釋：“玄泊，幽遠寂泊，默然無爲。”

［３］齒在志學：謂十五歲。齒：年紀。《廣雅・釋詁一》：“齒，年也。”志學：立志學習。《論語・爲政》：“子曰：‘吾十有五而志於學。’”

［４］固：早就。六略：泛指各種典籍。《漢書・藝文志》：“（劉）歆於是總群書而奏其《七略》，故有《輯略》，有《六藝略》，有《諸子略》，有《詩賦略》，有《兵書略》，有《術數略》，有《方技略》。今刪其要，以備篇籍。”顏師古注：“輯與集同，謂諸書之總要。”此稱《六略》者，未包括《輯略》。《漢書・藝文志》：“六略三十八種，五百九十六家，萬三千二百六十九卷。”

［５］《河》《洛》：《河圖》《洛書》。此用以泛指《六略》以外有關典籍，極言其研閲廣博。

［６］望塵：謂迎侯顯貴，望見車塵即行叩拜。此形容敬畏的神態。

《後漢書·趙咨傳》:"復拜東海相,之官,道經滎陽,令敦煌曹暠,咨之故孝廉也,迎路謁候,咨不爲留。暠遂至亭次,望塵不及,謂主簿曰:'趙君名重,今過界不見,必爲天下笑!'即棄印綬,追至東海。謁咨畢,辭歸家。其爲時人所貴若此。"《晉書·潘岳傳》:"與石崇等諂事賈謐,每候其出,與崇輒望塵而拜。"銜璧:古代國君戰敗出降銜璧以示國亡當死。《左傳·僖公六年》:"許男面縛,銜璧。"杜預注:"縛手於後,唯見其面,以璧爲贄,手縛故銜之。"楊伯峻注:"與哀十一年傳'陳子行命其徒具含玉'同意,古人死多含珠玉,此所以示不生。"後因稱投降爲銜璧。此喻甘拜下風。《三國志·魏書·方技傳·管輅》"舉坐驚喜"裴注引《輅別傳》:"諸葛原字景春……數與輅共射覆隊覆,不能窮之。……景春敗北。……於時客皆面縛銜璧,求束手於軍鼓之下。"

[7] 寓目:猶過目;觀看。《左傳·僖公二十八年》:"子玉使鬭勃請戰,曰:'請與君之士戲,君馮軾而觀之,得臣與寓目焉。'"杜預注:"寓,寄也。"釋文:"與,音預。"

2　俄而寤智者之不言[1],覺守一之無咎(1)[2],意得則齊荃蹄之可棄[3],道乖則覺唱高而和寡[4]。於是奉老氏多敗之戒[5],思金人三緘之義[6];括鋒穎而如訥[7],韜修翰於彤管[8];含金懷玉,抑謐華辯,終日彌夕[9],或無一言。

【校】

（1）守一:平津本作寸一。

【注】

[1] 智者之不言:《老子·第五十六章》:"知者不言,言者不知。"河上公注:"知者貴行,不貴言也。駟不及舌,多言多患。"知通智。

[2] 守一:執一,專一。道家語。謂專一精思以通神。《老子·第二十二章》:"是以聖人抱一爲天下式。"河上公注:"抱守法式也。

聖人守一,乃知萬事,故能爲天下法式也。”

[３]荃:筌。竹編捕魚具,魚能進不能出。蹄:兔網。

[４]唱高、和寡:《文選》宋玉《對楚王問》:‘……客有歌於郢中者,其始曰《下里》《巴人》,國中屬而和者數千人;其爲《陽阿》《薤露》,國中屬而和者數百人;其爲《陽春》《白雪》,國中屬而和者,不過數十人;引商刻羽,雜以流徵,國中屬而和者,不過數人而已。是其曲彌高,其和彌寡。’”

[５]老氏:老聃。多敗:《老子·第五章》:“多言數窮,不如守中。”河上公注:“多事害神,多言害身,口開舌舉,必有禍患。不如守德於中,育養精神,愛氣希言。”

[６]金人三緘:形容説話極爲謹慎。

[７]鋒穎:尖細。漢摯峻《報司馬子長書》:“有能者見鋒穎之秋豪。”此比喻犀利的才辯。於:猶之。

[８]彤管:1. 杆身漆朱的筆。古代女史記事用。《詩·邶風·静女》:“静女其姝,貽我彤管。”毛傳:“古者后夫人必有女史彤管之法。史不記過,其罪殺之。”鄭玄箋:“彤管,赤筆管也。”陳奐傳疏引董仲舒曰:“彤者,赤漆耳。”釋文:“彤,赤也。管,筆管。”《後漢書·皇后紀序》:“女史彤管,記功書過。”李賢注:“彤管,赤筆管也。”2. 指漢代尚書丞、郎每月賜赤管大筆一雙。後用爲在朝任官之典。《晉書·夏侯湛傳》:“(《抵疑》)入閭閻,躡丹墀,染彤管,吐洪輝,干當世之務,觸人主之威,有效矣。”《太平御覽》六〇五引《漢官儀》:“尚書令、僕、丞、郎,月給赤管大筆一雙。”《宋書·百官志上》:“天子所服五時衣以賜尚書令、僕,而丞、郎月賜赤管大筆一雙。”説法不同,蓋傳聞異詞。《古今注下·問答釋義》:“又問:‘彤管,何也?’曰:‘彤者,赤漆耳。史官載事,故以彤管,用赤心記事也。’”

[９]華辯:謂善於辯論。終日彌夕:猶言整日整夜。《廣雅·釋言》:“彌,終也。”

3　門人進曰：“先生默然，小子胡述[1]？且與庸夫無殊焉。竊謂號鍾不鳴[2]，則不異積銅(1)，浮磬息音[3]，則未別乎聚石也(2)。”

【校】

（1）積銅：疑當作積木。

（2）聚：楊明照校：“《初學記》五、《太平御覽》五一引作‘衆’。照按：‘衆’字是。”按：當作“聚”。“聚”與“積”互文同義。“聚”與“衆”形近，故《初學記》五與《太平御覽》五一引同誤作“衆”。“聚石”與“積木”對舉。

【注】

［1］小子胡述：《論語·陽貨》：“子曰：‘予欲無言。’子貢曰：‘子如不言，小子何述焉。’”稚川僅改“何”爲“胡”，胡何同義。小子：學生；晚輩。《詩·大雅·思齊》：“肆成人有德，小子有造。”鄭玄箋：“成人謂大夫士也，小子其弟子也。”

［2］號鍾：相傳黃帝、齊桓公、俞伯牙之琴名。《淮南子·脩務》：“鼓琴者，期於鳴廉、脩營，而不期於濫脅、號鍾。”高誘注：“號鍾，高聲，非耳所及耳。”《雲笈七籤》一百：“黃帝之琴名號鍾，作清角之弄。”《初學記》十五引傅玄《琴賦》：“齊桓公有鳴琴曰號鍾。”《楚辭》劉向《九歎·愍命》：“破伯牙之號鍾兮，挾人筝而彈緯。”王逸注：“號鍾，琴名。”

［3］浮磬：浮出水面的石磬。《書·禹貢》“泗濱浮磬”孔傳：“泗水涯中見石，可以爲磬。”正義：“石在水旁，水中見石，似若水中浮然，此石可以爲磬，故謂之浮磬也。”

4　玄泊先生答曰：“吾特收遠名於萬代，求知己於將來[1]，豈能競見知於今日，標格於一時乎(1)？陶甄以盛酒[2]，雖美不見酤；身卑而言高，雖是不見信。徒卷舌而竭

聲,將何救於流遁[3]！古人六十笑五十九[4],不遠迷復,乃
覺有以也。

【校】

（1）標格：當從楊明照校作標峻格。《應嘲》篇"標峻格於九霄"是其
　　　證。"標峻格"與"競見知"互文。

【注】

[1] 收遠名於萬代二句：謂貽惠後人,名傳千古於知己。《文心雕
　　　龍·諸子》："標心於萬古之上,而送懷於千載之下。"蓋本稚川此
　　　語而有所創新,先後輝映。

[2] 陶甄：陶器。《文選》張華《女史箴》："茫茫造化,二儀既分。散氣
　　　流形,既陶既甄。"李善注："如淳曰:'陶人作瓦器謂之甄。'"

[3] 徒卷舌而竭聲二句：謂費盡口舌,無濟於流遁忘返。

[4] 古人六十笑五十九：謂今是昨非。《莊子·寓言》："莊子謂惠子
　　　曰:'孔子行年六十而六十化,始時所是,卒而非之;未知今之所
　　　謂是之非五十九年非也?'"

5 "夫玉之堅也,金之剛也,冰之冷也,火之熱也[1],豈
須自言,然後明哉？且八音九奏,不能無長短之病[2];養由
百發,不能止,將有一失之疏(1)[3]。赧憑河者,數溺於
水[4];好劇談者,多漏於口。伯牙謹於操弦,故終無煩手之
累[5];儒者敬其辭令,故終無樞機之辱。

【校】

（1）不能止,將有一失之疏：楊明照校："'不能'蓋涉上文而衍者,
　　　'止'疑'必'之誤,屬下句。""'失'亦作'矢'。"即當作必將有一矢
　　　之疏。

【注】

［1］夫玉之堅也四句：謂物自有無須説明而人盡知的本性。《淮南子·繆稱》：“若火之自熱，冰之自寒，夫有何修焉？”《中論·貴驗》：“水之寒也，火之熱也，金石之堅剛也，此數物未嘗有言，而人莫不知其然者，信著乎其體也。”

［2］九奏：奏樂九曲。每曲一終，必更變奏，故名。《書·益稷》：“簫《韶》九成，鳳凰來儀。”孔傳：“備樂九奏而致鳳皇。”正義：“成，謂樂曲成也。鄭（玄）云：‘成，猶終也。’每曲一終，必變更奏，故經言九成，傳言九奏，《周禮》謂之九變，其實一也。”長短：猶言得失。

［3］將有一失之疏：《戰國策·西周策》：“（蘇厲）謂白起曰：‘楚有養由基者，善射。去柳葉者百步而射之，百發百中。左右皆曰善。……（客曰）夫射柳葉者，百發百中而不已，善息，少焉氣力倦，弓撥矢鉤，一發不中，前功盡矣。’”“一失之疏”即“一發不中”。

［4］酖憑河者，數溺於水：《文子·符言》：“善遊者溺，善騎者墮。各以所好，反自爲禍。”憑河：徒涉。《詩·小雅·小旻》：“不敢馮河。”毛傳：“馮，陵也。徒涉曰馮河。”釋文：“馮，符冰反。”《論語·述而》“暴虎馮河”集解引孔安國曰：“馮河，徒涉。”釋文：“馮，字亦作憑。”馮憑古今字。數：屢屢；頻頻。

［5］謹：恭敬。與下文“敬”互文同義。

6　“淺近之徒，則不然焉：辯虛無之不急，爭細事以費言[1]；論廣修、堅白無用之説，誦諸子非聖過正之書(1)[2]；損教益惑，謂之深遠；委棄正經，競治邪學。或與闇見者較脣吻之勝負，爲不識者吐清商之談對[3]。非敵力之人(2)，旁無賞解之客，何異奏雅樂於木梗之側，陳玄黄於土偶之前哉[4]！

【校】

（1）誦：孫星衍校：“藏本作訟，從舊寫本改。”魯藩本亦作訟。

（2）非敵力之人：句前當據百子全書本補一“此”字，如此則與“旁無
　　賞解之客”字數相等。

【注】

［1］淺近之徒：此指斥不尊儒術的老莊之徒。辯虛無之不急：謂何
　　晏、王弼、阮籍、王衍等祖述老莊道家之説。虛無：老莊用以指
　　道的本體。謂道體虛無，故能容納萬物；性合於道，故有而若無，
　　實而若虛。《莊子・刻意》：“夫恬惔寂漠，虛無無爲，此天地之本
　　而道德之質也。”《漢書・揚雄傳贊》：“（桓）譚曰：‘……昔老聃著
　　虛無之言兩篇，薄仁義，非禮學，然後世好之者尚以爲過於五
　　經。’”顏師古注：“（兩篇）謂《道德經》也。”指德經和道經。

［2］誦：諷誦。非聖：詆訾聖人。《漢書・揚雄傳下》：“雄見諸子各
　　以其知舛馳，大氐詆訾聖人，即爲怪迂，折辯詭辭，以撓世事，雖
　　小辯，終破大道而或衆，使溺於所聞而不自知其非也。”

［3］清商：古代五音之一。古謂其調淒清悲涼，故稱。一云歌曲。
　　《韓非子・十過》：“公曰：‘清商固最悲乎？’師曠曰：‘不如清
　　徵。’”《楚辭》賈誼《惜誓》：“二子擁瑟而調均兮，余因稱乎清商。”
　　王逸注：“清商，歌曲也。言赤松、王喬已歡喜，持瑟調弦而歌，
　　我因稱清商之曲最爲善也。”談對：談論對答。王充《論衡・自
　　紀》：“才高而不尚苟作，口辯而不好談對。”

［4］奏雅樂於木梗之側二句：猶喻對牛彈琴。

　　7　“徒口枯氣乏[1]，椎杭抵掌(1)[2]，斤斧缺壞，而槃節
不破[3]；勃然戰色[4]，而乖忤愈遠[5]。致令恚容表顏[6]，醜
言自口[7]，偷薄之變[8]，生乎其間，既玷之謬，不可救磨[9]。
未若希聲以全大音，約説以俟識者矣。”

【校】

（1）椎杭：楊明照校：“椎杭與抵（抵）掌對舉，不倫類，疑有誤字。以其字形求之，‘杭’蓋‘肮’之誤。……韋昭曰：‘肮，咽也。’……是‘椎肮’謂擊喉嚨也。”按：楊校令人費解，有背常情。陳其榮校：“按‘杭’字誤，承訓本作‘肮’。《史記·劉敬傳》‘不搤其肮’注：‘肮，喉咙也。’竊疑‘杭’當作‘机’字，以形近致訛。机與几通。《易·渙卦》：‘渙奔其机。’注：‘（几）承物者也。’《家語（·五儀）》：‘仰視榱桷，俯察几筵。’注：‘机作几。’此云‘椎几’殆亦若擊桌拍案之類歟？”陳校較合情理，當從。抵：當從楊明校作抵。

【注】

〔1〕枯：乾。《曹子建集·善哉行》：“口燥唇乾。”

〔2〕抵掌：當作抵（zhǐ）掌，擊掌。《説文·手部》：“抵，側擊也。從手，氐聲。”

〔3〕斤斧缺壞，而槃節不破：喻費盡口舌，不能解決複雜的問題。槃節：盤曲的樹根。喻問題複雜。《後漢書·虞詡傳》：“詡笑曰：‘……不遇槃根錯節，何以別利器乎？’”

〔4〕勃然戰色：因憤怒或心情緊張而面部變色之貌。《論語·鄉黨》：“執圭，鞠躬如也，如不勝。上如揖，下如授。勃然戰色。”皇侃疏：“通謂執行及授時之顏色也。臨陳戰鬥，則色必懼怖，故今重君之玉，使己顏色恒如戰時也。”

〔5〕乖忤：抵觸；違逆。王充《論衡·逢遇》：“君不欲爲治，臣以忠行佐之，操志乖忤，不遇固宜。”

〔6〕恚容表顏：憤怒的神情表現於顏面。《説文·心部》：“恚，怒也。”

〔7〕醜言自口：《詩·小雅·正月》：“莠言自口。”毛傳：“莠，醜也。”鄭玄箋：“自，從也。”稚川改“莠”爲“醜”。

〔8〕偷薄：澆薄；不敦厚。《後漢書·廉范傳》：“建初中，遷蜀郡太守，其俗尚文辯，好相持短長，范每屬以淳厚，不受偷薄之説。”《文選》桓温《薦譙元彦表》：“遺黎偷薄，義聲不聞。”李善注：“《漢書》

曰：‘偷薄之政，自是滋矣。’”張銑曰：“偷薄，澆競也。”澆競：謂浮
薄風氣。

［9］既玷之謬，不可救磨：《詩·大雅·抑》：“白圭之玷，尚可磨也；斯
言之玷，不可爲也。”

自叙卷五十[1]

1 抱朴子者,姓葛[2],名洪,字稚川,丹陽句容人也[3]。其先葛天氏,蓋古之有天下者也[4]。後降爲列國[5],因以爲姓焉[6]。

【注】

[1] 自叙:自述生平閱歷與寫作意圖、作品主旨的文章。此篇係仿王充《論衡·自紀》而寫的自傳。據文中"今齒近不惑"語,約寫成於東晉元帝永昌元年(322)。按:自叙又作自序。自序,有自己寫的;有他人寫的,自序者,其序也。他人寫的如楊惲《太史公自序》,即"楊惲執筆概述編撰後記"。參林葉蓁《〈史記·太史公自序〉補解》,見金友博先生寄我之《余修文稿》[輯五]。

[2] 姓葛:此指葛氏。姓、氏本有別,秦漢以後,通稱姓。《世本·氏姓篇下》:"葛氏,葛天氏裔。"《風俗通義·氏姓下》:"葛氏,葛天氏之裔。"《古今合璧事類續編》一四引作"葛天氏之胤,子孫氏焉"。

[3] 丹陽:郡名,漢置,屬揚州。統縣十一,句容其一,治所建業(今南京)。句容:縣名,有茅山,又名句容山,言山形如句字之曲,故名句容。今屬江蘇省,地在今南京市東偏南。

[4] 葛天氏:傳說中遠古帝王名。《吕氏春秋·古樂》:"葛天氏之樂,三人操牛尾,投足以歌八闋。"高誘注:"葛天氏,古帝名。"一說,遠古之部落名。《漢書·古今人表》列在朱襄氏之後、陰康氏之前。一說古帝王號。《史記·司馬相如傳》"(《上林賦》)聽葛天

氏之歌。"集解引《漢書音義》曰："葛天氏,古帝王號也。"羅泌《路史‧禪通記》："葛天氏,權天也,爰儗旋窮作權象,故以葛天爲號。其爲治也,不言而自信,不化而自行,蕩蕩乎無能名之。"蓋是自然純朴之國,而其君是懂天文與古樂的國君。

[5] 列國:夏時葛伯爲諸侯。《孟子‧滕文公下》："湯居亳,與葛爲鄰。"趙岐注："葛,夏諸侯,嬴姓之國。"唐林寶《元和姓纂》十引《風俗通義》："葛氏,葛天氏之裔,子孫氏焉。夏時葛伯,嬴姓國也,亦爲葛氏。"

[6] 因以爲姓:即以國爲姓。《通志‧氏族略》："葛氏,夏時諸侯……子孫以國爲姓。"

2　洪曩祖爲荆州刺史[1],王莽之簒[2],君恥事國賊,棄官而歸。與東郡太守翟義共起兵[3],將以誅莽,爲莽所敗。遇赦免禍,遂稱疾自絕於世。莽以君宗强(1),慮終有變,乃徙君於琅邪[4]。

【校】

（1）宗强:當從楊明照校乙作强宗。

【注】

[1] 曩祖:先祖。其名不詳。按:指葛洪之十世祖。《正統道藏》洞玄部虞字號陶弘景《吳太極左仙公葛公之碑》："仙公姓葛諱玄,字孝先,丹陽句容都鄉吉陽里人也。本屬琅邪,後漢驃騎僮侯廬讓國於弟,來居於此。七代祖艾(《抱朴子外篇‧自叙》作"文"),即驃騎之弟,襲封僮侯。"（又太玄部尊字號《華陽隱居集》卷下《吳太極左宮葛仙公之碑》同）荆州:古九州之一,漢武帝所置十三刺史部之一,漢時荆州轄今湖南湖北等地,東漢治所在漢壽（今湖南常德市東北）。

[2] 王莽之簒:指王莽簒奪劉氏漢王朝政權。《漢書‧元后傳》："於

是莽爲攝皇帝,改元稱制焉。"

［３］東郡：郡名,秦置,漢因之。轄今河南省東北和山東省西部部分
地區,治所在今河南濮陽市。翟義(前？—公元7)：字文仲,汝
南上蔡(今河南上蔡西南)人。翟方進(前？—前7)少子。初以
父任爲郎,稍遷諸曹,出爲南陽都尉,後歷弘農、河内太守、青州
牧,徙爲東郡太守。王莽鴆殺平帝,居攝。居攝二年(前7),與東
郡都尉劉宇、嚴鄉侯劉信等舉兵反莽。立信爲天子,自號大司馬
柱天大將軍,擁衆十餘萬。後兵敗被尸磔陳都市,夷三族。

［４］琅邪(yé、今讀 yá)：郡名,秦置。西漢由琅邪移治東武,治所在
今山東諸城市東南。

3　君之子浦廬[1],起兵以佐光武[2],有大功。光武踐
祚[3],以廬爲車騎[4],又遷驃騎大將軍[5],封下邳僮縣侯,
食邑五千户[6]。

【注】

［１］浦廬：九世從祖。《藝文類聚》六四、《太平御覽》一八〇作
"葛廬"。

［２］光武：東漢光武帝劉秀(前6—公元57),字文叔,南陽蔡陽(今湖
北棗陽西南)人。漢高祖劉邦九世孫。地皇三年(22),與李通等
起兵。與王鳳等大敗王莽軍於昆陽,誅滅稱帝邯鄲的王郎(？—
公元24),稱蕭王。敗河北銅馬、高湖、重連等部農民軍,被奉爲
銅馬帝。建武元年(25)六月稱帝於鄗,旋定都洛陽,史稱東漢。
至十二年,完成統一。由尚書出納王命,總攬政務於己身。加强
監察,提高御史刺舉許可權。主張以"柔道"治天下,扶植世族豪
强,釋放和保護奴婢。社會經濟有所發展,史稱"中興"。

［３］踐祚：即位;登基。《史記·魯周公世家》："周公恐天下聞武王崩
而畔,周公乃踐阼代成王攝行政當國。"阼同祚。

［４］車騎：車騎將軍,位次驃騎將軍,掌宮衛,領禁兵。《漢官儀》："和

帝以竇憲爲車騎將軍,賜金印紫綬,位次司空。”位次即位比、位近之意。

［5］驃騎大將軍:位次於大將軍,但秩與丞相、大將軍同。《後漢書·劉隆傳》:“及大司相。是以《漢百官志》云:‘驃騎將軍秩與大將軍同。’”

［6］下邳僮縣侯:下邳與僮二縣縣侯。封地在今江蘇睢寧縣東南、安徽泗縣東北。列侯寄食於縣,故曰縣侯。但主要是食租税。食邑:君主賜予臣下作爲世禄的封地,衣食其租税。《國語·晉語四》:“大夫食邑。”

4　開國初,侯之弟文⁽¹⁾,隨侯征討^[1],屢有大捷。侯比上書爲文訟功^{(2)[2]},而官以文私從兄行^[3],無軍名,遂不爲論^[4]。侯曰:“弟與我同冒矢石,瘡痍周身^[5],傷失右眼,不得尺寸之報。吾乃重金累紫^[6],何心以安!”乃自表乞轉封於弟。書至上請報,漢朝欲成君高義,故特聽焉。

【校】

（1）弟文:《正統道藏·太極葛仙公傳》:“其先琅琊人漢驃騎將軍僮縣侯盧,讓國於弟艾來居此土。”注引《別傳》云:“高祖盧,漢驃騎大將軍封下邳侯,讓國與弟艾。”作艾與《自叙》作文不同。

（2）爲文:孫星衍校:“藏本作文爲,從舊寫本乙轉。”魯藩本同藏本。

【注】

［1］文:葛文,九世叔祖。

［2］比:頻頻。訟:理;申理。

［3］官:官府;朝廷。

［4］無軍名:謂葛文不名列軍中。論:衡量;評定。此謂論功行賞。

［5］瘡痍:創傷。《史記·季布傳》“於今創痍未瘳”,《漢書·季布傳》作“今瘡痍未瘳”,顏師古注:“痍,傷也。瘳,差也。痍音夷。瘳

音丑留反。”

［6］重金累紫：言一門中有數人佩金印紫綬，極言榮顯。秦漢列侯
以上皆金印紫綬。《漢書·百官公卿表上》：“相國、丞相皆秦官，
金印紫綬。”《後漢書·宦者傳·呂强》：“中常侍曹節、王甫、張讓
等，及侍中許相，並爲列侯。……又並及家人，重金兼紫，相繼爲
蕃輔。”李賢注：“金印紫綬。重、兼，言累積也。”用以指官高爵
顯。此僅指葛浦廬一人佩金印紫綬。

5　文辭，不獲已受爵，即第爲驃騎營立宅舍於博望
里，於今基兆石礎存焉[(1)][1]。又分割租秩以供奉吏士[2]，
給如二君焉。驃騎殷勤止之而不從，驃騎曰：“此更煩役國
人[3]，何以爲讓？”乃託他行，遂南渡江，而家于句容，子弟
躬耕，以典籍自娛[4]。文累使奉迎驃騎，驃騎終不還。又
令人守護博望宅舍，以冀驃騎之反，至於累世無居之者。

【校】

（1）文辭，不獲已受爵四句：《藝文類聚》六四作：“□□子曰：‘葛廬有
大功，受爵，立宅舍於博望里，於今基兆石礎在焉。’”《太平御覽》
一八〇作：“抱朴子曰：‘葛廬佐光武，有大功，受爵，立宅舍於博
望里，於今基址石礎存焉。’”似即此文。但“葛廬”與本篇上文此
所説“浦廬”有別，蓋奪一“浦”字。第：魯藩本作弟，王國維校
作第。

【注】

［1］基兆：基礎。《文選》王延壽《魯靈光殿賦》：“遂因魯僖基兆而營
焉。”李善注：“《爾雅（·釋言）》曰：‘兆，域也。’”此謂基址，即建
築物的地基、基礎。石礎：房柱下的基石。

［2］租秩：猶租俸。作爲俸禄的租穀收入。

［3］國人：東漢郡國並行，此指縣侯食邑内的人。

［4］家于句容三句：《正統道藏》洞真部淡字號《歷世真僊體道通鑑》
　　卷二十三《葛仙公》：“（葛玄）高祖爲漢驃騎大將軍，封下邳侯。
　　後讓國與弟文，托（下有脫文。［《自叙》篇作“乃託他行”］），遂南
　　遊渡江，逍遥丘壑，適丹陽句容，見其山水秀麗，風俗淳厚，深合
　　雅意，偶會仲弟孫來爲別駕，一日參侍而言曰：‘吾從祖既爲泰
　　伯，而劣孫可爲仲雍之後乎？’因是同居焉。”按：三句套用《三國
　　志·魏書·管寧傳》附《胡昭傳》語：“（胡）昭乃轉居陸渾山中，躬
　　耕樂道，以經籍自娱。”

6　　洪祖父學無不涉[1]，究測精微[2]，文藝之高，一時莫
倫。有經國之才(1)，仕吴，歷宰海鹽、臨安、山陰三縣[3]，入
爲吏部侍郎[4]、御史中丞[5]、廬陵太守[6]、吏部尚書[7]、太
子少傅[8]、中書[9]、大鴻臚[10]、侍中[11]、光禄勳[12]、輔吴將
軍[13]，封吴壽縣侯[14]。

【校】
（1）之：孫星衍校：“藏本作史，從舊寫本改。”魯藩本亦作史。

【注】
［1］洪祖父：即葛奚。一作葛系。《三國志·吴書·賀劭傳》：“（上
　　疏）近鴻臚葛奚，先帝舊臣。”《晉書·葛洪傳》：“祖系，吴大鴻
　　臚。”《正統道藏》太平部諸字號《道教義樞》二《三洞義》第五引
　　《真一自然經》：“仙公（葛玄）升天，合（令）以所得《三洞真經》一
　　通傳弟子，一通藏名山，一通付家門子孫與從弟少傅奚。”
［2］究測精微：如葛奚認爲人長壽與所飲水質含丹砂有關，即其例。
　　《内篇·仙藥》：“余亡祖鴻臚少卿曾爲臨沅令，云此縣有廖氏家，
　　世世壽考，或出百歲，或八九十。後徙去，子孫轉多夭折。他人
　　居其故宅，復如舊，後累世壽考。由此乃覺是宅之所爲，而不知
　　其何故，疑其井殊赤，乃試掘井左右，得古人埋丹砂數十斛，去井

數尺,此丹砂汁因泉漸入井,是以飲其水而得壽。"

[3] 海鹽:在今浙江北部。瀕臨杭州灣。臨安:屬吳興郡,在今浙江杭州市西部,鄰接安徽省。山陰:屬會稽郡,治所在今浙江紹興。還曾任臨沅令。臨沅屬武陵郡,即今湖南常德市所在地。

[4] 吏部:漢尚書常侍曹,主管丞相公卿之事。東漢改爲吏曹,主管選舉官吏等事,後改爲選部。魏晉改爲吏部,主管官吏的選任銓敘勳階等事,爲魏晉官制中的較重要的一個部門,尚書六部之首。尚書、侍郎爲其正、副長官。侍郎:相當於今之中央政府的副部長。

[5] 御史中丞:史稱臺主,總攬御史臺大權。外督部刺史,内領侍御史,受公卿奏事,舉劾案章。

[6] 廬陵:東漢興平二年(195)孫策分豫章郡置,治所在石陽(在今江西吉安市東北)。三國吳移治高昌(今江西泰和西北)。太守:一郡最高長官。舉凡民政、財政、司法、教育、選舉以及兵事等,職無不統。

[7] 吏部尚書:吏部首長,在侍郎之上。尚:主,掌。

[8] 太子少傅:太子太傅的副職,太子老師,主管太子府官屬。《後漢書·百官志》:"太子少傅,二千石。本注曰:亦以輔導爲職,悉主太子官屬。"(《漢官》曰:員吏二人。)吳承東漢制度,大體相同。

[9] 中書:漢武帝初置中書令,司馬遷曾任此職。初,宦者任尚書,即爲中書。三國魏黃初初年,改祕書爲中書,設監、令,同掌機要。吳國中書,當與曹魏相同。

[10] 大鴻臚:九卿之一,秦名典客,漢景帝時更名大行令,武帝時改名大鴻臚,王莽時更名典樂,東漢復名大鴻臚。掌諸侯王入朝迎送接待朝會封授等禮儀。《通典》二六注引應劭曰:"郊廟行禮贊導九賓。鴻,聲也;臚,傳也,所以傳聲贊導,故曰鴻臚。"

[11] 侍中:兩漢是列侯至郎中的加官名。入侍天子,故名。出入宮禁,應對顧問。東漢以後地位日重,魏晉以後相當於宰相。《漢官儀》:"侍中,便蕃左右,與帝升降,卒思近對,拾遺補闕,百僚之中,莫密與茲。"

［12］光禄勳：九卿之一，即秦、漢初之郎中令，本爲宫廷宿衛侍從、顧問參議、儲備選拔官員的宫内總管。至魏晉，其職權大爲削弱，不再居禁中，但充高參而已。

［13］輔吴將軍：三國吴班亞三司之榮譽稱號。《三國志・吴書・張昭傳》：“權既稱尊號，昭以老病，上還官位及所統領。更拜輔吴將軍，班亞三司，改封婁侯，食邑萬户。”

［14］壽縣：屬淮南郡，在今安徽中部，淮河南岸，晉曰壽春。葛奚最後被酖死。《三國志・吴書・賀劭傳》：“（上疏）近鴻臚葛奚，先帝舊臣，偶有逆迕，昏醉之言耳。三爵之後，禮所不諱。陛下猥發雷霆，謂之輕慢，飲之醇（酖）酒，中毒殞命。”

7　洪父以孝友聞[1]，行爲士表[2]，方册所載，罔不窮覽。仕吴五官郎[3]、中正[4]，建城、南昌二縣令[5]、中書郎[6]、廷尉平[7]、中護軍[8]，拜會稽太守[9]，未辭而晉軍順流，西境不守[10]。博簡秉文經武之才[11]，朝野之論，僉然推君[12]。於是轉爲五郡赴警[13]，大都督給親兵五千[14]，總統征軍[15]，戍遏壇埸⁽¹⁾。天之所壞⁽²⁾，人不能支[16]。

【校】

（1）戍遏：當依楊明照校引舊寫本作式遏。

（2）壞：藏本、魯藩本作懷，王國維校作壞。

【注】

［1］洪父：即葛悌。《晉書・葛洪傳》：“父悌，吴平後入晉，爲邵陵太守。”《雲笈七籤》三《道教本始部靈寶略記》：“至三國時，吴主孫權赤烏之年，有琅琊葛玄字孝先，……孝先凡所受經二十三卷，並語槀請問十卷，合三十三卷。孝先傳鄭思遠，又傳兄太子少傅（海安君）字孝爰，孝爰付子護軍悌，悌即抱朴子之父。”

［2］士表：士人的表率。猶言士則。《三國志・魏書・鄧艾傳》：“年

十二，隨母至潁川，讀故太丘長陳寔碑文，言‘文爲世範，行爲士則’，艾遂自名範，字士則。後宗族有與同者，故改焉。”稚川行文遣辭同此。

［3］五官郎：郎官。魏晉時五官郎爲太傅、九卿、中領軍、中護軍屬官，在主簿之下，包括五官中郎、五官侍郎、五官郎中。

［4］中正：秦末陳勝始置，三國魏亦置，由朝廷擇“賢有鑒識”的官員兼任。吳大公平屬官。大公平相當於三國魏中正，負責考察人才品德，分爲九等，作爲選任官吏的依據。

［5］建城、南昌：漢始置縣，皆屬豫章郡，分別在今江西南昌市西南高安與市東。

［6］中書郎：中書令的屬官。魏末張華曾任此職。

［7］廷尉平：廷尉屬官，掌平決詔獄事。又稱廷平、廷評或廷尉評。廷尉：九卿之一，主管刑獄，爲最高司法官。

［8］中護軍：東漢始置，隸於將軍幕府，爲中央統兵之要職，由權臣充任。如周瑜爲孫策之中護軍，領江夏太守。《晉書·百官志》：“資重者爲領軍、護軍，資輕者爲中領軍、中護軍。”

［9］會稽：指會稽郡，秦始置，屬揚州。治所在吳縣，地當今江蘇東南及浙江西部。

［10］晉軍順流：指年逾古稀的王濬統帥晉軍於太康元年（280）發自成都，順流鼓棹東下。

［11］西境不守：《三國志·吳書·孫皓傳》：“（天紀三年）冬，晉命鎮東大將軍司馬伷向塗中，安東將軍王渾、揚州刺史周浚向牛渚，建威將軍王戎向武昌，平南將軍胡奮向夏口，鎮南將軍杜預向江陵，龍驤將軍王濬、廣武將軍唐彬浮江東下，太尉賈充爲大都督，量宜處要，盡軍勢之中。陶濬至武昌，聞北軍大出，停駐不前。……（四年春）濬、彬所至，則土崩瓦解，靡有禦者。預又斬江陵督伍延，渾復斬丞相張悌、丹陽太守沈瑩等，所在戰克。”

［12］博簡：廣泛選拔。秉文經武：執掌文事，經營武備。

［13］僉（qiān）然：猶皆；都。《世說新語·言語51》“當由忘情故不泣，不能忘情故泣”劉孝標注引《大知度論》曰：“佛在陰庵羅雙樹

間,入般涅槃,臥北首,大地震動。諸三學人僉然不樂,郁伊交
涕。諸無學人,但念諸法,一切無常。"

[14] 五郡赴警:臨時差遣的職務,蓋任五郡赴警總指揮職。五郡:所
指不詳。蓋指吳都城周圍數郡。大都督:魏文帝始置都督諸州
軍事,而大都督權位最重,吳亦置之。此具體所指,不詳。

[15] 總統:總攬;總管。此蓋指征軍之領兵官。

[16] 天之所壞,人不能支:《左傳·定公元年》:"天之所壞,不可支
也。"狀回天無力。

8　　故主欽若[1],九有同賓(1)[2]。君以故官赴,除郎
中[3],稍遷至太中大夫[4],歷位大中正[5]、肥縣令(2)[6]。縣
戶二萬,舉州最治,德化尤異。恩洽刑清,野有頌聲,路無
姦迹。不佃公田[7],越界如市,秋毫之贈,不入於門[8]。紙
筆之用,皆出私財。刑厝而禁止[9],不言而行化。以疾去
官,發詔見用爲吳王郎中令[10]。正色弼違[11],進可替
不[12]。舉善彈枉[13],軍國肅雍。遷邵陵太守,卒於官[14]。

【校】

（1）賓:孫星衍校:"藏本作實,從舊寫本改。"

（2）大中正:孫星衍校:"藏本無'正'字,'肥'作'肐',從舊寫本補
改。"魯藩本亦無"正"字。

【注】

[1] 故主欽若:原吳國君主孫晧恭敬委質歸順。《三國志·吳書·
孫晧傳》:"天紀四年春三月壬申(寅),王濬最先到,於是受晧之
降,解縛焚櫬,延請相見。俌以晧致印綬於己,遣使送晧。晧舉
家西遷","集於京邑。""今晧將至","其賜號歸命侯"。欽若:
敬順。《書·堯典》:"乃命羲和,欽若昊天,歷象日月星辰,敬授
民時。"此爲歸降之婉辭。

〔2〕九有同賓：指天下鼎足三分局面結束，歸服於晉，全國統一。賓：服。

〔3〕除：拜官，授職。《漢書・景帝紀》"初除之官"顏師古注："凡言除者，除故官就新官也。"郎中：本爲廊中，謂供職殿前左右廊廡之中，引申爲官名。此指葛悌入晉後新除之職。掌管門户、車騎等事；内充侍衛，外從作戰。晉武帝置尚書諸曹郎中，郎中爲尚書曹司之長，但已不復居中。

〔4〕太中大夫：漢代始置，掌論議之官。屬光禄勳，位在光禄大夫與諫議大夫之間。

〔5〕大中正：朝廷派往州郡巡察九品中正制執行情況的官員。

〔6〕肥鄉：屬司州廣平郡，在今河北邯鄲東南、今肥鄉縣西南。葛悌在司州十二郡一百縣中，政績卓著，故曰舉州最治，德化尤異。

〔7〕不佃公田：《晉書・隱逸傳・陶潛》："在縣公田悉令種秫穀。"即官吏租種公田之例。此蓋指農民租種官府土地。

〔8〕秋毫之贈，不入於門：喻爲政廉潔。

〔9〕禁止：有禁則止。句謂人民守法。

〔10〕吳王：吳敬王司馬晏（281—311），字平度，武帝子。太康十年（289）受封，食丹楊、吳興並吳三郡。歷射聲校尉、後軍將軍。與兄淮南王允共攻趙王倫，允敗，貶爲賓徒縣王。倫誅，復本封，拜上大將軍、開府，加侍中。永嘉中，爲太尉、大將軍。少有風疾，才不及中人，於武帝諸子中最劣。及京洛傾覆，被害。郎中令：諸郎之長。西晉王國郎中令爲王國三卿之一。《晉書・職官志》："王……有郎中令、中尉、大農爲三卿。"

〔11〕正色弼違：《晉書・武帝紀》："（泰始二年詔）古者百官，官箴王闕。然保氏特以諫諍爲職，今之侍中、常侍實處此位。擇其能正色弼違，匡救不逮者，以兼此選。"

〔12〕進可替不（fǒu）：意同進可替否、獻可去否、薦可替不。進獻可行者，廢去不可行者。謂對君主進諫，勸善規過。亦泛指議論國事興革。《左傳・昭公二十年》："晏子對曰：'……君所謂可，而有否焉，臣獻其否，以成其可；君所謂否，而有可焉，臣獻其可，以去

其否,是以政平而不干,民無争心.'"杜預注:"否,不可也。獻君之否,以成其可。"《國語・晉語九》:"(史黯)對曰:'⋯⋯夫事君者,諫過而賞善,薦可而替不,獻能而進賢,擇才而薦之。'"

[13] 彈枉:彈劾枉法者,糾正偏頗。蔡邕《太尉喬公碑》:"赫矣喬父,秉文握武。内爲宗幹,出爲藩輔。在憲彈枉,竟由厥矩。"

[14] 邵陵:西晉荆州邵陵郡,治所在今湖南邵陽市,統縣六。

9　洪者,君之第三子也[1]。生晚,爲二親所嬌饒[2],不早見督以書史[3]。年十有三,而慈父見背[4],夙失庭訓[5]。飢寒困瘁,躬執耕穡,承星履草[6],密勿疇襲(1)[7]。又累遭兵火,先人典籍蕩盡,農隙之暇無所讀[8],乃負笈徒步行借。又卒於一家,少得全部之書。益破功日,伐薪賣之,以給紙筆。就營田園(2),夜以柴火寫書(3)[9]。坐此之故,不得早涉藝文。常乏紙,每所寫反覆有字(4),人尠能讀也。

【校】

(一)疇襲:當從楊明照校作疇罿。襲:罿之形誤。

(二)就營園田:《藝文類聚》五八引作晝營園田,當從楊明照校作晝就營園田。

(三)夜:原作處,當從孫人和校引《書鈔》一百一、《類聚》五十八作夜。

(四)反:其上當從孫人和校引《書鈔》一百一等補一"皆"字。

【注】

[1] 第三子:按伯仲季排行第三。其伯仲二兄名字及生平,已不可考。

[2] 生晚:《太平御覽》三二八引《抱朴子》云:"晉(昔)太康(安)二年(303)京邑始亂⋯⋯宋道衝(衡)説(石)冰,求爲丹陽太守,到郡發兵以攻冰。召余爲將兵都尉。余年二十一,見軍旅不得已而就之。"以此上推,葛洪生於晉武帝太康四年(283)。嬌饒:嬌

縱；嬌寵。嬌：《太平御覽》六一九引作驕。嬌，驕之借字。

[3] 書史：典籍，指經史類書籍。江淹《雜體詩·效顏延之〈侍宴〉》：
　　　“揆日粲書史，相都麗聞見。”

[4] 年十有三：錢穆《葛洪年譜》：“惠帝元康五年（295），洪年十三。”
　　　慈父見背：慈父去世。《晉書·孝友傳·李密》：“（《陳情表》）生
　　　孩六月，慈父見背。”《荀子·解蔽》“背而走”楊倞注：“背，棄
　　　去也。”

[5] 庭訓：父教。《論語·季氏》：“陳亢問於伯魚曰：‘子亦有異聞
　　　乎？’對曰：‘未也。’嘗獨立，鯉趨而過庭。曰：‘學《詩》乎？’對曰：
　　　‘未也。’‘不學《詩》，無以言。’鯉退而學《詩》。他日又獨立，鯉趨
　　　而過庭。曰：‘學《禮》乎？’對曰：‘未也。’‘不學《禮》，無以立。’鯉
　　　退而學《禮》。聞斯二者。”

[6] 承星履草：形容早出晚歸，辛勤勞作。

[7] 疇襲：當作疇壠，畦田；田畝。《文選》曹植《贈丁儀》詩：“朝雲不
　　　歸山，霖雨成川澤。黍稷委疇隴，農夫安所獲。”呂延濟注：“霖雨
　　　久滯，黍稷委死於田中。”隴通壠。

[8] 農隙：農事閒暇時候；特指仲春既耕之後。《國語·周語上》：“王
　　　治農於籍，蒐于農隙。”韋昭注：“農隙，仲春既耕之後。隙，
　　　閑也。”

[9] 夜：《書鈔》九十七引《葛洪別傳》：“洪負薪，徒步賣薪，以給紙筆，
　　　夜燃柴火寫書。”

10　年十六，始讀《孝經》《論語》《詩》《易》[1]。貧乏無
以遠尋師友，孤陋寡聞，明淺思短，大義多所不通。但貪廣
覽，於眾書乃無不暗誦精持[2]。曾所披涉[3]，自正經、諸
史、百家之言[4]，下至短雜文章，近萬卷(1)。既性闇善忘，
又少文(2)，意志不專，所識者甚薄，亦不免惑。而著述時猶
得有所引用，竟不成純儒，不中為傳授之師。

【校】

（1）近：其下當據楊明照引《北堂書鈔》九七等補一“將”字。《内篇·
　　對俗》：“前哲所記，近將十人。”亦有將字。

（2）少文：陳澧曰：“當作‘少年’。”楊明照校：“是‘文’字未誤。‘少’
　　讀上聲。少文，謂質樸也。陳說非。”按：與上文“年十六”、下文
　　“意志不專”呼應，陳校當從。“少文”雖如楊明照所引見於《史
　　記·高祖紀》《絳侯世家》《漢書·刑法志》《王陵傳》諸文，但不合
　　於此處上下文意。

【注】

［1］年十六：錢穆《葛洪年譜》：“元康八年，洪年十六。”又“《金樓子·
　　自序》：‘昔葛稚川《自序》曰：“讀書萬卷，十五屬文。”’”與此自述
　　不同，蓋神其早慧也。

［2］暗誦：默誦；背誦。《晉書·藝術傳·鳩摩羅什》：“羅什多所暗
　　誦，無不究其義旨。”

［3］披涉：翻閱涉獵。《抱朴子内篇·金丹》：“余考覽養性之書，鳩集
　　久視之方，曾所披涉，篇卷以千計矣。”

［4］諸史：蓋指《史記》《漢書》、謝沈《後漢書》（或《東觀漢記》）三史。

11　其《河》《雒》、圖緯(1)[1]，一視便止，不得留意也。
不喜星書及算術[2]、九宮[3]、三棊[4]、太一[5]、飛符之屬[6]，
了不從焉，由其苦人少氣味也[7]。晚學風角[8]、望氣[9]、三
元[10]、遁甲[11]、六壬[12]、太一之法，粗知其旨，又不研精。
亦計此輩率是爲人用之事，同出身情，無急以此自勞役，不
如省子書之有益[13]，遂又廢焉。

【校】

（1）雒：平津本作洛。

【注】

［1］圖緯：圖讖和緯書。讖爲占驗之隱語，緯爲經在術數學中的流變。指《河圖》與六經諸《緯》和《孝經讖》。起於西漢末，盛行於東漢，緯書都是附會經義以占驗術數爲主的書。但也記錄和保存了一些天文、曆法、地理知識以及神話、傳説等。《文選》蔡邕《郭有道碑文》：“遂考覽六經，探綜圖緯。”李善注：“六經，五經及樂經也。圖，河圖也。緯，六經及孝經皆有緯也。”

［2］星書：依據星相進行占卜的書；古代天文學典籍。《漢書・藝文志・數術略》：“（天文）《泰壹雜子星》二十八卷。《五殘雜變星》二十一卷。……《海中日月彗虹雜占》十八卷。《圖書祕記》十七卷。……天文者，序二十八宿，步五星日月，以紀吉凶之象，聖王所以參政也。”亦指星相占卜之書。算術：數學的一個分科。論數的性質、關係及其計算方法。《漢書・方術傳下・單颺》：“善明天官、算術。”

［3］九宮：東漢以前《易》緯家所指的九個方位，有“九宮八卦”之説，即離、艮、兑、乾、坤、坎、震、巽八卦之宮，加上中央宮，用以占卜吉凶。古代認爲北辰之神太一下行八卦之宮，還於中央宮。《易緯乾鑿度下》：“故太一取其數以行九宮，四正四維皆合於十五。”鄭玄注：“太一者，北辰之神名也。居其所曰太一，常行於八卦日辰之間曰天一，或曰太一。出入所游息於紫宮之内外，其星因以爲名焉。故《星經》曰：‘天一、太一，主氣之神。’行，猶待也。四正四維，以八卦神所居，故亦名之曰宮。天一下行，猶天子出巡狩，言方岳之事，每率則復太一。下行八卦之宮，每四乃還於中央。中央者，北辰之所居，故因謂之九宮。”又，道家稱天之三光、地之三寶、人之三生爲九宮。《黃庭内景經・五行》“三五合氣九九節”，梁丘子注引《玄妙經》：“三者，在天爲日、月、星，名曰三光；在地爲珠、玉、金，名曰三寶；在人爲耳、鼻、口，名曰三生。……合三者爲九宮。”

［4］三棊：一種占卜之術。《内篇・對俗》：“運三棋以定行軍之興亡。”又《雜應》：“占風氣，布籌算，排三棊，步九宮。”又《遐覽》：

“鄭（隱）君不徒明五經，知仙道而已，兼綜九宮、三棊、雅步天文、《河》、《洛》讖記，莫不精研。”

［5］太一：有數解：1. 星名，指北極五星中的亮星。《史記·天官書》：“中宮天極星，其一明者，太一常居也。”2. 神名，即“兵避太歲”戈和《避兵圖》中的太一神，《楚辭·九歌》把“太一”神叫“東皇太一”，《文選》三十二呂向注：“太一，星名，天之尊神，祠在楚東，以配東帝，故云東皇。”3. 終極物名，與“作爲宇宙本體和原始創造力的‘道’和‘太極’”蓋“同出而異名”（李零《“太一”崇拜的考古研究》，見《北京大學百年國學文粹·語言文學卷》）。《老子·第二十五章》：“有物混成，先天地生。寂兮寥兮，獨立不改，周行而不殆，可以爲天下母。吾不知其名，字之曰‘道’，强爲之名曰‘大（太）’。”《莊子·天下》：“建之以常無有，主之以太一。”《呂氏春秋·大樂》：“道也者，至精也，不可爲形，不可爲名，强爲之名，謂之‘太一’。”故“太一”早“在先秦時代就已經是一種兼有星、神和終極物三重含義的概念”（同上李文）。4. 術數家流派之一，大抵本《易緯乾鑿度》太一行九宮法，占內外禍福、古今治亂等。

［6］飛符：蓋指傳遞表示吉凶、勝敗等資訊的九符。《後漢書·方術傳序》“鈐決之符”李賢注：“兵法有《玉鈐篇》及《玄女六韜要决》，曰：‘太公對武王曰：“主將有陰符，有大勝得敵之符，符長一尺；有破軍禽敵之符，符長九寸；有降城得邑之符，符長八寸；有卻敵執遠之符，符長七寸；有交兵驚中堅守之符，符長六寸；有請糧食益兵之符，符長五寸；有敗軍亡將之符，符長四寸；有失亡吏卒之符，符長三寸。諸奉使行符稽留，若符事聞，聞符所告者皆誅。”’”《內篇·對俗》：“運三棋以定行軍之興亡，推九符而得禍福之分野。”則九符、三棋同爲推卜之術。

［7］氣味：比喻意趣或情調。

［8］風角：古代占候之術。以五音占四方之風而定吉凶。《後漢書·郎顗傳》：“父宗……善風角。”李賢注：“風角，謂候四方四隅之風，以占吉凶也。”

[9] 望氣：古代方士觀察雲氣以預測人事吉凶。《墨子·迎敵祠》：
"凡望氣，有大將氣，有小將氣，有往氣，有來氣，有敗氣。能得明
此者，可知成敗吉凶。"按：其中一部分含有氣象學的内容。

[10] 三元：術數家以六十甲子配九宫，一百八十年一周始，第一甲子
爲上元，第二甲子爲中元，第三甲子爲下元，合稱三元。《晉書·
苻堅載記下》："（太元七年）從上元人皇起，至中元，窮於下元，天
地一變，盡三元而止。"《隋書·經籍志》三《子部·五行類》著録
《三元九宫立成》《三元遁甲上圖》《三元遁甲圖》《三元遁甲》《三
元九宫通甲》諸書，蓋三元、遁甲、九宫三者相關。

[11] 遁甲：原爲漢代方士選吉術數之一。神其説者以爲出自黄帝、
風后及九天玄女。其學盛行於六朝。奇門遁甲術以古代天文、
律曆學爲基礎，以推事物及人事之吉凶。其法以九宫爲本，以三
奇、六儀、八門、九星爲緯，看其吉凶，以爲趨避，故稱遁甲。甲雖
不用，而六甲爲太乙之貴神，常隱於六儀之下，以配九宫而起符
使，因名奇門遁甲。因遁甲術中有八門之説，故又名八門遁甲。
三奇：以十干的乙爲日奇，即日生於乙；丙爲月奇，即月明於丙；
丁爲星奇，丁爲南極、星精。六儀：以十干的戊己庚辛壬癸爲六
儀。八門：休、生、傷、杜、景、死、驚、開。休、生、開三門爲吉，餘
五門爲凶。生門主和存、生長、發展等。九星：天蓬、天内（rui）、
天衝、天輔、天禽、天心、天任、天柱、天英。《遁甲演義提要》："言
遁者，皆祖《洛書》。……考《大戴禮（·明堂）》載明堂古制，有
'三九四、七五三、六一八'之文，此九宫之法所自昉。而《易緯乾
鑿度》載'太乙行九宫'尤詳，遁甲之法，實從此起。……其法以
九宫爲本，緯以三奇、六儀、八門、九星，視其加臨之吉凶，以爲趨
避。以日生於乙，月明於丙，丁爲南極，爲星精。故乙、丙、丁皆
謂之奇。而甲本諸陽首戊己下六儀分麗焉，以配九宫而起符使，
故號遁甲。"今奇門遁甲凡十八局，道士由此製成遁甲盤（年盤、
月盤、日盤、時盤）以便查找時間和方位的吉凶，以趨吉避凶。一
説當云循甲，以六甲迴圈推數，遁即循字。可參閱宋趙彦衡《雲
麓漫鈔》九。

[12] 六壬：運用陰陽五行進行占卜吉凶的方法之一。與遁甲、太乙合稱三式。《四庫全書總目·六壬大全提要》：“六壬與遁甲、太乙，世謂之三式。而六壬其傳尤古。……大抵數根於五行，而五行始於水，舉陰以起陽，故稱壬焉；舉成以該生，故用六焉。”五行（水、火、木、金、土）以水爲首；天干中壬、癸爲水，壬爲陽水，癸爲陰水，舍陰取陽（一説“舉陰以起陽”），故名壬。六十甲子中，有六壬（壬申、壬午、壬辰、壬寅、壬子、壬戌），故名。六壬有七百二十課，一般總括爲六十四課。其占法，用兩木盤，上有天上十二辰分野，謂之天盤；下有地上十二辰方位，謂之地盤。兩盤相疊，轉動天盤，得出所占之干支與時辰的部位，以判吉凶。

[13] 不如省子書之有益：《尚博》《百家》對子書之推崇備至，故云。省（xǐng）：視；閱覽。

12　案《別録》[1]、《蓺文志》[2]，衆有萬三千二百九十九卷(1)。而魏代以來，群文滋長，倍於往者[3]，乃自知所未見之多也。江表書籍，通同不具。昔欲詣京師索奇異(2)，則正值大亂，半道而還，每自歎恨(3)。今齒近不惑[4]，素志衰頹，但念損之又損，爲乎無爲[5]，偶耕藪澤，苟存性命耳[6]。博涉之業，於是日沮矣。

【校】

（1）九十：當依楊明照引《漢書·蓺文志》作六十。

（2）欲：孫星衍校：“藏本作故，從舊寫本改。”

（3）自：孫星衍校：“藏本作具，從舊寫本改。”魯藩本作興，當從。

【注】

[1]《別録》：西漢劉向所編目録書《七略別録》的省稱。《漢書·藝文志》：“成帝時，以書頗散亡，使謁者陳農求遺書於天下。詔光禄大夫劉向校經傳、諸子、詩賦，步兵校尉任宏校兵書，太史令尹咸

校數術，侍醫李柱國校方技。每一書已，向輒條其篇目，撮其指意，錄而奏之。"稱《七略別錄》，類似後世的書錄解題。其子劉歆據此寫成《七略》。《隋書·經籍志》記載凡二十卷，已佚。嚴可均《全漢文》三八（劉向四）、洪頤煊《經典集林》、馬國翰《玉函山房輯佚書史編·雜史類》有輯本。

［2］《藝文志》：指班固《漢書·藝文志》，據劉歆《七略》刪節其要而成。《藝文志》曰："會（劉）向卒，哀帝復使向子侍中奉車都尉歆卒父業。歆於是總群書而奏其《七略》，故有《輯略》，有《六藝略》，有《諸子略》，有《詩賦略》，有《兵書略》，有《數術略》，有《方技略》。今刪其要，以備篇籍。"將當時所存典籍，彙目成編，共收書三十八種，五百九十六家，萬三千二百六十九卷。每略有總序，每家之後有小序；對先秦學術思想的源流演變，作有簡明的敘述。在正史中，首創《藝文志》之例，其後各史及地方誌乘多仿其例，如《隋書》《舊唐書》《新唐書》《宋史》《明史》等，但有的改稱經籍志。爲現存最早的收錄其當時及以前圖書典籍的目錄書。

［3］魏代：指三國曹魏。群文滋長，倍於往者：謂魏晉文籍倍增。《廣弘明集》三阮孝緒《七錄序》："魏晉之世，方籍逾廣，皆藏在祕書中外三閣。"又："凡爲錄有七，故名七錄。……況總括群書，四萬餘卷。"

［4］不惑：指代四十歲。《論語·爲政》"四十而不惑"集解引孔安國曰："不疑惑。"據此，《抱朴子外篇》經續訂，大約至晉元帝永昌元年（322）始寫定。

［5］損之又損，爲乎無爲：《老子·第四十八章》："爲學日益，爲道日損。損之又損，以至於無爲，無爲而無不爲。"

［6］苟存性命：《三國志·蜀書·諸葛亮傳》："苟全性命於亂世，不求聞達於諸侯。"

13　洪之爲人也，〔朴直〕而駁野(1)[1]，性鈍口訥，形貌醜陋，而終不辯自矜飾也。冠履垢獘(2)，衣或襤縷，而或不恥焉。俗之服用，俄而屢改：或忽廣領而大帶，或促身而修袖⁽³⁾；或長裾曳地^[2]，或短不蔽腳。洪其於守常⁽⁴⁾，不隨世變^[3]。言則率實，杜絕嘲戲，不得其人，終日默然，故邦人咸稱之抱朴之士^{(5)[4]}。是以洪著書，因以自號焉。

【校】

（1）洪之爲人也：孫星衍校：“有脱文。”而騃野：楊明照按：“‘而’上疑脱一‘朴’字。”案：本蓋作朴直而騃野，“而”聯接兩個雙音形容詞。

（2）冠履：《意林》四作冠縷。

（3）促身；孫星衍校：“（藏本）本作身促，從《意林》乙轉。”按：魯藩本亦作身促。其前當補一“忽”字，始能與上句相儷。《意林》無兩而字。

（4）其：平津本作期。

（5）邦人：《意林》作時人。

【注】

［1］朴直：朴實率直。陸賈《新語·輔政》：“朴直質者近忠，便巧者近亡。”宋翔鳳曰：“‘朴’下本有‘直’字，子彙本無。”唐晏曰：“按（朴直質）三字，必有一衍。”按：質字當删。騃野：愚笨鄙陋。騃（ái）：愚。

［2］長裾：長衣；長袖。《漢書·鄒陽傳》：“（奏書）其辭曰：‘……飾固陋之心，則何王之門不可曳長裾乎？’”曳地：拖地。

［3］不隨世變：《譏惑》：“余寔凡夫，拙於隨俗，其服物變不勝，故不變。無所損者，余未曾易也。雖見指笑，余亦不理也。”注此正合。

［4］抱朴：《老子·第十九章》：“見素抱朴，少私寡欲。”河上公注：“見素者，當抱素守真，不尚文飾也。抱朴者，當見其篤朴以示下，故可法則。”釋文：“見，賢遍反。”朴：指没有雕琢的原木。

14　洪稟性尪羸[1]，兼之多疾，貧無車馬，不堪徒行，行亦性所不好。又患弊俗捨本逐末，交遊過差，故遂撫筆閒居，守靜蓽門，而無趨從之所(1)。至於權豪之徒，雖在密迹，而莫或相識焉。

【校】

（1）趨從之所：孫星衍校：“藏本作‘趨所之從’，今從舊寫本改。”魯藩本亦作趨所之從。

【注】

〔1〕尪羸（wāng léi）：短小瘦弱。本篇後文：“居疾少健……少嘗學射，但力少不能挽强。”可作“尪羸”注腳。

15　衣不辟寒，室不免漏[1]，食不充虛，名不出户，不能憂也[2]。貧無僮僕，籬落頓決(1)[3]；荆棘叢於庭宇[4]，蓬莠塞乎階霤[5]；披榛出門(2)，排草入室；論者以爲意遠忽近，而不恕其乏役也(3)。

【校】

（1）籬落頓決：當從楊明照校引《初學記》十八與《海録碎事》七引作“籬落頹決”。

（2）披榛出門：其前《意林》有“常”字。

（3）恕：孫星衍校：“藏本作怒，從舊寫本改。”魯藩本亦作怒。

【注】

〔1〕辟：通避。室不免漏：《莊子·讓王》：“原憲居魯，環堵之室……上漏下溼，匡坐而弦（歌）。”今語“屋漏偏遇連夜雨”可用以注此。

〔2〕能：及；到。《淮南子·脩務》“不能被德承澤”高誘注：“能，猶

及也。”

[3] 籬落頓決：籬笆壞斷。

[4] 荆棘：叢生多刺的灌木。《老子·第三十章》：“師之所處，荆棘
　　生焉。”

[5] 階霤：階前的屋檐下面。霤(liù)：屋檐水；屋檐。

16　　不曉謁⁽¹⁾[1]，以故初不修見官長[2]。至於弔大
喪[3]，省困疾[4]，乃心欲自勉强，令無不必至，而居疾少健，
恒復不周，每見譏責於論者，洪引咎而不恤也。意苟無餘，
而病使心違，顧不媿己而已，亦何理於人之不見亮乎[5]？
唯明鑒之士，乃恕其信抱朴，非以養高也[6]。

【校】

（1）不曉謁：孫星衍校：“有脱文。”楊明照按：“‘謁’上疑脱‘請’字。”
　　　當據補。

【注】

[1] 謁：當作請謁，干求。《左傳·隱公十一年》：“無寧兹許公復奉其
　　社稷，唯我鄭國之有請謁焉，如舊昏媾，其能降以相從也。”杜預
　　注：“謁，告也。”

[2] 修：通羞。進。《書·盤庚下》“今我既羞告爾於朕志”，蔡沈集
　　傳：“羞，進也。”

[3] 大喪：父或母死。《國語·晉語二》：“父母死爲大喪。”

[4] 省困疾：由“省疾”變來。省疾：探病。《三國志·蜀書·楊洪
　　傳》：“時(諸葛)亮東行省疾，成都單虛，是以(黄)元益無所憚。”

[5] 不見亮：不被人諒解；不爲人所信。

[6] 養高：謂閒居不仕。高：指高尚的志向、節操、名望。《三國志·
　　魏書·高柔傳》：“(上疏)不使知政，遂各偃息養高，鮮有進納。”

17　世人多慕豫親之好,推闇室之密(1)[1]。洪以爲知人甚未易,上聖之所難[2]。浮雜之交,口合神疘(2)[3],無益有損。雖不能如朱公叔一切絶之[4],且必須清澄詳悉,乃處意焉。又爲此見憎者甚衆,而不改也。

【校】

（1）室：孫星衍校：“藏本作至,從舊寫本改。”

（2）疘：孫星衍校：“舊寫本作離。”

【注】

[1]豫：喜樂;愉悦。《易・豫》“豫,利建侯行師”集解引鄭玄曰：“豫,喜佚説樂之貌也。”説同悦。親：親密,親昵。

[2]知人甚未易：由《吕氏春秋・任數》“孔子歎曰‘……知人固不易矣’”變來。上聖：此指帝堯。《書・皋陶謨》：“禹曰：‘……惟帝（堯）其難之。知人則哲,能官人。’”

[3]口合神疘：與《交際》篇“不形同而神乖,不匿情而口合”之“神乖”“口合”意同。

[4]一切絶之：指朱穆《絶交論》,絶存問,不見客,亦不答等。

18　馳逐苟達,側立勢門者,又共疾洪之異於己而見疵毀[1],謂洪爲傲物輕俗[2]。而洪之爲人,信心而行[3],毀譽皆置於不聞(1)。至患近人或恃其所長,而輕人所短[4]。洪忝爲儒者之末[5],每與人言,常度其所知而論之,不强引之以造彼所不聞也。

【校】

（1）置於不聞：孫星衍校：“藏本‘置’作‘之’,舊寫本作‘毀譽之皆如不聞’,今從盧本。”

【注】

［1］疵毁：非議詆毁。《三國志·蜀書·劉璋傳》：“（張）松還，疵毀曹公，勸璋自絕。”

［2］慠物：驕倨自負，輕視他人。慠：傲的異體字。《晉書·謝萬傳》：“萬既受任北征，矜豪慠物，嘗以嘯詠自高，未嘗撫衆。”

［3］信心：誠心。袁宏《後漢紀·章帝紀》：“暉聞其妻子貧窮，乃自往候視，贍賑之，其子頡怪而問之，暉曰：‘吾以信心也。’”

［4］恃其所長，而輕人所短：意本《典論·論文》：“夫人善於自見，而文非一體，鮮能備善。是以各以所長，相輕所短。”

［5］忝：謙辭，表示辱没他人，自己有愧。《書·堯典》：“否德，忝帝位。”孔傳：“忝，辱也。”

19　及與學士有所辯識[1]，每舉綱領，若值惜短，難解心義(1)，但粗説意之與向，使足以發寤而已[2]。不致苦理[3]，使彼率不得自還也。彼静心者，存詳而思之(2)，則多自覺而得之者焉。度不可與言者(3)[4]，雖或有問，常辭以不知，以免辭費之過也[5]。

【校】

（1）義：孫星施衍校：“藏本作家，從舊寫本改。”魯藩本亦作家。

（2）存詳而思之：尋上下文意，當乙作存而詳思之。存：孫星衍校：“舊寫本‘存’字空白，疑是衍文。”

（3）度不可：孫星衍校：“藏本無‘不’字，從舊寫本補。”可：魯藩本脱。

【注】

［1］辯識：通曉。《晉書·車胤傳》：“桓温在荆州，辟爲從事，以辯識義理深重之。”此謂辯論交流。

［2］發寤：醒悟；理解；使醒悟。寤通悟。

［3］苦理：猶言理屈詞窮。苦：（以言辭）使人困窘。《世説新語・文
　　學38》：“許（詢）謂支法師曰：‘弟子向語何似？’支從容曰：‘君語
　　佳則佳矣，何至相苦邪？豈是求理中之談哉？’”又《賞譽92》：“林
　　公謂王右軍云：‘長史作數百語，無非德音，如恨不苦。’”劉孝標
　　注：“苦，謂窮人以辭。”

［4］度不可與言者：意本《論語・衛靈公》：“子曰：‘可與言而不與之
　　言，失人；不可與言而與之言，失言。知者不失人，亦不失言。’”

［5］辭費：説廢話；囉嗦。《禮記・曲禮上》：“禮不妄説人，不辭費。”

20　洪性深不好干煩官長(1)。自少及長，曾救知己之
抑者數人[1]，不得已有言於在位者(2)[2]。然其人皆不知洪
之恤也，不忍見其陷於非理，密自營之耳。其餘雖親至者，
在事秉勢(3)[3]，與洪無惜者(4)[4]，終不以片言半字少累
之也。

【校】

（1）干煩：《意林》四作干犯。

（2）不得已：孫星衍校：“藏本無已字，從舊寫本補。”魯藩本亦無
　　已字。

（3）秉勢：陳其榮校：“承訓本作乘勢。”

（4）無惜者：陳其榮校：“盧本作無識者。”

【注】

［1］抑：冤枉。《國語・晉語九》：“邢侯與雍子争田，雍子納其女於叔
　　魚以求直。及斷獄之日，叔魚抑邢侯。”韋昭注：“抑，枉也。”

［2］有言：有善言。《論語・憲問》：“有德者必有言，有言者不必有
　　德。”《孟子・離婁上》：“自暴者，不可與有言也；自棄者，不可與
　　有爲也。”楊伯峻注：“有言，意爲有善言。”此指爲被冤枉的人申
　　辯、説理。

〔3〕在事：居官任事。《東觀漢記·馮勤傳》：“魏郡太守范橫上疏薦勤爲郎中給事尚書，以圖議軍糧，在事精勤，遂見親識。”

〔4〕與洪無惜者：爲我葛洪所不顧惜的。與：爲。惜：珍視；重視。

21　至於糧用窮匱[1]，急合湯藥，則喚求朋類(1)，或見濟，亦不讓也。受人之施，必皆久久漸有以報之[2]，不令覺也。非類[3]，則不妄受其饋致焉。洪所食有旬日之儲，則分以濟人之乏；若殊自不足，亦不割己也。

【校】

（1）喚：藏本、魯藩本作换，當依平津本作喚。

【注】

〔1〕窮匱：匱乏；貧窮；貧困的人。《左傳·文公十八年》：“縉雲氏有不才子……不分孤寡，不恤窮匱。”

〔2〕有以：表示具有某種條件。《孫子·九變》：“故用兵之法，無恃其不來，恃吾有以待也；無恃其不攻，恃吾有所不可攻也。”

〔3〕非類：身份、門第等不相類的人。《世說新語·賞譽62》“王藍田爲人晚成”劉孝標注引孫盛《晉陽秋》：“（王）述體道清粹，簡貴静正，怡然自足，不交非類。雖群英紛紛，俊乂交馳，述獨蔑然，曾不慕羨，由是名譽久蘊。”又《忿狷6》“王令詣謝公，值習鑿齒已在坐，當與併榻。王徙倚不坐，公引之與對榻”劉孝標注引南朝宋劉謙之《晉紀》：“王獻之性整峻，不交非類。”余嘉錫箋疏：“習鑿齒人才學問獨出冠時，而子敬不與之並榻，鄙其出身寒士，且有足疾耳。所謂‘不交非類’者如此。非孔子‘無友不如己者’之謂也。”此指志趣不同。

22　不爲皎皎之細行[1]，不治察察之小廉[2]。村里凡人之謂良守善者(1)，用時或齎酒餚候洪(2)，雖非儔匹[3]，亦不拒也。後有以答之,亦不登時也[4]。洪嘗謂史雲不食於昆弟[5],華生治潔於昵客[6],蓋邀名之僞行[7],非廊廟之遠量也[8]。

【校】

（1）謂:孫星衍校:“舊寫本謂字空白,疑有誤。”

（2）用:孫星衍校:“舊寫本用字空白,疑有誤。”衍文,當删。

【注】

［1］皎皎:潔白貌;分明貌。《詩・小雅・白駒》:“皎皎白駒,在彼空谷。”釋文:“皎,潔白也。”

［2］察察:明辨;清楚。《老子・第二十章》:“俗人察察,我獨悶悶。”王弼注:“察察,分别别析也。”釋德清註:“察察,即俗謂分星擘兩,絲毫不饒人之意。”

［3］儔匹:同伴,伴侶。《樂府詩集・雜曲歌辭二・傷歌行》:“悲聲命儔匹,哀鳴傷我腸。”此謂同類人。

［4］登時:立即;即時。《後漢書・方術傳下・解奴辜》:“(壽光)侯劾三人,登時仆地無氣。”

［5］史雲:東漢范冉(112—185)字史雲,陳留外黃(今河南民權西北)人。少爲縣小吏,師從馬融學經。喜違時絶俗,爲激詭之行。桓帝時,爲萊蕪長,因母卒,不到官。後州郡屢辟,皆不應,隱於梁、沛之間,賣卜於市。因遭黨人禁錮,遂以鹿車載妻子,顛沛於外十餘年。鄉諺曰:“甑中生塵范史雲,釜中生魚范萊蕪。”及黨禁解,辟司空府,旋自免歸。卒於家。昆弟:兄弟。《太平御覽》四二五引謝承《後漢書》:“范丹姊病,往看之。姊設食,丹以姊胥不德,出門,留二百錢。姊使人追索,還之。丹不得已,受之。聞里中芻槁童僕更相怒曰:‘言汝清高,豈范史雲輩而云不盜我菜乎?’丹聞之,曰:‘我之微志,乃在童豎之口,不可不勉!’遂投錢去。”“不食於昆弟”事,未詳。

［6］華生：三國魏華歆。曹操表徵華歆，孫權遣之。"賓客舊人送之
　　者千餘人，贈遺數百金。歆皆無所拒，密各題識，至臨去，悉聚諸
　　物"，以"懷璧爲罪"拒之，使"各留所贈"。此即"治潔於昵客"。
［7］邀名：求取好名聲。章炳麟《菿漢微言五》："漢、魏廢興之際，陳
　　群所爲，未若華歆之甚也。及魏受禪，群與歆皆有慼容，時人議
　　群者，猶曰'公慚卿，卿慚長。'（《後漢書・陳寔傳》）獨於歆，魏、
　　晉間皆頌美不容口。曹植亦不慊於其兄之奪漢者。然所作《輔
　　臣論》，稱歆'清素寡欲，聰敏特達，志存太虛，安心玄妙。處平則
　　以和養德，遭變則以義斷事。'（《北堂書鈔》五一引）然則歆之矯
　　僞干譽，有非恒人所能測者矣。"由此可見稚川之眼界、胸襟與節
　　操也。
［8］廊廟：太廟及其四周廊宇，是古代帝王和大臣用以議政的地方，
　　因指朝廷。《戰國策・秦策三》："蔡澤曰：'……今君（范雎）相
　　秦，計不下席，謀不出廊廟，坐制諸侯，利施三川。'"

23　洪尤疾無義之人，不勤農桑之本業[1]，而慕非義之
姦利。持鄉論者[2]，則賣選舉以取謝[3]；有威勢者，則解符
疏以索財[4]；或有罪人之賂(1)，或枉有理之家(2)；或爲逋逃
之藪[5]，而饗亡命之人(3)[6]；或挾使民丁，以妨公役(4)；或
强收錢物，以求貴價；或占錮市肆[7]，奪百姓之利；或割人
田地，劫孤弱之業。憁恫官府之間[8]，以窺培尅之益[9]；內
以誇妻妾[10]，外以釣名位[11]。其如此者，不與交焉。

【校】
（1）有：孫星衍校："有字當誤，舊寫本空白。"尋上下文意當作受。
（2）或：孫星衍校："當作而。"
（3）人：孫星衍校"疑作入。"
（4）以妨：孫星衍校："（藏本、魯藩本）本作妨以，從下文乙轉。"

【注】

[１]本業：古以農桑爲本。《史記・文帝紀》：“（十三年）上曰：‘農，天下之本，務莫大焉。’”《漢書・食貨志上》：“晁錯復説上曰：‘……故務民於農桑，薄賦斂，廣畜積，以實倉廪。’”

[２]鄉論：指審議鄉里選舉相關事宜。《禮記・王制》：“（大司徒）命鄉論秀士，升之司徒，曰選士。”鄭玄注：“移名於司徒也。秀士，鄉大夫所考有德行道藝者。”

[３]賣選舉以取謝：前《審舉》篇第８段“桑梓議主，中正部吏，並爲魁儈，各賣其估”之語，注此正合。

[４]解符疏：楊明照箋：“《漢書・五行志》：‘解，舍也。’《説文・手部》：‘捨，釋也。’段注：‘釋者，解也。按經傳多段舍爲之。’《玉篇・厶部》：‘舍，又音捨。’又手部：‘捨，尸社切，去也。’《文心雕龍・書記》：‘朝市徵信，則有符、契、疏。’又：‘符者，孚也。徵召防僞，事資中孚。三代玉瑞，漢世金竹，末代從省，易以書翰矣。……疏者，布也。佈置物類，撮題近意，故小券短書，號爲疏也。’是‘符’‘疏’二種文體，爲‘朝市徵信’專用語。然則此文之‘解符疏以索財’，蓋謂其背約勒索也。”按：楊箋“解符疏”爲“背約”，難以成立。誰與誰有約？誰背誰的約？後學以爲，本句蓋指下級利用向朝廷呈送符契、疏奏的機會向相關的人索要財物。解（jiè）：古代下級向上級行文報告。《集韻・卦韻》：“解，聞上也。”

[５]逋逃之藪：逃亡者的藏匿之所。《左傳・昭公七年》：“紂爲天下逋逃主，萃淵藪。”杜預注：“萃，集也。天下逋逃悉以紂爲淵藪澤而歸之。”

[６]亡命之人：即逋逃者。亡命：無名；（逃匿則）削除名籍。前《百里》各司其職有“或有藏養逋逃”，可與此合讀。

[７]占錮：强行霸佔。占：擅據。《增修互注禮部韻略五十五艷》：“占，章艷切，擅據也。”錮：專取。《漢書・貨殖傳》：“上爭王者之利，下錮齊民之業。”顏師古注：“錮，亦謂專取之也。”

[８]憁恫（còng dòng）：鑽營，奔走。

［9］掊(pǒu)尅：聚斂；搜刮。《詩·大雅·蕩》"曾是掊克"釋文："掊
　　克，蒲侯反，聚斂也。"朱熹集傳："掊克，聚斂之臣也。"尅：同克。

［10］內以誇妻妾：《孟子·離婁下》："施施從外來，驕其妻妾。"

［11］釣名位：如釣魚一般取得名譽地位。《漢書·公孫弘傳》："弘謝
　　曰：'……夫以三公爲布被，誠飾詐欲以釣名。'"顏師古注："釣，
　　取也。言若釣魚之謂也。"

24　由是俗人憎洪疾己，自然疏絕[1]。故巷無車馬之
迹，堂無異志之賓[2]。庭可設雀羅[3]，而几筵積塵焉[4]。

【注】

［1］疏絕：疏遠斷絕。《論衡·非韓》："治一身，省恩德之行，多傷害
　　之操，則交黨疏絕，恥辱至身。"

［2］堂無異志之賓：謂不妄交遊。《三國志·吳書·劉繇傳》"繇長子
　　基，字敬輿，年十四，居繇喪盡禮，故吏餽餉，皆無所受"裴注引韋
　　昭《吳書》曰："（劉）基遭多難，嬰丁困苦，潛處味道，不以爲
　　戚……諸弟敬憚，事之猶父。不妄交遊，門無雜賓。"

［3］庭可設雀羅：形容門庭冷落，賓客稀少。《史記·汲黯鄭當時列
　　傳》："太史公曰：'夫以汲、鄭之賢，有勢則賓客十倍，無勢則否，
　　況衆人乎！下邽翟公有言，始翟公爲廷尉，賓客闐門；及廢，門外
　　可設雀羅。翟公復爲廷尉，賓客欲往，翟公乃大署其門曰："一死
　　一生，乃知交情；一貧一富，乃知交態；一貴一賤，交情乃見。"汲、
　　鄭亦云，悲夫！'"

［4］几筵積塵：形容家無賓客，故招待客人的几筵久不除塵。潘岳
　　《庚尚書誄》有"几筵生塵"語。古時室中坐時憑几，堂上行禮用
　　筵（席）。《周禮·春官·序官》"司几筵"鄭玄注："筵亦席也。鋪
　　陳曰筵，藉之曰席。"正義："設席之法，先設者皆言筵，後加者
　　爲席。"

25　洪自有識以逮將老^{(1)[1]}，口不及人之非，不説人之私^[2]，乃自然也。雖僕豎有其所短所羞之事，不以戲之也。未嘗論評人物之優劣，不喜訶譴人交之好惡^{(2)[3]}。

【校】

（1）以逮：孫星衍校："藏本作逮以，從舊寫本乙轉。"魯藩本亦作逮以。

（2）人交：孫星衍校："舊寫本作又人。"

【注】

[1] 有識：曉事。特指"三十而立"之後。《文選》張華《答何劭》詩之二："自予及有識，志不在功名。"吕延濟注："有識，自三十成立之後。"

[2] 口不及人之非，不説人之私：這是崔瑗、阮籍以來一部分文人的爲人傳統。《文選》崔瑗《座右銘》："無道人之短。"《世説新語·德行15》："晉文王（司馬昭）稱阮嗣宗至慎，每與人言，言皆玄遠，未嘗臧否人物。"私：隱私；個人私事。

[3] 好惡（è）：善惡；好壞。《吕氏春秋·慎小》："故賢主謹小物以論好惡。"高誘注："好，善也；惡，惡也。"

26　或爲尊長所逼問，辭不獲已，其論人也，則獨舉彼體中之勝事而已^[1]；其論文也，則撮其所得之佳者，而不指摘其病累^[2]。故無毀譽之怨。

【注】

[1] 或爲尊長所逼問四句：語本《荀子·臣道》："迫脅於亂時，窮居於暴國，而無所避之，則崇其美、揚其善，違其惡、隱其敗，言其所長，不稱其所短。"勝事：美好的事情。

[2] 病累（lèi）：猶缺點。《顏氏家訓·文章》："江南文制，欲人彈射，

知有病累,隨即改之,陳王得之於丁廙也。"

27　貴人時或問官吏民甲乙何如[1]?其清高閑能者(1),洪指説其快事[2];其貪暴闇塞者[3],對以偶不識悉[4]。洪由此頗見譏責,以顧護太多,不能明辯臧否,使皁白區分,而洪終不改也。

【校】

（1）閑:孫星衍校:"舊寫本作賢。"

【注】

[1]甲乙:某某。《宋書‧禮志》:"某曹關太常甲乙啟辭。押。"
[2]指説:猶解説。
[3]貪暴:貪婪暴虐。《墨子‧所染》:"舉天下之貪暴苛擾者,必稱此六君也。"
[4]識悉:知悉。《宋書‧孝義傳‧郭原平》:"每出市賣物,人問幾錢,裁言其半,邑人皆共識悉,輒加本價目與之。"

28　每見世人有好論人物者,比方倫匹[1],未必當允(1),而褒貶與奪,或失準格。見譽者自謂己分[2],未必信德也[3];見侵者則恨之入骨[4],劇於血讎。洪益以爲戒,遂不復言及士人矣。雖門宗子弟,其稱兩皆以付邦族[5],不爲輕乎其價數也(2)[6]。

【校】

（1）當允:當從楊明照校乙作允當。

（2）乎:孫星衍校:"當作平,舊寫本作評。"王國維校作平。形近致誤。

【注】

[1] 倫匹：類比，比並。

[2] 己分（fèn）：自己所應當得到的一份。《文選》盧諶《贈劉琨一首並書》：“處鴈乏善鳴之分。”李善注：“分，謂己所當得也。”

[3] 信德：誠有其德。《漢書·揚雄傳上》：“（《甘泉賦》）聖皇穆穆，信厥對兮。”顏師古注：“信，實也。”

[4] 恨之入骨：《史記·秦本紀》：“繆公之怨此三人入於骨髓。”

[5] 稱兩：猶言稱斤掂兩。邦族：邦國宗族。《詩·小雅·黃鳥》：“言旋言歸，復我邦族。”孔穎達疏：“故我今回族，我今還歸，復反我邦國宗族矣。”此謂丹陽郡之葛氏宗族。

[6] 價數：猶言價錢多少。《漢書·薛宣傳》：“賣買聽任富吏，賈數不可知。”顏師古注：“賈讀曰價。”此猶言價值高低。

29　或以譏洪，洪答曰：“我身在我者也，法當易知[1]。設令有人問我，使自比古人及同時，令我自求儕輩(1)[2]，則我實不能自知可與誰為匹也。況非我安可為取而評定之耶(2)？”

【校】

（1）儕輩：原作輩，當從楊明照校，其前補一儕字。

（2）而：孫星衍橒：“而字從舊寫本補。”平津本亦脫“而”字。

【注】

[1] 我身在我者也：承上段評品而言，蓋涉及品德、才能。表達方式如《內篇·黃白》說的：“《龜甲文》曰：‘我命在我不在天。’”《西昇經·我命章》：“我命在我，不在天地。”身：品德；才能。《晏子春秋·問上第二十》：“稱身就位，計能定（受）祿。”（從王念孫校）法：猶理。

[2] 儕輩：同輩；朋輩。《三國志·魏書·武帝紀》：“公與遂父同歲孝

廉,又與遂同時儕輩。"

30　漢末俗弊,朋黨分部[1]。許子將之徒,以口舌取戒[2],爭訟論議,門宗成讎。故汝南人士,無復定價,而有月旦之評[3]。魏武帝深亦疾之(1),欲取其首[4],爾乃奔波亡走,殆至屠滅[5]。前鑒不遠[6],可以得師矣。

【校】

(1)深亦:當乙作亦深。

【注】

[1]朋黨分部:指東漢桓、靈時宦官專權,引發朋黨之風以及兩次黨錮之禍。如桓帝即位,擢老師周福爲尚書;同郡河南尹房植有名當朝,鄉人爲之謠曰:"天下規矩房伯武,因師獲印周仲進。"二家各樹朋徒,甘陵由是分南北部,黨人之議自此始。汝南太守宗資任功曹范滂,南陽太守成瑨亦委功曹岑晊,二郡又爲謠曰:"汝南太守范孟博,南陽宗資主畫諾。南陽太守岑公孝,弘農成瑨但坐嘯。"太學生三萬人,郭林宗、賈偉節爲其冠,並與李膺、陳蕃、王暢更相褒重,學中語曰:"天下模楷李元禮,不畏强禦陳仲舉,天下俊秀王叔茂。"類多如此。

[2]許子將:許劭(150—195)字子將,平輿(今河南汝南東南)人。少有名節,與郭泰友善,皆有知人之名,時天下言拔士者,咸稱許、郭。好評論鄉黨人物。初爲郡功曹,爲人所敬。官府數辟,皆不就。後避權貴居廣陵,投揚州刺史劉繇。及孫策平吳,與繇南奔豫章而卒。戒:誡之初字。

[3]月旦之評:《後漢書・許劭傳》:"初,劭與靖俱有高名,好共覈論人物,每月輒更其品題,故汝南俗有'月旦評'焉。"

[4]魏武帝亦深疾之:《後漢書・許劭傳》:"曹操微時,常卑辭厚禮,求爲己目。劭鄙其人而不對,操乃伺隙脅劭,劭不得已,曰:'君

清平之姦賊,亂世之英雄。'操大悦而去。"《三國志·魏書·武帝紀》裴注引孫盛《異同雜語》:"(太祖)嘗問許子將:'我何如人?'子將不答。固問之,子將曰:'子治世之能臣,亂世之姦雄。'太祖大笑。"疾之:憎恨他。

［5］殆至屠滅:幾乎至於被殺滅門。《後漢書·許劭傳》:"或勸劭仕,對曰:'方今小人道長,王室將亂,吾欲避地淮海,以全老幼。'乃南至廣陵。徐州刺史陶謙禮之甚厚。劭不自安……遂復投揚州刺史劉繇於曲阿。其後陶謙果捕諸寓士。"可能是已感到身家性命不保,而"南奔豫章"。

［6］前鑒:前車之鑒。比喻以往的失敗,可以作爲後來的教訓。《荀子·成相》:"前車已覆,後未知更,覺何時。"(從梁啓雄校)《大戴禮記·保傅》:"鄙語曰:'……前車覆,後車誡。'"

31　且人之未易知也,雖父兄不必盡子弟也[1]。同乎我者遽是乎? 異於我者遽非乎[1]? 或有始無卒[2],唐堯、公旦、仲尼、季札,皆有不全得之恨[3],無以近人信其嘍嘍管見熒燭之明[2][4],而輕評人物[3],是皆邁彼上聖大賢乎[4][5]!

【校】

（1）必:藏本、魯藩本作比,當依平津本。

（2）熒:孫星衍校:"舊寫本作螢。"

（3）評人:孫星衍校:"藏本作人評,從舊寫本乙轉。"

（4）邁:原作賣。孫星衍校:"賣字疑,舊寫本空白。當從陳澧校與文淵閣本作邁。"

【注】

［1］遽:通詎。豈,難道。《經傳釋詞》五:"《廣韻(·八韻)》曰:'詎,豈也。'字或作距,或作鉅,或作遽。"《呂氏春秋·察今》:"其父雖

善遊,其子豈遽善遊乎?"

［2］有始無卒：由《論語·子張》"有始有卒"變來。

［3］唐堯、公旦、仲尼、季札二句：就知人而言,唐堯不能放四凶而用
　　十六相;公旦輔政,封紂子武庚禄父,使管叔、蔡叔傅之,而管叔、
　　蔡叔挾武庚以作亂;仲尼以容貌取人失之子羽,以言取人失之宰
　　予;季札路遇牧者令其拾金,看不出其爲賢者之憾。

［4］嘍嘍：小小孔眼貌。形容狹小、狹窄。《内篇·明本》："然而嘍嘍
　　守於局隘。"管見：如從管中窺物,見識狹隘。《莊子·秋水》："是
　　直用管窺天,用錐指地也,不亦小乎?"《韓詩外傳》十："譬如以管
　　窺天……所窺者大,所見者小。"熒燭：熒熒小光之燭。《漢書·
　　叙傳上》："(《答賓戲》)若賓之言,斯所謂見勢利之華,闇道德之
　　實,守突奧之熒燭,未叩天庭而覿白日也。"顔師古注："熒燭,熒
　　熒小光之燭也。"

［5］邁：《詩·小雅·菀柳》："俾予靖之,後予邁焉。"朱熹集傳："邁,
　　過也。"

32　昔大安中(1)[1],石冰作亂[2],六州之地[3],柯振葉
靡(2),違正黨逆[4]。

【校】

（1）大：《晉書·惠帝紀》作太。

（2）振葉：孫星衍校："藏本作鎮業,從舊寫本改。"魯藩本亦作鎮業。

【注】

［1］大安：當作太安,西晉惠帝司馬衷年號(302—303)。《晉書·惠
　　帝紀》："(太安二年)十一月……丙寅,揚州秀才房阢、前南平内
　　史王矩、前吴興内史顧祕起義軍以討石冰。"

［2］石冰(?—304)：西晉時流民起義將領。太安二年(303)張昌發
　　動荆州漢、蠻各族人民起義,派他東攻揚州,擊敗刺史陳徽,旋即

攻破江州,聲勢很大。臨淮人封雲在徐州起兵回應。後爲江東
大族周玘、廣陵度支陳敏擊敗,投奔封雲,與雲同被叛將張統
殺害。

［3］六州:指古九州中的六州。《文選》郭璞《江賦》"滈汗六州之域"
李善注:"六州,益、梁、荆、江、揚、徐。"此實指五州之地。《資治
通鑑》八五《晉紀》七:"於是荆、江、徐、揚、豫五州之境,多爲(張)
昌所據。"

［4］黨逆:袒護邪逆。謂有惡而不以告。徐幹《中論·譴交》:"有善
而不以告,謂之蔽賢,蔽賢有罰;有惡而不以告,謂之黨逆,黨逆
亦有罰。"

33　義軍大都督邀洪爲將兵都尉(1),累見敦迫[1]。既
桑梓恐虜[2],禍深憂大,古人有急疾之義(2);又畏軍法,不
敢任志。遂募合數百人,與諸軍旅進[3]。

【校】

（1）邀:據前引《晉書·葛洪傳》,當作檄。"檄"則與下文"累見敦迫"
　　"又畏軍法"之意相呼應。

（2）古:魯藩本作右,王國維校作古。

【注】

［1］義軍大都督:指吳興太守顧祕被推爲都督揚州九郡諸軍事。
《晉書·葛洪傳》:"太安中,(石)冰作亂,吳興太守顧祕爲義軍都
督,與周玘等起兵討之,祕檄洪爲將兵都尉攻(石)冰別率,破之,
遷伏波將軍。"《太平御覽》三二八引《抱朴子外篇》:"昔太安二
年,京邑始亂,石冰……屯於建業,宋道衡説(石)冰,求爲丹陽太
守,到郡,發兵以攻冰,召余爲將兵都尉。余年二十一,見軍旅,
不得已而就之。"錢穆《葛洪年譜》:"太安二年,洪年二十一。"將
兵都尉:此指大都督之下的一支部隊的統兵官。

［2］桑梓恐虜：葛洪爲揚州丹陽郡句容人，故云。

［3］與諸軍旅進：指與周玘、王矩、顧祕、華譚、賀循、甘卓所率軍隊共
　　同進攻起義軍。《資治通鑑・晉紀七》：“太安二年……議郎周
　　玘、前南平内史長沙王矩，起兵江東以討石冰，推前吳興太守吳
　　郡顧祕都督揚州九郡諸軍事，傳檄州郡，殺冰所署將史。於是前
　　侍御史賀循起兵於會稽，廬江内史廣陵華譚及丹陽葛洪、甘卓，
　　皆起兵以應祕。”

34　曾攻賊之別將[1]，破之日，錢帛山積，珍玩蔽地。
諸軍莫不放兵收拾財物[2]，繦繈連擔[3]。洪獨約令所領，
不得妄離行陣[4]。士有摭得衆者，洪即斬之以徇，於是無
敢委杖[5]。而果有伏賊數百，出傷諸軍(1)。諸軍悉發無部
隊，皆人馬負重，無復戰心，遂致驚亂，死傷狼藉[6]，殆欲不
振。獨洪軍整齊彀張(2)[7]，無所損傷，以救諸軍之大崩，洪
有力焉。後別戰，斬賊小帥，多獲甲首[8]，而獻捷幕府[9]。

【校】

（1）出傷：藏本、魯藩本作出蕩，當依平津本作出傷。

（2）彀張：原作轂張。涉上繦轂而誤，當作彀張。

【注】

［1］攻賊之別將：《晉書・葛洪傳》：“（洪）攻（石）冰別率，破之。”別
　　將：配合主力軍作戰的部隊將領。《史記・項羽本紀》：“諸別將
　　皆屬宋義，號爲卿子冠軍。”《漢書・高帝紀上》：“五月，項羽拔襄
　　城還。項梁盡召別將。”顏師古注：“別將，謂小將別在他所者。”

［2］放兵：放縱士兵（搶掠）。

［3］繦轂連擔：狀裝運財物人員與車輛之衆多。

［4］行（háng）陣：行伍。古指軍隊。

［5］摭（zhí）：拾取。斬之以徇：魯藩本“徇”作“狥”，狥通徇。將“摭

物衆者"斬首示衆。《左傳·昭公元年》："荀吳之嬖人不肯即卒，斬以徇。"杖：泛指武器。

[6] 狼藉（jí）：魯藩本作狼籍。縱橫散亂貌。《史記·滑稽列傳》："日暮酒闌，合尊促坐，男女同席，履舃交錯，杯盤狼藉。"

[7] 彀（gòu）張：猶彀弓。張滿弓弩。《孟子·告子上》："羿之教人射，必志于彀。"趙岐注："彀，張也。張弩射的者，用思專時也。"此謂處於戰備狀態。

[8] 甲首：甲士的首級。《左傳·桓公六年》："六月，大敗戎師，獲其二帥大良、少良，甲首三百，以獻於齊。"杜預注："甲首，被甲者首。"

[9] 獻捷：進獻所獲俘虜及戰利品。《春秋經·莊公三十一年》："齊侯（齊桓公）來獻戎捷。"杜預注："捷，獲也。獻，奉上之辭。"幕府：本指將在外的營帳。泛指軍政大吏的府署。《史記·廉頗藺相如列傳》："李牧者，趙之北邊良將也。常居代雁門，備匈奴。以便宜置吏，市租皆輸入莫府，爲士卒費。"集解："如淳曰：'將軍征行無常處，所在爲治，故言莫府。莫，大也。'"索隱："崔浩云：'古者出征爲將帥，軍還則罷，理無常處，以幕帟爲府署，故曰莫府。'則'莫'當作'幕'，字之訛耳。"按：莫府與幕府同。莫：幕之初字。

35 於是大都督加洪伏波將軍[1]，例給布百匹[2]。諸將多封閉之，或送還家。而洪分賜將士及施知故之貧者[3]，餘之十匹，又徑以市肉酤酒[4]，以饗將吏[5]。於時竊擅一日之美談焉。

【注】

[1] 伏波將軍：漢代始置將軍名號之一。漢武帝元鼎五年以路博德爲伏波將軍伐南越。《資治通鑑》二十《漢紀》十二胡三省注引《環濟要略》："伏波將軍者，船涉江海，欲使波濤伏息也。"按：晉

時爲將軍中之較低級別者。

［2］例：按照舊規慣例。

［3］知故：舊交故友。《後漢書‧獨行傳‧劉翊》：“（翊）又逢知故困餒於路，不忍委去，因殺所駕牛，以救其乏。”

［4］市：購買。《國語‧齊語》：“以其所有，易其所無，市賤鬻貴。”酤酒：買酒。《墨子‧非儒下》：“號人以酤酒，孔某不問酒之所由來而飲。”

［5］將吏：軍官。《尉繚子‧攻權》：“進退不豪，縱敵不禽，將吏士卒，動靜一身。”

36　事平[1]，洪投戈釋甲[2]，徑詣洛陽，欲廣尋異書，了不論戰功[3]。竊慕魯連不受聊城之金[4]，包胥不納存楚之賞[5]，成功不處之義焉[6]。

【注】

［1］事平：《晉書‧惠帝紀》：“（永興元年）三月，陳敏攻石冰，斬之，揚、徐二州平。”

［2］投戈釋甲：放下武器，脱去鎧甲。指離開部隊。

［3］徑詣……戰功：《晉書‧葛洪傳》：“（石）冰平，洪不論功賞，徑至洛陽，欲求異書，以廣其學。”錢穆《葛洪年譜》：“永興元年，洪年二十二。”

［4］魯連不受聊城之金：魯仲連，戰國齊人。善謀劃策略，爲人排難解紛。燕將據聊城，齊攻之歲餘不能下，仲連遺燕將書，陳説利害，燕將讀之，泣三日，猶豫不能決，乃自殺，聊城乃下。齊田單欲爵之，仲連逃隱海上。受……金：魯連義不帝秦，平原君以千金爲魯連壽，魯連遂辭平原君而去。此事與聊城事無關。

［5］包胥不納存楚之賞：吳師伐楚，昭王出走。申包胥赴秦乞師，哭於秦庭七日，秦師乃出。昭王入郢，欲封申包胥，包胥辭不受。遂退隱，終身不見。

［6］成功不處：《老子·第二章》："功成而弗居。"

37 　正遇上國大亂，北道不通[1]；而陳敏又反於江東[2]，歸塗隔塞[3]。會有故人譙國嵇君道見用爲廣州刺史(1)[4]，乃表請洪爲參軍(2)[5]。雖非所樂，然利可避地於南(3)，故黽勉就焉[6]。見遣先行催兵，而君道於後遇害，遂停廣州。頻爲節將見邀用(4)，皆不就[7]。

【校】

（1）君道：孫星衍校："（藏本、魯藩本）本作居道，從《意林》及《晉書》改，下仿此。"

（2）乃表請：《書鈔》六十九引無乃字、請字。

（3）避地於南：《意林》四引作避身於南地，於義爲長。

（4）見：與"爲"同表被動，犯複，當删。邀：當作檄。《晉書·葛洪傳》："征鎮檄命，一無所就。"是其證。

【注】

［1］上國大亂：指西晉永康元年至元熙元年（公元 300—306 年）發生的八王之亂。其間大事有：賈后殺廢太子遹；趙王倫廢殺賈后；淮南王允兵討趙王；趙王倫、孫秀專權；趙王倫逼惠帝禪讓稱帝；齊王冏、成都王穎、河間王顒共討趙王倫；晉惠帝復位，齊王冏輔政；河間王顒、成都王穎聯兵攻洛；東海王越、高密王簡、平昌公模、吳王晏、豫章王、高陽王熾、襄陽王範等奉帝北征成都王穎，兵敗蕩陰；幽州刺史王浚兵討成都王穎；張方遷惠帝於長安等。

［2］陳敏（？—307）：字令通，盧江（今安徽舒城）人。少有幹能，以郡廉吏補尚書倉部令史。八王之亂中，齊王冏、成都王穎、河間王顒共討趙王倫，敏建議漕運江南米穀濟中原，先後任合肥、廣陵度支。義陽蠻張昌起兵反晉，遣石冰分攻江、揚，敏率漕運兵參與鎮壓，以功爲廣陵相。東海王越承制起敏爲右將軍、假節、前

鋒都督。後擁兵割據歷陽(今安徽和縣),據有吳越之地,命寮佐以己爲都督江東軍事、大司馬、楚公,爲江南大族周玘、顧榮并力消滅。

[3] 隔塞:阻塞。《內篇·金丹》:“往者上國喪亂,莫不奔播四出,余周旋徐、豫、荆、襄、江、廣數州之間。”可與此合讀。

[4] 譙國:豫州譙郡,三國魏置,晉因之。在今河南省鹿邑縣與安徽省鹿縣一帶。

[5] 參軍:謂參謀軍事,簡稱參軍。晉以後軍府和王國始置爲官員。葛洪任參軍,見《晉書·葛洪傳》。錢穆《葛洪年譜》:“光熙元年,洪年二十四。”

[6] 黽勉:勉強。

[7] 節將:持節大將。泛指總軍戎者。

38　永惟富貴可以漸得[1],而不可頓合,其間屑屑[2],亦足以勞人。且榮位勢利,譬如寄客[3],既非常物,又其去不可得留也。隆隆者絕[4],赫赫者滅,有若春華,須臾凋落[5]。得之不喜,失之安悲[6]?悔吝百端[7],憂懼兢戰,不可勝言,不足爲也。

【注】

[1] 永惟:深思;常想。《漢書·宣帝紀》:“夙夜兢兢,靡有驕色,內省匪解,永惟罔極。”

[2] 屑屑:勞瘁匆迫貌。《左傳·昭公五年》:“(女叔齊)對曰:‘……禮之本末將於此乎在,而屑屑焉習儀已亟,言善於禮,不亦遠乎?’”杜預注:“言以習儀爲急。”

[3] 寄客:意外忽來之客。《莊子·繕性》:“物之儻來,寄也。寄之,其來不可圉,其去不可止。”成玄英疏:“儻者,意外忽來者耳。”

[4] 隆隆:喻勢盛而短暫。《漢書·揚雄傳下》:“(《解嘲》):‘炎炎者滅,隆隆者絕。’”顏師古注:“炎炎,火光也。隆隆,雷聲也。”《文

選‧解嘲》張銑注:“炎炎、隆隆,盛貌。滅絶者,有盛必衰也。”

[5] 春華(huā):《漢書‧叙傳上》:“(《答賓戲》)雖馳辯如濤波,摛藻
如春華,猶無益於殿最。”

[6] 得之不喜,失之安悲:《文子‧道德》:“故守分循理,失之不憂,得
之不喜。”

[7] 百端:百感;各種感情;各種憂思愁緒。《世說新語‧言語32》:
“衛洗馬(玠)初欲渡江,形神慘頓,語左右曰:‘見此芒芒,不覺百
端交集。苟未免有情,亦復誰能遣此!’”

39 且自度性篤嬾而才至短,以篤嬾而御短才[1],雖翕
肩屈膝,趨走風塵,猶必不辦,大致名位而免患累[2],況不
能乎? 未若修松、喬之道,在我而已,不由於人焉[3]。

【注】

[1] 御:使用。《文選》嵇康《琴賦》:“永服御而不厭。”呂向注:“御,
用也。”

[2] 患累:猶憂患。南朝梁武帝《净業賦序》:“有動則心垢,有静則心
净。外動既止,内心亦明,始自覺悟,患累無所由生也。”

[3] 在我而已,不由於人:《西昇經》五:“我命在我,不屬天地。”

40 將登名山[1],服食養性[2],非有廢也。事不兼
濟[3],自非絶棄世務(1),則曷緣修習玄静哉[4]! 且知之誠
難,亦不得借問而與人議也(2)[5]。是以車馬之迹,不經貴
勢之域(3);片字之書,不交在位之家[6]。

【校】

(1) 非:孫星衍校:“藏本作不,從舊寫本改。”魯藩本亦作不。按:自
非、自不兩可。

(2) 借:原作惜,蓋借之誤。

（3）貴勢之域：孫星衍校：“藏本作貴世之域，從舊寫本改。”魯藩本亦
　　作域。

【注】

［1］登名山：《內篇·登涉》：“凡爲道合藥及避亂隱居者，莫不入山。”

［2］服食：專指服食丹藥。道家養生術之一。《古詩十九首》之十三：
　　“服食求神仙，多爲藥所誤。”養性：養生。性通生。《內篇·金
　　丹》：“余考覽養性之書，鳩集久視之方，曾所披涉篇卷，以千計
　　矣，莫不皆以還丹金液爲大要者也。……是以古之道士合作神
　　藥，必入名山。”

［3］兼濟：謂使天下民衆、萬物咸受惠益。《莊子·列御寇》：“小夫之
　　知，不離苞苴竿牘，敝精神乎蹇淺，而欲兼濟導物。”

［4］玄靜：謂清靜無爲的思想境界。《內篇·金丹》“余所以絕慶弔於
　　鄉黨，棄當世之榮華者，必欲遠登名山，成所著子書，次則合神
　　藥、規長生故也。”玄靜指此。

［5］借問：猶詢問。

［6］在位：做官。《東觀漢記·劉愷傳》：“愷之入朝，在位者莫不仰其
　　風行。”

41　又士林之中，雖不可出[1]；而見造之賓，意不能
拒[2]。妨人所作，不得專一。乃歎曰：“山林之中無道也，
而古之修道者必入山林者，誠欲以違遠讙譁，使心不亂
也[3]。今將遂本志，委桑梓，適嵩岳，以尋方平[4]、梁公之
軌[5]。先作子書內外篇，幸已用功夫，聊復撰次[6]，以示將
來云爾[7]。”

【注】

［1］士林：陳琳《爲袁紹檄豫州》：“自是士林憤痛，民怨彌重，一夫奮
　　臂，舉州同聲。”

［2］見造之賓,意不能拒：蓋指以道術見稱的南海太守鮑靚與葛洪
　　交往並“以女（鮑姑）妻洪”,不能拒絶之事。《晉書·藝術傳·鮑
　　靚》：“鮑靚字太玄,東海人也。……靚學兼内外,明天文、《河》
　　《洛》書。稍遷南陽中部都尉,爲南海太守。”又《葛洪傳》：“後師
　　事南海太守上黨鮑（太）玄。（太）玄亦内學,逆占將來,見洪深重
　　之,以女妻洪。”《正統道藏洞真部》淡字號《歷世真僊體道通鑑》
　　二十一引《羅浮圖志》：“稚川居羅浮時,（鮑）靚爲南海太守,以道
　　術見稱。……與稚川善,常往來山中,或語論達旦乃去。”《雲笈
　　七籤》一百十五《鮑姑傳》：“鮑姑者,南海太守鮑靚之女,晉散騎
　　常侍葛洪之妻也。靚字太玄,累徵,至黃門侍郎,求出爲南海太
　　守,以姑適葛稚川。”

［3］違遠：遠離；離別。曹植《請祭先王表》：“自計違遠以來,有踰旬
　　日。”謹同喧。

［4］方平：王遠字方平,東漢東海（治今山東郯城西北）人。博學五
　　經,兼明天文、圖讖、《河》《洛》之要,逆知天下盛衰之期,九州吉
　　凶之事。舉孝廉,除郎中,官至中散大夫。後棄官入山得道,桓
　　帝時連徵不出。俾郡國逼載詣京,閉口不言。後還鄉,居太守陳
　　耽家四十餘年。

［5］梁公：梁鴻,字伯鸞,扶風平陵（今陝西咸陽西北）人。少家貧而
　　尚節介,受業太學,通覽群籍而不爲章句。學畢,乃牧豕於上林
　　苑中。歸鄉里後,娶肥壯黑醜女孟光爲妻,共入霸陵山中,以耕
　　織爲業,詠《詩》《書》,彈琴以自娛。仰慕前世高士,而爲四皓以
　　來二十四人作頌。章帝徵之,乃變姓名,匿於齊、魯之間。後卒
　　於吳。

［6］撰次：編集；編纂。

［7］云爾：用於句尾,表示如此而已。《論語·述而》：“子曰：‘女奚不
　　曰：其爲人也,發憤忘食,樂以忘憂,不知老之將至云爾。’”

42　洪年十五六時,所作詩賦雜文,當時自謂可行於

代⁽¹⁾；至於弱冠^[1]，更詳省之，殊多不稱意^[2]。天才未必爲增也⁽²⁾，直所覽差廣，而覺妍媸之別。於是大有所製，棄十不存一。今除所作子書，但雜尚餘百所卷⁽³⁾，猶未盡損益之理，而多慘憤^{(4)[3]}，不遑復料護之^[4]。

【校】

（一）於代：孫星衍校："（藏本、魯落本）本脱'於代'二字，從《意林》補。"代：蓋本作世，避唐太宗諱改。

（二）天才：藏本、平津本同。陳其榮校："承訓本作夫才。"當從。

（三）但雜尚餘百所卷：陳其榮校："承訓本'雜'下有'著'字。"按：上面提到雜文，雜下疑當有文字。

（四）憤：原作憤，藏本、平津本同，疑憤之形誤。

【注】

[1] 弱冠（guàn）：古時男子二十歲爲成人，初加冠，因體猶未壯，故稱。《禮記·曲禮上》："二十曰弱，冠。"後指稱男子二十歲或二十幾歲的年齡爲弱冠。

[2] 詳省（xǐng）：審察。

[3] 慘憤：形容心情極其煩亂。應瑒《秋霖賦》："情慘憤而含欷兮，起披衣而遊庭。"《晉書·后妃傳上·左貴妃》："（《離思賦》）意慘憤而無聊兮，思纏綿以增慕。"

[4] 料護：清理；整理。《廣雅·釋詁二》《玉篇·斗部》《廣韻·蕭韻》："料，理也。"卷子本《玉篇·言部》："護，《蒼頡篇》：辯也。"《玉篇·辡部》："辯，理也。"

43　他人文成，便呼快意^{(1)[1]}；余才鈍思遲，實不能爾⁽²⁾。作文章每一更字，輒自轉勝，但患嬾，又所作多，不能數省之耳。

【校】

（1）便呼：孫星衍校：“藏本作手便，從舊寫本改。”魯藩本亦作手便。

（2）爾：孫星衍校：“藏本作示，從舊寫本改。”魯藩本亦作示。

【注】

［1］快意：心情爽快舒適。《史記・李斯列傳》：“快意當前，適觀而已矣。”

44　洪年二十餘，乃計作細碎小文[1]，妨棄功日，未若立一家之言[2]，乃草創子書[3]。會遇兵亂[4]，流離播越[5]，有所亡失。連在道路，不復投筆十餘年(1)。至建武中，乃定[6]。

【校】

（1）投筆：陳澧曰：“‘投’字疑誤。”楊明照校：“‘投’蓋‘役’之誤。役，使也。”按：“役筆”之語，有待例證。疑本作“持”，抄寫者誤寫爲“投”。王充《論衡・量知》有“握刀持筆”之語。

【注】

［1］年二十：錢穆《葛洪年譜》：“太安元年，洪年二十。”

［2］一家之言：指有獨特見解，自成一家的學説或論著。司馬遷《報任少卿書》：“亦欲以究天人之際，通古今之變，成一家之言。”

［3］子書：指《抱朴子內篇》與《抱朴子外篇》。

［4］兵亂：指八王之亂、張昌起義與永嘉之變等，內憂外患，紛至沓來。

［5］播越：逃亡；流離失所。播：散。越：遠。《左傳・昭公二十六年》：“茲不穀震盪播越，竄在荊蠻。”

［6］建武：東晉元帝司馬睿即位年號（317），僅一年，次年三月改元爲大興，則《抱朴子外篇》完稿之日，尚在大興元年（318）三月前，故

云建武中乃定。錢穆《葛洪年譜》："元帝建武元年，洪年三十五。"

45　凡著《内篇》二十卷，《外篇》五十卷[1]，碑、頌、詩、賦百卷[2]，軍書、檄移、章表、箋記三十卷[3]，又撰俗所不列者爲《神僊傳》十卷[4]，又撰高尚不仕者爲《隱逸傳》十卷(1)[5]，又抄五經、三史(2)、百家之言、兵事、方伎、短雜、奇要三百一十卷[6]，別有《目録》[7]。其《内篇》言神僊[8]、方藥[9]、鬼怪[10]、變化[11]、養生、延年[12]、禳邪、卻禍之事[13]，屬道家[14]；其《外篇》言人間得失，世事臧否，屬儒家[15]。

【校】

（1）尚：孫星衍校："藏本作上，今從舊寫本。"魯藩本作高止，吉藩本作高士，楊明照校從吉藩本。《逸民》《擢才》《廣譬》三篇，並有高士之文，是其證。

（2）三史：原作七史，當作三史。《内篇・遐覽篇》："獨知有《五經》、三史、百氏之言。"是其證。

【注】

[1]《内篇》二十卷：與今本同，有佚文。《外篇》五十卷：《隋志》入雜家類，又云："梁有五十一卷。"而《新唐書・藝文志》雜家類作二十卷，《郡齋志書志》雜家類作十卷，今本仍爲五十卷。長者每卷一篇，短者則一卷不止一篇，如卷四十九含《知止》《窮達》《重言》三篇。多佚篇，如《軍術》。《晉書・葛洪傳》："大凡《内》《外》一百一十六篇。"今本《内篇》《外篇》合計祇有七十二篇，已佚四十四篇。佚文見《全晉文》一百十七所輯録，計《内篇》五十一條，《外篇》一百五條。

[2]碑、頌、詩、賦百卷：《晉書》本傳作："所著碑、誄、詩、賦百卷。"《正統道藏》惟字號王松年《仙苑編珠》上注引《道學傳》同。碑：其

著作無從考索。頌：有《富民塘頌》一篇。《晉書·張闓傳》："(元)帝踐阼，(闓)出補晉陵內史，在郡甚有威惠。……時所部四縣，並以旱失田，闓乃立曲阿新豐塘，漑田八百餘頃，每歲豐稔。葛洪爲其頌。"《世說新語·規箴 13》"元皇帝時，廷尉張闓"條劉孝標注："葛洪《富民塘賦》(敘闓)曰：'闓字敬緒，丹陽人，張昭孫也。'《中興書》曰：'闓，晉陵內史，甚有肆德，轉至廷尉卿。'"詩：丁福保《全三國晉南北朝詩·晉詩》五輯有《洗藥池》詩一首，逯欽立《先秦漢魏南北朝詩·晉詩》二十一除輯有《洗藥池》詩一首外，尚輯有《法嬰玄靈之曲》二首，《上元夫人步玄之曲》一首，《四非歌》一首。賦：《太平御覽》九四六引《遐觀賦》殘文："吳公(蜈蚣)大者，長百步，頭如車箱，可畏惡。越人獵之，屠裂取肉，白如瓠。稱金爭買爲羹炙。"

[3] 軍書、檄移、章表、箋記三十卷：葛洪自爲將兵都尉(303)至爲關中侯(317)，十四年間，曾任武職與文職，故有軍書、檄移、章表、箋記之作。《晉書》本傳："所著……移檄、章表三十卷。"《道學傳》："檄、章、牋、表三十卷。"軍書：軍事箋記。檄：用於傳告、徵召、曉喻、申討。移：官府文書之一種。指平行於不相統屬的官署間的公文。章表：臣子上奏朝廷的兩種文書。漢制，下言於上，分章、奏、表、駁四種，後世沿之。箋記：對上級或尊長者的書札或奏記。

[4]《神僊傳》：據《神僊傳·自序》，蓋葛洪於《抱朴子》既成之後，因弟子滕升問僊人有無而作。《晉書·葛洪傳》："所著……《神僊》……傳各十卷。"《道學傳》："著……《神僊傳》十卷。"《三國志·蜀書·先主傳》《吳書·士燮傳》又《吳范劉惇趙達傳》裴注均曾引《神僊傳》。汲古閣本所錄凡八十四人，王謨《漢魏叢書》本凡九十二人，《文苑英華》七三九載梁肅《神僊傳論》云："予嘗覽葛洪所記……按《神僊傳》凡一百九十人。"則今本非葛洪原著之舊。

[5]《隱逸傳》十卷：又見《晉書》本傳及《道學傳》，但未見他書著錄與徵引。

[6] 又抄五經、三史、百家之言、兵事、方伎、短雜、奇要三百一十卷：
《晉書》本傳："又抄《五經》《史》《漢》、百家之言、方技、雜事三百
一十卷。"《道學記》："抄《五經》《史》(《漢》)、百家之言、方伎、雜
事三百一十卷。"抄：此指抄掇衆書，撮其精要，間下己意。五
經：指《易》《書》《詩》《禮》《春秋》，《禮》指《儀禮》。葛氏有《五經
鈔》若干卷。《隋志》一《經部禮類》："《喪服變除》一卷，晉散騎常
侍葛洪撰。"三史：有兩說：1.《史記》《漢書》《東觀漢記》。《四庫
全書·〈東觀漢記〉提要》："晉時以此書與《史記》《漢書》爲三史，
人多習之。"如《三國志·蜀書·孟光傳》《吳書·呂蒙傳》裴注引
《江表傳》所言之《三史》，即含有《東觀漢記》在內。2.《史記》《漢
書》、謝沈《後漢書》。王利器《葛洪著述考略》："案葛洪《內篇·
遐覽篇》言：'獨知有《五經》、三史、百氏之言。'而所抄者爲《史
記》《漢書》《後漢書》，其所讀者爲《後漢書》則所謂《三史》者爲
《史記》《漢書》《後漢書》也。尋此《後漢書》當爲謝沈書，洪與沈
俱爲東西晉間人，《晉書》卷八十二《謝沈傳》言：'沈先著《後漢
書》百卷，……皆行於世。'所謂'先'者，當指晉康帝即位以前，時
晉之爲東晉才二十六年耳，則沈書蓋成於東西晉之際，或在西晉
末。史稱其書先行於世，則洪所見之書當爲謝沈書矣。"（見《文
史》第三七輯）。百家之言：指子部書。如唐釋法琳《辨正論》九
引劉宋陸修靜道家書目："《莊子》一部十七卷，《莊子》所出，葛洪
修撰。"即其例。此處"修撰"指鈔錄原文以外，間下己意。兵事：
葛氏有《抱朴子·軍術》一篇、《軍事鈔》若干卷、《兵法孤虛月時
祕要法》一卷。方伎：《漢書·藝文志》稱醫經、經方、房中、神僊
四種爲方伎，皆與葛氏信念及《內篇》論述有關，惟所鈔已佚。短
雜：指短雜文章。奇要：蓋指遁甲、醫方諸書。遁甲書，《內篇·
登涉》稱其"行學遁甲書""鈔集其要，以爲《奇要囊中立成》"，《隋
志》三《子部五行類》著錄署爲葛洪撰之遁甲書凡五種。醫方，
《雜應》稱其"余所撰百卷，名曰《玉函方》"及"《救卒》三卷"，葛仙
翁《肘後備急方序》稱其"又見周、甘唐、阮諸家……余採其要約，
以爲《肘後救卒》三卷"。《正統道藏》《四庫全書目錄》作《肘後備

急方》八卷。《晉書》本傳稱其抄《金匱藥方》一百卷,《肘後要急方》四卷。又有《葛仙翁杏仁煎方》一卷、《服食方》四卷、《神仙服食藥方》十卷、《太清神仙服食經》一卷等。

[7]《目録》:已佚。清丁國鈞、文廷式、秦榮光、黄逢元、吳士鑑均撰有《補晉書·藝文志》,分類著録葛洪之各種著述,王利器《葛洪著術考略》,可參閲。

[8]神僊:道家謂得道成仙、長生不死、來去無方的人。《内篇·論仙》論世上有仙人,而仙人不死。

[9]方藥:《内篇·仙藥》論服食仙藥爲最主要的成仙途徑。

[10]鬼怪:《内篇·登涉》論及防備鬼魅精怪。

[11]變化:《内篇》論物類的生滅轉化。《黄白》提到"作丹砂水法"、"作黄金法"、"治作赤鹽法"、"治作雄黄水法"等。

[12]養生延年:《内篇·金丹》論"内修形神,使延命愈疾",包括行氣、房中、服藥等養生術。

[13]禳(ráng):古代除邪消災的祭祀。引申爲除邪。謂"外禳邪惡,使禍害不干",詳見《内篇·登涉》。

[14]道家:此指煉丹服藥,修道求仙。與老子、莊周爲代表、崇尚自然的道家有別。

[15]言人間得失三句:論經國理世之術,故屬儒家。但《外篇》所言不全屬儒家。

46　洪見魏文帝《典論·自叙》⁽¹⁾[1],末及彈棋擊劍之事⁽²⁾[2],有意於略説所知,而實不足數⁽³⁾[3]。少所便能,不可虚自稱揚。今將具言所不閑焉[4]。

【校】

(1)《典論》:孫星衍校:"藏本作典目,從舊寫本改。"魯藩本亦作典目。

(2)末:孫星衍校:"藏本作未,從舊寫本改。"魯藩本作未,王國維校作末。

（3）不足數：原作不數。藏本、平津本同，當從楊明照校作不足數。

【注】

［1］《典論》：《三國志·魏書·文帝紀》裴松之注引文帝（曹丕）《與王朗書》：“故論撰所著《典論》、詩賦蓋百餘篇。”《隋志》著録原書凡五卷，已散佚。其中《論文》僅存於《文選》，《自叙》僅存於《三國志·魏書·文帝紀》裴松之注。《論文》是我國較早的文學批評專著。它提出了文學批評的正確態度，從評論建安時期的作家著手，肯定了作家的不同風格，指出了風格與人的關係，並論述了各種文體的特點與要求。它認爲文章是“經國之大業，不朽之盛事”，把文學提到與事功並立的地位。

［2］彈棋擊劍：《三國志·魏書·文帝紀》裴注引曹丕《典論·自叙》：“余又學擊劍，閲師多矣，四方之法各異，唯京師爲善。桓、靈之間，有虎賁王越善斯術，稱於京師。河南史阿言昔與越遊，具得其法，余從阿學之精熟。……余於他戲弄之事少所喜，唯彈棋略盡其巧，少爲之賦。昔京師先工有馬合鄉侯、東方安世、張公子，常恨不得與彼數子對。”知魏文帝乃擊劍彈棋能手。

［3］不足數：不值得分別優劣高下。《論語·子路》“何足算也”異文又作何足數、何足選，算、數、選，義相通，皆有區別義。《詩·小雅·巧言》：“往來行言，心焉數之。”朱熹集傳：“數，辨也。”

［4］具言：備言，詳細告訴。《史記·魏其武安侯列傳》：“立召人，具言灌夫醉飽事，不足誅。”閑：習。

47　洪體鈍性騃，寡所玩好。自總髮垂髫(1)[1]……又擲瓦、手搏，不及兒童之群。未曾鬬雞鶩，走狗馬[2]。見人博戲[3]，了不目盷。或强牽引觀之，殊不入神，有若晝睡。是以至今不知棊局上有幾道[4]，樗蒲齒名[5]。亦念此輩末伎，亂意思而妨日月，在位有損政事，儒者則廢講誦，凡民則忘稼穡，商人則失貨財⁽²⁾。

【校】

（1）垂髫：孫星衍校：“有脱句。”
（2）貨財：魯藩本作貝財，“貝”蓋“貨”之殘。

【注】

［1］總髮：猶總角。垂髫（tiáo）：兒童垂下的頭髮，因稱兒童或童年。《文選》潘岳《籍田賦》：“披褐振裾，垂髫總髮。”李善注：“《魏志》毛玠曰：‘臣垂髫執簡。’（今本《毛玠傳》“髫”作“齠”）髫與齠古字通也。”

［2］鬭雞鶩，走狗馬：《戰國策·齊策一》有“鬭雞走犬”語，《史記·袁盎傳》有“鬭雞走狗”語，《漢書·宣帝紀》《眭弘傳》有“鬭雞走馬”語；《史記·平準書》有“鬭雞走狗馬”語，葛氏加一鶩字，成爲鬭雞鶩、走狗馬的對稱形式，實與鶩無關。鶩（wù）：家鴨。

［3］博戲：古代包括陸博、樗蒲、雙陸三種棋戲的總稱。陸博，古稱博、六博或博局戲。《文選》韋昭《博弈論》李善注引《系本》：“烏曹作博。”宋高承《事物紀原·博弈嬉戲·陸博》：“《說文》曰：古烏曹氏始作博，蓋夏后之臣也。《事始》曰：烏曹始置博陸之戲。”是歷史最悠久的博戲。《論語·陽貨》：“不有博弈者乎？”兩人對弈，棋分黑白，弈者各執六枚。凡行棋次序和步數由投箸決定的，叫作大博；凡由擲瓊所得的點數或文字符號決定的，叫作小博。《列子·説符》“擊博樓上”釋文引《古博經》：“博法：二人相對，坐向局，局分爲十二道，兩頭當中名爲水。用棊十二枚，六白六黑；又用魚二枚置於水中。其擲采以瓊爲之。瓊昻方寸三分，長寸五分，銳其頭，鑽刻瓊四面爲眼，亦名爲齒。二人互擲采行棊。棊行到處即豎之，名爲驍棊，即入水食魚，亦名牽魚。每牽一魚獲二籌，翻一魚獲三籌。若已牽兩魚而不勝者，名曰被翻雙魚。彼家獲六籌爲大勝也。”（局：棋盤。瓊、瓊昻：五木、骰子

的前身,由玉石、堅木或金屬製成,分別爲十四面瓊、十八面瓊和二十二面瓊,五面體、兩頭尖鋭,中部之面呈正方形,正方形各邊長一寸三分;五面中有四面鏤刻表數符號,與空白的一面共組爲五彩,即塞、白、黑、五、五塞五彩。)樗蒲,見下注文。雙陸據宋人洪遵《譜雙序》說,"蓋始於西(天)竺,流於曹魏,盛於梁、陳、(北)魏、齊、隋、唐之間。"各種雙陸,皆使用正立方體、六面鏤點的骰子。使用長方形的棋盤。博者兩人,分黑白各執若干子;子稱馬,按擲骰所得之彩行馬;各自棋盤一方行至另一方,以疊行之馬打對方單行之馬,據到達目的地的先後和打落敵馬的多少決定勝負。

[4] 棊局:棋枰;棋盤。棋類不同,棋盤上的道數也因之而各異。晉以前棋局道數最多的是圍棋。《文選》韋昭《博弈論》:"夫一木之枰,孰與方國之封;枯棊三百,孰與萬人之將。"李善注:"(魏)邯鄲淳《藝經》曰:'棊局縱橫各十七道,合二百八十九道,白黑棊子,各一百五十枚。'"李周翰注:"枯棊,棊子也。"

[5] 樗蒲:至晚產於漢代末年的博戲品種。樗蒲之骰用木製成,每套五枚,故名五木;用於投擲,故又名投。呈銀杏狀,兩頭尖鋭,中部爲正方體,邊角帶弧形,以便滾動與染鏤彩。每枚投子染爲兩色:兩面白色,兩面黑色。其中兩枚在某一面鏤犢,另兩枚在某一面鏤雉,取雉、犢二物勇猛善鬥之意。擲投時須五木齊擲,以各骰朝上一面的色樣計彩。彩分四種貴彩,六種雜彩。"貴采得連擲,得打馬,得過關";雜采則否。四種貴采是:盧、雉、犢、白。五木全黑者爲盧,計爲十六籌;兩雉三黑者爲雉,計爲十四籌;兩犢三白者爲犢,計爲十籌;五木全白者爲白,計爲八籌。六種雜彩是:開、塞、塔、禿、撅、梟。一雉二犢三白爲開,計爲十二籌;一雉二犢三黑爲塞,計爲十一籌;二雉二白一黑爲塔,計爲五籌;二犢二黑一白爲禿,計爲四籌;三白二黑爲撅,計爲三籌;二白三黑爲梟,計爲二籌。入局之人,各執六馬,驅馬過關,以是否突破二關決勝負。其行馬規則是:依骰取彩,依彩打敵方之馬,救己方之馬,或使己方之馬過關。可供二至五人共娛。勝負的

關鍵,在於擲骰所得的彩數。程大昌《演繁露》六《投五木瓊橤玖骰》:"方其用木也,五子之形,兩頭尖銳,中間廣平,狀似今之杏仁。惟其尖銳,故可轉躍。惟其廣平,故可以鏤采也。凡一子悉爲兩面,其一面塗黑,黑之上畫牛犢……一面畫白,白之上即畫雉。……凡投子者,五皆現黑,則其名盧,盧者,黑也,言五子皆黑也。五黑皆現,則五犢隨現,從可知矣。此在樗蒲爲最高之采。捼木爲擲,往往叱喝使致其極,故亦名呼盧也。其次五子四黑而一白,則是四犢一雉,則其采名雉,用一比盧,降一等矣。自此而降,白黑相雜,每每不同,故名爲梟,……或名爲犍,謂五木十擲則犍,非其人不能是也。"齒名:謂擲五木所有采名。齒:骰子,樗蒲戲擲采之具。後世骰子即由五木演變而來。

48　至於勝負未分,交爭都市,心熱於中,顏愁於外,名之爲樂,而實煎悴。喪廉恥之操,興爭競之端,相取重貨,密結怨隙[1]。昔宋閔公、吳太子致碎首之禍[2],生叛亂之變,覆滅七國[3],幾傾天朝[4]。作戒百代,其鑒明矣。

【注】

[1] 怨隙:嫌隙。《後漢書・臧洪傳》:"明府之於袁氏,本無怨隙,今爲郡將之故,自致危困。"

[2] 宋閔公(前?—前682):名捷,宋莊公子,繼莊公而立。宋閔公十一年(前652)狩獵時與宋將宋萬因博爭行,怒斥宋萬曾爲魯國俘虜,宋萬遂以棋盤殺閔公於蒙澤。因殺太宰華督,乃更立公子游爲君。詳見《左傳・莊公十二年》《公羊傳・莊公十二年》《韓詩外傳》八、《史記・宋世家》《新序・義勇》。稚川所説"碎首"蓋本此數書而言之。吳太子:漢吳王劉濞太子名賢,字德明。《史記・吳王濞列傳》:"孝文時,吳太子入見,得侍太子飲、博。吳太子師傅皆楚人,輕悍,又素驕,博,爭道,不恭,皇太子引博局提吳太子,殺之。"此事成爲吳王"稍失藩臣之禮"發展爲七國之亂的

具體原因之一。

[３]七國：指漢景帝時吳、膠西、膠東、菑川、濟南、楚、趙七個同姓諸
　　侯國。

[４]天朝：尊稱朝廷。此指漢景帝王朝。

49　每觀戲者，憨恚交集[1]，手足相及，醜詈相加，絕交
壞友，往往有焉。怨不在大，亦不在小[2]。多召悔吝，不足
爲也。

【注】

[１]憨恚(huì)：羞慚怨恨；羞慚憤怒。《論衡・累害》："人才高下，不
　　能鈞同，同時并進，高者得榮，下者憨恚，毀傷其行。"

[２]怨不在大，亦不在小：謂怨恨不論大小，皆召來悔恨。《書・康
　　誥》："我聞曰：'怨不在大，亦不在小。'"孔傳："不在大，大起於
　　小；不在小，小至於大。言怨不可爲。"

50　仲尼雖有晝寢之戒[1]，以洪較之，洪實未許其賢於
晝寢[2]。何者？晝寢但無益，而未有怨恨之憂，鬭訟之變。
聖者猶韋編三絕，以勤經業[3]；凡才近人，安得兼修？惟諸
戲盡不如示一尺之書[4]。故因本不喜而不爲，蓋此俗人所
親焉(1)。

【校】

（１）蓋此：當從楊明照校乙作此蓋。《刺驕》《廣譬》《內篇》之《對俗》
　　《金丹》《至理》並有"此蓋"連文之例，是其證。

【注】

[１]晝寢：白天睡覺。《論語・公冶長》："宰予晝寢。子曰：'朽木不

可雕也，糞土之牆，不可杇也，於予與何誅。'"皇侃疏："寢，眠也。
宰予惰學而晝眠也。……當晝而寢，不可復教，譬如爛木與糞牆
之不可施功也。"

［2］洪實未許其賢於晝寢：指葛洪對孔子贊同博弈表示異議，謂博
弈不比晝寢好。《論語・陽貨》："子曰：'飽食終日，無所用心，難
矣哉！不有博弈者乎？ 爲之，猶賢乎已。'"葛氏"未許其賢於晝
寢"當指此。這是權衡兩害取其輕的思想方法。

［3］聖者：指孔子。韋編三絶：簡編皮條斷了三次。《史記・孔子世
家》："孔子晚而喜《易》，序《彖》《繫》《象》《説卦》《文言》；讀《易》，
韋編三絶。曰：'假我數年，若是，我於《易》則彬彬矣。'"因爲勤
奮讀書、刻苦學習之典。

［4］示：古通視。《莊子・應帝王》"嘗試與來，以予示之"釋文："示
之，本亦作視，崔（譔）云：'示，視之也。'"一尺之書：魏晉時的書
籍爲竹簡或帛書，縑帛昂貴，竹簡爲多。簡牘用絲繩、麻繩或皮
條編成册，所以開卷多少可用長短尺寸來計算。帛書是可以卷
起來的，所以一帛書又稱一卷，亦可以尺來説明展卷多少。《世
説新語・文學 15》："庾子嵩（名敳）讀《莊子》，開卷一尺許便放
去，曰：'了不異人意。'"

51　少嘗學射，但力少不能挽強[1]，若顔高之弓耳[2]。
意爲射既在六藝[3]，又可以禦寇辟劫及取鳥獸，是以習之。
昔在軍旅，曾手射追騎，應弦而倒[4]，殺二賊一馬，遂以得
免死。

【注】

［1］挽強（qiáng）：謂拉引硬弓。

［2］顔高之弓：《左傳・定公八年》："公侵齊，門于陽州，士皆坐列，
曰：'顔高之弓六鈞。'皆取而傳觀之。"杜預注："顔高，魯人。三
十斤爲鈞。六鈞，百八十斤。古稱重，故以爲異強。"謂顔高張滿

弓用力六鈞。六鈞：折合今重約六十斤。

［3］六蓺：禮、樂、射、御、書、數六種科目。《周禮·地官·大司徒》：
　　　“三曰六蓺：禮、樂、射、御、書、數。”蓺：古藝字。

［4］應弦而倒：形容快速射中目標。《史記·李將軍列傳》：“其射，見
　　　敵急，非在數十步之內，度不中不發，發即應弦而倒。”《顏氏家
　　　訓·雜藝》：“河北文士，率曉兵射，非直葛洪一箭，已解追兵。”盛
　　　讚稚川箭術之精。

52　又曾受刀楯及單刀雙戟[1]，皆有口訣要術；以待取
人，乃有祕法，其巧入神。若以此道與不曉者對，便可以當
全獨勝(1)，所向無前矣[2]。

【校】

（1）便：魯藩本作使，王國維校作便。

【注】

［1］刀楯：短兵相接的兵器。盾所以捍身蔽目。楯通盾。《說文·盾
　　　部》：“盾，瞂也，所以扞身蔽目。”段玉裁注：“用扞身，故謂之干。
　　　（《詩·周南·兔罝》）毛傳曰：‘干，扞也。’用扞目，故字從目。”雙
　　　戟：兩把矛戈合一的兵器。戟：戈之有刃者。《說文·戈部》：
　　　“戟，有枝兵也。”段玉裁注：“《方言》曰：‘戟無刃，吳、楊之間謂之
　　　戈。’然則戟者，戈之有刃者也。戟亦非直刃，謂之有刃者何？其
　　　刃幾於直也。”

［2］所向無前：《東觀漢記·耿弇傳》：“銅馬、赤眉之屬數十輩，輩皆
　　　數十萬衆，東至海，所向無前。”

53　晚又學七尺杖術[1]，可以入白刃取大戟(1)。然亦
是不急之末學，知之譬如麟角鳳距[2]，何必用之。過此已
往(2)，未之或知[3]。

【校】

（1）戟：魯藩本作戰。

（2）過：孫星衍校：“藏本脫‘過’字，從舊寫本補。”魯藩本亦脫“過”字。

【注】

［1］杖：謂所持兵器。《漢書・西域傳上》：“鳥弋山離國……以金銀飾杖。”顏師古注：“杖，謂所持兵器也。”

［2］麟角鳳距：喻稀罕珍貴，但又未必用得上的事物。麟角：《爾雅・釋獸》：“麠，麕身，牛尾，一角。”《玉篇・鹿部》：“麟，仁獸也，麒麟也。麠，同上。”

［3］過此已往，未之或知：《易・繫辭下》：“過此以往，未之或知也。”原謂超出上述往來、屈伸、學用以外的事，吾皆不知。這裏不過是借用。已通以。

54　洪少有定志，決不出身[1]。每覽巢、許、子州[2]、北人、石戶、二姜[3]、兩袁[4]、法真、子龍之傳[5]，嘗廢書前席[6]，慕其爲人[7]。念精治《五經》，著一部子書，令後世知其爲文儒而已[8]。

【注】

［1］決不出身：即決不做官。按：稚川實自己違背“定志”做了官。

［2］子州：子州支父或子州支伯，堯、舜讓天下於子州支父，子州支父以“適有幽憂之病，方且治之，未暇治天下也”（《莊子・讓王》），辭之。

［3］二姜：姜肱、姜岐。姜岐字子平，上邽（今甘肅天水）人。守道隱居，名重西州。太守橋玄，欲召爲吏，岐稱疾不就；玄即敕督郵逼致，岐卒堅臥不起，玄乃止。

［4］兩袁：蓋指袁閎、袁弘兩兄弟。閎字夏甫，祖籍汝南汝陽（今河南

商水西北)人。少勵操行，苦身修節。雖出身顯貴，仍以耕學爲業。州郡屢召，皆不應。延熹末，爲避黨亂，乃築土室，四周皆壁，自牖納飲食而已，如此潛身十八年。黃巾軍起，百姓驚散，仍誦經不止，黃巾軍相約不入其間。年五十七，卒於土室。其弟弘字邵甫，恥爲貴室子弟，乃變姓名，徒步師門就學，不應徵辟。卒於家。一説指袁忠、袁弘。

［5］子龍：申屠蟠字子龍，陳留外黃(今河南民權西北)人。家貧，少爲漆工，以孝行聞鄉里。郡辟爲主簿，不就。隱居研學，博通五經，兼善圖緯。黨錮起，遂隱居山林，以樹爲屋。後大將軍何進、董卓徵之，皆不就。及卓廢立，京師擾亂，得免禍全節。年七十四卒於家。

［6］嘗：魯藩本作當，當通嘗。廢書：謂中止閱讀。《史記・孟子荀卿列傳》：“太史公曰：‘余讀孟子書，至梁惠王問何以利吾國，未嘗不廢書而歎也。’”前席：移坐向前。《史記・商君列傳》：“衛鞅復見孝公。公與語，不自知膝之前於席也。”

［7］慕其爲人：套用《史記・司馬相如傳》“相如既學，慕藺相如之爲人”語。

［8］文儒：儒者中從事撰述的人。《論衡・書解》：“著作者爲文儒，説經者爲世儒。”

55　後州郡及車騎大將軍辟，皆不就[1]。薦名琅邪王丞相府[2]。昔起義兵，賊平之後，了不修名詣府[3]，論功主者[4]，永無賞報之冀[5]。晉王應天順人[6]，撥亂反正[7]，結皇綱於垂絶，修宗廟之廢祀[8]，念先朝之滯賞，並無報以勸來，洪隨例就彼[9]。戊寅詔書賜爵關中侯(1)，食句容之邑二百户[10]。

【校】

（1）戊寅：原作庚寅，當從《晉書・元帝紀》作戊寅。

【注】

[1] 後州郡及車騎大將軍辟,皆不就:《晉書·葛洪傳》:"征鎮檄命,一無所就。後還鄉里,禮辟皆不赴。"可與此互參。這大概是晉愍帝建興二年(314)時事。

[2] 薦名:葛洪於建興三年(315)被列入推薦的名單,爲丞相府"百六掾"之一。琅邪王丞相府:建興三年二月丙子,進左丞相、琅邪王(司馬)睿爲大都督、督中外諸軍事,右丞相。錢穆《葛洪年譜》:"愍帝建興三年,洪年三十三。"

[3] 修名:謂置備名帖,以作通報姓名之用。《顏氏家訓·風操》:"識輕服而不識主人,則不於會所而弔,他日修名詣其家。"王利器集解:"名,謂名刺。"即今名片的前身。

[4] 主者:主管機構與主管人。《史記·陳丞相世家》:"上曰:'主者謂誰?'平曰:'陛下即問決獄,責廷尉;問錢糧,責治粟內史。'"

[5] 賞報:猶酬報。《晉書·齊王冏傳》:"三臺納言不恤王事,賞報稽緩,責不在府。"

[6] 晉王:晉元帝司馬睿(276—322),初襲封琅邪王。永嘉元年(307)任安東將軍,都督揚州諸軍事;在王導主謀下,出鎮建康,依靠中原南遷大族,聯合江南大族顧榮、賀循等,統治長江中下游和珠江流域。建武元年(317)"依魏晉故事爲晉王"。劉曜攻佔長安,他在南方建立政權,史稱東晉。後因王敦擅權,憂憤而死。應天順人:《易·革》"彖曰:……湯武革命,順乎天而應乎人。"

[7] 撥亂反正:《公羊傳·哀公十四年》:"撥亂世,反諸正,莫近諸《春秋》。"撥:猶治也。

[8] 結皇綱於垂絕:謂繼承西晉帝業。司馬睿於建武元年三月辛卯,即王位,大赦,改元。乃備百官,立宗廟社稷於建康。

[9] 滯賞:指應賞而長久未賞的人。《國語·晉語七》"興舊族,出滯賞"韋昭注:"滯賞,謂有功於先君未賞者。"隨例:按照慣例。

[10] 戊寅:晉元帝於大興元年(戊寅年)三月由晉王即皇帝位,"十二月……癸巳,詔曰:'漢高經大梁,美無忌之賢;齊師入魯,修柳下

惠之墓。其吳之高德名賢或未旌録者，具條例以聞。'"(《晉書·元帝紀》)葛洪以此戊寅詔書封關中侯，因當時所封非一人，故其上書固辭而"適有大例，同不見許"。關中侯：《晉書·葛洪傳》作"關内侯"。按：漢有關内侯，魏置關中侯，以賞有功，爵十七級，金印紫綬，在列侯下。晉因之，但有邑，食租。關内侯則爲十六級，銅印龜紐墨綬。當以葛洪此處所説爲準。

56　竊謂討賊以救桑梓[(1)]，勞不足録，金紫之命[1]，非其始願。本欲遠慕魯連[2]，近引田疇[3]，上書固辭，以遂微志。適有大例[(2)][4]，同不見許。昔仲由讓應受之賜[(3)]，而沮爲善[5]。醜虜未夷[6]，天下多事[7]，國家方欲明賞必罰，以彰憲典。小子豈敢苟潔區區之懦志[8]，而距弘通之大制[(4)][9]。故遂息意而恭承詔命焉[10]。

【校】

（1）謂：孫星衍校："藏本作詔，從舊寫本改。"魯藩本亦作詔。

（2）適：藏本作逼，魯藩本作遇，當從平津本作適。

（3）仲由：當從楊明照校作子貢。稚川記憶有誤。

（4）弘通：平津本作私通，誤。

【注】

[1] 金紫之命：關中侯金印紫綬，故云。金紫：黄金印章和繫印的紫色綬帶。

[2] 魯連：魯仲連。

[3] 田疇(169—214)：字子泰，無終(今天津薊縣)人。好讀書，善擊劍。初平元年(190)，董卓之亂，奉幽州牧劉虞之命，私行至長安致命。詔拜騎都尉，固辭不受。得報，馳還，劉虞已爲公孫瓚所害。遂入徐無山聚族而居，並制約束之法、婚姻嫁娶之禮、講授之業，衆皆服從，至道不拾遺。袁紹數招不就。建安十二年

（207），曹操伐烏丸，徵爲向導，有功，不受封侯。操引拜之，至於數四，終不受，乃拜爲議郎。

［４］大例：此指戊寅詔封賞功臣爲侯之事。

［５］讓應受之賜：指子貢贖魯人於諸侯，讓不取金之事。《吕氏春秋·察微》：“魯國之法，魯人爲人臣妾於諸侯，有能贖之者，取其金於府。子貢贖魯人於諸侯，來而讓不取其金。孔子曰：‘賜失之矣！自今以往，魯人不贖人矣。取其金，則無損於行；不取其金，則不復贖人矣。’”

［６］醜虜：對敵人的蔑稱。《詩·大雅·常武》：“鋪敦淮濆，仍執醜虜。”毛傳：“仍，就也。虜，服也。”鄭玄箋：“醜，衆也……就執其衆之降服者也。”夷：平定。

［７］天下多事：《新書·過秦下》：“天下多事，吏不能紀。”此指八王之亂。

［８］小子：自稱的謙辭。《書·湯誓》：“右台小子，敢行稱亂，朋夏多罪，天命殛之。”

［９］弘通：寬宏通達。《三國志·魏書·徐邈胡質等傳論》：“徐邈清尚弘通。”大制：國家大法。《商君書·靳令》：“重刑，明大制；不明者六蝨也。六蝨成群，則民不用。”

［10］恭承：敬奉。賈誼《弔屈原賦》：“恭承嘉惠兮，俟罪長沙。”

57　洪既著《自叙》之篇，或人難曰：“昔王充年在耳順[1]，道窮望絶，懼身名之偕滅，故《自紀》終篇[2]。先生以始立之盛[3]，值乎有道之運[4]，方將解申公之束帛[5]，登枚生之蒲輪(1)[6]，耀藻九五[7]，絶聲昆吾[8]，何憾芬芳之不揚，而務老生之彼務[9]？”

【校】

（１）枚生：原作穆生。孫星衍校：“藏本作枚，從舊寫本改。”按：當從楊明照校引多本與《漢書·枚乘傳》作枚。

【注】

［１］耳順：六十歲的代稱。《論語・爲政》：“六十而耳順。”焦循《補疏》：“學者自是其學，聞他人之言多違於耳。”謂孔子不再“自是其學”以違世事了。

［２］《自紀》：《論衡》的自叙，是王充晚年寫成的自傳，記述了他的家世、生平及思想性格，闡明寫作《論衡》的目的，重點反駁了當時豪强地主代言人對他的攻擊和誣衊。序在書後，故以《自紀》終篇。

［３］始立：剛到三十歲。《論語・爲政》：“三十而立。”因以“而立”或“立”指代三十歲。但此處不過舉其成數，不可拘泥爲剛剛三十歲。建興三年（315），葛洪被辟爲丞相府掾，時年三十三歲；建武元年（317），“賜爵關中侯”，時年三十五歲。三十三歲與三十五歲，與“始立之盛”較相合。

［４］有道之運：指晉元帝登基，建立東晉王朝。

［５］申公：《史記・儒林列傳・申公》：“（趙）綰、（王）臧請天子，欲立明堂以朝諸侯，不能就其事，乃言師申公。於是天子使使束帛加璧，安車駟馬迎申公，弟子二人乘軺傳從。”

［６］枚生：枚乘（？—前140）字叔，淮陰（今屬江蘇）人。初與鄒陽、嚴忌遊於吳，爲吳王劉濞（前215—前154）郎中，以文辯著稱。後因吳王欲謀反，諫而不從，遂去吳至梁，從梁孝王劉武遊。景帝前三年（前154），吳楚反叛，漢斬晁錯以謝。復説吳王還兵急歸，吳王不聽，卒被擒滅。枚乘由是知名。景帝召拜爲弘農都尉，不樂職事，以病去官。復遊于梁。武帝即位後安車蒲輪徵之，卒於道。著賦九篇，《七發》爲其著者。《史記・主父偃公孫弘傳贊》《漢書・公孫弘卜式兒寬傳贊》：“（武帝）始以蒲輪迎枚生，見主父而歎息。”《漢書・枚乘傳》：“武帝自爲太子聞乘名，及即位，乘年老，乃以安車蒲輪徵乘，道死。”穆生則無此殊榮優遇。

［７］耀藻九五：喻申公、枚生受漢武之優重徵辟。九五：《易》卦爻位名。九：謂陽爻。五：第五爻，指卦象自下而上第五位。《易・乾》：“九五：飛龍在天，利見大人。”因以“九五”指帝位。此指

朝廷。

［８］昆吾：鑄鼎之地。《墨子・耕柱》：“昔者夏后開使飛廉折金於山，
以鑄鼎於昆吾。”此指冶鑄的鍾鼎盤盂。句意與《臣節》“昆吾彝
器，能者鑴勳”同旨，謂“功名著乎鍾鼎”也。

［９］老生：老生常譚。喻常説的老話。《三國志・魏書・方技傳・管
輅》：“輅曰：‘……願君侯上追文王六爻之旨，思仲尼象象之義，
然後三公可決，青蠅可驅也。’（鄧）颺曰：‘此老生之常譚。’”彼
務：指寫《抱朴子外篇》與《內篇》包括《自叙》之事。

58　洪答曰：“夫二儀彌邈[1]，而人居若寓[2]。以朝菌
之耀秀(1)[3]，不移暑而殄瘁；類春華之暫榮，未改旬而凋
墜[4]。雖飛飇之經霄，激電之乍照[5]，未必速也。夫期頤
猶奔星之騰炯(2)[6]，黃髮如激箭之過隙[7]，況或未萌而隕
籜(3)[8]，逆秋而零瘁者哉[9]？

【校】

（１）以：當從陳澧校作似。似、類互文同義。

（２）炯：原作烟。孫星衍校：“藏本作炯，從舊寫本改。”魯藩本亦作
炯。按：作炯義勝。

（３）萌：孫星衍校，“藏本作明，從舊寫本改。”按：“明”爲“萌”之初字。
隕籜：原作殞籜，當作隕蘀。

【注】

［１］二儀彌邈：就空間言，天地廣大；就時間言，天地久遠。彌邈：猶
邈遠。

［２］人居若寓：人類居住地球上，猶如旅客寄寓塵寰，總有歸去之
日。喻人生短暫。《國語・吳語》：“越王（句踐）……因使人告於
吳王（夫差）曰：‘……民生於地上，寓也。其與幾何？’”韋昭注：
“寓，寄也。言幾何時。”《文選》曹丕《善哉行》李善注引《尸子》：

"老萊子曰：'人生於天地之間，寄也。寄者，因歸也。'"

［３］耀秀：猶開花。

［４］瘁、墜：脂部。

［５］飛飇：疾風，暴風。陸機《日出東南隅行》："遺芳結飛飇，浮景映
　　　清湍。"經霄：掠過天空。霄、照：宵部。

［６］奔星之騰炯：喻（百年）急疾而過之狀。《爾雅・釋天》："奔星爲
　　　彴約。"郭璞注："流星。"《開元占經》七一引《爾雅》舊注："流星大
　　　而疾曰奔。"

［７］激箭：疾飛的箭矢。比喻急速，急疾。兩句狀人生短暫。

［８］隕蘀（yǔn tuò）：墜落。蘀：落地之草木皮葉。《詩・豳風・七
　　　月》："八月其穫，十月隕蘀。"

［９］逆：迎；逢。《方言》一："逢、逆，迎也。自關而東曰逆；自關而西
　　　或曰迎，或曰逢。"

　　59　"故項子有含穗之嘆[1]，揚烏有夙折之哀[2]。歷覽
遠古逸倫之士(1)，或以文蓺而龍躍，或以武功而虎踞，高勳
著於盟府[3]，德音被乎管弦[4]，形器雖沈鑠於淵壤[5]，美談
飄颻而日載，故雖千百代，猶穆如也[6]。

【校】

（１）古：魯藩本作右，王國維校作古。

【注】

［１］項子：項橐，又作項託，七歲爲孔子之師。稱項託爲項子，尊之
　　　也。《戰國策・秦策五》："甘羅曰：'夫項橐生七歲而爲孔子
　　　師。'"《淮南子・説林》："項託使嬰兒矜。"高誘注："項託年七歲，
　　　窮難孔子而爲之作師。"《天中記》二五引《圖經》："項橐，魯人，十
　　　歲而亡。時人尸而祝之，號小兒神。"《玉燭寶典》四引嵇康《聖賢
　　　高士傳》："大項橐與孔子俱學於老子，俄而大項爲童子，推蒲車

而戲;孔子候之,遇而不識,問:'大項居何在?'曰:'萬流屋是。'
到家而知向是項子也,交之,與之談。"含穗之歎:仲尼歎顔淵
"短命",稚川歎項子"夙夭"。《論語・子罕》:"子曰:'苗而不秀
者,有矣夫! 秀而不實者,有矣夫!'"皇侃疏:"又爲歎顔淵爲譬
也。"《内篇・論仙》:"含穗而不秀,未實而萎零。"注此正合。含
穗:謂含穗而不秀,即孕含了穀穗的因子,卻不結出穀穗。
《詩・王風・黍離》:"彼稷之穗。"毛傳:"穗,秀也。"《說文・禾
部》:"秀,實也。"徐鍇繫傳:"秀,禾實也。"

[2] 揚烏:揚信字子烏,揚雄次子,稱神童,九歲而夭,故曰"夙折"。
《太平御覽》三八五引《劉向別傳》:"揚信字子烏,雄第二子,幼而
明慧。雄筆《玄經》不會,子烏令作九數而得之。雄又疑《易》'羝
羊觸藩',彌日不就。子烏曰:'大人何不云"荷戟入榛?"'"揚雄
《法言・問神》:"育(苗)而不秀者,吾家之童烏乎! 九歲而與我
《玄》文。"李軌注:"童烏,子雲之(次)子也。……子雲傷童烏育
(毓)而不苗……童烏九齡而與揚子論《玄》。"《華陽國志・序
志・益梁寧三州先漢以來士女目録》:"文學:神童揚烏,雄子,
七歲預父《玄》文,九歲卒。"夙折:早逝。《内篇・塞難》:"而項、
揚無春彫之悲矣。"項、揚並舉與此同。

[3] 盟府:古代掌管保存盟約文書的官府。《左傳・僖公五年》:"(虢
仲、虢叔)爲文王卿士,勳在王府,藏於盟府。"孔穎達疏:"以勳受
封,必有盟要,其辭當藏于司盟之府也。"

[4] 被乎管弦:播之樂章;配樂(傳唱)。《吳越春秋・句踐伐吳外
傳》:"樂師曰:'……聲可託於絃管。'"

[5] 沈鑠:毁壞。淵壤:深土。指墓穴。

[6] 飄颺:謂傳揚。

60　"余以庸陋,沈抑婆娑[1],用不合時,行舛於世,發
音則響與俗乖,抗足則迹與衆迕[2]。内無金、張之援,外乏
彈冠之友。循塗雖坦[3],而足無騏驎;六虛雖曠[4],而翼非

大鵬。上不能鷹揚匡國,下無以顯親垂名[5],美不寄於良史[6],聲不附乎鍾鼎[7]。故因著述之餘,而爲《自叙》之篇,雖無補於窮達,亦賴將來之有述焉[8]。”

【注】

[1] 沈抑:隱没。《管子·宙合》:“聖人之處亂世也,知道之不可行,則沈抑以辟罰。”婆娑:偃息。《文選·答賓戲》:“婆娑乎術藝之場。”李善注引項岱曰:“婆娑,偃息也。”偃息:斂藏退息。《後漢書·黨錮傳·李膺》:“願怡神無事,偃息衡門,任其飛沈,與時抑揚。”

[2] 發音則響與俗乖二句:與《彈禰》篇“開口見憎,舉足蹈禍”同旨。抗足:投足,舉足。迕(wǔ):違反;背逆。

[3] 循塗:猶循道。遵循正道。《荀子·堯問》:“方術不用,爲人所疑,其知至明,循道正行,足以爲紀綱。”

[4] 六虚:天地四方。《列子·仲尼》:“瞻之在前,忽焉在後,用之彌滿,六虚廢之,莫知其所。”

[5] 顯親垂名:顯揚父母,傳名後世。《孝經·開宗明義章》:“立身行道,揚名於後世,以顯父母,孝之終也。”

[6] 美不寄於良史:美譽不被優良史官載入史册。《文選·典論·論文》:“是以古之作者,寄身於翰墨,見意於篇籍,不假良史之辭,不託飛馳之勢,而聲名自傳於後。”

[7] 聲不附乎鍾鼎:名聲不刻鑄於鍾鼎。《墨子·魯問》:“則書之於竹帛,鏤之於金石,以爲銘於鍾鼎,傳遺後世子孫。”

[8] 窮達:此偏指達。賴:寄託。《大戴禮記·文王官人》“以賴於物”孔廣森補注:“賴,託也。”

附　晉書葛洪傳（有省略）

葛洪字稚川[1]，丹楊句容人也。祖系，吳大鴻臚。父悌，吳平後入晉，爲邵陵太守。

洪少好學，家貧，躬自伐薪，以貿紙筆，夜輒寫書誦習，遂以儒學知名。性寡欲，無所愛翫，不知碁局幾道，摴蒱齒名。爲人木訥，不好榮利，閉門卻掃，未嘗交遊。於余杭山見何幼道、郭文舉，目擊而已，各無所言。時或尋書問義，不遠數千里崎嶇冒涉，期於必得，遂究覽典籍，尤好神仙導養之法。從祖玄，吳時學道得仙，號曰葛仙公，以其煉丹秘術授弟子鄭隱。洪就隱學，悉得其法焉。後以師事南海太守上黨鮑玄。玄亦内學，逆占將來，見洪深重之，以女妻洪。洪傳玄業，兼綜練醫術，凡所著撰，皆精核是非，而才章富贍。

太安中，石冰作亂。吳興太守顧秘爲義軍都督，與周玘等起兵討之，秘檄洪爲將兵都尉，攻冰別部率，破之，遷伏波將軍。冰平，洪不論功賞，徑至洛陽，欲搜求異書，以廣其學。

洪見天下已亂，欲避地南土，乃參廣州刺史嵇含軍事。及含遇害，遂停南土多年，征鎮檄命，一無所就。後還鄉里，禮辟皆不赴。元帝爲丞相，辟爲掾。以平賊功，賜爵關内侯。咸和初，司徒（王）導召補州主簿，轉司徒掾，遷諮議參軍。干寶深相親友，薦洪才堪國史，選爲散騎常侍，領大著作，洪固辭不就。以年老，欲煉丹以祈遐壽，聞交址出丹，求爲句漏令。帝以洪資高，不許。洪曰：“非欲爲榮，以有丹耳。”帝從之。洪遂將子侄俱行。至廣州，刺史鄧嶽留不聽去，洪乃止羅浮山煉丹。嶽表補東官太守，又辭不就。嶽乃以洪兄子望爲記室參軍。在山積年，優遊閑養，著述不輟。其自序曰：

　　洪體乏進趣之才，偶好無爲之業。假令奮翅則能陵属玄霄，騁足則能追風躡景，猶欲戢勁翮於鷦鷯之群，藏逸跡於跛驢之伍，豈况大塊稟我以尋常之短羽，造化假我以至駑之蹇足？自卜者審，不能者止，又豈敢力蒼蠅而慕沖天之舉，策跛鱉而追飛兔之軌；飾嫫母之篤陋，求媒陽之美談；推沙礫之賤質，索千金於和肆哉！夫僬僥之步而企及夸父之蹤，近才所以躓礙也；要離之羸而强赴扛鼎之勢，秦人所以斷筋也。是以望絕於榮華之塗，而志安乎窮圮之域；藜藿有八珍之甘，蓬蓽有藻梲之樂也。故權貴之家，雖咫尺弗從也；知道之士，雖艱遠必造也。考覽奇書，既不少矣，率多隱語，難可卒解，自非至精，不能尋究，自非篤勤，不能悉見也。

　　道士弘博洽聞者寡，而意斷妄説者衆。至於時有好事者，欲有所修爲，倉卒不知所從，而意之所疑又無足諮。今爲此書，粗舉長生之理。其至妙者不得宣之於翰墨，蓋粗言較略以示一隅，冀悱憤之徒省之，可以思過半矣。豈謂闇塞，必能窮微暢遠乎？聊論其所先覺者耳。世儒徒知服膺周、孔，莫信神仙之書，不但大而笑之，又將謗毀真正。故予所著子言黄白之事，名曰《内篇》，其餘駁難通釋，名曰《外篇》，大凡《内》《外》一百一十六篇。雖不足藏諸名山，且欲緘之金匱，以示識者。

　　自號抱朴子，因以名書。其餘所著碑誄詩賦百卷，移檄章表三十卷，《神仙》《良吏》《隱逸》《集異》等傳各十卷，又抄《五經》《史》《漢》、百家之言、方技雜事三百一十卷，《金匱藥方》一百卷，《肘後要急方》四卷。

　　洪博聞深洽，江左絕倫，著述篇章，富於班、馬。又精辯玄賾，析理入微。後忽與嶽疏云：“當遠行尋師，克期便發。”嶽得疏，狼狽往別。而洪坐至日中，兀然若睡而卒，嶽至，遂不及見，時年八十一[1]。視其顏色如生，體亦柔軟，舉尸入棺，甚輕，如空衣，世以爲尸解得仙云。

史臣曰："……稚川束髮從師，老而忘倦。紬奇册府，總百代之遺編；紀化仙都，窮九丹之秘術。謝浮榮而捐雜藝，賤尺寶而貴分陰，遊德棲真，超然事外。全生之道，其最優乎！"

贊曰："……稚川優洽，貧而樂道。載範斯文，永傳洪藻。"

【注】

[1] 王明先生按："葛洪年壽，約有三說。《晉書》本傳、吳士鑒等《晉書斠注》以及余嘉錫《疑年錄稽疑》(見《輔仁學志》第十卷，一、二合期)。其他道書如唐松年《仙苑編珠》(卷上"宋倫游空，葛洪兀然"注)引馬樞《道學傳》、元張天雨《玄品錄》等，皆謂卒年八十一，此一說也。劉汝霖《東晉南北朝學術編年》據《太平寰宇記》一百六十引袁彥伯《羅浮記》稱卒時年六十一，斷言洪壽六十一。侯外廬等《中國思想通史》第三編謂《太平寰宇記》所載六十一較爲可信。陳國符《道藏源流考》亦謂洪卒年六十一之說爲是，此又一說也。錢寶四撰《葛洪年曆》，見一九四六年十二月三日《南京中央日報・文史週刊》第二十九期。謂洪壽殆不出六十，此第三說也。"

　　復案："《抱朴子外篇》佚文云：'昔太安二年，京邑始亂，余年二十一。'以此上推，葛洪生於晉武帝太康四年(公元二八三)，了無疑義。唯卒年之說不一。若謂八十一，當卒於東晉哀帝興寧元年(三六三)；若謂六十一，當卒于東晉康帝建元元年(三四三)。但檢葛洪撰之《神仙傳》云：平仲節于晉穆帝永和元年(三四五)五月一日去世。則葛洪之死，當在穆帝永和元年之後，康帝建元元年非其卒歲明矣。又《道教義樞》卷二、《雲笈七籤》卷六載，葛洪於建元二年三月三日在羅浮山以《靈寶經》付弟子安海君望世等。核諸所載，當以八十一說爲可信。"按：

《黄帝九鼎神丹經訣》卷三："葛洪曰：余雖生於末代，頗慕古風，考集仙經。八十餘歲雖聞此訣目未曾覩，求亦不已。余師鄭君也，始授余此訣。"據此，葛洪確活至"八十餘歲"，八十一歲之説，得以成立。

參 考 書 目

明正統道藏本《意林》。

孫星衍校平津本《抱朴子內篇》《抱朴子外篇》,中華書局《諸子集成》本。

顧廣圻校明抄本《抱朴子內篇》《抱朴子外篇》,國家圖書館古籍善本室膠卷。

王廣恕《抱朴子外篇注》手稿,國家圖書館古籍善本室膠卷。

王國維以六朝寫本校魯藩本《抱朴子內篇》《抱朴子外篇》,國家圖書館古籍善本室膠卷。

孫人和《抱朴子校補》手稿,北京大學圖書館善本室。

楊明照《抱朴子外篇校箋上》,中華書局 1991 年 12 月。

楊明照《抱朴子外篇校箋下》,中華書局 1997 年 10 月。

王　明《抱朴子內篇校釋》,中華書局 1985 年 3 月。

顧　久《抱朴子內篇全譯》,貴州人民出版社 1995 年 3 月。

龐月光《抱朴子外篇全譯》,貴州人民出版社 1997 年 8 月。

阮　元《十三經註疏》,中華書局 1979 年 11 月。

葉紹鈞《十三經索引》,中華書局 1983 年 3 月。

尚秉和《周易尚氏學》,中華書局 1980 年 5 月。

高　亨《周易古經今注》(重訂本),中華書局 1984 年 3 月。

高　亨《周易大傳今注》,齊魯書社 1979 年 6 月。

李鏡池《周易探源》,中華書局 1978 年 3 月。

周振甫《周易譯注》,中華書局 1991 年 4 月。

方孝岳《尚書今語》,古籍出版社 1958 年 2 月。

朱　熹《詩經集注》，廣益書局精校本，民國三十六年十二月。

陳　奐《詩毛氏傳疏》，商務印書館萬有文庫本。

聞一多《詩選與校箋》《古典新義》《神話與詩》，古籍出版社1956年6月。

高　亨《詩經今注》，上海古籍出版社1980年10月。

王聘珍《大戴禮記解詁》，中華書局1983年3月。

洪亮吉《春秋左傳詁》，商務印書館萬有文庫本。

楊伯峻《春秋左傳注》，中華書局1981年3月。

楊伯峻《春秋左傳詞典》，中華書局1985年11月。

楊伯峻《論語譯注》，中華書局1958年6月。

楊伯峻《孟子譯注》，中華書局1961年10月。

郝懿行《爾雅注疏》，上海中華書局四部備要本。

王引之《經義述聞》，光緒丁亥年鴻寶齋石印本。

袁　珂《山海經校注》，上海古籍出版社1980年7月。

袖珍古書讀本《國語》，上海中華書局四部備要本。

《戰國策》，上海古籍出版社1985年。

《史記》《漢書》《後漢書》《三國志》《晉書》，中華書局點校本。

戴　逸主編《二十六史大辭典》，吉林人民出版社1993年9月。

李澤厚、劉綱紀《中國美學史》，中國社會科學出版社1987年7月。

劉敦楨主編《中國古代建築史》，中國建築工業出版社1980年。

于倬雲《廡殿頂》，《故宮博物院院刊》1979年第二期。

王　力《漢語語音史》，中國社會科學出版社1985年5月。

安作璋、熊鐵基《秦漢官制史稿》，齊魯書社1985年6月。

胡孚琛《魏晉神仙道教》，人民文學出版社。

《諸子集成》（全八冊），中華書局。

《百子全書》，岳麓書社1993年9月。

高　亨《老子正詁》,古籍出版社 1956 年 10 月。

任繼愈《老子今譯》,古籍出版社 1956 年 8 月。

高　明《帛書老子校注》,中華書局 1996 年 5 月。

陳鼓應《老子註譯及其評價》,中華書局 1984 年 5 月。

王夫之《莊子解》,中華書局 1964 年 10 月。

郭慶藩《莊子集釋》,中華書局 1981 年 7 月。

曹礎基《莊子淺注》,中華書局 1982 年 10 月。

陳鼓應《莊子今注今譯》,中華書局 1983 年 5 月。

崔大華《莊學研究》,人民出版社 1992 年 7 月。

朱師轍《商君書解詁定本》,古籍出版社 1956 年 6 月。

蔣禮鴻《商君書錐指》,中華書局 1986 年 4 月。

吳則虞《晏子春秋集釋》,中華書局 1962 年 1 月。

譚戒甫《公孫龍子形名發微》,中華書局 1963 年 8 月。

梁啓雄《荀子簡釋》,中華書局 1983 年 1 月。

梁啓雄《韓子淺解》,中華書局 1960 年。

陳奇猷《韓非子集釋》,上海人民出版社 1974 年 7 月。

陳奇猷《呂氏春秋集釋》,學林出版社 1984 年 4 月。

張震澤《孫臏兵法校理》,中華書局 1984 年 2 月。

銀雀山漢墓竹簡整理小組《孫臏兵法》,文物出版社 1975 年。

楊伯峻《列子集釋》,中華書局 1979 年 10 月。

何　寧《淮南子集釋》,中華書局 1998 年 10 月。

馬宗霍《淮南舊注參正　墨子閒詁參正》,齊魯書社 1981 年 3 月。

王利器《新語校注》,中華書局 1986 年 8 月。

蘇輿撰、鍾哲點校《春秋繁露義證》,中華書局 1992 年 12 月。

王利器《鹽鐵論校注》,中華書局 1992 年 7 月。

向宗魯《説苑校證》,中華書局 1987 年 7 月。

王　鍈、王天海《説苑全譯》,貴州人民出版社 1992 年 7 月。

汪榮寶《法言義疏》,中華書局 1987 年 3 月。

韓　敬《法言注》，中華書局 1992 年 12 月。

黃　暉《論衡校釋》，中華書局 1990 年 2 月。

北京大學歷史系《論衡》注釋小組《論衡注釋》，中華書局 1979 年 10 月。

汪繼培《潛夫論箋》，中華書局 1979 年 4 月。

葛　洪《西京雜記》，中華書局 1985 年。

范文瀾《文心雕龍注》，人民文學出版社 1958 年 9 月。

周振甫《文心雕龍注釋》，人民文學出版社 1981 年 11 月。

王利器《顏氏家訓集解》，上海古籍出版社 1980 年 7 月。

王利器《葛洪著述考略》，《文史》第 37 輯，1993 年 2 月。

王念孫《讀書雜誌》，商務印書館萬有文庫本。

邱光庭《兼明書》，文津閣、文淵閣四庫全書本。

洪興祖《楚辭補注》，中華書局 1957 年 9 月。

黎庶昌輯《古逸叢書》，江蘇古籍出版社 2002 年 10 月。

郭茂倩《樂府詩集》，中華書局 1979 年 11 月。

李　善注《文選》，中華書局 1977 年 11 月。

六臣注《文選》，中華書局 1987 年 8 月。

劉義慶撰、劉孝標注《世說新語》，上海古籍出版社 1982 年 4 月。

張萬起、劉尚慈《世說新語譯注》，中華書局 1998 年 8 月。

張萬起《世說新語詞典》，商務印書館 1993 年 5 月。

張永言主編《世說新語辭典》，四川人民出版社 1992 年 7 月。

歐陽詢《藝文類聚》，上海古籍出版社 1965 年 11 月。

《太平御覽》，中華書局 1960 年 2 月。

《初學記》，中華書局 1960 年 2 月。

吳　淑《事類賦注》，中華書局 1989 年 12 月。

沈括著、胡道靜校注《夢溪筆談》，古典文學出版社 1957 年。

錢　繹《方言箋疏》，中華書局 1991 年 11 月。

陳彭年《鉅宋廣韻》，上海古籍出版社 1983 年 4 月。

唐作藩《音韻學教程》，北京大學出版社 1987 年 3 月。

王　力《同源字典》，商務印書館 1982 年 10 月。

蔣禮鴻《義府續貂》，中華書局 1981 年 8 月。

宗福邦、陳世鐃、蕭海波主編《故訓彙纂》，商務印書館 2003 年 7 月。

丁福保編纂《佛學大辭典》，文物出版社 1984 年 1 月。

王問漁《訓詁學的研究與應用》，內蒙古人民出版社 1986 年 4 月。

洪　誠《訓詁學》，江蘇古籍出版社 1984 年 7 月。

趙克勤《古漢語辭彙概要》，浙江教育出版社 1987 年 4 月。

方一新《〈抱朴子·內篇〉詞義瑣記》，《浙江大學學報》1999 年 8 月。

曾昭聰《〈抱朴子·內篇〉詞語小札》，《古籍整理研究學刊》2006 年 7 月第 4 期。

成　妍《〈抱朴子·內篇〉詞語零札》，《伊犁教育學院學報》2005 年 6 月第 18 卷。

後　記

　　上世紀七十年代末因《古代文賦名句選》編寫組要我負責六朝段，我開始接觸魯藩本白文《抱朴子》。最初的印象是覺得有味道，有嚼頭，有搞頭，但是真搞起來，我才感到實在是太不知這潭淵水的深淺了。我師吳師小如先生説："《抱朴子》是一本難讀的書。"學友商務印書館趙克勤先生説："我不敢搞《抱朴子》。"我聽到兩位先生的話時，已太晚了。我付出了後半生來做這件事。"當了過河卒子，祇有拼命向前"（胡適），即便早已過了做學問的最佳年齡，也祇有硬着頭皮幹下去。

　　《抱朴子》作爲子書，是先秦、秦、兩漢、魏、西晉子書的繼承和發展。注釋其書，需從這部子書所反映的諸子百家的政治、經濟、哲學、思想、宗教、科技等等入手，需從它所反映的魏、晉以前中國文化的方方面面入手。是書涉及中國文化的許多專門知識，諸如天文、地理、建築、官制、禮制、典章、輿服、美學、文學（包括文論）、音韻等，還涉及内外丹、醫藥、陰陽、五行、遁甲等，故這部子書的注釋，較之注釋一般古書難度要大。不學習這許許多多中國文化的專門知識，就不能很好地注釋這部書。

　　1985 年筆者見到了王明先生的《抱朴子内篇校釋》（增訂本），1992 年、1997 年，又先後讀到了楊明照先生的《抱朴子外篇校箋上》《抱朴子外篇校箋下》，知兩位老先生早已作了深入的研究，我的工作不能不做重新調整。《校釋》校詳釋略，大量詞語未注，如孝孫、八珍、百和、長生久視、清君、理中、四順、長谷、華梁、三部符、《河》《洛》、六甲父母、《五嶽真形圖》、烏眼、三刑、六厄、遁甲、地真等，即便專業工作者也難讀懂這本書；《校箋》資料豐富，所據版本甚多，但箋注硬傷不少。由此我認爲，兩位學者雖給"抱朴學"奠定了基礎，但並未結束《抱朴子》的研究工作，仍留下大量工作有待我們後學繼續來做。故一方面，我充分吸取兩位老先生大著的優長，另一方面盡可能彌補他們的不足。後又見到顧久先生的《抱朴子內篇全譯》，亦有所參考。

注《外篇》難，注《內篇》更難，不少詞語至今不知出處，得不到確解，如《仙藥》的"玄蟲""血漬玉""吳唐草""木巨勝""玄中""蔓方""制命丸"，《雜應》的"棘頭""膽煎及兒衣符""子居蒙人"，《黃白》的"鼎鑼""堯漿""天鉤""冬鄒齋""倚姑新婦"等，查《廣雅疏證》《千金方》《證類本草》《本草綱目》亦無果。魏晉藥物多隱名，找不到隱名的本名，就無以給隱名作注。我藥書讀得甚少，而視力極壞，不能給讀者解決這些疑難，對不起讀者了。

我以八十幾歲高齡，每天坐公車跑國家圖書館文津街古籍館善本室，連跑幾個月，終於看完顧廣圻校明抄本（膠卷）、王國維校魯藩本（膠卷），給校注作了進一步的補充和修訂。

給出版社寄出印刷本書稿與電子版書稿後，我仍不放心。摯友張明高先生，曾校注《孽海花》，這次我特地請他給我把關，幫我審校 50 多萬字的《抱朴子內篇校注》，他欣然應允。他年近八旬，揮汗審稿，每卷寫出校記，提出修改意見，建議削去一些詞條，所提不乏真知灼見，補我不足。我根據他的校記，又做了修訂。我對他所付出的心血與辛勤勞動，特此誌以衷心的感謝。

借此機會，我再一次感謝吳小如、林燾、唐作藩、郭錫良四位先生對我的關懷和指導，感謝蔣紹愚、張萬起、陳熙中、蘇培成、胡雙寶等北大同學和舊時同學陳以濱、李利黎，戰友易忠，音韻學會理事周祖庠對我的幫助和支持。

2014 年 9 月 21 日，時年八十七歲